KB186179

하버드- C.H.베크
세계사

GESCHICHTE DER WELT, 6 Volumes
Series General Editors: Akira Iriye, Jürgen Osterhammel
Co-published by Verlag C.H.Beck and Harvard University Press

GESCHICHTE DER WELT 1350-1750:
Weltreiche und Weltmeere
(Volume 3 of GESCHICHTE DER WELT)
edited by Wolfgang Reinhard

Copyright © Verlag C.H.Beck oHG
and The Belknap Press of Harvard University Press 2014
All rights reserved.

Korean Translation Copyright © Minumsa 2020

Korean translation edition is published by arrangement with
Verlag C.H.Beck oHG through Shinwon Agency Co.

이 책의 한국어 판 저작권은 신원 에이전시를 통해
Verlag C.H.Beck oHG와 독점 계약한 (주)민음사에 있습니다.

저작권법에 의해 한국 내에서 보호를 받는 저작물이므로
무단 전재와 무단 복제를 금합니다.

하버드
C.H.베크

세계사

A HISTORY OF THE WORLD

1350~1750

세계 제국과 대양

책임 편집 볼프강 라인하르트 | 이진모, 공원국 옮김

Empires and Encounters

Edited by Wolfgang Reinhard

민음사

차례

한국어판을 출간하며

21세기 세계는 더욱 긴밀해지고 변화는 매우 빠르다. 인간의 삶은 더욱 불명료하고 문명의 방향은 가늠하기 어려워졌다. 동요하는 세계와 당혹스러운 삶에 직면해 고전에서 금빛 지혜를 찾아 되새기는 일이 잦다. 기술 발전에 의거해 문명의 향방을 과단하는 미래학도 성하다. 하지만 표피적 현재 진단과 추상적 개념 논의로 인식하는 세계는 '유리알 유희'에 지나지 않는다.

그동안 '세계사'는 전 세계의 역사를 논한다고 주장했지만, 실제로는 유럽이 중심이었다. 흥망성쇠의 철칙에만 매달려 세계의 일부분만을 담아냈다. 즉 우리는 아직 단일한 세계에 걸맞은 세계사를 갖지 못했다. 국제 역사학계는 시대의 요구에 부응해 역사 서술 방식을 일신했다. 각 지역의 역사 모음이 아닌, 전체를 조망하는 연결의 역사. 그 진지한 반성과 오랜 숙고의 묵중한 성취가 바로 『하버드-C.H.베크 세계사』 시리즈다. 이 시리즈는 지난 20여 년간 진행된 새로운 역사 연구의 결산으로, 발간 당시부터 화제를 모았다. 하버드 대학 출판부와 C.H.베크 출판사라는, 미국과 독일을 대표하는 두 명문 출판사의 만남. 시리즈 전체의 구성을 맡은 두 세계적 석학, 이리에 아키라와 위르겐 오스터함멜. 여기에 더해 연구 관점과 주제 영역을 달리하는 저명한 역사가들의 협업 등이 만들어 낸 역사 서술의 찬연한 성취다. 역사 애호가라면 가슴이 설레고 탄성이 터질 수밖에 없는 세계사 프로젝트다.

선사시대에서 시작해 농경민과 유목민의 교류와 대립, 세계 제국의 등장을 거쳐 현재까지 이어지는 여섯 권의 책은 각각 1000쪽이 넘는 방대함으로 압도한다. 또한 국제 역사학계의 최신 연구 성과가 반영된 다양한 주제와 접근법으로 세계 인식의 새로운 차원을 제시한다. 『하버드-C.H.베크 세계사』 시리즈의 핵심 주제는 '연결'과 '상호작용'이다. 이 시리즈는 세계사를 중심과 주변으로, 또는 선진 지역과 후진 지역으로 위계화하지 않으면서도 국가 간 또는 지역 간의 불균등한 권력관계와 문명 전이의 여러 파괴적 양상과 역설적 결과들을 세밀히 살핀다. 특히 인종과 민족, 종교와 문화, 국민국가와 지역의 경계를 가로질러 연결을 중심으로 다원적이고 상호 의존적인 세계를 다룬다. 따라서 전쟁이나 정치 같은 국가 행위를 중심으로 하는 세계사와는 차원이 다르다. 경제와 문화의 여러 행위 주체와 현상들이 지닌 역동성도 놓치지 않았고, 이주와 젠더, 생태와 세대, 일상과 의식 등의 주제에도 적절한 자리를 마련함으로써 역사 서술이 새로운 단계로 진입했음을 과시한다.

21세기 세계의 혼재 상황과 가변성을 조금이라도 감지한 사람이라면 새로운 역사 인식이 필요함을 잘 알 것이다. 『하버드-C.H.베크 세계사』 시리즈는 단선적인 역사 인식에 기초한 모든 인문학 논의에 맞선 '역사의 응수'다. 이 시리즈는 세계 현실의 복합적 맥락과 근원에 주목하면서 역사적 시간과 문명적 공간의 다차원성과 차이들을 감당하도록 자극한다. 지적 지평을 넓히고 현실의 역사적 근거를 살피려는 독자들에게 진정한 '당대의 세계사'를 내놓는다. 돌이켜 보건대 '새로운 세계'란 항상 세계를 새롭게 인지한 사람들의 것이었다.

시리즈의 옮긴이들을 대신하여

이동기(강릉원주대학교 사학과 교수)

『하버드-C.H.베크 세계사: 1945 이후』 옮긴이

일러두기

1 이 책의 서문과 2~5부는 이진모가, 1부는 공원국이 옮겼다.

2 본문의 각주는 모두 옮긴이 주다.

3 인명과 지명 등 고유명사의 외래어 표기는 국립국어원 외래어 표기법을 따랐다.

서문

볼프강 라인하르트

A History of the World
Empires and Encounters

1350~
1750

중국이든 고대 서양이든 혹은 유럽 기독교든 모든 역사 문화들은 언제나 '그들의' 세계를 역사로 서술했다. 반면에 오늘의 역사 문화들은 세계가 아닌 '민족국가'를 중심으로 역사를 서술하므로, 각기 다른 민족적 '세계상들'을 만들어 내고 있다. 즉 시대적으로 낡고 연구사에서도 비판받는 민족 개념을 여전히 새롭게 사용하는 것이다. 이는 오늘날 민족적 '기억의 터'를 의미하는 역사적 조형물들이 유행하는 데서도 잘 드러난다. 사실 오래전부터 학자들 사이에는 이러한 민족적 역사 문화에 맞서 넓은 세계를 역사 서술에 포함하려는 의지가 있었다. 하지만 오늘날에야 비로소 탄탄한 사실적 토대를 갖춘 넓은 세계가, 다시 말해 전 지구의 인류가 서로 폭넓은 연관성을 가지면서 경제적·정치적·문화적 통일성을 이루어 가는 넓은 세계가 형성되고 있다. 그래서 오늘날 세계사는 기꺼이 '지구사global history'[1]로 불린다. 다양한 역사를 가진 역사 속 '세계들'의 영역과 범위는 어디까지였을까? 이는 극단적으로는 선사시대 근거지와 그 주변 환경에서부터 오늘날 전 지구를 포괄하는 세계에 이르기까지 아주 큰 차이를 보일 수 있다.

이런 배경을 살펴볼 때 과거에 인식되던 세계사는 단지 오늘날의 지구사로 나아가는 과정이었다고 서술해야 적절할 듯하다. 1350년에서 1750년 사이에 인류의 통일성이 존재했다고 말할 수는 없지만, 당시에는 이미 통일된 인류 사회로 나아가는 중요한 결정들이 내려지고 있었기 때문이다. 자신들의 활동 영역을 세계로 인식하던 '구세계' 유럽은 바다 건너에 있는 그들의 서쪽 지역에서 당시로서는 고립된 채 존재해 오던 신세계를 '발견'했으며, 극도의 위험을 무릅쓰고 자기들의 세계인 서쪽 끝 유럽에서 동쪽 끝인 남아시아와 동아시아로 가는 정기적인 항로를 개척했다. 이 책에서 다룰 다섯 개의 서로 다른 '세계'는 아직 아무런 교류 없이 서로 분리된 채였다. 심지어 '대서양 세계'는 이 시기에야 비로소 형태를 갖추었다. 그러나 대서양의 동쪽 세계와 서쪽 세계는 서로 역동적으로 반응하기 시작했으며, 그들의 상호작용은 계속 증가해 점차 오늘날과 같은 '하나의 세계'를 이루었다. 다시 말해 이 책에서 다루려는 다섯 세계의 역사는 전 지구적인 오늘날 세계의 '전사前史'다. 그리고 이 다섯 세계의 역사에 관한 서술은 모든 다른 역사와 마찬가지로 각각 그 지역들의 현재적(정치적·경제적) 관심사의 영향을 받게 된다. 물론 어떤 시대의 역사를 그다음에 이어진 시대의 '전사'로만 파악한다면 이는 항상 실제 역사를 절반으로 축소할 뿐이다. 지나간 세계는 그들의 독자적 원칙에 따라 독자적 정당성을 가진 채 존재했던 것이지, 그 세계가 오늘날 우리 세계의 전사가 되어야 했다는 사실은 전혀 자각하지 못했기 때문이다. 그렇기에 역사가들은 오늘의 시각에서 지난 역사를 일방적으로 축소해 버리는 시각을 멈추어야 하며, 그 대신에 그들이 당시에 처했던 고유한 조건을 고려해 각각의 과거를 재구성하려고 노력해야 한다. 우리가 오늘의 시점에서 과거를 돌아보며 그들의 역사를 마치 우리의 오늘날 역사를 향해 나아간 것으로 바라본다면, 우리는 착시 현상에 사로잡히게 되기 때문이다. 다시 말해 역사는 원래부터 정해진 목표를 향해 목적론적으로 진행하는 것이 아니라, 수많은 우연한 사건이 누적되다가 어느 지점에 이르면 더는 돌이킬 수 없는 뚜렷한 결과를 초래하는 식으로 진행하기 때문이다. 물론 우연한 사건들은 일직선을 형성하며 일어나는 것이 아니라 서로 부딪혀 밀치는 방식으로 일어나기 때문에 언제든 과거로 역행하는 경우도 일어날 수 있다. 여러 제국이 건설되고, 팽창한 후에는 대부분 패배와 분열을 겪었으며, 세계적 규모로 확대되어 가던 국가

간 상호작용도 어느 시기 이후에는 이에 대한 반작용이 이어졌다. 모로코와 동아시아 사이의 12만 킬로미터를 여행한 마르코 폴로Marco Polo와 이븐 바투타Ibn Battuta 같은 이들의 세계 여행[2]은 전 세계에서 위기가 쌓여 가던 14세기 후반 이후에는 더는 이루어질 수 없었다.

그런데도 '팽창'에 관해 이야기할 때 우리는 당연히 유럽의 팽창을 생각하며, 그로 인해 불가피하게 오늘날 세계사의 핵심 문제인 유럽 중심주의적 편견에 부딪히게 된다. 그리고 이 유럽 중심주의는 여러 차원에서 중첩되어 있다.(여기서 우리는 단순화라는 명분하에 '서구 세계'를 유럽과 동일시하며, 아메리카 또는 오스트레일리아 같은 '새로운 유럽들'을 별생각 없이 역사 서술상의 유럽에 포함한다.) 첫째, 우리는 이미 앞서 언급했던 것처럼 과거의 세계사가 단지 오늘날 하나로 된 세계의 전사라는 시각을 완전히 배제하지 못한다. 우리는 이 전사를 다음 세계로 이어지게 한 결정적인 촉진제가 유럽에서 나왔다는 사실을 부정할 수 없기 때문이며, 이러한 사실은 역사가들이 어떠한 시각을 갖는지와 무관하게 그 자체가 유럽 중심적이다.[3] 물론 이 사실을 솔직히 밝힌 이후부터 유럽 중심주의는 자기를 스스로 비판적으로 해체하고 분석하기 시작한다. 따라서 두 번째 단계에서 이러한 '계몽된 유럽 중심주의'는 유럽의 발전이 유대 세계와 이슬람 세계에 얼마나 많이 빚졌는지, 비유럽적인 다른 문화들도 시기적으로 늦기는 하지만 근대 세계의 발전에 얼마나 많이 독자적으로 기여했는지를 밝혀낸다. 오늘날 우리는 서구식 근대화가 전 지구적으로 확산된 것이 아니라 세계에는 '여러 방식의 근대들'[4]이 존재했다고 간주하기 때문이다. 그러므로 마지막 세 번째 단계에서 '계몽된 유럽 중심주의'는 서구의 자기도취적 역사의 관점을 떠나, 유럽이 관련된 타자들의 역사라는 관점으로 넘어가려고 함으로써 자기를 스스로 극복하고자 시도한다. 물론 '계몽된 유럽 중심주의'는 이미 '타자들'이라는 용어 자체가 비유럽 세계 전체를 우리가 아닌 그들, 즉 '타자'로 분리하기 때문에 불가피하게 유럽 중심주의적 담론의 일부라는 사실을 알지만 말이다.[5]

둘째, 얼핏 볼 때 여전히 남아 있는 유럽 중심주의적 시각은, 우리가 다룰 시대에 아직 다양성을 유지하고 있었던 여러 지역의 역사를 유럽인이 아닌 그 지역민이 스스로 저술한다면 어느 정도 극복할 수 있는 것처럼 보인다. 물론 이는 추가적인 노력 없이 쉽게 이루어질 수 있는 것은 아니다. 하지만 우리는 다행스럽게도 관련된 지역 문화들을 오랜 세월에 걸쳐 심층으로 연구하고, 마치 토착민처럼 지역 언어에 통달한 집필자들을 얻는 데 성공했다. 사실 그런데도 셋째, 자기비판이나 시각의 전환도 우리의 언어와 사고에 깊이 스며들어 있는 유럽 중심주의를 완전히 벗어나게 해 주지 못한다. 다시 말해 많은 세계사적 사건은 유럽 중심주의적 시각이 아니면 달리 표현되기 어렵다. 이 문제는 이미 언급된 '타자들' 또는 '비유럽인'뿐만 아니라 '신세계'와 '발견', '서인도', '인디언', 그리고 특히 '아메리카'라는 개념에도 적용된다. 주지하듯이 '아메리카America'라는 명칭은 '신세계'를 처음으로 언어적으로 상업화한 아메리고 베스푸치Amerigo Vespucci의 이름을 영구적으로 새겨 넣은 것이었다. 그리고 인도네시아와 오스트레일리아, 필리핀, 뉴질랜드 등은 유럽인이 만든 명칭인 데 반해, 인도와 아시아, 아프리카 같은 옛 개념들도 본래 더 좁게 파악되었던 고대의 지리적 명칭이 유럽에서 확산되면서 굳어진 개념이다. 또한 옛 세계의 지역 이름을 신세계에서 재사용할 때 '니우(뉴)'암스테르담Nieuw Amsterdam이나 '뉴'욕(요크)New York처럼 구체적으로 구분해 표현하면 좋은데, 그렇지 않은 사례도 많다. 유럽의 정치적 맥락을 언어적으로 보존한 경우도 적지 않다. 오스트레일리아나 뉴질랜드의 지명에는 빅토리아 같은 왕의 이름이나 웰링턴 같은 장관의 이름도 등장한다. 물론 훗날에 후기 식민주의 시대의 지명인 실론은 스리랑카로, 마드라스는 첸나이로 변했지만, 이런 방식으로 정치적 포장을 바꾸는 것은 사실 제한된 범위 안에서만 가능하다.

그 밖에도 이러한 언어상의 기본 개념을 넘어, 역사학은 그 방법론뿐 아니라 핵심적인 인식 단위에서도 서구적 기원을 지닌다. 옛 식민지들이 서구 교육제도를 수용함으로써 서구 역사학의 방법론과 개념들은 예전과 다름없이 전 세계적으로 비유럽인의 사고에 영향을 주고 있는 것이다. 정치적 탈식민화가 어느 정도 종식되고 경제적 탈식민화가 진전하고 있기는 하지만, 정신적·문화적 탈식민화는 아직 제대로 시작하지도 못했다는 것이 포스트 식민주의 이론가들의 주장이다. 사실 어떤 유럽 또는 미국의 역사가는 최근까지만 해도 나머지 세계를 전혀 고려하지 않은 채 자기의 역사를 저술할 수 있었고, 지금도 그렇다. 하지만 비서구의 역사가는 그가 저술하고 싶은 것이 무엇이든, 연구 단위로서 유럽적 기원을 가진 근대 국민국가라는 개념을 피할 길이 없다. 근대 국민국가라는 개념의 사례는 앞서 언급했듯이 식민지 이후의 시대에조차 근대 서양식의 교육제도와 역사 서술을 통해 유럽 중심주의적 개념들이 비서구 세계에 여전히 관철되며 늘 새롭게 정당화되고 있음을 잘 보여 준다.[6] 무엇보다 비서구의 역사가는 서방의 그레고리력,[1] AD(기원전)와 BC(기원후)같이 예수 그리스도Jesus Christ의 탄생 전후로 구분되는 연도 표기 방식, 서구 역사의 시대구분법에 여전히 묶여 있다.

학문적 이유에서 실용주의적으로 선택한 이 책의 시기적 경계(1350~1750)도 우선은 유럽 역사 서술의 시대구분을 따르고 있다. 1350년에서 1750년까지라는 시대구분은 좁은 의미의 '옛 유럽' 개념을 사용한다. 극단적인 경우 이는 중세 전성기의 마을 형성과 도시 건설에서 산업화까지 이르는 시기를 가리킨다. 이에 대한 대안은 아마도 '근대 초기'(1500~1800)라는 시대구분이겠지만, 이 또한 1500년보다 더 오랜 과거까지 거슬러 올라가는 유럽과 대서양 세계의 장기적 발전 과정을 포괄하는 데는 그리 적합하지 않다. 물론 1350년과 1750년이라는 두 개의 연도는 대부분의 시대구분처럼 단지 편의상 안내의 기능을 지닐 뿐이며, 이 책의 여러 부에서 다소 앞뒤의 시점으로 움직여질 것이다. 그렇게 해야 이 시기 안에 다른 지역들에서도 '시대를 특징지을 만한' 성격을 가진 사건들이 일어나고 있었다는 사실을 관찰할 수 있다. 그런 성격을 지닌 주요 사건으로 한편에는 오스만 제국의 유럽 진출, 모스크바와 몽골족의 불화, 중앙아시아에서 티무르Timur의 세력이 성장한 것, 중국에서 명 왕조가 원 왕조를 몰락시킨 것, 14세기의 동남아시아에서 아유타야 왕조가 수립된 것 등이 있다. 그리고 다른 한편에는 오스만 제국의 몰락 시작, 이란 사파비 왕조의 몰락, 무굴 제국의 몰락 시작, 청조의 통치하에서 중국의 팽창이 절

1 교황 그레고리오 13세Gregory XIII가 선포한 달력으로 기존의 율리우스력을 대체했다. 우리나라도 쓰고 있으며, 현재 세계적으로 통용되는 양력이다.

정에 달한 것, 18세기의 버마에서 팽창적인 제국이 수립된 것 같은 사건들이 언급될 수 있다.

사실 우리가 원한다고 해도 우리는 이미 서구의 영향을 받은 자기의 언어와 시대감각을 벗어나기 어렵다. 또한 어떻게 보면 그것이 필요하지 않을지도 모른다. 이러한 시대구분이 유럽 중심주의적 기원을 갖는다는 사실에 관해 계몽할 경우, 이른바 '타자들'은 그 문제들을 소화해 자기 것으로 만들어 이를 융통성 있게 활용할 것이기 때문이다. '계몽'이 유럽적 기원을 갖는다는 사실을 무시하지 않으면서 진행되는 이러한 전유 과정은 우리가 유럽 중심주의적이라는 비난을 극복할 수 있게 해 준다. 그 좋은 예로서 영어는 영국과 미국의 정치적·경제적·기술적 헤게모니 때문에 광범위하게 사용된 덕분에 전 세계에 확산된 유럽 언어였다. 그런데 이 영어는 그동안 아프리카와 아시아의 수많은 민족의 소유물이 되어서, 이제는 세계의 소통 수단으로서 전 인류의 소유물이라고도 할 수 있게 되었다.

반면에 근대 국민국가는 1350년과 1750년 사이의 유럽에조차 아직 존재하지 않았다. 폭넓게 파악된 앵글로·색슨적 의미에서 국가state라는 개념이 이 책의 몇몇 부에서 등장하기는 하지만, 이 경우에 국가는 엄밀하게 말하면 크고 작은 '제국empire'으로 표현하는 것이 더 적절해 보이는 전前 국가적인 정치 단위[2]를 지칭한다. 그런데 그들이 보이는 다양성 때문에 이러한 분류 단위는 매우 혼란스럽게 보일 수도 있다. 그래서 우리는 그들을 문화 지리적인 다섯 개의 거대 지역으로 분류하고 배치했다. 물론 이런 우회적 명칭은 실용성 때문에 자의적으로 붙인 것이다. 다시 말해 우리는 이러한 분류 방식이 현재의 연구 수준에 비추어 볼 때 특별히 설득력을 갖는다고 간주할 만한 충분한 이유가 있지만, 동시에 이런 분류에 대한 대안이 필요하다는 주장이 대두될 수 있다는 것도 부정할 수 없고, 부정하고 싶지도 않다. 여기서 핵심은 이제까지 그 타당성을 인정받아 줄곧 사용되어 온 공간 질서가, 우리가 이 책에서

2 이러한 정치 단위는 이 책이 세계 도처에서 일어난 제국의 형성을 추적하는 과정에서 다룰 정치적·경제적·문화적 조직의 한 형태다.

시도한 가상의 공간 분류에 토대가 되었다는 점이다.[7]

우리가 구상한 다섯 개의 공간 분류는 역동적인 문화 개념을 상호 관계사적 문제의식과 연결하려는 시도다. 한편 우리는 문화라는 개념을 사실적·공간적·시간적으로 폐쇄된 단위여서 기본적으로 외부의 낯선 자들은 이해할 수 없는 단위가 아니라, 궁극적으로 타 문화들과 끊임없이 상호작용한 결과로서 지속적인 변화 속에 있는 개방적인 단위로 간주한다. 따라서 여기에서는 이주移住가 핵심적인 역할을 한다. 이렇듯 문화사적·관계사적 측면에서 볼 때 이주는 역사적으로 더는 예외적인 현상이 아니라 통상적인 과정으로 파악된다. 그러므로 전통적으로 '침략'이나 '외적의 지배' 등으로 혹평되었던 현상들은 (이슬람의 인도 침입이나 중국 역사에서 나타난 북방 초원 지대 부족(야만인)들의 역할뿐 아니라 무굴 제국이나 만주 왕조 같은 경우에도) 이제 새롭게 평가되어야 한다. 사실 인도나 중국조차 마치 폐쇄된 문화 단위 같은 인상을 주었지만, 사실은 전혀 그렇지 않았다.

그러나 다른 한편으로 모든 역동적 변화와 다양화에도 불구하고 1350년과 1750년의 사이에 중국 문화와 기독교 서양 문화, 동아프리카 스와힐리 문화 등이 당시 세계의 여러 현상을 표현하는 공통분모이자 집단 정체성의 총괄 개념으로 존재했다는 사실은 부정할 수 없다. 특정 원칙code들을 결정하고 이를 따르는 경향이 있는 인간들의 행태는 이러한 상대적 통일성의 한 측면이다. 상대적 통일성의 또 다른 한 측면은 유학의 고전서나 파고다(탑파塔婆) 또는 『신약성경』이나 대성당처럼 그 형체가 명확하게 인식될 수 있는 형상화된 문화 속에 존재한다.

여기서 우리는 각 문화 지역의 내부 혹은 문화 지역들 사이에서 이루어지는 상호작용이 그 빈도에서 점점 차이를 보인다는 (대단히 설득력 있지만 엄밀하게 증명되기는 어려운) 점을 주목해 살펴볼 수 있을 것이다. 이렇게 할 경우 우리는 문화들 사이에 개방성과 폐쇄성이 동시에 발견되는 모순된 현상, 다시 말해 왜 어떤 문화는 다른 문화에 대해 개방적이 되어 가는 동안, 다른 어떤 문화는 폐쇄적이 되어 갔는지를 파악할 수 있을 것이다. 이런 방식을 통해 우리는 내부적으로는 활발하게 소통하고 교류하면서 타 문화에 대해서는 뚜렷하게 선 긋기(배제)를 함으로써 자기 정체성을 만들어 간 문화적 중심 지역들을, 외부와의 소통이 더 중요한 역할을 수행한 결과 문화 간 혼성이 이루어진 권역들과 구별하게 된다. 혼성을 통한 언어적·문화적 혼합은 이미 오래전에 학문적으로 평가되었다. 긴밀하게 교류한 특정 지역들 외에도 특히 교류를 즐기는 집단이나 시기들이 있는데, 그곳에서는 문화적 교류와 혼합이 촉진될 수 있었다. 예를 들어 기독교의 예수회와 중국의 특정 지식인들은 중국의 궁정 안에서 특권을 누렸는데, 그것도 중국이 왕조의 위기이자 지적 위기를 겪었던 17세기에 특별한 교류를 즐겼다. 이것이 바로 특정 집단과 특정 장소, 특정 시기에 발생했던 상호작용의 사례다. 중요한 것은 이들 사례에서 더는 경계가 선명하게 구분될 수 있는 우리 문화와 타 문화라는 문화적 이분법이 아니라, 다각적인 접촉과 혼합, 변형들이 발생했을 것으로 예상된다는 점이다.

이는 이 글의 서두에서 이미 언급했던 발견, 즉 인간은 동시에 다른 세계에 속한다고 느낄 가능성을 지닌다는 것과 상응한다. 이에 따르면 인간은 심지어 동시에, 그것도 명확하게 드러내지 않으면서 여러 세계에 소속감을 가질 수 있다. 아마도 우리가 다루는 시대의 인간 대부분에게는 '나의 마을'이 곧 '나의 세계'라는 원칙이 불문율처럼 적용될 것이다. 그러나 수많은 인간은 이미 자기가 살던 세계를 넘어 더 넓은 공간으로 움직일 줄 알았다. 그렇기 때문에 우리는 서두에 설정했던 가설과 같은 의미에서, 각각 내부적으로는 긴밀하게 교류하지만 대외 교류는 비교적 빈약했던, 그러면서 복잡하게 얽혀 있던 여러 '세계'의 위계질서를 고려해야 할 것이다. 전 지구적 세계사의 전사는 이러한 여러 세계의 역사이자 그들이 상호작용한 역사다. 우리가 제안한 바와 같은 다섯 개의 문화 지리적 거대 지역은 당시의 세계적 규모에서 상호작용과 결합이 이루어지는 공간의 최대 상한선이었을지도 모른다.

우리는 내부 소통이 외부 교류보다 뚜렷하게 강했던 지역, 그래서 아무 조건 없이 하나의 공동 문화로 보기는 어렵지만, 그래도 공통된 특성을 뚜렷하게 보여 줄 수 있었던 공간들을 거대 지역으로 부르기로 가정했다. 예를 들어 당시의 해상 교류를 살펴볼 때, 인도양에서는 유럽 선박과 중국 선박들의 활동이 매우 주변적이었고, 태평양에서는 중국 선박이 거의 보이지 않았으며, 대서양에서는 아예 없었다. 그러나 다른 한편으로 이 세 군데 대양에는 각각 폭풍과 파도를 다루는 항해 기술에서 수많은 경험을 축적한 '토착적인' 공동의 선원 문화가 있었다. 역사적인 소통 공간으로서 '대양'은 이미 면밀하게 연구된 지중해 사례[8]에 이어 오래전부터 연구 대상이 되었으므로, '거대 지역'에 이어 이 책의 두 번째 분석 틀이 될 것이다.

1부 "유라시아 대륙의 제국과 미개척지들"에서 우리는 지구상의 가장 광대한 지역 단위로서 가장 커다란 비중을 부여해도 좋을 유라시아 대륙의 제국들과 그들의 경계 지역들부터 다룰 것이다. 여기서 우리는 힌두스탄과 인도차이나뿐 아니라 아시아의 반도 혹은 아시아에 속한 하위 대륙으로서 유럽도 함께 다루는 데 익숙해져야 할 것이다. 우리가 다룰 시기인 1350년에서 1750년 사이에 이 거대한 공간은 지금까지 세계사에서 가장 넓은 영토를 정복했던 몽골의 지배가 남긴 후유증으로 인해 각종 분쟁이 발생한 지역이라는 점, 그리고 그와 관련해 13세기의 범세계적 교류 시스템이 형성되었다는 점에서 역사적 통일성을 보인다. 장기적으로 볼 때 몽골 왕조로부터 벗어난 중국이, 그리고 몽골의 지배에서 해방되고 이들을 스스로 굴복시킨 러시아가 몽골의 주 상속자로 등장했다. 내륙 아시아의 기마민족들은 경쟁자였던 중국이나 러시아가 제국을 형성하는 데 성공한 18세기에 와서야 비로소 그들에게 무릎을 꿇었다. 일시적이기는 했지만 14세기에서 15세기에 티무르의 지배하에 다시 한번 중앙아시아에 거점을 둔 대제국이 등장했으며, 제국을 형성하려는 도전은 이것이 절대 마지막이 아니었다. 그곳 중앙아시아에서 중국은 17세기에 지배력을 장악하고 왕조를 이룬 만주족의 지배하에 최대로 팽창했다. 반면에 중국의 뚜렷한 영향하에 독립성을 다소 지닌 제국을 형성해 가던 한국과 베트남, 일본 같은 작은 국가들이 중국을 둘러싸고 있었다. 사실 이런 상황은 중국에 합쳐지기 전의 만주 지역에서도 마찬가지였다.

몽골 기마 전사들의 전술은 남아시아와 서아시아에서, 특히 오스만 제국과 사파비 제국, 무굴 제국의 건설에 결정적인 역할을 수행했다. 그리고 그것은 이들 지역에서 이슬람교의 통합적인 역할과 합쳐졌는데, 이슬람교는 지금까지 수니파와 시아파가 격렬하게 대립했는데도 그 어느 곳보다 더욱 강력한 문화적 통일성을 가진, 그 자체로 하나의 '세계'를 구축했다. 2부 "오스만 제국과 이슬람 세계"에서 우리는 오스만 제국과 사파비 제국을 그들의 이전 제국들과 함께 중점적으로 다룰 것이다. 이곳은 유라시아 대륙에서도 지리적 차이와 역사적 차이가 훨씬 뚜렷했던 지역이었다. 구체적으로 한편에는 황무지와 초원이, 또 다른 한편에는 오아시스 및 관개시설을 갖춘 농경지와 도시가 마주하고 있었으며, 다른 한편에는 유목민, 정착민이 된 유목민, 농민, 도시민 등 다양한 사회집단이 역사적으로 공존하고 있었다.

물론 이슬람 세계는 결코 이 핵심 지역에만 제한된 것이 아니었다. 이슬람교도들은 다른 네 곳의 거대 지역에서도 발견될 수 있다. 그들은 3부 "남아시아와 인도양"에서 가장 중요한 역할을 수행한다. 1350년과 1750년 사이에 인도의 넓은 지역들은 북쪽에서부터 점점 여러 이슬람 군주의 지배하에 들어갔으며, 1700년 무렵에는 무굴 제국이 결국 인도아대륙 거의 전체를 정복했기 때문이다. 16세기까지는 중앙인도와 남인도에 강력한 비非이슬람 제국들이 군림했었다. 물론 이후의 시기에 비이슬람에 속하는 다수 주민이 탄압받은 것은 아니며, 그들의 종교들은 이슬람의 시각에서 '우상 숭배'였는데도 대체로 관용되었다. 이 종교들 가운데 다수는 19세기에 와서야 '힌두교'라는 인위적 개념하에 결집되었다. 인도아대륙은 유럽과 마찬가지로 종교적으로만 다채로운 모습을 보인 것이 아니다. 남인도와 북인도 사이에 명백한 언어적·종교적·문화적 대립이 있었다고 이야기한다면 이는 이미 지나치게 단순화된 주장이다. 힌두교도와 이슬람교도 사이의 '동거'는 문화적으로 매우 창조적이었음이 드러난다.[9] 그러나 무굴 제국을 포함해 그 어떤 인도 제국도 바다에는 관심을 두지 않았다. 인도양의 상거래는 대부분 이슬람 상인들의 손에 놓여 있었는데, 이는 이슬람 성지순례자들의 수송과도 관련이 있다. 이들 이슬람 상인의 세계는 건너편 동아프리카 해안에서 스와힐리라는 아프리카와 아시아의 혼합 문화를 만들어 냈다.

4부 "동남아시아와 대양"에서도 무슬림은 말레이반도와 수마트라, 자와

(자바), 말루쿠, 필리핀에 등장하면서 계속 팽창하고 있었다. 그런데 이 지역에는 무슬림 외에 힌두교도와 불교도, 이른바 자연종교의 신봉자들, 그리고 마지막으로 기독교도들도 있었다. 처음에 얼핏 들여다보면 이 거대 지역은 어디서든 서로 이질적인 것들이 인위적이고 강압적으로 뒤섞인 듯 보인다. 여기에는 네 군데의 다양한 거대 지역이 있었다. 인도의 문화적 영향 아래에 있던 나라들(버마와 태국, 캄보디아)과 중국의 영향 아래에 있던 나라(베트남)로 구성된 동남아시아 대륙부, 수마트라와 필리핀 사이에 있는 동남아시아 도서부, 유라시아 제국인 중국의 해안 지역, 한국과 일본, 마지막으로 오스트레일리아와 하와이, 이스터섬 사이에 있는 끝없이 넓은 오세아니아 지역이다. 그러나 다시 들여다보면 이 지역들 사이에 있는 구조적 공통점을 파악할 수 있다. 작은 공동체를 이루며 그 일부는 아직 산적으로 살고 있는 산악 주민 집단들과 건식·습식 쌀농사를 지으며 크고 작은 제국들의 주민을 구성하는 농민들이 서로 마주하고 있는 것이다. 수많은 도시는 분명히 독립적인 작은 제후들의 거주지가 될 수 있었다. 그러나 그곳들은 무엇보다 교역의 중심지였다. 동남아시아는 긴밀한 경제적 교류와 문화적 소통의 공간이기도 했기 때문이다. 이슬람권에서는 이슬람교를 상인들이 전파했다고 전해지는데, 사실 기독교도 교역 활동과 신앙 전파가 밀접한 관계 속에서 진행되었다. 그런데도 만약에 당시의 이 거대 지역들이 주로 바다를 통해 교류했다고 한다면 중심이 되는 소통 공간은 두 군데였다. 오세아니아는 전체적으로 고립 상태에 있었으며, 선박으로 항해 활동을 하지 않은 오스트레일리아는 아직 알려지지 않은 지역이었기 때문이다.

5부 "유럽과 대서양 세계"에서 종합적으로 다룰 세 대륙의 인간들은 모두 당시까지 서로 별 연관성 없이 살았다. 15세기 중반 혹은 15세기 말까지 '아프리카인'과 '아메리카인', '유럽인'은 자기 대륙 바깥의 다른 세계와 그 주민들의 존재에 관해 거의 무지한 상태였다. 기껏해야 몇몇 흑인 노예나 수단 제국에 관한 희미한 뉴스를 당시에 유대인이나 북아프리카 무슬림들이 지중해 세계에 알렸을 뿐이다. 그러나 이때 우발적으로 발생한 몇몇 연쇄적인 행위와 그 발전이 수백 년에 걸친 유럽인의 팽창을 촉발했다. '구세계'의 다섯 서양 국가는 '신세계'를 굴복시켰으며, 아프리카 서부를 교역 시스템 안에 결속했다. 무엇보다도 이 시스템[3]은 아메리카에 아프리카 출신 노예들을 공급하는 데 기여했다. 19세기까지 유럽인 전체보다 많은 수의 아프리카인이 아메리카로 (당연히 강제로) 이주했다. 노예 공급자 역할을 했던 앙골라는 특이하게도 어떤 시기에는 본래의 식민 제국인 포르투갈보다 노예 수입국인 브라질에 정치적으로 강하게 종속되었다. 오늘날 아메리카는 무엇보다 '백인'과 '흑인'만의 세계가 되었다. 이 지역의 본래 주인인 '붉은색 피부 인종'은 대부분의 나라에서 고사했거나, 주변적 소수민으로 전락하고 만 것이다. 대서양은 옛 유럽과 새 유럽 그리고 공동의 교역 파트너인 서아프리카 사이에 존재하는 일종의 호수로 변했다.

제국과 세계 제국들

요즈음 '제국'과 관련된 서적의 출판이 유행하고 있는데, 이는 아마도 정치적인 동기에서인 듯하다. 제국은 예전에는 독일어로 'Reich'로 표기되었지만, 최근에는 영어권의 강세에 따라 'Empire'로 표기되고 있다.[10] 그런데 자세히 보면 독일어나 영어로 된 역사 서술에서 모두 그 개념을 혼란스럽게 사용하고 있다는 사실이 발견된다. '제국'은 '단일한 주권적 권위하에 수많은 지역과 주민들을 지배하는 거대한 규모의 정치 단위'로 정의되는데, 여기서 그 규모의 '확대'는 상대적이며, 통신 인프라와 교통 인프라의 발전 수준과 밀접하게 연관되어 있다.[11] 제국의 반대 개념은 '국민국가nation state'다.

> 제국은 팽창적 성격을 갖는 거대한 정치 공동체이거나 공간적으로 넓게 확대되었던 국력에 관한 기억을 갖고 있는 정치 공동체다. 제국은 제국 안에 통합된 여러 지역 권력들이 이전에 지니고 있던 각각의 특성과 지배 구조들을 통합 후에도 그대로 유지한 정치 공동체인 반면에, 국민국가는 한 민족이 한 영토에서

3 삼각무역의 한 형태로서, 두 나라 사이의 무역수지가 균형을 잃을 때 제삼국을 개입하게 해서 불균형을 상쇄하는 방식이었다. 유럽과 아메리카 사이의 불균형을 아프리카의 결속으로 조정한 셈이다.

하나의 정치 공동체를 구성한다는 사고에 기인한다.[12]

국민국가는 제국에 맞서는 가장 중요한 대안 모델로 간주되며, 때로는 제국과는 전혀 분리된 역사 발전 과정에서 생겨난 정치 공동체로 여겨지기도 한다. 한편 제국을 비판적으로 보는 연구들은 제국이 수많은 점령을 통해 탄생했는데 그때마다 심각한 폭력성을 보였고 차별과 억압을 통한 야만적인 지배 행태를 보였다고 강조한다.[13] 반면에 제국에 향수를 가진 자들은 제국이 베푼 선정善政을 그리워하는 모습을 보인다.[14] 또 다른 이들은 제국이 어떻게 다양한 집단들을 이용해 통치의 근본 문제를 해결했는지를 연구하는 데 주로 관심을 갖는다.[15] 이와 같은 접근법은 국민국가보다 더 인간적인 정치 모델을 찾으려는 열망으로 인해 알려졌다. 오늘날 국민국가는 인종적·언어적 통일성을 갖고 있는 경우가 사실상 매우 드문데도 민족이라는 자기 이해를 근거로 들며 경우에 따라서는 '인종 청소'를 통해서라도 강제로 그러한 단일성을 만들려는 부정적 경향을 보이기 때문이다. 혁명 후의 프랑스 같은 '국가 민족'들은 소수자들이 그들의 언어와 정체성을 포기하고 전적으로 국가에 통합되기를 원하기도 했다. 반면에 16세기의 카스티야인 같은 '제국 민족'은 자기들은 헤게모니를 장악해 통치자의 역할과 기타 특권들을 갖고, 소수민들에게는 기꺼이 이중 언어를 사용하도록 허용했다. 여기서는 소수민들이 다중 정체성을 갖거나 개개인이 '제국 민족'으로 변화할 수도 있었다.

그러나 다른 한편으로 '국가'는 더 상세히 규정되지는 않았지만 일정한 규모를 넘어서는 모든 정치 공동체polity를 뜻하는 일반 개념으로 여겨진다. 국가라는 공동체와 원시 시대의 우두머리 없는 작은 집단들 사이에는 부족tribe과 족장 사회chiefdom, 공국principality, 도시국가city state 또는 도시 공화국urban republic 등 다양한 형태의 공동체들이 있다. 반면에 '제국'은 국가들이 모여 형성한 특별한 조직 형태 외에 다른 것이 아니다. 물론 기존의 국가 영토 바깥에 별도로 제국을 만들어 낸 국가들도 있다. 역사적으로 가장 중요한 사례는 19세기와 20세기에 식민 제국을 거느렸던 포르투갈과 에스파냐, 영국 등 유럽의 국민국가들이다. 근대 유럽 국가들이 세계를 정복하고 서구 '제국주의'

가 절정에 이를 수 있었던 것은, 단지 그들은 인간이 창조했던 가장 강력한 정치 단위인 '국민국가'를 건설한 반면, 나머지 비유럽 세계는 이에 맞설 수 있는 대안을 찾지 못한 채 여전히 그들의 느슨한 '제국'에 머물러 있었기 때문이었다.

이와 동일한 사례[4]는 이미 유럽의 근대 초기에 발생했다. 이때 국가의 전 단계였던 카스티야의 준準국가proto-state는 석기시대 기술을 가진 잉카 제국이나 아즈텍 제국을 물리치고, 자국의 영토에서 멀리 떨어진 남아메리카 대륙에 별도의 식민 제국을 건설할 수 있었다. 반면에 같은 시기의 포르투갈이나 심지어 잉글랜드 같은 유럽의 준국가는 중국, 인도, 일본의 제국들에는 아직 대등하게 맞서기조차 매우 힘겨운 상황에 놓여 있었다. 왜냐하면 발전의 역사를 돌이켜 볼 때 잉글랜드와 프랑스, 포르투갈, 에스파냐는 아직도 앞서 언급한 느슨한 조직 형태로서의 '제국'일 뿐이었다.[5] 물론 이들 유럽 국가는 이미 근대 국민국가 형태를 향해 장족의 발전을 이룩하고 있기는 했다. 에스파냐 왕이 총애했던 재상인 올리바레스 백작 가스파르 데 구스만Gaspar de Guzmán은 1625년에 펠리페 4세Felipe IV에게 당시에 지배적이던 문제가 무엇인지를 명쾌하고 정확하게 설명했다.[6]

> 폐하께서는 자신을 에스파냐 왕으로 만드는 것이 폐하께서 속한 군주국monarchy의 가장 중요한 과제라고 생각하셔야 합니다. 이는 폐하께서 포르투갈의 왕, 아라곤의 왕, 발렌시아의 왕, 바르셀로나 공작이 되는 데 만족하시지 말고, 은밀하게 그리고 끊임없이 이 왕국kingdom을 축소시켜서, 전全 에스파냐가 조금의

——— 4 국민국가로 발전하지 못해 몰락한 제국의 사례를 뜻한다. 그런데 주의해야 할 점은 이 글에서 '제국'이라는 개념이 매우 다양하게 사용된다는 점이다. 국민국가 이전의 느슨한 지배 형태를 '제국'으로 표기하면서, 동시에 강력한 국민국가가 정복 활동을 통해 건설한 또 다른 형태의 지배 체제도 '제국'으로 표기하기 때문이다. 후자는 차라리 '세계 제국'으로 구별해 표현해도 좋을 듯하다.

——— 5 여기서 중국 및 일본의 '제국'과 포르투갈 및 에스파냐의 '제국'이 어떻게 다른지 생각해 보아도 좋을 듯하다.

——— 6 느슨하고 방만한 지배 형태인 제국을 유지하는 것보다 우선은 내실 있는 국민국가로 발전해야 한다는 충언이었다.

차이도 없이 카스티야의 스타일과 법을 따르게 되도록 노력하시기를 바란다는 뜻입니다.[16]

이런 방향으로, 다시 말해 국민국가로 나아가는 결정적인 도약은 에스파냐와 잉글랜드에서는 18세기에 이루어졌다. 그리고 이제야 비로소 제대로 된 '식민지'에 관해 이야기할 수 있게 되었다. 이전까지는 식민 지배를 말할 때 그 주체인 제국의 개념 안에 나폴리나 아일랜드 같은 반半독립적으로 존재하는 국가들까지 포함되어 있었다. 반면에 독일은 1945년까지 줄곧 '독일 제국German Empire'으로 불렸지만, 오스트리아-헝가리 제국처럼 명칭만이 아니라 구조적으로도 제국이었던 것은 사실상 1918년까지였다. 그런데 이때 오스트리아-헝가리 제국이 크고 작은 지위를 갖는 국가들의 복잡한 연합체였다면, 독일 제국은 공작령과 백작령 등 다양하고 이질적인 제후령의 동맹이었다.

그런데도 이것은 단지 19세기와 20세기의 국민국가적 시각에서 볼 때만 '제국'과 '국가'가 같은 비중을 가진 동시적인 대안 체제로서 '국가'라는 상위 개념 아래에 배치될 수 있다는 것을 의미한다. 그러나 유럽사 혹은 심지어 세계사를 통시적이고 심층적으로 바라볼 때는 제국과 국가라는 이분법적 분류를 실제 세계사에 적용하기가 어려운 것으로 드러나므로, 이는 좀 더 복잡한 발전의 역사를 통해 대체되어야 한다. 그렇게 할 때 '제국'은 세계 어디에서나 통일적 조직 구성을 가지지 않은 거대한 정치 공동체를 지칭하는 표준 모델로 보인다. 반면에 '국가'는 우선은 유럽 안에 있던 '제국'에서 태동해 그의 내적 통일성을 점차 강화해 간, 하나의 특수한 유럽적 정치 공동체의 한 유형으로 나타난다. 이렇듯 역사적으로 보아 제국에서 국가로 발전해 나갔던 시간적 진행을 고려한다면, '국가'를 제국을 포괄하는 한 단계 높은 집합 개념으로 보기가 어렵다는 사실이 드러난다.

게다가 (유럽적 관점에서, 그리고 1350년에서 1750년 사이의 기간을 살펴볼 때) 이미 유럽 근대국가의 초기 형태가 제국이라는 형태에서 점차 벗어나기 시작했으며, 시간이 지날수록(국민국가로 나아가는 과정이 진행될수록) 국가와 제국의 차이점이 사실상 뚜렷해졌다. 물론 근대국가는 프랑스 혁명과 19세기에 이르러서야 비로소 성숙 단계에 도달했다.[17] 이렇듯 이 책에서 다루는 1350년과 1750년 사이에는 국민국가로의 발전이 아직 뚜렷하지 않았으며, 전 세계에는 아직 제국들만 존재하고 있었다. 따라서 우리는 여기서 한편으로는 엄연한 사실이면서도 도발적인 주장, 즉 "유럽이 국가를 발명했다."[18]라는 필자의 주장[7]을 둘러싸고 논쟁하지 않아도 된다. 바로 그렇기 때문에 이 책에서 국가라는 표현을 제국과 동의어로 사용해도 역사를 서술하는 데 큰 문제가 없다. 물론 우리가 이 시기에 머무는 한에서 말이다.

제국에는 당연히 큰 제국들과 작은 제국들이 있었다. 이들 사이에 구조적 차이가 없었다고 해도 '제국'이라는 용어는 대체로 큰 제국들에 해당하는 것이기는 하다. 즉 "잉글랜드의 영역realm은 하나의 제국이다."[19]라는 1533년 잉글랜드 의회의 결정은 단지 왕에게 황제와 유사한 권력이 주어진다는 사실을 말하고자 한 것이다. 이는 국가 형성으로 나아가는 초기 조치였을 뿐 아직 대영제국의 탄생을 단정적으로 예언한 것은 아니었다. 그런데도 이 결정은 크고 작은 제국들을 표현하는 다양한 잉글랜드식 상위 개념이 점차 모습을 드러내고 있음을 보여 준다. 영역realm, 왕국kingdom, 군주국monarchy이라는 세 가지 개념이 등장했는데, 이 가운데 왕국이라는 개념이 영역이라는 개념보다 더 많이 쓰이므로 더 좋은 표현이며, 군주국이라는 개념은 가장 추상적이기 때문에 이 가운데 가장 좋은 표현이라고 할 수 있다. 그리고 적어도 1350년에서 1750년 사이에는 전 세계의 모든 제국이 군주국이었다.

그렇다면 '세계 제국'은 과연 무엇을 뜻하는 것인가? 어느 시대든 그 어떤 나라도 지구 전체를 지배한 적은 없었기 때문에 다소간 '세계적인' 영향력을 행사했던 가장 커다란 제국들을 그렇게 표시할 수 있을 것이다. 이 책에서 '세계 제국'이라는 개념이 어떻게 사용되는지, 그리고 그것이 정당한지에 관해서는 좀 더 상세하게 다음 두 가지로 정리할 수 있다.

7 볼프강 라인하르트의 이러한 주장은 학계에서 논란을 불러일으켰다. 따라서 독자들은 저자가 '엄연한 사실'이라고 표현한 부분을 신중하게 읽어야 한다.

첫째, 1350년에서 1750년 사이에, 또는 이 400년 가운데 적어도 일부 시기에 하나의 문화 세계 전체를 지배하거나, 적어도 그 문화 세계의 핵심 지역을 지배한 제국들이 있었다. (1) 황제 국가인 중국과 일본, (2) 점점 더 시아파의 중심이 되어 간 중앙페르시아 문화권의 사파비 제국, (3) 수니파 이슬람의 핵심 지역 안에 있던 오스만 제국, (4) 러시아의 영토와 기독교 정교회를 성공적으로 통합한 러시아 제국, (5) 오늘날 콜롬비아 고원 지역을 제외한 남아메리카 고지대 문화권의 심장부인 잉카 제국.

둘째, 관련 당사자들의 입장에서 볼 때 모든 고대 제국은 많든 적든 당연히 세계 제패를 향한 욕구를 보이거나, 이에 버금가는 주장을 하는 경향이 있었다. 그리고 이 가운데 적지 않은 경우 종교적 담론 또는 어떤 신비적 담론을 통해 지배자들의 욕구를 정당화하는 맥락을 내세운 듯하다. 여기서 핵심은 아마도 이러한 것들이 정치 인류학의 보편적 현상이라는 점이다. 20세기와 21세기의 인종주의, 마르크스주의 또는 시장경제, 민주주의, 인권을 동반한 자유 같은 정치 이데올로기들도 바로 이 같은 보편적인 과제를 채택했기 때문이다.

이와 관련한 여러 사례를 들 수 있다. 중국 황제들은 세계의 중앙에 위치한 제국의 중심으로서 하늘과 땅이 의식을 통해 만나는 접촉점이었다. 불교를 포함한 인도 문화의 영향 아래에 있던 동남아시아 제국들에서는 왕이 '데바라자devaraja(신왕神王)', 또는 적어도 법이나 가르침, 교훈의 바퀴를 움직이게 하고 세계를 관대하게 다스리는 '차크라바르틴chakravartin(전륜성왕轉輪聖王)'이었다. 무굴 제국 통치자의 이름 중에서 자한기르Jahangir(재위 1605~1627)는 '세계의 정복자'를, 샤 자한Shah Jahan(재위 1627~1658)은 '세계의 지배자'를 뜻했다. 무굴 황제의 궁전 주변은 세계 지배를 뜻하는 문화적 상징물들로 가득했다.[20] 또한 그들은 자기들의 정통성을 티무르나 칭기즈 칸Genghis Khan의 계보에서, 그리고 세계를 제패하겠다는 그들의 노골적인 욕구에서 끌어올 수 있었다. 마찬가지로 오스만 제국의 술탄은 우선은 이슬람 전사로서 거둔 성과를 통해 자기의 지배를 정당화했다가, 1517년에 이집트와 인접 아라비아 왕국들을 정복함으로써 자기가 이슬람 성지(메카와 메디나, 예루살렘)의 보호자이자 칼리파의 후계자로서 이슬람 세계를 지배해야 한다는 주장의 중심으로 나섰다. 사파비 같은 또 다른 이슬람 제국의 건설자들도 자기들이 이슬람 세계를 부흥시킬 사명을 받았다고 주장했으며, 이를 위해 마흐디Mahdi[8]가 말세를 이끌 종말론적 정당성을 가진 지도자라는 생각을 환기시키고, 이 세상에 종교적으로 순수한 공동체를 건설하려는 '지하드(성전聖戰)'를 시작했다.

그러나 1453년의 콘스탄티노폴리스 점령 이후 오스만 제국은 비잔티움의 황제 전통도 끌어들였다.[21] 비잔티움의 황제 전통은 비잔티움 제국이 인간이 거주하는 모든 (문화) 세계를 지배하려고 했던 로마 제국의 계승자라는 (사실 관계에는 맞지 않지만, 심적으로는 당연하게 느껴진) 주장으로까지 거슬러 올라간다. 같은 시기에 러시아에서는 모스크바가 로마와 콘스탄티노폴리스에 이어 세계의 끝까지 지배하게 될 제3의 로마라는 사고가 형성되었다. 비잔티움 제국이 멸망한 이후 로마 제국의 계승자임을 주장한 신성 로마 제국도 본래 그들이 떠맡고자 하는 (세계사적인) 종말론적 역할에서 출발한 것이었다. 이에 따르면 로마 제국은 『성경』에서 말하는 네 개의 세계 제국 가운데 마지막으로서 세계의 종말까지 존속할 제국이었다. 그러나 이러한 세계 제국을 부활시키려고 했던 카를 5세Karl V[9]의 시도가 마지막으로 실패한 이후, 신성 로마 제국의 황제는 단지 독일 왕들의 명예를 상징하는 칭호로 전락하고 말았다. 이러한 변화는 여러 국가가 태동하던 당시 유럽의 정치적 상황을 잘 보여 주기 때문에 하나의 보편 왕국(제국)을 건설하겠다는 시도는 시대착오적인 것으로 간주되어 전형적인 정치적 비난 대상이 되었다. 그리고 이런 시도를 했던 유럽의 가장 강력한 지배자들은 그때마다 불명예스러운 평가를 받아야 했다.[22] 그러나 이런 상황은 유럽에 국한된 것이었으며, 잉카 제국은 여전히 어떠한 경쟁자도 없이 '타완틴수유Tawantinsuyu', 즉 '온 세상을 다스리는 제국'으로 불렸다. 그리고 사하라 사막 남부에서 팽창했던 특히 아프리카적인 신성 왕국이 보편적인 세계 제국이라는 목표를 추구했는지, 그리고 그것이 어느 정도였

8 이슬람교에서 구세주 또는 영도자를 가리키는 단어다. 19세기에 수단에서 영국과 이집트를 상대로 일으킨 근본주의 반란의 지도자가 마흐디를 자칭한 사례가 가장 유명하다.

9 에스파냐의 왕으로서는 카를로스 1세Carlos I(재위 1516~1556)다.

는지 우리는 분명하게 말할 수 없다. 따라서 1350년에서 1750년 사이의 지구상에는 관찰자의 시선으로 보았을 때 다양한 주요 제국들이 존재했을 뿐 아니라 내부자의 시선으로 보았을 때도 수많은 자칭 '세계 제국'이 존재했다고 주장할 수는 있지만, 과장된 면이 있다.

제국 건설

전 세계에 걸친 '제국 건설'은 우리가 다루는 시기에서 결정적인 과정 가운데 하나에 속하기 때문에 반드시 그 개념을 정확히 규정할 필요가 있다. 당연히 1350년 이전의 시기도 제국 건설이라는 용어를 사용해 특징지을 수 있을 것이다. 그러나 우리가 다루는 시기에 유라시아의 대부분 제국에서는 왕위 계승 갈등으로 인한 왕권 혼란기가 점차 짧아지고 안정을 찾아가는 동시에 제국이 차지하는 영토가 점점 넓어졌다. 그러면서 이들은 아프리카와 아메리카의 '나머지 세계'까지 포함하게 되었다.[23] 추상화해 표현한다면, 정치적 실체로서 '제국'은 이제 그 발전사에서 정점에 도달했다. 그런데 이 정점이 지나가자, 제국은 세계사를 이끄는 주요 동력으로서 자기의 역할을 곧 당시 유럽 '제국들'에서 태동하던 근대'국가들'에 넘겨주었다.

물론 구체적으로 볼 때 이것은 우리 앞에서 단선적이고 통일적인 역사 발전들, 다시 말해 제국의 몰락과 근대국가의 대두라는 발전이 나란히 진행되었다는 것을 뜻하지는 않는다. 오히려 그 반대가 옳다. 비동시성의 동시성, 즉 지역마다 다른 역사적 발전 단계가 같은 시기에 전개되었다는 점이 여기에서도 읽힌다. 이미 앞서 언급했듯이 여기서 중요한 점은 제국의 몰락과 근대국가의 등장은 단지 위기와 퇴보를 넘나드는 우연한 발전들이 불균등하게 축적된 결과라는 사실이다. 어떤 제국들은 1750년보다 훨씬 이전에 그들의 발전사에서 정점에 도달해 18세기에는 이미 몰락의 길에 접어든 것으로 보인다. 물론 무엇보다 터키나 인도의 민족주의적 시각에서는 오스만 제국이나 무굴 제국의 말기를 단순한 '몰락기'로 해석하는 입장을 비판적으로 본다. 그래서 오늘날 학계는 오스만 제국과 무굴 제국의 말기를 이전보다 훨씬 신중하고 조심스럽게 평가하면서, 종말이나 몰락보다 차라리 정치적 변모라는 표현을 선호하고 있다.

정치체제를 형성하는 과정으로서 '제국 건설'에는 넓은 의미에서 한 제국을 재구성한 일도 속한다. 역사가 시작부터 끝까지 철저히 단선적으로 진행한다는 중국의 역사상에서는 '하늘의 권력'이 주기적으로 한 왕조에서 다음 왕조로 새롭게 위임된다는 생각이 결코 근거 없는 것은 아니었다. 여기에서 위임받은 권력이 하늘의 뜻을 저버릴 경우, 이에 대한 '하늘의 진노'는 이른바 소빙기 같은 극단적인 기후 악화로, 또는 화산 폭발의 결과로 발생하는 암흑천지 같은 자연현상으로 나타난다고 생각했다. 혹한기나 극단적 가뭄 또는 홍수, 흉작, 기아가 그 결과였다. 이러한 자연현상과 함께 치명적인 전염병이 창궐한 경우도 잦았다. 그러면 주민들은 소요를 일으켰으며, 그 결과는 심각한 내전이 될 수도 있었다. 14세기와 17세기에 중국이 겪었던 위기는 지구상의 다른 지역들, 특히 '흑사병'의 공포에 휩싸였던 14세기 유럽에서, 그리고 그 후 300년이 채 지나지 않아 또다시 각종 위기를 겪어야 했던 17세기 유럽에서도 비슷하게 발생했다.

물론 유럽이나 중국에서 발생한 위기들은 제국을 건설하는 과정을 잠시 약화시켰을 뿐이다. 중국에서는 두 번에 걸쳐 제국이 성공적으로 재기했으며, 유럽에서는 기존 권력이 현상을 유지한 결과 장기적으로는 제국을 건설하는 과정이 강화되었다. 따라서 17세기에 발생한 전쟁들은 바로 '국가 건설 전쟁'으로 부를 수 있다.[24] 이와 마찬가지로 프랑스와 일본은 근대국가로 질적인 도약을 함으로써 얼핏 보기에 파탄 지경에 도달한 것처럼 보였던 정치체제의 위기에서 벗어날 수 있었다. 그렇다면 왜 어떤 위기는 지배 체제의 강화로, 어떤 위기는 몰락과 붕괴로 이어지는 것일까?

늘 우연이라는 변수를 고려하지 않고는 일반적인 테제를 내세우기 어렵다. 하지만 여기서 각각 지배 체제의 권력 주체와 수혜 집단이 얼마나 서로 안정적으로 결집했느냐가 분명 결정적 요인이었다. 그리고 권력 주체와 수혜 집단이 결집하는 데는 근대 이전 모든 지역에서와 마찬가지로 가족이 분명히 결정적 역할을 수행했다. 물론 그 구체적인 방식은 각각 다를 수 있다. 제국 수립은 쿠데타를 통해 왕위를 찬탈했을 수도 있는 '건국 영웅'의 권력 의지가 영특한 후손 왕조로 잘 승계될 수 있었을 때 비로소 성공적인 제국 건설로 이어질 수 있었다. 이란의 나디르 샤Nader Shah(재위 1736~1747), 중부 이탈리아의 체사레 보르자Cesare Borgia(재위 1498~1503), 중앙아시아의 '세계를 혼란에 빠뜨린 인물' 티무르(재위 1370~1405)조차도 바로 이런 권력 승계에 실패했기 때문에 역사 속에서 한낮 에피소드로 남고 말았다. 성공적인 제국 건설로 가는 왕도는 영특한 후계자들이 그 어떤 단절도 없이, 혹은 아주 짧은 단절기만을 가진 채 권력을 이어받아 장기간 유지하는 데 있었다. 아크바르Akbar에서 아우랑제브Auranzeb까지(1556~1707) 이어진 인도, 또는 브란덴부르크 선제후 프리드리히 빌헬름Friedrich Wilhelm에서 프리드리히 2세Friedrich II(프리드리히 대왕)까지(1640~1786) 이어진 프로이센이 좋은 예다. 이에 대한 분명한 반대 사례들이 있다. 명 왕조 말기와 청 왕조 말기의 중국 또는 아우랑제브 사후 무굴 제국과 발루아 왕조 최후의 군주들[10] 치하(1559~1589)의 프랑스에서처럼 일련의 후계자가 단명하거나 나약하고 너무 어려 섭정을 받은 결과로 이어받은 권력이 불안정했을 때 정치적 위기가 촉진되었다.

왕가가 대를 이어 가며 제국을 건설한 경우에는 왕가의 구성원이 통치 수단으로 쓰일 수 있었다. 제국 곳곳을 옮겨 다니며 통치한, 합스부르크 가문의 편력 황제 카를 5세는 자기가 다른 지역에 체류할 동안에는 여러 가족 구성원을 다양한 지역의 통치자로 지정했다. 태국이나 아프리카의 여러 제국에서는 왕자들이 지역 제후로 투입되었다. 이 경우에 왕자들에게 각 지역에 대한 전권을 부여함으로써 각각 왕족이라는 품격에 맞는 충분한 재산을 확보해 주려는 의도도 있었던 것 같다. 다른 한편 왕조의 안정을 위해 혼인도 활용되었는데, 왕가와의 혼인은 평화조약을 보증할 뿐 아니라 강력한 권력을 가진 신하들 또는 독립적인 봉건 제후들이 충성을 서약하는 한 형태이기도 했다. 물론 어디서나 왕가의 여성들은 이러한 정략결혼을 감내해야 했다. 적어도 서류상으로는 일부일처제를 따랐던 기독교 세계 군주들과 달리, 일부다처제를 허용하던 여타 세계는 정치적으로 필요하면 언제든지 여성들을 추가로 후궁

—— 10 앙리 2세Henri II와 카트린 드 메디시스Catherine de Médicis 사이의 세 아들을 가리킨다. 프랑수아 2세François II(재위 1559~1560)와 샤를 9세Charles IX(재위 1560~1574), 앙리 3세(재위 1574~1589)는 모두 후사를 남기지 못해 발루아 왕조는 부르봉 왕조로 교체되었다.

에 들일 수 있다는 장점이 있었다. 콩고 왕국에 굴복한 추장들이 즉각 측실을 바쳐야 했던 것이 바로 이런 사례였다.

아마도 이 여성들은 일종의 볼모로 간주해도 될 것이다. 수많은 왕가는 명시적으로 또는 은밀하게 일종의 볼모 제도를 활용했기 때문이다. 일본의 봉건 영주인 다이묘大名들은 쇼군의 수도에 머물지 않는 시기에도 그곳에 자기를 대신할 볼모를 두어야 했다. 태국의 왕자들이나 지역 제후인 귀족들은 주로 왕궁에 머물 것을 요구받았다.[25] 다시 말해 그들의 통치 기능은 단지 지역의 행정 업무를 해결하는 데만 그치지 않았다. 프랑스의 루이 14세Louis XIV도 귀족들을 감시하기 위해 그들 대부분을 궁정에 머물게 했으며, 정교하게 기획된 궁정 예식에 참여토록 했다. 물론 오늘날 우리는 프랑스 궁정의 기능이 이런 단순한 관계에서 끝난 것이 절대 아니라, 다른 모든 궁정처럼 무엇보다 경쟁하는 파벌들이 끊임없이 갈등하며 권력과 후견 관계를 주고받은 거래의 장이었음을 잘 알고 있다.

일부다처제를 택한 비유럽 지역의 궁정에서는 이런 현상이 더욱 심했다. 왕의 후계자 자리를 차지하기 위한 음모가 유럽과는 전혀 다른 차원이었기 때문이다. 일부일처제가 지배했던 유럽에서는 첫째, 문제가 되는 후계자 후보의 수가 매우 제한적이었으며, 둘째, 중세 후기 이래로 대부분의 세습 왕조에서 장남의 장자상속권이 관철되었다. 그러나 유럽 외 다른 지역들에서는 장자상속이 오히려 예외였다. 서아프리카의 다호메이 왕국[11]에는 일종의 자명한 장자상속제가 있었던 반면에, 17세기의 오스만 제국에서는 왕가에 속하는 남자 가운데 최고 연장자에게 왕위를 넘겨주는 쪽으로 발전했다. 결코 선왕의 아들이 무조건 왕위를 승계하는 것이 아니었다. 표트르 1세Peter I(표트르 대제) 이래로 (적어도 이론적으로) 러시아에서는 황제가 후계자를 지명했는데, 이 경우 러시아 황제는 중국 황제처럼 자기의 여러 아들 가운데 가장 영리하다고 평가되는 아들을 선택할 수 있었다. 그렇다고 해서 이 원칙들이 늘 지켜졌

11 베냉 지역에 있던 옛 왕국이다. 오늘날의 베냉 인민공화국은 1975년에 국호를 바꾸기 전까지는 다호메이 공화국이었다.

다고 말하는 것은 절대 아니다.

정반대로 지구상 도처에서 왕위는 사실상 내전을 통해 계승되었다고까지 말할 수 있다. 후계자로 예견된 인물이거나 왕이 지명한 영특한 후계자가 신속히 움직여 적절한 시기에 자기가 원활하게 왕위를 이어받을 수 있도록 지원해 줄 충분한 세력을 확보했을 때만 내전이 발생하지 않았으며, 발생했다고 해도 조속히 종식될 수 있었다. 왕위를 노리는 여러 파벌이 출신 성분이 의심스러운 인물들을 내세움으로써 왕위 계승을 둘러싼 갈등이 더욱 혼탁해졌던 것은 비단 1485년 이후의 잉글랜드나 1605년 이후의 러시아에서만이 아니었다. 17세기까지 오스만인들은 합법화된 형제 살인을 통해 정기적으로 왕위 계승을 둘러싼 문제를 해결했으며, 무굴인들은 이러한 형제 살인을 때에 따라 즉흥적으로 시행했다. 특히 요란했던 학살은 사파비 제국에서 일어났다. 사파비의 샤 아바스 1세Abbas I는 후계자가 되지 못한 아들들뿐 아니라, 혹시 일어날지 모르는 반란을 선제적으로 예방하는 차원에서 많은 조카, 더 나아가 잠재적인 왕권 투쟁 가담자인 황제의 후궁들마저 모조리 살육했다. 이런 여러 가지 사실을 볼 때 정치적으로 영특한 지배자들이 결국 황제 자리에 오르게 된 것은 선왕의 선택 또는 선왕의 장자라는 유전적 우연보다는 사실상 형제 살인 원칙 때문이었다고 할 수 있다.

후궁들이 사는 공간인 하렘은 외부 세계와 철저히 단절되어 있었지만, 무굴과 라지푸트, 사파비, 오스만의 여성들은 간접적으로 강력한 정치적 영향력을 행사했다. 1725년에서 1796년 사이에 세 번에 걸친 짧은 단절기가 있기는 하지만, 러시아에는 네 명의 여제가 있었다. 물론 이 사실은 분명히 러시아에서 여성이 정치에서 막중한 역할을 수행했다는 사실을 보여 주는 가장 중요한 사례이기는 하지만, 때에 따라 여성이 왕위에 오른 것이 유럽에서만은 아니었다. 물론 그렇다고 해도 세계 전체를 보면 이는 남성이 주로 지배하는 세계에서 단지 예외적 현상이었을 뿐이다. 여성 군주는 간혹 있었지만 여성 재판관이나 여성 총독은 없었으며, 여성 군인도 없었기 때문이다. 다호메이 왕국이 보유했던, 그리고 인접국들에 공포의 대상이었던 아마존 여성 군단은 여기서 예외다. 다호메이에서 우리는 여성 군단 외에도 '왕의 어머니'라는 특이한 직책을 마주하게 된다. 콩고 왕국이나 다호메이에서도 발견되는 이 직책은 일종의 공동 통치자를 의미했으며, 생물학적인 어머니와는 절대 동일인이 아니었다.[26] 그렇기는 하지만 여기서도 권력과 통치의 일상 업무는 남성의 전유물이었다.

그런데 아무리 능력이 있더라도 왕가만의 힘으로는 제국 건설을 성공적으로 수행하기에 역부족이었다. 부르고뉴 공국에서는 1363년에 출발해 4대에 걸쳐 왕권을 계승해 온 공작 가문의 남성 후계가 1477년에 샤를Charles 용담공을 마지막으로 단절되었다. 그러자 이제 막 왕국의 지위로 진입하려고 했던 공국은 그 자리에서 분열되고 이웃 국가들의 먹이가 되었다. 반면에 합스부르크 가문이 건설한 오스트리아-헝가리 제국은 1740년에 이웃 프로이센에 이미 실레시아(슐레지엔)를 빼앗겼는데도 제국을 유지했다. 인도에서는 무굴 제국의 몰락과 함께 제국이 해체되고 독립적인 지역 제국들이 등장했다. 반면 중국에서는 원 왕조와 명 왕조가 해체된 후 심각한 내전이 발발했는데도 제국의 통일성은 계속 유지되었다.

제국을 건설하는 과정에서 보이는 이러한 뚜렷한 차이는 단지 제도가 미비했기 때문에 발생한 것이라고 볼 수 없다. 무굴 제국이나 부르고뉴 공국 등은 대단히 효율적인 중앙 관료 기구를 보유하고 있었기 때문이다. 오히려 제국 유지에 결정적인 것은 자기들의 이익을 위해서라도 왕가의 존속을 유지하려고 노력하면서 지속적으로 전체 제국과 자기들을 동일시하는 유력한 사회계층이 폭넓게 존재하는지였다. 전근대의 모든 제국에는 세부적으로는 많은 차이가 있었다고 해도 늘 세 개의 사회계층이 존재했다. 든든한 사회적 결속을 유지하며 귀족으로 불렸던 상류층, 대다수 자유로운 백성, 토지에 묶인 예속민이거나 임의로 매매될 수 있는 노예 또는 둘 다였던 종속민들. 성공적인 제국 건설은 일종의 나선 형태 같은 과정을 거치며 진행되었다. 이 과정에서 한편으로는 기존 상류층이 왕조의 지지 세력으로 확보되었으며, 다른 한편으로는 왕조가 왕가에 충성하는 새로운 상류층을 만들어 내면서 동시에 이를 통해 이미 존재하는 상류층을 한 왕조의 충성 세력으로 변화시켰다. 제국 건설은 이 두 과정이 밀접하게 맞물리며 진행되었던 것이다. 여기서는 상류층 가문이 지위 상승과 신분 상승, 정치적·경제적 이익에 얼마나 관심을 갖는지가 결정적 변수였다.

중국에서는 뚜렷하게 자리 잡은 인종적·문화적 정체성을 토대로 박식한 행정 관료 계급이 재구축되었는데, 이들은 새로 활성화된 제국의 관료 시험제도를 통해 등용되었다. 중국 제국은 몰락하는 순간까지 이 관료의 대부분을 배출한 지역 명망가 집단과 관료들의 공생 위에서 유지되었다. 이러한 관리 등용 제도를 통해 한편으로는 세습 귀족의 형성이 방지되고 일정한 사회적 유동성이 기능했지만, 그런데도 다른 한편으로는 높은 수준의 사회적 응집력이 유지되기도 했다. 무굴 제국은 인도에서 신분 계급에 따라 10에서 5000까지의 번호로 분류된 군사 귀족인 만사브다르mansabdar를 두었다. 그들은 일정한 봉급이나 생필품을 공급받는 대신에 일정 규모의 기마병을 군대에 제공해야 했다. 그 밖에 세금 걷는 관리로 고용되었던 지역 명망가인 자민다르zamindar가 있었다. 하지만 만사브다르들은 제국이 더는 자기들에게 봉급을 지급할 수 없는 위기 상황이 되자 제국에 등을 돌렸다. 사실 제국은 어차피 지역 권력자들을 완벽하게 통제하는 데 성공하지 못했다. 유럽의 귀족들은 기존의 전통 귀족들에 더해 왕가의 전투에 참가하거나 법원 근무와 궁정 근무 등을 통해 추가로 신분 상승을 한 신흥 귀족들이 한데 뒤섞여 있었다. 유럽의 특징은 근대국가로 나아가는 과정에서 도시 출신 법률가들이 실질적인 권력 엘리트로 발전한 것이었다. 그들은 귀족이 되었다고 해도 귀족 내에 자체적인 계급을 형성했다. 대검帶劍 귀족, 궁정 귀족, 관직 귀족과 같은 구별은 프랑스에서 특히 뚜렷했다. 그러나 법률가가 없는 전혀 다른 환경인 아프리카의 베냉 왕국에도 토지 귀족, 궁정 귀족, 도시 귀족, 행정 관료 귀족처럼 유사한 명칭으로 불리는 추장 가문의 구성원들이 있었다.[27]

무슬림 제국들과 중국에는 지배자가 일부다처제를 시행한 것과 관련해 수많은 환관이 있었다. 무엇보다 중국에서는 환관들이 정치적 기능을 수행한 시기도 있다. 15세기 초에 서방 함대의 제독이었던 정화鄭和처럼 때로는 중요한 관직을 맡기도 했던 것이다. 게다가 명 왕조 후기에는 이들이 결집된 하나의 신분으로 발전해, 궁궐 내의 권력을 둘러싸고 문신들과 경쟁하기도 했다.

그렇기 때문에 이 권력 투쟁에서 환관들을 이끌었던 지도자들도 제국 몰락에 대한 책임을 져야 했다.

환관들에게는 조상도 후손도 없었다. 다시 말해 그들의 관직과 수입은 가족의 재산으로 축적되었다가 나중에 왕권에 해를 끼칠 수가 없었다. 그런 의미에서 환관의 존재는 정치적으로 대단히 의미가 컸다. 중세 이래로 로마 교회는 성직자 독신 제도를 통해 성직자들의 결혼을 강제로 금지해 이와 비슷한 효과를 노렸다. 그런 의미에서 우리는 로마 교회를 교황의 '제국'으로 간주할 수 있다. 이 제국은 이미 '국가성'의 초기 모습을 보일 정도로 제국 건설에서 선구적이었기 때문에 로마 교회의 영향권 아래에 있던 유럽 국가들에 하나의 모델이 되었다. 물론 교황 제국의 수하인 성직자들에게는 대부분 귀족 계층에 속하는 친척들이 있었다. 그래서 성직자들은 순결 의무 때문에 재산을 물려줄 후손이 없었는데도 교회 재산에 관한 일종의 비공식적인 조카 상속권(친족 족벌주의)을 이용해 친척들에게 재산을 물려주었다.

그 밖에도 기독교 정교회를 포함한 다른 모든 정치 문화권과 달리, 라틴 유럽에서는 로마 교회가 강한 권력을 지닌 덕분에 종교 권력과 세속 권력의 이원주의가 견고하게 발전했다. 물론 정치와 권력은 깔끔하게 분리될 수 없었다. 교황과 교회의 고위층은 정치적 사안에서도 발언권을 주장한 반면, 세속 군주들은 자기들의 종교적 정당성이 교회가 아닌 '신의 은총' 덕분이라고 주장했다. 그러나 서로 이해관계가 다르고 서로 다른 조직을 보유해 서로 다른 인적 자원과 정체성을 가진 여러 개의 권력 중심이 존재한다는 사실이 점차 확실해졌다. 그 결과 정치와 법, 로마법 전통을 다시 추가로 도입함으로써 유리한 지위를 갖게 된 정치가와 법률가들이 교회의 종교적 속박에서 서서히 벗어났다. 그리하여 근대국가는 교회로부터 벗어나 일관성 있게 세속성을 갖게 되었다. 물론 이는 최종적으로는 1750년이 지난 후의 일이기는 하다.

그 외에는 세계 도처에서 정치와 종교가 무엇보다 인맥을 통해 매우 긴밀하게 연결되었다. 물론 티베트의 신정주의神政主義에서 발전한 것 같은 종교의 우위는 예외였다. 일본에서는 불교의 사찰 정치를 '전국 통일'을 달성한 도요토미 히데요시豊臣秀吉가 잔혹하게 파괴했는데, 물론 히데요시는 그렇게 해야 할 이유를 분명히 알고 있었다. 보통 종교는 여러 가지 방식을 통해 정치에 흡수되고 말았다. 군주는 앙코르에서처럼 신적인 후광에 둘러싸여 있으며, 아프리카에서처럼 신들과 영혼의 세계를 상대로 특별한 관계를 맺고 있었다. 신망 높던 무슬림의 제국 창시자들조차 부분적으로는 주술사로서 지닌 자기의 명성에 힘입어 정치적으로 성공할 수 있었거나, 자기의 성공을 적어도 중국의 '천자天子(하늘의 아들)'나 (진정한 믿음을 전파하기 위한 선구적 투사로 형상화된) 수많은 무슬림 술탄처럼 신이 자기에게 맡긴 소명인 것으로 정당화할 수 있었기 때문이다.

비유럽 세계에서 종교계와 문화계의 엘리트들이 누리던 자율성은 라틴 유럽에서보다 훨씬 제한되어 있었다. 여기서는 대부분의 경우 정치권력과 일종의 공생 관계가 형성되었다. 법은 도처에서 종교적·도덕적 성격을 유지했다. 이 점에서 중국은 다소 예외였지만, 유럽에서 대두했던 것과 같은 일종의 정치 계급으로서의 법률가는 존재하지 않았다. 중국의 정치 계급은 자신들의 도덕적 권위를 내세우는 지식 계층이었다. 이슬람 세계에는 조직으로서의 교회가 없었지만, 보편타당성을 가진 종교법(샤리아)[12]은 있었다. 이 법에 정통한 수많은 전문가(울라마)들은 정치권력과 서로의 이익을 위해 협력해야 했다. 그러나 술탄들은 칼리파들과 달리 종교적 정당성을 부여받지 못했다. 그래서 술탄의 법은 자동적으로 종교법의 하위로 분류되었다. 그렇지만 법학자들 외에 독실한 개인적 신앙을 대변하는 수피들이 있었다. 무엇보다 인도에서는 수피들이 이슬람을 확산시키는 데 지대한 공헌을 한 것으로 높이 평가된다. 그들은 군주에게 영향을 미칠 수 있었으며, 수도회(데르비시[13] 수도회)로 조직되어 막중한 정치적 영향력을 행사했다. 이란의 사파비 왕조는 출신 성분으로 볼 때 아르다빌에 있는 수피 수도회의 세습 족장이나 다름없었다. 인도의 브라만들도 마찬가지로 법의 형태를 띤 종교적 전통(다르마)[14]의 수호자인 동시에, 제사 의식(예배)을 위해 봉사하는 전문가였다. 기껏해야 불교의 승려 공동

12 『꾸란』과 예언자 무함마드의 언행에 관한 구전에 기초를 둔 이슬람법이다.

13 청빈과 규율을 중시하는 무슬림 수도사를 가리킨다.

14 인도철학의 개념 중 하나로, 동아시아로 들어온 불교에서는 법法으로 한역된다.

체(승가僧伽)가 가지고 있던 전통적인 법 정도가 정치권에 맞서 자치권을 요구하는 입장이었다. 그런데 이런 상황은 앞서 언급했듯 결국은 신정주의로 흘러갈 수 있었다.

법률가들이 등장하기 이전에 중세 유럽의 군주들은 비非자유민을 전쟁 복무나 법률 업무에 고용했다. 이들은 후에 미니스테리알레ministeriale[15]라는 특수 계층으로 성장했다. 많은 국가에서 군주는 이와 유사하면서도 더 과감한 방식으로 오직 군주 자신에게 직속되는 군대를 조직하려고 했다. 각각의 귀족이 투입하는 병력과는 별도의 조직으로 말이다. 그 결과가 노예 군단 결성이었다. 이미 우리가 다루는 시대 이전에 대부분 튀르크인으로 구성된 유사한 부대들이 근동 지방에서 활동했었다. 이집트에서는 1250년에 이들 노예 군단 출신인 맘루크들이 권력을 잡았으며, 그들의 인적 구성은 다양하게 변했지만 1517년까지 권력을 유지했다. 이란에서는 샤가 주로 기독교계 조지아인 가운데에서 모집한 굴람들이 있었는데, 이들은 샤의 편에 섬으로써 샤의 동족(이란인)으로 구성된 기마 부대 키질바시에 대한 견제 세력으로 작용했다. 송가이나 카넴-보르누 같은 수단[16] 제국들도 그들의 정규 기마 부대 외에 이들과 유사한 노예 군단을 창설하고 운영했다.

가장 잘 알려진 사례가 15세기에 오스만 제국에서 창설된 노예 출신 엘리트 부대인 예니체리(술탄의 친위대)인데, 이들의 존재 의미는 16세기에 절정에 달했다. 오스만 제국에서는 원칙적으로 술탄의 노예들이 직업군인과 행정 관료에 임명되었는데, 이들은 아무런 구체적 사유 없이 언제든 죽임을 당할 수 있는 존재였다. 그런데도 예니체리는 신분 상승의 기회가 있을 뿐 아니라 다른 신하들과 달리 납세 의무에서도 해방되었기 때문에 인기가 높았다. 무굴 제국이나 그보다 더 동쪽 지역에서는 이와 비교할 만한 사례가 없었던 것

15 중세 독일에서 비非자유민 출신으로 고급 직무에 종사한 특수 계층을 가리킨다.

16 여기서 수단은 오늘날 같은 이름의 국가가 차지하는 영역이 아니라 역사적인 지역으로서 사하라 이남을 가리킨다. 송가이와 카넴-보르누가 있었던 서부 수단은 동서로 대서양 연안에서 차드호에 이르는 지역이었다.

같다. 반면에 '폭군'[17]으로 불렸던 러시아의 차르 이반 4세Ivan IV는 1565년에 유사한 부대인 오프리치니나[18]를 창설했다. 이들은 노예 출신으로 구성된 것은 아니었지만, 황제는 이들의 테러를 뒤에서 조장하고 이용해 제국에 대한 황제의 장악력을 강화하려고 했다.

제국 건설과 군주의 권력 강화를 위해서는 자원을 확보하는 능력도 매우 중요했다. 전쟁을 위한 자원과 자원을 둘러싼 전쟁이 제국을 건설하는 본질적인 동력이었기 때문이다. 사하라 남부 아프리카가 이 문제에 관한 교훈적 사례라 할 수 있다. 이곳에서는 제국을 건설하는 과정을 유라시아보다 늦게 시작했기 때문에, 유라시아에서 이미 아득한 과거에 발생한 제국 건설 과정을 우리가 이 책에서 다루는 시기에 진행했다. 자원을 둘러싼 갈등이 뒤늦게 발생한 이유는 아프리카 대륙이 자원 부족 지역이기 때문이다. 평균적인 토지 생산성은 매우 낮으며, 체체파리 때문에 가축 사육은 어디서든 도저히 불가능했다. 정기적으로 발생하는 전염병과 기아도 그 대가가 심각했다. 비생산적이면서 경제적으로 기생적인 통치 기구를 유지하기 위해 많은 양의 잉여생산물이 필요했지만, 이 지역의 인구 증가는 대단히 느렸기 때문에 달성하기가 매우 어려웠다. 나일강 계곡 지역이나 유라시아의 티그리스강과 유프라테스강에 인접한 옥토 지대들과는 도저히 비교할 수 없는 상황이었다. 하지만 인구와 사용 가능한 잉여생산물은 제국을 건설하기 위해 절대적으로 중요한 자원이었다. 장거리 무역을 통해 풍족한 자원이 추가로 유입된 삼림지대인 기니에서는 특히 인상적인 제국이 번성할 수 있었던 반면, 콩고 분지 남쪽의 인구밀도가 낮은 사바나 지역에서는 제국 건설이 특히 천천히 진행되었다. 여기서 추가로 유입된 자원은 아샨티 제국의 금과 다호메이 왕국의 노예를 뜻한다.

우리는 당시에 제국들이 어떤 방식으로 필요한 물자를 확보했는지 아직 자세히 알지 못한다. 우리가 아는 한 그들은 첫째, 신속하고 성공적인 정복 활

———17 러시아어로는 잔혹하다는 뜻의 '그로즈니'이며, 한자로는 흔히 뇌제로 표기한다.

———18 이반 4세가 사적으로 소유한 직할지와 그 관리 체제를 말한다. 좀 더 정확히는 오프리치니나를 관리하는 오프리치니키라는 군대 조직이 귀족들을 탄압하는 비밀경찰 및 행동대 역할을 했다. 서구에서는 일반적으로 이 군대 조직을 오프리치니나로 부른다.

동을 통해 이웃 국가들의 자원을 차지했다. 전리품을 획득하기 위해 전쟁을 벌이는 것은 옛 오스만 제국의 생존과 번영에 도움을 주었을 뿐만 아니라, 그 전리품의 중요한 요소는 노예로 팔리거나 왕가의 토지에서 군주를 위한 경작에 투입되었던, 추가 자원을 창출할 수 있는 전쟁 포로들이었다. 포로들이 높은 신분 출신일 경우에는 중세 후기 유럽에서처럼 막대한 몸값을 받아 낼 수도 있었다. 분명 한 제국의 군주가 전리품을 홀로 독점할 수는 없었다. 다시 말해 그들의 지배는 전리품 가운데 적당한 분량을 그의 전사들에게 배분함으로써 유지되었다.

둘째, 전쟁에서 굴복한 부족들이 제국에 정기적으로 또는 군사적인 강압으로 공물을 바쳤으며, 마지막으로 셋째, 백성들이 그들의 생산물과 분배받은 재산, 소비품 가운데에서 세금을 바쳤다. 공물과 세금은 오랫동안 자연 생산물로, 대개는 곡물 형식으로 납부되었으며, 이들은 흉년이나 전쟁에 대비해 비축될 수 있다는 장점이 있었다. 그러나 제국 입장에서는 무엇보다 재활용이 용이한 현금으로 받는 것이 효과적이었다. 16세기 이래로 서방의 은이 유입되자 오스만 제국과 인도, 중국에서는 세금을 현금으로 걷는 것이 훨씬 용이해졌다.[28]

그러나 이로써 세금을 징수하는 문제가 해결된 것은 아직 아니었다. 세금 납부를 면제받을 수 없었던 사람들은 모두 세금을 납부해야 했다. 생산물이나 토지 같은 분명한 유형의 재산을 갖고 있었던 농민들은 어디서나 항상 세금을 내야 했다. 이들에 비해 무역 종사자나 상업 종사자들의 재산, 특히 현금 재산은 파악하기가 어려웠다. 비상시를 위해 의도적으로 설치해 놓은 검색 과정에 세금을 부과할 만한 가치 있는 물건들이 발견되는 경우에 압류하는 것이 가장 쉬운 방법이었다. 국가로서는 여러 세금 가운데에서 일상 생활용품에 대한 소비세가 (수많은 유럽의 전근대국가에서 일종의 노다지 재원으로) 선호되었지만, 이는 주민들이 가장 증오하는 세금이었다. 물론 통제할 수 있을 만큼 충분히 고밀도로 형성된 거주 단지가 존재한다는 것이 소비세를 징수할 수 있는 전제 조건이었다. 프로이센의 경우, 평지에 있는 마을들은 일종의 기초세를 납부했던 반면, 단지 징세 목적을 위해 성벽으로 둘러싸여진 도시들에는 소비세를 부과했던 것이 우연이 아니었다.

유럽의 여러 국가와 오스만 제국에서 일상화되었던 세금 청부제는 징세의 단순화와 촉진에 기여했다. 전제 조건은 현금 동원력이 있는 자본가계급의 존재였다. 납세자들이 내야 할 세금을 그들이 대신해 국가에 먼저 납부하는 것이 핵심이었기 때문에, 이는 '국채'의 초기 형태의 일종으로 볼 수 있다. 기타 유라시아 국가 대부분에도 유럽과 마찬가지로 화폐와 자본이 매우 활발하게 유통되고 있었다. 그러나 이 지역들에서도 이를 토대로 군주에 대한 정기적인 신용 대출이 존재했는지는 알려지지 않았다. 군주들에게 앞으로 징수할 세금을 담보로 대출해 줄 경우, 그의 후계자가 선왕의 부채를 분명히 상환하기로 보장된 것은 아니기 때문에, 유럽에서도 세금 청부제는 오랫동안 고도로 불확실한 사안이었다. 그런데도 이렇게 불안정하게 출발한 대여 제도는 점차 확대되어, 우리가 다루는 시대가 끝나 갈 무렵이 되면 선왕이 재위 당시에 공적으로 지급을 보장한 부채뿐 아니라 전체 공동체가 끌어다 쓴 부채가 엄청난 규모로 증가했다. 당시에 서서히 형성되고 있었던 근대국가는 바로 이렇게 거의 무한하게 동원될 수 있는 자본을 토대로 해서 점차 막강한 권력을 수립할 수 있었다.

조세의 주요 목적으로는 궁정 유지와 세계 어디서나 일반적이던 군주의 건축 사업을 위한 재정 충당보다는 수많은 전쟁을 치르기 위한 비용 조달이 더 중요했다. 당시에 발생한 전쟁으로는 제국을 확대하기 위한 작은 국지전들, 경쟁 국가를 제거하거나 굴복시키기 위한 거대한 전쟁들, 지배 체제를 강화하기 위한 내전들(왜냐하면 왕조의 안정은 왕위 계승을 둘러싼 갈등의 핵심이었다.)이 있었다. 이처럼 제국은 사실상 많은 전쟁을 통해 만들어졌으며, 혼인 정책 같이 전쟁이 아닌 방법을 통한 평화로운 동반 성장을 추구하는 것은 당시에는 일반적이라기보다 예외적이었다.(합스부르크 제국이 부분적으로 이런 방법을 사용했다고 주장하는 사람들도 있지만, 그런 주장은 전적으로 옳지는 않다.) 물론 다원적 특성을 가진 것으로 악명 높은 유럽에서는 어떤 하나의 거대 제국이 관철될 수 없었다. 그렇기 때문에 유럽에서는 18세기까지 군주정들 사이에 마치 정기적인 업무처럼 빈번하게 전쟁이 발생하기는 했어도, 어느 정도는 안정적인 불안정이 전개되었다. 이러한 상황 때문에 유럽에서는 상호 외교사절단 파견 및 상시 거주, '국제'회의, 근대적인 국제법의 전 단계 같은 고유한 제도들이 발전했다. 다른 어떤 지역에서도 이와 유사한 상황은 발견되지 않으며, 기껏해야 15~16세기의 인도에서 비슷한 상황이 일시적으로 존재했지만, 결국은 무굴 제국이 전체 인도에 대한 지배권을 장악했다. 이처럼 역사적으로는 막강한 제국에 의한 압도적 통치가 '정상적인' 지배 방식이었다.

화기

마셜 호지슨Marshall Hodgson은 1974년에 출간한 저서 『이슬람 세계의 역사 *The Venture of Islam*』의 세 번째 권에 '화약 제국과 근대'라는 부제를 달았으며, 1장의 제목은 부제에 맞게 '제2의 개화: 화약 제국'으로 붙였다. 그러나 책의 본문에는 화기가 거의 등장하지 않는다. 화기에 관한 언급은 오스만 제국과 관련한 것이며, 그 밖에 사파비 제국에 관해서는 주변적으로만 언급되었다. "(……) 그들은 화기 부대에 기초해 본격적인 관료제를 수립할 수 있었다."[29] 여기서 화기 부대에 기초한 관료제란 앞서 언급한 굴람을 뜻한다. 화기가 확산된 역사는 그리 단순하지 않은데도 오스만의 화기 사용을 별 생각 없이 간단하게 화기의 세계사적 발전 과정 속에 자리매김해 놓은 그의 주장은 그동안 지배적인 학설이 되었다.[30] 그에 따르면 오스만인과 사파비인, 무굴인들은 모두 화기를 사용했기 때문에 15~16세기 이슬람 세계의 대부분을 지배할 수 있었으므로 이들은 '화약 제국'으로 불린다. 2003년에 출간된 같은 제목의 공상과학소설은 '화약 제국'이라는 명칭이 더욱 널리 인기를 얻고 확고히 자리 잡게 만들었다.[31]

그러나 '화약 제국'이라는 개념은 역사적으로 부적절하며 사실 관계는 훨씬 복잡하다. 오스만, 사파비, 무굴이라는 이 세 제국의 성공은 우선 튀르크-몽골적 전통을 가진, 갑옷을 입었든 안 입었든 항상 말을 잘 탔던 기마 부대 덕분이었다. 그 부대들은 본래 다양한 군사적 봉토(오스만 제국에서는 '티마르timar', 사파비 제국에서는 '티율tiyul', 무굴 제국에서는 '자기르jagir'로 불렀다.)의 소유자들이 제공한 병사들로 구성되었다. 그 밖에 수단의 제국들도 강력한 기마 부대 덕분에 성립될 수 있었는데, 이 기마 부대는 무슬림들이 재갈, 안장, 등자 등 마구를 도입한 후에 막강한 전투력을 발휘했다. 그들의 주 무기는 창과 칼이었는데, 유라시아 제국들의 경우에는 대부분 활과 화살, 특히 강한 파괴력을 가진 조립된 합성 반곡궁이었다. 기마 궁수는 말을 탄 채로 짧은 시간에 여러 발의 활을 쏠 수 있었는데, 이를 위해서는 철저한 훈련이 필요했다. 반면에 새로 등장한 소형 무기들이나 무거운 장총 또는 조금 가볍지만 명중률이 높은 소총 등은 누구나 사용할 줄 알았다. 그러나 소총수가 한 발을 장전하는 동안 한 명의 궁수는 최소한 열다섯 개의 화살을 날릴 수 있었다. 그 외에도 장총에서 발사되는 0.5온스(15그램) 총알은 그리 큰 손상을 입히지 못했으며, 2온스(60그램) 총알이 개발된 후에야 비로소 위험해졌다. 그 밖에도 오랫동안 소총은 기마병이 아닌 보병에게만 지급되는 무기였다. 따라서 왕에게 예속되어 있던 봉신인 기사들을 중심으로 구성되었던 기마 부대와 달리, 오스만과 사파비의 경우처럼 노예로 구성되었던 이른바 궁정 상비군들에게는 총포를 지급하는 일이 점점 더 많아졌다. 16세기의 오스만에서는 그 무장의 규모가 크게 증가해 이 제국만은 '화약 제국'으로 지칭될 수 있을 정도였다.[32] 그러나 1591년에 모로코인들도 이 소총을 사용해 수단 송가이 왕국의 (창을 든) 기마대와 궁수들을 물리쳤으며, 인도에서도 오스만 제국에서 온 용병들이 총기 전문가로 높이 평가받았다.

물론 '화약 제국'이라는 명칭은 '대포'와도 관련되어 있다. 이 분야에서는 오스만인들이 이미 15세기에 서양인들과 대등한 위치에 있었는데, 강력한 포위 공격에 사용된 대포가 우선 그러했다. 오스만 제국의 셀림 1세Selim I가 사파비와 이집트의 맘루크에 맞서 승리한 것은 소총뿐 아니라 야전 대포를 투입했기 때문이었다. 중국과 '서양'에서 대포는 원래 철로 만들어졌다가, 점차 청동으로 주조되었다. 물론 청동이 재료는 더 비쌌지만 주조하기가 더 간단하고 제조하는 비용도 적게 들었다. 그 밖에도 달구어진 쇠를 불려 만든 대포는 폭파되는 경향이 있었기 때문에 청동 대포가 더 신뢰할 수 있는 무기였다. 그런데도 16세기 중반에 잉글랜드는 철제 대포를 주조하는 데 성공해 보병과 해군을 저렴하게 무장시킬 수 있었으며, 17세기 중반 이후로는 약 100킬로그램이 조금 넘는 가벼운 야전 대포도 보유할 수 있었다. 이러한 발전에는 기껏해야 오스만인들만 보조를 맞출 수 있었다. 유럽이 많은 전투에서 승리할 수 있었던 비결은 고도로 훈련된 창병과 점점 더 증원된 소총수로 구성된 보병, 그리고 이들을 지원했던 야전 대포였다. 17세기에 칼이 장착된 총이 발명되자 이는 (사실상 창과 총포를 결합시켜) 보병 전원을 창병으로 만들었다. 러시아가 스텝[19] 지역의 부족들을 굴복시킨 것도 이 때문이었다.[33]

중국과 인도는 유럽처럼 이미 14세기에 대포를 보유하고 있었다. 15세기에 비자야나가르의 군주를 포함한 다양한 인도의 통치자들은 튀르크인과 '프랑크인'[20]들의 도움으로 포위와 학살을 위한 대형 포대를 만들었다. 바부르Babur는 이미 1526년에 야포를 배치했으며, 그의 후계자도 전투 진형의 중앙에 보병과 대포를 배치하곤 했다. 물론 실제 전투에서 결정타를 가하는 것은 예나 지금이나 여전히 기마 부대의 진격이었다. 그렇기 때문에 내륙 아시아에서는 말 공급이 더할 나위 없이 중요한 역할을 수행했다. 특히 무굴인들의 포위 공격용 대포는 거의 사용될 필요가 없었다. 특정 산악 지역의 성벽(산성)에는 대포가 아예 배치될 수 없었기 때문이다. 그리고 무굴인들은 무기를 계속해서 개량했는데도 기술 부족 때문에 철로 주조된 대포를 대량으로 생산하던 유럽인들에게 더는 경쟁 상대가 되지 못했다.[34]

중국은 무기 생산에서 이전에 그들이 보유하던 기술적 우위를 빼앗긴 지 이미 오래였다. 무기 제조 기술에서 서로 영향을 주고받던 관계는 16세기에 역전되었다. 포르투갈인뿐 아니라 튀르크인도 이미 소총 기술에서 중국에 앞서는 지위를 차지했다. 그래서 17세기에는 중국의 궁궐에 머물던 예수회 수도사들이 수백 종의 근대적인 유럽식 대포를 주조하는 데 동원되어야 했다.[35]

일본에서는 대략 16~17세기에 전국이 통일되는 과정에 '화약 제국' 문제와 관련해 의미심장하고 교훈적인 발전이 일어났다. 일본의 무사들은 포르투갈식 총과 대포의 군사적 잠재력을 즉시 깨달았으며, 그들이 보유한 고도로

——— 19 온대 초원 지대로서 건조한 계절에는 불모지로, 비가 내리는 계절에는 푸른 들로 변한다. 여기서는 우랄산맥 일대에서 중앙아시아로 이어지는 초원 지대를 가리킨다.

——— 20 주로 이슬람 세계에서 유럽인을 가리키던 명칭이다. 유럽인들이 무슬림을 '사라센인'으로 뭉뚱그려 부르던 것과 대비된다.

발달된 야금술과 기술력 덕분에 즉각 개선된 복제품을 제조할 수 있었다. 그들은 여러 가지 발명 가운데 특히 우천에도 화승총을 사용할 수 있게 하는 장치를 발명했다. 전국 통일을 이끈 삼영걸三英傑 가운데 첫 번째 인물인 오다 노부나가織田信長는 1575년에 화승총 부대 덕분에 전국 통일을 위한 결정적인 승리를 거두었다. 두 번째 인물인 히데요시가 한반도를 침략하기 위해 군대를 보낸 군대의 4분의 1은 소총수로 구성되어 있었다. 조선인들은 낡은 중국식 대포로 그들에게 맞서 싸워야 했으며, 강력하게 반격해 오는 명군에 대비하기 위해 일본 지휘관들은 본국에 더 많은 총포를 공급해 달라고 요구했다. 그러나 이때부터 히데요시는 총포의 확산을 통제하기 시작했다. 세 번째 인물로서 일본을 최종적으로 통일한 도쿠가와 이에야스德川家康와 그의 후계자는 1607년에서 1625년 사이에 막부(바쿠후幕府)에서만 총포를 생산할 수 있게 하는 독점화 조치를 내렸으며, 이를 총포 생산을 점차 폐지하는 방향으로 이용했다. 화승총으로 치른 마지막 전투는 1637년에 시마바라에서 발생한 기독교도 봉기를 진압하는 전투였다. 그 후에 사무라이의 칼이 다시 등장해 19세기까지 사용되었다.

도쿠가와 막부는 당시에 그들이 채택한 고립 정책 때문에 처음부터 외국에서 수입된 것으로 의심되는 무기 제조 기술을 강제로 포기하게 했다. 그러나 이 총포 무기를 포기한 것은 사실 사회 문화적 이유에서였다. 일본의 엘리트들은 전사, 즉 사무라이로 구성되어 있었는데, 그들은 의식화된 전투와 칼을 철저히 숭배하는 문화에 젖어 있었다. 전사들의 의식적인 가르침이 없이 출신이 모호한 아무 병사나 쉽게 총포를 다룰 수 있다는 생각은 그들로서는 받아들이기 어려운 끔찍한 일이었다. 일본의 지배층에서 수적으로 다수를 형성했던 사무라이들은 새로운 대외 정책(고립 정책)하에서 '칼로 복귀하기'를 관철했다.[36] 이들 사무라이처럼 화승총을 천박한 무기로 보고 멸시하는 귀족적 자세를 갖고 있던 맘루크 혹은 초기 사파비인들은 일본 사무라이처럼 과거로 복귀하는 노선을 관철할 다수 세력을 갖지 못했다.[37] 마지막으로 16세기 유럽의 귀족들도 아직 이런 거부감을 갖고 있었으며, 윌리엄 셰익스피어William Shakespeare에게서도 흔적이 나타난다.[38] 18세기에도 인도의 군주들은 잘 훈련된 유럽의 보병을 심각하게 여기지 않았다. 유럽의 보병들은 '무굴 제국의 기마 군단이 가진 독립적인 사고방식'을 갖지 못한 존재들이었기 때문이었다.[39] 이 얼마나 엄청난 결과를 가져온 오판인가!

바다와 대양

"그러나 중국인도, 그 어떤 다른 민족도 바다에서는 유럽 선박의 경쟁 상대가 되지 못했다. (……) 중국인과 튀르크인, 인도인들은 유럽인들이 보유한 함포가 매우 파괴력이 크다는 사실 때문에 해전에서 사용하는 자기들의 전술을 하루빨리 바꾸어야 한다는 절박한 사실을 뒤늦게야 깨달았다."[40] 역사상 최초의 철갑선이었던 조선의 거북선, 즉 침략해 온 일본 함대를 성공적으로 격퇴할 수 있었던 거북선은 유일한 예외였다고 할 수 있다. 물론 이 배의 덮개는 철판이 아니라 목판으로 되어 있었다.

물론 이러한 사실이 비유럽 세계의 모든 선박이 전투력 외에 그 어떤 측면에서도 유럽의 선박에 뒤처져 있었다고 말하려는 것은 아니다. 오히려 모든 대양에는 각각의 상황에 맞게 고도로 발달된 선박 형태가 있었으며, 유럽인들은 필요하면 이를 철저히 벤치마킹했다. 예를 들어 네덜란드 동인도회사Vereenigde Oostindische Compagnie: VOC는 자기들과 경쟁 관계에 있는 정향 재배 농민들을 징벌하러 갈 때, '코라 코라kora kora'로 불리는 말루쿠 제도의 상선을 사용했다. 이것은 유럽의 갤리선처럼 사각 돛과 노를 통해 추진되는 비교적 납작한 형태의 선박이었다.[41]

13세기에서 15세기까지 사용되었던 중국의 거대한 정크선들은 널리 알려져 이븐 바투타와 폴로도 이미 이에 대해 보고했다. 정화는 서방 탐험을 위해 예순두 척의 대형 선박을 보유하고 있었는데, 이 선박은 길이가 150미터, 폭이 60미터였다고 한다. 물론 당시의 선박 제조에 사용되던 목재 기술의 한계를 고려할 때 이 배의 길이는 최고 60미터 정도였을 것으로 보는 것이 아마 현실적일 것이다.[42] 바닥이 평평했던 이 배는 물살을 가르며 항해하는 것이 아니라 물 위를 미끄러지는 방식으로 항해했다. 이 배들은 겹치기 방식으로 못이 박힌 목판으로 만들어졌으며, 유럽의 배들과 달리 침몰하기 어렵게 해 주는 방수 칸막이[21]를 보유하고 있었다. 네 개의 돛대는 대나무로 엮인 사각의 돛을 지탱했는데, 이 돛들은 마디마디 분절되었으며 가로세로가 교차하는 부분은 고리를 통해 돛대에 고정되었다. 그래서 이 배는 펼쳐진 돛의 크기를 줄이는 대신에 돛을 커튼과 같은 방식으로 가볍게 펼치거나 내릴 수 있었다. 돛의 압력은 돛대 전체에 골고루 분산되었으며, 이러한 분절 구조는 돛의 펄럭거림을 방지했다. 그리고 선미와 선수에 설치된 움직이는 방향타는 정크선에 기동력을 더해 주었다. 13세기 이후에는 나침반을 동원해 항해했다는 사실이 기록으로 입증되었다. 중국에는 사각 돛 외에 소형 돛도 있었다. 물론 두 가지 유형의 돛을 동시에 사용할 수도 있었겠지만, 그에 대해서는 알려진 바가 없다. 그러나 어차피 16세기 후반 무렵에는 이들 선박의 전성기가 끝났다. 유럽의 선박들처럼 대포를 장착한 일은 전혀 없었다.[43]

이와 같은 상황은 대개 금속을 사용하지 않은 채 건조되어 인도양을 무대로 운행하던 무슬림 상선들에도 적용된다. 무슬림 상선들은 라틴형 돛을 이용해 몬순의 온화한 측면 바람을 타도록 설계되었지만, 기동력은 약했다. 반면에 유럽인들은 다양한 바람들을 고려해야 할 필요 덕분에 첫 번째 두 기둥에는 사각 돛을 달고, 그다음에는 라틴 돛, 맨 뒤의 기둥에는 기움 돛을 설치했기 때문에 모든 방향으로 항해할 수 있었고, 위급한 경우에는 바람을 거슬러 항해할 수도 있었다. 유럽의 선박은 이러한 탁월한 기동성을 보유하고 있었으며, 무엇보다 1500년 직후에 포문이 발명된 이후에는 함포가 추가로 장착되었다. 지금까지는 갑판 또는 뱃머리나 후미에 너무 많은 무거운 무기를 장착하면 뱃머리가 무거워 항해가 산만해질 위험이 있었으나, 이제 함포를 배의 측면에, 그리고 될 수 있는 한 수면 아래 정도의 위치에 100문까지 장착할 수 있었던 것이다. 이런 방식으로 잘 운항된 갤리언 형식, 그리고 점차 낮은 프리깃 형식으로 개선된 유럽형 선박에 경쟁할 만한 선박은 세계의 바다 그 어디에도 없었다.[44] 그 결과 유럽인들은 17세기에서 18세기의 이후에 전 세계 바다에 모습을 드러냈다. 물론 그들의 우세가 여전히 불분명했던 대륙들을

—— 21 배의 안정성을 높이는 평형수를 보관하는 용도로 쓰였다.

장악하기까지는 오랜 시간이 필요했다.

지중해는 세 개의 대륙 사이에 있으며, 고대와 중세 초기의 세계관에 따르면 세계의 한가운데에 있기 때문에 '가운데 바다'로 명명되었다. 이 세 대륙의 사람들은 아주 오래전부터 지구 표면의 나머지를 뒤덮고 있다고 생각한 미지의 대양(오케아노스)이 사방을 둘러싸고 있다고 믿었다. 그 후 다른 대륙들이 발견되기는 했지만 육지가 지구 표면의 29.2퍼센트만을 차지하며, 전 지구 표면적의 70.8퍼센트에 해당하는 대양에 섬처럼 놓여 있다는 사실은 변함이 없다. 이제바다는 육지와 마찬가지로 잘 알려져 있기 때문에 우리는 오늘날 바다를 순전히 지형학적으로 세 개의 대양, 즉 대서양, 인도양, 태평양으로 구분하고 있다. 그러나 이러한 지리적 개념은 비교적 최근에 와서야 사용되기 시작했다. 사람들은 각각 대양의 특정한 영역에만 접촉하고 친숙했기 때문에 단순하게 그 지역을 표현하는 부분적 명칭들을 사용했다. 예를 들어 18세기 이래로 낭만적으로 들리던 '남쪽 바다'라는 용어는 1513년에 바스쿠 누녜스 데 발보아Vasco Núñez de Balboa가 탐험했던 파나마 지협 남쪽에 있는 미지의 바다를 지칭하는 이름이었다.

페르낭 브로델Fernand Braudel은 사회과학과 인문과학이 인간의 삶이 진행된 '공간'에 깊은 관심을 보이기 시작한 이른바 '공간으로의 전환spatial turn'이 일어나기 훨씬 이전인 1949년에 이미 지중해를 하나의 역사 공간으로 다루었다. 브로델은 이 과정에서 한 시대를 형성할 만한 지속적인 역사 지리적 구조들, 그리고 장기적 파도의 모습을 지닌 사회적·경제적 경기변동들을 밝혀냈다.[45] 브로델의 연구는 학계에 매우 커다란 자극을 주어 오늘날에는 많은 역사가가 대양을 연구 대상으로 다루게 되었다. 그리고 그동안 '역사 속의 바다Seas in History'라는 새로운 시리즈로 여러 권의 책이 출간되었다.[46] 이제 우리는 해양사적 관점이 역사 연구에서 왜 좋은 성과를 가져왔는지도 잘 알게 되었다. 즉 우리가 '공간으로의 전환' 덕분에 공간을 소통의 수단으로 주목하자, 바다가 이러한 연구를 위해 매우 유익한 사실들을 제공해 준 것이다. 정착한 주민들이 없고, 관련된 지배자들도 멀리 떨어진 곳에 있기 때문에, 바다에는 그곳이 단순한 소통과 교류가 일어나는 지역으로 축소되지 못하도록 강력하게 거부하는 '고집스러움'이 결여되어 있었다. 그런 의미에서 이 책의 3부에서는 '인도아대륙'뿐 아니라, 인도양 세계, 동아프리카, 홍해, 페르시아만과 그 인접 국가들, 그리고 더 동쪽으로 가서 적어도 벵골만까지 다룰 것이다.[47] 그 후 마지막 결론을 내는 5부에서는 세 대륙 주민들의 밀접한 교류가 특징이었던, 그리고 지금도 그런 교류가 이루어지는 공간으로서 '대서양 세계'를 다룰 것이다.[48] 물론 이 두 가지 경우에서는 브로델식 사회적·경제적 시각을 문화사적 시각으로 보완하고, 브로델이 환경조건에 비해 과소평가했던 인간의 행동 역량을 다시 진지하게 살펴볼 것이다.

아마도 현재에는 지중해와 같은 의미에서 '태평양 세계'가 존재하지만, 1350년에서 1750년 사이에는 아직 그러지 못했던 것이 분명하다.[49] 가장 큰 대양인 태평양에 인접한 국가들 사이의 소통은 없었거나, '실버(은) 러시'에도 불구하고 최소한의 소통밖에 없었던, 마닐라를 오간 갤리언처럼 단지 주변적인 성격에 머물렀다. 폴리네시아의 광대한 해양 세계는 역동적인 항해자들이 그곳에서 활동했는데도 이 대양에 존재하는 하나의 자족적인 단위에 머물렀다. 우리는 그들을 오스트레일리아인들과 함께 (동남아시아에 관한) 4부에서 다룰 것이다.

이에 비해 좁은 의미에서 동남아시아와 동아시아의 바다에서 진행된 다각적인 해양 교류와 상호작용은, 적어도 (시기에 따라) 어느 때에는 대서양이나 인도양에서 진행된 교류나 상호작용보다 훨씬 활발했던 것으로 보인다. 이러한 사실을 고려할 때 시암만과 자와해에서 황해와 동해에 이르는 동남아시아와 동아시아의 바다들이 역사적으로 보아 하나의 거대한 교류 공간으로서 사실상 제4의 대양을 형성한 것은 아닌지, 그렇다면 이 책에서도 그렇게 서술해야 하는 것은 아닌지 하는 범상치 않은 문제가 제기된다.

소통과 상호작용

국경과 경계

세 대륙을 철저하게 분리하는 효과를 가진 경계 지역이던 대서양은 오늘날 역동적으로 팽창하는 소통 공간으로 변화했다. 이것은 우리가 '세계 제국'이나 특히 '대양'을 언급할 때 연상되는 범세계적인 소통과 상호작용의 증가를 보여 주는 가장 주목할 만한 사례일 것이다. 세계화된 오늘날의 시각에서 볼 때, 이는 1350년에서 1750년 사이에 발생한 사건들 가운데 가장 중요한 세계사적 과정이라고까지 말할 수 있다. 그러나 여기에서 우리의 관심사는 대서양을 둘러싼 소통과 상호작용이 일회성 사건들로 끝나지 않고, 점차 축적되어 대륙 간 경계를 극복하는 하나의 과정으로 발전했다는 사실이다. 발터 벤야민Walter Benjamin은 이 경계 극복 과정을 '파사주passage'[50]로 칭했다.[22]

다시 말해 여기서는 일회적인 경계 넘기가 아니라 소통과 상호작용이 장기적으로 진행되고, 그 결과들이 축적되면서 경계 지역들에 나타난 변화가 핵심적인 관심사다. 사람들이 오래전에 생각했던 것과는 달리, 전근대에는 분명히 선으로 된 국경이 있기는 했지만, 실제 국경 지역에서는 그 경계선의 의미가 별로 없었다.[51] 이미 언급했듯이 당시에 지배적이던 거대 정치조직인 제국이 근대국가와 달리 느슨한 구조를 갖고 있었기 때문이었다. 이를 이념형으로 과장한다면 이렇게 표현할 수 있다. "제국은 사람을 지배하고, 국가는 영토를 지배한다." 역사적으로 볼 때 당연히 사람과 영토, 이 두 가지는 뚜렷하게 분리될 수 없다. 국가가 영토를 규정하는 국경선과 함께 성립되고 몰락한다는 것은 근대에 와서야 뚜렷해진 사실이다. 이와 대조적으로 제국의 경우는 중심부에서 '주변부'로 다가갈수록 제국에 대한 통합의 강도가 희미해졌다. 이러한 중심부와 주변부의 개념은 국가의 본질과 근본적으로 어긋난다. 국경이 어디인지 불분명하며, 제국에 대한 소속감과 제국과의 관계는 등급화가 가능할 뿐 아니라 신속히 바뀔 수도 있었다. 그렇기 때문에 정치적으로 불확실한 제국의 경계들은 때로는 종교적 경계를 통해 보완되었다. 종교개혁 이후의 유럽에서 바로 그런 현상이 있었다. 제국에는 때때로 내적인 주변

22 파사주는 건물 사이를 통과하는 길고 좁은 통로 공간을 지칭한다. 벤야민은 통로 양쪽에 소속되지는 않으나, 그런데도 언제든 양쪽으로 수렴될 수 있는 철학적 공간성을 파사주로 정의했다. 파사주의 독일어 표현인 '슈벨레Schwelle'는 '문지방 영역'을 뜻한다.

부도 있었다.[23] 독일의 몇몇 왕국이나 무굴 제국이 바로 그러한 사례인데, 이들 제국 안에 존재했던 내적 주변부들은 18세기에 와서야 비로소 고립에서 벗어나거나 중앙의 통제에 굴복했다. 자국의 국경과 영토를 중시한 근대국가들은 국경선 저편의 인접 국가들을 최소한 형식적으로라도 대등한 존재로 인정해야 했지만, 제국들은 대개 대등한 권력을 지닌 그 어떤 이웃도 인정하지 않았다.

이런 배경에서 두 가지 서로 다른 연구 경향이 등장했다. 우선 1976년 이래로 학제 간에 융합적으로 《국경 연구 저널*Journal of Borderlands Studies*》이라는 학술지를 발간하는 '국경 지방 연구회'가 있다. 이들은 처음에는 잘 알려진 멕시코와 미국 사이의 국경 지역 문제에 관한 연구에서 시작했는데, 이제는 세계적인 차원에서 국경과 국경 지방에 관한 현안, 특히 이스라엘의 국경[52]과 같은 문제도 다룬다. 이와 다른 방향에서 '프런티어frontier'라는 역사 연구 경향도 등장했는데, 이 역시 미국에서 시작되었다. 여기서 프런티어라는 개념은 1893년에 프레더릭 잭슨 터너Frederick Jackson Turner가 「미국 역사에서 프런티어의 중요성The Significance of the Frontier in American History」이라는 에세이에서 처음 사용하면서 생겨났다. 터너는 이 개념을 동원해 미국과 미국 민주주의의 독특한 성격이 서부 개척(명백한 운명manifest destiny) 및 그 과정에서 '인디언들'과 치른 전투 경험들에서 파생되었다고 해석하려고 했다.[53] 이런 의미에서 프런티어라는 테제 자체는 오늘날 단지 정치적 의미를 가질 뿐이지만, 유사한 경계 공간들, 그리고 그들의 의미와 개척에 관한 범세계적인 비교사 연구에 자극을 준 것이 사실이다.[54]

이러한 의미에서 사람들은 식민지 아메리카의 변방에 존재했던 다양한 형태의 프런티어를 구별해 냈다. 이 프런티어는 대개 정착 농민들의 촌락 저편에 있었다. 우선 북아메리카 서부, 멕시코 북부, 베네수엘라의 야노스, 브라질의 세르탕, 아르헨티나 남부 등지에 있던 '목축 프런티어'가 그것인데, 이 지역들이 큰 의미를 지니게 된 것은 19세기에 와서다.[55] 그 밖에 멕시코 북부, 파

23 제국 내부에 위치해 있지만, 주변부로 취급을 받은 지역을 가리킨다.

라과이, 남아메리카 산맥의 동쪽 경사 지대, 브라질 내륙 지방의 대체로 평화로웠던 선교 프런티어가 있고, 이와 정반대로 대체로 분쟁이 많았던 캐나다, 영국령 북아메리카, 칠레 남부의 인디언 프런티어가 있으며, 그 밖에 부분적으로 존재했던 광산 프런티어가 있다. 또한 에스파냐 및 포르투갈 치하의 아메리카 내륙 지방에서 탈출한 노예들이 세운 머룬maroon[24] 프런티어도 확인되었다.[56] 유사한 현상은 아프리카의 케이프 식민지 변경 지역에서도 이미 일찍부터 있었다.[57] 그러나 무엇보다 우리는 우리가 지금 다루는 유라시아 대륙의 경우에 동남아시아 대륙부, 중국의 북부와 북서부, 남동부에서뿐 아니라 러시아의 남부와 동부[58]의 농경 지대와 삼림지대의 경계[59]에서도 이런 프런티어 현상을 발견한다. 유럽의 경우 잉글랜드는 아일랜드에서, 카스티야는 남부 지역으로의 팽창에서 프런티어 정치에 관한 수습 기간을 경험했으며, 이는 그 후 신세계인 아메리카 대륙에서 곧바로 계속되었다.[60]

근대국가의 관점에서 보면 이러한 경계 지역들은 '국가성statehood'이 덜 발달된 지역으로 파악될 수 있다. 따라서 이러한 지역들은 점차 제국에, 그 후에는 국가에 통합되었다. 그 지역에 거주하던 원주민들의 입장에서는 (그 격차가 단순히 군사기술에 있다고 하더라도) 식민 지배자들과 피식민지인들의 발전 격차에서 빚어진 식민지 지배 관계가 문제의 본질이었다. 이러한 지배 관계 때문에 식민 지배자들은 '원주민들'을 근본적으로 저급한 야만인으로 취급했다. 그리고 식민 지배자들은 이른바 '아무도 살지 않는 비어 있는 땅'을 의미하는 '무주지terra nullius'라는 (그들에게) 유용한 개념을 자의적으로 도입해 이를 토대로 식민 지배를 정당화하기도 했다.[25] 물론 지배 관계가 불명확한 경우나 경쟁하는 잠재적 지배자가 여럿 있을 경우, '원주민들'은 지배자나 동맹 파트너를 바꿀 수 있었다. 예를 들어 잉글랜드와 프랑스 사이에 있던 북아메리카 원주민들[61]과 중국과 러시아 사이에 있던 몇몇 몽골 부족의 경우 이와 유사한 일이 발생했다.

24 도망친 노예들을 가리키는 단어로, 유래는 70쪽 서문의 각주 35를 참조하기 바란다.

25 자기들이 점령한 땅은 원래 아무도 살지 않는 주인 없는 땅이었다는 주장이다.

그러나 이 지역들에는 확실한 통제력이 결여되어 있었기 때문에 특정 유형의 이민자들, 예를 들어 탈출한 노예들, 농노들, 캐나다와 시베리아의 슈납스[26] 상인들과 같은 의심스러운 사업가들, 탈출한 죄수들, 온갖 종류의 모험가들이 몰려드는 경향이 있었다. 상황이 이랬기 때문에 그곳의 일상은 폭력적이고 불안정했다. 이런 경우 특이한 성격의 경계 주민들이 등장하는 경우가 많았으며, 그들의 활동은 기존의 경계를 계속 이동시키기도 했다. 훗날 카우보이가 된 아메리카 황무지의 방랑자들, 남아메리카의 카우보이인 가우초[27]와 야네로[28]들, 그리고 곧 하나의 민족으로 발전한 러시아의 카자크인들도 이런 특이한 경계 지역 주민들로 언급될 수 있다. 주로 에스파냐계 아메리카에서 경계 지역의 안정과 발전을 위해 공헌했던 예수회 선교사들은 이런 거친 경계 지역 주민들에 대해 일종의 균형추 기능을 할 수 있었다.

접촉 지역들

외부 경계들 가운데에는 각각의 세력 관계에 따라, 야만인들의 생활공간인 끝없는 미개척 토지의 변경에 접한 일방적이고 불균형한 '프런티어'와 이와 달리 서로 쌍방적이고 대등하게 마주한 프런티어가 구별될 수 있다. 여기서 후자는 이웃 제국과 접촉하는 지역이었거나 그런 성격의 지역으로 변해 간 지역이다. 우리가 다루는 다섯 개의 거대 지역 가운데에는 중국과 중앙아시아 제국들 사이에 위치한 지역, 러시아와 중앙아시아 제국들 사이에 위치한 지역이 후자에 해당하며, 이 지역은 결국 두 제국 사이에 직접적인 교역이 이루어질 때까지 대등한 프런티어의 성격을 유지했다. 북아메리카의 오대호 지역도 오늘날에는 프런티어라기보다 오히려 '중간 지대middle ground'라는 용어

26 서양식 술로 본래 단어의 뜻은 일종의 소주를 가리키지만, 실제로는 여러 가지 종류의 술을 아우른다.

27 에스파냐와 포르투갈의 이주민과 초원에서 목축에 종사하던 원주민 사이에 태어나 아르헨티나와 볼리비아, 우루과이, 파라과이, 칠레 등의 지역에 거주하던 주민들이다.

28 오리노코 평야 지대에서 목축에 종사하던 메스티소와 아메리카 원주민, 흑인 노예의 혼혈 집단이다.

로 표현된다. 이곳에서는 17세기에서 18세기에 현지인들 또는 피난민으로 이주해 온 원주민 부족들이 프랑스인이나 영국인들뿐만 아니라 이로쿼이Iroquois 연맹이나 수족Sioux과도 접촉할 수 있었다.[62]

이미 인간들이 조밀하게 거주하면서 정치적으로 조직되어 있어, 세계에는 좁은 의미의 '프런티어'들보다는 '접촉 지역'들이 더 자주 등장했다. 세계사적으로 특히 중대한 결과를 가져온 접촉 지역은 러시아와 '라틴 유럽' 사이에 놓인 지역이었다. 다시 말해 이 지역은 스웨덴이 핀란드와 발트해 지역, 그리고 최종적으로는 러시아 쪽으로 팽창한 역사와도 관련된다. 그러나 무엇보다 15세기에는 리투아니아가, 그리고 16세기 후반과 17세기 초반에는 폴란드-리투아니아 이중 왕국이 러시아에 속하는 지역을 장악함으로써 종교적으로는 러시아 정교회를 로마 가톨릭교회에 편입시키기 직전에 있었다. 17세기 중반에야 비로소 역방향의 움직임이 시작되어, 결국 폴란드는 지도에서 사라지고 러시아가 라틴 유럽에 속하는 중부 유럽과 국경에서 마주하는 상황이 펼쳐졌다. 분명 이때 러시아는 이전의 러시아와 같지 않았다. 정치적 서방화에 맞서 문화적 동방화가 진행되었기 때문인데, 이러한 발전은 그들의 종교인 러시아 정교회가 가톨릭과 경계를 구분할 필요가 있었는데도 러시아를 유럽의 일부로 만들었다.

오스만 제국의 국경 지대를 뚜렷한 종교적 경계로 규정하는 것에 관해서는 논란이 많다. 그 이유는 이러하다. 한편으로 오스만 제국이 자국을 이슬람 신앙의 선봉으로 미화하는 것은 학문적으로 논란이 되면서도 역사적으로 그 실체가 전혀 없는 것은 아니다. 다른 한편으로 오스만 제국의 변경 지대에는 인접 세력들 사이에 요란한 전투가 발생한 (충돌적) 접촉 지역이 있었지만, 남부 러시아나 남동유럽에서 목격되는 프런티어 현상도 나타난 다의적인 접촉 지역도 있었다.[63] 무엇보다 모범적인 해양 접촉 지대인 지중해는 오래전부터 이슬람과 기독교 세계 사이에 접촉이 일어나는 지역이었다. 다시 말해 구체적으로 한편에는 오스만 제국과 그들의 북아프리카 해적 봉신들이, 다른 한편에는 '서양', 즉 에스파냐 왕의 해적 봉신들, 특히 몰타의 가톨릭 수도회인 성 요한 기사단이 서로 평화를 유지하기도 하고 전쟁도 겪으며 교류했던 광장이었다.[64] 16세기 후반부터는 그동안 진행되던 양 진영, 즉 오스만 진영과 에스파냐 진영의 접촉에 북유럽인들이 추가로 끼어들어 이제는 지중해에서 삼자가 접촉했다.

심지어 사하라의 '모래 바다'도 사람들이 짐작하는 것처럼 도저히 넘어설 수 없는 경계가 아니라 (물론 일차적으로 이슬람 세계 내부의) 일종의 접촉 지대였다. 상호 교역 외에, 1591년에 발생한 사건처럼 무슬림 간의 무력 충돌도 있었다. 1591년의 충돌에서는 엄청난 희생을 무릅쓰며 사하라를 통과해 공격해 온 모로코 군대에 송가이 제국이 패해 모로코가 팀북투를 일시적으로 지배하게 되었다. 그러나 유럽의 비이슬람인들은 무슬림 사이의 이러한 갈등에 거의 연루되지 않았으며, 아프리카인들 가운데 연루된 자들은 노예들뿐이었다.

스와힐리 문화를 탄생시킨 동아프리카 해안 지방 무슬림과 이교적인 아프리카인들이 공존하던 지역 역시 접촉 지대로 언급될 수 있다. 반면에 남아시아와 동남아시아에서는 무슬림과 타 종교 주민들 사이의 접촉을 명확하게 지역적으로 구분하기 어렵다. 무슬림과 비非무슬림들이 뒤섞여 살지만, 이곳에서는 동남아시아의 많은 섬처럼 폐쇄적인 형태의 이슬람 통치가 발견되거나, 인도에서처럼 한 공동체 안에 여러 종교가 공존하는 형태가 발견되기 때문이다. 물론 이런 상황에서는 제한적이기는 하지만 공간적 결속감이나 사회적 결속감이 당연하게 유지되었다. 그리고 여기에서는 종교가 공간적·사회적 경계 긋기에서 결정적 역할을 했고, 이슬람도 적어도 이론상으로는 기독교처럼 배타적이었지만 실제로는 어디에서나 이론적 관용까지는 아니라도 평화적 공존이 실천되었다.

실제로 '접촉 지역'이라는 개념은 직접 인접한 제국과 종교, 문화들 사이에서만 상호작용이 일어났다는 생각을 표현한다. 그리고 이는 경제와 교역을 통한 물물교환에도 적용된다. 물건들은 예로부터 동일한 상인 한 명이 유라시아 대륙의 한쪽 끝에서 다른 쪽 끝까지 전달한 것이 절대 아니라, 구간별로 손에서 손으로 이어진 교류들에 의해 전달된 것이었기 때문이다. 뱃길을 통한 교류[65]도 마찬가지다. 물론 여기서 조건이 좋았던 경우에는 육로보다 좀 더 긴 구간들로 구성된 전달 체계가 가능했다. 향료처럼 인도 서해안에서부터 이집트까지의 긴 항로 구간이 가능했던 것이 좋은 예다. 그리고 이런 상황은 14세기에서 15세기 이후로 서유럽인들의 선박들이 대양을 누비기 시작하면서 혁명적 방식으로 변했다. 그들은 전혀 새로운 방식으로 대양을 교류 공간으로 이용할 수 있었으며, 역사상 처음으로 그들의 고향에서 멀리 떨어진 전혀 새로운 접촉 지역들을 창조해 냈다.

이탈리아인과 포르투갈인, 에스파냐인들은 대서양의 섬들과 아프리카 해안 지방을 개척했으며, 이곳을 기반으로 그들에게 당시까지 알려지지 않았던 완전히 새로운 서쪽 세계, 나아가 전설 속의 동방 제국으로 가는 항로를 발견했다. 이탈리아인, 포르투갈인, 에스파냐인들의 정치적·기술적 발전 수준은, 고도의 문명을 보유하고 있지만 기술적으로는 열등한 대서양 서쪽의 민족들을 굴복시키기에 충분했다. 나아가 대서양이 지닌 수많은 다양성에도 불구하고 그 지역을 자기들이 독점하는 내적 접촉 지역으로 만들고, 신세계 아메리카의 자원을 장악하는 데 성공했다. 이와 달리 아시아에서 그들이 인도양과 동남아시아 및 동아시아의 바다로 지속적으로 진입할 수 있었던 것은 단지 바다에서의 우위였을 뿐이다. 처음에는 포르투갈인들과 에스파냐인들이, 나중에는 이들을 밀어내거나 대체했던 더 강한 네덜란드인, 프랑스인, 잉글랜드인들이 이 지역에서 활동했지만, 18세기에 이르기까지 이 지역의 상호 접촉 방식을 결정했던 것은 여전히 아시아인들이었다. 그러나 유럽인들은 바다를 통한 직접 수출을 위해 아시아의 생산물 일정량을 확보할 수 있었으며, 그와 함께 아메리카의 귀금속 자원을 이용해 역사상 처음으로 세계화된 교역과 지불 체제를 수립할 수 있었다.[66] 이런 상황을 고려할 때 '세계 제국'이나 '대양'이라는 표현은 1750년까지 근본적으로 새로운 동시에 (곧 서술되겠지만) 매우 심각한 후유증을 가진 의미를 얻게 되었다. 적어도 세계화 시대의 '시공간 압축time-space compression'[67] 현상의 출현을 예고했다. 다만 이 시대에는 유럽과 신대륙 사이의 항해가 아직 여러 달 혹은 경우에 따라서는 여러 해가 걸리기도 했다.

접촉 집단들

유럽인들이 아프리카인과 아메리카인, 아시아인들과 접촉한 장소는 대부분 유럽 본토가 아니라 아프리카와 아메리카, 아시아의 현지였으며, 유럽인들이 개별적으로 아메리카 원주민과 중국인 혹은 아프리카인들과 접촉한 몇 안 되는 경우만 유럽에서도 접촉이 이루어졌다. 접촉을 시도한 것은 대부분 유럽인이었던 반면에, 상대방들은 대개 이 접촉 시도에 수동적으로 반응하거나 이를 거부하기도 했다. 팽창 초기에 유럽인들이 동쪽에서 만난 집단들은 서쪽에서 만난 집단들과 인구 규모나 특성에서 매우 커다란 차이를 분명하게 보였다.

모든 '토착 아메리카인'이 단계적으로 언젠가는 '백인들'과 접촉하게 되었던 반면, 유럽인의 경우는 단지 일시적으로 혹은 영구적으로 아메리카로 이주한 소수만 '아메리카인들'과 접촉했다. 사실 아메리카로 자발적으로 이주한 유럽인은 수십 만 명이었지만, 이들은 1580년까지만 전체 이주민 가운데 다수(69퍼센트)를 차지했다. 그 이후에는 아프리카 출신 노예가 전체 이주민 가운데 오히려 유럽인들보다 다수를 차지했기 때문이다. 아프리카 출신 노예들의 비중은 1580년에서 1640년 사이의 기간에는 67퍼센트, 1640년에서 1700년 사이의 기간에는 65퍼센트였다. 아프리카 출신 노예 외에 계약을 맺고 아메리카로 이주한 '백인' 계약 하인들도 있는데, 이들은 전체 이주민의 18퍼센트를 차지했다. 이들은 아메리카로 이주하는 데 드는 비용이 없었기 때문에 '일시적 노예'를 자청해 여비를 지불했다. 그런데 전체 이주민 가운데 노예가 차지하는 비중은 계속 상승해 1760년에서 1820년 사이에는 85퍼센트에 이르렀으며, 그 이후(1820~1880)에야 비로소 자유 이주민의 비중이 전체의 82퍼센트를 차지하게 되었다.[68] 영국은 죄수들도 자국의 식민지로 이주시켰는데, 이들 죄수 출신은 이주민 가운데 작지만 주목할 만한 비중을 차지했다. 반면에 영국을 제외한 기타 식민 제국들은 적어도 이론상으로는 될 수 있는 한 문제없는 이주민들을 모집하려고 노력했다. 잉글랜드나 프랑스는 식민 통치를 위한 행정공무원과 군인 외에는 정착할 농민들을 이주시킨 반면에, 에스파냐나 포르투갈의 이주민은 원주민이나 노예들이 경작하는 농업의 혜택을 볼 지주들이

다수였다.

유럽인들은 아프리카와 아시아에서는 대개 활동 거점의 확보, 즉 기껏해야 아주 작은 영토를 장악하려고 했기 때문에 이곳으로 이주한 유럽인의 수가 아주 적었다. 그러나 이곳에서도 이주자 가운데 노예가 차지하는 비중은 매우 컸다고 예상할 수 있다. 자기의 필요에 의해서건 매매용이건 노예무역이 성행했기 때문이다. '백인들'은 주로 상인과 행정공무원들로 일정 기간만 이곳에 머무는 집단이었다. 여기에 이들을 위해 일하는 하층민들, 특히 군인들도 있었지만 아메리카에서와 달리 지속적으로 체류하려는 이주민들 중에는 그렇게 많지 않았다. 지속적으로 머물려는 이들로는 현지 여성과 결혼한 남성 또는 이런 국제결혼으로 태어난 2세가 많았다. 네덜란드 군인들 가운데에는 독일에서 태어난 사람이 대단히 많았다. 유럽인들의 거점 지역에는 현지인들 외에 각각 사업 파트너들이나 권력자들이 파견한 아시아인 및 아프리카인 접촉 집단들이 있었다. 지역에 따라 유럽인들은 거점 지역을 넘어 상품을 주문하는 고용주로서 중요했는데, 인도에서는 섬유 분야, 중국에서는 차 분야와 도자기 분야가 주요 활동 영역이었다. 그러나 이 경우 직접 접촉은 매우 제한적이었던 것으로 보인다.

도처에 정식 자격을 갖춘 성직자들을 대동한 가톨릭 공동체 또는 개신교 공동체들이 있었는데, 심지어 라틴아메리카에는 상류층과 연결된 매우 광범위한 가톨릭 위계질서가 있을 정도였다. 가톨릭적인 이베리아 국가들에서는 왕가가 많은 선교사를 파견하고 부분적으로 재정도 지원했던 반면에, 개신교에서는 원주민들의 개종을 위해 파견된 선교사들이 매우 드물었다. 그런데 여기서 정규 성직자들과 달리 프란치스코회, 도미니코회, 아우구스티노회, 예수회에 속하는 수도사들이 늘 문제였다. 유럽의 식민지 군주들이 통제하는 지역, 다시 말해 라틴아메리카와 필리핀, 스리랑카, 그리고 포르투갈인 거주지에서 수도사들이 활동하는 경우에는 매우 성공적이었다. 하지만 수도사들이 아직 식민화되지 않은 원주민들의 제국 내부로 진출해 들어간 경우는 인도나 중국에서처럼 개종자의 수가 매우 제한적이었거나, 아니면 일본에서처럼 초기에 번성하던 교회가 곧 박해 대상이 되었다. 그리고 이는 국제분쟁의 빌미가 되었다.

현지인들에게 기독교로 개종하는 것은 자기 고유의 문화를 포기하고 유럽 문화로 옮겨 가는 것을 의미했기 때문이다. 그런 식의 문화 변경은 교회의 소프트 파워(연성 권력)가 식민지 권력의 하드 파워(경성 권력)와 손잡고 활동한 곳에서는 여러 이점 때문에 그런대로 의미가 있었다. 그러나 사회의 하드 파워, 다시 말해 원주민 권력이 기독교에 전혀 관심이 없었던 곳에서는 대단히 심각한 문제였다. 이런 맥락에서 볼 때 중국과 일본, 인도에서 선교하는 동안 토착적인 관습과 사고방식에 대해 양보하면서 문화적 거리감을 최소화하려고 노력했던 예수회의 시도는 언급할 만하다. 최근 연구에서는 이러한 시도를 '순응'이라는 개념을 사용해 파악하려고 시도하고 있다. 사실 유럽인들이 예수회의 경우처럼 강도 높게 토착 문화를 용인한 적이 이전에는 결코 없었다. 게다가 이런 시도들은 유럽 엘리트들이 추가적으로 중국 문화와 간접적이지만 매우 밀도 있는 문화 접촉을 할 수 있도록 길을 열어 주기도 했다. 예수회가 (특히 중국에서 폭넓게 이루어진) 자기들의 문화적 순응을 정당화하기 위해 중국에 관한 다소 미화된 정보를 유럽에 대량으로 제공한 것이 여기에 기여했다.[69]

예수회의 사례에서는 한 문화와 종교에서 다른 문화와 종교로의 이동이 신중하게 계획되고 제한적으로 이루어졌다. 하지만 우리가 다루는 역사 속에서는 그것이 조직적으로 일어났든 개인적으로 일어났든, 혹은 우연히 일어났든 기회를 보면서 유불리를 계산한 것이든, 이런 현상이 계속 반복해 일어났다. 오스만과 사파비의 노예 부대는 기독교도들 가운데에서 모집되었으며, 오스만 제국의 고위 관료들은, 기독교 측에서 사용된 멸시적 용어가 보여 주듯, 기독교에서 이슬람으로 개종한 이른바 변절자들이었다. 그러나 개인의 이력이 어떻게 발전하느냐에 따라, 종교개혁 후에 유럽인들이 가톨릭과 개신교 사이에서 빈번하게 이동한 것처럼, 이전 종교로의 복귀도 배제되지는 않았다.

당연하지만, 오늘날 우리는 이러한 문화 바꾸기와 종교 바꾸기가 총체적으로 일어난 경우는 별로 없다는 것을 알고 있다. 이전에 뚜렷하게 형성되어 있었던 인간의 사고가 그렇게 갑자기 총체적으로 삭제되고 새로운 것으로 채워질 수는 없기 때문이다. 그러므로 정체성의 변화는 아마도 한 번에, 통시적으로도 일어날 수 있지만, 반복적이고 병행적(동시적)으로도 일어날 수 있다. 당시 사람들은 상황에 따라 여러 정체성 가운데에서 (물론 갈등이 없지 않겠지만) 하나를 선택하고 이를 변경하는 것을 당연하게 여겼으며, 이는 학계에서 이전에 인정했던 것보다 훨씬 더 당연한 일이었다. 심지어 한 사람이 여러 종교에, 예를 들어 한편으로는 가톨릭이면서 다른 한편으로는 아메리카 원주민이나 아프리카계 아메리카인의 종교와 문화에 속하는 경우도 발견된다. 그 밖에도 다소 소속감이 느슨했던, 여러 제국과 여러 문화 사이의 '중간 지대'에는 항상 자의 반, 타의 반으로 두 문화 속에 살거나 적어도 두 문화에 동시에 정통한 '문화적 중개인들'이 있었다. 이러한 사람들의 이력은 대단히 커다란 차이를 보여 주지만, 국제결혼에서 태어난 혼혈아들은 바로 이러한 '문화적 중개인' 역할을 맡기 위해 운명적으로 태어났다고 할 수 있다.[70] 또한 중국에 갔던 예수회 신부들은 어느 정도 스스로 이러한 중개인 역할을 수행하려고 했지만, 학자 계층에 속하는 현지의 저명인사들에게 중개인 역할을 맡기기도 했다.[71]

이슬람은 아프리카와 동남아시아에서 의도된 선교나 (18세기 이전의 경우에) 지하드를 통해 확산된 것이 아니라, 앞에서 언급한 문화 중개자들, 무엇보다 원거리 대상隊商들을 통해 확산되었다. 다시 말해 이는 두 가지 의미에서 디아스포라를 통한 전파였다. 이들 상인은 대부분의 주민이 다른 종교를 믿는 외지에 머물게 된 종교적 소수자들(종교적 디아스포라)인 동시에, 원래 고향을 떠나거나 포기한 채 완전히 생소한 문화 환경 속에서 살던 이들(문화적 디아스포라)이었기 때문이다. 또한 현지에 좋은 인간관계 네트워크를 갖고 있었다는 사실은 이들 종교적·문화적 디아스포라 집단의 특징이자 그들의 성공 비결이기도 하다. 그리고 이 네트워크는 그들이 외부에 보유하던 세계적 연대의 네트워크와도 연결되어 있었다. 이러한 디아스포라 가운데 가장 잘 알려진 사례가 바로 유대인들이다. 그들은 우리가 다루는 시대에 많은 유럽 국가에서 배척되었으면서도 네덜란드를 중심으로 삼아 '신세계'로 이어지는 무역에서 커다란 역할을 수행할 수 있었다. 오스만 제국 안에 있는 유럽인들의 교두보에서 활동했던 그리스 상인이나 아르메니아 상인들, 그리고 무엇보다 동남아시아에서 활동했던 중국인 상인들이 이들과 견줄 만한 집단이자 디아스포라였다.

소통

'신대륙을 발견한 자들'과 원주민들의 첫 접촉은 상징적인 몸짓과 행동으로 이루어지곤 했다. 그러나 장기적으로는 언어를 통한 소통을 피할 길이 없었다. 제국을 건설한 사람들은 제국 어디서나 정복자의 언어를 사용하게 했는데, 이 언어는 적어도 그들이 굴복시킨 국가의 엘리트들에게 제2외국어로 자리 잡았다. 아시아에서는 중국어와 러시아어, 아메리카에서는 에스파냐어와 포르투갈어, 근동과 북아프리카에서는 아랍어와 오스만 튀르크어가 제국의 언어였다. 아랍어는 신성한 『꾸란』의 언어로서 추가적인 경쟁력을 갖고 있었다. 이와 대조적으로 무굴 제국은 제국의 중추를 형성하는 민족이 없었기 때문에 제국의 언어도 없었다. 그래서 처음에는 페르시아어가 궁정 언어나 문화 언어로 사용되다가 북인도 지방의 방언과 합쳐져서 인도 무슬림의 언어인 우르두어가 되었다. 권력의 언어는 늘 매력적이었다. 이는 중국인이나 고대 그리스인들이 '야만인들'은 제대로 말할 줄도 모른다고 주장한 것[29]이 사실이 아닌 경우, 다시 말해 그들이 정복한 야만인들이 고유한 언어를 갖고 있는 경우에도 마찬가지였다.

하지만 일상의 소통에서는 눈에 띄는 일탈을 통해, 혹은 심지어 의도적으로 반대되는 언어 정책을 통해 지배 도구로서의 제국 언어를 피해 가는 일이 흔했다. 예를 들어 아메리카에서 선교사들은 원주민의 언어로 복음을 선포하겠다고 고집했다. 기독교 신앙의 핵심 교의를 그들의 언어로 옮기는 것에서 엄청난 어려움에 부딪혔는데도 말이다.(중국어와 일본어, 기타 아시아 언어로 번역할 때도 마찬가지였다.) 이런 상황에서 번역 때문에 오해가 발생하는 것은 대개 예측할 수 있었다. 결국 제국의 언어인 카스티야어를 강요했던 에스파냐 국왕도

29 '야만인barbarian'의 어원인 그리스어 '바르바로이'는 그리스어를 제대로 구사하지 못하는 외국인들을 조롱하고 비하한 것에서 파생된 단어다.

아메리카 원주민들의 언어를 관용하는 조치를 내렸다. 16세기에서 17세기에 선교사들은 여기에서 더 나아가 아메리카 원주민 언어들에 관한 500개의 사전과 문법서들을 편찬했다. 그들은 이 과정에서 수많은 부족 언어를 처음으로 문자로 표기함으로써 이 언어들이 소멸되지 않고 생존할 수 있게 했다. 이런 경험은 아시아에서도 이어져, 아시아 지역에 온 선교사들은 선교 활동과 동시에 일본학과 중국학, 인도학의 선구자가 되었다. 우수한 교육을 받은 예수회 신부들은 무엇보다 이런 작업을 위해 탁월한 조건을 갖추고 있었다. 사실 궁극적으로 볼 때, 지난 1000년 이상의 세월 동안 서양인들은 자기들의 종교와 언어문화의 토대를 닦는 작업에서 외국어인 그리스어와 라틴어의 번역에 크게 의존해 왔다. 그들은 이런 방식으로 일류 언어학자가 되었으며, 다른 문화와 다른 언어들을 '이해'할 수 있는 최적의 능력을 갖추었다. 이와 비교될 수 있는 개념사적 상황은 오직 일본에서만 발견된다.[72]

아시아인과 아프리카인들은 낯선 외국어를 배워야 할 이유가 별로 없었지만, 아시아와 아프리카에 온 유럽인과 같은 디아스포라 구성원들은 현지인들의 언어를 배울 필요가 있었다. 물론 상인들은 선교사들처럼 현지 언어를 배우기 위해 노력할 마음도 능력도 없었다. 그래서 서양의 상인들과 사업을 하려는 현지인들이 어떻게 해서든 서양의 언어를 통해 접근해야 했다. 그 밖에 동남아시아와 카리브해 지역에서는 다양한 언어들이 사용되고 있었기 때문에 어느 한 언어를 배워서 언어 문제를 해결할 수도 없었다. 그래서 일상생활과 사업상 거래를 위해 아주 단순한 해결책이 등장했다. 바로 여러 언어가 혼합되어 만들어진 링구아 프랑카lingua franka[30] 또는 크리올[31]어creol language나 피진어pidgin 같은 축약어의 사용이었다.

크리올어나 피진어가 여러 언어의 혼합과 단순화를 통해 만들어진 언어인 반면, 링구아 프랑카는 오늘날 영어처럼 변함없이 널리 확산되면서 제2외국어

30 서로 다른 모어를 사용하는 화자들이 의사소통하기 위해 공통어로 사용하는 제3의 언어로, 공용어와는 다른 개념이다.

31 에스파냐어로는 크리오요criollo, 프랑스어로는 크레올créole이라고 하는데, 식민지에서 원주민과 유럽 이주민과 원주민 사이의 민족 간 결합으로 탄생한 혼혈 민족 집단을 가리킨다.

로 사용된 언어였다. 크리올어와 피진어의 차이점은 무엇보다 피진어가 단지 제2외국어로 사용되는 반면, 크리올어는 점차 모국어로 정착했다는 점이다. 물론 양자 사이의 경계는 분명치 않으며 그 경계는 언제든지 변화할 수 있다. 예전에는 크리올어와 피진어를 수준 낮은 언어로 평가하는 것이 보통이었지만, 이런 경향은 이미 오래전에 사라졌다. 왜냐하면 영어 역시 언어 혼합을 통해 나타난 언어였으며, 중세에서 근대 초기 사이에 나타난 지중해의 링구아 프랑카는 원래 아랍어를 통해 풍부해진 어휘를 가진 라틴어를 토대로 만든 피진어였다.

당연히 아프리카와 아시아의 언어들을 토대로 만든 크리올어와 피진어도 있다. 유럽인들이 범세계적인 교역을 촉진하는 역할을 하다 보니 자기들의 언어를 토대로 특별한 창의력을 발휘하기에 이르렀던 것이다. 남아시아와 동남아시아에서는 포르투갈어의 크리올어와 피진어가 개발되어 후대의 유럽인들이 사용했는데, 오늘날에도 그 흔적이 발견된다. 반면에 아메리카에서는 노예들이 주인들의 언어와 다양한 아프리카어를 토대로 해서 자기들의 독자적인 크리올어를 만들어 냈다.[73]

분명 유럽에서 온 외지인들은 원주민들과 한 마디 대화를 나누기도 전에 이미 원주민 여성들과 성관계를 맺는 일이 흔했다. 첫 번째 접촉 집단은 늘 남성들로 구성되었기 때문에 이와 정반대의 관계, 즉 유럽인 여성과 원주민 남성 사이의 관계는 드물었다. 여기서 성性이라는 형식의 소통은 문화적으로 결과를 남겼는데, 이는 당사자들이 자연스럽게 서로 다른 문화의 일상적 생활양식을 수용했을 뿐 아니라 태생적으로 두 가지 문화를 지닌 2세를 탄생시켰기 때문이다.

상호작용

당연히 성관계뿐 아니라 인간 사이에 이루어지는 모든 소통도 상호적인 활동이다. 여기서 인간에게 심대한 영향을 미치는 상호작용은 무엇보다 더 큰 규모의 비중 있는 인간 활동인 무력을 동원한 전쟁이나 각종 문화 상품의 (특히 상거래를 통한) 교환으로 이루어진다. 이미 앞서 충분히 거론되었던 전쟁을 통한 제국 건설이, 그리고 범세계적으로 이루어진, 그 가운데 특히 유럽인의 바다 진출을 통해 이루어진 상업적인 상호작용이 바로 우리가 관찰하는 시대의 주요 동력이었다.

거래된 물품에 관한 한 유럽인들은 아메리카에서는 자기들에게 필요한 물건을 스스로 찾아냈던 반면, 아시아에서는 우선 현지에서 이미 생산되고 공급되던 물품을 구매했다. 라틴아메리카에서는 은과 금, 다이아몬드가, 북아메리카에서는 일시적이지만 현장에 매우 큰 후유증을 남긴 비버 가죽이, 카리브해 주변 지역의 대농장에서는 설탕과 담배 같은 고가의 농산물들이 구매 대상이었다. 아프리카의 경우 처음에는 유럽인들에게 금을 많이 공급했는데, 1700년 무렵이 되면 아메리카에 팔려 갈 노예 거래가 양적으로 금 거래를 추월했다. 반면 아시아에서는 주로 거래된 물품이 처음에는 일상적으로 생산되고 공급되던 대량의 향신료(후추, 계피, 육두구 열매, 정향)였으며, 나중에는 점차 동아시아의 비단과 인도의 면직물들이 특히 인기를 얻었다. 그 밖에 유럽에서도 커피와 차가 유행하기 시작해 이에 따른 대량 수요가 발생하게 될 때까지는 인도의 보석, 중국의 도자기, 일본의 나전칠기 같은 사치품도 교역에서 일정한 역할을 했다. 유럽은 금속 제품과 섬유 제품뿐 아니라 포도주나 슈납스, 기타 완제품을 아메리카나 아프리카에 공급했는데, 그중에서 머스킷은 아프리카에, 인도산 의류는 대농장 아메리카에 공급했다. 그런데 유럽 상품은 아시아에서 그리 많이 팔리지 않았기 때문에, 아메리카의 은이 여러 가지 경로를 통해 아시아로 몰려들었다. 그러나 유럽 상인들은 상품을 유럽으로 수입하는 활동 외에 엄청난 규모를 가진 아시아의 내수 시장에도 다양한 상품을 갖고 참여해, 유럽으로 수입되는 물품 대금을 지급하는 데 필요한 자금의 일부를 벌어들였다.

이러한 '세계 교역 체계'의 수면 밑에서는 이미 일찌감치 다양한 방향으로 대량의 동식물이 교환되고 있었다. 여기서 실용 식물과 가축용 동물은 동시에 특정 문화의 산물이기도 했다. 그러나 아시아와 아프리카, 유럽 사이의 생물학적 교환은 13세기에 어느 정도 마무리된 듯하다.[74] 반면에 아메리카는 일단 그곳에 알려지지 않았던 미생물들을 얻었는데, 그 가운데에는 유럽에서 건너온, 죽음에 이르게 하는 천연두와 독감, 홍역, 백일해 등이 있었고, 아프리카에서 건너온 말라리아와 황열병 등도 있었다. 그 밖에도 각종 야생초뿐 아니라 밀, 보리, 메귀리, 호밀, 감귤류, 바나나, 사탕수수 등이 유럽으로부터 직접 또는 (다른 지역으로부터) 유럽을 거쳐 신세계에 들어왔다. 아프리카로부터는 기장, 참마, 오크라, 수박이 신세계로 수입되었다. 반면에 아메리카는 수입된 생물들보다 훨씬 많은 100가지 정도 되는 토종 재배 식물을 타 지역에 수출했다. 그 가운데에는 곧 세계사적인 의미를 얻게 되는 것들, 즉 감자, 옥수수, 카사바, 고구마, 토마토, 콩류, 호박류, 파인애플, 호두, 카카오, 담배가 있었다. 아메리카에서 생산된 옥수수와 카사바는 아프리카인의 영양 공급을 위해, 감자는 유럽인과 러시아인의 식생활에 결정적인 식물이었다. 그러나 아메리카에는 알려진 가축이 거의 없었다. 그 때문에 곧 온갖 야생동물 외에 다양한 가축들이 유럽에서 아메리카로 수입되었다.[75]

범세계적 차원에서 문화 접촉이 점차 늘어났지만, 대부분의 지역에서는 이 과정이 (예수회가 중국 양식을 유럽에 유포한 것처럼) 제한적이고 조용하게 진행된 반면, '신세계'에서는 유럽 전체의 문화가 매우 뚜렷한 흔적을 남겼다. '신세계'에는 식민지 시대 이후에 다양한 발전이 있었는데도, '신세계' 여러 지역의 언어와 오래된 건축물들은 그 기원이 식민 제국이었던 잉글랜드, 프랑스, 포르투갈, 에스파냐에 있음을 가리킨다. 이러한 사실에도 불구하고 유럽적 뿌리가 강하게 남아 있는 외관의 표면 아래에 원주민들의 토착 문화들이 항상 살아 있다는 사실이, 아프로아메리카인들이 자기들의 고유한 문화를 발전시켰다는 사실을 간과해서는 안 된다. 물론 이 두 가지 현상은 지역에 따라 차이를 보인다.

하부 세계와 상부 세계

하부 세계

이 책에서 서술되는 '세계들'은 대개 거의 언급되지 않는 '하부 세계들'[32]

32 노예와 여성, 하층민과 소수민, 피정복민 등 제국 건설의 토양이 된 피해자들의 세계를 의미한다.

도 포함한다. 제국 건설과 해양을 통한 상호 교류는 무수히 많은 보통 사람의 고통 위에서 이루어졌기 때문이다. 그런데도 역사에서 자주 보이듯 이러한 상호작용이 전개되는 과정에서 한때의 피해자들은 순식간에 가해자가 될 수 있었고, 개별적·집단적 저항을 할 수도 있었으며, 그들이 본래 범죄자가 되기 쉬운 환경 출신이 아니더라도 평범한 사람이 범죄자로 변할 수도 있었다. 물론 이와 관련해 우리가 갖고 있는 자료는 분야에 따라 차이가 크다. 우리는 유럽에서 자행된 유대인 박해, 근대 초 유럽의 이른바 '불결한 자들'[33] 그리고 아마 인도의 카스트 계급에조차 속하지 않는 최하층 천민에 관해서도 어느 정도는 상세히 알고 있다. 반면에 일본의 부라쿠민(부락민)이나 중국의 천민에 관해서는 잘 알지 못한다. 대서양 노예무역과 아메리카 대농장의 노예제에 대해서는 훌륭하게 연구가 이루어졌지만, 아프리카와 아시아 내부의 노예제, 그리고 거기에서 유럽인이 차지한 지분 혹은 이슬람 세계의 노예제에 대해서는 아는 바가 별로 많지 않다. 그 밖에도 여성 희생자들에 대한 자료는 남성 희생자들에 대한 자료보다 찾아보기가 어렵다.

제국 건설을 위한 전쟁에서는 집단 성폭행과 고문, 약탈뿐만이 아니라 대규모 학살도 자행되었다. 티무르는 한 지역을 정복하고 나면 그들의 몽골식 전통에 따라 피바다의 테러를 자행했으며, (티무르의 지시에 따라) 살해된 자들의 해골로 피라미드를 쌓은 것으로 잘 알려져 있다. 일례로 티무르에 맞서 반란을 일으켰다가 진압된 이스파한에만 7만 개의 피라미드가 만들어졌다.[76] 역사 서술에서 더 좋은 평가를 받는 무굴 제국의 대제 아크바르도 치토르Chitor를 정복한 후 3만 명을 학살하게 했다.[77] 네덜란드의 제국 건설자 가운데 하나인 얀 피터르스존 쿤Jan Pieterszoon Coen의 치하에서는 그들에게 저항하는 인도네시아의 반다섬 주민 1만 5000명이 살육당했다. 올리버 크롬웰Oliver Cromwell은 아일랜드의 드로이다에서 '겨우' 2000명에서 3000명 정도를 살해했는데,[78] 아일랜드 도시들이 단지 아시아 도시들보다 주민 수가 적었기 때문이다.

33 노예와 불치병 환자, 사생아, 집시, 노숙자, 고리대금업자 등과 같이 손가락질을 받는 사회집단을 말한다.

아시아와 아프리카의 귀족 기병대와 제후들이 거느린 사병들은 아마 불평할 이유가 별로 없었겠지만, 이들과 비교할 때 유럽 국가의 용병이나 선원들은 불평거리가 훨씬 많았다. 강제로 또는 사기성 모집 광고를 통해 모집된 하층민인 그들은 기회만 있으면 탈영하거나 각종 소요를 일으키려고 했다. 또한 바로 그런 이유에서 그들은 무자비한 군기에 시달려야 했다. 네덜란드 동인도회사는 선원이나 용병 일부를 본국의 고아원에서 모집했다. 이 용병들이 아시아 지역의 노예 혹은 다른 여성들과의 사이에서 본, 낙태되지 않고 태어난 아이들이 어린 시절을 빈민촌이나 회사의 고아원에서 보내며 살아남을 경우 남자아이들은 군대에 징집되었으며, 여자아이들은 식민지의 악명 높은 여성 부족 현상 때문에 어린 신부로 봉사해야 했다.[79] 여러 유럽 국가는 이러한 심각한 여성 부족을 대부분 비공식적인 원주민 여성들과의 교류 외에 모국의 고아원으로부터 여자아이들을 데려옴으로써 보충하도록 지원했다. 물론 그 아이들이 식민지에서 행운을 잡기 위해 늘 자발적으로 왔는지는 의문이다.

오랜 항해를 해야 하는 배 안의 비좁은 환경은 선원들의 삶이 군인들의 삶보다 더 매력 없게 만들었다. 노예무역선에서는 "선원들이 겪는 힘든 현실 앞에서는 심지어 노예조차 자기를 스스로 인간으로 느낀다."[80]라는 말이 있을 정도였다. 이미 지중해의 갤리선에서 노 젓는 사람들도 노예든 죄수든, 선발되었든 자발적으로 지원했든 아무 상관없이 모두 엄한 규율을 따라야 했을 뿐 아니라, 몸을 움직일 자유조차 없었다. 다른 무엇보다 그들이 노를 젓는 자리의 환경이 심각했는데, 대소변 등의 오물은 가끔 수거될 뿐이었다.[81] 여러 달이 걸리는 아시아로 가는 여행에서는 여러 가지 질병이 일종의 재앙이었다. 1640년에 함께 네덜란드 배에 승선했던 300명의 선원과 군인 가운데 여든 명이 도중에 사망했으며, 괴혈병은 치아가 빠지고 잇몸이 썩게 했다. 다른 선원들은 고통이 너무 심해 침대에 묶인 채 누워 있어야 했다. 적어도 네덜란드 동인도회사는 좋은 식사를 제공하고 배에서 올바른 대우를 제공하려고 애썼지만, 부패한 선주船主들과 열악한 상황은 많은 경우 이를 수포로 돌아가게 했다. 결국 유럽인 선원의 부족 때문에 노예들로 선원들을 충원하거나 인도인, 중국인, 발리인, 자와인들을 선원으로 고용해야 했다. 그러나 이와 함께 선상 반란의 위험도 커졌다. 1783년에는 네덜란드 국적 선박이 항해하던 도중에 바타비아[34]와 남아프리카 케이프 식민지 사이의 해상에서 반란 혐의로 스무 명의 인도네시아인 노예가 바다에 던져졌다. 다른 배에서는 선상 반란으로 다섯 명의 유럽인이 살해되었다. 이후 143명으로 이루어진 선원 가운데 열다섯 명의 중국인이 유죄로 판명되어 마찬가지로 바다에 던져졌다.[82] 유럽인 선원들에게는 아시아 해역에서 발생하는 반란이 가장 위험했다. 아시아 출신 선원들은 고국이 가까워지면 반란을 일으키는 경향이 더 커졌기 때문이다. 1701년에는 네덜란드 국적 선박의 요리사가 불만을 품은 선원들에게 배에서 심하게 폭행당했으며, 이어서 항구에 도착한 후에는 선주도 폭행당했다.[83] 심지어 반란을 일으킨 선원들이 배를 장악하는 일도 발생했다. 때로는 이러한 반란의 다음 단계로 선원들이 해적으로 변하는 경우도 발생했는데, 이들은 특히 17세기의 카리브해와 인도양을 불안하게 만들었다. 다시 말하지만 해양의 하부 세계에서는 피해자가 가해자로 돌변하기도 했으며, 낭만적인 해적 영화에서와는 전혀 다르게, 거기서 실행된 초보적인 민주 질서뿐 아니라 해상 강도들이 저지른 수없는 잔인한 범죄들로도 널리 알려졌다.[84]

이와 비슷하게 육지에서도 해고되거나 탈영한 군인들이 도적 떼로 돌변하는 일이 있었다. 이들에 대한 서술은 해적과 마찬가지로 한편에는 사회적 봉기로 보는 시선, 다른 한편에는 악질적 범죄로 보는 입장이 차이를 보인다. 경계 지역들이 특히 도적 떼에 유리한 조건을 제공하기는 했지만, 도적 떼 현상이 결코 경계 지역에서만 나타난 것은 아니었다. 어쨌든 도적 떼 두목은 본격적인 지배 체제를 구축하는 데까지 성장할 수도 있었다. 여기서 도적 떼 두목들과 티무르나 티무르 왕가 출신 바부르의 괄목할 만한 성장 사이의 차이는 기껏해야 그 규모에서나 찾을 수 있을 듯하다.

아메리카에 온 아프리카 노예들조차 그들의 운명에 맞서 수없이 저항했을 뿐 아니라, 도망칠 수 있었던 경우에는 이른바 시마론cimarrón[35] 또는 머룬

34 1942년에 자카르타로 이름이 바뀌었으며, 오늘날 인도네시아의 수도이자 최대 도시다.

35 야생으로 도망친 가축이나 노예들을 가리키는 에스파냐어로, 머룬의 어원이다.

으로서 황야에 어느 정도 체계가 갖추어진 공동체인 킬롬부quilombo를 설립했다. 그들은 원주민들과 부분적인 동맹을 맺기도 했다. 머룬들의 도시인, 브라질 북동부의 파우마리스Palmares는 1600년에서 1695년까지 존속했으며, 주민이 3만 명이나 되었다.[85] 그들은 식민 제국들과 전투만 한 것이 아니라 계약을 통해 합의하기도 했는데, 최근에 탈출한 노예들을 송환하는 대가, 그리고 반란 진압 작전을 위해 준군사적인 지원을 해 주는 대가 등이 협상 내용이었다.

중국과 프랑스 사이에 놓였던 농민들도 다양한 강압들에 저항해 반복해서 봉기를 일으켰다. 농민들은 가장 중요한 경제 자원의 착취 원천으로서 모든 제국에서 가장 중요한 '하부 세계'를 형성했으며, 항상 고분고분하고 침묵하는 다수로 절대 처신하지 않았다. 만약에 침묵하는 다수가 있었다면 그것은 대부분 차라리 이른바 하부 세계들의 밑에 공통된 또 하나의 하부 세계를 형성한 여성들이었다.

상부 세계

근대의 세속 역사학은 이 책에서 다루는 근대 이전 인간의 역사가 늘 '신들과 인간들'의 역사라는 사실을 간과한다. 이러한 우리의 세계에는 (하나 혹은 여럿의) '상부 세계'[36]가 있었다. 서방에서는 가톨릭과 각종 프로테스탄트 종파들이 서로 경쟁했으며, 이슬람 세계에서는 수니파와 시아파가, 인도에서는 최소한 시바 숭배자와 비슈누 숭배자들이, 중국에서는 유교와 불교, 도교의 신도들이 민간 신앙 등의 추종자들과 경쟁했기 때문이다.

무엇보다 우리가 다루는 시기의 역사는 '정복하는 신'이 두 방향으로 움직인 역사로도 설명될 수 있다.[86] 왜냐하면 알라 그리고 기독교의 신은 1350년과 1750년 사이의 400년 동안에 각각 교인의 수가 엄청나게 증가해 정신적인 세계의 제패라는 목표에 매우 가까이 다가갔다. 기독교는 '신세계' 전체를 장악했을 뿐 아니라 나아가 시베리아와 필리핀, 콩고 제국 같은 아프리카 대륙과 아시아 대륙의 몇몇 지역뿐 아니라, 이들 대륙의 다른 지역 여기저기에 흩어

36 통상적으로 종교 등에서 말하는 천국과 천당, 극락 등을 가리킨다.

져 있는 소수의 추종자까지 얻을 수 있었다. 그동안 이슬람은 남동유럽과 아프리카의 수단을 정복했으며, 인도에서는 주도권을 장악했고, 인도네시아에서 가장 큰 섬 지역을 점차 개종시켰다. 이 과정에서 두 정복 종교의 추종자들은 폭력을 행사했으며, 기독교도들의 폭력은 무슬림들의 폭력보다 더 심했다고 추정된다. 그러나 무엇보다 오스만 제국의 팽창기에는 기독교 세계와 이슬람 세계가 십자군 이래 겪어 보지 못했던 정도의 엄청난 폭력을 서로 주고받았으며, 그 비극적 결과는 오늘날까지 영향을 미치고 있다.

물론 다른 신의 추종자들이 정치적으로 더 평화적이었던 것은 아니다. 어쨌든 동아시아에서는 대규모 기독교도 박해가 있었으며, 일본에서는 특정 불교 종파에 폭력적 탄압이 자행되었다. 그런데도 그곳에는 비이슬람 인도 지역이나 아프리카에서처럼 '정복하는 신'과는 완전히 다른 성격을 지닌 종교관이 있었는데, 이는 18세기 유럽에 불었던 중국 열풍과 인도 열풍 덕분에 유럽에 흡수되어 영향을 미쳤다.

첫째, 아시아의 '무신론 종교'를 언급할 수 있다. 오직 서양식 종교 개념으로 바라볼 때만 그 자체가 모순인 이 종교는 특히 뚜렷한 몇몇 불교적 요소로 구성되었다. 이에 따르면 세상은 이 세상만이 가진 고유한 힘과 법칙들에 따라 움직이며, 깨달음을 얻은 인간은 이렇게 고유한 힘과 법칙들이 작동하는 세상 안에 의식적으로 순응한다. 깨달음을 얻은 인간은 기독교의 경우와 달리 우주에서 특권적인 지위를 차지할 수 없기 때문이다.

둘째, 무엇보다 인도에 깊이 뿌리내린 포용성도 이러한 현상과 사상적으로 통한다. 포용성은 기독교의 핵심 도그마, 즉 신이 예수 그리스도를 통해 인간으로 태어남을 뜻하는 성육신成肉身을, 단순히 자기들이 믿는 거대한 신들 중 하나가 나타난 또 하나의 성육신으로 파악함으로써 기독교도들을 아무 문제없이 그들의 고유한 종교 안에 받아들인다. 이에 반해 기독교와 이슬람교는 항상 자기들의 종교를 본래 이교도들은 모두 지옥에 떨어진다고 믿는 배타적인 고백으로써 이해했다.

물론 서양은 점차 고대 그리스의 인문주의 사상과 중세 기독교의 동력을 연결한 덕분에 자기들의 힘으로 종교의 자유와 관용이라는 계몽된 사상에 도달했는데, 이는 네 가지 방식으로 정당화될 수 있었다. 우선 무신론의 입장에서처럼 모든 종교는 진실이 아니거나, 인도에서 나타나는 포용성의 시각에서처럼 모든 종교는 진실이다. 또한 인간은 진리 문제를 스스로 결정할 수 없거나, 이웃 사랑의 계명은 진리의 강요보다 우선권을 갖는다.

여기에 당시의 많은 선교사를 경악하게 했지만, 이제는 그 배경이 잘 설명되어 '정상'인 것으로 파악된 경험, 다시 말해 모든 옛 종교가 새 종교들 안에 계속 살아 있다는 경험도 추가된다. 이런 현상은 특히 라틴아메리카의 기독교계나 수단의 이슬람 세계에서 관찰되었지만, 이 경우에만 국한되는 것은 아니다. 모든 옛 종교가 새 종교들 안에 계속 살아남는 현상은 새로운 종교 안에서 다양한 종교들이 경우에 따라 교대로 적용되는 모습이나 다중의 종교적 정체성을 드러내는 모습으로 나타나기도 한다. 1350년에서 1750년 사이에 점차 등장하기 시작한 이러한 현상으로부터 결국 오늘날과 같은 전 지구적 시대의 다원적인 '상부 세계들'이 탄생했다.

유라시아 대륙의 제국과 미개척지들

피터 C. 퍼듀

1350~1750

1

머리말

1부에서 다루는, 중앙유라시아 및 동유라시아라고 부를 광대하고 다양한 지역은 서쪽으로 유럽 쪽 러시아에서 동쪽으로 중국과 일본까지, 그리고 북쪽으로 시베리아 삼림지대에서 남쪽의 화남(중국 남부)과 베트남 등 아열대 농경 지대까지 뻗어 있다. 1500년에서 1800년까지 지구의 거주 가능한 지표 면적의 27퍼센트가 이곳에 속했고, 세계 인구의 30퍼센트에서 40퍼센트가 이곳에서 살았다. 중국의 명(1368~1644)과 청(1636~1911) 두 제국은 방대한 인구 덕분에 주도적인 역할을 했지만, 러시아와 일본의 지정학적 영향력이나 세계사적 의의가 특히 중요했다. 몽골 민족들과 튀르크계 무슬림이 주도하던 중앙유라시아는 칭기즈 칸 제국과 티무르 제국의 붕괴 여파 속에서 나름의 자율적 공간을 확보하기 위해 노력했지만, 결국 러시아와 중국의 침식과 정복에 굴복하고 말았다. 중국의 관료제 전통으로부터 심대하게 영향을 받은 한국과 베트남의 두 정치체제는 일본과 중국의 침략에 대항해 집요하게 독립을 유지하는 한편, 자국이 중국 왕조의 충성스러운 조공국임을 천명했다.

전 지역에 영향을 미친 어떤 과정들로 인해 이 지역을 하나의 단위로 취급하는 것이 정당화된다. 이 과정에는 공통의 기후 조건, 서로 연결된 지리와 농업 및 상업 생산방식, 공통의 사회적 상호작용 및 가족생활 관행이 포함된다. 가장 두드러지고 일반적인 두 경향은 제국들의 확장과 독립국가들의 강화[1]였으며, 이에 따라 국가에 대항하거나 도피한 사람들이 살던 국경 지대가 없어졌다. 또한 이에 수반해 핵심 지역과 변경 지역 모두를 향해 상업망이 확산되었고, 이로 인해 이 지역 전체는 신대륙에서 유래해 유입되는 은에 의해 추동되는 전 세계적 교역망으로 연결되었다.

1350년에서 1750년 사이의 기간은 이 지역의 근본적인 전환점과 대략 맞아떨어진다. 물론 그 어떠한 시대구분도 역사적 변화의 중대한 국면들에 정확히 부응한 적은 없었고, 역사학자들은 중요한 일자와 사건에 대해 끊임없이 논쟁을 벌이는 중이다. 더욱이 사회 및 경제적 장기 (이행) 과정은 한 해에 급격하게 변동하지 않는다. 이런 한계는 국가와 제국에도 적용되지만 특히 세계사 범주에서 더욱 심한데, 세계사 수준에서는 서로 다른 지역과 사회가 종종 매우 다른 속도로 발전하기 때문이다. 그런데도 이 기간은 하나의 중요한 변화의 시기를 아우른다.

지금까지 일반적으로 역사학자들은 이 지역을 하나의 전체로 논의하지 않았다. 그 대신 그들은 19세기 및 20세기 민족국가의 국경에 의해 규정된 단위들에 집중해 왔다. 우리는 이 기간의 중국, 러시아, 일본의 수많은 개별 역사(역사 서술)와 한국과 베트남의 몇몇 개별 역사를 알지만, 중앙유라시아의 역사는 거의 알지 못한다. 그러나 그 개별 역사(역사 서술)들 중 이 지역을 서로 연결하는 역사를 이야기하려고 하는 것은 별로 없다.[1] 그러나 최근의 몇몇 연구는 이 더 큰 규모(이 지역 전체)의 변화를 묘사하는 중요한 개념적인 도구들을 실제로 제시했다. 빅터 리버먼Victor Lieberman은 두 권으로 된 강력한 종합물 『기이한 유사점들*Strange Parallels*』을 통해, 1000년에서 1800년 사이에 유라시아 각국을 관통하는 상업적·정치적·문화적 통합 경향이 있었다고 주장하는데, 이는 동남아시아, 서유럽, 일본, 러시아, 중국 국가들의 행정적 중앙집권화에 의해 추진되었다. 존 리처즈John Richards는 그의 세계사 저술인 『끝없는 변경*The Unending Frontier*』을 통해 농업 이주(정착), 국가 통제, 상업적 침투라

1 원문인 'consolidation'은 통합과 결속을 통한 공고화를 뜻한다.

는 (삼자의) 결합된 힘에 의해 변경이 제거되는 과정을 묘사했다. 존 다윈John Darwin은 『티무르 이후: 세계 제국들의 흥망, 1400~2000*After Tamerlane: The Rise and Fall of Global Empires, 1400-2000*』을 통해 1400년에서 2000년 사이의 제국 구조체들의 형성과 경쟁을 탐구하면서, 근대 세계를 형성한 근본적인 힘으로 유라시아 제국의 지정학에 초점을 맞춘다. 약간 작은 범주로 연구를 진행한 것으로서, 청나라의 팽창에 대한 나의 연구는 청 왕조의 팽창이 어떻게 러시아의 팽창 및 몽골 국가 건설자들의 성쇠와 상호작용했는지를 탐구한다. 1부는 이러한 연구 성과를 끌어들여 이 기간에 일어난 중요한 정치적·사회적 변화의 성격 대부분을 규정하는 일반적인 주제들을 개괄한다.[2]

우리는 중국부터 시작한다. 중국은 오늘날에도 여전히 그 크기와 방대한 인구 및 명대와 청대의 통치자들이 만든 고도로 집중화된 관료 체계로 인해 이 지역에서 여전히 주도적인 사회다. 다음에 러시아로 넘어가, 몽골 제국의 뒤를 이은 모스크바 국가[2]의 형성 및 16세기에서 18세기 사이에 일어난 시베리아를 향한 팽창을 검토한다. 러시아의 동방 팽창은 아시아의 환경에 새로운 세력 하나(러시아)를 더한 셈이었고, 동시에 러시아는 유럽의 정치 게임에서 강력한 힘을 행사하는 주체가 되었다. 러시아의 두 개성, 즉 아시아와 유럽이라는 개성은 표트르 1세가 급격히 서유럽으로 방향을 돌리기 전까지 이 시기 러시아의 역사 경로를 강력하게 규정했다. 중국과 러시아 사이에 위치한 중앙유라시아는 훨씬 더 분절화된 지역으로서, 중국의 정책과 이슬람 운동의 커다란 영향을 받았지만, 자력으로 운영되는 자율적이며 독자적인 사회였다. 중국의 동쪽 해안에서 100마일 떨어진 일군의 섬으로 이루어진 일본은 오랫동안 내부의 분열과 싸웠지만, 16세기가 되면 해양의 유럽 세

——— 2 초기에는 모스크바 공국이었으나 17세기 초에 로마노프 가문의 수장이 '차르'로 칭하고 18세기 초에는 러시아 전역의 황제임을 선언했다. '모스크바 국가Muscovite state'는 모스크바에 중심을 둔 작은 공국에서 시작해 제국으로 커진 시기까지를 포괄하는 용어다. 차르가 러시아인들의 땅 거의 전체를 차지한 후부터를 러시아 제국으로 부르는 것이 옳겠지만, 그 시기를 정확하게 정하기는 어렵다. 이 책에서는 모스크바 국가와 러시아 국가를 구분하고 있지만, 모스크바 공국에서 근대의 제국 시기까지를 통칭하는 러시아라는 일반적인 호칭도 쓰고 있다.

력 및 육상 세력과 강력한 상호 관계를 맺는 시기로 진입한다. 육상으로는 한국을 매개로 해서 중국과 관계를 맺으려고 했지만 거절당했다. 도쿠가와 정권(1603~1867)하에서도 일본은 진정으로 고립된 나라가 아니었다. 일본은 중국의 발전에 대응했으며 아시아의 교역 및 정치 세계를 예의 주시하는 한편, 제한적인 대외 교역을 시행했다. 한국과 베트남은 공히 중국과 비非중국 세계의 중간에 끼어 있었는데, 양자는 그들의 강력한 이웃(중국)에 대한 태도 및 중국을 넘어선 세계와 맺은 여타 관계에서 흥미로운 유사점을 보여 준다. 중앙유라시아 민족들과 달리 한국인 및 베트남인은 그들을 둘러싼 제국 세력의 팽창에 의해 밀려나지 않았다. 그들이 생존한 부분적인 이유는 그들이 재빨리 현지 상황에 중국의 관료제적 방식들을 적용했기 때문이다. 1부는 이러한 사회들 사이에서 일어나는 공통의 경향 및 서로 연결된 발전을 재고함으로써 마무리된다.

1 중국

칭기즈 칸의 몽골 제국(1206~1294)은 잠시 동안 유라시아 대륙 거의 전체를 하나의 제국 아래에 통합했지만, 곧 네 개의 거대 칸국(한국汗國)으로 분열되었다. 즉 중국의 원(1279~1368), 러시아와 우크라이나 및 카자흐스탄을 아우르며 킵차크 칸국으로도 불리는 이른바 '금장金帳 칸국(1227~1502)', 중앙아시아의 차가타이 칸국(1227~1370), 페르시아의 일 칸국(1256~1335)이다. 차가타이 칸국 출신의 티무르는 제국을 부활하려는 시도의 와중에 (예전) 몽골 전사들의 어마어마한 정복을 얼마간 되풀이했다. 티무르는 트란스옥시아나,[3] 이라크, 이란을 정복했으며 금장 칸국과 오스만 제국을 상대로 원정을 감행했다. 1402년에 티무르는 오스만의 술탄을 격퇴하고, 델리를 약탈했으며, 중국을 침공하기 위해 20만 명의 병력을 규합해 놓고는 죽었다. 그러나 티무르가 죽은 후 제국은 급격히 분열되었다. 티무르 이후 유라시아는 독립적인 제국 및 국가들로 분리된 채 남았지만, 이들은 몽골인들이 조성한 상호 연결망을 유지했다. 심지어 우리는 우리의 세계화된 근대 세계에 나타나는 여러 특성의

—— 3 시르다리야강과 아무다리야강(옥서스강)의 사이에 위치한 지역으로, 현재의 우즈베키스탄과 타지키스탄 대부분과 카자흐스탄 남서부를 포함하는 지역이다.

기원을 15세기 이후 유라시아를 가로지르는 제국들 사이의 관계 속에서 확인할 수 있다.[3] 수많은 부침을 겪었지만 점차 세계시장, 지정학적 상호작용, 이주, 역내의 문화 전파는 강화되었으며, 이로 인해 이후 세기들 동안의 더 광범위한 규모의 훨씬 더 집중적인 상호작용을 위한 토대가 만들어졌다.

그러나 티무르의 실패가 낳은 즉각적인 여파는 폐쇄(쇄국)로 복귀하는 현상이었는데, 특히 중국에서 이 현상이 두드러졌다. 1368년에 전직 불교 승려였던 주원장朱元璋(1328~1398)이 이끄는 농민반란으로 수립된 명은 마지막 몽골 지배자를 몰아내고 남부 농업지대 출신의 한족 군인들이 지배하는 왕조를 확립했다. 그들은 중앙유라시아와 관계를 맺지 않았으며, 동시에 옮겨 다니는 상인과 소농(소작농) 및 외국의 이념에 대해 깊은 의심을 가졌다. 15세기에 명의 통치자들은 간헐적으로 팽창을 시도한 후 초원에 개입하는 정책에서 물러나 중심부의 한족에 대한 통치를 강화했다. 그러나 광대한 유라시아의 수많은 다른 민족을 망라하는 세계 제국에 대한 원나라 시절의 이상은 결코 완전히 사라지지 않았다. '조공'이라는 가면 아래에서 명의 통치자들은 다른 민족들을 황제의 면전으로 끌어들이기 위해 교역 및 문화적인 연계를 수단으로 자기들의 통치권 밖의 정치체들에 영향을 미치려고 했다. 서북 변경에서 명은 몽골에 대한 방어적인 정책을 수용했지만, 귀주(구이저우)의 산악 지대와 정글에 사는 민족들의 연맹체에 대해서는 공격적으로 밀고 나갔다. 비록 선대의 원이나 후대의 청처럼 야심 찬 정복을 감행하거나 허세를 뽐내는 세계주의를 실행하지는 않았지만, 명은 완전히 고립된 정권이 아니었으며, 그 주민들은 중국을 벗어난 세계의 선별적인 발전상을 잘 인지하고 있었다.

명 왕조(1368~1644)

1350년 무렵 칭기즈 칸 제국의 중국 측 갈래인 원의 행정 체계는 쇠퇴해 경제적인 파탄과 자연재해로 빠져들었다. 반복되는 황하(황허강)의 범람과 해를 이은 기근 및 경제 교란은 전국에서 농민반란을 유발했다. 불교식 천년왕국에 관한 가르침이 그들로 하여금 새 미래불(즉 미륵불)이 새로운 빛의 세상을 열기 위해 도래할 것임을 믿게 했다. 명 왕조의 창시자인 주원장은 중국 남부의 가난한 가정에서 태어나 한참 동안 불교 사원에서 생활했다. 탁발승으로서 그는 미륵불의 환생과 백성들을 구제할 '빛나는 왕(명왕明王)'의 즉각적인 출현을 설파하는 새 교리를 배웠다.[4] 1352년에 주원장은 군사 봉기에 참여했고, 이 봉기군은 전국에서 가장 큰 군사 세력으로 성장한다. 1359년에 주원장은 오늘날 난징(남경)으로 알려진 도시를 점령해 수도로 삼았고, 1368년에 원의 마지막 황제를 북경(베이징)에서 몰아냄으로써 새 왕조 명의 황제임을 선포했다. '명明'은 밝음을 뜻하고, 원과 마찬가지로 명이라는 왕조의 이름 또한 상징적인 의미를 지니므로, 많은 학자는 '빛'을 원용한 것은 초기에 불교 승려로서 중앙아시아의 마니교에서 유래한 빛과 어둠의 이미지에서 영향받은 것을 반영한 것이 아닌가 하는 의혹을 가졌다. 그러나 훗날 태조太祖라는 묘호로 불리게 될 주원장은 자기 출신이 비천하다는 사실을 지우기 위해 온갖 노력을 다 기울였으므로 이 가설을 검증할 자료는 별로 남아 있지 않다.

명은 후한(25~220) 왕조 이래 순수한 한족 농민군을 이끌고 중국의 핵심지대 전체를 정복한 첫 번째 왕조였다. 당이나 원 같은 여타 왕조는 중앙아시아의 군사력에 크게 의존했고, 송은 주력 부대가 한족으로 이루어졌지만 북경을 포함한 오늘날 중국의 내지 전부를 차지하지 못했다. 명의 지배계급은 이전 왕조들보다 계급 구성이나 종족 구성이 모두 더 단순했다. 원의 통치자들은 수많은 지역의 상인, 외국인, 전문가 등을 지배 엘리트 집단으로 끌어들였지만, (중국 본토의) 유교 문사(사인士人)들의 힘은 줄였다. 반면 명의 통치자들은 문사들의 위상을 올리고 외국인과 불교도를 배제했다. 비록 명의 창시자 주원장은 학자들에게 상당한 의혹을 품었지만, 그와 그 후계자들은 학자들이 민정을 수행하는 데 꼭 필요한 요소라는 것을 인정할 수밖에 없었다.

여타 왕조의 창건자들과 마찬가지로 주원장은 농업경제의 재건을 핵심 사업으로 삼았지만, 주원장은 그들보다 훨씬 멀리 나아갔다.[5] 주원장은 수로, 운하, 토지 개간 등에 엄청나게 투자해 저수지 수천 개를 만들고 제국 전역에 수백만 그루의 나무를 심었다. 그리고 토지와 인구를 매우 철저하게 조사해 인구 6000만 명을 호적에 올렸다. 비록 변경 지역의 인구 다수가 여전히 등록되지 않았지만, 이 수는 약 1억 명에 달했던 송대의 인구 수준에서 상당히 줄어든 것이다. 인구 감소의 대부분은 농촌 지역에서 발생했는데, 전염병과 기근 및 전쟁과 과중한 세금으로 인한 것이었다. 원의 통치자들은 상업을 더 중시해 장거리 교역에 종사하는 중앙유라시아 상인들을 우대하고 농업을 대단히 경시했다. 그러나 새 황제는 자기가 보기에 상업 및 부유한 지주 세력이 야기하는 손실로 보이는 효과를 최대한 줄이고 건강한 농업 구조를 만들기로 작정했다. 주원장은 과중한 세금을 부과해 장강(창장강) 하류의 부유한 지주들의 세력을 깨려고 시도하는 한편, 전국의 농촌에 학교를 세우려고 했다. 동시에 주원장은 수도 남경에 어마어마하게 투자해 이 도시를 24킬로미터에 달하는 성벽으로 둘러쌌으니, 이는 제국에서 가장 길었다.

그러나 중국을 자급자족적인 농업경제로 되돌리려는 주원장의 시도는 결국 실패했다. 비록 주원장이 지배한 강력한 관료제와 군대조차 수백만 명의 생산자, 소비자, 상인들을 좌지우지할 수 없었다. 주원장은 오직 정부의 명령에만 근거를 두는 지폐를 통화로 쓰는 정책을 시도했지만, 이 정책은 그 지폐를 유효한 교환 수단으로 만들 수 없었다. 이에 더해 주원장은 몽골의 영향력을 완전히 몰아내지 못했다. 주원장의 군대에 항복한 몽골인들은 서북 국경을 따라 평화롭게 살도록 남겨졌다.[6] 명의 군대 구조는 사실 원의 본을 뜬 경우가 많다.

영락제의 팽창

태조를 이은 허약한 황제의 치세는 겨우 3년 동안 지속되었다. 그의 정력적인 숙부인 연왕燕王이 쿠데타를 일으키고 영락제永樂帝로 즉위해 1403년에서 1424년까지 통치했다.[7] 영락제는 유라시아 전역에 영향력을 행사하는 세계 제국을 건설한다는 원나라의 야망을 부활시켰다. 그는 육상 및 해상 양방향으로 급속한 팽창을 추진했다. 황제가 되기 전에는 중국 북부에 방대한 토지를 가진 왕(연왕)을 지냈으므로 영락제는 변경의 위협에 관해 잘 알고 있었고, 명을 세운 남쪽 반란 세력들과는 달리 서북 여행을 즐겼다. 영락제는 자기가 본 거친 풍경을 자세히 묘사하는 여행기를 썼고, 친히 몽골을 상대로 다섯 번의 원정을 감행했으며, 마지막 원정에서 돌아오는 도중에 죽었다. 영락제는 공격적인 변경 정책으로 몽골 땅에 대한 중국의 통치를 회복하려고 했지만, 영락제의 후계자들은 더 수비적인 자세를 취했다.

그러나 영락제의 가장 유명한 원정단은 동남아시아로 갔다. 무슬림 제독 정화(1371~1435)[8]가 이끄는 대선단은 1405년에서 1433년까지 일곱 차례에 걸쳐 인도양으로 나갔다. 남경을 떠나 동남쪽 해안의 항구 광주(광저우)에 정박한 후 선단은 말레이 제도, 자와섬, 시암에 들른 후 수라바야, 믈라카, 팔렘방 항구에 정박했다. 그러고 나서 그들은 계속 인도로 나아가 벵골 삼각주와 남쪽의 항구 캘리컷[4]에 들르고, 이곳에서 호르무즈 해협을 따라 올라가 아라비아만을 돌아 메디나와 메카로 간 후, 아프리카 동부 해안으로 내려와 모가디슈에 닿았다. 이 선단이 아프리카를 돌아 대서양을 건너는 것을 막는 기술적인 한계는 없었지만, 그들은 이익이 될 만한 교역품의 증거를 얻지 못하자 아프리카 해안에서 전진을 멈추었다. 정화는 금, 은, 도자기, 비단 등의 가져온 선물을 타조나 얼룩말, 낙타, 상아, 기린 등 이국적인 열대 산품과 바꿨다. 어떤 항해 때는 한 번에 예순두 척의 거대한 배가 출항하고, 2500톤의 화물과 3만 7000명을 실었다.[9] 이 선단은 수천 명의 병사와 귀중한 교역품 및 정식 대표단을 데리고 다니며 해적들을 진압하고 전투를 수행하며 현지 통치자들을 폐위시키거나 중요한 동맹을 확인하는 등 중국이 남쪽 바다를 지배할 수 있음을 과시했다.

이런 대규모 원정의 목적은 무엇이었을까? 위대한 중국사가 조지프 니덤Joseph Needham은 이를 과학적인 발견을 위한 '평화로운 해양 탐사'로 묘사했다.[10] 비록 그들이 열대 지역으로부터 중요한 정보와 산품들을 가지고 돌아왔지만, 그들은 또한 '선물'의 가면을 쓴 교역으로부터 이득을 얻을 목적을 가지고 있었다. 그러나 첫 번째 목적은 지정학적인 것이었다. 즉 남해에서 '경성hard' 권력과 '연성soft' 권력을 모두 사용해 중국의 영향권을 확고히 밝히기 위해서였다. 베트남과 자와섬을 정복하려고 직접적으로 시도하다가 실패한 몽

—— 4 인도의 서남쪽 케랄라주에 속하며 아라비아해에 접한 항구도시로, 오늘날에는 코지코드라는 이름으로 불린다.

골과 달리 영락제는 중국의 군사적·경제적·문화적 우위를 과시함으로써 이 지역에 대한 권력을 확장하려고 했다.

한족 황제로서 영락제는 서북쪽(육상)과 남쪽의 바다 양방으로 유례없는 대규모 원정을 감행했지만, 서북쪽 국경의 우선적인 중요성을 잘 알았다. 1421년에 영락제는 왕조의 수도를 북경으로 옮기고 남경을 두 번째 수도로 남겼는데, 그 목적은 핵심 관료들과 군사력을 위협적인 변경의 몽골에 더 가까이 두기 위해서였다.[11] 황제가 죽고 나서 얼마 후 해양 지역에서의 행동에 대한 반동이 심화되었다. 항해는 취소되었고 배는 파괴되거나 썩도록 방치되었으며, 긁어모은 귀중한 정보는 대부분 소실되었다. 상업 원정의 종식을 도운 것은 교역에 대한 단순한 선입견이 아니라 합리적이고 전략적인 결정이었다. 조정 관리들은 동남아시아의 자그마한 나라들보다 몽골이 훨씬 더 위험하다고 주장했다. 동남아시아와 교역해 얻는 실망스러운 이득과 현지 지배자들의 보장할 수 없는 충성심은 중국이 제국의 한정된 전략적 자원을 육상으로 돌리는 데 일조했다. 또한 해상 원정을 비난하는 이들은 일종의 원주민(중국인) 중심적인 중농주의를 피력했다. 그들은 현지 중국 농민들의 복지에 우선적인 관심을 쏟아야 하며 황제는 멀리 떨어진 지역에 대한 원정을 감행하느라 인민의 부를 낭비해서는 안 된다고 주장했다. 그러나 제국의 해군력이 철수한 이후에도 중국의 민간 상인들은 동남아시아와 인도양 해역에서 계속해서 이익을 얻을 기회를 추구했다.

또한 영락제는 대규모로 베트남 북부의 나라 대월(다이비엣)을 침공했다. 1407년에 영락제는 베트남의 한 찬탈자를 지원해 하노이를 점령하고자 군대를 보냈다.[12] 점령군은 베트남인들의 저항을 억누르고 중국의 관습을 관철해, 베트남을 500년 전 중국 제국의 한 부분이던 시절로 되돌리려고 했다. 그러나 변경 산악 지대의 족장으로서 비非베트남 혈통의 게릴라 사령관 레러이黎利(1385~1433)는 대중 봉기를 지휘해 1433년에 중국의 지배를 물리치고 급기야 새 왕조를 세우는데, 이 왕조는 19세기까지 지속된다. 중국군은 1788년까지 다시 베트남 국경을 넘지 않았다.

비록 해상 팽창은 영락제가 죽은 후에 멈추었지만, 몽골을 몰아내고자

하는 꿈은 결코 퇴색하지 않았다. 1449년에 새 젊은 황제는 경솔하게도 군대의 선두에서 초원으로 진군했다. 그의 환관 조언자들은 그가 엄청난 승리를 얻을 수 있다고 생각하도록 오도했다. 위험에 대한 보고들을 무시한 채, 그는 매복 속으로 곧장 뛰어들었고 이어 몽골의 수장에게 사로잡혔다. 그러나 북경 조정의 일상은 평소처럼 흘러갔다. 황제의 동생이 그를 대신해 제위를 이었다. 몽골의 수장이 결국 이 쓸모없는 전직 황제를 돌려보내자, 그는 돌아가 가택 연금을 당했다.[13]

학자들은 계속해서 몽골을 중국의 심장부에서 몰아내기 위한 군사 원정을 펼치자는 야심적인 제안을 내놓았지만, 다른 이들은 원정의 비용은 너무 큰 반면에 목표는 실현할 수 없을 것이라는 점을 지적했다. 하지만 명의 팽창은 서북에서의 대실패에도 불구하고 끝나지 않았다. 서남에서 중국 군대는 먼저 운남(윈난)을 정복했고, 아홉 개의 주요 방어 지점에 9만 명의 병력을 주둔시켰다.[14] 그들은 가차 없이 귀주의 가난한 산악 지대로 밀고 들어갔는데, 이곳은 여행자들 말로는 비가 내리지 않는 날이 사흘간 이어진 적이 없고 평평한 땅이라고는 세 척도 없으며 손에 동전 세 푼을 가진 이가 없는 곳이었다.[15] 13세기에 원나라는 이곳에서 현지의 강력한 통치자들을 자치권을 가진 '토사土司'로 임명하는 피상적인 민정 체제를 구축하는 데 그쳤지만, 명의 통치자들은 이곳을 제국에 통합된 한 부분으로 만들기로 결심했다. 그들은 25만 명의 병력과 100만 명의 한족 민간인 이주자를 서남으로 보내 군사 주둔지와 역참 및 국가가 운영하는 농장을 확충했다. 1413년에 그들은 귀주를 하나의 성으로 명명하고 베트남을 침공할 때 귀주의 군대에 의존했다. 그렇다고 하더라도 명의 초기 지도자들은 이 성의 동쪽 3분의 1만 통치했을 뿐이고, 그 나머지는 상이한 정치 구조들이 누비이불 조각보처럼 공존하도록 내버려 두었다. 호전적인 티베트버마어족 민족인 나쑤納蘇족은 그들의 자치권을 지키기 위해 끊임없이 명과 싸웠다.

1449년에 장군들이 현지인의 반란을 진압한 이후 팽창은 방해받지 않고 계속되어, 더 많은 군대와 한족 이주민들이 들어가 더 많은 땅을 개간했다. 진사辰沙처럼 부를 약속해 주는 광물은 광부와 상인 및 욕심 많은 관리들을 끌어들였고, 당시에 이민족은 성내에서 가장 풍부한 지역의 일부를 차지하고 있었다. 그러나 현지 관리들은 명의 행정과는 동떨어진 채로 남아 있었다. 명은 이곳을 교화할 임무를 가지고 있지 않았다. 명은 이곳에 학교를 짓지 않았고 비非한족(원주민)이 과거를 치르는 것을 금했다. 나쑤족의 현대화를 주도한 지도자들은 현지의 경제를 발전시키기 위해 한족의 농업기술을 받아들여, 화전에서 정착 농경으로 바꾸고, 소를 부의 상징이 아니라 경작용 가축으로 활용하기 시작했다. 1592년에 그들은 큰 다리 하나와 나쑤족의 자랑스러운 역사를 단언하는 석비를 하나 세웠다. 이런 자강 노력은 서북의 몽골 국가 건설자들이 했던 노력과 대단히 유사하다. 하지만 이익을 바라는 명나라 관리들이 가차 없이 밀려들어와 나쑤족을 끊임없는 반란으로 몰아넣었고, 뒤이어 더 큰 군사적 개입과 학살이 따랐다. 명나라 시절에 중국은 잠시 그 서북 변경을 거대한 방어벽을 이용해 안정시켰지만, 서남으로는 내내 팽창을 계속했다.

명나라의 구조

명나라의 강역은 거의 400만 제곱킬로미터에 달하는데, 오늘날 우리가 중국 '본토'라 부르는, 종족적으로 거의 완전히 한족이 차지하는 땅과 대략 맞아떨어진다.[16] 원이나 청과 달리 명은 유목 지역과 목축 지역을 통치한 적이 없지만, 1500년 당시에 여전히 지구에서 가장 큰 정치 단위였다. 15세기 초에 6000만 명 이상이던 인구는 전성기를 구가하던 16세기에는 최소 1억 5000명으로 늘어났다.

산맥과 주요 하천의 분수계에 의해 구분되는 여덟 개의 거대 지역이 제국의 경제 지리를 형성했다.[17] 이 중 두 핵심 지역, 즉 강남(장강 하류 하곡)과 화북은 각각 제국의 수도를 하나씩 거느리고 있었다. 이 두 수도 지역은 대부분의 부와 정치적인 힘을 축적했다. 초대 황제는 새 수도를 자기 고향과 가까운 강남의 남경(즉 남쪽 수도)에 두었지만, 영락제는 북경(즉 북쪽 수도)에 두 번째 수도를 건설했다. 비록 왕조는 두 개의 수도를 유지했지만, 북경이 우선적인 정치 중심으로 부상했다.

강남에서는 남경과 소주(쑤저우)나 양주(양저우), 항주(항저우) 등의 인접한 거대 도시들과 그 배후가 제국의 농업적·상업적 부의 대부분을 제공했다. 논벼의 잉여 생산량으로 인해 농가와 도시인구, 관료 및 병사들은 합리적으로 안락한 수준의 생활을 영위할 수 있었다. 관개지가 부족한 화북에서는 주로 조, 밀, 수수를 심었다. 이런 작물들은 연중 몇 달만 비가 내리는 건조한 땅에서도 자랄 정도로 강했고, 방대한 농업인구를 부양할 정도로 생산성이 높았다. 하지만 화북의 농민들은 또한 제국의 행정 기구를 위해서 세금과 노동력을 제공해야 했고, 빈번한 가뭄과 홍수를 겪었다.

기타 거대 지역들은 양자보다 인구밀도가 낮았고 덜 집중적이었다. 서북은 화북과 같은 작물에 의지했지만, 이 지역은 더 가난하고 건조했다. 장강 중류 및 상류 유역은 강 지류의 제방들을 따라 인구는 훨씬 분산적으로 분포했고, 비한족 인구는 산악 지대를 차지했다. 더 남쪽으로 가서 주강(주장강) 삼각주 일대에서는 아열대기후로 인해 저지에 조밀하게 거주하는 인구가 1년에 몇 가지 작물을 생산할 수 있었다. 그러나 말라리아와 경작 불가능한 습지가 발전을 막았다. 한족 농민들은 동남쪽 해안을 따라 자그마한 땅을 차지했고 먼 산간지대 시골의 자그마한 땅을 개간했지만, 그 밖의 많은 사람은 바다로 나가 동남아시아에 정착하고, 그들의 고향과 연락을 계속했다. 여덟 번째 거대 지역인 운귀고원(운남과 귀주에 걸친 고원)은 주로 산간지대의 비한족 인구들이 차지했는데, 그들은 16세기 말까지 완전히 명의 통치 아래로 들어오지 않다가 일련의 피로 물든 원정 이후에야 복속되었다.

명의 통치자들은 원을 본받아 제국을 열다섯 개의 성省으로 나누었는데, 각 성은 포정사布政司 한 명이 다스렸다. 성 아래에 약 150개의 부府가 있었고 부 아래로 약 1500개의 주州 혹은 현縣이 있었는데, 주마다 지주知州가 한 명씩 있었다. 중국은 세계에서 가장 오래된 관료제를 가지고 있었지만, 수도와 군사 관리들을 포함해 전국에서 봉급을 받는 관리는 최대 2만 4000명에 불과했다. 이는 그토록 거대한 인구에 비해 대단히 적은 수였다. 통치자들은 세금 부담이 가중되는 것을 막고 중앙으로부터 (지방과 지방관이) 독립하는 것을 제한하기 위해 관료제의 크기를 제한했다.

처음에 군대는 비교적 작아서 100만 명 정도에 불과했지만, 명 말에 이르면 400만 명으로 늘어난다. 군정은 민정과 분리된 구조를 가지고 있었지만, 포정사는 문무 관리(민정 관리와 군관)를 한꺼번에 다스렸다. 인구의 소수가 세습 군인 가구에 속했다. 이 가구의 장정들은 평생 군역의 의무를 졌고, 머나먼 주둔지에서 방어 임무를 맡거나 제국의 가장자리에서 군사 원정 임무를 수행하며 일생을 보냈다. 그들은 또한 지방의 경찰관 역할까지 맡아서 봉기를 진압하거나 도적들을 추적했다.

중앙에서 황제는 황제에게 의존하는 종복 계급으로 자기를 에워쌌는데, 이 중 다수는 환관이었다. 여기에 더해 황족 구성원들이 거대한 집단으로 성장해 국가의 녹을 받았다. 이렇게 황제에게 기대는 이들의 '내조內朝'와 관료제 관리들의 '외조外朝' 사이의 알력은 명 제국과 청 제국의 정치에서 커다란 부분을 차지하는 특징이었다. 중국 관료제에서 특수한 기구인 도찰원都察院은 여타 대신이나 궁정에서 총애를 받는 이들이 권력을 남용하는 것을 감시하는 수단을 제공했지만, 막상 도찰원의 어사 자신들이 개인적인 이해관계에 이끌려 파당 싸움을 부추기기도 했다.[18]

관료제에서 관직을 얻으려면 후보자들은 진을 빼는 일련의 시험(과거)에서 최고의 성적을 얻어야 했다. 이런 과거는 엘리트 집단의 능력주의 선발 원칙을 강제했다.[19] 과거에는 기본적으로 세 단계가 있어서 주(혹은 현) 단위 시험,[5] 성 단위 시험(향시鄉試), 대도시 단위 시험(회시會試)이 있었다. 매년 수십만 명의 포부 있는 학생이 성의 향시에 참가할 자격을 얻는 최하위 학위를 얻기 위해 시험에 응시했다. 어떤 이는 최하위 학위를 살 수도 있었다. 3년마다 각 성에서 약 4000명의 학자가 스물다섯에서 서른 개의 학위를 두고 경쟁했다. 이 학위를 얻으면 지방에서 상당한 지위를 얻을 수 있었지만, 관직으로 나갈 자격이 주어지지는 않았다. 단지 북경에서 열리는 회시를 통과한 수백 명의 최고 학위 소지자[6]만 관직을 차지할 기회를 얻었다. 학위 소지자 대부분은 관

5 현시縣試를 포함한 일련의 자격시험인 동시童試를 가리킨다.

6 진사進士를 말한다. 회시에 합격해 진사가 되면 마지막으로 전시殿試라는 시험을 치르는데, 이때 결정된 등수에 따라 관직에 임용되었다.

직을 얻지 못했지만, 그들은 더 높은 학위를 얻으려는 희망으로 수십 년간 과거를 치렀다. 원칙적으로 과거는 가족 관계나 부에 관계없이 모든 성인이 응시할 수 있었지만, 실제로는 국가적인 교육 시스템이 없었기 때문에 단지 부유한 가문들만 선생을 고용해 한문 고전의 기본적인 내용을 배울 수 있었다. 그러나 일부 촉망받는 젊은이들은 그들의 가계家系나 부유한 후견인에게서 공부를 위한 장학금을 지원받았다. 과거제는 사회적인 유동성(신분 상승)에서 재산이 차지하는 이점을 완전히 제거하지는 못했지만, 실제로 지방 세습 귀족 가문들의 권력 기반을 침식했다.

과거제는 10세기 이래로 관리를 선발하는 가장 주요한 제도였다. 원은 이 제도를 없앴다가 후에 복원했다. 비록 부유한 가문이 여전히 일부 유리한 점을 가지고 있었지만, 명은 송나라의 과거제도를 점령한 세습적인 특권을 제거해서 이를 더욱 능력 중심적으로 만들었다. 명 말기에 이르면 관직을 얻었어도 다음 세대로 넘길 보장이 없었다. 강력한 경쟁, 가난한 처지에서 고관으로 상승할 잠재력, 친척으로부터 나오는 부분적인 재정 지원, 학위가 주는 명망의 결합이 이 시험제도를 제국을 통합하는 지극히 효과적인 수단으로 만들었다.

관직을 얻지 못한 학위 소지자들도 현지 사회에서는 상당한 명망을 얻었다. 한 곳에서 3~5년간 머무는 지주가 유일하게 녹봉을 받는 관리로서 30만 명이 넘는 사람을 다스렸다. 지주는 지방 명사들의 도움 없이는 효과적으로 통치할 수 없었다. 비록 정식으로 법률적 사건을 판결하거나 자기 토지를 말을 타고 돌아다니지는 않았지만, 현지의 신사紳士로 활동하는 이런 명사들이 하는 일은 잉글랜드의 지방 엘리트와 유사하다. 신사 중 일부는 더 높은 학위를 얻기 위해 공부하는 학자들이었고, 일부는 하위 학위를 구매한 상인이었으며, 일부는 고향으로 돌아온 퇴직 관리이거나 가문의 상례를 치르기 위해 와 있는 관리들이었다. 그들은 모두 자기들의 지위를 보존해 줄 사회의 질서를 유지한다는 점에서 국가와 이해관계를 공유했다. 그들은 관리가 도둑이나 도적 혹은 세금이나 소작료 납부를 거부한 농민을 쫓아가 잡아내는 일에 협조할 것이고, 이단 종교의 신봉자를 기소하거나 외국의 침입자들을 몰아내는 일을 도울 것이며, 자선이나 기근 구제 운동에 기여할 터였다. 역으로 그들은 또한 지켜야 할 사적인 이익이 있었다. 그들은 보유한 토지의 상당 부분을 국가로부터 숨기고 기회만 되면 조세와 부역을 회피했으며, 자기들이 아는 누군가에게라도 아첨해 자기 집안의 이익을 추구했다. 현명한 지방관이라면 현지 주요 가문의 인사를 기소해서는 안 된다는 것을 알고 있었다. 지방관이 세금 포탈을 단속하려고 시도하면 지방의 엘리트들은 수도에 있는 친척과의 관계를 이용해 해당 관리를 탄핵할 수 있었다. 가장 꼿꼿한 관리라도 힘을 남용하는 신사들이 평민들에게 끼치는 끔찍한 짓들에 대항해 할 일이 별로 없었다.

제국의 일부는 민간 행정의 영역 밖에 있었다. 서남에서 명은 편의상 대리 통치권을 지방 산악 부족의 족장들에게 넘겨주었다. 이처럼 멀고 가난한 지역 대부분에는 한족 거주자가 많지 않았다. 현지인들은 관습법에 따라 분쟁을 해결할 수 있었고, 명기된 양의 세금과 부역을 제공하기만 하면 되었다. 서북 국경에서는 주둔군이 주둔지에 대한 방어를 수행하는 동시에 자기들의 행정조직 아래에 둔전을 만들어 스스로 부양했다.

재정 구조와 개혁

궁핍한 배경에서 일어난 농민 전사인 명의 초대 황제는 부유한 강남의 엘리트들을 불신하고 혐오했다. 그는 그들 재산의 많은 부분을 몰수했으며, 그들을 남경으로 강제로 이주시켜 수도를 만들게 하고, 장강 하류의 풍부한 물산에 추가 부담(세금)을 하게 했다. 재정 체계 또한 자급자족적인 촌락에 기반을 둔 이상화된 농업경제를 구현한다는 황제의 비전을 반영했다.[20] 황제는 자기의 정적인 비전이 고전 경전의 이상을 그대로 따르는 것이라고 믿었다. 그는 1385년에 대칙령을 내려 자기의 통치가 고대의 황금시대를 다시 불러왔음을 선언했다. 황제의 행정 통치는 주로 농민들이 곡물이나 포布로 납부하는 지세地稅에 기반을 두었다. 또한 농민들은 공공 토건 사업이나 군대를 지원하는 부역의 의무도 졌다. 원칙적으로 모든 농가는 자기를 부양하고 국가가 요구하는 세금을 납부하기에 충분한 땅을 가져야 했다. 소작농과 토지가 없는 이들은 세금을 내지 않았다. 어떤 이도 자신의 고향 마을을 떠나려고 하지 않아야 했으며, 교역은 제한되고, 안정성이 지고의 가치였다.

그러나 그 전제적인 황제조차 사회의 변화를 막지는 못했다. 송과 원의 시절에 중국은 높은 수준의 상업 활동을 발전시켰고, 이는 유동적인 인구들이 거대한 도시로 이동하도록 촉진했다. 왕조 교체기의 격변은 교역을 교란했지만, 16세기가 되면 중국의 여러 부분이 다시 한번 안정된 농업에 기반을 둔 것 못지않게 금전적인 이익 추구에 기반을 둔 역동적이고 유동적이며 현금이 넘치는 사회가 된다.

명의 재정 체계는 이런 사회에 맞게 설계된 것이 아니었다. 세금 수입은 하나의 중앙으로 가지 않았으며, 중앙에는 예산도 없었다. 그 대신에 한 지역에서 징수되는 특정한 항목의 세금을 한 해 전체에 걸쳐 소량으로 거둔 후, 이것을 제국 여타 지역의 개개 지출 항목별로 배분했다. 이 재정 체계는 거대하고 정직인 농업인구를 다스리는 (상대적으로) 작은 관료제를 낮은 비용으로 부양하기 위해 고안된 복잡한 구조였다. 그러나 사회가 바뀌면서 이 구조는 급격한 개혁을 요구했다. 16세기에서 19세기 사이 동안에 지방관들은 이 상업화하는 사회의 요구를 충족시키기 위해 일련의 개혁을 단행했다. 그들은 현지의 부과 항목들을 통합시켜 곡물 및 부역 부과 항목을 현금 등가물로 바꾸고, 한 해에 두 번 징수했으며, 성공과 실패를 함께 경험했지만 은닉 토지와 조세 불평등을 밝혀내려고 했다. 개혁의 초안은 지방 수준에서 나왔고, 중앙 정부는 나중에 그 변화를 승인했다. 그래서 집중되지 못하고 화폐화하지 못했으며 엉망진창인 데다 체계적이지 않던 개별적 부담금 항목들의 묶음인 조세 체계는 지방관들의 통제하에 전반적으로 화폐화된 정기적인 납부금 묶음으로 서서히 변모했다. 일조편법一條鞭法으로 알려진 이러한 변모는 중국에서 일어난, 완전히 바닥에서 상향식으로 행해진 몇 안 되는 개혁 가운데 하나였다. 청은 이러한 명나라 관리들의 노력으로 이루어진 기반 위에서 시작해 세금 징수를 한층 체계화했다. 이러한 극적인 재정 개혁은 제국 체제가 20세기까지 살아남도록 보장한 쐐기돌이 되었다.

황제의 전제정치?

송대부터 문관들은 법률과 선례 및 유교 경전에서 나온 철학적인 원칙에 의거해 행정 체제를 운영해 왔다. 황제들은 원칙적으로 관료 체제 위에 있는 완전한 권력을 가졌지만, 권력의 실제 행사는 황제의 개성이나 관료 중 황제의 지지자들에 따라 대단한 편차가 있었다. 송대의 황제들은 재상이 수반으로 있는 중서성中書省에 자문을 구했으며, 종종 합의에 의하거나 수동적인 통치를 펼쳤다. 일부 강력한 재상이 실질적인 통치자가 되어서는 황제의 동의를 얻어 자기의 정책을 강행했다. 명의 초대 황제는 이러한 황제와 신하들 사이의 균형 구조를 거부하고 모든 신하에게 직접 명령을 내리기로 결정했다. 그는 재상의 직위를 없애고 권한이 더 약한 내각대학사內閣大學士로 대체했다.

일부 학자는 바로 이러한 조치 때문에 명을 가장 '전제적인' 왕조로 묘사했다.[21] 그러나 재상 없이도 관료제는 예전과 마찬가지로 작동했다. 이후의 황제들은 명 태조에 비견될 만큼 개인적인 역동성을 가지지 못했다. 그들의 행동은 대부분 의례적인 준수 사항의 통제 아래에 놓여 있었다. 우리가 보았듯이 15세기 중반에 몽골이 원정에 실패한 황제를 인질로 잡자, 수도의 관료들은 새로운 황제를 그 자리에 올리고 인질이 된 황제가 4년 후에 돌아올 때까지 정상적으로 임무를 수행하게 했다. 16세기 중반에 만력제萬曆帝(재위 1572~1620)가 관리를 임명하거나 서류에 직인을 찍는 등의 정무를 거부하고 궁에 틀어박혔지만, 내각대학사가 정부를 효과적으로 운영했다.[22] 명이 거의 300년이나 지속된 것은 (황제의) 독재적 지배권이 있어서가 아니라 수천 명의 헌신적인 민정 관료가 일상적인 공무를 수행했기 때문이었다.

지방정부

지방 수준에서는 지주(지현) 한 명이 공식적인 녹봉을 받지 않는 소규모 인원을 데리고 각 주(현)를 다스렸다.[23] 이 지방관은 수중에 사용할 강제적인 수단이 거의 없었다. 그에게는 정규 경찰력이 없었고, 그 자신이 유일한 사법 관리였다. 포정사 아래에 있는 군사력은 전략적인 지역에 위치한 일부 주에만 주둔했다. 안정성을 보장하는 핵심적인 요소는 바로 지방의 문사, 즉 신사였다. 모든 지방관은 행정을 원활하게 하기 위해 신사들에게 크게 의지했다. 그들은 신체형을 면책받거나 부역을 면제받는 등 일부 재정적·법률적 특권을 가지고 있었지만, 원칙적으로는 다른 사람들과 마찬가지로 세금을 냈다. 그들은 공식적으로 엘리트라는 자기들의 지위를 아들에게 물려줄 수 없었고, 그 후손들이 특권을 유지하려면 학위를 얻어야 했으므로 유럽식 세습 귀족이 아니었다. 그러나 지방의 엘리트들은 수대에 걸쳐 권력을 유지했으며, 공식적인 특권 범위를 넘어서 권위를 확장했다. 가문lineage(즉 같은 성을 쓰며 같은 혈통의 후손이라고 주장하는 집안들)들은 다른 엘리트 집안과 관계를 맺어 거대한 집단을 이루었다.[24] 한 집안의 아들들이 높은 학위를 얻지 못한다고 해도 가문 안의 다른 (집안) 구성원이 그들을 돌보게 된다. 또한 가문은 촉망받는 젊은이가 선생 아래에서 고전을 공부하도록 장학금도 지원했다. 핵가족 단위만 살핀다면 중국은 높은 수준의 사회적 상하 이동성을 가진 것으로 보인다. 높은 학위 소지자의 아들이 아버지와 같은 지위를 갖지 않았기 때문이다. 그러나 가문을 포함하면 이동성은 훨씬 낮아지는 듯한데, 한 집안이 여러 지역을 여러 세대에 걸쳐 장악했기 때문이다.

가문들에 의한 집요한 지방 사회 장악은 관리가 위로부터 행사하는 권위를 제한했다. 사실상 명·청 시대의 중국은 겉으로 보이는 것보다 훨씬 덜 전제적이었다. 엘리트 가문들은 광범위한 토지를 소유하고 교역에 투자했으며, 다른 가문이나 수도의 영향력 있는 권력자들과 상호 후원망을 결성했다. 그들은 현지 서기들에게 뇌물을 주어 토지를 국가로부터 은닉하고 은과 곡물의 교환율을 조작해 세금을 적게 냈다. 또한 여타 지주에게 조세 회피처를 제공해, 개인적 복무를 대가로 그들의 토지가 몰수되는 것을 막아 줄 수 있었다. 반면에 수많은 소규모 자영농은 사회적 혹은 경제적으로 지배적인 가문들에 크게 종속되었다. 소송에서도 그들은 공평한 판결을 받을 수 없었다. 지방관은 대체로 지배적인 엘리트들의 편에 설 것이기 때문이다. 이런 의미에서 지방의 엘리트들은 영국의 신사를 닮았다. 그들은 비교적 영속적인 사법적·경제적 특권을 누렸고, 지방관과 유착해 현지 사회와 현지 재판을 통제했다.[25]

불교 기관들 또한 제국의 일부 지역에서 중요한 현지 권력을 가졌다. 중국인들은 일상에서 여러 가지 종교적 신앙과 관행을 뒤섞었다. 사원 안에 있는 불교도(승려)는 인구의 아주 작은 부분에 불과했지만, 사원은 방대한 토지를 소유했는데, 동남부가 특히 그랬다. 사원은 국가에 등록을 해야 했지만, 현지의 통제 범위를 벗어난 상당한 행정력을 유지했다. 그렇지만 중국의 사원은 유럽의 성직자 집단이 보유한 규모의 커다란 부동산을 보유한 적은 없다.[26]

지적인 변화

명의 초대 황제는 문맹이었지만, 영락제는 고전 교육을 받았으며 유교 고전의 명성을 되살리는 것이 자기의 통치를 유지하는 핵심적인 요소임을 깨달았다. 영락제는 과거의 횟수를 늘렸을 뿐 아니라, 고대에서 자기 시대까지 이르는 모든 문헌의 저술 목록을 보존하기 위한 사업을 후원했다. 1408년에 총 2만 2877권으로 출판된 이 문집은 모든 과거 응시자에게 고전 학습의 범위를 명확히 해 주었다. 가장 중요한 문헌은 송의 철학자 주희朱熹가 유교 철학의 핵심으로 규정한 네 권의 책(사서四書)이었으니, 즉 『논어論語』, 『맹자孟子』, 『대학大學』, 『중용中庸』에 주희와 그의 후학들의 글 및 이런 문헌에 대한 갖은 주석이 더해진 것들이다.

비록 이 신유학新儒學 전통, 즉 송학宋學은 수많은 변종을 포함하고 있었지만, 명은 가장 정통한 판본에 공식적 권력과 지적인 인정을 얻는 유일한 수단이라는 위상을 부여했다. 학생들은 주서注書와 시험 문제의 대량 출판에 힘입어 기계적인 암기와 정해진 답을 요구하는 시험 문안에 대해 집중적으로 공부했다. 그러나 15세기에 이르면 사회적 변화에 의해 만들어진 긴장이 점점 강해지는 것에 대응해, 신유학의 전통 안에서 훈련받은 학자들은 이를 수정하거나 급격히 개혁하기 시작한다. 가장 두드러진 개혁가 두 사람은 왕양명王陽明(왕수인王守仁)과 이지李贄였다.

왕양명(1472~1528)은 서방의 독자들에게는 동시대의 마르틴 루터Martin Luther(1483~1546)보다 훨씬 덜 알려져 있지만, 그가 끼친 지적인 충격은 루터와 마찬가지로 지대했다.[27] 그러나 왕양명은 철학자일 뿐만 아니라 장군이며 지방관이었다. 왕양명은 제국에서 수많은 관직을 수행해서 기근 구제 운동을 벌이고 반란을 진압하며 세제를 개혁함으로써 그가 다스린 지역의 백성들에게 엄청난 사의를 얻었다. 그러나 왕양명은 명의 지배적인 행정 구조에 대해서는 강하게 반발했는데, 그는 그 구조를 후진적이며 (사회와 인간을) 무기력하게 만드는 것으로 간주했다.

왕양명은 과거 시험이 자기가 다스리는 백성들에 대한 어떠한 의무감도 없는 멍청하고 이기적인 관리들을 양산한다고 생각했다. 그는 자기의 정신적인 발전에 깊은 관심을 가졌고, 자기에게 "어떻게 사람은 비이성과 전제적인 통치, 경직된 과거제, 전통적인 관습의 위선 등 인간을 비인간적으로 만드는 힘 가운데에서도 진실하고 정직한 사람이 되는가?"를 물었다.[28]

집중적으로 사색하기 위해 대나무 숲으로 은퇴했지만, 왕양명은 피로로 병이 들고 말았다. 세상에서 멀어지기 위해 동굴을 찾아갔지만, 도교도나 불교도들과는 달리 자기는 세상의 일상적인 삶을 무시할 수 없다는 결론을 내렸다. 결국 왕양명은 도덕적인 삶을 영위하기 위해 필요한 모든 지식은 고대의 경전을 건조하게 외우는 것이 아니라, 개인 자신의 정의와 불의에 대한 자각에서 찾을 수밖에 없다는 결론을 얻었다. 나아가 자기의 도덕 감성을 자각하는 이는 자기의 이상을 행동으로 옮겨 지식과 행동을 일치시켜야 한다고 생각했다. 그러고는 왕양명은 제국의 궁벽한 지방에서 지방관으로 일하면서 전투를 수행하고 현지 백성들의 삶을 개선하기 위해 분투하며 스스로 세운 원칙을 따랐다. 관리이자 철학자로서 왕양명은 자기의 개인 개조 및 사회 변화에 대한 비전으로 누대에 걸쳐 중국은 물론 일본의 학자들에게 영감을 주었다. 왕양명은 모든 배운 사람의 진정한 목적인 '현명함'은 물질세계에서 개인의 성공 여부와 관계없이 자기 내면에서 발견된다는 것을 보임으로써 문화계에 새 활력을 불어넣었다. 왕양명은 규범에 순응하기를 거부한 지식인들을 위한 대안의 길을 열었으며, 수십 년 후 전통 유학에 대한 훨씬 급진적인 비판가들이 왕양명의 저작에서 영감을 얻게 된다.

상업화와 이에 대한 불만, 1550~1650

16세기 중반에 중국(명)은 세계경제에 합류했다. 중국은 라틴아메리카에서 유럽을 거쳐 인도, 동남아시아, 동아시아로 흐르는 교역 연결망의 핵심 축이 되었다. 볼리비아 포토시의 광산에서 은이 발견되어 교역망이 나타날 수 있었지만, 이 시스템을 추동한 것은 시장 제품에 대한 중국 소비자들의 탐욕적인 수요 그리고 비단과 차, 도자기, 사치품을 만들어 내는 중국 농부들의 생산력이었다. (이 교역망이) 중국 자체에 끼친 영향은 세계 여타 지역에서와 마찬가지로 지대했다. 명 국가와 그 사회는 자급자족적 농업경제를 보호하는 것에 집중하던 내부 지향적인 사회에서 고도로 상업화되고 유동적이고 외부 지향적이며, 소비와 교환에 크게 집중하는 사회로 변모했다. 이러한 변화는 제국의 모든 주요 제도에 커다란 긴장을 부과했다. 은이 대규모로 유입된 세기 내내 명의 정치가와 학자들은 어떻게 하면 내재적인 방식을 변화시켜 국가의 힘과 인민의 복지를 보존할 것인지에 관해 끊임없이 논쟁을 벌였다.

정화의 항해가 끝난 이래 명나라는 거의 모든 대외 교역을 중지했지만, 해안을 따라 해상 교역망이 발달하기 시작하더니 교역 관계에서 이익을 얻고자 하는 다양한 사람들을 끌어들였다. 일본에서 시작해 대만(타이완)과 동남아시아의 섬들까지 선원과 상인들은 해안에 사는 중국인들의 구미를 당기는 물품들을 실어 날랐다. 많은 중국인이 해안의 항구로 물건을 보내는 불법 밀수에 참여했고, 그들은 곧 물품을 내지로 배포하기 위한 육상 기지를 개발했다. 그들은 지방관에게 저항하든, 그들을 매수해서 눈감아 주도록 만들기 위해서든 군사적 방어력과 현금 자원이 필요했다. 해안을 따라 일어나는 불법 교역은 커지는 해상 상업망과 쇄국을 향한 국가의 의지가 충돌하면서 생겨난 자연스러운 결과였다.[29]

명의 관리들은 이런 상인들을 '왜구倭寇(일본 해적)'로 부르며 그들을 물리치고자 군사작전을 개시했다. 그러나 그 상인들은 일본 남부의 사무라이와 여타 군사적인 모험가들로 보강해 거대한 방어력을 형성한 다음에 해안의 도시들을 점령하고 습격했다. 1520년대에서 1560년대까지 상인들과 관리들의 충돌은 중국의 남쪽 및 동남쪽 해안 전역으로 확대되어, 광동(광둥)과 천주(취안저우), 장주(장저우), 영파(닝보) 등의 도시가 이에 포함되었다.

그리고 거의 동시에 서북에서도 교역 분쟁이 벌어졌다. 변경의 몽골 목축민들 또한 명과 교역하기를 원해서, 중국의 비단 및 차와 축산품을 교환하려고 했지만 명의 관리들은 대개 이 '야만인'들의 제안을 거절했다. 그러자 몽골은 자기들이 원하는 산품을 얻기 위해 대상단隊商團과 변경의 도시들을 습격해 관리들이 어쩔 수 없이 제한된 교역을 받아들이게 만들었다. 이런 요청과 거절, 습격의 순환이 서북 변경 지역에서 40년 동안 지속되었다.[30] 일부 관리는 몽골군을 몰아내기 위한 공격적인 군사 원정을 주장했다. 그들은 "우리는 치욕을 씻기 위해 역도들을 말살시켜야 한다."라고 외쳤다.[31] 그러나 다른 이들은 군사 원정의 높은 비용을 언급해 야만적인 유목민들을 유화시키는 유구한 방안으로서 교역을 옹호했다. 조정에서는 격렬한 논쟁이 시작되었고, 이는 파당 결성, 탄핵, 숙청을 촉발했다. 결국 유화파를 옹호하는 한 황제가 권좌에 오르자 몽골 연맹체의 수장인 알탄 칸俺答汗(1507~1582)과 규제하의 교역 관계를 시작했다. 명목상으로 명에 복속되는 대가로 알탄 칸은 1571년에 '순의왕順義王'의 칭호와 국경 교역권을 얻었고, 몽골과 중국의 상인들이 정기적으로 만나 물품을 교환하도록 그가 만든 도시를 확장할 기회도 얻었다. 한자로는 귀화歸化(문명으로 돌아왔다는 뜻이다.)이며 몽골어로는 호흐호트('푸른 거주지', 중국어로 전사轉寫하면 후허하오터)로 불리는 이 도시는 현재 내몽골(네이멍구) 자치구의 성도다.

마찬가지로 동남쪽 해안에서도 교역 옹호자들이 결국 이겼지만, 이는 군사적·상업적 동원을 결합한 전략을 수행한 후의 일이었다. 중국에서 가장 위대한 장수 중 한 명인 척계광戚繼光(1528~1588)은 서북 변경에서 몽골과 싸웠고, 남쪽으로 옮긴 후에는 밀수꾼과 해적 및 해안의 습격자들을 다루는 새로운 전술을 채택했다.[32] 척계광은 현지에서 민병대를 모집한 후에 은으로 급여를 주줌으로써 그들이 자기 고향을 위해 싸우도록 투지를 주입하는 한편, 수많은 현지 약탈자 집단에는 죄를 사면하고 현금을 줄 테니 집으로 돌아가라고 회유했다. 척계광과 여타 인물들은 해안에서 제한적인 교역 개방을 촉진했다. 그때 포르투갈인들이 나타나 해적들을 격퇴하는 데 도움을 줄 테니 마카오반도 땅을 빌려 달라고 요구했다. 포르투갈인들은 아프리카와 인도양 전역에 일련의 교역 기지를 건설한 후 마카오에 도착했다. 조정에서는 다시 한

번 격렬한 논쟁이 벌여졌지만, 결국 1557년에 마카오를 빌려주기로 결정했다. 마카오는 서유럽인들에게 개방된 최초의 교역항이었다. 에스파냐인들이 태평양을 건너와 1571년에 필리핀 군도를 차지하고 마닐라를 세웠다. 곧 마카오와 마닐라에서 상당한 규모의 중국인 공동체가 자라났다. 마카오는 곧바로 유럽인이 중국으로 접근하기 위한 핵심 지역으로 성장했고, 19세기 중반에 홍콩이 흥기할 때까지 그 지위를 유지했다. 심지어 18세기에 유럽인들은 광동에서 임시로 거주할 권리를 얻으려면 그전에 먼저 마카오를 방문해야 했다.

16세기 중반의 경제적인 발전 중 세 번째는 중국의 동남쪽 해안 주민들이 동남아시아로 이주한 것이다.[33] 본토와 연락망을 가진 중국 상인들은 신대륙의 은이 마닐라와 마카오를 거쳐 명나라 영토로 유입될 수 있게 했다. 16세기 후반에 중국의 생사生絲와 도자기, 직물을 얻는 대가로 중국에 수출된 은은 연간 4만 킬로그램에서 10만 킬로그램에 달했다. 그러나 17세기 초에 도쿠가와 막부가 화폐 수출을 금지하자 일본에서 유입되는 은은 끊겼다.

하지만 은을 유인할 만한 수요가 필요했다. 16세기 중국 경제의 재再화폐화는 엄청난 규모의 교환 매개물(즉 은) 수요를 일으켰다. 농산품 생산자와 도시 소비자들이 서로 접촉하면서 제국이 승인하는 유일한 가치 척도인 값싼 동전 뭉치보다 더 편리한 교환 수단이 필요해졌다. 지폐를 통용시키려는 명나라 초대 황제의 재앙적인 노력은 수많은 경제적인 거래를 물물교환 수준으로 후퇴시켰다. 내전에서 벗어난 후 일본은 상당한 양의 은을 공급하기 시작하는데, 일본 또한 일류 중국 비단 제품과 칠漆 제품, 서적이 필요했기 때문이다. 은은 편리한 장거리 교역 수단이었다. 앞에서 언급했듯이, 이와 거의 동시에 명나라의 재정 개혁 덕분에 곡물이나 노동력 혹은 포로 거두던 혼란스러운 기존의 세금 징수 방식은 은으로 계산하고 납부 시점을 (봄과 가을로) 더 줄인 방식으로 바뀌었다. 일조편법은 징세를 관리들에게 더욱 의지하게 만들었을 뿐만 아니라 농민들이 시장에 가서 물품을 교환하도록 만들었다. 세금을 (은으로) 내자면 그들은 작물 중 일부를 시장에 내다 팔아야 했다. 또 다른 농민들은 특화의 이익을 발견하고, 현지 사정에 맞은 비非곡물 작물 재배로 전환했다. 신대륙과의 접촉으로 새로운 종자도 도입되어 곡물을 기르기 부적합한 화남 산간지대의 개간을 촉진했다. 옥수수, 담배, 고구마, 땅콩 및 고추는 산간 지역 농부들에게 새로운 고용의 기회를 제공했으며 중국인의 식단을 상당히 변모시켰다. 특히 복건성(푸젠성)의 산간 시골은 급격히 발달하는 시장 읍락과 거대한 해안 도시들을 북돋기 위해 이러한 작물에 크게 의존했다.[34] 새 작물과 기존 토지에서의 환금작물의 집약 재배는 느리지만 비가역적인 중국 총인구의 증가를 지원해, 인구는 1400년의 6000만 명 남짓에서 16세기 말에는 1억 5000만 명으로 늘어났다. 이러한 이주민들은 예전에는 곡식을 기르지 않던 지역으로 가차 없이 밀고 들어갔는데, 그중에는 숲으로 된 산비탈과 호수 지역, 그리고 화전을 하던 정글과 해안의 어촌 지대가 포함된다.

상업망이 확장되자 도시 소비자들은 시장에서 훨씬 다양한 선택을 향유할 수 있었다.[35] 명성을 추구하는 현지 엘리트들의 사치품에 대한 탐닉은 그들이 자기 동료들에게 강한 인상을 주기 위한 가장 희귀한 석조물과 벼루, 종이, 특별한 음식에 집착하게 했다.[36] 신실한 유학자들은 이러한 '필요도 없는 물건'들에 대한 걷잡을 수 없는 추구에 눈살을 찌푸렸지만, 그들은 소비와 이익에 대한 추구가 거의 자연력(천성)과 같다는 것을 인정했다. 비위가 상한 한 학자 문인이 언급한 것처럼, "이익은 모든 사람이 갈망하는 것이라, 그들은 계곡으로 쏟아지는 급류처럼 이익을 추구한다. 끝없이 왔다 갔다 하며 밤낮으로 쉬지 않는데, 그들 안의 성난 홍수는 결코 가라앉지 않는다."[37]

여성들 또한 상업주의의 부상으로 혜택을 입었다. 여성 대부분은 집안 울타리 안에서 남편 측 친지들의 엄한 눈총을 받으며 살아야 했지만, (상업의 부상으로 인해) 그들은 방적이나 방직을 하며 가정의 수입에 보탬을 주도록 격려받았다. 전족纏足 관습은 상당히 멀리까지 퍼져 나가 시골 지역까지 침투했는데, 이렇게 불구를 만드는 사회적 관습은 여성들의 이동성을 날카롭게 제약했다. 하지만 여성들은 시장 가치를 가진 잉여 직물을 생산했기 때문에 가정 밖에다 직물을 팔 수 있었고, 이를 통해 사회적·경제적 지위를 끌어올렸다.[38] 순례를 지원하기 위한 상업적 여행업의 부상도 여성들의 지리적인 지평을 넓히는 데 일조했다. 수많은 길 안내 책자가 성지나 유명한 역사 유적을 방문하는 방법을 묘사하고, 가장 좋은 숙소와 최고의 식당, 구매할 수 있는 기념품,

현지 특산품 항목에 관한 구체적인 설명을 제공했다.[39] 집단 성지순례는 여성들이 남편 가계의 집을 떠나 마음이 맞는 다른 신자들을 만나는 몇 안 되는 방법 중 하나였다. 편지 쓰기 서비스 또한 심지어 문맹인 사람들 사이에서조차 장거리 의사소통을 도왔다. 높은 문사 계급 사이에서 장거리 의사소통은 더 큰 공동체, 즉 지방정부의 직위나 국가가 부여한 지위를 초월하는 문학계에 속한다는 소속감을 불러일으켰다.

대운하와 장성

늘어난 이동성과 커진 부, 새로운 사회적 기회는 명나라 행정 체제의 능력에 압박을 가했다. 명의 행정은 시골 사람들이 자기 직분을 알고, 도시 상인계급이 자기의 제한적인 정치적 역할을 인정하는, 농업적 질서라는 이상에 기반을 둔 것이었다. 그러나 명은 광대한 규모에서 제국의 더 큰 통합을 지원하고자 이러한 긴장에 창조적으로 대응했다. 명의 가장 큰 공학적 성취 두 가지는 장성과 대운하 건설이었다. 이 거대 프로젝트 둘은 군사적 안보를 강화하고 식량 공급을 안정시키기 위한 것으로서, 과거 어느 때보다 화북과 화남을 더욱 밀접하게 결합시켰고, 이로써 남쪽에서 만들어진 새로운 부가 북쪽의 군사적·행정적 기구를 지원할 수 있게 했다.

대운하는 7세기 이래로 북쪽으로 식량을 공급하는 핵심 통로였는데, 몽골의 쿠빌라이 칸Kublai Khan은 이를 수도인 북경까지 연장했다. 명은 이를 더 큰 규모의 군사적 사업으로 발전시켜, 척당 3만 킬로그램에 달하는 곡물을 운반할 수 있는 바지선 수천 척에 곡물을 실어 양주에서 북경까지 호송 병력을 딸려서 유송했다.[40] 상인들 또한 사적으로 운하를 이용해서 편지와 여행자, 사치품을 운반했는데, 민간 선박의 수가 너무 늘어나서 관용 바지선을 밀어낼 지경에 이르렀다. 또한 명은 곡물 운송업 계약의 큰 부분을 상인들과 체결하기로 마음먹고, 이를 통해 군대를 지원하는 비용을 줄이는 동시에 민간 경제 부분을 방해하지 않으려고 했다. 운하는 화북과 화남을 연결하는 대동맥 역할을 계속 수행했지만, 국가 프로젝트에서 상업적으로 수지맞는 사업체로 진화했다.

—— 오늘날 우리가 알고 있는 중국의 장성은 16세기 말 무렵에 명 왕조 치하에서 완성되었다. 이 성곽은 변경을 따라 중국의 농업지대와 초원 지대 사이를 가로질러 거의 9000킬로미터나 이어져 있으며, 몽골의 공격을 경고하기 위한 망루와 봉수대를 갖추고 있다. 그 엄청난 크기는 오늘날까지 중국 관리들과 외국 방문자들을 감명시키고 있지만, 전체적으로 보면 장성은 효율성이 떨어지고 값비싼 방어 성곽으로, 17세기에 만주(청)가 명을 정복하는 것을 막지 못했다. (The National Archives UK)

오늘날 형태의 장성 또한 명의 방어 정책 및 상업화의 결과물이다. 비록 중국 왕조들이 서북을 군사적으로 통제하기 위해 종종 '장성'의 구간들을 쌓기는 했지만, 이 구간들을 연결해 하나의 방어벽에 방어 전략의 기반을 둔 것은 명이 처음이다. 그러나 명은 상황에 밀려 어쩔 수 없이 이런 선택을 한 것이다. 장성은 목축 유목민들을 다루는 것에서 명이 우선시한 방안이 아니었다. 알탄 칸은 과감하게 명의 주둔지들을 대규모로 습격함으로써 명 조정 내의 격렬한 논란을 촉발했지만, 변경 방어의 해법은 제한적 교역과 성 축조에 의존했다. 변경의 말 시장(마시馬市)이 열리고 교역 금지 조치가 철회되었다. 중국 상인들은 비단과 모피, 곡물, 금속 솥을 몽골인들에게 팔고 그 대가로 말과 양을 얻었다. 명은 교역에 세금을 매기고 유목민들의 말로 군마를 보충했다.

그러고 나서 명은 이런 상세商稅로 얻은 자원을 성을 재건하는 데 썼다. 성벽 자체를 세우기 위해 엄청난 양의 노동력과 물자가 필요했고, 이 모든 것은 은으로 지급해야 했다. 초원을 가로질러 이 선(성벽)을 긋자면 또한 장기간 주둔하는 정착 지원 부대가 필요했다. 특히 지명된 상인들은 장거리에 걸쳐 곡물과 소금, 의복 및 무기를 주둔병에게 공급하는 방위 계약자 역할을 했다. 1570년 이후로 명나라는 서북 변경으로 해마다 은 400만 냥의 가치가 넘는 조달품을 보냈다. 여기에 소모되는 은의 주요 출처는 신대륙에서 들어오는 새로운 부(은)였다. 그리하여 장성 정책은 중국을 외부 세계와 격리하기는커녕, 사실상 (중국 물품의) 수출로 인해 촉진되는 국제적인 은의 흐름에 명나라를 직접 연결시키고 있었다.

명나라 후기의 지적·문화적 변화

16세기 초에 왕양명은 순응과 도덕적인 타락의 시대에서 정신적인 안정과 실천적 행동의 한 부분으로서 수양을 통한 자기 성찰을 옹호했다. 왕양명의 추종자들은 그의 가르침을 더 극단까지 밀고 가서 상당한 논쟁을 불러일으켰다. 일부는 정신적인 발전, 즉 '양지良知'를 얻을 가능성은 모든 인간에게 내재한 것이므로 유교의 교리는 보통 사람들이 직접 접근할 수 있어야 한다고 주장했다. 그들은 도시와 지방의 학교에서 남녀 모두를 위한 대중 강의를 열었다. 보수주의자들은 이런 비도덕적인 성의 뒤섞임을 격렬히 비난했고, 국가 관료들은 국가의 엄격한 통제 아래에 있는 것이 아니라면 어떤 형태의 공적인 모임도 의심했다. 명나라는 지방의 학교에서 열리는 연회에 모여 전통적인 규범에 대한 충성심을 강화하는 촌락 연장자들의 소규모 모임을 고취해 왔지만, (왕양명의 추종자들이 하는 것 같은) 거리에서의 무작위적인 설파는 완전히 다른 문제였다. 그러나 시장에서 더 광범위한 문헌 유통의 지원을 받아 대중으로 다가가는 움직임은 점점 더 유동적이 되었으며, 이는 상업화되는 사회가 만들어 낸 자연스러운 결과물이었다. 특히 장강 하류에서 그러했다.

지배적인 규범에 대항한 투쟁을 대표하는 가장 악명 높은 이는 명석하고 인습 파괴적인 학자인 이지(1527~1602, 이탁오李卓吾)였다.[41] 이 심술궂은 사나이는 당시 사회의 모든 위선에 대항해 통렬한 비판을 개시했는데, 정부 관료이든 전통적인 학자이든 심지어 그의 가장 가까운 친구이든 누구도 가리지 않았다. 『분서焚書』(불태워질 책)와 『장서藏書』(숨겨질 책)라는 효과적인 제목을 단 두 책과 이지가 쓴 수많은 편지는 당시 지식인 사회에 엄청난 충격을 주었다.

이지는 동남쪽 해안의 번성하던 상업 도시 천주에서 태어났는데, 그곳에는 장기로 거주하는 무슬림 공동체가 있었다. 이지의 집안은 상업에 종사했기에 무슬림과 연계된 듯하다. 명의 해안 교역 억압으로 인해 해적의 습격이 일어났고, 이는 도시에 경제적 손실을 입혔지만 1567년에 교역 금지 조치가 풀리자 도시는 다시 번성했다. 이지 자신은 교역에 종사하지 않고 고전 교육을 받았다. 그는 과거 준비의 무미건조함을 혐오했지만 향시에 합격해 잠시 관리로 복무하기도 했다. 이 자리 저 자리를 떠돌면서 이지는 자기의 진정한 책무가 도덕적인 진보, 즉 중국인들이 말하는 '구도求道'임을 깨달았다. 이지는 왕양명의 가르침에서 영감을 얻었으나 개인적인 수양과 실천을 결합하는 왕양명의 방식을 거부했다. 그 대신에 이지는 관직을 버리고 아내와 아이들도 버리고 불교식 고행에 들어가 지방의 사원에 갔는데, 종단에 들어가지는 않았다. 이지가 보기에는 자기만이 진정한 유학자이며, 다른 이들은 단지 위선자들에 불과했다. 이지는 동료 학자들을 비난하며 이렇게 말했다.

> 다른 이들의 마음은 남에게서 주입된 의견에 예속되어 있다. 그들이 얼마나 똑똑하든 간에 그들이 나에게 해 줄 말은 없다. 거짓을 말하고 행하고 쓰는 거짓 인간들만 있을 뿐이다. 만약 거짓된 자가 다른 거짓된 자에게 거짓된 말을 해 주면 그들은 행복해한다. 그대가 그 거짓덩어리들과 똑같이 거짓된 짓을 하면 그들은 행복해하며, 그대가 그들에게 거짓된 글을 통해 거짓된 말을 하면 그들은 행복해한다. 모두가 가짜이기에, 모두가 기쁘다.[42]

이지의 글과 편지는 너무나 악명이 높아서 지방관들은 폭도를 선동해 이지의 거주지를 불태웠다. 그리고 조정의 힘 있는 관리 한 명이 이지를 고소해 감옥에 넣었고 그의 수많은 책 인쇄본을 불태웠다. 감옥에서 이지는 자기의 목을 그어 자살했다.

비록 이지는 자기를 유학자로 생각했지만, 이지가 개시한 신유학에 대한 공격은 19세기 말까지 알려진 것 중에 가장 급진적인 것이었다. 그는 성인(성현, 현인)이 되고자 하는 목표를 옹호했지만, 도덕적인 발전을 이루자면 개인의 이익을 드러내 놓고 진실하게 추구할 필요가 있다고 주장했다. 개인 자신이 그 어떤 것보다 먼저이기에, 누구도 타인의 이익을 위해 자기의 신념을 희생할 수 없다. 이지가 보기에 성인은 '물욕, 성적 만족, 공부, 개인적인 진보, 부의 축적'을 옹호한다. 이런 이지의 새 교리는 자기의 이익을 극복하고 복종하며, 우주적·사회적 경향과 조화하려는 기존의 신유학이 지닌 이상들과 완전히 배치하는 것이었다.

공산주의자 비평가들은 이지를 반봉건적인 혁명가로 칭송했지만, 마찬가지로 손쉽게 그를 원시 자본주의 이론가이자 급진적인 이기심과 화폐경제를 옹호하는 급진적인 개인주의자로 묘사할 수도 있었다. 이지는 자기를 불교 및 상업화와 연결하고, 유교적 가치의 부드러운 외피 아래에 도사린 자유의 정신을 드러냈다. 이런 식으로 이지는 명나라 시절 중국의 정신을 압축해 보여 주었다.

장대張岱(1597~1689)는 명 문화의 또 다른 측면, 즉 비록 퇴폐적이지만 더 온화하고 세계시민적인 면을 대표한다.[43] 장대 또한 상업 도시인 소흥(사오싱)에서 태어났고 집안은 상업을 통해 부를 획득했다. 장대는 왕양명을 따른다고 선언했지만, 아무도 장대를 진지한 철학자로 부르지 않을 것이다. 장대는 수필 문집으로 가장 잘 알려져 있는데, 거기서 장대는 자기와 친구들을 연회와 외유에 탐닉하고 술과 여자, 노래에 빠진 존재로 묘사한다. 장대는 자기를 다음과 같이 묘사한다.

> 젊을 때 나는 하얀 비단 바지를 입고, 화려하고 멋진 것이라면 무엇이든 빠져드는 멋쟁이였다. 시골의 조용한 곳, 아름다운 매춘부, 매혹적인 소년, 새 옷, 고급 음식, 멋진 집, 장식한 등, 담배, 극장, 음악, 골동품, 그림 등. 그리고 나는 차를 광적으로 좋아했고, 귤에 탐닉하고 서예에 사로잡혔고, 시의 명수였다.[44]

이것은 전형적인 명나라 신사의 모습이었다. 그러나 장대는 또한 불교에 매료되었다. 그는 산동의 성지인 태산과 강남 해안에서 얼마간 떨어진 섬의 보타普陀 사원, 영파의 아소카阿育 왕 사원으로 순례를 떠났다.[45] 장대는 살아 있는 것에 대한 연민을 표시하기 위해 시장에서 물고기를 사서 연못에 풀어주었다. 한번은 친구들 한 무리를 끌고 한밤중에 사원으로 가서 어리둥절해하면서도 참을성이 있는 승려들을 위해 지방극을 공연했다. 이것이 정신적인 편력인지 진정한 탐구인지는 판단하기 어렵다. 그러나 장대는 가난해진 매춘부에서 지방의 가게 주인, 골동품 수집가, 승려, 학자, 상인까지 자기가 알고 있는 여러 다른 범주의 인간들에 대해 매우 세심하게 기록했다. 그러니 어느 누구도 장대가 도덕적인 경직성을 가졌다고 비난하지 않을 것이다. 그리고 장대는 여행과 탐구를 통해 개인 세계를 넓히려는 열망은 물론 일상의 기쁨을 누리는 사람들에 대해서도 진정한 공감을 표명했다.

인쇄 및 서적 출판업 또한 이 시절에 번성해 지적인 생활을 급격하게 바꾸었다. 8세기 이래로 중국은 선구적으로 목판인쇄에 뛰어들었고, 언제나 문사 계층의 수요에 대응하기 위한 활발한 인쇄 문학 시장이 형성되었다. 16세기의 출판업자들은 새로이 글을 깨친 도시 주민의 요구에 맞추기 위해 시장을 상당히 확대했다. 그들은 과거 시험 안내서뿐만 아니라 책력, 백과사전, 여행안내서, 성애물, 대중 종교 문학서 및 백화로 쓰인 이야기(소설)까지 팔았다. 정교한 배급망을 만들어 제국의 주요 도시에 값싼 판본을 공급했으며, 고전 및 백화 서적을 파는 새로운 시장을 개척하기 위해 시장 실험을 계속했다.[46]

새로운 문화 대중화 추세에 맞추어, 17세기 강남에서는 도덕 장부, 즉 '공과격功過格'[7]이 광범위하게 보급되었다.[47] 이런 책은 보통 사람들에게 매일의 선행과 악행의 목록을 만들고 매달 총계를 내도록 격려했는데, 목적은 내세에서 그들이 받을 현세 행위의 대가를 계산하기 위해서였다. 이 책은 유교의 도덕 수양과 금생에서 행해진 악행에 대한 불교의 인과응보 신앙을 결합시켰는데, 금생의 행동은 내생의 환생에 영향을 끼치게 된다. 여러 집단이 각기 다

7 선행과 악행을 장부에 적듯이 대차대조표 형식으로 기록한 것이다.

른 이유에서 이런 책의 출판을 후원했다. 정부 관료들은 백성들의 일상생활에 대한 통제력을 강화하고자 이 책의 출판을 후원했다. 낮은 학위를 가진 학자들은 자기들의 도덕적 수양을 도울 수단으로 이 책을 활용했는데, 3000번의 선행으로 인해 과거에서 성공했다고 자랑했다. 보수주의 엘리트들은 이지와 그 학파에 대항해 기존 사회질서를 강화하기 위해 이 책을 후원했다. 지역 사회 단체는 10만 점에 해당하는 선행을 증명하는 목록을 만들었는데, 이 장부는 장인이나 농민들에게 배포되었다. 이런 책자의 배포는 대중 도덕에 대한 지도력을 장악하려는 여러 엘리트 집단 사이의 알력을 보여 준다. 강남의 유동적인 사회는 관료와 도덕적 권위 집단들이 서로 토론하고 더 광범위한 대중에게 자신들의 프로그램을 선전하기 위한 공적인 무대를 발전시켰다.

이러한 혼란의 시절에 명의 문망文望 계급은 자비라는 불교의 이상과 조화로운 사회관계라는 유교적 목표에서 영감을 얻어 자선을 행함으로써 사회를 개선하려고 했다.[48] 그들은 새나 물고기를 사서 풀어 주거나, 굶주리는 이들에게 쌀죽을 먹이거나, 고아원이나 노인 가구나 집 없는 이들의 대피소 등을 후원했다. 의사로 훈련받은 학자 기표가祁彪佳(1602~1645)는 그의 고향에서 기근을 구제하기 위해 한 행동을 묘사한 200쪽의 일기를 남겼다.

명 말 중국의 대중소설 또한 진가를 발휘했다. 송대 이래로 빠르게 말하는 거리의 이야기꾼들은 성인(현자)이나 전사나 정치가를 연인이나 신, 영웅으로 변모시켰다. 엘리트주의자들은 이러한 이야기꾼들을 경멸했지만, 몇몇 괴짜 학자들은 그들을 활용해 가족의 일상생활에 관한 자세한 묘사로 가득한 장편소설과 단편소설을 썼다. 고대 중국의 가장 유명한 소설 여섯 편 중 세 편이 16세기에 출간되었으니, 바로 『삼국지연의三國志演義』, 『금병매金瓶梅』, 『서유기西遊記』다.[49]

『삼국지연의』는 한漢의 몰락에 따른 전쟁과 음모를 그린 이야기로, 한 왕족의 후손인 훌륭한 군주 유비劉備는 정의에 헌신하고 그의 의형제 관우關羽와 장비張飛는 용감하고 지조 있는 역사力士들인데, 그들은 악당의 수괴 조조曹操에게 패한다. 민간 전통에 의하면 영웅적인 전사 관우는 신으로 추앙되며, 유비의 최고 전략가인 제갈량諸葛亮의 영리한 지략은 존경을 받는다. 손무孫武가 쓴 유명한 고대의 병법서 『손자병법孫子兵法』이 권하듯이, 제갈량은 군사력 사용을 최소화하면서 더 강한 적을 격파했다. 서방 전통의 오디세우스Odysseus와 그의 후원자인 아테나Athena 여신처럼, 제갈량은 재기발랄한 지혜의 궁극적인 정복자를 대표한다. 마오쩌둥毛澤東은 실제로 『삼국지연의』의 책략을 공부해 자기의 게릴라전 지표로 삼았다.

『금병매』에서는 꼿꼿한 사나이 무송武松이 집을 떠나자, 형수[8]인 반금련潘金蓮이 부도덕한 서문경西門慶의 유혹을 받는다. 100회에 달하는 이 소설은 부유한 상인 가문의 생활상을 묘사하는데, 그중에는 너무나 생생해 최근까지도 단지 라틴어로만 번역된 성교 장면도 포함된다. 순진한 금련은 색녀가 되는데, 그녀의 욕망이 그야말로 정부 서문경을 죽음으로 몰아간다. 무송은 오디세우스처럼 위기에 빠진 가정으로 돌아와 대량 살상을 통해 상황을 바로 세운다. 이렇듯 충실한 상인 생활의 묘사와 마찬가지로 꾸밈없는 포르노그래피의 기이한 혼합은 명대 독자들의 폭넓은 취향을 보여 주는데, 그들은 진정한 의미의, 하지만 빅토리아 시절의 중산층과는 완전히 다른 의미의 독자층을 형성했다.

『서유기』는 심오한 정신적인 탐구를 도술, 폭력, 모험, 희극, 그리고 악한을 소재로 한 여행과 버무린다. 명목상 이 소설은 불경을 얻기 위한 삼장법사三藏法師의 인도 여행을 묘사하지만, 삼장법사의 두 동물 수행자가 이야기를 차지한다. 사나운 갈퀴를 무기로 삼는 탐욕스럽고 뚱뚱한 수퇘지 저팔계猪八戒는 끊임없이 삼장을 곤경에 처하게 하지만, 삼장을 구하기 위해 맹렬하게 싸운다. 저팔계는 인간의 탐욕을 표상한다.

말썽꾸러기 원숭이 손오공孫悟空은 중국 소설의 전통에서 가장 빛나는 등장인물이다. 인도의 불교도들에게 전승되던 대중 설화에서 유래된 것으로서 아마도 힌두교의 원숭이 신 하누만과 인도 불교의 개념인 우파야, 즉 '방편方便'과 관련이 있는 듯하다. 손오공은 하늘에서 성스러운 복숭아를 훔치고 땅

8 원문에는 '아내'로 표기되어 있는데, 좀 더 정확하게 말하면 무송의 형인 무대랑武大郎의 아내다.

으로 유배되어 인간들이 구원을 찾는 것을 돕게 된다. 괴물들과 음탕한 여자들을 극복하면서, 불교에서 자비의 화신인 관음보살의 통제를 받는 손오공의 엄청난 도술의 힘은 이 순례를 목적지까지 이끈다. 이 환상적이고 익살스러운 소설은 『천로역정*The Pilgrim's Progress*』보다 훨씬 재미있고 프랑수아 라블레François Rabelais[9]의 소설만큼이나 떠들썩하다. 손오공의 명석한 기교를 통해, 마치 제갈량의 경우처럼, 간계의 역할을 칭찬한다. 손오공의 날카로운 눈썰미는 '반짝이는 눈을 가진 아테나'처럼, 아둔하고 맹목적인 삼장법사는 알아차리지 못하는 악마의 덫을 간파한다. 하지만 관음보살조차 손오공을 성인으로 바꾸고자 그에게 속임수와 강압을 사용한다. 손오공은 실제로 '상상을 뛰어넘는 정신'[10]의 우화적 표현이다. 즉 이 소설은 인간 지성의 창조성을 찬양한다.

명나라가 직면한 도전들

만력제의 기나긴 통치(1573~1620)하에서 제국 체제에 깊이 자리 잡은 수많은 긴장이 위기 상황으로 자라났다.[50] 아홉 살에 제위를 차지한 황제는 첫 10년의 통치기에 강력한 관료들의 감시 아래에 있었고, 나라는 평화적인 번영을 누렸다. 강력한 재상 장거정張居正은 알탄 칸과의 교역 관계를 조성하기 위해 마시를 열었다. 장거정은 조세 포탈과 뇌물을 근절하기 위해 강력한 노력을 기울여, 지세 수입을 올리는 수단으로서 중국에서 수백 년 동안 행해진 것 중 가장 정확한 토지조사를 완수했다.[51]

그는 황제에게 관리 평가 시의 엄격함과 개인의 씀씀이를 통제하는 검소함의 필요성에 대해 설교했다. 비판에 대한 불관용 때문에 장거정은 많은 적을 얻었고, 결국 반대파에 의해 권력 기반이 잠식되고 황제의 지지를 잃자 그의 시도도 끝났다. 장거정이 죽었을 때, 비난자들은 그가 호화로운 저택을 짓고 귀중한 그림과 값비싼 옷을 모으려고 큰 뇌물을 받은 것을 발견했다.

——— 9 1483?~1553. 프랑스의 작가로 총 다섯 권으로 된 소설 『가르강튀아와 팡타그뤼엘*Gargantua et Pantagruel*』은 르네상스 시기의 최대 걸작 중 하나로 꼽힌다.

——— 10 원문의 'monkey-Mind'는 불교에서 유래한 용어로, 혼란스럽고 불안하게 날뛰는 마음을 가리키기도 하지만, 기발함과 통제할 수 없는 열정을 가리키기도 한다.

—— 북경 자금성의 태화전. 1406년에 지어진 이 거대한 알현실은 현존하는 중국 최대의 목조 건축물이다. 북경의 폐쇄된 황실 구역 중심에 있는 이 건물은 명조와 청조에서 의례의 중심을 표상했다. 여기서 중국의 황제들은 대관식이나 즉위식, 황실의 결혼식 등 국가의 중대한 행사를 경축했다. 북경 자금성은 명대에 기반이 놓이고 청대에 확장되었는데, 황제의 전제 통치에 대해 하늘이 주는 정당성(천명)을 상징했으며, 황제는 이른바 이 우주의 중심(자금성의 태화전)에서 전제적으로 통치하는 전 지역으로 덕과 힘을 발산했다. (Wikimedia Commons, © Dave Proffer)

장거정의 위선적인 설교에서 벗어난 데다 자기가 실질적인 힘이 없음에 절망한 황제는 통치자로서의 역할을 거의 포기했고, 궁에 틀어박혀 은둔 생활을 하며 중요한 일정을 거부했다. 황제의 태업으로 인해 수많은 공직이 수년 동안 공석으로 남았고, 여러 당파는 황제의 관심을 끌고자 서로 싸워 대니 관료제는 마비되었다. 관료제 전반에 걸쳐 부패가 만연했지만, 그 어떤 집단도 책임을 지지 못했다. 황제의 주요 관심사는 자기의 무덤을 짓는 것이었는데, 여기에 수백만 달러의 자금이 들었기 때문에 국가 방위에 필요한 방대한 노동력과 물자를 전용했다.

1만 2000명의 궁정 환관은 스스로 강력한 파당을 형성했다. 그들은 황제와 그 첩들과 가까웠기에, 정책 토론에 가까이 접근할 수 있었다. 그러나 그들은 과거를 통해 학위를 얻지 못했으므로 문사들을 혐오했다. 학자들이 쓴 관찬 자료는 환관을 명의 쇠퇴의 원인으로 비난하지만, 이런 자료들 또한 그들의 관점에서 왜곡된 것이다. 환관들은 실제로 제국의 일부에 별도의 부담을 주었으니, 예컨대 그들이 황실을 위한다는 명분으로 귀중한 보물 따위를 요구할 때 그랬다. 그리고 그중 다수는 부패했다. 그러나 대학사를 비롯해 관료들 또한 뇌물을 요구했다. 개인적인 것보다 구조적인 결함이 제국의 멸망을 초래했다.

내조(궁정)에서 최고위 관리들과 환관들 사이의 충돌은 17세기 초기 명나라 정부를 거의 마비시켰다. 장거정이 죽은 후 관료들은 여타 어떤 (후속) 대학사라도 자기들에게 규율을 부과하지 못하게 했으며, 황제 자신은 분파 싸움에 개입하지 않았다. 동림당東林黨이라 불리는 일군의 학자 집단이 스스로 조직해 정부의 추락하는 도덕성을 비난하고 의미 있는 개혁을 요구했지만, 환관 지도자들은 야만적으로 이 항의를 탄압했다. 두 번째로 더욱 적극적인 학자 집단인 복사復社 또한 정부 정책에 영향을 미치려고 했으나, 그들도 마찬가지로 탄압받았다. 명 말기의 황제들은 상이한 파벌의 강력한 이해관계 사이에 갇혀 이러지도 저러지도 못하면서 큰 영향력을 행사할 수 없었고, 군사 및 재정 정책상의 중요할 결정을 놓고 오락가락했다.

명의 최후

중앙정부의 혼란상과 지방 백성들에게 가해지는 부담의 가중은 도시와 농촌 지역 모두에서 봉기를 촉발했다. 1601년에 소주에서는 견직 고용 노동자들이 군사 대오를 형성해 나무 몽둥이를 휘두르며 관청으로 돌진해 새로 만든 세금을 없애 줄 것을 요구했다. 그들이 징세관을 때려죽이는 사이, 그들에게 공감하는 도시의 하급 신사 집단이 이 운동을 지지했다.[52] 항주에서는 부유한 지주들이 세제 개혁을 가로막았는데, 새 제도는 부역 노동 대신 부유한 주택 소유자들에게 세금을 부과해 평민들의 세 부담을 그들 지주에게 넘기는 식이었다. 지방 상인, 이주 노동자, 병사들이 시위를 감행하고 지방 엘리트들의 집을 불태웠다.[53] 농촌 지역에서 일부 소작농은 '예속 노비' 상태로 떨어져서, 지주 집안의 사유지를 떠나 움직일 수 없었다. 그들 또한 1644년과 1645년에 노예 상태에 항거해 반란을 일으켜 소주를 포위했다.

조정의 분쟁이 격해질 때, 기근과 가뭄과 전염병이 화북과 서북을 덮쳤고, 반란 집단들은 제국의 통치에 대항했으며, 하나의 새로운 강력한 국가가 동북에서 만들어졌다.[54] 서북의 가난한 농부들은 과중한 세금 부담과 수십 년간의 흉작으로 고통받았고, 장성 가까이에서 근무하며 급여를 받지 못한 병사들은 근무지를 이탈했다. 탈영병 중 하나인 이자성李自成(1605~1645 무렵)은 불만을 품은 지역 농민들을 조직해 거대 반란을 일으켜 곧장 서북의 성들을 점령했다. 1644년에 그는 수도 북경을 차지하고 새 왕조의 성립을 선포했고, 그때 명의 마지막 황제는 궁궐 안에서 목을 매어 자결했다. 사천(쓰촨)에서는 또 한 명의 농민반란 수장이 준準군사 집단의 부대를 조직해 지방의 관아를 습격하고, 정부의 통제력을 무너뜨렸다.

화북 전역을 휩쓴 기근과 전염병은 대규모 재앙에 대한 지방정부의 심각한 비효율성을 보여 주었다. 17세기 초, 일본과 라틴아메리카 양자로부터 들어오는 국제적 은 유입의 교란은 중국에서 동전과 은전의 균형(교환비)을 변동시켜, 농민과 상인 및 도시 거주자들에게 더 큰 부담을 초래했다. 1592년에 명은 임진왜란에 개입해 도요토미 히데요시의 일본군을 몰아내고자 거대 병력을 투입했다. 조정은 불어난 군비를 감당하기 위해 농업인구에 부가세를 부과했고, 조세 저항을 촉발했다. 가장 불길한 것은 장성의 동북쪽에서 일련의 부족 지도자가 명의 군대에 도전할 강력한 군사적 세력을 형성했다는 점이다.

청 왕조(1636~1911)

청조를 연 만주족은 1635년까지 자신들을 부르는 이름이 없었다. 그들은 중국 동북 지방과 시베리아 동부에 살면서 친척 관계의 언어를 쓰고 전통과 삶의 방식을 고유하던 부족들의 집단에 불과했다. 만주어는 더 광범위한 알타이어족의 한 지파인데, 알타이어족에는 몽골어, 그리고 논란이 있지만 한국어 및 일본어가 포함된다. 똑같은 지역에 살던, 여진(주르첸)으로 불리던 그들의 선조는 금이라는 왕조를 세워 12세기와 13세기 초반에 만주와 화북의 대부분을 다스렸다. 금은 몽골에 의해 멸망했다. 몽골 제국이 붕괴한 후 여진인들은 부족사회로 되돌아갔다. 명의 관리들은 그들을 수렵과 어업을 하며 약간의 농사와 약간의 목축을 하는 미개한 사람들로 간주했다. 그들은 삼림, 강, 농지 등 여러 자원에 기대에 생계를 유지했으므로 진정한 유목민이 아니었다. 그러나 그들은 이동성이 좋고 숙련된 기마인이었다.

오늘날의 만주는 세 개의 생태 지대에 걸쳐 있다. 서부는 초원인데 일반적으로 몽골인들이 차지하고 있으며, 목축 유목민들은 주로 양과 말로 생계를 유지한다. 북쪽은 삼림으로서 시베리아의 연장이다. 이 지역에는 사냥꾼들과 임산물(산삼, 버섯, 약간의 금) 채집자들이 살았는데 대단히 다양한 부족 집단이 있었다. 남만주, 즉 요녕(랴오닝)은 농민들을 부양하는 기름진 경작지를 품고 있는데, 농부들은 주로 남쪽에서 이주해 온 한족이었고 만주족은 일부였다. 만주족이 지닌 힘의 비밀 중 하나는 이 세 지대 모두에서 자원을 끌어들이는 특별한 능력이었다. 그들은 몽골의 기병, 만주의 기병 및 보병, 식량과 의복을 공급하는 한족 농민 모두를 활용했다.

이들 민족과 명의 관계는 이른바 '기미羈縻'라 불리는 전통적인 정책에 의해 형성되었는데, 이 정책하에서 명의 관리들은 그들을 내버려 두는 대신에 교역 허가증을 주고 국가를 다스리는 현지 우두머리의 작위를 주었다. 만주 부족들 입장에서는 장성을 넘어 물품을 교환하는 것이 이득이었다. 또한 명 입장에서는 이것이 그들을 정복하는 것보다 편리했으므로, 16세기 말까지 상대적으로 안정된 관계가 지속되었다. 그러나 세계경제가 발전함에 따라 만주의 역동적인 지도자들은 새로운 부의 원천을 중앙집권적 국가 건설에 썼다.

원래 누르하치努爾哈赤(1559~1626)는 명이 작위와 교역 허가권을 준 여러 부족장 중 한 명에 지나지 않았다. 그러나 그는 교역으로 얻은 부를 자기 동족을 포함해 여타 부족들을 정복하는 데 썼다.[55] 1580년대부터 누르하치는 군사력을 확충했는데, 여타 부족들도 그가 거둔 성공의 과실을 함께하고자 합류했다. 1616년에 누르하치는 스스로 '최고 지도자'를 뜻하는 한汗(몽골어로 칸)으로 칭하고, 새 왕조는 자신의 여진 조상이 세운 나라를 상기해 후금으로

—— 청 제국의 팽창.

불렀다. 그는 몽골 자모 표기법을 빌려서 만주어를 표기할 새로운 글을 만들었지만, 명과는 계속 교역 관계를 유지했다. 명은 그의 권위를 인정해 군사적 작위를 내렸지만, 1618년에 누르하치는 명을 공격하는 입장으로 돌아서서 명 조정에 대한 그의 분노를 천명한다. 그는 남만주를 정복하면서 얻은 한족 정착민들에게 군사훈련을 시키고, 그들로 하여금 앞머리를 깎고 뒷머리는 길게 땋게 했으니 바로 변발이다. 1626년에 벌어진 전투에서 그는 명의 장군에게 큰 패배를 당하고[11] 얼마 후에 사망했다.

누르하치가 죽자 후계자 홍타이지皇太極(1592~1643)가 군사적 공격과 국가 건설을 결합한 정책을 이어 나갔다.[56] 가장 중요한 것은 누르하치가 민정과 군

—— 11 산해관의 외곽인 영원성에서 원숭환袁崇煥에게 패한 일을 가리킨다.

정 및 사회적 행정을 결합해 만든 기旗 체제를 확장했다는 점이다. 기는 동족 혈통을 가로지르고(무시하고), 부족 집단들을 엄격한 군사적 위계 체제 아래에 편입시켰는데, 만주족뿐만 아니라 몽골족과 한족의 기도 있었다. 일부 한족 군인, 농민, 상인, 학자와 명 통치 지역을 떠나 남만주로 이주한 '변경을 가로지르는 이들'이 만주 국가를 건설하는 데 막중한 역할을 했다. 홍타이지는 농업, 행정, 상업의 방면에 그들의 기술을 잘 활용했다.

하지만 만주 국가를 건설하는 과정은 심각한 긴장을 유발했다. 비록 왕조 건설에 관한 만주의 관찬 역사는 많은 것을 숨기고 있지만, 다행히 우리는 훨씬 더 위기에 시달리는 과정을 보여 주는 원본 만주어 문서들을 가지고 있다.[57] 홍타이지는 자신의 군대와 행정 체제를 건설하기 위해 요녕의 한족 농민들에게 무거운 부담을 지웠다. 그들은 무거운 세금을 냈고, 홍타이지는 강제로 모든 한족 가구가 방과 (깔고 잘) 판자를 만주 병사들에게 내놓게 했다. 홍타이지는 새로운 보급 정책을 만들고 국가가 개입해, 민간인과 군인 양자에게 곡물을 배급하라고 명했다. 그 사이에 명은 화북에서 기근을 구제할 능력도 희망도 없는 듯했다. 피난민의 물결이 명의 영토를 떠나 요녕으로 밀려왔다. 이 인구 유입은 처음에는 만주 국가의 기근 구제 정책에 더 큰 압력을 가했지만, 동시에 백성의 복지에 관심 있는 실력 있는 한족 관리들을 끌어모았다. 이제 만주의 지도자들은 역사, 기술, 행정에 관한 한자로 된 엄청난 양의 저술에 관심을 가지게 되었다. 그들은 먼저 군사 교본을 번역한 후, 행정에 관한 실용적인 책자를 뒤이어 번역했다. 즉 어떻게 소송을 처리하고 세금을 모으는가에 관한 것이었다. 유교 경전은 가장 나중에 번역되었다. 그들은 중국 철학에 특별히 관심을 가진 것은 아니었다.[58]

드디어 1635년에 홍타이지는 하나의 민족으로서 만주라는 이름을 썼다. 그들의 정체성은 무엇보다 국가에 의해 주어졌다.[59] '만주'라는 이름의 기원은 모호하지만, 그것은 국가의 군사 통치자들 사이의 새로운 종족적 결속 의식을 나타냈고, 이웃한 몽골족이나 한족과 확연한 구분선을 그었다. 1636년에 홍타이지는 후금이라는 이름을 대신해 청 왕조의 시작을 선포했다. '명'과 마찬가지로 '청淸'은 상징적인 이름으로서, '깨끗함'을 의미한다. 홍타이지는 북

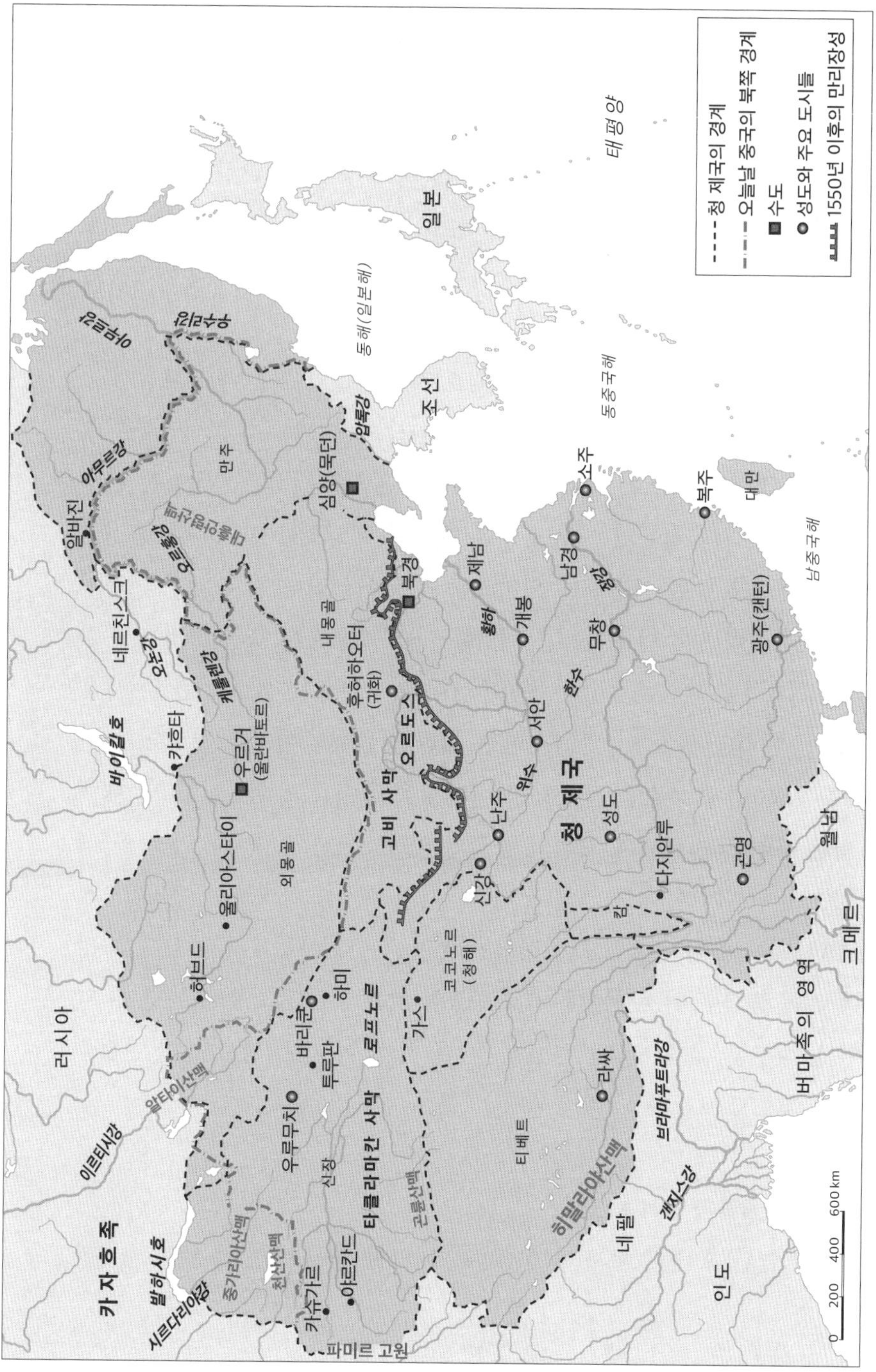

청 제국의 경계
오늘날 중국의 북쪽 경계
수도
성도와 주요 도시들
1550년 이후의 만리장성
태평양
일본
동해(일본해)
조선
동중국해
남중국해
대만
푸주
쑤저우
난징
창강
지난
황허
베이징
카이펑
우창
광저우(캔턴)
시안
한수이
웨이수이
란저우
청 제국
청두
다리
쿤밍
월남
버마족의 영역
브라마푸트라강
갠지스강
인도
네팔
히말라야산맥
라싸
티베트
시닝
코코노르(칭하이)
쿤룬산맥
하미
바리쿤
투루판
우루무치
톈산
타클라마칸 사막
로프노르
카슈가르
야르칸드
파미르 고원
톈산산맥
중가리아산맥
시르다리야강
발하시호
카자흐족
이르티시강
알타이산맥
러시아
코브드
울리아스타이
외몽골
우르가(울란바토르)
카흐타
바이칼호
케룰렌강
오논강
네르친스크
알바진
아무르강
오르훈강
싱안링산맥
만주
선양(묵던)
압록강
우수리강
내몽골
후허하오터(귀화)
오르도스
고비 사막
0 200 400 600 km

청 왕조 치하의 중국.

부의 지역 국가가 아니라 모든 중국을 정복하겠다는 자신의 의지를 공공연히 내보였다.

하지만 여전히 이자성의 반란과 수도 북경 점령, 명나라 황제의 자살, (명군의) 무질서한 퇴각이 없었다면 점령은 성공하지 못했을 것이다. 만주족의 중국 정복은 결코 필연적인 것이 아니었다. 그것은 경합하는 세력 간의 수많은 불확실한 상호작용 및 더 광범위한 지정학적·기후적 환경, 개별 결정들에 의해 좌우되었다.

핵심적인 한 사람이 만주인들을 북경으로 끌어들였으니. 바로 오삼계吳三桂다. 오삼계(1612~1678)는 장성의 일부인 산해관[12]을 지키는 장군이었다.[60] 청군을 이끌던 도르곤多爾袞은 오삼계에게 자신들은 '충성'이라는 똑같은 이상을 공유하고 있다며 설득했는데, 충성은 유교의 핵심적인 미덕이다. 충성은 황제 한 명에게 복종할 의무만을 의미하는 것이 아니라 제국의 질서를 유지하는 의무도 의미했다. 만주인들은 천명天命이 자기들에게 옮겨 왔다고 주장하며, 오직 자기들만이 이자성의 농민반란이 일으킨 무질서로 인한 "치욕을 씻을 수 있다."라고 주장했다.[61] 오삼계는 그들을 받아들이기로 결정했고, 만주인들은 1644년에 북경을 급습해서 이자성을 몰아내고 뒤이어 30년 내내 명의 남은 부분을 점령했다. 오늘날 중국의 역사책에서 오삼계는 '한족을 배신한 자'로 비난받지만, 이는 (오늘날) 민족국가의 가치를 반영하는 시대착오적인 태도다. 과거의 어떤 제국도 이런 식(민족국가)으로 작동하지 않았다. 수많은 비한족이 중국을 다스렸는데, 가장 중요한 것은 누가 평화를 회복할 수 있느냐였다. 대부분 엘리트의 눈에는 만주인들이 죽어 가는 명보다 더 안정을 약속하는 것으로 보였다.

청의 새 사람들과 명의 유신들

정복이 끝난 후에도 여전히 개인들은 패망한 명에 대한 충성을 지키며

12 원문에는 "북경의 북쪽 관문인 거용관居庸關"으로 나와 있는데, 산해관과 거용관 모두 북경을 지키는 최후의 보루라는 점에서 혼동한 듯하다.

만주인들에게 저항할 것인지, 항복하고 새로운 질서에 합류할 것인지, 혹은 달아날 것인지 사이에서 각자 결정해야 했다. 기표가는 자결을 택했고, 장대는 달아나 은둔했다. 세 명의 또 다른 '남겨진 사람들', 즉 모두 자신들의 방식으로 명에 충성했던 이들은 청에 복무하기를 거부하고 자신들의 충성심을 글로 표현했다. 각자 특정한 관점을 가지고 있었으며, 이것들은 근대 중국의 형성에 기여했다. 그들은 자유주의자 황종희黃宗羲, 과학자 고염무顧炎武, 민족주의 철학자 왕부지王夫之였다.[62]

황종희(1610~1695)는 실패한 동림당과 복사의 개혁 운동에 적극적으로 참여한 집안 출신이었다.[63] 왕양명의 추종자로서 그는 정통 유학 학파를 거부했으며 여러 사상 학파의 차이를 개괄하는 명의 지성사를 썼다. 명이 몰락하자 그는 잠시 군사적 저항에 가담할 생각을 했지만, 그 대신에 학문으로 돌아가 명이 패배한 원인을 분석했다. 그의 주요 철학서 『명이대방록明夷待訪錄』(1662)[13]에서 황종희는 전제적인 국가 질서를 열렬히 비난하고, 온 강역을 자신의 사유지로 생각하는 황제를 공격했다. 프랑스의 자유주의 철학자 몽테스키외Montesquieu보다 앞서 황종희는 세습적인 엘리트의 안정성에 기반을 둔 지방의 자유를 주장했는데, 그 엘리트는 고대 중국의 '봉건' 귀족에 더 가까웠다. 그의 이상은 여전히 엘리트가 주도하는 정치체이지만, 백성들과 더 가까운 현지 엘리트들이 멀리 떨어져 있으면서 중앙에 충성하는 관료들보다 더 큰 권위를 갖게 하는 것이었다. 비록 그는 (지방) 귀족의 완전한 우위를 주장하지는 않고 단지 지방과 중앙의 이해관계의 균형을 주장했지만, 엘리트의 사유재산 소유를 권위(권력) 기반으로 강조한 점은 존 로크John Locke보다 수십 년 앞선 것이다. 지나친 중앙집권화를 제국이 지닌 허약성의 핵심 요인으로 놓고 배격함으로써 그는 중국에서 여전히 지속되는 분석 방법 중 하나의 기초를 놓았으니, 즉 현지 상황의 다양성을 인정하면서도 어떻게 사회질서를 유지할 것인가 하는 문제를 논했다.

13 원문에는 '밝은 군주를 기다리며Waiting for an Enlightened Prince'라는 제목으로 의역되어 있다. '명이'는 『역易』의 한 괘로써 '밝음이 땅속으로 들어간 상태(명입지明入地)'를 뜻하고 '대방'은 기다린다는 뜻이니, 의역하면 후대에 나타날 명군을 기다린다는 뜻이다.

고염무(1613~1682)는 먼저 게릴라 전술에 적합한 지역들을 검토함으로써 전제 권력에 더욱 적극적으로 저항하는 데 주안점을 두었다.[64] 그러나 저항에서 분석으로 방향을 돌리면서, 그는 (명대의) 결함 있는 철학이 제국을 무너뜨렸다는 결론을 얻었다. 전직 복사 회원이자 헌신적으로 명에 충성했던 사람으로서 그는 정복자들에 의해 호된 응징을 받았다. 그의 동생은 죽었고 집은 약탈당했다. 청나라 병사들은 고염무 생모의 오른팔을 잘랐으며, 양모는 음식을 끊어 자결했다. 그는 만주인들에게 복무하기를 거부하고 그들에게 복무하기로 한 이들을 신랄하게 비난했는데, 명이 몰락한 주원인이 그 지식인들의 무책임함이라고 생각했기 때문이다. 고염무가 보기에 정통 주자학파는 그저 가식과 공허한 말, 쓸모없는 지식만 가르쳤고, 반면 이지의 추종자 같은 반대 학파들도 무책임하고 방종한 개인주의로 흘렀을 뿐이었다. 고염무는 이러한 지적인 함정에서 벗어나는 방법은 경험적인 조사를 거쳐 도출된다고 주장했다. 진정한 학자라면 고전 원문들을 서로 비교해 가면서 면밀히 공부함으로써 건전한 지식의 기반이 되는 진짜 텍스트를 발견할 수 있다. 그는 음운학과 같은 새로운 분석적인 방법을 사용할 수 있었고, 또한 공자孔子와 가장 가까운 시대를 살았던 한대 학자들의 연구를 따르며 주자학파의 정교한 형이상학을 비껴갔다.

또한 고염무는 수리水利 관리, 조세, 화폐, 토지 개간, 기근 구제, 교역, 지역 방위, 지방 풍속 등에 관한 기다란 일련의 논문을 써내어, 지역적인 차이에 대해 세심한 주의를 기울이면서 제국의 지리적인 윤곽을 포괄적으로 제시했다. 오늘날의 블로그처럼 그는 일기를 통해 구체적인 도덕적 문제들을 해결할 방안에 대한 그날그날의 생각을 제시했다. 그를 따르던 학자들은 그의 경험적(실증적) 연구를 중국의 고전 경전 전체로 확장시켜 고전 텍스트 연구 양상을 근본적으로 고친 기념비적인 연구들을 생산해 냈다.

이들 중 가장 괴짜인 왕부지(1619~1692)는 환경적인 조건이 야만인인 만주족과 문명화된 한족 사이에 극복할 수 없는 차이를 만들어 냈다고 주장하면서 인종적 민족주의의 기반을 놓았다.[65] 청나라 기 체제의 다민족적인 특성을 무시하면서, 그는 만주는 원시적인 동북 출신이므로 그들은 세련된 남쪽의 한족과 공존할 수 없다고 주장했다. 야만인들을 몰아낸 후에야 제국은 다시 질서를 찾을 수 있다는 것이다. 도전적이며 공공연한 인종적 분류를 통해, 그는 청의 황제들이 지지했던 다문화적인 통합을 반대했다. 왕부지의 글은 탄압을 받다가, 19세기 말에야 재발견되어 치명적인 반만주 민족주의에 영감을 주었다.

명·청 중국과 17세기의 위기 문제

학자들은 17세기에 일어난 하나의 전 지구적 위기가 유라시아의 주요 국가 전체에 영향을 끼친 공통 요소라고 주장했다.[66] 리버먼은 이 시기를 동남아시아 대륙부 국가들, 프랑스, 러시아, 일본을 강타한 와해의 시절로 묘사한다. 명에서 청으로 이행하는 시기 또한 이 시기와 일치하는데, 국가들의 몰락과 낮은 인구 증가율, 흉작과 반란, 통화 유통의 교란을 특징으로 한다. 이러한 이행 저변에 놓인 원인은 여전히 명백하지 않지만, 기후변화가 중요한 역할을 한 것으로 보인다. 화산 폭발의 빈도가 늘어나 기온이 더 내려갔다.[67] 소빙기에 떨어진 전 세계의 기온은 1640년 무렵에 최저점에 이른다. 신대륙과 일본에서 유입되는 은의 흐름이 방해받자 중국의 물품 가격과 시장 활동이 줄어들었고, 그러자 통치자들은 세수 부족에 정치적인 파당 싸움과 함께 군사적인 소요와 전염병의 어려움을 겪었다. 비록 우리는 이러한 각 요소의 상대적인 중요성을 확언할 수는 없지만, 명의 몰락과 청의 부상은 같은 원인을 공유하는 전 세계적인 위기의 일부로서 지역적인 조건에 따라 조절된 것으로 보는 것이 타당해 보인다. 위기에 이어 유라시아 전역에 강화(통합)와 회복의 시기가 왔으니, 새 정권들이 권력을 장악하고 농업 생산이 개선되었으며, 군사적인 팽창이 재개되고, 상업이 다시 번성했다.

청의 팽창

명에서 청으로 넘어가는 과도기가 17세기 유라시아의 대부분에서 발견되는 일반적인 위기와 특징들을 공유했던 것과 마찬가지로, 청 제국의 팽창과 통합의 시기 또한 세계적인 경향과 궤를 같이했다. 17세기에 재위한 세 명의 젊은 군주, 즉 표트르 1세(재위 1682~1725)와 루이 14세(재위 1643~1715), 강희제康熙帝(재위 1661~1722)가 스스로 군사적 팽창과 중앙집권화 운동을 주도하며 대륙 유라시아에서 절대주의 통치를 천명했다. 이 셋은 모두 전쟁을 좋아하고 나라를 넓혔지만, 또한 사치스러운 궁정 생활을 조장했으며, 자기들 주위에 도시를 만들고, 자신들은 군인이자 국가 건설자이며 학자라고 주장했다. 결과적으로 루이 14세는 프랑스를 위해 거의 혹은 완전히 아무것도 기여하지 못했지만, 국가를 중앙집권화한 것은 여전히 사실이다. 표트르 1세는 낙후된 농업경제체제에서 군사적인 자원을 이끌어 내기 위해 잔혹하게 급진적인 개혁을 강제함으로써 제국을 확장했다. 이들 중 청의 황제들이 유목민 전사들을 격퇴하는 데 가장 큰 성공을 거두었다. 17세기에 출판된 프랑스어로 된 강희제의 전기는 강희제가 루이 14세보다 낫다고 평가했다. 부유하고 인구가 많은 중국은 제국의 목표를 위한 재원을 조달할 수 있었다. 강희제가 초원을 지배할 수 있었던 것은 부분적으로는 스스로 (초원 민족에 가까운) 만주족으로서 결혼이나 동맹이나 강압을 통해 어떻게 중앙아시아인들을 조종해야 하는지 알기 때문이었다.

훗날 강희제가 되는 정력적인 젊은이는 처음에는 섭정들의 감시하에서 권좌에 올랐다.[68] 그의 첫 번째 임무는 보수적인 만주 씨족들의 제약에 대항해 자신의 개인적인 권위를 확립하는 것이었다. 군사 원정에 대한 그들의 조심스러운 태도와 (한족) 중국의 가르침에 대한 속 좁은 적대감을 모두 거부함으로써, 강희제는 더 넓은 시야의 지적·군사적 능력을 적극적으로 받아들였다. 중국 본토 점령을 마치고 명의 마지막 황제를 남쪽 국경 너머에서 죽음으로 몰아넣은 후, 강희제는 더 나아가 대만을 점령한 중국의 상인-해적 정권[14]을 공격했다. 대만 정권에 물자가 공급되는 것을 막기 위해 가차 없이 해안 소개령疏開令을 내려 경쟁자를 고사시키고 1683년에 대만을 점령했다. 대만 점령으로 인해 그는 예전에 알려지지 않은 새로운 섬을 판도 안에 넣었다.[69] 하지만 강희제는 만주족의 중국 점령을 도왔던 한족 장군들이 다스리던 서남의

14 정성공이 수립하고 그의 아들과 손자가 다스린 정씨 왕국을 가리킨다.

—— 강희제는 그가 수행한 수많은 역할에 맞추어 다양한 가면을 쓰고 자기를 드러냈다. 그는 군사 정복자였으며, 광대한 중국 제국의 정통성 있는 통치자였고, 학자들의 후견인이었다. 이 초상화에서 그는 평범한 옷을 입고 책에 둘러싸여 있는 단출한 학자로 등장한다. 다른 그림들을 보면 그는 말 위에 올라 군대를 전투로 이끌거나 대단히 화려한 옷을 입고 호사스러운 왕좌에 앉아 군림하는 모습을 보인다. 후대의 청 황제들과는 달리 강희는 기수(騎手)이자 전사이며 사색에 빠진 조용한 지식인의 현존으로서 적극적인 삶을 살았다. 그는 이 두 가지 역할, 즉 만주족 정복자의 역할과 중국(한족) 문화의 적극적인 옹호자 역할을 편안하게 수행했다. (Wikimedia Commons)

광대하고 독립적인 땅으로 군대를 움직일 때 그의 진정한 장점을 발휘했다. 이 '봉국'들은 준독립적인 국가로서, 전제군주(강희제)에 대항하는 강력한 세력 기반을 형성하고 있었다. 강희제는 그들이 반란을 일으키도록 유도한 후 1673년에서 1681년 사이에 가차 없는 장기 군사 원정을 통해 그들을 격퇴했다. 그러나 언제나 그랬듯이 가장 강력한 도전은 서북의 몽골인들에게서 왔다. 역동적인 몽골 군주 갈단噶爾丹은 신강(신장)과 서몽골에 중심을 둔 강력한 국가를 건설하고자 불교를 공부하며 유학 중이던 티베트를 나섰다.[70] 이 국가를 통치한 준가르(중가르),[15] 즉 서몽골은 동몽골과 티베트에 상당한 영향력을 행사했다. 동몽골의 칸 지위 계승 분쟁으로 인해 서몽골 군대가 개입하자 강희제는 (서몽골의) 반대 세력으로서 개입했다. 그는 네 차례에 걸쳐 갈단을 치는 원정을 친히 이끌어, 엄청난 수의 군대를 몽골 땅 깊숙이 있는 극단적으로 험한 지역으로 이끌었다. 결국 그는 1696년의 중요한 전투에서 준가르(서몽골)를 격퇴했다. 갈단은 그 이듬해에 죽었지만, 준가르 국가는 존속했다. 1720년에 강희제는 차기 판첸 라마 직위의 승계를 결정하기 위해 티베트로 군대를 보냈는데, 이것은 준가르와 티베트의 연계를 약화시키려는 시도의 일환이었다.

강희제의 후계자 옹정제雍正帝(재위 1722~1735)는 영예로운 군사 원정보다 재정적인 긴축(안정)을 더 강조했다. 그는 가장 적은 비용으로 국경을 안정시키려는 노력의 일환으로 머나먼 주둔지를 지키는 많은 인력을 소환했다. 한동안 청과 몽골의 관계는 평화로웠지만, 옹정제는 청해(코코노르)[16]를 침략하고 중요한 사원 건물 수천 개를 완전히 파괴함으로써 티베트와 몽골의 관계를 끊을 기회를 잡았다. 그는 머나먼 서몽골 땅으로, 자신이 보기에 허약한 몽골 군대와 싸우도록 군대를 보냈다. 하지만 그가 보낸 불행한 장군은 적의 매복으로 걸어 들어갔고, 청의 군대는 가장 당혹스러운 패배 중 하나를 겪었다. 절망에 빠진 황제는 하늘이 자신을 버렸다고 생각했다. 옹정제 통치 말년

15 서몽골뿐 아니라 17세기와 18세기 사이에 북서몽골과 천산북로까지 세력을 떨친 오이라트 부족국가다.

16 코코노르는 몽골어로 '푸른(코코) 호수(노르)'라는 뜻이다. 오늘날 '칭하이성'이라는 지명에서 알 수 있듯이 호수의 이름은 의미가 확장되어 그 지역 일대 전체를 가리키게 되었다.

에 준가르는 전성기에 이른 듯했으니, 중앙유라시아 통치를 두고 청과 경쟁하는 심각한 장기적 경쟁자가 되었다.

건륭제乾隆帝(재위 1735~1796)는 20년 동안 준가르와 휴전을 유지하면서, 한편으로 준가르의 경제적인 기반을 잠식하려고 시도했다. 그는 몽골에서 티베트로 가는 교역 사절을 제한했는데, 이 사절은 청의 영토를 통과해야 했다. 준가르 계승 분쟁에서 경쟁하던 한쪽이 청의 지원을 요청하자 건륭제는 개입할 기회를 포착했다. 청군은 자기들의 동맹자를 칸의 지위에 올렸지만, 얼마 안 있어 이번에는 그의 독자적 권위를 약화시켰다. 그가 대항하자 청은 그와 추종자들을 진압했다. 군사적인 패배의 와중에 일어난 학살은 실질적으로 국가의 몰락과 함께 민족으로서 준가르를 끝장내 버렸다. 그들은 망각 속으로 사라졌고, 질병과 부상으로 죽거나, 항복해 종이나 노예가 되어 청의 팔기 주둔군들에게 분배되었다.

청의 확장 마지막 단계는 신강의 완전 정복으로 절정에 달했는데, 이 땅은 사막과 오아시스, 초지, 대상로가 있는 거대한 지역이었다. 이 땅은 준가르 국가의 경제적인 기반이었고, 남쪽으로 티베트 종교 국가와 연결되고 서쪽으로 중앙아시아의 오아시스들과 연결된다. 일단 준가르 국가가 몰락하자 청군은 이 지역을 통치하는 데 별로 어려움을 겪지 않았지만, 청나라 군 지휘관들의 직권 남용에 분노한 오아시스의 튀르크계 주민들의 저항 봉기가 있었다. 청은 상당한 수의 한족 농민들이 신강 북부(북강北疆)로 이주하도록 독려했는데, 중국 내지의 인구 압력을 완화하는 동시에 '새 변경 땅', 이른바 신강을 중심에 더 가까이 연결시키기 위해서였다. 이 한족 이주민들은 현지의 무슬림 주민들에게 더 큰 적개심을 고취시켰고, 이 적개심은 100년 이상 표면 아래에서 은근히 심화되었다.[71]

1760년까지 청의 가장 역동적인 세 황제는 엄청난 성취를 이루었다. 그들은 제국의 영토를 거의 세 배로 확장해서 1200만 제곱킬로미터에 달하게 했고, 오랫동안 지속되어 온, 한족에 중심을 둔 왕조들의 경쟁자, 즉 중앙유라시아의 목축 유목민들을 완전히 복속시켰으며, 새 언어와 종교와 생활 방식을 가진 새로운 민족들을 자신의 통치 영역에 포함했다. 명보다 청의 통치 엘리트들은 그 구성이나 문화적 관점 면에서 훨씬 다양했다. 청은 번역, 지도 제작, 그리고 왕조에 새로 들어온 새 민족들에 대한 민족지 조사 등의 방대한 사업들을 후원했는데, 이 사업은 18세기 말의 거대한 백과사전식 학술 사업으로 정점에 이르렀다. 그러나 18세기 중엽이 되자 그들이 촉진한 수많은 제도적 개혁과 함께 제국 팽창의 근본 동력은 멈추었다. 이런 의미에서 18세기 중반은 청의 역동성의 정점이었다.

청 시기의 제도 변화

팽창주의 시기에 청의 통치는 상당한 제도적 혁신을 만들어 냈다. 원나라 통치의 주요한 수많은 특징을 거부했던 명과 달리, 청은 명의 제도를 수정을 거쳐 대부분 계승했다. 그들은 똑같은 성급 행정 구조를 유지했고 거기에 총독總督이라는 새 직위를 보탰는데, 총독은 대개 두 개의 성을 관할했다. 이 관직은 대개 만주인이 차지했으며, 거대 지역 수준에서 군정 및 민정을 조율했다. 청의 거대 지역들은 총독의 통치 지역과 거의 같다. 그 밖의 (명의) 민정 관료 체제는 손대지 않았는데, 과거제도나 신유학의 정통에 집중하는 교육 체제 등은 그대로 유지했다. 만주족이 지방 엘리트들과 협상한 내용의 일부는, 새 만주족 통치자들은 지방 엘리트들의 지위를 위협하지 않고 보장할 것이라는 것, 만주족은 고전적 유교의 가치를 지지한다는 것 등이었다. 외조, 즉 좁은 통치 집단의 범위를 벗어난 관료 체제는 명 통치기와 대단히 유사했다. 그러나 내조의 통치 집단은 이와는 매우 다른 만주족 사회의 원칙들로 운영되었으니, 통치자와 그의 신하들 사이의 개인적인 관계를 강조했다. 가노家奴,[17] 즉 만주족 귀인들의 개인 노예는 조정과 긴밀한 관계를 가진 대단히 강력한 조언자나 관리가 될 수 있었다. 예컨대 청대의 유명한 소설가인 조설근曹雪芹(1724?~1763?)[18] 같은 이들이 속한 일부 두드러진 한족 가문들은 종복이 됨으

17 포의包衣로 불리는, 만주족의 종복을 가리킨다. 포의는 일반적으로 생각하는 하인이 아니었는데, 그중 몇몇은 만주족의 대리인 역할을 할 정도로 권력이 상당했다.

18 이름은 점霑이고 자는 몽완夢阮, 근포芹圃이며, 설근은 호다. 그의 집안은 증조모가 강희제의 유모였던 인연으로 한때 번창했는데, 조설근의 대에 이르러서는 이미 몰락한 뒤였다.

로써 대단한 이익을 얻었다.[72] 이러한 개인적인 충성 관계로 인해 만주족은 하찮은 일을 하는 시종 이외에는 환관이 필요치 않았고, 환관의 수와 지위는 급격히 하락했다.

관료제 최상급에서 가장 중요한 제도적 변화는 군기처軍機處의 설립으로, 이 기구는 특히 군사 원정을 관리하기 위한 것이다. 이 자그마한 조절 기구는 중앙유라시아 원정 기간에 강희제에게 개인적으로 자문하던 단체에서 시작되었다. 옹정제 치하에서 군기처는 확대되어 정식 관료 기구가 되었고, 정보를 보고하고 기록하기 위해 세심하게 만들어진 절차를 갖추었다.[73] 군기처는 성의 관리들이 정규 관료제의 통상적인 업무 절차를 건너뛰고 황제에게 직접 보내는 비밀 상주문(주접奏摺)에 의지했다. 황제는 몸소 상주문을 읽고 자기의 의견을 그 위에 적은 후 발신자에게 돌려보냈고, 동시에 문서고에 보관될 복사본을 만들었다. 그 주제의 범위는 관리의 건강과 생일 인사나 특별한 음식에서 시작해 날씨와 기근, 군사 정책, 세금 문제 및 사회질서에 대한 보고, 사회질서상의 당면 문제에까지 이르렀다. 주로 만주족으로 이루어진 소수의 군기대신이 예전처럼 관료제의 손잡이를 돌리는 것을 기다릴 필요 없이 만나서 중요한 정책상의 문제들에 관해 신속하게 결정을 내릴 수 있었다. 군기처의 비밀 상주문 체제는 분파적 충성의 충격을 줄일 수 있었다. 옹정제는 분파에 충성하는 것을 반역죄라고 비난하며, 황제의 전제적 의사 결정권을 강화했다. 이 체제에 의해 남겨진 문헌들 덕분에 청을 연구하는 역사학자들은 중국사의 그 어떤 시절보다 관료제의 내부 작동 방식들을 가장 자세히 들여다볼 수단을 얻었다.

청의 관리들은 명 말에 시작된 세제 개혁을 이어 갔지만, 명 말에 부과된 부가세는 폐지했다. 그들은 낮은 세율과 단순한 세제를 원했다. 그래서 지세와 인두세를 합치고 모든 세금은 은으로 납부하고, 1년에 두 번 납세자 자신이 낼 수 있게 했다. 강희제 또한 최초에 세율이 정해지면 다시는 세율을 올리지 않겠다고 약속했다. 이론적으로 농민들은 잉여를 챙길 수 있었기에, 농업 생산량을 늘리려는 강력한 동기가 있었다. 새 토지조사에서는 (농민이) 새로 개간한 토지를 밝혀내지 않을 것이며 개간지에 세금을 부과하지 않을 것이었다. 사실 지방관들은 단순히 행정조직을 운영하기 위해 비공식적인 추가세를 부과할 수밖에 없었고, 그래서 실제 부과금은 공식적인 액수의 두 배 혹은 그 이상일 수 있었다. 옹정제는 관리들에게 커다란 보너스, 이른바 '양렴은養廉銀'[19]을 주고, 지방의 행정 비용을 안정화하기 위해 은-구리 전용 부담금을 물려 이 문제를 보정하려고 했다.[74] 잠시 동안 해법은 효과적이었지만, 지방정부의 재정 부족과 비공식적인 징수에 대한 비효율적 규제라는 저변에 놓인 구조적 취약성은 그대로 남았다. 징수 체제는 부패한 관리들의 유용에 취약했는데, 그들은 추가 징수분을 숨기거나 공금을 가계의 용도로 유용할 수 있었다. 주기적인 집중 단속으로 가장 엄중한 범죄자들이 드러났지만, 많은 이가 피해 갔다.

가격 안정화 및 기근 구제를 위한 상평창[20] 제도의 확대는 청이 전성기에 이룬 중요한 업적이다.[75] 여타 국가들도 방대한 곡창을 운영했지만, 청만이 제국 수준에서 더 긴 기간을 이 창고들이 기능하도록 만들었다. 18세기 초에는 정부의 구매분으로 한 현에 최소한 한 개씩 있는 창고에 현지 가격에 영향을 미치기에 충분한 분량을 비축했다. 이후 창고 담당 관리는 가격이 앙등하는 봄에 곡물을 팔고 가을걷이 시기에 보충할 수 있었기에, 이 시스템이 스스로 자금을 조달하게 하는 동시에 가격을 안정시켰다. 주요한 지역의 기근 시기에 창고는 엄청난 양의 곡물을 기근을 맞은 지역으로 (직접) 운반하거나 상인들과 계약해 운반하게 할 수 있었다. 곡물 비축량은 18세기에 250만 세제곱톤에서 400만 세제곱톤으로 늘어났고, 이는 곡물 부족을 구제하는 데 긍정적 효과를 냈다. 1744년에 극심한 가뭄이 북경과 천진 주위에서 발생하자 국가의 창고와 대운하는 160만 명의 기근 피해자를 구하기 위해 12만 톤을 운송했다.[76] 실용적인 관리들이 기근 구제와 가격 안정에 대해 지속적으로 논의했다는 사실은 관리들이 시장의 조건을 예의 주시하며 사적 시장을 보완하기

——— 19 청렴한 마음을 북돋는 은이라는 뜻이다. 관리들이 뇌물을 탐하거나 백성을 착취하지 않도록 유도하고자 지급한 일종의 특별수당이다.

——— 20 물가가 내릴 때 생활필수품을 사들였다가 값이 오를 때 시장에 내놓아 물가를 조절하던 기관으로, 우리나라에도 같은 역할을 하는 같은 이름의 기관이 있었다.

위해 정부의 비축분을 활용했음을 보여 준다.[77] 창고들이 너무 커지고 통제하기 어려워져 엄격한 창고 관리가 점점 약화된 18세기 말에 이르러서야 상평창 체제가 내리막길을 걷기 시작했다. 전성기에 인구가 크게 늘어난 것은 부분적으로는 상평창과 기근 구제 체제의 효율성 때문이었다.

또한 청은 명보다 훨씬 널리 외부 세계와 관계를 맺고 대외 교역과 외교 관계를 다루기 위한 새로운 제도들을 발전시켰다. 이번원理藩院, 즉 번방의 일을 관리하는 관청은 1638년에 만들어져 중앙유라시아에 대한 청 통치자들의 특별한 관심을 증명했다. 이번원의 역할은 주로 서북과의 외교 및 경제적 관계를 다루는 것이었던 반면, 명의 제도를 물려받은 예부禮部는 모든 조공 관계를 다루었다. 정복 전쟁 시기와 그 이후에 이번원의 지위와 권력이 부상했는데, 중앙유라시아와의 관계가 국가의 핵심적인 전략 초점이 되었기 때문이다.[78] 이번원은 청과 동맹을 맺은 수많은 몽골 부족으로부터 사절을 받았는데, 나중에는 그 대상이 러시아, 튀르크계 민족 및 카자흐 민족으로 확대되었다. 이 기구가 창설되었다는 것은 청이 중앙유라시아의 정권으로서 특별한 지리적 자의식을 가졌음을 보여 주며, 모든 외국 민족을 동등하게 고전적인 선례에 종속되는 존재로 대하지 않았음을 보여 준다. 서북 변경에서 관리들은 종종 비상한 유연성을 발휘해, 상호 이익이 되는 협의를 이루어 내기 위해 외국인들(주로 몽골인)이 외교 의례 규칙을 어기는 것을 허용했다.

대외 관계와 교역

러시아인들과 관계를 맺는 데는 특히 엄청난 유연성과 서로 이질적인 문화를 연결하는 다리가 필요했다.[79] 러시아인들은 모피를 찾아 시베리아를 가로질러 동쪽으로 움직이면서 '북쪽의 작은 민족들'과 접촉했는데, 그들은 러시아인들이 모피 공납을 요구해도 저항하지 않았다. 이어서 일련의 몽골 부족을 만난 후 결국 만주인들과 접촉하게 되었다. 러시아 차르는 타민족에 대한 전제적인 권력을 주장했고, 그들에게 무조건적인 항복 맹세를 하든지 아니면 카자크의 공격을 받을지 선택하라고 강요했다. 그러나 그들은 몽골이 복속시키기에 너무 강하다는 것을 깨닫고 외교적인 기술을 개발해야 했고, 그리하여 우랄산맥 서쪽의 타타르인들을 다룰 때의 경험을 끌어들였다. 시베리아를 가로질러 요새를 건설하면서 그들은 불가피하게 만주 정권의 영토 안으로 들어가 1651년에 알바진 요새를 세웠다. 만주인들은 그들대로 17세기 중반에 명의 세력들을 몰아내는 데 주로 관심을 쏟았지만, 관심을 중앙유라시아로 돌려 1685년에 알바진을 파괴했다. 러시아인들은 순식간에 이를 재건했고, 청군은 다시 이를 파괴했다. 상충하는 종교적 신념을 가진 두 전제 정권이 충돌할 무대가 마련되었으니, 쌍방은 모두 경쟁자를 용납하지 못하는 이들이었다. 그러나 쌍방은 타협해야 할 이유들이 있었다. 러시아인들은 북경에 모피를 팔고 싶었고, 청은 다가오는 준가르 몽골과의 싸움에서 러시아의 중립을 원했다. 1689년에 네르친스크에서 러시아인, 만주인, 몽골인, 예수회 선교사들이 평화조약을 만들어 내기 위해 양편으로 패를 나누어 만났다. 청 측의 예수회 선교사들은 러시아인들을 위해 복무하는 폴란드인 통역관 한 명과 라틴어로 이야기했는데, 이들이 핵심적인 중개인 역할을 했다. 비록 협상은 결렬될 위기에 반복해 처했지만, 쌍방은 결국 극단적인 요구에서 후퇴해 조약을 조인했는데, 이것이 중국이 유럽 세력과 동등한 조건에서 맺은 최초의 조약인 1689년의 네르친스크 조약이다. 그 후 1727년의 캬흐타 조약이 뒤따라, 두 제국 사이의 국경을 대부분 확정하고 통제하의 국경 교역을 확립했다. 러시아인들은 북경에서 기독교 포교단을 만들 수 있었고, 준가르의 지도자 갈단이 지원을 요청할 경우 거부한다는 약속을 지켰다.[80] 예수회 선교사들은 외교적인 공헌의 대가로 양 국가에서 모두 영향력을 얻었다.

남쪽의 경제를 재건하고 해적 피해를 줄이기 위해 명이 포르투갈인들에게 마카오의 자그마한 임차지를 제공했던 것과 마찬가지로, 청은 경제적·정치적 목표를 달성하고자 서북에서 통제하의 교역 시장을 열었다. 이 두 경험은 모두 상호 이익이 되는 것으로 밝혀졌으며, 18세기 후반에 영국인들이 교역을 위해 광동에 도착했을 때 따르게 되는 경로를 만들었다.

변경 교역을 다루면서 청은 민간 상인들과 도급계약을 맺는 방향으로 전환해 상당한 성공을 거두었다. 명과 달리 청은 변경의 군사 원정을 지원하고자 상인들에게 독점 거래 면허를 허용하지 않았고, 군대에 보급품을 대기 위해 단순히 상인들의 서비스를 구매했다. 정복이 끝난 후에도 상인들은 변경 관리들의 도움을 받으며 국경을 따라 이어진 시장에 계속 물자를 공급했다. 교활한 중앙유라시아 상인들이 규정으로 허용된 양을 초과하는 물건들을 변경으로 가져오자 분쟁이 일어났다. 관리들은 거래를 거부당한 양 떼와 소 떼가 초원에서 죽도록 내버려 두거나, 아니면 초과 물품을 민간 상인들에게 넘겨 처분하게 하는 양자 간의 달갑지 않은 선택에 직면했고, 그들은 종종 이 분쟁을 해결하고자 상인들에게 의존했으며, 규정을 전환해 현지인[21]들에게 물품을 공급했다. 이런 관료와 상인 간의 협조 양상은 18세기 말에 광동에서 그대로 반복된다.

경제적·환경적 변화

청의 유례없는 팽창의 가장 광범위한 효과는 농업과 상업 양 방면의 경제적 성장을 위해 청이 제시한 기회들이었다. 18세기에 인구는 1억 5000만 명에서 3억 명으로 최소한 두 배로 늘어났고, 청 치하에서 육상 영토의 총면적은 세 배로 늘어났다. 이런 새 땅이 모두 경작 가능한 것은 아니었지만, 진취적인 농부들은 가능한 모든 자원을 이용하고자 사방으로 퍼져 나갔다.[81] 그들은 정부의 보조금 지원을 받아 몽골과 신강 땅으로 들어가 초지를 농지로 바꾸었다. 중국 서남부와 대만에서 그들은 화전 경작자들을 몰아내고 비집약적 경작 방식을 계단식 논벼와 산에서 나는 작물로 바꾸었다. 중국 중앙부에서 수천의 작은 호수들이 사라졌고, 그때 호남(후난)의 동정호(둥팅호)와 강서(장시)의 파양호(포양호) 등 거대 호수도 표면적이 상당히 줄어들고 논이 늘어났다. 미적 아름다움으로 유명하고 수 세기 동안 풍경화가나 시인들의 찬사를 받았던 절강성(저장성)의 한 호수는 상업적인 이익을 얻고자 호수 바닥의 흙을 벽돌 제작용으로 퍼 가고 물고기를 고갈시키는 바람에 거의 사라졌다.[82] 광동에서는 농부들이 너무나 집약적으로 경작해 1년에 세 번씩 수확할 수 있었고, 호수의 물고기 양식과 뽕나무 재배 및 누에치기를 세심하게 조합했다.[83] 관리들은 종종 새로운 토지 개간과 자신들이 부양할 새 인구를 얻은 것에 의기양

21 좀 더 정확하게는 유목에 종사하지 않는 현지 주민을 가리킨다.

양해했는데, 귀주의 정복자 팽이술彭而述 같은 이는 다음과 같이 자랑했다.

> 우리는 산을 뚫고 나가 대로를 닦았네, 나팔 소리에 맞추어 북을 치며,
> 말 위에서 투구를 쓰고, 여정을 위해 건량乾糧을 싸고,
> 중요한 것은 우마차에 싣고, 작은 짐은 등에 지고,
> 매일매일, 우리 조정을 위해, 우리는 새 밭을 개간했네.[84]

하지만 선견지명이 있는 몇몇 관찰자는 과도한 개간과 벌채, 호수의 토사 누적, 수자원 보존 무시가 재앙적인 홍수를 불러올 수 있음을 경고했다. 예컨대 1744년에 호남 순무巡撫 양석불彭而述은 '사적인(다시 말해 불법인)' 수로 건설이 수계를 보존함으로써 얻는 공공의 이익을 대체했으므로 지속 가능한 생산을 위해 관리들이 개입해야 한다고 주장했다.[85] 그러나 일반적으로 청의 관리들은 산림이나 생물종이나 호수 그리고 멸망 위기에 처한 취약한 민족들을 보호하는 일보다 급격한 토지 개간을 촉진하는 일에 훨씬 효율을 발휘했다.

18세기 중반에 청은 환경 위기의 증대에 직면했을까? 일부 외국인 및 현지 관찰자들은 긴장의 증가와 가난 및 재난 증가의 징조를 언급했지만, 비교연구적 관점에서 당시 청은 서유럽의 인구 과밀 지역들보다 인구가 과잉이거나 자원의 부족을 겪지는 않았다.[86] 하지만 국가가 농업 기반을 얼마나 잘 유지하느냐에 많은 것이 달려 있었다. 상평창이 제대로 작동하고, 수로가 유지되고, 충분히 납득할 만큼 정직하고 통찰력 있는 관리들이 상관들의 밀접한 감독하에 공공의 복지에 헌신하는 한 백성들은 번영을 누렸다. 18세기 중반 이후에 시작된 것처럼, 일단 관료제의 효율성이 감소하자 중국은 더 빈번하고 혹독한 자연적·정치적 위기에 빠져들었다.

청대의 지적·문화적 생활

만주인들은 정치적·사회적 질서 회복을 약속함으로써 권력을 얻었고, 명에 대한 완고한 충성자들을 제외하면 대부분의 한족 엘리트들은 만주인의 프로젝트를 지지했다. 강희제는 일류 학자들을 청의 편으로 끌어들이기 위해

높은 학위를 수여하는 특별한 시험(박학홍사과博學鴻詞科)을 열었고, 유학의 가르침에 대한 주희의 정통 판본을 회복하는 일을 후원했다. 학자와 통치자들은 공히 명 말기의 자유사상가들을 배격하고 공개적인 정치적 논쟁을 외면했다. 그들은 분파주의, 즉 마음 맞는 이들끼리의 수평적 조직을 군주와 신하 간의 위계적 관계에 위협이 되는 것으로 간주했다. 그러나 만주인들은 많은 한족 학자가 겉으로는 복종하는 모습을 보여도 여전히 자기들을 야만인으로 취급한다는 것을 알고 있었다. 1728년, 증정曾靜이라는 한미한 선생이 잘나가는 장군 한 명에게 만주인들을 물리치고 진정한 한족의 왕조를 회복하자고 호소했다. 비록 음모는 증정의 상상 단계에서 그쳤지만, 옹정제는 격렬하게 반응해서, 증정을 집요하게 심문하고는 직접 나서서 만주족이 별개의 (미개한) 종족이라는 생각을 논파하는 길다란 반박문을 썼다.[87] 그렇지만 그는 증정을 사면했다. 하지만 건륭제는 권좌에 오른 후 증정을 사형에 처하고 아버지 옹정제의 논문을 모두 찾아내서 없애려고 했다. 건륭제는 옹정제보다 만주족의 분리주의를 더 지지했는데, 사냥이나 언어, 역사에 대한 지식 등 만주족의 관행들이 한족 문화의 바다에 빠져 사라질까 봐 두려워했기 때문이다. 나중에 건륭제는 두 개의 거대한 문학적 프로젝트를 후원했다. 하나는 수천 권의 고전 한문 문헌을 수집하고 최고의 학자들의 분석을 곁들여 평가하기 위한 것이었고, 다른 하나는 문헌 목록에서 만주족 또는 그들의 선조에 대한 폄하를 암시하는 내용이 있는 문헌들을 골라내 제거하기 위함이었다.[88] 건륭제는 만주족 통치에 내장된 (한족 문화에 대한) 찬양과 방어라는 두 가지 상충하는 경향을 전형적으로 보여 준다.

동시에 한족 학자들은 자신들의 전통을 재평가하며 기존의 정통에 대해 민감하게 도전하고 있었다. 명나라 사상에 대한 고염무의 비판에서 일어난 '고증학파'는 고전 문헌의 정확한 의미와 음을 복원하기 위해 정확하고 기술적이며 음운학적인 방법에 초점을 맞추었다.[89] 이러한 연구의 결과로 가장 존경받는 고대 문헌의 일부가 사실은 위조된 것이거나 더 후대의 것임이 밝혀졌다. 19세기에 일어난, 『성경』에 대한 비판이 기독교의 권위를 잠식한 것처럼, 고증학파의 이러한 발견들은 의문의 여지가 없는 것으로 여겨지던 전통을 암묵적으로 뒤흔들었다. 이 학자들은 자신들의 견해를 퍼뜨릴 정치적인 집단을 형성할 수 없었지만, 자신들의 가계 내에서 자기를 스스로 보호할 수는 있었다. 그들 중 많은 이가 장강 하류의 부유한 가계 출신으로서 높은 학위와 관직을 가지고 있었다. 그들의 후원자들은 정치적 풍파로부터 그들을 보호할 수 있었고 그들에게 일정한 수준의 지적인 자유를 제공할 수 있었다.

다른 이들은 국가에 협력하기로 하고, 실용적인 행정 방안들에 대해 논의를 집중했다. 진굉모陳宏謀(1696~1771)는 제국 전역을 돌며 수많은 관직을 역임한 이로서, 과거의 고전적·도덕적 명령(도덕률)을 만주족 정권하에서 이행하기 위해 최선을 다한 관리다.[90] 그는 토지 개간, 기근 구제, 소수민족을 위한 초급 학교 건설, 수자원 통제, 그리고 현지 주민에게 도움이 되는 자선과 재정 개혁 활동에 적극적으로 참여할 것을 고무했다. 또한 그는 여성들이 읽고 쓰게 하는 교육을 장려했는데, 가장 잘 교육받은 어머니들이 가장 잘 교육받은 아들을 만들어 내기 때문이다. 상인과 시장 원리의 긍정적 역할을 발견하고, 국가는 (상인들의) 이윤 동기를 억압하는 대신에 이를 유익한 사회적 목적으로 유도해야 한다고 주장했다. 일례로 상평창을 가격 조절 수단으로 이용해 필요한 곳으로 상인들이 곡물을 운반하게 해야 한다고 말했다.

실패한 학자 조설근이 1744년에서 1763년 사이에 쓴 ('홍루몽紅樓夢'이라는 제목으로 알려진) 『석두기石頭記』는 중국 백화 문화의 금자탑이다. 조설근은 만주족의 가노로서 남경에 있던 부유한 한족 가족 출신인 자신이 그곳에서 직접 겪은 경험을 기반으로 소설을 썼다. 그들은 남경의 커다란 장원에서 무려 100명이 넘는 종과 친척들과 함께 풍족하고 여유로운 삶을 살았다. 그러나 옹정제가 갑자기 그들의 재산을 몰수하자 조설근은 가난의 나락에 빠졌다. 그는 북경에서 불우하게 살면서 여유롭고 우아하게 쓴 120회로 된 소설 속에서 향수를 불러일으키는 자기 과거의 모습을 재구성했다. 조설근은 황실과 긴밀한 관련을 맺은 부유한 가문의 아들 가보옥賈寶玉의 성장과 그 가족 구성원들이 방종에서 몰락의 길로 가는 경로를 묘사했다. 진지한 설보차薛寶釵[22]와 격

22 '釵'를 '채'로 읽어('차'와 '채' 모두 장신구인 비녀를 뜻한다.) '설보채'로 읽기도 한다.

하고 매혹적인 임대옥林黛玉은 가보옥을 두고 경쟁하는 라이벌이고, 거친 여자 가장인 왕희봉王熙鳳 등 등장인물은 대부분 여성이다. 시적인 로맨스와 외설적인 유머와 문학적인 암시 등이 솔직한 대화와 섬세하게 상호작용해, 부유한 가문 안에서 복잡한 인간관계에 얽힌 조설근 자신의 경험으로 빚어진 더할 나위 없이 귀중한 생동적인 그림을 보여 준다. 소설은 비극으로 끝나서, 가족은 재산을 몰수당하고, 임대옥은 죽고, 가보옥은 속세를 떠나 사원으로 도피한다.

18세기 중반이 되면 황제와 그의 관료 및 수많은 보통 중국인(한족)들은 통치 체제를 상당한 자부심과 만족감을 가지고 바라보게 되었다. 만주인들은 질서를 회복했고, 농업 및 상업의 성장을 고취했으며, 제국의 영토를 대대적으로 넓혔다. 그들은 내외의 가장 큰 군사적인 위협을 제거했으며, 새로이 등장한 서방의 힘을 격퇴했다. 국고는 여유분이 있었고, 기근 구제 기구들은 가난을 구제했으며, 그 사이에 농부들은 자신들을 위한 새 땅을 개간하러 떠날 수 있었다. 국내시장은 수많은 상업적 생산품을 제공했지만, 대부분의 가족은 자신들을 위한 곡물과 의복을 얻기 위해 땅을 갈고 살아갔다. 엘리트 여성들은 글을 익히고 시 모임(시사詩社)에 참여할 수 있었던 반면, 보통 여성들은 직물을 생산해 번영하는 농업경제를 지원했다.[91]

하지만 사회적 변화에 대한 저변에 깔린 두려움 또한 존재해 이는 공식적인 담론이나 법률 변동에 반영되었다. 늘어나는 인구가 토지 소유에 압력을 주자, 시장 체제와 운송업에 의해 얻은 새로운 이동성은 부랑자의 수를 늘렸는데, 그들은 제한된 토지 공급 상황에서 벗어나 새로운 일거리를 찾아 떠돌았다. 남아 출산을 선호하는 가부장적 가족제와 여성의 부족은 인구학적 불균형을 초래해 가난한 젊은 남성들이 배우자를 찾을 기회를 앗아 갔다. 이러한 '벌거벗은 막대(광곤光棍)', 즉 독신 남성이나 '떠돌이 불량배들(유맹流氓)', 즉 거주지 없이 방랑하는 남성 불한당들은 안정된 촌락과 가정을 위협하는 가장 큰 요인으로 인식되었다. 성범죄에 대한 청의 법률은 강조점을 옮겨서 이런 불한당들에 의해 여성이 공격받는 것과 남성 동성애자의 강간으로부터 남성을 보호하는 것에 초점을 두었다. 상업적 매매춘은 불법으로 간주되었고,

____『수호전(水滸傳)』으로 알려진 이 (싸구려) 책은 부패한 지방관의 억압으로부터 일반 백성을 보호하는 도적 반란자들의 숭고한 공적을 이야기한다. 이 도적 무리는 전직 관리, 도둑, 범법자, 좌절한 지식인 등으로 구성되는데, 그들은 격렬한 폭동을 수단으로 삼아 당시의 불의에 맞서 싸운다. 이런 집단들의 이야기는 청조 치하에서 금지되었지만 여전히 인쇄본 형태로 유통되었고, 도시에서는 화보집 혹은 전문 이야기꾼의 재담 형태로도 유통되었다. 이 이야기들은 지배계급의 부도덕한 월권을 줄이기 위한 중국 백성들의 집단행동에 대한 욕구를 표현했다. (Wikimedia Commons)

포상과 법조문을 통해 과부 여성의 정조를 대대적으로 강조했다.[92] 1768년에 건륭제는 백성들에게 강요한 변발을 반反만주 사상을 받아들인 떠돌이들이 자르고 있으며, 주술사들이 왕조가 곧 기울 것이라는 이야기를 퍼뜨리고 다닌다는 이야기를 듣고 크게 놀랐다. 이러한 포착하기 어려운 반란자들에 대항한 건륭제의 마녀사냥은 아무 소득을 얻지 못했지만, 이는 가장자리로 몰린 유동적이고 더 자유로우며 이질적인 구성원들에 직면한 청나라 통치의 불안정성에 대한 불안감을 드러냈다.[93] 18세기 말과 19세기 초가 되면 이렇게 가라앉아 있던 긴장은 환경적인 압박과 관료의 부패 및 문화적 갈등으로 인해 유발된 일련의 재난적인 반란의 형태로 분출한다. 그러나 18세기 중반에는 단지 다가올 위기에 대한 가벼운 예감만 보였다.

2 러시아

몽골 제국이 붕괴한 후 중앙 및 북부 유라시아는 여러 칸국으로 나뉘었다. 티무르(제국)의 짧은 흥기와 몰락은 더 큰 격변을 불러왔고, 15세기 중반까지 다시 주도적인 통치자가 나타나지 않았으며, 그 사이에 몽골 칸의 후계자들은 서서히 영향력을 잃어 갔다. 그러나 1450년 무렵부터 모스크바의 대공大公이 느리지만 안정적으로 영토와 군사력을 늘려 북유라시아 전체를 망라하고 서쪽으로 유럽 열강과 경합하는 거대한 국가를 만들었다. 1750년에 러시아 국가의 면적은 정점의 약 4분의 3에 도달했다. 1820년에 정점에 이른 러시아 국가는 1800만 제곱킬로미터 면적에 인구 4200만 명을 보유했다. 러시아는 서쪽의 우크라이나와 폴란드에서 동쪽으로 시베리아를 가로질러 만주와 국경을 접하는 광대한 면적과 다양성을 갖춘 제국이 되었다.[94]

러시아 땅 대부분은 북유라시아의 삼림지대에 놓여 있다. 이른 시기부터 농업 이주민들이 빽빽한 삼림을 베면서 앞으로 나아가 방대하지만 인구밀도가 낮은 문화 지역을 만들어 냈다. 그러나 러시아인의 거주지는 초원 경계에 근접해 있었기에 그들은 초원의 유목민들과 교역, 외교적 거래, 전쟁 들을 통해 상호작용했다. 강의 연결 지점이나 삼림 교역로에서 도시 거주지들이 생겨나, 통치자들은 키예프(키이우)와 노브고로드, 스몰렌스크, 트베리 및 여타 도

—— 러시아, 1533~1796.

시에 국가를 세웠다. 러시아인 통치자들은 사방으로 북쪽의 발트해, 서쪽으로 폴란드-리투아니아, 남쪽으로 비잔티움 제국, 동쪽으로 초원의 목축민들과 마주 보았다. 러시아 국가들을 보호할 자연적인 장벽은 없었으므로 그들은 끊임없이 사방의 위협에 직면했다. 러시아 국가 건설자들이 끊임없이 부(재물)와 전쟁에 주안점을 둔 것은 그들이 북유라시아 평지에 있었기 때문에 (공격에) 취약한 탓이었다. 이는 또한 그들이 경쟁자들을 상대로 영토 지배를 관철하기로 결정한 결과 생긴 것이다.

바랑인, 즉 바이킹 전사들이 통치하던 키예프 국가[23]는 강의 수로를 따라 농업 및 도시 거주지를 남쪽의 비잔티움 제국과 북쪽의 발트해로 연결시켰다. 1240년에 몽골이 키예프 국가를 파괴하고 도시를 완전히 파괴했다. 노브고로드나 스몰렌스크 등 다른 러시아 국가들 또한 몽골의 지배 아래로 들어갔다. 그들은 킵차크 칸국, 즉 나중에 금장 칸국으로 불리며 카스피해 가까이에 있는 볼가강변의 사라이에 도읍을 둔 칸국에 공물을 바칠 의무를 졌다. 아스트라한, 카잔, 시비리, 크림 등 여타 칸국 또한 사라이의 킵차크 칸국에 공물을 바쳤다. 여타 러시아인 국가와 마찬가지로 모스크바 역시 당시 초원의 정치에 적극적으로 참여했다. 모스크바의 통치자들은 중앙유라시아에 남아 있는 몽골 및 타타르 세력들과 노련한 협상을 통해 광대한 영토를 만들었다.

러시아와 킵차크 칸국('금장 칸국')

비록 1240년에 몽골이 키예프를 파괴했지만 러시아인의 땅 전체로 보면, 그곳은 인구가 희박했기 때문에 몽골 점령으로 단지 산발적으로 피해를 입었을 뿐이다. 광대한 초원과 삼림을 통치하는 통치자들은 모두 칸에게 강제로 복속되었다. 칸의 눈에 러시아 자체는 멀고 가난한 변방으로서 세금과 노예를 제공하는 한에서만 가치가 있었다.

칸국에는 몽골인이 단지 4000명만 살았고 대부분은 튀르크계였다. 튀르

23 키예프에 중심을 둔 러시아인(슬라브인) 국가인 이른바 키예프 공국을 가리킨다. 저자는 특정 도시에 중심을 둔 러시아인의 정치체를 국가라는 통칭으로 부를 뿐, 해당 국가를 통치자의 지위에 따라 공국과 왕국 등으로 칭하지는 않는다.

크어가 곧 주도적인 공식 언어가 되었고 칸들은 이슬람으로 개종했다. 러시아인들은 그들을 경멸하는 말로 '타타르'라 불렀다. 그런데도 타타르인들은 기독교를 받아들였고, 러시아 정교의 총대주교가 공납을 바치는 한 그가 자신의 교회를 다스리는 것을 허락했다. 1300년에 총대주교는 러시아의 정신적 삶의 중심지를 모스크바로 옮겼다. 모스크바의 통치자들처럼 그는 사라이의 칸에게 복종함으로써 자신의 권위를 확보했다. 원나라 시절 중국과 마찬가지로 통치자들은 통치 면허를 얻기 위해 칸 앞에서 머리를 땅에 부딪히며 고두叩頭의 의례를 행했고, 칸이 여타 통치자들을 억압하는 것을 도왔으며, 충성스럽게 공납을 바쳤다. 타타르 공주와 결혼한 이반 1세Ivan I('돈주머니(칼리타Kalita)'라는 별명으로 불렸다.)는 1328년에 첫 번째 대공 칭호를 썼다.

고전적인 비단길(실크로드)의 가운데에 위치한 사라이는 러시아와 중동, 지중해 사이의 상업을 통해 번성했다. 이탈리아 상인들은 칸과 거래하는 특권을 놓고 다투다가, 제노바인들이 사라이와 크림에서 우위를 차지하고 경쟁자인 베네치아인들을 몰아냈다. 또한 사라이는 이집트로부터 문화와 기술을 빌려 왔다. 칸들은 심지어 광범위한 도자기 공장들을 위한 수력을 얻기 위해 댐을 만들기도 했다.

1350년 무렵까지 러시아와 칸국은 이런 남쪽의 부유한 나라들과 접촉하면서 번성했다. 그러나 내전이 사라이의 상업을 교란한 후 러시아 통치자들은 떨어져 나가기 시작했다. 1371년에 러시아의 통치자가 처음으로 사라이에 공물을 바치기를 거부했고, 1380년에는 돈강가의 쿨리코보에서 드미트리 돈스코이Dimitri Donskoi가 모스크바 군대를 이끌고 처음으로 몽골에 크게 승리했다. 그러나 그 효과는 크지 않았다. 칸국은 동쪽의 유목민들이 그들에게 새로운 에너지를 불어넣을 때까지 분열하는 것처럼 보였다. 티무르의 지원을 받은 토크타미시Tokhtamysh가 칸국을 차지하고 1382년에 모스크바를 약탈했으며, 모스크바가 공납을 재개하도록 만들었다. 15세기 말까지 러시아의 통치자들은 몽골 칸들에게 철저히 종속적인 위치에 놓여 있었다.

모스크바 차르들의 영토 확장

장기간에 걸친 몽골 제국의 해체와 뒤이은 티무르의 대파괴는 중앙유라시아에 힘의 공백을 만들어 냈다. 14세기 후반에 흑사병이 킵차크 칸국의 주요 도시들을 강타했고, 한편 티무르의 공격은 칸국의 교역에 최후의 일격을 가했다. 격동과 분열은 새로운 기회를 제공했다. 킵차크 칸국의 지역 통치자들이 사라이에 있는 칸에게서 독립했다. 크림은 1430년에, 카잔은 1436년에, 아스트라한은 1466년에 독립했다. 1480년에 처음으로 공식적으로 사라이의 칸에게 조공을 바치는 것을 거부했던 모스크바는 처음에는 이 수많은 지방 권력 중 하나에 불과했지만, 1500년 무렵에 그 대공들은 서부 유라시아를 장악하게 되었다. 대공들은 칸들과 기꺼이 협력하면서 구매와 상속, 식민, 외교, 정복을 통해 점차 자기 소유(땅)를 늘려 갔다.

비록 많은 러시아 학자가 모스크바의 흥기를 '러시아인의 땅을 모아' 하나의 균질적인 슬라브 문화를 만들어 '타타르의 굴레'를 벗어던진 것으로 묘사하지만, 실상은 확연히 달랐다. 모스크바 국가는 몽골과 타타르 간 정치 관계의 밖에 있었던 것이 아니라 노련한 행위자였다. 수도 모스크바는 네 개의 강, 즉 오카, 볼가, 돈, 드네프르의 상류를 통제했으며, 북쪽에서 온 모피가 이곳에서 주요 수로를 만나 남쪽의 부유한 비잔티움 제국과 오스만 제국으로 흘러들어 갔다. 모스크바는 볼가강 하류의 카잔과 강력한 상업적·외교적 관계를 맺었으며, 나중에는 흑해 연안의 크림 칸국과 관계를 맺었다. 러시아의 통치자들은 자주 사라이로 여행했으며, 몽골의 많은 제도를 받아들였고 그들을 잘 알았다.[95] 그들은 몽골의 효과적인 역참 제도를 시행하고, 몽골식의 징세관을 썼으며, 비슷한 씨족 통치를 행했다. 그들은 기병대, 타타르식 활, 투구, 안장, 전술을 활용하는 것을 비롯해 초원으로부터 전쟁 기술을 차용했다. 일부 역사가는 몽골이 러시아에 '동양적 전제 체제'를 가져와 평등주의적인 키예프 연맹체를 대체했다고 비난한다. 그러나 사실 모스크바 국가는 이웃한 경쟁 국가들보다 더 전제적이지 않았다. 러시아인들이 몽골로부터 배운 것은 전제 체제가 아니라 방대하고 빈궁한 지역을 다스리기 위해 가족 관계를 활용하는 법이었다.

유라시아의 여타 통치자들도 영토 확장이나 부의 증가, 그리고 더 합리적으로 통합된 행정 체제 등의 비슷한 목표를 가지고 있었다. 모스크바 국가는 꽤 가난하고 멀리 떨어진 변방의 나라였지만, 그 경쟁자들보다 초원의 정치를 더 잘 행했다. 타타르의 칸들은 (모스크바의) 통치자들에게 대공의 작위를 주었고 적에게서 그들을 보호했다. 14세기 중반까지 통치자들은 수동적인 의존자로서 행동했지만, 그들은 계속 영토를 확장해서 1462년이 되면 작은 공국에서 40만 제곱킬로미터의 영토를 가진 중요한 국가로 자라났다. 그들은 여전히 노브고로드, 트베리, 스몰렌스크 등 크기나 부에서 자신들과 필적하거나 오히려 능가하는 국가들과 마주하고 있었고, 폴란드-리투아니아라는 거대 국가는 서쪽에서 그들 전체를 압박해 왔다.[96]

모스크바의 대공 이반 3세Ivan III(이반 대제, 재위 1462~1505)는 끊임없는 군사적·상업적 경쟁에 끼어듦으로써 자신의 왕국을 건설했다. 앞선 세기에 그의 선임자들은 공국을 엄청나게 확장했지만, 이반 3세는 러시아인들의 땅 전체를 방해받지 않고 지배하는 것을 목표로 했다. 모스크바 국가의 크기는 이반 3세의 통치기에 세 배로 커졌다. 이반 3세의 첫 번째 목표는 노브고로드의 힘을 꺾는 것이었는데, 그곳에서는 발트해의 독일인들과 스칸디나비아인들이 모피 교역을 장악하고 있었다. 노브고로드는 상업적으로는 강했지만 군사적으로는 약했고, 베체veche(의회)[24]라는 주도적 특권 귀족(보야르boyar)과 상인들의 의회가 있었다. 이 도시는 14세기에 영향력의 정점에 이르렀지만, 이반 3세가 도시를 포위하자 싸우지 않고 항복했다. 이반 3세는 베체를 없애고 도시의 종[25]을 옮겼으며, 수많은 지도자를 죽이고 주도적 특권 귀족들을 모스크바로 강제로 이주하게 했으며 주민 다수를 극북極北으로 추방했다. 모스크바가 또 하나의 중요한 경쟁자인 트베리를 멸망시키자 공국으로서 심각하게 모스크바를 위협하는 세력은 더는 없었다. 이반 3세는 군주(고수다리)라는 칭호를 썼으며, 자기를 모스크바와 모든 러시아 국가의 대공으로 불렀다.

24 당시에 노브고로드 공화국을 이끌던 만장일치제 의회를 가리킨다.

25 베체의 소집을 알리는 종이었으므로, 이 종을 옮긴 것은 상징적인 정치 행위였다.

—— 모스크바의 자족적 요새 크렘린은 팽창하는 모스크바 정치체(국가)의 정치적·정신적 중심이었다. 차르 이반 3세는 이탈리아 건축가들에게 의뢰해 요새의 성벽 및 망루와 성당을 르네상스 스타일로 만들되, 그 건설 과정은 러시아의 전통을 고수하게 했다. 러시아 정교의 중심지인 성모 영면 대성당에서는 러시아 정교의 모든 총대주교의 대관식과 장례식을 거행했다. 차르 표트르 대제 치하에서 발트해 연안의 상트페테르부르크에 새 수도를 세우면서 모스크바의 중요성은 떨어지지만, 예카테리나 2세(대제)는 일련의 새 교회와 궁전을 지으면서 다시 한번 모스크바의 역할을 강화했다. (Wikimedia Commons, © C.caramba2010)

또한 이반 3세는 적극적으로 부유한 중동과의 관계를 추구했다. 비잔티움의 소피아 팔레올로기나Sophia Palaiologina가 이반 3세와 결혼함으로써 그리스 건축과 이탈리아 건축의 영향이 전해졌다. 숙련된 건축가들은 모스크바의 크렘린을 투박한 목조 요새에서 이탈리아 르네상스 건축의 놀라운 실례로 변모시켰다. 두꺼운 벽돌로 된 벽, 성모 영면 대성당과 수태고지受胎告知 대성당, 다면궁多面宮, 종루는 크렘린 건물 복합체의 화려한 핵심을 이룬다.

1500년 무렵, 모스크바의 인구는 10만 명 정도였다. 당시에 모스크바는 여전히 요새 도시로서 그 성벽은 새로 도입된 화약 포격을 방어할 필요성을 보여 주지만, 통치자의 커지는 권력은 도시경제를 번성하게 했다. 반복되던 전염병이 15세기 중반에 끝나자 모스크바 국가의 인구가 늘어나기 시작해 16세기 중반에는 약 650만 명에 이르렀다. 북유라시아는 온화한 기온 상승 단계로 들어갔고, 새로이 도입된 더욱 집약적인 농업기술은 농업 잉여를 늘렸다. 상업 또한 국가의 주도하에 확장되었다. 통치자들은 지대와 세금을 현금으로 내도록 해서, 농부들에게 농산품을 시장에 거래하도록 강제했다. 또한 모스크바는 모피와 임산물을 중부 유럽으로 수출함으로써 은괴를 축적했다. 동시에 국가는 만족을 모르는 군사적 수요를 충족하기 위해 농민들에게서 더 많은 세금을 뽑아내고, 이익을 더 늘리기 위해 알코올과 소금을 독점했다.

이반 3세는 크림의 칸 메잉리 1세 기라이Meñli I Giray와 결정적인 동맹을 맺었는데, 기라이는 금장 칸국과 비잔티움 제국 및 오스만 제국 사이의 흑해 연안에 자리한 덕분에 번창했다. 1430년에 메잉리 1세 기라이는 금장 칸국으로부터 독립해 1475년에 오스만 제국의 속국이 되었다. 1453년에 튀르크인들에게 점령되기 전까지 콘스탄티노폴리스는 흑해 북쪽의 교역을 지배했고, 크림인들은 이 도시에 식량을 대면서 번영을 누렸다. 이 동맹 덕에 이반 3세는 금장 칸국 칸의 조공 요구를 거부할 수 있었고, 서쪽의 리투아니아와 폴란드 국가의 압력에 저항할 수 있었다. 그러자 리투아니아인들은 금장 칸국의 칸과 동맹을 맺어 이반 3세와 크림에 대항했다. 1480년, 모스크바가 '타타르의 굴레'를 벗어던진 그해에 칸은 이반 3세를 공격했지만 동맹인 리투아니아인들이 도착하지 않는 바람에 실패했다. 요약하면 모스크바 대공국의 창조는 기독교도와 불신자들의 선명히 양분되는 투쟁과 관계있는 것이 아니라 몽골 제국의 잔여 세력이 가진 부를 두고 경합한 수많은 세력과 관계있었다.

유동적인 변경에서 자라는 신생 국가로서 모스크바 대공국은 만주 국가와 마찬가지로 부르주아나 귀족의 사유재산, 독자적인 종교 기구, 군사 조직, 독립적인 촌락 등 이미 확립된 내부의 경쟁자들과 조우할 필요가 없었다. 국가의 주요 초점은 군사적 팽창과 부의 축적이었다. 모스크바 국가는 유럽의 화기를 수입하고 요새와 포병대 등 새롭고 값비싼 군사기술을 복제했다. 하지만 16세기의 여타 화약 제국들과 마찬가지로 이반 3세는 거대한 수입이 필요했기에 자기 국가를 위해 탐욕적으로 재원을 찾았다. 그는 270만 에이커의 교회 토지를 몰수했다. 국가의 지원하에 이루어진 동북의 식민화로 인해 임산물 산업, 소금 추출, 어업, 그리고 무엇보다도 모피 교역이 발달했다. 농민들이 세금을 확실히 내게 하기 위해 이반 3세는 농민들이 땅을 떠날 권리를 제한했다. 군사적인 필요와 발맞추어 농노제도 성장했다. 새로운 화폐 세금은 국가의 우편배달 체계를 지탱했다.

복무의 대가로 이반 3세는 보야르(특권 귀족)들에게 땅(포메스티에pomestie)을 나누어 주었으니, 오스만 제국의 티마르 혹은 더 이른 시기 이슬람의 이크타iqta'와 대단히 유사했다. 보야르의 세습 재산과 달리 포메스티에는 통치자의 변덕에 따라 철회될 수 있었다. 포메스티에는 통치자의 직접 통치를 받는 기사들에게 소득을 제공했기에, 기사들은 보야르에게 의존하는 상황에서 벗어났다. 복무 의무의 대가로 국가는 귀족들에게 수입을 확보해 주고자 농민들의 이동을 제한했는데, 이 조치는 모스크바 대공국을 농노제로 이끌었다.

보상을 바라는 귀족들은 궁정에서 지위를 차지하기 위해 격렬하게 경쟁을 벌여서, 될 수 있는 한 통치자와 가까운 '자리(메스토mesto)'를 얻으려고 애썼다. 세심하게 대장에 기록하는 정교한 직위 및 작위 체계(메스트니체스트보mestnichestvo)가 그들의 지위를 결정했다. 교회와 궁정에 복무하는 것 외에는 대안이 없었으며 자기들이 섬길 통치자를 선택할 수도 없었다. 모스크바 국가의 귀족 체제[26]는 포메스티에 토지 체제와 지방 엘리트들의 독립적인 권력 기반 및 정통성 결핍의 산물이었다.

이 성장하는 국가 역시 이념이 필요했지만, 예컨대 중국이나 페르시아 혹은 프랑스와 달리 모스크바 대공국은 내생적인 제국의 전통이 없었다. 러시아인들은 뎅기(돈), 부마가(종이), 얌(우편배달) 등 튀르크어와 몽골어의 어휘를 썼으며, 통치자들은 처음에는 몽골의 정치제도에 의존했지만, 이것으로는 (정통성을 증명하기에) 충분하지 않았다. 중앙유라시아와 중국의 사람들은 러시아

26 훗날 왕을 선출하기까지 했던 이웃 폴란드의 귀족 체제와 달리, 전제적인 차르에게 종속된 나약한 귀족 체제였다.

의 통치자를 '하얀 칸'으로 불렀으나, 그는 다른 것, 즉 자신의 러시아 정교를 믿은 백성들을 위한 더 보편적인 정통성의 기반이 필요했다. 그는 타타르의 행정 관행을 비잔티움과 정교회의 이론 및 상징으로 포장했다.

신생 국가를 정당화하기 위해 정교회는 '세 번째 로마'라는 이론을 개발하기 시작했다. 이 이론에 의하면 로마는 초기 교회를 보호했지만, 1054년의 대분열[27] 이후 비잔티움이 진정한 신앙을 물려받았다. 1453년에 일어난 튀르크(오스만튀르크)에 의한 콘스탄티노폴리스 함락은 비잔티움 제국이 신의 영광을 잃었음을 증명하며, 이로써 기독교 선교의 임무는 모스크바로 넘어갔다. 1492년, 즉 천지창조 후 7000년이 되던 해 천년왕국 사상이 번성했지만, (물론 천년왕국은 도래하지 않았으므로) 나중에는 전능한 정교회 지도자를 바라는 꿈이 남았다. 한 사제가 썼듯이, "신은 모든 나라 위로 러시아의 차르를 들어 올릴 것이며, 수많은 이교도 왕을 지배할 것이다."[97] 교회가 이교도들을 짓밟을 때, 교회 지도자들은 (통치자에게) 더 야심적인 작위를 붙여 줌으로써 모스크바 통치자가 지닌 무한한 권력의 격을 올렸다. 이반 3세는 때때로 '차르'라는 칭호를 썼는데, 이 칭호는 로마-비잔티움의 유산인 '카이사르'와 중앙유라시아의 '칸'을 결합한 것으로서, 러시아의 통치자를 '전제군주(사모데르제치 Samoderzhavets)'인 동시에 신앙의 수호자로 만들었다. 이반 4세는 1547년에 공식적으로 차르 칭호를 썼다. 단지 성직자 일부만 '세 번째 로마' 이론을 지지했지만, 17세기에 차르들의 지지자들은 종교 및 권력에 기반을 둔 전제 통치를 정당화하는 데 이 이론이 쓸모 있다는 것을 알아차렸다.

연대기 작가들 또한 통치자에게 기독교도 신민들에 대한 통치자의 의무를 상기시켰는데, 이러한 의무는 마치 중국의 '천명'처럼 전제적 권위에 제한을 가한다는 것을 의미했다. 한 성직자는 이렇게 썼다. "만약 인간을 통치하는 차르가 사악한 열정과 죄의 지배를 받는다면 (……) 그런 차르는 신의 종이 아니라 악마의 종이며, 그는 차르로 간주될 수 없고 박해자로 간주되어야 한

27 로마 가톨릭과 동방정교가 각자 우위를 주장한 끝에 서로를 파문했다고 알려진 사건이다.

다.” 유교 철학자 맹자孟子도 마찬가지로 사악한 통치자를 거역할 권리를 상기했다. 이후 17세기에 일어난 1648년의 모스크바 폭동의 경우처럼, 정교회 구교도(고의식파古儀式派)들은 차르를 적그리스도로 부르며 공격했다.[98]

실제의 갈등에도 불구하고 근대 초기 러시아인들은 통일된 민족 공동체 의식을 만들어 냈다. 이상적인 차르가 보야르들의 자문을 받아 통치자와 신민들 간의 조화로운 관계를 확보하고, 자비로운 통치를 실행하며, 교화를 지지한다는 것이다.[99] 정교회가 시골로 침투해 들어가면서 통치자와 신민들 사이를 더욱 긴밀하게 묶으며 러시아 문화의 핵심적인 특징을 규정하게 된다. 비록 보야르 귀족 대부분의 기원은 러시아인이 아니라 다양한 타타르 집단 및 여타 슬라브계와 중앙아시아의 민족들이었지만, 그들은 자기 신민들과 마찬가지로 문맹이었고 정교회 신자가 되었으며, 동쪽과 서쪽, 남쪽의 적에 대한 적개심으로 뭉쳤다. ‘타타르의 굴레’에서 슬라브인의 땅을 해방시킨다는 이데올로기는 모스크바 대공국이 칸들과 긴밀한 관계를 맺고 있다는 사실을 은폐한 채 16세기에 더 강해지는데, 특히 아스트라한과 카잔을 점령한 이후 더 그랬다.[100] 러시아인들은 자신(자기 나라)을 정교도의 땅으로 정의하고 차르를 이교도와 가톨릭 양자에 대한 정교회의 승리를 위해 신이 선택한 도구로 규정했다. 차르의 승리는 반反무슬림 민요에 영감을 주었고, 관변 및 대중 역사에 의해 강화되었다. 사원들은 시골 전역으로 퍼져서 대중에게 이 메시지를 홍보했고, 한편 시골 시장과 장터를 돌아다니는 행상들이 비록 제한적이지만 자라나던 정보망 안에서 의견을 교환했다. 1550년에 이르면 사원은 경작지의 3분의 1을 소유한 가운데 시골에 엄청난 영향력을 행사했다.[101]

모스크바 대공국의 관료제는 얼개만 있는 초보 수준이었다. 고작 1000명에서 1500명가량의 행정 관원이 광대한 땅을 다스렸다. 지역의 통치자들은 원주민들의 물자를 거두어 글자 그대로 자기 자신을 부양했다. 모스크바 대공국은 국가의 문서를 작성할 글을 아는 사무관이 필요했지만, 정작 귀족 자신들이 문맹이었다. (그리하여) 성직자의 아들들이 첫 번째 필경사 역할을 했는데, 그들이 관료제의 핵이 되었다. 그러나 급여와 상여 및 승진 제도는 천천히 발전했다. 한참 동안 킵차크 칸국의 튀르크어는 내부 및 외부 관계의 국제어로 남아 있었지만, 16세기에 공식적인 러시아어 문서어가 발전했으며, 그 사이에 고古교회 슬라브어는 종교적 위계제와 함께 그대로 남았다. 재정, 외교 및 여타 영역을 다루는 전문 부서들이 하나의 기술적 언어를 방대한 분량의 문서로 만들어 냈지만, 모스크바 국가는 여전히 거의 문맹에 가까운 사회였다. 교회의 의식은 언어가 아니라 성화(이콘)[28]의 휘황한 이미지에 의존했다. 모스크바 국가의 많은 상인은 명나라 시절 중국의 백화문 인쇄 문화 같은 것을 전혀 가지지 않았다.

1500년에 이르러 모스크바 국가는 종교적인 후원, 상업적인 연계, 군사적 우월성으로 인해 슬라브인의 땅에서 압도적인 세력이 되었다. 그러나 그 통치자들은 심지어 이보다 더 원대한 야망을 품고 있었으니, 바로 유라시아를 가로지르는 조심스럽지만 끊이지 않고 진행되는 팽창이었다.

붕괴와 부활

이반 4세('폭군' 혹은 '뇌제雷帝', 재위 1533~1584)라는 괴이하고 모순적인 인물은 몽골 제국의 여파에서 만들어진 모스크바 대공국을 거의 파산시켰다. 역사가들은 그의 성격에 대해 결코 의견 일치를 보지 못했다. 그는 예술적이고 감성적이며 선견지명을 지닌 인물이었을까? 아니면 반사회적 성격장애를 앓는 흉학한 미치광이였나? 이반 4세는 자기를 스스로 '차르이자 전제군주'라고 처음으로 부른 인물이었지만, 그는 엘리트층과 그 경제를 대부분 파괴했다. 그 자신 혹은 그 자문관들은 행정 체제를 개혁하고 카잔과 아스트라한을 점령했지만, 의미 없는 리보니아 전쟁으로 나라를 망쳤다.

이반 4세는 어머니와 슈이스키 가문 등 주요 보야르 가문의 섭정 아래에서 성장했는데, 그들의 음모는 그의 목숨을 위협했다. 모스크바 대공국의 중앙집권화는 불안했다. 강력한 중앙의 지도자 없이 국가 기구가 분파주의의 격랑 속에 해체되는 상황은 명 말기와 유사했다. 열세 살이 된 이반 4세가 한

—— 28 그리스 정교에서 모시는 예수 그리스도, 성모 마리아, 성도聖徒, 순교자 등의 초상을 가리킨다.

첫 공식 행동은 안드레이 슈이스키Andrey Shuysky를 개들에게 던져 버린 것이었다. 그의 통치는 불길하게 시작되었다. 장엄한 대관식 중에 일어난 화재로 겁에 질린 군중이 크렘린을 습격했다.

먼저 유능한 행정관들이 개혁을 실행해, 이반 4세는 더 많은 보야르를 귀족 의회(두마)로 들였다. 첫 번째 젬스키 소보르(전국 의회)가 1549년과 1565년에 각각 열려, 다른 지역 사람들을 불러 모아 공적 업무에 관해 상의하게 했다. 동시에 1550년에 제정된 새 법률은 농민들의 이동 자유를 거의 완전히 없앴다. 합리화된 복무규정의 도움을 받아, 새로운 특수 군대 조직이 화기 사용법을 배웠다. 이반 4세는 고정된 급여를 받는 진정한 의미의 직업 군대를 처음으로 만들었으니 명사수, 즉 스트렐치였다.

1560년에 아내가 요절한 후 이반 4세는 자제력을 잃기 시작했다. 퇴위하겠다고 위협하다가, 절대 권력을 약속 받고 돌아왔다. 그의 악명 높은 오프리치니나는 1565년에 만들어졌는데, 이들은 불충을 이유로 누구든지 기소할 수 있었다. 7년 동안 기괴한 검은 예복을 입고 안장에 개의 머리를 단 이 젊은이들은 통치자 가문들, 지방 신사, 도시민, 외국인, 촌락민들을 무차별적으로 공포로 몰아넣었으며, 그 결과 4000명 이상이 목숨을 잃었다. 오프리치니나는 노브고로드의 상인들이 외국인과 접촉했다는 이유로 도시를 약탈하고 불태웠다. 일부 러시아 역사가는 오프리치니나가 부패한 보야르를 일소했다고 칭찬하는 반면, 어떤 이들은 이들을 귀족에 대항한 상인과 하급 젠트리 계급의 연맹이라고 부른다. 그러나 그들이 자행한 파괴는 경제적 혹은 행정적으로 합리화될 여지가 거의 없다. 우리는 고통스러운 골병으로 악화된 이반의 편집증적인 성격을 무시할 수 없다. 어마어마한(혹은 무시무시한) 사람들이 역사를 바꾸었다.

그 사이에 이반의 외무 장관 알렉세이 아다셰프Alexey Adashev는 신중하게 카잔에 대항해 움직였다. 그는 영리하게 도시 안에서 조력자들을 길렀지만, (외교적 방법으로는 부족해) 결국 이반 4세는 1552년에 도시를 포위할 수밖에 없었다. 1556년에 일어난 아스트라한의 함락은 볼가강 일대에서 모스크바의 위상을 강화했지만, 오스만 제국과 충돌을 야기하는 위험을 감수해야 했다. 쌍방은 자신들에게 수지맞는 상업을 지키기 위해 큰 충돌을 피했다.

그러고 나서 모스크바 국가는 카자크의 도움으로 남과 동으로 더 팽창했다. 카자크는 15세기부터 러시아의 남쪽 국경(오늘날의 우크라이나)으로 몰려들었다. 이 약탈자들 중에는 모스크바에 봉사하는 것을 피해 달아난 타타르인, 지주에게서 달아난 농민, 방랑 부족인, 실직 군인 등이 포함되었다. 16세기에 이르면 이들은 요새화된 자치 공동체를 만들어, 스스로 우두머리를 뽑고 돈강 및 드네프르강 하곡에서 어로나 농경으로 살아갔다. 시베리아처럼 우크라이나 또한 지주, 징병관, 징세관 등에게서 멀리 떨어진 곳에서 일반 러시아인들에게 자유를 제공했다. 폴란드와 러시아의 통치자들은 모두 대가를 지급한다면 카자크가 자신들에게 충성을 바칠 것임을 알아챘는데, 부유한 상인들도 마찬가지였다. 스트로가노프 가문은 모피와 소금에서 얻는 이익을 극대화하기 위해 1550년대부터 적극적으로 시베리아 팽창을 독려했는데, 자신들이 시베리아를 열기 위해 카자크인 예르마크 티모페예비치Yermak Timofeyevich를 고용했다. 1645년 무렵에 거의 7만 명에 달하는 러시아인이 우랄산맥을 넘어 동쪽의 새 땅으로 향했다.[102]

반면에 서쪽을 향한 팽창은 모스크바에 재앙을 안겨 주며 동쪽에서 얻은 이익을 탕진했다. 리보니아 전쟁(1558~1583)에서 이반 4세는 효과적으로 무장한 강력한 폴란드와 리투아니아, 스웨덴, 덴마크와 싸웠다. 1530년에서 1584년 사이에 에이커당 농민들에게 부과하는 세금은 화폐 액수 기준으로 열 배로 뛰었고, 국가 재정의 84퍼센트는 군비로 지급되었다. 요약하자면 이반 4세의 오프리치니나나 전쟁은 나라를 경제적으로 망쳐서, 나라는 황량한 마을들과 버려진 땅으로 가득 찼다.

잉글랜드인들은 이반 4세의 통치 시기에 아르한겔스크를 통해 러시아로 가는 길을 발견하는 한편, 전설적인 중국 시장으로 가는 동북 접근로를 찾고 있었다. 1553년에 차르는 모스크바에서 리처드 챈슬러Richard Chancellor[29]를 환

29 1521~1556. 잉글랜드의 탐험가이자 항해사. 백해를 관통하는 탐험에 처음으로 성공했고, 이어 러시아를 상대로 관계를 수립했다.

영하고, 폴란드와 독일, 스웨덴의 봉쇄를 깨고자 하는 기대에 잉글랜드인들에게 상업적인 특권을 제안했다. 잉글랜드인들은 중국으로 통하는 수로를 발견하지는 못했지만, 볼가강을 따라 페르시아로 내려가기를 희망했다. 그들은 해외 교역을 촉진하기 위해 그들의 첫 번째 특허 회사[30]인 모스크바 회사Muscovy Company를 만들었다.

잉글랜드인 방문자들은 이 새로운 '무례하고 야만적인 왕국'에 대해 비록 왜곡된 것이기는 하나 귀중한 기록을 남겼다. 자일스 플레처Giles Fletcher는 "압제적인 국가의 진정하고 기이한 얼굴 (……) 신에 대한 진정한 지식이 없으며, 성문법이 없고, 공통의 정의가 없는"이라고 묘사했는데, 그가 보기에 모스크바 대공국은 튜더 왕조 치하의 잉글랜드가 지닌 균형 잡힌 국가 정체의 정반대였다.[103] 그 후로 러시아는 (서구) 관찰자들에게 종종 동양적 타자로서 서구인들에게 자신들의 구조적인 (체제상의) 자유를 지킬 것을 경고해 주는 역할을 했다. 플레처의 (모스크바에 대한) 묘사는 당시 잉글랜드의 절대군주정에 대한 간접적인 항의였다. 만주인에 대한 한족 중국인의 비판이나 프랑스 왕의 임의적인 통치를 비난했던 정치 이론가 몽테스키외처럼, 플레처는 오직 세습 귀족들만이 전제주의를 방지할 수 있다고 믿었다. 그는 이것(세습 귀족)이 바로 모스크바가 결여한 것이라고 믿었다.

동란 시대(1598~1613)

이반 뇌제 시기에 일어난 러시아의 지나친 확장은 나라를 '동란의 시대'로 알려진 17세기의 새로운 위기에 취약한 상태로 남겨 놓았으니, 이 시기에 러시아인들은 사회적인 격동과 외국의 침략으로 고통받았다. 명·청 교체기와 마찬가지로 하나의 왕조가 무너졌지만, 결국 새로운 토착 왕조인 로마노프 왕조가 전제정치를 재건했다.[104]

이반 4세는 분노를 이기지 못해 그의 큰아들을 살해했고, 훨씬 약한 사

30 국가 재정만으로는 감당하기 어려운 탐험이나 무역을 실행하기 위해 만들어진 회사다. 왕은 특허장을 통해 이들 회사에 독점권과 자치권 등의 특권을 부여해 사람들의 참여를 유도했다.

내인 둘째 아들 표도르Fyodor를 남겨 통치하게 했다. 표도르가 살아 있을 때와 1582년에 사망한 후에도 유능한 재상인 보리스 고두노프Boris Godunov가 정치를 맡았다.(고두노프는 그의 실제 업적보다 모데스트 무소륵스키Modest Mussorgsky의 오페라에 전설적인 찬탈자로 등장하는 것으로 더 유명하다.) 고두노프는 모스크바 시민들과 성직자들의 열렬한 지지 기도와 함께 젬스키 소보르에 의해 차르로 선출되었다. 그러나 그는 불운했다. 1601년에서 1603년 사이에 재앙적인 기근이 황폐해진 나라를 때렸다. 모스크바에서만 10만 명이 죽었고, 보리스가 아홉 살이던 이반의 막내아들 드미트리 우글리츠키Dmitry of Uglich를 살해한 죄 때문에 하늘이 사람들을 벌주는 것이라는 소문이 퍼졌다. 보리스가 그 젊은 후계자를 죽였다는 근거는 없었지만, 윌리엄 셰익스피어가 희곡의 소재로 쓴 리처드 3세Richard III와 탑의 아이들 이야기[31]처럼 이 꾸며 낸 이야기는 이미 없앨 수 없었다. 한 은둔 사제, 이른바 '가짜 드미트리'가 1604년에 카자크와 폴란드인 군대를 이끌고 모스크바를 침공했다. 고두노프는 이듬해에 죽었다. 가짜 드미트리와 그의 폴란드인 수행단이 러시아인들을 소외시키자, 바실리 슈이스키Basil Shuiskii는 쿠데타를 일으키고 스스로 차르임을 선언했다. 남쪽 변경에서는 카자크 이반 볼로트니코프Ivan Bolotnikov가 달아난 농민(농노)이나 비非러시아계 소수민족을 포함한 다양한 사람들의 집단을 이끌고 대규모 반란을 일으켰다. 노예 반란, 두 번째 가짜 드미트리 사건, 스웨덴의 침공으로 일어난 대혼란은 직업 도살꾼이던 쿠즈마 미닌Kusma Minin과 전사 드미트리 포자르스키Dimitri Pozharsky가 카자크의 지원을 받고 교회의 호소에 대응해 외국 지배로부터 모스크바를 해방할 때까지 계속되었다.

로마노프 전제군주정

로마노프 가문의 전제군주정(1613~1917)은 300년 동안 이어졌다. 그들은

31 리처드 3세는 선왕인 형 에드워드 4세Edward IV의 아들 에드워드 5세Edward V를 대신해 왕위에 올랐고, 폐위당한 에드워드 5세와 그의 남동생은 런던탑에 유폐되었다가 얼마 후 행방이 묘연해졌다. 그리하여 리처드 3세가 조카들을 죽였다는 소문이 널리 퍼졌고, 셰익스피어가 이러한 이야기를 희곡 「리처드 3세Richard III」로 각색했다.

비록 억압적이었지만 지속 가능한 정치체제를 만들어 냈다. 엘리트들은 비밀스럽지만 예측 가능한 행동 양상을 따랐다. 세 문화적 영역이 러시아를 하나로 묶었다. 즉 지방 수준에서는 농민 부락, 중앙과 성 수준에서는 국가와 관료제, 그리고 이 체제 밖에 있는 소규모 집단들이다. 각자의 논리를 간단하게 검토해 보자.[105]

국가와 농업 사회

러시아 국가는 광대하고 인구가 희박한 지역으로 뻗어 나갔는데, 대체로 농업 생산량이 적은 (유라시아 대륙) 북쪽의 땅을 차지하고 있었다. 이런 땅을 하나로 규합하기 위해 통치자들은 제한된 목표에 집중했다. 그들은 인민들에게서 기초적인 군사 기구 및 관료제 기구를 부양하기에 충분한 양을 뽑아냈다. 중앙집권화가 핵심이었다. 즉 모든 자원은 모스크바로 집중되어야 했다. 지역의 자치는 전체 구조를 와해할 수도 있는 위협이었다. 통치자들은 농업, 상업, 공업 등 모든 가능한 자원을 동원했다. 외국인들은 차르들의 '탐욕스러움', 즉 그들의 사업 감각에 놀랐다. 마찬가지로 전제적이고 팽창적이던 중국 황제들은 부유한 남쪽 땅에서 자원을 끌어올 수 있었으므로 백성들에게 더 큰 잉여를 남겨 줄 여유가 있었기에 상업적인 부를 무시했다. 모스크바 국가는 선택지가 더 적었다.

또한 러시아 농민들은 상대적으로 적은 도구를 가지고 불안하고 적대적인 환경과 마주했다. 촌락공동체, 즉 미르mir('세계'를 의미하기도 한다.)는 재앙에 대항해 그들의 삶을 보장했다. 주기적으로 땅을 재분배함으로써 그 누구도 너무 가난하거나 너무 부유해질 수 없었다. 토지 재분배는 가장 불행한 이들을 보호하고 가장 공격적인 이들을 억눌렀다. 촌락은 집단적인 낙원이 결코 아니었다. 촌락은 압수, 혼인, 정의를 야만적으로 강제로 부과했다. 그러나 일본의 경우처럼 러시아 촌락은 가장 효과적으로 성원들을 공동체에 봉사하도록 훈련시켰다. 두 사회에서 공히 국가와 지주(영주)는 촌락민 전체를 대상으로 세금과 부역을 매겼으므로, 공동체는 국가권력이 성장할수록 결속력이 커졌다. 1649년의 법률은 모든 경작자를 농노로 규정하고, 그들이 땅으로부터 탈출할 모든 법률적인 선택지를 말소했다. 도시민 또한 국가의 통제 아래로 들어갔다. 지방의 엘리트들은 자신의 노동을 통제할 수 있었고, 차르에게 내는 금액을 줄일 수 있었으며, 토지 통제권을 확보한 신사 계급으로 융합되었다. 반면 정착 농민들의 촌락은 땅과 교회에 기반을 둔 안정된 위계적 공동체를 보장했다. 촌락민들 자신은 현지의 관습을 어기거나 농촌의 질서를 위협하는 이들을 징계하는 규범을 시행했다. 보수주의, 비공식적이고 관습적인 의사 결정, 고립이 촌락을 위험으로부터 보호하고 변화를 가로막았다.

정치 구조의 꼭대기도 똑같은 식으로 운영되었다. 러시아 '전제군주'들은 전적인 권력을 가지지 못했다. 역사적으로 대공들은 보야르 씨족들 간의 분쟁을 조정했다. 이반 4세는 오프리치니나로 보야르를 파괴하려다가 실패하고 그저 (나라의) 황폐화만 초래했다. 동란 시대 동안 격동은 조심성의 필요성을 상기했다. 미하일 로마노프Michael Romanov를 차르로 선출한 후 귀족 대부분은 자기 사유지로 돌아갔고, 단지 자그마한 협조적인 보야르 가문 집단이 모스크바를 통치하기 위해 남았다. 러시아와 중국(명)의 공식 행사는 외국인 관찰자들을 오도해 이 통치자들이 전제 권력을 휘두른다고 착각하게 만들었지만, 차르와 중국 황제 중 다수는 약했으며, 의례적인 행동들에 구속되고, 종종 실질적인 의사 결정에서 배제되었다. 조정의 신하들은 혼인 동맹을 통해 차르와 가까운 자리를 차지하기 위해 다투었다. 그들은 자신들의 명예를 모욕했다는 구실로, 또한 등급 체계 안에서 자신들의 지위를 보존하기 위해 서로 소송을 제기했다.[106] 중심을 차지한 이가 한 사람도 없는 상태에서 보야르들의 음모는 체제를 와해할 수 있었지만, 이 닫힌 세계 안에서 정치 엘리트들은 가문의 이익을 사회 전체의 이익 아래에 둘 수밖에 없었다.

상인과 관료, 성직자들

"알현실에 다다르기 전에 우리는 아치형 복도를 지났는데, 양 옆으로 기다란 회색 수염을 달고 금박을 입힌 옷에다 높다란 흑담비 모피 모자를 쓴 인상적인 노인들이 앉거나 서 있었다. 그들은 차르 폐하의 고스티gosti로 불렸는데, 바로 걸출한 상인들이었다. 그들의 옷은 차르 폐하의 보물고에 속한 것으로서 이런 식의 행사가 있을 때 가끔 나누어 주었다가 회수했다."[107]

러시아의 스무 명 혹은 서른 명의 가장 부유한 상인, 즉 고스티는 모스크바와 멀리 북쪽의 아르한겔스크 및 대부분의 내지 교역을 장악하고 그 부를 대대로 물려주었다.[108] 비록 잉글랜드인이나 네덜란드인들이 그들을 가리켜 가난하고 후진적이라고 언급했지만, 러시아 상인들은 대륙 기준으로는 상대적으로 부유했다. 영국인이 열고 곧 네덜란드인들이 장악한 아르한겔스크 교역은 대마, 아마, 가죽, 칠 제품 등의 러시아 상품을 북유럽으로 가져가고 그 대가로 의복, 금 및 은을 러시아로 들여왔다. 해마다 스무 척에서 예순 척의 배가 암스테르담에 도착했다. 겨울에는 얼고 1년 내내 위험한 이 험난한 교역로는 항해하는 데만 최소 4주가 걸렸지만, 17세기에 이용량이 극적으로 증가했다. 또 하나의 교역로는 볼가의 아스트라한에 중심을 두고 모스크바 국가를 남쪽과 연결시켰다. 아스트라한의 중요한 인도 상인 거주지 하나는 러시아를 동쪽으로 연결시켰다.

러시아는 아시아처럼 금(은)의 순수입자였지만, 유럽 시장과 더 긴밀하게 결합했다. 러시아의 가격은 16세기 유럽의 가파른 가격 상승 '혁명'을 따랐고, 마찬가지로 17세기의 정체와 하락을 따랐다. 러시아 상인들은 해외로 자주 여행을 가지 않았고 보호관세는 외국인의 경쟁을 배제했다. 상인들은 국가를 위해 세를 걷으면서 이익을 얻었다. 러시아 국가는 상인들이 고사하도록 완전히 빨아먹지는 않았고, 똑같은 빈도로 상인들이 국가로부터 수익을 뜯어냈다. 고스티의 '복종'은 자기들의 이익을 위해 차르와의 결탁을 수지맞게 이용한 것을 반영한다.

국가의 행정 체제는 상업과 더불어 발전했다. 글을 아는 세습 사무관 계급이 문서와 정규 절차를 만들어 냈지만, 귀족들은 달아난 농민들을 통제하기 위해 자비로운 차르에게 청원함으로써 저항했다. 이 청원서는 차르의 무한한 권력뿐 아니라 보야르들 사이의 집단적인 의사 결정 또한 강조한다. 보기에는 비굴해 보이는 (보야르들의) 언사는 차르의 자의적인 권력에 대한 제약을 내포하고 있었는데, 이는 중국 문사들의 상주문과 비슷했다. "차르는 칙령을 선포하고 보야르들이 이를 확인했다."라는 구절은 자비로운 차르가 가치 있는 조언자들에게서, 그리고 그가 통치하는 일반 백성들, 즉 '대지'로부터 조언을 들어야 함을 나타냈다. 어떤 청원서는 심지어 반응을 보이지 않는 차르는 적그리스도에게 복무하고 있다는 것을 암시하기조차 했다. 1648년에 차르가 수많은 귀족의 청원을 무시하자 폭도들이 크렘린을 습격했다.[109] 대가를 치르기는 했으나, 1649년의 법률에 의해 귀족들은 자기들의 희망을 관철했다. 국가의 관리들이 농노제를 집행할 것이고, 차르에 대한 개인적인 호소는 끝났다. 관료제의 성장은 표트르 1세의 급진 개혁을 위한 기반을 마련했다.

모스크바 국가의 종교 문화 또한 극적으로 변했다. 사제들은 교회의 주교에게 권력을 빼앗겼고, 주교는 중앙집권화하는 국가를 지지했다. 사원의 영향력 약화가 정신적인 공백을 초래해, 신자들은 「카잔의 동정녀」 등의 성화 앞에 건강을 위해 기도했으며, 한편 대부분 문맹인 촌락의 성직자 계급은 전통적인 의식을 수행했다. 17세기 중반에 대중 예배에 대한 종교적 위계 권력의 우위와 교회에 대한 국가권력의 우위를 두고 벌어진 논쟁으로 인해 정교회는 분열했다. 총대주교 니콘Nikon은 정교회 문헌들에 기반을 두어 하나의 표준적인 예배 절차를 만들어 내려고 했다. 니콘이 교구 주민들에게 무릎을 꿇지 말고 허리 숙여 절을 하고, 두 손가락이 아니라 세 손가락으로 성호를 그으라고 명하자 수도사 아바쿰Avakkum은 그를 적그리스도라 공격하고 구교도로 알려진 그의 추종자들을 이끌고 유구한 옛 의례 절차를 재천명했다. 니콘은 비판자들을 추방했지만, 1667년에 그 자신이 차르에게 반항했다는 명목으로 성직을 박탈당했다. 북극권 북쪽으로 추방된 아바쿰은 계속해서 교회와 국가 모두의 권위를 거역했다. 사원에 갇힌 구교도들은 항복하기보다는 불을 지름으로써 집단 자살을 감행했다. 탄압에도 불구하고 구교도들은 충실하고 모험적인 반대자로서 살아남았다.

분열에도 불구하고 교회는 모든 변화를 막을 수 없었다. 개혁파 성직자들은 우크라이나와 폴란드로부터 사상을 채용해 도덕적인 자아 발전을 설교하기 시작했다. 이런 식으로 정교회 신앙 관행은 서유럽의 개혁파와 반개혁파의 것과 수렴하기 시작했다. 표트르 1세가 극적으로 개입하기 전에 러시아는 개인의 영적 발전과 아울러 더욱 법률적이고 관료제적으로 구성된 국가에 초점을 맞추는 방향으로 나아갔다. 표트르 1세는 개혁을 가속화했지만, 아무것도 없는 상황에서 시작한 것은 아니다.

폴란드인들과 싸우기 위해 러시아 장교들은 서방에서 새로운 무기를 도입하고 네덜란드와 스웨덴 및 여타 외국인들에게서 보병 전술을 배웠다. 국가의 주적이 동쪽의 타타르일 때 모스크바 국가는 이동하는 유목민들에게서 기병 전술을 받아들였다. 그러나 16세기에는 군대가 남쪽 변경을 방어하도록 길이가 1000킬로미터가 넘는 커다란 방어벽도 건설했다.[110] 화약 혁명이 서유럽을 휩쓸 때, 모스크바 국가 역시 군사적인 개혁이 필요했다. 17세기 중기에 이르면 값비싼 포병과 방어용 요새 구축은 기병에 대한 보병 및 포병 연대의 우세를, 그리고 오래된 귀족 복무(군무) 계급의 종말을 의미했다. 모스크바 국가의 20만 군대는 유럽에서 규모가 가장 컸고, 국가 예산의 절반을 사용했으며, 지난 200년간 그래 왔듯이 국가는 주로 군사적인 팽창에 집중했다. 자기 전문 분야인 군사 문제에서 표트르 1세는 모스크바 대공국 시절에 만들어진 기반 위에서 시작할 수 있었다.

표트르 대제(재위 1682~1725)

역사상 표트르 1세처럼 자신의 사회를 그토록 극적으로 변모시킨 통치자는 많지 않다. 그는 유럽을 표본으로 나라의 군대를 건설했으며, 대규모 건축 사업을 시작하고 러시아 문화의 외양적·문자적 내용을 급격히 변모시켰다. 왜 그는 그토록 한마음으로 러시아의 개혁에 헌신했으며, 왜 그토록 큰 충격을 미쳤을까? 개인적·정치적·군사적·사회적인 영향들이 모두 일부분을 담당했다.[111]

권좌에 오르는 험난한 여정은 젊은 날에 표트르 1세가 보여 준 태도를 형성했다. 그는 열일곱 살에 스코틀랜드인 장성의 도움을 받아 자신의 병정놀이 연대를 만들었다. 군주 계승권을 틀어쥐고 있던 명사수 연대인 스트렐치와 그의 이복 누나 소피아 알렉세예브나Sophia Alekseyevna는 그를 거의 죽일 뻔했다. 그는 모스크바의 편협한 음모 문화를 두려워하고 미워했으며, 반면 그 밖의 세계에 대한 호기심은 채울 수 없을 정도로 커져 갔다. 외부 세계에 대

—— 표트르 대제. 1700년에 그린 이 초상화에서 표트르 1세는 서방의 군복을 입고 함대(러시아의 새로운 해군)와 새 수도 상트페테르부르크의 건물들 앞에 서 있다. 차르 표트르 1세는 중앙유라시아에서 서유럽으로 돌아서는 새로운 방향성을 러시아에 제시했으며, 군사 원정을 통해 육상과 해상의 영토를 동시에 넓혔다. 그는 '유럽으로 향하는 창문'을 연다는 확고한 의지를 가지고 발트해 연안에 새 수도를 만들었다. (Wikimedia Commons)

한 교육을 받은 후 그는 유럽 및 중동과 연결되기 위해 밖으로 손을 뻗쳤다. 언제나 표트르 1세와 함께 먼저 전쟁이 등장했다. 그는 우선 오스만 제국과 크림의 칸이 러시아가 흑해로 접근하는 것을 막고 있던 남쪽으로 방향을 돌렸다. 1695년에는 돈강 하구에 있는 중요한 요새 아조프를 포위했다. 첫 번째 시도에서 실패한 후 표트르 1세는 엄하게 감시했고, 이듬해에는 함락에 성공했다. 흑해 원정에서 표트르 1세는 새 함대와 도시 하나를 만들었고, 북쪽 원정을 준비하기 위한 새로운 전쟁 방식들을 익혔다.

1697년에 표트르 1세는 군사기술과 장인 정신을 배우기 위해 서유럽으로 여행을 떠났다. 그는 사람을 멍청하게 만드는 의식이나 걸작 미술품, 휘황찬란한 바로크 교회 따위는 무시했다. 그 대신 그는 네덜란드의 조선소에서 목수로 일하고, 대장간 일을 배우고, 해부를 관찰했다. 외국인과 러시아인들은 그의 소박한 방식과 호기심, 그리고 모든 계층 사람에 대한 열린 태도를 존경했지만, 반면에 폭발하는 분노와 난잡한 술판, 거친 장난에 곤혹스러워했다. 하지만 그 누구도 표트르 1세가 지닌 의지의 힘을 간과하지 않았다.

표트르 1세는 잉글랜드 의회에서 공개 논쟁을 관찰했지만, 한 해 뒤 더 심해진 스트렐치의 반란을 평정하기 위해 급히 귀국했다. 이제 그는 본격적으로 권력을 장악했다. 두 해 뒤인 1700년에는 발트해의 지배적인 군사 세력인 스웨덴을 상대로 대북방 전쟁을 개시했는데, 스웨덴을 이끌던 이는 마찬가지로 젊고 정력적인 왕 칼 12세Karl XII였다.

표트르 1세는 강적과 겨루었다. 북방의 낮은 생산성에도 불구하고 스웨덴은 모스크바 국가처럼 강력한 군사 국가를 건설했고, 스웨덴인들은 중요한 철광산들과 발트해의 수지맞는 교역을 장악하고 있었다. 예전에 이반 4세는 실패했지만, 표트르 1세는 다시 한번 발트해로 뚫고 나가려고 했다. 1700년에 나르바 포위전에서 러시아가 재앙에 가까운 패배를 당한 후, 승세를 잡은 스웨덴인들은 우크라이나를 통해 러시아를 침공했다. 수동적이고 체계적이지 못한 러시아군은 전면적인 정비가 필요했다.

몇 년 내에 표트르 1세는 말을 잘 안 듣는 복무 귀족들을 40만 명의 농민 신병으로 보충함으로써 규율 있는 군대를 만들어 냈는데, 40만 명은 남성 총

인구의 10퍼센트에 해당했다. 이 사람들은 글자 그대로 종신 복무 군인으로 낙인찍힌 이들로서, 평생에 걸쳐 전장에서 끊임없이 훈련 받았다. 촌락민들은 아들들이 떠날 때 마치 벌써 죽은 것처럼 슬퍼했다. 새 포병과 기병대가 농민 보병대에 합류했다. 전술훈련은 요새의 방벽 뒤에서 적을 기다리는 것이 아니라 들판에서 적을 맞이하라고 강조했다. 서방의 영향을 받은 포괄적인 군법은 장교들에게 규율과 자발성(진취성)과 책임감을 가르쳤다. 거의 90퍼센트에 이르는 장교들이 러시아인이었지만, 그들은 서유럽의 제복과 전술과 훈련과 무기 방식을 따랐다. 표트르 1세의 군대는 국가를 위해 복무할 때 무조건적인 복종과 효과적인 행동을 강조했다. 이 군대가 바로 새 사회의 표본이었다.

그러나 표트르 1세는 해군을 더 강조했다. 그의 새 함대는 발트해의 해안에서 창설되었는데, 당시에 차르 자신이 도끼를 들고 통나무를 깎았으며 배의 용골을 디자인했다. 그의 통치 말기에 러시아인들은 1700척의 배와 못 공장, 제재소, 밧줄 공장, 돛 공장, 항구 등 거대한 기반 시설을 만들어 냈다. 1714년의 항코 전투에서 러시아는 스웨덴을 상대로 해전에서 첫 승리를 얻었다.

군사적인 필요가 나라의 산업화를 추동했다. 이 시기에 모든 유럽 국가는 중상주의 원칙을 지지했다. 다시 말해 나라는 다른 것을 희생하더라도 상업을 통해 부를 축적해야 하며, 국가가 경제를 이끌어야 한다는 것이다. 표트르 1세는 경제 전체를 군사적 필요성에 맞추는 방향으로 이끌면서 이 원칙을 극단까지 밀고 나갔다. 표트르 1세의 단기 집중식 산업화 프로그램은 이오시프 스탈린Joseph Stalin의 5개년 계획과 불가사의하게 닮았다. 1702년에 러시아는 먼저 우랄산맥의 광맥에서 얻은 철광석으로 철을 주조했다. 두 세기 후에 스탈린은 똑같은 장소에 거대 철광 도시인 마그니토고르스크를 세웠다. 외국 전문가들이 새 기술을 감독했으며, 국가는 농민 노동력을 징발하고 원료를 대고 수출과 배분을 통제했다. 소금과 담배를 독점한 국가의 기구들은 100~800퍼센트의 이윤을 남기며 사람들에게 기본 생필품을 팔았다.

이러한 정책의 어두운 면은 러시아 상인계급, 즉 고스티의 파괴였다. 표트르 1세는 강제로 대외 교역의 방향을 아르한겔스크에서 그의 새 도시 상트페테르부르크로 돌려, 오래된 상인 가문들이 폐업하도록 만들었다. 스트로가

노프 가문처럼 단지 일부만 차르에게서 수지맞는 시베리아 개발 계약을 따냄으로써 파산을 면했다.

표트르 1세의 유명한 칙령 하나는 이렇다. "돈은 전쟁의 동맥이니 될 수 있는 한 많은 돈을 거두어라."[112] 군사적 수요는 국가 재정의 4분의 3이었다. 혹독한 세금은 농민들에게 가장 큰 타격을 주었다. 법적으로 토지에 예속된 농민들은 이제 지주(영주)가 부과하는 것에 더해, 국가에 돈, 곡물, 노동, 말, 그리고 병사들에게 잠자리를 제공할 의무까지 졌다. 또한 그들은 담배와 보드카를 전매하는 국가 독점체에 세금을 냈다. 놀랄 필요도 없이, 수많은 이가 변경으로 달아나거나 도적이 되었다. 다시 한번 카자크가 반란을 일으켰다. 끝없는 북방전쟁의 와중에 그들은 돈강 지역의 커다란 부분들을 차지했다.

그러나 표트르 1세는 자신의 개인적인 군사 행동을 포기하지 않았다. 칼 12세가 이끄는 군대의 무시무시한 명성에도 불구하고, 1709년에 표트르 1세는 드네프르강 하류의 폴타바에서 엄청난 승리를 거두었는데, 이 싸움에서 스웨덴군은 1만 9000명 중 1만 명을 잃었지만 러시아군은 4만 2000명 중 단지 1300명만 잃었다. 이 승리는 러시아를 지도 위에 올렸다. 12년 후 마침내 평화가 찾아와, 러시아는 스웨덴 제국을 파괴하고 유럽에서 부상하는 세력으로서 명망을 얻었다. 20년 동안 표트르 1세는 러시아인들을 근대 세계의 혹독한 방식으로 교육시켰다.

폭압적이던 이반 4세와 달리 표트르 1세는 그가 미워하던 체제 자체를 파괴하지 않았다. 그 대신에 그는 이를 철저하게 합리화된 관료제 국가로 개조했다. 처음으로 러시아 땅의 국가가 차르 개인 가문에 대한 충성과 구별되는 (국가에 대한) 독자적인 충성을 요구했다.[32] (예전) 모스크바 대공국의 통치자와 관리들은 국무를 부양의 한 방식, 즉 그들이 말하듯이 자신과 가문을 '먹여 살리는' 방식으로 보았다. 표트르 1세의 개념에 의하면 국무란 단순히 황제나 귀족 가문들을 위한 것이 아니라 나라 전체의 복지에 헌신하는 것이

32 이반 4세 이전에도 모스크바 대공국의 군주들은 자기를 스스로 차르로 불렀다. 그러나 1721년에 표트르 1세가 임페라토르(황제)라는 칭호를 씀으로써 서유럽 국가들이 러시아를 제국으로 인정하게 된다. 즉 표트르 1세 시절에 모스크바 국가가 러시아 국가로 변모했다고 할 수 있다.

었다. 표트르 1세는 부패한 지방관들을 제거하고 그 자신에게만 충성하는 인사들이 다스리는 새 지방 단위로 대체했다. 차르 자신이 전쟁을 수행하느라 너무나 자주 나라를 떠났으므로, 그는 중앙 행정 기구가 필요했다. 군사적·재정적 업무를 담당하는 최고 조절 기구인 상원이 보야르의 두마를 대체했고, 두마는 전제적인 차르에 의해 무력화되었다. 단과대학들, 군무와 외무, 징세, 서류 조정 업무에 특화된 부서들이 스웨덴을 모델로 삼아 모방해 관료들을 통제했다. 표트르 1세의 개혁은 마치 회오리바람처럼 보였지만, 그것은 포괄적이라기보다는 단편적이었다. 그는 유례없는 정도로 모스크바 대공국의 관료화를 추진했지만, 구체제의 많은 부분을 새것과 병존하도록 남겨 두었다.

마찬가지로 문화적인 변화도 급격히 찾아왔다. 모스크바 대공국의 귀족들은 전쟁, 의복, 관습의 양식에서 대체로 동쪽의 초원을 바라보았다. 그러나 새 차르는 확고한 서유럽 정부들에서 동맹을 찾았기 때문에, 이를 얻자면 러시아의 이미지를 다시 만들 필요가 있었다. 그는 다른 나라 사람들이 당혹해하지 않도록 보야르들에게 수염을 자르고 러시아 정교 의식을 버리라고 강요했다. 그는 과학과 공학을 훈련하도록 장교단을 유럽의 대학으로 보냈다. 새 엘리트는 글자를 알고 교양 있으며 세속적이고 과학적이며, 국력과 국부를 늘리려는 국가의 기획을 추진하는 데 헌신하게 될 것이었다.

강희제처럼 표트르 1세는 자기 강역을 자세히 그린 지도 제작을 외국 전문가들에게 의뢰했다. 심미적인 것과는 거리가 멀었지만 표트르 1세는 이탈리아와 독일에서 고전 그림과 조각들을 구입했는데, 이것이 훗날 예르미타시 컬렉션의 핵심이 된다. 또한 그는 자신의 새 도시인 상트페테르부르크를 디자인하기 위해 유럽에서 가장 몸값이 비싼 건축자들을 고용했다. 페테르고프 파빌리온은 바다 경치와 멋진 분수와 거대한 정원을 특징으로 한다. 또한 표트르 1세는 이론과학을 존중했다. 독일의 철학자 고트프리트 빌헬름 라이프니츠Gottfried Wilhelm Leibniz 및 크리스티안 볼프Christian Wolff와 오랜 서신 왕래 후 그는 러시아 과학 아카데미를 계획했으며, 이는 그가 죽은 후인 1725년에 만들어졌다.[113]

마지막으로, 그리고 가장 중요한 것으로서 표트르 1세는 '유럽으로 향하

—— 상트페테르부르크에 있는 겨울 궁전의 경관을 묘사한 19세기의 그림. 예카테리나 2세는 겨울 궁전이 인상적으로 보이도록 이탈리아 건축가들에게 추가적인 건설을 위탁했는데, 결국 이 궁전은 세계에서 가장 큰 회화 콜렉션 중 하나인, 유명한 예르미타시 미술관의 모체가 되었다. (Wikimedia Commons)

는 창을 열기 위해' 네바강 하구에 자신의 새 도시 상트페테르부르크를 만들었다. 그 비용은 엄청났다. 어떤 역사가가 말했듯이 "전쟁사에서 상트페테르부르크 건설 때보다 더 많은 사람이 학살된 싸움을 찾기는 어려울 것이다."[114] 표트르 1세는 강제로 이 텅 빈 삼림과 늪지에서 농민들은 땅을 파고, 귀족들은 집을 짓고, 상인들은 교역을 하게 했다. 도로와 궁전, 운하를 규칙적이고 군사적인 선을 따라 세심하게 계획하면서 "표트르 1세는 배 한 척을 건조하듯이 자기 도시를 건설했다."[115] 표트르 1세의 궁전을 제외하면, 상트페테르부르크는 조악한 병영과 비슷했다. 그러나 반세기 후에 이곳은 세상에서 가장 아름다운 도시 중 하나가 되었다.

표트르 1세의 통치는 러시아 및 수많은 여타 개발 국가들이 직면한 근본적인 문제들을 명확하게 드러냈다. 현대화주의자들은 그를 우상화하지만 슬라브주의자(슬라브 숭배자)들은 그가 러시아를 본연의 조화 상태에서 강제로 이탈하도록 만들었다고 공격한다. 자유주의자들은 전제주의와 민주주의 사이의 모순에 초점을 맞춘다. 즉 사람들을 자유롭게 만들고자 그들을 때려도 되는 것인가? 표트르 1세는 잉글랜드의 체제가 농민들은 교육받지 못했고 성직자들은 문맹이며 귀족들은 정체된 러시아에는 부적절하다고 응수했다. 살인적인 비용을 치르고 군사적인 힘을 추구한들 어쩌라는 말인가? 국가의 부와 힘이 먼저 오면, 백성들이 나중에 혜택을 받는다. 표트르 1세 치하에서 아주 짧은 시간 만에 러시아는 대륙적·정교회적·내향적·동부 지향적인 전제 체제에서 세속적이고 근대화하는 관료제 제국으로 변모했다. 러시아는 통합과 (통합의) 강화로 향하는 유라시아의 추세를 가장 극단적인 형태로 따랐다.

18세기의 팽창

표트르 1세는 18세기 초입부터 확고하게 러시아를 서쪽으로 향하게 했다. 그의 후계자들 중 누구도 시계를 되돌릴 수 없었다. 이제 러시아는 유럽의 정치, 경제, 문화의 적극적인 참여자였지만, 여전히 예속 노동과 커다란 특권을 누리는 소수에 기반을 둔 전제적인 농업 제국이었다. 이어지는 한 세기 반 동안 귀족과 차르 사이의 알력과 엘리트와 농민 사이의 알력이 계속되어 러시아의 통치자들이 개혁과 반동 사이를 오락가락하게 만든다. 동시에 제국은 엄청난 크기로 팽창했고, 수많은 전쟁을 승리로 이끌었으며, 또한 엄청난 수의 민족들을 통합했다.

제국은 폴란드를 삼분하는 일에 동참하고, 흑해에 접한 크림을 차지했으며, 캅카스(코카서스)를 침공하고 시베리아와 중앙아시아의 일부를 확보했다. 1825년에 러시아는 1800만 제곱킬로미터를 차지해 한 덩어리로 이어진 것으로서는 세상에서 가장 큰 제국이 되었다.

동란의 시대 이후로 17세기에는 남쪽 변경을 향한 이주와 그에 따른 정착이 인구 성장을 촉진한 덕택에 온건한 경제성장이 이어졌다. 변경의 팽창은 인구 증가와 이동성을 심화시켰다. 초원 지대의 경작 면적은 18세기에 250퍼센트로 늘어났으며, 인구는 1725년의 1600만 명에서 1825년에는 5000만 명으로 늘어났다. 남부의 비옥한 토양은 북부의 인구를 부양했으며, 상업 시장이 성장하면서 화폐 공급이 늘고 상업적 수공업 및 산업에 종사하는 농노들이 늘어났다. 비록 농업 생산성은 여전히 대단히 낮았지만, 광범위한 경작이 늘어나는 도시인구를 부양했다. 18세기의 러시아는 하나의 국민경제 건설에 근접했다.[116] 또한 러시아는 대외 교역, 특히 서유럽과의 교역을 확대해 농산품, 원목, 철을 수출하고 무기, 사치품, 은을 수입했다. 중국의 사례처럼 은의 유입은 국내 경제의 상업화를 지원했다. 그러나 러시아 국가는 상업을 훨씬 잘 이용해, 소금과 보드카의 독점 및 상세에 크게 의존했고, 세수를 1724년의 8500만 루블에서 1825년에는 거의 4억 루블로 늘렸다.

표트르 1세가 사망한 1725년과 예카테리나 2세Catherine II가 취임한 1762년 사이에 연인과 궁정 근위대 그리고 내부 가문들에 의한 음모가 권좌 계승을 결정해 일련의 나약한 통치자가 등극하도록 만들었다. 1800년 무렵에 러시아는 신민 1100명당 관리가 한 명이어서, 밀도 면에서 약 2만 명의 녹봉 관리로 3억 명을 통치하던 중국 관료제(즉 1만 5000명당 한 명)의 열 배가 넘었다. 비록 뇌물과 부패의 영향을 온전히 제거하지는 못했지만, 비개성적 기계(즉 관료)의 무심하고 일상적인 업무 수행이 개별 보야르들의 개인적이고 자의적인 의사 결정을 대체했다. 팽창하면서 점점 더 침투해 들어오는 국가에 대한 저항이 남쪽 국경 지대에서 반복적으로 분출되어, 1670~1671년과 1707~1708년에 볼가강과 돈강의 유역에서 저항이 일어났고, 가장 큰 사례는 1774년 돈 카자크 출신의 예멜리얀 푸가초프Yemelyan Pugachev[33]가 이끈 저항이었다. 그러나 이 반란 중 어떤 것도 중앙 지대를 위협하거나 국고를 소진시키지 못했다. 옛 모스크바의 핵심 지대에 남기로 택한 농노들은 비록 가난하지만 안전한 생활을 누렸기에, 그들은 남쪽의 카자크와 떠돌이 농민들에게서 유인이 될 만한 것을 찾지 못했다.

비록 성장하는 경제와 국가권력에 의해 점점 더 결속되고 있었지만, 러시

33 1726?~1775. 제정 러시아의 농민반란 지도자로 우랄 지방에서 '표트르 3세'로 칭하고 농민반란을 도모했으나, 결국 정부군에 잡혀 처형되었다.

아는 엘리트와 일반 백성들 사이의 점점 벌어지는 문화적 격차에 직면했다. 귀족층은 엄청나게 열광하며 서구를 지향하면서, 일반 백성들을 지배하고 있던 정교회 종교 관행에 대해서는 비판의 여지가 없는 믿음을 뒤에 남겨 두었다. 심지어 표트르 1세 이전에도 우크라이나와 예수회 종파로부터 받은 영향은 신앙 및 행위에 대한 더 폭넓고 회의적인 관점들을 전파하기 시작했다. 니콘의 정교회 예배 의례 정화 운동은 그리스의 관행을 모델로 한 것이었고, 이는 구교도가 외국의 영향을 비난하고 자신들의 자주성을 주장하게 만들었다. 표트르 1세의 개혁 이후, 종교적·사회적 반란자들은 차르의 급진적인 서구화 정책을 거부하고 옛 모스크바 국가 시절의 전통적인 가치를 다시 주장했다. 그 사이에 귀족층은 유럽의 문화를 포용해, 특히 프랑스어와 가옥을 받아들였으며, 가능하면 모스크바로 옮겨 가 살고자 했다. 그들은 프랑스인 요리사와 프랑스인 여자 가정교사를 고용하고 파리의 유행을 열정적으로 따랐다.[117]

그렇다고 하더라도 국가와 촌락민의 지지를 받는 정교회의 재천명은 여전히 엘리트와 그의 피통치자들을 결속시켰다. 경제적인 변화 또한 더 큰 이동성과 서로 다른 지역 상인과 농민 사이의 거래를 허용했다. 일부 농민은 읽기를 배웠는데, 특히 구교도 공동체에서 두드러졌다.

제국의 다양성

청나라가 다스린 중국과 마찬가지로, 러시아 제국은 엄청나게 다양한 민족들을 포괄하는 영역으로 빠르게 팽창했다. 러시아 앞에 놓인 커다란 도전은 확고히 비非정교도 민족들을 통제하고 그들로부터 승인을 얻는 것이었다. 그들은 러시아의 통치자들과 공유하는 것이 별로 없었다. 북쪽의 발트 및 게르만 민족들, 유대인, 리투아니아인, 폴란드인, 그리고 크림, 캅카스, 중앙아시아의 민족들이 모두 다른 종교를 믿었고 러시아 인구의 핵심 지대와 다른 삶을 살고 있었다. 1782년 무렵, 대大러시아인[34]은 러시아 인구 전체의 49퍼센트

34 모스크바를 중심으로 하는 러시아의 핵심 지역(대러시아)에 사는 러시아인들을 가리킨다.

도 되지 않았다. 러시아인들이 보기에 그들(여러 민족)을 통치하는 핵심은 군사적·행정적 중앙집권화였다. 국가 정통성의 기반은 모순적이다. 다시 말해 국가는 다종족적 구성을 자부하며 모든 민족이 차르를 받아들일 것을 장려할 수 있는 것인가, 아니면 정교회 중심 교리를 통치의 근본적인 기반으로 주장해야 하는가? 시베리아에서 러시아인 이주민들은 자기들을 스스로 후진적인 원주민들을 계몽하는 기독교 전파의 십자군으로 간주했다.

정교회는 동방 가톨릭교회(우니아트 교회)라는 형태로 우크라이나와 예전 폴란드 땅으로 확산되는 데 성공했으니, 그들은 로마 가톨릭에서 정교회 위계제로 돌아왔다. 그러나 일반적으로 정교회 선교단은 다른 지역에서는 그다지 성공하지 못했다. 러시아어는 우크라이나와 리투아니아와 벨라루스 및 캅카스 일부에서 유일하게 허용되는 행정 및 교육 분야의 언어로서 퍼져 나갔다. 그러나 러시아의 주요한 확장은 러시아 개척 농부들의 외부 이주의 결과였다. 그들은 시베리아, 북캅카스, 발트 지역으로 밀고 나가며 초원을 비옥한 농경지로 만들었다.[118] 그들은 정교 교회, 촌락 거주지, 그리고 농업기술을 함께 가져갔는데, 이것들이 패배자와 (그들의) 더 이동성이 큰 형태의 목축을 배제했다. 시베리아에서 위대한 탐험가 및 지도 제작자들은 자연의 경이와 풍부한 자원으로 가득하지만 또한 무서우리만큼 텅 비어 있으며 그곳에 신의 빛을 전해 줄 러시아 기독교도 이주민들에게서 발전의 전망을 기다리는 거대한 땅을 구상했다.[119]

그러나 17세기에 토르구트 몽골인들이 정착한 볼가 일대에서는 이런 식의 공격적인 선교 활동은 역풍을 맞았다. 티베트와 불교적 연계를 버리라는 압력과 러시아 이주자들의 압력은 토르구트가 자신들의 새 땅을 버리고 동쪽으로 초원을 가로질러 수천 마일을 행군해 청 제국에서 피난처를 찾게 만들었다. 1771년에 그들이 국경에 도착하자, 격렬한 토론을 거친 후 청의 건륭제는 토르구트 몽골인들을 받아들이기로 결정했다. 이것은 러시아와 맺은 조약들을 처음으로 어긴 것이었다. 그러나 러시아 정교와 몽골 불교 간의 문화적 이질감은 몽골인과 만주인 사이의 이질감보다 훨씬 컸다.[120] 잘 교육받은 독일 여성이었던 예카테리나 2세가 1762년에 자기의 상스러운 남편을 버리고 죽이자, 러시아는 다시 한번 서방식 계몽으로 기울었다. 예카테리나 2세의 유산은 표트르 1세의 것만큼이나 모순적이었다. 예카테리나 2세는 볼테르Voltaire 및 드니 디드로Denis Diderot와 서신을 주고받았지만, 농노제를 확대하고 야만적으로 반란을 진압했다. 예카테리나 2세는 서유럽의 문화를 수입한다는 표트르 1세의 기획을 이어 가는 한편, 근대화된 전제주의를 보존하고 국가를 강화했다. 18세기 중기에 러시아는 세계 정치와 국제 교역의 중요한 참여자였지만, 농노제에 기반을 둔 사회제도와 군사적 전제주의 및 원시적인 재정 구조와 경제구조는 이 거대한 제국(러시아)과 서유럽의 이웃들 및 중국 간의 차이를 확연하게 드러냈다.

3 중앙유라시아

러시아, 일본, 중국과 달리 중앙유라시아 땅은 칭기즈 칸 제국이 붕괴된 이래 한 번도 한 통치자의 지배 아래에 들어온 적이 없다. 이 땅은 방대한 생태, 기후, 거주 유형, 문화생활을 망라하는 지역에 걸쳐 있으며, 그 정치적인 단위는 점점 더 쪼개지고 있었다. 결국 거의 모든 지역이 러시아 혹은 중국의 통치 아래에 떨어졌지만, 최후의 병합 단계는 19세기 중반이 되어서야 일어났다. 1350년에서 1750년 사이 시기의 지배적인 이야기는 지역의 분열이었는데, 이 분열 과정은 이 땅의 일부를 안정적인 정치 구조로 통합시키려는 노력에 의해 계속 방해받았다.[121]

위대한 튀르크계 군사 지도자 티무르가 잠시 방대한 영역을 다스렸지만, 이는 1405년 그의 죽음 이후 오래 지속되지 못했다. 티무르 제국의 핵심인 트란스옥시아나에서 샤이반 왕조의 칸들이 우즈베크 제국을 만들었으며, 이는 16세기 대부분에 걸쳐 유지되었다. 동쪽 몽골 땅에서는 칸들이 몽골을 지역 연합체로 묶어 중국으로부터 자원을 얻어 내려고 했지만, 그들은 칭기즈 칸이나 쿠빌라이 칸의 제국에 근접하는 그 어떤 것도 결코 만들어 내지 못했다. 더 서쪽으로 가서는 몽골 제국의 후계자인 몇몇 칸국이 팽창하는 모스크바 국가의 점증하는 압력에 대항해 투쟁했다. 18세기 중반, 중앙유라시아는 영

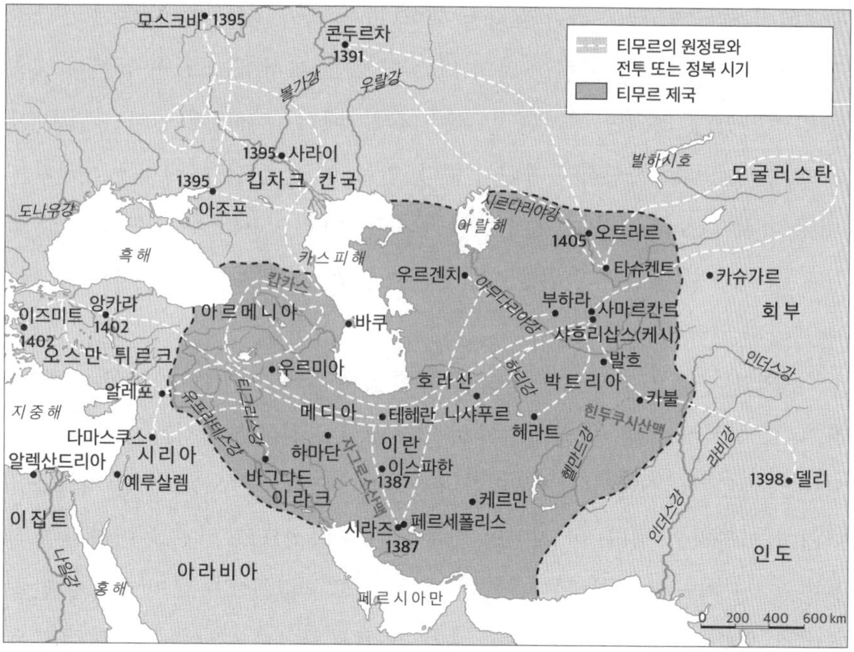

—— 티무르 제국.

구히 두 부분으로 갈라졌다. 몽골과 신강 땅은 전부 18세기에 청의 통치 아래로 들어가고, 서쪽의 칸국들은 팽창하는 러시아 제국의 점점 늘어나는 압력에 직면했다.

경제적으로 고대의 비단길은 지속되었지만, 이 길은 동아시아 바다에서 유럽으로 이어지는 해상 교역량이 증가하며 도전을 받았다. 문화적으로 이 지역은 서쪽 튀르크계-이슬람 지역과 동쪽 몽골계-불교 지역으로 확연하게 나뉜다. 그러나 이런 구분이 형성되기까지는 오랜 시간이 걸렸으며, 문화적 구분이 정치적 구분과 완벽하게 겹치는 것은 아니다.

중앙유라시아의 경계를 어떻게라도 정확하게 규정하기는 어려운 일이어서, 상이한 작가들이 상이한 목적으로 상이한 범주를 사용했다. 이 지역을 바라보는 가장 협소하고 부적절한 방법은 소비에트 연방이 붕괴한 후 오늘날의 배치를 기준으로 과거를 돌아보는 것이다. 이 정의에 의한 '중앙아시아'는 단지 오늘날의 중앙아시아 국가인 투르크메니스탄, 키르기스스탄, 카자흐스탄,

우즈베키스탄, 타지키스탄만 포함할 뿐이다. 이 국가들은 1920년대에 스탈린주의의 민족 범주에 의거한 소련의 민족 및 영토 분류에 의해 만들어진 국경을 물려받았다. 하지만 이러한 범주는 14세기에서 18세기에 일어난 민족 간의 실제 관계와는 직접적인 관련이 없다. 만주, 몽골, 신강, 티베트를 가리키는 '내륙 아시아Inner Asia'라는 용어 또한 문제가 있다. 이 지역들 또한 단지 18세기에 청 왕조가 통일한 단위들로 규정되었을 뿐 그 경계는 선행 시기의 실상과 거리가 멀다.

협의와 광의의 정의 모두 가능하다. 수많은 학자가 만주와 티베트의 역사를 '내륙 아시아' 혹은 '중앙아시아'의 역사에서 완전히 누락시키는 반면, 어떤 이들은 아프가니스탄이나 시베리아나 오늘날 이란의 일부 등 더 먼 지역들을 여기에 더하려고 했다. 이 지역의 민족들은 지속적으로 서로 섞이며 상호작용했고, 전 지역을 망라하는 안정된 정치 구조가 없었으므로 완벽하게 만족스럽게 경계선과 민족들을 지명할 수가 없었다. 편의상 3장에서 나는 주로 몽골, 신강, 그리고 오늘날 중앙아시아 국가의 오아시스(부하라, 사마르칸트 등)를 주로 논의하고, 티베트와 만주를 간단히 언급할 것이다.(만주는 청조의 역사를 기술하면서 더 자세히 논의된다.)

중앙유라시아의 생태

일반적으로 이 지역을 생태적으로 정의하는 것이 정치적인 경계에 초점을 맞추는 것보다 유용하다. 중앙유라시아의 각 기후 지대는 주민들이 혹독한 환경에 적응된, 꽉 정해진 생활 형태를 따르도록 유도했다. 중앙유라시아는 어떤 주요 해안과도 맞닿아 있지 않으며, 기후는 대륙성으로 혹서의 여름과 혹한의 겨울, 적은 강수량, 그리고 일부 특수한 지역을 제외하면 대개 농업 생산성이 낮다. 러시아의 볼가강과 만주의 요하를 제외하면 강들은 주요한 항구나 항해 가능한 바다로 흘러들지 않는다. 이런 일반적인 상황에 사람들은 네 가지 형태로 적응했다. 즉 삼림의 수렵민, 오아시스의 농경민, 목축 유목민, 그리고 대상이다. 이 네 유형의 사람들은 그 누구도 하나의 인접 지대에 뭉쳐 사는 것이 아니라, 스스로 부양하기 위해 머나먼 거리를 가로질러 상호작용했다. 중앙유라시아의 가장자리에는 거대 제국들을 부양하는, 인구가 조밀한 농경 지역들이 위치했다. 점차 동쪽의 중국에서 서쪽의 러시아까지 이 정착민들은 중앙유라시아의 심장부로 침투해 들어가, 이 내륙의 더 혹독한 조건에 그들의 전통적인 생계 방식, 즉 농경을 맞추어 가려 노력하면서 현지 주민(중앙유라시아인)들을 압도해 갔다.

티무르는 전 지역 통치를 시도한 위대한 유라시아의 정복자들 중 마지막이었다. 페르시아와 중동, 인도 북부를 침공한 후, 그는 중국을 대규모로 침공할 계획을 세웠다. 6개월의 준비가 끝난 후 1404년 12월에 원정의 막이 올랐지만, 1405년 2월에 그는 원정로에서 죽었다. 티무르의 후계자들은 군사 정복보다는 중국과의 교역으로 더 큰 이익을 얻었기에, 명나라는 다행히 티무르 군대의 파괴를 피할 수 있었다.

헤라트와 사마르칸트에 정권의 중심을 둔 티무르의 아들과 손자는 명에 조공 사절을 보냈으며, 명은 중앙유라시아에 대한 정보를 모으고자 1413년에 탐사대를 파견했다. 1419년에 북경은 헤라트에서 온 조공 사절을 받아들였다. 명조는 이 지역들을 정복할 수는 없었지만 수지맞는 교역 관계를 제시함으로써 티무르와 그 후계자들의 제국 핵심부에 있는 이 오아시스들에 영향력을 행사할 수 있었다. 심지어 명의 영락제는 사마르칸트에 있는 티무르의 손자 샤 루흐Shah Rukh에게 정치적 동등성과 자유 교역 관계를 받아들이는 편지를 쓰기도 했다.[122] 그러나 1420년 이후로 명의 중앙유라시아에 대한 영향력과 관심은 줄어들었다. 중앙유라시아인들은 더 많은 사절단을 보내 더 높은 가격의 더 많은 물품을 운반했고, 자신들의 가축과 바꿀 중국의 은과 도자기와 약품 및 주화 등 귀중품을 요구했다. 밀수는 (명의) 교역에 대한 엄격한 통제를 잠식해 명나라 측의 이익 및 교역망에 대한 장악력을 감소시켰다. 헤라트 및 사마르칸트와의 정식 조공 관계는 15세기 중반 이후로 거의 사라졌다.

명의 통치자들은 가까운 오아시스인 하미(합밀哈密)와 투루판에 더 큰 영향력을 행사했고, 이 도시들이 공격적인 정복자의 수중으로 떨어지는 것을 방지하는 데 커다란 전략적 관심을 가지고 있었다. 명은 현지의 왕공들을 그대로 두었지만, 하미에는 소규모 분견대를 주둔시켰다. 그러나 1440년 무렵에 서몽골의 에센也先[35]이 부상해 이들 도시들을 위협했고, 에센은 습격을 개시해 결국 하미를 점령했다. 심지어 그는 1449년에 명 황제를 사로잡기도 했지만, 황제의 친척들이 북경에서 권력을 확보하고 에센의 팽창을 저지했다. 1454년에는 에센이 암살당함으로써 이 짧았던 몽골 군사 세력의 결집은 끝났고 하미와 기타 오아시스들은 독립을 회복했다.

투루판은 하미 가까이 있지만 지리적·기후적으로 다른 지대에 속하며, 타클라마칸 사막의 북쪽에 위치하고 이슬람 문화에 깊은 영향을 받았다. 모굴인들[36]이 15세기 중엽에 투루판을 점령하고 엄청난 수의 모스크를 짓고는 명과의 교역을 확대할 방안을 모색했다. 교역 확대를 거절당하자 화가 난 투루판의 통치자는 하미를 점령하고, 명이 이 도시의 독립성을 회복할 때까지 10년 동안 보유했다. 이런 적대감에도 불구하고 명은 계속 투루판으로부터 제한된 조공 사절을 받아들였다. 그러나 중국 관리들은 지속적으로 사절단이 너무 크고 그들이 가져온 물건들은 이익이 되지 않으며, 사절들이 적절한 의례를 따라 행동하지 않는다고 불평했다.

몽골과 명의 관계는 오아시스 상인들과의 관계에 비해 어려움투성이였다.[123] 몽골은 주로 양 떼와 염소 떼에 의지해 생계를 잇는 목축민들이었으므로, 그들은 끊임없이 이리저리 옮겨 다니며 대개 정주 행정 체제의 통제를 벗어났다. 숙련된 기수로서 그들은 정주지를 마음대로 습격할 수 있는 기동성 있는 강력한 군사력을 만들어 낼 수 있었다. 중앙유라시아의 상인들은 몽골이 강력한 동맹자가 될 수 있다는 것을 알았는데, 몽골이 원하는 물품을 얻는 대가로 그들은 대상로와 물품 창고를 보호해 줄 것이었다. 실제로 몽골은 차나 비단, 금속, 약품 및 악기 등 수많은 중국 물품을 원했고, 그들은 이것들을 얻기 위해 말과 양 및 축산품을 교역할 준비가 되어 있었다. 그러나 명의 관리들은 군사화된 부족들이 자신들의 부를 축적하기 위해 중국의 물품들을 활용할 것을 우려해 계속해서 교역 요구를 거절했다. 명의 거절은 몽골의

35 에센 타이시太師 또는 에센 칸 등으로 불린다. 칭기즈 칸의 후손이 아니었으므로 실권을 가졌는데도 칸을 칭할 수 없었지만, 말년에는 몽골의 대칸으로 자처했다.

36 트란스옥시아나와 투르키스탄을 지배하던, 차가타이 칸국 계통의 유목민들을 가리킨다.

습격을 촉발했고, 변경에서 불안정의 악순환을 만들어 냈다.

일부 몽골인은 명의 군대에 복무하고 토지와 곡물과 의복 및 돈을 받으라는 제안에 유혹되어 명나라 땅에 정착했다. 깨인 명의 관료들은 이렇게 정착해 동화된 몽골인이 귀중한 국경 수비대가 될 수 있음을 알아차렸지만, 여타 사람들은 북경에 너무 가까이 그들의 정착지를 만드는 것은 전략적으로 위험하다며 반대했다.

초원의 몽골인들과의 조공 관계는, 분할-지배의 일환으로써 어떤 몽골 집단을 다른 집단과 대립하게 만드는 유용한 수단을 제공했다. 에센의 흥기와 권력 획득은 명의 권력을 심각하게 위협할 수 있는 몽골 통일 연합체의 탄생이라는 위협 요인이었다. 그러나 에센이 사로잡은 명 황제를 활용하는 데 무능했다는 점, 그리고 그가 칭기즈 칸의 후손이 아니라는 사실은 서몽골에서 그와 그의 부족이 통치해야 할 정당성을 약화시켰다.

동몽골의 다른 지도자 두 명이 16세기에 명에 도전하기 시작한다. 다얀 칸達延汗(1464~1532)은 군사적·행정적 통합(병합)을 통해 통일을 달성하고, 서몽골을 격퇴하며 변경을 따라 습격을 재개했다. 그러나 다얀 칸 통치하의 몽골은 다시 한번 그의 정통성을 인정하지 않았고, 통일된 몽골로 명을 위협하고자 했던 그의 꿈을 방해했다. 다얀 칸의 손자인 알탄 칸은 더 생산적이고 지속적인 방식으로 몽골의 통일성을 부활시켰다. 그는 끊임없이 명을 습격하는 한편으로 정규 교역 관계를 요구했다. 그는 1551년에 명으로부터 몽골의 말과 중국의 비단을 거래하는 국경의 시장을 허락한다는 양보를 얻어 냈고, 20년이 넘는 싸움 끝에 북경으로 정규 조공 사절을 보낼 권리를 얻었다. 이제 몽골인들은 중국에서 제조된 도자기나 비단, 융단과 차나 소금과 같은 물품을 가지고 경제를 건설하고 생활수준을 개선할 수 있었으며, 후허하오터에 영구 정착지를 건설했다. 몽골 지도자들이 티베트 겔룩파(황모파黃帽派)의 지도자에게 달라이 라마라는 칭호를 만들어 주면서 명백해진 티베트 불교의 정식 수용은 몽골과 티베트를 연결했으며, 사원에 중심을 둔 정착지의 발전도 촉진했다.

차가타이 칸국과 그 계승자들

더 서쪽, 몽골과 명의 세력이 대부분 미치지 않는 지역에는 트란스옥시아나가 자리 잡고 있는데, 이곳은 차가타이 칸국의 중심지로서 칭기즈 칸의 후예들이 통치하고 있었다. 이 지역은 아무다리야강 북쪽에서 제라프샨강에 이르는 비옥한 토지, 그리고 이를 둘러싼 초원과 사막을 포함하는데, 오늘날 카자흐스탄과 타지키스탄 및 키르기스스탄의 일부와 우즈베키스탄에 해당한다. 여기에는 또한 부하라, 사마르칸트, 타슈켄트 등 주요 대상 도시들이 포함된다.[124] 이곳의 통치자들은 현지 정착민의 영향을 받아 14세기에는 주로 이슬람 신자가 되었다. 몽골 제국이 해체되면서 수많은 현지 통치자가 오아시스와 초원의 통치권을 두고 경쟁했지만, 그들 중 칭기즈 칸의 후예임을 주장할 수 있는 이들만이 합법적으로 칸의 칭호를 쓸 수 있었으며 실제적인 지지를 얻을 수 있었다. 티무르 자신은 결코 칸의 칭호를 쓸 수 없었지만, 자기의 정통성을 보완하기 위해 칭기즈 칸 가계에 속한 꼭두각시 칸을 세우는 한편 자기를 에미르[37]로, 또는 사위를 뜻하는 구르간으로 불렀는데, 이는 그가 몽골의 공주와 결혼했기 때문이다.

1370년에 티무르는 트란스옥시아나에서 차가타이 칸국의 통치를 무너뜨렸고, 그의 사후 후손들은 새로이 높은 수준의 정치적 통합과 문화적 개화를 달성했다. 티무르의 통치 시기에 주요 정치적·문화적 중심지로서 헤라트와 사마르칸트는 상당히 많은 시인과 과학자 및 상인들을 부양했다. 비단길을 따르는 대상 교역은 이들 도시에 새로운 부를 안겼는데, 이들은 오아시스를 거쳐 신강을 관통해 명나라의 수도인 남경까지 닿게 했다. 가장 유명한 통치자 울루그 베그Ulūgh Beg(1394~1449)는 커다란 마드라사,[38] 즉 이슬람의 교육기관 세 곳을 지었는데, 그중 가장 큰 것은 사마르칸트에 있다. 마드라사는 거대한 천문 관측소 하나를 포함하고 있었고, 이란과 중앙아시아의 저명한 수학자

37 '아미르'로도 표기하는 단어로 원래는 '사령관' 또는 '총독'이라는 의미인데, 이슬람 세계에서 왕족과 귀족의 칭호로 사용되었다. '토후土侯'로 번역하기도 한다.

38 이슬람 세계에서 주로 법학과 신학을 가르치던 교육기관으로, 일종의 대학이라고 할 수 있다.

—— 사마르칸트의 울루그 베그 마드라사. 티무르 제국의 통치자 울루그 베그는 15세기에 자기의 수도 사마르칸트에 이 거대한 꾸란 학교를 지었고, 시간이 지나면서 이곳을 중앙아시아에서 가장 중요한 학업, 이슬람 종교학, 문화의 중심 중 하나로 만들었다. 그 자신이 그곳에서 가르쳤고, 여타 일류 학자들 또한 이 기관에서 종교 및 세속적 관심사 양자에 관한 주제를 두고 연구했다. 예컨대 울루그 베그의 관측소는 행성 및 별의 위치와 궤도에 관한 자료를 모았는데, 그 상세함에서 당시에 필적할 만한 대상이 없었다. 티무르 제국 치하에서 두 도시 사마르칸트와 헤라트는 페르시아와 아라비아, 중앙아시아에서 저명한 문화 인사들을 끌어들였다. (Wikimedia Commons, ⓒ Maksim)

와 천문학자들을 끌어들였다. 관측소의 과학자들은 별과 행성의 위치를 계산하는 커다란 기기와 달력을 만들고 삼각법 정리를 이끌어 냈다. 헤라트에서 시인과 예술가들이 새 언어, 즉 튀르크 문어를 만들어 냈으니, 이는 페르시아어의 형태(어형)와 (튀르크) 구어의 단순 명료함을 결합해 만든 것이었다. 서예가와 삽화가들은 전쟁 및 로맨스를 묘사한 극적인 축소도(세밀화)를 만들어 냈다. 이 시기의 가장 위대한 튀르크 문학작품은 튀르크 정복자인 바부르(1483~1530)가 쓴 자서전이다.[125] 비록 말년 가까이에 인도를 점령하면서 가장 큰 명성을 얻었지만, 바부르는 트란스옥시아나의 튀르크 및 페르시아 문화에 깊이 뿌리를 박고 있었다.

나크시반디 수피 종파 또한 트란스옥시아나에서 두드러진 위치로 올라가 통치자들의 후원을 얻었다. 이러한 수피들은 지크르, 즉 알라를 부르는 주문을 조용히 암송함으로써 강력한 신비적 영감을 불러일으키는 것에 집중함으로써 신의 유일성과 직접 관계 맺는 것을 강조했다. 종파의 창시자는 부하라 동북 작은 마을 출신의 온건한 사내였지만, 그의 추종자들은 부유한 지주나 실업가가 되었다. 나중에 나크시반디는 중앙유라시아 및 중동의 광대한 지역으로 그들의 연결망을 넓혔는데, 예멘에서 중국 서북부까지 이어졌다.

15세기 중반, 티무르 제국의 통치자들은 동쪽의 유목민들인 칼미크, 즉 서몽골의 군사적 위협과 마주하는데, 이들은 중국에서는 오이라트 혹은 준가르로 알려진 이들이다. 시르다리야강 북쪽 출신의 우즈베크라 알려진 또 다른 튀르크 유목민이 남쪽으로 움직여 티무르 제국의 칸을 위해 방어했다. 그러나 티무르 제국이 패하자, 우즈베크인 다수는 티무르 제국을 버리고 동북으로 이동해 카자흐로 알려진 이들이 되는데, 카자흐란 약탈자, 방랑자 혹은 모험가를 뜻한다. 17세기에 이 부족 집단은 확고하게 규정된 문화적 집단으로 스스로 규합해 나가 카자흐 연맹체를 만들어 냈다. 1501년에 우즈베크의 초대 칸인 무함마드 샤이바니Muhammad Shaybani는 부하라를 함락시키고 새 왕조를 세우니, 샤이반 왕조는 16세기 내내 지속되었다. 티무르 제국의 마지막 인물인 바부르는 어쩔 수 없이 트란스옥시아나를 포기하고 인도를 점령하러 떠났다. 무함마드 샤이바니는 곧 히바, 헤라트, 타슈켄트, 페르가나 등 여타 주요 도시를 정복했다. 비록 무함마드 샤이바니가 칭기즈 칸 가문의 (후예라는) 유산을 가지고 있어서 칭기즈 칸의 아들 주치Jochi의 직계 후손임을 천명했지만, 그는 수니 무슬림으로서 티무르 제국 문화의 영향을 강력하게 받았다. 샤이반 왕조 치하에서는 현지 농업 및 대상 교역로에 기반을 두어 경제적 발전이 이루어졌다. 우즈베크 부족을 통치하던 이들은 부분적으로는 정착했지만, 여전히 현지 오아시스 사람들과 자신들을 구분했다. 그러나 같은 해인 1501년에 이란에서 하나의 대단히 중요한 발전 과정이 일어남으로써, 즉 이스마일 1세Ismail I(샤 이스마일)가 사파비 왕조를 세움으로써 중앙아시아 대부분을 여타 중동 세계로부터 분리했다. 시아파인 사파비와 수니파인 샤이반은 서로 싸우다가 비겨서, 원래는 통일되어 있던 페르시아 문화와 튀르크 문화를 서로 경쟁하는 종교 분파와 언어적 구분 단위로 갈라놓았다. 트란스옥시아나에서 나크시반디 수피의 영향력은 더 커져서, 수익금을 수지맞는 일에 투자하는 거대한 기부 조직인 와크프를 만들어 냄으로써 그들 성소聖所의 부를 구축하는 한편, 자신들의 후원자에게서 더 많은 선물을 받아 냈다. 결국 반복되는 이란의 공격이 샤이반 우즈베크 왕조를 붕괴시키고, 그들이 100년을 이어 온 트란스옥시아나 핵심 지역의 통합을 종식시켰다. 17세기에는 작은 나라들이 영토를 분할했는데, 그중에서 부하라와 히바가 주도적인 세력이었다.

트란스옥시아나의 동쪽에는 모굴리스탄, 훗날 동투르키스탄 혹은 신강으로 알려진 땅이 있다.[126] 이곳의 지리는 일반적으로 트란스옥시아나와 비슷해서, 광대한 사막과 자그마한 강 및 수많은 오아시스 도시가 장악하고 있다. 그러나 이 도시들은 산지의 북쪽과 타림 분지의 남쪽에 위치하고 있으며, 이들 도시는 주위를 둘러싼 산으로부터 눈 녹은 물을 밭으로 끌어들임으로써 현지의 농업인구를 부양했다. 비단길이 고대부터 이곳을 가로질렀기에 오아시스들은 항상 느슨하게 연결되어 있었지만, 각 도시는 강한 지역적 정체성을 갖고 있었으므로 통치자들은 좀처럼 안정적인 통합을 강제하지 못했다. 타림 분지의 북부에는 천산산맥과 준가르 초원이 자리 잡고 있는데, 이곳은 튀르크 및 몽골 목축민들의 반복되는 침략의 원천이었고, 동쪽으로는 가장 거대한 군사적·경제적 세력인 중국이 있었다. 이 지역의 주요한 경제적 연계는 구심성이라서, 타클라마칸 사막의 텅 빈 중심에서 밖으로 뻗어 나갔다. 가장 동쪽의 도시들인 투루판과 하미는 중국과 마주 보고, 북쪽 일리(이리伊犁) 계곡은 러시아의 삼림과 카자흐 및 준가르 초원과 마주했으며, 서쪽의 도시들은 파미르 산지를 넘어 트란스옥시아나와 연결되고 남쪽으로는 티베트와 심지어 인도까지 연결되었다. 오아시스의 비옥한 땅은 유목 국가 건설자들의 매력적인 표적이 되었지만, (토지의) 분절성과 혹독한 수송 조건이 한 명의 통치자가 전 지역을 오랫동안 통치하는 것을 거의 불가능하게 만들었다.

몽골 제국 통치하에서 이 지역은 차가타이 칸국에 속했지만, 14세기에 서부의 칸이 이슬람으로 개종하고 동부의 집단들이 불교와 기독교 및 샤머니즘을 고수하면서 칸국은 종교적인 선으로 분할되었다. 그러나 첫 모굴 칸은 커지는 티무르의 영향력에 대항해 권력을 집중시키고자 이슬람으로 개종했다. 티무르는 반복해 침략했으나 통치를 강화하는 데 실패했는데, 현지의 가문들이 동쪽으로 멀리 투루판까지 이슬람 연계망을 확장했기 때문이다. 티무르의 죽음으로 모굴리스탄은 그가 살아 있었다면 중국에 대한 전쟁의 자금을 대고자 이 땅에 부과했을 엄청난 요구에서 벗어날 수 있었지만, 그 덕에 이 땅은 이어지는 300년간 경합하는 칸들에 의해 분할된 채로 남았다가 1760년에 마지막으로 청에 정복되었다.[127]

세련된 페르시아 및 튀르크 문화와 인접한 트란스옥시아나에 비해 동쪽의 칸들은 몽골의 유목 유산과 더욱 긴밀한 결속을 유지했고, 후진적인 '당나귀'로 경멸받았다. 그러나 유누스 칸Yunus Khan(재위 1416~1487)와 같은 몇몇은 페르시아와 몽골 세계 사이를 왔다 갔다 했다. 그는 이란에서 일정 기간을 공부한 후에 돌아와 모굴리스탄과 투루판의 통치권을 차지했지만, 현지 귀족들은 자기들을 도시에 정주시키고 생소한 페르시아 방식을 따르려는 칸의 노력에 반기를 들었다. 말년에 유누스 칸은 발단된 도시의 우아한 문화를 즐기기 위해 타슈켄트로 돌아갔다. 그의 손자인 바부르는 동쪽으로 350킬로미터 거리에 있는 페르가나 계곡에서 성장했지만, 여전히 튀르크 및 페르시아의 전통을 보유했다. 그의 경쟁자들이 그를 페르가나 계곡에서 내쫓자 바부르는 엄청난 군대를 양성해 인도를 침공해 무굴 제국을 세웠다. 하지만 현지 칸들 사이의 끊임없는 전쟁도 현지 경제에 손상을 주지 못해서 수많은 대상이 여전히 사마르칸트에서 투루판, 하미, 명나라를 향해 오고 가며 이 지역을 통과해서 여행했다.

17세기에는 신강 북부와 카자흐스탄에서 차가타이 칸국의 유산을 파괴할 새로운 유목 연맹체들이 등장했다. 카자흐, 키르기즈, 칼마크(오이라트)는 거대한 준가르 연맹체가 강력한 국가를 세울 기반을 제공했다. 오아시스에서는 일부 나크시반디 종파 수피 지도자들이 정치적으로 영향력을 갖추었다. 마흐둠자다로 알려진 그들은 남쪽에서 권력을 잡았지만, 곧 백산당白山黨 및 흑산당黑山黨으로 알려진 경쟁 분파들로 나뉘어 끊임없이 싸웠다. 1678년에서 1680년까지 이어진 이 분열에 고무되어 '하늘의 칸'이라는 칭호를 준 달라이 라마의 지원을 받아 준가르의 지도자 갈단은 타림 분지와 투루판을 차지하고 백산당 지도자들을 임용했으며, 자기들의 커다란 군사 국가를 건설하기 위해 (오아시스의) 현지 통치자들에게 무거운 세금을 매겼다. 준가르의 정복은 모굴리스탄의 독립을 끝장냈다. 오늘날까지 신강은 외부인들의 통치 아래에 있다. 즉 몽골 칸들에 이어 만주 정복자들이 들어왔고, 중국 군벌들이 오고 이어 현대의 중화인민공화국이 뒤를 이었다.

준가르 제국

준가르는 몽골의 초원에서 일어나서, 두 정주 국가인 중국 청나라와 모스크바 국가의 확대되는 영향력에 도전한 최후의 대규모 유목 세력이었다. 비록 준가르는 여러 면에서 선행 초원 제국들을 닮았지만, 진정한 국가 건설을 향해 선행자보다 더 멀리 나아갔다. 그들은 남쪽 지역의 농부들을 천산 북쪽으로 이주시킴으로써 농업을 장려했고, 멀리 스웨덴에서 기술자들을 불러와 자기들에게 야금과 무기 제작을 가르치게 했으며, 지도를 그리고 요새 구축 및 교역을 위해 도시를 만들었다.[128] 통치자들은 칭기즈 칸의 혈통이 아니었지만, 티베트의 달라이 라마에게서 칸의 칭호를 받음으로써 새로운 정당화 수단을 만들었다. 1670년대에 갈단 치하의 국가 강화에서 1750년대의 청에 의한 멸망까지, 준가르 제국은 동쪽과 남쪽, 북쪽으로 국가를 강화(통합)할 수 있는 중심부 십자로에 위치하고 있었다. 통치자들은 자신들의 입지를 공고히 하기 위해 동쪽으로 몽골(동몽골), 남쪽으로 티베트, 북쪽으로 러시아까지 모든 방향에서 동맹과 자원을 얻기 위해 필사적으로 노력했다. 그러나 그들은 결국 동시에 팽창하는 청과 러시아에 굴복하고 말았다. 차르 제국과 만주 제국 양자는 수지맞는 교역 관계를 형성하고 안정적인 국경을 확보하기 위해 둘 사이에 있는 취약한 민족들을 배제한다는 데 이해를 같이했다. 20세기에 이 두 제국이 무너질 때까지 중앙유라시아는 둘 사이에서 분할된 채로 남아 있었다.

서몽골은, 즉 중국인들에게는 대체로 오이라트로, 러시아인들에게는 칼미크로, 페르시아인들에게는 칼마크로 알려진 부족 집단은 칭기즈 칸의 정복

연맹에 참여한 적이 있지만, 나중에는 쿠빌라이 칸에게 반란을 일으켰다. 그들은 한 번도 하나의 독립적인 대형으로 뭉치지 못했다. 그들은 에센(1454년 사망)의 지도하에 다시 흥기했다.[129] 에센은 먼저 동쪽으로 움직여 투루판과 하미와 감숙성(간쑤성)을 차지하고, 1449년에는 심지어 명의 황제를 사로잡기까지 했다. 그러나 에센은 중국을 점령할 시도를 하지 못하고 재빨리 초원으로 돌아왔다. 그가 칭기즈 칸 혈통이 아닌데도 몽골의 관습을 어기고 스스로 칸임을 천명하자 그의 추종자들이 바로 반란을 일으켰다. 동몽골의 위대한 지도자들인 다얀 칸과 알탄 칸은 서북 중국의 명나라 주둔지로부터 자원을 뽑아내는 데 노력을 경주해, 중국이 장성을 쌓고 규제하의 교역 관계를 받아들이도록 유인했다. 1570년대에 알탄 칸은 또한 불교 겔룩파의 지도자를 달라이 라마로 만들고, 승려들과 정식 정규 관계를 확립했으며, 새 수도인 코케호타(오늘날의 후허하오터)에 사원을 지음으로써 몽골에 겔룩파 불교를 재도입했다.

16세기 대부분 동안 서몽골은 자신들을 둘러싸고 있는 두 제국(중국과 러시아) 및 동몽골로부터 고립된 채 서로 분열된 상태로 남아 있었다. 그러나 러시아의 카자크가 시베리아로 움직이기 시작하자, 서몽골은 이익이 되는 접촉 기회를 모색하면서 1607년에 교역 사절단을 모스크바로 보냈다. 그들은 종이, 의복, 현금을 대가로 시베리아의 (러시아인) 주둔지에 말을 가져갔다. 그러나 러시아인들은 정식 외교 관계의 대가로 서몽골이 차르에게 완전히 복종할 것을 요구한 반면 몽골인들은 단지 조건부 충성을 제안했기에 항구적인 동맹 관계는 형성될 수 없었다. 그러나 러시아인들은 이들 몽골인과 접촉함으로써 처음으로 거대한 중국 제국에 관한 믿을 만한 정보를 얻었다. 서몽골의 한 집단인 토르구트가 나머지로부터 떨어져 나가 서쪽으로 수천 마일 거리에 있는 볼가강으로 이동해 러시아의 보호를 요청했다. 오이라트의 통일은 17세기에 그들이 서로 간의 습격을 멈추고 공동의 방어에 참여하기로 결정하면서 시작되었다. 오이라트 지도자의 양자인 티베트 승려 자야 판디타Zaya Pandita(1599~1662)는 오이라트어를 위한 자모 표기법을 고안해 티베트어 경전을 몽골어로 번역하고, 오이라트와 티베트의 외교 및 교역의 접촉을 도움으

—— 준가르 제국.

로써 오이라트의 통합에 기여했다. 자야 판디타의 티베트 접촉은 (칭기즈 칸 직계가 아닌) 오이라트에 칭기즈 칸의 후손 자격을 대신할 수 있는 새롭고 강력한 정당화 능력을 제공했고, (이로써) 준가르 국가의 이념적인 기반을 마련했다. 바투르 홍타이지Batur Hongtaiji(재위 1635~1653)는 비록 스스로 칸을 칭할 수는 없었지만, 카자흐와 청해 지역의 코코노르호에 대한 군사 원정을 감행함으로써 새 국가 건설에 한층 다가갔다. 그의 만주 측 짝인 홍타이지(청 태종)처럼, 바투르 홍타이지는 군사력을 발전시켰고, 이는 행정적인 중앙집권화의 기반을 놓았다. 그는 러시아와의 관계를 재개하고 키르기즈로부터 조공을 얻어내기 위해 러시아와 협력하는 한편, 러시아 도시 토볼스크를 통해 (당시) 부하라인으로 불리던 중앙아시아 상인들이 담당하던 상업을 장려했다. 그는 자신의 통치 지역 내에 경작지를 개발하기 위한 농기구와 무기를 구매하려고 시도

—— 다와치 칸(Dawaci Khan). 서몽골 준가르족의 마지막 통치자 중 하나로, 처음에는 청의 군대에 대항해 싸우다가 결국 칸국을 대표할 계승자 분쟁에 끼어듦으로써 청에 협력하기로 한다. 그러나 이는 칸국의 파멸을 부른 치명적인 결정이었다. 이 초상화는 청 통치기에 그린 것으로, 그를 건륭제를 위해 봉사하는 충성스러운 신하로 묘사한다. (Wikimedia Commons)

했으며, 이르티시강변에 작은 도시 하나를 세우고, 거기에다 중국과 트란스옥시아나, 몽골, 러시아 출신의 기술자들을 불러 모았다.

1640년에 동서 몽골의 주요 칸들이 커다란 비밀 회합장에 모여 서로간의 차이를 해소하고 법적 관행을 조율하려고 했다. 커져 가는 러시아와 청의 위협을 목도하면서, 그들은 공식 종교로서 티베트 불교에 기반을 둔 통일된 사회구조를 만들려고 했다. 그러나 그들은 개별 칸이 단일한 통치 권력에 복종한다는 데 동의할 수 없었다. 칸들의 이 '치명적인 개인주의'가 결국은 그들을 둘러싼 채 협력하는[39] 관료제 국가들에 패배하는 운명을 안기게 되지만, 그들은 (어쨌든) 커지는 압력에 대응하려고 노력했다. 그들은 러시아와 청의 지배로 떨어지기 전에 그들을 하나로 규합할 한 명의 역동적인 지도자가 필요했다. 바투르 홍타이지는 그에 적합한 지도자가 아니었다. 1653년에 그가 죽자 준가르 연맹은 분열되었다. 그러나 불교를 공부하려고 떠나 있던 그의 아들[40] 갈단이 강력한 군사력과 국가조직을 건설한다는 약속을 들고 1670년에 티베트에서 돌아왔다.

앞에서 기술했듯이 강희제는 갈단을 상대로 네 차례의 원정을 감행했고, 그의 후계자들은 준가르와 그 국가를 없애는 데 헌신했다. 준가르를 제거하자, 몽골 전체와 신강이 청의 통치 아래로 들어갔다.

중앙유라시아 경제의 변화

수많은 저자가 비단길로 불리는 중앙유라시아의 교역로는 근대 초기에 불가역적으로 쇠퇴했다고 주장했으며, 그들은 이 육상 교역의 쇠퇴를 유럽인에 의한 해상 교역의 부상과 연결했다.[130] 그러나 비단길은 쇠퇴하지 않았다. 예전에도 여러 번 그러했듯이, 이 길은 단순히 방향을 바꾸었을 뿐이다. 티무르의 수도 사마르칸트는 인구를 잃었지만 부하라는 규모를 유지했으며, 페르가나 계곡의 새 도시 코칸트는 번영을 누렸다. 인도의 무굴인들이 원하는 말에 대한 수요는 엄청나서, 인도산 직물과 교환할 거대한 규모의 말 떼를 몰고 남쪽으로 갔다. 청 또한 카자흐로부터 강력한 말을 구입했고 러시아인들도 마찬가지였다. 러시아인들이 동쪽 오렌부르크로 침투하면서 부하라 상인들에게 이윤을 제공할 새로운 시장의 판로가 열렸다.[131] 중국 국경에서의 모피 교역 또한 몽골 땅을 통해 상인들을 끌어들였는데, 그때 우르가와 후허하오터에서는 새 정착지들이 사원 주위에서 발전했다. 제국과 칸들의 부침, 그리고 그들과 연관된 전쟁은 분명히 상업을 방해했다. 그러나 대상단은 막간의

——— 39 원문은 'coordinated'로, 하나의 목적을 위해 조직이 조화롭게 움직이는 것을 뜻한다.

——— 40 원문에는 조카로 되어 있지만, 갈단은 바투르 홍타이지의 아들이다. 『준가르 사략準噶爾史略』에 의하면 여섯 번째 아들이다.

평화 시기에 부활했다. 또한 일부 지역에서는 준가르, 러시아, 청 등 통치 제국들의 장려책에 힘입어 농업 생산이 증가했다. 우리가 말할 수 있는 한 인구 또한 늘어났다. 비록 명확한 수치 자료는 없지만, 교역 절대량의 대규모 감소를 말하는 것은 설득력이 없어 보인다. 하지만 전 세계 대비 중앙아시아의 생산 비율이 감소한 것은 사실이다.

1부에서 논의한 모든 지역 중에서 중앙유라시아는 가장 큰 정치적·문화적 해체를 겪었다. 한때 자신들을 둘러싼 정주 사회에 대항해 밖으로 뻗어 나아가던 위대한 유목 정복자들이 자리 잡은 중심지였지만, 이제 중앙유라시아는 러시아, 중국, 사파비 이란 등 거대 제국들에 지배되는 땅들로 분열되었다. 서쪽의 반은 거의 전적으로 이슬람화된 반면, 동쪽 부분은 이슬람 정주민과 불교도 몽골인 및 중국 이민자들로 뒤섞였다. 정주 제국들의 강력한 팽창은 자립 통치의 기회들을 거의 다 없앴지만, 언제나 이 지역을 가로질렀던 경제적 교환은 새로이 조정된 형태로 계속되었다. 더 넓은 세계에 대한 중앙유라시아의 정치적인 공헌은 끊임없는 정주 생활에 대해 영향(자극)을 미쳤다는 점인데, 이는 바부르의 인도 점령, 그리고 만주인과 그들의 몽골 동맹이 달성한 중국 점령을 통해 이루어졌다. (지역 특유의) 목축, 오아시스 농업, 현지의 종파들은 경계를 가로지르는 독자적인 문화 지대가 계속 유지되게 했고, 그들을 갈라놓으려는 정주 제국들의 노력을 방해했다.

4 일본

몽골은 두 차례, 즉 1274년과 1281년에 일본을 침략했지만, 질병이나 태풍 그리고 일본 남부의 무사들의 강력한 저항으로 인해 실패했다. 비록 일본 열도를 점령하지는 못했으나 몽골은 (일본의) 완전한 정치적 해체로 귀결되는 과정을 촉진했다. 가마쿠라 막부(무사 정권)는 교토의 조정과 가마쿠라의 군사적 통치자들 간의 깨지기 쉬운 균형에 기반을 둔 것으로서, 14세기 중반에 해체되어 온 나라를 수십 년간의 내전으로 몰아넣었다. 각각 동맹 무사들을 거느린 두 천황이 서로 경합하다가, 무로마치 시대(1392~1490)에 이르러서야 불안정하지만 교토의 군사 통치자들이 통일을 회복했다. 이러한 해체 과정은 15세기 중반에 일어난 오닌의 난 시기에 최악으로 치달았다가, 16세기 말에 무사들이 서서히 중앙집권 국가의 요소들을 원 상태로 돌려놓았다.

도쿠가와 막부(1603~1867)는 천황과 군사 통치자들의 (기존과) 유사한 이원 지배 체제에 기반을 두었으나, (기존에 비해) 훨씬 현지 사회에 깊이 뿌리를 두었고 장기적인 안정성을 보장할 수 있는 구조였다. 18세기 중반까지 이르는 도쿠가와 막부 전반기에 일본은 평화적 상황의 이점을 향유했다. 즉 인구는 늘었고 농업 생산은 확대되었으며, 비록 외부 세계와는 상대적으로 단절되었다지만 상업망은 국내 전역에 걸쳐서 통합되었다. 비록 일본은 명·청 시대 중국이나 러시아 제국처럼 영토적으로 확대되지는 않았고, 비록 그들보다 낫지는 않더라도 그들에 버금가는 수준의 도시화와 농업 생산력 및 문화적·상업적 통합을 달성했다. 그러나 18세기 말에 도쿠가와 막부 구조 내부의 알력은 더 확연해져서 결국 1868년에 막부는 붕괴한다.[132]

일본의 네 주요 섬, 즉 북에서 남으로 홋카이도, 혼슈, 시코쿠, 규슈는 대체로 온화한 온대 기후 지대에 속해, 적당한 강우량과 풍부한 숲을 갖추고 있다.[133] 자그마한 평야와 강이 밀도 높은 농업인구를 부양했다. 열도의 기후는 농업 생산에 유리하고 지방의 영주들이 소규모 영지를 소유하는 데 도움이 되었지만, 이러한 지형 탓에 집중된 정치조직을 만들어 내지 못했다. 산길에 의해 구분되는 하곡 각각은 그 자체만의 세계를 형성했다. 눈이 많이 내리고 겨울이 길며 혹독한 기근이 존재하는 혼슈 북부 및 홋카이도와 바닷길로 류큐 제도와 대만 및 동남아시아와 이어진 아열대 규슈는 기후, 작물, 그리고 상업적인 연결망 면에서 천양지차였다. 인구밀도가 가장 높고 생육 환경이 가장 좋은 지역은 내해를 따라 이어진 혼슈 서부와 에도(오늘날의 도쿄) 근처의 간토 평원이다. 기나이 평원(오늘날의 교토, 나라 및 오사카)에 의지하던 일종의 중앙 정권이 7세기부터 존재해 왔지만, 천황의 조정은 대체로 수도를 벗어나면 제한된 권위만 가질 뿐이었다. 중앙정부의 약화와 자원을 둘러싼 투쟁의 격화는 영주들 간의 끊임없는 파괴적인 전쟁으로 쉽사리 이어질 수 있었다.

일본인들은 또한 수많은 자연재해를 겪었다. 화재는 끊임없이 목재로 만들어진 도시를 휩쓸었고, 지진이 반복해서 닥쳤으며, 태풍과 기근, 전염병이 빈번하게 열도를 덮쳤다. 재난은 영주와 통치자들의 인민 구호 능력에 도전했으며, 재난이 지나치게 잦아질 때마다 반란이나 저항 운동이 일어나 통치자의 권위에 도전했다. 일반적으로 정부가 통합되어 있으면 일본의 통치자들은 (반란을 진압할) 우월한 군사력을 갖추었으므로 큰 반란은 그다지 일어나지 않았다. 촌락의 긴밀한 공동체 조직과 도시의 길드는 집단적인 위기에 대항해 협력하는 데 도움을 주었다. 비록 일본은 중국이나 러시아와 달리 외부 세력의 침략에 상대적으로 덜 취약하고 대규모 농민반란의 도전을 자주 받지 않았지만, 일본은 여전히 나름의 혼란을 초래하기에 충분하고도 남을 내부의

—— 도쿠가와 막부(에도 막부) 시대의 일본.

경쟁 세력들이 있었다.

1185년에서 1333년까지 지속된 가마쿠라 시대는 초대 쇼군인 미나모토노 요리토모源賴朝가 본부를 둔 일본 동부의 도시 이름을 따라 명명되었는데, 이 도시는 교토의 궁궐에서 상당히 떨어져 있었다.[134] 고대 일본의 인구 및 문화적인 중심은 교토, 나라, 오사카를 포함한 기나이 평원이었다. 1150년에 총

700만 명에 달했던 인구 중 140만 명이 기나이에 살았고 160만 명은 오늘날의 도쿄가 중심지인 간토 평원에 살았다. 요리토모는 수도를 문화적인 중심지(기나이)에서 간토 지방의 남쪽 끄트머리인 가마쿠라로 옮긴 최초의 인물이다.

하지만 요리토모는 교토의 천황을 대신하지 않고 스스로 천황의 군사적 수령인 쇼군, 즉 '정이대장군(세이이다이쇼군征夷大將軍)'[41]으로 칭했다. 그는 자신의 정부를 막부, 즉 '천막(군막) 정권'으로 불렀다. 비록 천황의 종복임을 선언했지만, 사실 그의 막부가 조정을 압도했다. 그의 추종자인 무사, 즉 사무라이들은 자신의 주군에게 무조건적인 충성을 맹세하고 그 대가로 땅을 허락받았다. 경제적인 분열은 지방의 군사적 세력을 형성하기에 유리했는데, 스스로 세금을 걷는 독립적인 영지들이 중앙집권적인 관료 행정조직에서 분리되어 나왔기 때문이다. 쇼군이 지명한 (지방의) 군사 통치관(슈고守護)들은 더욱 중앙의 영향력에서 벗어났다. 그들은 자신의 지위를 후손에게 물려주었고, 대부분의 지대 수입을 관리했으며, 가마쿠라의 감시에서 벗어났다. 사실 쇼군 자신들 또한 호조 가문에 속하는 섭정(싯켄執權)들의 통제 아래에 있었는데, 이 가문은 가마쿠라 주변의 광대한 토지를 관리했다. '비구니 쇼군'으로 불린 호조 마사코北條政子는 1225년에 죽을 때까지 막부의 실질적인 권력자였다.

그러나 교토의 조정은 여전히 문화적인 평판의 중심으로 남았으며, 기존의 엘리트 귀족과 민정 관료제로 구성된 행정 체제의 유산을 유지했다. (천황의) 조정과 막부는 서로 상대가 필요했다. 조정은 지방의 반란을 진압하기 위해 전사들이 필요했고, 전사(막부)들은 자신들이 지닌 정통성의 상징으로서 천황을 끌어들였다. 그러나 13세기에서 14세기 무렵이 되면, 정치적인 권력은 대부분 교토 중앙정부의 손에서 벗어나 지방의 군사적 엘리트들의 손으로 들어간다.

1274년과 1281년에 쿠빌라이 칸의 몽골군이 14만 명 이상의 병력으로 침략을 감행했다. 몽골 선단을 박살 낸 '신풍神風'의 도움을 받아 사무라이 집단

41 정이대장군은 일본의 영외관 장군직 중 하나다. 줄여서 장군(쇼군), 공방公方(구보), 대수장군大樹將軍(다이주쇼군), 어소御所(고쇼) 등으로도 불렸다.

___ 사무라이는 존재의 유일한 목적이 주군을 위해 싸우는 것인 전사들이었다. 그들은 12세기에서 17세기까지 일본의 군사적·정치적 문화를 지배했다. 이 그림이 보여 주듯이 그들은 전통적으로 장화와 갑옷, 정교하게 장식된 투구를 착용하고 말을 몰아 전장으로 가서 긴 칼을 들고 일대일로 싸움을 벌였다. (Wikimedia Commons)

은 몽골군을 물리쳤지만, 그들의 승리는 결국 일본을 찢어 놓았다. 전 세기의 수지맞는 내전과 달리 외국 침략자들을 몰아내도 전사들은 전리품을 얻을 기회가 없었다. 사무라이들은 충성뿐만 아니라 사적으로 얻을 것을 바라며 싸웠기에 승리의 대가로 눈에 보이는 포상을 기대했다. 베테랑 군인들은 구제를 청원하면서, 자기들은 몇 달을 기다렸는데도 복무의 대가로 아무것도 받지 못했다고 불만을 터뜨렸다.[135] 불교 승려들 또한 자기들의 강렬한 염불이 신풍을 불러왔으니 지대한 인정을 받아야 한다고 주장했다. 그러나 가마쿠라 막부의 쇼군들은 수도에 대한 강한 통제를 유지했고, 교토의 천황 주위의 갈라진 분파들은 쇼군에게 대항하지 못했다.

조정 및 막부 내부의 경쟁 분파들 간의 경합과 불교 종파들 간의 경합은 막부를 찢어 놓기 시작했다. 1330년대에 고다이고後醍醐 천황은 천황의 권력을 회복하고자 막부에 대항하는 반란을 이끌었다.[136] 1331년에서 1392년까지 경쟁하는 두 천황 가문과 각자의 추종자들이 전국에서 싸움을 벌였다. 내전은 전국에 폭력의 물결을 일으켰고, 50명에서 100명으로 이루어진 마적들이 여기저기서 폭행과 강도 행각을 벌였다. 그들 중 일부는 찢어지게 가난한 사람들이었지만, 일부는 자신의 보유지를 지키거나 늘리고자 싸우는 현지의 지주들이었다.[137] 전사 정권의 빡빡한 통제에서 벗어난 젊은이들은 돌을 던지는 싸움에 참여하거나, 가면을 쓰거나 기이한 복장을 입음으로써 불복종을 표시했는데, 타인들은 이들을 악마로 여기며 두려워했다. 지방의 한 작가는 이렇게 묘사했다. "야간의 폭행, 무장한 강도들, 조작된 문서, 헤픈 여자들, 야간의 도심 질주, 까닭 없는 공포, 잘려 나간 머리, 스스로 파계한 승려와 자기 머리를 깎은 재가자 (……) 세상을 뒤엎는 졸부들."[138] 이런 '하극상', 즉 낮은 계급 사람들이 높은 지위의 사람들을 뒤엎는 과정은 전 계급과 전 지역에 영향을 미쳤다. 동시에 평등의 원칙이 세습 위계 구조에 도전했다. 지주들은 잇키一揆로 불리는 동맹을 결성해 자유로운 맹세를 통해 전사와 농민을 결합시켰는데, 이러한 잇키는 슈고의 권력에 도전했다. 그들은 또한 성원들 사이의 분쟁을 중재하고 영주들이 농민반란을 억압하는 것을 도왔다. 해안을 따라 생활 기반을 잃은 선원들과 전사들은 해적이 되어, 곡물을 얻기 위해, 몸값을 노려 현지인을 납치하기 위해 한반도와 중국의 해안을 공격했다.

하지만 농민들도 스스로 소惣라는 향촌 동맹을 조직해 지주의 소작료 요구에 대항했다. 또한 그들은 경작 면적과 소출을 늘려 잉여분은 자기 몫으로 남겼다. 그들은 '신성한 단결의 물을 마시며' 현지 신의 축복하에 공동체의 결속을 맹세하는 비밀문서를 만들었다.[139] 그들은 지방의 징세관에게 청원해 수확 손실을 주장하며 세금을 경감해 달라고 요구했다. 곧 이런 조직들의 활동 영역은 청원을 넘어서서 폭력 시위나 소작쟁의로 확대되었다. 쇼군은 권력을 회복했지만, 교토의 한 구역인 무로마치로 이동했으며 그곳에서 그의 후계자들은 1392년에서 1573년까지 거주했다. 무로마치 막부 혹은 아시카가 막부로 불리던 이 시기에는 쇼군과 천황의 이원 권력이 사라졌다. 교토의 조정은 너무나 빈곤하고 힘이 없었기 때문이다. 1392년에 쇼군은 명과의 교역 관계를 열고 자기를 중국에 조공하는 권한을 지닌 이로 선포했다. 중국과의 이런 관계는 교역을 통한 이익을 제공했을 뿐만 아니라, 쇼군이 최고 통치권자임을 확인시켜 주었다. 그러나 일본 내에서는 쇼군 자신조차 권위의 하락을 겪었는데, 그의 부장들, 즉 슈고라 불리는 군사 통치자들이 지방에서 권위를 가지고 있었기 때문이다. 그들은 자신들을 사실상 영토적인 기반을 가진 독립적인 영주, 즉 다이묘로 바꾸어 가기 시작했다. 쇼군들이 교토에서 무기력한 우아함 속에서 살며 고도로 탐미적인 궁정의 분위기에 크게 영향을 받을 때, 다이묘는 점차 나라를 분할해 갔다.[140] 해안 지방의 영주들은 늘어나는 해외 교역으로 인해 이익을 얻었으며, 금이나 유황 혹은 칼을 중국에 팔고 동전을 얻고자 강력한 상인들과 연합했다. 동전이 일본으로 더 많이 들어올수록 경제는 더욱더 상업화되었다. 사원과 상인들은 전사들의 손아귀에서 벗어나기 위해 시장을 이용했다. 선승들은 중국의 해안으로 커다란 화물 뭉치를 보냈고, 상인들은 자座라 불리는 길드 조직을 형성해 같은 물품을 만들거나 거래하는 동향 사람들을 결합했다. 대부업자들과 사케 양조자들은 금융 거래를 통해 커다란 부를 축적했는데, 막부와 영주들에게 돈을 빌려주거나 세금을 납부해 그들이 사치품 구입에 돈을 쓸 수 있게 했다.

15세기 중반 무렵, 이러한 대립하는 압력들이 다시 한번 일본을 갈라놓았다. 내전에도 불구하고 인구는 1700만 명으로 불어났다. 길드는 동시대 독일의 한자 동맹[42] 길드처럼 멀리까지 미치는 상업망을 구축했다. 상인 엘리트

42 13세기에서 15세기 사이의 시기에 독일 북부 연안과 발트해 연안의 여러 도시 사이에

—— 오사카에서 서쪽으로 80킬로미터 지점에 있는 히메지성은 일본의 전국시대를 견디고 살아남은 몇 안 되는 요새 건축물 중 하나다. 성은 14세기에 동일본과 서일본 사이의 육상 교역로와 세토 내해를 동시에 통제할 수 있는 중요한 전략 지점에 세워졌다. 17세기가 시작될 때까지 이 근거지는 지속적으로 확장되어 결국 여든세 개 이상의 개별 건물을 품게 되었다. 도쿠가와 막부는 기존 군벌(다이묘)의 성(성읍) 대부분을 해체했지만, 이 히메지성은 남겨 정복 전쟁 시기에 도쿠가와 가문을 지지한 영주에게 포상으로 주었다. 오늘날까지 이 성은 폭격과 지진을 이기고 살아남았으며, 현재 일본에서 가장 중요한 유네스코 세계 문화유산 중 하나다. (Wikimedia Commons, © Oren Rozen)

들이 내해에 붙어 있는 교토의 관문인 사카이 같은 새 도시들을 통제했다. 그러나 농민들은 과중한 세금과 양조업자 및 제분업자들의 학대에 대항해 반란을 일으켰다.[141] 촌락 주민들과 불교 사원은 자기들을 지키기 위해 전사들을 고용했으니, 촌락 동맹은 더 광대한 영역으로 확대되었다. 개별 가문은 자신의 친지들을 보호하기 위해 싸웠으며, 남성이 여성에 대해 우월한 지위를 확립했다. 가문의 재산을 지키고자, 법률은 단지 아들 한 명에게만 토지를 주고 딸들에게는 더는 주지 않았다. 나머지 아들들은 스스로 재산을 얻고자 떠

서 해상 교통의 안전보장, 공동 방호, 상권 확장 등을 목적으로 이루어진 도시 연맹이다.

돌이 군대와 함께 떠났다. 쇼군은 대등하게 강력한 군사적 수장 중 한 명에 불과했고 교토만 다스렸을 뿐이며, 도적들이 나라 안을 어슬렁거렸고 해적들이 해안을 공격했다. 1441년에 일어난, 경쟁자들에 의한 쇼군 살해 사건이 전국적인 위기의 도화선이 되어 100년 이상 동란이 지속되었다.

오닌의 난(1467~1477)부터 시작해 나라는 끊임없는 내전으로 빠져들었다.[142] 한쪽이 10만 명에 달하는 군사 분파들은 수도 안에서 싸움을 벌였다. 그 군대 안의 거친 보병들은 집과 사원을 약탈하고 방화하며 강탈해 교토 거의 전체를 파괴했으며, 그 와중에 가난에 찌든 천황은 살아남기 위해 자신의 서예 작품을 팔러 다녀야 했다. 유서 깊은 가문들과 대규모 군대는 전멸했다. 일본인들은 이 시기를 전국시대로 부르지만, 이러한 사회적 격변의 시기를 표현하는 유럽의 용어인 '의사擬似 봉건제'는 일본에도 들어맞는다. 메리 엘리자베스 베리Mary Elizabeth Berry의 표현을 빌리면, 이 전쟁은 "기존의 정치적·사회적 세계를 완전히 부수거나 새것으로 대체하지도 않은 채 그것을 비틀어서" 하나의 '무법 문화'를 만들어 냈다.[143]

16세기 초기에 이르면 교토 사람들은 전쟁에 신물이 났기에, 평화와 물질적인 번영의 필요성을 강조하는 새로운 불교 분파가 지지를 얻었다. 13세기의 승려 니치렌日蓮[43]에게서 유래한 일련종(니치렌종)의 신도들은 영주 및 도시 관료들의 징세권을 거부하고, 미래의 환생을 기도하는 대신 현세의 번영 가능성을 강조했다. 그들은 도시 내에 스물한 개의 거대 사원군을 세워 이를 두터운 벽으로 둘러싸고 망루를 올리고 해자로 둘러싸서 신도들을 위한 자그마한 요새로 만들었다. 1530년대에 그들은 교토와 인근 촌락들을 지배하면서 다른 종파들을 가차 없이 배격했다. 그들은 특히 정토종을 공격해 건물에 불을 지르고 그들의 신앙을 맹렬히 비난했다. 잠시 동안 그들은 쇼군의 행정 체제를 몰아내고 다른 무사 파벌을 진압하고는 수도를 접수함으로써 평화를 달성했다. 그러나 도시를 내려다보는 히에이산 언덕에 자리 잡은 사원들이 무사

43 1222~1282. 가마쿠라 불교의 종지 중 하나인 일련종의 종조로서 여러 불교 경전 중에서도 『법화경』을 중시하라고 가르쳤다.

들을 동원해 1536년에 일련종 세력을 물리쳤다. 다시 한번 승자는 적(일련종)의 사원을 불태우고 수천 명을 학살했으며 일련종을 말살했다. 교토의 도시민들은 이전에 자신들을 억압하던 무사들(막부)보다도 전혀 효과적으로 평화를 가져오지 못했다.[144]

아시카가 시기의 문화적 변동

격동의 아시카가 시기에 거친 전사들은 선禪(젠)을 품었다. 선종은 불교의 종파 중 가장 소박하고 신비로운 일파다. 그들은 규율 있는 투사들을 찬미하는 전쟁 이야기도 즐기는 한편 고도로 심미적이며 내적인 면에 초점을 맞춘 정신적인 관행, 즉 선을 지지했다. 선의 중요한 원칙들은 "경전을 넘어서는 특별한 전수(교외별전敎外別傳), 문자에 의지하지 않기(불립문자不立文字), 직접 인간의 마음을 가리키기(직지인심直指人心), 인간의 본성을 보고 불성을 얻기(견성성불見性成佛)"다. 선의 스승들은 염불이나 정교한 의례 대신 제자들 개개인의 정신적인 발전에 집중했다. 학생들은 오직 논리적인 역설(고안公案)을 두고 명상하거나, 스승들의 매질을 겪음으로써 깨달음을 얻을 수 있었다. 선의 경전은 교리 구절이 아니라 유명한 대가들에 관한 아리송한 일화로 채워져 있다. 하지만 수도승 불교와는 달리 (선에서) 깨달은 영혼은 이 세계를 떠날 필요가 없다. 그는 이전처럼 살아갈 수 있지만 그의 내면은 철저하게 변화된 상태다. 선의 단순성과 실용성은 누구보다도 사무라이에게 호소력이 있었다. 쇼군과 지방 영주의 지원을 받아 선승들은 지방의 사원 학교에서 가르침을 펼쳤고, 그 덕에 시골의 식자율은 놀랄 만큼 높은 수준으로 올라갔다.

개개인에 초점을 맞추었는데도 14세기의 선은 가마쿠라와 교토의 오악五嶽 사원의 지도하에 하나의 주요 제도로 발전해 갔다.[145] 승려들은 영주를 위해 토지를 관리했으며, 돈을 빌려주고, 중국과 상업적·문화적 관계를 촉진했다. 막부는 선종 사원을 보호하고 진흥하는 한편, 거기서 세금도 걷었다. 선의 대가들은 중요한 외교사절이나 심지어 선장으로 복무했다. 그들은 일본에 중국풍의 시가, 풍경화, 그리고 불교 및 신유학 논문을 전파했다.

중국에서 발원한 선은 중국 현지에서 '찬'이라 불리며 '집중'을 뜻하는데,

선이 일본에서 유명해진 것은 새로 복원된 중국과의 접촉 때문이었다. 몽골의 침략으로 인해 일본은 선박의 건조를 촉진했고, 일본은 1401년에 명나라와 공식 교역을 재개한다. 쇼군은 하나의 위대한 선 사찰을 만들고 명나라 의복을 입음으로써 그가 가져온 새로운 번영을 경축했다. 1394년에 그는 일본에서 가장 아름다운 세속 구조물인 교토의 킨카쿠지(금각사金閣寺)를 만들었다. 선방 하나를 갖추고 지붕에 청동 봉황을 이고 있는 이 자그마한 3층 건물은 힘들이지 않고 그 아래의 정원 및 못과 조화를 이룬다. 킨카쿠지는 오닌의 난 때 불탔다가 중건되어 1950년까지 유지되다가, 어느 미친 승려에 의해 다시 불탔다가 원래의 양식으로 복원되었다. 긴카쿠지(은각사銀閣寺)는 선승이 된 쇼군이 킨카쿠지를 본떠 1482년에 만들었다. 긴카쿠지는 결국 은박을 입히지 못했지만, 오닌의 난을 견디고 살아남았다. 긴카쿠지는 세심하게 만들어진 자그마한 정원을 내려다보는 단출한 목조건물일 뿐이다. 현재 긴카쿠지는 와비侘 혹은 사비寂로 알려진 절제와 소박함의 심미적 양식을 대표하는데, 여기서 아름다움은 표면 아래에 존재한다. 일본인들은 또한 중국의 경관 정원을 본받아 그들만의 정원을 발전시켰는데, 이것은 자연의 축소판을 묘사한 것과 같다. 최상의 작품은 료안지 정원인데, 여기에는 식물은 전혀 없고 단지 대양의 광대무변을 표상하는 모래와 바위만 있을 뿐이다.

이런 혼란의 시기에 일본 사회에 스며든 선의 미학은 가장 위대한 수많은 시각적 걸작과 건축 걸작들이 만들어지게 했다. 수묵화는 몇 번의 정제된 붓놀림으로 위대한 경관을 묘사했다. 선승 화가 셋슈雪舟(1420~1506)는 극단적인 추상을 구사해서 거칠게 휘두르는 붓놀림으로 더 큰 의미를 암시했다. 노能[44]라 불리는 느린 의례 춤 또한 무대를 넘어서는 정신적인 세계를 제시하는데, 여기서는 교겐狂言이라는 요란하고 외설적인 희극도 번갈아 연출했기에 관객들의 인기를 끌었다. 대중적인 두루마리 그림은 불교식 지옥의 고통을 밝은색으로 묘사했다. 가장 널리 알려진 조각은 가마쿠라 대불일 터인데, 이 불상은 미학

—— 44 일본의 전통 예능인 노가쿠能樂의 하나로, 가마쿠라 시대 후기에 발원해 무로마치 시대 초기에 완성된 일본의 가무극이다. 출연자는 모두 남성이며 가면을 중요한 요소로 활용하는 점이 특징이다.

—— 교토 료안지의 유명한 바위 정원에는 식물이 없다. 단지 이끼 낀 바위가 있고, 대양을 상징하는 섬세한 자갈이 깔린 바닥이 있을 뿐이다. 이 정원을 품은 선찰(禪刹)은 15세기에 만들어졌지만, 정원은 한 세기 후에 만들어진 것으로 보인다. 이 자연적인 형태는 더욱 깊은 정신적 함의와 아울러 선의 극단적인 단순성의 미학을 상징한다. (Wikimedia Commons, © Bjørn Christian Tørrissen)

적 수준이 아니라 그저 대단한 크기만 인상적이다. 훨씬 인상적인 것은 조정의 귀족들과 군사 지도자 및 선승들을 묘사한 역동적이며 사실적인 목상들이다.

선종 외의 종파들 또한 시골 전역으로 영향력을 크게 넓혀서, 17세기가 끝날 때까지 수천 개의 사원과 비구니 사찰을 만들어 냈다. 정토종은 선종과 달리 탈락자 집단이나 거지, 여성 등 더 광범위한 계층에 호소했다. 정토종은 생동감 있는 지옥도나 극락에 대한 약속을 이용해 신도들이 부처의 자비를 빌도록 고무했다.

그러나 일련종의 창시자인 니치렌은 정토종의 가르침을 위험하고 사악하다고 공격했다. 그는 대중적인 종파들의 이교적 교리를 몽골의 침략 탓이라며 비난하고, 막부는 오직 자신의 종파만 옳은 것으로 지지해야 한다고 주장했다. 그의 종파 또한 하층계급의 막대한 지지를 받았고, 앞에서 보았듯이 그들은 내전 기간에 독립적인 권위를 주장하며 들고일어났다.

예인藝人에 치료사에 매춘부 역할까지 했던 떠돌이 전도사들은 단순한 불교의 메시지 하나를 전했는데, 즉 몇 구절의 신성한 말로 된 주문을 진정한 신심을 가지고 외면 구원받을 수 있다는 것이다. 또한 이런 예인들은 기도문 소책자를 배포했는데, 이는 식자층과 대중 출판의 발전을 촉진했다. 중국과 달리 일본은 간단한 텍스트를 표기하기 위한 음절 자모를 이용할 수 있었기에 글로 대중에게 정보를 전달하기가 훨씬 수월했다. 비록 국가는 정치적으로 나뉘어 있었지만 일본의 수많은 계층은 이러한 종교적 실천과 노래, 축제, 의례적인 목욕 등의 새로운 관습들을 통해 공통의 관계를 발견할 수 있었다.

몽골의 침략을 물리친 후에도 일본인들은 집단적으로 사회적 자살을 완벽하게 수행할 수 있었다. 1500년 당시에는 그 어떤 수단으로도 나라를 통합할 수 없을 것처럼 보였고 미래는 암담했다. 진짜 사무라이의 쇠퇴기가 도달했다. 하지만 땅을 두고 싸우는 영주들은 하나의 새로운 강력한 국가의 기반을 마련하고 있었다. 지방의 정치적·행정적 통합들은 1603년에 도쿠가와 막부가 성취한, (이전의) 가마쿠라 막부가 이룬 것보다 더 큰 중앙집권화를 위한 건축용 벽돌들을 만들어 냈다.

일본의 통일, 1550~1600

전국시대로 알려진 16세기에 지방의 영주(다이묘)와 그들의 군사 부문 종복(사무라이)들은 끊임없이 싸웠고, 그동안 서구인들은 기독교과 화약 무기를 들여왔으며, 대내외 교역이 번성했고, 일본 군대는 한반도에 개입했다. 17세기 초에 이르면 새 도쿠가와 막부의 쇼군들이 외국인들을 추방하고 기독교를 가차 없이 억압했으며, 대외 교역을 거의 막아 이른바 쇄국의 시대를 시작했다. 일본 역사에서 이 시기를 도쿠가와 혹은 에도 시대라 부르는데, 이는 1868년까지 지속되었다. 하지만 일본은 완전히 세계와 단절된 것이 아니었다. 일본은 여전히 한반도 및 중국과 관계를 가졌고, 동남아시아 임해臨海 지역들의 발전 경로를 따랐다. 일본 국내의 상업화와 점진적인 관료화는 여타 유라시아 국가들과 유사했다.[146]

15세기 중반의 끊임없는 폭력은 장기적으로 통일을 위한 기반을 놓았다. 한미한 출신의 새로운 인물들이 일어났고, 아랫사람이 윗사람을 엎었으며, 서로 싸우는 영주들은 전국에 수천 개의 성을 쌓았다. 이러한 새 영주들, 즉 센고쿠(전국) 다이묘로 알려진 이들은 종종 출신이 한미했고, 막부나 조정에 충성을 빚지지 않았다. 그들은 전투에서 이겨 기득권을 얻으면 자기 주위에 예속 전사들을 그러모았다. 다이묘들은 군사적인 방어나 보급품 축적에 유리한 전략적인 지점에 성을 쌓았다. 또한 그들은 자신들이 다스리는 토지를 조사하고 자기 영지 내의 농업 및 상업 생산 증대를 위해 대량으로 투자했다. 성은 곧 새로운 군사 엘리트들에게 물자를 공급하는 상업 중심이 되었다. 농민들을 포함한 거의 모든 이가 무장했지만, 영주는 자신의 영지 안에서 현지의 행정적 통제를 위한 강력한 수단들을 만들어 냈다. 그들은 가장 강력한 전사들을 매수했으며, 1591년에 이르면 전사들에게 성곽도시 안에서 살 것을 요구했다. 이렇게 무장한 이들을 자신의 통제 아래에 둠으로써 영주들은 독립적인 촌락 동맹을 억누르고, 농민들이 토지를 등록하고 세금을 내며 더 많은 요새를 짓고 물자를 나르는 데 부역을 제공하도록 강제할 수 있었다. 법률은 각 영지를 쇼군에게서 독립적이고 독자적인 권위를 갖춘 별도의 '나라(구니國)'로 정의했다.[147]

군사 원정의 규모는 극적으로 커졌다. 창과 활을 쓰는 농민 대중이 이전의 숙련된 기마 궁수를 대신했다. 이러한 보병 부대는 사무라이 칼잡이들을 한물간 부류로 만들었다. 화기는 1543년에 포르투갈인들이 들여왔고, 1575년에는 처음으로 대대적으로 사용되었다. 일본 장인들은 새로운 (전쟁) 수요에 신속하게 대응하는 법을 배웠다. 새 무기는 공격과 방어에 더 크게 투자하는 추세에 부채질을 했다. 대포가 사용되자 더 큰 요새를 건설할 필요가 생겼고, 전장에서 소총의 효율성은 규모가 더 큰 군대를 전사들에게 만들게 했다. 군대는 16세기 초에 3만 명에서 6만 명 사이의 규모이던 것이 16세기 말에 25만 명에서 28만 명 사이의 규모로 커졌다. 약 250명의 다이묘가 집중적인 '패자 탈락식 토너먼트'에서 최고의 권력을 얻기 위해 경합했다.

그러나 전쟁에도 불구하고 외국인과 일본인들은 교역을 번성시켰다. 일부 상인은 중국 해안을 따라 움직이는 해적이나 밀수꾼 대열에 참여했고, 어떤 이는 자신들의 길드를 통해 사카이 같은 중요한 도시를 경영했다. 예수회 신자인 프란시스코 하비에르Francisco Javier는 1549년에 일본에 도착했고, 기독교는 외국의 원조를 바라는 영주들의 지원을 받아 서부와 남부를 장악해 나갔다. 인구는 1450년의 1000만 명에서 1600년에는 1700만 명으로 증가했고, 경작 가능한 토지는 25퍼센트가량 온건하게 증가했다.[148] 그러나 논벼가 주요한 작물이 되면서 이 토지는 더 집약적으로 경작되었다. 먼저 중국에 들어간 참파 벼는 1400년 무렵에 일본에 상륙해 남부에서 수확량을 두 배로 늘렸고, 기나이와 간토 평원에서 상당한 규모의 면화 재배가 시작되었다. 현지 시장은 확산되었고, 도시화의 비율은 올라갔다. 다이묘 자신들 또한 물자 대금과 하속들에게 지급할 용도로 현금을 써야 했다. 오사카는 사무라이들이 모여 돈을 쓰고, 그들의 필요를 충족시키기 위해 상인들이 몰려드는 핵심 상업 중심이 되었다.

강력한 무사인 오다 노부나가(1534~1582)는 승리의 연맹을 만들기 시작했다. 그는 일본 중부에서 자신의 입지를 강화한 후 1568년에 교토로 의기양양하게 진군했으며, 1569년에는 사카이를 점령했다. 그는 독립적인 촌락공동체 및 상업 도시들을 진압하고 군사적 지배하의 사회질서를 야만적으로 강요했다. 그의 통치 원칙, 즉 '힘에 의한 통치'는 추종자들에게는 완벽한 충성을, 적에게는 완전한 항복을 요구했다. 그는 거대한 히에이산 사원 건물 3000개를 철저히 불태웠고 거주하던 남녀 및 어린이들을 학살했다. 경쟁하던 해안 영주를 진압하기 위해 자신의 해군을 만들기도 했다. 그러나 노부나가는 일본을 통일하기 전에 살해되었다.

도요토미 히데요시(1536~1598)는 일본의 남부 및 북동부까지 군사적인 통치를 확장함으로써 통일을 완수했다. 히데요시는 가문의 배경이 전혀 없는 자로서 오직 실력으로만 출세했다. 처음에는 노부나가의 부하로 시작했으나, 노부나가 사후에 뒤를 이어 일본 중부에서 자신의 기반을 넓혔다. 1590년 무렵에 그는 나라의 주요 영주 모두를 복속시켰다. 히데요시는 자신의 추종자들을 엄청난 인원의 거대한 연맹으로 집중시켜 적의 항복을 유도하려고 했다.

그는 주요 전투를 몇 번 치렀을 뿐이지만, 일단 시작한 싸움에서는 확실한 승리를 거두었으며, 패퇴시킨 적을 제거하는 대신 그들의 영지를 줄인 후 자신의 철저한 감시하에 두고, (적의 땅을 깎아 얻은) 잉여의 토지를 자신의 추종자들에게 줄 포상으로 이용했다.

히데요시의 행정개혁은 그가 벌인 전쟁보다 더 지속적인 효과를 남겼다. 1588년에 그는 '칼 사냥(가타나가리레이刀狩令)'을 명해, "여러 지역의 농민들이 장도, 단도, 활, 창, 소총 혹은 그 어떤 다른 형태의 무기도 소지하는 것을 엄격히 금한다."라고 선포했다.[149] 모든 금속 무기는 녹여서 대불을 만드는 데 쓰게 되었다. 다이묘와 사무라이는 총포를 포기했지만 영예로운 칼은 지녔다. 그리하여 히데요시는 그 어떤 대규모 군대도 그에게 대항하지 못하도록 못박았다. 그는 "이 조치는 농민 봉기(잇키)를 방지하기 위해 특별히 채택한 것이다."라고 말했다.[150] 그러고 나서 그는 사회적 신분 체제를 동결했는데, 농민들이 상업에 종사하거나 촌락을 떠나는 것, 사무라이가 고용 노동을 하는 것을 금했다. 사무라이는 땅으로부터 분리되었기 때문에 독자적인 영지를 가질 수가 없었고, 농민들은 농노처럼 땅에 예속되었다. 중국 명나라와 달리 일본의 군사 통치자들은 포괄적인 토지조사를 통해 믿을 만한 토지 등록을 (농민들에게) 관철시킬 수 있었다. 세금은 토지의 잠재 생산성에 따라 매겨졌고, 석石(고쿠), 즉 대략 한 사람이 1년간 소비하는 곡물의 양과 비슷한 단위로 측정되었다. 1200만 인민의 전체 생산량 1820만 석 중에서 히데요시는 자신의 영지에서 나는 대략 200만 석을, 그리고 여기에 더해 금과 은이 나는 광산을 다스렸다. 그는 통화 공급을 확대하기 위해 광산의 생산량을 증대시켰다.

히데요시는 혹독하게 농민들을 억압했지만 영주들은 내버려 두었다. 다이묘는 자기 영지의 크기에 비례해 히데요시에게 병력을 제공할 의무가 있었지만, 그 외 방면에서는 자유로웠다. 러시아의 표트르 1세와는 달리 히데요시는 군대를 국유화하기 직전에 멈추었고, 다이묘들은 자기의 추종자들을 거느렸다. 그러나 히데요시는 그들의 영지를 몰수하거나 재배치할 수 있었다. 그는 마지막 정치 운동을 통해 내전의 세기에 버섯처럼 자라난 성들을 파괴했다. 1615년이 되면, 다이묘들은 각자 성 하나만 가졌다. 히데요시는 대외 교역을 지원했지만, 외국인들과 그들의 기독교도 추종자들을 두려워했다. 그들이 일본 서부의 다이묘를 지원했기 때문이다. 1587년에 나가사키를 점령한 후 그는 개종을 금지시켰고, 프란치스코회 회원과 예수회 회원 사이의 싸움으로 야기될 혼란과 외국인들의 일본 내 기독교 신자들에 대한 영향력을 의심해 수많은 일본인 기독교도를 십자가에 못 박았다. 그는 해적질을 진압하기 위해 해외와 국내의 상업을 통제하기 시작했다.

생의 끝에 가까워질 무렵에 히데요시는 이렇게 선포했다. "나의 바람은 내 이름이 세 나라(일본, 중국, 인도) 전체에 알려지는 것 외에는 없다."[151] 그는 1592년에 한반도를 대상으로 거의 설명이 불가능한 원정을 개시했다. 그는 국내 경쟁자들의 관심을 밖으로 돌리려고 했던 것일까, 아니면 동아시아를 점령한다는 과대망상적 야망에 경도된 것일까? 1895년의 경우처럼 일본의 대륙 개입은 모두에게 재앙적인 결과를 가져왔다. 20만 명이 넘는 일본군이 한양을 점령하자 히데요시는 북경도 손쉽게 점령할 수 있으리라 기대했다. 그러나 조선의 제독 이순신李舜臣은 그 유명한 '거북선' 함대, 즉 해전 사상 최초의 철갑선을 이끌고 일본 수군에 막대한 타격을 입혔고, 그동안 조선의 게릴라들은 점령군을 괴롭혔다. 1593년에는 명군이 압록강을 넘어 신속하게 일본군을 몰아내며 그들에게 비참한 패배를 안겼다. 1596년에 히데요시는 재차 침공했지만 1598년에 그가 죽을 때까지 더욱 커다란 손실을 입었을 뿐이다. 이 침략이 일본에 끼친 영향은 오래가지 않았지만, 한반도는 황폐해졌고, 명에 부과된 재정적인 압박은 만주 국가(훗날의 청)의 확장을 도왔다. 이어지는 300년간 그 진정한 유교주의자들, 즉 조선인들은 양쪽의 야만인을 모두 혐오했으니, 바로 한쪽은 일본인이고 다른 한쪽은 명을 정복한 만주인들이었다.[152]

도쿠가와 이에야스(1542~1616)는 히데요시가 처음으로 만든 구조에 마무리하는 손길을 더했다. 선임자들과 달리 이에야스는 명망 있는 군사 가문 출신이었다. 히데요시가 죽을 때 이에야스는 전국에 250만 석에서 300만 석에 달하는 최대의 영지를 가지고 있었다. 그러고 나서 그는 자신이 최고 지도자가 되기 위한 작업을 신중하게 시작해, 비옥한 간토 평원에 기반을 둔 동부의 다이묘 연맹체를 규합했다. 히데요시의 후계자를 지지하는 반反이에야스파는 일본 서부에 집결했다. 1600년 10월 21일에 벌어진 결정적인 세키가하라 전투에서 히데요시의 후계자를 지지하는 8만 명의 군대가 대략 이와 비슷한 수의 이에야스 지지군과 궁극의 포상, 즉 일본의 지배권을 걸고 맞섰다. 결과는 이에야스의 승리였다. 그가 가마쿠라 막부의 초대 쇼군인 미나모토노 요리토모의 후손이라는 주장이 1603년에 이에야스가 쇼군으로 임명될 자격을 부여했다. 그는 1615년에 마지막 저항자들에게서 오사카 성을 빼앗음으로써 내전을 마무리했다. 그러고 나서 이에야스는 막부의 수도를 교토에서 에도라 불리던 자기 영지 내의 자그마한 어촌 마을로 옮겼다. 에도는 1700년 무렵에는 인구가 100만 명이 넘는, 세계에서 가장 큰 도시가 되는데, 그곳에 쇼군의 하속과 관리들, 상인, 다이묘와 그 수행원들, 공인, 건설 노동자들이 살았다.

일본 통일은 이 세 무장의 업적이었지만, 그들은 여타 경향의 도움을 받았고, 그런 경향 중 일부는 나머지 유라시아 세계와 공유하는 것이었다. 16세기에 일본의 기후는 아마도 더 온화했을 것이고, 이로 인해 농부들은 소출을 늘리고 혼슈의 북쪽으로 경작지를 확장할 수 있었을 것이다. 전사들은 뽑아낼 자원을 (기존보다) 더 풍성하게 가졌다. 이보다 더 중요한 것은, 명나라가 일본의 은에 대한 '만족을 모르는 욕구'를 키워 가면서 일본의 해상 교역이 주목할 만큼 증가했다는 사실이다.[153] 은을 수출하면서 일본은 비단 사업에 쓸 명주 및 새로운 기술을 수입했는데, 그중에는 계산용 주판, 개선된 조선법, 도자기가 포함된다. 1567년에 명이 해안 교역의 금지령을 해제하고 해적 문제를 해결하자, 일본 및 여타 국가의 상인들은 중국 및 동남아시아의 항구로 자유롭게 여행할 수 있었다. 포르투갈인들 또한 마카오와 나가사키에 기반을 두고 이 거대한 아시아 내부의 해상 교역에 참여할 수 있었다. 살펴보았듯이 유럽인들은 1543년에 일본에 화승총을 전함으로써 군사적으로 가장 크게 공헌했고, 일본인들은 재빨리 서방의 디자인을 능가했다. 1575년에 노부나가는 소총수의 대열을 번갈아 바꾸는 방식을 사용해서 전투에 승리했고, 다른 다이묘들이 곧 그를 모방했다. 비록 초기의 총은 여전히 발사 속도가 느리고 명중률이 떨어졌지만, 일본의 통일을 재촉한 것은 확실하다.

도쿠가와 막부의 제도

도쿠가와 막부의 초대 쇼군은 이른바 막번(바쿠한幕藩) 체제로 알려진, 대단히 복잡하고 이중적인 제도 구조를 세웠다.[154] 이 체제는 250년 이상 유지되었는데, 교토의 조정과 에도의 쇼군 그리고 200명이 넘는 봉건 영주들이 봉건제와 관료제적 요소를 결합한 통제 시스템(바로 막번 체제) 안에서 서로 균형을 유지하게 했다. 쇼군들은 먼저 자신들에게 반대했던 다이묘들의 토지 대부분을 차지해 자신들의 영지를 전국에서 가장 크게 만들었다. 그들은 일본 농업 생산량의 4분의 1 이상을 통제했다. 또한 그들은 주요 광산은 물론 에도, 교토, 나가사키, 오사카 등 주요 도시를 통치했다. 여타 다이묘는 성 축조와 외국인들과의 관계 면에서 쇼군이 부과한 제제를 따랐지만, 자기 영지 안에서는 거의 독립적이었다. 이에야스의 승리는 세력들의 연합에 기댄 것이었으므로, 그는 자신의 연맹 다이묘들을 완전히 제거하는 수준까지 절대 나아갈 수 없었다.

참근교대(산킨코타이參勤交代)라는 인질 제도에 의하면 모든 다이묘는 에도에 비용이 많이 드는 거주지를 유지하면서 1년에 이르는 기간을 머물러야 했는데, 그동안 쇼군의 감찰관과 첩자들의 삼엄한 감시를 받았다. 그들은 영지로 돌아갈 때 (반란을 일으키지 않겠다는) 자신들의 적법 행위를 보증하기 위해 아내와 자식들을 인질로 남겼다. 이 제도는 다이묘들을 긴밀한 감시 아래에 두었을 뿐만 아니라, 그들이 수행단을 데리고 에도를 왕래하면서 수입의 많은 부분을 지출하도록 만들었다. 다이묘는 이에야스에 대한 충성도에 따라 세 집단으로 나뉘었다. 23명의 신판親藩 다이묘는 쇼군의 친척으로서, 도쿠가와의 직계가 끊어지면 후계자를 냈다. 후다이譜代 다이묘 145명은 충성스럽지만 친척은 아닌 이들로서, 지방행정의 핵심을 이루었다. 그리고 도자마外様 다이묘 98명은 대체로 이에야스에게 적대적이어서 은밀히 원한을 품었다. 많은 토지 몰수와 영지 이동 후 쇼군 자신은 680만 석을 차지했고, 후다이 다이묘와 신판 다이묘가 930만 석, 도자마 다이묘가 980만 석을 차지했다.[155] 가장 강력한 도자마 다이묘인 사쓰마와 조슈의 다이묘들이 250년간의 막번 체제를 무너뜨릴 메이지 유신을 훗날 주도한다.

다이묘가 되려면 최소 1만 석을 보유해야 했지만, 영지의 크기나 토지의 생산성에 따라 다이묘들의 부는 크게 차이가 났다. 후다이 다이묘 145명 중 14명이 10만 석 이상을 보유한 반면에, 31명은 최소인 1만 석을 보유했다.

농민들은 농업 생산의 3분의 2 이상을 세금으로 내야 했으니, 아마도 세계에서 가장 강도 높은 세율이었을 것이다. 무장이 해제되고 이동을 제한당한 농민들은 영주와 그들 휘하의 교만한 칼 찬 사무라이들 앞에서 거의 무기력해졌는데도 수천 건의 농민 항의가 실제로 일어났다. 이것은 청원 운동으로서, 촌장과 지명된 대표단이 영주에게 가서 흉년 시에 세금을 깎아 달라고 요청했다. 청원자들은 종종 이러한 무례한 요구를 하려고 자기 목숨을 내걸었지만, 자비라는 이상에 호소함으로써 그들은 영주가 뜯어 가는 몫을 부분적으로 제한할 수 있었다.[156]

쇼군이 다이묘의 후계자를 지명했지만, 이 영주들은 영지 안에서는 사법, 징세, 내정 면에서 완벽한 권력을 가졌다. 쇼군의 법은 봉신 맹세에서 정식 법조문으로 진화해, 엄격한 절약과 정적인 농업경제를 강조했는데, 명나라 초대 황제가 가졌던 것과 상당히 유사하다. 군사 통치자로서 쇼군이 지닌 정당성의 기반이던 천황 자신은 커다란 토지와 교토에 있는 호사스러운 궁궐을 받았지만, 권력에 대한 접근은 완전히 봉쇄되었다.

일본의 국가 구조는 유럽의 제도에 익숙한 분석가들을 난처하게 해, '관료제적 봉건제'니 '내재적integral 관료제'니 하는 서로 상충하는 문구들에 영감을 주었다.[157] 한편으로 봉신 맹세, 독립적인 영주, 사무라이의 복무 윤리, 군사적 이념이 유럽의 중세를 환기시키는 반면, 증가하는 관료제화, 만연한 통제 방법들, 상업적 성장은 절대주의 체제의 현상과 유사해 보인다. 그러나 러시아 또한 복무 귀족층과 차르에게 허용된 명백한 전제 권력의 결합으로 인해 서구의 방문자들을 당혹스럽게 만들었다. 이러한 예는 '봉건'과 '근대(관료제적)' 사회 사이의 명백한 대립이라는 우리의 자연스러운 가정을 약화시켜, 서구의 국가 발전이 지닌 속성을 재고하게 만들 것이다. 서구 또한 중세적인 것과 중앙집권화적 요소를 뒤섞었다.

군사 지도자들은 평화기에 그들의 통치를 정당화할 새 이념이 필요했다.

중국의 신유학이 가장 확실한 답을 제시했다.[158] 일본식으로 바뀐 신유학은 '사'(중국의 학자와 일본의 사무라이)[45]와 상인, 공인, 농민으로 나뉜 엄격한 위계제를 강조하고, 가족과 정치체 안에서 손아랫사람이 윗사람에게 복종하는 것을 의미하는 효를 강조했다. 그러나 중국과 달리 쇼군은 계급들 간의 이동성을 엄격히 금하는 장벽을 강요했다. 그들은 사무라이가 상업이나 농업에 종사하는 것을 금했으며, 각 계급이 일상의 모든 면(즉 음식, 주택, 의복, 장식)에서 정해진 신분 안에서 행동할 것을 확인하는 조례를 반포했다. 사무라이는 칼을 차고 다니고, 행정관으로 일하며, 심지어 성을 가지는 등의 대단한 특권을 허락받았다. 그러나 그들은 더는 과거의 역동적인 전사가 아니었다. 학자인 하야시 라잔林羅山(1583~1657)[46]은 사무라이를 유교의 '신사'와 동일시하고는 전사에서 글을 아는 학자-관리이자 충성스러운 관료로 전환할 것을 강조했다. 사무라이 자신들도 수많은 등급으로 나뉘었다. 등급에 따라 봉급이 쇼군의 가신처럼 부유하게 살 정도가 될 수도 있고 가난한 농부와 별 차이가 없는 수준일 수도 있었다.

4계급 위계제에서 두 번째로 높은 집단인 촌락민은 여전히 자치권을 가지고 있었다. 세금을 낸 후 그들은 자신들의 사당과 수리 시설을 가졌고, 다섯 집으로 된 집단 책임 단위들 안에서 서로 규율을 강제할 수 있었다.

장인과 상인, 즉 읍락 거주민(조닌町人)은 하급 사무라이보다 오히려 더 큰 부를 가질 수도 있었지만, 명목상 가장 천대받는 사람들이었다. 대외 교역이 거의 중단되었으므로 그들은 자신들을 후원하는 사무라이에게서 벗어나 부를 축적하거나 돌아다닐 기회를 거의 얻지 못했다. 그러나 그들 또한 제품의 질과 가격 수준을 강제하며 성원들에 대해 공동의 책임을 지는 집단들을 조직했다. 심지어 최하층민[47]조차 규율을 유지하기 위해 자신들의 협동 집단을 가졌고, 일부 자치를 행사했다.

45 한국과 중국에서는 문사였고 일본에서는 무사였다는 점이 다르지만, 사농공상士農工商의 첫 번째에 해당한다는 점에서는 같다.

46 에도 시대 초기의 주자학파 유학자로 성리학이 일본의 관학으로 발전하는 데 기여했다.

47 사농공상에 들지 못하는 부라쿠민 같은 천민을 가리킨다.

문화적 변화와 유교화

유학을 대중화한 가이바라 엣켄貝原益軒(1630~1714)은 고전을 시골 사람, 여성, 아이들에게 쉽게 설명해 주었으며, 농업경제와 육아에 관한 실용적인 저작을 썼다. 일본의 적극적인 출판업자들은 이러한 사상을 수천 본씩 찍어 유통시켰다. 인쇄와 글자 인식이 광범위하게 확산되었고 학교가 퍼졌지만, 모든 거친 전사들이 (식자층으로) 전환할 수 있었던 것은 아니다.

1701년에서 1703년 사이에 마흔일곱 명의 낭인(로닌浪人: 주인 없는 사무라이) 이야기는 그 세기의 변화를 전형적으로 보여 주는데, 이는 연극과 이야기, 그리고 나중에는 영화에 영감을 주었다. 퇴락한 다이묘 아사노 나가노리浅野長矩는 막부의 세련된 의전 담당관인 기라 요시히사吉良義央에게 모욕을 당하자, 칼을 뽑아 기라에게 가벼운 상처를 입혔다. 쇼군의 조정에서 칼을 뽑는 것은 사형에 해당하는 죄였기에 나가노리는 의례적인 할복(셋푸쿠切腹) 선고를 받는다. 나가노리의 가신들은 낭인이 되는데, 그들의 주요 임무는 주군의 죽음에 대한 복수였다. 그들은 복수의 시간을 기다리며, 적이 방심하도록 방탕을 가장했다. 1년 10개월 후, 그들은 에도에 있는 기라의 저택을 급습해 그의 머리를 베어 이를 주군의 무덤에 바쳤다. 막부는 광범위한 논란에 빠져들었다. 낭인들은 충성이라는 전통 규범을 모범적으로 따랐지만, 그들은 현실의 법과 질서를 교란시켰다. 결국 그들은 범죄자로 비난받지는 않고 영예로운 자결이 허용되었다. 낭인들은 그 용기 탓에 사무라이와 일반 백성 모두에게서 대단한 칭송을 받았으니, 그때는 상업적인 오락거리가 성장한 탓에 많은 이가 나라의 도덕적 자질이 약해지는 것을 걱정하던 시절이었다.

중국의 관료제 국가 체제와 일본 특유의 혼합 체제 사이의 불화는 격렬한 논쟁을 촉발했다. 논쟁적인 왕양명 학파(양명학)는 일본에서 특히 강력해졌다. 양명학의 추종자들은 의례적인 규범이나 영내 법의 제한에 맞서 개인 의지의 순수성을 옹호했다. 신토神道로 체계화된 일본 현지의 종교 의례와 불교 종파와 함께 중국의 신유학 정통에 대한 대안을 제시하는 한편 통합의 가능성도 제시했다. 교역 및 조공 사절을 보내도록 허락된 중국, 한반도 및 네덜란드인들은 계속해서 (일본이) 외부 세계로 통하는 창문을 열게 했다. 17세기의 고립주의적이며 억압적인 쇼군 체제의 표면 아래에서 역동적인 지적 문화가 들끓고 있었다. 이른바 쇄국 시기의 일본일지라도 결코 진정으로 고립되지는 않았다.

도쿠가와 막부 시기는 일본이 산업 시대로 급격히 진입하는 것을 유리하게 한 수많은 조건을 만들어 냈다. 이런 식으로 일본의 역사 기술은 17세기 모스크바 국가에서 표트르 1세가 추진한 개혁의 기원을 찾은 러시아 학자들의 것과 유사하다. 대외 전쟁, 방대한 대외 교역 혹은 종교적 논쟁의 자극 없이도 일본은 여전히 활발한 문화생활과 성장하는 경제를 갖추었고, 점차 글을 읽으며 유동적이며 탐구심이 넘치는 인구를 양산했다. 봉건제에서 전제국가로 가는 중도에서 멈추는 대신에 일본은 지방의 자율성과 중앙의 통제 사이의 창조적인 균형을 유지했다.

대륙을 상대로 한 일본의 '쇄국'은 경제적으로는 그다지 충격을 주지 않았다. 상인들은 여전히 규슈와 오키나와를 거쳐 중국으로 갔고, 무엇보다 중요한 점은 국내의 교역 및 교통망이 급격히 발달했다. 마치 명나라에서 사적인 편지 배달이 정부 배달 체제 내의 (배달) 경로를 그대로 따랐던 것처럼, 일본에서는 국가와 상업적 교통망이 공존하면서 서로 도움을 주었다. 인쇄는 더 불균형적으로 확산되었다. 중국은 아주 오랜 서적 인쇄의 전통을 가지고 있었기에, 명·청 시기에 광범위한 기반의 독자층을 위한 지역적 배급만을 발전시킬 수 있었다. 그러나 일본 또한 도시 및 번영하는 지방의 독자들을 위한 인쇄물들을 확산시켰다.

인쇄는 중국과 일본에서 광범위한 문화적 효과를 미쳤지만 유럽보다는 효과가 덜 극적이었는데, 동아시아는 유럽보다 더 높은 식자층 수준에서 출발했기 때문이다. 유럽인들과 달리 동아시아의 문인 엘리트들은 인쇄를 무식한 대중에게 위험한 지식을 전파할 위협으로 보지 않았고, (사실 유럽과 달리 동아시아에서는) 인쇄된 글자로 인해 서로 다른 구어에 기반을 둔 독자적인 국가들을 만들어 내지도 않았다. 지도와 안내 책자의 광범위한 유통, 그리고 개인 자신의 시를 친구들 사이에서 돌릴 수 있는 능력은 미적인 관계망과 여행업, 그리고 공통의 민족문화에 참여하고 있다는 느낌을 만들어 냈다.[159]

도쿠가와 막부 후기

중국과 마찬가지로 18세기 일본에서는 상업망이 전국으로 확산되었지만, 중국과 달리 인구는 늘어나지 않았다. 대외 교역은 고도로 제한되었으며, 변경으로의 확장은 미미했다. 1790년대에 이르면 사회적인 불안과 외국인의 침입, 흉작, 지적 논란의 형태를 띤 심각한 긴장이 표면으로 떠오르고, 1850년대부터 시작해 대외 및 국내 정책에 대한 논쟁이 막부를 갈라놓았다. 중국의 개혁가들은 19세기 중반의 위기 후에 제국을 제자리로 돌려놓았지만, 일본의 개혁가들은 1868년에 막부를 팽개치고 메이지 유신을 개시했는데, 메이지 유신은 일본을 놀랍게도 세계열강의 반열에 올려놓았다.

17세기에 국가를 통일한 이들은 나라에 엄격한 군사적·관료제적 구조를 부과하고, 기독교를 탄압했으며, 대외 접촉을 혹독하게 금했다. 그러나 사회를 동결시키려는 자신들의 반동적인 노력에도 불구하고 그들은 의도하지 않게 변화를 촉진했다. 군사 통치자들은 무장한 전사들을 감시하기 위해 그들을 토지에서 떼어 내서 성읍 도시에 집중시켰다. 그렇지만 이러한 사람들의 집중은 300개의 성읍 도시들을 지방에 산재한 상업 중심지로 만들었다. 씀씀이가 헤픈 소비자로서 사무라이들은 그들에게 복무할 수많은 상인 및 장인 집단을 끌어들였다. 1700년 무렵의 오사카와 교토는 각각 40만 명의 인구를 보유해 런던이나 파리와 같았다. 그토록 많은 영주와 사무라이들이 1년의 반을 에도에서 보냈으므로, 에도는 거의 100만 명에 육박하는 인구를 가진 거대 도시 복합체로 성장했는데, 당시 세계에서 가장 큰 도시였다. 유럽의 2퍼센트와 비교해, 일본은 전체 인구의 5퍼센트에서 7퍼센트 정도가 인구 10만 명 이상의 도시에 살았다. 일본은 세계에서 가장 도시화된 사회들 중 하나가 되었다.

도시에 거주하는 사무라이들이 도시의 물품을 구매하려면 쌀로 받는 봉급을 현금으로 바꾸어야 했기에 오사카는 나라의 곡물 매매 중심이 되었고, 쇼군의 대리인으로 복무하는 상인들이 활동했다. 세 개의 도시 중심이 전국을 지배했으며 각자 경제적인 역할이 있었다. 오사카는 도매업, 제조업, 금융의 중심이었고, 교토는 좋은 비단과 우아한 공예품으로 유명했으며, 에도는 군사-관료제의 중심으로서 쇼군의 가신들과 방문 영주(다이묘)들을 끌어모았는데, 그들은 사치품과 오락을 원했다.

영주들이 수도(에도)에 인질을 남기도록 쇼군이 강제했으므로, 에도로 통하는 혼슈의 간선 도로, 즉 도카이도를 가득 메운 영주와 그 수행원들의 행렬은 그들에게 필요한 물품과 서비스를 공급하려는 여관 운영자나 행상들이 모여들게 했다. 세토 내해를 건너는 바닷길도 마찬가지로 혼슈와 시코쿠 및 규슈를 연결했다. 각 영지의 경계에 있는 검문소와 관세 징수에도 불구하고, 이런저런 지역 간 주요 교역로들이 전국을 경제적으로 하나로 연결했다. 국가 공용 화폐는 없었다. 에도는 금을 쓰고 오사카는 은을 쓰는 반면 시골은 동전을 썼기에 주요 환전소들은 환율을 조정하기 위해 복잡한 경제적 조직망을 따르게 했다.

미쓰이 가문처럼 새로 부상한 상인들이 의복, 제복, 가정용품을 쇼군과 영주 및 가신들에게 제공했다. 그들은 자기들만의 법률을 써서 만들었는데, 이 법은 노동자들이 회사에 규율 있는 서비스를 제공하도록 강제하기 위해 근무 시간, 복장, 음식, 그리고 고객과의 관계를 세심하게 규제했다. 19세기와 20세기에 그들은 일본군에 의복과 군함을 공급했다. 미쓰이처럼 오사카의 스미토모 가문은 구리 정련업자에서 시작해 나중에는 강력한 재계의 파벌, 이른바 자이바쓰(재벌)가 된다.

17세기에는 농부들이 강의 하류까지 개간하고 기존 토지를 더욱 집약적으로 경작하면서 경작 가능한 토지 또한 역동적으로 늘어났다. 쌀 경작이 북쪽으로 확산되는 동시에 이모작은 더 남쪽으로 확산되었다. 차나 뽕나무나 면화 등의 환금작물 또한 확산되었고, 총인구는 거의 두 배로 늘어나 1721년이 되면 3100만 명에 달했다. 비록 쇼군과 영주에게 내는 세금이 처음에는 대단히 무거웠지만, 도시에 사는 통치 엘리트들은 농경 기술을 거의 몰랐기에 농부들은 (기술이나 개간 등의) 개선으로 얻은 잉여분을 보유할 수 있었다. 시간이 지나면서 소출 대비 세금 비율은 16세기의 60퍼센트에서 18세기에는 33퍼센트까지 떨어졌다.

제한적이었다고 하더라도 대외 교역은 여전히 중국 시장으로 통하는 소중한 생명선을 여전히 열어 두었다. 중국의 비단 직조, 채광採鑛, 도자기 제조 기술은 언제나 일본식 개작을 위한 영감을 주었다. 중국과 마찬가지로 신대륙에서 일본으로 전해진 고구마는 18세기에 기근을 방어하는 조력자 역할을 했다.

17세기의 역동적인 성장은 이어지는 '사회적 정체기'의 세기에 정점에 달하며 안정화되었다. 쇼군들은 도시 거주민들의 의식주를 규제하는 사치 규제 법안들을 쏟아 내고 상인들에게 "분수를 넘지 말라."라고 명했지만 소용이 없었다. 그러나 명나라와 마찬가지로 조정과 영주들의 우월한 문화를 흉내 내는 졸부들은 스스로 감정가의 지위를 살 수 있었다. 독특한 자신의 역사에도 불구하고, 일본의 물질생활과 상업 문화는 명·청 시대의 중국을 따라잡았다. 광범위하게 다양한 지역 경제를 가진 중국과 달리, 일본의 문화는 긴키(오사카-교토)와 간토(에도)라는 두 최대 지역에 더욱 강하게 초점을 맞추었다. 그러나 대중 소비문화는 지역의 촌락 시장망을 통해 전국으로 퍼져 나갔다. 문화적인 통일이 경제적인 망을 뒤따랐다.[160]

하지만 일본의 인구 변동 추이는 세계의 다른 지역 대부분과 대단히 다른 양상을 따랐다. 1600년에서 1720년 사이에 총인구는 두 배 이상으로 늘어나 1200만 명에서 3000만 명 이상이 되었다. 1720년에서 1860년 사이에 이 인구는 거의 변하지 않았다. 일본열도의 생산 능력은 생태적인 장벽에 부딪힌 것처럼 보였다. 접근 가능한 나무가 거의 모두 잘려 나갔고, 새로이 경작할 토지는 희소했다. 심각한 흉작으로 인해 파괴적인 기근이 발생했다. 그러나 인구 증가를 억제하는 핵심 기제는 기근이 아니라 촌락민들의 인구 통제였다.

일본의 촌락공동체들은 인구 통제를 강제할 수 있었다. 그것이 종속적인 족인과 소작인 및 무토지 노동자를 감시하는 두드러진 집안들의 강력한 결속망이었기 때문이다. 마을 전체가 세금을 냈기에 전체가 전체의 의무에 대한 책임을 졌다. 정부는 네 계급(즉 사무라이, 상인, 공인, 농민)을 각자 자신의 직업 안으로 묶어 놓는 것을 목표로, 자족적이고 조화로운 협동체라는 이상을 강요하고 이주와 상업을 통제했다. 새로 개간할 땅이 부족하자 촌민(농민)들은 기존의 땅에서 더 집중적으로 생산했는데, 이러한 경작 체제는 날씨의 변화에 대단히 취약했다. 또한 점점 더 환금작물에 집중하게 된 농가들도 시장 상황에 휘둘렸다. 토지 소유는 다양한 크기로 쪼개져서, 일률적인 농업공동체는 지주, 소작농, 무토지 노동자로 분화되었다. 모든 가정은 제한된 자원에 인구를 맞추기 위해 고의적으로 출산을 제한했다. 남자들은 외지에서 일하기 위해 오랜 기간 집을 떠나 있었고, 유도 유산과 상당한 규모의 영아 살해가 번식력(인구 증가의 가능성)을 감소시켰다. 가장 가난한 지역 중 하나인 혼슈 동부에서는 많은 촌락민이 그런 관행을 격렬히 비난하는 현지 학자들의 노력에도 불구하고 영아 살해를 자행했다.[161] 중국인들도 비슷한 인구 조절 행동을 했지만 일본인들은 훨씬 더 극단으로 나갔는데, 그들에게는 확장할 공간이 없었기 때문이다. 쇼군의 정부, 즉 막부는 실제로 일본 북부 변경 지대 홋카이도로 이주 정착을 독려했지만 토착 아이누 부족과 충돌했고, 아이누는 러시아의 보호 제안을 받았다. 단지 어업만이 토지 부족에서 탈출한 약간의 기회를 제공했다.[162]

재정 위기

급성장하는 상업과 제한된 농업 생산 사이의 이러한 긴장 한가운데에서 막부와 다이묘는 심각한 재정 위기에 직면했다. 그들은 상업의 성장에서 발생한 새로운 부를 대상으로 효과적으로 증세할 수 없었는데, 그 이유는 그들이 시골에 살면서 농민들을 직접 감독한 것이 아니기 때문이다. 부유한 농민들은 성가신 감찰관의 눈을 피해 소출과 불법 상거래를 숨길 수 있었다. 무엇보다도 일본은 18세기 당시의 러시아와는 다르고 어떤 면에서는 중국과 유사한데, 더 강하게 세금을 뽑아내도록 강제하는 즉각적인 군사적 위협에 직면하지 않았다. 사무라이들은 전사로서 필요한 것이 아니었기에 도시에서 심미적이고 성적이며 물질적인 소비를 하느라 돈과 시간을 썼고, 사치스러운 생활방식에 필요한 돈을 상인들에게 빌렸다.

사무라이들이 무거운 빚을 지자 상인들은 영주의 영지에 대한 장악력을 넓혔다. 영주들은 상인들에 대한 지급 의무를 거부했고, 쇼군은 더 많은 주화를 발행해서 수많은 상인을 파산시키고 화폐가치를 떨어뜨렸지만, 그들은 단지 위기를 연기했을 뿐이다. 쇼군 도쿠가와 요시무네德川吉宗(재위 1716~1745)는 당시 주도적인 유교 경세학자인 오규 소라이荻生徂徠[48]의 인도하에 개혁을 시도했지만 그 효과는 미미했다. 그 세기의 남은 기간 내내 번영과 더불어 긴장도 증가했다. 농촌 사람들은 무거운 징세에 대항해 청원하고, 대부업자들의 가게를 때려 엎고, 1764년에는 역참의 부역 노동에 반대해서 반란을 일으켰다.

도시의 상인계급 측은 나름대로 번성했고 수입의 많은 부분을 유보했다. 번영을 누리던 겐로쿠 시대(1680~1720)에 가부키歌舞伎 극장이나 매춘부 구역, 음악, 근사한 음식 등의 특별한 도시 문화가 사무라이뿐만 아니라 일반인(상민)들도 끌어들였다. 쇼군은 이런 건방진 일반인들을 규제하기 위한 과소비 방지 규정들을 계속 반포했지만 소용이 없었다. 부유한 도시의 일반인들은 (사무라이와) 똑같은 음식을 먹고 옷을 입고 심지어 사무라이 가문과 결혼도 할 수 있었다.

쇼군의 보수주의에도 불구하고 고립된 일본열도의 지적인 생활은 활발했는데, 학자들은 일본을 동아시아의 질서 속에 놓으려고 했기 때문이다. 반면에 쇼군과 학자들은 점점 더 통합되는 문화 공동체를 만들어 냈는데, 이는 특정한 일본적 특성, 즉 천황 제도니 일본의 지형학이니 종교적인 전통이니 하는 것에 초점을 맞추었다. 반면 중국의 영향이 어느 때보다 커져, 문화적인 규범을 보편적인 언어로 규정하는 좀 더 큰 동아시아의 질서 속에 일본을 위치시켰다.

열도 전체의 경작 가능한 땅에 대한 토지조사를 후원하고, 18세기 이래로 일본 전역을 포괄하는 지도를 만들어 냄으로써 쇼군은 주민들이 자신들을 하나의 통일된 전체로 여기도록 격려했다.[163] 영주들을 (강제로) 움직이게 하는 참근교대 제도는 에도에 중심을 둔 문화적인 위계제를 만들었고 에도의 구어와 문화를 다른 지방으로 퍼뜨렸다. 농사 안내서에서 소설에 이르기까지 모든 에도의 출판물들이 일본 전역의 촌락 사람들에게 배급되었다. 대규모

48 1666~1728. 에도 중기의 유학자이자 사상가이자 문헌학자다. 기존의 주자학을 비판하고 현실주의적인 자세를 견지한 '소라이학'을 정립했다.

순례 여행은 남성과 여성을 한데 섞고 다양한 지역에서 온 사람들을 한데 모았다. 매년 수십만 명이 이세 신궁으로 참배를 떠났다. 시장 읍락들은 '우키요浮世(떠다니는 세상)'로 알려진 그들 특유의 문화를 만들어 냈다. 그중에는 가부키 극장, 분라쿠文樂 인형 극장, 대중소설, 목판인쇄, 그리고 즐기기 위해 만들어진 수많은 오락거리들이 포함되는데, 이들은 현학적인 유교의 설교와 날카롭게 대립했다. 대중 계급은 사무라이를 자신들의 문화로 끌어들였지만, 사무라이 또한 일반 대중에게 영향을 끼쳤으니, 새롭게 부유해진 상인들이 다도 및 그 모태인 선, 꽃꽂이, 중국 고전 학문, 시 짓기 모임 등을 흉내 내려고 했기 때문이다. 이러한 예술에 헌신하는 미적 단체(공동체) 안에서는 모든 신분 출신의 아마추어들이 평등한 수준에서 뒤섞여, 엄격한 (계급 사이의) 경계와 위계제를 유지하려고 했던 쇼군의 노력을 거부했다.[164]

중국에 대한 태도는 이러한 지속적인 양면성을 보여 준다. 소라이 같은 유학자들은 일본을 중국의 고전 문헌에 기반을 둔 사회로 파악했으며, 반면 모토오리 노리나가本居宣長는 중국의 가르침이 지닌 부식적인 영향을 강하게 비판하고, 일본의 가장 오래된 시가와 신토 신앙에 표현된 것처럼 신의 길(신토)에 대한 '일본 고유 심성'의 독자적인 감정적 유대를 옹호했다. 다른 이들은 일본과 중국의 정치적 차이를 강조했다. 즉 일본은 하나의 천황 혈통을 가지고 있으며, 한 번도 (외세의) 침입을 받지 않았고, 그들이 보기에 일본은 중국 자체보다 고대의 유교적 이상에 더 가깝다는 것이다. 나중에 민족주의자들이 일본의 우월성을 말하는 이런 주장을 아시아를 점령하고자 하는 군국주의적 주장으로 바꾸어 놓았지만, 도쿠가와 막부 시절의 이러한 주장은 주로 중국 고전 전통의 점령에 대한 방어적인 논변이었다. '국학' 학자들은 일본을 다른 그 어떤 나라보다도 더 우수한 하나의 독특한 정치체(국체)이지만 현재 외국의 영향으로 위험에 처한 것으로 규정했다. 반면 난학(란가쿠蘭學: 네덜란드학)을 연구하는 학자들은 서구 의약 및 과학에 관한 책을 얻기 위해 나가사키의 가느다란 현창舷窓을 사용했다. 세계지도에 보이는 유럽의 존재는 일본이 자그마한 열도일 뿐이며 세계의 중심이 아니라는 것을 보여 주었다.

중국과 마찬가지로 쇼군은 쓰기를 도덕적 세뇌를 위해 유용한 것으로 보았지만, 중국과 달리 일본은 음절 자모 표기법이 있어 식자층을 늘리기가 더 쉬웠다. 18세기의 교육은 주로 사무라이와 부유한 도시 거주민을 위한 사설 학교에서 이루어졌다. 18세기 중반에 이르면 50퍼센트에 육박하는 남성과 약 10퍼센트의 여성 인구가 부분적으로 글을 읽을 수 있었다.[165] 급격히 일어나던 다양한 출판업이 이렇게 새로 교육받은 독자의 수요를 지탱했는데, 독자들은 책력, 여행안내서, 예절 및 약품 안내서, 만화, 연애소설 등을 찾았다. 신분이 얼마나 하찮은지와 관계없이 성별과 관계없이 누구나 자기를 개발하기 위해 이 '공공 정보 도서관'을 이용할 수 있었다.

민족의식과 사회적 긴장

이는 1750년 무렵에 일본이 완전한 민족의식을 형성했다는 것을 의미하지는 않는다. 사람 대다수는 여전히 자기 고향이나 속한 영지를 정체성의 기준으로 삼았고, 음식 취향이나 지방의 방언은 대단히 다양했다. 사람들은 강요된 신분 체제와 영지의 지리적인 구분으로 서로 분리되었다. 그러나 교육받은 도시 대중과 농촌 대중 사이에서는 공통의 경험 의식이 자라고 있었고, 심지어 정부를 인도하기 위한 여론의 중요성에 대한 인식조차 지니고 있었다. 유교 철학은 통치자는 공적인 의사소통 통로를 공개함으로써 신민들의 요구에 부응해야 한다는 생각을 지지했다. 혹독한 기근이나 관리의 직권 남용으로 대중이 고통을 받으면, 비판자들이 나타나 때로는 풍자의 형식으로 '우리 일본(와가 니혼)'의 복지를 호소했다. 이 이념에 의하면 일본은 여타 대륙 측 동아시아나 북쪽 홋카이도의 '야만' 부족민 및 남쪽의 류큐인들과 구분되는 자기들만의 일관된 문화적 가치를 가진 지역이었다.

19세기에 이르면 이러한 (사회적) 긴장은 새로운 대외 접촉, 큰 기근과 반란, 대중운동에 의해 악화되어 더욱 첨예해진다. 예컨대 왕양명의 인민에 대한 헌신에 감화를 받은 오사카의 경찰(요리키與力)이던 오시오 헤이하치로大鹽平八朗는 1837년에 도시 반란을 일으켰다. 새 종교, 열정적인 순례자, 환희에 빠진 춤, (중국의 백련교도 운동에 영향을 준 바로 그 신격인) 미륵불 숭배는 그들이 구세주와 감정의 배출구를 찾고 있었음을 보여 준다. 더 넓은 세계의 (존재를 알리는) 불길한 징조 때문에 해안 방어를 강화하고 나라의 문을 닫는 것을 두고 격렬한 논쟁이 벌어졌다. 아편전쟁에서 중국이 패한 것을 알고 일본인들은 더욱 서방을 경계하게 되었다. 중앙정부 밖에서는 여전히 온순하지 않은 영지인 사쓰마와 조슈가 경제개혁을 단행해 허약한 막부의 강력한 경쟁자가 되었다. 하지만 1853년에 미국의 해군 준장인 매슈 페리Matthew C. Perry가 개항을 요구하며 에도만으로 들어오기 전까지 이런 긴장 중 어떤 것도 공개적 분쟁으로 터져 나오지 않았다.

도쿠가와 막부 시기에 일본은 경직된 제도적 틀 안에서도 집약적인 상업 및 농업, 그리고 창의적인 예술적·지적 생산을 통해 놀랄 만큼 조밀하고 부유하며 역동적인 사회조직을 발전시켰다. 일본은 잘 교육된 대중을 갖춘 교통 집약적인 사회였고, 정교한 금융 제도와 상업 제도를 갖춤으로써 (이후) 산업화된 세계가 그 껍질을 깨뜨렸을 때 새로이 폭발적으로 성장할 기반을 준비했다.

5 한국

너비 약 240킬로미터의 한반도는 만주의 고원에서 동남쪽 방향으로 약 1000킬로미터 뻗어 있으며, 위도는 북위 35도에서 42도에 걸쳐 있다. 면적은 21만 8000제곱킬로미터로 일본의 약 5분의 3이며 이탈리아의 3분의 2 크기다. 백두산은 사화산으로서 거의 3000미터에 달하는데 한국에서 가장 높은 산이며 한국인들에게는 성스러운 장소다. 여기서 흘러내리는 두 물줄기인 압록강과 두만강은 각각 황해와 동해로 흘러든다. 이 두 강이 오늘날 한국의 북방 경계인데, 한국의 국경은 14세기에 확정되었다.[166]

반도의 5분의 4는 산악 지대이며 산맥이 반도의 동과 서를 나누어, 높은 산길을 통과해야 하는 이동을 제한하고 지역적인 분할과 파편화를 조장했다. 북부는 동부 해안을 따라 내려오는 높은 산들을 품고 있는 반면, 남부와 서부는 낮은 평원과 하곡을 갖추어 쌀농사를 지원한다. 한국은 8000킬로미터 이상의 해안선을 가졌지만, 수많은 갯벌을 거느린 얕은 황해는 깊은 항구를 만들기에 불리하고 더 깊은 동해와 맞닿은 동쪽 해안은 뛰어난 항구 몇 개를 갖추었다.

대륙성기후로 인해 혹독하게 추운 겨울과 온난한 봄, 덥고 습한 여름의 경계가 명확하다. 매년 여름 7월에는 강한 몬순 비가 내리고 태풍이 함께 온

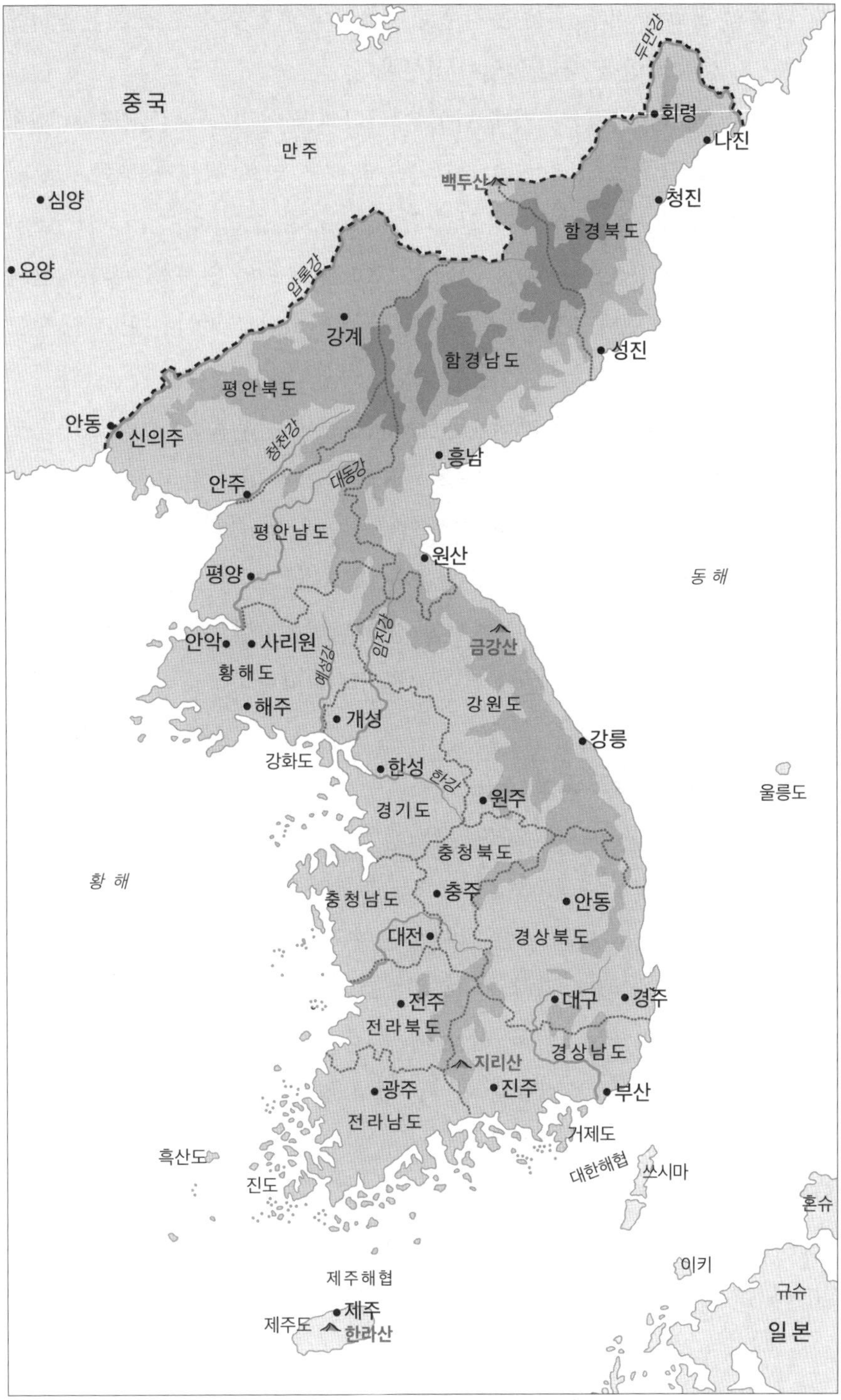
중 국
만 주
심양
요양
두만강
회령
나진
백두산
청진
함 경 북 도
압록강
강계
함 경 남 도
성진
평 안 북 도
안동
신의주
청천강
흥남
안주
대동강
평 안 남 도
원산
동 해
평양
금강산
임진강
안악
사리원
황 해 도
예성강
강 원 도
해주
개성
강릉
강화도
한성
한강
울릉도
원주
경 기 도
충 청 북 도
황 해
충 청 남 도
충주
안동
경 상 북 도
대전
전주
대구
경주
전 라 북 도
지리산
경 상 남 도
광주
진주
부산
전 라 남 도
거제도
흑산도
대한해협
쓰시마
진도
혼슈
이키
제 주 해 협
규슈
제주
제주도
한라산
일 본

——1750년 무렵의 조선.

다. 남쪽의 온화한 기후는 몬순 강우도 생육기에 때맞추어 오므로 논농사에 유리하고, 강과 해안을 따라 어업이 성행한다.

초기 역사 대부분의 시기에 한국은 하나의 국가 아래에 통합되어 있지 않았는데, 고구려 시기(기원전 37~기원후 668)에는 영토 경계가 북쪽으로 만주까지 뻗쳤다. 7세기 이후의 통일신라(668~918)와 고려(바로 고려에서 코리아라는 이름이 파생되었다.) 왕조(918~1392)는 오늘날 북한의 일부를 제외한 한국의 대부분을 통치했다. 13세기에 고려는 몽골의 치하로 떨어진다. 조선 왕조(1392~1910)에 와서야 오늘날 남한과 북한이 속한 (북쪽) 경계를 확립했다.

서쪽으로 광대한 중국 제국과 만주의 유동적인 부족들, 그리고 동쪽으로 바다 건너 120마일 위치에 있는 일본열도 사이에 있는 한국은 항상 그 이웃들과의 긴밀한 접촉 탓에 고통을 받거나 이익을 얻었다. 만주와 일본의 양쪽 방향에서 침략을 받고 중국 및 일본과 적극적으로 교역 관계를 맺었는데도 한국인들은 수 세기 동안 독자적인 정체성을 유지했으며, 그들의 발전 과정은 동아시아에 속한 이웃들의 경로를 밀접하게 따랐다.

원 간섭기와 새 왕조 조선

몽골군에 의해 국토 대부분이 황폐해진 긴 저항의 시절을 끝내고, 고려 왕조의 군사 엘리트들(무신 정권)은 1258년에 항복을 결정했다. 몽골은 강제로 고려가 1274년과 1281년의 일본 침략에 참여하게 했으며, 고려 왕이 원의 황실 여인과 혼인하게 했다. 고려가 평화적으로 항복함에 따라, 나라는 여성 및 환관은 물론 금, 은, 의복, 곡물, 인삼, 매 등 과중한 조공의 부담을 져야 했다. 강대한 가문들은 몽골과 결합해 이익을 얻고 왕의 지배를 벗어난 방대한 토지를 차지했다. 그러나 14세기에 중국에서 반란의 물결이 일어나 원 왕조가 힘을 잃기 시작하자 몽골과 결탁한 고려인들은 공격을 받게 되었다. 공민왕恭愍王(재위 1351~1374)은 비록 자신은 거의 완전히 몽골 혈통이었지만, 원으로부터 독립을 선언하고 몽골과의 협력 관계를 끝내고 원의 통치 기구[49]들을 공격

—— **49** 고려의 동북쪽에 있었던 쌍성총관부雙城摠管府 등을 가리킨다.

했으며, 1368년에는 명을 승인했다. 그는 군대를 장악한 힘 있는 가문들(이른바 권문세족)을 공격했으며, 정부의 급진적인 개혁을 완수하기 위해 불교 승려 신돈辛旽(1371년 사망)과 손을 잡았다. 둘은 은닉 토지에 세금을 매기고, (권문세족이 부당하게 차지한) 토지를 정당한 소유자에게 돌려주었으며, 수많은 노비를 해방했다. 그러나 그들의 조치는 힘 있는 엘리트 가문들은 격노케 했고, 그들은 1371년에 신돈을 처형하고 1374년에 공민왕을 살해했다.

동시에 고려는 북쪽에서 홍건적이라 불리는 중국의 도적과 남쪽 해안을 따라 왜구라는 일본 해적들의 침략에 시달렸다. 장군 이성계李成桂는 나라를 지키는 핵심적인 군대를 통솔했다. 우왕禑王(재위 1374~1388)은 동의하지 않는 이성계에게 자멸을 초래할 수 있는, 명나라에 대한 위험한 공격을 명했지만, 이성계는 군대를 거꾸로 수도로 돌려서 왕을 축출하고, 곧 자신이 새 왕조의 통치자임을 천명했으니, 이는 기나긴 한국사에서 겨우 세 번째 (통일) 왕조였다. 조선 왕조는 일본에 정복당할 때까지 518년간 지속되었다.

비록 이성계 자신은 한미한 출신의 무인이었지만, 그의 지지자 중에는 명망 있는 유학자 관료들이 포함되었는데, 이들은 중국 송나라의 철학자 주희의 영향을 강하게 받았다. 그들은 이성계의 승인을 얻어 국가 대학(성균관)의 재건과 공자를 기리는 국가적 성지(문묘) 창건, 학생 단체 및 유학 고전 학문을 촉진했다. 그들은 또한 고려 시대에 강력한 영향력을 미쳤던 불교 권력을 공격했다. 사원 대부분과 그 땅은 몰수되었고 노비는 국가 소유로 넘어갔다. '이理', 즉 '합리적인 원칙'과 '기氣', 즉 '물질적인 힘'의 형이상학에 기반을 둔 신유학 원리들이 (동시대) 중국보다 오히려 더 조선 시대를 지배했다. 신유학의 도덕률은 가족의 구조에도 영향을 미쳐서, 여성이 재산을 소유할 권리를 없앴고 두 번째 아내 및 첩을 본처에게 종속시켰으며 본처는 남편이나 시어머니의 엄격한 통제 아래에 두었다. 본처는 이혼을 거의 할 수 없었으며, 가족의 거주지 안채를 거의 평생 떠날 수가 없었고, 밖으로 나갈 때는 얼굴을 천으로 가려야 했다.

중국이나 베트남처럼 관직 임명은 주로 시험제도(과거)에 의해 결정되었지만, 중국과는 달리 실제로 시험을 치를 수 있는 자격은 대체로 세습에 의해

—— 조선 시대의 자기. 조선 왕조는 대단히 아름답게 만들고 섬세한 그림을 그려 넣은 백자를 생산했는데, 이는 극동의 자기 제조업에서 가장 뛰어난 성취 중 하나다. 그 단순하고 우아한 형태와 절제 있는 장식, 섬세한 색채의 농담(濃淡)은 한국의 진지한 신유학적 이상을 표상했다. (Wikimedia Commons)

결정되었다. '양반' 계급은 문관 및 무관직을 가질 자격을 가진 이를 지칭하는 말로 주도적인 사회집단이었는데, (다른 계급이) 엘리트 계급으로 가는 접근권을 제한함으로써 자신들의 순수성을 보장하려고 했다. 그들은 부역이나 군역을 면제받았기에 공부에 전념할 수 있었다. 그들은 자기들끼리만 혼인했고 다른 부류의 사람들과 떨어져 살았다. 3년마다 한 번씩 향시(초시)를 통과한 1400명의 수험생이 최고 학위를 두고 경합해 그중 200명이 통과했다.[167] 첩의 아들들은 열등한 지위로 떨어져서 시험을 보는 것이 금지되었다. 문반은 무반보다 더 등급이 높았다. 문무반 외의 학위가 있었으니 '가운데 사람(중인)' 혹은 숙련노동자들을 위한 것, 그리고 '여러 종류의 시험(잡과)'이 있었는데, 이 시험에는 율관, 의원, 계사計士, 역관 등을 뽑는 시험 등이 포함되었다. 이러한 (사회적) 각 등급(사람들)은 기득권을 지닌 지위에 대한 접근을 제한하기 위해 전적으로 세습적인 집단을 만들어 내는 경향이 있었다. 족보는 그들이 걸출한 조상들의 후손임을 증명했다. 정기 호구조사를 통해 각 호와 그 사회적인 지위, 즉 그들이 귀족(양반)의 일원인지, 상민 혹은 노비의 일원인지 하는 목록을 만들었다. 비록 일본에도 등급 외 사람(부라쿠민)이 있고 중국도 소규모의 '천한 사람들(천민)'과 농노가 된 농민(노비)이 있었지만, (조선의) 노예(노비)는 조선 인구의 30퍼센트에 달했다. 남부에서는 농업 노동력의 절반이 노비였다. 노비들은 주로 양반 엘리트에 속하는 주인에게 개인적으로 예속된 종이거나 부역 노동이나 세금을 내는 정부의 종(관노)이었다. 그들은 개인적인 시종 일부터 농업 노동에 걸친 의무를 시행했다. 그들의 지위는 어머니의 지위에 의해 결정되어 세습되었다. 또한 그들은 시장에서 매매될 수 있었다. 일본과 마찬가지로 등급 외 사람들이 있었는데, 그들은 도살이나 무두질 혹은 고리버들 작업 등에 종사했다.

조선 농민들은 또한 중국에서는 드문 제약에 직면해 있었다. 대부분의 농민은 양반을 위해 일하는 소작농으로서 토지에 묶여 있었다. 국가는 그들 각자에게 호패를 차게 하고, 그들의 이름과 생일 및 신분, 거주지를 대장에 올렸으며, 언제나 이 신분증을 차고 다니게 했다. 중국의 보갑保甲 같은 쌍무 체제가 어떤 가구든 토지를 떠나지 못하도록 만들었는데, 남은 가구가 떠난 이의 세금까지 물어야 했기 때문이다. 소출의 20분의 1인 지세는 생산성과 날씨에 따라 조정되었지만 상당히 낮았다. 그러나 소작농은 소출의 절반을 지주에게 바쳤고, 지역 특산물로 된 공물을 국가에 납부했으며, 물론 군역과 부역도 부담했다.

압도적인 농업경제 아래에서 상업 활동은 상당히 제한되었다. 대부분의 수공예품은 특정 작업장에서 정부 수요를 위해 만들어졌고, 모든 세금은 현물이나 노동력의 형태로 납부했다. 정부에 속한 장인들은 무기, 예복, 그릇과 종이를 생산했다. 일부 장인은 양반 집안들을 위해 일하며 유기나 말총 갓, 가죽신 등의 사치품을 만들어 냈다. 단지 허가를 받은 소수의 상점만이 수도에서 영업을 할 수 있었으며, 정부는 민간 시장을 억눌렀다. 행상은 일반 백성들이 쓸 일상적인 물건들을 시골로 날랐다. 뽕나무 껍질로 만든 화폐[50]와 동전 및 철전鐵錢이 단지 세금 납부 용도로 유통되었다. 주요한 거래 수단은 면포였다.[168]

통치자와 개혁

원시 단계의 경제에서도 일부 강력한 통치자는 15세기에 중요한 변화를 만들어 냈다. 태종太宗(재위 1400~1418)은 20만 명이 넘는 강제 노동력을 동원해 고려 왕조의 수도 개성을 대신해 한양에 커다란 새 수도를 만들었으니, 오늘날의 서울이다. 새 도시는 관리들의 거주지와 궁궐로 채워졌으며, 주요 도로들이 대칭적으로 배치된 성문을 통과했다. 관시와 여관이 외국 사절 및 주민의 수요에 부응했다. 도시의 동북부에는 성균관과 공자의 문묘가 있었다. 도시를 감싸는 산은 상서로운 풍수적 영향과 방어 요새를 제공했다. 왕은 불교 사원의 재산을 빼앗고 왕조의 재정 체계를 자리 잡게 했다. 그는 토지조사를 실행하고, 새로운 법률을 공표했으며, 중국 및 일본과 관계를 확립했다. 또한 신분패(호패) 제도를 만들었으니, 이는 모든 인구를 엄격하게 제한된 신분 집단으로 분류하고 농민들을 토지에 묶어 놓았다.

조선 왕조에서 가장 영광스러운 통치기는 바로 세종世宗(재위 1418~1450) 시기였는데, 그는 국가의 군사적·문화적 힘을 사방으로 확장시켰다. 세종은 집현전을 만들어 가장 저명한 학자들을 불러 모으고 그들이 정책에 대해 자문하고 중국의 고전 전통에 기반을 둔 연구를 수행하게 했다. 그들은 시비법施肥法,[51] 수리, 종자 선택 등을 돕기 위해 농업 서적을 편찬했으며, 나라의 각 지역을 자세하게 묘사하는 지도를 준비했다.

1443년에 세종은 학자들에게 한글 자모 표기법을 만들라는 임무를 내리고, "나라의 말이 중국과 달라 어리석은 백성이 말하고자 할 바 있어도 그

50 좀 더 정확하게는 닥나무 껍질로 만든 지폐(저화楮貨)다.

51 토양이나 작물에 거름 등으로 만든 비료를 공급해 농작물의 생육을 촉진하는 방법이다.

리하지 못하는 때가 많다."라고 했다.[169] 1446년에 반포된 이 간략한 표기법은 한글[52]이라 불리는데, 스물여덟 개의 글자, 즉 열일곱 개의 자음과 열한 개의 모음으로 되어 있으며, 한국어의 구어와 대단히 잘 들어맞아서 광범위한 대중이 글자를 읽을 수 있게 했다. 조선인들은 또한 활자 기술을 대단히 발전시켜서, 왕은 부처의 삶에 대한 입문서와 안내서, 자기 조상들을 위한 찬가, 유교의 도덕적 관계에 대한 지침서 등을 엄청난 수로 인쇄하는 일을 후원했다. 하지만 저명한 학자들은 그들의 고귀한 지위를 보존하고자, 한글 표기법의 사용을 격렬히 반대하고 전파를 제한하려고 했다. 일본과 베트남에서처럼 자모 표기 텍스트와 현지 글자 체계는 중국의 영향을 받은 속 좁은 문화 경찰들의 감시를 벗어난 대중적 (문화) 전통을 반영한다. 동시에 중국 문헌을 한국어로 바꾸는 사업은 불교와 유교의 기본 원리를 확산하는 데 일조했다. 그리고 조선은 대중의 글자 인식과 구어로 된 도덕 전통의 전파를 통해 더 넓은 문화적 통합을 이룸으로써 근대 초기 여타 국가들이 간 길을 따랐다.

대외 관계

대외 관계 면에서 조선은 중국에 대한 일부 거리낌도 있었지만 명과 우호적인 관계를 추구한다는 창건자의 정책을 이어 간 반면 일본과는 첨예하게 충돌했다. 사대事大, 즉 "큰 것을 섬긴다."라는 원칙하에 조선의 엘리트들은 중국을 탁월한 정치적·문화적 권력으로 간주하고 열정적으로 조공 관계를 추구했다. 명의 통치자들은 처음에는 이성계의 낮은 출신을 미심쩍어하면서도 1년에 최소한 세 차례의 조공 사절이 황제의 생일과 동지 등을 축하하기 위해 방문하는 것을 허락했고, 이런 사절들은 광범위한 상업적·문화적 거래를 수행했다. 조선인들은 말, 인삼, 모피, 짚방석 등을 팔고 비단, 약재, 책, 도자기를 살 수 있었다. 1392년에서 1422년 사이에 조선의 국영 목장에서 기른 4만 5000마리 이상의 말이 명나라로 운반되었다.

52 세종이 창제할 당시에는 '훈민정음'이라고 했으며, 백성을 가르치는 바른 소리라는 뜻이다. 한글이라는 명칭은 20세기 이후부터 쓰였다.

만주는 조선 왕조에는 중요한 말의 공급지였기에, 조선은 현지의 여진 부족들과 교역할 시장을 만들었다. '숙熟(길들여진)'여진은 교역을 위해 수도로 초대되었다. 세종 시절에 조선은 압록강과 두만강을 따라 주둔 요새들을 만들고 새 땅을 개척함으로써[53] 북방 지역의 통제권을 '생生(길들여지지 않은)'여진으로부터 빼앗았다. 이로써 세종은 오늘날 북한과 중국의 경계가 되는 국경선을 확립했다.

또한 세종은 일본의 쓰시마(대마도)에 근거를 둔 해적 약탈자들을 일소하기 위한 원정을 감행했지만, (결국) 섬의 일본인 통치자들에게 교역 특권을 제시해 일본과 공식적인 교역 관계를 개시했다. 일본의 쇼군은 불교 삼장 인쇄본 6467권을 받는 대가로 해적을 진압하겠노라 약속했다. 일본은 조선 남쪽 항구에 교역 거주지를 만들었고 조선인들은 비단을 수출하는 대가로 열성적으로 일본산 구리를 수입했다. 조선 남쪽의 항구들은 멀리 시암까지 미치는 방대한 해상 교역망의 일부였다.

찬탈과 숙청, 1450~1519

세종의 통치가 끝난 후 한 세기 반 동안 정치적 안정감과 경제적 안정성은 하락했으며 이는 16세기 말에 일본의 재앙적인 침략으로 극에 달했다. 세종의 아들 세조世祖(재위 1455~1468)는 열두 살짜리 조카에게서 왕위를 찬탈하고, 거의 한 세기 동안 이어질 맞대응과 숙청의 악순환을 시작했다. 세조는 찬탈에 항의하던 세종의 신하 여섯을 죽여 그들을 유교적 예법을 따른 순교자로 만들었다. 정력적인 군인으로서 그는 만주의 여진 부족들을 공격하고, 국가를 안정시키기 위해 중국의 상평창 제도를 도입했으며, 철전을 시장에 투입해 상업을 촉진하려고 했다. 또한 그는 불교를 후원하고 성가신 집현전, 즉 그의 정책에 항의하던 명망 있는 학자 집단을 없앴다. 비록 세조는 찬탈로 반감을 일으키기는 했지만, 그의 정책은 국가와 경제를 강화했다.

53 최윤덕崔閏德이 압록강 유역에 설치한 4군과 김종서金宗瑞가 두만강 유역에 설치한 6진을 가리킨다.

변덕스럽고 폭력적인 사내로서, 러시아의 편집증적인 차르 이반 4세를 연상시키는 연산군燕山君(재위 1494~1506)과 비견된 이는 아무도 없다. 성적으로 방종하며 편집증적이던 연산군은 자기에게 동의하지 않는 이는 가리지 않고 죽였으며, 대규모로 관료들을 숙청하기 시작했다. 유학자들은 간언을 올리고 끊임없이 통치자의 결점을 지적하는 것을 임무로 여겼는데, 이는 통치자가 백성에 대한 자비의 의무를 다하게 하기 위해서였다. 또한 그들은 도덕적인 반성을 위한 수단으로서 정직한 역사 기술을 신뢰했다. 연산군은 자신의 권력에 대한 이런 식의 내재된 제한을 거절했다. 학자 김종직金宗直이 세조가 왕위를 찬탈했다고 쓰자, 격노한 연산군은 1498년에 김종직의 시신을 부관참시하고 역적이라 일컬었다. 더 나아가 연산군은 정부에 포진한 김종직의 제자들을 모두 숙청했다. 1504년에 그는 다시 한번 관리들을 숙청했지만, 이번에는 그가 너무 멀리 나갔다. 관료들은 그를 폐위하고 귀양 보냈는데, 얼마 안 되어 연산군은 그곳에서 미심쩍은 상황으로 죽었다. 조선의 왕은 자신을 비난하는 이들에게 잔인한 복수를 할 수 있었지만, 중국과 달리 조선의 엘리트 계급은 필요하면 왕을 폐위시킬 힘이 있었다.

1519년과 1544년에 숙청과 처형이 연이어졌고, 이는 문사 계급 사이에 깊은 골을 만들어 후에 당파 싸움으로 분출된다. 그러나 신유학의 도덕 탐구 정신은 결코 사라지지 않았다. 조선 시대 두 명의 위대한 철학자 이황李滉(이퇴계李退溪)과 이이李珥(이율곡李栗谷)는 두 개의 근본적인 요소인 이와 기의 상대적인 중요성을 두고 강렬하고 불가해한 논쟁을 벌여 수많은 제자를 끌어들였다. 쌍방은 조선에서 주희의 신유학이 지닌 주도권을 강화했다. 16세기에 양명학이 주자학의 중요한 경쟁자로 부상하고, 일부 학자는 불교나 도교적 영감에 추파를 던졌던 일본이나 중국과 달리 조선의 학자들은 정통 송학의 경계 안에 확고히 머물렀다.

1575년 무렵, 양반 내부의 여러 파벌이 인사 부서의 관직 임명을 두고 격렬하게 경합했다.[54] 이 집단들은 혈연, 혼인, 사제, 친우 관계로 결합되어 있었

54 이조전랑吏曹銓郎 자리를 두고 심의겸沈義謙과 김효원金孝元이 다툰 일을 가리킨다.

는데, 세습적으로 구분되는 집단이 되어 '동인'과 '서인'으로 불렸고, 각자는 공히 상대방보다 도덕적 우위에 있음을 주장했다. 선조宣祖(재위 1567~1608)는 자기 권력을 확고히 하기 위해 이 파당을 거들다 저 파당을 거드는 식으로 당파 싸움을 격화시켰다. 1589년에 그는 동인 관리 일흔 명을 숙청했지만 서인 파당의 일본 침략 경고는 무시했다. 나중에 정권을 장악한 동인 파당은 다시 북인과 남인으로 나뉘고, 북인 파당은 다시 노론과 소론으로 나뉘었다. 각 파당은 왕가 사람들의 임종 시의 적합한 장례 절차와 고위 관직의 임명을 놓고 소리 높여 논쟁을 벌였지만, 이 중 그 어느 것도 실제로 도덕적인 원칙에 기반을 둔 것은 아니었다. 승리한 파당은 프랑스 선교사의 말을 빌리자면, "호화롭게 차려진 식탁에 앉아 제일 좋은 조각을 마음대로 즐겼지만", 반면 패한 쪽은 "누더기를 뒤집어쓰고, 마치 엄청난 복수를 다짐하는 사람처럼 이를 바득바득 갈며 주먹을 내보였다."[170]

또한 양반은 작은 토지를 소유한 농민들을 희생시켜 자기 토지를 늘리면서도 조세와 군역에서는 벗어났다. 양반의 비호를 받는 일반 백성들 또한 뇌물을 써서 군역을 벗어날 수 있었으니, 군대는 텅 비고 병사들은 보수도 제대로 받지 못하게 되었다.

도요토미 히데요시의 침략

당파 싸움과 현상 안주, 그리고 세계적 사건에 대한 무관심 때문에 조선의 엘리트들은 16세기와 17세기 초에 조선을 괴롭힐 재난적인 일련의 침략에 대해 비참할 정도로 준비되어 있지 않았다. 일본을 군사적으로 통일한 도요토미 히데요시는 중국을 정복하겠다는 야망을 선포하면서 조선에 그의 대군이 지나갈 길을 빌려줄 것을 요청했다. 명의 충성스러운 봉신으로서 조선 엘리트들은 분개하며 이를 거부했지만, (정작) 그들은 이 공격에 대비해 어떤 진지한 준비도 하지 못했다. 왕은 일본에 다녀온, 서인에 속한 통신사가 히데요시가 침략을 준비하고 있다고 고하는 경고를 무시했다. 1592년에 히데요시는 침략을 감행한 후 쉽사리 조선의 군대를 제압했다. 일본의 사무라이들은 서로 200년간이나 싸워 왔고 휴대용 화기를 비롯한 유럽의 화약 무기를 획득한 반면 조선인들은 단지 시대에 뒤떨어진 대포만 가지고 있었다. 3주 만에 일본군은 한양에 이르렀고, 조선 왕은 물론 주민들을 피난하게 만들었다. (이어) 명이 개입해 일본군을 몰아내고 1593년에 강화조약을 맺었다.

이 절망적인 시기에 조선의 군사 영웅 이순신(1545~1598)은 '거북선', 즉 대포를 장착한 철갑선 선단을 만들어 열 차례 이상의 싸움에서 일본의 군선 400척 이상을 격침해 조선의 서남해안으로 통하는 일본의 보급로를 끊었다. 조선인 유격대, 즉 '의병'들 또한 일본군을 후방에서 괴롭혀 전쟁을 교착 상태로 만들었는데, 이 상황은 1593년에서 1597년까지 이어졌다. 히데요시는 군대를 후퇴시키면서도 여전히 승리를 장담하면서 명 황제에게 공주 중 한 명을 천황의 후궁으로 줄 것, 중국과 일본 간의 교역을 회복할 것, 일본에 조선의 남부 지방을 넘길 것을 요구했다. 그러나 중국은 히데요시를 일본의 '왕'으로 인정하는 것 외에는 아무것도 들어주지 않았다. 협상이 결렬되고, 이순신이 부당하게 직위에서 해제되고 감옥에 보내졌던 바로 그해인 1597년에 히데요시는 침략을 재개했다. 그동안 조선의 곡물 공급은 바닥이 나 강도질과 농민반란이 일어났으며, 해방의 기회를 얻은 노비들은 등록 대장을 파괴했다.

중국군과 일본군 사이에 새로 재개된 싸움에서 일본군은 대승을 거두어 상대 병사의 귀 4만 8000개를 본국으로 보내 악명 높은 교토의 '귀 무덤'에 묻었다. 그러나 일단 이순신이 지휘권을 회복하자, 그는 남쪽 바다를 장악하고 열여덟 번의 전투에서 열일곱 번을 이겨 다시 한번 일본의 보급로를 끊었다. 이순신은 전사했지만, 히데요시 또한 그해에 죽어 일본군은 다시 후퇴할 수밖에 없었다. 일본군은 사로잡은 조선의 도공들과 수천 권의 책을 가져와서 도쿠가와 막부 도서관에 소장했다.

조선인들은 "서풍에 용기龍旗가 자랑스럽게 펄럭였다."라고 주장하며 승리를 축하할 수 있었지만, 경제는 황폐화되었고, 거의 200만 명이 희생되었으며, 사원과 읍락은 깡그리 불탔다.[171] 문서 또한 너무나 심각한 파괴를 겪어서 정확한 경제적 피해를 산출할 수조차 없었다. 하지만 우리는 농업이 18세기 초까지 16세기 수준을 회복하지 못했다는 것을 알고 있다.

조선과 중국이 일본과 싸우던 바로 그때, 만주의 부족 지도자인 누르하치(1559~1626)는 만주 땅의 여타 여진 부족을 점령하기 시작했다. 누르하치는 조선 왕에게 국토를 회복하도록 도와주겠다고 제안했지만 거절당했다. 조선인들은 명이 누르하치의 흥기에 대항할 때 충성스럽게 명을 지지했지만, 조선군과 명군은 1619년에 누르하치에게 패했다. 그러나 조선 조정의 한 파당은 누르하치의 영토를 계속 습격하던 명의 장군 모문룡毛文龍을 계속 지원했다. 동시에 불만을 품은 군관들에 의한 국내의 반란은 수도의 격란을 불러왔고, 진압 작전 후 패한 군인들은 만주로 도망가 누르하치의 군대에 합류했다. 투항한 군인들의 도움을 받아 누르하치의 후계자 홍타이지는 1627년에 압록강을 건너 첫 번째 침략을 감행했다. 그는 평양과 한양을 함락하고 왕실의 창고를 불태우고 시골을 약탈했으며, 조선 왕이 홍타이지의 동생으로서 동맹을 맺고 함께 명에 대항하겠다고 맹세하게 했다. 만주인들은 조선에 금은, 의복, 원정을 지원할 기병 등 엄청난 공물을 바칠 것을 요구했다. 조선이 저항하자 12만 명의 만주군이 1637년에 다시 침략을 개시했다. 이 침략을 이끈 홍타이지는 자신이 청 왕조의 황제임을 선포한 뒤였다. 다시 한번 조선 조정은 유일한 피난처인 강화도로 피난하려고 했지만, 강화도로 가는 길이 차단당해 산성(남한산성)에서 40일간 포위당했다. 조선 왕은 명으로부터 받은 책봉을 포기하고, 청 조정에 인질을 보내며 청의 역법을 받아들일 수밖에 없었는데, 청의 역법은 만주 황제의 연호로 해를 셌다. 이어지는 두 세기 반 동안, 조선은 마지못해 오랑캐로 여기던 청의 조공국이 되었다. 조선은 청에 조공 사절을 보냈지만 사절들은 한양으로 혹평하는 보고서를 몰래 보냈고, 사문서에는 명의 역법을 계속해 사용했다. 비록 만주족이 히데요시가 자행한 만큼 나라를 황폐화시키지는 않았지만, 그들은 조선의 관료와 군관들에게 깊은 치욕감을 안겼고, (일본처럼) 사라지지도 않았다. 만주인들이 나아가 북경을 차지하고 거대하고 영광스러운 청을 건설하자, 조선인들은 원한을 숨기고 향수를 품고 명을 회상했다. 강제로 존경하지 않는 이웃의 '신하' 역할을 하게 되자, 조선인들은 복수심을 품고 신유학의 규범을 받아들임으로써 자신들의 문화적 차별성을 강화했다. 조선의 엘리트들은 자신들이 순수한 주희의 규범과 의례를 행하는 이임을 자랑스럽게 생각했고, 청을 타락한 나라로 보았다.

전란의 와중에 최초의 서양인들이 우연히 조선에 도착했다. 침략 기간에 가톨릭 성직자 한 명이 히데요시를 수행했다. 중국을 방문한 이들은 기독교에 대한 정보를 가지고 왔는데, 그중에는 마테오 리치Matteo Ricci[55]가 쓴 요약본도 있었다. 1627년에 네덜란드 선원 세 사람이 조선 해안에서 난파당했고, 그중 한 명이 살아남았다.[56] 그는 대포 주조 전문가였기 때문에 군직을 받고 조선 여인과 결혼해서 한국식 이름을 얻었다. 1653년에는 네덜란드 선박 한 척이 제주도에서 난파했고, 선원들은 조선에서 하급 군관으로 13년 동안 살았다. 서기로 배에 올랐던 헨드릭 하멜Hendrik Hamel은 자세한 여행기를 썼는데, 이는 이 시기를 묘사하는 것으로서 여전히 귀중한 자료다.[172]

파당주의와 사회 변화

당파 싸움은 일본 침략에서 회복한 뒤에도 계속되어, 엘리트 가문들은 유교 의례의 세세한 지점, 그리고 가장 중요한 것으로서 토지 통제권을 두고 싸웠다. 권력 획득에 성공한 승자는 거대한 토지를 축적할 수 있었지만, 권력에서 멀어진 양반은 소작농 처지로 전락했다. 18세기에 관영 작업장이 줄어들고 노비들이 주인에게서 달아남에 따라 노비의 수는 점차 줄어들었다. 양반의 수는 늘어났지만, 새로 엘리트층으로 편입된 이 중 다수는 지위를 산 것이었고, 그들 중 소수만 부유했다. 과거제는 이제 신분 상승을 이루는 제한적인 통로 구실도 하지 못했다. 다시 말해 과거 합격은 후원자, 뇌물, 그리고 가문의 지위에 달렸지 고전 문헌에 대한 지식에 달린 것이 아니었다. 또한 합격자조차 학위로 직위를 얻는다는 보장이 없었기에 학생들이 항의 소요를 책동했다.

개혁을 위한 노력에도 불구하고 세제 또한 경제적인 현실과 상당히 유리

——— 55 1552~1610. 로마 가톨릭교회의 사제이자, 중국을 비롯한 아시아 지역에 기독교 신앙을 정착시킨 이탈리아 출신 예수회 선교사다. 세계지도인 「곤여만국전도坤輿萬國全圖」의 제작자이기도 하다.

——— 56 살아남은 사람의 이름은 얀 얀스 벨테브레이Jan Jansz Weltevree(박연朴淵)다. 다른 두 명은 난파 당시에 사망한 것이 아니라 병자호란 당시에 전사했다.

되었다. 일본의 침략은 노비, 상민, 토지를 기록한 대장을 파손해 재정 위기를 초래했다. 1646년에 등록된 토지는 침략 이전의 46퍼센트로 떨어졌다. 양반 엘리트들이 자신들의 제한된 세금마저 포탈하면서 수많은 잡다한 세금이 모두 일반 백성들에게 떨어졌으니, 예컨대 소금 생산이나 양어 활동, 혹은 배를 소유하는 것 따위에 세금을 매겼다. 또한 백성들은 공납을 냈는데, 군역을 면제받는 대가로 또 세금을 내야 했다. 대동법으로 알려진 커다란 개혁 시도에 의해 관리들은 지주들에게 많은 세를 옮겨 물렸고, 공납을 현물에서 쌀과 포 및 현금으로 바꾸었다. 비록 (조선의 개혁은) 훨씬 화폐화 정도가 낮았지만, 많은 측면에서 이 개혁은 세금 부담을 간명하고 평등하게 하고자 한 명 말기와 청 초기의 중국에서 일어난 개혁과 상응한다. 이 개혁은 농업인구에게 지워진 세 부담 분배 체제를 상당히 바꾸고 잠시 동안 그들의 부담을 줄여 주었다. 그러나 청과 마찬가지로 조선의 관리들은 추가로 세금을 늘리는 것을 제지하지 못했다. 그들은 농민들에게 군역세(군포세)를 내게 하고 청의 상평창과 비슷한 '의창義倉'을 만들었다. 그러나 구매나 기증분으로 창고를 채우는 대신 조선의 관리들은 농민들에게 기증하게 했는데, 이론적으로는 재난 시의 구호를 위한 것이었다. 사실 농민들은 종종 자신들이 기증한 몫을 돌려받지 못했다. 18세기 말에 이르면 국가는 해마다 1000만 부셸bushel[57]의 곡물을 거뒀으니, 이는 지세의 아홉 배에 해당한다.

경제 발전

극단적인 유교 신봉자로서, 조선의 엘리트층은 중국이나 일본보다 상업 발달에 훨씬 큰 적대감을 가지고 있었다. 그들은 중국과 일본을 대상으로 한 조공 무역[58] 이외에는 대외 교역을 금해 나라를 진정으로 고립시켰다. '은둔

57 과일 또는 주로 밀과 같은 곡물의 무게를 표현할 때 쓰는 단위로, 1부셸이 미국식에서는 2만 7216킬로그램이고, 영국식에서는 2만 8123킬로그램이다.

58 조공은 상하 관계를 가정한 것이다. 그러나 조선과 일본은 당시에 서로의 위에 있지 않았으므로 조공으로 번역되는 원문의 'tribute'는 어색하다. 저자는 이를 구분하지 않고 썼는데, 편의상 그대로 옮기지만 조선과 일본 간의 교역은 조공 무역이 아닌 공무역으로 이해할 수 있다.

의 왕국'이라는, 조선에 대한 전형적인 묘사는 이 시기에 합당하게 들어맞는다. 그러나 내부의 발전이 상업과 제한된 양의 농업 성장을 촉진했으며, 국가는 의구심을 품으면서도 현금 주화를 주조하는 것이 필요함을 알아차렸다.

대동법에 의하면 관리들은 대리 상인들을 통해 물건을 구매해야 했다. 그들은 가게를 세우고 기초 상품의 거래를 위해 수도의 시장을 조절했다. 지방(팔도)에서 시장은 5일에 한 번씩 열렸지만, 이 정기적인 시장 덕에 농부들은 매일 시장에 다녀올 수 있었다. 행상들은 짐을 싣는 말을 타고 돌아다니며 가정용품과 건어물, 바늘과 빗 등을 팔았다. 대부업자, 여관 주인 및 여타 업계 사람들의 조합이 행상들을 지원했다. 불교 승려들 또한 시장에 팔 중요한 공예품을 만들었다. 농민들은 비료를 주고, 휴경지를 없애고, 밭을 논으로 바꾸고, 모내기를 함으로써 집약적으로 식량 작물을 생산했다. 그들은 상업용 농업을 발전시켰는데, 담배와 면화에 집중했다. 그리고 감자나 고구마 같은 새 작물을 도입했다. 인구는 1650년의 1000만 명에서 1810년에는 1400만 명으로 늘어나 이런 새 작물이 더 많은 인구를 부양할 수 있다는 것을 보여 주었지만, 이 증가율은 중국보다 훨씬 낮았고 생활수준 또한 별로 바뀌지 않은 듯하다.[173] 19세기 조선의 농업 생산량은 중국이나 일본보다 최소한 30퍼센트 이상 낮았다.

최대 도시 한양은 인구 20만 명 크기로 성장했지만, 에도나 북경보다 훨씬 작았다. 그러나 도시에 정부가 자리 잡음으로써 상업적인 수요를 유발했다. 몇몇 국왕은 인플레이션이 두려워 주화 주조를 멈추었다. 그 결과는 시장에 손상을 주는 30년 이상의 디플레이션을 유발한 것이었고, 1731년에 영조英祖는 주화 주조를 재개하는 데 동의했다. 그러나 화폐는 현금 주화 하나뿐이었고 지폐나 은화나 어음 혹은 은행은 없었다. 민간 상인들은 여전히 공식적인 규제에 굴하지 않고 교역을 행했는데, 이런 규제는 한양의 육의전으로만 교역 특권을 제한하려고 했다.

비록 조선 왕조가 종종 문화적·경제적으로 정체된 사회로 묘사되지만, 전통적인 규범의 한계 안에서 상당한 변화가 있었다. 조선인들은 일본이나 중국의 동료들과 비슷한 문제를 가지고 토론했다. 즉 어떻게 관료제 안에서

도덕성을 함양할 것인가, 어떻게 불교와 기독교 및 유교를 포함한 여러 종교적인 전통을 조화시킬까, 어떻게 유교의 도덕 원칙을 실질적인 국가 경영에 적용할 것인가 등의 문제였다. 혼돈의 조정 정치 밖에서 학자들은 서원, 즉 학당을 세웠고, 거기에서 당파 싸움을 벗어나 동지들과 함께 중요한 문제들을 토론했다.[174] 일부는 토지 소유를 제한함으로써 농민의 가난을 줄일 것을 제안했지만, 부자들 소유의 토지를 몰수하는 것까지는 가지 않았다. 일부는 심지어 야만적인 청의 통치자들도 조선이 배울 유용한 가르침을 품고 있다고 주장했다. 북경을 통해 전파된 예수회의 가르침, 즉 서양의 가르침과 청의 고증학 운동은 모두 한국에서 반향을 일으켰다. 한국의 독자적인 실학파, 즉 실용학파는 행정 문제와 경제 문제, 과학 문제를 연구하기 위해 고증 연구가 결합된 고전 가르침의 특정한 유용성에 집중했다. 그들은 대동법 개혁의 부작용을 비판했는데, 대동법이 부유한 상인 계층을 강화하고 농민들은 토지를 잃게 했다는 것이다. 주자학파의 비난에도 불구하고 왕양명의 사상은 추종자들을 끌어들였다.

18세기의 모순들

영조 치세기(1724~1776)에 조선의 문사들은 자신들의 최고의 성취와 한계를 동시에 보여 주었다. 왕은 끊임없는 당파 싸움을 해결하고자 탕평책을 선포했으니, 이는 옹정제가 사적 파벌을 탄핵한 일을 본뜬 것이었다. 정부에 자리를 얻은 실학자들은 영조의 후원하에 방대한 지식 백과사전을 편찬했으니, 이에는 농서, 법률서, 군사 과학에 관한 책들이 포함되었다. 가장 뛰어난 실학자였던 정약용丁若鏞은 서구의 공학 기술을 장려하고 가톨릭교리를 탐구했으며 천연두 백신을 도입하고, 상업을 거부하면서[59] 평등주의적인 농업 사회를 장려했다. 박제가朴齊家는 소비 진작과 부의 유통 및 대외 교역과 대규모 생산을 인정하는 경제정책의 요소들을 개괄했다. 양반계급을 풍자한 환상적인 작

59 원문은 'resisting commerce'인데, 정약용이 농업을 중시하기는 했으나 상업을 배격한 것은 아니다.

가 박지원朴趾源은 또한 북경으로 조공 사절로 갔을 때의 경험을 자세히 기록한 여행기를 남겼다. 이 책에서 그는 부패한 관리와 국경의 실랑이, 반체제 학자, 끈끈한 우정을 묘사했다.[175]

반면에 영조는 자기 아들을 죽인 것으로 가장 유명하다. 태만한 아버지로서, 그는 아들의 분열적인 행동을 이해할 수 없었다. 아들은 분명 정신적인 병이 있었다. 아들인 사도세자思悼世子의 아내 혜경궁 홍씨惠慶宮 洪氏[60]는 영조의 사려 깊지 못함과 섬뜩한 행위들을 묘사한, 손에 땀을 쥐게 하는 회고록을 남겼다. "(1757년에 동궁(사도세자)이) 사람을 죽이기 시작했다. 벤 (환관의) 목을 들고 와서 나인들에게 보였다. 피 떨어지는 목을 나는 처음 보았고, 실로 끔찍했다. 사람을 죽여야만 화가 풀리는지, 동궁은 나인 여럿을 해쳤다."[176] 왕은 조치를 취할 수밖에 없었다지만 잔혹하게 대응했다. 그는 왕자를 자그마한 쇠상자(뒤주)에 가두고 굶겨 죽였다. 그러나 아버지로서는 무능했는데도 영조는 조선의 가장 위대한 왕 중 하나로 간주된다.

이 기괴한 사건으로 우리는 18세기 조선 왕조의 윤곽을 그리는 작업을 마무리한다. 조선은 뛰어난 학자, 사악한 신하, 무자비한 왕과 자비로운 왕을 모두 배출했고, 수백만 명의 고생하는 농민과 상인들을 부양했다. 어떤 면에서 중국이나 일본처럼 더 역동적인 사회의 창백한 반영으로서, 조선은 여전히 더 강한 문화적 통합과 경제적 성장, 사회적 전환을 만들어 내는 똑같은 과정을 따랐다. 다가오는 세기에 조선은 그 이웃들처럼 상업화된 서구 열강으로부터 엄청난 도전을 받게 되고, 전에 없던 기능장애에 빠져 결국 붕괴한다. 하지만 조선은 여전히 동아시아의 문화적 전통이 지닌, 독특한 이형異形을 보존했다.

—— 60 1735~1816. 사도세자의 아내이자 정조의 어머니이며, 회갑을 맞는 해에 『한중록閑中錄』을 써서 사도세자의 미치광이 증세와 영조의 결단을 상세하게 기록으로 남겼다.

6 베트남

오늘날의 베트남은 인도차이나반도의 해안을 따라 1500킬로미터 이상 뻗어 있으며, 위도는 북위 8도에서 23도 사이이다. 인구는 홍하와 메콩강이라는 두 강의 비옥한 삼각주에 집중되어 있으며, 이 두 지역 사이는 산맥과 하나의 가느다란 연안 지대에 의해 이어진다. 국토의 면적은 33만 킬로미터로서 거의 독일과 같고 프랑스보다는 약간 작다.[177] 그러나 14세기에 메콩강 삼각주는 인구가 매우 적었으며, 캄보디아의 앙코르 제국 통치 아래에 있었다. 인도계 참파 정권들이 베트남 중부의 좁은 연안 지대와 남부 일부를 통치하면서 수도를 꾸이년 근처에 두었다. 대월로 알려진 가장 강력하고 인구가 조밀한 국가가 홍하 삼각주를 차지했다. 중국 왕조들은 기원후 1세기에서 10세기까지 이 지역을 점령했다가, 결국 베트남의 왕들이 중국 통치를 끝내고 자신들의 정권을 만들었다. 리 왕조와 쩐 왕조는 10세기에서 14세기까지 이어지며 베트남 문화의 기반을 놓았는데, 그 문화는 중국으로부터 차용하는 동시에 그 독자성도 확실히 했다. 마하야나 불교, 즉 대승불교가 주도적인 상층 문화의 종교가 되었던 반면, 지방의 신령들 또한 현지에서 세력을 강화했다. 베트남 왕들은 천명을 받은 덕에 남방을 다스리는 진정한 '황제'가 되었으며 중국의 통치자들은 북방을 다스린다는 주장을 확인하기 위해 중국의 정

_____ 14세기의 동남아시아.

치 이론을 끌어들였다. 리 왕조와 쩐 왕조는 관원 일부를 등용하기 위해 중국의 과거제를 도입함으로써 처음으로 유교 교육을 받은 소규모의 문인 계급을 만들어 내는데, 그들은 나라의 중앙집권화에 일조했다. 쩐 왕조의 통치자와 군주들은 군사 전술에도 뛰어나, 1258년과 1290년대에 몽골의 침략을 성공적으로 격퇴했다. 장군 쩐흥다오陳興道는 오늘날 도로명이나 기념물을 통해 찬양된다.

몽골을 격퇴한 후 쩐 정권은 14세기의 커다란 경제적·정치적 위기 속에서 와해된다. 대월은 14세기에 명나라 초기 통치자인 영락제의 침략을 겪지만, 위대한 군사 지도자 레러이가 명군을 몰아내고 새 왕조를 열어 새 통합 정권을 만들었다. 이 정권은 남쪽으로 팽창해 참파를 거의 없앴지만, 16세기 중반 이래 이어진 내부 분열의 희생양이 되었다. 18세기 말, 대규모 군사 봉기인 떠이선 반란을 틈타 중국은 다시 베트남을 침략해 나라를 격동으로 몰아넣었는데, 이 동란의 와중에 새 지도자 응우옌아인阮暎(응우옌푹아인阮福暎)은 또다시 중앙 정권을 만들고, 1802년에 새 왕조를 수립했다.

프랑스의 저명한 동남아시아 지리학자 피에르 구루Pierre Gourou는 베트남을 '세상에서 가장 일관성이 없는 영토'로 부른 적이 있다.[178] 베트남 역사의 핵심 주제는 엘리트 수준에서 통일된 중앙집권적인 정치체에서 출발해 기나긴 내전과 지방의 탈집권화를 거쳐 다시 집권화로 복귀하는 순환의 반복이었다. 두 번째 지배적인 주제는 베트남이 북방(중국)의 침략을 격퇴하는 일과 동시에 일어난 중국 문화와 행정 관행의 증가인데, 통치자들은 관료적 통제를 강화하기 위해 이를 도입했다. 그러나 베트남은 결코 중국의 축소 모형이 되지 않았으며, 동남아시아 특유의 관행을 많이 보유했다. 세 번째 주제는 인구가 조밀한 농업 지역인 저지대와 강의 삼각주를 둘러싼 고지대, 베트남의 매우 긴 해안을 따라 형성된 넓은 교역망 사이의 상호 관계다.

독립적인 정치체로서 첫 100년간 대월의 통치자들은 당과 송에서 유래한 중국의 유교 제도를 도입해 자기들의 정통성을 강화하는 데 이용했다. 리 왕조는 자기 씨족의 조상을 기리는 사당을 세우고 계보를 기록하며 부계 계승을 실행하는 한편, 중국의 한문을 쓸 수 있는 이들을 행정 직위에 임명했다. 리 왕조는 중국 고전을 가장 잘 익힌 이들을 뽑기 위해 시험(과거)을 시행했으나, 이러한 중국식 허례는 작은 문벌 엘리트 수준을 크게 벗어나지 않았다. 세금과 인력은 모두 수도 지역에서 나왔다. 이 지역을 벗어나면 관료제의 직위보다 개인적인 결연이나 피의 맹세가 훨씬 더 충성을 규정했다. 불교 승려들과 지방의 귀족 가문들이 유학자들보다 현지에서 훨씬 영향력이 컸다.

심지어 시험의 일부는 주희의 신유학을 강화하는 것과는 거리가 멀었으며, 유교, 불교, 도교, 샤머니즘에 관한 지식을 평가함으로써 혼합적인 종교를 지지했다. 쩐 왕조(1225~1400)는 중국의 관습에 좀 더 다가가서, 시험을 통과한 이들에게 중요한 관직을 주었다. 그러나 불교와 귀족적 가치가 여전히 압도적이었다. 14세기의 통치자는 이렇게 말했다. "우리나라는 자신만의 확고한 원칙이 있다. 북쪽 나라(중국)와 남쪽 나라(베트남)는 다르다. 우리가 (중국의) 창백한 학생(백면서생)들의 계획을 적용한다면 즉각 혼란이 따를 것이다."[179]

14세기에 대월은 커다란 환경적·정치적 붕괴를 경험했는데, 이 기간은 중국의 원이나 명보다 더 길었다. 인구는 아마 1200년에 120만 명이었다가 1340년에 240만 명으로 늘어난 듯한데, 이런 선행 시기의 인구 증가는 홍하 하곡의 농업 생산과 제도에 심각한 압력을 주었다.[180] 거의 모든 땅이 개간되었고, 농업 생산성은 오르지 않았으며, 관개 구조는 취약했다. 농민들은 세금과 부역을 피해 달아났고, 한편 사적 토지 소유자들은 강제 노동을 얻는 대가로 촌락민들이 세금을 피하도록 비호했다. 승적을 박탈당한 승려들이 이끄는 무법 깡패들이 산과 삼림지대에서 퍼져 나갔다. 국가는 수입을 잃었고, 굶어 죽어 가던 농민들은 반란에 가담했으며, 반란은 생산을 교란하고 수도를 위협했다. 1400년에 (홍하) 삼각주 지역에서 인구는 160만 명까지 떨어진 것으로 보인다.[181] 1377년에는 남쪽의 참족 왕들이 북쪽(쩐 왕조)의 혼란을 이용해 쩐 왕조의 왕(황제)을 살해하고 수도 하노이를 약탈했다.

레 왕조의 부상

중국 이주민 가문 출신의 대담한 조정 관료인 호꾸이리胡季犛는 자신의 이익을 위해 쩐 왕조를 뒤흔든 위기를 이용했다.[182] 황제의 조언자로서 그는 당시 황제를 설득해 아들에게 양위하고 퇴위하게 한 후, 자기를 스스로 어린 왕위 상속자의 섭정으로 임명했다. 그러고 나서 그는 다시 어린 황제를 강제로 퇴위시키고, 스스로 새로운 호 왕조의 황제라고 칭했다. 단 7년 동안 통치했지만, 그는 중요한 조세제도 개혁을 개시했고, 강력한 지방 가문들에 의한 토지의 소유를 제한했으며, 자신의 군사력을 강화하기 시작했다. 그러나 명나라가 베트남이 약해진 것을 이용해 1400년에 침략해 와 쩐 왕조의 부활을 선언했다. 그들은 호꾸이리를 사로잡아 중국으로 돌려보냈다. 명나라 침략자들은 호꾸이리에게 공격당한 수천 명의 관리와 지주들의 후원을 얻었다.[183] 그러나 수도를 벗어나 홍하 삼각주 남쪽 가장자리의 부유한 지주인 레러이(1385~1433)는 스스로 '평정왕'으로 칭하며 자신의 촌락민과 지역의 후원자들을 조직해 중국군을 몰아냈다. 레러이의 출신 지역인 타인호아성은 변경 지역에 위치해 부유한 수도에 비하면 원시적이었지만, 이곳은 숙련된 군인들을 보유하고 있었는데, 수도의 세련된 사람들은 그들을 사납고 일식을 막기 위해 원숭이 희생제 따위의 기이한 의식을 숭배하는 문맹인으로 여겼다. 레러이는 므엉으로 불리던 변방의 거친 산악 지대 사람들과 긴밀하게 접촉했다. 심지어 그 자신도 므엉족을 조상으로 두었다.

레러이는 문화적인 명망은 없었지만 베트남의 가장 유명한 애국 학자 응우옌짜이阮廌(1380~1442)가 그의 편에 가담하자 명망을 얻었다. 응우옌짜이는 과거 시험을 통해 박사 학위를 받아 호꾸이리의 왕조에 참여했다. 중국군이 하노이를 점령하자 그는 가택 연금을 당했다. 그러나 그는 달아났고 1418년에 레러이와 합류했다. 고대의 중국 소설 『삼국지연의』에 나오는 유명한 고전학자이자 전략가인 제갈량의 베트남 판본으로서 그는 중요한 병서와 시를 써서 병사들에게 국가의 승리를 위한 전투 의욕을 고취시켰다. 그의 「평오대고平吳大誥」(오(중국)를 이겼음을 선언함)는 가장 유명한, 중국에 대한 베트남의 독립선언이다. 「난리가 시작된 후에 쓰인」이라는 시에서 그는 이렇게 썼다. "강토는 창과 방패가 부딪히는 것을 견뎌 왔다. 백성들은 울고불고 아우성친다. 무엇을 할 수 있단 말인가?" 또 다른 시에서 그는 하늘의 힘이 명나라에 대한 베트남 민중의 저항을 돕는다며 이렇게 찬양했다. "종횡으로 줄지은 나무 말뚝은 조수를 막을 수 없고, 가라앉은 쇠사슬은 파도를 족쇄 채우지 못한다. 백성의 힘은 물과 같아서 배를 기울인다./ 아무리 험한 땅이라도 하늘의 의지를 좌절시킬 수는 없다."[184]

대대로 베트남인들은 응우옌짜이를 의와 헌신, 진실성 등 유교적 도덕 가치의 상징으로서 숭배하도록 배워 왔지만, 사실 레러이와 그의 연합은 어색한 정략결혼이었다. 레러이가 권력을 잡고 황제라 칭하자, 응우옌짜이는 그의 신하로서 봉사했지만, 그는 수많은 사람을 원칙이 없고 부패했다고 공격했으며, 황제 자신도 점점 응우옌짜이를 의심했다. 황제가 그에 대한 지원을 철회하자 응우옌짜이는 씁쓸하게 적었다. "강산이나 담당하겠다고 하라. 그대는 인간 세계에 대해서는 아무것도 모르니. 고기잡이나 나무꾼처럼 숨어 지내고, 나라에 대한 이야기일랑 말아라. 그게 네 것이더냐?"[185] 그는 레 황제의 아들을 살해했다는 억울한 죄를 뒤집어쓰고 사형을 당했지만 명성은 이후에 회복되었다. 베트남 토착 문자인 '놈喃'으로 쓰인 그의 시는 베트남 문학에 중대한 공헌을 했다.[186]

레러이는 뛰어난 유격 전략으로 훨씬 큰 명군을 격파해 1427년에 철수하도록 만들었다. 그는 스스로 새로운 레 왕조(1428~1788)의 황제라 칭했다. 응우옌짜이는 그를 천명의 지지를 받은 진정한 왕의 덕성을 가진 인물로 묘사해, 수도 유학자들의 지지를 이끌어 내려고 했다. 그러나 중국의 왕조 교체기마다 일어난 일처럼, 베트남의 문사들은 (쩐 왕조와) 개인적인 결연 관계를 가지고 있거나 몰락하는 쩐 왕조에 대한 문화적 충성을 가진 이들과 세련되지는 않았지만 나라의 평화를 회복하는 데 효과적인 (레러이의) 군사력을 인정하는 이들로 갈렸다. 레 왕조로 달려간 이들은 실제로 상당한 명망과 번영을 누렸으며, 레 왕조는 결국 거의 한 세기 동안 동란에 시달린 나라에 지속적인 평화기를 가져다주었다.

새로운 학자 엘리트 계급은 쩐 왕조의 몰락은 불교의 퇴폐적인 영향력 때문이라고 비난하며, 나라에 중국의 신유학적 가치들을 주입하기 위한 확고한 운동을 개시했다. 레러이의 무덤은 명의 황제인 영락제를 본떠 만들어졌다. 한국의 사례처럼 1440년대부터 베트남의 시험 과정은 완전히 주자학의 정통 집행자가 되었다. 레 성종黎聖宗(재위 1460~1497)은 베트남 역사에서 가장 위대한 황제로 여겨지는데, 그는 유교식 법률 및 중국처럼 육부를 갖춘 강력한 중앙 행정 기구를 포함한 명나라의 제도를 크게 도입했다. 중국의 용이 '장어처럼 생긴 수중 생물'이었던 황제의 상징을 대체했다.[187] 그는 토지 개간과 수로 점검을 장려해 농업 생산성을 고취하는 한편, 토지를 집중하려는 지주들을 처벌했다. 또한 그는 남쪽으로 영토를 넓혀 1470년에 참파국을 산산이 부수고 수도를 완파했으며, 그곳에 군대를 주둔시켰다. 그는 모든 참족 포로들에게 베트남식 이름을 채택하고 베트남 아내를 갖게 해 그들을 적합한 도덕적 백성으로 '교화'하고자 했다. (타인을) 개종(교화)시키려는 유교적 도덕주의 앞에서 문화적 다양성에 대한 관용은 줄어들었다.

15세기의 경제성장

15세기에 질서를 회복한 후 활기찬 경제성장이 시작되었다. 성장은 주로 농업에 집중되었으니, 레 왕조의 통치자들이 상업을 경멸하고 대외 교역을 제한했기 때문이다. 명군이 퇴각한 후 농부들은 떠났던 토지로 되돌아가 삼각주의 가장자리를 차츰 개간해 나아갔다. 참파에서 들여온, 더 빨리 여물고 가뭄에 강한 새로운 벼 품종은 삼각주 지역에서 계속 확산되며 농업 생산성을 높였다. 삼각주의 인구는 15세기 말에 250만 명으로 늘어났으며, 북베트남의 총인구는 400만 명을 넘어섰다.[188] 촌락과 시장 읍락의 수가 늘어나서, 대규모 화폐 수요를 창출했다. 베트남은 중국의 동전에 크게 의존했지만 종종 공급 부족을 겪었다. 명나라의 초기 통치자들이 그랬듯이 호꾸이리는 상인들에게 지폐만 쓰도록 강제했으나 이 시험은 양쪽(중국과 베트남)에서 모두 실패했다.

베트남 국가는 이러한 농업 확장으로부터 이익을 얻었으니, 이는 세수 기반을 넓혀 국가가 관리와 학자 및 군인의 수를 늘릴 수 있게 했다. 커진 군대는 군인 수가 25만 명 이상에 달했고, 이 군대가 1471년의 참파 침공에서 승리한 핵심 요인이었다. 군대는 또한 중국을 본떠 만든 권총과 대포를 사용했는데, 참파인들은 이것이 없었다. 이 정복은 확고한 '남진'의 시작을 알리는 표지였는데, 남쪽을 향한 진격은 뒤이은 300년간 이어져, 베트남의 민족사가들이 보기에는 1800년에 응우옌 왕조 치하에서 남북의 베트남이 통일되었을 때 정점에 달했다. 군대의 뒤를 따라 북쪽에서 베트남인 이주자들이 도착했고, 그들은 중국에서 배운 더 집약적인 농업기술과 함께 균질적이고 어디든 적용되는 중국의 행정 기술도 가지고 왔으니, 세금 등록, 법률, 시험제도(과거), 목판인쇄 등이었다.[189]

그러나 16세기에 레 국가는 분열되었다. 수도를 둘러싼 산악 지대에 기반을 둔 불교도의 반란이 1511년과 1521년에 연속으로 일어났고, 반란 지도자 중 한 명이 황제를 죽이고 잠시 수도를 차지했는데, 이는 변방 거주자 다수가 확장해 오는 레 국가를 거부했음을 보여 준다.[190] 다시 한번 농민들은 세금 의무를 회피했고, 방랑자 집단이 확산되었으며, 군사적 모험가들이 권력을 잡았다. 레 가문 출신의 장군 막당중莫登庸(1541년 사망)이 수도에서 자신의 새 왕조를 열었고, 이는 1527년에서 1592년까지 지속되었으며, 명의 승인을 얻었다. 그러나 레 왕조의 황제와 그의 추종자들은 먼저 라오스로 탈출했다가 수도 남쪽의 타인호아성에서 정권을 결집했고, 마침내 그들은 1591년에 수도를 탈환했다.

이 기나긴 분열과 전쟁의 시기는 주민들에게 더 큰 재난을 안겨, 농업 생산량은 줄어들었고 흉작과 질병을 초래했다.[191] 심지어 레 왕조가 회복된 뒤에도 나라는 여전히 북의 찐 가문과 남의 응우옌 가문이라는 두 강력한 군벌 가문으로 나뉘어, 둘은 18세기 내내 서로 싸웠다. 이 시기에 북부 베트남과 남부 베트남은 20세기의 국경[61]보다 약간 북쪽인 북위 17도를 경계로 서로 나뉘어 있었다.

북쪽의 찐 군벌은 도쿠가와 쇼군과 마찬가지로 레 왕조의 황제를 대리해 통치한다고 주장했다. 군사적 전통이 유교적 문민 관습을 압도했지만, 정규 시험이 계속 이어지면서 문인 학자들을 등용했으며, 점차 문관들이 무관들에게서 권력의 일부를 되찾아 왔다. 그러나 관리의 수는 상당히 적었으며 시험제도는 정부가 관직과 시험 학위를 팔면서 타락했다. 촌락민들은 여전히 세금을 회피했고 국가의 징수를 부담스러워했다.

이 무렵에 가톨릭 선교사들이 도착해서 새로운 종교 교리가 제공하는 기

61 베트남 전쟁이 발발하기 직전에 베트남 공화국(남베트남)과 베트남 민주공화국(북베트남) 사이에 있던 국경을 가리킨다.

회들을 가져왔다.[192] 신자들은 급격히 늘어나 18세기에 20만 명 또는 30만 명에 달했다. 기독교는 베트남 사회에서 가장 가난하고 변두리에 살며 이동성이 큰 집단들에 호소했는데, 이들은 현지 촌락의 숭배 문화 내에서 존중받는 지위를 갖지 못했다. 불교의 정토종 또한 부활했고, 신유학 학자들은 대중적인 인쇄 문헌을 가지고 자신들의 가르침을 전파하려고 했다. 새롭고 경쟁적이며 불확실한 문화적 환경이 15세기 중반의 확고한 유교 선교 프로그램을 대체했다. 북부의 문사들은 계속해 중국의 문화를 '명백한 예의'의 원천으로 존경하면서도, 자랑스럽게 자신들을 독자적으로 문명화된 문화, 즉 '남쪽 사람'으로 간주했다. 조선인들과 달리 그들은 영토의 수호자로서 명이나 청에 감사하지 않았으며, 더 큰 세력에 봉사한다는 윤리(사대주의)를 공개적으로 받아들이지도 않았다. 그러나 그들은 거대한 제국과 국경을 맞대고 있는 작은 나라가 처한 궁지를 인식하고 있었으며, (중국과 맺은) 비대칭적인 관계를 자국에 유리한 방향으로 이용하는 방법을 알고 있었다.[193]

남쪽의 새로운 사회

남쪽에서는 매우 다른 정치체와 사회가 발전했으니, 명백하게 '새로운 방식의 베트남 되기'였다.[194] 응우옌 군주들은 훨씬 작은 땅과 적은 인구를 다스렸지만 그들은 남쪽 특유의 위치를 이용함으로써 반복되는 북쪽 찐 정권의 공격을 성공적으로 격퇴했다. 그들은 해상 상인들과 밀접한 관계를 가졌으며, 포르투갈인들에게 배 위에서 대포를 사용하는 법을 배웠다. 원래 그들은 북쪽 타인호아에서 온 군사 주둔민으로서 기존 참족의 영토를 이어받은 이들이었지만, 레 황제의 진정한 신민으로서 자기들의 권력을 회복하려는 목표를 가지고 있었다. 하지만 시간이 지남에 따라 강력한 지역 정체성을 발전시켰는데, 그들이 인구를 늘리고자 난민을 끌어들였기 때문이다.[195] 명 왕조가 멸망했을 때 남쪽으로 달아난 중국 이주민들과 불교를 통한 중국과의 접촉은 북쪽 제국과의 직접적인 접촉을 강화했다.[196] 이주민들은 호이안 등의 주요 항구를 개발해 베트남 남부를 일본에서 동남아시아의 바다로 이어지는 해상 교역망과 연결하는 핵심 연결점으로 사용했다.[197] 텅 비어 있던 메콩강 삼각주는 18세기에 베트남인들의 확산과 함께 중국인 거주지가 크게 증가하면서 개발되어, 두 번째로 생산성이 높은 농업지대이자 활발한 상업 사회로 발전했다.[198] 일련의 강력한 군사 원정을 통해 응우옌 정권은 참국의 잔여 세력을 파괴하고 1674년에 크메르 왕국으로부터 메콩강 하류의 삼각주를 빼앗아 차지했으니, 이곳이 오늘날의 사이공, 즉 호찌민이다. 뒤이은 세기에 응우옌 정권은 끊임없이 남부에서 캄보디아의 통제력을 잠식해 들어갔다. 비록 응우옌 정권은 중국에서 빌려 온 문명화의 과정 때문에 자신들이 원시적인 크메르나 참 민족보다 우월하다고 생각했지만, 그들은 동남아시아와 동아시아의 특성을 뒤섞은 새로운 문화적 혼합체를 만들어 냈다. 그들은 자기들 사회를 북부의 더 확고한 정권인 당 응오아이(외부)에 대비되는 당 쫑(내부)으로 불렀다. 마하야나 불교가 유교와 문화적으로 맞먹었으므로 군사적 지배력이 북쪽보다 더 강했으며, 훈련된 학자들이 적었기 때문에 다신교 숭배와 기독교를 포함한 혼합주의적 움직임이 번성했다. 기독교는 비록 문제가 있다고 하더라도 엄격하게 통제된 북쪽 사회에서보다 개방적인 남쪽 변경에서 훨씬 더 큰 호소력을 지녔다. 해상 교역은 국가에 없어서는 안 될 것이 되어 세수의 3분의 1까지 제공했으며, 중국 및 기타 지역에서 온 이주민들은 환영을 받았다. 가장 많은 양을 일본에 공급한 쌀 수출 교역 덕분에 이 지역은 먼저 호이안부터 번영했으니, 그곳에는 상당한 일본인 정주 공동체가 있었다. 18세기에 쌀 교역은 더 남쪽으로 이동해 사이공이 호황을 누리기 시작했다.

북쪽의 학자인 레꾸이돈黎貴惇은 남쪽의 부에 놀라, 남쪽을 '세상에서 가장 비옥한 땅'이라 불렀다.[199] 그들의 사회와 경제가 점차 북쪽으로부터 멀어지면서 응우옌 통치자들은 독자적이고 독립적인 정권이라는 관념을 발전시켰다. 18세기 중반이 되면 비록 그들이 (여전히) 통일된 대월의 통치자로서 레 황제에 대한 충성을 주장했지만, 독자적인 왕위와 천명을 나타내는 칭호를 썼다. 그들은 별도의 조공국으로서 중국 조정의 승인을 요구했으나, 중국 황제는 이를 거절했다.

18세기의 문학과 문화

18세기는 최고의 문학적 성취를 이룬 시기 중 하나로서, 고전 학습 및 문학의 정점이었다. 백과사전을 편찬한 학자인 레꾸이돈(1726~1784)은 베트남에서 가장 중요한 저술가 중 하나로서, 역사와 철학 및 시에 뛰어난 재능을 보였다. 그는 조공 사절로 중국에 다녀왔으며, 뛰어난 문체로 한문 시를 썼다. 그러나 그는 남쪽의 정부에 봉직하면서 땅을 넓히는 응우옌 군주들이 차지한 새 변경의 문화에 대한 자세한 기록을 남겼다.[200]

그는 이 감동적인 시를 통해 명나라 황제의 침략 실패에서 보이는 제국적 야망의 한계에 관해 명상했다.

꼬롱 요새

400년 동안이나, 이 벽은 뭉그러져 왔더라.
지금은 콩대와 참외 넝쿨이 싹트고 무성하구나.
맑은 푸른 물결이 쩐 왕의 매서운 분노를 씻어 내는구나.
퍼지는 푸른 풀로 목성沐晟의 부끄러운 얼굴을 가릴 수 없도다.
비 온 뒤 황소가 칼 몇 자루를 갈아엎는다.
달빛에 차가워진 새들이 폐허 중에서 운다.
왜 제국(황제)의 국경은 계속 밖으로 뻗쳐야 하는가?
구주九州가 요순堯舜의 영역을 이루었는데.[201]

레꾸이돈은 15세기 초에 명의 영락제가 침공해 왔을 당시 명의 장군인 목성이 베트남 북부에 세운 요새 하나를 언급한다. 간정제簡定帝는 목성을 이기고, 1408년에 그를 꼬롱 요새로 물러나게 만들었다. 폐허가 된 요새를 보며 깊은 생각에 잠긴 시인은 어떻게 자연의 성장이 전쟁 무기를 덮어 버리는지 묘사한다. 마지막 행에서 그는 남쪽으로 자신들의 통치 영역을 넓히려고 하지 않았던 통치자들의 예로서 신화적인 중국의 황제 요와 순을 불러들였다.

시인 호쑤언흐엉胡春香(1775 무렵~1820)은 고전 교육을 받은 첩이었는데, 여성으로서의 열망과 성행위를 공개적으로 옹호했으며, 문학적 재간과 뉘앙스를 갖추었고, 베트남 토착 놈 문자를 썼다.[202] 동아시아의 문학 전통에서 매우 드문 위대한 여성 시인 중 하나로서 그녀는 가부장적인 규범과 대치되는 분노와 열정을 표현하기 위해 암시와 중의법을 사용할 줄 알았다. 예를 들어 「남편을 공유하다」라는 시에서 그는 이렇게 썼다. "한 남자를 공유하게 하는 운명은 집어 치워!/ 한 여자는 솜이불 안에서 껴안고 있는데, 또 한 여자는 (밖에서) 떨고 있네./ 때때로, 그래, 있거나 없거나./ 한 달에 한 번, 두 번, 오, 그건 없는 거나 마찬가지지."[203]

그러나 베트남 문학을 통틀어 가장 유명한 작가는 응우옌주阮攸(1765~1820)로서, 그는 베트남의 민족 서사시 「쭈옌 끼에우(전교傳翹)」를 썼다.[204] 그는 중국을 여행한 적이 있으며 그 고전 전통을 대단히 존경했지만, 떠이선 반란의 와중에 정치에서 물러났다. 그는 새 응우옌 왕조에 봉사하고자 복귀했지만 남쪽에서 온 군사 통치자들의 조악함을 경멸해 잃어버린 고전 세계에 대한 향수를 표현했다. 「쭈옌 끼에우」는 세계에서 주인공이 여자인 얼마 안 되는 서사시 중 하나로서, 아름다운 끼에우가 자신이 매춘부로 팔리면서 포기해야 했던 그녀의 진정한 연인인 젊은 학자의 이야기를 들려준다. 끼에우는 도적왕의 배우자로서 커다란 영향력을 행사하지만 결국 조용히 연인에게 돌아가고, 하늘과 운명의 불가사의한 힘 앞에 순수하게 체념한다. 깊이 있는 고전 지식을 놈으로 표현된 신랄한 민간 지혜와 결합한 「쭈옌 끼에우」는 베트남 민중 그리고 그들의 열정과 고난, 인내를 보여 주는 전형이다.

응우옌 왕조의 붕괴와 재통일

찐과 응우옌 두 정권의 붕괴와 18세기 통일 베트남의 재탄생은 이 책의 범위를 벗어나지만 간단히 다룰 가치가 있다. 여기서 언급한 다른 지역들은 18세기 초반에 이룬 성취의 기반 위에서 강화되고 팽창했다. 그러나 이런 지역들과 달리 베트남의 정치체들은 극심한 격동을 겪었다. 떠이선 반란으로 알려진 커다란 봉기가 일어나 (북쪽의) 찐 통치를 끝장냈고, (남쪽의) 응우옌 군주들이 정복을 목적으로 북진했고, 청나라가 레 황제를 복위시키기 위해 개입했으며, 떠이선 지도자들은 매복 공격을 감행해 하노이에서 청군을 몰아냈다. 그들은 새 왕조를 선포했지만, 남쪽에 남아 있는 응우옌 군주가 떠이선 봉기군을 격퇴하고 1802년에 자신의 왕조, 즉 응우옌 왕조의 성립을 선포했다.[205]

현대 베트남 역사가들은 떠이선 반란을 혁명적인 '농민운동'으로 격상하고 베트남 공산당의 연원을 '봉건' 레 정권과 중국 침략자 양자에 대항한 떠이선의 농민 동원으로 거슬러 올라가 찾는다. 그러나 사실 떠이선 반란은 혁명적이지도 않았고 발생의 지향이 특별히 농민적이었던 것도 아니다. 그들은 응우옌 정권이 직면한 주요한 긴장들을 이용하고 수많은 불만 계층을 정치적·군사적 지원자로 끌어들인 정치적인 기회주의자들이었다.

남베트남 꾸이년 근처의 고지에 있는 읍인 떠이선 마을 출신의 삼형제가 1773년에 떠이선 반란을 개시했다. 그들은 응우옌 국가에 저항하던 고지대 사람들과 무거운 세금의 압력에 시달리던 저지대 농민들의 지지를 이끌어 냈다. 응우옌 정권은 후에에 있는 자신들의 수도로부터 매우 먼 남쪽까지 통치를 확장했지만, 남쪽 지방에 대한 그들의 통치는 취약했다. 그들은 크메르와 시암인들에 대한 군사 원정에 큰 자금을 지출했으며, 수도에 정교한 궁궐을 세웠다. 하지만 대외 교역이 급격히 감소했고, 통화를 떠받치기 위해서는 필수적이던 구리가 일본과 중국으로부터 수입이 중단(교란)되었다. 응우옌 정권은 주민들에게 자신들의 아연 주화를 강제로 쓰게 했지만, 주민들은 이 방식을 거부했다. 특히 꾸이년은 부유한 메콩강 삼각주 지역으로부터 쌀을 운반하기 위한 노동력 징발에 시달렸다. 고지대 사람들도 마찬가지로 지역의 늘어난 세금으로 인해 부담을 겪었다.

떠이선 마을의 삼형제인 응우옌냑阮岳, 응우옌루阮侶, 응우옌후에阮惠는 이 불안을 기반으로 커다란 군대를 양성했다. 응우옌냑은 세금 징수관이자 빈랑을 파는 상인으로서 현지의 행정 체제를 잘 이해했기 때문에 기만 작전으로 꾸이년을 차지했다. 그는 거짓으로 항복해 도시에 접근한 후, 감금에서 벗어나 그의 추종자들이 도시를 습격할 수 있게 만들었다. 떠이선 군대는 공격할 때 내지르는 쉭쉭하는 소리로 적을 공포에 떨게 했는데, 신속히 응우옌 정권의 해이한 지방군을 제압했다. 그러나 1775년에 그들은 자기들을 보호하기 위해 찐 정권 침입자들에게 항복했다. 이어지는 10년 동안 그들은 남쪽으로

—— 응우옌 왕조 시절에 황제의 수도였던 후에의 만다린 전각은 비록 규모는 작았지만 중국의 의례 건축 양식을 크게 차용했다. 지붕의 용과 노란색 가리개는 황제의 권력을 상징하며, 전각 안에서는 가장 저명한 학자들이 조정의 의례에 참여하기 위해 의복을 준비했다. (Wikimedia Commons, © Arabsalam)

진격해 남은 응우옌 군대와 대결했고, 그 와중에 응우옌냑은 참파의 옛 수도인 차반을 점령하고 스스로 황제라 선언했다. 그러고 나서 그들은 찐 정권에 대항해 북쪽으로 진격해, 1786년에 푸쑤언, 즉 후에와 탕롱, 즉 하노이를 차지했다. 삼형제 중 가장 강력한 군사 지도자였던 응우옌후에는 방향을 바꾸어 응우옌냑에게 대항했으며, 1788년에는 그도 황제임을 선언했다. 그러나 도피해 있던 레 황제는 중국군을 끌어들였다. 거의 20만 명에 달하는 중국군이 국경을 넘어와 1788년에 하노이를 점령했다. 그런데 베트남의 새해 명절인 뗏節 기간에 응우옌후에는 매복해 중국군을 공격하고 그들에게 비참한 패배를 안겨 주었다.[206] 응우옌후에는 청 왕실과 혼인 관계를 맺고 청 남부의 광동과 광서를 침공한다는 커다란 야망을 품고 있었지만, 1792년에 사망하고 말았

—— 떠이선 병사. 18세기 잉글랜드의 화가 윌리엄 알렉산더(William Alexander)가 베트남을 방문해 그 지역의 전형적인 전사를 소재로 소묘했다. 이들은 농민병으로 종종 맨발이었고 제복이 없었는데, 그 대신에 두건을 쓰고 기본적인 화기로 무장했다. 떠이선 군대는 이 남자와 매우 비슷한 옷을 입었을 것으로 짐작된다. (Wikimedia Commons)

다. 그의 사망 후 떠이선 운동은 동력을 잃었고, 응우옌아인이 이끄는 남쪽의 자그마한 응우옌 군주 집단이 프랑스와 시암의 동맹군을 얻어 권좌 회복을 노렸다. 응우옌아인은 약해지고 있던 떠이선 저항군을 상대로 집요하게 북쪽으로 진격해 1802년에 탕롱을 점령하고 새 응우옌 왕조의 성립을 선포했다.

비록 떠이선 반란이 혁명적인 농민운동은 아니었지만, 이 반란은 18세기의 베트남을 세계와 연결시킨 변화들의 일부분이었고, 이는 여타 여러 지역이 공유하는 것이었다. 베트남의 남진은 인구가 희박한 지역의 토지를 개간하고 인구의 증가를 자극했는데, 건륭제 시기 중국의 팽창과 유사하다. 사이공의 중국인 상인 공동체의 성장은 새로운 남쪽 해상 세계로의 지향을 촉발했는데, 이 세계는 동남아시아 도서부 및 거기에 참여하는 네덜란드인, 프랑스인, 포르투갈인, 그리고 이후의 영국인 등 수많은 이가 공유하는 것이었다. 베트남에 점령당하고 떠이선 반란에 참여한 참족들 및 고지 민족들은 18세기의 러시아와 중국의 양쪽에서 보이는 변경 반란과 유사한 종족(민족)적 특성을 지녔다. 떠이선 반란자들은 '의로움'과 '덕스러움', '천명' 등 수많은 유교적 사상에 호소해 자신들의 반란을 정당화하려고 했지만, 한편으로는 이러한 유교적 개념을 마법의 검이나 신비한 빛, 거대한 뱀 사살 등 베트남 현지의 초자연적인 전통에 대한 호소와 결합했다.[207] 그들은 해적, 도적, 상인, 신앙 지도자, 소수민족 등을 포함한 유동적이고 다양하며 무질서한 수많은 변두리 집단의 지지를 이끌어 냈다. 베트남 농민들은 대개 떠이썬 반란군의 병사 조달 및 조세의 제공 원천으로 봉사했다. 그들은 이 끝없는 전란기에 늘어난 세금 부담을 감당하도록 강요당했기 때문이다. 궁극적으로 떠이선 반란은 농촌 사회에 대한 국가의 통제력을 강화하는 데 기여했다. 반란군은 고대 중국의 제도를 본떠 주민들에게 보편적인 신분증을 도입하려다가 실패했다. 그러나 뒤이은 응우옌 왕조는 베트남의 조건에 적응된 더 강력한 중국식 관료제를 수입했으니, 이것이 왕조를 다음 세기 내내 살아남도록 만들었다.[208] 1802년에 베트남은 여타 동아시아 사회들과 마찬가지로 전례 없는 수준의 상업적 번영과 문화적 통합 및 관료제적 중앙집권화를 갖춘 통일국가가 되었으며, 서방 세력의 도전이 불길하고 흐릿하게 보이던 바로 그때 자신들의 전통을 재천명했다.

7 비교와 연결, 수렴

러시아에서 중앙유라시아를 거쳐 동아시아를 망라하는 이 광대한 지역 전역에서 거의 모든 사회가 공유하는 공통의 경향이 있었고, 어떤 한 지역에만 특징적인 경향이 있었으며, 단지 한 국가(민족) 혹은 제국 단위에만 특징적인 경향도 있었다. 더욱이 군사적·상업적·생태적인 세력에 의한 지역 내 서로 다른 부분들 간의 상호작용은 그들이 비록 똑같은 방식은 아닐지라도 공통의 도전에 대응하도록 만들었다. 비록 이 지역이 수많은 기후대와 엄청나게 다양한 언어 및 문화, 세 개의 주요한 종교 전통(기독교, 이슬람, 동아시아의 불교와 유교)을 포괄하지만, 우리는 여전히 이 지역 전체에 어느 정도 수준으로 영향을 준 대강의 경향들을 발견할 수 있다.

기후변화와 같은 특정한 세계적 경향은 이 시기의 국가와 사회 형성에 명확하게 영향을 미치는 관건이었다. 13세기 무렵에 시작해 북반구에서 20세기까지 지속된 소빙기는 농업 생산과 인구 성장에 영향을 준 저기온의 시기였다. 15세기에서 19세기 사이에 중국의 연간 기온은 평균보다 섭씨 1도가 낮았다. 가장 추운 기간은 1620년에서 1740년 사이로 남부의 폭우와 홍수를 동반했고, 1740년에서 1830년 사이에 온도는 다시 올라갔다.[209] 이보다 더 따뜻했던 시기로, 인구 증가와 키예프나 중국 송나라처럼 핵심 문화들을 강화하는

데 우호적 환경을 제공한 중세 최적기처럼, 소빙기의 낮은 기온은 농업인구와 이에 기반을 둔 국가에 추가적인 긴장을 초래했다. 목축 유목민이 (농경 세계로) 쏟아져 나온 일과 건조화를 연결하려는 노력에도 불구하고 몽골이나 티무르 제국의 정복과 기후변화 간의 연관성은 증거가 많지 않다.

하지만 17세기는 전 지역에 걸친 위기의 시대로 두드러지며, 소빙기의 정점과 상응한다. 대규모 화산 폭발이 이 세기에 끼어들어 예외적으로 낮은 여름을 초래했다. 추운 기후와 경제적·정치적 긴장 사이에 직접적인 관련은 없지만, 유럽의 높은 곡물 가격은 혹독한 기후 조건과 밀접한 상관관계를 보인다. 중국에서는 차가운 여름으로 인해 작물 옮겨심기 시간이 늦추어졌고, 유실수와 연못의 물고기가 죽었으며, 농업 생산량이 줄었다. 러시아의 동란 시대, 중국의 명·청 교체기, 일본 막부의 붕괴와 전국시대로의 돌입, 한국과 베트남 및 중앙유라시아에서의 분쟁 증가가 대략 17세기 초기에 일어났다. 이러한 (여러 나라의) 군사적 격동들의 원인이 하나는 아니었지만, 비슷한 양상들이 드러난다. 아래에 놓인 요인들로는 기후변화, 인구 압력, 재정 한계, 은 유입의 감소, 야심 있는 엘리트들의 이동성(신분 상승) 가능성 봉쇄 등이 포함된다.[210] 하지만 각 지역에서 특정한 군사적·국가적 조직이 전반적인 격동을 완화했다. 기후 자체가 절대적으로 정치적인 변동을 결정하지는 않았다. 기후는 단지 지배 구조에 긴장을 부과해 대응하도록 강제했다. 예컨대 17세기 초반에 만주족은 남만주에서 명나라보다 더 효과적인 기근 구제 정책을 발전시켜 정권의 힘과 매력을 키웠다. 인간 사회들은 기후 충격을 맞이해 더 회복력을 갖추어 갔다. 변경으로의 팽창은 경작이 가능한 토지의 공급을 늘렸고, 비료와 새 종자 도입 등 경작 집약도의 증가는 기존 토지의 생산성을 높였다.

대부분 지역은 유사한 인구 증가 및 감소 과정을 따랐다. 세계 인구는 1200년에 약 3억 5000만 명에서 4억 2100만 명으로 증가했다가, 17세기에는 많은 지역에서 정체되었으며, 1800년 무렵까지 9억 명으로 가파르게 증가했다.[211] 최대의 인구 집단인 중국은 이 경향을 근접하게 따라 명대인 1400년의 6000만 명 이상에서 1600년에는 1억 5000만 명으로 크게 증가하고, 명·청 교체기에 30퍼센트가 감소했다가, 서서히 증가해 1800년에는 3억 명에 이른다. 일본은 약간 특별한 궤도를 따랐다. 일본의 인구는 16~17세기의 끊임없는 전쟁에도 불구하고 증가하다가 18세기에는 완만한 증가를 경험했다.

세계적 교역의 궤적과 유라시아 대륙의 교역에 대한 충격은 더 깊은 탐구를 요하는 주제다. 전통적인 가정 하나, 즉 신대륙과 아시아 간 해상 교역의 부상이 전통적인 비단길 대상 교역에 손상을 입혔다는 주장은 재고할 필요가 있다. 대상들은 계속해서 비단이나 차 등의 중국산 물품을 중앙유라시아의 오아시스를 가로질러 러시아와 중동으로 날랐으며, 종종 정치적인 격변의 방해를 받았지만 교역은 주기적으로 부활했다. 명나라가 몽골 목축민들과 교역 허가증을 가지고 협상할 때, 러시아인들은 시베리아와 중앙유라시아 영역으로 들어갔고, 이 팽창하는 두 제국은 자신들의 통제하에 더 큰 교역 수요를 만들어 냈다. 네르친스크 조약과 캬흐타 조약 후 규제 아래에 놓이게 된 국경도시 교역은 독립적이던 몽골인들을 복속시켰지만, 교역량은 늘어났다. 무굴 치하의 인도와 사파비조 이란 또한 이 광범위한 교역망에 참여했다.[212] 일본은 다시 한번 특수한 경로를 밟아, 16세기에 중국 및 해양 아시아의 상업 연계망으로 열고 들어갔지만, 17세기와 18세기에 대부분의 자유 교역을 봉쇄했다. 하지만 일본은 여전히 류큐와 남부의 여러 섬을 통해 해양 아시아와 연계를 유지했다. 그리고 조선의 조공 사절[62] 및 매우 제한적이었지만 유럽과의 접촉도 허용했다. 외국인에 대한 호기심은 유지되었고, 일본은 결코 완전히 고립되지 않았다. 조선은 교역을 엄격한 통제하에 두었지만, 일본 및 중국과의 조공 관계를 통해 여전히 동아시아의 발전과 접촉을 유지했다. 남쪽 지방의 부가 증가하는 동안 베트남은 일본에서 동남아시아에 이르는 해상 교역 공동체들과 더 큰 관계망을 만들어 냈다.

지역 전체, 사실상 세계 전역에서 변경으로의 팽창은 주요 국가와 사회들의 형성 과정에서 핵심적인 요소였다. 거의 모든 곳에서 강력한 관료제 국가의 지원을 받는 이주민들이 인구가 희박한 국경 지대로 이동해 현지 민족들

62 이른바 조선 통신사를 가리킨다. 물론 통신사가 일본에 조공을 바친 것은 아니었으나, 막부는 정치적 의도를 품고 일본 국내에 통신사를 조공 사절로 선전하기도 했다.

의 저항을 억누르고 삼림을 경작지로 바꾸고 삼림 자원을 이용하며 인구가 조밀한 새로운 농업 정착지들을 만들어 냈다. 1800년에 세계 인구는 1500년의 두 배가 약간 넘었지만, 인간이 차지하는 공간은 여러 배 커졌다. 팽창하는 제국들에 의한 더 강력한 중앙집권화와 상업 조직(종종 국가의 인가를 받은 조직)에 의한 자본의 더 큰 집중이라는 양자는 교역망을 산악 및 삼림과 사막 및 해양 지역으로 확장시켰다. 이러한 개척 군인, 이주민, 상인들은 변경 지역의 생태계를 극적으로 변화시켰다. 리처즈가 언급했듯이, "근대 초기 인간의 자연환경에 대한 개입의 전 지구적인 규모와 영향력은 역사상 전례가 없는 것이었다."[213] 러시아는 모피 상인들이 빠르게 시베리아를 가로질러 움직이면서 광대한 동쪽 영역으로 밀고 나가 알래스카로 가고 이어 북아메리카의 해안을 따라 내려갔다. 중국은 청 치하에서 만주의 삼림, 몽골의 초원, 신강의 사막과 초지를 정복하고 그곳으로 확고하게 침투해 들어갔으며, 그 사이에 티베트로 가는 교역로를 통제했다. 일본은 물고기와 모피를 찾아 북쪽 홋카이도로 움직이고, 열대 산품을 얻고자 류큐로 진출했다. 베트남은 남쪽의 크고 역동적인 새로운 상업용 및 농업용 삼각주를 병합함으로써 자신의 정치체 구조를 극적으로 바꾸었다. 단지 한국만 이 대외 팽창을 적극 활용하는 데 실패했다. 중앙아시아 정권들은 가능하다면 어떤 곳에서라도 자원을 단단히 그러쥠으로써 교역로 자체를 장악하려고 했다. 준가르인들은 번영의 세기에 자기들의 국가를 건설하기 위해 축산물과 광물, 차, 비단, 모피의 활용을 모색했다.

새로운 행정 기구의 건설, 서류 업무의 확산과 관리(관료제), 징세의 합리화를 포함하는 국가의 건설은 복잡한 유라시아 지정학 게임에 참여하는 모든 주요 행위자의 공통 목표였다. 긍정적인 측면으로 보면 팽창하는 국가들은 군사적 팽창을 통해 얻은 새 자원들을 모으고 집중시킬 새로운 방식이 필요했다. 한편 방어적 측면으로 볼 때 그들은 이렇게 얻은 것을 통제권에 도전하는 경쟁자들에게서 지켜 내야 했다. 명 치하의 중국, 레 왕조 베트남, 조선 왕조 한국, 러시아에서 15세기는 행정 체제가 강화되고 확장되는 시기였고, 더 많은 서류 작업과 관료제적 법률의 부과 및 승진과 급여의 표준화를 특징으로 했다. 종종 군대를 모으고 혁신적인 제도를 만들어 내는 데 가장 성공한 이들은 변경의 사령관(장군)들이나 종족(소수민족) 집단들이었다. 17세기에 만주족은 몽골과 중국 국경의 바로 옆에 있는 전략적인 곳에 위치했고, 전쟁과 행정적 통합 및 부의 축적을 위해 고안된 강력한 군사적·행정적 정권을 만들어 내기 위해 세 문화(만주, 몽골, 한족 중국) 전체의 요소들을 결합했다. 모스크바 국가 또한 더 부유한 키예프 국가와 비잔티움보다 편벽한 지대에 위치했으며, 유목 및 목축의 군사기술과 중앙유라시아의 개인주의적 정치 및 유럽의 행정 구조를 결합함으로써 변경의 위치를 경쟁자들을 제압하는 수단으로 활용했다. 마찬가지로 베트남에서도 레러이 같은 변경의 사령관들과 응우옌 군주들은 군사적인 목적을 위해 고지대의 소수민족들을 유연하게 수용했으며, 중국에서 온 유교적 관료제 기술을 불교도이고 유동적이며 상업화된 남쪽에 적용했다. 수 세기 동안 일어난 내전의 와중에 부상해 도쿠가와 막부를 세운 일본의 군사 지도자들은 교토에 천황의 조정을 유지했지만, 나라를 다스리기 위해 에도에 새로 중앙집권화된 막부를 건설했다. 한국과 중앙유라시아의 정권들은 지속적인 유형의 국가 형성 과정이 더 적었다. 조선 왕조는 히데요시의 침략을 받은 후 스스로 재건했지만 당파 싸움과 엘리트의 특권 및 경제적 정체 등의 고질적인 문제를 해결할 중요한 개혁을 감행하지 못했다. 준가르와 샤이반 국가는 자신들이 얻은 것을 굳히려고 했지만 안정된 국가를 얻기에는 너무 많은 경쟁 세력과 대면해야 했다.

국가는 팽창했으며 상업망은 운송비에 의해 정해진 한계 안에서 성장했다. 편리함과 비용 및 안정성 면에서 강, 내해(예를 들어 발트해, 지중해, 그리고 일본의 세토 내해), 육로, 외해가 순서대로 배열되었다. 이러한 상이한 운송 형태의 상대적인 중요성이 각 국가가 이웃과 연결되는 특징을 결정했다. 중국과 러시아는 거대한 강을 이용해 기본 물품을 대량으로 운송했기에 방대한 지역을 지배할 수 있었지만, 군사적 목적으로 육상 운송로에도 크게 투자했다. 일본의 내해는 상업적 교환의 핵심 초점이었다. 그러나 한국처럼 일본의 해안 연계망(대외 연계망)은 남쪽의 일부 항구와 섬에 국한되었다. 이들 중 그 어떤 제국도 태평양의 외해로 대규모 항해를 감행하지 않았다. 중국인과 러시아인, 일본인, 베트남인들은 해안을 따라 예측 가능한 바람과 해류의 경로를 바짝 따라갔다.

비록 승자들이 기록을 장악하지만, 역사는 승자들만의 이야기가 아니다. 우리는 이 시기에 가장 고통받았던 이들을 잊지 말자. 다시 말해 중앙유라시아의 독립적인 유목민, 중국의 산악 민족, 농노로 전락한 러시아의 농민, 공동체에 묶인 일본의 촌락민, 그리고 어느 정도는 이 모든 지역의 여성들을. 국가건설자들은 이동의 자유가 있는 이들을 가장 두려워했기에, 성공한 정도는 다르지만 (모두) 인구를 등록하고 이주를 통제하려고 했다.

국가의 표적이 된 인구들은 항의하거나 달아나거나 하는 단지 제한된 저항 수단만 가졌다. 산악 민족, 해안 지역, 초원, 습지, 사막 등의 내부 변경 지대는 침투해 오는 국가의 손아귀에서 벗어나기 위해 종종 그들이 할 수 있는 최선을 다했다. 그들은 평등, 자주, 유동성, 자유를 보존하기 위해 강고해지는 제국의 가장자리에서 대안적인 사회 형태를 발전시켜 나갔다.[214] 러시아 농민들은 대개 공개적인 반란을 일으키지는 않았지만, 우크라이나의 카자크와 시베리아 이주민들은 반복해서 자신들을 농노제와 군역으로부터 자유롭게 해 달라고 주장했다. 러시아인 땅의 핵심 지역에서, 그들(농민)은 점점 더 법률과 지주의 압박에 예속되고 있음을 발견했다. 일본의 농민들은 기근이 일어났을 때 청원 운동을 조직해 세금 경감을 요청할 수 있었지만, 도쿠가와 막부의 쇼군들에 의해 무장이 해제되었기에 그들 위에 있는 사무라이들을 상대로 심각한 무장투쟁을 절대 감행할 수 없었다. 도쿠가와 막부 시기에 일본은 단단하게 조직되었으며, 집단적으로 세금을 책임지는 공동체에 촌락민을 묶어 두는 데 심지어 러시아보다 더 성공했다. 러시아의 촌락민들은 인구가 희박한 변경 이주지로 달아날 수 있었지만, 일본의 농민들은 홋카이도를 제외하면 움직일 자유가 거의 없었다. 한국 또한 대륙에서 가장 포괄적인 신분증 체계(호패 제도)를 포함해, 상대적으로 이주가 어려운 농민들을 대상으로 광범위한 통제를 실시했다. 중국 농민들은 무기를 보유했고 자위를 위한 군사 조직에 등록했으며, 엄청나게 다양한 중국 땅이 반란을 일으키거나 달아나거나 하는 양단간의 많은 기회를 제시했다. 중국은 정교한 관료제적 기록 보존 방식을 가지고 있었지만, 명과 청 모두 (주민들의) 상당한 이동성을 방지할 수 없었고, 수백만 명의 촌락민이 등록을 피해 갔다. 베트남 촌락민들 또한 마찬가지로 북부 삼각주의 꽉 묶인 공동체에서 남부의 느슨하고 뒤섞인 연합체까지 매우 다양한 이동성의 조건들을 경험했다.

오늘날의 기준으로 본다면 여성의 지위는 이 기간에 별로 변하지 않았다. 거의 모든 곳에서 여성은 가부장제의 지배 아래서 고통받았고, 혼인 상대와 거주지 혹은 생계 수단을 선택할 자유를 거의 누리지 못했다. 18세기 러시아의 유명한 여성 황제들을 제외하면 여성들은 한 번도 높은 정치적 지위를 얻지 못했다. 그러나 여성의 복속 정도는 공간적·시간적으로 편차가 컸다. 목축 사회에서 여성들은 항상 농경 정착 사회의 경우보다 지위가 높았다. 그들은 가축을 돌보는 중요한 경제적 역할을 수행했고, 목축인들의 이동성에 그들의 적극성이 필요했기 때문이다. 칸의 어머니이자 아내로서, 그들은 종종 상당한 정치적 영향력을 가졌다. 러시아에서 엘리트 여성의 지위는 표트르 1세의 개혁하에 급격히 바뀌었는데, 그가 여성들이 여성 거주지에 은둔하는 것을 금했으며, 프랑스나 독일에서 온 가정교사와 함께 서구 문화 속에서 교육받을 기회를 제공했기 때문이다. 중국 여성들은 16~18세기의 상업화와 새로운 이동성의 혜택을 받았는데, 이는 그녀들에게 가정을 떠나 순례 여행을 떠날 기회를 제공했으며, 남편들이 장사를 하러 여행을 떠날 때 그들을 (혼자) 집에 남겼다. 18세기의 새로운 감수성의 문화는 (여성들이) 가정과 자식에 대한 의무에 대항하는 애정 감정의 중요성을 인정하게 했다. 일부 엘리트 가문의 여성들은 높은 수준의 문화적인 명망을 얻어 남성 학자와 버금가는 고전 교육을 받았으며, 자신들의 성취를 편지와 시 모임을 통해 전파할 수 있었다.[215] 하지만 여성들을 은둔에 머물게 하는, 사람을 불구로 만드는 중국 특유의 고통스러운 관행인 전족은 아래로 사회적인 하층계급까지 퍼져 여성들의 자유를 심각하게 제한했다. 떠돌이 불교 전도사들은 집에 속박된 여성들 사이에서 열광적인 청중들을 발견할 수 있었다.

일본 여성들도 중국 여성들과 마찬가지로 수많은 가부장적 제한을 마주했지만, 전족을 하지는 않았다. 그들 또한 거의 집안에 틀어박혀 있었지만, 농민 가정 다수는 시골 학교에서 딸들이 교육받는 것을 지원했으며 호사스러운 옷을 제공했다. 10퍼센트에 달하는 여성들이 얼마간의 일본 음절 문자와 한자를 알았다. 예외적인 경우, 어떤 여성들은 자신들을 제약하는 속박에서 벗어났다. 에마 사이코江馬細香(1787~1861)는 일본의 가장 뛰어난 시인이자 화가의 한 사람으로서 아버지의 지지를 얻어 자신의 대단한 재능을 발전시켰으며, 많은 여성 제자에게 영감을 주었다. 상인계급의 지지를 받던 새 종파 몇몇은 여성 전도사들을 받아들였다. 여승 지온니켄카慈音尼兼葭(1716~1778)는 에도에서 남녀에게 무료 강연을 제공했는데 1000명에 달하는 청중을 불러들였다.[216] 베트남에서 여성은 동아시아의 여타 이웃들보다 더 큰 상속권을 가졌고, 놀라운 시인 호쑤언흐엉은 베트남 여성들이 여타 동아시아 사회들보다 훨씬 개방된 문화적 배출구를 가지고 있었음을 보여 준다. 이 모든 사회 중 한국은 엘리트나 평민층 모두에서 여성들에게 가장 엄격했고, 그들을 구속했던 것으로 보인다. 그러나 혜경궁의 회고록은 이 억압적인 가부장제 사회의 저변에 흐르는 정서의 흐름을 엿볼 수 있게 해 준다.

* * *

이러한 전반적인 경향 외에도 문화적으로 한정된 지역들 내의 공통적인 경향도 있었다. 우리는 이를 세 부분으로 나눌 수 있다. 즉 러시아 정교와 슬라브 문화, 중앙유라시아의 목축·대상·오아시스 문화, 동아시아의 농경·관료제·불교·유교 문화의 셋이다.

데이비드 크리스천David Christian은 북유라시아, 특히 러시아는 국가의 통치 능력에 영향을 미치는 농업 생산성이라는 특정한 문제를 맞았다고 주장했다.[217] 러시아 평원은 거대한 평지에 펼쳐져 있기 때문에 군사 정복자들을 막는 장벽이 별로 없었다. 반면 추운 기후와 간헐적인 강우, 낮은 농업 생산성은 단지 띄엄띄엄 분포하는 정착지를 부양할 수 있었고, 이는 국가 건설자들이 강제 노동이나 징세를 통해 많은 양의 자원을 얻을 수 없다는 것을 의미했다. 모스크바 국가가 부상할 때까지 이 평원과 삼림의 슬라브계 정착민들은 대개 강력한 지도자 없이 작은 공동체 단위로 살았다. 모스크바 국가는 처음으로 농경 기반의 전제 체제라는 지속적인 전통을 만들어 냈는데, 비잔티움 제국과 몽골의 선례를 모두 활용했다. 유라시아 대륙의 분산된 자원을 몇몇 강력한 가문의 손으로 집중시키고, 결국은 전제군주인 차르 한 명의 손에 집중시킴으로써 모스크바 국가는 광대한 지역으로 팽창할 수 있었고 강력한 군사 기구를 지탱할 수 있었다.

고대와 현대의 많은 학자가 중앙유라시아 유목 제국들의 흥기와 몰락의 원인을 두고 논쟁을 벌였다. 이븐 할둔Ibn Khaldun[63]의 '아사비야', 즉 '연대(결속)' 개념에서 유목 문화가 중국 국가들에 끼친 커다란 충격에 대한 오언 라티모어Owen Lattimore의 기술까지, 역사가와 이론가들은 유라시아의 주요 정주 국가와 접경한 유목 정권들의 특별한 성격을 인정해 왔다.[218] 하지만 가장 설득력이 있는 일반적인 설명들은 단순화된 환경 결정론이나 목축민들의 '필요'(빈곤에 의한 욕구)와 '탐욕'(만족을 모르는 욕구)이라는 변함없는 정신 상태를 탓하는 방식을 모두 피한다. 그 대신에 이 설명들은 지난 2000년간 꾸준히 커지고 더 지속성 있는 국가들을 만들어 낸 특정한 역사적 순서(계기)들에 초점을 맞춘다. 예컨대 니콜라 디 코스모Nicola di Cosmo는 기원전 1세기부터 기원후 18세기까지 유목 국가 건설자들이 자원을 얻기 위해 계속 사용해 온 네 가지 다른 수단을 기술한다. 즉 조공, 교역 관계, 이중 행정 체제, 정규 징세다. 쿠빌라이 칸의 몽골 제국은 정규 징세를 개시했고, 이는 티무르, 오스만, 준가르, 만주 국가로 확산되었다. 중앙유라시아를 통치하려고 도전한 최후의 독립 몽골 정권 준가르 국가는 필사적으로 수입을 얻으려는 과정에서 자원을 뽑아내는 이 네 방법을 모두 사용했다. 그들은 오아시스 거주자들과 시베리아의 삼림 민족들에게서 조공을 뽑아냈고, 청과 러시아 및 중앙아시아 상인들에게서 교역 이익을 추구했으며, 정주민과 유목민에게 따로 적용되는 행정 구조를 만들었고, 일부 오아시스 농민에게 세금을 거두어들였다.

하지만 청이야말로 자기들의 방식으로 훨씬 효과적으로 이런 기술들을

63 1332~1406. 중세 이슬람 세계를 대표하는 역사가, 사상가, 정치가다. 저서로는 '역사서설'이라는 제목으로 알려진 『무깟디마』 등이 있다.

완벽하게 만들었다. 청 통치자들은 외교사절로 조정을 방문하는 이들에게서 선물 명목으로 조공을 얻을 수 있었고, 중앙유라시아인과 러시아인, 유럽인들과 대규모의 교역을 장려했다. 변경 지대에서 시행한 이중 행정 체제는 청나라의 핵심적인 특성이다. 하지만 명의 재정 체계를 이어받아 이를 완전하게 만들면서 청은 중국 농경 사회에서 방대한 자원을 뽑아냈으니, 이는 경쟁하던 준가르 정권을 훨씬 능가했다. 강한 중국적 특성을 가진 중앙유라시아 정권의 하나로서, 만주인 국가는 초원과 정주 지역 모두를 확고히 지배하는 방법을 알고 있었다.

하지만 명·청 중국은 또한 동아시아 정권이었다. 동아시아의 중국, 베트남, 한국 등 관료 정권들은 중앙집권화된 관료제 정부의 기나긴 전통을 공유했고, 이는 어느 정도 능력 위주의 시험제도를 통해 선발된 급여를 받는 관리들을 기반으로 한 것이었다. 이 정권들 각각에서 학자들과 관리들은 행정 시행에 대해 반복해서 토론을 벌였는데, 이는 대단히 현재적인 울림을 갖고 있다. 즉 어떻게 국가 관리들을 개인적인 관계나 특수한 이해 집단의 압력으로부터 보호할 것인가, 어떻게 관료들을 그들이 봉사하는 백성들의 요구와 계속 접촉하게 할 것인가, 어떻게 국가의 부를 가난한 이들에게 확실히 균등하게 배분할 것인가 하는 것이었다.[219] '봉건화'의 압력이란 영향력 있는 가문이나 파당이 지역 및 상업적인 이해관계와 결탁하면 정책 결정을 왜곡해 공익을 침해할 수 있다는 것을 의미했다. 예컨대 기근 구제를 실행할 때 개인적인 필요가 아니라 고정된 할당량을 분배하는 등의 표준화된 실행 절차들을 갖춘 관료제적 냉정함이 백성의 복지에 대한 감정적인 개입을 대체할 수 있었다. 이런 문제들을 토론하던 관리와 학자들은 거대 국가의 점증하는 비인격적 절차와 더 작은 사회의 두드러진 특성인 개인적인 관계 및 군사적·카리스마적 결속에 기반을 둔 관계를 조화시키려 노력했다. 혹자는 전사왕이 황금시대 문헌들의 가르침을 받은 현인들의 인도를 받아 백성들의 복지를 위해 복무하던 고대 중국의 '봉건' 시기로 돌아갈 것을 주장했다. 혹자는 촌락민들이 지도적인 귀족들과 함께 연회 자리에 모여 사회적 결속을 강화하는 '공동체 협정'을 도입하자고 주장했다. 더 작은 규모이나, 관료제와 개인적 권위를 조화시키는 것은 러시아와 일본이 해결하려던 주제이기도 했는데, 이들의 경우 개인적인 군사 조직으로부터 관료제가 등장했다. 귀족 가문들을 공격했던 러시아의 차르는 더 일관된 행정 체제를 만들고자 했고, 쇼군들은 전국적인 법률을 편찬하고 도덕 교훈과 행정 절차에 관한 중국 문헌들을 수입했다.

요약하면 그 모든 모순과 결점에도 불구하고 중앙집권화된 관료제 정부는 전 지역에 걸쳐 가차 없이 진보해, 행정 절차의 표준화를 심화하고 엘리트 문화와 대중문화를 불러왔으며 광범위한 상업적 교환을 지지했다. 광대한 제국인 러시아와 중국, 그리고 더 작은 국가인 한국과 일본, 베트남은 더욱 효율적으로 사회로 침투해 들어가면서 영토 면적을 넓히고 대체로 인구 증가와 문화적 역동성을 경험했다. 그 나라들 중 그 어떤 나라도 정체해 있지 않았고, 그들의 많은 제도는 탄력적이고 적응성이 있었으며, 신민들은 대부분 번성했다. 그러나 이는 군사적·환경적·문화적 상호작용 등 수많은 다양한 요인이 조건부로 만들어 낸 결과물이었으며, 뒤이은 시기의 반전에 취약했다.

오스만 제국과
이슬람 세계

수라이야 파로키

1350~1750

2

머리말

하버드-C.H.베크 세계사 시리즈 중 특히 1350년에서 1750년까지를 다루는 이 책에서는 우선 시대구분에 관해 생각해 볼 필요가 있는 듯하다. 터키의 역사 서술에서는 (프랑스의 관례와 비슷하게) '근대'로 표현되는 시기가 1453년에 시작된다고 보는 것이 일반적이다. 오스만튀르크가 콘스탄티노폴리스를 정복한 1453년이 바로 그 시점이다. 독일어 문헌에서 '근대 초기'로 표기하는 이 '근대'는 시기적으로는 19세기 중반에 오스만의 국가 체제가 파격적으로 개편된 시점까지다. 역사가들은 1839년에 선포된 제국 개혁 칙령인 '탄지마트 칙령'을 중시해 이를 자주 분석해 왔으며, 이 칙령 선포를 국가 체제의 개편 시점으로 설정해 왔던 것이다.

따라서 이 책의 기반이 되는 시대구분인 1350년에서 1750년까지는 오스만 제국의 역사가들에게 몇 가지 문제를 제기한다. 그러므로 우리는 2부에서 터키 역사 서술의 일반적인 시대구분에 따라, 아직 '중세적' 성격을 갖고 있던 오스만 제국의 초기 역사를 함께 다루어야 한다. 이 제국은 대략 1300년 무렵에 북서아나톨리아 지방의 지역 군후국君侯國, beylik으로서 처음 활동을 시작했기 때문이다. 하지만 15세기 중반까지에 해당하는 사료는 그 현황이 그렇게 만족스럽지 못하다. 따라서 1453년 이후의 시기에 관해서야 비로소 많은 주제를 다룰 수 있었는데, 이는 특히 오스만의 문서고들도 이 시기에 비로소 설립되었기 때문이다.[1] 그렇기 때문에 2부의 중심은 후반부에 놓일 수밖에 없다. 하지만 시대구분이라는 것이 결국 역사적인 이해를 돕기 위한 보조 수단 이상이 아니라는 사실을 고려한다면 다소 위로가 될 수 있을 것이다.

자, 그러면 이 책에서 다루는 시기는 언제 끝나는가? 1768년에서 1774년까지 러시아-튀르크 전쟁이 계속되었는데, 우리는 별 무리 없이 이 사건을 하나의 역사적인 분수령으로 바라볼 수 있다. 퀴취크 카이나르자 평화조약[1](1774)에서 오스만 제국은 이전까지는 금지했던 외국 선박[2]의 흑해 운항을 허용해야 했다.[2] 그 외에도 이 조약을 통해 크림 칸국이 오스만 제국으로부터 독립했으며, 이와 관련된 일련의 정치적 과정이 진행되었다. 그리고 이 과정은 몇 년 후인 1783년에 러시아가 크림을 합병하며 종식되었다. 한편 1760년대 이래로 차르 제국과의 갈등 때문에 오스만 제국의 농민들은 추수를 제대로 할 수 없었으며, 육로 및 해상 교역로도 단절되었다. 이러한 상황은 (옛 통계는 대부분 신뢰하기 어렵지만) 1829년에 인근 지역을 포함해 42만 명의 많은 인구를 가지고 있던 이스탄불의 생필품 공급에 막대한 장애를 초래했다. 전체적으로 이 전쟁은 오스만 제국에 장기적인 경기 침체의 시작을 초래했으며, 이 경기 침체 때문에 18세기 후반에 발생한 여러 충돌에서 오스만 제국이 군사적·정치적 승리를 거두는 것은 사실상 거의 불가능해졌다.

그 밖에도 1770년 이후의 시기에 이스탄불과 테살로니키, 이즈미르, 알레포 같은 오스만의 거대한 교역 중심지들에서 활동하던 기업 대부분이 프랑스가 지배하는 금융 네트워크에 통합되는 현상이 늘어났다. 1792년에 프랑스가 공화국 수립을 선포한 것에 뒤따라 발발했던 전쟁들만이 이 과정을 일시적으로 멈추고 과거로 돌아가게 할 수 있었다.[3](이 전쟁들은 잠시 중단되었다가 1815년까지 지속되었다.) 따라서 오스만 제국이 유럽이 주도하는 세계경제의 주변부로 점차 통합되어 가던 18세기의 마지막 사반세기에 그들이 겪은 극심한 정치 위

—— 1 전쟁에서 패배한 오스만 제국이 자국의 영토 가운데 캅카스 북쪽 지방과 우크라이나 남쪽 지방을 러시아에 넘겨준 조약이다. 조약이 체결된 장소는 오늘날 불가리아 북동부의 카이나르자다.

—— 2 여러 외국 선박 중에서도 특히 러시아 선박을 가리킨다.

기를 시대구분의 분기점으로 규정하는 것은 의미가 있을 듯하며, 1774년의 퀴취크 카이나르자 평화조약이 바로 그 상징적 사건일 수 있다. 우리는 18세기의 마지막 사반세기에 오스만의 통치 기구가 국내 정치나 국제정치 모두에서 뚜렷한 권력 누수 현상을 보인다는 사실을 발견할 수 있다. 그렇기 때문에 2부에서 우리는 (그 전후 맥락에 관한 이해를 돕기 위해) 이 책의 다른 부분들에서 시대의 구분선으로 다루는 1750년을 약 25년 정도 넘길 것이다.

이 시기를 다루면서 우리는 특별한 경우는 시대순으로도 다루겠지만, 그 나머지는 대부분 주제별로 접근할 것이다. 1장에서는 지리적 범위와 자연조건의 활용을 다룰 것이며, 2장에서는 오스만 제국의 군사와 행정조직을 살펴볼 것이다. 오스만인들은 짧은 시간 안에 거대한 영토를 정복했을 뿐 아니라 소수의 관료와 군사들을 거느리고 모든 위기를 극복했으며, (1300년 무렵에서 1918년까지) 600년 넘게 제국을 유지하는 데 성공했다. 이는 사실 영토를 확장하는 일보다 훨씬 어려운 일이었다. 3장에서는 오스만 제국을 사회적으로 구성하던 남성과 여성, 농민, 수공업자, 상인들을 살펴볼 것이다. 외부의 관찰자들은 일차적으로 궁정 귀족들과 군부를 관찰하려고 할지 모르지만, 이스탄불이든 지방이든 다수의 주민은 주로 농사를 짓고, 건물을 짓고, 옷을 만들고, 장사를 했다. 4장에서는 오스만 제국과 오스만 제국 경계선의 남쪽 세계와 북동쪽 세계, 그리고 특히 동쪽 세계와의 관계를 다룰 것이다. 왜냐하면 술탄들은 동쪽과 서쪽의 양방향으로 팽창을 추구했으며, 상인들도 동방과의 교류를 추진했다. 마지막인 5장은 전쟁과 교역을 통해 이루어진 라틴 기독교 세계와의 관계를 다룰 것이다. 기존 역사서에서는 이 주제를, 다시 말해 오스만 제국과 기독교 유럽의 관계를 중심으로 서술하는 것이 일반적이지만, 우리는 될 수 있는 한 의식적으로 그렇게 하지 않으려고 한다.

역사 서술과 오스만 제국

오늘날 오스만 제국에 관한 역사 서술은 전환기를 맞이하고 있다. 20세기 말까지는 제국의 짧은 성장기(1300~1453)와 더 짧은 권력 팽창기(1453~16세기 말)에 이어 수백 년 동안의 몰락기(16세기 후반에서 제1차 세계대전까지)가 이어진 것으로 구분하는 것이 통상적이었다. 하지만 오늘날 이러한 시각은 적어도 전문가들 사이에서는 신뢰를 크게 잃었다. 이 시기에 관한 전쟁과 외교정책 중심의 역사 서술은 오늘날 오스만 세계의 역사가들 사이에서도 논란의 대상이 되고 있다. 문화사와 예술사의 서술에 대한 관심이 증가한 것도 여기에 영향을 주었다. 문화사와 예술사에서도 오스만 제국의 팽창이 여전히 중요한 역할을 수행하기는 하지만, 여기서는 정치적 사건들 외에 다른 여러 가지 측면이 고려된다. 이처럼 (인도 역사와 마찬가지로) 지난 10여 년 동안 18세기 역사는 분명히 재평가되었다. 이 시기에 이루어진 건축과 소설 등에서의 새로운 시도들도 오늘날에는 더는 '전통적인 고전 양식의 붕괴'로 해석되지 않고 독자적인 것으로 간주되며, 궁극적으로는 '오스만적 근대'로 나아가게 된 새로운 전환의 시작으로 여겨진다.

오늘날 전문가들 사이에서는 17세기에, 그리고 18세기 중반인 1760년까지도 오스만 제국에 어느 정도는 일련의 위기가 있었던 것이 사실이지만, 오스만의 국가와 사회는 끈질긴 노력 끝에 이러한 위기에서 다소간 회복되었다고 주장하는 경향이 있다. 다시 말해 이제는 오스만 제국 역사에 수백 년에 걸친 '지속적인 위기'가 있었다고 더는 전제하지 않는다. 이런 맥락에서 역사가들은 강력하게 중앙집권화되었던 통치 제도가 17세기 후반 이래로 지방분권화 조치를 통해 점차 교체된 것도 새롭게 조명했다. 그래서 오늘날에는 다양한 지방 세력들이 18세기에 비교적 순탄하게 오스만 제국의 국가조직 안에 통합되었으며, 어떤 경우에는 이것이 18세기 후반의 위기 동안에 제국이 생존하는 데 일정 부분 기여했다고 강조한다.[4] 그렇다고 하더라도 1950년대에조차 일상에서 여전히 막강한 영향력을 행사하던 지방의 명망가들과 세력가들이 지배하던 지역을 근대 국민국가의 초기 형태로 해석할 수는 없다.

이러한 해석상의 전환이 일어나게 된 것은 의심할 여지없이 미국과 유럽의 역사학계뿐만 아니라 터키의 일부 지식인 사회에서도 중앙집권화된 국민국가가 정치사에서 가장 발전된 통치 유형이라는 주장이 더는 당연하게 받아들여지지 않는다는 사실과 관련이 있다.[3] 오늘날 터키 언론에서는 오랫동안

3 중앙집권화된 국민국가 체제가 다소 느슨해지거나 위기에 빠진다고 해서 그것을 국가

지배적이던 정치 패러다임인 동시에 국가의 유일한 정치적 목표였던 '국가 안보'에 대해 의문을 제기하며, 더 민주적인 의사 결정 과정을 요구하는 지식인들이 매우 활발하게 활동하고 있다. 이런 맥락에서 사람들은 영토 팽창이나 영토 축소를 제국의 '전성기'나 '몰락기'를 평가하는 데 유용한 절대적 잣대로 인정하지 않는 경향을 보인다. 물론 광범위한 일반 독자를 대상으로 하는 서적들에서는 이러한 변화가 여전히 잘 반영되지 않고 있다. 따라서 지금까지 대중사회에 깊이 뿌리박고 있는 국가 중심의 패러다임은 터키뿐 아니라 다른 나라들에서도 여전히 발견된다. 현대사회에서 이는 다양한 결과를 초래하는데, 특히 유럽 연합European Union: EU 가입이나 현재의 기타 주요 사안들에 관한 논의에서 쉽게 도구화될 수 있는 것이 현실이다.

그렇지만 역사 서술은 단지 역사를 기록하는 시대의 특징적인 정치적·문화적 경향을 통해서만 결정되는 것이 아니다. 만약 역사 서술이 시대적 유행으로부터 절대적인 영향을 받는다면 역사 서술은 사실상 '현실을 정당화해 주는 학문'이 될 것임이 분명하며, 그렇다면 역사 서술은 엄격한 의미의 학문 활동 범주에서 배제되어야 할 것이다. 그러나 사료가 역사 서술에 주는 영향력은 변함없이 지대하다. 바로 오스만 제국의 역사 서술에서도 중앙과 지방의 문서고 사료들이 발굴되고 분석되면서 특정 연구 관심사들을 검토하는 데 매우 큰 영향을 주고 있다. 예를 들어 1450년 이래로는 대재상(대大베지르)[4]들, 공공 관청의 수장들, 그리고 무엇보다 제국의 재정을 담당했던 기관이 대단히 많은 양의 기록물을 남겼다. 또한 많은 대도시에서는 대부분 1570년 무렵부터 재판부의 공문서 목록들을 지역별로 상세히 기록하고 보존해 왔다. 이 문서들은 비교적 상세한 도시사를 집필하는 데 매우 유익하며, 최근에는 재판 과정의 실제까지 자세히 조명할 수 있게 해 주었다. 이 과정에서 막스 베버Max Weber가 말한 '카디 재판'[5]이 새롭게 논의되었다.[5] 1940년과 1970년 사이

의 몰락으로 볼 수 없다는 해석이 여기서 출발할 수 있다.

——— 4 베지르는 일종의 각료이자 장관으로, 특히 오스만 제국의 대재상은 술탄의 측근으로서 행정권과 사법권까지 보유한 권력자였다.

——— 5 카디로 불리는 재판관 개인이 규칙이나 판례와 관계 없이 사안마다 자기의 경험과 윤리

에 역사가들이 관심을 갖고 분석한 문서들은 대부분 1450년과 1600년 사이에 관련된 것들이다. 반면 당시에는 19세기 오스만 제국의 역사 연구에 유럽 문서고의 자료들이 더 많이 활용되었다. 그러나 오스만 제국의 문서고에서 작성되어 1990년 이래로 공개된 최근 목록은 역사 연구자들에게 19세기와 관련해 일차적으로 엄청난 양의 문서를 제공했다. 그렇기 때문에 19세기는 특히 젊은 연구자들을 끌어당기는 자석처럼 작용했다. 하지만 그동안 등한시되었던 17세기와 18세기의 긴 '과도기'를 다루어 왔던 역사가들도 점차 그들이 노력한 대가를 보상받았다. 18세기 중반 이래로 폭발적으로 증가한 중앙관청과 지방 공무원들 사이의 서신 교환과 세금 청부제에 관한 광범위한 문서들은 예전에는 볼 수 없었을 만큼의 풍부한 자료를 오늘날 제공해 준다.

오랜 세월 동안 오스만 제국을 다루는 역사가들은 오직 문서고 자료를 분석한 동료들만 진정한 전문가로 인정해 주는 경향이 있었다. 그러다가 1990년 무렵 이래로 여행기 같은 이야기체 자료들에 대한 재평가가 진행되었으며, 수많은 연대기와 역사적 관점을 가진 다양한 형식의 저서들이 처음으로 논평과 함께 편찬되었다. 이러한 작업들은 문학비평이나 사료 비판의 관점에서 이야기체 사료들을 다룰 수도 있게 했다. 최근에는 관련된 문제를 심지어 공개석상에서 토론하는 동료들도 있다.[6] 다시 말해 오늘날 역사가들은 다양한 영역으로 분류된 사료들을 분석하고 이를 비판적으로 조명해 보려고 시도하고 있다. 그리고 오늘날 연구자들은 문서고 자료들에 기록된 것들이 모두 진실은 아닐 수 있다는 사실을 30여 년 전보다 훨씬 잘 의식하고 있다. 하지만 예술사와 역사학이 긴밀하게 접촉하기 시작했는데도 물질문화[6]에 관한 연구는 여전히 우리 분야에서 의붓자식과 같다. 오스만 제국과 관련해 고고학이 달성한, 아직은 소량인 연구 성과가 적극적으로 반영되는 것은 기대하지도 않는다.

적 판단에 따라 진행하고 판결하는 재판을 뜻한다.

6 인간이 자연환경에 적응하기 위해 물질을 바탕으로 이루어 놓은 문화를 가리킨다. 도구와 교통수단, 통신수단 등을 이른다.

1 자연조건과 활용

오스만 제국은 제국 건설 초기에 마르마라해와 에게해의 양쪽 해안에 자리 잡고 있었다. 오스만 제국의 가장 오래된 주는 루멜리와 아나돌루였다. 루멜리는 우리가 오늘날 트라키아로 부르는 지역으로 그 일부는 그리스에, 다른 일부는 터키에 속하는 지역을 포함하며, 아나돌루는 오늘날의 서부 아나톨리아 지역에 해당한다. 에게해 지역과 마르마라해의 남쪽 경사 지역에서는 지중해성 기후가 지배적이다. 그런데도 이스탄불 근처로 가면 이미 올리브 나무가 자라기에는 날씨가 너무 춥고 습도도 높다.

14세기에 오스만 제국의 영토가 발칸반도와 아나톨리아 고원 지방에까지 팽창했다는 사실은, 곧 겨울처럼 추운 대륙성기후를 가진 지역도 제국의 핵심 지역에 속하게 되었음을 뜻한다. 이런 맥락에서 오늘날의 불가리아와 세르비아, 보스니아 지역에 있던 옛 제후국들, 그리고 16세기 이후에는 헝가리의 대부분 지역도 언급할 필요가 있다. 오스만이 정복하기 이전에는 카라만의 제후들이, 그리고 더 이전인 13세기에는 룸 셀주크 술탄국이 지배했었던 중앙아나톨리아는 건조한 초원 지대였다. 그 대신에 반도를 둘러싼 남쪽 지방과 북쪽 가장자리에 있는 산맥 지방은 이보다 더 선선하며, 무엇보다 흑해 지역은 비가 아주 잘 오는 지역이었다. 운송 수단으로 낙타에 의존했던 유목민과 상인들은 이 추운 지역들에서 기후에 적응할 수 있는 혼종 가축을 탄생시키기 위해 진땀을 흘려야 했다. 이를 위해서 혹이 하나인 단봉낙타와 혹이 둘인 박트리아 낙타가 필요했다. 매우 추운 겨울과 짧은 여름을 가진 동부 아나톨리아 지방은 술탄이 이란의 사파비 통치자에게 맞서 일으킨 수많은 전쟁을 치르기 위해 이 지역을 통과해야 했던 오스만 군대로서는 커다란 도전이었다. 17세기에는 에르주룸의 추운 겨울에 관한 일종의 설화가 있을 정도인데, 이에 따르면 고양이 한 마리가 지붕에서 다른 지붕으로 건너뛰다가 공중에서 얼어붙었으며, 봄이 되어서야 비로소 바닥에 떨어졌다.[7]

1516년에서 1517년에 이르는 기간에 오스만 제국이 이집트와 시리아를 점령하고, 1530년대에는 이라크도 점령하자 더 온난한 지역, 특히 사막이 오스만 엘리트들의 시야에 들어왔다. 어떤 측면에서 이 기후 지역은 그들에게 낯설었으며, 친숙하지 않은 상태로 남았다. 심지어 경험이 풍부했던 오스만 여행가 에블리야 첼레비Evliya Çelebi(1611~1683 이후)조차 아라비아와 시리아 사막의 낙타 길을 낯설고 친숙하지 않은 세계로 묘사했다.[8]

물론 발칸 지역에서와 마찬가지로 아나톨리아 지방에서는 대부분 극도로 뜨거운 여름에 적응하는 방법이 겨울 추위로부터 보호하는 방법보다 더 잘 발달되었다. 집을 지을 때는 창문을 많이 만들어 바람이 잘 통하도록 조치했으며, 17세기의 경우 부유한 사람들은 여름에 특별히 설치한 창고에서 차갑게 식힌 음료수를 만들어 마셨다. 그러나 집을 지을 때 겨울에 대비해 화로를 만들기는 했어도 그 화로가 주변 온도를 별로 따뜻하게 해 주지는 못했으며, 뚜껑이 열려진 화로 안에서 불타는 석탄은 화재 발생 위험도를 높였다. 그래서 겨울은 마치 '소빙기'같이 엄청나게 추웠으며, 이런 날씨에서 모피는 무조건 사치품은 아니었다.

당시 아나톨리아 해안 지방과 발칸 지역 일부에는 아직 곳곳에 울창한 삼림지대가 있었다. 16세기에 술탄이 대함대를 보유할 수 있었던 것은 바로 이 삼림지대, 특히 북서부 아나톨리아의 숲이 충분한 목재를 공급해 주었기 때문이다. 목재는 뱃길을 통해서도 비교적 저비용으로 이스탄불에 공급될 수 있었다. 이러한 상황은 이스탄불 같은 거대 도시에서 이슬람 사원과 부속 건물들이 돌로 건축된 것에 반해, 술탄의 궁전을 제외한 거의 모든 주택이 어째서 나무로 건설되었는지를 설명해 준다. 장기적으로 보아 이렇게 목재를 빈번하게 사용한 결과, 이스탄불 근처 이즈미트만의 해안에 있던 것과 같은 울창한 삼림이 무차별적으로 남벌되었다. 하지만 아나톨리아의 많은 외딴 지역에서는 술탄이 제재소를 설치하고 벌목을 통제하려고 노력했기 때문에 숲이 보존될 수 있었다.[9] 더 큰 삼림지대는 아나톨리아 남부 해안에도 있었다. 이 지대들은 이미 중세 후기에도 카이로에 목재를 공급했으며, 이는 오스만 시대에도 계속되었다.

당분이나 염분을 함유한 수자원은 어업이나 염전업에 활용되었다. 예를 들어 17세기의 트라브존에서는 정어리가 주식이었다.[10] 호수에서는 물고기를 잡기 위한 통발을 널리 사용했으며, 통발 사용자들은 세금을 납부했다. 그러나 그보다는 소금의 원천으로서 지중해 수자원의 사용이 아마 더 중요했을 것이다. 인간뿐 아니라 동물들도 생존하기 위해서는 소금이 필수적이었기 때문이다. 오스만이 1570년에서 1573년 사이에 키프로스를 정복한 이후에는 오스만 관청이 이 섬의 중요한 염전도 통제했다.

배가 다닐 수 있는 강은 얼마 되지 않았다. 헝가리 국경 지대로 가는 군인들을 수송하고 군사물자를 공급하는 것은 도나우강을 통해 이루어졌으나, '철의 협곡'과 수시로 변하는 중부 도나우강의 물살은 이를 지속적으로 유지하기 어렵게 했다. 티그리스강과 유프라테스강은 수심이 얕았기 때문에 매우 납작한 배나 물에 불린 짐승 가죽으로 만든 뗏목을 운행하지 않으면 안 되었다. 나일강에서는 선박 운항이 매우 활발했다. 나일강의 항구인 불라크는 카이로에 식량을 공급하기 위해 특히 중요했다. 남아나톨리아에서는 세이한강과 제이한강에서도 배가 다닐 수 있었으나, 주변 지역의 인구밀도가 낮았기 때문에 이 강들의 경제적 의미는 별로 크지 않았다. 선박이 운항할 수 있는 강이 별로 없다는 사실은 의심할 여지없이 도시의 삶과 교역, 산업이 번창하는 데 장애로 작용했다.

* * *

오스만인들의 소비 습관, 그리고 이와 관련해 오스만 제국의 여러 지역에 있던 경작 가능한 농지는 오늘날의 일상적인 농사 지역과 크게 달랐다. 예를 들어 16세기에는 정제된 버터가 오스만인들의 식용 지방으로 선호되었는데, 이스탄불 주민들은 이 버터를 흑해의 북쪽 지방에 있는 산지로부터 공급받을 수 있었다. 반면에 오늘날 식품으로 인기가 좋은 올리브유는 당시에는 대부분 비누 수공업에 쓰이거나 등잔불을 켜는 기름으로 사용되었다. 그렇기 때문에 올리브 나무는 오늘날과 달리 서부 아나톨리아 지방에서는 자주 발견되지 않았다. 그런데도 북시리아와 (1645년에서 1669년까지 이어진 공방전 이후 오스만의 지배하에 들어간) 크레타섬에서는 올리브 나무가 여전히 매우 중요했다.[11] 목화는 에게해와 지중해 연안 지역에서뿐 아니라 북시리아에서도 (적어도 시장 상황에 맞게) 흔히 경작되었다. 감귤류는 남서아나톨리아에서 16세기에 이미 발견되었다. 그렇지만 제2차 세계대전이 끝난 후에야 비로소 이 지역에 감귤류 경작이 널리 확산되었다.

이에 비해 포도 경작은 이미 16세기에 경제적으로 중요한 의미를 가졌다. 당분을 건강에 좋은 성분으로 높이 평가하던 문명권에서 건포도와 포도 시럽은 꿀과 함께 가장 중요한 감미료로 사용되었다. 그런데 18세기 후반에 오스만 제국의 수도 이스탄불 주변에서는 포도 농장을 흔히 볼 수 있었던 반면, 20세기 중반에는 이 농장들이 거의 모두 사라졌다. 하지만 포도의 재배를 금지한 이슬람교의 조치가 포도 농장을 문 닫게 했다고 주장한다면 이는 사실이 아니다. 일반적으로 과일과 채소는 주로 대도시 근교에서 재배하는 것으로 알려져 있으나, 이는 우리가 사료에 기록된 내용에 너무 집착했기 때문에 나온 결과일 수 있다. 농민들이 자체적으로 소비하기 위해 생산할 경우에는 조세 부과 대상에서 제외되었으므로 당시 관청의 기록에 나타나지 않기 때문이다.

오스만의 백성들이 주로 소비한 농산물은 그들의 주식인 빵을 만드는 데 사용되는 밀과 호밀이었다. 아나톨리아는 대부분 산이 많은 지역이었기 때문에 그곳 농민들은 대개 원시적인 도구인 쟁기만을 사용할 수 있었다. 물론 어떤 지역들에서는 흙덩이를 뒤집을 수 있는 튼튼한 쟁기를 사용하기도 했다. 또한 물이 부족한 기후라서 농민들은 그들의 땅을 대개 2년에 한 번만 경작했다. 쌀농사는 노동력이 많이 들어가는 들판 노동이었고, 쌀농사에 필요한 물도 부족했기 때문에 쌀은 적어도 16세기와 17세기에는 어느 정도 사치였다. 비록 플로브디프(오스만어로는 필리베) 지방과 앙카라의 북동쪽 지방에는 훨씬 넓은 쌀농사 지대가 있었지만, 아마도 오스만 제국의 수요를 충족시킬 수는 없었을 것이다.[12] 그렇기 때문에 상류층조차 쌀은 매우 아껴 조금씩만 소비했으며, 주로 수프나 디저트에 사용했다.

물 부족은 농업 생산성이 낮은 이유이기도 했다. 19세기에도 아나톨리아의 건조 지대에서는 씨 한 톨을 심어 네 톨을 추수하는 정도의 형편없는 수확이 여전히 그렇게 특별한 일이 아니었다. 오스만 제국의 많은 지역은 16세기 후반에서 19세기에 이르기까지 장기간에 걸친 가뭄과 흉작으로 고통을 겪었다. 1590년대는 이탈리아에서조차 가뭄과 흉작으로 악명 높은 시기였다.[13] 대규모의 관개시설은 공원을 가꾸는 용도로는 사용되었을지 모르지만, 농지를 경작하는 데는 활용되지 않았다. 물론 이집트의 옛 관개 경작은 여기서 예외였다. 물레방아는 지역 상황에 따라 1년 내내 사용되기도 하고 단지 몇 개월만 돌아가는 경우도 있었다. 물 부족으로 악명 높았던 이스탄불에서는 17세기와 18세기에도 말이 물레방아를 돌렸다.

군대와 함대, 궁정 그리고 제국의 수도에서 소비될 비축 식량을 충분히 확보하기 위해 모든 도시는 각자 소비할 곡식을 자기들의 관할 구역에서만 조달해야 한다는 규정이 있었다. 그런데 만일 이 규정이 일관성 있게 관철되었다면 각 관할 구역에 거대 도시가 형성될 수 없었을 것이다. 각 관할 구역의 규모가 대부분 아주 작았기 때문이다. 따라서 이 규정은 그렇게 철저히 적용되지 않은 듯하다. 예를 들어 16세기 후반에 앙카라는 이웃 구역들에서 생산되는 곡물도 공급받았다. 하지만 적어도 1600년 이전에는 술탄의 행정기관이 아나톨리아의 에게해 해안 근처에서 이 규정을 훨씬 강력하게 관철했던 것 같다. 그곳 도시들에 인구가 적었던 이유는 적어도 그렇게 설명될 수 있을 것이다. 이스탄불은 그들이 필요한 곡식의 가장 많은 양을 흑해 서부 해안 지대와 블타바강(몰다우강) 유역, 그리고 오늘날의 불가리아 동부와 루마니아에 속하는 왈라키아 지역에서 수입했다. 곡식을 수입하는 책임은 이스탄불에 거주하는 상인들에게 있었다. 그들은 국가의 매우 엄격한 감독 아래에 있어, 사람들은 그들을 반半공무원들로 볼 정도였다.[14] 농산물 가격이 전체적으로 낮았기 때문에 농지 소유자들은 농산물을 증산하기 위해 투자할 매력을 별로 느끼지 못했다.

오스만 제국의 백성들이 육류를 소비할 수 있었다면, 그것은 주로 양고기였다. 최소한 대도시 주민 가운데 경제 사정이 덜 좋은 고객들은 익히거나 구운 양의 머리를 구입하거나 양의 다리 부위 고기로 요리된 음식을 구매할 수 있었다. 양의 내장에 붙은 지방은 양초 제작에 사용되었다. 반면에 술탄의 궁정에서는 닭고기를 가장 선호했으며, 육류 소비는 공공연히 신분의 상징으로 여겨졌다. 따라서 수완이 뛰어났던 관료 체제는 수많은 고위급 명사와 군부 지도자들이 사는 수도에 육류를 안정적으로 공급하기 위해 많은 노력을 기울였다. 발칸의 부호(명사)들은 일정한 수의 양羊을 이스탄불로 보내야 했는데, 이것들은 이스탄불에서 국가가 정한 가격에 따라 정육점 업자들에게 판매되었다.

정육점 업자들은 이 가축들을 도축해 소비자들에게 공급했는데, 최종 소비자 가격은 또다시 술탄의 공무원들이 정했다. 16세기에는 소비자 가격이 너무 낮은 경우가 많아 여러 정육점이 도산하기도 했다. 반면에 17세기 후반에는 경기가 괜찮아 영업을 충분히 지속할 수 있었다. 그들이 시장가격 이하의 지렴한 가격으로 예니체리에게 육류를 공급해 주면, '정육업 손실 보전'이라는 적나라한 이름이 붙은 특별 보조금을 받았다.[15]

2 오스만 제국의 행정기관

16세기와 17세기의 오스만 제국 엘리트들의 시각에서 제국의 국경 지방과 그 지방들의 정치적·경제적 환경을 바라본다면, 발칸반도 서부 지방은 오스만 제국의 수도를 부양하는 에게해 지방보다 훨씬 적은 양의 자원을 공급할 수 있었다. 무엇보다 운송 경로가 펠로폰네소스반도를 돌아가야 했기 때문에 어려움이 있었다. 따라서 발칸반도 서부 지역에서 발견되는 오스만 제국 관련 사료는 많지 않다. 다만 오스만 제국에 군인들을 제공하는 원천으로 여겨졌던 보스니아는 예외였다. 술탄과 술탄을 보좌하는 베지르들은 합스부르크 제국과 전쟁을 치를 때 이 군인들을 투입해 승리를 거두었다. 헝가리는 국경 수비대를 위한 물자 공급에 문제가 있을 때만 오스만 제국 중앙정부의 시야에 들어왔다. 이러한 상황은 특히 16세기에 오스만에서 중부 유럽 기독교 지역으로 (황)소를 수출하는 사업이 번창했을 때, 오스만 관청들이 왜 여기에 대해 별다른 반대를 하지 않았는지도 설명해 줄 것이다.[16]

더 동쪽으로 가면 몰다비아 지방과 에플라크(왈라키아) 지방이 있었다. 그곳은 오스만의 영향 아래에 있는 기독교 제후들이 지배했는데, 그들은 군주로 임명되면 오스만 제국에 최고급 공물을 바쳐야 했다. 그런데 두 제후국의 영토는 폴란드-리투아니아의 왕과 합스부르크 제국의 황제, 그리고 나중에는

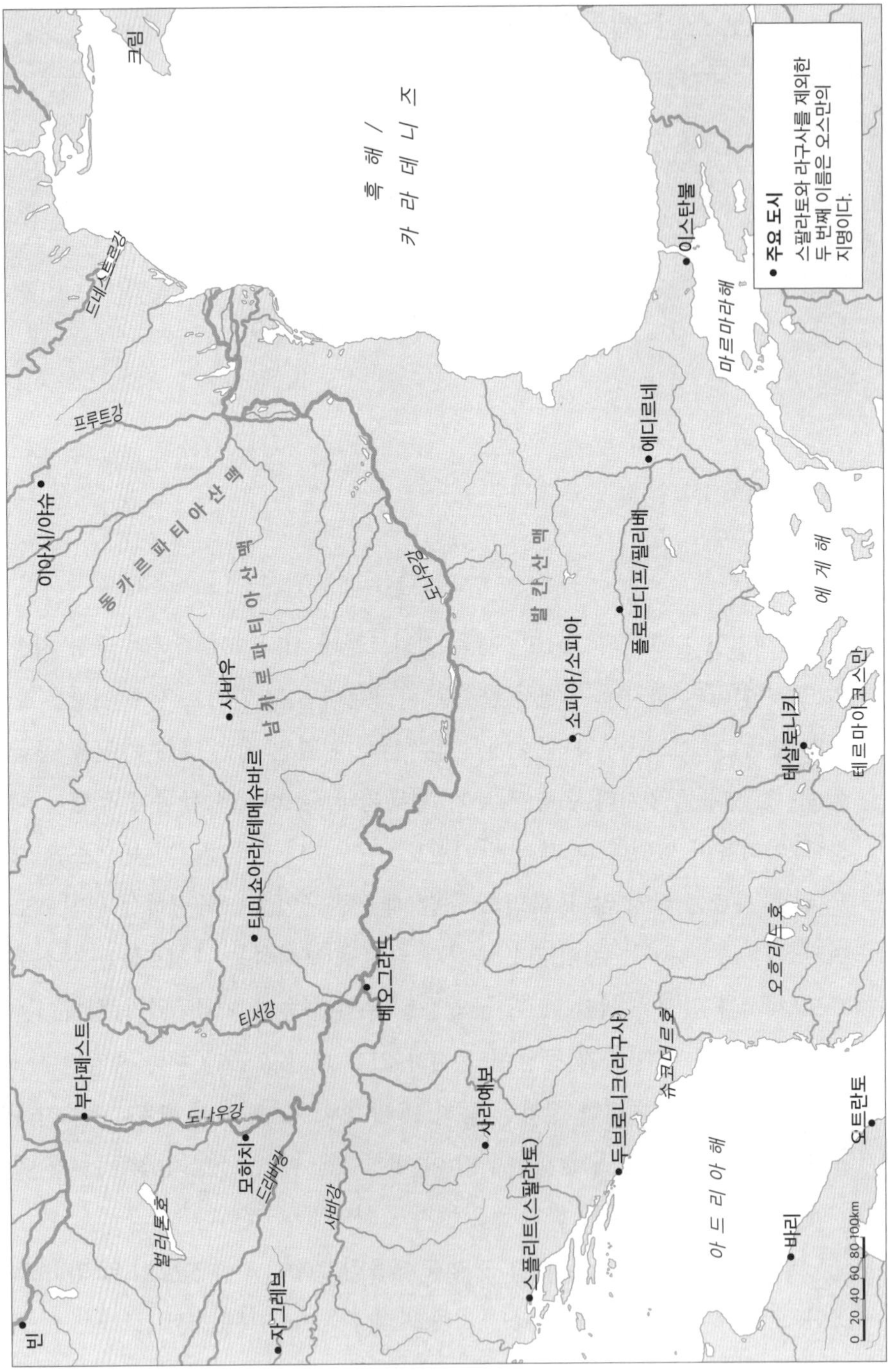
크림
흑 해 / 카 라 데 니 즈
드네스트르강
프루트강
이아시/야슈
동 카 르 파 티 아 산 맥
남 카 르 파 티 아 산 맥
도나우강
발 칸 산 맥
에디르네
마르마라해
이스탄불
● 주요 도시
스팔라토와 라구사를 제외한 두 번째 이름은 오스만의 지명이다.
플로브디프/필리베
에 게 해
소피아/소피아
시비우
티미쇼아라/테메슈바르
테살로니키
테르마이코스만
베오그라드
오흐리드호
부다페스트
티서강
모하치
드라바강
사바강
사라예보
두브로브니크(라구사)
슈코더르호
스플리트(스팔라토)
아 드 리 아 해
오트란토
바리
벌러톤호
자그레브
빈
0 20 40 60 80 100km

— 유럽의 오스만 제국.

러시아 차르의 행동반경 안에 들어 있었기 때문에 늘 전쟁터가 되었다. 두 제후국은 우리에게는 이미 이스탄불의 식량 창고로 알려져 있는데, 평화 시기에, 적어도 18세기에는 그 역할을 충실히 수행했다. 흑해 북부 지방은 인구밀도가 희박했고, 오스만의 중앙관청이나 수도의 주민들에게 주로 버터와 가죽 제조를 위한 짐승 가죽, 특히 노예를 공급해 주는 곳으로서 관심 지역이었다.

이제 흑해를 건너가 보자. 이란과의 국경에 위치한 동아나톨리아 지방의 경우는 남쪽, 특히 티그리스강 유역의 디야르바키르가 유일하게 농업 생산성이 높아 곡식을 생산할 수 있었다. 흑해와 가까운 북쪽 지방에는 오늘날에도 여전히 울창한 삼림이 넓게 펼쳐져 있으며, 에르주룸과 에르진잔, 반의 주변에 농경이 가능한 지역은 제한적이었다. 그러나 남동부 지역에서 생산되는 곡식조차 예외적인 경우에만 이스탄불로 공급될 수 있었다. 중앙 행정관청은 이 지역 농산물을 이라크 남쪽 지방에 주둔한 오스만 국경 수비대에 공급해야 했기 때문이다.[17] 두 개의 커다란 강[7]이 흐르는 메소포타미아 지방의 농업은 중세 후기에 발생한 위기에서 단지 부분적으로만 회복되었지만, 다시 바그다드가 지역의 중요한 중심지가 되었으므로, 술탄의 여성 친족들을 포함한 18세기의 오스만 총독들은 이 지역에서 건축 사업을 활발하게 추진했다.

북부의 아이은타프(오늘날의 가지안테프) 지방과 이집트 국경 사이의 지역, 오늘날 우리가 단순화해 대大시리아로 부르는 지역은 농업 잠재력을 가진 교통의 요지라는 점 때문에 오스만 제국의 영토 중에서 핵심 지역에 속했다. 물론 그곳은 가용 면적이 길고 가늘게 펴져 있으며 시리아 사막에 매우 인접해 있어 술탄의 통제력이 별로 느껴지지 않는 곳이었다. 그렇기 때문에 시리아를 '국경 지역'으로 분류해 토론하는 것이 의미 있을 것이다.

시리아의 농업 생산성이 높았던 것은 충분한 강우량 덕분이었는데, 레바논 산맥과 기타 구릉지대에 비가 많이 내려 작은 강들을 만들었기 때문이다. 이런 자연환경 덕분에 다마스쿠스 주변에는 오아시스 경제가 가능했으며, 특

7 티그리스강과 유프라테스강을 이른다. '메소포타미아'라는 말 자체에 '두 강 사이'라는 뜻이 있다.

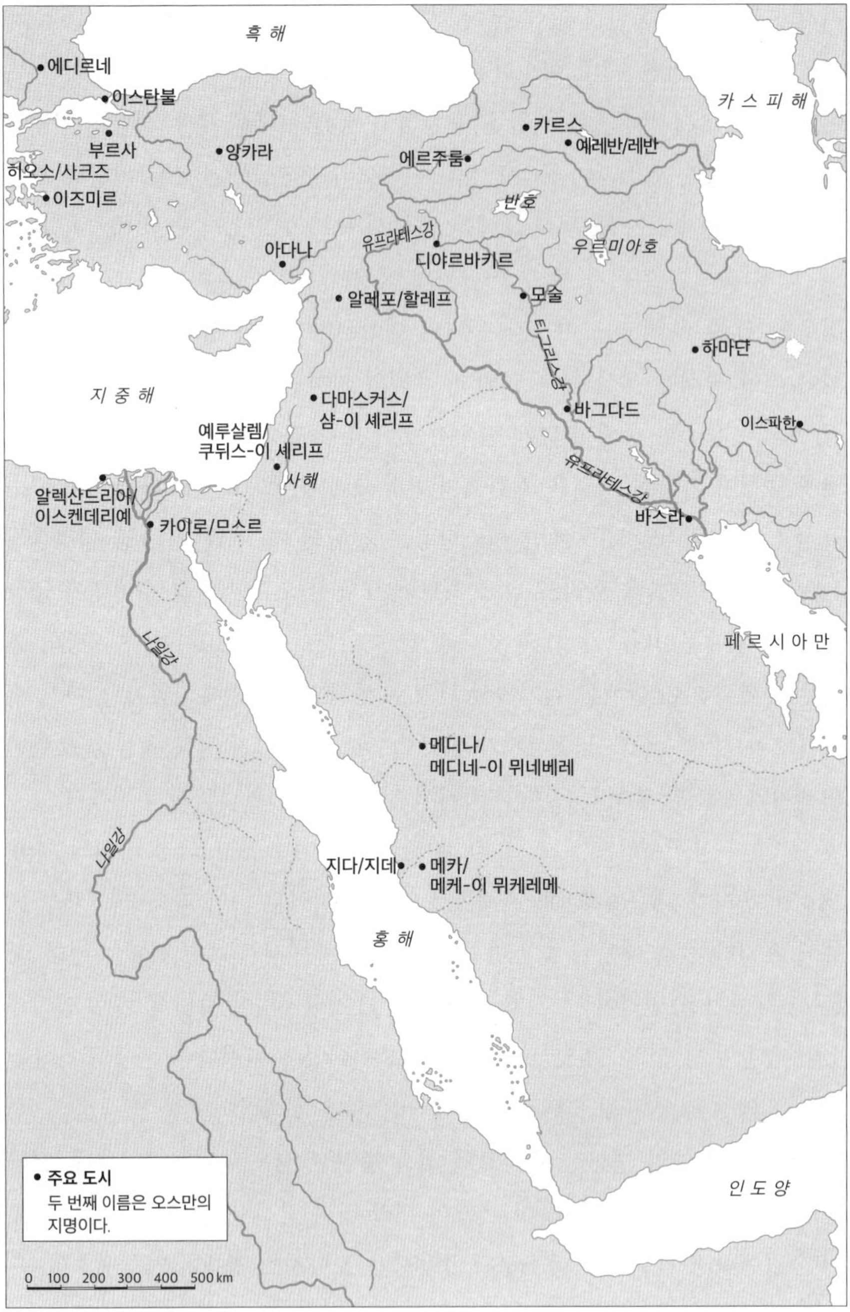
흑 해
에디르네
이스탄불
부르사
히오스/사크즈
이즈미르
앙카라
카 스 피 해
카르스
예레반/레반
에르주룸
반 호
유프라테스강
디야르바키르
우르미아 호
아다나
알레포/할레프
모술
티그리스강
하마단
지 중 해
다마스커스/
샴-이 셰리프
바그다드
이스파한
예루살렘/
쿠뒤스-이 셰리프
사 해
유프라테스강
알렉산드리아/
이스켄데리예
카이로/므스르
바스라
페 르 시 아 만
나일강
메디나/
메디네-이 뮈네베레
나일강
지다/지데
메카/
메케-이 뮈케레메
홍 해
인 도 양
• 주요 도시
두 번째 이름은 오스만의 지명이다.
0 100 200 300 400 500 km

아시아의 오스만 제국.

히 살구 생산이 유명했다. 초원 지역에는 어쨌든 곡식 경작에 충분할 만큼의 비가 내렸다. 비교적 부유한 주였던 시리아는 다마스쿠스에서 메카로 가는, 특히 여비가 많이 드는 장거리 순례자 행렬을 위해 물자를 공급해 주어야 했다. 이 순례 행렬은 특별한 형태의 국경 지대, 다시 말해 시리아 사막과 아라비아 사막을 가로질러 가야 했다. 더 남쪽에는 이집트가 있는데, 이집트는 오스만 제국의 지도자들이 생각하기에 생산성의 상징 그 자체였다. 그들은 다른 지역, 특히 새로 정복한 지역들이 '새로운 이집트'처럼 비옥하기를 희망했지만, 그것은 한갓 꿈이었다. 나일 삼각주 지역 외에는 앞서 언급한 좁고 긴 띠 모양의 지역에만 비옥한 토지가 있었다.

국경의 경비 초소들은 남쪽 깊숙한 곳에 있었는데, 그곳이 어디인지는 나일 제1폭포와 나일 제2폭포에 있는 국경 수비대의 아랍어와 튀르크어로 된 서신 교류를 통해 알려졌다. 오스만 제국 영역의 남부 국경에는 경비 초소 외에도 몇몇 콥트교[8] 마을이 있었는데, 오스만인들은 그곳에서 아프리카에서 잡은 노예들을 고자로 만들었다. 이슬람법에서는 남자의 성기 거세가 금지되어 있으므로 술탄이 지배하는 지역에서는 시술을 할 수 없었기 때문이다.[18] 16세기에 오스만인들은 홍해 해안에 하베슈 속주(에티오피아)를 건설했다. 내륙지역에는 오스만 군주가 때때로 내정에 간섭하려고 시도했던 독립 왕국들이 있었던 반면에, 하베슈 속주는 메카의 항구인 지다에 주재하는, 오스만 제국 정부가 파견한 대리인의 관할과 감독을 받았다.

아프리카의 사막지대에는 지도에 표시될 수 있는 선으로 된 국경은 없었지만, 보르누 같은 몇몇 중앙아프리카 왕국은 16세기에 오스만의 술탄과 확고한 우호 관계를 유지했다.[19] 이스탄불에서 출발한 총독과 군사들이 배를 타야 도달할 수 있었던 지중해 연안 북아프리카는 전혀 다른 세계였다. 이러한 지리적 상황은 아프리카 지역에 대한 오스만의 통제를 어렵게 했다. 16세기에는 상선이 점차 겨울에도 왕복 운항을 시작했던 반면에, 전함들은 옛 관습에

—— 8 기독교의 한 종파로, 451년에 열린 칼케돈 공의회의 결과를 수용하기를 거부하며 떨어져 나왔다. 주로 이집트와 북동아프리카 지역에서 교세를 떨쳤다.

따라 11월에서 5월 초까지는 항구에 계속 정박했다. 이러한 상황은 이스탄불 정부가 16세기 말 무렵, 그리고 그 후의 시기에도 동부 지역의 군 간부들과 함장들에게 자치를 어느 정도 허용할 준비가 되어 있었음을 설명해 준다. 이집트의 사례와 달리 이 권력자들은 '승인 비용'[9]으로 적은 양의 공납만 이스탄불에 내면 되었다. 그 밖에 북아프리카에서 모인 세금은 지역 군부에 돌아갔다.

팽창과 이슬람화

국경 지방들이 차지하는 비중을 오스만의 행정관청이 각각 다양하게 평가했다는 사실은 오스만 제국의 팽창사를 통해 대부분 설명할 수 있다. 제국 초기에는 술탄의 지배 영역이 대단히 빠른 속도로 남동유럽 쪽으로 팽창했다. 오스만인들은 이미 14세기 중반에 발칸반도에 정착했으며, 1526년에 모하치 전투에서 승리해 헝가리 왕국을 정복할 수 있는 길이 열렸다. 이때 옛 지방 제후를 따르는 추종자들이 점령자인 오스만 제국에 저항해 반란을 일으키자, 대재상인 파르갈르 이브라힘 파샤Pargalı İbrahim Paşa는 대군을 동원해 이를 바로 진압했다.[20] 즉 서부로의 팽창은 아나톨리아 동부로 팽창할 때보다 훨씬 신속히 진행되었는데, 그 이유는 바로 중세 후기의 발칸 지역에 확고하게 안정되고 지속적으로 조직을 갖추어 가는 국가들이 거의 없었기 때문이다. 심지어 유럽 기준에 따르면 중간 규모의 왕국이던 헝가리조차 귀족제의 강한 영향력 때문에 탈중심적인 분권화 경향을 보였으며, 이는 오스만에 맞서 결집된 저항을 시도하기 어렵게 만들었다. 반면 15세기에 이란을 지배하던 투르크멘인,[10] 그리고 1500년 이후로 이 지역을 지배하던 사파비 왕조는 장기적 안목에서 오스만 술탄이 오늘날의 터키와 이란 사이의 국경을 넘어 영토를 확장하는 것을 막았다. 물론 남동쪽 지역의 상황은 달랐다. 그곳에서는 쉴레이만 1세Süleyman I(재위 1520~1566)가 1530년에 이라크를 오스만 제국의 지배 영역에 지속적으로 합병하는 데 성공했다.[21]

9 지방 권력자들의 자치권을 인정해 주는 대가로 오스만 중앙정부가 받는 비용이다.

10 튀르크어족 중에서도 주로 투르크메니스탄과 캅카스 등 중앙아시아에 거주했던 튀르크족을 가리킨다.

그런데도 오스만 제국의 중심은 100년 넘게 에게해 지방, 즉 서쪽과 동쪽의 해안이었다. 술탄의 제국은 이슬람 세계의 경계 지역에 자리 잡았으며, 15세기에 오스만이 팽창한 지역은 대부분 발칸반도였다. 그렇기 때문에 근대 터키의 아나톨리아 지향성을 옛 과거로까지 소급해 적용하는 것은 비현실적이다. 또한 이러한 지정학적 위치는 셀림 1세가 (1516년에서 1517년에 이르는 기간에) 시리아와 이집트를 정복할 때까지 오스만 제국이 주로 기독교도인 백성들을 지배했다는 것을 의미한다. 이 시기에 자기들의 기독교 신앙을 유지했던 군인들(특히 비정규군과 요새 수비대)도 전적으로 예외가 아니었다.

오스만 제국의 중요한 첫 번째 연대기들이 발간되었던 15세기 후반에 오스만의 상류층은 (그들의 적인 기독교도들이 그랬던 것처럼) 자기들을 진정한 종교인 이슬람의 전파를 위한 투사로 분명하게 규정했다. 물론 자기를 끝없는 신앙의 투사로 생각한 술탄들이 이러한 사고를 언제 어떻게 수용하게 되었는지, 그리고 그런 사고가 얼마나 빨리 어떤 사회계층에 확산되었는지는 불확실하다. 초기 오스만인들이 자기들을 단지 전리품을 찾는 전사나 계속적인 정복자로 정의했는지, 아니면 종교를 위한 투사로 정의했는지에 관한 논쟁은 오래전부터 이어져 오고 있다. 그러나 사료가 부족하기 때문에 지금까지의 모든 연구 성과는 다소 가설에 머물고 있다. 한편으로는 무슬림 술탄 또는 이슬람의 지배 확대, 다른 한편으로는 개인적 축재라는 이 두 가지가 많은 전사에게는 절대 서로 모순되는 것이 아니었고, 오히려 당시에는 그것이 당연했다는 해석도 할 수 있다. 십자군 원정에 참가했던 가톨릭 기독교의 기사들도 궁극적으로는 전리품과 현세적 지배뿐 아니라 천국도 함께 얻고자 했다.

15세기 말 이래로 오스만 연대기 작가들은 새로이 확산되던 이데올로기에 따라, 그들의 술탄이 마치 이교도들을 물리치기 위한 지속적인 성전을 치르고 있었던 것처럼 서술했다. 그 때문에 비잔티움 제국 황제의 후계자 후보들과 오스만 제국 사이의 동맹 또는 비잔티움 황제인 요안니스 6세 칸타쿠지노스John VI Kantakouzenos의 딸 테오도라Theodora와 술탄 오르한Orhan(재위 1326~1362)의 결혼처럼 그들의 이분법적 그림에 맞지 않는 일화들은 암묵적으로 지나쳐 버리고 있다.[22] 실제로는 옛 술탄들이 종교와 관계없이 지방 엘리트들을 자기의 지배 체제 안에 통합하려고 노력했던 많은 사례가 있었던 것으로 보인다. 이미 언급했던 비정규군이나 요새 수비대는 일단 차치하고라도, 15세기 발칸반도의 소귀족들이 오스만 군대에 기마 전사(시파히)로 임명될 수 있었다는 사실이 바로 그 예다. 술탄은 이들에게 이른바 티마르를 제공함으로써 이들이 다수의 일반 백성 신분에서 벗어나는 신분 상승을 이루게 해 주었다. 이러한 혜택을 받은 자들은 기마대로 복무했으며, 그 대가로 농민들과 시민들이 국가에 납부하는 특정 세금을 지급받을 수 있었다. 술탄은 처음에는 신임 기마 전사들에게 이슬람교로 개종하라고 요구하지 않았으며, 이들이 제대로 된 이슬람 신봉자가 되기까지는 대개 몇 세대를 거치기도 했다.[23]

물론 16세기 초에는 무슬림에 대한 특권 부여가 완전히 정착되었으며, 당시부터 시작된 무슬림과 비무슬림 사이의 차별은 19세기 중엽까지 지속되었다. 그리고 이는 많은 경우 단순한 차별을 훨씬 넘어 오스만 국가와 사회 건설의 토대를 이루었다. 오직 무슬림만 고위 공직자가 될 수 있었지만, 실질적인 권력을 행사할 수 있었던 비무슬림도 간혹 있기는 했다. 예를 들어 16세기에 영향력이 막강했던 왕실 의사들은 흔히 유대인들이었다. 그보다 더 후기의 예를 들자면, 18세기에 오스만 상류층은 수도에 있는 최대 환전상 가운데 한 사람 또는 은행가(당시에 대부분이 아르메니아인이었다.)에게서 보증을 받을 경우에만 꽤 가치 있는 세금 청부제를 인수할 수 있었다. 이런 사실을 고려한다면 당시에도 비무슬림은 자기의 직업 영역이나 사업 활동에서 충분히 성공할 수 있었다. 18세기 후반에서 19세기 초반 사이에 건축되어 오늘날에도 발칸 지방에 남아 있는 기독교계 주거 지역의 고급 주택들이 이를 입증해 준다.

그럼에도 오스만 사회에서 무슬림을 우선시하는 것은 쉽게 관찰되었다. 우선 여러 가지 목록에서 늘 무슬림을 우선적으로 기록했으며, 19세기 초반까지 공공 문서들에서도 비무슬림들을 업신여기는 표현이 매우 흔했다. 무엇보다 법적 분쟁이 있을 경우, 비무슬림은 오스만 제국의 판사인 카디 앞에서 무슬림에 맞서는 증언을 할 수 없었다. 서면 진술을 촉구하는 듯한 이 장치는 증인 진술의 역할을 축소해 버려 문제가 있는 관례였다. 그 밖에도 모든 비무슬림 성인 남자들은 튀르크에서는 지즈예, 아랍에서는 지즈야로 불리는 인두세를 납부해야 했다. 또한 19세기 초까지 오스만 관청들은 기독교도와 유대인들에게 특정한 색깔의 옷이나 두건을 착용하도록 지정해, 일상생활에서도 무슬림과 비무슬림의 차이가 눈에 드러나도록 조치했다. 그런데도 이슬람으로 개종하라고 강요하는 일은 (전혀 없지는 않았지만) 비교적 드물었으며, 비무슬림에 대한 박해는 단지 예외적으로 발생한 현상이었다.[24]

지난 몇 년 동안 수도인 이스탄불의 이슬람화가 다시 뜨거운 연구 주제로 떠올랐다. 여기에서는 과거 기독교도들이나 유대인들이 거주하고 일하며 기도했던 도시 구역을 무슬림들이 장악한 문제가 핵심 관건이다. 이 문제는 금각만 남쪽 해안에 있는 새로운 이슬람 사원인 예니 자미(새로운 사원)의 건축 역사와 특히 관련되어 있다. 16세기 말 무렵에 술탄의 모친인 사피예 술탄Safiye Sultan이 사원을 건축하기 시작하자, 유대인 거주 구역 한 곳을 철거해야 했기 때문에 그 지역에 살던 거주자들은 멀리 떨어진 도시 외곽으로 이주해야 했다. 하지만 건축 작업이 10여 년 동안 정체되자 옛 유대인 거주자들이 다시 이 구역으로 돌아왔다. 그러다가 거기서 대화재가 발생한 이후에 그들은 두 번째로 추방되었다. 그 후 이슬람 사원 단지는 실제로 (1660년에) 완공되어, 이 도시 중심 구역의 이슬람화가 달성되었다.[25]

남동유럽의 역사가들은 발칸반도에서 특정 집단의 개종을 이루어 낸 과정에 대해서도 관심을 보인다. 메흐메드 4세Mehmed IV(재위 1648~1687)의 '이슬람화 캠페인' 가운데에는, 특히 오랫동안 궁정에 머물렀던 의사들은 이슬람으로 개종해야만 자기의 지위를 유지할 수 있다는 규정이 있었다. 또한 널리 알려졌던, 메흐메드 4세의 사냥 행사 때 비무슬림들이 나타나 메흐메드 4세 앞에서 이슬람을 받아들이는 의식도 포함되어 있었는데, 이는 거의 정례 행사가 되었다. 반면에 최근의 연구들은 오스만 관청이 로도피산맥 지대 주민들에게 이슬람으로 개종하도록 강요했다는 것이 궁극적으로는 꾸며 낸 이야기임을 밝혀냈다.[26]

백성과 관료

무슬림과 비무슬림을 구분한 것 외에 오스만 행정관청은 특히 16세기와 17세기에 한편에는 세금을 납부하는 백성인 라이야트raiyat(복수형은 레아야reaya다.)를, 다른 한편에는 술탄을 위해 군사 영역과 민간 영역에서 일하는 백성인 아스케리askeri(그들의 가족도 포함되었다.)를 철저하게 구분했다. 아스케리는 모든 세금에서는 아니지만 대부분의 세금 납부에서 면제되었다. 이러한 구분은 늦어도 15세기 후반 이래로 오스만 지배 체제의 근본 원칙이 되었다. 당시에 법률가나 신학자(울라마)를 제외한 대부분의 관료들은 물론 노예와 똑같지는 않지만 술탄에게 거의 노예에 가깝게 종속된 상태에 있었다. 술탄은 그 어떠한 재판 과정도 없이 그들을 처형할 수 있었다. 술탄의 이러한 절대적인 권한은 1839년에 와서야 비로소 사라졌는데, 이는 우리가 다루는 시대가 거의 100년이나 지난 후의 일이다.

반면에 일반 백성들은 재판 과정을 통해 카디로 불리는 판사 또는 경우에 따라서는 지역을 다스리는 총독에게 판결을 받아야 했다. 또한 술탄은 『꾸란』에 뿌리를 두는 법에 상응하는 법정상속자가 없거나 사망한 사람이 국고에 채무를 남길 정도로 부주의한 사례를 제외하면 신하들의 상속을 보호했다. 특히 술탄의 거주지로부터 멀리 떨어진 도시들, 예를 들어 카이로에서는 16세기와 17세기에 많은 상인이 큰 재산을 모으고 화려한 석조 주택들을 소유했는데, 그들은 아무런 장애 없이 자기 재산을 후손들에게 물려주었다.[27]

그러므로 오스만 제국의 백성들이 어디서나 항상 재산을 몰수당할지 모른다는 두려움 때문에 자기들의 재산을 은닉하려고 했다는 것은 사실에 맞지 않는다. 물론 여기서 다루는 시기 이후인 18세기 후반과 19세기 초의 위기 동안에는 국가가 자세한 근거를 제시하지 않고 부유층 백성의 재산을 몰수하는 일이 드물지 않았다. 그렇지만 소유 재산의 불안정은 차라리 오스만 제국 후기에 발생한 특이한 현상이었지, 오스만 제국 역사 전체에서 발견되는 전형적인 현상은 아니었다.

판사와 교수

오스만 제국의 관료들은 어떻게 그 지위에 올랐을까? 판사들, 그리고 경력을 쌓아 가는 과정이 서로 밀접한 관계에 있던 많은 마드라사에 속한 교수들의 경우에는 어느 정도 자체 수급 시스템이 작동했다고 말할 수 있다. 이러한 판사와 교수가 되기 위한 학교의 학업 과정을 이수할 권리는 모든 무슬림에게 열려 있었기 때문이다. 학교 졸업생들은 중요한 특권을 누려, 아주 예외적인 경우를 제외하면 체형을 받지 않았다. 판사직에 임명되고 싶은 청년들은 이슬람법에 관한 이론적인 지식과 실제 상황에 대한 법 적용 능력을 동시에 갖추기 위해 일정 기간을 대학에서 교사로 재직해야 했다.

그 외에도 관료가 될 수 있었던 사람으로는 존경받는 법학자와 신학자들이 있었다. 분쟁 사안이 있어 법정에 가게 될 경우 백성들은 자기의 입장을 정당화해 줄 법적 소견서인 파트와를 받기 위해 이들을 찾았다. 물론 이러한 소견서가 카디들에게 구속력이 있는 것은 아니었다. 하지만 담당 판사들은 대부분 이를 존중했으며, 이러한 소견서를 제시할 수 있는 측은 재판에서 승소할 가능성이 컸다. 카디들은 교수들과 마찬가지로 엄격한 위계질서로 연결되어 있었다. 카디나 교수로서 출세하기 위해서는 이스탄불과 부르사, 에디르네에 있는 최고 학교를 다녀야 했다. 그렇기 때문에 아랍 지방 출신의 학자들은 자기 고향에서만 경력을 쌓아 갈 가능성이 있었다. 그들에게 최고위직으로 출세하는 길은 사실상 막혀 있었던 것이다.

16세기를 연구하는 사람들은 법학자나 신학자 같은 특수한 사례를 제외하면, 관료들과 일반 납세자를 엄격하게 세습적으로 분리한 것이 오스만 국가의 토대에 속하는 것이었다고 확신한다.[28] 티마르 자체는 상속이 불가능했지만, 관료가 되기를 원하는 후보자들이 세금 징수권을 받으려면 자기들이 티마르 소유자들이나 다른 관료들과 같은 사회적 배경이 있는 출신임을 증명해야 했다. 국경 지방에서는 특별히 용맹해 두각을 드러낸 노예 출신 병사에게도 티마르를 하사할 수 있었다. 하지만 이들이 노예 출신이라는 사실을 기억하는 사람들이 있는 한 그들은 일종의 '침입자'이기 때문에 자기 지위를 잃을 수도 있다는 것을 예상해야 했다. 17세기의 전투에서 총포 사용이 점점 증가하자, 티마르를 보유했던 기마병들이 갖는 군사적 의미는 크게 퇴보했다. 그런데도 그들은 자기들이 주둔한 곳이 특히 변방 지역인 경우에는 19세기 초반까지도 여전히 지역 관료로 활동했다.[29]

15세기와 17세기 초 사이에는 오스만 제국에서 관료가 될 수 있는 (이번에는 누구나 인정해 주는) 또 다른 진입로가 있었다. 특정 군대의 군인뿐 아니라 관료직도 이른바 데브시르메 제도를 통해 모집되는 경우가 많았다. 구체적으로 이 제도는 다음과 같이 운영되었다. 발칸 지방과 아나톨리아 지방의 기독교계 농민 가족은 일정한 수의 청소년들을 국가에 바쳐야 했는데, 이 청소년들은 이슬람으로 강제로 개종된 후 아나톨리아의 무슬림 농민들을 위해 봉사해야 했다. 이들 청소년들은 튀르크어를 배우는 등 이슬람 사회에서 적응한 후 대부분 예니체리 후보자가 되었으며, 부대에 결원이 생기면 곧바로 그곳에 수용되었다. 이 청소년들은 예니체리가 되기 전까지는 민간의 성격일 수 있는 작업, 예를 들어 대규모의 쉴레이만 학교 및 사원 단지 건설 현장(1550~1557)에 미숙련 보조 인력으로 투입되었다. 많은 예니체리는 적어도 수도 이스탄불이나 카이로에서는 병영 생활을 했으며, 유럽 군대에서도 아직 제복이 일상화되지 않은 시기에 제복을 착용했다. 오늘날 그들의 전체 복무 기간이 어느 정도였는지는 측정하기 어렵지만, 대부분의 예니체리는 복무 기간이 끝나면 티마르를 하사받았다. 당사자들은 이를 무조건 출세라고 생각하지는 않았다.

이 군인들에게는 복무 기간에 결혼하지 않는다는 공식 규정이 있었지만, 실제로는 이미 15세기에 군인들의 결혼이 허용되는 일이 잦았다. 17세기 이후에는 예니체리였던 아버지의 길을 따라 아들들도 예니체리가 되는 일이 점점 더 많아졌다. 요새 수비대는 결혼하는 것과 지역사회로 통합되는 것이 이미 일찍부터 일종의 규범이었던 것 같다. 옛 문헌에는 데브시르메 제도를 통해 술탄의 군인이 된 사람들은 친지들 전체와 관계가 완전히 단절되었다는 주장이 있지만, 오늘날 우리는 현실이 그 정반대인 경우가 많았다는 사실을 안다. 건축가 미마르 시난Mimar Sinan(1490 무렵~1588)[11]처럼 출세한 옛 예니체리들은 자기 가족을 수도로 데려올 수 있었으며, 가족이 고향에 계속 머물 경우에는

11 오스만 왕조를 위해 모스크와 궁전, 교량, 병원 등 수백 개의 건물을 지었으며, 대표적인 건축물로는 이스탄불의 '왕자의 모스크'(1547), '쉴레이만 1세의 모스크'(1549~1557), '루스템 파샤'(1561) 등이 있다.

그들이 많은 혜택을 받을 수 있게 해 주었다.

16세기 후반에 예니체리의 수가 뚜렷하게 늘었지만, 자금 부족 때문에 중앙정부가 그들에게 지급하는 봉급이 줄어들자 대도시, 특히 이스탄불과 카이로, 다마스쿠스, 알레포에 있던 예니체리들이 상인이나 수공업자들과 유착하는 현상이 시작되었다. 그런데 이는 후유증이 심각한 과정이었다. 예니체리 장교들은 때때로 이들 상점 주인이 자기들과 거래하는 관계이기 때문에 그들을 보호해 주었다고 주장했다. 이를 달리 표현하자면 예니체리들은 보호를 구실로 상납금을 강요했던 것이다. 별로 힘이 없는 군인 단체들은 교역과 운송 사업에 직접 뛰어들기도 했다. 이스탄불에서는 목재와 채소, 과일의 운송 사업과 교역 분야를 선호했으며, 여기서도 이권을 둘러싼 폭력 행위가 빠지지 않았다.

반면에 자영업자들은 자기 도시에 주둔하는 군인 단체 중 하나에 소속되어 있으면 여러 가지로 유익하다고 보았다. 여기에는 어느 정도 회비가 들었지만, 다른 한편으로 몇몇 세금에서 면제되고, 분쟁 사안이 있을 경우 관련 군인 단체의 도움을 받아 쉽게 유리한 쪽으로 해결할 수 있었다. 그렇기 때문에 18세기 후반의 카이로에는 거의 모든 무슬림 상인과 수공업자들이 군인 단체의 공식 회원이었으며, 다마스쿠스와 알레포에서도 이러한 유착 과정이 계속되었다.[30] 이로 인해 과거에는 친위대 성격을 가졌던 예니체리는 도시 민병대가 되어 버렸다. 그리고 많은 민병대 대원은 여전히 자기 고향에서 훈련받았는데도 18세기의 전쟁터에서 유럽의 군대에 맞서 거의 승리하지 못했다. 그 밖에도 예니체리들이 봉급을 수령할 때 제시하는 문서는 18세기에 일종의 주식처럼 매매되고 유통되기도 했다.

16세기 후반에 오스만 제국의 군사령부는 주력 부대를 티마르 보유자들로 구성된 기병 부대에서 총포로 무장한 보병 부대로 전환했다. 물론 새로운 병사들은 전시에만 모병되었고, 술탄의 '정규' 병사들에게 하사되는 특혜는 갖지 못했다. 한시적으로 모병되어 특혜를 얻지 못했던 많은 병사는 반란을 일으켜, 제국의 최고위층에 자기들의 요구 사항을 주지시켰다. 오스만 군부 조직 안에 확실한 입지를 확보하려는 시도였다. 반란을 일으킨 병사들은 흔히 젤랄리Celâlî로 불렸다. 이런 반란들은 쉴레이만 1세의 사망(1566)과 무라드 4세Murad IV(재위 1623~1640)의 개인적 통치 사이의 약 70년 동안 특히 빈번하고 심각했지만, 17세기 후반에도 결코 사라지지 않았다. 이 시기에는 심지어 반란 주동자들이 때로는 전체 부대 규모의 반란군을 모집하는 데 성공해, 부르사나 앙카라 같은 아나톨리아 지방의 대도시들을 여러 차례 점령하고 약탈하는 일도 있었다. 그 대신에 발칸 지방은 이런 사태로부터 대체로 무사했는데, 그 이유가 어디에 있었는지는 오늘날까지 알려지지 않고 있다.

오스만 제국의 최고 지도자들은 합스부르크 제국에 맞서 싸우기 위해 반란 주동자들에게 제국 국경 지대에 배치된 부대의 지휘권을 제공함으로써 그들을 진정시키려고 했다. 한 전문가에 따르면, 이러한 '길들이기 정치'는 루이 13세Louis XIII(재위 1610~1643)와 루이 14세(재위 1643~1715) 시절에 흔히 발생했던 지방의 반란들을 그저 무력으로 진압했던 프랑스의 방식과는 뚜렷하게 차이를 보인다.[31] 그렇기는 하지만 17세기 초반의 베지르인 쿠유주 무라드 파샤Kuyucu Murad Paşa도 아나톨리아에서 발생한 군대 폭동을 유혈로 진압한 것을 보면, 오스만 제국의 방식이 정말로 실제 프랑스의 사례와 그렇게 차이를 보이는지에 관해 의문을 제기할 수 있다.

술탄의 궁정과 제국의 최고 관료들

술탄의 궁정에서 근무할 인력 모집에 관해서는 군대 부문의 모병 사례보다 훨씬 엄격한 규정이 있었다. 아직 데브시르메 제도가 유효하던 시기에는 담당 관료에게 특히 좋은 인상을 준 청소년들이 궁정의 시종으로 발탁되었다. 청소년 전쟁 포로들도 궁정의 시종으로 선발될 수 있었으며, 일부는 특별히 술탄의 개인 시종으로 선발되었다. 개인 시종들은 술탄의 칼과 의복을 관리하는 책임을 맡았기 때문에 그들의 주인과 매일 접촉했다. 궁정의 옛 시종들은 오스만 신사의 예법을 함께 가르치는 기본 교육을 받은 후 고위 군 간부나 행정 관료로서 여러 속주에 보내졌다. 그리고 궁정을 떠나는 순간, 그들은 본인의 의사와 전혀 상관없이 궁정에서 봉사했던 여성과 결혼하게 되었다. 물론 술탄의 관심을 끌지 못했던 여성들이었다. 궁정의 학교를 최고 성적으로 졸업한 자들은 지휘관(사령관)과 총독 혹은 심지어 재상까지 될 수 있었다.

궁정에서 받는 공동 교육은 많은 관료에게 뚜렷한 단체정신을 심어 주었으며, 외부의 관찰자들에게서 흔히 논평되었듯이 술탄에 대한 극도의 충성심을 갖게 했다. 우리는 한때 궁정에서 교육받았던 관료들이 훗날 어떤 이유에서든 술탄에게 처형당할 상황에 놓였을 때, 그에 저항했다는 증거 자료를 거의 찾지 못한다. 어떤 이들은 실제로 저항할 기회가 있었는데도 말이다. 이 문제에 관한 관료 출신들의 감정과 생각이 어떤 것이었는지에 관한 증언은 유감스럽게도 오늘날까지 밝혀지지 않았다. 그러나 관련자들의 행태에서 추정할 수 있듯이, 그들은 관료들 사이의 목숨을 건 음모를 자기의 '직업이 갖는 리스크'로 받아들인 것 같다. 관료들 사이의 음모에서는 술탄에 대한 영향력 행사가 관건이었기 때문이다. 자기들은 통치자의 자의적인 결정에 아무런 보호막 없이 노출되어 있다는 의식이 그들 세계관의 일부가 되어 있었다.

16세기 후반부터는 제국 행정기관의 관료들이 중앙에서 모집되지 않고, 이스탄불이나 각 주의 막강한 고위 관료들의 가정에서 봉사하는 자리를 거쳐 공공 기관으로 진입하는 경우가 점점 더 많아졌다. 막강한 관료들은 자기 가정에서 그들의 자녀들과 함께 귀족 가신들의 아들들이나 어린 노예들을 양육했다. 이 관료들은 이 아이들을 요직에 진출시켜 경력을 쌓게 했다. 그리고 요직에서 출세한 아이들은 그동안 자기들을 돌봐 준 고위 관료들의 이익을 대변할 수 있었다. 자기를 키워 준 보호자들과 옛 스승들에 대한 충성은 오스만 제국 상류층이 중요시하는 가치이기도 했기 때문이다. 이집트에서도 군에 복무하며 받는, 앞서 언급한 것과 같은 가정교육은 상류층을 충원할 때 핵심적인 요소였다.[32] 또한 권세 있는 관료의 딸과 맘루크 가정에서 교육받고 야망을 가진 청년의 결혼이 빈번했기 때문에, 이 상황을 잘 활용해 큰 재산을 모으고 정치권력을 행사하는 데 성공한 여성들도 있었다.

오스만의 통치 기구는 통치자의 '전권 대리인'으로 간주되던 대재상이 대부분 이끌었다. 그렇지만 술탄에게는 언제든지 대재상을 해임할 수 있는 권한이 있었으며, 실제로 그 권한을 자주 행사했다. 대재상과 그보다 조금 낮은 등급의 베지르들이 실질적인 내각이라고 할 수 있는 어전회의를 구성했다. 물론 16세기에 이 기구의 영향력은 그 후의 시기보다 더 강력했다. 종교법이나 카디 임명과 관련된 주요 사안은 최고 법률 고문인 셰흐 알이슬람(셰이휠리슬람şeyhülislam)[12]이 담당했다. 17세기 초 이래로 셰흐 알이슬람은 술탄의 해임이 법적으로 허용된 일이라고 몇 차례 선언했다. 다시 말해 이런 경우들에서 셰흐 알이슬람은 군주의 교체에 결정적인 역할을 수행했던 것이다. 한편 이스탄불의 중앙관청에 근무하던 고위 관료의 수는 아주 제한되어 있었다. 옛날에는 니샨즈nişancı[13]가 영향력 있는 자리였다. 그런데 17세기 이후에는 대재상의 주변 인물들이 관료제에서 점차 핵심적인 기능을 장악했다. 특히 레이스윌 퀴타브reis-ül küttâb는 점점 더 외교 관련 사안을 중점적으로 담당하는 전문가로 대두했다. 레이스윌 퀴타브는 유럽 국가들을 상대로 외교 업무를 하기 위해 공식적으로 선임된 통역관들에게 의존했는데, 이 통역관들은 외교관으로 행세하는 일도 많았다. 그 외에 바슈데프테르다르başdefterdar가 이끄는 재무부도 핵심 기능을 수행했다. 바슈데프테르다르에게 속했지만 과거에는 아직 윤곽만 갖고 있던 관료 조직은 16세기 중반에 한 차례, 18세기에 또 한 차례 괄목할 만한 성장을 이루었다.[33]

술탄의 역할

국내의 관찰자뿐 아니라 외국 관찰자들도 일관되게 술탄은 오스만 제국의 구조에 절대 없어서는 안 될 요소로 간주해 왔다. 하지만 술탄이 군주로서 실제로 수행한 역할은 시기에 따라 큰 차이를 보였다. 첫 250년(1300~1566) 동안 사람들은 술탄이 정부를 개인적으로 직접 이끌고, 나아가 정복 활동을 통해 제후국을 키우며, 나중에는 제국을 크게 확장하기를 기대했다. 최소한 오스만 연대기 작가들은 그런 인상을 불러일으켰다. 물론 오스만 연대기는 이미 언급했듯이 대부분 1500년 무렵에야 작성되었다. 그 이전의 오랜 과거에는

12 이슬람 세계에서 종교와 법률에 박식한 사람에게 붙이는 호칭인데, 오스만 제국에서는 여러 울라마 중에서도 최고의 권위를 지닌 지도자를 가리켰다.

13 어전회의의 구성원 중 하나로, 술탄의 칙령을 봉인하고 티마르 관련 문서 등 제국의 주요 문서를 보관하며 관리하는 업무를 수행했다.

어떤 사람들이 어떤 술탄에게 과연 어떤 것을 기대했는지 우리에게 영원히 알려지지 않은 채로 남을 것이다.

술탄의 장남은 아직 그렇게 늙지 않은 부친이 죽었을 경우, 후계자 경쟁에서 대부분 다른 형제들보다 유리한 위치에 있었다. 형제들은 아직 어린 반면에, 그가 유일하게 성인인 경우가 많았기 때문이다. 하지만 17세기 후반에 이르기까지 오스만 제국에서는 왕위 계승권이 원칙적으로 술탄의 모든 아들에게 열려 있었다. 이는 부친이 아직 생존해 있는데도 왕자들이 적정 연령에 이르면 후계를 둘러싸고 투쟁을 벌이는 이른바 왕위 계승 분쟁이 거의 제도화되어 있음을 의미했다. 쉴레이만 1세는 세 아들이 참여한 왕위 계승 갈등에 직접 개입했다. 물론 셀림 2세Selim II(재위 1566~1574)는 한 왕자가 군사적으로 최고의 재능을 입증했다고 해서 그를 선택하지는 않았다.[34] 다른 한편으로 오스만인들은 왕위 계승 분쟁이 발생할 경우 중세 아나톨리아의 다른 많은 제후 가문과 달리 관련자들이 제국을 분할하는 방식으로 해결책을 찾지 않았다.

더 이상의 분쟁을 피하기 위해 쉴레이만 1세의 증조부인 정복왕 메흐메드 2세Mehmed II(재위 1444~1446, 1451~1481)는 새로운 술탄이 즉위하자마자 자기 형제들을 모두 살해해야 한다는 칙령을 발표했다. 그리고 이후의 술탄들은 대략 17세기 중반까지 이를 준수했다.[35] 물론 이 칙령에 관해 다른 의견이 없지는 않았다. 특히 이 칙령의 대상에는 후계 갈등에 전혀 가담하지 않았던 어린 왕자들도 해당했기 때문에 논란이 적지 않았다. 따라서 무라드 3세Murad III(재위 1574~1595) 사후에 100여 개에 달하는 어린 왕자들의 관이 궁전의 문 밖으로 운구되어 나오자 백성들이 이에 항의하는 사태까지 발생했다. 결국 17세기에는 왕위 계승 관련 칙령이 점차 변경되었는데, 이는 아마도 이슬람교에 형제 살해를 정당화해 주는 가르침이 없었기 때문이기도 했다. 과거에는 실질적인 의미가 거의 없었던 종교법이 이 시기에는 실질적인 의미를 얻었다.[36]

이 시기 이후부터는 군주가 사망하면 왕가의 최고 연장자가 왕위를 물려받았다. 다시 말해 새로운 술탄은 대개 사망한 선왕의 동생이거나 조카였음을 의미한다. 동시에 왕자들을 양육하는 방식도 달라졌다. 16세기 후반까지

—— 1451년에 에디르네에서 다시 술탄으로 즉위하는 메흐메드 2세. 그는 1444년에 겨우 12세의 나이로 술탄이 되었다. 부친인 무라드 2세는 자발적으로 술탄 자리를 포기하고 아들에게 넘겨준 후 서부 아나톨리아의 도시 마니사로 물러났다. 하지만 그가 물러난 직후에 오스만 제국이 유럽 열강들과 새로운 전쟁을 치르게 되자 대재상은 긴급하게 복귀를 요청했고, 이에 다시 술탄으로 복귀한 무라드 2세는 1451년에 죽을 때까지 오스만 제국을 통치했다. (Wikimedia Commons)

는 왕자를 보모 동반하에, 그리고 많은 경우는 모친도 함께 아나톨리아의 지방으로 보내 왕위 계승을 위한 경쟁에 대비하게 하는 것이 통상적이었다.[37] 그러나 17세기와 18세기의 술탄들은 이처럼 궁정에서 멀리 떨어진 지역에서 성장했기 때문에 결과적으로 왕위에 오르기까지 국가 운영에 관한 아무런 경험도 얻을 수 없었다. 그래서 그들의 즉위식은 새로운 술탄을 이스탄불의 주민들에게 소개하고 수도를 장악하는 계기가 되었다. 이러한 목적을 위해 하나의 의식이 개발되었는데, 새로 왕좌에 오른 술탄이 이스탄불 성문 앞에 설치된 성전에서 엄숙한 의식을 통해 칼을 하사받아 허리에 차는 행사였다. 이 시기에 성공적인 군사 지도자 역할을 입증한 것은 무라드 4세(재위 1623~1640)가 유일했다. 무라드 4세는 사파비의 샤 아바스 1세가 정복했던 도시 바그다드를 탈환하는 데 성공했다.[38] 메흐메드 3세Mehmed III(재위 1595~1603)와 메흐메드 4세(재위 1648~1687) 또는 무스타파 2세Mustafa II(재위 1695~1703) 같은 술탄들은 오스만 군대를 따라다니기는 했지만, 설사 전투에 참여했다고 하더라도 전장에서 지휘관으로서 수행한 역할은 아주 제한적이었다.

물론 17세기에는 이렇게 술탄에게 군사적 리더십이 부족한 것이 1566년 이전보다 훨씬 덜 중요했다. 1600년 이후에는 여러 정부 기구가 작동하고 있었기 때문에, 술탄이 정신이상 증상이 있거나 나이가 아주 어리다고 해도 국정이나 전쟁의 수행에 별로 영향을 주지 않았다. 술탄이 전적으로 판단력이 있는 성인이지만, 국정에 별로 관여하지 않는 경우도 마찬가지였다. 이는 한편으로는 16세기에 재정 관료 기구가 중앙정부 차원이나 주 정부 차원에서 독자적인 출세 모델을 가진 중요한 조직으로 성장했기 때문이다. 그리고 다른 한편으로는 대재상, 몇몇 주의 지사들, 예니체리 지휘관들, 그리고 술탄의 모친을 포함한 궁정의 주요 인사들이 나름대로 많은 권력을 장악하고 있어, 술탄의 적극적인 국정 참여는 그리 필요하지 않았고 (고위 관료의 입장에서 본다면) 전혀 바람직하지도 않았기 때문이다.

옛 연구 문헌들에서는 궁내에서 일어난 이러한 발전, 특히 이 시기에 시작되는 티마르 기병대의 의미 약화, 나아가 공직 매매의 확산 등을 제국 붕괴의 조짐으로 분석하는 동시대 저자들의 견해를 그대로 따르는 것이 보통이었다. 하지만 1990년 이후로 새로운 시각이 폭넓게 관철되었다. 오늘날 우리는 '권력 남용과 개혁들'에 관한 보고서들이 중립적인 관찰자들이 작성한 것이 아니라, 관료 집단들 사이에서 하나의 정치적 논쟁 수단으로 기능했음을 알고 있다.[39] 따라서 이 자료들은 비판적으로 읽어야 한다. 또한 최고위급 환관 같은 성공한 궁정 관료들이나 술탄의 모친들도 그들의 인생 역정을 통해 정치 경험을 축적할 기회가 많았다는 사실도 널리 알려졌다. 그렇기 때문에 그들의 정치 개입은 과거에 흔히 주장되듯이 늘 그렇게 한심하거나 불행한 일만은 아니었다. 최근에 바키 테즈잔Baki Tezcan은 이러한 발전을 『제2의 오스만 제국 *The Second Ottoman Empire*』이라는 저서로 흥미롭게 정리했다.[40]

술탄의 지배 체제와 근대 초 유럽의 지배 체제가 보이는 가장 중요한 차이는 의심할 여지없이 오스만 사회 안에는 자기들의 입지를 굳게 확보하고 법적으로 특권을 가진 귀족과 신분제의회가 없었다는 점이다. 16세기 중반에 합스부르크 제국의 황제인 페르디난트 1세Ferdinand I(1503~1564)의 명을 받고 사신으로서 쉴레이만 1세의 궁정을 방문했던 오히르 히슬라인 더뷔스벅Ogier Ghislain de Busbecq은 긍정적인 의미에서 이러한 차이에 주목했다.[41] 그러나 헌법적으로 매우 중요한 이 차이는 관료들과 궁정 귀족들의 생명과 재산의 안전과 관련해서는 실질적으로 별다른 의미를 갖지 못했다. 술탄의 눈 밖에 난 많은 베지르가 사형 집행인을 통해 운명의 끝을 맞이한 것은 분명하다. 하지만 이와 비교할 수 있는 현상은 잉글랜드의 왕인 헨리 8세Henry VIII(1491~1547)가 처형한 수많은 희생자를 떠올리면 알게 되듯이, 르네상스 유럽의 궁정에서도 일어났다.

오스만의 국가 체제를 아무런 원칙도 없는 '아시아적 전제군주제'가 아니라 유럽과 비슷한 절대주의 체제의 한 유형으로 보려는 경향은 역사가들에게 이전에는 감추어져 있던 현상들을 새롭게 볼 수 있는 눈을 열어 주었다. 다시 말해 17세기에서 18세기에 오스만 술탄들의 권력은 제국 수도에 주둔하던 군부와 법학자, 종교학자들, 그리고 궁정의 관료들의 동맹에 의해 매우 강력하게 제한되어 있었다. 노련한 한 동시대 관찰자는 이러한 권력 지형으로부터 각각의 술탄 혹은 대재상들에게 언제 어떤 형태로 정치적 문제가 발생했는지를 철저히 분석할 수 있었다. 그에 따르면 앞서 언급한 다양한 권력 집단이 여러 차례 술탄을 몰아냈지만, 행정 기구들은 다소 어려움이 있기는 했으나 여전히 변함없이 작동했다. 이 관찰에 따르면 17세기와 18세기에 발생한 여러 사건은 제국의 '와해'를 보여 주는 현상이 아니었으며, 오히려 관료주의화가 제법 진행되었다는 사실, 그리고 일상적인 정치적 진행이 추동했다는 사실을 보여 준다.

징세 수단으로서 세금 청부제

이제 제국 수도의 궁정에서 떠나 지방으로 가 보자. 궁극적으로 궁정에서 멀리 떨어진 지역에서 권력을 행사하던 엘리트들의 충성을 확보하는 것은 오스만 중앙정부의 주요 과제였다. 17세기에 이르기까지 낮은 등급의 행정단위인 산자크sancak 혹은 리바liva는 산자크베이sancakbeyi로 불리는 행정관들이 관할했는데, 그들은 전쟁이 발발할 경우 동시에 그들 구역의 기병대인 시파히에 관한 지휘권도 보유했다. 이들은 바로 위의 행정단위인 에얄레트eyalet[14]의 총독인 베일레르베이beylerbeyi의 감독을 받았다. 베일레르베이는 17세기 후반부터 의미를 상실했는데, 총독들이 '그들의' 임지에 거의 거주하지 않았기 때문이다. 총독의 자리에는 대개 자리를 비운 총독 대신에 세금 징수권을 가진 지역 귀족들이 등장했다. 그런데도 18세기에 중앙정부는 빈번한 공문 교환을 통해 주변부 지역들로부터 정기적으로 정보를 얻었다. 이러한 보고 시스템의 확대가 특히 우리가 다루는 연구 시기의 마지막 부분, 즉 1750년 무렵에는 일상의 과제였다.

중앙 권력이 징세 방법을 점차 빈번하게 세금 청부제인 일티잠iltizam[15] 방식으로 바꾸어 가자, 16세기 후반부터는 많은 지역에 탈중심적인 체제가 형성되었다. 원칙적으로 국가 재정에 비교적으로 정기적인 세금 수입을 안정적으로 확보해 주던 이런 방식의 세금 징수는 이미 15세기에 통용되었다. 그리

14 두 개 이상의 산자크로 구성된 지방행정단위다.

15 국가가 재정을 안정화하기 위해 백성에 대한 세금 징수권을 지역 명사에게 위임하고, 그 대신에 그들에게서 일정액을 미리 수령하는 간접 징세 방식이다.

고 비잔티움 시대에 형성된 몇몇 귀족 가문은 메흐메드 2세 시절에 세금 청부인으로 널리 알려져 있었다. 그러나 16세기 말 무렵부터는 아메리카의 은이 동부 지중해 지역에 유입되었기 때문만은 아니지만, 화폐경제가 점차 확대된 듯하다. 당시에 유통되던 화폐의 규모가 어느 정도였는지 판단하게 해 줄 사료는 없지만, 화폐경제의 확대 외에 시장과 교역이 확대된 현상을 달리 설명할 방법이 사실상 거의 없다.[42] 다른 한편으로는 총포로 무장한 용병들이 당시의 전쟁을 수행하는 추세가 강화되었고, 이 용병들에게는 정기적으로 급여를 지급해야 했기 때문에 중앙정부의 현금 수요는 대폭 상승했다. 티마르를 배정받았기 때문에 현금을 지급받을 필요가 없었던 기마 부대 시파히는 이제 중앙정부에 별로 중요하게 여겨지지 않아, 정부는 수많은 티마르를 세금 청부제로 전환하기 시작했다.

장기적으로 보아 세금 징수권를 위임받은 세금 청부인이 이익을 남긴다는 것은 국고에는 손실을 의미하고 백성들에게는 원래 납부해야 할 액수보다 더 무거운 납세를 의미했다. 그런데도 오스만 재정 관청은 이 제도가 비교적 확실하게 현금 수입을 보장해 준다는 장점 때문에 이러한 단점을 감수했다. 물론 재정 관청은 각종 조치를 통해 국고 수입을 늘리려고 시도했다. 그래서 담당 관료들은 (보통 3년 기한으로) 이미 할당된 세금 징수권에 대해 누구든지 기존 입찰가보다 높은 가격을 제안하면 이를 받아들였다. 이러한 경우에 이미 자리를 잡고 있던 세금 청부인들은 청부받은 수입원을 반환하거나, 정부에 내야 하는 총액을 하는 수 없이 상향 조정해야 했다. 또한 재정 관청은 세금 청부인들을 무이자 서비스를 제공하는 대부업자로 활용하기도 했다. 세금 청부인들은 군대가 텐트용 천이나 부대(포대) 같은 물품이 필요할 경우 그 구매 비용을 미리 지급해야 했으며, 이 비용은 연말에 정부에 납부해야 할 할부금에서 공제되었다. 그래서 어떤 납품업자들은 물품 대금을 지급받기 위해 오래도록 기다려야 했다.

백성들이 납부해야 할 세금 외에 술탄이 소유한 토지나 천연자원도 세금 청부인에게 할당되었다. 특히 광산이 이러한 사례에 해당했으며, 지중해 연안에서 소금을 채취하는 권리도 마찬가지로 임대되었다. 수익률을 향상해 국가 재정을 뒷받침하기 위해 개별 염전이나 명반 광산 가운데 특정 구역을 세금 청부인들에게 배정했으며, 이들은 그 구역 안에서 생산되는 소금에 대한 독점 판매권을 보유했다. 마찬가지로 세금 수입을 올리기 위해 가축을 기르는 유목민들에게는 일정량의 소금을 할당했다. 유목민들은 정해진 양의 소금을 염전 임대자들이 시장 상황에 대한 아무런 고려 없이 결정한 (고정) 가격으로 구매해야 했다. 어떤 경우에는 이 할당량이 너무 많아 구매자가 그 소금을 다 소비할 수 없는 경우도 있었다. 명반(양모나 짐승 가죽을 세탁하기 위해 사용하는 황산알루미늄)을 의무적으로 구매해야 했던 염색업자나 구두 제조업자도 마찬가지로 구매량이 수요와 일치하지 않으면 이들과 비슷한 문제를 겪어야 했다. 이러한 상황에서 암거래가 성행했다.[43]

1683년에서 1699년까지 오스만-합스부르크 전쟁으로 인해 중앙정부의 자금 수요가 급증하자, 새로운 형태의 재정 증대 방안이 고안되었다. 1695년에 처음 시행된 말리카네malikane라는 '종신 세금 청부제'가 그것인데, 이 제도에 따르면 최초의 세금 청부인이 추가 비용을 내면 세금 청부권을 후손에게 상속할 수도 있었다.[44] 새로운 제도를 정당화할 '이데올로기'적 근거는 곧 발견되었다. 최소한 공식적으로 포장된 바에 따르면, 새로운 종신 세금 청부권의 소유자는 생산성을 지속적으로 향상하기 위해 노력할 것이기 때문에 백성들을 세심하게 주의해 다룰 것이었다. 이들과는 대조적으로 단기간으로만 지정된 세금 청부인들은 임대 기간이 짧기 때문에 장기적으로 이윤을 창출하는 데 관심을 둘 수 없었다. 또한 오직 '정치 계급'의 구성원(아스케리)만이 납세자들을 보호할 수 있거나, 보호할 것이라는 내용도 있었다. 이로써 부유한 백성들에게는 종신 세금 청부인이 되는 길이 봉쇄되었다.

말리카네 제도의 혜택을 입게 된 자들로는 오스만 국가 기구의 고위층뿐만 아니라 왕가의 여성들까지도 있었는데, 이들은 실제로는 세금 청부제를 시행하는 현지에 한 번도 간 적이 없었다. 그렇기 때문에 그들은 보이보다voyvoda로 불리는 대리인들에게 실제 업무를 위탁했는데, 이들은 그 어떤 물질적 보장도 받은 바가 없기 때문에 '옛 방식'의 세금 청부처럼 단기간의 이윤에 몰두하는 경향이 있었다. 그 밖에도 이미 언급했듯이 대형의 재원에 대한 잠재적인 세금 청부인들은 환전상 또는 은행가의 지급 보증을 요구했다. 이 후발 주자들은 커다란 위험부담을 감수해야 했기 때문에 이들도 이윤 분배에 끼어들었을 것으로 짐작할 수 있다. 오스만의 '정치 계급' 구성원이 아닌 자들도 비공식적인 방식으로 세금 종신 청부제에 참여할 수 있었다. 물론 보이보다와 지급 보증인들에게는 물질적 이익의 확보가 중요했기 때문에 백성들의 보호와 같은 장기적인 고려 사항은 별로 중요시되지 않았을 것으로 추정된다. 예를 들어 18세기 후반에 북아나톨리아의 도시 토카트에서는 면직물 제조업자들이 세금 청부인들을 피해 다니는 경우가 많았다.[45] 다시 말해 세금 청부제와 세금 종신 청부제가 특히 자영업 분야에서는 과소평가될 수 없는 장애물이었다.

지역 명사들의 지배

지방에서는 종신 세금 청부제(말리카네)가 지방 세력가들인 아얀ayan이 정치적으로 출세하는 데 중요한 요소였다. 이 과정은 앞서 언급했듯이 1750년 무렵에 제국의 대부분 지역에서는 중앙에서 임명된 총독들이 더는 직접 통치하는 것이 아니라 지방의 세력가들과 유력자들이, 그리고 대도시의 경우는 대부분 주둔 수비대가 간접적으로 통치하는 결과를 초래했다. 많은 지방 세력가는 중앙정부가 지방에 요구하는 세금이 마을과 개별 가문들에 되돌아가게 해서 지역 주민들을 보호해 줌으로써 자기들의 토착 권력을 구축하는 기회로 삼았다. 또한 중앙정부와 지역사회 사이에서 중재 역할을 수행한 것도 하나의 중요한 측면이었다. 이러한 중재자 지위는 지역 주민들에게 혜택이 될 수 있었지만, 지방 세력가들이나 명사들이 일차적으로 추구했던 것은 물론 자기 가문의 이익이었다.

드물기는 했지만, 그래도 가끔은 지방 세력가들이 독자적인 제후국을 형성하려고 시도하는 일이 발생했다. 이러한 시도는 대부분 시작 단계에서 실패했는데, 아마도 종신 세금 청부제가 지역 유력자들을 중앙정부에 결속하는 데 일정 부분 기여한 것으로 보인다. 만약 하나의 독자적인 지역 지배권이 성사될 경우, 해당 지역에 거주하는 지역 명사들은 자기들의 세금 청부제를 거의 유지할 수 없게 될 것이기 때문이다. 궁극적으로 술탄만이 세금 청부권을 정당화할 지위를 가지고 있었다. 그 밖에도 제후로 떠오른 지방 세력가들은 늘 그의 지방에 있는 경쟁 가문들의 자본을 잠식하려고 시도했다. 그렇기 때문에 오스만 통치자들은 독립하고자 노력하는 지방 세력가들과 그 경쟁자들이 서로 맞서도록 배후에서 조종하는 데 별다른 어려움을 겪지 않았다. 술탄이 관련자들을 반란자로 규정해 국가의 보호 밖에 있다고 선언하기만 하면, 그래서 그의 경쟁자들이 그에게 달려들도록 부추기기만 하면 되었던 것이다. 또한 독립을 향해 한눈을 팔았던 지방 세력가들 역시 반란이 일어난 후에도 자기들이 본래 가지고 있던 세금 청부권을 당연히 유지할 수 있을지 알 수 없었다. 다시 말해 종신 세금 청부인들은 이러한 방식으로 오스만 제국의 사업 영역에서 지분 소유자가 되었다.[46]

그런데도 최소한 아라비아 지방에서는 몇몇 지방 세력자가, 이 책에서 다루는 시기에는 늘 실패만 했던, 독립된 제후국의 수립을 몇 차례 시도했다. 알레포 주변에 자기의 권력 영역을 형성했던 잔볼라톨루 알리 파샤Canbolatoğlu Ali Paşa는 1600년 직후에 독자적인 제후국을 건설하고자 시도했다. 이로부터 몇 년 뒤에는 드루즈인 가문 출신의 군주인 마아놀루 파흐레딘Maanoğlu Fahreddin(1572~1635)이 일시적이기는 하지만 자기 지역에서 권력 투쟁 끝에 경쟁자들을 제거하고 베이루트를 전성기로 이끌기도 했다. 이 두 경우에 반란자들은 토스카나 대공과 관계를 맺었다. 파흐레딘은 심지어 이탈리아로 도피해 몇 년 동안 머물기도 했다. 이 드루즈인 군주는 오스만 제국의 중앙정부에서 파견한 군대와 벌인 전투에서 패배한 뒤 몇몇 아들과 함께 처형되었다. 그런데도 그의 막내아들은 이스탄불 궁정에서 성장했으며, 술탄의 신하로서 성공적인 경력을 쌓아, 무굴 황제 샤 자한의 궁정에서 대사로 근무하기까지 했다.

권력의 표현으로서 건축과 축제, 의식

오스만 제국의 통치는 술탄의 권력에 정당성을 부여해 주는 풍부한 석조 건축물의 설립과 매우 긴밀한 관련이 있다. 정권과 건축물의 연관성은 너무 밀접해서, 심지어 오스만 제국이 약화되면서 19세기와 20세기에 메카와 발칸 사이에 수립된 후대 정권들은 이 건축물들을 철거하거나 최소한 점차 허물어지게 방치하는 것보다 더 시급한 일이 없을 정도였다. 오스만 통치자들 외에 발칸에서 정복자로 활동했던 하즈 에브레노스Hacı Evrenos 같은 14세기에서 15세기의 군대 지도자들도 자기 이름을 붙인 대상 숙소와 수로, 교량, 그리고 당연히 이슬람 사원 건축 등을 추진했다.[47] 여기에는 자기가 달성한 종교적 업적을 내세우는 것 외에도 권력의 과시, 그리고 어느 경우에는 오스만 술탄과 경쟁하려는 의도도 중요하게 기여했다.

고대의 요새였던 곳에 위치한 이스탄불의 술탄 궁전(톱카프 궁전)의 핵심 부분은 메흐메드 2세 때 건축되었다. 토기 벽돌로 장식된 키오스크는 이란식 모델을 따랐으며, 궁전의 제2중정으로 들어가는 문 그리고 바다를 전망으로 지닌 베란다는 분명히 이탈리아로부터 받은 자극을 반영한 것이었다. 톱카프 궁전이 지닌 이러한 절충주의를 보면서 학자들은 메흐메드 2세가 이를 통해 부분적으로는 이란 영토까지 지배했던 아크 코윤루(백양白羊 왕조)의 군주 우준 하산Uzun Hasan을 물리친 자기의 승리, 그리고 제노바와 베네치아의 영토까지 점령한 자기의 업적을 영구히 함께 남기고자 했다는 결론을 도출했다.[48] 비잔티움을 상대로 거둔 승리를 기념하는 최대의 트로피는 모든 사람이 볼 수 있는 톱카프 궁전의 정문 앞에 있었다. 아야 소피아는 오스만이 1453년에 도시를 장악하자마자 이스탄불의 중심 사원으로 변모했기 때문이다.

메흐메드 2세는 다른 두 곳에 궁전을 추가로 건설하게 했다. 한 곳은 이스탄불이었고, 다른 한 곳은 옛 수도인 에디르네였다. 이 궁전들은 현재는 남아 있지 않지만, 적어도 에디르네에 관해서는 문헌 기록과 그림이 존재한다. 아마도 에디르네의 궁전은 수도를 국경 근처에 두기를 원했고 비잔티움 황제의 거주지였던 수도 이스탄불을 '저주받은 곳'이라고 거부했던 자들에 대한 일종의 정치적 양보였을 것이다.

미래의 수도를 둘러싼 논쟁은 동시에, 그것이 명확하게 표현되지는 않았지만, 술탄의 역할에 대한 논쟁도 불러일으켰다. 메흐메드 2세와 후대의 오스만 군주들을 새로운 카이세리 룸Kayser-i Rûm, 즉 로마 제국 황제와 비잔티움 제국 황제의 후계자로 보는 것이 정당했을까, 아니면 오스만 군주들은 초기

—— 술탄 아흐메드 1세 사원(1617년 완공)의 전경. 미마르 메흐메드 아아(Mimar Mehmed Ağa)가 건축한 이 사원은 당시에 논란의 대상이었다. 젊은 술탄은 건축물을 통해 기념할 만큼의 승전 업적이 없었기 때문이다. 18세기에 몇몇 군주는 이 사원을 자신의 공개적인 금요 기도회 장소로서 선호했으며, 그래서 이곳은 오늘날 이스탄불의 중심 사원으로 여겨진다. 이 사원은 여섯 개의 높은 첨탑인 미나레트를 갖고 있는데, 이 사진에서는 두 개의 첨탑이 보이지 않는다. (Wikimedia Commons, ⓒ Nserrano)

오스만 술탄들과 동지들의 순전한 경건성과 군사적 영리함을 본보기로 삼는 것이 마땅했을까? 메흐메드 2세는 젠틸레 벨리니Gentile Bellini[16]와 이탈리아 예술가 몇 명을 초대해 절충적 예술 감각을 가진 세계 정복자의 이미지를 만들어 내게 했는데, 이는 분명히 일부 집단에서는 매우 의심스러운 것으로 간주되었다. 실제로 바예지드 2세Bayezid II(재위 1481~1512)는 부친이 톱카프 궁전에 설치하게 했던 그림을 제거했으며, 자기를 경건하고 거의 성인과 같은 군주로 묘사하게 했다.

—— **16** 1429~1507. 베네치아 출신의 화가로, 화가를 보내 달라는 메흐메드 2세의 요청을 받은 베네치아 공화국 정부에 의해 선정되어 1479년에 오스만 궁정으로 갔다가 이듬해에 돌아왔다.

술탄을 세계의 정복자로, 그리고 로마 황제와 교황의 후계자로 표현하려는 두 번째 시도는 쉴레이만 대제(쉴레이만 1세)의 재위기에 이루어졌다. 쉴레이만 1세가 로도스섬에 있는 성 요한 기사단의 요새를 신속히 함락하고 바로 그 직후에 헝가리 왕국의 정복에도 성공하자, 궁정과 밀접한 관계에 있는 작가들은 쉴레이만 1세가 예수 그리스도가 재림해 최후의 심판을 하기 직전에 전 세계를 통치할 '말세의 통치자'일지도 모른다는 희망을 품었다. 이와 비슷한 기대는 신성 로마 제국 황제인 카를 5세(1500~1558)의 궁정에서도 표현되었다. 쉴레이만 1세의 첫 재임기에 술탄이 신임하는 측근이자 처남이던 대재상 파르갈르 이브라힘 파샤는 베네치아에 네 개의 왕관으로 장식된 사중관 투구를 제작하도록 주문했는데, 이는 교황이 쓰는 관과 눈에 띌 정도로 비슷해 보였다. 세 개의 관으로 장식된 교황의 삼중관을 능가하게 하려고 했던 것 같다. 하지만 투구는 오스만 통치자의 공식 상징물에 속하지 않았으므로 쉴레이만 1세는 이 투구를 단 한 번도 착용하지 않았다. 그런데도 이 보물은 중부 유럽 원정에서 술탄의 권위를 상징하는 물건으로서 군대와 함께 이동했다. 그러나 이 사중관을 제작하게 했던 대재상 파르갈르 이브라힘 파샤는 후에 술탄의 은총을 잃고 처형되었으며, 이후 오스만은 유럽 국가들과의 전쟁에서 더는 승리하지 못하자 투구를 결국 녹여 버렸다. 오직 몇몇 자수 작품과 최근에 발견된 한 양피지에 표현된 그림만이 기독교 왕들뿐 아니라 교황의 위에서 명령하는 술탄의 모습을 보여 준다.[49]

네 개의 관으로 장식된 투구는 군사 원정이라는 무대의 소품이었다. 하지만 통치자의 위세를 과시하기 위한 행사의 주요 무대는 쉴레이만 1세가 통치하던 시절에 대규모로 치장되었던 톱카프 궁전이었다. 그런데 이런 행사가 발전하면서 군주는 오히려 백성들뿐 아니라 자기의 고위 관료들로부터도 점점 더 고립되었다. 15세기 후반에 이르기까지는 술탄이 궁전의 광장에 집결한 예니체리 앞에서 식사하는 모습을 자주 보여 줌으로써 자기의 왕성한 건강을 입증하곤 했다. 그런데 16세기에 와서는 이런 의식이 1년에 두 차례 열리는 궁정 축제인 바이람으로 제한되었다. 16세기 후반에는 술탄의 숙소를 시종들과 함께 거주하던 궁전의 제3중정에서 하렘으로 옮기면서 술탄의 고립은 더욱 심화되었다. 하렘에서는 대재상조차 많은 장애를 넘어서야 비로소 술탄을 만날 수 있었기 때문이다. 사절을 접견할 때도 술탄은 단지 몇 마디만 하거나 아예 아무런 말도 하지 않았으며, 사절은 모든 정치 사안에 관해 대재상이나 그의 최고 비서와 협상하는 것이 관례가 되었다. 17세기 중반에는 많은 술탄에게 궁정의 예식들이 분명히 부담이 되었던 것 같다. 술탄이 사냥을 나간다는 명분으로 에디르네를 장기간 방문한 것은 아마도 부담스러운 예식을 피하기 위한 방편이었다고 설명할 수 있다. 하지만 예니체리는 술탄이 궁정을 떠나 있는 상황을 분명히 하나의 위기로 느꼈다. 예니체리들이 위기의식을 가졌었다는 사실은, 17세기 이래로 많은 예니체리가 충분한 수당을 받지 못하자 추가로 수공업과 관련된 부업에 종사함으로써 수입을 보충했다는 사실을 통해 설명할 수 있다. 이 시대의 많은 군인은 자기들이 스스로 생산한 물건의 판로를 걱정하는 무장한 수공업자라고도 볼 수 있다. 궁정이 에디르네로 영구적으로 이전하면, 예니체리들은 많은 고객을 잃을 것이 분명했기 때문이었다. 무스타파 2세가 (1703년에) 왕좌에서 축출된 이후, 그의 후계자인 아흐메드 3세Ahmed III(재위 1703~1730)는 예니체리들의 불안감을 가라앉히기 위해 자기와 그 후계자들이 이스탄불에 계속 거주할 것이라고 약속해야 했다.[50]

하지만 1703년 이후로 궁정의 예식은 바뀌었다. 술탄은 궁전에서 보내는 시간이 적었고, 보스포루스에 있는 저택들에서 훨씬 오랜 시간을 머물렀다. 이 저택들은 오스만 공주들을 포함한 당시의 부유한 도시민들이 여름 별장으로 건축한 것이었다.[51] 이 무렵에 술탄은 여러 예식을 통해 그의 아들들과 함께 공개 석상에 모습을 자주 드러냈는데, 이는 아마도 왕조가 안정되게 지속될 것임을 입증하려는 의도였을 것으로 추정된다.

공공 축제들을 개최한 것도 술탄의 정통성을 강화하려는 목적에서였다. 공주들의 혼인이나 왕자들의 할례 의식은 바로 이러한 의도를 가진 전형적인 행사였다. 전쟁의 승리를 축하하기 위한 행사도 대도시들에 설치된 조명 시설을 동원해 엄숙하게 거행되었으나, 전체적으로 왕조와 관련된 이러한 축제들보다는 소박했다. 하지만 행사와 관련된 공주나 왕자들이 아직 매우 어렸기 때문에 이 경우에도 축제는 본질상 왕조의 지속을 주제로 한 것이라고 말할 수 있다. 그 축제들의 중심에 서 있었던 것은 바로 술탄 자신이었다. 앞의 행사들에서 여러 주체가 공개적으로 바치는 각종 선물 대부분은 술탄을 향한 것이었지, 축제 당사자인 어린 나이의 공주나 왕자들을 위한 것이 아니었다.

페르시아의 전통이 오스만의 궁정 문화에 미친 영향

13세기에 페르시아어는 아나톨리아 제후들의 궁중에서, 교육받은 도시민들에게서 모두 문서 언어로 사용되었다. 튀르크어를 공적 언어로 사용하려는 첫 시도는 중세 후기에야 이루어졌다. 튀르크어로 문학작품을 쓰려는 시도 역시 14세기에 시작되었다. 이후 100년 동안 가끔씩 역사적인 문서들이 페르시아어로 집필되었다. 하지만 오스만 상류층의 자기 이해를 표현해 주는 중요한 사료인 연대기는 튀르크어로 작성하는 것이 보통이었다. 물론 곧 지식인 계층에서 사용하기 위해 페르시아식 외래어와 (대부분 페르시아어로 매개된) 아랍어식 외래어를 강하게 반영한 하나의 문학 언어가 만들어졌다. 이 언어는 배우지 않으면 이해할 수가 없었는데, 연대기 저자이자 작가인 무스타파 알리Mustafa Ali(1541~1600)는 이 언어를 중요한 문화적 업적이라고 예찬했다. 그러나 궁정에서 수준 높은 교육을 받았지만, 문학 언어가 아닌 품격 있는 일상 언어로 글을 쓴 에블리야 첼레비 같은 여행기 작가도 있었다.

교육받은 오스만인들이 페르시아어를 사용한 것은 정치적 요인과는 비교적 무관했다. 16세기와 17세기 초에 오스만 제국과 이란의 사파비 제국 사이에는 전쟁이 빈번했지만, 이스탄불에서 페르시아어는 교육받은 엘리트들을 위한 언어였고, 아름다운 문학을 공부하는 모든 사람에게 피할 수 없는 언어였다. 페르시아 고전에 관한 연구는 모든 교양인에게 요구되던 운율에 관한 지식을 전해 주었다. 1554년에 심한 폭풍 때문에 지휘하던 배를 잃고 이란을 거쳐 귀향해야 했던 한 오스만 제독은 자기가 페르시아 시를 능숙하게 즉흥적으로 낭독한 것 덕택에 한때 처형당할 위기에서 벗어날 수 있었다고 이야기했다.[52] 오스만 상류층 대부분이 속해 있거나 적어도 공감했던 메블레빌리크Mevlevîlik 수도회에서는 페르시아어로 집필된, 루미Rumi(1207~1273)의 저작에 대한 독서와 이에 관한 논평이 데르비시들의 의무였다.[53] 그렇기 때문에 페르시아어 사전은 도서관의 기본 소장 목록에 속했다. 하지만 길게 보면 오스만 작가들은 그들의 작품을 많은 외래어를 통해 '이란화'하기는 했어도 튀르크어로 집필하는 방향으로 점점 옮겨 갔다.

이슬람 종교 재단들의 중심적 역할

종교 재단들은 이슬람 사원과 교육기관의 재정을 담당했다. 중간 규모의 도시에는 쉰 개에서 100개 정도의 재단이 있었고, 대도시, 특히 이스탄불에는 수천 개의 재단이 있었다.[54] 오스만 제국의 상류층 문화에서는 종교 재단의 설립이 이른바 품위 있는 일에 속했다. 재단이 세운 기관들이나 이 기관들이 입주한 기념비적인 건물들은 무슬림 신자들에게 매우 유익했을 뿐 아니라, 설립자의 명망과도 불가분의 관계에 있었다. 이러한 재단들은 신도들이 최적의 분위기에서 종교적 의무를 이행할 수 있게 해 주었을 뿐 아니라, 교수에서 청소부에 이르기까지 수많은 사람에게 일자리와 임금을 제공했기 때문이다. 이스탄불과 에디르네, 부르사 같은 세 곳의 수도 또는 옛 수도에서는 대개 집권 중인 술탄이 주요 사원과 학교의 재정을 부담했다.

반면에 군주들이 지방에 사원을 건축하는 일은 훨씬 드물어졌다. 그런데도 오스만 제국이 한 지역을 정복한 후에는 그때마다 당대 술탄의 이름으로 사원을 건설하거나, 최소한 교회 하나를, 예를 들면 이슬람 사원의 특징인 첨탑을 추가로 건설함으로써 술탄의 사원으로 개축하는 일이 흔했다. 17세기 중반의 크레타와 1670년대 우크라이나의 카미야네츠에서 그런 일이 있었다. 이런 실례는 특히 발칸반도의 작고 외진 지역들에 오스만 제국 군주의 사원이 있게 된 이유를 설명해 준다. 쉴레이만 1세는 다마스쿠스에 웅장한 사원 단지를 건설하게 했지만, 예산이 많이 필요한 호화로운 신축 건물들은 이런 지역들에서 점점 드물어졌다. 14세기와 15세기에도 오스만 술탄의 아내와 공주들, 공주의 남편들이 지방에 종교 재단을 설립하는 일이 자주 있었다. 예를 들어 아직까지도 그리스의 세레스에는 셀추크 술탄Selçuk Sultan 공주와 남편인 메흐메드 베이Mehmed Bey가 1492년에 세운 이슬람 사원이 있다.[55] 하지만 그 이후로 이런 고위급 인물들은 이스탄불 시내 혹은 이스탄불 주변에 건축물을 세우는 것을 선호했다. 이 외에 지방 도시의 부자들도 이슬람 사원의 후원자로서 활동하는 일이 많았다.

종교 재단의 규모와 재산은 설립자의 정치적·사회적 위상에 따라 다양했다. 술탄은 이슬람 사원과 대학, 대형 식당, 꾸란 학교, 그리고 수도사들을 위한 숙소로 이루어진 대형 단지를 건설할 수 있었다. 때로는 술탄의 어머니들이 아들들의 사원에 뒤지지 않는 건물 단지를 건설하도록 지시하기도 있었다. 베지르들은 이미 이들보다 훨씬 검소하지만 화려하게 장식하려고 애쓴 건축물을 설립하고 있었다. 반면에 평범한 도시민들도 이 분야에서 활동할 수 있었다. 소규모 재단들은 사원의 등불에 사용할 기름을 기부하거나 재단 설립자의 옛 시종들이 노년에 머물 숙소를 갖도록 배려하기도 했다. 어떤 사람들은 오늘날 도시 행정에 속하는 분야인, 시민들의 민원 사항을 해결하기 위한 재단을 설립하기도 했다. 예를 들어 시민들이 자주 이용하는 도로가 손상되었을 경우 이 재단의 재산으로 수리하게 했다.

자선 재단들의 사업 중에서 공공 식당은 탁월한 역할을 했다. 수도 이스탄불의 경우, 이 식당은 일차적으로 가난한 사람들이 아니라 수많은 신학 아카데미와 법학 아카데미의 대학생과 교수들을 대상으로 식사를 제공했으며, 공무로 수도에 머무는 관료들을 위한 숙소로도 사용되었다. 이런 상황은 우리에게 알려진 이 식당의 메뉴판에 고급 음식 목록들이 왜 들어 있었는지를 설명해 준다. 아나톨리아의 여러 공공 식당에서조차 사프란과 후추 같은 고급 향신료가 넉넉하게 사용되었는데, 이런 식당을 설립하도록 많은 자금을 제공한 것은 대개 술탄 가문의 구성원이었다. 한 가지 좋은 예로 유럽의 사료에는 록셀라나Roxelana라는 이름으로 인급된, 쉴레이만 1세의 아내 휘렘 술탄Hürrem Sultan은 예루살렘에 있는 이런 종류의 오래된 재단에 거금을 지원해 주었다. 여기서도 가장 큰 혜택을 입은 것은 종교학자와 대학생이었던 반면, 여성들은 이 시설을 사용할 수 있는 순위에서 맨 마지막이었다. 가난한 사람들은 대부분 마지막으로 남은 음식만 얻었을 것으로 추측할 수 있다. 이렇게 가난한 사람들은 학자와 대학생, 관료를 주요 대상으로 했던 명망 있는 기관에서보다는 작은 재단들에서 더 나은 대접을 받은 것 같다.

상업적 목적으로 지어진 건축물들도 종교 재단들과 연결되어 있는 경우가 많았다. 이런 맥락에서 특히 대상들을 위한 숙소와 지붕을 갖춘 중심 상가들이 강조될 수 있다.[56] 주요 간선도로를 따라 있었던 대상 숙소는 외국인 여행객들이 자주 묘사한 바 있다. 적어도 이와 마찬가지로 중요했던 것은 도시 안에 있는 유사한 건물들로, 상인들에게 숙소이자 물품 보관창고로 쓰였다. 다른 유사한 건물에서는 수공업자들이 영업을 했는데, 이들은 전체 건물을 자기들의 조합을 위해 독점적으로 사용했다. 대상 숙소에서는 여행객들이 대개 무료로 숙박할 수 있었던 반면에, 도시에서는 관련 종교 재단에 숙박 요금을 냈다. 그 건물들은 대부분 이를 소유하던 종교 재단의 수입원이었다.

그 밖에도 지붕을 갖춘 중심 상가들은 석벽으로 둘러싸여 있었으며, 그들의 둥근 지붕도 마찬가지로 돌이나 벽돌, 납으로 이루어져 있었다. 그래서 이들은 대개 거의 나무로 지어진 외곽의 상점들보다 안전해, 원칙적으로 고가의 물건을 보관하고 매매하는 데 유익했다. 이 건물들도 대개 종교 재단들에 속해 있었으며, 재단들은 입주한 상인들에게 월세를 요구했다. 그러나 상인들은 이 월세를 낼 수 없거나 내려고 하지 않는 경우가 빈번했다. 지붕을 갖춘 중심 상가는 세련되고 복잡한 도시적 분위기의 상징이기도 했다. 그리고 중심 상가는 한 도시가 교역의 중심으로 자리를 잡으면 건축되었다가, 그 의미를 상실하면 사라졌다.

도시 지역에는 수원이나 강이 거의 없었기 때문에 종교 재단들은, 특히 이스탄불의 경우, 물 공급에도 신경을 썼다. 비잔티움 시대에는 물 부족 때문에 수많은 빗물 저장 창고를 건설했다. 그러나 오스만인들이 신봉하는 이슬람의 세계에서는 도시로 들어오는 입구에 무슬림들이 씻을 수 있게 해 주는 흐르는 물이 반드시 필요했다. 그렇기 때문에 1453년 이후에는 급수 방식이 변경되었다. 즉 도시 바깥에 있는 저수지의 수자원을 수로를 통해 도시의 분수나 급수전(수도꼭지)까지 흐르도록 연결해 주민들이 이 물을 사용할 수 있게 했다. 물이 공급되지 않으면 이슬람 사원은 제 기능을 할 수 없기 때문에, 어떤 기관이 얼마나 많은 양의 물 사용권을 가지는지 확실히 정하는 것이 중요했다. 이에 따라 이스탄불의 수도관 지도가 만들어졌는데, 무엇보다 18세기의 수도관 현황을 알려 주는 지도가 잘 보존되어 있다. 한편 19세기까지는 개인 주택에서 물을 공급받는 것이 특별한 사치였다. 그렇기 때문에 자기 집에 물을 공급받던 저명한 건축가 시난은 그가 종교 재단으로 가는 수로 중간에 샛길을 설치해 그 물이 자기 집으로 흘러들어 가게 했다는 비난에 맞서 싸워야 했다.[57]

이렇듯 시간이 흐르면서 이슬람의 법학자와 신학자들은 종교적 목적과 자선 목적으로 사회에 제공된 재단의 재산을 잘 사용하기 위해 일련의 관련 규정을 만들었다. 한편으로 재단의 재산들은 각각 전적으로 설립자에게 속하는 소유물이어야 했고, 다른 한편으로는 주민들이 이것들을 될 수 있는 한 지속적으로 사용할 수 있어야 했다. 오스만 제국에서는 경작지와 목초지, 숲에 대한 소유권이 술탄에게 있었으므로, 이와 같은 재산은 군주가 잠재적인 설립자에게 그 소유권을 완전히 이양할 때만 기부할 수 있었다. 그렇기 때문에 술탄 또는 예외적으로 술탄과 가까운 측근만이 경작지나 목초지로 사용되는 토지를 재단 소유로 전환할 수 있었다. 반대로 집에 딸린 땅, 정원, 포도밭은 사유재산으로 여겨져, 그것들을 소유자가 별다른 야단법석을 떨지 않더라도 종교 재단에 양도할 수 있었다. 정원과 포도밭은 보통은 시의 행정구역에 속해 있었기 때문에, 재단이 소유한 재산도 그곳에 가장 많이 있었다.

책과 같은 종류의 동산도 마찬가지로 재단에 기부하기에 적합했다. 18세기에는 도서관과 이를 위해 건축된 단독 건물들이 특히 이스탄불의 재단 설립자들에게 매우 선호되는 대상이었다. 현금 기부에 관해서는 논란이 많았다. 해당 금액은 부유한 사람들에게 적당한 이자(10~15퍼센트)를 조건으로 대출되었기 때문이다. 이런 형식의 재단은 이스탄불에서 15세기 후반 이래로 정착했으며, 그 직후에 아나톨리아와 발칸의 대도시들에서도 설립되었다. 종교학자들은 이런 형식의 재단에 반대했는데, 돈을 쉽게 분실할 수 있다는 점이나 돈이 악마화해 나쁜 목적으로도 사용될 수 있다는 점 때문이었다.

이러한 방식의 재단에서는 이슬람에서 정한 이자 금지 조항을 어떤 방식으로든 우회해야 했기 때문에, 16세기 중반 무렵에는 이자 금지 조항이 점차 논란의 대상이 되기 시작했다. 하지만 당시 최고의 법학자이자 종교학자였던 에부수우드 에펜디Ebussuûd Efendi는 현금 재단을 금지하면 무슬림 공동체에 가져올 부작용이 더 크기 때문에 이를 관행으로 인정하는 것이 차라리 차선책이라고 생각했다.[58] 18세기에 현금 재단이 저렴하게 신용 대출을 해 주는 원천이 되어 가자 수공업자들에게도 인기를 끌었는데, 이들은 드물지 않게 독자적으로 동업 재단을 설립하기도 했다. 그러나 현금 재단은 아랍 지역에서는 결코 뿌리를 내리지 못했다.

비무슬림들은 종교 재단을 설립할 수 없었지만, 자선 재단은 설립할 수 있었다. 그런데도 비잔티움 시대에 설립된 많은 가톨릭 수도원은 과거에 보유했던 재원 또는 새로 확보한 재원을 통해 계속 명맥을 유지했다. 때때로 사제나 수도사들은 (적어도 16세기에) 화려한 프레스코화를 그릴 화가를 지원해 줄 후원자를 발견하기도 했다. 예를 들어 테살리아의 메테오라에 있는 그리스도의 변용 수도원에 그려진 프레스코화는 그렇게 제작되었다. 물론 셀림 2세는 수많은 수도원의 토지를 몰수했기 때문에, 어떤 경우에는 수도사들이 수도원이 보유한 다른 귀중품들을 매각해 받은 돈으로 이를 다시 매입해야 했다. 원칙적으로 비무슬림의 예배당은 수리는 할 수 있지만 확장이나 신축은 허가받지 못했다. 하지만 현장에서 이를 어떻게 결정할지는 각각 실용적인 고려에 따랐다. 예를 들어 1492년 이후에 에스파냐를 탈출해 이스탄불 또는 특히 테살로니키에 정착했던 유대인들은 새로운 유대인 회당을 문제없이 설립할 수 있었다.[59] 다른 한편으로 오스만에 정복된 후에도 계속 기독교 정교회의 소유로 남아 있던 성당들은 술탄과 베지르 혹은 데르비시 지도자들의 주도하에 한 세기가 넘게 지난 후에 이슬람 사원으로 개조되었다. 그래서 이스탄불의 정교회는 16세기 후반까지 세계 총대주교[17]가 주재했던 테오토코스 파마카리스토스Theotokos Pammakaristos 성당을 잃었다. 이 성당은 무라드 3세의 명에 따라 1591년에 페티예Fethiye 모스크가 되었다.[60]

재단의 기능을 정상화하기 위해 종교 재단들에는 문서를 작성하는 문화가 필요했다. 때때로 유려한 필체로 작성된 문서는 재단 설립자의 설립 취지

17 콘스탄티노폴리스의 주교인 동시에 여러 정교회의 대표자 중 최선임자다.

를 구체적으로 표현했기 때문에, 훗날 재단 관리자들은 될 수 있는 한 이에 따라야 했다. 예를 들어 예전에 무슬림 군주가 다스렸던 어떤 지역을 오스만 술탄이 정복하면, 그들은 새 지배자를 받아들일 자세가 되어 있는 재단들을 별도의 목록에 기록해 두는 것이 관례였다. 그 밖에도 대형 재단들은 장부를 기록해 놓았다. 이들은 오늘날에 임금과 가격의 역사를 연구하는 데 매우 중요한 사료이며, 수리 작업이 필요할 경우 작성된 비용 견적서는 중요한 건축물의 역사를 재구성할 수 있게 해 주기도 한다.

오스만의 법 문화

오스만 제국은 이슬람 공동체였기 때문에 술탄과 관료들은 이슬람 종교법인 샤리아를 적용했다. 술탄이 내리는 칙령(카눈)은 원칙적으로, 이슬람의 옛 역사에서 생겨난 종교법을 16세기와 17세기의 일상 세계에 적용하면서 드러난 빈틈을 채우는 것이었다. 물론 술탄의 칙령이 개별 사안들에서 어떤 의미를 지니는지는, 분명히 당시의 오스만 상류층에서 논쟁의 대상이었지만, 오늘날의 역사가들 사이에서도 논란이 분분하다. 특히 술탄의 칙령에 따르면 이미 언급했듯이 경작지로 사용되는 모든 토지의 소유권을 군주에게 배당했지만, 이슬람 종교법은 명확하게 개인의 사적 재산을 옹호하기 때문에 특별한 문제가 발생했다. 쉴레이만 1세의 최고 법률 자문관인 에부수우드 에펜디는 이러한 현실 상황을 법적으로도 정당화하는 규정을 찾아내는 데 성공했다. 쉴레이만 1세의 통치기에는 형법전도 공포되었는데, 이는 이슬람 법학자들이 각각의 군주에게 이미 오래전에 허용한 처벌권을 근거로 해서 범죄의 처벌을 허용하는 법이었다. 종교법은 누군가를 처벌할 경우 철저한 증거를 요구했기 때문에 실제로는 처벌이 거의 불가능했다.[61] 그러나 술탄의 칙령인 카눈은 결코 공식적이거나 반半공식적 또는 비공식적으로 확정된 내용을 수록한 문서 법전은 아니었다. 행정 실무에서 일어난 변화 때문에 18세기 초에 제정된 칙령은 절대로 쉴레이만 1세 시대의 카눈과 같은 의미가 아니었다.

물론 세월의 흐름 속에서 카눈의 영향력은 줄어들었고, 종교법이 점차 뚜렷하게 강조되었다. 심지어 17세기 말의 술탄인 무스타파 2세(재위 1695~1703)

는 앞으로는 카눈에 대한 어떠한 언급도 금지되어야 하며, 모든 정부 결정의 기초는 오직 종교법이어야 한다고 선언했다. 하지만 이 결정이 현장 실무에서 어떠한 의미를 갖는지에 관해서는 논란이 있었다. 예를 들어 1700년 무렵에도 군주가 소유권을 가지고 있던 농경지는 결코 사유지로 이전될 수 없었는데, 18세기의 행정 당국은 카눈을 여전히 그 근거로 제시했다. 따라서 무스타파 2세의 칙령이 실제로 실용적인 통치권 행사에 대한 종교의 승리를 의미한다는 주장에 관해서는 의문의 여지가 남는다. 아마도 무스타파 2세는 옛 스승이자 셰흐 알이슬람인 페이줄라흐 에펜디Feyzullah Efendi와 그가 대변했던 종교법을 전면에 내세움으로써 당시에 강력한 권력을 갖고 있던 베지르 가문들을 견제하려고 의도했던 듯하다. 1703년에 무스타파 2세와 페이줄라흐 에펜디가 축출되자, 무스타파 2세의 칙령은 결국 무효가 되었다. 그 어떤 오스만 군주도 자기 선임자가 반포한 칙령에 구속되지 않았기 때문이다. 후계자인 아흐메드 3세와 마흐무드 1세Mahmud I(재위 1730~1754)는 이 칙령을 부활시킨 것으로 보이지는 않는다.

3 오스만 사회

근대 초기의 인구사에 관해 연구하기가 가장 좋은 사료는 1480년 무렵에서 1600년 사이의 것들이다. 이 기간에 납세자와 그들이 납부한 세금에 관한 정보를 제공해 주는 방대한 목록이 작성되었다. 왜냐하면 앞서 언급했듯이 당시에는 군부와 관료들에게 특정 세금 징수권(티마르 혹은 토지에 관해서는 제아메트)을 부여하는 것이 통상적이었다. 재정 관청은 세금 액수를 화폐 금액으로 제시했기 때문에, 그들은 세금을 부과할 물건에 관한 정보를 미리 준비해야 했다. 티마르는 결국 통치권의 분배보다 화폐가치로 표기된 농산물과 정식 금액의 분배가 더 중요한 문제였다. 한 마을이나 도시의 세금 수입은 시간의 흐름과 함께 변할 수 있기 때문에, 원칙적으로는 30년에 한 번(실제로는 시간 간격이 매우 다양했다.) 새로운 목록이 작성되었다. 특별히 이 업무를 위임받은 공무원은 도시와 농촌의 모든 주민 가운데 납세 의무를 가진 가장의 이름과 부친의 이름을 이 목록에 기재했다. 목록에는 그 외에도 현장에서 징수되어야 할 일련의 세금 액수도 추정해 기재되었다.

타흐리르 또는 타푸 타흐리르로 지칭되는 상세한 목록은 대개 한 지역의 납세자들을 포괄했으며, 납세자 외에 그 지역에 속하는 마을과 도시 구역의 이름도 기재되었다. 이런 이유에서 이들 목록은 주거의 역사를 연구하는 데 중요한 사료가 된다.[62] 또한 여기에는 세금 징수자들, 다시 말해 티마르 보유자, 재단 관리자 혹은 왕령 직할지 관리자들도 마찬가지로 기재되었기 때문에, 지역의 통치 구조에 관한 정보도 제공해 준다. 물론 우리가 지금 다루는 시대에는 모든 조사의 목적이 부과할 세액의 확정이었기 때문에, 세액 확정과 무관한 자들이 언급되는 경우는 매우 드물었다.

무엇보다 유목민들과 반半유목민들을 파악하는 데 어려움이 있었기 때문에 목록 작성에서 어느 정도의 결함은 피할 수 없었다. 발칸 지역의 경우 가장 역할을 하는 미망인들이 어느 정도 정기적으로 목록에 포함되기는 했지만, 그 외에 이들은 예외적인 경우에만 기재되었다. 술탄에게 봉사하는 직분을 갖고 있던 사람들도 포함되지 않는 경우가 많았는데, 그들은 납세로부터 면제되었기 때문이다. 수비대가 주둔한 도시들에서는 20퍼센트 정도의 주민들이 면제자 범주에 속했다. 하지만 분실된 목록도 많았기 때문에, 우리는 이스탄불의 경우에 목록이 전혀 남아 있지 않은 것이 이런저런 사유로 분실되었기 때문인지, 아니면 수도는 납세 의무에서 면제되는 특권을 가지고 있었기 때문인지 파악하기가 어렵다. 끝으로 우리가 목록을 분석할 때는 주민들이 목록을 작성하는 타 지역 출신 공무원들에게 실제와는 다소 다른 내용을 제공한 경우도 있을 수 있음을 고려해야 한다.

또한 아주 드문 경우에만 가족 규모에 관한 정보가 기재되어 있다는 점도 인구사를 파악하려는 우리의 작업을 어렵게 만든다. 그렇기 때문에 납세 의무자의 수로부터 전체 인구를 추론하는 것은 불확실하다. 그런데도 그동안 인쇄물 형태로도 존재할 뿐 아니라 그 내용이 분석되어 온 이 목록들은 발칸, 아나톨리아, 시리아의 오스만 제국 주민들을 전체적으로 조망하게 해 준다. 물론 측정 불가능한 상황이 너무 많았기 때문에 오스만 제국의 전체 주민들을 측정해 보려는 시도는 20세기 중반에 단 한 차례 있었다.[63] 그 결과에 따르면 오스만의 발칸과 이스탄불에는 1520년에서 1535년 무렵에 약 600만 명이 거주했으며, 아나톨리아와 대시리아에 거주하던 주민은 약 570만 명이었다. 이집트와 서부 북아프리카에 관해서는 아무런 자료도 남아 있지 않다. 그래서 이 측정에 따르면 오스만의 중앙 지방에는 이 지역 납세자들이 재정을 지원한 기병대를 포함해 1100만 명에서 1200만 명 정도의 주민이 살고 있었다. 술탄의 수도에 관해서는 그 어떠한 공식 자료도 남아 있지 않지만, 이 추정에 따르면 이스탄불은 약 40만 명의 시민이 거주한 도시였다. 이 모든 통계가 대단히 많은 문제를 가지고 있기 때문에, 이 통계를 기록한 작가들은 실제 수치가 이보다 10퍼센트에서 15퍼센트 정도 많을 수 있다고 언급했다. 이 말이 맞는다면 전체 인구는 약 1400만 명이었을 것이다.

물론 오스만 제국의 납세자 명부 작성은 1600년 직전에 행정적인 과세를 세금 청부제의 징수권으로 대체되었기 때문에 대부분 중단되었다. 납부해야 할 금액을 중앙 행정관청이 정하지 않고 미래의 세금 청부인이 결정했기 때문에, 납세 관련 목록의 작성에 시간과 돈을 투입하는 것은 재정 관청의 입장에서 볼 때 더는 적절하지 않았다.

따라서 우리가 17세기와 18세기의 상황을 파악하기 위해서는 지즈야로 불리는 비무슬림 특별세에 관한 정보를 제공해 주는 기독교도와 유대인의 명부에 의존하게 된다. 만약 이 자료들이 남아 있어 신중하게 활용된다면 이것들은 일반 목록에 대한 보완으로 15세기와 16세기에도 적용할 수 있는 유용한 자료다. 기독교 정교회나 아르메니아 사도 교회,[18] 그리고 다양한 유대인 교파도 중요한 통계를 수집하지 않았기 때문에, 이들에게서는 통계조사에 근거한 의미 있는 자료가 별로 나오지 않았다. 즉 비무슬림 주민에 관한 모든 통계는 이러한 사실들을 적절히 고려해 평가되어야 한다.

1600년 이후 시기의 무슬림 주민에 관한 한 우리는 납세 의무를 지닌 집단들이 현금으로 납부해야 할 연간 세금(아바르즈avârız)에 관해 기록한 일련의 납세 목록밖에 가지고 있지 않다. 여기에 기록된 모든 집단은 동일한 지역에 거주하며 '아바르즈 가계'로 불렸고, 무엇보다 같은 액수의 세금을 납부했다. 그런데 가난한 집안은 대부분 부유한 집안보다 가족 구성원 수가 더 많았다. 만약 어떤 문서가 그 지역 곳곳에 사는 납세 의무자 몇 명이 하나의 아바르즈 '가계'에 속했는지에 관한 정보를 제공해 준다면,(이런 경우가 많았다.) 그

—— 18 아르메니아 정교회 또는 그레고리오 교회 등으로도 불린다.

제야 이 통계가 주민의 규모에 관한 유용한 정보를 제공할 것이다. 17세기 후반의 발칸에서는 아바르즈 세금의 측정에 토대가 되는 아바르즈 가계의 수가 현저히 감소하는 현상이 발견되었다. 그러나 여기서 어떤 결론을 내릴 수 있을지는 명확하지 않다. 뚜렷한 인구 감소를 보여 주는 확실한 단서가 없기 때문에, 그룹을 다시 조정해 한 아바르즈 가계에 속하는 가계 구성원의 수가 늘어난 것은 아닌지 추정해 볼 수도 있다. 아마도 이러한 조치는 의심할 여지없이 1683년에서 1699년 사이에 벌어진 오스만-합스부르크 전쟁, 그리고 18세기 초(1718년 이전)의 여러 정치적 갈등 상황 때문에 주민의 경제 사정이 악화된 것에 대해 재정 당국이 반응한 것이었을 것이다.[64] 물론 우리는 인구가 감소했을 수 있다는 사실 역시 배제할 수는 없다.

이런 문제들은 오스만 제국의 전체 인구를 측정하는 것이 왜 그렇게 어려운지 설명해 준다. 지역과 도시들에 관한 통계는 이보다 형편이 좋다. 예를 들어 16세기 초에 아나톨리아의 대도시 부르사(전체 인구는 세금 면제자를 제외하면 약 3만 2000명이며, 포함할 경우에는 4만 명 이하였을 것이다.)에는 6351가구가 살았다. 발칸의 도시인 테살로니키와 에디르네(아드리아노폴리스)는 마찬가지로 세금 납부를 면제받은 술탄 시종들을 제외한다면 4863가구(약 2만 4000명) 또는 4061가구(약 2만 명의 주민)를 보유했다. 그러나 술탄의 궁전이 있던 에디르네에는 술탄의 시종이 매우 많았을 것으로 추정된다.[65] 다시 말해 에디르네는 술탄의 시종들을 포함하면 인구 규모는 훨씬 더 클 수 있다.

국가 내 가족 그리고 사회

오스만 제국 초기 시대의 가족 상황을 연구할 때 우리는 그 어떤 다른 가족에 관해서도 전혀 알지 못한다. 오직 술탄의 가문에 관해서만, 그것도 신중하게 접근했을 때 일부 사항을 밝혀낼 수 있다. 심지어 술탄과 그 배우자, 그리고 그들의 후손들에 관해서도 사료가 존재하지 않는다. 단지 여기저기에 흩어져 있는 흔적들을 통해 문서 기록이 있는 17세기와 18세기의 술탄 주변의 상황을 기록이 남아 있지 않은 그 이전 시대에 소급해 적용해도 큰 무리가 없을 것 같다는 결론에 도달할 뿐이다. 한 예로서 북아프리카 출신 여행자인 이븐 바투타(1304~1368/1369 또는 1377)는 당시에 아직은 작지만 매우 역동적이던 오스만 군후국을 방문했을 때 관찰한 상황을 기록으로 남겼다. 이븐 바투타가 방문했을 때는 군주인 오르한(재위 1326~1362)이 부재중이었기 때문에 오르한의 아내들 가운데 한 사람이 영접했다. 이는 훗날에는 생각할 수도 없는 외교적 행태였다.

15세기 중반까지 오스만 술탄들은 아나톨리아나 발칸의 영주들의 딸과 결혼하는 일이 잦았다. 물론 술탄의 자리는 대부분 술탄과 이 여성들 사이에 태어난 아들들이 아니라 노예로 잡혀 온 여성들에게서 태어난 아들들이 이어받았다.[66] 술탄과 결혼한 외지 출신 아내들이 모두 이슬람을 받아들인 것은 아니었다. 무라드 2세Murad II(재위 1421~1444, 1446~1451)의 아내 중 하나인 세르비아의 왕녀 마라Mara는 기독교 정교도였다. 반면에 그 밖의 다른 아내들은 이슬람을 받아들였으며, 종교 재단들을 통해 그들의 이름을 남겼다.

그런데 15세기 후반부터 제1차 세계대전 이후에 왕조가 종식될 때까지 오스만 제국은 외국의 왕조와 더는 결혼 동맹을 맺지 않는다. 그 이유에 관해서는 단지 추측만 할 수 있다. 그들은 수니파 왕조 출신의 신부를 데려올 수도 있었지만, 수니파 왕조는 아주 멀리 떨어진 제국에만 있었다. 지리적으로 가까워 쉽게 데려올 수 있는 이란 공주들은 종교적으로 시아파에 속했기 때문에 신부로 맞이할 수 없었다. 다른 한편으로 술탄의 여러 아내 사이에는 엄격한 위계질서가 성립되었는데, 이들 중 노예 출신 아내들이 지배적 위치를 차지했다. 술탄의 딸과 누이들은 대부분 어린 나이에 일찍 결혼했는데, 이는 아마도 그들이 자유인으로 태어난 무슬림이어서 '그림에 잘 맞지 않았기 때문'이기도 했다. 외지 출신 공주들에게도 비슷한 기준이 적용되었던 것 같다. 중앙아시아 지역의 수니파 군주들도 오스만과 왕조 간 동맹을 맺는 것에 관해 진지하게 고려하지 않았음이 분명하다.

17세기에 흑해에서 카자크와 빈번하게 치렀던 작은 규모의 전쟁들처럼, 발칸에서 치러진 수많은 정복 전쟁은 오스만 제국에 많은 노예를 가져다주었다. 이는 합스부르크도 마찬가지였다. 이 포로들과 오스만 사이의 (노예 신분에서 해방시킨 후에 결혼이 이루어지기도 한) 인적 결속은 드문 현상이 아니었다. 아나톨리아의 소도시 물라 출신으로 16세기 전반부에 살았던 저명한 데르비시 셰이크[19]였던 샤히디Şahidi는 자기 조부가 언제인지는 자세히 알려지지는 않은 아라비아 정복 전쟁에서 기독교도 소녀와 사랑에 빠져, 그 소녀를 납치한 후 훗날 결혼했다고 이야기한 바 있다. 그 사실을 비밀로 했었지만, 그 소녀가 이미 오래전부터 무슬림이었다는 이야기가 있기는 하나, 실제로 어떠했는지는 알 수 없다. 그런데도 샤히디가 이런 사실을 주저하지 않고 언급한 것을 보면 무슬림과 기독교도 또는 이전에 기독교도였던 사람과의 관계가 당시에는 명예를 훼손하는 것으로 절대 인식되지 않았음을 보여 준다.[67] 이런 현상은 후대에도 적용된다.

우리가 앞서 살펴보았듯이 가족 구성원들이 술탄의 궁정에서 교육을 받은 후에 궁정의 시녀 출신들과 결혼했던 오스만 상류층의 최고 가문들에는 다양하고 많은 민족이 있었다. 에스파냐 귀족 출신인 구티에레 판토하Gutierre Pantoja가 바로 좋은 예다. 판토하는 1620년에 오스만 제국에 포로로 잡혀 왔다가 궁정의 시종으로 성장하고, 이어 오스만 함대에서 경력을 쌓았다. 그러다가 크레타 전쟁(1645~1669)에서 베네치아인들에게 포로로 사로잡혀 수많은 우여곡절 끝에 에스파냐의 가족에게 돌아갈 수 있었다. 판토하는 앞서 서술한 것과 같은 결혼에 관해 우리에게 지금까지 알려진 것으로는 유일한 보고서를 남겼다. 게다가 이 보고서는 '나'의 관점으로 서술되었다. 판토하의 신부는 우크라이나 출신 아니면 러시아 출신이었는데, 무슬림으로 개종한 후 부모를 대신해 결혼을 주선해 준 왕가의 여성을 섬겼다. 그런데 이 에스파냐인의 보고서는 유감스럽게도 종교재판 시대에 나왔으며, 판토하 자신도 에스파냐에서 다시 '정상적인 삶'으로 복귀하기 전에 이러한 종교재판을 받아야 했다. 종교재판이라는 강압적인 상황에서 수없이 도피할 방법을 찾아야 했기 때문에, 판토하는 매우 중요한 여러 사실에 관해 침묵해야 했던 것이 분명하다.[68] 만약에 판토하 부부가 아들들을 낳았다면 이 아들들은 술탄의 궁정에서 경

19 족장 또는 수장을 의미한다. 아랍 세계에서는 흔히 왕공의 이름 앞에 붙이는 칭호로 쓰이기도 한다.

력을 쌓을 수 있었을 것이며, 에스파냐-우크라이나 출신 또는 에스파냐-러시아 출신이라는 배경에도 불구하고 보통의 오스만 제국 관료처럼 인식되었을 것이다.

이와 다른 경우들도 발견되는데, 적어도 17세기에, 때로는 그 이전에도 데브시르메 제도를 통해 이스탄불에 오게 된 같은 지역 출신의 관료들이 그러하다.[69] 또 다른 경우는 흑해 북동해안 지방에서 온 압하지야인들처럼 노예로 수입된 사례다. 이들은 1600년 이후로 오스만 제국의 상류층에서 일정한 역할을 수행했다. 그들이 이렇게 출신지별로 집단을 조직하고 그 조직을 유지하려면 고위 관료들의 가계가 결정적으로 중요했다. 이 집단 구성원들은 서로 도왔으며, 유사하게 조직된 다른 집단 구성원들과 고위직을 둘러싸고 경쟁했다. 가계들 사이에는 많은 인적 네트워크가 있어 한 베지르가 죽거나 총애를 잃으면 그의 하인들은 다른 가문으로, 때에 따라서는 심지어 술탄의 궁정으로 도피할 수도 있었다. 때로는 두 개의 거대한 분파가 형성되어, 발칸 출신 관료들이 캅카스 출신 경쟁자들과 맞서는 일이 벌어지기도 했다. 이는 데브시르메 제도와 노예 제도가 술탄에게만 의존하는 관료를, 다시 말해 개인주의적인 관료 사회를 만들지 않았음을 다시 한번 분명히 드러난다.

외부인들을 영입하기는 했어도, 오스만 엘리트층의 고위직 세계에서 인척 관계는 여전히 중요했다. 16세기 말의 세르비아에 주교구인 페치(페야)가 설립되었을 때, 대재상인 소콜루 메흐메드 파샤Sokollu Mehmed Paşa는 정교회 지도자였던 동생(조카였을 수도 있다.)을 새로운 교구장으로 정했다. 또한 원래 베네치아 출신이던 궁정의 고위 관리 가잔페르 아아Gazanfer Ağa는 환관이었기 때문에 가정을 꾸릴 수가 없었는데, 누이를 이스탄불로 불러 무슬림으로 개종하게 한 후 유력 인사와 '좋은 결혼'을 할 수 있게 했다. 당시에 많은 사람이 무라드 3세(재위 1574~1595)나 메흐메드 3세(재위 1595~1603)의 주변에서 활동하는 막강한 궁정 신하들과 인척 관계를 맺고 싶어 했기 때문이다.[70]

오스만 백성들의 결혼과 가정생활은 어떠했을까? 백성의 대다수를 차지했던 농촌 주민들에 관해서는 우리가 아는 것이 별로 없다.[71] 그 대신에 카디의 공문서를 토대로 해서 대도시와 소도시의 주민들을 조사한 중요한 연구가 있다. 여성들, 특히 결혼한 여성들도 이슬람법에 따르면 법적 주체였기 때문에(이는 오늘날도 마찬가지다.) 분쟁 사안이 있으면 카디를 찾아갈 수 있었다. 특히 도시 여성들이 지역 법원에, 때로는 술탄의 자문 위원회에도 호소하는 일이 빈번했는데, 이는 그 여성들에게 할당될 유산을 남성 친족들이 가로챘기 때문이었다. 그 밖에도 사실상 여성들이 남편에게 돈을 주고 이혼한 경우가 비교적 많이 발견된다. 여성들은 이혼할 때 자기에게 주어질 돈을 포기하거나, 심지어 남편이 자기 인생에서 완전히 사라질 수 있게 하기 위해 남편에게 일정 금액을 제공하기도 했다. 반면에 남편 측의 이혼 청구는 사료에서 거의 발견되지 않았다. 아마도 이혼을 원하는 여성들이 법원에 더 자주 가게 된 것은 혹시라도 이혼한 후에 전남편이 자기를 찾아와 괴롭힐 경우에 대비해 안전을 확보하려는 동기에서였던 것으로 추정된다. 우리가 그 이유들에 충분히 공감할 수는 없지만, 18세기 알레포의 카디 공문서에는 특히 여성들에 관한 많은 정보가 발견된다. 여기서 명문 가족들 사이의 관계에서 여성들이 차지했던 역할, 즉 공공 목욕탕에서 이루어진 사교 같은 '전형적으로 여성적인' 활동들에 관한 일부 사실이 알려졌다.[72]

유산 목록을 보면 최소한 아나톨리아와 이스탄불의 도시에서는 일부일처제가 관례였음을 짐작할 수 있다. 여성의 직업 활동은 눈에 거의 띄지 않지만, 특히 중요한 섬유 제조업이 자리 잡고 있던 도시에서는 임금노동을 하는 여성들에 관한 정보가 일부 존재한다.[73] 부르사에서는 비단을 직조하는 작업을 대개 여성들이 담당했으며, 이스탄불에서는 자기 가족을 위해서뿐만 아니라 고객에게 돈을 받기 위해 일하는 자수 노동도 있었다.

자발적 이주와 강제 이주

이미 15세기 무렵부터 술탄들은 새로 정복한 지역에서 빈번하게 인구 재배치를 지시했다. 이러한 인구 재배치와 재배치된 이주민들은 쉬르귄sürgün으로 불렸다. 메흐메드 2세는 전쟁으로 인해 주민 다수가 사망하거나 도주하고 노예가 됨으로서 매우 위축된, 옛 비잔티움 황제의 수도 콘스탄티노폴리스(이스탄불)를 다시 중요한 교역과 정치의 중심지로 만들려는 계획을 추진했다. 이를 위해서는 새로운 정착민들의 경제력이 매우 중요했다. 따라서 이스탄불이 명실상부한 이슬람적 중심 도시로 계획되었는데도 메흐메드 2세는 기독교도와 유대인들까지 이주시켰다. 사실 인구 재배치의 초기 단계에서 이스탄불은 발전 전망이 그리 밝지 않았으며, 재배치에 저항하는 움직임도 몇 차례 있었다. 이러한 상황을 벗어나기 위해 술탄은 우리가 앞서 살펴보았던 것처럼 교수와 학생들의 후생과 복지뿐 아니라, 많은 주민에게 일자리를 제공해 줄 수 있는 대형 재단들을 설립했다.[74] 술탄이 설립한 재단과 규모를 비교할 수는 없지만, 여러 베지르도 술탄의 예를 따랐다.

늦어도 16세기가 시작되면서 이스탄불은 오스만 제국의 백성들뿐만 아니라 멀리 있는 타국인들까지도 끌어들이는 자석과 같은 곳이 되었다. 페스트가 자주 창궐했는데도 이스탄불로 인구가 유입되는 현상이 너무나 심해지자 16세기 말에는 행정 당국이 이주를 제한하는 첫 조치를 취했다. 18세기와 19세기에는 이주 제한을 더욱 강화했지만, 달마티아와 크레타 같은 베네치아 식민지로부터 오는 이주의 물결을 계속 막지는 못했다. 17세기에 이스탄불의 해군 병기창 같은 곳의 일자리는 예전에 크레타섬의 베네치아 조선소에서 일하다가 하니아 부두가 폐쇄되자 실업자가 된 사람들에게 매력적이었다. 크레타 출신 기술자들은 오스만 병기창의 운영에 크게 도움이 되는 인력이어서, 지금까지 거기서 일하던 무슬림들이 오히려 밀려나는 현상조차 있었다.[75] 노동 이주를 일단 제외하면 특히 상황이 안 좋을 경우에 가난해진 많은 지방 사람들이 이스탄불로 모여들었다. 이 도시가 더 안전하며 어쩌면 구호금도 받을 수 있을 것이라는 희망에서였다. 반면에 중앙 행정기관은 이 가난한 지방 출신들을 될 수 있는 한 신속하게 그들의 고향으로 돌려보내려고 무진 애를 썼다.

인구의 강제적인 재배치와 정착은 지방에서도 드물지 않았다. 예를 들어 15세기에 오스만 제국이 새로 정복한 흑해 연안의 도시 트라브존의 엘리트들은 발칸에서 새로운 삶의 터전을 찾아야 했다. 오스만 당국이 추진했던 또 다른 대규모 인구 재배치 프로젝트는 1489년 이후로 베네치아의 지배하에 있던 키프로스를 정복(1570~1573)한 이후에 단행되었다. 정복 과정에서 이 섬은 심각한 피해를 입었는데, 이는 베네치아의 요새가 함락된 이후 많은 주민이 노예로 팔렸기 때문이다. 포로 명단에 따르면 1만 2000명 이상이 노예로 팔렸다. 상황이 이렇게 되자 행정 당국은 특히 중앙아나톨리아 지방과 남아나톨리아 지방으로부터 훨씬 많은 주민을 키프로스로 이주시키고자 했다. 그래서 각 마을과 도시 구역은 각각 이주 대상자를 스스로 결정하도록 위임받았다. 충분한 면적의 토지를 보유하지 못했던 농민 가족이 이주 대상자로 우선시되었다. 하지만 이웃 주민들과 불화를 겪거나 범죄를 저지른 사람들도 키프로스로 보내질 준비를 해야 했다. 기후 문제, 특히 매우 자주 등장하는 메뚜기 떼로 인한 문제는 차치하고라도, 일시적인 유배지와 같았던 이 섬의 특성 때문에 많은 새 정착민이 잠시 머물다가 다시 다른 곳으로 사라지곤 했던 것으로 보인다.[76]

원칙적으로 농민들은 경작지에 매여 있었기 때문에, 오스만 당국은 개인들이 자율적으로 이주하는 것보다는 술탄의 명령에 따라 진행되는 질서 잡힌 인구 재배치를 분명히 선호했다. 티마르 보유자이거나 왕령지 또는 종교 재단의 관리자일 수도 있는 지역 관리의 동의가 없이는 농민들은 마을과 농장을 떠날 수 없었다. 다른 한편으로 농민들은 농노가 아니기 때문에 예전과 다름없이 술탄이 임명한 지역 판사의 감독을 받았다. 이런 사실은 로마 제국 말기의 콜로나투스colonatus[20]와 부정할 수 없을 정도로 뚜렷하게 비슷해 보인다.[77] 도망친 '그의' 농민들을 찾아낸 관리는 판사 앞에서 그 농민들에 대한 자기의 권리를 입증해야 했는데, 그 농민들은 성이 없었기 때문에 증거를 제시하기가 절대 쉽지 않았다. 따라서 이주자가 주체가 되어 추진한 사실상의 이주도 드물지 않았다. 그러나 관청이 강제로 이주를 추진할 때는 체제의 논리상 이와 관련된 술탄의 명령에 의존해 그 효력을 발했다.

이처럼 백성들의 지리적인 분산 대부분은 이주의 결과였다. 물론 이를 정밀하게 반영한 인구 지도는 거의 없으며, 오스만 제국의 조세 목록을 토대로

—— 20 로마 제국 말기와 중세 초기에 소작인(콜로누스colonus) 또는 농노serf의 지위와 신분을 법률로 규정한 제도를 가리킨다.

해서 1520년 무렵의 발칸 지역 전체를 포괄해 작성한 단 하나의 인구 지도가 있는데, 이는 이미 50년도 더 지난 낡은 연구 성과다.[78] 이 지도는 발칸반도의 동쪽 절반이 비교적 인구밀도가 낮았으며, 유목민과 반유목민을 포함해 무슬림의 비중이 컸다는 사실을 보여 준다. 반면에 기독교도들은 발칸반도 서부의 산악 지대에 밀집해 있었다. 어떻게 해서 이런 분포가 형성되었는지는 확인하기 어렵다. 중세 후기 발칸의 왕국 대부분은 사료를 거의 남기지 않았기 때문에 우리는 악명 높은 전염병인 페스트가 당시의 인구 감소에 얼마나 책임이 있는지, 그리고 오스만 시대 이전에 일어난 수많은 전쟁이 많은 주민이 산악 지대로 도피하는 데 얼마나 책임이 있는지 알지 못한다. 마찬가지로 오스만 제국의 정복 전쟁이 이러한 인구 이동에 어느 정도로 공동 책임을 지는지도 판단하기 어렵다.

발칸반도에 거주하는 많은 무슬림의 민족적 기원에 관한 논쟁도 지루하게 계속되고 있지만, 이 역시 사료 부족 때문에 판단을 거의 내릴 수 없는 형편이다. 오늘날 보스니아와 헤르체고비나의 상황은 비교적 분명하다. 이 지역에 오스만 제국의 핵심 지역에서 이주해 온 제한된 수의 무슬림이 있다는 것은 분명하지만, 그곳에 거주하는 무슬림의 절대다수는 슬라브어를 사용하는 토착민들이다. 물론 교육받은 많은 보스니아인 무슬림은 오스만 튀르크어를 제2외국어로 사용했다. 오스만 튀르크어는 매우 자주 이용되어 지역 방언이 생겨날 정도였다. 이와 비슷하게 크레타섬에 거주하는 무슬림도 대다수가 그 지역 출신이었던 것으로 보인다. 이들은 계속 그리스어를 사용했고, 교육받은 계층만 튀르크어를 배웠다. 오늘날의 불가리아 지역에는 이슬람으로 개종한 불가리아인들이 있지만, 이미 15세기와 16세기에 이주해 온 유목민이나 반유목민들도 있었다. 하지만 오스만 당국으로서는 그들이 무슬림으로 태어났는지 아니면 무슬림으로 언제 개종했는지를 구별하는 문제에 별로 관심이 없었으며, 이 문제에 관련된 사료 역시 거의 없다. 그 밖에 근대 초기의 오스만 제국 내부에 있던 많은 기독교 공동체에서는 '튀르크인'과 '무슬림'을 동의어로 사용하는 것이 보통이었기 때문에 이 용어들을 민족에 관한 표현으로 해석해서는 안 된다.

'산악 지방으로 이주'하는 현상은 일부 아나톨리아 지방에서도 관찰된다. 16세기 후반과 17세기 초반에 발생한 군사 반란들이 이 지역의 수많은 마을을 황폐화시켰을 때였다. 이 지방들은 높은 세금과 방화, 약탈에 심하게 노출되어 있었기 때문에 주민들은 세금 징수자들이 쉽게 찾을 수 없을 정도로 진입이 어려운 외진 지역으로 도피했다. 산악 지방으로 이주하지 않은 사람들은 이스탄불 같은 도시로 갔다. 난민 가운데 젊은이들은 군인으로 입대해 출세의 행운을 잡으려고 한 경우도 있었다.

17세기 내내 제국의 전역, 특히 중앙아나톨리아의 많은 지역에서는 징수된 수확세 총액이 크게 감소했는데, 이를 통해 정착민의 수가 감소했다는 사실을 추정할 수 있다. 아나톨리아에서는 유목민과 반유목민이 정착민에게 비추어 보았을 때 세금 징수에서 항상 문제가 되었다. 유목민과 반유목민들은 납세자 명단을 작성하는 세무 관리들이 쉽게 찾아낼 수 없었기 때문이다. 물론 오스만 중앙 당국은 경쟁 관계인 이웃 이란과 달리, 부족 집단들에 제국 중앙 권력의 일부 지분을 위임해 주지 않았다. 그렇기 때문에 유목민 부족 집단의 수장들은 기껏해야 지방 차원에서 활동했으므로 그들의 정치적 야심은 제한적이었다. 농민들을 성실한 납세자로 여겼기 때문에 술탄 정부는 농민들이 될 수 있는 한 정착촌을 구성하고 그곳에 머물도록 장려했으며, 17세기 후반 이후로는 강제적인 수단을 쓰기도 했다.[79] 그러나 공식적으로 조직된 정착 계획들은 19세기에 와서야 비로소 제대로 작동했다.

오늘날 팔레스타인으로 불리는 지역에서 사막 가까이에 위치한 마을들은 16세기 후반 이후로 중앙정부의 관심이 점점 줄어들자 베두인들의 공격에 자주 노출되었다. 그 결과 주민들이 떠나고 많은 마을이 공동화되었다. 하지만 거의 같은 시기에 십자군 원정 이후로 맘루크 술탄이 군사적인 전략 때문에 주민들을 완전히 철수하게 했던 해안가에 새로운 정착촌이 형성되었다.[80] 전체적으로 보아 서부 아나톨리아와 팔레스타인 지방에서 교통이 유리한 지역의 인구는 어느 정도 유지될 수 있었던 반면에, 외곽의 농업 지역에서는 주민들이 떠났다고 볼 수 있다. 하지만 중앙아나톨리아는 인구 손실이 거의 '전 지역에서' 매우 크게 나타났다.

이 책에서 다루는 시기가 끝나 갈 무렵, 다시 말해 오스만 제국이 크림 전쟁(1774~1783)에서 패배한 후에 오스만 제국이 전쟁으로 빼앗긴 지역에 거주하던 무슬림들이 아직은 술탄이 지배하는 오스만 영토로 이주하기 시작했다. 피난민과 이주민은 대부분 19세기 후반과 20세기에 와서야 비로소 자기들의 거주지를 떠났지만, 크림반도의 타타르 귀족들은 이미 18세기 말에 이스탄불로 이주했다.

16세기와 17세기의 교역

오스만 제국 정부는 처음부터 화폐경제를 지향했다. 16세기의 결산서가 입증해 주듯, 일련의 세금과 공과금은 '서면'상의 납부뿐 아니라 실제로도 현금으로 납부되어야 했다. 화폐 유통을 중시한 이러한 실상은 의심할 바 없이 일반 시장들과 연시年市[21]들의 확산을 촉진했다. 중앙정부로부터 봉급을 받지 않고 중앙정부에 납부하는 것도 별로 없었던 티마르 보유자조차 자신과 병사들에게 물자를 공급해야 했으므로, 티마르 보유자들에게는 현물세로 받은 곡물의 재고를 판매하고 의복과 무기, 말 등을 구매할 수 있는 시장이 필요했다. 이런 상황을 고려할 때, 어째서 16세기 초의 등록 명부에 시장이 구역당 최소한 한 개는 공식적으로 등록되어 있었는지 이해할 수 있다. 그리고 이후 80년 동안 인구가 계속 증가하고 상업화가 확대되었기 때문에 시장의 수도 몇 배로 늘어났다.

많은 세금은 은화의 형태로 이스탄불 중앙정부에 흘러들어 갔다. 그러나 오스만 제국의 은광은 생산량에 한계가 있었고, 그 밖에도 지역에서 채굴된 은은 엄격히게 국가의 통제 아래에 있었다. 대외 교역을 통해 오스만 제국에 유입되는 은에 접근할 수 있는 사람도 소수였다. 그렇기 때문에 백성들은 전근대의 다른 제국들에서처럼 그들의 물건을 은의 유통량이 가장 많은 수도 이스탄불 같은 곳에서 판매하려고 시도했다. 사실상 이스탄불에는 오스만 제국 전역에서 생산된 상품들이 모여들었다. 1640년 무렵에 작성된 상세한 목

21 중세 이래로 열린 장터의 일종으로, 1년에 한 차례 수일간 지속된 시장이다.

록이 이런 상황을 잘 보여 주는데, 여기에는 이스탄불에서 유통되는 모든 상품과 그 가격이 함께 기재되어 있다. 16세기 말 무렵에 이스탄불을 방문했던 한 모로코인 관찰자는 그곳에서 구매할 수 있는 엄청나게 많은 상품을 보고 압도되었다.[81]

전반적으로 오스만 제국의 엘리트들은 상품 수출에 대해 다소 회의적이었으며, 거대한 제국의 내수 시장을 늘 우선으로 생각했다. 또한 무엇보다 술탄 궁정, 함대, 수도 주민의 수요가 안정적으로 충족되어야 했다. 이 분야에 정통한 저명한 학자[22]는 이러한 행태를 가리켜 '부양 철학provisionism'으로 불렀다. 이에 따르면 지역의 수요를 충당하고 남는 상품들만 수출 대상이 될 수 있었으며, 국내 상인뿐 아니라 외국 상인도 중요한 전쟁 물자는 절대 수출하면 안 되었다.[82] 물론 어떤 상품이 전쟁 물자로 중요한지는 시대에 따라 달랐다. 예를 들어 16세기에는 함대에 필요한 돛의 재료를 충분히 공급하기 위해 면직물 수출을 금지했다. 하지만 1600년 무렵에는 당국이 이 금지 조치를 점차 완화하다가 결국은 해제했다. 아마도 이 시기에는 한편으로는 오스만 함대의 규모가 줄어들었고 충분한 양의 면직물이 생산된 데다 다른 한편으로는 국가의 재정 여건에 더 많은 자금이 필요했기 때문이었을 가능성이 크다. 이런 상황에서 오스만 제국 정부로서는 면직물 수출에서 징수되는 세금도 매우 반가운 수입원이었다.

국가 재정 상황은 항상 우선적으로 고려되었다. 이는 장기적으로 볼 때 앞으로 경기가 좋아지면 세수가 증가할 것으로 기대되는 분야에서 우선은 즉각적인 수입의 일부를 포기하는 것이 현명하다고 판단될 때도 마찬가지였다. 흑해 서부 연안 지방이 이스탄불의 물자 공급을 떠맡은 것은 이 때문이었다. 그러나 우리가 이미 살펴보았듯이 지방의 곡물 생산자들은 그들이 공급한 물건에 대해 매우 낮은 가격을 지급받았다. 즉 국가 재정에 대한 고려가 이렇게 농업 분야에 대한 장기적인 투자를 막았던 것이다. 이러한 조치들을 전통이라는 명분으로 정당화하려는 뚜렷한 경향, 그리고 앞서 언급한 '부양 철학'과

22 오스만 제국을 연구하는 경제사학자 메흐메트 겐치Mehmet Genç(1934~)를 말한다.

'국고(국가 재정) 중심주의'는 국가가 백성의 경제적 삶에 관여하는 문제가 제기될 때, 오스만 관리들이 갖고 있던 기본 방침이었다.

오스만 상류층의 '부양 철학'은 상품의 가격을 어째서 시장에서 정하지 않는지, 행정적으로 정한 가격을 일상적으로 관철했는지를 설명해 준다. 이스탄불에서뿐 아니라 부르사와 에디르네에서도 어떤 해에는 가격뿐 아니라 물건의 질까지 매우 세세하게 지정한 것을 기록한 장부가 있었다.[83] 물론 지방에서는 대부분 제한된 특정 물품에만 정부가 지정해 고시한 가격을 매겼다. 다른 모든 경우에는 직업 조합의 장이 지역에 따라 적정한 가격을 얼마로 정할지에 관해 합의를 보았다. 상속품 명세나 다른 사료들에 기재된 가격들을 비교해 보면 주택은 오늘날의 잣대로 보아 비교적 저렴했음이, 의복과 마구, 말과 낙타는 매우 비쌌음이 드러난다. 반면에 당나귀 그리고 바퀴가 둘인 수레는 16세기의 아나톨리아 마을들에서 비교적 흔하고 저렴하게 구매할 수 있었다. 베틀 같은 도구도 그리 비싸지 않았다. 그렇지만 형편이 어느 정도 괜찮은 도시민 가정조차 18세기에 이르기까지 그리 충분한 양의 소비재를 보유하지 않았으며, 18세기 이후에는 더욱 그러했다.

반면에 오스만 궁정과 고위 관료들은 사치품을 즐겨 소비했다는 사실이 분명하게 드러난다. 이러한 사치품 대부분이 이란산 비단, 러시아산 모피, 잉글랜드산 모직물, 피렌체산 벨벳 또는 베네치아산 벨벳이나 수놓은 비단처럼 멀리 떨어진 외국에서 온 것이었다는 사실은 어째서 원거리 상인들이 우대받았는지를 설명해 준다.[84] 그들은 당국이 지정해 고시한 가격에 물건을 팔 의무가 없었고, 개인적으로 고객과 흥정해 거래할 수 있었다. 물론 이는 대상들에게만 적용되었다. 1600년 무렵에 베네치아 상인들이 이스탄불의 바자에 상점을 열고 그들의 물건을 소비자들에게 직접 판매하려고 시도했을 때, 이들과 경쟁 관계에 있던 지역 상인들은 즉각 이 계획을 저지하고 나섰다.

옛 문헌에는 오스만 제국의 무슬림 주민들이 '이교도들'과의 교역 또는 '교역' 그 자체를 아예 피했으며 상거래는 기독교도나 유대인들에게 맡겼다는 기록이 자주 발견되지만, 이 기록들을 모두 사실로 받아들이는 것은 비현실적일 것이다. 이처럼 세 종류의 유일신 종교를 믿는 상인들은 모두 16세기와 17세기에 정기적으로 당시의 교역 중심지였던 베네치아를 방문했다. 또한 이 시기에 오스만 국가기관들은 베네치아로 가는 도중에 강도를 만난 상인들이 배상을 요구하면 외교 경로를 통해 지원해 주고자 했다. 키프로스를 두고 벌인 전쟁 후인 1573년에 평화를 체결할 때 베네치아의 수장인 도제(통령 또는 원수)와 오스만 술탄은 베네치아인들이 아드리아해에서 활동하는 상인들의 안전보장을 책임지는 문제에 관해 합의했다. 그래서 베네치아 정부는 이른바 합스부르크 황제의 국경을 지키는 전사라고는 하지만 실제로는 해적으로 악명이 높던 이른바 우스코치uskoci들을 아드리아해안에서 철수시키고 내륙에 정착시키기 위해 1615년에서 1617년까지 합스부르크 제국과 소규모 전쟁을 치르기까지 했다.[85] 다른 대안은 술탄 함대가 상인들을 직접 보호하기 위해 개입하는 것이었는데, 베네치아의 시뇨리아[23]는 그 어떤 경우에라도 이를 저지하고자 했다.

물론 이스탄불의 관료들은 백성들에 대한 공격이 바로 술탄에 대한 공격이라고 여겼기 때문에, 오스만 제국 영토 밖에서 오스만 상인들을 보호하는 것을 매우 중시했다. 그러나 수입 물품들과의 경쟁에 맞서 국내 생산자들을 보호하려는 시도는 없었다. 오스만 상류층은 국내시장에서의 낮은 가격을 술탄의 사업 추진을 위한 기본 조건으로 인식했기 때문에, 일시적으로라도 특정 상품의 가격 상승을 초래할 그 어떤 조치도 취하지 않았다.

도시의 종교 생활과 문화

오스만 중앙정부의 시각에서 볼 때 도시는 제국의 구조에 없어서는 안 되는 부분이었다. 세리들은 현물로 거두어들인 세수를 도시에 비축했고, 백성들은 자기들이 생산한 곡물을 화폐로 바꿀 수 있는 시장을 도시에 열었기 때문이다. 그뿐 아니라 종교 생활의 영위나 술탄 권력의 과시가 도시 바깥의 지방에서보다 도시에서 더 수월했기 때문이기도 했다. 설교 단상 그리고 높

—— 23 중세와 근세의 사이인 14~15세기에 이탈리아의 북부와 중부에 있는 여러 도시국가에서 나타난 통치 기구다. 시의회의 형태를 띠기도 하고 사실상의 참주정 역할도 하는 등 도시마다 형태나 기능이 달랐는데, 베네치아의 시뇨리아는 도제가 포함된 최고 의결 기구였다.

은 첨탑인 미너렛을 갖춘 이슬람 사원들은 거의 도시에만 있었으며, 오직 그곳에서만 금요 기도회를 열 수 있었고, 그 기도회에서는 모든 이슬람 세계에서 최고 지위의 상징인 술탄의 이름이 언급되었다. 시골 마을에 사는 주민들은 아마 단순한 기도실(메스지트mescid)이나 데르비시 수도원에서 기도를 드렸을 것이다.

대부분의 도시에는 이슬람 사원 옆에 법학자와 신학자를 교육하기 위한 아카데미인 마드라사들도 있었다. 물론 지방에 있는 마드라사를 졸업한 사람들은 정규직으로 취업할 가능성이 적었다. 그들에게는 중앙의 권력을 위해 일할 수 있는 출세의 기회가 대개는 막혀 있었다. 중앙관청에서 일하려면 적어도 부르사나 에디르네에서 공부해야 했고, 좀 더 정확히는 이스탄불에서 공부하는 것이 제일 유리했기 때문이다. 그들이 생계를 꾸려 갈 수 있는 희망은 오직 지역의 공공 종교 재단에서 기도 제창자나 관리자 또는 설교가로 일하는 것이었다.

데르비시 수도원은 제국에 널리 확산되어 있었는데, 그곳에서는 몇몇 이슬람 대가가 영주하면서 신비한 방식의 삶을 살았다. 그뿐 아니라 데르비시 수도원은 많은 도시민에게 '퇴근 후'에 열리는 기도회에 참가할 기회를 제공했다. 시골에도 데르비시 수도원은 널리 퍼져 있었다. 어떤 지역들에서는 마을 주민 전체가 자기들을 한 데르비시 성인의 후손으로 여겼다. 이들 수도원 가운데 몇몇은 중요한 장서각을 보유하고 있었기 때문에 이들의 서적 문화도 엿볼 수 있게 해 준다. 특히 루미의 신봉자들에게는 종교적 시의 암송과 연주 그리고 춤이 예배의 정해진 구성 요소였다. 후자와 같은 행위를 매우 반대했던 법학자와 신학자들은 특히 17세기에 메블레빌리크 수도회의 신봉자들을 매우 적대시했다. 하지만 이 집단은 18세기 후반에 이르러 음악 애호가였던 셀림 3세Selim III(재위 1789~1807)의 보호하에 새로운 전성기를 누렸다.

간혹 여성이 설립자인 적도 있지만, 대부분의 데르비시 수도원은 일생의 행적을 통해 현지에서 성인으로 명망을 얻었던 남성이 설립했다. 하지만 한 성인이 죽은 후 그의 제자나 후손들이 수도원의 분원을 설립하는 경우도 있었다. 오늘날 하즈벡타슈에 있는 벡타시 중앙 수도원은 하지 벡타시 벨리Haji

Bektash Veli가 죽고 나서 한참이 지난 뒤에야 설립되었다. 메블레빌리크 수도회의 초기 발전 단계에는 루미의 한 후손이 북아나톨리아의 토카트에서 활동하다가 그곳에 수도원을 설립했다. 수도회 지도자인 셰이크의 지위는 보통 아버지에서 아들에게 승계되었다. 소속된 종교 재단의 재정 관리도 마찬가지로 상속될 수 있었으며, 경우에 따라 여성 후손에게 돌아갈 수도 있었다.

많은 셰이크는 자기들의 정신적 계보뿐 아니라 혈통적 계보가 기록되어 있는 상세한 가계도를 통해 자기들의 지위를 정당화했다. 궁극적으로 그들이 지닌 정당성의 뿌리는 예언자 무함마드 혹은 예언자의 동지들에게서 나왔다. 물론 이들 문서에 여성들은 보이지 않는다. 16세기에 그려진 베네치아의 수많은 가족 초상화처럼 데르비시 셰이크의 가계도는 하나의 세계관을 반영했다. 그곳에서 남성들은 오직 남성들에게서 유래했다.

아나톨리아와 시리아, 이집트의 여러 데르비시 수도원은 그 기원이 오스만 시대 이전까지로 거슬러 올라간다. 만약 오스만 술탄들이 이들 수도원의 존재와 재단의 재산을 함께 인정해 주었다면 그들은 의심할 여지없이 개인적인 신앙심에서 그렇게 한 것이었다. 이 신성한 남성 수도자들은 초기 오스만의 궁정에서 높이 존경받았다고 전제할 수 있기 때문인데, 이 사실은 16세기 후반의 사례에서도 입증된다. 그 외에도 종교 재단들은 '영원을 위하여'라는 원칙 아래에 설립되었다. 그 재단들은 이슬람법의 특별한 보호를 누렸으므로, 지역의 법학자나 신학자들은 확고하게 그 재단들을 지원해 주었다.

그 외에도 초기 술탄들은 이슬람 세계의 외곽인 아나톨리아의 소군주로서 종교적 정통성이 빈약했기 때문에, 이미 확고한 뿌리를 가진 종교적 인물들의 호의를 확보해야 할 충분한 이유가 있었다. 그래서 그들은 몇몇 데르비시 수도원과 긴밀한 관계를 유지했다. 메흐메드 2세가 생애 마지막 시기에 이와 정반대되는 정책을 추구하고 봉급을 티마르로 지급하기 위해 수많은 종교 재단을 해체했지만, 후계자인 바예지드 2세는 이 조치를 신속히 철회하는 것이 옳다고 판단했다.

오스만 제국 당국으로서는 설립된 지 오래된 데르비시 수도원들을 후원해야 할 여러 가지 실용적인 이유가 더 있었다. 손님 환대는 높이 평가받는 덕목이었기 때문에 어떤 데르비시 셰이크들은 자발적으로, 그리고 신의 보상을 받기 위해 손님을 환대하는 전통을 지켜 왔다. 그런데도 술탄들은 알려지지 않은 어느 시점에 가도 근처에 있는 데르비시 수도원들이 여행자들을 받아들여 숙박을 책임지게 하는 조치를 시작했다. 조치를 따르는 대가로 데르비시 수도원들은 여러 세금을 면제받을 수 있었다. 숙박업소가 없었던 세계에서 여행자의 수용은 중요한 사회적 기능이었기 때문에, 18세기 말에도 데르비시 수도원의 몇몇 관리자는 자기들이 이러한 과제를 충실히 수행했음을, 또는 그들의 경쟁자들이 여행자를 환대하는 의무를 게을리 했음을 입증하기 위해 노심초사했다. 그 밖에 오스만 제국의 지배하에 새로 건립된 데르비시 공동체도 같은 의무를 수행해야 했다.

발칸 지역 등지의 기독교 정교회 시민들은 그들이 다니는 성당을 중심으로 그룹을 형성했다. 그들은 이스탄불 총대주교구와 안타키아(안티오케이아), 알렉산드리아, 예루살렘의 주교구 세 곳에 중앙 조직을 갖고 있었다. 정교회는 그들의 종교적 중심지가 오스만 제국 영토 안에 있었기 때문에, 예루살렘에 있는 성묘 교회의 이용을 둘러싸고 매우 빈번하게 일어난 갈등처럼, 다른 기독교파들과 갈등이 발생하면 술탄의 관청에 지원을 요청할 수 있었다. 궁극적으로 아르메니아 사도 교회의 총본산은 사파비의 지배 영역인 에치미아진에 있으며, 제국의 기독교도 백성 가운데 소수를 차지하는 가톨릭은 오스만 술탄의 '숙적'인 교황의 백성으로 여겨졌기 때문이다. 18세기에는 그리스어 사용 지역에서 정교회 신자들을 감독하던 방식이 아랍어 사용 지역에도 확립되었다. 그러자 알레포의 정교회 신자 대부분이 가톨릭으로 개종했다.[86] 여기에는 여러 가지 이유가 있겠지만, 무엇보다 정교회의 중앙집권화 시도에 맞서 공동체 내에서 자기들의 발언권을 확보하려는 의도가 중요했다.

아마 그 이전에도 그랬겠지만, 특히 18세기에는 정교회에 속한 시민들이 지역 교회들과 협력해 자녀들을 위한 학교를 설립했다. 때때로 오스만 관청이 이를 금지했다는 주장도 있지만, 사실은 그렇지 않았다. 심지어 베네치아에서 그리스어 서적을 수입하는 것도 명시적으로 허용되었다. 하지만 정교회 성직자들은 제도적으로 세미나 혹은 신학부에서 교육받을 의무가 없었으므로,

이스탄불에 있는 총대주교구의 학교에서 공부하는 사람의 수는 많지 않았다. 서유럽 여행자들이 집필한 책에 무지한 정교회 지도자들에 관해 빈정거리는 내용이 자주 등장했던 원인이 바로 여기에 있었다.

오스만 제국의 유대인들은 거의 항상 테살로니키와 이스탄불에, 그리고 17세기 이후로는 이즈미르 같은 대도시들에 주로 살았다. 메흐메드 2세가 그리스어를 사용하는 오래된 이스탄불 지역 유대인 공동체를 재정립하는 동안, 발칸과 아나톨리아의 다른 도시들에 살던, 주로 에스파냐와 포르투갈, 이탈리아에서 온 유대인들도 이스탄불로 이주했다. 새로운 이주자들은 매우 다양한 종교적·법적 전통을 가진 지역 출신이었다. 특히 이스탄불에서는 이로 인해 의견 충돌이 자주 발생했는데, 이는 16세기에 다양한 랍비 추종자들 사이에서 격렬한 갈등으로 발전하기도 했다.[87] 우리는 지역 랍비들이 작성하고, 오늘날 근대 언어로 번역되어 있는 많은 법적 소견서를 통해 오스만 유대인들의 생활에 관해 알게 되었다. 이 법적 소견서들 외에도 18세기 이전에 오스만 백성 가운데 유일하게 서적 출판과 관련된 기술을 실제로 활용했던 유대인들은 많은 책을 출간해 남겼다. 물론 당시에 그들은 종교적 내용을 가진 서적들만 인쇄할 가치가 있다고 여겼다.

16세기 중반 이후로 무슬림에게서뿐 아니라 오스만 제국 안팎의 기독교도들에게서도 발견될 수 있는 세기말적 흐름은 17세기 중엽의 오스만 유대인에게도 영향을 주었다. 이즈미르에서는 사바타이 제비Sabbatai Zevi가 메시아로 등장했다. 물론 지역의 랍비들은 그의 주장을 거세게 거부했지만, 오스만 제국 안팎의 많은 유대인 공동체에는 제비를 신봉하는 추종자들이 있었다. 이들은 회개하고 세상의 종말을 예비하기 위해 자기들의 모든 일상 활동을 포기하는 일이 드물지 않았다. 그러자 메흐메드 4세는 제비에게 '처형'과 '이슬람으로의 개종' 가운데 하나를 선택하도록 요구했는데 그는 후자를 택했다.[88] 제비의 많은 추종자도 그를 뒤따라 이슬람으로 개종했다. 그들은 그리스가 (1912년에) 테살로니키를 합병하자 이스탄불로 이주했던 특이한 집단이었으며, 몇몇은 그들의 특이한 정체성을 오늘날까지 유지하고 있다.

랍비의 법적 소견서는 유대인 사회를 넘어 당시의 사회 상황과 가치관에 관한 많은 정보를 전해 준다. 예를 들어 한 법적 소견서는 약혼을 파기하려고 했던 한 젊은이에 관해 알려 준다. 그 젊은이가 약혼을 파기하기로 결심한 이유는 예비 신부가 술탄에 의해 강제로 이주된 사람(쉬르귄)이라는 것을 알게 되었기 때문이다.[89] 이 사례를 통해 우리는 현지의 비유대인들도 강제 이주자들과 결혼하는 것을 망설였을 것으로 짐작할 수 있다. 술탄에 의해 강제로 이주된 자들은 지정된 지역을 이탈할 수 없기 때문에 현지의 비유대인들이 강제 이주자와 결혼하면 그들 역시 강제 이주자와 함께 그 지역에 발이 묶인다는 점 때문이다.

도시민들의 생활상과 노동 현장

오스만 제국의 도시 계획에서 특징적인 사항은 일반적으로 사업 지구와 주거 지구가 따로 분리되어 있었다는 점이다. 도시 중심부의 중앙 사원 옆에는 돔형 천장으로 덮인 상가 중심지인 베데스텐을 포함한 시장들이 있었다.

늘 그랬던 것은 아니지만, 동일한 업종에 속하는 수공업자들의 상점은 주로 분야별로 할당된 거리에 모여 있었다. 주거 지구에는 빈곤층과 부유층의 주택들이 구별되지 않은 채 나란히 있는 경우가 많았다. 하지만 늦어도 17세기에는 일부 주거 지구에 부유층 구역이 따로 형성되었다. 특정 종교와 사회 집단의 구성원들은 그들끼리 가깝게 모여 사는 경우가 많았지만, 이들을 구별하는 경계선이 어디서나 그렇게 뚜렷하지는 않았고 어떤 도시에서는 무슬림과 비무슬림이 같은 구역에 섞여 사는 경우도 있었다. 이슬람 사원이 신축되면 그 주변에는 새로운 무슬림 주거 구역이 조성되었다. 이미 언급했듯이 이슬람법이 근본적으로 비무슬림 사원의 수리는 허용하지만 신축은 허용하지 않았기 때문에, 새로 조성된 비무슬림 주거 구역에서는 그들의 사원 문제를 어떤 방식으로든 해결해야 했다.[90]

오스만 제국의 도시민 대부분은 한 가지 수공업 기술을 활용하거나 정원과 포도밭, 또 다른 경작지에서 일함으로써 생활에 필요한 수입을 얻었다. 대도시의 수공업자들은 대부분 동업조합을 조직했는데, 이 조직들은 적어도 17세기에는 각각 한 명의 최고 연장자가 보조원들과 함께 관리하는 방식이 전형

—— 남서부 아나톨리아에 있는 마을인 엘말르의 한 거리. 이 거리의 집들은 아마 19세기 후반 또는 20세기 초반에 지어졌지만, 그 이전 시대의 서부 아나톨리아식 도시 주택의 특징도 함께 보여 준다. 아래층은 막돌로, 위층은 목골조로 지어졌으며, 돌출된 창과 거리로 난 많은 창문은 높은 위치에 배치되어 이 집에 사는 사람들은 거리를 내려다볼 수 있지만 행인들은 안을 들여다볼 수 없게 한다. (Wikimedia Commons, © Elmalili)

적이었다. 상인 조합들도 존재했으나, 그들의 활동은 그렇게 자주 드러나지 않았다. 유감스럽게도 우리는 경제활동은 있지만 기본적으로 반半농촌이었던 수많은 작은 지역에서도 동업조합들이 활동했는지, 그 조직은 어느 정도였는지에 관해서는 알 수가 없다. 1850년 이전의 시기에 관해서는 지역적 출처가 분명하게 밝혀진 사료 대부분이 대도시나 중형 도시들에 집중되어 있기 때문이다.

동업조합이 형성된 역사에 관해서는 알려진 바가 별로 없다. 수공업자들 사이에서 기꺼이 복사되고 회람되던 도서들을 토대로 하면, 적어도 '사상적인' 영역에서는 동업조합이 중세 후기의 아나톨리아 도시들에서 중요한 역할을 했던 남성 동맹(아힐리크ahilik)과 어떤 관련이 있었다고 추측할 수 있다. 이 동맹들은 자기들의 목표를 설정할 때 이슬람의 문화와 윤리로부터 뚜렷한 영향을 받았다. 물론 적지 않은 동업조합에는, 특히 이스탄불의 동업조합에는 다양한 종교를 믿는 회원들이 포함되어 있었다. 그 밖에도 동업조합들은 대부분 1550년 이후에야 좀 더 뚜렷하게 모습을 드러내기 시작했던 반면에, 아힐리크의 활동을 보여 주는 단서들은 15세기 중반 이후로 거의 사라졌다. 이러한 현상은 부분적으로는 사료 부족 때문이라고 볼 수도 있지만, 다른 한편으로는 동업조합들이 아힐리크와 같은 비공식적 동맹체에서 어떤 특성을 가진 집단 조직으로 매우 천천히 변모해 간 것으로 추정할 수도 있다. 이 모든 현상을 종합해 보면 아힐리크가 동업조합의 형성에 중요한 역할을 했다는 사실이 드러난다. 특히 제혁공들에게서 전반적으로 그런 현상을 발견할 수 있는데, 사라예보의 제혁공들이 특히 그러했다. 하지만 오스만 제국의 동업조합 전체에서 아힐리크의 영향력은 대개 간접적이었기 때문에 그것을 과대평가해서는 안 될 것이다.[91]

대략 1600년 이후에는 동업조합의 최고 연장자들은 그들이 감독하는 장인들에게서 인정받아야 했을 뿐 아니라, 적어도 이스탄불에서는 중앙관청의 임명도 받아야 했다.[92] 우리는 18세기에 군인들이 자기들의 봉급을 포기하는 대신에 동업조합 최연장자의 지위를 얻었던 사례들을 안다. 이러한 현상은 이미 논의했던 것처럼 군인들이 점차 상업과 수공업의 영역에 진출했던 것과 분명히 밀접한 관계가 있다. 그러나 이런 경우에도 동업조합의 장은 장기적으로 보아 동업조합 장인들의 수동적 동의를 얻을 수 있을 때만 자기 지위를 유지할 수 있었다. 수공업자들은 경쟁적인 동업조합과 분쟁이 발생하면 이에 대한 판단을 받기 위해 카디에게 가는 경우가 많았다. 그 밖에도 고객들이 장인에게 주문했던 각종 물건의 품질 때문에 카디에게 민원을 제기하면 해당 수공업자 조직의 최연장자나 경험이 풍부한 장인들은 카디에게 동업조합의 관습이나 각종 기준에 관한 정보를 전달해 줄 수 있어야 했다. 이런 일이 발생하면 카디의 서기들은 보통 구술로만 전해 내려온 관련 수공업 규정들을 자기들의 자료 목록에도 문서로 기재했다.

아랍 지역의 동업조합들은 역사가들에게 특별한 문제들을 던진다. 그들은 중세의 시리아와 이집트에는 이러한 형태의 조직이 없었다고 생각한다. 그러나 17세기에는 카이로나 알레포 같은 대도시들뿐 아니라 예루살렘 같은 비교적 작은 도시들에도 동업조합이 이미 널리 확산되어 있었다. 이 도시들처럼 무슬림, 유대인, 기독교도로 이루어진 순례자들이 모여드는 중심지에 있었던 동업조합들은 카디의 자료 목록에 아주 잘 기록되어 있어, 이들과 같은 일련의 조직에 관한 짧은 단행본이 나올 수 있을 정도였다.[93] 그런데 아랍 지역의 동업조합들이 오스만 중앙관청의 직접적인 명령에 따라 설립되었다는 증거는 전혀 없다. 그리고 동업조합과 관련된 용어를 사용한 흔적이 매우 희미하기 때문에 그들의 역사 형성에 관해 세부적인 주장을 펼칠 수도 없다. 기록에 등장하는 동일한 표현들은 단순한 상점이나 제대로 조직되었던 동업조합 모두에 적용될 수 있다. 새로운 사료를 발견할 때까지 이 문제는 미해결로 남을 수밖에 없을 것이다.

수공업 분야에서 활동하지만 동업조합에 가입하지 않았던 도시민 중에는 도제들과 직인(칼파kalfa)들이 있다. 그런데 직인들은 어느 장소와 어느 시대에나 존재했던 것은 아니다. 도제들과 직인들이 동업조합에 가입하지 않은 것은 오직 장인들만 동업조합에서 발언권이 있었기 때문이다. 다양한 섬유 업종에서 일하는 여성들을 제외하면 15세기와 16세기에 비단과 면직물의 중심지였던 부르사에서는 적지 않은 수의 노예가 일하고 있었다. 물론 다른 분야에서는 노예가 수공업 직공으로 일하는 것은 흔한 일이 아니었다.[94] 그런데도 16세기의 마지막 사분기에는 이른바 '이윤 압축profit squeeze' 현상이 나타났다. 다시 말해 유럽에서 이란산 생사에 대한 수요가 증가해 재료의 가격이 폭등했지만, 정작 생사를 구입해 견직물을 만드는 부르사의 제조업자들은 전반적인 경기 침체와 오스만 엘리트들의 압력 때문에 견직물 가격을 인상할 수 없어서 손실이 계속 증가한 것이다. 그러자 제조업자들은 이제 노예를 구매하는 대신에 저임금으로 자유인 노동자들을 고용하는 방향으로 고용 전략을 전환했다. 이 전략은 16세기에 전반적으로 인구가 증가했기 때문에 가능했다. 1600년 이후에 부르사의 면직물 제조업이 회복된 것은 당시에 부르사 인근에서 양잠업이 시작되었고 주요 생산품을 제조 비용이 적게 드는 직물로

전환했을 뿐 아니라 저렴한 임금으로 고용할 수 있는 자유인 노동자가 늘어난 덕분이었다.[95]

여러 차례의 전쟁은 농업 생산이나 수공업 생산 모두에 심각한 문제를 초래했다. 이미 16세기 후반에 군인들이 일으킨 반란들은 여러 지역을 심각한 빈곤으로 몰아넣었다. 또한 16세기와 17세기, 18세기가 지나면서 전쟁을 수행하는 비용이 계속 상승했기 때문에 이를 충당하기 위해 세금이 인상되고, 그 결과 주민들의 소득이 감소해 소비가 현저하게 줄어들자 본격적인 경기 침체가 점점 더 자주 발생했다. 대大튀르크 전쟁(1683~1699) 기간과 1714년에서 1718년까지 이어진 전쟁 기간에 경제 인프라가 제대로 관리되지 못했기 때문에 대외 교역이 대폭 침체된 것이 바로 그 좋은 예다. 그렇기 때문에 파사로비츠 조약(1718)이 체결된 후에 아흐메드 3세(재위 1703~1730)와 대재상 다마트 이브라힘 파샤Damat İbrahim Paşa는 교역로 확보에 역점을 둔 경기 재건 정책을 추진했다. 종교 재단도 설립되었고, 더는 활용되지 않던 이슬람 사원이나 학교도 재건되었다. 이는 분명히 더 많은 일자리를 만들려는 의도에서였다. 그 결과 실제로 많은 분야에서 경기가 회복되었고, 파사로비츠 조약의 체결 이후 약 40년간 제한적이기는 하나 분명히 괄목할 만한 경제 발전이 이루어졌다.

촌락 사회

아나톨리아의 앙카라와 부르사, 시리아의 다마스쿠스, 이집트의 카이로 같은 많은 지역 중심 도시에는 뛰어난 수공업 제품이 많이 모여들었으며, 그 제품들은 앞서 언급한 어려움에도 불구하고 지역을 넘어 널리 거래되었다. 이 도시들의 생산자와 상인들은 주변 촌락들과 인근 소도시의 주민들을 납품업자로 만드는 법도 터득하고 있었다. 앙카라의 수공업자들은 먼저 인근 촌락들에서 실을 뽑고, 때로는 직조까지도 한 양모를 염색하고 펴서 볕에 말렸다. 17세기 이후로는 부르사 주변의 농촌 지역에서 많은 양의 생사를 생산하면 도시 수공업자들이 이를 가공했다. 알레포 주변의 작은 지역들에서는 비누 제조자들이 활동했는데, 그들의 생산품은 도시에서 활동하는 염료 노동자들에게도 매우 중요했다.[96] 다시 말해 이런 경우들은 도시의 시장경제와 화폐경제가 주변의 촌락 주민들에게까지 영향을 미치기 시작한 것을 보여 준다. 반면에 외진 지역에 거주하는 농촌 주민들은 자기들이 생산한 물품으로 자기들의 수요를 충당하거나 가까운 주의 수도에 물자를 공급했을 뿐이다. 운송비가 비싸기 때문에 식량 위기가 왔다고 해도 외부의 물자를 해안에서 멀리 떨어진 마을들로 가져오는 것은 불가능했다. 마찬가지 이유로 수확량이 많아도 그 농촌들의 잉여 물자를 외부, 즉 이스탄불에 보급할 수는 없었다.

지방에서 생산 활동과 사회 공동체를 구성하는 기본 단위는 세습 임차권이 있는 농지를 보유한 농민 가족이었다. 농민들은 토지를 매도할 수는 없었지만, 지역 관리의 승인하에 관심이 있는 사람들에게 돈을 받고 임대해 줄 수는 있었다. 물론 이런 농지는 자기가 완전한 소유권을 갖는 정원이나 주택보다 저렴했다. 공동체의 기초에 관한 공공 규정에 따르면, 농부가 아들이 있을 경우 아들들이 농지 경작권을 이어받게 되어 있었다. 하지만 현실은 이와 다른 경우가 많았다. 많은 가구가 각 지역에 지정된 농지 가운데 극히 일부만을 경작했다. 이슬람법은 농지를 분할해 상속하는 것을 공식적으로 금지했으나, 임차지에는 그 규정이 적용되지 않았기 때문이다. 인구 증가가 있던 시대에는 그러한 분할이 본격적으로 시행된 것 같다. 따라서 늦어도 16세기 후반 이후에는 많은 지역에서 아들이 없으면 딸들도 임차한 농지를 인수할 수 있었다.[97] 이는 국가가 농가들에 어느 정도 양보한 조치였다. 사망한 농민이 자기 농장에서 땀 흘려 노동한 결실인 유산을 남은 가족에 상속하지 않는 것은 부당하다는 논리가 흥미롭게도 이러한 양보 조치의 근거였다. 발칸 지방에서는 사망한 농민의 토지를 그의 아내가 계속 경작하는 사례도 발견되었다.

예전에는 17세기 이후로 발칸과 아나톨리아에 형성되었던 대농장들이 경제적으로 중요했다고 판단했지만, 오늘날의 연구는 그 중요성에 의문을 제기한다. 특히 우리는 이 농장들이 농산품을 유럽에 수출하는 데 일반적으로 어떤 역할을 했는지 그 연관성을 발견할 수 없다. 대농장 소유주들은 이스탄불에 공급할 곡물의 일부를 경작하기는 했지만, 지역 농민들의 농지 소유권을 차지해 버림으로써 지역 농민들을 소작인이나 일용 노동자로 전락시켰던 사실상의 지주였을 뿐이다.[98] 대농장 소유주들은 1년 내내 쓰는 노동력으로는 노예를 고용하는 경우도 많았다. 오스만 제국이 정복 전쟁을 활발하게 전개한 16세기에는 노예 가격이 일시적으로 저렴해져 부농들도 노예를 거느리는 경우가 있었다. 하지만 중앙정부는 농민들이 사실상 토지 소유권을 상실해도 이것을 '합법적'인 상황으로 인정해 주지 않았기 때문에 특히 아나톨리아에서는 형식적으로 가족 기업이 계속 농업의 지배적인 형태였다.

오스만 제국, 특히 중앙아나톨리아 지방과 동부 아나톨리아 지방에는 정착 농민들 외에 기후 조건에 따라 양이나 낙타 혹은 말을 사육하던 유목민이나 반유목민들이 사는 지역이 많았다. 국가가 유목민들에게 과세하는 것이 현실적으로 어려웠기 때문에 그들의 재산 상태에 관해서는 별로 알려진 바가 없다. 정착민과 유목민들은 농산물과 육류 제품을 서로 교환했다. 이러한 교환은 유목민과 농민들이 여름철 목초지에서 공동으로 열었던 장터들에서 이루어졌다. 이런 사실을 보면 '사막과 파종'[24] 사이에 항상 갈등이 있었다고 가정하는 견해는 지나치게 광범위하다. 이 표현은 사막과 농촌이 공존하는 현지의 지리적 조건을 한눈에 엿볼 수 있도록 인상적으로 표현했기 때문에 (그가 영국 제국주의를 위해 근무한 기간보다 훨씬) 오랫동안 널리 회자되었다. 그러나 다른 한편으로 오스만 제국의 여러 문서고에 농민들이 유목민의 침입에 대해 고발했던 많은 자료가 보존되어 있기 때문에, 양자의 관계를 지나치게 평화적으로 생각해서도 안 된다.

이집트의 촌락 사회는 보통 오스만 제국의 경우와는 다른 특징들을 보여준다. 1517년에 오스만 제국이 이집트를 정복한 후 그동안 맘루크 술탄이 징수해 오던 이크타라는 세금이 사라지고, 한동안 오스만 제국에서 파견한 관료들이 세금을 직접 징수했다. 그러다가 나중에는 오스만 제국의 다른 지역과 마찬가지로 세금 청부제가 도입되었다. 그런데 이곳에서는 다른 오스만 영토에서 시행되던 티마르 제도가 전혀 시행되지 않았으며, 오스만이 정복하기 전인 맘루크 시대의 다른 제도도 계속 유지되었다. 예를 들어 대부분 마을에

24 영국의 작가이자 여행자, 정치 자문관인 거트루드 벨Gertrude Bel이 1907년에 출간한 책에서 사용한 표현이다.

서는 수공업자들이 농민들에게 기술과 작업을 제공하면, 그 대가로 농민들은 농산물의 일부를 제공하는 교환 방식이 일상적이었다. 그들은 이런 식으로 시장과 연결되어 있었다. 다른 한편으로 이 시기의 경기가 15세기의 위기에서 벗어나 점차 회복하기 시작하자, 사탕수수 재배에 투자하고 이와 관련해 여러 지역에 새로운 시장을 개척하는 상인들도 등장했다.[99] 다시 말해 최소한 오스만 제국이 통치한 첫 100년 동안에는 경제적으로 보아 결코 퇴보한 것이 아니라 오히려 분명한 경제적 팽창(경제성장)이 있었다고 볼 수 있다.

4 오스만 제국과 그 너머의 세계

발칸반도에서의 영토 확장, 지중해 동쪽에서의 베네치아인 축출, 훗날 합스부르크 제국과의 장기간 갈등은 근대 초기 오스만 제국의 역사에서 분명히 결정적 요인들이었다. 하지만 적어도 16세기에는 이란과 북아프리카, 그리고 제한적으로는 중앙아프리카뿐 아니라 인도양의 인접 국가들도 오스만 제국의 정치와 교역에서 중요한 역할을 수행했다. 물론 여기서 '동방'과 '서방'은 쉽게 분리될 수 없었다. 오스만 제국이 홍해에 진출할 때 인도양까지 진출한 것은 적어도 부분적으로는 포르투갈 때문이었다. 포르투갈인들이 이 지역의 교역을 리스본의 통제 아래에 두고, 될 수 있으면 이슬람의 성지인 메카와 메디나까지 정복하려고 한 것이 오스만 제국에 자극제가 되었던 것이다. 반면에 오스만 제국이 북아프리카로 진출하게 된 것은 카를 5세의 에스파냐가 튀니스 방향으로 팽창하려는 시도를 강화한 것, 그리고 포르투갈의 아비스 왕조를 대표하는 마지막 군주 세바스티앙Sebastião이 모로코 방향으로 영토 확장을 시도한 것과 매우 밀접한 관계가 있다. 그렇지만 오스만 제국이 이란 방향으로 진출하게 된 데는 유럽 국가들과의 연관성이 별로 영향을 미치지 않았다. 이란의 샤와 유럽 국가들 사이에 오스만 제국에 맞서는 경제적·정치적 동맹을 체결하려는 시도가 있기는 했지만, 아무런 구체적 결실도 맺지 못했기 때문이다.[100] 그리고 오스만 제국의 지배층이 동아시아와 직접적인 관계를 맺는 일은 드물었다. 궁정과 부유층에서 높이 평가되었던 중국산 도자기는 여러 중간상인을 거친 후에야 이스탄불에 도착했으며, 중국에 관한 정보를 얻을 수 있는 곳도 별로 없었다.[101]

맘루크 술탄들과의 경쟁, 포르투갈의 팽창에 대한 대응

1485년에서 1491년에 이르는 기간에 오스만의 술탄 바예지드 2세는 이집트와 시리아를 지배하던 경쟁자인 카이트베이Qaitbay(재위 1468~1496)와 전쟁 상태에 있었다. 1481년에 바예지드 2세의 동생 젬Cem 왕자가 왕위 계승 경쟁에서 패배한 후 오스만과 적대 관계에 있던 이집트에 정치적으로 망명한 것이 오스만과 이집트 사이에 전쟁이 발발하는 데 일정한 역할을 한 것은 분명하다. 하지만 이 전쟁은 일단 '무승부'로 끝났다.

시리아와 이집트의 맘루크 군주들은 1498년에 바스쿠 다 가마Vasco da Gama가 아랍인 항해사의 도움으로 인도 서해안에 상륙했을 때 비로소 사실상 위험한 상황에 처했다. 15세기 초 이래로 이집트 술탄들은 페스트 같은 전염병이나 가뭄과 같은 여러 가지 요인 때문에 국내의 세금 수입이 크게 감소하자 이것을 보전할 수 있는 길로서 인도산 향료 무역을 점점 더 독점해 갔기 때문이다. 그 외에도 15세기에 이집트의 많은 백성은 세무 당국이 자기들의 재산을 파악하지 못하도록 숨기는 데 분명히 성공했던 것 같다. 이 무렵 대부분의 유럽 시장에 향신료를 공급했던 베네치아 상인들은 이집트 술탄의 향료 교역 독점화 조치에도 불구하고 가격이 특히 비쌀 때는 아예 구매하지 않거나 단지 소량만 구매하는 방식으로 교역 조건을 조절하는 수단과 길을 발견했다. 그러나 이런 상황에도 불구하고 향신료 교역 독점에서 나오는 수입은 술탄의 재정에서 중요한 부분을 차지했다. 그렇기 때문에 포르투갈인들이 바닷길을 통해 인도에서 유럽으로 직접 가져가는 후추 등 향신료의 양이 얼마 되지 않는다고 해도 그것은 맘루크 통치 체제의 재정적 균형을 위협했다. 물론 베네치아에서는 상인이나 정부 모두 향신료 교역에 관한 한 오스만 제국이 떠오르는 강국이라는 사실을 재빨리 깨달아 새로운 상황에 대비했다.[102]

오스만 제국과 전쟁을 하게 될 경우 시리아와 이집트의 군주들은 위험에 처할 수 있었다. 시리아와 이집트의 권력은 군인 노예를 잘 충원하는 데 달려 있었는데, 이슬람법에 따르면 노예가 된 시점까지 비무슬림이던 자들만이 군인 노예가 될 수 있었고, 이런 자들을 확보하기는 쉽지 않았기 때문이다. 홍해 북부 지방에서 잡혀 온, 아직 이슬람으로 개종하지 않았던 젊은 남자 노예 대부분은 일단 전술 교육을 받은 후에 노예 신분에서 해방되었다. 그 후 이 노예들의 예전 주인들은 해방된 노예들을 나중에 세금 관련 부서나 지역 정치권의 요소요소에 배치해 자기의 권력 기반으로 삼았다. 그런데 해방된 노예들만 결혼하고 자녀를 낳을 수 있었기 때문에, 맘루크들은 적어도 합법적으로는 자유인 상태로 태어난 후손들만 자기 휘하에 보유하게 되었다. 그러나 자유인으로 태어난 자들에게는 제국의 엘리트 관료가 되는 길이 막혀 있었다.[25] 이러한 구조 때문에 맘루크 지배 체제는 새로운 노예가 공급되지 않으면 재생산될 수 없었다. 그래서 그동안 자기들에게 노예를 공급해 주는 원천이던 비무슬림 세계, 특히 흑해 북쪽 지방으로 통하는 접촉 지대가 오스만 제국과의 전쟁으로 봉쇄되면 맘루크의 지배 체제 자체가 심각한 위기에 빠질 수밖에 없었던 것이다. 다른 한편으로 15세기 말 무렵에 흑해의 해안 지방은 여기에 거점을 두고 활동하던 제노바인들을 오스만이 점차 축출하고, 이 지역에 교두보를 닦으려는 폴란드 왕의 시도도 실패로 돌아간 후 완전히 오스만 제국의 지배하에 들어갔다. 다시 말해 1500년 무렵에 맘루크 술탄의 군단은 이스탄불로부터 공격을 직접 받을 수 있는 상황에 처했다.

맘루크 군주들이 직면했던 또 하나의 문제는 그들의 주력 부대가 기마병으로 구성되어 있어 총포를 제대로 사용할 줄 몰랐다는 사실이다. 반면에 오스만 술탄들은 당대 최고의 '화약 제국'을 건설했으며, 이미 (1453년에) 콘스탄티노폴리스를 함락할 때 대포를 사용해 결정적 성과를 거둔 바 있었다. 마지막 맘루크 술탄의 전임자인 알아슈라프 칸수 알구리Al-Ashraf Qansuh al-Ghuri가

25 앞서 오스만 제국의 고위 관료들이 어린 노예들을 자식처럼 교육해 엘리트 관료로 만드는 관례를 소개한 바 있다.

총포로 무장된 부대를 창설했지만, 그들을 셀림 1세에게 대항하는 (1516년의) 결정적인 전투에는 투입하지 못했다.[103] 맘루크 술탄들은 함대도 많이 보유하지 못했다. 이집트는 악명 높을 정도로 목재 부족 현상이 심해서, 전함을 증설하려면 막대한 비용을 들여 목재를 수입해야 했기 때문이다. 그래서 맘루크 술탄들은 15세기 말에 인도양으로 침입하기 시작했던 포르투갈에 맞서기 위해 오스만 제국 측에 지원을 요청했다. 그러나 이스탄불에서 예멘으로 파견되었던 오스만 제국의 지휘관들은 곧 맘루크 군대의 지휘관들과 노골적인 갈등에 빠졌다. 오스만 제국은 이집트를 정복한 직후 곧 예멘도 정복해 버렸다.

동아나톨리아 지방에서도 또 하나의 긴장이 발생했다. 16세기 초에 동아나톨리아 지방에 있던 둘카디르 제후국의 군주는 맘루크의 가신이었으며 그 세력의 중심이 마라슈(오늘날의 카라만마라슈)와 엘비스탄에 있었다. 그런데 둘카디르 제후국을 지배했던 왕조는 이미 오래전부터 오스만 제국에 속하는 중앙아나톨리아 지방에 이해관계가 있었다.[104] 이와 동일한 상황은 아다나와 아다나 주변에 걸쳐 있던 작은 제후국인 라마잔에도 적용되었다. 이 제후국은 다마스쿠스와 메카로 가는 교역로이자 성지순례를 가는 길에 위치한 전략적 요충지였기 때문에 오스만 제국 술탄에게 중요한 의미를 지닌 곳이었다. 1516년에서 1517년에 이르는 기간에 셀림 1세가 맘루크 제국을 정복하면서 이 두 지역(둘카디르와 라마잔)은 물론 아나톨리아 전체가 오스만 제국의 지배하에 들어왔다. 물론 둘카디르의 옛 영토에서는 곧 반란이 일어났는데, 1527년에야 비로소 완전히 진압될 수 있었다. 대략 같은 시기에, 즉 셀림 1세가 (1520년에) 사망하고 나서 바로 그 직후에 이집트에서 활동했던 그의 총독들은 독립해 스스로 술탄이 되려고 시도했다. 하지만 이 반란도 실패로 끝났다.

오스만 제국이 정복한 후 시리아에서는 맘루크를 더는 고용하지 않았다. 오스만 제국은 시리아를 통치하기 위해 이스탄불이 직접 임명한 중앙 관료들에게, 또는 이따금 적절한 세금 청부제를 통해 총독의 지위를 사들였던 관료들 외에 명망 있는 지역 가문의 구성원들에게 의지했다. 이 명망 있는 가문의 유력 인사들은 사막 가장자리에 있는 견고한 주택에 살면서 경쟁자들과 때때로 피를 부르는 싸움을 일삼았다. 반면에 이집트에서는 오스만 술탄들이 계속해 군사 노예 제도에 의지했다. 예전과 다름없이 맘루크라는 이름으로 불린 이 군인들은 고위 관료들의 저택에 배치될 수 있는 '정치적 가문'으로 조직되었다. 그러나 때로는 명성이 그렇게 잘 알려지지 않은 장교들이 자기 병영 안에 이런 정치적 가문을 설립하는 사례도 있었다. 18세기 중반에는 이 정치적 가문들이 징세 대상이 되는 재원의 대부분을 독점하는 데 성공했다. 그러나 1517년 이후로 맘루크들은 이집트의 술탄을 더는 배출하지 못했고, 오스만 제국의 엄격한 지배 체제 안에서 활동했다. 따라서 오늘날 연구자들은 1517년을 전후한 상황이 지닌 연속성보다는 차이점에 주목한다.

앞서 언급했듯이 오스만 제국이 인도양에 진입하게 된 주된 원인은 인도양을 장악하려는 포르투갈의 적극적인 활동이었다. 16세기 중반 무렵에는 오스만 함대들이 인도 서해안에 자주 출몰했으며, 이 지역에 설립된 이슬람 사원들은 이스탄불에서 재정 지원을 받았다. 그런데도 포르투갈과 결정적으로 충돌하는 일은 일어나지 않았고, 오스만이 인도의 영토를 차지하는 일도 없었다. 이 시기에는 오스만 제국 술탄과 북인도를 지배하던 무굴 제국 군주 사이의 관계도 매우 제한적이었다. 무굴 황제 후마윤Humayun의 궁정을 방문했던 오스만 장군 세이디 알리 레이스Seydi Ali Reis가 작성한 보고서는 본국 지배층의 별다른 관심을 끌지 못했다.[105] 술탄은 17세기에 와서야 몇몇 사신을 무굴 궁정에 보냈지만, 이들은 그저 의전적인 임무를 수행했을 뿐이다. 반면에 동남아시아의 여러 군주는, 특히 수마트라 북부의 무슬림인 아체의 군주는 포르투갈에 대항하기 위해 쉴레이만 1세에게 군사적 지원을 요청했다. 적어도 뤼트피 파샤Lütfi Paşa라는 이름의 한 오스만 사절은 술탄에게 그런 조치가 오스만에도 유익할 것이라는 사실을 설득하기 위해 애썼다.[106] 하지만 쉴레이만 1세가 죽은 후 그의 후계자들은 당시에 오스만 군부의 일부 지도자가 총포 전문가로서 동남아시아 군주들을 지원해 주며 협력 관계를 구축했는데도 인도양으로 더는 진출하지 않기로 결정했다.

헤자즈 지방에 대한 감독과 메카 순례자에 대한 보호

셀림 1세가 (1517년에) 이집트를 정복한 결과 오스만 제국이 얻은 가장 중요한 부수적 성과는 의심할 여지없이 이슬람의 성지 메카와 메디나가 있는 헤자즈 지방이었다. 순례에 드는 여비를 감당할 경제적 능력이 있는 무슬림들에게 성지 메카를 순례하는 것은 의무이며, 지금도 그러하다. 그리고 신자들에게 이러한 종교적 의무를 이행할 수 있도록 지원해 주는 군주는 커다란 명망을 얻었다. 오스만 술탄들은 예언자 가문 출신이 아니기 때문에 태생적으로 물려받지 못한 종교적 신망을 다양한 노력을 통해 획득해야 했다. 그러한 의미에서 술탄이 메카 순례자들을 보호해 주는 일은 이제 무슬림 사회를 지배하게 된 오스만 제국에 정통성을 부여해 주어서 지배를 확고하게 해 주는 든든한 기반이 되었다. 순전히 세속적인 입장에서 바라볼 때 종교에 대한 봉사는 정치적으로도 유익했던 것이다.

당시에 메카와 메디나의 주민들뿐 아니라 성지를 방문하는 순례자들에게 식량을 공급하는 일은 오직 지리적으로 가까운 이집트만 담당할 수 있었다. 예전에 맘루크 군주의 비호 아래에 이들 도시를 통제해 왔던, 예언자 무함마드의 후손 출신인 제후는 즉시 셀림 1세에게 협력을 제안했다. 이 협력을 통해 오스만 제국의 신임을 얻어 오스만의 정복을 피하고 자기 지위를 지키려는 의도에서였다. 전통적으로 오스만 술탄들이 자기에게 종속된 무슬림 제후들의 영토를 직접 관할하지 않고 무슬림 제후들이 자체적으로 관리하게 했던 것처럼, 셀림 1세는 이집트의 토착 가문들에 그들이 보유한 영토에 대한 배타적인 권리를 계속 유지하게 해 주었다. 그렇기는 하지만 이스탄불의 술탄은 이들 가문의 후계자를 선정하는 일에는 적극적으로 개입해 자기 마음에 드는 자가 권좌에 오르게 했다. 헤자즈 지방에 대한 이러한 통치 방식은 오스만 제국이 제1차 세계대전으로 몰락할 때까지 계속되었다.[107]

헤자즈 지역에 대한 지배는 경제적인 측면에서 볼 때는 오스만 제국에 '손해나는 장사'였다. 이 지역은 농업과 교역의 모든 분야에서 별 수익을 올리지 못했던 반면, 오스만 제국은 성지인 두 도시 메카와 메디나의 주민들을 먹여 살리기 위해 처음에는 이집트와 시리아에서, 나중에는 아나톨리아와 심지어 발칸에서도 매년 엄청난 양의 돈과 곡식을 들여와야 했기 때문이다. 다시 말해 성지인 두 도시의 상황을 고려할 때, 이러한 물자 공급이 없었다면 메카와 메디나에서 시장을 방문한 순례자들은 생활필수품을 전혀 구매할 수 없었을 것이다. 아니면 지역 군주들이 여기에 투입된 실질적인 비용을 순례자들에게 요구해야 했을 것이다. 1517년 이전에는 실제로 이런 사태가 빈번히 발생했다. 물자 공급을 위한 토대는 이집트에 있는 종교 재단들이 담당했다. 이 재단들은 맘루크 통치기로부터 이어져 왔으나, 셀림 1세와 쉴레이만 1세가 크게 확대했다. 물론 이 모든 사실에도 불구하고 메카에서는 맘루크가 지배하던 시기에 식량 공급이 더 좋았다는 이야기가 가끔 돌기도 했다.

그 밖에 오스만 군주들은 순례자 행렬을 보호해 주는 책임을 스스로 짊어지는 맘루크의 전통을 따랐다. 그것은 야포를 포함한 군사적 수단의 제공을 의미했으며, 특히 순례자들의 순례 경로 주변 지역에서 유목 생활을 하던 베두인족에 보조금을 지급하는 것도 의미했다. 공식적으로 볼 때 이 보조금은 베두인족들이 순례자들에게 음식을 팔 때, 그리고 자기들에게도 부족한 식수를 순례자들과 함께 나눌 준비가 되어 있을 때 이를 보상해 주려는 것이었다. 하지만 실질적으로는 이러한 선물을 통해 베두인족을 술탄에게 결속하고, 될 수 있는 한 베두인족이 순례자들을 공격하지 않게 하려는 것이 주목적이었다. 그런데 베두인족은 이 보조금을 그들이 받아야 할 정당한 대가로 여겼으며, 이런 관점에서 보조금이 그들의 기대를 충족하지 못했을 때는 주저하지 않고 순례자들을 공격했다. 하지만 오스만 제국의 관료들은 순례자들에 대한 공격을 심각한 범죄로 간주했기 때문에 범죄를 저지른 베두인들에게서 무슬림 신분을 박탈하고 법에 따라 최대한 엄중하게 처벌받게 했다.

정치적 상황이 어느 정도 안정되어 있고 적절한 자금이 공급될 수 있는 동안에는 이러한 조정 작업이 아주 잘 작동했다. 그러나 예를 들어 1683년에서 1699년까지 계속된 오스만-합스부르크 전쟁(대튀르크 전쟁) 기간에 제국의 모든 재정이 발칸 전선에 투입되자, 순례자들의 안전은 보장받을 수 없었다. 또한 이 시기에는 이집트의 재원을 통제하는 맘루크들이 카이로인들의 순례 행렬을 점점 더 지원하지 않으려고 한다는 사실이 난제로 추가되었다.[108] 맘루크가 아니었던 순례 행렬 지휘관들도 베두인족에 약속했던 보조금을 일부만 지급하면서 비용을 절약하려고 했다. 게다가 18세기 전반부에는 아라비아반도의 유목민들이 이동을 시작했다. 자기들의 목초지를 더 강한 경쟁 집단에 빼앗긴 작은 부족들은 특히 순례자들에게서 약탈한 돈으로 그 손실을 메우려고 했다. 우리가 여기서 다루는 연구 기간의 마지막 시기인 1757년 무렵에는 메카에서 다마스쿠스로 귀환하던 순례자들에 대한 참혹한 공격이 발생해, 술탄의 누이도 포함된 수많은 순례자가 목숨을 잃었다.

그 밖에 오스만 제국의 군주들은 헤자즈 지방에서 대규모 건축 사업을 통해 자기 권력을 과시했다. 그들은 메카뿐 아니라 메디나에서도 이슬람 사원들을 개축해 둥근 지붕과 가는 첨탑으로 장식했는데, 이는 15세기 이후로 오스만 술탄의 사원에서 나타나는 전형적인 특징이다. 이스탄불에 있는 기념비적인 무슬림 사원들 주변을 둘러싼 깨끗한 공간과 같은 종류의 공간을 조성하기 위해 1500년대 후반에 메카에서는 대사원 주변에 있던 모든 건물을 철거했다. 술탄은 수로를 수리하는 작업도 재정적으로 지원해 주었을 뿐만 아니라, 나아가 순례자들을 위해 식수와 휴게 공간을 갖춘 중간 휴게소들을 건설하게 하기도 했다. 술탄의 이러한 선한 의도는 영구히 알려지도록 각종 비문에 새겨졌다. 오스만 제국의 술탄들은 분명히 순례 도시들에서 펼쳐지는 종교 생활이 질서 있게 잘 진행되도록 지원해 주는 역할이 자기들의 권력을 정당화하는 중요한 요소라고 보았던 것이다.[109]

이란과 아나톨리아의 시아파를 상대로 겪은 갈등

14세기와 15세기의 오스만 술탄들은 데르비시들의 실생활과 사상이 수니파 이슬람에 전적으로 부합하지는 않는다고 해도 그들을 관용하거나 심지어 후원해 주었다. 이들 데르비시는 농민이나 유목민들에게서 아직 완전히 사라지지 않았던 자연 숭배와 어느 정도 타협했던 것 같다. 그런데 16세기 초에 서부 이란의 도시 아르다빌에서 유명한 데르비시 셰이크 가문 출신이면서 같은 시기에 아나톨리아에도 조직이 퍼져 있던 한 데르비시 수도회의 수장으로 활동했던 이스마일 1세(재위 1501~1524)가 이란의 샤로 떠올랐다. 그러자 아나톨리아에서 오스만 제국의 지배를 위협했던 이 사건을 통해 술탄의 자세가 완전히 바뀌었다. 이제부터 술탄들은 오스만 제국 내부에서뿐 아니라 제국

바깥의 이슬람 세계에서도 수니파 이슬람의 의연한 보호자로 나섰다.[110]

이슬람에서 수니파와 시아파 사이의 차이는 초기 이슬람의 역사와 관련이 있다. 문제의 핵심은 본래 시아파가 주장하듯 예언자 무함마드의 후손만이 그의 계승자(칼리파)가 될 권리가 있는지, 아니면 수니파가 주장하듯 다른 인물도 얼마든지 후계자가 될 수 있는지였다. 특히 예언자의 첫 후계자 3인의 정통성이 핵심 관건이었다. 이러한 묵은 갈등이 16세기에 와서는 오스만과 사파비를 통해 정치적 색채를 띠는 경향이 매우 강해졌다. 각자 영향력 있는 법학자와 신학자들을 동원해 상대방 진영을 더는 무슬림으로 인정하지 않으려고 할 정도였다. 오스만 제국에서는 16세기 내내 실질적으로 이단이거나 그렇게 추정되는 데르비시들에 대한 박해가 일상사였다. 특히 이스마일 1세의 선조들이 설립했던 사파비 수도회의 회원들은 사형되거나 적어도 추방형에 처해질 수 있었다.[111] 이러한 상황에서 어떤 이단 데르비시들은 이미 오래전에 설립되었으며 예니체리(친위대)와 가까운 관계를 맺고 있기 때문에 비교적 '안전'하다고 여겨지는 벡타시 수도회에 보호를 구했다. 그런데 벡타시 수도회가 이 데르비시들을 받아들이자, 시간이 흐르면서 벡타시들도 이단 혐의를 받는 사태가 벌어졌다.

젊은 이스마일 1세는 1501년에 사파비 왕조를 설립했으며, 이 왕조는 1722년까지 200년 넘게 이란을 지배했다. 그런데 왕조의 창립자인 이스마일 1세는 시아파 중에서도 극단적인 견해를 대변했다. 이 견해에 따르면 예언자 무함마드의 사위인 네 번째 칼리파 알리 이븐 아비 탈리브Alī ibn Abī Ṭālib는 거의 신적인 존재로 숭배의 대상이었다. 이러한 경향의 믿음은 아나톨리아의 유목민과 반유목민들 사이에서 큰 호응을 얻었다.[112] 오스만 제국이 아주 어렵게 진압했던, 남서아나톨리아 지방에서 일어난 샤쿨루Şahkulu의 반란은 분명히 이스마일 1세의 모델에서 영감을 얻은 것이다. 이때도 사람들은 반란의 주모자를 예언자로 숭배했다. 이 반란에서 샤쿨루의 추종자들은 종교적 동기 외에 정치적 고려도 갖고 있었던 것 같다. 중앙집권화되어 있으며 지리적으로 멀리 떨어져 있는 이스탄불에 주재하던 오스만 행정 당국이 유목민 부족들에 정치적 영향력을 행사할 여지를 거의 주지 않았기 때문에, 부족들은 나름의 정체성을 찾고자 했던 것이다.

이 시기에 아나톨리아 지방의 몇몇 부족이 이란으로 이주했는데, 아나톨리아에 대한 이스마일 1세의 군사적 침략은 일단 차치하더라도 이러한 이주를 이스탄불 당국은 위협적인 것으로 바라보았다. 물론 사파비는 (1514년의) 찰디란 전투에서 셀림 1세에게 패하자 더는 침략해 오지 않았다. 셀림 1세는 이후 빠른 속도로 아제르바이잔과 동아나톨리아를 연이어 점령했다. 타브리즈 정복은 일시적 사건이었지만, 에르주룸과 디야르바키르는 영구적으로 오스만 제국의 영토가 되었다.

아바스 1세(재위 1587~1629)가 선조들의 극단적인 태도로부터 물러서서 좀 더 보편적인 시아파 신앙을 수용하자, 오스만과 사파비 사이의 종교적 갈등은 1600년 이후로 약화되었다. 하지만 분명히 아흐메드 1세Ahmed I(재위 1603~1617)도 쉴레이만 1세의 예를 따라 오스만 군주를 이교도 이란에 대한 승자로 칭송하는 설교를 선호했다. 그래서 17세기와 18세기에도 오스만 제국과 사파비 제국 사이의 종교적·정치적 논쟁은 절대 사라지지 않았다. 1736년에서 1744년에 이르는 기간에 자파리파(열두 이맘파)를 수니파의 다섯 번째 율법 학파로 편입시켜 시아파와 수니파의 혼합된 형태를 확립하려고 했던 나디르 샤의 시도는 결국 오스만의 저항에 부딪혀 실패로 끝났다.[113]

이 시기에는 이교도 유목민들이 이란으로 이주해 나간 것과 정반대의 움직임이 있었다. 이란과 캅카스의 수니파 신도들이 오스만 영토로 이주해 온 것인데, 이때 오스만 제국의 법학자와 신학자들은 이주민들이 그들의 신념을 바꾸지 않은 채로 공존할 수 있는 공통된 영역을 찾으려고 노력했다. 게다가 사파비 제국의 군주들은 16세기 초와 17세기 후반에 정치적 압박을 통해 수니파 백성들을 시아파로 개종시키려고 했다. 사파비의 이런 정책은 일부 주민을 오스만 제국 영토로 이주하도록 자극했다. 이스탄불과 델리 사이에서 문화적 매개체 역할을 하는 페르시아어의 역할은 문학적 소양이 있는 많은 이주민이 오스만 관료제에 쉽게 적응하게 해 주었다.

동부 아나톨리아가 대개 황량한 불모지라는 사실은, 이 지역에 대한 셀림 1세의 정복이 대부분 간접적으로, 다시 말해 흔히 쿠르드족에 속했던 지역 제후들을 이용해 이루어졌던 이유 가운데 하나로 추정된다. 오스만 제국 중앙정부는 쿠르드족 제후들이 수니파 이슬람과 술탄에게 충성을 다할 것으로 기대했다. 그들은 이란의 샤를 상대로 전쟁이 발발했을 때 오스만 술탄을 위해 군사 부문과 병참 부문에서 지원을 했다. 동아나톨리아의 대도시와 요새들, 특히 에르주룸과 디야르바키르, 반에는 오스만 제국 중앙에서 직접 임명한 총독이 있었다. 그러나 그 밖에는 술탄이 토착 부족의 주요 인사들을 총독으로 투입하는 일이 많았다. 이러한 관습은 특정 지위를 한 가문의 구성원들이 대를 이어 가며 차지하는 일종의 전통을 낳았다. 하지만 타타르족의 칸이나 메카의 셰리프 같은 자리처럼 임명에는 항상 술탄의 승인이 필요했다. 그런 자리의 후보자로서 술탄의 승인을 요청했던 사람이 남긴 각서가 전해진다. 그 사람은 각서를 통해 자기가 부친이 맡았던 총독의 지위를 물려받을 수 있을 만한 모든 실력을 갖추고 있다는 점을 분명하게 입증하려고 했다.

1600년 무렵에 오스만 중앙정부에서 일하면서 쿠르드족 제후들을 상대로 서신 교환을 담당했던 아지즈 에펜디Aziz Efendi는 자기 후임자들을 위해 일종의 조언집을 집필했는데, 거기에는 당시의 노련한 오스만 제국 관료의 단상들이 짧지만 일목요연하게 정리되어 있다.[114] 아지즈 에펜디는 변경 지방의 제후들이 정통 수니파의 신념을 갖고 있다는 사실을 지적한 후, 사파비를 상대로 갈등이 발생하면 그들이 중요한 역할을 할 것이라고 강조했다. 그렇기 때문에 오스만 제국은 일상에서 그들과 타협하는 것이 적절하다는 것이 그의 조언이었다. 이러한 조언이 수용되었는지는 알려지지 않았지만, 근대 초 오스만 제국의 정치는 전체적으로 신중히 진행되었던 것 같다. 예를 들어 오늘날의 역사가와 당시의 오스만 관리들에게 핵심 자료인 대단위 세금 징수 목록은 16세기 말에 와서야 동아나톨리아에 비로소 도입되었고, 마르딘 동쪽의 많은 지역, 특히 지즈레 같은 지역은 단 한 번도 세금 징수 목록에 포함되지 않았다.

북아프리카와 오스만 제국

이집트 서부 지역들이 오스만 제국의 지배하에 들게 된 과정은 에스파냐나 포르투갈의 팽창과 분리해 볼 수 없을 만큼 밀접한 관계가 있다. 하이레딘 흐즈르Hayreddin Hızır (1466~1546년 무렵, 유럽 사료에서는 별명인 바르바로사Barbarossa(붉은 수염)로, 튀르크 사료에서는 바르바로스 하이레딘 파샤Barbaros Hayreddin Paşa로 부른다.)와 그의 형제들은 원래 오늘날의 알제리 지역에서 독자적으로 에스파냐 군대에 맞서 싸웠었다. 당시에 에스파냐는 이슬람으로부터 이베리아반도를 탈환하는 데 성공한 후, 전쟁을 북아프리카로 확대하려고 했었다. 알제리 요새는 하이레딘의 가장 중요한 보루였는데, 하이레딘은 1519년에는 오스만의 술탄 셀림 1세에게, 그리고 얼마 후에는 쉴레이만 1세에게 무릎을 꿇었다. 그 결과 알제리는 오스만 제국의 영역이 되었다. 지중해의 수많은 전쟁에서 승리해 명성이 자자했던 이 노련한 뱃사람을 1533년에 쉴레이만 1세는 오스만 함대의 제독으로 임명했다. 그때부터 하이레딘은 해군 제독으로서 이스탄불에 주재하면서 작전을 지휘했다. 16세기에 하프스 왕조가 외부 세력의 도움으로 권력을 겨우 유지할 수 있었던 튀니스는 상황이 더 복잡했다. 이러한 복잡한 상황 덕분에 합스부르크의 카를 5세가 튀니스를 점령할 수 있었으며, 에스파냐계 합스부르크는 오스만 제국이 1574년에 시난 파샤Sinan Paşa를 통해 그들을 몰아낼 때까지 튀니스를 계속 지배했다. 트리폴리는 이미 1551년에 오스만 제국의 영토가 되었다.

오스만 제국의 중앙 당국은 새로 정복한 지역을 관례대로 총독을 통해 통치하는 데 커다란 어려움이 있었다. 오스만 영토에서 북아프리카로 가려면 바다를 통해야만 했는데, 당시 서부 지중해는 술탄의 지배 아래에 있지 않았다. 지중해의 전략적 요지인 몰타섬을 정복하려는 시도는 초기의 성공에도 불구하고 1565년에 결국 주요 요새를 함락하는 데 실패했기 때문이다. 따라서 본국에서 멀리 떨어진 알제리와 튀니스, 트리폴리 이 세 도시에는 그곳에 파견된 군인과 해군 제독들이 지배하는 체제가 관철되었다. 그들은 곧 데이dey라는 명칭으로 알려진(또는 17세기 중반 이후로 튀니스에서는 베이bey로 알려진) 지역 통치자도 결정하기 시작했다. 튀니스에서는 우선 무라드 베이Murad Bey라는 지휘관이 오스만인 데이들을 대체했으며, 그 뒤를 무라드 베이의 후손들이 계속 이었다. 1705년에는 알후사인 1세 이븐 알리Al-Husayn I ibn Ali가 무라드 베이의 왕조를 무너뜨리고 자기 왕조를 건설했다. 트리폴리에서는 쿨로글루

kuloğlu, 다시 말해 이주해 온 오스만 군인들과 본토 여성 사이에 태어난 아들들로 구성된 민병대가 중요한 정치 세력이었다. 알제리와 트리폴리, 튀니스에 있던 세 정권(오스만어로 가르프 오자클라르garb ocaklari, 즉 서부 군단) 모두가 술탄의 최고 지휘권을 인정했지만, 그들은 일상의 정치에서 독립적이었다. 그래서 알제리와 튀니스 사이에 전쟁이 일어나는 일도 드물지 않았다.

이스탄불의 행정 당국은 현지에 주둔할 군인들을 아나톨리아에서 모집했다. 이는 다소 느슨한 방식이기는 했지만, 특히 알제리 지역을 통제하는 데 유효했다. 트리폴리와 달리 알제리에서는 쿨로글루들이 군에 입대할 수 없었으므로 술탄은 오스만 제국과 알제리 사이에 갈등이 발생하면 알제리의 병력 충원을 차단할 수 있었다.[115] 북아프리카의 지방 군주들과 오스만 중앙정부 사이의 갈등은 대개 외교 문제 때문이었다. 17세기와 18세기에 서부 군단들은 자기들이 직접 서명하지 않는다면 술탄이 유럽 국가들과 체결한 조약 대부분을 인정하지 않겠다고 선언했다. 그 결과 초래되는 조약의 미체결 상태에서는 그들이 해당 (유럽) 국가들의 선박을 공격하거나 노예를 얻기 위해 해당 국가들의 해안에 상륙하는 것이 모두 정당하다고 주장했다. 이런 문제 때문에 유럽 국가들이 외교 경로를 통해 이스탄불에 항의를 접수하면, 오스만 중앙정부가 최고 지휘권을 관철해 이 문제를 해결하는 데 어느 정도 성공하기는 했다. 그러나 피해 당사자인 선박 소유주들의 입장에서 보면 자국 정부가 서부 군단들과 독자적으로 조약을 맺게 하는 것이 더 현실적이었다. 실제로 네덜란드인들은 그렇게 했다. 때로는 네덜란드 정부나 잉글랜드와 프랑스의 왕들, 함대 사령관들까지도 억지로라도 서부 군단들과 조약을 체결하려고 애썼다. 가장 문제가 많았던 것은 남이탈리아의 해안에 거주하던 사람들의 상황이었다. 그들의 주인인 에스파냐는 18세기 말까지도 오스만 중앙 당국이나 서부 군단들과 독자적으로 아무런 조약도 맺지 않았다.

이들 세 지역에서 농업이나 상업 외에 중요한 수입원은 일종의 이슬람 해적선인 코르세어corsair[26]가 약탈한 물품들이었다. 이슬람 해적선의 선장들은

26 국가로부터 특허장을 받아 개인이 무장한 선박인 사략선을 뜻한다.

가톨릭 세계에서 몰타 기사단이 했던 역할[27]을 담당했다고 볼 수 있다. 이들은 특히 사람들을 인질로 삼는 것을 선호했는데, 사람은 석방 조건으로 몸값을 받을 수 있었으며, 특히 인질이 청소년이거나 수공업자이면 북아프리카에서 노동력으로 고용할 수 있었기 때문이다. 경우에 따라 총명한 젊은 노예들은 이스탄불의 고위 관료들에게 선물로 보내지고, 거세된 환관으로 궁정에 보내져 술탄의 시종이 되기도 했다. 어떤 노예들은 주인들에게서 해방되어 해적선에서 경력을 쌓기도 했다. 알제리의 유력 인사 가운데에는 그런 경력을 가진 자가 많았다. 그 밖에도 유럽의 신분 사회에서는 출세할 가능성이 대단히 낮았던 사람들이 자발적으로 이슬람 해적선에 합류함으로써 신분 상승을 시도한 경우도 있었다. 이 모든 경우에서 이슬람교의 수용은 문화적 동화에 성공하는 열쇠였다. 그러나 일관되게 언젠가는 고향으로 돌아가기를 희망했던 포로들은 대부분 개종을 거부했고, 이들을 개인적인 대화와 상담을 통해 돌보는 설교자와 수도사들이 있었다.[116] 특히 삼위일체 수도회 같은 사제단은 특히 이슬람 해적에게 몸값을 주고 포로를 구해 내는 데 집중했는데, 몸값을 미리 내고 포로를 구해 주면 풀려난 포로의 가족이 나중에 그 비용을 상환하는 방식이었다.

군인과 뱃사람들로 이루어진 이들 사회는 주로 이주자들로 구성되어 있었으나, 그와 병행해 수공업자와 상인, 농민, 유목민으로 구성된 현지인 사회가 있었다. 튀니스에서는 모자 제조가 번성했는데, 유명한 상품인 페스fes[28]는 18세기의 이스탄불에서도 인기가 좋았다.[117] 튀니스 남쪽 지방에서는 마르세유로 수출하는 올리브유가 생산되었다. 18세기에 올리브유는 대부분 관련 세금을 현물로 징수했던 베이들의 소유였다. 튀니스 지방에서는 17세기와 18세기 무렵에 베이가 거의 정기적으로 무장한 채 군사 행진을 거행하는 것이 관

——— 27 몰타 기사단(성 요한 기사단)은 원래 성지순례자들을 돌보는 일종의 의료 기사단이었으나, 후에 지중해상의 로도스섬에서, 로도섬을 잃은 뒤에는 몰타섬에서 이슬람 선박을 무차별적으로 약탈하고 포로는 노예로 매매하는 조직으로 변했다.

——— 28 원통형 모자의 한 종류로 오스만 제국에서 애용되었으나, 터키 공화국이 성립한 후에는 금지되기도 했다.

례였는데, 이런 관례는 다른 오스만 지방들, 특히 부족 주민이 많이 사는 지역에서도 흔히 발견되었다. 베이들은 이 기회를 통해 자기가 지배하는 유목민들이 공물을 바치게 해 충성을 드러내게 함으로써 베이의 지위에 대한 정통성을 인정받았다.[118]

크림반도의 타타르인들

술탄에게 종속된 무슬림 제후 중에 크림반도의 칸들은 강한 전투력을 보유한 데다 오스만 제국 본토와 가까이 있어 특별한 위상을 갖고 있었다. 16세기 말 무렵이 되자 크림 칸국은 칭기즈 칸의 후손들이 13세기에 오늘날의 러시아 지역과 우크라이나 지역에 세웠던 타타르 지배 체제의 마지막 잔재가 되었다. 나머지 지역의 칸국들은 이미 러시아 차르가 정복했기 때문이다. 물론 크림 칸국도 1478년에 메흐메드 2세에게 굴복했기 때문에 독립적인 국가는 아니었다. 한때 제노바에 속했던 카파(오늘날의 페오도시야)는 이제 케페로 불리며 오스만 제국이 직접 통치하는 지역이 되었는데, 술탄은 이곳을 거점으로 삼아 크림반도의 타타르 제후들에게 비교적 탄탄한 지배력을 행사할 수 있었다.

타타르 제후들은 늘 집권 가문인 기라이Giray 가문에서 배출되었다. 물론 오스만 제국이 굴복시킨 다른 지역들에서 그래 왔던 것처럼 술탄은 기라이 가문의 수많은 후보자 중에서 타타르를 이끌 제후를 선택할 수 있었다. 많은 타타르 왕자는 청소년 시절을 이스탄불에서 보냈고, 이 과정에서 그들에게 필요한 후견인을 오스만 제국 안에서 확보할 수 있었다. 그 밖에도 그들 대부분은 이스탄불 체류를 통해 오스만 문화를 따르는 오스만 신사가 되었다.[119] 18세기에는 기라이 가문이 술탄 가문 다음으로 높이 평가받는 최고 명문가로 여겨져, 많은 동시대인은 오스만 왕조의 혈통이 끊기면 크림의 칸들이 뒤를 이어야만 한다고까지 생각했다. 이스탄불의 처지에서 볼 때 타타르 칸은 (수니파를 신봉하기 때문에라도) 중요한 동맹이었지만, 다른 한편으로는 너무 강해지도록 방치하면 절대 안 되는 존재였다. 예를 들어 타타르의 칸이던 가지 2세 기라이Ğazı II Giray(1554~1608)는 술탄의 수많은 정복 전쟁에 참전했지만, 몰다비아의 제후가 되려는 그의 바람을 이스탄불의 술탄은 늘 거부했다. 칼가kalga와 누레딘nureddin으로 알려진 관료들이 칸을 보좌했는데, 그중 일부는 칸의 자리를 물려받을 수 있는 위치에 있었다.

타타르 병사들은 술탄의 군대를 위한 선봉대로 적의 영토에 돌격해 들어가 약탈과 파괴를 통해 공포심을 불러일으키는 가치 있는 역할을 수행했다. 이 부대가 1683년에 빈 근처에서 자행한 행동은 좋은 사례일 수 있다. 오스만 제국의 베지르들이 정규전 또는 포위 작전에서 이들에게 선봉대 이상의 중요한 역할을 맡기는 일은 드물었다. 파상적으로 펼쳐지는 타타르 병사들의 원정은 오스만 제국의 직할지에 사는 많은 주민에게 거의 신화적인 이미지로 남았다. 여행기 작가인 에블리야 첼레비는 17세기 후반에 자기가 이들 타타르 부대와 함께 암스테르담의 문턱까지 진격해 들어갔었다고 정말로 진지하게 주장했다.[120]

타타르 칸과 러시아 차르 사이에 여러 차례 분쟁이 일어났을 때 술탄은 그저 주변적으로만 개입했기 때문에, 타타르 칸들은 흔히 자력으로 전쟁을 치르는 일이 많았다. 타타르족은 여러 차례 모스크바를 공격하면서 매번 도시의 대부분을 불태웠는데, 이스탄불은 여기에 전혀 개입하지 않았다. 그래서 이반 4세(재위 1533~1584)가 (1569년에) 아스트라한 칸국을 정복했을 때 술탄이 직접 개입한 것은 정말 예외였다. 이 전쟁에서는 아스트라한의 칸을 지원할 오스만 군대를 위해 심지어 돈강과 볼가강을 잇는 운하가 계획되기도 했다.[121] 그러나 이 계획은 실현되지 않았으며, 술탄의 군대는 특별한 성과 없이 곧 본국으로 귀환했다.

16세기와 17세기에 폴란드-리투아니아와 크림 칸국 사이의 국경 지대에서는 타타르의 칸과 폴란드 왕에게 속하는 카자크 사이에 소규모 전쟁이 자주 발생했다.[122] 가축 약탈이 전쟁의 중요한 목적이었는데, 양측 모두 전적으로 목축에 의존해 살았기 때문이다. 그들은 가축을 약탈했을 뿐 아니라 사람들도 포로로 잡아가 노예로 팔았다. 북아나톨리아 지방의 항구인 시노프와 삼순에는 노예 상인들이 납부했던 세금 장부(펜지크pencik)가 보존되어 있다. 이 가운데 많은 노예는 이스탄불 지방에까지 끌려와 팔렸다. 예를 들어 쉴레이만 1세의 배우자이자 영향력 있는 조언자로까지 출세했던 휘렘 술탄(1558년 사망, 유럽 사료에는 록셀라나 또는 라로사La Rossa로 표기되었다.)은 러시아 출신 또는 우크라이나 출신의 노예로서 술탄의 하렘에 팔려 온 인물이었다.[123] 한편 타타르가 활동하던 무대 중에서 온화한 기후를 가진 크림반도의 중부 지역에는 전적으로 도시 문명의 분위기를 가진 곳도 있었다. 이는 오늘날에도 바흐치사라이에 남아 있는, 타타르 칸의 인상적인 18세기의 궁전에서 잘 살펴볼 수 있다. 도시 지역에서는 이슬람법을 적용하는 판사인 카디들도 활동했는데, 이들에 관한 18세기의 기록이 일부 보존되어 있다.

오스만 제국과 라틴 기독교 세계

여기에서 우리는 사건사를 일반적인 경우보다 더 심도 있게 다룰 것이다. 오스만 제국과 라틴 기독교 세계 사이의 관계를 연구한 2차 문헌은 상당히 많다. 그래서 우리가 이 문제를 오스만 제국의 관점으로만 다룬다고 제한해도 몇 쪽의 지면만으로는 정의할 수 없다.

우선 오스만 제국이 국경을 어떻게 이해했는지에 관해 간단히 언급하고 시작하는 것이 좋을 것 같다. 여기서는 특히 기독교 세계와 관련되는 부분이 핵심 관건이다. 우리가 이미 살펴보았듯이 중세 후기에 오스만 제국은 유럽 남동부를 향해 매우 빠른 속도로 팽창했다. 이는 부분적으로는 초기 술탄들의 후원을 받으며 에브레노스Evrenos와 쾨세 미할Köse Mihal, 말코치Malkoç 같은 가문들이 변경 제후(우치 베일리이uç beyliği)로서 정복 활동을 활발하게 펼친 결과였다. 이 변경 제후들은 이미 14세기에 오스만 군주의 편에 섰으며, 발칸반도를 정복하는 진쟁에 동참했었다. 이들이 당시의 술탄들에게 어느 정도 종속되었는지는 상황에 따라 분명 차이가 있었다. 1402년에 티무르가 앙카라 전투에서 오스만 제국의 술탄인 벽력왕 바예지드 1세Bayezid I(재위 1389~1402)를 포로로 사로잡자, 그 후유증으로 바예지드 1세의 아들들 사이에서 왕위 계승 전쟁이 일어났다. 이런 혼란한 상황이 10년 넘게 지속되자, 오스만 제국과 이들 변경 제후 사이의 종속 관계는 뚜렷하게 느슨해졌다. 이미 14세기 이래로 변경 제후들은 남동유럽의 초원 곳곳에 정착해 자기들의 정복지를 대부분 종교 재단으로 전환했으며, 이를 중심으로 해서 정복한 지역들이 오스만 제국에 동화되도록, 나아가 이슬람으로 개종까지 하도록 기여했다.[124] 따라서 이 시기의 남동유럽 지역에는 뚜렷한 경계선으로 구별되는 일반적 의미의 국경이 있었다고 말할 수 없다. 그렇기 때문에 그 지역 전체를 오스만 제국이 완전히 정복하는 시점보다 훨씬 전에도 이미 오스만인들이 이런저런 제후국에 속하는 지역에 정착했던 경우가 자주 있었다.

그러나 지중해에 위치한 오스만 제국의 이웃 국가들도 이 시기에 안정된 국경을 갖고 있지 않았다. 15세기 말에 헝가리 왕 마차시 1세Mátyás I[29]는 자기가 정복한 지 얼마 안 된 빈에 정착했는데, 그의 후계자는 이 도시를 다시 합스부르크 가문에 빼앗겼다. 보헤미아와 헝가리 사이에는 16세기 초에 일시적으로 동군연합이 성립되어, 양국 사이에 국경이 무너지지는 않았지만 실질적으로는 국경의 의미가 사라졌다. 게다가 이 책에서 다루는 시기 이후를 지나 오랫동안 지역 주민들에 대한 지배권은 '지도 위'의 지리적 경계만큼이나 중요하게 여겨졌다. 사람에 대한 주권은 경우에 따라서는 같은 지역을 두 명의 군주가 공동으로 통치하는 상황을 초래할 수도 있었다. 오스만 제국이 지배했던 헝가리의 몇몇 지역에 바로 이러한 공동 통치 상황이 벌어졌다. 합스부르크 황제가 다스리는 지역으로 도피했던 헝가리 귀족들은 '그들'의 농민들이 이제는 새로운 지배자인 오스만 행정 당국에 세금을 납부해야 한다는 사실을 전혀 고려하지 않은 채 예전과 다름없이 자기들에게 세금을 납부하도록 요구했다. 이러한 이중의 세금 징수는 17세기에 헝가리의 많은 지역에서 인구밀도가 왜 낮았는지를 적어도 부분적으로 설명해 줄 수 있을 것이다.[125]

이미 언급했듯이 이교도들에 대한 전투에서 잇달아 승리해 이슬람 세계를 널리 확장한 것은 적어도 15세기 이후로 술탄이 자기 지위를 정당화할 수 있게 해 주는 사건들이었다. 같은 논리에서 전쟁 실패로 인해 체결한 불리한 평화조약은 술탄의 체제를 위험에 빠뜨리는 요인이었다. 그 좋은 예로 1699년

29 왕위에 오르기 전의 이름은 후녀디 마차시Hunyadi Mátyás(마티아스 코르비누스Matthias Corvinus)로, 오스만 제국을 상대로 활약한 후녀디 야노시의 차남이다.

의 카를로비츠 평화조약을 들 수 있는데, 이 조약을 통해 오스만 제국이 헝가리를 빼앗긴 것은 그로부터 4년 후에 무스타파 2세(재위 1695~1703)가 퇴위하게 된 원인 가운데 하나였다.

당시에 전쟁은 오스만 연대기에서 술탄 체제를 정당화하는 요인으로 서술되었다. 반면에 적국들에 관한 정확한 연대기와 꼼꼼한 세부 사항은 이 연대기 작가들이 기록해야 할 사항에 속하지 않았다. 특히 비잔티움의 작가들은 비잔티움 제국의 변방에서 벌어지는 사건들에 관해 그다지 큰 관심을 보이지 않았기 때문에 발칸반도의 다양한 지역들은 비슷하게 묘사되었다. 비잔티움의 연대기들은 비잔티움의 지배에서 오스만의 지배로 넘어가는 과도기에 관해 아주 적은 양의 연대순 정보나 통찰만을 제공해 줄 뿐이다.[126] 이와 관련해 의미 있는 사료들은 남동유럽의 아토스와 파트모스섬에 있는 다양한 수도원 문서고에 소장되어 있다. 이들 수도사 공동체들은 비교적 일찍 오스만 술탄에게 굴복했기 때문에 어느 정도 특권을 받아서, 심지어 발칸반도에서 도피해 온 귀족 출신 난민들에게 안전한 주거를 보장해 줄 수도 있었다. 이러한 활동은 비잔티움 제국의 마지막 시기에 많은 수도원과 성직자들이 비잔티움 황제의 보호를 받기보다는 오스만의 아래로 들어가기를 선택했음을 보여 준다.

유럽의 남동부와 중부에서 1526년까지 진행된 정복 활동

1350년 무렵에 동지중해 지역에는 많은 제후국이 존재했는데, 이는 부분적으로는 1204년 이후에 베네치아인들과 그들의 동맹들이 펼친 활발한 정복 활동의 결과였다. 오늘날의 불가리아 지방에도 마찬가지로 일련의 작은 제후국이 있었는데, 이곳들에 관해서는 알려진 바가 거의 없다. 그래서 오스만 제국이 이 지역들을 정복해 가는 과정을 재구성하는 데 어려움이 있다.[127] 메흐메드 2세는 보스니아 왕국을 종식시키고 그 영토를 오스만 제국의 지배 영역으로 만들어 버렸다. 차르 스테판 두샨Stefan Dušan에게 속했던 세르비아 제국은 그가 죽자마자 곧 분열되었다. 그 후 베오그라드는 헝가리의 국경 요새 도시가 되었다. 이곳은 후녀디 야노시Hunyadi János가 1456년에 메흐메드 2세에게 맞서 지켜 냈으나, 1521년에는 술탄의 자리에 오른 지 얼마 안 되었던 쉴레이만 1세에게 정복당했다.

1261년에는 니케아 제국의 황제인 미하일 8세 팔레올로고스Michael VIII Palaiologos가 라틴 제국(1204~1261)으로부터 콘스탄티노폴리스를 탈환했다. 하지만 비잔티움인들은 뒤이어 아나톨리아 지방까지 방어하는 데는 실패했고, 그곳은 곧 오스만 제국이 점령했다. 라틴 제국 시대에 콘스탄티노폴리스에 맞서는 일종의 임시 수도로 기능했던 니케아는 이미 1329년에 오스만 제국의 소유가 되었다. 1360년 이후의 어느 시점에 술탄들은 지진 때문에 도시 성벽이 무너져 버렸던 갈리폴리(겔리볼루)를 손쉽게 장악했다. 16세기까지 이 항구도시는 점차 윤곽을 갖추어 갔던 오스만 전투 함대의 가장 중요한 거점이었다. 1388년 이래로 아테네에서는 본래 피렌체 출신인 아차이우올리Acciaiuoli 가문이 다소 안정적으로 지배하고 있었던 반면에, 펠로폰네소스반도에서는 콘스탄티노폴리스와 동맹 관계로 미스트라스에 있는 작은 제후국이 다른 제후국들과 각축하고 있었다. 테살로니키는 비잔티움 제국에서 두 번째로 중요한 도시로, 1341년에서 1350년까지는 도시의 파벌인 이른바 열심당Zealots이 지배하면서 일시적으로나마 어느 정도의 독립성을 확보하기도 했었다. 비잔티움 제국은 테살로니키를 오스만 제국에 한 번 빼앗겼다가 일단 되찾았다. 그렇지만 비잔티움 황제는 되찾은 도시를 오스만에 맞서 지속적으로 방어하고 유지할 능력이 없어 1423년에 테살로니키를 베네치아인들에게 넘겨주었다. 그러나 오스만 제국은 1430년에 두 번째이자 마지막으로 테살로니키를 정복하는 데 성공했다.[128]

메흐메드 2세가 1453년에 콘스탄티노폴리스를 정복하기까지는 긴 전사前史가 있다. 이슬람의 확장 초기에 시도했던 콘스탄티노폴리스 공성은 일단 제외하더라도 14세기 말에 바예지드 1세는 콘스탄티노폴리스 성벽을 상대로 장기간에 걸친 첫 번째 포위에 들어갔으며, 콘스탄티노폴리스와 가까운 보스포루스 해협의 아나톨리아 쪽(아시아 쪽) 해안에 아나돌루 히사르라는 이름의 요새를 건설했다. 비잔티움의 마지막부터 세었을 때 두 번째 황제가 되는 요안니스 8세 팔레올로고스John VIII Palaiologos가 이슬람에 맞서기 위해 라틴 유럽에서 대규모 연합군을 동원하려고 했지만, 실패로 끝났다. 요안니스 8세는 1444년에 페라라와 피렌체에서 열린 공회의에서 로마 교황을 기독교계의 수장으로 인정함으로써 로마 가톨릭교회와 정교회의 통합을 받아들였지만, 소용이 없었다. 콘스탄티노폴리스에서조차도 교회의 통합을 관철할 수 없다는 것이 곧 입증되었다. 나중에 메흐메드 2세가 총대주교로 임명한 겐나디오스 스콜라리오스Gennadios Scholarios가 앞장서서 통합에 저항했다. 다른 한편에서는 오스만 제국에 대항하는 서유럽과 중부 유럽의 '공동 십자군'이 (예를 들면 1396년에는 니코폴리스에서, 1444년에는 바르나에서) 참전했던 가톨릭 제후들에게 매번 치명적인 결과만 남긴 채 대실패로 끝났다. 그 결과 가톨릭 제후 대부분은 이제 자기들에게서 멀리 떨어져 있는 콘스탄티노폴리스의 문제에 개입하는 데 냉담해졌으며, 각자 직면한 문제들과 씨름해야 했다. 에네아 실비오 피콜로미니Enea Silvio Piccolomini, 즉 교황 비오 2세Pius II가 나서 콘스탄티노폴리스를 탈환하기 위해 '십자군'을 조직했으나 (1464년에) 십자군이 출발하기 직전에 사망한 후로는 오스만 제국으로부터 콘스탄티노폴리스를 탈환하려는 시도가 더는 거론되지 않았다.

그렇기 때문에 1453년에 오스만 제국의 군대가 콘스탄티노폴리스를 포위했을 때, 콘스탄티노폴리스를 방어하기 위해 투입된 병력은 베네치아 출신과 제노바 출신의 용병들로 이루어진 소규모 부대뿐이었다. 따라서 오스만 군대는 도시를 질풍노도처럼 점령했고 약탈을 자행했다. 도시의 북쪽 관문인 갈라타만이 대부분 제노바 출신이던 시 원로들이 포위 기간에 중립을 선언하고 함락 직후에는 바로 항복했기 때문에 참혹하게 약탈되는 운명을 피할 수 있었다.[129] 이런 사실을 고려한다면 제노바인들이 메흐메드 2세를 상대로 통일된 행동을 보였다고 말할 수 없다. 제노바인들이 이렇게 일사불란하게 움직이지 않은 것은 권세 있는 여러 가문의 지배로 말미암아 제노바 공화국의 사회구조가 매우 느슨했기 때문이었다. 그렇기 때문에 갈라타의 원로들은 자기들이 비잔티움 제국의 편에 서서 싸우는 제노바인들과는 아무런 관계가 없었다고 말해도 의심을 사지 않을 수 있었다. 술탄은 대형 대포를 투입해 난공불락이던 콘스탄티노폴리스의 성벽을 돌파할 수 있었다. 이는 이전의 그 어떤 군

____ 1456년, 메흐메드 2세의 베오그라드 포위. 헝가리 왕국의 남부 요새에 대한 당시의 포위 공격은 실패로 끝났다. 헝가리의 지휘관인 후녀디 야노시가 지원병을 이끌고 도시에 도착해 방어전에 참여했기 때문이었다. 오스만 제국은 1520년에 로도스섬을 점령한 후 자신의 두 번째 대원정을 시도했던 술탄 쉴레이만 1세(재위 1520~1566)의 지휘하에서 베오그라드를 1521년에 정복했다. (Wikimedia Commons)

대도 성공하지 못한 것이었다. 콘스탄티노폴리스를 정복한 직후에 예언자 무함마드의 동지였던 아부 아이유브 알안사리Abu Ayyub al-Ansari의 무덤이 '발견'되자, 술탄은 빠른 속도로 주거 중심지가 되어 갔던 금각만에 성지를 건설하라고 지시했다. 오스만 시대에 이 구역의 중심이었던 에위프Eyüp(아이유브)는 오늘날 이스탄불 광역권의 일부다.

발칸 지역을 정복할 때 술탄은 이전의 전쟁들에서 젊은 나이에 포로로 잡혀 술탄의 궁정으로 보내져 술탄의 시종으로 지내다가 점차 이슬람으로 개종한 후 경력을 쌓아 지역 귀족이 된 자들을 투입했다. 메흐메드 2세의 대재상으로 오랫동안 지냈다가 훗날 결국 처형당한 벨리 마흐무드 파샤Veli Mahmud Paşa는 세르비아에 정착했던 앙겔로스 가문 출신이었는데, 이 가문은 비잔티움 황제를 배출한 귀족 가문이었다. 이처럼 술탄의 관료들이 발칸반도에서 군사적·외교적 성공을 달성하는 데는 그들의 귀족적 출신 배경이 절대 아무런 의미가 없지 않았다.[130] 이러한 사례들은 그들이 술탄에게 노예처럼 종속되어 있었지만, 술탄은 이들 고위 관료의 가족 관계를 중히 여겼음을 보여 준다. 달리 표현하면 베지르와 기타 관료들이 노예가 된 채 술탄에게 충성하면서 자기들이 발칸반도의 귀족 출신이라는 사실을 '그저 잊고 있었다'고 주장한다면 이는 잘못이라는 것이다.

합스부르크와의 갈등, 프랑스와의 동맹

헝가리의 젊은 왕 러요시 2세Lajos II(재위 1506~1526)는 왕위에 오른 직후 합스부르크와 동맹을 체결했으며, 이 동맹은 두 왕가 사이에 맺은 두 번의 혼인을 통해 굳어졌다. 헝가리의 아나Anna는 잠시 오락가락한 끝에 훗날 신성 로마 제국의 황제가 된 페르디난트 1세와 결혼했고, 러요시 2세는 카를 5세와 페르디난트 1세의 누이인 마리아Maria(1505~1558)와 결혼했다. 그리고 두 왕조 가운데 한 왕조에서 후사가 끊기면 다른 왕조가 그 왕위를 계승할 권리를 얻기로 했다. 그런데 헝가리는 선출식 왕정이었으며, 최고 귀족들 중에 유력한 파벌은 자국인 통치자를 선호했다. 자식이 없던 러요시 2세가 오스만을 상대로 벌인 (1526년의) 모하치 전투에서 왕관을 빼앗기고 목숨을 잃었을 때,

헝가리의 유력한 귀족 파벌들은 오스만 제국의 술탄 쉴레이만 1세가 인정해 줄 준비가 되어 있던 서포여이 야노시Szapolyai János를 그들의 왕으로 선출했다. 그러나 서포여이도 오래 살지 못했으며, 이제 헝가리 귀족들 중에는 합스부르크 가문의 페르디난트 1세를 추종하는 자들이 일부 생기고 있었다. 이러한 상황에서 초래된 전투적인 내부 분쟁은 결국 옛 헝가리 왕국을 셋으로 분열시키고 말았다. 트란실바니아(헝가리어로는 에르데이, 터키어로는 에르델)는 독립적인 제후국이 되었는데, 이곳은 (1699년에 맺어진) 카를로비츠 평화조약을 통해 합스부르크 제국에 할양될 때까지 대부분 오스만의 지배권에 속했다. 중부 헝가리는 오스만 제국의 한 지방으로서 술탄이 직접 임명한 총독이 관할했던 반면에, 페르디난트 1세는 좁고 인구밀도가 비교적 조밀한 북부 지역과 서부 지역, 이른바 왕령 헝가리를 맡게 되었다. 그 대신에 페르디난트 1세는 술탄에게 공물을 바쳐야 했다. 합스부르크의 시각에 따르면 이러한 공물 납부의 의무는 (1606년에 체결된) 지트버토로크Zsitvatorok 평화조약에서 취하되었지만, 오스만의 견해에 따르면 여전히 유효한 의무였다. 양측이 모두 수용할 수 있는 해결 방안은 1612년에야 (또는 다른 견해에 따르면 1616년에야) 비로소 발견되었다.[131]

합스부르크를 상대로 겪은 갈등은 오스만에 새로운 도전이었다. 물론 카를 5세가 (1556년에) 퇴위한 후 합스부르크 왕조가 두 갈래로 나뉘기는 했어도, 술탄의 군대가 유럽 대륙에서는 처음으로 경쟁할 만한 세계 제국과 맞닥뜨렸기 때문이다. 합스부르크의 에스파냐 계열과 오스트리아 계열은 인척 관계일 뿐 아니라 서로를 전폭적으로 지원했다. 그 밖에도 근대 초기적인 두 절대주의 국가는 14세기와 15세기의 발칸 왕정에서 가능했던 것보다 훨씬 거대한 자원을 동원할 능력을 갖추고 있었다.

합스부르크의 카를 5세와 프랑스의 프랑수아 1세François I(재위 1515~1547) 사이의 경쟁은 몇 가지 쟁점을 둘러싸고 진행되었는데, 그중 하나가 이탈리아의 통제권이었다. 프랑수아 1세는 에스파냐와 프랑슈콩테, 네덜란드에서 프랑스 영토와 국경을 맞대고 있던 합스부르크의 세력에 맞서 균형을 형성하기 위해 유럽 대륙 안에 있는 제3의 거대 세력, 즉 오스만 술탄과 동맹을 맺고자 했다.

물론 2008년에 최신 연구를 통해 역사가들이 면밀하게 검토한 결과, 프랑스 대사와 대재상 파르갈르 이브라힘 파샤가 1535년에서 1536년에 맺은 협정은 결코 법적 효력을 가진 것이 아님을 확인할 수 있었다. 프랑스 측은 16세기 후반부에 최초로 합법적인 협상을, 즉 1569년에 맺어진 협정을 구체적으로 진행하면서 1535년에서 1536년에 작성된 합의문 초안을 토대로 삼았다. 반면에 오스만 측은 당시에 이 합의문의 효력이 법적으로 확실하지 않다고 입증할 만한 충분한 자료를 보유하고 있지 않았다.[132] 이러한 갈등에도 불구하고 1530년대에 오스만 제국과 프랑스는 특히 당시에 합스부르크의 동맹이던 사보이아(사부아) 공작에게 맞서 공동작전을 수행했다. 1543년에 프랑스와 오스만의 연합군은 공동작전을 통해 니스를 포위했는데, 그 때문에 오스만 함대는 툴롱에서 겨울을 보냈다. 하지만 프랑수아 1세는 '기독교 세계의 숙적'인 오스만 제국과 동맹을 맺었다는 이유로 유럽 기독교 국가들로부터 강력한 외교적 압박을 받았다. 그렇기 때문에 프랑스 국왕과 오스만 술탄의 공동 군사작전은 더는 추진되지 않았다.[133]

양국의 외교 관계는 17세기 중반까지 대부분 우호적인 상태를 유지했다. 하지만 크레타를 둘러싸고 베네치아와 오스만 사이에 (1645년에서 1669년까지) 전개된 오랜 전쟁 동안에 루이 14세(재위 1643~1715)는 귀족들이 베네치아 편에서 전쟁에 참여하는 것을 허용했으며, 나아가 오스만-합스부르크 전쟁(1663~1664)에서도 몇몇 프랑스 장군에게 합스부르크의 레오폴트 1세Leopold I(1640~1705) 편에서 싸우게 했기 때문에, 술탄의 궁정에서는 이를 적대적인 행위로 간주했다. 그 결과 양국 관계는 최저점으로 추락했으며, 여기에는 몇몇 사절의 그리 외교적이지 않은 행동도 한몫했다. 하지만 나폴레옹이 (1798년에) 이집트를 점령할 때까지 양국 사이에 전쟁은 일어나지 않았다. 이스탄불에서는 프랑스 왕이 합스부르크의 잠재적인 적이므로 합스부르크와 맞서는 오스만의 외교적 자산이라고 보았다. '동맹의 역전', 다시 말해 1756년에 이루어진 합스부르크 가문과 부르봉 가문의 동맹은 이 책에서 다루는 시기에는 오스만의 외교에 결정적인 영향을 주지 않았다.[134]

제노바와 오스만 제국 사이의 접촉

14세기에서 15세기에 이르는 시기에 제노바는 동지중해에서 중요한 입지를 구축했다. 흑해의 북쪽 해안에서는 카파와 타나가 제노바의 중요한 교역 거점이었다. '흑사병'이라는 이름으로 악명 높았던 전염병인 페스트의 균을 1348년에 이탈리아로 가져왔던 것은 아마 이 항구들을 드나들던 선박들일 것이다. 흑해 남쪽 해안 지방의 항구도시 아마스라는 제노바 소유였다. 비잔티움 제국이 (1261년에) 재건되자 제노바 상인들은 당시 상황의 이점을 잘 활용해 이후 몇 년 동안 콘스탄티노폴리스 인근의 교역 지구인 갈라타에서 지배적인 지위를 확보하려고 애썼다. 모든 외국 상인은 금각만 북쪽에 있는 갈라타에 정착해야 할 의무가 있었다. 하지만 베네치아인들은 라틴 제국에 속해 있었던 과거 때문에 일정 기간은 비잔티움 궁정에서 환영받지 못했다. 반면에 제노바 상인들은 트라브존에 있는 콤니노스 왕조의 영지에서도 적극적으로 활동했다. 그 결과 오랫동안 아나톨리아의 구전에서는 무슬림 양식이 아닌 불확실한 폐허가 발견될 경우 흔히 제노바 양식으로 간주될 정도였다. 흑해 지역에서는 지중해에서와 마찬가지로 노예무역이 제노바 상인들에게 중요한 수입원이었기 때문에, 그들은 교황의 금지령에도 불구하고 맘루크 술탄이 지배하는 이집트에까지 노예들을 보냈다.

그러나 오스만 제국의 권력이 점차 관철되던 영역 안에서 제노바인들이 보유한 가장 중요한 영토는 아나톨리아 내륙에 직접 인접해 있던 히오스섬이었다. 아나톨리아 해안에 위치한 오늘날의 소도시 에스키 포차와 예니 포차(포카이아)[30]의 근처에는 제노바인들이 13세기 이래로 약탈해 왔던 명반 산지가 있었다. 알루미늄 황산염은 염색업자와 무두질업자에게 잘 팔렸으며, 당시의 기술 수준으로는 좋은 품질의 명반만 사용해야 했기 때문에 이 지역에서 나오는 고급 명반은 이탈리아 도시들의 섬유 제조 공장에 매우 중요했다. 제노바 상인들은 히오스를 원거리 교역을 위한 거점으로도 사용했다.

30 본문에 나온 것처럼 오늘날 포차(포카이아)는 두 행정구역으로 나뉘어 있는데, 에스키eski는 '오래된'이라는 뜻이고 예니yeni는 '새로운'이라는 뜻이다.

그렇지만 메흐메드 2세가 콘스탄티노폴리스를 정복하자 제노바인들은 그들이 갈라타와 트라브존에서 보유하던 주도적 영향력을 상실했다. 흑해의 모든 거점 도시에서도 마찬가지였다. 메흐메드 2세는 명반 교역을 막으려고도 했는데, 어떤 구체적인 정치적 의도에서 그랬는지는 알려지지 않았다. 그러나 바로 그 무렵에 로마 인근의 톨파에서 거대한 명반 산지가 발견되었기 때문에 오스만 제국에서 이탈리아로 향하는 명반 수출은 어차피 감소하게 되었다. 그러나 베네치아인들만은 가끔씩 아나톨리아산 명반을 구매했다. 그들은 16세기에 베네치아에서 급격히 발전하던 염색 산업에 긴요한 광물을 교황이 독점하도록 그대로 둘 수 없었기 때문이다. 오스만의 정복 이후 제노바인들은 잠시 세금 청부제에 제한적으로 참여하다가 결국 동지중해에서 대거 철수하는 방식으로 새로운 정세에 반응했다. 그런데도 17세기에 아나톨리아 지방에서 몇몇 제노바 상인이 계속 활동했다는 사실이 기록으로 남아 있다. 제노바인들이 철수하자 히오스섬도 그들이 차지하고 있던 상업적 거점으로서의 지위를 상당 부분 잃었다.

15세기 중반 이후로 오스만이 지배하던 에게해 지역에서 작은 위요지圍繞地, enclave[31]를 형성했던 히오스섬은 제노바가 직접 통치한 것이 아니라 마오나maona로 알려진 상인 연합이 통치했다. 모두 주스티니아니 가문에 속했던 이 단체의 회원들은 오스만 술탄에게 공물을 바치는 책임을 맡았으며, 점점 어려움이 커지기는 했지만 1566년에 오스만이 이 섬을 점령할 때까지 이 역할을 수행했다. 즉 비교되는 상황에 있던 베네치아와 달리 제노바 정부는 동지중해에서 자국 백성을 보호해야 할 책임을 거의 수행하지 못했다.[135]

베네치아, 두브로브니크, 에스파냐계 합스부르크, 지중해

14세기 후반과 특히 15세기에 오스만 제국이 동지중해에 그들의 지배 영역을 확립했을 때, 이 지역에서 유일하게 의미 있는 권력은 베네치아의 식민 체제였다. 오스만의 정복 시도에도 불구하고 몇몇 거점, 특히 코르푸(케르키

31 본국에서 떨어져 타국 영토에 둘러싸인 자국 영토를 가리킨다.

라)섬은 베네치아 공화국이 멸망할 때까지 베네치아의 영역으로 남았다. 좁은 달마티아의 해안 지역도 마찬가지였다. 그러나 이를 제외하면 동지중해의 정치사는 오스만 제국의 진출 때문에 베네치아의 지배 영역이 계속 밀려나는 과정으로 서술할 수 있다. 다시 말해 베네치아는 단지 '새로운' 세력인 잉글랜드와 프랑스, 네덜란드가 진출하면서 밀려난 것이 아니었다.

베네치아는 한때 아드리아해 연안에 있는 소도시와 요새들 외에 지역의 중요한 교역 항구였던 두브로브니크(라구사)를 차지하고 있었다. 오스만은 이미 알바니아를 정벌하는 과정에서 아드리아해 연안의 소도시와 요새들을 대부분 일찌감치 정복했다. 베네치아가 관할하던 두브로브니크는 (정확한 날짜는 확인할 수 없지만) 14세기 이후로는 술탄의 관료들에게 출입을 허락하지 않는 특별 자치권을 갖고 있기는 했어도, 오스만의 지배권 아래에 있었다.[136] 술탄의 관료들은 도시로 들어가는 성문에서 출입세를 징수했다. 두브로브니크가 베네치아와 수많은 갈등을 겪을 때마다 두브로브니크 위원회는 술탄의 지원을 얻을 수 있었다.

두브로브니크의 상인들은 발칸 지역에서 커다란 교역망도 구축하고 있었다. 오스만에 정복당할 때까지 그들은 발칸반도의 광산들에서 생산되는 금속을 수출하는 데 집중했다. 그런데 은과 구리, 납은 전쟁을 수행하는 데 중요한 자원이기 때문에 술탄은 수출을 금지했다. 그런데도 두브로브니크 상인들은 이러한 새로운 상황에 성공적으로 적응해, 16세기에는 자기들의 가장 중요한 수출 품목을 밀랍과 양모, 모피, 가죽으로 전환했다.[137] 그들의 활동 무대는 발칸반도 전체에 퍼져 있었기 때문에 그들의 선박은 이스탄불의 관문인, 트라키아 지방의 로도스추크(오늘날의 테키르다)에 자주 출현했다. 물론 두브로브니크인들은 16세기 이래로 점점 강세를 보이는 네덜란드와 잉글랜드의 경쟁자들 때문에 고통을 겪었다. 그리고 때때로 에스파냐 함대를 위해 그들의 선박을 제공해야 했다는 사실도 그들에게 커다란 손실을 가져다주었다. 17세기에 와서는 베네치아와 오스만의 선박들이 출항할 수 없었던 전쟁 기간에만 두브로브니크의 교역이 번성했다. 1667년에 발생한 강력한 지진은 이러한 위기를 심화했는데, 지진의 흔적은 오늘날까지도 두브로브니크에서 발견할 수 있다. 그런데도 두브로브니크 도시 정부는 나폴레옹 시대에 이르기까지 계속해 술탄에게 공물을 바침으로써 자치권을 유지할 수 있었다.

이스탄불의 중앙정부로서는 두브로브니크에 특별한 지위를 부여하는 것이 유익했다. 두브로브니크는 매우 활발한 국제 교역을 토대로 보통 오스만 제국의 지배하에 있던 아드리아해의 다른 항구도시들에서 세금으로 거둘 수 있었던 것보다 훨씬 많은 공물을 납부했기 때문이다. 게다가 가톨릭이지만 규정상 중립적인 이 도시의 상인들은 전쟁 도중에도 이탈리아에 머물면서 이스탄불에 물자를 보낼 수 있었다. 그 밖에도 두브로브니크는 풍부한 정보가 오가는 장터와 같아 오스만의 베지르는 여기서 유럽 정치에 관한 정보를 수집했으며, 에스파냐를 포함한 유럽의 왕국들은 여기서 오스만 제국의 의도를 살펴볼 수 있었다.

1204년에 콘스탄티노폴리스가 점령당해 비잔티움 제국이 분열한 결과 베네치아는 두브로브니크 말고도 몇 군데의 지역을 얻었다. 그중 가장 큰 곳이 크레타섬이었는데, 베네치아인들은 이 섬을 17세기 중반까지 차지했다. 특히 이 섬에서 가장 큰 도시인 칸디아(오늘날의 이라클리오)는 강력한 요새로 확장되었는데, 칸디아 공작이라는 영예로운 작위로 불린 베네치아인 크레타 총독의 보고서는 베네치아 국립 문서고에 소장되어 있고 이 지역의 중세 후기 역사에 관한 주요 사료다. 17세기 중반에 오스만 제국은 크레타섬을 여러 방면에서 매우 신속하게 정복하려고 했다.[138] 그러나 칸디아는 쉽게 무너지지 않아 요새에 대한 포위는 25년간이나 계속되었다. 그동안 요새의 성벽 바깥에는 오스만 제국의 군인과 그 가족이 거주하는 마을이 형성되었으며, 이들은 정복이 완료된 후에야 비로소 성 안에 들어갈 수 있었다.

펠로폰네소스반도에서는 베네치아인들이 코론(코로니)과 모돈(메토니), 그리고 일시적으로는 모넴바시아도 지배하고 있었다. 오스만인들은 모넴바시아를 메넥셰Menekşe('바이올렛')로 불렀다. 오스만 제국은 15세기 후반과 16세기 초반에 전쟁을 통해 이 세 거점을 정복했다. 베네치아인들은 이곳들 외에 거의 한 세기 동안 키프로스도 지배했다. 1468년에 베네치아의 시뇨리아는 베네치아 명문 귀족의 딸 카테리나 코르나로Caterina Cornaro와 키프로스 왕이 결

—— 크레타의 레팀노에 있는 오스만 사원. 이 사원의 첨탑은 오늘날에도 그리스에서 볼 수 있는 몇 안 되는 첨탑에 속한다. 교회들이 이슬람 사원으로 개조되는 일이 빈번했지만, 이 사진에 보이는 것은 신축된 사원이다. (Wikimedia Commons, © Ggia)

혼하도록 중매 역할을 했다. 그런데 키프로스 왕이 사망하고 뒤이어 그의 아들도 사망하자, 베네치아 정부는 이제 홀로 남은 여왕, 즉 '공화국의 양녀'에게 키프로스섬의 통치권을 베네치아에 넘기게 했다. 물론 통치권을 이양하는 과정에서 카테리나 여왕의 진영이 별다른 저항을 하지 않은 것은 아니었다. 1570년에서 1573년까지 이어진 전쟁으로 오스만이 이 섬을 정복할 때까지 키프로스는 베네치아의 손안에 있었다. 에게해에 있는 티노스섬도 18세기까지는 베네치아의 영토였다. 물론 베네치아인들은 1715년의 평화조약에서 그들이 '대튀르크 전쟁' 동안에 정복했던 펠로폰네소스반도를 다시 포기해야 했다.[139] 이 시점에서 티노스섬도 오스만 제국으로 넘어감으로써 베네치아가 동지중해에서 차지하고 있던 역할은 완전히 막을 내렸다.

베네치아인들은 이 지역에 머무는 동안 지역의 교역 활성화에 크게 기여했다. 이미 맘루크 시대에 알렉산드리아에서 후추와 기타 향신료를 유럽으로 들여온 것이 주로 베네치아인들이었다. 그 밖에도 그들은 이 지역들에서 얻은 장식용 디자인과 도시 계획에 관한 새로운 아이디어를 가져옴으로써 베네치아에 오늘날까지도 남아 있는 특이한 모습을 갖게 했다. 오스만인들이 이 지역 맘루크들의 지위를 하향해 조정할 것이라는 사실이 분명해지자, 베네치아인들은 재빨리 방향을 전환했다. 앞서 언급한 물품들의 교역이 갖는 중요성 때문이었다. 물론 다 가마가 인도 항로를 발견하는 데 성공하고, 포르투갈 왕이 유럽의 향신료 수입을 독점하려고 시도한 것이 16세기 초 베네치아의 교역에 큰 손실을 입히기도 했다. 하지만 1530년 무렵에 이르자 인도양에서 무역을 독점하려고 했던 포르투갈의 시도는 궁극적으로 실패했다. 그렇기 때문에 홍해를 거쳐 이집트로 가고, 이집트에서 베네치아로 가는 향신료 무역은 재개되었다. 이 루트는 1600년 무렵에 네덜란드인들이 더욱 효과적으로 교역을 독점할 때까지 호황을 이루었다.[140] 이미 오스만 제국의 영토가 된 카이로에 있던 베네치아 상인들은 이 위기를 견뎌 낼 수 있었다. 바로 1600년 무렵에 오스만 제국에서 커피 소비가 경제적으로 주목받는 대상이 되었기 때문이다. 하지만 유럽에서는 상황이 달라 베네치아인들은 네덜란드인들의 공세에 밀려 매우 커다란 불이익을 당했다. 그런데도 베네치아인들은 1600년을 전후한 시기에 앙고라 양모와 이 소재로 완성된 옷감의 무역에서 여전히 중요한 역할을 했다.

그 밖에도 베네치아 상인들은 17세기에 이르기까지 오스만 제국에 모직물을 수출했다. 모직물 산업은 수상 도시 베네치아로서는 사실 오랜 역사가 있었던 산업이 아니라 전혀 새로운 영역이었으며, 1550년 무렵에 와서야 발전하기 시작했다. 그런데 베네치아에서는 무엇보다도 높은 세금 때문에 생산비가 비교적 높았다. 16세기 후반과 17세기 초반에는 금융 위기로 인해 오스만 제국 내의 시장이 동요한 데다 잉글랜드산 모직물과 경쟁하는 상황이 전개되면서 모직물 생산이 위축되어, 결국 1650년 무렵에는 이 분야가 더는 베네치아 경제에 기여하지 못하게 되었다. 베네치아의 모직물 산업은 시대의 흐름과 함께 무에서 시작했다가 무로 돌아갔다.[141] 그런데 이러한 부침 현상은 근대 초기라는 시대적 환경에서는 흔히 발생했다.

전체적으로 보아 오스만의 시장과 베네치아의 시장은 '서로 의존하는 관계'에 있었다고 말할 수 있으며, 이러한 관계는 17세기 중반까지 지속되었다. 즉 오스만과 베네치아 사이의 관계는 1600년 무렵에 발생한 베네치아의 교역 위기를 고려할 때 생각보다도 더 오랫동안 지속되었다. 17세기 초에도 오스만 제국에서 베네치아로 오는 상인의 수는 아직 많아서 시뇨리아는 낡은 궁전을 튀르크 상관으로 재건축하는 데 드는 막대한 금액을 기꺼이 지급했다.[142] 물론 세기 전환기에는 교역이 현저하게 감소했으며, 이는 왜 베네치아가 칸디아를 둘러싼 전쟁을 25년 동안이나 지속할 결심을 했는지를 설명해 주는 요인이기도 하다. 방어해야 할 교역 요지가 더는 많지 않게 되자, 이제 정치적·군사적 고려가 전면에 대두했던 것이다.

16세기에 에스파냐와 오스만, 이 두 제국의 대결은 대부분 지중해에서 치러졌다. 오스만 제국의 함대는 1538년에 아드리아해의 프레베자 앞바다에서 극적인 승리를 거두었다. 반면에 1565년의 몰타 공방전은 실패로 끝났는데, 몰타에 대한 에스파냐의 지원이 결정적인 원인이었다. 그다음에 벌어진 최대 규모의 해전은 1571년에 다시 아드리아해 지역의 레판토(터키어로는 이네바흐트) 근처에서 전개되었다.[143] 여기서 펠리페 2세Felipe II의 이복형제인 돈 후안 데 아우스트리아Don Juan de Austria(오스트리아의 후안)가 오스만 함대를 물리치고 승리했지만 키프로스에 대한 베네치아의 지배권은 지키지 못했으며, 오스만은 새로운 함대를 신속히 건조했다. 물론 레판토 해전에서 오스만 함대가 노련한 선원들을 잃은 것은 큰 손실이어서, 이후 오스만 함대는 공격보다는 방어에, 그리고 육지의 군대를 지원하는 것에 중점을 두었다. 레판토 해전에서 승리했다는 자신감은 영리한 선전 활동을 통해 촉진되었다. 사실 전쟁에서 승리했다는 사실 자체뿐 아니라 이러한 심리적 영향도 전체 가톨릭 유럽, 특히 베네치아에서 매우 중요했다. 하지만 이에 대해 1580년 이후로 오스만 제국은 뚜렷하게 '무관심한' 자세를 보여, 오스만 측의 사료는 별로 남아 있지 않다. 전체적으로 역사 연구는 에스파냐와 오스만 사이의 갈등을 지금

까지 지나치게 일방적으로, 다시 말해 오스만 측의 관점은 거의 봉쇄한 채로 해석해 왔다.[144]

오스만 제국과 에스파냐 제국 사이의 장기전은 이탈리아 해안 지방의 주민들에게는 상존하는 위험이었다. 물론 에스파냐가 지배하는 남이탈리아 하층민들의 짓눌린 생활상을 고려할 때, 적어도 한 가지 사례에 따르면 그곳 주민들은 술탄이 승리해 지배하는 세상을 일종의 대안으로 여겼던 것 같다. 도미니코회 수도사인 톰마소 캄파넬라Tommaso Campanella가 일으킨 반란에 관해 전해지는 이야기가 그 예다. 캄파넬라는 에스파냐의 지배에 저항하며 자기가 꿈꾼 유토피아를 『태양의 나라*La città del Sole*』(1602)라는 책으로 남겼는데, 이는 오늘날의 시각에서 보면 오히려 악몽과 같은 사회라고 볼 수 있다. 그리고 이 책을 통해 유명해진 캄파넬라가 실제로 청소년 시절에 오스만 제국의 지원을 받아 그 지역에서 에스파냐인들을 몰아낼 반란을 조직하려고 했는지 확인할 길이 없다. 오늘날까지 이 사건과 관련된 오스만 측의 자료가 전혀 발견되지 않고 있기 때문이다.[145]

잉글랜드 및 프랑스와의 관계

오스만의 입장에서 바라볼 때 잉글랜드 및 프랑스와의 관계는 오스만 대 합스부르크의 경쟁 구도와 밀접한 관계에 있었다. 프랑스는 합스부르크 왕조와 대립했기 때문에 프랑스의 프랑수아 1세 또는 부분적으로 그의 후계자는 오스만의 매력적인 파트너로 보였다. 잉글랜드는 무엇보다도 오스만과의 교역이 관심사였기 때문에 이스탄불에 사절과 상인들을 파견했다. 왕실이 발급한 특허장에 따르면 1581년에 설립된 레반트 회사의 회원들은 지중해 동부에서 이루어지는 잉글랜드의 무역을 독점할 권리를 보유했고, 현지에 주재하는 잉글랜드인 대사들에게 월급을 지급했다. 하지만 대사들을 임명할 권한은 왕에게, 즉 처음에는 엘리자베스 1세Elizabeth I(재위 1558~1603)에게, 나중에는 그 후계자들에게 있었다. 16세기 말에 엘리자베스 1세의 대신들은 에스파냐의 위협에 더 잘 대비하기 위해 오스만 제국과 접촉하려고 시도했다. 이런 맥락에서 엘리자베스 1세와 오스만 궁정의 여성 대표는 서신과 선물을 교환했으며,

때때로 잉글랜드 측 서신에서는 프로테스탄트와 무슬림이 '우상을 숭배하는' 에스파냐에 맞서 함께 힘을 합쳐야 한다는 주장이 발견되었다. 이러한 주장이 이스탄불에 어떤 영향을 주었는지는 알려지지 않았다. 어쨌든 프랑스 측의 강력한 항의가 있었지만, 1581년에 오스만 제국 영토에 거주하는 잉글랜드인들의 권리와 의무를 규정하는 첫 '협정서'가 제정되었다. 이제 잉글랜드 상인들은 더는 지금까지처럼 프랑스 깃발의 아래에서 항해하고 그 대가로 프랑스 영사관에 영사 비용을 지불할 필요가 없게 되었다. 1588년에 잉글랜드가 에스파냐의 무적함대를 물리친 사건은 오스만 제국이 이후 몇 년 동안 엘리자베스 1세의 왕국에 큰 관심을 갖게 했다. 이 시기에 이스탄불은 잉글랜드가 지중해에서 에스파냐 함대가 집중되는 상황을 방해하는 작전을 펼치는 것을 지원하는 문제에 큰 관심을 보였다.[146] 반면에 17세기 중반에 잉글랜드에서 내전이 진행되는 동안에 찰스 1세Charles I의 추종자들은 자기들의 당파에 차관을 제공해 줄 것을 이스탄불의 술탄 측에 요청했지만, 성과를 거두지는 못했다.

양국의 만남은 문화 영역에서도 결실이 있었다. 적어도 잉글랜드 측에 관한 한 17세기에서 18세기 이르는 시기에 매우 다양한 교육적 배경과 관심을 가진 수많은 잉글랜드인 여행객이 오스만 제국을 방문했다. 어떤 작가들은 오스만에 관한 비교적 잘 기록된 정보를 수집해 널리 알리려고 한 반면, 어떤 작가들은 다소 흥미 위주의 허상을 생산해 냈다. 당시에 이들이 집필한 저서들은 무엇보다 1700년 이후에 처음으로 대두하기 시작한 초기 대영제국의 엘리트들이 자기 이미지를 형성하는 데 기여했다고 볼 수 있다. 제럴드 맥린Gerald MacLean은 이 저서들에서 표현된 양면적인 관계를 나타내는 개념으로 '제국적 선망'이라는 개념을 제안했다. 이 개념은 발전하는 잉글랜드가 갖고 있는 충동, 즉 '오리엔트'(나아가 그 이상의 세계)를 지배하고자 하는 충동이 대제국 오스만에 대한 부러움과 합쳐져 생겨난 복합적인 예민함을 의미하는 것이었다. 맥린에 따르면 바로 이 '제국적 선망'이 이제 잉글랜드가 자기들이 보유한 제국적 욕구와 지식에 관해 의문을 제기하고 이를 새로 조직하도록 압박했다.[147]

그러나 동지중해에 등장한 잉글랜드인들은 주로 알레포나 이즈미르에서 이란산 생사를 구입하는 데 기여했다. 이 생사가 잉글랜드에 도착하면 런던의 스피털필즈에 있는 직조공들이 이를 견직물로 가공했다. 그러나 이보다 더 중요했던 것은 이란산 생사를 유럽의 다른 나라에 다시 판매한 것이었는데, 이는 잉글랜드에 높은 이익을 가져다주었다. 이에 비하면 앞서 언급한 잉글랜드산 모직물의 수출은 테살로니키나 베네치아에서 생산한 경쟁 제품들에 영향을 주기는 했지만, 잉글랜드 상인 자신들에게조차 이차적 의미밖에 없었다. 물론 이때 무역업자들은 해외로 나가는 선박들에 짐을 가득 싣지는 않아도 되도록 조치했는데, 이는 수출은 하지 않고 수입만 해서 영국의 금과 은을 해외로 유출한다고 비난받던 레반트 회사에 하나의 방어 논리도 제공해 주었다. 생사의 수입과 재판매가 잉글랜드에 가져다준 높은 현금 수익에도 불구하고, 완고한 중상주의자들은 레반트 회사가 상품 대금을 치르기 위해 영국의 금과 은을 외부로 유출함으로써 국력을 약화시킨다고 항상 비판해왔기 때문이다. 잉글랜드인들의 관심은 외교나 정치가 아니라 일차적으로 생사 무역에 있었기 때문에 18세기 초에 전쟁으로 말미암아 이란의 생사 수출이 중단되는 사태가 발생하자 관련된 무역 회사들은 지중해 사업에서 손을 떼었다. 대신에 그들은 이제 벵골과 중국에서 구할 수 있는 저렴한 가격의 생사를 거래하는 쪽으로 전환했다.

잉글랜드 상인들이 오스만 영역을 떠남으로써 관련 상권을 프랑스 경쟁자들에게 넘겨주게 되자, 프랑스 상인들은 더 많은 양의 물품들을 구매했고 프랑스 본국에서 생산된 모직물을 오스만 제국에 제공했다. 프랑스가 오스만의 항구들과 정기적으로 교역(프랑스어로는 '레반트의 사다리échelles du Levant')하기까지는 오랜 세월이 걸렸는데, 루이 14세와 그의 재무 장관 장바티스트 콜베르Jean-Baptiste Colbert의 시대에 이르러서였다. 프랑스에는 잉글랜드의 레반트 회사에 비견될 만한 회사가 없었다. 그러나 대신에 마르세유 무역 사무소의 회원들이 오스만 지역과 무역할 수 있는 실질적인 독점권을 보유했다. 마르세유를 거치지 않고 동지중해에서 프랑스로 직접 들어오는 모든 수입 상품은 20퍼센트의 추가 세금을 납부해야 했기 때문이다. 이러한 세금 납부 규정은 18세기의 (혁명)전쟁 기간에만 일시적으로 해제되었다. 그 기간에는 루이 15세Louis XV의 해군이 잉글랜드 편에 서 있던 해적선에 맞서 프랑스 상인들을 보호해 줄 수 없었기 때문이다.

마르세유에 있는 무역 회사 대표들의 대리인으로서 동지중해 항구들을 방문한 공인된 상인들은 프랑스 국가의 구성원으로 간주되어 현지 주재 프랑스 영사의 엄격한 감독을 받았다.[148] 대부분 젊은 연령층의 남자들이 가족 없이 혼자 이곳에 왔으며, 머무는 동안에 현지의 기독교도 여성과 결혼하지 않는 것은 예견된 일이었다. 오스만 제국에는 오스만 여자와 결혼하면 그 남자도 술탄의 백성이 된다는 규정이 있었기 때문이다. 게다가 이 젊은 상인들은 비교적 짧은 기간만 머물다가 프랑스로 귀향해야 했다.

물론 영사들이 실제 생활에서 이러한 공식 규정을 늘 관철할 수는 없었다. 상인들은 영사와 갈등을 겪는 경우가 많았기 때문에 그들의 말을 잘 듣지 않는 경향이 있었다. 상인들이 영사에게 지급해야 하는 비용을 둘러싸고 갈등이 자주 발생해서, 오스만 지방에 정착한 마르세유 출신의 프랑스 상인 공동체와 프랑스 국왕이 파견한 대사들 사이의 관계도 긴장 상태인 경우가 더 많았다. 그래서 실제로 오스만 땅에 머무는 프랑스인들이 자유롭게 움직일 여지는 공식 규정으로 정해진 것보다 더 넓었다. 특히 이즈미르에서는 적지 않은 프랑스인들이 현지의 가톨릭 여성과 결혼했는데,[32] 오스만 측에서는 정착한 프랑스인과 이들의 후손 대부분을 그 후에도 계속 프랑스인으로 인정해 줄 준비가 되어 있었다. 그 결과 레반트에는 장기적으로 거주하며 명맥을 이어 가는 가문들이 등장했다. 이 가문의 구성원들은 교역 분야에서 활발하게 활동하거나 프랑스 영사 업무를 담당했다.[149] 영사 업무를 담당할 후보자들은 프랑스에 가서 교육을 받고 자격을 갖춘 뒤 돌아와 공직에 올랐다.

오스만 제국에서 활동하는 프랑스 상인들도 카르카손이나 랑그도크의 다른 지역들에서 제조된 모직물을 오스만 제국의 시장에 내놓았다. 공공 기관에서는 물품의 품질과 가격을 감독했는데, 18세기에 한 프랑스 대사는 가

—— 32 이러한 경우에 해당 여성의 가족은 결혼에 필요한 재산이 있음을 입증해야 했다.

격 하락을 막기 위해 사전 담합을 강요하기도 했다.[150] 카르카손의 모직물 산업에 대해 프랑스 정부가 개입하는 일이 지속적으로 묵인되고 허용되었는지에 관해서는 의문이 제기될 수 있다. 18세기 말에 오스만 제국의 시장이 위기에 빠졌을 때 카르카손의 수공업 분야는 오스만 제국 외에 다른 수출 통로를 찾을 수 없었다. 소유주들이 마르세유 상인들에게 너무 종속되어 있었기 때문이다. 결국 카르카손의 모직물 산업은 그 어떤 흔적도 남기지 않은 채 사라졌다.

그리스 상인과 아르메니아 상인의 디아스포라

네덜란드에서 온 상인들이 오스만 제국 항구들에 처음 나타난 것은 17세기 초였다. 네덜란드는 1609년에서 1621년까지의 휴전 기간을 제외하면 베스트팔렌 조약을 맺는 1648년에 이르기까지 에스파냐계 합스부르크와 계속되는 전쟁 상태에 있었다. 이러한 갈등은 다시금 오스만 제국이 네덜란드와 외교 관계를 맺을 중요한 근거를 제공했다. 16세기에는 술탄이 심지어 지중해에서 오스만 해군이 작전을 펼치는 시기를 잘 기획함으로써, 에스파냐 함대가 네덜란드에 대한 작전을 절대 끝내지 못하도록 개입했다고 볼 수도 있다. 이는 첫째, 근대 초에 전 세계적인 정책이 어떻게 추진되었는지, 둘째, 전투에서는 모두 이기고도 어떻게 전쟁에서는 궁극적으로 패배할 수 있었는지를 보여주는 전형적인 사례다. 에스파냐는 네덜란드를 상대로 벌인 여러 차례의 전투에서 승리했지만, 오스만의 개입으로 인해 전력이 분산되어 전쟁을 최종적으로 마무리하지 못하다가 결국 네덜란드의 강력한 저항에 부딪혀 패배하고 말았던 것이다.[151]

17세기에 많은 유럽 국가에서 공식적인 경제정책으로 채택된 중상주의적 경향은 대개 오스만 상인들이 라틴 기독교 세계에서 활동하는 것을 방해했다. 국가 간에 체결된 많은 조약에는 호혜 조항이 명시되었지만, 베네치아는 유럽 국가들 가운데 호혜 규정을 준수한 몇 안 되는 곳 중 하나였다. 경우에 따라 당시에 존재했던 공식 규정에다 지역적인 외국인 혐오증과 '질투'가 오스만 상인들에게 추가적인 장애물로 작용했다. 그래서 17세기 초에 오스만 제국의 아르메니아인들이 마르세유에 무역 사무소를 세우려고 했던 시도는 프랑스 국왕이 지원했는데도 결국 실패로 끝났다.

반면에 암스테르담은 무역의 자유를 크게 제한하지 않았다. 18세기에 우선 아르메니아 상인들, 그다음에는 그리스 상인들이 네덜란드의 수도에 나타나서는 장기적으로 정착했다. 아르메니아 상인들에게는 앙카라 지방에서 온, 이미 베네치아와의 교역에서 잘 알려진 앙고라 양모가 가장 중요한 상품이었다. 18세기 초까지 번성했던 레이던의 직물 산업은 앙고라 양모를 그라이넨greinen이라고 알려진 소재로 변화시켰다. 이와 달리 그리스 정교회에 속한 상인들은 면직물에 집중했다.[152] 1730년 이후에 레이던의 모직물 산업이 급속히 쇠락했을 때에도, 앙고라 양모는 아르메니아 상인들에게 계속 흥미로운 상품이었다. 왜냐하면 당시에 프랑스 왕실이 연루되었던 잦은 전쟁 기간에는 평상시에 납부해야 했던 20퍼센트의 추가 세금 없이 북프랑스의 아미앵과 기타 지역의 직조공에게 앙고라 양모를 재판매할 수 있었다. 이 모직물을 제조하는 기업들은 가격에 대비해 물건의 질이 좋기 때문에 네덜란드를 경유해 수입되는 양모를 선호했으며, 그 기업들의 소유주들은 마르세유의 독점 무역에 대해 목소리를 높여 항의했다.

18세기에는 아르메니아 상인들이 오스만 제국과 암스테르담 사이의 교역에서 경쟁자인 네덜란드 상인들을 점점 제압해 가는 것이 분명해졌다. 그들은 앙카라와 이즈미르에 있는 그들의 좋은 사업망을 토대로 해서 질이 더 좋은 상품을 더 저렴한 가격에 제공했다. 이에 암스테르담 상인들이 불만을 표하자 네덜란드 당국은 물론 제한적이기는 하지만 본토 상인들을 위한 보호무역 정책으로 대응했다. 애덤 스미스Adam Smith의 동시대인들이 자유무역의 폐지에 반대한 것과는 어긋나는 일이었다. 이러한 발전으로부터 다음과 같은 두 가지 중요한 결론을 도출할 수 있다. 첫째, 유럽 스타일의 회사는 아르메니아인과 같은 '구식'의 무역 디아스포라들에게 결코 무조건 우세하지 않았으며, 오스만 제국의 아르메니아 상인들을 시장에 관한 정보도 없고 신용을 얻을 가능성도 없으며 물품 저장 능력도 없는 고립된 뜨내기 상인으로 보는 것은 어이없는 일이라는 점이다. 둘째, 이러한 발전은 오스만 제국의 비무슬림 상인들을 일괄적으로 매판 상인으로, 다시 말해 유럽인 투자자들을 위한 중개인이나 소개업자로서 오스만의 이익이 아니라 서유럽의 이익을 옹호했던 자들로 보는 것이 적절하지 않다는 점을 보여 준다.[153] 그러한 시각과는 정반대로 오스만 제국의 비무슬림 백성들은 제도적 조건들이 마련되면 그 즉시 서유럽인들을 상대로 무역 전쟁에 당당히 뛰어들 준비가 철저히 되어 있었다.

학계의 연구 성과에 따르면 네덜란드와의 무역에 종사한 상인들(암스테르담의 아르메니아인 디아스포라) 외에 두 가지 형태의 그리스 정교 디아스포라가 더 있었다. 하나는 오스만 제국에서 제조된 상품을 합스부르크 영토에 판매했던 상인들이고, 다른 하나는 합스부르크 영토 안에서 내부의 교역에 집중했던 상인들이다. 후자에 속하는 그룹의 구성원들은 이 책에서 다루는 시기가 끝날 무렵에는 대개 빈이나 부다페스트에 영구적으로 정착했다. 마리아 테레지아Maria Theresia[33]와 요제프 2세Joseph II가 합스부르크의 통치 지역에서 장기간 거주하는 모든 상인에게 충성 맹세를 요구했기 때문이다. 그 외에도 이들은 서로 다른 점이 많은 상인 그룹이지만, 그들이 같은 종교인 그리스 정교를 믿는다는 사실 때문에 여기서는 '그리스 정교' 상인 디아스포라로 지칭한다. 또한 그들 가운데 어느 정도 교육을 받은 자들은 일상 언어로 그리스어를 사용했다. 하지만 민족적으로 보아 이들 상인 디아스포라는 결코 단일 집단이 아니었다.

이 두 가지 유형의 '그리스 정교' 상인 디아스포라가 어떻게 형성되어 발전했는지는 더 커다란 맥락에서 살펴보아야 한다. 18세기에 발칸의 많은 지역에서는 그리스 정교를 믿는 상인들이 매우 활발하게 활동했다. 무엇보다 같은 시기에 합스부르크 제국의 특정 지역에서, 특히 보헤미아와 빈의 인근 지방에서 제조 공정이 대형화하는 경향이 나타나자 이들의 활동은 더욱 활발해졌다. 제조 공정의 대형화로 인해 가죽이나 붉은색으로 염색된 면사 같은 반제품에 대한 수요가 폭증했다. 무두질된 수출용 가죽은 특히 오늘날의 불

——— 33 헝가리와 크로아티아의 왕이기는 했으나 여성이었기 때문에 신성 로마 제국의 황제 자리에는 남편인 프란츠 1세Franz I와 아들인 요제프 2세가 올랐다.

가리아 지방에 자리 잡고 생산되었던 반면에, 직조용 실은 대부분 오늘날 그리스 북부 테살리아 지방의 작은 마을인 암벨라키아에서 생산되었다. 그러나 이러한 상품의 판로를 장악하고 있던 상인들은 주로 합스부르크 영토에 거주하면서 계약을 체결하고 회사를 설립했다.[154] 그들은 발칸을 통과하는 육로 외에 해로도 자주 이용했다. 이 경우 당시 합스부르크 제국이 지중해의 항구로 개발했던 트리에스테가 인근에 위치한 경쟁 도시 베네치아보다 더 즐겨 이용되는 항구였다. 그리스 정교회 상인들은 여기에도 정착했다.

마찬가지로 그리스 정교적 배경이 있든 없든 '튀르크식' 염색업을 합스부르크 영토에 정착시키려고 자청했던 기업인도 있었다. 이런 식의 업체는 대부분 단기간 활동하는 데 그치기는 했지만, 장기적으로 보면 붉은 면사를 염색하는 업체는 결국 남프랑스뿐 아니라 합스부르크 영토에도 자리를 잡았다. 이러한 발전은 1800년 무렵에 이르면 암벨라키아에서 생산된 상품의 시장을 점점 압박해 들어왔다. 그리고 이후에는 이러한 생산을 대체할 시장이 전혀 나타나지 않았기 때문에 우리는 이러한 붉은 면사의 이야기를 완전한 산업화로 나아가지 못한 수많은 초기 산업화의 사례로 간주할 수 있다.

폴란드-리투아니아에는 오스만 제국의 제품을 시장에 공급하는 지배적인 무역 디아스포라가 있었는데, 이들은 아르메니아인들로 구성되었다. 17세기에 이들은 오스만 제국에서 리비우로 가는 정기적인 무역로를 보유하고 있었다. 그 밖에 폴란드 상인들이 물건을 구매하기 위해 오스만 제국의 영토 안으로 들어오는 경우도 있었다. 17세기에 폴란드 귀족들 사이에는 오스만식 요소를 많이 포함한 이른바 사르마티아식 복장이 인기가 있었기 때문에 이와 관련된 직물에 대한 수요가 많았는데,[34] 심지어 예술적으로 화려하게 장식된 무기도 폴란드 시장에서 잘 팔렸다.[155] 앙고라 양모로 만든 모직 옷감도 잘 팔려서 이 시대에 중앙아나톨리아의 도시 앙카라는 간접 무역인 경우도 많았지만 베네치아와 네덜란드, 폴란드와 무역 관계를 계속 유지했다.

34 사르마티아인은 고대에 활동한 이란 계통의 유목민이자 기마민족이다. 당시 폴란드-리투아니아 연방의 귀족들 사이에는 사르마티아인들을 자기들의 조상으로 간주하는 분위기가 널리 퍼져 있었다.

합스부르크 제국과의 갈등 및 폴란드의 역할(1683년까지)

근대 초기의 오스만-합스부르크 관계나 오스만-폴란드 관계를 다루면서 전쟁이 아니라 무역에 관한 서술로 시작하려니 다소 생소해 보인다. 하지만 우리가 이제 다룰 전쟁들은 사실상 당시에 전개된 여러 가지 상황 중 일부에 지나지 않았다. 16세기 전반부에 헝가리가 세 지역으로 분할된 이후, 합스부르크와 오스만 사이의 대대적인 전쟁은 1593년에 시작되었다. 양국 사이의 기나긴 갈등 가운데 유일하게 의미 있는 전투는 1596년에 헝가리의 메죄케레스테시(터키어로는 하초바)에서 발발했다. 승자는 오스만 제국이었다.[156] 메흐메드 3세(재위 1595~1603)는 전쟁터에서 직접 명령을 내리지는 않았다고 해도 군대와 함께했다. 이 전쟁에서는 대부분 요새 포위가 관건이었기 때문에 포병과 폭발 전문가가 양국의 부대에서 가장 중요한 구성원이었다. 1606년에 양국이 지트버토로크에서 평화조약을 체결함에 따라 오스만은 몇몇 요새를 얻었다. 그러나 전반적으로 볼 때 이 전쟁에서 오스만이 얻은 주요 이익은 제국의 국경이 공고해진 것이라고 말할 수 있다.

30년 전쟁이 발발하자마자 보헤미아 지방의 대표들이 오스만 제국에 개입해 달라고 요청했지만, 30년 전쟁의 전 기간에 오스만 제국의 중앙 병력은 개입하지 않았다. 1620년의 백산 전투에서 페르디난트 2세Ferdinand II가 보낸 합스부르크 군대가 승리하자, 오스만 제국 진영은 전쟁에 개입해 보아야 별 이득이 없을 것이라고 확신했다. 이후 무라드 4세(재위 1623~1640)는 사파비에 빼앗긴 바그다드를 탈환하는 데 집중했던 반면에, 후계자인 이브라힘İbrahim(재위 1640~1648)의 통치기에는 크레타를 둘러싼 베네치아와의 전쟁이 분명히 최우선 과세였다.

그 후 50년이 넘는 기간에 두 제국에는 더 중요한 다른 문제가 있었다. 그래서 양국 사이의 다음 충돌은 1664년에야 발생했다. 이때 합스부르크 군대가 라버Rába(라프Raab)강 근처의 장크트 고타르트 고개에서 벌어진 전투에서 승리했지만, 버슈바르 평화조약은 오히려 오스만 제국에 유리하게 체결되었다. 신성 로마 제국은 루이 14세와 다투는 데 외교정책의 초점을 맞추고 있었기 때문이다. 당시에 프랑스 왕과 오스만 술탄은 외교 관계라는 측면에서 전혀 좋은 사이가 아니었지만, 합스부르크를 상대로 다시 한번 이해관계가 일치했다. 이 분쟁을 계기로 해서 한 오스만 작가가 처음으로 빈에 관해 상세하게 서술한 기록이 남아 있다. 평화조약을 체결하기 위해 빈의 궁정에 나타난 오스만 대사 카라 메흐메트 파샤Kara Mehmet Paşa는 여행기 작가 에블리야 첼레비를 동반했는데, 에블리야 첼레비는 자기 눈으로 관찰한 것들, 특히 오스만의 민속과 빈의 민속 모두를 함께 교훈적이고도 재미있는 글 안에 녹여 기록했다.[157]

우리는 1529년에 쉴레이만 1세가 처음으로 빈을 포위하고 나서 150년이 넘게 지난 1683년에 오스만의 대재상 카라 무스타파 파샤Kara Mustafa Paşa가 두 번째로 빈을 포위하게 한 동기가 무엇인지는 잘 모른다. 하지만 의심할 나위 없이 오스만 제국이 '중부 헝가리의 왕'으로 세웠던 퇴쾨이 임레Thököly Imre와 헝가리의 '불평분자들'[35]이 거둔 성과가 여기서 일정한 역할을 했을 것이다. 혹은 본래 루이 14세의 측근으로 여겨졌던 폴란드 왕 얀 3세 소비에스키Jan III Sobieski가 1683년 초에 입장을 바꾸어 이제 합스부르크의 레오폴트 1세를 군사적으로 지원한다는 사실을 오스만이 뒤늦게 깨달았다고 추측할 수도 있다.[158] 왜냐하면 그렇게 해석해야만 빈에 대한 맹공을 취할 준비가 거의 되어 있었던 오스만 제국이, 합스부르크를 지원하기 위해 다가오는 폴란드군을 사전에 막으려는 그 어떤 준비도 하지 않았다는 사실을 설명할 수 있다.

칼렌베르크 전투에서 패배하고 1683년의 빈 포위를 중단한 것은 1529년에 쉴레이만 1세가 포위를 포기하고 철수했을 때보다 오스만 제국에 더 큰 위험을 초래했다. 합스부르크 진영은 이번 승리를 오스만의 지배하에 있는 헝가리 영역으로 전쟁을 확대할 수 있는 좋은 기회로 보았기 때문이다. 1686년에 합스부르크 측의 연합군은 술탄이 직접 통치하던 헝가리 지역의 핵심 요새인 부다를 점령했으며, 이 손실을 회복하려는 오스만 제국의 시도는 곧 사부아 공자 외젠Eugène de Savoie-Carignan이 이끈 합스부르크 군대에 부딪혀 실패로 끝났다. 그 밖에도 1690년대에는 오스만의 법학자와 신학자들의 지도자인 셰흐 알이슬람 페이줄라흐 에펜디가 직접 국정에 개입하고 전쟁을 지휘하겠

35 합스부르크의 통치에 대항해 반기를 든 헝가리 귀족들을 가리킨다.

다고 나서는 바람에 국내 갈등이 발생했다. 오스만 제국 내 지도부의 이러한 갈등은 당연히 오스만 군대의 전력에 타격을 주었다. 1697년의 젠타 전투에서 오스만군이 패배한 후 평화 협상이 시작되었는데, 이 협상으로 인해 오스만 제국은 1699년에 테메스바어(티미쇼아라)의 바나트를 제외한 헝가리 영토를 포기했다.[159]

만약 폴란드 동맹군의 지원이 없었다면 합스부르크의 레오폴트 1세는 오스만 제국의 군대가 수도 빈을 정복하는 것을 막을 수 없었을 것이다. 하지만 폴란드와 오스만 사이의 외교 관계는 이 사건보다 훨씬 오래전에 시작되었으며 자주 갈등이 있었다. 이미 15세기 초에 술탄은 폴란드 왕이 흑해에까지 영향력을 확대하려는 것을 저지했다. 17세기에도 폴란드 왕들은 몰다비아(터키어로는 보단) 지역에 자기 존재를 드러내고자 시도했으며, 이 지역의 많은 귀족은 폴란드 궁정과 밀접한 관계를 유지했다.

폴란드가 선출제 왕국이 되었던 16세기 후반에 오스만 술탄들은 여러 가지 발언을 통해 폴란드 왕을 뽑는 선거에 영향을 미치려고 했다. 한 예로 (훗날 프랑스의 앙리 3세Henri III[36]가 된) 발루아 왕조 출신의 알렉상드르 에두아르 Alexandre Édouard 왕자가 1573년의 폴란드 왕 선거에서 이겼는데, 이는 오스만이 개입한 덕분이었다. 오스만 제국은 합스부르크 가문 출신의 제후나 합스부르크 왕조에 가까이 서 있는 귀족들이 선출되면 그 어떤 경우에도 그를 폴란드의 왕으로 인정하지 않을 것이라고 선언했기 때문이다. 17세기에 오스만 제국은 폴란드-리투아니아 영토에 위치한 호틴 요새를 여러 차례 정벌해 결국 정복했다. 그 외에도 카미야네치포딜스키와 그 인접 지역 전체가 오스만이 정복한 마지막 지역 중 하나가 되었다. 점령된 지역에서 통상 그랬던 것처럼 여기서도 교회는 이슬람 사원으로 개조되었다.[160] 물론 포돌리아는 오스만 제국의 한 지방이 되었지만, 이는 오래가지 않았다. 무스타파 2세는 (1699년의) 카를로비츠 조약으로 이 영토를 포기해야 했기 때문이다. 우리가 다루는 시대

36 폴란드 왕으로서는 헨리크 발레지Henryk Walezy이며, 프랑스 발루아 왕조의 마지막 왕이다. 폴란드 왕으로 재임하는 동안 귀족들의 권한을 확대하는 '헨리크 조항'을 승인했다. 후에 형 샤를 9세가 사망했다는 소식을 듣고 폴란드를 빠져나와 프랑스 왕위를 계승했다.

의 마지막인 1768년 무렵에 무스타파 3세Mustafa III(재위 1757~1774)는 러시아의 차르 예카테리나 2세에게 선전포고했다. 이스탄불은 제1차 폴란드 분할[37]로 이어지는 정세가 오스만 제국의 이해관계를 심각하게 훼손한다고 간주했기 때문이다. 프랑스의 외교정책이 여기에서 어떤 역할을 했는지는 여전히 토론거리다.

새로 떠오르는 로마노프 왕조와 합스부르크 왕조 사이에서

우리는 18세기 중반에 오스만 제국의 수많은 무역업 분야와 제조업 분야에서 일어난 팽창이 오스만 정부가 자국의 가능성을 과대평가하고 예카테리나 2세가 다스리는 러시아의 잠재력을 과소평가하도록 호도한 것은 아닌지 생각해 볼 수 있다. 하지만 18세기 초에 자기의 제국을 흑해의 이웃으로 정착시키려는 러시아의 차르 표트르 1세의 시도는 성공하지 못했다. 그 밖에도 우리는 오스만 장군 발타즈 메흐메드 파샤Baltacı Mehmed Paşa가 1711년의 야시 전투에서 차르 표트르 1세의 군대를 포위했는데도 궤멸하지 않고 놓아준 이유가 무엇인지 오늘날까지도 알지 못한다.

18세기 중엽에는 거의 유일했던, 수력으로 작동되는 러시아 쿨라의 무기 공장을 시찰했던 한 오스만 대사는 이 시대의 러시아 차르들이 내부의 강한 저항에도 불구하고 주요 자원을 얼마나 적극적으로 활용하도록 추진하고 있는지에 관해 생생한 보고서를 남겼다. 하지만 그가 작성한 보고서를 오스만 지도부는 그다지 진지하게 받아들이지 않은 것으로 보인다.[161] 그래서 (1770년에) 러시아 함대가 보스포루스 해협을 지나 지중해에 진입했을 때 오스만인들은 깜짝 놀랐으며,(이 작전에는 영국인 선장들이 참가했다.) 오스만 함대가 이즈미르 근처의 체슈메에서 러시아군에 궤멸당하자 이 도시는 글자 그대로 공황 상태에 빠졌으며 그 결과 지역 내 기독교도들에 대한 집단 박해가 일어나기도 했다. 그 밖에 펠로폰네소스에서도 러시아 함대가 출현하자 폭동이 일어

37 1772년에 러시아와 프로이센, 오스트리아가 폴란드 영토의 3분의 1 정도를 분할해 점령했다.

났으며, 술탄은 알바니아 용병을 동원해 이를 겨우 진압할 수 있었다. 그러나 이 용병들은 수당을 제대로 받지 못하자 현지에 있던 과세 대상물들을 점령하고 주민들을 괴롭혔다. 상황이 이처럼 극도로 무질서하고 혼란해지자 오스만 중앙정부는 펠로폰네소스반도에서 이 용병들을 추방하기 위해 정벌대를 조직해야 했다.[162] 이처럼 러시아를 상대로 벌인 전쟁은 오스만 제국이 갖고 있던 구조적 취약점을 적나라하게 노출시킴으로써 오스만 제국이 위기에 빠지게 하는 근원이 되었다. 1821년에 펠로폰네소스반도는 반란의 중심 중 하나였으며, 그 결과 이곳에는 1830년에 독립국가인 그리스가 탄생했다.

그러나 오스만 군대와 예카테리나 2세의 군대 사이에 일어난 충돌은 대부분 왈라키아와 몰다비아에서 벌어졌다. 양측 군인들은 이스탄불의 전통적인 곡창이던 이 지역을 여러 차례 폐허로 만들었다. 18세기 중반까지 오스만 군인들의 식량 상황과 군사 물자 상황은 러시아군보다 약간 좋았다. 그러나 이러한 차이도 오스만과 러시아 사이의 전쟁 기간에 전반적으로 열악한 상황이 지속되면서 사라졌다. 게다가 술탄의 군대는 대부분 민병대 같은 느슨한 조직을 갖고 있었다. 우리가 이미 보았듯이 많은 예니체리는 17세기에 생활고를 해결하기 위해 수공업이나 상업을 병행했기 때문에, 이들에게 군사 활동은 마치 부업처럼 되어 버렸던 것이다. 따라서 오스만 제국 군대는 잘 훈련된 차르의 군대에 적수가 되지 못했기에, 그들의 패배는 이미 거의 예정되어 있었다. 결국 노련한 외교관이자 중요한 정치적 작가인 아흐메드 레스미 에펜디 Ahmed Resmî Efendi는 협상을 맡아 오스만 제국에 불리한 사항을 담은 퀴취크 카이나르자 평화조약(1774)에 서명하는 달갑지 않은 과제를 수행해야 했다. 그가 남긴 기록은 자신의 좌절을, 특히 이스탄불에 있는 책임자들에 대해 느낀 절망감을 인상적으로 그렸다.

'끈질긴 방어'

18세기에 오스만 제국은 '신흥 제국'인 영국과 프랑스, 특히 러시아에 비해 국력이 급격히 약해진 나라에 속한다고 자주 주장되어 왔다.[163] 사실상 러시아는 다양한 자원, 다시 말해 인적 자원과 목재, 금속, 그리고 무엇보다 수력 발전을 점점 더 많이 동원했다. 이런 관점에서 보면 오스만 제국은 그 기본적인 토대가 매우 빈약했기 때문에 러시아의 도전은 오스만 제국이 거의 감당할 수 없는 것이었다.

1730년 무렵에 술탄의 제국은, 비극의 해인 1774년의 상황은 차치하더라도, 국력과 국제적인 명망 측면에서 16세기 말보다 분명히 약화되었다. 하지만 다른 한편으로 새로운 연구들은, 베네치아와 관련한 전통적인 연구에서 관찰되었던 것처럼, 오스만 제국이 점점 누적되는 문제들에 직면해 자국을 '끈질기게 방어'할 수 있었다는 사실을 보여 주었다. 따라서 전체적으로 보아 쉴레이만 1세의 죽음(1566)에서 제1차 세계대전 후 제국의 종말에 이르는 기간까지를 일괄적으로 오스만 제국의 '몰락기'로 단정하는 것은 별로 의미가 없어 보인다.

16세기 후반과 17세기 초반에 오스만 정권은 변해 갔다. 과거에는 술탄의 통치 행위가 체제의 중심에 서 있었다면, 이 시기에는 관료와 파샤들, 술탄의 모친, 예니체리(친위대)들이 권력을 장악하는 지배 체제가 발전해 갔다. 과거에는 정치적 경험이 부족한, 17세기에서 18세기에 이르는 기간의 술탄들에게 제국이 직면한 모든 문제의 책임이 있다는 견해가 학계에서 지배적이었다. 그러나 새로운 형태의 정권에서는 술탄의 적극적인 통치 행위가 필요하지 않았으며, 오스만 체제의 여러 지위에서 활동하던 다양한 권력자들은 그것을 별로 원하지도 않았다. 베지르와 세금 청부인들은 오직 체제의 정당성을 확보하기 위해서만 그들의 군주인 술탄이 필요했을 뿐이었다.

다른 한편으로 오스만 제국이 재조직된 기간인 16세기 중반 이후에, 그리고 다시 1718년 이후에 관료제가 적극적으로 개편되었으며, 비록 세습적 관료제이기는 했지만 그 작동 방식은 합리적이었다. 따라서 동시대에 관한 유럽 측 사료들이 흔히 그런 인상을 자극하기는 하지만, 오스만 제국의 통치 체제가 뒤죽박죽이어서 '전제주의적인 자의성'과 관료들의 '음모'가 오스만 제국의 정치를 지배했다는 주장은 사실에 거의 부합하지 않는다. 물론 관직 매매가 있었지만, 동시대인들조차 어느 지점에서 합법적인 권력 행사가 끝나고 부패가 시작되는지 사실은 제대로 알지 못하는 경우가 흔했다.

신중한 생각 없이 궁정의 모든 구성원을 정치적 경험을 갖지 못했다고 비판하고 그저 부패한 음모가들로 낙인찍는 것도 마찬가지로 잘못일 것이다. 오스만 체제와 같은 제도 속에서 고위직에 오른 자들은 위계질서가 엄격한 체제 안에서 자기 행보를 자세히 계산하는 법을 터득했으며, 이는 남녀 모두에게 해당된다. 물론 궁정 내부의 정치가 지위에 적합하지 않은 인물을 고위직에 앉힌 적도 있지만, 사실 그런 '불행한 사례들'이 오스만 상류층에서만 있었던 것은 아니다.

마찬가지로 오스만 제국의 베지르들이 7년 전쟁 당시에 사용했던 전략과 전술을 큰 변화 없이 이후 시기에도 계속 사용한 것은 매우 심각한 실수였다는 주장도 있다. 군사적 관점에서 보아 이러한 평가는 설득력이 있어 보인다. 하지만 베지르가 그러한 결정을 내렸을 때는 그와 관련된 중요한 정치적·경제적 이유가 있었다. 여기서 우리는 오랜 기간 오스만 주재 프랑스 대사로서 1700년 이후의 오스만 제국이 어떻게 작동하는지 면밀하게 관찰한 보냐크Bonnac 후작(장루이 뒤송Jean-Louis d'Usson)의 논평을 잊지 말아야 한다. 보냐크 후작은 1718년의 파사로비츠 평화조약을 "수치스러운 평화, 그러나 절대적으로 필요했던 평화조약une paix honteuse mais qui étoit devenue absolument néces-saire"으로 간주했다. 또한 그는 오스만 제국의 휴식을 위한 휴전이 절대적으로 필요하다고 판단했던 대재상 다마트 이브라힘 파샤의 결정에 동의를 표했다.[164] 오스만 제국 정부가 이 평화 기간을 근대적 군대를 편성하는 데 사용하지는 않았지만, 분명히 '외교적 공세', 그리고 무엇보다 전쟁을 위한 자원을 개선하기 위해 사용했던 것은 사실이다. 분명히 완만하기는 하지만 1720년에서 1760년 사이에 관찰되었던 번영은 이미도 이후에 다가올 위기에서 오스만 제국이 생존할 수 있게 해 줄 하나의 전제 조건을 형성했을지도 모른다.

또한 감당하기 어려운 정치적 도전에 직면해서도 오스만 통치 체제는 고도의 정통성을 보였다. 지방 엘리트들도 권력에 참여할 수 있었다는 사실, 무슬림 도시민들이 이제는 민병대의 성격을 지니게 된 예니체리로 받아들여짐으로써 술탄에게 결속되었다는 사실, 군주가 이슬람 종교의 보호자로서 역할을 했다는 사실들은 체제의 정통성 유지라는 측면에서 매우 핵심적인 역할을 했다고 할 수 있다. 법학자와 신학자들도 오직 술탄을 돕는 경우에만 '화려한 경력'을 쌓을 수 있었기 때문에, 적어도 정치적으로 영향력이 큰 가문들은 술탄의 궁정에, 그리고 궁정의 후견 가능성에 밀접하게 연결되어 있었다. 나아가 많은 데르비시 셰이크가, 특히 메블레빌리크 수도회, 벡타시 수도회, 그리고 나중에는 나크시반디 수도회에 속하는 데르비시 셰이크들도 술탄 체제의 안정에 크게 기여했다.

무슬림이 아닌 엘리트들조차 대부분 술탄 체제를 받아들일 준비가 되어 있었다. 그들은 때에 따라 진행된 '이슬람화 캠페인'에도 불구하고 일상생활에서 자기들의 종교를 자유롭게 믿을 수 있었으며, 생활비를 벌고 심지어 부를 축적하는 데 그 어떠한 방해도 받지 않았다. 그러므로 오스만 지배 체제는 1600년 무렵의 군사 폭동이나 1768년에서 1774년에 이르는 기간의 전쟁처럼 제국의 해체를 통해서나 끝날 수 있었을지 모르는 여러 차례의 위기를 견뎌냈다고 볼 수 있다. 군부 내지 민병대가 오스만 제국 지배 체제의 중심축을 형성하고 있었다는 것은 분명 사실이다. 하지만 그렇다고 해서 술탄의 권력이 단지 총이나 대포에 의지하고 있었다고 주장한다면 이는 잘못일 것이다.

5 사파비 왕조 이란

5장에서 우리는 주로 사파비 시대를 다루면서, 특히 사파비 왕조와 오스만 왕조가 정치, 종교, 예술의 분야에서 서로 어떤 관계를 형성했는지 살펴보려고 한다. 여기서 우리는 왕조 사이의 관계뿐 아니라 양국 백성들의 관계에도 관심을 기울여 관찰할 것이다. 하지만 사파비 왕조 이전의 이란 역사, 다시 말해 티무르의 대륙 쪽 지배 영역, 그리고 흑양 왕조(카라 코윤루)와 백양 왕조(아크 코윤루) 같은 투르크멘 제국, 이 지배했던 영역의 역사는 간략하게만 정리해 볼 것이다.

지난 수년간 학계는 사파비와 이웃 국가들 사이의 관계를 연구 주제로 다루어 왔다.[165] 이 맥락에서 특히 인도가 주목을 받았다. 어느 정도는 16세기와 18세기 사이에 무굴 제국과 남인도로 길을 떠났던 많은 예술가와 작가들 때문이기도 했다.[166] 반면에 사파비와 오스만의 관계는 연구에서 별로 주목받지 않았으며, 오늘날에 출간된 몇 안 되는 단행본은 대부분 양국 사이의 정치적·종교적 갈등을 집중적으로 다루고 있다. 분명히 이런 갈등들은 양국이 자국의 정체성을 더욱 선명히 하도록 자극했다. 1501년에 사파비 제국을 건설한 뒤 이스마일 1세(재위 1501~1524)의 왕조는 자기들을 시아파로 표현함으로써 수니파인 오스만과 경계를 분명히 그었다.

그런데도 사파비와 오스만의 문화적 관계, 다시 말해 이란 문화의 서부 전파는 최소한 군사적 대립과 거의 대등하게 비교될 만큼 중요한 의미를 지니고 있었다. 이란의 시와 도서 장식 기술은 이슬람 세계 어디서나 공통적으로 표현되는 양식을 보여 주었는데, 이는 사파비 권력의 영역 안팎에서 교육받은 자들이 자기를 스스로 규정하고 표현하는 데 핵심적인 의미를 지니는 것이었다. 정치적 갈등이 일어날 조짐이 있을 시기조차 양국의 문화적 교류는 계속되었다. 아름다운 문학 서적 속에 나타난 이란과 중앙아시아 사이의 관계를 살펴볼 때, 17세기에 수니파와 시아파 사이에 대립이 있기는 했지만 두 사회의 문학 사이에 '철의 장막'이 드리워지지 않았다는 것은 이미 밝혀진 바 있다.[167] 그렇지만 수니파와 시아파의 대립은 이란과 우즈베크의 정치에서 막중한 역할을 했다. 우즈베크의 칸들은 자기들을 분명하게 수니파로 규정했기 때문이다. 오스만과 사파비 사이에 일어난 갈등은 서로 갈등에 투입했던 증오가 강도를 더해 가고 싸움도 점점 장기화하자, 양국의 문화적 접촉이 점점 어려움을 겪게 되었다는 것은 의심할 여지가 없다. 그러나 양국 사이의 문화적 접촉은 오늘날 문학작품과 예술품에서 확인할 수 있듯이 완전히 사라지지는 않았으며 잘 관리되었다.

여기에서 언어적 장애는 거의 문제가 아니었다. 이스마일 1세가 이란에 대한 지배 체제를 수립했을 때 그는 튀르크어를 사용하는 부족들과 그 당시에 전체 군대를 구성하고 이끌었던 그들의 수장,(그들이 쓴 모자 색깔에 따라 튀르크어로 '붉은 머리'라는 뜻인 키질바시로 불렸다.) 그리고 지역 관리 대부분을 배출하는 토착민들 사이에서 세력균형을 잘 유지해야 했다. 그러기 위해서는 이들이 사용하는 여러 가지 언어를 지혜롭게 다루어야 했다. 이스마일 1세는 당연히 자기나 병사들이 일상생활에서도 사용하는 튀르크어로 시를 썼다. 그러나 대부분의 문학작품에서도 사용되었던 관청의 공식 언어는 인도의 무굴 궁정이나 오스만 술탄의 주변에서 고위 식자층의 언어였던 페르시아어였다. 예를 들어 이스마일 1세의 정치적·군사적 숙적이던 셀림 1세(재위 1512~1520)는 시를 쓸 때 페르시아어로 썼다. 그렇기 때문에 사파비 왕조가 튀르크어를 사용하는 오스만에 맞서 페르시아어 사용자들을 대변하며 대립각을 세웠다고는 절대 주장할 수 없다.

정치사에서 1639년에 이란과 오스만이 체결한 카스르 이 시린 평화조약은 두 개의 역사적 시기를 가르는 경계다. 이 조약에서 사파비의 샤 사피Shah Safi(재위 1629~1642)는 이라크 지역을 포기했으며, 그 결과로 당시에 확정된 오스만과 이란 사이의 국경은 18세기 초에 발생했던 일련의 다른 전쟁에도 불구하고 오늘날의 터키와 이란 사이에 있는 국경과 거의 일치한다. 이 조약 이후에 17세기의 나머지 기간은 양국 사이에 오랜 평화가 유지되어, 그 결과 경제도 성장한 시기였다. 오늘날의 많은 새로운 연구자는 아바스 1세(재위 1587~1629)의 죽음이 사파비 왕조의 오랜 정치적·경제적 쇠락기로 이어졌다는 주장을 더는 받아들이지 않는다.[168]

우리는 1722년에 사파비 왕조가 아프가니스탄을 정복한 이후에서 시작해 사파비 체제가 몰락하기까지의 시기를 포함해 다룰 것이다. 그다음에 이어진 시기는 나디르 샤의 집권기(1688년 혹은 1698년에서 1712년까지의 시기)다. 나디르 샤는 18세기 중반에 다시 한번 사파비의 옛 영토를 통일하고 심지어 북인도까지 공격해 들어갔다. 5장은 1747년에 나디르 샤가 살해당하면서 막을 내린다.

주요 사료들

1차 사료 가운데 중심적 의미를 갖는 것은 페르시아 연대기다. 이들은 1350년에서 1750년 사이에 이란을 다스리던 다양한 왕조의 궁정에서 작성되었다. 몽골 시대에 관해서는 대재상 라시드 알딘(라시드웃딘) 파들알라 하마다니Rashid al-Dīn Faḍlullāh Hamadānī(1318년에 처형되었다.)의 지시로 편찬된 연대기인 『집사集史, *Jami al-Tawarikh*』가 있다. 티무르 시대에 관해서는 몇 가지 자료 외에 페르시아의 역사가 하페즈 아브로Hafiz-i Abru가 남긴 기록인 『역사 정요 *Zubdatu't Tawarikh*』가 있다. 그러나 훗날의 작가들이 여러 차례 모방하려고 애썼던 기본 모델은 미르콴드Mīr-Khvānd(1433~1498)가 쓴 『청정한 동산*Rawżat aṣ-ṣafā'*』이라는 저작인데, 그는 후세인 바이카라Husayn Bayqara(재위 1469~1506)의 궁정에서 활동했다. 미르콴드의 손자인 기야스 앗딘 무함마드 콴다미르Ghiyāṡ ad-

Dīn Muḥammad Khwāndamīr(1475~1534)는 사파비 제국의 건설에 관해 스스로 체험한 바를 보고할 수 있었다. 카디 아마드 쿠미Qadi Ahmad Qumi(1591년에 집필)와 마흐무드 나탄지Mahmud Natanzi(1598년에 집필), 미르자 벡 주나바디Mirza Beg Junabadi(1629년에 집필)는 아바스 1세의 집권기에 관해 집필하면서 그의 전임자들에 관해서도 기록을 남겼다.

17세기 초에 관해서는 이스칸다르 벡 문시Iskandar Beg Munshi(1633년 또는 1634년에 사망)의 저작이 주요 사료다. 그는 원래 세계사를 집필하려고 구상했는데, 전체를 완성하지는 못했지만 당시에 이미 100년이 넘었던 사파비의 역사에 관한 부분은 집필을 완료했다.[169] 사파비 왕조의 말년과 몰락 직후에 작성된 자료 중에는 행정 실무에 관한 몇몇 편람이, 특히 미르자 라피아Mirza Rafi'a의 저작이 흥미롭다. 이것은 이스파한에 주재하면서 통치했던 사파비의 마지막 샤인 술탄 후사인Sultan Husayn(재위 1694~1722)에게 헌정한 것이었다. 하지만 이 저작은 아마도 술탄 후사인이 왕위를 잃은 후에 집필되었던 것 같다. 1725년 무렵에 활동했던, 『왕들의 회상록*Tadhkirat al-Mulūk*』의 저자는 분명히 사파비 왕조를 샤의 자리에서 밀어낸 지 얼마 안 되었던 아프간인 정복자를 위해 책을 집필한 것이 분명하다. 아마도 지난 세월의 행정을 실제보다 더 체계적인 것처럼 보이게 서술했던 이 저작은 새 왕조와 옛 왕조 사이의 연속성을 연상시키려고 하는 식으로 당시에 막 수립된 정권을 이란 독자들 앞에서 정당화하려고 했다.

외적의 침략을 통한 파괴 때문에, 특히 18세기 중반에 사파비의 몰락에 뒤따라 발생했던 혼란 때문에 1350년에서 1750년 사이에 이란을 통치했던 다양한 왕조의 핵심적인 사료들은 보존되지 못했다. 게다가 사법 분야가 점차 탈중심화되었기 때문에 관련 자료들은 중앙 행정 당국의 공공 문서고에 이관되지 않고 카디들이 속해 있던 지방 가문에 그대로 남았다. 이런 상황은 사료 보존에 전혀 도움이 되지 않았을 것이다. 그러나 셰이크 사피 알딘Safi al-Din(1252~1334)의 유고를 보존한 문서고가 아르다빌에 있으며, 보존 사료의 범위는 심지어 몽골 시대로까지 거슬러 올라간다.[170] 그 외에도 오스만 군대가 북서부 이란을 여러 차례 점령했던 결과, 수많은 자료가 오스만 문서고에 남아 있다. 특히 타브리즈를 (1725년에서 1730년까지) 약 5년간 통치했던 오스만 행정 당국은 풍부한 사료를 남겼다.

16세기에 관해서는 이란을 방문했던 몇몇 유럽인이 자기들이 받았던 인상을 글로 남겨 놓은 것이 있다. 그중에서 특히 탁월한 튀르크어 실력 때문에 베네치아에서 파견한 사절단의 일원이 되었던 미켈레 멤브레Michele Membré가 남긴 글은 특히 중요하다.[171] 17세기와 18세기에 관해서는 이스파한에서 활동하며 아르메니아인들을 가톨릭으로 개종시키기 위해 노력했던 여러 가톨릭 신부가 상세한 사료를 남겼다. 이 가운데 특히 산증인으로서 사파비의 종말에 관해 보고했던 라파엘 뒤 망스Raphaël du Mans와 폴란드 예수회 신부 타데우시 크루신스키Tadeusz Krusiński를 언급할 수 있다. 그러나 17세기의 이란에 관해서 기록을 남긴 가장 유명한 외국인은 의심할 여지없이 낭트 칙령의 철회 때문에 결국 잉글랜드로 망명해 존 차딘John Chardin 경이 되었던 프랑스인 위그노[38] 장 샤르댕Jean Chardin이었다. 그는 1667년과 1677년 사이에 여러 차례 이란을 여행했으며, 대부분을 이스파한에서 체류했다.[172]

오스만의 정보원들과 외교사절단, 여행자들도 보고서를 남겼는데, 이들은 각각 다른 각도에서 관찰한 흥미로운 내용들을 기록에 담았다.[173] 톱카프 궁전의 문서고에는 15세기 후반에 작성된 정보원들의 보고서가 소장되어 있다. 이들은 이란의 대부분을 짧은 기간(1468~1490) 장악했던 아크 코윤루 제국에 관한 사실을 기록으로 남겼다.[174] 특히 중요한 것은 오스만 고위 관료의 친척이자 친구이며 1650년대에, 다시 말해 (1639년의) 카스르 이 시린 평화조약이 체결된 직후에 오스만 외교사절단과 함께 서부 이란을 방문했던 에블리야 첼레비가 타브리즈, 카즈빈, 우르미아, 하마단에 관해 서술한 내용을 담은 기행문이다. 에블리야 첼레비는 궁정에서 교육받은 오스만 엘리트 구성원으로서 페르시아어를 배웠을 뿐 아니라, 그 외에도 그가 작성한 수많은 인용문이 증명하듯이 아제르바이잔어를 유창하게 구사했다. 또한 에블리야는 신

38 칼뱅주의를 추종한 프랑스 신교도들을 가리키는 호칭이다. 루이 14세가 가톨릭을 프랑스의 국교로 삼기 위해 신교와 구교 사이의 화해를 이끌었던 낭트 칙령을 1685년에 폐지하자, 수많은 위그노가 네덜란드와 영국, 스위스, 아메리카 등지로 망명했다.

념에 찬 수니파였는데도 시아파와 대화할 자세가 충분히 되어 있던 사람이었다. 그는 자기가 이름을 언급하지 않은 어떤 이란인과 토론한 일에 관해 기록한 적이 있다. 그때의 토론 주제는 오스만은 적어도 원칙적으로는 예언자의 후손들과 (당대에 개종한) 1세대 무슬림 사이의 결혼을 허용하는데, 왜 이란에서는 이런 결혼이 불가능한지였다. 우리는 에블리야가 기록한 이 대화를 통해 1650년 무렵에 샤와 술탄의 식자층이 토론할 가치가 있다고 생각했던 문제들이 어떤 것이었는지 살펴볼 수 있다. 에블리야가 이란에서 실행되고 있다고 회자되는 고문에 관해 토론한 것을 기록으로 남긴 한 대목도 의미심장하다. 에블리야 자신은 이슬람 종교법이 규정하는 수준의 처벌이 현재에도 틀림없이 충분하다고 생각한 반면에, 토론 상대는 그동안 인류의 타락이 너무 심해 더 강력한 형태의 징계 수단이 필요하게 되었다고 반박했다. 그 밖에 사파비 영토에서 벌어진 파샤와 베지르들의 수많은 원정에 관한 오스만 연대기 작가들의 보고 중에서도 귀중한 정보들이 자주 발견된다. 쉴레이만 1세(재위 1520~1566)가 이란에서 벌인 정복 전쟁에 관해 마트락츠 나수흐Matrakçı Nasuh가 풍부한 삽화와 함께 작성한 보고서가 그 좋은 예일 것이다.[175]

티무르와 티무르 왕조, 아크 코윤루 치하의 이란

이란에 남아 정착한 칭기즈 칸의 후예들, 이른바 일 칸들은 몇 세대가 지난 후에 이슬람을 받아들였다. 가잔 칸Ghazan Khan(재위 1295~1304, 1295년에 이슬람으로 개종)은 이 몽골 왕조에서 자신의 제국을 이슬람 원칙에 따라 다시 조직하려고 했던 첫 군주였다. 이 시기에 일 칸국은 아나톨리아 지방 거의 전체를 포함한 거대한 영토를 지배했다. 구전에 따르면 심지어 아나톨리아반도의 북서부 외곽 지방에 있던 옛 오스만 술탄들도 원래는 이란에 주재하는 몽골 군주의 봉신들이었다. 그러나 가잔 칸의 후계자들이 통치하던 이 제국은 1355년 이후로 급속히 무너졌다. 14세기 중반에는 바그다드에, 그리고 짧은 기간이기는 하지만 서부 이란 지역에도 본래는 몽골 출신이면서 당시에 이미 튀르크어를 사용하던 잘라이르족이 정착했다. 그들의 지배도 급속히 몰락했는데, 이러한 사실은 무엇보다 시인인 살만 시바지Salman Sivaji의 조사와 몇몇 제후가 제작하도록 지시했던, 삽화가 많이 든 필사본을 통해 알려졌다. 이러한 혼란 속에서 이란에 근거를 두고 아나톨리아 소제후들을 통치했던 군주의 지배권은 사라졌다. 하지만 14세기 말에 이란을 포함하는 대제국과 아나톨리아반도의 결속이 재현되었다. 즉 티무르가 새로운 몽골 제국을 건설한 것인데, 이 제국은 이번에는 사마르칸트를 중심으로 삼아 통치했다. 티무르는 본래 몽골계인 바를라스Barlas족의 족장이었으며, 몽골 제국이 분열하면서 탄생한 중앙아시아의 유목민 제후국인 차가타이 칸국의 권력을 1370년에 이르러 장악했다.[176] 이후에 그는 몇 차례에 걸친 원정을 통해 처음에는 화레즘, 즉 아랄해의 남쪽 지방과 호라산을 정복했다. 1380년에서 1381년에 티무르는 그의 아들 미란 샤Miran Shah를 호라산 지방의 총독으로 임명했다. 그 직후에 티무르는 오늘날 아프가니스탄 지역의 헤라트를 정복했다. 짧은 막간극이 지나고 헤라트는 새로 건국된 제국의 중앙 행정 기구 관할로 들어왔다. 티무르는 1383년에서 1384년에 이르는 기간에 요새화가 완성된 칸다하르도 자신의 지배 영역에 포함했다.

반면에 서부의 이란에는 티무르가 자기 봉신을 군주로 앉혔다. 타브리즈는 곧 격렬한 전장이 되었다. 메소포타미아에 세력의 중심이 있었던 잘라이르 왕조도 이 중요한 도시의 지배권을 주장했기 때문이다. 타브리즈는 1385년에서 1386년에 이르는 기간에 티무르의 경쟁자인, 백장 칸국과 청장 칸국으로 세분화된 금장 칸국의 칸 토크타미시에게 약탈당하기도 했다. 자기가 새로 정복한 이스파한에서 폭동이 발생하자 티무르는 (1387년의) 대학살로 대응했으며, 이란의 중앙 지방인 파르스에서는 지역 왕조를 완전히 몰살한 후에 마찬가지로 자신의 한 아들에게 이곳의 통치를 맡겼다. 같은 해인 1393년에 티무르는 바그다드에 대한 1차 정복으로 잘라이르족의 지배를 종식시켰다. 그 밖에도 그는 1398년에 북인도에서 약탈 행진을 시작했는데, 이는 델리 주민을 상대로 집단 학살을 벌이면서 그 절정에 도달했다. 광포한 약탈과 집단 학살이 자행된 후 지역 제후들은 티무르를 자기들의 군주로 인정했다. 잘라이르족이 잠시 탈환했던 바그다드에 대한 2차 정복도 주민에 대한 (1401년의) 집단 학살로 끝을 맺었다.

서쪽으로도 팽창을 시도한 티무르는 1400년에서 1401년에 시리아의 영지 안에 있던 맘루크 술탄들을 공격했다. 알레포는 곧 항복했던 반면에, 다마스쿠스는 전쟁을 치른 끝에 점령되고 약탈당했다. 계속해서 그는 중앙아나톨리아의 도시 시바스의 주민들을 살육한 후에, 앙카라 전투에서 오스만 술탄인 벽력왕 바예지드 1세(재위 1389~1402)를 제압하고 아나톨리아 소제후들에 대한 자신의 지배권을 확립했다. 이전에 바예지드 1세에게 쫓겨났던 이 소제후들은 이제 자기들의 고향으로 돌아갔다. 그런데 두 번에 걸친 이 원정은 수많은 희생을 초래했는데도 의도는 영구적인 정복에 있지 않았다. 티무르의 지배권을 인정하지 않고 도주 중이던 티무르의 적들을 티무르에게 넘겨주지 않았던 맘루크 술탄과 오스만 술탄들에 대한 징계가 주목적이었다. 이후 티무르는 계속해 중국 원정을 계획했으나, 그 계획을 실천에 옮기기 전인 1404년에 오트라르에서 죽음을 맞이했다.

티무르가 전개한 이 정복 전쟁의 중요한 배경으로는 칭기즈 칸의 후손들로 이루어진 몽골 정복자들과 13세기 이래로 그들이 통치했던 다양한 무슬림 종족들 사이의 상호 대립과 적응 과정을 들 수 있다. 이 상호 대립과 적응 과정은 14세기 중반에 몽골 칸의 지배가 거의 붕괴했을 때조차 여전히 끝나지 않았다. 한편 근동과 서부 중앙아시아에 살던 몽골족들은 이제 거의 다 무슬림으로 개종한 상태였다. 그렇기 때문에 티무르는 자기의 원정 명분으로 주저 없이 무슬림의 보호 혹은 경우에 따라 수니파의 보호를 내세웠다.[177] 다른 한편으로 몽골인들은 자기들의 언어를 버렸으며, 티무르의 주변에서는 튀르크어가 사용되었다. 외교사절들이나 다른 방문객들이 남긴 기록들이 이를 증명해 준다.

이에 따르면 티무르의 통치 실상은 그가 추구한 정치적·사회적 목표에 관한 한 칭기즈 칸이나 그의 직계 후계자들이 추구한 것과 달랐다. 후자들은 적어도 정복 사업의 초기 단계에서는 토착민들을 쫓아내거나 죽이고 목초지를 확보하는 것이 주된 목표였던 반면에, 티무르는 농민과 도시민들이 납부하는 세금을 재정적 토대로 삼으려고 했다. 물론 그런데도 티무르가 이란의 도시들이나 다른 곳에서 마구잡이식으로 방화를 자행한 경우가 많았으며, 이는 생산과 무역에 엄청난 피해를 초래했다.

이렇듯 유목민 출신 군주와 도시 엘리트 출신 군주들이 서로 동화하고 융합해 가는 과정에는 명백하게 한계가 있었다. 페르시아어를 사용하는 지도층에서 군부 귀족으로 변신한 자들은 거의 발견되지 않으며, 군대 지휘관의 아들이 카디가 되기 위해 이슬람법과 신학을 공부한 경우도 찾아보기 어렵다. 하지만 티무르, 그리고 특히 그의 후계자들이 자기들의 통치를 정당화한 담론 중에는 몽골법과 이슬람법에 관해 언급한 것이 있다. 하지만 그들은 양자 사이의 모순되는 측면에는 별로 관심이 없었던 것이 분명하다.

티무르는 왕조를 세웠다. 그리고 티무르가 살아 있을 때 직접 통치했던 지역을 그의 막내아들 샤 루흐(1377~1447)가 장악하는 데 성공하기는 했지만, 이것은 왕위 계승을 둘러싸고 15년이 넘게 계속된 일련의 전쟁이 끝난 다음에야 비로소 이루어졌다. 몽골 전통이나 이란-이슬람의 전통 어디에도 왕위 계승에 관해 정해진 규정이 없었기 때문에 왕위를 물려받기가 쉽지 않았다. 실질적으로 모든 왕자가 후계자가 되겠다고 주장할 수 있었기 때문에 왕위 계승 투쟁은 거의 피할 수 없는 일이었고, 여기서 최종적으로 승리한 자가 새로운 군주가 되었다. 티무르가 죽었을 때 생존해 있던 티무르의 아들은 두 명뿐이었는데, 그 가운데 한 명인 미란 샤는 티무르가 죽은 지 3년 만인 1408년에 사망했다. 그러나 티무르의 손자들도 왕위를 주장할 권리가 있었기 때문에 샤 루흐의 왕위 계승은 결코 당연한 일이 아니었다. 게다가 티무르가 죽기 바로 직전에 한 손자를 후계자로 지명했기 때문에 상황은 복잡했다. 이 어린 손자는 왕위 승계를 둘러싼 권력 투쟁에서 자신의 권리를 주장할 처지는 아니었다. 그렇다고 해도 티무르가 지명한 이 손자가 살아 있는 한, 샤 루흐는 자기가 조카(티무르의 손자)의 이해관계를 대변하고 이것이 사망한 부친 티무르의 의사에 따르는 것이라고 주장함으로써 일종의 정당성을 확보할 수밖에 없었다.

티무르와 그 후계자들의 권력을 떠받치는 주요 지주는 고위직 전사인 에미르들이었는데, 이들은 대부분 튀르크어를 사용하는 주민 집단에 속했다. 그들의 일상 언어는 차가타이어였는데, 이로부터 훗날 우즈베크어가 생겨났다. 물론 에미르들은 대부분 제2외국어로 페르시아어를 구사했다. 이들의 아들은 티무르 치하에서 이미 통상적으로 그랬던 것처럼 샤 루흐 치하에서도 아버지의 공직을 물려받았다. 이들은 티무르 왕가의 시종으로 종사했는데, 한 왕자의 시중을 들다가 다른 왕자에게로 옮겨 가는 일이 잦았다. 티무르의 아들과 손자들은 젊은 나이에 지방으로 보내졌으며, 대개 그곳에서 다가올 왕위 계승 투쟁을 위한 기반을 구축하고자 했지만, 현지 상황이 복잡했기 때문에 아주 공고한 권력 기반을 구축하기는 어려웠다.

티무르 군대의 고위 지휘관 대부분은 티무르가 1370년 이전에 차가타이 칸국에서 통치자로 자리 잡기 위해 애쓸 무렵부터 이미 그의 부하였다. 그들이 티무르에게 품은 오랜 개인적 결속감은 티무르를 배출한 바를라스족에 대한 소속감보다 중요했다. 물론 티무르는 자기 출신 부족인 바를라스족에 어느 정도 특권을 인정해 줄 마음이 충분히 있었다. 에미르들은 군대를 지휘했는데, 각 군대의 병사들은 제국의 유력 인사인 에미르들이 총독으로서 다스리던 지역에서 모집되었다. 유목민과 농민들은 필요에 따라 정규군을 지원하는 역할을 해야 했는데, 많은 지방에는 일 칸국 시대에 시작된 광범위한 모병제도가 있어 필요한 경우에 병력을 증강할 수 있었다. 당시의 연대기에는 지역 부대에 관한 언급이 수없이 등장하는데, 이는 아마도 이러한 방식으로 결성된 군대 조직을 지칭하는 것이었다.[178]

티무르와 가까운 인척 관계라는 사실은 고위직 인물이 반란에 실제로 참가할 때나 반란을 일으키려고 했다는 혐의를 받을 때 특히 커다란 영향을 주었다. 왕자들이나 티무르의 친척들은 반란을 일으켰다고 해도 티무르의 관용에 의지할 수 있었지만, 가까운 인척 관계가 아닌 자들은 가혹한 처벌을 받았다. 특히 이란 출신의 관료들은 위험했는데, 티무르나 차가타이 칸국 출신 에미르들이 그들을 경멸의 시선으로 바라보았기 때문이다.

티무르와 그의 에미르들은 유목민으로 살았으므로, 그들이 이끄는 군대 행렬은 늘 가족이나 가축 떼를 함께 거느리고 다녔다. 하지만 티무르의 권력은 적어도 티무르가 다스리던 동안에는 유목민 부족 대부분을 정치적 단위로는 무력화했기 때문에 행사될 수 있었다. 이것은 티무르가 그의 직할 영역인 차가타이 칸국의 부족장들에게서 수많은 재원, 특히 징세권과 가축, 잠재적 전사들을 빼앗아 감으로써 부족장들은 반란을 일으킬 만한 형편이 못 되었음을 뜻했다. 그러나 다른 한편으로 티무르가 펼친 안정적인 원정 활동은 지배 영역을 무조건적으로 확대하지는 못했다고 해도, 아마도 티무르의 권력을 공고화하는 데 기여했던 소수의 부족 명망가에게는 부를 가져다준 원천이 되었다. 차가타이 칸국의 외부 지역에서는 유목민 부족과 정착 부족들이 마찬가지로 잔인하게 약탈당했는데, 이는 티무르가 그들의 가축들을 약탈해 이를 자신의 부대에 안정적으로 보급해 주려고 했기 때문이다. 그렇기 때문에 이러한 '외부 지역'의 부족들 가운데 지속적으로 티무르의 편에 서는 부족은 비교적 소수였다. 동부 아나톨리아와 서부 이란, 메소포타미아를 지배했던 카라 코윤루와 아크 코윤루, 잘라이르족은 티무르의 막강한 군대에 밀려 후퇴했지만, 티무르가 죽은 후 정치 무대에 다시 등장했다.[179]

샤 루흐는 그의 부친 티무르와 달리 제국 행정을 일일이 세부 사항까지 자기가 직접 지시하려고 하지 않는 군주였다. 오히려 그는 왕족과 에미르 가운데 일부 측근의 자문에 의지했으며, 적어도 아내인 고하르 샤드Gawhar Shad가 그들의 손자 가운데 한 명을 편파적으로 지지해 그의 불신을 사기 전까지는 아내에게도 자문을 구했다. 이런 통치 체제는 샤 루흐가 그의 부친에게 충성을 다했던 수많은 에미르에게 둘러싸여 있는 동안에는 만족스럽게 작동했다. 그러나 이들이 점차 사망하자, 그들의 아들들은 부친의 권력 기반 중 일부만을 장악할 수 있었다. 그리고 여기서 남는 권력 기반은 아직 생존해 있던 연로한 에미르들에게 돌아갔다. 몇몇 원로의 손에 권력이 집중되는 현상은 평화를 정착시키는 방향으로 나아가지 못했다. 오히려 정반대로 중앙정부가 전혀 무력을 독점하지 못한 상황에서 불만을 품은 젊은 왕자들과 에미르들이 반복해 새로운 반란을 일으키게 했다. 샤 루흐는 이런 반란을 진압하다가 1447년에 사망했다.

재판 업무와 세금 징수 업무, 다시 말해 사법과 재정의 업무는 디반으로 불리는 부서에서 일하는 공무원들이 담당했다. 베지르라는 직함은 나중에는 고위 관료를 뜻하게 되었지만, 티무르나 그 후계자의 치하에서는 흔히 중간급 관료에 지나지 않았던 디반의 직원을 지칭했다. 군주의 관저에는 두 개의 디반이 있었는데, 그중 하나는 군사 업무를 담당하고 다른 하나는 공문 작성과 조세의 업무를 담당했다. 군사 업무를 맡은 디반에서는 직원들이 튀르크어를 사용했지만, 공문 작성과 조세의 업무를 맡은 직원들은 페르시아어를 사용했다. 또한 속주의 중심지에서는 각각 한 개의 디반이 활동했다. 연대기나 증명서를 작성했던 작가들이 흔히 이러한 환경에 속해 있었으므로, 이 부서가 어떻게 기능했는지는 비교적 잘 알려져 있다.

티무르와 샤 루흐의 치하에서는 재정을 담당한 에미르들의 자금 횡령 여부를 추적하는 조사가 자주 있었다. 하지만 샤 루흐는 적어도 주민들의 민원과 고발이 계속 누적되어 어떤 커다란 스캔들이 있을지 모른다는 것을 암시할 정도가 되어야 조사에 나섰던 것이 분명하다. 그렇기 때문에 어떤 행정 관료들은 오랜 기간에 걸쳐 백성들이나 행정 기구의 다른 구성원들을 괴롭힐 수 있었다. 소규모의 횡령은 일단 눈감아 주었지만, 그렇게 될 경우 이는 나중 시점에 관련 책임자에게 해가 될 수 있었다. 가끔은 장부를 기록하는 방법의 문제 때문에 우선은 고발되었다가 나중에 결국 '근거 없음'으로 밝혀지는 경우도 있었다. 예를 들어 샤 루흐 치하에서 한 에미르가 이러한 횡령 혐의로 쫓겨난 일이 있었다. 그런데 그의 아들이 관련 회계법을 배운 후, 당시에 장부상으로 구멍이 난 금액, 그래서 자기 아버지가 책임을 지고 쫓겨나게 했던 그 금액이 실상은 매우 사소한 불일치였음을 증명했다고 한다.[180]

샤 루흐는 정부 소재지로 헤라트를 선호했다. 시라즈나 티무르의 옛 수도 사마르칸트는 중요한 지역 거점으로 기능했다. 지배의 정당화라는 명분을 내세우기 위해 티무르 왕조는 14세기의 몽골 지배자들이 많이 묻혀 있는 곳, 다시 말해 카즈빈에서 타브리즈로 가는 도중에 있는 옛 왕실 거주지인 술타니야에 특별한 가치를 두었다. 더 중요한 지역들에는 각각 도시 총독의 지휘를 받는 수비대를 설치했다. 다루가로 불리는 이 관료들은 원칙적으로는 티무르 왕조의 왕족이나 저명한 에미르들이 맡았던 고위직인 속주 총독의 감독 아래에 있었다. 물론 다루가들은 티무르가 정복을 위한 원정을 떠나도록 지시하지 않았을 때만 그들에게 위임된 도시들의 안전을 떠맡을 수 있었다. 왜냐하면 티무르는 자기 권력을 확고히 유지하기 위해 확실하게 범위가 정해진 책임 영역은 그 어떤 것도 관료들에게 위임하지 않는 정책을 시행했다. 각 도시의 민병대들은 적들이 도시를 봉쇄하려고 시도하면 이에 맞서 일정 기간은 도시를 방어할 수 있도록 대개 전투 기술을, 특히 활쏘기나 돌 던지기 등을 충분히 훈련받았다. 최소한 방어 전쟁을 지속적으로 대비하는 것은 생명과 같이 중요했기 때문이다. 샤 루흐가 최종적으로 승리한 왕위 계승 갈등의 기간에, 그리고 이 당시에 끝나지 않던 많은 국경분쟁과 수차례에 걸친 반란의 기간에 티무르 제국의 도시 고위층은 누가 이 싸움에서 승자가 될 것인지 예측하고, 예상되는 승자의 편에 서려고 혼신의 힘을 다해 노력해야 했다. 실질적으로 이것은 관련자들이 앞서 언급된 왕족이나 에미르들의 적들에게 자기 도시의 문을 열어 주어서는 안 된다는 것을 뜻했다.[181] 잘못된 결정은 치명적인 피해를 초래할 수 있었다. 티무르의 수중에 있던 이스파한이 15세기에 티무르 왕조와 아크 코윤루의 손에 당해야 했던 전쟁과 방화, 약탈 등은 그 극적인 사례다.[182] 이러한 상황은 전선에서 싸우는 것을 선택한 에미르가 모든 전쟁에서 샤 루흐의 군사적 지원을 받은 것은 아니라는 점에서 더욱 악화했다. 즉 어떤 도시는 자칫하면 '양 진영 사이'에서 난감한 처지에 빠질 수 있었다.

이렇듯 제국 내부의 세력균형이 불안정한 상태인 데다가 특히 아제르바이잔에서 점점 독자적으로 행동하는 카라 유수프Kara Yusuf 치하의 카라 코윤루가 티무르 제국에 많은 문제를 일으켰는데도, 티무르 왕조의 군주들은 외교적·문화적 활동을 촉진하기 위해 자금을 제공할 수 있었다. 그래서 몽골족이 통치하던 원 왕조를 1368년에 대체한 중국의 왕조 명의 궁정에는 티무르 왕조의 여러 군주가 파견한 사절들이 방문했다. 중국의 왕조는 예로부터 외국 조공 사절들의 방문을 중국과 직접 교역할 기회를 개척하려는 시도로 인식했다.(사실 이는 상대국의 의도를 정확하게 꿰뚫어 본 것이었다.) 이란 상인들에게 중국과의 무역은 이러한 사절 방문과 같은 공식적인 차원의 고위 접촉이 없이는 단절되어 있었기 때문이다.[183] 이 사신들이 선물로 가져온 말들은 중국 궁정에서 특히 귀하게 여겨져, 특정 관계 기관이 우려를 표명했는데도 이란 사신들은 갈 때마다 항상 출입 허가를 받았다.

권력 기반이 사마르칸트에 있던, 샤 루흐의 아들 울루그 베그(재위 1448~1449)는 예술과 문화의 발전을 촉진한 군주로 유명했다. 그는 부친 샤 루흐가 살아 있는 동안, 즉 1447년 이전에도 이미 사실상 독자적인 제후로서 사마르칸트를 거점으로 삼아 통치했는데, 수많은 천문학자와 수학자들을 초빙해 좋은 연구 환경을 제공했다. 울루그 베그는 자기 궁전에 천문대를 설치해 전체 이슬람 세계에서 명성이 자자한 천문도를 제작하게 했는데, 아마 그 자신도 이 사전 작업에 참여했었던 것 같다. 물론 울루그 베그가 왕위 계승 투쟁에서 패하고 곧 사망하자, 그의 주변에 있던 학자들은 다른 일자리를 찾아야 했다. 그 가운데 한 사람인 알리 쿠시지Ali Qushji(터키어로는 알리 쿠슈추Ali Kuşçu)는 바로 얼마 전에 오스만이 정복한 이스탄불에 신설된 아야 소피아 대학의 교수로 오라는 메흐메드 2세(재위 1451~1481)의 초빙을 받아들였다. 샤 루흐가 사망한 후 헤라트에서 통치하던 티무르의 현손인 후세인 바이카라도 문화계에 적극적으로 관여했다. 작가들과 정밀화 화가들은 그의 궁정에서 중요한 작품을 만들었으며, 후세인 바이카라의 베지르였던 알리셰르 나보이Ali-Shir Nava'i는 차가타이어를 문학 언어로 만들었다. 이 시기에 페르시아어로 글을 쓰던 시인 자미Jami도 헤라트에서 활동했으며, 이스탄불로 오라는 권유를 끊임없이 받았지만, 절대 움직이지 않았다.[184]

15세기 후반에는 아크 코윤루로 불렸던 투르크멘 제후들이 (호라산을 제외한) 이란뿐 아니라 동아나톨리아 지방도 지배하고 있었다. 아크 코윤루 왕조는 카라 오스만Qara Osman이 통치하는 동안 그들과 같은 투르크멘 경쟁자인 카라 코윤루 왕조보다 더 넓은 영토를 차지했다. 아크 코윤루 왕조는 티무르가 오스만에 맞서 아나톨리아 원정에 나섰을 때 티무르를 지원했기 때문이다. 샤 루흐가 티무르의 후계자로 확정되었을 때도 아크 코윤루는 샤 루흐의 동맹으로 남았다. 처음에는 디야르바키르를 궁정의 소재지로 삼았다가 나중에는 타브리즈로 옮겨 간, 카라 오스만의 손자 우준 하산(1425~1478, 하산 파디샤Hasan Padishah로도 불린다.)은 카라 코윤루와 티무르 왕조로부터 이란 영토의 대부분을 (1467년에서 1468년 사이에) 빼앗았다. 그래서 티무르 왕조에 남은 이란 영토는 트란스옥시아나와 호라산뿐이었다.

우준 하산은 이러한 팽창을 통해 이슬람의 재건자로 칭송받았으며, 자신감을 얻은 그는 맘루크 술탄들이 보유하던 헤자즈의 지배권에까지 문제를 제기하려고 시도했다. 이를 통해 그는 오스만 술탄인 메흐메드 2세의 강력한 경쟁자로 떠올랐다. 물론 오스만과 아크 코윤루 사이의 전쟁은 오틀루크벨리(동아나톨리아에 속한 곳으로 바슈켄트로도 불린다.) 전투에서 우준 하산의 패배로 끝났다. 부족 중심으로 구성되어 있던 우준 하산의 군대는 구조적으로 취약점을 드러냈으며, 아직 근대적 총포로 무장되지 않았다는 점도 그의 군대가 가진 취약점이었다. 그런데도 오스만인들은 한참 후에야, 즉 이스마일 1세가 이란에 대한 아크 코윤루의 지배를 종식한 다음에야 비로소 붕괴하는 제국의 아나톨리아 지방을 오스만 제국의 영토로 편입할 수 있었다. 사파비 지배의 초기 단계에는 사파비 제국의 서부 국경이 앞서 있었던 아크 코윤루 제국의 국경과 거의 동일했다. 셀림 1세가 이스마일 1세를 상대로 (1514년에) 승리를 거둔 후에야 비로소 이보다 훨씬 동쪽에 위치한 국경, 즉 오스만과 사파비가 마주하는 국경이 확립될 수 있었다.

우준 하산의 후계자는 아들들 사이에서 왕권을 둘러싸고 5년 동안 지속된 전쟁이 끝난 후에야 비로소 결정되었는데, 이러한 왕위 계승 전쟁은 아크 코윤루 제국을 결정적으로 약화시켰다. 최종적으로 후계자가 된 것은 야쿱Yaqub이었다. 그런데 야쿱은 국가의 재정을 대부분 알레포와 부르사로 가는 비단 무역에 의존했고 타브리즈를 대규모 건축물들로 장식했다. (1490년에) 야쿱이 죽자, 짧은 기간이지만 그토록 강력했던 제국은 붕괴하기 시작했다. 그러나 모계로는 트라브존의 콤니노스 왕조와 인척 관계였으며, 딸은 초대 사파비 샤의 모친이 된 우준 하산이 만든 세금 규정은 그가 지배하던 영역은 샤와 술탄이 정복한 후에도 오랫동안 이 지역에서 유효했다.[185]

사파비 왕조와 그들의 통치 제도

사파비 왕조는 '권력의 대기실에 있는 데르비시'로 불렸다.[186] 15세기에 이란이나 동아나톨리아 지방에서는 유목민 집단들이 막강한 세력을 보유하고 있었으며, 제후들의 통제력이 제한적으로만 관철될 수 있었기 때문에 데르비시와 그들의 지도자들이 정치적으로 활동할 공간이 있었다. 이들 가운데 특히 셰이크 사피 알딘(1334년 사망)의 후손들이 두각을 드러내, 서부 이란뿐 아니라 아나톨리아에서도 영향을 미쳤다. 셰이크 사피 알딘이 수니파였던 반면에, 그의 후계자들은 유목민들의 종교에 적응했는데, 유목민들은 중동 지역 종교들의 다양한 요소를 하나의 믿음으로 통합하고 스스로 시아파로 일컬었다. 물론 이슬람의 법학자와 신학자들(울라마)은 유목민들이 만들어 낸 이러한 성격의 이슬람에 아무런 조건 없이 동의하지는 않았다. 셰이크 주나이드 Sheikh Junayd(1460년 사망)는 아나톨리아에서 지역 유목민들 가운데 중요한 추종자들을 결집시켰으며, 우준 하산과 가족 관계를 구축했다. 이때 만들어진 인적 연결망은 (1501년에 샤가 된) 그의 손자 이스마일 1세가 자기를 이란의 통치자라고 선언할 때 유리하게 작용했는데, 이 인적 연결망 덕분에 아나톨리아의 가장 서쪽 끝에 있는 구석에서조차 영향력 있는 추종자들을 확보할 수 있었다.

모든 무슬림에게 경외의 대상인 아르다빌 성전에는 셰이크 사피 알딘이 묻혀 있는데, 이 성전의 역사에 관해서는 보존되어 있는 일련의 문서를 토대로 해서 비교적 상세히 살펴볼 수 있다. 성전의 역사는 14세기, 다시 말해 이스마일 1세가 사파비 체제를 수립하기 전보다 더 오래전부터 시작되었다. 지금까지 보존되어 있는 증서와 문서들에는 이 성전의 수익을 가져다준 선물과 기부금, 그리고 부동산 매각 등이 기록되어 있다. 이 시기 즈음부터 이슬람화되었던 몽골의 귀족 사회 구성원들은 묘역 단지를 조성하는 데 기여했는데, 그중에는 가잔 칸의 딸과 저명한 베지르, 그리고 너그러운 기부자였던 라시드 알딘 파들 알라 하마다니가 있었다. 15세기에 관해서는 입증 자료가 드물지만, 사파비 왕조 건국자의 계모인 동시에 셰이크 하이다르Sheikh Haydar(1488년 사망)의 두 아내 중 한 명인 여성이 이 성전을 위해 자기가 소유했던 마을 몇 개를 기부했다.

이스마일 1세가 이란에 자기의 지배 체제를 구축한 후, 아르다빌은 왕조의 저명인사들이 매장되고 여러 샤가 직접 방문해 경의를 표하는 그야말로 사파비 왕조의 가족 성전이 되었다. 그렇기 때문에 왕조의 구성원들뿐 아니라 자기들의 자선 정신도 과시하고 지배 왕조를 향한 친밀감도 분명히 표시하고자 했던 정계의 많은 남녀 엘리트가 앞다투어 성전에 기부금을 냈다. 1600년 무렵이면, 특히 아바스 1세가 여러 도시와 농촌에 소재해 있는 자기 소유의 토지 전체를 이 성전과 마슈하드에 있는 이맘 알리 알리다Ali al-Ridha(이맘 레자 Imam Reza)의 묘역에 기부한 후에는 아르다빌 성전 단지는 거대한 규모의 부동산 소유자가 되었다. 이 성전 단지는 별도로 구성된 관료 조직이 그 관리를 맡았다. 성전이 운영하는 자선 활동에 소요되는 비용이나 성전을 관리하는 비용보다 기부금 등의 수입이 기본적으로 많았기 때문에 이 재단은 17세기에 부동산을 추가로 매입할 수 있었다. 성전은 1725년에서 1730년까지 오스만에 점령당해 피해를 입기는 했지만, 완전히 파괴되지 않고 보존되었다.[187] 하지만 나디르 샤의 치하에서는 그 의미가 크게 퇴색되었다. 이는 한편으로는 군주가 전체적으로 재단에 간섭했기 때문이었지만, 그 밖에도 특히 사파비적인 배경을 가진 성전이 다른 왕조 출신의 군주에게는 더는 중요하지 않았기 때문이기도 하다.

사파비 제국의 국경

사파비 제국의 핵심 지역은 오늘날의 이란에 해당하는 곳이지만, 그 동쪽에는 사파비 왕조가 다스렸던 훨씬 넓은 영토가 있었다. 오늘날의 아프가니스탄에 속하는 칸다하르는 가장 중요한 국경 요새의 하나였기 때문에 사파비는 이 지역의 지배권을 두고 당시에 북인도를 지배하던, 나중에는 인도반도 전체를 지배한 무굴 제국의 황제들과 분쟁을 겪었다. 역시 오늘날의 아프가니스탄에 속하는 헤라트도 중요한 요지, 다시 말해 사파비의 속주인 호라산의 중심지였다.

분쟁이 자주 발생했던 또 다른 국경 지대는 사파비의 지배 영역과 수니파에 속하는 우즈베크의 칸이 지배하는 지역이 마주하는 곳이었다. 우즈베크의 중심지는 부하라와 사마르칸트에 있었다. 한 예로 마슈하드는 1587년에 우즈베크인들에게 점령당했다가 1598년에야 아바스 1세가 탈환했다. 동부 국경에서와 마찬가지로 서부 국경에서도 한때 사파비 제국은 오늘날의 이란보다 더

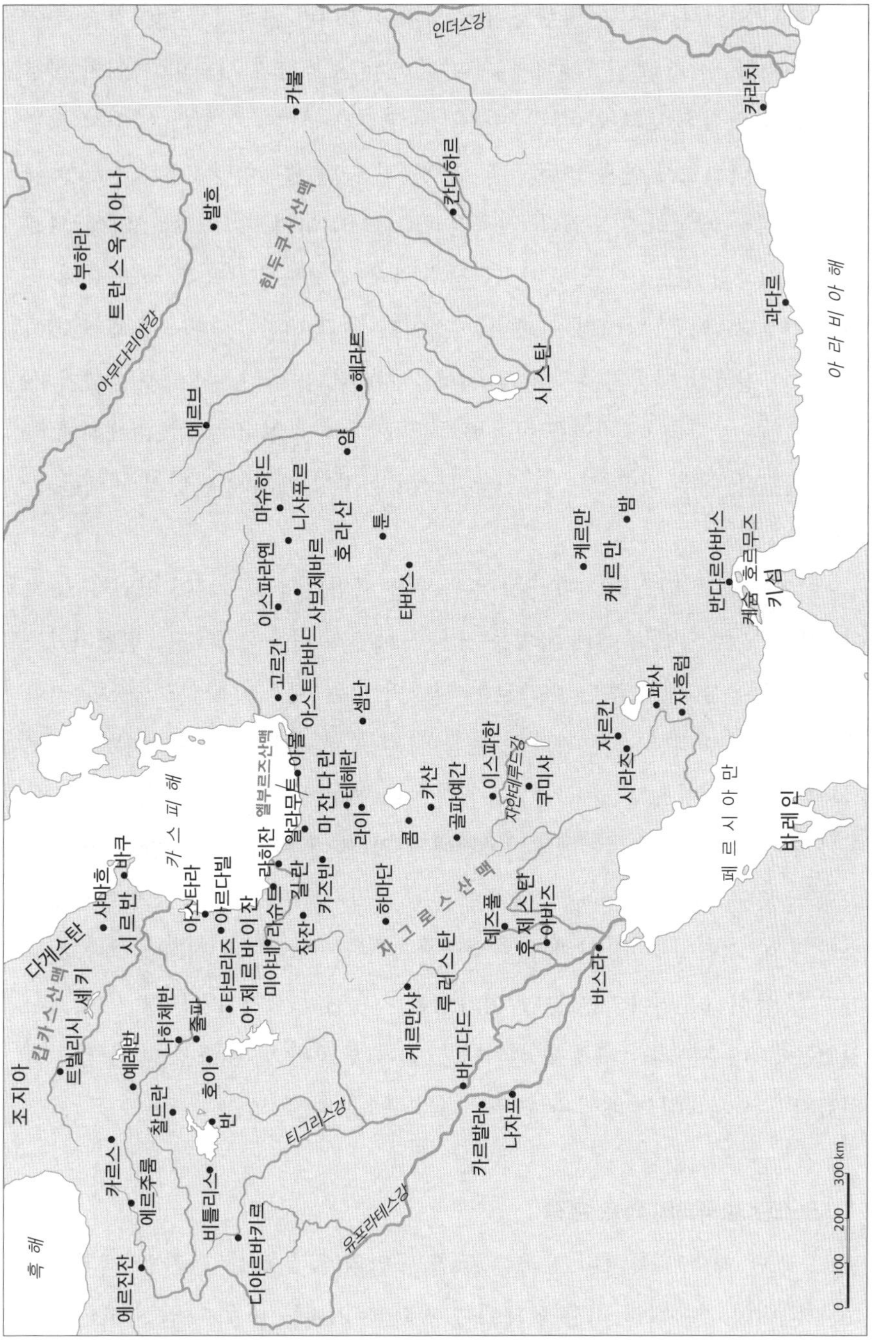

흑해
조지아
트빌리시
캅카스산맥
다게스탄
셰키
시르반
샤마흐
바쿠
카스피해
예레반
나히체반
줄파
호이
찰드란
반
카르스
에르주룸
비틀리스
디야르바키르
에르진잔
아스타라
아르다빌
아제르바이잔
타브리즈
미야네
라슈트
라히잔
길란
잔잔
카즈빈
알라무트
엘부르즈산맥
아몰
마잔다란
테헤란
라이
하마단
쿰
카샨
골파예간
이스파한
자얀데루드강
쿠미샤
자그로스산맥
쿠르디스탄
케르만샤
바그다드
데즈풀
후제스탄
아바즈
바스라
티그리스강
유프라테스강
카르발라
나자프
고르간
아스트라바드
셈난
이스파라옌
사브제바르
마슈하드
니샤푸르
호라산
툰
타바스
얌
헤라트
메르브
아무다리야강
트란스옥시아나
부하라
발흐
힌두쿠시산맥
카불
간다하르
인더스강
시스탄
카라치
과다르
아라비아해
케르만
밤
반다르아바스
호르무즈
케슘
키시
자르칸
시라즈
파사
자흐럼
페르시아만
바레인
0 100 200 300 km

사파비 왕조 시기의 이란.

넓게 퍼져 있었다. 앞서 언급했듯이 (1514년에) 찰디란 근처에서 벌어진 전투에서 이스마일 1세가 셀림 1세에게 패할 때까지, 오스만과 사파비 사이의 국경은 오늘날 터키 영토의 안쪽 깊은 곳인 에르진잔 근처에 있었다. 그래서 오늘날 터키의 국경도시 반은 1548년에 오스만의 술탄 쉴레이만 1세가 정복할 때까지 사파비 제국의 일부였다. 그곳은 (1555년의) 아마시아 강화조약에 의해 오스만 제국의 영토가 되었으며, 그 직후 매우 견고하게 구축된 국경 요새 도시로 건설되었다.[188] 나아가 사파비는 적어도 수십 년간은, 다시 말해 쉴레이만 1세가 정복할 때까지는 이라크 지역을 지배했다. 아바스 1세가 17세기 초에 오스만으로부터 이 지역을 탈환했지만, 얼마 가지 않아 무라드 4세에게 다시 빼앗겼다. 이후 이라크는 오스만 제국이 몰락할 때까지 술탄의 지배를 받았다.

이와 달리 캅카스의 제후국들은 대부분 사파비에 종속되어 있었다. 조지아 지방은 이란의 군주에게 바치는 군사 노예인 굴람을 공급하는 원천이었는데, 굴람들은 16세기 후반 이래로는 지방의 고위 행정직에서도 중요한 역할을 수행했다. 이러한 출세 가능성 때문에 일부 조지아 귀족들은 자발적으로 사파비 핵심 지역으로 넘어가기도 했다. 아르메니아인들의 종교 중심지도 마찬가지로 사파비 지역, 즉 에치미아진에 있었다. 이 지역은 오스만과 이란 사이의 국경 근처였기 때문에, 17세기에 그곳 성직자들은 샤와 술탄의 영토에서 출발해 이 지역을 지나 여행하는 수많은 고위급 인사에게 식사를 제공해야 했다.[189] 동아나톨리아와 오늘날 이라크에는 독립적인 지배 체제가 수립되어 있었는데, 대부분 쿠르드족 출신이던 그곳 제후들은 항상 오스만 제국을 지원했지만, 사파비의 지배권을 수용하는 경우도 적지 않았다.

오스만 제국과의 영토 분쟁

오스만 제국과 사파비 제국은 잠깐 동안의 몇몇 평화 기간을 제외하면 16세기 내내 지속적인 전쟁 상태에 있었다. 여기에는 매우 다양한 요인들이 작용했다. 우선 캅카스 지방의 수많은 무슬림 군주와 기독교 군주들을 누가 지배할지가 쟁점이었다. 오스만 군대가 이 지역에 등장하면 술탄이 지배권을 주장할 수 있었다. 하지만 이 군대가 철수하고 나면 이 지역의 지배권은 우리가 이미 살펴보았듯이 다시 사파비에 돌아갔다. 그 밖에도 오스만 군주는 타브리즈와 아제르바이잔 지역을 제국에 편입하려고 시도했다. 도시는 여러 차례 점령당했지만, 매번 사파비가 탈환했다.

그보다 더 남쪽에 있는 지역에서는 한때 칼리파의 수도였던 바그다드를 포함한 이라크를 둘러싸고 분쟁이 있었다. 이 지역은 처음에는 잘라이르 왕조의 손에 있다가 (1508년에) 이스마일 1세가 정복했다. 사파비의 입장에서 보면 쉴레이만 1세에게 이 영토를 빼앗긴 것은 종교적 이유에서도 매우 심각한 문제였다. 이라크는 예언자 무함마드의 사촌이자 사위인 이맘 알리 이븐 아비 탈리브(598~660 무렵)와 그의 아들 이맘 후사인 이븐 알리Husayn ibn Ali(626~680)가 묻힌 곳이며, 그들의 묘역은 매년, 심지어 오늘날까지도 수많은 시아파 순례객이 끊이지 않고 방문하는 곳이었기 때문이다. 그런데도 사파비 진영은 만약 그들이 양보해 오스만과 지속적으로 평화를 유지할 수 있다면 이 지역을 포기할 준비가 되어 있었다. 술탄의 군사력이 더 강한 데다 이라크를 통제하는 것은 어려운 일이었기 때문에 종교적 측면에 대한 고려는 현실정치의 중요성에 밀려났던 것으로 보인다.[190]

카스르 이 시린 평화조약(1639)이 체결된 후 오스만과 사파비 사이에는 80년 이상 평화로운 시대가 지속되었다. 하지만 18세기 초에 사파비 왕조가 여러 차례에 걸친 반란으로 인해 매우 약화되자, 러시아의 차르 표트르 1세(1672~1725)와 오스만의 술탄 아흐메드 3세(재위 1703~1730)는 이를 북이란 지역에 침투할 기회로 삼았다. 이때 두 사람은 모두 타흐마스프 2세Tahmasp II(재위 1722~1732)의 '초대'[39]를 이유로 들었다. 이때 약한 군사적 기반만을 보유했던 이란 군주는 차르에게 잘린Jalin과 마잔다란Mazandaran의 통제권을 넘겼는데, 카스피해 남쪽에 위치한 이 두 지방은 어차피 이미 차르의 군대가 점령한 터였다. 1723년에는 오스만 군대가 바그다드와 에르주룸으로부터 이 지역으로 진격해 들어왔으며, 곧 북이란의 거대 도시인 타브리즈를 점령한 후에 5년

39 반란군에 대항해 싸우던 타흐마스프 2세가 두 나라의 개입을 요청했다는 뜻이다.

동안(1725~1730) 술탄이 지배하는 중심 거점 도시로 만들었다. 이 점령은 차르와의 합의하에 이루어졌다. 하지만 차르가 곧 사망하자 차르의 군대는 일단 이 지역에서 철수했으며, 러시아가 점령했던 모든 지역은 샤에게 반환되었다. 오스만 군대는 1730년에 튀르크어를 사용하는 아프샤르 부족 출신으로 아직 최소한은 형식적으로라도 타흐마스프 2세의 휘하에 있던 군 지휘관 나디르 샤의 공세에 밀려 후퇴할 수밖에 없었다. 이 사건은 바로 그 직후에 술탄 아흐메드 3세와 그의 베지르인 다마트 이브라힘 파샤가 권력에서 밀려나는 데 분명히 어느 정도의 역할을 했다.

사파비는 전쟁을 치를 때 적인 오스만과는 다른 전략을 사용했다. 사파비의 군대는 대부분 기병으로 구성되었으며, 총포를 보유하기는 했지만 총포를 사용하는 일은 비교적 적었다. 그들의 전술에서 요새나 요새 포위는 단지 주변적 역할만 수행했다. 그 대신에 사파비의 군대는 기동성이 대단히 좋아 적의 군대를 일단 주변에 지원해 줄 병력이 별로 없는 지역으로 유인한 다음에 이미 지친 적들을 공격하는 방식을 썼다. 이 전략은 전장에서 샤에 맞서는 반란군이나 우즈베크인들의 유목민 부대를 물리치는 데 매우 효과적이었다. 오스만의 모든 공격에 맞서 지역 거점이자 첫 수도였던 타브리즈를 오랫동안 지킬 수 있었다는 사실이 보여 주듯이, 이 전략은 아제르바이잔에서도 효과를 발휘했다. 다만 이러한 작전을 수행하기 위해 사파비 군대는 말이 많이 필요했다. 따라서 샤의 마구간들은 제국 전역에 산재해 있던 말 사육장들과 함께 사파비의 중앙 행정에서 매우 중요한 부분이었다.[191]

사파비 왕권의 정당화

앞서 언급한 짧은 논의에서 이미 드러났듯이 사파비와 오스만 사이의 갈등은 부분적으로는 영토를 둘러싼 경쟁의 산물이었다. 그러나 이 갈등은 조금 시대착오적인 표현을 쓰자면 종교적·정치적 이데올로기라고 표현할 수도 있을 관습과 사고들이 뒤섞인 내용도 포함하고 있었다. 수니파와 시아파는 이슬람의 초창기 역사 이래로 존재해 왔다. 이슬람이 두 파로 나뉘게 된 출발점은 칼리파의 정통성 문제였다. 다시 말해 칼리파의 지위가 오직 예언자 무함마드의 딸인 파티마Fatima와 그 남편 이맘 알리 이븐 아비 탈리브를 통해 이어진 무함마드의 직계 후손들에게만 승계되어야 하는지,(또는 이맘 알리 이븐 아비 탈리브와 그의 다른 아내 사이에서 난 자식들에게 이어져야 하는지) 아니면 예언자의 측근 가운데 명망가들이 무함마드 사후에 그들의 판단에 따라 그들 가운데 한 사람을 칼리파로 세울 권리를 가졌는지 하는 문제였다. 첫 번째 입장이 시아파의 노선이었다면, 두 번째 입장은 수니파가 주장하는 바였다.

사파비가 권력을 장악하기 훨씬 전에 시아파의 법학자와 신학자들은 예언자의 후손들이 수많은 권력 찬탈자에게, 즉 우마이야 왕조와 아바스 왕조에 그들의 권리를 빼앗겼으며 심지어 살해된 적도 많았다고 늘 반복해 설명했다. 예언자의 가족 출신인 이런 순교자들 중에 첫 번째가 예언자의 딸 파티마와 이맘 알리 이븐 아비 탈리브 사이의 아들인 이맘 후사인 이븐 알리였는데, 그는 680년에 이라크의 카르발라에서 벌어진 전투에서 우마이야 왕조의 칼리파인 야지드 1세Yazid I가 보낸 군대에 살해당했다. 이 수난에 관한 기억은 시아파에서, 그리고 다소 약화된 형태이기는 하지만 수니파 일부에서도 오늘날까지 종교 달력에서 중요한 역할을 하고 있다. 사파비 이란에서는 이맘 후사인 이븐 알리의 죽음에 대한 묘사와 애도시 낭송을 포함한 전체 추모 행사가 일종의 축제에 속했는데, 샤는 여기에서 예언자 가족과 자신의 깊은 연대감을 과시했다. 이 행사를 묘사한 대부분의 기록에는 유럽 관찰자들, 다시 말해 외부자들의 시선이 반영되어 있다. 그러나 동일한 장면을 기록한 오스만 여행가 에블리야 첼레비의 보고서도 두 개가 있다. 분명히 그는 수니파 오스만의 시각에서 '낯설고 이국적'으로 보인 것들에 관해 보고했는데, 그가 이란에서 보았던 축제 내용에 한편으로는 동의하지 않지만 다른 한편으로는 어느 정도 매혹되어 관찰했음을 알 수 있다.[192]

예언자 무함마드가 사망한 후에 등장한 최초의 칼리파 네 명, 즉 아부 바크르Abu Bakr(632~634)와 우마르Umar(재위 634~644), 우스만Uthman(재위 644~656), 알리 이븐 아비 탈리브(재위 656~661)를 수니파는 예외 없이 모범적인 칼리파로 여긴다. 반면에 시아파들이 보기에 특히 최초의 칼리파 두 명은 순전히 권력 찬탈자였으며, 예언자의 아내 중 하나인 아이샤Aisha도 알리 이븐 아비 탈리브에게 맞섰던 행동 때문에 비난 대상에 포함되었다. 사파비는 찬탈자들에 대한 의식적인 저주를 통치 추모 의식에 포함했다. 칼리파 우스만도 이 저주 의식에 포함되었다는 사실은 의미심장하다. 사파비 군주들은 때로는 그들의 추종자들에게도 이러한 자세를 요구했다. 그러나 오스만 술탄은 첫 '정통 칼리파' 세 명뿐 아니라 아이샤에 대한 모욕을 절대 받아들일 수 없었다. 그래서 1555년의 아마시아 강화조약에, 그리고 1590년에 젊은 샤 아바스 1세와 체결한 또 하나의 조약에 이러한 저주를 금지하는 조항을 삽입했다. 물론 이 규정이 실제로는 어느 정도로 적용되었는지 확인하기 어렵다. 다시 말해 17세기 중반에도 이 쟁점은 돌발적인 외교적 충돌의 계기가 될 수 있었던 것이다. 에블리야 첼레비는 1655년에 공식적인 신분으로 우르미아에 머물렀을 당시에 최초의 칼리파들을 저주하는 의식을 본 자기 비서가 분노해 주먹을 휘두르려는 것을 자기가 겨우 막을 수 있었다고 보고했다. 그런데 또 다른 경우에는 시아파의 방식으로 기도하던 한 사람이 알리 이븐 아비 탈리브의 적을 저주하는 기도를 외치는 것을 보고 에블리야 자신도 그를 두들겨 패게 했다고 털어놓았다.[193]

시아파 가운데 널리 퍼져 있으며, 16세기 이래로 이란에서 지배적이던 분파인 이른바 '열두 이맘파'의 견해에 따르면 열두 명의 이맘은 은둔 생활 속으로 사라졌다. 그들의 추종자들은 자기들을 스스로 흔히 이마미파로 불렀다. 이마미파, 아니면 적어도 그들 가운데 많은 법학자와 신학자들(울라마)의 견해에 따르면, 열두 이맘이 사라진 이래로 이슬람 공동체는 더는 종교적으로 정통성이 인정된 지도자들이 아니라 순전히 '세속적인' 영역에서만 권력을 갖고 있는 군주들이 지배했다. 그렇기 때문에 16세기에 이란의 울라마들 사이에는 이러한 상황에 금요 기도회를 거행하는 것이 과연 적법한지를 두고 논쟁이 있었다. 금요 기도회 순서에는 설교자의 인사말이 포함되어 있는데, 그때 합법적인 군주의 이름이 언급되어야 했기 때문이다. 그런 이유에서 사파비가 지배한 첫 100년 동안에는 금요 기도 사원이 몇 개 건립되지 않았다. 그런데도 사파비 왕조는 자기들이 명목상으로 예언자의 후손이기 때문에 군주의 지위를 차지하는 것이 정당하다고 주장했다. 그 때문에 어떤 학자가 금요 기도회의 개최가 합법적이라고 선언했다면 그것은 왕조에 대한 충성의 표현이었다. 아바스 1세가 자기가 새로 조성한 이스파한의 한 구역에 왕궁 사원과 금요 사원을 건설하게 한 것도 이러한 지배를 정당화하기 위한 것이었다.[194]

물론 법학자와 신학자들의 종교관은 시아파가 가진 종교성의 한 측면이었을 뿐이다. 자주 유목민화되거나 반유목민화되었던 부족들은 점차 편향된 경건성을 갖게 되어, 예언자의 사위인 이맘 알리 이븐 아비 탈리브를 너무 강조한 나머지 이 '신의 사자'에 비해 예언자 무함마드가 오히려 의미를 잃게 되는 현상이 있었기 때문이다. 이런 종류의 극단적 분파들은 이미 중세에도 있었는데, 공식적인 신학에서는 이러한 이맘 알리 이븐 아비 탈리브의 추종자들을 굴라트(광신자)로 규정했다. 수니파 측에서는 사파비의 추종자들 또는 아나톨리아의 사이비 시아파들이 망측한 의식을, 즉 여성들도 참여하는데 어느 순간에 '불이 꺼지는' 의식을 거행한다는 이야기를 유포하곤 했다. 에블리야 첼레비도 이러한 의식에 관해 기록을 남기기는 했으나, 솔직히 그는 자기가 이란을 수없이 많이 여행했는데도 그런 의식을 직접 목격한 적은 한 번도 없었다고 말했다.

따라서 16세기에 오늘날의 레바논, 즉 오스만 지역에 살았던 시아파의 종교학자와 신학자들은 이란에 수립된 새 정권에 대해 매우 신중하게 처신했다. 하지만 이들 시아파의 종교학자와 신학자들 가운데 셰이크 알리 알카라키 Sheikh Ali al-Karaki(1534년 사망) 같은 탁월한 인물은 샤와 그 주변 인물들이 제도권 시아파 신학을 받아들이게 하기 위해 사파비 제국으로 이주하기도 했다. 그러나 사파비 왕조의 군주들은 아바스 1세의 통치기와 특히 샤 사피의 통치기에 가서야 비로소 제도권 시아파에 속하는 법학자와 신학자들의 가르침을 전적으로 받아들였다. 시아파와 수니파 간의 갈등은 계속해서 오스만과 사파비의 상호 선전전에서 일정한 역할을 했지만, 이러한 종교적·정치적 전환 이래로 눈에 띄게 줄어들었다.

그 밖에 오스만 제국이 시아파들을 '일상적으로 관용'해 준 것을 입증해 주는 자료도 있기는 하지만, 그와 반대로 박해를 받다가 그 후에 사파비 영토로 이주한 사례들에 관한 기록은 더 많이 전해진다. 예를 들어 이스파한의 신학 관련 고위 관료인 바하 알딘 알아밀리Bahā' al-Dīn al-Amili(1547~1621)는 신분을 속이고 몰래 그의 고향 시리아를 방문했다. 그는 모르는 사람들을 대할 때 자기가 수니파인 것처럼 행동했지만, 다마스쿠스의 많은 종교학자는 그가 실제로 누구인지 알고 있었다. 하지만 누구도 그의 정체를 폭로하지는 않았다.[195]

사파비 군주들이 지닌 정통성의 많은 부분은 자기들이 마흐디, 달리 표현하면 말세에 등장할 것으로 예견되는 이슬람 군주의 대리인이라는 주장에 근거했다. 그 밖에도 사파비 군주는 셰이크 사피 알딘에게까지 거슬러 올라가는 데르비시 수도회의 최고 지도자였다. 이런 맥락에서 16세기 초 이래로 사파비 왕조는 예언자의 후손이자 열두 이맘 가운데 일곱 번째 이맘인 무사 알카딤Musa al-Kadhim의 혈통을 이어받았다고 주장했다. 특히 아바스 1세는 정통성을 연상시키는 이러한 동기를 강조했다. 샤의 권력이 미치는 곳에서는 샤에게 존경을 표하는 것이 아니라 존경을 표할 다른 대체 상징물을 퍼뜨림으로써 사파비에 거리를 두었던 사람들이 처벌을 감수해야 했다. 사파비를 종교적·정치적으로 반대했던 세력들이 즐겨 사용했던 표현 방식은 아부 무슬림Abu Muslim(755년 사망)을 둘러싼 전설과 역사를 퍼뜨리는 것이었다. 아부 무슬림은 호라산에서 활동하면서 아바스 왕조를 통해 우마이야 왕조를 축출하려고 준비했는데, 새 왕조가 들어서자마자 살해당했던 인물이다. 사파비와 정착한 '열두 이맘파'에 속하는 법학자와 신학자들의 관계에 관한 토론은 흔히 아부 무슬림을 예언자 무함마드 후손들의 친구와 적 중 무엇으로 간주해야 하는지에 관한 문제에 갇혀 있었다. 이 토론은 정치적으로 연관되는 질문을, 즉 사파비는 그들이 갖고 있던 이전의 '종교적·혁명적' 이미지에 충실한 상태에 머물러 있어야 하는지, 아니면 이마미파의 덜 '활동주의적'인 구상에 동의해야 하는지에 관한 질문을 함축하고 있었다. 이미 언급했듯이 두 번째 견해를 관철하기를 원했던 아바스 1세는 아부 무슬림을 부각하는 일체의 행위를 자기의 정치에 대한 공격으로 간주했다.

이슬람 신비주의(수피파)의 추종자들은 왕가가 그들의 충성을 의심하지 않는 한은 관용되었다. 하지만 춤과 음악을 포함한 수피의 의식이 허용될 수 있는지는 '울라마'들 사이에서 사파비 시대가 종식될 때까지 늘 반복해 제기되던 토론 주제였다. 이 토론이 종교 음악과 춤의 정당성에 관해 17세기에 이스탄불에서 진행되었던 토론과 매우 유사하다는 점이 바로 주목된다. 이란의 통치자들은 양측 대표들을 번갈아 가며 지지해 주는 방식으로 양측 모두를 자기의 지지 세력으로 삼으려는 경향을 보였다.[196] 동시에 샤는 이런 방식으로 자기가 '당파들 위'에 있음을 과시했다.

이 시기에 많은 데르비시 셰이크가 그랬던 것처럼 사파비 왕조도 이른바 칼리파khalifa라는 대리인들을 임명했다. 그들의 임무는 각각 정세가 안정된 중심지에서 매우 멀리 떨어진 곳에 수도회를 퍼뜨리거나 이미 존재하는 단위 조직들에 속한 추종자들의 충성심을 강화하는 것이었다. 이런 임무를 지닌 칼리파들은 16세기에 아나톨리아로 자주 파송되었는데, 그들은 거기서 불법인 상태로 살던 사파비 수도사들에게 타지taj로 불린 머리 장식을 전달해 주었다. 언제가 되었든지 오스만과 사파비 사이의 갈등이 공개적인 전쟁으로 발전하거나 그럴 위험이 커질 때면 이러한 접근 활동은 이란에서 온 사절들이나 아나톨리아의 초청자 모두에게 흔히 생명의 위험을 무릅쓰는 일이었다. 체포되는 사람들은 처형당할 것을 예상해야 했다.[197]

술탄 정부는 사파비의 칼리파들이 사파비를 위한 첩자 행위를 할지 모른다는 우려 때문에 이렇게 반응한 것인데, 이는 훗날 발생했던 다른 두려움의 표현에 비하면 사실 별것 아닌 수준이었다. 두 제국의 관계가 자주 긴장 상태에 빠졌기 때문에 오스만 술탄은 이라크에 있는 이맘 알리 이븐 아비 탈리브와 이맘 후사인 이븐 알리의 묘역을 방문하고자 하는 샤의 백성들을 깊은 불신의 눈으로 주시했다. 물론 평화기에는 그들의 입국을 방해할 수 없었으며, 사실 메카로 가는 순례자들에게는 당연히 통과를 허용해야 했다. 궁극적으로 성지순례는 여행에 필요한 재산을 갖고 있는 모든 무슬림에게 기본 의무였으며, 술탄의 정당성은 늘 반복해 선전되었던 것처럼 순례자들을 제대로 보호해 주느냐에 따라 크게 좌우되었다. 그런데도 술탄 행정부는 이란인 방문객들에게 될 수 있는 한 인구가 적은 지역을 거쳐 목적지로 가야 한다고 명령했다. '의심스러운' 이란인들을 함정에 빠지게 유인해서 살해하는 일도 발생했다. 오스만 측에서 샤와 좋은 관계를 지속하는 데 관심이 있을 때는 담당 관청들이 이런 사건의 책임을 언제든지 강도들에게 전가할 수 있었다. 17세기 초반에 메카로 여행을 떠났던 이란 순례자들의 보고서를 읽어 보면 보고서 작성자와 그 일행이 에르주룸과 에르진잔에 머물렀을 때 느껴야 했던 두려움이 잘 드러나 있다. 주목할 만한 것은 마찬가지로 오스만 지역이던 알레포에서 체류하는 것은 이보다 훨씬 덜 위험했던 것 같다는 사실이다.

자기가 쓴 시에서 이스마일 1세는 자기가 옛 예언자들의 부활이며, 일종의 신인神人이라고 주장했다. 수니파든 시아파든 이슬람의 법학자나 신학자들은 받아들일 수 없는 주장이었다. 그러나 아나톨리아에는 이스마일 1세가 1524년에 사망하고 오랜 세월이 지났는데도 여전히 이스마일 1세를 신비로운 존재 내지 신적인 존재로 숭배하는 믿음이 널리 퍼져 있었다. 다음은 이런 상황을 보여 주는 좋은 사례다. 피르 술탄 아브달Pîr Sultan Abdal이라는 이름으로 알려진 한 시인은 아마 17세기에 시바스 지방에 살면서 열정적인 시를 여러 편 썼는데, 자기가 쓴 시에서 자기가 처형당할 것이라고 예언하면서 곧장 하늘에 있는 자기의 샤에게 올라가고 싶다고 이야기했다.(실제로 얼마 후에 그는 처형되었다.) 물론 그 시에서 말하는 샤가 당시에 통치 중이던 이란의 샤를 말한 것인지, 아니면 세상 저편의 신인을 지칭한 것인지는 알려지지 않았다.

반면에 바예지드 2세(재위 1481~1512)의 시대 이래로 오스만의 술탄들은 자기들을 '시아파 이단들'에게 맞서는 수니파 이슬람의 보호자로 강조했다. 심지어 시아파는 무슬림이라고 볼 수 없다고 주장하는 최고위의 법학자와 신학자들도 있었다.[198] 이란 측에서도 마찬가지로 왕조의 정치를 위해 시아파와 수니파 간의 갈등을 '정치 문제로 만드는' 경향이 관찰되었다. 그러므로 이스마일 1세는 자기 시대에 사파비 제국의 주민 다수가 수니파로 구성되어 있다는 사실을 알면서도 시아파를 일종의 국교로 장려했다. 제국의 통치 기구에서 경력을 쌓고자 하는 사람은 최소한 형식적으로라도 자신이 이마미파라고 고백하거나, 달리 표현하면 이른바 '열두 이맘'에게 동조해야 했다. 물론 16세기 초를 보면 실제로는 단지 형식적인 '개종'으로 만족했던 사례도 드물지 않았던 것으로 보인다. 그러나 많은 경우에는 훨씬 더 엄격한 압력이 가해지기도 했다.

그래서 이 시대에는 수니파적 신념 때문에 오스만 제국으로 이주하는 사람이 적지 않았다. 이들 이주자 가운데에는 법학자와 신학자들 외에 캅카스 지방의 수니파 가문 출신 군인들도 있었다. 그들은 고향 지방에 오스만 군대가 나타나면 술탄의 편에 섰는데, 오스만 군대가 철수하고 나면 그들은 국경 너머로 이주하는 수밖에 없었다. 이러한 출신 성분을 가진 많은 사람이 자기들의 언어 능력이나 지역 사정에 관한 지식 덕분에 오스만 행정기관에서 경력을 쌓기도 했는데, 이는 그들과 경쟁해야 했던 현지인들에게는 무조건 기뻐할 일은 아니었다.[199]

키질바시와 굴람

이미 여러 차례 언급했듯이, 사파비가 그들의 종교적·정치적 과제를 일찌감치 아나톨리아로 확산한 데는 뚜렷한 배경이 있었다. 오스만인들은 사파비와 마찬가지로 처음에는 부족적 배경에서 출발해 지배 세력으로 성장한 것으로 추측되는데도, 술탄들은 이미 15세기 중반에 하나의 제국을 전적으로 장악하고 지배했기 때문이다. 그 제국 안에서 유목민과 반유목민들은 기껏해야 지역 차원에서만 권력을 행사할 수 있었으며, 특히 중요한 사실로 군부 안에서는 토지(티마르)를 받은 군인과 예니체리 옆에서 단지 보조 역할만을 수행할 수 있었다. 연이어 제국의 수도가 되었던 에디르네와 이스탄불에서 권력은 그곳에 상주하는, 많은 수의 법학자와 신학자들을 포함했던 행정 당국의 손에 있었다.

반면에 16세기의 이란에서는 키질바시로 불리는 부족 집단이 군대의 핵심을 형성했다. 이스마일 1세의 시대에 일부 키질바시는 샤의 초자연적인 힘에 깊이 열광해서, 위급한 경우에 샤를 위해서라면 무기 없이도 전쟁에 뛰어들 준비가 되어 있을 정도였다. 물론 찰디란 전투(1514년 8월 23일에 오스만 제국과 사파비 제국 사이에서 발생한 전투)에서 패배한 후 젊은 군주의 카리스마는 약화되었던 것 같다. 사실상 이들은 전쟁에서 패한 1514년에서 샤가 사망하는 1524년까지 10년 동안 더 이상의 전쟁 행위를 피했다. 키질바시 중에 몇몇 부족, 즉 샤믈루Shamlu와 타칼루Takkalu, 둘카디르Dhu'l-qadr의 이름을 보면 이들은 아마도 시리아 지방이나 아나톨리아 지방과 연결되어 있었을 가능성이 높다.

이후의 수십 년 동안에도 키질바시는 사파비 왕조의 주축을 형성했다. 키질바시는 아바스 1세의 시대까지는 거의 항상 중요한 총독 지위를 차지했으며, 그 후에도 중요한 총독 지위들은 이들 집단의 구성원이 차지하는 경우가 흔했다.

16세기에는 샤의 아내들 중에도 마찬가지로 키질바시 가문의 여성이 몇몇 있었다. 이 시기에는 군주의 딸과 여동생들이 키질바시의 지도적 인물들과 결혼하는 일도 빈번했다. 왕조의 여성들은 인척 집단을 이루었으며, 남성 쪽 인척 집단들의 결속보다 조금 약하기는 했지만 절대 의미가 없다고는 할 수 없을 정도였다. 그래서 이들 집단 출신의 아들들은 자기들을 '왕자(미르자 mirza)'로 부를 만했다. 이러한 면모를 보면 16세기의 사파비 왕가 주변에서 나타난 실상은 그 어떤 경우에도 외부 인맥이 형성되는 것을 막으려고 했던 오스만 제국과는 실제로 차이를 보였다.[200] 물론 '왕자'이기도 했던 키질바시 귀족의 구성원은 자기가 속한 부족이 군주에게 대항해 반란을 일으키면(이런 일은 드물지 않게 발생했다.) 왕조에 대한 충성을 유지할 것인지를 둘러싸고 쉽게 갈등에 빠질 수 있었다. 짐작컨대 한 왕자의 양육자로 부름을 받았던(이런 일은 16세기에도 자주 있었다.) 키질바시의 고위 대리인도 자기가 속한 부족이 반란을 일으키자 마찬가지로 이와 비슷한 갈등을 겪어야 했다.

이제 타흐마스프 1세Tahmasp I(재위 1524~1576)와 특히 아바스 1세는 오스만의 실제 사례와 유사한 방식으로 모집한 군대 노예의 엘리트들을 동원해 키질바시에게서 독립된 튼튼한 왕실 친위 세력을 구축하려고 했다. 왜냐하면 오스만 제국에서도 15세기 중반 이래로 법학자와 신학자가 아니었던 공무원들은 대부분 술탄의 유사 노예로 간주되었다. 물론 이란에서 이들 굴람은 오스만 제국에서 자주 있었던 것처럼 핵심 지방의 주민 중에서 모집된 것이 아니라, 사파비의 영향 아래에 있던 캅카스의 비무슬림 제후국, 특히 조지아에서 모집되었다. 이런 방식으로 사파비는 비무슬림 백성이라고 할지라도 통치자에게 맞서 반란을 일으키지 않는 한, 무슬림 군주들이 그들을 노예로 만들지 못하게 했던 이슬람법을 준수해야 했다.

이러한 경우에도 이슬람으로 개종하는 것은 출세하기 위한 전제 조건이었다. 하지만 경우에 따라 샤는 자기의 굴람들이 과거에 기독교도였다는 사실을 묵시적으로 관용할 준비가 되어 있었다. 성공 가도에 있던 굴람들은 이제 총독을 포함한 요직을 둘러싸고 지도적 지위에 있던 키질바시들과 경쟁하기는 했지만, 한 번도 경쟁자들을 완전히 축출할 수는 없었다. 굴람이 어디까지 출세할 수 있었는지에 관해서는 전문가들 사이에 논란이 분분하다. 다른 한편으로 굴람들은 중앙 권력을 강화하려고 했던 아바스 1세의 진영에서 시아파 종교 지도자들과 함께 주축으로 여겨졌다.

사파비 왕조는 조지아 출신 시종들도 경우에 따라 요직에 기용했다. 한 예로 이스칸다르 벡 문시는 이란에서 사파비 측근의 가족에게 봉사했던 굴카라Gulcahra라는 여성에 관한 기록을 남겼다. 굴카라는 타흐마스프 1세가 (1576년에) 사망한 후에 사마안Sama'an이라는 이름을 가진 고위직 주인을 따라 조지아로 돌아갔다. 이 주인이 이스탄불로 떠나야 했을 때 조지아 궁정의 여성들은 굴카라도 함께 이스탄불로 보냈다. 굴카라는 그곳에서 메흐메드 3세의 모친인 사피예 술탄을 섬기며 빠르게 영향력을 갖게 되었다. 오스만과 사파비 사이에 다시 전쟁이 발발할 위험이 생기자, 오스만의 대재상 보슈나크 데르비슈 메흐메드 파샤Boşnak Derviş Mehmed Paşa는 굴카라를 아바스 1세에게 사신으로 보냈다. 마지막 순간에 평화를 위한 중재 역할을 굴카라에게 맡기려는 시도였지만, 이는 실패로 끝났다.[201]

국내 정치적으로 보았을 때 16세기 후반까지 모든 샤의 주요 목표는 키질바시뿐 아니라 법학자와 신학자를 포함한 모든 이란 주민을 자기에게 결속하는 것이었다. 이러한 통합은 오직 샤 자신만이 달성할 수 있었다. 따라서 이스마일 1세와 타흐마스프 1세가 죽은 후에는 각각 몇 년에 걸친 내전이 뒤따랐으며, 아직은 매우 젊었던 아바스 1세가 (1587년에) 새로운 샤로 옹립된 것도 다소간 변칙적인 상황에서 추진되었다.[202] 아바스 1세의 부친이자 전임 샤인 무함마드 코다반다Muhammad Khodabanda는 아직 살아 있었으나 시각 장애로 인해 정상적으로 통치를 수행할 수 없었기 때문에 정치적으로 의미 있는 집단 통합을 이끌어 낼 수 없었다. 그 결과 아바스 1세의 시대 이후로 굴람이 기존의 사파비 엘리트 집단에 결속되면서 군주를 뒷받침하는 주축이 두 집단에서 오히려 세 집단으로 늘어났다. 정치적으로 영향력 있는 집단이었던 굴람이 키질바시와 토착 이란 주민 출신 관료들 옆에 제3의 세력으로 등장했기 때문이다. 그런데 처음에는 복잡해 보였지만, 세 집단을 제국의 주축으로 세우는 작업은 신기할 만큼 잘 작동했다. 17세기의 왕위 계승은 내전 양상을 띤 갈등을 더는 수반하지 않고 원만하게 진행되면서 점차 하나의 통상적인 업무가 되어 갔다.

지배자와 왕가, 공주들, 그리고 궁정의 삶

이미 살펴보았듯이 사파비 이란의 정치체제는 샤 한 사람에게 집중되어 있었다. 당연히 샤는 자기가 속해 있고 광범위한 인적 네트워크를 갖추고 있는 왕실 가문 안에서 우선적으로 움직여야 했다. 정치적 야심도 있고 지배 가문들과 네트워크도 있었지만, 공식적으로는 그 어떤 통치 권력도 없었던 데르비시 수도회 셰이크들의 후손인 이스마일 1세는 특별한 사례였다. 첫 사파비 샤의 조부였던 셰이크 주나이드는 유목민들 중에서 추종자를 얻기 위해 아나톨리아로 이주했는데, 1460년에 시르반샤와 벌인 전쟁에서 패한 후 사망했다. 가문의 다른 분파들이 예전과 다름없이 성지 아르다빌에서 사파비 데르비시 수도회의 셰이크를 배출했던 반면에, 이스마일 1세의 부친 셰이크 하이다르는 전투에서 사망했다. 아직 젊었던 이스마일 1세는 큰형이 죽은 후에야 비로소 스스로 세상의 권력을 둘러싼 투쟁에 뛰어들 기회를 얻었다. 훗날 샤가 될 이스마일 1세는 우준 하산의 딸이기도 한 모친 알리이야 베굼Aliyya Begum을 통해 가장 일찍 궁정 문화와 관계를 맺었던 것 같다.[203]

술탄의 후계자가 노예 출신 여성에게서 태어나고, 외국 왕조 출신 여성은 후계자를 거의 낳지 않았던 오스만 술탄의 사례와 달리, 많은 모친과 누이들로 이루어진 사파비 왕조의 가족적인 분위기는 아주 잘 알려져 있다. 16세기에 사파비 왕조의 여성들은 매우 활발하게 활동했다. 이 시기에는 아직 그들의 활동 영역이 하렘이라는 좁은 공간에 제한되지 않았다. 17세기에 이르러서야 여성들의 활동이 하렘으로 제한되는 것이 원칙이 되었다.[204] 이들 가운데 어떤 여성들은 여러 영역에서 수준 높은 교육을 받아서, 마힌 바누 카눔Mahin

Banu Khanum 같은 여성은 사파비 사회에서 높이 인정받는 서예 분야의 대가가 될 정도였다. 마힌 바누 카눔은 이스마일 1세와 타즐루 카눔Tajlu Khanum 사이의 딸인 동시에 두 번째 샤인 타흐마스프 1세의 누이로 평생 결혼하지 않고 살았다. 16세기 전반부에는 여성 왕족들이 말을 타고 샤의 사냥에 따라가거나 심지어 전쟁에 따라가는 일도 간혹 있었다.

그러나 왕가의 여성들에게 가장 중요한 활동 영역은 정치였다. 16세기의 사파비 공주들은 보통 어린 시절부터 키질바시 계급에 속하는 후견인과 보호자를 두었으며, 정치적 역할을 수행할 준비가 되어 있었다. 여기에는 아마도 몽골의 전통이 일정 부분 영향을 미쳤을 것이다. 왕가의 후광도 여성 구성원들을 에워쌌다. 이에 관해서는 몇 가지 사례를 들면 충분할 것이다. 타즐루 카눔이라는 여성은 대개 여성에 관해서는 지나칠 정도로 인색해 매우 적은 기록을 남긴 연대기에도 언급된다. 제국 건설자의 아내인 이 여성이 실제로 샤의 자리를 계승한 타흐마스프 1세 대신에 자기의 다른 아들을 샤의 자리에 올리려고 했기 때문이다. 반면에 (샤자다 술타놈Shahzada Sultanom이라는 이름으로도 알려진) 마힌 바누 카눔은 남동생인 타흐마스프 1세가 샤의 자리에 오른 후 옆에서 자문해 주는 역할을 했다. 이스마일 2세Ismail II(재위 1576~1578) 치하에서 마힌 바누 카눔의 여동생 파리 칸 카눔Pari Khan Khanum도 같은 역할을 하려고 시도했다. 심지어 파리 칸 카눔 자신이 스스로 샤의 자리에 오를 의도를 품었다는 정황들도 있다.[205] 파리 칸 카눔은 외교적으로도 활발히 움직였다. 그녀는 오스만 제국의 지배 영역인 이라크에 있던 이맘 알리 이븐 아비 탈리브와 이맘 후사인 이븐 알리의 묘역에 페르시아 융단(카펫)을 기부하기 위해 오스만 당국의 승인이 필요했을 때, 자기의 대리인을 이스탄불에 보낸 일이 있었다. 또한 이미 언급했듯이 무함마드 코다반다가 시각 장애 때문에 국정을 제대로 수행하기 어려웠을 때는 일시적으로 아내인 카이르 알니사Khayr al-Nisa가 남편을 대신해 실질적으로 국정을 수행하기도 했다.

또한 16세기 후반의 이슬람 군주들은 메카 순례에 직접 나서는 대신에 가족 중에서 여성들을 보냄으로써 신성한 땅에서 군주를 대신해 가문의 존재감을 드러내는 임무를 맡기는 것이 일반적이었다. 샤는 모친을, 무굴 제국의 황제 아크바르는 아내 가운데 한 명을, 오스만의 술탄 무라드 3세(재위 1574~1595)는 최소한 한 명 아니면 여러 명의 공주를 성지순례에 보냈다.[206]

이미 언급했듯이 사파비 왕조의 여성들은 사파비 가문의 후광을 공유했기 때문에 남성들처럼 쉽게 살해되거나 권력을 빼앗기고 무력화되지는 않았다고 해도, 계승 문제가 갈등을 겪을 때면 역시 커다란 위험에 처하곤 했다. 아바스 1세는 이미 생전에 자기 아들들을 모두 살해했고, 유일한 후계자를 포함해 계승권을 지닌 손자들을 모두 궁전에 감금했다. 아바스 1세가 죽은 뒤에는 그의 손자이자 후계자인 샤 사피가 1632년에 궁전의 하렘에 있던 수많은 여성을 살해했는데, 사료에 따르면 마흔 명에 달한다. 마찬가지로 아바스 1세의 사후에는 자기를 통한 모계 계승권을 주장할 수 있는, 아바스 1세의 딸들이 아바스 1세의 손자들을 암살하거나 실명하게 하는 일이 벌어졌다. 샤 사피의 치하에 와서야 비로소 부계를 통해 이스마일 1세의 혈통을 이어받은 후손들만이 샤가 될 수 있게 하는 계승 제도가 확립되었다. 그리고 이맘의 정통성을 이어받는 혈통을 강조했던 시아파 종교 지도자들이 이러한 특권을 뒷받침해 주었다.

이렇게 해서 그동안 사파비 공주들이 수행했던 정치적 역할은 1632년 이후에 대부분 사라졌다. 그 이후에 여성들이 샤의 주변에서 어떤 영향력을 가질 수 있었다고 하더라도, 그 영향력은 옛 여성 노예가 통치권을 장악한 샤의 모친으로서, 아니면 정부로서 간접적으로 행사하는 것이었다. 이렇게 보면 1629년에서 1632년까지 사파비 궁정에서 여성들이 수행했던 역할은 신기하게도 오스만 제국에서는 이미 이전에 정착되었던 시스템과 비슷했다. 왕조 내에서 주변의 친인척 계열은 철저히 억압되었지만, 샤의 모친들은 왕궁에서 가장 중요한 여성으로 상승했다.

이런 맥락에서 하렘에 거주하는 '왕의 모친들'을 위해 중간 전달자 같은 역할을 했던 궁정 환관들에게도 새로운 정치적 무게가 주어졌다. 이들은 제대로 된 남성이 아니라는 이유로 사파비 궁정에서 멸시받았지만, 동시에 고위 권력으로 진출하는 통로를 얻을 수 있었다는 점에서 실제로는 부러움의 대상이 되는 역설적인 상황에 있었다. 17세기에 왕자들은 일반적으로 궁정 환관들의 손에 양육되었으며, 보물 창고와 무기고의 관리도 환관들의 임무에 속했다. 환관들은 개인의 역량에 따라서는 대재상까지 출세할 수도 있었다. 샤 사피와 그의 후계자 아바스 2세Abbas II(재위 1642~1666)가 수년간 대재상 자리를 맡겼던 사루 타키Saru Taqi(1645년 사망)는 당시에 중요한 정치 중심지였던 궁전의 하렘에 드나들 수 있는 권한이 있었던 환관이었으며, 그는 이 권한을 자기의 정치 경력을 쌓는 수단으로 잘 활용했다.[207]

넓은 의미에서는 보물 창고뿐 아니라 군부와 밀접한 관련성이 있다고 할 수 있는 마구간이나 말 사육장 같은 일련의 시설도 왕궁에 속했다. 왕궁에 속했던 여러 작업실(부유타트buyutat)도 중요했는데, 그 가운데 도서관이 두각을 드러냈다. 이곳은 귀중한 도서들을 보관하고 있을 뿐 아니라 도서 출판의 중심이기도 했기 때문이다. 16세기에 오스만 궁전의 나카슈하네nakkaşhane[40]에서 있었던 경우와 유사하게, 사파비 궁전의 도서관에서 근무했던 예술가들은 다양한 문양[41]의 템플릿들을 제작했는데, 이는 훗날 관련 분야에서 일하는 전문가 또는 직물 전문가들이 널리 활용했다.[208]

16세기 중반에 오스만의 이스탄불에서 실행된 것처럼, 사파비 궁정은 군주를 대중에게 시각적으로 과시할 수 있을 뿐 아니라 군주가 신성을 모독하는 사람으로 보이지 않게 해 줄 경건한 궁정 의식을 진행하려고 신경을 썼다. 그렇기 때문에 군주 자신은 직접 참가했던 향연에서 중심적인 역할을 맡았다. 이때는 본 만찬에 앞서 각국의 대사들도 포함된 외빈들이 최고의 선물들을 들고 성대한 행렬을 이루며 입장했다. 이 만찬은 가끔 많은 가느다란 기둥이 떠받치는 노천 테라스(탈라르talar)에서 개최되기도 했는데, 탈라르는 사파비 궁정 건축의 특징 가운데 하나였다. 이스파한에 있는 아바스 1세의 궁전은 넓은 광장 바로 옆에 있었고, 그 광장에는 대형 바자로 가는 길이 연결되어 있었기 때문에 오가는 많은 사람이 이러한 의례적인 향연을 지켜볼 수 있었다.

몇몇 논평가는 이렇게 치러지는 향연 속에서 많은 사람이 비교적 쉽게

40 오스만 궁전에 있었던 예술가들의 작업실이다.

41 파이앙스 도자기에 넣는 문양 등을 그 예로 들 수 있다.

샤에게 접근할 수 있었다는 사실에 주목하고, 이것은 군주가 동족 가운데 일인자로 간주되던 유목민 사이의 평등주의적 전통이 남긴 흔적이라고 보았다. 하지만 한 새로운 연구는 (초대받은 손님의 등급에 따라 차등화된) 아바스 1세에 대한 접근성이 중앙 권력을 강화하고 절대적 지배를 추구하려는 그의 의지에 결코 장애가 되는 것이 아니라 오히려 아마도 이를 강화한 것이었다고 강조한다. 왜냐하면 샤는 향연에서 가시적으로 선별된 손님들의 한가운데에 서서 그의 후하고 너그러운 성품을 과시했는데, 이는 이란적 정서에서 볼 때 가장 핵심적인 군주의 품성이었다.[209]

종교학자들의 권력과 영향력

당시의 권위 있는 종교 지도자를 지칭하는 울라마에는 카디와 금요 사원의 설교자들 외에 예언자 무함마드의 후손들뿐만 아니라 무즈타히드[42]로 알려진 자격을 갖춘 법학자와 종교학자들도 포함되었다. 이들은 거의 항상 이란인(타지크Tajik)으로 표시되는 주민 집단에 속했으며, 키질바시에는 속하지 않았다.

이스마일 1세가 통치를 시작했을 때 그는 열두 이맘파(이마미파)의 정립을 핵심 정치 과제로 설정했다. 이 목적을 달성하기 위해 이스마일 1세는 사드르sadr로 명명된 완전히 새로운 관청을 세웠다. 이 기관의 담당자들은 새로운 군주를 향한 충성을 전국에 퍼뜨리고, 그들의 관점에서 이교도적이라고 간주될 수 있는 경향을 막는 것을 임무로 부여받았다. 그런데 이마미파의 계명이 광범위하게 관철되어 이 임무가 원만하게 달성되면서 이 관료들의 정치적 역할은 사라졌다. 이제 그들의 역할은 종교 재단들을 감시하고 감독하는 임무로 제한되었는데, 이 재단들은 그들이 얻는 수입의 많은 부분을 법학자와 종교 지도자들에 대한 지원에 배당하고 있었다.[210]

카디가 주재하는 법정은 '평범한' 백성들뿐 아니라 경우에 따라서는 에미

42 최고의 이슬람 학자를 가리키는 용어다. 이슬람 법학 용어로는 '이슬람법을 해석하는 이'를 의미하며, 아랍어로는 '노력하는 자'를 의미한다.

르들이 연관된 사건도 담당했다. 물론 샤들은 카디의 법정을 견제할 수 있는 일종의 균형추를 만들려고 시도했다. 다시 말해 17세기에 사파비 군주는 이른바 디반베기diwanbegi로 불리는 항소 법정을 설치했다. 이 법정은 에미르들이 관할했기 때문에 이 고위 관료들의 판단이 법학자와 종교학자들의 판단과 늘 일치한 것은 아니라는 사실을 짐작할 수 있을 것이다. 다른 고위 관료들도 임명 과정에 연루되기는 했지만, 카디직의 임명은 옛날에는 사드르의 임무 가운데 하나였다. 그래서 최소한 이스파한에서는 고위 성직자 한 명이 그 역할을 담당하거나 아니면 군주가 직접 그 역할을 맡았다. 카디직의 경우에는 아들이 부친의 자리를 계승하는 일이 드물지 않았다. 그렇지만 이스파한의 셰흐 알이슬람으로 알려진 카디는, 다시 말해 구체적으로 사파비 제국 초기에 이마미파의 사상과 합치하는 판결을 내려 사드르와 유사한 임무를 담당했던 인물은 사파비 샤들이 선호했던 인물이었다. 어떤 경우에는 오스만 영역에서 온 시아파 이주자가 카디로 선택되기도 했다.[211]

그런데도 카디의 역할은 시대에 따라, 도시에 따라 분명히 뚜렷한 차이가 있었다. 18세기 후반의 타브리즈에서는 도시에서 가장 막강한 권력을 가진 인물들이 아무런 공직도 차지하지 못하는 일이 관찰되었으며, 그곳에서 카디는 순수한 명예직이 되어 버렸다. 이미 언급했듯이 이러한 상황은 왜 사파비 제국과 나디르 샤의 지배하에서는 카디와 관련된 문서가 전혀 보존되지 않았는지를 잘 설명해 준다.[212] 17세기 후반에서 18세기 초반에 이르는 기간에 많은 무즈타히드는 자기가 이 땅에서 모습을 감춘 이맘들을 대변한다고 하는 사파비의 주장을 의심하기 시작한 듯하다. 이런 반대자들의 견해에 따르면 이맘과 관련된 문제는 종교학자들이 다루어야 하는 것이었다. 이러한 고도의 자의식은 아마도 아바스 1세가 정치를 중앙집권화하는 과정에서 '울라마'에게 크게 의존했으며 그의 후계자들도 이러한 노력을 계속했다는 사실과 관련이 있는 것 같다. 실제로 샤 사피가 샤의 자리에 오를 때 법학자와 종교학자들 가운데 한 명이 중심적인 역할을 했으며, 몇 년 후에는 예언자의 존경받는 후손 한 사람이 심지어 대재상에 발탁되기도 했다.

17세기에는 사파비 왕조의 공주들이 예언자의 후손들이나 종교인의 가족과 결혼하는 일이 아주 흔했다. 예를 들어 왕조가 몰락하기 10년 전인 1712년에도 마슈하드에 있는 알리 알리다 묘역의 대형 재단 관리자와 사파비의 샤 술레이만Shah Suleiman(재위 1666~1694)의 딸이 결혼했다.[213] 그런데 이전보다 약화된 형태이기는 했지만, 사파비 왕조의 여성들이 지속적으로 영향력을 행사했기 때문에 결혼 이전에는 생각하지 못한 결과들이 발생했던 것 같다. 즉 앞서 언급한 혼인의 결과로 태어나 모계를 통한 예언자의 후손으로서 특별한 보호를 누렸던 아들들이 왕위 계승을 둘러싼 갈등이 벌어지는 과정에서 실명당하는 일이 자주 벌어졌던 것이다. 그들이 왕위 계승에서 배제되게 하기 위한 것이었다. 그러나 울라마와 사파비 왕조 사이에 가족 간 결합이 이루어진 시기에 사파비 군주들에게 가장 중요했던 관심사는 우선 '울라마'와 왕조 사이의 결속을 확고하게 하는 것이었다.

1600년 이후에는 엄격하게 종교적인 분야에서도 의미심장한 변화들이 나타나기 시작했다.[214] 이 시기에는 시아파 신학을 정리했던 일련의 학자가 영향을 미쳤다. 무함마드 바키르 마즐리시Muhammad Baqir Majlisi(1616~1698 또는 1699)는 예언자 무함마드와 그의 후계자들의 가르침을 이마미파의 시각에서 바라보며 소개하는 대잠언집을 집필했다. 여기에는 주석도 추가되었다. 사파비 왕조가 몰락한 이후에는 수많은 시아파 종교학자가 오스만의 지배 영역에 속하는 이라크의 순례 도시들로 이주했다. 일종의 성역이던 순례 도시들은 술탄과 나디르 샤 사이의 정치적 갈등에도 불구하고 자기들의 생명에 미칠 위험은 적은 것으로 보였기 때문이다. 신학자인 무함마드 바키르 베바하니Muhammad Baqir Behbahani(1705~1803, 다른 사료에 따르면 1705~1793)는 여기서 무즈타히드가 수행해야 할 과제를 지적으로 뒷받침해 주는 일을 했다. 구체적으로 그는 자신의 성찰을 근거로 해서 무즈타히드들에게 이슬람 공동체를 이끌 권리와 의무를 부여해 주었다.

사파비 왕조가 몰락한 이후에 군주와 울라마 사이의 긴밀한 관계는 단절되었다. 이미 나디르 샤 치하에서, 그리고 그 이후에도 세속 권력자와 종교 지도부가 전혀 다른 견해를 대변하는 일이 종종 발생했다. 이런 상황에서 베바하니가 무즈타히드의 사명에 관해 정리해 주었던 규정들은 시아파 '울라마'들에게 새로운 상황에 적응할 수단을 제공해 주었다.

권력과 돈, 그리고 중앙과 지방의 행정기관

티무르 제국과 아크 코윤루 제국에서는 젊은 왕자가 지방에 명예 총독으로 파견되어 그곳에 자기의 궁정을 설립하고 통치를 배우는 것이 관례였다. 16세기에는 사파비 제국에서도 같은 형식의 왕자 교육이 일상적으로 진행되었으며, 1570년 무렵까지는 사파비의 경쟁국인 오스만 제국에서도 마찬가지였다. 이스마일 왕조의 젊은 왕자들은 이 기간에 키질바시 출신 후견인의 지도를 받았다. 교사에게 복종해야 했던 학생으로서 왕자는 교사가 속해 있던 특정 부족과 결속감을 갖게 되었다. 그리고 역으로 나중에 샤가 된 왕자는 사파비 수도회의 수장으로서 키질바시들에게 특별한 헌신을 요구할 수 있었다.

그런데 지방에서 교육과 통치 훈련을 받던 왕자들은 현재 집권하는 통치자에게 잠재적인 경쟁자가 된다는 문제가 있었다. 잘 알려진 사례로서 알카스 미르자Alqas Mirza를 들 수 있다. 알카스 미르자는 자기 형제인 타흐마스프 1세와 왕위 계승을 둘러싼 갈등을 겪다가 오스만 술탄에게 망명했다. 오스만 술탄은 사파비 영토를 정복하는 데 알카스 미르자를 이용하려고 했지만, 이 계획은 결국 수포로 돌아갔다. 그 결과 사파비 영토의 정복이라는 목표가 환상이었다는 사실이 드러나자 술탄은 그를 버렸다.[215] 이런 종류의 사건이 발생하자 아바스 1세는 왕자들이 궁정에서 교육받도록 조치했다. 그런데 이런 방식은 후계자 갈등을 제한할 수는 있었으나, 그만큼 치러야 할 비용도 만만치 않았다. 한편으로는 앞으로 샤가 될 인물들이 실질적인 통치 경험이 전혀 없기 때문에 궁정의 구성원들에게 전적으로 의존해야 하는 문제가 생겼다. 다른 한편으로는 이러한 현실이 사파비 체제를 인물 중심이 아니라 더 강력하게 제도 중심으로 만드는 결과를 초래했다. 그래서 어떤 동시대인의 견해에 따르면 술탄 후사인은 통치 업무에 그리 큰 관심을 보이지 않았는데도, 1722년에 아프간의 침입으로 인한 위기가 발생할 때까지 10년 넘게 샤의 자리를 지킬 수 있었다.

사료에 따르면 티무르 제국에서는 대부분 고위 에미르들이 하킴hakim(복수 형태는 후캄hukkam)으로 불리는 지방 명예 총독직을 맡았다. 이들에게는 전형적으로 다루가로 불리는 한 명의 '도시 수비대장'이 배정되었다. 사파비 제국은 이 제도를 지속적으로 유지했다. 따라서 이제 적어도 이스파한처럼 중요한 통치 중심지에는 언제나 군주들이 직접 다루가 같은 총독을 배치하는 것이 관례가 되었다. 사파비 왕조 후기에는 이 같은 통치 제도의 전문화 경향이 더욱 강화되어, 도시의 수비대장인 다루가는 자기가 관리하는 도시의 재정에 더는 접근하지 못했다. 물론 샤는 언제든 특수한 영역을 자기가 관할하는 영역으로 이관할 수 있었다. 예를 들어 16세기 말에 아바스 1세가 이스파한을 자기의 통치 중심지로 만들고 확장하기 시작했을 때, 그와 관련된 조직을 정비하는 과정에서 비교적 일상적인 행정 업무도 자기가 직접 관장했던 사례가 있었다.[216]

사파비 왕조의 사례처럼 티무르 제국 치하에서도 세금 징수는 특별 관청인 디반이 담당했다. 물론 일종의 세금 청부제를 시행한 경우도 있었는데, 이는 오스만 제국에서 16세기에 급속히 확산되던 방식이다. 세금 수입의 관점에서 볼 때, 어떤 지방들은 사파비 군주의 직영지(카사khassa, 경우에 따라서는 칼사khalsa로 표기한다.)로 여겨졌다. 17세기에 제국의 영토가 점점 늘어나면서 이러한 경우도 확산되었다. 티무르 제국이나 아크 코윤루 및 카라 코윤루의 체제에서는 면적이 더 큰 구역에서 나오는 세금은 흔히 왕자들이나 투르크멘 에미르들에게 배당되었으며, 이들은 그 재원으로 자기들의 행정 기구 또는 군대를 유지해야 했다. 세금 청부제와 같은 상속 가능한 세금 수입의 수혜자들은 해당 지역에서 치외법권을 누렸고, 이들은 서로 다른 세금 수혜자들의 지역에 들어가는 것이 금지되었다.[217]

이러한 세금 배당은 수유르갈suyurghal로 불리었으며, 특히 법학자나 종교학자들이 관련된 경우에는 사파비 제국에서도 작은 규모로 시행되었다. 사파비 시대에는 이런 형태의 세금 배당이 울라마의 한 특성으로 여겨진 것으로 보인다. 심지어 종교 재단들은 재단 관리자의 수유르갈로 서술되는 경우도 많았다. 수유르갈은 상속되었던 반면에, 티율로 지칭된 세금 배당은 특정직에 지급하는 봉급으로 관련 업무의 수행과 연관되어 있어 상속되는 것은 아니었다. 물론 이런 규정이 실제로 항상 지켜지지는 않았다. 지방 차원에서 세금 징수는 칼란타르kalantar로 알려진 관료의 수중에 있었다. 아르메니아인이 거주하는 이스파한의 뉴 줄파New Julfa 지역에서는 이 업무가 예외적으로 비무슬림에게도 배정될 수 있었다.

친정부적인 이 관료들 외에도, 다른 제국들에서는 중앙 관료 기구가 담당했던 일련의 업무를 비공식적으로 담당했던 도시 상류층 출신의 명망가들도 있었다. 예언자 무함마드 후손들의 법률 고문이라고 할 수 있는 나키브naqib는 이러한 영향력 있는 인물에 속했다. 나키브는 예언자의 수많은 후손을 잘 돌봄으로써, 그 후손들이 지난 수 세기 동안 그들을 위해 설립된 많은 재단으로부터 실제로 지원을 잘 받게 해야 했다. 다른 한편으로 나키브는 예언자의 후손들이 어떤 범죄 때문에 고발당하면 이들에 관해 판결도 내려야 했다. 그 외에 나키브는 도시의 동업조합들에 부과되는 세금 문제에서도 발언권을 가졌던 것으로 보인다.

정치와 종교의 중심으로서의 도시들

이스마일 1세가 사파비 왕조를 창건하기 전에는 타브리즈와 헤라트가 이란 영토의 중심이었다. 타브리즈는 일 칸국과 아크 코윤루의 수도로서 찬란한 과거를 가진 도시였다. 물론 오스만 여행자 에블리야 첼레비가 이곳에 몇 개월 머물렀던 17세기 중반에는 높이 솟은 가잔 칸의 묘지가 지진 때문에 훼손되어 무너져 가고 있었다. 그런데도 에블리야 첼레비는 이 도시의 아름다움에 경탄을 표했으며, 아크 코윤루의 군주 우준 하산이 당시에 설립하게 했던 사원에 관해 특히 생생하게 묘사했다.[218] 초기의 사파비 왕조도 타브리즈를 선호했다. 그래서 이스마일 1세가 헤라트를 점령한 후에는 후사인 바이카라의 옛 티무르 제국 궁정에서 온 예술가들이 타브리즈의 사파비 궁정에서 작업을 수행했다. 하지만 이 지역은 오스만 제국의 공격에 매우 취약하게 노출되어 있음이 곧 드러났다. 즉 1514년에 오스만의 술탄 셀림 1세가 일 칸국의 옛 수도로 진격해 들어왔을 때, 타브리즈의 사파비 궁정에 있던 예술가들은 전리품이 되었다. 포로로 잡혀 간 이들 예술가 가운데 오랜 행진에서 살아

남은 자들은 1516년 무렵에 이스탄불에 도착했다.[219] 물론 1520년 이후에 쉴레이만 1세는 이란으로 돌아가기를 원하는 예술가와 예술품 수공업자들에게 귀향을 허락해 주었다.

이스마일 1세의 후계자인 타흐마스프 1세의 치하에서 사파비 제국은 테헤란 북서쪽에 있는 엘부르즈산맥 남쪽의 카즈빈을 수도로 삼았다. 그래서 이 도시에는 정원을 가진 커다란 궁전뿐 아니라 이슬람 사원이, 그리고 이란 대도시의 특징이라고 할 수 있는 중심 광장이 세워졌다. 17세기 중반에 에블리야 첼레비는 그곳에 있는, 설립자인 셰이크 뒤훅Sheikh Dühük의 이름을 딴 이슬람 사원이 시아파 무슬림만큼이나 수니파 무슬림들에게도 경탄의 대상이었다고 기록했다. 그러나 에블리야가 가장 놀라움을 금치 못했던 것은 이른바 뮈셰베크Müşebbek 사원의 규모와 건축 디자인의 탁월함이었다. 특히 그는 돔형 천장의 세공, 그리고 군주가 예배에 참여할 때 앉았던 특별석을 격찬했다.[220] 하지만 이 오스만 여행객은 사파비 시대에 지어진 건축물 대부분에 관해서는 거의 한마디도 언급하지 않았다.

아바스 1세는 이보다 더 남쪽에 위치한 도시 이스파한을 선호해서 대표 사원과 새로운 궁전, 그리고 차하르 바그Chahar Bagh로 알려진 정원을 갖춘 전혀 새로운 도시 구역을 조성해 도시를 더욱 확충했다. 이렇게 새로 확충된 도시 구역에 정부가 들어섰으며, 옛 도심은 수공업자와 상인들에게 넘겨졌다. 이스파한의 주민 수에 관한 공식적인 통계는 없지만, 유럽 방문객들은 17세기에 '세계의 절반'을 차지한다고 강조되었던 수도에는 그곳에 궁정이 있던 동안에 적어도 50만 명의 주민이 거주했다고 추정했다. 이것이 사실이라면 이스파한은 당시에 아마도 이스탄불을 포함한 다른 그 어떤 유럽 도시들보다 규모가 컸다. 하지만 16세기 후반에조차 주민의 수는 기껏해야 10만 명을 넘지 않았다는 추정치도 있다.[221]

그 밖에도 사파비 제국의 여러 도시는 종교의 중심지로 유명했다. 사파비 수도회에 자기 이름을 사용하도록 허락했던 셰이크 사피와 왕조의 창건자인 이스마일 1세는 사후에 아르다빌에 매장되었다. 그런데 많은 사람이 존경받는 인물들 옆에 매장되기를 원했기 때문에 그곳에는 거대한 묘역 단지가 조성되었다. 알리 알리다가 매장되었던 마슈하드의 명성은 이보다 더 높았다. 앞서 달필가로, 샤가 된 남동생의 자문가로 이미 언급한 마힌 바누 카눔은 이 마슈하드 성전에 장신구와 무기, 중국산 도자기를 기증했다. 아바스 1세는 심지어 이스파한에서 마슈하드까지 1000킬로미터가 넘는 길을 걸어 순례하기도 했다. 아마도 샤는 오스만이 이라크를 탈환하는 바람에 이맘 알리 이븐 아비 탈리브와 그의 아들 이맘 후사인 이븐 알리의 묘역을 방문하기 어려워졌던 시기에 이러한 순례를 장려하려고 노력했던 듯하다. 다른 한편으로 이미 언급했듯이 아바스 1세는 우즈베크인들에게서 마슈하드를 탈환하는 데 성공했다. 우즈베크인들은 마슈하드가 시아파들의 특별한 숭배 장소이기 때문에 수니파 군주들의 보호를 받을 권리가 없다고 간주해 이곳을 여러 차례 약탈했었다.

외부의 공격을 잘 막을 수 있게 건설된 도시 쿰 안에 세워진 파티마 마수메Fatima Masumeh[43] 성전을 섬기는 것은 16세기에 때때로 수도를 떠나 그곳에 머물던 사파비 왕조의 공주들이 맡은 일이었다. 타즐루 카눔과 마힌 바누 카눔은 성전을 장식하는 일을 도왔다. 훗날 사파비 왕족들은 늘 이 순례지를 자기들의 사후에 묘역이 세워질 장소로 선호했다.

모든 샤가 아바스 1세처럼 그렇게 자주 여행을 다닌 것은 아니지만, 사파비 왕조의 샤들은 대부분 매우 높은 이동성으로 두각을 드러내었다. 이러한 사실은 당연히 교역로의 활성화라는 목적과 함께, 어째서 이란의 군주들이 도로를 따라 위치한 대상 숙소가 건설되도록 특별히 우대해 주었는지 설명한다. 그 밖에도 샤는 이스파한에서 카스피해 연안에 있는 자기의 여름 별장으로 가는 도중에 있는 몇몇 장소에 작은 궁전을 지어서, 필요할 때는 사냥 숙소로 사용하기도 했다.[222] 한편 이란 중부에 있는 소금 사막의 험난한 자연환경은 국가의 강력한 공공투자를 요구했다. 특히 용수 공급이 불만족스러웠기 때문에 조성된 지 얼마 안 된 대상 숙소가 도중에 폐쇄되거나 새로운 숙소로

—— 43 시아파의 열두 이맘 중 일곱 번째 이맘인 무사 알카딤의 딸이자 여덟 번째 이맘인 알리 알리다의 누이다.

대체되어야 했던 사례들이 있었다고 전해진다.

사파비 제국의 몰락

이란 전체를 다스렸던 마지막 사파비 군주는 술탄 후사인(재위 1694~1722) 이었다. 그는 종교 재단과 샤리아 이행뿐만 아니라 종교학자들이 위험하다고 여긴 이슬람 철학과 신비주의에 반대함으로써 이마미파의 성직 수위권을 확립하는 선대 샤의 노선을 계승했다. 물론 샤의 이러한 정치 노선은 이슬람 철학 사상을 당시 사회의 담론에 통합하고자 했던 학자들과 계속 우호적으로 지내는 것을 방해하지는 않았다. 하지만 샤의 정치 노선에서 반反철학적인 요소나 반反수피적인 요소들이 지배적이었던 것은 분명하다. 왕조의 구성원들은 종교계의 입장을 새로운 세대에 전수하는 과제를 맡은 학교를 설립하기 위해 막대한 자금을 지원했다.

17세기 후반과 18세기 초반에는 이란의 군주들이 모든 비非시아파 주민을 시아파로 개종시키려고 가끔씩 행정적 압박을 가했으며, 이런 시도가 시아파의 종교계로부터 압도적인 지원을 얻었다는 사실도 확인할 수 있다. 어쨌든 이러한 정책은 법학자와 종교학자들의 영향력 있는 지도자인 무함마드 바키르 마즐리시가 적극적으로 추진했다. 그런데도 1720년과 1721년에 샤의 궁정을 방문했던 오스만 제국의 사절 뒤리 아흐메드 아펜디Dürri Ahmed Efendi의 주장에 따르면 페르시아의 많은 수니파 백성은 (분명 이 정치에 의해서도) 사파비의 치하에서 소외된 처지였는데, 이 정책으로 상황이 더 악화했기 때문에 오스만 술탄이 파견한 사절은 방문한 곳에서 영웅과도 같은 열렬한 환영을 받았다.[223] 제국의 북서부에 살았던 수니파 레즈기인들은 무엇보다 지역 사파비 총독들의 간섭에 불만을 품어서, 사실상 반란을 일으키고 오스만 제국에 지원을 요청했다. 뒤리 아흐메드 아펜디가 이곳에 파견된 이유 가운데 하나가 바로 이러한 반란 때문이었다. 그는 어학 실력이 탁월했을 뿐 아니라 해당 지역에 관해 풍부한 지식을 갖고 있었다. 그래서 당시에 그는 '사실을 확인하는 임무'뿐 아니라 앞으로 술탄을 추종하게 될 주민들에게 오스만 제국을 홍보하는 임무를 위해 태어난 인재처럼 보였다.

이러한 상황에서 시아파 종교계의 지원은 현지의 취약점을, 특히 당시의 경제적 문제와 같은 취약점을 극복하는 데 별로 실질적인 도움이 되지 않았다. 특히 인도로 귀금속이 유출되는 현상은 심각했다. 이는 수 세기에 걸친 현상이기는 했지만, 1700년 무렵에는 영국과 네덜란드에 속한 무역 회사(동인도 회사)들의 활동으로 한층 강화되었다. 그들은 이제 이란산 비단의 해외 수출에 더는 특별히 관심이 없었으므로, 자기들이 거두어들인 수익을 기꺼이 인도로 이체했다. 생사에 대한 수요가 사라진 것도 마찬가지로 국가의 전체 경제뿐 아니라 샤의 재정에도 불리하게 작용했다.[224] 자연재해와 흉작까지 수입 감소를 초래하자, 샤는 이러한 국가의 수입 감소를 메우기 위해 세율을 인상하려고 했다. 그러나 굶주림 때문에 이에 반발한 주민들이 도처에서 봉기를 일으켰으며, 이스파한의 봉기를 진압하기 위해서는 군대까지 파견해야 했다.

상황이 이렇게 악화하자 술탄 후사인이 파견한 군사령관은 사파비 제국의 국경 지방인 오늘날 아프가니스탄의 칸다하르에서 일어난 반란군을 제대로 진압할 수 없었다.[225] 그곳에서는 1709년에 미르와이스 호타크Mīrwais Hotak가 독자적인 국가를 수립했다. 시아파가 아니라 수니파였던 그의 아들 마흐무드 호타크Mahmud Hotak는 1721년에 제국의 중심 지역으로 공격해 왔다. 사파비 군대가 그를 물리치는 데 실패하자, 그는 제국 내부로 깊숙이 진격해 들어와 1722년에 이스파한을 포위했다. 이스파한은 수개월 동안 저항했지만, 결국 항복해야 했다. 마흐무드 호타크는 이제 자기를 새로운 군주인 샤 마흐무드로 칭했으며, 전임자인 술탄 후사인을 체포했다. 마흐무드 호타크의 후계자 아슈라프 호타크Ashraf Hotak는 1729년에 술탄 후사인을 처형했다. 그러나 술탄 후사인의 아들 가운데 한 명이 탈출하는 데 성공해 옛 수도인 카즈빈에서 자기를 샤 타흐마스프 2세로 선언했다. 그러나 곧 새 군주인 샤 마흐무드의 사람들이 타흐마스프 2세를 추방했다.[226] 이후 수년 동안 그 외에도 몰락한 왕조와 이런저런 관계가 있다고 떠벌리는 여러 인물이 샤의 자리를 계승할 권리를 주장하며 등장했다.

이 무렵에 출신은 보잘것없지만 1727년에 타흐마스프 2세의 이티마드 알다울라Itimad al-dawla, 즉 페르시아의 대재상이 된 나디르 샤가 등장했다. 그는 호타크 왕조의 이란 지배를 종식하는 데 성공했다. 1732년에는 매우 막강한 군대 지도자로서 자기의 군주를 축출하고 그 자리에 아직 갓난아기였던 왕자를 샤로 옹립했다. 하지만 이 시점에 이르러서도 여전히 나디르 샤는 이전 왕조와 아무런 연관도 없이 단지 '칼을 차고' 권력을 잡은 자기 같은 사람은 정당성이 없어 샤로 인정받지 못할 것으로 생각했다.

새로운 지배자는 이러한 정당성 결핍을 다양한 방법으로써, 다시 말해 우선은 사파비 공주와 자기 아들을 혼인시킴으로써, 그리고 1736년에 오랜 몽골 전통의 방식에 따라 유목민과 정착민들 중 명사들의 박수와 동의를 받음으로써 보완하려고 애썼다. 얼마 후에 북인도에 가서 엄청난 약탈 전쟁을 감행하고 무굴 황제 무함마드 샤Muhammad Shah를 패퇴시켰던 날, 그는 자기를 '대왕'으로 칭하며 인도의 황제나 우즈베크의 칸이 자기에게 무릎을 꿇어야 한다고 선포했다. 이런 맥락에서 나디르 샤는 티무르의 전통을 강조했으며,(티무르도 인도에서 엄청난 약탈을 감행했었다.) 그 밖에 아프샤르족, 즉 튀르크어를 사용하는 부족의 구성원으로서 자기의 타고난 재능을 강조했다. 때때로 그의 선전 담당 신하들은 심지어 위대한 통치자의 '혈통'을 언급하면서, 서쪽의 오스만 술탄, 나디르 샤, 티무르의 후손인 인도의 무굴 왕조도 이 혈통에 속한다는 사실을 강조했다.[227]

그러나 이런 종류의 시도 가운데 가장 야심 찬 계획은 의심할 여지없이 시아파를 수니파 이슬람과 조화시키려는 시도였다. 이러한 계획 뒤에는 아마도 이란을 다시 수니파 이슬람으로 복귀시키려는, 논란이 분분한 의도가 숨어 있었다. 정치적으로 보았을 때 나디르 샤는 오스만 통치자를 상대로 겪는 갈등에서 종교적 측면을 제거해야겠다는 생각을 떨쳐 버릴 수가 없었다. 사파비 치하에서는 이 종교적 측면이 다소 차이는 있어도 늘 존재했다. 나디르 샤의 의도에 따르면 수니파 이슬람의 범위 안에 이미 존재하는, 이맘 자파르Jafar가 명명한 네 개의 학파인 하나피, 말리크, 한발, 샤피이 외에 열두 이맘파가 새롭게 정통 신앙으로 인정되는 제5학파가 되어야 했다. 따라서 메카의 대사원 안에 다른 네 학파가 이미 오래전부터 보유한 기도 공간과 마찬가지로 오스만 술탄들이 새로운 학파를 위해서도 독자적인 기도 공간을 마련해 주기를 원했다.

수니파 내부의 각 학파도 서로 차이점이 있었지만, 이는 각 학파의 추종자들이 다른 학파를 정통성 있는 무슬림으로 인정해 주는 데는 장애가 되지 않았다. 나디르 샤는 바로 이러한 점에 착안했다. 그의 생각에 앞으로 설립될 제5학파도 이렇게 취급하면 종교적 갈등의 요인을 제거할 수 있었다. 하지만 이 계획은 우선 오스만의 술탄 마흐무드 1세(재위 1730~1754)와 이스탄불의 법학자 및 종교학자들의 반대에 부딪혀 실패했다. 그들은 무엇보다도 이 계획 속에 기존의 네 학파와 충돌할 수 있는 요인이 내재되어 있다고 보았기 때문에 반대했다. 그런데도 1746년에 샤와 술탄은 평화조약을 체결했다. 이로써 거의 250년 동안 늘 반복해 불붙었던 상호 저주, 그리고 서로를 이단과 사교로 칭했던 극렬한 비방전이 막을 내렸다.

시아파의 종교계도 수니파 공동체로 합류하는 것을 거절했다. 나디르 샤가 1736년과 1743년의 두 차례에 걸쳐 법학자와 종교학자의 회의를 소집했고, 그들 가운데 일부가 이 계획에 동의했지만 결국은 실패로 돌아갔다. 일부가 동의한 것에서 엿보였던 긍정적인 신호는 아마도 샤가 그의 통치 후기에 악명 높게 시행했던 처벌에 대한 두려움 때문이었다. 신학적으로 보아 새로운 제5학파의 설립은 사실상 열두 이맘파의 기본 신념을 형성하는 모든 것의 부정을 의미했던 것이다.[228]

경제

이란이 위치해 있던 지리적 환경은 농업의 가능성과 한계를 결정했다. 북서쪽에서 남동쪽으로 뻗어 있는 넓은 산맥 지대에는 주거지가 밀집해 있었다. 카스피해의 남쪽에는 열대성 기후를 가진 폭이 좁은 지역이 펼쳐져 있는데, 이 지역은 사파비 시대에도 비교적 조밀하게 인구가 밀집되어 있었는데, 다른 지역과 높은 산맥을 통해 분리되어 있었다. 반면에 바스라만을 따라 있는 해안 지대에는 극도로 뜨거운 기온 때문에 비교적 적은 수의 인구만 살았다. 산맥 너머에는 사막과 소금 호수를 가진 건조 지대가 있었다. 이 지역을 횡단하면 고원 지대들이 여기저기에 흩어진 이란의 동부 지방에 도착할 수 있다. 그곳에는, 특히 사파비의 북동부 지방에서 가장 중요한 도시인 마슈하드 주변에는 농사를 짓기에 아주 적합한 토지가 있었다. 사파비 제국의 남동쪽 맨 끝에 있는 시스탄처럼 오스만과 우즈베크, 다른 군대들이 공격해 올 때 사용하는 주요 군사 도로에서 멀리 떨어진 지역에는 간혹 자영 농민들이 정착하기도 했다.[229]

그러나 그 외의 다른 지역에서는 아크 코윤루 치하에서뿐 아니라 사파비 치하에서도 전체 제국의 정치에서 중요한 역할을 담당했던 유력 귀족들이 토지를 관할했다. 이들은 흔히 농부들이 국가에 납부해야 했던 세금을 미리 납부해 주 대신에 나중에 세금을 징수했다. 물론 이들은 나중에 징수할 세금보다 비교적 적은 액수를 중앙정부에 납부했다. 그러면 샤는 그 세금을 군부 지도자들에게 지급해 주었는데, 군부 지도자들은 그 대가로 원정에 출정할 때 일정한 수의 무장 군인을 동원해야 했다. 사파비 샤를 전국에 있는 농업용 토지의 최상위 소유자로 간주할 수 있는지에 관해서는 논란이 분분하다. 종교 재단의 설립자들은 이슬람법에 따라 오직 그들 개인에게 전적인 소유권이 있는 재산만을 가지고 종교 재단을 설립했기 때문이다. 다시 말해 적어도 샤는 그러한 잠재적인 재단 설립자들에게 미래에 세워질 재단의 재산이 될 토지를 하사했을 것이다. 또한 아바스 1세는 자기가 개인적으로 소유한 토지와 왕가의 소유로 되어 있는 토지를 구별했던 것으로 보인다. 왜냐하면 아바스 1세는 1606년에서 1608년에 이르는 시기에 샤의 자리에 속한 토지는 제외한 채, 자기가 개인적으로 소유한 토지 전체를 한 종교 재단에 양도한 일이 있었다.

오랫동안 수도였던 이스파한 근처와 같은 많은 지역에서는 면밀하게 설치된 급수 시스템이 있어 농작물을 경작할 수 있었다. 농경을 위한 급수로는 수분 증발을 통한 손실을 막기 위해 대개 지하에 설치되었다. 그렇기 때문에 시설을 유지하기 위해서는 경험이 풍부하고 잘 교육받은 인력이 필요했다. 하지만 전쟁 시기에는 이 수로를 사용할 수 없는 상황이 많이 발생했으며, 그 결과 농민들은 오랜 시간 농사를 중단해야 했다. 사파비의 중요한 수입원이었던 양잠업도 전쟁의 영향을 민감하게 받았다. 오스만의 약탈 행각과 사파비의 원정 지휘관들이 실행했던 '초토화 전략'은 양잠업에 종사하는 농민들을 커다란 어려움에 처하게 했던 것이 틀림없다.

오스만 제국에서처럼 이란에서도 세습 봉토(버깃virgate)[44]는 경작 면적을 표현하는 단위인 동시에 조세 단위였다. 용어 자체도 비슷했다. 이란에서 주프트juft라는 단어는 오스만의 치프트çift라는 단어에 해당했다. 두 단어 모두 한 쌍의 소가 경작할 수 있는 면적의 토지이자 한 가정의 생계를 유지하는 데 필요한 면적의 토지를 뜻했다. 비옥한 지역에서 주프트나 치프트는 대개 산악지대나 건조한 스텝 지역보다 그 면적이 좁았다.[230] 게다가 사파비 제국에서든 오스만 제국에서든 모두 중앙 기관에 납부해야 할 세금을 특정 개인이나 집단에 납부하는 관례가 널리 퍼져 있었다. 이런 방식은 막대한 양의 세금을 수송하는 어려움을 피할 수 있었으나, 투명하게 정산하기가 어려워 분쟁이 일어날 가능성이 컸다.

이미 언급했듯이 유목민 부족들은 술탄의 영토에서보다 사파비 제국에서 정치적으로 훨씬 중요한 역할을 했다. 지리적 조건 때문에 이란에서는 아나톨리아에서보다 농경 생활을 하기가 훨씬 어려워 정착민보다 유목민의 수가 많았기 때문이다. 여기서 다루는 시기에 관련된 사료는 없지만, 1900년 무렵의 추정에 따르면 이란의 도시인구는 전체 인구의 10퍼센트 이하였던 반면에, 농촌인구는 60퍼센트 정도를 차지했다. 이런 상황에서 유목민 부족의 인구는 30퍼센트 이상이었던 것으로 추정할 수 있다. 이들 집단은 지리적 조건에 따라 각각 말과 낙타, 양의 사육을 전문으로 했다. 이들로부터 양모가 생산되었는데, 유목민뿐 아니라 정착민도 이것을 가지고 유명한 페르시아산 융단을 만들었다.

교역

이란의 도시에서는 법학자나 신학자들뿐 아니라 상인들도 부유하고 존경받는 주민에 속했다. 물론 샤의 재정을 책임지는 관료들도 군주의 이름하에

—— 44 중세 잉글랜드의 토지 면적 단위로 소 두 마리가 한 계절에 경작할 수는 넓이인데, 지역마다 달랐지만 약 30에이커 정도였다. 토지의 이용과 임대, 상속 등에서 기준이 되었다.

서 군주가 지급해 주는 비용으로 일하며 많은 교역 분야에서 비특권층에 속하는 상인들과 열띤 경쟁을 펼쳤다. 하지만 이스마일 1세가 지정했던 첫 수도 타브리즈에 건설되었던 지붕을 갖춘 상가 단지는 하루 사용료가 30디나르였던 것을 보면, 상인들의 수익 폭이 상당히 높았음이 틀림없다. 아바스 1세가 건설했던 이스파한 바자에도 분명히 빈자리가 없었다. 특히 사파비 왕조가 이 도시를 수도로 삼은 후에는 외지 상인이 많이 들어왔다. 다양한 기독교 공동체에서 온 상인들 외에 왕궁 근처에서 자기들의 상품을 판매하는 것이 유리하다고 판단한 인도인과 타타르인, 아랍인들도 있었다.[231] 물론 우리가 다루는 시기의 무슬림 상인들에 관해서는 앞으로 다룰 아르메니아 상인들과 달리 알려진 바가 별로 없다. 연대기 작가들이나 '울라마'들의 생활상을 수집해 기록으로 남긴 전기적 백과사전 저자들도 상인들에게는 깊은 관심을 기울이지 않았기 때문이다.

17세기 중반 타브리즈의 무역에 관해서는 이미 여러 차례 인용했던 여행기 작가 에블리야 첼레비의 기록이 몇몇 소중한 착안점을 제공해 준다. 작가 스스로 인정하듯이 지나간 오스만의 점령기에 이 도시는 크게 손상되었지만, 17세기 중반에 아바스 1세가 지시한 대로 도시가 대부분 재건되었다. 에블리야 첼레비는 200여 개의 대상 숙소에 관해 기록을 남겼는데, 그들 대부분은 타브리즈 인근에 위치했으며, 일흔 개가 넘는 상점은 도시 구역 안에 있었다. 그 밖에도 에블리야 첼레비는 돔형 지붕을 갖춘 바자에 경탄을 금치 못했는데, 그가 널리 알려진 알레포의 상업 중심지와 비교한 이 바자에서는 부유한 상인들이 장사하고 있었다. 하마단에 관해 에블리야 첼레비는 그곳에 벽돌이나 돌로 지은 대상 숙소 세 곳이 있다고 보고했는데, 그중에서 오스만 파샤가 지은 단지를 특별히 강조했다. 그 밖에도 에블리야 첼레비는 열한 개의 회사 건물과 2000개로 추정되는 상점으로 이루어진 거대한 규모의 바자에 관해 기록을 남겼다. 하마단에는 인도 동부와 오스만 서부에서 온 상인들의 발길이 잦았다. 작가가 루미예Rûmiyye로 불렀던 우르미아는 지역의 사정에 정통한 이란인이 생각하기에는 단지 중형 도시일 뿐이었지만, 에블리야 첼레비는 그곳에 있던 수많은 상점, 특히 그 소유주들이 흔히 꽃으로 치장했던 상점들과 원형 돔 지붕으로 덮인 거대한 바자에, 그리고 부유한 상인들에게 흠뻑 매료되었던 것 같다. 이곳에서는 대부분 견직물을 판매했다.[232]

에블리야 첼레비는 기본 논조에서 당시 상황을 낙관적으로 기술했다. 하지만 17세기 후반에 이란의 국내 교역은 이미 언급했듯이 동전을 주조할 금속이 부족해 어려움을 겪었던 것 같다. 유럽의 무역 사무소들을 통한 동전 유통이 지나치게 활발해 적정 수준을 넘어섰기 때문이다. 특히 네덜란드인들은 비단을 구매할 때 이란산 비단 대신에 중국산 비단이나 벵골산 비단을 구매하려는 경향이 있었는데, 이때 필요한 금액을 지급하기 위해 자기들이 이란에서 모직물이나 다른 물건을 판매해 벌어들인 돈을 외부로 유출했다. 이란은 금이나 은을 벌어들이기 위해 대외무역에 의존하고 있었으며, 당시에는 현금 없는 거래가 매우 드물었기 때문에 세계시장의 이러한 변화는 이란의 국내 교역에서도 문제를 일으키는 원인이 되었다.

에블리야 첼레비는 교역 중심지들에 관해 서술하면서 특히 우르미아와 타브리즈에서는 시장에 대해 매우 엄격한 관리와 감독이 이루어진다는 사실을 기록으로 남겼다. 모든 생활필수품은 무게에 따라 판매되었으며, 상점에는 상인들이 임의로 조작할 수 없게 만들어진 표준 저울이 걸려 있었다. 무게를 잘못 표기한 저울을 사용한 상인들은 '눈 찌르기' 형벌을 포함한 혹독한 처벌을 감수해야 했다.[233] 가짜 동전을 사용하거나 통용되는 동전의 금속을 훼손하는 행위도 사형을 예상해야 했다.

비단 수출

이란에서 생산된 생사는 대부분 수출용이었다. 15세기 이래로 유럽과 오스만의 상인들은 그들의 본국에 북이란산 생사를 즐겨 공급했으며, 런던 스피털필즈의 견직공이나 이스탄불과 부르사의 동업자들이 이 생사를 고급 비단과 중급 비단으로 가공했다. 이란의 샤 이스마일 1세가 비단 수출로 이득을 보자, 이스마일 1세의 적인 오스만의 술탄 셀림 1세는 이란산 비단을 오스만에 수입하는 것을 금지했으며, 샤의 백성이면서 그 당시에 오스만 영토에 체류하던 상인들을 체포하는 조치를 취했다. 상인들이 보유하던 생사도 압수했다. 그러자 한동안 부르사의 상인과 견직공들은 알레포를 경유하는 우회로를 통해 생사를 확보했다. 그러나 1516년에 셀림 1세가 알레포를 점령하자 이란산 생사가 오스만 제국으로 들어오는 마지막 통로마저 사라졌다.[234]

물론 오스만 제국의 쉴레이만 1세는 생사 수입 금지령을 곧 철회했다. 국가 간 분쟁에 직접 관련이 없는 백성들에 대한 이러한 억압이 이슬람법에 저촉된다는 판단 외에, 생사 수입 금지 때문에 갑자기 실업자가 되어 버린 이스탄불과 부르사의 견직공들이 겪는 비참한 삶도 이 결정에서 중요한 역할을 한 것으로 보인다. 하지만 비단 무역을 재개한 후에 부르사와 토카트 또는 알레포에서 생사를 판매했던 이란 상인들은 이제는 무슬림이 아니라 아르메니아인들이었던 것으로 보인다.[235] 아마도 아르메니아인들은 이란의 무슬림들과 달리 사파비 왕조의 수피 수도회에서 몰래 파견되어 이중적인 역할을 하는 것으로 의심받지 않을 가능성이 높았기 때문에 오스만 영토에서 활동하기에 유리했다. 어쨌든 17세기에, 특히 18세기에 오스만 영토에서 매우 활발한 활동을 전개했던 이른바 '페르시아 상인들'은 다수가 아르메니아인이었다. 이들에게는 현지에 주재하면서 이들을 대변해 준 영사들도 있었다.

오스만과 사파비 사이에 벌어진 수많은 전쟁 동안에 생사는 항상 오스만 군부가 애호하던 전리품이었다. 긴 안목에서 볼 때 이런 복잡한 사정이 생사 가격을 천정부지로 상승시키는 데 기여했다. 그러나 16세기 후반에 오스만 시장에서 생사 가격이 폭등한 것은, 동전의 수급이 악화했을 때를 제외하면, 우선은 유럽 시장에서 생사의 수요가 급증한 결과였다. 특히 잉글랜드 상인들은 처음에는 알레포를 거쳐, 그리고 17세기에는 이즈미르를 거쳐 생사를 구매했다.[236]

1619년에 아바스 1세는 자기의 재정을 충당하기 위해 제국에서 생산된 생사 전체를 몰수했으며, 이 상황은 샤가 죽을 때까지 계속되었다. 이 생사를 시장에서 판매하는 것은 이미 이 분야에서 많은 경험을 가지고 있으며 독점을 포기한 후에도 계속 이 분야에서 중요한 역할을 수행한 아르메니아 상인들이 맡았다. 사파비와 오스만 사이의 분쟁이 절정에 도달했을 무렵에 샤는 이란산 생사 전체를 유럽 상인들을 통해 바닷길로 수출하게 하는 방안을 계획했다.

이런 방식으로 오스만 술탄에게 엄청난 경제적 타격을 끼치려는 의도였다.

그러나 이 계획은 실패했다. 우선 잉글랜드와 네덜란드의 상인들은 이 사업에 필요한 자금을 동원할 수 없었다. 다른 한편으로 아르메니아 중개상들은 생사의 일부를 알레포나 다른 오스만 영역의 시장에 공급하는 것을 선호했다. 17세기 초에 부르사 지역에서 생사의 생산이 시작되었고, 그 밖에 펠로폰네소스나 시리아도 공급자로 등장했지만 오스만에는 아직 이란산 생사에 대한 일정한 수요가 있었기 때문이다. 그 외에도 아르메니아 상인들은 알레포와 이란에서 물품을 구매하는 유럽 회사들이 서로 경쟁할 경우, 이를 이용해 더 비싼 값을 받을 수 있었다. 결국 아바스 1세는 오스만 술탄과 더는 전쟁을 치르지 않게 되었을 때야 비로소 이 사업을 향한 흥미를 잃었다.

하지만 오늘날 전문가들의 견해에 따르면 17세기 후반에 국제시장에서는 이란산 생사의 가치가 하락했다. 그러자 이란에서 활동하던 네덜란드 상인들은 그들이 사파비 재정 당국과 체결한 계약에 따라 구매할 의무가 있었던 양보다 더 적은 양의 생사를 구매하려고 했다. 다른 한편으로 이스파한의 이란 행정 당국도 계약된 물량의 생사를 제공하는 데 어려움을 겪을 때가 많았다. 그러므로 양자 사이의 갈등은 예정되어 있었다.[237]

반면에 이란에서 온 아르메니아 상인들은 차르 궁정에 네트워크를 만들어 러시아를 통한 대안적인 판매 출구를 구축함으로써 새로운 시장을 개척하려고 시도했다. 자기의 통치 영역에 섬유산업을 육성하고자 했던 차르 표트르 1세도 이 사업에 관심이 있었다. 그러나 국경도시 에르주룸의 관세 장부가 보여 주듯, 북아나톨리아를 통하는 옛 교역 루트는 17세기에도 여전히 중요했다. 물론 1722년 이후에 사파비 왕조가 몰락하자마자 발생했던 정치적 갈등은 북이란 지역에 특히 큰 타격을 주었다. 그 결과 이란산 생사는 에르주룸 관세 장부에서 점점 사라졌다. 그 때문에 17세기에 알레포에서 모직물을 주고 이란산 생사를 구매했던 잉글랜드 상인들은 다른 사업을 모색했다.

대외무역과 아르메니아인의 역할

이란의 비단 수출에서 핵심적 역할을 수행했던 아르메니아인들은 이란의 북부 도시 줄파 출신이었다. 아바스 1세는 그들을 강제로 이주시킨 후 줄파는 파괴하게 했다. 이는 아마도 강제로 이주된 주민들이 고향으로 돌아가는 것을 막거나, 다른 맥락에서 언급했듯이 사파비 지도부가 오스만의 공격에 대응하기 위해 실행한 '초토화 작전'의 일부였다. 이스파한에 도착한 아르메니아인들은 그들에게 지정된 별도의 도시 구역에 보내졌는데, 그들은 이곳을 자기들의 고향 이름을 따서 '뉴 줄파'로 불렀다. 아바스 1세가 직접 건설한 도시 구역의 바로 건너편 강가에 위치한 '뉴 줄파'에서 아르메니아인들은 풍요롭게 장식된 몇 개의 교회를 지을 수 있도록 허락받았다. 그리고 17세기에는 가끔 이란의 군주들이 아르메니아인들에 대한 특별한 은총을 표현하기 위해 이 교회들을 직접 방문하기도 했다. '뉴 줄파'는 주로 샤에게 세금을 납부했던 가장 부유한 상인들이 관리했는데, 이들은 때때로 아르메니아인 주민들의 민원도 대변해야 했다. 아마도 이 부유한 상인들을 샤의 통치 기구에 통합하는 것이 사파비 군주의 의도였을 가능성이 높다. 즉 그들이 통치 기구 안에서 울라마, 키질바시, 굴람 외에 제4의 세력을 형성하게 한 것이다. 이렇듯 최고로 부유한 아르메니아 상인들은 샤의 재정에 밀접하게 결속되었으므로, 아르메니아인 공동체는 군주의 보호를 누렸다.

18세기 중반에 작성된 행정 편람에 의하면 100년 전에, 다시 말해 여기서 다루는 17세기 중반 무렵에 아르메니아인들은 비단 수출에서 돈을 벌어들인 후 이를 동전으로 국가에 납부했는데, 이들이 납부한 금과 은은 군주의 재정에 중요한 원천이 되었다.[238] 물론 이 문서의 저자가 훗날의 시점에서 과거의 사실에 관해 보고하고 있기 때문에 그 내용을 그대로 받아들여서는 안 된다고 해석하는 역사가도 있다. 편람 저자는 사파비가 이미 권력을 상실했을 때쯤에, 다시 말해 17세기의 사건들이 지난 지 한참 후에 이 편람을 작성했으므로, 사실을 정확히 기억해 기록하기가 어려웠다는 것이다. 하지만 이러한 행정 편람에 기록된 사항은 1629년에 발포된 샤 사피의 칙령 같은 특별한 사례를 통해 사실로 입증되었다. 이 칙령은 제국의 재정에 대한 아르메니아인들의 공헌을 강조했기 때문이다.

물론 17세기 후반에 이들 아르메니아 상인이 이스파한에서 갖고 있던 지위는 약화되었다. 제국이 재정상으로 겪은 어려움은 이미 언급했듯이 세금 압박을 강화하는 쪽으로 작용했다. 그 밖에도 군주와 그의 측근들은 경제적 어려움 때문에 발생하는 백성들의 불만을 자주 특정한 '희생양'들에게 전가하려고 시도했다. 부유한 비시아파, 특히 아르메니아인들은 눈에 띄게 자주 그러한 탄압으로 고통을 겪어야 했다. 이 주요 인사들은 시아파 이슬람으로 개종하라는 공식적·비공식적 압박에 시달렸다. 적지 않은 명사가 샤의 의지에 굴복했다. 그렇지 않아도 영원히 끝날 것 같지 않던 당시의 전쟁들 때문에 이란의 생사 시장이 붕괴했던 참에, 1722년에는 이스파한이 포위되자 상황은 수많은 아르메니아인에게 견딜 수 없는 정도가 되었다. 지켜야 할 어느 정도의 재산을 아직은 소유한 많은 아르메니아인은 이주를 택했다. 그 결과 베네치아와 인도에도 이스파한에서 온 아르메니아인 이주자들이 등장했다.

섬유 제조

생사가 수출품으로서 중요했는데도 이란에서는 직조업이 번성했다. 시골에는 무엇보다 그 지역에서 생산된 양모와 염소 털, 목화를 단순한 직물을 생산하기 위한 재료로 공급했다. 이 지역을 여행한 사람들은 이란의 남녀들이 천을 팽팽하게 잡아당기고 섬유를 짜는 것을 기록했지만, 그들이 생산한 제품들이 지역 주민과 이웃 또는 가족 구성원에게 배분되는 구조에 관해서는 전해 주지 못했다. 외부의 관찰자들이 특히 언급한 것은 이란의 섬유 생산 규모가 거대하다는 사실이었다.[239]

중형 도시들은 인접 지역을 위해 생산했다. 그러나 타브리즈와 마슈하드, 야즈드, 카샨, 케르만, 그리고 무엇보다 수도 이스파한은 사파비 샤의 궁전뿐 아니라 전국의 시장에도 물건을 공급했다. 상당수의 직조공은 수출을 위해서도 작업했다. 오스만 제국에서 통용되던 견직물 관련 용어들은 많은 부분이 이란에서 기원했다. 예를 들어 금란金襴, Goldbrokat[45]이라는 용어는 제어바프트 zerbaft에서 파생된 것이다. 사람들은 일 칸국과 아크 코윤루, 티무르 제국에서

45 금실을 섞어 무늬를 수놓은 비단을 가리킨다.

온 견직물이 오스만 생산품에 자극제가 되었을 것으로 추측할 수도 있다. 타브리즈는 면직물 가공과 비단 가공의 중심지였다. 17세기에서 18세기 초에 이르는 시기에는 특히 벨벳이나 오늘날 태피터와 유사하면서 당시에는 데리야 deriya로 불린 견직물의 수요가 꾸준히 많았다.[240] 마슈하드에도 견직물 수공업이 자리 잡았던 반면에, 야즈드의 직조공들은 비단과 면포의 혼합품을 생산하는 데 특화되어 있었다. 그 밖에도 이 도시는 '지갑이 두껍지 않은 계층'을 위해 생산 초기의 수개월 동안에는 금란과 거의 구별할 수 없는 황동실로 무늬가 새겨진 비단을 생산했다.

카샨에서는 견직물과 혼합 직물, 융단도 생산했는데, 그 품질이 고급이어서 '카샨의 우단'은 이란 고위 관료들이 외국 관계자들에게 보내는 선물로 자주 등장했다. 이 도시는 특히 동물과 사람의 문양으로 장식된 견직물로 유명했다. 원래 이슬람은 동물이나 사람의 그림을 금지했지만, 16세기에서 18세기까지 이란에서는 이 조치가 단지 종교적 연관성이 있는 경우에만 적용되었고 일반 제품에는 적용되지 않았기 때문이다.[241] 케르만은 17세기에 특히 그림이 그려진 견직물로 유명했으며, 이 도시의 섬유 제조업자들은 아바스 1세가 수도를 이스파한으로 옮긴 이후로 사파비 궁정에 구매력이 있는 많은 고객을 보유했다. 특히 군주가 축제나 다른 특별한 기회에 기념품으로 하사해 주었던 많은 명예 의상을 제작하기 위해서도 궁정은 많은 양의 고급 견직물이 필요했다. 물론 샤와 그의 측근들은 앞서 언급했듯이 궁전 안에 자체적인 직조 작업장이 있었기 때문에 이 물품들을 부분적이지만 자체적으로 조달할 수 있었다.이스파한에서도 자수 비단 직조업이 번성했는데, 생산자들은 은실과 금실로 비단을 제조했다. 예술적으로 정교하게 염색되고 그림도 그려진 이스파한의 견직물은 외국의 방문객들에게 큰 호응을 불러일으켰다.

이란식 복장에는 천으로 된 허리띠가 있었는데, 허리띠의 끝에는 호사스럽게 수를 놓을 수 있었다. 이런 허리띠는 17세기에 폴란드에서도 대량으로 판매되었는데, 이는 당시의 남성 귀족들에게 매우 선호되었던 사르마티아식 복장의 일부를 이루었기 때문이다. 그 밖에 부유한 키질바시는 타지에 호사를 부렸는데, 타지는 터번의 가운데에서 돌출해 길게 늘어뜨려지는 막대기가 있는 붉은색 모자였다. 타지는 그가 사파비 수도회에 속한다는 것을 상징했다. 이 모자는 보석으로 장식할 수 있었다. 샤가 당시에 사파비 궁전에 망명해 있던 무굴 통치자 후마윤(1543년에서 1545년까지 이란에 체류했다.) 같은 외빈들에게 타지를 쓰도록 강력히 권했던 사례가 바로 여기에 해당한다. 이런 머리 장식은 그 상징적 가치에도 불구하고 유행의 영향을 받아 변화를 겪었다. 그러나 이러한 장식은 사파비임을 나타내는 눈에 띄는 표식이 되었기 때문에 오스만에는 기분 나쁜 물건으로 여겨져 타지를 쓰는 사람들에게는 불쾌한 일이 발생할 수 있었다. 그 좋은 예로 1600년을 전후한 오스만 점령기에 타브리즈 주민들은 웬만하면 그들의 타지를 숨겨 두려고 했다. 하지만 타지는 아바스 1세가 (1603년에) 타브리즈를 탈환하자마자 다시 등장했다. 물론 사파비 왕조의 종식과 함께 그 군주가 그렇게나 선전한 머리 장식도 사라졌다.

다른 유명한 천으로는 숄shal이라는 이름으로 알려진 능직물이 있는데, 특정한 양의 솜털이나 고급 양모로 만들었으며 복잡한 장식 무늬가 섞여 있어 이 역시 명망을 과시하는 물건이었다. 이 숄은 허리띠나 터번으로 사용되었다. 이 직물은 17세기 이후부터 사료에 명확하게 나타나는데, 국내 시장의 수요를 충당하기 위해 조잡하고 저렴한 상품이 생산되기도 했다. 그러나 숄은 자카드jacquard 직기가 출현하기 전에는 생산하기가 매우 어려운 사치품으로 유명했다. 물론 생산자는 카슈미르에서 수입된 숄과 경쟁해야 했기 때문에 어려움을 겪었다. 이러한 형태의 직조업은 분명히 인도에서 먼저 자리를 잡고 번창한 후에야 이란에 진출했다.[242]

예술의 광범위한 영향

직물 생산에서 특히 주목할 만한 형태는 직조한 융단과 매듭을 지은 융단의 제작이었다. 유감스럽게도 중세에 생산된 이란산 융단은 현재 남아 있지 않다. 이란산 융단에는 의심의 여지가 없이 명백하게 오랜 역사가 있지만, 슬프게도 우리가 확인할 수 있는 것은 15세기 후반의 것부터이며, 1500년 이후의 것이 되어야 그 수가 늘어난다. 티무르 제국 시대의 융단에 관해서는 몇몇 세밀화가 남아 있다. 분명히 당시에는 작은 조각으로 된 견본들이 높이 평가

되었는데, 이에 관해서는 오늘날에도 남아 있는 직조된 견직물을 통해 알 수 있다.

몇몇 제품이 당시의 원형 그대로 보존되어 있는, 사파비 초기의 고급스러운 대형 융단들은 이와 전혀 다른 형태를 보인다. 이 융단들에는 만든 날짜가 기재된 것도 있을 뿐 아니라 제작자가 자기 이름을 남겨 놓은 것도 있다. 이런 화려한 제품들은 분명히 성전이나 왕궁을 위해 제작한 것이었다. 하지만 이스파한이나 타브리즈의 부유층 주택 또는 유목민의 텐트를 위해 제작된 초창기의 작은 융단들은 거의 남아 있지 않다.[243]

16세기부터 이란산 융단은 격자형 구조 안에 있는, 곡선이 많은 덩굴무늬 문양으로 유명했다. 종류에 따라서는 두 개 혹은 심지어 세 개의 격자가 중첩될 수도 있었다. 비종교적 환경에서 사용할 상품을 제작할 때는 격자형 구조 안에 동물과 사람을 배치할 수 있었다. 그중에는 먹이를 문 맹수의 그림도 있는데, 이런 모티브는 사산 왕조 시대부터 알려진 것이었다. 날개 달린 요정의 형상(페르시아어로 파리pari)이나 중국 장식에서 가져온 용 같은 상상의 동물들도 '현실의' 인간들, 예를 들어 사냥에 나선 기사들과 마찬가지로 때때로 문양의 일부를 이루었다. 경우에 따라서는 문학작품에 등장하는 에피소드를 차용해 문양을 넣은 융단도 제작했다. 또 다른 디자인은 이란의 (개울과 화단, 곧은 오솔길로 이루어진) 전통식 정원 구조에서 착안되었는데, 오늘날까지 보존된 제품은 대부분 18세기에 기원을 둔 것들이다. 현재까지 보존된 제품들의 종류와 유형을 장식 구조와 결합 기술에 관한 연구를 통해 분류해 보려는 시도가 있었다. 그러나 이 분야에 관한 연구에서 확실히 파악된 내용은 아직 없는 실정이다.

무엇보다 융단은 이란의 사절단들이 이스탄불에 갈 때 가져갔던 외교적 선물의 하나였다. 술탄의 궁전에 아직도 세심하게 보존되어 있는 기도용 융단은 그 보존 상태가 매우 탁월하다.[244] 이러한 이란산 융단은 오스만의 융단 제품에 일종의 모델로서 결정적인 영향을 미쳤다. 아나톨리아의 전통이 기하학적 무늬를 선호하고 그러한 융단을 생산해 내는 동안, 16세기 후반에 오스만 술탄의 궁정은 유연한 덩굴무늬로 장식된 이란산 양식을 따르는 융단을 원했기 때문이다. 그러한 융단은 물론 인간이나 동물을 모티브로 삼지는 않았다. 이 두 가지 전통이 융합되면서 1600년 무렵에는 근본적으로는 추상적이지만 곡선이 풍부한 덩굴무늬로 채워진 우샤크Uşak 융단이 탄생했다.

이 책에서 다루는 시기에는 이란산 융단이 유럽에 아직은 대규모로 수출되지는 않았다. 17세기에는 그토록 높이 평가되며 잉글랜드와 네덜란드의 상인이 유럽으로 수출한 이들 직물류가 1800년 이후에는 거의 언급되지 않는다. 하지만 근대 초에 가끔 폴란드 상인들이 주문했던 이른바 폴로네즈(폴란드풍) 융단은 여기서 예외로 언급할 수 있다. 폴로네즈 융단에서는 때때로 주문자의 문장이 디자인의 일부를 구성하기도 했다. 또한 폴로네즈 융단에는 간간이 금실이나 은실이 추가되었다. 따라서 당시에는 매우 화려했을 것임이 틀림없지만, 그동안 은이 모두 산화되었기 때문에 오늘날에는 당시의 모습을 더는 볼 수 없다. 사파비 시대에 흔히 제조되었던 비단 융단은 그 색이 오늘날에 보이는 것과는 틀림없이 전혀 달랐을 것이다. 직물의 색은 양모에서보다 비단 위에서 훨씬 빨리 바래기 때문이다.

도서 제작 기술

오스만 제국과 달리 이란의 궁정은 상징적인 벽화와 도자기로 풍성하게 장식되었다. 물론 17세기 이전에 진열된 유물 중에는 시대의 격변을 견디고 살아남은 것이 별로 없다. 그 대신에 14세기 이후의 것들인, 삽화로 표현한 필사본 도서는 비교적 많이 남아 있다. 우리는 옛 자료가 많이 남아 있지 않은 이유가 1200년 이후의 몽골 침략으로 인한 파괴 때문인지, 아니면 이러한 예술 양식이 일 칸국과 그 후계 왕조에 이르러서야 비로소 이란 문화에 자리를 잡아서인지는 잘 알지 못한다.[245]

따라서 이란 회화에 관해 우리가 아는 것은 대체로 도서 제작 기술 분야에 제한되어 있다. 물론 몇몇 전문가는 동일한 회화 학파에서 유래한 도서 제작 기술과 벽화 양식의 특징이 대체로 비슷했다고 추정하지만, 이러한 관찰에서 더욱 포괄적인 결론을 끌어내는 것은 현명하지 못한 일이다. 물론 도서 제작 기술을 보여 주는 작품들은 벽화와 달리 어디로나 운반할 수 있다. 그렇기 때문에 이란의 예술이 전 세계에서 각광을 받게 된 데는 삽화가 들어 있는 필사본들의 확산이 기여한 바가 대단히 크다고 볼 수 있다.

시인의 작품이나 간혹 발간된 연대기들 외에, 궁정에서 페르시아 문화계에 삽화 인쇄물을 위탁할 때 선호했던 주제는 10세기 가즈니 왕조의 술탄 마흐무드Mahmud의 후원을 받았던 피르다우시Firdawsi[46]가 쓴 서사시 「샤나메Shahnameh」에 나오는 이야기들이었다.[246] 「샤나메」는 이슬람이 대두하기 이전의 시대에 전설적으로 펼쳐진 군주들의 모험과 영웅담을 다루었다. 이 주제를 표현하기 위해 때때로 긴 삽화 시리즈를 발간했는데, 특히 사파비 왕조의 군주들은 이러한 삽화의 제작을 의뢰하는 주문을 즐겼다. 예를 들어 훗날 타흐마스프 1세가 되는 왕자는 특히 여러 편의 화려한 삽화를 제작하게 했다. 타흐마스프 1세는 어려서부터 회화에 커다란 관심이 있었지만, 나중에는 종교적 이유에서 이 예술 분야로부터 완전히 돌아섰다.

타흐마스프 1세가 원래는 자기를 위해 제작된 「샤나메」 삽화집 가운데 하나를 셀림 2세(재위 1566~1574)의 술탄 등극 축하 선물로 이스탄불에 보냈던 이유도, 아마 통치 후기에 이 예술 분야에 보인 무관심 때문이었을 것이다. 유감스럽게도 이 삽화집은 1800년 이후에 왕궁 도서관에서 사라졌으며, 1960년대에 다시 나타났을 때는 소유자가 한 권으로 판매하는 것보다 더 큰 수익을 올리기 위해 여러 권으로 분철해 판매했다. 분철된 이 삽화집을 학술서에서는 훼손에 책임이 있는 사람의 이름을 따서 '호턴 샤나메Houghton Shahnameh'로 부른다고 언급한다. 16세기 후반의 이스탄불에서는 이란의 작품들을 모방하는 경우가 흔했다. 예를 들어 한때 셰나메시스shehnamecis[47]라는 직책이 있었는데, 그들의 임무는 오스만 술탄의 업적을 피르다우시 스타일의 페르시아 시로 영원히 남기는 것이었으며, 이 작업은 어느 정도 성공적이었다고 평가된다.[247]

주요 「샤나메」 삽화집들은 너무 사치스러워 보통은 군주나 왕자만이 의

46 935~1020. 페르시아의 서정시인이자 위대한 서사시 작가다.

47 오스만 제국의 직책으로 일종의 궁정 역사가다.

뢰할 수 있었고, 그래도 그중 일부는 완성되지 못할 정도였다. 이러한 고가의 주문 제작 외에 잘 알려지지 않은 시장을 염두에 두고 제작된 덜 호사스러운 삽화집도 있었다. 특히 삽화로 된 필사본을 제작한 역사가 15세기까지 거슬러 올라가는 시라즈 같은 도시에서는 이러한 산업이 한 세기 넘게 지속되었다. 비싼 염료, 특히 청금석에서 나온 푸른색을 아낌없이 사용하고 디자인도 매우 수준이 높았던 인쇄물들도 있었다. 물론 이들 외에 '저렴한 판본의 도서들'도 있었다. 시라즈에서 제작된 많은 삽화집은 오스만인들에게 판매되었는데, 이 시라즈 삽화집들 가운데 상당한 양이 오늘날에도 이스탄불에 소장되어 있다.[248]

애호가들은 특히 1600년 이후에 장인들이 제작한 삽화집의 개별 페이지를 더 적은 비용으로 구매할 수 있었는데, 장인들은 거기에 서명하고 자기가 그리거나 기록한 장면에 관한 설명을 덧붙이는 경우도 많았다. 아바스 1세의 궁정 화가였던 레자 아바시Reza Abbasi의 초상화는 그의 젊은 동료인 무인Mu'in이 그렸다. 그러나 많은 경우에 사람들은 특정인을 묘사하려고 시도하지 않고, 청년이나 노인 같은 평범한 사람들을 배경으로 담으려고 노력했다. 삽화를 낱장으로 파는 방식도 이란에서 이스탄불로 확산되어, 시인이자 장식화 화가였던 레브니Levni(1730년 사망)는 무엇보다도 궁정과 도시에 살던 고객을 위해 우아한 포즈를 취한 젊은 이란 청년을 묘사한 작품을 제작했다.[249]

수집가들은 그 낱장의 삽화들을 그들 자신만의 걸작품이 되기도 한 앨범에 모았다. 이란의 장식화는 인도와 중앙아시아 또는 오스만 제국으로 흘러드는 경우가 많았으며, 이 장식화들을 새로 소유하게 된 사람들은 그 그림들을 호화롭게 꾸며 작품의 가치를 높였다. 가죽이나 혼응지混凝紙로 된 앨범으로 장정(제본)하거나 각 페이지를 잘 구성해도 가치가 올라갈 수 있었다. 다양한 색상의 종이는 이미 만들어진 여러 형태의 본(스텐실)으로 꾸밀 수도 있었지만, 가장 공들인 작품은 수작업이나 세밀화 방식으로 그렸다. 사람들은 관람자가 다른 곳에 시선을 돌리지 않고 그림 자체에만 집중할 수 있게 하기 위해 종이에는 색을 약간씩만 사용했다. 때로는 장식화와 어느 정도 분명한 관련이 있는 시구를 양식에 추가하기도 했다. 낱장으로 된 많은 삽화는 이런 형

태로 이 수집가에서 저 수집가에게로 이동했으며, 때로는 최종적으로 공공 도서관들에 도달했다.[250]

파이앙스

이란은 고급 파이앙스faïence 도자기[48]를 제작해 온 긴 역사를 가지고 있는데, 이 분야의 장인들은 이미 오래전부터 중국의 도자기 기술을 받아들였다. 16세기의 장인들은 티무르 치하에서 만들어진 전통을 한동안 이어 나갔다. 물론 여기에는 15세기의 첫 사분기에 수입된 중국산 도자기가 자극제로 작용했다. 이후의 시기에는 이란의 필사본 삽화에서 자극을 받은 문양들이 인기가 있었던 것 같다. 디자인을 보면 주로 이란에서 오스만 영역으로 그 영향이 확산되었으나, 16세기에서 17세기에 이르는 시기에는 이란에서 제작되기는 했어도 아나톨리아 북서부의 이즈니크 도자기로부터 영감을 받은 물건들도 발견되었다.

하지만 17세기가 지나면서 이란의 도자기 양식은 근본적으로 변했는데, 여기서는 이 새로운 시기에 관해, 즉 무엇보다도 수출을 위해 제작되었던 백색과 청색의 식사용 도자기에 관해 다루어 보고자 한다. 이 경우에도 중국산 도자기가 새로운 자극을 가져다준 원천이었다. 아바스 1세와 그의 저명한 굴람인 카라사카이Qaracaqay가 자기들이 수집했던 고급 도자기들을 아르다빌 성전에 기증하자, 이 보물들이 공개적으로 전시되었다. 이때 중국의 장인들이 고안한 몇몇 디자인이 처음으로 사파비 샤의 수많은 백성에게 알려졌다.[251] 하지만 이란 파이앙스 도자기의 제작 중심지는 제국 서부뿐 아니라 북동쪽에도, 다시 말해 카라사카이와 그의 후손들이 오랫동안 총독으로 근무했던 마슈하드에도 있었다.

어떤 중국산 도자기들은 무역을 통해 이란에 들어왔다. 그런데 사파비 시대에 제작했던, 백색과 청색의 접시 위에 서 있는 남성상은 크라크Kraak 도자

48 주석이 함유된 불투명한 유약을 발라 장식을 그려 넣은 도자기로, 어원은 마요르카 도자기의 주산지인 이탈리아의 파엔차에서 유래하나, 현재는 파이앙스라는 이름으로 널리 불린다.

기,[49] 즉 유럽에 수출하기 위해 특별히 제작되었던 중국산 도자기의 전형적인 디자인과 매우 유사했다. 이 도자기들은 17세기 전반에 네덜란드 동인도회사의 배를 통해 이란에 들어왔다. 이 도자기들이 여기서 잘 팔리는 것으로 입증되자 사파비의 백성들은 곧 이를 모방했다. 그래서 사람들은 "sapienti nihil novum"[50]이라는 문구가 새겨진 (아마도 라틴어로 표기된 것을 보면 유럽에서 주문한 물건일 것으로 추정되는) 중국산 접시가 일부 사파비 작품의 기초가 되었음을 짐작할 수 있다. 이 사파비 작품들에는 알 수 없는 문자들이 순전히 장식용 요소로 변형되어 있다.[252] 특히 새와 시골 경치의 묘사에서는 중국의 영향을 뚜렷하게 파악할 수 있다.

시

이 책에서 다루는 시기의 초기에 이란의 대도시 시라즈에서는 시인 하피즈Hafiz(1320~1389)가 활동했는데, 그의 작품은 오늘날에도 이란의 안팎에서 매우 즐겨 읽히고 있다.[253] 그의 부친이 일찍 사망했는데도 이 젊은 시인은 이슬람의 법학·신학 대학(마드라사)에서 학업을 마칠 수 있었다. 그 후에 그는 일시적으로 필경사로 일했는데, 탁월한 아랍어 지식 때문에 명성을 얻었다. 한때는 마드라사에서 학생을 직접 가르치기도 했는데, 그 밖에는 그의 생애에 관해 알려진 바가 별로 없다. 아마도 그는 데르비시들과 가까운 관계를 가졌을 것으로 짐작된다. 몇몇 제후가 하피즈에게 자기 궁전에 방문해 달라고 초청했던 사실은 자료를 통해 입증되어 있다. 아흐마드 잘라이르Ahmad Jalayir도 하피즈를 자기 궁전에서 만날 수 있기를 희망했다. 하지만 시인은 이러한 초청을 모두 거절했는데, 아마도 그가 자기 고향인 시라즈에서 무자파르 왕조의 한 왕자에게 후원을 받고 있었기 때문인 것 같다. 물론 티무르는 이 제후국을 곧 정복했다. 시인이 사망하기 2년 전이었다.

하피즈가 쓴 시들은 그가 사망한 뒤에야 한 권의 단행본으로 편집되었다.

49 도자기를 유럽으로 실어 나른 범선인 캐럭에서 유래한 이름이다.

50 "nothing is new to the wise." 지혜로운 자에게는 어느 것도 새롭지 않다는 뜻이다.

후기의 많은 원고는 하피즈가 사망한 지 오래된 시점에 필경사와 편집자들이 자기들 마음대로 하피즈가 썼다고 판단한 작품들을 포함했다. 그렇기 때문에 아주 일찍부터 하피즈의 진본 작품을 구별해 내고 복원하기 위한 언어학적 노력이 기울여졌다. 예를 들어 작가가 사망한 지 100년 후에 후사인 바이카라의 아들 중 한 명은 수많은 필경사가 범한 오류를 수정한 판본을 개인적으로 제작했다. 많은 서예가와 심지어 장식화 화가들도 하피즈의 작품에서 영감을 받았다. 하피즈가 쓴 시의 매력은 적어도 부분적으로는 독자들이 그 시를 이승에서 느끼는 기쁨의 축제인 동시에 신과의 신비로운 결합에 관한 비유로도 해석할 수 있다는 사실에 있었다. 특히 오스만 제국에서는 16세기 이후로 평론가들이 그의 작품을 면밀하게 다루었다. 그중에서도 신비주의적 해석은 도대체 어떻게 하피즈와 같은 진지한 무슬림이 포도주 찬가를 부를 수 있었는지 묻는 문제를 제거해 주었기 때문에 사랑을 받았다.

15세기의 문인 중에서는 자미(1414~1492)가 탁월한 인물로 여겨졌다.[254] 이 작가의 생애도 일부만 알려졌지만, 우리는 최소한 그가 나크시반디 데르비시 수도회의 지도적 인물이었다는 사실을, 그리고 그가 자기 고향 헤라트에서 출발해 메카로 가는 성지순례를 완수했다는 사실을 안다. 산문 작가로 존경받은 그는 이슬람 신비주의의 위대한 인물들에 관한 전기 총서를 집필했으며, 아랍어 전문가로 명성을 얻었다. 또한 그는 시인으로서 하피즈의 후예이며 '전통적인' 이슬람 시문학의 마지막 주자로 여겨졌다.

사파비 치하에서는 시인으로 활동하는 것이 쉽지 않았던 것으로 보인다. 특히 타흐마스프 1세는 적어도 시아파적 종교성에 크게 영향을 받았던 그의 치세 후기에는 분명히 '세속' 문학에 더는 관심을 보이지 않았다. 이렇듯 국가의 지원이 끊기자 적지 않은 작가가 인도나 오스만 제국으로 이주했다. 그러나 본래 충성을 다해 사파비를 추종했던 시인들이 전쟁을 겪으면서 갑자기 오스만의 백성이 된 사례도 있었다. 페르시아어로 된 시인 디완diwan[255]도 남겼고, 오늘날은 그가 남긴 튀르크어 시로 인해 높이 평가되는 퓌줄리Füzuli(1561년 사망)가 바로 그 좋은 예다. 이라크가 아직 사파비 제국에 속했던 시절에 퓌줄리는 오스만인들을 '불신자'로 부르며 비난했다. 그러나 쉴레이만

1세가 1534년에 이 지역을 정복했을 때, 어떤 이유인지는 모르지만 퓌줄리는 사파비 영역으로 이주하지 않았다. 퓌줄리는 평생 동안 열두 이맘을 열렬히 추종했으면서도 고향 지역에 머물렀다. 그리고 쉴레이만 1세와 그의 아들 바예지드Bayezid 왕자를 포함한 오스만 제국의 권력자들 중에서 자기를 후원해 줄 인물을 찾았다. 그러나 그 성과는 미미해서, 퓌줄리는 사실상 이라크에 있는 예언자 무함마드 후손들의 무덤 관리를 재정적으로 지원하는 재단들로부터 작은 후원을 받았을 뿐이다. 에블리야 첼레비는 퓌줄리가 사파비를 방문했던 17세기에도 퓌줄리의 시가 카르발라에서 사망한 예언자의 손자 후사인 이븐 알리의 장례식에서 어떻게 낭독되었는지 들었다. 이 사실에 자극을 받은 에블리야 첼레비는 퓌줄리의 '달갑지 않은 시'에 관해 매우 악의에 찬 지적을 남겼다.[256]

사파비 왕조와 오스만 제국

사람들은 이란 지역의 역사를 여러 측면에서 연구할 수 있다. 하지만 이 지역을 잇달아 통치했던 제후와 군주들에게 속해 있던 주민들이 아나톨리아 지방에 살던 그들의 이웃과 다각적으로 접촉한 것은 지금까지보다 더 면밀하게 살펴볼 가치가 있다. 아나톨리아 지방은 일 칸국과 티무르 체제에서 각각 짧은 기간이기는 해도 최소한 두 번은 이란의 지배를 받았다. 반면에 이스탄불을 중심으로 해서 이란 북서부와 캅카스까지 지배 영역을 넓히려고 했던 오스만 제국의 여러 차례에 걸친 시도는 번번이 실패로 끝났다.

잘라이르와 카라 코윤루, 아크 코윤루, 사파비, 오스만은 그들의 초기 역사를 보면 (적어도 마지막에 언급된 국가 오스만이 지배했던 아나톨리아 지방에 관한) 티무르 제국이 무너진 자리에 있던 지역의 부족 출신 제후들이 확립한 '후계 제국들'이었다. 이들에게 이렇게 공통된 역사적 배경이 있다는 사실은 특정 세금의 명칭처럼 교과서적인 세부 사항을 살펴보면 잘 드러난다. 그런데도 티무르의 수많은 후계 제국 중에서 오스만과 사파비 두 왕조는 군주가 왕권 계승을 둘러싼 갈등을 방지하고, 지배 체제를 지속할 수 있게 하는 체제를 개발했다는 사실을 통해 다른 국가들과 차이를 보인다. 다른 제후국과 제국들에는 그런 조직 체제가 존재하지 않았다. 사파비에서는 16세기 후반까지 군주를 데르비시 수도회의 수장이자 은둔한 열두 이맘의 대리인으로 숭배하는 것이 왕권의 정당성을 입증하는 중요한 근거로 작용했다. 물론 이것이 이스마일 1세의 죽음(1524)과 타흐마스프 1세의 죽음(1576) 이후에 발발한 오랜 전쟁을 막을 수는 없었지만 말이다. 반면에 대부분 수니파 이슬람과 특히 메카로 가는 순례자들의 보호자로서 지닌 자기 역할을 강조하는 데 그쳤던 오스만 술탄이 자기 체제를 정당화하는 담론에는 16세기의 짧은 시기를 제외하면 종말론적인 요소[51]를 결여하고 있었다.[257]

샤들이 (특히 아바스 1세 치하에서) 캅카스 출신 굴람들을 동원해 키질바시 에미르들에 대한 '균형추' 역할을 하게 한 것은, 분명히 17세기에 왕위 계승이 커다란 비극 없이 이행되게 함으로써 사파비의 지배를 안정화하는 중요한 토대가 되었다. 오스만에서는 15세기 중반에서 17세기 중반까지 새로 등극한 술탄이 나머지 형제들을 '예방 차원'에서 살해하게 했던 제도가 결과적으로 후계 전쟁을 줄이는 데 기여했다. 또한 15세기 후반 이후로 베지르와 총독들을 배출했던 '준準노예들'도 이란의 굴람에 해당하는 체제 안정 요소였다. 그 밖에도 17세기에 양 제국의 군주들은 자기 아들들을 세상으로부터 완전히 단절되게 한 채 궁전 안에서 성장하게 함으로써 그들이 반란을 일으키는 것을 사전에 방지하고 왕위를 보전할 수 있었다.

앞에서 언급한 두 가지 조치는 사실상 통치 경험이 전혀 없는 왕자가 왕위를 계승하는 결과를 가져왔다. 그리고 두 나라 모두 매우 강하게 조직된 관료 조직이 이러한 결점을 보완하려고 노력했다. 그런데 오스만 제국보다는 사파비 제국의 관료들에게 이 과제가 더 어려웠다고 주장할 수 있다. 그들의 관료 조직은 오스만 제국보다 덜 제도화되어 있었고, 지방에 파견되어 있던 관료도 많지 않았기 때문이다.

샤와 술탄이 통치했던 것과 같은 조건하에서 관료제의 제도화는 법학자와 신학자(울라마)들을 통제하는 문제와 밀접한 관계가 있었다. 사파비 군주

51 통치자 자신이 다가올 말세의 구세주라는 주장이다.

들은 시아파 종교계를 국가조직에 통합하는 문제에서 오스만 술탄들이 수니파 지도자들을 통합한 것보다 덜 성공적이었던 것으로 보인다. 아바스 1세와 그의 후계자들에게는 제도를 안정시킬 충분한 시간이 없었을 수도 있다. 술탄들이 18세기에 이러한 통합 과정을 강화했을 무렵에 사파비 왕조는 이미 제국이 몰락하기 직전이었다. 어쨌든 이스탄불에서는 18세기에 아주 소규모의 법학자 집단과 신학자 집단들만 혹시 발생할지 모를 반란에 가담하는 경향이 있었다. 카디들도 마찬가지였다. 오스만의 카디들은 지배 체제를 안정시키는 뚜렷한 역할을 했지만, 이란의 지방에서 근무하던 카디들은 그렇지 않은 듯하다. 가설이기는 하지만, 적어도 이런 몇 가지 차이점은 왜 비슷하게 출발한 두 왕조가 전혀 다른 길을 걸었는지 설명해 줄 수 있을 것이다.

그러나 이러한 정치적 사건은 이란 문화가 동쪽에서 서쪽으로 확산하는 과정에 지엽적으로 작용했을 뿐이다. 특히 후사인 바이카라의 궁정에서 그랬던 것처럼 티무르 양식은 배타적이지 않았다. 장식화 회화 분야에서와 마찬가지로 오스만 제국의 디완 문학 분야에서는 이란에서 온 자극이 오랫동안 주류를 형성했다. 이런 맥락에서 우리는 앞서 몇몇 '문화적 경계인'을 소개했다. 그러나 그들은 단지 작은 사례였을 뿐이며, 어떤 증거 자료도 남기지 않은 '평범한 사람들'은 일단 제외한다고 해도, 아직 많은 다른 예술가와 시인, 학자들이 여기에 더 추가될 수 있을 것이다.

남아시아와 인도양

슈테판 코네르만

1350~1750

3

머리말

1494년, 세계 정복을 둘러싸고 경쟁하던 해양 강국 에스파냐와 포르투갈 사이에 체결된 토르데시야스 조약은 전 세계를 에스파냐 영역과 포르투갈 영역으로 양분했다. 아프리카 해안을 따라 인도로 가는 항로에 대한 통제권을 장악하는 것이 포르투갈의 주요 관심사였다면, 에스파냐는 최근에 크리스토퍼 콜럼버스Christopher Columbus가 발견한 대서양 서안 지역에 대한 지배권을 확보하는 것이 주요 관심사였다. 양국 사이에 전개된 끈질긴 협상 끝에 카보베르데 군도의 서쪽으로 370에스파냐 마일[1](대략 1770킬로미터)이 되는 지점이 경계선으로 결정되었다. 서경 46도 37분에 해당하는 지점이었다.[1] 남아시아와 인도양의 역사는 지금까지 기본적으로 이렇게 유럽에 관련된 틀 아래에서 서술되었다. 다시 말해 15세기 말과 16세기 초 이래로 이루어진 세계의 발견과 정복, 그리고 그에 대한 지속적인 점유가 그 역사의 주요 골격이었다. 이러한 구도 안에서 토르데시야스 조약은 이 시기의 획기적인 경제 발전과 함께 유럽을 특징지은 무한 권력의 환상과 오만의 상징과도 같았다.

물론 우리는 1350년에서 1750년에 이르는 시기를 이와 전혀 다르게 읽

—— 1 과거에는 잉글랜드 마일과 독일 마일 등 유럽 국가마다 서로 다른 거리 척도가 있었다.

을 수도 있다. 2007년에 옥스퍼드 대학 교수인 존 다윈은 저서 『티무르 이후』에서 한 가지 흥미로운 해석을 제시했다. 그 해석은 오랜 역사의 흐름 속에서 '서양'으로 규정되어 왔던 유럽 국가들이 어떻게 근대 초의 국제 질서를 박차고 나와 이슬람과 아시아 제국들을 제패하고 그 지역을 부분적으로 지배할 수 있게 되었는지 그 의문을 풀려는 것이었다. 유럽이 세계에서 특별한 역할을 하게 된 배경은 무엇일까? 그리고 유럽의 제국주의와 식민주의가 세계에 미친 결과는 어떻게 평가할 수 있을까? 그는 이렇게 주장했다. '위로부터의 역사'의 관점에서 14세기 말의 유라시아를 내려다보면, 유럽 국가들은 경제, 문화, 정치가 서로 중첩되는 수많은 세계적 교류의 관계망에서 별다르게 두드러진 역할을 하지 못했다. 여기에서 유럽 중세가 갖는 특수성의 기원을 체계적으로 규명하려는 것은 잘못일 것이다. 전 지구적인 관점에서 보면 1400년을 전후해 유럽의 지위는 오히려 대단히 어둡게 나타난다. 세계무역을 지배했던 것은 무슬림이었고, 세계에서 가장 중요한 정치조직은 이 당시의 유럽에서는 아직 그 형체가 조금도 파악되지 않은 정치적·문화적 통일체였던 중국이었다. 하지만 1480년에서 1620년까지의 시기에 유럽적 시각에서 팽창 운동이 시작되었다는 것은 부정할 수 없다. 그러나 유럽의 이러한 팽창은 지구사의 관점에서 자리매김되어야 한다. 따라서 좀 더 확대된 관점에서, 다시 말해 흔히 콜럼버스가 아메리카 대륙에 도착한 1492년이나 바스쿠 다 가마가 인도 항로를 발견한 1498년이라는 시점과 직접적으로 연결되는 넓은 관점에서 바라보면 당시 유럽의 성공은 그 의미가 상대적으로 축소되는 것이다. 근대 초에 발견되는 팽창은 더는 유럽인들에게서만 발견되는 독점적 현상이 아니기 때문이나. 유럽의 도약은 이 시점까지 알려지지 않은 새로운 형태의 조직된 무력이라는 현상 외에 별로 새로운 것을 세계에 가져다주지 않았다.[2] 후추 무역에 대한 독점적 지위를 더는 유지할 수 없게 된 이후에 유럽인들은 오랫동안 인도양에서 낯선 이방인 역할을 수행했다. 이 역할은 본질적으로 일정한 대가를 지불하는 대신에 무제한적인 통행권을 보장해 주는 이른바 보호장을 받음으로써 생겨난 역할이었다. 다시 말해 이 관점에서 무력이라는 요소를 배제하면 유럽과 아시아 사이에는 별 차이가 없었다는 이야기다. 심지어 근대 초에 전 지구적인 경제 교류의 네트워크 내부에서 무굴 제국이 주도적인 지위를 장악하고 있었거나 적어도 중심적인 지위를 차지하고 있었다고 보는 견해도 있다.[3]

인도양은 문화적 교류의 공간이며 무엇보다 경제적 성격을 지닌 공간으로서 수 세기 동안 심도 있는 학술 연구의 주제였지만, 이러한 인도양의 역사는 대서양이나 태평양의 역사에 비해 연구 상태가 매우 부실하다.[4] 그리고 1500년에서 1800년에 이르는 시기는 간혹 근대적인 세계화의 초기 단계로 간주된다.[5] 키르티 초두리Kirti N. Chaudhuri는 그가 집필한 인도양 세계에 관한 두 권의 저서에서 사치품 및 대중적 물품을 대상으로 하는, '자본주의적' 성격을 지닌 원거리 무역은 넓은 인도양 지역이 점차 지리적·문화적 경계를 넘어 하나의 경제 단위가 되게 하는 토대를 형성했다고 주장한다.[6] 이 경우에 중심적인 내륙 도시들과 항구도시들이 지역을 넘어서는 노동 분업을 가능케 하는 전제 조건이었다. 초두리는 명시적으로는 페르낭 브로델[7]의 연구를 모델로 삼고, 어느 정도는 이매뉴얼 월러스틴Immanuel Wallerstein의 아이디어도 받아들여 연구를 진행했다. 그는 팽창주의적 움직임과 관련해 7세기 이슬람의 등장에서부터 18세기 말 유럽의 헤게모니 관철에 이르는 시기를 다루면서 이때 나타난 네 가지 추동력을 구분한다. 첫째, 이슬람의 확대 및 이와 연관된 상징적이고 기호학적인 단일한 우주(세계관)의 정착. 둘째, 중국 문명의 강력하게 정치적이고 문화적인 존재. 셋째, 주기적으로 등장하는 중앙아시아 유목민 집단의 이주. 넷째, 1500년 이후 바다를 통한 유럽의 팽창. 항로 개척을 통한 여행 가능성의 확대, 인간의 이동성, 경제 교류, 기후 조건, 역사적 발전은 매우 광범위한 규모에서 서로 의존하고 결합하는 초지역적인 교류 네트워크를 만들었다. 그러나 다른 한편으로 우리는 각 지역 내부에서도 종교적·사회적·문화적 네트워크가 존재했다는 사실을 발견한다.

초두리와 마찬가지로 브로델에게 의지했던 마이클 피어슨Michael Pearson도 이와 유사한 방식으로, 무엇보다 인도양의 해안 사회들에 장기간 연속적인 현상(장기적 연속성)을 만들어 냈던 다양한 '심층 구조'가 무엇인지 연구했다.[8] 한편으로는 (동아프리카의 농부들과 지역을 넘어 서로 긴밀하게 연결된 상인들 그리고 왕실 협회 회원들에 이르기까지) 매우 다양한 인적 관계들도 존재했지만, 다른 한편으로는 상호 영향을 주는 공간으로서 인도양의 통일성을 뒷받침해 주는 일련의 다른 요소도 있다. 다시 말해 지형적인 유사성, 기류, 인간과 사상과 물자의 끊임없는 순환, 항구도시, 항해, 항해학(항해술)의 구조적 유사성, 소통 언어, 공동의 종교 모델, 바다를 통한 교역의 조직 등이다.

케네스 맥퍼슨Kenneth McPherson은 '서로 겹치는 문화 지역'이라는 측면에 주목한다.[9] '공동의 문화 공간'이라는 생각을 비판하려는 구상이다. 여기서 그는 지중해 외에 무엇보다 아라비아해, 벵골만, 중국해, 동남아시아의 다도해 세계를 통일성 있는 단위로 설정한다. 그러나 피에르 쇼누Pierre Chaunu는 그 자체 내에 서로 매우 이질적인 요소를 갖고 있는 공간들을 부당하게 하나의 순수한 공간으로 규정할 위험이 있다는 점에서 이 견해에 반대 입장을 표명했다.[10] 닐스 스텐스고르Niels Steensgaard도 자기의 연구 결과를 토대로 해서, 인도양은 전체적으로 보아 중간적 차원에서 그리고 무엇보다 미시적 차원에서 발트해나 지중해보다는 그 내적 연관성이 훨씬 약하다는 결론에 도달한다.[11] 궁극적으로 이 지역에서는 많은 물자의 원거리 교역이 전체 교역 규모와의 관계 속에서 비교해 볼 때 그리 흔한 현상은 아니었다.

반면 미국의 사회사가인 월러스틴은 이와 전혀 다른 주장을 편다. 그에게 인도양은 유럽적 시각에서 근대 초 세계경제와 관련해 볼 때 하나의 '외부 지역'이다. 이러한 외부 지역들은 또 다른, 유럽과 무관한 세계 체제들의 구성요소다. 유럽 외부의 세계 체제가 차라리 소박한 규모인 것으로 밝혀지고 부유한 상인들의 교역으로만 제한되어 있었다면 우리는 초지역적인 유럽 경제 체제와 이 외부 지역의 관계를 그리 중시하지 않을 수 있다. 그런데 앙드레 군더 프랑크Andre Gunder Frank, 배리 길즈Barry Gills, 새뮤얼 애즈헤드Samuel Adshead, 재닛 아부루고드Janet Abu-Lughod는 당시에 유럽 외부 세계의 교역 규모가 그리 크지 않았다는 견해에 맞서 매우 설득력 있는 논지를 제기할 수 있었다.[12] 이들은 6세기에, 즉 이미 유럽의 팽창이 시작하기 이전에 아프리카와 유라시아를 포괄하는 아프로유라시아 공간이 경제적·문화적으로 촘촘한 상호 관계의 네트워크를 갖고 있었다고 주장한다.

마지막으로 '후기'의 브로델처럼 1500년에서 1800년까지의 시기에 유럽의 동쪽에 세 개의 거대한 경제 공간이 존재했다고 주장하는 일련의 목소리가 있다. 이슬람 세계, 남아시아, 중국. 이 세 지역은 모두 유럽의 경제체제와 인상적으로 연결되어 있기는 했지만, 긴밀하게 결속된 상태는 아니라 오히려 유동적이고 깨지기 쉬운 상태에서 더 큰 차원의 대규모 세계경제로 연결되어 있었다. 그리고 또 하나, 마찬가지로 매우 흥미로운 관점을 한 인도 학자가 제시했다.[13] 인도양이 독립적인 세계 체제를 구성했으며 그 중앙에 남아시아 아대륙이 있다는 주장이다. 유럽은 1500년 이후에 이 네트워크에 진입하기는 했지만, 18세기까지 결코 이 연결망을 장악하거나 지배적 지위를 차지하지는 못했다. 반면에 인도는 지리적으로 서아시아와 남아시아, 동아시아의 사이에 있는 지역이라는 전략적으로 유리한 위치 때문에 여기에서 중심적 역할을 차지했다. 여기에는 많은 종류의 물자를 매우 유리한 가격에 제공할 수 있다는 사실, 그리고 소비재와 광물, 철강에 대한 자체 수요가 매우 컸다는 사실도 추가적 요소로 작용했다. 마지막으로 아시아 교역망의 분화를 토대로 교역 네트워크와 교역 요충지를 지배했던 것도 인도 상인들이었다. 파울 베로흐Paul Bairoch에 따르면 인도는 고도로 세분화된 교역 시스템과 은행 시스템을 보유한 결과, 1750년 이전에 세계 교역 물자의 약 15퍼센트를 생산했다.[14]

한편 크리스토퍼 베일리C. A. Bayly, 데이비드 루든David Ludden, 피터 마셜Peter J. Marshall, 데이비드 워시브룩David Washbrook 등은 근대 세계 체제에 대한 여러 분석이 1770년 이전의 인도양의 교역 세계가 갖는 독특한 특성을 파악하지 않고 있으며, 비유럽 사회들이 가진 (그리고 이와 연관성을 가질 수도 있는 자본주의적 발전을 포함한) 내적 동력을 과소평가한다고 강조했다.[15] 그러므로 근대 초의 인도양 지역에서 이루어진 다층적인 관계들이 보이는 다자적 성격을 더욱 잘 고려하는 다중심적인 경향의 연구가 필요하다. 이 공간에서 진행된 세계사를 파악하는 핵심 개념은 개방성, 상호 연관성, 적응 능력, 공간적·정치적 경계를 넘을 수 있는 능력일 것이다. 다양한 공간들의 질서를 정서적으로 재구성하려면 비교적 움직이지 않는 본질적 특성을 규명하고 가치나 언어, 물질적 실재 혹은 결혼 유형에 초점을 맞추는 기본적인 지리학('특성 지리학')에서 벗어나 이동성, 이주, 발전, 갈등, 식민화 또는 혼종 같은 과정을 집중적으로 분석할 필요가 있다. 이러한 방식으로 각 지역은 역동적이면서도 동시에 서로 연결된 변경이 열린 지역 단위들로, 그 결과 그곳에서 통합과 분화가 병존하는 공간으로 개념화될 수 있다. 즉 해양의 공간들은 극도로 변화무쌍하면서 선명하지 않은 경계를 갖는다. 따라서 다음과 같은 의문에 대한 답을 찾을 필요가 있다. 인도양의 해양 세계는 얼마나 광범위하게 펼쳐져 있었나? 그 해양 세계는 내륙으로 얼마나 깊이 관련되어 있었나? 어떤 지역들이 어느 정도의 강도로 연결되거나 배제되어 있었나? 순환의 흐름은 어느 방향으로 진행되었나? 이 흐름이 인도양 세계를 얼마나 결속하거나 분열시켰나? 이 흐름이 인도양 세계를 개방했나? 그리고 무엇보다도 순환이 진행된 기본 방향들이 무엇인지를 밝혀내는 것이 다음 서술의 목적이다.

시대구분

7세기 이래로 이슬람이 확산되고 무슬림들의 정치적·경제적·종교적 네트워크가 정착되자 인도양은 완전히 이슬람 세계의 내해가 되었다.[16] 11세기에는 거대하면서 서로 교차되는 세 개의 지역이 대두했다. 때때로 '인도양'이라는 개념하에 함께 불리기도 했던 아라비아해와 벵골만, 남중국해 지역이다. 그리고 여기에 전 지구적인 성격을 가진 몇몇 항구도시가 등장했으며 남북 지역 사이에 격차가 발생하기 시작했다. 한편에는 북부 지역이, 즉 고급 물품들이 제작된 중국과 인도가 있었고, 다른 한편에는 남부 지역이, 즉 단지 값싸고 정제되지 않은 원자재들과 물품들만 제공할 수 있었던 열대 지역들이 있었던 것이다. 인도양을 넘어 각각의 해안 지방으로부터 먼 내륙에까지 진출해 있던 무슬림 연결망들이 유라시아 교역 체제의 가장 중요한 동력을 형성했던 13세기에서 14세기까지의 전환기가 이러한 발전의 정점이었다고 볼 수 있다. 우리는 오늘날 「카이로 게니자Cairo Genizah」 문서를 통해 인도양에 펼쳐 있던 무슬림 상인과 유대인 상인들의 연결망에 관해 매우 많은 것을 알고 있다.[17] 물론 우리는 늘 이슬람의 이질성에 주목해야 한다. 많은 개인이 서로를 동일한 정체성을 가진 집단으로 판단하게 만드는 근거가 종교에만 있었던 것은 아니다.

늦어도 15세기 이래로 해양 교역이 점차 강화되는 현상은 피부로 느껴질 정도였다. 이는 화폐경제의 성장, 그리고 다양한 지역에서 농업 및 수공업 생산품의 시장 지향성이 점점 증가한 것과 관련이 있다. 나아가 주요 교역로의 재편이 있었다. 새로운 교차점과 연결망들이 정착되었고, 교역의 순환 리듬이 변하기 시작했다. 이 경우에 한 지역에서 다른 지역으로 가는 (초지역적인) 상품 교역이 증가하기보다는 오히려 각 지역 내부의 소비 순환이 강화된 것을 볼 수 있다. 유럽에서는 단거리 무역과 중거리 무역을 주로 하는 해양 무역 회사들이 등장했는데, 이들은 개별적인 무역에 소요되는 기간과 이에 필요한 자본을 줄일 수 있다는 장점을 갖고 있었다. 그 외에 인도와 동아프리카 사이에서 북남 방향의 물자 교류가 강화되었다. 심지어 동아프리카 해안에서조차 도시화로 나아가는 현상이 점차 증가했다.

16세기 초까지 유럽인들은 이러한 상황에서 단지 부수적인 역할을 수행했을 뿐이며 지중해를 거치는 유라시아 교역에만 접촉하고 있었다. 그렇다고 1500년 이후에는 유럽이 유라시아 교역에서 지배적 지위를 차지했다고 말할 수도 없다. 이후 250년간 유럽인의 존재가 장소와 시기에 따라 다양하게 차이를 보이기는 하지만, 인도양에서 그들이 보유했던 영향력은 아주 제한적이었다. 근대 초의 세계화 단계에서 인도양은 대서양을 거쳐 매우 광범위한 교환 체계에 연결되기는 했지만, 이 네트워크는 일차적으로 간접적인 성격을 띠었다. 그런데도 이 단계는 일련의 방향 제시적인 변화를 수반했다. 기독교의 확산, 교역 언어로서 포르투갈어의 확산, 인도-포르투갈 공동체의 형성, 유럽인이 지배하는 새로운 형태를 띤 항구도시(예를 들어 고아, 마닐라, 바타비아, 퐁디셰리)의 대두, 희망봉을 거치는 유럽 교역의 증가가 이 변화에 속한다. 이러한 변화에 결정적인 역할을 한 것은 당연히 귀금속, 특히 은의 수입을 통해 유럽이 아메리카라는 거대한 공간과 연결되었다는 사실이다. 드디어 유럽인들은 인도양에서 매우 인기 있는 상품을 보유하게 되었던 것이다.

시대구분을 시도할 때에는 비자야나가르 제국의 몰락, 골콘다의 술탄제 대두 또는 1707년 무굴 제국의 변화와 같은 내부의 정치적 변화 과정 등을

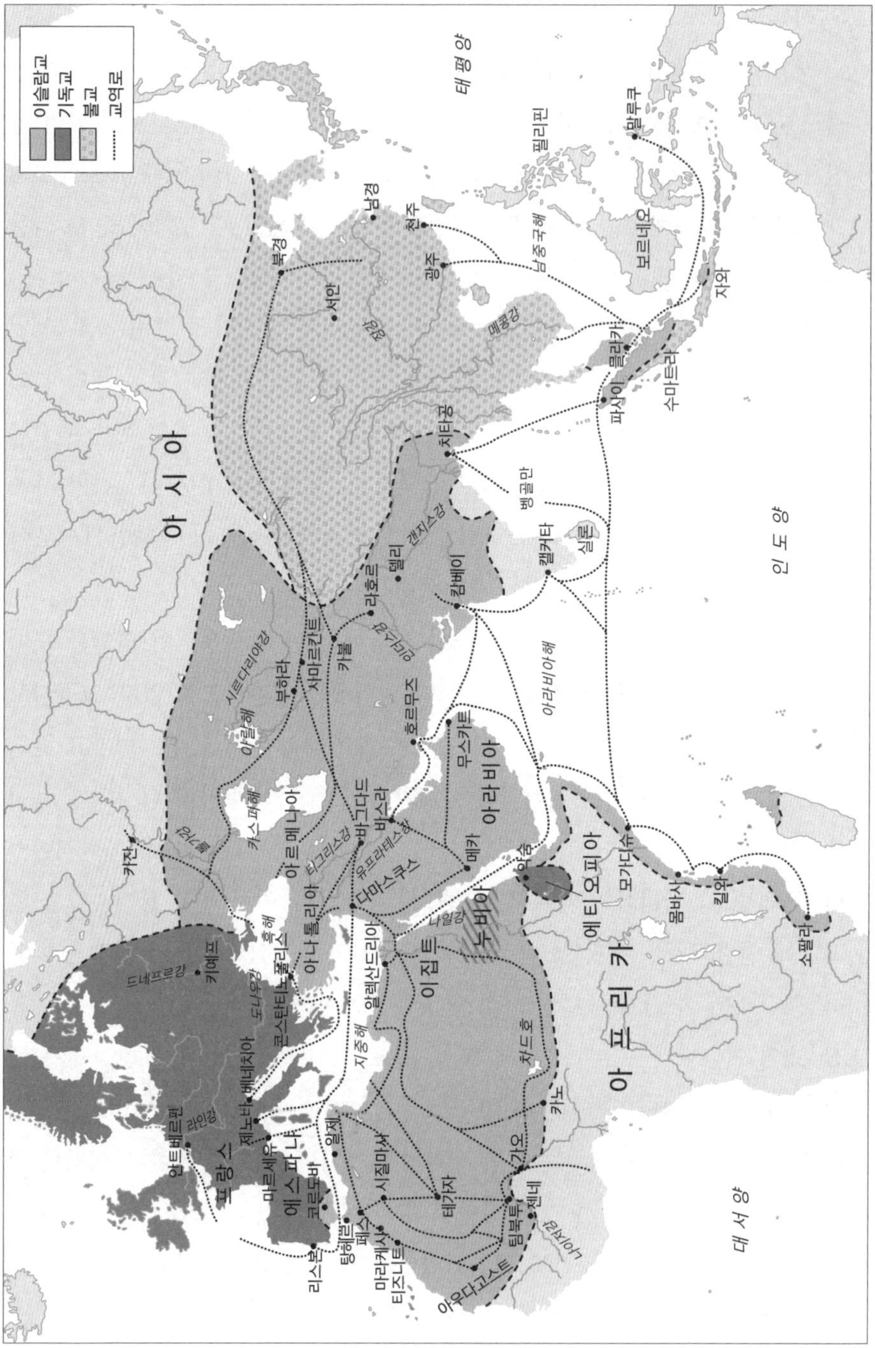

—— 15세기의 아시아와 아프리카의 무역 루트와 종교들.

고려해야 한다. 나아가 16세기에 유럽으로 가는 아시아의 향료 무역을 장악하려는 포르투갈의 시도를 관찰할 때, 아체 술탄국 또는 오만 술탄국 같은 지역 주체들이 이러한 포르투갈의 시도에 맞서 어떻게 행동했는지를 함께 고려해야 한다. 또한 유럽 여러 국가의 동인도회사들이 내적으로 결합해 가는 과정과 상호 관계를 맺어 가는 과정도 한층 자세하게 살펴보아야 한다. '상업의 시대'(15~18세기)[18]에 유럽 출신 활동가들은 물자 생산, 화폐경제, 원거리 무역의 확대에서 일정 부분 자기 역할을 수행했지만, 그들은 이 과정들의 시작을 주도한 것도 아니었고, 이를 광범위하게 통제할 수도 없었다.

기후의 측면에서 건기와 우기가 번갈아 다가오는 몬순(인도양의 계절풍)의 리듬은 상호 보완적인 생태계를 만들었다. 인도와 인도네시아 군도 해안의 아열대우림 지역은 후추, 정향, 기타 향료를 만들어 냈다. 인도 서부 해안에서는 티크 목재가 나왔으며, 경재硬材는 동아프리카에서 왔다. 아라비아는 종마, 대추야자 열매, 건어물을 공급했다. 원칙적으로 수익은 해상 관세가 아니라 거래 물품에 세금을 부과하는 방식을 통해 얻어졌다. 제국의 수도들은 내륙에 위치해 있었기 때문에 엘리트 계층이 문화적 측면에서 교역과 항해에 반대하는 것은 전혀 드문 현상이 아니었다. 그런데도 부유한 지주들은 해양 무역에 지대한 관심을 보였다. 이런 식으로 인도양 내부에서 진행되던 전 지구적인 무역 활동에 근본적인 변화가 찾아오고, 그것이 새로운 세계 체제 안에 자리매김하게 된 것은 19세기부터였다. 그런데 이 체제는 이제 유럽이 장악했다. '유럽의' 세기는 기독교적 시간 계산에 따르면 1770년에 시작해 1914년에서 1918년에 이르는 시기까지다. 위르겐 오스터함멜Jürgen Osterhammel이 관찰한 바에 따르면 "유라시아의 서반부가 지구의 그토록 넓은 지역을 지배하고 착취한 적은 지금까지 결코 없었다. 유럽에서 출발한 변화들이 기타 세계에서 그렇게 커다란 파괴력을 가졌던 적도 결코 없었다. 이 시기만큼 유럽 문화가 직접적인 식민 지배가 이루어진 지역을 훨씬 넘어 기타 세계에서 애타게 수용되던 적도 없었다."[19] 그래서 오스터함멜의 주장처럼 이미 1680년대에 시작되었다고 볼 수 있는 '장기' 18세기에 유럽의 영향력은 대서양뿐 아니라 전 세계에서 뚜렷하게 인식될 수 있었다.[20]

1 남아시아

1350년에 무함마드 이븐 투글루크Muhammad Ibn Tughluq(재위 1325~1351)가 남아시아에 한 세습 왕국을 건설했다. 적어도 명목상으로는 인도의 북부 국경에서 데칸에 이르는 지역이었다.[21] 무함마드 이븐 투글루크는 추종자들이 그의 권위를 믿었기 때문에 술탄으로서 통치할 수 있었다. 추종자들의 신뢰는 우선 당시에 카이로에 거주했던 칼리파가 무함마드 이븐 투글루크의 권력을 공식적으로 인정해 줌으로써 가능했다. 나아가 샤리아는 근본적으로 최고의 권위로 여겨졌지만, 동시대인들의 의식에서는 법적 구속력보다는 도덕적 구속력을 갖고 있었다. 술탄이 지니는 최고의 의무는 이슬람 가치 체계의 확산도 있었지만, 무엇보다 백성들의 물질적 안녕을 위해 애쓰는 것이었다. 무함마드 이븐 투글루크는 반란과 폭동을 신속히 제압하고 새로운 영토를 정복할 수 있었던 상비군을 보유하고 있었다. 수도인 델리에는 전쟁을 담당하는 부서가 있었으며, 그 담당자는 군대의 충원과 상시 대기 체제를 책임졌다. 또한 그는 군인들의 봉급과 계급을 결정했으며, 원정 중에는 그들의 생계와 보급을 담당했다. 델리뿐 아니라 지방에도 그의 업무를 지원하는 기구가 설치되었다. 하급 병사들도 봉급을 받는 사람의 명단에 이름이 기재되었으며, 정기적으로 일정액을 국가 예산으로부터 현금으로 지급받았다. 이 목적을 위해 술탄은 제국의 중심부에 위치한 일련의 지역을 직접 소유하고 있었으며, 이 지역에서 나오는 수입은 국가 재정으로 직접 흘러들어 갔다. 계급이 높은 사람들에게는 특정 토지에서 나오는 고정 수입이 지급되었다. 수도에 배치된 정예부대 외에 각 지역의 영주들이 보유한 군대도 있었다. 소요가 발생하면 우선은 현장의 군대가 진압 임무를 맡았다. 이것이 실패하면 인접 지역의 군대 또는 수도의 정예부대가 지원에 나섰다. 이론적으로는 십진법으로 조직된 군대는 다양한 민족 집단으로 구성되었다. 이들 가운데에는 튀르크인과 이란인, 아프간인뿐 아니라 '힌두인'들도 있었다.[22]

재정 관청은 원활하게 기능하면서 군대를 유지할 수 있는 재정적 기반을 제공했다. 술탄의 오른팔과 같은 재상(비지어vizier)[2]이 제국의 모든 내부 사안에 관해 감독권을 갖고 있었기 때문에, 그의 휘하에 있는 세 명의 관료가 재정 문제를 조정하는 역할을 담당했다. 당시의 행정 지침서에 따르면 술탄국의 재정수입은 우선 (샤리아에 따른) 다양한 종류의 공과금(세금)으로 구성되었다. 예를 들면 '그 책을 따르는 사람들'인 기독교도와 유대인에게 부과된 인두세(지즈야), 모든 무슬림이 내는 의무적인 납부금, 토지세, 그리고 무엇보다 원정과 약탈 전쟁에서 획득한 재산이 그 주요한 내용이다. 그 밖에 시간이 흐름에 따라 이슬람법으로는 정당화되지 않는 많은 세금이 점점 더 추가되었다. 모든 수입과 지출에 관해서는 상세한 명세서가 작성되었다. 일일 명세서와 연간 명세서 외에도 각 지역과 기부된 토지에 관해 기재하는 장부도 있었다. 그러나 안타깝게도 이 문서들 가운데 그 어떤 것도 보존되지 않았다.

무함마드 이븐 투글루크는 측근에 행정을 담당하는 관료 집단을 두었는데, 지역의 총독들은 재정과 군대 규모에 관한 중앙의 통제에도 불구하고 다소 독립적으로 움직일 수 있었다. 술탄을 보좌하는 관료 집단은 기본적으로 다음과 같은 임무를 수행했다. 최고의 행정력을 행사하고, 주민을 외적의 공격으로부터 보호하며, 학자와 수피교도들을 지원하고, 군대의 생계와 유지비

2 이슬람 세계에서 고관 또는 장관, 재상 등을 뜻하는 명칭이다. 오스만 제국의 베지르와 어원이 같다.

를 지급하며, 재정 공무원들의 활동을 용이하게 하고, 억압으로부터 농민들을 지키는 것이 그들의 임무였다. 14세기 초반에 발생한 지역 총독들의 수많은 반란은 통치자와 지역 총독들 사이의 개인적인 종속 관계가 그리 확고하지 않았다는 것을 암시해 준다. 총독들은 그들이 통치하는 대부분의 지역에서 무슬림이 소수였기 때문에 지역 차원에서 행정 업무를 (무슬림이 아닌) 현지인들에게 맡겼으며, 행정을 위임받은 현지인들은 그들에게 부과된 납부금만 정기적으로 내면 되었다. 무함마드 이븐 투글루크의 통치하에서 '힌두인들'이 처한 전반적인 상황이 어떠했는지는 파악하기가 매우 어렵다. 하지만 우리는 그들이 자기들을 스스로 관리하고 자기들의 종교를 자유롭게 신봉하는 등 대체로 방해받지 않은 채 자기들의 삶을 살았다고 이해할 수 있다. 심지어 그들은 행정 기구 안에서 일자리를 얻고 승진하며 경력을 쌓을 수도 있었다. 행정 기구의 관료 집단은 우선 원로들로 구성되었으며, 이들의 자리는 최고 권력자가 바뀌더라도 해고되지 않고 승계되었다. 나아가 일정한 행정 경험을 가진 무슬림 이주민들, 예를 들어 몽골인들에게서 도피해 온 이주민들도 항상 환영받았다. 그들은 자기들의 지위가 오직 술탄 덕분에 유지될 수 있다는 점으로 인해 술탄에게 개인적으로 결속감을 품었기 때문이다. 끝으로 관료 집단 안에서는 이미 오래전부터 북인도에 거주하던 아프간인의 수가 점차 증가했다.

무함마드 이븐 투글루크가 재위하던 당시에 무슬림식으로 통치되던 인도에서 일반적이면서 가장 폭넓게 확산되던 지배 방식은 '합의 공동체'였다. 여기에서 어떤 형태로든 스스로 권력을 행사하는 사람들은 초지역적인 권력자에게 복종했으며, 납부 제도를 통해 세습 국가의 구조에 소속되었다. 지배계급인 무슬림은 전체 인구 가운데 극소수였기 때문에 현지인들의 지배 구조와 사회구조를 완전히 무너뜨리는 것은 할 수 있지도 않았고 이슬람의 성격에도 위배되는 일이었다. 델리를 둘러싼 북인도의 중심 지역에서는 지배계급이 직접적으로 행사하는 영향력이 멀리 떨어진 변방 지역에서보다 당연히 훨씬 강했다. 이들 변경 지방은 정복되기는 했지만, 그 정복은 단지 그곳에 군대와 함께 총독이 파견되고 델리에서 통제하는 행정 및 군사 관료 집단이 주둔한다는 의미일 뿐이었다. 일반적으로 지역의 맹주들은 그들에게 부과된 납부금을 내고 나면 자기 지역들에서 정복되기 이전과 별 다름없이 권력을 행사했다. 이들의 종속은 무슬림의 직접적인 위협 없이 이루어진, 기본적으로 자발적인 종속이었으며, 대부분 전략적인 고려에서 이루어진 것이었다. 자기 독립성을 크게 희생하지 않으면서 무슬림에게 협력해 정치적 이득을 얻고자 했기 때문이다.

무함마드 이븐 투글루크의 시대에는 술탄이 자기 행정 관료들을 감독할 수 있는 다양한 통제 기구들이 있었다. 델리에 소재한 각 부서에만 소속되었기 때문에 나름대로 독립성을 갖고 있던 중앙 관료들을 통해 통치자는 직책 수당으로 봉토를 부여받은 자와 총독들을 간접적으로 감시했다. 그뿐 아니라 통치자에게는 심지어 제국의 가장 명망 있는 고위 관료들조차 임의적으로 해고할 수 있는 권한도 있었다. 하지만 백성들 또는 국정을 감시하고 통제하는 가장 중요한 도구는 특별히 이 목적을 위해 설치된 정보부(디완 이 바리드diwan-i barid)였다. 한 행정 지침서는 이 부서의 장에게 부과된 임무를 이렇게 규정한다.

> 이 부서의 장은 폐해를 제거하도록 애써야 한다. 만약 어떤 판사나 총독이 부주의하거나 편파적인 입장에서 누군가에 대해 샤리아나 법 감정에 어긋나는 조치를 취할 경우, 그는 즉각 현장에서 이 문제를 추적하고 조사해 다시 정상화되도록 조치를 취해야 한다. 그는 항상 국가적 사안과 종교적 사안들의 현황을 점검하도록 애써야 한다. 통치자가 바라는 방향에 어긋나는 어떤 사안에 관해 보고를 받을 경우, 그는 이를 즉각 통치자에게 보고하고, 반란의 씨앗이 아예 주동자의 머릿속에 자리 잡지 못하게 할 명령을 기다려야 한다.[23]

이 정보 기구를 이끄는 관료는 자기에게 제국의 지도적 인물들의 의도들, 그들의 활동들, 그리고 그들의 모든 내부적 사안에 관한 적절한 정보를 수집하고 전달해 줄 임무를 가진 밀고자와 정보원을 보유하고 있었다.

이러한 체제 안정화 장치들에도 불구하고 세습 왕국은 붕괴했다. 무함마드 이븐 투글루크의 통치 초기에는 제국 남부의 다울라타바드에 제2의 행정 중심지를 건설하는 사업이나 새로운 화폐 도입과 같은 대규모 계획이 시행되었다. 그러나 동시에 북인도 지역에서는 건기에 밀어닥친 가뭄 때문에 굶주림이 심각했다. 1335년에 반란을 일으킨 마바르 총독을 진압하기 위한 군사 원정은 파국으로 끝났다. 통치자의 군대는 콜레라로 거의 완전히 궤멸되었다. 이어진 시기에도 전염병과 굶주림이 제국의 대부분을 휩쓸었다. 심지어 델리조차 경제 상황이 최악이어서 무함마드 이븐 투글루크는 굶주림의 위기로부터 영향을 덜 받은 자운푸르와 아와드 지역으로 1337년에 궁정을 옮겨야 했다. 1340년에야 상황이 진정되어 무함마드 이븐 투글루크가 다시 델리로 돌아올 수 있었다. 술탄은 이제 경제개혁을 통해 델리 술탄 왕조의 옛 지위를 회복하고자 했다. 그러나 그동안 추락한 신뢰는 회복하기 어려웠다. 그 결과 아프간 출신 에미르들이 1344년에 구자라트에서 행정 관료 집단과 함께 반란을 일으켰다. 제국은 분열될 위기에 처했다. 반란을 진압하기 위해 술탄이 직접 군대를 이끌었으나, 구자라트의 반란이 다울라타바드로 확산되었기 때문에 술탄의 진압 작전은 곤경에 처했다. 결국 무함마드 이븐 투글루크는 피상적으로만 질서를 회복하는 데 성공했다. 구자라트에서 한 에미르가 재차 반란을 일으키고 술탄이 반란을 진압하기 위해 출정했지만 다울라타바드 지역은 최종적으로 무너졌다. 이곳에는 (1347년에) 델리 제국으로부터 완전히 독립된 바흐마니 술탄국이 수립되었다.

자기들이 왕위 계승권을 갖고 있다고 주장하는 다양한 권력자들이 수년간 델리의 권력을 둘러싸고 씨름하는 동안에 지역의 에미르들이 제국으로부터 독립을 선언했다. 엎친 데 덮친 격으로 이러한 상황에서 1398년 여름에 티무르(1405년 사망)가 대군을 이끌고 인더스강을 건너 공격해 왔다. 티무르는 별다른 큰 힘을 들이지 않고도 나시르앗딘 마흐무드 샤 투글루크Nasir-ud-Din Mahmud Shah Tughluq(재위 1393~1414/1415)의 군대를 무찌르고, 델리를 점령한 후에 마구잡이로 약탈을 자행했다. 침략은 짧은 기간에 이루어졌으며, 티무르의 군대는 1393년의 첫날에 철수했다. 하지만 그들은 술탄국을 완전한 무정부 상태의 혼돈에 빠뜨리고 떠났다. 델리의 통치자는 이제 서로 분쟁 관계에 있는 여러 소군주 가운데 하나와 같은 보잘것없는 처지로 전락했다.

제국은 무함마드 이븐 투글루크의 후계자인 피루즈 샤 투글루크Firuz Shah Tughlaq(재위 1351~1388)의 죽음 이후에 분열을 거듭했다.[24] 티무르의 침략 이후에 그동안 델리 술탄 왕조가 장악했던 지역에는 또 다른 무슬림 후계 국가들이 수립되었기 때문이다. 말와(1401~1531), 구자라트(1396~1572), 자운푸르(1394~1476), 칸데시(1399~1599), 물탄(1444~1524) 등이다. 이 지역 술탄국들은 대부분 이전 제국의 행정 시스템을 그대로 수용하면서도 각각 사회 면과 예술 면에서 독자적인 특성을 발전시켰다. 델리 자체는 1414년에 물탄의 옛 총독이었던 '사이이드Sayyid'[3] 히즈르 칸Khizr Khan이 무너뜨렸다.(그래서 히즈르 칸이 세운 왕조를 사이이드 왕조로 부른다.)[25] 투글루크 왕조의 마지막 인물인 나시르앗딘 마흐무드 샤 투글루크는 이렇게 델리가 완전히 무너지기 1년 전에 세상을 떠났다. 그러나 히즈르 칸과 그의 후계자들은 그저 지역 군주의 지위에 머물렀다. 델리를 차지한 것, 그리고 이 도시를 점령함으로써 생긴 특별한 권리들은 보잘것없어서 사이이드 왕조의 마지막 인물인 알람 샤Alam Shah(재위 1445~1451)는 이 도시를 로디 가문 출신인 아프간인 바룰Bahlul(재위 1451~1489)에게 전투 없이 그냥 넘겨주었으며, 바룰은 1478년에 사망할 때까지 이 가운데 바다운 지역만 지배했다. 바룰의 통치기에는 많은 아프간인이 북인도로 이주해 왔는데, 그는 무엇보다 자운푸르를 정복함으로써 델리의 지배력이 미치는 영역을 다시 확대할 수 있었다. 바룰의 후계자 시칸데르 로디Sikander Lodi는 전성기를 열었으며, 1504년에는 새로운 수도 아그라를 건설하기도 했다. 하지만 이브라힘 로디Ibrahim Lodi(재위 1517~1526)의 지배하에서 또다시 반란과 폭동이 발생했다.

비무슬림적인 인도

무함마드 이븐 투글루크와 피루즈 샤의 시기에조차 무슬림은 남아시아의 일부 지역을 장악했을 뿐이다. 그들이 데칸 지역에 있는 소규모 '힌두교도'

3 '예언자' 무함마드가 속한 하심 가문의 후손을 가리키는 용어다. 히즈르 칸은 자기 조상이 무함마드의 후예라고 주장했다.

영주들, 즉 데바기리의 야다바 제국, 와랑갈의 카카티야 왕조, 마두라이의 판디아 왕국을 적어도 잠정적으로 통치하는 데 성공했다고 하더라도, 남부 지역 전체는 그들의 통치권 밖에 있었다. 이 지역에서는 14세기에 독자적인 '힌두' 제국인 비자야나가르 제국이 등장했다.[26] 퉁가바드라강의 남쪽 연안에 위치한 함피('비자야나가르'로도 불린다.)가 그 제국의 수도였다.[27] 이 제국은 하리하라 2세Harihara II(재위 1377~1404) 때에 이르러 크리슈나 남쪽 지방 대부분을 장악할 정도로 성장했다. 몇 차례에 걸친 위기와 퇴행적 변화에도 불구하고 비자야나가르의 군주는 자기 권력을 공고하게 구축했으며, 무슬림 술탄들의 침략 시도에 맞서 데칸 지방을 성공적으로 방어할 수 있었다. 특히 크리슈나 데바 라야Krishna Deva Raya(재위 1509~1529)의 통치기는 이 제국의 정치적·경제적·문화적 절정기로 여겨진다. 그의 이복동생인 아추타 데바 라야Achyuta Deva Raya가 크리슈나 데바 라야의 뒤를 이었다. 1542년에 아추타 데바 라야가 죽었을 때는 아직 청소년이던 사다시바 라야Sadashiva Raya가 왕위에 올랐다. 그러나 진정한 힘은 크리슈나 데바 라야의 사위인 섭정 라마 라야Rama Raya의 손에 있었다. 사다시바 라야가 자기에게 부여된 권력을 행사하고자 할 만큼 성인이 되었을 때, 라마 라야는 즉각 그를 감금했다.

라마 라야는 특히 북부 지방에서 무슬림 제국에 맞선 장인의 팽창 정책을 계속하려고 했지만, 그의 시도는 처절한 패배로 끝났다. 그는 1565년 1월에 탈리코타에서 전개된 데칸 술탄들의 연합군과 벌인 전투에서 결정적으로 패했으며, 그때 포로로 잡혀 즉각 처형되었다. 무슬림 군대는 비자야나가르 제국을 약탈하고 파괴했으며, 주민들을 추방했다. 왕족들은 도시를 떠나 도피했고, 이인자였던 티루말라 데바 라야Tirumala Deva Raya가 도시를 재건하려고 노력했지만 성공하지 못한 채 궁정을 페누콘다로 이전했다. 비자야나가르 제국은 명목상으로 1650년까지 존속했지만, 그들이 남인도에서 차지했던 정치적 주도권(패권)은 상실한 채였다.

이 제국의 통치자가 선왕에게서 물려받은 행정 기구는 매우 훌륭하게 작동했다. 왕은 최고의 권위를 보유하고 있었다. 궁정 사무처와 장관들이 왕을 보좌했는데, 궁정의 모든 신하는 군사기술을 훈련받아야 했다. 귀족과 장교들은 일반적으로 봉급을 현금으로 지급받았다. 제국의 세금 수입은 스스로 세금을 징수했던 대지주들을 경유해 국고에 들어왔다. 제국은 전체적으로 다섯 지역으로 구분되었는데, 보통 이 지역들은 통치자 가문 출신의 총독들이 다스렸다. 더 작은 지방 차원으로 내려가면 델리 술탄 왕조에서처럼 일종의 합의 공동체가 있었으며, 이들은 폭넓은 독립성을 지니고 있었다. 단지 전략적으로 중요한 지역들에는 수도인 함피에서 직접 임명한 총독들이 지배권을 행사했다.

어디를 제국의 수도로 정할지에 관한 문제는 전적으로 그 도시에 용수 공급 시스템이 잘 마련되어 있는지에 달려 있었다. 귀한 자원이던 물은 수많은 수로를 통해 거대한 저장소로 유입되었으며, 이 저장소에서 농토와 주민들에게로 공급되었다. 사탕수수, 쌀, 밀, 야자열매, 후추, 생강, 카다멈 등의 수많은 작물을 자체적으로 생산했다. 나아가 섬유업이 번창했다. 향료, 면직물, 보석, 상아, 산호, 향수 재료는 중국으로 수출했다. 이와 반대 방향으로, 다시 말해 동아시아에서 이 지역 방향으로는 수많은 화물선이 왕국의 항구들에 드나들었다. 그 항구들은 망갈로르, 호나바르Honnavar, 바트칼Bhatkal, 바쿠르Barkur, 코친, 칸누르Kannur(카나노르Cananor), 마실리파트남, 다르마담Dharmadam 등이다. 또 다른 선박들은 이곳을 떠나 홍해의 항구들로 가서 화물을 옮겨 실었다. 비자야나가르의 상품들은 이런 방식으로 베네치아까지 도달했고, 면사는 버마로, 인디고는 페르시아로 팔려 나갔다.

비자야나가르의 사회질서를 평가하기 위해서는 15세기 중반의 여행자들이 그곳에서 받은 인상과 그에 관해 한 증언이 특히 중요하다.[28] 티무르 제국의 통치자였던 샤 루흐(1447년 사망)는 1442년에 헤라트 출신의 학자였던 압둘 라자크 사마르칸디Abd-al-Razzāq Samarqandī(1482년 사망)를 남인도에 파견했다. 캘리컷에 있는 이슬람 공동체의 수장이 최근에 티무르 왕조에 자발적으로 굴복한 데 따른 보상으로 선물을 전달하기 위해서였다. 압둘 라자크 사마르칸디는 이 임무를 수용했지만, 단지 캘리컷을 방문하는 데 그치지 않고 비자야나가르의 수도에까지 갔다가 1444년 12월에야 헤라트로 돌아왔다.

우선 특사가 이곳들을 방문하면서 그 어떤 뚜렷한 문화적 이질감도 보이지 않았다는 것은 주목할 만하다. 그리고 그가 본 '힌두교'의 다양한 행동 양식도 당연히 관심을 끈다. 하지만 그는 결코 '이교도'를 상대로 자기를 높이거나 그들을 폄하하는 언사를 남기지 않았다. 그가 이렇게 이례적인 관용을 보인 것은 아마도 비자야나가르가 15세기까지 사상적으로나 행정적으로 무슬림의 질서 모델에 접근해 와서, 이곳의 많은 현상이나 시설들이 그에게 친숙하게 느껴졌기 때문인 것으로 보인다. 이미 1980년대 중반에 버턴 스타인Burton Stein은 가자파티 왕조에 맞서 데바 라야 2세Deva Raya II(재위 1424~1446)가 인상적인 승리를 거둔 것은 무엇보다 그가 무슬림 용병들에게 아라비아산 말을 하사하면서 이들을 자기 군대에 편입한 덕분이었다고 주장한 바 있다.[29] 나아가 데바 라야 2세는 타 종교의 신봉자들도 고위직에 임명했으며, 그들이 이슬람식의 예배당과 묘지를 설립하고 자기들의 종교를 공개적으로 섬기도록 허용하기도 했다. 데바 라야 2세는 이러한 열린 통치 방식을 통해 힌두교를 추종하는 자기 동료들이 지닌 한계를 훌쩍 벗어나 번성하면서 팽창을 지향하는 대제국을 건설했다. 데바 라야 2세의 국가는 그 조직 구조와 제국을 향한 포부라는 측면에서 볼 때 당시에 번성했던 이슬람 술탄국과 거의 구별되지 않을 정도였다.

필립 왜거너Philip B. Wagoner는 이러한 해석 경향을 한 걸음 더 발전시켰다.[30] 16세기의 몇몇 사료에 등장하는 비자야나가르의 건국 신화가 사실은 델리 술탄 왕조를 직접적으로 잇는다는 정통성을 주장하려는 시도였다는 것이다. 이 건국 신화의 묘사에 따르면 비자야나가르의 북부 지방에는 이들에게 적대적인 무슬림 통치자가 존재하지 않는다. 오히려 건국 신화는 비자야나가르를 델리 술탄 왕조의 후계 제국으로 서술했으며, '힌두교' 통치자들을 이슬람 술탄의 정당하고 동등한 후계자로 간주했다. 왜거너는 16세기의 몇몇 텔루구어 사료를 통해서도 이러한 시각을 입증한다. 그의 테제는 궁극적으로 비자야나가르에서 핵심적인 지위를 차지하던 궁정 엘리트들이 이웃 이슬람 국가들과 200년 넘게 지속된 밀접한 교류를 통해 대단히 많은 이슬람적 요소를 흡수한 결과 문화적으로 변해 간 것 같다는 것이다. 이렇듯 이질적인 문화 요소를 생산적으로 수용한 흔적은 건축양식, 복식 문화, 통치자의 직함에서뿐 아니라 군대와 행정 등에도 남아 있다. 특히 전통적인 이슬람의 군주 칭호를 수용한 것은 인상적이다. 14세기 중반 이래로 비자야나가르의 통치자는 공식적으로 '힌두 왕들 가운데 술탄' 또는 심지어 어떤 경우에는 그저 '술탄'으로 지칭되었다.

바부르의 성장

바부르의 부친인 우마르 셰이크 미르자 2세Umar Sheikh Mirza II(1494년 사망)는 페르가나 골짜기에 작은 국가를 건설할 수 있었다.[31] 무엇보다 그는 티무르와 직계 인척 관계임을 내세워 자기 통치를 정당화했는데, 당시에 티무르는 중앙아시아에서 모든 무슬림 통치자가 서로 내세우고자 했던 간판 스타였다. 그런데 바부르의 시기에는 왕위의 승계 방식에 관해 정해진 원칙이 없어 후계자 후보들 사이에서는 늘 만인에 대한 만인의 권력 투쟁이 지배적이었다. 물론 그들 모두에게는 공동의 적이 있었는데, 그가 바로 우즈베크 통치자였던 무함마드 샤이바니(1510년 사망)였다. 부친이 사망한 무렵인 1494년에 아직 소년이던 바부르는 다양한 파벌들 사이에서 중앙아시아의 권력을 둘러싸고 펼쳐진 혼잡한 권력 투쟁에 이미 가담한 상태였으며, 그 결과 이후의 10년을 확고한 정착지가 없는 군벌로 살았다. 사마르칸트에 정착하려는 시도가 두 번이나 실패한 이후, 그는 일단 병력을 비축했다가 힌두쿠시산맥을 넘어 아프가니스탄으로 진격한다는 결심을 굳혔다. 결국 그는 카불을 점령하고 그곳을 자기 세력의 중심으로 구축하는 데 성공했다. 하지만 이 지역은 16세기 초에 무함마드 샤이바니가 이끈 우즈베크 동맹군에 장악될 위기에 처했는데, 그렇게 되기 직전인 1510년에 무함마드 샤이바니가 사파비 왕조의 이스마일 1세(1524년 사망)에게 패하고 죽임을 당했다. 바부르는 이를 통해 중앙아시아에 형성된 권력 공백을 이용해 세 번째로 사마르칸트를 점령했다. 그러나 그는 겨우 석 달 후에 사마르칸트를 다시 포기해야 했다.

이후 몇 년 동안 바부르는 여러 차례에 걸쳐 인도 원정을 시도했다. 1525년과 1526년에 걸친 겨울에 상황이 자기에게 유리해 보인다고 판단한 그는 1만 2000명의 군사를 이끌고 출병했다. 그는 짧은 시간 안에 자기에게 맞서는 모든 군대를 물리쳤다. 그리고 이브라힘 로디가 1526년 4월 21일에 파니파트 근처에 있는 아주 유리한 위치에서 자기를 공격하도록 유도했다. 바부르가 승리하고 이브라힘 로디는 사망한 이 전투는 남아시아 역사에서 하나의 전환점이 되었다. 즉 티무르의 후손이 아대륙의 광대한 지역을 통치하기 시작하는 기점이 된 것이다. 물론 처음에는 이 광활한 지역을 실질적으로 통치하지 못했지만, 그래도 티무르 후손들의 통치는 공식적으로 1858년까지 지속되었다.

전사 집단인 라지푸트는 문제를 일으켰다. 그들은 외적들을 격퇴하기 위해 라나 상가Rana Sanga의 지휘하에 결집했던 힌두교의 지역 맹주들이었다. 바부르는 1527년 3월 17일에 칸와 전투에서 이들을 궤멸했다. 상황이 정치적으로 여전히 불안정했지만 바부르는 아그라를 중심으로 행사하는 자기의 통치를 안정시키고 나아가 이를 확대하려고 시도했다. 이를 위해 그는 우선 끝날 줄 모르고 연달아 이어지는 원정과 전투에 휩싸여 있던 지역에 평화를 제공함으로써, 그 지역의 실력자들이 바부르의 지배권을 인정하고 그에게 세금을 납부하도록 움직여야 했다. 소유권이 분명하지 않은 지역은 임의적으로 장교들에게 봉토로 지급되었으며, 장교들은 그 대가로 통제 병력의 주둔과 안정을 위해 자기 병력을 잘 유지하고 관리해야 했다. 바부르는 명확하게 영토 단위로 산출된 이전의 수입에 근거해 직할지에 새로운 납부 제도를 도입했다. 동시에 그는 새로운 통치 지역의 도로망을 개선하기 위해 애썼다.

1528년 12월 19일에 바부르는 이란, 우즈베크, 라지푸트, 아프간의 사신들, 수많은 티무르 제국과 차가타이계 몽골의 귀족들, 수많은 나크시반디 수도회의 셰이크와 사마르칸트의 학자들뿐 아니라 중앙아시아의 동족 구성원들을 모이 놓고 자기에게 충성을 맹세하게 했으며, 그 대가로 명예로운 의상과 선물, 지위를 하사했다. 바로 이날에 북인도 지역에 대한 티무르계 몽골의 지배권이 사실상 시작된 것으로 볼 수 있다. 무굴 제국의 '건국자'로 지칭될 수 있는 바부르는 이후 2년에 걸친 혼란을 겪은 후인 1530년 12월 21일에 세상을 떠났다.[32] 그는 일단 오늘날의 타지마할 근처에 있는 공원에 매장되었다가, 1539년에서 1544년 사이에 카불로 옮겨져 소박한 비석과 함께 한 언덕에 매장되었다.

그의 아들이자 후계자가 된 후마윤(1556년 사망)[33] 바부르가 구축한 연합적인 지배 체제를 어떻게 하면 튼튼하게 만들 수 있을지를 알지 못했다. 그는 제도적으로 안정되지 않은 제국을 안팎의 적들에게 맞서 방어하는 데도 실패했다. 그 결과 1540년에 카나우지에서 셰르 샤Sher Shah(1545년 사망, 비하르에서 시작하는 일종의 제후국을 설립할 수 있었던 인물이다.)를 상대로 벌인 전투에서 패배한 후 그는 인도에서 탈출하지 않을 수 없었다. 이로써 1555년까지 델리의 지배권을 장악한 수르 왕조의 권력자들은 지속 가능한 행정 구조를 구축하려고 애썼다. 사실상 오디세우스와 같은 전설적인 방랑 생활을 거친 끝에 이란의 사파비 궁정에서 도피처를 찾았던 후마윤은 수르 왕조 내부에서 권력 투쟁이 발생한 후에야 비로소 인도로 돌아와 권력을 되찾을 수 있었다. 그 후에 후마윤이 통치한 기간은 불과 1년 정도밖에 되지 않지만, 그는 수르 왕조가 시행했던 효과적이고 성공적인 정치 덕분에 매우 잘 조직되고 지역적으로도 매우 확대된 영토를 통치할 수 있었다.

수르 왕조의 권력 확립 문제

1540년에서 1545년까지 델리를 지배했던 파슈툰인[4] 셰르 샤의 권력 기반은 제도적으로 로디 왕조의 권력 기반과 어떻게 달랐을까?[34] 셰르 샤가 힌두스탄의 귀족제 군부 사회를 구조적으로 의미 있게 변혁할 수 있었다는 것은 북인도 역사에서 새로운 시작으로 여겨진다. 물론 이러한 해석은 1580년 무렵에 셰르 샤의 역사를 집필했던 학자인 아바스 사르와니Abbas Sarwani(1586년 이후 사망)의 보고에만 거의 의지한 것이다. 힌두스탄으로 이주해 온 아프간인들의 사회는 매우 분절화되어 있어 아프간인이 세운 로디 왕조가 유지된 기간(1451~1526)에조차 다른 아프간 부족들 앞에서 그들의 왕조를 정당화하는 데 어려움을 겪었다. 여기에 로디 왕조 내부의 권력도 분열되어 있었기 때문에, 로디 왕조는 강력한 귀족 가문들 앞에서는 '대등한 여러 부족 가운데 하나'로 일컬어질 정도였다.

4 오늘날의 아프가니스탄 지역과 파키스탄 지역에 걸쳐 사는 민족이다.

벌족이나 가족 집단들의 존재와 역할은 당시의 사회상을 잘 드러내 주는 요소였다. 앞서 언급한 역사가 아바스 사르와니도 힌두스탄에 거주하는 아프간 부족들 사이에 강한 경쟁 관계가 존재했다고 보고했다. 그러다가 셰르 샤가 비로소 이러한 상호 파괴적인 경향을 억누르는 데 성공했다. 아바스 사르와니는 가부장의 역할을 담당한 셰르 샤와 그의 병사들이 서로 어떤 관계를 유지하느냐에 군사적 활동의 성공이 달려 있다고 보았다. 셰르 샤의 치하에서는 누군가가 특정 벌족에 속해 있다는 사실이 더는 통치 현실에 영향을 미치지 못했다. 술탄의 권한은 부족 내부의 규칙을 넘어서는 것이었다. 기존의 통치 전통이나 로디 왕조와 단절한 것은 그 자체로 셰르 샤가 성공할 수 있었던 결정적 요소였다. 로디 왕조 마지막 통치자의 막내아들인 술탄 무함마드Muhammad에게 합류했다면 셰르 샤는 사회적으로 완전히 매장되었을 것이기 때문이다. 그렇지 않아도 셰르 샤는 작고 보잘것없는 벌족 출신이었기 때문에, 전통적이고 고착화된 벌족 시스템 아래에서 그가 출세할 가능성은 매우 제한적이었을 것이다.

따라서 셰르 샤가 자기의 정치적 기반을 공고화하기 위해서는 새로운 평가와 충성 시스템이 필요했다. 여전히 강한 지위를 갖고 있던 귀족들에게 자기를 존중하라고 요구하기 전에 그는 우선 자기의 권력 기반을 단단하게 굳혀야 했다. 이때 그는 부족의 충성심에 의지하지 않았다. 그는 이미 젊은 나이에, 아마도 1520년 무렵에 부친이 보유했던 두 구역의 관리를 인계받음으로써 사사람Sasaram 지역에 독자적인 권력 기반을 구축하기 위한 토대를 마련했다. 그곳에서 그는 막강한 지주(자민다르)들을 축출했으며, 강제 노동 제도를 종식하고 외지 출신의 임금제 일꾼들을 고용했다. 그는 파슈툰인들을 고용하기도 했는데, 파슈툰인들은 그들 자신이 노획한 것 외에 셰르 샤에게서 고정 생계비를 지급받는다는 약속을 받았다. 셰르 샤는 군영 캠프에서 힘든 노동과 상시적인 군사훈련을 통해 그의 병사들을 강하게 단련시켰다.

셰르 샤는 군대의 조직뿐 아니라 운용에서도 성공을 거둠으로써 가부장으로서 매력 있는 인물이 되었다. 병사들에게 임금을 공평하게 지급할 수 있도록 셰르 샤는 치밀하게 계획된 감독 제도를 개발하고 시행했는데, 훗날 무굴인들도 이 제도를 채택할 정도였다. 아마 일부 병사들은 국가로부터 직접 임금을 지급받았던 반면에, 대다수는 국가로부터 봉토를 하사받았던 군대 장교들에게서 간접적으로 임금을 지급받았다. 이 대다수 병사가 임금을 정기적으로 확실히 지급받게 하기 위해 셰르 샤는 말에 낙인을 찍는 제도를 도입하고 이를 의무화했다. 이런 방식으로 병사들이 어느 장교에게서 임금을 지급받아야 하는지를 분명히 한 것이다. 병사들에 대한 부당한 처우 또는 그로 인한 병사들의 불만을 처리하기 위해 셰르 샤가 쉽게 지휘할 수 있는 기관이 설립되었다. 셰르 샤가 자신의 권력을 뒷받침하게 했던 위계 구조는 자기들과 동맹을 맺었던 귀족들이나 군벌들과 늘 경쟁 관계에 있던 로디 왕조 통치자의 수평적 시스템과는 뚜렷하게 차이를 보였다. 로디 왕조와 달리 셰르 샤는 벌족 구조에 의지하지 않고 처음에는 농업에 의존하던 군대의 도움으로, 그리고 이에 더해 새로운 상류 계급의 도움으로 하나의 새롭고 중앙집권화된 권력 구조를 만들었다. 물론 셰르 샤는 군대가 그에게 지속적으로 충성하게 하기 위해 자체적인 자금을 확보할 수 있어야 했다.

따라서 그가 이 자금을 어디서 확보했는지 밝히는 것은 그의 권력 구조를 파악하기 위해 매우 중요하다. 젊은 시절에 셰르 샤는 군사령관으로서 지닌 탁월한 능력 덕분에 충분한 수입을 확보할 수 있었다. 그는 지휘관으로서 다양한 활동으로 획득한 전리품을 소유할 수 있었으며, 부친이 보유했던 봉토에서 나오는 추가 소득도 있었다. 1529년과 1539년 사이의 기간은 셰르 샤가 권력 기반을 유지하는 데 중요했던 재정적 원천을 어디에서 찾았는지 밝히는 데 결정적으로 중요하다. 수르 벌족에 속한다는 사실 때문에 로디 왕조나 무굴 왕조에서 출세할 기회를 얻지 못했으므로, 셰르 샤는 1529년에 이들보다 소박한 규모의 제국으로 비하르 남부 지방에 위치했던 누하니Nuhani(로하니Lohani) 술탄국에서 복무했다. 셰르 샤는 복잡하게 얽혀 있는 아프간 귀족정의 혼란한 구조와는 아무런 관계도 없는 독립적인 인물이었기 때문에 그곳에서 신뢰받는 요직에 배치되었다. 아직 미성년이던 왕자 잘랄 칸Jalal Khan의 보호자이자 후견인으로 임명된 것이다. 술탄과 그의 아내가 사망한 후에 셰르 샤는 임시적으로 술탄국의 이인자가 되었다. 이런 방식으로 그는 독립성을 얻었지만, 누하니 벌족이 보유한 재원에는 아직 접근할 수 없었다. 아바스 사르와니의 보고서에 따르면, 셰르 샤가 보유했던 재정적 자원의 주요 부분은 그가 에미르와 술탄들에게서 약탈한 재물들이었다. 셰르 샤가 벵골 왕에게 맞서 싸워 승리한 한 전투가 그 좋은 예인데, 이 전투에서 그는 보물 외에 말과 코끼리도 약탈했다. 그 후에 그는 누하니의 보물을 이전보다 훨씬 강력하게 자신의 독자적인 외교적 목적을 달성하는 데 투입할 수 있었다. 이런 방식으로 그가 점점 독자적인 세력을 키우자, 누하니 왕조와 그 후계자는 결국 벵골로 도피할 수밖에 없었다. 그들은 거기서 동맹자를 발견하기는 했지만, 뒤이은 전투에서 셰르 샤는 또다시 승리함으로써 더욱 강력해질 수 있었다.

전쟁에서 얻은 전리품 외에 사망한 부호의 아내들과 결혼하거나 동맹을 맺는 일도 셰르 샤가 재산과 세력을 키우는 데 유익했다. 그는 다음과 같은 방법으로 이러한 재원에 대한 통제권을 장악했다. 예를 들어 그는 사망한 병사의 아내인 라드 말리카Lad Malika와 결혼했다. 그 병사는 로디 왕가가 쿠나르Chunar 요새에 보관 중인 지방의 보물들을 관리하도록 위탁했던 인물이었다. 셰르 샤는 결혼을 통해 이 보물뿐 아니라 주변 구역들까지도 손에 넣었으며, 그리하여 가까이에 위치한 자신의 세력 거점을 안정적으로 유지하고 나아가 확장할 수 있었다. 얼마 후에 그는 비슷한 이유에서 누하니 벌족 출신인 나시르 칸Nasir Khan의 아내였던 구하르 고사인Guhar Gosain과 결혼했다. 또한 셰르 샤는 힌두스탄 최고의 귀족 출신인 비비 파테 말리카Bibi Fateh Malika와는 동맹을 맺었다. 말리카는 셰르 샤의 도움을 받아 무굴 제국에 맞서 자신의 부를 지키고자 결심했기 때문에, 셰르 샤는 말리카와 맺은 동맹을 기반으로 정치적 도약에 성공했다. 말리카는 막대한 재산을 동원해 셰르 샤가 벵골을 공격할 수 있도록 지원해 주었고, 셰르 샤는 1538년에 이 공격에서 구르Gur를 점령한 후에 엄청난 재물을 노획할 수 있었다.

이렇게 재정을 확보하자 셰르 샤는 이를 토대로 최고 권력에 도달하는 데 필요한 충성을 이끌어 낼 수 있었고 대규모 군대를 편성할 수 있었다. 그가 거둔 군사적 성공은 군대를 통솔하는 자신만의 방식과 밀접하게 관련이 있었다. 셰르 샤가 자신의 부대에 적용했던 분배 체계는 그가 당시의 군사 분야에 도입했던 가장 중요한 개혁 가운데 하나로 여겨진다. 1530년대 말에 그의 이름은 승리, 부, 높은 봉급뿐 아니라 규율이 잘 유지되기 때문에 신뢰할 수 있는 병사들과 동일시되었다. 셰르 샤는 전투력이 강한 군대를 보유했을 뿐 아니라, 이 군대들은 그 자체로 강력한 독자적 동력을 발전시켰다. 그 결과 많은 전사에게 커다란 매력을 발휘해 그들은 기꺼이 이 군대들에 모병되기를 희망했다. 로디 왕조의 정부 시스템과 달리 셰르 샤는 엘리트 집단이 보유하던 기존의 독립성과 권력을 제한하는 데 성공했다.

1539년 이후로 권력이 점차 안정되어 가는 시기에 셰르 샤는 적은 전리품을 갖고도 병사들에게 급여를 지급하는 시스템을 안정시키는 일이 자기의 주요 과제라고 생각했다. 농촌에서 들어오는 수입이 국가 재정에서 차지하는 비중을 점차 강화하고, 병사들에 대한 새로운 임금 제도를 도입함으로써 그는 전리품 없이도 자신의 가장 중요한 권력 수단인 군대를 유지할 수 있었다. 앞서 언급했듯이 말에 낙인을 찍는 일이 여기에서 중요했다. 1540년에는 카나우즈 전투에서 승리해 힌두스탄과 그곳의 천연자원을 손에 넣을 수 있게 되었다. 이후에 셰르 샤는 이미 확보한 제국 재원을 신중하게 관리하고 농업 자원을 체계적으로 이용함으로써 군대에 대한 정기적인 지출의 재원을 충분히 확보해 정권을 안정화할 수 있었다. 그 밖에 셰르 샤는 토지를 잘 관리하기 위한 행정개혁도 실시했는데, 이는 훗날 무굴 제국의 아크바르가 시행한 농업 정책에 영감을 주었다.

셰르 샤가 보유한 군대가 어떤 구성원들로 이루어졌는지도 마찬가지로 주목할 가치가 있다. 아바스 사르와니는 그의 보고서에서 샤의 군대는 아프간인으로만 구성되어 있었기 때문에 그 자신이 1530년대에 북인도의 유일한 아프간 군벌이 될 수 있었다고 암시했다. 물론 눈에 띌 정도로 많은, 별로 막강하지 않은 벌족 출신인 아프간인들이 지휘관으로 임명되기는 했지만, 그렇다고 해도 이미 셰르 샤의 가족사를 들여다보면 그의 군대가 순전히 아프간인으로만 구성되었을 가능성은 매우 희박하다고 결론지을 수 있다. 짧은 기간을 제외하면 수르 벌족들은 결코 아프간인들이 아니라 튀르크바차 Turkbacha(투르크멘 또는 맘루크 노예들의 후손) 장군들의 휘하에 있었다. 셰르 샤의 부친도 이들 군주에게 봉사한 대가로 두 곳의 파르가나pargana[5]를 보유했는데, 그 가운데 한 곳인 사사람은 그의 아들 셰르 샤에게 권력 기반이 될 수 있었다. 셰르 샤가 비아프간인들과 동맹을 맺은 것은 앞서 서술했던 것처럼 그가 남편을 잃은 부유한 여성들과 전략적으로 제휴한 것 또는 그의 군대 구성과 같은 맥락에 있다.

그러나 셰르 샤와 라지푸트 왕가의 관계는 매우 특별했다. 심지어 셰르 샤의 모친이 라지푸트에 속하는 가문 출신이라는 지적도 있다. 사사람 주변에 있는 몇몇 라지푸트 가문과 맺은 우호적인 관계가 셰르 샤의 초기 성공에 크게 도움이 되었다는 주장도 있다. 특히 우자이니야Ujjainiya 가문과 맺은 동맹이 강조된다. 셰르 샤는 새로운 병사들을 모집할 때 이 가문의 개별 구성원과 개인적으로 접촉해 간접적으로 도움을 받았다. 여기서 셰르 샤가 개인적으로 접촉했던 친구들은 어떤 의미에서는 셰르 샤가 라지푸트인뿐 아니라 그 밖의 다양한 주민 집단들이 보유하던 인적 자원에 접근할 수 있도록 도와주는 수행인 역할을 했다. 심지어 당시까지는, 즉 무굴 시대 이전에는 아프간인이나 라지푸트인과 같은 개념도 엄격하게 보면 민족적 정체성보다는 오히려 군사적 정체성을 의미한 것으로서, 명확하게 구분된 특정 주민 집단을 지칭했던 것 같지 않다. 군벌 가문 출신인 모든 '힌두인'이 이슬람으로 개종할 때 파슈툰(아프간)이라는 이름을 수용했다는 사실도 여기서 참고가 될 수 있을 것이다. 이렇게 하면 그들은 아프간 벌족 사회에 받아들여지고 인정받았다. 오늘날 통용되는 의미의 종교적 개종과는 전혀 다르지만, 실제 생활 현장에서 편리하다는 이유로 혹은 군사적 이유로 이루어졌던 이러한 형태의 개종은 당시 기록들을 통해서도 입증된다.

처음에는 개종처럼 보였던 것이 사실은 대부분 그저 군대에 들어가기 위해, 또는 직업적으로 출세하기 위해 사용한 수단에 불과했기 때문이다. 사회적·종교적 정체성은 모병을 위한 노동시장에서 만들어졌다. 여기서 라지푸트

5 델리 술탄 왕조 시절에 도입된 행정 단위로, 수익을 거둘 수 있는 마을과 주변의 시골로 구성되었다.

들은 예외였다. 그들은 오랜 군사적 전통을 가진 집단으로서 높이 평가받아 왔기 때문에 다른 집단들과 같이 모병되기 위해 개종하는 등 정체성을 바꿀 필요가 없었다. 사회적 지위, 민족, 사회적 출신 성분도 셰르 샤의 군대에서는 거의 중요하지 않았다. 인도의 사회사에서 핵심으로 여겨지는 카스트 제도도 군대 내에서는 적용되지 않았으며, 셰르 샤의 사령관 가운데 많은 사람은 해방 과정에 있던 노예였다. 셰르 샤의 군대는 단순히 느슨한 결속이 아닌 통일되고 규율 잡힌 조직으로 구축되었기 때문에 여기에서 민족적·사회적 갈등은 더는 중요한 의미가 없었다. 셰르 샤 치하에서 가장 중요한 기관은 더는 벌족이나 특정 부족, 왕궁 등이 아니라 군영이었다.

이 지배 체제가 과연 얼마나 안정적이었는지에 관한 의문이 남아 있다. 옛 인도의 정치학에서는 보물 창고가 왕정의 핵심 요소로 간주되었다. 숨겨진 보물은 미래의 왕국을 위한 중심으로 여겨졌을 뿐, 현실에서 정치적 연대를 구축하기 위해 보물을 분배해 줄 필요는 없었다. 그러나 벵골 왕과 벌인 전투에서 승리해 막대한 보물을 보유하게 된 셰르 샤는 자신의 막대한 재산을 분배해 줌으로써 지배 체제를 한층 공고하게 만들었다. 이를 통해 그의 권력은 무한해 보였으며, 그의 권위는 멀리 떨어진 지역에서조차 인정받았다. 물론 다양한 종교와 민족으로 이루어진 집단들이 어떻게 통합될 수 있었는지에 관한 문제 제기가 있다. 사실 이슬람 학자들과 중앙아시아의 라지푸트들 사이에는 특히 서로 다른 삶의 방식 문제에서 견해 차이가 있었다. 그런데도 이들 사이에 어떻게 사회적 균형이 이루어질 수 있었는지는 앞으로 더 연구해야 할 문제다.

무굴 왕조의 정통성

무굴 제국의 설립자인 바부르와 그의 아들 후마윤이 내세웠던 지배 체제는 몽골적·튀르크적·이슬람적 전통을 가진 다양한 영향력들을 결합한 것이었다.[35] 바부르는 자기 혈통이 몽골의 통치자 칭기즈 칸(1227년 사망)과 티무르 제국의 창시자 티무르에게 닿는다고 내세움으로써 자기의 권위를 정당화했다. 칭기즈 칸의 후예라는 지위는 군사적·정치적으로 성공한 일반적인 지도자의 지위를 훨씬 능가했다. 칭기즈 칸이 속한 부족을 숭배하는 분위기는 여전히 그 부족의 구성원들이 태생적으로 지배권을 갖도록 보장해 주었다. 그래서 심지어 막강한 권력을 갖고 있던 티무르조차 칸이라는 호칭을 사용하지 않고 에미르로서 권력을 행사했다. 몽골적 전통과 이슬람적 전통 사이에 나타난 가장 뚜렷한 차이는 이슬람 지도자는 결정을 내릴 때 샤리아 법의 제한을 받았던 반면에, 몽골의 칸은 그 어떤 제한도 없이 활동하는 정치 지도자이자 군사 지도자였다는 사실이다.

티무르의 통치 사상에는 종교적 성격이 강하게 스며들어 있었다. 핵심 요소는 지상의 제국을 통치하는 여러 직책이 신의 제국에 있는 직책들을 상징한다는 생각이었다. 신은 유일한 지배자이기 때문에 지상에서도 신의 대리인 한 사람만이 통치권을 부여받는다. 그의 권한이 무제한적인 것은 아니고 자문관들의 조언이 필요하다고 할지라도 명령권과 결정권은 오직 통치자에게 있었다. 티무르 자신은 '무함마드의 종교를 확산하고 개선하는 자'라는 호칭을 채택했는데, 그는 이런 방식을 통해 자기가 앞서 이 호칭을 보유했던 두 명의 군주, 즉 몽골 통치자였던 마흐무드 가잔 칸(1304년 사망)과 울제이투 Öljeitü(1316년 사망)뿐 아니라 우마이야 왕조 칼리파와 아바스 왕조 칼리파들의 계보를 이어받는다는 사실을 천명했다. 티무르 제국에서는 몽골과 달리 통치자가 사망하면 그가 지배하던 영토를 부족들에 분배하는 것이 아니라 지역적 측면을 고려해 후계자들에게 분배했다. 여성들은 통치자가 직접 될 수는 없었지만 때에 따라 상당히 막강한 권력을 행사했는데, 예를 들어 통치자가 부재 중일 때는 그의 대리인으로 활동하기도 했다. 또한 티무르 제국에서는 바부르의 예가 보여 주듯이 미성년자들도 권좌에 오를 수 있었다.

바부르는 티무르와 마찬가지로 신의 뜻을 무조건 따르는 믿음을 갖고 있었지만, 통치에서는 종교적인 면을 고려하기보다 오히려 실용적이고 정치적인 판단에 따랐다. 어차피 티무르 왕조는 종교적이고 법적인 사안에서 칼리파가 갖는 지배권을 인정하지 않았지만, 바부르가 아대륙을 정복할 무렵에는 결국 이집트에 남아 있던 마지막 칼리파 알무타와킬 3세Al-Mutawakkil III마저 사라져 버렸다. 그들은 오스만 술탄의 우위도 인정하지 않았다. 바부르는 티무르 가

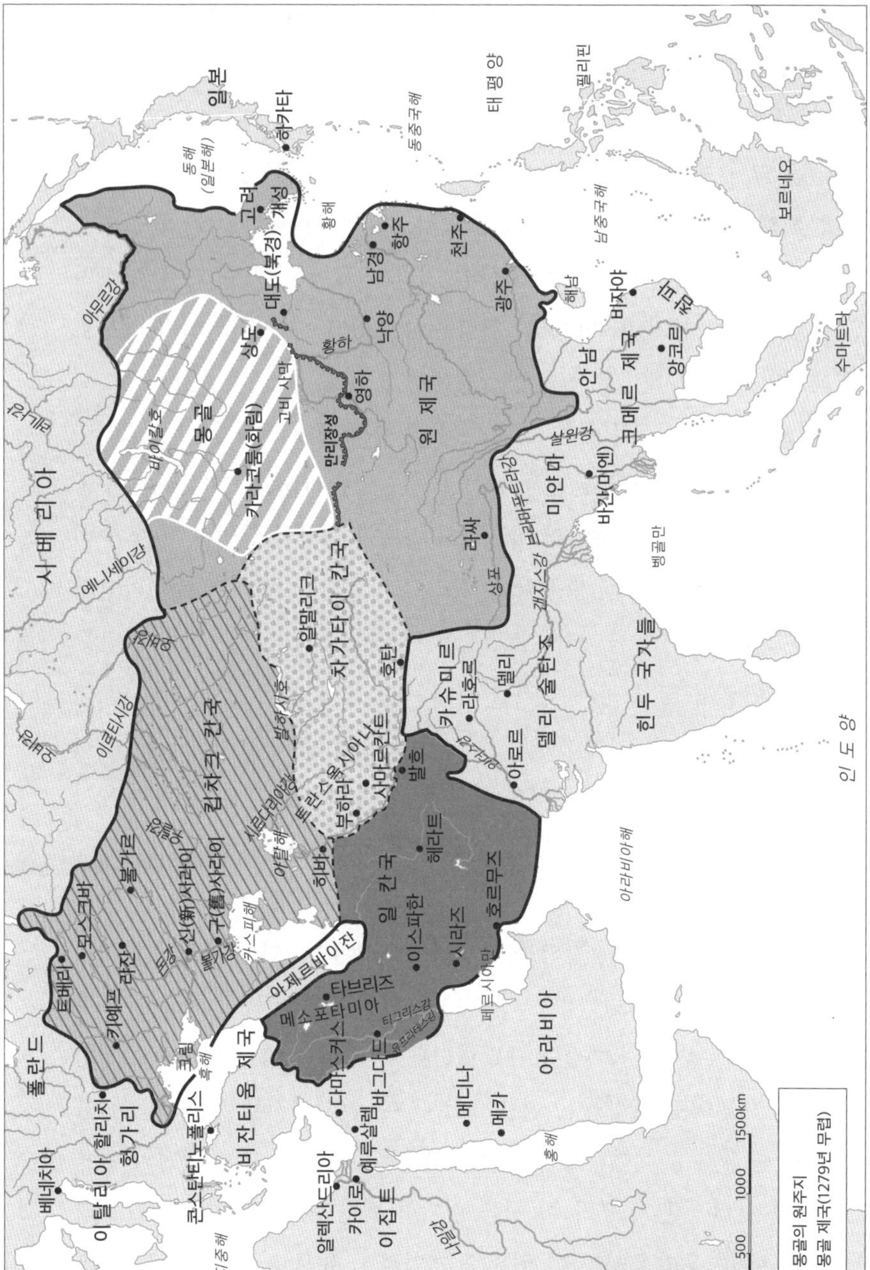

사 베 리 아
일본
하카타
고려
개성
동해 (일본해)
동중국해
태 평 양
필리핀
황해
대도(북경)
상도
아무르강
몽골
바이칼호
카라코룸(화림)
고비 사막
만리장성
영하
황하
낙양
남경
항주
천주
광주
해남
남중국해
원 제 국
라싸
상포
예니세이강
알말리크
차 가 타 이 칸 국
호탄
이르티시강
킵 차 크 칸 국
불가르
모스크바
라잔
신(新)사라이
구(舊)사라이
볼가강
돈강
키예프
트베리
폴란드
헝가리
할리치
베네치아
이탈리아
크림
흑해
콘스탄티노폴리스
비잔티움 제국
아제르바이잔
카스피해
아랄해
시르다리야강
발하시호
트란스옥시아나
부하라
사마르칸트
히바
발흐
헤라트
일 칸 국
이스파한
시라즈
호르무즈
타브리즈
메소포타미아
티그리스강
유프라테스강
바그다드
다마스쿠스
예루살렘
메디나
메카
홍해
아라비아
페르시아만
아라비아해
알렉산드리아
카이로
이집트
나일강
지중해
카슈미르
라호르
아그라
델리
델리 술탄조
힌두 국가들
갠지스강
브라마푸트라강
미얀마
바간(미엔)
살윈강
벵골만
안남
크메르 제국
앙코르
비자야
참파
수마트라
보르네오
인 도 양
몽골의 원주지
몽골 제국(1279년 무렵)
0 500 1000 1500km

13세기 말의 몽골 제국.

문 출신의 통치자로서 티무르 제국의 통치권을 상속받았다고 믿었다. 카불에서 권력을 확립한 후인 1507년에 바부르는 파디샤[6]라는 호칭을 사용함으로써 지역의 다른 권력자들에게 위상을 과시했다. 바부르는 자기가 보유한 최고 지배권을 그 누구와도 나눌 수 없다고 생각했지만, 지역적인 권력은 아들들에게 분배해 주는 원칙을 고수했다. 그러나 한편으로는 한 사람에게 집중된 최고 통치권, 다른 한편으로는 분산된 지방 권력이라는 두 가지 요소가 결합된 통치 형태는 불가피하게 항상 위험을 내포했다. 그래서 건국자 바부르가 사망하자마자 무굴 제국은 험난한 실험대에 올랐다.

이론적으로는 바부르의 아들 후마윤이 곧 후계자로 인정받았다. 그러나 영토 전체를 세 명의 형제와 실질적으로 나누는 일은 어려웠으며, 이는 무굴 제국에서 이런 방식으로 이루어진 처음이자 마지막 실험이 되었다. 이제야 비로소 공고해지기 시작한 제국의 상황은, 그리고 외부의 적들이 여전히 막강하다는 사실은 이러한 권력 승계와 영토 분할 시도를 추가적으로 어렵게 만들었다. 처음에 적용된 영토 분배 원칙은 특히 후마윤의 형제 캄란Kamran이 새 파디샤를 인정하지 않았기 때문에 오래 유지되지 못했다. 후마윤 치하에서 성립된 국가 구조는 그의 신비주의적 사고에 크게 영향을 받았다. 후마윤이 생각하기에 통치자는 세계의 중심으로서 태양에 해당하는 위치에 있었다. 그리고 국가 관료들은 열두 부서로 나뉘어 통치자를 둘러쌌는데, 이들의 지위는 상징적으로 천문학(점성술)의 열두 별자리에 해당했다. 현실 세계의 통치자는 지상에 나타난 신의 그림자라는 생각이 후마윤에게는 특히 중요했다. 후마윤은 심지어 새로운 궁정 예절을 개발했는데, 여기서는 빛과 태양의 상징성이 그 핵심이있다. 이떤 사람들은 이를 보고 후마윤이 자기를 스스로 신성을 갖는 존재로 주장하려고 한다고 생각했다. 예를 들어 통치자는 자기의 왕관을 천으로 덮기 시작했다. 그가 이 천을 벗기면 백성들은 "빛이 비치도다."라고 반응해야 했다. 후마윤이 자기 권위를 개인적 소유물로 생각했다는 것은

6 무굴 제국 등 이슬람 국가들에서 황제를 지칭하는 용어다. 이란의 샤한샤(왕중왕), 오스만 제국의 술탄 등과 같은 맥락으로 쓰인다.

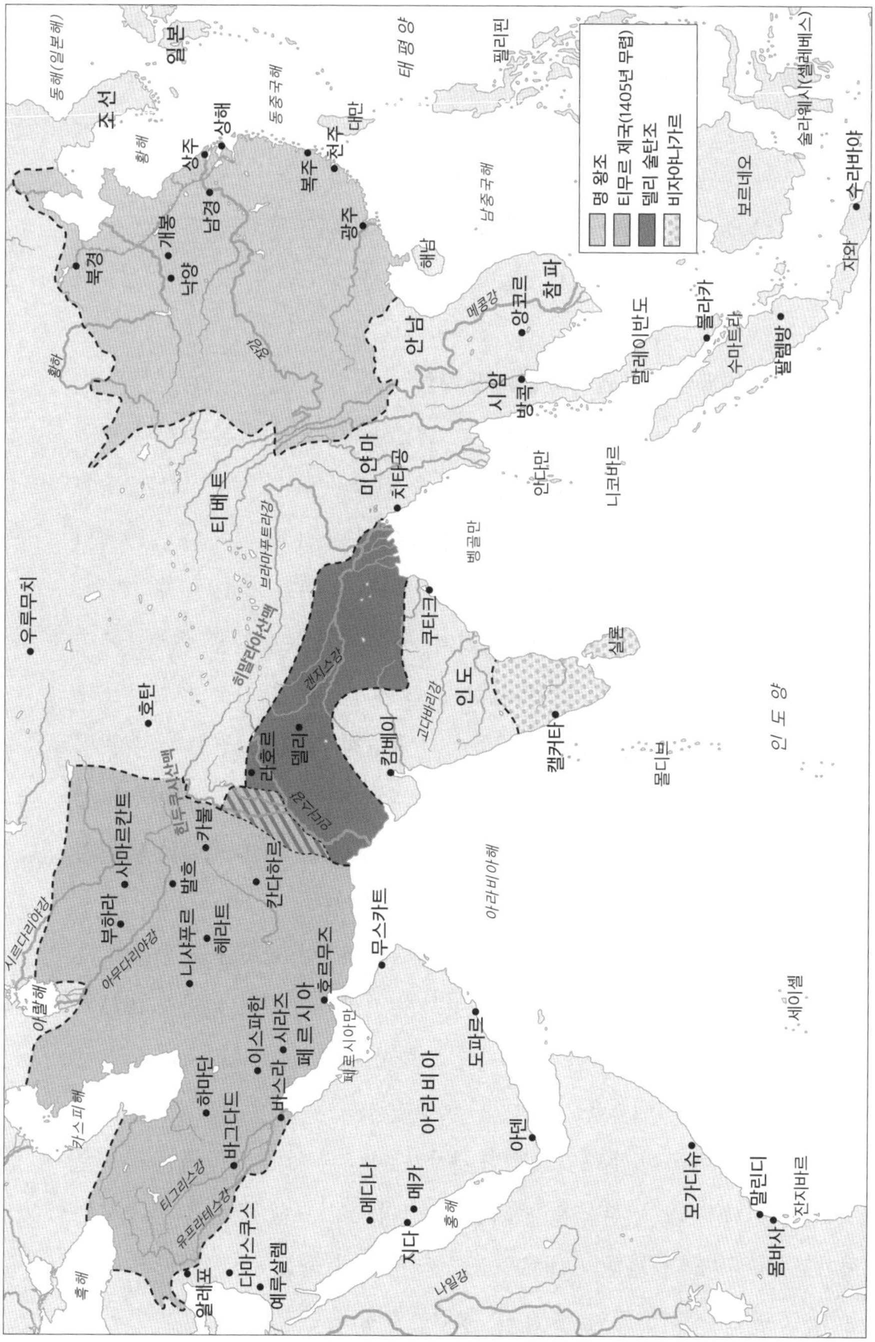

1400년 무렵의 아시아.

목숨을 구해 준 물 배달부에게 몇 시간 동안 통치권을 넘겨준 적이 있었다는 일화를 통해서도 뚜렷하게 드러난다. 하지만 후마윤은 실제로는 궁정 안에서조차 자기의 통치권을 완벽하게 관철할 수 없었다. 왜냐하면 때에 따라 귀족들의 지위는 매우 강해서, 앞서 언급했듯이 후마윤이 그의 권위를 인정하지 않는 형제 캄란에게 맞서 싸울 때 귀족들은 후마윤을 지원하는 대가로 무리한 요구 사항을 내걸고 심지어 그를 압박할 수 있을 정도였다.

아크바르 치하에서 지배 권력의 연출과 확립

무굴의 제국 체제가 제국이 지배한 영토의 사회구조에 미친 엄청난 변화들은 무굴 제국이 붕괴하고 나서 집권한 후속 권력자들의 통치 기간에도 여전히 영향을 미쳤다.[36] 특히 사람들은 농업 구조와 조세 문제에서는 19세기 초에도 무굴 제국의 정책을 참고했다. 그들의 화폐 및 주화 제도뿐 아니라 화폐의 단위나 무게도 영국이 통치하던 시기와 그 이후에 독립한 군주국들에서까지 새롭게 꽃피었다. 사회적 소통 방식과 법 전통들도 그대로 유지되었다. 무굴 시대의 미학도 이후의 예술과 건축에서 중요한 잣대가 되었다. 군사 영역에서도 모병, 행정, 통제와 관련된 무굴인들의 방식은 커다란 영향력을 행사했다. 수치화된 계급제도와 봉급 지급을 위해 분배된 영지 제도도 마찬가지로 훗날의 라지푸트 통치자나 프랑스인들이 이용했다.

무굴 통치자가 제국에서 행사한 엄청난 권위는 개별 제도나 규정들이 계승된 것과 상관없이 신화가 될 정도로 뚜렷하게 전파되어, 인도에서는 18세기에도 여전히 회자되었다. 심지어 영국 동인도회사East Indian Company: EIC조차 무굴 제국이 이 지역의 지배권을 갖는다는 허상을 1857년까지 갖고 있었다. 이러한 사실은 무굴 제국이 무너진 지 한 세기가 지난 후에도 그곳에서 독립운동이 거의 일어나지 않는 현상을 초래했다. 그러므로 도대체 무굴 통치자는 권위적이고 위계적인 관계들의 네트워크를 작동하게 하는 상징과 의식의 시스템을 왜 그리고 어떻게 만들어 낼 수 있었는지에 관한 의문이 제기된다. 나아가 그는 어떻게 해서 막강한 사회집단들의 지지를 이끌어 내서 위계질서에 따라 종속시켰으며, 나아가 이들의 사회적 결속까지 이루어 낼 수 있었는지에 관해서도 여러 가지 의문이 제기된다.

후마윤의 아들이자 후계자인 아크바르(재위 1556~1605)는 집권 초기에 아직은 저항 세력들과 싸워야 했지만, 그 후에는 자기와 엘리트 집단 사이의 관계를 변화시킴으로써 권력을 공고화하는 데 성공했다.[37] 아크바르는 자신의 군대 내부에 있는 다양한 민족 집단들을 그들 사이에 대체로 세력균형이 이루어지도록 배치했을 뿐 아니라, 나아가 무엇보다 그들 사이에 공동의 정체성이 형성되게 했다. 또한 그는 군사령관(만사브다르)과 제국 감독(아미르)이라는 새로운 직책을 도입했는데, 이 직책은 모든 출신 성분의 야심 있는 병사들에게 커다란 매력을 느끼게 하는 명망 높은 지위였다. 아크바르 자신은 대부분의 인도 무슬림 통치자들에게서는 찾아보기 어려운 유일무이할 정도로 개방적이면서도 카리스마 넘치는 리더십을 발휘했다. 아크바르는 다양한 상징과 의식들을 동원해 통치자 자신을 제국의 화신으로 형상화했고, 이러한 이미지를 정착시켰다. 그리고 학자인 아불 파들 알라미Abu'l-Fadl 'Allami(1551~1602)의 자문을 얻기 시작하면서 자신의 사상을 말로 표현하기도 했다. 아불 파들 알라미와 같은 국가의 최고 지식인과 개인적으로 연결된 그에게는 감히 맞설 만한 사람이 없었다. 통치자에 대한 비판은 곧 체제 전체에 대한 문제 제기가 되었다.[38] 아크바르는 그의 선임자라고 할 수 있는 티무르와 자신을 직접적으로 뚜렷하게 연결함으로써, 무엇보다 티무르를 제국의 원조로 내세우는 체제가 정당성을 가진 체제라고 믿던 무슬림 백성들에게 자신의 권력을 정당화할 수 있었다. 복잡한 궁정 의식은 통치자를 예찬하는 데 기여했는데, 귀족들은 개인적으로 이 의식에 참여할 의무가 있었을 뿐 아니라, 이를 통해 자신들도 통치자에게 결속되었다고 느낄 수 있었다. 그의 아들이자 후계자인 자한기르의 통치기가 끝날 무렵인 1627년에는 상징과 의식을 통해 제국의 질서를 유지하는 시스템이 견고하게 자리 잡았다.[39]

고도로 전문화되고 체계적이던 무굴 제국의 행정 기구는 특히 인상적으로 보인다. 그러나 이 시스템에서 가장 중요한 부분은 통치자와 그의 부하들 사이에 충성과 이해관계를 확고하게 결합한 것이었다. 그리고 여기에서 핵심은 다양한 출신 배경을 지닌 군부 귀족들에게서 가치관의 변화를 이끌어 낸 것이었다. 다시 말해 개인적인 명예 또는 부족과 신분에 기초한 명예를 중시하던 관습은 이제 개인을 넘어서 제국과 연관된 감정으로 바뀌어야 했다. 심지어 통치 체제 안에서 개인이 승진하거나 발전하는 것조차 무굴 통치자, 즉 제국에 봉사한다는 점에서 새로운 명예심을 갖게 하는 동력이 되었다.

대중 사이에서 아크바르의 이미지는 무엇보다 통치와 관련된 여러 상징을 통해 뚜렷하게 새겨졌다. 일찌감치 아크바르의 정치적 독립성을 명확하게 보여 준 사실은 그가 델리가 아니라 파테푸르 시크리라는 마을을 제국의 새로운 수도로 결정한 것이다. 아크바르는 존경받는 수피 셰이크인 살림 치슈티Salim Chishti(1571년 사망)와 친밀한 관계를 맺고 있었는데, 살림 치슈티는 파테푸르 시크리에 거주하면서 아크바르의 사상을 위해 중요한 역할을 수행했다.[40] 살림 치슈티가 죽은 후 그가 살던 파테푸르 시크리 마을은 통치자의 희망과 면밀하게 검토된 계획에 따라 제국의 수도로 건설되었다. 새 수도에는 궁전 외에 거대한 이슬람 사원과 살림 치슈티의 무덤이 중심에 놓였는데, 이후에 이 무덤은 순례지가 되었다. 아크바르는 이렇게 한편으로는 법으로 정해진 종교와 신비주의를 결합한 인도식 이슬람의 역할을 강조하면서, 다른 한편으로는 수피 셰이크의 무덤이 연상시키는 신성함을 아크바르 본인이나 자기의 통치자적 권위와 연결하는 데 성공했다. 살림 치슈티는 아들들에게 자기가 죽은 후에도 될 수 있는 한 아크바르를 위해 일하라고 권유했기 때문에, 아크바르는 이 가문이 가진 '신비로운 자질'과 이 가문의 구성원이 보유한 명성을 함께 누릴 수 있었다. 아크바르는 인도에서 이 수도회를 창립한 모이누딘 치슈티Moinuddin Chishti(1141~1236)의 무덤을 찾아 아즈메르까지 순례를 다녀옴으로써 치슈티 수도회와 자기의 연결 고리를 더욱 확대했다. 그곳에서 아크바르의 기부금을 둘러싸고 논쟁이 발생하자, 아크바르는 묘역의 통제권을 직접 떠맡았다.

아크바르는 그 어떠한 정치적 관계들도 고려하지 않은 채 마음대로 파테푸르 시크리를 새로운 수도로 지정했다. 만약 델리가 수도였다면 기존의 사회 집단들은 그곳에 존재하던 옛 지배 구조를 통해 영향력을 행사할 수 있었을 텐데, 아크바르는 천도 결정을 통해 그 가능성을 모두 제거해 버렸다. 그 밖에 무굴 통치자는 새로운 수도 건설에 투입한 것만큼이나 많은 재원을 아그라, 알라하바드, 라호르의 세 군데에 있는 요새를 새로 구축하고 강화하는 데 투입했다. 이는 자신이 궁정의 고위 관료들과 함께 제국을 순회하며 정치적·군사적 작전들을 개인적으로 감독할 수 있게 하려는 의도에서였다. 1585년에 아크바르가 군사적인 이유에서 자신의 거처를 라호르로 옮기자, 신생 수도였던 파테푸르 시크리는 갑자기 황제가 떠나 버린 도시가 되었다. 얼마 후 아크바르는 옛 선조들의 생활 방식을 복원해 텐트로 궁정 막사를 만들어 그곳으로 들어갔으며, 그때부터는 그 안에서 제국을 통치하는 업무를 관장했다. 나아가 아크바르는 모든 중요한 행정과 궁정 생활의 핵심적인 기능을 구비한 사실상의 '이동하는 수도'를 개발했다. 아크바르가 파테푸르 시크리를 떠난 이유가 단지 보안 문제 때문만은 아니라는 추측이 적절해 보인다. 그동안의 궁정 의식은 수동적으로 움직이는 통치자의 위대함과 권력을 강조하려고 시행되었고, 이미 그런 방식으로 굳어져 있었는데, '이동하는 수도'는 지금까지의 방식에서 탈피해 적극적이며 공격적인 통치자라는 이미지로 새로운 추동력을 제공하는 데도 기여했다. 아크바르의 궁정 막사는 통치 권력의 모든 요소를 구비하고 있었으며, 심지어 외양으로 보아도 실제 수도인 파테푸르 시크리의 궁정과 비슷했다. 궁정 막사는 규모가 거대하면서도 세밀하게 조직되어 있었으며, 통치자의 막사가 지닌 구조는 함께 이동하는 고관들의 막사에 작은 규모로 반영되었다. 통치자의 막사가 실제로 제국의 수도로 여겨졌다는 것은 당시에 통용되던 동전에 수도의 이름이 아니라 '행운의 야영지zorb mu'askari iqbal'라는 문구가 새겨져 있었다는 사실에서도 입증된다. 아크바르의 전임자들은 자기들이 델리를 지배한다는 사실에 (사마르칸트에 대한 지배와 그곳 주민들의 지지가 티무르에게 의미했던 것처럼) 특별한 의미를 두었던 반면에, 이 무굴 통치자는 오직 자기 자신이나 자기 왕조에만 모든 권위를 부여했다.

이러한 사실은 무엇보다 왕조의 이데올로기에도 반영되었는데, 앞서 언급했던 학자인 아불 파들 알라미가 왕조의 이데올로기를 만들고 퍼뜨리는 데 중요한 역할을 했다. 그는 아이디어가 풍부하고 박학다식해서 사상가와 선전 전문가로서 탁월한 인물이었다. 아불 파들 알라미는 아크바르와 무굴 왕조의 통치를 정당화해 주고 다른 파벌이 권력에 대한 자신들의 지분을 요구할 때 이를 사전에 차단할 수 있는 지적인 틀을 확립했다. 또한 통치자와 그의 가문은 저급한 능력만을 부여받고 태어난 인간들을 다스릴 숭고한 신적 권리를 갖는다고 주장했다. 아불 파들 알라미는 아크바르의 정치적·개인적 노력을 이러한 이념적 틀을 통해 개념적으로 재구성해 왕조의 권위를 확립했다. 그리고 이 틀은 궁정의 학자들이, 그리고 아불 파들 알라미의 개인적 서신들이나 무엇보다 그가 집필한 『아크바르 연대기*Akbarnama*』가 널리 퍼뜨렸다. 1595년에 통치자에게 헌정된 이 저작의 중심에는 아크바르를 신 바로 다음에 세우는 사상이 자리 잡고 있었다. 이 사상을 뒷받침하기 위해 아불 파들 알라미는 아크바르가 신에게 특히 가까운 곳에 서 있다는 증거로 아크바르의 눈썹과 이마에서 빛이 뿜어져 나온다는 사실을 들었다. 그런데 이 빛은 예로부터 오랜 세월에 걸쳐 전해져 오는 것처럼 보통 사람은 볼 수 없는 빛, 오직 특별히 영적인 인간들만 감지할 수 있는 '숨겨진 빛'이었다. 이러한 신비화 덕분에 아크바르는 그의 시대에 가장 신성했던 무즈타히드 또는 마흐디보다 더욱 신비한 권위를 갖게 되었다.

『아크바르 연대기』에 포함된 한 기묘한 신화에서 아불 파들 알라미는 아크바르의 조상들에 관해 이야기했다. 이들 가운데에는 최초의 인간인 아담 외에 51세대에 걸친 기독교와 이슬람교의 예언자들뿐 아니라 최초로 알려진 튀르크-몽골인들도 있었다는 것이다. 아불 파들 알라미는 이러한 이야기를 사람들에게 더 쉽게 이해시키고 현실에서 영향력을 발휘하도록 만들기 위해, 당시에 널리 퍼져 있던 두 개의 학설을 결합했다. 그 하나는 몽골의 태곳적 출생 신화이며,(이 신화에는 아불 파들 알라미의 저작에서처럼 하나의 왕조를 설립한 시조들을 잉태한 한 동정녀의 이야기가 등장한다. 아불 파들 알라미의 저작에서 그 여성은 신적인 빛에 의해 잉태한다.) 다른 하나는 아불 파들 알라미가 그의 『아크바르 연대기』에서 사료로도 언급했던 페르시아 신비주의자인 샤하브 알딘 야히야 수라와르디Shahab al-Din Yahya Suhrawardi(1193년 사망)의 조명 철학[7]이다. 샤하브

7 이 가르침을 따르는 흐름을 가리켜 흔히 조명학파라고 하는데, 이슬람 철학의 한 갈래로 분석보다는 직접적인 깨달음을 중시하는 신비주의적 경향이 있었다.

알딘 야히야 수라와르디는 위계적 구조를 갖고 있는 천사들이 인간에게 전달하는 신의 빛에 관해 자기의 복잡한 이론 안에서 서술했는데, 아불 파들 알라미가 이 이론을 받아들인 것이다. 아불 파들 알라미는 아크바르가 이 빛을 특히 많이 부여받았는데, 그 빛이 가진 힘이 매우 강력하기 때문에 숨겨진 채 있어야 했으며, 이 힘이 바로 아크바르가 신에게 특별히 가까이 서 있다는 증거라고 주장했다.

이런 세부적인 내용을 통해 '힌두교도'나 비무슬림들을 포용할 수 있는 이데올로기로, 나아가 지난 인도 무슬림 제국들에서 흔히 발생했던 종교적이고 민족적인 갈등을 막을 수 있는 이데올로기로 나아가는 길이 열렸다. 아불 파들 알라미는 한편에 아크바르가 공개적으로 시행했던 종교적 의식, 그리고 다른 한편에 티무르 때까지 거슬러 올라가는 주장, 즉 그들이 왕조를 형성할 권리가 있다는 주장, 이 두 가지를 하나의 이데올로기적 형식에 끼워 맞추는 데 성공했다. 그리고 이는 무굴 제국의 엘리트들에게서 폭넓게 공감을 얻을 수 있었다. 이런 맥락에서 아크바르의 '신성한 믿음'을 고찰할 때, 이 신성한 믿음이 다양한 종교와 이데올로기에서 나왔다는 주장은 설득력이 없다. 1583년부터 아크바르는 그 어떠한 정통 이슬람적 의식도 행하지 않았으며, 그 대신에 태양을 섬기기 시작했다. 이를 위해 그는 새로운 의식을 고안했고 다양한 분파의 저명한 성인들과도 대화를 나누었다. 그는 성적으로 금욕했는데, 이는 한 통치자에게 매우 흔치 않은 일이었다. 심지어 그는 죽음의 순간에 자신의 영혼이 자유롭게 떠돌 수 있게 하기 위해 자신을 삭발하게 했다. 아크바르의 최측근들 가운데 일부는 곧 이 새로운 신앙에 환호했다. 이러한 형태의 결속은 '제국적 추종심'으로 불리며 지대한 정치적 영향력을 발휘한 것으로 인정된다. 어느 시점부터 매주 각각 열두 명의 남성이 아크바르를 신봉하는 모임의 추종자로 선발되었다. 아크바르의 추종자가 된다는 것은 특별한 명예로 여겨졌으며, 통치자와 밀접한 관계를 갖는다는 것뿐만 아니라 특히 믿을 만하고 충성된 사람에 속한다는 것을 표현했다. 가입 의식은 각 무슬림이 정통 이슬람으로부터 탈퇴하고 이제부터는 아크바르를 직접 섬긴다는 고백으로 시작했다. 그 밖에 신입 회원은 자기가 모실 주인에게 개인적인 충성 서

—— 무굴 제국의 통치자 아크바르(재위 1556~1605). 아크바르는 무굴 시대의 가장 중요한 통치자 중 한 명으로 여겨진다. 그는 광범위한 행정개혁을 통해 제국을 공고히 했다. 나아가 그는 이슬람보다 인도아대륙에 더 적합한 새로운 통합주의 신앙의 형태에 다가가려고 시도했다. 이런 신앙 형태는 아크바르 자신이 영적 지도자로 나섰던 일종의 수도회 안에서 이어졌다. (Wikimedia Commons)

약을 했는데, 이 의식은 엘리트들을 황제에게 직접 결속하는 수단이 되었다. 이 의식을 통해 매우 다양한 출신과 다양한 성향을 가진 부하들이 옛 관계들을 끊고 오직 황제만을 섬기는 새로운 이데올로기를 공동으로 수용함으로써 하나로 결속하게 되었던 것이다. 통치자가 '깨우친' 존재라는 사상은 궁정 밖으로도 확산되어 심지어 지역 주민들의 풍습에도 스며들었다. 자한기르(재위 1605~1627) 치하에서도 이 사상은 유지되어, 새 통치자는 자신의 부친에게 보였던 것과 같은 숭배를 백성들에게 요구했다.[41] 하지만 그가 요구한 사항은 아크바르의 것을 넘어섰다. 자한기르는 자기가 무함마드보다 더 위대한 예언자라고 생각했으며, 당시의 성인들을 영적인 스승이 아니라 경쟁자로 보았다.

아크바르는 아불 파들 알라미와 그가 확립하고 퍼뜨린 이데올로기에 힘입어 새로운 제국의 정체성을 만들어 내는 데 성공했다. 그래서 17세기 초의 무굴 제국 엘리트 대부분은 거의 완벽하게 제국 내에서 출세하는 데만 몰두했다. 단지 소수만이, 즉 라지푸트인과 일부 아프간인 무슬림, 인도인 무슬림만이 여전히 만약의 사태가 발생할 경우에 대비해 되돌아갈 수 있는 개인 소유의 토지를 보유했다. 한편 이슬람의 군사 노예 모델에 따른 군사 및 행정 분야의 엘리트들이 형성되었다. 이 방식을 통해 다양한 민족 집단이 군대에 흡수되어, 술탄들의 왕조를 위해 충성할 수 있는 믿을 만한 전사로 키워졌다. 흥미롭게도 무굴의 일부 귀족과 고위 관료들은 법적으로 자유인이었는데도 스스로 군사 노예와 비슷한 지위에 있다고 생각하는 경향이 있었다. 심지어 자기들을 가리켜 '반다bandah(노예)'라는 개념의 용어까지 사용할 정도였다. 이처럼 노예와 주인 사이의 사회적 관계를 표현하는 용어를 사용하는 것을 보면, 군사 노예 제도가 시행되었던 100년이 넘는 기간에 무슬림 세계에는 어떤 규범적 합의가 등장했다는 사실을 알 수 있다. 당시 사회에서 지배적이던 위계질서는 상속권에서도 보인다. 아크바르와 자한기르는 자기들의 노예들이 사망하면 그 노예들이 보유했던 모든 재산을 가져갔다. 이슬람 상속권과는 일치하지 않는 행태였다.

통치자와 엘리트들 사이에 형성된 이러한 관계로부터 두 가지의 더 밀착된 관계가 발전했다. 하나는 이미 언급했던 영적 추종이고 다른 하나는 봉사였는데, 봉사는 16세기 초에 더욱 중요해진 가족적 전통이었다. 카나자드 khanazad('가문의 아들')라는 표현은 본래 궁정과 직접적인 관계가 있음을 의미하는 용어로 사용되어 왔다. 그런데 이 용어가 점차 통치자와 직접적인 관계는 없지만, 오랜 세월 지속적으로 통치자에게 봉사해 온 사람들이 자부심에 차서 자기들을 칭하는 표현으로 변해 갔다. 이런 개념은 하급 신하들에게까지 영향을 미쳐, 아불 파들 알라미의 왕조 이데올로기를 보완해 주는 튼튼한 버팀목으로 작동할 수 있었다. 통치자가 궁정에 거주하는 한 이러한 종류의 결속은 비교적 쉽게 유지될 수 있었다. 그래서 자한기르도 대부분의 기간에 궁정을 떠나지 않았으며, 군사 원정에도 될 수 있는 한 직접 참가하지 않았다. 또한 멀리 떨어진 곳에서 주둔하는 사령관들에게도 통치자와 가깝게 연결되어 있다는 결속감을 줌으로써 카나자드로서 자신들의 직무에 자부심을 갖게 하기 위해 강력한 상징들이 개발되었다. 그들에게 연락할 때 보내는 문서에는 통치자의 옥새를 찍었는데, 옥새가 찍힌 문서는 마치 통치자 자체인 것처럼 대단히 영광스럽게 취급되었다.

무굴인들이 구축했던 주인과 노예들 사이, 군주와 추종자들 사이의 긴밀한 결속 또는 통치자와 한 가족이라는 전통의 관계망은 제국을 통제하는 데 매우 탁월한 능력을 발휘한 것으로 드러났다. 백성들이 황제를 표현하는 상징에서 통치자 개인을 발견하는 능력은 제국적 의식을 통해 촉진되었다. 그러나 무굴 제국이 보유했던 거대한 권력의 토대는 더 깊은 곳에 있는 가치에, 다시 말해 백성들이 통치자 개인과 왕조의 권위 앞에 굴복함으로써 더 커다란 명예에 도달할 수 있다고 고무했다는 사실에 있었다. 제국의 다양한 구성원들은 더 커다란 명예를 얻고자 하는 욕망이 있었기 때문에 자신들이 가진 여러 가지 사회적 장벽을 극복하고자 했다. 그뿐만 아니라 무굴 제국의 엘리트들은 개인적 명예의 규범 체계 안에서나 통치자에 대한 봉사의 관점에서나 그 어디에서도 자신의 약점을 노출할 수 없었다.

토착 엘리트들과의 관계

사람들은 무굴인과 라지푸트인의 관계가 무굴 지배 체제의 토대였다고 생각한다.[42] 이 관계를 통해 제국 건설이라는 목표를 달성하고자 하는 독자적인 문화 집단이 정치체제 안으로 통합되었다는 것이다. 라지푸트인들이 거주하던 지역은 구자라트의 거대한 문화 중심지와 북인도 평원의 거대한 문화 중심지들 사이에 있기 때문에, 이 지역은 문화 중심지들을 연결하는 수많은 교역로가 거쳐 지나가는 전략적인 통과 지역이었다. 여기서 핵심은 무굴인과 라지푸트인들 사이의 관계를 떠받쳤던 충성심이 어느 정도인가 하는 것이었다. 이 부분을 상세히 설명하기 위해 노먼 치글러Norman Ziegler의 논문에 나오는 세 가지 사례를 언급해 보고자 한다. 이 사례들은 17세기 중반의 서부 라자스탄 출신인 라토르Rathore 라지푸트의 계보학, 벌족의 역사, 행정 연대기에서 발췌한 것이다.

여기서 치글러는 전반적으로 충성을 바치려는 상대가 원하는 식으로 오랫동안 행동하려고 하는 마음, 그리고 그렇게 행동할 때 발생할 수 있는 도덕적·감정적·물질적 희생조차 감수하려고 하는 결연한 의지적 결속감과 마음가짐이 충성심이라고 정의했다. 충성 관계란 정체성 발견과 비슷하게 사회적 기반에 토대를 두는 것이었다. 주목해야 할 중요한 사항은 지방의 정치 문화다. 이 문화에 따라 정치적 상황이 평가되며, 여기서 정치가 어떠한 방향으로 나아가야 할지에 대한 주관적 방향이 설정되기 때문이다. 치글러는 다음과 같이 주장한다. 첫째, 충성은 누군가와 연관되어 있는 자신의 정체성 문제뿐 아니라 무엇이 옳고 그른지에 대한 판단과도 연관되어 있는데, 이 판단은 바로 문화적 개념들 안에서 정해진다. 따라서 문화적 개념에서는 충성과 소속감 같은 개념뿐 아니라 통합이 중요하며, 그뿐 아니라 공동의 가치와 사회제도들도 중요하다. 둘째, 충성은 개인의 인간적 목적과 충성 대상 사이에 존재하는 공동의 이익이 무엇인지에 달려 있다. 그것은 개인이 자신을 충성 대상과 동일시하고 거기서 만족을 느끼는 것에서 만들어진다. 셋째, 더 포괄적인 의미에서 충성을 어떻게 유발할 수 있느냐 하는 문제는 지배 질서를 규정하고 더 커다란 목표와 연결하는 시스템과 이를 함축한 상징들을 어떻게 개념화하는지에 달려 있다. 마지막으로 넷째, 전근대적인 사회에서 충성은 수많은 원초 집단(1차 집단)과 2차 집단들이 조종하며, 서로 경쟁하는 규범이나 상식들에서 영향을 받는다. 그 결과 서로 다른 여러 충성심이 등장하고 이들 사이에 갈등이 발생할 여지가 생긴다.

무굴 시대 동안에 라지푸트인들은 두 개의 원초적인 단위를 통해 자기들의 정체성을 규정했다. 형제단, 그리고 혼인을 통한 동맹. 여기서 형제단이라는 개념은 넓은 의미에서 벌족으로 대표되는, 같은 직계 조상을 가진 부계 집단인 경우나 부계 조상들이 혈통을 통해 선조들과 연결되는 경우에 해당한다. 그러나 이러한 벌족은 현실에서는 대부분 통합된 집단이 아니었다. 그렇기 때문에 3대에서 5대에 걸친 작은 규모의 형제단들이 있었다. 이들은 자기들이 보유한 토지에 매우 밀접하고 분리될 수 없도록 결합되어 있었는데, 이 토지를 자신들의 고향이자 뿌리이며 생계 기반인 동시에 힘의 토대라고 생각했다. 형제단도 혼인 동맹도 무굴 통치에서 중요한 요소의 하나였다. 그것들은 라지푸트인들의 자기 인식에 매우 중요했다. 그러나 이 형제단이나 혼인을 통한 결속이 모든 동맹을 결정하지는 않았다. 한 지역 내부의 충성은 이들 집단의 구조적 특성 때문에 매우 복잡할 수 있었으며, 극도로 다양한 제도나 조직 원칙들도 포괄할 수 있었다. 하지만 동맹을 결정하는 가장 지배적인 방식은 친족 관계였다. 부분적으로 서로 독립적이던 라토르 라지푸트 형제단이 좋은 사례다. 그들은 한 막강한 집단이 다른 집단들을 통제하고 영향을 행사하는 사태를 대부분 피할 수 있었으며, 무굴 제국에도 제한적으로만 접촉했다. 그들의 관계를 지배적으로 규정하던 범주는 같은 조상과 같은 혈통, 그리고 형제들 사이의 평등 원칙이었다. 지위에는 아주 작은 차이만 있었으며, 형제단의 지도자조차 단지 '동료들 가운데 일인자'에 지나지 않아 형제들의 의지와 동의에 따라야 했다.

다른 공동체들은 뚜렷하게 분화하는 현상을 보여 주었는데, 부와 권력이 결정적 요소로 작용했다. 이들은 그 밖에 두 가지 제도에도 영향을 받았다. 주종 관계와 보호-피보호 제도가 그것인데, 이 제도들은 개인 및 집단이 상급자 및 상급 기관과 맺는 위계적 결속 관계나 전반적인 충성심으로 정의된다. 여기서 친족 관계와 가계는 통치자 가문 안에서만 일정한 역할을 수행했으며, 기타 사회집단에서는 피보호 관계가 토지를 얻거나 권력의 지위에 이르는 수단을 뜻했다. 피보호자는 당대의 기록에서 일반적으로 카카르cakar(신하)라는 단어로 표현되었다. 그런데 이 단어는 원래 일정 토지에 대한 권리를 하사받는 대신에 군에서 복무하는 사람들을 의미했다. 지역의 군주와 그의 신하 사이의 관계에는 서로 충족해야 할 의무가 있었다. 피보호자에게는 신의를 바치고 특정 임무를 이행할 의무가, 보호자에게는 그 대가로 이들을 보호해 주고 임금을 지급할 의무가 있었다.

무굴 제국이 지역의 지배자를 임명할 권리를 행사하고 이들에게 자기르를 할당하는 방식으로 무기와 재원을 지원해 주면서 간접적으로 지배하던 지역에서는 피보호 관계가 점차 중요한 제도로 발전해 당시까지 사회질서의 원칙이던 친족 관계를 대체했다. 지역 군주들은 지역에 대한 행정 관리 시스템을 계속 중앙으로 집중화해 17세기 초가 되면 첫 라지푸트 국가들이 등장하는데, 그 국가들에는 명확하게 규정되고 제도화된 권력의 중심이 있어서 규칙들을 만들고 이를 근거로 제재를 가할 수 있었다. 16세기 후반에서 17세기에 이르는 시기에 무굴 제국은 지역 군주들에게 그들이 관할하는 지역과 토지에 대한 광범위한 자율권을 부여했다. 이는 명예와 수입을 제공해 주는 가장 중요한 원천이었다. 이제 권력을 갖게 된 지역 군주들은 사회적 결속의 토대를 친족 관계에서 피보호 관계로 바꾸려고 했다. 그러나 이러한 시도는 거센 저항에 부딪혀 지배 체제와 관련된 그들의 권위가 근본적으로 의문시될 정도였다. 무굴 제국 시기에도 사회 근저에서 항상 반복해 분출되던 그러한 흐름은 특정 지역에서만 발견되지는 것이 아니었으므로, 무굴 황제권의 추종자들에게도 영향을 주었다. 사회적 관계들에서 나타난 이러한 변화는 지방의 왕국들에서 관료제가 강화되는 결과로 이어졌다. 무굴 제국 초기에 이미 마을의 지배자는 더는 말로써가 아니라 문서에 기재된 직책을 통해 자기들의 지위를 보장받았다. 나중에는 지방 군주들이 전통적인 결속의 관계망과 구조를 무너뜨리기 위해 자신의 통치 구역 안에서 피보호자들을 이주시켰으며, 더는 그들에게 각자의 고향 마을에 대한 행정을 맡기지 않았다.

결혼 동맹은 토지를 얻고 지위와 명예에도 이르는 또 하나의 제도적 방식이었다. 이것은 보호자와 피보호자의 관계보다 더 안정적이었다. 결혼은 단지 두 가문과 그에 속하는 형제들 사이의 결합일 뿐 아니라, 살라 카타리sala katari라는 관습을 통해 지역적이고 공간적인 결합도 의미했기 때문이다. 살라 카타리에서는 신랑이 신부의 형제들에게 특별한 의복이나 토지를 선물했다. 라지푸트인들에게서 충성심과 정체성을 만들어 낸 관습은 한편에 있는 (형제단 내의) 공동의 뿌리가 다른 한편에 있는 (왕국 내의) 위계적이며 이원화된 관계와 합쳐진 산물이었다. 이러한 결합들은 결혼 동맹을 통해 모든 단계에서 보완되었다.

라지푸트인들은 지역에서 이루어진 이러한 유형의 관계들을 보호자와 피보호자 사이의 관계뿐 아니라 결혼 동맹으로도 결합되어 있었던 무굴 제국과의 관계에 직접 옮겨 적용했다. 이는 라지푸트인들이 외부 지배자에게 품었던 충성심을 설명해 준다. 물론 이들이 가졌던 다양한 시스템들은 부분적으로 서로 충돌하기도 했다. 이러한 갈등은 사회적 형평성과 위계질서 사이의 차이에서뿐 아니라 토지 문제를 바라보는 차이에서도 드러났다. 형제단의 요구들, 즉 복무 기회를 달라는 요구 또는 개인적 성과에 대한 보상 요구 사이에서도 마찬가지로 갈등이 발생할 수 있었다. 사회적 조직 원칙에 대해 라지푸트인들 사이에서 드러난 불일치는 행동 규범이나 가치에 관한 갈등에 반영되었다. 그런데도 라지푸트인들이 무굴 제국에 매우 안정적인 충성심을 보인 배경은 문화적으로 보유하던 지위와 질서, 권위에 대한 믿음에서 찾을 수도 있다.

17세기의 전통 문헌에는 라지푸트인들이 하늘로부터 주어진 것으로 여기는 표준 예절인 다르마라는 행동 규약의 기본 원칙들이 밝혀져 있다. 라지푸트인은 이 규범들을 준수할 때만 카스트 제도 안에서 자신의 지위를 지키거나 더 높이 올라갈 수 있었다. 일반 규범은 부친의 죽음에는 반드시 복수하고, 주인을 위해 싸우고 목숨을 바칠 수 있어야 하며, 자기 벌족의 다른 구성원들을 죽여서는 안 된다고 규정했다. 행동 규약의 첫 번째 규정과 세 번째 규정은 형제단에 관한 것인데, 이 집단에 속하는 개인들은 무엇보다 외부 세력에 맞설 때 서로 도와야 한다고 규정했다. 이러한 공동체 정신의 유지를 통해 영토를 통제할 수 있었다. 권력 구조의 형평을 유지하게 하는 보복 시스템을 잘 살펴보면, 통일된 공동체적 단위로서 형제단이 갖는 문화적 의미가 어떠한 것인지 이해할 수 있다. 이러한 권력 균형은 새로운 사회적 결합을 정착시키는 결혼 동맹을 통해서도 만들어질 수 있었다.

다르마의 두 번째 규정(주군에 대한 봉사 의무)은 라지푸트인들이 전통적으로 왕국에 관해 어떤 생각을 갖고 있었는지와 밀접하게 연관되었다. 왕국은 스스로 이 땅 위에서 신의 대리인이자 주군이며 남편인 왕과 그의 신부인 영토가 치른 결혼의 산물이라는 식으로 신비주의적으로 왜곡되었다. 왕에게는 거대한 기부자의 역할이 부여되었기 때문에, 아버지로서 영토를 보호하고 모든 백성을 부양해야 했다. 이런 명예는 그가 신을 위해 바쳤던 헌신의 대가로 주어진 것이었다. 이 맥락에서 백성들이 통치자에게 봉사하는 것은 존경의 표현이자 겸손한 복종과 자기 헌신의 행위였다. 라지푸트인들은 이런 방식으로 자기들에게 부여된 도덕적 의무, 즉 자신의 땅과 그곳의 주민을 보호하고 유지하는 임무를 실천했다. 이처럼 라지푸트인들에게 보호자와 피보호자의 관계는 구원 신화와 밀접하게 연결되었으며, 이는 심지어 백성들을 등급화하는 결과를 초래했다. 통치자에게 덜 복종한 사람들은 저급한 라지푸트인으로 분류된 것이다.

라지푸트인들과 무굴 제국 사이에 형성된 강하고 지속적인 충성 관계를 바라보는 또 다른 중요한 관점은 무슬림도 라지푸트인으로 인정될 수 있었다는 사실이다. 이들은 자기들을 두 개의 카스트로 이해했는데, 거기에는 '힌두' 라지푸트와 이슬람 라지푸트가 있었다. 이슬람 라지푸트들은 최소한 '힌두' 라지푸트들과 대등한 권력과 권위를 보유해야 했다. 이렇게 무슬림들이 라지푸트인들의 사회 체제 안으로 진입했기 때문에, 힌두 라지푸트인들은 무슬림 통치자에게 봉사할 수 있었다. 하지만 이념 체계 안에서는 뚜렷한 차이가 드러났는데, 이 차이는 한 보호자에 대한 봉사와 형제단의 규범 체제를 어떤 관계로 조정해야 하는지에 관한 문제에서 뚜렷해졌다. 특히 무굴 시대에 지방 군주들이 지위와 토지에 관한 통제권을 점점 더 많이 얻게 되자, 보호자와 피보호자 사이의 관계가 형제단의 법칙보다 중시되었기 때문이다.

무굴 시대에 라자스탄 국경 지방에 살던 라지푸트인들은 복잡한 변화와 그 이행 과정의 부분이었다. 이 지역이 북인도의 정세와 점점 더 밀접하게 연결되었기 때문이다. 지역의 정치와 사회의 구조뿐 아니라 라지푸트인들이 자신과 자신의 행위를 평가하는 잣대였던 가치와 이상들도 영향을 받았다. 그들은 자신들의 정체성과 의무, 그리고 충성을 바칠 대상에 관해 다시 결정하도록 압박을 받았고, 여기에서 갈등도 발생했다. 그들이 무굴 제국에 충성했던 것은 무엇보다 그들의 이상과 요구가 라지푸트인의 것과 유사했다는 사실, 그리고 무굴인들은 라지푸트인들의 전통 사회 체제의 토대를 바꾸려고 하지 않았다는 사실 때문이다. 무굴인들이 시행했던 정치는, 즉 지방 군주에 대한 지원, 결혼 동맹, 통치자에 대한 헌신과 충성의 대가로 토지를 하사받은 것 등은 지방에 영향을 미치던 이데올로기에서도 지지를 얻었다. 그런 의미에서 라지푸트인들은 무굴의 지배에 굴복함으로써 그들의 독자적 이상을 실현할 수 있었다고 볼 수 있다. 라지푸트인들과 무굴 제국의 동맹은 서로를 동일시한 것, 그리고 상호 의무 관계를 실천한 결과로 설명할 수 있다. 이러한 상호 동일시와 상호 의무 관계는 지방의 신화와 상징들 안에 규정되어 있던 지방의 관습이나 이상들과 조화되면서 형성된 인적 관계들과의 결합을 통해 만들어졌다.

부족사회

중세 인도에서 부족사회와 농촌 사회의 상호작용은 동시대의 보고서나 근대의 연구에서 추측하는 것보다 훨씬 중요했다.[43] 무굴 국가의 구조는 엘리트들이 농업의 잉여생산물을 보유할 수 있고, 이를 체계적으로 회수해 분배할 수 있었다는 사실에 토대를 두었다. 이런 체제가 형성되고 유지되는 데는 마을 공동체의 구조가 결정적으로 기여했다. 여기서 마을 공동체의 구조는 다음과 같은 두 가지 핵심 요소를 특징으로 한다. 하나는 그들의 사회가 극단적으로 계층화되었다는 것이며, 다른 하나는 농업 생산에서 소농이 핵심적인 지위를 가진다는 것이다. 그러나 근대의 연구들이 인도의 중세 농업 사회를 이해하기 위해 밝혀낸 이러한 조건들은 몇몇 다른 중요한 요인을 등한시한다. 한 가지 요인은 씨족들의 역할인데, 앞서 언급한 사회적·경제적 작용에 그들이 참여하는 것은 사회 안정을 위해 특히 중요했다. 제국의 광대한 영토 모두가 농업 시스템 안에서 경작되지는 않았는데, 경작되지 않는 지역에도 주민들이 분명히 거주했다. 그 지역들은 아직 농사로 생활을 영위하지는 않았던 사람들이 사용했을 것이다. 그러나 심지어 국가의 농업 제도가 뚜렷하게 확립된 지역에도, 다시 말해 농업이 생활의 주요 근거지인 지역에서도 서로 다른 생활양식과 사회적·경제적 체계가 있었음이 틀림없다. 라호르 지역에 거주하던 가카르족Gakhars과 잔주아족Janjuas이 그 예다. 중앙정부는 그들의 영토를 명목상으로만 통제했을 뿐이다. 이런 지역들, 그리고 그 지역들에 관한 측정 통계가 정부의 공식 연대기 또는 통치자 전기(예를 들어 아불 파들 알라미의 두 번째 저작인 『아크바르 전기*Ain-i-Akbari*』)에 수록되었다는 사실은 제국이 하나의 통일된 구조를 갖고 있었던 것으로 추정하게 해서 근대의 연구에도 영향을 주었다.

한 부족과 그들이 가진 뚜렷한 특징을 구체적으로 규정하는 것은 어렵고 논란을 일으키는 일이다. 그러나 정확한 개념 규정이 없이도 중세 인도의 사료를 토대로 해서, 어떤 부족들은 정착 생활을 하도록 압박을 받았는데도 초원 방목을 통해 생계를 유지했던 몇몇 부족의 존재를 밝혀낼 수 있다. 이들에게는 기타 지역 주민들의 사회적 위계질서와 분명하게 구별되던 특별한 공동체 정신도 있었다. 물론 당시의 다양한 사회적 범주 집단들(부족과 카스트 또는 농민과 지주)이 서로 어떤 관계를 유지했는지를 구별해 내기는 어렵다. 그렇기 때문에 근대 학자들은 흔히 '부족'이라는 범주를 무시하고 관련 집단들을 무굴 시대의 전형적인 농업 시스템에 더 적합한 범주에 따라 분류했다. 그 결과 부족민들을 묘사하기 위해 지주(자민다르), 토착 지도자, 농민 또는 카스트 구성원이라는 표현이 자주 사용되었다. 하지만 이런 표현은 복잡한 상황을 지나치게 단순화하는 문제를 초래했다. 무굴 제국 안에 부족 문화가 존재했다는 사실은 제국의 권력이 사회적으로 분산되었음을 의미할 것이며, 나아가 제국의 본질에도 영향을 미쳤을 것이다. 그러나 중세 사료뿐 아니라 근대 사료에서도 부족사회는 매우 단순한 방식으로 서술될 뿐이며, 부족 문화의 존재와 그들이 사회 및 경제에 미친 기여도 무시되고 있다.

사료가 제한적이기는 하지만, 중세 인도, 특히 펀자브 지방에서 부족사회들이 변천해 가는 과정의 배후에서 작용한 구조적 동력을 밝히려는 시도들이 있었다. 부족사회를 소개할 때 대개는 초원에서 방목 생활을 한 것으로 서술할 수 있지만, 다양한 부족들이 단순한 방목이 아닌 다른 형태의 경제생활을 영위했던 지역들도 있었다. 이러한 발전이 어떻게 이루어졌는지에 관한 문제는 그 부족들의 긴 역사에 관한 연구를 통해 설명할 수 있다. 이런 연구를 통해 부족들이 정착하는 과정과 부족사회 안에서 계층이 분화되는 과정이 드러나게 될 것이다. 펀자브의 다양한 지역에서 서로 다른 방식으로 발전했기 때문에 하나의 동질적 집단으로 연구되기는 어려운 '자트족Jats'이 그 좋은 사례다. 농사짓기에 좋은 환경을 가진 지역에서 자트족은 초원에서의 목축을 포기하고 농업으로 전환했다. 그러나 이 과정은 장기간에 걸쳐 진행되었으며, 부족이 목축과 경작에 동시에 종사하는 여러 중간 단계를 거쳤다. 당대 문헌에서는 자트족이 고유한 사회적 조직 형태를 보였으나 펀자브에서는 자트라는 이름하에 다양한 사회집단이 발견된다는 사실이 확인된다. 그런데도 이들은 강한 부족 정체성을 가지고 있었고, 농업을 통해서만 생계를 유지하지는 않았다. 다른 한편으로 늦어도 17세기부터는 자트족이 농경 부족으로 지칭되었다는 사실도 입증된다. 특히 기후와 토양의 조건이 이들의 정착 과정을 촉진했던 펀자브 지방의 사례가 여기에 해당한다. 자트족으로 구성된 다양한 집단들이 살던 지역의 자연환경이 그들에게 변화하도록 영향을 준 결과, 근본적으로 차별성이 있고 전문화된 사회를 만들어 낸 것이다.

시간이 흐르면서 펀자브 지방의 다른 부족들도 이와 유사한 적응 과정을 겪었다. 부족장이 만사브다르로서 무굴 제국의 중앙 행정부에 봉사했던 가카르 부족도 그 예에 속한다. 아크바르는 가카르족이 기존의 생활 방식을 포기하게 하려고 구자라트시를 건설했다. 유사한 구조는 코하르족Khokhars에서도 발견된다. 바티족Bhatis 일부는 심지어 최근까지도 정착하지 않았던 반면에, 다른 바티 가문은 『아크바르 전기』에 이미 지주로 언급되었다. 하지만 막강한 족장들은 늘 자민다르로 표현되었기 때문에, 이것만으로는 그들이 분화된 마을 공동체에서 나름대로 지분을 갖고 있었다는 것을 충분히 밝혀 주지는 못한다. 그렇지만 바티족이 지배한 많은 지역이 밀집되고 상업화된 농업으로 널리 알려진 지방에 있었다는 사실은 그들이 농촌 사회에 잘 통합되었음을 보여 주는 좋은 증거가 될 수 있다.

한 부족에 속한 여러 집단은 무굴 제국의 농촌 사회로 통합되어 가는 과정에서 각각 서로 다른 단계에 있었을 것이다. 이미 완전히 통합된 집단들은 위계화된 사회 속에서 아마도 자기들의 부족 정체성을 일종의 카스트 신분과 맞바꾼 것 같다. 그런데 심지어 무굴 제국의 권력이 절정에 도달했을 때조차 부족 정체성을 유지했는데도 주변의 정치적 변화가 미친 영향 때문에 불가피하게 사회구조를 변화시킨 집단도 있었다. 그리고 이러한 사회적 변화는 매우 다양한 방식으로 일어날 수 있었다. 유목민 생활과 초원에서의 목축 두 가지는 대부분 서로 조화를 이루며 진행되었고, 지금까지 그렇게 조합을 이룬 형태로서 연구되었다. 여기서 연구자들은 이러한 경제 양식이 불안정했다는 점을, 그리고 이들 사회가 정기적으로 발생하는 초과 생산을 경제적으로 처리할 능력이 없었다는 점을 강조해 왔다. 하지만 이들 사회는 농산물과 수공업 생산품에 대한 수요를 충족시키기 위해 자신들의 생산력을 넘어서는 필요량을 늘 추가로 구입할 필요가 있었으며, 이 때문에 부족들과 정착 사회 사이의 교류는 매우 중요했다. 그리고 이러한 상황은 부족의 가치관과 경제적 사고방식에도 커다란 영향을 미칠 수 있었다.

유목민과 정착한 마을 사회 사이에는 사회적·경제적 차이를 넘어서는 상호 의존관계가 발달했다. 이런 관점에서 부족사회들은 다양한 농촌과 도시의 정착 사회들 사이에서 이루어지는 교역을 담당하는 중개자로 등장했다. 가장 잘 알려진 부족 상인은 이미 바부르 시대 이전에 인도와 카불 사이에서 물품을 운송했던 누하니족이었다. 그들은 주기적으로 인도 전역을 돌아다녔고, 그들과 교역해 온 정착 부족들의 패턴에 따라 이동 경로를 정했다. 다른 대부분의 아프간 부족들도 같은 방식으로 더 제한된 지역들을 돌아다녔다. 펀자브 지방의 부족들은 지역의 마을 주민들과 직접 거래해 교환하는 관계를 유지하는 쪽이 더 쉬웠다. 몇몇 지역에서는 수익을 얻기 위해 초원에서 방목해 나온 잉여생산물을 판매했다. 이는 부족들이 제국의 경제에서 어떠한 의미를 가지는지, 얼마나 중요한지뿐만 아니라 지역의 교역 관계가 얼마나 중요했는지도 부각해 준다. 물물교환은 때로는 권력적·정치적 배경을 가질 수도 있었는데, 유목민들을 지역 당국의 관할 아래에 두거나 정복하고 지배할 수도 있었다. 몇몇 지역에서는 부족들의 정기적인 약탈 원정이 발생하기도 했다. 가카르족과 주드족Juds, 잔주아족은 부족사회가 마을 공동체를 지배한 사례다.

이러한 지배 구조는 늦어도 17세기 말에는 무굴 제국의 팽창과 강화 때문에 더는 생각할 수조차 없었다. 제국이 잉여농산물에서 나오는 수입에 의존하고 있었기 때문에 중앙정부는 정착민들을 보호하려고 했다. 사료가 별다른 단서를 제공해 주지는 않지만, 아마도 목축에 종사하는 부족들은 지역 농민들 밑에 속해 있었던 것 같다. 거기서 그들은 계절노동자로서 농사일을 거들거나 병사로서 국가를 위해 근무할 수 있었다. 농업이 상업화되고 경작 면적이 확대되자 더 많은 노동력이 필요했다. 사료에 따르면 정기적인 약탈 원정은 무엇보다 바티족이 수행했는데, 그들의 습격은 이미 무굴 제국 이전의 시기에도 널리 알려져 있었다. 그들은 6000명의 기마병과 많은 보병을 보유하고 있었다. 자트족도 목축으로는 채울 수 없는 생계의 욕구를 이러한 약탈 원정 방식을 통해 해결했다.

다른 부족들도 마찬가지로 마을과 주요 도로를 정기적으로 습격했다. 그러나 기회가 주어지자 그들은 자연스럽게 정착 생활로 나아갔다. 무굴의 지배하에서 상업화된 농업 경작이 증가하자, 이전에 유목 생활과 목축으로 살아가던 부족사회는 점차 변화하고 어렵지 않게 농업 시스템으로 통합되어 갔다. 화폐경제가 발전하고 교역이 성장하자 같은 면적의 토지에서 더 많은 사람이 생계를 꾸려 갈 수 있게 되었다. 농업 사회가 예전의 부족사회들을 포용할 수 있었음이 틀림없거나, 아마도 이들의 노동력이 필요했던 것 같다. 특히 경제가 호황 국면에 있을 때 이런 현상이 나타났다. 18세기의 펀자브 지방에서 발생했던 긴장 관계는 최소한 부분적으로는 이러한 수용 과정 때문이었을지 모른다. 당시는 경제적 관계가 매우 밀접했기 때문에 부족사회의 구조적 변화는 펀자브 지방 정착민의 상업화된 농경 사회에도 영향을 주었다. 펀자브의 부족사회들은 장기적으로는 무굴 제국의 구조와 지배에 맞설 수 없었지만, 여전히 경제적으로 중요할 뿐 아니라 군사적으로도 영향력이 큰 세력이었다.

행정 구조

무굴 제국 군부 관료의 명목상 계급과 봉급, 그리고 그들이 보유한 병력의 실제 규모 사이에 어떤 관계가 있었는지는 또 다른 중요한 주제다.[44] 아크바르 시대에는 장교 또는 장교의 지위가 (예컨대 '1000급'라는 의미를 지닌 수식어인 하자리hazari처럼) 숫자와 접미어 아이i로 표기되었다. 이런 형태는 '단일 계급'으로 지칭될 수 있다. 자한기르와 샤 자한(재위 1627~1658)[45]의 시대에는 계급 뒤에 자트zat('사람')라는 단어가 추가되었으며, 그 뒤에 또 하나의 숫자와 수바르suvar('기사' 혹은 '일반 병사')라는 단어가 이어졌다. 이는 '이중 계급'으로 부를 수 있을 것이다. 같은 시기에는 삼중 계급도 있었는데, 여기에는 기마병 중에 몇 명이 두 필이나 세 필의 말을 보유했는지 보여 주는 사항(수바르 시아스파 두아스파suvar sih-aspa du-aspa)도 추가되었다. 보통 장교들은 5000/5000 계급까지 승진할 수 있었다.(이는 한 지휘관이 기마병 5000명을 보유하는 계급이었는데, 지극히 예외적인 사례를 제외하면 통치자 가문에 속한 왕자들만 이보다 더 높이 승진할 수 있었다.) 한 장교의 개인적 급여 및 업무와 관련된 수입이 부대의 규모에 달려 있었는지에 관한 문제에는 여러 견해가 엇갈린다. 예를 들어 1903년에 출간된 윌리엄 어빈William Irvine의 저작 (『인도 무굴의 군대*Army of the Indian Moghuls*』)을 따르는 전통적인 견해는 이중 계급을 가진 한 장교는 두 개 부대를 관리해야 했다고 주장한다. 한편으로는 자신의 개인 수입으로 유지해야 하는 기마병을, 다른 한편으로는 수바르 계급과 연결되어 있어 이들을 위해 지정된 자금으로 유지된 추가 기마병을 관리했다는 것이다. 하지만 인도에서 나온 다른 보고서에 따른다면 개인의 계급은 순전히 사적인 사안이었기 때문에, 이중 계급을 가진 장교는 한 부대만 관리하면 되었다.

장교의 진급에 관해 새로 발견된 사료에 따르면 통치자의 세대가 변하면서 업무와 그 직함이 변했다는 사실을 알 수 있다. 공직 계급의 역사는 네 단계로 구분할 수 있다. 칭기즈 칸과 티무르 치하의 첫 번째 단계에서는 숫자로 표시된 계급이 한 장교가 지휘하는 실제 병력의 규모를 보여 주는 것이었다. 즉 '1000급 장교(천부장)'는 1000명의 병사를 지휘했다. 그런데 티무르의 재위 말년에서 아크바르 초기에 이르는 시기에는 실질적인 병력이 명목상 규모보다 적어 장교들은 그의 계급이 추측하게 하는 것보다 적은 수의 병사를 보유했다. 세 번째 단계에는 이러한 불일치가 파악되었다. 그래서 단일 계급은 이중 계급으로 변경되었다. 1000급 장교는 명칭은 강등되지 않았지만, 그에게 소속된 병사의 수를 따로 언급함으로써 그가 가진 군사적 비중을 상세히 알릴 수 있었다. 『아크바르 연대기』는 이러한 개정 작업이 아크바르가 재임한 지 11년째 되는 해에 시행되었다는 것을 입증했던 반면에, 『아크바르 전기』는 새로운 규정이 조금씩 점진적으로 도입되었다고 기록했다. 말에 낙인을 찍는 작업이 의무로 제도화되자, 이러한 규정을 더 잘 관철할 수 있었다. 마지막 단계로 샤 자한 치하에서 제국과 국가 재정이 다시 조직되었다. 국가 재정 지출의 대부분을 차지하는 공무원 조직도 여기에 해당되었음이 틀림없다. 서류상으로 보면 당시에 샤 자한은 스스로 유지할 능력이 없고 명목상의 전투력보다 훨씬 약한 부대를 보유하고 있었는데, 타협을 통해 이 문제를 해결했다. 특정한 계급에 할당되는 부대 규모가 감축되었고, 부대를 유지하기 위해 장교에게 지급되는 예산도 축소되었다. 장교들은 계급의 명칭이 나타내는 수의 3분의 1 또는 4분의 1 규모의 병력을 관리하게 되었고, 개인적인 봉급도 평균 3분의 1로 삭감되었다. 부대를 위해 추가로 지급되었던 경비는 최소한 6분의 1로 삭감되었으며, 부대에 요구되는 기동성을 갖추지 못했을 경우에는, 예를 들어 오랜 원정을 떠나야 하는데도 병사의 수보다 말의 수가 적으면 경비는 추가로 삭감될 수 있었다. 게다가 정권이 계승됨에 따라 부대 내에서 여러 기마병 계급의 지위가 변했다는 것도 주목된다. 아크바르 치하에서는 바라와르디 barawardi, 즉 가난하지만 군 복무에 적합한 병사가 가장 많았고 국가가 재정적으로 지원해 준 집단이었던 반면에, 시아스파 두아스파, 즉 두 필 또는 세 필의 말을 보유한 삼중 계급은 아직 존재하지 않았다. 하지만 샤 자한 치하에서 특히 중요했던 계급은 이들 삼중 계급이었다.

이런 상황을 고려할 때 무굴 제국 시대의 파우즈다르faujdar 혹은 파우즈다리faujdari라는 지위에 관해 몇 가지 사항을 소개하는 것이 필요해 보인다.[46] 파우즈다르라는 개념 자체는 이미 수르 왕조 때 사용되었으며, 군사령관을 지칭했다. 무굴인들은 파우즈다르라는 직위를 행정조직과 연결했으며, 그 토대 위에서 지역 행정의 안정을 도모하는 이른바 파우즈다리라는 기구를 만들었다. 이런 방식으로 중앙집권형 통치가 강화되었으며, 만사브다르(군사령관)들을 투입하기가 쉬워졌다. 그런데 파우즈다르라는 직위가 만들어졌다고 해서 이것이 토지 수확을 위탁하는 구조에 영향을 주지는 않았다. 무굴이 한 지역을 점령하고 나면 고위 귀족(수바흐다르subahdar)이 그곳의 행정을 맡았다. 수바흐다르는 실제로 임무를 수행할 때 계급이 그보다 낮은 다른 귀족(아미르 또는 하킴)들의 지원을 받았는데, 이들은 지역을 구성하는 하급 행정단위를 이끄는 관리 역할을 맡았다. 『아크바르 전기』의 기록에 따르면 이들 하급 행정단위 가운데 몇 구역은 특히 용맹스럽고 명망 있는, 파우즈다르로 불리는 청렴한 귀족들이 관리했다. 그들의 직분은 행정 관료와 군사령관의 임무를 결합한 것이었다. 행정에서 통용된 은어에 따르면 하킴은 아크바르가 집권한 지 40년이 되는 해부터 파우즈다르로 불렸으며, 파우즈다리라는 기구는 이 무렵에 완전히 정착되었다. 아크바르는 당시의 군사 요충지들을 연결하는 망을 조직했는데, 그들 가운데 몇몇은 파우즈다리로 통합되고 관리되었다. 이 군사기지들은 지역 행정기관의 업무가 효율적이고 신속하게 진행되는 데 기여했다. 파우즈다르가 배치했던 병사들은 긴급한 상황이 발생할 경우 그곳에 직접 동원될 수 있었기 때문이다.

한 파우즈다르가 관망하는 구역이 얼마나 넓었는지에 관해서는 논란이 있다. 하지만 연대기와 행정 기록들은 파우즈다리가 하나의 독립적인 행정단위를 표현했으며, 특별한 경우에는 지역적으로 확대될 수 있었기 때문에 그 규모가 다양했다는 사실을 보여 준다. 아크바르의 통치기에는 행정단위가 비교적 커서 일반적으로 한 지역을 포괄하기도 했지만, 때로는 이보다 더 넓기도 했고 아주 드문 경우에는 더 좁은 면적이기도 했다. 아크바르가 통치한 지 40년째 되는 해에는 제국의 행정이 단일화되어 더 명확한 구조를 갖게 되었다. 또한 파우즈다르의 기능과 의무도 그의 관할 영역과 함께 확실하게 규정되었다. 『아크바르 전기』에 따르면 한 명의 파우즈다르가 여러 파르가나를 관리할 수 있지만, 그 파르가나들은 한 지역 안에 있으면 안 되었다. 또한 한 사르카르sarkar는 여러 파우즈다르가 관리할 수 있었다. 자한기르 치하에서는 한 파우즈다르가 관리하는 행정단위를 파우즈다리로 표기했다. 하지만 한 통치자의 회고록(『자한기르 황제의 회고록*Tuzk-e-Jahangiri*』) 안에 수록된 참고 자료들은 파우즈다리에게 주어진 행정단위가 어떤 규모였는지에 관해 별로 상세하지 않은 내용만을 전해 준다. 거기에 언급된 내용들은 특히 훗날 파우즈다리 움다faujdari-i-umdah로 알려진, 그리고 부분적으로 한 지역 이상을 관할한 고위 귀족들에게만 해당되는 사례를 언급한다. 아우랑제브 치하(재위 1658~1707)에서는 아크바르 시대와 마찬가지로 파우즈다르에게 할당된 토지 규모가 더는 동일하지 않았다. 사료들은 구자라트의 사례들을 입증해 주는데, 그곳에서는 한 파우즈다르의 관할 영역이 각각 한 파르가나에 해당했다. 이러한 사실들로부터 파우즈다리는 재정적으로는 사르카르와 파르가나로 분할되었지만, 행정적으로는 독자적인 단위로 존재했다고 결론지을 수 있다. 아크바르와 자한기르의 치하에서는 한 파우즈다르가 보통 한 지역을 관할했던 반면에, 후대에는 그 단위가 축소되었다.

이러한 발전을 자세히 살펴보면 파우즈다르는 군대 지휘관보다는 차라리 행정 관리로서 기능했던 것 같으며, 국가는 군대보다는 법과 질서의 유지에 더 큰 관심을 기울였던 것으로 보인다. 그러나 이러한 발전은 관직을 부여해야 할 만사브다르의 수가 점차 증가해 발생한 문제들과도 관련되어 있다. 파우즈다르가 맡은 업무는 다양했으며, 그는 무굴 제국의 궁정으로부터 명령을 직접 받았다. 그는 자기가 관할하는 지역의 군대, 경찰, 재판, 재정의 문제 모두에 영향력이 있었다. 그러나 그의 주요 업무는 법과 질서의 유지였으며, 긴급한 경우에는 제국의 법을 관철하기 위해 자기가 군사기지에 배치할 수 있는 병력을 동원할 수도 있었다. 『아크바르 전기』에 수록된 한 보고서에 따르면 파우즈다르는 민간 기구들을 뒷받침해 주었는데, 예를 들면 무허가 무기 생산을 통제하고 반란을 진압했으며 도로 안전을 확보하고 절도 사건을 조사하기도 했다. 절도 사건에서 파우즈다르는 개인적으로 도난품을 찾아내는 책임을 짊어졌다. 파우즈다르는 사법부의 일원이기도 해서, 법정에서 재판을 주재했다. 판사와 관련 부처가 파우즈다르와 합의해 판결을 내렸고, 샤리아와 법무부 관리의 견해가 법적 근거를 제공했다. 개별 사건이 샤리아와 관련이 없고 오직 제국의 수입이나 전반적인 규칙에 관련된 경우에는 파우즈다르 혼자 판결을 내릴 수 있었다. 또한 파우즈다르는 자민다르의 수입을 조사할 권한도 있었다. 이처럼 파우즈다르에게는 지역 행정에서 중추적 역할이 부여되었다. 그는 군대 지휘관의 역할과 행정단위인 파우즈다리를 이끄는 행정관청의 장으로서의 역할을 한 몸에 지녔다.

농업의 사회구조

역사가들은 무굴 제국에서 만사브다르에 속하는 다양한 계층이 그들의 수입을 어떻게 분배했는지 그 유형들을 재구성하려고 시도해 왔다. 이 문제에 관해 매우 영향력이 큰 논문을 쓰면서 아산 잔 카이사르Ahsan Jan Qaisar는 통계적인 분석을 제시했는데, 거기에는 행정 기구에 관한 두 가지 가정이 기초가 되었다.[47] 한 관료에게 봉급이 정해져 그에 따른 봉토(자기르)가 지급되면, 그는 자마jama 또는 자마다미jamadami(이것은 이 지역에서 예상되는 소득이다.)로서 제국의 명부에 기재되었던 금액에 해당하는 만큼 권한을 보유하게 되었다. 그러나 실질적인 수입(하실hasil)은 대부분 이와 전혀 달랐기 때문에, 자마와 하실 사이의 차이를 해결하기 위해 이른바 월 총액제가 도입되었다. 샤 자한이 통치한 지 20년째 되는 해에 관해서는 다양한 계급의 만사브다르가 요구했던 봉급 총액에 관한 기록과 제국 전체의 예상 수입에 관한 기록이 보존되어 있기 때문에 이 기록을 토대로 해서 관리들이 차지하는 비중을 계산해 내고 수입의 분배 형태를 파악할 수 있었다. 여기에서 주요 사료는 공식적인 임금표, 500자트 이상의 만사브다르의 명단, 샤 자한의 통치기에 관한 공식적인 역사 기록인 『파디샤 연대기*Padshahnama*』에 수록된 제국의 자마다미에 관한 기록들이다. 이들 사료에 따르면 한 만사브다르의 봉급은 다음과 같이 구성되었다. 먼저 자트 계급과 수바르 계급은 분리해 계산했다. 그리고 자트 계급은 만사브다르의 수바르 계급이 자트 계급과 같은 등급인지, 절반인지, 더 큰지 아니면 심지어 절반보다 적은지와 같은 네 가지 범주에 따라 분류되었다. 수바르 계급에는 8000담dam을 곱했고, 두아스파 시아스파 만사브다르에는 16000담을 곱했다.[48] 앞의 통계조사 결과에 따르면 이 해에 모든 만사브다르의 5.6퍼센트(즉

8000명 가운데 445명)가 예상되는 전체 제국 수입의 61퍼센트에 대한 권한을 가졌다. 이 가운데 무굴 제국 관료의 최정점에 있던 일흔세 명의 왕자와 귀족들(모든 만사브다르의 0.9퍼센트)이 제국 전체 수입의 37.6퍼센트를 차지했다. 다른 한편으로 7555명의 만사브다르(94.4퍼센트)들에게는 예상되는 전체 수입 가운데 단지 25퍼센트에서 30퍼센트가 배당되었기 때문에, 국가 재정에 커다란 여유가 있었다.

지난 몇 세기 동안 이루어진 연구 성과들은 지금까지 일반화된 해석 범주인 '오리엔트적 전제군주제 모델'이 이제 더는 유효하지 않으며, 아시아의 사회구조와 경제구조도 심지어 한 나라 안에서조차 매우 다양했음을 분명하게 보여 주었다.[49] 인도사를 연구할 때 지금까지 학자들은 대부분 아시아의 농업 구조에 관한 하나의 추상적인 표준 모델을 설정한 후 이를 기준으로 작업해 왔다. 식민지 시대 이전의 인도 농업 사회는 가족이 중심인 촌락 구조를 이루고 살면서 오랜 관습과 실천 방식에 따라 농경지를 사용하고 군사적·정치적 권력자 및 그들의 징세에 복종해 왔던 비슷한 경제 수준의 수많은 소농으로 이루어진 사회로 여겨졌다. 사적인 토지 소유권과 같은 개념은 중요하게 여겨지지 않았기 때문에 발전되지도 않았으며, 토지 경작은 권리가 아니라 농민들에게 강제로 부과되는 의무로 여겨졌다. 촌락공동체는 자급자족할 수 있었기 때문에 해체되지는 않을 수 있었으나, 더 이상의 발전에는 걸림돌이 되었다. 그렇기 때문에 착취하는 계급의 구성이 바뀌고, 농민이 납부할 생산품을 측정하고 수집하는 방식이 변하는 등 단지 피상적인 변화가 있었을 뿐, 본질적인 발전은 이루어지지 않았다. 전반적인 사회조직이나 농산물이 생산되는 맥락은 이러한 피상적인 변화들과 아무 상관없이 그대로 유지되었다. 유일하게 생산량이나 수확 방식에서 일어난 변화가 그 수확물의 분배 방식이나 생산자에게 돌아가는 비중에 영향을 미쳤을 따름이다.

무굴 제국의 토지권에 관한 핵심 연구는 이르판 하비브Irfan Habib가 집필한 『무굴 인도의 농업 제도*The Agrarian System of Mughal India*』(1963)다. 이 책은 동시대 자료를 근거로 해서 농경지에 대한 소유권(밀키야트milkiyat)과 순수한 이용권을 명확하게 구별하는데, 이는 매우 중요해 보인다. 밀키야트는 실질적으로 상속권과 임대권을 뜻하는데, 이는 땅을 소유하는 대부분의 농민(라이야티raiyati)이나 지주(자민다르)들에게 부여되었다. 그러나 무굴 시대의 밀키야트 개념은 오늘날의 소유 개념과는 달리 이해되었다. 라이야티에게 토지 경작은 의무였기 때문에 라이야티들은 자신의 토지를 매각하거나 양도할 수 없었으며 대를 이어 이 토지를 이용할 권한이 실질적으로 늘 보장되지는 않았다. 그런데도 사이이드 누룰 하산Saiyid Nurul Hasan과 B. R. 그로버B. R. Grover의 연구[50]는 라이야티들이 토지를 매매했었다는 사실을 밝혀냈다. 세금을 납부하는 한 농민들은 자신의 토지에서 추방되지 않았으며, 이를 매도할 수도 있었다. 하비브가 그저 농업 제도에 속하는 여러 계층의 수입에 관한 사실만 언급했다면, 그로버는 토지권의 분배와 관련해 뚜렷한 위계질서가 있었다는 사실을 서술했다. 이 위계질서는 자신의 토지를 직접 경작하거나 임대했던 농민과 자신이 거주하지 않는 지역에 토지를 소유했던 이른바 임차인(파이카시트카리pahikashtkari)으로, 그리고 다른 한편으로는 자신의 토지 가운데 일부는 스스로 경작하고 나머지는 임대했던 사람들로 구성되었다. 하비브는 자신의 연구에서 농촌 주민들 가운데 다양한 계층(자민다르, 부농과 빈농)이 있었다는 사실을 밝혀냈지만, 이를 더 깊이 연구하지는 않았다. 19세기 초에 마하라슈트라에서 일어난 상황을 토대로 하면, 17세기 후반에도 사회적 비대칭성이 지배적이었기 때문에 소작인 또는 파이카시트카리가 지방의 자민다르보다 더 부유할 수 있었는지에 관해 의문을 제기할 수 있다.

농촌 사회의 (소유권이나 소유물이 없는) 최하층에 관해서는 지금까지 별로 연구된 바가 없다. 하비브의 연구는 인도의 농촌 노동자와 마을 농노에 관한 세부적 정보를 담고 있다. 임금노동자는 농부나 지주(자민다르)의 논에서 일했으며, 다누크dhanuk들은 벼를 탈곡하고, 다른 집단은 안내원이나 짐꾼으로 활동했다. '힌두교' 사회의 중요한 한 부분이었던 불가촉천민들은 토지 이용권에서 원천적으로 배제되었기 때문에, 토지가 없는 사람이 많았던 것이 틀림없다. 이용되지 않는 넓은 토지가 있었지만 자본이 결여되어 있었으며, 사회인류학적 요인도 토지 없는 계층의 문제를 악화시켰다.

지금까지 무굴 제국이 지배했던 인도 사회를 연구해 온 사람들은 당시의 촌락공동체가 토지를 공동으로 소유하면서 순환 방식으로 분배해 왔다고 주장했는데, 하비브에 따르면 이런 주장은 더는 유지되기 어렵다. 스므리티 문헌[8]에서는 토지의 사적 소유와 상속 규정에 관한 명백한 언급이 발견되지만, 19세기에 인도를 지배했던 영국의 관리들은 토지의 공동 소유와 정기적 분배에 관해 언급한다. 영국인들에게 재산은 단지 소유권 또는 매각하거나 양도할 권리만을 의미하는 것이 아니라, 소유물을 관리하고 임대할 권리도 포함하는 것이었다. 19세기의 인도 북서부 지역의 농민은 토지 임차료를 토지 소유자 개인에게 납부하는 것이 아니라, 마을에서 공동으로 지출하는 자금이나 국가가 요구하는 납부금을 관리하는 공동체 창구에 납부해야 했다. 이런 방식은 라이야티 마을에도 적용될 수 있다. 하비브에 따르면 물자 생산이 증가하자 앞서 언급되었던 촌락공동체가 와해되었다. 어떤 촌락들에는 특별히 정해진 지도자가 없었으며, 그 대신 주민 가운데 선출된 사람이 그 마을을 대표했다. 그러나 정해진 지도자가 있던 경우에는 그 지위가 대개 상속되거나 매매되었으며, 업무 수행의 대가로 급여가 지급되었다.

인도 농촌 사회의 조직과 경제적 토대를 연구할 때는 농민들에게만 집중해서는 안 되며, 국가와 많은 지역 주민 사이에서 활동하면서 재화 분배에 지대한 영향력을 행사했던 사회집단들도 함께 연구해야 한다. 그동안 학계는 이 측면에 집중해 연구한 결과, 농업 생산의 조건들과 생산자들의 사회적·경제적 신분 사이의 연관성을 파악할 수 있게 되었다. 그러나 더욱 최근에 수행된 연구들은 지금까지 만사브다르와 자기르다르jagirdar에 관해 알려진 세부 사항들에 의문을 제기한다. 이 관리자들은 특정 면적에서 나오는 생산물에 대한 권리를 갖고 있었지만, 토지 자체에 대한 권리는 갖지 못했다. 따라서 이제 두 가지 견해가 제시된다. 일련의 학자는 토지의 생산물로 봉급을 지급하는 방식이 행정을 위해 실질적이었다고 주장한다. 반면에 다른 학자들은 자기르다르가 자기들에게 할당된 지역에 장기적으로 관심을 가질 수 없었기 때문에

8 스므리티라는 단어는 전통 또는 기억 등을 의미하는데, 신에게 직접 들은 내용을 옮긴 슈루티 문헌들이 힌두교의 핵심 경전이라면, 보조적 역할을 하는 스므리티 문헌들의 권위는 그다음이다.

농민들의 빈곤화에 기여했으며, 특히 아우랑제브 치하에서 재정 위기가 일어난 기간에 이러한 현상이 드러났다고 주장한다. 무굴 제국의 직할 봉토(칼리사khalisa)는 전체 경작지의 5분의 1을 초과한 적이 없었으며, 이는 제국 영토의 대부분이 거의 통제 없이 마구잡이로 착취될 수 있었음을 의미한다. 단기적으로 투입된 자기르다르에게는 거대한 이익을 가져다주었던 이런 정책은 많은 농민이 농토를 떠나고 이주하는 사태를 초래했으며, 결국 농촌 경제에 크게 의존하던 국가를 크게 약화시켰다. 훗날 많은 자기르다르가 토지 수확에 대한 자신들의 권리를 매도하고 시간이 흐르면서 그 규모가 커지자 지역 경제는 살아나고 평화가 이루어졌다.

최근의 연구가 이룩한 가장 중요한 성과는 대지주 자민다르의 권리와 연관되어 있다.[51] 지금까지 받아들여진 것과 달리 이 권리들은 전체 제국 영토에, 즉 자기르 지역뿐 아니라 칼리사 지역에도 걸쳐 있었다. 자민다르는 단일한 계급이 아니었으나, 그들은 모두 농촌 사회에 영향을 주는 특정한 특권과 특혜를 보유했다. 따라서 자민다르 계급 내에 어떤 구조적 변화가 발생하면 이는 전체 사회에 영향을 주었다. 부족장과 중간계급 자민다르가 토지 수확물을 모으고 소지역을 관리하는 권리를 수여받은 반면에, 라이야티와 잘 구별되지 않는 직영 자민다르는 새로운 영토의 실질적인 정착민이었다. 일정한 정치적 권위가 바로 이런 (토지와 관련된) 권리에서 나왔다. 그러나 이들을 정적인 집단으로 부를 수는 없다. 무엇보다 한때 세력가였던 자들은 공물을 납부하고 만사브다르가 되어 그의 토지를 봉토로 지급받았다. 중급 자민다르는 사드르 자민다르로 승진할 수 있었으며, 그로써 몇몇 파르가나에서 사법부의 책임을 맡았다. 그가 타알루크다르ta'aluqdar가 되면 다른 자민다르들을 관리하는 위치에 있게 되는데, 자민다르는 국가에 납부금을 낼 때 그들을 관리하는 타알루크다르를 통해야만 했다. 어느 정도 시간이 지나면 타알루크다르들은 대부분 그들이 관리해 온 지역의 권리를 요구했다. 물론 한 자민다르는 자기 신분을 잃을 수도 있었다. 자기가 보유한 토지를 자주 매도하고 분할하다 보면 한 자민다르가 개인적으로 보유한 몫이 점점 줄어들어 결국은 다시 평범한 토지 소유자가 될 수도 있었다.

무굴 시대의 토지권은 복잡했다. 그래서 농촌 주민들은 차라리 지역 부족장 밑에 있을 때가 중급 자민다르 밑에 있을 때보다 더 살기 좋았다는 말을 했다. 전자, 다시 말해 지역 부족장은 토지와 주민들에 대해 장기적인 관심이 있었기 때문이다. 반면에 중급 자민다르는 자기가 보유한 수익권을 매도하는 일이 잦았다. 벵골 지방에는 자민다르에 대한 다른 규칙이 있었다. 이들은 토지에서 예상되는 생산 소득과 별 관계없이 고정된 금액을 국가에 납부했다. 그렇기 때문에 수확량이 증가하면 자민다르의 수입도 마찬가지로 증가할 수 있었다. 자민다르 계급은 그들이 보유한 권리를 매도하거나 양도함으로써 시간이 흐름에 따라 이질화되었지만, 그들의 권위를 뒷받침해 주는 토대인 카스트 제도는 계속 견고하게 유지되었다.

자민다르 외에 고위 성직자들도 국가와 백성들 사이에서 활동하는 중간자 집단이었다. 무슬림 종교학자들과 '힌두교' 브라만들이 여기에 속했다. 그들은 토지에서 생산되는 수확에 따라 수당을 지급받을 권리를 갖고 있었지만, 그들에게 할당된 토지의 소유권은 없었다.(그러나 이러한 사실은 무슬림 성직자들의 사례에만 입증될 수 있다.) 당시의 사료는 그들에게 커다란 의미를 부여했지만, 고위 성직자들이 보유한 토지는 사실상 매우 적었으므로 그들이 행사할 수 있는 정치적 영향력도 크지 않았다.

인도의 사회사가 타판 라이초두리Tapan Raychaudhuri는 농민들의 사회적 구성을 살펴보려고 할 때, 소유권의 독립성이나 비독립성 같은 범주는 적절하지 않다고 간주한다. 그는 당시에 각 범주가 차지했던 상대적인 비중이 어느 정도였는지가 아직 명확하게 정리되지 않았기 때문에, 자칫 신뢰할 수 없는 일반적인 결론이 내려질 위험이 있다고 보기 때문이다. 그러나 그렇다고 해도 일단 다음과 같은 가설을 제기할 수는 있다. 무굴 제국에는 계급사회가 존재했는데, 그 사회 안에는 다양하고 명확하게 구조화된 소유권과 그 소유권의 복잡한 층위가 있었다. 토지 경작은 권리일 뿐 아니라 의무였다. 경작을 통해 산출된 수확에서 지나치게 많은 부분이 의무로 할당되면 갈등이 발생할 수 있었다. 이런 경우에 농민들이 이론적으로 국가에 종속되어 있다는 사실이 구체적인 현실에서도 드러났으며, 많은 농민은 자기 땅을 떠났다. 농지를 경작하는 것이 의무라는 사실은 특히 아우랑제브 치하의 집단 이주 시대에 관철되었다. 그들의 사회적·경제적 조직과 관련해 볼 때, 무굴 제국 치하의 농민들은 전반적으로 유럽 또는 다른 지역, 예를 들어 아삼 지역의 농노들보다 훨씬 자유로웠다. 새로운 통계자료들은 두 가지 범주의 농민들이 있었다는 주장을 뒷받침해 준다. 칼리사 봉토에서는 농민들의 개인적 자유와 재산권이 대부분 존중되었다. 반면에 특별한 수확에 대한 특별한 권리와 연결되어 있던 자기르 봉토에서는 자기르다르가 토지 자체에는 전혀 관심이 없었기 때문에 실질적으로 지나치게 전제적인 권위를 행사했다. 결과적으로 당시에는 두 가지 범주의 라이야티가 있었는데, 이들은 제국 직할 봉토에서는 비교적 독립적이었지만, 자기르 봉토에서는 차라리 반半노예로 지칭되어야 했다. 그러므로 정치적·행정적 권력이 어떻게 농민에게 행사되었는지에 관한 문제가 바로 핵심적 요소다.

자민다르 마을과 라이야티 마을도 서로 구별되어야 한다. 국가가 지나치게 많은 세금을 요구할 경우, 자민다르가 자신의 이해관계를 지키기 위해 농촌 노동자들을 보호하는 역할을 했는지도 밝혀져야 한다. 그러나 자민다르 마을에는 라이야티 마을과는 다른 형태의 재산권이 존재했기 때문에, 계층 형성도 서로 달랐을 것이 분명하다. 예를 들어 자민다르들의 권리는 양도할 수 있었지만, 라이야티 마을에서는 다른 구조가 작동했다. 농촌 구조의 변화는 두 가지 차원에서 일어났다. 지방 차원에서는 무엇보다 생산수단에 대한 통제와 권위에서 변화가 일어났다. 수직적인 변화는 경제적 압박이나 다른 자극들로 인해 일어났는데, 이들은 대부분 위기 속에서 생존하고자 하는 단순한 의지에 의한 것이었다. 하비브에 따르면 이러한 상황에서 노동생산성이 향상되는 결과가 나왔다. 인구는 본질적으로 증가하지 않았으나 경작 토지가 확대되었다. 엄청난 부담이 농촌 백성들의 삶을 짓눌렀지만, 한편으로는 농촌 주민들이 경작을 계속하도록 고무하는 보상도 있었다. 농민들이 불모지로 남아 있던 토지를 다시 경작하면 국가가 세금을 감면해 준 사실이 좋은 사례로 언급될 수 있다. 지역 군주나 자민다르가 자기들의 신분을 즐긴다는 사실은 많은 농민이 미점유 토지를 점령하고 경작하게 하는 자극제로 작용했다.

국가는 융자를 통해 거친 불모지를 개간하는 정착민들을 지원했으며, 지역의 부호들도 자금을 빌려주었다. 이처럼 경작에 투입된 자본은 1차 생산물에 커다란 영향을 행사할 수 있었으며, 농업은 이제까지 받아들여진 것보다 훨씬 먼저 자금과 시장 세력에 의존하게 되었다. 그렇다고 해도 농산물 가격이 오르면 중간상인만 이익을 본 것이 아니었다. 담배를 재배한 사례는 농민들이 수요 변화에 적응했다는 사실을 보여 준다. 바로 현금화될 수 있는 환금작물의 재배는 농민들에게도 수익을 주었음이 틀림없다.

무굴 제국에서 촌락민들은 자기들이 생산한 물건들을 판매했지만, 외부의 물건을 구매하는 일은 드물었다. 따라서 인도에서는 유럽과 달리 도시와 농촌 사이에 비슷한 규모의 물물교환, 그리고 거기서 초래되는 전문화와 분업화의 과정이 일어나지 않았다. 그러나 거대한 금융 분야가 분배 기구로 작동하면서, 농업에서 얻은 소득을 잘 분배해 관련된 모두가 자기 몫을 받을 수 있었다. 예를 들어 중개인과 상인들은 자기들이 필요한 것을 자체적인 생산 활동이 아니라 서비스를 제공하는 대가로 조달했다. 하지만 화폐가 마을 바깥에까지 영향을 미치지는 못했다. 세금이 현금으로 요구되고, 농민들이 현금을 얻기 위해 자기의 생산품을 판매할 때만 농민들은 이런 형태의 경제 과정에 참여했다.

전체적으로 최근의 연구들은 무굴 제국의 농업 사회 안에 역동성이 내재되어 있었다는 사실을 보여 준다. 무굴 제국 이전의 시대에는 도시와 농촌의 차이가 덜 뚜렷했던 것으로 보인다. 세금은 현물로 징수되었고 그 물자들을 직접 사용했기 때문에 분배를 위한 별도의 구조가 필요하지 않았다. 이러한 가설이 맞는다면, 인도의 경제는 무굴 제국 시대에 이르러 느슨하게 연결된 자급자족경제 단계에서 국내 교역과 대규모 금융 분야를 가진 경제 단계로 발전한 것이다. 물론 지금까지 알려진 자료들에 따르면 농민들에게 부과된 납세 부담이 너무 과중했기 때문에 농민들은 이러한 경제성장의 결실을 제대로 분배받지 못했던 것으로 보이기는 한다.

이미 언급되었듯이 인도에서는 '자민다르'가 정치 영역과 문화 영역에서 중요한 지위를 차지했는데,[52] 그들이 보유했던 사회적 비중은 무굴 제국에 와서 더 커졌다. 특히 그들이 국가 경제에 미치는 영향력은 대단했다. 무굴 제국의 행정조직이 특이해 자민다르의 활동에 크게 의존했기 때문이다. 자민다르와의 협력은 무굴 제국의 권력을 안정시키기는 했지만, 양자 사이에 이해관계가 충돌하는 일이 빈번했다. 자민다르들과 궁정 사이의 관계는 한편으로는 제국 내에 존재하는 상이한 전통들이 문화적으로 융합하는 데 기여했지만, 다른 한편으론 분리주의적이고 지역적인 경향들을 조장하는 데도 기여했다. 중앙집권화된 제국과 자민다르의 권리 주장 사이에서 발생한 대립은 궁극적으로 매우 심각한 것이어서, 서구 열강들이 인도에 정착하기 이전에 이미 무굴 제국에 구조적 문제를 초래했다. 이미 언급했듯이 무굴인들은 매우 상이한 계급에 속하는 사람들에게 '자민다르'라는 명칭을 부여했다. 그래서 자민다르 중에는 막강하고 독립적인 부족장들도 있었지만, 별로 비중이 크지 않은 마을의 중개인들도 있었다. 이렇듯 다양한 사람들을 단일한 명칭으로 통일해 부른 것은 지역의 유력 지도자들을 적어도 공식적으로는 제국 권력의 단순한 중개자로 축소시키려는 무굴 제국의 의도에서 초래된 것으로 해석할 수 있다. 농업의 법적 구조 및 그것과 연관된 권력관계는 이미 델리 술탄 왕조 시대(1206~1526)에 크게 변했지만, 무굴 제국에 와서는 이 변화 과정이 가속화했다. 무굴 제국에는 배타적이지 않은 세 가지 범주의 자민다르들이 있었다. 독립적인 부족장, 중간에 투입된 중급 자민다르, 직영 자민다르. 무굴 제국의 거의 모든 파르가나에는 최소한 한 명의 자민다르가 있었다. 부족장은 그들 지역에 오래 정착해 왔던 독자적인 통치자였으며, 거의 무제한적으로 권력을 행사했다. 술탄들은 항상 자신이 그들의 권위를 인계받고 그들에게 공물을 받는 일을 의무화하려고 시도했다. 이 때문에 수많은 봉기가 발생했는데, 독립적인 부족장들은 오직 무력을 통해서만 굴복시킬 수 있었다. 아크바르 시대에는 제국의 대부분 지역이 이 부족장들의 세력권에 있었는데, 이들은 술탄국이 무너진 후 결국 독립을 달성했다.

자신의 권력을 확고히 하기 위해 아크바르는 그들에게 공물을 납부하고 군사적으로도 협조할 것을 요구했다. 물론 아크바르와 그의 후계자들은 몇 가지 부분에서 이 절차를 보완했는데, 이것이 자민다르와 중앙정부 사이의 관계를 변화시킬 수 있었다. 첫째, 아크바르는 막강한 부족장들을 정부와 행정 구조에 결합시킬 수 있었던 제국의 첫 번째 통치자였다. 지방 군주가 만사브mansab를 부여받으면, 그로써 그에게는 한 자기르(영지)에 대한 권리가 주어졌다. 이 토지로부터 나오는 수입은 보통 그의 원래 수입을 훨씬 능가해 더 큰 규모의 군대를 보유할 수 있었기 때문에, 부족장의 영향력도 높아졌다. 그에게 봉사하는 남자들이나 벌족 구성원들도 마찬가지로 소득이 많은 공직에 임명되어 이익을 얻었다.

둘째, 그 대신에 무굴 제국은 부족장들에게 영향력을 행사했다. 그들의 신분과 직위는 이제 통치자의 선의에 종속되었다. 통치자는 경우에 따라 부족장들의 후계 문제에도 발언권을 행사했다. 이러한 방식으로 지역 군주들에 대한 중앙의 통제를 강화했을 뿐 아니라, 지역 군주들이 통치자에게 개인적으로 의무감을 품도록 주입하기도 했다. 그 밖에도 무굴 제국은 지역 군주 자신 또는 가까운 한 명의 친척이 무굴 궁정에 머물도록 요구했다.

셋째, 술탄들은 지역 군주들에게 군사적 지원을 요구했지만, 무굴 제국에 와서 비로소 처음으로 군사적 지원 시스템이 개발되었다. 이 시스템에 따르면 만사브를 받지 않은 지역 권력자들도 기꺼이 군사적 지원을 제공할 수 있었다. 이 시스템은 무굴 제국의 권력을 유지하기 위해 매우 중요했다. 모든 중요한 군사 원정에서 지역 봉신들의 병력은 중요한 역할을 수행했다.

넷째, 무굴 제국은 지역 부족장들의 권력 기반이 커지면서 내부적으로 약화되었던 것 같다. 그들은 봉신들과 관계망을 구성하면서 제국에 협력하는 새로운 계급을 만들어 냈으며, 어떤 경우에는 이들에게 직접 제국의 만사브들을 수여하기도 했다.

다섯째, 농업 제도가 새롭게 발전하기 위해 특히 중요했던 것은 부족장들의 고향 지역이 부족장의 개인적 봉토로 취급되었다는 사실이다. 이로써 지역 군주들은 이론적으로 자기르다르라는 직함을 갖게 되어 제국의 재정 조정 시스템 속에 종속되었다. 그러나 그들은 자기들의 권리를 후손에게 물려줄 수 있었다. 이러한 원칙은 주로 만사브다르이던 군주들에게 관철될 수 있었지만, 무굴 제국은 다른 지역 제후들에게도 납부해야 할 밀린 공물을 다른 방식으로, 즉 자기르다르로부터 생산된 실제 수익에서 그만큼을 대체하도록 시도했다. 그러나 많은 제후가 불규칙적인 세금 납부 방식(페시카시peshkash)을 유지했다. 페시카시도 자기르의 일정 양과 맞추기 위해 조정을 시도하면서, 무굴 제국은 부족장의 영향력이 미치는 지역에 대한 통계를 수집하고 그들에 대한 통제를 강화했다.

결국 이전 왕조들과 달리 무굴 제국은 지역 권력자들이 무굴 제국의 법을 따르도록 움직일 수 있었다. 법의 수용과 이행 외에 교역과 통행의 자유도 중요했다. 부족장들은 그들이 관리하는 지역에서 제국에 대한 반란이 일어나면 맞설 의무가 있었으며, 무굴 통치자는 지역 군주들이 법을 위반할 경우에 이를 궁정에 고발하는 사람들의 권리를 보장해 주었다.

한편 무굴 제국은 사회적으로는 각각 지역 군주들의 작은 통치 구역으로 파편화되었기 때문에 제국이 경제적·군사적으로 발전하는 데는 장애가 되었지만, 다른 한편으로 중앙정부는 이를 통해 매우 광범위한 안정과 평화를 얻을 수 있었다. 이는 국내의 교역과 경제를 촉진했고, 구매력 증가는 경제 인프라가 형성되도록 자극했으며, 미개척 상태로 방치되었던 거대한 토지가 개간되기도 했다. 물론 무굴 제국이 부족장들을 통제할 수 있게 된 것은 수많은 군사 원정의 결과이기는 했지만, 제국은 이들과 충성 관계도 구축했기 때문에 많은 경우 이들에게서 자발적인 협력도 기대할 수 있었다. 그러나 제국의 지배권과 지역의 독자적인 권리 주장 사이에 있는 갈등과 모순은 결코 완전히 해소될 수 없었다. 높은 만사브나 이득이 많은 자기르를 모든 부족장에게 지급할 수는 없었다. 통치자가 지역 제후들의 희망 사항을 더는 충족시킬 수 없을 때, 지역 제후들은 이미 자신들이 관할하던, 본래 고향 지역의 외부에 위치한 자기르를 상속권을 가진 지역으로 전환하려고 했다. 이렇듯 자민다르들을 통제하기 위해서는 그들에게 항상 압력을 가해야 했기 때문에 무굴 제국의 군사력은 크게 약화되었다. 그리고 시간이 흐르면서 반란이 점점 더 자주 발생해, 17세기 말 무렵에는 중앙집권화된 시스템이 가진 장점을 더는 분명하게 느낄 수 없게 되었다.

중급 자민다르들의 범주는 느슨하게 규정되었기 때문에 직영 자민다르들이 납부한 공물을 모아 제국의 재정 책임자, 자기르다르 또는 부족장들에게 지급해 주는 모든 이를 포함했다. 수확량을 측정하기 위한 세부 지침을 준비하고 요구되는 수확량을 달성하며 나아가 미개척지를 경작할 준비 작업을 하는 일 등이 그들의 업무였다. 중급 자민다르들은 지역에서 세금을 징수하고 제국의 법을 관철하는 것에서 무굴 제국 행정의 중추였다. 그 대신에 그들은 여러 가지 의무에서 해방되었으며, 과세 대상이 아닌 토지 또는 다른 여러 가지 혜택을 부여받았다. 그런데도 그들은 다양한 방법으로 자기들의 권력을 확대하고 강화하는 일에 몰두했다. 그중 일부는 무굴 제국이 무력을 행사한 이후에야 비로소 자기들이 징수한 세금 전액을 제국에 납부했다. 농민에 대한 착취는 증가했으며, 많은 중급 자민다르는 기회가 있을 때마다 지역 군주 신분으로 상승하려고 시도했다. 중급 자민다르들은 평균적으로 보아 거두어들인 세금의 2.5퍼센트에서 10퍼센트 정도를 지분으로 할당받았다. 그들은 대부분 자기들의 권리(징세권)를 상속할 수 있었지만, 해고되거나 타 지역으로 전출될 수 있었으며, 후계자를 지정하는 문제 등에서 국가의 간섭을 받을 수도 있었다. 보통 중급 자민다르들은 마을과 같은 작은 구역에서 영향력을 행사했다. 무굴 제국은 자민다르 계급에 속하지 않고 상속할 수 있는 토지도 보유하지 않았던 고위 만사브다르나 귀족들의 희망 사항을 충족하기 위해 사람과 연관된 직책 제도를 도입했다. 이렇게 해서 자기르다르직에 영구적인 권리가 부여될 수 있었다. 그러나 무굴 제국의 국가 시스템은 자민다르들에게 크게 의존했으므로, 이들을 결코 완전하게 제압할 수 없었다. 심지어 그들이 약화되는 제국에 맞서 반란을 일으켰을 때도 그러했다.

직영 자민다르들은 농토나 거주용 토지의 소유권을 보유했다. 농사용 토지나 마을 안에 부동산을 소유하는 자들이 여기에 속했고, 그 결과 제국의 모든 영토는 마지막 단계에서는 직영 자민다르들에게 귀속되었다. 이들 계급이 보유한 권리는 상속과 양도를 할 수 있었으며, 무굴 제국은 이를 보호해 주는 것이 그들의 의무라고 생각했다. 무굴 제국은 소유권과 관련해 분쟁이 발생할 경우를 대비해, 제국의 권한을 명백하게 규명할 수 있도록 위임장의 목록화를 추진했다. 그리고 직영 자민다르들의 권리는 매우 많은 사람에게 이전되었는데, 이는 무엇보다도 경작지를 확대하기 위한 것이었다. 부분적으로는 대부분의 미경작지가 납세의 의무 없이 자선 목적을 위해 제공되기도 했는데, 이 토지(마다드 마시madad ma'sh)들은 시간이 지난 후 자민다르들의 소유가 될 수 있었다. 농토를 소유한 농민들과 달리 자민다르들은 자신들의 토지를 소작인들에게 경작하게 했다. 보통 소작인들은 정기적으로 소작료를 납부하기만 하면 안정된 신분과 토지에 대한 일정한 세습적 권리를 받았다. 물론 자민다르들은 소작인들이 그들의 경작지를 이탈하는 것을 금지하고 그들이 보유하는 모든 토지를 경작하도록 압박할 권리가 있었다. 직영 자민다르들이 수확을 거두어들이지 않는 곳에서는 농민들이 직접 수확했으며, 여기서 10퍼센트는 직영 자민다르들의 지분으로 공제되었다. 직영 자민다르들은 법 집행에서 행정기관을 지원하고 군대를 소집하는 과제를 맡았다. 이러한 사회적 위상 때문에 그들은 한편에서는 그들의 상위에 있는 자민다르들이나 국가, 다른 한편에서는 농민들이라는 양자 사이에 끼어 있었다. 그 결과 직영 자민다르들은 자기 지위를 보존하기 위해 양측과 빈번하게 충돌했다. 직영 자민다르들이 자기들에게 행사되는 부담을 농민들에게 전가하는 경우도 가끔 있기는 했지만, 대부분 그들은 지배층이 그들에게 점점 더 많은 세금 납부를 요구할 경우 농민들의 반란을 주도해 이의를 제기했다. 어떤 경우에는 직영 자민다르들의 지위가 중급 자민다르들 때문에 약화되기도 했다. 예를 들어 중급 자민다르들이 지역에서 자기들의 지위를 강화하기 위해 새로운 토지 소유자 계급을 도입하는 경우를 들 수 있다.

여러 종류의 자민다르 계급이 존재했던 결과로 점차 위계질서가 대두했는데, 각 층위에서는 각각 상이한 법이 적용되고 전체적으로 위에서 아래로 압박이 계속 이양되는 상황이 초래되었다. 시간이 흐르면서 이러한 조건은 점점 더 커다란 진보를 방해하는 요소로 작용했다. 중앙정부는 한 농부가 자신의 수확량의 50퍼센트 이상을 납부하지 않도록 보장해 주려고 노력했다. 그러나 중앙정부의 노력이 점점 약해지고 자기르에 대한 압박이 커지자 농업 위기가 발생했으며, 이 위기는 18세기에 더 심화되었다. 자민다르들이 전반적으로 무굴 제국에 대해 충성을 보였는데도 자민다르들과 국가 사이뿐 아니라 자민다르들 사이에도 수많은 갈등이 존재했다. 그리고 이런 상황은 지속적으로 국가의 행정력과 군사력이 약화되는 데 기여했다. 이 문제를 해결하려는 무굴 제국의 노력은 늘 짧은 기간만 성과를 보였다. 1707년에 아우랑제브가 죽자, 중앙정부는 무너져 가는 세력균형을 바로잡기에는 국력이 너무 약화되었다. 정부가 농업경제의 구조를 바꾸기에는 그동안 자민다르들에게 지나치게 의존해 있었던 것이다.

아우랑제브의 치세

아우랑제브(재위 1658~1707)의 치세에 관해서는 다양한 평가가 제기된다. 그 이유는 무엇보다 아우랑제브에 관한 기념비적인 다섯 권짜리 역사서 『아우랑제브의 역사*A History of Aurangzeb*』(1912~1924)를 집필한 인도의 역사가 자두나트 사르카르Jadunath Sarkar가 오늘날까지 17세기 후반의 인도 역사에 관한 해석을 거의 독점하다시피 하기 때문이다. 그의 주장에 따르면 아우랑제브는 선제들이 이룩했던 관용과 다문화주의를 향한 발전을 거꾸로 되돌리고자 했던 종교적 광신자였다. 그리고 아우랑제브의 이러한 근본주의는 무의미하고 경제적으로 파멸을 가져온 데칸 정복 정책과 함께 제국을 몰락으로 이끌었다. 반면에 최근 몇 년 동안 이러한 해석에 맞서는 많은 주장이 제기되었다. 특히 사르카르는 앞의 책을 쓰면서 당시 역사가들의 증언에 크게 의존했는데, 그 증언들은 이미 뚜렷한 의도를 갖고 그 시대를 조명했다는 비판이 제기되었다.[53]

아우랑제브가 통치한 첫 20년은 대단히 소란스럽게 지나갔다.[54] 그는 제국을 확장하기 위해 샤자하나바드를 거점으로 해서 엄청난 비용이 드는 대규모 군사 원정을 시도했다. 예를 들어 벵골 지방에서 무굴 제국 중앙의 권위가 제대로 인정받지 못하자, 아우랑제브는 1660년대 초에 장군 미르 줌라Mir Jumla를 보내 엄청난 손실을 보았는데도 쿠치 비하르와 아삼을 정복하는 데 성공했다. 하지만 이 지역은 이후 4년이 채 못 되어 다시 빼앗겼다. 이러한 무의미한 군사 원정 외에도 지역에서 수많은 반란이 발생했다. 북동부 지방에서 아프간 부족들이 그곳에 주둔하던 무굴 제국 군대에 맞서 봉기를 일으켰다.

아우랑제브가 직접 자신의 군대와 함께 그곳으로 출동했지만, 봉기는 1685년에야 비로소 진압되고 평화가 찾아왔다. 그런데 1678년에 마르와르에서 마하라자maharaja 자스완트 싱Jaswant Singh이 죽자마자 본격적인 라지푸트 전쟁이 발발했다. 이때도 아우랑제브는 직접 개입해 아즈메르로 출정했다. 그의 아들 아크바르는 이러한 정치적 난국을 이용해 아우랑제브에게서 벗어나기 위해 독립을 선언한 후, 데칸 지방으로 가서 반란을 일으킨 마라타족의 진영에 합류했다. 그러자 아우랑제브는 마르와르에서 가장 중요한 인물 중 하나였던 라나 라즈 싱Rana Raj Singh과 휴전을 체결했다. 그러나 현지인 집단들은 전투를 성공적으로 지속했으며, 자스완트 싱의 아들 아지트 싱Ajit Singh은 1707년에 승자가 되어 조드푸르를 차지할 수 있었다.

1680년에 아우랑제브는 원정의 무대를 바꾸어, 데칸 지역에 아직 남아 있던 술탄국인 아마드나가르와 비자푸르를 제압할 필요가 있다고 보았다. 여기에 그의 아들이 보호를 요청했던 마라타인들도 제압해야 할 적으로 추가했다. '힌두교도'인 마라타인들은 데칸 북서부 지방 출신이었다.[55] 수많은 마라타인 병사와 세금 징수자들이 아마드나가르 술탄국과 비자푸르 술탄국에 봉사했다. 촌락의 성격이 강한 마라타 사회는 독자적인 군대와 세금 징수권을 갖고 있었고, 유력 가문들과의 광범위한 관계망까지 보유한 지역 명사들이 지배했다. 그들은 1620년대 이후로 무굴 제국과 벌인 전투에서 술탄 부대 내의 장군으로 활약했다. 1646년과 1656년 사이에 이들 명사 가운데 한 사람인 시바지Shivaji는 비자푸르 술탄국 안에 독립적인 제후국을 건설하는 데 성공했다. 시바지는 비자푸르의 장군 아프잘 칸Afzal Khan을 처단한 일로 명성을 떨쳤다. 아프잘 칸은 감히 툴자푸르와 판다르푸르에 있는 신성한 사원을 훼손하기도 했기 때문에 마라타인들이 가장 증오하는 인물이었다. 시바지가 거둔 이러한 명예로운 성과 덕분에 수많은 마라타인이 시바지의 군대에 합류했다. 시바지는 수라트 전투(1664)와 푸나 전투(1663)에서 무굴 군대를 물리침으로써 데칸 지방에서 주목해야 할 반무슬림 지도자가 되었다.

아우랑제브는 시바지를 진압하기 위해 우선 그의 삼촌인 샤이스타 칸Shayista Khan과 군대를 그곳에 파견했다. 이 원정은 무슬림 진영에는 처참한 결과로 끝났다. 그다음으로 출정한 무슬림 자이 싱Jay Singh은 더 나은 결과를 얻었다. 1666년에 그는 시바지를 압박해 휴전 협정을 체결하는 데 성공했다. 마라타인들은 그들이 보유한 서른일곱 개 요새 가운데 스물세 개를 무굴 제국에 넘겨야 했다. 물론 여기서 그들은 정기적으로 비자푸르의 세금 수입 가운데 4분의 1을 거두어 가도록 허락받았다. 마라타인들은 이 특권을 이용해 그들이 점령하는 지역마다 될 수 있는 한 많은 세금을 내도록 강압했다. 결국 무굴 제국이 이 지역들을 다시 합병했을 때 그 지역들은 이미 완전히 고사한 상태였다. 시바지는 개인적으로 아우랑제브의 궁정에 거주했다. 무굴 궁정은 시바지에게 높은 계급을 부여하고 그를 자민다르로서 만사브 체계 안으로 받아들이고자 했다. 시바지가 이 규정에 불만을 표시하자, 아우랑제브는 그를 잠시 가두었다. 하지만 그는 탈출해 데칸으로 돌아갈 수 있었다. 마라타인들은 1670년에 재차 무굴 제국을 공격하고 수도 수라트를 약탈했다. 1674년에 시바지는 자기를 스스로 공식적으로 왕(차트라파티chatrapati)으로 칭했다. 그러나 광대한 지역을 통치했던 마라타인들의 첫 통치자 시바지는 그로부터 6년 후에 사망했다. 그의 아들이자 후계자인 샴바지Shambaji(1689년 사망)는 데칸 지방에서 자기가 원하는 것을 마음대로 할 수 있었다. 아우랑제브의 병력이 제국의 북부 지방에서 벌어진 아프간과의 전쟁에 발목이 잡혀 있었기 때문이다.

1680년대 초에 비자푸르와 마라타인들을 진압하기 위해 델리와 아그라에서 파견된 군대가 데칸 지역에서 패전을 거듭하자, 무굴 제국의 행정 당국은 스스로 무너지는 징후를 보였다. 그렇기 때문에 1681년에 아우랑제브는 직접 부르한푸르로 출정하기로 결정했고, 이 결정은 이듬해에 현실로 옮겨졌다. 아우랑제브는 이때부터 죽을 때까지 25년이라는 긴 세월을 데칸에서 반역자와 반군에 맞서 싸우는 데 전력했다. 시작은 대단히 성공적이었다. 당대인들은 흔히 남부 지방에서 시행되었던 무굴 제국의 행정이 비효율적이었다고 냉소적으로 논평했지만, 아우랑제브는 1686년에는 비자푸르, 8개월 후에는 골콘다도 장악할 수 있었다. 데칸 지역 전체가 수도를 아우랑가바드에 둔 하나의 성으로 통합되었다. 나아가 아우랑제브는 시바지의 아들 샴바지를 사로잡아 처형하는 데 성공했다.

____ 아우랑제브(재위 1658~1707)가 높은 강단 위에서 『꾸란』을 읽고 있다. 1681년에 아우랑제브는 데칸 지역으로 출정했다. 그곳의 안녕과 질서를 유지하기 위한 것이었다. 여러 가지 상황이 좋지 않았을 뿐 아니라 개인적인 이유 때문에 그는 죽을 때까지 그곳에 머물며 북부로 돌아가지 않았다. 영국의 역사 서술에서는 아우랑제브가 엄격한 종교 정책을 시행함으로써 무굴 제국이 무너지는 데 기여했던 위선적인 통치자로 묘사된다. 아우랑제브에 관한 이러한 해석은 그동안 연구를 통해 수정되었다. (Wikimedia Commons)

이렇게 첫 번째 성공을 달성한 후에 아우랑제브는 데칸에 머물기로 결정했으며, 지역의 불안정에 맞서는 작은 전쟁들을 계속해 치렀다. 마라타인들이 그의 주적이었는데, 그들은 지도자가 죽은 후에도 무굴 제국에 대한 저항을

무굴 제국
(대략적인 경계)
반란을 일으킨 집단
카불
페샤와르
칸다하르
(페르시아령)
젤룸강
체나브강
라비강
인더스강
라호르
베아스강
물탄
수틀레지강
인더스강
히말라야산맥
브라마푸트라강
파니파트
델리
자트
에베레스트산
라지푸트
아그라
야무나강
갠지스강
곰티강
가가라강
참발강
알라하바드
바라나시
파트나
갠지스강
찬단나가르(프랑스령)
세람포르
(덴마크령)
캘커타
(영국령)
나르마다강
곤드와나 속령
곤드와나
디우
(포르투갈령)
수라트
타프티강
다만 (포르투갈령)
마하나디강
바사이 (포르투갈령)
봄베이
(영국령)
고다바리강
마라타
벵골만
크리슈나강
고아
(포르투갈령)
퉁가바드라강
아라비아해
풀리카트 (네덜란드령)
마드라스 (영국령)
사드라스 (네덜란드령)
퐁디셰리 (프랑스령)
타랑감바디 (덴마크령)
나가파티남 (네덜란드령)
안다만
카베리강
캘리컷
코친
(네덜란드령)
폴리가르
실론
캔디
콜롬보
(네덜란드령)
몰디브
인도양
0 200 400 600 km

1690년, 무굴 제국의 최대 판도.

늦추지 않았다. 무굴 제국은 이러한 적을 물리치기 위해 전력을 투구했다. 그렇기 때문에 통치자 아우랑제브가 머물렀던 이곳은 오랫동안 제국 행정의 중심지가 되었다. 아우랑제브는 1696년에야 비로소 브라만푸리Brahmanpuri(지금은 이슬람푸리Islampuri로 개칭되었다.)를 새로운 수도로 선정했다. 그러나 그는 거기서도 오직 자신의 막사에서 살았다. 1699년에 무굴인들은 브라만푸리 주변에 성벽을 둘러쌓았다. 그 직후에 아우랑제브는 자신의 가장 중요한 대신인 아사드 칸Asad Khan을 행정 책임자로 남겨 두고, 직접 마하라슈트라 요새를 정복하기 위한 6년간에 걸친 전쟁에 뛰어들었다. 그러나 그는 병들고 지쳐 결국은 실패한 채 1707년에 브라만푸리로 귀환했다. 3월 3일에 그는 전쟁 기간에 얻은 병의 후유증으로 사망했다.

정치적·사회적·경제적 파편들

아우랑제브가 죽은 후 무굴 제국이 해체된 원인이 무엇인지를 찾다 보면 이 해체 과정이 한 가지 원인으로는 설명될 수 없으며, 오히려 다양한 여러 원인이, 즉 부분적으로는 체제 내적이고 부분적으로는 체제 외적인 원인들이 서로 상승작용을 일으키면서 제국의 와해에 기여했다는 사실이 분명하게 드러난다. 섬세한 행정 체계를 가진 복잡한 제국은 불가피하게도 아주 특별한 조건 아래에서만 안정을 유지할 수 있었다. 다음에서는 새로운 연구 성과를 토대로 해서 무굴 제국의 체제가 가졌던 다양한 구조적 취약점들을 살펴보고자 한다.

우선 하나의 중요한 취약점으로 인도의 중세적인 촌락공동체의 구조를, 그리고 지역 및 제국 중앙 행정부의 구조와 밀접하게 연관된 자기르다르 시스템의 몰락을 들 수 있다.[56] 무굴 제국의 행정은 광범위하고 다양한 차원에서 여러 겹의 통제 시스템과 균형 조절 시스템을 갖고 있었지만, 체제 위기가 계속 발생했다. 그런데 이 위기의 징후는 전반적으로 안정기로 규정할 수 있는 17세기 전반에 이미 드러나기 시작했다. 이미 이 무렵에 지급할 수 있는 자기르는 한정되어 있는데 이를 기반으로 해서 봉급을 지급해야 할 관료의 수가 증가했기 때문에, 이러한 불일치에서 심각한 문제가 발생하기 시작했다는 것이 명백해졌다. 단기적으로는 행정 기술적인 해결 방안이 나오기도 했지만, 이 방안은 장기적으로 문제를 더 심각하게 악화했다. 지배층과 국가에 더 많은 수입을 확보해 주기 위한 다양한 전략이 동원되었고, 이것은 때로는 강력하게 때로는 온건하게 추진되었다. 하지만 (경작 면적이나 수확을 확대하는 것과 동반된) 제국 영역의 확대, 비농산물의 교역, 하층민들에게 부담이 되는 높은 세금 부과 같은 전략도 장기적으로는 이 문제를 개선하는 데 도움이 되지 않았다. 원인은 특권 상류층의 수가 계속 증가했는데도 무굴 제국의 사회제도가 경직된 상태를 벗어나지 못했다는 사실에서 찾을 수 있을 것 같다.

국가를 유지하기 위해 필요한 세금과 실제로 징수된 세금 사이의 불균형이라는 근본 문제는 이런 방식으로는 해결될 수 없었다. 변화가 필요했지만, 농업 시스템의 내부 구조가 변화에 걸림돌이 되었다. 무굴 제국의 영토에는 아직 경작할 수 있는 토지가 남아 있었지만, 지역의 특권층은 주로 하층 카스트 출신이며 토지가 없는 농민들이 이 토지를 사용하는 것을 막았다. 중앙정부는 중간 카스트들이 가진 이러한 특권을 분쇄하는 데 실패했다. 그 밖에 농촌 경제를 개선하기 위한 몇 가지 시도가 있었지만, 최하층까지를 대상으로 삼은 개선 정책은 시도되지 않았다. 무굴 제국의 생산 제도는 중앙정부가 파견한 지역 관리자가 자민다르들을 제대로 통제할 수 있는지에 따라 작동했다. 하지만 정부 관료들이 지급받는 봉급이 점점 더 적어졌기 때문에, 이들이 보유한 부대의 수는 점점 줄어들고 그들에게 지급되는 무기의 질도 점점 나빠졌다. 이러한 상황은 자민다르들이 세금을 징수하는 데 어려움을 만들었으며, 그 결과로 이어진 수입 손실은 관료들에 대한 봉급 지급에 문제를 초래했다. 이런 퇴행적 악순환은 지역민들의 봉기를 통해 심화되었다. 농업을 저해하는 사회구조와 지역 행정 기구의 문제 외에 또 다른 요소들이 자기르다르 시스템이 위기에 빠지도록 기여했다. 지배계급의 수는 크게 증가했으며 고위 관료직에 지원하는 신청자가 대단히 많았는데, 그 선발 과정에는 친족 관계뿐 아니라 무굴 제국에 결속되어야 했던 지역 유력자들의 권위가 큰 영향을 행사했다. 샤 자한과 아우랑제브는 처음에는 공직 임명을 둘러싸고 여러 그룹으로부터 오는 로비를 거부하는 자세를 보였다. 그러나 점차 관직의 임명 기간이 짧아지고, 자기르들이 지급되기까지의 기간이 오래 걸려 고통을 겪던 귀족들의 불만이 증가하자 그들의 충성심은 점점 낮아져 갔다.

샤 자한과 아우랑제브는 군대 예산을 조달하기 위해 제국 직영지를 확대했다. 국가가 특히 생산적이고 관리하기 좋은 토지를 왕령지로 확대하자, 만사브다르는 이보다 생산 조건이 나쁜 지역에 만족해야 했다. 무굴 제국에는 실질적으로 경작 토지가 부족하지 않았기 때문에, 위기의 원인이 자기르다르 시스템이었다고 주장하는 테제는 연구자들 사이에서 논쟁거리다. 농촌 지역의 행정은 전반적으로 잘 작동했다고 볼 수 없다. 법과 정의는 더는 관철될 수 없었으며, 농업 수확에 대한 세금도 더는 안정적으로 징수될 수 없었다. 따라서 무엇보다 자기르다르의 수가 점점 늘어나면서 발생한 세금 인상과 예산 조달을 위한 파렴치한 조치들, 정책의 지속성 결여 등이 무굴 제국의 위기에 대해 책임이 있다는 테제가, 행정 기구가 정상적으로 작동했기 때문에 다양한 통제 기구를 통해 그러한 잘못들을 신속하게 발견하고 막았다는 테제와 맞서고 있다. 자민다르들과 같은 세습 농촌 귀족들이 국가나 관료들의 압박에 맞서 농민 백성들을 보호했으며 농촌 생산을 증가시켰다는 주장도 마찬가지로 논란이 되고 있다. 자기르다르가 짧은 간격으로 자신들의 자기르들을 바꾸었다는 사실을 과대평가해서는 안 된다. 소수의 막강한 만사브다르가 토지의 80퍼센트를 차지했으며, 18세기가 되면 자기르들은 세습되기까지 했다. 하층민에 대한 전횡이 증가한 것은 자민다르들에 대한 행정기관의 통제가 느슨해진 결과였다. 느리지만 지속적으로 증가한 자민다르들의 권력은 지역 차원에서 심각한 결과를 초래할 수 있었다. 자민다르들의 세력이 성장해 가는 과정이 어떻게 진행되었는지는 지금까지 잘 연구되지 않았다. 자민다르들의 강점과 자기르다르들의 약점은 서로 인과론적으로 연결되었다. 무굴 제국은 이러한 착취로부터 토지 소유자를 보호할 능력이 없었기 때문에 위신이 크게 추락했다. 무굴 제국의 사회적 균형은 안정과 평안을 보장해 주는 중앙 세력으로서 무굴 제국의 권위가 받아들여졌기 때문에 형성되었던 것인데, 이제 이것이 중심을 잃고 흔들리자 지역 권력자들이 세력을 팽창할 수 있는 공간이 만들어졌다.

무굴 제국이 직면했던 다른 문제 영역은 농민과 부족들의 반란이 빈번했다는 사실이다. 가우탐 바드라Gautam Bhadra는 한 작은 연구에서 인도 북서부의 캄루프에서 발생한 두 가지 대표적인 사례를 서술했다.[57] 여기서 그는 파이크paik 시스템을 다루는데, 이 제도는 아삼이나 쿠치 비하르 지방의 농업에서 중요한 역할을 수행했으나, 무굴 제국의 행정개혁 때문에 심각한 장애를 겪었다. 파이카이paikay는 농민이었는데, 그들은 귀족 휘하의 군인이나 무장한 하인으로서도 일했다. 그들은 세금을 내지 않아도 되는 농토를 봉급으로 받았다. 다른 직업에 속하는 사람들도 마찬가지로 세금을 납부하는 대신에 노동을 제공했으며, 그를 위해 조그만 토지를 지정받았다. 여기서 대개 네 명의 농민이 한 단위의 공동체로 조직되었다. 그중 한 사람이 자기 일에 종사하는 동안 다른 세 사람은 그의 땅을 경작했다. 파이카이에는 다양한 계급들이 있었는데, 궁수는 그 가운데 가장 낮은 계급 출신으로 가장 형편없는 대접을 받았다. 그들은 훈련받은 예술가들보다 적은 특권을 받았다. 공동체 안에 이렇게 잘 조직되고 정착되었던 시스템이 무굴 제국의 행정개혁 때문에 혼란에 빠지자, 이는 귀족뿐 아니라 농민들에게도 큰 타격이 될 수 있다는 점 때문에 농민들은 무굴 제국의 행정개혁에 반대해 신속하고 격한 반발을 보였다. 그러나 무굴 제국은 이 파이크 시스템을 그대로 유지할 생각이 별로 없었다. 다시 말해 중앙집권화된 군부 및 그와 연관된 임금 정책을 가진 무굴 제국의 시스템에서는 봉급을 현금이나 수확물로 지급해야 했던 반면에, 각자가 맡은 직무에 토대를 둔 지역의 시스템은 권력(군사력)의 탈중심화와 연관되어 있었다. 그렇기 때문에 이 둘 사이에 갈등이 발생했다. 이 갈등 과정에 대체적으로 일반 라이야티(농민)에게서, 파이크들로 불리는 라이야티와 군인들의 특수 집단에서, 지역 귀족들에게서 분출되는 세 가지 경향의 불만이 파악될 수 있었다. 해당 지역에는 잘 훈련된 무장 파이카이들이 넓게 퍼져 있었기 때문에 지역의 반란들은 중앙 권력에 맞서는 효율적인 저항으로 발전할 수 있었다.

무굴 제국이 지역 귀족 계층에 굴욕감을 준 것이 반란을 자극한 중요한 요소였던 것으로 보인다. 지역사회가 갖고 있던 위계질서는 이들 국경 지방의 역사적 발전에서 특히 중요한 의미를 지니고 있었다. 무굴이 정복하기 바로 직전에 이곳에는 당시에 지배적 카스트로 발전했던 쿠치 제후국이 대두했었다. 시간이 지나면서 지역의 귀족과 주민들은 그들의 사회적 이동성(신분 상승)과 권력의 상징인 이 왕가에 단단한 결속감을 품게 되었다. 이런 상황에서 무굴인들이 이 지역의 왕가에 던져 준 치욕감은 반란을 일어나게 한 강한 동기였다. 사회구조상 농민이나 그들의 지도자나 모두 한 카스트에 속했던 이들 공동체는 무굴에 맞서 광범위하게 단결하고 신속하게 공동체를 형성해 싸울 수 있었다.

반란의 원인과 관련해 두 가지 경향을 확인할 수 있다. 첫 번째는 농민들과 지도자들이 중앙 권력에 맞서 정기적으로 반란을 일으켜 온 전통이 있었다는 것이다. 우선 무엇보다 특화된 직업에 종사하던 사람들이 반란의 주동자였던 것 같다는 사실이다. 나아가 반란이 일어난 지역의 특성에도 주목해야 한다. 벵골이나 아삼처럼 무굴이 정복한 지 얼마 안 되는 국경 지방에서 반란은 특이한 현상이 아니었다. 이곳의 사회제도와 조세 행정은 인도의 다른 지역들과 전혀 달랐다. 부족들이 널리 퍼져 있었기 때문에 지역의 정치 질서를 안정화하기 어려웠고, 반란은 쉽게 발생할 수 있었다. 폭력과 이에 저항하는 폭력의 악순환, 그리고 무굴 제국이든 반군이든 간에 권위를 세우기 위해 반대자들에게 처벌을 집행했다는 사실은 이 지역에서 무굴 제국의 권위가 위험에 처해 있었거나 일시적으로 무너졌다는 사실을 파악할 수 있게 해 준다. 이러한 반란들이 정기적으로 진압되기는 했지만 매우 자주 발생했기 때문에, 이 반란들은 무굴 제국이 국경 지방을 중앙 국가 구조에 흡수하고 통합하는 데 실패했음을 보여 주는 단서로 간주될 수 있다.

18세기의 무굴 제국에서 발생한 지역민들의 반란은 지금까지 주로 제국의 붕괴에 어떤 비중과 의미를 지니는지와 관련해 연구되어 왔다.[58] 반면에 이러한 반란과 연루된 지역의 역사나 사회계층, 반란에 대한 도시민들의 반응 같은 중요한 사안들은 별로 주목을 받지 못했다. 무자파르 알람Muzaffar Alam은 북인도의 세 개 지역(모라다바드바레일리Moradabad-Bareilly, 아와드, 바라나시)에서 발생한 자민다르들의 반란과 연관된 다양한 사건들을 분석했다. 그의 연구는 자민다르들과 중앙정부 사이에 발생한 갈등의 본질과 맥락이 무엇인지, 자민다르들 외에 다른 사회계층은 반란에 동참하지 않았는지, 그들이 무굴 제국에 맞서 반란을 일으키게 한 조건들은 무엇이었는지에 관한 문제 제기에 집중되었다. 우선 그는 반란의 주동자가 자민다르들이었는지, 아니면 지역 주민이었는지를 연구했는데, 여기에는 페르시아 측의 사료가 사용되었다. 그가 조사한 지역의 자민다르들은 다양한 카스트와 공동체 출신이었는데, 그곳에서는 항상 라지푸트들이 자민다르들의 대부분을 차지했다. 그들 외에는 자트인, 브라만인, 무슬림 셰이크, 사다트sadat(즉 무함마드의 후손)뿐 아니라 특히 바라나시(베나레스)에서는 부미하르족Bhumihars과 카야스타족Kayasthas이, 쿠르미스Kurmis에서는 (이후의) 아프간인들이 자민다르들을 구성했다. 이 모두가 무굴 제국의 중앙 권력에 대한 반란에 참가한 것은 아니며, 이들을 진압하기 위해 지역의 파우즈다리나 드물게는 지역 총독도 투입되었다. 무굴 제국은 반란에 대처하기 위해 군사적 수단 외에도 새로운 직위를 설치해 지역 지도자들을 국가에 결속시키는 견고한 행정적 구조를 활용했다. 하지만 많은 경우에는 이러한 해결 방안이 적용될 수 없었으며, 그러면 중앙정부의 병력은 반군을 진압하는 데 심각한 어려움을 겪었다. 중앙정부는 반군에 일시적으로 승리했을 뿐, 대부분은 기껏해야 무굴 제국의 군대가 군사적·전략적으로 약간 우세하다는 것을 보이는 데 그쳤다. 자민다르들의 반란이 무굴 제국에 얼마나 위협적이었는지는 그들이 동원했던 무장 병력의 수와 그들이 장악했던 요새의 수를 통해 측정할 수 있다. 시기에 따라 한 지역에서 최대 스물다섯 개의 요새가 자민다르들의 통제 아래에 있었으며, 어떤 경우에는 병사 1만 1000명이 동원되었다는 보고가 있다. 하지만 대부분 자민다르는 우선은 자체적으로 무장 병력을 보유했기 때문에 얼마나 많은 지역 농민들이 자민다르들을 추종했는지는 이 수를 통해 밝혀질 수 없었다.

자민다르들이 지역민과 결속해 얻었던 강점은 반군 내부의 사회적 조건 때문에 자주 상쇄되었다. 자민다르들은 카스트, 벌족, 출신지에 따라 서로 구별되었으며, 공동의 적인 중앙정부에 대항했을 뿐 아니라 무엇보다 자신들의 이익을 관철하기 위해 서로 대항해서 싸웠다. 지역민들은 이들의 약탈 행위와 도적질, 전쟁 때문에 지역이 황폐해지는 고통을 겪었다. 이 전쟁에서 피해를 본 지역 권력자 가운데에는 무굴 제국에 원조를 요청하는 경우도 드물지 않았다. 몇몇 경우에는 다른 자민다르들의 반란 때문에 위협을 받았던 자민다르들이 무굴 제국 중앙정부의 편에 서기도 했다. 그러나 한편으로 자민다르들 사이에 내적 갈등을 유발했던 요소들은 서로간의 공감대와 소속감을 만들어 내기도 했다. 이렇게 동일한 카스트나 벌족 출신인 자민다르들이 결속하는 것을 막기 위해 무굴 제국은 지역 차원에서 그러한 결속을 분쇄하거나, 다른 카스트나 벌족 출신인 자민다르들을 새로 임명해 대립과 분열을 조장하는 방식을 사용하기도 했다. 물론 동일한 카스트나 벌족 내부에서도 갈등이 발생할 수 있었다. 무굴 제국은 특정 가문을 다른 가문보다 선호하는 방식을 동원해 이러한 갈등을 자기들의 지배에 이용했다.

자민다르들의 반란은 많은 자원과 병력을 보유하던 지역의 지배계급 구성원들이 제국에 품었던 분노의 표현이었다. 이런 관점에서 반군 지역에 존재했던 재산 규모를 살펴보면 흥미로울 것이다. 무엇보다 지역에 새로운 도시가 건설되었다는 사실을 통해 교역이 활발했다는 사실을 확인할 수 있으며, 나아가 이는 지역의 부를 가늠하게 해 주는 한 단서가 된다. 특히 17세기 후반의 바라나시에는 지역 생산품이 거래되는 중요한 시장들을 가진 대도시가 세 개나 건설되었다. 이렇게 경제구조가 확대되면 상업적 농업이 현저하게 발전했으며, 이는 자민다르들에게 막대한 부를 가져다주었다. 물건을 거래할 수 있는 새로운 시장이 커지면 경작 면적의 확대도 뒤따랐으며, 이것도 마찬가지로 수익 상승을 수반했다. 이러한 발전이 있는 곳에서는 무굴 제국의 지배권을 심각하게 위협하는 거센 반란이 일어났다. 다른 지역들에서 발견된 사례들 역시 지역의 부가 증가하고 그와 연관해 자민다르들의 세력이 강화되면 대부분 반란이 발생했다는 사실을 보여 준다. 농업 수익의 증가가 자민다르들에게 부를 가져다준 것인데, 이러한 수확 증가로 수익이 증가하면 그만큼 더 많은 세금을 국가에 납부하는 것이 의무였지만, 그들은 이를 지키지 않았다. 따라서 이렇게 불법적으로 축적한 돈은 자민다르들에게 짧은 시간 안에 부와 권력을 가져다주었다. 수확량이 정기적으로 기록되지 않았기 때문에 생산물에 관해 의미 있는 정보를 주지 못한다. 또한 수확을 거두어들인 자민다르가 가진 권력에 따라 수확량에 관한 기록이 유동적일 수도 있었다. 하지만 17세기와 18세기 초에 측정된 수확량을 고려할 때, 조사된 지역의 경제가 뚜렷하게 성장했다는 사실은 확인할 수 있다.

조사된 지역에서 반란을 주동한 것은 자민다르들이었다. 그들은 부유하고 강한 권력을 갖고 있었으므로 자치를 원하거나 적어도 수확량에서 더 많은 배당을 받기를 원했다. 그러나 그들은 대부분 지역의 다양한 집단들을 자기들 통제하에 모으는 데 실패했으며, 그 결과 다양한 카스트와 벌족 출신의 자민다르들이 연합해 반란을 일으킨 경우는 아주 드물었다. 그들은 무굴 제국을 물리칠 수 있을 때면 지역을 황폐화하고 상인과 마을 주민, 다른 자민다르들에게 마구잡이로 테러를 가했다. 그렇기 때문에 지역민들은 부분적으로 무굴 제국에 도움을 구하고 중앙정부 편에서 싸웠다. 이 지역에 있던 도시민들의 반응에 관해서는 안타깝게도 입증 자료가 없지만, 다른 지역에서는 도시민들 역시 무굴 제국 편에 섰다. 특히 상인들은 제국의 안정과 제국의 농업 시스템에서 이익을 얻었다. 시골의 사회구조는 반란 때문에 매우 심각하게 훼손되었다. 자민다르들은 궁핍해진 마을 주민들이 일으킨 반란의 지도자이면서도, 다른 한편으로는 자기들의 이익을 증진하기 위해 마을 주민들을 이용하기도 했다.

캐런 레너드Karen Leonard는 경제적 측면에서 무굴 제국의 붕괴에 관한 기존 해석을 설명하기 위한 새로운 이론을 제기했다.[59] 레너드의 주장에 따르면 경제적 요소와 행정 시스템 내에 발생한 긴장 관계는 무굴 제국의 불안정과 관련해 자주 지적되는 사항이지만, 다른 이론들은 이러한 맥락에서 가장 중요해 보이는 특징 인긴 집단을, 즉 대형 금융회사와 무역 회사(대형 사무소)의 자금 담당자들을 충분히 고려하지 않는다. 레너드는 본점과 지점을 거느리고 있기 때문에 사업 영역이 대단히 넓었던 금융 기업을 대형 사무소로 정의했다. 이들 대형 사무소는 다양한 경제 분야에서 활동하면서 현실 정치에 영향을 미쳤지만, 국가에 의존해 있기도 했다. 무굴 제국의 거대한 영역에 걸쳐 화폐제도와 신용 제도를 유지하려면 재정 서비스는 탄력적으로 기능해야 했고 정치적 안정에 의지할 수 있어야 했다. 무굴 제국이 서서히 몰락하는 시기는 금융 기업이 직접 지역과 지방의 세금을 거두는 방향으로 개입해 가는 단계였다. 그들은 이런 방식으로 특히 1650년과 1750년 사이의 기간에 전체 제국에 걸쳐 자기들의 정치권력을 확립할 수 있었다. 인도의 은행가들은 지역세력들과 밀접하게 협력했는데, 그중에 동인도회사도 있었다. 하지만 1750년부터 동인도회사가 직접 전체 인도의 정치적 통제력을 장악하자 토착 은행가들이 체계적으로 대체되었다. 그들은 점차 정치적 영향력을 상실했으며, 결과적으로 그들의 역할은 역사 서술에서 거의 잊혔다. 그런데도 금융회사는 관료주의적 제국이던 무굴 제국으로서는 매우 중요했던 것이 분명하다고 여겨진다. 무굴 제국이 다민족적이고 다종교적인 제국이었다는 사실을 고려할 때 우리는 재정적·정치적 결합들이 결속력 있는 국가를 만드는 데 결정적이었다고 추측할 수 있다. 분명히 무굴인들은 특이한 방식으로 중앙 행정기관의 관료들에게 의존했다. 하지만 도시에서 활동했던 상인들이나 은행가들도 물자를 공급하거나 지급 수단을 제공함으로써 여기서 결정적인 역할을 수행했다. 요약하자면 무굴 제국은 동맹들, 그리고 사회적·경제적 구조들이 정교하게 균형을 이루면서 만들어진 네트워크에 크게 의지했다. 그러나 영국 동인도회사와 같은 외부 세력이 신용(대출)이나 다른 형태의 금융 서비스를 둘러싸고 무굴 제국과 경쟁하면서 정교하게 형성되었던 관계망의 균형은 깨지고 은행들이 훨씬 우위를 차지하게 되었다.

그러나 레너드의 테제에 따르면 이후의 무굴 통치자들은 이러한 상황 변화에 별로 주의를 기울이지 않았다. 은행가들이 귀족이나 관료 출신으로 이루어진 지배계급에 속하는 경우는 매우 드물었지만, 그들의 영향력은 막강했기 때문에 국가의 전략적·정치적 엘리트로 분류되어야 했다. 게다가 국가의 재정 담당으로서 그들의 역할은 특히 중요했다. 예를 들어 몇 안 되는 대형 사무소는 공무원들에게 지급하는 급여같이 국가가 직접 지출해야 할 재정이 정기적으로 진행될 수 있도록 자금을 지원했다. 나아가 세금이 들어오지 않으면 국가의 재정 지출이 불가능할 것이기 때문에, 국가가 지나치게 징세에 종속되지 않게 하기 위해 자금을 제공하기도 했다. 대형 사무소가 몇몇 고위 관료나 귀족들에게 개인적으로 대출을 해 준 것도 국가를 상대로 관계를 증진하는 데 유익했다. 무굴 제국은 보증을 위해 자기르를 담보로 설정하기까지 했던 악성 대출을 금지하는 데 실패했다. 은행가들의 활동에서 가장 큰 비중을 차지했던 것은 국가를 대신한 송금이었다. 그 밖에 세 개의 사업 영역에서 대형 은행들과 무굴 제국은 더욱 긴밀하게 결합했다. 은행들은 왕궁을 위한 각종 물품의 제작소였던 카르카나스karkhanas에 관계했으며, 공공 기관의 건축을 위한 계약자였고, 장신구와 귀금속, 보석 등의 수입도 담당했다. 세금 징수에서 대형 사무소가 수행한 역할은 특히 중요했는데, 1750년의 징세 업무는 실질적으로 대형 사무소의 관할 아래에 있었다. 여기서 그들은 국가에 신용을 지급하고, 그 대신에 국가는 그들이 거두어들이는 수입에 대한 전권을 그들에게 위임했다. 그러자 곧 은행가가 정하는 할부금이 무굴 제국 군주가 요구했던 세금 수입보다 더 중요한 경제적 범주가 되었다. 이러한 발전이 중앙정부가 점점 약화되어 가는 것을 보여 주는 증상이었는지, 아니면 반대로 중앙정부를 약화시킨 원인이었는지 묻는 것은 적절하지 않다. 어떤 경우든 대형 사무소들은 세금 징수 영역에서 점점 더 중요한 요인으로 성장했으며, 동시에 지역의 사업에 더욱 많이 투자하기 시작했다.

이해관계가 이렇게 변한 것은 17세기 후반에 다양한 대규모 약탈 원정 때문에 금융 분야가 심각한 타격을 입었을 때, 무굴 제국이 그들을 충분히 보호해 주지 않았기 때문이다. 특히 무굴 제국에서 가장 부유한 항구도시였던 수라트가 받은 습격은 대형 사무소들에 엄청난 손해를 입혔다. 원래 이들과 국가 사이의 관계는 매우 순조롭고 직접적이었지만 이제 그 관계는 훼손되었고, 많은 상인과 은행가들이 이 지역을 떠났다. 1650년과 1750년 사이의 기간에 대은행가들은 사업 방향을 새롭게 설정하면서 무굴 제국의 중심지를 떠나 지방의 왕국이나 다른 세력들의 교역 중심지로 이전했고, 네덜란드인이나 잉글랜드인들을 상대로 교역 및 신용 거래망을 구축해 갔다. 1750년까지 인도의 대규모 은행이 수행했던 역할을 역사가들이 자주 등한시한 것은 본질적으로 다음과 같은 중대한 변화와 연관되어 있다. 대형 사무소들과 동인도회사 사이의 관계는 1750년 이후에 결정적으로 변했다. 이 무렵에 동인도회사는 그들의 사업을 위해 자체적으로 은행가들을 투입하기 시작했을 뿐만 아니라 인도의 지배자들을 위해 금융 업무를 인수해 세금 징수에서도 일정한 역할을 수행했다. 이렇게 동인도회사가 무굴 제국의 국가 시스템에 커다란 영향력을 행사할 수 있게 되면서 그동안 은행가들이 보유했던 특권과 영향력이 동인도회사에 거의 통째로 넘어갔다.

이른바 '대형 사무소 책임론'에 따르면 대형 사무소들의 충성심과 이해관계가 중앙정부를 떠나 지역 왕국이나 외국 세력, 특히 동인도회사로 넘어간 것이 무굴 제국을 몰락시킨 결정적인 원인이었다. 이 금융회사들은 직접 행정 구조에 연결되어 있지는 않았지만, 재무부뿐 아니라 각급 공무원들이 그들에게 종속되어 있었다. 중국 제국에서 은행가가 수행했던 역할과 비교해 보면 뚜렷한 대비가 드러난다. 중국에서는 상인과 은행가들이 국가의 엄격한 통제를 받았으며, 자금 거래를 위한 새로운 시스템은 국가가 독점했다. 무굴 제국에서도 이러한 통제를 시도했던 시기가 있었다. 하지만 이는 금융회사들의 세력과 독자성에, 그리고 무굴 제국과 은행가들이 갖고 있던 장기적 목표와 단기적 목표 사이의 갈등에 부딪혀 번번이 실패했다.

대외무역도 18세기에 근본적인 변화를 겪었다.[60] 지금까지는 서아시아가, 특히 페르시아만이나 홍해 연안에 있는 국가들이 주로 인도산 상품의 수입원이었지만, 이제 봄베이와 마드라스, 캘커타와 같은 막강한 무역도시들[9]이 새로 등장해, 수출은 점점 더 중국 쪽으로 향했다. 전통적인 교역 중심지에 있던 상인들은 이러한 변화로 타격을 입었으며, 그중 일부는 잉글랜드인과 인도인들이 서로 협력하면서 새로운 구조를 개발했던 다른 도시로 갔다. 이 무역은 개별 상인 자격으로 사업에 뛰어들었던 동인도회사 직원들이 지배했다. 이러한 변화는 무굴 제국이 정치적으로 와해된 결과라고 이해할 수 있다. 물론 18세기 인도의 대외무역 분야에 대한 연구는 관련 자료가, 특히 인도 행정기관의 관세 자료가 없기 때문에 어려움을 겪고 있다. 인도 상인들이 갖고 있는 자료들도 단지 드문드문 남아 있을 뿐이다. 그렇기 때문에 연구에 사용된 대

9 마드라스가 오늘날에는 첸나이로 불린다고 서문에서 밝힌 것처럼, 이제 봄베이는 뭄바이로, 캘커타는 콜카타로 불린다.

부분의 자료는 유럽의 무역 회사들이 남긴 기록들에서, 특히 지역의 일상에 관한 정보도 전해 주는 구자라트의 두 가지 소식지에서 나왔다. 회계장부와 운송장, 인도 상인의 가족사들은 부분적으로 유럽인 거주지의 법률 문서 안에 남아 있다. 하지만 이 사료들은 본래 성격상 당시의 인도 사회에 대한 상세한 기록을 남기기 위해 작성된 것이 전혀 아니기 때문에 그 가치는 매우 제한적일 뿐이다.

18세기에서 '인도 무역'이라는 개념은 우선 새롭게 정의해야 한다. 18세기에 '인도'는 정치적으로나 영토상에서나 존재하지 않았으며, 제국에 관한 무굴인들의 행정적 통치는 이미 18세기 전반에 붕괴했기 때문이다. 경제적·사회적 관점에서 볼 때는 상황이 더 복잡했다. 인도의 광대한 농촌 지역은 해안을 따라서 또는 델리나 아그라 같은 수도를 포함해 형성되었던 고도로 발전된 교역망에 연결되지 않았다. 다양한 교역 중심지 사이에는 상호 의존관계가 형성되었음이 틀림없다. 제국의 핵심 지역에서 나오는 농업 생산품과 수공업 생산품은 항구에서 거래되고 선적되었으며, 화폐와 신용경제의 구조는 세밀한 연결망을 통해 도시들을 서로 연결했다. 한 지역 내에서는 서로 적대적인 행정 관계에 있는 도시들 사이에서조차 경제적 결속이 긴밀했다. 사회적 결속감은 해안 도시들 사이에서도 자주 형성되었는데, 그러나 그들 사이의 교역은 다양한 관습 때문에 용이하지 않을 때가 많았다. 18세기 중반에는 거대 지역인 구자라트와 벵골 사이의 교역에서도 장애가 발생해 그들 사이에 이루어진 화폐 거래의 조건은 거의 외국인들과 무역하는 것과 비슷할 정도였다.

무굴 제국에서 가장 중요한 상업 지구는 수라트가 중심 항구였던 구자라트 지구였다.[61] 여기서 선적되는 물건들(주로 섬유 제품과 인디고)은 구자라트의 수도인 아마다바드와 세 개 대도시의 주변 마을들에서 생산했다. 수라트에는 특히 북인도와 중앙인도, 북동인도에서 온 부유한 상인들이 머물렀다. 18세기 초의 수라트는 교역하기에 매우 유리한 위치에 있었기 때문에 인도의 해양 무역은 높은 수익을 올렸다. 그러나 아우랑제브가 사망한 직후인 1707년에 제국의 정세가 급속히 불안에 빠지자 교역이 심각하게 타격을 입었다. 그나마 수라트와 아마다바드, 다른 대도시들에서 진행되던 사업들은 1710년까지 다시 정상화될 수 있었지만, 18세기의 첫 20년 동안에는 특히 델리와 아그라 지역에서 지금까지 유지되던 주요 운송로의 안전이 무너졌다. 대개 자민다르들이 선동한 무장 농민들이 운송로의 안전을 위협했으며, 네덜란드 여행자들의 보고에 따르면 그런 반군 집단의 규모는 최대 5000명 정도인 경우도 있었다. 이는 교역 분야에서 두 가지 결과를 초래했다. 한편으로는 그 어떤 상품도 내륙 지방에서 수라트 지역으로 나올 수 없었다. 다른 한편으로는 특히 수라트로부터 북인도 지방으로 판매되었던 상품들을 더는 운송할 수 없었다. 그 결과 그들의 상품생산은 급격히 감소했다. 인도네시아산 향료들도 더는 판매 시장을 찾지 못해 이 분야에 특화된 상인들은 파산할 지경에 이르렀다.

무굴 제국이 정치적으로 해체된 결과, 구자라트 지역도 무너졌다. 그 지역은 생산 중심지들과 연결이 끊겨 상품을 공급받지 못했기 때문에 수많은 판매 시장을 잃었다. 게다가 주요 도시들, 특히 수라트에 대한 마라타족 군대의 공격은 추가적인 손실을 초래했다. 무굴 제국의 군대는 지역의 주요 중심 도시들을 방어할 수 있었지만, 무굴 제국의 장교나 지역 총독들은 자기들의 수입이 점점 더 줄어들자 곧 상인들의 금고를 약탈했다. 수라트에서는 공공질서가 더 오래 유지될 수 있었는데, 마라타의 공격 결과로 무굴 행정 당국의 고위 관료들이 더는 생계를 유지할 수 없게 되어 통합력을 잃게 된 것은 1720년 이후의 일이다. 행정 당국의 고위 관료들, 구체적으로 한편으로는 항구 관리자와 요새 관리자, 다른 한편으로는 함대 사령관들 사이에서 발생한 갈등은 이보다 더 큰 문제를 초래했다. 그리고 서로 마주하던 도시에서 수라트의 상인들은 1720년에서 1750년까지 30여 년 동안 사방으로부터 점점 더 강한 압박을 받았는데, 특히 각 기간에 이들에게 가장 두려운 위협 요소는 항구를 관리했던 항구 관리자들이었다. 1732년에 상인들은 그에 맞서 반란을 일으켜 성공했지만, 그의 후계자 치하에서도 상황은 나아지지 않았다.

게다가 동인도회사의 전함들은 수라트의 항구를 2년 동안 봉쇄했다. 이 봉쇄 작전에 참가한 동인도회사의 대리인들은 여러 가지 동기를 갖고 있었다. 그들은 사적인 교역 연결망을 보호하고, 무굴 제국이 영국의 개별적인 상거래에 세금을 부과하는 것을 막고자 했다. 나아가 그들은 정치적 위기 동안 자신들의 힘을 과시하며, 공식적으로 발표된 입장에 따르면 무굴 제국이 그들에게 부여했던 특권을 계속 유지하기를 원했다. 항구 봉쇄를 종식시키고 더 이상의 피해를 막기 위해 상인들은 공적이든 사적이든 잉글랜드와의 교역에서 그 어떤 공식적인 통제도 더는 받지 않게 해 줄 항구 관리자가 필요했고, 결국 이들을 확보하는 데 성공했다.

18세기 전반이 끝나 갈 무렵 구자라트 지방의 경제적 지형이 크게 달라졌다. 델리와 아그라에서는 교역이 완전히 끊겼으며, 아마다바드에서는 도시의 4분의 3이 황폐화되었다. 오직 수라트에만 과거에 축적한 부가 부분적으로 남아 있었다. 거대한 상선단은 거의 사라졌으며, 서아시아로 가는 튼튼한 연결망들은 상당히 약화되었고, 과거의 부유했던 상인들은 영향력을 잃었다. 추정에 따르면 수라트에서 이루어졌던 인도 교역은 원래 규모의 3분의 1로 축소되었다. 잉글랜드 상인들의 활동이 확대된 것도 분명 이와 관련이 있다.

이와 전혀 다른 변화가 무굴 제국의 일부분이 전혀 아니었던 다른 지역들에 영향을 주었다는 사실이 말라바르 해안 지역에서 관찰되었다. 이 좁은 지역의 거점 항구는 캘리컷이었지만, 더 남쪽에 위치한 코친이 특히 네덜란드 동인도회사의 거점이었기 때문에 수라트 상인들은 코친에 본부를 두고 있었다. 주요 교역 상품은 후추였으며, 그중 가장 많은 양이 인도 상인과 아라비아 상인, 개별 유럽 상인들로 구성된 이질적인 집단에 판매되었다. 1720년대 말에 여러 가지 이유로 코친에서 판매되던 후추 가격이 갑자기 폭등했다. 수라트의 몰락, 북부로 가는 교역로의 폐쇄, 페르시아 사파비 왕조의 몰락 등으로 상인들이 그들의 물품을 코친에서 더 많이 구매하게 된 것이었다. 그런데 코친 남쪽에 등장한 새롭고 막강한 왕국은 말라바르 해안 지대의 이질적이고 산만한 상황을, 그리고 그 지역 토착 상인계급의 권력을 종식시켰다. 새로운 지역 군주들은 후추 교역을 독점했으며 물품의 생산과 분배를 통제했기 때문에, 상인들은 실질적으로 국가 공무원처럼 되었다. 말라바르 해안 지방에서 일어난 변화는 다양한 관점에서 구자라트에서 일어난 변화와는 차이를 보였다. 이 지역 상인들에게 중요한 문제는 와해되고 있던 행정기관과 맞서 투쟁하는 것이 아니라, 중앙집권화를 추구하는 새로운 구조를 정착시키는 일이었

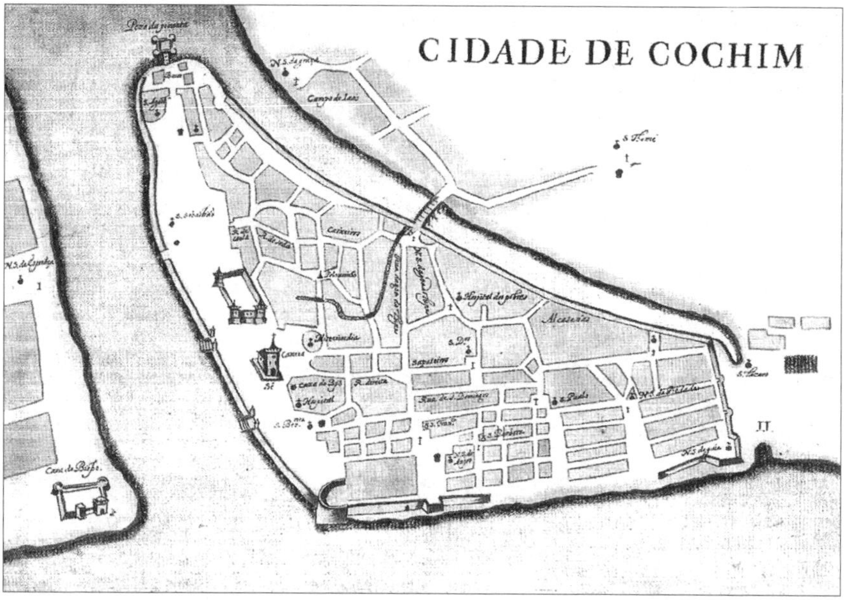

—— 17세기 초반의 코친시 지도. 포르투갈인들은 1502년에 말라바르 해안의 천연 항구에 위치한 이 도시에 첫 무역 사무소 지점을 설립했다. 그들은 1년 후 그곳에 요새 시설을 구축했으며, 요새 한가운데에는 목조로 건축된 작은 교회도 있었다. 17세기 후반에는 네덜란드인들이 이 지역의 지배권을 장악했다. 그들은 1663년에 정복한 이 도시를 수익성이 넘치는 네덜란드 동인도회사의 네트워크에 성공적으로 연결했다. (Wikimedia Commons)

다. 그렇기 때문에 상인계급의 붕괴는 퇴보가 아니라 단지 새로운 유형의 교역 방식이 도입되는 과정이었으며, 여기서 발생한 이익은 국가로 돌아갔다.

캘리컷에 있는 항구가 지배하던 말라바르 해안 북부에서는 이와 다른 발전이 펼쳐졌다. 무굴 제국의 후계 국가 가운데 하나인 마이소르 왕국의 빈민들이 이 지역을 정복하고 이어진 몇 해 동안 처음에는 상인들을 협박하며 독점화를 시도하다가, 결국 약탈로 나아감으로써 이 지역의 교역을 무너뜨렸다. 지역 북부의 거대한 교역 도시들과 항구도시들이 몰락하는 동안에 알레피는 남부의 새로운 항구로 정착할 수 있었다. 후추를 위한 가장 중요한 교역로는 18세기 말 무렵에 더는 인도 북부가 아니라 무스카트나 중국으로 이동했다. 아마 인도의 서아시아 후추 무역도 약화되었던 것 같다.

인도의 동부 지방에서는 갠지스강의 서쪽 지류에 교역 중심지들이 형성될 수 있었는데, 그중 가장 중요한 항구가 벵골의 주 항구인 후글리였다. 페르시아로 가는 교역 네트워크를 갖고 있던 시아파 상인들이 이곳에서 가장 영향력 있는 상인 집단을 형성했다. 구자라트와 다른 지역들에서 심각한 변화를 초래했던 무굴 제국의 정치적 몰락은 벵골인들에게는 1740년대에야 비로소 영향을 주었다. 벵골 지역에는 플라시 전투[10] 이전에 경기 침체가 있었다는 증거가 있다. 후글리가 정부 관료들의 억압이나 협박 때문에 서서히 교역 중심지로서 누리던 지위를 잃었던 반면에, 캘커타는 영국인들이 자유와 보호를 약속한 덕분에 상인들에게 인기가 좋았다. 그 밖에도 후글리는 1740년에 마라타에 정복된 후에 한동안 그들의 지배를 받았다. 다른 지역들의 몰락도 벵골인들에게 영향을 주었음이 틀림없다. 무엇보다 벵골인들은 구자라트와 활발하게 교역했었다. 후글리는 수라트에서 서인도로 가는 도중에 위치한 중요한 교역항이었지만, 중국 시장으로 가는 중요한 상품들도 부분적으로는 후글리를 거쳐 운송되었다. 하지만 인도 선단이 몰락하자 후글리의 발전도 이에 크게 영향을 받았다. 사태가 이렇게 발전하자 잉글랜드인들의 개별적 물자 수송이 현저히 증가했고, 그 결과 무역로의 허브로서 캘커타가 후글리보다 더 중요해진 것이다. 그러나 18세기 말 무렵에 어차피 잉글랜드의 무역 선단은 점점 더 동방의 시장으로, 특히 중국 시장 쪽으로 관심을 돌렸다.

18세기의 벵골인들에게는 서로 엄격하게 구별되는 세 가지 발전 단계가 있었던 것으로 보인다. 우선 지배적인 항구였던 후글리가 몰락했으며, 새로 떠오르는 잉글랜드인들의 무역 허브가 그 자리를 대체했다. 따라서 다른 지역들에 가해졌던 다양한 방식의 정치적 압력이 벵골 지방에도 (사실 그렇게 결정적이지는 않았지만) 영향을 주었다. 두 번째, 18세기 후반의 교역 공정은 잉글랜드 상인들이 지배했으며, 이 상황에 적응했던 인도 상인들만이 사업에 동참할 수 있었다. 이 단계에서 교역은 점점 더 서쪽보다는 동쪽으로 방향을 전환해 갔다. 1780년 이후의 세 번째 단계에서는 그나마 조금 남아 있던 서방, 즉 유럽과의 교역마저 산업혁명의 영향으로 정체에 빠졌다. 게다가 이러한 새

10 1757년에 영국 동인도회사가 벵골 토후국과 프랑스 동인도회사를 상대로 거둔 승리다.

로운 발전들은 인도의 내수 시장에도 결정적인 영향을 주었다.

관련된 사료가 특히 부실한 코로만델 해안 지역에는 이러한 유형의 발전 단계가 있었는지 확인할 길이 없다. 인도의 다른 거대한 교역 중심지들에서는 정치적 취약점이나 그로 인해 초래된 커다란 정치적·경제적 압박이 18세기에 와서야 비로소 드러났지만, 코로만델 해안 지방에서는 유사한 문제들이 이미 100여 년 전부터 존재했다. 세기말 무렵에 이미 번창하는 교역항이던 마드라스 같은 영국인 거주지가 더 빠르게 중요한 교역 중심지로 도약할 수 있었던 것은 아마도 이 때문이다. 본래 코로만델 해안 지역은 두 세력이 지배했다. 북부는 무슬림 왕조가 지배했으며, 아시아 지역 도처에서 수요가 많았던 간단한 직물들을 생산했다. 지역에서 유일하게 중요한 항구인 마실리파트남은 무굴 제국과 코마티Komati 상인들의 고향이었다.[62] 남부 지방은 정치적으로 여러 작은 지역으로 나뉘어 있었는데, 이들은 '힌두' 왕국 벨로르의 지배를 받았다. 무늬가 새겨진 천들은 무엇보다 동남아시아로 수출되는 주요 상품이었다. 그러나 지역의 남부에는 중요한 교역 중심지가 아직 형성되지 않았다. 그렇기 때문에 17세기 초에 잉글랜드인과 네덜란드인들이 이곳에 도착하면서 교역이 활기를 띠었고, 이는 심지어 필리핀까지 확대되었다. 이때 마실리파트남도 계속 번성했다. 이 사실은 지속성을 별로 중시하지 않는 정치 구조가 지역의 상업에 본질적으로 해가 된 것은 아니라는 결론을 내릴 수 있게 한다. 하지만 18세기가 지나면서 코로만델 해안 지방에서 교역은 줄어들었다. 잘 조직되고 부유한 영국 동인도회사가 결국은 인도 상인들에게 경쟁하기 어려운 상대였다는 사실이 여기서 하나의 원인일 수 있다. 다른 지역에서는 이러한 사실이 아무 역할도 하지 않았다. 그곳에서는 정치와 행정의 구조가 아니라 무엇보다 동인도회사에 속한 개별 상인이나 그들의 정부가 상인들에게 위협이 되었을 뿐이다. 그러나 다른 한편으로 특이한 현상이라고 말할 수 있는 것은 취약했던 정치 구조가 18세기에 결국 무너진 후에도 코로만델 해안 지방에서 일부 교역 시스템이 존속했다는 것이다.

이 지역은 세 가지 대립으로 혼란에 빠졌다. 첫째, 북부의 무슬림 세력이 남부의 힌두 세력과 맞서서 싸웠으며, 둘째, 무굴과 마라타 사이의 갈등은 해안 지방에 영향을 미쳤다. 그리고 셋째, 프랑스와 잉글랜드의 간섭과 상호 충돌은 그렇지 않아도 혼란 속에 빠져 있던 지역 정세를 더욱 악화시켰다. 마실리파트남은 1759년 이후로 잉글랜드가 지배했으나, 잘못되고 근시안적이던 지역 행정은 계속되어 인도의 상인과 생산자들은 이곳을 떠나 내륙 지방으로 도피했다. 봄베이의 번성은 수라트에서 많은 상인이 그곳으로 이주해 갔기 때문이었던 반면에, 승자의 중심지였던 마드라스에 정착했던 교역 분야는 18세기의 대격변 이후에도 번창했다. 마드라스와 봄베이 혹은 캘커타 어디든 상관없이 인도 상인들은 오직 영국인과 협력할 때만 번창할 수 있었다. 이처럼 인도 상인들의 사업 성공이 실질적으로는 외세의 철저한 통제에 달려 있었지만, 그런데도 위기로 혼란에 빠진 무굴 행정 기구 아래에서의 교역보다는 더 안정되고 더 구체적이었다. 인도 상인들은 이러한 제한된 자유를 기꺼이 감수했다. 과거의 거대한 교역 중심지에 살던 무슬림 선주들만 이 변화를 견뎌 내지 못했다. 이러한 발전 과정에서 서아시아와 긴밀했던 교역 관계는 서서히 해체되었으며, 교역로의 새로운 목적지는 동아시아로 바뀌었다.

2 14세기에서 16세기까지의 인도양

1989년에 아부루고드의 저서인 『유럽 패권 이전 13세기 세계체제*Before European Hegemony: The World System AD 1250-1350*』가 출간되었다. 아부루고드는 이 책에서 이미 13세기에 '팍스 몽골리카Pax Mongolica'[11]를 토대로 해서 (월러스틴이 그의 저서에서 사용한 용어를 차용해) 유라시아적 세계 체제가 형성되었다고 설득력 있게 주장했다.[63] 그에 따르면 비단길을 따라서뿐 아니라 인도양에서도 초지역적인 교역 관계의 촘촘한 연결망이 형성될 수 있었으며, 이는 다채로운 문화적 상호 관계를 가능하게 했다는 것이다. 당시에 이 지역을 지배했던 정치권력은 중국이었지만, 이 교역 네트워크는 무슬림 상인들이 통제했다. 물론 중국은 선덕제宣德帝(재위 1425~1435)의 시대가 종식된 후에 중앙아시아 지역과 남아시아 지역에 간섭하는 정책을 포기하고 고립주의 노선의 정치를 추구했다.[64] 당시까지 개입 정책을 시도하면서 투자했던 비용에 비해 그들이 얻은 성과가 전체적으로 불충분했기 때문에, 그들은 이제 그 어떤 형태의 팽창 노력에도 반대하면서 비중국인들과의 접촉도 교역과 조공에만 국한해 추진했

—— 11 '몽골에 의한 평화'라는 뜻으로, 몽골 제국이 유라시아 대륙 대부분에 영향을 미쳤던 13세기에서 14세기에 이르는 시대를 가리킨다.

다. 심지어 이 분야에서조차 그들은 제한을 두었다. 1440년에 중국인들은 당시까지 매달 북경을 방문하던 신강 지역 하미의 사신들을 1년에 한 번만 오도록 제한하는 결정을 내렸던 것이다. 이렇듯 유라시아의 교역망은 심각한 위기에 처했다. 그 원인은 우선 1368년에 원 왕조가 명 왕조에 의해 무너지면서 동아시아 지역의 영토에 대한 지배권과 동중국해에 대한 접근권을 상실했기 때문이다. 그러나 이뿐 아니라 14세기 중반에 엄청난 파국을 초래했던 전염병인 페스트의 확산도 위기에 지대한 영향을 미쳤다.[65] 그런데도 이미 1300년 무렵에 세 가지 결정적인 역사적 사건이 전개되었는데, 이러한 과정들이 이후 200년이 넘게 초지역적인 교역 공간으로서 인도양의 역사를 각인했다.[66]

우선 동아프리카 해안 지역이 이슬람화한 결과로 천연자원이 풍부한 하나의 새로운 경제 공간이 해외무역 연결망에 포함되었다.[67] 구체적으로 '흑인들의 땅'으로 알려진 남부와 '소팔라의 땅'으로 지칭되던 북부로 이루어진 아프리카의 동부 해안을 이제 아랍인들은 인도양에 속하는 지역으로 여겼다. '흑인들의 땅'이 12세기까지는 초지역적 무역에 단지 일부만 관련되었다면, 그 이후에는 상황이 달라졌다. 무슬림 상인들이 해안을 따라 정착하기 시작했으며, 그들은 특히 자일라, 모가디슈, 몸바사, 킬와 같은 도시를 선호했다. 유명한 여행 작가 이븐 바투타는 14세기 중반에 이 도시들을 방문하고 자신의 여행기에 기록으로 남겼다. 정착한 아랍 상인들은 점차 그곳에서 토착민들과 결혼하고 현지에 무역 사무소를 열었다. 마치 전설처럼 들리는 한 보고서에 따르면 다른 지역에서 온 무슬림 상인들도 아프리카 동부 해안에 정착했는데, 그들에게는 그곳의 삶이 더 안전하고 수익도 더 클 것으로 보였기 때문이다. 새로 정착한 무슬림들은 13세기부터 킬와 주변에 더 넓게 연결된 지역까지 장악하는 데 성공했는데, 그들의 영향력은 시기적으로 심지어 소팔라까지 미쳤다. 그 결과 14세기에는 아프리카 동부 해안을 따라 교역 활동이 현저하게 증가했다.

비슷한 발전이 동남아시아 지역에서도 발생했다.[68] 무슬림이 인도네시아의 군도들과 특히 믈라카 해협에 대한 통제권을 확립하면서 수익성이 높은 상품들이 많은 이 지역도 무슬림 상인들이 지배하며 다양한 문화 간 교류가

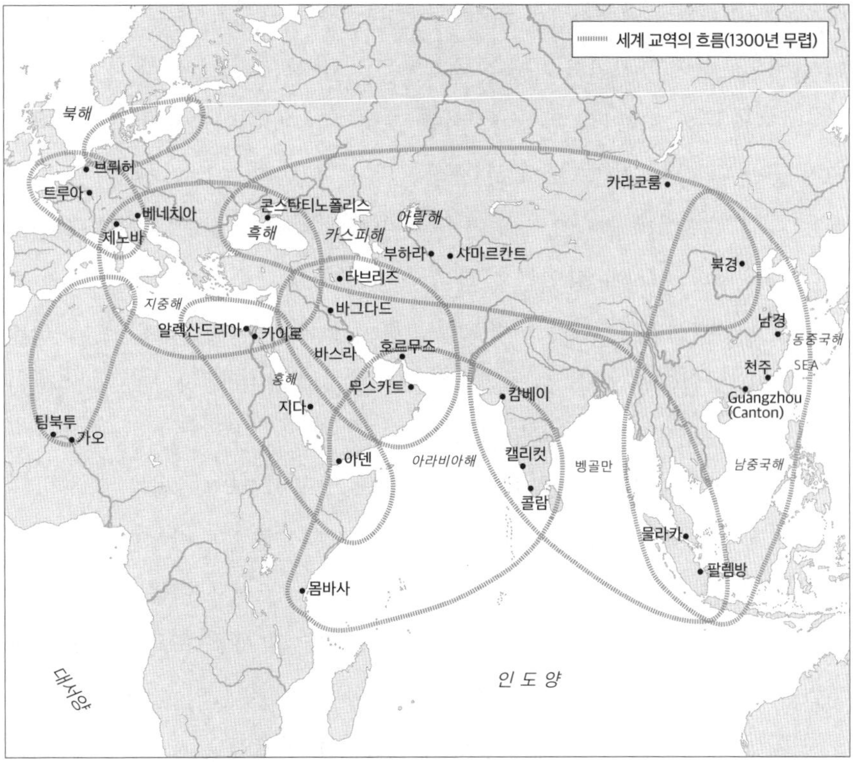

—— 1300년 무렵의 아시아와 아프리카의 교역 범위.

활발하던 인도양 교역망에 연결될 수 있었는데, 이것이 두 번째 중요한 발전이다. 이슬람은 동아프리카에서와 같은 경로를 거치며 동남아시아에서 확산되었다. 우리는 7세기 이래로 무슬림 상인과 무슬림 선원들이 말레이시아반도의 서쪽 해안 전체와 수마트라에 정착했다는 사실을 알고 있다. 여기서도 13세기 이래로 지역 술탄국들(그중 강력한 집단들이 믈라카 해협 주변에 몰려 있었다.)이 건설되면서 교역이 번성하기 시작했다. 이후 이슬람은 이 지역에서 매우 커다란 영향력을 행사해 16세기까지 인도네시아와 말레이 제도 주민의 절대다수가 이 종교를 받아들였다. 무슬림들은 동남아시아를 기점으로 광동을 거쳐 중국에까지 이르는 활발한 교역 활동을 펼쳤다.

세 번째 중요한 점은 지나간 13세기부터 맘루크들이 홍해 지역을 장악했으며, 이제 이 지역이 페르시아만 대신에 인도양과 북아프리카, 무슬림 본거지, 유럽 사이에서 교역 중심지의 기능을 차지했다는 사실이다.

이로써 동아프리카와 동남아시아를 포함하는 전체 인도양이 1350년까지 교역 공간 및 경제 공간으로서 하나의 단위가 되었으며, 그 교역로는 그 어느 때보다 더 자신들의 선박으로 상품을 운반했던 무슬림 상인과 무슬림 선원들이 좌우했다. 러시아 상인인 아파나시 니키틴Afanasij Nikitin이 페르시아의 호르무즈 항구에서 인도로 가는 경로에 관한 (1472년에 작성된) 자료를 능숙하게 작성할 수 있었다는 사실은 당시에 인도양을 지나가는 해상 교통이 얼마나 '일상적으로' 움직였는지를 분명히 보여 준다.[69]

왜냐하면 이어진 시기에, 다시 말해 14세기 중반부터 16세기 초까지 대양에서 상업적 해양 운송은 비교적 규칙적으로 기능했으며 방해받지 않았다. 몬순을 이용하는 항로가 탐색되었으며, 수많은 항구도시 사이를 운항하기 위해 해안을 따라 존재하는, 부분적으로 위험한 항로의 사용도 곧 당연한 일이 되었다. 이 시기에는 선적되는 물품 목록도 아랍인 선원들의 항해 지식도 변하지 않았다. 이 시기에 거대한 경제 공간으로서 '인도양'은 세 개의 작은, 서로 겹치는 해상무역의 교역 공간으로 나뉘었다.[70] 첫 번째 공간은 홍해, 페르시아만, 동아프리카 해안에서 인도 서해안까지 해당했다. 이 공간 내에서 가장 중요한 교역지는 부분적으로 이미 앞서 언급한 도시들, 즉 소팔라, 킬와, 몸바사, 모가디슈, 아덴, 무스카트, 알카라지al-Karazi, 디우, 수라트, 캄베이, 데발Debal, 그리고 무엇보다 캘리컷이었으며, 이들은 당시에 통용되던 여러 항로의 연결망에서 교차 지점이기도 했다. 전체 인도아대륙, 벵골만, 그리고 말레이 제도의 서해안을 포함하는 두 번째 '구역' 내에서는 해상 항로가 라자문드리, 사트가온Satgaon, 샤티잠Shatijam, 마타반, 타하위Tahawi, 타나사리Tanasari를 거쳤다. 마지막으로 세 번째 교역 공간은 인도네시아 군도와 광주까지 이르는 중국 해안이었는데, 여기에는 모든 종류의 상품을 옮겨 싣는 장소였던 믈라카 해협이 있었다.

15세기가 지나면서 인도양 지역의 지배 영역이 작은 지역 왕조들이 통제하는 영역들로 심하게 분열되는 혼란이 일어났는데도 인도양에서 이루어진 교역은 커다란 단절 없이 유지되었다. 앞서 언급했듯이 동아프리카 해안과 믈라카 해협에 무슬림 술탄국들이 건설될 수 있었다면, 홍해의 북쪽 지방은 여전히 맘루크들이 지배했다. 이들은 헤자즈의 샤리프[12]들이 보유한 지배권을 이용해 광대한 아라비아반도 서해안을 통제했다. 아덴, 아시시르Ash-Shihr, 자파르 같은 주요 항구도시가 있던 아라비아반도의 남부 해안과 최남단은 처음에는 예멘의 라술 왕조가 (1454년까지) 장악하고 있다가, 이후 (아덴에 있던) 호라산 출신의 타히르 왕조와 (차파와 아시시르에 있던) 카티리드 왕조Cathirids에 통제권이 넘어갔다. 반면 서부 해안 지방에서는 하다리바Hadariba 술탄국이 지배권을 공고히 할 수 있었다. 페르시아만의 지배권은 우선은 서로 느슨하게 결합해 있던 세 집단이 공유했다. 메소포타미아 지방은 시아파 무샤샤이야Musha'sha'iya의 구성원이 지배했다. 내륙지역과 페르시아만의 북부 해안 일부는 처음에는 티무르 왕조에 속했다가, 나중에는 투르크멘 연합인 아크 코윤루가 장악했다. 중요한 교역 도시인 무스카트와 호르무즈 해협에 대한 통제권은 '호르무즈 술탄국'의 통치자가, 그리고 알카프와 알바라인에 있던 그의 봉신이 장악했다.

인도아대륙에서도 델리 술탄 왕조가 붕괴한 이후 각 지역의 군주들을 중심으로 지역적이면서 정치적으로 연관된 여러 개의 통치 공간이 대두했다. 1490년에 바흐마니 술탄국이 붕괴한 후에 구자라트, 골콘다, 아마드나가르, 벵골, 비다르, 베라르, 비자푸르, 말와, 물탄 등에는 무슬림 통치자가 있었고, 비자야나가르와 오리사에는 '힌두' 제국이 있었으며, (대륙을 넘어가면) 불교적인 스리랑카도 있었다. 하지만 이러한 정치적 분열상은 착각을 일으킨다. 인도양은 사실 계속해서 일관성을 가진 하나의 지정학적 대우주였다. 해안 지방은 무슬림 군주들이 대부분 통제했으며, 세력을 안정적으로 구축한 그들은 모두 번창하는 해양 교역이 원만하게 작동하게 하는 데 관심을 두었다. 인도양은 계속해 이슬람적·인도적·동남아시아적·아프리카적·중국적인 인접 문

12 이슬람 세계에서 고관을 뜻하는 용어로, 이슬람의 성지인 메카와 메디나가 속한 헤자즈 지방은 예언자 무함마드의 후손들이 샤리프로서 다스렸다.

화들 사이의 연결 고리였다.

자, 그럼 어떤 상품들이 인도양을 통해 교환되었을까? 여기서도 원칙적으로 천연자원과 완제품 사이의 교환이 핵심이었다. 각국은 다른 지역에서 구하기 어렵기 때문에 수요가 많은 특정 상품들을 제공해야 했다. 북아프리카, 소아시아, 페르시아의 무슬림들은 곡식과 말 외에 무엇보다 철강 제품, 섬유, 융단 혹은 부분적으로는 유럽에서도 온 무기 같은 제조품도 내놓고 팔았다. 아프리카 동부의 해안 지방에서는 용연향, 금, 상아, 고품질의 목재, 그리고 물론 노예도 상품으로 판매되었다. 인도 또는 스리랑카는 진주, 대나무, 베텔 열매, 후추, 계피, 귀금속을 제공할 수 있었던 반면에, 동남아시아 군도에서는 무엇보다 인기가 높았던 양념과 향료를 시장에 내놓았다. 마지막으로 중국에서는 차, 비단, 도자기, 생강, 설탕, 약제를 수출했다. 예를 들어 이븐 바투타는 꽃다발처럼 보이며 인기가 좋은 도자기에 관해, 그리고 도자기와 마찬가지로 인도로 수출되었던 중국산 닭에 관해 기록을 남겼다. 융단은 악사라이에서 시리아, 이집트, 아나톨리아, 인도로 수출되었다. 견직물은 니샤푸르에서 수입했고, 멜론은 부하라 지방에서 왔으며, 쌀과 곡식, 목면은 인도에서 자파르와 오만으로 수출된 반면에 꿀과 베텔 열매는 반대 방향으로 이동했다. 가장 중요한 상품 가운데 하나는 말이어서 수천 마리씩 페르시아와 예멘, 오만에서 인도로 가는 먼 여행길에 올랐다.

이슬람 세계?

이 책에서 다루는 시기 전체와 관련해 '이슬람 세계'가 어느 정도로 통일성을 형성했는지에 관한 문제가 제기된다. 이 문제에서는 한 종교에 대한 형식적인 소속감이 관건이 아니다. 공동 정체성이, 그리고 탈지역적이며 기호학적으로 암호화된 의미 연관성이나 생의 연관성이 핵심이다. 예를 들어 인도에 사는 무슬림들은 이슬람 디아스포라인가 아니면 망명 무슬림인가? 우리가 망명이라는 개념을 통상적으로 종교적 이유나 정치적 이유에서 강요된 유배나 추방, 이주로, 혹은 종교적·정치적·경제적 압박 때문에 자발적으로 선택한 이주로 이해한다면, 우리는 전근대 이슬람 세계에서는 이런 현상이 뚜렷하게 존재하지 않았거나, 적어도 문제가 되지 않았다는 사실을 쉽게 확인할 수 있다.[71] 당연히 인도에 사는 무슬림들은 고향에서 멀리 떨어져 있다는 느낌을 알고 있었다. 이러한 맥락에서 흔히 사용되는 아랍어의 개념인 와탄watan은 라틴어 파트리아patria(지구상에 내 집이 있는 곳이라는 의미로, 즉 여기서는 누가 낯선 사람이 되었는지 충분히 인식될 수 있는 곳이기도 하다.)와 매우 비슷하다.[72] 사료에서 발견되는 다른 표현들, 즉 진스jins나 아슬asl 같은 표현은 와탄과 차이가 없으며, 마찬가지로 '출신', 특히 한 개인 또는 집단의 '출생지 또는 거주지'를 지칭한다. 사전적 자료들이나 전근대의 문학적·역사적 사료들에서 동일하게 기록하는 내용들에 따르면 이 세 가지 용어는 아직은 전혀 비정치적인 개념이었다. 고향과의 공간적 거리는 때때로 그리움을 불러일으켰으며, 이는 아랍어 문헌에서 '고향에 대한 향수'라는 범주(토포스topos)로 재발견된다. 바그다드의 박식한 작가이자 시인이며 역사가인 아부 이파라이 알이스파하니Abu l-Faraj al-Isfahani(967년 사망)는 그의 『고향과 그들의 것에서 떨어진 인간들의 행동방식에 관한 책*Book on the Behavior of People Who Have Been Separated from Their Homes and Their Families*』에서 이 주제와 관련된 일화를 수집했다.[73] 그 책에 소개된 이야기들의 밑바닥에 흐르는 기본 정서는 다양한 형태의 향수병이다. 이러한 향수병에 관해 우리가 가진 증언 기록은 몇 안 되지만, 이 감정은 전근대 무슬림에게는 매우 친숙한 감정이었다. 반면에 오늘날 일반적으로 사용되는 의미에서 나타나는 구체적인 망명 경험은 우리에게 전해진 문서들에서는 거의 찾아볼 수 없다. 그 이유는 첫 번째, 당시에는 (고대나 근대와 달리) 유배를 통한 처벌이 알려지지 않았기 때문이다. 두 번째, 필자에게는 훨씬 더 중요해 보이는 이유인데, '중세' 동안 무슬림의 지배 영역 안에서 거주했던 무슬림은 자기 운명이 한때는 이곳으로, 다른 때는 다른 곳으로 옮겨 가야 했을지라도 결코 낯설어하거나 추방되고 밀려났다고 느끼지 않았다는 것이다. 두 가지 인생 경로가 이를 뚜렷하게 보여 줄 수 있을 것이다.

탕헤르에 정착했던 베르베르인 가문 출신인 이븐 바투타(1304~1368/1369)는 역사상 가장 유명한 세계 여행자 가운데 하나였다. 그는 고향에서 수니파에 속하는 말리크 학파에서 법학을 견실하게 교육받은 후, 1324년 6월에 메카로

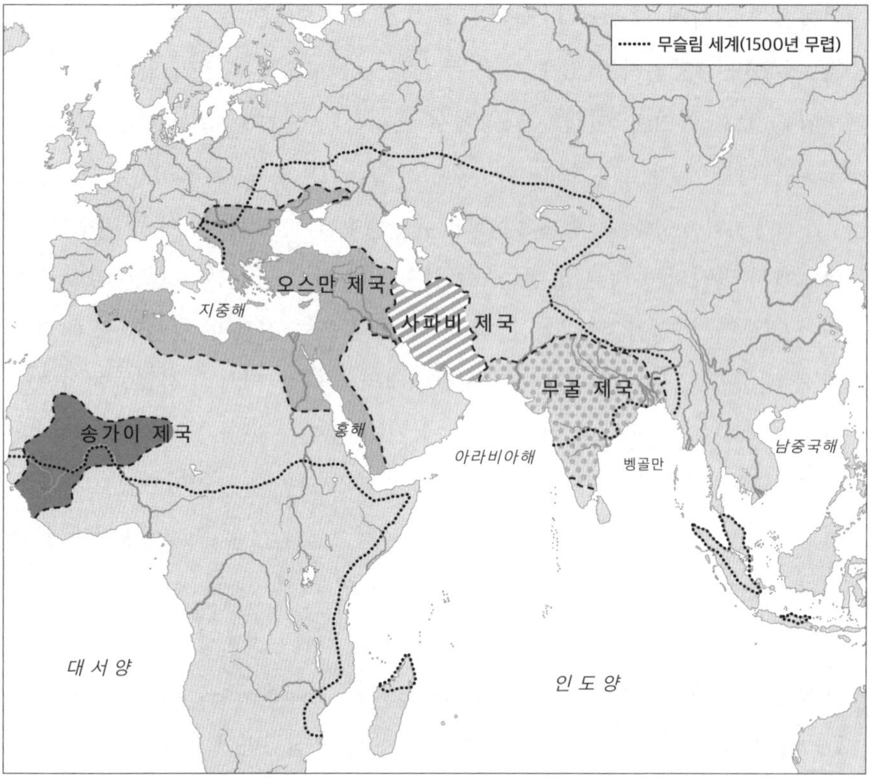

—— 1500년 무렵의 이슬람 세계.

순례를 떠났다.[74] 그리고 25년 후에야 비로소 다시 고향으로 돌아왔다. 이 오랜 기간에 그는 이슬람 세계의 대부분을 두루 여행했다. 남아시아에는 12년간 머물렀는데, 1349년에 페스로 다시 돌아온 후에도 여행을 향한 그의 욕망은 가라앉지 않았다. 그래서 그는 또다시 두 번에 걸친 탐험을 추진했다. 첫 번째는 무슬림 치하의 에스파냐(알안달루스)가, 두 번째는 수단이 목적지였다. 이 무렵에 북아프리카를 통치하던 마린 왕조의 군주인 아부 이난 파리스Abu Inan Faris(재위 1349~1358)는 이븐 바투타가 보고했던 이상한 사건에 관해 들었다. 아부 이난 파리스는 이븐 바투타에게 그의 탐험을 궁정 비서인 이븐 주자이Ibn Juzayy(1356년 사망)에게 받아쓰게 하라고 명령했다. 하지만 기록된 글에는 여러 가지 모순되는 사실들이 남아 있다. 심지어 몇 가지는 의심스러운 사실들이다. 그래서 이븐 바투타가 자신이 묘사했던 불가리아와 오만, 예멘으로 여행했다는 것이 과연 사실인지도 매우 불확실하다. 우리는 이 책에서 여행자의 성격에 관한 정보도 별로 얻지 못한다. 그는 아마도 깊이 뿌리박힌 반反시아파였으며, 자만심에 차 있었고, 아내가 여러 명이었던 것 같다. 어떤 왕궁에 들어가면 그는 군주의 보호를 기대했으며, 기대하는 만큼 존중받지 못하면 항의를 제기했다. 이븐 바투타는 전 이슬람 세계를 여행했지만, 그 어디서도 의사소통을 하거나 현지에 적응하는 데 어려움을 겪지는 않았던 것으로 보인다. 그는 어디서나 순탄하게 새로운 환경에 적응했다. 실질적인 이질감이나 망명의 경험은 그의 보고서 전체에서 주제로서 전혀 다루어지지 않았다. 심지어 인도에 있을 때조차 그는 통치자의 주변에서 편안함을 느꼈기 때문에 그곳에서 거의 10년이나 머물렀다.

우리가 다루는 시기 이전에 아비센나Avicenna라는 이름으로 유명했던 학자 이븐 시나Ibn Sina(980~1037)[75]도 이븐 바투타와 마찬가지로 특이한 이력을 남겼다. 그는 부하라 주변의 한 작은 마을에서 태어났는데, 그의 부모는 그가 태어나기 몇 년 전에 그곳에 정착했다. 그의 부친은 사만 왕조에서 카르마티안Kharmatyan의 총독으로 활동했다. 훗날 전 가족이 부하라로 이주한 후 이븐 시나는 그리스 학문을, 특히 의학을 포함한 탁월한 교육을 받았다. 그래서 그는 젊은이로서 사만 왕조의 누 이븐 만수르Nuh ibn Mansur(재위 976~997)가 다스리는 궁정에서 의사 자리를 얻었다. 게다가 그는 제국 행정부에서도 직위를 얻었다. 카라한 왕조가 999년에 부하라에 진격해 들어왔을 때, 이븐 시나는 화레즘에 있는 구르간지로 피신해 마문 왕조의 통치자인 아불 하산 알리 Abu a-Hasan Ali(재위 997~1009)를 위해 의사와 총독으로 일했다. 얼마 후에 그는 자세히 밝혀지지 않은 이유로 구르잔에 있는 지야르 왕조의 카부스 이븐 부슴기르Qaboos ibn Vusmgir가 다스리는 궁정으로 자리를 옮겼다. 그런데 그가 도착하기 바로 직전에 왕이 사망했기 때문에 이븐 시나는 몇 개월 동안 그의 아들 마누치르 이븐 카부스Manuchihr ibn Qaboos를 위해 봉사한 후 라이Ray로 갔다. 그는 그곳에서 부와이 왕조의 통치자인 마즈드 아드다울라 루스탐Majd ad-Daula Rustam과 그의 모친 사이이다Sayyida를 위해 일했다. 하지만 1015년에 왕의 형제인 삼스 아드다울라Sams ad-Daula가 이 도시를 공격하고 정복했다. 이븐 시나는 치료가 어려운 병을 앓던 새 통치자의 명령에 따라 카즈빈을 거쳐 삼스 아드다울라의 집무처가 있는 하마단으로 갔다. 그는 왕의 병을 치료했으며, 왕은 감사의 표시로 그를 베지르로 임명했다. 이븐 시나는 1021년에 삼스 아드다울라가 죽을 때까지 이 지위를 보유했다. 새 군주인 사마 아드다울라Sama ad-Daula는 경험이 풍부한 이븐 시나를 포기할 수 없어, 그가 왕위에 오른 후 그가 베지르직을 계속 수행하도록 요청했다. 그러나 이븐 시나는 이미 이스파한에 있는 삼스 아드다울라의 적, 부와이 왕조의 알라 아드다울라Ala ad-Daula와 접촉하고 있었다. 하지만 적의 궁정과 이븐 시나가 접촉한다는 사실이 곧 폭로된 끝에 그는 4개월 동안 감옥에 있어야 했다. 1023년에 알라 아드다울라가 하마단을 정복했기 때문에 그는 최악의 사태를 면할 수 있었다. 이븐 시나는 구조되었고, 1037년에 죽을 때까지 이스파한에서 새로운 군주를 모셨다.

이러한 내용에 따르면 이븐 바투타와 이븐 시나는 그들이 자발적으로든 강압적으로든 무슬림 시아파 사회에서 다른 지역으로 이주하거나 이주해야 했을 때 적응하는 것에 기본적으로 그 어떤 어려움도 겪지 않은 것으로 보인다. 이러한 놀라운 사실을 어떻게 설명할 수 있을까? 다음에 언급될 필자의 생각은 일단 해석의 단서를 발견한 다음에 구체적인 사례 연구를 통해 검증해야 하는 임시적 가설을 제시하려는 것이 아니다. 문화 기호학은 이러한 현상을 해석하기에 매우 유용한 접근법을 제공해 준다.[76] 문화 기호학의 대변인들은 에른스트 카시러Ernst Cassirer(1874~1945)의 『상징 형식의 철학*Philosophie der Symbolischen Formen*』(1923~1929)에 기대어 다음과 같은 가설에서 출발한다. "어느 문화든지 그 문화는 진화하는 과정에서 중요해 보이는 특정한 행동 양식에 텍스트 작성, 의례화, 장르 개발, 문법화, 기념비화라는 방식을 공급해 준다. 바로 여기에 문화 정체성을 유지해 주고 그것이 계속 발전할 수 있도록 결정해 주는 체계적인 정보가 포함되어 있다." 이렇게 상징 체계로 이해되는 문화는 "개별적이고 객관적인 상징 사용자들로 구성된다. 여기서 상징 사용자들은 텍스트를 생산하고 감상(이해)하며, 관습적인 기호를 통해 정보를 전달받는다. 그리고 이 정보들은 상징 사용자들이 직면하는 문제들을 해결할 수 있게 해 준다." 따라서 근본적으로 문화 기호학의 과제는 한 문화 속에 코드화되어 있는 텍스트를 풀어내는 것이다.

우선 다음과 같은 전제에서 우리의 논의를 시작할 수 있을 것이다. 전근대 무슬림의 인지 방식과 행동 방식을 보여 주는 대표적인 사례인 이븐 바투타와 이븐 시나는 거주지를 수없이 변경했으면서도 그곳에 적응하는 데 아무런 어려움도 겪지 않았으며, 이러한 현상은 그들이 무슬림 지배권의 경계에 있는, 문화 기호학적으로 볼 때는 전체적으로 단일한 무슬림 공동체(움마 umma) 안에서 움직였기 때문으로 보인다. 그런데 여기서 움마란 무엇인가? 보통 우리는 움마가 민족을 초월하는 무슬림 신앙 공동체를 지칭한다고 알고 있다. 하지만 이 용어는 다층적이며 애매한데, 이 용어가 갖는 종교적·윤리적·민족적 함의는 이미 『꾸란』에 기록되어 있다. 궁극적으로 움마는 세 가지 층위의 의미를 갖고 있다. 첫째, 움마는 모든 무슬림의 결합체를 뜻한다. 이 의미는 모든 다른 함의에 우선하며, 무슬림 세계관의 토대를 형성한다. 전근대 시대에 인간은 특별히 깊은 생각 없이 너무나 당연하게 자신을 신이 구축한 종교 공동체Jama'at al-mu'minin의 구성원으로 이해했다. 그러나 둘째, 움마가 복수형인 우맘umam으로 표현될 때는 전혀 다른 인간 집단을, 즉 정식 믿음을 통해 구별되는 집단이 아니라 거의 이교성이나 야만성으로 인해 특별히 구별되는 인간 집단들을 지칭할 수도 있다. 마지막으로 셋째, 움마는 비종교적 의미에서 하나의 민족 혹은 하나의 부족을 뜻한다. 중세 내내 수많은 작가는 움마를 세 번째 의미로 사용해, 이슬람 시기 이전의 부족과 이슬람 부족, 비이슬람 부족들을 모두 마찬가지로 우맘으로 지칭했다. 많은 자료는 이러한 세 번째 층위의 의미가 폭넓게 사용된 것이 그리스 저작들의 영향 때문인 것으로 추정하게 한다. 바로 무슬림 지리학자들은 그들의 저작을 기술할 때 클라우디우스 프톨레마이오스Claudius Ptolemy(100~170년 무렵)의 저작인 『지리학 입문*Guide to Geography*』이나 티로스(티레)의 마리노스Marinos가 쓴 『지리학*Geography*』(70~130년 무렵)의 번역본을 빈번히 사용했기 때문이다.

이 글에서 우리는 움마를 문화적으로 결속되고 심적으로 무슬림적인 공간을 표현하는 기능적인 용어로 사용한다. 이 공간에서 구성원들은 공동의 상징 체계를 통해 서로 소통했다. 하지만 무슬림 개인들이 어떻게 이슬람 세계 안에서 어려움 없이 적응할 수 있었는지를 좀 더 잘 이해하기 위해 우리가 풀어야 할 과제는 전근대적 움마의 문화를 구성했던 코드를 밝혀내는 것이다. 코드화된 많은 개체를 연구해야 한다. 도시들, 수피의 중심지들, 통치, 행정, 사회적 생활 또는 인프라 구조들. 이 모두는 문화 기호학적으로 분석할 만한 가치가 있다. 그들은 기호의 전달자로서 특정한 의미를, 구체적으로 말하면 모든 전문가(소식통)들이 문제없이 그리고 흔히 무의식적으로 이해하는 의미를 전달해 주기 때문이다. 여기서 모든 무슬림 사회가 법학자들이 발전시킨 신의 법(샤리아)을 실천에 옮기려고 시도했다는 사실은 우리가 풀어야 할 가장 중요한 코드 가운데 하나다. 물론 사회의 많은 영역에서는 세속법이 종교적 지침보다 중대한 역할을 수행했기 때문에 이 시도가 완벽하게 성공한 경우는 거의 없다. 그런데도 샤리아를 실천하고자 했던 실천 신학(피크흐fiqh)은 사변 신학(카람kalam)과 달리 무슬림 공동체의 유산과 정신세계에 결정적인 흔적을 남겼다.

당연히 전근대라고 해도 이론의 측면에서든지 실천의 측면에서든지 하나의 이슬람법이 있었다고는 말할 수 없다. 하지만 그 어느 지역과 그 어느 시대에도 모든 무슬림이 인식하고 언제든지 그 코드를 풀어낼 수 있는, 다시 말해 전체 움마 안에서 작동하는 상징 체계가 있었다고는 말할 수 있다.[77] 당시의 일상생활을 결정했던 중요한 요인들은, 고도로 복잡해 오직 오랜 교육을 통해서만 습득할 수 있는 법 해석 체계가 아니라 법의 다양한 영역이었다. 이 영역에서 우리는 당시 모든 법학파의 교과서들 안에서 학자들이 신의 법으로 인정한 것들을 발견한다. 거기에는 『꾸란』, 예언자 무함마드(그리고 예언자의 동지들)의 잠언이나 행적에 관한 구전 가운데 합의되거나 유추되어 해석된 법령, 또는 독자적인 추론을 통해 도출된 가장 중요한 규정들도 있다. 이 법들을 어떻게 적용할 것인지, 그리고 거기서 파생된 규정들을 어떻게 범주화할 것인지를 둘러싸고 한 법학파 안에서조차 다양한 견해가 존재했다. 이는 법학파들 사이에 상이한 견해들이 있던 것과 마찬가지로 당연한 일이라고 할 수 있다.

그런데도 모든 무슬림에게 핵심이 되는 사항은 어디서나 동일하며 어디서나 구속력이 있다. 무엇보다 종교적 의무 사항(이른바 이슬람의 다섯 기둥)이 여기에 해당한다. 구체적으로 신앙 고백, 헌금 납부, 라마단 기간의 금식, 매일 5회의 기도, 메카 순례라는 이 다섯 가지가 엄격하게 지켜야 하는, 거의 영적인 의무다. 이것들은 구성원들 사이에 결속감을 만들어 주는 정신적 유산인데, 이것으로부터 이슬람 사원, 이슬람 대학, 꾸란 학교, 의복, 문서 등 모든 무슬림이 이해할 수 있는 메시지를 전달해 주는 많은 물질적 유산이 도출될 수 있다. 신이 규정했고 카디(이슬람의 판사이자 법학자)를 통해 인간들에게 요구될 수 있었던 상호 의무들도 마찬가지로 사회에 깊은 흔적을 남겼으며, 이는 알안달루스(에스파냐)에서부터 인도에 이르는 넓은 지역에서 무슬림적인 것과 동일시될 수 있다. 여기에서 관건은 아주 일상적이며 어디서나 항상 이루어지는 인간 사이의 소통이며 예를 들어 결혼이나 상속과 같은 사안인데, 이 문제는 남녀가 서로 어떻게 행동해야 하는지에 관한 규정과 밀접하게 연관되어 있다. 이슬람 법전에는 노예에 대한 적법한 취급 규정 외에 재판 진행과 관련된 규정도 들어 있다. 나아가 이 법전들 속에 표현된 신의 법 원칙이 실제 인간 사이의 행동에 얼마나 영향을 주는 것이었는지는 항상 상세하게 논의된 재산권과 채권법에 관련된 부분이 잘 보여 준다. 이 부분은 구체적으로 매수와 매도, 담보, 양도, 보증, 임차, 기부 혹은 증여 같은 기본적인 것들과 관련되어 있다. 그리고 마지막으로 이 법전의 한 장은 특정 행위(간통, 간통과 관련된 명예 훼손, 절도 등)에 신이 내리는 처벌을 다루었다. 여기에서는 신이 직접 내린 규정들이 전근대의 개별 무슬림 사회에서 실제로 적용되고 준수되었는지에 관해서는 별 관심이 없다. 여기서 언급하고자 하는 것은 단지 이슬람법과 함께 무슬림들에게 전반적으로 구속력이 있는 상징 체계가 존재했으며, 이는 다양한 출신 성분을 가진 믿음의 구성원들을 즉시 연결하고 결속시켰다는 사실이다. 이븐 바투타와 이븐 시나는 어디에 가든지 그들에게 친숙한 이슬람적 법 코드를 만났으며, 이는 그들에게 안정과 자신감을 주었다. 그래서 그들은 이후에 자기들이 외부인에게도 배타심을 품을지 모른다는 생각은 할 수 없었다.

이러한 내용들을 종합해 다음과 같은 테제를 제시할 수 있다. 이슬람이 지배하는 지역 내부에는 부분적으로 매우 다양하게 조직된 사회 유형들이 있었는데도 사람들은 서로에 대한 이질감을 거의 경험하지 못했다. 이는 한편으로 근대적인 개념의 이질감을 전근대 무슬림 사회에 적용하기 어렵다는 사실과 관련이 있다. 당시에는 중심으로부터 변방에까지 영향을 미칠 수 있는 강한 중심을 가진 제국은 없었으며, 서로 경쟁하는 수많은 중심이 존재했을 뿐이다. 하지만 그들은 서로에게 공통되는 믿음의 공동체(움마) 아래에 있었다. 개별적으로 지방의 통치 동맹 안에 전혀 상이한 세속적인 통치자의 법 현실이 있었다고 하더라도, 움마는 개인들이 근본적으로 어디서나 규범으로 수용하고 있던 법적 원칙을 기초로 해서 결집력을 행사했다. 이 코드들은 그것이 현실에서 얼마나 의식되었는지와는 무관하게 하나의 상징 체계로 작동했으며, 이는 초지역적인 공간과 기호학적으로 단일한 공간을 만들어 냈다. 이 공간 안에서 무슬림들은 편안함을 느낄 수 있었는데, 이는 그들이 언제든지 이 코드를 풀 수 있었기 때문이다.

해상 운송과 항해술의 세계

1343년에 이븐 바투타는 말라바르 해안에 있는 캘커타에서 중국으로 가는 배를 타려고 했다.[78] 그런데 폭풍이 불어 항구에 정박 중인 배가 산산조각이 났기 때문에 이 계획은 수포로 돌아갔다. 이븐 바투타는 계획했던 이슬람 사절단의 중국행을 다른 경로를 통해 추진할 수밖에 없었다. 그렇지만 그가 과연 언제 중국에 도달했는지는 여기서 다루지 않을 것이다. 우리가 여기서 묻고자 하는 것은 무함마드 이븐 투글루크의 특사가 어떤 항로를 통해 델리에서 캘리컷을 거쳐 중국으로 갔는지, 선상의 생활은 어떠했는지, 어떤 화물이 수송되었는지, 당시에는 어떤 항해술을 보유했는지, 무슬림 선장이 어떤 교역로를 통해 자신의 배를 조종했는지에 관한 문제다. 지금까지 전해지는 다양한 사료들을 근거로 할 때, 우리 역사가들이 1350년에서 1520년까지 인도양이라는 공간에서 어떤 해양 활동이, 특히 교역 활동들이 진행되었는지에 관해 연관성 있는 그림을 그리기는 어렵다. 하지만 현재 우리는 화폐 연구와 고고학적 발굴 외에 적지 않은 수의 여행 보고서(기행문)와 연대기를 보유하고 있다. 예를 들어 유명한 마르코 폴로(1254~1324), 1469년과 1472년의 사이에 인도양 지역에 머물렀던 러시아인 아파나시 니키틴, 베네치아인 요사파트 바르바로Josaphat Barbaro(1413~1494)와 니콜로 데 콘티Niccolò de' Conti(1395~1469), 제노바인 지롤라모 다 산토 스테파노Girolamo da Santo Stefano(1510년 이후 사망) 또는 볼로냐 출신 루도비코 디 바르테마Ludovico di Varthema(1470~1517년 무렵)는 그들의 아시아 여행에 관한 생생한 기록을 남겼고, 포르투갈인 두아르트 바르보자Duarte Barbosa와 토메 피르스Tomé Pires(1540년 사망)가 버마와 호르무즈 혹은 인도를 여행하며 남긴 보고서들도 여기에 추가된다.[79] 또한 우리는 중국의 사료들을 참고할 수 있으며, 일련의 페르시아, 오스만, 아랍의 연대기와 회고록도 이용할 수 있다. 그리고 세 명의 무슬림 선장이 15세기 말 또는 16세기 전반부터 남긴 상세한 「바다 거울Sea Mirrors」과 믈라카 술탄국 지배자 중 하나인 마흐무드 샤Mahmud Shah(재위 1488~1530)가 작성하게 했던 말레이 「바다 사본Sea Codex」은 특히 가치가 높은 자료다.

당시에 인도양에서는 선박을 통해 사람과 물자를 운송했는데, 우리는 전반적으로 인도양에서 운행하던 두 가지 형태의 선박을 구분해야 한다. 하나는 전통적인 다우dhaw라는 아랍식 선박이었고, 다른 하나는 중국식 선박인 정크junk였다.[80] 캘리컷에서 승선 준비를 하던 이븐 바투타는 항구에 정박 중인 중국의 범선들을 가까이에서 바라볼 기회가 있었다.

> 중국식 선박에는 세 종류가 있다. 그들 가운데 대형 선박은 정크, 중형 선박은 자우, 소형은 카캄으로 부른다. 정크에는 돛이 세 개에서 열두 개가 있는데, 이 돛들은 매트처럼 짜인 대나무 기둥들로 구성되어 있다. 그것들은 결코 밑으로 떨어지지 않으며, 선원들은 그것들을 바람이 불어오는 방향으로 돌린다. 배가 닻을 내리면 돛들이 바람에 펄럭인다. 그 배에는 1000명이 승선하는데, 그 가운데 600명은 선원이고, 400명은 군인이다. 군인 가운데에는 궁수, 방패잡이, 그리고 나프타 포를 쏘는 군인들이 있다. 대형 선박에는 세 척의 소형 선박이 딸려 있다. (……) 이 소형 선박들은 오직 중국의 도시 자이툰(자동刺桐(천주)) 또는 신 알 신Ṣīn al-Ṣīn(캔턴(광주))의 신카란Ṣīn-Kalān에서만 건조되었다. 이 선박

들은 다음과 같은 방식으로 건조되었다. 전체의 가로 면과 세로 면에 두꺼운 못을 박아 각목들과 연결하는 두 개의 목판이 만들어진다. 이 못의 길이는 3엘레[13]다. 두 개의 목판이 일단 각목들과 결합되고 나면, 그 위에 하갑판을 짓고, 그다음에는 이를 진수대에서 물속으로 빠뜨린다. 여기서 조립이 완성된다. (……) 각목이 있는 쪽에는 노가 설치되는데, 노의 길이가 돛대만큼 길다. 노 하나마다 열 명 또는 열다섯 명이 배치되는데, 이들은 서서 노를 젓는다는 사실이 주목된다. 배에는 네 개의 갑판이 설치되는데, 각각의 갑판에는 (커다란) 선실, 침실, 그리고 선원들을 위한 방들이 있다. 하나의 넓은 선실에는 여러 개의 방, 세면장과 화장실, 그리고 문이 한 개 있다. 여자 노예나 아내와 함께 머물기를 원하는 사람들은 이 문을 잠글 수 있다. 어떤 탑승객이 이 선실에서 숙식하면, 배가 한 도시에 도착할 때까지 아무도 그를 만나지 못할 수도 있다. 선원들은 그들의 아이들을 이 선실에 머물게 하는데, 그들은 여기서 푸른 식물과 채소, 생강을 나무로 된 상자에 파종한다. 배의 관리인은 마치 대大에미르와 같은 지위를 가진다.[81]

마흐무드 샤가 무슬림 선원들의 안전을 위해 작성하게 했던 「바다 사본」을 보면 대부분이 무슬림이던 이 배의 선원들에 관한 흥미로운 사항들이 상세하게 적혀 있다.

해양법은 분쟁과 갈등을 방지하고, 선원들이 각자 기분대로 행동하거나 개인적인 욕망에 따르는 것을 억제하며, 정크와 배에서 발생할지 모르는 어려움과 불행을 막는 것을 목적으로 한다.[82]

대개 모항에 머물렀던 선주를 제외하면 선상에서는 선장이 최고의 권위를 갖고 있었는데, 선장이 아무리 젊다고 해도 그가 내린 결정에는 무조건 복종해야 했다. 조타수는 선장 옆에서 또는 선장의 지휘하에 관례적인 사안들을 결정해야 했다. 키잡이는 닻을 관리했으며, 선원들에게 알리는 신호 업무

13 1엘레는 약 66센티미터에 해당하므로, 3엘레는 약 2미터인 셈이다.

도 담당했다. 나아가 그는 조타수 외에 행정 직원도 감독했다. 항해사는 갑판에서 벌어지는 모든 작업이나 선원들과 관련된 사항도 담당했다. 당직 보초는 자기가 경비하는 시간 동안에 발생하는 모든 사태에 개인적으로 책임을 져야 했으며, 모든 선적물과 노 젓는 노예들을 감시하는 일도 맡았다. 그는 육지에서는 선장의 수행원으로서 그의 안전을 지켰다. 끝으로 보통 선원들은 갑판에서 배의 운항에 관련된 모든 업무를 담당했는데, 승선료를 내지 않는 대신에 배에서 일했던 탑승객들이 그들을 도왔다. 배에는 네 구역이 있는데, 각각 별도의 규정을 적용했다. 배의 상담실에는 장교들만 출입할 수 있고, 경비병들이 휴식을 취했던 공간은 다른 사람들이 출입할 수 없었다. 마찬가지로 닻을 감아올리는 기계가 있는 공간에는 아무도 머물 수 없었으며, 선장의 선실 건너편에 있으면서 선장의 시종들에게만 허용된 선실에도 아무도 출입할 수 없었다.

아랍의 다우선도 목판으로 건조되었는데, 이 목판은 야자나무 줄기로 결합되었다. 해외용 선박의 길이는 평균 약 30미터였으며, 150톤까지 짐을 선적할 수 있었다. 그 선박의 주 돛은 (대개 쌍 돛이 선호되었는데) 간혹 25미터 높이인 경우도 있었으며, 활대는 펼치면 30미터였다. 가로 돛은 사각처럼 보여서, 오늘날 일반적인 라틴 돛의 형태가 아니었다. 돛의 활대는 바람의 세기에 따라 위아래로 이동했으며, 돛의 축범 장치는 알려지지 않았다. 선미에는 대형 키(방향타)와 높이 설치된 브리지(사령교)가 있었으며, 뱃머리에는 선박을 항구에 정박하기 위한 앵커(닻)와 돌로 된 작은 앵커를 위한 공간이 있었다. 배에 실린 화물들은 대부분 천이나 대나무로 엮은 매트로 덮였다. 모든 다우는 상륙할 때 사용할 한 척의 작은 보트를 갖고 있었다. 그 밖에 선박에는 생수를 보관하는 대형 물통이 있었다.

항해 도중에는 배를 수리하기 위해 항구에 들르는 일이 잦았다. 항해가 끝났을 때는 충분한 여유를 가지고 다음 시즌을 준비하기 위해 배를 육지에 올렸다. 물론 바다에서는 많은 것이 선원들의 훈련과 정해진 일상 업무에 달려 있었다. 예를 들어 활대를 다루기는 쉽지 않았다. 돛의 방향을 바꿀 때는 활대를 내린 다음에 돛대를 중심으로 돌려야 했기 때문이다. 역풍이 불 때는 다양한 크기의 돛으로 또는 활대의 높낮이를 조정함으로써 대응했던 반면에, 풍향이 다양하게 바뀔 때는 앞서 언급한 활대를 앞뒤로 밀어야 했다. 해외로 운항하는 다우의 평균적인 선원들은 분명하게 정해진 임무를 가진 노련한 선원들로 구성되었다. 16세기의 아불 파들 알라미는 그의 『아크바르 전기』에서 한 다우의 선원 명단을 보여 준다.

> 한 배에 승선하는 선원의 규모는 배의 크기에 따라 다르다. 대형 선박에는 열두 그룹의 선원들이 있다. 하나, 항로를 정하는 선장. 둘, 항해사. 그는 그때그때 바다의 깊이를 정확하게 알아야 하며, 천문학 지식도 보유해야 한다. 그는 목적지까지 항로를 안내하고 위험을 방지한다. 셋, 선원 대장. 선원들은 선원 언어로 칼라시Khallasi 또는 카르바kharva로 불린다. 넷, 나쿠다카샤브nakhuda-khashab. 그는 승객들에게 장작과 짚을 제공하며, 항해 도중에, 그리고 등불이 꺼지면 화물을 경비한다. 다섯, 항해사 조수. 그는 배의 접안과 상륙을 감독하며, 대개 항해사를 보조한다. 여섯, 배의 비축물을 책임지는 사람. 일곱, 카라니Karrani. 글을 잘 쓰는 선원으로 배의 항해 일지를 기록하고 승객들에게 물을 지급한다. 여덟, 조타수. 그는 선장의 지시에 따라 배를 조종한다. 배 한 척에는 여러 명의 조타수가 있지만, 스무 명을 넘지는 않는다. 아홉, 팡가리Pangari. 돛대의 꼭대기에서 바다를 살피며 육지나 지나가는 배, 다가오는 폭풍에 관해 알린다. 열, 군마티Gunmati. 배에 넘쳐 들어온 물을 빼내는 일을 담당한다. 열하나, 수비대원. 해상 전투가 벌어질 때 투입된다. 그 수는 선박의 크기에 따라 다르다. 열둘, 선원. 그들은 돛을 접고 펼치는 일을 맡는다. 그들 가운데 일부는 잠수부로도 근무한다. 수면 밑 부분 선체의 균열을 수리하며, 어딘가에 닻이 엉켰을 경우에는 이를 푼다.[83]

승선한 상인들이 특별한 문제를 초래하는 일이 빈번하게 발생했다. 원칙적으로 선장은 그들에게 직접적으로 명령할 권한이 없었지만, 바다에서 선장의 명령은 대개 지체 없이 복종되었다. 「바다 거울」의 한 부분에서 우리는 선장이 민원 사항을 조용히 청취하고 상황에 따라 적절히 결정해야 하며, 그때는 선박과 승선자들의 안전을 가장 우선적으로 다루어야 한다는 것을 읽을 수 있다. 가장 좋은 것은 배가 바다에 나가기 전에 그가 상인들을 자세히 살펴보는 것이다. 그래야 해상에서 불미스러운 돌발 사태를 막을 수 있다.[84]

바다 한가운데에서의 생활이 정해진 대로 잘 진행될 수 있도록 일련의 특별 규정이 있었는데, 우리는 마흐무드 샤의 「바다 사본」을 통해 그 규정들이 어떤 성격을 가진 것이었는지를 확인할 수 있다. 선상에서 규칙을 조금 위반했을 경우 당사자는 곤장 일곱 대로 처벌되었다. 예를 들어 자유인 기혼 여성과 자유인 남성(선원들은 대개 아내를 동반했다.) 사이에 깊은 관계가 발생하면 선장은 두 사람에게 사형선고를 내렸다. 만약 그들이 미혼인 경우에는 곤장 100대에 처해졌다. 그리고 두 사람은 곧 결혼해야 했다. 만약 그들이 이를 거부하면 높은 벌금을 내고 면제될 수 있었다. 만약 자유인이 선원의 아내와 불륜을 범하고 분노한 선원이 자유인을 구타해 사망하게 되면, 이 살인죄는 용서받았으며 재판도 받지 않았다. 나아가 해당 선원은 자기 아내를 죽여 달라고 요구할 권리가 있었다. 그러나 선원이 여자를 살려 주면 그 여자는 선장의 소유가 되었다. 남성 노예가 여성 노예와 관계를 가지다가 발각되면 그들은 발바닥에 매질을 당했는데, 이 형벌은 선장의 감독하에 기중기에서 시행되었다. 사형은 앞서 언급한 사례 외에 선장과 장교 또는 항해사를 살해하려는 음모에도 통상적으로 집행되었다. 나아가 단검을 소지한 경우도 반란 혐의로 사형선고를 받을 수 있었다.

선박이 난파되거나 좌초된 사람들을 구조할 때는 그들에게 구조의 대가로 일정액의 돈을 요구했다. 승객은 승선하면서 승선 계약을 맺는데, 만약 그들이 지정된 장소가 아닌 곳에서 하선하기를 원하면 선장은 그들에게 일정액의 돈을 요구할 수 있었다. 일반적으로 필요한 비용과 세금을 항구 관리들에게 납부하지 않으면 그 어느 누구도 배에 승선할 수 없었으며, 베텔 열매, 야자열매, 소금의 경우은 그 가격의 10분의 1을 항구 경찰에게 세금으로 내야 했다. 팔기 위한 물건을 갖고 승선한 승객들은 이것을 우선 책임 있는 장교들에게 보일 의무가 있었다.

선장이 예정에 없이 항구에 입항하고자 할 경우, 그는 전체 회의를 통해 모든 선원의 동의를 얻어야 했다. 만약 배가 이미 항구에 진입했다면, 선장은 먼저 관세 문제를 조정하기 위해 항만 경비대를 방문해야 했다. 그 후에야 그는 첫 나흘 동안 상거래를 할 권리가 있었다. 배에 타고 있던 상인들은 그다음의 이틀 동안 육지에 오르며, 마지막이 선원들 차례다. 선원들에게 상품을 구매하라는 제안이 왔을 경우, 그 누구도 선장이 제시하는 가격보다 높은 가격을 제시해서는 안 된다. 또한 어느 누구도 선장의 사전 동의 없이는 노예를 살 수 없었다.

배에서 선장 다음으로 가장 중요한 사람은 의심할 여지없이 항해사였다. 오직 항해사만이 배를 목적지인 항구로 확실하게 이끌 수 있는 항해 지식을 갖고 있기 때문이다. 소형 선박에서는 선장이 항해사 업무를 동시에 맡기도 했다. 물론 마흐무드 샤의 「바다 사본」에 따르면 중국의 대형 정크선에는 주 항법사, 부항법사, 항해 항법사 등이 한 명씩 있었으며, 후자가 배가 출항할 때 배의 모든 장비를 점검할 전적인 책임을 졌다.

선장은 대개 출항 전에 선주와 협상해 수당, 항로, 선적량 등이 명확하게 기재된 계약을 체결했다. 일단 배가 모항을 떠나면 이들 무알림mu'allim(항해사)이 배의 순조로운 항해를 위한 전적인 책임을 짊어져야 했다. 마흐무드 샤가 남긴 '항해법' 문서에 따르면 다음과 같다.

> 항해사는 선박의 지휘권을 갖는다. (……) 만약 항해사가 선박의 지휘를 제대로 하지 않아 자신과 선원들이 위험에 처하거나 심지어 배가 난파하게 된다면, 신이 자비를 베풀지 않는 한 그는 사형선고를 받게 된다. 배를 정해진 규정대로 운항하기 위해 항해사는 바람, 폭풍, 조류, 달과 별의 움직임, 계절의 변화, 해안 근처의 만과 물의 깊이, 산호초, 모래톱 혹은 물 없는 연해 지역 등을 살피고 주의해야 할 막중한 의무를 지닌다. 그는 이런 사항에 관해 깊은 지식을 보유해 육지에서건 바다에서건 선원들이 그들의 안전을 항해사에게 맡길 수 있어야 한다. 항해사는 될 수 있는 한 어떤 실수도 범해서는 안 된다. 동시에 그는 예언자와 신에게 항해에서 발생할 수 있는 모든 위험을 제거해 주시기를 기도하는 것을 잊어서는 안 된다. 항해사는 이맘과 비슷한 지위를 차지하며, 따라서 이맘과 비슷한 권위가 그에게 주어져야 한다. 항해 중인 배가 어디에 있든지 항해사가 배를 떠

나고자 할 때는 반드시 거부되어야 한다. 법과 항해자와 관련된 관례는 이 사항을 지켜야 한다고 요구한다.[85]

물론 「바다 거울」 한 편에서 읽을 수 있는 것처럼 항해사가 가져야 할 가장 중요한 소양은 무엇보다 이론과 실제에서 매우 뛰어난 항해술 지식이었다.

선장에게 필요한 근본적인 지식은 사고력과 풍부한 경험이라는 것을 알아야 한다. (……) 항로에 관한 지식과 몬순을 이용한 항해는 경험 문제인 반면에, 하늘의 별자리에 대한 지식, 그에 대한 계산 근거, 별들로부터 위도를 계산해 내는 것 등은 사고력의 문제다. 하지만 경도와 거리를 제대로 측정하기 위해서는 경험과 사고력 모두가 필요하다.[86]

일부 선장이 자신들이 보유했던 항해 지식을 항해 핸드북이나 「바다 거울」과 같은 방식으로 후대에 남겨 주려는 공명심을 보였던 것은 행운이다. 그 결과 우리는 1400년과 1550년 사이의 기간에 작성된, 항해사 세 명이 쓴 책을 보유하고 있는데, 이 책들은 아라비아의 항해술과 인도양을 지나가는 항로들에 관한 상세한 정보를 제공해 준다.[87] 이들이 남긴 항해 관련 지식은 대략 여섯 개의 세부 영역으로 구분할 수 있다. 즉 지형적 특징, 선박과 선원의 관리, 몬순 시기에 대한 정밀한 관찰, 나침반 활용 기술, 별자리 높이의 측정, 항해 궤적의 측정에 대한 연구. 항해사 이븐 마지드Ibn Majid는 난이도를 기준으로 항로를 세 가지 유형으로 구분했다. 하나, 해안을 따라가는 항로. 둘, 도중에 항로 변경 없이 두 항구도시 사이를 연결하는 직선 항로. 셋, 한 항구에서 다른 항구로 가면서 공해에서 항로를 변경해야 하는 항로.

그렇게 한 장소에서 다른 장소로 항해하는 일이 언제부터 시작되었는지 정확하게 말할 수는 없지만, (아마 인도양에서 예로부터 이용되던 방식이던, 해안선을 따라가는 항로로 운항하기 위해서는) 선장은 좋은 시력, 풍부한 경험, 해안의 특징, 특히 이정표로 기능하는 수많은 물리적 특징에 관해 매우 풍부한 지식을 가져야 했다. 그러한 특징들에는 구체적으로 (해안을 다시 인식하거나 위험 지역을 피해 가는 데 유용할 수 있는) 해안에 관한 정보, 물 색깔의 변화, 암초, 모래톱, 조류, 조수간만, 바람 혹은 지형적 특징들이 포함될 수 있을 것이다. 더 상세히 기록된 「바다 거울」에는 몇몇 해안 지방에서 주목할 만한 가치가 있다고 발견되는 사항들, 즉 다양한 조류와 어종, 다양한 식물들까지 낱낱이 기록했다. 얕은 바다를 지날 때는 추가 달린 밧줄을 이용해 계속 바다의 깊이를 측정했다. 그 밧줄의 끝에는 작은 보관 용기가 고정되어 있어, 그것을 가지고 해저의 특징을 조사할 수 있었다.

해안 항로를 운항할 때는 선원들에게 원칙적으로 기술적인 능력은 덜 필요했지만, 잠재적 위험은 (짐작할 수 있듯이) 훨씬 컸다. 그렇기 때문에 그들은 항해 시간을 절약하기 위해 해안을 벗어나 바다를 거쳐서 멀리 위치한 항구로 가는 직선 항로를 탐색하기 시작했다. 하지만 그러기 위해서는 오랜 시간 정확하게 같은 방향으로 항해할 수 있는 능력이 필요했다. 이 길은 처음에는 천문학적 지식을 이용해 찾아갈 수 있는 것처럼 보였지만, 그러한 항해 기술은 13세기에 나침반을 사용하면서 보완되었고, 결국은 대체되었다. 나침반은 이 당시에 이미 알려져 있었지만, 인도양에서는 좀 더 나중에야 사용되었다.

아랍식 나침반은 자침과 자철광, 그리고 서른두 방향으로 표기된 나침반 다이얼로 구성되었다. 이 세 가지는 배의 뒤쪽 갑판에 고정된 장치 안에 있었는데, 조타수에게 잘 보일 수 있도록 설치되어야 했다. 배의 서른두 개 나침반 다이얼에 새겨진 서른두 개의 표식은 유럽식 나침반과 달리 별자리였다. 그것들은 대략 우리에게 알려진 별들이 뜨고 지는 지점과 일치했다. 나침반을 사용하게 되자 아랍 선원들은 항로를 지키면서도 다양한 바람을 영리하게 잘 이용해 멀리 떨어진 목적지 항구에까지 안전하게 거의 직선으로 운항할 수 있었다. 하지만 어떤 경우에도 기술에만 의존하면 안 되었다. 나침반은 상당히 고장 나기 쉬운 도구였다. 자석의 오류 때문에 자기가 사라지거나, 자기장 또는 추위의 영향으로 고장이 나 무용지물이 될 수도 있었다. 나아가 자침, 지도, 자석을 후갑판의 고정 장치에 설치할 때 이미 작은 실수가 발생할 수 있었는데, 이는 시간이 가면서 불가피하게 항로에 오차가 생기는 일을 초래할 수 있었다. 항해 도중에 선장과 조타수도 모르는 사이에 나침반 지도에서 위치가 바뀌는 일도 발생했다. 항해사들은 나침반 내용을 통제하고 경우에 따라 불규칙한 부분을 수정하기 위해 별자리를 관찰해 배의 위치를 측정해 냈다. 물론 15세기와 16세기에 이 측정치는 일차적으로 위도상의 위치였다. 당시에 경도를 측정하는 것은 아랍인 선원이나 유럽인 선원들 모두에게 마찬가지로 매우 풀기 어려운 문제였다.

전반적으로 선원들은 항구와 항구를 잇는 직선 항로를 찾으려고 했지만, 이것은 늘 가능한 것이 아니었다. 때로는 목적지에 도달하기 위해 지그재그로 항해하는 일이 불가피했다. 남쪽 방향이나 북쪽 방향으로 직항할 경우에는 나침반과 별자리를 고려해 현 위치를 파악하는 방식, 지나온 항적을 파악하는 방식을 모두 종합하는 방식이 가장 안전했다. 여기서 후자는 위치 측정과 관련이 있었다. 태양의 고도에 따라 방향을 잡았던 지중해 유럽의 선원들과 달리, 아랍인들은 인도양에서 금성의 위치를, 즉 수평선과 금성 사이의 거리와 폭을 기준으로 삼았다. 여기에서 금성의 높이는 몇 도가 아니라 당시 아랍의 천문학 텍스트에서 통상적인 것처럼 이스바isba'라는 단위로 표기되었다.(1이스바는 손가락 폭에 해당한다.) 이런 방식은 이전에 아랍의 선장들이 수평선을 향해 손을 뻗어 별의 높이를 계산했던 것에서 유래했다. 물론 이러한 손가락 단위는 후에 크기가 정해져, 224 손가락은 360도를 가진 원을 만들었다. 그래서 1이스바는 대략 1도 36분에 해당했다. 손을 뻗는 것도 시간이 흐르면서 표준화된 도구로 대체되었다. 그런데 이 도구를 사용하려면 될 수 있는 한 바다가 잔잔해야 했고 하늘도 청명해야 했다. 술레이만 알마흐리Suleiman al-Mahri에 따르면 측정을 담당하는 선원은 머리가 완전히 맑고 침착하며 좋은 컨디션을 갖고 있어야 했다. 나아가 항해사는 측정 결과를 이전의 측정 자료와 비교해야 했다. 선장은 이를 위해 주요 지점들에서 북극성의 높이를 기록한 도표를 작성했다.

15세기와 16세기의 아랍 선원들에게 가장 어려운 문제는 지나 온 거리를 측정하는 것이었다.[88] 시간 간격은 보통 잠zam으로 표기했는데, 이는 원래 보초를 서는 시간 단위로 세 시간에 해당하는 단위였다. 바다에서의 거리도 이 단위로 측정하는 것이 아랍 항해술에서 특이한 점이었다. 목표로 삼은 북극성의 등급을 1이스바 정도 높이기 위해, 일정한 항로를 계속 유지하며 배가 지나 온 거리를 파악하는 다양한 측정 방법들이 사용되었다. 하루는 8잠에 해당했는데, 달리 표현하면 1잠은 항로를 유지할 경우에 목표로 삼은 별의 등급을 118이스바 높인 것에 해당했다. 물론 직선으로 항해한 북행이나 남행의 경우에는 문제가 없었으나, 그렇지 않고 다른 방향으로 항해한 경우에는 계산이 매우 정확하지 않았다. 삼각 측정법에 관한 지식이나 자체 속도를 측정할 수 있는 능력은 아직 없었다. 게다가 방향을 안내해 주는 기구로 기능하는 나침반 지도 위의 표지물들도 사실상 별이 뜨고 지는 것과 별로 일치하지 않았다.

이와 달리 정기적인 몬순과 일치하는 좋은 항해 시기가 언제인지에 대한 계산은 대단히 정확했다. 우리는 모든 「바다 거울」에서 이에 관한 정보를 얻을 수 있는데, 물론 여기에서 정확한 날짜를 확인하기는 어려웠다. 아랍인들이 보통 사용했던 음력은 매년 조금씩 날짜가 밀려 여행 시기를 언제로 할지 결정하는 데는 적합하지 않은 것으로 판명되었다. 그래서 사람들은 365일로 된 페르시아식 달력의 새해 첫날을 확인하고 이날로부터 며칠이 지났는지를 월과 상관없이 세었다. 예를 들어 세이디 알리 레이스는 구자라트에서 믈라카로 항해하기 위해 가장 적합한 날을 300번째 날로 기재했다.[89]

앞서 언급한 여러 가지 사항을 종합해 보자. 14세기에서 16세기까지 인도양은 주로 무슬림이던 여러 연안 국가 사이에 발생했던 정치적인 분열과 갈등에도 불구하고 계속 하나의 교역 단위로 기능했다. 지역 간의 교역은 대부분 무슬림 선원들이 진행했는데, 이들은 세기가 지나면서 정교화된 항해술을 개발한 결과 그들의 선박은 안전하게 인도양을 건너 육지에 도달할 수 있었다. 우리는 세 편의 「바다 거울」, 마흐무드 샤의 말레이 「바다 사본」, 그리고 압둘라자크 사마르칸디, 이븐 바투타, 세이디 알리 레이스와 아파나시 니키틴이 남긴 보고서를 꼼꼼히 읽은 결과, 아랍인들의 항해술이 가진 가능성과 한계에 관해 상세한 정보를 얻고 나아가 인도양을 오가는 항로들에 관해서도 잘 파악할 수 있었다. 그뿐 아니라 우리는 어떤 상품들이 어떤 선박에 실려 어디로 이동했는지에 관해, 그리고 무엇보다 선상의 생활이 어떠했는지에 관해서까지도 잘 알 수 있었다.

맘루크 제국의 관점

앞서 살펴보았듯이 몽골 시대는 여러 분야가 급속하게 공고화되는 시기였다. 13세기와 14세기에 전 지구적인 교통과 교류의 공간이 형성되면서 해당 지역들이 급진적인 변화를 모색하도록 자극한 것이다. 이 변화는 처음에는 서로간의 정치적·군사적 대응에서 시작했지만, 점차 상업적 관계의 변화를 넘어 문화적 확산과 기술 이전에까지 이르는 광범위한 영역으로 확산되고 진행되었다. 그리고 결국에는 유럽도 이러한 초지역적인 네트워크에 접속되었다. 1250년에서 1517년 사이에 지중해와 유럽, 비단길과 인도양 영역이 교차하는 지역, 즉 오늘날의 이집트와 시리아에 맘루크 제국이 등장했다.

이 지역에서 우리의 주목을 끄는 것은 낯선 형태의 양극화를 특징으로 하는 사회 모델인데, 이는 아마 역사상 유일한 형태일 것이다.[90] 주민 대부분은 아랍인이었는데, 점차 엘리트층을 형성하게 된 튀르크 출신 해방 군사 노예들에게 지배받았고, 이들 군사 노예 엘리트들은 스스로 만든 규칙들을 통해 계속해서 재생산되었다. 다시 말해 맘루크는 이슬람 지배 영역의 외부에서 비무슬림으로 태어난 자유인이었다가 노예가 되어 이집트로 잡혀 온 후 무슬림으로 개종하고 해방된 후에 귀족적으로 교육받은 튀르크인들만 될 수 있었다. 이러한 조건을 채운 자들만 모든 정치적·군사적·경제적 특권을 가진 지배계급의 일원이 될 수 있었던 것이다. 해방된 노예들은 자신들을 해방해 준 과거의 주인 주변에 모여 일종의 가족 같은 집단을 형성했는데, 이들이 맘루크 지배층 내부의 최소 사회 단위였다. 이 집단들은 주인의 이름을 따라 불렸으며, 그 마지막 구성원이 죽을 때에야 비로소 사라졌다. 주인에 대한 충성심, 그리고 일반적으로 권력 투쟁 과정에 흔들릴 수도 있었을 연대 의식은 같은 주인을 중심으로 모인 구성원들 사이에서는 결코 금이 가지 않을 정도로 강력했으며, 맘루크의 이상에 따라 이 연대 의식은 평생토록 유지되었다. 그들은 고향을 떠나 뿌리를 잃은 맘루크들에게 사회적 입지와 보호처를 동시에 제공해 주었다. 그러나 이렇게 끈끈한 단결심의 이면에서는 다양한 맘루크 집단들 사이의 경쟁심으로 인해 맘루크 지배계급 내부에서 전반적인 분열이 일어나기도 했다. 특히 각 집단의 수장이 몰락하거나 사망하는 경우에 이 집단은 자동적으로 권력의 지위에서 밀려나게 되었다. 하지만 이렇게 체재 자체에 잠재되어 있던 내적 긴장에도 불구하고 '1세대 한정 군사 귀족제' 모델은 바로 그 단순성 때문에 체제를 안정시키는 요소로 작용했던 것 같다. 적어도 맘루크 지배 체제가 이집트와 시리아의 토착민 세력을 제압하고 오랜 세월 지속될 수 있었던 것은 자기 조직이 항상 새롭게 재생되게 한 맘루크의 원칙 덕분이었다고 인정할 수 있다. 앞서 언급했듯이 여기서 우리의 관심사는 역사적으로 독특한 사회 모델이다. 이집트와 시리아를 250년간 지배했던 맘루크 시대(1250~1517)를 연구할 때 즉각 한 가지 뚜렷한 특징이 주목된다. 그 사회의 양극화다. 한편에는 외지(튀르크) 출신으로 군사 노예였던 지배계급, 그리고 한 세대가 지나면 그다음 세대 역시 외지 출신의 새로운 인물들로 충원되는 지배계급이 있고, 다른 한편에는 대부분 아랍인들로 구성된 피지배계급이 있는 양극화된 사회다.

경제 강국이던 맘루크는 제노바, 베네치아와 함께 (어느 정도는 바르셀로나도 함께) 지중해와 흑해 영역을 장악했다. 하지만 이집트와 시리아는 인도양을 거쳐 페르시아만과 홍해에 도착하는, 그리고 또 거기에서 육로를 통해 중동 지방으로 향하는 수많은 물품의 중간 하역지이기도 했다. 그 밖에도 비단길을 거쳐 레반트로 가는 물품과 지중해를 거쳐 유럽으로 가는 물품들도 이곳을 거쳤다. 이로써 맘루크 제국은 이 책에서 다루는 전체 기간에 유럽과 북아프리카, 중앙아시아, 사하라 남부 아프리카, 남아시아 사이의 중추적인 지역이었다.[91]

여기에서는 이른바 카리미Karimi 상인들이 중요한 역할을 담당했다.[92] 이미 12세기에 폭넓은 교역 네트워크를 구축하고 홍해를 거쳐 인도나 동남아시아에 이르는 원거리 무역을 장악했던 이들 집단은 막강하고 영향력 있는 상인들로 이루어졌는데, 이들의 사회적 구성이 어떠했는지는 파악하기가 무척 어렵다.[93] 13세기와 14세기에 이 카리미 상인들은 엄청난 부를 소유한 것으로 유명했다. 그래서 천일야화에 나오는 '선원 신드바드Sinbad'와 같은 전설적인 인물이 바로 이들에게서 유래된 것일지도 모른다는 정도다. 그들이 소유한 상점들은 알렉산드리아, 카이로, 아덴, 쿠스Qus, 메카 같은 주요 도시뿐 아니라 헤자즈와 예멘에 있는 주요 도로를 따라 즐비했다. 경제적으로 성공해 커다란 부를 축적하자, 정치적 영향력도 커졌다. 예를 들어 그들은 예멘의 라술 왕조와 맘루크들 사이에서 중재자 역할을 수행하기도 했다. 그러다 15세기 중엽에 와서 여러 가지 이유로, 특히 향료 무역의 국유화로 인해 카리미 상인들의 교역망은 붕괴하고 말았다.

대략 1350년이 지나면서 육로를 통해 물품을 동부에서 서부로, 그리고 다시 서부에서 동부로 운송하기가 점점 어려워졌다. 반면에 인도양을 경유하는 항로는 놀랄 만큼 순조로웠다. 경유 지역으로서 이집트가 지닌 의미는 여전히 계속 중요했는데, 그 결과 이제는 홍해가 상업 활동을 위한 중심 거점으로 대두하기 시작했다. 메카와 헤자즈 지방의 샤리프들도 홍해 교역에 참여했다. 인도양을 거쳐 오는 선적물들은 항구도시 제다에서 하역되고 관세가 매겨졌다. 고가품들은 그곳에서 다시 알렉산드리아로 갔다가 지중해를 거쳐 유럽에 도달했다.[94] 포르투갈인 관리자인 바르보자(1480~1521)는 다음과 같이 보고했다.

> 사제왕 요한의 땅[14]과 '행운의 아라비아'[15]의 해안을 떠나 마찬가지로 아라비아로 불리는 홍해의 저편에 도달하면, 수에즈라고 부르는 항구가 있다. 검은 피부색의 무어인들은 인도에서 오는 모든 종류의 향료들, 메카의 항구인 제다에서 오는 약초와 기타 물건들을 그곳으로 가져온다. 그들은 이것들을 작은 그릇에 담고 낙타에 실어 육로를 통해 카이로로 가져간다. 그곳에서 다른 상인들이 그 물품들을 알렉산드리아로 가져가는데, 거기서 또다시 베네치아 상인들과 거래한다.[95]

_____ 14 사제왕 요한(프레스터 존Prester John)의 전설은 동방 어딘가에 강대하고 풍요로운 기독교 왕국이 있다는 유럽의 전설이다. 여기서는 기독교를 믿던 아비시니아를, 즉 오늘날의 에티오피아를 지칭하는 것으로 보인다.

_____ 15 로마인들이 'Arabia felix'로 부르던 오늘날의 예멘을 가리킨다.

상선들은 대량의 구리, 수은, 녹청, 사프란, 장미수, 진홍색 예복, 비단, 호박단, 그리고 역시 대량의 금과 은을 싣고 제다를 떠나 캘커타로 떠났다. 지중해와 홍해를 빈번하게 오가는 상선들의 항로가 점차 확장되면서 자연스럽게 아덴, 알렉산드리아, 다미에타 같은 항구도시들이 이들의 항로에 연결되었다. 하지만 지중해와 홍해라는 두 개의 바다가 이집트에 유일한 교역로였던 것은 아니다. 이집트에서 시리아와 근동 지방뿐 아니라 북아프리카와 타크루 지역Bilad al-Takrūr로 가는 육로는 이집트의 교역이 번성하는 데 중요한 비중을 차지했다. 끝으로 매년 수많은 사람이 순례를 위해 찾는 성지였던 메카도 지역을 넘어서는 교역의 중심지였다.

맘루크 시대에 관해서는 대체로 많은 연구가 나와 있지만, 이 시기의 무슬림들에게 핵심이 되는 순례지였던 메카에 관해서는 최근에야 학술적 가치가 있는 단행본이 한 권 출간되었다.[96] 그런데 이 책에서 존 멜로이John L. Meloy가 다루고자 한 것은 초지역적인 순례지 연결망 안에서 메카가 차지하는 핵심적인 지위를 규명하는 것이 아니었다. 그의 집필 목적은 오히려 샤리프가 등장하게 된 정치적·경제적 배경을 밝히는 것이었다. 조상이 『성경』에 나오는 선지자들에게까지 거슬러 올라가는 이들 가문은 12세기 이래로 현지를 지배하는 막강한 권력을 소유하고 있었다. 그들의 권력 기반은 우선 그들이 장악한 도시가 순례의 중심지일 뿐 아니라 전략적으로 중요한 위치라는 데 있었다. 그들이 장악한 항구도시 제다는 홍해를 거쳐 인도양와 지중해에 이르는 두 개의 무역 공간이 만나는 곳이었기 때문이다. 포르투갈인들이 아시아 무역에 나섰던 14세기 후반부터 16세기에 이르기까지 홍해 무역은 지속적으로 증기 일로에 있었으며, 이것은 메카가 번성하게 되는 토대가 되었다. 그런데도 샤리프들이 헤자즈에서 권력을 행사할 수 있었던 전제 조건은 그들이 카이로에 있는 맘루크 술탄과 타협하는 데 성공했다는 사실이었다. 15세기에 거대한 위기가 밀어닥치자, 카이로에 거주하던 맘루크 통치자는 자신들이 차지하던 지정학적으로 유리한 위치를 이용해 고수익을 남기는 특정 상품의 대외 수출과 수입을 통제했다. 메카의 권력자들도 맘루크 술탄의 이러한 독점화 경향을 피해 갈 수 없었다.

멜로이는 이러한 국제적 긴장 관계 안에 있던 도시 메카의 역사를 서술한다. 한편에는 상품 교역과 관련된 부와 높은 생활수준이, 다른 한편에는 원거리 무역에서 발생한 수익에서 특정 지분을 차지하려고 했던 술탄의 헤게모니 장악 시도가 그 중심 내용이다. 당시 현지의 사회적·경제적 조건들은 우선 순례와 목축, 후원과 보호라는 요인들이 어우러져 만들어 낸 조합에 기반을 두고 있었다. 샤리프에게 정치는 줄다리기와 같았다. 그것은 맘루크 술탄의 야망을 충족시켜야 했던 동시에, 부족 연합이나 지역 명망가들의 다양한 요구 사항들도 해소해야 했기 때문이다. 멜로이는 스나우크 휘르흐론예C. Snouk Hurgronje가 15세기의 메카에 관해 언급했던 것을 "15세기 메카의 역사는 '메카가 고립에서 벗어나 지중해와 인도양을 잇는 무역의 맥락 안으로 들어가는 역사'로 묘사할 수 있다."[97]라고 간명하게 요약했다.

1497년에 샤리프 무함마드 이븐 바라카트Muhammad ibn Barakat가 죽은 직후, 메카의 권력 구조는 내적인 갈등과 외부적 사건들 때문에 스스로 무너졌다. 엎친 데 덮친 격으로 인도양과 홍해에서 포르투갈인들의 공세가 추가되었고, 이러한 사태는 조만간 지역의 상권이 몰락하는 계기가 되었다. 맘루크의 마지막에서 두 번째 술탄이던 알아슈라프 칸수 알구리(1516년 사망)의 군사적 활동도 이 사태를 진정시킬 수 없었다. 물론 샤리프 바라카트 이븐 무함마드Barakat ibn Muhammad(1525년 사망)는 당분간 그들이 헤자즈 지방에서 차지했던 권력의 지위를 어느 정도 유지하는 데 성공했다. 그러나 그 역시 강력한 오스만 제국의 등장으로 새롭게 형성된 권력 지형도에 적응해야 했다.

아덴과 인도의 무슬림

홍해를 거쳐 인도양으로 가는 경제망 연결에 중요한 역할을 수행한 자들은 예멘에 거주하던 튀르크 출신의 라술 왕조였다.[98] 예멘에 있던 마지막 아이유브 술탄국은 1229년에 지역을 떠나 시리아와 이집트로 갔기 때문에, 현지의 권력은 우마르 이븐 알리 이븐 라술Umar ibn 'Alī ibn Rasūl이 차지했다. 그는 1235년에 아바스 왕조의 칼리파로부터 공식적으로 인정받은 후에 '알말리크 알만수르al-Malik al-Mansur(승리한 통치자)'라는 칭호를 사용하고, 경제적으로나 정치적으로 모두 성공적이었던 왕조를 설립했다. 이 왕조는 1454년까지 200년 넘게 유지되었다. 자비드와 타이즈가 그 중심 도시였던 라술 왕조의 권위는 지역 집단이나 가문, 부족들의 도움에 힘입은 것보다는 일차적으로 정당성이 확보된 군사 통치에 기반을 둔 것이었다. 1258년에 몽골족이 바그다드를 점령한 후에는 자기를 스스로 칼리파로 칭했던 라술 왕조의 지배자는 그들이 직접 통치하는 지역을 동쪽으로 확대해 자파르까지 장악했다. 하지만 북쪽 지방은 여전히 메카를 중심으로 한 샤리프의 지배 아래에 있었다.[99]

여기서 다루는 전 시기에 걸쳐 항구도시 아덴은 예멘의 권력자가 통치하는 교역 연결망에서 심장과 같이 중요한 부분이었다. 인도양과 홍해를 거쳐 근동 지방으로 가는, 그리고 거기서 다시 유럽으로 운송되는 조미료의 중심 집산지였던 아덴은 사회질서를 안정시키기 위해 필수적이던 경제적 안정이 이루어져 있었다.[100] 예멘에서 생산되었던 주요 수출품으로는 말과 농산품을 들 수 있다. 하지만 중단기적으로 보았을 때 라술 왕조는 그들이 13세기에 획득한 정치적·경제적 독립성을 유지할 수 없었다. 14세기가 되면 일련의 자이드파(다섯 이맘파) 이맘이 고지대에 권력을 수립하는 데 성공했다. 맘루크 술탄의 권력이 이 지역에까지는 미치지 않았기 때문이다. 그들은 1324년에는 일시적으로 사나까지 차지하기도 했다. 라술 왕조의 군주는 1327년에 메카로 순례하러 가는 길에 맘루크에 사로잡혔다. 그의 후계자인 안나시르 아흐마드an-Nasir Ahmad(통치기 1401~1424)가 다시 한번 국가를 안정시키는 데 성공했지만, 그가 죽은 뒤에 제국은 산산이 분열되었다. 이러한 쇠망에는 여러 가지 원인이 있지만, 심각한 흑사병이 결정적이었다. 흑사병 때문에 상인들은 한 세대 동안 아덴을 거치지 않고 직접 제다로 가는 무역로를 택했던 것이다.[101]

새로 발견된 아덴의 항구 행정 관련 문서를 근거로 해서 라술 왕조와 인도인들의 관계를, 그리고 인도의 해안 지방이 점차 이슬람화되어 간 맥락을 재구성할 수 있다.[102] 사료에 따르면 이 항구의 행정기관은 수입되고 수출되는 물품들에 대한 과세뿐 아니라, 항구에서 상인들을 맞이하고 그들의 신분에 적합한 숙소를 제공하는 책임도 맡았던 것 같다. 예멘과 인도의 해안 사이에는 항로와 무역로가 존재했는데, 이러한 연결망은 1세기까지 거슬러 올라갈 수 있다. 선박들은 봄이 시작할 무렵 인도, 말라바르, 코로만델을 떠나 아라비아반도 남쪽의 항구도시들, 특히 아덴, 아시시르, 자파르에 도착했다. 그리고 7월에서 8월 사이에 인도로 돌아갔다. 이러한 선박 운행은 노예무역을 위한 물품을 선적하는 데 사용되었으며 상인과 순례자, 학자들도 이 노선을 즐겨 이용했다. 이러한 운항이 누적되면서 정기적인 연간 운행 노선이 개발되었는데, 그들이 예멘 항구에서 정박하는 시간은 '인도 시즌'으로 불리기도 했다. 라술 왕조가 지배하던 시기에 아덴의 항구 행정 당국은 가장 대표적인 무역 상인들에게 술탄의 이름으로 고급 천이나 말과 같은 선물을 나누어 주기도 했다. 그리고 항구 행정 당국은 이들 상선을 통해 인도에 있는 무슬림 고위 성직자들에게 기부금을 보내기도 했다.

1290년대 초에 보내진 것으로, 아마도 도시 행정을 맡았던 아덴의 통치자가 작성했을 것으로 추정되는 기부금 목록이 현재까지 보관되어 있다.[103] 이 목록은 여섯 개의 인도 해안 지역으로 구분되어 있으며, 거기에는 기부의 횟수, 기부금이 전달될 대상자 명단, 그들의 거주지 등이 상세하게 기재되어 있다. 이 목록은 놀라울 정도로 매우 체계적이다. 일반적으로 한 지역에 보내진 기부금에서는 어느 누구도 다른 사람보다 특별한 대우를 받지는 않았다. 모든 설교자와 카디는 같은 수량의 선물을 받았다. 다만 고가의 가운을 추가로 선물받았던 타나Tana의 설교자와 카디들만은 예외였다. 이러한 사실은 그들이 특별한 지위를 지니고 있었다는 것을 암시해 준다. 수스[16]산 옷감과 터번은 말라바르를 제외한 모든 지역에 보내졌다. 그 외에도 북부(구자라트)에서 온 이슬람 고위 성직자들에게는 140킬로그램의 꼭두서니[17]가 보내졌다는 것이 주목할 만하다. 이 사실은 아마도 현지의 섬유산업에 이것이 특별하게 필요했다는 것과 분명 관련이 있다. 이와 대조적으로 금은 인도의 중부와 남부에 있는 네 지역에 보내졌다. 금이나 꼭두서니가 인도의 국내시장에서 고수익을 보장해 주는 물품이었으므로, 그것들의 판매 수익은 종교 지도자들에게

16 고대에는 하드루멘툼이라는 이름으로 번영했으며, 오늘날에는 튀니지 제3의 도시다.

17 붉은색을 내는 천연염료로 사용되는 풀이다.

매년 중요한 수입이 되었을 것이 분명하다. 그런데 아덴 항구의 행정 당국은 이러한 기부 물품의 지급을 매우 엄격하게 다룬 것으로 보인다. 이 문서가 예외적인 것이 아니라 통상적인 관례를 보여 준다는 사실은 라술 왕조의 관리들이 이를 자주 사용했다는 사실에서 밝혀질 수 있다. 이 문서들이 편집되고 계속 갱신되었다는 것이 입증되기 때문이다. 100년이 지난 후에도 이러한 관례는 하나도 변하지 않았으며, 기부 물품의 발송은 아덴 행정 당국의 손에 놓여 있었다.

인도의 이슬람 공동체를 살펴보면, 이들 가운데 특정 교파의 구성원이나 공동체, 특히 남예멘이나 티하마Tihama 지역에 살던 수니파 다수가 속해 있었던 샤피이 학파가 라술 왕조가 기증한 물품의 수혜자였던 것으로 보인다. 이 사실은 무슬림 다수가 샤피이 학파에 속해 있던 남인도가 기부 물품의 수혜 대상자로 우선시되었음을 암시하는 것 같다. 그러나 구자라트의 수니파 무슬림 다수가 12세기와 13세기의 이란이나 중앙아시아에서 오는 영향 때문에 주로 하나피파에 속해 있었다는 사실은 이러한 가정과 충돌한다. 그렇게 보면 어느 분파에 속했느냐 하는 것이 라술 왕조 술탄의 후원을 받는 결정적 요인은 아니었던 것으로 파악할 수 있다.[104]

인도에 망명해 있던 예멘의 많은 이슬람 학자에 대한 물질적 지원이나 이미 그곳에 있던 유사한 조직들의 확대를 위한 지원도 라술 왕조의 술탄이 기부 물품을 지원했던 또 다른 배경으로 생각할 수 있다. 예멘의 전기 작가 알자나디al-Janadi(1331년 사망)는 생활비를 벌고 자신의 학문을 심화하기 위해 인도에 망명했던 몇몇 법학자에 관해 언급한다. 이들 이슬람 학자에게 인도는 약속의 땅으로 보일 수 있었다. 인도의 특정 지역은 이미 무슬림의 지식 전달 체계에 속한 부분으로 여겨져 왔기 때문이다. 또한 적어도 그들은 델리 궁정에서 활동하던 이븐 바투타가 걸어간 길을 따를 가능성을 가지고 있었다. 하지만 알자나디의 기록은 법학자들이 인도의 어느 지역에 정착했는지는 알려주지 못할 뿐 아니라, 그들의 인도 망명을 '신을 기쁘게 하는 일'로 간주하지도 않았다. 그에게 인도는 '불신자의 땅'이었기 때문이다.[105] 케랄라의 무슬림 역사학자인 자이누딘 마크둠 2세Zainuddin Makhdoom II에 따르면 예멘인들은 남인도에서 무슬림 공동체가 성장하는 데 결정적으로 기여했다. 처음에 이슬람을 받아들인 존경받는 지도자들 덕분에 고무되었던 이슬람으로의 개종은 이제 토착 공동체 측에서 독자적으로 이루어졌으며, 예멘에서 온 종교 지도자들을 통해 전수되기도 했다. 그런데도 라술 왕조 시대에 관한 기존 사료들은 예멘 출신 학자들이 사실상 인도의 이슬람화에 본질적으로 기여했다는 사실을 입증해 주지 못한다. 게다가 이 시대에 망명은 아직 개인적 사안이었을 뿐이지, 집단적으로 일어난 것이었다고 볼 수 없다.

그러므로 당시의 집단 망명이 정치적 의도에서 발생했다거나, 특정 사회 집단이 인도 망명을 희망했다는 사실을 입증할 뚜렷한 근거는 없다. 알자나디에 따르면 유일하게 입증할 수 있는 사건은 타나의 한 마을 주민들이 서신을 통해 라술 왕조 지배자에게 무슬림 판사를 임명해 줄 것을 요청하자, 라술 왕조 술탄인 알무자파르 유수프al-Muzaffar Yusuf(1295년 사망)가 이 문제에 직접 개입했던 일이었다. 캘커타의 사례가 입증될 수 있는 것처럼, 아마 인도 서부 해안의 다른 마을들에서도 이와 비슷한 일이 발생했을 것 같다. 이미 현지에 잘 정착하고 그 지역에서 존경받는 이슬람 설교자들이나 판사의 이름으로도 매년 라술 왕조에서 오는 기증 물품을 보내 달라는 요청이 있었다. 이러한 과정은 『지식의 빛*Nūr al-ma'ārif*』에 언급된 인도 마을에도 마찬가지로 해당했다. 『지식의 빛』에 따르면 라술 왕조 궁정으로부터 오는 기증품은 오직 인도의 지역 무슬림 공동체의 희망에 따라 전달되었으며, 이것은 이들에게 근본적인 물질적 토대를 제공해 주었다. 후원을 받은 대가로 라술 왕조 술탄을 금요 기도회 시간에 과거의 칼리파나 이맘들과 함께 후원자나 대군주로 칭송되었는데, 이는 이들이 나름의 주권을 가지고 있었음을 보여 주는 한 상징으로 볼 수 있다. 이러한 관점에서 볼 때 보호 관계는 일차적으로 정치적 동기가 있었던 것으로 보인다.[106]

그러나 현재의 사료 상황에 따르면 그 어떠한 것도 알무자파르 유수프의 통치기 이전에 예멘 술탄과 인도 무슬림 사이에 긴밀한 관계가 있었다는 것을 입증해 주지 않는다. 이 시대에 관해서는 단지 개별적으로 흩어져 있는 몇 가지 시사점이나 불충분한 정보들이 있을 뿐이다. 인도 북부 지방에 관한 한 그들이 가즈나 왕조가 통치하던 시대 이래로 델리 술탄의 이름으로 기도했다는 사실이 전해진다. 다양한 힌두 왕국의 지배 아래에 있던 나머지 인도 지역에 관해서는, 13세기 초에 설교자al-Qass들의 주요 정착지(구자라트, 캄베이, 솜나트, 바드레스바르Bhadresvar)에서 설교가 아바스 왕조 칼리파의 이름으로 행해졌다는 것이 사료로 입증된다. 이븐 바투타 덕분에 우리는 콜람의 남쪽 항구에 있던 작은 공동체에서는 14세기에도 여전히 아바스 왕조의 칼리파에게 경의를 표했다는 사실을 알고 있다. 이러한 현상은 아마도 그 밖의 많은 남인도 지방에서, 그리고 구자라트나 이보다 훨씬 멀리 떨어진 중국에서도 일상이었을 것으로 추정된다. 바그다드의 마지막 칼리파가 직접 임명했던 라술 왕조의 술탄 알무자파르 유수프는 칼리파가 죽은 후에도 그의 이름으로 기도를 올렸다. 이러한 결속감은 라술 왕조의 후계자들도 존중해 맘루크에 맞서 그들 자신을 정당화하고 라술 술탄국의 독립성을 주장하는 결정적인 논거로 작용했다. 나아가 이미 사망한 칼리파 알무스타심Al-Musta'sim에 대한 존경심이 캘커타의 금요 기도회에서 계속 표현되었다는 사실도 입증될 수 있다. 그러므로 우리는 라술 왕조의 궁정이 자신들의 정당성을 입증하기 위해 이러한 아바스 왕조 칼리파와의 직접적인 연결을 이용했다고 추정할 수 있다.[107]

인도에서 이러한 보호 관계가 확대된 배경이 무엇인지는 분명하지 않다. 아마도 라술 왕조의 기부 물품을 얻기 위해 무슬림 공동체는 1260년대 초에 단계적으로 형성되었던 것 같다. 이 과정은 13세기 말에 이르면 잘 정착된 것으로 보인다. 물론 캘커타의 한 상인이 보낸 편지를 제외하면,[108] 이와 관련된 전체 과정이 1차 사료에 언급되어 있는 것은 아니다. 아덴 항구에서 오는 기부 물품도, 술탄 알무자파르 유수프의 역할도 언급되어 있지 않다. 그런데도 100년 후에, 즉 라술 왕조로서는 어려웠던 시기에 라술 왕조 술탄의 후계자인 알아프달 알아바스al-Afdal al-'Abbas(재위 1363~1377)는 자기 선조들을 예찬하면서, 알무자파르 유수프가 중국과 호르무즈 지역에 금요 기도 성전을 건축하게 했으며, 그곳에서는 알무자파르 유수프에게 감사의 기도를 올린다고 주장했다. 그러나 이는 어떠한 사료로도 입증되지 않는 왕조 신화이며, 알무자파르 유수프의 동시대인 중 그 누구도 이와 같은 증언을 입증해 주지 않았다.

하지만 알자나디의 저작에서는 술탄이 중국의 통치자, 아마도 몽골의 통치자 쿠빌라이 칸(재위 1260~1294)에게 간섭했다는 보고서가 발견된다. 당시의 관건은 무슬림에게 내려진 할례 금지 조치였지만, 이는 알무자파르 유수프가 쿠빌라이 칸에게 한 장의 편지와 고가의 선물을 보낸 후에 재개되었다.

라술 왕조의 자체적인 서술에서는 자기들을 스스로 이슬람의 보호자로 묘사하는 것이 정치적인 주권을 주장하는 것보다 중요했던 것으로 보인다. 라술 왕조가 13세기 후반부에 종교를 통해 자기들이 주장하는 바의 정당성을 확보하고자 했던 전략은 자기들의 왕권에 대한 경쟁 세력이었던 이집트나 시리아의 맘루크들과의 관련성 아래에서 조명되어야 한다. 이러한 경쟁의식은 맘루크의 술탄 바이바르스Baibars가 1269년에 성지로 순례를 가는 길에서 알무자파르 유수프에게 보낸 서신을 통해서도 입증될 수 있다. 거기에는 한 통치자는 성전을 수행할 의무가 있으며, 그렇기 때문에 알무자파르 유수프가 지배권을 주장하려면 먼저 타타르를 공격해야 한다는 바이바르스의 주장이 들어 있다. 바이바르스는 특히 1240년대에 메카의 지배권을 상실했기 때문에, 의심할 여지없이 예멘에 대한 주권을 주장하고 이를 획득하는 것이 필수적이라고 느꼈다. 라술 왕조가 끊임없이 아바스 왕조를 언급하고, 인도에서 보호 관계를 구축한 것은 바로 자신의 정당성에 도전해 오는 맘루크들에게 맞서기 위한 직접적 대응이었던 것 같다.[109]

그런데 인도에 있던 무슬림 공동체들은 라술 왕조와 죽은 아바스 왕조 칼리파를 자발적으로 경외했던 것일까? 라술 왕조의 기증품이 지급된 지역을 지리적으로 분석해 보면 정확하게 힌드 지역Bilad al-Hind의 전체 서부 해안 지역이 델리의 술탄에게 장악되기 전에 거대한 '힌두' 제국에 속했던 지역과 일치한다. 그런데 13세기 후반부가 지나면서 이 힌두 왕조들이 서로 적대적으로 마주하게 되었다. 이런 현상은 특히 판디아나 호이살라, 야다바처럼 중부나 남부에 있던 대제국들에 해당한다. 그렇기 때문에 이 제국들은 각각 기병들을 위한 많은 수의 말이 필요했고, 말의 수입에서 무슬림 상인들이 중요한 역할을 담당했다. 힌두교 영주들도 그들의 경제적 이익을 지키기 위해 예멘 정부와 접촉하려고 경쟁했다. 그 밖에도 라술 왕조가 지역의 고위 무슬림들에게 보냈던 기부품은 흔히 상인이거나 선주였던 무슬림 공동체의 주요 인사들과 좋은 관계를 형성하게 하는 부수적인 효과가 있었다. 결과적으로 예멘인들은 이 지역을 상대로 하는 무역에서 특별한 혜택을 받는 지위를 확보할 수 있었다.[110]

14세기 말에도 계속해서 라술 왕조의 알말리크 알아슈라프al-Malik al-Ashraf를 칭송했던 것은 이전보다 4분의 3 정도로 줄어든 단 열한 개 공동체에 지나지 않았다. 이렇게 된 이유는 14세기의 전 기간에 델리의 술탄뿐 아니라 호르무즈의 통치자와도 경쟁하게 되었기 때문이다. 1300년에 알라 웃딘 할지'Alā' ud-Dīn Khaljī의 공격을 받았던 구자라트는 점차적으로 튀르크 출신의 엘리트들이 장악했다. 그런 측면에서 무함마드 이븐 투글루크의 섭정은 여기서 하나의 역사적인 전환점을 의미했다. 구자라트의 대도시들에 대규모 이슬람 사원들이 건축되면서 이제 존경의 대상이 된 것은 델리 술탄이었다. 그들은 군사원정을 통해 남쪽으로 진격해서 판디아 왕국까지 장악했다. 예멘의 전기 작가 이븐 압달마지드Ibn 'Abd al-Majid는 1313년에 인도아대륙을 튀르크 출신 지배자에게 넘어가게 했던 말리크 카푸르Malik Kafur의 원정도 중요한 시점이라고 언급했다. 구자라트와 콘칸Konkan에 대한 라술 왕조의 후원이 종식되었던 것이 아마 이 무렵이었다.

그런데 카탈루냐인으로 1316년에 인도에서 아비시니아 해안으로 여행했던 도미니코회 수도사인 귈렐무스 아다이Guillelmus Adae가 남긴 증언 기록을 제외하면 이러한 단절을 입증해 주는 흔적은 많지 않다. 아다이의 보고에 따르면 북인도에서 가장 중요한 항구들(캄베이, 타나)은 예멘 술탄국을 그들의 적으로 간주했다. 아다이 사신도 페르시아만에 있는 도시국가들(키이스Qays와 호르무즈)을 라술 왕조의 경쟁 국가로 보았다. 호르무즈의 영주들이 카이스를 제압했던 1330년대 이래로 그들은 자신들의 야망을 키워 왔다. 하지만 그들이 이러한 야망을 어떻게 인도 해안에서 상업적 차원으로 실현했는지는 알려진 바가 없다. 그들은 항구도시 구자라트와 콘칸에서는 인도의 새로운 지배자와 상대해야 했다. 14세기 내내 규모가 작고 다양한 타밀 왕조들이 장악하고 있었던 말라바르 지역에서는 라술 왕조와 호르무즈 제후들 사이의 경쟁 관계가 가장 심각했던 것으로 보인다.

14세기의 대부분 기간에 캘커타에서는 금요 기도회 도중에 호르무즈의 통치자가 언급되었다. 캘커타는 1340년에 처음으로 이븐 바투타가 중요한 항구도시로 언급했는데, 이 도시와 페르시아만의 주요 도시들은 점점 밀접한 관계로 발전해 갔다. 이러한 밀접한 관계는 호르무즈의 제후들이 카이스와 맞서 싸울 때, 카자루니Kazaruni 수피 공동체(사실은 수피들 사이에 존재했던 일종의 관계망)의 재정적 지원을 받으면서 한층 강조되었다. 이 수피 공동체는 훗날 캘커타에 정착해 호르무즈의 제후들에게 결정적인 영향력을 행사하게 되는데, 캘커타와 카디의 상인들이 라술 왕조 술탄 측으로 동맹 관계를 바꾸기 전인 14세기 말까지 이 영향력은 계속 강화되었다.[111]

이 시기(1393~1398)의 정치적 맥락은 의미심장하다. 티무르의 공격에 직면해 호르무즈의 제후들은 뒤로 물러났으며, 델리 술탄의 권력은 극도로 약해졌다. 이렇게 상황이 정치적으로 불안정해지자 티무르의 공격으로 피해를 입지 않았던 라술 왕조는 인도의 무슬림 상인들에게 안전한 파트너가 될 수 있었다. 그런데도 우리는 지금까지 전해지는 캘커타 상인의 서신을 글자 그대로 받아들여서는 안 된다. 라술 왕조의 술탄은 그저 당시의 경기가 좋았기 때문에 그와 같은 막강한 오라aura를 가질 수 있었던 것이다. 15세기 초가 되자 예멘의 통치자는 심각한 궁지에 몰리게 된다. 제국 곳곳에서 부족들의 반란이 증가하면서 그의 권력은 심각하게 위축되었다. 특히 1420년에 라술 왕조의 관리들이 아덴의 무역 업무에 개입했을 때, 그들은 상인과 선주들의 불신과 미움을 받게 되었다. 따라서 1422년에는 캘커타의 관리자가 남인도의 항구들과 흑해 항구들 사이에서 발생하는 모든 무역 관련 업무에 대해 직접 책임을 지고 조정하는 방식이 대두했다. 이제 선박들은 아덴 항구를 피해 갔으며, 라술 왕조의 군주는 그들에 대한 통제권을 잃게 되었다. 이러한 발전은 계속 강화되었으며, 1420년대가 끝날 무렵에 라술 왕조의 통치자는 캘커타나 인도의 다른 그 어떤 항구와도 더는 무역 교역망으로 이어지지 못한 채 그 권세가 현저하게 약화되었던 것 같다.

연대기는 라술 왕조의 후원이 종식된 것에 관해 명백한 정보를 주지 않지만, 라술 왕조의 후원이 15세기의 첫 10년 이후로 끝났던 것은 분명해 보인다. 분명 그것은 아바스 왕조의 칼리파가 몰락한 1258년보다 더 오래 지속되었으며, 변화된 지정학적인 구도 안에 적응하려는 시도가 있었다. 델리의 술탄이 엄청나게 넓은 지역을 장악했는데도 남인도 지방에서 라술 왕조가 보여 주던 존재감은 아직 완전히 사라지지 않았다. 그것은 의심할 여지없이 그들이 보유했던, 특히 말 수입과 관련된 교역 연결망이 가진 결정적 힘 때문이다. 전체적으로 보아 아덴 항구가 중간 거래를 위한 중간 기착지 또는 접촉 지점으로서 중요성을 잃지 않는 한 라술 왕조의 영향력은 계속 유지되었다고 결론지을 수 있을 것 같다. 그러나 아덴 항구는 15세기의 첫 10년 동안 이러한 특성을 상실했다. 라술 왕조가 바그다드의 옛 칼리파에게 호소하는 한, 그들은 '이슬람의 영역dar al-islam'과 '불신자들의 영역dar al-kafur'을 구별했던 과거의 정치적 전략에 매이는 것이었다. 이러한 구조를 토대로 인도에 있던 무슬림 공동체 엘리트들은 자기들이 보기에 그들의 동질성을 뚜렷하게 드러낼 수 있는 이들의 힘을 계속 이용하려고 했다. 금요 기도회에서 이런저런 통치자들의 이름을 언급하며 그들에게 존경을 표한 것은 자신들의 주권을 천명하는 데 그치지 않고, 무엇보다 그들이 어떤 정치적·종교적 정체성을 지향하는지를 보여 주는 구조적 요인을 표현한 것이었다. 라술 왕조의 후원금에 대한 상환 청구 및 그 종식은 이런 의미에서 이해될 수 있다.[112]

13세기에서 14세기까지 예멘 술탄국은 인도의 해안 지방에 자리 잡은 무슬림 공동체가 어떤 정체성을 지향해야 할 것인지에 대해 중대한 변화를 가져올 조치를 취했다. 아바스 왕조 칼리파의 지위가 추락한 이 세기는 수니파의 등장으로, 특히 인도양 주변 지역에 정착한 수니파의 강화로 특징지어진다. 예멘과 오만의 산악 지방에서 소수 세력으로 고립되어 있었던 이스마일파나 이바드파 모두 13세기에는 북인도나 동아프리카에서 아직 별다른 영향력을 행사할 수 없었다. 그러나 한 세기가 지난 후 이븐 바투타는 인도양 지역 전체를 균일한 수니파 세계로 묘사했다. 긴 안목에서 볼 때 인도아대륙에서 14세기에 진행된 의미심장한 정치적 변화는 라술 왕조에 도움이 되지 않았다. 계속적으로 독립을 이루고 자리 잡은 지역의 술탄국들은 이슬람의 수호자라는 이미지를 내세움으로써 자기들의 정당성을 강화하려고 했다. 이러한 과정은 1334년에 옛 판디아 왕국에 속하던 마두라이 제후국에서 시작했고, 1336년에는 벵골이 뒤따랐다. 앞서 언급했던 캘커타 상인의 편지에서 필자는 벵골, 호르무즈, 알사무트라al-Samutra 지역의 금요 기도회에서 어떤 그룹들이 지역 술탄의 이름을 칭송하는지 기록했다. 이슬람의 2차 팽창기에 등장한 이 신생 왕국들 사이의 경쟁은 치열하게 펼쳐졌다. 그리고 이런 상황은 13세기에서 14세기로 가는 전환기에 인도에서뿐 아니라 이슬람의 심장이자 성지인 메카와 메디나에서도 뚜렷하게 드러났다. 벵골이 이러한 발전의 중심에 서 있었는데, 1410년에 벵골의 통치자는 메카에 당시로서는 가장 크고 웅대한 이슬람 사원을 건축하도록 지시했다. 인도의 다른 무슬림 군주들도 뒤이어 성지 메카에 독자적인 기념비적 건물을 세우게 했다. 이 무렵이 되면 한때 인도인들에게 그들은 갖지 못한 바그다드 칼리파를 대체하는 존재였던 라술 왕조의 술탄이 대체 불가능한 구심점으로 더는 나설 수 없게 된 것이 분명하다. 이슬람의 '구세계'와 '신세계'를 연결했던 그의 역사적 역할은 이 시점에 막을 내린 것이다.[113]

3 16세기에서 18세기까지의 인도양

15세기 말까지 동아프리카 해안, 인도양, 근동 사이에는 대개 무슬림이 중심이 된 수많은 무역 중심지의 관계망이 형성되었다. 이 관계망은 정기적인 경제적 교류를 가능하게 하는 데 그치지 않고 신기술과 다양한 사상, 그리고 수많은 집단의 상호 교환도 가능하게 했다. 유럽은 지중해를 거치거나 동유럽 혹은 남동유럽을 거치는 경로를 통해 이 상호 관계의 관계망 주변에 접촉하거나 혜택을 입었다. 그러다가 16세기 초에 중요한 여러 가지 발전과 사건들이 동시에 일어났다. 아메리카 대륙의 발견, 아프리카를 우회하는 항로의 발견, 사파비, 오스만, 무굴이라는 세 이슬람 왕조의 대두뿐 아니라 신흥 무역회사의 등장, 화폐 사용이나 농업의 상업화 같은 경제활동의 등장이 그것들이다. 당연히 이 모든 변화가 과거와 급격하게 단절하지는 않았지만, 사람들은 급격한 변화의 속도를, 그리고 이런 변화가 신속히 공고화되고 있다는 사실을 깨달을 수 있었다. 19세기에 유럽의 '약진'을 보여 주는 듯한 뚜렷한 표식은 아직 없었지만, 세계는 분명히 변하고 있었다. 3장에서는 이 시기에 인도양 내부의 지역에서, 그리고 인도양을 둘러싼 주변 지역에서 움직였던 주요 정치 세력들을 살펴보고자 한다. 무굴 제국, 인도의 비무슬림 통치 연합, 오스만 제국, 사파비 제국, 유럽 열강들.

무굴 제국의 관점

중세 남아시아의 경제사를 서술하려면 관련된 통계자료가 없기 때문에 하는 수 없이 16세기와 17세기의 해양 교역의 상업적 구조와 인도 상인들이 수행한 역할에 초점을 맞출 수밖에 없다.[114] 그런데도 유럽 회사들, 그리고 유럽과의 상품 교환이 인도양 교역을 점차적으로 지배하게 되었던 18세기에는 남아시아 경제가 의미심장한 변화를 겪었다. 하나의 중요한 상수는 한편으로는 바다 쪽을 향해 진행되었던 교역과 다른 한편으로는 육로로 진행된 교역 사이에 100년이 넘게 존재해 온 차이였는데, 여기서 전자는 무슬림들이, 후자는 '힌두교도들'이 지배했다.[115] 인도양에서 교역을 전개한 유럽인들은 전반적으로 이러한 전통적인 무역구조에 적응했으며, 이를 통해 인도양의 전통 무역구조는 풍성해지고 강화되었다. 제대로 된 격변은 영국이 이 지역에 침투해 들어오면서 비로소 이루어졌다.

15세기 말에 인도의 무역 선단은 대부분 구자라트 출신 무슬림 상인들이 보유하고 있었다. 이들 선단은 주로 인도양에서 활동했으며, 캄베이와 믈라카 사이의 항로를 지배하고 있었다. 아랍 상인들이 아라비아해를 장악하고 있던 동안에, 인도 상인들은 정기적으로 홍해와 페르시아만으로 진출하기도 했다. 동쪽에서 중국과 말레이 제도 사이는 중국인이 지배했으며, 인도네시아는 말레이인과 일본인의 선박들이 주로 방문했다. 믈라카가 인도, 중국, 자와의 상인들을 위한 집산항으로 대두하게 된 것은 15세기 인도양의 역사에서 가장 중요한 발전인 것으로 드러났다. 인도 상인과 중국 상인들은 거기서 무엇보다 인도네시아산 향료에 관심이 있었으며 서로 물건을 교환하기도 했는데, 여기서 인도 상인들은 중국의 비단과 도자기를 수입했던 반면에 중국 상인들은 많은 양의 후추를 매입했다. 이 후추 가운데 일부는 분명 말라바르에서 온 것이었다. 그 밖에도 중국인들은 인도산 아편이나 백단, 향에도 관심이 있었다. 그러나 믈라카에서 인도인과 중국인 사이의 교역은 그렇게 큰 의미를 갖는 것이 아니었다. 당시에 중국 명나라의 황제는 대외무역을 제한하고 그들의 제국 영토(중국the 'Middle Kingdom')를 바다로부터 방어하는 데 관심이 컸기 때문이다. 인도인 항해사들은 감히 중국해에 진입하려고 하지 않았다. 그들의 선박은 충분한 안정성을 갖지 못했으며, 중국해에서 빈번하게 출몰하는 해적들과 싸울 장비도 제대로 갖추지 못했다. 게다가 중국 내에서 인도산 물품에 대한 수요도 적었다. 반면에 동남아시아에서는 다양한 품질을 가진 인도산 천이 매우 인기가 좋아, 수마트라와 직접적인 교역 관계가 있었다. 15세기 후반에 말루쿠의 주민들은 향신료 생산을 특성화하기 시작했으며, 인도산 천과 자와산 곡물에 대한 의존도는 이미 매우 큰 상태였다. 이러한 교역은 거의 독점적으로 자와 상인들이 주도했으며, 이들은 향신료도 믈라카로 실어 갔다. 15세기 말 무렵에는 인도인 무역상들이 믈라카에 빈번히 등장하면서 인도양에서 그들이 자와와 수마트라에 이르는 무역 네트워크를 보유하고 있다는 사실을 뚜렷하게 과시했다.[116]

인도인들에게는 서부로 가는 두 개의 주요 교역로가 있었다. 하나는 홍해를 거쳐 카이로와 알렉산드리아로 가는 길이고, 다른 하나는 페르시아만을 거쳐 바스라(알바스라)와 바그다드로 가는 길이었다. 홍해와 인도 서해안 사이의 화물 운송은 이미 언급했듯이 카리미 상인들이 장악하고 있었다. 그러나 인도의 선박들도 정기적으로 아라비아 남부의 항구들을 오갔다. 페르시아만에서는 호르무즈와 무스카트가 인도 선박들의 목적지였다. 구자라트 출신 상인들은 페르시아의 도시들과 홍해에 있던 아라비아의 항구에 정착했다. 하지만 페르시아의 국내 정세가 불안정했기 때문에 페르시아의 국내 교역에 인도 상인들이 진출하는 상황은 면할 수 있었다. 사료에 따르면 무역 상품의 환적지로서 호르무즈가 차지했던 위상은 인도양에서 믈라카가 차지하던 지위와 비교할 수 있었다. 인도 선박이 그 지역의 교역에서 차지하던 비중은 물론 그리 크지 않았다.[117] 15세기에는 아프리카 동부 해안에도 구자라트 출신 상인들이 정기적으로 다녀갔다. 아마 이들은 홍해를 향해 가는 길에 여기를 거쳐 간 것으로 추정되며, 이곳에서 아프리카의 금과 상아를 인도산 직물들과 교환했다.[118]

포르투갈인들이 이곳에 도착하기 전에는 아랍 상인과 남아시아 상인들이 대개 서로 손을 맞잡고 협력하는 관계였다. 인도 상인들은 어느 정도 자유롭게 아랍 국가들에 정착할 수 있었으며, 인도 서해안 지방에서는 아랍 상인들이 환영받았다. 당시 인도에서 가장 중요한 항구였던 캄베이에는 거대한 규모의 아랍 상인과 페르시아 상인들의 거주지가 있는 것으로 널리 알려졌다. 아랍 상인과 페르시아 상인들이 지역에 거주지를 형성하기 시작한 것은 10세기 초까지 거슬러 올라간다. 15세기 말 무렵에 캄베이의 번영이 점차 퇴색하자, 홍해와의 무역에서 중요한 역할을 수행하던 수라트와 디우 사이에 경쟁이 시작되었다.[119]

남아시아 상인들의 주력 수출품은 특히 인도네시아와 홍해 지역에서 주로 빈곤층에 판매할 저급한 직물이었다. 이 지역에서는 고급 직물을 위한 시장을 찾기 어려웠다. 그곳에서는 인도의 코로만델 해안에서 직물을 들여온 네덜란드 동인도회사가 구자라트의 방직공이나 저가 직물을 취급하는 상인들과 경쟁할 만한 위협적인 상대가 되지 못했기 때문이다. 심지어 17세기와 18세기에조차 고가품의 교역은 전체 교역량의 극히 일부에 지나지 않았다. 인도는 특히 믈라카, 호르무즈, 아덴에서 수요가 많던 쌀, 콩류, 밀, 기름을 수출했다. 그리고 어차피 수익성이 그리 크지 않았던 인도양 교역에서는 코코넛이나 강황, 생강 같은 것도 거래되었다. 그러나 인도는 소비자들에게 절실히 필요한 비교적 저가의 상품을 대량으로 수출했다. 그 밖에도 벵골 출신 상인들은 설탕과 생사를, 구자라트 출신 상인들은 원면을, 말라바르인들은 후추를 거래했다. 인디고는 벵골과 구자라트에 있었던 항구 외에 인도 동남부의 코로만델 해안에서도 수출되었다. 하지만 인도가 향신료 무역에서 주요 선적지로서 차지했던 중요한 비중을 상실하고 17세기에 면직물 무역이 점점 강세를 보이게 되자, 인도의 경제구조는 극적으로 변화했다.[120]

인도의 해양 운송은 16세기와 17세기에 유럽인들의 진출이 미친 영향에도 불구하고 자신들의 입지를 지킬 수 있었는데, 이는 무엇보다도 유럽 선박들의 화물 선적료가 인도 업체들보다 경우에 따라서는 두 배나 되었기 때문이다. 게다가 인도의 무역은 전통적인 사회관계에 의존하고 있었다. 상인들은 혹시 발생할지 모르는 혼란을 피하기 위해 대부분 자신들의 공동체 안에 있는 선박들을 이용했다. 여러 척의 선박에 교역 상품을 나누어 선적하는 것도 상인들이 교역에서 짊어져야 할 위험부담을 줄여 주었다. 이러한 인도의 제도는 유럽인들의 것보다 훨씬 순탄하게 작동했다. 인도의 경우 운송 분야에 대한 투자는 드물었다. 선박이 대부분 개인 소유였고 비쌌으므로 투자에 대한 위험부담이 컸기 때문이다.

인도의 선박 운항 대부분은 무슬림들이 좌우했다. '힌두' 상인들은 자기 선박으로 물품을 운송하는 일이 드물었다. 부유한 인도 상인들은 화물을 실은 배를 타고 직접 다녔던 반면에, 그러지 못한 상인들은 대리인을 보내는 것을 선호했다. 주로 페르시아 출신이던 선장들은 독립적인 상인이었지만, 다른 상인들의 대리인이나 선주의 이름으로 활동하기도 했다. 인도 상인들은 대부분 한두 더미의 직물을 갖고 여러 항구를 다니며 판매했던 소규모 사업자들이었다. 그러나 소규모 상인의 수가 대단히 많았기 때문에 부유한 대상인들은 시장을 독점할 수 없었다. 오랫동안 계약서는 강제 의무가 없었다. 그래서 방직공이 상인에게서 선금으로 받은 물품 대금을 반납하기만 하면 자신의 직물을 최고가를 제안하는 상인 누구에게나 자유롭게 판매할 수 있었다. 매매계약이라는 개념은 1730년대에 이르러 영국 동인도회사의 영향하에 비로소 본격적으로 발전하기 시작했다.

인도의 해양 무역은 상인들 사이의 상호 협력과 균형을 유지하는 거래 시스템에 토대를 두고 있었다. 선주와 상인들은 특정 항구에 특정한 물품을 공급하도록 그들 사이에서 조정하는 중개인의 도움을 받아야 했다. 그리고 상품이 공급된 다음에는 상품의 판매나 공급에 대한 책임을 졌기 때문에 그들은 인도 상인이나 유럽 상인 모두에게 중요한 사람이었다. 이러한 관계망에서 환전상도 중개인과 마찬가지로 중요한 역할을 담당했다. 지역 차원에서 중개인의 존재는 사실상 불가피했으며, 이 책에서 다루는 시기가 끝나 갈 무렵에도 이러한 구조는 여전히 변하지 않았다. 인도의 무역 세계는 명문화되지 않은 사회적 코드로 움직였는데, 이것은 누구나 자신들이 능력을 가진 영역에서 직업 활동을 수행해 생활 수단을 얻을 수 있게 했다. 따라서 여기서는 예를 들어 중앙집권식 생산 같은 혁신이 일어날 여지가 없었다.

항구에 평화가 유지되고 정기적으로 세금이 납부되는 한 정부가 무역에 개입하는 경우는 드물었다. 무굴을 포함한 남아시아의 통치자들은 해양 무역에 별다른 관심을 보이지 않아, 정부는 이들 사업에 대한 관리를 지역 관료들에게 위임했다. 인도 상인들의 선박을 보호해 줄 전함 부대는 존재하지 않았다. 지역 관료들은 이렇게 규제되지 않는 상황을 자신들의 개인적 이익을 위해 이용하려고 했다. 그러나 에미르의 관습은 지나치게 장사에 개입하는 것을 금지했기 때문에 그런 기회는 드물게 발생했다. 고위 귀족들은 투자를 통해 '거리를 두고' 무역 사업에 참여할 따름이었다. 그러나 다른 남아시아 상인들과 달리 무슬림 상인들은 자신들이 소유한 부를 십분 활용해 정치 무대에서 지역의 세력가로 성장했다.

상인들이 해안 마을에서 장사하는 데 필요했던 화폐의 물량은 늘 문제였다. 상선의 입항과 출항에 따라 금리가 계절마다 변했기 때문이다. 가격이 자의적으로 정해졌기 때문에 거래 차익을 산출하기도 무척 어려웠다. 하지만 상인이나 생산자나 모두 이러한 불확실성과 함께 사는 법을 터득했다. 인도양의 시장들은 예측할 수 없었다. 순례자가 많을 것으로 예측되면 생산 과잉이 초래될 수 있었던 반면에, 오스만 제국이나 페르시아만의 정세가 불안하다는 소식이 전해지면 생산과 거래가 급속히 얼어붙을 수도 있었다.[121] 해양 무역을 위한 물품은 다양한 경로로 구매되었다. 물품을 구매하기 위해 매년 정기적으로 여행했던 부유한 상인들은 통상적으로 선금을 지급하는 방식을 사용했던 반면에, 그렇지 못한 상인들은 그때그때 자금이 되는 대로 구할 수 있는 물품을 구매했다. 하지만 경쟁의 압박이 극도로 고조되었던 때조차 인도 상인들은 사회적으로 용인되는 한계선을 지켰다. 사업은 늘 가족의 범위 안에서 조직되었으며, 외부의 거래 파트너와 맺는 협력은 기껏해야 단기적으로만 허용되었고, 그 경우에도 외부 파트너는 적어도 같은 사회집단 출신이어야 했다. 인도인들은 일반적으로 이러한 협력을 그리 좋아하지 않았다. 힌두교도와 무슬림 사이의 협력도 마찬가지였다.

16세기 인도의 해양 무역에 영향을 미친 것은 무엇보다 오스만 제국과 사파비 제국이라는 두 거대 세력이 거의 동시에 대두한 것이다. 당시에 구체적으로 어떤 변화가 일어났는지를 파악하기는 쉽지 않다. 대제국들을 통해 내륙의 교역망이 형성되고 안정화되었다는 사실은 중요한 의미를 지닌다. 16세기 말에 홍해는 인도, 특히 인도산 직물의 주요 시장이 되었다. 그리고 이러한 상황은 18세기에 중국과 해양 무역을 재개했을 때도 크게 달라지지 않았다. 다른 상인들은 자유로운 교역에 그렇게 크게 매이지 않았기 때문에 포르투갈인들이 지역의 무역에 진입하는 것에 무덤덤하게 반응했다. 반면에 구자라트 출신 무슬림 선주들은 포르투갈인들이 지역의 상권에 진입하는 것을 저지하려고 했다. 시간이 지나면서 포르투갈인들은 자기들이 점령했던 항구들을 구자라트에서 오는 선박들에도 다시 개방했고, 이를 통해 막대한 세금 수입을 올렸다. 그 밖에도 포르투갈인들은 포르투갈 장교들의 개인적 사업 행위 때문에 인도인들과의 협력에 의존했다. 이러한 비공식적인 상거래를 위해 자금을 제공한 것은 대부분 인도 상인들이었으며, 그 대가로 그들의 물품은 포르투갈의 깃발 아래에 면세 혜택을 받고 수송될 수 있었다. 18세기에 이르기까지 인도의 시장은 유럽인들이 지배하지 않았다. 유럽 회사들은 기껏해야 일시적으로 특정 상품에서만 유리한 지위를 차지했었을 뿐이다.

오만에서 야루바 왕조가 성장하면서 아라비아해에 해적들이 출몰했지만, 17세기의 남아시아에서 이루어진 해양 무역은 초기에는 이전의 흐름대로 계속되었다. 해적들은 특히 구자라트에서 오는 선박을 공격했다.[122] 영국 동인도회사와 네덜란드 동인도회사의 성장도 마찬가지로 인도의 해양 무역에 영향을 주었다. 그러나 우선 지역 무역에 관한 포르투갈의 규제가 무너지자 이전보다 자유로운 무역을 할 수 있게 되었다. 물론 이러한 상황은 포르투갈보다 훨씬 일관성 있게 행동했던 네덜란드 동인도회사가 다시 봉쇄했다. 17세기 중반에 네덜란드는 향신료 무역에서 효과적으로 독점적 지위를 확보해, 구자라트에서 오는 선박은 1618년 이후로 더는 수마트라에 입항할 수 없었다. 그 결과 그들이 직물을 거래할 수 있었던 시장은 이제 사실상 홍해와 페르시아만의 항구들밖에 안 남았다.

남아시아의 해양 무역이 쇠락하기 시작한 것은 무굴 제국이 붕괴하기 훨씬 전부터였다. 예를 들어 벵골의 선박 운항은 1670년대에 이미 그 절정기를 넘었으며, 그 이후에는 현저한 어려움을 겪었다. 이와 비슷한 현상은 18세기 초의 구자라트에서도 일어났다. 인도 상인들은 인도양의 시장들에 넘치도록

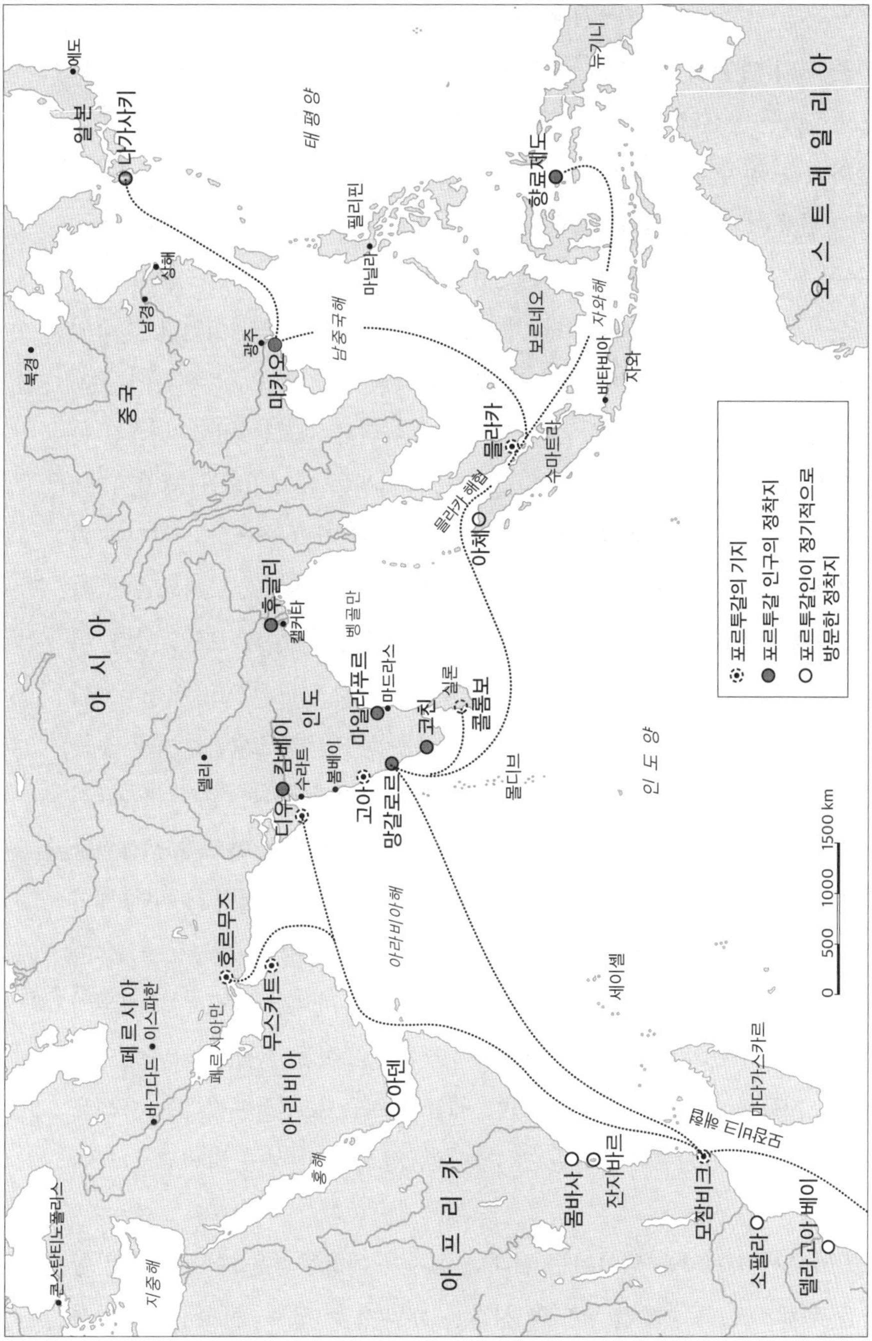
아 시 아
중국
북경
남경
상해
광주
마카오
일본
나가사키
에도
태 평 양
필리핀
마닐라
남중국해
보르네오
향료제도
뉴기니
자와해
바타비아
자와
수마트라
믈라카
믈라카 해협
아체
오 스 트 레 일 리 아
후글리
캘커타
벵골만
인도
마일라푸르
마드라스
코친
실론
콜롬보
몰디브
인 도 양
델리
캄베이
수라트
디우
봄베이
고아
망갈로르
아라비아해
호르무즈
무스카트
페르시아
바그다드
이스파한
페르시아만
아라비아
아덴
홍해
아 프 리 카
몸바사
잔지바르
모잠비크
모잠비크 해협
마다가스카르
세이셸
소팔라
델라고아 베이
콘스탄티노폴리스
지중해
포르투갈의 기지
포르투갈 인구의 정착지
포르투갈인이 정기적으로 방문한 정착지
0 500 1000 1500 km

인도양의 포르투갈인들.

상품을 공급했다. 1668년과 1710년의 사이에 구자라트 상인들은 전혀 수익성이 없는 사업 여행에 나서기도 했다. 무굴 제국의 수라트 항구가 몰락하고 그곳에 머물렀던 상선단이 점차 사라진 것은 인도양의 해양 무역에서 매우 중요한 변화였다. 얼마 후에 봄베이를 중심으로 해서 중국을 겨냥했던 영국인들의 무역 활동은 인도양의 교역 구조를 한층 더 심각하게 바꾸어 놓았다.[123]

무굴 제국 시대의 남아시아 경제는 18세기까지 상호 공존이, 그리고 부분적으로는 상업적 요소를 가진 자급자족경제의 혼합이 그 특징이었다.[124] 주민 대부분은 촌락에 거주하면서 스스로 생산한 물품을 가지고 상호 간에 존재하는 전통적인 의무 관계를 실천하며 살았다. 이러한 제도는 인도가 가진 특징이었다. 아시아의 다른 지역, 예를 들어 중국에서는 10세기와 11세기, 12세기를 거치면서 비공식적인 시장을 통해 이미 생활 영역의 상업화가 현실이 되었다. 그런데도 인도에서 상품은 복잡하고 다양한 방식으로 교역되었다. 자급자족경제에서 생산 부족과 과잉 생산은 상업 활동을 통해 보완되었다. 이러한 상업 활동의 핵심이 되는 특징은 물품이 비교적 일방적으로 거래되었다는 사실이다. 상품은 촌락에서 도시로 흘러들어 가면서 도시인들에게 충분한 식품, 생산을 위한 원재료, 완제품을 공급했다. 지역에서는 정기적으로 시장이 열렸지만, 지역의 상거래는 매우 복잡하게 이루어졌다. 인도의 공공건물 대부분은 장터로 둘러싸여 있어, 대도시에는 한 개의 중앙 시장과 여러 개의 작은 시장이 있었다. 이 시장들은 주민들에게 생활필수품을 제공했을 뿐 아니라, 다른 지역에서 오는 상인들이 그들의 상품을 판매할 장소로 제공되기도 했다. 도시 주변의 마을들은 행정적·기술적으로 이들 시장에 의지했으며, 거꾸로 도시들도 이들 촌락이 필요했다. 세금을 현금으로 징수했다는 사실은 주민들에게 상거래를 통해 필요한 만큼의 현금을 구해야 하는 압박감을 높여주었다.

몇몇 도시는 지역을 넘어서는 거래나 심지어 해상무역을 통해 수입된 상품들을 위해서도 특성화된 별도의 시장을 개발했다. 정부 측에서는 여기서 거래되는 상품에 세금 측면에서 특혜를 주면서까지 이를 부분적으로 장려하기도 했다. 수공업 제품을 생산하던 도시들은 정기적으로 자신들의 생산품을 다른 지역으로 수출하거나 스스로 교역 중심지가 되기도 했다. 이와 같은 상품의 거대한 집산지의 예로 후글리, 마실리파트남, 수라트를 들 수 있는데, 여기서는 특히 재판매를 위한 상품들이 구매되었다. 지역의 범위를 넘어서는 원거리 무역은 운송 비용 때문에 가격이 상승되기는 했지만, 사치품들만 거래한 것은 아니었다. 식량이나 보통 품질의 직물들도 원거리 교역에서 커다란 비중을 차지했는데, 이러한 원거리 무역은 운송비 때문에 주로 바닷길을 통해 이루어졌다. 교역은 몇몇 지역을 중심으로 이루어졌다. 예를 들어 벵골은 수출 상품의 양이 수입 상품의 양을 능가했다. 서부 해안과 구자라트에서는 코로만델 해안 지방에서 오는 사치품과 현지 생산품으로 넘쳐 났다.[125] 구자라트에서 주로 수출하는 품목은 고가의 직물, 수입품, 면직물이었으며, 그 대신에 식료품과 원자재 등을 수입했다. 이와 대조적으로 북인도의 본토는 주로 수입에 편중된 지역이었다. 수출되는 품목은 소금, 인디고, 곡류 또는 카슈미르 지방에서 온 사치품 정도였다.

곡물이 거래되던 상황을 살펴보면 당시의 벵골처럼 생산 과잉이 있었던 지역도 있었고, 생산 부족에 시달린 지역도 있었다. 도시화된 지역의 주민들은 식량 같은 생활필수품을 주로 외부로부터의 수입에 의존했다. 생산 과잉이 있던 지역들 사이에서도 서로 다른 종자의 생산품들을 교환했다. 구자라트는 주요 곡물 수입처였다. 이곳은 상업이나 다른 생산 분야는 고도로 발달했지만, 농업 생산성은 매우 낮았다. 작물 무역은 당시에 유럽인들이 차지하는 비중이 매우 적었으며, 대부분 인도나 중앙아시아 혹은 서아시아에 활동하던 인도 상인들이나 다른 아시아 상인들이 판매했다. 상품들은 미리부터 국내 소비를 위해 혹은 해외 수출을 위해 제작된 것이 아니라, 다양한 소비자 집단을 대상으로 그에 맞게 다양한 품질로 생산되었다. 비단이나 면 같은 직물의 교역에서도 벵골 상인들은 중요한 역할을 담당했다. 중간 상품이나 원자재에 관한 원거리 무역에서는 본질적인 의존관계가 존재했다. 구자라트의 비단 산업은 벵골산 생사 수입에 의존했지만, 매년 많은 양의 벵골산 생사는 아그라를 거쳐 페르시아나 튀르크로도 수출되었다. 거꾸로 벵골은 수라트와 부르한푸르 사이의 지역에서 생산된 면을 수입했다. 직물 생산에 필요한 염료는 특정 지역에서만 생산되었는데, 이것도 수요가 대단히 많은 교역 상품이었다. 몇몇 면직물은 염색을 위해 이 분야에 특화되었던 아그라, 아메다바드, 마실리파트남 같은 지역의 촌락들 또는 벵골의 일부 지역으로 보내졌다. 광물의 교역에 관해서는 전해지는 바가 별로 없지만, 남아시아에서는 충분한 양의 철과 질산염, 다이아몬드가 채굴되었다. 말라바르의 향신료 무역과 후추 무역은 대단히 중요했다. 노예무역도 언급할 필요가 있다. 벵골에서는 인도 전역에 노예를 공급해 주는 노예시장이 정기적으로 열렸다.[126]

지역을 넘어서는 교역의 규모가 어느 정도였는지는 별로 알려진 바가 없다. 물론 인구 증가는 경제성장을 추정할 수 있게 해 준다. 유럽을 향한 수출은 지속적으로 증가했지만, 각 생산 중심지에서 생산된 수출품 전체의 규모를 고려하면 아직까지는 아주 작은 비중을 차지할 뿐이었다. 그렇기 때문에 우리는 유럽인들의 투자가 점차 증가하는 것에 따라 전체 무역량도 함께 증가했을 것으로 추정할 수 있다. 학계에서는 인도에서 1660년대까지 소비재 가격이 안정적이었으며, 구리와 은의 가격만 다소 변했다고 지금까지 간주해 왔다. 구리 가격은 점차 상승했던 반면, 벵골에 은이 유입되면서부터 은 가격은 하락했고, 이는 대체로 화폐단위가 은 가격에 토대를 두었다는 점으로 볼 때 전체적인 가격 수준이 상승하는 결과를 초래했다는 것이다. 하지만 최근 연구들은 특히 힌두스탄이나 펀자브, 구자라트에서는 곡물 가격도 상승했다는 사실을 보여 준다. 은의 유입 때문에 가격이 상승했다는 것도 더는 입증된 사실로 받아들이지 않는다. 이른바 가격이 조정된 이후에도 벵골로부터의 곡물 수출은 줄어들지 않았다. 따라서 이 시기에 벵골은 다른 지역과 비교해 여전히 유리한 조건에서 생산하고 판매할 수 있었다고 볼 수 있다. 시장들이 통합해 가는 과정은 아직 그리 진전되지 않았으며, 지역을 넘어서는 교역은 무엇보다 여러 지역에서 매입 가격과 판매 가격 사이에 근본적인 차이가 있다는 데 기초하고 있었다. 아그라와 구자라트의 밀 가격은 그 차이가 매우 커서 높은 운송비를 상쇄할 정도였다. 아마도 유럽의 무역 회사들은 지역 시장에서 일어난 가격 상승에 그리 영향을 받지 않았을 수도 있다. 그들은 운송비를 많이 절약할 수 있었기 때문이다. 무굴 제국에서 가격이 상승한 것은 사용할 수 있는 화폐의 양 때문이라기보다는 오히려 '실물'경제적인 요인들 때문인 것으로 보인다. 국가의 조세제도와 행정이 경제에 지대한 영향을 미쳤음이 틀림없다. 시간이 흐르면서 도시화와 함께 인구가 증가했기 때문에 유럽과의 교역이 아니더라도 점진적인 가격 상승은 피할 수 없었다. 또한 국내 교역은 단일한 무게, 척도, 화폐, 조세제도 등의 결여 같은 다양한 요인으로 인해 어려움을 겪었다.

무역 인프라

전근대 남아시아에는 소규모 마을 장터인 하트hât 시장에서 시작해 수라트나 아그라에 있었던 국제적인 시장에 이르기까지 여러 형태의 시장들이 있었다. 이들은 네 가지 범주로 구분할 수 있다.

- 육로나 항로를 통해 이루어지던 원거리 교역 혹은 국내 교역의 중심지. 이 시장들 사이의 차이는 무엇보다 규모에 있었는데, 항구도시들은 국제 교역에 집중했다.
- 소규모 바자, 만디스mandis 또는 대형 시장. 여기에서는 지역 생산품들이 주로 지역 소비자들에게 판매되었다.
- 계절에 따라 열리는 특별 시장. 여기서는 주로 상인들끼리 거래했으나, 일반 소비자들도 입장할 수 있었다.
- 고립된 마을 시장. 여기서는 지역의 잉여생산물을 생산자 사이에서 혹은 소비자 사이에서 교환했다.

앞의 세 가지 유형의 시장들은 서로 좋은 연결망을 구축하고 있었다. 그런데 네 번째 유형의 시장은 계절 시장인 하트와 뚜렷하게 구별하기 어려웠다. 지리적·정치적으로 유리한 위치에 따라 최고의 시장이 어디인지가 신속하게 결정되었다. 그곳들은 대개 행정 중심지이고, 다양한 범주에 속하는 수많은 시장을 보유하고 있어 각지의 상인들을 끌어들일 수 있었다.

상인들은 그들이 맡은 기능과 보유한 부의 정도에 따라 차이를 보였으며,

유럽인들이 오기 전에도 대부분 전문화되어 있었다. 특히 항구도시에는 부유하고 막강한 권력을 가진 상인들이 있었는데, 그들은 거대한 선단을 보유해 많은 분야의 상품과 무역 분야를 장악하고 있었다. 당시에는 정계나 행정 관료들과 좋은 관계를 맺지 않고는 재산을 축적할 수 없었으며, 정치적 실수는 사업적 오판보다도 더 빈번하게 큰 재산을 잃게 하는 근거였다. 많은 소상인은 판매 실적이 크지 않고 여기저기 떠도는 경우가 많아 생계를 유지하는 정도의 수익을 올릴 뿐이었다. 유럽 무역 회사를 위해 일했던 중개인들은 자기 소유의 상점을 가지고 있는 경우가 흔했지만, 중간상인(다랄dalal)들은 기본적으로 영역이 전문화되어 있었다. 상품 영역별로 그 분야를 담당하는 독자적인 중개인들이 있었으며, 특히 벵골에서는 심지어 정부가 일부 다랄을 특정 영역에서 활동하도록 임명하기도 했다. 힌두 상인들은 몇 안 되는 카스트 출신들이 대부분이었으며, 무슬림 상인들은 특히 구자라트, 데칸, 벵골에서 활동했던 반면에 아르메니아인들은 제국 전역에서 활동했다. 거래는 주로 자신이 속한 카스트 또는 사회집단 안에서 제한적으로 이루어졌다. 그러나 힌두인들은 종종 무슬림 상인들을 위한 금융업을 운영했고, 힌두인들 또한 해양 무역을 할 때 무슬림 상인들의 선박을 이용했다.

상품은 거대한 상품 집산지나 도시의 장터에서 직접 판매되기도 했고, 주문 계약 방식으로 판매되기도 했다. 17세기 후반에 원거리 무역을 위한 대부분의 상품은 이런 방식으로 확보되었다. 상인들은 계약서를 기반으로 해서 선금을 지급하는 것이 필수적이었다. 수요가 증가하면 생산자들의 재고가 충분치 않을 수 있었기 때문이다. 나아가 이런 선계약 방식은 시장과 가격 변동이라는 내재된 불안정 요소를 상쇄하는 데도 기여했다. 계약 제도는 위계질서를 바탕으로 작동했으며, 정부, 유럽의 무역 회사, 부자 상인들이 활용했는데, 이들은 대부분 다양한 중개인들을 고용했다.

경제성장을 보여 주는 중요한 측면은 비용이 많이 드는 신용기관의 설립이었는데, 이는 18세기 이래 몇몇 무역업 가문이 금융 사업으로 전환해 전문화하면서 그 중요성을 드러내기 시작했다. 한 가지 특이한 제도는 훈디hundi 또는 교환 증서 제도였는데, 이 교환 증서는 일정 기간이 지난 후 일정 장소

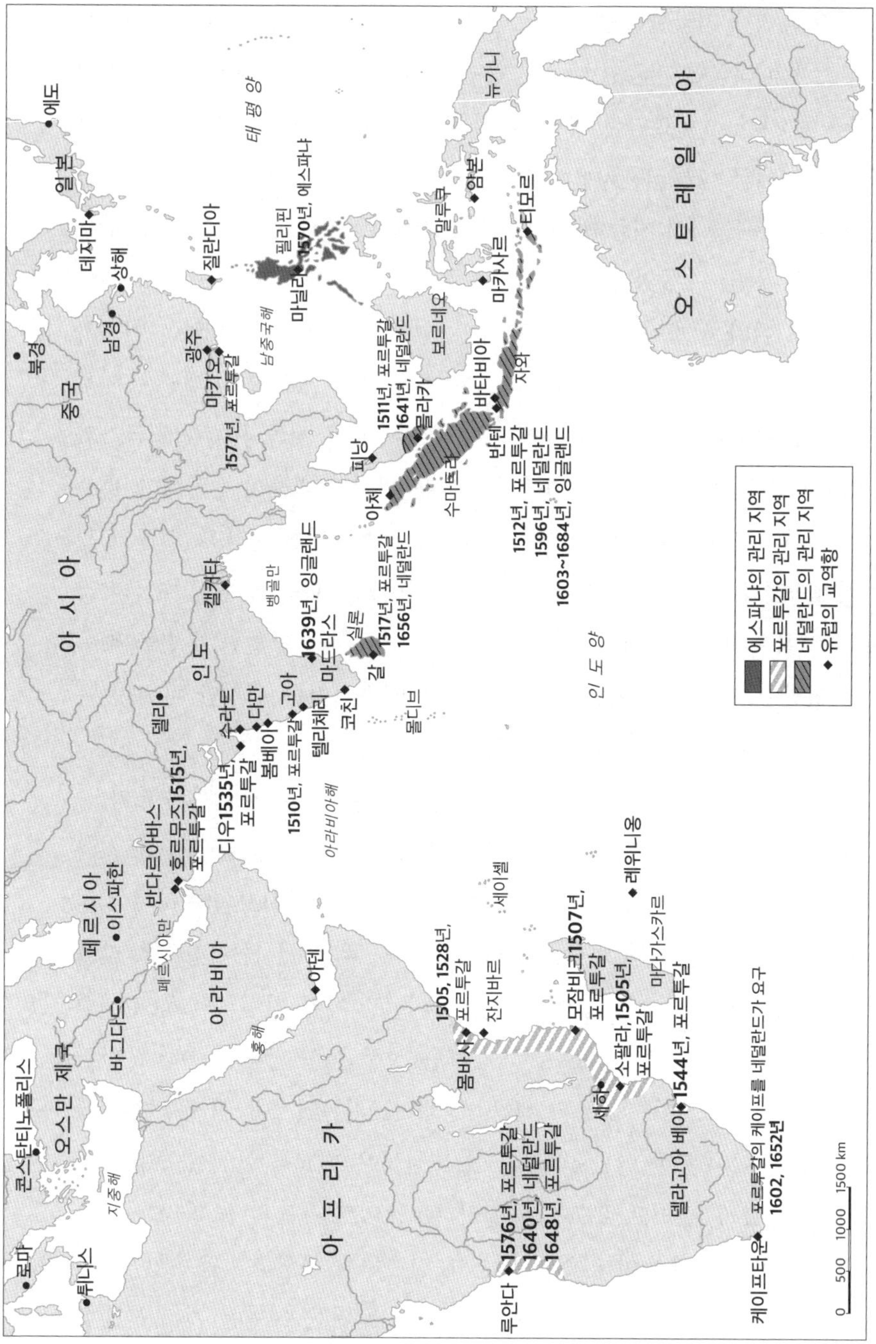

에도
일본
데지마
상해
질란디아
태평양
필리핀
마닐라 1570년, 에스파냐
북경
중국
남경
광주
마카오 1577년, 포르투갈
남중국해
말루쿠
암본
뉴기니
티모르
마카사르
보르네오
1511년, 포르투갈
1641년, 네덜란드
믈라카
피낭
아체
수마트라
바타비아
자와
반텐
1512년, 포르투갈
1596년, 네덜란드
1603~1684년, 잉글랜드
오스트레일리아
에스파냐의 관리 지역
포르투갈의 관리 지역
네덜란드의 관리 지역
◆ 유럽의 교역항
아시아
캘커타
벵골만
1639년, 잉글랜드
마드라스
실론
갈
1517년, 포르투갈
1656년, 네덜란드
인도양
몰디브
인도
델리
수라트
다만
봄베이
고아
1510년, 포르투갈
텔리체리
코친
디우 1535년, 포르투갈
호르무즈 1515년, 포르투갈
반다르아바스
아라비아해
페르시아
이스파한
페르시아만
아라비아
아덴
홍해
바그다드
오스만 제국
콘스탄티노폴리스
지중해
로마
튀니스
아프리카
몸바사
1505, 1528년, 포르투갈
잔지바르
세이셸
모잠비크 1507년, 포르투갈
레위니옹
마다가스카르
소팔라 1505년, 포르투갈
세나
델라고아 베이 1544년, 포르투갈
루안다
1576년, 포르투갈
1640년, 네덜란드
1648년, 포르투갈
케이프타운
포르투갈의 케이프를 네덜란드가 요구
1602, 1652년
0 500 1000 1500 km

—— 18세기 이전 유럽의 팽창.

에서 일정 금액을 지급한다는 것을 보장했다. 이 교환 증서는 특히 원거리 무역에서 고액의 대금을 지급할 때 사용하는 전형적인 방식이 되었다. 전문적인 환전상들은 시간이 흐르면서 대부업자가 되기는 했지만, 그들에게 가장 중요한 수입원은 예금 사업(여신 사업)이었다. 그들은 예금을 받아들이고 예금주가 필요할 때 그 돈을 다시 지급해 주었는데, 그 기간에 수익성이 있는 사업에 투자해 이익을 올릴 수 있었다. 특히 관료들은 국가 재정을 불법적으로 은행에 예금하고 그 이자를 자신들이 가져갈 수 있었기 때문에 예금 사업은 인기가 좋았다. 그중 선적된 상품에 투자하는 고이율의 선박 담보(저당) 채권은 매우 투기성이 높았다. 대규모 사업에 투자하는 중요한 자금 제공자는 대개 국가와 귀족들이었지만, 중소 규모의 사업에서도 작은 범위의 대출이 성행했다. 바로 이 분야에서 소상인들과 지역 대부업자들 사이에 뚜렷한 굴종과 의존의 관계가 형성되었다. 이율은 지역에 따라 천차만별이었기 때문에 무굴 제국의 금융 분야는 불안정한 상태로 지속되었다. 무굴 제국에는 단일한 우편물 배송 제도도 없었으므로, 공문서들이 정기적으로 배송되기는 했지만 이 배송은 개인이 부리는 사환들을 통해 이루어졌다.

무굴 제국의 운송 수단은 매우 효율적이고 다양해 갑작스럽게 수요가 증가해도 이를 원만히 소화해 낼 수 있었다. 주요 운송 수단은 짐을 싣는 소나 낙타였으며, 이륜으로 된 소달구지가 그 가운데 가장 신속하고 안전하며 저렴하게 사람이나 물건을 실어 나르는 수단이었다. 물론 몇 안 되는 상인은 말을 타고 다니기도 했다. 수로를 통한 교통은 국내 교역에서 가장 중요하고 저렴한 운송 수단이었다. 특히 대량으로 거래하는 상품은 이 방식을 통해 운반했다. 북인도에서 주요 운송 노선은 갠지스강과 그 지류였으며, 북서부 인도에서는 인더스강도 비슷한 역할을 했다. 이 노선들은 비교적 안전했으며, 특히 수라트에서 아그라, 괄리오르 또는 마실리파트남으로 가는 축을 따라가는 노선은 인프라가 잘 구축되어 있었기 때문에 신속하게 여행하고 운송할 수 있었다. 물론 그렇다고 해도 수라트에서 아그라까지 가는 여행은 가벼운 짐을 실은 낙타를 이용해 가면 35일에서 40일 정도 걸렸다. 수로를 통한 이동은 이보다 전반적으로 느렸으며, 여행 시기는 강의 수위가 어떤 상황인가에 달려 있었고, 강에는 돌다리가 놓여 있어 장애가 되기도 했다. 폭이 넓은 강은 연락선(페리)이나 개폐교를 통해 건널 수 있었다. 여행객을 위한 숙박 시설은 지역적으로 매우 상이하게 분포되어 있었는데, 경우에 따라서는 정부의 위탁으로, 어떤 경우에는 주요 여행로에 위치한 마을이 함께 비용을 부담해 건설되었다. 대형 숙소들은 다양한 크기의 방과 강당, 테라스, 작은 상점과 서비스 시설을 갖추고 있었던 반면에, 소형 숙소들은 그저 여러 채의 오두막으로 구성되어 있었다.

대개 유목민인 반자라족Banjaras이 장악하고 있었던 육로의 연결이 항상 아무 문제없이 진행되지는 않았다. 다양한 그룹으로 혼합되어 있었던 이들 집단은 단일한 지도자가 없었기 때문에 무엇보다도 무력 충돌이 발생할 수 있었다. 여러 대상 그룹이 서로 마주쳤을 때 그들 사이에 분쟁이 발생하는 일도 잦았다. 그룹의 규모가 클수록 여행객과 상품들이 비교적 안전할 수 있었기 때문에 대상들은 매우 거대한 진용을 이루는 경우가 많았으며, 선단들은 호위를 받으며 항해했다. 물론 소규모 그룹이 일반적으로 늘 위험했던 것은 아니다. 노상강도들이라고 해도 사회적으로 규제되는 한계 안에서, 사회에서 통용되는 가치를 침해하지는 않으면서 행동했던 것 같다. 그들은 여행객들에게 약소한 금액만 요구하는 것으로 만족했다. 어떤 지역에서는 여행객들이 지역 관리에게서 스탬프를 받았는데, 이 스탬프를 받은 사람은 여행 도중에 귀중품을 빼앗겼을 경우 보상받을 수 있었다. 무역에 실제로 위협이 되었던 것은 서부 해안의 해적들과 마라타족의 공격이었다. 특히 아우랑제브가 죽은 후 구자라트가 이들로부터 위험에 처해 있었다. 그러나 제국의 몰락이 인도의 국내 무역을 크게 위축시켰다는 증거는 없다.

무굴 제국의 주민 대부분은 자급자족을 하거나 인근 지역과 물물교환을 함으로써 생활을 영위했지만, 이들의 생활 경제 내부에 커다란 상업적 영역이 존재했다. 전체 생산량의 거의 절반은 국가에 세금으로 납부되어야 했기 때문이다. 상품생산자들조차 스스로 상품을 구매할 능력이 별로 없었지만, 세금을 통해 이득을 얻은 자들(군주, 관료, 상인 등)은 국내 소비를 활성화하는 데 책임을 지고 있었다. 경제 발전을 위한 전제 조건은 제국 내의 평화와 좋은 인프라였다. 경제는 성장하고 가격과 교역량도 지속적으로 상승했지만, 교역에 기초가 되는 구조들은 늘 같은 상태에 머물러 있었다. 수요가 증가해도 이를 소화할 수 있었기 때문에 인프라 혁신은 불필요했으므로 혁신은 전혀 일어나지 않았다.

오스만 제국의 관점

오스만인들도 인도양에서 활동했던 주인공에 속한다.[127] 1500년 이전의 오스만 제국은 인도양에 전혀 관심을 보이지 않았다. 팽창하던 제국의 시선은 당시까지 핵심이 되는 교류 공간으로서 지중해에 고정되어 있었다. 그런데 신대륙을 발견한 이후 유럽에서 역동적인 분위기가 조성되자 이 모든 상황은 변하기 시작했다. 1517년에 맘루크 제국을 정복해 메카와 메디나라는 순례 도시를 장악한 이후, 튀르크인들은 그들의 촉수를 멀리 동쪽으로 뻗었다. 대양을 통한 고수익 무역에 참여하려면 무엇보다도 포르투갈인들과 맞서 경쟁할 필요가 있었는데,[128] 이러한 경쟁 상황에서 그들은 커다란 장점을 갖고 있었다. 유럽인들은 상품을 수송하기 위해 희망봉을 돌아오는 머나먼 항로를 거쳐야 했지만, 오스만인들은 홍해를 경유하는 옛 무역로와 레반트와 이집트에 있는 환적 항구들을 무역 허브로 이용할 수 있었던 것이다. 새로운 형태의 선박을 시험적으로 운항해 보았으며, 필요한 항해술도 습득했다. 나아가 수많은 지도와 여행기, 그리고 지리에 관한 논문들은 인도양을 둘러싼 지역들에 관해 더 많이 알고자 하는 지적 호기심을 자극했다. 오스만 중간상인들이 짧은 시간 안에 정착했던 호르무즈, 캘리컷, 아체 사이를 선박이 정기적으로 운행했다. 16세기에 한편에는 남아시아와 동남아시아에서, 다른 한편에는 중동과 유럽 사이에서 진행 중이던 상품 교역을 장악하려는 국제적인 투쟁에서 오스만인들은 명백하게 승자에 속했다.

셀림 1세(재위 1512~1520)와 쉴레이만 1세(재위 1520~1566)의 시기에 활동했던 피리 레이스Pîrî Reis(1470~1554/1555)나 셀만 레이스Selman Reis(1538년 이후 사망) 같은 인물이 이러한 의미에서 결정적인 역할을 수행했다. 훗날 제독 계급과 칭호(레이스)를 얻게 된 아흐메드 무힛딘 피리Ahmed Muhiddin Piri는 오스만 제국의 유명한 해적이었던 삼촌 케말 레이스Kemal Reis를 따라 이미 청년 시절에 지중해에 가서 베네치아 공화국을 상대로 벌인 전투에 참가했었다.[129] 그의 삼촌은 1495년에 오스만 제국의 정규 함대에 합류했다. 1511년에 그의 삼촌이 낙소스 근처에서 난파 사고로 사망했을 때, 여러 나라의 언어를 구사하던 피리는 겔리볼루(갈리폴리)에 가서 항해술에 관한 논문(「항해의 책Kitab-ý Bahriye」, 1521년 완성)을 집필하기 시작했다. 그는 1513년에는 세계지도를 제작했으며, 4년 후에 이를 공식적으로 셀림 1세에게 바쳤다. 1516년부터 그는 지중해와 아라비아반도 주변의 수로에서 오스만 함대의 선장으로 활동했으며, 맘루크와 벌인 결정적인 전투에도 참가해 승리를 거두었다. 이후 그는 이집트에서 튀르크의 총독직을 수행하면서 시도 쓰고 운문 형식의 항해 지침을 집필하기도 했다. 1547년에 피리는 오스만의 인도양 함대 최고사령관(힌드 카푸다니 데르야Hind Kapudan-i Derya)이자 수에즈에 본부를 둔 오스만 이집트 함대의 제독(미시르 카푸다니 데르야Misir Kapudan-i Derya)에 임명되었다.

그는 포르투갈이 점령했던 도시 아덴을 1548년 2월 26일에 탈환하는 데 성공했다. 1552년에는 포르투갈이 1507년에 건설했던 기지인 무스카트를, 그리고 바로 직후에는 키시섬을 정복했다. 1552년에서 1553년에 그는 서른한 척의 배와 800명 이상의 병사를 이끌고 호르무즈섬을 포위했다. 섬 주민들이 그에게 엄청난 보물을 바치자 그는 섬에 대한 봉쇄를 해제했는데, 수에즈로 돌아오는 길에 포르투갈이 페르시아만으로 들어가는 입구를 봉쇄했다는 소식을 들었다. 이 소식을 들은 피리는 노획한 보물을 세 척의 배에 옮겨 싣고, 자신이 이끌던 선박 대부분(스물여덟 척)을 당시의 안전한 항구인 바스라로 돌아가도록 지시했다. 그는 남아 있던 세 척의 배를 이끌고 포르투갈의 봉쇄를 돌파하려고 했는데, 한 척의 배만 잃고 성공했다. 그러나 그가 이집트로 돌아오자 그의 총독 자리를 노리던 정적은 술탄에게 피리가 서른한 척의 배 가운데 단 두 척의 배만 가지고 돌아왔다고 보고했다. 그의 정적은 또한 함대가 바스라에 무사히 귀환했다는 사실도, 두 척의 배에는 엄청난 보물이 실려 있다는 사실도 보고하지 않았다. 그 보고를 들은 쉴레이만 1세는 피리 레이스에게 사형을 언도했으며, 이에 따라 그는 1554년에 여든네 살의 나이로 공개 처형을 당했다.

그리스의 레스보스섬에서 태어난 셀만 레이스는 일찍부터 맘루크 제국을 위해 일했다.[130] 그는 선원으로서 지닌 지식 덕분에 새로 조직된 맘루크 함대에서 신속히 승진할 수 있었다. 1515년에 그는 열다섯 척의 배를 가지고 포르투갈이 예멘에서 차지하고 있던 지위에 도전했다. 이러한 시도는 실패했지만, 그는 유럽인의 공격으로부터 항구도시 제다를 방어하는 데 성공했다. 이 때는 오스만 제국이 맘루크에 맞서 승리를 거두기 직전이었다. 오스만 제국이 권력을 장악한 후에 그는 포로로 잡혀 이스탄불에 보내졌지만 얼마 후에 석방되었는데, 새로 이집트 총독이 된 파르갈르 이브라힘 파샤(1536년 사망)[131]는 1524년에 그를 카이로로 데려갔다. 셀만 레이스는 인도양을 위한 새로운 작전 계획을 수립했으며, 그 후 예멘과 아프리카 동부 해안에 기지를 건설할 것과 포르투갈인들을 호르무즈와 고아에서 축출할 것을 제안했다.[132]

유럽인들이 홍해에서 선박과 항구에 대한 공격을 계속하자, 셀만 레이스는 열여덟 척으로 구성된 오스만 제국 함대를 이끄는 총사령관에 임명되었다. 예멘 원정은 성공적으로 진행되어서, 카마란Kamaran에 오스만 제국의 해군기지를 건설할 수 있었다. 이후 몇 년 동안 오스만 함대는 인도양에서 매우 중요한 역할을 수행했기 때문에, 남인도 해안과 페르시아만 연안의 지역 제후들은 오스만 함대의 지원을 요청하곤 했다. 오스만이 주도권을 가졌던 첫 단계는 1535년에 디우에서 포르투갈 함대에 패배할 때까지 지속되었다. 1540년대에는 오랜 세월 인도양 전역에서 격렬하게 충돌했던 오스만 제국과 포르투갈 사이의 관계가 다소 안정을 찾았다. 오스만 제국과 달리 포르투갈의 입장에서 중요했던 것은 포르투갈 상인들이 아무런 통제 없이 무역에 종사하고 자유롭게 이동하는 것이었다.

오스만 제국은 디우에서 또다시 치명적인 패배를 당했으며, 피리 레이스가 1548년에 찬란한 승리를 통해 아덴을 점령하는 데 성공했지만, 1552년에 정복했던 무스카트를 1554년이면 벌써 포기해야 했다. 게다가 호르무즈에 대한 봉쇄도 실패했다.[133] 하지만 이 모든 상황에도 이 기간에 오스만 제국은 인도양에 광범위한 무역 네트워크를 만드는 데 성공했다. 이 시기의 상업적 네트워크는 아프리카의 동부 해안에서 인도의 서부 해안과 실론을 거쳐 시암과 믈라카까지 이르렀다. 특히 대재상 소콜루 메흐메드 파샤(1579년 사망)는 진정으로 오스만 제국을 위한 전 지구적인 계획을 개발했다. 가장 널리 알려진 그의 계획은 수에즈에 운하를 만들고 러시아의 볼가강과 돈강 사이에도 운하를 파서 중앙아시아, 홍해, 인도양 사이를 잇는 직항로를 건설하는 것이었다.[134] 그러나 그의 야심찬 계획을 치명적으로 방해한 사태가 서쪽에서, 즉 파트라만 입구인 레판토에서 일어났다. 1571년에 오스만 함대가 교황 비오 5세 Pius V(1572년 사망)가 조직하고 에스파냐가 이끌었던 기독교의 지중해 세력 연합과 벌인 해전에서 예상치 않게 치명적인 패배를 당한 것이다.[135] 물론 당시의 유럽인들은 이 승리를 제대로 활용하지 못했고 기독교 국가들의 동맹은 곧 해체되었지만, 불패의 신화를 가지고 있던 오스만 함대의 오라는 레판토 해전에서 사라져 버렸다. 오스만 제국은 1574년에 튀니스를 점령했지만, 압도적인 세계 해양 제국으로서 오스만 제국의 꿈은 무너졌다. 또한 오스만 제국은 그 해전에서 경험이 많은 지휘관과 선장, 선원들을 수많이 잃은 것에서 오랫동안 쉽게 회복할 수 없었다.

에스파냐의 펠리페 2세(재위 1556~1598)는 1580년에 포르투갈의 왕위를 차지함에 따라 포르투갈령 인도의 지배권도 확보했다.[136] 이후 인도양에서 포르투갈의 영향력은 지속적으로 감소했다. 그러나 오스만인들은 17세기 초에 그들의 우선적인 관심 지역을 변경했다. 이스탄불 궁정 안에서 벌어진 지루하고 끈질긴 권력 다툼은 오스만 제국이 인도양에서 일관성 있고 지속적인 정책을 펼치기 어렵게 했기 때문이다. 서서히 국가의 입장에서 불안정한 향신료 무역에 참여하는 것보다 세금 수입 증대를 우선시하는 것이 낫다는 견해가 대두했다.[137] 이는 레판토 해전에서 패배당한 후에 강력한 함대를 재건하는 방안을 관철할 수 없었기 때문이다.

사파비 제국의 관점

비단길이 정착하기 이전의 수 세기 동안에도 원거리 무역은 이란 평원에서 중요한 역할을 수행했다. 이 지역이 인도아대륙과 중앙아시아, 러시아, 지중해 사이에서 일종의 경첩과 같은 위치에 있었기 때문이다. 비단은 대부분 중국에서 생산되기는 했지만, 이란도 오랫동안 생사와 비단 직물을 생산하는 주요 국가였다. 고급 페르시아산 비단을 판매하는 시장은 아프로유라시아 세계, 다시 말해 마셜 호지슨에 따르면 공동의 문화적 형식과 촘촘하게 짜인 무역 네트워크로 결속해 있던 지역이었다.[138]

뤼돌프(뤼디) 맛헤이Rudolph(Rudi) Matthee는 한 연구에서 사파비 시대의 정치 엘리트와 상업 활동 사이에 존재하던 역동적인 결합을 분석했다. 이 시대는 권력 엘리트들이 궁정, 토착 상인 및 외국 상인, 무역 회사들과 협력해 지역을 넘어서는 대륙 간 무역에 접근해 가던 시기였다. 이 연구에서 맛헤이는 아바스 1세(재위 1587~1629)의 섭정기에서 1720년대에 이르는 시기에 나타난 비단의 생산과 분배, 수출을 집중적으로 분석했다.[139]

이란은 비단을 거래했을 뿐 아니라 직접 생산하기도 했다. 이미 몽골 시대부터 호라산에서 비단을 꾸준히 생산했다는 자료가 충분히 있으며, 13세기 이후로는 마잔다란과 길란에서도 비단이 생산되었다. 일 칸국의 수도였던 타브리즈는 점차 유럽인들도 참여하는 다양한 교역로의 교차점이 되어 갔다. 이란, 지중해, 인도양 사이에서 매우 번성했던 상품 교역은 14세기의 정치적 혼란과 흑사병 때문에 한동안 깊은 침체기에 빠졌다. 1336년에 일 칸국의 통치자 아부 사이드Abu Sa'id가 죽은 후 제국이 분열되고 유럽인들이 타브리즈 시장을 거절하면서 교역량은 바닥으로 떨어졌다. 흑해 지역이 정치적으로 불안정한 상태를 보이고 맘루크 제국이 등장하자, 무역 중심지는 우선 지중해로 옮겨 갔다. 맘루크 제국이 소아시아 남부 해안의 소아르메니아를 정복하고 아야Aya 항구가 파괴되면서 오스만 제국이 급성장하자, 이란은 16세기 초까지 부분적으로 고립 상태에 빠졌다.

1500년 무렵에 동지중해, 홍해, 페르시아만, 인도양 사이에는 네 개의 무슬림 세력이 존재했다. 오스만 제국, 사파비 제국, 맘루크 제국, 무굴 제국.[140] 사파비 제국의 주 경쟁자는 1480년까지 옛 비잔티움 제국의 전체 영토를 장악했던 오스만 제국이었다. 오스만의 흑해 진출은 1514년의 전쟁을 통해서도 저지할 수 없었으며, 그 결과 오스만 제국은 점차 레반트와 이집트뿐 아니라 아라비아반도를 정복해 나갔다. 메소포타미아도 오스만튀르크의 지배 아래에 놓였으며, 오스만인들은 두 차례나 타브리즈까지 도달하기도 했다. 이 지역들에 대한 오스만의 지배권은 1555년의 아마시아 강화조약에서 최종적으로 확정되었다. 이 조약에서 이라크와 동아나톨리아는 오스만 제국에, 아제르바이잔과 캅카스 남동부는 이란에 할양되었다.

이란의 비단 교역은 정치적 격변에도 불구하고 계속되었지만, 1405년에 티무르가 사망한 후 교역 중심지는 술타니야에서 타브리즈, 아르다빌, 카잔으로 옮겨 갔다. 카스피해의 비단은 계속해서 이탈리아의 방직 공장으로 보내졌지만, 오스만 제국의 첫 수도였던 부르사에 보내지는 비단의 양도 16세기 후반부에 특히 점차 증가했다.[141] 물론 사파비 제국이 수립된 후 (1520년대까지) 약 20년 동안 전쟁과 전염병, 그리고 약탈을 시도하는 도적단들은 대상 무역에 커다란 장애를 초래했다. 오스만 제국과 사파비 제국의 관계는 1514년의 칼디란 전투 이후에 최악의 상황에 도달했다. 이 전투에서 이스탄불은 사파비로부터 세금 수입원을 약탈하려고 했기 때문에 경제 전쟁이 (예를 들어 무슬림이던 사파비 상인들의 거래 거부를 통해) 불붙었다. 이후 이란 상인들은 맘루크 제국을 거치는 무역로를 이용하려고 했지만, 오스만 제국은 이를 저지했다. 러시아를 거치는 무역로도 문제가 많았는데, 이러한 상황은 1520년에 오스만 제국의 통치자 셀림 1세가 사망한 후에야 비로소 개선될 수 있었다. 이후 1538년과 1555년 사이에, 그리고 1590년까지도 육로를 통해 서부로 가는 비단 무역은 여러 차례 어려움을 겪었다. 양국 사이에는 긴장이 계속되고 군사적 충돌도 발생했다. 나아가 내부 문제뿐 아니라 1570년에서 1573년 사이에 오스만 제국과 베네치아가 벌인 전쟁과 아나톨리아에서 발생한 반란도 그 중요한 이유였다. 물론 같은 시기에 유럽에서는 이란산 비단에 대한 수요가 계속 증가했다. 육로를 통한 대상 무역이 단지 제한적으로 이루어지기는 했지만 완전히 중단되지는 않았다. 이는 이란과 지중해 사이에서, 특히 16세기 중반부터 활동하던 아르메니아 상인들의 역할에도 힘입은 바가 컸다.

아르메니아인들은 가족 회사로 활동했으며, 그들의 교역망은 지중해의 항구도시들에까지 뻗쳐 있었다.[142] 16세기 말에 그들은 이란산 비단의 공급을 독점했으며, 중간 도매시장과 유럽 무역 회사들을 위해 중간상인으로 활동했다. 이와 동시에 알레포 같은 레반트의 항구도시들이 성장해, 특히 유럽인들의 경제적 팽창에 대응하면서 중요한 지위를 차지하기 시작했다.[143] 유럽의 비단 수요는 시간이 흐르면서 계속 증가해, 얼마 동안은 생사를 비단으로 제작하는 작업을 이탈리아에 맡기기까지 했다. 비단은 서방에서 도시 엘리트들의 사치품이 되어, 상인들은 귀중한 상품을 구하기 위해 모든 수단과 방법을 가리지 않았다. 그런데 16세기에 유럽 상인들은 이란산 비단을 수입하려면 아나톨리아와 메소포타미아를 지나는 경로를 거쳐야 했다.

북부의 교역로는 카스피해를 거쳐 볼가 분지로 이어졌다. 15세기에 모스크바가 등장하면서 정치가 안정되자, 무역이 원활하게 이루어질 수 있게 되었다.[144] 오스만 제국의 보이콧 때문에 이스마일 1세는 포르투갈뿐 아니라 러시아와도 무역 관계를 추진하게 되었던 것이다. 이란 출신 아르메니아인, 러시아인, 인도인, 잉글랜드인과 같은 많은 주체가 이 무역로에 관심을 보였다. 특히 잉글랜드인들은 이 무역로를 개척하기 위해 모스크바 회사를 설립했다. 이 무역로는 레반트를 경유하는 옛 무역로를 다른 사람들, 예를 들면 베네치아인들이 지배했기 때문에 인기가 좋았다. 하지만 16세기의 마지막 3분의 1에 해당하는 시기에 러시아에서는 지속적으로 분쟁이 발생하고 나쁜 인프라가 원활한 교통과 무역을 방해했으며, 게다가 러시아 정부는 외국인들의 이동의 자유를 제한했기 때문에 잉글랜드인들의 노력은 그리 성과를 거두지 못했다.

비단과 비단 제품은 인도에서도 수요가 계속 증가했기 때문에 사람들은 인도양을 거치는 항로를 사용했다. 대상 행렬들은 카스피해 지역에서 페르시아만까지 왕래했다. 15세기에 선박 운행이 점차 중요해지면서 호르무즈는 남아시아와 동남아시아의 교역을 위한 화물 집산지가 되었다.[145] 호르무즈는 장기적으로 사파비와 동맹 관계에 들어간 포르투갈인들의 관심도 자극했다.[146] 처음에 포르투갈인들은 호르무즈에 있는 세관을 장악해 사파비가 직접 해상 항로에 접하는 것을 방해했었다.

비단은 이란의 생산지에서 교역 중심지로 운반되었으며, 거기서 노새나 대상들의 낙타에 실렸다.[147] 대상들의 운송 서비스를 확보하기 위해서는 높은 명성과 신뢰를 얻어야 했다. 대상들은 이른바 카필라 바시qafilah bashi가 이끌었는데, 그들은 정해진 운송 비용 외에 선물도 받기를 원했다. 대상을 구성하는 상인의 다수는 어느 민족에 속하는 사람이 대상을 이끄는 지도자(주로 튀르크인이나 아르메니아인 등이었다.)가 될지 결정했다. 여행의 시기나 조건, 운반 상품 등 모든 사항은 애초에 회사들과 대상 조직들 사이에서 계약을 통해 확정되었다. 상품들은 이스파한에서 페르시아만으로 운반되었다. 그리고 선적과 입항은 인도 몬순 기후의 리듬에 따랐다.

잉글랜드와 네덜란드가 페르시아만에 개입하기로 결정한 것은 향신료 무역을 둘러싼 경쟁과 밀접한 관계가 있었다. 양국은 향신료 무역을 위해 대형 무역 회사인 네덜란드 동인도회사와 영국 동인도회사를 설립했다.[148] 일사불란하게 조직된 아시아 조직망을 보유했던 네덜란드 동인도회사와 달리 영국 동인도회사는 단일화된 명령 체계를 갖지 못했다. 게다가 그들은 네덜란드 동인도회사보다 더 긴밀하게 정부의 계획과 연결되어 있었으며, 자금도 충분히 제공되지 않았기 때문에 네덜란드 동인도회사와 경쟁하기가 매우 어려웠다. 네덜란드인들은 인도양 서부를 탐험하다가 1607년에 잉글랜드인들보다 먼저 페르시아만에 도달했다. 그들은 중국의 비단을 선호했기 때문에 여기에서 비단은 그들에게 우선적인 관심사가 아니었다. 하지만 결국 네덜란드 시장에도 이란산 비단이 공급되었다. 다시 말해 네덜란드인들은 1622년에 공식적으로 비단 무역에 뛰어들기로 결정했다. 그들은 6년 전의 영국 동인도회사와 마찬가지로 이란 도처에서 무역업을 할 수 있는 허가장을 받았다.[149]

한편 아바스 1세는 비단 무역을 자신의 통제 아래에 두려고 했다.[150] 사파비 통치자가 비단 무역을 독점하려고 시도했지만, 시장의 힘을 막을 수는 없었다. 이란 상인들은 비단을 무조건 궁정에서만 구매할 필요가 없었으며, 생산되는 현지에서 직접 구매할 수 있었다. 1622년에 사파비와 잉글랜드의 연합군은 포르투갈령 호르무즈를 점령했고, 그 후에 항구가 공식적으로 호르무즈섬에서 가까운 육지로 옮겨졌고, 페르시아만은 영국인 무역업자들에게도 개방되었다. 샤 사피(재위 1629~1642)가 아직 제대로 권좌에 앉기도 전에 비단 수출에 대한 독점적 지위는 무너졌으며, 이제 상인들은 비단을 다시 직접

카스피해에서 인수할 수 있었다. 무역 중심지가 여러 곳으로 분산되게 만든 배후 세력은 이란 궁정과 매우 밀접한 관계를 맺고 있던 아르메니아 상인들이었다. 하지만 통제가 완화되었다고 해서 비단 무역에 대한 국가의 간섭이 사라진 것은 결코 아니었다. 국가는 여전히 이 귀중한 생산품의 경작과 배분에 관한 지배권을 보유하고 있었다. 나아가 국가의 간섭이 느슨해졌다고 해서 유럽인들이 비용을 지급하지 않고 무역에 종사할 수 있었던 것은 아니었다. 그들이 생각했던 물자의 상호 교환 거래는 여기서는 널리 이루어지지 않았다.

1640년대에는 이란의 비단이 수출되는 방식에 많은 변화가 생겼다. 레반트는 더욱 매력적인 지역이 되었으며, 유일하게 수익성이 있는 목적지로서 사파비 제국의 주된 관심을 끌기 시작했다. 외국의 무역 회사들은 점차 이란을 떠났는데, 그것은 제대로 갖추어지지 않은 인프라와 무역 환경에 실망했기 때문이다. 이란을 떠난 이후 그들은 아시아의 다른 지역, 예를 들어 인도아대륙에 그들의 관심을 더 집중했다. 그렇다고 해도 이스파한과 맺은 정치적 관계를 전적으로 단절한 것은 아니었다. 아직은 그들이 보유한 무역권과 특권에서 이익을 얻어 낼 수 있었기 때문이다. 잉글랜드인들은 중기적으로 이란산 비단 무역에서 물러났던 반면에, 네덜란드 동인도회사는 아직 이전에 체결했던 계약에 묶여 있었다. 이런 상황은 부분적으로 문제를 초래했는데, 이란인들은 계약을 통해 약속했던 면세 특권을 왕궁에서 판매되는 비단으로만 제한하려고 했고, 네덜란드인들은 이를 받아들이지 않았기 때문이다. 하지만 궁극적으로 그들의 무역을 막을 만한 큰 사태는 발생하지 않았다. 일정량의 비단을 궁정에서 구매하도록 명시했던 계약 사항을 사파비 제국이 약화되었는데도 네덜란드 동인도회사에 계속 압박하지 않은 것은 놀랄 만하다. 그 이유로는 사파비 제국이 재정적 필요성과 제한된 경제적·정치적 선택의 폭 사이에서 혼란에 빠졌기 때문이라는 설명이 가장 설득력을 얻고 있다. 그들에게는 현금이 절박했지만, 고수익을 보장해 주는 레반트 노선과 해상 운송로를 적절히 조정할 현실적인 능력은 없었다.

샤 술레이만(재위 1666~1694) 치하에서 사파비 제국은 재정 파탄의 위기에 직면했다.[151] 오스만 제국과의 오랜 전쟁, 전국을 왕령으로 전환하려는 경향이라는 두 가지를 그 원인으로 제시할 수 있다. 그 밖에도 외부로부터 유입되는 은이 줄어들어 국가는 새로운 수입원이 절실하게 필요했다. 이러한 상황을 극복하기 위해 샤는 비단 무역에 각별한 관심을 보였던 셰이크 알리 칸 잔가네Shaykh Ali Khan Zanganeh를 대재상으로 임명했다.[152] 이 당시에 이루어진 가장 중요한 발전은 러시아와의 관계가 점점 더 중요해졌다는 사실이다. 양국 사이의 조약을 통해 정기적인 비단 무역이 시작되었다. 물론 상품 교역은 국가가 주도해 추진했다기보다는 사적인 영역이었다. 특히 아르메니아인들은 이 사업에서 자신들의 사적 이익을 추구했다. 하지만 모든 특권을 부여받았는데도 그들은 자기들의 교역 활동을 전적으로 북쪽에 집중하지는 않았다. 레반트에서는 그들이 훨씬 더 많은 자유를 누릴 수 있었기 때문이다. 18세기 초반은 경제적 퇴보와 정치적 무력감이 특징이었다. 내부의 혼란과 외부의 위협도 비단 무역을 위험에 빠뜨렸다.

결론적으로 다음과 같은 사실을 확인할 수 있다. 호르무즈는 페르시아만에서 가장 중요한 항구로 발전했지만, 유럽의 무역 회사들은 이란과의 비단 무역에서 더 커다란 비중을 확보하는 데 실패했다. 맛헤이는 그 이유를 세 가지로 언급한다.[153] 첫째, 국가가 외국인들에게 비단 무역에 더 큰 비중을 할당해 주지 않은 것과 같은 정치적 요인. 둘째, 지리적이고 물류적인 장벽으로, 예를 들면 비단 생산지가 유럽인들이 기본적으로 직접 접근하기 어려운, 멀리 떨어진 북부 지방에 위치하고 있었다는 사실. 셋째, 유럽의 무역 회사들은 지역 상인들과 거의 경쟁 상대가 될 수 없을 만큼 불충분하게 준비되어 있었다는 사실. 민간인 생산자들과 사업하려고 했던 그들의 희망은 국가가 이 분야를 독점하고 있었던 이란에서는 불가능했다. 가격의 폭은 좁고, 생산품에 대한 품질 검사가 없다는 사실은 결국 유럽인들이 다른 곳에서 비단을 찾게 했다. 그들에게 이란산 비단은 가격이 저렴하고 물건을 쉽게 구할 수 있을 경우에만 매력이 있었다.

유럽의 관점

19세기에 포르투갈인들이 말라바르 해안에 상륙했을 때 그들이 갖고 있었던 분명한 목적은 기독교를 전파하는 것 외에 인도양 지역의 향신료 무역을, 특히 후추 무역을 그들이 장악하는 것이었다.[154] 경험이 풍부한 해양 세력으로서 그들은 이 목적을 추구하기 위해 해안에 전진기지가 필요했다. 그들이 견고하게 조직되었으며, 자신들의 목적을 실행하기 위해 합법적 수단보다는 무력에 의지했다는 점, 그리고 새로 발견된 해역에서 뛰어난 항해 능력을 가진 것으로 판명된 세 개의 돛대를 가진 캐럭[18]과 갤리언을 보유했다는 사실은 그들의 목적을 실현하는 데 큰 도움이 되었다.[155] 그들의 함대는 아시아인들의 함대를 월등히 능가했으며, 요새화한 해안 기지는 짧은 시간 안에 앞서 언급한 목적을 실현하기 위한 전략적인 인프라를 구축할 수 있게 해 주었다. 그들은 인도의 고아를 행정 중심으로 만들었다.[156] 포르투갈인들은 지역 맹주들에게 맞서 자신들의 이익을 관철했으며, 1509년에는 디우에서 이집트의 맘루크 술탄이 파견했던 함대를 제압할 수 있었다. 맘루크 술탄은 현재 아랍인들이 통제하는, 유럽으로 가는 일상적인 교역로를 우회하는 향신료 무역이 포르투갈의 지배하에서 이루어지면 손실이 발생할 것을 우려했다.[157]

포르투갈인들이 이 지역에 진입하면서 그동안 인도양에서 이루어지던 대외무역구조가 바뀌었다. 특정 물품의 교역에 대한 독점은 이제까지 보지 못하던 현상이었다. 포르투갈인들은 유럽의 아시아 향신료 무역을 독점하는 데 그치지 않고 아시아 내부의 무역까지도 독점하기 위해 한 세기 동안이나 노골적이고 적나라한 폭력을 행사했다. 그들은 자유무역에는 처음부터 아예 별 관심이 없었다. 인도의 통치자들은 옛날부터 그들이 상인들을 보호해 주는 대가로 수수료 수익을 올릴 수 있었기 때문에 원거리 무역에 관심을 갖고 있었다. 포르투갈인들은 해상 항로를 통제하는 데 집중함으로써 아시아 내부의 해양 무역을 통제했다. 이 해양 무역에는 이른바 '지방 무역country trade'이라는, 오해를 살 만한 이름이 붙어 있었다. 그들은 월등히 강력한 함대를 보유하고 있어 사실상 항로를 보호해 주는 대가를 요구할 수 있었다. 그러나 그들이

18 먼바다를 항해하는 데 적합하게 설계된 범선으로, 이 유형의 배로는 콜럼버스가 탔던 기함 산타마리아호가 유명하다.

해상에서 이처럼 위용을 떨쳤는데도 육로를 통한 교역에 영향을 미치지는 못했다. 이러한 상황은 훗날 16세기에 이르러 포르투갈이 유럽에서 열세에 처하게 만든 요인이 되었다. 즉 그들은 육로를 이용하는 대상들과 벌인 경쟁 때문에 후추의 가격을 낮추고 수입하는 양을 줄이지 않으면 안 되는 상황에 처했다. 인도 상인들은 그들이 정박했던 항구를 떠나려면, 이른바 카르타즈cartaz 제도에 따라 고아 부왕이 발급하는 통행증을 받아야 했다.[158] 비자푸르의 술탄이나 무굴 통치자도 수라트에서 모카로 가는 그들의 선박을 운항하기 위해 포르투갈의 특허를 받아야 했다. 부패와 무능한 행정으로 인해 효율성이 떨어지기는 했지만, 카르타즈 제도는 인도양에서 포르투갈인들에게 주요 수입원 가운데 하나로 기여했다.

1520년까지 포르투갈인들은 인도 항로(카헤이라 다 인디아Carreira da Índia)로 불리는 공식 항로를 개척하는 데 성공했다.[159] 무역풍이나 몬순에 따라 좌우되던 리스본과 고아 사이의 정기적인 왕복 노선이었다. 지역에 따른 차이가 있기는 했지만, 16세기 초에 포르투갈의 아시아 무역은 번창했다. 포르투갈령 인도의 초기 성공은 포르투갈 국왕이 유럽의 다른 그 어느 나라보다도 더 직접적이고 강도 높게 경제활동에 참여해 아시아 전역에 왕립 제조소들의 관계망을 설립하고 이를 재정적으로 지원했다는 사실에 크게 힘입었다.[160] 리스본에서 이 모든 해외무역을 통제했던 본부 조직이 인도청(카자 다 인디아Casa da Índia)였다. 16세기 전반기에는 포르투갈 정부로부터 자금을 지원받아 해결해야 했던 국내 무역 적자가 그리 크지 않았다. 그러나 후반부에는 상황이 급격히 달라졌으며, 이러한 상황은 오래 지속되었다. 이때부터 18세기에 이르기까지 포르투갈인, 네덜란드인, 잉글랜드인, 에스파냐인, 프랑스인들은 자기들의 납부금을 에스파냐 은화로 납부했다. 에스파냐령 아메리카에서 들어오는 은화는 이 시점부터 세계경제에 흘러들어 갔다.[161]

포르투갈의 무역 시스템은 제대로 작동했지만, 1530년부터 국왕의 선박은 점차 민간 소유의 선박으로 대체되었다. 이는 선적 화물에 투자했던 국왕의 자본이 감소했다는 사실을 의미하기도 한다. 여기에 국왕의 투자를 감소시킨 20년간의 위기가 추가적으로 뒤따랐다. 하지만 이러한 상황이 1550년 이후의 시기에 점차적으로 상업 활동이 줄어들었다는 사실을 보여 주는 것은 아니다. 16세기 중반부터는 포르투갈의 공무원, 군인, 선교사들이 주도한 사적 무역이 확고하게 자리를 잡았는데, 이들은 인도인 파트너나 아프리카인 파트너와 협력하는 경우가 흔했다. 많은 지역에서는 심지어 현지의 거래 관습이 수용되었다. 그러나 16세기 말 이후로는 네덜란드인과 잉글랜드인들이 인도양에 도전해 옴에 따라 포르투갈인들의 손실이 커져 무역은 다시 국왕이 독점하는 시스템으로 돌아갔다. 여기서 무역 제국 포르투갈이 갖고 있던 근본적인 문제가 드러났다. 무역에서는 이익이 발생했지만, 그 이익이 식민지 인프라 구축에 동원되고 자금주에게 돌아가지 않는 사례가 흔히 발생한 것이다. 개인 무역의 규모가 국왕이 독점하는 무역의 규모보다 훨씬 컸기 때문에, 때로는 '그림자 제국' 혹은 '비공식 제국'이라는 용어가 나돌곤 했다.[162] 볼프강 라인하르트Wolfgang Reinhard가 기록했듯이, "포르투갈령 인도가 본국에 차지하던 의미는 17세기가 지나면서 브라질 때문에 뒷전으로 밀려났다. 세계경제에서 그들의 역할은 이제 네덜란드인들이 차지했다."[163]

인도양을 둘러싼 거대한 무역 공간은 연안 지역에서 오는 물자들로 가득 찼다. 동아프리카, 아라비아와 페르시아 사이의 해안 지방, 모잠비크에서는 노예, 상아, 호박, 금, 흑단이, 남아라비아에서는 말, 설탕, 진주, 낙타 머리털이, 건조 지대에서는 과일들이 왔다.[164] 염료, 융단, 비단은 페르시아에서, 은그릇과 수공예품은 유럽에서 수입되었다. 이들 상품의 중심 집산지는 호르무즈, 아덴, 그리고 말라바르와 구자라트에서 고아에 이르는 해안의 항구들이었다. 여기에서 디우와 코친은 포르투갈령 서아시아의 교차점으로 볼 수 있을 것이다.[165] 물론 아크바르가 구자라트를 점령했기 때문에 늘 위험이 존재했다. 남인도 지역에서는 술탄 제국이 데칸에서 승리함으로써 비자야나가르가 더는 파트너가 될 수 없었다.[166] 스리랑카는 포르투갈령 인도에서 예외였는데, 이는 포르투갈인들이 여기서는 (특히 수익성이 높은 시나몬(계피) 사업 때문에) 조직적인 정복 정책을 추구했기 때문이다.[167]

전체적으로 보아 현지에서 활동했던 포르투갈인들은 단지 1만 2000명에서 1만 4000명에 지나지 않았다.[168] 부족한 인구는 현지 토착민의 상류층 가운데 세례를 받은 여성들과 결혼해 충원했다. 정식 포르투갈 공동체는 본국의 도시를 모델로 하는 자치 행정권을 보유했다. 1497년에서 1700년까지 총 1149척의 선박이 72만 1705톤이 되는 물자와 33만 354명을 싣고 리스본 항구를 떠났으며, 59만 8390톤(83.6퍼센트)의 물자와 29만 2227명(88.5퍼센트)을 실은 960척의 선박이 아시아에 도착했다. 역방향으로는 53만 7215톤의 물자와 19만 3937명을 실은 781척의 선박이 이동했다. 그중 44만 1695톤(85퍼센트)과 16만 4012명(85.6퍼센트)이 리스본에 도착했다.[169]

17세기에는 1602년에 설립된 네덜란드 동인도회사가 인도양에 등장했으며, 얼마 후에는 영국 동인도회사가 뒤따라 나타났다. 그리고 양국은 향신료 무역의 지분을 둘러싸고 경쟁하기 시작했다.[170]

초기에는 양국의 동인도회사가 그들의 선박을 향신료가 나는 섬과 인도네시아를 향해 보냈는데, 그곳에는 포르투갈의 영향력이 미미했기 때문이다. 그러나 그들은 곧 인도양 무역이 지역 상황의 범위 안에서만 작동한다는 사실을 깨달았다. 많은 남아시아 섬에서 생산되는 향신료는 오직 인도에서, 특히 코로만델 해안이나 구자라트에서 직조된 비단과만 맞교환하는 방식으로 매매되어 고수익을 올릴 수 있었는데, 이는 그 섬들에서는 아직 화폐경제가 발달하지 않았기 때문이다.[171] 시간이 흐르면서 네덜란드인들은 포르투갈이 주도했던 아시아 내부 무역을 차지했지만, 유럽과의 직접 교역에서는 북서유럽의 두 무역 회사가 경쟁했다. 네덜란드인들은 직물 무역을 안정적으로 지속하는 데 매우 성공적이었다. 심지어 1606년에조차 골콘다 국왕은 왕에게 적은 비용을 납부하는 것을 조건으로 네덜란드인들이 마실리파트남에 '공장'을 세우는 것을 허락하는 칙령을 반포했다.[172] 하지만 북부 지방에서는 네덜란드 동인도회사가 어려움을 겪었다. 포르투갈인들이 무굴 왕실에 영향력을 행사하고 있었기 때문이다. 따라서 네덜란드인들은 1617년에야 비로소 처음으로 구자라트에 상설 무역 사무소를 세울 수 있었다. 네덜란드 정부가 희망봉과 마젤란 해협 사이의 공간에서 전쟁을 치르고 계약을 체결하며 영토를 점령하고 기지를 구축할 독점적 권리를 보장해 주었던 동인도회사는 유럽 국가들 사이에 벌어진 전쟁의 와중에 점차 포르투갈과 충돌하게 되었으며, 이에 무역로를 따라 구축되어 있던 포르투갈의 요새들을 정복하려는 계획을 수립했다.[173] 그리고 그들은 자신들이 보유했던 막강한 함대 덕분에 짧은 시간 안에 이 목표를 달성했다. 1636년에서 1646년 사이에는 주요 무역 시즌마다 고아를 네덜란드인들이 봉쇄했는데, 이때 네덜란드는 실론의 시나몬 무역과 말라바르의 후추 수출마저 장악하려는 단계였다. 결국 네덜란드 동인도회사는 콜롬보(1655~1656)와 코친(1659~1663)을 정복함으로써 그들의 목적을 달성했다.[174] 결과적으로 네덜란드인들이 포르투갈인들에게 맞서 승리를 거둔 것은 그렇게 놀라운 일이 아니었다. 이 정복을 통해 17세기 유럽에서 가장 발달된 경제를 가진 국가가 인도양에서 주도권을 장악한 것이기 때문이다.

17세기 전반부에 영국 동인도회사는 이와 전혀 다른 전략을 추진했는데, 이것도 마찬가지로 성공적이었다.[175] 잉글랜드에는 후추를 팔 수 있는 시장이 매우 제한적이었기 때문에 후추 무역은 그리 수익성이 높지 않았다. 그래서 동인도회사는 다른 상품을 잉글랜드로 수입하기 위해 인도의 항구들과 교역 관계를 확대하려고 했다. 그뿐 아니라 인도산 물품을 동부의 섬들에서 판매해 수익을 올리려는 의도도 있었다. 이를 위해 그들은 구자라트, 코로만델 해안, 벵골에 무역 거점을 구축했으며, 이미 1607년에 수라트에 입항해 교역 가능성을 타진하려는 계획을 수립했다. 영국 동인도회사의 선장 중 하나였던 윌리엄 호킨스William Hawkins는 1609년에 수라트로 들어가 여러 해 동안 무굴 황제 자한기르의 왕궁에 머물렀다. 그러나 동인도회사는 1612년에 가서야 비로소 황제의 칙령을 통해 무역 특허권을 얻을 수 있었다. 이 특허권은 무굴 관리들에게서 영국 동인도회사의 이해관계를 지켜 주는 것이었다. 당시에 무역 교역망을 구축하려고 했던 잉글랜드인들에게 가장 큰 걱정거리는 포르투갈인들이 무굴 왕궁에서 늘 자기들의 정치적 존재감을 과시하기 때문에 자기들에게 위험이 발생할지 모른다는 우려였다. 따라서 영국 동인도회사는 그들의 함대를 강화했으며, 나아가 토머스 로Thomas Roe 경(1581~1644)[176]과 같은 상시적인 외교관을 무굴 궁정에 파견하려고 시도했다.[177] 결국 1613년에 상시적인 무역 사무소를 수라트에 설립할 수 있었으며, 이곳을 중심으로 일부 상품이 직접 잉글랜드로 운송될 수 있게 되었다. 그러나 선적된 화물의 대부분은 인도의 동부 지역이나 다른 아시아 지역으로 운송해 판매하기 위한 것이었다. 또 다른 중요한 무역 사무소는 코로만델 해안의 마실리파트남과 자와에 설립되었다. 1633년에 무굴 제국이 동인도에서 주요 교역 도시였던 벵골 지방의 후글리에서 포르투갈인들을 축출했을 때, 잉글랜드인과 네덜란드인들은 제국의 곡창으로 알려져 있으며 무굴 제국의 직물 생산 중심지가 될 한 지역에 무역을 위한 구조를 구축할 수 있었다.[178]

영국과 네덜란드의 동인도회사가 조직했던 무역구조는 16세기와 17세기에 근본적으로 달라지지 않았다. 늘 무역 사무소 본점들은 인도의 한 항구 혹은 항구 근처에 자리를 잡았으며, 지점들은 주문받은 상품의 생산지 근처인 내륙에 위치해 있었다. 본점들은 각각 서로 독립성을 지니고 있었지만, 늘 서로 협력했다. 네덜란드 동인도회사는 18세기 후반에 영국 동인도회사가 주도권을 장악할 때까지 특히 수라트, 코친, 풀리캇Pulicat, 나가파티남, 마실리파트남, 후글리에 뿌리를 내리고 있었다. 그러나 사실 네덜란드 동인도회사는 자와에 핵심 거점을 갖고 있었기 때문에 인도아대륙에 다른 핵심 거점을 찾을 필요는 없었다.[179] 이런 관점에서 보면 영국 동인도회사는 이러한 핵심 거점을 가지고 있지 않아 인도 내륙에 뿌리를 내리는 데 전력을 기울였으므로 불가피하게 역동성을 발휘했다. 그 밖에도 영국 동인도회사는 지역 상인들에게 비용을 지급하지 않고 직접 지역 거래를 장악하려고 했다. 1639년에는 영국인들이 마드라스를 정복했으며, 1665년에는 봄베이가 잉글랜드 왕의 소유에서 동인도회사로 넘어갔고, 1696년에서 1699년에는 캘커타에 요새가 건설되었다. 동인도회사는 지역 제후들의 간섭 없이 무역을 추진하고자 했기 때문에, 1687년에서 1689년에 심지어 무굴 제국과 전쟁을 치르기로 결정하기도 했다. 물론 그들은 이 전쟁에서 패배했지만, 지역 무역에 적극적으로 가담하려는 그들의 노력은 이로 인해 위축되지 않았다.[180]

18세기에 인도의 대외무역은 현저하게 팽창했다. 이는 무엇보다 네덜란드인, 잉글랜드인, 프랑스인들이 참여했기 때문이다. 프랑스인들은 1730년대에 인도양에서 주목할 만한 무역 국가로 발돋움했다.[181] 인도에 정착하려는 그들의 첫 시도는 다른 국가들이 이미 여기서 무역을 장악하고 있었기 때문에 어려움을 겪었다. 1671년에 중무장한 프랑스 함대가 수라트에 도착했지만, 다른 국가들과의 치열한 경쟁 때문에 그들의 입지를 강화하는 데 실패했다. 그렇지만 1673년 비자프루 왕국에 속한 폰디체리 항구가 프랑스의 수중에 들어왔으며, 이곳은 훗날 이 지역에서 프랑스인들의 활동 거점이 되었다. 장기적으로 볼 때 프랑스 무역 회사는 국왕에게 전적으로 의존하고 있었으며, 경제적인 고려에서보다는 정치권력적 판단에서 설립된 것이었기 때문에 프랑스인들은 이곳에서 주도권을 장악하는 데 실패했다.

유럽 국가들은 현지에 무역 사무소를 설립하는 것 외에 해안 봉쇄와 같은 전략도 추구했다. 유럽인들이 무굴 제국의 지배하에서 활동해야 했던 곳에서는 현지인들의 선박을 봉쇄하는 것이 육지에서 그들이 처한 열세를 극복하는 방법이었다. 대부분 세금을 둘러싸고 무역 사무소와 무굴 제국 대리인 사이에 발생한 빈번한 갈등에서, 무굴 제국의 대리인들은 우선 유럽인들의 무역 사무소에 생활필수품이 공급되지 못하도록 방해했다. 그러자 유럽의 전함들이 그에 맞서 항구를 봉쇄했던 것이다. 하지만 양측은 모두 이 문제를 신속하게 유혈 사태 없이 해결하려고 했다.

이러한 갈등 상황에서는 잉글랜드의 무역 사무소를 통해 진행되던 인도 교역도 중요한 역할을 했다. 1717년에 잉글랜드인들은 델리 궁정으로부터 특허장을 받았는데, 이는 1년에 3000루피를 납부하는 조건으로 그들의 상품을 무관세로 제국 각지로 실어 나르는 것을 허용해 주는 것이었다. 현지의 인도인들은 이제 영국 동인도회사로부터 관련 허가증을 발부받아 국내의 조세제도를 피해 갔다. 1710년에서 1760년까지의 시기는 동인도회사가 별다른 제한과 간섭 없이 인정된 성장과 지속적인 번영을 이룬 시기라고 파악할 수 있다.

남아메리카에서 은광이 발견되지 않았다면 아시아에서 유럽 국가들의 무역 활동은 불가능했을 것이다. 유럽의 화폐 유동성, 즉 유럽에서 화폐가 통용되기 시작한 것과 대륙 간 무역의 등장 사이에는 밀접한 관계가 존재한다.[182] 물론 아시아와 유럽 사이에 무역 불균형이 존재했기 때문에 잉글랜드에서는 상품이 수입되고 대량의 은이 외국으로 유출되는 것이 잉글랜드 경제를 불안정하게 만드는 원천이 될 수 있다는 우려가 제기되었다. 대량의 귀금속이

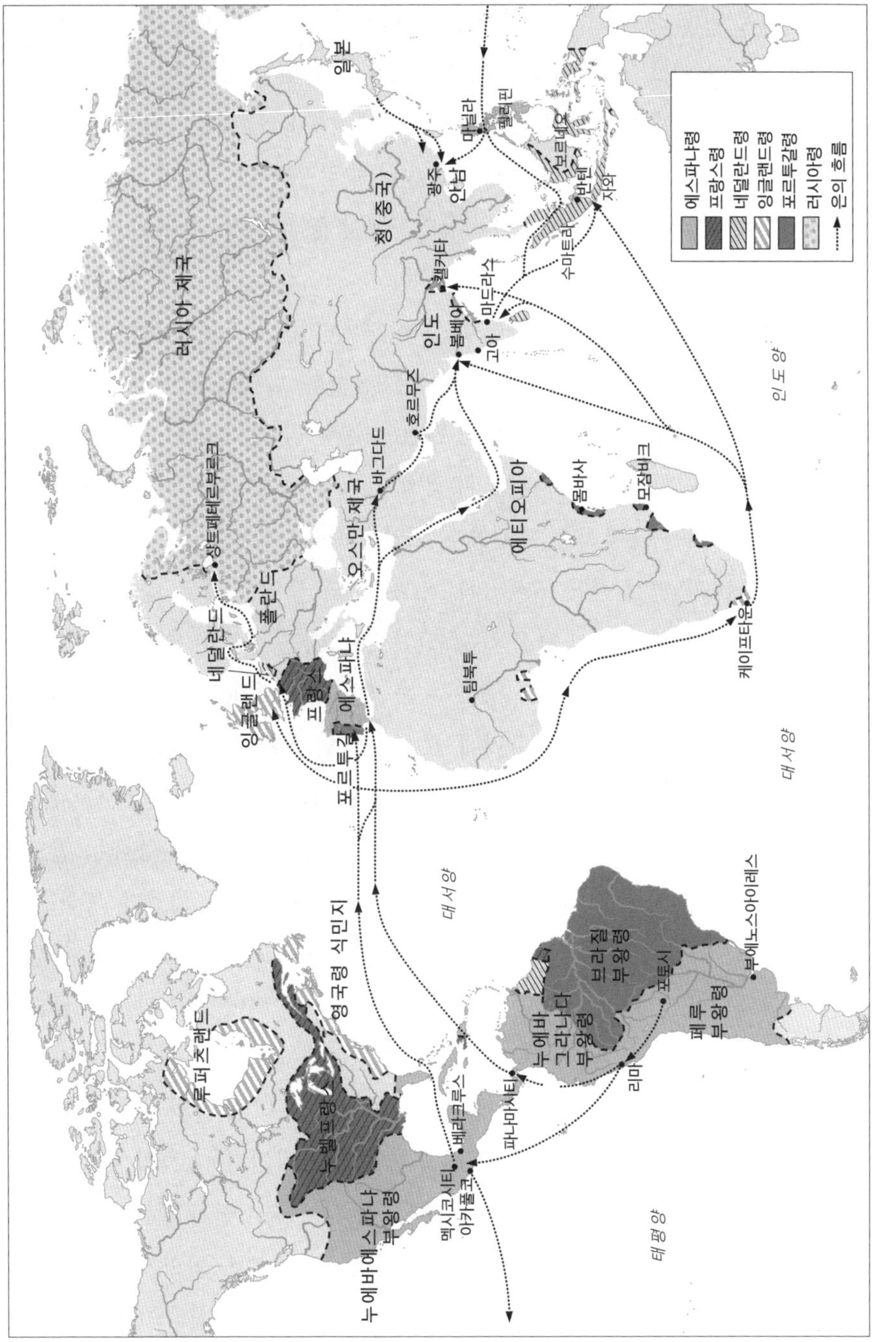

——초기 근대 세계에서 은의 유통 경로.

유입된 것이 인도 경제에 어떤 영향을 미쳤는지는 아직 제대로 된 연구가 없다. 몇몇 학자에 따르면 은이 지나치게 대량으로 유입될 경우에 예상되는 경제적 효과가 아시아에서 금과 은으로 된 사치품 수요 증가를 통해 중화되었다. 지금까지는 인도의 가격 변동도 귀금속의 수입량도 인도 화폐의 필요량도 명백하게 밝혀지지 않았다. 물론 은이 인도에서 중국으로 수출되는 일이 많았다는 사실은 알려져 있다.

네덜란드 동인도회사는 상품을 유럽에 판매하는 것에서 나오는 수익 외에 향신료를 인도로 수입해 추가적인 수입을 올렸다. 반면에 영국 동인도회사의 유일한 추가 수입원은 철, 아연, 납 같은 비정련 금속, 그리고 유럽산 일부 사치품의 판매였다. 인도와 유럽의 무역에서 가장 중요했던 문제는 늘 귀환 화물선의 운송비를 조달하는 문제였다. 이익은 무엇보다 인도산 상품을 고국에 수입함으로써 얻어졌다. 16세기에 포르투갈의 무역은 주로 검은 후추를 포르투갈에 수출하는 데 바탕을 두고 있었으며, 이는 상당히 수익성이 높은 사업이었다. 아시아에서 후추를 구하는 작업은 그리 복잡한 구조나 특별한 경험이 필요한 일이 아니었고, 유럽에서는 이를 위한 시장이 여러 곳에 확립되어 있었으며, 이에 관심을 가진 집단도 많이 있었다. 후추는 유럽으로 가는 항해에서 선박의 안정을 유지해 주는 바닥짐으로도 기능했다. 나중에는 인도산 직물이 후추의 자리를 대체해 가장 많이 수출되는 상품이 되었다. 특히 잉글랜드인들은 고급 면직물과 무늬를 찍은 직물을 자국과 북아프리카의 시장들에서 판매했다. 17세기 말에는 직물 시장이 잘 정착되어 고가의 직물들도 판매되었으며, 곧 이들 상품이 시장 수요를 결정하게 되었다. 다음으로 중요한 인도산 수출품은 인디고, 질산염, 벵골산 생사였다. 특히 질산염 무역은 네덜란드와 잉글랜드의 군사전략과 밀접하게 관련되어 있었다. 질산염은 당시에 급속히 성장하던 분야인 화약 생산에서 핵심이 되는 요소였기 때문이다.

유럽과 인도 사이의 무역은 영국과 네덜란드의 동인도회사가 제도적으로 정착하면서 비로소 대폭 상장했으며, 그 밖에 유럽 상인들의 개별적인 무역 활동을 통해서도 경제적인 경쟁이 활발하게 전개되었다. 이제 유럽인들은 이전에는 인도 상인들이 지배했던 많은 무역 분야를 장악했다. 전통적인 유럽식 회사 형식이나 전통적인 아시아식 회사 형식과도 다른 일종의 법인 안에 무역업을 조직한 것은 혁명적이었다. 두 동인도회사는 오래전부터 시간이나 사람의 임의성에서 독립적인 회사 시스템을 구축하는 데 큰 가치를 부여해 왔다. 따라서 수입 상품은 표준화되어야 했으며, 품질 관리가 도입되었고, 정기적인 배송 일정도 합의를 통해 진행되었다. 이 모든 것은 인도 시장에서는 전혀 생소한 것이었으며, 특히 상품의 양과 계약 체결과 관련된 사항은 특히 그러했다. 이러한 방식의 거래는 대부분 선불을 토대로 이루어졌으며, 이는 직조공이나 상인 모두에게 일정 부분 신뢰감을 주었다. 하지만 거래는 상인들이 직조공과 직접 접촉하는 방식보다는 중개인을 거치는 방식으로 이루어졌다.

유럽인들과의 무역이 인도의 통치자에게 의미를 가진 규모에 도달한 것은 18세기 중반에 들어와서다. 이때가 되면 궁정 수입의 커다란 부분이 무역회사와 개인 무역업자들에게서 거두는 세금에서 나왔다. 특히 무굴 제국에서 가장 부유한 지역이던 벵골 지방에서 무역은 확대일로에 있었다. 이곳에서는 특히 직물 산업이 유럽인들의 구매에 힘입어 많은 수익을 올렸다.[183]

4 18세기 전반기의 남아시아와 인도양

남아시아는 무굴 제국의 황제 아우랑제브가 사망한 1707년에서 영국인들이 벵골을 점령한 1757년까지의 시기에 점차적인 전환기를 경험했다. 무굴 제국은 이전에 자신들이 이럭저럭 중앙집권식으로 관리해 왔던 넓은 영토의 많은 부분을 더는 통치할 수 없었다. 하지만 그렇다고 해서 무굴 제국이 해체되었다거나 독립된 여러 지역으로 분열된 것은 아니었다. 무굴 제국은 몇 가지 권리를 이양해야 했지만, 한 가지 예외를 제외하면 여전히 종주권을 계속 보유했다. 이제 독립적으로 움직이는 모든 제후들이 공식적으로는 계속 무굴 황제의 종주권을 인정했던 것이다. 이 단계에는 제국의 '몰락'을 이야기할 상황이 전혀 아니었다. 왜냐하면 이 당시의 남아시아에서 유럽인들이 만났던 것은 라인하르트 슐체Reinhard Schulze가 말했듯이 "경제적 번영과 뚜렷한 인구학적 성장, 내적인 사회 분화 과정, 정치 기구들의 등장, 그리고 상업화와 농업 활동, 도시화가 하나의 복잡한 관계망으로 얽혀 있는 사회"였다. 그뿐 아니라 유럽인들은 이곳에서 "세속적인 지식과 종교적인 지식을 구분하는 문화적 재해석 모델, 그리고 예를 들어 '재再유목민화'라는 맥락에서 새로운 형태의 사회 통합으로 이끈 특이한 사회적 변천 과정" 등도 발견할 수 있었다.[184] 이처럼 무굴 제국의 변화를 마이클 만Michael Mann의 말에 따라 자세히 살펴보면, 그것은 '퇴행성 몰락'이 아니라 오히려 '혁신적인' 변화였다. 이 변화는 중앙집권적인 제국 연합에서 느슨한 형태의 연방 국가로 변해 가는 과정이었는데, 이는 경제적·행정적 몰락과는 무관하게 진행되었다. 만은 이렇게 서술한다. "오히려 몰락과는 정반대였다. 근본적으로 영토의 지역적 재배치는 무굴 제국 구조의 지속과 재조직을 뜻했으며, 무굴 제국의 구조는 새로 등장한 영토 국가들에서 그것이 내적인 힘을 갖고 있다는 사실을 보였을 뿐 아니라 새로 성립된 왕조를 공고화하는 데 본질적으로 기여했기 때문이다."[185] 벵골 지방에서 영국인들이 성공을 거두기는 했지만, 19세기 초에 가서 동인도회사와 영국이 남아시아에서 주도권을 가진 국가로 대두할 것이라는 사실을 17세기 후반이나 18세기 중반에는 아무도 예측할 수 없었다.

무굴 제국도 궁극적으로는 가부장적 국가였기 때문에 그러한 지배 구조를 가진 국가들이 전형적으로 갖고 있는 취약점을 보였다.[186] 이러한 문제 가운데 일부는 이미 앞에서 언급했다. (1) 중세적인 인도 촌락공동체의 구조 및 무굴 제국의 중앙과 지역의 행정조직과 밀접한 관계에 있는 자기르다르 제도의 쇠퇴. (2) 빈번한 농민 봉기 및 부족 반란. (3) 18세기에 농촌 주민들 사이에서 발생했던 새로운 종류의 봉기. (4) 지방과 지역 모두의 차원에서 직접세 징수 분야에 대한 금융기관들의 점차적인 개입 증가. (5) 봄베이, 마드라스, 폰디체리, 찬다나가르, 캘커타와 같은 새로운 무역 중심의 등장과 함께 일어난 대외무역의 근본적인 전환. 그뿐 아니라 물자와 인력 교환의 형태를 지니면서 도시와농촌 사이의 관계 강화와 함께 진행된 지역 차원의 경제활동 강화, 데칸 남부와 비하르, 벵골, 구자라트와 마하라슈트라의 일부 지역에서 진행된 농업의 상업화와 수익 창출, 재정 개혁을 통한 중앙집권식 세금 징수(이것은 자발적인 권리 포기와 넓은 지역에 대한 면세 지역화, 대토지에 대한 세습 소유권 등장과 함께 일어났다.)와 같은 요인들도 있었다.[187]

정치적으로 보아 1716년에서 세기말에 이르는 시기에는 우선 새 권력 구조를 정착시키고 자체적인 통치를 확대해 가는 무수한 시도가 있었으며, 이들이 대부분 성공적이었다는 특징을 보인다. 무굴 제국이 군사적으로나 구조적으로 취약점을 갖고 있었다는 것은 단 20년 안에 이란에서 온 군대가 두 번이나 무굴 제국의 수도를 점령했다는 사실이 상징적으로 보여 준다. 첫 번째 원정에서 페르시아 아프샤르 왕조의 창시자인 나디르 샤(재위 1736~1747)는 1730년대 말에 가즈나, 카불, 페샤와르, 신드, 라호르를 거치며 인도로 향했다.[188] 1739년 2월 13일에 그는 카르날 부근에서 벌어진 전투에서 무굴 황제의 군대를 격파했다. 그는 부대의 선봉에 서서 여세를 몰아 델리까지 진격해 도시를 불태웠다. 무함마드 샤(재위 1720~1748)는 그에게 자비를 베풀어 달라고 간청해 결국 이란 군주는 엄청난 전리품(거기에는 '공작 왕좌'나 코이누르[19]도 포함되었다.)을 가지고 고향으로 돌아왔다.

나디르 샤가 죽은 후 아프가니스탄에서는 아흐마드 샤 두라니Ahmad Shah Durrani(재위 1722~1772)가 제국을 건설할 수 있었다. 이 제국은 이란의 북동부, 투르크메니스탄 동부, 전체 파키스탄과 인도의 북서부에까지 펼쳐 있었다.[189] 아프간인들은 1750년부터 반복해 인도 북부 지방에 침입하려고 시도했다. 그들은 1757년에 델리를 정복하고 약탈했으며, 1761년의 파니파트 전투에서 마라타족을 물리치는 데 성공했다. 그들은 명목상 무굴 황제의 통치 주권을 인정했지만, 앞으로 펀자브, 신드, 카슈미르의 지배권은 자기들에게 있다는 조건하에서였다. 1772년에 아흐마드 샤 두라니가 죽자, 두라니 제국은 그들의 수도를 칸다하르에서 카불로 옮기고 페샤와르는 겨울 기지로 활용했다.

그러는 동안 마라타인들은 바지 라오 1세Baji Rao I(재위 1720~1740) 통치기에 그들의 세력권을 크게 확장하는 데 성공했다.[190] 말와, 구자라트, 라자스탄, 벵골, 오리사 등이 병합되었다. 이때 마라타 왕국의 지배 구조는 체계적으로 조직된 지배 구조와 행정조직을 갖추지는 못했으며, 차라리 다양하지만 같은 목적을 가진 집단들의 느슨한 연합체와 같은 성격이었다. 그들이 아프간에 패배했을 때 이는 마라타 왕국을 결정적으로 약화시켰다기보다는 영국인들이 이 지역에 정착하는 것을 도운 측면이 강했다. 마라타 왕국은 발라지 바지 라오Balaji Baji Rao(재위 1740~1761)와 마드하브 라오Madhav Rao(재위 1761~1772) 치하

19 소유자는 세계를 지배하지만 남성에게는 불운을 가져온다는 전설이 있는 다이아몬드. 현재는 영국 왕 엘리자베스 2세Elizabeth II의 왕관에 붙어 있다.

에서 계속 팽창했다.

침략을 통해 펀자브 지방에 형성된 권력 공백은 18세기 전반기에 여러 차례의 작은 전투를 통해 두라니 제국과 지역의 무슬림 집단들을 굴복시킬 수 있었던 시크인들이 채웠다.[191] 아우랑제브와 그의 후계자들의 추적에 맞서기 위해 시크인들은 독자적인 군대를 조직했는데, 시간이 흐르면서 이 군대들로부터 규모와 조직, 세력이 서로 다른 다양한 열두 개의 제후국이 탄생했다. 이들은 서로 번갈아 가면서 무굴 제국을 상대로 일종의 게릴라전을 치렀다. 이런 과정을 겪으면서 제대로 된 시크 제국이 수립될 수 있었던 것은 1801년 무렵이었다.

인도아대륙 북부의 상황을 보면 페르시아 출신인 시크 총독이 아와드에서 중앙정부가 가진 구조적 취약점을 이용해 1720년대 이래로 광범위하게 자치를 누리고 있었다.[192] 사다트 칸 부르한 알물크Sa'adat Khan Burhan al-Mulk(재위 1722~1739)와 그의 후계자 사프다르 장Safdar Jang(재위 1739~1754)의 치하에서 시아파 이슬람이 공식적인 종교로 도입되었으며, 행정과 조세제도가 중앙집권화되었다. 파이자바드가 수도로 지정되어 매우 활발한 지적·경제적 중심지로 발전했다. 세기 전환기에 이 지역에는 영국인들의 영향력이 점차 증가했는데, 1764년 북사르Buxar 전투 이후에 슈자 아드다울라Shuja ad-Daula(재위 1754~1775)는 영국의 세력을 대폭 인정해야 했다.

동인도회사는 이미 벵골 지방에 자리를 잡았다. 1704년 이래로 그곳에는 시아파 이슬람으로 개종한 브라만이던 무굴 제국의 영주 무르시드 쿨리 칸Murshid Quil Khan(1725년 사망)이 무르시다바드를 중심으로 실질적인 지배권을 행사하고 있었다.[193] 그는 무굴 제국의 수많은 성직록聖職祿을 해체하고 세금과 기부금을 현금으로 납부하도록 전환했다. 특히 알리바르디 칸Alivardi Khan(재위 1740~1756) 치하에서 무굴 총독의 벵골 지배는 한층 공고해졌다. 그는 마라타 왕국과의 전투에서 승리했지만, 그의 후계자인 시라지 아드다울라Siraj ad-Daula는 1757년 6월 23일[194]에 벌어진 플라시 전투에서 로버트 클라이브Robert Clive(1725~1774) 경이 이끄는 영국 군대에 패배했다. 프랑스 군대가 그를 지원해 주었지만 소용이 없었다. 이 승리는 영국 역사에서 벵골에 대한 영국 동인도회사의 지배가 시작하는 시점으로 간주되었으며, 지금도 여전히 그렇게 기록되고 있다.

다른 경우들과 마찬가지로, 델리의 무굴 제국 중앙정부와 하이데라바드에 자리 잡고 있던 데칸 총독인 니잠울물크Nizam-ul-Mulk(1671~1748) 사이의 실질적인 관계는 18세기 초에 점점 해체되었다.[195] 니잠울물크가 1724년부터 독자적인 왕조의 이름으로 다스리던 지역은 전체 고원 지대에 펼쳐 있었으며, 코로만델 해안에 있던 동인도회사나 프랑스인들의 관심 지역과는 경계를 두고 있었다. 새로운 권력자는 행정조직을 개혁하고 짧은 시간에 자신의 통치를 공고화한 결과, 당분간 내적으로나 외적으로 안정된 시기를 유지할 수 있는 기틀을 마련했다.

남인도에서는 비자야나가르 제국이 우위를 차지하던 시기에 마이소르 주변에 와디야르 왕조가 이끄는 통치 연합체가 형성되었다.[196] 17세기에 그들은 오늘날 카르나타카와 타밀나두 지역에서 더 넓은 영토를 차지하는 데 성공해 지역의 지배적인 세력이 되었다. 칸티라바 나라사라자 2세Kanthirava Narasaraja II(1714년 사망)는 1704년에 권좌에 오른 후에 무굴 제국으로부터 명목상의 주권을 인정받아 자신의 통치를 확립하고 발전시킬 수 있었다. 몇 차례에 걸친 외우내환이 있었지만, 그의 후계자인 크리슈나라자 와디야르 1세Krishnaraja Wadiyar I(재위 1714~1732)와 차마라자 와디야르 6세Chamaraja Wadiyar VI(재위 1732~1734), 크리슈나라자 2세Krishnaraja II(재위 1734~1766)는 이러한 발전을 성공적으로 지속시킬 수 있었다. 1750년대에는 마라타 왕국에 맞서 성공을 거둔, 카리스마를 가진 군 지도자였던 하이데르 알리Haider Ali(1782년 사망)가 실질적으로 마이소르에서 권력을 장악했다. 지금까지의 군주들과 달리 그는 무슬림이었다.

* * *

14세기보다 훨씬 이전부터 선원과 상인들, 순례자와 이주민들이 새로운 상품이나 새로운 영토 또는 거주지를 찾아 인도양을 건너왔다. 이러한 끊임없는 인구 이동이 한 세기가 넘게 지속되면서 인도양은 수많은 교역망으로 연결된 상호 교류의 공간으로 바뀌어 갔다. 그 교류에서 가장 중심에 있었던 것은 우선 상인들의 활동, 특히 원거리에 걸친 상품의 수입, 수출, 운송이었다. 이러한 상업 활동은 물론 지식과 종교, 가치관들의 활발한 교류도 수반했다. 이러한 방식으로 인도양은 복잡한 구조를 가진 경제적·사회적·정치적 활동 공간으로 발전해 가면서 직접적이든 간접적이든 유럽, 아프리카, 아시아의 모든 지역과 연결되었다.

하나의 단위로서 남아시아와 인도양의 역사는 경제사적으로 볼 때 가장 효과적으로 파악될 수 있다.[197] 물론 이 지역의 역사는 '여행의 개념'[198]이라는 맥락 안에서 환경사적 관점이나 이주, 인구 이동성 혹은 갈등을 배경으로 파악하는 방법도 있다. 하지만 지금까지는 이 지역들에 대해 앞서 언급한 방식으로는 아직 충실한 연구가 이루어지지 않았다. 그러므로 우리는 일단 교역 문제에 집중해 보는 것이 좋을 듯하다. 우리가 다루는 시기를 잘 살펴보면, 상품이 운송되는 거리가 멀고 가까움에 따라 근본적으로 세 개의 차원에서 교역이 이루어졌음을 알 수 있다.[199]

첫째, 인구밀도가 매우 희박했던 지역을 제외하면, 남아시아와 인도양 주변의 모든 지역에서는 촌락과 지역 중심 도시들 사이에서 혹은 한 지역의 촌락 집단과 다른 지역의 촌락 집단들 사이에서 교역이 매우 활발하게 이루어졌다. 이런 가장 낮은 차원에서 이루어진 상품 교역에서 연결 고리는 주말 시장 혹은 여러 지역을 돌아다니는 행상들이었다. 농산품, 산업용 원자재, 직물, 그릇 등이 이러한 교환경제의 주요 대상이었다. 이러한 방식의 교환경제가 이루어진 범위는 도보나 매우 느린 속도의 운송 기구로 하루에 도달할 수 있는 정도의 거리, 즉 기껏해야 약 20킬로미터에서 30킬로미터를 넘지 못했다.

둘째, 이러한 기본적인 거래보다 한 단계 높은 차원에서는 더 넓은 지역에 걸쳐 대부분 대상인이나 대규모 시장에 의해 이루어진 지역 간 교역이 있었다. 이 단계의 교역에 도달한 상품들은 지역의 기후나 특별한 지리적 환경 때문에 농산물이나 공업 생산품들의 수급이 매우 제한적이던 지역의 수요를 충족해 주었다. 이들 지역 사이의 거리는 일정치 않고 차이가 많았지만, 상품들은 대개 육로와 강, 바다를 통해 운반되었다. 예를 들어 중국의 북부 지방 도시들에서 출발해 고비사막을 횡단한 낙타 대상들은 투루판, 우루무치 또는 쿨자에서 그들이 가져온 짐을 풀었다. 이어서 이들 도시의 바자는 중앙아시아의 다른 북부 지역 혹은 서부 지역들에 이들 물품을 공급했다. 상인들은 매년 수천 킬로미터의 거리를 오갔지만, 그들은 한 지역의 교역망에만 속해 있었다. 무스카트에서 구자라트의 항구도시에 이르는 1800킬로미터의 바닷길을 통해 육로보다 훨씬 안전하고 신속하게 자신들의 상품을 운반했던 상인들도 이들과 같은 범주에 속해 있었다.

셋째, 이 차원은 근대 초의 전형적인 지역 간 교역 형태로 부를 수 있다. 이 차원의 상품 교역은 초국가적인 규모에서 이루어졌으며, 거래된 특정 상품의 성격에 따라 매우 뚜렷하게 특징지어졌다. 이 차원의 교역에서 원거리로 운반된 상품은 전 세계적으로 선호된 귀한 상품인 비단, 금란, 고급 면사, 도자기, 보석, 향신료, 우수한 혈통의 말 등이었다. 나아가 대륙 간 교역에는 두 가지 특징이 있었다. 우선 상인들은 앞에 언급된 것과 같은 선호 사치품들을 선적하면서 혹시 발생할지 모르는 손실의 위험을 줄이기 위해 늘 대중적인 상품들도 실을 필요가 있었다. 다음으로 상품을 구입한 시장과 판매할 시장이 엄청나게 멀리 떨어져 있기 때문에 중국과 동남아시아 혹은 인도에서 동지중해 지역과 서지중해 지역으로 오는 상품들의 운송은 지역의 화물 집산지에서 관리했다. 상품들은 이들 집산지에서 작은 단위로 분할되거나, 한 묶음으로 중간상인에서 다음 중간상인에게 전달되었다.

15세기까지 남아시아와 인도양의 주변 지역에서 이루어진 교역의 규모와 양적 측면을 파악하는 것은 거의 불가능하다. 불행하게도 상인 조직들은 개별 상인들과 마찬가지로 그들의 장부와 문서들을 제대로 보관하지 않았다. 복식 장부[20]를 작성하는 시대가 오기 이전에 손익은 고도로 숙달된 동시대인이 그저 시중에 떠돌아다니던 사업 장부에 기재함으로써만 계산할 수 있었

20 기업의 자산과 부채의 증감 및 그 과정과 결과를 차변과 대변으로 나누어 기록하는 장부다.

다. 그러나 이 자료들은 이제 우리에게 남아 있지 않다. 유럽에서는 1494년 이래로 프란치스코 수도회의 이탈리아인 신부인 루카 파치올리Luca Pacioli가 저술한 책을 통해 일종의 복식부기를 알고 있었다. 사람들은 여기에 매매가 이루어질 때마다 이를 각각 두 번씩 기록해 놓았기 때문에 이를 복식 장부로 불렀다. 한 장부에는 기본적으로 자산과 부채가 기재되었으므로 각 사업의 상황이 서로 다른 계정이기는 해도 이중으로 파악되었고, 각각의 경우 정확한 가치가 자산과 부채 항목에 기재되었다. 또한 1426년 이래로 상품의 계정이 재고 상황으로서뿐 아니라 상품 판매 계정으로도 기재되었다는 사실이 밝혀졌다. 그러나 역사가들은 16세기에 관료주의적인 조직을 갖고 있던 유럽의 대형 무역 회사들이 등장할 때까지 유라시아 영역에서 상품이 어느 정도 교환되었는지에 관한 대략적인 사항도 거의 확인할 수 없었다. 그런데도 우리는 10세기 이래로 대륙 간 교역에서 교환된 대다수 상품은 매입되고 판매되었던 전체 물량에서 무시해도 좋을 만큼 극히 일부를 차지했을 뿐임을 인정할 수 있을 것이다. 인도양에서 몇 안 되는 항구만이 실제로 거대한 규모에서 수출품을 생산했으며, 대부분의 상품은 멀리 떨어진 육지로부터 해안에 위치한 상품 집산지로 운반되어야 했다. 노새나 낙타, 말과 소 같은 가축을 통해서든지, 혹은 바퀴 달린 마차를 통해서든지 상품의 운송은 쉬운 일이 아니었다. 어떤 거래든지 성공과 실패에 영향을 미치는 수많은 변수가 있었으며, 그 가운데 그 어떤 것도 상인이나 운송업자가 마음대로 결정할 수 없었다. 거래에서 실질적으로 이익을 얻을 수 있기까지 인도양의 선주들은 우연히 발생하는 변수들이나 본래 체제에 내재되어 있는 각종 난관들을 극복해야 했다. 폭풍, 암초, 얕은 바다, 해적들은 항해자들이 넘어야 할 최악의 위험이었다. 배가 낯선 항구에 도착했는데 그곳에 고향으로 운반되어야 할 선적물이 충분치 않을 경우는 여기서 말할 필요도 없다.

앞서 살펴보았듯이 14세기 중반에서 18세기 중반까지 인도양과 남아시아에서 전개된 무역의 발전 과정은 수많은 정치적 격변과 참혹했던 흑사병, 그리고 유럽 무역 회사들의 진입에도 불구하고 궁극적으로는 단절적이었다기보다 꾸준한 연속성을 보여 준 것으로 특징지을 수 있다. 네덜란드 역사가 레너 바렌드서Rene J. Barendse는 매우 포괄적이면서도 상세한 연구를 통해 15세기에서 18세기에 걸쳐 인도양과 그 주변 지역에서 남아시아와 유럽이 어떻게 서로 영향을 주었는지를 설득력 있게 분석했다. 여기에서 바렌드서는 다른 연구 대부분이 강조하는 것과 달리 유럽의 역할에 이차적 의미를 부여했다.[200]

아시아와 유럽 사이의 관계는 매우 복잡하게 이루어졌기 때문에 이를 살펴보려면 이분법적 접근보다는 양자 사이에 존재했던 다양한 관계망들에 초점을 맞추어야 한다. 늘 변화에 열려 있으면서 적응력이 있던 경제적·사회적 관계망이라고 표현하는 것이 적절할 것이다. 남아시아가 직물, 후추, 설탕 같은 상품을 레반트와 북아프리카로 수출한 것이 양 지역 사이의 교역에서 기본적인 구조였다. 아프리카와 근동 지방을 연결한 곳은 스와힐리 해안이었는데, 그곳에서는 금, 상아, 노예가 직물, 무기, 도자기와 교환되었다. 이집트와 시리아는 여러 가지 관점에서 초지역적인 연결들이 이루어지는 심장부로서 기능했다. 인도양에서 이루어진 원거리 무역은 소규모의 해양 공간 내부에서 서로 연결되어 있던 무역로를 기반으로 했다. 이러한 무역 관계망은 서로 연결되어 있던 항구도시들 사이의 해상무역로가 계속 엮인 것과 같았다. 근대 초의 세계 체제가 근대의 세계 체제와 달랐던 점은 근대 초에는 헤게모니를 장악한 핵심 세력이 없었다는 점이다. 또한 비슷한 상업적 가치를 지닌 생산지가 도처에 많이 있었으며, 중심 역할을 하는 교역 중심도 여럿 존재했다는 사실이다. 나아가 위계적으로 조직된 생산 절차나 그 절차의 중심지도 없었다. 모든 지역은 각자의 규칙에 따라 스스로 알아서 활동했다는 것이다.

바렌드서가 주장한 이러한 사실을 토대로 해서 다음과 같은 열한 개의 테제를 정리할 수 있다.

(1) 근대 초의 이 지역 제국들의 역사는 각각 독립적으로 파악되어서는 안 되며, 오히려 제국들의 공존이나 상호 관계에 주목해야 한다. 이것은 인도 및 페르시아 문명의 관점에서뿐 아니라, 육로나 인도양을 통해 이루어진 다양한 교역과의 관계라는 측면에서도 그러하다.

(2) 경제적 발전은 세계 교역이라는 차원에서 이루어졌다. 세계 교역에서는

인도양과 남아시아뿐 아니라 유럽도 중요한 주역이었으며, 이들은 서로 밀접하게 연결되어 있었다. 지중해와 인도양은 각각 서로 분리해 파악될 수 없다.

(3) 생산품의 품목, 상업적 전통, 교역 경로의 관점에서 볼 때 16세기에는 단절보다는 연속성이 더욱 뚜렷하게 인식될 수 있다.

(4) 19세기의 태평양에서 발생한 사실들을 16세기에 투영해서는 안 된다. '장기' 19세기에 형성되었던 유럽의 헤게모니 역시 아메리카 대륙의 발견과 희망봉 항로 발견에서 시작된 목적론적 역사 발전 과정의 관점에서 이해되어서는 안 된다.

(5) 소비 패턴의 대폭적인 변화는 동인도회사들의 무역 활동 때문이 아니라 유럽 사회의 소비 행태가 변했기 때문이다.

(6) 남아시아의 통치 연합들과 그들의 교역은 시간이 흘렀는데도 정체되어 있던 것으로 평가될 수 없다. 오히려 많은 경우에 일종의 순환 사이클이나 거대한 역동성이 존재했다고 볼 수 있다.

(7) 인도양과 남아시아에서 국가와 교역은 농업의 경작 방식이나 조세제도, 해양의 역사, 항구도시들의 요구와 수요에 밀접하게 연결되어 있었다. 각 중심지는 무역에 커다란 영향력을 행사했다.

(8) 인도양은 단일한 교역 공간이 아니었으며 오히려 복잡한 구조를 가지고 있었음을 보여 준다. 다양한 생산품과 다양한 교역로를 가진 다양한 시장들이 존재했다. 다양한 네트워크들이 공존하면서 서로 중첩되기도 했다.

(9) 인도양과 남아시아에서 사업상의 교역에 참가했던 주체들의 경제적 행태는 철저히 합리적인 근거를 가지고 있었다.

(10) 맘루크 제국, 오스만 제국, 사파비 제국, 그리고 예멘의 라술 왕조는 지금까지 역사가들이 그들의 가치를 충분히 인정하지 않았던 중요한 주체들이었다.

(11) 이슬람은 무슬림 상인들에게 기호 체계를 제공했는데, 무슬림 상인들은 이를 통해 북아프리카와 남아시아 군도들 사이에서 문제없이 움직일 수 있었다.

동남아시아와 대양

라인하르트 벤트, 위르겐 G. 나겔

1350~1750

4

머리말

자연 공간적인 측면뿐 아니라 역사적이고 사회 문화적인 배경을 살펴볼 때 동남아시아와 대양들을 규정하는 특징은 언뜻 보면 다양성과 복합성인 것처럼 보인다. 하지만 4부에서는 이들 각 지역을 하나씩 소개하며 추가하는 방식으로는 서술하지 않을 것이다. 오히려 이 지역들을 서로 연결하는 요소들은 매우 뚜렷하기 때문에 지역 간의 차이점을 간과하지 않으면서 유사성을 강조할 것이다. 전체적으로 일련의 공통성을 가지는 공간으로서, 내적으로는 서로를 결속시키면서 외적으로는 경계를 설정하는 공간으로서 남아시아와 대양들이 뚜렷하게 드러날 것이다.

4부는 시간적으로는 14세기 중반에서 18세기 중반에 이르는 시기를 다룬다. 1350년의 아유타야 왕국 수립, 1377년의 믈라카 왕국 수립, 그리고 남아시아에까지 영향을 미친 1368년의 중국 명 왕조의 대두, 혹은 13세기 말로 추정되는 폴리네시아인들의 뉴질랜드 정착과 같은 의미심장한 시점들은 4부를 시작하는 흥미로운 출발점이 될 것이다. 하지만 대양들에 관해서는 바로 1350년을 기점으로 서술을 시작하는 것이 조금 문제가 있다. 대양이라는 공간에 관한 한 문화가 변화 없이 정체되어 있었던 것은 절대 아니지만, 변화의 속도는 다른 지역들보다 훨씬 느렸기 때문이다. 또한 대양에 관해서는 우리의

'하버드-C.H.베크 세계사' 시리즈 제2권에서도 다루지 않으므로, 1350년 이전의 시기를 살펴보는 것이 불가피하다. 마찬가지로 남아시아 해양 지역에 관해서도 1350년보다 조금 일찍부터 살펴볼 필요가 있다. 이 지역에서 인도의 영향을 받은 마지막 제국이던 마자파힛 왕국이 수립된 것이 1290년대이기 때문이다. 대양에 관해서는 역사적 기점으로서 제2의 대항해시대를, 특히 제임스 쿡James Cook 선장의 항해를 반드시 살펴보아야 할 필요가 있다. 그 밖에는 1750년을 넘어 제4권의 주제인 '현대 세계로 가는 길'과 관련된 시기도 간단히 다룰 것이다.

이러한 점들을 고려할 때 4부는 다음과 같은 두 부분으로 구분될 것이다. 1장과 2장에서는 전체적인 조망을 시도하면서 포괄적인 요인과 연결적인 요인을 분석한 후, 3장에서 5장까지는 다양한 부분 지역들을 살펴보게 될 텐데, 여기서는 한편으로는 당시 대두되었던 개별 제국, 그리고 다른 한편으로는 아직 국가가 덜 관리했거나 전혀 관리하지 않았던 공간들, 이 둘 사이에 존재했던 긴장 관계를 다룰 것이다.

전체를 조망하는 부분인 1장은 '공간과 문화'라는 제목으로 환경, 정치제도, 사회 체제, 종교, 예술적 표현 양식 등을 항목별로 체계적으로 서술할 것이다. 될 수 있는 한 이후의 서술에서 이 사항들이 반복되는 것을 피하기 위해서다. 2장은 공간을 그 전체 혹은 부분 안에서 연결하는 측면들을 살펴볼 것이다. 여기에서는 내부적인 발전뿐 아니라 외부로부터 그 공간에 가해진 자극들이 관심사다. 외적인 자극제로는 인도, 중국 혹은 이슬람에서 기원한 요인들뿐 아니라 순수한 유럽적 요인과 식민지적 요인을 포함한 유럽적 요인들에도 수목할 것이다. 두 방향에서 온 동력은 상호 접촉과 교환 과정을 촉진했으며, 이들은 이 공간 내부에 공통점을 창조해 냈다. 이러한 사실은 남아시아와 대양이라는 공간이 이 책에서 다루는 다른 공간들과도 밀접한 상호작용을 했을 것이라는 측면에도 주목하게 한다.

각 부분 지역들에 대한 서술에서는 동남아시아 대륙부, 동남아시아 도서부, 그리고 대양이라는 세 개의 거대한 공간이 (3장과 4장, 5장에서) 서술된다. 별도로 독립된 5장은 동남아시아에 중요했던 '동남아시아와 중국, 일본, 한국 사이의 관계'를 다룰 것이다. 각 장은 각각 다양한 제국과 문화들로 구성되어 시간 순서에 따라 서술된다.

1 공간과 문화

동남아시아와 대양은 대단히 이질적인 공간들로 구성되어 있다.[1] 거기에는 깎아지른 산악 지대도 있고, 광대한 태평양에 펼쳐진 산호초도 있다. 동남아시아의 원시림과 마찬가지로 오스트레일리아 심장부에 위치한 광대한 사막지대도 이런 예에 속한다. 육지와 섬, 평지와 산맥, 해안과 내륙이 극도의 대비를 이룬다.

동남아시아와 대양은 우리가 오늘날 환태평양Pacific Rim으로 부르는 지대에 둘러싸여 있다. 세계지도를 한번 펼쳐 보면 쉽게 알 수 있듯이 환태평양은 주로 바다를 통해 형성된 지역을 포함한다. 그것은 섬과 대륙을 나누지만, 양자를 연결하기도 하며 나아가 해양 민족들을 위한 생활공간을 구성한다. 대양은 지역 내부에는 결속을 촉진해 주고, 외부로는 무호를 개방해 주는 교통로를 형성한다. 바로 그러한 이유에서 데니스 롬바르드Denys Lombard와 앤서니 리드Anthony Reid는 적어도 남중국해 또는 동남아시아의 내해를 브로델식 의미에서 일종의 지중해로 이해하려고 했다. 궁극적으로 이 지역 어디서나 바다가 중요한 의미를 지니며, 어디에 가나 바다ocean가 있다는 사실은 '오세아니아Oceania'라는 이름에 잘 나타나 있다.

동남아시아는 북쪽에서 히말라야와 연결된 인도아대륙의 산악 지방이나 중국으로부터 구별되는 공간이다. 하지만 이라와디강, 짜오프라야강, 메콩강, 홍강 같은 거대한 강들은 이 지역들을 연결한다. 이 강들은 히말라야에서 발원해 북쪽에서 남쪽으로 향하는 계곡과 산맥들을 통해 동남아시아 대륙부의 특징적인 지형을 만든다. 이것들은 또한 동남아시아 대륙에서 가장 비옥한 지역에 속하는 광대한 습지대와 삼각주를 만들어 냈다.

말레이반도와 아시아 대륙을 연결하며 인도양과 남중국해를 분리시키는 좁은 육교인 끄라 지협은 동남아시아의 대륙부가 도서부로 넘어가는 지점이다. 두 지역에서는 기후적으로뿐 아니라 민족적·문화적으로도 매우 다른 환경이 발견된다. 동남아시아 도서부는 수만 개에 달하는 섬으로 이루어졌기 때문에 전체를 조망할 수 없는 세계다. 거기에는 아주 작은 섬들도 있고 지구상에서 세 번째로 큰, 대륙적 규모를 가진 보르네오섬도 있다. 수마트라, 자와, 순다 군도의 남쪽은 깎아지른 절벽으로 인도양을 향해 있으며, 필리핀 동부 해안은 태평양과 접해 있다. 그러나 북쪽과 서쪽으로는 산맥들이 점차 낮아져서 평평한 해안 지대로 이어진다. 높은 산이 평야 지대에 불쑥 솟은 경우가 흔하다. 보르네오섬에 있는 키나발루산은 4101미터로 동남아시아에서 최고로 높은 산이다. 이 산은 사바 해안에 거의 인접해 있다. 말레이반도, 수마트라, 자와, 발리, 보르네오, 필리핀, 다시 말해 동남아시아 도서부의 서부 지역은 생물지리학적으로 대륙부에 속한다. 빙하기에 해수면이 낮았던 시기에 육교를 통해 육지와 연결되던 지역이다. 동부의 섬들은 그렇지 않아 오세아니아나 오스트레일리아와 여러 가지 유사성을 갖는 지역이다. 동남아시아의 토종 식물들은 지역적으로 매우 다양한 원시림인데, 적도에서 멀어질수록 그 종의 풍부함이 감소한다. 조수 간만의 격차와 염분을 포함한 바닷물을 견뎌 낸 맹그로브[1]가 해안을 따라서 번성하고 있으며, 삼각주 지방에는 늪지대가 넓게 발달해 있다.[2]

태평양은 서쪽에서 동쪽까지 약 1만 2000킬로미터 거리에 펼쳐져 있다. 전체 면적은 1억 8000만 제곱미터에 달해 지구 표면의 3분의 1을 차지한다.

1 강가나 해변, 습지, 늪지에서 뿌리가 지면 밖으로 나오며 자라는 열대 나무다.

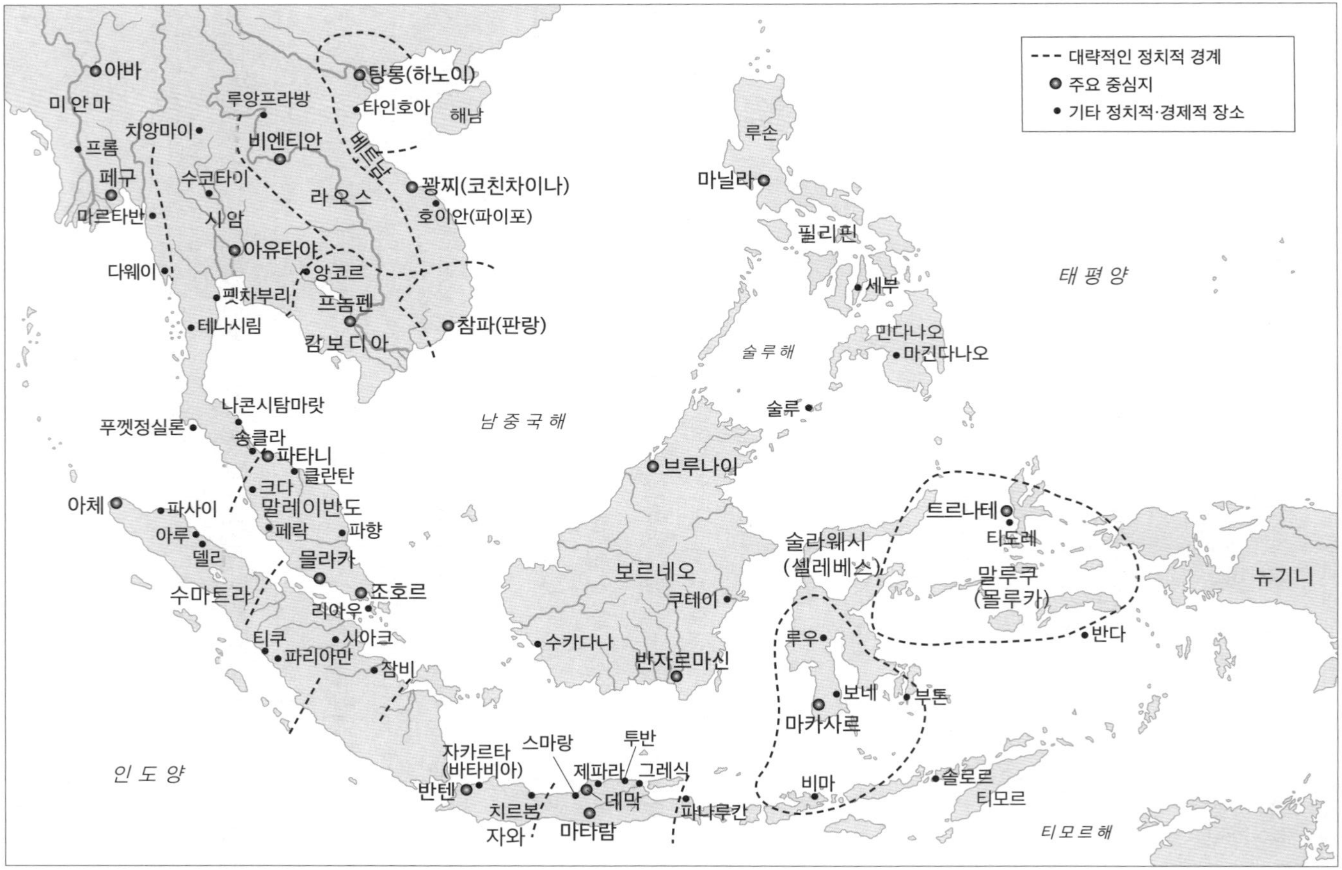

1600년 무렵, 동남아시아의 대륙부와 도서부의 정치적 중심지들.

그 넓은 지역에는 거의 대륙과 같은 규모의 육지 외에도 수많은 (크고 작으며 매우 작은) 섬이 있다. 뉴기니, 뉴질랜드, 누벨칼레도니(뉴칼레도니아)에는 모두 높은 산과 깊은 계곡, 넓은 평원, 폭이 넓은 강들이 있다. 1126킬로미터에 달하는 세픽강은 뉴기니를 관통하며 흐른다. 특히 뉴질랜드의 남쪽 섬들은 빙하와 만년설을 특징으로 하는데, 그곳의 산들은 높이가 4000미터가 넘는다. 어떤 경우에는 5033미터가 넘는 자와산처럼 원시림 위에 높이 솟아 있는 산들에도 눈이 내린다.[3]

오스트레일리아는 사실상 하나의 대륙을 이루는데, 유럽인의 시각에서 보면 제5의 대륙이다. 그 동쪽 끝이 태평양에 직면해 있는 그레이트디바이딩 산맥, 그리고 북동쪽에 높이의 차이가 거의 없는 다른 넓은 영역의 산맥들을 제외하면 오스트레일리아는 거의 고도의 변화가 없는 광대한 평원을 특징으로 한다. 대륙의 내부에는 바다로 흘러가는 강이 하나도 없다. 4부에서 다루는 지역들 가운데 가장 낮은 지방은 해수면보다 12미터나 낮은 소금 호수인 에어호에서 발견된다. 내륙 지방에 있는 사막들 외에도 오스트레일리아에는 관목지, 덤불, 거친 잔디뿐 아니라 기름진 해안 지대와 열대성 원시림도 존재한다.[4]

태평양의 섬들은 모두 화산 폭발로 형성되었다. 피지, 사모아, 타히티 또는 하와이 같은 화산섬들에서는 이것이 뚜렷하게 관찰된다. 그 섬들에는 높은 산들이 솟아 있는데, 사모아에서는 그 높이가 1844미터이며, 타히티에서는 심지어 2400미터에 달한다. 하와이에 있는 마우나케아산은 심지어 해수면 위 높이가 4205미터에 달한다. 오랜 세월에 걸친 침식작용은 깊은 계곡을 만들어 냈으며, 그 침전물이 씻겨 내려가면서 각각 폭이 다양한 평원을 형성했다. 땅은 비옥하고 지하자원이 풍부하며, 잦은 비와 그로 인해 형성된 개울과 하천들은 풍부한 수자원을 제공한다. 섬들은 대부분 암초에 둘러싸여 있어 섬에 접근하기 위해 배가 통과할 수 있는 지점이 많지 않았다. 항상 불어오는 거센 바람은 높은 섬들을 한편으로는 비가 잘 와서 삼림이 무성한 지대로, 다른 한편으로는 건조하고 식물이 잘 자라지 못하는 지대로 나눈다. 수백만 년이 흐르면서 침식이나 수면 상승을 통해 화산은 사라지고 암초만 남아

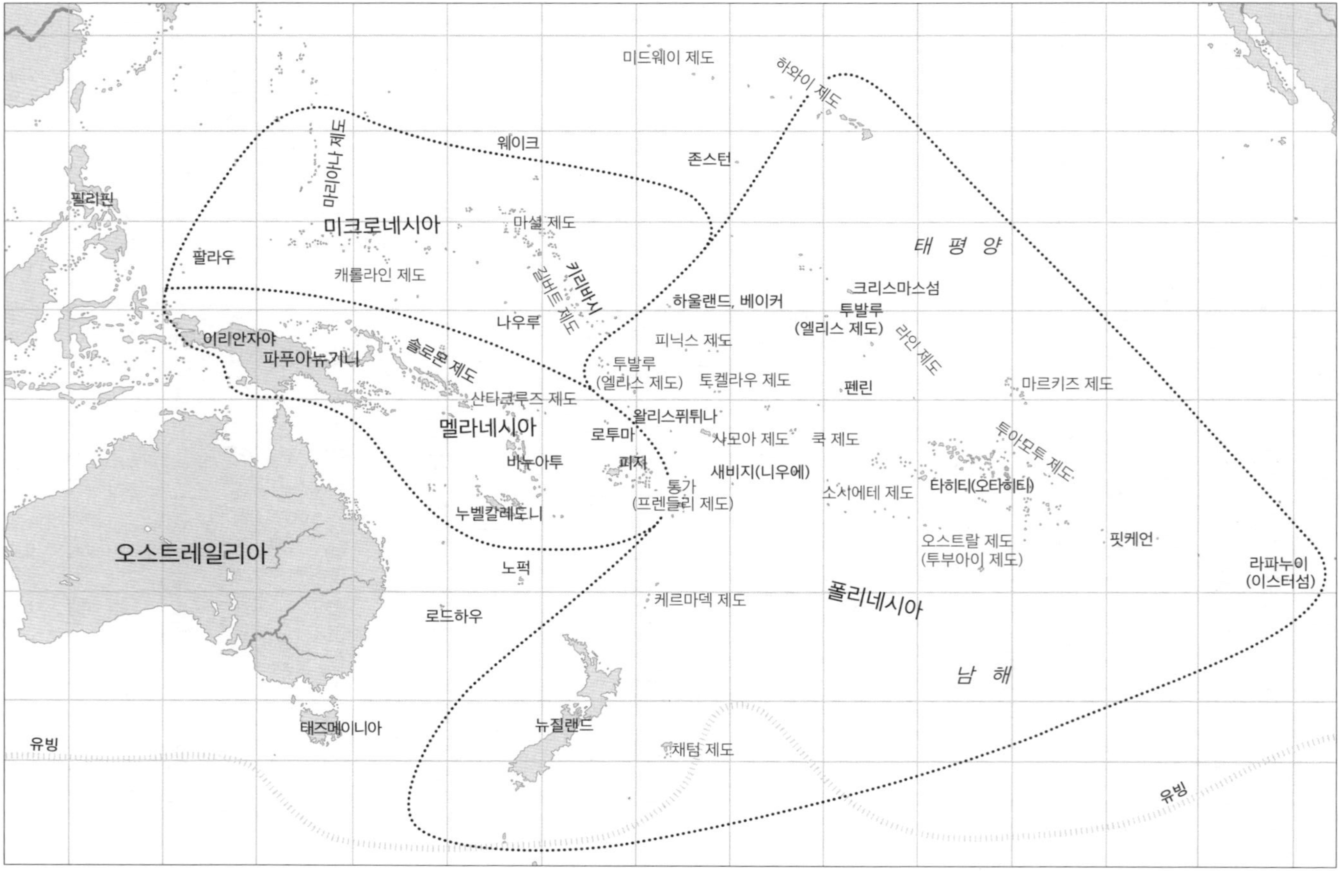

—— 태평양 연안의 주요 지역: 폴리네시아와 미크로네시아, 멜라네시아.

있다. 이 암초(모래톱)들은 산호가 증가하면서 계속 커졌다. 그리하여 평평한 환초가 형성되었는데, 이는 거의 해수면 위로 돌출되지 않았으며 둥근 고리처럼 석호潟湖를 에워싸는 모습을 이룬다. 어떤 암초들은 지진 활동에 의해 위로 융기해 제3의 형태를 가진 평평한 섬이 되었다. 환상 산호도와 낮은 섬들은 적도에서 멀리 떨어질수록 용수가 부족해 어려움이 있었다. 개울과 하천은 드물며, 담수의 원천은 근본적으로 보통 해수면 이하에서만 발견된다. 그렇기 때문에 썰물 때만 그곳에 도달할 수 있었다. 이 섬들은 특별히 비옥하지는 않아 서식하는 식물이나 동물 종류가 풍부하지 않았다.

동남아시아와 오세아니아는 거의 북회귀선과 남회귀선 사이에 있는 열대 기후대에 속한다. 무엇보다도 적도 부근은 온도가 높고 강수량이 많은 고온다습한 기후가 지배적이다. 그렇기는 하지만 기후는 고도와 지형에 따라 지역적으로 뚜렷한 차이가 있다. 적도에서 멀어지고 고도가 높아질수록 건조하고 비가 적게 내린다. 우기 혹은 몬순기와 건기 사이에는 그 차이가 큰데, 이는 계절에 따라 다양한 방향에서 불어오는 바람 때문이다. 적도 북쪽에서는 10월에서 4월까지 북동풍이 불며, 적도 남쪽에서는 북서풍이 불어온다. 그리고 5월에서 9월까지 적도 남쪽에는 남동풍이, 적도 북쪽에는 남서풍이 분다. 이 바람은 대양의 따뜻한 해면 위에서 습기를 흡수해 육지에 공급한다. 산이 구름의 이동을 멈추게 하는 지역에서는 특히 비가 많이 내리는 반면에, 바람이 들지 않는 곳에는 건조한 지역이 형성된다. 오스트레일리아라는 거대한 대륙은, 특히 내륙 지방은 낮과 밤 사이의 일교차가 매우 큰 대륙성기후를 보인다.[5]

화산과 지진 활동은 동남아시아와 오세아니아 지역을 특징짓는다. 그것들은 황폐화를 초래하기도 하고 비옥한 토지를 만들어 내기도 하면서 본질적으로 지역의 경관을 연출한다.

그것들 덕분에 태평양의 섬들이 형성되었으며, 필리핀의 마욘산에서 자와의 므라피산을 거쳐 뉴질랜드 북섬에 있는 타라나키산에 이르는 웅장한 화산 기둥들도 생겨났다. 이미 요리할 수 있을 정도의 온도와 에너지를 마오리족에 공급해 주었던 온천과 수증기는 특히 뉴질랜드의 지형이 보여 주는 특징이다.

기후, 재앙, 생태 환경

일상생활과 토지 경작은 오세아니아에서나 동남아시아에서나 늘 연속되는 우기와 건기의 순환 때문에 크게 영향을 받았다. 무역풍이 불어오는 주기 때문에 선박의 운항과 원거리 무역은 계절적인 리듬을 탈 수밖에 없었다. 이상 기후변동은 농업 생산에 막대한 지장을 초래할 수 있었으며, 주민들의 영양 상태를 악화시키고 정치적 위기까지 초래할 수 있었다. 14세기로 이래 세계 전역에서 뚜렷하게 느껴졌던 기온의 하락('소빙기') 또는 이른바 엘니뇨 효과도 그러한 결과를 초래했다. 엘니뇨가 발생했을 당시 동남아시아의 고기압은 태평양 동부 지방을 지배한 저기압과 결합해 12월에 페루 해안 지방에 갑작스러운 더위가 밀어닥치게 했으며, 대양의 서쪽에는 극도로 건조한 기후가 초래되었다. 이러한 현상은 여러 차례 연이어 반복되면 지역 생태계에 심각한 결과를 초래할 수 있었다. 예를 들어 베트남에서 발생한 소요 사태는 기후 이변 때문이며, 앙코르 왕국에도 기후변화는 왕국을 정치적으로 불안정하게 만드는 요인이었다. 리드와 빅터 리버먼은 동남아시아에서 17세기 후반부에도 이와 유사하게 기후변동으로 초래된 위기 징후를 찾고 있다.[6]

14세기에는 흑사병이 유라시아를 초토화하기 시작했다. 물론 동남아시아는 이 전염병의 영향을 간접적으로만 받아 별다른 피해는 발생하지도 않았으며, 오히려 발전의 동력이 될 수 있었다. 즉 이른바 비단길을 통한 교류는 병과 죽음으로 인해 크게 피해를 입었지만, 동남아시아인들은 지리적 위치 덕분에 이러한 상황에서 크게 이익을 얻은 것이다.

동남아시아와 오세아니아에서는 가뭄 시기 또는 홍수, 화산 폭발, 지진, 열대성 폭풍, 해일(지신해일)이 정기적으로 발생했다. 특히 해안 지대와 태평양의 낮은 섬들은 대부분 해일의 엄청난 위세에 무력하게 마주해야 했으며, 이는 지금도 마찬가지다. 태풍으로 발생하는 막대한 피해는 매우 빠른 풍속 때문만이 아니라 태풍이 물고 온 엄청난 양의 비 때문이기도 하다. 그러나 홍수와 화산 폭발은 중장기적으로 긍정적인 결과를 가져다줄 수도 있었다. 수마트라, 자와, 발리, 술라웨시, 필리핀에서는 용암과 화산암들에 의해 광물이 풍부한 토지가 형성되었다. 이와 마찬가지로 홍수는 거주지와 농토를 위협했

지만, 토양과 진흙을 가져다주어 비옥한 범람원을 만들어 내기도 했다.[7]

생태적 환경이 변화하는 데 결정적으로 작용한 요인은 당연히 인간이었다. 원래는 동남아시아 전체를 울창한 숲이 뒤덮고 있었다. 인간은 이 자원을 지나치게 이용했으며, 나무를 대단위로 벌목해 이 지역 생태 환경에 심대한 변화를 초래했다. 예를 들어 촌락으로부터 점점 더 먼 거리의 숲 지대까지 화전농법이 사용되어 처녀림을 경작지로 만들었다. 경작지가 마을에서 너무 먼 거리에 있자, 사람들은 거기서 가까운 곳으로 이주해 새로운 마을을 건설했다. 그들이 떠난 뒤에는 이차림二次林과 잡목만이 우거진 초원 지대만이 남았다. 인구가 증가하고 천연자원의 교환이 활발해지면서 이러한 발전은 촉진되었고 경작지는 점점 넓어졌다. 숲에서 얻을 수 있는 농산물과 목재에 대한 수요는 장기적으로 보아 자연 상태의 식물계를 크게 변화시켰다. 숲이 사라지자 토양은 영양분을 잃었으며, 토양 침식이 증가했다. 지역 간과 대륙 간에 식물이 교환되면서 새로운 종류의 식물들이 지역에 유입되었고, 그것들은 동남아시아의 생태 체계와 경관에 뚜렷한 흔적을 남겼다.[8]

수렵 및 채집 사회

동남아시아와 오세아니아는 지리적으로뿐 아니라 그에 못지않게 사회 문화적으로도 매우 다양하다.[9] 특히 뉴기니는 서로 고립된 채 사는 수많은 촌락 공동체가 서로 다른 종교적 신앙의 세계와 수많은 예술적 표현 양식을 발전시켜서 특별히 이질적인 특징을 잘 보여 준다. 여기서 다루는 공간에서는 평등주의적인 사회구조뿐 아니라 귀족적이고 중앙집권화된 사회구조도 발견된다. 내적인 동력과 외부의 영향력은 늘 반복해 사회적·경제적 변화를 촉진했으며, 다면적이고 유동적인 관계들을 태동하게 했다.

이 지역의 다양한 생태계는 인간이 떠돌아다니며 형성한 각종 수렵 및 채집 사회가 유지될 수 있는 생활공간을 제공해 주었다. 이러한 문화권의 인간은 활과 화살, 창 또는 바람총을 사용해 살아 있는 동물들을 사냥하며 살았다. 함정이나 올가미로 만들어진 덫도 마찬가지로 당시 인간들이 사냥할 때 흔히 사용하던 방법이었다. 그들은 맨손 또는 그물로 물고기를 잡았다. 곤

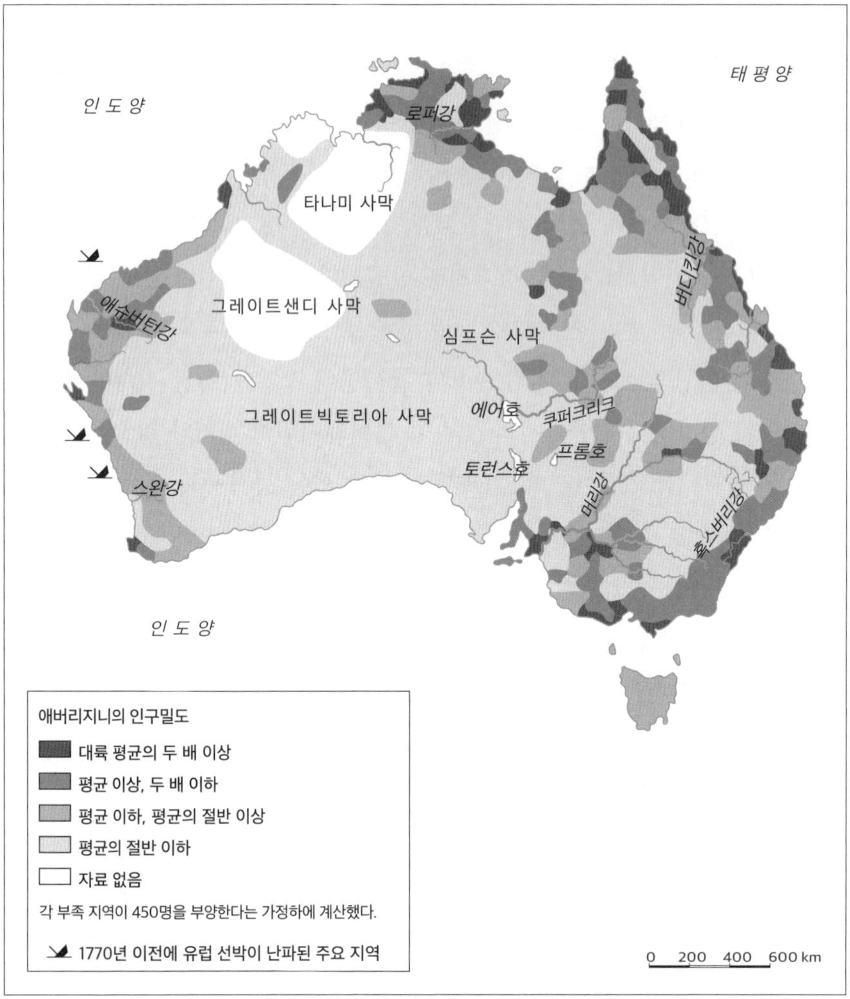

—— 오스트레일리아 애버리지니의 중심 정착지들.

충이나 조개는 산딸기류나 과일처럼 채집될 수 있었으며, 뿌리 혹은 양파 같은 덩이줄기(괴경塊莖)는 뒤지개 같은 도구로 땅에서 파낼 수 있었다. 꿀을 얻기 위해서는 벌집에 연기를 불어넣었다. 수렵 사회나 채집 사회는 뉴기니의 열대우림 지역 또는 민다나오와 루손의 산악 지방이나 오스트레일리아의 건조 지대 혹은 반半건조 지대가 본거지였다. 물론 검은 오스트레일리아인들은 훗날 백인 정착민들과 마찬가지로 대개 기후가 온화한 해안 지대나 강가 혹은 대륙에서 강수량이 풍부한 지대에 사는 것을 선호했다. 더 건조한 지역에서는 몇몇 원주민 집단이 엄격하게 경계 지어진 영역을 차지하고 살았다. 그들은 하천과 강, 상시적이거나 일시적인 급수원이 어디에 있는지 잘 알고 있었다. 남자들은 야생동물들을 사냥했지만, 이 지역 원주민들은 주로 여자나 어린이들이 수집하거나 땅에서 파내 온 식물들을 먹으며 살았다. 이런 작업에 필요한 도구는 숲에서 구할 수 있는 나무, 돌, 뼈 같은 것으로 만들었다. 또한 풀이나 식물 줄기로 덫이나 그물을 제작했다. 모피와 가죽은 당시의 인간이 입을 수 있는 옷을 만드는 유일한 재료였다.[10] '바다의 약탈자'인 이른바 바다 유목민들도 수렵인이나 채집인처럼 살았다.[11] 그들은 자기들이 사는 하우스 보트에서 처음에는 창과 작살을, 나중에는 그물과 낚싯대를 사용해서 물고기를 잡았다. 그들은 뭍에서는 조개류나 기타 해산물을 땄다.

이 사람들은 철저하게 고립된 소우주에서 산 것이 아니고, 지역 간 혹은 지역을 넘어서는 물물교환의 관계를 이루며 살고 있었다. 많은 사람은 숲에서 등나무, 코펄 수지 또는 제비 둥지 같은 천연 생산물을 채집하거나 바다에서 해삼을 양식해 이를 식량, 철기 또는 보석과 교환했다. 심지어 원주민들조차 어느 정도는 물물교환에 의존해 살았다. 동남아시아에서 이들은 대개 고지대에 거주했으며, 그렇기 때문에 때로는 '고지 민족Montagnards'으로 불리기도 했다. 그러나 그들이 수렵자나 채집자로만 구성되었던 것은 아니며, 그중에는 정착해 농사를 지으며 살았던 사람들도 있었다.

농경 사회

동남아시아와 오세아니아의 주민 대다수는 농업과 밀접한 관계를 맺으며 살았다. 동남아시아에서 쌀은 기초 영양 식품으로서 농업의 기본 구조에 영향을 주었다. 쌀이 잘 경작되는 곳에서 쌀은 15세기까지 가장 선호되는 음식으로 자리 잡았다. 그 밖에 다른 곡물들은 적어도 지역을 넘어서 널리 확산되었다. 물론 농경의 역사라는 관점에서 바라볼 때 선사시대와 초기 역사시대의 인구 이동은 여러 가지 측면에서 동남아시아인들과 오세아니아인들을 연결했다. 그런데도 이 시기에 존재하던 서로 다른 자연조건은 동남아시아와 오세아니아라는 두 개의 핵심 지역 사이에 뚜렷한 차이를 만들었다. 작은 여러 개의 섬으로 이루어진 태평양의 섬 세계에는 인간에게 유용한 독특한 식물들이 자랐으며, 토양이 가진 질적·양적 한계 때문에 대단위면적을 경작하는 기술이 발전할 수 없어 인구 성장이 제한적이었다. 반면에 동남아시아에서는 육지에서나 수많은 커다란 섬에서나 충분한 공간과 토양이 있었기 때문에 인구가 증가해도 이들을 부양하기에 충분할 만큼 농산물을 생산할 수 있었다. 게다가 기후가 농사하기에 좋아 관개시설을 집중적으로 이용하는 경작 방식을 쓸 수 있었다. 다만 태평양의 화산섬이나 산호섬의 구조와 비슷해 관개 작물을 대단위로 경작할 수 없었던 필리핀의 작은 섬들이나 말레이 제도에서만은 두 지역의 특징이 중첩되었다.

문화적 관점에서 두 개의 거대 지역은 유목민적 수렵·채집 사회 혹은 반유목민적 수렵·채집 사회에서 정착민의 농경 사회로 전환하는 과도기에 있었다. 넓은 면적을 가지고 있지만 인구가 희박한 산악 지대나 숲 지대에서는 다양한 형태의 화전 농법이 지배적이었다. 이러한 농법의 가장 극단적인 경우는 시암 왕국에 있는 몽족에서 발견되는데, 이들은 될 수 있는 한 단기간에 최고의 수확량을 올리기 위해 첫 산물을 하나도 남기지 않고 완전히 베어 냈다. 이런 경작 방식을 사용한 사람들은 대략 15년이 지난 후에는 새로운 거주지를 찾아 집단적으로 이동했다. 그들이 경작하던 땅이 더는 식물이 자랄 수 없을 만큼 사막화되기 때문이다. 생태학적으로 이보다 조금 나은 경작 방식은 특정한 일차 식생의 나무들을 토양이 황폐화되고 사막화되는 것을 막아 주는 일종의 방패로 파악해 베어 내지 않음으로써, 대략 10년을 순환 주기로 해서 정기적으로 토양이 재생되게 하는 방식이었다. 이러한 방식을 사용했던 버마나 시암의 카렌족 같은 집단은 정착해 사는 경우가 훨씬 많았다. 화전 방식은 흔히 여러 가지 작물을 섞어 경작하는 방식과 함께 나타났는데, 예를 들어 볍씨나 기장 같은 곡물의 씨앗을 호박이나 콩과의 식물들과 함께 심었으며, 지역에 따라서는 고구마나 멜론 혹은 씹기에 적당한 풀, 나중에는 옥수수나 칠리 후추와도 함께 심었다. 나아가 불에 탄 들판에는 콩과 식물의 씨를 뿌린 곳 사이에 다양한 종류의 채소들도 심었다.

그러나 이러한 경작 방식은 단지 제한된 인원을 가진 작은 규모의 집단에서만 가능했다. 동남아시아의 주민들은 대부분 이보다 큰 규모의 사회집단을 이루면서 복잡한 경작 방식이 필요한 일반 농촌의 농업 생활 방식을 영위했다. 주식이던 쌀은 아마 동남아시아 전체에서 가장 공통된 요소였던 것 같다. 쌀을 주식으로 하는 생활 방식은 남아시아뿐 아니라 동아시아까지 확산되어 있었기 때문이다. 그런데 쌀을 경작하는 방식에 따라 두 종류의 지역으로 구분할 수 있었다. 마른 땅에서 볍씨를 파종하는 건식 경작법에는 두 가지 파종 방식이 있는데, 하나는 노동 강도가 높지 않으며 화전 경작에서 혼합 파종을 할 때 볍씨도 함께 심는 방식이었다. 또 하나는 밭갈이한 땅에 모를 심는 방식으로 앞의 방식보다 생산성이 높았는데, 이 방식은 필리핀의 일부 섬이나 수마트라의 북서부 지방에서 사용되었다. 습식 재배(사와sawah)는 동남아시아에서 아마도 8세기 때부터 내려오는 경작법이며, 베트남과 버마, 자와에서 각각 동시에 시작된 것으로 추정된다. 그 이후 이 경작법은 물이 충분한 모든 지역에 확산되었다. 이 경작법은 물을 채운 땅(논)에 모를 심는 방식으로 복잡한 관개 시스템이 필요했다. 동남아시아 대륙부의 북부 지방, 자와 중부 또는 루손의 고지대처럼 산이 많은 지역에서는 생산성이 가장 높았던 습식 쌀 농사법을 시행하기 위해 인위적으로 대량의 계단식 논을 만들었다. 이렇게 하면 강수량이 충분할 경우에는 1년에 이모작이 가능했다.[12] 루손의 이푸가오에서는 수백 킬로미터에 달하는 둑을 쌓음으로써 높이가 1700미터에 달하는 경사진 비탈을 거대한 계단식 논 단지로 만들었다. 수로를 통해 여기에 만들어진 농토에 물이 공급되었으며, 이 논에서는 단순한 막대기를 사용해 농사를 지을 수 있었다.

또한 관개 제도에 토대를 둔 논농사는 야생 열매의 수집이나 화전 농사보다 복잡한 형태의 사회가 필요했다. 우선 관개시설을 설치해야 했고, 이후 지속적으로 관리해야 했다. 이것들을 적절하게 통제하기 위해서는 권력이라는 수단이 필요했다. 그 밖에도 이러한 경작 방식은 한 사회 안에 경제적 관계가 활발하게 이루어지게 했다. 관개시설을 건설하고 유지하며 통제하는 데는 일정한 비용이 들었기 때문에, 이를 충당하기 위해 물물교환을 강화하거나 화폐를 수단으로 삼아 교환하는 일이 일어나기도 했다. 동남아시아에서는 인도 문화나 중국 문화의 영향 외에 습식 농법으로 점점 늘어나는 인구를 효과적으로 부양하기 위한 토대의 필요성이 국가를 형성하기 위한 기본 토대를 제공했다.

쌀 외에 또 다른 경작물도 지역의 주식으로서 일정한 역할을 했다. 다른 곡식들이 건조 지대, 특히 고지대에 마른 쌀과 동시에 재배되었는데, 아마도 많은 지방에서 쌀보다 앞서 재배되었던 것 같다. 말레이 제도 동부와 필리핀의 그다지 비옥하지 않은 토양에서는 사고[2]가 쌀의 역할을 대행했는데, 그 옆에서는 타로[3]나 얌yam도 재배되었다. 사람들은 식용식물을 재배할 뿐 아니라 물소, 닭 또는 돼지 같은 가축도 사육했다. 이 동물들은 단백질을 공급해 주었지만 일상적인 식용의 일부는 아니었고, 오직 축제나 특정한 예식이 있을 때만 도축되었다.

더 복잡한 농업 형태는 자신들의 식량을 자체적으로 공급하려는 일차적인 기능 외에 외부로 수출하기 위한 경우도 많았다. 주식이던 곡물은 이미 이 당시에 거래가 활발했으며, 주로 쌀이 주요 거래 상대인 자와나 시암으로 수출되었다. 이 당시에 동남아시아의 모든 국가가 자급자족했던 것은 절대 아니다. 이 지역의 부는 많은 부분 그곳에서 생산되는 희귀한 농산물에서 나왔다. 수마트라와 보르네오섬에서는 후추가, 말루쿠에서는 정향이나 육두구가, 자와와 시암, 캄보디아에서는 사탕수수가 아시아 시장을 위해서뿐 아니라 일찍부터 전 세계의 시장을 위해서도 경작되었다. 이들 지역에서는 염료로 사용된 식물이나 면화도 광범위하게 재배되어 직물업에 원재료로 공급되었다.

이 같은 환금작물의 재배는 이미 일찍부터 동남아시아 농업의 부분으로 자리 잡고 있었다. 물론 환금작물의 재배가 유럽인들의 등장으로 인해 유발된 것은 아니지만, 이것이 다음 두 단계를 거치며 매우 커다란 영향을 받은 것은 사실이다. 우선 농촌의 구조가 근본적으로 바뀌지는 않았지만, 수요가

2 사고 야자나무 열매에서 채취한 쌀 모양의 식용 전분이다.

3 열대지방에서 자라는 토란의 일종으로 녹말을 주성분으로 하는 덩이줄기 작물이다.

뚜렷하게 증가해 경작 면적이 점차 확대되었다. 시간이 흐르면서 유럽인들이 이 농업 생산에 점점 깊이 개입해 세계시장을 위해서 새로운 환금작물을 재배하기 시작했으며, 노동 방식도 변해 갔다. 특히 농장 경영으로 발전해 가면서 농촌 노동자와 노예들이 노동에 투입되기도 했다.

이러한 발전이 전개되는 시간적 과정은 지역과 생산물에 따라 차이를 보인다. 반다 지방의 육두구 생산은 이미 17세기 초부터 네덜란드인들이 장악했으며, 암본 지방의 정향 생산도 부분적으로 그들이 지배했다.[13] 하지만 일반적으로 말해 설탕이나 담배, 커피, 천연고무 또는 인디고 같은 농장 식물 생산이나 이와 연관해 많은 노동력이 수입되는 현상은 이 지역에서 근대 초까지는 존재하지 않았다. 이 분야에서 선구자는 중국인 사업가들이 운영하고 네덜란드 동인도회사가 재정적으로 지원했던 자와 지방의 설탕 재배였는데, 이 사업은 이미 17세기 후반에 눈부시게 성장했다. 유럽에서 오는 주문 수요가 급증하면서 해당 농촌 사회뿐 아니라 상인이나 항구 노동자들처럼 이 분야와 관련된 이차집단들이 이 환금작물에 의존하는 정도가 증가했다. 또한 농촌 경제가 이러한 방향으로 발전하자 이전에는 그저 화폐경제의 주변에 머물러 있었던 사회에 화폐경제가 도입되게 하는 좋은 환경이 조성되었다.

오세아니아에서는 수렵·채집 사회에서 농경 사회로 전환하는 과정이 훨씬 부드럽게 이루어졌다. 하지만 그렇다고 해서 이 지역이 '고도로 발달된' 동남아시아의 쌀 생산 지역과 비교할 때 단지 '원시적인' 농업 형태를 가지고 있었다는 뜻은 아니다. 그러한 부정적인 평가는 이 지역을 처음 여행했던 유럽인들이 받았던 인상에만 기초한다. 오세아니아 지역의 생태 환경은 그곳의 농업 활동이 일차적으로 야자를 포함한 세 가지 열매와 뿌리 과일에 집중하게 했으며, 농민들은 건기와 우기의 리듬에 적응해야 했다. 토착 식용식물 중에는 타로가 가장 중요한 작물이었지만, 남아메리카에서 고구마가 수입된 후 경쟁적인 작물로서 커다란 성공을 거두었다. 얌과 사고도 이곳에서 자랐으며, 빵나무도 이 지역의 중요한 주식을 제공해 주었다.

이 지역의 농업 발전은 선사시대에 단지 현지에 존재하는 수자원을 관리하고 통제하려는 시도로 시작되었다. 그리고 이는 인위적인 관개 제도를 거쳐, 점점 증가하는 인구의 존속과 팽창을 잉여생산물이 보장해 주는 밀도 있는 농업으로 발전했다. 농토는 화전 방식을 채택하거나 경사진 비탈에 계단식 논을 설치해 확보했다. 주민들은 오세아니아 지역에 서식하는 돼지를 가축으로 만들어 또 하나의 유용한 식량을 얻었다. 그런데 이는 나아가 물물교환 대상으로도 중요한 가치를 발휘해, 주민들이 좁은 자연적 울타리 안에 갇힌 생존 경제를 넘어서 널리 팽창할 수 있게 해 주었다. 첫 1000년기가 지나면서 오세아니아의 많은 지역에서 농경 활동이 확산되고 강화되었다. 폴리네시아에서는 1000년에서 1500년 사이에 인구 증가가 발생했으며, 이는 경작 면적의 확대로 이어졌다. 광대한 삼림(숲 지대)은 대규모 개간 작업을 통해 고구마, 빵나무, 타로를 번갈아 경작하는 삼포식 농업에 자리를 내주었다. 800년부터는 뉴기니에서 널리 사용되던 늪지 관개용수(수리) 시스템이 단계적으로 철분식물(카수아리나과)에 함유된 질소 고정 성분을 이용한 순환식 휴경지 시스템으로 점차 교체되었다. 어떤 지역들에서는 특정 작물의 경우 관개용수를 인위적으로 통제하는 고도로 세련된 정원 또는 계단식 농업이 발달했는데, 특히 뉴기니뿐만 아니라 피지 군도의 수많은 섬, 뉴헤브리디스 제도(바누아투)에서 그런 사례가 발견된다.

실내 육종이나 방목이 특징이던 일부 유럽이나 아시아에서와 달리, 동남아시아와 오세아니아의 농업에서는 가축 사육이 그렇게 중요하지는 않았지만, 나름대로 의미가 있었다. 가축 사육은 대부분 각 가정의 사정에 따라 달랐으며 주로 작은 가축에 집중되었는데, 특히 오세아니아에서는 세 가지 가축, 즉 돼지, 개, 닭을 사육했다. 동남아시아에서도 소나 물소 같은 대형 가축은 매우 드물게 사육되었으며, 기껏해야 개간을 위한 가축으로 이용되었다. 물론 가끔 커다란 가축들이 매매되거나 조공 물품으로 등장하기도 했다. 마을들에는 대단히 많은 수의 각종 가금류가 사육되었다. 농촌의 일상에서는 비교적 드문 일이던 육류 섭취는 의식적인 행사에 속하는 경우가 많았다. 도축은 대개 영적으로 한 동물의 생명을 희생하는 것으로 이해되었기 때문이다. 부족한 육류를 마을 전체에 배분하는 것도 마찬가지로 마을의 부를 함께 나누는 의식적인 행사로 이해될 수 있다. 특히 도처에서 일찌감치 가축으로 사육되었으며, 수마트라의 바탁족, 뉴기니의 파푸아 또는 오세아니아의 여러 문화에서 숭배 대상이거나 명예의 상징이던 돼지는 특별한 역할을 수행했다. 주민 대부분이 이슬람으로 개종한 지역들에서는 돼지 사육이 대부분 사라지고 그 자리를 염소가 대체했다. 그런데 이슬람화된 지역들과는 달리 육식을 금지하는 힌두식 규정은 힌두교 지역에서는 좀처럼 관철될 수 없었다.

경작할 수 있는 토지는 대부분 도처에 널려 있었다. 비교적 인구밀도가 높았던 자와섬도 오랫동안 그런 상황이었다. 농지는 마을 공동체가 관리했다. 현재 경작 중인 토지는 사용자 개인의 소유였지만, 경작되지 않는 토지는 언제든지 마을의 관리로 귀속될 수 있었다. 또한 아직 개간되지 않은 토지를 차지할 기회는 누구에게나 열려 있었다. 귀족들의 힘도 이렇게 경계가 불분명한 비공식적 소유권 개념을 바꿀 수 없었다. 귀족들은 계속 반복해 토지를 새로운 정착민들에게 '선사'하기 위해, 중앙집권식으로 조직되었던 몇몇 국가에서는 경제활동을 조정하기 위해 농토에 대한 직접적인 접근권을 보유했다. 그러나 경작할 수 있는 토지에 비해 동원할 수 있는 노동력이 부족한 '불균형' 문제 때문에 경작 면적을 둘러싼 경쟁보다는 경작에 동원할 수 있는 인력을 둘러싼 경쟁이 훨씬 심각했다. 동남아시아에는 채무로 인한 자발적 종속에서 인간 사냥을 통해 의도적으로 잡아 온 노예의 매매에 이르기까지 사람들의 자유를 제한하는 다양한 제도가 있었는데, 그 근본적인 원인 가운데 하나가 여기에 있다.

태평양 지역의 토지 소유 조직(제도)도 마찬가지로 공동체주의나 호혜 같은 토대 위에 성립되었다. 동남아시아와 비교했을 때 근본적인 차이는 사용할 수 있는 토지가 제한되어 있었다는 점, 그리고 비교적 좁은 면적인데도 매우 다양한 자연조건(해안 지대, 늪지대, 삼림지대, 건조한 휴경지)을 갖고 있었다는 점이다. 각 마을은 대부분 이러한 구조를 반영하는 사회적 집단을 갖고 있었다. 마을 공동체 안에서 토지를 사용하는 방식은 모든 가정 혹은 가구가 필요에 따라 어떤 형태로든 토지를 분배받는 방식으로 조직되었다. 여기에서도 토지를 사용하거나 경작하는 사람들은 소유자로 여겨졌기 때문에 구체적인 토지 소유는 매우 짧은 기간만 지속되며 유동적인 경향이 있었다. 그런데도 모든 공동체에는 공식적으로 토지를 소유하면서 이 토지를 분배하고 관리하는 역할을 부여받은 엘리트들이 있었다. 이 엘리트들은 토지 소유 문제를 대부분 실용적이고 유연한 방식으로 처리한다는 특징이 있었다.

농촌 생활은 마을 공동체 안에서 이루어졌기 때문에 평등주의적 기본 구조를 보인 동시에 농사를 지을 때 필요했던 상호 노동 분업 때문에 가부장적 성격도 보였다. 한 가정 혹은 기껏해야 한 씨족의 일부를 구성하는 가구가 최소 단위인 동시에 농경에 종사하는 개인 '사업체'였다. 마을에는 대부분 촌장이 있었지만, 토지 경작과 관련된 대부분의 사항은 집단적으로 결정했다. 이러한 사실은 마을들이 궁극적으로는 한 지배자나 귀족에게 종속되어 있었다는 사실과 충돌하지 않았다. 지배자나 귀족과 맺는 지배 및 종속 관계는 인적 종속이었지, 토지를 통한 종속이 아니었다. 한편 물려받은 신분이 지도적 지위를 차지하기에 충분치 않은 경우도 많았다. 그곳에서는 연령, 개인적 능력, 카리스마, 혹은 전투 행위로 얻은 공적 등이 일정한 역할을 했다. 조상들의 고향이 같다거나, 이주해 온 역사 혹은 특별한 시대적 사건들과의 관련성 등도 마을 공동체 구성원들이 동질성을 갖는 데 중요한 역할을 수행했다.

저지대의 문화에서는 산악 지대와 비교할 때 더 복잡한 위계질서가 형성되었다. 이러한 위계질서는 우선 지역 차원에서 생겨나 씨족장이 지배했다. 씨족장은 자신과 자기 친족의 권력을 안정시키고 강화하려고 했으며, 나아가 자신들이 통제하는 영역을 확대하려고 시도했다. 전투 행위는 빈번하게 발생했다. 고온 다습한 열대성 기후 때문에 발생하는 풍토병 때문에 이 책에서 다루는 시기에 동남아시아의 인구밀도는 희박했다. 리드의 계산에 따르면 이 지역에는 1600년 무렵에 2300만 명이 살고 있었다.[14] 그렇기 때문에 전쟁의 주된 목적은 강제 이주를 통해 노동 인력을 확보하는 것이었다. 예를 들어 훗날 필리핀으로 알려진 섬들에는 식민지 시대 이전에는 거대한 규모의 정치조직이 존재하지 않았다. 사람들은 소규모 마을이나 다투datu라는 족장 혹은 씨족장이 이끄는 촌락공동체에 흩어져 살고 있었다. 다투 밑에는 귀족, 자유인, 예속민이 있었다. 이러한 위계질서에서 낮은 지위에 있었던 어떤 이들은 추수한 곡식의 일부를 바쳐야 했고, 다른 이들은 군사적인 임무를 담당하거나 농노로서 봉사해야 했다. 에스파냐의 전기 작가이자 법률가였던 안토니오 데 모르가Antonio de Morga는 이들을 노예로 부르기도 했다. 그러나 그들은 부분적인 임차인이나 농노로 부르는 것이 더 정확하다.[15] 그들이 가진 노동력은 마을에서 엘리트들이 보유한 가장 중요한 자산이었지만, 많은 경우에는 서로 다른 계층과 집단의 경계를 넘어서는 혈연관계도 존재했다. 사회계층 사이의 거리는 넘어설 수 없는 정도가 아니었으며, 계급 간의 엄격한 장벽도 이 지역에서는 낯선 것이었다. 모든 마을에는 서로 인척 관계로 연결된 집단들이 살았으며, 그 구성원들은 서로 의존관계에 있었다. 그러나 각각 고립된 채 존재했던 마을 공동체들의 거주 방식은 마을 간의 교류를 어렵게 했으며, 그들이 서로 접촉할 경우에는 드물지 않게 적대적인 행위가 발생했다.

이들 마을 공동체의 중심에는 자와의 크라톤kraton이나 수마트라의 카다투안kadatuan 같은 세습적인 지배자가 거주했는데, 그곳에서는 말레이어로 라투ratu나 다투로 불리는 자가 지배권을 가지고 있었다. 이들은 습식 쌀농사와 그로 인해 촉진된 광범위한 교역 관계 때문에 권력을 얻을 수 있었으며, 그들의 영향력은 점점 더 넓은 지역으로 확대되었다. 그들은 인접한 공동체들을 군사적으로 정복하고 자신의 영토에 느슨하게 종속시킬 수 있었다. 하지만 조공 납부를 넘어서는 탄탄하게 통합된 권력 구조와 지속적인 종속 관계를 구축하는 데 성공한 경우는 드물었다. 이러한 상황에서 불교 왕국이나 힌두 왕국의 조직이 하나의 전형이 되었던 것으로 보인다. 그들은 초지역적인 통치 관계를 정착시키는 데 하나의 모델을 제공해 주었던 것이다. 나중에는 유교나 이슬람의 조직 원칙도 팽창적 경향을 지닌 강력한 대제국이 대두하는 데 기여했다.

도시 사회

오세아니아 지역과 달리 동남아시아의 많은 지역은 고도로 도시화되어 있었다. 특히 해안 지방은 수많은 항구도시가 지배하고 있었지만, 내륙에도 중요한 의미를 지닌 도심들이 있었다. 물론 동남아시아의 도시들은 인접한 중국이나 인도의 도시보다는 훨씬 뒤늦게 발달했다. 말레이 제도에서는 자와의 코타 시나Kota Sina에 최초의 도시가 형성되었는데, 이는 약 1200년 무렵인 것으로 고고학적으로 입증된다.[16] 하지만 이 책에서 다루는 시기의 동남아시아에서는 근대 초 유럽이나 중국에서 진행된 도시화에 그 어떤 측면에서도 뒤지지 않을 만한 급속한 도시화가 진행되었다.

물론 동남아시아에 형성된 도시라는 현상은 우리에게 익숙한 유럽적 기준과는 거리가 멀었다. 동남아시아에는 전체 지역에서 공통되게 발견되는 유사한 도시상이 존재하지 않았다. 이러한 점을 고려한다면 도시를 구성하는 특징으로 특정한 건축물이나 시설을 상정하는 것은 지나치게 옛 유럽적 시각이라고 할 수 있다. 도시적 공간들이 보여 주는 통일된 특징이라면 그곳의 인구밀도가 높다는 것, 지역을 관리하는 중앙집권화된 기능이 있었다는 것의 두 가지를 들 수 있을 뿐이다.[17] 적어도 식민지 시대 이전에 동남아시아의 인구 규모가 어땠는지 측정하는 것은 매우 어려우며, 정확한 수치보다는 대략적 규모를 추정할 수 있을 뿐이다. 그런데 그 규모는 대체로 유럽인들이 받았던 희미한 인상에 근거하기 때문에 이에 대해서는 해석할 여지가 남아 있다. 동남아시아 사회는 사회적·문화적 생활 영역에서 구체적인 문서를 남기지 않았기 때문에, 이 지역을 연구하는 역사가들은 유럽인들이 남긴 자료에 의존할 수밖에 없다. 따라서 우리는 이 자료들을 해석할 때 유럽인들이 그 지역에서 느꼈을 문화적 이질감 때문에 생겼을 수많은 오해와 왜곡 가능성을 감안해야 한다. 이렇게 한계를 가진 자료에 근거해 리드가 추정한 바에 의하면, 동남아시아 지역에는 5만 명에서 10만 명 정도의 주민을 가진 대도시가 많이 있었다.[18] 자와에만 바타비아, 스마랑, 드막, 자파라Japara, 투반, 수라바야 등 여섯 개의 대도시가 있었다. 밀레이 제도에는 다섯 개의 대도시가 더 있었는데 이 도시들의 인구는 적어도 시기적으로는 10만 명을 넘었을 것으로 추정된다. 다섯 개의 대도시는 반텐, 믈라카, 아체, 마카사르, 브루나이다. 리드의 추정에 따르면 내륙 지방에는 아유타야 외에도 페구, 프놈펜, 베트남의 왕도였던 탕롱, 키롱Ki Long 등 인구 10만 명이 넘는 대도시가 있었다. 이 책에서 다루는 시기 이전이던 전성기의 앙코르와트에는 심지어 50만 명이 넘는 주민이 살았다고 추정된다.

유럽 여행자들의 관찰이나 그들이 남긴 보고서에 근거한 통계는 특히 동남아시아 도시들이 보여 준 높은 수준의 유동성 때문에 문제점을 드러낸다. 이들 대도시 안에서는 건물들이 한 곳에서 다른 곳으로 쉽게 이전될 수 있었으며, 대지는 새 소유자에게 넘겨질 수 있었던 반면에, 강력한 정치권력이 통제하던 주요 상업 중심지에서는 전체 주민들이 체스 판의 말처럼 갑자기 다른 곳으로 집단으로 이주될 수도 있었다. 예를 들면 영국 동인도회사가 술라웨시의 마카사르에 그들의 공장을 지을 때 술탄은 시내의 한 구역을 지정해 주었는데, 공장을 건설하기 위해 거기에 심어져 있던 많은 야자수는 보상금을 지급한 후 모두 베어졌고, 그곳에 살던 주민들은 모두 도시 다른 지역(캄퐁 kampung)으로 이주했다.[19] 외부자의 시선에서 볼 때 이 지역의 도시들은 빠른 속도로 건설되었지만, 동시에 마찬가지로 빠른 속도로 그 중요성을 잃거나 다른 통치자에게 넘겨질 수도 있었다. 극단적인 경우에, 특히 도시에 대한 공격이 임박했을 경우에 그들은 1634년에 잉글랜드인 여행자들이 수마트라에서 경험했듯이 굉장히 짧은 시간 안에 다른 지역으로 옮겨질 수도 있었다.[20]

이 지역의 낯익은 도시 풍경은 일반적으로 유럽인들이 도시에 대해 가지고 있었던 이미지와는 거의 견줄 수 없었다. 열대성 기후와 쉽게 구할 수 있는 건축 자재라는 조건 때문에 대나무나 야자나무 같은 가벼운 자재로 지어진 동남아시아의 도시들은 도시 주변의 지역들과 별 차이를 보이지 않는, 허술하고 뚜렷하지 않은 모습을 보였다. 도시의 내부 구조는 매우 넓게 펼쳐져 있어 많은 유럽 방문객에게 이들 도시는 '사람이 사는 숲' 같은 인상을 주었다. 반텐의 술탄이 건설하게 했던 도시 성벽 같은 것은 극히 드물었다. 그 대신에 통치자가 야심 차게 건설하게 했던 건축물과 도시 안에 있던 유일한 석조 건물인 종교적 사원들이 도시를 특징지었던 스카이라인을 형성했다. 인근 마을과 경계를 짓는 선이 뚜렷하지 않은데도 이곳들은 지역의 중심으로 기능했을 뿐 아니라 인구밀도도 높았기 때문에, 유럽 중심주의적 시선과 상관없이 이들을 '도시'로 부르는 것은 당연해 보인다.

이러한 지역들이 가지고 있었던 중앙집권화 기능을 토대로 해서 우리는 동남아시아 도시들을 유형화할 수 있다. 이 지역에는 두 가지 유형의 도시가 있었다. 하나는 통치의 중심, 다른 하나는 경제의 중심이다. 이념형으로 볼 때 경제의 중심 도시는 주로 해안에 위치해 있었던 반면에, 통치의 중심지 기능을 했던 도시는 해안의 뒤쪽에 있었다. 무역은 주로 해상을 통해 이루어졌기 때문에 이곳에 수많은 교역항('엠포리아emporia')이 설립되었으며, 지역의 통치자는 그곳에 있었던 시장에서 자유롭게 활동하던 상인들 사이에 무제한적인 교역이 이루어지도록 보장해 주었다.[21] 세금 징수를 통해서든, 아니면 자체적인 상업 활동을 통해서든 지역 통치자가 번창하는 무역에 참여한 것은 이러한 도시들을 번창하게 만든 또 하나의 토대였다. 특히 말레이 제도에서는 이러한 도시들이 엄청난 영향력을 가진 도시국가의 중심이 되었다.[22] 이러한 방식으로 하나의 도시에 경제적·정치적 중앙집권화가 이루어질 수 있었다. 또한 귀족들의 거주지이거나, 이와 관련된 중요한 종교적 순례지라는 사실을 토대로 해서 인구를 끌어들였던 내륙의 몇몇 통치 중심지도 경제적 기능을 수행하지 않은 것은 아니다. 이들은 무역이 원활하게 진행되게 했다기보다는 주변 지역의 농업을 통제하거나 영향력을 행사함으로써 성장했다. 그들이 처한 지형적 위치로부터 형성된 동남아시아 도시들의 개방성은 그곳의 주민들에게서도 그대로 발견된다. 전형적인 도시적 특성을 보이는 주거지는 여러 모습을 띠며, 각각 분화되어 있는 도시 사회를 보여 준다. 언어, 민족, 종교 집단에 따른 도시 내부의 구분선은 식민지 시대의 흔적이 아니라 지역적인 도시 전통의 일부다. 이와 관련해서는 '구분'이라는 개념이 다소 부정적인 의미를 던져 주기 때문에, 도시의 특정 지역에 대한 주민들의 '소속감'이라는 용어를 사용하는 것이 아마도 훨씬 적절할 것이다. 이런 집단들이 도시의 특정 구역(캄퐁)에 모여 산 것은 동남아시아에서 일반적이었을 뿐 아니라, 누구나 그렇게 하려고 애쓰는 경향이 있었다. 통치자의 입장에서는 특정 집단들이 특정 지역에 모여 살 경우 통제하기가 쉬웠기 때문에 이런 형식을 선호했다. 많은 도시에서 현지 주민들보다 그 수가 월등히 많았던 '외지인'들의 처지에서는 자기들을 보호하기 위해서라도 집단으로 모여 사는 것이 유리했다. 그리고 가족이나 민족 집단, 또는 그러한 관계에서 우러나온 연대감은 무엇보다 핵심적인 안전 장치였다. 이런 의미에서 어떤 민족에 속하는가 하는 것은 분명히 일종의 귀속감이었다. 하지만 이는 한편으로는 권력자의 정치적 결단이라는, 다른 한편으로는 스스로 민족 집단으로 이해하는 공동체가 가진 문화적 결속력이라는 두 가지 위에 성립된 양면적인 귀속감이었다. 따라서 민족에 따른 집단이 도시마다 다르게 형성되었을 가능성도 배제할 수 없다.

이러한 현상은 주요 무역항이나 디아스포라 집단이 거주하던 곳에서 흔히 관찰되었다. 이 경우에 관련 집단은 지역에 망명해 와서 흩어져 살던 소수민으로서, 자신들의 문화적 정체성을 포기하지 않은 채로 낯선 문화에 통합되었던 사회집단들이었다. 그들은 넓은 지역에까지 미치던 서로 간의 네트워크와 결코 끊어지지 않았던 고향과의 관계, 그리고 장기적으로는 동남아시아의 페라나칸[4] 중국인들에게서 관찰되는 것과 마찬가지로 그들만이 가진 혼종문화를 발전시킨 것이 특징이다. 그들이 흩어져 살게 된 것은 아마도 박해 때문일 수 있지만, 이와 동시에 경제적 필요성 때문이었을 수도 있다.[23] 바로 디아스포라 상인들은 (식민지 시대 이전이나 식민지 시대에 모두) 정해진 곳에 정착하도록 강요받았지만, 그 대신에 행정과 사법의 영역에서 폭넓은 자치권을 부여받았다. 내적으로는 출신과 종교적 성향 때문에 계속 분열되었던 수많은 중국 디아스포라, 대부분 항구도시에 살지만 원래 고향인 말레이반도로부터 거리가 멀어질수록 각종 분파의 인도네시아인들을 점점 더 많이 포함할 수 있었던 말레이인들, 또는 말레이 제도 동부 지방의 '부기-마카사르족' 디아스포라는 이 지역에서 민족적 구분이 얼마나 다양하고 불분명한지를 보여 주는 사례들이다. 유럽인들은 '부기-마카사르족' 디아스포라를 단일한 민족 집단으로 취급했지만, 본토에서는 전통적으로 서로 적대적이던 남술라웨시 지역의 상이한 두 집단으로 구성된 민족이었다.

중요한 항구도시들도 그곳과 연결된 배후 지역을 갖고 있었다. 구체적으로 그 도시들은 도시 통치자가 인근 지역의 엘리트들과 제휴해 이룩한 정치적 연결망과 이주민 유입을 통해 얻은 사회적 연결망뿐 아니라 수출 물자나

——4 말레이반도로 이주해 온 중국인 남성과 말레이인 여성 사이에서 탄생한 문화와 민족을 일컫는 말이다.

도시 사회에 필요한 식량 공급을 통해 형성한 폭넓은 경제적 연결망도 보유하고 있었다. 이러한 다양한 관계들은 특히 믈라카의 예에서 뚜렷하게 드러난다. 믈라카는 전성기인 15세기뿐 아니라 포르투갈의 지배 아래에 있던 16세기에도 앞서 언급한 모든 영역에서 배후 지역들과 밀접한 관계를 유지했으며, 이 관계들은 1641년에 네덜란드에 정복된 이후에야 비로소 도시 자체의 몰락과 병행하며 쇠퇴했다.[24] 이렇듯 도시와 배후 지역 사이의 관계가 지속되면서, 이 책에서 다루는 시기에 말레이 제도에는 전형적인 도시국가들이 등장했다. 이 도시국가들은 명확하게 경계가 그어진 국경을 가졌던 적이 거의 없었다. 이 도시국가들에서는 대도시가 배후의 넓은 농촌뿐 아니라 지역을 넘어서는 국제무역도 통제하며 두 가지 방식의 경제활동으로부터 이익을 얻을 수 있었고, 나아가 이는 다시 도시민들의 복지와 지속적인 성장에 투자되었다.[25] 유럽에서 새로 온 방문객이 볼 때 일종의 영토 국가였던 도시 자체가 동남아시아적 시각에서 볼 때는 동맹이나 유동적인 위계질서로 구성된 하나의 권력 기구였던 것이다.

나아가 동남아시아에서 도시화를 위해 종교가 가지고 있었던 의미를 간과해서는 안 된다. 한편 힌두교나 불교의 맥락에서 발전된 전통적인 통치 중심지에서는 종교와 도시화 사이에 밀접한 관계가 있었다. 도시의 발전을 주도했던 통치자는 종교에서 자기의 정당성을 가져왔으며, 자기도 스스로 중요한 종교적 기능을 차지했다. 도시는 지배자와 종교 사이의 이러한 연결을 통해 공식적인 종교 중심지가 된 것 외에도, 예를 들어 순례지나 중앙 사원의 소재지로서 그 자체로 정신적인 중요성을 갖고 있었다. 도시가 이런 방식으로 중요성을 얻는 것은 이슬람에서는 낯선 일인데도 동남아시아 도서부의 이슬람화 또한 그 지역의 도시화에 중요한 역할을 수행했다. 경제적 중심지로 발전하는 과정과 지역 술탄이 권력을 장악하는 과정은, 그리고 이슬람교가 처음에는 통치자의 종교로서 시작해 점차 민중의 종교로서 정착하는 과정은 매우 밀접하게 연결되어 서로를 촉진했기 때문에 양자 사이 관계의 가장 근본적인 원인이 어디에 있는지 묻는 질문에 대한 대답은 거의 불가능할 정도다.

어떤 지역에서는 생태적이고 문화적인 조건 때문에 도시화가 진행되지 못했다. 인도네시아, 오세아니아, 필리핀 내륙 지방뿐 아니라 많은 섬에서도 열대우림이나 고산지대에 사는 주민들은 그 인구밀도가 매우 희박했고 국가 권력의 중심이나 경제적 관계망과는 멀리 떨어져 있었기 때문에 그들의 생활 영역에 도시화가 촉진될 수 없었다. 만약 언제든 이들 지역에서 도시화가 진행되었다면 그것은 단지 식민주의에 의한 것이었다.

유럽인들은 이미 일찍부터, 다시 말하면 그들이 동남아시아에 모습을 드러내면서부터 앞서 서술한 것과 같은 도시적인 동남아시아 지역에서 본격적으로 도시가 발전하는 데 영향을 미쳤다. 하지만 이 과정이 유럽적 도시 모델을 아시아에 이식하는 방식으로 진행된 경우는 드물었다. 오히려 그들은 일단 식민지 이전에 존재하던 도시 형태에 적응하는 방식을 택했으며, 점차 내부로부터 단계적인 변화를 추진했다. 포르투갈인들이 믈라카를 정복한 주된 목적은 동남아시아의 전형적인 무역도시를 자기들의 통제 아래에 두고 계속 발전시킴으로써 그곳에서 발생하는 수익을 차지하려는 것이었다.[26] 1571년에 에스파냐인들은 이러한 이익을 차지하기 위해 필리핀 수도로 통하는 한 장소를 선정했는데, 이곳은 파시그Pasig강이 거대한 만으로 유입되는 곳으로서 비옥한 땅으로 둘러싸인, 방어 시설이 잘 구축된 곳이었다. 식민지가 되기 이전의 마이닐라Maynila에는 2000명 정도의 주민이 살았는데, 오늘날 마닐라Manila로 불리는 이 도시의 인구는 불과 50년 만에 거의 5만 명으로 증가했다. 네덜란드 동인도회사는 여러 항구도시를 정복했는데, 그들이 이곳을 정복한 목적은 이 도시들이 차지하던 지위, 다시 말해 네덜란드인들이 독점권을 보유한다고 주장한 상품들을 선적하는 장소로서의 지위를 그들에게서 빼앗으려는 것이었다. 그렇기 때문에 그들은 그 도시가 가지고 있었던 다른 모든 기능과 구조적 특징들은 그대로 존속시켰다. 유럽인들이 새로 건설한 신생 도시인 바타비아는 그곳에 거주하던 유라시아 혼혈 엘리트들이 예외인 것과 마찬가지로 예외적 현상이었다.[27] 그런데도 사람들이 바타비아에서 동남아시아적 특성을 발견할 수 있듯이, 그런 도시들 역시 궁극적으로는 동남아시아적 특성을 분명하게 보여 주었다.

해양 생활환경

동남아시아와 오세아니아는 균열이 심한 해안선과 심하게 파편화되어 산재한 섬들, 그리고 동시에 대부분 접근하기가 어려운 배후 지역들을 특징으로 한다. 이것은 주거 지역이 주로 해안 지방이나 강 유역에서 발전했다는 것뿐 아니라, 지역 간 교역이나 소통이 주로 수로를 통해 이루어졌음을 의미한다. 이 지역에서 물을 생활 수단으로 해서 수상에서 이루어지는 생활은 세계의 다른 어느 지역보다도 문화적·경제적 관점에서 중요한 요인이었다. 이렇듯 물이 갖는 중요한 의미는 대한해협에서 쿡 해협에 이르기까지 그 밖에도 극도로 이질적인 광대한 지역에서 가장 눈에 띄는 공통분모다. 그렇기 때문에 바로 이 지역에서 하나의 생활 세계, 즉 '해양적'이라는 용어가 단지 강가, 해안, 호숫가 등 물가에서 이루어지는 것 이상을 의미하는 생활환경으로 발전한 것은 우연이 절대 아니다.

해양적 성향이 일상생활의 많은 영역에 뚜렷한 영향을 주었던 사회들은 그 영향의 강도에 따라 여러 형태로 존재했지만, 기본적으로 두 개의 유형으로 구분할 수 있다. 첫 번째 형태는 육지에 정착한 삶을 영위하면서 그들의 주된 생활양식은 어촌처럼 바다에서 구하는 사회로, 이 유형은 동남아시아 전역과 특히 오세아니아에 더욱 뚜렷하게 존재했다. 두 번째 형태는 그들의 사회적 삶 전체가 수상에서 이루어지는 사회다.[28] 이 형태는 술라웨시, 보르네오, 필리핀 사이에서 활동하던 바자우족이나, 믈라카 해협과 리아우링가 열도의 오랑라우트족, 그리고 시암과 버마 바로 앞에, 특히 메르귀 제도와 안다만해(버마해)에 살았던 모켄족처럼 유목민적 성격을 띤 사회다. 물론 이 두 번째 사회 유형은 베트남 북부의 할롱만에 있는 '수상 촌락'처럼 정착적인 성격을 보이는 경우도 있었다. 이러한 특성은 일부 해적 집단에도 적용되었으며, 그들의 상품이 이동하는 해상로를 따라다녔던 행상들의 생활상에도 가까웠다.

이러한 공동체들은 대부분 문헌 자료를 남긴 사람들의 시야 또는 주요 교역로나 교통로에서 벗어난 지역에서 활동했다. 하지만 고립된 듯 보이는 이 공동체들이 자신들의 생활 영역을 넘어 미친 영향을 그리 과소평가해서는 안 된다. 그들은 어부로서, 혹은 해삼, 우뭇가사리, 거북딱지 같은 수산물의 채집자로서 활동했다. 따라서 그들은 늘 주요 항구도시를 오갔으며, 중간상인으로서 새집이나 왁스 등 보르네오에서 생산된 임산물들을 마카사르에 가져오기도 했다. 술라웨시섬 주변에 거주하던 바자우족은 중국에서 해삼의 주문이 증가하자 사실상 해삼 채취 전문가가 되었다. 몇몇 상품은 그들이 스스로 제작해 판매하기도 했다. 이 수상 공동체들은 이런 방식으로 시장과 밀접한 관계를 맺고 살면서 사업에서 교역을 위한 접촉부터 최종 소비자에 이르기까지 시장과 관련된 다양한 모습을 보였고, 단순히 어업에 기초한 생존 경제를 넘어서는 복잡한 경제생활을 영위했다.

이처럼 이동성이 강한 생활 방식 때문에 그들을 어떤 하나의 정치 구조로 분류하기는 어렵다. 술라웨시 남부 해안의 바자우족은 서로 경쟁적이던 보네Boné 왕국이나 마카사르 왕국 사이에서 다양하게 선택했다. 술루 제도에 살던 그들의 북쪽 친족들을 그 지역을 지배하던 타송족Tasong은 '술탄의 소유'로 간주했는데, 이는 아마도 전반적인 분류라기보다는 술탄의 노예화 원정과 관련된 사실인 것 같다. 내적으로 보면 해상 유목민 사회는 가족이나 배 또는 하우스 공동체를 단위로 하던 군도의 사회였다. 몇몇 해상 유목민은 산호초가 많은 얕은 바다나 화산섬 인근에 수상 가옥을 가지고 있었지만, 식민지 이전 시대에는 이곳이 그들의 주요 거주지가 아니었다. 그들의 주요 거주지는 19세기까지, 어떤 곳에서는 20세기 초까지 그들의 배였다. 이 배는 한 가족이 거주할 만한 충분한 크기였으며, 먼바다로 나갈 수 있는 능력뿐 아니라 산호초 섬들 사이를 항해할 능력도 보유한 특이한 형태의 배였다. 이들 유목민 사회가 그 지역의 선박 제조 중심지에서 그들의 배를 제작했음을 추정하게 해주는 자료가 일부 있기는 하지만, 기본적으로는 그들이 직접 이러한 형태의 배를 제작했던 것으로도 추정할 수 있다.[29]

이 지역에서 사용되었던 배들은 필요한 기능도 갖추었고, 모든 자연환경적 조건에도 적응한 것이었다.[30] 더욱이 시간이 흐르면서 매우 다양한 유형의 배가 개발되었기 때문에 여기에서 그들의 세부 사항에 대해 일일이 묘사하기가 어려울 정도다. 가장 단순한 형태였던 통나무배는 가장 흔하면서 실용적인 형태로서 전체 지역에서 사용되었으며, 인근의 수로나 가까운 해안에서 이동하는 일상적인 교통수단으로 기능했다. 목재가 충분치 않았던 어떤 지역에서는 통나무 전체를 사용하지 않고, 오스트레일리아의 전나무 카누처럼 나무껍질로 만든 비교적 단순한 형태의 배를 사용하기도 했다. 먼바다까지 항해하기 위해서는 이들보다 더 안전한 배가 필요했다. 배에 탄 사람들이 앉아 있는 선체의 한쪽에 지지대가 연결되어 있는 아우트리거outrigger 카누는 암초에 좌초할 위험을 줄일 수 있었다. 선체가 둘이거나 여럿인 배는 이보다 더 큰 안전성을 제공했다. 이 두 가지 기본 유형의 배가 태평양 지역 전체와 말레이 제도 동부 지역, 예를 들어 말루쿠의 코라코라kora-kora에서 사용되었다. 이 지역을 처음 방문했던 유럽인 보고자들은 여기저기에서 이러한 형태의 배 수백 척으로 이루어진 선단을 마주했으며, 그들이 보기에 이 선단 가운데 일부는 '선박'이라는 명칭을 붙이는 것이 적절해 보였다.

이 지역의 해상에서는 노 젓는 배와 범선을 발견할 수 있었다. 오세아니아에서 범선은 대부분 삼각돛이 달린 한 개의 돛대를 가졌다. 그리고 멜라네시아에서는 사다리꼴 모양의 돛도 사용되었으며, 그 밖에 지역적으로 특이한 형태를 가진 돛들도 있었다. 무수히 많은 섬에서는 그와 어울리는 다양한 유형의 배뿐 아니라 다양한 모양의 돛을 사용했다. 폴리네시아에서는 바람에만 맞추어서 항해하는 것이 완전히 정상적인 항해술이었다면, 미크로네시아에서는 필요하면 대부분 전체 돛대의 위치를 바꾸었다. 폴리네시아에서 대표적이던 노 젓는 배들도 그 크기가 상당한 수준에 도달했다. 의식에 사용되는 그러한 대형의 노 젓는 배들은 동남아시아에서도 발견되었는데, 시암 왕의 호화 범선이 그 좋은 예다.

태평양에서 통나무배가 배를 선조할 때의 기본 형태였다면, 동남아시아에서는 용골이나 널빤지를 사용한 배가 더 흔히 제작되었다. 어떤 유형의 배를 건조할 것인지는 일단 각각 배를 타고 다니는 주민 집단이 결정했다. 어느 지역에서나 지역의 선박이나 보트를 제작하는 전통이 있었으며, 조선을 담당하는 장인들은 단지 전문가로서만 존중받은 것이 아니었다. 특히 태평양 지역에서 그들은 사회의 엘리트층에 속했다. 하지만 특정한 조선 분야에 관한 전문 지식이 발전했던 지역 중심지가 대두하기도 했다. 예를 들어 말레이 제도

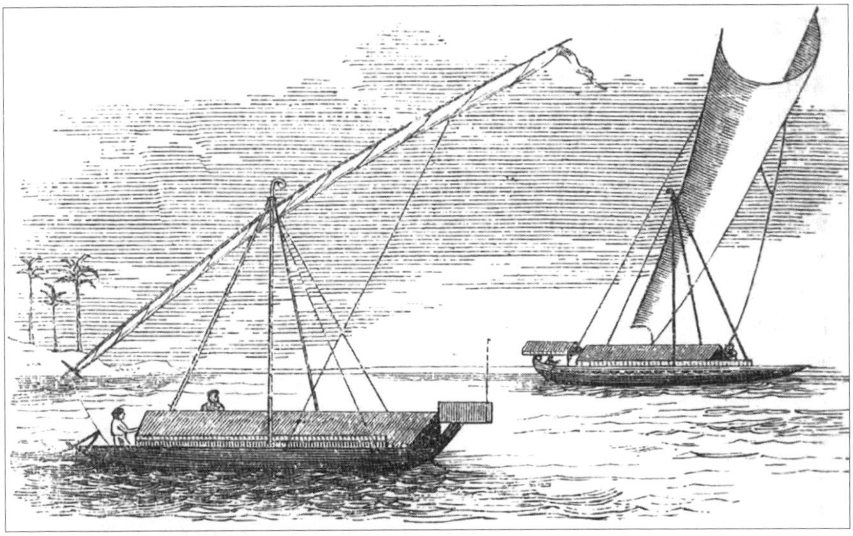

—— 부기족이 사용했던 전통적 상선인 프라후 파두와캉(Prahu Paduwakang). 술라웨시섬 남서부에서 살던 원주민인 부기족은 그들의 뛰어난 항해술과 교역 활동으로 유명했으며, 그것은 말레이 제도 전체를 포함했던 조밀한 해양 교역 네트워크에서 드러났다. 17세기 이래로 이 교역로에서는 주로 프라후 파두와캉과 같은 형태의 범선을 운항했다. 술라웨시의 선박 제조 공장에서 만들어진 가장 큰 선박은 여러 개의 돛대를 갖고 있었다. 20세기에는 이로부터 동력 화물선인 '피니시(Pinisi)'가 개발되었는데, 이는 오늘날 인도네시아의 근해에서 흔히 발견된다. (Wikimedia Commons)

에서는 자와 동부와 술라웨시 남부의 마두라에서 조선이 발달했는데, 그곳에서 제조된 배들은 그 품질과 명성 때문에 지역을 넘어서 판매되었다. 그 제품들은 여러 세대를 거쳐 전승되어 온 조선 가문의 축적된 지식을 기반으로 제조된 것이었다. 배들은 정해진 설계도가 없이 대부분 '머리에 떠오르는 대로' 만들어졌다. 이런 방식으로 사실상 가문의 전통이 형성되었던 것이지만, 전통이 폐쇄된 제작 시스템을 만들지는 않은 것이다. 술라웨시의 부기족들에게서 잘 관찰할 수 있듯이 이들은 외부에서 오는 영향을 계속해 받아들였다. 인도네시아 지역에서 사용되었던 (일반적으로 프라후스prahus로 알려진) 수많은 화물 운반용 범선의 성공적인 모델 중에는 술라웨시의 프리니시prinisi가 가장 널리 사용되었다. 이곳에 온 첫 유럽인들이 이 지역에 정착하기 위해 이 유형의 배를 사용했는데, 이것이 계기가 되어 유럽인들이 이후 이 배의 발전에 영향을 끼치게 되었다. 그리고 그 결과 술라웨시형 선박에서 유럽식과 인도네시아식의 혼합 형태인 이른바 '마카사르 스쿠너'가 개발되었으며, 부기족들의 작업장에서는 이 배를 점점 더 많이 제작해 말레이 제도의 전체 시장에 공급했다.[31] 이 밖에 외부 요인이 조선 분야에 영향을 미친 사례는 중국 정크선에 대한 모방이었는데, 이는 당시에 곳곳에서 발견되는 현상이었다. 이런 식으로 말레이 제도에는 일찍부터 혼합된 조선 기술이 발전했다.

그들이 모두 바다에 의존한 것은 아니었지만, 오세아니아인들의 생활 형태는 기본적으로 어업에 토대를 두고 있었다. 주로 농업에 종사하는 지역의 주민들도 그들의 거주지가 해안이나 호숫가, 강가 근처에 위치한 경우에는 식량을 확보하는 보조 수단으로 어업을 활용했다. 무엇보다도 많은 해안가 주민들은 고기잡이에 전문화되어 있었는데, 주어진 자연환경이나 그들이 형성한 사회조직에 따라 다양한 어획 기술이 동원되었다. 여기에는 단순한 낚싯바늘이나 작살에서 다양한 크기와 모양의 그물, 그리고 저인망과 안강망 같은 복잡한 그물(어망) 시스템에 이르기까지 각종 도구가 사용되었다. 이처럼 고기잡이는 개별적으로도 이루어졌지만, 대개는 가족 단위나 마을 단위로 조직적으로 행해졌다. 이러한 경우에 사냥이나 채집과의 경계는 분명하지 않고 유동적이었다. 한편으로는 바다 유목민들이 했던 것처럼 해산물을 채취하고, 수많은 강 하구나 평평한 해변 지방의 얕은 물에서는 낚시를 했다. 다른 한편으로는 먼바다에서 대규모로 이루어진 어획 활동이 있었다. 특별한 사례로는 솔로르 제도의 라말레라Lamalera에서 이루어진 고래잡이가 있는데, 여기에는 마을 전체가 함께 참여했다. 고래를 잡는 데 성공하는 경우는 1년에 몇 번 안 되었지만, 한 번 잡는데 성공하면 이는 마을 사람들이 수개월간 먹고사는 문제를 해결해 주었다.[32]

이 지역의 또 다른 특징적인 현상은 배를 통한 물자 운반이었다. 섬을 육지의 해안 지방과 연결해 주는 해상 교통로뿐 아니라 강을 통한 내륙의 수로도 여기에 해당한다. 많은 지역에서는 강이 물자를 수송하기 위한 유일한 수단인 동시에 가장 효과적인 수단이기도 했다. 내륙 지방에서 메콩강과 같은 주요 수로는 전체 문명의 생명선 같은 역할을 했다. 지역 생산자들은 그들의 물건을 수로를 통해 이곳저곳으로 운반했으며, 전문화된 상인들은 수로를 통해 내륙의 생산 중심지와 해안에 위치한 수출 항구 사이를 연결해 주었다. 이러한 네트워크는 예를 들어 시암의 도시 수코타이의 세라믹이 아시아 전역에 수출되는 데 필수적이었다. 일부 열대 섬 지방에서는 열대우림이 너무 울창해 대량의 물자가 통과할 수 있는 공간이 없기 때문에 주변에 있는 수로를 통해 될 수 있는 한 돌아가야 했다. 상황이 이러했기 때문에 보르네오에서는 해안에서 떨어진 곳에 있는데도 후추 수출의 중심지가 된 반자르마신 같은 항구 도시들이 대두할 수 있었다. 공해에는 해양의 비단길로서 오세아니아와 유럽을 연결하는 초지역적인 교역로가 존재했다.[33] 이러한 다양한 길에서 활동하던 사람들은 당시에 이루어지던 교역의 조직 형태뿐 아니라 많은 경우에 진정한 해양성 생활 방식을 보여 주었다.

분명히 바다를 근거로 한 교역에서는 능력 있는 자본 제공자들이 만든 합작 투자 회사에서 비교적 작은 규모의 행상인에 이르기까지 상당히 다양한 형태의 조직이 발전했다. 이러한 유형의 상인들은 여행의 출발지에서 목적지까지, 경우에 따라서는 매우 먼 거리를 교역 상품과 함께 이동했다. 여행 시기는 몬순에 따라 정해졌기 때문에 그들은 유리한 방향의 바람이 불어올 때까지 긴 시간을 기다려야 하는 경우가 많았다. 무역로가 교차하는 특정 지역, 특히 말레이반도(믈라카)에서는 이런 형편에 처한 많은 교역상이 다음 목적지로 계속 항해하는 데 유리한 바람이 불 때까지 대기했으며, 이는 이들이 정박한 중간 항구의 경제가 번창하는 데 크게 기여했다. 동시에 이러한 교역 방식은 상인들이 무역선 위에서 오랜 기간 생활할 수밖에 없도록 만들었다. 아시아의 교역 전체가 대체로 이런 방식으로 이루어진 것은 아니라는 사실이 연구를 통해 이미 오래전에 밝혀지기는 했지만, 그런데도 이러한 방식의 교역은 널리 확산되어 있었으며, 해양 생활의 근본적인 요소를 잘 보여 준다. 이런 여행에서는 동일한 인물이 선장(나쿠다)인 동시에 상인의 역할을 맡았던 경우가 드물지 않았다. 인도네시아에서는 배의 소유자와 상인, 선장의 기능까지 결합했던 일종의 해양 전문가 집단이 발전했다.

원거리 여행이나 대형 무역선을 운항하기 위해서는 다양한 능력을 가진 대규모 선원으로 구성된 팀이 필요했다. 이 팀의 내부 조직을 규율하기 위해 말레이 제도에서는 구전을 통해 전해 내려온 아다트adat라는 법의 일부이지만 문서화된 경우는 드물었던 항해법이 대두했다. 문서로 기록되어 오늘날 우리에게 전해지는 유일한 자료는 1656년에서 1672년 사이에 만들어진 믈라카 해양법Undang-Undang Laut Melaka, 그리고 아만나 가파Amanna Gappa가 1676년에 글로 옮긴 와조크Wajoq(와조Wajo) 상인 공동체의 규정인데, 그는 마카사르의 항구도시에 있던 이 상인 공동체의 수장이었다.[34] 대부분 동남아시아에서 구전되어 내려오는 선박 운항 규범의 전형이었을 것으로 간주해도 좋을 이 법은 나쿠다(믈라카어로는 '배 위의 왕'이라는 뜻이다.)의 지위, 선원들의 구성과 책임 영역, 상인들의 구분, 운임과 항로, 각종 사업 형태와 조직 형태의 원칙, 자본과 매상, 소득, 손실의 배분, 부채의 처리와 같은 사항들을 규정했다. 이 두 가지 문건은 상인들이 주도해 작성했기 때문에 법전 편찬에서 상거래와 관련된 규정이 우선시되었으며, 전체적으로 해양 관습인 아다트가 선상의 일상적인 생활에 관한 규정들을 포함하고 있었을 것으로 간주해도 좋을 것이다. 국경을 넘어서는 오랜 항해와 복잡하게 구성된 선원 때문에 이런 원거리 선박 생활은 스스로 만든 법을 가진 하나의 해상 세계 그 자체였다.

이러한 배경에서 이 지역에는 높은 수준의 항해술이 축적되었다. 항해술의 축적은 처음에는 개별적으로 이루어지다가 점차 나쿠다라는 전문가 또는 지역의 항로 안내 업무를 제공하는 항해사가 등장하게 되었다. 이 지역에 처음 온, 그래서 지역에 관한 초보적 지식밖에 가지고 있지 않았던 유럽인들은 거듭해 이들의 도움에 의지했다. 유럽인들뿐 아니라 이 지역 사람들에게도 집단적으로 '항해 민족'으로 알려진 민족 집단들이 이 영역에서 전문적인 지식을 발휘했다는 것은 분명하다. 말레이 제도에서 가장 잘 알려진 집단으로는 술라웨시의 부기족을 들 수 있는데, 그들은 지역의 선장이나 선원들 가운데 커다란 비중을 차지했으며, 조선 분야에서도 지배적인 역할을 수행했다. 동남아시아는 다른 항해 문화들이 교차하는 지역이었기 때문에, 전문 기술은 이 해역을 오갔던 아랍인 항해사나 중국인 항해사를 통해 외부로부터도 유입되었다.[35] 동남아시아의 선원 대부분은 우선 자기들의 경험에 의존했기 때문에, 추가적인 전문 기술은 1500년 무렵에 항해술 발전의 최첨단에 도달해 있던

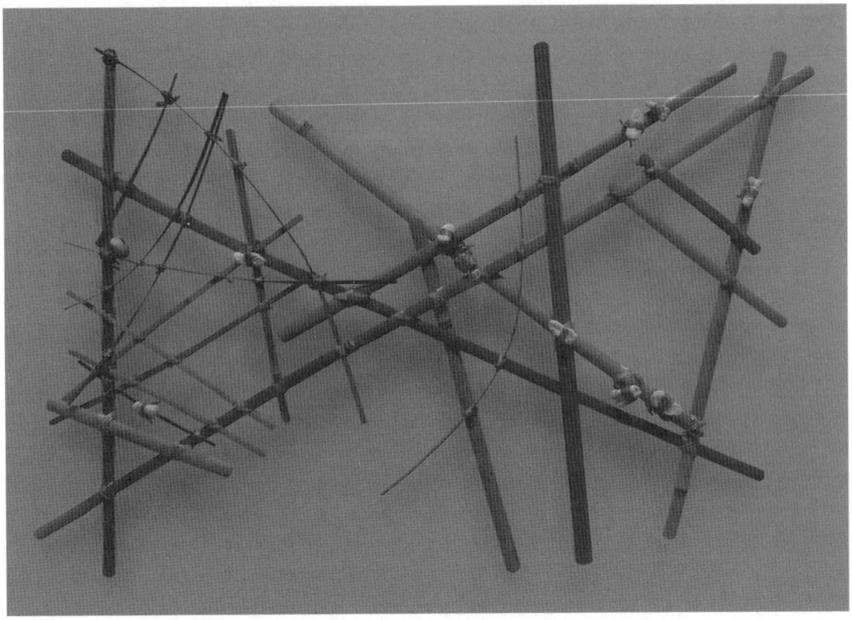

___ 마셜 제도 주민들이 사용하던 스틱 차트. 물, 구름, 바람에 관한 관찰만이 태평양에서 폴리네시아인들이 항해할 때 방향을 잡도록 도왔던 것이 아니다. 이 스틱 차트는 항해를 위한 중요한 보조 도구였는데, 이 차트에 표기된 코코넛 잎맥과 개오지 조개껍데기는 조류와 섬들을 상징했다. (Wikimedia Commons, ⓒ Cullen328)

아랍인이나 중국인들이 도입했다.

경험으로 축적된 지식이 얼마나 중요한지는 오세아니아에서 특히 뚜렷하게 드러났다. 오세아니아인들은 항해를 보조하는 도구들을 전혀 가지고 있지 않았지만, 크기가 작아 잘 보이지 않는 섬이 많더라도 그 섬들 사이를 거치며 태평양의 먼 거리를 항해하기를 겁내지 않았다. 그러나 마셜 제도 주민들이 사용했던 스틱 차트stick chart만은 분명히 예외였다.[36] 스틱 차트는 코코넛의 잎맥과 카우리 개오지 조개껍데기로 만든 격자형 차트였는데, 오세아니아에 있는 대부분의 섬과 그 섬들을 연결하는 주변 조류들의 확실한 위치를 표현하는 데 기여했다. 아마도 스틱 차트는 항해에 직접 사용되지는 않았고, 육지에서 이루어진 항해 교육 또는 여러 유형의 전반적인 방향 찾기 도구로 사용된 것 같다. 특히 스틱 차트들은 기억이 필요한 메모 같은 특성을 갖고 있어, 그것을 사용할 때조차 세대를 이어 전달받은 경험이 필수적이었다.

끝으로 황혼의 지대에서 움직이던 해양의 생활양식은 해적들의 방식이었다. 그러나 해적을 어떻게 규정할 것인지에 관한 개념의 문제는 경우에 따라 이 집단의 역사를 바라보는 시각을 흐려 놓을 수 있다. 경쟁적이거나 적대적인 집단 사이에서는 상대방을 서로 해적이라고 비난하곤 했기 때문이다. 특히 유럽인들은 자신들에게 걸림돌이 되는 현지인들을 쉽게 해적 또는 밀수꾼으로 낙인찍었기 때문에 이와 관련된 보고들은 매우 신중하게 검토되고 평가되어야 한다. 그러나 남중국해, 인도네시아와 필리핀 사이의 술루 군도, 믈라카 해협을 지나던 선박들을 위협하며 전문적으로 해적 활동을 한 집단이 있었던 것은 의심할 바 없는 사실이다. 하지만 그들이 방문객이 거의 없는 섬의 해안에 거주했든, 아니면 자신들의 배에서 생활하던 바다 유목민이었든 간에 그들의 존재와 생활양식에 관해서는 알려진 바가 거의 없다. 그러나 국가와 식민 정부, 무역 회사들을 상대로 해적들이 벌인 영원한 싸움, 그리고 그들이 지역의 노예 매매에서 수행했던 중요한 역할은 공식적인 역사 서술 안에 뚜렷하게 반영되어 있다.

정치조직의 형태

중국에서 명 왕조가 집권한 것은 아시아의 광대한 지역에서 전개된 정치 발전에서 근본적인 변곡점을 이루었다. 이는 여러 가지 방식으로 동남아시아에도 지대한 영향을 미쳤는데, 특히 중국에서 송대 이래로 사용되던 화약의 확산이 동남아시아에 미친 영향은 컸다. 이런 맥락에서 보면 이미 14세기에 여러 전통적인 제국의 몰락과 새로운 수도들의 등장, 그리고 이로 인한 정치적 새 출발이 예고되었다. 그리고 대변혁은 인구 변동과 흑사병, 현저한 기후 악화가 촉진했다.

하지만 인접한 대제국들이 미치는 지속적인 영향이 이처럼 정치적 변혁기에만 체감된 것은 아니다. 동남아시아는 아시아에서 영향력 있는 대표적인 제국 대부분에 둘러싸인 지역이었다. '중국', 일본 제국, 인도아대륙의 주도적 세력들, 무엇보다 먼저 힌두적인 비자야나가르 왕국, 그리고 무슬림적인 무굴 제국. 이들 가운데 중국은 논란의 여지가 없이 동남아시아가 인접해 있던 가장 강력한 세력이었다. 북경에 거주하던 황제는 동남아시아의 국가들을 자신이 다스리는 권력 영역의 일부로 파악했으며, 이 지역은 자기들의 이익을 위해서 자발적으로 중국의 조공 제도에 편입되었다. 물론 동남아시아 국가들은 중국의 통치 제도를 채택하지는 않았다. 사회 엘리트층이 중국처럼 유교를 신봉하지만 중국의 정치제도를 단순히 수용하지는 않았던 베트남만은 특별한 사례다.[37] 문화적인 큰형의 역할을 맡았던 인도와의 관계는 이와 다르게 이루어졌다. 다양한 인도 제국들은 권력 정치의 관점에서 동남아시아를 공격하지 않고 제국의 토대였던 통치 모델과 신앙 체제를 수출했는데, 인도의 통치 모델과 신앙 체계는 동남아시아에서 자체적으로 발전했다.

동남아시아의 제국 형성에 영향을 끼친 인도의 유산은 불교 또는 힌두교가 왕국의 정치적 성장과 분리되지 않고 공존한 것에서 잘 드러난다. '대왕들'과 함께 종교 기구들은 국가의 구조와 발전에 결정적인 영향을 미쳤다. 힌두교 사원들과 그것들을 관리했던 브라만 성직자, 그리고 불교 사원과 승려들은 점점 더 복잡해지는 국가 기구들과 나란히 정계의 심장부에 자리 잡았다. 반면에 군주는 신과 유사한 지위로 높여졌다. 참파와 크메르에서는 군주가 '신적인 왕조 건설자의 재현'으로 여겨졌고, 시암에서는 보살로 여겨졌다. 왕과는 오직 관료나 승려의 중재를 통하는 등 간접적인 수단을 통해서만 접촉할 수 있었다. 군주가 죽은 후에는 그의 무덤이 사원의 기능을 부여받았다. 군주는 승려들에게 토지나 다른 재산을 지급해 줄 뿐 아니라 거대한 성전 건축 프로젝트도 지원해 주었으며, 성직자들은 이를 영적으로 정당화해 주었다. 이러한 기반 위에 아무런 제한이 없는 절대적인 통치 체제가 수립되었다. 그리고 이러한 사실은 시암, 캄보디아, 버마 왕국뿐 아니라 말레이반도 건너편의 섬 중에서 인도화된 국가들에도 적용된다. 특히 14세기 이후로는 힌두교적이면서 불교적이던 대제국인 자와의 마자파힛 국가가 비슷하게 인도화되었지만 유일한 불교 왕국이던 스리위자야로부터 정치적 지배권을 가져왔다.

국가 유형 스펙트럼의 다른 한편에서도 종교적 발전과 국가 건설은 서로 밀접하게 연결되어 있었다. 동남아시아 도서부에는 주로 그 핵심에 자립적인 지배자를 가진 도심을 중심으로 한 도시국가들이 수립되었는데, 그 도시국가들은 그것들을 둘러싼 주변 지역에도 영향력을 행사할 수 있었다. 아체가 이미 13세기 말에 이슬람으로 개종한 이후에 말레이 제도의 신생 도시국가들, 즉 믈라카(1410), 반텐과 치르본,(1525, 이로써 자와 해안에서 최초의 도시들이 되었다.) 마카사르(1603년과 1607년 사이)가 차례차례 이 새로운 종교를 받아들였다. 1460년 무렵에는 그 정치 구조가 도시국가와 매우 유사했던 트르나테와 티도레라는 두 개의 이슬람 술탄국이 이들 이슬람 국가 집단에 추가되었다. 그리고 16세기 중반에 이슬람은 모두 오늘날의 필리핀에 속하는, 민다나오의 일부인 술루에, 그리고 루손의 고립된 지역에 기반을 마련했다. 동남아시아 지방에 처음으로 이슬람을 전한 것은 주로 인도에서, 나중에는 페르시아와 아랍 세계에서 온 상인들이었다. 얼마 후에는 이전에 먼저 이슬람화되었던 대도시에서 온 상인들도 여기에 합류했다. 이들은 수피 방랑 설교자들과 '성인'들을 지원함으로써 이슬람의 선교 활동에 참여했다.

이슬람화가 그 어떤 국가적 영향력의 행사도 없이 자체적으로 진행되었다고 하지만, 이슬람의 구조는 무엇보다 새롭게 떠오르려고 노력하는 정치 중심지에 잘 맞았다. 자유무역에 대한 문화적 관용과 개방성을 보여 주는 강력한 규칙을 전제 조건으로 했기 때문이다. 게다가 주도권을 둘러싼 지역 내 쟁투와 새로운 유럽 세력들의 군사적 진출로 대단히 불안정했던 시대적 상황에 직면한 많은 군주에게는 튼튼한 신앙 공동체를 구성하고 있는 새로운 동맹 파트너들이 보유한 잠재력이 매력적으로 보였을 수 있다. 분명히 오스만 술탄은 적어도 지평선 너머에 있는 추정적 동맹으로서 동남아시아에서 국가 간 관계들을 어느 정도 진정시키는 데 유익한 도움을 주었다. 서쪽에 있던 이슬람 제국과 구체적으로 동맹이 성사되지는 않았지만, 적어도 군사적 노하우가 교역이나 성지순례에 관련되어 있던 이슬람 연결망을 거쳐 말레이 제도 동부에까지 전달되었다. 백성들의 이슬람화는 군주의 개종보다 확실히 뒤처져 있었다. 그 밖의 동남아시아 도서부의 이슬람화도 명백하게 확산하고 심화했으나 이는 점진적으로 진행되었다. 공식적으로 기재된 이슬람으로 개종한 시점은 단지 엘리트층의 시점일 뿐, 이슬람이 주민 사회에 실질적으로 뿌리내린 시점에 관해서는 아직 그 어떤 것도 이야기해 주지 못한다.

이 지역에서 진행된 정치적 격변은 특히 소규모 술탄국들의 성장에서 뚜렷하게 드러난다. 해안 지방과 내륙 지방 사이에, 그리고 농촌의 잉여생산물 통제에 토대를 둔 국가와 교역권 통제에 토대를 둔 국가 사이에는 전통적으로 긴장이 존재해 왔다. 그런데 지금까지 지역의 정치 지형에서 첫 번째 유형의 국가, 즉 농촌에 기반을 둔 국가가 주도권을 장악했던 상황이 이제는 분명히 변하기 시작했다. 해안에 있는 중심 도시들이 영토 국가에 통합된 정도가 강하지 않았던 상황은, 이제 서로 적대적으로 영향을 주는 여러 변화 속에서 더욱 강화되었다. 내륙 지방에 중심을 둔 정치 세력은 종교적 팽창주의나 교역 증가와 맞물려 여러 차원에서 쇠퇴하는 길을 걸었다. 그 결과 하나의 새롭고 작은 단위로 분열된 정치 지형이 대두했으며, 그 상황에서는 이전보다 더욱더 동맹이나 권력의 위계질서가 결정적인 역할을 하게 되었다.

이러한 변화는 육지에서도 체감할 수 있었다. 15세기와 16세기에 교역의 번성은 농촌 및 내륙 지방에 기반을 둔 국가와 교역 및 해안 지방에 기반을 둔 국가 사이의 뚜렷한 이분법적 구분을 퇴색시켰다. 이제 한편으로는 내륙에 대한 통제를 통해 농촌에 기반을 계속 두면서, 다른 한편으로는 해안에 위치한 권력과 경제의 중심지들에 대한 통제를 통해 해양 교역의 팽창에서 나오는 수익을 차지하는 제국이 정착되어 갔다. 이렇게 해서 시암에서는 아유타야, 캄보디아에서는 프놈펜, 버마에서는 페구, 아라칸에서는 므라욱우가 새로운 제국을 형성하기 위한 정치적 중심지로 등장했다. 공적인 수입은 더 넓은 토대 위에서 설정되었다. 물론 앞에 언급한 국가들은 외부 세력과 접촉하는 문제에서 각기 다른 모습을 보였다. 아유타야라는 거대 도시를 가진 시암은 세계에 개방적인 자세로 대처해 외부 세력들과 접촉하려고 시도하고 외교관계를 수립하며 심지어 포르투갈 용병들을 고용하기까지 했다. 반면에 버마는 고립 노선을 선호했다. 이 지역에 진출해 오는 유럽 국가들의 우월한 힘이 점점 뚜렷하게 감지되고 있었지만 동남아시아 대륙부가 아직은 별 문제 없이 존속할 수 있었던 시대에, 두 극단은 서로 다른 자기주장 전략을 나타냈다.

이러한 정치적 발전 과정에서 종교가 가지고 있었던 전통적인 중요성은 사라지지 않았으며, 특히 불교의 영향력이 미치는 영역에서는 새로운 정치적 발전을 이루었다. 15세기 중반에 불교도 군주들은 의도적으로 자신들이 믿는 종교의 뿌리를 찾고, 교계의 질서를 개혁하며, 불경 원전들을 필사하고, 불교의 본거지인 인도나 스리랑카와의 접촉을 강화하기 시작했다. 그곳의 승려와 학자들이 초대되었으며, 사리 같은 신성한 유물과 경전도 들여왔다. 그 결과 15세기 후반에 이 지역은 불교 르네상스를 경험했고, 관찰자들이 새로운 불교 '대중화 운동'이라고 부를 만큼 불교와 관련한 관계망이 활발하게 형성되었다.[38]

동맹 그리고 충성의 위계질서는 이 지역의 정치 지형도를 그릴 때뿐 아니라 권력의 내적 구조와 국가 유형을 분류하는 데 핵심적인 요소였다. 국가가 보유한 권력은 글자 그대로 명백하게 경계 짓기가 어려웠고, 확실한 정치적 국경선은 기껏해야 몇몇 큰 왕국에서만 찾아볼 수 있었다. 작은 국가들이나 섬 왕국은 확실한 영토 개념보다는 그저 영향력이 미치는 지역이라고만 부를 수 있는 지역을 갖고 있었다. 이미 오랫동안 강대국으로 여겨지던 스리위자야는 오늘날 경우에 따라 오히려 '동방의 한자 동맹'으로 해석되고는 한다.[39] 도시국가 마카사르와 섬 술탄국 트르나테는 16세기에 말레이 제도 동부의 주도권을 분할해 소유했지만, 영토상의 통제권은 그저 희미한 수준이었다. 같은 시기에 믈라카도 말레이 제도 서부에서 비슷한 상황에 처해 있었다.

오세아니아에서는 자연조건 때문에 넓은 영토를 기반으로 하는 제국을 형성하기가 더욱 어려웠으므로, 여기서도 권력이 미치는 지역들 사이의 위계질서가 중요한 역할을 수행했다. 반면에 섬이나 군도 같은 곳에서는 중앙집권적 왕조가 발전했으며, 경우에 따라서는 미크로네시아의 폰페이(포나페)나 렐루Lelu처럼 '도시적인' 중심지가 형성되기도 했다. 여기서 '도시적인' 중심지란 궁전과 함께 1000명에서 1500명 정도의 주민이 거주하는, 성벽으로 둘러싸인 주거지를 뜻한다. 폰페이에서는 1350년 무렵에 이 중앙집권적 왕조가 여러 반란으로 무너지고 다섯 개의 작은 지배 가문으로 분열되었다.[40] 반면에 하와이에서는 학계에서 '계층화된 농노제'로 지칭하는 정치제도가 발전했다. 이 제도는 몇몇 수장 사이의 경쟁으로 동력을 발휘했으며, 지역적으로 고립된 위치로 인해 유리했다. 이러한 조건하에서 동남아시아 일부 지역의 상황과 비교할 만한 복잡한 정치조직이 대두했다. 그렇기 때문에 영토가 분산되어 다양한 권력관계가 형성될 수 있었고, 귀족제와 왕조 정치, 통치 의식 등을 보여주는 복잡한 정치 구조가 형성될 수도 있었다. 게다가 공식적인 권력 구조가 전혀 존재하지 않는 애버리지니(오스트레일리아 원주민)나 뉴기니의 파푸아처럼 지도자가 없는 원주민 사회도 무수히 많았다.

특이한 유형의 국가 형성으로서 유럽 식민주의는 오세아니아에서 19세기 말 이후에야 비로소 시작되었던 반면에, 동남아시아 대륙부에서는 이보다 수십 년 정도 일찍 진행되었다. 이 지역에서 가장 일찍 식민지가 된 곳은 1565년 이후에 등장한 에스파냐인들이 미국-에스파냐 전쟁(1896~1898) 때까지 지속적으로 식민 제국의 권력을 행사했던 필리핀이었다. 에스파냐인들의 권력은 식민 통치의 중심 도시로 세운 마닐라 외에 한편으로는 개종한 지역 제후들의 연합에, 다른 한편으로는 가톨릭 선교회의 지속적인 확산에 근거하고 있었다. 이 시대에 다른 유럽 열강들은 무엇보다 경제 영역에 집중해 영향력을 행사했다. 식민 제국의 형성에 대한 그들의 기여는 이 시기가 끝날 무렵에야 비로소 본격화되었다. 영국령 인도(벵골)와 네덜란드령 인도(자와)의 핵심 지역도 18세기 후반에 와서야 비로소 제대로 된 통제하에 있게 되었다. 이 시대에 동남아시아 도서부에서 유럽 식민주의의 전초 기지였던 곳은 바타비아 인근 지역, 말루쿠의 여러 섬, 그리고 유럽 식민주의의 서막이 오르기 이전에조차 이미 식민 도시의 외양을 보이기 시작한 수많은 항구도시였다. 나아가 자와는 특히 1740년에 '중국인들이 봉기하는' 과정에서 중국인 농촌 노동자들을 상대로 대박해(포그롬)[5]가 일어났을 때, 식민 제국의 간접 통치를 경험하게 되었다. 이때 바타비아에 살던 중국인의 3분의 2가 희생되었다.[41]

모든 형태의 정치조직이 분명하고 지속적인 형태로 나타나지는 않는다. 안정적인 통치 체제의 하위 영역에는 유동적이거나 국가와는 거리가 먼 조직

5 유대인 등에 반대하며 벌인 조직적인 약탈과 학살을 가리키는 러시아어에서 유래한 단어로, 특정 민족 또는 특정 집단에 대한 폭력적인 박해로 의미가 확장되었다.

유형들이 존재했다. 주로 접근이 불가능한 열대우림 지역이나 고산지대 혹은 해양에는 평등주의적 사회가 수립되어 있었는데, 이들은 가족 단위나 씨족 단위로 조직되어 있었다. 이 종족들은 작은 규모이기 때문에 거대한 중앙에 느슨하게 연결되어 있었지만, 정치조직의 질서에 커다란 변화를 가져올 가능성을 지니고 있었다. 서로 다른 두 가지 정치 형태 사이에서 변화가 일어날 수 있었는데, 버마의 고산지대에 사는 카친족이 그 사례다. 카친족에는 평등주의적인 동시에 귀족적인 구조가 존재했다. 또는 시암의 카렌족처럼 한 종족 안에 수많은 정치 형태가 존재한 경우도 있었다. 그들은 버마 불교의 성격을 가진 도시들을 포함하는 제후국을 포함하는, 느슨하게 사회화된 마을 공동체에 살고 있었다.[42] 상위의 국가조직 안에서 독자적으로 지역 자치를 발전시켰던 디아스포라 집단들도 국가와는 멀리 떨어져 있었다.

성 역할과 관계

동남아시아 사회나 오세아니아 사회에는 한 가지로 고정된 성 역할이 없었다. 아주 일반적으로 보면 어디서나 남성과 여성 간의 특이한 노동 분업이 일상적으로 이루어졌다고 말할 수 있다. 사냥, 고기잡이, 집 건축, 전쟁 등은 남성이 맡아야 할 역할에 속했다. 또한 남성들은 대부분 땅을 개간해 경작을 준비하며 곡식을 거두어들였다. 반면에 여성들은 쌀이나 식용 덩이줄기를 심고 뜰과 밭을 가꾸었을 뿐 아니라, 아이들을 돌보고 요리와 바느질을 했으며, 돼지도 사육했다. 하지만 여기서 다루는 동남아시아 지방과 오세아니아 지방에서는 남성과 여성의 관계에서 친척 집단과 혈연관계가 중요한 역할을 했는데, 이는 부계 또는 모계로 형성될 수 있었다. 여기서 권리와 의무의 양도는 동남아시아에서는 부계를 통하는 것이 지배적이었다. 하지만 예외도 있었다. 예를 들어 수마트라의 미낭카바우족은 모계를 통해 구성되었다. 구체적으로 보면 어머니의 형제가 중요한 지위를 차지하는 경우가 흔하기는 했지만, 특권은 여성 측의 친족 관계를 따라 양도되었다. 그러나 중국과 무슬림, 유럽의 영향을 받으면서 이러한 모계 제도는 계속해 밀려났다. 두 가지가 혼합된 제도로 발전하는 경우도 드물지 않았다. 예를 들어 자와인들은 쌍계가족의 혈통

관계에 익숙했다.

오세아니아에서는 모계사회가 지배적이었다. 하지만 여기서도 부계 사회에서는 아버지가 맡았던 일련의 과제가 어머니 쪽 형제인 삼촌에게 주어졌다. 통가에서는 부계 혈통이 중요했지만, 여성 후손들이 남성 후손들보다 높은 사회적 지위를 차지했다. 하지만 남성들은 서열이 가장 높은 여성을 피지로 시집보내는 방식으로 자기들이 지도적 지위에 도달하는 방법을 찾았다. 통가와 비슷한 혈연 규정이 있었던 사모아는 이와 달랐다. 여기서도 가장 높은 귀족 지위는 여성이 차지했는데, 비슷한 서열의 남성들은 가까운 친족이었기 때문에 여성들은 높은 지위를 가진 통가인들과 결혼했다.[43]

그러나 모계에 중심을 둔 혈연 규정은 여성들이 무조건 정치적·사회적으로 더 비중 있는 지위를 차지했다는 것을 의미하지는 않았다. 그들이 차지한 사실상의 지위는 지역에 따라 크게 차이를 보였다. 동남아시아 대륙부의 일부 지역에는 여성들의 높은 자립성이 특징이었던 반면에,[44] 멜라네시아 같은 곳에서는 여성을 불결한 존재로 여겼다. 그곳 남성들은 '남성들의 집'에 모여 살면서 그들끼리 정치 문제에 관해 협의하고 중요한 의식을 집행했으며 소년들을 전사로 훈육했다. 반면에 여성들은 마을 여기저기에 흩어져 있는 각자의 집에서 딸들을 키우며 살았다. 여성들은 다양한 종교적 생활에 접하지 못했으며, 중요한 의식에는 참가할 수 없었다. 오스트레일리아에서도 여성들은 주요 의식에 관여하는 남성들만 소유하던 영적인 지식을 배울 기회를 얻지 못했다. 반면에 폴리네시아에서는 여성도 영적인 능력을 보유할 수 있어, 그 능력을 통해 남성들과 동등한 사회적·정치적 지위를 얻을 수 있었다.

결혼은 정해진 규정에 따라 성사되었으며 친척 집단들은 이를 준수해야 했다. 여기에는 특별한 후보자들을 배제하는 규정뿐 아니라 선호하는 규정도 있었다. 오세아니아에서는 대부분 다른 집단과 결혼했기 때문에 신부들은 다른 씨족 집단 출신이어야 했다. 동남아시아에서는 신랑을 '사오는 것'이 일반적이었다. 모계사회였던 미낭카바우에서는 이 규정이 신부에게 해당했다. 다른 지역(예를 들어 시암이나 버마의 라후)에서는 신랑이 장인의 집으로 입주해 지참금을 내기 위해 일했다. 필리핀에서는 선교사들이 오랫동안 이러한 관례를 깨뜨리기 위해 애썼다. 버마의 산족에는 일부다처제가 있었던 반면에, 팔라완의 바탁족에는 일처다부제가 퍼져 있었다.

예술적인 표현 양식

이 지역이 갖고 있던 자연환경적이고 사회 문화적인 다양성, 외부의 자극과 내적인 발전은 매우 다양한 예술적 표현 양식으로 나타난다.[45] 동남아시아와 오세아니아를 연결하는 특징이기도 한 예술적 표현 양식들은 대부분 신성하고 의식적인 목적을 지니는 것이어서, 사람들이 조상이나 죽은 영혼 또는 신들과 접하게 했다. 이러한 예술 작품을 제작하는 것은 종교적 행위였으며, 정해진 유형에 따라 이루어졌다. 예술가들의 이름은 알려지지 않았지만, 그들의 작품은 높이 평가되었다. 그래서 오세아니아에서는 심지어 예술가들이 특별한 사회계층을 이루기도 했다. 그들은 이 세상과 저 세상을 연결하는 중재자였기 때문이다.

나무로 만들거나 나무를 깎아 만든 조각품들은 동물이나 신인의 형상을 가지면서 종교적·영적 의미를 한껏 품었지만, 때로는 신분과 권력을 표현할 수도 있었다. 그 작품들은 흔히 공동체의 선조들을 표현했으며, 사람과 그의 영혼을 조상이나 영혼의 세계와 연결해 주었다. 뱀, 용, 물소는 널리 퍼져 있던 모티브였다. 용은 중국의 신화에서 나온 반면에 뱀은 인도의 신화에서 유래했는데, 이들은 대개 통치자가 갖는 권력의 상징으로 기능했다. 동남아시아 지역에 널리 퍼져 있던 사고에 따르면, 물소는 지하 세계와 지상 세계의 양쪽에 걸쳐 존재하는 동물이었다. 이 지역의 많은 집 앞에 걸려 있던 물소의 뿔은 물소가 가지고 있던 이러한 영적 역할에 관한 일종의 암시였다.

물론 선조들은 인간의 형상을 한 채로도 존재했다. 그들은 인간의 형상을 한 채 각 가정의 제단에 서 있기도 했고, 가면에서도 그 얼굴을 드러냈으며, 신성한 의식을 진행하는 사람들의 얼굴로도 등장했다. 나아가 타로를 다지는 막대기, 무기, 방패 같은 일상에서 쓰는 물건 또는 창을 던지는 사람으로도 표현되었다. 뉴기니의 후온만에서 발견되는 조각 가운데 입체파(큐비즘)를 연상케 하는 신인의 형상, 그리고 오세아니아의 이른바 '원시적' 예술품들

은 모두 유럽의 표현주의와 초현실주의에 영향을 미쳤다.[46]

문명의 토대를 형성하고 그것을 유지해 주는 조상들의 중요한 역할은 이 지역의 문이나 집의 기둥에 새겨진 조각에서 뚜렷하게 드러난다. 그들은 집의 지붕을 떠받치고 있으며, 공동체의 기둥과 대들보를 형성하고 있다. 예를 들어 마오리족은 공동으로 쓰는 '마을 회관(와레누이wharenui)'의 구조와 장식용 조각에 그들의 조상을 상징적으로 표현했으며, 지금도 그러하다. 조상들(이위iwi)의 머리와 신체를 묘사한 형상이 마을 회관의 전면 박공에 있는 차양 양쪽의 지붕 장선이 만나는 꼭대기에 서 있다. 지붕 장선은 조상의 팔을 뜻하며, 박공의 안쪽 공간은 그의 가슴으로 여겨진다. 지붕의 능선을 구성하는 기둥은 조상들의 척추로 인식되었고, 후면 박공의 장선은 조상들의 다리를 뜻했다.[47] 반면에 뉴기니의 세픽강 중류 지역에 건설되었던 것과 같은 의식용 '남성의 집'은 어머니 지구를 묘사했다. 길이가 25미터, 높이가 18미터인 이 구조물은 강력한 기둥에 의지하고 있었다. 중앙 지주는 장년 남성들을 위한 집의 공간을 표시했을 뿐 아니라, 조상들을 대표하는 동시에 조상들이 오늘날 있을 것으로 추정되는 장소를 가리키기도 했다.[48]

직조는 신성한 활동으로서 여성들에게 할당되었다.[49] 그러나 여성들이 만들어 낸 천은 의식적 기능뿐 아니라 사회적 기능도 갖고 있었다. 예를 들어 직기에 사용되는 끝없는 나선형 체인은 끝없이 이어지는 삶의 연속을 상징했다. 임신한 여성이 어떤 특정한 천으로 몸을 감싸면 위험으로부터 보호받는다고 바탁족들은 믿었다. 동남아시아의 거의 모든 지역에서 망자는 내세로 가는 여행을 준비하게 하기 위해 일종의 수의 같은 천으로 씌워졌다. 사회적 맥락에서 천은 집단의 결속이나 신분을 드러내기 위해 디자인되었다.

직조에 사용된 대표적인 섬유는 비단이나 면이었던 반면에, 피나piña로 알려진 특별한 고급 의복은 필리핀에서 파인애플의 섬유로 제작되었다. 염색에는 방염防染 기법이 널리 퍼져 있었으며, 이는 오늘날까지 전해진다. 천에서 무색으로 남아 있어야 하는 부분에 왁스를 묻히는 바틱도 여기에 속한다. 염색 과정은 색깔별로 계속되었다. 직조하기 전의 실을 부분적으로 매듭짓거나 염색하면 이른바 이카트 천이 만들어진다. 직물에 무늬를 새기는 작업에는 동남아시아가 받아들인 여러 가지 외부적 영향도 반영되었다. 예를 들어 자와의 바틱 문양에는 인도의 꽃무늬, 중국에서 들여온 새의 형상 또는 이슬람식 전통인 기하학 문양 등이 발견된다.

오세아니아에서는 나무껍질로 만든 식물성 실이나 소재(타파tapa)로 제작한 바구니가 특징적이었다. 이는 여성성과 다산을 상징한다. 이 가운데 어떤 천은 단지 의식적 기능을 가졌던 반면에, 다른 것들은 치마나 로인 클로스 같은 형태로 하체를 가리는 데 사용되었다. 그리고 판다누스pandanus의 섬유로 만들어진 고급 매트는 일종의 가보로 여겨졌다. 그것은 가족의 계보에 관한 정보를 담고 있었으며, 가문의 기원에 관해 알려 주었다. 타파는 주로 적피 단풍(혈피풍血皮楓)이나 빵나무의 내피로 만들었다. 일단 나무의 외피를 모두 제거하고 나면 내피를 가늘고 길게 잘랐으며, 이것을 물에 적시거나 축축하게 만든 후에 나무로 된 망치로 두드려 매끈하고 유연해지도록 만들었다. 이 과정을 거치면서 나무껍질 조각은 면적이 몇 배나 넓어져 이것들을 붙이면 가로와 세로로 몇 미터나 되는 천을 만들 수 있을 정도가 되었다. 두들긴 나무껍질에는 염색하거나 무늬를 그리거나 문양을 새기기도 했다.[50]

금으로 된 장신구는 동남아시아에 널리 퍼져 있었다. 발리인들은 치아를 날카롭게 가는 것을 아름답다고 생각했으며, 버마, 시암, 베트남에서는 치아를 검게 칠하는 것이 유행했다. 다약족 여성들도 이런 치아를 좋아했지만, 금니도 좋아했다. 오세아니아에서는 열대 조류가 지닌 화려한 색깔의 깃털을 귀한 장신구로 여겨 소중한 재산으로 간직했다. 이런 깃털들은 가면이나 머리 장식으로도 사용될 수 있었다. 특히 인상적인 것은 뉴기니의 고지대에서 발견되는 머리 장식인데, 여기에는 다양한 종류의 앵무새, 특히 극락조의 깃털을 주로 사용했다. 쿡은 통가섬에서 발견한 붉은 깃털들이 태평양 지역 여러 곳에서 물물교환을 할 때 그 가치가 높이 평가된다는 것을 발견했다. 하와이에서는 이런 것들이 합쳐져 높은 지위에 있는 인물들이 의식을 치르거나 위험한 상황에 직면했을 때 착용하는 장대한 깃털 망토나 헬멧으로 발전했다.[51]

건축 분야를 보면 오세아니아와 동남아시아에서는 원칙적으로 돌을 사용하지 않았다. 오스트레일리아의 원주민이나 필리핀의 아에타족이 태양, 비,

태풍을 피하기 위한 피난처로 지었던 단순한 바람막이용 집만 그런 것이 아니었다. 동남아시아와 오세아니아의 전 지역에 걸쳐 나무는 주거지를 만드는 주요 자재였으며, 지배자들이 궁전을 지을 때조차 다른 것을 선택할 여지가 거의 없었다. 이 건물들은 습한 기후와 벌레들 때문에 얼마 지나지 않아 쉽게 망가졌다.

오직 강력한 권력을 지닌 통치자의 거주지나 의식을 치르기 위한 사원과 탑,[52] 이슬람 회당, 교회 같은 건물에만 다른 방식을 사용했다. 파간(버간)이나 앙코르의 대규모 석조 사원 단지는 이들 제국의 규모와 그들이 행사한 권력의 규모를 입증해 준다. 이들은 동남아시아와 인도 사이에 활발한 접촉이 있었음을 보여 주기도 하지만, 지역 군주나 그들이 고용했던 건축가와 예술가들의 독창성과 잠재력도 뚜렷하게 드러낸다. 9세기 초에 지어진 중앙 자와의 프람바난과 보로부두르에 있는 사원들도 마찬가지다. 프람바난의 사원에 서 있는 세 개의 거대한 탑은 힌두교의 삼위일체인 세 신 브라흐마, 비슈누, 시바에게 바쳐진 것이었다. 여기서 멀지 않은 곳에 이보다 불과 수십 년 전에 만다라 양식에 따라 지어진 보로부두르 불교 사원이 있다. 그 사원의 경계를 따라 이중벽으로 된 회랑으로 둘러져 있는 네 개의 사각형 기단은 또 다른 세 개의 추가 기단 위에 얹혀져 있으며, 원형의 작은 사리탑으로 장식되어 있다. 그리고 전체 건축물 상단의 한가운데에는 단 하나의 거대한 사리탑이 얹혀 있다. 회랑을 걷는 순례자들은 인간의 생로병사와 붓다가 깨달음에 이르는 과정을 보여 주는 장면들로 이루어진 벽화와 마주하게 되어 있었다. 순례자들은 한 단계 한 단계 계속 사원의 상층으로 올라가면서 세속으로부터 점점 멀어지고 점점 더 높은 세상으로 들어가는 것이다.

불교 제국이나 힌두교 제국에서 의식을 위해 지은 대형 건축물에는 인도의 영향이 반영되어 있다. 처음에는 단순히 인도 양식을 모방했으나, 점차 이 사례들을 지역적으로 차용하면서 계속 발전해 독특한 전통으로 융합되었다. 이 지역 사람들은 서구 건축의 영향에도 비슷한 자세를 보였는데, 이런 흔적은 특히 필리핀이나 바타비아에서 발견할 수 있다. 필리핀에서 에스파냐인들은 처음에는 원주민들과 마찬가지 방식으로 건물을 지었던 것 같다. 그러다

—— 총 아홉 개의 단과 그 위의 정점에 올라 있는 사리탑을 가진 사원 단지의 전경. 보로부두르 사원은 돌로 표현된 불교의 우주로 간주할 수 있다. 네 개의 사각형과 세 개의 원형 기단은 한 개의 거대한 사리탑을 통해 정점에 도달하며, 위로 올라갈수록 좁아진다. 시계 방향으로 기단을 거닐면서 그림이 있는 회랑을 지나가는 순례자들은 한 단계, 한 단계 고통의 세계를 벗어나 결국 니르바나(열반)의 세계에 도달한다. (Wikimedia Commons, © Gunawan Kartapranata)

가 유럽·에스파냐식 전통에 따라 석조 건축 기술과 기와지붕 등을 도입했다. 하지만 고온 다습한 기후와 잦은 지진 때문에 그들은 자신들의 건축 기술을 지역 환경에 맞게 바꾸어야 했다. 그 결과 에스파냐식과 필리핀식이 합쳐진 건축 기술이 대두했다. 전통적인 토착 건물로부터 집의 하중을 유지하는 목재 뼈대가 차용되었으며, 장식용 기능을 가진 돌이나 벽돌이 1층 벽을 장식했다. 때로는 벽과 목재 구조물 사이에 30센티미터 정도의 틈이 있었는데, 건물은 이런 구조로 인해 지진의 충격에 탄력적으로 반응할 수 있었다. 2층은 목재 구조로 둘러싸였으며 커다란 미닫이 창문이 설치되어 더위를 식히는 시원한 바람이 집안으로 아무런 장애 없이 흘러들어 올 수 있게 했다. 창문 아래에는 또 하나의 작은 문을 설치했는데, 이것은 전통적인 '바닥으로 통하는 창문'을 대체했으며 통풍을 더욱 용이하게 했다. 마닐라에 있던, 종교와 무관한 시청과 같은 일반 공공 건축물들은 유럽식 건축양식을 지향했다. 수도에 있는 석조 양식의 웅장한 교회 건물도 그런 경향이 있었다. 그러나 지방으로 가면 교회의 건축양식은 이러한 유형과 달랐다. 산호와 같은 토착 건축 자재들을 사용했으며, 대나무나 목재도 자주 사용했다. 또한 중국의 건축사들이 고용된 경우 극동의 건축양식도 추가되었다.[53]

오세아니아에서도 종교적·군사적 목적에 기여했던 석조 건축양식의 흔적이 발견된다. 예를 들어 타히티의 마라에marae 신전은 대형 석조 사원 단지였는데, 여기에는 승려들을 위한 사택 공간이나 종교적 형상들을 모신 건물들이 있었다. 하와이에도 마찬가지로 돌로 지어진 사원이 있었다. 13세기 초의 미크로네시아에는 왕도였던 난 마돌이라는 도시가 있었는데, '남태평양의 베네치아'로도 불렸다. 이 도시는 거의 100여 개나 되는 인공 섬들에 흩어져 있었으며, 폰페이의 동부 해안에 접한 석호에 설립되었기 때문이다. 섬들은 정치 엘리트들의 저택을 위한 공간이나 저명한 예술가들의 작업 공간, 나아가 묘지를 위한 공간도 제공했다.[54]

이미 사라져 버렸지만 당시의 일상적인 건축물의 모습은 문서나 사진 자료, 고고학적 유적을 통해 어느 정도 그 인상을 알 수 있다.[55] 길게 이어지면서 세대별로 칸막이가 있는 일종의 단층 연립 주택인 롱하우스longhouse뿐 아니라 애버리지니들이 살던 바람막이 같은 단순한 집들도 여기에 포함된다. 해변이나 강가 혹은 호숫가에 있는 수상 가옥들은 동남아시아와 오세아니아의 공통된 문화적 요소에 속한다. 뉴기니의 센타니 호수에는 특히 전형적인 오세아니아 양식의 인상적인 건물들이 즐비하다. 이 지역에서 공공 의식을 거행하기 위한 건물이나 추장의 집들은 정령이나 조상들 혹은 문화적 영웅들의 형상들이 새겨진 단단한 목재로 된 든든한 기둥 위에 세워졌다.[56]

모르가 같은 에스파냐인은 필리핀 사람들이 지표면에서 높이 올라간 곳에 대나무나 나무로 된 기둥 위로 집을 세우고 야자수 잎으로 지붕을 만들었다고 보고했다.[57] 이러한 건축양식은 홍수로 인한 침수나 쥐들의 침입으로부터 집을 보호했을 뿐 아니라, 신선한 바람이 순환하는 것을 용이하게 했고, 집 아래에는 작은 가축들을 사육하거나 예를 들면 탈곡하거나 곡식을 빻는 등 가사 노동을 위한 공간을 제공했다. 대부분의 집은 두 개 또는 세 개의 작은 방을 갖고 있었다. 부엌, 식당이자 거실이자 침실인 방, 침실이나 작업실로 사용되던 또 하나의 방. 거실 공간의 바닥은 왁스칠이 된 딱딱한 나무로 된 마루였던 반면에, 침실은 2센티미터 간격으로 대쪽이 깔려 있었다. 이로써 '바닥으로 통하는 창문'이 만들어졌으며, 이것은 마치 천연 에어컨처럼 작용했다. 벽은 대나무를 가로세로로 엮어 만들었으며, 사이사이 빈 곳은 니파야자의 잎으로 채워졌다. 이러한 유형의 집을 짓는 데는 못이 전혀 사용되지 않았다. 덩굴나무(만목蔓木, liana)[6] 또는 천연섬유로 만들어진 노끈이 기둥과 들보를 단단하게 묶는 데 사용되었다.[58]

문학과 음악

오세아니아 지역에서는 문학이 대부분 구전으로 전해진 반면에, 동남아시아에서는 외부의 영향을 통해 이 책에서 다루는 1350~1750년의 이전이나 그 초기에 글로 전달되는 쪽으로 발전했다. 서사시, 찬가, 민요, 동화, 전설뿐 아니라 민속극이나 그림자극, 인형극 등은 계속해 구전으로 전해졌다. 후자의 형태, 다시 말해 「라마야나Ramayana」와 「마하바라타Mahabharata」 같은, 인도의 전성기에 뿌리를 둔 극적인 구전문학 양식은 특히 자와와 발리에서 매우 중요한 의미를 얻었고, 동남아시아 대륙부까지 크게 확산되었다. 그림자극에 등장하는 형상들은 물소나 소의 가죽으로 제작되었으며, 그 형상들에 부착된 가느다란 막대기로 조종했다. 자와에서는 꼭두각시 인형인 와양이 이슬람 술탄의 지배하에서도 힌두교 시대의 유산으로 보존되었으며, 그들의 정체성의 일부가 되었다.

동남아시아의 기록문학은 결과적으로 인도, 중국, 이슬람 또는 유럽에서 온 자극에 힘입어 등장한 것이다. 하지만 외부의 영향은 어디서나 지역의 상황에 맞게 수용되었으며, 토착적인 정취가 가미되었다. 그 밖에도 토착어(방언)로 된 문학작품도 대두했다. 텍스트의 성격은 종교적이거나 세속적이었으며, 산문 형식 혹은 운문 형식으로 작성되었다. 문헌의 내용은 주로 사원의 봉헌을 서술하거나 지배자의 업적을 예찬하는 것이었다.[59] 가장 오랜 전통을 갖는 것은 자와의 문헌 문학으로 추정되는데, 9세기까지 거슬러 올라간다. 이것은 13세기와 14세기에 전성기를 구가하면서 인근 지역에까지 영향을 미쳤는데, 시암과 캄보디아에서까지 이들이 미친 영향을 입증할 수 있다. 불경 번

——6 열대산 칡의 일종이다. 온대의 만목으로는 칡덩굴이나 포도 덩굴 등이 있다.

역서나 불경에 관한 주석서는 오래된 자와의 문헌 문학보다는 약간 늦은 시점에 발견되는데, 이들은 버마의 파간 왕국 시기에 저술된 것이다. 이들은 팔리어나 산스크리트어로 저술되었다. 15세기 이후로 버마에서 팔리 문학에 영감을 받아 발전했던 다른 시 작품들도 종교적 색채를 띠고 있었다. 이 산문이나 운문들은 붓다의 생애에서 나타난 여러 에피소드를 주제로 삼았다. 14세기부터 발달한 시암의 문학도 종교에서 영감을 가져온 것이지만, 궁정에서 필요할 때, 통치를 정치적으로 정당화하기 위해, 혹은 오락을 목적으로 사용했다.

말레이시아 문학의 초기 궤적은 10세기에 나타나며, 이슬람의 영향을 뚜렷하게 보여 준다. 하지만 말레이어로 집필된 작품들의 고전기古典期는 17세기에 이르러서다. 말레이어는 상인이나 이슬람 학자들이 동남아시아에 확산했기 때문에 이 문헌 문학들은 이들이 집필된 지역을 넘어서 멀리서도 높이 평가되는 등 커다란 영향력을 행사했다.

베트남에서는 문서로 작성된 문학작품들이 10세기에서 11세기로 넘어가는 전환기에 등장했다. 이 작품들은 중국어로 쓰였거나 적어도 중국 문자를 사용한 학자들이 쓴 것이었다. 그 밖에 묘비문이나 종교 경전, 혹은 공문 성격을 지닌 통지문도 존재했다. 13세기 후반에서 14세기 초반 사이에는 목판 인쇄술이 발전했을 뿐 아니라, 베트남어의 문어(글말)도 등장해 운문 서사시나 산문 작품이 이 글자로 쓰였다. 베트남에서 발견되는 특징은 역사적 발전과 정치적 사건들의 기록을 남긴 민족주의적 성격의 작품들이었다.

필리핀에는 여러 단계를 거쳐 산스크리트어에서 차용된 문자 체계 혹은 아랍어 알파벳으로 기록된 문헌들이 있었지만, 토착적인 문자로 된 문헌 문학은 식민 지배나 기독교와 에스파냐의 영향 아래에서 비로소 발전했다. 따라서 선교사들은 기독교의 교리를 재미있는 방식으로 전파하기 위해 (내용과 상관없이 대개 코메디아로 불린) 종교적 드라마를 사용했다. 이 작품들은 에스파냐의 모델을 따랐지만, 필리핀어로 쓰이고 공연되었다. 더 많은 청중을 끌어들이고 그들의 주의를 더욱 집중시키기 위해 모험과 사랑이 얽힌 이야기를 코메디아에 삽입했다. 이 공연들은 필리핀인들을 열광하게 했다. 시간이 지나면서 필리핀인들은 스스로 작품을 쓰기 시작했는데, 여기에는 자신들이 갖고 있던 환상이 자유롭게 펼쳐졌으며, 유럽인들의 기사도 전설이나 원주민들이 추는 출전出戰의 춤, 혹은 중국 가극에 나오는 곡예와도 같은 전투극도 합쳐졌다. 이와 유사한 발전은 예수 그리스도의 수난에 관한 이야기를 묘사한 노래에도 나타난다. 예수 그리스도의 고난, 십자가행과 부활의 이야기를 여러 가수가 다양한 역할을 맡아 레치타티보[7] 형식으로 노래하는 방식은 에스파냐 선교사들이 도입한 후에 필리핀에서 전역으로 빠르게 확산되었다. 18세기 초에는 필사된 혹은 인쇄된 텍스트들이 필리핀어로 나타나기 시작했다. 이들은 처음에는 에스파냐 원서를 번역하는 형태로 출간되었지만, 나중에는 점차 필리핀 작가들이 집필했다. 이렇게 집필된 예수 그리스도의 수난사 가운데 하나가 가스파르 아키노 데 벨렌Gaspar Aquino de Belén의 『예수 그리스도의 사랑에 대한 우리의 사랑*Mahal na Passion ni Jesu Christong Natin na Tola*』이었다. 이 작품은 필리핀 서사시 가운데 최초의 중요한 작품으로 여겨진다. 이 작품도 에스파냐 작품을 모델로 했지만, 벨렌이 이를 그대로 번역한 것은 아니었다. 벨렌은 에스파냐 모델의 기본적인 구조를 왜곡하지 않고 충실히 유지하면서 『성경』에 등장하는 인물들에게 필리핀식 특성을 부여했다. 필리핀의 토착적인 서사 전통을 유럽으로부터 새로이 받아들인 이야기의 포착, 변형, 유지라는 방식과 통합한 것이다. 그 결과 필리핀의 파시온pasyón[8]은 문서의 내용에서는 기독교적이었지만, 서사 구조를 들여다보면 뚜렷하게 동남아시아식이었다.[60]

동남아시아와 오세아니아에서는 노래와 춤뿐 아니라 서사시나 그림자극에도 악기를 통한 음악 연주가 수반되었다. 동남아시아의 대륙부나 도서부에서 특징적인 것은 공이라는 악기였다. 수직으로 걸려 있는 다양한 크기의 공들은 목재로 된 상자 위에 수평으로 나란히 놓여 있는 작은 악기들, 그리고 비브라폰과 실로폰, 현악기와 관악기들과 함께 앙상블을 이루면서 가믈란 오케스트라를 이루었다. 이런 방식은 자와와 발리에서 전형적이었다. 오스트레일리아의 애버리지니들이 주술적 행사나 마을의 신생아 탄생 혹은 장례 때

7 서창敍唱이라고도 하며, 오페라에서 대사를 말하듯이 노래하는 형식을 가리킨다.

8 예수 그리스도의 수난passion을 주제로 묘사하는 필리핀 특유의 서사시 형식이다.

불렀던 노래에는 원통형으로 된 목관악기로서 음이 깊이 울리는 디저리두[9]가 반주를 맡았다.

역사적 전승과 역사 서술

동남아시아의 문헌 문화에서는 역사적 전승이 늘 문학 목록의 핵심에 속했다. 서로 다른 종교적·문화적 맥락에 뿌리를 두었고 상이한 저술 전통에 종속되어 있었는데도 근본적인 공통점이 엿보이는 다양한 형식의 전승이 발전했다. 본질적으로 문자로 기록된 역사적 전승의 다양한 형식은 연대기, 연표, 그리고 왕조의 일지 또는 신화적 이야기로 구성되어 있었다. 그런데 왕국에서 편찬된 실록은 매우 엄격하게 사실 위주로 기록되었다는 점이 주목되는 반면에, 이야기체 텍스트는 역사, 전설, 민속 신화가 서로 아무런 경계 없이 섞인다는 사실이 발견된다.

동남아시아 대륙부에서는 불교와 힌두교의 전통이 역사적 전승에 뚜렷한 흔적을 남겼다. 인도의 신화에도 스며들었고, 나아가 위대한 인도 종교들의 문학적 도서 목록을 형성했던 중요 텍스트들을 통해 확립되고 기록된 문자 개념에도 스며들었다. 역사 관련 텍스트들은 오랜 전통을 가진 텍스트 생산의 큰 흐름 가운데 나타난 수많은 형식 가운데 하나였으며, 종교 경전이 지배적이던 오랜 전통은 역사 서술에도 분명 지대한 영향을 주었다. 그러나 지역의 전승 형식들은 구체적인 현지 상황의 영향도, 특히 그 지역을 통치해 왔던 지배 관계의 영향도 크게 받았다. 지금까지 서술된 몇 가지 상황을 종합해 볼 때 동남아시아의 역사 서술은 거의 독자적으로 발전했다고 볼 수 있다.

이러한 배경에서 버마에서는 역사와 관련된 두 가지 형태의 고전문학이 등장했다. 모군mawgun으로 알려진 특정 형태의 시에는 역사적 사실이 토대가 되었다. 그 밖에 에진egyin으로 불리는 일종의 역사 발라드도 집필되었다. 16세기 이후에는 부분적으로 편집된 형태인 연대기 문학이 발전해, 18세기

9 아주 긴 피리처럼 생긴, 오스트레일리아 원주민의 목관악기다.

초에 우 칼라U Kala가 쓴 총체적인 연대기[10]에서 그 절정을 이루었다.[61] 이와 거의 같은 시기에 몬족에서도 몇몇 연대기가 등장했다. 당시에 라오스에서는 역사 서술이 가장 선구적인 문학작품으로 여겨졌다. 시암에서는 아유타야 시대(1351~1767) 동안에 궁정의 연표(퐁사와단phongsawadan)가 점차 언어적으로나 내용적으로 불교의 역사(탐난tamnan)를 중심에 놓았던 옛 종교적 전통에서 벗어나기 시작하더니, 결국은 완전히 그것으로부터 탈피했다.[62] 종교보다 시암 궁정의 의미가 커졌다는 사실은 가까운 과거에 발생한 역사적 사건들이 찬가 형태로 서술되었다는 사실에서 잘 드러난다.

베트남에서는 문학적인 역사 서술이 학술적 문학에서 중요한 부분이었다. 유교의 영향하에서 중국의 모델을 따르는 연대기는 민족사 서술에서 중심적인 장르가 되었다. 당시에 저술된 포괄적인 역사 지식 개요서도 마찬가지로 중국식 전통에 따른 것이었다. 15세기 말에는 부꾸인武瓊(1455~1497)이 신화와 전설, 영웅담, 연대기를 모은 문집을 편찬했다. 이러한 전통은 16세기와 17세기에 베트남을 휩쓸었던 내전 기간에도 계속되어 국가에 대한 광범위한 서술이 이루어졌는데, 여기에서 많은 부분이 역사에 할애되었다. 이런 문헌들이 대개는 익명으로 출간되었다는 사실은 당시의 시대 상황이 매우 불안정했음을 뜻한다. 이런 문헌을 통해 특히 당시의 정치적 요구와 과거의 역사적 사실 사이에 밀접한 맥락이 도출되었기 때문이다. 18세기에 레꾸이돈(1726~1784)은 서른 권에 달하는 베트남 역사를 당시에 권력을 공고하게 확립했던 레 왕조에 바쳤다. 이 저작 역시 뚜렷한 정치적 동기에서 집필되기는 했지만, 당시 정권의 권력관계를 정당화하는 데도 기여했다.

동남아시아 도서부의 경우, 역사 서술은 수입된 이슬람 전통으로부터 결정적 영향을 받은 것이 아니라 구전을 통해 전해지던 옛 표현 방식을 재구성한 것이었다. 지역에 크게 영향을 주었던 방식은 말레이 제도 전체에 확산되어 있던 말레이식 역사 서술이었다.[63] 이러한 경향은 말레이인들이 뚜렷하게

10 광범위한 역사를 다루었다는 점에서 버마 최초의 연대기로 꼽히는 『위대한 왕실 연대기*Maha Yazawin*』를 가리킨다.

경계 지을 수 있는 문화적 집단이 아니라, 동남아시아 도서부의 공통어(링구아 프랑카)였던 말레이어를 사용하며 늦어도 15세기 이후로 이슬람을 추종했던 모든 사람을 포괄하는 민족 혼합체라는 사실로 인해 더욱 촉진되었다. 유일한 예외는 에스파냐의 식민지 정책에서 지대한 영향을 받았던 필리핀인이었다. 그렇기 때문에 말레이의 역사 서술은 자와, 마카사르 또는 부기족의 연대기와는 달랐으며, 구술된 무수한 전통과 달리 구체적인 민족에 연결되지 않는 보편적 성격을 지니고 있었다. 그 지리적 중심은 말레이반도와 수마트라에 놓여 있었다. 그 밖에 보르네오도 중요한 역할을 수행했다. 말레이어로 된 연대기는 이들 핵심 지역을 넘어 동쪽으로는 숨바와와 말루쿠에 이르는 지역, 서쪽으로는 시암 남부에 이르는 지역에서까지 등장했다.

말레이의 연대기는 지역 군주들과 관련성이 특히 많았다. 다른 많은 역사 서술처럼 그들은 권력을 정당화하는 특성을 보였으며, 술탄이 직접 요청해 집필되었고, 통치자 가문의 소유물로 전해져 왔다. 원칙적으로 그들은 전체 왕조의 역사를 포괄적으로 다루었기 때문에 두 가지 근본적인 특성을 갖고 있었다. 왕가의 계보와 뿌리 신화는 어떤 텍스트에서도 빠져서는 안 되었다. 나중에는 왕국이 이슬람으로 개종하게 되는 신화가 이 핵심 텍스트에 추가되었다. 때에 따라 인도적 요소와 이슬람적 요소가 섞여 새로운 건국 신화를 만들어 냈다. 말레이 역사 서술의 최근 경향은 먼 과거사보다는 전반적으로 가까운 과거에 발생한 사건들에 관심을 기울이고 있다. 식민화와 관련된 무수한 갈등이 흔적을 남겼기 때문에, 말레이 제도에서 유럽과 아시아가 서로 접촉한 역사를 살펴보려고 할 때 유럽 측 사료에만 의존할 필요가 전혀 없다. 이야기는 시(샤이르syair)의 형태로 표현되고 서술될 수 있었는데, 여기서 기록서는 근본적으로 단 하나의 중대한 사건에 집중하거나 산문(히카야트hikayat)으로 된 연대기의 체제 안에서 표현되었으며, 장기적 시각에서 역사를 다루었다.

구술 전통은 처음부터 동남아시아와 오세아니아의 전승에서 핵심적인 부분이었다. 그것은 문자가 없는 태평양의 문화에서, 그리고 동남아시아의 대륙부에서는 식민주의 시대에 이르기까지 집단적인 역사 인식의 토대였다. 그러나 문자가 있는 문화권에서도 구전을 과소평가해서는 안 된다. 첫째, 궁정 연대기는 한 사회에서 전해 내려온 전체 구전 가운데 일부를 보여 줄 뿐이며, 둘째, 역사 서술은 문서로 기록되지 않은 여러 가지 요소를 통해 보완되는 경우가 흔하기 때문이다. 예를 들어 불교나 힌두교에서 교육받은 엘리트들의 기억 증진법이나 즉흥시가 얼마나 중요한 의미를 갖는지 생각해 보면 된다. 바로 이러한 문화적 환경 속에서 작성된 문서 기록들에는 수행과 관련된 전승이 들어 있을 수 있었다. 발리에서는 역사 서술이 문자 기록으로부터 행위를 통한 서술로 옮겨 갔다가, 다시 문자 기록으로 이동하기도 했다.[64]

동시대의 유럽 작가들도 해당 시대의 전승에 기여했다.[65] 유럽 작가들이 수많은 기행문을 쓰고 포르투갈령 인도, 네덜란드나 영국의 동인도회사 혹은 선교단의 행위에 관해 다양한 기록을 남기면서 전승이 생겨난 것이다. 작가들은 문화나 역사에 관한 정보뿐 아니라 그들이 현지에서 수집할 수 있었던 지역의 보고서나 전설들도 기록에 반영했다. 그들이 남긴 문헌들은 일차적으로는 현지에 유럽인들이 있었다는 사실을 서술하지만, 그 과정에 추가로 지역학적인 성격을 지니게 되어 동남아시아 역사 서술의 중요한 구성 요소가 되었다. 포르투갈이 믈라카를 정복한 지 불과 몇 년 안 되는 시점에, 1512년에서 1515년까지 이미 그곳에 머물던 토메 피르스(1465~1524/1540)는 아시아에 관한 유럽인들의 지식을 최초로 집약한 『동방지*Suma Oriental*』를 저술했다. 이로부터 200년이 지난 후 칼뱅주의 성직자 프랑수아 발렌틴François Valentijn(1666~1727)은 그가 아시아에서 보낸 17년의 결실이었던 기념비적인 저작인 『오래되고 새로운 동인도*Oud en Nieuw Oost-Indiën*』를 출간함으로써 피르스의 뒤를 이었다. 발렌틴이 남긴 저서에서도 피르스의 저서에서처럼 유럽사의 관점이 이 책에서 나누는 동남아시아의 각 영역에 관한 기록에 뚜렷한 영향을 주었다. 하지만 발렌틴은 수많은 동남아시아 지역사를 보기 드문 세밀한 관찰력을 갖고 매우 자세하게 기록했다.

주로 선교사였던 다른 작가들은 개별 지역의 전체 역사를 탐구한 저서들을 남겼다. 예수회의 알렉상드르 드 로드Alexandre de Rhodes는 1650년에 로마에서 『통킹의 역사*Relazione di Tunchino*』를 출간했으며, 1681년에서 1685년까지 시암에서 선교사로 활동했던 젊은 성직자인 니콜라 제르베즈Nicolas

Gervaise(1661~1729)는 1688년에 파리에서 『시암 왕국의 자연사와 정치사*Histoire naturelle et politique du royaume de Siam*』와 『마카사르 왕국의 역사 서술*Description historique du royaume de Macaçar*』이라는 두 권의 역사서를 출간했다. 대부분 동시대인과 마찬가지로 제르베즈는 자신이 직접 경험하면서 알게 되었던 지역 문화와 지역사에 관심을 기울였다. 나아가 그의 사례는 유럽 작가들이 그들에게는 전혀 낯선 (마카사르처럼 제르베즈가 한 번도 방문한 적이 없는) 나라들에 관한 역사서를 저술할 때 기존의 보고서나 다른 사료들을 토대로 했다는 것도 보여 준다. 유럽에 소장되어 있는 인쇄물이나 수기 형태의 많은 사료는 에스파냐령 필리핀에서 나온 것이다. 이 작가들은 무엇보다 동료들의 선교 활동에 관해 기록을 남겼지만, 동시에 필리핀의 다양한 지역에 거주하던 민족들에 관한 정보를 조사한 선교사였다.[66] 하지만 이 섬들에 관해 가장 일찍 그리고 가장 흥미로운 기록을 남긴 사람은 공무원이었다. 바로 모르가인데, 그는 16세기 말의 필리핀에 대한 식민 지배의 초기 상황에 관해 서술했다. 자신의 글에서 그는 한편으로는 전통적인 필리핀 생활 방식의 정당성을 고려하면서도, 다른 한편으로는 에스파냐 식민주의자들의 업적을 칭송하려고 고심했다.[67]

식민 지배자들은 흔히 자신들이 현지에 거주한 역사와 지역의 역사를 동일시하는 오류를 범했는데, 이런 오류는 19세기 이후로도 전문가들의 식민지 역사 서술에서 계속되었다. 동남아시아의 역사는 심지어 탈식민화 이후에까지 그 지역에 있던 포르투갈인, 에스파냐인, 네덜란드인, 영국인의 역사에 머물렀다. 특히 언어학 분야에서는 동남아시아를 다룰 때 식민주의에 주목한 것이 아닌데도 '인도차이나'라는 표현을 계속 사용해 왔다. 외적인 영향력을 일차적으로 강조한 것이다. 유럽 학자들은 동남아시아의 인도화도 오랫동안 강조했다.[68] 물론 이미 식민 지배가 끝날 무렵부터는 야코프 코르넬리스 판뢰르Jacob Cornelis van Leur나 베르트람 스리커Bertram Schrieke 같은 작가들이 이에 반대하는 운동을 펼쳤다. 그 후 식민지 이전의 사회가 이 지역에 대한 역사 연구에서 관심을 끌기 시작했으며, 점차 독자적이며 내재적인 관점으로 바라보아야 할 문화로 인식되기도 했다. 최근의 연구 경향은 동남아시아를 점차 발전하던 세계 체제 안에 존재한 하나의 중요한 독자적인 지역으로 파악하고 있다. 물론 이에 관해 서로 다른 시각이 존재하는 것도 사실이다. 리드는 사회사, 경제사, 문화사를 통합하는 접근법을 적용해 동남아시아 지역이 유럽으로부터 받은 모든 영향을 제외하더라도 독자적인 역동성을 갖고 '상업의 시대'(1450~1680)에 기여했다는 사실들을 밝혀냈다.[69] 앙드레 군더 프랑크 역시 그의 '리오리엔트ReOrient'라는 개념을 동원해 동남아시아를 장기적인 세계화 과정의 역동성 안에 재통합하려고 시도했다.[70] 그리고 인도양을 페르낭 브로델이 이해했던 지중해와 같은 거대한 해양 공간으로서 파악하려는 시도들도 마찬가지로 이 지역에 새로운 독자성을 부여하고 있다.[71]

오세아니아의 역사성에 관한 탐구는 동남아시아의 경우와 달리 뒤늦게 이루어졌다. 지역의 전승이 오직 구술로만 이루어졌기 때문이다. 그렇기 때문에 유럽인들은 한편으로는 이 지역민들은 '역사가 없는 종족'이라는 이데올로기화된 시각을 가지고 있었으며, 다른 한편으로는 문화 연구가 오랫동안 언어학적으로만 이루어져 20세기에 이르기까지 이 지역에 관한 전문화된 학문이 발전하기가 어려웠다. 이미 19세기에 사모아의 런던 선교 협회에서 일했던 찰스 하디Charles Hardie 같은 선교사들이 구전을 체계적으로 수집한 것은 사실이다.[72] 하지만 여기서도 식민지의 역사는 오랫동안 편협한 시각이 지배했다. 20세기 중반 이후로 이러한 경향에서 전환을 이루었던 것은 주로 오스트레일리아와 뉴질랜드의 역사가들, 그리고 미국의 역사에서 영감을 얻은 민족사가들이었다.

2 접촉과 상호작용

동남아시아, 오세아니아, 태평양이라는 명칭은 외부에서 이 지역들을 바라본 시각, 다시 말해 유럽적 시각을 반영한 명칭이다. '동남아시아'는 인도와 중국 사이에 있는 문화적으로 다층적이고 지리적으로 다양한 공간이지만, 외부에서 바라볼 때는 역사적·정치적으로 한층 통일성이 있고 탄탄하게 짜인 지역으로 보인다. 동남아시아라는 개념은 20세기 초에 독일의 민족학자이자 지리학자인 로베르트 폰 하이네겔데른Robert von Heine-Geldern이 처음 사용한 것으로 보인다. 하이네겔데른은 1923년에 이 지역이 갖고 있는 민족적·언어적·문화적 공통점에 대해 주의를 환기했다.[73]

근대 초에 이 지역은 유럽인들의 인식과 용어 속에서 '동인도'에 속했으며, 나중에는 독일 학계에 '힌테린딘Hinterindien'('먼 인도')이라는 명칭도 등장했다. 19세기에는 프랑스인들이 자신들이 정복한 베트남, 라오스, 캄보디아를 '인도차이나'로 명명했다. 페르디난드 마젤란Fernando Magellan과 그의 일행들은 신대륙과 아시아 사이를 항해했을 때 바다가 너무 고요해 거의 죽을 뻔했다. '고요한 바다' 혹은 '평화로운 바다'라는 뜻을 가진 태평양의 명칭은 바로 이 경험에서 나온 것이었으며, '오세아니아'라는 명칭도 바다의 엄청난 넓이와 규모를 암시하는 것이었다. 이 글에서는 오세아니아가 태평양과 같은 뜻으로 사용된다. 하지만 이것은 결코 일상적인 것은 아니다. 어떤 경우에는 오스트레일리아가 이 지역에 포함되지 않으며, 또 다른 경우에는 하와이가 제외된다.[74]

프랑스인 쥘 뒤몽 뒤르빌Jules Dumont d'Urville은 태평양을 개념상 세 지역으로 분류했다. 뉴기니 북쪽이자 필리핀 동쪽의 미크로네시아('작은 섬들'), 뉴기니와 여러 제도로 이루어졌고 동쪽으로는 피지에 이르는 지역으로 주민들의 검은 피부색과 연관된 멜라네시아('검은 섬들'), 하와이와 이스터섬, 뉴질랜드 사이의 삼각지대에 있는 폴리네시아('많은 섬')에 나중에는 인도네시아와 함께 '인도의 섬들'이 추가되었다.

오세아니아라는 지역명이나 이스터섬, 뉴질랜드 혹은 필리핀이라는 이름에서도 유럽적 시각이 작용하고 있고, 유사한 사례들을 계속 더 나열할 수 있다. 이렇듯 지리상의 발견과 식민주의 시대가 가져온 용어상의 뚜렷한 유산은 흔치 않은 일이며, 동남아시아와 오세아니아를 연결해 주는 통합적 요소로 간주될 수 있다. 하지만 다른 한편으로 이러한 명칭은 대단히 많은 공통점을 지니는 한 공간을 분절화했는데, 동남아시아나 오세아니아의 내부뿐 아니라 두 지역 사이에도 지역을 초월하는 공통점이 존재했다.[75]

사람과 물자, 다양한 사상들은 늘 경계를 넘어 오갔다. 오스트로네시아족은 전체 공간을 개척하고 도처에 정착했다. 그들의 언어는 타이완(대만), 이스터섬, 수마트라 사이에서 통용되었으며, 그것이 동남아시아와 오세아니아를 연결해 주었다. 게다가 동남아시아의 동부와 남부는 인접한 태평양의 섬 세계와 연결되었다. 멜라네시아인들은 오세아니아의 서부뿐 아니라 뉴기니, 말루쿠, 소小순다 열도의 일부에도 거주했다. 매우 느슨한 형태이기는 했지만, 소순다 열도와 오스트레일리아의 북부 해안 지방 사이에도 접촉이 있었다.

이 지역의 특정한 문화적 표현 양식들은 세계의 다른 지역들에서도 널리 확산되어 있어 그 원천이 이곳일 수도 있다고 추정되며, 적어도 일종의 초지역적 접촉을 보여 주는 시금석으로 간주된다. 동물의 신체 내부에 있기 때문에 실제로는 볼 수 없는 장기를 묘사하는 이른바 엑스레이 스타일의 예술, 나선형 장신구, 그리고 무엇보다 구부린 자세의 인간 조각상은 동남아시아나 오세아니아에서뿐 아니라 극동과 북아메리카의 서해안 지방에서도 발견되었다.

따라서 그 문화들은 특정 형태의 사회에서 기원한 것으로 분류될 수 있으며, 서로 아무런 관계없이 고립된 상태에서 발생한 것이 아니라 여러 지역이 서로 접촉하는 과정에서 형성된 것으로 추정할 수 있다.

엑스레이 스타일은 수렵 및 채집 사회에서 일종의 사냥 예술의 형태로 발견된다. 이에 관한 사례들은 오스트레일리아 북쪽 끝이나 뉴기니 서부 지방에서 나타난다. 보르네오에서 오스트레일리아까지, 그리고 뉴기니에서 마르키즈(마키저스) 제도, 더 나아가 아메리카에 이르기까지 널리 확산되었던 나선형 장신구는 중국으로부터 영향을 받은 것이다. 웅크린 모습의 인간상은 본래 정착 농경문화의 예술적 표현 형태다. 이것은 모태 안에 있던 배아의 자세에까지 추적될 수 있으며, 번식과 생존, 재탄생뿐 아니라 외부로부터 오는 해악의 방어나 삶에 대한 긍정과 연관되어 있다. 수많은 표현상의 변형과 추상화가 관찰될 수 있는데, 이런 모티브들은 회화나 판화에서도 등장한다. 어떤 형상들은 많이 웅크리고 있으며, 어떤 형상들은 무릎을 꿇은 채 서 있다. 수마트라, 쿡섬 또는 마르키즈 제도의 섬에 살던 바탁족은 여러 세대의 대표자들 이름을 '조상의 기둥들ancestor poles'의 아래쪽에서 위쪽으로 세대순으로 새겼다. 애버리지니들의 암각화나 뉴기니의 방패에서 보이는 표현들에서는 움츠린 형상 혹은 이른바 호커hocker가 점점 하나의 양식이 되어 갔으며, 결과적으로 고리나 나선과 곡선으로 구성된 순수한 장식용 패턴으로 발전했다.[76]

이러한 사실적 연관성 외에 지역 공간의 전체나 일부 안에 존재하는 공통점을 보여 주는 개념적 귀속성도 발견된다. '태평양 시대' 혹은 '환태평양'이라는 근대적 개념이나, 태평양 주변 국가들이 경제적·환경적·문화적 사안에 관해 의견을 교환하는 아시아 태평양 경제협력체Asia-Pacific Economic Cooperation: APEC 같은 기구는 지역을 관통하는 일정 수준의 공통점이 존재한다는 전제에서 출발한다. 예를 들어 동남아시아 지역의 동식물계에서 발견되는 많은 공통점은 동시에 이웃 지역들과의 차별성을 돋보이게 한다.[77] 리버먼은 이 책에서 다루는 시기에 버마, 시암, 베트남에서 진행된 정치적·제도적 발전을 비교했는데, 그의 비교 연구는 동남아시아 대륙부의 역사에서도 내적인 공통점, 그리고 인접 지역과의 뚜렷한 차이점을 찾아볼 수 있게 해 준다.[78] 리드는 동남아시아 도서부에 대해서도 유사한 사실을 확인했다. 섬들 사이의 교류는 그 주민들을 연결해 주었다. 그에 비해 지역 외부의 중국이나 인도를 향한 접촉은 그리 중요한 역할을 하지 않았다. 불교, 힌두교, 중국, 그리고 나중에는 유럽의 영향이라는 겉모습의 밑을 들여다보면 곧 이들 지역에 공통된 동남아시아 특유의 문화적 성격을 볼 수 있다.[79] 독일의 역사가 베른하르트 담Bernhard Dahm은 외부로부터 오는 영향을 선택적으로 채택하고 이를 자신의 전통 안에 창조적으로 동화시키는 문화적 통합주의의 능력 안에서 동남아시아의 여러 민족으로부터 공통된 특성을 발견한다.[80] 필리핀인 음악 민족학자 리카르도 트리미요스Ricardo Trimillos는 필리핀인들의 기독교 파시온, 발리의 힌두교 연극 또는 무슬림 전통을 가진 드라마의 뒤에서 이 지역들이 가진 공동의 서사시 전통을 드러내 주는 풍부한 구조적 유사성을 발견했다.[81]

내부의 팽창과 외세의 침투

동남아시아와 오세아니아는 전체적으로나 부분적으로나 내적 요인의 역동성에 의해 한 지역의 모습을 갖추어 갔다. 하지만 외적 영향력들도 지역을 연결하고 지역을 형성하는 기능을 수행했다. 오스트로네시아족과 특히 폴리네시아인들이 태평양에 정착한 것은 이 지역 내부에서 발생해 지역을 확대했던 최초의 팽창 운동에 속한다. 그들의 목적지는 하와이와 이스터섬, 뉴질랜드 사이의 광대한 대양에 산재한 많은 섬이었다. 이 책에서 다루는 시기가 지나면서 버마, 시암, 베트남은 동남아시아 대륙부에 걸친 대제국으로 성장했다. 동남아시아의 섬에서 이와 유사한 통합적 역할을 수행한 것은 마자파힛 왕국이었다.

동남아시아는 폐쇄된 공간이 아니었으며, 오세아니아도 어느 정도는 그러했다. 오히려 이 지역들은 초지역적인 접촉이나 심지어 대륙 간 접촉의 출발점, 경유지, 목적지였다. 동남아시아 상인들은 원거리 교역망을 구축했으며 경제적 관계를 확립했는데, 이는 내적 결속을 가져다주었다. 이와 동시에 그들은 외부로도 시선을 돌려, 지역의 경계를 넘어 인도양과 동아프리카 해안까지 항해를 시도했다. 그들은 한국과 중국, 일본에까지도 진출했다.

나아가 동남아시아는 유라시아 대륙의 동부와 서부 사이에서 중재자 역할을 담당했다. 남중국해와 인도양은 과도할 정도로 빈번하게 사용된 해상무역로였는데, 이 모든 해양 교통로는 동남아시아의 믈라카 해협에서 합쳐졌다. 동남아시아는 '바다 위의 비단길(해상 실크로드)'[82]에 연결되어 있어 다양한 국적을 가진 상인들은 여기에 무역항들의 체인을 구축하고 이들을 서로 연결했다. 재닛 아부루고드는 이 현상을 중세 후기의 세계 체제로 인식했다. 그는 이 체제 안에서 중국인, 인도인, 무슬림들의 교역이 대륙 간 교류 네트워크를 이루었고, 여기서 동남아시아가 대부분 중재자 역할을 담당했다고 보았다.[83] 교역 네트워크가 거대했지만, 태평양은 한편으로는 이 지역 주민들을 고립시키면서 다른 한편으로는 서로를 결속시킨 일종의 경계 지역이었다고 이해할 수 있다. 폴리네시아인들은 이 지역 거의 전체를 횡단했고, 중국인과 말레이인, 인도인, 아랍인들이 이 지역 주변을 돌며 접근해오는 동안에 멜라네시아인들과 미크로네시아인들은 이 지역의 특정 부분들을 개척했다.

끝으로 특히 향신료나 자연에서 나오는 단향, 기타 열대 목재, 고무, 해삼, 진주층, 거북이 등딱지 같은 동남아시아의 생산물들은 강력한 매력을 발휘했다. 중국인이나 일본인들도 이 상품들과 그 상품들이 가진 경제적 잠재력 때문에 이 지역에 몰려들었으며, 인도인이나 아랍인들, 그리고 다양한 국적을 가진 유럽인들도 마찬가지였다. 이 지역에 대한 유럽인들의 침투는 서쪽, 다시 말해 아프리카로부터 인도양을 거쳐 오는 방식뿐 아니라, 동쪽의 아메리카에서 태평양을 건너오는 방식으로도 접근하는, 전 세계를 포함하는 것이었다.[84]

중국 상인들은 이 책에서 다루는 시기보다 훨씬 이전부터 이미 동남아시아에서 활동하면서 거점을 가지고 있었다. 여기에는 동아시아에서 발달한 중국인 디아스포라 사회의 원천이 있었는데, 중국 상인들은 타지에서도 자기들의 토착 생활 방식을 유지하면서 지역의 문화와 경제에 뚜렷하게 영향력을 행사했다. 그들은 도자기와 비단, 차 또는 칠그릇을 이 지역에 수입하고, 향신료와 각종 농산물뿐 아니라 은도 중국으로 수출했다. 13세기 후반에는 몽골인들이 송 왕조를 무너뜨린 후 중국과 국경을 접하던 동남아시아 대륙부의 북부뿐 아니라 남쪽의 해안 지방도 공격했다. 몽골인들은 그 어디서도 지속적으로 점령을 유지할 수는 없었지만, 기존의 제국들을 약화시켜서 정치적 구도가 크게 재편되도록 촉진했다.

15세기 초에 중국인들은 또다시 동남아시아 지역에 대한 그들의 영향력을 더욱 공식적으로 강화하려고 시도했다. 명 왕조는 중국해를 지배하는 데 그치지 않고 인도양까지 영향을 미치는 해양 강국을 구축하려고 시도한 것이다. 정화(1371~1433/1435)의 선단이 1405년에서 1433년 사이에 총 일곱 번에 걸쳐 항해한 것은 이러한 정치 전략을 잘 드러내 준다. 정화의 선단은 100여 척의 배에 3만 명으로 구성되어 있었는데, 그중에는 선원과 병사뿐 아니라 기술자와 행정 관리들도 있었다. 정크선들은 화포로 무장하고 나침반도 갖추었는데, 선단의 규모뿐 아니라 그들이 항해한 전체 거리를 통해서도 강한 인상을 남겼다. 정화 선단의 원정은 중국 황실이 주도한 항해로서 역사상 전무후무한 일이었으며, 다음 세기에 이루어진 유럽인들의 팽창과 비교하더라도 그 어떤 측면에서도 결코 뒤지지 않았다. 정화는 말레이 제도, 시암과 인도, 스리랑카의 해안을 지나 페르시아만과 아프리카 해안에 도달해 모잠비크까지 항해했다. 대부분 각 지역의 통치자들과 평화롭게 접촉했지만, 중국의 지배권을 지속적으로 거부할 때는 1411년에 스리랑카에서 한 것처럼 무력을 사용하기도 했다. 하지만 개빈 멘지스Gavin Menzies가 주장하는 것처럼 당시에 정화의 선단이 아메리카 대륙에까지 도달할 수 있었다는 주장을 입증하는 자료는 나오지 않았다.[85]

이러한 노력의 결과로 느슨하기는 했지만 여러 지역이 중국의 속국이 되었다. 중국은 동남아시아를 자국이 주재하는 조공 제도의 일부로 바라보았다. 이 지역의 국가들은 자기들이 중국의 지배를 받는 나라라고 표현하며 사신들을 중국의 궁정에 파견했는데, 이런 방식을 통한 경제 관계는 그들에게 유익하기도 했다. 중국 황실은 그들이 황실에 경의를 표한 대가로 선물을 주었는데, 이 선물은 사신들이 조공으로 바친 것보다 훨씬 더 가치가 높은 경우가 많았다. 이러한 시스템 전체는 대외무역의 특별한 형태로 간주될 수도 있다. 그런데 여기서 핵심은 이 지역 국가들이 정치적으로 중국이 주장하는 비공식적인 주권을 인정했는지다. 중국은 경우에 따라서는 직접적인 군사 개입도 배제하지 않았다. 예를 들어 15세기 전반부에는 중국이 베트남을 일시적으로 점령했으며, 이 책에서 다루는 시기가 끝날 무렵인 1765년에서 1769년에는 버마를 점령했다.

인도 상인들이 서쪽 지방에서 동남아시아로 오기 시작한 것은 이미 기원전 수 세기 전부터였다. 그들은 면직물을 갖고 향신료나 금과 맞바꾸기 위해 동남아시아를 찾아왔다. 처음에 찾아온 이들은 타밀족이었는데, 나중에 구자라트와 벵골, 그리고 인도아대륙의 다른 지방에서도 상인들이 동남아시아를 찾았다. 이러한 접촉은 기원후에 더욱 강화되었는데, 이는 경제적 교류를 강화했을 뿐 아니라 문화와 종교 같은 요소들도 함께 전달해 주었다. 불교와 힌두교는 동남아시아의 대륙부뿐 아니라 도서부에서도 대제국의 설립과 안정화에 결정적인 역할을 수행했다. 산스크리트어가 공식 문헌의 언어가 되었으며, 인도의 시간 계산법이 확산되었고, 왕궁에는 브라만식 의례가 뿌리를 내렸다. 인도의 영향은 법률 체계뿐 아니라 건축 분야와 수공업 분야에서도 감지되었다. 시암과 버마는 수 세기 동안 스리랑카와 교류 관계를 유지했고, 스리랑카에서 승려들이 시암과 버마에 와서 불교와 불교에 기반을 둔 제국을 안정화하는 데 기여했다. 문화를 융합할 수 있는 동남아시아인들의 능력은 중국으로부터 온 영향과 마찬가지로 인도로부터 온 영향도 현지 조건에 맞도록 변형해 적응시켰다. 특히 인도는 중국이 시도했던 것과 같은 정치적 영향력을 행사하지 않았다. 유일하게 동남아시아 대륙부의 북서부 변경 지역이, 다시 말해 벵골만에 접한 버마의 일부 지역이 17세기에 인도 무굴 제국 황제의 영향권 아래로 들어갔을 뿐이다.[86]

아랍 상인들은 이미 이슬람 시대 이전에 동남아시아의 항구도시들에 자주 나타났다. 그들은 무슬림이 된 후에도 동남아시아와 계속 접촉했으며, 이슬람교가 동남아시아에 뿌리를 내린 후에는 인도아대륙에서 온 무슬림 상인들도 있었는데, 이 상인들은 사업 외에 자신들의 새로운 종교를 확산시키는 활동도 전개했다. 이 지역에 이슬람이 대두했다는 것을 보여 주는 첫 단서는 13세기 말에 수마트라 북부의 아체에서 발견된다. 중국의 문헌은 심지어 이것보다 더 이른 시점에 이슬람이 존재했음을 암시해 준다. 수마트라 해안 지방, 말레이반도, 자와, 동남아시아 대륙부에는 이슬람 공동체가 빠른 속도로 형성되었다. 이슬람이 1300년 무렵에는 아체에서, 15세기 초에는 믈라카에서 지배적인 종교가 되자 이슬람의 영향력은 지속적으로 성장하기 시작했고 이슬람 술탄국들이 도처에 등장했다.[87]

16세기부터는 유럽인들이 이 지역에 등장했다. 1511년에 포르투갈인 아폰수 드 알부케르크Afonso de Albuquerque는 남아시아와 동아시아 사이의 무역 허브인 믈라카를 정복했다. 그로부터 1년 후에는 포르투갈 함대가 정향과 육두구가 생산되는 '향료제도'인 말루쿠 제도에 처음으로 들어왔다. 포르투갈인들은 1514년에는 중국 땅을 밟았으며, 1543년에는 난파당한 포르투갈 선원들이 일본 남부 해안에 도달했다. 포르투갈인들은 말루쿠와 나가사키 사이에 일련의 거점을 구축했는데, 이들은 모두 포르투갈령 인도의 부분이었으며, 그들을 통제하는 본부는 고아에 있었다.[88]

1522년에는 에스파냐인들이 동쪽으로부터 태평양을 건너 말루쿠 제도에 도착했다. 그들은 거기서 향신료를 싣고 유럽에 가서 판매해 막대한 수익을 올렸다. 하지만 에스파냐인들은 말루쿠 제도를 장악하기 위해 다른 국가들과 경쟁하는 데 필요한 재정적·인적 자원을 광대한 오세아니아와 동남아시아의 공간에서 확보하지 못하고 있었다. 따라서 에스파냐인들은 필리핀에 토지와 인간들을 통치하는, 일종의 제국 형성이라고 지칭할 수 있는 지배 체제를 구축하기로 결정하고, 향료제도에 대한 자신들의 '권리'는 포르투갈인들에게 팔아넘겼다.[89]

무역 특허권을 가진 네덜란드인들도 포르투갈의 선례에 따라 그 행정 중심을 바타비아에 집중해 건설했으며, 인도로부터 말루쿠 제도를 거쳐 멀리 일본에까지 이르는 대단히 먼 거리에 거점 지역 시스템을 구축했다. 처음에는 암본에서, 그리고 나중에는 자와에서 단지 상업적 이익을 추구하는 교역으로부터 직접적인 지배로 넘어가는 첫 조치를 취했다. 잉글랜드인과 프랑스인들도 이와 유사한 길을 걸었다. 이들은 1750년까지는 아직 식민 제국을 건설했다고 말할 단계는 아니었지만, 분명히 세계적 차원에서 다국적으로 조직된 무역 제국이었다고 언급할 수 있는 상황이었다.

유럽인들은 향신료나 고급 옷감을 본국으로 수출함으로써만 수익을 올렸던 것이 아니다. 그들이 참여했던 아시아 내부의 교역, 이른바 지방 무역도 수익 측면에서 비슷하거나 더 중요했다. 동남아시아의 향신료는 인도에서 옷감을 구매하는 데 사용되었으며, 중국에서는 도자기 또는 차를 구매하는 데 사용되었다. 이러한 '중개무역 상품들'은 아시아 시장에서 유럽인들의 가장 중요한 지급 수단이던 귀금속의 유출을 줄이는 데 유익했다. 특히 은에 대한 중국인들의 욕구, 즉 '은 기근 현상'은 은이 끊임없이 중국으로 유출되게 했기 때문에, 결국은 아메리카의 은이 대서양과 유럽을 거치는 경로뿐 아니라 태평양을 거치면서까지 아시아로 유입되게 했다. 이러한 과정은 동남아시아를 처음으로 사실상 세계적 차원의 경제적 상호 관계 속에 포함되게 했다.[90]

무엇보다 에스파냐인과 포르투갈인들은 수익성이 높은 상품을 통해 그들의 무역수지를 개선하는 것에만 관심이 있었던 것이 아니다. 그들은 자기들의 종교를 위해 지역민들의 영혼을 얻고 싶어 했기 때문에 적극적인 선교 활동을 추진했다. 반면에 네덜란드나 영국의 동인도회사 같은 사기업들은 선교가 그들의 핵심 과제인 경제 영역의 사업에 악영향을 줄지 모른다고 우려했기 때문에 이런 시도에 매우 조심스러운 자세를 보였다. 반대로 프랑스인들은 그들의 세속적 야망을 실현하는 수단으로서 기독교 선교를 촉진하는 선택지를 골랐다. 그러나 불교와 힌두교, 이슬람교가 지역민의 삶 속에 잘 융합되었던 것처럼 기독교도 동남아시아의 문화에 스며들어 토착화되었으며, 얼마 가지 않아 그곳에서 고유한 특성을 가진 종교가 되었다.

여기서 다시 드러나는 동남아시아인들의 문화적 통합주의 능력은 유럽인들의 존재가 수반했던 다른 '혁신'에서도 뚜렷하게 드러난다. 에스파냐인과 포르투갈인들이 항해를 위해 배에 실어 왔던 미국산 식량은 유럽인들의 그 어떠한 개입 없이도 급속히 동남아시아 전 지역에 확산되었다. 그리고 이로부터 지역 특유의 음식들이 개발되었다. 예를 들어 자와 등지에서 주민들은 정향이 가미된 담배를 피웠으며, 미국에서 온 여러 가지 매운 칠리 후추는 동남아시아의 삼발 울렉sambal oelek 같은 매운 소스의 형태로 지역의 주방에 진출했다. 케찹ke-tsiap 또는 케캅kecap이라는 일반 용어는 훨씬 나중에 유럽인이나

미국인들 사이에 인기를 얻게 된 식자재인 '케첩ketchup'의 어원이다.[91]

동남아시아의 내부에서 발현되기도 하고 외부에서 유입되기도 한 역동적인 정치적·경제적 과정은 장기적 관점에서는 심각한 파문을 초래했다. 그러나 일단 지역 상품에 대한 수요 증가와 생산 증가, 교역 활성화는 새로운 산업 분야와 수송로를 탄생시켰다. 특히 해안 도시들이 번성했다. 또한 식량에 대한 수요도 증가했는데, 이는 벼농사를 촉진하고 쌀 교역을 활성화하는 데 유리하게 작용했다.

시장경제와 무역

언뜻 보기에 동남아시아 전 지역은 농업경제를 특징으로 한다. 여기에서 눈에 띄는 공통점은 벼농사인데, 자연조건에 따라 상이한 경작 방법이 사용되기는 했지만, 쌀의 이용은 많은 지역에서 물질적·문화적 생활 조건을 결정지었다. 좀 더 가까이 살펴보면 이 지역의 농업 영역이나 산업 영역에서 나온 잉여생산물은 교역 활동이 대단히 활발하게 이루어지게 한 토대였으며, 이것은 앞서 언급한 벼농사와 함께 이 지역을 특징지었다. 그리고 수많은 교역로는 이 지역이 다양한 차원에서 상호 연관되게 했다. 이러한 네트워크는 흔히 인도와 중국에서, 그리고 마지막으로 유럽에서 온 외부적 영향으로 인해 강화되었으며 부분적으로는 완전히 재조직되었다. 농산물은 지역의 교역 관계에서 중추를 형성했다. 바로 쌀이 적어도 풍년일 경우에는 원거리까지 운반되던 중요한 교역 상품이었다. 농업의 일부 분야는 이미 일찌감치 단순한 자급자족을 넘어서 시장 지향성을 갖기 시작했다. 이때 환금작물에 특별한 역할이 부여되었다. 이러한 현상은 유럽인들이 등장하기 이전부터 이미 관찰되었지만, 유럽인들의 등장이 특정 환금작물의 경작을 지속적으로 촉진한 것은 사실이다. 특히 후추, 정향, 육두구뿐 아니라 방향 식물이나 염료 식물도 이미 일찍부터 원거리 교역에서 오는 수요를 위해 재배되었다. 그러다가 유럽인들이 등장하면서 설탕, 담배, 커피, 차처럼 대농장 재배로 생산되는 농산물들이 추가되었다. 거기에 해삼이나 등나무 혹은 둥지 같은 특정 해산물과 임산물도 시장의 수요에 따라 조직적으로 채집되었다.

무역은 자연환경에 따라 주로 바다에 형성된 조밀한 교통망을 통해 추진될 수 있었다. 내륙에서도 수로가 선호되었다. 상상할 수 있는 모든 유형의 보트와 선박이 주된 교통수단이었다. 이렇듯 수상 교통수단이 빈번하게 이용되면서, 술라웨시의 부기족처럼 해상 교통에 고도로 전문화된 지역민들 전체의 생활환경이 이로부터 커다란 영향을 받았다. 일본과 대만에만 부분적으로 국가가 관리하는 도로 시스템이 존재했다.

사실상 교역의 중심축은 이른바 바다 위의 비단길을 만들어 냈다. 이 바다 위의 비단길은 대부분 역사 서술에서 그리 주목되지 않았지만, 육로를 통해 중국에서 중앙아시아를 거쳐 근동에 이르기는 하나 동남아시아에는 접근할 수 없던 본래의 비단길을 대체할 수 있는 중요한 대안이었다. 이 해양 교역로의 중심 통로는 중국 남부의 항구도시에서 시작해 중국, 베트남, 말레이시아의 항구들을 경유해 믈라카 해협에 도달하며, 그곳에서 벵골로 가거나 인도아대륙의 해안을 따라 인더스강 삼각주까지 이어졌다. 그리고 그곳에서 두 개의 방향으로 나뉘었는데, 한 경로는 페르시아만으로 가고 다른 경로는 홍해 방향으로 갔다. 훗날 유럽의 동인도회사들이 택했던 경로와는 달리 이 바다 위의 비단길은 항상 해안과 가까운 곳을 항해했는데, 언제고 항해를 중단할 수 있었으므로, 육지를 통해 지나갔던 비단길과 마찬가지로 이 통로에 인접한 많은 시장을 상품 교역에 연결했다.

이 경로에서는 두 곳의 해협이 중국해와 인도양이라는 해양 세계 사이에서 결정적인 허브로 기능했다. 같은 이름의 항구를 가진 믈라카 해협, 그리고 반텐(반탐Bantam)족이 통제하던 자와와 수마트라 사이의 순다 해협이다. 이곳에 있던 항구도시들은 화물 집산지로서 지닌 유리한 입지를 잘 활용해, 지역 권력자들은 원거리 해양 무역에서 발생하는 수익에서 자기들의 몫을 얻을 수 있었다. 나중에는 네덜란드인들이 바타비아에, 영국인들이 싱가포르와 페낭에 거점을 구축해 이 항구들이 갖고 있던 유리한 입지에서 나오는 이익을 공유했다.

그런데 이 지역의 교역은 오세아니아와는 그리 탄탄한 교역망으로 연결되어 있지 않았다. 적어도 근대 초에는 그런 연결망이 있었는지 입증하기 어렵지만, 말레이 제도 동부 지역에서 나타났던 대단히 유동적인 상황을 고려하면 이런 교역 연결망이 존재했을 가능성도 배제할 수는 없다. 나중의 시기에 관해서는 마카사르 출신 어부들이 오스트레일리아 해안에서 해삼 채취 같은 활동을 했다는 사실을 입증할 수 있다.[92] 넓은 태평양에는 섬들이 여기저기에 산재해 있고 그 거리가 너무 멀어 이들 사이에서는 활발한 해상 교역이 이루어지기 어려웠다. 반면에 이 제한된 지역 내부에서는 주로 의례적인 만남과 연계해 해양 민족들 사이에 활발한 물물교환이 있었다. 이런 모습을 가장 잘 보여 주는 사례로 트로브리안드 군도에서 이루어진 '쿨라Kula 거래'[11]를 들 수 있다. 이 거래는 불과 몇백 킬로미터 범위 안에 있는 섬 주민들 사이에서 의례상 중요한 물품을 교환한 것인데, 이 물품들은 경제적으로도 대단히 중요한 의미를 지니고 있었다. 이러한 사실은 20세기 초에 와서야 폴란드 태생의 영국 인류학자인 브로니스와프 말리노프스키Bronislaw Malinowski가 비로소 알렸다.[93]

교역 상품에 관한 한 유럽인들의 시선은 사치품의 중요성을 지나치게 강조하는 경향을 보인다. 하지만 물자 교역의 일상은 대중을 대상으로 한 물품, 그중에서도 무엇보다 곡물이 지배했는데, 특히 쌀이 첫 번째로 중요했다. 거래되던 것으로 알려진 약 3000종의 쌀은 원거리에도 질이 저하되는 일 없이 운송될 수 있었다. 수출을 지향한 경작에는 즉각적으로 쉽게 사용할 수 있는 곡물뿐 아니라 다양한 환금작물도 많았다. 특히 유채 씨, 사탕수수, 목화, 생사, 인디고, 삼 같은 것들이 시장에 나왔다. 대부분의 옷감은 이 지역에 수입된 물품이었다. 양질의 모직물이나 면직물은 인도의 해안 근처 지방에서 생산된 것이며, 고급 견직물은 중국에서 제작된 것이다. 고급 상품(지기)나 대중적 상품(스와토웨어Swatow ware 또는 장저우Zhangzhou)은 모두 중국에서 수입되었다. 동남아시아의 어떤 지역에서는 노예도 수익성이 높은 교역 상품이었다. 하지만 이 지역에서 이루어지던 노예사냥과 상품화는 대서양 노예무역의 규모에는 전혀 미치지 못하는 미미한 수준이었다.

11 서태평양의 섬 주민들 사이에 이루어지던 의례적인 선물 교환이다.

세계시장에서 거래된 향신료는 대부분 이 지역에서 생산된 것이었다. 물론 몇몇 대형 상점에서는 다른 아시아 시장에서 수입된 상품들도 거래되었는데, 예를 들어 시나몬은 스리랑카에서 수입되었다.(동남아시아에는 이보다 질이 좀 떨어지는 대체 상품밖에 없었다.) 마찬가지로 중국에서도 높이 평가되는 계피도 대체할 수 있는 상품이 없었다. 그 밖에 원거리 해양 무역에서 수익성이 높은 교역 상품은 숲 지대에서 나온 다양한 염료, 그리고 말레이 제도에서 생산된 고급 목재와 향 나는 목재, 또는 이미 이 당시에 말레이반도에서 소량으로 채취되던 고무였다.

학계에서는 오랫동안 동남아시아 무역은 오직 행상들이 조직했다는 설이 지배적이었다. 이 해석에 따르면 모든 상인은 항상 그들이 거래하는 상품과 함께 이동했고, 이 상품들을 시장에서 직접 판매했다. 그들은 시장의 조건인 수요와 공급, 가격 형성 같은 것은 전혀 알지 못했고 예측할 수 있는 방법도 없었다. 따라서 이렇게 떠돌아다니는 행상들은 전문화될 수 없었다. 그렇기 때문에 그들은 현지 상황에 그때그때 적절하게 대응하기 위해 상품과 함께 여행할 수밖에 없었고, 이런 방식으로는 새로 등장한 유럽 상인들과 경쟁할 수 없었다. 이러한 시각은 판뢰르에게서 출발했으며, 닐스 스텐스고르가 계승해 연구의 패러다임으로 굳어졌다.[94]

최근에 학계는 많은 사례 연구를 통해 널리 확산되어 있었던 행상 무역에 관한 사료뿐 아니라 신용 제도와 무역 사무소, 대형 운송 선단 등도 존재했음을 보여 주는 복합적인 교역망에 관한 사료들도 발굴했다. 그 결과 아시아의 상거래 전체를 행상 무역으로 규정하는 것은 옳지 않다는 사실이 밝혀졌지만, 행상이라는 개념이 전혀 그릇된 것은 아니다. 16세기와 17세기에 유럽의 팽창 세력들이 현지에서 마주쳤던 것은 '전통적' 요소와 '근대적' 요소가 병존하고 무엇보다 공존하는 현상이, 다시 말해 당시 유럽의 복잡한 상황에 전혀 뒤지지 않는 다채로운 현실이 동남아시아 무역 시스템의 특징이라는 사실이었다. 아시아 상인들은 네트워크 안에서 움직였다. 다시 말해 그들은 원칙적으로 사업 파트너와 자신들의 가족으로 이루어진 인적 네트워크 속에 연결되어 있었다. 이런 상황에서 유럽 무역 회사의 기본 개념과 매우 유사한 상인 단체 같은 복잡한 조직 형태가 등장할 수 있었다. 예를 들어 튀르크인, 아르메니아인, 아랍인, 페르시아인, 아비시니아인들은 구자라트 상인들이 말레이 향신료 무역의 중심지인 믈라카로 가는 여행을 위해 설비를 갖춘 선단에 정기적으로 참가했다.[95] 그리고 개별 선박도 수많은 개인이 투자한 결과로 항해에 나설 수 있었다. 어떤 상인들은 투자자로서의 역할에 전적으로 집중했다. 바로 15세기에서 17세기 사이에는 전체 지역을 포괄해 신용을 지급할 수 있게 해 주는 금융 시스템이 발전했다. 다양한 상인 디아스포라 집단들이 여기서 중요한 역할을 수행했다. 아르메니아인들, 그리고 남인도의 지주이자 상인계급이던 체티Chettiar들의 다양한 공동체들은 상인들에게 자금을 대여해 주는 그들의 금융 활동 때문에 널리 알려져 있었다.

교역 분야나 농업 분야보다는 뒷전에 머물러 있었다고 할지라도, 당시 이 지역에는 중요하지 않은 산업 분야도 있었다. 농업과 산업은 대부분 밀접한 연관성을 가지고 발전했으며, 수출을 지향하는 일련의 전문화도 진전되었다. 직물과 도자기의 생산도 귀금속과 마찬가지로 원자재와 완성품 두 가지 형태로 중요한 역할을 담당했다. 하지만 교역의 중심에서 멀리 떨어져 살던 원시 부족들도 원거리 교역에 참여하게 만들었던 더욱 단순한 물건들도 등한시해서는 안 된다. 보르네오의 열대우림에서 생산된 등나무 제품들이 그 좋은 사례다. 다음으로 중요한 분야는 조선이었다. 조선업은 특히 말레이 제도에서 혁신적인 전문가 그룹을 만들어 냈지만, 동남아시아와 오세아니아의 모든 해안 지방에서는 대부분 부업이거나 자신들의 필요를 위해 제작하는 데 머물렀다. 이런 분야에서는 전문화가, 나아가 그로 인한 사회의 세분화가 이루어진 것이 아니었다. 일본에서와 마찬가지로 동남아시아에서도 수공업자 계층이 형성되었으며, 태평양 섬들에서는 적어도 분업적인 사회구조가 형성되는 단초를 관찰할 수 있었던 반면에, 고지대와 열대우림에서는 그러지 못했다. 하지만 중요한 경제 중심지에서 멀리 떨어진 외지에서조차 원거리 시장을 위한 상품들이 생산되었다는 것은 분명하다.

중국산 직물이나 인도산 직물들은 대부분 사치품으로 동남아시아에 수입되었다. 이들은 교역 상품으로 대단히 중요했지만, 지역 주민들에게는 감히

쳐다볼 수 없는 비싼 물건이었다. 일상에서 입는 옷들은 주로 집에서 직접 제작했다. 그러나 개인의 일상적인 필요를 위해서만 제작한 것이 아닌 자체 생산품도 있었다.[96] 동부 자와, 발리, 수마트라는 16세기에 중요한 직물 수출지였다. 자와의 상품은 15세기 초 이래로 북부 수마트라에서 인기가 있었던 반면, 파나루칸과 파수루안 주변의 자와 지역에서 생산된 줄무늬 옷감은 16세기 말의 믈라카 지방에서 수요가 많은 상품이었다. 발리와 수마트라는 환한 색상의 천을 생산했는데, 자와의 상인들은 이를 말루쿠 제도까지 가서 판매했다. 게다가 전통적인 바틱 옷감은 자와가 내세우는 뛰어난 수출 상품이었다. 그런데도 이 상품들은 염색하는 방식이 너무 노동 강도가 높아 가격이 비싸기 때문에, 광역권의 시장에서는 경쟁력이 없는 것으로 판명되었다. 필리핀 내부에서는 비교적 건조한 지역으로 면직물 생산에 적합했던 루손, 세부, 파나이가 필리핀 제도에 속한 열대 섬들에 의복과 완성품들을 공급했다.

도자기 생산도 마찬가지로 수출 지향적이었다. 이 분야에서도 중국은 선구자이자 모델로 작용했다. 베트남은 중국의 영향하에 흑백 유약이나 청백 유약을 바른 도자기를 생산했다. 시암 왕국의 수코타이에서는 두 가지 독자적인 양식의 도자기가 개발되었는데, 이것들은 동남아시아 전역에서 인기가 있었다. 이들 상품이 동남아시아 전역에 확산되었다는 사실은 고고학적 발굴을 통해 입증되었다. 반면에 이 지역으로 들어오는 수입 도자기의 대부분은 중국의 생산 중심지에서 제조되고, 수만 개 또는 수십만 개의 규모로 중국 남부 지방의 항구에서 정크선에 실렸던 일반 도자기들이었다.[97]

물론 동남아시아 도서부 지역에서 가장 중요한 수출품은 농산물이었다. 후추는 벌써 오래전부터 인도에서뿐 아니라 동남아시아에서도 생산되었다. 후추 농사는 16세기 초 이래로 수마트라, 자와, 말레이 제도 해안의 몇몇 지역에서부터 수마트라, 말레이시아, 보르네오, 베트남의 넓은 지역으로 확산되었는데, 동남아시아의 후추 생산은 1670년 무렵에 8000톤으로 절정에 달했다. 정향과 육두구의 농사는 18세기 말까지 말루쿠 제도에서만 제한적으로 이루어졌다. 전 세계에서 오는 주문량을 충당하려면 생산량을 증가시켜야 했는데, 이는 재배를 점점 더 강화함으로써 달성했다. 아마도 14세기까지는 야생에서 자라던 후추를 채취하는 방식이 사용되었던 반면에, 그 후의 수백 년간은 체계적인 일모작이 시행되었다. 네덜란드의 후추 독점 정책 덕분에 이 시스템은 18세기 후반까지 말루쿠 제도의 입지를 지킬 수 있었다.

하지만 후추에 대한 유럽의 수요가 이들을 수출 지향적인 작물로 만든 결정적인 조건은 아니었다. 포르투갈의 사료에는 원래 말루쿠 제도에서 야생으로 자라던 정향이 유럽인들이 말레이 제도에 도달하면서 비로소 본격적으로 재배되기 시작했다고 기록되어 있다.[98] 하지만 기원후 첫 세기의 인도나 중국의 문헌에 따르면 이미 그 당시에 두 나라에서는 정향이 소비되고 있었다. 이들 두 나라로 정향이 수입되었다는 사실, 그리고 정향 수출이 인도네시아 서부의 스리위자야 같은 해양 국가가 대두하는 데 영향을 미쳤다는 사실은 유럽의 중세에도 입증될 수 있다. 게다가 육로를 통해 레반트와 이집트까지 가는 유명한 향신료 운송로도 있었다. 이처럼 아시아와 유럽에서 나타난 향신료에 대한 수요가 먼 과거까지 거슬러 올라간다는 사실, 그리고 작은 말루쿠 제도들에서 생산되는 양이 제한적이었다는 사실을 고려할 때, 이에 관한 기록을 남긴 유럽 측 저자는 없지만 아마도 이미 14세기와 15세기에 정향이 환금작물로 재배되었을 가능성도 있다. 다시 말해 유럽인들은 동남아시아에 새로운 향신료 시장을 개척한 것이 아니라 이미 존재하던 시장에 점차 참여했던 것이다. 16세기에는 동남아시아에서 수출되는 정향 가운데 단지 4분의 1에서 3분의 1 정도가 유럽으로 보내졌다. 무역상의 절대다수는 아랍인들을 포함한 아시아인들이었는데, 이들은 정향을 동아프리카에까지 공급했다. 따라서 당시 추정되는 절대 생산량 전체에서 유럽으로 수출된 양이 차지하는 비중은 매우 낮았다. 관련 사료가 없기 때문에 단순한 추정 이상은 불가능하지만, 많은 경우 거대한 수요가 아시아 내부에 항상 있었으며, 유럽인들은 단지 점진적으로 이 향신료 시장에 접근했다는 사실은 거의 확실하다고 할 수 있다.[99]

그러나 유럽의 무역 회사들이 동남아시아에 대거 등장해 시장에 적극적으로 개입함으로써 결국 상품을 공급하는 전체 구조가 바뀌었고, 결과적으로 향신료 수출은 현저하게 증가했다. 그들은 두 가지 측면에서 기존 환경에 커다란 영향을 주었다. 한편으로 그들은 특정 분야에서 시장에 참여했고, 이 분야의 상품들이 유럽을 향하도록 조정했다. 그들은 앞서 언급한 향신료를 시작으로 해서 유럽에서 사치품으로서 대단히 선호되는 물품의 생산이 급격히 증가하도록 촉진했다. 이런 발전이 진행되는 과정 중에 유럽에서는 수요 구조가 변화하자, 대농장 생산방식에까지 이르는 변화가 초래되었다. 예를 들어 자와에는 커피와 담배를 재배하는 대농장이 자리를 잡았으며, 새로운 경작 방식이 동남아시아에 도입되었다. 또한 유럽으로 수출되는 중국 도자기에서도 엿볼 수 있듯이 생산품이 유럽인들의 취향에 맞게 변했다. 이렇게 볼 때 비록 간접적인 경로를 통해야 할지라도 유럽인들로 인해 지역의 경제 체계가 지속적으로 변형되었다고 할 수 있다.

다른 한편으로 유럽인들은 아시아 내부에서 이루어지던 다른 분야의 무역에는 스스로 흡수되었다. 특히 직물 교역이 이러한 사례에 해당하는데, 유럽인들은 인도산 직물과 중국산 직물을 유럽으로 수출하는 것 외에 아시아 내부 시장에도 뛰어들었다. 유럽인들이 지역의 상거래, 이른바 지방 무역에 가담하게 된 것은 유럽 회사들이 무역 활동에 새로운 자본을 투입하기 위해 불가피했던 것으로 드러난다. 유럽 상품들은 전체 아시아 시장에서 지극히 적은 양만 판매되었기 때문에 금과 은 같은 귀금속의 유출이 계속 증가했는데, (특히 중상주의 이론에 따르면) 이러한 유출 증가는 축소되어야 했다. 그런데 중국에서 아편이 귀금속을 대체할 수 있기 전에는 유럽인들이 아시아의 거대한 무역 중심지들 사이에서 이루어지던 교역에 참가하는 것 외에 달리 막을 방법이 없었다. 유럽인들이 인도산 직물을 말레이 제도에 갖다 팔면서, 유럽인들이 아시아에서 지방 무역을 전개하는 데 가장 중요한 무역로가 만들어졌다.

유럽적 관점에서 볼 때 16세기에 아시아 무역을 장악했던 포르투갈인들은 이미 일종의 지방 무역에 부분적으로 연루되어 있었다. 물론 포르투갈령 인도가 여기에 공식적으로 개입한 것은 아니었다. 그런데도 포르투갈이라는 국가의 존재는 무역 특허장(카르타즈) 시스템 안에서 추가적인 수입을 확보할 수 있는 또 다른 기회를 만들어 냈다. 향신료 무역이나 사치품 무역은 적자 상태를 벗어나지 못했기 때문이다. 그들이 장악한 거점 지역들에서 포르투갈인들은 자기들이 통제하는 항구에서의 입항과 출항을 위한 통행증을 판매했다. 물론 포르투갈령 인도의 거점 지역 시스템은 특히 동남아시아에서는 오직 믈라카, 말루쿠, 티모르에만, 그리고 동북아시아에서는 마카오 등 몇몇 제한된 지역에만 있었기 때문에 이런 식으로 무역로를 통제하기에는 너무 빈약했던 것이 사실이다. 그렇다고 해서 무장한 군함을 동원해 순시하면 이는 많은 관련자가 볼 때 당연히 일종의 노상강도로 여겨질 수 있었다. 그런데도 많은 토착 나쿠다는 무역을 하면서 자신들의 이익을 위태롭게 하거나 포르투갈과 충돌하는 위험을 불필요하게 감수하지 않기 위해 카르타즈 제도를 수용했다. 포르투갈의 일반 상인 협회는 왕립 무역 회사보다 훨씬 많이 아시아 내부의 무역에 연루되어 있었는데, 때로는 아시아 술탄국의 보호 아래에 있었다. 인도 바깥에서는 이러한 종류의 대규모 상인 협회가 마카사르 또는 소순다 열도의 일부 지역, 특히 플로레스와 티모르에 있었다.

이와 마찬가지로 유럽인의 시각에는 아시아 지역에서 포르투갈을 밀어냈던 네덜란드 동인도회사도 거점 지역 시스템에 의존하고 있었다. 그들은 처음에는 지역 통치자의 통제 아래에 있는 상품 집산지들에 그저 지사를 설립하는 정도였다. 그러다가 1619년에 동인도회사의 지사장인 얀 피터르스존 쿤이 순다 해협에 위치한 자야카트라Jayakarta를 점령하고 그 폐허 위에 새로운 도시 바타비아를 건설함으로써 '교역항'의 성격을 가진 독자적인 지휘 본부를 설립하게 되었다. 네덜란드인들은 자야카트라에 이어 믈라카(1641), 마카사르(1667), 반텐(1684)을 점령했다. 하지만 직물과 후추의 무역과 거래는 자유 시장에서 이루어졌으며, 네덜란드 동인도회사는 여러 구매상 가운데 가장 강력한 구매상으로 자리 잡았다. 네덜란드인들은 지역 통치자들과의 계약이나 군사적 정복을 통해 1680년대까지 말루쿠 제도에서 생산되는 향신료 구매에 관한 독점권을 확보하는 데 성공했다. 이와 같은 순수한 상업 행위와 동시에 네덜란드 동인도회사는 새로운 경제 영역이 개척되게 하는 촉진자로 작용했다. 수마트라의 금광 개발이나 인디고 재배에 관한 다양한 실험 같은 사업은 초기 단계를 넘어서지 못했다. 그러나 이와 대조적으로 동인도회사가 고정된 가격에 일정량을 구매해 주기로 약속함으로써 중국인 투자자들을 지원해 주었던 자와의 설탕 산업은 동인도회사의 지배하에서 이미 17세기 말 무렵에 첫 열매를 거두었다.

유럽의 팽창이라는 측면을 고려할 뿐 아니라 동남아시아의 독자적인 발전이라는 측면도 분명하게 강조하면서 리드는 15세기에서 17세기를 '상업의 시대'로 규정한다.[100] 이 시대는 상업 활동에서 당시까지 전혀 알려지지 않았던 정도의 폭발적 붐을 통해 특징지어진다. 동남아시아에서 이러한 붐이 시작된 것은 14세기 초 무렵이었는데, 이는 중국과 인도에서 오는 수요 때문이었다. 동남아시아를 위한 최대 시장이던 중국은 베트남과 시암 왕국에 대한 정복을 계기로 더 많은 귀금속을 동남아시아 시장에 투입할 수 있었다. 그 밖에도 이 무렵에 류큐 제도를 경유해 일본과 최초의 진지한 교역 관계가 발전되기 시작했다. 15세기에는 유럽에서도 동남아시아의 향신료에 대한 수요가 지속적으로 증가했다. 하지만 당시의 수요는 아마도 동남아시아의 상업 붐을 고무할 정도는 아니었으며, 이미 아시아 내부에서 진행 중이던 상업 발전에 다소 도움이 되었을 정도였다. 하지만 16세기 중반 이후부터 일본과 유럽은 동남아시아 시장에서 인도나 중국과 어깨를 나란히 할 수 있었다.

이러한 상황에서 1570년에서 1630년까지 동남아시아 경제는 호황기를 경험했다. 경제적 붐을 가능하게 한 결정적 요인은 인도와 중국에서 유입된 대량의 은이었으며, 유럽인들이 주로 에스파냐령 아메리카에서 얻은 은도 유입되었다. 이 무렵에 멕시코와 페루, 일본에서 발견된 새로운 은광들은 동남아시아 전 지역에 엄청난 자극제가 되었다. 아메리카의 은은 모든 면에서 유럽 구매상들의 구매력을 높여 주었다. 마닐라에 있던 에스파냐인들은 이를 직접 들여와 중국의 상품을 구매하는 데 사용했다. 그러나 대량의 아메리카산 은은 대서양을 건너 유럽 경제를 활성화하는 데 사용되었으며, 이는 다시 처음에는 포르투갈이, 나중에는 서유럽 국가들이 다양한 수단으로 '극동'과 교역하는 기본 자금이 되었다. 어떤 경로를 통해서든 대부분의 은은 결국 중국으로 흘러들었다.

리드는 '상업의 시대'가 끝날 무렵에 '17세기의 위기'가 시작되었다고 주장한다.[101] 가격 하락, 인구 증가, 흉년, 정치적 위기가 세기말을 넘어 이 책에서 다루는 시기의 나머지 부분에 결정적인 영향을 주었으며, 결국 유럽 열강의 경제적 승리를 촉진했다. 적어도 동남아시아 도서부에서는 17세기의 위기가 네덜란드인들의 군사적·경제적 성공 때문인 것으로 인식된다. 하지만 위기와 관련된 이러한 기록은 주로 유럽 측 사료에서 엿보이며, 리드의 해석은 유럽 사료들에 핵심적인 토대를 두기 때문에 그의 해석은 비판을 피하기 어렵다.[102] 유럽 측 사료나 이에 근거한 리드의 해석과 달리, 17세기 동남아시아 경제의 많은 영역에서 심각한 위기 현상은 분명하게 드러나지 않는다. 리드의 경제사적 해석은 향신료 분야나 사치품 분야만을 좁게 분석한 것이었다. 물론 '상업의 시대'에 무역이 활성화된 것이나, 18세기에 다양한 분야에서 유럽이 무역의 주도권을 확립해 간 것을 간과해서는 안 된다. 이들은 늦어도 19세기에 유럽의 전반적인 헤게모니를 성립시켰으며, 생산관계의 변화에도 심각한 영향을 미쳤다.

종교

동남아시아는 경제 분야보다 종교 분야에서 훨씬 더 다양한 외적 영향력들이 만나는 도가니 같은 공간이었다. 이는 동남아시아에서 서로 다른 별개의 공동체들이 대두하도록 영향을 주었다. 인도화, 중국화, 이슬람화, 그리고 마지막에는 유럽화 혹은 서구화의 파도가 연이어 오면서 유라시아의 모든 거대 종교가 동남아시아에 수입되었다. 힌두교, 불교, 이슬람교, 그리고 기독교. 인도는 힌두교와 불교가 기원한 곳인 동시에 점점 확산되는 이슬람교의 물결을 함께 주도했던 지역이기도 하다. 중국은 불교와 이슬람교의 중개자이면서도, 국가철학이자 사회철학이던 유교를 동아시아 내륙 지방과 일본에 전했다. 이러한 발전들과 함께 지역의 내적 동력에 따라 발생했던 종교적·문화적 특징들도 확인할 수 있다. 이슬람과 기독교를 포함한 수입된 종교들은 오래전부터 기존 사회에 존재하던 신앙 체계 안에 동화될 수 있었다. 그 결과 그 종교들은 지역 전통이나 지역 환경과 결합해 스스로 독특한 특징을 가진 종교가 되었다. 동시에 이러한 현상은 애니미즘(정령주의)이나 자연종교에 그 뿌리가 있었던 전통적인 종교관이 새로운 종교들 안에서 오랫동안 유지되었다는 것을 의미한다. 이슬람과 기독교의 근본주의적 해석은 이 시기의 동남아시아 그 어디에서도 뚜렷하게 드러나지 않았다.

수입된 종교들은 애니미즘을 따르는 지역의 수많은 자연종교와 만났다. 통일되거나 표준화된 형태의 종교는 이 지역에 존재하지 않았다. 이러한 원시 신앙의 기나긴 전통이나 그 다양성을 결코 간단하게 요약하고 서술할 수 없다. 외부에서 온 선교사들이 활동하기 이전에는 이 지역에 존재했던 종교들의 형태를 묘사해 주는 기록들이 없기 때문에, 역사 연구자들은 개별적인 유적을 통해 추정하거나 현재까지 남아 있는 자연종교와 비교해 도출한 결론에 의지할 수밖에 없다. 하지만 이것들은 수입된 후 수백 년에 걸쳐 지역을 지배했던 '고등 종교들'로부터 커다란 영향을 받았다는 사실을 간과해서는 안 된다. 또한 그렇다고는 해도 동남아시아의 경계를 넘어 오세아니아 지역에서까지 발견되는 일련의 공통된 요소가 있었다.

이제는 더는 논란이 되지 않는 (다시 말해 한때 많은 논란을 야기했던) '애니미즘'이라는 개념은 관찰 대상인 종교들이 각각 많은 뚜렷한 차이점을 갖고 있는데도 인간, 동물, 자연에는 '영혼'이 깃들어 있다는 믿음을 공유한다는 것에서 기원한다. 좀 더 정확하게 표현하면 자연계에 존재하는 만물은 그들 스스로 생존 원칙을 가지고 있으며, 이것을 유대교적·기독교적 의미의 '영혼'과 혼동해서는 안 된다는 것이다.[103] 죽은 자가 영혼으로서 인간 세계의 가까운 주변에 존재한다고 보는 이론은 유럽적 사고에 가깝다. 아직 선교의 발길이 닿지 않은 지역에서는 죽은 자의 영혼과 원활하게 소통하기 위해 수많은 조상숭배와 장례 의식이 발달했다. 조상숭배와 장례 의식이 지역사회에 깊이 뿌리내려 있었기 때문에, 주민들이 기독교나 이슬람으로 개종한 후에도 이 의식들이 계속되는 경우가 많았다. 조상들 외에도 애니미즘이나 자연종교관에서는 다양한 등급으로 분류되는 수많은 신과 영들이 인간의 일상적 삶의 영역에 영향을 행사했다. 따라서 영적 세계와 접촉하는 것이 불가피했기 때문에 수많은 의식이 생겨났지만, 어디서나 무당과 같은 종교적 엘리트 집단이 탄생한 것은 아니다. 예를 들어 수마트라의 바탁족은 '주술사(다투)'가 사회생활에서 중심적인 역할을 수행했던 반면에, 뉴기니의 파푸아족은 제사장 없이 사회생활을 유지했다. 영적인 전문가의 존재와 무관하게, 주술은 어느 지역에서나 사회조직에서 중요한 기능을 담당했다. 사회질서에서 마찬가지로 중요했던 것은 많은 지역에서 종교적 이유로 정치 구조 옆에 존재하면서 정치에 지대한 영향력을 행사했던 비밀결사였다. 이 비밀결사는 대부분 남성들만으로 이루어진 조직으로서, 독자적인 상징과 의식뿐 아니라 뉴기니의 '무도회장'처럼 그들의 자체적인 의식을 위한 집회장을 보유하고 있었다.

이러한 전통적인 신앙 형태는 다양한 문화 적응enculturation 운동[12]에 밀려난 후에도 뉴기니나 내륙의 산악 지대와 같은 일부 외지에서 살아남았으며, 나아가 그들이 보유하던 핵심 요소들 가운데 일부는 끈질긴 생존력이 있는 것으로 드러났다. 조상숭배, 영혼의 존재에 대한 믿음, 다산 또는 수확의 신 숭배 등은 수입된 모든 종교에 성공적으로 통합되었다. 나아가 이슬람화되거나 기독교화된 대부분의 사회에는 우선 자신들의 문화 속에 있는 전통적인 믿음의 형태[13]를 고수하는 소수집단들이 존재했다.

토속 종교는 정치적·경제적 팽창과 매우 밀접한 관계를 가지고 있었던 선교 운동과 마주쳤는데도 통행이 빈번하던 교역 경로나 권력 중심지에서 멀리 떨어져 있던 지역들에서는 특히 강한 생명력을 보여 주었다. 동남아시아 도서부에서는 많은 섬 사이에 일찌감치 관계망이 형성되었는데도 바탁족(수마트라), 토라자족(술라웨시), 다약족(보르네오)처럼 섬에 살던 많은 종족이 19세기 후반까지 대부분 선교 운동에 노출되지 않았다. 말레이반도의 오랑 아슬리 지역이나 뉴기니의 파푸아처럼 한 번도 제대로 기독교나 이슬람으로 개종된 적이 없는 지역도 있다. 이는 특히 오세아니아에도 해당하는데, 이곳에서는 기독교 선교 단체들이 유럽 열강의 막강한 세력이 정착된 후에야 비로소 현지인들의 기독교 개종을 시도할 수 있었다. 이러한 배경에서 볼 때 전체 오세아니아는 전통적인 종교관이 그 어떤 '근대화'에도 불구하고 특히 강한 지구력을 보여 주었다. 이는 오스트레일리아의 애버리지니들이 가지고 있던 꿈

12 한 사회에 태어난 개인이 그 사회의 문화를 내면화하는 과정을 말한다.

13 우리나라의 조상숭배 형태인 제사를 그 예로 들 수 있다.

에 관한 믿음에도 해당한다.

동남아시아에 뚜렷한 영향을 주었던 문화 전계 운동의 첫 번째 파도는 습관적으로 '인도화'로 표현되는데, '인도화'는 사실상 특정 시기로 제한되기 어려운 대단히 혼란스러운 개념이다. 기원후 첫 1000년간에 걸쳐 이주와 교역 그리고 순례 설교가들의 활동은 늘 인도의 사상을 이 지역에 유입시켰으며, 이는 매우 다양한 형태로 입증되었다.[104] 이미 3세기 이후로 인도화된 국가들이 존재했던 것으로 보이지만, 역사적으로는 7세기에 스리위자야의 대두를 통해 비로소 그 실상을 파악할 수 있다. 종교의 영역에서 인도화라는 개념은 이 지역에서도 마찬가지로 혼란스럽지만, 힌두교와 불교에 연관되어 있다. 인도에서 온 종교적 영향은 동남아시아 대륙부의 전역으로 확산되었으며, 보르네오와 술라웨시 사이에 있는 마카사르 해협까지 도달한 결과 동남아시아 도서부는 이슬람화가 이루어지기 전까지는 문화적으로 양분되었다. 그러나 초기에 상당한 영향력을 행사했던 힌두교는 15세기에 다시 밀려났다. 그때까지 동남아시아 대륙부에서는 상좌부 불교[14]가 확립되었던 반면에, 15세기의 동남아시아 도서부에는 이슬람이 성공적으로 진출했다.

힌두교의 흔적은 링엄lingam[15] 조각품과 같은 기념 건축물이나 불교를 숭배했던 시암의 아유타야 왕조의 이름에서 발견되는 것과 같은 힌두적 어원에 남아 있을 뿐이다. 힌두교의 일부 의식도 계속 유지될 수 있었다. 이미 언급했던 전통적인 자연종교의 경우와 마찬가지로 이러한 요소들은 새로운 종교의 맥락 안에 스며들었다. 힌두교에는 이미 애니미즘적 종교의 요소와 비슷한 요소들이 내재되어 있었기 때문에 이러한 융합 현상은 쉽게 이루어졌다. 학계는 이러한 유사성의 기원을 선사시대까지 거슬러 올라가는 양자의 뿌리가 동일하다는 사실에서 찾기도 하며, 근대에 들어서는 애니미즘적 종교의 신봉자들이 이 사실을 공개적으로 강조하기도 한다. 특히 독립한 인도네시아에서는 이러한 신앙을 합법적인 종교 공동체로 인정해야 하는지를 둘러싼 논쟁에서

14 부처의 계율을 원칙대로 고수하는 불교로서, 대중부 불교와 함께 인도 소승불교의 2대 부문 중 하나다.

15 힌두교의 신을 추상적으로 표현한 형상물이다.

이러한 점을 강조한다.

그런데 여기서 발리의 힌두교는 예외다. 힌두교는 8세기와 9세기에 발리에 유입되어 자와 동부로부터 뚜렷한 영향을 받았으며, 그 영향은 11세기 이래로 특히 인접한 마자파힛 왕국의 위세를 통해 더욱 강화된 듯하다. 마자파힛 왕국이 몰락한 이후 힌두교 엘리트들은 자와를 탈출해 발리로 가서 정착했다. 이런 식으로 토속 종교는 계속해 애니미즘적 성격을 강하게 보유하고 있었던 반면에, 발리의 공식적인 힌두교는 지배 체제와 밀접한 연관을 갖게 되었다. 조상숭배, 자연신, 주술적 의식들은 항상 중요한 역할을 수행했다. 반면에 카스트 제도는 뚜렷하지 않았다. 따라서 이곳의 종교는 인도식 종교라기보다 전형적인 발리식 종교로 부르는 것이 적절할 것 같다. 인상적인 계단식 논을 특징으로 하는 섬의 농업 구조는 애니미즘과 힌두교를 통합하는 혼합주의가 등장하게 했다. 예를 들어 다산이나 풍요를 상징하는 힌두교 여신인 데위 스리Dewi Sri를 발리에서는 쌀의 여신으로 재해석했다.

15세기와 16세기에 진행된 이 지역의 이슬람화는 힌두교의 '발리화'를 한걸음 더 진전시켜 이제 발리에서는 힌두교와 그 어떤 접점도 발견하기 어렵게 되었다. 그 결과 발리에는 광범위한 장르에 걸쳐 다양한 표현 형식을 가진 문화가 대두했다. 축제, 춤, 가면, 나무조각, 돌조각, 회화 등에서 전형적인 발리식 요소가 등장하기 시작했다. 마을 생활의 중심에는 종교의식이나 사원이 서 있었다. 각 마을은 서로 다른 기능을 가진 세 개의 사원을 보유했다. 나아가 가정마다 작은 사당이 있었다. 종교 기구의 정점에는 지역의 통치자가 서 있었는데, 이들은 전통 힌두교 방식으로 정권의 정통성을 부여받았다.[105]

인도에 뿌리를 둔 제2의 종교인 불교가 동아시아에 확산되는 과정은 신비에 싸여 있다. 전설에 따르면 북인도 마우리아 왕조의 지배자였던 아소카Ashoka(기원전 304~232)가 불교의 첫 포교사를 파송했다. 물론 이와 관련된 고고학적 유물은 4세기에야 비로소 전해진다. 이 경우에도 불교는 교역과 밀접하게 관련된 바닷길을 통해 전파되었던 것으로 추정할 수 있다. 당시 불교의 학문적 중심지였던 스리랑카가 여기서 결정적인 역할을 수행했다. 따라서 이후의 동남아시아에 형성된 불교의 관계망은 대부분 스리랑카와 연관되어 있다.

스리랑카는 상좌부 불교의 고향이자 출발점이었는데, 이 상좌부 불교는 훗날 히나야나Hinayana, 즉 소승불교로 알려진 '오리지널' 불교의 초기 학파 가운데 하나로서 정경正經이 된 문헌인 팔리어 대장경에 대한 정통파 해석을 대변했다. 대중적 형태의 마하야나 불교, 즉 대승불교와는 의도적으로 다르게 소승불교는 개인적인 해탈에 몰두했으며, 신이나 보살에 대한 숭배는 거부했다. 하지만 상좌부 불교의 이론은 역사의 흐름 속에서 그들의 정통적 순수성을 유지할 수 없었다. 통치자를 보살로 해석하며 힌두교의 숭배 형식을 수용한 국가 불교의 형태 안에서도, 모든 다른 종교와 마찬가지로 애니미즘적 요소를 기꺼이 적절하게 받아들일 준비가 되어 있던 민중 불교의 형태 안에서도 이것은 불가능했다.

그런데도 상좌부 불교는 동남아시아 대륙부 전역에서 주민들에게 생의 주기를 뚜렷하게 구별해 주었다. 대체로 어린이들은 일곱 살이 되면 한 사원에서 동자승이 되었으며, 대다수가 그곳에 평생 머물지는 않았지만 모든 교육과정을 그곳에서 마쳤다. 그들은 읽기와 쓰기, 그리고 불교의 기초 지식을 배웠다. 수많은 시설을 갖춘 불교의 사원 제도는 지역 불교 왕국의 교육제도를 이루었을 뿐 아니라 정치 영역에도 영향을 미쳤다. 동자승들은 성년이 되면 평생 승려의 길을 갈 것인지를 결정해야 했다. 많은 사람은 사원 안에서 살기로 결정했기 때문에 승려들은 수적으로나 사회적 영향으로나 항상 가장 중요한 사회집단의 하나였다. 사원 제도와 세속적 삶 사이의 경계는 유동적이어서, 성인은 언제든지 자유롭게 사원을 떠나거나 다시 사원으로 돌아올 수 있었다.

이슬람의 확산은 불교보다 훨씬 더 동남아시아의 원거리 무역과 밀접하게 연관되어 있었다. 이 지역에서 이슬람화를 위한 토대를 닦은 것은 무엇보다 무슬림 상인들이었다. 그들은 다양한 지역 출신이었지만, 인도가 가장 핵심적인 진원지였음을 확인할 수 있다. 물론 자와는 주로 참파나 중국에서 온 무슬림이 이슬람화했다. 그 밖에 일시적으로 시아파의 확산을 이루었던 페르시아인들도 동남아시아의 이슬람화에 참여했다. 이들은 14세기에 밀려나기는 했지만, 특히 수마트라 북부 지방에서는 오랫동안 이슬람 신비주의(수피즘)에 영향력을 행사했다. 이슬람 신비주의는 이슬람화의 주체들이 대부분 수피 공동체와 친밀한 관계에 있었기 때문에 널리 확산되었다. 첫 이슬람 학자들은 수피 교단의 구성원이었으며, 개종한 통치자의 스승이 되었다. 주민들에게 이슬람을 가르치는 일은 주로 그들의 뒤를 이은 귀족과 상인, 지주들이 맡았는데, 그들 가운데 많은 이는 메카로 성지순례를 완수했던 하지hajji였으며, 사실상 이슬람 학자는 매우 소수에 불과했다. 그들이 주도해 수많은 학교가 설립되었으며, 이 학교들은 이슬람이 사회에 뿌리내리게 하는 데 크게 기여했다. 하지들은 자신들이 학교에서 잘 관리해 온 교사와 학생 사이의 밀접한 관계를 통해 학생들이 그들과 가까운 거대 교단 공동체와 긴밀한 관계를 맺게 해 주고, '성인'들에 대한 숭배도 촉진했다. 이러한 토대 위에서 지역적으로 독자적인 민중 이슬람교가 발전했다.

그 밖에 이슬람교는 힌두교나 불교가 했던 것처럼 통치자들을 정당화해 주는 기능도 수행했다. 통치자들은 자신의 역할을 교리적 의미로나 족보상으로나 예언자의 후계자이자 신법神法의 선구자로 규정했다. 여기에서 그들은 이 사회에 예로부터 내려오던 사고에 의지할 수 있었다. 수백 년 전부터 말레이의 전체 사회를 기본적으로 규범 지어 주는, 구전으로 내려온 아다트 법은 권력자가 도입한 새로운 이슬람법을 통해 대체될 수 있는 것이 아니었다. 아마도 (이슬람이 등장하기 전까지는 법이 성문화되지 않았기 때문에 그 본질이 무엇인지는 기껏해야 식자들만 추정할 수 있는 주제였는데도) 여러 가지 접점을 가지고 있던 두 개의 법체계는 오히려 공생 관계에 들어갔기 때문에 학자들은 전체 종교에 '아다트 이슬람'이라는 명칭을 부여했다. 이 명칭은 직접적인 종교적 믿음이나 이슬람 신비주의의 형태와 연관되었다기보다는 두 개의 중요한 뿌리에서 유래한 종교적 법 개념과 관련되어 있다.

이슬람교가 동남아시아 도서부에서 인도의 종교들과 접촉했을 때 인도의 종교들은 오랜 세월 확립되어 있던 일종의 믿음 체계였으며, 따라서 그 종교들은 그 자체로 쉽게 변형될 수 있는 특성을 지니고 있었다. 그러나 기독교와 이슬람이 만났을 때는 기독교가 팽창을 추구하는 경쟁자로 등장했다. 유럽의 팽창과 기독교 선교는 서로 밀접한 연관하에 진행되었다. 동남아시아의 경우 이는 특히 '포르투갈의 시대' 동안에 뚜렷하게 드러났다. 포르투갈령 인도는 실질적으로 경제적 이유에서 설립되었지만, 항상 포르투갈의 대리인으로서 가톨릭의 확산과 유지를 위한 책임을 진다는 주장을 내세웠다. 아시아에 있던 에스타도의 중심 도시들에 대주교가 거주한 것은 우연이 아니었다. 이렇듯 동남아시아에 대한 기독교 선교의 첫 물결을 주도했던 주체들은 수도회의 선교사들이었는데, 선두에는 예수회뿐만 아니라 도미니코 수도회, 프란치스코 수도회, 아우구스티누스 수도회 등이 있었다. 수도회 창립자인 이냐시오 데 로욜라Ignacio de Loyola의 초기 추종자 가운데 한 사람이던 에스파냐 예수회의 신부 프란시스코 하비에르(1506~1552)는 1549년대에 교황청의 아시아 담당 대사로서 동남아시아에서 활동해 '말루쿠의 사도'로 알려졌는데, 이후에는 일본 선교에 몰두했다. 일련의 예수회 선교사는 포르투갈의 식민 도시와 가까운 지역에서뿐 아니라, 특히 지역 지배자들의 궁정에서 활동했다. 그들은 몇몇 통치자를 가톨릭으로 개종하게 해 세례를 받게 하는 데 성공하기도 했지만, 이들의 개종은 널리 반향을 일으키지는 않았다. 단지 베트남[16]에서만 프랑스인 예수회 신부인 로드가 지속성 있는 기독교 공동체를 건설하기 위한 토대를 구축하는 데 성공했다. 물론 로드는 불과 몇 년이 지나지 않아 베트남에서 추방되었다.

필리핀에서 전개된 가톨릭의 선교 활동은 대단히 성공적이었다. 이곳에서 선교사들은 다른 지역에서와 달리 식민 세력으로부터 배후 지원을 받았다. 식민 세력과 선교 세력의 공생은 매우 생산적이어서 '필리핀 모델'이라는 이름을 얻을 정도였다. 한편으로 식민지라는 문맥 안에서 더 효율적일 수 있었던 강제적 조치, 그리고 다른 한편으로 교육이나 의료 시설의 지원 또는 호화스러운 축제같이 주민들이 기꺼이 수용할 수 있었던 유인책, 이 두 가지 전략을 적절하게 조화시킨 것이 성공의 토대였다.

동남아시아인들의 영혼을 얻기 위해 신비주의적 성향을 가진 이슬람교와 가톨릭 기독교 사이에 경쟁이 벌어졌는데, 여기서 명백한 승자가 나타났

16 좀 더 정확히는 베트남의 통킹 지역과 코친차이나 지역이다.

다. 결국 이슬람교가 관철하는 힘이 훨씬 더 뛰어나다는 것은 처음부터 분명했다. 특정 지역이 한 번 이슬람으로 개종하고 나면 기독교는 이 지역에 전혀 기반을 닦을 수 없었으며, '이교적인' 왕실을 개종시키는 경쟁에서도 기독교 측은 적어도 장기적 안목에서 볼 때 늘 패배했다. 인도네시아의 도시국가나 섬의 술탄국을 다스리는 야심 찬 통치자들에게 이슬람이 더욱 매력적이었다는 사실과 별개로, 가톨릭은 그들이 가진 수단을 통해 해당 지역에서 연속성을 이루어 내는 데 실패했다는 사실도 단점으로 작용했다. 가톨릭의 영적 지도자들은 지역에서 결국 고립된 상태였고, 지역의 주민이나 엘리트들과 결혼할 수 없었으며, 게다가 오랫동안 현지 협력자들을 동원하지도 않았다. 그들의 선교 목적은 개종에 집중되어 있어 전통, 특히 아다트와 과격하게 단절하는 것을 의미했던 데다 종교적 해석에 관한 독점권도 에스파냐 본국에 있었다. 그런데 이슬람의 주창자들은 이와 달리 행동했다. 물론 그들은 집단 개종식을 하거나 개인적 개종을 위한 할례를 시행하는 동안, 돼지를 대량으로 도살하는 관습과 같은 '이교'로부터 확실하게 돌아선다는 표식을 요구했다. 하지만 그들은 모든 형태의 인습 타파 같은 것은 요구하지 않았으며, 대부분이 이슬람 확산에 열정적인 평신도였기 때문에 가족의 형성(결혼)을 포함해 모든 면에서 앞으로 개종되어야 할 공동체 안에 통합될 수 있었다.[106]

네덜란드 동인도회사와 영국 동인도회사는 동남아시아에서 유일하게 프로테스탄티즘을 전파한 주체였다. 하지만 그들은 본질적으로 상업적 목적을 가진 조직이었기 때문에 포르투갈령 인도와 달리 기독교화라는 과제가 그들의 팽창 시도에서 중요한 부분은 아니었다. 영국 동인도회사는 교역 활동에 부정적인 영향을 미칠지도 모르는 갈등이 발생하는 것을 방지하기 위해 자신들의 영향력이 미치는 지역에서 선교 활동을 금지하기도 했다. 네덜란드 동인도회사는 이보다 조금 더 온건하게 처신했다. 그들은 회사 사무원들을 종교적으로 돌보기 위해 성직자와 보조 성직자들을 두었고, 그들이 선교에 대한 소명을 느끼면, 그리고 그런 선교 활동이 회사의 사업에 장애가 되지 않으면 성직자들에게 선교에 나설 자유를 주었다. 최종적으로 분석해 보면 네덜란드 동인도회사는 아시아에서 프로테스탄티즘의 보호자로 자처했는데, 다만 이는 항상 지역 상황에 맞추어 수행했던 역할이었다. 예를 들어 일본에서는 그 어떠한 형태의 선교 활동도 엄격하게 금지되었다. 일본에서의 선교 활동은 자칫 네덜란드 동인도회사의 나가사키 지점이 그곳에서 차지하던 불안정한 입지를 더욱 직접적이고 본질적으로 위험에 빠뜨릴 수 있었기 때문이다. 반면에 스리랑카에서는 공식적으로 지역 선교 정책을 추구했으며, 이는 한때 어느 정도 성공을 거두었다. 동남아시아에서는 선교 활동을 전개하기 위한 조건과 전략이 뚜렷하게 정해지지 않았으며, 그렇기 때문에 기독교화를 위한 노력을 지속적으로 추진한 경우가 거의 없다.[107]

오세아니아에서 개신교의 선교는 한층 성공적이었다. 이는 19세기에 비로소 등장했던 잉글랜드, 스코틀랜드, 독일, 오스트레일리아, 미국에서 온 선교 단체의 활동에 기인한 것이었다. 이런 상황은 기독교화된 동남아시아 지역, 특히 말레이 제도의 여러 민족에도 적용된다. 그들은 이슬람화의 영향을 거의 받지 않았으며, 중앙 수마트라의 바탁족이나 남술라웨시의 토라자족처럼 식민주의 시대에 비로소 개신교를 신봉하게 되었다.

일상 문화

다양한 차원의 일상 문화는 이 책에서 다루는 지역들 내부에서 (적어도 이 지역 대부분의 경우에) 공동체를 촉진하는 방식으로 작용했다. 토착 식물, 재배 기술, 가축들이 확산되면서 공동의 문화적 자산을 창출했다. 예를 들어 바나나는 동남아시아와 태평양 섬들에서 특징적인 식용작물이었다. 폴리네시아인들은 원거리 항해를 할 때 배에 바나나를 싣고 다녔으며, 지역의 동쪽 끝까지 운반했다. 쌀은 동남아시아의 대륙부나 도서부에서 모두 가장 중요한 주식이었으며, 지금도 그러하다. 습식 농법은 처음에는 베트남 지역에서 사용되다가 점차 중국뿐 아니라 동남아시아 전역으로 확산되었다. 신속하게 익는 참파 벼는 새로운 배수 기술의 도입과 함께 이모작을 가능하게 했다. 쌀은 단순히 가장 중요한 식량을 제공해 주는 농작물 이상의 생산물로 발전했다. 많은 지역에서 벼는 문화적 요소가 되었다. 많은 나라에서 '식사를 한다'는 말은 곧 '밥을 먹는다'는 말로 인식되었다. 태국에서 상대방에게 잘 지내는지 묻는다면 이는 곧 밥을 먹었는지를 묻는 것이다. 베트남에서 "본 아페티Bon appétit"라고 말하면 "밥 맛있게"로 통역된다. 하지만 서쪽에서 동쪽으로, 동남아시아에서 오세아니아 방향으로 여행하다 보면 쌀 소비는 줄어들며, 뿌리나 덩이줄기가 일상에서 가장 중요한 식용작물로 사용된다.[108]

반면에 가축용 흑돼지는 동남아시아나 뉴기니 또는 타히티 촌락에서 발견된다. 유럽인들이 이 지역에 들어올 때까지 이 동물은 고기와 단백질을 제공해 주는 가장 중요한 공급자인 동시에 부의 척도이기도 했다. 그렇기 때문에 흑돼지는 일상적인 식탁이 아니라 특별한 잔치가 있을 때 식탁에 오르는 대상이었다. 사람들은 주로 특정한 의식을 치를 때나 상량上樑할 때, 풍년에 감사할 때, 아기의 출생을 축하하거나 결혼식을 치를 때 돼지를 도살했다.[109]

기호 식품의 경우에 동남아시아와 오세아니아는 크게 두 지역으로 구분될 수 있다. 한 곳은 빈랑나무 열매를 씹는 것이 확산되어 있는 지역이고, 다른 한 곳은 카바kava를 마시는 것이 특징인 지역이다. 이 두 가지 관습은 일반적으로 일상의 문화적 중요성을 가질 뿐 아니라 의식으로서의 의미도 갖는다. 빈랑나무 열매의 소비는 기분의 자극이나 얕은 환각 효과 또는 도취 효과를 준다. 더 구체적으로 말하면 이른바 빈랑나무 열매 씹기는 세 가지 요소로 이루어지는데, 빈랑나무 잎 한 장으로 감싸고 석회 가루를 뿌린 빈랑나무 열매를 씹는 것이다. 빈랑나무 열매 씹기는 인도네시아와 멜라네시아 서부 사이에 널리 퍼져 있다. 긴장 완화의 효과가 있는 카바는 후춧과에 속하며, 같은 이름을 가진 식물의 뿌리에서 얻는데, 빈랑나무가 나는 지역의 동부, 특히 피지와 사모아 또는 통가에서 중요한 행사를 치를 때 핵심적인 문화적 역할을 수행한다. 뿌리는 씹거나 가루로 만들어 나무 접시 안에서 물과 함께 섞은 후, 속껍질 섬유로 짠 체로 거른다. 추출된 음료수는 코코넛 껍질에 넣어 사람들에게 제공된다. 카바 의식은 참가자들을 그들의 조상들과 하나가 되게 연결해 주거나, 때로는 참가자들 자신을 조상으로 만들어 주기도 한다.[110]

물과 수로가 갖는 중요한 의미 때문에 동남아시아와 오세아니아에서는 역사와 현재 속에서 보트가 수행한 역할과 관련된 수많은 전설과 은유, 상징들이 발견된다. 폴리네시아인들은 그들의 조상들이 장대한 항해를 감행할 때 이용했던 신비한 '거대 보트'와 용감무쌍한 항해자들에 관한 기억을 여전히 생생하게 전한다. 오스트로네시아의 많은 언어 가운데에는 보트, 집, 집단을 표현하는 용어들이 의미론적으로 서로 연관되어 있다. 예를 들어 타갈로그어를 사용하는 필리핀 지방에서는 바랑가이barangay가 '보트'와 '마을 공동체'를 의미한다. 카방kabang, 방카bangka, 반와banwa라는 단어가 어떤 언어상의 관용구에서는 보트를 뜻하지만, 다른 관용구에서는 사회집단을, 또 다른 맥락에서는 집을 의미한다. 가옥들은 흔히 보트와 유사한 구조를 갖고 있었으며, 용골, 돛대, 키(방향타)를 갖고 있었다. 토바 바탁족에서 일반적으로 발견되는 뾰족한 지붕을 가진 가옥 형태는 전통에 따라 그들이 시암 북부 지방에서 수마트라로 올 때 타고 온 배를 연상하도록 설계된 것이다. 보트 상징은 성년식이나 이 세상에서 저세상으로 갈 때(죽을 때) 늘 함께 동반했다. 또한 많은 장신구에서도 보트의 형상을 추적할 수 있다. 이는 위쪽으로 깎여 있거나 아래쪽으로 둥글게 휘어 있는 반달형 모티브에도 해당된다. 사모아에서는 전신 문신의 문양에 속하는 직삼각형도 보트를 표현하는 것이다. 정치 질서는 작은 함대와 그 선원의 비유로 이해되는 경우도 드물지 않았다. 예를 들어 말루쿠 남부 지방에서는 사회와 촌락공동체를 보트의 선원으로 이해했다.[111] 뉴질랜드의 마오리족들은 언젠가 타히티에서 태평양을 가로질러 뉴질랜드의 북섬과 남섬으로 건너왔던 특정 보트의 선원들과 그 보트를 지휘했던 선장들에게서 각각 자기들의 기원을 도출해 내는 집단들로 오늘날까지도 구분된다.[112]

교육과 학문

교육과 학문의 발전은 정치와 종교의 긴장 관계 속에서 이루어졌다. 원칙적으로 정신적인 엘리트들은 다양한 교육제도의 주체들이었는데, 이들은 종교적인 영향을 많이 받은 학문 중심지들과 밀접한 관계를 갖고 있었다. 이 기관들의 후원자는 일차적으로 지역 통치자들이어서, 권력 정치의 영향력이 컸기 때문에 권력에 의한 학문의 도구화는 늘 일어날 수 있었다. 교육 및 학문과 무역 세계 사이의 관계는 무엇보다 기존의 교역로를 따라 이루어졌던 학문의 확산 과정에 달려 있었다.

기독교를 제외한 모든 종교의 문헌들이 인도로부터 이전된 것은 이 지역의 학문 발전에 매우 중요한 역할을 수행했다. 힌두교의 브라만이나 불교의 승려들은 사상을 전해 준 것뿐 아니라 무엇보다 교육제도의 토대로서 문헌들을 동남아시아에 전해 주었다. 종교의 경전들, 안내서, 개요서 편람 등이 여기 속한다. 특히 불교 국가들은 인도에서 팔리어 대장경 같은 수많은 문헌과 산스크리트 서사시(「라마야나」와 「마하바하라타」)를 들여온 후 이것들을 자신들의 교육 시스템에 통합시켰다. 이렇게 학문을 들여온 주체들은 그것들을 궁정으로 불러들인 통치자와 통치 엘리트들에게 지대한 영향을 행사했다. 이들을 통해 궁정 자체가 학문의 중심이 될 수 있었다. 시암 같은 나라들에서는 궁정 작가들이 문학적 창작 전체에 결정적인 영향을 미쳤다. 동남아시아 도서부에도 이슬람화가 이루어지기 전에는 이러한 불교의 중심지가 있었다. 가장 영향력이 강했던 중심지는 수마트라에 있었던 스리위자야 왕국의 수도에 있었는데, 심지어 왕국의 종말 이후에도 그 영향을 펼칠 수 있었다. 따라서 지식의 확산과 발전이 궁정과 사원에만 머문 것이 아니며, 여행하는 상인들을 통해 대중화되고 계속 확산되었다는 사실을 관찰할 수 있는 것은 우연이 아니다.

이러한 지식의 이전과 확산을 위해서는 번역 활동이 대단히 중요했다. 번역 활동의 중심지는 동시에 불교 왕국의 지적 중심지이기도 했다. 원칙적으로 학문의 중심이면서 종교적 수련 기관이기도 했던 사원들이 그러한 곳이었다. 버마에서는 위대한 시인들이 대부분 사원에서 교육받았으며, 시암에서는 학교교육의 기초가 그곳에서 이루어졌다.

이슬람의 학문은 메카와 밀접하게 협력하며 발전했지만, 부분적으로는 무슬림 인도가 중산 역할을 수행했다. 많은 유럽인 논평자는 헤자즈에 있는 이슬람 성지에서 동남아시아로 온 순례자들을 언급한다. 이는 특히 일찍 이슬람화된 아체가 해당하는데, 이 도시는 '메카의 베란다'라는 명성을 얻을 정도였다. 꾸란 학교는 말레이 제도에서 교육제도의 중요한 핵심이 되었다. 만약 꾸란 학교가 없었다면 교육제도는 주로 부모의 양육에 의지할 수밖에 없었을 것이다. 이 학교들은 성별로 엄격하게 구분되어, 남성 청소년들은 여성 청소년들보다 학교교육을 더 많이 받았다. 성인들의 종교 교육도 특히 직접적인 이슬람화 기간에는 중요한 역할을 수행했다. 이러한 직접적인 이슬람화의 결과로 이슬람화의 교두보였던 항구도시들은 종교적인 중심지가 되었다.

동남아시아의 젊은 이슬람 학자들은 수피즘의 신비한 매력에서 커다란 영향을 받았다. 이곳으로 이주해 온 이슬람 학자들은 그들의 아이디어와 구상을 아라비아와 페르시아뿐 아니라 인도에서도 가져왔다. 이런 과정에 유럽에서 온 중세적 이론들이 다시 새로운 활력을 얻었으며, 이 이론들은 메카에서 유학한 수많은 학자가 동남아시아에 전했다. 18세기에 아라비아반도와 더욱 빈번하게 교류함에 따라 이슬람 성지인 메카를 추종하는 학계의 경향이 더욱 강화되었으며, 그와 함께 이슬람의 본거지로부터 오는, 변천하는 종교교육의 영향력도 커졌다. 고전을 새로 번역하고 편찬하는 작업이 확대되었으며, 이를 통해 종교적 문헌에 대한 재평가, 신비주의 탈피, 교사의 역할 강화, 성인 숭배 등이 이루어졌다.

17세기와 18세기에 베트남에서 유교가 르네상스를 경험한 것에는 국가가 미친 영향이 크다. 유교를 도입하고 나아가 경직된 유교 학설을 다시 학문의 중심으로 만든 것은 주로 궁정 귀족이나 중국의 모델에 따라 교육받은 엘리트 관료들이었다.

이 책에서 논의되는 시기 동안에 종교가 식민지의 교육제도에 미친 영향도 지대했는데, 주로 선교사들이 세운 학교들이 그 역할을 담당했다. 필리핀에 있던 에스파냐 선교사들은 주로 원주민들을 가톨릭으로 개종시키기 위해 계획된 교육과정을 가진 학교들의 관계망을 구축했다. 학교 조직의 측면에서 본다면 선교사들은 에스파냐 교육제도를 모델로 삼아 학교를 조직했다. 가톨릭교회는 교육제도 바깥에서도 필리핀인들에게 장기적이고 지속적인 지적 헤게모니를 행사했는데, 이는 그들이 인쇄 분야를 독점한 덕분이었다. 1619년에 마닐라에 설립되었으며, 당시에 세 개의 학과가 개설된 산토 토마스 대학은 아시아에 설립된 최초의 유럽식 대학이었다. 필리핀인들이 1898년 이후에 미국의 식민 지배 아래로 들어갔을 때, 그들은 자기들이 오랜 학문적 전통을 갖고 있다는 사실을 강조하고자 애썼다.

반면에 유럽 무역 회사들의 교육 사업은 회사가 직접 관할하는 범위에만 국한되어 있었다. 영국 동인도회사와 네덜란드 동인도회사의 직원 자녀들은 기본적인 교육을 받았다. 주민들을 지적으로 깨우치는 것을 포함하던, 이른바 문명화 사명은 상인들에게는 낯선 영역이었다. 다만 스리랑카는 여기서 예외인데, 그곳에서는 동인도회사가 선교의 사명을 갖고 학교뿐 아니라 순례자들을 위한 세미나도 설립했다.

언어와 문자

지역의 문화를 통합적으로 규정하는 요소는 언어와 문자다. 동남아시아와 태평양 섬 세계에서 사용되는 언어는 대부분 오스트로네시아어족에 속한다. 오스트로네시아어족은 언어학적으로 마다가스카르와 이스터섬 사이의 지역을 포괄하며, 서로 간에 언어적 공통점을 보여 준다. 오늘날 1000개가 넘는 언어, 그리고 2억 명이 넘는 사용자가 여기에 속한다. 개별 언어는 많은 경우에 뚜렷한 차이를 보이지만, 서로 멀리 떨어져 있는 오스트로네시아의 광대한 지역에서도 서로 통용될 수 있는 단어들이 적지 않게 발견될 만큼 밀접한 연관성을 갖고 있기도 하다. 오스트로네시아어는 오스트레일리아와 뉴기니의 넓은 지역을 제외한 오세아니아 전역에서 사용된다.[113] 하지만 뉴기니의 동부 해안과 북부 해안에는 오스트로네시아어가 퍼져 있다. 뉴기니의 나머지 지역에서는 인도네시아 동부, 예를 들어 티모르나 할마헤라에서도 사용되는 파푸아어가 지배적으로 사용된다. 이렇듯 뉴기니는 세계에서 언어가 가장 풍부한 지역에 속하는데, 700개가 넘는 다양한 언어가 알려져 있다.[114] 이 지역에서 세 번째 언어 집단이 오스트레일리아어다. 유럽인들이 오기 전인 18세기에 이 '제5의 대륙'에는 약 250개의 언어와 약 700개의 방언이 자리하고 있었다.[115]

파푸아어를 제외하면 동남아시아 도서부의 모든 언어는 오스트로네시아어족의 영역에 속한다. 물론 언어의 지형도는 부분적으로 매우 다채롭다. 예를 들어 필리핀에는 100개가 넘는 상이한 언어가 존재한다.[116] 또한 동남아시아 대륙부는 언어학적으로 대단히 이질적인 모습을 보여 준다. 이 지역은 베트남과 캄보디아에서 널리 사용되는 참어 같은 오스트로네시아어족의 고향이다. 하지만 지배적인 언어는 중국티베트어족, 크라다이어족(타이카다이어족), 오스트로아시아어족, 몽멘어족(먀오야오어)다. 중국티베트어족은 버마어와 카렌어(그리고 만다린 중국어)를 포함하는데 이들은 시암 북부 지방과 라오스, 베트남에서도 사용된다. 태국어와 라오스어는 크라다이어족에서 가장 중요한 사례이며, 이들은 버마와 베트남에서도 일부 사용된다. 몽멘어족은 본질적으로 같은 이름을 갖고 있는 두 개의 언어로 구성되어 있다. 또한 오스트로네시아어족은 캄보디아와 라오스, 베트남에서뿐 아니라 버마와 말레이시아 내륙에서도 발견된다. 이들 가운데 베트남어와 크메르어가 가장 중요한 비중을 차지한다.[117]

이렇듯 특정 공간에 수많은 이질적인 언어가 공존하는 상황에서는 서로 간에 소통할 수 있게 하는 언어인 링구아 프랑카가 등장한다. 동남아시아 대륙부에서는 정치적으로 지배적인 국가의 언어, 다시 말해 버마어, 태국어, 크메르어, 베트남어가 바로 이러한 소통 언어였다. 동남아시아 도서부에서는 말레이어가 초지역적인 의미를 갖고 있었다. 말레이어는 원래 시암의 남부 지방, 믈라카 해협에 속한 지역, 보르네오 해안에 거주하던 주민들이 사용하던 언어였다. 믈라카 해협은 동남아시아 지역뿐 아니라 동아시아와 남아시아 사이의 연결 지점으로서 경제의 동맥처럼 중요했기 때문에, 상인들은 말레이어를 그 본거지를 넘어 넓은 지역에 전파하게 되었다. 오늘날 인도네시아와 말레이시아에 쓰는 국어의 뿌리가 여기에 있다. 물론 그들의 언어는 상인들로 특징되는 일상 회화용 언어가 아니라 조호르 술탄국의 궁정에서 표준어로 장려되었던 말레이어에 뿌리를 두고 있다.

외부와 밀접하게 접촉함에 따라 다른 언어들이 추가로 수입되었다. 인도 아대륙과 교류하면서 불교와 힌두교뿐 아니라 산스크리트어도 유입되었다. 만다린과 기타 중국어는 유교의 영향이 강했던 베트남에서 중요한 역할을 수행했다. 무슬림 상인과 무슬림 설교자들이 아랍어를 동남아시아에 들여와 상업 활동이나 종교 영역에서 사용하기 시작했다.

유럽인들이 오기 전에는 이스터섬[118]을 제외한 태평양 지역에서는 문자 기록이 아니라 구전으로 내려온 언어 형태만 알려져 있었다. 물론 그림에 연관된 기억 방식이 존재했다. 예를 들어 폴리네시아인들의 문신은 단순히 신체를 장식하는 것만이 목적은 아니었다. 문신의 기본 문양은 그 문신을 한 사람의 출신과 사회적 신분을 표현했다. 선과 원과 점은 각각 세심한 의미를 갖고 있었다. 마오리족은 19세기에 영국과 조약을 체결할 때 그들의 얼굴에 있는 문신 모양으로 서명했다. 문신은 동남아시아에 한때 널리 확산되어 있었는데, 유교와 이슬람교, 기독교가 전파되면서 점차 사라졌다.

오스트레일리아의 애버리지니가 남긴 암면 미술이나 암면 조각도 문양 형식으로 정보를 담고 있는 부호의 집합으로 해석할 수 있다. 그 미술이나 조각들은 종교의식이나 일반 의식에 뿌리를 두기 때문에 그들이 갖는 의미가 무엇인지는 오직 처음에 도입한 사람만 이해할 수 있었다. 그 미술품들은 각 민족의 신비한 역사, 그리고 그들이 땅이나 환경과 어떤 관계를 맺고 있었는지 이해할 수 있게 해 주는 단서를 제공한다. 그들은 또한 조상들과 숭배되는 영웅들의 이주를 기억하게 하는 보조 수단이기도 하다. 신성한 돌인 튜룽가 Tjurunga에 표기된 나선과 직선에도 이와 유사한 기능이 부여된다.[119] 이것을 표현한 사람들은 이들 표식을 통해 세계의 질서를 표현했겠지만, 외부인들은 그것의 의미를 전혀 파악할 수 없었다.

오세아니아와 대조적으로 동남아시아에서는 문화가 전파되는 과정에 문자도 확산되었다. 문자의 확산이라는 관점에서 볼 때 인도에서 온 영향은 특히 생산적이었다. 버마어, 크메르어, 몬어, 태국어, 라오스어, 참어, 자와어, 발리어, 순다어에서는 표음식 문자 시스템이 발달했는데, 이는 궁극적으로 인도아대륙에서 온 표기 시스템, 특히 브라흐미 문자에 따른 것이었다. 말레이어도 한때 이 문자로 표기될 수 있었다. 문자 표기에서 인도의 영향을 받았던 가장 동쪽에 위치한 지방은 필리핀이었다.[120] 가장 널리 확산된 것은 바이바이인 문자였는데, 이 문자는 주로 타갈로그어를 위해 사용되었지만, 다른 언어를 위해서도 사용되었다. 이러한 문자 시스템은 인도에서 필리핀으로 직접 온 것은 아니지만, 지역에 널리 확산되었다. 따라서 시암 문자는 앙코르의 모델을 따랐지만, 바이바이인은 보르네오와 술라웨시를 거쳐 필리핀에 도달했다. 중국 문자의 사용은 동남아시아 대륙부의 문화가 중국화하는 결과를 초래했다. 특히 베트남에서 중국 문자는 여기서 논의되는 시기를 훨씬 넘어서까지 가장 널리 확산된 문자였다.

무슬림 상인들은 아랍어를 동남아시아에 들여왔다. 아랍어는 이슬람이 도입된 이후 이 새로운 종교의 내용과 기본 교리를 확산시키는 데 사용되었다. 16세기 이후로는 이슬람 교재들이 말레이어로 집필되었다. 이미 인도에서 들여온 문헌들이 있었지만, 이슬람의 개념과 사상을 표현하는 데는 아랍어가 더 적합해 보였다. 그런데 이때 아랍어는 말레이어가 갖고 있는 발음상의 특성에 적합하게 변형되었다. 그 결과 자위Jawi로 알려진 독자적인 문자가 탄생했다. 자와 지역Bilad al-Jawa은 아랍어에서 말레이인들이 사는 지역을 뜻했으며, 자와 또는 자위는 그곳에 사는 사람들을 의미했다. 자위어는 종교적 문헌을 작성하는 데만 기여한 것이 아니었다. 공식적인 연대기나 대중문학도 자위어로 쓰였다. 아체어, 자와어, 순다어, 부기어 등도 마찬가지로 자위 문자로 종이에 표기될 수 있었다.[121] 이 문자는 동쪽으로 필리핀에 이르기까지 영향을 미쳤는데, 자위 문자는 무슬림이 강한 필리핀 남부 지방에서 무엇보다 종교적인 문서 혹은 법적인 문서를 작성하는 데 사용되었다.[122]

동남아시아 도서부에서는 유럽인들이 들어온 이후 포르투갈어가 말레이어와 함께 경제 영역의 링구아 프랑카로 발전해 여기저기에 흩어져 있는 포르투갈령 인도의 거점들을 넘어서는 지역에까지 사용되었다. 에스파냐어, 네덜란드어, 프랑스어, 영어 등 유럽 식민주의의 다른 언어들과 마찬가지로 포르투갈어는 많은 외래어를 지역 언어에 유입시켰다. 그 밖에도 유럽의 언어들을 점점 많이 사용하다 보니 라틴어의 알파벳이 확산되어, 라틴어 알파벳은 수마트라와 이스터섬 사이의 지역에서 가장 중요한 언어 체계가 되었다.

필리핀에서 활동한 에스파냐 선교사들은 처음에는 바이바이인어를 갖고 실험을 했는데, 머지않아 오직 라틴어에만 의지하게 되었다.[123] 네덜란드 동인도회사가 활동하는 영역에서는 프로테스탄트 성직자들이 17세기 초 이후로 설교나 교리 문답서 혹은 『성경』을 라틴 알파벳을 사용한 말레이어로 작성하기 시작했다.[124] 말레이어를 아랍어로 작성하려는 네덜란드 성직자들도 일부 있었지만, 이런 방식은 장기적으로는 관철되지 못했다.

오세아니아, 뉴질랜드, 오스트레일리아, 필리핀, 인도네시아, 말레이시아에서 라틴어 알파벳이 확산된 것은 식민지 시대에 존재했던 문화적 헤게모니가 가져다준 결과였다. 이와 대조적으로 베트남은 거의 자발적으로 문자 시스템을 바꾸었다. 이곳에는 13세기까지 표어문자인 한자만 확산되어 있었다. 그러다가 독자적인 문자인 쯔놈字喃 문자가 개발되었는데, 가톨릭 선교사들은 결국 라틴어 알파벳을 토대로 해서 수많은 방언을 포함한 표음문자 시스템을 만들어 냈다. 여기에서 1945년에 공식적인 베트남어 알파벳으로 알려진 꾸옥응으國語가 만들어졌다.

3 동남아시아의 대륙부와 도서부

동남아시아 대륙부에서 제국이 형성되어 가는 과정의 역사는 일련의 상이한 요인이 결정했다. 우선 외적인 요소들, 특히 인도와 중국에서 오는 영향을 파악하고 수용하며 토착화하는 현지인들의 정치적·문화적 역동성을 들 수 있다.[125] 동남아시아 대륙부의 서부 지역과 중부 지역에서는 처음에는 힌두교에서, 그리고 나중에는 무엇보다 불교에서 온 영향이 이 지역에서 태동한 제국들에 정신적·문화적 기반을 제공해 주고 안정적인 행정 구조를 구축하는 데 기여했다. 시간이 흐르면서 불교가 힌두교를 밀어냈지만, 힌두교는 흔적을 남겼다. 비슈누의 화신으로 일컬어지는 라마Rama 왕이 통치했던 인도의 도시 아요디아는 시암 왕국의 수도 아유타야에서 그 이름이 다시 발견된다. 게다가 시암 왕조는 권력을 정당화해 주는 힌두교의 전통을 이어받기 위해 '라마'라는 별명까지 사용했다.

동남아시아 대륙부에서 제국이 형성되는 데 가장 핵심적인 기능을 했던 요인은 특별한 관개 기술과 경작법이 필요했던 습식 벼농사, 그리고 생산된 쌀의 초지역적인 거래였다. 이것들이 지역에 국가가 건설되게 만든 경제적 요인들이다. 문화의 전이가 가능해졌고, 늘어난 인구를 부양할 수 있게 되었으며, 농업과 상업이 활발해지면서 세금 징수가 용이해졌다.[126]

불교 왕국들

기원후 초기에 동남아시아에는 소규모 촌락공동체가 유일한 정치적 조직 형태였다. 그런데 그중 일부는 팽창적인 역동성을 발휘했다. 떠오르는 토착 집단과 제후들은 외부, 특히 인도에서 오는 영향력 안에서 자신들의 영향력이 미치는 영역을 확대하고 공고화하며 거기에 지적 토대를 제공할 기회를 모색했다. 상인들은 적절한 정보를 확산시켰으며, 떠오르는 통치자의 초대로 이곳에 온 브라만과 불교 승려들은 믿음을 전파해 주었을 뿐 아니라 인도에서 온 정치적 통치술과 조직 형태도 전달해 주었다. 그들은 왕의 자문관이자 왕자를 가르치는 교사가 되었다. 게다가 그들은 문자를 소개하는 등 일련의 문화도 전달해 주었다.

이런 방식으로 기원후 첫 1000년간의 후반부에 동남아시아 대륙부의 비옥한 계곡과 평원에서는 일련의 거대한 정치 공동체가 등장했다. 그들의 수장은 산스크리트어에서 호칭을 가져와서 이제 자기를 가려켜 라자raja로 칭했다. 처음에는 힌두교가 제국의 방향 설정을 도왔는데, 나중에는 불교가 다양한 형식으로 자리를 잡고 결국 상좌부 불교의 형태로 지역 전체에 정착했다. 지역마다 상이한 자연종교가 새로운 종교에 흡수되었기 때문에, 동남아시아에서 상좌부 불교의 양상은 제국마다 차이를 보였다. 하지만 많은 차이점에도 불구하고 존재하는 한 가지 공통점은 그들이 가진 느슨한 구조였다. 라자는 단지 핵심 지역만 직접 통치했다. 라자는 조공 제도를 통해 자국이 정복한 제후들의 충성을 확인했으며, 그 제후들은 필요한 경우 라자에게 군대를 제공했다. 그렇지만 그들은 잠재적인 경쟁자로서 언제든 라자의 권력에 도전할 수 있었다. 올리버 윌리엄 울터스O. W. Wolters는 이러한 체제를 만다라 제국으로 칭했다. 제후들은 만다라처럼 중심에 있는 한 지도자의 주변에 원을 그리면서 다양한 수준에서 그 지도자에게 종속되어 집단을 형성했다. 그런데 이러한 체제의 운명은 전적으로 이 체제에 참여한 개인들에게 달려 있었기 때문에 전체적으로 대단히 불안정했다.[127] 따라서 지속적이고 강고하면서 지역적으로 더 확장된 구조를 만들려면 중앙집권화된 행정조직, 농업과 상업에서 나오는 수입에 대한 효과적인 장악, 통치자를 뒷받침하는 종교가 필요했다. 이런 식의 발전은 9세기 캄보디아의 앙코르에서 시작되었으며, 한 세기 후에는 버마의 파간에서 일어났다. 통치자들은 자기들이 신이라고 주장했으며, 기념비적인 신전 건축 등을 통해 자기들의 신성한 지위를 과시했다. 이전에는 산비탈이나 산 정상과 같은 신성한 장소에 있던 불교 사원이나 수도원들이 이제 정치적 중심지나 그 근처에 설립되었다. 종교 기관의 관계망이 왕국 전체에 걸쳐 형성되었으며, 이는 수도와 수도에 있는 왕을 향해 정렬되었다. 물론 주민들은 대형 건축 사업으로 인해 부과된 과중한 부담 때문에 고통을 겪었다. 하지만 전체적으로 정치적 통제라는 관점에서 보면 국왕이 행사했던 구심력은 이전에 있던, 선천적으로 더욱 불안정했던 소왕국들의 원심적 권력을 효과적으로 대체했다.

그런데도 통치자는 정복을 통해 확장한 대제국에 안정적인 내적 구조를 부여하는 데는 충분히 성공하지 못했다. 중앙 행정 기구는 주변부를 피상적으로만 통제할 수 있었다. 제압된 권력자들은 잠재적인 경쟁자로 남았다. 먼 변방의 통치를 위임받은 지배 왕조의 친족들조차 거듭해 독자적인 권력을 구축하려는 야망을 갖고 있었다.

그런데 다양한 사료들이 이들 제국에 관해 보여 주는 이미지나 역사학에서 오랫동안 수용되어 온 이미지는 이렇게 불안정한 정치 현실과는 뚜렷하게 대조적인 모습을 보인다. 비문 속에서는 통치자들이 대왕, 즉 마하라자로서, 혹은 심지어 안정된 제국을 이끄는 세계의 지배자로 묘사되어 있다. 중국은 동남아시아를 그들이 통치하는 영역의 일부로 바라보았으며, 중국의 연보에는 이들 불교 제국에서 파견된 대표들을 크고 강력한 국가들에서 온 조공 사절단으로 표현했다. 이처럼 과거의 연구는 단순한 약탈 원정을 합병으로 곡해하고, 느슨한 종속 관계를 계서제 방식으로 촘촘하게 조직된 지방과 구역의 체제로 파악하는 잘못을 자주 저질러 왔다.[128]

내적 취약점에 외부로부터 오는 도전이 겹치면서, 이러한 상황은 13세기 말에 앙코르와 파간 왕국을 절체절명의 위기에 빠뜨렸다. 몽골족은 중국에 새로운 왕조(원)를 수립하고 관례적인 조공 관계를 직접 통치로 전환하려고 시도했다. 그러자 샨족, 타이족, 라오족 등은 중국의 운남성과 광서성에서 인접한 동남아시아로 이주했다. 그 결과 근본적인 정치적 변화가 발생해 옛 지배 관계는 종식되었다.

그러나 새 통치자들은 그들이 새로운 점령지에서 마주한 문화, 다시 말해 이미 그곳에 존재하던 인도식 문화를 그대로 수용하고 유지했다. 그들은 통치 구조를 계속 중앙집권화하고, 병력을 더욱 강력하게 조직하며, 세금을 더 효과적으로 징수하고, 교통로를 개선하려고 노력했다. 통치자들은 그들의 후계 문제를 질서 있게 규정하고 갈등 없이 권력을 승계하게 하는 데 실패했다. 특히 왕권 후계자들 사이의 경쟁은 제국을 계속 심각하게 약화시켰다. 동남아시아 대륙부의 역사에서 또 하나의 상수는 인접한 왕국들 사이의 지속적인 갈등이었다. 리버먼은 이 책이 다루는 시기에 동남아시아 대륙부의 여러 지역에서 거의 동시에 이루어진 여러 차례의 발전과 실패를 구별했다. 14세기에는 전반적인 위기에 뒤이어 내륙의 주도적인 왕국들이 팽창하는 시기가 있었으며, 이러한 팽창기는 16세기 후반에야 종식되었다. 17세기에 추진된 개혁은 전 지역에서 전반적인 안정기를 이루었으며, 이는 1750년을 전후해 불안정한 발전이 다시 수면에 떠오를 때까지 계속되었다.[129]

오늘날 버마에 있는 파간은 1287년에 몽골의 공격에 무릎을 꿇었다. 이 도시는 당시에 면적이 25평방킬로미터인 넓은 대지에 펼쳐 있었으며, 도시 안에는 2500개 이상의 불교 수도원과 스투파[17] 사원, 기타 건축물이 있었다.[130] 이 도시는 정치 중심지로 계속 존속했지만, 나라는 북부와 남부로 분열되었다. 버마 북부에는 14세기 중반에 새로운 제국이 수립되었는데, 그 수도는 처음에는 따웅우(퉁구)에, 나중에는 아바에 있었다. 제국은 자치를 추구하는 지역 맹수들의 공격, 버마 남부와의 군사적 분쟁, 운남, 시암, 라오스와의 국경 지방에서 온 샨족들의 공격을 진압해야 했다. 수도 아바는 1527년에 샨족 연합이 정복했고, 버마인 엘리트들이 도시를 탈출하자 따웅우는 다시 버마 북부의 중심이 되었다.

남부 버마는 페구에 수도를 둔 몬족이 통치했다. 그들은 시암에 맞서 자

——17 불교 사원에서 볼 수 있는 위쪽이 뾰족한 탑으로, 탑파 또는 파고다의 기원이기도 하다.

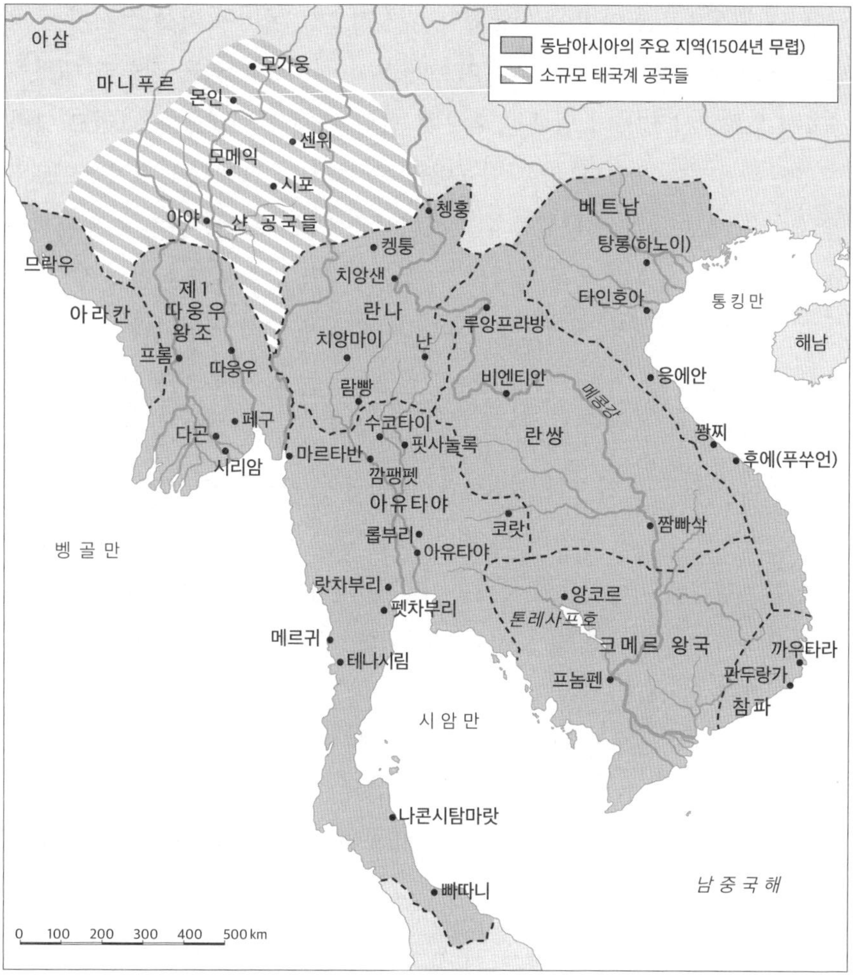

—— 16세기 중반, 동남아시아 대륙부의 왕국들.

기들을 방어해야 했으며, 장기간에 걸친 북부와의 갈등을 극복해야 했다. 그러나 페구는 1539년 따웅우에서 온 군대가 정복했다. 따웅우 왕조의 떠빈슈웨티Tabinshwehti 왕과 그의 아들 바인나웅Bayinnaung 왕자는 나라를 통일했을 뿐 아니라 대규모로 확장했다. 16세기 말에 버마 군대는 운남성을 침략했으며, 라오스의 수도 비엔티안(위앙짠)과 아유타야를 정복했다. 그 결과 제국은 시암 중부 지역에 이르기까지 팽창했다. 버마 남부의 왕은 부분적으로는 페구에, 부분적으로는 아바에 머물렀다. 일시적으로 국력이 약했던 시기를 지난 후에 아나욱펫룬Anaukpetlun과 따룬Thalun이 철저한 개혁을 시행해 내정을 공고하게 하면서 17세기 말에는 외부를 향한 팽창을 재개했다. 그리고 아바는 유일한 수도가 되었다. 왕은 법규범을 문서화하고 판례집을 편찬함으로써 법 제도를 새로 정비했다. 일종의 토지대장을 통해 토지에 대한 소유관계를 파악했고, 인구조사를 통해 부역을 조직하고 세금 징수를 용이하게 했다. 또한 국가권력을 종교적·지적으로 강화하기 위해 종교적 기념비의 건축 프로그램이나 스리랑카로부터 부처의 사리를 수입하는 일 등을 기획했다. 버마는 17세기 후반부터 중국의 연쇄적인 침략 때문에 고통을 겪었다. 1752년에 버마 남부의 반란군이 아바를 점령했을 때 따웅우 왕조는 종식되었다. 하지만 새로운 왕조가 신속히 구성되었으며, 이들은 1755년에 랑군을 새로운 수도로 삼았다. 재발견된 버마인들의 국력은 또다시 팽창 정책으로 이어져서 1767년에 아유타야를 공격하고 그 도시를 파괴했다. 하지만 그들은 시암에 대한 정복을 장기간 유지하는 데는 실패했다.

캄보디아에서 9세기부터 존재하던 대크메르 제국은 12세기와 13세기에 그 권력의 정점에 있었다.[131] 제국은 동남아시아 대륙부의 많은 부분을 장악했으며, 보로부두르에 있는 사원을 건축하게 한 자와의 샤일렌드라 왕조와 문화적 접촉을 지속했다. 고고학자들이 도시를 발굴한 결과, 지금까지 남아 있는 건축물들의 규모와 구조를 볼 때 당시 크메르 제국의 수도에는 50만 명 이상의 주민이 거주했을 것으로 추정한다. 그들은 기술적으로 고도로 발전된 관개 시스템을 광대한 면적에 적용했기 때문에 이 정도로 막대한 규모의 주민들을 먹여 살릴 만큼 충분한 양의 쌀을 생산할 수 있었던 것으로 보인다.[132]

크메르 제국은 위계질서로 조직화된 사원 관계망으로 펼쳐져 있었다. 가장 상위에는 수도에 제국 사원이 있었고, 이 사원은 왕족에 속하는 구성원들이 이끌었다. 지방에 있던 모든 사원은 이 사원의 하위에 조직되어 있었다. 잘 조직된 도로망이 사원들 사이의 소통을 원활하게 해 주었으며, 이와 연계해 공무원이나 순례자들을 위한 숙박 시설도 잘 갖추어져 있었다. 중앙집권화된 종교적·행정적 구조는 국가의 통치자가 그들의 영역을 통치하고 세금이나 기타 비용을 징수하는 것을 더욱 쉽게 만들어 주었다. 앙코르의 왕들은 신으로 숭배되었다. 예를 들어 자야바르만 7세Jayavarman VII는 1200년 무렵에 앙코르에 있는 사원의 한 탑에 새겨진 거대한 관음보살상에 자신의 형상을 새겨 넣게 해 자신을 불멸의 존재로 만들었다. 이런 위치에서 관음보살은 사방으로 속세의 관찰자들을 내려다볼 수 있었다. 이 사원에는 각 지방의 신들을 표현하는 상징들도 있었는데, 이는 지방 권력이 중앙 권력에 통합되고 종속된다는 의미를 포함했다. 그 대신에 자야바르만 7세는 부처의 형상 안에 자신을 그려 넣은 조각상들을 왕국의 전역에 보내 주었다. 오랜 세월 크메르의 국왕들이 브라만의 의식에 집착하는 동안에 백성들 사이에서는 이미 상좌부 불교가 확산되고 있었다. 하지만 사실은 이미 이 책에서 다루는 시기 이전에 왕가 역시 이 불교의 학파로 방향을 전환했다.[133]

13세기 말에 크메르에 대한 몽골의 공격은 국가를 치명적으로 약화시켰으며, 인접한 제국들은 이 기회를 이용했다. 무엇보다 시암의 공격과 정복 때문에 캄보디아는 지배하던 넓은 영토를 잃고 오늘날과 같은 규모로 축소되었다. 1432년에 시암의 군대는 앙코르를 점령했고 왕과 지배 엘리트들은 도주했다. 이제 프놈펜이 새로운 수도가 되었다. 크메르 제국은 15세기에서 18세기까지 베트남의 남진으로 또다시 축소되었다.

8세기 이후로 운남성에서 동남아시아 대륙부로 이주해 온 타이족들은[134] 1283년에 시암의 북부에 란나 왕국[135]과 수코타이 제국을 세웠다. 수코타이는 본래 앙코르 제국의 지방 도시였는데 점차 자립하는 데 성공했으며 크메르인들이 발전시켰던 통치 기술로부터 혜택을 보았다. 수코타이는 앙코르의 영향력이 약화되는 것뿐 아니라 파간의 정치적 중요성이 하락하는 것을 잘 활용해 자신들의 입지를 강화할 수 있었다. 하지만 다른 타이 왕국들과의 경쟁은 만만치 않았다. 몽골의 압박으로 인해 이들은 일시적으로 연합할 수밖에 없었지만, 이러한 일시적 화해 상황은 14세기 초에 막을 내렸다.

더 남쪽에 위치한 아유타야 왕국이 이제 시암의 새로운 핵심 세력으로 대두했다. 아유타야 왕국은 농업 자원에 대한 그들의 입지를 공고히 했을 뿐 아니라 바다에 가까운 지리적 위치 덕분에 초지역적인 원거리 무역에도 가담할 수 있었다.[136] 아유타야는 1438년에 수코타이를 성공적으로 정복하고 국가의 새로운 정치적·문화적 중심이 되었다. 막강한 군대와 함대의 힘을 동원해 아유타야는 세력권을 확장했는데, 란나를 밀어내고 앙코르를 정복했으며 끄라 지협의 서쪽 지방에 정착했다. 그렇게 되자 벵골만에서 무역 활동을 전개하고 스리랑카와 교류하는 것, 그리고 그곳의 광산에서 생산되는, 군사기술상으로 중요한 원료인 주석을 얻기가 용이해졌다.

아유타야 왕국은 문화적으로 크메르 제국을 따랐다. 궁정의 의식과 건축, 특히 신적인 군주라는 개념은 크메르 제국에서 차용한 것이었다. 동남아시아 대륙부의 다른 제국들과 마찬가지로 시암의 왕들은 개인적인 충성과 조공 관계라는 기반 위에 자신의 권력을 수립했다. 통치자는 처음에는 친척 등에게 지방의 행정을 위탁했다가, 나중에는 이를 중앙집권화해 군사 영역과 민간 영역의 두 부분으로 구성된 관료 기구를 구축했다. 이러한 두 분야의 행정 기구는 한 사람의 장관이 이끌었으며, 내부에서는 업무 내용과 지역적 특성에 따르는 다양한 관할 구역으로 구분되었다. 왕은 장관직을 국가에 아직 사회적으로 뿌리내리지 못한 외국인들, 즉 중국인이나 페르시아인, 유럽인들에게도 기꺼이 하사했다. 위계질서로 구축된 사회의 정점에는 왕이 있었으며, 왕은 최고 재판관이었을 뿐 아니라 모든 국토가 그에게 속했고, 나아가 대외무역도 통제했다. 왕은 백성들에게 충분한 식량과 물을 공급하기 위해 곡식을 저장하고 운송하는 교역망을 운영했으며 관개시설을 유지했다. 이를 위해 정기적으로 남자들을 작업에 투입했고, 이러한 부역을 시행하기 위해 독자적인 기구를 운영했다. 또한 왕은 조세제도를 위한 책임도 짊어졌다.

계속해서 불붙었던 버마와의 갈등은 시암의 역사에서 한복판을 기로지르는 붉은 선과 같다. 1567년에 시암은 버마의 공격으로 심각한 패배를 겪었지만, 이로부터 신속하게 회복했다. 하지만 아유타야는 이로부터 200년이 지난 1767년에 버마의 공격에 또다시 무릎을 꿇었다. 수도는 완전히 파괴되었으며, 방콕 근처에 시암의 새로운 수도가 건설되었다. 아유타야는 신속히 옛 영광을 회복했다. 이 책에서 다루는 시기가 끝날 무렵인 1781년에 시암은 라마 1세Rama I 치하에서 최전성기에 도달했다.

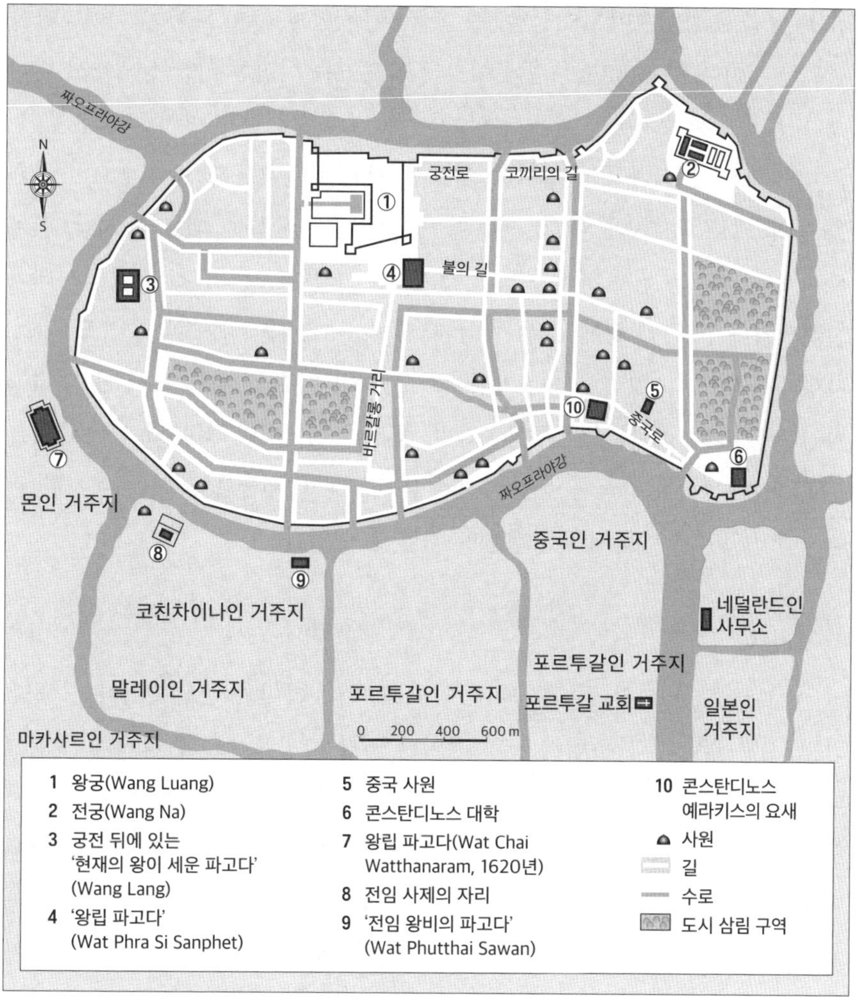

——— 1687년, 시암의 수도 아유타야.

오늘날의 라오스 지역에서 14세기 이후로 가장 중요한 제국은 이른바 100만 마리 코끼리의 나라, 란쌍이었다. 앙코르에서 양육되고 그곳에서 문화적으로 성장한 파응움Fa Ngum 왕자는 1363년에 제국을 건설했으며, 그를 통해 상좌부 불교가 확산되었다. 15세기 초에 란쌍은 중국에 맞서는 베트남의 투쟁을 지원했다. 그러나 노선을 변경한 이후 란쌍은 베트남의 공격 목표가 되었으며, 수도였던 루앙프라방은 외세의 지배를 받게 되었다. 다시 말해 버마가 란쌍을 침공했으며, 1584년에는 제국의 두 번째 주요 도시인 비엔티안을 정복한 것이다.[137] 1600년 무렵에 이르러 라오스는 이러한 억압 상태에서 벗어났다. 17세기에 통치했던 왕들(보라웡사 2세Voravongsa II, 술리냐웡사Sourigna Vongsa)은 그들의 이웃 국가들과 정치적·외교적·경제적 관계를 잘 유지했으며 결혼을 통해 이를 공고하게 했다. 그들은 이러한 방식을 통해 베트남, 시암, 버마 사이에 자유로운 완충지대를 만들어 냈고, 이러한 노력의 결과 황금시대가 전개되었다. 제국의 경제적 부는 금과 상아, (딱정벌레에게서 얻는) 셸락shellac, 사향에서 나왔다. 그러나 솔링가봉가가 사망한 이후에 제국은 세 개의 경쟁적인 왕국으로, 즉 북부의 루앙프라방, 중부의 비엔티안, 남부의 짬빠삭으로 분열되었다. 이 세 왕국은 동남아시아 대륙부의 대제국들 사이에 위치한 완충지대에 있었기 때문에 독립성을 유지할 수 있었다.[138]

베트남

베트남은 불교 왕국이던 파간, 앙코르, 아유타야가 동남아시아의 중앙, 남부, 서부에서 각각 수행한 것과 동일한 역할을 동부에서 훌륭하게 수행했다. 이 책에서 다루는 시기의 초기에 베트남은 오늘날 베트남이 차지하는 지역의 북쪽 외곽에 해당되는 지역만을 장악하고 있었다. 중국으로부터 받은 지대한 영향, 정치적으로 베트남을 지배하려는 강력한 인접 국가들의 빈번한 시도뿐 아니라 독립을 쟁취하려는 끊임없는 투쟁, 그리고 궁극적으로 17세기에 메콩강 삼각주에 도달함으로써 비로소 멈춘 남쪽을 향한 팽창 등은 베트남의 역사를 형성하는 데 결정적인 역할을 한 요인들이다.[139]

대략 기원전 100년 무렵부터 1000년이 넘는 기간을 베트남은 중국의 지배를 받았다. 그러다가 10세기에 독립을 쟁취했다. 이로부터 300년 후에는 몽골인들이 베트남의 동부 국경을 향해 공격해 왔지만, 베트남은 이를 격퇴할 수 있었다. 명 왕조에 이르러 중국은 또다시 베트남을 정복하려고 했지만, 이 마지막 시도 역시 실패로 끝났다. 이러한 지속적인 갈등에도 불구하고 중국은 베트남의 문화 영역에 지대한 영향을 미쳤다. 정치 지도자들은 유교 사상을 정치 패러다임에 활용하는 중국 모델을 추종했으며, 북쪽의 강력한 이웃인 중국이 유교 철학과의 밀접한 연관성을 두고 개발했던 시험제도를 도입해 국가 관리를 채용했다. 중국 문자가 불교를 따라 베트남에 유입되었는데, 이 불교는 동남아시아 기타 지역과 달리 상좌부 불교가 아니라 유교적 요소와 도교적 요소가 가미되면서 고도로 중국화된 형식의 불교였다.

물론 사회생활에서는 중국의 영향이 다양하게 반영되었다. 유교의 가르침과 실천은 무엇보다 베트남 사회의 상층 엘리트들에게 지대한 영향을 미쳤다. 그 밖에 중국의 문화는 심도 있게 수용되었지만, 지역 상황에 맞게 변형되는 형태로 토착화되었다. 따라서 지역에서는 중국식으로 변형된 불교가 유입된 후에도 지역신에 대한 숭배가 지속되었으며, 토착화된 불교 안에서는 인도의 영향도 파악할 수 있었다. 베트남이 북쪽의 본거지에서 남쪽으로 팽창하면서 베트남화된 중국 문화도 함께 확산되었다.

베트남은 중국 문화에 거리 두기를 시도하고 문화적 독자성을 지키고자 했는데, 베트남에 채택되고 전국에 확산되었던 다양한 문자 체계가 바로 그 의지의 표현이었다. 중국 문자 옆에 독자적으로 개발된 베트남 문자를 병기하자 기독교 선교사들은 라틴 알파벳을 사용하라고 부추겼는데, 이러한 변화는 민족주의적 정서를 갖고 있던 베트남인들이 돌파구를 찾게 해 주었다.

1427년에 레러이는 명 왕조의 군대를 격퇴하고 레 왕조를 수립했는데, 이들은 적어도 명목상으로는 18세기 말까지 베트남을 통치했다. 중국과의 갈등에서 얻은 성공은 이 땅을 정치적으로 강화했다. 베트남은 경제적으로도 번영해 남쪽을 향해 팽창하려는 활력을 보여 주었다. 남진하는 팽창기에 최초로 만난 적이 기원후 3세기 이래로 이미 그곳에 정착해 있던 참파 왕국이었다. 그 주민들은 종교적으로나 문화적으로 베트남인들과 달랐을 뿐 아니라 민족적으로나 언어적으로도 차이가 있었다. 첫째, 참파 왕국에서는 인도의 영향이 매우 강하게 작동했으며, 둘째, 이슬람도 일찌감치 자리를 잡았다. 참파는 심지어 명 왕조에 조공 사절단을 파견해 중국을 동맹국으로 확보하려고 시도했지만, 베트남이 승리했다. 게다가 13세기 후반에 일어난 몽골의 침략은 참파를 크게 약화해 참파는 더는 베트남에 맞설 상대가 되지 못했다. 참족은 동화되고 베트남 제국으로 흡수되었다.

하지만 이로써 남쪽으로 진출하고자 하는 베트남인들의 열정이 식은 것은 결코 아니어서, 1479년에는 라오스와 시암 북부가 베트남의 공격을 받았다. 하지만 내부에서 발생한 갈등 때문에 일단 더 이상의 정복 원정은 중단되었다. 왜냐하면 베트남은 정치적으로 매우 이질적인 집단들로 구성되어 있어, 다양한 지역과 지역 권력자들이 서로 갈등을 겪는 상태에 있었다. 공식적으로는 레 왕가가 최고 권력을 장악하고 있었지만, 왕가 내부에서 두 개의 강력한 족벌이 국가의 실질적인 통치권을 둘러싸고 경쟁하고 있었다. 북부에 권력 기반을 갖고 있던 찐 가문과 남부를 장악하던 응우옌 가문이었다. 응우옌 가문은 항구도시인 호이안을 국제무역의 거점으로 만듦으로써 이미 참파에서 시작되었던 발전이 지속되게 했다. 중국과 인접한 북부 지방에서는 중국화하는 경향이 강했다. 그곳에서는 1593년에 하노이가 수도가 되었다. 반면에 남부 지방에서는 중국의 영향이 토착화되는 경향이 강했으며, 참파로부터 내려온 전통이 맥을 이어 갔다. 응우옌 가문은 1659년에 캄보디아의 심장부로 진격해 크메르 제국의 일부를 합병했다. 나아가 남진 정책을 계속해 메콩강 삼각주 지역까지 차지했다. 호이안에 대단히 중요한 의미를 지녔던 일본과의 거래 계약이 1630년에 파기되고 항구가 모래로 막히자, 응우옌 가문은 수도를 1687년에 후에로 옮기고 다낭을 원거리 무역의 새로운 관문으로 건설했다. 응우옌 가문은 이제 공식적으로 레 왕조의 지배에서 벗어나 독립했다. 레 왕조는 북부에서 발생한 반란을 진압하고 18세기 말에는 중국의 침공도 막아 냈으나, 결국 프랑스의 지원을 받아 남쪽으로부터 공격을 감행한 응우옌 왕조에 무릎을 꿇었다. 1802년에는 후에를 수도로 하는 통일된 베트남 제국이 선포되었다.[140]

동남아시아 대륙부에서 '초보적 수준의 국가'에 속했던 민족들

불교 왕국들과 베트남 제국의 주변에는 수렵이나 채집으로 연명하며 원시림 지역에서 유목민처럼 생활하던 부족이나 정착 생활을 하지만 화전을 통해 자급자족하던 부족들이 있었다. 어떠한 경우든지 이들은 가까운 중심지나 그곳을 장악하고 있던 지배 엘리트들의 통제 밖에 있었다. 그들의 활동 영역은 대륙부의 산악 지대였다. 지리적 위치는 그들을 외부로부터 고립된 상태에 놓이게 했으며, 그 결과 언어와 문화에서 현저한 차이를 초래했다. 그런데도 문화적 공통점도 발견되어 빌럼 판스헨덜Willem van Schendel은 그들이 거주하고 있던 지역을 포괄하는 용어인 조미아Zomia를 만들어 냈다. 조미아는 몇몇 티베트버마어에서 고지대를 뜻하는 용어였다.[141] 조미아는 시암과 버마의 경계를 이루는 남부 산악 지방에서 시작해, 캄보디아 북부, 베트남 서부, 라오스와 버마의 넓은 영역을 포괄하고, 나아가 중국과 인도 방향으로 확산되었다. 초보적 수준의 국가를 형성했던 이 부족들은 정치적 국경의 이편과 저편 모두에 속해 있었으며, 동남아시아 대륙부의 내부에 속하기도 하고 외부에 있기도 했다. 카렌족, 아카족, 몽족, 야오족은 오늘날에도 버마, 시암, 라오스 또는 베트남에 거주할 뿐 아니라, 그들이 이주해 오기 전에 한때 거주했던 인접 지역인 중국에서도 살고 있다. 나가족과 찬족은 버마와 인도 사이 국경의 양쪽 모두에 거주하고 있다.

동남아시아 대륙부의 해안과 평야, 거대한 계곡 지역에서 진행된 정치적·경제적·문화적 발전은 조미아에는 도달하지 못했다. 그곳에 살던 주민들은 단지 주어진 자연환경에 적응했다. 그렇다고 해서 그들이 혁신에 전혀 반응을 보이지 않은 것은 아니었다. 예를 들어 옥수수와 같은 신대륙의 농작물은 기꺼이 이곳에 유입되어 그들의 들판에서 자랐다. 하지만 습식 농법은 계곡 지방에만 제한되어 쓰였다. 불교와 산스크리트어, 유교와 중국어도 결코 조미아에 들어오지 못했다. 사회적 위계질서는 뚜렷하게 형성되지 않았으며, 주민들은 애니미즘적 종교관에 집착했다. 그래서 그들은 동물이나 식물의 형상을 가진 수많은 자연신을 신봉했다.

조미아는 매우 외딴 지역에 위치해 있었기 때문에 일상적이던 높은 세금, 부역 또는 기타 제재, 의무와 규범에서 벗어나고자 하는 저지대 여러 나라의 보통 사람들에게 도피처가 되었다.[142] 고지대에 살던 민족들의 기원은 고지대에서 살다가 제국이 팽창하면서 외지고 접근이 어려운 지역으로 밀려났던 옛 주민들에게서 부분적으로 찾을 수 있을 뿐이다. 그들에게는 이 고지대 지역이 자유와 자치를 많이 허용하는 것이 매력적이었으므로 산악 지대는 저항 세력의 터전이 되었고, 오늘날도 그렇다는 사실은 우연히 발생한 것이 아니었다. 조미아를 야만적인 주변부로 바라보는 것은 저지대 대도시의 관점이다.

그런데도 골짜기와 산악 지방, 저지대와 고지대 사이 문화의 차이점은 버마, 시암, 라오스, 캄보디아, 베트남의 정치적·경제적·문화적 발전을 뚜렷하게 특징지었다. 평지에서는 잘 조직되고 중앙집권화된 제국이 등장한 반면에, 고지대에서는 수평적인 사회적 위계질서만을 가지고 자주 이동하는 산악파들의 거주 공간이 형성되었다. 이처럼 자연 공간과 문화 공간이라는 두 지역 사이에는 항상 상호 의존적인 적대 관계가 있었는데, 이는 동남아시아 대륙부의 역사적 발전을 규정하고 이를 연결해 주는 요소다.

동남아시아 대륙부의 디아스포라 집단

이와 마찬가지로 이 책에서 다루는 시기 동안에 국가의 지배가 잘 미치지 않았지만, 정치적·경제적 중심지에는 고지대 지역의 자연 부족들과 달리 주로 상인 공동체에서 출발했던 수많은 디아스포라 집단이 형성되었다. 자신들의 문화적 독자성을 유지하면서, 그리고 고향과 접촉하는 것을 잃지 않으면서, 동시에 여러 측면에서 대단한 적응력을 보이면서 그 구성원들은 항구도시와 왕도의 행정에서 중요한 지위를 차지했다. 동남아시아 대륙부의 경우 주로 중국인들이 여기에 해당하며, 그 밖에 일시적으로는 일본인들도 주목받는 역할을 수행했다.

중국인들은 단일한 집단을 형성하지는 않았다. 그들 가운데 다수는 복건성 출신과 광동성 출신이지만, 중국 남부에서 온 사람들도 있었다. 그들은 고급 만다린 중국어를 사용하지 않고 다양한 지역 방언으로 소통했다. 그들 가운데에는 한족뿐 아니라 하카족(객가客家)로 불리는 산악 부족의 구성원도 있었다. 디아스포라 공동체의 이질성은 그들이 정착한 지역마다 조건이 달랐으므로 점점 더 커졌다. 수 세기에 걸쳐 이주민들의 이주 동기, 사회적 구성, 수 등이 변했기 때문에 디아스포라 공동체를 형성하는 수많은 이질성은 계속 증가했다.

언제부터 중국인들이 동남아시아 대륙부에 정착하기 시작했는지는 확인할 수 없다. 어쨌든 그곳에 이주해 온 첫 중국인 집단은 불교 순례자들이었다. 그들의 뒤를 이어 시장에서 중국산 상품을 팔고 동남아시아산 상품이나 인도산 상품을 구매해 수출했던 상인들이 들어왔다. 무역풍의 자연적인 리듬에 따라, 그리고 정치적·경제적 접촉이 계속 유지되면서 이 상인들 가운데 일부가 정기적으로 동남아시아 항구도시에 거주하는 상황이 전개되었다. 다른 지역에서 온 외국인들과 마찬가지로, 그들은 이들 도시의 특정 지역에 자신들만의 거주 구역을 만들고 이를 자체적으로 관리하는 경향을 보였다.

상인들은 그들의 경제적 이해관계만 추구한 것이 아니라, 다양한 방식으로 지역 발전에 활기를 불어넣었다. 그들은 일련의 항구도시가 번영하는 데 기여했으며, 구매 활동을 통해 지역 경제의 활성화에도 기여했다. 그뿐만 아니라 중국으로부터 문화적·기술적 역량과 혁신 상황을 전달해 주었다.

명 왕조가 원거리 무역 활동을 중단했다는 사실도 디아스포라를 약화시키지 않았다. 중국 남부 해안의 많은 지역과 도시들은 동남아시아와의 무역이 매우 중요한 생활 기반이었기 때문에, 이제 무역 활동이 불법이 되었는데도 은밀하게 계속한 것이다. 이런 상황으로 인해 수많은 중국인이 동남아시아에 머물렀으며, 옛 고향과의 관계를 계속 유지했기 때문에 디아스포라는 계속 작동할 수 있었다. 1567년에 무역 금지 조치가 해제되자, 디아스포라는 새로운 활기를 되찾을 수 있었다.

동남아시아로 가서 행운을 거머쥐려는 중국인의 수는 증가했다. 지역 통치자 대부분은 그들의 상업 활동이 가져다주는 경제적 이점 때문에만 중국인들의 체류를 환영한 것이 아니다. 그들은 정치적 이유에서 토착 상인계급의 대두를 억제하려고 했다. 그 밖에도 중국인들은 지역에 사회적 지지 기반이 없었기 때문에, 중국인 디아스포라 구성원들에게 중요한 경제적 임무를 지닌 기구를 맡기는 것이 지역 권력자들에게는 매우 유익해 보일 수 있었다. 그래서 중국인들은 항만 관리소장, 세금 징수 청부인 또는 대부업자 등이 되었다. 그들이 지역 여성들과 결혼하는 일도 자주 일어나, 그들과 그 자녀들은 지역의 엘리트로 성장했다. 이러한 일은 시암과 베트남에서도 마찬가지로 일어났다.[143]

여러 지역에서 중국인들은 시간이 흐르면서 중국으로 수출하기 위해 필요한 상품이나 지역 도시의 시장에서 판매할 수 있는 상품들을 직접 생산하고 제조하기 시작했다. 나아가 그들은 후추와 사탕수수를 재배하고, 원시림에서 고급 원목을 벌목했으며, 주석 광산도 개발했다. 결과적으로 중국인들은 상인에서 사업가로 변신했다. 그들은 대농장 경영이나 광산을 위해 많은 노동력이 필요했는데, 노동 인력을 중국에서 모집했다. 19세기의 계약 노예노동 제도와 마찬가지로 이 노동 인력들은 중국에서 동남아시아로 오는 데 드는 교통비를 내지 않았다. 그 대신에 교통비를 내 준 사람을 위해 봉사했는데, 봉사하는 대가로 받아야 할 임금을 포기했으므로 결국에는 교통비를 낸 셈이었다.

16세기 이후로 유럽인들이 이 지역에 정착하기 시작하자, 중국인처럼 이주할 준비가 되어 있던 민족들에게는 새로운 고용 기회가 열렸다. 식민지 세력과 중국인 사업가들의 이해관계가 합쳐진 것이다. 농장과 광산의 생산은 강화되었으며, 점점 더 많은 중국인 노동력이 동남아시아로 모여들었다. 이들 이주자는 단지 무역이 제공해 주는 기회 때문에만 동남아시아로 온 것이 아니었다. 특히 19세기 이후로는 중국에서 나타난 가난과 전쟁 후유증이 이주의 물결을 추진한 동력이었다. 이전에 동남아시아 여러 나라의 도시에서 그랬던 것과 마찬가지로 중국인들은 서구 식민 제국의 치하에서도 민족적으로 구분된 구역에서 살았으며, 바로 그곳에서 근대적인 차이나타운이 형성되었다. 중국인들은 자신들의 내부 문제를 여전히 스스로 조정할 수 있었다. 중국인들의 대표자는 정치권력에 맞서 중국인들의 이해관계를 대변했으며, 이는 지도적인 인물들에게는 권력과 영향력의 증가를 의미했다. 그들은 과거에 지역 통치자를 위해 담당했던 것처럼 새로운 식민지 행정, 예를 들면 조세 영역에서도 중요한 임무를 떠맡았다.

개별 중국인 디아스포라 집단 사이에 존재하던 문화적 차이 때문에 서로 거리를 두는 공동체가 형성되었다. 그들은 각각 고향에 있는 조상들과의 상징적인 연결을 시도했으며, 그곳에서 한때 일상적이던 전통과 지역 방언을 계승했다. 동일한 성씨도 자신들이 고향과 지속적으로 연결되어 있다는 것을 상징하는 것이었다. 하지만 외국에 거주하는 중국인들은 한편으로는 자신들의 고향 지역에 따라 서로를 구별했지만, 다른 한편으로는 동남아시아의 외딴 지역과 그 경계 너머까지 이르는 촘촘한 관계망을 보유하고 있었다.

베트남, 라오스, 캄보디아, 시암 혹은 버마 등 동남아시아 대륙부에서는 어디서나 중국인 디아스포라들이 문화적으로 각각 현지 상황에 적응한 것을 관찰할 수 있다. 오랜 세월 동안 동남아시아로 들어온 것은 남성들뿐이었다. 그들은 현지 여성들과 관계를 맺고, 오래 머물 경우에는 그곳의 생활양식과 주어진 조건에 적응했다. 그곳에서 태어난 아이들에게는 이런 상황이 더 잘 적용된다. 예를 들어 시암에서는 그런 아이들을 룩진lukjin으로 불렀다. '이 땅에서 태어난 아이들'이라는 뜻이다. 그들은 특별세를 납부해야 했고 별도의 옷을 입어야 했지만, 부역 같은 여러 의무를 면제받기도 했다. 시간이 흐르면서 그들은 점차 시암화되어 시암의 이름을 사용하고 시암의 언어를 말하며 상좌부 불교를 믿고 어머니의 고향에서 통용되는 사회적 규범을 따랐다.

일본 상인들의 디아스포라는 베트남의 호이안과 시암의 수도 아유타야에 형성되었다. 이 공동체의 경제적 기반은 지역 시장에서 목재, 수지, 비단, 향신료를 거래하는 것이었다. 유럽인들과 마찬가지로 일본인들은 상품의 대가를 주로 은으로 지급했는데, 동남아시아에서 은의 값은 일본에서보다 훨씬 비쌌다. 17세기 초에 일본이 점차 중앙집권화되기 시작하자 막부는 대외무역을 장악하려고 시도했다. 그러나 1621년에 동남아시아를 상대로 하는 모든 해양 무역을 위한 접촉이 금지되었고, 이미 그곳에 체류하던 일본인들은 이제 더는 본국으로 귀향할 수 없었다. 그들은 다수가 기독교도였으며, 이제 난민으로서 망명 생활을 하게 되면서 점차 동남아시아의 문화에 동화되었다. 호이안에서 일본인 디아스포라가 겪은 이러한 변화는 이 도시가 이전에 갖고 있던 중요성을 잃게 되는 원인 가운데 하나였다.

디아스포라 공동체들은 주로 대도시에서 발전했다. 상이한 공동체들이 나란히 존재하는 경우가 많았기 때문에 이들 대도시는 다문화적인 모습을 지녔다. 특히 이러한 다문화 사회를 잘 보여 주는 전형적인 사례가 시암의 대도시 아유타야다. 그 전성기 때 아유타야는 제국의 정치적·경제적 중심지여서 많은 외국 상인 공동체가 거주하고 있었다. 17세기 중반의 아유타야에는 약 10만 명의 주민이 살고 있었다. 그중 다수는 이곳에 고향을 둔 시암인들이었으며, 그 밖에 마카사르족, 부기족, 말레이인 같은 동남아시아 도서부에서 온 이주민들, 다양한 국적을 가진 유럽인, 아르메니아인, 페르시아인, 인도인, 특히 일본인과 중국인들이 있었다. 17세기 전반에는 1000여 명의 일본인과 수천 명의 중국인이 아유타야에 살고 있었다. 어떤 왕들은 사무라이로 구성된 경호원들을 고용하기도 했지만, 우리는 그들이 늘 충성하지는 않았음을 알 수 있다. 중국인들은 주로 무역업에서 활동했으며, 아유타야를 거점으로 해서 말레이반도나 칼리만탄, 자와에까지 이르는 광범위한 사업망을 구축했다. 나아가 그들은 왕들에게 자금을 공급하는 역할도 수행했다. 그렇게 해서 영향력을 얻자 그들에게는 궁정의 요직이나 중앙 행정기관의 관료로 가는 길이 열렸다. 예를 들어 중국인 아버지와 시암인 어머니 사이에서 태어나 지역 귀족의 가정에 양자로 입양되었던 딱신Taksin 혹은 프라야 딱Phraya Tak은 특별한 경력을 쌓았다. 군인으로 경력을 쌓은 그는 아유타야를 정복하고 파괴했던 버마인들을 격퇴하는 데 성공했으며, 1767년에는 시암의 왕으로 등극했다.

동남아시아 대륙부에서 유럽의 영향과 식민주의의 시작

동남아시아의 도서부와는 달리 대륙부에는 유럽인들이 지속적으로 등장하지 않았다. 포르투갈인이나 에스파냐인들뿐 아니라 네덜란드,[144] 영국 또는 프랑스의 무역 회사들도 동남아시아 대륙부는 그들의 주요 관심 지역인 인도나 말레이 제도 사이에 있는 '중간 지역' 정도로 인식했다. 이 지역은 그들의 경제활동 영역의 주변에 놓여 있을 뿐이었다. 대륙부에는 몇몇 공장과 정착촌이 설립되었을 뿐이며, 아유타야는 그 가운데 특별히 중요한 곳이었다. 물론 유럽인들은 이 지역에 무기를 제작하는 기술을 전달해 주었으며, 그들 가운데에는 군인이나 포병, 대포 주조사 혹은 군사 자문관으로 지역 통치자에게 봉사했던 모험가들도 있었다. 이러한 상황은 지역 내 경쟁 구도에 엄청난 영향을 미쳤다. 이런 인물들 가운데 일부는 고위직에 오르기도 했다. 예를 들어 콘스탄틴 파울콘Constantine Phaulkon은 17세기 말에 시암 왕의 자문관이 되었으며,[145] 이보다 몇 세기 전에는 포르투갈인 필리프 드 브리투 이 니코트 Filipe de Brito e Nicote가 버마 남부에 자신의 소제국을 설립했다. 하지만 이 두 사람의 경력은 비극적으로 끝났다. 그 밖에 유럽의 영향을 들여온 주요 인물 가운데에는 다양한 수도회에 속하는 가톨릭 선교사들이 있었는데, 이들은 동남아시아 대륙부의 주요 도시들에 점점 더 많이 등장했다.

포르투갈령 인도는 그들의 경제적 이익을 추구하기 위해 버마에 공장들을 설립했다. 그리고 지역 제국들은 그들의 전투력을 증강하기 위해 포르투갈인 자문관이나 용병들을 고용했다. 네덜란드 동인도회사도 지역에 무역 거점을 설립하려고 애썼다.

아유타야도 유럽의 군사기술과 지식이 가져다주는 이점을 활용하려고 애썼다. 16세기 중반에 100여 명의 포르투갈 포병이 아유타야 방어전에 투입되었고, 시암은 경제적으로도 포르투갈과 맺은 관계를 유지했다. 그들은 무슬림 술탄국들과 긴장 관계에 있었기 때문에 두 나라는 공동의 전략적 이해관계를 갖고 있었다. 네덜란드 동인도회사는 나중에 끄라 지협을 따라 시암이 장악하고 있는 항구에 자기들의 대표부를 설치하는 데 관심을 보였다. 그러나 1613년 이후로 그들의 가장 중요한 무역 거점은 결국 아유타야에 있었다.[146] 영국 동인도회사는 네덜란드의 모델을 따라 아유타야에 지점을 세웠다. 1656년 이후로는 프랑스인들도 이곳에 등장했다. 그들도 마찬가지로 경제적 이익을 추구하면서 1664년에 아유타야를 그들의 동남아시아 선교 활동의 거점으로 삼았으며, 곧 정치 영역에서 지대한 영향력을 확보했다. 시암인들은 프랑스인들을 이미 궁정에서 중요한 지위에 올랐던 중국인들에 대한 균형추로 이용했다. 원래 그리스 출신이던 파울콘은 시암 궁정에서 특히 영향력 있는 지위에 올랐다. 프라클랑phraklang[18]으로서 그는 외국인들과의 교류에 관련된 사안을 관장했다. 파울콘은 자기 지위를 이용해 시암과 프랑스의 긴밀한 관계를 공고히 했다. 양국 사이의 합의에 법적 지위를 부여하기 위해 공식 조약의 초안을 작성하기도 했다. 그러나 이 조약이 프랑스에 많은 특권을 부여

—— 18 외교를 책임지는 장관에 해당하는 직위다.

한다는 사실이 드러나자 폭동이 일어났으며 파울콘은 처형되었다.

하지만 시암은 단순히 유럽이 권력 정치를 벌어는 대상으로만 머물지 않았다. 시암은 자기들의 입장에서 유럽인들의 등장으로부터 커다란 이득을 이끌어 냈다. 우리는 이미 유럽 군사기술의 도입에 관해 언급한 바 있지만, 유럽인이나 유럽에 대한 관심은 단순한 군사적 측면을 넘어서는 것이었다. 시암의 사절단은 일본, 중국, 인도, 페르시아뿐 아니라 프랑스와 네덜란드에도 파견되었다. 그러나 일본의 통치자들과 마찬가지로 시암의 통치자들 사이에는 유럽과 지나치게 긴밀한 관계를 맺는 것은 생산적인 기회를 주기도 하지만 결과적으로는 위험부담이 더 클 것이라는 확신이 커졌다.[147]

유럽 선교사들은 시암, 버마, 특히 베트남에서 활동을 펼쳤다. 처음에는 포르투갈 상인이나 용병들이 지역 통치자들에게 봉사하면서 개신교를 전파하는 첫 기회를 만들었다. 그러나 이 활동으로부터 선교가 성공적으로 이루어지지는 않았다. 선교사들은 이 지역에 진출한 유럽 국가들의 지원이 없이 활동해야 했기 때문에, 그들 스스로 현지에 적응하는 전략에서 벗어나지 않았다. 선교사들은 현지 사회에서 받아들여질 수 있는 영역을 찾기 위해 애썼으며, 토착 문화에 동화되고 현지인들의 전통 속에서 선교를 위한 접점을 찾으면서 기독교 신앙을 현지의 생활 세계 안에 서서히 뿌리내리게 하려고 노력했다. 동남아시아 대륙부에서 선교사들이 펼친 이러한 노력이 가장 돋보이는 사례는 베트남이다.

믈라카와 필리핀에서 온 선교사들이 베트남에 첫발을 내디딘 것은 이미 16세기였다. 예수회 신부들(그들 가운데 일부는 기독교 공동체 전원과 함께 일본에서 추방되었다.)은 17세기 초에 베트남을 기독교화하기 위해 좀 더 견고한 조직을 만들었다. 프랑스인 로드(1591/1593~1661)가 여기서 탁월한 역할을 했다. 로드는 지역의 주어진 조건에 주의를 기울여 지역 기독교도들과 긴밀한 협력하에 기독교를 확산하려고 애썼으며, 수학 지식과 천문학 지식을 동원해 지역 엘리트들의 호응을 얻어 내려고 노력하기도 했다. 그는 기독교도들의 집에 조상을 섬기는 제단도 허용했다. 하지만 이 모든 노력에도 불구하고 중국식 유교를 지향하는 베트남 상류 계급은 냉담한 반응을 보였다. 따라서 예수회 선교사들은 농촌의 평민들에게서 더 커다란 성과를 올렸다. 정치적 억압, 사회적 위기, 전통적인 종교적·철학적 질서인 불교, 유교, 도교가 뚜렷하게 퇴색하면서 이 평민 계층은 기독교의 복음에 귀를 기울이게 된 것이다. 더욱이 기독교 신앙은 그들에게 정신적인 거듭남뿐 아니라 사회적·경제적인 유익도 약속해 주었다.

더욱 독립적으로 활동하기 위해 로드는 베트남과 필리핀을 제외한 기타 아시아 국가들을 유럽 국왕의 후원 아래에 있던 기존의 선교 프로그램에서 제외하려고 노력했다. 그는 교황 인노첸시오 10세Innocent X를 설득해 베트남 선교를 인류복음화성人類福音化省[19]이라는 기구 아래에 소속시킬 수 있었다. 교구 없이 활동하는 대목[20]이 현지의 선교 활동을 직접 위임받았다. 이러한 대목 제도는 베트남뿐 아니라 동남아시아 대륙부 곳곳에 설치되었다. 특히 1660년 무렵에 파송되었던 파리 외방전교회Société des Missions Etrangères de Paris: MEP의 구성원들이 선교 활동을 맡았다.

예수회 신부들과 달리 파리 외방전교회의 회원들은 베트남 기독교도들이 집에 조상을 모시는 제단을 세우는 것을 금지했으며,(이 결정은 1964년에 교황 요한 23세John XXIII가 철회했다.) 베트남이나 동남아시아 대륙부 출신의 현지인 신부를 교육하는 세미나를 설립했다. 첫 세미나는 1664년에 아유타야에 설립되었는데, 이 기관은 18세기 후반에 당시의 불안정한 정세 때문에 여러 차례 이전되다가 1807년에 최종적으로 영국령 페낭에 자리 잡았다. 로마 교황청이 베트남인 주교를 임명하는 것을 거부하기는 했지만, 현지인 신부들이 기독교 복음을 자신의 동족들이 이해할 수 있는 언어로 번역하자 가톨릭은 베트남에서 생존력을 갖게 되었다. 1640년에 베트남에는 12만 명의 기독교도가 있었다고 추정되며, 17세기 말에는 그 수가 심지어 20만 명에서 30만 명 사이였다고 언급된다.

로드는 이미 선교 초기부터 프랑스가 경제적·정치적으로 지역에 개입하

19 기독교의 선교 활동과 관련된 업무를 담당하는 로마 교황청의 심의회. 예전에는 포교성성布教聖省으로 불렸다.

20 포교 대상인 현지에서 교황의 대리로서 교구를 관할하는 직책이다.

도록 설득하는 작업을 했다. 그의 후임자 역시 프랑스가 배후에서 영향력을 행사하면 자기들의 입지가 강화되어 선교 활동에 도움이 될 것이라고 생각했다. 이로써 프랑스가 베트남에 처음에는 비공식적으로, 그리고 점차 공식적으로 진입하는 길이 열렸다. 선교사들은 프랑스 국내에서 정치가들에게 청원하고 비망록 등을 활용하며 강도 높은 로비 활동을 벌여 식민화를 위한 이념적 기반을 준비했다. 그리하여 프랑스가 결국 베트남에 개입하자 정보 제공자, 통역관, 현지 세력들과의 중재자로 활동해 프랑스의 베트남 진입을 도왔다. 프랑스인들은 고수익의 무역 활동을 했을 뿐 아니라 서구의 군사기술을 전해 줄 수 있었기 때문에 베트남인들은 프랑스와 협력했으며, 종교 정책에서도 양보할 의사를 보이는 현지 세력들도 나타났다. 프랑스의 입장에서도 현지 기독교도들은 그들에게 자연스러운 동맹자였다. 그 결과 나머지 주민들은 현지 기독교도들을 전통적인 정치 질서와 사회질서에서 배제했으며, 유교적인 사회나 가치 체계를 부정하는 부역자로 간주하는 경우가 많았다. 따라서 1698년부터 선교 금지 조치와 기독교도 박해가 빈번하게 발생했다. 그러나 이는 프랑스가 군사적으로 개입하는 절호의 기회를 제공해 주었다.

동남아시아 대륙부에 미친 유럽의 영향을 제대로 조망하기 위해서는 이들이 준 간접적인 자극도 살펴보아야 한다. 에스파냐인이나 포르투갈인을 통해 신대륙으로부터 동남아시아에 전해졌지만, 현지인들이 전역에 확산시켜 궁극적으로 생활 세계에 흡수되고 통합된 식재료와 기호품은 좋은 사례에 속한다. 예를 들어 고추는 동남아시아 식단에 매운 맛을 더해 오늘날 널리 알려졌다. 담배는 널리 인기 있는 기호품이 된 반면에, 감자와 옥수수는 계속 증가하는 인구를 먹여 살리는 데 유익한 식량이 되었다. 신세계에서 온 식물들이 중국으로 전달된 것은 동남아시아 대륙부를 통해서였는데, 이 식물들은 중국에서 중요한 기본 식량으로 성장했을 뿐 아니라 산악 지방을 내적 식민화의 대상이 되게 하는 데도 기여했다.[148]

힌두교 제국들

15세기의 인도가 동남아시아 도서부의 정치 지형도에 남긴 영향은 마자파힛이라는 힌두교 제국의 형태에만 남아 있었다. 원래 인도 문화는 말레이 제도 전체에 영향을 미쳤다. 1세기 이후로 마카사르 해협의 남쪽에서 북쪽에 이르는 지역에 불교와 힌두교의 영향을 뚜렷하게 받은 국가들이 등장했다. 그들은 인도의 국력이 의식적으로 팽창한 결과가 아니라, 본질적으로 해양 무역 관계를 통해 문화가 전달된 결과였다. 최근 연구에 따르면 정치적 주도권은 주로 동남아시아의 지역 엘리트들이 가지고 있었다.

동남아시아 도서부에서 위세를 떨쳤던 마지막 불교 국가는 수마트라에 중심을 둔 스리위자야였다. 이 국가의 몰락은 13세기에 시작되었지만, 이 국가가 가지고 있었던 연방적인 구조는 미래의 발전을 위한 전제 조건들을 만들어 냈다. 스리위자야의 유산은 수마트라의 여러 소국 안에 남아 있었는데, 이는 식민주의가 지배하기 전까지 지속되었다. 반면에 자와의 마자파힛은 강력한 지역 세력으로서 스리위자야의 유산을 이어받았다. 그 결과 불교의 영향력은 대부분 밀려났다. 문화적 측면에서는 자와의 보로부두르나 힌두교적인 섬인 발리에서 발견되는 것과 같은 몇몇 폐허 단지 같은 건축물만이 일부 남아 있다.

힌두교 제국 마자파힛은 13세기 말에 스리위자야가 자와에서 축출되면서 수립되었다. 그 중심은 훗날 거대 도시가 된 수라바야의 주변부를 형성한 자와 동부에 있었다.[149] 이미 14세기 중반에 마자파힛은 권력 팽창의 정점에 도달할 수 있었는데, 하얌 우룩Hayam Wuruk(라자사나가라Rajasanagara, 재위 1350~1389) 왕 치하에서 팽창에 성공해 말레이 제도의 해양 세계 전체를 장악했다. 영웅 서사시의 형태로 이 시기를 예찬했던 1365년의 서사시 「나가라케르타가마Nagarakertagama」에는 마자파힛에 조공 의무를 지녔던 국가 목록이 나와 있다. 말레이반도, 수마트라, 보르네오, 술라웨시, 티모르, 필리핀 남부 등이 해당했다. 마자파힛은 중국 모델에 따라 조공 제도를 채택했기 때문에, 조공이 갖는 정치적 의미는 확장된 영토에 대한 구체적인 지배권이 있다는 뜻이 아니라, 마자파힛을 구심점으로 하는 광대한 영향권이라는 뜻이었다.

자와의 지배자들에게 봉신으로 취급되었지만, 미낭카바우족은 아마도 수마트라에서 마자파힛에 가장 강력한 경쟁자였다. 그들은 본래 섬의 서부에 있었는데, 이곳에는 가장 중요한 금 생산지가 있었다. 또한 그들의 영향력은 스리위자야가 몰락한 이후에 잠비와 동부에 위치한 다른 중요 항구도시에까지 미쳤다. 마자파힛은 군사적인 개입을 시도했지만, 미낭카바우족을 지속적으로 몰아내는 데 실패했다. 그러다가 믈라카에 수립된 술탄국이 성장해 수마트라 동부를 15세기에 장악하면서 미낭카바우족은 정치적인 비중을 잃게 되었다. 중국과 유럽의 사료들은 이들을 왕국으로 표현했지만, 당시의 미낭카바우족은 아직 정치적으로 통일된 조직은 아니었던 것으로 여겨진다. 미낭카바우족이 세운 해안 국가 인드라푸라가 후추 수출국으로 등장한 것은 16세기에 와서였다.

마자파힛은 하얌 우룩의 집권 말기에 이미 몰락하기 시작했다. 왕국이 전성기의 정치적 안정을 회복하지 못했기 때문이다. 마자파힛의 몰락에 결정적으로 기여한 것은 이슬람과의 갈등이었다. 앞서 언급했듯이 인근에 경쟁력 있는 이슬람 제국이 등장했던 것이다. 특히 15세기 초에 수립된 믈라카 왕국은 이미 마자파힛의 해양 주도권을 다시 위협했다. 1447년에 케르타위자야 Kertawijaya 왕은 스스로 이슬람으로 개종해 이에 대응하고자 했지만, 이는 별 의미 없는 일시적인 일화로 끝났다. 1452년에 케르타위자야 왕이 살해된 후에 그의 후계자는 이슬람을 축출하려고 했지만 결국 성공하지 못했다. 그리고 또 한 차례 정변이 일어났다. 이 같은 내적인 혼란상은 당연히 마자파힛 제국의 몰락을 재촉했다. 이미 15세기 초에 왕의 후계를 둘러싼 갈등이 제국을 뒤흔들었다. 대체로 마자파힛 제국의 종말을 1478년으로 언급하지만, 이 제국이 적어도 부분적으로는 1530년대까지 존속했다는 자료도 있다.

마자파힛 제국이 사라진 후 동남아시아 도서부에서 힌두교 국가나 힌두교가 밀려간 마지막 장소가 발리였다. 이미 자와에서 힌두교 세력이 몰락하기 전부터 이곳에는 작은 힌두교 왕국들이 있었다. 1478년에 자와 왕실의 구성원들이 발리로 피신해 겔겔 왕조를 세울 때 그들은 힌두교 엘리트들을 동원할 수 있었다. 이들은 이미 1334년에 마자파힛이 발리를 점령한 이후로 이곳에 자리를 잡고 있었다. 겔겔 왕조는 클룬쿵을 중심으로 곧 발리섬 전체를 지배했으며, 일시적으로는 롬복과 숨바와, 동부 자와 일부까지 장악할 정도로 지역의 맹주로 성장했다. 그리고 동부로 팽창하는 과정에서는 떠오르는 고와-탈로 술탄국(마카사르)과 무력으로 충돌하기도 했다. 하지만 힌두교적인 겔겔 왕조의 지역 헤게모니가 무너지게 된 것은 17세기 이후의 내적 분열 때문이었다. 발리가 여러 소왕국으로 분열된 것이다. 겔겔 왕조가 지배하는 클룬쿵은 아직 이 소왕국들에 대한 지배권을 갖고 있었지만, 이는 기껏해야 상징적인 의미를 넘어서지 못했다.[150] 동부의 클룬쿵 외에 서부의 멩귀와 북부의 불레렝 같은 중요한 소왕국들도 있었다. 그런데 이 왕국들은 팽창을 시도하면서 내부에서 수없이 군사적 충돌을 겪은 결과, 이슬람 왕국과는 상대할 기회조차 갖지 못하고 몰락했다. 힌두교의 라자는 무슬림을 신봉하는 많은 백성을 거느리고 있었으며,[151] 수많은 발리인, 특히 이주자들이 이슬람으로 개종했다. 발리섬이 가지고 있던 이러한 기본 구조는 식민지 시대 초기에도 그대로 유지되었다. 힌두교 왕실의 시선은 내부를 향해 있었고, 지역 상권에서 그저 주변적인 지위에 머물러 있었던 발리는 말레이 제도에서 진행되던 역동적인 변화에서 고립될 수밖에 없었다. 발리는 20세기 초에 와서야 비로소 네덜란드 식민 제국에 강제로 통합되었다.

이슬람이 대두하면서 힌두교 왕국의 헤게모니는 종식되었는데, 이들은 무력에 정복된 것이 아니라 스스로 산산이 분열되었다. 내적 분열로 약화된 힌두교 왕국들은 이 지역에 새로운 권력 요소로 등장한 이슬람 왕국들과 지속적으로 경쟁할 능력이 없었다. 새 이슬람 왕국들이 통상적인 왕조 중심 국가 체제가 아니라 무역 교역망과 도시국가에 기반을 둔 체제를 갖고 있다는 점도 중요했다. 특이한 예외인 발리 외에는 몇 안 되는 힌두교 촌락, 그리고 인도의 영향을 받은 건축물들의 흔적만이 말레이 제도에 남아 있다. 물론 동남아시아 사회가 가진 통합력으로 인해 힌두교적 요소가 새로운 문화적 맥락 안에 존속했다는 점은 간과해서는 안 될 것이다.

이슬람 술탄국들

14세기에서 18세기에 이르는 기간은 동남아시아 도서부에서 격변의 시대였다. 이 시기는 두 번에 걸친 근본적인 권력 구조의 이동과 연관되어 있는데,

그 가운데 첫 번째는 이 시기 전반부에 발생한 이슬람화이고, 두 번째는 점증하는 유럽인들의 대두였다. 사회의 전 영역에서 그 영향을 느끼게 한 이슬람의 확산은 13세기 초에 시작되었다. 이 신흥 종교는 주로 이미 구축되어 있었던 무역로를 통해 동남아시아 동부 지역에 도달했으며, 늦어도 14세기에 이슬람 제국들이 잇달아 형성되는 데 토대가 되었다.

비교적 작은 술탄국인 자와의 드막 왕국은 말레이 제도에서 이슬람 국가가 수립된 것을 역사적으로 입증한 첫 사례였다. 이 국가는 마자파힛 시대 동안 이슬람을 도입하고자 했던 초기의 노력이 결실을 맺은 것이었는데, 마지막 힌두 제국이 몰락한 이후 생겨난 권력의 공백에서 드막은 짧은 기간 안에 자와에서 가장 강한 군대를 가진 국가로 성장했다. 자와섬 동부에 대한 군사 원정은 마지막으로 남아 있던 인도화된 체제를 무너뜨렸다. 물론 드막의 팽창은 곧 수라바야와 자와의 신흥 세력인 마타람의 성장으로 견제를 받았다.

자와의 이슬람이 정치적인 역할을 수행할 수 있기 전에는 수마트라가 한때 관심을 모았다. 말레이 제도에서 보르네오 다음으로 큰 규모인 수마트라섬은 사실상 동남아시아 도서부의 이슬람화가 시작된 지점이었다. 섬의 북쪽 끝에 위치한 아체 술탄국은 최초로 이슬람화된 국가 가운데 하나였다. 아체가 이슬람화된 정확한 시점은 사료 형편상 밝혀낼 수 없지만, 아체와 뻐루락Peureulak, 파사이Pasai의 주변 지역이 1290년대에 이슬람화된 것은 거의 확실하다고 할 수 있다. 이 지역은 동쪽 끝의 말루쿠섬까지 이슬람화가 점진적으로 진행되게 한 첫 교두보였다. 아체 술탄국은 처음부터 팽창적인 성격을 지니고 있었다.[152] 그들은 주로 해상 작전을 통해 수마트라 북동부 해안의 전 지역을 장악했다. 술탄국의 이러한 급속한 발전은 인도와 무역하기에 유리한 지정학적 위치에 힘입은 바가 컸다. 하지만 권력을 더욱 확장하려는 아체의 시도는 말레이반도에 존재하던 경쟁적인 술탄국들을 상대로 갈등을 겪지 않고는 계속 이루어질 수 없었다. 따라서 반도의 남쪽 끝에 위치한 조호르와의 격돌은 17세기까지 계속되었고, 믈라카와의 경쟁 상황은 더욱 심각해 적어도 16세기 초까지 지속되었다.

믈라카는 수마트라 남부의 항구도시들이 더 많은 독립성을 추구하다가 실패한 후, 승승장구하던 마자파힛을 피해 도피한 잠비 출신과 팔렘방 출신의 힌두교 말레이인들이 수립했다. 팔렘방 출신으로 훗날 싱가포르가 된 테마섹을 거쳐 도피했던 파라메스와르Parameswara 왕자(1344~1414)가 믈라카를 세운 사람으로 간주된다. 그는 처음에는 중국의 보호하에 신생 국가를 세웠으며, 15세기 초에 이슬람으로 개종하고 자신을 이스칸다르 무다Iskandar Muda로 칭했다.[153] 도시와 주변 지역은 이후의 30년 동안 이슬람화되었다. 남중국해에서 인도양으로 가는 해상 교통로에, 즉 말레이반도와 수마트라 사이의 해협에 위치해 있으면서 담수가 공급되는 좋은 항구를 가진 유리한 위치로 인해 믈라카는 아체를 능가하는 번영을 누릴 수 있었으며, 이러한 번영은 경제적인 영역뿐 아니라 정치와 종교의 발전에도 반영되었다.

경제적 측면에서 믈라카는 유럽인들이 도래하기 전의 시대에 신속히 지역 해상무역의 허브로 도약했다. 중국과 말루쿠, 인도에서 오는 상품들이 이곳으로 밀려들어 왔다. 원거리 무역의 긴 여정에서 중간 기착지가 될 수 있다는 실질적인 이유에서뿐만 아니라 1430년대 이래로 중국의 폐쇄 정책과 관련된 정치적 이유에서도 여러 나라에서 온 수많은 상인 공동체가 이 도시에 정착했다. 술탄은 그들에게 무역의 자유를 부여하고 광범위한 자치를 허용하면서 그들이 지불하는 특별 소비세를 통해 수입을 올렸다.[154]

정치적 측면에서 술탄국의 직접 통치 영역은 말레이반도의 남부와 중앙 수마트라의 동부를 포괄하는데, 여기에는 로칸, 시악, 인드라기리, 잠비 등의 지역이 속해 있었다. 하지만 믈라카는 중요한 무역로를 장악함으로써 경제를 통제하고 있었기 때문에, 그들의 정치적 영향력은 멀리 말레이 제도의 동부에까지 미쳤다. 이런 상황으로 인해 적지 않은 사람이 믈라카 술탄국을 스리위자야의 후계 국가로 보았다.

믈라카는 심지어 종교적 측면에서도 경쟁 상대인 아체를 능가했다. 이때도 무역로에 대한 영향력이 결정적 요소로 작용했는데, 동남아시아 도서부의 이슬람화가 이 경로를 통해 진행되었다. 믈라카는 이슬람의 영성과 학문의 중심지가 되었으며, 그로써 새로운 이슬람 선교 운동의 출발 지점이 되었다. 이슬람 선교 운동은 믈라카가 해양을 통해 이슬람이 통치하는 무굴 제국 치하의 인도나 이슬람의 본고향과 긴밀하게 교류함으로써 다각적인 지원을 받았다.

그러나 믈라카가 지닌 초지역적인 의미는 그러한 인식 때문에 술탄국에 오히려 불행을 가져다주었다. 포르투갈인들은 믈라카를 향신료 무역의 유일한 허브이자 동남아시아 도서부의 주도권을 가진 국가로 인식했다. 이러한 점에 주목했기 때문에 포르투갈인들은 일찍부터 믈라카를 장악하고 싶어 했다. 아시아의 무역 시스템에 통합되기보다는 그 시스템을 통제하려고 했던 것이다. 결국 1511년에 알부케르크(1453~1515)는 17척에서 18척에 달하는 배와 1200명의 병사로 이루어진 함대를 동원해 이 도시를 여러 주 동안 봉쇄한 끝에 점령했다. 이는 이 도시에 형성되어 있던 상인 공동체 대부분의 종말을 의미했다. 포르투갈인들은 이 도시가 지닌 상업 중심지로서의 지위를 유지시키고자 했으나, 그것은 자기들이 이 도시를 통제하고 향신료 무역에 대한 독점권을 보유한다는 전제하에서였다. 하지만 이 지역의 선원들에게는 수많은 대안이 있었기 때문에 독점권을 포함한 포르투갈인들의 목표는 성취될 수 없었다. 이후에 믈라카는 그들이 15세기에 누렸던 중요한 지위를 다시는 회복하지 못했다.[155]

술라웨시의 마카사르 외에 포르투갈의 믈라카 정복으로부터 가장 크게 이득을 본 것은 아체였다. 인도와의 자유무역은 대부분 아체의 항구로 옮겨졌다. 당시까지 믈라카에서 활동하던 인도 무슬림 상인들이 아체로 자리를 옮겼기 때문이다. 이스칸다르 무다(1583~1636)의 치하에서 아체는 새로운 정치적 전성기에 도달했다.[156] 특히 수마트라의 델리 지역에 대한 정복, 그리고 아루섬과 조호르에 대한 군사적 정복이 이루어진 후에 포르투갈과의 전투가 뒤따랐다. 믈라카에 대한 공격이나 조호르에 대한 지속적인 점령에는 실패했지만, 아체는 당시의 그 지역에 등장하기 시작한 유럽인들에게 포르투갈이 정복한 믈라카에 대한 일종의 대안으로서 대단히 매력적이었다. 그러나 이스칸다르 무다가 자신이 보유하던 무역 독점권을 양보하지 않았기 때문에 네덜란드 동인도회사나 영국 동인도회사는 그곳에 지속적인 정착지를 세우려고 하지는 않았다. 따라서 술탄국은 19세기 말엽까지 독립을 유지할 수 있었다. 물론 네덜란드의 지배력이 점점 강해지면서 아체가 이전에 수행했던 탁월한 경제적 역할은 벽에 부딪혔는데도 종교적 중심성은 유지될 수 있었다. 예를 들어 아체는 항상 메카로 여행하는 무슬림 순례자들을 위한 중요한 항구였다.

믈라카의 몰락으로부터 두 번째로 이득을 본 것은 이중 술탄국인 고와-탈로의 중심인, 동남쪽 술라웨시반도의 마카사르 상인 허브였다. 포르투갈의 통제를 우회하려고 했던 많은 아시아 상인은 마카사르로 방향을 바꾸었다. 그 결과 마카사르는 말루쿠 향신료 무역의 허브로 발전했다. 술탄은 이 무역에 대한 정치적 통제를 통해 이 지역에 대한 장악력을 얻게 되었는데, 17세기 초에 '위로부터의' 이슬람화를 통해 이는 한층 강화되었다. 마카사르의 해양 권력은 남서부의 롬복과 북동쪽의 말루쿠에까지 미쳤다. 정치적 영향력 확대를 둘러싸고 발리나 트르나테와 갈등을 겪은 후에 남부 술라웨시의 고아 탈로는 지역에서 주도권을 장악했는데, 더 큰 부기족 국가인 보네, 루우Luwu, 와조크 등도 이에 거의 도전할 수 없었다. 물론 이러한 상황에서 정치적 소요를 일으킬 잠재적 가능성이 형성되었다. 그러나 네덜란드 동인도회사가 포르투갈의 식민 도시를 무력으로 차지했을 때인 1641년에 마카사르는 믈라카 정복으로부터 두 번째로 이득을 보았다. 이제는 포르투갈 디아스포라 공동체도 마카사르로 이주했으며, 이는 이후 20년 이상 무역 허브로서 마카사르의 지위를 강화해 주었다.[157] 하지만 이는 네덜란드인들의 핵심적인 이해관계와 충돌했는데, 술탄들은 그들에게 굴복할 생각이 없었다. 네덜란드 동인도회사는 망명 중이던 보네 출신 부기족 군주 아룽 팔락카Arung Palakka와 동맹을 맺으면서 술라웨시 안에 있던 내적 갈등 요인을 이용했다. 1666년에서 1669년 사이에 동인도회사의 부대는 그들의 동맹들과 함께 당시로는 가장 큰 규모의 원정을 시행했는데, 그 결과 마카사르는 네덜란드의 식민 도시가 되었고, 주변 지역은 네덜란드의 식민지로 전락했다.[158] 도시는 무슬림으로 남았으며, 더는 향신료 무역을 하지 않게 되었어도 중요한 무역 집산지의 역할은 계속 수행했다. 하지만 네덜란드의 지배하에서는 독립 왕국이던 시절과 같은 막강한 영향력을 행사하지는 못했다.

순다 해협에 면해 있던 자와의 반텐은 마카사르와 매우 유사한 역할을 수행했다. 도시국가에 토대를 둔 무슬림 술탄국 반텐은 일단 마카사르와 비교할 수 있는 구조를 갖고 있었다.[159] 하사누딘Hasanuddin(재위 1552~1570)의 리더십 아래에서 드막으로부터 독립한 이후로 반텐은 지역의 가장 중요한 항구 중 하나를 장악했지만 무역을 하기 위해 우호적인 정치를 펼쳤다. 그래서 이 항구는 많은 상인 공동체의 입장에서는 매우 매력적인 곳이 되었다. 그들 가운데에는 수많은 중국인 그리고 특히 네덜란드인과 영국인들이 있었는데, 이들은 동남아시아에 도달한 초기에 주로 아체와 반텐의 항구에 말레이 제도 최초의 무역 사무소를 설치했었다. 반텐은 자와의 서쪽 끝을 지배했을 뿐만 아니라, 해협을 넘어 맞은편에 있는 수마트라를 군사적으로 공격했다. 술탄은 17세기 초에 그곳에서 정치적 영향력을 확립할 수 있었다. 하지만 술탄국 반텐은 네덜란드 동인도회사와 충돌해 무릎을 꿇은 첫 희생자가 되었다. 네덜란드인들이 바타비아를 건설하자 반텐은 영향력을 상실했다. 마카사르가 몰락한 이후에 그들의 행운이 되살아나 수많은 마카사르 난민을 수용하기도 했지만, 1682년에 네덜란드 동인도회사는 반텐을 최종적으로 정복하고 자기들이 직접 통치하는 구역에 통합했다.

그 후의 자와에서 주도적인 이슬람 국가는 마타람이었다. 마타람의 성장은 1584년에서 1601년까지 통치했던 첫 술탄 사나파티Sanapati와 함께 16세기 말에 시작되었다. 술탄 아궁Agung(재위 1613~1646)은 그가 추진한 영토 팽창 덕분에 제국의 가장 중요한 지배자로 여겨진다. 재임기에 그는 자와의 많은 부분을 자신의 통제 아래에 장악했으며, 그의 통제하에 있지 않던 독립 지역은 술탄국 반텐이나 바타비아 주변 네덜란드 동인도회사의 영역이 있었던 서쪽 끝 지역뿐이었다. 마타람은 연방제의 구조를 갖고 있어 수도 카르타 주변의 핵심 지역만 술탄 궁정의 직접적인 지배 아래에 있었다. 술탄은 그 지역을 완벽하게 장악하고 있었으며, 자신의 수하들에게 통치하도록 지역을 할당해 주었다. 정치적 중심인 술탄 궁정에서 멀리 떨어진 지역은 봉신으로서 지역 제후들이 지배했다. 그런데 중앙에서 멀면 멀수록 지역 제후들은 신하라기보다는 오히려 동맹자의 성격을 띠었다. 아궁의 후계자들이 지배하던 시기에는 중앙 권력에 대한 저항도 빈번히 발생했다. 만약에 네덜란드 동인도회사가 또 하나의 새로운 권력 중심이 생겨나 통제할 수 없는 상황이 초래되는 것을 막으려는 목적으로 마타람 궁정의 편에 서지 않았다면, 통일된 제국으로서 마타람의 존속을 더 많은 독립성을 추구하는 지역 제후들이 위협할 수도 있었다. 술탄 궁정을 지원한 대가로 네덜란드 동인도회사는 새로운 무역권을 얻어냈으며, 그들의 직접적인 영향력이 미치는 지역을 시레본으로까지 확장할 수 있었다. 마두라는 제국의 다른 쪽에서 마타람의 변방 지역을 약화했다. 게다가 제국 내부에서도 마타람은 안정을 이루지 못했다. 1706년, 그리고 1719년에서 1723년까지 두 차례에 걸친 왕위 계승 전쟁, 1740년의 '중국인 학살' 결과 발생한 무력 충돌은 제국을 뒤흔들어 놓아 네덜란드인들이 계속 공격하도록 문을 열어 놓은 형국이었다.[160] 기얀티 조약(1755)은 결국 국가를 두 영역으로 분할했으며, 이 두 영역은 욕야카르타와 수라카르타가 통치했다. 네덜란드 동인도회사는 스마랑, 자파라, 그레시크 또는 름방과 같은 중요 항구도시를 가진 북동부 해안 지대를 넘겨받았다. 약화되고 분열된 마타람 제국 자체는 이제 최종적으로 네덜란드 동인도회사의 간접 통치 아래로 들어가게 되었다. 따라서 19세기에 이 지역은 네덜란드가 점령한 말레이 제도의 다른 항구도시들과 함께 네덜란드 식민주의의 핵심 지역이 되었다.

네덜란드 식민주의의 핵심 지역에는 자와 북동부 해안에 있는 수많은 소규모 상업 도시가 속한다. 그곳의 도시들을 포함한 자와 동부의 이슬람화 과정은 부분적으로 신비로운 베일에 싸여 있는데, '거룩한 자(왈리 송오wali songo)'들이 이러한 신비를 확산하는 데 기여했다.[161] 이 지역의 이슬람화는 부분적으로 1527년에서 1546년 사이에 드막의 팽창 정책과 맞물려 진행되었다. 그러나 술탄국으로서 이 도시국가는 국력이 약해 17세기에 마타람의 영향권에 흡수되었으며, 결국은 18세기에 네덜란드의 식민지가 되었다. 물론 최소한 그들이 가진 무역항으로서의 지역적 가치는 유지할 수 있었다.

이 지역에서 정치적으로 더 큰 영향력을 행사한 것은 이미 1460년대에 믈라카가 이슬람화한 말루쿠의 술탄국인 트르나테와 티도레였다.[162] 마카사르가 등장하기 전에는 트르나테가 술라웨시까지 영향력을 확대할 수 있었는데, 그 후에 말레이 제도 동부 지역의 패권을 둘러싸고 트르나테와 마카사르가 펼친 경쟁이 이 지역의 정치 지형을 좌우했다. 인접한 좁은 영역에서는 트르나테와 티도레가 끊임없이 경쟁했는데, 트르나테는 주로 서쪽으로 나아가는 경향이 있었던 반면에 티도레는 동쪽으로 진출했다. 아주 작은 화산섬에 설립된 소국가들이 가진 중요성은 이들이 정향의 독점적인 생산지라는 사실에서 기인한 것이었다. 술탄들은 정향 생산을 독점해 정향 시장을 장악했는데, 네덜란드 동인도회사의 군사적 위협이 증가하면서 결국 그 독점권을 넘겨줄 수밖에 없었다.[163]

말레이 제도의 정치적 구도 안에서 보르네오의 이슬람 국가들은 오히려 주변적인 역할에 머물렀다. 그중에서 가장 중요한 국가들, 구체적으로 북서부의 브루나이, 남서부의 수카다나, 남부의 반자르마신, 동부의 베라우는 모두 16세기에 이슬람으로 개종했다. 그들은 주로 원양 무역을 위해 보르네오 배후 지역에서 들어오는 상품들을 수출하는 항구였다. 예를 들어 수카다나는 숲에서 나오는 상품들과 다이아몬드를 수출한 반면에, 반자르마신은 후추 무역을 위한 지역의 중요한 상업 집산지였다. 형식적으로 그들 모두는 자와의 권력자들에게 조공을 바치는 국가였지만, 보르네오에 있었던 반텐이나 마타람의 세력은 실질적으로는 그리 강하지 않았다. 믈라카가 몰락한 이후 브루나이 술탄국은 팽창해 서부 해안의 지역 권력으로 떠올랐다. 그다음 세기에는 아마도 브루나이의 묵인하에 술루 술탄국이 또 하나의 작은 지역 세력으로 대두했다. 사실 이미 15세기 중반에 무슬림들이 설립했지만, 보르네오와 필리핀 사이에 있는 접근하기 어려운 섬 세계에 위치하고 있었기 때문에 오랫동안 다른 세계에서는 술루 술탄국을 주목하지 않았다. 이들은 그 어떤 수출 상품도 제시하지 못했기 때문에 홀로섬에 자리하던 왕조는 무엇보다 18세기 동남아시아의 노예무역 네트워크에서 중요한 역할을 수행했다.[164] 따라서 홀로는 유럽인들에게는 우선 해적들의 본거지로 여겨졌지만, 그들의 정치적 영향력은 술라웨시와 보르네오, 필리핀 남부까지 미쳤다.

필리핀 남부에 이슬람 국가들이 대두하게 된 것은 트르나테 출신 무슬림 선교사들의 활동에 기인한 것이었다. 이슬람교는 특히 16세기에 민다나오에서 확산되었다. 섬에서 가장 큰 규모의 이슬람 국가였던 마긴다나오는 에스파냐가 섬을 완전히 정복하는 것을 저지할 만큼 강력했다. 그들은 1650년대에 선포된 '지하드(성전)'나 외교적 기술을 통해, 혹은 18세기 초에 주변부 섬들을 식민 세력에 넘겨줌으로써 에스파냐가 섬을 완전히 점령하는 것을 막을 수 있었다. 게다가 에스파냐인들이 오기 전에는 브루나이 술탄의 인척에 속했던 한 무슬림 가문이 마닐라 지역을 일시적으로 통치하기도 했다.

이 지역에 유럽인들이 처음 들어왔을 때 이 지역 대부분을 장악하고 있던 무슬림 술탄국은 완전히 새로운 국가 형태를 갖고 있었는데, 궁극적으로는 아주 작은 규모의 도시국가에 지나지 않았지만, 끊임없이 번창하면서 동맹 시스템과 영향권을 각각 구축했다. 서부 지역의 믈라카, 아체, 1511년 이후에는 조호르, 자와의 드막, 반텐, 마타람, 그리고 동부 지역의 마카사르나 트르나테 혹은 북부 지역의 마긴다나오나 술루 술탄국 등이 서로 경쟁을 펼쳤지만, 마자파힛이 몰락한 이후 동남아시아 도서부에서는 단일화된 중앙집권적 권력 구조가 정착될 수 없었다. 모든 국가는 그저 작은 영토를 보유했을 뿐이며, 그 가운데 많은 도시국가는 이렇다 할 영토를 보유하지 못한 상태였다. 게다가 권력 구조는 광범위한 동맹 시스템이나 주군과 봉신의 관계로 구성되어 있었다. 이 신흥 제국들의 권력 행사에 결정적인 영향을 미치는 것은 그들이 각각 어느 정도로 경제적 교역망을 보유하는지였다. 술탄국 대부분은 원거리 무역에서 중요한 허브였다. 믈라카, 마카사르, 반텐이 이러한 기능 때문에 유럽에 장악된 반면에, 아체와 브루나이, 술루는 독립된 국가로서 이러한 허브로서의 지위를 오랜 기간 지속적으로 수행할 수 있었다.

동남아시아 도서부에서 서구의 거점과 식민지

권력 구조가 옮겨 가는 두 번째 단계는 유럽인들의 등장으로 시작되었다. 이 단계는 매우 일찍이 조용한 발걸음으로 시작했지만, 17세기와 18세기가 지나면서 점차 역동적이 되어 갔다. 동남아시아에서 도서부는 근대 초 유럽인들의 주요 활동 무대였는데, 이는 무엇보다 향신료에 대한 수요 때문이다. 포르투갈인들은 16세기 초에 동남아시아에 도달한 첫 유럽인이었다. 그들은 환금작물을 찾아 이곳에 왔으나, 새로운 종교도 함께 가져왔다. 이로써 기독교는 주요 종교 가운데 마지막으로 이 지역에 뿌리를 내렸다. 포르투갈인들은 1511년에 믈라카를 정복하고 바로 그 직후에 말루쿠에 도달했으며, 1517년에는 중국에 첫 무역 사절단을 파견했다. 얼마 후인 1521년에 마젤란이 태평양을 횡단해 항해하는 데 성공하자, 뒷문으로 향신료 무역을 시도하고 중국에 진출하려는 에스파냐인들의 노력이 시작되었다. 태평양을 건너 아카풀코로 돌아가는 길을 발견한 그들은 1565년에 그들이 '필리핀'으로 지칭한 섬들을 지속적으로 점령하는 일을 시작할 수 있었다. 이 지역에 등장한 유럽인들은 이 지역을 형성하는 과정에 두 가지 측면에서 뚜렷한 영향을 주었다. 한편으로는 포르투갈인들이 구축했던 거점들 사이의 연결망과 그 뒤를 이은 네덜란드 동인도회사가 구축한 더욱 효과적인 무역 시스템이 디아스포라 구조와 마찬가지로 지역을 결합하는 효과를 발휘한 것이다. 다른 한편으로는 유럽인들이 지역을 장악한 방식 가운데 예외적인 사례로서 에스파냐인들이 오랜 기간에 걸쳐 유일한 세력으로 지배권을 장악한 필리핀이 단계적인 식민 침투와 영토 지배의 무대가 된 것이다. 이런 관점에서 필리핀은 지역 제국 구조의 발전에 잘 적응했다. 네덜란드 동인도회사와 영국 동인도회사의 핵심 식민지(자와, 말루쿠, 말레이반도)가 천천히 확대되다가 19세기에야 비로소 확립되었고, 이로써 동남아시아 도서부에서도 마찬가지로 제국 형성의 완전히 새로운 시대가 시작되었다.

에스파냐인들은 말루쿠에서 유럽 팽창의 초기에 유일한 경쟁 상대였던 포르투갈인들과 마주쳤다. 두 나라 사이에 여러 차례 무력 충돌이 벌어졌지만, 어느 나라가 말루쿠 북부 지방의 지배권을 가질지 명확하게 결정되지 않았다. 사실 1664년까지 티도레에 정착지를 보유하고 있던 에스파냐의 입지나 1522년에 트르나테에 설립한 요새를 지역 엘리트들의 저항 때문에 포기해야 했던 포르투갈의 입지나 모두 대단히 불안정한 상태였다. 다만 1525년에 히투Hittu 해안에 공장을 건설하도록 허가를 받았던 암본에서 포르투갈인들의 상황은 이보다는 조금 더 탄탄한 기반 위에 있었다. 1547년 이곳에 예수회 선교사들이 들어왔다. 반면에 반다에서는 포르투갈인들이 그 어떤 지속적인 정착지도 구축할 수 없었다. 하지만 포르투갈인들은 지역 술탄들에게서 유리한 무역 조건을 얻어 내는 데 성공함으로로써 수출 지향적인 육두구 재배를 눈에 띄게 촉진할 수 있었다. 하지만 포르투갈령 인도는 원래 의도했던 것, 즉 현지에서 정향과 육두구에 대한 무역 독점권을 얻어 내는 데는 실패했다.

무역 허브 믈라카는 계속해서 포르투갈의 향신료 무역에서 중심지 역할을 수행했다. 포르투갈인들은 바스쿠 다 가마가 1498년에 이곳에 도착한 이래로 짧은 시간 안에 무력을 동원해 인도아대륙에 여러 교두보를 확보했으며, 이를 통해 인도산 섬유와 향신료 시장에 접근할 수 있었다. 하지만 믈라카를 경유해 말루쿠의 향신료에 접근하는 것은 가격 경쟁력이 없고 독점적이지도 않았다. 가격 경쟁력을 확보하고 독점적으로 무역하기 위해서는 말루쿠의 거의 모든 향신료 무역이 이루어지는 항구를 가진 도시를 장악할 필요가 있었다. 포르투갈인들은 1511년에 믈라카를 정복하자마자 도시와 항구, 항로를 장악하기 위한 거대한 성벽, 그리고 포르투갈인 정착민들을 위한 새로운 도시 중심 구역을 건설했다. 무슬림 상인들은 도시를 떠나야 했다. 힌두 상인들이 그들의 역할을 떠맡아 지역에서 가장 강한 상인 디아스포라 집단이 되었다. 무역을 재개하고 촉진하기 위해 식민지가 되기 이전의 행정기관 대부분이 포르투갈의 식민지 행정기관으로 흡수되었으며, 모든 일반 상인은 그들의 통제를 받게 되었다.[165]

포르투갈령 인도는 동남아시아 도서부에서 믈라카, 티모르, 트르나테, 티도레, 암본 등 몇몇 지역에 부분적으로만 진출해 있었기 때문에, 동남아시아의 해양 향신료 무역을 장악하려는 목적을 충족할 수 없었다. 그들은 최소한 자신들이 아시아에서 장악하고 있는 지역들을 지나는 항로만이라도 확보하기 위해 카르타즈라는 해상무역 허가증 제도를 도입했다. 이는 비용을 납부하는 대가로 상선에 대한 보호를 보장해 주는 제도였다. 모든 개별 무역상은 포르투갈령 인도가 발급하는 통행증을 받아야 했으며, 이 통행증은 그들에게 관련 항로를 통과할 권리를 보장해 주었다. 이 지역을 지나는 상선들은 군사적 위협 아래에 강제로 포르투갈이 장악한 항구로 가서 통행증과 선적물에 대한 검열을 받아야 했다. 카르타즈는 한 국가에 의한 포괄적인 통제 시스템이라는 측면과 일종의 보호 제도라는 두 가지 측면에서 아시아에서는 처음으로 시행된 전혀 새로운 제도였다.[166] 통행세와 통행증 발급비에서 나오는 수입은 포르투갈령 인도의 중요한 수입권 중 하나가 되었는데, 이는 곧 무역에서 얻는 총수입을 능가할 정도가 되었다. 포르투갈령 인도는 그동안 후추 수출에 전념해 말루쿠의 향신료 무역이 포르투갈령 인도가 추진하는 전체 사업에서 차지하는 비중은 점차 줄어들었다.

포르투갈령 인도의 경제적·정치적 몰락은 갑작스럽게 전격적으로 이루어진 것이 아니라 점진적으로 진행되었다. 정치적 조직으로서의 핵심은 그대로 유지되었지만, 경제적으로는 점차 독자적인 노선을 추구하는 포르투갈 정착민들의 느슨한 연합체로 서서히 변해 갔다.[167] 1570년 이후에 포르투갈령 인도를 이끌던 포르투갈 귀족들을 점차 축출한 상인 엘리트들은 동원할 수 있는 수단이 별로 없고 정치적 관심도 없었기 때문에 그들의 시장 장악력은 계속 약해졌다. 하지만 동남아시아에서 포르투갈이 군림하던 시기가 막을 내리게 된 결정적인 요인은 새로운 경쟁자의 출현, 즉 1602년에 설립된 네덜란드 동인도회사의 출현이었다. 주식회사였던 네덜란드 동인도회사는 향신료 시장에서 경쟁하기 위해 막대한 자금을 동원하고 유연한 정책을 펼칠 수 있었기 때문에 이미 구조적으로 약해진 포르투갈령 인도는 상대가 되지 않았다. 1595년에 이른바 네덜란드 동인도회사의 선발대를 실은 첫 네덜란드 선박이 이 지역에 출현하자마자 포르투갈인들은 말루쿠에서 철수해야 했으며, 1605년에는 그들의 가장 중요한 무역 거점이던 암본도 네덜란드 동인도회사 군대의 손에 넘어갔다. 이러한 사태 진전의 절정은 1641년에 네덜란드 동인도회사와 그 동맹인 조호르의 연합군이 믈라카를 정복한 것이었다. 영국 동인도회사를 포함한 막강한 유럽의 경쟁자는 결국 포르투갈인들을 그들의 마지막 보루인 고아와 마카오, 동티모르로 밀어냈는데, 이 지역은 포르투갈인들이 식민지 시대까지 유지할 수 있었다.

네덜란드 동인도회사는 말레이 제도에서 포르투갈을 축출했을 뿐 아니라, 초기에는 경쟁국 영국을 상대로도 우세를 보였다. 우선 영국과 네덜란드의 경쟁이 벌어진 첫 수십 년간은 재정적 측면과 선박 부분에서 네덜란드가 훨씬 잘 갖추어진 것으로 판명되었다. 게다가 그들은 전략적으로 중요한 지역을 장악하기 위해 극단적인 수단을 쓰는 것도 망설이지 않았다. 영국 동인도회사와의 경쟁에서 결정적인 전환점은 1623년에 발생한 이른바 암본 학살이었는데, 이 사건에서 한 네덜란드 부대가 암본섬에 있던 영국의 작은 무역 거점의 구성원 전원을 살해한 것이었다. 과장된 선전을 통해 이 사건은 영국에 널리 알려졌는데도 영국 동인도회사가 이후에 말레이 제도에서 점차 밀려나는 것을 막을 수는 없었다. 그 결과 영국인들은 정치적·경제적으로 중요하지 않은, 몇 안 되는 주변적인 작은 거점만 유지할 수 있었다. 수마트라의 붕쿨루가 그 가운데 최대 규모였다. 18세기 말에 네덜란드가 몰락했을 때야 비로소 영국은 일시적으로 말레이 제도로 돌아가서 말레이반도에서 지속적인 식민 체제를 구축할 수 있었다.

네덜란드 동인도회사로서는 아시아의 경쟁자 역시 만만하지 않았다. 그들은 군사적 위협을 통해 술탄에게서 트르나테와 티도레의 무역 독점권을 보장해 주는 계약을 얻어 냈다. 희귀한 육두구에 대한 독점적 접근권을 얻기 위해 쿤 총독은 1621년에 용병을 동원해 반다섬을 정복하고 토착 엘리트들을 처형했으며 주민 일부를 노예로 팔아넘겼다. 이후에 육두구는 네덜란드 정착민과 그들의 노예가 경작하고 생산했다. 나아가 네덜란드 동인도회사는 반다섬에서 생산된 육두구를 유럽에서 유일한 정품으로 상품화하는 데 성공했다.[168] 또한 네덜란드 동인도회사는 자기들의 경제적 입지를 위협한다고 판단되는 모든 대규모 향신료 무역 항구도시들을 점령했다. 믈라카는 1641년에, 마카사르는 1667년에, 반텐은 1682년에 점령되었다. 거대 무역 중심지 가운데 오직 아체만이 경제 중심지로서의 중요성을 일부 희생함으로써 독립을 유지할 수 있었다.

하지만 전체적으로 보아 동남아시아에서 네덜란드인들이 크게 성공을 거둔 이유는 그들이 군사적 수단을 동원했기 때문만은 아니었다. 17세기에 지역 점령은 비용이 많이 드는 사업이어서, 지역에 있는 군사적 동맹과 협력해야만 달성할 수 있었다. 그렇기 때문에 사업을 추진하는 회사들로서는 오직 예외적인 경우에만 이를 감당할 수 있었다. 네덜란드 동인도회사가 성공한 비결은 오히려 비용과 이익에 대한 철저한 계산에 따라 그들의 방안을 선택해 당시 동남아시아의 정치 구조와 경제구조의 틀 속에 놀라우리만큼 잘 적용한 신중하고도 융통성 있는 전략 덕분이었다.[169] 네덜란드 동인도회사는 이런 전략을 채택함으로써 무역 사무소, 무역 및 보호 조약, 군사적이고 정치적인 동맹 시스템을 구축했으며, 필요한 경우에는 '불법적인' 향신료 경작지의 파괴나 이른바 밀수범들에 대한 추적과 같은 군사적 행동도 동원했다. 이러한 전략을 통해 네덜란드 동인도회사는 영토에 기반을 둔 식민 강국이 치러야 하는 막대한 지출과 투자를 하지 않고도 점차적으로 동남아시아 도서부에서 가장 중요한 경제 세력으로 성장할 수 있었다.

정복된 도시들은 네덜란드의 식민 도시로 발전했는데, 이들은 자유로운 향신료 무역에서 그들이 보유했던 기능은 상실했지만 항구는 계속 번성했으며 동남아시아식 특성을 가진 도시 구조가 계속해 유지되었다. 네덜란드 동인도회사의 도시들 가운데 가장 중요한 곳은 자와의 바타비아였는데, 바타비아는 1619년에 쿤이 점령한 자카르타의 폐허 위에 새로 건설하고, 동인도회사가 그들의 아시아 무역 제국의 중심으로 육성한 도시였다. 네덜란드의 무역 제국은 그곳에서부터 일본뿐 아니라 서쪽으로는 인도아대륙과 아라비아반도에까지 뻗쳐 있었다. 바타비아도 서로 다른 민족 집단과 디아스포라 공동체를 포함했다. 반면에 바타비아(오늘날의 자카르타)에서 주목되는 것은 네덜란드가 의도적으로 촉진한 중국인의 특별한 주도적 역할, 그리고 네덜란드 남성과 아시아 여성 사이의 관계에서 발달한 혼합된 민족문화였다. 이 혼혈인들은 식민 사회에서 점차 결정적인 역할을 수행하는 계층이 되었다.[170]

네덜란드인들의 세력은 처음에는 바타비아처럼 정복된 도시나 말루쿠의 몇몇 섬에 국한되었다. 그러나 18세기가 흐르면서 네덜란드 동인도회사는 섬 북동부에 있는 제후국 다수를 간접 통치 구역으로 만듦으로써 자와 지역에 대한 영향력을 확대했다. 자와 지역에서 가장 큰 영향력을 갖고 있던 마타람이 내부적인 약점을 갖고 있었던 것, 그리고 1740년에 중국인들의 봉기가 촉발한 무력 충돌은 자와를 장악하려고 시도하던 네덜란드 동인도회사에 유리하게 작용했다. 네덜란드 동인도회사는 지역에서 떠오르는 세력들과 동맹을 맺고, 경우에 따라서는 특정 세력에 무력을 행사하는 전략을 영리하게 병행하고 조화하면서 18세기 중반에 자와의 대부분을 장악할 수 있었다. 유럽인들은 동남아시아 도서부에 결코 과소평가될 수 없는 영향력을 미쳤다. 그 영향력은 무엇보다 외부에서 온 유럽인이라는 행위자가 지역의 경제구조를 몇몇 중요한 영역에서, 그것도 내부로부터 주도하고 지배하기 시작했다는 데 있었다.

에스파냐인들이 필리핀에 온 목적은 부가가치가 높은 향신료 무역과 귀금속 광산 개발에 가담하고, 무역과 선교에서 그들이 상상할 수 없는 가능성이 있다고 추측했던 동아시아와 동남아시아로 가는 발판을 확보하는 것이었다. 향료제도로 가는 서쪽 통로를 찾던 마젤란은 1521년에 훗날 필리핀의 일부가 된 섬들에 상륙해 에스파냐 영토로 만들었다. 그러나 마젤란은 동맹을 얻기 위해 지역 세력 간의 갈등에 개입해 유럽식 무기의 위력을 과시하려다가 목숨을 잃었다. 16세기 말과 17세기에 걸쳐 에스파냐인들은 마젤란의 뒤를 이어 태평양의 광대한 지역을 탐험했다. 하지만 황금과 향신료, 땅을 찾으려는, 혹은 지상낙원에 기독교를 전파하려는 꿈은 실현되지 않았는데, 아메리카로 돌아가는 항로를 찾지 못한 것이 그 이유 가운데 하나였다. 필리핀은 아우구스티노회 수도사인 안드레스 데 우르다네타Andrés de Urdaneta가 1565년에 북쪽으로 올라가 태평양을 가로질러 멕시코로 돌아가는 항로를 개척한 이후에야 비로소 에스파냐가 통치하는 아메리카 제국의 서부 전초 기지로 구축될 수 있었다. 1543년에는 이곳이 당시 에스파냐의 왕자이며 훗날 왕이 된 펠리페 2세의 이름을 따라 명명되었다.

고립된 채 여기저기 흩어져 존재하던 촌락공동체들은 압도적인 무기를 지닌 에스파냐인들에게 맞설 수 없었다. 그렇기 때문에 이곳에서는 에스파냐인들이 아메리카에서와 달리 무력을 사용할 필요가 거의 없었다. 그들의 권력을 뒷받침한 가장 중요한 기둥은 여러 수도회에 속한 선교사들의 활동이었는데, 이들은 1571년에 마닐라를 수도로 만들었던 식민지 행정 당국의 유일한 대리자로서 필리핀의 여러 지역에서 머물면서 활발하게 활동했다. 필리핀 제도는 그들의 역사에서 처음으로 통일된 정치적 단위가 되었다.[171] 동인도제도의 모델에 따라 한 명의 총독이 행정부의 수장직을 맡았다. 그리고 나라는 여러 지방으로 분할되었다.

선교사들 외에 이 땅에 온 소수 에스파냐인의 경제적 관심은 시간이 지나면서 향신료 무역에서 큰 이익을 보거나 귀금속 광산을 발견하고자 했던 꿈에서 깨어났다. 그리고 농경을 통해 수익을 얻을 가능성도 그리 크지 않다는 것이 드러난 후에 그들은 수익성이 높은 태평양 저편과의 무역에 집중했다. 태평양 무역은 우선 아메리카의 은과 중국인들이 아시아 내륙 지방에서 구해 온 오리엔트 사치품(특히 비단)의 교환으로 이루어졌다.[172] 에스파냐의 갤리언들은 250년 동안 아카풀코와 마닐라를 정기적으로 오가며 아시아와 아메리카를 연결했다. 행정적 용어로 볼 때 필리핀은 누에바에스파냐(멕시코) 부왕령의 부분이었다. 동인도제도에 있던 식민 제국, 그리고 캐롤라이나 식민지와 마리아나 제도에 있는 고립된 거점들을 포함하는 태평양의 넓은 지역을 장악했기 때문에 에스파냐인들은 태평양을 자신들의 배타적인 관할 구역으로 간주했으며, 그래서 다른 국가들에 맞서 지키는 것이 정당하다고 믿었다. 그 결과 태평양은 '에스파냐의 호수'가 되었다.

중국인들은 곧 해외무역에서뿐 아니라 동남아시아 내부의 교역에도 없어서는 안 되는 존재로 부각되었다. 에스파냐인들이 아메리카 원주민들을 불렀던 것과 마찬가지로 인디오로 불렀던 토착민들은 조공, 부역, 원자재와 음식의 제공을 통해 에스파냐인들을 지원했지만, 그들의 생활환경은 적어도 초기에는 식민지 이전 시기와 비교할 때 아무런 근본적인 구조 변화도 겪지 않았다. 다시 말해 전통적인 위계질서는 거의 변함없이 유지되었는데, 이는 다투들과 최하위 귀족들이 식민 행정 기구의 최하위직에 흡수되었기 때문이다. 수도와 에스파냐가 지배하는 소수 거점 도시들에서 멀리 떨어질수록 식민 세력 에스파냐가 미치는 정치적·문화적 영향력은 약화되었으며, 일부 지역은 20세기에 이르기까지 여전히 마닐라에 있는 중앙 권력의 통제에서 벗어나 있었다.

에스파냐인들이 오기 전에 수도 마닐라는 주민의 수가 2000명도 채 안 되는 아주 작은 동질적인 도시였다. 1620년에는 이미 4만 명 이상이 살고 있었는데, 이들은 다양한 문화권에서 온 사람들이었다. 에스파냐인 2400명에 일본인 3000명, 중국인 1만 6000명, 필리핀인 2만 명이었다. 에스파냐 선박에서 화물을 내리고 선적할 때마다 인구가 증가했다. 수십 개국에서 온 수백 명의 상인이 거기서 활동했다.[173]

필리핀은 18세기 초 이후에 비로소 세계시장에 긴밀하게 연결되었는데,[174] 당시 세계시장에서는 설탕, 담배, 마닐라삼이나 코코넛 기름과 같은 농산물에 대한 수요가 증가했다. 갤리언 무역은 점점 그 의미를 상실했고, 시간이 흐르면서 섬은 점차 자유무역으로 개방되었다. 토지의 가치가 상승해 지금까지 경작되지 않았던 새로운 지역이 계속해 개간되었고, 섬 내부에 운송로가 건설되고 새로운 교역 중심 도시들이 형성되었다. 그러나 에스파냐인들은 이러한 경제적 발전에서 별 이익을 얻지 못했다. 필리핀산 물품을 국제적으로 상품화한 것은 타국의 무역 회사들, 특히 영국 회사였다. 중국인들은 중간상인으로 활동했으며, 현지에서는 주로 '메스티소'로 불렸던 중국인과 필리핀인의 혼혈아들이 가장 중요한 토지 소유 계층으로 성장했다.[175]

섬 내부의 경계선이 점차 내륙 쪽으로 밀려들어감에 따라 저지대의 필리핀인 기독교도들의 문화가 필리핀 제도에 점점 더 널리 확산되었다. 그 결과 에스파냐 문화가 침투하지 못했던 산악 지대의 민족 집단과 남부에 거주하던 무슬림 주민들은 점차 수세에 몰리게 되었다. 필리핀인들을 기독교로 개종시키고 동시에 식민 국가의 산하로 넣기 위해, 선교사들은 여기저기에 흩어져 살던 토착민들을 그들이 고향을 떠남으로써 폐쇄된 정착촌, 이른바 레둑시온 reducción에 모여 살도록 설득하는 과제를 부여받았다. 선교사들은 이미 이러한 이주 과정이 진행되는 시기에도 현지인들에게 복음을 전하기 시작했고, 이주가 완료된 뒤에는 더욱 강력하게 현지인들을 개종시키는 일을 시작했다. 이러한 선교 정착촌은 16세기 말에서 19세기 말 무렵 사이에 루손과 비사야에 있던, 이미 기독교화된 중심지에서 점점 더 멀리 떨어진 지역에까지 확산되며 지속적으로 만들어졌다. 필리핀이 식민화된 지 반 세기가 지난 후에 이 지역의 주민 다수는 이미 가톨릭교도가 되었으며, 1700년 무렵에는 에스파냐가 장악한 지역에서 이미 선교 작업이 거의 완료된 것으로 간주되었다.

다양한 수도회에 속한 사제들은 토착민들의 기독교화를 위해 온갖 전략과 기술들을 동원했다.[176] 그들은 검소한 생활을 통해 지역사회에 모범을 보이는 방법도 사용했지만, 유혹과 부드러운 압박이나 강요와 협박, 심지어 물리적 폭력을 사용하기도 했다. 예를 들어 그들은 식민지 이전에 현지인들이 섬기던 우상들을 훼손하거나 불에 태우는 일도 서슴지 않았다. 현지인 사제들이 자발적으로 새로운 신앙에 복종하지 않을 경우에는 강제로 재교육을 받아야 했다. 하지만 정치권력이 교체된 후, 이에 뒤따른 새로운 종교적 개념이 새로 개종한 현지인들에게 행사한 설득력도 간과되어서는 안 된다. 에스파냐의 선교 활동이 남아메리카 원주민들을 개종시키면서 축적한 전통과 경험의 씨앗은 필리핀에서 부분적으로는 우연이지만, 부분적으로는 계획적으로 대단히 비옥한 토양에 떨어졌다. 이곳의 주민들은 가톨릭교회가 시행하는 풍부하고 다채로운 의식, 감성적인 효과를 받아들일 준비가 잘되어 있었다. 그 결과 여기서는 사실상 특이한 형태의 가톨릭주의가 발전했다. 낯선 문화 요소를 자신들이 지닌 전통의 틀 안에 수용하고 접목하는 동남아시아인들의 특징적인 능력은 기독교에도 적용되어, 가톨릭은 필리핀에서 시간이 흐르면서 점차 토착적인 모습을 지니게 되었다. 현지인들이 가지고 있던 종교적 전통은 새로운 기독교적 내용을 품게 되었으며, 오랫동안 신성시되어 온 행동 양식은 새로운 형태로 보존되고 계승되었다.

디아스포라 집단과 해양 네트워크

동남아시아 도서부에서 중요한 사회 영역은 상위의 권력 구조나 국가 형성 과정과 아무런 상관없이 움직였다. 특히 디아스포라 집단들은 대안적 사회 유형으로서 동남아시아 도시부 전체의 이미지를 각인한 중요한 요인이었다. 19세기 이전에는 수많은 디아스포라 집단을 위한 토대를 형성할 수 있을 만한 집단 이주(특히 노동력의 유입)가 없었다. 그러나 동남아시아 도서부의 무역 세계는 다양한 상인 집단으로 구성된 디아스포라의 영향을 대륙부보다 많이 받았다. 그들의 영향은 제국 형성 과정에서도 감지될 수 있었으며, 특히 새로운 권력 중심지들에 확고하게 정착해 유럽 상인들을 위한 중개인으로서 중요한 역할을 수행했다.

동남아시아 도서부에서 최대의 디아스포라 집단은 중국인 디아스포라였다. 그들은 중국 남부, 특히 복건성 출신과 광동성 출신이었으며, 그들 가운데에는 하카족도 있었다. 중국 남부에 위치한 이들 지역은 일찍부터 동남아시아 도서부 전체와 무역 관계를 지속하고 있었다. 서쪽 지방으로 가는 무역로에서는 믈라카가 인도와 무역하기 위한 가장 중요한 거점이었는데, 인도인 디아스포라 상인들이 이곳을 장악하고 있었다. 동쪽으로 가는 무역로에는 일찍부터 중국인들이 말루쿠에 자리 잡고 있었는데, 유럽인들이 오기 전에는 정향과 육두구를 구매하는 최대 규모의 상인이었다.[177] 하지만 그들의 무역 활동은 항상 특정 시기에 중국 중앙정부의 대외 정책에 따라 크게 좌우되었다.

15세기 초반에 국가가 잠시 후원했던 해양 무역의 확대와 팽창의 시기가 지나고 명 왕조가 해양을 통한 대외무역을 다시 금지하자, 동남아시아의 주요 항구도시에 있던 중국인 정착촌은 중국 상인들에게 더는 단순히 사업 관계를 위해 머무는 장소가 아니었다. 물론 그들 가운데 많은 중국인은 단지 사업을 계속하기 위해 낯선 타국에 영구히 정착하기로 결심했다. 그러나 중국인들은 현지 상황에 매우 잘 적응할 능력이 있음을 보여 주었다. 그들은 해당 국가의 주민들이 신봉하던 이슬람교를 받아들이고, 지역 엘리트들과 혼인 관계를 맺었으며, 국가 기구에서 요직에 진출하기도 했다. 반면에 그들은 권력가들의 지원을 받아 그들의 자치권을 보장받고 독자적인 (페라나칸) 문화를 발전시켰다.

예를 들어 중국인들은 반텐에 정착하면서 금요 기도회가 개최되는 모스크나 술탄 궁전이 있는 정치와 종교의 중심지에서 분명하게 구별되는 곳에 자신들의 정착촌을 만들었는데, 이곳은 지역에서 중심이 되는 시장으로서 기능을 발휘했다. 이 구역을 중국인들이 스스로 선택했다는 사실은 그들이 항구도시인 반텐에서 향유하던 특권적 지위를 잘 보여 준다. 그들은 코로만델 해안에서 온 인도 상인들과 정기적으로 교대하며 항구에서 가장 중요한 직책인 항만 관리소장(샤반다르Syahbandar)을 맡았다.[178] 독립한 믈라카에서 중국인이 처했던 상황도 이와 매우 유사했다. 중국인 디아스포라 구성원들은 그곳에서 네 개의 항만 관리소장 자리 가운데 한 자리를 영구적으로 차지했다. 믈라카

____ 자와에서 활동하던 중국 상인을 묘사한 그림. 독일의 튀링겐 출신인 카스파어 슈말칼덴(Caspar Schmalkalden, 1616~1673)은 1646년에서 1652년 사이에 네덜란드 동인도회사 소속의 군인으로 아시아에 갔다. 그는 필사로 남긴 여행 보고서 안에 자기가 방문한 나라들의 역사와 지리, 자연사적 조건에 관한 서술을 포함해 그가 만난 다양한 부족의 초상화 같은 그림들을 남겼다. 자와에 있는 네덜란드 동인도회사 소속 도시의 경제계를 바타비아에서 상인이나 수공업자로서 지배했던 것은 수적으로 압도적인 중국인들이었다. 슈말칼덴의 이 스케치는 비단과 도자기를 거래했던 한 부유한 상인의 모습을 그리고 있다. (Wikimedia Commons)

에는 유럽인들의 식민지가 되기 오래전부터 이미 중국인 구역이 있었다.

일반적으로 유럽의 동인도회사가 전혀 낯선 항구에 도착했을 때 처음으로 접촉했던 사람들은 중국 상인들이나 오랫동안 지역 행정기관에서 영향력을 행사하고 경력을 쌓으려고 시도했던 중국인 관료들이었다. 이후 장기적으로도 네덜란드 동인도회사는 중개인으로서 중국인들의 역할에 크게 의존했다. 이러한 협력 관계는 다음 두 가지 가운데 한 가지 방식으로 전개될 수 있었다. 첫째, 중국인들은 영국 동인도회사나 네덜란드 동인도회사가 관심은 갖고 있지만 접근하기 어려운 상품을 위해 중간상인으로 나섰다. 둘째, 그들은 수익성이 매우 높은 수출 시장을 독점하고 있었던 현지 통치자들과 거래를 터 주는 결정적인 중재자 역할을 수행했다. 처음에는 중국인들도 달갑지 않은 경쟁자로 인식되었지만, 시간이 흐르면서 유럽인과 중국 상인들은 서로 보완적인 역할을 수행하는 데 관심을 갖게 되었으며, 심지어 상호 협력을 통해 서로 이익을 얻는다는 사실을 발견했다. 이러한 사실은 현지 통치자들이 절대적인 권력을 장악하고 있었던 항구도시에만 적용된 것이 아니다. 네덜란드인들이 이런 상업 중심지 항구를 장악한 후에도, 그리고 심지어 그들이 바타비아를 이 지역에서 가장 중요한 무역 허브로 건설한 후에도 이러한 협력 관계는 계속 유지되었다.

훗날 바타비아의 영국 총독이 된 스탬퍼드 래플스Stamford Raffles 경이 네덜란드 동인도회사의 본부를 "기본적으로 네덜란드 보호하의 중국인 식민 구역"이라고 묘사한 것은 근거 없는 이야기가 아니었다.[179] 중국인 상인들은 쿤이 이 도시를 건설하기 전부터 이미 그곳에 정착해 있었다. 그들은 심지어 도시의 위치를 바꾸기로 한 쿤의 결정에까지 영향을 미쳤던 것 같다. 네덜란드인들이 중국인 디아스포라와 같은 집단과 아시아 내에서 실행한 거래는 은의 유출을 상쇄하기 위한 네덜란드식 전략의 핵심이었기 때문이다. 중국인들은 바타비아의 시내에 거주하면서 모든 상업 분야와 서비스 분야에 종사했을 뿐 아니라, 당시에 떠오르는 분야였던 설탕 농장의 경영자와 노동자의 역할을 동시에 수행하면서 주변 지역에서도 존재감을 과시했다. 그들이 소유한 여러 척의 정크선은 바타비아와 중국 남부 사이의 무역 관계가 안정적으로 지속되게 해 주었다. 네덜란드 동인도회사가 중국인 디아스포라를 적극적으로 지원해 준 것은 바로 바타비아의 사례에서 뚜렷이 드러난다. 네덜란드인들의 상업 중심지 내부에서 유럽의 차 수요가 증가한 덕분에 중요성이 점점 커졌던 중국과의 무역은 주로 상인 디아스포라 공동체를 통해 이루어졌다. 이들 공동체는 단지 인두세를 납부함으로써 정치적·법적 자치를 보장받았는데, 물론 이 인두세는 매우 고액이었으므로 곧 바타비아에서 네덜란드가 거두어들이는 전체 수익의 절반을 차지했다. 게다가 중국인들은 도시의 군역에서도 면제되었다. 네덜란드 동인도회사는 중국인 설탕 생산자들에게 면허증을 발급해 주고, 그들에게 가격과 구입할 양을 보장해 주었다.

하지만 이러한 정책이 문제가 없었던 것은 아니다. 유럽인들은 여러 문화 사이에서 중국인들이 누리는 특권적 지위를 유보적으로 바라보았다. 중국인 주민들 사이에서조차 새로운 이주민들, 특히 궁핍한 노동 이주민들이 통제받지 않고 이 디아스포라에 밀려들어 옴에 따라 잠재적인 갈등 요소가 점차 자라났다. 게다가 1740년에 설탕 가격이 폭락하자 네덜란드 동인도회사는 중국인들에게 보장해 주었던 구매 가격을 인하하는 동시에 구매하는 양을 축소하는 방식으로 대응했다. 이에 뒤따라 중국인 농부들이 궁핍해지면서 사회적 긴장을 촉발하자, 네덜란드 동인도회사는 중국인을 추방하는 계획으로 대응했다. 그 결과 중국인 농촌 노동자들이 봉기를 일으켜 수천 명의 막노동꾼이 바타비아로 행진했다. 그러나 제대로 조직되지도 않고 무장도 불충분했던 그들의 공격은 1740년 10월 8일에 성공적으로 진압되었다. 하지만 성 안에 거주하던 중국인 다수는 농촌에 살던 그들의 동포들과 아무런 접촉이 없었는데도 봉기를 일으킨 자들과 내통했다는 전반적인 의심에서 벗어날 수 없었다. 유럽인들은 성 안에 살던 중국인들에게 즉흥적인 폭력을 행사했는데, 이때 네덜란드 동인도회사는 이러한 폭력 사태를 막기 위한 그 어떤 조치도 취하지 않았다. 이 소요 동안 바타비아와 그 인근에 살던 중국인 가운데 3분의 2 정도가 목숨을 잃었으며, 이 비극적 사건은 역사에 '중국인 학살'로 기록되었다.

이렇게 충격적인 유혈 학살이 발생했지만 이 사건은 바타비아에서 중국인들의 활동을 종식하지 못했다. 중국인 마을이 특정 구역으로 제한되고 그들이 네덜란드 동인도회사의 행정 당국에 미치는 영향력이 뚜렷하게 줄어들기는 했지만, 중국인들의 경제력은 그들의 구역을 벗어나 차차 전체 도시로 되돌아왔다. 바타비아의 투자 가능성과 노동시장은 여전히 매력적이었다. 19세기에 설탕 산업은 새로운 붐을 경험했는데, 이 호황은 네덜란드 동인도회사가 다스리던 시대의 호황을 훨씬 능가했다. 또한 전통 기술을 사용해 만들던 자와의 직물을 처음으로 공장제 방식으로 생산하면서 섬유산업과 같은 새로운 사업 영역이 개척되어 지역을 넘어서까지 시장의 관심을 끌었다.[180] 어떤 다른 대안 집단이 없었기 때문에 부두나 대농장에서 비숙련노동을 담당하는 것은 여전히 중국인 노동자들이었다.

분명히 바타비아는 그곳에서 중국인들이 차지하고 있던 탁월한 지위 때문에 가능했던 특별한 사례다. 하지만 다른 측면에서 이 사례는 상당히 대표성을 지닌다고도 할 수 있다. 유사한 역할을 수행하며 비슷한 특권을 가졌던 중국인 디아스포라는 말레이 제도의 수많은 다른 도시에서도 등장했기 때문이다. 마카사르에서 네덜란드인들이 장악했던 도시 중심 구역에 거주하던 사람들은 무엇보다 부유한 중국인들이었다.[181] 상품의 수입과 수출에 깊이 참가하는 중국인 상인 협회는 자와 북동부의 모든 항구도시에도 존재했다.[182]

그 밖에도 중국인들은 말레이 제도에 있는 네덜란드인들에게뿐 아니라 필리핀에 있었던 에스파냐인들에게도 없어서는 안 되는 파트너였다.[183] 중국과 필리핀 사이의 경제적·문화적 접촉은 10세기까지 거슬러 올라간다. 물론 에스파냐인들이 필리핀의 마닐라에 정착했을 무렵에 중국인 정착촌은 150명 정도로 이루어진 작은 규모의 공동체였다. 그러나 에스파냐인들의 무역에 대한 관심과 일상 용품의 수요는 중국 상품과 중국 노동력에 대한 수요를 뚜렷하게 증가시켰다. 이미 1603년에 마닐라에는 2만 명의 중국인이 1000명 정도의 에스파냐인과 함께 살고 있었다. 바타비아에서와 마찬가지로 상업이 가장 중요하기는 했으나, 수많은 이주민은 다양한 수공업 분야와 서비스 분야에 종사했으며 농업에 종사하는 사람들도 있었다. 그러자 에스파냐인들은 중국인 디아스포라가 보유한 경제력이 위협적이라고 느껴 중국인들의 권리와 거주 이전의 자유를 제한했고 디아스포라 공동체의 거주 구역도 도시의 성문 밖으로 몰아냈다. 물론 기독교로 개종한 중국인들은 이 중국인 게토를 떠나 필리핀의 다른 지역에서 활동할 수 있도록 허용되었다.

그런데도 에스파냐인들은 중국인들을 불신하고 미워했다. 그들은 필리핀의 사회적·경제적 고통에 대한 책임을 중국인들에게 전가하고 그들을 속죄양으로 만듦으로써 현지인들이 중국인들에게 반감을 품도록 여론을 조장했다. 중국인들은 필리핀인들을 문화적으로 저급한 야만인으로 간주하고 흔히 경제적으로도 이용했기 때문에 이러한 선동은 매우 효과적으로 먹혀들었다. 에스파냐인들은 항상 자신들의 안전을 우려해 일상생활과 경제활동 영역에서 중국인들을 체계적으로 감시하고 우범자로 취급했다. 그들은 이민자들을 여러 차례 추방하고 반란이나 음모가 진행된다는 소문을 근거로 해서 집단 학살을 감행하기도 했다. 특히 1593년과 1603년, 1639년, 1662년, 그리고 1762년에서 1764년에 이르는 기간에 그러한 사태가 발생했다. 이에 맞서 중국인들은 자기들의 영역을 지키기 위해 음모를 꾸미고 반란을 기도했는데, 이는 또다시 에스파냐인들의 대응 조치를 자극했다.

동남아시아 도서부에서 인도 상인들의 다양한 집단은 19세기 이전에 이 지역에 정착한 중국인과 다른 사람들, 즉 하드라마우트 출신 아랍인들, 페르시아인, 아르메니아인과 함께 그 존재가 가장 두드러진 외국인들이었다. 이들 가운데 경제적으로 가장 강력한 집단은 구자라트 출신 무슬림이었다. 그 밖에 마찬가지로 무슬림이면서 타밀어를 말하는 인도 남부 출신의 출리아인, 그리고 그들이 속한 카스트 때문에 말레이인이나 인도네시아인들이 컬링Keling이나 체티로 부르는 힌두교도 집단이 있었다. 인도 상인들은 주로 면이나 기타 섬유로 만든 상품의 거래에 집중했고, 그들이 인도아대륙에서 수입해 온 상품으로는 열대 목재, 주석, 고무, 약초, 후추, 향신료 등이 있었다. 말레이 제도에서 운송은 주로 지역 항해사나 상인들이 맡아 조직했기 때문에 인도 상인들은 동서 무역의 핵심 허브였던 믈라카 주변에 정착하는 경향이 있었다. 믈라카시 안에서는 구자라트인들이 오랫동안 최대의 상인 디아스포라를 형성하고 있었다. 이곳을 포르투갈인들이 정복한 이후에 인도 상인 다수는 아체로 물러났으며, 일부는 조호르나 케다로도 갔다. 그들은 주로 향신료 무역에 집중했던 유럽 상인 디아스포라와 달리 다양한 상품을 폭넓게 거래했기 때문에 유럽 상인 디아스포라와 갈등을 겪는 일은 드물었다. 그들은 유럽 상인 디아스포라들과 공존할 수 있었을 뿐 아니라, 영국 동인도회사에는 중간상인으로서 중요한 파트너가 되기도 했다.

이러한 맥락에서 말레이 제도의 해양 민족들은 중요한 역할을 담당했다. 장거리 항해라는 조건과 교역망이 가진 장점들은 중국인이나 인도인 혹은 아르메니아인들처럼 널리 퍼지지는 않았으되 주요 무역 중심지에 해양 민족들의 집단 공동체들이 형성되게 했다. 그들의 디아스포라 경험은 그리 뚜렷하지 않았고 그들이 가진 교역망의 범위도 그리 넓지 않았지만, 그들은 지역에서 통합적인 기능을 수행하거나 심지어 제국을 형성하는 과정에서 균형추의 역할도 수행했다. 말레이인들은 포르투갈인들이 도착하기 전에는 말레이반도와 말루쿠 사이에 있는 이 지역 전체에서 가장 중요한 외부 상인 세력이었다. 그리고 유럽인들이 온 이후에도 그들은 많은 지역 항구에서 수마트라의 미낭카바우족과는 달리 무역 활동을 계속했다.

남부 술라웨시의 부기족은 아마 말레이 제도 전체에서 이런 부류에 속하는 가장 중요한 집단이었다. 그들은 숙련된 항해자였으며 이 지역의 모든 항구에서 활동하는 성공적인 해상무역상이었다. 그러나 디아스포라 집단으로서 그들이 지닌 존재감은 상업 활동 때문만이 아니라 그들의 고향에서 전개된 특이한 발전 때문이기도 했다. 부기족과 마카사르의 갈등, 그리고 네덜란드 동인도회사에 대한 부기족의 이중적인 처신은 지역이 심각하게 분열되는데 기여했으며, 이는 술라웨시의 엘리트들이 끊임없이 망명을 떠날 수밖에 없게 만들었다. 이런 상황에서 와조크 출신인 아룽 싱캉Arung Singkang(1700~1765)처럼 출세의 길을 걸은 사람은 이들 가운데 별로 없었다. 그는 결혼과 정복 활동을 통해 보르네오 동부 해안에서 새로운 권력 기반을 구축했으며, 이 기반을 통해 그의 고향에서 권력을 장악하기 위해 여러 차례 봉기를 일으켰다. 1730년대에 그는 이 지역에서 해적 선단의 선장으로 이름을 날렸다.[184] 리아우섬에서 부기족이 경제권을 장악한 것은 이보다 더 전형적인 사례인데, 부기족은 그곳에서 상권뿐 아니라 광산들까지 점차 장악해 갔다. 이러한 활동을 기반으로 해서 부기족 디아스포라 집단은 말레이 제도 서부에서 가장 강력한 경제력을 가진 토착 세력으로 성장했다. 1720년대 이래로 그들은 조호르-리아우 술탄국에서 지대한 영향력을 행사했는데, 부기족의 한 인물은 국가에서 서열 2위에 속하는 고위직(얌투안 무다Yamtuan Muda)을 맡았던 적도 있었다. 17세기 후반 이후에는 말레이반도의 셀랑고르와 클랑에 부기족만의 정착촌이 생겨났다. 같은 시기에 보르네오의 동부 해안에는 부기족이 새로 개척한 수많은 정착촌이 번성했는데, 싱캉은 이런 상황을 잘 이용할 수 있었다. 마카사르족도 유사한 상황에 있었다. 술라웨시에서 일어난 갈등은 민족 집단들 사이에서 전개되었기 때문에 그들은 부기족과 비슷한 상황에 놓여 있었지만, 수적으로는 부기족처럼 많지 않아 대등한 경제 세력으로 성장할 수는 없었다. 그러므로 장기적으로 볼 때 부기족과 마카사르족의 공동 디아스포라가 형성되었는데,[185] 아마도 이것은 유럽인의 시각에서는 이들이 별 차이를 보이지 않았다는 사실 때문이기도 했다.

경제구조의 변화

이러한 정치적·사회적·민족적 발전의 결과 말레이 제도의 경제구조도 근본적으로 변했다. '상업의 시대'에 이루어진 경기 호황은 무엇보다 환금작물에 대한 수요가 증가했다는 사실, 그리고 그 생산물이 점점 더 세계시장을 겨냥하기 시작했다는 사실과 연관되어 있다. 수마트라와 보르네오의 후추 경작이든 말루쿠의 정향이든 아니면 반다섬의 육두구이든 간에 이들 작물의 경작은 강화되었다. 향신료와 달리 전적으로 중국의 수요에 달려 있었던 임산물과 수산물의 채집도 이전보다 훨씬 강화되었다. 이렇게 특정 작물에 대한 수요가 증가하자 어떤 작물을 중점적으로 재배할지가 부분적으로 달라졌다. 예를 들어 설탕이 중국 시장에서 높은 가격으로 판매되기 시작하자 자와의 후추 농사는 사탕수수 재배에 밀려나기 시작했다. 마찬가지로 안식향이 채취되던 나무는 내륙 지방에서뿐 아니라 북부 수마트라에서도 재배되었는데, 특히 수출을 목적으로 한 재배가 점점 증가했다. 마지막으로 육두구의 경작 면적을 확대하려는 시도가 네덜란드 동인도회사의 강력한 억제에도 끊임없이 지속되었다.

환금작물의 비중 증가는 당시까지 알려지지 않았던 거대한 자본 축적과 부의 집중 현상을 초래했다. 사회적 측면에서 보면 몇몇 개인이나 가문들이 엄청난 재산을 벌 수 있었다. 경제 지리의 측면에서 보면 수출 중심지와 무역 거점 지역들의 권력이 크게 증대되었다. 특히 이들 지역은 직물 거래에서 뚜렷하게 역량을 발휘했는데, 이는 동남아시아 도서부에서 이들 지역이 차지하는 중요성이 커지는 토대였다. 이 무역 중심지들은 번영을 누리면서 호황기의 부를 널리 확산시켰다. 수입된 인도산 직물은 이 지역들로부터 향신료를 생산하는 섬들의 가장 외진 지역에까지 도달했다. 동시에 이 무역 중심지들은 농업 분야의 구조 조정에까지 영향을 미쳤다. 그들은 필요한 식량을 수입함으로써 특히 자와처럼 쌀이 남아도는 지역에서 식량 수출을 추진하도록 자극을 줄 수 있었다. 이러한 발전은 말루쿠와 같은 환금작물 경작지들이 무역 수요에 반응하기 위해 점점 더 전문화하면서 그들이 연관된 무역 네트워크에 점점 더 종속되게 하는 데도 간접적으로 기여했다. 전체 촌락공동체는 점차 자급자족경제에서 수출형 경제로, 그리고 물물교환경제에서 화폐경제로 옮겨갔다.

유럽에서 팽창해 온 세력이 무역 거점 도시들을 장악하지 않는 한, 이러한 축적 과정에 관한 통제권은 대부분 지역 통치자의 손에 놓여 있었다. 그 사실을 입증해 주는 가시적인 현상은 동남아시아 도서부의 술탄 대부분이 독자적인 화폐, 특히 금화를 주조했으며, 이 화폐들이 때때로 광범위하게 유통되었다는 사실이다. 금으로 된 화폐인 마스mas는 말레이 제도 전체에서 유통되었는데, 그 가치는 많은 지역에서 처음에는 에스파냐 페소(에스파냐 달러 Real de a ocho)와 대등하게 취급되었으나, 유럽인들과 교역하는 일이 증가하면서 대부분 폭락해 이전 구매력의 절반으로, 심한 경우에는 4분의 1로 떨어졌다.[186] 화폐가치가 이렇게 추락한 이유는 마스 안에 포함된 금의 비율이 줄어들었고, 금융정책이 잘못되었으며, 현지 시장에 대한 유럽인들의 압박이 증가했기 때문이다. 마스 외에 초지역적으로 유통되는 제2의 동전이 에스파냐 페소였다. 점점 더 조밀해져 간 지역 간 관계망은 심지어 중앙관청 없이도 최소한 단일한 통화가 사용되는 공간이 형성되는 단초를 제공했다. 네덜란드인들은 이 지역에 자신들의 화폐가 단일 통화로 사용되도록 관철할 수 없었으므로, 지역의 무역을 독점하겠다는 야망에도 불구하고 이러한 상황에 적응해야 했다.

의심할 여지없이 동남아시아 도서부에 커다란 영향을 미친 경제적 대변동이 일어나게 하는 데 주도적인 역할을 수행한 것은 유럽인들이었다. 이러한 사실은 아시아 무역에서 지배적인 지위를 차지하지는 못한 포르투갈인들에게도 적용된다. 여하튼 유럽인들은 몇몇 분야에서는 추가적인 구매력으로 작용했기 때문에 특정 분야의 강화와 집중이라는 역동적인 과정이 진행되게 했다. 에스파냐인들이 아메리카와 마닐라를 잇는 노선을 통해 금과 은을 수입하자 이 과정은 더욱 강화되었다. 그러나 무엇보다도 네덜란드인들은 유럽 시장의 특별한 관심에 부응하기 위해 특정 물품의 유통 경로를 변경할 수 있었다. 물론 이 경우에 관련 품목은 무엇보다 향신료였으며, 거래되는 양도 그렇게 대규모는 아니었다. 직물과 같은 대규모 분야에서는 이를 통제하려는 시도가 실패했다. 여기서 네덜란드인들의 무역 정책이 미친 간접적인 영향을 간과해서는 안 된다. 예를 들어 네덜란드인들이 말루쿠와의 교역망을 완전히 통제하려고 하자, 배후 지역의 잉여농산물을 동아시아로 수출하던 자와 북동부의 항구도시들이 차지하던 입지가 부분적으로 약화되었다.

물론 농업이 시장 지향적으로 구조를 조정하게 하는 데 가장 지대하고 지속적인 영향력을 행사한 것은 동인도회사들이었다. 자와의 설탕 생산이 대부분 중국의 수요에 기인한 것이라면, 수마트라와 말레이반도에서 고무 생산이 증가한 것은 주로 유럽에서 수요가 증가했기 때문이다. 이는 본질적으로 유럽 측이 동남아시아 도서부의 농업에 들여온 담배와 커피, 그리고 나중에는 차의 경우에 훨씬 더 잘 해당하며,[187] 이로써 대농장 경영으로 가는 결정적인 첫걸음이 시작된다. 이 지역에서 이루어진 이러한 발전의 돌파구는 네덜란드 식민 당국이 국가가 조직한 경작 시스템을 도입한 19세기에 열렸다.

조직상으로 유럽인들은 그동안 동남아시아인들이 사용해 왔던 모델을 차용해 지역에서 그들의 무역 시스템이 이루어지는 중심부에도 항구도시들을 배치했다. 이러한 경향은 처음에는 포르투갈의 믈라카에서 시작해 네덜란드의 바타비아, 에스파냐의 마닐라로 이어졌는데, 이 모든 도시는 다른 항구들로 뻗어 있는 광범위한 무역 교역망의 중심이 되었다. 이때도 무역에서 독점적인 지위를 확보하려는 통치자의 의욕이 핵심 원동력이었다. 물론 이러한 독점적 지위는 안정적인 이익을 보장해 주는 조건을 창출하기 위해서일 뿐 아니라, 중요한 상품들이 전적으로 유럽으로 흘러들어 가도록 유도하기 위해 사용되었다. 그런 측면에서 무역 거점 도시들은 원칙적으로 '닫힌' 곳이었다고 말할 수 있다. 하지만 여러 가지 측면에서 유럽이 장악한 항구도시들은 여전히 상품 집산지로서 기능했다. 특정 그룹의 규제와 보호, 촉진이라는 근본적인 모델은 유럽의 행정 기구하에서 항구도시들이 갖는 무역 거점으로서의 기본적인 기능과 함께 계속 유지되었다.

유럽인들이 지역의 무역구조에 간접적인 영향을 준 사례 가운데 하나는 유럽인들이 그들의 지배권을 주장하려는 의도에서 아시아의 기존 교역로를 회피한 것이다. 특히 네덜란드인들은 사실상 몇몇 영역을 지배할 수 있었지만, 그 영역에서 완전한 독점은 달성할 수 없었다. 말루쿠의 향신료 무역에서조차 네덜란드인들의 통제를 받지 않는 새로운 경작지와 새로운 교역로, 새로운 집산지들이 계속해 등장했다.[188] 네덜란드 동인도회사가 이러한 '불법적인' 재배와 암거래를 얼마나 자주 강력하게 단속하려고 했었는지를 살펴보면 이것이 아시아 내부의 교역에서 차지하던 비중과 중요성을 잘 알 수 있다. 네덜란드인들의 통제를 피하는 길은 도시나 항구에만 있었던 것이 아니다. 예를 들어 술라웨시와 숨바와 사이에 있는 작은 돌섬인 보네라테는 '암거래상들'이 자주 사용하는 기지가 되었는데, 이는 특히 부기족의 무역에 기여했다.[189] 그 밖에 보르네오의 동부 해안에 있는, 부기족이 지배하던 몇몇 항구도시처럼 소규모 정착촌도 등장해 무역 거점의 기능을 수행했다.

동남아시아 도서부에서 진행된 내부적인 구조 변화와 마찬가지로, 지역이 세계시장에 통합된 것은 유럽인들만의 작품이 아니었다. 유럽인들이 기여한 것은 이미 시작된 과정을 가속화한 것이었다. 지역에 있던 유럽인들의 중심지들은 동남아시아 도서부를 아시아의 기타 거대 경제권과 연결하는 경첩과 같은 기능을 수행했다. 중국과의 무역 관계는 바타비아나 기타 인도네시아 항구도시에 있던 중국인 디아스포라, 그리고 마닐라 및 마카오 인맥을 통해 이루어졌다. 네덜란드인들의 '지방 무역'은 서방, 즉 인도나 페르시아 및 아라비아 지역으로 가는 소통로에 속했는데, 이 무역은 절대 단절된 적이 없으며 늘 새로운 상품으로 계속 활성화되었다. 점차 확장되던, 유럽인이 지배하는 세계시장과의 접촉은 아시아를 거치면서 더욱 빠르고 직접적이 되었으며, 이를 통해 한층 증가한 수요를 충족할 수 있었다. 16세기에서 18세기 사이의 동남아시아 도서부에서 유럽인들의 존재가 지녔던 진정한 의미는 이처럼 세계화 과정을 촉진했다는 데 있다고 볼 수 있다.

동남아시아 도서부에서 '초보적 수준의 국가'에 속했던 민족들

동남아시아의 대륙부에서와 마찬가지로 도서부에서도 국가조직이 없거나 취약했기 때문에 거대 권력 중심지의 주변부에 사회적·경제적·정치적 조직이나 자연종교를 특징으로 하는 수많은 부족이 살고 있었다. 하지만 여기서도 다양한 등급의 '주변부'가 있었다는 사실을 고려해야 한다. 예를 들어 수마트라의 바탁이나 술라웨시의 토라자족은 보르네오의 '헤드헌터'[21]보다 복잡한 사회구조를 보여 주었지만, 19세기에 결국 식민지 세력이 침투할 때까지 역동적으로 발전하는 신세계로부터 완전히 아무런 영향도 받지 않은 것은 아니었으며, 그 주변에서 계속해 움직였다.

예를 들어 말레이 제도의 북서부 끝과 남동부 사이에 있는 외딴 섬들의 술탄국과 부족체들은 국가도 아니고 '부족사회'도 아닌 그 중간 형태에 있었다. 그러나 아루 제도, 카이섬, 타님바르 같은 지역들은 이미 언급된 제국 형성 과정이나 해양 무역의 교역망에 연결되어 있었다. 그들 대부분은 적어도 좀 더 넓은 영토와 강한 권력을 가진 술탄을 상대로 주군과 봉신의 관계를 맺고 조공을 바쳤다. 사료를 통해 입증하기가 매우 어렵거나 간접적으로만 입증할 수 있지만, 여러 가지 정황은 유럽인들이 섬차 지역의 무역을 독점하려고 시도하면서 지역의 농업과 상업을 재편성하려고 하자 그들이 지역 환금작물의 원산지로 발전해 갔다는 사실을 입증해 준다. 이런 관점에서 볼 때 유럽인들의 진출이 점차 빈번해지면서 주변적인 지역의 통합이 더 증가했을 것으로

21 여기서는 오늘날의 사전적 의미가 아니라 문자 그대로의 의미로 쓰인다. 즉 고급 인력을 스카우트하는 사람이 아니라, 사람을 사냥해 머리를 취하고 보존하는 사람을 가리킨다.

추정된다.

숲이나 산악 지대, 역동적인 해안 지방의 내륙 고원 지대처럼 접근할 수 없거나 국가라는 구조와는 거리가 먼 종족들이 거주하는 지역은 주변이기는 했지만, 그렇다고 그 종족들이 완전히 고립되었다는 뜻은 아니다. 예를 들어 오랑아슬리족(말레이 제도의 내륙 지방에 살던 여러 부족을 통칭하는 근대적인 집합 개념이다.)은 기원전 1세기 무렵에 인도인들이 이 지역에 대량으로 이주해 오던 시기에 산악 지방으로 밀려들어 갔다. 그런데도 그들은 동남아시아 해안 지방과 끊임없이 교류하면서 자신들이 채취한 목재나 고무 같은 임산물을 직물이나 철 같은 동남아시아의 교역 상품들과 거래했다. 그러나 무슬림 술탄국의 성장은 그들 입장에서는 그들의 물품에 대한 수요 증가를 의미했을 뿐 아니라 노예가 될 위험 역시 커진다는 것을 의미했다. 그렇기 때문에 그들은 술탄국의 정복 활동으로부터 안전한, 깊숙한 내륙지역으로 계속 이주했다.

바탁족은 특히 수마트라의 내륙에 고립된 채 살았다고 전해지지만, 이는 1824년에 처음 '바타Batta(바탁족)'의 땅에 발을 디딘 유럽인들의 경험에 의지한 시각이다. 하지만 식민주의 시대 이전에는 그 어떤 팽창 세력도 토바 호수 근처의 바탁 영토를 자기 통치하에 두는 데 성공한 적이 없었다. 이슬람 세력조차 프로테스탄트 선교사들과 직접 경쟁하던 19세기에 와서야 비로소 대부분의 바탁족에 접근할 수 있었다. 그러나 바탁족은 상업적으로 융성했던 해안의 제국들과는 오랫동안 교역 관계를 유지해 왔다.[190] 왜 중국이나 유럽인들이 남긴 여러 보고서에 바탁족이 봉신이나 조공 의무를 가진 준국가로 분류되는 것으로 추정하게 하는 내용이 들어 있는지, 그 근본적인 이유를 여기에서 찾을 수 있을 것이다.

열대우림 지역 내부의 도로 상황이 매우 좋지 않았기 때문에 대부분의 외지인은 말레이식 집합 명사로는 다약족으로 지칭되는, 보르네오 원시림의 주민들에게 접근하기가 매우 어려웠다. 임산물과 후추 등을 보르네오에 수출하고 지역의 무역 중심지를 통해 대부분 중국이나 중국인 디아스포라의 공동체들에 전달했다는 사실을 보면, 다약족조차 분명히 동남아시아의 교역망에 연결되어 있었음을 알 수 있다. 18세기에 다약족이 거주하던 정착지는 반자르마신에 조공 의무를 가진 것으로 여겨졌으며, 가장 큰 부의 원천은 그곳에서 생산한 후추의 수출이었다. 게다가 다약족은 그들의 해적 활동을 통해서도 '외부 세계'와 접촉했다.

술라웨시 남부의 중앙 고지대가 고향이던 토라자족은 마카사르와 부기 술탄국이 이 지역을 정복하고 이들을 이슬람으로 개종하게 하려고 시도하기 전에 더 멀리 떨어진 외진 지역으로 피신했다. 부기족은 그들을 공식적으로는 루욱 왕국의 백성으로 간주했지만, 그들은 이슬람을 그들의 전통적인 적들이 믿는 종교로 여겼다.[191] 보르네오와 술라웨시, 필리핀 사이의 바다에서 이리저리 떠돌았던 바자우족의 정치적 지위가 어떤 것이었는지도 지역의 발전을 위해 매우 중요하지만, 유감스럽게도 대단히 불명확하다. 그들 역시 마카사르나 술루의 신하 또는 전사로 지역의 권력 정치 과정에 연루되기는 했다. 나아가 그들은 해산물의 공급자로서 무역망, 특히 중국 시장을 향한 무역에서 중요한 부분을 차지했다. 자신들의 상품을 판매하던 항구도시들을 네덜란드인들이 장악했을 때도 달라진 것은 없었다. 그러나 이런 부류의 많은 부족과 마찬가지로 그들은 유럽 무역 세력의 대리인들에게는 거의 눈에 띄지 않아 당시 대부분의 문서 자료에는 기록되지 않았다. 하지만 그들은 동남아시아 도서부에 독특한 측면을 부여하는 과정에서, 다시 말해 제국을 형성하는 과정과 해양 무역의 연결 고리를 형성하는 과정이라는 '이중의 과정'에서 중요한 역할을 수행했다.

4 일본과 중국의 연결

우리가 집필하는 이 '세계사'에서는 지역들 사이의 상호작용이 중요한 역할을 수행하며, 따라서 이들 지역은 각각 부를 달리해 서술된다. 그래서 앞서 다룬 장에서는 동남아시아와 인도아대륙, 이슬람 세계, 유럽, 아메리카의 관계를 반복해 다루었다. 이미 동아시아와의 접촉이나 연결망도 언급했다. 이러한 접촉과 연결망들이 여기서 다룰 동아시아 공간에 매우 중요한 의미를 갖기 때문에 일본과 중국으로 가는 길과 연결망을 상세하게 서술할 것이다. 일본이 해양을 통해 가지고 있던 교역망 전반에 대해 조망도 할 것이다. 이러한 구조로부터 동남아시아 공간과 일본의 특별한 관계가 설명되기 때문이다.

외부 세계와 일본의 해상 접촉

이 책에서 다루는 시기에 일본은 이전 시대와 마찬가지로 항상 중국과 문화적·경제적 접촉을 지속해 왔다. 일본인들이 문자를 표기하는 서체인 간지漢字는 중국에서 기원했다. 서예와 묵화뿐 아니라 건축양식이나 정원 디자인도 중국에서 들여왔다. 사회제도와 가치 질서를 각인한 유교도, 일본의 고유한 토착 종교인 신토를 제외하면 가장 중요한 종교인 불교도 중국에서 도래했다. 그러나 중국에서 수입되었지만 완전히 독특한 일본적 특성을 갖게 되었고, 일본의 정신세계와 문화생활에 결정적인 영향을 미친 선종 불교는 특히 중요한 의미를 갖게 되었다.

중앙의 조정이나 지역 모두 중국과 상업적 관계를 맺었다. 하지만 중국이 무역을 조정하고 제한했기 때문에 상인들은 (적어도 중국의 공식적 입장에서 볼 때는) 불법적인 경로로 사업을 시도해 밀무역이나 해적 활동의 형태를 띠기도 했다.

13세기에는 몽골족이 중국을 정복해 원 제국을 세우고 한반도까지 진출함으로써 일본도 마찬가지로 침략의 위험에 처했다. 중국의 새 왕조인 원은 1268년부터 일본이 원의 지배에 복종하라고 요구했다. 이것이 이루어지지 않자 1274년과 1281년에 원의 함대가 일본을 공격했다. 하지만 이 침략은 일본의 저항과 강한 태풍인 '신풍'에 직면해 실패로 돌아갔다. 이 사건으로 인해 일본과 중국의 무역 관계는 잠시 단절되었으나, 곧 재개되었다. 아시카가 막부는 원을 계승한 명 왕조를 상대로 조공 제도의 틀 안에서 중국의 지배를 인정하기로 합의했다. 명 황제에 대한 존경심을 입증하기 위해 일본 사절단이 선물을 가지고 중국의 궁정을 방문했을 때, 그들이 받은 선물은 굴복적인 역할 분담을 수용하는 대가로는 과분할 정도로 진기한 것들이었다. 금과 구리, 유황 같은 원자재, 그리고 칼이나 부채, 우산, 칠기 등의 수공예품을 선물한 대가로 일본 사절들은 동전, 생사와 비단, 면사, 도자기를 답례품으로 받아 일본으로 가져왔다.

이러한 공식적인 교역은 막부와 선불교의 대사원이 조직했다. 나아가 몇몇 지방 제후, 특히 서부의 다이묘들은 독자적으로 중국의 협력자들과 거래했다. 해적 활동도 계속되어 이들의 강력한 선단이 중국의 해안 지방을 습격했다. 이 해적들은 다양한 집단으로 구성되었는데, 일본인만 있었던 것이 아니라 한반도인과 중국인, 동남아시아인, 그리고 나중에는 심지어 포르투갈인까지 있었다. 중국인들은 이를 구실로 일본인들이 중국 영해에 들어오는 것을 원천적으로 금지했다. 이것이 15세기와 16세기에 일본과 중국의 접촉이 빈도가 점점 낮아지다가 결국 완전히 중단된 이유 가운데 하나였다. 또한 아시카가 막부의 권력이 약화되어 일본의 주도권을 둘러싸고 여러 세력이 서로 치열하게 싸우는 시기가 시작된 것도 또 다른 이유였다. 중국 조정으로 공식적인 사절단을 파견하는 횟수가 점차 드물어졌다. 다이묘들의 경제적 접촉은 계속되었지만, 중국 측은 이를 공식적인 사절단과 대등한 것으로 인정하지 않았다. 다이묘들에게는 일본의 통치자라는 권위가 부여되지 않았으므로 그들은 조공 제도에서 아무런 역할도 수행할 수 없었기 때문이다.

일본과 중국 사이의 문화적·경제적 접촉에서 한반도가 일종의 교량 역할을 수행하는 경우가 많았다. 하지만 한반도 자체와도 경제 관계가 있기는 했는데, 이 경우는 밀무역이나 해적 활동의 형태를 띠는 사례가 많았다. 한반도와는 쓰시마를 경유해 공식적으로 접촉했는데, 이 섬은 한편으로는 일본에 속해 있었지만, 다른 한편으로는 일종의 조공 제도를 통해 한반도와 연결되어 있었다. 16세기 말에 전국시대가 끝나면서 전 일본을 거의 통일한 도요토미 히데요시는 1592년과 1597년의 두 차례에 걸쳐 조선을 공격했다. 두 차례에 걸친 침공은 조선인들의 저항과 중국의 간섭에 막혀 실패로 끝났다. 일본의 오랜 내전을 완전히 종식시키고, 에도(오늘날의 도쿄)를 수도로 해서 중앙집권적인 통치 체제를 수립하는 데 성공한 도쿠가와 막부는 조선과의 무역 관계를 재개했다.

16세기 중반에 일본의 해안에 등장한 새로운 주역은 포르투갈 선원들이었다. 그들은 여러 가지 이유에서 일본인들에게 환영을 받았다. 첫째, 그들은 중간상인으로서 일본에 중요한 중국과의 상거래를 성사시킬 수 있었다. 극심한 분열과 치열한 경쟁으로 점철되어 있던 일본의 정치 지형에서 무역 활동으로 얻는 수익은 자기들의 입지를 강화하는 데 대단히 유익했다. 바로 그렇기 때문에 일본의 다이묘들은 포르투갈인들을 자신들의 항구로 데려가려고 애썼다. 이 경우 그들의 해안이 중국해에 접한 남부의 다이묘들이 지리적 이점을 갖고 있었다. 나아가 그들 가운데 일부(예를 들면 나가사키의 오무라 스미타다大村純忠)는 선교 활동을 허용했을 뿐 아니라 자신은 물론 전 백성을 기독교로 개종하게 함으로써 서양인들과의 관계에서 전략적으로 유리한 지위를 차지했다. 기독교도가 된 다이묘들은 이러한 개종으로부터 유익한 부수적 효과도 얻었는데, 예수회와 좋은 관계를 맺은 덕분에 무역이 증가한 것이었다. 기독교는 일본의 일부 지역에서 정치적·군사적으로 강력한 입지를 구축하고 있던 불교의 다양한 종파들을 견제하는 균형추로서의 기능 때문에라도 일본의 국내 정치적 관점에서 환영받았다. 마지막으로 포르투갈인들에 대한 관심은 이들이 총기를 익숙하게 다루며 군사기술을 보유하고 있다는 점 때문이었는데, 포르투갈인들과 접촉해 군사기술을 얻는다면 당시에 끊이지 않던 내전에서 그 유익함이 말할 나위가 없었기 때문이다.

이 시기에 일본은 대외무역을 허용했을 뿐 아니라 적극적으로 가담했다. 1543년에서 1639년 사이의 기간은 유럽인들의 등장뿐 아니라 일본이 국경을 넘어 외부 세계에 문을 활짝 열고 그에 걸맞게 적극적으로 접촉을 시도한 매우 특징적인 시기였다. 중국은 진짜 일본 해적이나 일본 해적으로 간주한 자들을 일종의 위협으로 인식해, 동쪽에서 오는 상인들이 중국의 항구에 들어오지 못하도록 봉쇄했다. 하지만 동남아시아나 심지어 이보다 더 먼 지역과의 원거리 무역은 여전히 가능했다. 일본 상인들은 그 지역에 있는 일련의 항구도시에 독자적인 상인 공동체를 구축했다. 일부 다이묘는 대외무역을 통해 짭짤한 수익을 올렸다. 예수회 선교사들은 특히 규슈섬 남부 지방에서 활발하게 활동한 반면에, 총포의 출현은 더 강력한 다이묘들이 대두하는 데 기여했다. 결국 그 다이묘들 가운데 한 명, 즉 도쿠가와 이에야스가 1600년에 경쟁자들을 제압하고 훗날 새로운 막부를 설립할 수 있었다.

이러한 대외무역의 분위기 속에서 이제 서방과의 접촉은 다른 관점에서 보이기 시작했다. 한때는 유용했던 것들이 이제는 위험해 보였다. 왜냐하면 서방과의 접촉은 이제 겨우 달성한 국가 통일과 자신들의 지도적 지위에 위협이 될 수 있다는 판단에서였다. 다른 다이묘들이 중요한 수입원인 대외무역에 접근하는 것을 막기 위해 쇼군인 이에야스는 해양 무역을 독점하고 엄격한 규제를 도입했다. 신부들과 교황에게 경쟁적인 충성을 표하는 가톨릭교회는 중앙 권력의 권위를 위협했으며, 타 종교에 대한 불관용 때문에 위태로운 소요를 촉발하기도 했다. 이미 16세기 말에 산발적으로 발생했던 일본인 기독교 신자와 외국 선교사들에 대한 박해가 점차 증가했다. 예수회와는 다른 선교 전략을 추구하는 에스파냐의 프란치스코회 선교사들이 필리핀에서 일본으로 건너오자, 일본이 가지고 있었던 유럽에 관한 이미지는 복잡해졌다. 네덜란드와 잉글랜드의 선원들이 나타나 그들의 시각에서 에스파냐인과 포르투갈인들의 의도와 행동을 알려 주자, 일본인들은 더욱 부정적인 태도를 취했다. 막부가 아메리카와 아시아에서 유럽의 식민 지배에 대해 얻은 정보들은 선교사들이 군사적 침략의 선발대라는 결론을 내리게 했다. 게다가 주로 일본 기독교도들이 주도한 사회적 봉기들의 발생은 기독교를 탄압하는 계기가 되었다. 결국 1639년에 포르투갈인과 선교사들은 추방되고 기독교도들은 유혈 탄압을 받았다.

일본은 한때 그들이 원했던, 외부 세계를 상대로 한 접촉을 모두 끊었다. 물론 무역은 중요했기 때문에 완전히 단절할 수는 없었다. 그래서 막부는 유럽을 향한 작은 소통 창구는 계속 유지하도록 조치했다. 통제된 쇄국의 시기가 시작되었다. 하지만 무역 독점은 유럽인들과의 접촉에만 해당하지 않았다. 다이묘들의 수입이 줄어들게 하기 위해 쇼군은 조선인이나 중국인들과 접촉하는 것도 통제했다. 그들과는 상황을 파악할 수 있는 지역에서 규제와 감시를 받을 때만 접촉할 수 있었다. 네덜란드인들의 체류는 나가사키만에 있는 인공 섬 데지마로 제한되었으며, 중국인들과의 교역도 이 항구에 집중된 반면에, 조선과는 도쿠가와 막부 치하에서도 쓰시마섬을 통해 교역했다.

류큐 제도

류큐 제도(오늘날의 일본 오키나와현)는 북쪽으로는 일본, 남쪽으로는 대만 사이에 위치한다.[192] 수 세기 동안 류큐 제도는 중국과 일본 사이의 접촉을 구축할 뿐 아니라, 두 나라가 동남아시아나 나아가 아메리카나 유럽에까지 간접적으로 접촉할 수 있게 중개해 주는 중요한 초지역적 무역 허브였다. 이러한 상황은 류큐 제도에 상당한 경제적 번영을 가져다주었다. 이곳에 온 상인들은 동남아시아의 대륙부나 도서부의 여러 지역에 무역 거점을 구축했다. 또한 그들은 중국이나 일본이 대외무역을 제한했을 때 그러한 제한 정책으로부터 이득을 보았다. 류큐 제도에는 12세기에 처음으로 통일된 왕국이 탄생했다. 이 왕국은 이후 수백 년 동안 여러 차례 몰락했지만, 반복해 새롭게 재건되었다.[193] 이미 14세기 초에 중국의 명 황제는 조공 제도의 틀 안에서 류큐 제도의 한 왕국과 관계를 맺기 시작했다. 그런데 이 관계는 매우 유익해 쇼 왕조는 1429년에 지역의 섬들을 재통일해 단일 왕국을 세울 수 있었다. 나하에 있는 무역항의 바로 바깥에 있던 슈리성이 왕국의 중심이 되었다. 그들의 대외 관계는 시암과 믈라카, 자와로까지 확장되었다. 나아가 이러한 소통로를 통해 유입된 것은 상품만이 아니었다. 다양한 지식과 사상들이 이 경로를 통해 전파되었으며, 어느 정도의 인적인 상호 교류도 있었다.

조공 사절단들을 통해 가능했던, 중국을 상대로 하는 무역은 특정한 행사나 시기로 제한되어 있었다. 중국에서 황제가 사망하고 새 황제가 등극했을 때, 그리고 류큐에 새 왕이 등극해 중국 황제에게 적절한 승인을 받아야 할 때는 사절단이 중국으로 들어갈 수 있었다. 그러나 상인들은 이런 행사가 없는 시기에도 경제적인 교류를 계속하는 데 관심이 있었기 때문에 불법적인 활동이나 밀매, 해적 활동도 발생했는데, 중국의 시각에서 볼 때 이런 활동들은 별 차이가 없었다. 15세기 중반에 정화가 대항해에서 돌아온 이후 명 왕조가 적어도 공식적으로는 대외 접촉을 대폭 거부하고 국가의 시선을 내부로 돌리자, 이로부터 류큐 제도는 반사 이익을 얻었다. 반면 1597년에 이러한 규제가 완화되자 류큐 제도는 큰 타격을 입었다. 동아시아와 동남아시아 간의 소통에서 허브 역할을 했던 그들의 중요성이 줄어들었기 때문이다.[194]

16세기 말에 한반도를 침공한 히데요시의 시도 역시 류큐 제도에 심대한 영향을 미쳤다. 히데요시는 자국의 한반도 침공을 위한 병참 지원을 류큐 왕국이 제공하리라 기대했으나 거절당했다. 얼마 후에 수립된 도쿠가와 막부는 이러한 모욕에 대한 대응으로 규슈의 사쓰마를 다스리는 다이묘에게 압박을 가해 류큐를 군사적으로 정벌하게 했다. 사쓰마 다이묘의 군대는 1609년에 류큐 왕국을 무너뜨리고 조공 의무를 진 속국으로 만들었다. 하지만 그들은 형식적으로는 류큐 왕국이 독립을 유지하도록 허용했는데, 이는 류큐를 통한 무역이 예전과 다름없이 계속 진행될 수 있게 하기 위한 것이었다. 사쓰마는 이러한 정책을 통해 자신들이 에도에서 독립된 독자적인 대외무역을 추진할 가능성을 가지게 되었다.[195]

중국의 황제가 류큐를 계속해 자신에게 조공할 의무가 있는 왕국으로 인식하는 동안에 류큐는 이제 에도에 있는 도쿠가와 막부에 정식으로 종속되었다. 류큐는 정기적으로 두 방향으로 사신들을 보내 자기들의 충성을 과시해야 했다. 2년마다 류큐에서 조공선을 중국 본토에 있는 복건성으로 파견해야 했는데, 그곳에는 류큐 왕국의 거점이 있었다. 일본 내부의 정치적 맥락에서 류큐인들은 네덜란드인이나 중국인과 마찬가지로 에도성으로도 사절단을 파견할 의무가 있었다. 그러나 에도에 새로운 쇼군이 취임했을 때나 슈리의 왕이 바뀌었을 때는 이 절차를 제대로 이행하지 않았다. 또한 막부는 류큐에서 오는 사신들에게 중국 의상을 착용하도록 요구했다. 이러한 사실은 당시에 그들이 류큐인들을 일본인이 아니라 종속된 봉신으로 간주했다는 것을 분명하게 보여 준다.[196]

중국의 남부 해안과 중국해

14세기 중반은 중국의 해양 교역사에서 중요한 전환기였다. 1368년의 명 왕조 수립은 바로 이러한 점에서 중국사뿐 아니라 동남아시아의 역사에 결정적인 전기였다. 근본적으로 중국은 남중국해에서, 항해에서, 그리고 해양을 통한 대외 접촉에서 양면적인 관계를 가지고 있었다. 남부 해안의 주민들은 늘 바다와 항해에 대해 열린 자세였지만, 중앙의 조정은 어떤 왕조이든 상관없이 원칙적으로 이와는 전혀 다른 방향을, 즉 내륙을 지향하는 정책을 추구했다. 이러한 자세 때문에 중국 제국은 해양을 통한 외부 세계와의 접촉에서 고립되었고, 이러한 상황은 오래 지속되는 경우가 많았다. 하지만 명이 수립되기 직전에 중국 남부는 원 왕조가 해상무역에 비교적 관용적인 자세를 보인 시기를 보냈다. 경제적 팽창과 항해술의 도입으로 복건성과 그 주요 도시인 광주와 하문(샤먼)은 남중국해 전 지역의 중심지로 떠올랐다. 이곳은 동중국해와 남중국해를 연결하는 핵심 교차점으로 발전했다. 육로로 중앙아시아를 거쳐 유럽으로 가는 비단길을 대체할 수 있는 '바다 위의 비단길'이 여기에서 출발했는데, 이는 다양한 노선들로 이루어진 매우 중요한 교통로였다. 또한 바로 여기에서 수많은 중국 선원과 상인들이 초지역적인 교역 시스템을 이용해 커다란 수익을 올릴 수 있었다. 브로델, 프랑크, 아부루고드 같은 많은 저자는 이 교역 시스템을 초기 세계 체제로 묘사했다.

명 왕조의 수립은 해양을 통한 중국과 동남아시아의 접촉이라는 면에서 근본적인 전환을 의미했다.[197] 물론 이 전환은 급격히 진행된 것이 아니라 수 년 동안 지속된 과정이었다. 개인적으로 진행하는 해상 거래는 몇 년 더 허용되었지만, 14세기에는 완전히 금지되었다. 토지에 의지한 권력 정치를 지향했던 왕조가 해상 교역에 무관심했던 것도 중요한 이유이지만, 상업에 대해, 바깥의 야만인들과 접촉하는 것에 대해 유가의 엘리트 관료층이 보인 불신이 무엇보다 결정적이었다. 이익을 추구하는 교역 관계는 중국의 도덕적인 이상이나 문화적 우월성과는 어울릴 수 없는 것으로 보였기 때문이다.[198]

국가적 차원에서 중국은 명 왕조의 초대 황제가 조공 관계의 옛 전통을 회복시키고, 그의 후계자인 아들이 이를 해양 지역으로까지 확대했기 때문에 1430년대까지는 해양 무역에 계속 적극적으로 참가했다. 조정의 고위급 관료가 대규모 선단의 수장이 되어 해양 지역의 통치자들에게 파견되었는데, 그들의 복종을 받아 내고 '천자'에게 보낼 대규모의 조공 물품을 요구하려는 목적이었다. 그러나 이 조공 물품의 규모는 (대륙의 이웃 국가들에는 훨씬 강도 높고 세부적인 물품을 요구한 것과 달리) 일종의 교역과 같았다고 말할 만한 수준이었다. 중국이 해양으로 팽창해 갔던 이 짧은 시기를 가장 잘 표현해 주는 것이 바로 정화 함대의 탐험 여행이었다. 그런데 정화가 아직 살아 있는 시기였는데도 1433년에 이러한 해양을 통한 대외 관계는 종식되었다. 재정적인 이유에서 그랬던 것이 아니라면, 명의 제3대 황제가 1424년에 사망한 후 그의 후계자가 점점 더 내륙 지향적이 되었기 때문일 가능성이 높다.[199]

해군력을 전제로 한 정치를 신속하게 종식하면서 명 왕조는 결국 해양 세계로부터 고립되는 시기로 들어갔다. 국가 소유의 선단은 해체되고, 사적인 해양 교역은 금지되었으며, 해양 지역의 크고 작은 군주들에게서 수용되던 조공 관계는 현저히 축소되었다. 따라서 해양 무역에 관계되어 있고 해외 접촉을 계속 유지하던 중국 남부 주민들의 활동은 이러한 조치로 인해 불법적 활동으로 내몰렸고, 중국인들의 해외 정착이 증가했다. 명 왕조가 추가적인 제재 조치를 부과하자 해외에 오랫동안 구축되어 있던 상업 제국 중국의 정착촌들은 명실상부한 디아스포라 공동체가 되었다. 이렇게 해서 동남아시아에 있는 중국인 디아스포라의 핵심이 탄생했는데, 그 뿌리가 중국 남부였던 중국인 디아스포라는 그 규모가 계속해 커지고 경제적 중요성도 커져 갔다. 경제적 측면에서 사치품에 집중되어 있었던 양측의 상호 무역은 대중이 사용하는 일상적인 상품을 포함한 광범위한 품목을 가진 복잡한 무역 연결망으로 변화했다. 공식적인 차원에서는 '밀수'로 간주될 수 있지만, 국가의 공식적인 쇄국을 피해 외부와 거래할 가능성은 늘 존재했으며, 이러한 경로를 통해 중국 남부의 대외무역, 그리고 중국인 디아스포라와 그들의 모국 사이의 항구적인 교역 관계는 계속해 유지되었다. 이러한 사실 때문에 엄격한 쇄국은 이미 명 왕조에서도 지속적으로 유지될 수 없었다. 16세기와 17세기에는 체계적으로도 다소 느슨해지고, 가장 중요한 항구도시들은 아시아의 무역상들에게 다시 개방되었는데, 그러면서도 규제는 여전히 조심스럽게 유지되었다. 1567년 이후로는 사업 면허를 받은 중국 선박들이 완전히 합법적으로 해외무역에 나설 수 있었다.[200]

예를 들어 1618년에 기록된 중국의 한 사료는 중국 상선들이 정기적으로 운항한 두 개의 동남아시아 항로에 관해 서술한다. 서쪽 항로는 중국에서 남쪽으로 해안을 따라 수마트라, 자와, 발리, 티모르를 거쳐 마지막으로 칼리만탄 남동부에 이른다. 동쪽 항로는 중국 동남부에서 대만과 루손섬(필리핀)으로 가서 다시 남쪽으로 술루해, 술라웨시, 말루쿠에 도달했다. 그런데 항로의 거리와 몬순 기후는 이 경로를 항해할 때 한 곳 이상의 항구에 머무는 것을 허용하지 않았다. 태평양 횡단 무역에 연결되는 진입 지점이던 마닐라, 네덜란드 동인도회사가 중국 정크선에 개방했던 바타비아, 1730년대에 이들을 뒤따른 마카사르, 19세기 초에 이들을 뒤따른 자와 북부 해안의 네덜란드 항구들은 모두 이들 항로에서 특별히 고수익을 보장하는 목적지였다.

이러한 사실들을 배경으로 해서 중국의 역사가 응친케옹吳振強, Ng Chin Keong은 16세기 이후에 일어난 중국의 동남아시아 해양 무역과 이 지역에 대한 유럽 무역 세력의 팽창을 연결한다.[201] 비단과 도자기 혹은 차 같은 중국 상품은 유럽에서 수요가 대단히 많았으며, 그 수요는 계속 증가했다. 동남아시아에 있던 유럽의 무역 거점에서는 앞서 언급한 상품을 대량으로 실어 나르는 동시에 일상적인 소비 상품들도 공급해 주는 중국 정크선들이 크게 환영받았다. 유럽인들이 대량의 생활용 도기나 고급 금실과 종이 등을 직접 중국 제국으로부터 공급받은 것이 바로 이 항로를 통해서였다.

이 정크선들은 중국으로 돌아오는 길에 동남아시아의 지역 상품들을 싣고 왔는데, 이 상품들은 중국인들의 음식과 약제에서 널리 사용될 정도로 인기가 있었다. 이들 가운데에는 특히 해삼, 우뭇가사리, 새집, 상어 지느러미 등 다양한 상품들이 있었다. 거북이, 왁스, 등나무rattan 같은 것들도 중국인들이 정기적으로 찾는 동남아시아 상품이었다. 현지에서 이 상품들을 구할 때 유럽 상인들에게 의존하는 것을 막고 채집자들에게 직접 구입하기 위해 중국인들은 매우 신속하게 독자적인 교역망을 개발했다.

중국 정크선의 화물은 원칙적으로 여러 상인 혹은 여러 무역 회사의 상품들로 채워졌다. 이들의 상품을 선적한 후 남는 공간은 선주나 선장이 출항하기 전에 유망한 선적업자에게 제공했으며, 목적지에서 특정 상품을 구입해 선적하는 주문을 받기도 했다. 선장들은 다양한 투자자들의 대행인으로 활동할 수도 있었다. 정크선은 상인들과 그들의 직원들뿐 아니라 두 번째 승객 집단을 태우고 가는 경우도 많았다. 말레이 제도에서 행운을 찾으려고 무작정 떠나는 노동자들, 또는 이미 고향에서 계약 노동자로서 모집되었던 사람들이 그들이다. 17세기와 18세기에 이 중국 출신자들의 노동 이민은 아직은 자와 전체에, 특히 현지에서 중국인 투자자들이 설립한 설탕 제조업에 집중되었다.

복건의 항구에서 바다를 통한 무역이 시도된 이래로 이 항구는 선박업에 돈을 투자하고 그들 가문의 젊거나 낮은 지위의 구성원들을 해외에 파견했던 귀족 가문들이 장악하고 있었다. 명 왕조에서 청 왕조로 넘어가는 과도기에는 청Cheng 가문이 중국 남부의 무역 회사들 가운데에서 지도자의 역할을 맡았다. 그들의 지배는 18세기 초에 만주족이 행상行商[22] 제도를 도입함으로써

22 외국과의 무역을 독점했던 관허 상인들의 조합인 공행公行에 속한 상인을 가리킨다.

종식되었다. 중앙에서 통제하지만 분권적으로 활동하는 이 제도 안에서는 하문 항구에서 무역을 할 권리가 황제에게 특권을 받은 제한된 상인들, 이른바 양행洋行에만 국한되었다. 이 양행들은 해외무역을 전문으로 했으며, 예외 없이 전통적으로 부유하고 영향력이 큰 상인 가문들에 소속되어 있었다.[202]

명 왕조와 청 왕조의 시대에는 몇 안 되는 항구만 공식적으로 해외무역에 개방되어 있었다. 그 가운데 하문이 오랫동안 중심 무역 허브의 역할을 담당했는데, 하문은 대부분 행상의 고향으로서 광주를 밀어낼 수 있었다. 주강에 접한 이곳은 유럽의 차 무역을 위한 창구가 되었는데, 이로써 18세기에야 비로소 제1차 아편전쟁(1839~1842)이 일어나기 전에 유럽인들에게 개방되어 있던 유일한 항구로서의 중요한 역할을 되찾았다. 따라서 이곳은 인도의 차가 중국으로 밀려들어 오는 창구였다. 1698년 이래로 영국 동인도회사는 광주에 공장을 갖고 있었는데, 이 공장은 중국 특별 관청의 통제를 받았으며 무역 과정을 관할하는 엄격한 지침도 있었다. 중국과의 무역은 이와 유사한 엄격한 규정하에 다른 유럽 국가들에도 열려 있었지만, 이들 가운데 가장 중요한 비중을 차지한 것은 광주에 있는 영국인들이었다.

결국 1760년에 기존의 규정 전체가 이른바 광동 체제로 종합되었는데, 그 핵심은 이중 독점에 기초했다. 중국 측에서는 사회적 기반이 있고 자본 동원 능력이 있는 소규모 상인 그룹, 즉 행상들이 유럽 상인들과 접촉할 수 있는 특권을 부여받았는데, 이는 하문의 오랜 전례와 비교할 만한 것이었다. 유럽 측에서는 동인도회사가 파트너였는데, 중국 조정은 그들에게 문화 간 교역을 위한 특권을 부여했다. 그러나 동인도회사의 무역은 '광주십삼행廣州十三行'으로 제한되었는데, 이들은 도시의 성 밖에 있으면서 엄격한 감시와 통제하에 행상들이 그들의 사무실과 창고를 운영하던 구역에 있었다. 이러한 제한에도 불구하고 광주에서 교역하는 것은 모든 유럽 회사에 충분한 이익을 주었기 때문에 그들은 중국의 무역 체제에 순순히 따랐다. 이 체제는 관할 관청이 점차 독립적인 기구로 성장하고 부정부패가 광동 체제의 일상이 되었을 때조차 여전히 적용되었다. 19세기 초에 이르러 엄밀하게 말하면 불법적이지만 공개적이고 대량으로 추진된 아편 수입이 들불처럼 확산되기 시작하자, 유럽인들과 중국인들 사이에 갈등이 고조되었다. 이로 인해 아편전쟁이 발발했는데, 영국이 군사적 측면에서 청보다 압도적으로 우위에 있었기 때문에 해양 지향적인 중국 남부 지역을 국가의 엄격한 통제 아래에 두려고 했던 북경 조정의 모든 노력은 결국 실질적으로 막을 내렸다.

대만

중국 남부의 해안 가까이에 위치한 대만은 비교적 늦은 시점에야 비로소 이웃 국가들이나 지역을 지나는 해양 세력의 시야에 들어왔다. 대만에는 사실 이미 기원전 시대에 낚시와 사냥, 화전 농사로 살아가는 말레이폴리네시아어파 집단이 거주하고 있었다. 그리고 훗날 특히 한나라 때 중국 내륙 지방으로부터 이주민이 왔지만, 그 수는 많지 않았고 내륙과 지속적으로 접촉하는 것으로 이어지지도 않았다. 중국은 대만 전체를 적어도 이론상 조공 제도의 일부로 인식했지만, 이 섬에 대한 실질적인 관심은 거의 없어 섬은 중국의 중심에서 떨어져 있었다. 공식 문서에서는 대만이 뚜렷하게 등장하는 경우가 많지 않았다. 12세기 이후로 이따금 무역 사무소가 있었던 것으로 추정되지만, 사적인 항해자들에게도 대만은 별로 관심이 가는 곳이 아니었다. 게다가 몬순 시스템 안에서 대만이 지닌 불리한 위치, 그리고 상업로가 이어지는 중계지로서 류큐 제도가 누린 주도적인 역할은 대만의 발전에 부정적인 영향을 주었다. (로데리히 프타크Roderich Ptak의 주장처럼) 대만은 연결하는 기능보다는 나누는 기능을 갖고 있던 '지리적인 장벽'이었다.

하지만 대만은 복건성의 경제성장과 함께 점차 중국의 시야에 가까이 들어왔다. 복건성 상인들은 류큐 관계망을 회피하면서 점차 대만을 자신들의 영향권의 일부로 간주하기 시작했다. 그렇다고 해도 대만은 명 왕조 시대에도 아직은 다양한 문화 사이의 교량 역할을 수행하지는 않았다. 명 왕조 말기가 되어서야 비로소 전반적인 관심 대상이 되면서 대만은 서서히 상업적인 연결고리로 발전했고, 초지역적이고 세계적으로 활동하는 상인들이 탐내는 목표가 되었다. 이러한 발전은 16세기 후반에 이루어진 것인데, 이때 대만은 세계적인 영역에서 활동하는 다양한 세력들[203]이 충돌하는 긴장 공간에 들어가게 되었다. 포르투갈령 인도는 주로 마카오에 그들의 관심을 기울이면서 대만에는 단 몇 차례 탐험을 하는 데 그쳤다. 중국 자체는 여전히 대만에 관심을 보이지 않았지만, 1560년대 이후로 진행된 해외무역의 자유화는 복건 상인들이 통행량이 많은 대만해협 건너편에 정착하는 것을 더욱 용이하게 만들어 주었다. 일본에서는 전국 통일이 달성된 이후에 규슈, 특히 나가사키로부터 나오는 무역선이 증가했는데, 이들은 대만을 중간 기착지로 사용했다. 에스파냐인들은 1626년에 섬의 북부에 필리핀 식민지의 소규모 정착지를 설립했는데, 이곳에는 간혹 선교사들이 파송되기도 했지만 전반적으로 별 의미는 없었다. 대만에 대한 이러한 관심은 아마도 에스파냐에서 16세기 말에 토론되었던 중국 정복 계획과 관련이 있었을 것이다. 하지만 이 계획은 무적함대가 늦어도 1588년에 영국에 패배하면서 소멸되었다. 대만에 소규모 정착지를 설립한 것은 무역을 원활하게 하려는 전략적 판단이었던 것으로 추정되지만, 이마저도 막다른 골목에 봉착한 것으로 드러났다.

두 번에 걸친 실패를 겪은 후인 1624년에 마지막으로 네덜란드 동인도회사가 섬 남서부의 질란디아에 요새화된 정착촌을 건설함으로써 대만을 식민화하려는 포괄적인 계획을 추진했다. 그들은 1642년에는 에스파냐인들이 설립했던 소규모 정착지도 흡수했다. 일본 무역을 위한 거점을 구축하려는 것이 목적이었는데, 그들은 적어도 짧은 기간에 성공을 거두었다고 말할 수 있다. 일본에서는 야생동물의 가죽 같은 대만의 지역 상품에 대한 수요가 많아서, 질란디아를 사냥꾼들의 정착촌으로 만들려는 그들의 계획을 뒷받침해 준 것이다. 네덜란드인들이 보여 준 무자비한 행동은 곧 환경적으로나 사회적으로 커다란 손실을 초래해 비난의 대상이 되었지만, 대만이 해외무역의 교역망에 연결된 것은 대만의 경제사에서 새로운 일이었다. 그 후의 대만은 초기 세계화 단계의 대표적 사례로 간주될 수 있으며, 이후 다양한 해양 권역이 서로 중첩되는 지역으로서의 역할을 수행했다.

그러나 네덜란드인들의 영향력은 지리적으로 제한되어 있었을 뿐 아니라, 흔히 사용되던 '네덜란드 통치기 대만의 역사'라는 제목에 부합하지 않을 만큼 보잘것없었고 오래 지속되지도 않았다. 17세기 중반에 중국 본토에서 명 왕조가 막을 내리자, 질란디아 정착지도 곧 사라질 것으로 예견되었다. 중국의 정세가 변화하는 과정에서 대만은 정씨 가문의 지배하에 들어갔기 때문이다.

정씨 가문은 중국 제국의 남부에 거주하던 명 왕조의 추종자들이었다. 1644년에 만주를 거점으로 한 청 왕조가 명 왕조를 북경에서 축출한 이후에 중국 남부 지방은 옛 왕조의 마지막 보루가 되었다. 수년에 걸친 전투 끝에 이 지역이 결국 함락하자, 정씨 가문은 대만으로 철수해 이곳을 자기들의 본거지로 만들 수밖에 없었다. 그곳에서 그들은 정성공鄭成功(1624~1662)의 지도하에 네덜란드인들을 군사적으로 완전히 몰아냈다. 정씨 가문은 섬에 속한 주변 지역의 지배권도 장악하고 그곳에 처음으로 중국 본토의 유형에 따르는 체계화된 국가 형태를 구축했다. 이로써 대만은 정치적·문화적으로 현저하게 중국화하기 시작했다. 그뿐만 아니라 대만은 농업경제로 가는 길도 시작했는데, 이는 이전에 네덜란드인들이 질란디아에 인접한 지역에서만 시도해 성공을 거두었던 일이다. 그러나 정씨 가문의 국가가 지속적으로 생존하기 위해 농업경제를 도입하는 것보다 훨씬 중요했던 것은 중국 본토 남부나 일본, 동남아시아와의 대외무역 관계였다. 여기서 대만이 수행했던 중개자 역할은 두 세기 전에 복건성이 담당했던 역할과 거의 완전히 일치하는데, 이제는 이것이 어느 정도 제도화되기도 했다.

정씨 가문의 지배가 대만에 현격한 변화를 초래한 것은 사실이지만, 이 역시 비교적 오래 지속되지 못했다. 자신들을 명 왕조의 계승자이며 진정한 중국 제국의 대변인으로 이해했던 그들은 정성공의 아들 정경鄭經(1682년 사망)의 지휘하에 중국 본토에 대한 군사적 모험을 감행했다. 하지만 그들은 청의 군대와 대적할 수준이 아니어서 패배를 피할 수 없었으며, 그 결과 대만에서의 통치도 막을 내렸다. 1683년에 청은 대만 정벌을 위한 함대를 파견했으며, 그들은 불과 수 주일 안에 정씨 왕국을 정복할 수 있었다. 같은 해에 대만은 공식적인 국가 절차를 통해 중국 제국에 병합되어, 1년이 지난 후 행정조직상 복건성에 속하는 현이 되었다. 이러한 정치적 변화는 문화적으로 해안과 저지대 지역의 중국화 과정을 촉진했다. 이후에 이 지역에서는 확대되고 구축된 중국 관료제의 영향력도 점차 뚜렷해졌으며, 18세기에 본토로부터 유입되는 인구가 증가하면서 한족뿐 아니라 많은 하카족도 대만으로 이주해 왔다. 이러한 발전 과정에서 불교와 유교가 이 섬에 확산되었다.

산악 부족 혹은 심지어 그저 '야만인'으로 여겨졌던 대만 토착민들의 문화는 네덜란드인이나 정씨 왕국의 지배하에서도 대부분 손상되지 않은 채 지속적으로 유지되었다. 두 지배 세력은 모두 이 오스트로네시아 토착민들을 간접적으로 지배하는 방식을 택했다. 이런 상황은 청의 관료적 통치하에서도 근본적으로 달라지지 않았지만, 원주민들은 계속되는 중국화로 인해 점차 소수자의 지위로 내몰렸다. 섬의 많은 지역, 특히 해안에 가까운 지역들에서는 문화적 적응 과정이 관찰되었던 반면에, 섬 내부의 깊은 산악 지방에서는 전통 문화의 구조와 언어가 보존되었다. 이 지역들에는 일종의 정치적 조직 형태도 존재했는데, 대체로 촌락공동체의 자치와 유사한 성격을 지니고 있었다. 옛 중국 측 자료에 의하면 이들 촌락공동체는 부분적으로는 우두머리가 없고, 부분적으로는 분권적이었으며, 훗날 증인들에 따르면 족장과 원로 회의를 보유했으나 정치적 영역 또는 사법적 영역에서 평등한 의사 결정 과정을 갖추고 있었다.[204]

대만은 청의 지배하에서 정치적·경제적으로 점차 주변부가 되었다. 북경 조정은 이 섬을 몽골이나 티베트와 같은 많은 주변부 가운데 하나로 간주했기 때문에 섬의 행정과 경제 및 인프라에 별로 투자하지 않았다. 그 밖에도 청 왕조가 중국 남부 내륙 지방에서 무역을 활성화하는 정책을 펼쳤기 때문에 중국해와 태평양, 동아시아와 동남아시아 사이를 연결하는 경첩의 역할은 다시 복건성에 돌아갔다. 그 중심지는 하문이었는데, 이 역할을 18세기 후반에는 광주가 차지했다.

유럽의 영향

동아시아 해양 지역은 근대 초 유럽의 팽창에 가담했던 국가들이 보았을 때 동남아시아와 유라시아 내륙을 연결해 주는 중간 지역으로서 그리 핵심적이지 않았다. 이 국가들에 중요한 지역은 동남아시아 도서부와 인도아대륙이었다. 하지만 앞서 언급한 많은 발전은 아시아에 유럽인들이 등장한 것과 매우 밀접한 관계가 있다. 유럽인들이 동아시아 해양 지역에 연관되기 시작한 것은 1543년에 난파한 포르투갈 선원들이 일본 남부에 있는 다네가시마라는 섬에 상륙하면서부터였다. 이로부터 6년 후인 1549년에 예수회 신부인 하비에르(1506~1522)가 일본에 기독교를 전파하기 위해 가고시마에 도착했다. 하비에르의 일본 상륙과 함께 일본 역사에 새로운 시대가 시작되었다. 그 이후에 서양의 종교와 지식, 기술이 강도 높게 수용되었기 때문에 관례상 '기독교의 시대'로도 일컬어진다. 일본의 사절은 로마에 있던 교황뿐 아니라 에스파냐의 왕 펠리페 2세와 펠리페 3세Felipe III를 방문했으며, 그들의 상선은 인도까지 항해했다. 이 시기에 일본을 가상의 해적으로 취급하며 거리를 두었던 것은 중국뿐이었다. 이런 상황에서 포르투갈인들은 두 나라 사이의 상품 교역에서 누구와도 바꿀 수 없는 중개인 역할을 수행할 수 있었다.

무엇보다 기독교 선교는 마카오에 체류하면서 극동의 예수회 신부들에게 조언해 주었던 알레산드로 발리냐노Alessandro Valignano(1539~1606)가 가톨릭 선교를 위한 전략으로 문화 수용 전략을 개발한 후에 성과를 보았다. 선교사들은 해당 국가의 생활 방식에 의도적으로 적응함으로써 일본 사회에서 영향력이 큰 사회집단에 접근하는 데 성공했다. 예수회는 상인들이나 앞서 언급했던 일본 정계 내부의 다양한 이익집단들과 가까운 관계를 유지함으로써 17세기와 18세기 초에 일본 선교에서 커다란 성공을 거둘 수 있었다. 물론 본질적으로 이러한 성공은 당시의 특별한 역사적 상황 때문이다. 아마도 이러한 사실은 이후에 상황이 바뀌자 기독교가 매우 빠른 속도로 영향력을 잃게 된 원인을 설명해 주기도 한다.

일본과 무역 관계를 맺으려는 에스파냐와 잉글랜드의 경쟁적 노력이 일시적인 것이었던 반면에, 포르투갈인들은 예수회 선교사들과의 긴밀한 관계를 맺은 덕분에 100년 정도 일본에서 존재감 있게 활동했다. 그러나 이러한 관계는 궁극적으로 포르투갈인들에게 불행의 씨앗이 되었다. 히데요시가 일본 전국을 통일하고 1603년에 도쿠가와 막부가 설립되면서 정치적 요소로서 기독교는 피로 이룩한 일본 국가의 통일성을 저해할 잠재적인 위협이 된 것이다. 그리하여 기독교는 일련의 칙령(1587, 1612, 1615)을 통해 금지되었다. 1587년에 공표된 첫 기독교 금지령 직후에 아홉 명의 선교사('나가사키의 순교자들')

가 처형되었으며, 1634년에는 마닐라에서 파견되었던 아홉 명의 선교사에 대한 처형이 그 뒤를 따랐다. 일본은 기독교 박해의 열풍에 휩싸였는데, 이는 시마바라의 난이 실패하면서 그 절정에 도달했다. 봉기는 1638년에 에스파냐의 지원을 받은 막부의 군대가 잔인하게 유혈 진압을 했고, 1639년에는 일본에 거주하던 모든 포르투갈인이 결국 추방되었다.

네덜란드 동인도회사만이 비기독교 조직인 동시에 포르투갈의 적대 세력으로서 지닌 이미지를 내세우는 데 성공했다. 1639년 이후에 네덜란드 동인도회사는 일본과 거래할 수 있었던 유일한 유럽 측 파트너였다. 그러나 회사의 구성원들은 나가사키 항구에 있는 작은 인공 섬 데지마에서 거의 완벽할 만큼 고립된 상태에서 일거수일투족을 감시당하면서 살고 일해야 했다. 이 항구도시에는 특별히 네덜란드 동인도회사와 일본 사이의 관계를 조정하기 위해 소규모 행정 기구가 설립되었다. 이 기관은 네덜란드인들의 활동을 감시했으며, 양자 사이의 공식적인 접촉을 원활하게 하고 무역 계약을 용이하게 진행하기 위해 전문 통역사를 보유하고 있었다. 열다섯 명에서 스무 명 정도를 넘어서지 않는 소규모의 네덜란드인들을 돌보기 위해 약 200명의 일본인이 배치되었다. 이 네덜란드인들은 감시당했으며, 그들 사이의 소통은 의도적으로 방해받았다. 유럽인들이 일본어를 배우는 것은 금지되었으므로, 통역사의 도움에 의지한 채 살아야 했다. 또한 그들에게는 오직 나가사키에 있는 특정 상인 단체와 거래하는 것만이 허용되었다. 그리고 한 해에 네덜란드 선박 한 척만이 나가사키의 무역 거점에 입항하도록 허락되었다. 네덜란드 동인도회사의 고용주들은 막부에 공식적인 경의를 표명하기 위해 북부의 에도를 방문했던 연례 여행에서 유일하게 일본 문화와 직접 접촉할 수 있었다.

그렇지만 엥겔베르트 캠퍼Engelbert Kaempfer(1651~1706)[23]와 칼 페테르 툰베리Carl Peter Thunberg(1743~1828),[24] 필리프 프란츠 폰 지볼트Philipp Franz von

23 독일의 동식물 연구가이자 박물학자이며 의사로, 일본의 은행나무를 비롯한 여러 문물을 유럽에 소개했다.

24 스웨덴의 식물학자로, 카롤루스 린나이우스Carolus Linnaeus(린네)의 제자이기도 하다. 일본에 방문하기 전에는 남아프리카에 머무는 등 이국의 식물을 유럽에 소개했다.

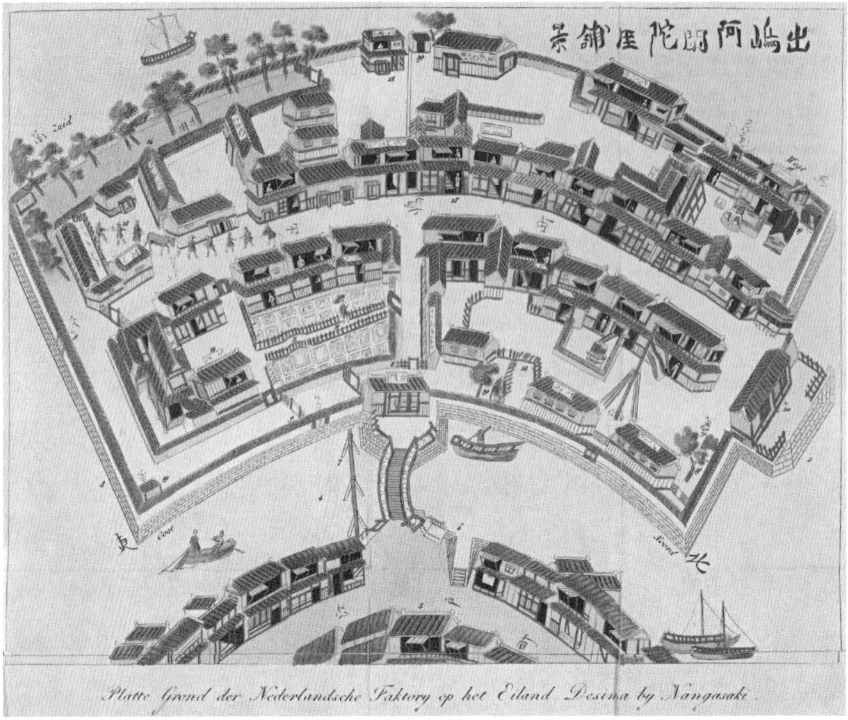

—— 나가사키의 관문 데지마. 이사크 티칭(Isaac Titsingh)의 지도를 일본식으로 그린 것이다. 나가사키만에 위치한 인공섬 데지마는 마치 작은 부채처럼 펴져 있다. 이 섬을 육지의 도시와 연결하는 유일한 통로는 작은 다리여서 이곳을 지나는 모든 통행이 쉽게 관찰될 수 있었다. 몇 명 안 되는 네덜란드 상인이 이 섬 안에 있는 막사에서 많은 일본인의 감시를 받으며 거주했다. 그런데도 서로 여전히 문화 교류를 할 수 있었다. 일본은 서양의 지식을 획득하는 데 관심이 있었으며, 그들의 국경 너머의 세상에 관한 지식을 얻으려는 열망을 가지고 있었다. 하지만 이를 위해 그 어떠한 대가도 치를 생각은 없었다. 따라서 모든 계약은 전적으로 일본의 이익에 도움이 되게 하기 위해 엄격하게 조정되었다. 본래 이 지도는 1779년에서 1784년 사이에 데지마에 파견된 네덜란드 대표단의 우두머리인 당시의 대학자 이사크 티칭(1745~1812)이 작성한 것인데, 나중에 일본인 화가가 복제한 것이다. (Wikimedia Commons)

Siebold(1796~1866)[25] 같은 학자들은 데지마에 거주하면서 이 신비한 나라에 대한 유럽인의 지식을 근본적으로 넓힐 수 있었다. 예를 들어 그들이 의학이

—— 25 독일의 의사이자 생물학자. 일본인과의 사이에서 딸을 낳기도 했으며, 에도 막부의 외교 고문으로도 활동했다. 켐퍼, 툰베리와 함께 '데지마의 세 학자'로 불린다.

나 제약학 같은 서양의 지식을 수많은 일본인 통역사나 학생들에게 전해 주면, 일본인들은 그 보답으로 관련 분야에 관한 일본의 전통적인 지식을 알려 주었다. 의사였던 켐퍼는 중국식·일본식 의술과 한약 분야가 주요 관심사였다. 엄격하게 통제되기는 했지만, 막부의 중심인 에도성을 방문하는 연례 여행은 일본을 관찰하고 비밀리에 많은 정보 혹은 자료를 수집하는 기회로 사용되었으며, 많은 일본인 전문가와 만나 그들과 다양한 의견을 주고받을 기회도 제공해 주었다.[205]

중국이 마카오나 광주에서 중국과 무역하기 위해 거주하던 유럽인들에게 별 관심을 보이지 않았던 것과 달리, 일본에 데지마는 유럽을 향한 매력적인 창과 같았다. 이 창은 외부로부터 유입될 수 있는 불안정 요소를 차단하기 위해 한쪽만 열었고, 일본은 이 틈을 통해 유입되는 것들을 자기들이 원하는 조건에 맞게 조절할 수 있었다. 이 틈은 최소한 일본 외부의 세계에 대한 기본 정보를 전달해 주기에 충분한 공간으로 입증되었다. 막부는 이러한 방식으로 국제정치에서 발생하는 주요한 발전들, 유럽 열강의 성장, 서양이 달성한 업적, 자국이 가진 결점들에 대한 통찰력을 얻을 수 있었다. 네덜란드인들과 비교적 긴밀한 접촉을 하는 일군의 전문가 그룹이 형성되었는데, 이들은 일본이 유럽과 비교해 지식 영역에서 뒤처져 있다는 인식을 발전시켰다. 이들 전문가 집단으로부터 생산된 것들 가운데 하나가 '난학(네덜란드학)'으로 불린 학문이었다. 이들에게는 단지 유럽의 전문 지식을 수용하는 것만이 문제가 아니라, 서양 학문의 방법론과 미래 전망 등도 관심사였다. 시간이 흐르면서 이러한 접근법은 중국의 영향을 받은 전통적인 학문적 시각에 맞서 점차 경쟁하기 시작했다. 늦어도 1720년대에 유럽 서적의 수입에 대한 금지령이 해제되면서 중국에 대한 문화적 결속력이 약화되는 현상이 점차 뚜렷해졌다. 그러므로 일본은 공식적으로는 고립 정책을 택했지만, 네덜란드를 상대로 하는 제한된 정보 교환은 계속 유지했는데, 이는 1869년 이후에 일본의 급속한 성장에 기여한 결정적인 요소 가운데 하나로 추정된다. 그들의 조절된 봉쇄 정책은 유럽의 영향으로부터 일본을 보호하면서도 넓은 세계를 인식하게 했고, 일련의 내적 갈등에도 불구하고 인프라 구조, 노동 분업적 경제, 무역, 신용과 교육제도 등에서 괄목할 만한 발전을 이룰 수 있게 했다. 나가사키에 있던 네덜란드인들의 정착촌은 1799년에 네덜란드 동인도회사가 파산한 이후에도 존속했으며, 네덜란드 정부의 직접적인 관할하에 1860년까지 운영되었다.

대만에 있던 질란디아는 사실상 중간 기착지인 동시에 물자를 공급하는 기능을 가진 항구로 건설되었다. 1624년에 건설된 이래로 이곳은 처음에는 이러한 기능으로 발전했는데, 결국에는 이미 언급한 정치적 변화의 흐름 속에서 그 기능을 잃고 말았다. 회사가 이러한 정치적 격변에 대응할 만큼 충분한 무력 수단을 보유하지 못했기 때문이다. 하지만 네덜란드인들은 몇 가지 측면에서 대만에 그들의 흔적을 남겼다. 바타비아와 나가사키를 연결하는 무역 연결망에서 그들이 수행한 기능 외에, 새로운 식민지에서 네덜란드 경제는 두 개의 기둥 위에 서 있었다. 첫째, 붉은 사슴의 모피와 뿔, 등나무, 약용식물(약재)처럼 대만의 동식물로부터 생산되는 물품들은 고수익을 보장하는 수출 상품으로 입증되었다. 둘째, 회사는 대규모의 쌀과 사탕수수를 재배하는 단지를 경작했는데, 이는 식민지 자체의 부양뿐 아니라 추가적인 세금 수입을 가져다주었다. 적어도 해안에 건설된 두 곳의 요새와 그 주변 지역에 해당하는, 네덜란드 동인도회사의 '식민지 프로젝트'는 자연환경에 뚜렷한 흔적을 남겼으며, 사회변동도 초래했다. 네덜란드인들이 대만에 거주한 것은 비교적 짧은 기간이었지만, 그사이에 지역 야생동물의 개체 수는 현저히 줄어들었으며, 해안가의 숲들은 심각하게 황폐화되었고, 무엇보다 토착적인 생활상이 점차 내륙 지방으로 밀려들어 가는 과정이 시작되었다.[206]

네덜란드인들이 일본에서 처신했던 것처럼, 중국에서 유럽인들은 고수익을 보장해 줄 무역 시상들에 집근하기 위해서라면 억압적인 권력에 복종할 자세가 충분히 되어 있었다. 저항할 무력은 보유하지 못했고, 특정 물품 영역에서 고수익을 얻을 전망은 매우 좋았기 때문에 이러한 복종적 자세는 정당화되었다. 국가가 규제하는 중국과 유럽 사이의 교역은 적어도 한 항구에 유럽 선박의 입항을 허락하고 1698년에는 광주에 영국의 무역 사무소 설립을 허가함으로써 개시되었다. 그리고 이러한 상호 관계는 결국 광동 체제의 확고한 구조 안으로 스며들었다. 무역은 18세기 유럽에서 수요가 급속하게 증가하던 차에 집중되었다. 이 무렵은 인도 북부에서 차를 생산하는 대농장을 건설하려는 첫 시도를 아직 하기 전이어서, 당시에 중국은 차를 얻을 수 있는 유일한 국가였다. 게다가 비단 제품, 도자기, 그리고 중국의 기타 사치품들은 인기가 높았던 수출품이었다. 유럽인들은 광동 체제의 범위 안에서 제한된 물량만을 수출할 수 있었으며, 교역의 진행 과정에서 국가가 자격을 부여한 중국인 독점 상인인 행상의 협조에 의존해야 했고, 중국 관리들의 지속적인 통제에도 복종해야 했다.

이런 상황을 고려해 볼 때 18세기에 적어도 경제 분야에서는 유럽이 중국에 영향력을 미쳤다고 언급하는 것보다는 차라리 유럽과 중국이 지속적이고 상호 이해에 기반을 둔 교역 관계를 형성하고 있었다고 보는 것이 훨씬 적절할 것이다. 그러나 북경에 있던 중국 조정은 이런 상호 교역에 점점 관심을 덜 보이는 쪽으로 나아갔다. 그러다가 이러한 상황은 18세기 후반에 아편이 수입되면서 달라졌다. 아편은 주로 인도에서 생산되었으며, 동인도회사가 판매해 영국 상사들이 중국 남부로 수입했다. 그런데 이는 엄격하게 보면 불법이었지만, 광동 체제 내부의 틀 안에서 진행된 것이었다. 중국 조정은 아편 소비가 초래하는 파멸적인 결과를 막기 위해 더욱 억압적인 조치를 시도했으며, 이는 결국 아시아의 식민화 초기에 발생한 제1차 아편전쟁(1839~1842)으로 이어졌다. 하지만 이런 강압적인 방식의 영향력은 동인도회사의 시대와는 전혀 다른 차원에서 행사되었다.

중국 제국을 상대로 관계를 형성하는 면에서 포르투갈은 여러 유럽 회사에 선구적인 역할을 수행했다. 16세기 초에 포르투갈령 인도는 중국 본토에 도달하기 위해 무력 사용을 포함한 다양한 시도를 했지만, 이를 강압적으로 관철하기 위한 충분한 병력은 보유하지 못했다. 그래서 그들은 협상을 통해 합의를 끌어냈다. 1557년에 중국 조정은 포르투갈인들에게 마카오에 있는 주강 삼각주에 무역 거점을 건설하도록 허락해 주었는데, 마카오는 당시까지 작은 어촌이었다. 첫 번째 포르투갈 선박이 이곳을 방문한 것이 1516년이었다. 이 지역에 대한 주권은 중국에 있었지만, 중국은 포르투갈과 맺은 합의에서 이 무역 거점에 많은 지역 자치권을 허용했다. 따라서 이곳은 곧 명실상부한 식민 도시로 발전했으며, 그 결과 고아나 믈라카에 버금가는 포르투갈령 인도의 정치적·종교적·경제적 중심지의 하나로 역할을 수행했다. 이곳을 거점으로 일본과의 교역이 조직되었고, 이곳에서 중국산 물품을 구매했으며, 나아가 이곳에 가톨릭 기관들이 설립되어 일본과 중국의 선교 활동을 조율했다. 장기적으로 보아 마카오는 포르투갈로서는 동아시아에 있는 유일한 거점이었는데, 이런 지위는 광주가 새로운 무역 거점으로 대두하면서 점차 퇴색했다. 복건에 있는 서유럽 상사들과 회사들이 무역로를 변경했고, 무엇보다 일본에서 포르투갈 선교사들이 선교에 실패해 포르투갈인이 모두 추방된 것이 중요한 계기였다.

그러나 예수회 선교사들은 중국에서 어느 정도 문화적 영향력을 행사할 수 있었다. 그들이 일본에서 초기에 거두었던 선교의 성과는 도쿠가와 막부가 추진한 중앙집권 강화와 균질화 정책 때문에 실패로 끝난 반면에, 중국에서는 그들의 지위를 지속적으로 유지하는 데 성공했다. 이는 일본에서 시도했던 동화 정책을 적용한 결과였는데, 그들은 중국에서 이 정책을 더욱 일관성 있게 추진했다. 선교사들은 표면상으로 중국의 관습과 풍습에 적응했을 뿐 아니라 의도적으로 유가 관료층에 접근했다. 예수회 선교사들이 학문적으로 박학했으며 기꺼이 유교 학문 체계와 토론하려는 자세를 보이자, 최소한 예수회의 주요 대표들은 더는 선교사가 아니라 대등한 학자로 인정받는 상황이 전개되었다. 몇몇 선교사는 공식적으로 고위 관직에, 특히 학문 분야에서 북경 조정의 영향력 있는 지위에 오르는 데 성공했다. 독일 출신의 예수회 선교사 요한 아담 샬 폰 벨Johann Adam Schall von Bell(1592~1666)은 이런 방식으로 제국의 천문학을 관장하는 부서의 장이 되어 중국 관청의 달력 개혁안을 작성했다.[26]

이와 같은 동화 전략 외에도 예수회 선교사들은 중국에서 그들의 종교를 정치적 도구로 사용하지 않았으며 예수회가 기독교를 조심스럽게 전파했

26 탕약망湯若望이라는 중국식 이름으로도 잘 알려진 아담 샬은 흠천감欽天監의 수장인 감정監正을 지내면서 중국의 기존 역법을 보완한 대청시헌력大清時憲曆을 작성해 바쳤다.

다는 사실 때문에 이득을 보았다. 사실 작지 않은 규모의 안정적인 기독교 공동체가 대두했지만, 그 공동체의 설립자들이 학문이나 문학과 같은 영역에서 유럽과 중국 사이에 문화가 소통되게 했던 역할은 선교 분야의 역할보다 훨씬 높이 평가된다. 오히려 이러한 긍정적인 발전을 종식시킨 것은 궁극적으로 교회 내적인 논란, 이른바 전례典禮 문제였다. 18세기 초에 바티칸에서는 수십 년간의 갈등 끝에 동화 정책에 대한 비판의 목소리가 결국 득세해, 1707년과 1742년의 두 차례에 걸쳐 (엑스 쿼 싱굴라리Ex quo Singulari로 명명된) 교황의 회칙이 발표되었는데, 교황은 이 회칙을 통해 교인들에게 중국식 조상숭배 예식이나 유가들에 대한 어떠한 숭배 예식에도 참여하지 못하게 하는 금지령을 내렸다. 그러자 중국 황실은 중국식 예식의 중요성을 인정하지 않는 기독교 선교를 금지했다. 하지만 계속해 존재하던 기독교 공동체들은 유럽의 가톨릭 신부들이 돌보았다.[207]

다른 유럽 열강들은 대부분 인지하지 못했지만, 17세기 이후로 중국 북부에서는 러시아인들이 태평양 해안에 도달해 점차 좀 더 가까운 지역이나 먼 지역에 있는 수자원을 탐색했고, 시베리아 동부 해안에서 이 수자원을 발견한 바 있었다. 러시아인들은 중국에 접한 가까운 이웃으로서 극동 지방과 지속적이지만 전혀 문제가 없지는 않은 문화 교류를 추진할 토대를 닦았다. 이러한 관계는 1689년에 처음으로 중국과 체결한 네르친스크 조약을 통해 국제법적인 지위를 부여받았다.

5 오세아니아

오세아니아에 인간이 정착한 역사는 여러 단계로 구분된다.[208] 약 3만 5000년 전에 파푸아어를 사용하는 사람들이 우리가 오늘날 멜라네시아라고 부르는 지역에 도착했다. 기원전 4000년 무렵에는 오스트로네시아어를 사용하는 사람들이 이주해 오기 시작했다. 이들은 석기시대 인간들이 감행했던 바다 여행 가운데 가장 먼 거리의 여행을 시도했다. 이 여행에는 태평양뿐 아니라 서쪽으로는 마다가스카르에까지 이르는 광대한 영역이 포함되었다.[209] 하와이, 이스터섬, 뉴질랜드를 꼭짓점으로 하는 폴리네시아 삼각지대만 해도 (이를 거꾸로 뒤집어 유라시아에 대입해 보면) 서쪽 프랑스에서 시작해 동쪽으로는 캄차카반도, 남쪽으로는 인도아대륙의 끝에 이르는 광대한 지역이다.

멜라네시아와 미크로네시아, 폴리네시아

오스트로네시아족의 태평양 개척 활동은 특정 문양의 토기들이 발굴됨으로써 확인될 수 있었다. 그것은 처음 발견된 누벨칼레도니의 지명에 따라 '라피타 토기'로 불린다.[210] 이 문화의 주역들은 돌도끼를 보유했지만 아직 철기는 알지 못했고, 가축을 보유해 농경 생활을 했다. 그들은 100명이 안 되는 작은 그룹으로 대양을 향해 나아갔다. 그들은 뉴기니와 서태평양 섬들에서 오스트로네시아 방언을 사용하지는 않지만 그것을 부분적으로 받아들인 종족들을 만났으며, 계속해 동쪽으로 나아가다가 당시까지 사람들이 거주하지 않던 지역에 도착했다. 그들은 앞으로 발견할 새로운 고향에서 생존에 필요한 식량이 되어 줄 동식물들을 함께 가지고 갔다. 큰 섬에 도착했을 때 그들은 용수가 공급될 수 있는 들판에 타로를 심었으며, 산호섬에서는 식물을 경작하기 위해 필요한 지하수에 도달할 때까지 구덩이를 팠다.[211]

끝없이 넓은 태평양에서 그들이 방문한 섬들은 선원들이 항해하는 도중에 우연히 발견한 것이 아니라, 의도적으로 택한 것이었을 가능성이 매우 높다고 추정된다. 유럽인들이 해안이 보이지 않을 만큼 먼 거리로 항해하기를 시도하기 훨씬 전에 오스트로네시아족은 그들의 작은 배를 타고 세계에서 가장 큰 대양을 항해했다. 육지에 도달하지 못한 채 수백 킬로미터나 되는 먼 뱃길을 항해했다. 그들에게는 나침반도, 육분의도, 크로노미터도 없었다. 하지만 그들은 별과 태양을 보며 방향을 잡을 줄 알았고, 하늘과 바다가 그들에게 제공하는 신호를 읽을 줄 알았다. 예를 들어 석호 위에서는 공기가 아른거리거나, 그 녹색을 띤 바다가 하늘에 떠 있는 구름에 비칠 수 있었다. 반면에 낮게 떠 있는 구름은 산으로 이루어진 섬 위에 모이는 경향이 있어, 그들은 섬을 눈으로 보기도 전에 섬이 있음을 알 수 있었다. 산호초는 파도의 물결에 영향을 주었으며, 썰물 때 석호에서 빠져나가는 물은 해류를 바꾸어 놓았다.

오스트로네시아족은 짧은 항해를 할 경우에는 아우트리거 카누를 이용했으며, 대양으로 나아가는 원거리 항해에는 카타마란catamaran 카누(쌍동선)를 탔다. 카타마란 카누는 두 개의 카누를 널빤지로 연결하거나 코코넛 섬유로 만든 밧줄로 묶은 형태다. 이 카누들은 특히 원거리 항해에 적합해, 사람들 외에 식용식물이나 가축도 함께 실을 수 있도록 충분한 공간을 갖고 있었다. 구체적으로 이 배들은 길이가 10미터에서 40미터 정도였으며, 50명에서 60명 사이의 사람과 이들이 먹을 식량을 실을 충분한 공간을 갖고 있었다. 갑판에 있는 선실은 물과 바람과 햇빛을 피할 수 있게 해 주었으며, 계단식으로 된 돛대에는 골풀 매트로 만든 삼각돛이 걸려 있었다.

오스트로네시아족은 중국 남부에서 태어났으며, 타이완을 거쳐 처음에는 필리핀, 그리고 더 나아가 인도네시아와 말레이반도, 베트남 동해안에 도달했다. 기원전 2000년에서 1500년 사이에 이들 중 일부가 더 동쪽에 있는 태평양으로 항해해 미크로네시아에 도달했다. 다른 일부는 멜라네시아 해안에 도착했는데, 이들은 기원전 1550년에서 1200년 사이에 다시 이곳을 떠나 피지와 통가, 사모아에 도달했다. 기원전 500년 무렵에는 폴리네시아 동부가 또 다른 탐험의 목적지가 되었다. 태평양의 이 지역에서는 특히 타히티가 문화 발전의 역동적인 중심이 되었다. 이곳을 거점으로 폴리네시아인들은 하와이와 이스터섬, 그리고 결국 4부의 앞부분에서 다룬 지역인 뉴질랜드로 이주했다.[212]

오스트로네시아족이 폴리네시아 제도의 동부에서 출발해 남아메리카의 육지에까지 도달했다고 추정하게 하는 명백한 증거들이 있다. 오늘날 일부 학자는 이들이 남아메리카에서 자신들의 식생활에 중요한 비중을 차지하게 된 고구마를 알게 되었다고 주장한다. 하지만 다른 학자들에 따르면 이 식물은 크리스토퍼 콜럼버스 이후에야 비로소 유럽과 아시아를 거쳐 오세아니아에 공급되었다.[213]

서로 상이한 자연환경이나 개척 시기에 뒤따르는 고립 같은 조건은 오세아니아에 전반적인 공통점에도 불구하고 다채로운 문화들을 대두하게 했다. 멜라네시아에서는 인척과 씨족을 통해 여러 사회집단이 형성되었다. 개별 씨족은 각각 신비로운 선조에서부터 자신들의 뿌리를 찾았다. 그들은 대개 동물의 형상을 하고 특이한 터부가 연결되어 있던 토템과 결속감을 느꼈다. 인척 관계로 구성된 이들 촌락공동체보다 규모가 큰 정치조직은 없었다. 마을의 사회적·정치적 삶은 남자들의 집men's house에서 함께 살거나 비밀단체 안에 조직되어 있었던 남자들이 좌지우지했다.

전 세계에서 두 번째 큰 섬인 뉴기니는 해안 지방에 살며 오스트로네시아어를 사용하는 주민과 섬의 내륙에 살며 파푸아어를 사용하는 주민으로 특징지어진다. 그들은 한편으로는 서로 영향을 주고받으면서 살지만, 다른 한편으로는 작은 마을들 사이의 거리가 멀리 떨어져 있었으므로 그들이 흔히 처해 있었던 고립 상태는 세계에서 찾아볼 수 없는 문화적·언어적 다양성을 빚어냈다. 뉴기니 저편에 광대하게 펼쳐 있던 멜라네시아도 오스트로네시아와 파푸아의 언어와 문화로 각인되었다. 하지만 뉴기니 내부에서뿐 아니라 기타 멜라네시아 섬들 사이에는 빈번한 접촉이 있었으며, 뉴기니와 멜라네시아 사이에도 접촉이 있었다. 해안이나 강을 따라가는, 혹은 바다를 건너는 교역 네트워크가 다양한 물자뿐 아니라 사람과 사상도 전달해 주었다.[214]

이에 반해 미크로네시아의 전통 사회는 계층에 따라 구성되었다. 공동체를 이끌어 가는 고위 지도자와 나머지 주민들 사이에는 커다란 사회적 격차가 있었고, 엘리트들 사이의 경쟁 관계는 무력 충돌의 원인이 되었다. 몇몇 가파른 화산섬을 제외하면 평평한 산호섬들이 대부분 미크로네시아인의 생활공간이었다. 담수와 비옥한 토지는 드물어 고기잡이가 이들에게 가장 중요한 식량 공급원이었으며, 이 생업은 이들과 바다 사이의 긴밀한 관계를 만들어 냈다.

서양이 이들에 대해 가지고 있었던 목가적인 이미지와 달리 폴리네시아 사회에도 다소 심각한 사회 갈등이 존재했다. 가장 높은 자리에는 족장이나 왕이 있었는데, 이 계급이 정치를 지배했다. 그다음 사회 계급은 귀족(주술사나 전사들), 장인, 예술가들이 차지했다. 이들 아래에 대부분의 평민이 있었으며, 사회 최하층에는 예속인 혹은 노예들이 있었다. 몇 안 되는 섬에만 단일한 정치조직이나 국가가 존재했다. 전체적으로 폴리네시아는 대단히 파편화된 사회였으며, 그들 사이의 관계는 경쟁과 전쟁으로 점철되었다. 대부분의 중요한 사회적 지위는 아버지에게서 아들로 상속되었으며, 일반적으로 혈통과 연령, 성性이 한 개인의 사회적 신분을 결정하는 요인이었다. 혼인과 전쟁은 통치자가 자신의 지위나 왕국의 지위를 개선할 수 있는 가장 중요한 방법이었다. 그가 고위직에 오르면 그에게는 많은 양의 마나mana[27]가 부여되는데, 이는 적은 마나를 보유한 사람들을 무심코 약화시키고 해를 끼칠 수 있는 권위와 힘이다. 따라서 이처럼 본의가 아닌 불미스러운 상황을 방지하기 위해, 영향력 있는 사람들에게는 특정한 방식의 접촉이나 만남을 갖는 것이 금기였다.[215]

피지에서는 모든 사회생활이 군장국가[28]를 통해 이루어졌다. 가장 큰 공

―― 27 개인이 지닌 권위 또는 초자연적인 힘을 의미한다.

―― 28 부족장이 여러 읍락을 통일해 이룬 국가로, 부족사회보다는 복잡하지만 본격적인 국가 단계에는 들어서지 못한 형태다.

동체는 그에 속하는 하부 집단으로 나뉘었으며, 대가족이 가장 작은 단위의 하위 집단을 형성했다. 집단들 사이에는 전쟁이 빈번하게 발생했다. 통가에서는 귀족제적 성격을 갖고 팽창을 추구하는 중앙집권화된 정치조직이 대두했다. 사회적 피라미드의 정점에 통치자인 투이 통가가 서 있었는데, 그의 조상은 창조신이며, 신성불가침의 존재이므로 아무도 그에게 거역할 수 없다고 여겨졌다. 고위 관료 회의가 그를 보좌했다. 그 아래에 주술사, 예술가, 전사, 평민 계층이 이어졌다. 통가는 수 세기 동안 피지와 사모아, 니우에에 맞서는 전쟁을 치렀으며, 여러 차례 이들 섬을 지배하기도 했다.

타히티에서도 사회는 통가와 유사한 방식으로 강력하게 서열화되어 있었다. 귀족들이 지도자 역할을 담당했다. 그들은 자신들을 신의 후손으로 여겨 신을 숭배하는 책임을 스스로 짊어졌다. 이러한 역할과 함께 그들은 섬의 사회적·정치적 생활도 지배했다. 관료와 주술사, 전사들로 구성된 궁정이 이 군주들을 보좌했다. 귀족들은 전적으로 다른 계급들이 부양했기 때문에 자기들의 생계를 꾸려 가기 위해 애쓸 필요가 없었다. 이른바 지주들이 귀족 다음의 계급을 형성했는데, 그들 가운데에서 수공업 장인과 주술사, 학자들이 배출되었다. 평민들은 밭을 개간하고 고기를 잡고 가축을 키우면서 상층계급들의 생계를 책임졌다. 그들 아래에는 노예로도 불리는 종들이 있었는데, 이 노예들은 귀족 가문에 속하면서 귀족들의 가정에 고용되어 봉사했다. 타히티 주민들은 흩어져 있는 개별 촌락에서 살았으며, 이들 촌락은 각각 구성원이 예순 명에까지 이르는 대가족의 집이었다. 이 촌락들은 타히티를 구성하던 여러 구역 가운데 한 구역에 속해 있었는데, 각 구역은 하나의 대가족이 지배했다. 전쟁은 일상적으로 발생했다. 타히티와 주변 섬들의 지배권을 둘러싼 치열한 유혈 전투가 빈번하게 발발했다.[216]

쿡은 타히티 왕인 투Tu가 모오레아를 공격하려고 준비하는 것을 지켜본 증인이었다. 300척이 넘는 크고 작은 카타마란이 집결했는데, 쿡의 추정에 따르면 이는 8000명의 병사를 실어 나를 수 있는 규모였다. 화가로 쿡의 두 번째 여행에 동반했던 윌리엄 호지스William Hodges는 이들 전함 가운데 두 척을 태평양 탐험에서 귀환한 후에 완성한 자신의 유화에 묘사했다. 그 그림에는

___ 윌리엄 호지스(1744~1797), 「오타헤이트(타히티)의 전쟁용 카누와 부속 도서들(부속 도서의 하나인 울리테아(라이아테아)에 있는 오하네네노 항구의 전경 포함)」. 런던, 1777년, 유화. 세로 181.1센티미터, 가로 274.3센티미터. 제임스 쿡 선장은 자기가 태평양 탐험에서 수집한 지식들을 말을 통해서뿐만 아니라 시각적으로도 간직한다는 데 큰 의미를 부여했다. 그는 이 그림에서 난도 높은 항로의 항해와 유리한 정박 지점을 지도학적으로 재현하는 것에 그치지 않았다. 그보다 해안선의 굴곡, 각종 식물과 동물들을 사실적이고 학문적으로 표현하고자 했는데, 나중에는 심지어 사람들의 초상까지도 등장했다. 훗날 인도에서도 활동한 호지스처럼 잘 교육받은 화가는 자연경관, 물, 구름, 하늘 그리고 남태평양의 빛 등을 재현하기 위해 전력을 다했고, 타히티의 전투용 카누들이 이웃인 무레아섬을 공격할 준비 작업을 하는 극적인 장면들도 기록했다. (Wikimedia Commons)

높은 머리 장식을 한 채 전쟁 의식용 복장을 한 추장의 모습도 표현되었다. 독일의 자연주의자 게오르크 포르스터Georg Forster는 타히티 여행에서 유럽으로 돌아올 때 이와 유사한 머리 장식품을 가져왔는데, 그것은 실로 짜서 만든 원통형 장식으로 이마 쪽에는 납작한 판이 붙어 있었으며 진기한 깃털과 상어 이빨로 장식되어 있었다.[217]

하와이에서도 상황은 거의 다르지 않았다. 그곳에도 귀족제가 형성되어 족장과 주술사가 최고의 지위에 있었다. 그들은 자신들의 신분을 아들에게 물려주었다. 족장은 시간이 흐름에 따라 신과 비슷한 위치에 올랐다. 그들 아래에 전사와 예술가, 귀족, 평민들이 있었다. 이와 대조적으로 마르키즈 제도에서는 사회계층 구조가 한층 더 열려 있었다. 그곳에서는 족장의 신분이 세습되지 않았으며, 여성도 족장이 될 수 있었다. 사회계층 간의 경계를 넘어서는 혼인도 일상적으로 이루어졌다.

서양인들에게는 이스터섬으로 알려진 라파누이는 폴리네시아 안에서 특별히 독자적인 노선을 따라 발전했다. 이는 아마도 이 섬이 지리적으로 특별히 고립되어 있었기 때문으로 설명된다. 가장 가까운 이웃이 2600킬로미터 떨어진 감비어 제도나 남쪽으로 3600킬로미터 떨어진 남아메리카에 사는 주민들이었다. 이 섬을 유명하게 만든 거대한 석상은 여전히 신비에 싸여 있다. 이들 가운데 일부는 그 무게가 80톤이 넘으며, 높이는 4미터에서 20미터에 달한다. 이런 육중한 무게와 크기를 지닌 석상들은 그것이 제작된 채석장에서 최종적으로 세워진 장소까지 옮기려면 몇 킬로미터 거리를 운반해야 했다. 대체로 이들은 신의 형상을 닮은 그들 조상의 모습일 것으로 추정된다. 이 석상들은 족장들이 매장되는 장소로 사용되기도 하는 기반 위에 세워져 있다. 이 작은 섬 전체에는 총 250개의 기반이 있으며, 약 1000개의 석상이 서 있다. 17세기 이후에는 이 기념비적 석상이 더는 세워지지 않았다. 전통과 단절된 이유는 서로 다른 시기에 이스터섬에 이주해 온 상이한 집단을 조상으로 하는 주민 집단들 사이의 갈등인 것으로 추정된다. 땔감이나 식량이 부족해지자 갈등이 발생했다. 결국 나중에 이주해 온 집단이 이겼으며, 그들은 석상 제작을 중단시켰다.[218]

뉴질랜드

뉴질랜드는 태평양에서 폴리네시아인들이 차지했던 마지막 지역이었다.[219] 그들은 이 지역을 아오테아로아, 즉 '긴 흰 구름의 땅'으로 불렀으며, 스스로 마오리족으로 지칭했다. '뉴질랜드'라는 명칭은 이 지역을 처음으로 탐험했던 첫 유럽인인 네덜란드 항해사 아벨 얀스존 타스만Abel Janszoon Tasman이 붙인 것이다. 뉴질랜드는 폴리네시아에서 가장 크고 기후가 온화한 땅인데, 생태적으로는 심지어 지역의 열대 도서 지역보다도 훨씬 다양하고 남과 북, 평지와 고산지대의 기후 차이가 매우 심하다.

추정에 따르면 마오리족은 여러 차례에 걸친 이주 활동을 통해 이곳에 왔는데, 첫 이주가 이루어진 것이 13세기 이전은 아닌 것으로 현재 파악된다. 그들이 처음으로 뉴질랜드에 왔을 때 이곳은 숲이 무성했다. 마오리족이 이주하면서 함께 가져온 동식물들은 오랜 항해를 이기지 못하고 죽었던 것이 분명해, 그들은 섬에 있는 동식물들로 이들을 대신해야 했다. 마오리족은 물고기를 잡고 조개를 주우며 동물과 새를 잡는 수렵·채집 생활로 삶을 영위했다. 나중에 온 이주민들이 식용작물을 가져왔지만 그 작물들 가운데 일부는 새로운 환경에 전혀 적응하지 못했으며, 일부는 온화한 기후를 가진 섬의 특정 지역에서만 잘 자랐다. 그런데도 농경은 점차 확산되어 몇 세기가 지나지 않아 새로운 정착민들은 뉴질랜드의 생태 환경을 근본적으로 바꾸어 놓았다. 우선 많은 토착 거대 동물megafauna이 멸종되었다. 가장 중요한 원인은 사냥이었지만, 마오리족이 데려온 개와 쥐들도 부분적으로 기여했다. 또한 화전농법도 커다란 동물들의 생활공간을 끊임없이 축소시켰다. 섬의 남부 지방에는 넓은 초원 지대가 형성된 반면에, 북부에는 고사리 같은 양치식물과 관목[29]들이 울창했던 숲을 대체했다. 온화한 기후에서 잘 재배되는 고구마가 주식으로 대두했는데, 고구마는 북섬뿐 아니라 남섬의 북부에서도 경작할 수 있었다.[220]

유럽식 달력으로 1500년과 1800년 사이의 기간은 마오리 역사에서 고전기로 간주된다. 정치 구조는 폴리네시아 섬들과 유사했다. 가족 공동체가 혈족으로 결합했으며, 이를 족장 한 사람이 이끌었다. 50개 정도의 개별 집단을 확인할 수 있다. 그들은 각각 자신들의 조상이 옛날에 타히티에서 대양을 건너 뉴질랜드로 올 때 탔던 배 중 하나에 그들의 뿌리가 있다고 생각한다. 추장은 그들의 족보에서도 가장 높은 지위를 차지한다. 따라서 추장의 지위는 원칙적으로 세습되지만, 실제에서는 정치에서나 전쟁에서 탁월한 업적을 달성한 인물에게 밀려날 수 있었다.

마을 회당은 촌락 사회의 중심으로 기능하는 동시에 대양을 건너온 집단

29 높이가 2미터 이내이고 줄기가 분명하지 않으며 밑동이나 땅속 부분에서부터 줄기가 갈라져 나는 나무를 가리킨다.

의 기원을 일깨워 주거나 사회구조를 내면화해 주는 상징적인 장소였다. 남자들은 그곳에서 만나 정치나 전쟁과 관련된 문제를 토론했다. 마을 회당은 공동체의 조상들 전체를 상징했으며 정교하고 화려한 조각들로 장식되었는데, 이들은 오늘날 오세아니아에서 가장 중요한 예술품 가운데 하나로 여겨진다. 살아 있는 후손들의 운명에 관해 논의하거나 이에 관한 중요한 결정을 내릴 때 조상들은 늘 그곳에 함께 있었다. 땅이나 어장을 둘러싸고 경쟁하는 개별 부족들 사이에 빈번히 발생했던 전쟁에서 돌과 흙으로 만들어진 성벽은 촌락을 안전하게 보호해 주었다.

1792년에는 섬의 만灣에 첫 영국 정착민들이 상륙했으며, 이들은 이 섬이 영국의 식민지가 되고 남반구에서 또 하나의 '새로운 유럽'으로 발전해 가는 과정을 이끌었다. 고래잡이 어선들이 거점을 구축했으며, 선교사들도 활동 영역을 발견했다. 마오리족은 유럽에서 건너온 새로운 정착민들과 스스로 접촉을 시도했다. 그들에게서 얻은 새로운 지식과 무기가 섬 내부의 갈등에서 유리한 지위를 차지하는 데 유익했기 때문이다.

오스트레일리아

약 5만 년 전에 동남아시아에서 온 사람들이 '제5의 대륙'에 처음 도착했다. 훗날 유럽인들이 애버리지니로 부를 그들은 주어진 자연환경에 적응하면서 대단한 끈기와 적응력으로 자신들의 생존 방식을 발전시켜 갔다. 하지만 그들 사회는 결코 정적이지 않았다. 대략 1만 년이 걸렸을 기나긴 과정을 통해 그들은 대륙 전체를 장악했다. 그들이 가장 선호한 생활공간은 호숫가나 강가 또는 해안 지방이었다. 대륙 내부에 남아 있는 인간의 첫 흔적은 약 2만 6000년 전의 것이다. 각 부족은 공동의 조상이 있었지만, 각각 독자적인 길을 개척해 갔다. 애버리지니들이 사용하는 수백 개의 언어와 방언들이 이를 뚜렷하게 입증해 준다. 남부 태즈메이니아의 서늘하고 습도가 높고 축축한 지역, 열대성 북부, 건조한 내륙, 해안과 오지들로 구분되는 서로 다른 기후와 자연조건들은 애버리지니들에게 온갖 종류의 문제들을 제공해 주었다. 따라서 이러한 어려운 조건에 직면해 그들이 찾아낸 생존 전략은 매우 다양했다.

그들은 결코 몇 가족을 넘지 않는 작은 규모를 이루면서 사냥감과 식량을 찾아 대륙을 떠돌며 유목민 생활을 했다. 작은 집단들은 때때로 서로 만나 생일 선물을 주고받았으며, 서로의 갈등을 평화적으로 또는 경우에 따라 무력을 사용해 조정했다. 물론 비옥한 지역에는 정착촌도 생겨났다.

부메랑과 같은 도구와 무기가 개발되었는데, 부메랑의 역사는 약 2만 년이나 된다. 북부에 있는 외부 세계와는 간헐적인 접촉이 있었는데, 이를 통해 딩고라는 반쯤 가축용으로 길들여진 개가 오스트레일리아에 전파되었을 뿐 아니라, 보트 제작에 필요한 앞선 기술과 도구도 전달된 것으로 추정된다. 상호 문화 교류의 흔적은 회화와 음악에서뿐 아니라 애버리지니들이 사용한 언어 안에서 발견되는 외래어를 통해서도 입증할 수 있다.[221]

애버리지니 문화는 자연환경 안에 단단한 뿌리를 두고 있었다. 그들이 생존하기 위해 필요한 모든 것을 자연환경이 제공해 주었기 때문에 애버리지니들은 자연 안에서 살았다. 그리고 자연과 함께 살았다. 자연은 그들의 존재를 각인하고 이끌어 주는 영혼의 세계를 반영했기 때문이다. 자연이 주는 신호를 이해할 줄 아는 사람에게 자연은 이야기책이었는데, 이 책에는 자연현상과 동물, 그리고 인간이 어떻게 태어나는지에 관한 지식뿐 아니라 사회질서와 올바른 행동을 위한 규범들도 포함되어 있었다. 이 이야기책은 인간과 동물의 형상을 모두 가진 신비한 존재의 창조물이었는데, 이 존재들의 활동을 통해 자연이 형성되거나, 그 활동 자체가 뚜렷한 자연현상으로 표현되었다. 이것들에 대한 기억은 오솔길을 통해 연결된 신성한 장소들에서 계속 유지되고 보존되었다. 집단의 원로들은 이러한 공동체의 기억들을 춤을 통해 재현하거나 암각화 또는 샌드 페인팅[30]을 통해 가시화하고 이야기나 노래를 통해 보존해 세대를 거치며 계속 전수되게 하는 역할을 담당했다. 이러한 문화는 공동체의 정체성을 강화해 주었을 뿐 아니라, 자연 안에 살면서 인간들이 전적으로 종속되어 있는 영적인 존재들과 용이하게 소통하게 해 주었다. 최고 원로는 이와 관련된 주요 의식들을 집행할 뿐 아니라 각 공동체의 권위자로서 법

―― 30 모래를 활용해 주술적인 의미를 담아 그린 그림을 가리킨다.

을 집행하고 질서를 유지하게 했다. 특별한 지식이 없는 사람이나 여성들은 지식 또는 지식을 부여해 주는 권위로부터 제외되었다.[222]

애버리지니들이 자연과 함께 살고 자연이 영혼으로 가득 차 있는 것으로 보았다는 사실은, 그렇다고 해서 그들이 그런 생각을 바꾸지 않았음을 뜻하지는 않는다. 첫 인간 집단이 오스트레일리아에 도착한 이래로 수천 년 동안 대형 포유동물의 85퍼센트 이상이 제5대륙에서 멸종되었다. 아마도 애버리지니들이 뿌리와 유충, 곤충을 채집하기 위해, 또는 동물 사냥을 용이하게 만들기 위해 의도적으로 초래한 화재가 가장 중요한 원인이었을 것이다. 그 밖에도 화재 후에 중요한 식용작물들이 줄기차게 자라났다. 이런 변화의 어두운 면은 이것이 나무와 관목의 재배를 축소시켰으며 거대 동물에게서 생활공간과 먹이를 찾을 공간을 빼앗았다는 사실이다. 그 결과는 유칼립투스 나무들로 가득 찬 초원과 관목 지대였으며, 이것이 오늘날 오스트레일리아의 광대한 지역을 특징짓는 환경이다. 유칼립투스는 오스트레일리아가 고향이며, 벌레나 개미의 공격뿐 아니라 가뭄이나 심지어 화재에도 견딜 수 있다.[223]

이 책에서 다루는 시기의 끝인 18세기 후반까지 유럽인들은 오스트레일리아의 해안 몇몇 지점에 간헐적으로만 나타났다. 그런데 쿡이 오스트레일리아 동부 해안을 탐험한 1770년에는 모든 것이 달라졌다. 쿡은 오늘날 시드니의 남쪽 한 지점, 즉 그가 보타니만으로 지칭한 지점에 상륙했다가 북쪽으로 항해를 계속해 대보초(그레이트배리어리프)[31]를 지나 토레스 해협을 통과했다. 그 후 쿡은 비옥한 땅에 관해 보고했으며 그곳 주민들을 친근하게 표현한 그림을 그렸는데, 이 그림들은 '고귀한 야만인noble savage'에 대한 당시의 인식에 영향을 받은 것이었다. 쿡이 작성한 보고서와 그림들의 영향으로 1788년에는 보타니만이, 그리고 그로부터 조금 뒤에는 시드니가 영국에서 추방되는 죄수들을 유배하는 편리한 '처리장'으로 선택되었다. 이들을 더는 새로 독립한 미국으로 추방할 수 없었기 때문이다. 이로써 영국의 새로운 식민지 뉴사우스웨일스주를 위한 초석이 놓여졌다.

31 오스트레일리아의 북동쪽 해안을 따라 발달한 세계 최대의 산호초 군락이다.

물론 영국인들이 새로운 정복지를 죄수들을 위한 유배지로만 바라본 것은 아니었다. 그들은 이곳에서 천연자원과 선박 건조에 필요한 목재도 얻으리라 기대했다. 나아가 전략적 고려도 오스트레일리아를 점령하는 데 한몫했다. 이 해역에 이미 여러 차례 탐험대를 파견했던 프랑스를 차단하고자 했기 때문이다. 1801년에서 1803년 사이에 매슈 플린더스Matthew Flinders가 이 대륙을 일주하면서 오스트레일리아 해안에 대한 좀 더 상세한 정보를 제공해 주었을 뿐 아니라, 이 대륙에 대한 영국의 소유권을 뒷받침하는 계기도 제공했다. 플린더스의 제안에 따라 이 대륙은 이제 '오스트레일리아'로 명명되었다.

이후의 수십 년 동안 죄수들뿐만 아니라 점차 자유민들도 제5대륙으로 이주해 가자, 유럽인들은 그들의 시각에서 애버리지니들이 사용하지 않는 땅이 주인이 없기 때문에 누구나 자유롭게 사용할 수 있는 무주지라는 주장을 펼치기 시작했다. 오스트레일리아 최고 재판소는 주인 없는 땅이라는 시각을 1992년에야 공식적으로 수정했다. 백인들의 진출은 애버리지니와 자연 사이의 물리적·심리적 관계를 파괴했다. 애버리지니는 대부분 사망했는데, 그 이유는 다음과 같다. 첫째, 그들의 면역 체계는 (아메리카 원주민들과 마찬가지로) 유럽에서 옮아 온 질병에 저항력이 없었다. 둘째, 유럽 식민지 주민과 축산업자들이 그들의 생활공간을 빼앗았다. 셋째, 그들은 많은 경우 유럽인들에게 체계적으로 박해를 받았다. 18세기가 끝날 무렵에 약 30만 명의 애버리지니가 제5대륙에 살았던 것으로 추정된다. 20세기 초에 그들의 인구는 6만 명으로 줄어들었다.[224]

제2차 대항해시대와 유럽인의 역할

유럽이 태평양을 처음으로 인식한 것은 에스파냐 탐험가 바스쿠 누녜스 데 발보아가 파나마 지협을 건너 태평양 동쪽 가장자리에 있는 아메리카 해안에 도달한 1513년이다. 대략 이와 비슷한 시기에 포르투갈인들은 말루쿠 제도를 탐험하다가 태평양의 서쪽 끝에 도달했다. 그러나 아마도 그들은 동남아시아의 섬에서 출발해 그곳에 도달했기 때문에 자신들이 당시까지 알려지지 않은 거대한 바다에 진입했다는 사실을 깨닫지 못했던 것 같다.[225] 이전의 아메리카와 마찬가지로 아시아에 도달하려는 희망에서 대서양을 건넜던 유럽인들에게 태평양은 반갑지 않은 선물이었다. 이는 오리엔트의 금은보화로 나아가는 서쪽 코스에서 또 하나의 장애를 극복해야 한다는 것을 의미했기 때문이다. 파나마 지협은 동서 축에 놓여 있고, 새로운 대양은 그것을 넘어 남쪽으로 열려 있는 것으로 보였기 때문에 발보아는 이를 마르 델 수르Mar del Sur, 즉 '남쪽 바다'로 이름을 붙이고 에스파냐령으로 만들었다.

그렇기 때문에 16세기에 이러한 미지의 대양과 수많은 섬에 진출하고, 그곳들을 '에스파냐의 호수'[226]로 만들었던 것은 무엇보다 에스파냐인들과 에스파냐에 고용되었던 포르투갈인 항해사들이었다. 항해를 통해 태평양이 얼마나 광대한지 밝혀낸 첫 유럽인은 마젤란과 그의 선원들이었다. 드디어 아메리카 대륙의 남쪽 끝을 돌아 아메리카 대륙을 떠나는 항해로를 발견하고, 여기에서부터 마리아나 제도까지 이르는 항해에는 석 달이 걸렸다. 바다는 잔잔했으며, 그들이 마침내 육지를 발견했을 때 물과 식량은 거의 소진된 상태였다. 그래서 마젤란은 이 바다를 마르 파시피코Mar Pacifico('고요한 바다'라는 뜻이다.)라 명명했는데, 아마도 이 명칭은 매혹적으로 들리게 하려는 것보다는 이 바다가 지닌 위험을 알리는 의도였던 것으로 추정된다. 아우구스티노회 신부인 우르다네타가 1565년에 북태평양을 가로지르는 통로를 개척하자, 에스파냐인들은 아메리카 대륙의 에스파냐령으로 복귀하는 항로를 갖게 되었는데, 이는 태평양 탐험을 용이하게 만들어 주었을 뿐 아니라 필리핀에 남아메리카 모델에 따른 통치 형태를 설립할 수 있게 해 주었다.

에스파냐인과 포르투갈인들의 대양 탐험에는 고수익을 보장해 주는 귀한 향신료를 찾으려는 의도 외에, 솔로몬Solomon 왕의 전설적인 황금 왕국 오피르를 찾으려는 꿈도 작용했다. 오늘날에도 여전히 사용되는 지명들은 이러한 욕망을 잘 보여 준다. 예를 들어 금을 유럽에 공급하던 아프리카 기니에서 지명을 딴 뉴기니, 혹은 서태평양의 솔로몬 제도가 그 좋은 예다. 물론 새로운 항로를 개척하고 미지의 땅과 섬을 개척하며 고수익을 주는 상품을 찾으려는 개인적 야심은 늘 변치 않고 존재했던 추동력이었다. 그리고 나중에는 이러한 동기들에 실낙원을 찾으려는 유토피아적 강박감 혹은 세기말적 강박감 같은 종말론적 동기들이 추가되었다. 고대 유럽인들이 테라 아우스트랄리스Terra Australis(남쪽의 땅)[32]라는 거대한 대륙이 있을 것으로 상상했던 지구의 반대편에서 많은 사람은 때 묻지 않은 순수한 세계를 발견하고 원주민들을 개종시켜 지상낙원을 건설하고자 했다. 페드루 페르난드스 드 케이로스Pedro Fernandes de Queirós는 1606년에 뉴헤브리디스 제도에서 가장 큰 섬에 에스피리투산토라는 이름을 붙였다. 이 명칭은 케이로스가 발견하기를 원했던 가상의 남쪽 대륙에 붙일 '성령이 깃든 남쪽 땅Australia del Espíritu Santo'이라는 이름을 상기하게 하는데, 후원자인 에스파냐 합스부르크 가문을 떠올리게 하는 동시에,[33] 케이로스 자신의 종교적 의도를 널리 알리기 위해 붙인 명칭이었다. 케이로스의 탐험대 가운데 한 선장인 루이스 바에스 데 토레스Luis Váez de Torres는 탐험대에서 떨어져 나와 서쪽으로 더 항해한 결과, 1606년에 오스트레일리아와 뉴기니 사이를 지나는, 위험한 암초가 많고 얕은 해협을 통과했는데, 이곳은 오늘날에도 그의 이름을 따서 토레스 해협으로 불린다.

하지만 에스파냐인들은 금도 새로운 대륙도 발견하지 못했으며, 지상낙원의 꿈도 실현하지 못했다. 물론 그들은 태평양을 국제무역의 세계적 교역망에 연결하는 데는 성공했다. 갤리언 선박들은 아카풀코에서 마닐라로 은을 실어 날랐으며, 거기서 다시 중국으로 흘러들어 갔던 막대한 양의 은은 그곳의 경제를 발전시켰을 뿐 아니라, 아시아와 아메리카를 거치는 항로를 통해 태평양과 유럽을 연결해 주었다.[227] 이베리아인들은 태평양을 오직 그들만이 항해권과 무역권을 보유할 수 있는 닫힌 바다(마레 클라우숨Mare clausum)로 이해했다. 물론 잉글랜드인과 네덜란드인들은 이를 인정하려고 하지 않았다. 그들은 에스파냐 선박을 공격했으며, 남아메리카의 태평양 연안에 있던 도시들과 필리핀도 공격했다.

노획물을 찾아 태평양을 대각선으로 횡단하던 해적이자 모험가, 개척자

―― 32 오늘날 오세아니아에 속한 국가인 오스트레일리아의 국호는 이 명칭에서 유래했다.

―― 33 섬에 붙인 이름 중 'Australia'는 유럽의 출판물에서 'Austrialia'로 변형되어 인쇄되었다. 오스트리아Austria에 기반을 둔 합스부르크 가문이 에스파냐에서 '아우스트리아'로 지칭된 것을 생각하면 의미심장한 변형이다.

였던 윌리엄 댐피어William Dampier가 오스트레일리아 북서부 해안에 상륙했다. 그는 그곳에서 원주민들과 만났으며, 애버리지니에 관해 묘사한 최초의 글 가운데 하나를 남겼다. 댐피어의 눈에 애버리지니는 세상에서 가장 비참한 사람들이었다. 그가 보기에 원주민들은 인간의 모습을 하고는 있지만 사실상 인간이라기보다는 동물에 가까웠다. 놀랍게도 그들은 유럽인들이 준 그 어떤 물건이나 선물에도 아무런 관심을 보이지 않았다.

네덜란드인들은 동남아시아 도서부에 정착하는 데 그치지 않고 17세기에 무엇보다 오스트레일리아와 남동태평양 지역들을 '발견'했다. 그들의 활동은 경제적 동기에서 비롯된 것이었지만, 에스파냐로부터 분리되어 독립하기 위해 전 세계를 무대로 벌인 투쟁과 관련된 군사적·전략적 판단도 결정적 역할을 했다. 예를 들어 올리비르 판노르트Olivier van Noort는 1588년에서 1601년까지 세계를 일주하면서 칠레에 있는 에스파냐 항구 발파라이소를 공격하기도 했고, 필리핀 해역에서는 은을 실은 마닐라 갤리언을 습격하기 위해 기다리다가 이 배들이 오지 않자, 인근의 정착촌을 습격해 중국 정크선을 약탈한 후에 마닐라에 대한 공격을 시작하기도 했다. 그러나 에스파냐의 단호한 저항에 직면해 정복에는 실패했다. 다음 수십 년 동안 네덜란드인들은 정기적으로 말루쿠와 마카오, 마닐라를 봉쇄하고 포르투갈과 에스파냐, 중국, 일본의 선박들을 공격했으며, 동남아시아와 동아시아의 해역을 장악한 지배적인 유럽 국가로서의 지위를 굳혔다. 나아가 그곳을 거점으로 해서 태평양 방향과 오세아니아 방향으로 그들의 탐험대를 파견해 태평양을 거쳐 향료제도와 중국, 일본으로 가는 동부 항로와 서부 항로를 탐색했다.[228]

야코프 러 메러Jacob Le Maire는, 그리고 빌럼 코르넬리스 스하우턴Willem Cornelisz Schouten과 얀 코르넬리스 스하우턴Jan Cornelisz Schouten 형제는 칠레 남단의 혼곶을 돌아 태평양을 거쳐 동남아시아에 도착했다. 타스만은 1642년에 인도양에 있는 네덜란드의 거점인 모리셔스[34]를 떠나 동쪽으로 항해했다.

34 섬의 이름은 오라녜 공 마우리츠Maurits의 이름에서 유래했다. 마우리츠의 라틴어식 표기인 'Mauritius'를 영어식으로 읽게 되면서 모리셔스가 되었다.

그는 오스트레일리아 본토를 보지는 못했다. 오스트레일리아 본토가 그가 택한 항로보다 북쪽에 위치했기 때문이었는데, 그 대신에 그는 오늘날 그의 이름을 따라 불리는 섬[35]에 도달했다. 하지만 그는 당시에는 이 섬을 자기 고용주인 네덜란드 동인도회사 총독의 이름을 따서 '판디먼Van Diemen의 땅'으로 명명했다. 그는 서태평양을 건너는 큰 원을 그리며 탐험하다가 결국 바타비아에 도착했는데, 그 과정에서 오늘날 뉴질랜드로 불리는 아오테아로아뿐 아니라 통가와 피지 제도 등에도 들렀다. 이후에 다시 추진한 여행에서 그는 오스트레일리아의 북부 해안을 따라 항해했으며, 이 지역을 뉴홀랜드로 명명했다.

네덜란드 선박들이 동남아시아의 섬들을 탐험하다가 우연히 오스트레일리아에 도착한 경우도 가끔 있었다. 1606년에 아마 자신도 모르는 사이에 혼곶반도의 북서부에 상륙했던 첫 유럽인이었던 빌럼 얀스존Willem Janszoon이 그러한 사례다. 그 밖에 희망봉을 거쳐 바타비아에 이르는 장거리 항해를 하던 선박들이 뜻하지 않게 폭풍을 만나 파선해 오스트레일리아의 황폐한 북서부 해안에 도착한 경우도 빈번했다. 이러한 사고 중 첫 번째 사례는 디르크 하르토흐Dirk Hartog가 1616년 5월에 그의 이름을 붙인 섬에 상륙했을 때 발생했다. 1629년에는 극적인 상황에서 산호초에 좌초된 바타비아 선박의 반란자 두 사람이 오늘날 칼바리로 불리는 근대적인 정착촌 근처로 탈출해 왔다. 이들이 오스트레일리아에 영구히 정착한 첫 유럽인이다.[229]

우연이든 의도적이든 이러한 탐험 항해에서 유럽인들은 오스트레일리아에 경제적으로 매력적인 물품이 있을 것이라는 판단에는 이르지 못했다. 그렇기 때문에 추가적인 탐험은 중단되었다. 하지만 신화 속 미지의 테라 아우스트랄리스라는 비전은 끊임없이 영향력을 행사했다. 케이로스뿐 아니라 러메러와 스하우턴 형제들도 이 비전에서 영감을 받았다. 이들과 마찬가지로 야코프 로헤베인Jacob Roggeveen도 1721년에서 1723년 사이에 네덜란드 동인도회사의 자매 회사인 서인도회사West-Indische Compagnie: WIC의 지시에 따라 이 신화 속 땅을 찾아 나섰다. 혼곶을 돌아 항해하던 그는 1722년의 부활절Easter 월요

35 오스트레일리아 남동부에 있는 태즈메이니아Tasmania섬을 가리킨다.

일에 한 섬에 도착했는데, 이날을 기억하기 위해 그는 이곳에 '이스터섬'이라는 이름을 붙였다. 로헤베인과 그의 선원들은 그곳에서 원주민들이 숭배하는, 석회암으로 만들어진 거대한 석상들을 발견하고 몹시 놀랐다.

결국 남쪽 대륙이 존재할 것이라는 비전은 18세기의 유럽인들이 태평양에 밀려오도록 뒷받침한 핵심적인 요인이었다. 여기에서 잉글랜드와 프랑스가 주도적인 역할을 수행했는데, 정치적·전략적으로뿐 아니라 경제적으로도 힘을 겨루던 두 강대국 사이의 경쟁이 배후에서 작용했다. 북아메리카와 인도에서 영국에 패배했던 프랑스는 18세기 후반에 아직 식민지화되지 않았던 태평양과 비밀스러운 제5의 남쪽 대륙에 커다란 관심을 기울였다. 탁상공론을 즐기던 잉글랜드와 프랑스의 이론가들은 오세아니아와 오스트레일리아의 외관과 특성에 관해 일련의 해석을 제기했다. 예를 들어 1770년에 스코틀랜드의 수로학자인 알렉산더 댈림플Alexander Dalrymple은 지구가 평형을 유지하고 균일하게 자전하려면 반드시 적도 북쪽의 대륙과 적도 남쪽의 대륙이 균형이 잡혀야 한다고 기록했다. 게다가 태평양을 여행한 사람들이 보고했던 여러 징후는 거대한 대륙의 존재를 보여 주고 있었다. 지금까지 탐험한 사람들은 대체로 거대한 대륙이 존재함을 알려 주는 징후인 수많은 섬, 자주 바뀌는 바람의 방향, 바다에 떠 있는 표류물들, 너울의 부재, 새 떼나 구름의 형성 등을 보고했다. 이러한 이론적 주장들은 남쪽에 있을 제5대륙을 발견해 차지해야 한다는 강한 요구를 뒷받침해 주었다.

이러한 배경에서 제2차 대항해시대로도 불리는 활발한 탐험 여행들이 전개되었다. 이 여행의 특징은 학문적 연구의 성격을 띠고 있었다는 점이다. 1764년에 프랑스의 수학자이자 해군 장교인 루이앙투안 드 부갱빌Louis-Antoine de Bougainville은 두 번째로 남쪽 바다를 향한 여행에 나섰다. 앞선 세계 강국으로서의 역할에 부합하려면 잉글랜드인들도 이에 뒤처질 수 없었다. 새뮤얼 월리스Samual Wallis는 남동태평양을 이전의 그 어떤 항해자보다도 세심하게 관찰하며 횡단하다가 1767년에 타히티를 발견했는데, 그보다 조금 후에 부갱빌도 타히티에 도달했다. 이제부터 타히티는 수많은 태평양 항해에서 반드시 거쳐 가는 중요한 거점이 되었으며, 유럽인들이 가지고 있던 '이상적인 남쪽 바다'

를 보여 주는 전형이 되었다. 쿡도 1768년에서 1779년 사이에 세 번에 걸쳐 태평양을 탐험하면서 타히티에 여러 차례 상륙했다.

쿡은 18세기 후반을 특징지은 연구하는 탐험가들의 전형이었다. 그가 탐험했던 지역은 엄청나게 넓었다. 남쪽의 극단인 남극에서 북쪽의 베링 해협까지, 동쪽의 마젤란 해협에서 서쪽의 오스트레일리아까지 이르는 지구 전체를 거의 포괄하는 지역을 탐험한 것이다. 쿡은 실제 탐험을 근거로 해서 잉글랜드에서 중국으로 가는 최단 경로에 가까운 캐나다 북부의 북서 통로는 얼음으로 막혀 있기 때문에 통과할 수 없다는 사실도 증명했다. 또한 그는 남태평양을 대단히 체계적으로 탐험했기 때문에 거대한 대륙을 그냥 지나칠 수가 없었다. 그 결과 그의 항해는 신화 속 테라 아우스트랄리스는 실제로는 존재하지 않거나, 적어도 오스트레일리아와 뉴질랜드 대륙에 국한한다는 사실을 경험적으로 입증했다.

부갱빌의 항해는, 무엇보다 쿡의 항해는 유럽 팽창의 역사에서 하나의 전환점이 되었다. 그 항해는 학문적 동기로 추진된 최초의 탐험 여행이었기 때문이다. 탐험을 위해 철저한 준비 작업이 진행되었으며, 여러 학자로 구성된 연구 팀이 함께 승선했다. 쿡의 탐험 여행은 수로와 지형을 측정하는 것으로, 만灣을 예로 들면 음향 측정을 통해 깊이를 정확하게 측정함으로써 배의 정박지나 항구로서 적합한지, 또는 배가 조심해서 지나가야 할 통로인지 등을 가늠하는 것이 과제였다. 해안선은 해도에 표시되었으며 천문학과 인류학, 식물학, 동물학의 연구도 진행되었다. 측정에 참가한 모든 연구원은 이런 상세한 내용들을 글이나 그림으로 남겼다. 물론 탐험에서 수집된 모든 자료는 영국이 세계 정치에서 차지하는 지위를 공고하게 하는 데 도움을 주려는 의도에서 나온 것이어서 이들의 활동은 순수하게 학문 자체를 위한 것은 아니었다.

마닐라에서 출발한 갤리언에 실려 멕시코로 왔다가 계속해 유럽으로 운송된 물품들(즉 말루쿠산 향신료, 일본산 은과 비단, 필리핀산 담배, 중국의 사치품)은 유럽의 무역수지와 생활 방식의 균형에 커다란 영향을 미쳤다. 태평양은 파리와 런던 등에서 대두하던 문명 혐오적인 사회 비판에 자극을 주었다. 논평가들은 지상낙원과 같은 자연 상태에 살고 있는 전설 속의 '고귀한 야만인'들을 오세아니아의 섬 세계에서 발견했다고 믿었다. 이러한 신화는 오랫동안 유럽인들이 상상해 온 이상 세계의 역사에 속한다. 콜럼버스가 아메리카 대륙을 발견한 이래로 비유럽 사회는 유럽의 사회질서에 대한 잠재적 대안을 투영하는 스크린이 되었다. 타히티와 그 주민들이 바로 그러한 대안적 삶의 모습을 보여 주는 완벽한 사례인 것처럼 보였다. 이곳에서는 인간 사회가 장자크 루소Jean-Jacque Rousseau가 서술했던 자연 상태를 아직 유지하는 것처럼 보였다. 인간들은 사랑스럽고, 손님에게 매우 친근하며, 신분의 차이가 없고, 모든 구성원은 열대 자연이 넘치도록 충분히 제공해 주는 것들에서 각각 자신의 몫을 갖고 있었다. 그곳 주민들의 신체적 아름다움은 유럽인들을 매혹했으며, 고전 그리스 시대의 이상적인 인간상을 회상하게 했다. 꾸밈없는 성性과 자유로운 사랑은 편협한 강요나 관습의 압박이 없는 세계를 꿈꾸게 했다.[230]

이러한 매력에 도취된 부갱빌은 타히티를 사랑의 신인 아프로디테를 숭배하기 위해 바쳐진 그리스 섬의 이름을 따서 '새로운 키티라'로 명명했다. 식물학자이자 루소의 추종자인 필리베르 커메르손Philibert Commerson은 이 섬에는 어떠한 악이나 편견, 결핍이나 논란이 존재하지 않는다며 "그곳의 인간들은 가장 아름다운 하늘 아래에 태어나, 아무런 수고 없이 대지가 제공해 주는 수많은 과일을 먹고 살 수 있다. 그들은 왕에게 지배받지 않고 가문의 아버지들에게 지배받으며, 그들이 섬기는 유일한 신은 사랑이다."라는 예찬을 기록했다.

하지만 실제로 타히티나 태평양 다른 섬들의 사회도 강압과 폭력, 사회적 위계질서에서 결코 자유롭지 않았다. 예를 들어 유럽 선원들이 접촉했던 여성들은 대개 지역 엘리트에 속하지 않았다. 성적 호감은 진기한 물품을 얻기 위한 일종의 교환 수단이어서, 여성들은 그들의 아버지나 형제, 혹은 심지어 남편들의 압박을 받아 성적 서비스를 제공하는 듯했다.

폴리네시아의 '고귀한 야만인들'은 서술되고 묘사되고 그림으로 그려졌으며, 그중 몇몇은 심지어 그들 자신의 요청에 따라 유럽으로 여행을 가기도 했다. 1753년에 태어난 것으로 추정되며, 타히티의 중간계급에 속했던 오마이Omai는 이들 가운데 최초는 아니지만 가장 유명한 인물이었다. 그는 키가 크고 날씬했지만 특별히 잘생기지는 않았고, 무엇보다 폴리네시아 귀족의 밝은 피부를 갖고 있지 않았다. 오마이는 탐험 여행을 도중에 중단해야 했던 쿡의 제2차 탐험대 선박을 타고 우연히 잉글랜드에 갔다. 잉글랜드에서는 쿡의 제1차 탐험에 동반했던 부유한 학자이며 식물학자인 조지프 뱅크스Joseph Banks가 오마이를 특별히 돌봐 주었다. 그가 오마이를 국왕 부부에게 소개한 후 귀족과 학자들에게서 초청이 쇄도했다. 오마이는 춤을 배웠으며, 승마도 하고, 스케이팅과 사격도 배웠다. 연극 공연도 몇 차례 관람했으며, 음악회와 경마장에도 갔는데 세련된 대화를 특히 즐겼다. 그는 사람들이 자연인과 '고귀한 야만인'에게 기대하는 모든 것을 입증해 주는 듯 보였다. 친근함과 지성미, 자연스러운 우아함, (그가 잉글랜드에 체류하는 동안 몇 차례 치정 관계에 연루되게 한) 여성에 대한 당연한 기사도. 간단히 말해 그는 뻣뻣한 잉글랜드 신사보다 매우 매력적인 인상을 주었다. 오마이는 1776년에 남태평양으로 돌아갔다. 그동안 그는 자기를 초대한 잉글랜드의 집주인들과 자신을 동일시하게 되었기 때문에, 옛 고향에 돌아온 후에도 유럽식으로 처신했고, 그가 습득한 능력과 생활양식으로 말미암아 높은 신분을 획득했다. 그는 1780년 무렵에 사망했는데, 한동안 유럽에서 작가들이 서양 사회를 비판하고 혹평할 때 쓰는 문학 속 도구로서 생존했다.

오스트레일리아 원주민의 이미지는 애초부터 매우 양면성을 지니고 있었다.[231] 앞서 언급했듯이 댐피어는 애버리지니들을 세상에서 가장 가련한 존재로 여겼으며, 유럽 물품에 대한 그들의 무관심을 주의 깊게 관찰했다. 쿡도 마찬가지로 그들이 새로운 유럽 물품에 전혀 욕망을 갖지 않는다는 사실에 주목했지만, 당시의 시대 분위기에 맞게 이를 긍정적으로 해석했다. 그의 견해에 따르면 애버리지니들은 무엇도 더 필요한 것이 없었다. 자연이 그들에게 필요한 모든 것을 선사하고 있었으므로 유럽인들이 제공하는 것들은 불필요했기 때문이다. 그래서 쿡은 애버리지니들이 유럽인들보다 더 행복하다고 여겼다. 반면에 18세기 말 이후의 식민주의는 애버리지니들을 백인들의 토지 획득과 개척에 방해가 되는 '말썽꾼'으로 보았다.

오랫동안 유럽인과 오세아니아인들은 간헐적이고 일시적으로만 접촉했다. 쿡이 이곳에 도달한 후에야 비로소 이런 상황에 변화가 왔다. 서양인들의 방문은 점차 빈번해졌으며, 태평양의 천연자원에 대한 약탈도 증가했다. 고래와 물개가 포획되었으며, 단향목이 마구 잘려 나갔다. 윌리엄 블라이William Bligh 선장은 타히티에서 빵나무 묘목을 카리브 지역으로 운반해 오라는 지시를 받았다. 거의 돌볼 필요가 없는 이 나무를 재배해 그 열매를 사탕수수 대농장에서 일하는 노예들의 식량으로 사용하려는 계획이었다. 1792년에 이 나무를 운반해 오려는 첫 시도는 블라이 선장의 배인 바운티호에서 폭동이 일어나는 바람에 실패로 돌아갔으나, 이듬해인 1793년의 두 번째 시도에서는 묘목을 자메이카로 옮겨 오는 데 성공했다. 이로써 유럽인들은 태평양도 세계적 차원의 식물 운반 시스템 안으로 끌어들이는 데 성공했는데, 이는 유럽인들이 팽창을 시작한 초기부터 밀접한 연관 속에서 진행된 과정이었다.

유럽적 시각에서 볼 때 쿡은 계몽되고 합리적으로 사고하는 인간적인 탐험가의 전형이었다. 그러나 마오리족이나 애버리지니의 시각은 이와 달랐다. 그들의 입장에서 보면 쿡은 폭력과 추방, 죽음을 가져왔다.[232] 오세아니아인들의 면역 체계가 방어할 수 없는 질병들이 유럽인들과 함께 들어왔다. 일부 섬에서는 이러한 새로운 질병으로 인해 주민의 90퍼센트까지 사망했다. 자연과 문화의 생태계는 근본적으로 변화하고 변형되었으며, 파괴된 경우도 드물지 않았다. 일련의 섬에는 선교사들이 정착해 새로운 종교를 전파했다. 그리고 카펫배거carpetbagger[36]와 모험가들은 토착 지배자들의 자문 위원으로 등장했다. 점차적으로 오세아니아는 결국 여러 식민지로 분할되었다.

물론 오세아니아인과 유럽인들이 접촉할 때 유럽인들이 모든 사안을 결정했던 것만은 아니다. 특히 폴리네시아에서는 일부 지배자가 새로운 접촉이 자기들에게 가져다줄 기회를 신속하게 수용하는 기민함을 보였다. 유럽인들이 보유했던 화기는 뉴질랜드에서 경쟁적인 마오리족들 사이의 전쟁을 격화

36 '카펫 자루를 맨 사람'이라는 뜻으로, 남북전쟁 직후의 미국에서 혼란에 빠진 남부에 소지품이 든 카펫 자루만 매고 들어와 기회를 노리고 약탈적인 행태를 보인 북부인들을 경멸하는 용어다. 현재는 아무런 연고도 없는 지역에서 직책을 얻으려고 하거나 경제적 이득을 추구하려는 외부인을 가리키는 뜻으로 쓰인다.

시켰다. 피지에서는 세루 카코바우Seru Cakobau라는 추장이 유럽의 군사기술을 이용해 여러 섬의 지배권을 장악할 수 있었다. 포마레 1세Pōmare I는 타히티에서 비슷한 성과를 거두었으며, 18세기에서 19세기로 넘어가는 전환기에 카메하메하 1세Kamehameha I는 하와이에서 유럽인 자문관들의 도움을 얻어 주변의 섬 전체를 통일하는 데 성공했다.

유럽과 대서양 세계

볼프강 라인하르트

1350~1750

5

머리말

15세기가 되기 전까지는 아프리카 대륙의 대서양 연안에 거주하던 주민들도, 아직은 피렌체 사업가인 아메리고 베스푸치의 유럽 중심주의적인 이름을 따서 아메리카로 불리지 않던 대륙의 거주자들도, 상트페테르부르크-트리에스테 선[1]의 서쪽에 살면서 '라틴'의 문화와 교회의 영향을 크게 받았던 유럽 거주자들도 각각 자기들에 관해 잘 알지 못했다. 더욱이 이 세 대륙의 한 곳에 거주하던 주민들은 다른 대륙의 주민들에 대해 전혀 혹은 거의 아는 바가 없었다. 물론 비교적 좁은 유럽 대륙은 그들이 의식적으로 가꾸어 온 문화적 통일성 덕분에 이런 측면에서는 어느 정도 예외에 속했다. 그러나 유럽인들은 그들이 수백 년 내에 다른 두 대륙의 주민들에게 유럽의 것과 동일한 경제 체계와 문화 체계를 부과할 것이라고는 전혀 생각하지 못했다.

하지만 1750년 무렵까지 대서양 영역에서 유럽이 관철하던 지배적 지위는 오늘날까지도 여전히 역사 연구의 불균형한 상태에 반영되어 있으며, 이는 우리가 집필하는 이 역사책의 근본 토대에 불가피하게 영향을 미치고 있

1 헝가리계 영국인 통계학자 존 허이널John Hajnal은 1965년의 논문에서 유럽의 결혼 패턴을 구분 짓는 지리적 경계로 러시아의 상트페테르부르크와 이탈리아의 트리에스테를 잇는 선('허이널 선')을 제시한 바 있다.

—— 화가이자 시인인 윌리엄 블레이크(William Blake)는 1792년에 유럽이 아프리카와 아메리카에 의해 얼마나 우호적인 지원을 받는지를 상징적으로 표현하기 위해 삼미신(三美神)을 모티브로 사용했다. 이런 상태가 이루어지고 지속되기를 바란다는 것이 존 게이브리얼 스테드먼(John Gabriel Stedman)이 자신의 책 맺음말에 기록했던 희망이었는데, 이를 블레이크가 그림으로 표현한 것이다. 스테드먼은 자신의 책을 통해 1772년에서 1777년 사이에 수리남에서 발생한 잔인한 폭력과 노예화에 대한 경험을 의식적으로 부정했다. (Wikimedia Commons)

다. 유럽 지역에 관해서는 풍부한 문서 자료가 존재하는 반면에, 이슬람의 영향권 밖에 있는 아프리카 지역이나 이른바 '신세계'에 관해서는 기록 문화가 부재했으므로 식민지 시대 이전에 관한 문서 자료가 거의 존재하지 않는다. 물론 이들 대륙에서 발견된 전문 사료들, 특히 고고학적 사료와 언어학적 자료 외에 지난 수 세기 동안 체계적으로 수집된 아프리카 여러 민족의 역사에 관한 풍부한 구전 자료들이 있다. 하지만 우리는 이 텍스트들이 역사적 사실들을 전해 주기는 하지만, 그 자료가 수집되는 시점에 각 공동체의 필요를 충족하기 위해 변형되었다는 사실을 알고 있다. 당연히 문서로 기록된 증거들도 구전 자료와 마찬가지로 작성자의 역사 인식으로 채색된다. 하지만 그것들은 동시대의 증언으로 영원히 변치 않게 고정되어 있기 때문에 구술 자료처럼 상시적인 시대 변화에 영향을 받지 않는다. 확실히 라틴아메리카에는 근대 이전부터 식민지 주민들도 목소리를 낼 수 있었던 광범위한 식민지 역사가 있다. 그뿐만 아니라 16세기에서 19세기까지에 해당하는, 아프리카와 관련해 유럽인들이 작성한 각종 여행 보고서와 기타 사료들도 있다. 그러나 식민지 시대 이전의 아프리카와 아메리카의 여러 민족은 그 어떠한 문서도 남기지 않았으므로, 유럽 역사학이 말하는 의미에서의 역사도 남기지 않았다. 따라서 이들에 관한 연구는 인류학자들의 몫으로 남겨졌는데, 인류학자들은 때때로 식민지인들의 문화에 관해 매우 역사적이고 유용한 사실을 밝혀내곤 했다.

아주 단순화해 볼 때 유럽의 역사 연구는 중세와 근대 초의 역사학 이래로 세 시기를 거치며 발전했는데, 사실 이들 시기는 서로 중첩되기도 한다. 정치사와 사회 엘리트 등 주요 인물의 역사에 중점을 두고 연구하던 19세기 초에는 국가사가, 19세기 후반, 특히 제2차 세계대전 이후에는 사회사적·경제사적 구조사가 뒤따랐다. 마지막으로 1980년대 이후에는 언어학과 기호학에 토대를 둔 이른바 문화적 전환이 뒤따랐다. 이 새로운 경향은 역사학적 발견들이 갖는 실질적인 역사적 의미가 무엇인지 의문을 제기했다. 북아메리카에서 '새로운 유럽의' 학문이 재빨리 이 문제 제기를 받아들이고 결국 주도권을 장악하자, 제2차 세계대전 이후에 근대 역사학계는 아프리카와 중앙아메리카, 남아메리카를 연구하기 시작했다. 물론 여기서 현대의 지정학적 고려가 작용한 것은 의심할 여지가 없는 사실이다. 특별히 이들 지역에 관심을 둔 연구소들이 잉글랜드와 미국에 설립되고 강좌가 개설되었으며, 정기 학술지가 발간되었다. 프랑스와 에스파냐, 독일에서도 이런 흐름이 이어졌다. 나아가 식민지 아프리카에도 신설 대학들에 아프리카 역사라는 분야가 도입되었다. 이후 얼마 안 가 독립을 달성한 아프리카 국가들에서는 이전에 라틴아메리카에서 진행된 것과 같은 방식으로 역사를 사용하기 시작했다. 역사가들은 정치 교육이라는 목적을 위해 다양한 지역들의 국가사를 생산해 냈다. 아프리카에서는 이런 현상이 때때로 식민지 이전의 시기를 왜곡하고 이상화하는 경향으로도 나타났다. 1970년대의 유럽에서와 마찬가지로 그 나라들에서도 종속 이론과 같은, 식민주의를 비판하는 거대 담론 구조를 연구하는 경향이 대두했지만, 사실 앞서 언급한 방식의 국가사는 그곳에서 예전과 다름없이 오늘날에도 요구된다. 아프리카의 역사를 유럽 역사학의 패러다임에서 분리하려는 시도에까지 이르는 여러 혁신적인 연구와 노력에도 그 지역들의 역사학은 유럽이나 아메리카의 앞선 위치를 따라잡을 수 없었다. 아프리카 역사학의 초석을 놓은 선구적 학자들조차 유럽에서 교육받은 학자이거나 주로 유럽인들이었다. 오늘날에도 라틴아메리카에 관한 연구를 주도해 가는 핵심 연구소나 중요한 연구 서적 대부분의 출판지는 유럽이나 아메리카에 있으며, 아프리카 연구의 중심은 잉글랜드와 프랑스인 상황이다. '대서양의 역사'라는 연구 주제도 미국과 유럽 사이의 학술 교류에서 대두했다.[1] 반면에 라틴아메리카와 무엇보다 아프리카의 많은 나라에는 연구를 위한 제도적 연속성과 재정적 기반이 결여되어 있다. "아프리카에서는 (……) 동료 역사학자들이 일상생활에서 살아남기 위해 투쟁하고 있다."[2]

1 대서양 연안의 아프리카

오늘날 우리에게 알려진 바에 따르면, 아프리카[3]는 인류의 요람일 뿐 아니라 호모사피엔스[4]가 태동한 지역이다. 그러나 고지대를 제외한 사하라 남부 지역과 특히 대서양 쪽으로 놓여 있는 대륙 지역은 인간이 거주하기에는 매우 적합하지 않은 공간이었다. 북쪽과 남서쪽에는 사막이 있었으며, 북쪽에서 남쪽 방향으로, 그리고 서쪽에서 동쪽 방향으로는 가시덤불로 가득 찬 사바나가 이어졌다. 이 지역의 북쪽은 사헬로 불렸으며, 연 강수량이 100밀리미터에서 400밀리미터 사이에 지나지 않았다. 그리고 연 강수량이 400밀리미터에서 1500밀리미터에 달하는 건조한 사바나와 습한 사바나가 이어진다. 또한 아프리카는 우기가 단지 몇 개월 동안에만 집중되어 있는데, 매년 강수량이 비슷하지도 않아 이곳에서는 비가 충분히 오는 것이 생존의 기본 조건이었다. 그리고 중앙아프리카의 콩고 분지와 기니 해안 지대를 따라 있는 좁고 긴 지대를 포괄하는 열대우림도 식물계가 풍성한 것 같아도 사실은 토양이 매우 척박했다. 비옥한 부식토층이 매우 얕았기 때문이다. 이 토양에서 덤불을 제거하고 개간을 진행하면, 뜨거운 태양열 때문에 토양 안에서 높은 수준의 화학작용이 발생해 토양 속의 양분이 모두 녹아 버려 곧 척박해지는 상황이 지배적이었다.

이러한 기후적 상황 때문에 사하라 남쪽 지방에서는 농사를 지을 때 쟁기를 거의 사용할 수 없었으며, 그 대신에 대부분은 뾰족한 막대기와 괭이를 사용해 농사를 지었다. 깊게 쟁기질을 하면 토양의 질은 더욱 빨리 저하되었을 것이다. 고도로 발전한 손 농사 기술에도 불구하고 수확량은 많지 않았다. 가장 중요한 식용작물로는 다양한 종류의 수수가 있었으며, (니제르와 세네갈 사이의 지역에서는) 쌀이,[5] 그리고 얌과 일찍이 아시아에서 수입되었을 것으로 추정되는 플랜틴plantain도 있었다. 가축, 특히 소나 말 같은 큰 가축의 사육은 매우 제한적이었다. 그래서 가축의 노동력 또는 가축의 배설물로 된 거름을 사용함으로써 경작과 가축 사육 사이의 기능이 밀접하게 연결되는 일이 없었다. 가축 사육은 기껏해야 유제품이나 고기를 통해 영양을 보충하는 목적에 국한되었다. 사헬과 북부의 초원 지대에는 주로 하천 유역에서 활동하는 경작자들과 평원에서 이동하며 생활하는 유목민들 사이에 분업이 존재했다. 더 남쪽에 위치한, 대략 남위 10도와 북위 10도 사이에 위치한 지역에서는 체체파리가 확산시키는 수면병 때문에 가축 사육이 완전히 불가능하지는 않았다고 해도 크게 제한될 수밖에 없었다.[6]

이 질병은 인간에게는 수면병으로, 가축에게는(특히 말과 소에게는) 전염병인 나가나nagana 페스트로 진행되기 때문에 대체로 치명적이었다. 아프리카인들은 또 다른 치명적인 질병들, 특히 말라리아와 황열병 때문에도 고통을 겪었다. 질병과 기아가 주기적으로 발생해 수많은 사람을 희생시켰다. 존 일리프John Iliffe는 아프리카인들이 여러 측면에서 대단히 적대적인 환경을 가진 지역을 지속적으로 개간해 왔다는 사실은 그들이 세계 역사에 남긴 위대한 업적이라고 적절히 강조한 바 있다. 따라서 아프리카인들의 이러한 노력의 최종적인 성과가 타 대륙에서 오는 방문자들에게는 불충분하게 보이더라도,[7] 그리고 아프리카의 정치적·문화적 발전이 사실상 지체되어 있다고 할지라도, 이러한 사실들이 아프리카인들이 그동안 일구어 온 업적을 역사적으로 평가하는 데 장애가 되어서는 안 된다.

아프리카 사회는 다양한 범위의 화려한 색감을 가진 직물들을 대량으로 생산했는데, 이는 북부 지방에서는 모직물과 면직물, 견직물을, 남부 지방에서는 나무껍질이나 라피아야자나무에서 얻은 실로 짠 직물에 이르기까지 다양했다. 바구니 짜기와 도자기 굽기 기술은 높은 수준이었으며, 목제 공예품뿐 아니라 나이저 저지대에서는 로스트왁스lost-wax 주조법과 같은 정교한 주조 기술을 사용하는 청동, 구리, 놋쇠로 만든 공예품들도 생산되었다. 무엇보다 중요한 것은 아프리카인들이 철광석의 채광 그리고 풀무로 작동하는 용광로를 통한 제철 작업의 전문가들이었다는 사실이다. 이 물건들의 거래는 북부 사바나 공동체들 사이에서 스스로 조직한 길드에 속한 전문가들이 담당했다. 이런 상황은 길드가 특권적 지위를 갖는다는 것을 의미하기도 했지만, 동시에 집단적인 차별을 초래할 수도 있었다. 그래서 일부 지역에서는 신비한 능력을 보유한 것으로 인식된 대장장이들이 왕과 가까웠던 반면에, 이슬람의 영향력이 강한 지역에서는 부정적인 오명을 뒤집어쓰거나 철저히 배제당했다.[8]

식량이나 제작된 물품들은 서로 교환되었다. 중앙아프리카의 체체파리 지대처럼 물건을 인간 짐꾼들이 운반한 지역에서는 오랫동안 물물 거래가 지역적으로 제한된 것으로 보인다. 이와 대조적으로 사하라의 암염을 수단의 수수나 금, 혹은 흥분제로 인기가 좋은 남부 열대우림 지역의 콜라 열매와 교환하는 거래는 고대로 이래 오랫동안 빈번하게 이루어졌다. 사하라를 횡단하는 이 무역 경로에는 낙타와 나귀를 동원한 대상들이 투입되었다. 소금 운반에 2만 마리에서 3만 마리의 낙타가 동원되었다는 기록이 있다. 앞서 언급했듯이 이러한 교역에서는 서부의 디울라족[2]과 동부의 하우사족 같은 전문화된 상인 집단이 중요한 역할을 담당했다. 물물교환을 넘어 직물이나 구리 제품 혹은 특정한 조개들이 사실상 화폐의 기능을 담당했다. 자원이 부족했는데도 아프리카에서 제작된 수공업 제품들은 이전에 일반적으로 인정되던 것보다 훨씬 다양하고 종류도 많았다. 따라서 아프리카 사회에서 유럽인들과의 교역은 필요의 영역보다는 사치의 영역에 속했다.[9]

앞에서 서술된 바와 같은 생태적·경제적 환경조건에 따라 아프리카의 문화적·정신적 구조가 형성되었다. 즉 한편에는 야생동물, 악한 영혼, 인간에게

2 디울라는 '행상인'이라는 뜻이며, 줄라족Juula으로도 불린다.

적대적인 주술사가 집합하는 장소로서 위험한 황무지인 숲과 밀림, 다른 한편에는 문명과 문화의 전형으로서 앞서 언급된 야생과 단절된 촌락들이 그것이다. 이들 촌락에는 족외혼으로 이루어진 모계, 부계, 혹은 쌍계가족 혈통으로 이어져 온 종족들이 거주했다. 소유권이나 사회적 업적과 특권이 모계를 따라 다음 세대로 세습되었던 모계사회는 특히 가축 사육이 덜 발달한 체체파리 지대에서 지배적으로 나타났다. 반면에 부계 사회는 가축 사육이 발달한 지역에서 지배적이었던 것으로 보인다.

어디서나 가족이나 가계가 기본적인 사회 단위였으며, 근대적 개념의 개인은 의미가 없었다. 가족이 없는 개인은 거의 생존할 수 없었기 때문이다. 많은 자식을 갖는 것은 매우 중요했다. 아프리카에서 남성의 정력과 여성의 다산 능력을 중시했던 이유다. 여성들은 될 수 있는 한 일찍 결혼해 아이를 낳았다. 출산 사이에는 몇 년간의 기간이 있었는데, 아이들에게 모유를 먹여야 했기 때문이다. 어린이들에게 모유를 대신해 영양을 공급해 줄 대안은 없었다. 모유 공급은 그 밖에 대단히 높은 유아사망률을 낮추려는 노력과도 관련이 있었는데, 기대 수명은 대개 25년 이하였다. 따라서 이런 방식으로는 빠른 인구 증가를 달성할 수가 없었다.

여성들과 달리 남성들은 대부분 늦게 결혼했다. 남성들은 신부가 될 여성의 아버지에게 일종의 지참금을 내야 했기 때문이다. 신부 측 가족이 딸의 노동력과 생식력을 잃는 대가였다. 이런 방식으로 일부다처제가 이상적인 가족 형태가 되어 널리 확산되었다. 일부다처제는 이른바 여러 아내와 자녀들, 기혼이나 미혼의 아들들, 젊은 형제들, 가난한 친척, 고용주와 노예들로 둘러싸인 '빅맨big man'의 가계로 확장되었다. 이렇게 열 명에서 쉰 명 사이의 구성원으로 이루어진 가계가 많은 지역에서 사회를 구성하는 기본 단위였다.

가정 파괴를 처벌하는 제도가 있었는데도 남성들의 늦은 결혼은 관대한 성적 관습을 만들어 냈다. 이미 오래전에 이 지역을 여행한 아랍인들이 이에 관한 기록을 남겼을 정도다. 그러나 무엇보다 신부를 확보하기 위한 경쟁은 남성들 사이의 세대 간 갈등을 아프리카 사회의 특징적 요소로 만들었다. 기성세대 남성들이 만든 할례나 고통스러운 성년식처럼 미성년과 성년을 구별하는 시스템은 제도화된 규칙이었다. 성적 욕망을 해소할 길이 없는 젊은이들이 지닌 악명 높은 폭력성은 이러한 제도 안에서 늘 특별한 전사 단체를 조직하는 데 이용되곤 했다. 이들 전사 단체는 16세기 앙골라의 임방갈라처럼 피에 굶주린 잔인성을 특징으로 했다. 다른 한편으로 연장자나 그들의 경험에 대한 존중심은 별로 없었다. 약점을 보이기 시작하면 누구나 곧 조롱거리가 되었다.

정치적으로 보아 아프리카는 분권화되어 있었으며, 그렇게 지속되었다. 거대한 고대 제국들도 중앙집권적으로 촘촘하게 조직된 적이 없었다. 아프리카인들은 대부분 1500제곱미터의 공간에서, 3000명에서 3만 명을 넘지 않는 수의 주민을 가진 지역 공동체 안에서 살았다. 이 공동체는 대개 같은 조상을 둔 혈연 공동체이거나 혈연 공동체 연합에 기반을 두고 있었는데, 이들은 주로 신화에 나오는 특이한 혈연관계를 통해 정당화되어 왔다. 그러나 인구 증가나 교역을 통한 부의 축적, 그리고 (중요한 의식이나 의식 장소에 관한) 통제권은 지역 공동체의 지도자가 점차 성장해 거대한 제국의 주인이 되는 데 기여했다. 특히 수단은 이슬람 상인들이 안장과 등자, 재갈 등을 수단에 공급하면서 기마대를 보유하게 되어 군사적 우위를 차지할 수 있게 되었다. 그러나 더 남쪽 지방에서는 왕에게 충성을 맹세하는 상비군이 창설될 때까지는 전쟁이 왕권 강화에 그다지 효과적인 영향을 미치지 않았던 것으로 보인다.[10] 하지만 전쟁을 통하지 않은 평화로운 연합으로도 충분히 제국이 탄생할 수 있었다.

주요 도시들을 중심으로 점차 제국이 형성될 수 있었으며, 역으로 제국이 주요 도시들을 건설할 수도 있었다. 그러나 이러한 도시들은 큰 규모의 촌락과 뚜렷하게 구별되지 않았다. 그 도시들은 주민 다수가 농업에만 의지해 먹고살지 않는다는 것, 전문화된 수공업이 존재한다는 것, 교역 중심지로 발전했다는 것, 공공 기관이 설립되었으며 무엇보다 왕의 거주지가 되었다는 것에서 촌락과 구별되는 뚜렷한 차이점을 드러냈다. 어쨌든 도시의 형성이나 제국 건설의 전제는 도시민과 정치적·종교적 엘리트들을 부양하기에 충분한 잉여농산물의 생산이었다. 그런데 아프리카에서는 잉여농산물을 생산하기가 매우 어려웠기 때문에 다른 대륙보다 도시나 제국의 건설이 지체되었다. 이슬람의 유입이 아프리카의 도시화에 기여한 것은 의심할 여지가 없는 사실이지만, 이슬람이 도래하면서 비로소 도시 문화가 아프리카에 전해졌다는 주장은 사실이 아니다. 북부 사바나 지역에서는 이미 고대 도시가 존재했다는 사실을 보여 주는 흔적이 발굴되었다. 이페, 오요, 베냉 같은 서아프리카 숲 지대 주변과 숲 지대 내부의 도시들은 늦어도 12세기 이래로 번성했으며, 남부 사바나 지역에서는 15세기에 콩고 제국의 중심 도시들이 등장했다.[11]

일부 아프리카 제국은 정교한 제도를 발전시켰지만, 그 제국들은 근대국가를 특징짓는 제도적 안정성과는 거리가 멀었다. 그렇기 때문에 전근대 아프리카에는 전근대 유럽과 마찬가지로 '국가'라는 명칭을 사용할 수 없다. 이들 제국은 일종의 가족 회사로서 각 지배자의 개인적인 능력에 크게 의존했다. 여기에서 가장 취약한 부분은 권력 승계 문제였는데, 일부다처제와 모계사회라는 조건하에서 권력 승계를 깔끔하게 조정하고 규정하기가 쉽지 않았기 때문이다. 분명히 통치자가 거느린 수많은 아내는 관련된 봉신들의 충성심을 이끌어 내는 데 도움이 될 수 있었다. 그러나 어느 아내의 어느 아들이 왕위를 이어받을 것인지에 관한 문제는 여전히 해결되지 않은 채로 남았다. 게다가 모계사회에서는 아들보다 조카가 왕위 계승에서 우선순위에 있었다. 간단히 말하자면 이 시스템 안에서는 지배 엘리트 계층 내부에서 심각한 갈등이 발생할 가능성이 높았다. 왕조의 통일성에 관해서는 이야기할 상황이 전혀 아니었다. 따라서 제국의 국경은 확고하게 정해져 있지 않고, 해당하는 시기에 중앙의 권력이 얼마나 강력한지에 따라 유동적이었다. 베냉에서는 왕만이 사형선고를 내릴 수 있는 구역이 명백한 직접 통치가 이루어지는 핵심 지역이었다. 핵심 지역의 바깥은 중앙에서 파견한 대리인이 감독권을 행사하는 지역이었으며, 이 지역의 외곽은 토착 통치자가 지위를 유지하도록 허용해 주는 대신에 조공의 의무를 부과한 지역이었다. 그리고 제국의 통치권이 미치는 맨 끄트머리는 원정군이 출병하는 경우에만 정기적으로 조공을 받을 수 있었던 지역이었다. 다호메이가 오요에 어느 정도 종속되어 있던 시기가 그 좋은 예다.

그러나 아프리카에 있던 제국들의 안정성은 단지 군사력이나 정치제도뿐 아니라, 오래전부터 전해 내려오는 신화나 의식에 구현되어 있는 왕국의 특별한 종교적 자산에도 달려 있었다. 예를 들어 룬다 제국의 전설적인 창건자는 매우 뛰어난 사냥꾼이 될 수 있게 해 준, 그를 둘러싼 마법의 오라에서 카리스마를 이끌어 냈다고 전해진다. 하지만 비를 내리고 풍년이 오게 하는 능력이 왕의 카리스마를 강화해 주는 좀 더 흔한 원천이었다.[12] 송가이 제국의 창건자인 손니 알리Sonni Ali(1464~1492)조차 명목상 무슬림이었지만 주술사 왕가의 후손이었으며, 강력한 주술사로 여겨졌다. 그가 거둔 성공은 주술사로서 지닌 그의 명성을 더욱 강화했을 뿐이었다.

왕실에서 진행되는 특정 의식들은 아프리카에 널리 퍼져 있었다. 한 왕의 지배가 시작되면 불을 지폈는데, 이 불은 횃불을 통해 그가 지배하는 지역들에 보내졌으며, 이 횃불은 왕이 죽은 후에야 비로소 끌 수 있었다. 이처럼 왕은 초인적 존재였기 때문에 인간으로서 가질 수밖에 없는 자연스러운 육체적 기능을 숨겨야 했다. 따라서 그가 음식을 먹을 때나 물을 마실 때 주변의 모든 인간은 땅을 향해 몸을 굽혀야 했다. 그가 먹는 것을 본 자들은 누구나 죽임을 당해야 했기 때문이다. 어떤 곳에서는 왕은 항상 장막 뒤에 있었으며, 왕과 백성들은 오직 고위 관료들을 거쳐야만 대화할 수 있었다. 왕은 기우제를 이끌었으며, 빌리족은 왕이 하늘을 향해 활을 쏘는 행위로 이 의식의 막을 내렸다. 공공의 안녕은 왕의 건강과 육체적 강건함에 달려 있었다. 어떤 약점을 노출하거나 자연재해를 막지 못하는 왕은 살해당하거나 자결을 강요당할 수 있었다. 왕국이 존재하는 유일한 목적은 백성들의 안녕을 보장해 주는 것이었기 때문이다.

아프리카의 왕들은 무소불위의 권력을 보유한 것이 아니라, 여러 가지 상이한 방식으로 귀족과 고위 관료들에게 의존했다. 그래서 많은 군주는 토착 세력이 아닌 피보호자나 노예 출신인, 오직 자기에게만 종속된 친위대나 신하들을 동원해 귀족이나 고위 관료들의 영향에서 벗어나려고 시도했다. 물론 그렇게 하려면 축적된 재원이 필요했다. 그렇지만 우리는 다호메이와 아샨티, 바콩고와 룬다 같은 많은 아프리카 왕국에서 여성이 섭정하는 특별한 형태의 통치 방식을 발견한다. 생물학적 의미에서 왕을 낳은 친모는 아니었지만, 다호메이 왕조의 신화에 따라 왕국 창건자의 어머니에게서 유래한 지위를 보유했던 이른바 '왕의 어머니'는 독자적인 권력에 기반을 둔 독자적인 궁정을 보유했으며, 정치에, 특히 후계자 문제에 영향력을 행사할 수 있었다. 다호메이 왕국에서 '왕의 어머니'는 선왕의 아내들 중에서 임명되었으며, 종신직이었다.[13] 아프리카 여성들은 때때로 커다란 독립성을 가진 삶을 누렸으며, 특히 그들의 역할이 종교와 신화로 정당화되었을 때 경제와 사회, 정치의 모든 영역에서 중요한 역할을 수행했다.

남성이든 여성이든 아프리카인들은 자기가 주술로 가득 찬 세계의 신비스러운 힘에 지배되는 세계에 살고 있다고 이해했다. 이미 살펴보았듯이 삶의 그 어떤 영역도 여기서 제외되거나 근대적 의미에서의 세속적 영역으로 간주될 수 없었다. 대부분 전근대적인 종교들과 마찬가지로 아프리카의 종교들도 특정한 민족, 부족 혹은 집단과 밀접한 연관을 갖고 있었다. 그 결과 아프리카에는 3000개 정도의 종교가 있었지만, 이들은 몇 가지 근본적인 특징을 공유했다. 각 종교는 그 종교가 태동한 집단의 구성원들만 받아들인다는 점이다. 그렇지만 세상의 창조자 혹은 지상의 신을 자신들의 조상으로 믿는 것은 이상한 일이 아니었다. 물론 이러한 상황에서도 종교를 바꾸는 것은 가당치 않은 일이었다. 그런데도 많은 부족이 다른 종교의 요소들을 받아들이고 자기들의 종교 안에 적용할 수는 있었다. 하지만 이런 방식은 이슬람이나 기독교에는 문제가 될 수 있었다. 아프리카인들은 종교를 단순히 신앙의 이론적 구조로만 보는 것이 아니라 삶의 방식으로 이해했기 때문에 '개종'은 무의미한 것이었다. 따라서 우리는 아프리카 언어에서 '종교'라는 단어를 전혀 발견하지 못할 수도 있다. 주술사나 제사장이 보유했던 비밀스러운 지식도 기독교적 전통 안에 있는 종교적 도그마와 같은 의미로 보아서는 안 된다.

종교는 개인이 아니라 공동체의 사안이었다. 왕을 정점으로 하는 공동체의 엘리트들뿐 아니라 저세상에 있는 죽은 자들도 일종의 운명 공동체로서 종교 안에 함께 연결되어 있었다. 조상들에 대한 숭배, 그리고 조상을 공동체의 구성원으로 여기는 태도는 아프리카 종교의 본질적 요소였다. 조상들은 일종의 '살아 있는 사자死者'로서 존재했다. 게다가 영혼의 세계와 공동체 생활의 사이에 뚜렷한 경계가 없었기 때문에 그들은 항상 현실 속에 살며 영향을 주는 것으로 여겨졌다. 따라서 조상들은 공동체의 의식 안에 포함되었는데, 이는 그들이 후손들을 돌보아 주고, 후손들에게 좋은 영향을, 경우에 따라서는 나쁜 영향도 미치며, 후손들이 바라는 것들을 신들 앞에 전달해 준다고 믿었기 때문이다. 조상들의 영혼은 후손들에게서 다시 태어날 수도 있었다. 예를 들어 손자들이 돌아가신 할아버지를 빼닮았을 때 그렇게 설명되었다. 조상들은 권력을 정당화해 주는 중요한 수단으로도 나타났으며, 많은 지역에서는 그 땅의 본래 주인으로 여겨졌다. 왕들은 여러 가지 매개를 통해 조상들과 소통할 수 있었다. 왕들의 무덤, 그 무덤의 보존과 관리는 공동체에 중요한 상징적 의미를 지녔다.

그렇다고 해도 아프리카인들은 기독교적인 사후 세계에 뚜렷한 거리감을 느꼈다. 천당과 지옥이라는 이분법적 구조는 그들에게 낯설었다. 그들은 우선 이승과 저승 사이에 도저히 넘을 수 없는 '공간적인' 경계가 있다는 것을 받아들일 수 없었기 때문이다. 또한 그들은 한 개인의 삶이 죽음과 함께 완전하고 영원히 종식된다는, 개별적이고 단선적인 시간 개념에도 만족할 수 없었다. 아프리카인들에게도 사후 세계에는 이 세상에서 저지른 선과 악에 대한 심판이 있다는 사고가 존재했던 것 같다. 그러나 이보다 더 중요한 것은 지금 이 세상에서 누리는 공동체의 안녕과 행복이었다. 그래서 그들에게는 공동체 구성원들의 선행과 (비와 풍년, 가뭄, 질병처럼) 이들의 삶에 영향을 미치는 신비로운 힘들 사이의 관계가 더 중요했다. 자연재해는 악령뿐 아니라 개인적 범죄나 사회적 혼란에도 그 원인이 있는 것으로 인식되었다. 이렇게 볼 때 아프리카인들의 종교성은 현세 지향적이며 성공 지향적인 성격을 지니고 있었다. 다시 말해 종교는 그들에게 그렇지 않아도 살기 어렵고 인간에게 적대적인 환경을 극복해 나가는 데 중요한, 아마도 가장 중요한 수단이었던 것이다. 공동체의 안녕을 보장해 주는 역할을 제대로 수행하지 못하는 왕은 위신을 잃고 심지어 살해될 수 있었으며, 비를 제어하지 못하는 주술사도 즉각 처형될 수 있었다.

이와 같은 이유에서 아프리카에서는 창조주나 최고신에 대한 숭배에 엄격한 한계가 있었다. 창조주의 개념은 아프리카의 거의 모든 종교에 등장했는데, 가끔은 여신의 형상으로도 나타났지만, 대부분은 모계사회에서조차 남신의 형상으로 등장했다. 그러나 일상에서 직면하는 문제를 해결하기 위해서는 창조주보다 다른 신들, 구체적으로 삶의 각 분야와 관련된 수많은 남신과 여신들이 훨씬 중요했는데, 이 신들은 요루바족의 신앙에서는 오리샤orisha로, 폰족 사이에서는 보둔vodun[3]으로 알려져 있었다. 일반적인 다신교 체제에서처럼 이들은 각각 농사, 대장장이 일, 전쟁, 사랑과 같은 삶의 영역을 담당했다. 이 체제는 이분법적이 아니었다. 왜냐하면 악마가 존재하지 않고, 악한 세력은 뚜렷하게 인간의 형상을 지니지 않았으며, 선과 악, 구원과 파멸은 신들과 조상들에게서도 동시에 발견될 수 있었다. 심지어 살아 있던 시기에는 악행을 저지른 나쁜 인간이던 조상들도 있었다. 하지만 무엇보다 신적인 '트릭스터'[4]들은 장난을 좋아했을 뿐 아니라, 아무런 이유 없이 인간에게 커다란 재앙을 초래할 수도 있었다. 그렇기 때문에 공동체는 종교적인 의식을 거행해 신들과 화해할 필요가 있었다.

실제의 신과 조상들 외에 세상은 수많은 영으로 가득했다. 게다가 온갖 사물에는 우주의 주술적이고 비밀스러운 힘들이 담겨 있을 수 있었다. 이런 사물들은 옛날에는 '주물呪物(페티시)'로 지칭되었던 반면에, 오늘날 학계에서는 북아메리카 원주민들의 신앙과 관련해 '메디신medicine'이라는 용어를 선호한다. 예를 들어 옛 콩고 제국은 기독교화되면서 온 나라가 십자가로 가득 찼는데, 여기에는 특정 사물이 치유를 가져다주는 능력이 있다는 사고가 작동했다는 사실을 부정할 수 없을 것이다.[14]

앞서 언급한 이 모든 힘으로부터 도움을 얻는 방법은 무엇보다 이들에게 제물을 바치는 것이었다. 거의 모든 것을 제물로 바칠 수 있었다. 다양한 사물들, 열매, 동물, 극단적인 경우는 심지어 사람 또는 적어도 사람의 피를 바쳤다. 제물을 바치는 의식에서는 때에 따라 제물을 바치는 자가 자신의 희망 사

3 흔히 '부두voodoo'로 알려져 있다. 인간사를 지배하는 초자연적인 힘 또는 영혼을 의미한다.

4 도덕과 관습을 무시하고 사회질서를 어지럽히는 신화 속의 인물이나 동물 등을 문화인류학에서 지칭하는 말이다. 북유럽 신화의 로키Loki가 대표적이다.

항을 고하는 짧은 기도를 했다. 제사 의식은 사원이나 기타 종교 시설에서 거행할 수 있었으나, 반드시 그런 장소에서 이루어져야 하는 것은 아니었다. 이와 마찬가지로 제사 의식에는 종교 지도자와 원로, 주술사가 동원될 수 있었지만, 이들의 참여가 필수적인 것도 아니었다. 가장 중요한 공동체적 의식은 북과 종의 리듬에 따라 이루어지는 춤이었으며, 춤에는 노래가 따랐다. 이러한 율동적 행위를 통해 분위기를 고조시키는 것은 춤추는 사람(무당)이 특정한 신이나 영혼을 사로잡기 위한 것이었다. 이런 방법을 통해 신이나 영혼에게 '사로잡힌' 무당은 관련된 의상과 장신구들로 치장한 채 살아 있는 신이 되어 관련된 신의 전형적인 몸짓과 행동을 보였다. 그리고 때에 따라서는 신에게서 받은 의미심장한 메시지를 전달해 주었다.

신들과 조상, 그리고 영들과 '메디신'의 보호는 도처에 널려 있는 악한 세력, 특히 남성 및 여성 주술사들이 저지르는 흑마법에 대처하기 위해 절박하게 필요했다. 사람들은 태어나면서부터 주술사가 될 수 있었으며, 앞에서 언급했듯이 악한 조상들도 있었다. 그러나 주술사는 악령에게 지배당할 수도 있었으며, 선도 악도 아닌 중립적인 주술을 나쁜 목적을 위해 사용할 수도 있었다. 개인적이거나 집단적인 불행은 주술 때문이라는 의심을 샀으며, 특히 이러한 불행에서 이득을 보거나, 적어도 부러움을 살 근거를 가지고 있었던 이웃들에게 이러한 의혹이 제기되었다. 의심을 받는 주술사들은 독에 의한 심판이나 다른 '시련들'을 받아야 했다. 가면을 쓰고 주술사를 사냥하러 나서서 혐의자들을 죽을 때까지 잔인하게 고문하는 비밀단체를 보유한 부족들도 있었다.[15]

17세기에 카푸친Capuchin 작은형제회[5]가 작성한 상세한 보고서와 근대의 민속학적 연구 성과를 비교함으로써 옛 콩고 왕국의 복잡한 종교 제도를 정확하게 재구성할 수 있었다. 그 결과 주술적인 우주에 존재하는 의인화된 혹은 비의인화된 힘들은 다음 세 가지 차원의 특성을 갖는 것으로 드러났다.

―― 5 긴 세모꼴의 두건인 카푸치오capuchio가 달린 갈색 수도복 때문에 카푸친이라는 별명을 얻은, 프란치스코 수도회의 한 분파다.

(1) 땅과 물의 신들이 갖는 음붐바mbumba의 차원. 이는 인간이 자연과 생명, 풍요와 맺는 핵심적인 관계다. 그들이 사용하는 매개는 남성이나 여성 둘 다일 수 있다. 이 쌍선적 사회bilinear society 혹은 두 개의 단선적 사회 dual-monolinear society에서는 아마도 유산과 신분의 모계적 계승이 어떤 관계가 있었던 것으로 보인다.

(2) 하늘의 신이 갖는 은카딤펨바nkadimpemba의 차원. 이들이 사용하는 매개는 오로지 남성이었다. 이 차원은 공동체의 정치적·사회적 관계, 그리고 금기 음식이나 자유, 속박에 관한 부계적 계승과 연관되어 있다. 주술사 사냥꾼들은 이 차원에 존재했다.

(3) 조상들의 영이 머무는 차원. 이 차원은 모계시회나 부계 사회의 체제를 지향할 수 있었다.

이 세 가지 차원은 각각 기능적으로 독립해 작동할 수 있음을 보여 주었는데, 음붐바의 차원에서는 여성들도 추장이 될 수 있었다. 왕은 세 영역 모두에서 정당성을 부여받아야 했다. 왕은 세 차원 가운데 어느 한 곳에서도 독점적인 통제권을 행사하지 못했기 때문이다. 특이한 점은 아프리카에 온 포르투갈인들이 이 세 차원 모두에 성공적으로 분류되었다는 사실이다. 우선 그들은 지하에 살면서 흰 피부를 가진 것으로 전해진 조상들처럼 흰 피부를 갖고 있었기 때문에 조상의 영으로 분류되었다. 또한 그들은 바다를 건너왔기 때문에 물의 신으로도 분류되었다. 그리고 지고한 하늘의 신이 보낸 대변자로도 구분되었다.[16] 이 모든 세부 사항을 단순히 일반화해서는 안 될지 모르지만, 이러한 비교 분석 결과는 아프리카인들의 종교적·정치적 세계가 정서적으로 얼마나 복합적인 구조를 갖고 있는지를 선명하게 보여 준다.

부족과 제국들

지중해 연안의 아프리카 지방은 문화적으로뿐만 아니라 유전적으로도 수많은 공통점을 보여 주기 때문에 우리가 지금까지 시도한 것과 같은 일반화를 충분히 할 수 있다. 언어에 기반을 둔 크리스토퍼 에렛Christopher Ehret의 접근법을 따른다면,[17] 이 지역의 거의 모든 부족이 니제르콩고어족에 속하는 언어를 사용하거나, 그들이 수단 사바나의 남쪽 지방에 거주하는 한 앞의 언어에 속하는 가장 중요한 어군인 반투어군을 사용한다는 사실을 발견하게 된다.

아프로아시아어는 사하라에서 아랍인과 베르베르족, 투아레그족이 사용하는 반면에, 사바나에서는 오직 하우사족만 사용하며, 나일사하라어는 나이저에 있는 송가이 왕국의 본토와 차드호에 인접한 카넴-보르누 제국에서 사용했다. 우리는 최남단 지방에 가야 비로소 산족(예전에는 경멸적으로 부시먼족으로 불렸다.)과 코이코이족(역시 한때는 경멸적 표현인 호텐토트족으로 불렸다.)이 사용하는 코이산어를 발견하게 된다. 산족은 콩고 분지의 밀림에 사는 피그미족처럼 사냥이나 채집 활동으로 삶을 영위했다. 물론 피그미족은 정착 생활을 하는 반투 농민들과 공생 관계를 유지하면서 그들의 언어를 채택했다. 코이코이족은 가축을 사육했으며, 부계 사회로 조직되어 있었다.[18] 반투어가 비교적 세분화되지 않았다는 사실, 그리고 콩고 분지 남쪽 지방의 인구밀도가 높지 않았다는 사실들을 통해 우리는 반투어를 사용하는 종족이 널리 확산된 것은 비교적 최근의 일이며, 이것이 코이코이어를 밀어내며 벌어진 현상이라는 것을 추정할 수 있다.

이러한 사실들에서 우리는 다음과 같이 추정해 볼 수도 있다. 지역적으로 폭이 좁지만, 남부와 비교해 인구밀도가 조밀하면서 다양한 종족과 언어를 갖고 있던 사하라와 열대우림 지역 사이의 역사가 매우 역동적이던 것은 아마도 이러한 이유 때문이 아닐까? 아니면 이슬람 세계와 일찍 교류한 것이 그 이유일까? 혹시 그저 보존된 사료가 지역적으로 편중되어 있기 때문에 왜곡된 해석이 나온 것은 아닐까? 포르투갈인들이 이 지역에 도달하기 이전의 시기에는 나머지 대서양 아프리카에 문자가 없었으므로 당시의 역사에 관한 기록 자료가 존재하지 않았던 반면에, 이 지역에는 증인들이 남긴 아랍어로 된 보고서나 적어도 아랍 문자로 된 본격적인 역사 서술이 엄연히 존재하기 때문이다.[19] 제2차 세계대전 이후에 학자들은 이러한 기록물들에서 나타나는 공백을 아프리카의 전통적 구전(구술사)을 통해 보완하려고 열정적으로 노력

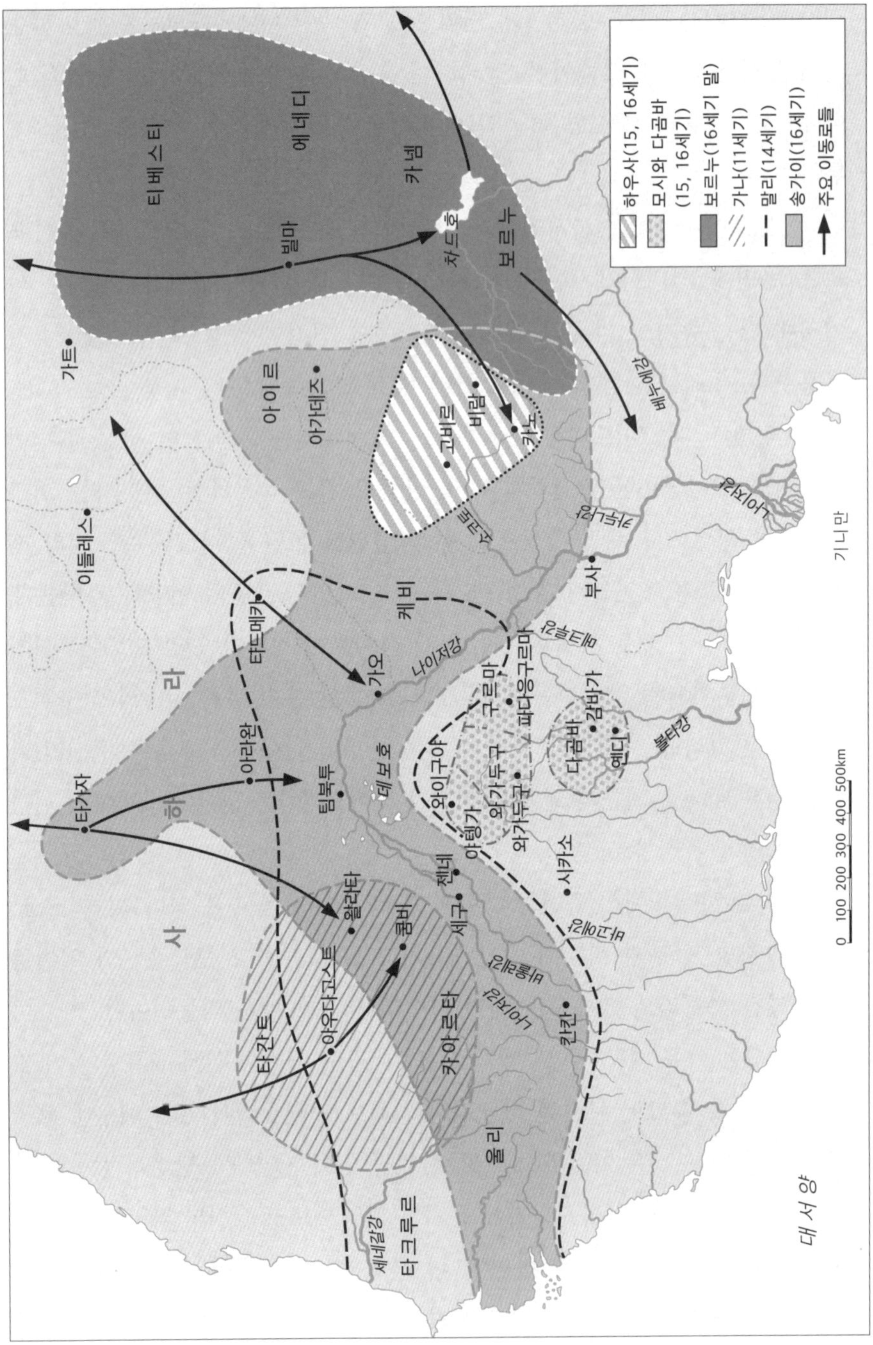

——11세기에서 16세기 사이 사헬의 왕국들.

했으나, 이제는 좀 더 신중하게 접근하는 연구 경향에 자리를 넘겨주었다. 구전에는 대체로 많은 문서 사료에서 나타나는 것 같은 확인된 원본 사료가 없으며, 끊임없이 수정해야 하는 여러 가지 버전만 있기 때문이다. 그 밖에도 아프리카인들에게 과거의 고정된 관점은 중요하지 않으며, 그들의 구술 전통은 역사적 진실을 전달하려는 것보다는 관습을 보존하는 것이 주된 목적이다. 따라서 아프리카에서 왕국을 세운 왕들에 대한 이야기는 역사적 사건을 사실적으로 입증해 주는 자료로서는 대부분 정확하지 않지만, 아프리카의 왕정 사상을 확증해 주는 핵심 문서로서는 중요하다.

물론 문서 사료도 거기에 선입견이 들어 있지는 않은지, 그뿐만 아니라 타지 출신의 저자들이 낯선 아프리카 문화를 제대로 이해했는지, 또는 자신들의 시각에서 아프리카 문화를 오해한 것은 아닌지도 정밀하게 검토해야 한다. 예를 들어 무슬림과 유럽인들이 아프리카인들의 혼음에 보이는 도덕적 분노는 대부분 아프리카의 가족 문제와 성적 관계를 제대로 파악하지 못했다는 사실을 보여 준다. 물론 그런 문서들도 역량 있는 관찰자에게서 나온 것일 수 있으며, 아프리카인들의 양심적인 진술을 담고 있을 수 있다. 따라서 좀 더 확실한 정보는 동일한 양식의 자료들을 비교하기보다는, 구전과 문서 사료 그리고 민속학적·고고학적 연구 성과들을 비교함으로써 얻을 수 있을 것이다. 이런 가능성을 잘 활용한 결과, 우리는 오늘날 서부 아프리카와 콩고 왕국에 관해서는 콩고 분지의 열대우림 지역이나 룬다 왕국에 관해서보다 더 많은 지식을 보유하고 있다.[20]

고대 이래로 사막과 기니 해안의 사이에 놓인 지역에서는 사하라를 건너 북부 지방과 경제적·정치적·문화적 소통을 하고자 시도해 왔다. 그 결과 생태적으로 유리한 조건을 갖고 있던 사바나가 이 지역의 중심이 되었다. 이러한 북부 지향이 남부 지향으로 바뀌게 된 것은 17세기에 이르러서였다. 해안에 도착한 유럽인들이 점차 증가하면서 밀림 지역이 중요해지기 시작했기 때문이다.

말리와 송가이의 왕국들

14세기 중반에 수단 서부와 기니 북부에서는 남南만데족에 속하는 만딩고족이 세운 말리 제국이 전성기를 누리고 있었다. 아랍 여행자들은 말리 제국의 힘과 부에 관해 서술했는데, 특히 말리의 통치자가 엄청난 비용을 들여 추진한 메카 성지순례는 세간의 이목을 끌어, 1375년에 제작된 카탈루냐 지도책Catalan Atlas[6]의 지도 중 하나에 그 흔적을 남길 정도였다. 핵심 지역이 나이저 북부에 있었던 이 왕국은 지리적으로 대서양 해안에서 동쪽으로 오늘날의 나이지리아 국경까지 이르는 약 2000킬로미터에 걸쳐, 그리고 사하라 남부에서 열대우림의 북부 가장자리까지 거의 1000킬로미터에 걸쳐 뻗어 있었다. 면적이 광대했기 때문에 왕가의 구성원이 통치하지 않는 지역은 지역의 군주가 왕국의 통치권을 인정하고 조공을 바치는 방식으로 제한적인 지배를 유지했다. 이렇게 봉신이 된 지역 군주들은 자기 아들들을 궁정에 볼모로 보내야 했다. 왕의 통치권은 한편으로는 궁수와 기마병으로 된 강력한 병력에 의존했으며, 다른 한편으로는 밤부크에 있는 금광과 나이저강 유역의 비옥한 삼각주 지역의 지배권에 의존했다. 삼각주 지역의 비옥한 농토에는 왕의 노예들을 정착시켜 잉여농산물을 생산하게 했다. 남쪽으로 팽창을 시도하면서 정기적으로 발생한 전쟁에서 획득한 포로들은 사하라 저편에서 매매해 왕의 기마대가 탈 말을 구매하기 위한 자금으로 사용했다. 말과 철의 거래는 궁정에서 독점했다. 통치자와 지배 엘리트층은 무슬림이었지만, 그들은 이슬람과 모순되는 전통적 관습을 유지하는 데 별다른 어려움이 없었다. 특히 자신의 권력을 정당화해 주는 원천으로서 왕의 종교적 역할 같은 관습은 그대로 유지되었다.

말리 제국의 만데족 가운데 상업 활동으로 유명한 디울라족은 깊이 이슬람화되었다. 그들은 도시민인 데다 장사를 위해 여러 지역을 여행한 결과 농업적인 정착 생활과 문화에서 벗어났기 때문이다. 그들은 젠네, 팀북투, 가오와 같은 교역 중심지에서 중요한 역할을 수행했을 뿐 아니라, 숲 지역에서 생

——6 1375년에 제작된 세계지도로, 지도의 문자는 카탈루냐어로 표기되었다. 이름에 '아틀라스'가 들어가기는 하나, 실제로는 여러 장의 지도일 뿐 지도책은 아니다.

산되는 콜라 열매와 금을 찾아 왕국의 국경을 넘어서 남쪽으로까지 진출했다. 그들은 북쪽에서는 나이저산 곡물과 사하라의 소금 외에 금속 제품과 직물, 향신료, 말을 수입했으며, 남쪽에서는 금과 콜라 열매 외에 노예와 상아를 수입했다. 그리고 사바나 지역에서는 가축과 동물의 가죽, 그리고 가죽 완제품을 가져왔다. 그들은 무장한 채 집단을 형성해 여행했으며, 적합한 도시에는 장기간 정착하거나, 캉칸(기니)이나 보보디울라소(코트디부아르), 베고 Begho(가나)에서처럼 도시 외곽에 자체적으로 촌락을 세우기도 했다. 디울라족의 아랍어 교육 수준은 그리 높지 않았던 것 같으나 그들의 수행원 중에는 울라마들이 있었다. 울라마는 디울라족이나 무슬림이 아닌 아프리카인들에게 문자 문화의 전달자로서, 그리고 무엇보다 필사된 『꾸란』의 시로 구성된 강력한 부적을 만드는 제작자로서 높이 평가받았다. 말리 제국이 몰락한 후에도 이런 식으로 수 세기 동안에 서아프리카의 넓은 지역에는 무슬림 관계망이 형성되어 이슬람의 확대에 결정적인 역할을 담당했다.

말리 제국은 1360년 무렵 이후에 통상적인 후계자 갈등으로 인해 분열되었다. 조공을 바치던 이전의 봉신들은 독립했는데, 그 선두에 남부 세네갈의 졸로프(월로프) 왕국이 있었다. 북부에서는 사헬과 사막 사이의 힘겨루기가 새로운 단계에 접어들었다. 강력한 왕국이 사막 지역을 잠식해 오면 그곳에 살던 유목민들은 평화를 누렸다. 그러나 왕국이 분열되면 북쪽으로부터 오는 압박이 다시 증가하기 시작했다. 1433년에 투아레그족은 (과거에 그들이 건설했던) 점점 서아프리카 이슬람의 지적 허브로 발전해 가던 팀북투를 점령했다. 그 후 특히 검은 울라마는 무라비트[7](알모라비드)의 전통을 지켜 온 산하자 베르베르족으로 대체되었다. 그곳에는 1550년 무렵에 100개 이상의 꾸란 학교가 있었으며, 1600년 무렵에도 수단의 이슬람 학자들은 마그레브의 학자들보다 우수하다는 평가를 받았다. 그러나 말리 제국이 몰락한 후에는 검은 볼타

——— 7 북아프리카와 서아프리카의 이슬람에서 종교의 지도자나 교육자, 나아가 숭배의 대상이 되는 성인 등을 지칭하는 용어다. 11세기에서 12세기 사이의 기간에는 이슬람 교조주의에 입각한 베르베르족의 무라비트 왕조가 오늘날의 세네갈과 모로코, 이베리아반도 남부에 이르는 판도를 이루었다.

—— 팀북투에서 그리 멀리 떨어지지 않은 비옥한 나이저강 삼각주에 위치한 젠네(말리)는 말리 제국, 그리고 나중에는 송가이 제국의 경제적·문화적 중심 도시였다. 13세기에 그곳에 세워진 이슬람 사원은 20세기 초에 다시 새롭게 건설되었다. 이 사원은 진흙으로 만든 벽돌을 사용하는 수단 건축양식의 최대 건축물로 수천 명의 신도가 자리할 수 있다. 이 사원은 그 건축물의 특성상 우기가 끝날 때마다 복원해야 한다. (Wikimedia Commons, © Devriese)

강Black Volta 상류에서 온 '이교도'인 모시족이 아무런 저지도 받지 않고 나이저강 남부를 자유롭게 약탈했다. 젠네의 남쪽, 나이저강의 지류에 위치했던 옛 말리 제국의 작은 일부는 일단 독립은 유지했지만, 1600년 무렵에 결국 역사의 무대에서 사라졌다.

말리 제국이 한때 가나의 소닌케 제국을 계승했던 것처럼, 나이저 만곡부 하류에 위치한 가오 주변의 봉신 국가였던 송가이가 말리를 대체했는데, 송가이도 마찬가지로 14세기에 독립한 국가였다. 송가이가 가지고 있었던 강점은 말을 키우는 데 최적지였던 나이저강 동부의 땅을 한동안 장악하고 창을 무장한 기마대를 보유했던 것, 그리고 나이저강에서 활동하는 어선들로 구성된 '함대'를 보유한 것이었다. 이러한 강점을 활용해 손니 알리(1464~1492)는 팀북투와 그곳의 투아레그족 통치자들, 젠네, 그리고 마시나의 풀라족(풀라니족)을 정복했다. 말리 제국과 모시 제국도 송가이의 강한 압박을 받았지만, 결코 무너지지는 않았다. 손니 알리는 명목상으로 무슬림이어서 때에 따라 기도회를 열고 기부금을 내기도 했지만, 동시에 강력한 주술사이자 지혜로운 예언가, 숭배받는 '우상'으로서 나무와 바위 앞에서 제물을 바치곤 했다.

손니 알리의 후계자 자리를 둘러싼 투쟁에서는 그를 보좌했던 지휘관 중 하나로 소닌케족 출신인 아스키아 모하마드 1세Askia Mohammad I(1493~1528)가 승리해 권력을 장악했다. 그는 팀북투를 좀 더 순수하게 이슬람화한다는 선택지를 내세우고 메카를 향한 성지순례를 추진함으로써 자신의 권력을 정당화했으며, 궁정과 지배 엘리트들을 이슬람화했다. 하지만 그의 후계자들은 수도인 가오에서 부족의 전통 문화를 유지했다. 존 도널리 페이지John Donnelly Fage는 심지어 송가이 궁정에서 전통주의적인 궁정 의식과 이슬람적 궁정 의식 사이에 갈등이 끊이지 않았다고 주장한다.[21] 아스키아 모하마드 1세는 왕국을 사하라 쪽으로 팽창시켜 아이르산맥과 타가자 소금 광산에까지 이르게 했으며, 그 밖에도 동쪽으로는 1515년에 카노와 카치나를 포함한 하우사족 영역의 일부까지 장악했다. 당시에 송가이는 약간 동쪽으로 치우치기는 했지만, 적어도 말리와 거의 비슷한 규모의 왕국이었다. 아스키아 모하마드 1세는 말리의 모델을 따라 왕령 농장과 상업에서 활동하는 노예의 수를 늘렸지만, 북아프리카 노예시장에 노예를 공급하기도 했다. 일부다처제를 시행한 결과 그 수가 많았던 왕자들과 수도인 가오에 있던 송가이 귀족들이 정치에서 지대한 영향력을 행사했다. 빈번하게 발생했던 후계 갈등에서 가까스로 자신의 권위를 주장할 수 있었던 자들은 송가이 엘리트 부대의 지원을 통해 뚜렷한 이점을 얻을 수 있었다. 하지만 권력을 승계할 가장 강력한 후보자는 쿠르미나파리kurminafari, 즉 아스키아 모하마드 1세가 창설한 노예 군단의 총사령관이자 부섭정으로서 제국의 곡창 지대를 포함하는 서부 지역의 관리나 봉신들에 대한 지배권을 가진 왕자였다.

왕권을 둘러싸고 늘 새롭게 갈등에도 발생했는데도 송가이 왕국은 기본적으로 그럭저럭 안정을 유지했다. 외부 요인이 왕국의 몰락을 초래했다. 재통일된 모로코의 술탄 물라이 아메드 알만수르Mulay Ahmed al-Mansur(1578~1603)

는 금, 소금, 노예를 거래하는 사하라 횡단 무역을 장악하기 위해 열정을 기울였다. 차드호 남쪽에 위치한 보르누의 왕은 이미 1582년에 인접한 '이교도' 국가와 전쟁할 때 모로코의 지원을 받은 대가로 술탄의 봉신이 되었다. 물라이 아메드 알만수르는 아스키아 모하마드 1세에게 이미 매장량이 소진되어 채굴이 중단되고 다른 광산으로 대체되었던 타가자 소금 광산의 지배권을 포기하라고 여러 차례 요구했다. 아스키아 모하마드 1세가 이를 거절하자 머스킷으로 무장한 병사 수천 명을 사하라를 건너 남서부 지방으로 파견했는데, 그들 가운데 절반은 도중에 사망했다. 그러나 그는 1591년에 재차 공격을 감행해 수도인 가오 북부의 나이저강 유역 톤디비에서 벌어진 전투에서 수적으로 압도적인 송가이의 부대를 궤멸할 수 있었다. 송가이 왕국의 기마대는 아마도 (다른 서아프리카인들과 마찬가지로) 머스킷을 '기사답지 않은' 무기로 멸시했을 것이 분명하다. 이제 팀북투에는 속주pashalik[8]가 설치되었으며, 수비대는 모로코에서 파병된 엘리트 부대로 강력하게 보강되었다. 아스키아 모하마드 1세가 술탄에게 또다시 패배하면서 수도인 가오가 정복되었다. 왕국은 결국 무너졌다. 마지막에 남은 것은 북부의 허수아비 왕, 그리고 나이저강 하류 덴디에 다시 아프리카의 전통을 복원한 채 독립을 가까스로 유지한 왕국이었다.

그러나 사하라 너머까지 권력이 미치는 서아프리카의 칼리파로서 지닌 물라이 아메드 알만수르의 명성은 후계자를 둘러싼 전쟁을 통해 당장 추락했다. 팀북투에는 모로코의 명목적인 지배하에 아르마Arma로 불리는 세습적 단체가 통치하는 자치적인 군사 공화국이 등장했다. 아르마들은 그들의 명령을 집행하는 일종의 총독인 파샤를 선출했다. 무역 중심인 젠네와 마찬가지로 팀북투와 주변 지역이 약탈당했으며 테러 대상이 되었다. 그러나 이 시기에는 투아레그족의 새로운 진입을 막을 길이 없었으므로, 그들은 결국 18세기에 나이저강 유역의 모든 영토를 장악하고 아르마의 독립적인 지배를 종식했다. 나이저강 북부 지방에는 밤바라족이 세구 왕국과 카르타 왕국을 건설했으며, 볼타강 북부에서는 야텡가, 와가두구의 모시 제국과 다곰바족이 곤

8 이슬람 세계에서 일종의 총독인 파샤가 다스리는 행정구역을 가리킨다.

자족의 만데족 전사 국가와 투쟁하면서 팽창했다. 모시 제국에서는 왕과 추장 귀족들 사이에 끊임없는 갈등이 발생했는데, 이 갈등은 18세기에야 비로소 머스킷으로 무장한 노예 군대를 동원한 왕 측의 승리로 종식되었다. 이 모든 왕국은 본래 '이교적'이었지만, 디울라족의 영향하에 모계적 체제가 장애가 되지 않는 한에서, 지속적으로 반半이슬람적 성격을 지니게 되었다.

기니 지역과 카넴-보르누의 제국들

오늘날의 세네갈과 잠비아에 속하는 기니 고지대 해안의 북부 내륙 지방에는 졸로프족, 투클로르족, 그리고 무엇보다 말린케족이 세운 많은 제국이 있었는데, 그들 사회는 뚜렷하게 분화된 계층을 갖고 있었다. 과거 말리 제국의 귀족 가문들이 권력을 유지하던 곳에서는 왕비들의 아들들만이 왕이 될 수 있었다. 왕 밑에는 특이한 복장을 하고 고도로 발달된 전사의 품성을 가진 통상적인 귀족들이 있었는데, 이들은 생산 활동이나 상업 활동에는 참여하지 않았다. 그다음에는 다양한 수공업자들, 자영농과 소작농의 순이었으며, 사회 최하층에는 노예들이 있었다. 여기서 더 남쪽으로 내려가면 반항적이고 지도자가 없는 자치 공동체가 지배하고 있었다. 그러나 이 지역은 16세기 이후로 마네족이 만데족을 정복해 가는 새로운 흐름 속에서 부분적으로 마네족이 세운 새로운 제국에 흡수되었다.

세네갈 북부와 감비아강 상류의 푸타잘론 지역에서는 17세기 후반 이후에 무슬림 강경파의 지하드 운동이 대두했는데, 이들은 19세기에 수단을 변모시켰다. 남서사하라의 산하자 베르베르족 중 일부는 15세기 이후에 이곳으로 이주해 왔지만 질이 나쁜 무슬림으로 여겨졌던 아랍 유목민들의 보호하에 평화롭고 독실한 '무라비트 부족'으로 살고 있었다. 1673년에 수도사인 우벡 벤 아시파가Awbek ben Ashfaga가 설교에서 지하드를 주장했으며, 비이슬람교도인 졸로프족과 투클로르족을 공격해 자카트[9] 세금 제도를 가진 이슬람 국

9 이슬람법에 따른 종교세 또는 구빈세로, 이 세금의 납부는 무슬림의 5대 의무 가운데 하나다.

가를 수립하려고 시도했다. 그러나 전쟁에서 패하자 지하드는 신속히 중단되었다. 하지만 15세기 이후에 풀라족 목동들이 점차 이주해 왔던 푸타잘론에서는 다른 상황이 전개되었다. 그들은 처음에는 지역 농민들과 평화롭게 공존하면서 살았지만, 사회 최하층 천민으로 멸시되었다. 그러나 (아마도 유럽인들의 동물 가죽 수요가 증가한 결과) 그들이 키우는 가축의 수가 많아지면서 부가 증가하자, 지역 농민과 목동들 사이에 갈등이 발생하기 시작했다. 아홉 명의 울라마 동맹이 한 지도자를 선출하고 그들의 이웃을 상대로 지하드를 선언하면서 시작된 갈등은 1725년에서 1776년까지 계속되었으며, 결속된 이슬람 공동체를 건설하면서 막을 내렸다. 포로들은 유럽인들에게 노예로 팔렸는데, 이 노예무역으로 인해 오랜 시간 전쟁이 지속되었던 것으로 추정된다. 볼타 지역과 차드호 사이에 위치한 중앙수단과 기니 저지대에서는 해안과 해안의 배후 지역이 더욱 중요한 역할을 수행했다. 이미 당시에도 이 지역은 아프리카에서 가장 인구밀도가 높은 지역, 즉 '도시화'가 가장 진전된 곳이었기 때문이다.

물론 여기에서도 사바나 지역은 도시화에서 앞서 있었다. 차드호 북쪽의 카넴 제국은 가나와 말리처럼 주로 노예를 대상으로 한 사하라 횡단 무역 덕분에 일찍 이슬람화되었다. 14세기와 15세기에는 내부에서 발생한 갈등 때문에 제국의 중심이 호수 남서쪽에 위치한 보르누로 옮겨졌다. 말리나 송가이와 달리 갑옷을 갖춘 창기병 귀족들이 이곳을 중심으로 해서 남쪽 지방으로 노예사냥에 나섰다. 그러나 말리나 송가이의 것과 동일한 '기사도'에도 불구하고 보르누의 지도층은 그들처럼 화기를 경시하지는 않았다. 오히려 그들과는 반대로 이드리스 알루마Idris Alooma(1569~1600)는 군사 자문관과 함께 오스만 제국산 머스킷을 구매해 노예 출신 친위대를 무장시켰다. 제국의 중심 지역은 왕실 노예들이 관리했으며, 외부 지역은 군사 봉신들이 통치했지만 왕실 노예들이 그 봉신들을 감독했다. 보르누 제국은 이런 방식으로 아프리카에서 가장 강한 군사 대국으로 성장했고, 왕조 내에 통상적인 갈등이 있었는데도 거의 1000년 동안 존속할 수 있었다.

분명히 카넴-보르누 제국에서는 디울라족과 비교할 만한 상인 계층이 형성되지 않았다. 아마도 금처럼 매력적인 상품이 없었기 때문일 것이다. 상인의 역할은 남서부에 인접한 하우사족이 떠맡았다. 하우사족의 철 생산 중심지는 15세기와 16세기에 성곽으로 둘러싸인 도시로 변모했으며, 이슬람과 동맹 관계를 형성했다. 이웃 국가들과 마찬가지로 보르누의 통치자와 귀족들은 노예사냥에 적극 나섰으며, 패권을 장악하기 위해 투쟁했다. 도시 주변에 거주하는 노예들은 식용작물과 목화, 인디고를 경작하고 가죽 제품을 제작하기 위한 무두질 작업에 종사했는데, 이와 동시에 사하라 중부를 횡단하는 무역로를 통해 북아프리카에 직물과 가죽을 공급하는 산업이 대두했다. 16세기 후반에 하우사족의 도시인 카노에 거주하던 라구사(오늘날 크로아티아의 두브로브니크) 출신의 상인들은 이 도시를 카이로, 페스와 함께 아프리카의 3대 메트로폴리스로 여겼다.

기니 저지대의 해안 지방 혹은 내륙 지방에서는 서부에서 동부로 이동해 오는 집단들이 중요한 역할을 했다. 남볼타 지방 서부의 아칸족, 동부의 에웨족, 그리고 원시림이 부분적으로 공백을 보이고 사바나가 바다로 이어지는 동볼타 지방의 아자족이 그들이다. 이 지역에는 요루바족, 그리고 나이저 서부의 에도족, 나이저 동부의 누페족도 있으며, 더 남쪽으로 가면 이보족(이그보족), 이비비오족, 마지막으로 에피크족도 있었다. 이들 부족은 상이한 형태의 공동체를 구성하고 있었지만, 특히 가족 개념이나 종교 영역에서는 현저한 문화적 공통점을 지녔다. 이들은 18세기 말에 와서야 이슬람의 영향과 마주치게 되었으므로, 이들의 문화가 인간 형상을 예술적으로 표현하는 훌륭한 방식에는 그 어떤 금기 사항도 없었다. 이 지역 최초의 소규모 제국들은 밀림이 빽빽하지 않고 사바나로 이어지는 중간 지대에 건설되었다. 이 지역은 개간하기 쉬우면서도 생활에 필요한 나무는 충분하고 숲이 가까워 적이 공격해 오면 피난처를 제공해 줄 수도 있는 공간이었다.

이들 가운데 가장 오래된 제국은 소규모 금 산지에 수립된 요루바족의 도시국가 이페로, 그 기원은 9세기에서 10세기까지 올라간다. 이페는 12세기에서 15세기까지 제철업의 발달로 잘 알려진 중요한 국가였으며, 당시에 인기가 많았던 푸른 유리구슬과 인상적인 테라코타 조각품으로 유명했다. 13세기 이후에는 유명한 청동 조각품 제작도 추가되었다. 15세기에 호전적인 제국으로 등장해 16세기에 일시적으로 요루바 지역 일부를 장악했던 누페족과는 대조적으로 이페 제국은 평화적이었으며, 지역에서는 문화적으로만 지배적인 영향을 행사했던 것 같다. 또한 이페는 특히 종교 중심지여서, 다른 국가의 왕들이 자기들의 뿌리를 이곳에서 찾는 경우가 많았다. 그들이 의례를 통해 자신들의 정통성을 과시할 때면 베냉이나 오요의 왕검 같은 상징물을 사용했는데, 이페의 오오니ọọ̀ni(지배자)에게서 정통성을 계승했다는 의미였다.

베냉 제국 자체는 이페와 비슷한 시기에 건설된 것으로 보인다. 흙벽 체계가 확장된 것을 보면 사람들이 매우 일찍부터 베냉의 중심부에 거주하기 시작했다는 사실을 알 수 있다. 제국은 15세기와 16세기에 팽창했으며, 18세기까지 지역에서 주도적인 세력을 유지했다. 포르투갈인들은 이 도시에서 받은 강한 인상을 기록으로 남겼다. 자신들의 지위를 상속받는 궁정 예술가들은 이페의 위대한 조각 제작 전통을 계승하고 발전시켰다. 베냉에서 오바oba라는 칭호로 불렸던 왕은 화기에 관심이 있었지만, 그 화기를 공급받는 대가로 기독교로 개종하라는 요구를 받자 거부하려고 했다. 그 결과 포르투갈인들과의 사업은 수포로 돌아갔다. 베냉은 유럽인들과 함께 노예무역에 가담했고, 이 무역의 주도권을 자기들이 잡으려고 신중하게 노력했다. 여기에는 여러 가지 이유가 있지만, 무엇보다 그들도 각종 상품을 생산하려면 노예가 필요했기 때문이다. 이런 상황은 서아프리카의 모든 대규모 공동체에 해당한다. 전체적으로 보아 이들은 지금까지 흔히 주장되어 왔듯이 단순히 노예무역의 앞잡이 역할을 수행한 것이 전혀 아니었다. 베냉의 왕 오바는 인척 관계를 맺음으로써 봉신들을 자기에게 결속할 수 없을 경우에는 심지어 자유민을 고위 행정 책임자로 고용하기도 했다. 그러나 16세기 즈음에 수도나 지방에 거주하는 에도족 추장들로 구성된 귀족인 우자마uzama가 군대 지휘권을 장악하면서, 이들 우자마가 실질적인 권력자로 등장했다. 그 결과 오바의 기능은 왕궁의 의례를 집행하는 일로 제한되었다.

베냉보다 더 북쪽에, 요루바족의 심장부에 있던 사바나 왕국 오요는 누페족이 16세기에 정복했으며, 오요 왕실은 남쪽의 보르누로 피신했다. 그들은 몇 세기 지나지 않아 중무장한 기마대를 육성해 누페족에 반격을 시도한 결과, 17세기에는 요루바를 주도하는 세력으로 발전했다. 이들은 베냉을 제외한 인접 제국들을 모두 굴복시켰으며, 마지막에는 다호메이를 포함해 서부의 아자 왕국도 정복했다. 오요 제국은 이런 방식으로 1730년에 역사상 최대로 팽창된 영토를 차지했다. 제국은 당시의 전형적인 방식에 따라 네 개의 중심 권역으로 구성되었다. 중앙에는 알라핀aláàfin(지배자)의 수도인 오요가 있었으며, 그 옆에는 인척 관계를 통해 동맹을 맺은 요루바 도시들이 있었는데, (본래는 이페 제국이 배치한) 이 도시들의 통치자들은 자기들의 지위를 계속 유지했으며, 혈연이나 결혼을 통해 알라핀과 결합했다. 이보다 조금 멀리 떨어진 지역에 위치한 부족들은 왕이 파견한 사절(일라리ilari)의 감독을 받는 공물 담당 관료인 아젤레ajele가 현지의 추장과 나란히 통치했다. 마지막으로 아자족으로부터는 군사 원정을 통해 조공을 받았다. 그러나 오요 제국에서도 통치자와 귀족들, 특히 군 지휘권자이면서 왕 선출권을 가지고 있고 오그보니ogboni 추밀원의 지원을 받던 일곱 명의 오요 메시oyo mesi 사이에는 통상적인 갈등이 있었다. 18세기에는 그들이 왕을 몰아내고 자결하도록 강요할 수 있었지만, 실질적으로는 자신들의 기득권을 유지하는 데 관심이 있었을 뿐, 스스로 왕권을 찬탈하지는 않았다.

알라다 왕국과 우이다 왕국처럼 해안에 가까운 소규모 왕국들은 덴키라족, 아킴족, 아콰무족이 거주하는 아칸 지역과 함께 노예무역의 영향을 강하게 받았는데, 사실 이들은 부분적으로는 노예무역 덕분에 자신들의 세력을 키울 수 있었다. 반면에 내륙 지방에서는 거친 전사적 특질을 가진 대규모 공동체가 성장했는데, 이들은 자신들이 노예무역에 지나치게 종속되지 않게 하는 역량을 보여 주었다.[22] 다호메이 왕국은 17세기에 알라다 왕국의 한 갈래로 성장했으며, 오요에 종속되어 있었으나 해안 지역을 정복하고 그곳의 왕자리에 자기들이 파견한 '관료들'을 세울 수 있었다. 그러나 이와 달리 다른 지역을 정복했을 때는 그곳 추장들을 그대로 그들의 지위에 머물게 했다. 그런데도 제국의 지배 영역이 제한되어 있었다는 점, 제국을 세운 부족 집단들이 신속한 기동력을 갖춘 병력을 보유했다는 점, 왕궁의 정규군이 화기로 무장했으며 악명 높은 공포의 아마존 여전사들까지 보유한 점 등은 그들이 '근대적인' 집중력과 효율성을 가지고 제국을 통치할 수 있게 해 주었다. 열대우림 지역 가운데에 있는 비옥한 빈 토지는 농업과 직물 산업을 체계적으로 확대하는 데 사용되었으며, (노예무역에만 국한된 것은 아니었던) 대외무역은 왕실이 독점했다. 이와 마찬가지로 개오지 조개껍데기 화폐의 유통도 왕실이 통제했다. 심지어 도로 건설 프로그램도 있었다고 한다. 종교는 왕에게 초점을 맞추었으며, 왕은 대부분 자신의 후계자를 마음대로 정할 수 있었다. 실제로 다호메이 왕국에서는 일종의 장자상속제가 지배적이었는데, 이는 일부다처제가 지배했던 아프리카에서 유일한 사례로서 정치적 안정을 가져다주었던 성과였다.

이와 비슷한 내용은 아칸족의 아샨티 왕국에 관해서도 언급할 수 있다. 이 왕국은 1680년 무렵에 오늘날의 가나 지역에서 여섯 국가의 연합으로 형성되었는데, 1701년에 덴키라족의 지배에서 벗어나 사방으로 정복 전쟁을 시도하며 영토를 확대했다. 18세기 중엽에 머스킷으로 무장한 이 왕국의 병사들은 사바나 제국인 곤자족과 다곰바족의 기마대조차 굴복시키고 합병했다. 1820년에 제국의 영토는 25만 제곱킬로미터에 달했으며, 통상적인 방식대로 여러 권역으로 구분되었다. (1) 초기의 여섯 국가로 이루어진 중앙. 이곳에서는 대등한 여러 왕 중 하나였던 쿠마시의 왕이 왕국 전체를 지배하는 군주로 성장했다. (2) 피정복민인 아칸 부족들. 이들은 세금을 납부했다. (3) 그 외 사신들의 통제를 받던 북부의 봉신 국가. 이들은 매년 노예를 조공으로 바쳐야 했다. 농업과 중앙에서 이루어지는 교역을 계획적으로 발전시키기 위해 노예와 자유 정착민들이 동원되었다. 아샨티는 유럽인들에게 '개발 지원'을 요청했지만, 그들이 거절하자 직접 하우사족으로부터 구매한 견포를 풀어 자신들의 면포와 혼합해 새로운 직물을 제조했다. 아샨티는 잘 발달된 도로망을 가진 무역 국가로서, 북부를 대상으로 하는 콜라 열매 무역보다는 유럽인들과 함께 남부를 대상으로 하는 금 무역, 노예무역, 상아 무역을 장악하려고 했다. 아샨티를 부강한 국가로 만든 것은 무엇보다 금이었다. 금으로 장식된 의자는 아샨티 왕조의 상징이었다. 명문가 출신으로 왕이 임명한 관료들은 본래 지도적 지위를 차지하고 있던 부족장들을 점차 밀어냈으며, 부족장들조차 그들 사이의 경쟁을 이용하는 '분할통치' 방식에 의해 점차 무력화되었다.

관료직은 '세습'되었다. 달리 표현하면 왕조의 구성원으로서 그들은 실질적인 봉급을 받지는 않았으며, 통치자 앞에서 늘 자신의 존재감을 보임으로써 그의 은혜와 후의를 받으며 살았다. 그들은 경우에 따라 자기 지위를 아들에게 물려줄 수도 있었다. 아샨티의 행정 분야와 군 분야에는 이미 뚜렷한 출세 경로가 있었다. 특별한 경우가 아니면 거리를 두었던, 문서에 관한 해박한 지식을 가진 무슬림의 도움으로 총무부와 재무부가 설립되었다. 전령을 활용하는 제도는 원활한 의사소통을 보장했으며, 국가의 안보는 왕의 법정과 일종의 비밀경찰(안코베아ankobea)에게 달려 있었다. 사상적 동질성은 왕에 대한 숭배에서 나왔다. 아샨티의 대외적인 팽창은 노련한 외교, 그리고 백성들 가운데 모집된 공포의 군대가 이루었다.

나이저강 삼각주와 삼각주 동쪽에 흐르는 강 유역의 물이 반이고 육지가 반인 지역에서는 이와 완전히 다른 장면이 펼쳐졌다. 특히 이보족은 인구밀도가 높고 나무조각이나 제철 등 창의력이 풍부한 제품들을 생산했을 뿐 아니라 대형 카누를 사용한 원거리 무역에 종사했지만, 최대의 정치 단위로서는 촌락공동체에 머물렀다. 촌락들은 가문에 속하는 종들을 포함한 출신 가문, 즉 가계에 따라 구분되었다. 기껏해야 유명한 이보족의 신탁소들 같은 종교 중심지만이, 특히 에픽족에서는 발달한 비밀단체만이 촌락을 넘어서는 조직이었다. 그러나 이런 식으로 분권화된 체제는 노예무역 사업에 매우 취약한 것으로 드러나 심각한 변화를 겪게 되었다. 촌락들은 도시가 되고, '가문'들은 회사가 되었으며, 추장들은 왕이 되었다.

나이저 삼각주를 지나 콩고강 하구에 이르는 해안 지방을 따라 유사한 종류의 소규모 무역 왕국들이 대두했다. 그러나 이들 가운데 로앙고 군주국만이 유럽인들이 오기 이전의 시대부터 존재했던 것으로 추정된다. 그곳에 거주하던 빌리족은 자기들이 생산한 바다 소금을 내륙 지방에 사는 붕구족의 구리나 철과 교환했기 때문이다. 그러나 그들과 콩고강 상류의 테케(안지쿠) 왕국 사이의 접촉은 노예무역이 촉진한 것이었다. 그 밖에 중앙아프리카 북부 지방에서는 오직 소규모 공동체만이 자급자족적인 농업경제를 유지한 것으로 보인다. 물론 이는 그들의 생활수준을 언급하는 것은 아니다.

중앙아프리카 남부의 왕국들

대규모 왕국들은 열대우림의 남쪽 가장자리 지역에 이르러서야 다시 발견된다. 16세기에서 17세기에 이르는 기간에 카사이강 중류 지역에서 몽고Mongo와 케테Kete에 속하는 열여덟 개 부족 중 거대한 부와 고도로 발전된 제도를 자랑하며 목각 제품이나 야자 섬유로 된 바구니 세공품 제작으로 유명한 쿠바Kuba 왕국이 대두했다. 식민지 시대가 오기까지 쿠바 왕국은 이웃으로부터 비교적 커다란 훼방을 받지 않으며 평화로운 삶을 향유했던 것 같다. 그러나 북쪽의 콩고 왕국이나 중부의 은동고 왕국뿐 아니라 그들의 후계 왕국들은 이와 정반대의 상황을 겪었다. 포르투갈인들이 오면서 콩고와 은동고에 첫 번째 심각한 변화가 발생했으며, 두 왕국은 결국 몰락했다. 반면에 후계 왕국들은 이러한 전개 덕분에 등장하게 되었다. 이 과정에서 노예무역이 유일한 역할은 아니라고 해도, 가장 중요한 역할을 수행했다.

14세기에 바콩고족은 붕구를 떠나 콩고강을 건너 이주하면서 강 저편에 살던 킴분두족을 정복했다. 그들은 고도의 금속 세공술을 가져갔으며, 통치자인 마니콩고의 거주지로서 바콩고족의 중심인 음반자콩구를 건설했다. 그들은 15세기에 계속 팽창한 결과 콩고 왕국을 건설했다. 아마 바콩고족 가운데 족외혼으로 이루어진 모계 혈통을 가진 열두 부족 연맹인 칸다kanda가 이 왕국을 구성하는 토대였을 것이다. 그러나 가장 중요한 혈통은 므위시콩고족의 혈통이었는데, 중요한 결정을 내리기 위해서는 이 혈통을 가진 주요 인물들의 동의가 필요했다. 그들은 왕가에서 가장 강력한 후보자를 통치자로 선출했으며, 왕을 자문하는 열두 명의 위원을 임명했는데, 17세기에 그들 가운데 가장 중요한 역할을 수행한 것은 편시(의장)와 궁정 장관, 서기였다. 열두 명 가운데 네 명은 여성으로, 선왕의 아내, 왕의 고모나 여동생이었는데, 여기에는 공동 통치자였던 응짐부풍구nzimbupungu(우리에게 알려진 유일한 인물은 왕의 고모였다.)도 포함된다. 궁정은 왕의 친척이나 지역 제후들로 채워졌다. 지배집단에 속하지 않았던 주요 부족장들은 왕에게 후궁을 바침으로써 왕궁과 연결되었다. 왕의 자문 위원회는 므위시콩고에 속하는 중요한 인물들을 여덟 개 주요 지역의 제후로 임명했으며, 이 제후들은 자기에게 속하는 하위 구역

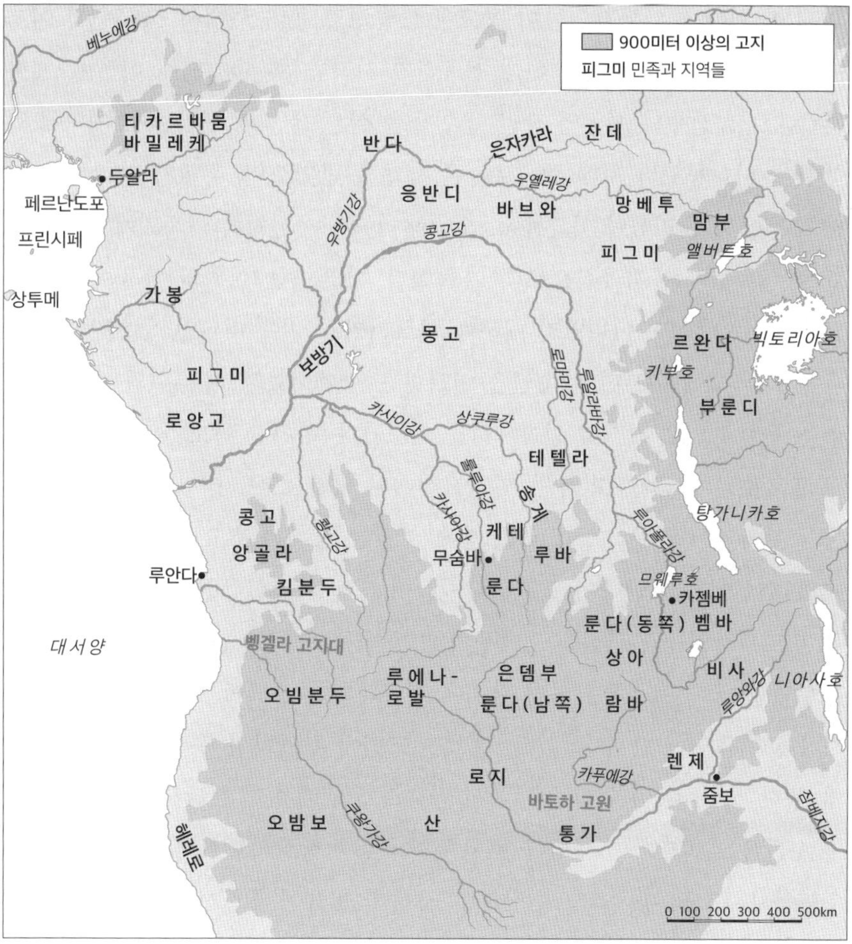

—— 중앙아프리카의 부족들.

들의 지도자를 임명했다. 지역 제후들은 잠재적으로 왕에게 가장 위험한 경쟁자였다. 그렇기 때문에 지역 제후들의 자리는 대개 왕가의 친척들로 채워졌다. 나아가 3년으로 한정된 제후의 임기는 엄격하게 준수되었으며, 양측 대표들을 통해 상시적으로 긴밀하게 소통했다. 물론 지방 제후들은 왕위를 재배치하는 제도가 작동하는 한 분리 독립보다는 기껏해야 왕위가 순환되는 데 관심이 있었다. 왕은 제후들이 수집한 조공품과 무역으로 궁정에 수입된 사치품들의 많은 부분을 지배 엘리트 구성원들에게 재분배했기 때문이다.

1483년에 포르투갈인들이 콩고에 도달하고, 1485년에서 1486년에 이르는 기간에 마니콩고와 긴밀하게 접촉하기 시작한 후, 1491년에 이른바 '개발지원단'으로 신부와 수공업 장인, 군인들을 실은 세 척의 배가 콩고 지역에 입항했다. 마니콩고와 지배 엘리트들은 세례를 받았으며, 후계자 자리를 둘러싼 투쟁에서 승리했던 아폰수Afonso(1506~1543)는 철저히 기독교에 귀의하고 포르투갈 문화를 적극적으로 받아들였다. 아폰수는 여왕의 아들이지만 므위시콩고족 출신이 아니었기 때문에 아프리카식 법에 따르면 상속권이 없으나 유럽식 법에 따르면 상속권을 인정받는 상황이었다. 아폰수의 행보는 제국을 문화적으로 철저히 변혁하려는 의도였다. 하지만 인도가 '발견'된 이후에 포르투갈에서 아프리카는 그 중요성에서 뒷전으로 밀려났다. 그리고 상투메와 브라질의 설탕(사탕수수) 농장에서 많은 노예가 필요하다는 요청이 오고, 1575년에는 루안다에 포르투갈인들이 도시를 건설하면서 아프리카에 대한 포르투갈인들의 관심은 노예무역에만 치중되는 경향을 보였다. 하지만 아폰수의 왕국은 포르투갈과의 관계에 지나치게 연루되어 노예무역에서 적당하게 균형을 조절할 수 없었다. 결국 1655년에 루안다와 무력으로 충돌했는데, 콩고 왕국이 음브윌라 전투에서 참혹하게 패배하고, 므위시콩고족에 속하는 수많은 엘리트가 전사했다. 포르투갈어로는 상살바도르로 불리는 몰락한 수도에서 콩고의 왕이라고 주장하는 자들이 18세기 후반까지 거듭해 등장할 수 있었지만, 왕국은 여러 지역으로 분열되고 말았다.

한편 앞서 언급한 대장장이들의 문화적 영향으로 인해 부족들이 사용하던 토착의 예식용 목각 제품(룽가lunga)들이 철제 제작품(응골라ngola)[10]으로 바뀌면서 이동성을 촉진했던 것 같다. 어쨌든 루안다에서 내륙으로 160킬로미터 떨어진 은동고의 킴분두족 왕은 응골라 아 킬루안제ngola a kiluanje 묘역의 보호자로서 독자적인 왕국을 건설했는데, 노예무역에 가담했지만 초기에는 세례받는 것을 거절하면서도 독립을 유지할 수 있었다. 그러나 이러한 노력은

10 응골라는 철로 만든 의식용 상징물을 가리키는 동시에, 은동고 왕국의 군주를 가리키는 칭호인 응골라 아 킬루안제의 약어이기도 하다.

결국 수포로 돌아갔다. 1618년에 응골라(훗날 여기서 '앙골라'라는 명칭이 나온다.)의 거주지를 포르투갈인들이 파괴하면서 많은 주민이 그곳을 떠나자, 인구가 이미 얼마 안 되던 그 왕국도 와해되었다.

대서양 무역이 점점 더 내륙으로 영향을 미치기 시작했는데도 오늘날 콩고에 속하는 카탕가나 샤바에 중심을 둔 중앙아프리카 남부 지방의 심장부에서는 아직 노예무역의 영향을 거의 받지 않은 채 아프리카식 제국 건설이 진행되었다. 이들 제국 건설의 초기 과정에 관해서는 단지 그 진위를 평가하기 어려운 구전만 존재해, 발생한 사건들이 구체적으로 어느 시점이었는지는 날짜 확인에서부터 어려움이 있다. 동부의 루알라바강 유역에서는 족장 사회를 이루고 사는 루바족이 출현했는데, 자연주의적 목각으로 유명했던 이들 루바족은 외부와 접촉하는 일 없이 전체적으로 평화로운 과정을 거쳐 왕국으로 발전했다.

한편 서부의 카사이강 유역에 있으면서 정치적으로 더욱 창의적이었던 룬다족은 이와 다른 발전 과정을 보였다. 주도권을 둘러싸고 투쟁하던 세 부족 가운데 한 부족이 루바 지역으로부터 지원을 받아 다른 두 부족을 제압했다. 17세기 무렵에는 열다섯 개의 촌락공동체에서 한 개의 중앙집권화된 왕국이 탄생했다. 복잡한 관료제를 갖추고 영토 확장을 지속하던 이 왕국은 마찬가지로 팽창하던 대서양 노예무역을 제어할 수 있었다. 이 왕국은 노예무역을 위해서만이 아니라 자국의 인구를 늘리기 위해서도 인간 사냥에 나섰다. 그들은 단지 전사 수백 명이 사방으로 멀리까지 진출하는 세력 팽창을 통해 식민지를 건설하거나, 조공 제도를 통해 지역 추장들을 룬다 왕국의 위계 구조에 편입시켰다. 18세기에는 이들 카젬베 중에서 므웨루호 남쪽의 루아풀라 계곡에 있던 한 부족이 왕국을 건설했는데, 이 카젬베 왕국은 그들이 조공을 바치던 룬다 왕국보다 규모가 컸지만 종주국의 우위를 계속 인정했다. 룬다 왕국의 느슨한 지배권은 이런 방식으로 콩고 남부 지방에서 탕가니카 호수까지 펼쳐졌다. 카사이강에서 동쪽으로 100킬로미터 정도 떨어진 숲 지대에 있던 수도는 30킬로미터에 달하는 담장과 수로로 둘러싸여 있었다. 왕들은 대를 이어 가며 이 수도 안에 각자의 요새화된 궁전을 건설했다. 궁전 옆에는 왕들의 묘지가 있었다. 서양에서 온 방문객들은 궁전 단지를 보고, 특히 루안다보다 오히려 청결한 것을 보고 깊은 인상을 받았다.

몰락한 두 룬다 부족 가운데 하나는 서쪽으로 이동했으며, 부족한 구성원 수는 인근 다른 부족에서 축출된 사람들로 채웠다. 그리고 그 통치자는 본래 룬다족의 호칭인 킹구리Kinguri를 카산제Kasanje로 바꾸었다. 결국 이러한 이주 활동을 통해 '창으로 땅을 경작하는' 임방갈라로 불리는 유목민 무리들이 형성되었는데, 달리 표현하면 이들은 사실상 다른 부족을 약탈하며 사는 기생적인 무리였다. 임방갈라의 아이들은 널리 알려진 것과는 다르게 살해되지 않았다. 그 대신에 함께 양육되었다. 이 지역에서 가족과 종족 공동체는 주술적으로 결속되어 있으며 가입해야만 그 구성원이 되는 전사 집단으로 대체되었기 때문이었다. 그들은 군사적인 용맹뿐 아니라 극도의 잔인함으로 두각을 드러냈다. 임방갈라는 순수한 아프리카 혈통에서 나온 집단이었지만 서부로 진출하면서 포르투갈인들의 노예무역과 접촉하게 되었는데, 자신들이 노예를 공급해 주는 주공급원으로 매우 적합하다는 것을 깨달았다. 이런 종류의 예외적 현상을 제외하면 1350년에서 1750년에 이르는 대서양 연안 아프리카 대부분 지역의 역사는 전반적으로 '제국 건설'이라는 공통된 단어로 요약될 수 있는데, 인구밀도 증가 외에 교역의 증가도 여기에서 한몫을 했다. 아프리카는 유럽인들이 오기 훨씬 이전에 원거리에까지 이르는 상품 교역망을 구축했는데, 그 지류는 지중해까지 도달했다. 유럽인들이 아프리카에 도착했을 때, 그들은 이미 존재하는 교역 연결망을 활용하기만 하면 되었다. 물론 유럽인들은 이 연결망과 아프리카 대부분 지역을 이전의 모습을 전혀 알아볼 수 없을 만큼 근본적으로 바꾸어 놓았다.

2 라틴 유럽

유럽도 물론 다채로운 모습을 보여 주지만, 다른 두 대륙과 달리 다양성 속의 통일성을 가진 대륙으로 특징지을 수 있다.[23] 중세 이래로 유럽의 역사는 위기로 인해 뒤흔들리면서도 동시에 고도로 생산적인 특이한 불안감과 점증하는 차별화 과정을 특징으로 한다. 그 결과 이 책에서 다루는 시기가 끝날 무렵에는 종교적·민족적으로 현저한 대조를 보이는 독립국가들의 세계가 등장한다. 그런데도 이 세계는 여전히 '유럽 국가 체제'로 불리며 끊임없는 정치적 갈등을 지속적인 근본적 유사성과 결합한다. 유럽은 정치 부문뿐 아니라 경제 부문에서도 이전과 다름없이 공통된 구조를 보여 준다. 그러나 유럽인들은 무엇보다 존재의 현실적이고 정신적인 근본 조건뿐 아니라 그들의 종교적·지적·예술적 삶이 뿌리내린 객관적 현상이라는 측면에서 공동의 문화를 공유한다.

물론 이것은 엄격한 의미에서 1750년까지 상트페테르부르크-트리에스테 선의 서쪽 지역, 다시 말해 로마 교회를 통해 전달된 라틴 문화가 영향을 미친 지역까지만 해당한다. 러시아는 이 무렵에야 비로소 자신들의 유라시아 제국을 라틴 유럽에 통합시키려고 시도했으며, 당시에 남동유럽은 오스만 제국의 일부로서 아직 인근 다른 세계와의 접촉 지대 상태에 머물러 있었다. 그렇기 때문에 여기에서 우리의 서술은 '라틴 유럽'으로 제한할 것이다. 오직 라틴 유럽만이 대서양적 공통점을 건설하는 데 참여했기 때문인데, 우선은 서쪽의 식민 세력인 포르투갈, 카스티야, 네덜란드, 프랑스와 잉글랜드가 해당하며, 이들보다 좀 더 간접적으로는 그 밖의 남부, 중부, 북부의 유럽 국가들이 여기에 속한다. 17세기와 18세기에 형성된 유럽의 세계무역 체제에서 가장 오른쪽에 위치한 국가가 한편으로는 쿠를란트에, 그리고 다른 한편으로는 트리에스테에 있는 것은 절대 우연이 아니다.[24]

삶의 기회와 의미

유럽인들은 1350년에서 1750년 사이의 400년 동안에 끊임없이 위협을 받았으며, 그 사실을 인지하고 있었다.[25] 이쪽 편이 그들에게 별다른 보호막을 제공해 주지 못하면, 그들은 저쪽 편의 도움을 기대했다. 아직 물자 부족은 그들에게 경제적 개념이 아니라 혹독한 일상이었다. 나아가 굶주림과 전염병, 폭력과 같은 묵시록의 기사들은 언제고 쳐들어올 수 있었으며, 그런 일은 실제로 대단히 자주 발생했다.

중세 유럽의 기후는 전반적으로 따뜻하고 건조했지만, 이미 14세기 이후에는 여러 차례 추위와 비가 밀려와 농사를 망치고 기아의 위기를 초래했다. 그리고 16세기 중반에는 전반적인 한랭 기후가 밀려와 다소 과장되게 '소빙기'로 불렸는데, 이러한 기후는 19세기까지 지속되었다. 알프스의 빙하 지대가 점점 늘어나면서 사람들의 주거 공간과 농경 면적이 점차 줄어들었다. 이러한 배경에서 18세기가 아니라 19세기까지 한랭 기후와 많은 비가 반복되자 그 결과는 비참했다.[26] 식량 조달은 자체 생산이나 기껏해야 지역의 시장에서 구매하는 데 의존했기 때문에 굶주림이나 전반적인 경제 위기는 당연했다. 기초 식량을 멀리 떨어진 곳에서 구매하고 내륙 도로를 통해 운반하려면 비용이 많이 들었기 때문이다. 기초 식량 가격이 폭등하면 기타 곡물에 대한 수요는 추락했으며, 이러한 상황은 추가적으로 실업을 초래했다. 높은 곡물 가격과 극단적인 사망률 사이의 직접적인 관계는 수많은 사례에서 경험적으로 입증할 수 있다.

반복적인 비극을 가져다준 두 번째 유형도 자주 발생했다. 대륙을 뒤흔들어 놓았던 각종 전염병이 그것인데, 1347년에서 1351년까지 유럽인의 3분의 1에서 절반가량을 죽음으로 몰아넣은 '흑사병', 즉 가래톳페스트가 그 첫 번째다.[27] 흑사병이 (남프랑스에 국한해 발병했지만) 1720년에서 1721년 사이에 마지막으로 발병했던 18세기에 이르기까지 완만하던 유럽의 인구 증가는 반복된 기아와 전염병 때문에 상쇄되었다. 최근의 평가에 따르면,[28] 해당 기간 유럽의 인구 증가는 대체로 다음과 같다.

- 1350년: 7500만 명
- 1450년: 5500만 명
- 1500년: 8000만 명
- 1600년: 1억 명
- 1700년: 1억 2000만 명
- 1800년: 1억 9000만 명

14세기 이후 최저점에 도달한 인구수는 16세기가 되어서야 비로소 과거의 수치를 넘어설 수 있었다. 17세기에 또다시 위기로 인한 인구 정체 현상이 발생했지만, 1700년에는 확실한 상승이 일어나 19세기 중반에 다시 한 번 위기가 발생했는데도 유럽은 장기적인 인구 폭발 국면으로 진입하게 되었다. 사망률 감소뿐 아니라 무엇보다 결혼 행태의 변화에 따른 출산율 증가가 당시 인구 폭발의 주요 원인이었다.

본래 상트페테르부르크-트리에스테 선의 서쪽 지방에서 평균 결혼 연령은 다른 문화권과 비교해 볼 때 매우 높았다. 남성의 결혼 연령은 약 스물다섯 살이고, 여성은 약 스물네 살이어서 독신자 비율이 매우 높았다. 이는 결국 신생아 수의 감소를 의미했는데, 가임기 여성 가운데 임신하는 여성의 비율은 단지 40퍼센트에 지나지 않았기 때문이다.[29] 기본적으로 혼인은 남성이 독립적인 농민이 되거나, 정식 수공업 장인의 지위를 가지게 될 때 비로소 성사되었다. 이러한 현상은 시골에 가내수공업이 점차 확산되고 임노동 관계가 증가하면서 비로소 바뀌어, 앞서 말한 조건 없이도 이른 나이에 결혼할 수 있게 되었다. 그 결과 이제 자녀의 수가 증가하기 시작했다.

그 밖에 유아사망률도 하락했다. 통계상 당시까지 유럽인들의 평균수명은 스물다섯 살 또는 서른 살에 불과했는데, 이 주목할 만한 통계는 많은 아이가 태어난 후 얼마 가지 않아 사망했고 태어난 아이들 가운데 열다섯 살까지 살아남은 아이들은 절반에 미치지 못했기 때문이다. 이 나이까지 생존한 사람들은 이후 40년 정도는 더 살 수 있었는데, 이는 오늘날 인도의 평균수명인 쉰다섯 살과 어느 정도 비슷한 수준이다. 그리고 이런 상황에서 죽음은 일상에서 늘 일어나는 현상이어서 저승사자의 형태로 의인화되었다. 반면에 이 시기의 예술과 문학은 죽은 자의 춤이나 죽음의 기술(『아르스 모리엔디 *Ars moriendi*』)에 관한 교본을 통해 죽음과 종교적으로 화해하려는 시도를 보여 주었다.[30]

이러한 환경에서 유럽의 '평범한' 가정은 부모와 대개 두세 명의 자녀로 구성되었다.[31] 한 가정에 사는 아이의 수를 적게 만든 것은 높은 사망률뿐 아니라, 결혼 연령이 늦어짐에 따라 혼자 사는 청년기가 등장했기 때문이기도 하다. 청년들은 일정 기간을 임시 고용직('생애 주기에 따른 도제 life cycle servant')으로 일하기 위해 집을 떠났다. 그 결과 시종과 시녀, 도제, 직인들도 마찬가지로 태어난 집이 아닌 타지의 가정에 속하게 되었다. 따라서 유럽의 가족은 지구상의 다른 지역과 달리 가계나 혈통이 아니라, 대부분 결혼과 새로운 가정 설립을 통해 구성되었다. 이런 상황은 오래전부터 영지에 속하는 소작농이 중심이던 농촌 사회의 요구와 가내수공업이 이루어지던 도시 산업의 요구뿐 아니라 라틴 교회가 추구하던 문화적 목표도 충족해 주었다. 라틴 교회의 교리에 따르면 성혼은 본래 파트너 사이의 합의와 성관계에만 토대를 두는 것이었지, 다른 문화권에서 이루어지는 것처럼 폭넓은 의미에서 가문에 협력해야 할 다른 의무 같은 것은 필요 없었기 때문이다. 사실상 부모가, 나중에는 정부가 결혼에서 발언권을 행사할 수 있었다고 해도, 결혼 연령이 높아지다 보니 결혼 무렵에는 부모가 이미 생존하지 않거나 적어도 부재중인 상황이 빈번해 배우자를 자유롭게 선택할 수 있었다.

특이하게도 유럽인의 성은 조상의 혈통보다 주거지나 직업 활동에서 가져온 사례가 많다. 혈연에 대한 기독교의 경시는 가문이나 인척 관계 역시 전반적으로 과소평가하는 경향을 보이며, 이런 현상은 유럽의 언어에 그대로 반영되었다. 다시 말해 문화 간 비교에서 두드러지게 눈에 띄는, 부계 친척과 모계 친척의 호칭 유사성, 직계 혈통과 결혼을 통한 인척 관계, '진짜' 인척 관계와 특히 대부나 대모 같은 의례적인 인척 관계의 호칭 유사성 등이 그것이다. 개인을 위한 구원의 종교인 기독교는 조상의 종교적 업적 같은 것을 알지 못하며, 공동체 종교인 기독교는 가문이 갖는 의례적인 의미도 알지 못한다. 또한 선교에 힘쓰는 종교인 기독교는 가문의 중요성을 인정하지 않으며, 유일신 종교인 기독교는 조상숭배를, 성직을 임명하는 종교인 기독교는 세습적인 카리스마를, 금욕적인 종교인 기독교는 다산성의 종교적 의미를 알지 못한다. 물론 상트페테르부르크-트리에스테 선의 동쪽 지역에서는 서쪽 지역과는 다른 사회적·경제적 조건들이 방금 나열한 원칙들에 대응했다. 반면에 앞서 언급한 기독교적 원칙들은 서쪽 지역의 사회적·경제적 조건들과 어울렸다. 이런 방식으로 서쪽에서는 장기적으로 보아 개인주의화와 이동성, 가족계획과 새로운 사회적 관계를 맺는 것에서 개방성이 전개되기에 유리한 환경이 펼쳐졌다. 이것들이 바로 유럽 문화를 특징지었다.

여성의 역할

하지만 이러한 발전은 당시에는 아직 실현되지 않았다. 근대 이전의 유럽은 개방 사회라기보다는 아직 신분 부여에 대단한 경직성을 가진 폐쇄적인 사회였다. 이는 특히 당시 여성의 역할에서 두드러진다.[32] 기독교에는 성별 사이에 질적 차이가 있다는 사실을 논증하는 신학적인 근거가 있지 않았지만, 오직 남성들만이 성직자가 될 수 있었다. 하지만 기독교는 정확하게는 가족 종교가 아니었기 때문에 다른 뿌리에서 나온 원칙들도 실현될 수 있는 문화적 영역을 남겨 놓았다. 이 원칙은 기타 대륙과 마찬가지로 유럽도 가장이 이끄는 가부장제 사회로서 남성과 여성 사이에 엄격한 분업이 있어야 한다는 것이었다. 이 원칙에는 남편이 아내에게 체벌을 가할 권리마저 포함되어 있었다. 법과 정치, 전쟁은 남성들의 영역이었으며, '취약한 성'은 배제되거나 단지 수동적인 역할만을 부여받았다. 남편의 아래에서 후견을 받는 의존적 주체, 자신의 의견과 달리 동맹이나 평화협정의 체결을 위해 혼인을 받아들여야 하는 제후의 딸, 타 부족이나 심지어 동족의 전사들에 의한 성폭행의 희생자가 그들이 맡은 역할이었다.

'생물학적 노예'로서, 다시 말해 수많은 아이를 낳아야 하는 압박 때문에 여성은 여러 가지 의학적 후유증 혹은 산욕열 같은 높은 위험에 노출되었다. 물론 중요한 여성 통치자나 (뛰어난 장인을 남편으로 두었던 과부가 아니더라도) 스스로 경제활동을 하는 독립적인 여성들도 없지는 않았다. 그러나 이런 여성들의 사례는 예외였으며, 결혼 지참금 때문에 가족 재산을 축내는 것을 막기 위해 본인들의 의사에 반해 수도원에 보내졌다가 그곳에서 막강한 수녀원장이나 존경받는 학자가 되었던 소녀들도 마찬가지로 예외적 현상이었다. 종교개혁은 이혼을 할 수 있게 해 주었지만, 이 기회를 기꺼이 활용한 사람은 많지 않았다. 성직자의 아내에게 부여된 새로운 역할도 별다른 의미 있는 변화를 가져오지 않았다. 성직자의 아내가 했던 일은 지난 수백 년 동안 평범한 아내들이 했던 역할과 다를 바가 없었다. 다시 말해 그 아내들은 이제 남편의 아래에서는 아니지만 남편의 옆에서 여전히 분업적인 가사 노동을 담당했을 뿐이다. 그러나 주부의 노동력과 조직 능력은 농사에서나 장인의 작업장에서나 필수적이었다. 홀아비는 과부보다 자기를 스스로 부양할 능력이 훨씬 없었다. 따라서 이렇게 종속되어 있었지만, 그들이 가진 불가결한 능력 때문에 실제로는 힘이 있었던, 그래서 심지어 우세할 수도 있었던 역할을 수행하면서 주부들은 어디서나 법의 보호를 받았다. 물론 그 범위가 상이하기는 하지만, 이는 그 여성이 소유한 재산에도 해당했다.

남성들이 애정 없이 결혼하지는 않았지만, 결혼은 일차적으로 가정을 세우기 위해서였으며, 나중에야 영리한 주부이자 어머니로서 역할을 수행하는 아내를 사랑하는 법을 배웠다. 이런 상황에서 열정으로서의 이성에 대한 사랑은 설 자리가 없었다. 이런 사랑은 간음으로 여겨졌다.[33] 18세기에 성장하던 부르주아 계층에서 나타난 직업 활동과 가사 활동의 점차적인 구분은 여성들의 경제적 의무를 덜어 주었는데, 이로 인해 배우자와의 관계에서 감정이 발전할 수 있는 공간이 만들어졌다. 그제야 비로소 여성성이 태생적으로 남성성과 다르다는 사실이 '발견'되었다. 이러한 발전으로 인해 여성은 한편으로는 남성의 동반자가 아니라 장난감으로 전락할 수 있었지만, 다른 한편으로는 지적이고 실질적인 해방을 통해 르네상스 이래로 예찬되던 자신의 장점을 확인할 수도 있었다. 계몽주의의 표어는 "이성理性은 한 성이나 다른 성의 도구가 되어서는 안 된다."[34]라고 주장했다.[11]

신분 사회

하지만 불평등이 지배한 것은 남성과 여성 사이의 관계뿐이 아니었다. 수평적일 뿐 아니라 수직적인 차원에서 나타난 불평등은 전근대 유럽의 법과 관습에서 당연한 일이었다. 기독교의 신 앞에서 나타나는 인간 사이의 평등이, 다시 말해 최후의 심판이라는 국면에서 심지어 교황이나 황제조차 계급이나 개인적 명성에 관한 고려 없이 지옥으로 보낼 수 있는 평등이 구체적인 정치와 이념의 형태로 반영되는 일은 흔치 않았다. 오히려 이 신은 각각에게 그가 활동할 장소와 과제를 부여하고 그에 맞는 '신분' 또는 '재산'을 지정해 주었다. 심지어 하늘에 있는 천사와 성인뿐 아니라 지옥에 있는 악마들조차 등급별로 분류되었다. 그리고 각 신분은 개인이 속한 신분별로 특별한 '명예'[35]를 가지고 있었다. 그런데 이 명예는 자신의 의무를 충족할 때 부여받지만, 그 의무를 어길 때는 손상되었다. 따라서 군주는 그의 백성을 보호해야 했으며, 백성은 주군에게 '조언과 도움'을 제공해야 했다.

가장에게는 가정의 여성들이 지닌 성적인 정결을 유지할 의무가 있었다. 또한 제빵사는 정해진 크기와 무게를 가진 빵을 구워야 했다. 이처럼 사회의 모든 구조와 안전은 구성원들이 자기 신분을 현실에서 준수하는 데 달려 있었다. 그 결과 수직적이거나 수평적인 신분 이동은 중세에는 본디 정당하지

11 데카르트파의 계몽사상가인 프랑수아 풀랭 드 라 베르François Poullain de la Barre가 1673년에 한 주장이다.

않은 것으로 여겨졌으며, 중세 이후에조차 의심 어린 시선으로 주목받았다. 따라서 동족결혼은 법으로 규정되지는 않았지만, 분명한 관례였다. 물론 노동 분업을 통해 사회가 점차 분화되고, 화폐경제의 축적 가능성이 확산되면서 이러한 신분 사회의 모태에서 재산과 수입, 직업에 따른, 지금까지와 다른 대안적인 사회계층이 형성되었다. 근대 계급사회의 출현이다. 그런데 이 계급사회는 유럽의 경우 19세기와 20세기에 와서 산업화와 함께 비로소 궁극적으로 관철되었다. 이 사회에서는 사회적 이동성이 최고의 자리를 차지했다.

전근대 유럽의 사회는 수직적으로 보아 세 가지 신분으로 구성되었다. 성직자, 기사, 농노.[36] 이러한 구분은 모든 인도유럽어족 문화에서는 오래된 것으로, 고대로부터 내려오는 공통된 공식적 사회질서에서 유래된 것으로 추정된다. 제1신분은 원래 가톨릭 성직자들이었는데, 그 구성원들은 교회의 예배 진행을 독점하며 그 대가로 성직록을 보유했다. 그 밖에 성직자들은 평신도보다 앞서는 명예와 세 가지 법적 특권이 있었다. 형법상 고도의 면책특권, 교회 법정에서의 특별 관할, 병역의 의무나 공직 수행의 의무, 납세 의무처럼 평신도에게 부과되는 세속적 의무의 면제가 그것이다. 따라서 평신도들 사이에서 성직자에게 반대하는 격렬한 적대감이 형성되기 시작한 것은 놀라운 일이 아니었으며, 이 적대감은 결국 종교개혁으로 분출되었다. 이와 반대로 많은 성직자는 이러한 특권을 향유하기 위해 성직의 수가 더 적어지기를 희망했다. 사제 서품과 금욕 생활, 그리고 그들의 특별한 제의祭衣는 그들의 신분을 돋보이게 하는 뚜렷한 상징적 경계를 만들어 냈다.[37]

성직자들은 태생적으로 부여되는 신분이 아니며 독신의 의무를 지기 때문에 다른 신분에서 모집해야 했다. 물론 그렇다고 해도 이러한 신분적 이동성은 가족 관계망이나 신분의 경계를 통해 제한되었다. 특정 성직록, 예를 들어 독일의 주교좌들에는 오직 귀족들만 접근할 수 있었다.[38] 따라서 그러한 성직록은 한 가족의 손에 머물 수 있었으며, 삼촌에서 조카에게로 상속될 수 있었다. 그런데 18세기의 프랑스에서는 성직자들 사이에 일종의 계급 대립이 있었던 것 같다. 고액의 보수를 받는 주교들과 고등교육을 받았으나 박봉을 받던 부르주아 계급 출신 신부 사이의 계급 대립이었다. 프랑스 혁명의 지도자 일부가 후자의 계급에서 나온 것은 절대 우연이 아니었다. 성직은 많은 수도회도 포괄했기 때문에 여성들도 수녀가 됨으로써 수도회의 구성원이 될 수 있었다.

16세기에 종교개혁을 관철하던 곳에서는 종교에 근거를 둔 특권 신분으로서의 성직은 폐지되었다. 목사는 이제 공동체 안에서 필요에 따라 임명되는, 기혼자인 공무원이 되어야 했다. 그들은 점차 높아진 자기들의 학위 수준 덕분에 학계의 저명한 대표이자 신흥 상층 부르주아의 대표로 새롭게 등장했으며, 이런 상황을 토대로 해서 상호 관계망이 형성되었다. 그들은 목사의 아들들이 부친의 자리를 이어받는 식의 내부적인 충원이 지배하지 않는 한, 이러한 상호 관계망을 통해 서로 보완해 주었다. 옛 교회의 수도회나 기타 여러 기구들이 폐지된 결과, 이들 목사직은 가톨릭 신부들보다는 수적으로 훨씬 적었다.[39]

사회적·정치적으로 어디서나, 심지어 성직 내부에서도 지배적 지위를 차지하고 있기는 했지만, 귀족은 공식적으로 제2의 신분이었다.[40] 대부분의 국가에서 귀족은 전체 주민의 약 1퍼센트를 차지했으며, 오직 헝가리와 폴란드, 카스티야에서만 그 비중이 다소 높았다. 유럽 어디서나 귀족은 수십 개 혹은 많아야 100여 개의 가문으로 이루어졌으며, 그중에는 부를 지니고 백작, 대공, 공작 등의 작위뿐 아니라 드물지 않게 특별한 지배권도 보유한 특권적인 고급 귀족이 있었다. 귀족 신분의 다수를 차지한 것은 하위 귀족이었는데, 이들은 부분적으로는 중세 동안에 대귀족에게 종속된 종복으로 이루어졌다. 그들의 상세한 조직 구조는 나라마다 달랐으며, 그들이 보유한 경제력도 크게 차이를 보였다.[41]

귀족은 성직자와 달리 태생적으로 주어졌으며, 경우에 따라 탁월한 자질은 유전될 수 있다는 거의 인종주의적 사고와 밀접하게 연관된 신분이다. 당대에 군주에게서 귀족 신분을 하사받거나, 그저 자신의 부를 토대로 해서 지속적으로 귀족적 스타일의 삶을 영유하던 자들이 사후에 족보를 위조하는 일도 빈번했다. 그런 가문에서는 조상 문제가 늘 중요한 역할을 했기 때문이다. 계급을 넘어서는 신분 이동은 은폐되었다. 사람들은 행동에서 드러나는 매너나 부유한 대토지 소유자의 생활양식을 보고 귀족을 구별했다. 따라서 특정 행위는, 무엇보다 수공업적이거나 소상인적인 활동은 귀족 신분의 훼손으로 이어질 수 있었다. 중세에 귀족은 도덕적·종교적 이상을 구현한 존재로서 정당화된 전사, 즉 기사 계급이 되었다. 기사 신분의 위신은 특정한 품성례, 특히 용맹함과 충성심, 관대함 같은 전사적 품성에 토대를 두고 있었다. 기사를 상징하는 가장 중요한 표식은 검을 찰 수 있는 권리였다. 이 계급은 한때 군 복무를 독점했지만, 이제 용병의 시대가 되자 각종 군대에 있던 장교직을 차지할 권한을 주장했다. 몇몇 나라에서 귀족의 특권은 특별한 법적 지위, 면세권, 그리고 귀족령으로 표기된 특정 토지의 소유권으로 구성되었다. 하지만 중세 후기 이래로 신흥 중간계급은 군주에게 봉사하는 고위 관직을 귀족이 독점하는 것에 이의를 제기했다. 그런데도 귀족은 지배 신분으로 남았다. 신흥 중산층의 실제 관심사는 귀족 칭호를 부여받아 자기들의 성공을 인정받으려는 것이었기 때문이다.

이제 남은 것은 제3신분이었다. 카스티야어로는 이를 에스타도 야노estado llano라는 단어로 적절하게 표현했는데 '평범한 신분'이라는 뜻이었다. 제3신분은 사실상 부르주아와 농민으로 구성되었다. 농민은 아무런 특권이 없는 신분이었으며 농민 중에는 심지어 다소 예속된 농노인 사례도 있었다. 반면에 '부르주아'는 근대적 부르주아 개념과 달리 전반적으로 귀족이나 농민과 같은 신분 개념이라기보다는 특정 도시에 사는 시민을 지칭하는 데 사용되었다. 그러므로 사람들은 아우크스부르크 혹은 사라고사의 시민일 수 있었는데, 이는 이런저런 도시의 특권을 공유할 수 있다는 것이지 '부르주아' 자체는 아니었다. 나아가 제3신분은 재산과 수입에 따른 분화뿐 아니라 다양한 직업의 구분을 통해 우리가 아는 계급사회가 조용히 발전해 가는 현장이었다. 시골에는 상이한 소유권과 재산을 가진 농민 외에 이렇다 할 재산이 없는 '하급 농민'의 수가 급속히 증가했다. 이는 시골의 가내노동(예를 들어 섬유 수공업)의 성장과도 관련이 있었다. 도시에는 도시 귀족, 상인, 장인, 시종, 빈민 같은 기존의 사회계층 외에 수백이 넘는 다양한 직업 활동이 대두했다.

카스트나 다른 신분제 사회에서와 마찬가지로 유럽에도 이들 제3신분과 하층민 외에 제4신분 같은 것이 존재했다. 이들은 한편으로는 사회에서 허용되기도 하고 심지어 필요하기까지 했던 소외 신분이었으며, 다른 한편으로는 시종일관 신분 질서에서 배제된 채 머물기도 했다. 그들은 당시의 유럽인들이 보유한 가장 필수적인 요소였던 기독교 교회의 교인 자격이 결여되어 있었다. 예를 들어 도시나 시골에 있던 유대인 공동체는 중세 중기 이후로 성체 훼손, 기독교 아이들에 대한 의례적 살인, 우물에 독 넣기 등을 범했다는 혐의를 이유로 혹독한 박해 대상이 되었다. 특히 그들은 흑사병이 횡행하던 시기에는 집단적으로 살해당하는 대박해 상황으로까지 내몰렸으며, 대중의 불안을 무마하기 위해 국가가 이러한 상황을 주도하는 일도 빈번했다.[42] 중부 유럽에 살던 유대인(아슈케나즈 유대인)들은 특히 독일의 도시와 시골에서 집단 추방이 시작되었을 무렵에 보헤미아와 폴란드로 피신했다. 유대인들은 13세기 말에는 잉글랜드에서, 14세기에는 프랑스에서 추방되었다. 이베리아반도의 국가들도 뒤따랐다. 에스파냐에서는 1492년에, 포르투갈에서는 1496년에 추방되어 이베리아반도 유대인(스파라드 유대인)들은 오스만 제국이나 (에스파냐의 관할이 아닌) 네덜란드 북부 지방으로 이주했다. 이탈리아에서는 에스파냐가 소유했던 나폴리 왕국이나 밀라노 공작령에서 추방된 유대인들에게 관용을 보이기는 했지만, 그렇다고 해도 유대인들은 1516년에는 베네치아에서, 그리고 그 후에는 로마에서도 '게토'에 갇혀 있었다. 17세기에는 폴란드에서 대박해가 발생하자 수많은 유대인이 또다시 중부 유럽으로 되돌아왔다. 그들 가운데 소수는 궁정에 자금을 대 주는 금융가(궁정 유대인)로 사회적·경제적 지위를 얻을 수 있었다. 하지만 유대인 대부분은 '시골 유대인'으로서 비참한 삶을 근근이 유지했다. 잉글랜드에서는 1657년에 유대인의 정착이 다시 허용되었다. 1700년 무렵 유럽에는 총 75만 명의 유대인이 있었는데, 그들 가운데 30만 명이 폴란드에 거주했던 것으로 추정된다. 유럽에 거주하던 유대인 절대다수는 제한된 권리만을 가진 채 그저 관용되는 상태에서 살았다.

유대인 외의 소수집단으로는 떠돌이 집시가 있었다. 그중에는 15세기에 유럽으로 이주해 온 롬인, 그리고 사회적으로 필요한 존재인데도 특히 독일 지역에서 철저히 배제되었던 사형 집행인, 백정, 창녀 같은 이른바 추방자들이 있었다. 점점 그 수가 증가하던 빈민들도 떠돌이에 속했는데, 빈민들 가운데에서 일자리를 찾던 실업자와 거지, 범죄자는 쉽게 구별되지 않았다.[43] 따라서 17세기 이래로 이러한 집단에 대해 대중이 갖는 두려움이 증가하면서, 국가가 이들을 교도소나 노동 수용소에 가두는 등 잔인한 조치를 취해서라도 이 문제를 해결하려는 노력이 뒤따랐다.

대부분의 국가는 이미 자국 내의 가난 문제 때문에 골머리를 앓고 있었다.[44] 전근대 유럽인들은 근대적 의미의 '상대적' 빈곤 측면에서 가난했던 것이 아니었다. 근대적 의미에서 상대적 빈곤은 사회가 정상으로 인정하는 기본적 욕구를 충족하지 못하는 평균 이하의 생활수준에 있을 때를 의미한다. 그런데 전근대 유럽인은 그렇지 않았다. 당시의 유럽인 대부분은 절대적 빈곤으로 넘어가는 경계선상에서 살았다. 이 경계를 넘어서면 심지어 육체적 생존을 위한 필수품과 필수적인 공급조차 결핍되었다. 무엇보다 오트밀이나 빵의 형태로 먹는, 이탈리아에서는 국수 형태로 만들어 먹는 유럽 식사의 토대인 곡물을 구하는 것이 더는 쉽지 않았다. 나아가 유럽 식사 문화의 두 번째 축인 고기는 이런 상황에서는 아예 말할 필요도 없었다. 병자와 장애인, 노인, 고아같이 개인적인 불행의 희생자가 아닌 한 이 빈민들은 주관적으로나 객관적으로나 대체로 잘 살 수 있었다. 그러나 개인적 위기나 집단적 재난은 그들을 절대적 빈곤으로 추락하게 했고, 극단적인 경우에는 심지어 아사하게 했다. 최악의 경우에 의지할 자산이 없었기 때문이다. 지역에 따른 차이는 있지만, 19세기까지도 유럽인의 50퍼센트에서 80퍼센트가 이러한 상황에 처해 있었다고 추정된다.

기독교도들에게 죄에 빠진 지상의 삶은 근본적으로 불완전했다. 그리고 실질적인 삶은 사후에 천국의 행복에서 시작되는 것이었다. 이러한 믿음은 가난과 불행을 견딜 수 있게 만들었을 뿐 아니라, 저질러진 죄에 대한 벌이라는 의미 혹은 신의 시험이라는 의미를 빈곤에 부여할 수 있게 했다. 게다가 예수 그리스도도 가난한 사람들과 자기를 동일시했으므로,(「마태복음」 5장 31~46절) 개별 빈민을 이상시하는 자세는 종교 공동체 전체, 이른바 탁발 수도회의 자발적인 가난과 밀접하게 연결되었다. 하지만 동시에 점점 그 수가 증가하는 떠돌이 빈민들은 사회의 문제이자 위험으로 여겨졌다. 물론 흑사병이 종식된 후 한동안 노동력이 귀해지고 생필품 가격은 저렴해져 유럽인의 삶은 이전보다 좋았다. 하지만 15세기 이후로 인구 증가와 함께 빈민도 증가해 식료품 가격은 상승하고 실질임금은 하락했는데, 16세기 이후에는 심지어 식료품 가격의 수준 이하로 추락했다. 정상적인 상황에서는 개인적인 구호 사업과 이에 상응하는 국가의 조치가 문제를 완화하는 데 어느 정도 도움이 되었지만, 위기가 오면 그렇지 못했다.

빈민들이 의지할 수 있는 복지의 제일선은 모든 유럽인이 각자 연결되어 있던 작은 집단 안의 사회적 관계망이었다. 가족과 친척, 친구와 이웃, 고용주와 동료 직원은 모두 이 범주에 속했으며, 그 강도가 점차 약화되었지만 그들은 가난한 이웃을 도울 의무를 갖고 있었다. 친척과 친지들은 작은 금액을 빌려줄 수도 있었다. 신용을 주고받는 소규모의 사회적 관계망은 사회 결속을 위해서도 일정 부분 역할을 했다. 그러나 위기의 시대에는 가난한 사람들을 위해 동원할 수 있는 이러한 방식의 재원에 한계가 있었다.

사회 구성원들이 서로를 알고 있을 만큼 한눈에 파악될 수 있는 작은 그룹과 관계망으로 연결되어 있던 형태('면 대 면 사회')가 당시 유럽인들의 삶의 터전이었다. 이런 상황에서 부계 혈통(친족)의 의미가 다른 여러 가지 선택 사항 가운데 하나로 축소되기는 했지만 여전히 중요했으며, 친족 관계 전체는 여전히 핵가족을 포괄하는 사회적 외피를 형성했다. 그리고 여기에 삼촌과 대부들, 이웃과 동향 사람들의 관계망이 추가되었다. 사회적 거래는 대등하고 상호관계의 원칙에 입각해 진행될 수 있었다. 이는 마치 서로가 '친구들'을 상대하는 것과 같았다. 하지만 드물지 않게 '피후견인'과 그를 '보호하고 도와줄 수 있는' '후견인'의 관계로, 즉 강자에게 의존하는 관계로 발전하기도 했다. 자기 이름의 유래가 된 성인이나 지역의 수호신에게 기대하는 것도 이와 다르지 않았다. 그래서 사람들은 특히 성모 마리아Maria나 세례자 요한John같이 특별히 강력한 성인을 자신들의 후견자로 선택했다. 가족이나 소집단, 사회적 관계망의 결속은 언제 어디서 발생할지 모르는 두려운 사태에 대비하는 공동의 안전장치로 기능했기 때문이다. 보험 제도가 있었지만 당시에는 그 영역이 매우 제한적이었다. 보험 제도는 18세기에야 비로소 수학적 합리성을 수단으로 해서 좀 더 광범위하게 운명의 풍파에 대처하려는 시도로 확대되고 발전했다.

최근에는 '신분 사회'라는 개념을 '집단 사회'로 대체하자는 제안이 있었다.[45] 우리가 앞서 살펴본 세 가지 신분 가운데 기껏해야 성직자가 속한 신분 정도만이 유럽 전역에서 동일하게 나타났다. 유럽의 여러 지역에서는 신분적 구분보다는 민족과 지역, 지방적 유형이 사회 구성원을 구별하는 데 중요한 역할을 수행했다. 유럽인에게는 수직적 불평등이 수평적 불평등보다 훨씬 뚜렷했기 때문이다. 어떤 정권, 어떤 공동체, 어떤 도시도 다른 곳과 같지 않았다. 각 집단은 오직 자기들에게만 적용되는 고유한 법적 지위를 갖고 있었다. '특권'이나 '특권 사회'라는 개념의 의미가 바로 이것이다. 이러한 특권은 (보편적으로 적용되어야 하는 근대의 법 개념과 달리) 개인을 위한 법, 다시 말해 다른 사람은 가지지 못한 권리를 특정 집단이나 개인에게 부여해 주는 법을 의미했기 때문이다. 심지어 특정 개인이나 특정 가문도 이런 의미에서 특권, 다시 말해 특별한 민법적 지위를 부여받을 수 있었다. 이는 성직자와 귀족을 설명할 때 이미 언급했던 내용들이다.

주거지의 구조

이 당시에 평균적으로 유럽인의 90퍼센트는 시골에서 살았다. 대부분은 오랜 옛날부터 지역 제후의 지배 아래에서 중세 중기 이후에는 한 촌락[46]을 이루며 살았다. 당시의 건물들은 마을 전체와 마찬가지로 지금도 안전하고 튼튼하게 보존되어 있다. 함께 거주한다는 것은 함께 산다는 것을 의미한다. 이웃을 통해 비공식적인 통제를 받으면서, 어디에서나 다소 광범위한 자율권과 독자적인 관리자를 보유한 조직된 공동체의 질서 안에서 산다는 것이다. 남부 독일 마을에서 마을을 둘러싸고 있던 울타리는 도시의 성벽과 같은 기능을, 다시 말해 법적 관할 구역을 표시하는 기능을 가지고 있었다.[47] 개방형 농지 제도에서 각 농민은 각자 공동 경작지 가운데 일부를 보유했는데, 그곳을 경작하려면 경우에 따라 다른 농민의 경작지를 가로질러야 했기 때문에 모두가 함께 준수해야 할 공동의 규칙이 필요했다.

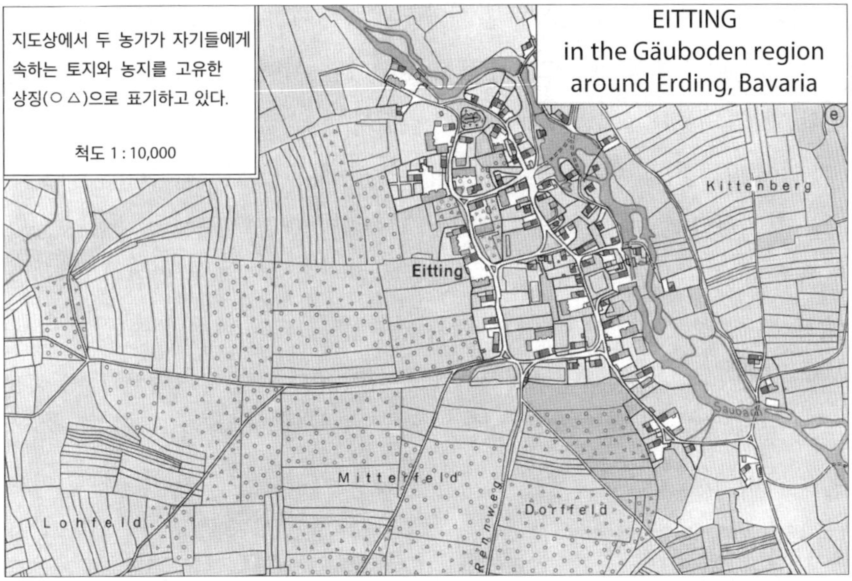

____ 유럽의 전형적인 개방형 농지 제도를 잘 보여주는 독일 바이에른주 아이팅의 괴촌(塊村, Haufendorf). (출처: *Bayerischer Geschichtsatlas*, edited by Max Spindler, Munich: Bayerischer Schulbuchverlag, 1969.)

그러나 자기가 경작하는 토지에 대해 근대적 의미에서 무제한적인 소유권을 보유한 농민은 별로 없었다. 그들은 넓은 의미에서 봉건제도라고 할 수 있는 이중 소유권 제도하에 있었다. 이는 좁은 의미에서의 봉건제와는, 즉 영주가 봉토권을 보유하는 제도와는 다른 것이었다. 여기서는 실질적인 영주인 대부분의 귀족이나 기관이 토지 소유권을 보유하며, 농민들은 이 토지를 사용할 권리를 받았다. 그런데 토지 사용권은 법적으로 매우 다양하게 규정될 수 있었다.[48] 그동안 본래는 토지와 마찬가지로 지주의 '재산'이었던 농민은 이제 유럽 대부분의 지역에서 이른바 장원제에 따라 지주에게 특정한 비용, 즉 화폐나 현물로 지대를 바칠 의무를 부여받았다. 대부분 그 농민은 자기가 경작하는 토지를 장기적으로 보유했으며 심지어 자녀에게 상속하거나 매도하는 경우도 드물지 않았는데, 물론 지주에게 그 대가를 치러야 했다. 물론 이 제도는 근대적인 소작제로도 발전할 수 있었다. 특히 잉글랜드가 바로 그러한 사례였다. 반면에 엘베강 동부 지역에서는 15세기 이후로 지주가 점차 많은 예속 농민의 노동력을 고용해 직접 경작했다. 이런 방식으로 장원제는 이른바 제2의 농노제를 수반한 지주제가 되었다.[49]

이에 따라 지역 자치의 범위도 매우 다양해졌다. 농민들이 자유로웠던 곳, 또는 토지나 법정, 십일조, 영토에 대한 지배권이 다양한 주체에 주어져 있던 곳에서는 선출된 공무원을 통해 관리되는 광범위한 자치가 발전할 수 있었다. 물론 이 경우에는 분명히 대지주가 가장 큰 권위를 행사할 수 있었다. 반면에 대농장 제도[12]하에서 주인은 관리를 임명했기 때문에 공동체가 결정할 수 있는 행동의 반경은 좁았다. 잉글랜드나 프랑스처럼 중앙집권화가 일찍 발달한 나라에서는 적어도 왕이 임명한 관료가 어느 정도 사법기관을 장악했다. 대부분의 유럽 지역에서는 농촌 공동체가 대부분 인간의 일상적인 삶의 공간이었다.

이들 농촌 공동체는 대부분 교구를 형성하기도 했다. 교회는 지리적으로 마을의 중심에 위치했을 뿐 아니라, 문화적·사회적 교류의 중심이었다. 개인의 삶은 축제들로 이루어지는 기독교의 연간 일정 및 존재의 개인적 전환점과 관련된 교회 의식들로 뚜렷하게 각인되었다. 목사는 본래 출신 성분이나 교육 수준에서 자신의 교구에 사는 농민들과 사회적으로 많은 공통점을 가지고 있었다. 종교개혁 이전의 시골에는 고등교육을 받은 신학자들이 거의 없었다. 하지만 성직자, 특히 개신교 목사가 그가 받은 고등교육 덕분에 시골에서 부르주아의 섬과 같은 존재가 된 이후에도, 그는 교회 권위의 집행자로서뿐 아니라 조력자와 중재자로 활동했다. 교회는 빈민을 돌보고, 나중에는 시골 아이들을 위한 학교도 운영했다. 교회 업무에는 평신도들도 참여해 교회 건물을 관리하는 책임을 떠맡았으며, 영적인 문제뿐 아니라 사회적 목적에도 기여하는 형제회를 조직하기도 했다.

—— 12 독일에로는 구츠헤어샤프트Gutsherrschaft라고 하는, 15세기와 16세기 이래로 엘베강 동쪽의 독일 동부에 형성된 대농장 제도를 가리킨다. 융커로 불리는 영주가 강력한 권력을 가지고 농민들을 통제하며 직영지를 확대해 곡물을 생산했는데, 훗날 프로이센이 봉건제에 기반을 둔 절대주의 국가를 수립하는 데 기여했다.

사람들은 대부분 그들이 정서적으로 소속감을 느꼈던 이 안정적인 환경을 벗어나려는 모험을 시도하지 않았다. 그러나 분명히 이 당시에도 이미 원거리를 여행하는 사람들이 있었다.[50] 앞서 언급했던, 뜻하지 않게 사회적·경제적 이유에서 고향을 떠난 사람들 외에 상인들이나 순례자들이 그런 사람들이다. 성지순례자들은 중세와 근대 초에 있었던 일종의 여행자라고 할 수 있다. 나중에는 방랑하는 수공업 도제나 명문 대학을 찾아 떠나는 대학생들도 이 그룹에 추가되었으며, 더 나중에는 젊은 귀족들이 전 유럽을 여행하는 '그랜드 투어'에 나섰다.[51] 분명히 도로망은 아직 좋은 형편이 아니었다. 가장 편하게 여행할 수 있는 길은 대부분 수로였는데, 수로는 비용이 가장 적게 드는 물자 수송로이기도 했다. 18세기에 와서야 계획적으로 추진된 견고한 국도 건설이 옛날부터 시행되어 오던 통상적인 다리 건설을 보충했다. 이는 잉글랜드에서는 민간 주도로 이루어졌으며, 프랑스에서는 왕이 직접 나섰다. 도로가 건설되자 16세기 이래로 확충되어 온 우편 서비스가 이제 우편 마차를 통해 편지뿐 아니라 사람도 실어 나를 수 있었다. 파리에서 리옹까지 가려면 과거에는 열흘이 걸렸던 데 비해 이제는 단지 닷새면 되었다. 하지만 보통 사람들은 대부분 자신들의 지역에 뿌리내린 채 그대로 머물러 있었다. 배우자 찾기를 포함해 그들이 이주하는 범위는 인접한 이웃 마을들을 벗어나지 않았다.

그 밖에 이 시기에 이미 시골을 '탈출'해 도시로 가려는 현상이 있었다. 시골 주민들은 이미 중세에 전반적으로 도시 생활에 대한 선망 때문만이 아니라, 높은 임금을 받을 전망과 양질의 영양 공급, 고도의 안전, 위기 시에 제공되는 더 나은 복지에 이끌려 도시로 도피했다. 14세기와 15세기에 시골 촌락의 약 25퍼센트가 텅 빈 채 방치되었던 것은 흑사병으로 인한 인구 손실 때문만이 아니라 도시로 이주했기 때문이기도 했다.[52] 이 무렵에 유럽의 도시 건설 붐은 끝났지만, 이른바 소도시와 시장의 건설을 통한 소도시 관계망은 계속 확장되었다. 그 결과 대부분의 마을은 접근할 수 있는 거리에 시장을 보유하게 되었다. 그리고 16세기에는 떠오르는 근대국가가 주도하는 인프라 구축 계획이 이어졌다. 광산 도시, 요새, 난민 정착촌, 궁전 건설이 그것이었다. 빈, 베를린, 토리노, 코펜하겐 같은 수도들은 18세기에 최고의 인구 증가를 기록했다. 하지만 대부분 도시의 규모는 작았으며, 그 상태에 머물렀다. 많은 도시는 농업 지향성 때문에 시골 마을들과 크게 구별되지 않았다. 1700년 무렵에도 2만 명에서 10만 명 정도의 주민을 가진 도시는 130개를 넘지 않았다. 파리, 런던, 나폴리가 인구수에서 가장 선두에 있었다. 물론 유럽의 도시들이 대부분 여전히 농촌의 특성을 가지고 있기는 했지만, 유럽에는 중세 이래로 네덜란드와 북이탈리아의 산업과 무역의 중심지처럼 뚜렷하게 도시화된 권역이 있었다. 헨트(겐트)는 14세기에 6만 명의 주민을 가지고 있어서, 알프스 북부에서 파리 다음으로 큰 도시였다. 1650년에 네덜란드에서는 인구의 55퍼센트가 도시에서 살았다. 18세기에 이탈리아 북동부의 베네토 지역에서는 도시에 사는 주민의 비중이 심지어 전체의 86퍼센트에 달했다.

유럽 도시들은 원칙적으로 일정한 자치권과 함께 자국의 법을 가진, 성벽으로 둘러싸인 거주 구역이었다.[53] 하지만 피렌체, 밀라노, 베네치아 같은 도시국가만 완전한 독립성을 가지고 있었을 뿐, 그 밖의 다른 곳들은 그들의 자치권이 시골 농촌의 상황과 크게 다르지 않았다. 나아가 유럽 도시들은 상업 중심지나 시장으로서 중요한 역할을 수행한 것뿐 아니라, 교회나 수도원 같은 종교 시설 덕분에 문화적 영역에서도 주변 지역의 중심을 형성했다. 예를 들어 14세기의 이탈리아에 있었던 264개의 도시는 모두 주교 관할구였다. 종교는 교육과 밀접한 연관이 있어 여기에는 학교가 세워졌으며, 대학이 설립되는 경우도 가끔 있었다. 마지막으로 국가가 발전하면서 도시는 법원과 행정기관의 소재지가 되었다. 도시들은 이제 농촌적 환경 안에 있는 낯선 섬과 같은 존재가 아니라, 농촌 세계와 매우 밀접하게 연관되고 통합되었다. 확실히 도시 공동체의 구성원인 시민은 농민 대부분과 달리 개인적으로 자유롭고 특권을 가지고 있었다. 하지만 그렇다고 해도 대부분의 도시에서 완전한 시민권을 보유한 사람은 소수였다. 도시민 다수는 열등한 주민들, 부분적으로는 하녀 같은 시골 출신의 유동적인 집단들로 구성되어 있었다. 역으로 도시의 부자나 기관들은 시골에 토지를 구입하고 장원의 영주 역할을 차지했으며, 식량 시장을 통제함으로써 시골 경제에 영향력을 행사했다. 강한 도시들은 도시 주변 지역을 지배했는데, 플랑드르 지방의 주요 도시들이 좋은 예다. 반면

1 산 로렌초 (원래 도시의 성당)
2 산 레파라타(성당)
3 산 조반니(세례당이자 주교좌 성당)
4 랑고바르드 감시탑
5 오르산미켈레 (랑고바르드수도원, 후에 길드 집회소가 됨)
6 산 가에타노
7 산 레미조
8 산티 아포스톨리
9 바디아와 산 스테파노
10 산 미니아토
11 산 프레디아노
12 산 마리아 마조레
13 산 판크라치오
14 산 마리아 노벨라 (후의 도미니코회)
15 산 펠리치타
16 산 야코포
17 산 스피리토
18 산 조르조
19 산 크로체(프란치스코회)
20 산 트리니타
21 주교궁(11세기까지는 성문의 동쪽에 있었음)
22 바르젤로 (도시 행정관의 궁전)
23 베키오궁 (최상위 궁전이자 시청)

a 옛 시장(로마 포럼, 931년 이전의 왕립 시장)
b 새 시장(1018년 이전)
c 산 로렌초 구
d 데 발라 구
e 달비치 구(산 페트리 성곽)
f 그레치 구(산 레미지 성곽)
g 산 아포스톨리 구
h 데 캄포 카르볼리니 성곽
i 산 야코포 구
k 피딜리오소 구
l 산 프레디아노 구
m 테골라이아 구
n 산 크로체 구
o 알라 크로체 구

—— 중세의 피렌체.

에 베른이나 뉘른베르크, 울름 같은 자유제국도시들[13]은 광범위한 지역에 관한 통치권을 획득했다. 나아가 이탈리아의 메트로폴리스인 피렌체, 밀라노, 베네치아는 주변의 경쟁 도시들을 굴복시키고 본격적인 국가를 건설했다. 물론 이는 어디서나 새로운 하층민들의 정치적 참여 없이 이루어졌다.

자연과 종교

유럽은 다른 대륙과 비교할 때 아직 인구밀도가 낮았지만, 벌써 환경오염 문제를 가지고 있었다. 대단히 취약한 위생 상태와 쓰레기 처리, 그리고 도처에 상존했던 화재 위험뿐 아니라, 타닌 무두질[14]과 염색 작업으로 인한 수질오염, 또는 런던에서처럼 수많은 석탄 화로를 통한 대기오염 등이 문제였다. 벌채로 인해 보편적인 땔감인 나무가 부족해졌기 때문에 점점 많은 석탄이 연료로 사용되었다.[54] 독일 북부 지방에는 뤼네부르크 황야가 형성되었는데, 뤼네부르크시에 있던 소금 공장이 인근 숲 지대의 나무들을 모두 연료로 소모해 버렸기 때문이다. 그들은 결국 공장에서 사용할 땔감을 멀리 떨어진 메클렌부르크에서 수입해야 했다. 바이에른 지방이나 프랑스의 소금 공장에서도 이와 유사한 일이 발생했다고 전해진다. 유리 공장은 이보다 더 많은 나무가 필요했다. 나아가 건설업과 조선업에도 많은 목재가 필요했다. 예를 들어 뮌헨의 성모 교회를 짓는 데 2만 개의 나무 기둥이, 중형 선박 제조에 4000개의 나무 기둥이 필요했다. 이탈리아의 포강 유역에서는 이미 13세기부터 극심한 벌목 때문에 강이 범람하는 사태가 발생했는데, 이는 오늘날까지도 주기적으로 계속되고 있다. 나무가 없기 때문에 토양이 더는 빗물을 흡수하지 못하기 때문이다. 그래서 이미 13세기 당시에 이 문제를 시정하기 위해 최초의 벌목 금지 조치가 내려졌으며, 14세기에는 숲을 재생하는 과제도 시작되었다.

숲은 나무뿐 아니라 각종 산딸기류와 버섯도 제공해 주었고, 돼지 사료를 위한 목초로도 사용되었으며, 나아가 농민들과 지주 사이에 잦은 분쟁을

13 신성 로마 제국이 해체된 19세기 초까지 황제의 직속이었던 도시들이다.

14 타닌을 이용해 짐승의 생가죽에서 털과 기름을 뽑고 가죽을 부드럽게 만드는 방법이다.

초래했던 사냥터로도 기능했다. 그러나 숲은 야생으로, 인간 문화의 세계와 대비되는 무형의 혼돈 세계로, 인간에게 적대적인 강한 세력이 지배하는 제국으로 여겨지기도 했다. 여기에는 도적과 거인들, 마녀와 악령들이 살았다. 시인 단테 알리기에리Dante Alighieri는 지옥으로 가는 문이 거친 숲속에 있다고 보았다.[55]

이렇듯 유용한 자연과 두려운 초자연의 공존은, 내재성[15]과 초월성 사이의 해결할 수 없는 긴장으로 각인되어 있던 전근대 유럽인들의 종교에 전형적으로 나타났다. 유럽인의 90퍼센트 정도가 농업 문화에 속해 있는 한, 예언자적 유대주의와 그 토대 위에서 신앙이라는 초월성을 발전시킨 기독교의 근본적인 업적을 납득하는 것은 쉽지 않았다. 지금까지 세계는 신들이 거주하는 곳이거나 그 자체로 신적이었다면, 이제 세계는 이 세계 저편에 이 세계와 별개로 존재하는 유일신의 창조로 여겨졌다. 이러한 신은 한편으로는 이 세계를 자체적인 법칙에 따라 움직이고 인간이 형성하도록 허용하면서도, 다른 한편으로는 자기에게 복종하는 인간들을 통해 간접적으로 이 세계를 지속해서 지배했다. 세계는 이런 방식으로 본질적으로 세속화되었다.

그러나 전근대 유럽인들에게 세계는 여전히 수많은 악령과 소수의 선량한 신으로 가득 찬, 마법적 세력이 활동하는 공간이었다. 인생에 아무런 관심 없이 빈둥거리며 살지 않는 한, 그들은 이 위험한 세상에서 신과 성인들에게 보호받기 위해 경건하게 살았다. 그들은 일상의 삶에서 자신들이 늘 노출되어 있지만, 그 앞에서는 무력하게 있을 수밖에 없는 것들, 다시 말해 날씨와 뇌우, 비옥함과 추수, 질병과 전염병, 삶과 죽음에 신이 영향력을 행사해 달라고 요구했다. 교회의 미사와 각종 성사聖事, 그들에 대한 축복, 신과 성모 마리아, 성인들에 대한 기도를 통해 그들은 직접적이고 실제적인 효과를 기대했다. 그래서 종교적 행위에 대한 그들의 이해는 신학 이론에서와는 달리 실제에서는 마법과 차이가 거의 없었다. 그들의 경건성은 물화되었고, 그들이 방문한 미사의 횟수가 계산되었으며, 면벌부(면죄부)는 측정되었다. 경건함은 감

——15 형이상학 등에서 신이 세계의 본질로서 세계 안에 있다는 사고방식이다.

각적이 되어 성인들과 접촉하는 것으로, 구체적으로는 성인들이 남긴 수많은 성물과 육체적으로 접촉하는 것으로 고착되었다. 신이 빵과 포도주에 실재로 임재한다는 이론(성변화聖變化) 혹은 화체설化體說을 수단으로 해서 성찬이 신학적으로 이미 어느 정도 물화된 것으로는 충분치 않았다. 그리스도의 성체 성혈 대축일의 시행, 그리고 성찬용 빵에 실제로 살아 있는 예수 그리스도에 대한 경배를 통해 신 자신이 일종의 위대한 성물로 물화되었으며, 이를 통해 적어도 그들에게는 구원을 가져다줄 수 있는 신과 실제로 눈을 맞출 수 있게 되었다.[56]

정당한 이유에서 전근대 기독교는 대부분 유럽인에게 두려운 종교이거나 두려움을 극복하게 해 주는 종교였다.[57] 신은 주로 재판관으로 이해되었으며, 죄인을 구하기 위해 세상에 온 그의 아들 예수 그리스도도 마찬가지로 최후의 심판에서 재판관으로서 자주 묘사되었다. 물화되었다는 것은 전근대 유럽에서 선한 행위든 악한 행위든 이미 이 세상에서 물질적인 보상이나 처벌이 이루어진다는 것을 뜻했다. 따라서 한 도시에 악천후가 밀어닥치면, 그것은 시민 가운데 누군가가 부도덕하거나 종교적으로 못된 행동, 예를 들어 동성애를 하거나 개신교에서 볼 때 '교황 절대주의자papist[16]들의 숭배' 같은 우상 숭배 행위 등을 범한 것에 원인이 있을 수 있었다. 이러한 사고방식은 담당 관청에 외설적인 행위를 징계하거나 신의 은총을 입을 '종교개혁'을 관철할 명분을 제공해 주었다.

분명히 재난이 발생한 원인을 사탄, 특히 그의 남자 종과 여자 종인 마법사와 마녀의 흑마법에 전가할 수도 있었다. 마녀에 대한 공포증은 전근대의 많은 문명권에서와 마찬가지로 유럽에도 내재해 있었으며, 위기의 시대가 오면 집단적인 공포를 불러일으킬 수 있었다. 특히 15세기 이후로 정교한 마녀 이론이 주어지자 그런 현상이 더욱 심해졌다. 15세기 후반에서 17세기 후반까지 이어진 유럽의 마녀사냥 광풍에서 5만 명에서 10만 명(18세기의 잘못된 잠정 집계를 근거로 해서 오늘날에도 여전히 전해지는 100만 명은 틀린 수치다.)에 달하는

16 일부 개신교에서 가톨릭 신자를 경멸적으로 가리켜 부른 명칭이다.

'마녀'와 '마법사'들이 죽임을 당한 것으로 추정된다.[58] 물론 이러한 마녀사냥 광풍이 사탄의 위력을 과대평가한 것에서 비롯되었으며, 이는 신의 최종적인 권위에 관한 기독교의 이론과 모순된다는 것을 확실하게 인지하던 신학자들도 있었다. 하지만 마르틴 루터를 포함해 두려움에 싸여 있던 전근대 유럽인 대부분은 사실상 이원론적 우주관과 신과 사탄 사이의 생존 경쟁에 기초한 종교관에 사로잡혀 있었다. 인간들은 양자 사이에서 선택해야 했다.

어쨌든 1750년 무렵의 유럽인들은 거의 예외 없이 다양한 종류의 기독교 추종자였다. 오직 소수 엘리트만이 당시 계몽사상의 영향하에서 전통적인 종교로부터 벗어나기 시작했다. 곧 널리 확산되어 엄청난 변화를 가져올 현상이었다. 그러나 탈기독교화가 널리 확산된 것은 20세기와 21세기에 와서다.

문화 전이에서 문화적 자주성으로

유럽 문화[59]는 단일한 뿌리도 안정적인 통일된 특성도 가지고 있지 않지만 근본적인 공통점을 보여 준다. 켈트와 이베리아, 게르만과 슬라브의 문화 가운데 어떤 요소들이 로마 제국 이전 시기에 유럽 문화로 흡수되었는지를 파악하기는 쉽지 않다. 18세기까지 유럽 문화는 기독교 문화 외에 고대 문화 유산에 의해 뚜렷하게 각인되었기 때문이다. 좀 더 엄밀하게 말하면 유럽 문화는 로마 교회가 전달해 준 고대의 이스라엘과 그리스, 로마의 유산, 즉 유대 경전인 기독교의 『구약성경』에 더해 그리스와 로마의 문학에 담긴 고대 문화의 유산에 의해 특징지어졌다. 여기에서는 로마적 요소가 지배적이었는데, 우선 그리스의 유산은 고대 로마가 수용한 형태로 전달되었던 반면에, 유대적 요소는 로마 교회를 통해 채택되었기 때문이다.

로마 교회는 오랫동안 유일한 문화 전달자였으며, 신부들은 읽고 쓸 수 있는 유일한 사람들이었다.[60] 이보다 더 중요한 것은 그들이 라틴어를 읽고 쓸 수 있었다는 사실이다. 당시에는 라틴어가 지배적이었으며, 그리스어와 히브리어는 제한적으로 사용되다가 15세기 이후에 르네상스 인문주의 덕분에 널리 확산되었다. 이때 3개국어로 쓰인 저명한 고전 문헌들이 엄청나게 증가했으며, 고대 인문주의 전통이 적어도 부분적으로 기독교적 가부장주의에서 벗어나기 시작했다. 르네상스 인문주의의 대두는 교회 문화에 대한 대안으로서 도시적인 세속 문화의 발전과 밀접하게 관련되어 있었기 때문이다. 따라서 민족 언어들도 이전보다 더욱 중요한 역할을 수행하고 독자적인 문학작품을 생산하기 시작했다. 그런데도 고대 문화와의 관계는 오히려 더욱 강화되었다. 고전어와 고전적 전통은 20세기에 이르기까지 교육 분야에 지배적인 영향을 행사했다. 따라서 새로운 문제가 등장할 때마다 유럽의 식자들은 18세기까지도 우선 고대 작가들이나 『성경』이 이 문제에 관해 무엇을 이야기했는지를 물었다. 그리고 풍부한 고전 텍스트 속에서 언제나 무엇인가 답을 발견할 수 있었다.

이처럼 유럽 문화는 내용이나 언어적인 면에서 끊임없는 교류를 통해 살아 숨 쉬었다. 그들의 언어인 라틴어는 외국어였으며, '신성한 언어' 가운데 다른 두 언어, 즉 그리스어와 히브리어도 외국어였다. 따라서 유럽 문화는 1000년 이상 번역에 의해 살아왔다. 그 과정에서 유럽인들은 실력이 뛰어난 언어학자이자 해석가가 되었다. 이 당시의 학문적 통찰력은 무엇보다 문헌 해석에 투입되었기 때문이다. 유럽인들은 17세기에 와서야 비로소 점차 자신의 이성에 의지하기 시작했으며, 현실적으로 검증할 수 있는 경험이 고대와 기독교의 권위를 대체하기 시작했다. 유럽은 이제야 비로소 자신의 모태인 고대 문화와 연결된 탯줄을 끊고 자신의 고유한 언어를 선호하기 시작했다. 간단히 말해 자신의 문화적 자주성을 획득하기 시작한 것이다.

그때까지 공통된 고대 문화의 토대는 유럽 문화의 통일성을 만들어 내고 이를 유지해 주었다. 여기에 이 문화의 중재자, 그리고 일반적으로 보아 문화적 소통의 공통된 추진력으로서 단일한 로마 교회가 힘을 더했다. 소통은 일치적인 대상을 넘어 의식과 태도, 자세와 분위기, 가치관에서 광범위한 공통점을 만들어 냈다. 근대 매스컴은 유럽에서 기원하며 유럽에서는 교회에 기원한다. 훗날 다른 기구들이 교회의 사례를 뒤따랐다. 단일한 내용을 교육받은 성직자들이 단일한 문헌인 『성경』과 교회 문헌을 가지고 단일한 믿음을 가르쳤다. 『성경』은 종교적 측면에서만 유럽 문화 공동체의 토대인 것이 아니었다. 『성경』은 예술과 문학에 각인되었으며, 주장을 뒷받침하고 정당화에 동원되었다. 하지만 기독교는 서적에만 기반을 둔 종교가 아니라 각종 의식에 스며든 종교였다. 달리 표현하면 유럽 전역에서 단일하게 집행된 의식은 정서적 통일성을 한층 강화해 주었다. 늦어도 13세기에 탁발 수도회가 등장하면서 중앙에서 통제하는 대중 설교가 가능해졌는데, 이는 특정한 형식의 경건성 뿐 아니라 특정한 정치적 견해도 확산시킬 수 있었다. 문자 해독 능력의 증가, 그리고 결국 인쇄술에 의한 미디어 혁명은 소통 가능성을 엄청나게 증가시켰다. 그 결과 우선은 종교개혁과 다양한 분파가 등장했으며, 나중에는 민족운동과 혁명운동을 포함한 대중운동이 뒤따랐다.

유대교의 분파로서 기독교는 아직 정교한 신학적 기반이 없었다. 그러나 기독교는 로마 제국을 통해 확산되는 과정에서 그리스와 로마의 사상에 의해 변형되고 체계화되었다. 그 결과 그리스적 명민함은 『신약성경』에서 더는 설명되지 않은 신과 그의 아들이자 구세주인 예수 그리스도, 그리고 성령의 혼재로부터 권위 있는 신론인 삼위일체론을 만들어 냈다. 나아가 내재성과 초월성, 신과 현실 세계, 선과 악이라는 『성경』 속의 모순을 이미 플라톤Plato의 저작에서 중요한 역할을 수행했던 정신과 육체, 영혼과 몸이라는 그리스의 이원론과 일치시켰다. 훗날 로마법 사상은 여기에서 교회와 세상의 관계에 관한 체계적인 이론을 만들어 냈다. 이를 통해 유럽 사상에는 기독교의 경계를 훨씬 뛰어넘는 존재론적인 양극성이 뿌리내렸으며, 이는 오늘날에도 여전히 극복되지 않았다.

지식과 인문주의

오늘날까지 유럽 문화에 지속적으로 반향을 일으키는 또 다른 요소는 무슬림들이 고대 그리스 철학자 아리스토텔레스Aristotle의 저작들을 수용하고 보존하다가 13세기 이후에 유럽인들에게 전달해 주었다는 사실이다. 아리스토텔레스는 서양 세계의 핵심 철학자가 되었다. 그리고 유럽 내에서 아리스토텔레스 철학은 대부분 새로운 학문 방법론인 스콜라주의에 따라 새로운 학문 환경, 즉 대학에서 수용되었다. 각각 11세기 말과 12세기 초에 최초의 대학인 볼로냐 대학과 파리 대학이 설립된 이후로 1347년에 프라하 대학이 설립되면서 13세기와 14세기에는 중부 유럽과 동부 유럽에서도 여러 대학의 설립이 이어졌다. 15세기에는 특히 독일어 사용 지역에서 대학 설립이 확산되었는데, 이는 합스부르크 가문이 지배하던 1455년의 프라이부르크나 1459년의 바젤에서처럼 야심 찬 제후들이 주도했다. 1378년에 유럽에는 적어도 스물여덟 개의 대학이 있었는데, 1500년 무렵에는 최소한 예순세 개로 늘었다. 전통적인 전문학교 외에 중세 말에는 파리 대학식의 네 개 학과 체제가 일반적이었으며, 철학의 기초를 배우는 인문학, 신학, 법학, (어디서나 일반적으로 설치되지는 않았지만) 의학으로 구성되었다. 대학의 주체는 이제 점점 전문화되는 대학교수였는데, 이들이 우수한 학생에서 가르치는 강사로 점차적으로 바뀌면서 옛 시스템은 대체되었다. 대학의 수가 점차 증가하면서 학문적 수준의 하향 현상도 발생했으며, 대학생에게서는 보편주의에서 민족주의 혹은 심지어 지역주의로 이동하는 현상도 관찰되었다. 이런 현상은 대부분 대학의 설립자였던 제후들과 도시들의 이해에 부합했다. 그리고 이미 13세기부터는 때에 따라 외국 유학이 금지되기도 했다.[61]

유럽 대학은 지속적으로 학문의 전당 역할을 수행했다. 대학은 교회 학교, 공립학교, 사립학교 등 교육의 하부구조도 잘 발전한 상태였던 도시 환경에서 중요한 부분을 형성했다. 한편에는 본래 미래의 성직자를 키울 라틴어 학교가 있었으며, 다른 한편에는 읽기, 쓰기, 무엇보다 상업 활동을 위한 계산법을 가르치는, 중학교의 전신인 학교가 있었다. 그러나 보통 사람의 대학 진학은 결코 당연한 것이 아니었으며, 졸업을 통해 학업 과정을 마치는 규정도 분명치 않았다. 그런데도 대학은 교회 외에 새로운 사회적 신분 상승의 기회를 열어 주었다. 물론 대학으로 인한 수직적·수평적 신분 이동이 처음에는 제한적이었던 것 같다. 15세기에 와서야 비로소 부르주아 출신 법률가가 옛 지배 신분인 귀족들과 경쟁하기 시작했으며, 그제야 유럽의 '학문 순례'가 광범위하게 이루어졌다. 독일 대학생들의 이탈리아 유학이 좋은 사례다.

대학생들은 이탈리아에서 점점 중요해지는 로마법 연구와 친숙해졌을 뿐 아니라, 14세기 이탈리아에서 시작된 새로운 사상, 즉 르네상스 인문주의[62]를 배웠다. 역사상 많은 인문주의가 있기 때문에 르네상스 인문주의라는 명칭에는 보충 설명이 필요하다. 르네상스 인문주의란 일시적이지만 드물지 않게 르네상스 예술과 사실적이면서도 개별적으로 연관을 가진, 15세기와 16세기에 유럽 전역으로 확산된 인문주의의 한 유형을 뜻한다. 그런데 이 사상은 새로운 이미지를 드러내야 할 필요성 때문에, 그리고 기존의 스콜라 학자들과 경쟁해야 한다는 압박감 때문에 새로운 사조의 일부 주창자는 자기중심적인 과장이나 오해를 불러일으키는 논쟁을 유발했다.[63] 하지만 르네상스 인문주의가 시인이자 소설가인 프란체스코 페트라르카Francesco Petrarca(1304~1374)와 함께 시작되었다는 것은 여전히 분명한 사실이다. 많은 이탈리아 도시 가운데 피렌체는 르네상스 인문주의에서 특별한 역할을 수행했다. 이는 우선 그곳에서 특히 발전했던 탁월한 르네상스 예술과의 관련성 때문이며, 나아가 고대로부터 내려오는 전통적인 정치사상인 인문주의적 공화주의[64] 덕분이기도 한데, 이 사상은 니콜로 마키아벨리Niccolò Machiavelli(1469~1527)[65]를 통해 이후 오랫동안 영향을 미치게 된다. 피렌체의 중요한 역할은 또한 피렌체 인문주의자들이 플라톤주의 철학과 신플라톤주의적인 신비주의로 뚜렷하게 돌아섰다는 사실에 기인했다. 당시에 메디치 가문의 후원을 받아 설립된 한 아카데미에서 활동했던 마르실리오 피치노Marcilio Ficino(1433~1499)가 그 대표적인 인물이다.[66] 이들 도시에서 발전한 인문주의와 함께 이탈리아에서뿐 아니라 특히 알프스 북부에서는 궁정 인문주의도 또 하나의 중요한 역할을 했다.[67] 그런데 당시에 알프스 북부에서 가장 중요하면서도 영향력이 컸던 인문주의자인 로테르담의 데시데리우스 에라스무스Desiderius Erasmus(1469~1536)[68]는 개인이 메디치 가문 같은 후원자의 영향을 받지 않고 독립을 지키는 것을 매우 중시했다.

자기의 활동 성과에만 의지해 사는 자유 지식인과 예술가들의 등장은 당시 유럽의 문화 세계에 새로운 현상이었다. 이런 인물들의 참신함은 그들의 역할이 오직 자신들의 성과에 의해서만 실현될 수 있다는 데 있었다. 물론 개인적 역량은 중세 시대에도 존재했지만, 이제야 비로소 탁월한 개인을 (기마상 같은 것을 통해) 예찬하거나, 자랑스러운 예술 작품의 창조자로서 자신들의 업적을 스스로 축하하는 일이 일어났다. 대부분의 예술가와 작가들의 이름이 당연하게 알려지게 된 것도 이때부터였다. 이제 중세 성인들의 교화적이고 교

육적인 인생에 관한 시리즈들이 위대한 남성이나 여성이나 예술가, 작가의 전기 시리즈로 대체되었다.[69]

'인문주의자'는 무엇보다 지식인들, 다시 말해 인문학, 문법, 수사학, 역사, 시, 도덕철학의 전문가이자 교사들이었다. 중세 전통적인 일곱 '자유과liberal arts'의 맥락에서 보면, 이는 학문의 중심이 문학과 수사학의 방향으로 옮겨 간 것을 보여 준다. 여기서 완벽한 라틴어로 글과 시를 쓰고 완벽한 라틴어로 연설할 수 있는 능력이 핵심적인 역할을 했다. '야만적'이라고 폄하된 중세 라틴어를 마르쿠스 툴리우스 키케로Marcus Tullius Cicero 같은 고전적 저술가를 지향하는 세련된 라틴어 형태로 대체하는 것이 관건이었다. 고대로부터 전해 내려오는 것이 아니라 카롤루스 대제Charlemagne 시대에서 기원하는 순수한 문자체인, 이른바 안티콰체도 여기에 속했다. 유럽 근대의 필체와 인쇄용 글꼴이 여기서 출발한다. 내용적인 면에서도 고대 라틴 작가들은 이제 점차 그 수가 증가하는 그리스 작가들과 함께 집필 기술에서뿐 아니라 삶의 기술에서도 중요한 모델로 여겨졌다. 인간은 오직 인문학 교육을 통해 비로소 제대로 된 인간이 된다는 신념이 널리 퍼졌으며, 이는 오늘날까지 인문계 고등학교에서 확고하게 이어지고 있다. 인문주의는 15세기 이래로 고등교육기관 전체를 장악했기 때문이다.

고대의 재현인가, 르네상스인가

한편으로는 고대를 높이 평가하고 다른 한편으로는 당대를 재평가하면서 이 사이에 있는 '중세'(이 개념은 당시에 만들어졌다.)라는 시대는 자동적으로 '암흑기'로 평가절하되었나. 그러나 역사적 기리감에 대한 새로운 인식과 함께 역사를 바라보는 새로운 자세가 대두했다. 처음으로 과거가 다른 방식으로 관찰되었다. 그러나 이것이 이전에 인식되던 것처럼 기독교에 대한 평가절하를 뜻하는 것은 아니었다. 여러 신을 포함한 그리스 신화에 대한 새로운 문학적·예술적 열광이 신新이교 운동으로 흘러들어 간 사례는 많지 않았으며, 유대교 신비주의를 포함한 모든 종류의 신비주의에 대한 열광은 흔히 기독교를 보완하고 모든 인간에게 수용될 수 있는 궁극적인 계시를 찾고자 하는 시도로 연결되었다. 에라스무스와 같은 인문주의자 대부분은 자기를 스스로 기독교도일 뿐 아니라 심지어 더 나은 기독교도로 여겼다. 그들은 기독교가 중세의 모든 과오를 정화해 깨끗하게 해 줄 의무가 있다고 느꼈기 때문이다. 그렇기 때문에 그들은 개신교적 종교개혁에 공감했다. 사실 그들이 보기에 인문주의는 종교개혁에 필수적인 전제 조건이었다. 물론 인문주의자들은 종교개혁가나 중세 기독교의 전통과 달리 인류학적인 낙관주의에 심취해 있었다. 한때 저명한 교황이던 인노첸시오 3세Innocent III(1198~1216)조차 세상에 대한 혐오, 그리고 인간 존재의 비참함에 대한 논문을 썼던 반면에, 젊은 철학자 조반니 피코 델라 미란돌라Giovanni Pico della Mirandola(1463~1494)는 1486년에 세상을 긍정하는 '인간의 존엄'에 관한 연설을 했다. 이 연설에서 그는 인간에게 자신의 창의성을 동원해 창조주의 작업을 계승할 과제를 부여했다.[70]

그렇기 때문에 고대는 아름답고 완전하게 여겨졌으며, 나중에는 '고전'이라는 수식어를 붙여 불렀다. 자연에 가장 가까웠기 때문이었다. 따라서 자연과의 새로운 교감은 고대에 대한 예찬과 함께 시각예술의 재생을 초래했다. 이는 이탈리아어로는 리나스키타Rinascità, 훗날 프랑스어로는 르네상스Renaissance로 지칭되었다. 번성하던 고딕식 건축은 거부되었다. 그 대신에 조각 분야에서 클라우스 슬뤼터르Claus Sluter(1355 무렵~1406)나 틸만 리멘슈나이더Tilman Riemenschneider(1460 무렵~1531)의 작품, 또는 휘버르트 판에이크Hubert van Eyck(1370 무렵~1426)와 얀 판에이크Jan van Eyck(1390 무렵~1441) 이후로 북부 지방의 회화 작품 같은 중세 후기 사실주의의 작품들은 이탈리아 르네상스에 더 가깝게 서 있었다. 그래서 이 당시의 플랑드르 예술가와 이탈리아 예술가들은 서로 많은 영향을 주고받았다.

르네상스의 중심은 필리포 브루넬레스키Filippo Brunelleschi(1377~1446)가 순수 기하학적 형태의 건축을 개발하고, 레온 바티스타 알베르티Leon Battista Alberti(1404~1472)가 그를 위한 이론적 기초 작업을 했던 피렌체에 있었다. 회화에서는 새로운 사실주의가 그곳에서 조토 디 본도네Giotto di Bondone(1266 무렵~1337)와 함께 이미 시작되어, 일점 투시법의 도입과 함께 절정에 도달했다. 조각 분야에서 최초로 완벽한 고전 양식을 달성한 화가는 피렌체의 예

르네상스의 초기와 전성기의 중심이었던 피렌체에는 15세기 중반에 지배 가문인 메디치 가문을 위한 궁전이 건설되었다. 오늘날 이 궁전은 훗날의 소유주 이름을 따라 메디치 리카르디 궁전으로 불린다. 이 궁전의 사각형 정원은 그 균형감 때문에 가장 아름다운 르네상스 작품의 하나로 여겨진다. 고대의 전통에 따른 기둥 양식은 중세의 전통에 따른 아치와 함께 매우 균형 잡힌 전체를 만들어 냈다. (Wikimedia Commons, © Ogre, Gryffindor)

술가인 도나텔로Donatello(1386 무렵~1466)였다. 레오나르도 다 빈치Leonardo da Vinci(1452~1519)와 미켈란젤로 부오나로티Michelangelo Buonarroti(1475~1564), 라파엘로 산치오Raffaello Sanzio(1483 무렵~1520)가 전성기를 형성했다.[71] 이탈리아 작가들에게서 자극을 받았던 알프스 북부의 많은 예술가 중에서 가장 중요한 인물은 뉘른베르크의 화가 알브레히트 뒤러Albrecht Dürer(1471~1528)였다.

당시의 저명한 이탈리아 예술가들 가운데 많은 사람은 조각가이자 화가인 동시에 건축가로서 놀랍고 다재다능한 능력으로 두각을 나타냈다. 어떤 사람은 그 능력이 예술 분야에만 국한되지 않았다. 특히 알베르티[72]나 레오나르도[73]가 바로 이런 만능인이었다. 레오나르도는 자연현상에 관한 예리한 관찰자였을 뿐 아니라, 그것을 토대로 해서 복잡한 기계를 위한 청사진이나 이상적 도시를 위한 설계도를 작성하기도 했다. 이런 작업에서 분명히 그는 이미 당시까지 대부분 익명으로 활동하던 '아마추어 제작자'에 속했는데, 이들은 이미 중세에 주목할 만한 기술적 진보를 달성했다.[74] 자연과학이나 의학에서는 특정 고전 텍스트 연구를 통해 지식을 심화하는 데 도움을 얻기도 했지만, 때에 따라서는 같은 이유로 인해 잘못된 길에 빠지기도 했다. 게다가 자연과학과 의학은 신플라톤주의나 신비주의 사상의 영향을 크게 받아, 개별적 사안에서는 더욱 진전된 지식에 도달할 수도 있었다. 심지어 니콜라우스 코페르니쿠스Nicolaus Copernicus가 단순히 추론했던 태양 중심적인 우주 체제(지동설)도 아마 신플라톤주의의 태양 숭배에 기원을 두고 있을 것이다.[75] 근대 학문 방법론인 경험론의 세계는 당시에는 아직 먼발치에 있었다.

쥘 미슐레Jules Michelet(1855)나 야코프 부르크하르트Jakob Burkhardt(1860) 같은 19세기 역사가들은 르네상스에 '세계와 인간성의 발견'이라는 수식어를 붙였다. 르네상스는 이런 방식으로 중세와 뚜렷하게 구별되는 세속적 근대의 첫 시기가 되었는데, 오늘날 우리가 알듯이 이러한 시대구분은 잘못이었다. 중세는 이전 사람들이 생각했던 것보다 훨씬 '근대적'이었으며, 르네상스는 훨씬 더 중세적이고 무엇보다 훨씬 더 기독교적이었다. 나아가 예술과 인문주의에서 일어난 혁신 외에 이 시기에 공통된 어떤 특성을 입증하는 것은 거의 불가능하다고 판명되었다.[76]

종교개혁과 교파화

이와 마찬가지로 독일인 루터(1483~1546)[77]와 그의 수많은 추종자(그중에서 제네바의 종교개혁가인 프랑스인 장 칼뱅Jean Calvin(1509~1564)[78]이 가장 성공적이었다.)도 18세기에 그 후계자들이 근대 세계의 시작이라고 설명했는데, 이 역시 잘못이다. 물론 종교개혁이 격렬한 갈등을 초래했고, 유럽의 얼굴을 영원히 바꾸어 놓았다는 사실은 부인할 수 없다.[79] 유럽 대륙의 중부와 북부에서는 새로운 루터파 교회가 등장했던 반면에, 더 엄격하게 개혁된 칼뱅의 기독교는 그 중심인 제네바로부터 프랑스와 남유럽으로 확산되었고, 무엇보다 스코틀랜드와 잉글랜드를 통해 전체 앵글로·색슨 세계에 영향을 미쳤다.[80] 하지만 만약에 종교개혁이 근대화라는 효과를 초래했다면, 그것은 사실 정반대 효과를 의도했던, 다시 말해 기독교 교회를 본래의 순수성으로 되돌리려고 했던 종교개혁가들의 뜻에는 반한 것이었다. 이러한 점에서 종교개혁은 가톨릭교회에 맞서 수 세기에 걸쳐 펼쳐진 반대와 개혁 노력의 궁극적인 결론을 의미했다. 종교개혁가들은 새로운 교회를 설립하고자 한 것이 아니라, 자신들의 목적을 위해 기존 교회를 이기고자 했다. 인간의 구원은 자신의 행위를 통해서가 아니라 오직 신의 은혜를 통해서만 주어진다는 핵심 교리는 사실 새로운 것이 아니었다. 그러나 그 핵심 교리는 이 교리에서 도출되는 결론, 즉 구원을 위해서는 오직 믿음만 있으면 충분하며,('오직 믿음Sola fide') 믿음을 위해 필요한 모든 것은 직접 『성경』에서 얻을 수 있다('오직 성경Sola scriptura')는 사실을 통해 비로소 파괴력을 갖게 되었다. 이로써 결과적으로 교회의 모든 기구가 필요 없게 되었기 때문이다. 또한 이론적으로 볼 때 이는 전통적인 종교의 물화도 결정적으로 종식할 수 있었다. 하지만 실질적으로는 그런 상황이 아직 오지 않았다. 일관되게 종교의 내면화를 시도한 것은 점점 사라져 가는 소수 신자였으며, 루터 자신조차 사탄이 도처에 존재한다는 사실에 대한 확고한 두려움에 가득 차 있었다.

트리엔트 공의회(1545~1563)[81]에서 신학적인 경계선을 그을 뿐 아니라, 지금까지의 종교적 관행을 정화하는 개혁을 시도한 로마 교회의 대응은 적절할 뿐 아니라 성공적이었다. 웅장한 교회 건축물과 호화로운 의식을 점차적으로 도입한 것은 교회의 정체성을 과시하고 잃어버린 지지 기반을 회복하려는 가톨릭교회의 종합적인 노력의 부분이었다. 루터파 교회와 개혁 교회(칼뱅주의에 속하는 교회)들이 이후 수백 년 동안 로마 교회와 갈등 관계에 놓여 있었기 때문이다. 이런 상황에 직면해 경쟁하는 양대 교회의 핵심 목표는 자기 교회의 신자를 확보하고, 엄격한 통제를 통해 그들을 유지하는 것이었다. 그들은 이 목적을 위해 흔히 세속 권력과 공조하며, 정통파를 입증하는 척도로서 새로 제작된 신앙 고백으로부터 시작해 다소 서로 비슷한 사회적 기법을 사용했다. 목사나 교사, 교회 조직의 간부들은 심지어 이 신앙 고백에 대해 서약해야 했다. 이러한 고백이 수행했던 핵심적 역할 덕분에 일부 지역에서는 18세기까지 계속된 그런 노력들이 오늘날 '교파화confessionalization'[82]로 알려졌고, 따라서 이런 노력으로 각인된 시기는 '고백의 시대'로 지칭된다.

종교개혁과 교파화가 인문주의와 르네상스 위에 성립되고 르네상스의 성과를 폭넓게 받아들였는데도 종교개혁과 교파화는 이들 운동과는 달리 깊은 인류학적 비관주의로 특징지어졌다. 인류학적 비관주의는 교회 영역에만 국한되지 않고, 비교회적인 토머스 홉스Thomas Hobbes(1588~1679)의 철학에 이르는 정치사상에도 광범위한 영향을 미쳤다. 이렇게 볼 때 우리는 르네상스와 종교개혁에 토대를 둔 근대의 시작에 관해 말하는 것보다 오히려 중세로의 복귀에 관해 언급하는 것이 옳을 것 같다.

15세기가 보여 준 성과 가운데 하나는 바로 문자의 발견 이래로 역사상 제2의 미디어 혁명이라고 할 수 있는 활판 인쇄술인데, 이는 종교개혁이나 교화파가 성공하는 데 가장 중요한 전제 조건 가운데 하나였다. 중세에 저렴한 종이가 확산된 덕분에 매스컴은 완전히 새로운 토대 위에 설 수 있게 되었다. 중요 문서들은 이제 같은 내용을 대량으로 생산하고 확산할 수 있었다. 언어의 표준화는 단일한 민족 언어의 형성에 중요한 역할을 수행했으며, 동유럽에서는 심지어 공동의 민족 언어를 만들어 내는 데도 기여했다. 여기서 『성경』 번역본의 인쇄는 종교개혁과 교파화 과정에서 일종의 촉매 역할을 수행한 경우가 적지 않았다. 왜냐하면 때때로 특별히 자신들의 목표를 위해 세운 출판사를 동원해 자신들의 명분을 대대적으로 선전하는 행위는 적대 진영의 문헌을 억압하기 위한 대대적인 사전 검열 및 사후 검열과 마찬가지로 교파화의 특징이었다.[83]

교파에 따라 구분된 교육기관은 특정 교회나 이와 관련된 세속 권력의 뜻에 따라 독실한 신자, 혹은 적어도 독실한 엘리트를 배출하도록 설계되었다. 타 교파의 신자들이 추방되는 일은 드물지 않았다. 18세기 말에조차 수만 명의 잘츠부르크 개신교도들이 이러한 운명을 겪었다. 국경을 넘어 다른 교파의 신자와 접촉하는 일도 마찬가지로 금지되었다. 예를 들어 외국 유학도 이런 이유에서 널리 금지되었다. 성찬식과 예배 같은 교회 행사 참석에 관해서는 세심하게 기록을 남겼으며, 결석자들은 처벌을 감수해야 했다. 가톨릭에서는 성사나 성인 경배 예식을, 모든 개신교에서는 포도주와 빵을 나누는 성찬식을, 칼뱅주의자들은 모든 성화의 금지를 특별히 강조했다. 기존의 기관들과 신설된 기관들이 신자들에 대한 통제에 기여했다. 가톨릭, 루터파 교회, 일부 개신교의 경우에는 교회나 세속의 수장들이 교구를 점검했으며, 자치적인 칼뱅파 교구에서는 노회가 도덕적 행위와 신앙생활을 철저히 점검하는 과제를 맡았다.

물론 이러한 조치들이 늘 성과를 거두지는 않았지만, 각 교파가 정통이라고 규정한 사고와 행위를 확산하려는 목적은 18세기와 19세기까지 많은 부분 달성되었다. 그 결과 유럽에는 오늘날 다양한 교파의 문화가 존재하게 되었다. 감수성에 대한 가톨릭의 열정은 화려하게 장식된 수많은 성당과 수도원 건축을 통해 예술적 가치가 높은 걸작들을 만들어 냈을 뿐 아니라, 예배당과 길가의 십자가 등을 통해 의식적으로 종교성이 스며든 풍경을 만들어 냈다. 루터파 교회나 특히 칼뱅주의자들은 이러한 것들을 무시했다. 그들의 세계는 더욱 금욕적인 공간이었다. 하지만 적어도 독일 루터파 교회는 그 대신에 세계적 수준의 교회 음악에 심취했다. 그들이 심취한 교회 음악은 요한 제바스티안 바흐 Johann Sebastian Bach(1685~1750)의 음악에만 국한된 것이 아니었다. 개신교회는 예배 언어로 자국의 언어(미사의 일부를 계승했던 루터파는 물론 부분적으로 라틴어와 자국어를 혼용했다.)를 사용한 반면에 가톨릭교회는 라틴어를 사용했다.

이 밖에 세세한 일상생활에서도 각 교파의 차이를 보여 주는 것들이 있었다. 1582년에 교황이 선포한 '그레고리력' 개정은 1년의 흐름을 여전히 일차적으로 가톨릭교회 달력이 결정한다는 이유에서 많은 개신교회가 받아들일 수 없었기 때문에 독일 개신교회는 이를 1700년에야 받아들였으며, 잉글랜드와 스웨덴은 18세기 중반에 와서야 뒤따랐다. 그 결과 각 교파는 오랫동안 서로 다른 시간 개념을 사용했다. 세례명도 달랐다. 가톨릭은 성인들의 이름을 사용한 반면에, 칼뱅주의 교회는 바로 이를 금지했다. 세계적으로 단일한 예수회 학교와 대학 시스템은 전 유럽에 동일한 체계를 세웠던 '마리아 수도회'의 경건한 규율과 마찬가지로 가톨릭 엘리트들의 행동을 뚜렷하게 특징지었다.

전체 예배 양식과 관련해 가톨릭과 대비되는 개신교 진영의 특징은 17세기에 독일의 경건주의[84]로 시작된 종교적 각성 운동이었다. 이 운동 역시 한 두 가지 변형이 있지만, 전 세계로 확산되었다. 이러한 측면에서 18세기의 앵글로·색슨 감리교 운동은 특별한 의미를 갖는다.[85] 이 운동은 개신교의 정통성을 예배의 중심에 더는 세우지 않고, 각 개인의 경건성과 그것이 전체 인생에 미치는 영향을 더 강조했다. 오늘날에도 가톨릭과 개신교는 그들의 행동과 심지어 말투에 관련된 세부 사항에서조차 차이를 보인다.

교파적인 문화는 민족문화나 지역 문화와 중첩되거나 심지어 이들을 포괄하기도 했지만, 이들의 차이를 심화하는 경우도 드물지 않았다. 이 경우 주로 예술적 양식과 생활양식이 관건이었지만, 특히 14세기 이래로 대두했던 민족 문학의 언어나 행정 언어는 중요한 문제였다. 페트라르카로 시작해 저명한 인문주의자들은 모국어로 집필한 작품으로 성공하거나, 모국어 사용을 위한 민족주의적 정서를 가진 투사인 경우가 드물지 않았다.

하지만 교파적·민족적·지역적 차이에도 본질적인 문화적 공통점은 유지되었다. 이러한 현상은 음악, 특히 교회 음악에도 적용이 된다. 교회 음악은 바흐, 그리고 바흐의 전임자이자 개신교도이던 동시대인 작곡가 클라우디오 몬테베르디Cludio Monteverdi(1567~1643), 알레산드로 스카를라티Alessandro Scarlatti(1660~1725) 또는 안토니오 비발디Antonio Vivaldi(1678~1741) 같은 이탈리아인들의 업적 없이는 상상할 수 없다. 이탈리아에서는 르네상스의 다성음악이 효과와 감성에 주안점을 둔 기악과 합창 음악의 새롭고 정교한 양식으로 대체되었다. 여기에서 협주곡과 칸타타, 그리고 완전히 새로운 양식인 오페라가 탄생했다.[86]

철학과 과학

라틴적이자 기독교적으로 특징지어진 공통된 생활양식, 그리고 인문주의적으로 개선된 형태로서 유럽 문화에 이전보다 더욱 큰 영향력을 행사하던 고대의 유산은 사실 여전히 남아 있었다. 사유의 방식은 그 내용이나 형식에서 공통된 전통에 기인했기 때문에 전 유럽에 걸쳐 본질적으로 동일했다. 그 밖에도 교육받은 엘리트층은 예전과 다름없이 한두 개의 공통 언어를 사용했는데, 물론 처음에는 여전히 라틴어를 쓰다가 17세기 이후에는 여러 지역에서 프랑스어가 라틴어를 대신하게 되었다. 당시에 프랑스의 정치적 주도권이 문화적 영향력과 함께 서로 상승작용을 했기 때문인데, 이러한 현상은 기껏해야 르네상스 이탈리아에서나 그 유사한 예를 찾을 수 있었다. 그러나 서로 다른 시기에 유럽에서 정치적으로나 문화적으로 강한 영향력을 행사했던 다른 나라에서는 상황이 달랐다. 예를 들어 16세기 후반의 에스파냐나 17세기 중반의 네덜란드, 18세기의 잉글랜드에서는 정치와 문화 사이의 상승작용이 발견되지 않았다.

정치적 주도권이 문화에 미친 영향 때문에 엘리트들, 특히 학자들 사이의 교류는 여전히 대단히 빈번하고 활발하게 진행되었으며, 17세기의 지적 성과가 전 유럽에 확산되는 데 장애가 되는 것은 전혀 없었다. 만약 이러한 교류가 대학에서 이루어지지 않았다고 해도 마찬가지였으며, 어쩌면 대학에서 이루어진 것이 아니기 때문에 이렇게 원활하게 교류할 수 있었을지도 모른다. 자연 지식의 향상을 위한 런던 왕립학회(1660)와 파리 왕립 과학 아카데미가 설립된 이후로, 학술원들은 개인적인 연구자들 혹은 연구소에 고용된 연구자들의 연합체로서 특히 자연과학 분야에서 점점 더 중요한 기능을 수행했다. 그리고 18세기 이후로 새로운 학술원들이 줄지어 설립되었다. 1700년과 1744년에는 베를린에, 1724년에는 상트페테르부르크에, 1728년에는 웁살라에, 1739년에는 스톡홀름에, 1742년에는 코펜하겐에, 1747년에는 올로모우츠에, 1752년에는 괴팅겐과 하를럼에 설립되었다.[87]

첫 베를린 학술원의 공동 설립자 가운데 한 사람이 고트프리드 빌헬름 라이프니츠(1646~1716)였는데, 그는 파리와 런던에서 새로운 자연과학을 배우고 왕립학회의 회원이 된 인물이었다. 법률가, 정치가, 역사가, 신학자, 철학자, 수학자, 그리고 경우에 따라 심지어 발명가로서 라이프니츠는 수많은 학문 분야에서 중심적 역할을 했으며, 다른 어느 학자보다도 박학다식한, 그의 시대를 대표하는 보편적 지식인이었다. 보편적 지식인이라는 표현은 그가 전 세계 학자들과 교류했기 때문만이 아니라, 철학적 세계 체제에 관한 그의 구상이 그의 사상에서 중심을 이루었기 때문이다. 라이프니츠의 철학적 세계관은 세계에 대한 기계론적 해석을 정신적인 영혼 및 초월적인 신의 존재와 조화시킬 수 있었다. 미적분학, 수학적 논리학, 수리 논리학, 이진법 같은 라이프니츠의 수학적 업적은 적어도 부분적으로는 이러한 세계관을 통해 설명할 수 있다.[88]

새로운 기계론적 세계관은 16세기 후반과 17세기 초의 자연과학에서 태동했는데, 이는 수학적 명징성과 경험적 검증 가능성을 얻기 위해 신비주의적이거나 사변적 차원의 사고를 포기했다.[89] 천문학적 관찰이 여전히 우주에 관한 관조에서 출발하던 요하네스 케플러Johannes Kepler(1571~1630)와 달리, 물리학자이자 천문학자인 갈릴레오 갈릴레이Galileo Galilei(1564~1642)는 수학적으로 혹은 경험적으로 증명할 수 있는 지식만을 인정했다. 이 과정에서 갈릴레오는 분명히 실수를 범했으며, 1582년에 어쨌든 그레고리력을 만들어 냈던 로마의 천문학자들과는 별 문제가 없었지만, 종교재판을 담당하는 신학자들과는 심각한 갈등에 빠졌다.[90] 프랜시스 베이컨Francis Bacon(1561~1626)이 귀납적이고 경험적인 방법론을 이론적으로 증명한 후에, 르네 데카르트René Descartes(1596~1650)는 저서 『방법서설*Discours de la méthode*』(1637)에서 체계적인 회의를 극대화함으로써 학문을 철학적이고 수학적으로 완전히 새로운 기반 위에 세우려고 시도했다. 데카르트의 체계는 서양의 이원론을 극단적으로 발전시켜 정신계와 물질계를 엄격하게 분리했다. 이제 우주는 확고한 법칙에 따라 작동하는 작은 부분들로 구성된 기계처럼 보였다. 이렇게 기계론적인 세계관에 따르면, 인간과 동물의 육체뿐 아니라 심지어 홉스의 정치사상에서처럼 국가도 일종의 기계로 인식되었다. 이러한 사고는 적어도 유럽의 통속적인 과학관에서는 여전히 반향을 일으키고 있다.

이와 반대되는 라이프니츠의 구상은 이 시대에 제기된 유일한 것은 아니었다. 라이프니츠의 동시대인이면서 저명한 경쟁자였던 아이작 뉴턴Isaac Newton(1643~1727)의 세계관도 적어도 초월적 신의 존재에는 열린 입장이었다. 뉴턴은 몇 안 되는, 그리고 비교적 단순한 수학 공식을 동원해 천체의 운동에서 시작해 중력에 의한 돌의 낙하에 이르기까지 세계의 다양한 현상을 1686년에 발표한 『자연철학의 수학적 원리*Philosophiae naturalis principia mathematica*』[17]를 통해

——— 17 1687년에 출간된, 라틴어로 쓰인 세 권짜리 저작으로 서양의 과학혁명인 뉴턴의 운동

설명하고 예측할 수 있게 하는 데 성공했다. 일련의 새로운 관찰과 실험은 그가 『프린키피아*principia*』에서 발견한 사실들을 입증해 주었으며, 이는 알베르트 아인슈타인Albert Einstein이 등장할 때까지 의심의 여지없이 유효한 이론으로 받아들여졌다. 뉴턴의 체계는 신을 전제하지 않고도 완벽하게 작동했다. 다만 뉴턴의 체계를 뒷받침하는 중력은 아직 설명되지 않은 상태였기 때문에 창조주의 활동으로 해석될 가능성이 열려 있었다. 어쨌든 뉴턴은 여전히 자연을 이해하기 위해 신학뿐 아니라 신비주의적 방법(예를 들어 연금술)에도 몰두했다.

데카르트와 덴마크 천문학자 올레 뢰메르Ole Røme(1644~1710)에게 영감을 받은 네덜란드 학자 크리스티안 하위헌스Christian Huygens(1629~1695)는 학계의 미래를 열어 주는 『빛에 관한 논고*Traité de la lumière*』(1690)를 발표했다. 이 이론은 망원경 제작자와 천문학자로서 그의 실제 활동에서 도출되었는데, 이는 마치 갈릴레오와 비슷해 보이지만 그에 의지한 것은 전혀 아니었다. 이런 사실은 (1657년에 특허를 받은) 진자시계(추시계)의 발명에도 해당하는데, 진자시계의 보급으로 인해 평범한 유럽인들이 처음으로 시간을 정확하게 측정할 수 있게 되었다. 이는 근대로 나아가는 근본적인 전제 조건이었다.

이들 가운데 대학교수는 거의 없었고, 만약에 교수가 있었다고 해도 그의 교수직은 일시적이었으며, 자신의 업적을 산출한 것도 전공 분야에서가 아니었다. 그들은 괴짜였으며 궁정의 후원을 기쁘게 받아들였고 학술원에 속해 있었다. 뉴턴은 왕립학회의 회장이었다. 당시의 대학들은 뒷전에 밀려나 있었으며, 19세기에 와서야 연구 기관으로서 성장할 수 있었다. 물론 이탈리아와 신성 로마 제국에는 주목할 만한 예외적 현상이 있었는데, 특히 신성 로마 제국에서는 할레(1694)와 괴팅겐(1737)에 새로운 대학이 설립되어 창의적인 모델 역할을 수행했다. 이들 대학에서는 학과들이 부분적으로 혁신적인 방식으로 구분되었다. 법학과에서는 로마법이 당시의 실정법에 자리를 내주었으며, 정치학이나 재정학과 마찬가지로 역사학도 독립 학과로 자리를 굳혔다. 또한 독

법칙과 만유인력의 법칙이 설명되어 있다. 원래 제목을 줄여서 '프린키피아'라는 이름으로도 불린다.

일어가 강의 언어로 강세를 보였다. 독일 계몽주의의 영향력 있는 철학자이자 법학자인 크리스티안 볼프(1679~1754)[91]는 할레 대학에서 가르쳤는데, 그를 결정론자라고 고발한 지역 경건주의자들의 선동으로 인해 프로이센 왕 프리드리히 빌헬름 1세Friedrich Wilhelm I가 1723년에서 1740년까지 추방하기도 했다. 개혁적인 대학들은 그들의 자주성을 크게 상실하고 점차 국가기관이 되어 버렸으며, 대학의 구조와 강의는 대두하는 근대국가의 필요에 맞게 편성되었다. 그 외에도 독일의 법과 독일어는 외국 학생들이 독일로 유학 오는 것에 장애가 되는 경향이 있었다.

계몽주의

독일과 이탈리아, 러시아, 에스파냐에서는 군주가 '계몽 절대주의'[92]라는 옷을 입고 17세기 말에 등장해, 18세기 중반에 절정에 도달했던 '계몽주의'라는 새로운 문화 운동을 효과적으로 통제하는 데 성공했다.[93] 따라서 계몽주의가 그 해방적 폭발력을 펼칠 수 있었던 곳은 무엇보다 계몽주의가 대두하던 잉글랜드와 프랑스였다. 그곳에서 계몽주의는 인류학적 낙관주의로의 새로운 전환과 결합했다. 1652년에 홉스는 『리바이어던*Leviathan*』에서 '만인에 대한 만인의 투쟁'이 국가가 성립하기 이전 인류의 자연 상태라고 설명했다. 존 로크(1632~1704)는 1689년에 출간한 『통치론*Two Treatises of Government*』의 제2부에서 이러한 자연 상태를 전반적인 상호 수혜의 상태로 전환했다. 삼단 논법에 의해 신체의 존재를 감지하고 이를 교육이나 경험과 연결하며 나아가 관용론으로 끌고 나간 자신의 인식론을 통해 로크는 계몽주의의 핵심적인 의제를 제시했다. 사실 그는 근본적으로 기독교가 이성적 토대 위에 있다고 믿었지만, 이제는 신앙이 이성 앞에서 자신을 정당화해야 하며 그 반대가 아니라고 설파하는 점이 커다란 차이로 드러났다.[94]

계몽주의의 고전적인 개념은 계몽주의의 황금기였던 1784년 말에 임마누엘 칸트Immanuel Kant가 비로소 정리했다. "계몽은 인간이 자초한 미성숙 상태에서 탈출하는 것이다. 미성숙 상태란 타자의 인도 없이는 스스로 오성을 활용할 능력이 없음을 뜻한다. 사페레 아우데Sapere aude!(자신의 오성을 사용할 용기를 가져라!) 이것이 바로 계몽의 구호다."[95] 달리 표현해 인간의 이성은 교회와 고대의 권위와 깨끗하게 결별했으며, 유럽 문화는 자치적인 창의성을 발휘하기 위해 1000년이 넘는 지속적인 의존 상태에서 벗어났다. 세상은 궁극적으로 신의 직접적인 통치하에서 구원에 도달할 것이라는 직선적인 사고 패턴은 끝없는 진보, 즉 인간의 이성, 학문과 기술의 발전이 인간 삶의 질을 무제한적으로 개선해 줄 수 있을 것이라는 믿음으로 세속화되었다.

하지만 '기독교, 특히 가톨릭교회에 대한 심판'은 잉글랜드인이 아니라 프랑스인들이 부추기고 집행했다. 심판은 1696년에서 1697년에 피에르 벨Pierre Bayle(1647~1778)이 저서 『역사적·비판적 사전*Dictionnaire Historique et Critique*』[96]으로 시작했고, 천재적인 논객 볼테르(프랑수아 마리 아루에François-Marie Arouet, 1694~1778)에 이르러 절정에 도달했다.[97] 이렇게 반反교회 공세가 특별하게 프랑스적 색채를 지녔다고 해서 개신교회만 계몽주의를 받아들인 것은 아니다. 신성 로마 제국이나 에스파냐, 이탈리아, 그리고 미약하지만 심지어 바티칸에서조차 가톨릭적 계몽을 추진해 주목할 만한 성과를 거두었다는 사실을 간과해서는 안 된다.

다른 한편으로 1687년 이래 프랑스에서는 '신구문학논쟁'을 통해 과연 근대문학의 작가들이 고대의 유산을 능가하는지에 관한 토론이 진행되었다. 물론 고대가 남긴 유산들은 여전히 '고전'으로 여겨졌지만, 그것이 보편적인 지식의 척도라는 독점적 주장은 이제 무너지고 말았다.[98]

잉글랜드에서는 계몽주의의 담론을 볼테르, 그리고 저명한 몽테스키외(1689~1755)[99]나 드니 디드로(1713~1784)[100] 같은 계몽주의 전성기의 다른 프랑스 사상가들이 나서서 진달하고 확산했다. 특히 디드로는 지식과 사상을 집대성한 기념비적인 업적인 『백과전서, 혹은 과학, 예술, 기술에 관한 체계적인 사전*Encyclopédie, ou dictionnaire raisonné des sciences, des arts, et des metiers*』의 편찬에서 핵심적인 역할을 담당했는데, 총 스물여덟 권의 책이 1751년에서 1772년까지 약 20년간에 걸쳐 출간되었다.[101] 하지만 『백과전서』가 보여 주었듯이 계몽주의 전성기에 프랑스 사상가들의 영향력은 원칙적으로 1750년 이후의 시대에, 특히 고트홀트 에프라임 레싱Gotthold Ephraim Lessing(1729~1781)[102]과 장자크 루소(1712~1778)[103]에게서 감지된다. 여기서 루소는 계몽주의 중에서도 무엇보다 자연을 애호하는 감상적인 분파를 대표했다. 즉 계몽주의는 결코 냉철한 이성만이 아니라 매우 의식적인 (때로는 어느 정도 꾸며진) 자연스러움과도 밀접한 관계가 있었다. 심지어 유럽의 신비주의적 전통도 계몽된 형태로 존속했는데, 특히 1720년 무렵에 잉글랜드에서 등장해 곧 유럽 전역에서 선풍적 인기를 얻었던 프리메이슨리[18] 현상이나 이와 유사한 비밀 협회가 그 사례다.[104]

하지만 이탈리아인 잠바티스타 비코Giambattista Vico(1668~1744)[105]는 계몽된 합리성에서 핵심적인 역할을 하는 직선적 인과성과 진보 사상에 대해 분명한 반대 입장을 밝혔다. 역사가 변증법적으로 진행한다는 판단하에 그는 역사의 가능성이 필연의 주도권에 맞서 자신의 권리를 찾도록 도와주었다. 발전 주기에 관한 그의 모델(순환과 반복corsi e ricorsi)을 통해 비코는 비교 사회심리학과 비교 역사학의 선구자가 되었다.

권위의 굴레로부터 인간이 해방된다는 것은 더 많은 '인간성'의 진보, 이웃과의 더 많은 이해와 공감으로 나아가는 것을 뜻했다. 법 제도를 인간적으로 만드는 것, 복지와 교육의 개선,[106] 특히 교육기관이 국가나 민간의 주도를 통해 실용적인 성격을 가지도록 촉구한 것은 계몽주의의 대표적 업적이었다. 물론 이는 특히 대학의 경우, 국가의 강력한 통제하에 들어가는 것을 내포하고 있었다. 새로운 의사소통 방식이 개발되고 확산되었는데, 이는 신흥 부르주아층이 자기들의 필요에 맞추어 만든 것이지만 성직자나 귀족들에게도 적지 않게 매력적이었다. 그 밖에도 의도적으로 국민을 교육하려는 목적으로 농민과 하층민에게도 확산되었다.[107]

이 프로그램에서 가장 근본이 되는 것은 모든 사람에게 문자 해독 능력을 갖추게 하는 것을 목표로 하는 보편적인 초등교육이었다. 어쨌든 당시에는 문자 해독 능력이 이미 널리 퍼져 있어 수많은 정기간행물이 발간되었다. 계몽사상을 알기 쉽고 재미있게 전하려는 '도덕 주간지moral weekly'들, 동일한 메

——18 '자유 석공 모임'이라는 뜻으로, 16세기 말과 17세기 초에 등장한, 인도주의적 박애주의를 지향하는 친목 단체다. 흔히 쓰이는 '프리메이슨'은 정확히는 단체가 아니라 그 회원들을 가리킨다.

시지를 뉴스 및 광고와 함께 연계한 '지성인 저널intellectual journal'들, 최초의 신문들, 그리고 마지막으로 높은 지적 수준을 가진 학술지 등이 있었다. 잉글랜드에서는 검열에 맞서는 투쟁이 이미 1694년에 승리로 끝났지만, 다른 곳에서는 여전히 100년 이상 계속되었다. 독서에서는 이전과 달리 개인적이고 조용하게 읽는 새로운 경향이 등장했으며, 독서 클럽을 통해 책과 정기간행물을 공급받는 일도 빈번했다. 프랑스의 살롱이나 영국의 클럽, 그리고 이와 유사한 '협회들'에서는 친교뿐만 아니라 당시의 쟁점들에 관한 진지한 토론도 활발하게 이루어졌다. 이들 협회는 매우 효율적으로 조직되고 뚜렷한 목표를 설정할 수 있었다. 그들이 설정한 목표는 예를 들어 농업의 최적화에서 공공도덕의 증진을 위한 복음 전파에 이르기까지 각 분야의 실질적인 개선을 위해 활동하는 '애국적'·'공익적'·'경제적' 목적 등이었는데, 이것이 바로 계몽의 징후였다. 이런 종류에서 최초의 협회는 잉글랜드에서 탄생했다. 반면에 프랑스에서는 이런 협회들이 본격적인 지방의 학술원으로 발전해 갔다.[108]

나중에는 이들로부터 한편에는 근대적인 클럽이, 다른 한편에는 정당들이 출현했다. 1750년 이후에 비로소 그 절정에 도달한 계몽주의는 문화혁명이었다. 그리고 이 혁명은 그것이 옳든지 그르든지 간에 자기가 자기의 주인이라는 인간의 자의식을 포함해, 유럽이 전 세계에 확산시킨 바로 그 학문적·기술적 문화의 지속적인 토대를 구축했다.

귀족 지배와 공동체 자치에서 초기 근대국가로

1350년 무렵에 유럽의 구체적인 정치 질서[109]는 국가에 의한 통치가 아니라, 제한된 범위의 왕정으로 특징지어진다. 그러나 적어도 초기에는 수천 명의 귀족들이, 다른 한편으로는 도시나 지역 공동체가 지배했다. 예를 들어 일부 공동체는, 무엇보다 이탈리아와 스위스의 몇몇 도시는 실질적이거나 명목상으로 어떤 지배자에게 속하는 대신에 스스로 서로에 대해 권위를 행사했다. 하지만 대부분 자치도시에서 정치적인 삶은 지배와 협력이라는 서로 다른 무게를 가진 기둥 사이에서 전개되었다. 자치도시들은 영지의 특권이나 자체적인 정관을 통해, 혹은 이 두 가지의 상호작용을 통해 그들 스스로 권위를 얻었다. 이 권위는 해당 공동체의 거주자들과 그들에게 속하는 영토에만 적용되었다. 이 권위는 무엇보다도 법 시행에 있었기 때문이다. 정치적이거나 행정적인 행위도 원칙적으로 이런 방식으로 법에 따라 집행되었다. 하지만 사법도 우선은 공동체나 그 지도자가 맡아야 하는 과제였다. 그런데 공동체보다 하위 차원에서 이러한 정치적 세계의 기초는 근대와 마찬가지로 법적으로 책임 있는 개별 성인이 아니라 가정, 구체적으로는 가장이었으며, 예외적인 경우에는 주부일 수도 있었다. 물론 성직자와 귀족은 공동체에 적용되는 법의 지배를 받지 않는 사례가 흔했다. 이러한 전체 질서는 오늘날 유럽의 분권화된 사회구조와 경제구조의 정치적 측면과 다르지 않았다.[110]

물론 유럽의 거의 모든 지역에는 왕, 신성 로마 제국 황제, 교황에 이르기까지 전문적이고 지리적인 관할권을 가진 상위의 정치적 권위자가 있었다. 그러나 실제로 이러한 권한은 예외적인 경우에만 활용되었으며, 그것도 불균형하게 분포되어 있었다. 마치 동일한 마을에서 다양한 권력이 다양한 주체들에게 주어져 있거나, 여러 가계가 서로 다른 주군에게 속해 있었던 것처럼 그들의 관할 영역은 서로 공존하는 것이 아니라 서로 중첩되는 여러 개의 상위 지배권이 존재할 수 있었다. 사법권, 행정권, 군사권, 재정권, 교권들이 각각 다른 주체의 손에 놓여 있었고, 지역적으로 불균등하게 분포되어 있었다. 그 결과 예를 들어 절대왕정하의 프랑스같이 중앙집권화된 국가에서조차 한 마을을 관할하는 관청이 다른 여러 도시에 있을 수 있었다.

그 결과는 여러 가지로 나타났다. 첫째, 국가나 제국의 내부 경계들이 국경과 마찬가지로 중요하거나 이보다 더 중요했다. 사실 내부의 경계와 국가 간의 경계가 도무지 구별되지 않았다. 세금은 많은 국가에서 국내 경계와 국가 간 경계에 모두 부과되었다. 따라서 17세기까지 대부분의 지도에는 '국가 간' 경계선이 뚜렷하게 드러나 있지 않았다.

둘째, 물론 이전에 생각되었던 것과 달리 이미 중세 때 명확하게 구별되고, 경우에 따라 경계석 같은 것으로 표기된 직선적 경계선이 있었다. 하지만 그렇다고 해도 이것은 근대적 경계선이라기보다 전근대적 경계 지역이라고 말하는 것이 적절하다. 이미 앞서 언급했듯이 다양한 관할권들이 적용되는 경계들이 서로 달랐기 때문이다. 예를 들어 한 지역이 교구로는 이쪽 관할이지만, 정치적으로는 전혀 다른 쪽에 속할 수 있었다.[111]

그렇기 때문에 이 시기에 정치적 담론은 매우 다의적이었다. 예를 들어 '파트리아'라는 개념은 자기가 사는 마을 또는 도시, 작은 토지, 혹은 한 부족의 영역 같은 거대한 영토나 왕국, 경우에 따라서는 심지어 천국을 가리킬 수도 있었다. 당시 사람들에게는 단일한 기독교 공동체에 속한다는 의식도 존재했기 때문이다.[112]

그런데 우리가 이 책에서 다루는 1350년 이후로 400년 동안 정치적으로 핵심을 이루며, 1750년 무렵에 이미 장족의 발전을 보았던 근대국가의 형성 과정에서 '파트리아'는 근대적인 '조국'이라는 의미로 독점적으로 사용되었다. 조국은 대부분 중세 왕정에서 출발해 결국 근대 민족국가로 구현되었다. 이 과정에서 내부적 경계선은 의미가 축소되거나 사라져야 했던 반면에, 모든 다양한 경계선은 당시까지 존재하던 외적 경계선 안에 포괄되거나, 적어도 정치적 경계선의 우월성이 관철되었다. 국내에서는 중앙집권화된 정부와 국가에 대한 정부의 통제가 제도화되었다. 다시 말해 개인의 지배가 초기에는 법정, 그리고 나중에는 여러 관청이 이루는 체제로 점차 변천한 것이다. 물론 관청들은 처음에는 기존의 지방분권적인 질서를 일관성 있게 중앙 집중식으로 통제하는 데 실패했다. 중앙에서 파견한 관리들이 현지에서 지역 질서와 그들의 이해관계에 연루되고 혼인을 통해 지역 맹주들과 결합했을 때는 오히려 지방 세력에 장악되는 경우도 많이 발생했다.

교회와 법

유럽 역사에서 정치권력을 중앙집권화한 첫 사례는 가톨릭교회였다. 가톨릭교회를 유럽 최초의 국가라고 보는 것은 사실상 일리가 있으며, 가톨릭교회는 여러 가지 측면에서 이후에 등장하는 국가들에 모델이 되었다. 결정적인 요소는 가톨릭교회가 라틴 문화의 전달자로서 로마 제국의 전통과 법체계 안에서 위계적으로 조직된 정치체로 발전했다는 사실이다. 이 정치체는 사실 정신적 덕성과 기독교의 사랑을 널리 공포하는 조직이라기보다는 법적 권위를 행사하는 조직이었다. 그 결과 본래 순전히 기능적인 분업으로 인식되던 교회의 직위들은 법적으로 규정된 경력 상승 과정으로 변모했다. 예를 들어 부제副祭는 교회의 복지 활동을 책임지는 독립적인 지위에서 신부가 되고자 하는 자들이 준비하는 단계의 지위로 전락했다. 유대교나 이슬람교도 제도를 갖춘 종교였지만, 가톨릭교회는 한 걸음 더 나아가 세계 역사에서 유일한 방식으로 고도로 조직화되고 중앙집권화되었다. 이탈리아 내전이나 십자군 원정에서 교황청이 정치적인 행태를 보이거나 심지어 군사화된 것도 이러한 발전의 일부였다.

교회와 교황청은 이론적 주장이나 제도적 실제에서 이제야 대두하던 유럽의 세속 국가들보다 유리한 이점을 가지고 있었다. 교회에 대한 교황의 절대적 지배권Plenitudo potestatis,[113] 중앙주의, 행정조직, 세무 징수 기관 등으로 인해 중세 교회는 근대국가에 모델을 제공해 주었다. 그래서 세속 군주들은 그들에게 필요했던 지배 관료들을 우선 교회에서 모집해야 했다. 여기에서 신부를 이론적으로 개인의 명망과 무관하게 객관적인 목적에 따라 모집된 최초의 공무원으로 만든 교회의 관직 개념이 폭넓게 차용되었다. 세속적 영역에서 혁신은 대개 교회의 여러 법적·제도적 기관에서 우선 창안되고 시험되었다. 잉글랜드를 제외한 왕정 대부분이 인적 동맹으로 구성된 국가였을 때, 교황령과 주교령, 대주교구, 사목구로 구성된 교회는 이미 '영토 국가'로 나아가는 길목에 있었다. 이 과정에서 잘 조직된 수도원 공동체의 '계율'은 완벽하게 조정되는 유토피아적 공동체를 만들기 위한 청사진에 이르기까지 백성의 통제를 위한 모델로 사용될 수 있었다. 세속 '신분'들을 위한 대의 기구들은 총회나 교회가 소집하는 평의회 같은 기구, 그리고 교회법적인 절차에서 힌트를 얻었다.

6세기에 처음으로 집대성된 로마법은 11세기에 그 전체가 재발견되었다. 그러나 로마법은 사실 법적 실체였던 가톨릭교회가 단절 없이 유지해 온 오랜 전통 속에 보존되어 있었다. 가톨릭교회의 '교부들'은 성 암브로시우스Ambrose나 교황 그레고리오 1세Gregory I처럼 흔히 법률가들이었다. 그러므로 교회는 과거로부터 내려온 법과 정의의 개념이 근대적이고 과학적 기초를 가진 규정과 절차로 대체되던 11세기와 12세기의 사법 혁명에 결정적 역할을 수행했다.[114] 당시까지 세속법은 지역이나 집단과 연관되어 있었으며, 신앙과 관습에 뿌리를 둔 관행이었다. 판결은 이전의 개인적 경험을 토대로 평신도가 내렸으며, 최종적이어서 일반적으로 상위 법정에 호소할 가능성은 없었다. 그 어떤 것도 조문화되어 있지 않았으며, 모든 법과 재판은 구술로 이루어졌다.[115]

그러나 이제 법이 종교와 도덕으로부터 분리되어서 앞으로 법의 공정성은 이성적 검증 대상이 되었다. 따라서 많은 신학자는 심지어 세속적인 법 규정이 인간의 양심에 구속력을 갖지 못한다고 주장하기도 했다.[116] 교회 법정은 민사소송 절차를 개발했으며, 이를 세속 법정이 채택했다. 형법에서는 고대로부터 내려오는 기소 과정("고발자가 없으면 재판은 없다.")을 공공 기관이 상세하게 규정한 수사와 심문 및 증거 제시 등으로 구성된 종교재판으로 대체했다. 이때는 자백을 받아내기 위해 드물지 않게 고문도 했다. 이단 재판은 그저 이러한 종교재판에서 특별한 사례였다. 많은 국가는 교회의 모델을 받아들여 기존의 법을 명문화하기 시작했다. 민사와 형사의 소송 절차도 대부분 명문화되고 고도로 전문화되었고, 법과 사법기관은 고도로 교육받은 법률가의 독무대가 되었으며, 재판은 전업 전문가의 직업 활동이 되었다. 이러한 상황에서 항소 제도가 가능해졌고 의미를 얻었다.

항소 제도와 연계된 완전히 전문화된 사법제도, 그리고 궁극적으로 법의 성문화 작업이라는 두 가지 사안은 오직 권력만이 집행할 수 있었다. 그렇기 때문에 앞서 언급한 '사법 혁명'은 당시 대두하던 국가권력에 거대한 동력을 제공해 주었다. 왕립 재판소의 체계적인 설립과 전국적인 확산은 잉글랜드와 프랑스, 카스티야에서 왕권을 강화했다. 교황청 사법제도의 확대가 그동안 이론으로 주장해 오던 교황의 절대적 권위를 구체적으로 시행하게 한 것과 마찬가지였다.

학술적으로 훈련된 법률가들과 함께, 자기의 이익 증진을 목적으로 해서 왕과 교황의 권력 강화를 위해 활동하는 새로운 집단이 등장했다.[117] 이 집단은 중세 제후들을 위해 봉사했던 많은 귀족이나 성직자들과 달리 독립적인 생활 기반을 갖고 있지 않아, 지위를 얻고 그 지위에서 상승하기 위해서는 전적으로 군주에게 의존할 수밖에 없었기 때문이다. 이로써 한편으로는 국가에 봉사하는 근대 법률가들의 독점적 지위가 형성되었지만, 당시에 여전히 건재하던 분권적 정치권력 구조는 잉글랜드, 프랑스, 에스파냐에서 궁정의 법률가들이 지방자치를 강하게 요구하는 세력들과 정치적으로 제휴하는 결과를 초래했다. 심지어 이들 법률가 집단은 자신들이 군주보다 백성들이 원하는 바를 더 잘 안다고 생각했으며, 잉글랜드와 프랑스에서는 17세기와 18세기에 군주제에 대한 혁명의 대의명분을 옹호하기도 했다.

그러나 이제 교회 권력과 국가권력 사이에 경쟁 관계가 존재했다. 이미 494년에 교황 젤라시오 1세Gelasius I는 많은 동방교회에서 주장하던 그리스도 단성론에 입각한 동로마 황제의 교회 지배에 맞서, 신학적으로 한편으로는 신이면서 다른 한편으로는 인간이기도 한 예수 그리스도의 두 가지 본성을 닮은 '두 개의 권력'이라는 로마의 독트린을 제시했다. 이는 달리 표현해 주교와 황제가 서로 다른 세계를 다스리는 것이 신의 뜻이라는 것이다.[118] 물론 11세기까지 세속의 황제와 왕들은 그 어떤 도전도 받지 않은 채 교회에 권력을 행사했지만, 그 이후로 교회는 세속 권력으로부터의 해방을 성공적으로 관철했으며, 심지어 교권 우선주의를 내세우려고까지 했다.

신이면서 인간이기도 한 예수 그리스도의 두 가지 본성은 인간의 두 가지 측면에, 즉 정신세계와 세속 세계에 부합하는 것으로 해석되었다. 전형적인 로마식으로, 여기에서 다음과 같은 이중적 구별이 도출되었다. 즉 재산과 관련된 법적 사안에서는 정신적 재산과 세속적 재산을, 그리고 인간과 관련된 법적 사안에서는 성직자와 평신도를 구별했다. 두 가지는 각각 별도로 교회의 관할권과 세속적 관할권에 속했는데, 서로 중첩되는 영역이 있어 갈등의 소지가 많았다. 쟁점이 되는 부분은 이런 방식으로 정립되었으며, 이미 언급된 성직자의 특권뿐 아니라 혼인이 갖는 성스러운 성격으로 인해 교회에 관할권이 부여된 혼인법에도 관련되어 있었다. 그 밖에도 교회는 그들의 관할권이 더 중요한 사안을 다루기 때문에 우선시되어야 한다고 주장했을 뿐 아니라, (세상의 왕인 예수 그리스도의 지위를 언급하면서) 신의 대리인인 교황이 세상에 대해서도 지배권을 갖는다고도 주장했다. 이러한 견해를 극단적으로 옹호하는 이들은 모든 권력은 교황에게서 나온다고 가르쳤다. 이에 따르면 교황은 군주를 임명할 수도 물러나게 할 수도 있으며, 심지어 기독교에 관해 한 번도 들어 보지 못한 이교도에게도 지배권을 행사할 수 있었다. 이러한 견해는 13세기와 14세기에 절정에 도달했지만, 장기적으로는 교회 안에서만, 주로 교황 재판소의 확대나 성직록 분배에 대한 적극적인 개입, 교황에 의한 광범위한 징세 등을 통해 관철될 수 있었다.

다시 말해 앞서 서술한 여러 사항에도 불구하고 라틴적 기독교 세계는 이분화된 구조를 계속 유지해 긴장으로 가득 차 있었으며, 그로 인해 세상의 어떤 다른 정치제도와도 차이를 보였다. 교회나 국가 어느 쪽도 본질적으로 인간적 자유의 옹호자가 아니었는데도,(사실 '자유'라는 개념은 원래 '방탕'이라는 부정적 의미를 함축하고 있었다.) 모든 유럽인은 이런저런 방식으로 두 주인을 섬겨야 했다. 그런데 이러한 단순한 사실 덕분에 이론에서뿐 아니라 실제에서도 인간이 자유롭게 행동할 수 있는 틈새가 존재했다. 이 두 주인이 한뜻이었던 적은 거의 없었기 때문이다. 그러나 다른 한편으로 교회와 교황은 유럽의 광범위한 문화적 결속을 위한 제도적 보증인이기도 했다. 교황이 가진 교권은 교황의 정치와 마찬가지로 전 유럽적 현상이었기 때문이다. 중세의 전성기에 교황의 공의회는 유럽의 공통점을 보여 주는 인상적인 광장이었다.

정치 이론과 국가 형태

신성 로마 제국의 황제는 간헐적으로, 특히 카를 5세(재위 1519~1556)를 통해 유럽 전체를 주도할 권리를 주장할 수 있었다. 하지만 카를 5세에게 주어진 황제라는 호칭은 실제로는 독일 왕에게 주어진 명예로운 직위에 불과했다. 유럽 전체가 하나로 통합된 체제보다는 개별화된 국가 형태를 추구한다는 결정은 늦어도 중세 전성기에 내려졌다. 이 무렵에 정치의 주도권은 이미 오래전부터 한편으로는 서유럽의 왕들에게, 다른 한편으로는 이탈리아 도시국가의 참주들이나 독일의 대규모 공국의 군주들에게 넘어가 있었다. 그런데도 돌이켜 생각해 보면 어떤 목적을 가지고 전체적으로 발전했다고 판명된 것은 사실 원래는 그렇게 계획된 것이 아니었고, 결과적으로 발생한 개별 사건을 봐도 심지어 어떤 일관된 방향을 가진 것도 아니었다. 그 누구도 의도적으로 근대국가를 수립하겠다는 목표를 가지고 행동했던 것이 아니기 때문에 오히려 우여곡절이 끊이지 않았고, 주된 추진력과 완전히 다른 발전도 없었다. 마찬가지로 왕과 제후들은 대내외적으로 자신들의 권력을 강화하려고 애썼다. 유리한 조건이 주어지고, 이에 적합한 역사적 사건들이 우발적으로 발생하자 국가 건설을 성공적으로 추진할 수 있었으며, 그들의 수많은 경쟁자를 물리치거나 제압할 수 있었다.

아리스토텔레스 철학의 연구와 수용을 통해서 처음으로 공동체를 세속적 기반 위에 수립할 수 있게 된 후, 16세기 이후에는 국가 건설이 점점 더 강도 높게 고려되었으며, 국가 건설을 위한 이론적 정당성도 확보되었다.[119] 마키아벨리는 이러한 정치의 기본 원칙을 직설적으로 제시했다. 장 보댕Jean Bodin(1530~1596)은 새로운 통치권 개념을 동원해 왕정을 뒷받침했는데, 이는 법 위에 존재하며, 입법을 통해 표현되는 무제한적인 절대 권력이었다. 반면에 홉스는 '만인에 대한 만인의 투쟁'을 종식하기 위해 체결된 계약에서 국가가 탄생했다고 주장하면서, 국가의 통치권에 무제한적인 권한을 부여했다. 이 과정에서 홉스는 이미 함축적으로 군주정에서 추상적인 국가 개념으로 넘어가는 중요한 걸음을 내디뎠다. 이와 달리 로크는 권력과 재산을 잉글랜드의 모델처럼 권력 분립을 통해 보장할 수 있다고 보았다. 이 권력 분립론을 채택하고 유럽 대륙에 확산되도록 공헌한 것은 몽테스키외였다. 지금까지 구체적인 공동체의 군주이자 구현이던 제후들이 이 모델에서는 점차 추상적인 기구인 국가의 최고 관직 보유자가 되었다. 이는 18세기의 '계몽 절대주의'에서 이미 간헐적으로 드러났던 현상이었다.

이미 처음부터 신성시되거나 다른 방식으로 두각을 나타낸 왕국, 그리고 법의 보증인으로 사법부를 확대하고 이를 통해 권력을 강화할 수 있었던 군주의 역할 등이 이러한 발전을 이루게 한 유리한 조건이었다. 의심할 여지없이 이러한 정치적 발전이 초래한 가장 중요한 혜택은 유능한 군주들이 왕조의 연속성을 이어 나간 것이었다. 1640년에서 1786년까지 존속한 브란덴부르크-프로이센이 그 좋은 사례다. 역으로 1559년 이후의 프랑스나, 1740년의 오

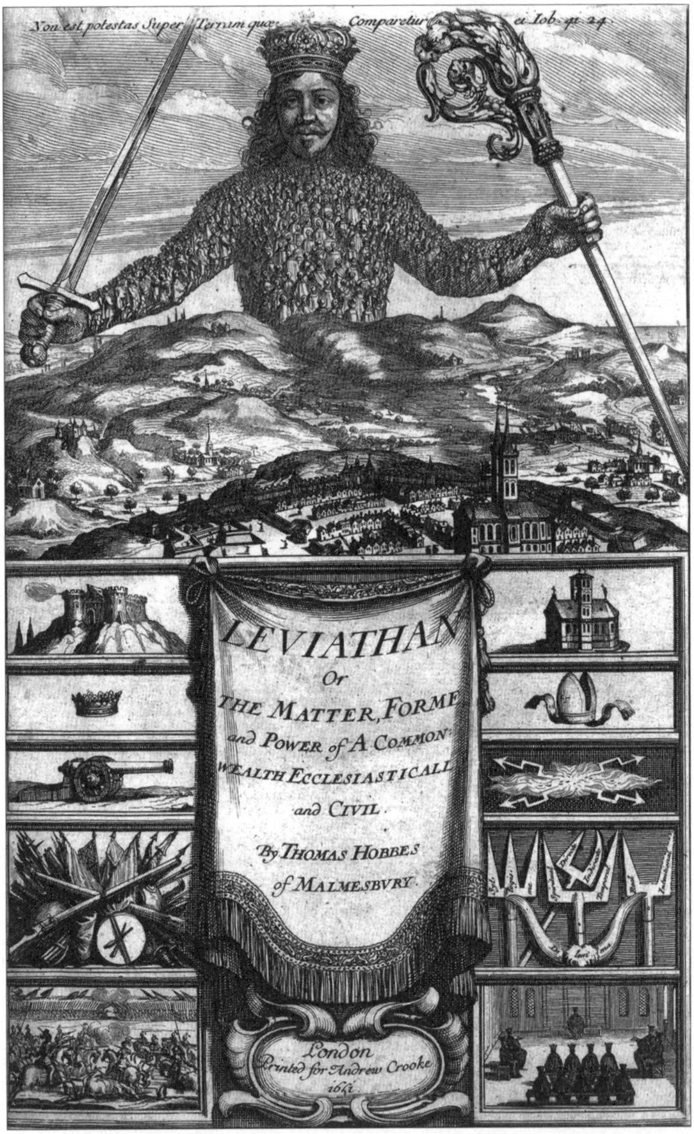

____"지구상의 그 어떤 힘도 그와 비교될 수 없다."『구약성경』의「욥기」에서 바다 괴물인 리바이어던을 묘사한 이 구절은 잉글랜드의 철학자 토머스 홉스가 1751년에 같은 제목으로 발표한 통치론에서 사용되었다. 이 책에서 홉스는 리바이어던을 인간들의 사회계약을 통해 성립되는 국가로 이해하였다. 따라서 왕관을 쓴 리바이어던은 300명이 넘는 인간으로 구성되어 있다. 무제한적인 세속권과 영적 권한을 보유한 그는 칼과 주교의 지팡이를 들고 있는데, 그의 밑에 있는 경치뿐 아니라 좌우에 배치된 삽화에는 칼과 주교의 지팡이가 상징하는 두 개의 권력과 그 활동 영역이 표현되어 있다. 나아가 그가 가진 그 이상의 비밀은 가운데 커튼으로 가려져 있는데, 이 비밀은 책의 내용에서 밝혀질 것을 의미한다. (Wikimedia Commons)

스트리아에서와 같은 왕조의 위기는 국가 건설 과정에 대한 대내외적 위협을 의미했다. 국가 건설의 추동력은 야심 찬 지배 왕조와 법률가 같은 권력 엘리트들의 긴밀한 협력에서 나왔기 때문이다.

장기적 안목에서 볼 때 외부의 경쟁자들과 치른 군사적 분쟁이 이러한 발전에 결정적이었다. 군사적 분쟁은 국가를 동원해야 성공적으로 이겨 낼 수 있었기 때문이다. 근대 초의 '군사혁명'은 흔히 주장되던 것보다는 덜 혁신적이었다.[120] 그것은 전통적인 서양의 군사 문화에서 단지 하나의 발전적 자극이었을 뿐이다. 실제로 새로웠던 것은 화기 제조 기술의 등장과 연계된 보병 전술과 요새 건설에서 일어난 변화였다. 하지만 이러한 변화는 전쟁에 동원되는 용병들과 마찬가지로 평상시에 한 통치자가 마음대로 할 수 있었던 재정수입보다 훨씬 많은 비용이 필요했다. 그런데 추가로 필요한 재정은 오직 백성들에게서 나올 수밖에 없었으며, 동맹국으로부터 보조금을 얻는다고 해도 그 보조금은 결국 타국 백성들의 세금에서 나올 수밖에 없었기 때문에 국가적 사안에서 정치의 역할을 부양하게 하는 효과를 초래했다. 정치의 역할은 신분제의회의 참여를 통해 합의를 도출함으로써, 아니면 이른바 절대왕정 진영의 강제 조치를 통해 발휘되었다. 여기서 강제 조치는 국가가 공동선을 위해서는 적합한 조치를 내릴 책임이 있다고 주장함으로써 신분 대표들에게 맞서거나, 그들을 무시하고 내리는 필수적인 조치였다. 이러한 경우 강제 조치를 집행하는 기관을 위해 추가 비용이 들었지만, 사실 앞서 언급한 어떤 경우든 새로운 과세와 징세의 기구를 작동하려면 비용은 가차 없이 상승했다. 여기서 작동된 과정들은 활력을 가져오면서도 그 자체가 끝이 나지 않는 과정인, 이른바 '강요 및 추출 주기'였다.[121] 이 주기는 브란덴부르크-프로이센뿐 아니라 이미 잉글랜드와 프랑스 사이에서 벌어진 이른바 백년전쟁(1337~1453)에서도 국가 수립을 위해 결정적으로 기여했다. 이 과정은 잉글랜드에서는 의회가 신분 대표들을 증원함으로써 진행된 반면에, 프랑스에서는 왕정이 신분제의회(삼부회)를 무시한 채 세금을 직접 징수하고 신분제의회는 이를 묵인하는 방식으로 진행되었다.

국가의 내부 구조를 의도적으로 변경하는 일은 18세기 계몽주의의 흐름 아래에서 비로소 이루어졌다. 그때까지 군주들은 백성들이 복종하고, 다시 말해 조용히 처신하고 세금을 납부하면 그저 만족했다. 그런데 사실 이것은 이미 대단한 일이었다. 유럽인들은 권위에 저항하는 경향이 강했으며, 특히 그들이 불법적이라고 여기는 일을 하도록 요구받을 때는 더욱 저항적이었기 때문이다. 물론 중세 군주들은 그들이 의무를 수행하는 것에서 어떤 세력으로부터도 견제받지 않았다. 하지만 그들의 권한은 다음과 같은 한계가 있었다. 첫째, 평화를 지키고 법을 준수하는 통치자의 의무는 그렇게 광범위한 것이 아니었다. 둘째, 그들에게는 백성이 의무를 충실히 지킬 수 있게 할 근대국가성과 같은 의미의 수단이 결여되어 있었다. 셋째, 물론 프랑스에서처럼 군주가 모든 법 위에 군림하는 경우도 있기는 했지만, 군주는 항상 신법과 자연법뿐 아니라 각국의 기본법을 준수해야 했다. 프랑스에서와 달리 군주가 잉글랜드에서처럼 실정법 아래에 있다고 해도 큰 차이는 없었다. 이 법은 어차피 그렇게 광범위하지 않았기 때문인데, 누가 군주에게 이 법을 준수하도록 강요할 처지에 있었을까? 물론 신법이나 자연법 같은 고차원의 법도 마찬가지로 한계가 있었다. 하지만 이 경우에 문제는 정의와 공평의 근본 원칙에 관한 것이었고, 이것을 침해하면 이에 대한 무력 저항을 정당화할 수 있었다. 왜냐하면 넷째, 유럽인의 눈에 통치란 항상 상호 간의 관계였으며, 그 관계에서는 지배자나 피지배자인 백성 모두에게 책임과 동시에 의무가 있었다. 다시 말해 권리와 의무를 망각한 제후에게까지 충성할 의무가 백성들에게는 없었다. 다섯째, 백성들이 보유한 가장 중요한 권리는 자기 재산이 침해당하지 않을 권리였다. 사유재산에 대한 불가침적이고 무제한적인 소유권은 유럽 법 문화의 특징이었다. 따라서 과세를 통해 백성의 재산을 침범하려면 그에 대한 동의가 있어야 했다. 암묵적인 수용은 함축적인 동의를 뜻하기는 하지만, 이것은 오늘날까지도 여전히 적용되는 원칙이다. 국가 개입의 확대에, 특히 국가 권력의 세금 압박에 저항해 수없이 발발한 귀족과 민중의 봉기는 14세기에서 18세기까지 유럽의 역사를 특징짓는 요소인데, 유럽에서 이러한 봉기는 그리 어렵지 않게 정당화될 수 있었다.[122]

자신들의 권력 행사가 불법적이라는 비난을 막기 위해 중세 제후들은 국가의 명망가들로 구성된 자문 위원회나 법률 전문가의 자문을 동원해 통치했다. 그들이 동의하면 자신의 행위가 공동체의 폭넓은 공감대를 얻을 수 있다는 의도에서였다. 주요 사안이 있으면 이 목적을 위해 위원회에 각 영역의 대표적인 인물들을 더욱 충원했다. 근대 후반에 이르기까지는 국가의 결정을 강제로 시행할 수 있는 기구가 없었으므로 통치자의 결정은 백성들이 자발적으로 실천해야 했고, 그렇기 때문에 국민적 합의를 얻는 것이 필수적이었다. 자문 위원회 외에 궁정(참사회)에는 재정 담당, 총리, 궁내 대신 같은 고위 관료들이 포함되었다. 궁정의 업무가 세분화되고 각 기관이 궁정에서 제도적으로 독립하면서 '궁정 밖'으로 나감으로써 훗날의 우리에게 친숙한 중앙관청들이 등장했다. 그래서 특권을 통해 통치되던 옛 체계는 공식 문서의 교환으로 운영되는 일종의 내각이 되었다. 그리고 이와 동일한 과정을 통해 재무 및 경제를 관리하는 재무부, 최고 군사령부, (여러 담당 분야로 나뉘어 구성된) 최고 법원, 그리고 때에 따라 소집되던 신분제의회가 성장했다. 그동안 왕실 자문 위원회는 군주의 편에서 활동하는 최고위급 통치 기구로 발전했는데, 17세기와 18세기에는 많은 국가에서 분야에 따라 업무를 분담하는 일이 자연스럽게 진행되었다. 하지만 오늘날 내각 장관들의 전신이던 당시의 그들에게는 동원할 수 있는 전문 인력이나 광범위한 관청이 별로 없었다.

신분제의회는 국가를 대표했지만 근대적 의회와 같은 의미는 아니었다. 신분제의회는 각 신분의 대표들, 혹은 각 연합체(주로 도시와 교회 기관)의 대표들로 구성되었다. 특히 후자들은 관습법에 따라 국가 통치와 관련된 특정 사안에서는 공동 결정권은 아니라고 할지라도, 적어도 제후들에게 발언할 수 있는 권한을 갖고 있었다. 그들은 자신들의 개별적 이해관계, 혹은 기껏해야 자신이 속한 집단의 이해관계를 대변한다는 면에서 적어도 이론상으로는 전 국민을 대변하는 근대 민주주의 체제의 국민대표들과는 차이가 있었다. 따라서 그들이 특정 단체의 대표인 한 그들은 특정 이해에 관한 의무적인 대표성만 가지고 있으므로 단체의 지시에 따라야 했으며, 예기치 못한 상황이 전개되면 어떻게 처신해야 할지를 자기가 속한 단체에 다시 문의해야 했다. 그렇다고 해도 근대적인 의회 제도는 잉글랜드에서처럼 관습법적으로, 아니면 프랑스에서처럼 혁명적으로 발전할 수 있었다. 의회는 정해진 회기 안에 일정 기간 개최되었다. 지금까지 신분제의회는 오랫동안 독자적인 소집권이 없었기 때문에 군주가 임의적으로 소집해야 했던 상황과는 크게 달라진 것이다.[123]

잉글랜드 의회를 포함한 신분제의회는 귀찮게 여겨질 때가 많았다. 그곳에서도 입법과 정치적 합의가 이루어질 수 있었지만, 세금을 둘러싼 논란이 훨씬 빈번했기 때문이다. 우리가 이미 살펴보았듯이 당시에 형성되던 국가가 한 걸음씩 발전하는 데 필요한 재정은 국가의 재원만으로는 충당할 수 없어 백성들의 재산을 동원해야 했는데, 그러기 위해서는 백성들의 동의가 필요했다. 그 결과 전쟁과 신분제의회 사이에는 밀접한 관계가 있었다. 신분제의회는 14세기와 16세기 사이에 전성기를 경험했다. 그러나 17세기가 지나면서 많은 군주는 신분제의회의 도움 없이, 또는 그들을 무시하고 세금을 징수할 만큼 강력해졌다. 물론 프랑스나 프로이센에서조차 군주들의 권력이 아직 그렇게 완벽한 것은 아니었다. 오직 덴마크에서만 1660년에서 1665년 사이에 신분대표들의 간섭 없는 '절대군주제'가 법적으로 관철되었던 반면에,[124] 잉글랜드에서는 의회에 의한 신분 대표들의 국정 참여가 1689년에 제도적으로 안정화되었다.[125]

잉글랜드와 프랑스, 부르고뉴, 신성 로마 제국

비교적 작은 영토를 가진 잉글랜드에서는 노르만족의 정복과 단일한 왕령의 사법('관습법') 관철을 통해 이미 앵글로·색슨 시대에 어느 정도 중앙집권화되었던 군주제가 더욱 강화되었다. 물론 장기간에 걸쳐 프랑스를 상대로 치른 전쟁('백년전쟁')에 필요한 재정을 동원하면서 의회의 권한이 강화되었는데, 이 경향은 14세기 말에 위기 국면을 맞으면서 계속 상승했다. 세금의 압박은 1381년의 대규모 농민 봉기를 불러일으켰으며, 1399년에는 왕권과 빚은 갈등이 리처드 2세Richard II를 퇴위시켰다. 15세기에는 랭커스터 가문과 요크 가문(양대 가문은 모두 집권 왕가의 분가였다.) 사이에 왕위 계승을 둘러싼 유혈 투쟁과 요크 가문 내부의 분쟁('장미전쟁')이 발생했다. 이 분쟁은 랭커스터 가문의 대표자로서 튜더 가문의 수장인 헨리 7세Henry VII(재위 1485~1509)가 요크 가문의 마지막 왕에게 맞서 승리하고, 그 왕의 조카딸과 결혼함으로써 결국 막을 내렸다. 최고 귀족들은 주로 지배 왕가에서 배출되었기 때문에 이 분쟁에 참여했으며, 그로 인해 대부분 몰락했다. 최고 귀족들의 몰락으로 인해 왕령지는 대폭 증가했고, 그 결과 활력이 넘치게 되었던 헨리 7세에게는 의회가 거의 필요하지 않았으며, 특히 프랑스와 치르던 전쟁을 1453년에 끝낸 후에는 더욱 그러했다.[126]

프랑스에서는 지배 왕조의 지속적이고 유능한 정치 덕분에 소박하게 시작된 왕정이 강력한 절대왕정으로 발전해 14세기에는 심지어 교황청조차 그들에게 의지하도록 만들 수 있었다. 1309년에서 1378년까지의 교황들은 아비뇽을 거주지로 선택해 그곳에 머물렀다.[19] 그 교황들은 모두 남프랑스 출신으로 프랑스식 궁정과 추기경단을 보유했다.[127] 물론 잉글랜드 왕은 오래전부터 남프랑스의 일부 지역을 봉토로 보유하고 있었다. 1316년에 프랑스 왕 루이 10세Louis X가 후계자를 남기지 못한 채 사망하자 그의 삼촌 두 명을 통해 왕가의 명맥을 유지했는데, 1328년에 카페 왕조의 혈통이 최종적으로 단절되자 방계 혈통인 발루아 가문이 왕위를 계승했다. 이 두 가지 사건은 살리카 법의 후계 관련 조항에 따라 정당화되었는데, 이에 따르면 여성뿐만이 아니라 모계를 통해 왕가의 피를 이은 남성들도 왕위 계승에서 제외되었다. 이 조치의 주된 목적은 잉글랜드의 에드워드 3세Edward III가 프랑스 왕위 계승에 대한 그 어떤 요구도 하지 못하게 하려는 것이었다. 에드워드 3세는 프랑스 왕 필리프 4세Philip IV의 외손자였는데, 1337년에 프랑스를 공격함으로써 백년전쟁을 촉발했으며, 전쟁의 와중에 프랑스에서는 여러 차례 농민 봉기가 발생했다. 1340년에서 1802년까지 잉글랜드 왕들은 '프랑스 왕'이라는 칭호도 사용했다. 초기에는 잉글랜드가 우세했지만 프랑스가 세력을 점차 대등하게 회복했으며, 1377년에는 내적 평화가 회복되었다. 이는 무엇보다 두 왕국의 내부적인 어려움 때문이었다. 프랑스에서는 오를레앙 공작과 부르고뉴 공작이 당시에 정신병을 앓던 왕에게 영향력을 행사하기 위해 서로 경쟁했다. 잉글랜드

——— 19 클레멘스 5세Clemens V에서 그레고리오 11세Gregory XI에 이르는 일곱 명의 교황이다.

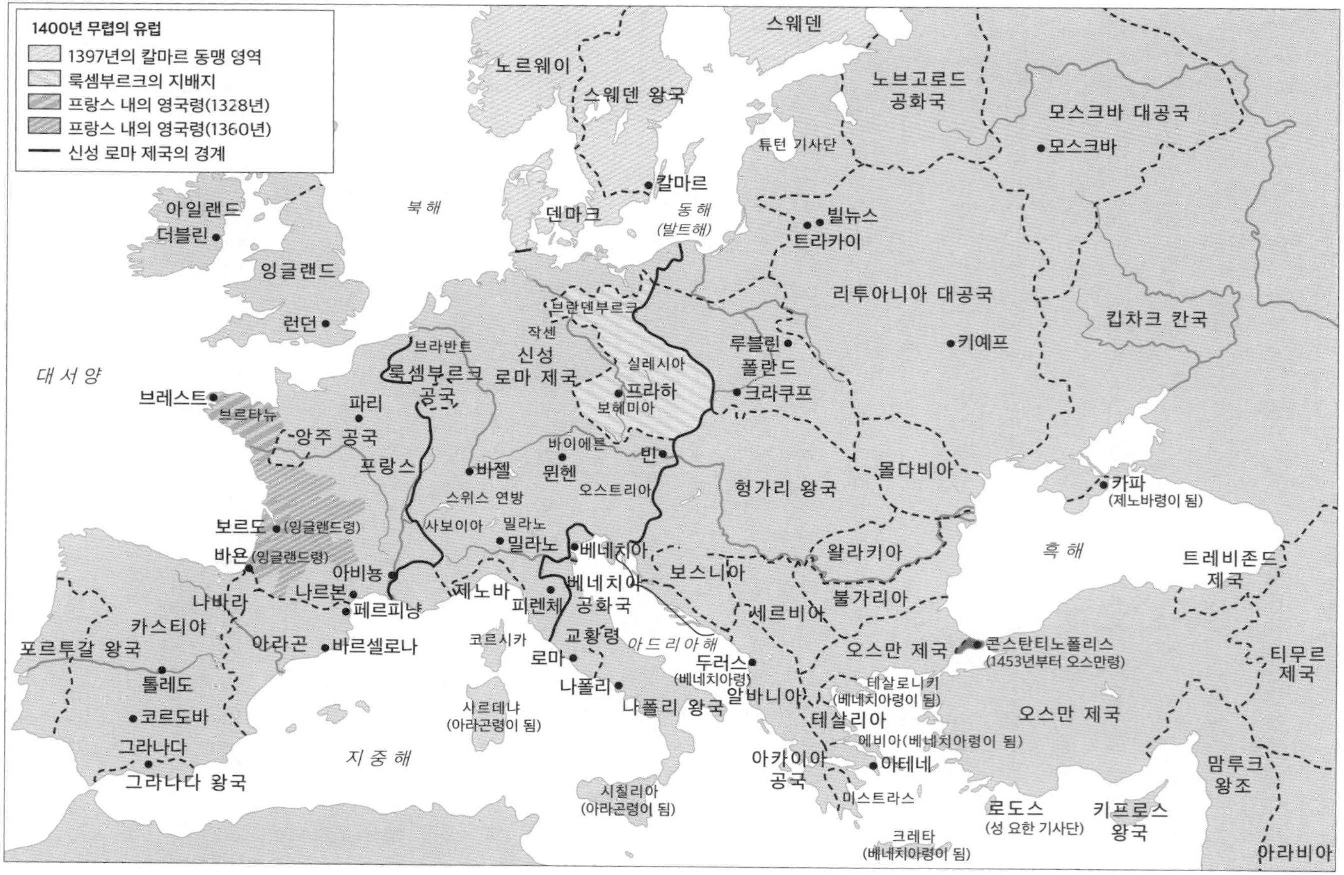
1400년 무렵의 유럽
1397년의 칼마르 동맹 영역
룩셈부르크의 지배지
프랑스 내의 영국령(1328년)
프랑스 내의 영국령(1360년)
신성 로마 제국의 경계
스웨덴
노르웨이
스웨덴 왕국
노브고로드 공화국
모스크바 대공국
모스크바
튜턴 기사단
칼마르
아일랜드
더블린
북해
덴마크
동해 (발트해)
빌뉴스
트라카이
잉글랜드
리투아니아 대공국
킵차크 칸국
런던
브란덴부르크
작센
루블린
키예프
브라반트
신성 로마 제국
실레시아
폴란드
대서양
룩셈부르크 공국
프라하
크라쿠프
브레스트
파리
보헤미아
브르타뉴
앙주 공국
바이에른
빈
프랑스
바젤
뮌헨
몰다비아
오스트리아
헝가리 왕국
카파 (제노바령이 됨)
스위스 연방
보르도 (잉글랜드령)
사보이아
밀라노
바욘 (잉글랜드령)
밀라노
베네치아
왈라키아
흑해
트레비존드 제국
아비뇽
보스니아
나바라
나르본
제노바
베네치아 공화국
피렌체
불가리아
페르피냥
세르비아
카스티야
코르시카
교황령
아드리아해
오스만 제국
콘스탄티노폴리스 (1453년부터 오스만령)
아라곤
바르셀로나
티무르 제국
포르투갈 왕국
로마
두러스 (베네치아령)
톨레도
테살로니키 (베네치아령이 됨)
사르데냐 (아라곤령이 됨)
나폴리
알바니아
나폴리 왕국
테살리아
오스만 제국
코르도바
에비아(베네치아령이 됨)
그라나다
지중해
아카이아 공국
아테네
맘루크 왕조
그라나다 왕국
시칠리아 (아라곤령이 됨)
미스트라스
로도스 (성 요한 기사단)
키프로스 왕국
크레타 (베네치아령이 됨)
아라비아

——1400년 무렵의 유럽.

는 이 갈등을 이용해 프랑스에 개입하면서 1415년에 다시 프랑스에 침입해 넓은 영토를 장악했다. 그러나 군대를 이끌고 와서 1429년에 포위된 오를레앙을 구했던 성녀 잔 다르크Jeanne d'Arc의 등장으로 사태는 반전되었다. 잔 다르크는 왕세자를 랭스로 데리고 가서 대관식을 치르게 했다. 하지만 잔 다르크는 1431년에 결국 잉글랜드군에 체포되어 마녀로서 화형에 처해졌다. 앞서 살리카법에 따른 왕위 계승 문제에서도 드러났듯이, 이러한 극적인 사건들은 프랑스 민족의식의 대두를 상징했다. 1453년 무렵에 잉글랜드 측에 남은 유일한 프랑스 영토는 칼레였는데, 이 항구는 1559년에야 비로소 다시 프랑스에 귀속되었다.[128]

1363년에 프랑스 왕(장 2세John II)은 막내아들인 필리프Philippe에게 부르고뉴 공작령을 하사했다. 필리프와 그의 후계자 세 명은 결혼과 상속, 그리고 기타 방식으로 부르고뉴 공작령과 그 '북부 지역'뿐 아니라, '저지대 국가들'(달리 표현하면 오늘날 베네룩스 3국 지역) 대부분을 차지하게 되었다. 이 지역들, 특히 플랑드르와 브라반트는 북이탈리아 지방을 제외하면 유럽에서 가장 발전하고 부유한 지역이었으므로 부르고뉴는 잉글랜드와 프랑스 사이의 전쟁에서 결정적인 역할을 수행한 막강한 세력이었으며, 궁정 문화나 행정에서도 주도적인 위치에 있었던 지역이었다. 하지만 부르고뉴의 통치자는 왕의 칭호를 얻으려고 시도했고, 나아가 로렌 지방과 북부 영지를 잇는 육교에 해당하는 땅을 확보하려고 시도했다가 모두 실패했다. 1477년에 부르고뉴의 마지막 공작이 스위스 연방과 벌인 전투에서 사망하자, 부르고뉴 공작령은 다시 프랑스에 귀속되었다.[129] 프랑스 왕 루이 11세Louis XI(재위 1461~1483)는 그 밖에도 프로방스를 정복해 그의 왕국을 더욱 공고히 할 수 있었다. 부르고뉴 공국의 경쟁자였던 오를레앙 가문은 루이 12세Louis XII(재위 1498~1515)의 즉위와 함께 프랑스를 지배하는 왕가가 되었다.

독일 왕인 막시밀리안 1세Maximilian I는 부르고뉴의 상속자인 마리Marie de Bourgogne의 남편으로서 부르고뉴에 남은 나머지 땅을 두 사람 사이의 아들인 필리프Philip에게 확보해 줄 수 있었다. 1515년 이래로 '독일 민족의'라는 수식어를 붙인 '신성 로마 제국'은 관례상 대부분 같은 왕가의 구성원들이 황제가 되기는 했지만, 다른 나라들과 달리 선출식 군주제를 유지했다. 영지를 보유한 군주들 가운데 수많은 주교와 수도원장들은 정치적 독립성이 강화되자 기뻐했다. 그중 일곱 선제후(마인츠 대주교, 쾰른 대주교, 트리어 대주교, 라인 궁중백, 작센 공, 브란덴부르크 변경백, 보헤미아 왕)는 1338년에서 1356년 사이에 독점적인 황제 선출권을 확보했다. 따라서 황제의 권력은 오직 개인적으로 보유한 기반에서 도출되는 주도권으로만 행사될 수 있었다. 즉 봉건 영주로서 지닌 권위에서 나왔다. 룩셈부르크 가문 출신의 황제인 카를 4세Charles IV(재위 1346~1378)는 보헤미아에 있는 자신의 권력 기반을 토대로 해서 영토를 확대하는 데 성공했다. 1438년에 합스부르크 가문이 황제 자리를 결국 다시 차지했는데도, 카를 4세가 죽은 후에 제국이 점점 약화되기 시작하는 것을 막을 수 없었다. 프리드리히 3세Friedrich III(1440~1493)의 강력한 통치는 막시밀리안 1세(재위 1493~1519)가 부르고뉴의 유산을 취득하는 토대를 마련했다. 그러나 막시밀리안 1세의 이탈리아 정책은 제국 정책과 마찬가지로 별다른 성공을 거두지 못했다. 그동안 부정기적으로 소집되던 제국 신분제의회에서 제국의회가 태동했고, 그 제국 의회의 준準제도적인 구조는 16세기와 17세기에 확립되었다. 하지만 이론적으로 제국 차원의 국가 형성을 이끌어 낼 수 있었을 1495년의 제국 개혁은 실패했다. 황제도 대제후들도 그런 통일국가를 만드는 데 관심이 없었기 때문이다. 이와 반대로 1496년에 에스파냐의 후계자와 부르고뉴의 후계자가 각각 상대의 누이와 결혼하고,[20] 1491년에 막시밀리안 1세가 준비해 둔 바에 따라 1521년에서 1522년 사이에 합스부르크의 후계자와 보헤미아-헝가리의 후계자가 서로의 누이와 결혼함으로써[21] 카를 5세의 세계 제국과 오스트리아-헝가리의 합스부르크 왕조를 탄생시켰다.[130]

1291년에 합스부르크 가문에 맞서기 위해 수립된 스위스 연방은 1495년

——— 20 카스티야 왕 이사벨 1세와 아라곤 왕 페란도 2세 사이의 외아들 후안Juan과 차녀 후아나Juana가 신성 로마 제국 황제 막시밀리안 1세와 부르고뉴의 마리 사이의 아들 필리프와 딸 마르가레테Margarete와 각각 혼인했다. 두 남자 계승자인 후안과 필리프가 모두 요절하면서 필리프와 후아나의 아들 카를 5세가 대부분의 영토를 상속받았다.

——— 21 이 책의 2부 4장 364쪽에 그 내막이 상세히 나와 있다.

의 제국 개혁에 구속되는 것을 거부했다. 그들은 19세기에 이르기까지 시골형과 도시형의 작은 공화국들이 분권화된 자치를 누리던 전근대적 상황을 구현했다. 그들은 1499년에 마지막으로 발생했던 군사적 분쟁 이래로 1648년까지 점차 신성 로마 제국에서 벗어났다. 그들의 군사적인 성공은 그들이 용병 시장에서 중요한 지위를 차지하게 해 주었으며, 1515년의 마리냐노 전투에서 프랑스에 패배할 때까지 북이탈리아 지방에서 일시적으로 강대국의 역할을 수행했다.[131]

이탈리아와 이베리아반도, 스칸디나비아, 중동부 유럽

이탈리아에서 신성 로마 제국의 지배권이 미치는 곳은 교황령의 북부 지역에 국한되었으며, 실제로는 그곳에서조차 명목상의 지배권만 있었다. 이 지역에 존재하던 다양한 지배 체제 가운데 가장 널리 영향력이 있었던 것은 1400년 무렵에 거의 왕국에 가까운 형태였던, 비스콘티 가문이 밀라노에 세운 참주정, 그리고 앙주 가문이 지배하던 나폴리 왕국이었다. 시칠리아는 1282년에 아라곤 연합 왕국으로 지배권이 넘어갔다. 참주들이 지배하던 공화국인 피렌체와 베네치아가 밀라노의 지배에 도전했다. 토스카나 지방 대부분을 지배했고, 1555년 무렵에는 시에나마저 차지했던 피렌체는 1434년 이후로 메디치 가문이 비공식적으로 통치했다. 두 차례에 걸친 공화국 체제가 지난 후 메디치 가문은 1531년에 공작 가문으로서(1560년 이후에는 대공으로서) 이 지역의 통치권을 공식적으로 장악했다. 메디치 가문의 지배는 1737년에 이 가문이 최종적으로 몰락할 때까지 지속되었다. 베네치아는 스포르차 가문이 1450년에 비스콘티 가문으로부터 상속받았던 밀라노에 맞서 15세기 전반에 투쟁을 벌이면서 내륙의 영토까지 차지했을 때도 공화국 체제를 유지했다.[132] 교황령의 상황을 보면 아비뇽에 있던 교황은 1377년에 로마로 돌아가려고 준비했지만, 서방 교회의 분열 때문에 교황이 교황령에 대한 주권자로서 시뇨리아와 자치도시(코무네)[22]들에 맞서 자기 권력을 적극적으로 관철할

———— 22 11~13세기에 중세 유럽에서 발달한 도시 자치단체로, 프랑스어로는 코뮌이다. 상인들의 요구로 왕과 영주의 인가를 받아 행정과 사법의 권한까지 지니고 있었는데, 특히 이탈리아 북부의 도시들이 세력을 떨쳤다.

수 있게 된 15세기 중반까지 귀환이 지체되었다. 나폴리는 앙주 가문 내부의 갈등 때문에 약화되었다가, 1443년에 결국 시칠리아를 다스리는 아라곤 왕의 통치하에 들어갔다. 1454년에는 평화조약을 통해 이탈리아반도의 주요 세력들(밀라노, 피렌체, 베네치아, 교황령, 나폴리) 사이에 비교적 안정된 체제가 구축되었다. 그 밖에 제노바 공화국이나 사보이아 공국, 페라라-모데나도 이때 일정한 역할을 했다.[133]

그러나 이러한 세력 균형은 1494년에 프랑스가 이탈리아로 침공해 들어오면서 흔들리기 시작했다. 프랑스 왕은 자기가 나폴리와 밀라노의 상속권을 가지고 있다고 주장했다. 이로써 일련의 전쟁이 발발했는데, 이 전쟁에는 신성 로마 제국, 에스파냐, 스위스 연방도 가담했다. 전쟁은 1516년에 나폴리와 시칠리아가 에스파냐에, 밀라노가 프랑스에 귀속됨으로써 일시적으로 중단되었는데, 이는 당시까지 지역적인 성격을 지녔던 갈등이 처음으로 유럽적 분쟁으로 발전한 최초의 사례였다. 이제 바야흐로 유럽적 국가 체제가 대두하기 시작했으며, 돌이켜 볼 때 당시의 이탈리아를 주도하던 다섯 세력은 18세기와 19세기에 유럽을 지배했던 5개국 체제의 모델로 여겨질 수 있었다.

이베리아반도에서는 레콩키스타[23]가 거의 마무리되었다. 무슬림이 지배했던 그라나다만 카스티야의 속국으로 남아 있다가, 에스파냐 통일 운동의 과정에서 마찬가지로 1492년에 정복되었다. 11세기 이후에는 아라곤, 카스티야, 포르투갈이 반도의 주도권을 둘러싸고 경쟁을 벌였다. 아라곤은 폭넓은 자치권을 보유하던 네 개 지역(아라곤, 카탈루냐, 발렌시아, 발레아레스 제도)과 이탈리아 쪽 영토인 시칠리아, 사르데냐, (1443년 이후에 추가된) 나폴리로 구성되어 있었다. 본래 아라곤 왕국은 지중해 서부에서 경제적·정치적 주도권을 행사했으나, 야심에 차 있던 왕가는 왕국을 구성하는 각 영역이 누리는 광범위한 권리로 말미암아 많은 제한을 받았다. 카스티야에서는 이전의 부속 왕국들이 제대로 통합되었고, 왕권은 고위 귀족과 도시들이 교대로 지원해 주어 강화되

23 718년에서 1492년까지, 약 7세기 반에 걸쳐 이베리아반도에서 북부의 가톨릭 왕국들이 남부의 이슬람 국가들을 축출하고 반도의 지배권을 회복한 일련의 재정복 과정을 말한다.

었지만, 반복되는 왕위 계승 갈등 때문에 거듭 약화되었다. 1385년에 새로운 왕조가 성립된 포르투갈의 상황도 이와 유사했다. 이러한 왕권 약화의 문제를 해결할 수 있는 대안은 카스티야의 왕위 계승이어서, 이미 당시에 카스티야와 포르투갈의 통일과 카스티야와 아라곤의 통일 중 어느 것이 이루어질지 의문이 제기되기도 했다. 카스티야의 왕위 계승에 관한 새로운 혼란은 포르투갈의 패배, 그리고 1469년에 은밀히 결혼했던 카스티야의 이사벨 1세Isabel I(1474~1504)와 아라곤의 페란도 2세Ferrando II(1479~1516)의 공동 지배 체제로 끝났다. 그러나 이러한 인적 연합은 결국 18세기에 부르봉 왕조에 의해 비로소 카스티야적 특성을 가진 명실상부한 에스파냐 연합으로 계승되었다.[134]

왕조 간의 연합은 중세 후기의 스칸디나비아와 동유럽에서도 정치적 선택 사항에 속했다. 세 개의 북유럽 왕국, 즉 당시에는 남부 스웨덴도 포함했던 덴마크와 노르웨이, 스웨덴의 인적 연합은 대략 14세기 말 무렵에 탄생했다. 이 과정은 1389년에 노르웨이와 덴마크의 정력적인 여성 섭정 마르그레테 1세Margrete I에 의해 출발해, 1397년에 칼마르에서 세 나라의 귀족들이 확정했다. 이렇게 탄생한 칼마르 연합은 동쪽으로는 스웨덴령 핀란드에서 서쪽으로는 노르웨이령인 아이슬란드와 그린란드에 이르는 지역에까지 펼쳐 있었다. 하지만 이 연합은 이미 1448년에 처음으로 분열의 조짐을 보이다가 1523년에 스웨덴이 구스타브 1세 바사Gustav I Vasa를 왕으로 선출하자 최종적으로 분열되고 말았다. 그렇지만 덴마크와 노르웨이는 1814년까지, 스웨덴과 핀란드는 1809년까지 연합을 유지했다.[135]

폴란드에서는 부속 공국의 독립을 14세기에 왕이 무효화했다. 피아스트 왕조의 마지막 왕이 사망한 후, 폴란드는 일시적으로 헝가리 왕이 통치했다. 그런데 이교도였던, 인접한 리투아니아의 대공 요가일라Jogaila[24]가 세례를 받고 1386년에 폴란드의 마지막 왕위 계승자이자 헝가리 왕의 막내딸인 야드비가Jadwiga과 결혼했다. 이러한 인적 결합은 1569년에야 비로소 실질적으로

——— 24 폴란드 왕으로서는 브와디스와프 2세Władysław II(재위 1386~1434)로, 야기에우워 왕조의 창시자다.

연합된 왕국으로 전환되었다. 폴란드-리투아니아는 선거제 왕국이었는데도 야기에우워 왕가가 1572년에 몰락할 때까지 단독으로 통치했다.[136] 게다가 리투아니아가 기독교로 개종하자, 14세기에 권력이 절정에 도달했던 튜턴 기사단(독일기사단)은 존재 의의가 사라지는 동시에 그들이 상대할 수 없는 강한 적의 등장을 맞이했다. 튜턴 기사단은 1466년까지 넓은 영토를 상실한 후 폴란드의 종주권을 인정할 수밖에 없었으며, 동프로이센이 공작령으로 전환된 이후에는 개신교로 개종한 튜턴 기사단의 지도자 알브레히트 폰 호엔촐레른Albrecht von Hohenzollern에 의해 1525년 폴란드의 봉토가 되었다.[137]

아르파드 왕조가 몰락한 이후 헝가리에서는 1308년 앙주 왕가의 한 분파가 왕권을 차지하고 이를 공고히 했다. 1411년에 독일 왕이었고 1433년에는 신성 로마 제국의 황제가 되었던, 룩셈부르크 가문의 지기스문트Sigismund는 마지막 앙주 왕가의 장녀와 결혼해 1387년에서 1437년까지 헝가리의 왕위를 차지했다. 사실상 신성 로마 제국의 황제 자리도 계승했던, 합스부르크 가문 분파 출신의 인물이 헝가리 왕위도 이어받았지만, 그 분파의 인물들이 모두 사망한 후에는 헝가리인 섭정의 아들인 마차시 1세(재위 1458~1490)가 왕으로 선출되었다. 후녀디 왕가는 강력한 통치를 행사했기 때문에 마차시 1세가 후사 없이 사망하자, 왕국의 엘리트들은 세 명의 폴란드 왕과 형제 관계이며 야기에우워 가문 출신인 나약한 보헤미아 왕 블라디슬라프 2세Vladislav II[25]를 기꺼이 헝가리 왕으로 선출했다. 그에 앞서 1440년에서 1444년까지는 일시적으로 그의 삼촌인 브와디스와프 3세Władysław III[26]가 폴란드와 헝가리의 왕을 겸직했다. 1526년에 그의 아들이 오스만 제국에 패배한 후에 튀르크의 술탄은 왕위를 두고 합스부르크 가문과 경쟁했던 후보[27]의 통치 영역을 트란실바니아에 국한하고, 헝가리 중앙부는 자기가 직접 정복해 다스렸다. 반면에 합스부르크 가문은 1521년과 1522년에 맺은 혼인 덕분에 헝가리의 일부와 보헤미

25 헝가리 왕으로서는 울라슬로 2세Ulászló II다.

26 헝가리 왕으로서는 울라슬로 1세Ulászló I이고, 크로아티아의 왕으로서는 블라디슬라브 1세Vladislav I다.

27 서포여이 야노시를 가리킨다. 이 책의 2부 4장 365쪽을 참조하기 바란다.

아의 일부 지역에 관해 계승권을 주장하고 나설 수 있었다.[138]

교황청과 국가 교회

좌절한 추기경들이 1378년에 교황에게서 등을 돌리고 새로운 교황을 선출해 아비뇽에 새 교황청을 마련하자, 교회 정치적으로 엄청난 파급력이 있는 변화가 발생했다.[139] 교회의 분열을 해결할 다른 방법이 없자 비상수단으로 두 교황 모두를 퇴위시키고 피사 공의회를 통해 새 교황을 선출하는 방안이 시도되었다. 새로 선출된 교황(알렉산데르 5세Alexander V)은 대부분의 국가에서 인정받았지만, 그의 후임이자 대립 교황으로서 예전에는 해적이었다는 풍문이 자자하던 교황 요한 23세는 저항에 부딪혔으며, 로마와 아비뇽에 있던 두 명의 경쟁적인 '교황'은 각각 제한적인 지지자들만을 가진 채 자리를 유지했다. 이러한 상황에서 독일 왕 지기스문트의 주도하에 1414년에서 1418년에 콘스탄츠 공의회가 소집되었다. 이 공의회에서 두 교황의 지위는 박탈되었고 한 교황은 사임하도록 설득되었으며, 어디서나 인정받는 새로운 교황이 선출되었다. 새 교황은 이제 로마의 교황청을 차지할 수 있었다. 교회의 대분열은 오랫동안 교황의 지배에 대해, 특히 재정적인 문제에 대해 끊임없이 제기되던 비판에 새로운 자양분을 주는 좋은 계기였다. 만약 교황이 필요한 개혁을 거부하면 이제 공의회가 그 개혁 작업을 떠맡아야 했다. 이런 의미에서 공의회는 자기들이 교황에 대한 지배권을 갖는다고 선언했으며, 나아가 앞으로 교회 개혁이라는 지속적인 과제를 추진할 총회를 정기적으로 개최하기로 결정했다.[140]

그런데 그리 놀라운 사실은 아니지만 교황청이 이 두 가지를 모두 거부했기 때문에 교황은 1431년에 바젤에서 소집된 공의회를 즉각 해산하려고 시도했다. 하지만 그는 오히려 이를 통해 공의회 열풍이 일어나게 했다. 따라서 광범위한 교회 개혁을 시도하고 대립 교황을 선출한 공의회의 명망이 계속 상승하는 것을 막기 위해 교황은 그리스 정교를 상대로 한 통합 협상을 성공적으로 이끌어야만 했다. 물론 장기적으로 보면 교황이 주도권을 장악해 공의회는 1449년까지 차츰 해산되었으며, 구속력 있는 교회 헌법을 제정하려는

시도도 수포로 돌아갔다. 그렇기는 하지만 교황은 공의회의 권력에 대해 늘 두려움을 품고 있었다.[141]

이러한 혼란 상황에서 사실상 승자는 교황과 공의회가 서로 싸우도록 부추길 수 있었던 세속 군주들이었다. 프랑스 왕은 1438년에 로마 교황의 권위는 인정하면서도 동시에 교황의 성직 임명이나 로마에 대한 납세에 반대하는 공의회의 결의 사항을 수용했다. 독일 군주들도 이를 받아들였지만, 1448년에 신성 로마 제국의 황제가 로마에 우호적인 타협안을 제시할 때까지는 될 수 있는 한 중립을 지키려고 했다. 국가별 개혁 공의회 조직은, 그리고 흔히 국가별로 교황청과 맺은 '정교조약(콩코르다트concordat)'으로 불리는 특별한 규정들은 교황의 보편적인 지배권이 이제 다가온 국가 교회와 지역 교회의 시대에 의해 해소되었음을 보여 주었다. 새롭게 힘을 강화하던 왕과 제후들은 자기가 관할하는 지역의 교회를 통제하려고 했고, '외부의 권위'가 자국 영토에 '침투'하는 것은 그것이 인접한 주교 영주라고 할지라도 맞서 방어하려고 했다. 교황에 대해서도 마찬가지 입장이었다. 그러나 이러한 조치들이 자동적으로 종교 생활에 부정적인 영향을 미칠 필요는 없었다. 제후들은 교황이나 주교들이 해결하지 못했던 교회 개혁을 스스로 주도했기 때문이다. 예를 들어 일부 주교와 함께 15세기 말에 에스파냐 교회의 성공적인 개혁을 실현한 주체는 '가톨릭 공동왕'인 이사벨 1세와 페란도 2세였다.[142]

프로테스탄트 '종교개혁'도 사실상 이러한 교회 정치의 지속이었고, 그 이상은 아니었는데도 급진적인 신학적 토대로 인해 매우 치열한 양상으로 전개되었다. 이미 언급했듯이 루터의 신학은 신성한 교회 조직을 불필요하게 만들고 교황조차 적그리스도로 선언했는데, 이는 전체 성직자와 교회의 기관들, 기사단뿐 아니라 광대한 교회령에서도 그들의 근본적인 존재 이유를 박탈했기 때문이다. 이제 세속 국가들은 이전보다 훨씬 더 강력한 정당성을 가지고 교회에 대한 통제권을 장악할 수 있었으며, 때로는 개신교 교회에, 이전에는 교회의 책임이었던 구호 기관과 교육기관에 재정을 지원하기 위해 가톨릭교회의 재산을 몰수할 수 있었다. 그러나 이러한 행위들은 그저 국가 재정의 충당이라는 목표 외에는 다른 동기가 없는 경우도 많았다. 예를 들어 스웨덴에서는 단지 왕정이 주교들의 재산을 통해 궁정의 재정 상황을 개선하고자 종교개혁을 시작했다. 한편 잉글랜드의 종교개혁은 처음에는 개신교 신학을 무시하고 로마와 단절하는 것 및 교회 재산을 몰수하는 것에만 국한해 진행되었다. 종교개혁이 이루어진 서유럽에서처럼 지배 군주들과 대립각을 세우면서 대두한 개신교 교회들만이 자치적인 구조를 발전시켰다. 그러나 개신교 교회와의 갈등에서 군주가 승리한 곳에서는 그들이 교회의 주권을 장악했다.

가톨릭 군주들은 종교개혁 이전에 그들이 시행해 온 것과 같은 교회 지배를 계속했다. 이제 옛 교회가 새로운 교회와 경쟁하기 위해서는 군주들의 지원이 절대적으로 필요한 상황이었기 때문에 가톨릭 군주들의 교회 지배는 이전보다 더욱 용이해졌다. 이런 방식으로 세 개의 기독교 교파 모두에서 각각 교파화가 진행되었다. 여기에는 교회 기관과 세속 기관이 함께 손잡고 협력했는데, 앞서 언급했던 서유럽 칼뱅주의자들을 제외하면 주로 세속 기관들이 지배적인 역할을 수행했다. 가톨릭 군주들은 개신교 군주들과는 달리 원칙적으로 자신이 지배하던 백성들이 어떠한 종교를 믿어야 하는지 결정하지는 않았지만, 프로테스탄트 군주들이 사용한 것과 동일한 방식으로 자신의 영토 안에 있는 교회들을 통제했다. 이러한 상황이 교회에는 지속적인 안전을 보장해 주는 것이었다면, 군주들에게는 삼중의 정치적 이득을 의미했다. 첫째, 가톨릭인 에스파냐나 바이에른 혹은 프로테스탄트인 잉글랜드나 작센에서처럼 국가적·지역적 정체성이 강화되었다. 둘째, 교회 자산을 활용할 수 있게 되었다. 가톨릭 성직자들은 면책특권을 받기는 했지만 세금을 납부해야 했고, 위그노 전쟁[28]에 재정을 지원하기 위해 심지어 교황의 동의를 얻어 교회 재산을 몰수하기도 했다. 셋째, 백성들의 심리적인 일체감이 형성되었고 사회적 규율도 강화되었다.

1530년 무렵에 교파화 과정이 진행되기 시작했는데, 교회와 새롭게 떠오르던 새로운 국가 사이의 합의하에 18세기와 19세기까지 진행된 교파화 과정

—— **28** 1562년에서 1598년까지 프랑스에서 프로테스탄트와 가톨릭 사이에 발발한 종교전쟁이자 내전이다. 앙리 4세의 개종과 낭트 칙령 선포로 마무리되었다.

은 강도의 변화는 있었을지 모르지만 유럽적 사회 규율 과정의 일부 혹은 첫 물결로 간주할 수 있다. 오늘날에는 19세기와 20세기의 학교와 군대, 공장이 유럽인들을 규율 잡힌 행동으로 키운 결정적인 장소였다고 간주하지만, 사회적 규율화는 본래 '절대 국가'의 탓으로 돌려졌었다.[143] 그러나 앙시앵레짐(구체제)은 중세의 도시와 마찬가지로, 교회를 통한 훈육뿐 아니라 이른바 온갖 '치안 조례'를 통해서도 이미 일상생활을 규제하려고 시도하고 있었다.[144]

전쟁과 위기

한때 수도원이 규율의 완벽한 본보기였다면, 이제는 재정이 튼튼해지기 시작하면서 유럽의 왕들이 17세기 중반 이후로 점차 보유할 수 있었던 상비군이 백성을 규율하는 역할을 맡았다. 얼룩덜룩 다양한 복장을 하고 무질서했던 용병들은 제복을 입고 반복된 훈련을 통해 완벽하게 연마된, 그리고 적보다 오히려 자기들을 지휘하는 장교를 더 두려워하는 군인으로 거듭났다. 국가의 권력 독점이 점점 강화되자 백성들 사이에서는 과거의 분권적인 정치체제에 일상적이던 자구적 경향과 간헐적으로 발생하던 폭력적 행위가 점차 줄어들었다. 이 시기에 '개인적'인 무력행사는 감소한 반면에 '국가적'인 무력행사는 증가했다. 전쟁 빈도는 17세기에 절정에 도달했다. 이 당시 전쟁에서는 18세기와 19세기처럼 국가 간 전쟁뿐 아니라 어느 정도는 유럽 국가들의 정치체제를 결정한 '국가 건설 전쟁'[145]이 관건이었다.

서유럽에서 가장 중요했던 장기간 갈등은 1521년에서 1755년까지 오스트리아계 및 에스파냐계 합스부르크 가문과 프랑스의 발루아 가문 사이에 벌어졌다. 1589년에는 부르봉 왕가가 발루아 왕가의 자리에 들어섰다. 에스파냐와 포르투갈에서 일어난 왕실 인물들의 예상치 못한 사망[29]은 황제 막시밀리안 1세의 손자이며 부르고뉴 공작인 카를이 1516년에 에스파냐 왕위에 오르는 결과로 이어졌다. 그리고 선제후들은 카를을 1519년에 신성 로마 제국의

29 이사벨 1세와 페란도 2세의 외아들 후안은 1497년에 사망했고, 이듬해에는 장녀인 포르투갈 왕비 이사벨Isabel이 사망했다. 후안의 딸은 사산되었고, 이사벨의 아들은 유아기에 사망했으므로 에스파냐 왕위는 '가톨릭 공동왕'들의 차녀인 후아나와 외손자인 카를 5세에게 돌아갔다.

황제로 선출했다. 카를 5세는 합스부르크 가문에 속하는 독일 영방들의 통치를 동생인 페르디난트에게 위임했다. 이미 1521년에 한편으로는 부르고뉴 지방에서 프랑스의 지분을 둘러싸고, 다른 한편으로는 밀라노에 대한 프랑스의 소유권 주장을 둘러싸고 프랑스와 신성 로마 제국 사이에서 일련의 전쟁이 시작되었다. 프랑스 왕은 근대적인 민족국가를 주창하는 사람이 절대 아니었지만 '국가 건설 전쟁'을 계속했다. 그는 카를 5세가 유럽의 주도권을 장악하고 궁극적으로 유럽을 아우르는 제국을 재현하려고 하는 것을 어떻게 해서든 저지하고자 했다.[146]

그러나 카를 5세가 나폴리와 밀라노를 장악함으로써 에스파냐는 18세기까지 이탈리아의 통제권을 확보하는 데 성공했다. 18세기 무렵에 이르면 나폴리와 시칠리아는 부르봉 왕가의 속국으로 전락했고, 롬바르디아는 오스트리아의 소유가 되었으며, 사보이아는 사르데냐를 장악해 독자적인 왕국으로 발전했다. 교황들은 에스파냐와 프랑스 사이에서 자기들의 독립성을 유지하고자 시도했지만, 18세기에 이 두 나라의 막강한 국가 교회가 교황의 수입원을 탈취해 교황을 의미 없는 존재로 전락시키면서 이러한 시도는 막을 내렸다.[147]

카를 5세는 신성 로마 제국 내부에서 종교개혁을 억압하려다가 실패했으며, 오히려 제국을 구성하던 권력들에 더 커다란 자치권을 부여하게 되었다. 1556년에 카를 5세는 황제 자리를 1555년에 제국의 제후들과 아우크스부르크 화의를 체결했던 동생 페르디난트에게 양위했다. 물론 아우크스부르크 화의는 일시적으로나마 종파 간의 갈등을 진정시켰다.[148] 그러나 1628년에 보헤미아에서 가톨릭 군주제를 개신교 지배 체제로 바꾸려고 한 시도는 전쟁을 촉발했는데, 여기에 여러 나라가 개입함으로써 분쟁은 점점 더 확산되었다. 결국 1630년에 스웨덴 왕 구스타브 2세 아돌프Gustav II Adolf가, 1635년에는 프랑스가 개입한 결과 이 전쟁은 제국군의 패배로 끝났다. 교파를 둘러싼 갈등은 결국 1648년의 베스트팔렌 조약을 통해 안정되었으며, 쟁점이 된 모든 주요 사안은 1663년 이후로 제국 내의 상설 대표자 회의가 된 제국 의회로 넘어갔다. 비교적 강한 권력 기반이 있던 제국 구성체들은 점차 독립국가로 발전할 수 있을 만큼 자치권이 강화된 반면에, 힘이 약한 권력체나 가톨릭교구의 추기경들은 황제의 후원 세력이 되어 그들에게 남아 있는 사법적 권위나 영주로서 지닌 권한을 통해 황제의 권력을 뒷받침해 주는 역할을 수행했다. 베스트팔렌 조약의 합의 사항은 여기에 참여했던 프랑스와 스웨덴이 보장했기 때문에, 기꺼이 균형감 있고 점차 평화로운 국제적 국가 체제, 이른바 베스트팔렌 체제의 시작으로 표현되었다. 하지만 이후의 몇 세기 동안에 발생한 유럽 국가 사이의 수많은 갈등 때문에 이러한 표현은 신성 로마 제국을 연방제 국가로 보는 것과 마찬가지로 설득력을 가지기 어렵다. 당시에 제국의 구성체들은 근대적인 연방제 국가의 구성체들과 동일한 법적 지위나 구조를 갖지 못했기 때문이다.[149]

황제에게는 합스부르크 가문의 영지인 오스트리아의 지배권이 제국 전체의 지배권보다 더 중요했다. 합스부르크 가문의 영지는 조상 대대로 내려오는 오스트리아에 더해 외부의 부속 영토인 보헤미아 왕국과 헝가리 왕국으로 구성되어 있었다. 트란실바니아를 포함한 헝가리의 영토 대부분은 1699년에서 1718년 사이에 오스만 제국으로부터 탈환했다. 오스트리아-헝가리의 세 부분과 전체 연합체는 점차 행정적으로 하나로 통합되었지만, 이 과정은 프로이센의 도전이 야기한 압박하에 18세기 중반에야 비로소 진행되었다. 마리아 테레지아(재위 1740~1780)가 통치 기간에 보여 준 탁월한 능력에도 불구하고 여성의 승계가 군주제의 위기를 촉발했기 때문이다.[150]

1740년에 프로이센의 왕 프리드리히 2세(재위 1740~1786)는 보헤미아 왕국에 속했던 실레시아를 합병했는데, 이후에 유럽이 지배하는 해외 영토까지 포함한 전 유럽의 국가 체제가 연루된 세 차례의 전쟁(1740~1742, 1744~1745, 1756~1763)에서 새 영토를 지켜 냈다. 브란덴부르크 변경백국은 독일 동부에 있는 핵심 지역 외에 클레베-마르크 공국을 추가로 장악했으며, 1618년에는 프로이센 공국(동프로이센)마저 상속했다. 브란덴부르크 선제후는 1660년에 프로이센을 독립시킴으로써 폴란드의 봉토 지위에서 벗어나게 했고, 1701년에는 프로이센 왕국의 초대 국왕이 등극했다. 프로이센은 정력적인 재정 정책과 행정 정책을 통해 막강한 군대를 건설했다.[151]

프로이센-오스트리아 전쟁의 맥락에서 볼 때, 1755년에 맺어진 오스트리아와 프랑스의 동맹은 일종의 '외교 혁명'으로서 합스부르크 가문과 부르봉 가문 사이의 끊임없는 갈등에 종지부를 찍었음을 의미했다.[152] 카를 5세는 에스파냐, 이탈리아, 부르고뉴 지방과 신성 로마 제국을 결합하는 연결 고리를 느슨하게 함으로써 이 지역들의 지배권을 아들인 펠리페 2세(재위 1556~1598)에게 넘겨주었는데, 펠리페 2세는 1580년에 상속을 통해 포르투갈까지도 추가로 차지했다. 높은 근대적 수준으로 중앙집권화된 행정기관과 무적의 군대를 통해 에스파냐는 유럽에서 가장 앞선 가톨릭 국가였지만, 장기적으로 볼 때 프랑스와 벌인 전쟁, 지중해에서 오스만 제국과 벌인 전쟁, 반란을 기도한 네덜란드와 같은 저지대 국가 및 잉글랜드와 벌인 전쟁 때문에 국가 재정이 위태로웠다. 게다가 전염병과 잦은 반란으로 인해 에스파냐는 17세기부터 몰락하기 시작했다. 포르투갈은 1640년에 에스파냐로부터 분리되었던 반면에, 북부 네덜란드는 결국 1648년에 독립을 쟁취했으며, 이탈리아 영토는 1701년에 에스파냐계 합스부르크 왕가가 비참하게 몰락해 부르봉 왕가에 왕위를 넘겨준 후 상실했다. 오스트리아계 합스부르크 가문이 에스파냐에서 왕위를 계승하는 방안은 국제적으로 관철될 수 없었다. 그 결과 유럽의 선도자였던 에스파냐는 18세기 말에 근대화를 향해 큰 걸음을 내디뎠지만, 유럽 정치의 객체로 전락했다.[153]

프랑스에서는 왕권이 16세기 전반에 그 절정에 도달했지만,[154] 1559년 이후로는 나이가 어려 왕의 역할을 제대로 하지 못한 통치자들 때문에, 그리고 강력한 칼뱅주의 소수파인 위그노와 벌인 열 차례가 넘는 내전(종교전쟁) 때문에 그동안 진행되어 온 국가 건설 진행 과정은 과거로 돌아가고 말았다. 국제정치에서 이로부터 이득을 본 것은 에스파냐였다.[155] 그런데 이전에 위그노 지도자였던 앙리 4세Henry IV(재위 1589~1610)가 가톨릭으로 개종하자 혼란스럽던 국내 정세가 안정을 되찾았으며, 대외 정치에서도 새로운 활동을 시작할 수 있었다. 나라는 통일되었으며 모든 대규모 영지는 왕에게 귀속되었고, 나아가 1598년의 낭트 칙령을 통해 위그노에게 종교적 관용이 보장되었다. 물론 이 칙령은 1685년에 철회되었다. 무엇보다 재상직을 맡았던 리슐리외Richelieu 추기경(재임 1624~1642), 그리고 오랜 세월 야심과 열정으로 통치했던 루이 14세(재위 1643~1715)는 프랑스를 에스파냐를 대신하는, 유럽의 정치적·문화적 선도 국가로 우뚝 세우는 데 성공했다.[156] 프랑스는 일련의 전쟁을 통해 동부로 팽창해 신성 로마 제국의 영토 일부를 차지했으며, 알자스 지방은 1635년에서 1684년 사이에, 로렌은 1766년에 최종적으로 프랑스의 영토가 되었다. 물론 유럽에서는 이러한 루이 14세의 팽창에 맞서는 동맹이 끊임없이 결성되었다. 사실상 한편에는 프랑스의 루이 14세, 다른 한편에는 해양 세력인 네덜란드 및 잉글랜드와 연합한 신성 로마 제국 황제가 팽팽하게 맞섰던 에스파냐 왕위 계승 전쟁은 표면적으로는 프랑스의 승리로 끝났다. 하지만 전쟁 결과 프랑스 왕정은 내적으로 매우 쇠약해져 프랑스는 18세기 중반에야 비로소 다시 국제정치 무대에서 권력 정치를 성공적으로 펼칠 수 있었다.

주도 세력으로서 잉글랜드

이러한 상황은 잉글랜드가 유럽의 새로운 주도 세력으로 등장할 수 있는 좋은 기회를 제공했다.(잉글랜드는 1707년에 스코틀랜드와 연합한 이후로 그레이트브리튼으로 지칭되었다.)[157] 물론 영국은 유럽 대륙을 향해 야심을 품은 역할보다는, 유럽의 세력균형 시스템을 유지해 주는, 점차 성장하던 해양 세력으로서의 역할에 관심을 집중했다. 그렇지만 영국은 프랑스에 이어 유럽 문화를 주도하는 역할도 수행했다. 튜더 왕조 치하에서 잉글랜드 왕정이 강화되기는 했지만, 아직은 대외적인 팽창 정책을 추구할 충분한 수단을 갖고 있지 않았다. 로마로부터의 정치적·재정적 분리가 결국 개신교 종교개혁으로 이어졌고, 메리 1세Mary I의 치하에서 일시적으로 철회되었지만, 최종적으로 엘리자베스 1세(재위 1558~1603)가 영국성공회를 설립했다. 성공회는 개혁 신학을 가진 영국국교회이면서도 전통적인 주교 제도를 유지했다. 이제 잉글랜드는 유럽에서 개신교의 선두 주자이자 에스파냐의 가장 중요한 적이 되었다. 에스파냐는 1588년에 잉글랜드를 상대하기 위해 무적함대를 파견했으나, 이 작전은 실패로 끝났다.[158]

중세 이래로 잉글랜드 왕실에 부속되어 있던 아일랜드는 16세기와 17세기에 프로테스탄트인 잉글랜드인과 스코틀랜드인들이 식민화했다. 문화적 관점에서 가톨릭 아일랜드인들은 야만인으로 취급되었으므로 이들은 문명화되고 개신교로 개종되어야 했다. 북동부 지방(얼스터)과 남동부 지방(렌스터)에서 가톨릭 지역민들은 잉글랜드와 특히 스코틀랜드에서 온 개신교 정착민들로 대거 교체되었는데, 그 후유증은 오늘날까지 감지된다. 개신교에 대한 저항은 무자비한 폭력과 섬 서부로의 강제 추방을 통해 억압되었다. 이러한 방식을 통해 영국의 속지였던 아일랜드도 결국 프로테스탄트 국가가 되었는데, 엄밀하게 말하자면 이곳에서 프로테스탄트는 사실상 정치 엘리트층에만 국한된 것이었다.[159]

잉글랜드 의회는 튜더 왕조에 의해 종교개혁을 안정적으로 추진하는 데 동원되었으며, 그 결과 정치적인 무게를 다시 얻게 되었다. 1603년에 스코틀랜드의 스튜어트 왕조가 후사가 없었던 엘리자베스 1세의 후계자를 인적 연합을 통해 배출하자,[160] 의회는 재정 영역과 사법권 영역에서 왕권을 법적으로 제한하고 로마적 잔재로부터 교회를 '정화purification'(이 정책을 지지하는 사람들을 뜻하는 청교도淸敎徒, puritans라는 명칭이 여기서 탄생했다.)하려고 시도했다. 그러자 스튜어트 왕조의 찰스 1세(재위 1625~1649)는 1629년에 의회를 해산했으며, 심지어 의회의 승인 없이 추가적인 재정을 확보하기까지 했다. 이 무렵의 잉글랜드도 '절대왕정'의 문턱에 서 있었던 것으로 보인다.[161] 그러나 찰스 1세는 정치적 통일로 가는 길로서 칼뱅주의를 믿는 스코틀랜드에 영국성공회를 도입해 교회의 단일화를 시도했다가 스코틀랜드와 무력으로 충돌하게 되었는데, 찰스 1세에게는 이들을 제압할 만한 수단이 없었다. 따라서 찰스 1세는 1629년 이래로 활동을 중지시켰던 의회를 다시 소집해야 했다. 그러자 의회는 그들이 과거에 제기하던 개혁을 다시 요구했고, 이제 갈등은 피할 수 없는 상황으로 전개되었다. 결국 의회파와 왕당파[162] 사이에 내전이 발발했으며, 그 결과 찰스 1세는 1649년에 자신의 백성들에게 맞선 전쟁을 통해 독재자가 된 죄로 처형되어 의회제 공화국이 탄생했다.

물론 의회 진영도 늦어도 1647년 이후에는 더는 한 가지 노선이 아니었다. 총회식 교회 제도를 추구하며 왕정과 타협하는 데 반대하지 않는 온건한 장로파가 있었고, 장로파 총회나 영국성공회식 주교 제도에 모두 반대하는 급진적인 독립파가 있었는데 이들 사이에 최초의 분열이 발생했다. 독립파는 군대 안에 지지 세력을 갖고 있었는데, 이들은 수평파Levelers[163]로 불리는 대중운동의 영향하에서 이미 (물론 남성에게만 제한된) 보편적인 참정권이 주어진 평등주의적이면서 민주주의적인 헌법에 관해 토론하기 시작했다. 물론 오늘날에는 영국혁명을 사회적·경제적 계급 혁명으로 해석하는 것이 더는 적절하지 않다는 것이 드러났지만, 사회적·경제적 이익 갈등이 혁명에서 하나의 중요한 역할을 수행했던 것은 분명하다. 하지만 사실상 무엇보다 중요했던 핵심 관건은 정치적·종교적 노선의 차이였으며, 여기에는 많은 우연적 요인도 개입되었다.

예를 들어 독립파가 군대를 동원해 의회에서 장로파를 축출할 수는 있었지만, 이는 새로운 갈등이 발생하는 것을 막지는 못했다. 런던시의 정책을 추진하던 공화제 정부는 군대를 해산해 체불 임금을 정리하려고 했기 때문이다. 그 결과는 군부의 쿠데타와 1653년에서 1658년까지 신식군New Model Army의 최고사령관 올리버 크롬웰이 이끈 군사독재였다. 크롬웰의 지배하에서 일시적이기는 했지만 처음으로 영국제도(잉글랜드, 스코틀랜드, 아일랜드)로 이루어진 연합체가 성립되었다. 크롬웰의 프로테스탄트적 팽창 정책은 잉글랜드가 유럽에서 중심적인 지위로 도약하는 토대를 만들었다. 그러나 호국경은 여전히 잉글랜드 왕과 의회 사이의 옛 문제를 가지고 있었으며, 여기에 더해 공화국과 새로운 군대 사이의 새 문제가 있었다. 크롬웰은 자신이 보유한 높은 명망만으로 이 문제들을 돌파해야 했다.[164] 그러나 다수의 정치 계급은 장기적으로는 어차피 오직 군주제만이 사회적 합의를 도출할 수 있다고 보았기 때문에, 1657년에 크롬웰에게 왕이 되라고 제안했다. 크롬웰은 이를 거절했지만, 그가 죽은 후 1658년에는 곧 스튜어트 왕조의 재등장이 불가피한 것으로 드러났다. 그 결과 1660년에 왕정이 복구되었다.

그러나 왕권을 새로운 방식으로 제한했는데도 옛 갈등이 다시 불붙었는데, 이번에는 제임스 2세James II의 가톨릭 신앙 때문에 갈등이 더욱 이념적으로 첨예화했다. 그 결과 1688년에서 1689년에 '명예혁명'[30]이 발발했으며, 의회는 제임스 2세의 딸 메리Mary(메리 2세Mary II)와 메리의 남편이자 네덜란드 총독으로서 거의 군주와 같은 지위에 있던 오라녜 공 빌럼Willem을 의회가 내건

—— 30 제임스 2세의 권력 남용과 가톨릭 부흥 정책에 반대해 의회가 봉기해서 1688년에 전제 왕정을 입헌 군주제로 바꾸는 데 성공한 혁명이다. 피를 흘리지 않았으므로 명예혁명으로 부른다.

조건하에 왕위에 오르도록 초청했다. 이로써 잉글랜드의 왕은 국가의 공직이자 법과 의회적 합의에 구속된 존재, 특히 외교정책과 전쟁을 위한 재정 조달에서 가장 효율적으로 법과 의회에 의존하는 존재가 되었다. 그렇다고 해도 윌리엄 3세William III(재위 1689~1702)는 행정부의 수반으로서 여전히 강력한 권력을 행사했다. 18세기에 등장한, 최고위 관직 보유자들로 구성된 '내각'은 여전히 왕에게 종속되어 있었으며, 19세기에 와서야 비로소 의회의 집행 기구로 발전했다.[165]

네덜란드와 폴란드

윌리엄 3세는 왕위에 오르기 전부터 이미 네덜란드의 총독으로서 이 나라를 1672년에 침공한 루이 14세에게 맞선 유럽적 저항 정신의 상징이었다. 한 세기 전에 그의 조상이자 이름이 같았던 오라녜 공 빌럼Willem(침묵공 빌럼, 1533~1584)은 1566년에 에스파냐에 저항해 발발한 봉기의 지도자 역할을 떠맡았다. 이 봉기는 칼뱅주의자들에 대한 박해 때문에 촉발되기는 했지만, 사실상 네덜란드를 철저하게 통제하면서 높은 세금을 납부하는 식민 국가로 만들려는 펠리페 2세의 외교정책 전체에 저항하는 봉기였다. 에스파냐령 네덜란드의 남부 지방은 가톨릭으로 남아 있으면서 에스파냐의 지배 아래로 돌아간 반면에, 북부 지방은 1579년에 칼뱅주의 동맹으로 결속해 1581년에 왕을 축출한 후 새로운 군주를 옹립하려고 했으나 실패했다. 따라서 일곱 지역의 연합은 하는 수 없이 신분제 공화국이 되었다. 공화국의 총독은 오라녜나사우 가문에서 선출되었는데, 한동안은 총독이 없는 상태를 유지하기도 했다. 1609년에 한 차례의 휴전이 있은 후, 1621년에 에스파냐와의 전쟁이 재개되었다가 1648년에 이 새롭게 '발명된' 나라의 독립과 함께 그러한 상태는 막을 내렸다.

그사이에 경제를 주도해 왔던 네덜란드 남부의 역할은 북부로, 다시 말해 안트베르펜(앤트워프)에서 암스테르담으로 이전되었다. 그 결과 암스테르담은 해양 무역에서 가장 중요한 항구이자 유럽 세계 교역의 중심이 되었으며, 나아가 에스파냐와 프랑스라는 두 중심축 사이에서 한동안 유럽 문화의 모델 역할을 수행했다. '황금기'의 네덜란드는 질서 정연함과 청결을 특징으로 하는 부르주아 문화에 토대를 두고 있었다. 구체적으로 도시적·가정적 덕목을 중시하며, 특히 여성에게 전례 없는 행동의 자유를 주고 아동의 가치를 존중하는 세계였다. 네덜란드의 비교적 높았던 생활수준은 부유한 중산층이 회화 작품을 소유하는 것이 널리 유행하면서 무엇보다 회화의 독특한 발전에 기여했다. 네덜란드의 문화 융성은 세계적 예술가인 렘브란트 판레인Rembrandt van Rijn(1606~1699)을 탄생시켰다.[166] 네덜란드는 근본적으로 엄격한 개혁 교회 신앙에 뿌리를 둔 공동체였지만, 실제로는 유대인과 가톨릭, 이교도, 자유사상가 모두가 유럽 어디에서도 맛볼 수 없는 관용을 이곳에서 누리며 살았다.[167]

네덜란드인들은 특히 발트해 지역과의 해상무역에 종사했는데, 이 지역은 북유럽과 동유럽의 국가들이 각축전을 벌이던 곳이었다. 이들의 갈등은 무엇보다 발트해 남부 해안의 항구에서 수출되는 상품에 부과되는 관세 때문이었다. 폴란드-리투아니아에서는 1582년에 야기에우워 왕조가 몰락했고, 지그문트 1세Zygmunt I의 외손자인 스웨덴 왕가의 지그문트 3세 바사Zygmunt III Waza(재위 1587~1632)가 왕위에 오를 때까지는 선거로 뽑힌 왕들이 왕위를 계승했다. 1505년의 국왕 선출을 계기로 해서 왕국 의회에 입법에 관한 통제권이 부여되었고 종교계가 분열되었으며, 정치적으로 유일하게 영향력을 가진 귀족들이 반란을 일으켰지만, 나라는 1600년 무렵에 영토를 최대로 확장하고 최대 국력에 도달했다. 하지만 스웨덴 왕위에 대한 지그문트 3세 바사의 요구는 스웨덴과의 전쟁을 촉발했으며,[31] 리보니아에 대한 러시아의 공격으로 인해 폴란드는 차르 제국과도 전쟁을 치르게 되었다. 결국 17세기 중반에는 러시아와 스웨덴의 공격, 그리고 엎친 데 덮친 격으로 이와 동시에 발생한 대규모 반란은 폴란드-리투아니아의 종말과 극도의 혼란 상태인 폴란드 '귀족정 공화국'의 출현을 초래했다. 이 공화국은 18세기 말에 인접 국가들이 완전히 분할함으로써 그 막을 내렸다.[168]

스웨덴은 가톨릭적인 폴란드 왕이 요구한 왕위 계승권을 거부하고, 이를

31 지그문트 3세 바사는 1592년부터 스웨덴의 왕(시기스문드Sigismund)을 겸했는데, 스웨덴의 섭정을 맡은 숙부(훗날의 칼 9세Karl IX)가 반란을 일으키면서 결국 스웨덴 왕위를 잃었다.

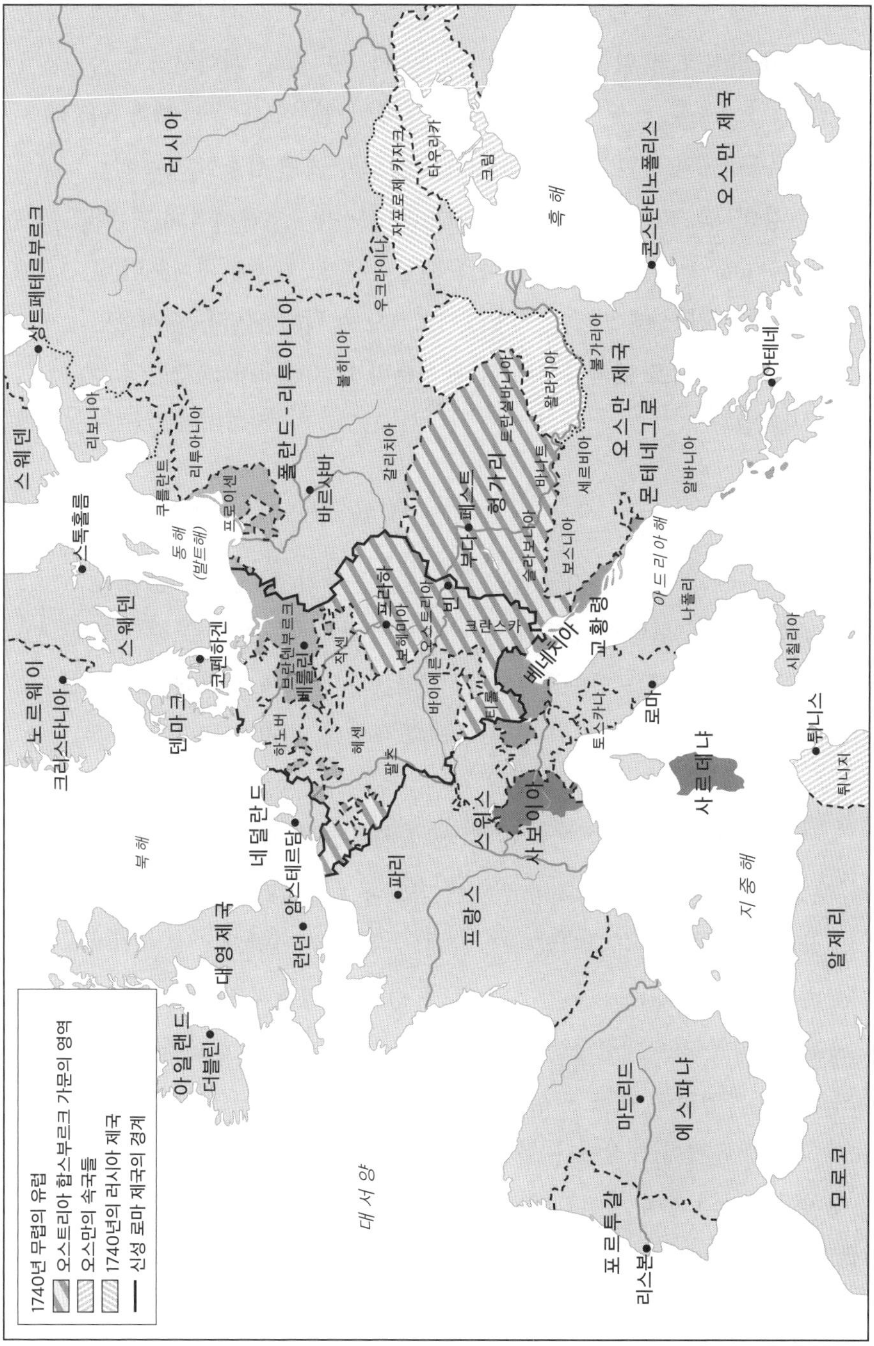
1740년 무렵의 유럽
오스트리아 합스부르크 가문의 영역
오스만의 속국들
1740년의 러시아 제국
신성 로마 제국의 경계
러시아
상트페테르부르크
스웨덴
스톡홀름
노르웨이
크리스티아니아
덴마크
코펜하겐
북해
동해
(발트해)
쿠를란트
리보니아
리투아니아
폴란드-리투아니아
볼히니아
바르샤바
프로이센
갈리치아
우크라이나
자포로제 카자크
타우리카
크림
흑해
콘스탄티노폴리스
오스만 제국
불가리아
왈라키아
트란실바니아
헝가리
부다페스트
바나트
세르비아
슬라보니아
보스니아
크로아티아
크라스카
빈
오스트리아
보헤미아
프라하
작센
브란덴부르크
베를린
하노버
헤센
팔츠
바이에른
티롤
베네치아
교황령
토스카나
로마
나폴리
시칠리아
사보이아
스위스
사르데냐
튀니스
튀니지
아드리아해
몬테네그로
알바니아
아테네
네덜란드
암스테르담
대영제국
런던
아일랜드
더블린
프랑스
파리
대서양
지중해
에스파냐
마드리드
포르투갈
리스본
모로코
알제리

1740년 무렵의 유럽.

계기로 해서 루터교를 국교로 채택했다. 그 이후에 스웨덴은 17세기에 이루어진 정치적·군사적 재조직 덕분에 일련의 전쟁에서 덴마크를 패배시키고 약화시킨 끝에 최종적으로 스웨덴 내륙 영토 남부에서 덴마크를 축출했다. 나아가 스웨덴은 폴란드와 독일, 러시아에 대한 전쟁도 차례로 성공적으로 치르면서 스스로 강대국의 역할을 떠맡을 수 있었다. 그러나 두 차례에 걸친 '대북방 전쟁'(1655~1661, 1700~1721)은 러시아를 포함한 북방 동맹에 대패하며 끝났다. 이후에 쇠약해진 스웨덴은 강력하고 시기적으로 절대 권력을 행사했던 군주제 왕정에서 의회제로 변화를 시도했다. 이른바 1720년에서 1772년에 걸친 자유의 시대였다.[169]

초기 근대국가

1750년까지 대부분 유럽 국가에서는 강화된 군주제가 잘 정비된 중앙 행정 기구와 흔히 지방의 협력 기구들과 연계된 지역 관료제를 토대로 해서 권력을 독점했다. 그들은 이를 기반으로 관할 영역을 지속적으로 확대하고 백성들을 규율했으며, 교회를 국가의 통제 아래에 두었다. 이러한 전반적 경향에는 물론 예외도 있었다. 스위스 연방과 네덜란드는 국가 연합 체제로서 전근대의 지역 자치권을 유지함으로써 근대 초기에 다른 곳에서 이루어진 국가 형성 과정을 피해 갔다. 이는 지방 권력에 비교적 관대하던 네덜란드를 고려한다면 상당히 긍정적인 대안이었다. 잉글랜드, 폴란드, 스웨덴은 15세기의 법률가인 존 포테스큐John Fortescue가 사용했던 '정치적·제왕적 지배권dominium politicum et regale'이라는 용어처럼 신분제 군주정에 머물렀다. 잉글랜드에서처럼 신분제의회가 국가권력에 대해 관심을 키워 간 곳에서는 밝은 전망을 가진 근대 초기 국가의 유형이 등장했다. 폴란드처럼 그렇지 않은 곳에서는 신분제의회가 정치적 몰락의 길을 걸어갔다.

잉글랜드와 프랑스, 오스트리아 그리고 18세기에 국제무대에 새로 등장한 프로이센과 러시아는 늘 상대가 다르고 대결 구도도 변화무쌍하던 전쟁이나 외교 활동, 특히 평화회의 등에서 주도적인 세력으로서 국가 간 외교 무대를 장악했다. 평화회의는 15세기 이래로 가끔씩 등장하다가 1648년 이후로는 거의 정기적으로 나타난 국가 간 정치 형태였다. 당시에 강대국들은 해당 국가의 이해관계나 의지와는 아무런 상관없이 국력이 약한 많은 제3국 또는 그 국가의 일부를 일종의 담보물로 보유하고 있었다. 이러한 국가 간 외교 무대에서 주역은 외교관들이었다. 주로 귀족 출신이거나 이 시기에 새롭게 대두한 고위 관료였던 이들은 베네치아와 교황청의 예를 따라 16세기 이후로 다른 국가들이 타 왕정에 상설 대표부를 설치하기 시작하면서 대두한 관료들이었다. 아직은 외교관을 위한 별도의 교육과정이 있지는 않았으며, 역사책을 읽고 많은 경험이 있으면 충분했다. 아직은 충분한 사례금이 지급되지 않았기 때문에 외교관이 되기 위해 필요한 것은 오히려 귀족 신분과 독자적인 수입원이었다.[170]

외교관의 면책특권과 치외법권은 이러한 유럽의 권력 체제에서 발전된 '유럽 공법'이 인정하는 기본 원칙에 속하는데, 이 법은 대개 '국제법'으로 잘못 지칭되기도 한다. 16세기의 에스파냐 신학자가 수행한 연구에 따르면 네덜란드 학자인 휘호 그로티우스Hugo Grotius(1583~1645)가 이 분야에서 핵심적인 기여를 했다. 제한된 영해 외부에 있는 바다에서 누리는 자유는 일종의 법적 거래로 간주되었던 전쟁과 평화를 위한 원칙과 마찬가지로 그 핵심 요소에 속했다. 궁극적으로 조약은 준수되어야 한다는 기본 원칙에 따라 국가 간 거래나 국가들 사이에 인정된 국제 합의들(예를 들어 왕위 계승 조항)은 국제법의 핵심 내용이 될 수 있었다. 물론 이들은 철회할 수 없는 것은 아니었다. 오늘날까지도 국제법의 문제는 충분한 강제 집행권을 가진 보편적인 제재 기관이 존재하지 않는다는 데 있기 때문이다. 그 법의 집행 또한 양국 사이의 합의로만 가능하다.

전체적으로 보아 근대국가를 향한 발전은 1750년 무렵에 괄목할 만한 진전을 이루었다. 하지만 우리는 이 시기의 국가를 아직 '근대 초기 국가'로 칭해야 한다. 거기에는 아직 근대성에 속하는 근본적인 내용, 즉 국가의 구성원인 모든 시민 사이의 정치적 평등이 결여되어 있었기 때문이다. 분명히 수평적·수직적 불평등이 줄어들기는 했지만 여전히 일반적이었다. 전통적인 신분사회도 여전히 존재했으며, 개인은 오늘날처럼 공동체에 각 개인으로서 직접 소속되는 것이 아니라 가족이나 다양한 단체의 구성원으로서, 특히 마을 공동체의 구성원으로서 공동체에 속했다. 프랑스 혁명이 비로소 여기에 결정적인 변화를 가져다주었다.

자급자족경제에서 생산 경제로

1350년 무렵에 유럽은 동일한 가계나 동일한 영지 안에서 생산과 소비가 이루어지는 닫힌 시스템이라는 의미의 자급자족경제 단계를 벗어난 지 이미 오래였다.[171] 그러나 현금이나 현물의 지급, 시장, 생산과 교역으로 이루어진 기존의 체제는 이념적으로뿐 아니라 실제에서도 여전히 인간의 부양에서, 다시 말해 대부분 최저 생계 수준에서 멀지 않은 소박한 생활수준을 위해 필수적인 욕구의 충족을 지향하고 있었다. 경제적 생산성을 통한 경제성장에 대한 사고는 아직 하지 못하는 상태였다. 경제성장이라는 개념 대신에 사람들은 늘 동일한 수준에 머물러 있는 물자의 총량을 전제로 했으며, 이 물자는 정당하고 저렴하게, 다시 말해 누구나 생활에 필요한 만큼 공급받는 방식으로 배분되어야 했다.

그런데도 중세 초기에 발달한 라틴 유럽의 농업[172]은 장래가 크게 기대되는 특징을 가지고 있었다. 예를 들어 알프스 북쪽 지방에서 시행된 개방형 농지 제도에서의 재배는 세계 역사에서 대단히 특이한 방식으로 농경과 가축 사육을 연결한 방식이었다. 이 방식은 기본적으로 한편에는 호밀과 귀리를 심고, 다른 한편에는 목초와 퇴비를 생산하는 목초지와 큰 가축들의 방목장을 기반으로 했다. 큰 가축들, 특히 편자와 멍에를 갖춘 말은 곡물을 성공적으로 재배하기 위해 필요한 무거운 쟁기나 써레를 움직이거나 물자를 실어 나르는 마차를 움직이는 동물 에너지를 뜻했다. 여기에 단순하지만 다용도로 사용할 수 있는 물레방아와 풍차의 기술이 추가되었다. 물레방아와 풍차의 기술이 확산된 것은 무엇보다 제분권을 보유하던 영주들이 자기들의 이익을 증진하기 위해서였다. 사실 이것이 전체 제도가 발전하게 한 주된 동력이었다. 평범한 영주는 농민의 소작지에 대한 통제권을 통해 사회적 측면을 구성하는 장원제의 핵심적인 요소를 형성했기 때문이다. 지중해 지역에서는 여름 곡물을 재배할 수가 없었고, 깊은 쟁기질은 토양에 오히려 해로웠다. 그래서 사람들은 호밀 대신에 밀을 재배했다. 이 지역에서는 농경과 가축 사육을 엄격하게 분리했던 것 같다. 하지만 이곳에서도 곡물 혹은 빵과 육식이 연결된 유럽적 문화는 지속된 것 같다. 이는 기독교의 성찬식에서 상징적으로 표현되었다.

수확량이 많지는 않았지만,(파종한 씨앗과 결실 사이의 관계는 14세기에 3분의 1에서 7분의 1 사이를 오갔다.) 이러한 경작 시스템은 적어도 부분적으로는 도시민이나 성직자와 봉건 영주들을 부양하기에 충분한 잉여생산물을 산출했다. 많은 도시민은 텃밭을 가꾸고 양계와 돼지 사육 등을 통해 스스로 농업 활동을 했기 때문이다. 다른 한편으로 많은 도시는 도시 인근 지역을 정치적으로 통제할 뿐 아니라, 그 지역에 경제적 영향력도 확산하려고 시도했다. 거대한 경작지가 도시민들의 소유였던 것은 토스카나 지방만은 아니었다.[173]

무엇보다 농산물에 대한 도시의 수요는 농업에 거대한 변화가 일어나게 한 주요 원인이었다. 그 초기 영향은 첫째, 종교 기관들의 수요와 우호적인 기후 덕분에 널리 확산된 포도 재배에서 고도의 생산성을 가진 섬들이 등장한 사실에서 볼 수 있다.[174] 둘째, 개방형 농지 제도를 시행하는 지역에서는 라인강 하류나 북이탈리아처럼 여름 동안 휴한지의 토질에 활력을 불어넣어 줄 수 있는 식용작물이자 사료용 작물인 콩을 재배했다. 셋째, 대도시 주변 지역에서 과일과 채소를 재배했다. 넷째, 도시의 직물 제조업을 위해 '산업용 식물'을 재배했다. 예를 들어 네덜란드, 북프랑스, 남서프랑스, 피에몬테, 토스카나 지방에서는 청색 염료를 위한 대청大青을 재배했고, 팔츠와 실레시아, 네덜란드와 북프랑스에서는 적색 염료를 위한 꼭두서니를 재배했다.

게다가 산 중턱이나 고지대에서는 농경이 어려웠기 때문에 일찍이 소비자 시장을 위해 치즈와 버터, 고기를 생산하는 고산 방목지 낙농업으로 넘어갔다. 나아가 소들이 북해 초원 지대와 헝가리에서 도시화가 많이 진행된 지역으로 밀려왔으며, 필요한 경우에는 도살 직전에 더 살을 찌우기도 했다. 이러한 '소 장사'는 전 유럽을 무대로 잘 조직된 사업이었다. 돼지고기는 하층민이 즐기는 고기였지만, 대도시의 주변 지역에서는 돼지도 무리를 지어 너도밤나무 열매나 도토리를 먹으며 살을 찌웠다. 또한 금요일에는 육류 소비를 금지한다는 교회의 명령 때문에 노르웨이산 소금에 절인 대구를, 북해산 식초와 동해산 식초에 절인 청어를, 그리고 내륙 지방에서는 보헤미아에서 리옹 부근까지 펼쳐진 중부 유럽 양어장 지대에서 자란 민물고기들을 거래하는 어시장이 활발하게 움직였다. 그리고 마지막으로 잉글랜드와 지중해 지역에는 직물 제조업에 사용될 양모를 생산하기 위한 대규모 양떼 목장이 있었다. 에스파냐 그리고 남이탈리아의 아풀리아에서는 이 사업을 수익성이 높은 관세 대상으로서 지배계급이 후원하고 조직했다.[175]

14세기에는 인구 감소와 더불어 도시민들의 수요도 양적으로 감소했지만, 높은 임금 덕분에 질 좋은 농산물에 대한 수요가 증가했다. 무엇보다 높은 임금을 받는 도시민들은 고기를 더 많이 먹을 수 있었다. 그 결과 생산성이 떨어지던 농지는 점차 사라지고, 사막화된 토지가 다시 증가했다.[176] 그 대신에 원예업이 성장했으며 과일과 채소를 키우는 농장 지역이 대두했다. 이 당시에는 심지어 양파와 마늘을 수출하기도 했다. 무엇보다 목초 경제가 팽창했다. 중세 전성기 농업의 '곡물 재배'는 새로운 '목초 재배'로 대체되었으며, 이는 근대에 이르기까지 지속되었다. 잉글랜드에서는 '인클로저enclosure'로 불린 법적 행위로 말미암아 개방형 농지 제도의 굴레에서 탈출해 농지들을 가시덤불 울타리나 펜스를 두른, 소나 양을 위한 방목장으로 만들었는데, 생산성이 떨어지는 농지만 그렇게 된 것은 아니다. 소작지가 뿌리째 뽑히고 울타리가 설치된 방목지로 변하자, 농촌이 황폐화되고 전통적인 마을은 해체되었다.

하지만 15세기 말에 공장 제품 가격과 임금이 오랫동안 상승하고 기본 식품 가격이 하락하면서 농업과 목축업은 다시 서로 가까워지기 시작하고, 16세기 전반부에 그 발전 과정이 서로 교차하더니 결국 서로 다른 방향으로 발전했다. 인구 증가가 주요 원인이었다. 그 결과 곡물 농사가 다시 수익성을 갖게 되었지만, 그동안 실행되었던 수요 구조가 다시 거꾸로 뒤집히지는 않았다.

무역과 광업

도시경제는 소매업과 원거리 무역업, 소규모 수공업, 대기업으로 구성된 교역과 제조업에 기반을 두고 있었다. 대기업으로부터 은행과 신용 회사가 등장했는데, 물론 이들은 부분적으로는 19세기까지 가톨릭교회의 이자 금지나 잉글랜드 왕실의 주식회사 금지처럼 교회나 국가의 통제를 받아야 했다. 제조업은 처음에는 소수의 직원을 보유하거나 아예 직원이 없이 운영되는 작은 수공업적 기업으로 조직되었다.[177] 그들은 한편으로는 수직적·수평적 분업을 통해 (예를 들면 방적공, 직조공, 염색공, 금 세공사, 은 세공사, 대장장이, 무기 제조공처럼) 고도로 분화되고 전문화되었으며, 다른 한편으로는 어디서나 발견될 수 있는 동업조합들의 상호 협력적인 특성을 통해 엄밀하게 규제되었다. 여기서 근본이념은 누구에게나 수입을 보장해 주는 질서였다.

그렇기 때문에 작업의 질에 대한 통제, 대가와 장인, 그리고 그들의 도제들만 있었던 것이 아니라, 대가와 직원 수의 제한, 생산 도구, 예를 들어 대가의 방적기 수의 제한, 원자재의 공동 구매, 완제품의 공동 판매, 원자재 재고와 반제품을 동원한 투기 금지, 임금과 노동시간 규제 등도 있었다. 일자리를 위협하는 새로운 기술 개발에 반대하는 저항도 정기적으로 일어났다. 수공업 동업조합은 사회적·정치적·종교적 역할도 조합의 의무로 인식했기 때문이다. 그들은 친목 행사를 조직했으며, 회원들이 곤경에 처했을 때 복지 혜택을 제공했다. 조합의 회원 자격은 때로는 시민권의 전제 조건이었으며, 도시 방어의 책임을 분담한다는 것을 의미했다. 조합은 그들의 수호성인을 가지고 있으면서 자체적인 예배당에서 예배와 축일 같은 행사를 진행했다.[178]

가장 중요한 분야는 어디서나 자급자족에 기여하던 건설업[179]과 식료품 제조업이었다. 반면에 섬유[180]와 금속 가공업은 그들이 거대한 시장을 위해 작업하는 곳에 집단적으로 모여 있었다. 물론 이러한 경우 개별 수공업자는 판로 문제에 부딪힐 수도 있었기 때문에 동업조합을 통한 공동보조 외에 새로운 조직 형태인 '선대제도'를 개발했다. 이 제도에 따르면 자본을 동원할 능력이 있는 대기업가가 도처에 생산조직을 세우고 원자재를 구매해 그것을 각각 다양한 생산공정을 맡은 개별 수공업자에게 공급하며, 경우에 따라서는 그들에게 생산수단도 동시에 지원해 주었는데, 생산과정이 모두 끝나면 대기업가들이 그 완성된 제품을 사들여 시장에서 판매했다. 도시들은 본래 시골의 제조업을 성가신 경쟁자로 보고 억압하려고 했지만, 특히 기술적으로 경쟁력이 취약한 섬유 제조 공장은 이제 시골로 이전하는 것이 더욱 유리하게 보일 수도 있었다. 이는 동업조합의 통제를 피하기 위한 수단이기도 했고, 방적은 시골의 공장에서 맡고 염색과 직조는 도시에서 하는 방식으로 동업조합과 분업하는 것이기도 했다.

시골의 가내노동은 시골 하층민들에게 삶의 새로운 기회를 제공해 주었다. 작업은 가족 구성원 사이의 분업을 통해 시행되었는데, 여성들은 방적을, 남성들은 직조를, 아이들은 기타 보조 작업을 맡았다. 이런 방식으로 생산하다가 시골의 지역 경제가 지역 인구를 부양할 수 없을 만큼 인구밀도가 증가한 경우를 우리는 '초기 산업화'라는 용어로 표현한다. 그러나 이 용어는 다음과 같은 경우에 오해의 소지가 있다. 즉 많은 초기 산업화 지역들이 본래 예상되는 것과 달리 공장제 산업 생산양식으로 넘어가지 않고 정반대로 탈산업화 현상을 보이는 경우다.[181] 예를 들어 오랜 세월 모직물 제조로 명성이 높았던 지역 가운데 산업화로 가는 완만한 발전을 달성한 것은 플랑드르, 브라반트, 토스카나, 북이탈리아가 아닌 잉글랜드였다. 북독일, 베스트팔렌, 네덜란드, 실레지아의 리넨 직조업은 슈바벤과 북이탈리아의 (리넨과 목면이 혼합된 인기 있는 직물인) 퍼스티언fustian 제작과 마찬가지로 여기서 한 걸음 발전된 후계 산업이 없었다.

방직 공장은 많은 경우에 원자재가 생산되는 지역의 인근에 발전했다. 그러나 특정한 위치에 훨씬 굳게 자리 잡았던 것은 키오자산 지중해 바다 소금과 비슷하게 뤼네부르크, 잘충겐, 라이헨할, 할라인에서 생산된 정제 소금 같은 자원 추출 분야였다.[182] 여기서 결정적인 요인은 소금을 정제하는 데 필요한 충분한 연료를 어느 장소가 제공할 수 있는지였다. 따라서 만약 숲이 모두 벌채된 상태였다면, 18세기의 동프랑스 지방에서 소금물을 살랭에서 숲 지대인 쇼로 옮겼던 것처럼 당분간 소금물을 숲이 우거진 지역에 있는 장소로 운반해야 했다.[183] 최초의 대형 공장들은 청동 광산에서 등장했다. 제조업뿐 아니라 유럽의 농업은 철제 도구에 크게 의존했으며, 군주의 군대도 철제 무기와 청동 대포가 필요했다. 또한 교회는 청동으로 된 종, 경제계는 금과 은, 동으로 된 지급 수단이 필요했다. 교회나 부유한 귀족들이 선호했던 귀금속으로 된 사치품은 사실 여기서 언급할 필요도 없다. 따라서 광산이 급속히 팽창했다. 철은 잉글랜드의 글로스터셔에 있는 딘 숲, 독일의 지게를란트, 오버팔츠, 오스트리아의 슈타이어마르크, 엘바섬에, 구리는 북헝가리와 스웨덴에, 주석은 콘월에, 은은 동부 독일의 에르츠산맥과 오스트리아의 티롤 지방에 풍부하게 매장되어 있었다. 이 가운데 작은 기업들이 경쟁력을 가질 수 있는 곳은 노천 광산뿐이었다. 갱도를 뚫고, 기술적으로 고비용이 드는 광산의 배수 작업, 그리고 적지 않게 고난도의 기술이 필요한 광석 추출 작업은 그들이 동원할 수 있는 것보다 많은 자본, 조직, 전문성이 필요했다. 그 결과 도시 자본이 지분을 투자했으며, 동업조합에 소속되지 않은 수백 명의 임금노동자를 거느린 대기업이 등장했다. 이들 임금노동자들에게서는 이미 근대 프롤레타리아의 문제와 행동 양태가 나타났다.[184] 이와는 대조적으로 군수공장을 비롯한 제철업은 지역적으로 분산된 채 외지와 연계된 제조 체계 안에서 작동했다. 밀라노와 리에주, 뉘른베르크, 쾰른이 그 중심지였다.

무역과 신용 거래

광산에 투입된 자본은 외부와 연계된 제조 시스템이나 해외무역에서 나온 것이었다. 여기서 동업조합에 조직된 지방과 지역의 거래상들은 일반적으로 상인이 아니라 무역상으로 간주되었다. 이들은 사회적으로 한층 수준이 높은 독자적인 동업조합이나 협회를 가지고 있었으며, 도시 귀족들과 매우 유사했다. 이들은 드물지 않게 실제로 도시 귀족으로 상승하거나, 귀족들의 정치적·사회적 지도력에 도전하기도 했다. 그들 가운데 대표적인 무역상들은 전 유럽을 무대로 활동했으며, 심지어 러시아나 근동으로, 그리고 대양을 건너서까지 활동 영역을 확대했다.[185] 많은 무역상은 개인적으로 무역 박람회를 찾았는데,[186] 1585년에 에스파냐와 발트해 사이에서 개최된 초지역적인 성격을 지닌 박람회가 171개였다. 기타 수많은 박람회는 지역의 연례 박람회였다. 반면에 피렌체의 메디치 가문이나 아우크스부르크의 푸거 가문의 기업 같은 가족 기업들은 널리 확대된 지점망을 보유하고 있었다.[187] 그들은 가문 안팎에서 온 적극적인 지분 소유자와 단순 투자자들이 조직해 위험과 이윤을 공유하는 한시적인 회사(소시에타스societas 또는 콤파니아compania)였다. 그들 일부는 이미 유한회사의 성격을 지니고 있었다.

신성 로마 제국의 북부에서는 무역 동맹원들의 관계망이 결성되었는데, 그들의 기원은 장거리 여행자, 특히 선원들이었으며 해외에 자기들이 공동으로 소유한 대리점을 가지고 있었던 협회였다. 결국 관련 도시들의 자문 위원회는 자신들과 이들 관계망을 동일시하게 되었다. 독일의 한자 동맹이 그것인데, 그들의 활동 무대는 브뤼주와 런던, 베르겐, 스톡홀름, 노브고로드였다. 이 체제에서 가장 이익을 많이 얻은 뤼베크가 동맹의 중심이었다. 1356년부터 공동의 이해관계를 정리하기 위해 비정기적으로 회의를 소집했다. 공동의 이해관계를 추구하기 위해 정치적·군사적 수단을 투입하는 경우도 자주 발생했다. 1370년에 덴마크 왕을 상대로 거둔 공동의 승리는 한자 동맹이 보유한 권력의 절정을 보여 주었다. 그러나 15세기에 몰락이 시작되었다. 한자 동맹이 경제적으로 특별히 쇠락한 것이 아니라, 점점 더 강력하게 발트해 무역으로 진출해 온 다른 세력, 즉 이탈리아인과 남독일인, 특히 네덜란드인들이 추월한 것이었다. 게다가 이 무렵에는 국가 형성 과정이 점점 더 강화되고 있어, 여러 측면에서 스위스 연방을 상기시키는 분권적 정치 구조로는 이에 계속 맞설 수 없었다. 이러한 역부족 상황에서 한자 동맹에 속한 도시들의 이해관계가 점점 강하게 충돌했는데, 뤼베크를 희생시킨 함부르크의 도약이 좋은 사례였다. 결국 17세기에 한자 동맹은 막을 내렸다.[188]

북해와 발트해 사이의 무역 체제와 함께, 그리고 이 무역 체제가 있기 전부터 남북을 잇는 축은 유럽의 무역로에서 가장 중요한 경로였다. 이 무역로는 런던에서 브뤼주(나중에는 안트베르펜과 쾰른)를 거쳐 프랑크푸르트로 이어지고, 거기서 뉘른베르크로 가거나 아우크스부르크를 거쳐 베네치아로 이어졌다. 오리엔트에서 오는 상품, 특히 향신료가 도착하는 곳이 베네치아였다. 무역상들은 될 수 있는 한 운송 비용이 저렴한 수로를 선호했다. 하지만 육로, 특히 알프스 협로[189]를 통과하는 육로도 전문적으로 잘 조직되었다. 이와 병행해 지중해에서 리옹을 거쳐 플랑드르에 이르는 무역로도 있었다. 17세기에도 일흔두 개의 독일 무역 회사가 리옹에 지사를 갖고 있었다. 박람회가 개최되는 프랑크푸르트는 뉘른베르크로 이어지는 무역로 덕분에 유럽 무역의 허브였다. 뉘른베르크는 육로를 거쳐 동방으로 가는 중요한 무역로의 출발 지점이었다. 유럽의 팽창이 시작된 후 리스본과 세비야가 차지하는 비중이 커졌다. 물론 그들이 지중해 항구들, 그리고 그 항구들에서 중동으로 이어지는 노선을 무역 업계에서 당장 철저하게 밀어낸 것은 아니었다. 식민지 상품들은 포르투갈이나 에스파냐로 직접 수입되기보다는 안트베르펜[190]을 거쳐 유럽의 무역로로 들어왔다. 유럽 무역의 허브였던 안트베르펜은 17세기에 그 역할을 암스테르담에 넘겨주었으며, 암스테르담은 18세기에 그 역할을 런던에 빼앗겼다.

다양한 종류의 협력 관계는 단순히 자본만 가져다준 것이 아니라, 관련된 거대한 위험을 서로 분담하는 데도 기여했다. 그 밖에 이미 13세기와 14세기 이래로 무역상들은 보험에 가입할 수 있었는데, 이는 처음에는 북이탈리아[191] 도시와 한자 동맹 도시들의 해상보험으로 시작했다. 그런데 유럽 국가들이 사용하는 동전들이 다양하고 그 품질에도 차이가 있다는 것이 문제였다. 일찍이 이 문제를 해결해 주는 전문적인 환전상들이 등장했으며, 14세기에는 도시에 공공 환전소가 개설되었다. 여기서는 곧 귀금속이나 화폐로도 저축할 수 있게 되었으며, 이 환전소는 세계 최초의 예금 은행으로 발전했다. 이 무렵에 다양한 화폐로 다양한 장소에서 다양한 시점에 입금과 출금을 할 수 있게 한 어음이 등장함으로써 현금 없는 지급과 예금(장부) 화폐의 시대가 시작되었다. 정기적인 환전 박람회는 사람들이 부채를 청산할 수 있게 해 주었다. 환전 제도는 대출금을 위장하는 데도 사용되었는데, 이는 오랫동안 경제에는 불가피한 제도였다. 이자 금지 규정 때문에 이자 납부 의무가 있는 대출은 오직 담보 같은 물적 보증이나 부동산에서 나오는 연금이 있어야만 승인되었다. 하지만 환전 체계는 금리의 차이와 시차를 통해 신속하게 새로운 가능성을 개척해 갔다.[192]

전통적인 대부업자였던 롬바르디아인과 남프랑스인, 유대인들은 14세기에 많은 지역에서 현지인들에 의해 업계에서 밀려났다. 예를 들어 뉘른베르크에서는 도시의 지도자 역할을 하던 가문들이 유대인에 대한 대박해와 추방에 적극 개입했다.[193] 반유대적인 분위기가 주어지자 16세기 후반부에는 생존을 위한 소액 대출이 절실했던 가난한 사람들을 위해 교회가 대출 기관('경건의 산Monti di pietà')[194]을 설립했다. 그러나 수익성이 높은 대형 대출 사업은 교황청과 제후들, 자치도시 당국과 관련되어 있었다. 종교개혁이 발발할 때까지 면벌부 판매 대금과 교회세 형식으로 징수된 거액의 자금이 로마로 송금되었다. 그 후 교황들은 16세기에 근대적이며, 다른 제후들의 경우와 비교해 안정적인 신용 제도를 개발했다.[195] 반면에 에스파냐와 프랑스에서는 폭발적인 전쟁 비용 때문에 왕가가 파산하는 일이 누적되었다. 그래도 높은 금리를 요구하는 대가로 신용을 제공해 줄 주체가 있었다. 또한 광산 채굴권 보유자로서 제후들은 항상 광산 개발에 종사해 왔다. 이런 방식으로 푸거 가문은 섬유산업에 진출함으로써 첫 대출을 위한 재산을 획득한 후, 티롤의 금광과 구리 광산 그리고 에스파냐의 수은 광산도 담보로 획득할 수 있었다. 한자 동맹이나 라벤스부르크 무역 회사처럼 순수한 무역에 종사했던 기관들은 점차 몰락했다. 철강과 신용이 결합된 사업에 참여하지 않았기 때문이었다. 이른바 '초기 자본가들'은 대규모 상인인 동시에 사업가이자 은행가였던 것이다.[196]

물론 16세기의 초기 자본주의는 별 흔적을 남기지 않았다. 제후들을 상대로 한 대출이 (푸거 가문의 사례처럼) 흔히 엄청난 손실을 남긴 채 끝났기 때문만은 아니었다. 오히려 달성된 수익이 경제의 향후 발전에 투자되지 않고 토지나 귀족 칭호, 사회적 신분 상승에 투자되었기 때문이다. 그러나 여기서 그들에게 주어진 역사적 과제, 즉 자본주의의 발전에 대한 '부르주아의 배신'은 기껏해야 은유적 의미에서나 논할 수 있을 것이다. 그들의 행동은 당시 시대의 문화적 경향에 전적으로 부합했기 때문이다. 얼핏 보기에 당시의 이윤은 그 자체가 거의 목적인 것으로 보이지만, 엄밀히 들여다보면 이는 다른 목적에, 특히 가문의 사회적 부흥에 종속되어 있었다.

그러나 형성 과정에 있던 국가에 점점 더 많이 필요했던 신용은 새로운 재정원이 공급했다. 즉 유대적이고 프로테스탄트적인 은행가들의 국제 교류망이 이 영역에서 핵심적인 역할을 수행했다. 공공 은행 혹은 '국영 은행'의 설립(1586년의 제네바, 1587년의 베네치아, 1609년의 암스테르담, 1619년의 함부르크,

____ 아우크스부르크 출신인 야코프 푸거(Jacob Fugger, 1459~1525)는 상인이자 광산업자, 은행가로서 남부 독일의 초기 자본주의에서 가장 중요한 인물이다. 그는 루터가 격렬하게 비난했던 면벌부 판매에서 그가 수행한 역할 때문에 오명을 남겼으며, 카를 5세가 신성 로마 제국 황제로 선출될 때 재정 후원자로서 수행한 역할로도 널리 알려졌다. 이 그림은 야코프 푸거의 회계 담당인 마테우스 슈바르츠(Matthäus Schwarz)가 그의 주인과 함께 일하는 모습을 담고 있다. 외모에 관심이 많았던 마테우스 슈바르츠가 자기를 다양한 의상으로 묘사하도록 하면서 이 그림이 제작되었다. 배경에 보이는 문서함 서랍에는 회사의 주요 지사들의 이름이 표기되어 있는데, 그중 오펜(부다페스트)과 크라카우(크라코프), 안토르프(안트베르펜)가 보인다. (Wikimedia Commons)

1694년의 잉글랜드 은행)도 이 상황에 별다른 영향을 주지 못했다.[197] 승인된 세금 수입을 근거로 국채를 발행하고 이를 의회가 보증하자 비로소 근대적이고 안정적인 국채를 제공할 수 있게 되었다. 이 제도는 17세기 말에 잉글랜드가 네덜란드로부터 도입한 것인데, 프랑스와 에스파냐의 왕정은 이 제도를 받아들이지 않았으며, 그 결과 경제적 손실을 얻었다.

다가오는 산업혁명

17세기에 이루어진 경제 발전, 그리고 18세기에 계속된 경제 발전의 많은 부분은 이미 앞선 시기에 미리 정해진 길을 따라갔다. 이는 인구 변동이나 가격 변동에서 살펴볼 수 있는 전반적인 흐름과 밀접한 관련이 있다. 단기적이거나 중기적인 경기변동을 제외하면 14세기와 15세기의 침체기 다음에는 장기 16세기의 역동적인 성장기가 이어졌다. 물론 이 시기의 이른바 '가격혁명'은 이후에 발생한 인플레이션기와 비교하면 매우 소박한 수준에 머물렀을 뿐이다. 이와 대조적으로 17세기는 유럽 대부분 지역에서 차라리 '정체기'였다. 이 당시에 발발한 전쟁이나 인구 위기를 함께 고려한다면 많은 나라에서 당시는 위기였다고 규정할 수 있을 것이다. 하지만 이른바 보편적인 '17세기의 위기'는 공허한 구호였던 것으로 보인다.[198] 17세기 후반과 18세기 초에는 새로운 성장 징후를 관찰할 수 있기 때문이다. 이는 궁극적으로 스스로 만든 논리 속에서 지속적인 성장을 유지하는 18세기 후반과 19세기의 이른바 '산업혁명'으로 이어졌다.

이러한 변화가 근대로 가는 혁명적 발전이라는 사실은 아직 생산과 기술의 빌진이 친친히 진행되고 있었고 기껏해야 누적적이었기 때문에, 그리 뚜렷하게 감지되지 않았다. 계몽사상의 틀 안에서 경제에 관한 이론적 성찰이 혁명적 전환을 겪고 있었던 것과는 분명 차이가 있었다. 순수하게 생계 지향적이던 사고방식에서 볼 때는 이자 수입뿐 아니라 소박한 생계 수단을 넘어서는 잉여 수익도 비난의 대상이며, 영원한 벌을 받아 마땅한 일이었다. 그렇기 때문에 16세기까지는 성공한 상인들이 당시에 사회적 신분 상승을 위한 자본 축적이 신학적으로 정당화되었는데도 종교적·사회적 기부를 통해 이러한 자신들의 죄를 경감하려고 했다. 그렇지만 아직까지도 이윤 추구에 대한 관심은 탐욕 가운데 가장 질이 나쁜 물욕이었다. 모든 종류의 사치도 마찬가지로 비난의 대상이었는데, 사회 지도층에 한해서만 적절하게 균형을 맞출 경우에 신분의 상징으로 관용되었다.

그러나 1428년에 이탈리아 초기 자본주의의 중심이던 피렌체에서 인문주의자 포조 브라촐리니Poggio Bracciolini는 소유욕을 통해 달성된 잉여 재산만이 공동체의 생계유지는 말할 것도 없고 문화적 활동과 훌륭한 작품 생산을 가능하게 할 것이라고 (당시에는 아직 비밀스러운 암시를 통해) 주장했다. 1530년에 아우크스부르크의 대자본가와 인척 관계였던 독일 인문주의자 콘라트 포이팅거Konrad Peutinger는 제국 의회의 비난에 맞서 아주 노골적으로 그의 회사를 옹호했다. 포이팅거는 위험을 무릅쓰는 과감한 활동과 거액의 자본 투자가 전반적인 번영과 세금 수입 증가에, 달리 표현하면 사회의 공동 번영에 기여한다고 주장했다. 높은 수익만이 고도의 위험 부담을 감수할 만한 동기를 부여할 것이므로 회사는 제재로부터 자유로워야 한다는 것이 그의 주장이었다. 1564년에 군사 저술가인 레온하르트 프론슈페르거Leonhard Fronsperger는 한 걸음 더 나아가 사적 이익 추구가 인간이 하는 모든 행동의 배후에 있는 주된 동기라고 폭로했다.

그런데도 17세기에 대두한 '정치경제학'은 이전보다 더 일관되게 공동체의 번영을 증대할 가능성에 문제를 제기했다. 경제가 성장한다는 이론적 전망이 없는 한 공동체의 번영은 오직 재화의 분배를 통해서만, 다시 말해 다른 사람을 희생한 재분배를 통해서만 달성할 수 있었다. 그렇게 보면 이른바 '중상주의'는 엄격하게 말해 경제 전쟁의 이론이자 실제였다. 귀금속을 자국에 축적하기 위해서는 원자재를 저렴하게 구입하고 완제품은 비싸게 판매하는 것이 관건이었다. 이 과정은 관세와 법률, 그리고 필요한 경우에는 무력을 통해서라도 뒷받침되어야 했다. 그런 의미에서 볼 때 세 차례(1652~1654, 1665~1667, 1672~1674)에 걸친 영국-네덜란드 전쟁(영란전쟁)은 역사상 최초의 순수한 무역 전쟁이었다.

중상주의로 인해 사치품의 수요는 정당화되었으며, 경제적으로 바람직한 것이 되었다.[199] 이제 1714년에 버나드 맨더빌Bernard Mandeville의 저서 『꿀벌의 우화, 혹은 개인의 악덕, 사회의 이익*The Fable of the Bees, or Private Vices, Public Benefits*』은 당시까지의 경제적 가치관을 완전히 뒤집고 미덕이 아니라 오히려 악덕이 경제 발전의 전제 조건이라고 선언했다. 『경제표*Tableau économiqu*』(1758)의 저자 프랑수아 케네François Quesnay와 중농주의자들은 재화 분배에 관한 전통적인 관념과 결별하고 최초로 생산품이, 그중에서도 우선은 농업 생산물이 번영의 원천이라고 설명했다. 마지막으로 『국부론*An Inquiry into the Nature and Causes of the Wealth of Nations*』(1776)의 저자 애덤 스미스는 이러한 전망을 모든 생산품으로 확대하고, 맨더빌의 냉소주의를 반박했다. 스미스는 인간의 이기심과 소유욕이 모든 번영의 뿌리라고 설명했지만, 도덕적 감수성과 국가의 규제를 옹호함으로써 이를 순화했다.

사실상 인구 증가는 미래 전망을 밝게 해 주는 농업 개혁으로 이어졌다. 식료품 가격과 함께 토지 및 농산물의 가치가 상승했기 때문이다. 이제 다시 새로운 토지가 개간되고 주거지가 되었으며, 많은 곳에서는 개방형 농지 제도가 기발한 작물 순환 재배 방식으로 대체되었다. 이를 통해 개방형 농지 제도를 좀 더 효율적으로 활용할 수 있었기 때문에 특히 잉글랜드에서 인클로저가 증가했다. 그리고 여기에도 제조업에서와 마찬가지로 기술적 진보가 일어났다. 중세와 근대 초의 현실에 사용할 수 있는 기술을 개발해 낸 '아마추어 발명가들'은 수많은 기계를 발명하거나 그 성능을 개선했다. 안경, 시계, 인쇄, 그리고 다양한 기계들이, 특히 제재소, 축융縮絨 공장, 대장간 등 새로운 과제에 맞게 개발한 제작 기계들이 좋은 예다. 그리고 이 시대에는 이러한 기술 개발 과정을 더욱 체계적인 방식으로 계속 추진하는 것이 훨씬 기치 있는 일이 되었다. 17세기 이후로 급속히 진보한 경험적인 자연과학이 적합한 토대를 제공해 줄 수 있었기 때문이다. 그렇기 때문에 프랑스의 디드로와 장 르 롱 달랑베르Jean Le Rond d'Alembert의 『백과전서』는 결코 계몽사상의 편람에 머문 것이 아니라, 풍부한 삽화까지 수록한 기술 교과서이기도 했다.

잉글랜드는 경제적 혁신의 중심이 되었을 뿐만 아니라 농업이 옛 봉건제를 벗어나 고도로 상업화된 결과로 이윤을 가져다줄 혁신에 개방적이었다.

판매와 유통은 도로와 운하의 건설을 통해 단계적으로 개선되었다. 도시화도 대폭 진전되었다. 1750년 무렵에는 잉글랜드 인구의 11퍼센트가 런던에 살았다. 임금 수준도 비교적 높아 다른 나라들과 달리 다수의 국민들이 소박한 번영을 누렸고, 이는 기본적인 상품은 물론 다소 수준 높은 욕구를 충족해 줄 일련의 상품에 대한 욕구도 촉진했다.[200] 하지만 이러한 현상이 분명히 남성과 여성, 어린이들의 초과 노동을 통해 공급과 수요를 증가할 수 있게 했던, 가계에 나타난 '산업혁명'의 결과인지는 여전히 의문이다.[201]

어쨌든 결과는 섬유 공업과 철강 공업에서 일어난 획기적인 혁신이었다. 목재의 부족은 석탄으로 대체되는 현상을 가속화했으며, 1709년에는 코크스를 이용한 제철 기술이 개발되었다. 이러한 발전의 결과로 한편으로는 점점 더 많은 철제 도구, 기계 부품, 생활 도구들이 더욱 양질의 철로 제작될 수 있었다. 다른 한편으로는 석탄 채굴이 엄청나게 증가해, 1769년에 제임스 와트 James Watt가 토머스 뉴커먼Thomas Newcomen이 제작했던 옛 증기기관의 기능을 개선하게 만들었다. 이 개선된 증기기관은 이제 갱도의 배수를 위해서만이 아니라 방직기계를 위한 동력으로도 투입될 수 있었다.

직물공업, 특히 고블랭gobelin[32] 같은 고급 직물의 제작뿐 아니라, 1708년에 유럽에서 중국 도자기를 모방해 제작한 도자기처럼 사업 전망이 좋은 사치품 제작에서 18세기에 이른바 '제조소'가 등장했다. 여기서는 길드에 토대를 둔 장인이나 가내수공업과 달리 노동자들이 공동으로 한 지붕 아래에 모여 작업했는데, 이는 무엇보다 작업의 질을 통제하기 위해서였다. 하지만 제조소에서도 지금까지 내려오던 전통적인 작업 기술은 그대로 사용되었다. 물론 제조소는 제후들이 주도해 만든 경우도 많았다. 예를 들어 프랑스에서 생산하고 판매된 고급 직물이나 거울은 무역수지를 개선하기 위해 구상된 물품이었으며, 프로이센은 군대에 제복과 무기를 제공했던 반면에, 다른 곳에서는 몇몇 소제후가 당시에 유행하는 도자기 제조소를 가지려고 했다. 전체적으로 이들 '기계 없는 공장'의 수익성은 낮았다. 이들은 선대제도와 달리 시장의 상황에

32 여러 색깔의 실로 무늬를 짜 넣어 만든 천으로, 장식용 벽걸이나 가구 덮개 등에 쓰였다.

충분히 탄력적으로 대응할 수 없었기 때문이다.

이와 대조적으로 잉글랜드에서 등장하기 시작한 공장은 새로 개발된 방직기를 효율적으로 설치하고 운영했다. 방직 작업은 1733년에 이른바 '나는 북flying shuttle'이 발명되면서 속도가 빨라졌으며, 증가한 방사 수요는 1768년에 개발된 다축 방적기를 통해 충족했고, 이와 반대로 방사의 과잉 공급 현상이 발생하자 이 문제는 또다시 1787년에 자동 베틀의 개발로 해결했다. 당시에 완제품에 대한 지속적인 수요는 분명히 확보되어 있었다. 축과 벨트를 통해 움직이는 이들 기계의 동력은 처음에는 물레방아를 통해 수력을 이용해 왔던 유럽의 전통적인 방식이었다. 따라서 초기의 공장들은 물이 경사지게 흐르는 시골 지역에 등장했다. 그러나 와트의 증기기관이 점차 수력을 대체하면서 산업은 이러한 입지 조건에서 자유롭게 되었고, 교통망이 잘 발달된 도시 지역에 설립될 수 있었다.

섬유 생산과 철강 생산이 당시 영국의 총 국민소득에 겨우 3퍼센트 정도를 기여했다고 하더라도, 앞서 언급한 기계들의 발명은 근대로 가는 거스를 수 없는 길을 시작하게 했음에 주목해야 한다. 계몽사상이 인간을 이론상 자신의 운명을 좌우하는 주인으로 만들기 시작했다면, 과학적·기술적 산업 문화는 실제 현실에서 인간에게 그런 역할을 수행했다. 장기적으로 볼 때 이 두 가지 야심은 문제가 있는 것으로 나타난다. 하지만 계몽사상과 산업혁명은 1350년에서 1750년까지 항상 두려움과 고통 속에 있었던 대부분의 인간에게 처음으로 이를 벗어나 스스로 지구상에서 더 나은 세상을 건설할 기회를 열어 주었다.

3 새로운 대서양 세계

'신세계'[202]에 살던 원주민들의 조상은 원래 아시아에서 살다가 마지막 빙하기에, 그리고 그 후에 비로소 오늘날 베링해 지역을 거쳐 이주한 사람들이며, 그들의 이주는 아마 여러 차례에 걸쳐 긴 시차를 두고 진행된 것으로 보인다. 따라서 이 지역에 처음 도착한 유럽인들은 유전학적·언어적·문화적으로 다양한 장면과 만났다. 몽골 인종이나 캅카스 인종의 특징을 가진 외모, 수백 개의 어족, 수렵인과 채집인부터 뛰어난 학문적·예술적·정치적 업적을 가진 고도로 조직된 공동체에 이르기까지 모든 단계를 포괄하는 수많은 문화가 그것인데, 여기서 유목민만은 제외된다. 왜냐하면 중앙아메리카에서 가축 사육은 칠면조, 마스티프를 넘어서지 않았고, 남아메리카에서는 벌, 라마, 기니피그, 오리를 넘어서지 않았다. 반면에 식용작물의 재배와 경작은 높은 수준에서 이루어졌다. 옥수수와 콩, 호박은 북아메리카에서 주식으로 사용되었으며, 남아메리카에서는 감자도 주식에 추가되었다.

두 개의 대륙이 이어진 아메리카의 극북과 극남, 북아메리카 서부의 산맥, 캘리포니아, 남아메리카 동부에는 수렵인과 채집인들이 살았다. 나머지 지역의 광대한 아메리카에는 식용작물의 재배가 사냥이나 채집과 혼합된 다양한 경제체제 및 생활양식이 존재했다. 남아메리카의 열대 지역에서는 카사바[33]가 가장 중요한 식용작물이었다. 이 지역에는 여러 문화적 발전들, 즉 동부의 미시시피 문화, 북아메리카 남서부의 푸에블로 문화, 콜롬비아 고산지대의 치브차 문화들이 서로 복합적으로 연계되어 있었다. 그러나 이 맥락에서 언급해야 할 주된 집단은 15세기 이후로 오늘날 멕시코가 차지한 지역을 다스리던 아즈텍족, 과테말라와 유카탄반도의 마야족, 마지막으로 잉카족과 그들의 선조들, 그중에서도 특히 오늘날 에콰도르와 칠레 북부 사이에 있는 남아메리카 고원 지방과 서부 해안에 살던 치무족이다.

생태적으로 생활이나 경작에 특별히 유리한 곳이 절대 아니었는데도 이들 지역에는 아마도 당시의 남북아메리카 대륙에서 가장 많은 주민이 살고 있었다. 특히 멕시코 산악 지대에서는 늘 극심한 식량난이 반복되어서, 어떤 역사가들은 이를 나름대로 아즈텍인들이 신봉하던 종교의 영웅적인 비관주의와 연결하기도 했다. 탁월한 조직 덕분에 누구도 굶어 죽지 않아도 되었던 잉카 제국에서는 이와 달리 낙관적인 세계관이 지배했기 때문이다. 다시 말해 약 200만 제곱킬로미터에 걸쳐 펼쳐져 있었던 이 제국은 고대 아메리카에서는 정치조직으로서 이름에 걸맞은 유일한 제국이었다.

반면에 이른바 아즈텍 제국은 수많은 도시국가에 단순히 주도권을 행사하는 정도였으며, 그들의 통치는 중앙 권력에 유리한 일종의 약탈 제도에 지나지 않았다고 표현할 수 있다. 멕시코에서 치무족이 추진한 수리 공사, 잉카의 제국 도로 건설, 다양한 문화 진영이 세운 수많은 사원과 건축물들은 마야 달력과 같은 놀라운 지적 업적과 견줄 만한 고도로 발달된 기술을 보여준다. 하지만 문자를 알았던 것은 중앙아메리카의 메소아메리카 문화였지, 남아메리카 문화는 아니었다. 그리고 기술적인 신보는 단지 귀금속과 비철금속 세공에서만 이루어졌다. 바퀴는 알려져 있었지만 사용되지는 않았다. 무엇보다 이 지역에는 수레를 끄는 동물이 없었다.[203]

이 지역 문화의 요소들이 동아시아와 동남아시아의 문화와 외관상 유사

33 마니옥manioc으로도 불리는 다년성 작물로 남아메리카가 원산지이며, 고구마와 비슷하게 생긴 덩이뿌리 부분을 가루로 만드는 과정에서 나오는 녹말은 타피오카의 원료가 된다.

하다는 점을 확인할 수 있지만, 태평양을 건너는 문화적 영향 관계를 입증해 주는 자료는 아직 발견되지 않았다.[204] 혹시 단순히 아시아 문화가 갖는 기본적인 정신적 요소들이 태평양의 양쪽 해안에서 독립적으로 펼쳐진 것은 아닐까? 이와 마찬가지로 대서양 연안에서도 단지 그린란드에 바이킹의 정착촌이 있었다는 사실, 1200년 이후에 그들이 뉴펀들랜드와 래브라도를 방문했다는 사실 정도만 입증될 수 있다. 모든 추측과 엉터리 주장에도 불구하고 이 정착촌은 역사적으로 더는 발전하지 않았다.[205]

대서양과 유럽의 팽창

역사상 오랜 세월 불가능했던, 대서양을 넘어서는 유럽과 아메리카 대륙의 접촉은 대서양을 세계에서 가장 중요한 교통로 중 하나로 만들었다. 오늘날 해상 운송의 70퍼센트가 북대서양을 거쳐 이루어진다. 항공 운송이나 금융 거래도 마찬가지다.[206] 대서양 연안 국가들 사이의 경제적·문화적·정치적 관계는 매우 밀접하며, 특히 미국과 서유럽 사이의 관계는 특별하다. 하지만 아시아에 유럽인이 등장하게 된 것도 대서양 무역에 의한 것, 다시 말해 애초에 유럽의 범세계적인 경제적 팽창을 가능하게 했던 에스파냐령 아메리카의 귀금속에 의한 것이었다.

반면에 대서양 무역의 500년 역사는 이 과정이 얼마나 복잡하고 갈등에 차 있었는지, 얼마나 많이 일치되지 않고 모순적인 결과를 초래했는지를 잘 보여 준다. 대서양을 통한 교류는 분명히 원거리를 거치는 접촉이 점점 빈번해졌음을 뜻하지만, 그렇다고 해서 양측이 점점 전반적으로 서로 동질화되거나 평준화되었음을 뜻하지는 않았다. 오히려 이와 반대되는 현상이 일어났다고 보는 것이 정확하며, 현재도 그러하다. 오늘날 누구도 대서양의 역사 같은 것이 있다는 것을 부정하지 못한다. 하지만 그 작업을 구체적으로 추진하고자 하는 사람은 세분화된 개념적 도구를 동원하지 않으면 안 된다.

우리는 북쪽에서 남쪽으로 내려가며 영국의 대서양, 에스파냐의 대서양, 포르투갈의 대서양을 구분할 수 있다. 그러나 여기서 영국의 대서양은 적어도 1763년까지는 프랑스의 대서양이기도 했다는 사실, 에스파냐의 대서양은

17세기 카리브해에서 모든 유럽 해양 세력의 각축전이 벌어진 장소라는 사실, 끝으로 이 '국제화'된 카리브해와 남쪽에 있는 포르투갈의 대서양도 17세기 이후로 아프리카의 대서양이 되었다는 사실을 인지해야 할 것이다.

이런 상황에서는 데이비드 아미티지David Armitage가 제시한 것처럼 대서양의 역사를 다양한 개념에 따라 세부적으로 구별하는 것이 유익할지도 모른다.[207] 이 이론에 따르면 환대서양사circumatlantic history는 플랜테이션 경제의 맥락 안에서 이루어진 아프리카 노예들의 강제 이주와 같은 (대서양에서의 교류 활동에 관한) 다국적의 역사다. 대서양을 가로지르는 역사transatlantic history는 관련된 다양한 국가와 제국들, 예를 들어 에스파냐와 영국 사이의 대규모적인 비교를 넘어선다. 마지막으로 대서양 이쪽 편의 역사cisatlantic history는 '대서양적인' 역사 지식을 각 국가와 지역의 사안에, 심지어 지방적 사안에 적용하는 것이며, 서아프리카의 역사 혹은 아일랜드 역사 속에서 대서양적 특성을 규명하거나, 사우바도르와 세비야, 낭트와 리버풀이 강력하게 성장하게 된 대서양적 배경에 대한 탐구들을 다룬다.

이러한 관점에서 대서양과 그 역사에 대한 논의는 주로 은유적 성격을 지녀서, 단순히 대서양 연안 국가들 사이의 관계를 표현하는 기호로 사용된다. 그들의 항해와 항해를 가능하게 했던 조건들은 그 자체로 중요한 주제이기는 하지만,[208] 이는 절대 각각 고립적으로 다룰 수 없다. 유럽은 멕시코 만류의 영향으로 조성된 온화한 기후 덕분에 대서양이 준 선물로 여겨진다. 하지만 대양은 이따금 '지구촌' 안에 있는 '거대한 연못'으로 경솔하게 묘사되는 것과는 전혀 다르다. 오히려 대양은 오랫동안 인간과 해상 교통에 몹시 두렵고 적대적인 환경이었다. 유럽의 서쪽 끝에서 대서양에 맞서는 사람은 누구나 처음에는 바다의 진정한 힘 앞에 당연히 두려움을 느낀다. 심지어 오늘날에도 최신식 선박들이 북대서양의 악천후 때문에 아무런 흔적도 남기지 않은 채 사라질 수 있다.

이처럼 본래 양 대륙을 갈라놓는 대양의 역할에 직면해, 우리는 대서양의 역사에 대한 논의를 마치 사도 요한의 외침 같은 팡파르로 시작할 수 있을 듯하다. "태초에 콜럼버스가 있었다!" 크리스토퍼 콜럼버스가 항해한 이후에야 비로소 곤살로 페르난데스 데 오비에도Gonzalo Fernández de Oviedo, 안토니오 데 에레라 이 토르데시야스Antonio de Herrera y Tordesillas, 리처드 해클루트Richard Hakluyt 또는 새뮤얼 퍼처스Samuel Purchas 같은 사람들이 더는 대양을 지금까지처럼 세계의 끝을 표시하는 경계선이 아니라 궁극적으로 세상의 여러 민족을 이어 주는 길로 인식하게 되었다. 아메리카는 북대서양에 부는 거친 서풍 때문에 범선으로는 발견될 수 없었다. 아메리카로 가는 항해는 1000년 무렵에 바이킹들이 뉴펀들랜드로 항해했을 때처럼 오직 높은 위도에서 북극의 동풍을 등에 지고 항해하는 방식이나, 아니면 15세기에 포르투갈인들과 카스티야인들이 도달했던 남쪽의 무역풍 지대에서만 가능했다. 결국 콜럼버스는 역사적으로나 지리적으로 불가피했던 것을 그저 완성했을 따름이었다. 그는 포르투갈 귀족과 결혼했지만 에스파냐로 진영을 바꾼 제노바인으로서 아프리카 해안과 당시에 발견되었던 대서양 섬들을 상세히 조사하고 나자, 이제 신세계의 발견자가 될 수밖에 없었다. 그는 유럽 팽창의 시작에 결정적인 역할을 했던 이탈리아의 노하우와 이베리아의 관심을 한 몸에 받았기 때문이다.[209]

그러나 우리가 살펴보았듯이 사실 유럽의 팽창에 처음으로 영향을 받은 지역은 아프리카 서해안이었다.[210] 유럽의 팽창은 처음에는 이베리아의 팽창으로 시작되었다. 이베리아의 국가들은 이슬람으로부터 반도를 탈환하는 과정을 아프리카 북부의 이슬람 지역까지 연장하고자 했기 때문이다. 아라곤과 카스티야의 사람들은 이미 1291년에 자신들이 관심을 가진 북아프리카 구역에 경계를 설정했다. 포르투갈인들은 1415년에 세우타를 점령하면서 이 지역에 진입했다. 이러한 행보에는 기독교 신앙의 오래된 적들과 치르는 전쟁, 거기서 예상되는 명성과 전리품 외에 경제적 관심사, 무엇보다 사하라 사막을 거쳐 북아프리카에 도착하는 (주화의 재료로 중요한) 기니의 금에 대한 접근성이 중요한 역할을 했다. 그렇기 때문에 해안을 따라 북아프리카 무슬림의 배후에 도달하는 것은 정치적으로나 경제적으로 매우 유망한 전략적 행보였다. 처음에는 아마도 기독교적 에티오피아를 뜻했던 원거리 목적지 '인도'는 15세기 말에야 비로소 자료상에 분명히 등장했다.

포르투갈인들은 1415년에서 1433년 사이에 항해상으로나 심리적으로나 한계로 일컬어지던 보자도르곶에 도달하는 데 성공해, 그 뒤의 세계가 그동안 사람들이 두려워해 왔듯이 결코 사람이 살 수 없는 곳이 아니라는 사실이 판명될 때까지 적어도 열다섯 차례는 탐험대를 파견했다. 1440년대에 세네갈 지역에서 최초의 흑인 노예가 그들에게 잡히자, 이러한 새로운 '상품' 덕분에 서아프리카행은 시도할 가치가 있는 일이 되었으며, 투자자에게 매력적인 사업이 되었다. 따라서 정치적인 이유 때문에 일시적으로 중단된 시기를 제외하면 탐험은 계속 이어졌다. 1481년에는 오늘날 가나에 속하는 '황금해안(골드코스트)'에 엘미나 성[34]을 건설함으로써 두 개의 이름이 입증하듯이 경제적인 목적을 성취했다. 이제 다음 목적은 인도를 향해 서둘러 나가는 것이었다. 1482년에 베냉 왕국과 접촉하려던 노력은 실패로 돌아갔던 반면에, 이후 엄청난 결과를 초래하게 될 콩고 왕국과의 첫 번째 접촉이 시작되었다. 그리고 결국 1487년에서 1488년 사이에 포르투갈의 항해사는 사실상 아프리카의 남쪽 극단인 희망봉을 돌았다. 신비에 싸인 1년간의 휴식을 마친 1498년에 바스쿠 다 가마는 다음 세기에 작은 국가 포르투갈의 무역 이해관계에서 초점이 될 인도 서부의 해안에 도달했다. 이는 경쟁자인 카스티야에는 매우 유익한 일이었다.

1312년에 제노바인 선원들은 고대 이래로 널리 알려졌던 카나리아 제도를 다시 발견했다. 보자도르곶 북쪽에 위치한 이 섬들은 일찍이 여러 국가 사이에서, 무엇보다 카스티야와 포르투갈 사이에서 분쟁이 끊이지 않는 지역이었다. 그러나 이 섬들을 지배하려는 시도는 늘 실패했다. 섬의 원주민들, 즉 석기시대 문화를 가지고 있던 관체인들은 이러한 공격에 맞서 방어하는 데 능숙했다. 마데이라 제도와 아소르스(아소레스) 제도는 15세기 전반부에 항로를 벗어난 포르투갈 선원들이 우연히 발견했고, 이어서 포르투갈인들이 이곳에 거주했다. 1456년에는 포르투갈인들이 서아프리카를 여행하던 도중에 베르데곶도 발견했다.

34 엘미나 성의 포르투갈어 명칭은 상조르즈다미나 성Castelo de São Jorge da Mina인데, 여기서 미나Mina는 영어로는 광산Mine, 즉 금광을 가리킨다.

그러나 포르투갈인들은 카나리아 제도뿐 아니라 서아프리카를 둘러싼 여러 국가, 무엇보다 대서양으로 가는 편안한 진출로를 보유한 카스티야인들과 경쟁해야 했다. 그런데 포르투갈인들은 1453년에 오스만 제국이 콘스탄티노폴리스를 정복한 후에 교황이 십자군을 소집했을 때 유일하게 그에 응했기 때문에, 1455년에서 1456년 사이에 기독교의 확산 차원에서 아프리카 탐험의 독점권뿐 아니라 무슬림이나 이교도를 정복하고 노예화할 수 있는 독점권을 교황에게서 수여받았다. 이런 상황을 통해 포르투갈인들은 아프리카에 대한 자신들의 소유권을 정당화할 수 있었던 것이다. 물론 이러한 주장은 카스티야에 맞서 관철되어야 했는데, 이는 알카소바스 조약(카스티야 왕 엔리케 4세Enrique IV의 후계를 둘러싼 전쟁 후인 1479년에 맺어진 조약)에서 많은 부분 실제로 이루어졌다. 이 조약에서 카스티야 이사벨 1세의 왕위 계승을 인정해 주는 대가로 이사벨 1세는 보자도르곶 남쪽 북위 26도에서부터 시작되는 아프리카와 대서양에 대한 포르투갈의 독점권을 인정해 주었다. 그에 따라 북위 26도보다 북쪽에 위치한 카나리아 제도는 에스파냐의 영역으로 인정되어 1500년 무렵에 카스티야가 정복했는데, 이는 이후에 매우 중대한 결과를 초래한다.

마데이라와 아소르스 제도, 카나리아 제도, 카보베르데 제도 같은 대서양의 섬들, 그리고 기니만에 있는 상투메 프린시페섬은 이들이 한때 바이킹을 위해 한 것과 같은 역할을, 즉 대양의 양쪽 세계를 이어 주는 중요한 다리와 같은 역할을 했기 때문이다. 대농장에서 생산되는 천연 설탕 제품은 팔레스타인에서 키프로스와 시칠리아, 에스파냐 남부를 거쳐 이들 섬에 도달하며 마지막으로 이 섬에서 브라질로 운반되었는데, 운반하는 '도중'에 아프리카 노예들과 교환되었다. 그리고 무슬림에게서 영토를 탈환한다는 목적이 카나리아 제도에서는 처음으로 이교도에 대한 정복으로 성격이 바뀌었다. 다시 말해 에스파냐가 곧 아메리카를 정복할 때 사용한 행동 양식이 여기서 개발되었던 것이다.[211] 그 밖에도 카나리아 제도는 무역풍 지대에 있었다. 콜럼버스는 여기서 출발해 계속 불어오는 순풍을 타고 아무 어려움 없이 서쪽으로 항해할 수 있었다. 포르투갈인들의 첫 아프리카 탐사는 깊지 않은 해안가를 따라 움직였기 때문에 선박이라기보다 보트에 가까운 운송 수단을 이용했다.

그러나 15세기 말에는 새로운 유형의 선박인 캐러벨이 모습을 드러내 널리 운행되었다. 캐러벨은 직선형 깃대와 노에다가 앞 돛대와 주 돛대에는 사각 돛을, 뒤 돛대에는 삼각돛을 설치한 소형 범선으로, 이전에 있었던 그 어느 유형의 범선보다 뛰어난 항해 실력을 발휘했다. 포르투갈의 나우와 캐럭, 에스파냐의 갤리언, 네덜란드의 플류트, 영국의 프리깃과 동인도 무역선East Indiaman 등 이후 18세기에 이르기까지 등장한 유럽의 모든 범선은 이 캐러벨 유형을 개선하거나 대형화한 것이었다. 가장 주목되는 개선 사항은 18세기 중반에 뒤 돛대에 삼각돛 대신 실용적인 러그 돛lugsail[35]을 장착한 정도였다. 이러한 선박을 이용해 사람들은 지금까지 일상적이던 해안가를 떠나 외해를 향한 운항을 감행해 볼 수 있었다. 게다가 나침반과 수학 조견표, 위도를 측정할 수 있는 장비 등 핵심적인 항해 보조 도구들도 활용할 수 있었다. 하지만 경도를 판별하는 장비는 18세기에야 개발되었으며, 당시 지중해에서 사용되던 해도인 일명 포르톨라노portolano는 대서양에서, 특히 알려지지 않은 해역에서는 무용지물이었다.[212]

물론 각각의 비중을 비교하고 평가할 수는 없지만, 분명히 포르투갈인과 카스티야인들은 조선과 항법에서 카탈루냐인들과 무엇보다 이탈리아인들이 이룩한 성과의 덕을 보았다. 하지만 13세기에 십자군 국가들이 손실을 입자, 그리고 15세기에 오스만 제국이 동지중해의 패권 장악을 재개하자 이제는 이탈리아 무역도시들, 특히 제노바의 무역상들이 대서양 쪽으로 시선을 돌렸다. 그들은 이미 이 시기에 바닷길을 통해 인도로 가는 가능성을 모색했던 것이 분명하다.

당시에는 유럽인들이 인도와 교역하는 경로를 무슬림 세력들이 단절하기도 했지만, 그보다 그 사업에 대한 위험 부담이 커졌고 양허 계약 등 비용이 증가했으며, 이전보다 베네치아의 통제가 강화되었다. 그 밖에도 제노바 상인들은 흑해에 있던 그들의 노예시장과 에게해에 있던 식민지도 잃은 상태였다.

35 사각 돛의 일종으로, 세로 길이가 가로 길이보다 길고, 가로 길이에서는 위쪽이 아래쪽보다 짧은 사다리꼴이다.

이탈리아 상인과 선원들, 특히 제노바인들이 이 무렵에 이베리아반도에 등장하고 탐험 여행에서 중요한 역할을 수행한 것은 바로 이런 이유 때문이었다. 항해 능력과 자본 외에 그들은 지중해에서 개발하던 기본적인 식민지화 기술을 보유하고 있었다. 노예무역이나 플랜테이션 경영뿐 아니라 유한책임 회사 설립을 통해 탐험과 정복에 필요한 재정을 조달하는 방법, 합자회사를 통해 식민지 행정기관을 운영하는 방법 등이다. 이러한 모델은 제국주의 시대에도 여전히 그 역할을 수행했다. 아메리카가 제노바인 탐험가 콜럼버스에 의해 발견되고, 피렌체인 선원 베스푸치의 이름을 갖게 된 것은 우연이 아니었다.

포르투갈이 독점적으로 지배하는 아프리카를 피해 인도로 가는 서쪽 항로를 찾으려고 한 콜럼버스의 아이디어는 그의 항해 과제를 뒷받침하던 항법에서 일어난 계산 실수처럼 그리 새로운 것이 아니었다. 즉 콜럼버스는 피렌체의 학자 파올로 달 포조 토스카넬리Paolo dal Pozzo Toscanelli와 마찬가지로 지구의 전체 규모를 저평가해, 그들이 실제로는 아메리카에 도달할 시점에는 중국에 도달할 수 있다고 추정했다. 그런데 그곳에 (운 좋게도) 아메리카가 있었던 것이다. 하지만 콜럼버스는 그가 포르투갈과 잉글랜드, 프랑스에 제시했다가 거절당했던 연구 과제를 에스파냐에서 관철하는 데 성공했으며, 그가 가진 항해자로서의 탁월한 능력 덕분에 그 과제도 실현했다. 물론 카스티야의 전문가들은 포르투갈인들이 제기했던 것과 같은 상당히 근거 있는 우려를 표명했다. 하지만 에스파냐의 두 왕 페란도 2세와 이사벨 1세는 1492년에 그라나다를 정복함으로써 무슬림에게서 에스파냐를 탈환하는 짐에서 해방된 후, 인도 항로를 찾는 경쟁에서 비교적 적은 비용으로 포르투갈인들을 앞서 나갈 가능성을 찾기로 결정했다. 1492년 10월 12일에 콜럼버스는 신세계의 한 작은 섬에 상륙했으며, (오늘날 아이티Haiti로 불리는) 히스파니올라섬에 최초의 정착촌을 건설했다.

물론 그는 이 항해에서 알카소바스 조약에 규정되었던 북위 26도의 선 남쪽을 여행했기 때문에 포르투갈과의 갈등이 예고되었다. 따라서 에스파냐 왕은 포르투갈이 남긴 선례를 따라, 에스파냐에 우호적이던 교황 알렉산데르 6세Alexander VI를 설득했다. 즉 새로 발견된 땅과 그곳에서 선교 활동을 할 의무 전체를 에스파냐에 위임하고, 그를 위해 포르투갈이 독점하는 지역의 서쪽 경계선을 아소르스 제도 서쪽 100마일 지점으로 이전해 확정해 주게 한 것이다. 이 협상을 토대로 해서 1491년에 포르투갈과 에스파냐 사이에 토르데시야스 조약[213]이 체결되었는데, 이 조약은 경계선을 더 서쪽으로 이전해 서경 46도 37분으로 확정했다. 그런데 이 자오선은 1500년에 포르투갈의 인도 함대가 항해에 더 유리한 풍속과 조류(이른바 볼타 두 마르volta do mar)[36]를 탐색하기 위해 서쪽으로 항해하다가 발견한 브라질의 한복판을 관통했다. 따라서 이 땅은 포르투갈에 넘어갔다.

콜럼버스는 이후 1504년까지 세 차례에 걸친 여행을 통해 카리브해, 중앙아메리카 연안, 오리노코강 하구 지역을 탐사했다. 그는 끝까지 자신이 동인도 지역을 탐험하고 있다고 확신했다. 같은 시기의 피렌체인 베스푸치가 포르투갈을 위해 브라질 해안을 따라 여행하고 나서 자신의 성공적인 여행에 관해 작성한 보고서를 처음으로 출간하고 커다란 성공을 거둔 후에야 비로소 이 지역은 완전히 새로운 대륙이라는 사실이 알려졌다. 그 후 독일인 마티아스 링만Matthias Ringmann과 마르틴 발트제뮐러Martin Waldseemüller는 자신들이 제작하고 생산한 세계지도와 지구본에서 이 땅에 '아메리카'라는 새로운 이름을 붙였다.

콜럼버스와 에스파냐 왕은 원래 포르투갈인들이 아프리카와 인도양에 구축했던 것과 같은 무역 거점 시스템을 구축하려고 구상했던 것으로 보인다. 그러나 신대륙의 발견자들이 행정가로서는 실패했고 최초의 정착촌은 별로 채산성이 좋지 않다는 것이 판명되자, 에스파냐 왕은 신대륙에 대한 독점 계약을 파기하고 이후의 탐험은 개인 사업가들에게 개방하는 조치를 취했다. 물론 자신의 지배권 아래에서였다. 왕이 각 사업가와 체결한 계약은 그들의 권리와 의무를 명시했다. 탐험에 필요한 자본과 선원들은 스스로 조달해야 했다. 선원들은 별도의 임금을 받지 않고 성과에 따라 소득이 결정되었기 때

36 "바다를 뚫고 귀환하다."라는 뜻을 지닌 볼타 두 마르는 순풍뿐만 아니라 역풍까지 이용해 장거리를 항해하는 기법이다.

문에, 특히 충분한 약탈품을 확보해야 하는 등 성공에 대한 막중한 압박 아래에 놓여 있었다. 물론 이는 상대방, 즉 약탈당하는 자들에게는 이에 상응하는 결과를 초래했다. 이러한 방식으로 무역을 위한 자본과 선원 외에 점점 더 많은 사람이 탐험에 유입되었다. 이들은 주로 탐험을 통해 자신의 사회적 지위를 개선하려는 사람들이었고, 특히 레콩키스타의 전통 속에 서 있었으며, 이탈리아 전쟁 동안에 왕에게 봉사하던 에스파냐의 하급 귀족(이달고)들이었다.[214] 그러다가 아메리카 원주민들의 노동력이 점차 경제적 요인으로 중요해지자, 탐험은 급속히 정복으로 전환되었다.[215]

1499년에서 1506년 사이에 남아메리카의 북부와 동부의 해안이 탐사된 후, 1509년부터 대大앤틸리스 제도, 콜롬비아 북부 해안, 파나마가 점령되었다. 에르난 코르테스Hernán Cortés는 1519년에서 1534년 사이에 쿠바에서 출발해 아즈텍 제국을 정복했으며,[216] 1532년에서 1534년까지 프란시스코 피사로Francisco Pizarro는 파나마를 거점으로 해서 잉카 제국을 무너뜨렸다.[217] 에스파냐인들은 이들 두 거점을 중심으로 해서 16세기 중반에 그들의 영토를 안데스산맥 지역 전체로 넓혀 갔다. 하지만 에스파냐 정복자들은 남부에서는 아라우칸족에 부딪혀 확장이 좌절되었으며, 북아메리카 남부로의 탐험이나 (아마존강을 따라 내려가는) 남아메리카 저지대 탐험은 그곳이 별로 정복할 가치가 없다는 사실을 보여 주었다. 북아메리카의 남서부 지역은 17세기와 18세기에야 비로소 잉글랜드인과 러시아인들이 등장하기 시작하면서 정복되었다. 그러나 에스파냐령 아메리카의 경계선 너머 주민들은 오랫동안 독립을 유지한 채 살았는데, 그들을 정복하기 위해서는 정복을 통해 기대되는 소득에 비해 너무 큰 희생이 필요했기 때문이다. 이런 상황은 사실 그들에게만 국한된 것은 아니었다. 그들뿐 아니라 에스파냐령 아메리카 내부에도 독립된 '섬들'이 있었다. 1572년에 파괴된 빌카밤바의 잉카 제국(오늘날 페루)과 1697년에야 정복될 수 있었던 이트사가 그곳들이었는데, 이트사의 페텐이라는 호수에 위치한 섬에 수도가 있었다.[218] 에스파냐가 이 지역을 마저 정복하고자 한 것은 이 '섬들'이 자기들 영토 안에 있는 불만에 찬 백성들에게 영향을 미칠지 모른다는 우려 때문이었다.

16세기 전반에는 에스파냐인과 포르투갈인뿐 아니라 잉글랜드인과 특히 프랑스인들이 북아메리카의 동부 해안을 탐험했다. 신성 로마 제국 황제 카를 5세의 적이기도 했던 프랑스의 프랑수아 1세는 이베리아반도 국가들의 아메리카 독점권에 대해 문제를 제기하는 입장이었다. 그러나 프랑스인들은 별다른 전리품도 얻지 못하고 인도로 가는 항로도 발견하지 못하자 곧 관심을 잃었다. 하지만 브라질에 세워진 프랑스인들의 정착촌은 포르투갈인들을 자극해 그곳에 1551년까지 포르투갈의 공식적인 지배 체제가 수립되었다.[219] 이와 대조적으로 잉글랜드인과 프랑스인들은 17세기 초반에 와서야 북아메리카에 그들의 첫 정착촌을 건설하기 시작했다.

에스파냐에 이슬람으로부터 영토를 탈환하는 과정이 아메리카 정복을 위한 모델이 되었듯이, 아일랜드를 정복한 경험은 영국인들이 북아메리카를 식민화하는 데 모델로 사용되었다. 근대 초기에 가장 중요한 식민 세력으로 등장한 유럽 국가들이 이미 중세 때 정복과 식민화의 경험을 축적한 바로 그 나라들이었다는 것은 우연이 절대 아니다. 대서양 저편에 있는 식민 제국들은 서로 차이는 있었지만, 모두 지금까지 유럽 땅에 건설하던 그들의 세계를 대서양 저편의 신세계에 이식해 새로운 유럽을 건설하고자 하는 자명한 동기에 사로잡혀 있었다. 이러한 충동은 새로운 세계의 지명에 옛 유럽의 지명을 그대로 옮겨 놓았거나 옛 지명과 유사한 지명을 사용한 것에서 적나라하게 드러난다. 과들루프, 산티아고, 아네테와 로마,[37] 니우암스테르담과 뉴욕, 누에바 에스트레마두라(칠레), 뉴햄프셔가 좋은 예다.

생물학적 교환과 그 결과

이미 콜럼버스가 아메리카에 첫발을 디디면서부터 앨프리드 크로즈비 Alfred W. Crosby가 '콜럼버스의 교환Columbian Exchange'[220]으로 명명한, 그 후유증이 엄청난 생물학적 교환이 시작되었다. 물론 이 과정을 탐험가들과 그들의 후예들이 의도적으로 추진한 것은 전혀 아니었다. 그러나 역사 이래로 동식물의

37 미국의 여러 주에서 발견되는 지명인 애선스Athens와 롬Rome 등을 그 예로 들 수 있다.

이전이 이 시기보다 더 이전에 발생했다는 사실을 입증해 주는 자료는 어디에도 없으며, 그것은 사람의 이전도 마찬가지다. 당시에 유럽인들은 자신들의 삶에 긴요한 식물과 가축들을 고향으로부터 대서양을 건너 신세계로 가져왔다. 호밀과 기타 곡물류, 채소와 과일나무, 꽃, 나아가 기타 관상용 식물들도 가져왔으며, 차츰 각종 들풀까지 가져왔다. 특히 빈번한 교환이 이루어진 아메리카 북동부 지방은 원래 그 지역이 보유한 특별히 풍부한 아메리카 식물군으로 유명했으며, 그 지역은 그 풍부한 상태를 유지했다. 그런데도 이곳에서조차 옛 대륙 유럽에서 수입된 식물은 전체의 18퍼센트에 달했다. 그리고 표본으로 채집된 식물의 생물량에 관한 한 이 수입 식물들은 아메리카의 식물들을 능가하는 경향이 있었다.

유럽식 농경은 상당히 고도로 발달한 아메리카 원주민들의 농업기술과 경쟁해야 했지만, 곧 주도권을 장악했다. 그 결과 농가와 대농장제, 마을과 도시들이 어우러진 유럽식 농촌 풍경이 조성되었다. 북아메리카에서 울타리는 문화사적 관점에서는 비정상이었지만, 사적 소유에 기반을 두어 새로 도입된 경제개혁의 상징이 되었다. 결국 남아메리카와 북아메리카에 있던 광대한 사바나(대초원)는 19세기와 20세기에 세계경제의 곡창 지대로 전환되었다.

마찬가지로 유럽에서 수입된 가축들은 아메리카에서 경쟁 상대가 없었다. 말, 소, 돼지, 양, 염소, 닭들은 이미 1493년에 히스파니올라섬에 도착했으며, 얼마 후에는 강아지와 고양이, 쥐와 생쥐가 그 뒤를 이었다. 말이나 블러드하운드가 아메리카 대륙의 에스파냐 정복자들에게 가지는 의미는 이미 잘 알려져 있으나, 정복자들이 그들의 정복 활동 과정에서 살아 있는 식량으로 쓰기 위해 떼로 몰고 다녔던 흑돼지의 역할은 그리 친숙하지 않다. 많은 흑돼지는 탈출해 야생화했으며 급속히 번식했다. 이와 비슷하게 야생화된 말과 소들도 먹이를 찾기 좋은 환경에 마주했다. 아메리카 원주민들은 그때까지 가축을 보유하지 않았으며, 동물성 단백질은 매우 제한적으로만 소비하고 있었다. 하지만 그들은 곧 이 새로운 식량 자원을 이용하는 법을 터득했다. 이미 후안 히네스 데 세풀베다Juan Ginés de Sepúlveda는 철기, 가축, 식용작물의 도입은 에스파냐인들이 아메리카 원주민들에게서 약탈한 전체를 합친 것 이상의 가치가 있다고 주장했다.[221] 에스파냐인들과 말을 거래함으로써 북아메리카와 남아메리카에는 말을 탄 맹수 사냥꾼이나 가축 사육자 같은 완전히 새로운 원주민 문화가 대두했다. 이들은 19세기 말에 미국과 아르헨티나, 칠레에 정착한 백인들에게 정복될 때까지 독자적으로 번성할 수 있었다. 북아메리카 대평원에 살던 아메리카 원주민들은 17세기와 18세기에 말들이 그 평원의 남부에서부터 북부 서스캐처원까지 널리 확산되면서, 정착민으로서의 전통적 생활 방식을 버리고 말을 터며 사냥하는 유목민 생활을 시작하는 경우가 드물지 않았다. 즉 모험 소설이나 영화에 익숙하게 등장하는 원주민 기마 전사들은 이미 창의적인 대서양 교류의 산물이었던 것이다!

새로운 식용식물이나 가축의 도입, 그리고 특히 새로운 경제적·문화적 생활양식의 관철은 그러한 혁신이 주는 혜택이 자명하고 분명히 존재하는 필요를 충족시키는 것이라고 해도, 분명히 관련된 두 집단 사이에 존재하는 문화적 권력 균형의 문제였다. 옥수수나 아프리카의 카사바 뿌리 또는 얌 뿌리처럼 이미 있던 것과 비슷하지만 그보다 장점이 많았던 새로운 식용 식물들은 전혀 새롭고 낯선 식물이었던 감자가 유럽에서 그랬던 것과는 달리 좀 더 쉽게 수용되었다. 확실히 이제 아메리카는 새로운 품종들을 더욱 풍성하게 제공할 수 있었다. 옥수수, 감자, 고구마, 카사바, 아메리카산 콩류, 땅콩, 토마토, 미국산 호박류, 파프리카, 카카오, 담배 등이 그것인데, 이들 없이는 오늘날 유럽과 세계가 생계를 이어 갈 수 없을 것이다.[222] 그러나 이들을 도입하는 과정은 개별 식물과 마을 공동체에 따라 커다란 차이가 있었다.

옥수수는 오늘날 전 세계의 온대 지방에서 자란다. 옥수수는 호밀과 쌀 사이의 생태적 틈을 채운다. 다시 말해 옥수수는 밀이 자라기에는 너무 습하지만 벼를 재배하기에는 너무 건조한 지역에서 잘 자란다. 헥타르[38]당 생산량은 다른 모든 곡물보다 세 배나 되며, 칼로리로 표현하면 아프리카산 기장류보다 50퍼센트에서 100퍼센트가 높다. 게다가 옥수수는 빨리 자라며, 벼처럼 손이 많이 가지도 않는다. 그런데도 다양한 탄수화물뿐 아니라 같은 양의 밀

38 땅의 넓이를 나타내는 단위로, 1헥타르는 약 1만 제곱미터에 해당하는 넓이다.

보다 75퍼센트가 많은 칼로리를 제공해 준다. 그러나 옥수수를 식량으로 사용하면 비타민 결핍증인 펠라그라를 유발할 수 있다. 콜럼버스는 1493년의 첫 아메리카 여행에서 이미 옥수수를 유럽에 가져왔다. 옥수수는 여름에 습한 기후를 가지고 있는 지중해 가장자리 지역에서 우호적인 환경을 발견했으며, 포르투갈, 에스파냐, 이탈리아 북부 지방에서 신속히 재배되기 시작했다. 나중에는 파프리카뿐 아니라 수많은 아메리카산 식용작물을 채택한 땅이 된 발칸반도도 여기에 추가되었다. 오스만 제국이 옥수수가 확산되는 데 담당한 역할은 분명치 않지만, 많은 유럽 언어에서 옥수수는 '튀르크 곡식Turkish corn'으로 불린다. 옥수수 포리지porridge[39]는 17세기의 이탈리아에서는 폴렌타polenta로, 18세기의 루마니아에서는 마말리가mamaliga라는 이름으로 농민들이 즐겨 먹는 음식이 되었다. 오늘날 옥수수는 전 유럽에 확산되었지만, 지구상의 다른 지역에서와는 달리 주로 간접적으로 인간의 영양에 기여한다. 즉 가금류와 소, 돼지를 위한 동물 사료로 쓰인다.

포르투갈인들은 16세기에 옥수수, 땅콩, 고구마, 카사바, 칠리, 그리고 그 밖에 많은 아메리카의 식용작물을 중국과 동남아시아에서 가져왔다. 이후 칠리는 다양한 아시아 음식에서 그것이 갖고 있는 '독특한' 매운 맛을 더해 주고 있다. 옥수수와 고구마는 17세기와 18세기에 중국에서 농민을 위한 주요한 식량이 되었다. 오늘날 중국 음식의 식재료는 37퍼센트가 아메리카에 기원을 둔 식물로 구성되어 있다. 전 세계에서 재배되는 고구마의 80퍼센트가 중국에서 자란다.

고구마는 벼농사를 하기에는 너무 경사지고 너무 건조하며 비옥하지 않은 토양에서도 잘 자라는데, 헥타르당 쌀 생산량보다 서너 배 많은 수확량을 가져다준다. 씻어서 식재료로 준비하기도 쉬우며, 탄수화물과 비타민을 풍부하게 함유하고 있다. 아마도 중국의 인구 폭발은 분명 영양 공급이 이렇게 개선되었기 때문에 가능해졌을 것으로 추측된다.[223] 17세기 초에 감자와 고구마는 아마도 인도네시아를 거쳐 일본에 도달했을 것이다. 고구마는 1772년에

39 물과 귀리, 오트밀 등을 잘게 빻은 뒤 물과 우유를 넣어 끓인 죽 요리다.

메뚜기 떼가 추수를 완전히 망쳐 놓아 아사 직전에 있던 일본 혼슈섬의 주민들을 구해 주었다.[224]

오늘날 중국 외에는 동남아프리카 국가들이 고구마의 최대 생산지다. 옥수수는 가장 중요한 식용작물이자 가장 중요한 칼로리 제공 작물이며, 이 지역에서는 심지어 멕시코나 과테말라에서보다 중요한 역할을 수행하고 있다. 물론 고구마는 늦게 비로소, 아마 19세기에 아프리카의 남부와 동부에 도달한 것 같다. 이와 달리 대서양 연안 아프리카에는 포르투갈인들이 이미 16세기에 옥수수를 가져왔다. 옥수수는 1550년에 이미 카보베르데와 상투메에서 주식이었다. 옥수수가 재배되면서 17세기 서아프리카에서는 기장과 벼의 재배가 감소했다. 기장은 천천히 결실을 맺은 반면에, 옥수수는 새로 개간된 토지에서 두 번 경작할 수 있었다. 만데족이나 바콩고족이 '백인의 곡식'으로 부른 옥수수는 사실 이미 오래전에 서아프리카의 문화와 의식에 스며들었다. 예를 들면 아칸족의 토템으로, 요루바 도기에 새겨진 문양으로, 18세기의 아샨티 군사력의 전형으로 사용되었다.[225]

아프리카에서 옥수수와 마찬가지로 중요한 영양 공급원이 되었던 카사바도 마찬가지로 포르투갈인들이 아프리카에 가져갔던 중요한 식물이었다. 이 식물은 옥수수보다 150퍼센트 많은 칼로리를 함유하고 있으며, 아프리카산으로 노예들과 함께 아메리카에 전해졌던 얌 뿌리보다 장점이 많았다. 카사바는 그 어떤 해발고도에서도 비옥한 곳과 척박한 곳을 가리지 않고 잘 번식하며, 병충해나 침수에도 예민하지 않다. 그런데도 다른 열대 식물보다 헥타르당 많은 생산량을 제공한다. 그 밖에도 숙성한 뿌리는 4년까지 땅속에 묻혀 있을 수 있다. 카사바의 존재도 아프리카에서 일찍 입증될 수 있다. 옥수수와 마찬가지로 카사바는 콩고 분지 남쪽에서 유럽인들이 그곳에 도착하기 이전부터 관찰되었다. 아프리카의 전통에 따르면 16세기와 17세기의 쿠바 왕국 설립은 옥수수, 카사바, 콩, 담배의 도입과 매우 밀접한 관계가 있었다.[226] 아마 아프리카의 여러 지역에서도 인구밀도의 증가나 제국의 건설, 그리고 간접적으로는 노예무역의 팽창 같은 현상도 마찬가지로 아메리카산 식용작물의 수입을 통해 영양 상태가 좋아졌기 때문일 수 있다.

식물성 지방을 함유한 아메리카산 작물도 생물학적 교환에서 중요한 역할을 했다. 콩은 아프리카, 인도, 중국에서 중요해졌다. 러시아에서는 19세기 이후로 정원의 관상식물로보다는 기름을 추출하기 위해 재배되었지만, 오늘날은 전 세계, 특히 아프리카에서 점점 더 중요성을 얻어 가는, 기후에 예민한 해바라기도 마찬가지다.[227] 북유럽에서 가장 중요한 아메리카산 식용작물인 감자의 이용도 이와 비슷하게 천천히 진행되었다. 전혀 알려지지 않았던 새로운 식물이었기 때문에 감자는 곱지 않은 시선을 받아 오랫동안 단지 정원에서 관상식물로 재배되었다.[228] 하지만 감자는 북유럽의 주 곡물인 호밀보다 헥타르당 네 배의 생산량을 제공할 수 있었으며, 옥수수와 달리 인간에게 필요한 거의 모든 영양 성분을 함유하고 있었다. 감자 농사에는 많은 노동력이 필요했기 때문에 가난한 주민들이 많이 동원되어야 했는데, 감자는 이들을 부양하는 데도 적합했다. 새로운 작물이었기 때문에 감자는 교회의 십일조 같은 전통적인 과세 대상에도 포함되지 않았다. 게다가 잡초를 제거하기 위해 정기적으로 괭이질을 하다 보니 휴한지에 대한 밭갈이가 필요 없게 되어, 전통적인 개방형 농지 제도도 해체되었다. 이러한 사실들을 종합해 볼 때 감자는 점증하는 인구와 새로이 시작되던 유럽의 산업화에 이상적인 주식용 식물이었다. 세비야에서는 1573년에 감자를 먹었다는 사실이 기록으로 남아 있다. 유럽의 다른 지역에서는 감자가 18세기 말에야 비로소 인기를 얻었는데, 이는 부분적으로는 국가의 지시로 나온, 또는 1771년에서 1774년까지 지속된 곡물 위기가 낳은 결과였다.

분명히 새로운 들풀들도 아메리카에서 건너왔다. 예를 들어 남아메리카산 부레옥잠은 시간이 흐르면서 아프리카의 호수와 늪지대를 두툼한 받침으로 가득 채워 토종 어류들이 산소를 공급받기 어렵게 했다.[229] 아메리카는 새로운 마약의 재료가 된 식물들도 가져다주었다. 오늘날의 상업용 음료수 제품은 볼리비아의 코카 잎과 아프리카의 콜라 열매의 흥분제 성분을 복합적으로 함유하고 있다고 선전하는데, 실제로는 둘 중 그 어느 것도 함유하고 있지 않다. 아메리카산 식물이 거둔 최초의 커다란 성과는 담배였는데, 유럽인들은 남아메리카와 중앙아메리카에서는 담배의 형태로, 북아메리카에서는 파이프의 형태로 그 맛을 배웠다. 담배의 식물학적 명칭인 니코티아나는 16세기에 담배를 널리 알리는 데 기여했던 프랑스 외교관 장 니코Jean Nicot의 이름에서 나온 것이다. 담배는 1600년 무렵에 유럽과 아시아의 도처에 알려졌던 것 같다. 아프리카도 곧 뒤따랐는데, 담배는 아프리카에서 17세기 이래로 유럽 무역상들이 가장 즐겨 수입하는 상품 가운데 하나가 되었다. 담배는 17세기에 유럽에서 기호 식품으로 자리 잡았다. 1인당 담배 소비는 잉글랜드에서는 1630년의 0.02파운드에서 1700년에는 2.3파운드로 증가했던 것으로 보이며, 하우다[40] 지역에서 1만 5000명을 고용한 한 공장이 점토 파이프를 생산하던 네덜란드에서도 비슷한 통계가 전해진다. 담배가 갖는 유익한 기능과 함께 일찌감치 해로운 효과도 알려졌다. 잉글랜드 왕 제임스 1세James I는 친히 '이 값비싼 악취'를 비난하는 팸플릿(「담배에 반대한다A Counterblaste to Tobacco」)을 작성했으며, 1604년 이후로 전 세계의 크고 작은 나라들에서 선포된 흡연 금지 목록은 엄청나게 길다. 그러나 그 모든 것은 헛수고였다. 전 세계 국가들이 오늘날까지도 담배에 대해 경고하는 동시에 전매권을 설정하거나 최소한 징세를 통해 여전히 이윤을 얻는 이중적인 태도 때문이다.

그러나 전체적으로 볼 때 식물과 동물의 교환은 관련 지역을 넘어 전 인류에게 유익했다고 볼 수 있다. 하지만 미생물 차원에서 신세계에 유입된 박테리아와 바이러스는 원주민들에게 재앙을 가져다주었다. 당시까지 고립되어 살았던 원주민들에게는 유라시아의 질병뿐 아니라 그로부터 얼마 지나지 않아 들어온 아프리카에서 기원한 질병 인자에 대해서도 면역력이 결여되어 있었다. 그 결과 아메리카 원주민들은 천연두 같은 전염병뿐 아니라 유행성감기 같은 비교적 경미한 감염으로도 집단으로 사망했다. 고고학적 발굴에 따르면 북아메리카 원주민들은 유럽인들과 접촉하기 이전에도 관절염과 결핵, 특히 옥수수 같은 편중된 식사로 인한 비타민 결핍증, 맷돌로 사용하던 돌에서 생겨난 모래로 인한 치아 손상 등 많은 질병으로 고통을 겪었다. 하지만 본

40 네덜란드 남부의 도시로, 점토 파이프의 생산 외에도 흔히 '고다 치즈'로 불리는 원통형 모양 치즈의 기원지로도 유명하다.

래 북아메리카는 일반적으로 구대륙보다 훨씬 더 건강한 지역이었다. 적어도 이곳에는 전염병이 없었기 때문이다. 그러나 유아사망률, 임신한 여성의 사망률, 그리고 잦은 전쟁 때문에 비싼 대가를 치러야 했던 이들의 평균수명은 스물다섯 살에서 서른 살로 유럽보다 높지 않았다. 1492년 이전에 북아메리카의 전체 인구는 100만 명에서 1800만 명 사이로 추정되는데, 가장 흔히 언급되는 통계는 200만 명 정도다. 남아메리카와 북아메리카를 합치면 통계는 800만 명과 1억 명 사이에서 움직이는데, 4000만 명에서 5000만 명 정도가 설득력이 있는 것으로 보인다.[230]

유럽인들과 아프리카인들은 천연두, 홍역, 독감, 가래톳 페스트,[41] 디프테리아, 장티푸스, 성홍열, 결막염, 백일해, 수두, 말라리아, 황열병을 신대륙에 가져왔다. 1520년에서 1600년 사이에 적어도 열일곱 개의 주요 전염병이 신세계를 휩쓸었던 것으로 확인된다. 1518년에 발생한 첫 전염병인 천연두는 1493년에 콜럼버스가 가져온 유행성감기 때문에 사망한 사람을 제외하면 히스파니올라섬 주민의 3분의 1에서 절반 정도를 사망에 이르게 했다. 뒤이어 1520년에 아즈텍인들을 거의 멸절시켰으며, 유럽인들이 아직 도착하기도 전에 남아메리카와 북아메리카 남부에 확산되었다. 잉카 제국의 지배자였던 와이나 카파크Huayna Cápac도 1525년에 천연두로 사망한 것으로 추정된다. 한 믿을 만한 증인은 1530년 무렵에 히스파니올라섬의 인구가 50만 명에서 2만 명으로 감소했다고 파악했다. 서인도제도의 어떤 섬들에서는 원주민들이 완전히 사라졌으며, 중앙멕시코와 페루에서는 원주민 인구의 95퍼센트가 감소했다는 주장도 있다. 원주민 인구가 최저점에 도달했던 1650년 무렵에 에스파냐령 아메리카에는 아직 약 400만 명의 원주민이 생존해 있었다. 하지만 1492년 무렵에는 그 수가 3000만 명에서 4000만 명이었다.[231]

북아메리카 남서부의 푸에블로 문화권과 미시시피 문화권에서도 인구 감소가 극심해, 후자의 경우는 사회 체제 전체가 붕괴해 생존자들로 구성된 새

41 선腺페스트 또는 림프절 페스트라고도 하며, 주로 작은 동물에 기생하는 감염된 벼룩이 전파한다. 중세 유럽을 휩쓸었던 흑사병의 정체가 이 질병이라는 견해가 있다.

로운 체제로 대체되었다고 전해진다. 정복자였던 에르난도 데 소토Hernando de Soto는 1540년 무렵에 오늘날의 사우스캐롤라이나 지역에서 텅 비고 황폐화된 도시들에 도달했다. 하지만 아메리카의 대서양 연안 북부 지방에 첫 전염병이 발생한 것은 1616년에서 1618년까지였다. 당시에 매사추세츠나 왐파노아그 같은 몇몇 부족은 한 번에 부족 구성원들의 90퍼센트를 잃었다. 오대호 지역에서는 집단 사망이 1633년에 시작되었다. 1639년에서 1640년에 천연두는 2만 1000명에 달하던 휴런족 원주민의 인구를 절반으로 줄여 놓았다.

질병 영역에서 신세계가 구세계에 전해 준 유일한 '답례품'은 이미 콜럼버스의 선원들이 옮겼으며, 아마 유럽인들이 아프리카에까지 전파했던 매독[232]이었다. 유럽에서 옮겨 온 특정 전염병에 대한 아프리카인들의 저항력에도 한계가 있었던 것 같다. 물론 아프리카에서는 아메리카에서와 같은 파멸적 결과가 발생하지는 않았다. 결핵과 늑막염, 그리고 아마도 흑사병도 아프리카인들에게는 완전히 알려지지 않았던 질병이었다. 나아가 특히 매독 외에 천연두의 다양한 변종같이, 알려진 질병에서 진화해 공격적 형태를 갖게 된 새로운 질병도 있었다. 아메리카 원주민들이나 아프리카인들은 이러한 질병이 백인이 부린 '주술'의 결과라고 생각했다. 그러나 제프리 애머스트Jeffrey Amherst 장군과 앙리 부케Henry Bouquet 대령이 1763년에 천연두의 균이 묻은 담요를 이용해 아메리카 원주민들을 학살하는 방법을 고려했던 적이 있기는 하지만, 이런 식의 의도적인 생물학적 전쟁은 매우 드물었던 것 같다.[233]

에스파냐의 대서양

에스파냐의 대서양[234]은 이론상 하나의 식민 제국이 아니라, 아라곤이나 나폴리처럼 대등한 권리를 가진 카스티야 왕국의 부속 영토들의 협력체를 뜻한다. 그곳의 원주민들은 반도인peninsular들과 마찬가지로 자유를 가진 왕의 백성으로 여겨졌다. 그렇기 때문에 왕 한 사람의 지배하에 대서양 이쪽 편의 왕국 연합을 건설하려는 계획이 대두했다. 이 계획은 18세기에 등장했지만, 이미 16세기에 식민지 주교였던 바르톨로메 데 라스 카사스Bartolomé de Las Casas가 암시한 것이다. 하지만 식민주의의 거친 현실은 예상했던 것과 다르게 나타났다. 에스파냐령 아메리카 제국의 축은 1년에 한 번 멕시코와 페루를 위해 유럽의 상품을 실어 갔다가, 돌아오는 길에 모든 종류의 귀한 식민지 원자재를, 특히 멕시코 북부와 볼리비아의 은을 유럽으로 실어 오던 에스파냐 선단이었다.[235] 유럽에서 강대국으로 부상하고자 했던 에스파냐의 정치에는 왕과 식민지 사이의 바로 이러한 종류의 착취 관계가 필요했다. 바다 건너편에 존재하는 에스파냐 영토는 모국을 위해 수익을 가져다주어야 했으며, 자급자족도 해야 했다. 그리고 이것은 왕실의 필요뿐 아니라 신세계에 사는 에스파냐 정착민들의 필요를 채우기 위해서도 오직 아메리카 원주민들의 희생에 의존하는 수밖에 없었다. 왜냐하면 왕정은 돈이 필요했으며, 정복자들과 정착민들은 부자가 되어 식민지의 주인이 되기를 원했다. 그들 가운데 일부는 도시의 장인이었으며, 농민 출신은 없었다.

이곳에서 에스파냐 왕실의 대변자는 멕시코와 리마(1739년부터는 보고타로, 1776년부터는 부에노스아이레스로 옮겨 갔다.)에 있던 부왕이었다. 그리고 이들은 동시에 사실상 가장 광대하고 중요한 멕시코와 페루 지역을 관할하는 총독 역할도 수행했다. 왜냐하면 서른 명에서 마흔 명의 총독들은 직접 에스파냐에 있는 왕립 인도 위원회에 소속되었으며, 이는 밀라노의 총독이 왕립 이탈리아 위원회에 소속된 것과 마찬가지였다. 그렇다고 해도 여러 총독 사이에는 위계질서가 존재해, 어떤 총독은 다른 총독들의 상위에 있었다. 그들은 부왕처럼 열 개의 협의제 최고 재판소audiencia 가운데 한 곳의 위원장이거나, 한 군사 지역의 사령관이었기 때문이다. 주요 도시들에 있던 금융 담당 관청cajas reales은 다섯 개의 대주교구와 서른 개에서 마흔 개의 주교구를 가진 교회와 마찬가지로 행정적·사법적·군사적 관할권 아래에 있지 않고 독립적으로 존재했다.

물론 총독들은 교회에 왕의 후원을 전달해 주는 대리인이었으며, 바로 이러한 왕의 후원을 통해 교회는 에스파냐 통치 체제의 또 하나의 주축이 되었다. 왕은 십일조를 징수했으며, 임명된 성직자들에게 녹봉을 지급해 주었다. 그 밖에도 왕은 수도회가 원주민들을 상대로 선교하기 위한 활동을 하는 데 필요한 자금을 제공해 주고 이를 관리했다. 프란치스코회와 도미니코회, 그리

—— 리마. 1535년에 프란시스코 피사로가 새로 정복한 페루의 수도로 만들기 위해 의도적으로 바닷가에 건설했던 도시로, 케추아족의 언어로는 '왕의 도시(Ciudad de los Reyes)'였다. 도시의 중심은 오늘날에도 에스파냐 식민 도시에 공통적으로 나타나는 전형적인 체스판 구조를 갖고 있다. 각 시민이 사는 구역은 한 블록의 부분이거나 한 블록 전체를 포함할 수 있었다. 중앙 광장에는 성당과 총독의 궁전이 서 있다. 여기에 나타난 작은 구역에 네 개의 교회가 더 있다는 사실은 이 정착지에서 교회가 차지하는 비중을 분명하게 보여준다. (Wikimedia Commons)

고 나중에는 예수회가 지원 대상이었는데, 이들은 기존 교회의 조직 체계에서 독립된 단체들이었다. 식민지 시대가 끝날 때까지 잘 정착된 원주민 사목구는 수도회의 관리에서 벗어나 교구 사제에게 이전되어도 되는지, 그리고 언제 이전되어야 하는지를 둘러싸고 뜨거운 논쟁이 계속되었다. 메스티소나 인디오는 마지막까지도 단지 예외적인 경우에만 신부로 서품될 수 있었기 때문에, 교구 지도자들은 모두 에스파냐인들이었다.

식민지 초기에 멕시코에 온 프란치스코회 선교사들은 유토피아적인 청사진을 가지고 왔었다. 천진난만하게 자연 질서에 순응해 사는 원주민들과 함께 이곳에 최후의 심판 이후에 다가올 완전한 신의 나라를 실현하겠다는 꿈이었다.[236] 원주민 엘리트 출신의 신부들도 이 장밋빛 청사진을 함께 실현할 구성원으로 간주되었다. 그러나 아메리카 원주민들이 선교사들의 손아귀에 있는 멍텅구리들이 절대 아니라, 기독교의 허울 아래에서 그들의 옛 종교를 실천하며 기독교적 요소를 매우 영리하게 자신들의 전통적인 종교에 적용할 줄 안다는 사실이 밝혀지자 격렬한 반발이 일어났다. 1568년의 대회의 이후로는 아메리카의 교회는 오직 에스파냐가 주도해야 했다. 다만 교회에서 에스파냐어보다 원주민들의 언어를 자주 사용한 것은 원주민들의 언어적 능력 때문이었지, 그들의 토착 문화를 인정해 주었기 때문은 아니었다. 1588년에 예수회 신부 호세 데 아코스타José de Acosta가 작성한 선교 이론 개요에 따르면, 원주민들은 당연히 열등한 존재로 여겨졌다. 성찬식에 대한 참여도 논란이 되었다. 결국 정복자들이 초기에 품었던 고결한 이상은 폐기되었다.

초기 선교사들의 유토피아적 이상은 특이하고 역설적이게도 아메리카 원주민들의 참여 없이 시도될 수밖에 없는 곳에서 명맥이 유지되었다. 즉 청교도들이 건설한 뉴잉글랜드에서였다. 그리고 그들이 본래 품었던, 바다 저편에 더 나은 세상을 건설하고자 하는 종교적인 구상은 오늘날 세속적인 형태로 모습을 바꾼 채, 다시 말해 경제적·정치적 성격을 가진 미국의 세계 선교 형태로 대서양을 건너 다시 옛 세계로 돌아오고 있기 때문이다.

프란치스코회와 달리 도미니코회에서는, 특히 라스 카사스(1481~1566) 신부는 아메리카 선교에 관한 교황의 지시를 통해 정당화되었던 에스파냐의 원주민 정책에 이의를 제기했다. 에스파냐의 원주민 정책은 『구약성경』에 나오는 방식대로의 정복을 추진하는 것이었으며, 심지어 원주민의 노예화(1530~1542)를 폐지한 이후에조차 정복된 원주민들을 잔인하게 착취했다.[237] 1503년에 도입된, 에스파냐 정착민들에게 원주민 노동자들을 배분하는 정책(레파르티미엔토)은 레콩키스타 모델에 따라 엥코미엔다, 즉 원주민 노동자들의 강제 배치로 전환되었다. 이에 따르면 원주민 노동자들은 음식과 생활비, 숙소 그리고 기독교 신앙 교육을 받는 대가로 그들의 에스파냐 통치자들에게 노동과 기타 봉사를 제공해야 했다.[238] 인구 감소의 비극적 결과가 뚜렷하게 감지되기 전까지는 이들 원주민 노동력을 보살펴야 할 투자재로 간주할 필요가 없었다. 그들은 언제나 쉽게 교체되고 충원될 수 있었기 때문이다. 그런데 이러한 자세는 곧 끔찍한 결과를 초래했다.

평화롭게 선교 활동을 하며 대안적인 촌락 모델을 고려했던 도미니코회 선교사들의 시도는 별다른 성공을 거두지 못했다. 하지만 그들이 살라망카의 신학자 프란시스코 데 비토리아Francisco de Vitoria(1483 무렵~1546)의 신학 이론으로부터 개발하고 라스 카사스가 열정적으로 선포하던 원주민 공동체의 법적·정치적 독립성은 훗날 근대 유럽 국제법의 토대가 되었다. 또한 그들은 첫째, 1537년에 교황에게서 원주민들도 이성을 가진 존재이자 기독교를 받아들일 능력을 보유한 인간적인 존재로 규정하는 교서를 받아내는 데 성공했다. 둘째, 1542년에서 1549년에 왕이 엥코미엔다를 수정하도록 설득하는 데 성공했다. 그 결과 앞으로는 엥코미엔다 정착민들이 원주민들을 직접 보유하는 것을 뜻하는 것이 아니라, 그들의 지도자(엥코멘데로encomendero)들을 통해 왕에게 조공을 바치는 봉신이 되는 것으로 의미가 국한되었다. 물론 이것이 실제로 가능한 범위에 한해서였다.

마야의 우에우에테낭고 마을에서 매우 중요한 위치에 있던 엥코미엔다는 1530년에 3000명 이상의 주민을 보유하고 있었는데, 1549년에는 500명으로 줄어들었다. 1530년에 그들이 생산한 면제품은 800장의 면포, 2000장의 각종 의복, 400장의 매트와 총량이 분명치 않은 옥수수와 콩 등의 곡물류, 2268마리의 칠면조였다. 농사에는 항상 마흔 명의 노동자가 20일씩 교대로 투입되었으며, 금광에는 120명 또는 200명, 여기에 추가로 30명의 여성이 요리사로 일했다. 작업일로 환산하면 연간 4만 4000일에서 8만 2800일 사이였는데, 여기에는 800명의 남성 노예와 40명의 여성 노예는 포함되지 않았다. 광산에서는 연간 9000페소를, 농업 분야에서는 3000페소를 창출했다. 그런데 왕실 개혁을 시행한 후인 1549년에는 이 공동체의 생산량이 다음과 같았다. 면포 300장, 그리고 오늘날 단위로 정확하게 계산하면 옥수수 22.5부셸, 콩 7.5부셸, 칠리와 소금 각 100더미, 닭 144마리, 마지막으로 여섯 명의 원주민 시종이었다.[239]

왕실은 엥코미엔다를 점차 소멸시키는 데 정치적 관심을 가지고 있었다. 그 어떤 경우에도 아메리카에서 새로운 봉건 제후 계급이 대두하는 것을 원치 않았기 때문이다. 그래서 엥코미엔다는 한 번도 토지권과 연결되지 않았으며, 예외적인 경우에만 토지권을 한 세대 이상 허용해 준 결과로 사실상 점차 사라졌다. 정복자들은 결코 이 지역의 군주로서 자신들의 지위를 구축하면 안 되었기 때문에, 이들은 왕이 임명한 관료들로 신속히 대체되었다. 에스파냐령 아메리카의 정치 질서는 다른 많은 식민지 체제와 마찬가지로, 모국에서 관철될 수 없었던 정치적 목적[42]을 실현해야 했기 때문이다. 따라서 이곳에서는 유럽의 전통적인 봉건제나 신분제가 자율성을 가진 교회와 마찬가지로 금지되었으며, 지역의 유력자들과 제휴해 이루어지는 관료적 절대주의가 발전했다.[240] 그 결과 본국으로부터 독립한 후 이 체제를 그대로 물려받은 국가들은 중앙 권력이 약하고 제한된 군사력을 가지고 있으면서도, 지방 권력자들에게 강한 권력을 행사하려는 경향을 보였다.

왕실은 중앙정부의 하급 단계에서는 국가의 행정 구조를 도시 중심적으로 구축했다. 비야 이 티에라villa y tierra라는 이름으로 알려진 왕실 체계인데, 그들은 모국에서 시행된 귀족이나 교회의 장원제보다 이 제도에서 좋은 경험을 했기 때문에 신세계에서는 오직 이 제도만을 구축했다. 인구밀도가 결코 과잉 상태가 아니었던 모국에서 아메리카로 이주해 정착한 에스파냐인 수십만

42 중앙집권적인 절대 국가의 수립을 가리킨다.

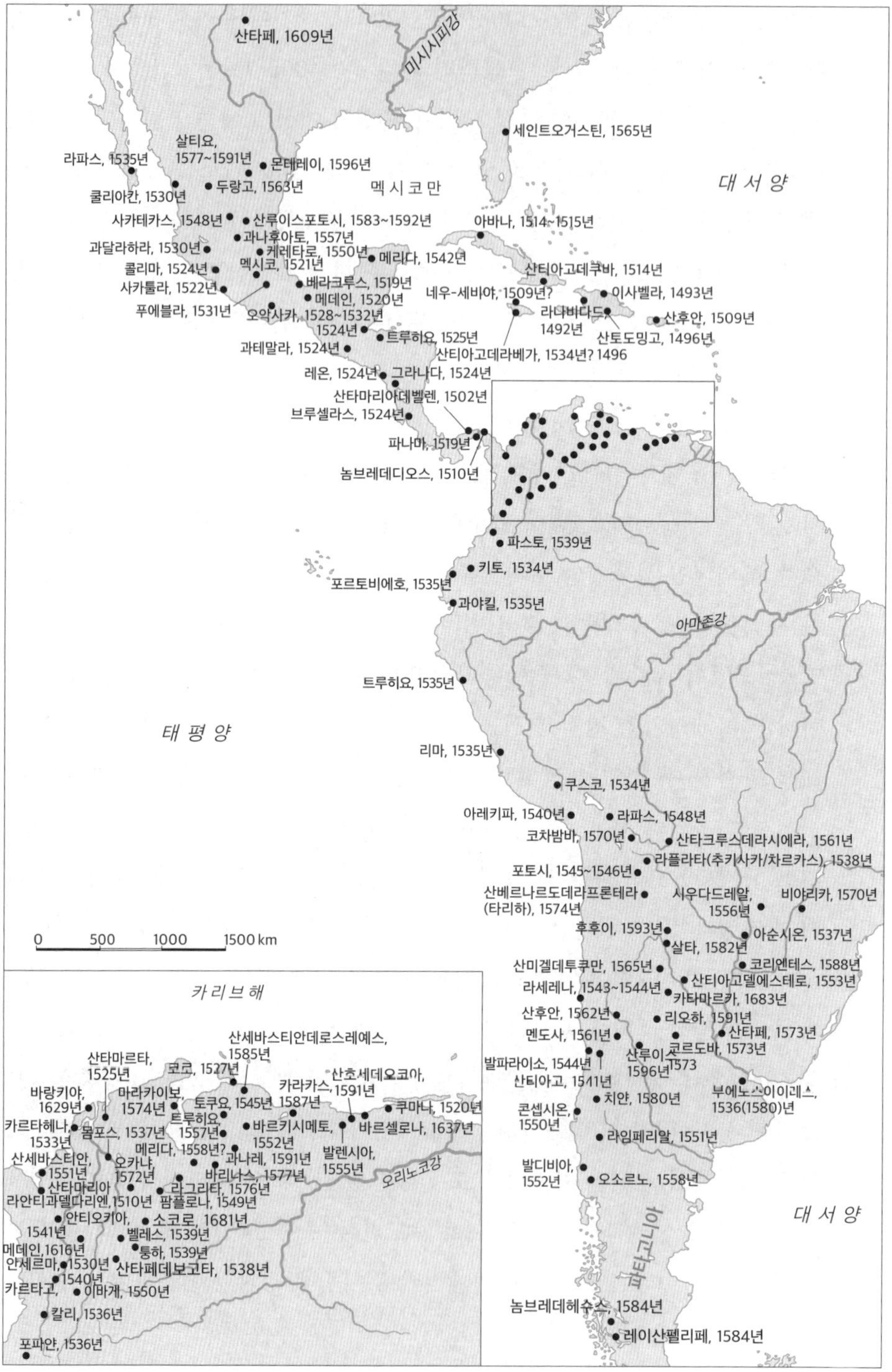
산타페, 1609년
미시시피강
세인트오거스틴, 1565년
라파스, 1535년
살티요,
1577~1591년
몬테레이, 1596년
쿨리아칸, 1530년
두랑고, 1563년
멕 시 코 만
대 서 양
사카테카스, 1548년
산루이스포토시, 1583~1592년
과나후아토, 1557년
과달라하라, 1530년
케레타로, 1550년
메리다, 1542년
아바나, 1514~1515년
콜리마, 1524년
멕시코, 1521년
산티아고데쿠바, 1514년
사카툴라, 1522년
베라크루스, 1519년
메데인, 1520년
네우-세비야, 1509년?
이사벨라, 1493년
푸에블라, 1531년
오악사카, 1528~1532년
라나비다드,
1492년
산후안, 1509년
1524년
트루히요, 1525년
산토도밍고, 1496년
과테말라, 1524년
산티아고데라베가, 1534년? 1496
레온, 1524년
그라나다, 1524년
산타마리아데벨렌, 1502년
브루셀라스, 1524년
파나마, 1519년
놈브레데디오스, 1510년
파스토, 1539년
키토, 1534년
포르토비에호, 1535년
과야킬, 1535년
아마존강
트루히요, 1535년
태 평 양
리마, 1535년
쿠스코, 1534년
아레키파, 1540년
라파스, 1548년
코차밤바, 1570년
산타크루스데라시에라, 1561년
라플라타(추키사카/차르카스), 1538년
포토시, 1545~1546년
산베르나르도데라프론테라
(타리하), 1574년
시우다드레알,
1556년
비야리카, 1570년
후후이, 1593년
아순시온, 1537년
살타, 1582년
0 500 1000 1500 km
산미겔데투쿠만, 1565년
코리엔테스, 1588년
라세레나, 1543~1544년
산티아고델에스테로, 1553년
카타마르카, 1683년
산후안, 1562년
리오하, 1591년
멘도사, 1561년
산타페, 1573년
코르도바, 1573년
발파라이소, 1544년
산루이스
1596년
1573
산티아고, 1541년
부에노스아이레스,
1536(1580)년
치얀, 1580년
콘셉시온,
1550년
라임페리알, 1551년
발디비아,
1552년
오소르노, 1558년
대 서 양
파타고니아
놈브레데헤수스, 1584년
레이산펠리페, 1584년
카 리 브 해
산세바스티안데로스레예스,
1585년
산타마르타,
1525년
코로, 1527년
산호세데오코아,
1591년
카라카스,
1587년
바랑키야,
1629년
마라카이보,
1574년
토쿠요, 1545년
쿠마나, 1520년
트루히요,
1557년
카르타헤나,
1533년
몸포스, 1537년
바르키시메토,
1552년
바르셀로나, 1637년
메리다, 1558년?
산세바스티안,
1551년
오카냐,
1572년
과나레, 1591년
발렌시아,
1555년
바리나스, 1577년
산타마리아
라안티과델다리엔, 1510년
라그리타, 1576년
오리노코강
팜플로나, 1549년
안티오키아,
1541년
소코로, 1681년
벨레스, 1539년
메데인, 1616년
퉁하, 1539년
안세르마, 1530년
1540년
산타페데보고타, 1538년
카르타고,
이바게, 1550년
칼리, 1536년
포파얀, 1536년

―― 16세기의 에스파냐령 아메리카에 설립된 도시들.

명은[241] 당시에 건설된 200개 또는 300개의 에스파냐식 도시에서 살았다.

측량에 따르면 이 도시들은 1573년에 법령으로 지정되기 이전에도 이미 체스판과 같은 모습을 지닌 경우가 흔했다.[242] 18세기에는 이주가 많지 않았던 반면에, 자연적인 인구 증가가 컸다. 고려해야 할 또 다른 요소는 경쟁 국가들에 맞서 제국을 지킬 필요가 있었다는 것이다. 그래서 도시 건설 붐이 지나고 나자, 전체 도시의 수는 1000개 이상으로 증가했다. 도시들은 모국에서처럼 왕이 임명한 코레히도르corregidor의 감독하에 있고 세습할 수 있는 알칼데alcalde(시정을 관할하는 치안 판사), 레히도르regidor(의원), 알과실alguacil(경찰)로 구성된 시의회(카빌도cabildo)가 운영했다. 엥코멘데로들이나 훗날의 대지주들도 신세계의 에스파냐인(베시노vecino)들과 마찬가지로 도시에 거주하는 시민들이었다.

원주민들에 대한 정책

에스파냐인들은 앞서 서술한 조직 원칙을 원주민들에게도 적용하려고 시도했다. 이런 방식으로 원주민들을 더 쉽게 기독교로 개종시키고 더 쉽게 통제할 수 있을 것이라는 착상에서였다. 하지만 중앙멕시코 지역에서는 이 방식이 군주제 또는 귀족제 방식으로 통치되던 도시국가(알테페틀altepetl) 중심의 전통적인 국가 구조와 충돌했다. 이 도시국가의 중심은 이제 에스파냐의 주요 지방 중심인 카베세라cabecera가 되었으며, 거기에 속하는 지역은 카베세라의 하부 조직, 즉 수헤토sujeto가 되었다. 이 도시는 언제든지 임명되고 언제든지 해고될 수 있었던 수장 옆에 에스파냐식 시의회(카빌도)를 보유하고 있었다. 그러나 도시의 실질적인 운영 방식은 이미 이전에 권력을 가지고 있었던 원주민들의 수중에 있었다. 적어도 에스파냐의 통치 초기에는 옛 토착 왕조의 구성원들이 각 지역의 수장이 되는 경우가 흔했기 때문이다. 전체적으로 보아 이 방식은 소수의 에스파냐인이 다수의 원주민을 간접적으로 지배하는 영리한 통치 제도였다. 물론 원주민 공동체가 엥코멘데로의 착취에 맞서 성공적으로 저항한 적도 드물지 않았다. 하지만 엥코멘데로 대신에 왕이 일종의 통제 기구로서 임명했던 원주민 코레히도르들도 엥코멘데로보다 별로 낫지 않았다. 그들이 받는 임금은 낮았고 임기는 짧았기 때문이다.

에스파냐인들은 이 시스템을 마야인들에게도 적용했다. 하지만 마야인들은 국가조직이 뚜렷하게 분권화되어 있었고, 여전히 에스파냐로부터 독립을 유지하던 지역들이 있었기 때문에 늘 통제되지 않고 인구 이동이 발생했다는 점에서 차이가 있었다. 이러한 인구 이동은 식민지 세력에 대한 일종의 저항이기도 했는데, 이에 에스파냐인들은 선교사들의 도움을 얻어 이른바 콩그레가시온congregación[43] 체계를 통해 맞서고자 했다. 흩어져 있는 촌락들을 하나의 공동체로 뭉치게 하는 방법이었다. 촌락의 산재 상황이 심했던 페루에서는 부왕인 프란시스코 데 톨레도Francisco de Toledo가 1570년대와 1580년대에 대대적으로 이 정책을 시행했다. 150만 명 정도의 원주민이 에스파냐 법이 적용되는 도시 공동체이자 교구인 약 600개의 정착지인 레둑시온으로 이주해 재정착했다. 이 과정에서 기존의 민족 집단들은 맥이 끊기고 새로운 정착촌에 완전히 새로운 집단이 형성될 수 있었다. 원주민 노동자와 시종들이 거주했으며 훗날 남아프리카의 '흑인 거주 지역'과 아주 유사하던, 리마 인근의 엘 세르카도El Cercado와 같은 에스파냐식 위성도시들이 독자적인 교구로 조직되었는데, 인디오들을 에스파냐화하는 데 특히 성공했던 장소로 여겨진다.

신대륙을 발견하면서 만들어진 '인디오'나 '인디언' 같은 명칭은 인도의 일부에 도착했다는 콜럼버스의 잘못된 확신 때문에 생겨난 것이기는 하지만, 새로운 통치자들이 지역의 원주민들을 지칭하는 편리한 집합 개념으로 사용되었으며, 이 명칭이 그들 모두를 특별히 구별되지 않는 대중으로 평준화하는 데 유익한 것으로 판명되었다. 원주민들이 지금까지 가지고 있던 언어적·인종적·문화적 차이가 사라지지는 않았지만, 점점 의미를 잃어 갔다. 식민 지배는 주민들을 광범위하게 재조직했으며, 어떤 경우에는 심지어 새로운 '부족들'을 탄생시키기도 했기 때문이다. 이러한 이야기는 19세기와 20세기의 식민지 시대 아프리카에서도 많이 들려 온 친숙한 이야기다.

지난 세월을 고려해 본다면 완전히 기독교화되고 완전히 에스파냐화된

43 종교 모임, 종교 집회, 종교 단체, 회중會衆 등으로 번역할 수 있는 에스파냐어 단어다.

원주민들은 대등한 권리를 가지고 모든 특권을 향유하는 에스파냐 지배 계층의 구성원이 되고도 남을 정도였다. 적어도 에스파냐로부터 광범위한 특권을 부여받았던 원주민들이나 에스파냐와 원주민 귀족 사이에서 태어난 혼혈인들은 그렇게 되었을 수도 있다. 실제로 그들 일부는 에스파냐 문화와 원주민 문화 사이에서 어려움 없이 운신할 수 있었다. 하지만 전반적으로 근본적인 문화적 경계는 여전히 유지되었다. 원주민들이 문명화될 가능성이 있는지에 관해 의문이 제기되었으며, 그들이 문명화를 향해 보인 의지는 무시되었다. 그 결과 문화적으로 계층화된 사회가 대두했으며, 이는 피부색에 따른 계층화를 초래했다. 가장 상위에는 유럽 출신 에스파냐인이 있고, 그다음에는 아메리카에서 태어난 에스파냐인과 원주민 지배층 전체를 포함한 크리올들이, 가장 하위에는 아프리카 흑인 노예들이 있었다. 원래 카스티소가 메스티소(절반의 혼혈)와 달리 '순혈'을 의미하는데도, (어쩌면 바로 이런 사실 때문에) 이러한 범주는 이른바 카스타casta로 불렸다. 이에 따르면 당시의 에스파냐령 아메리카에서 한 사람의 사회적 지위는 '신분'과 '혈통', '모유'에 따라 결정되었다. 여기서 원주민 유모나 아프리카인 유모의 모유는 순수하게 유럽적이지 않은 문화화를 상징하며, 예를 들어 크리올과 유럽 출신 에스파냐인을 부정적으로 구별하는 수단이었다. 물론 혈통적 관점이 점점 더 강하게 전면에 나타났다.243

이런 식으로 에스파냐 왕실과 선교사들은 '분리된 발전'의 모델을 선택했다. 그런데 이 발전 모델은 훗날 남아프리카의 아파르트헤이트[44]와 달리 어느 정도 원주민들을 보호하려는 취지를 가지고 있어, 파라과이에서 예수회가 달성한 것처럼 제대로 실현될 수 있었던 곳에서는 괄목할 만한 성과를 거두었다. 즉 에스파냐 제국의 주변부들은 다양한 선교회의 구역들로 연결되고 배치되었으며, 선교회들은 국경의 안전을 지키기 위한 정치적 과제도 일부 부여받았다. 예를 들어 파라과이에 있는 예수회의 레둑시온들은 은의 산지로서

—— **44** 남아프리카 공화국의 백인 정권이 1948년에 법률로 공식화한 인종 분리 정책으로, 유색인종의 차별이 주목적이었다. 넬슨 만델라Nelson Mandela가 대통령으로 취임하기 직전인 1994년 4월에 완전히 폐지되었다.

제국의 핵심인 페루의 안데스산맥 지대와 경계를 맞댄 동부 지역을 지키는 과제를 수행했다. 에스파냐인이 많이 거주하지 않는 이 지역을 특히 브라질 남부의 상파울루에서 온 팽창주의적 노예사냥꾼(파울리스타Paulista)에게서 지키는 임무였다.

파라과이에서도 에스파냐 도시법을 따르지만 예수회 신부들의 통치권에 거의 제한이 없던 레둑시온에 반유목적인 원주민들을 이주시키고 재정착시키는 정책이 행정조직상의 기본 토대였다. 1732년에 총 14만 1182명의 주민이 레둑시온에 거주하고 있었다. 에스파냐인이나 기타 외국인들에게는 진입이 금지되었는데, 이는 원칙적으로 다른 원주민 도시들에서도 마찬가지였다. 그러나 전체적인 감독 권한은 왕이 임명한 총독에게 있었다. 그는 수도회의 추천에 따라 신부들과 공무원을 임명하고, 원주민들에게 공공 근로나 병역을 부과하는 권한을 가졌다. 수도회가 주도하던 경제 체계는 착취를 위한 것도, 이상적인 공산주의도 아니었다. 농경과 가축 사육을 통해 생계를 유지하고, 무엇보다 마테 나무 차 플랜테이션을 통해 원주민이 조공을 납부하는 데 필요한 잉여생산물을 확보하며, 공동체에 필요한 물품 대금을 지급하는 것이 그들의 목적이었다. 1754년에 예수회에 속한 서른 개 선교 구역 중에 일곱 번째 구역에 살던 과라니족이 1750년의 에스파냐-포르투갈 조약을 거부하며 봉기를 일으켰다. 이 조약은 과라니족의 땅을 그들의 철천지원수인 브라질 노예사냥꾼들에게 넘겨주기로 한 것이었다. 당시에 과라니족은 17세기에 예수회로부터 화기를 공급받아 파울리스타들의 공격을 잘 막아 냈다. 그러나 이번에는 예수회가 개입을 주저했으며, 에스파냐 왕실은 이를 높이 평가해 주었다. 봉기의 주동자는 니콜라스 넹히루Nicolas Neengiru 같은 원주민 '장교들'이었는데, 여기서 예수회에 반대하는 진영으로부터 '파라과이의 왕 니콜라스 1세'라는 냉소적인 선전 구호가 나왔다. 레둑시온은 1768년에 예수회가 남아메리카에서 추방되자 산산이 해체되고 말았다.[244]

사실 선교회의 정책은 원주민들의 에스파냐화를 강하게 추진하는 것보다는 원주민 언어를 실질적으로 보호하고 장려하며 이들 언어를 통해 복음을 선포하는 것이었다. 잉카 제국의 언어였던 케추아어가 안데스 지방에서 우세한 주요 언어가 되게 만들어 준 것은 왕실의 단기적인 에스파냐화 정책이 아니라 바로 교회의 언어 정책이었던 것이다. 브라질에서는 투피족의 언어인 녜엥가투어가 이와 비슷한 역할을 했다. 이와 마찬가지로 과라니어도 파라과이에서 제2의 공용어로 살아남아, 20세기 중반에는 주민의 92퍼센트가 과라니어를 사용한 반면에, 에스파냐어를 사용하는 주민의 비중은 단 52퍼센트에 지나지 않았다. 그러나 궁극적으로 이스파니다드Hispanidad[45]의 지배권이 지속되는 한 분리된 발전이라는 유토피아는 장기적으로 볼 때 민족적 서열화를 약화하기보다는 오히려 강화하는 데 적합했다.

에스파냐 식민 제국의 경제

경제정책이 이러한 상황과 전적으로 맞물려 추진되었다는 것은 절대 우연이 아니다. 경제 체계는 공식적으로 에스파냐의 필요에 맞게 만들어졌으며, 돈이 왕실 금고로 들어가게 하는 것(재정주의)이 그 체계의 핵심 목적이었다. 왕실은 광산 소유권을 보유했으며, 이익을 얻기 위해 사업가들에게 이를 개발하도록 허가권을 주었다. 은광을 개발하기 위해서는 결정적이던 은광 채굴권, 소금 개발권, 담배 독점권이 그것들이다. 그러나 아메리카 무역 전체는 또 다른 의미에서 독점화되어 있었다. 즉 아메리카 무역은 오직 왕의 허가하에, 그리고 1503년에서 1778년까지는 세비야에 있는(1717년 이후로는 카디스에 소재한) 아메리카 무역상의 길드(카르가도레스 아 인디아스Cargadores a Indias)와 협력해 왕립 서인도 통상원Casa de la Contratación de Indias을 통해서만 추진될 수 있었던 것이다.[245]

게다가 식민지에서는 공업적 제품 생산이 금지되었는데, 에스파냐산 직물, 철강 제품, 포도주, 브랜디, 그리고 기타 제품의 수출을 위해서였다. 하지만 에스파냐에서 수입된 직물들은 식민지에서 저가의 직물에 대한 수요를 거의 충족할 수 없었거나, 이와 유사한 상황이 발생했기 때문에 이 정책을 무조건 강제할 수는 없었다. 그렇기 때문에 멕시코와 쿠스코 사이의 지역에 있는

45 에스파냐주의, 에스파냐성性, 에스파냐 민족 등을 지칭하는 포괄적인 개념이다.

직물 공장에서는 수백 명의 노동자(오브라헤obraje)가, 부분적으로는 관청이 강제로 동원한 노동자들이 열악한 노동조건하에서 면직물을 생산했다.

16세기 중반에서 18세기 중엽 사이에 독점 제도가 점차 소멸할 때까지는 통제와 안전을 위해 무역선들은 군함의 호위를 받았다. 1년에 한 차례씩 페루 선단은 에스파냐에서 출발해 카르타헤나[46]를 경유해서 놈브레 데 디오스Nombre de Dios(신의 이름)로(1583년 이후에는 포르토벨로로) 갔으며, 이곳에서 태평양 연안 지방으로 운반되었다. 반면에 멕시코 선단은 앤틸리스 제도를 경유해 베라크루스로 갔다. 이 항해는 70일에서 80일이 걸렸으며, 아바나를 경유하는 귀로는 120일에서 130일이 걸렸다. 선적물은 주로 상류층을 위한 식료품과 공업 생산품들이었다. 반면에 에스파냐로 돌아오는 배에 실린 물건 가운데는 귀금속, 특히 은이 1531년에서 1700년까지의 시기에는 전체의 90퍼센트에서 99퍼센트를, 1747년에서 1778년 사이에는 평균 77.6퍼센트에 달했다. 나머지는 초기에 대부분 코치닐 염료와 인디고로 구성되었지만, 그것들은 18세기에 설탕과 코코아, 담배로 대체되었다.

은은 1545년부터 페루의 안데스산맥 일대에 있는 포토시 광산에서 나왔으며, 그 밖에 (1546년 이후로) 사카테카스와 (1592년 이후로는) 멕시코의 산루이스포토시에서도 발굴되었다. 오래지 않아 광석은 아말감법으로 추출되었는데, 은광석을 일시적으로 수은과 결합하는 방식이었다. 이때 필요한 수은 일부는 페루의 우앙카벨리카에서 왔으며, 일부는 에스파냐의 알마덴에서 수입해야 했다. 18세기까지 광석 채굴과 선광 작업은 소규모 업자들이 맡았으며, 이들은 20퍼센트(나중에는 10퍼센트로 감소)의 세금(킨토quinto)을 왕실에 납부해야 했다. 해발 4000미터의 위치에 16만 명의 주민, 그리고 각종 물자에 대한 거대한 수요를 가지고 있어 당시 세계 최대 도시 가운데 하나로 발전했던 포토시나 우앙카벨리카에서 노동자들은 잉카 제국의 미타mit'a 제도에 따라 강제로 동원되었다. 노동자(미타요mitayo)들은 순번대로 돌아가며 1년 동안 셋째

46 오늘날 콜롬비아 북부의 볼리바르주에 있는 도시로, 에스파냐의 항구도시 카르타헤나에서 이름을 따왔다.

주마다 광산에서 일해야 했는데, 고용주들의 전횡과 갱도의 작업 조건은 특히 수은 광산에서 가히 살인적이었다. 하지만 미타요들은 점차 강제 징용을 피하는 법을 터득해, 1603년에는 이미 자원한 노동자들이 다수를 차지하게 되었다. 멕시코에서는 어차피 강제 동원 시스템이 없었다.[246]

광석 채굴은 1700년까지 그 생산량이 총 300퍼센트가 증가한 것으로 추정되며, 그 후에는 3분의 1가량 감소했다가 1810년에는 다시 한번 300퍼센트의 생산량 증가를 달성한 것으로 보인다. 에스파냐령 아메리카에서 생산된 은의 총량은 7만 톤에서 10만 톤 정도로 추정된다. 여기에 추가로 채굴된 금광과 브라질에서 생산된 것들을 모두 합쳐 은으로 환산하면 총 13만 톤에서 15만 톤에 달했다. 이로써 1493년에서 1800년 무렵에 이르는 시기에 아메리카는 전 세계 금 생산량의 71퍼센트를, 은 생산량의 85퍼센트를 차지했는데, 이 시기가 끝날 무렵에는 심지어 85퍼센트 또는 90퍼센트를 기록했다. 은괴는 장부로 기록되어 스탬프가 찍히거나 에스파냐 달러로 주조되었다. 무게가 25.56그램이던 이 은화는 유럽적 세계경제를 주도하는 화폐로 사용되었는데, 미국의 은화조차 이 에스파냐 은화에서 유래했다.

은의 일부는 아메리카에 남겨 두었는데도[247] 식민지는 화폐 부족으로 고통을 겪었다. 어떤 때에는 생산된 것보다 많은 양의 은이 반출되었기 때문인 것으로 보인다. 수익의 5분의 1을 받는 세금인 킨토, 식민지로 수입된 은의 대금, 아메리카의 독점권을 가지고 있던 업체가 남긴 수익, 그리고 세금은 왕실용 은(대략 평균을 내면 전체 은 생산량의 37퍼센트 정도)의 형태로 에스파냐로 유입되었다. 이보다 더 많은 나머지 은은 사적인 은이었으며, 이는 운송과 이익 창출의 대가였다. 그러나 사실 이 모든 통계 수치는 광범위하게 자행된 밀수 때문에 별로 신뢰성을 갖지는 못한다. 이 밀수는 선단 제도의 시행과 동시에 이루어졌는데, 경우에 따라서는 선단도 여기에 은밀하게 가담했던 것으로 보인다. 왕실에서 사적인 은을 압수하거나 그 은의 소유자들에게 국가적 의무를 부과하는 일이 빈번했기 때문에 수많은 은이 왕실용 은인지 사적인 은인지 구분하는 표식 없이 에스파냐 땅에 유입되었다. 따라서 미셸 모리노Michel Morineau는 17세기 중반에 일어난 이른바 은 유입의 감소는 사실상 일어나지 않았으며, 은이 은밀하게 유입되었기 때문에 실상 수입된 은의 총량은 안정적이었거나 심지어 증가했다는 사실을 발견했다.[248]

그런데도 왕실은 17세기에 동전 주조로 넘어가야 했다. 아메리카의 은이 에스파냐에는 유익하기보다는 오히려 해롭다는 것이 드러났기 때문이다. 그동안 달성한 엄청난 국고가 유출된 것은 강대국이 되려는 열망 때문만은 아니었다. 막대한 에스파냐 은의 유입을 통해 초래되었거나 적어도 심화된 전 유럽적인 인플레이션은 에스파냐와 유럽 나머지 지역 사이에 가격 격차를 초래했다. 이는 제3자가 에스파냐에 비싼 가격으로 물건을 팔더라도 에스파냐인들에게는 그 가격이 저렴하다는 의미였다. 즉 장기적 안목으로 보면 이베리아반도의 산업 공동화를 초래하게 된 상황이었다. 1600년 무렵에 이미 사적인 은의 약 50퍼센트가 이런 식으로 에스파냐 밖으로 유출된 것으로 추정된다. 그래서 1686년에는 아메리카 선단의 화물 가운데 에스파냐의 지분은 단 5.6퍼센트로, 프랑스, 이탈리아, 잉글랜드, 네덜란드, 벨기에의 다음이었다. 은은 이제 네덜란드로 모이기 시작했다. 네덜란드는 이 은을 가지고 금융 사업은 물론 발트해 국가들, 동지중해 지역, 나아가 극동과 무역하는 데 투자했다. 18세기에 브라질이 금과 다이아몬드의 거대한 수출국이 되었을 때, 식민 세력이던 포르투갈도 이전의 에스파냐와 유사한 경험을 했다. 다만 그동안 영국이 네덜란드를 밀어내고 세계무역의 중심으로 부상했다는 상황만 에스파냐의 경험과 달랐다.

세계 제국 에스파냐는 18세기 중반부터 본격적인 변화를 겪었다. 에스파냐인들이 차지하고 있던 시장 지향적인 대농장들은 갖은 합법적·비합법적 방법을 모두 동원해 다시 그 수가 증가하던 원주민 공동체들의 광대한 토지를 빼앗았다. 여러 차례의 가뭄과 전염병이 발생했는데도 원주민들, 특히 북부의 원주민들은 당시에 인구가 증가하고 있었다. 원주민 공동체는 그들의 코레히도르들이 가진 중간 거래 독점권에 저촉되지 않는 한 자체적인 시장 제도를 보유하고 있었다. 하지만 그들의 생산량은 에스파냐 도시들의 생계를 뒷받침하기에 충분치 않았던 것으로 보인다. 이에 반해 에스파냐인들이 소유한 대농장인 아시엔다에서는 밀, 옥수수, 콩, 기타 곡물들뿐 아니라 점점 성장하는 도시들을 위해 육류도 생산했다. 아시엔다의 소유주들은 원래는 자유로운 신분이었으나 부채 때문에 사실상 노예화된 원주민 노동자(페온peón)들을 고용했다. 에스탄시아[47]는 대규모로, 간혹 척박한 땅에서도 목축업에 몰두했다. 저지대 지방에서 대부분 아프리카 노예들을 고용해 운영했던 대농장들은 사탕수수, 담배, 카카오, 목화, 기타 열대작물들을 생산했다.

이 무렵에는 에스파냐계 부르봉 왕가의 치하에서 국가권력도 강화되기 시작했다. 관료제는 더욱 효율적이 되었다. 즉 원주민 조공을 포함해 세금 징수가 이전보다 훨씬 철저하게 집행되었다. 그리고 국가의 업무 영역이 확대되면서, 국가권력은 성직자들의 권한을 잠식해 갔다. 그동안 원주민들이 성직자들에게 이용당한 경우도 있는데도 일부 원주민은 성직자들을 그들의 보호자로 인식해 왔다. 이제 국가권력은 원주민 공동체의 사회적·문화적 자치권을 유지하는 데 전통적인 구심점 역할을 해 온 형제회(코프라디아cofradía)를 아예 해체하거나 자의적으로 조종하려고 시도했다. 이 시기에 도처에서 이에 저항하는 봉기의 발생 빈도와 범위가 점점 커진 것은 놀라운 일이 아니었다.[249]

독립 후에는 원주민들이 겪는 역경이 더욱 악화되었다. 어쨌든 일정 부분은 원주민들을 보호하는 조치를 제공해 주었던 억압적인 에스파냐 가부장주의의 기구들은 형제회와 마찬가지로 제거되었다. 자유주의적인 정권들은 옛 제국의 조합주의적 사회를 근대적인 개인주의 사회로 대체하려고 했다. 물론 원주민들은 오늘날까지도 자신들의 정체성을 유지하며 사는 것으로 보이지만, 대부분 주변화된 형태에서 기껏해야 방어적인 자세로 살고 있다. 예를 들어 그들은 기독교를 그들의 고유한 종교 안에 성공적으로 흡수했지만, 외부인들이 볼 때 그 성과는 그리 매력적이지 않다. 브라질의 아프로아메리카 문화와는 뚜렷한 차이를 보인다는 점이 특히 주목된다.

포르투갈의 대서양

브라질[250]은 처음에는 아시아 무역을 주도한 해양 제국인 포르투갈의 그

——— 47 라틴아메리카의 대지주가 소유하는 농장이나 목장을 가리키는 단어다.

림자에 가려 있는 주변적 존재였다. 붉은색 염료(이 염료를 만드는 데 쓰이는 나무의 이름인 브라질 나무에서 브라질이라는 국명이 나왔다.) 외에는 그곳에서 무역 상품으로 내세울 만한 것이 없었다. 다른 유럽 식민지 국가들과의 경쟁 때문에 포르투갈 왕실은 1530년대에 브라질의 해안 지역과 그 배후 지역을 구역별로 나누어 자치관구로서 세습할 수 있는 도나타리우donatário[48]들에게 할당하는 조치를 취했다. 또한 1548년에서 1551년까지 상 사우바도르 다 바이아 지 토두스 우스 산투스를 총독과 주교의 소재지로 건설했다. 여기에서 프로베도르모르provedor-mor가 재정부를 관장하고, 오비도르제랄ouvidor-geral이 사법부를 맡았다. 후자는 1587년에서 1609년 사이에 신설된 최고 법원인 헬라상 드 바이아Relação de Bahia에 통합되었다. 이 법원의 의장은 새로 임명된 연방 총독이었는데, 1640년 이후로는 가끔씩 부왕이 맡다가 1720년 이후에는 부왕이 항상 의장직을 맡았다. 그동안 동일한 계열에 따라 조직된 새로운 지방들이 등장해, 1700년 무렵에는 그 지방들 안에 네 군데의 자치관구와 왕이 되찾은 일곱 개의 자치관구가 통합되었기 때문이다. 하지만 1621년에 북부 해안 지방에 건설된 마라냥주는 1774년에야 이 브라질주와 합쳐졌다. 이전에는 바람과 해류가 이 지역이 포르투갈 모국과 직접 접촉하는 것을 용이하게 했다. 나머지 네 명의 주교들은 상투메 주교직이나 아프리카 앙골라의 주교직과 마찬가지로 바이아주의 대주교에게 속했던 반면에, 마라냥주와 브라질주에 있는 주교들은 모국의 수도 리스본의 대주교구에 직접 속했다. 이러한 조직 배열은 포르투갈의 대서양 세계가 가지는 통일성을 보여 주는 단순한 상징적 사실 이상이었다.

포르투갈의 식민 도시들은 에스파냐의 것들과 비슷했다. 의회(카마라câmara)는 에스파냐의 카빌도에 해당했다. 물론 포르투갈의 식민 도시에서 그 구성원들은 적어도 공식적으로는 상류층 지배 엘리트들이 엘리트들 중에서 선출했다. 그 밖에 길드가 중요한 역할을 수행했으며, 무엇보다 지역의 복지 형제회인 미제리코르디아misericórdia도 길드와 마찬가지로 엘리트 조직이었다.

48 1533년에 포르투갈의 국왕 주앙 3세가 브라질 개발을 촉진할 목적으로 토지를 지급해 개발 사업에 참여하게 한 귀족들을 가리킨다.

여기에도 국가와 지역 엘리트들 사이에 밀접한 관계가 존재했지만, 브라질은 결코 에스파냐령 아메리카와 같은 규모로 뚜렷하게 도시 중심적인 구조가 아니었다. 브라질에서는 시골, 특히 다양한 대토지에서의 생활양식이 나름의 고유한 역할을 수행했다. 그리고 17세기 말에 이르기까지 브라질의 모든 도시는 해안에 자리했다.

주목할 만한 예외는 남부 고지대에 위치한 상파울루였다. 이 지역의 포르투갈 정착민들은 그들의 적에게 대항하기 위해 원주민 부족들과 지속적인 동맹을 맺었다. 그 결과 이른바 마멜루쿠mameluco[49]라는 혼혈 주민들이 생겨났다. 이들 파울리스타는 야생에서 생활하는 원주민들의 능력을 보유하고 있었다. 그 결과 그들은 주기적으로 10여 명에서 수백 명까지 무리를 지어 원주민 보조 부대와 함께 노예사냥이나 금 찾기에 나서고는 했다. 그들은 사냥에서 잡은 아메리카 원주민들을 북부의 대농장에 팔았으며, 지금까지 알려진 것과는 달리 자기들의 업체에서 부리기도 했다. 17세기 이후로 상파울루는 북부 지방으로부터 주문이 증가하자 이에 보조를 맞추어 밀과 육류뿐 아니라 심지어 철강 제품까지도 생산하고 공급했던 것으로 보인다. 노예사냥꾼들이 노렸던 희생물은 '야생의' 원주민들보다는 수가 많고 쉽게 접근할 수 있으며, 이미 농업 노동에 익숙하던 파라과이의 예수회 공동체 레둑시온의 주민들이었다. 1641년에 수도회에 속한 원주민들에 대한 공격이 실패한 후에야 비로소 노예사냥은 잦아들었다. 이제는 금 찾기가 전면에 더욱 강하게 부상했다. 글자 그대로 그 결과는 매우 지대했다.

브라질에서는 전쟁 포로의 노예화나 적들에게 팔린 원주민들의 노예화를 완전히 중단하는 것은 불가능한 것으로 판명되었다. 1609년에 노예제도를 금지하는 관련 법령을 제정했지만, 정착민들의 저항 때문에 이미 1611년에 철회되었다. 원주민 선교에서 결정적인 역할을 했던 예수회는 여기서도 에스파냐에서와 마찬가지로 원주민들을 선교 마을(알데이아스aldeias)에 모여 살게

49 이집트의 '맘루크'에서 유래한 용어로, 유럽인과 아메리카 원주민의 혼혈을 가리키며, 에스파냐 식민지의 메스티소와 유사한 개념이다.

하는 데 성공했다. 그러나 선교사들이 이 마을에 행사하는 독점적인 통제권에 관해서는 점점 더 강하게 문제가 제기되었다. 그 결과 정착민들이 더 저렴한 노동력을 강제로 동원할 수 있게 되었고, 이를 제어하기란 매우 어려웠다. 1702년에 브라질에는 스물다섯 개의 마을과 함께 1만 4450명의 주민이 있었는데, 같은 시기인 1696년에 마라냥주에는 1만 1000명의 원주민이 살고 있었으며, 1730년에는 그 수가 2만 1000명으로 증가했다. 1700년 무렵에 그들은 약 10만 명의 백인, 그리고 이미 1670년에는 거의 같은 수의 아프리카인과 마주하고 있었다.

16세기 말에 이르러 브라질은 그 당시까지 대서양의 섬들에서 추진되던 사탕수수 재배에 특히 유리한 환경을 갖고 있다는 사실 덕택에 뚜렷한 경기 호황을 누렸다. 그런데 사탕수수 재배가 토지를 급속하게 황폐화했기 때문에 이를 보상하기 위해서는 생산 요소인 넓은 토지가 더 많이 필요했다. 면적이 비좁은 섬들과 달리 바이아와 페르남부쿠의 주변 지역이 바로 여기에 해당했다. 바이아 주변에만 해도 약 1만 1000제곱킬로미터에 달하는 최고의 사탕수수 지역이 있었다. 금방 잘라 낸 사탕수수 줄기는 지체 없이 대농장이나 작은 농장(라브라도르스 드 카나lavradores de cana)에서 사탕수수 제분소로 옮겨져, 수직으로 서 있는 롤러 사이를 두 번 지나며 분쇄되어 수액으로 추출되었다.

추출된 수액은 뜨거운 열을 가해 졸이는데, 여기서 나온 맑은 원당은 마지막 정제 단계를 거쳤다. 그리고 최종 과정에 남은 액체(당밀)에서는 럼주가 증류되었다. 설탕 제조는 기본 생산 설비뿐만 아니라 노동력이 많이 필요했기 때문에 고비용이 드는 사업이었다. 그러나 제당소의 수는 1570년에서 1629년 사이에 60개에서 350개로 늘었으며, 1700년의 생산량은 1만 3500톤에 달했다.[251]

적어도 초기에는 브라질에도 설탕 제조에 필요한 노동력이 충분치 않았다. 인구가 많지 않은 아메리카 원주민들은 충분한 노동력을 공급할 수 없었기 때문이다. 하지만 설탕 사업이 호황을 이루자, 이미 상투메에서는 일상적이었던 것처럼 아프리카 출신 노예들을 노동력으로 투입하는 방안이 대두했다. 아프리카 무역을 독점하고 있었던 포르투갈은 처음부터 유럽과 에스파냐령 아메리카에 아프리카인 노예를 독점적으로 공급해 왔기 때문이다. 이제

브라질로부터 수요가 급증하자 당시까지 제한적으로 진행해 오던 노예무역이 다시 팽창하기 시작했다. 1700년까지 포르투갈인들은 아프리카로부터 노예 61만 명을 수출한 것으로 추정된다. 1574년에 바이아 인근에 있던 세르지피의 사탕수수 공장에 고용된 아프리카 노예 출신은 7퍼센트에 지나지 않았던 반면에, 1591년에는 이미 37퍼센트에 도달했으며, 1638년에는 100퍼센트를 차지했다. 아프리카 노예 한 명을 구매하는 데 드는 비용은 적어도 고용주가 16개월 동안 설탕을 제조해야 변제된다는 주장이 있었다. 그래서 노예를 인간적으로 처우해 주는 것은 타산에 맞지 않았다. 철저한 노동력 착취가 답이었다. 1627년에 한 예수회 신부는 이런 기록을 남겼다. "제당소는 이 땅의 지옥이다. 그 소유주들은 모두 저주받았다."[252]

네덜란드의 대서양

당시 세계무역의 중심이었던 네덜란드도 브라질의 설탕 무역에 관심을 보였다. 포르투갈 상인들은 브라질 무역에 대한 그들의 독점권을 관철할 능력이 없었기 때문이다. 심지어 그들은 설탕을 운반할 충분한 선적 공간도 확보하지 못했던 것으로 보인다. 그 결과 1609년에서 1621년까지 네덜란드와 에스파냐(포르투갈과 에스파냐의 왕실은 1580년에서 1649년까지 인척 관계를 통해 하나로 연결되어 있었다.) 사이에 휴전이 지속되는 동안에, 포르투갈이 브라질 무역에 사용한 선박의 절반 또는 3분의 2는 (허가장이 있든 없든) 네덜란드 선박이었다고 한다. 물론 다른 주장도 있다. 다른 역사가에 따르면 네덜란드 선박은 설탕이 포르투갈의 리스본이나 포르투 항구에 도착한 후에야 비로소 설탕을 인계받았다. 하지만 브라질 무역의 3분의 1이라고 해도 그것은 거대한 양이어서, 네덜란드의 대서양 무역에서, 다시 말해 1700년 무렵을 제외하면 네덜란드에 동인도 무역보다 더 중요했던 대서양 무역에서 절반 또는 3분의 2를 차지했다.[253] 포르투갈 왕실은 설탕을 정제하는 작업을 브라질에서 진행하기를 원했기 때문에 포르투갈에는 설탕 정제 시설이 없었던 반면에, 1622년에 네덜란드에는 이미 스물아홉 곳이 설립되었으며, 그중 스물다섯 개가 암스테르담에 있었다. 1566년에서 1609년에 이르는 에스파냐와의 전쟁 기간에 네덜란드인들이 포르투갈 식민지 상품의 배분 중심지를 전쟁으로 황폐화된 안트베르펜에서 암스테르담으로 이전했기 때문이다.

1619년에서 1622년 사이에 일어난 유럽의 경제 위기 당시에 다시 발발한 에스파냐와의 전쟁은 네덜란드의 해외무역에 큰 손실을 주었다. 에스파냐가 감행한 해상 봉쇄는 훗날 많은 역사가가 주장했던 것보다 훨씬 강력하고 효과적이었다. 따라서 네덜란드로서는 에스파냐를 밀어내고 해상으로 팽창하는 것이 최선의 길로 보였다. 물론 네덜란드인들은 포르투갈의 해상 제국을 시야에 두었다. 포르투갈의 해상 제국은 에스파냐 식민 제국의 핵심 지역과는 달리 네덜란드 함대의 공격에 취약했으며, 게다가 무역과 대농장으로 이루어진 제국이기 때문에 네덜란드 경제에 매우 매력적이라는 판단에서였다. 1621년 이후로 수십 년 동안 네덜란드 동인도회사는 그동안 포르투갈이 차지하던 아시아 무역 제국의 거의 전체를 장악했다.

서반구의 무역을 관할하기 위해 이제 오래전부터 계획해 왔던 네덜란드 서인도회사가 설립되었다. 이 서인도회사는 동인도회사와 마찬가지로 네덜란드의 대서양 무역에 관한 독점권, 전쟁을 수행할 권리, 해외 영토를 획득할 권리를 부여받은 주식회사였다.[254] 회사의 주주들은 경제적으로 자립적인 지역 회의소에 조직되었으며, 그 소장은 정부가 대주주들 가운데에서 임명했다. 그리고 암스테르담과 (제일란트주의) 미델뷔르흐에 있는 사무소는 700만 휠던에 달하는 회사 자본에서 그들이 차지하는 지분뿐 아니라, 회사 설립을 구상하고 설립 기금도 일부 제공한 네덜란드 의회가 파견한 19인 이사회Heren XIX를 통해서도 최종적인 결정권을 갖고 있었다. 그러나 서인도회사는 동인도회사보다 정치적인 목적을 더 추구한다는 인상이 강했기 때문에 상인들은 마지못해 여기에 참여했다. 자본은 대부분 네덜란드 국내에서 조달했으며 1619년에 정치적인 주도권을 장악한 엄격한 칼뱅파 단체에서 왔는데, 이들은 주로 에스파냐계 네덜란드에서 신앙 때문에 남쪽으로 도피한 사람들이었다.

그러나 서인도회사의 사업은 성과를 올리지 못했으며, 사략선私掠船, privateer 전쟁은 비용에 대비해 이익이 크지 않았다. 1628년에 핏 헤인Piet Heyn 제독이 에스파냐의 은 수송 선단을 격파한 것이 한 차례 일시적인 주가 상승을 이끌었을 뿐이다. 이러한 사업 부진을 타개하기 위해서는 설탕의 수입과 판매업 외에 생산 자체를 장악하는 것, 즉 브라질에 있는 설탕 산지의 대부분을, 그리고 설탕 제조에 필요한 아프리카 노예를 공급해 주는 기니 해안 및 앙골라의 무역 거점을 정복하는 것이 유일한 해결책으로 보였다. 그 결과 1630년에서 1654년까지 브라질 북부의 페르남부쿠 사탕수수 지대에는 니우홀란트로 명명된 네덜란드 식민지가 건설되었다.[255] 니우홀란트는 총독인 요한 모리츠 판 나사우시헌Johann Moritz van Nassau-Siegen 백작의 통치하에 경제적으로뿐 아니라 문화적으로도 황금기를 구가했다. 백작이 예술가들과 자연과학자들을 이곳에 정착하게 했는데, 특히 후자들은 지금까지 알려지지 않은 철저한 탐사 활동을 통해 브라질의 동식물 생태계를 연구했다. 1637년에는 서아프리카 해안에 있던 포르투갈령 엘미나를 정복했으며, 이 지역은 1871년까지 네덜란드령으로 유지되었다. 1642년에는 앙골라와 상투메를 연이어 정복했다. 1636년에서 1645년 사이의 기간에 2만 3163명의 아프리카인을 아메리카에 데려다가 노예로 판매한 것은 포르투갈인들이 아니라 네덜란드 서인도회사였다.

브라질인들은 1644년 이후 네덜란드의 지배에서 벗어났고,[256] 1648년에는 자력으로 앙골라를 탈환할 수 있었다. 그러나 기니 해안에서는 네덜란드인들이 계속 잔류했으며, 포르투갈의 국력이 약화되자 점차 기타 유럽에서 온 노예 상인들도 그곳에 정착했다. 잉글랜드인, 프랑스인, 덴마크인, 심지어 브란덴부르크 출신 독일인들도 있었다. 그런데도 이 무렵에, 특히 에스파냐로부터 독립한 포르투갈과 다시 평화협정을 체결한 1654년 이후에 서인도회사의 사업은 계속 내리막길이었다. 이들은 1664년에 제2차 영국-네덜란드 전쟁에서 패한 결과, 북아메리카에 있던 모피 무역 거점이자 정착촌인 니우네데를란트(뉴네덜란드)를 잃었다.[257] 서인도회사가 1621년에 이전 회사로부터 인수했던 곳이다. 물론 1655년에는 총독인 페터르 스타위베산트Peter Stuyvesant[258]가 (네덜란드인들이 개인적으로 주도해 1638년에 건설한) 스웨덴 식민지 뉘아 스베리예(뉴스웨덴)를 합병하는 성과도 있기는 했다. 결국 서인도회사는 거대한 손실 때문에 1674년에 구조조정을 시행했으며, 아프리카와 카리브해에 지점을 둔 순수한 (노예)무역 회사로 재편되었다.

네덜란드인들이 주도하던 노예무역의 확산과 국제화는 설탕 생산지를 서인도제도로 이전한 것과 직접적인 관련이 있었다. 에스파냐 제국의 취약 지구였던 이들 섬에는 에스파냐와 치렀던 여러 차례의 전쟁 덕분에 에스파냐의 경쟁자들이 항구적인 거점을 보유하고 있었다.[259] 잉글랜드는 1627년에 바베이도스와 1655년에 자메이카에,[260] 프랑스는 1635년에 과들루프섬과 마르티니크에, 1697년에 오늘날 아이티가 된 생도맹그에,[261] 네덜란드는 1634년에 퀴라소와 1667년에 수리남에 그들의 거점을 갖고 있었다.[262] 이 지역에서는 유럽에서 (아소르스 제도를 지나는 경도와 북회귀선을 의미하는 "이 선을 넘으면 평화는 없다."라는 구호하에) 평화가 유지된 기간에도 에스파냐를 상대로 늘 전투를 했기 때문에, 17세기에 카리브해에서는 프랑스나 특히 영국과의 공조로 국제적인 해적 활동이 정착되었다. 이러한 상황은 세기말 무렵에 해상 강국들이 상호 이해관계를 조정하는 것이 유익하다는 사실을 깨달으면서 비로소 서서히 사라졌다. 그 이전에는 카리브해의 에스파냐 항구들을 해적들이 대규모로 자주 공격해 끔찍한 결과를 초래했다.[263]

섬에 정착했던 소수의 정착민은 처음에는 담배에 희망을 걸었다. 유럽에서 담배 수요가 증가하고 있었으며, 담배는 노동 집약적이지만 큰 자본 없이 재배할 수 있었기 때문이다. 그러나 이들은 과잉 생산 때문에, 그리고 품질이 더 좋은 버지니아산 담배와의 경쟁 때문에 곧 위기에 처했다. 바로 이때 브라질에서 추방되었지만 전문성과 자본, 노예, 선적 공간 모두를 가동할 수 있었던 네덜란드인들이 카리브해 지역에서 아프리카 노예들을 동원한 설탕 생산을 정착시키는 데 성공한 것이다.[264] 1645년에 바베이도스에는 4만 헥타르의 농지에 지수 1만 1200명과 노예 5680명이 있었다. '설탕 혁명' 이후인 1667년에는 지주가 745명에 노예가 8만 2023 명이었다. 이미 설탕 생산이 그 절정을 넘긴 1740년에서 1744년 사이에 바베이도스에서는 설탕 6891톤이 생산되었으며, 소小앤틸리스 제도에서는 1만 5874톤, 자메이카에서는 1만 6333톤, 마르티니크에서는 1만 5988톤, 생도맹그에서는 4만 2400톤, 쿠바에서는 2000톤이 생산되었다. 이를 종합해 카리브해 지역에서 생산된 설탕 생산량의 전체 평균을 계산해 보면 연간 약 2만 톤이었다. 1665년에서 1833년까지 서인도제도에서는 약 1000만 톤의 사탕수수 수액으로 설탕을 정제했던 것으로 추정된다. 하지만 브라질인들도 이 사업을 계속했으며, 수리남에 있는 그들의 대농장 식민지에서 설탕을 생산하던 네덜란드인들도 마찬가지였다.

유대인의 대서양

포르투갈의 대서양 세계나 에스파냐의 대서양 세계와의 공생 관계에서 유대인의 대서양 세계가 발전했다. 특히 포르투갈의 스파라드(세파르디) 유대인[50]들이 형성한 세계적인 연결망이 그 주체였다. 16세기까지 포르투갈과 에스파냐는 유대인 주민을 추방하거나 개종하고 세례를 받도록 강요했으며, 개종한 이 '새 기독교도' 중에 은밀히 자신의 종교를 간직하던 유대인(마라노)들을 처벌하기 위해 국립 종교재판소까지 설치했다. 그러나 아메리카에서 진행된 포르투갈의 종교재판은 에스파냐의 종교재판과 달리 1591년과 1618년의 단 두 차례에만 아메리카 방문자들을 점검했다. 그렇기 때문에 브라질에는 비교적 많은 '비밀 유대인들'이 정착할 수 있었다. 방문권을 점검한 결과를 보면, 당시 제당소 소유주의 3분의 1, 바이아와 페르남부쿠에서 활동하는 상인 가운데 40퍼센트가 '새 기독교도'였다. 그들은 1580년에서 1640년까지는 에스파냐 왕실과 포르투갈 왕실 사이의 인척 관계 때문에 '포르투갈인'으로서 에스파냐령 아메리카에도 정착할 수 있었다. 따라서 페루에 노예를 공급하는 일에서 중요한 역할을 했던 카르타헤나의 '포르투갈인들'과 노예 상인들이 이룩했던 대서양 무역 제국은 그동안 심층 연구의 주제가 되어 왔다.[265]

네덜란드인들은 종교 문제에 관해 매우 관대하게 처신했으며, 그 결과 특히 암스테르담에는 경제적으로 중요한 비중을 차지했던 스파라드 유대인들의 공동체가 형성되었다. 1644년에 네덜란드령 브라질에는 동인도회사 직원들 외에 약 3000명의 네덜란드인이 거주했는데, 그 가운데 약 600명이 유대인이었다. 그중 일부는 이제는 조상의 종교로 복귀한 포르투갈의 새 기독교도였으며, 일부는 네덜란드 출신 이주자들이었다.[266] 포르투갈의 재정복 이후에는

50 이베리아반도 출신의 유대인을 가리키는 말로, '스파라드'는 에스파냐계라는 뜻이다.

더는 공식적으로 유대인들을 허용하지 않았기 때문에, 스파라드 유대인들은 하는 수 없이 설탕 생산을 카리브해로 이전하는 영역에서 새로운 역할을 찾을 수밖에 없었다. 결국 1659년에 퀴라소에서 첫 유대인 공동체가 등장했는데, 당시에 유대인들은 그곳 주민의 3분의 1을 차지했으며, 이 공동체는 지금까지 존속하고 있다. 1654년에는 훗날 뉴욕이 된 니우암스테르담에 첫 유대인들이 도착했다. 최근 연구는 영국이 부과한 엄격한 항해조례에도 불구하고 대서양을 횡단하는 스파라드 유대인의 연결망이 대서양 세계무역을 오랫동안 네덜란드인들의 손에 남아 있게 하는 데 얼마나 크게 기여했는지 보여 주었다.[267]

그렇지만 대서양을 건너 아메리카로 간 유대인 디아스포라는 분명히 수적으로 그리 많지 않았다. 북아메리카가 영국으로부터 독립할 당시에 그곳에는 단 2500명의 유대인이 살고 있었을 뿐이다. 1763년에야 비로소 (로드아일랜드의) 뉴포트에 최초의 유대교 회당이 설립되었다. 반면에 1825년에서 1925년 사이에는 약 400만 명의 유대인이 아메리카로 이주했다. 당시 이들은 주로 러시아 출신들인 아슈케나즈 유대인이었다. 오늘날에는 전 세계 유대인의 40퍼센트 이상이 미국에 살고 있어,[268] 근대 유대인의 대서양은 앵글로아메리카 대서양의 일부가 되어 버렸다.

아프리카의 대서양

여전히 눈부신 호황을 구가하던 브라질의 설탕 생산은 17세기의 마지막 30년 동안 세계시장에서 가격이 하락하고 서인도제도산 설탕과 경쟁을 벌이면서 심각한 난국에 빠졌다. 하지만 이와 같은 시기에 자원을 찾기 위해 내륙 쪽으로 탐험을 떠났던 반데이란치(무장 탐사대)의 시도는 브라질의 서부 국경을 토르데시야스 조약 경계선에서 서쪽으로 500킬로미터 떨어진 오늘날 브라질 국경선까지 이동시켰을 뿐 아니라[269] 첫 금광의 발견으로 이어졌다. 이 지역은 곧 미나스제라이스[51]로 불리게 되었으며, 뒤이어 또 다른 많은 금

——— **51** 미나스는 광산 지역이라는 뜻으로, 아프리카 황금해안의 엘미나 성과 비슷한 맥락에서 붙인 이름이다.

광이 발견되면서 역사상 첫 '골드러시'가 불붙었다.[270] 1711년에는 중심이 되는 금광 지대에 '황금의 포토시'가 등장했으며, 곧 '빌라 히카 지 오루 프레투 Vila Rica de Ouro Preto('검은 황금으로 된 부자 도시')'라는 이름이 붙었다. 포르투갈 왕실은 발견된 금광 지역을 발견한 자들과 분할해 소유했지만 금광 채굴권은 그들에게 넘겨주었고 수익의 20퍼센트를 뜻하는 세금인 킨토를 징수하는 데 그쳤다. 그리고 1730년부터는 이 세금이 12퍼센트로 감소했다. 금 채굴은 1750년 무렵에 최고점에 도달했는데, 1700년에서 1799년까지 총 채굴량은 172톤이었던 것으로 추정된다.[271] 하지만 모리노는 1850년 이전이 채굴의 절정기였으며, 총 채굴량도 852톤 정도였다고 주장한다.[272]

금광 노동자들은 아프리카에서 온 노예들로,[273] 1738년에 미나스제라이스에는 약 10만 명이 있었다. 1701년에서 1750년 사이에 79만 200명의 아프리카인이 브라질로 유입되었으며, 1731년부터는 앙골라에서 가장 많은 아프리카인이 왔다. 그러나 노예의 가격은 천정부지로 치솟아 설탕 농장의 어려움은 더욱 커졌다. 다른 업종도 호황이었다. 특히 점점 증가한 인구의 수요를 채우기 위해 식료품업과 완제품 제조업이 번성했는데, 아프리카인들이 점점 더 많이 찾았던 브라질 담배 재배도 마찬가지로 호황이었다. 그 밖에 1729년에는 미나스제라이스 북부에 위치한 제키치뇨냐에서 다이아몬드가 발견되었다. 왕실은 다이아몬드 광산에 대한 독점권을 설정했는데, 이는 무엇보다 생산량을 통제해 다이아몬드 가격이 폭락하는 것을 막으려는 의도에서였다. 총 615킬로그램의 다이아몬드가 18세기에 채굴된 것으로 추정된다. 1763년에 광산 지역과 연결된 주요 항구이던 리우데자네이루는 바이아 대신에 브라질의 수도가 되었다.

19세기에 브라질 경제는 커피 재배로 확장되었다. 당시에 대농장 경영은 영국령 북아메리카의 남부 지역으로 확대되었는데, 그곳은 19세기에는 영국 직물 산업의 수요 덕분에 무엇보다 목화 재배에 집중했으며, 설탕 생산의 중심지는 에스파냐령 쿠바에 있었다. 브라질은 19세기에도 여전히 190만 명의 아프리카인 노예를 수입했다. 쿠바는 약 78만 명이었다.[274] 이들 세 나라에서는 19세기 후반에 와서야 비로소 노예제가 폐지되었다. 미국에서는 노예제를 폐지하기 위해 내전까지 치러야 했다. 미국 남부와 브라질 사이에 있던 '플랜테이션 아메리카'는 포르투갈의 대서양과 네덜란드의 대서양뿐 아니라 에스파냐와 영국의 대서양으로부터 태동한 지역이었다. 하지만 그곳에는 에스파냐화된 아메리카 도시들이나 뉴잉글랜드에서 만나게 되는 수정된 형식의 유럽식 생활양식이 뿌리를 내리지 않았다. 그보다는 무언가 새로운 세계가 대두했다. 새로 만들어진 세계, 역사상 최초로 자본 집약적인 '농산업'이 탄생시킨 세계, 무엇보다 아프리카 출신 주민들과 관련해 창조된 인위적인 세계였다.

우리가 보유한 대단히 신뢰할 만한 통계에 따르면 1450년에서 1867년에 이르는 기간에 유럽인들은 1252만 1000명의 노예를 아프리카에서 수출했으며, 그들 가운데 1016만 명에 관해서는 기록이 남아 있다.[275] 아마도 1070만 5000명이 아메리카 해안에 도달할 수 있었으며, 이들 가운데 876만 3000명은 기록이 남아 있다. 심지어 19세기 이전에도 아프리카인 강제 이주자의 수는 아메리카로 이주한 유럽인의 세 배가 넘는다. 따라서 플랜테이션 아메리카를 다룰 때, 우리는 엄격히 말해 아프리카의 대서양에 관해 언급해야 한다. 카리브해의 어떤 섬들은 오늘날 순전히 아프리카 출신들로 차 있으며, 다른 섬들에는 아프리카 출신 주민이 다수이거나 적어도 많은 비중을 차지하고 있다. 1818년에 브라질 인구 350만 명 가운데 절반은 백인, 50만 명은 물라토,[52] 그리고 200만 명은 흑인이었다. 원주민들은 여기에 포함되어 있지도 않다.

노예제는 대단히 광범위하게 확산된 현상이었다. 많은 아프리카인도 노예를 보유하고 있었다. 또한 아프리카인들은 예로부터 노예를 이슬람 세계와 지중해 세계에 팔았으며, 이는 부분적으로는 사하라를 건너는 대상의 행로를 거쳐 거래되었다. 그러므로 아프리카에서 활동한 첫 유럽인 노예상이던 포르투갈인들도 처음에는 이미 존재하는 교역망을 이용할 수 있었다. 노예무역이 점차 대륙의 가장 중요한 대외무역 사업이 되자, 이는 아프리카 사회에 직간접적으로 엄청난 변화를 초래했다. 게다가 아메리카의 플랜테이션 노예제는 아프리카나 무슬림 사회, 유럽에서 예로부터 전해 내려오던 노예제와는 엄청나게 달랐다.

52 주로 라틴아메리카에 거주하는 백인과 흑인의 혼혈을 가리킨다.

서아프리카 제국들에서 노예들이 왕의 소유물로 간주되던 사례를 제외하면 노예들은 생산과정에서는 중요한 역할을 담당하지 않았으며, 다양한 가사를 담당하는 노예로서 일하면서 가족 집단 안에 통합되어 있었다. 정도의 차이는 있지만, 그들은 예를 들어 군대에서 사회적 신분 상승을 포함한 독자적인 활동을 할 수 있는 권리와 가능성을 가지고 있었으며, 결혼도 할 수 있었고, 특히 2세대에 가서는 자유를 얻어 관련된 가족 집단의 구성원이 될 수도 있었다. 어떠한 경우든 그들은 기독교 신학의 언어로 표현하면 그들의 주인과 마찬가지로 불멸의 영혼을 가진 인간 존재로 여겨졌다. 처음에는 유럽인들도 노예를 인간 존재로 여겼으며, 인종주의적 시각은 아직 거의 존재하지 않았던 것으로 보인다. 16세기 초에 교황은 콩고 왕의 아들인 아프리카인 엔히크Henrique를 주교로 서임했다. 두 번째 아프리카인 주교는 20세기에야 비로소 서임될 수 있었다.

이론상 이러한 기독교적 시각은 아프리카 출신 대농장 노예들에게도 적용되었다. 실제로 그들에게는 자기를 스스로 부양할 수 있는 일정한 행동반경이 주어졌다. 그리고 대농장 노예들이 가내 노예로 성장해 가족 집단에 흡수되는 사례들이 발생했다. 하지만 시간이 흐를수록 노예노동이 경제적으로 결정적인 요소였던 고대 노예제적 관점이 점점 더 강화되었다. 다시 말해 유스티니아누스 1세Iustinianus I 이래로 로마법은 노예를 인간으로 정의하고 주인이라도 그를 자의적으로 죽이면 처벌했는데도, 한편으로는 노예를 두 발을 가진 움직이는 물체, 그 어떠한 개인적인 권리도 갖지 못하는 노동하는 동물('동산 노예')[276]로 보는 견해가 강화되었던 것이다.

이제 사람들이 노예를 바라보는 시각은 그들이 가진 자연적인 열등성 때문에 더 우등한 인간들의 노예가 될 운명에 처해 있다고 한 아리스토텔레스의 가르침에서, 혹은 『구약성경』에서 노아Noah가 함Ham의 아들에게 가했던 저주로 말미암아 아프리카인들이 탄생했다는 내용에서 암시를 끌어왔다. 그런 의미에서 흑인종은 집단적으로 오명을 뒤집어썼으며, 피부색이 결정적인 판단 기준이 되었다. 따라서 노예제는 인종주의의 결과가 아니다. 오히려 인종주의가 노예제를 정당화하는 이데올로기다.[277]

노예노동의 체계와 규모

여기에서 결정적인 요인은 노예의 노동력이었다. 따라서 유럽인들이 확보해 온 노예들 가운데 3분의 2는 신체가 건강한 청년기 남성, 이른바 '인디오 한 덩어리peças de Indias'였다. 여성과 아이들은 별로 환영받지 못해 남성 노예 한 무리를 구매할 때 일부 추가되는 정도였다. 반면에 아프리카인과 무슬림들은 여성과 아이들을 노예로서 높이 평가했다. 단지 여성이 담당하는 다양한 봉사 때문에, 또는 여성이 성적 대상이기 때문만이 아니라 출산을 통해 종족의 수를 늘리는 역할 때문이기도 했다. 노예 여성에게는 지참금을 지급할 필요가 없었으며, 노예 여성들은 그들의 혈족과 어떤 연결을 유지해 오지 않았기 때문이다. 아프리카 노예에 대한 아프리카의 수요와 유럽 및 아메리카의 수요는 이렇게 서로 보완 작용을 했다.

자발적으로 아메리카에 가려는 유럽인 노동력은 에스파냐나 포르투갈에서는 찾아볼 수 없었다. 죄수들은 일반적으로 환영받지 못했다. 서인도제도와 북아메리카의 잉글랜드인들만 본국에서 죄수들을 대규모로 동원했다. 또 다른 노동자 집단은 잉글랜드와 프랑스의 식민지에 고용된 이른바 '계약 하인' 또는 피고용인engagé들이다. 이들은 아메리카로 오는 배를 타는 비용을 조달하기 위해 몇 년간 고용주를 위해 일한다는 계약을 체결한, 일종의 한시적 노예였다. 하지만 유럽에서 경제가 다시 살아나면서 노동력 수요가 증가하자 아메리카로 가는 계약 하인은 점차 감소했다. 이제 인건비가 너무 비싸졌기 때문이다.[278]

아메리카 원주민 노동력을 활용할 수 있었던 것은 고대 문명 지역을 정복한 에스파냐인들뿐이었다. 하지만 에스파냐인들도 처음에는 흑인 노예를 수입했다. 특히 페루 지방으로 많은 노예가 수입되었는데, 이들은 대농장과 저지대 광산의 노동력으로, 그러나 일차적으로는 하인과 장인으로 활용되었다. 멕시코나 페루의 안데스산맥 고지대 지방과 달리, 1600년 무렵에 리마와 기타 페루 북부의 도시들은 인구의 절반 정도가 아프리카인이었다. 에스파냐인들이 노예들을 관대하게 해방해 주거나 돈을 받고 풀어 주는 경우가 많아 이들 아프리카인 가운데 10퍼센트 또는 15퍼센트는 1600년 무렵에 이미 자유인이었으며, 1700년 무렵에는 자유 아프리카인의 비중이 50퍼센트까지 증가했다. 1700년까지 에스파냐령 아메리카는 35만 명에서 40만 명의 아프리카인을 데려왔다. 수입상은 바로 노예무역을 위해 체결된 독점 계약(아시엔토asiento)[53]의 보유자들이었는데, 이들은 1640년까지는 포르투갈인, 1695년까지는 네덜란드인, 1713년까지는 포르투갈인과 프랑스인이었다. 물론 설탕을 생산하는 아메리카 대농장 지대는 충분한 대안 노동력을 동원할 수 없었기 때문에 더 많은 아프리카 노예노동이 필요했다. 브라질은 1700년까지 81만 1000명, 서인도제도는 45만 명 이상을 수입했던 반면에, 영국령 북아메리카와 프랑스령 북아메리카는 아직 1만 5000명을 넘지 않았다.

18세기 노예무역의 절정은 카리브해 지역으로 노예가 가장 많이 수입된 시기이기도 하다. 190만 명의 노예가 번성하던 브라질로 수입되었지만, 이와 동시에 330만 명의 노예가 카리브해에 있던 영국, 프랑스, 네덜란드, 덴마크의 식민지에 들어왔다. 주요 노예 공급원은 영국과 프랑스의 상인들이었는데, 그들은 1700년 무렵에 당시까지 노예무역을 주도했던 네덜란드 상인을 밀어내고 그 자리를 차지했다. 1700년에서 1808년까지 영국 상인들은 280만 명, 프랑스 상인들은 130만 명 정도의 아프리카 노예를 아메리카로 실어 날랐다. 1790년대에는 아메리카 전체에 들어온 노예의 수가 가장 많아 연평균 7만 5000명을 기록했다. 대규모 섬들이 노예무역을 지배했는데, 1760년 무렵에 17만 3000명의 노예와 단 1만 명의 백인이 거주하던 자메이카가 그 선두에 있었다. 1770년 무렵에 자메이카에 있던 대농장의 규모는 평균 40헥타르였으며, 204명의 노예를 고용했다. 그러다가 히스파니올라섬(오늘날의 아이티) 서부에 위치한 프랑스 식민지 생도맹그가 자메이카의 자리를 빼앗았다. 설탕 외에 커피, 목화, 인디고, 카카오를 포함하던 당시 생도맹그의 수출품이 지닌 가치는 영국과 에스파냐의 식민지 전체에서 나오는 수출품과 비슷한 수준에 달했다. 생도맹그의 노예 주민은 46만 명으로, 당시의 서인도제도에 살던 노예 전체의 절반이었다. 반면에 아메리카 모든 나라의 대농장에서는 140만 명 이상

53 에스파냐령 아메리카에 대한 노예 공급을 독점할 수 있는 허가권이다.

이 일하고 있었다. 이에 비해 아메리카에 있던 영국과 프랑스의 모든 식민지에서 자유를 얻었던 아프리카인의 수는 얼마 되지 않았다. 반면에 브라질에서는 자유 아프리카인의 비중이 4분의 1 정도였고, 에스파냐령 아메리카에서는 자유민의 수가 노예의 수보다 2.5배 정도였다.

영국인들이 아시엔토를 가지고 있던 1713년에서 1739년에, 그리고 특히 1789년에 에스파냐 식민지가 자유무역에 개방되면서 경제가 활성화하자, 이들 식민지로 들여오는 노예의 수가 증가했다. 그 절정기는 19세기에야 도달했다. 베네수엘라의 대농장 지대와 콜롬비아의 광산 외에 쿠바와 푸에르토리코가 이제는 노예 수입의 중심지였다. 1791년에 투생 루베르튀르Toussaint Louverture가 이끄는 노예들이 봉기한 결과로 생도맹그의 경제가 몰락하자 이득을 얻은 쿠바는 1860년 무렵에는 37만 명의 노예 인구를 가진, 지역에서 선도적인 설탕 생산자로 부상했다.

17세기 후반 이후로 계약 하인을 들여오는 비용이 증가하고, 영국인들이 노예무역을 장악하면서 영국령 아메리카로 들어오는 노예의 수가 점차 증가했다. 영국령 아메리카에서 노예들은 (점차 기계가 동원되기 시작하던 세계 다른 지역의 경작과 대조적으로) 체서피크만 주변 지역의 담배 농장뿐 아니라 아메리카 남동부의 쌀농사 지역과 인디고 대농장에도 투입되었다. 그런데 1790년대에 영국령 아메리카는 서부로 계속 팽창하면서 목화 재배 쪽으로 옮겨 갔으며, 노예 공급도 이에 맞게 이동했다. 당시 미국에는 약 70만 명의 노예가 살았는데, 1808년 미국으로 들어오는 노예무역이 중단될 때까지 단지 38만 9000명의 아프리카인이 수입되었는데도, 1810년에는 아프리카 노예의 수가 120만 명, 그리고 1860년에는 거의 400만 명으로 증가했다.

노예무역이 아프리카에 미친 영향

포르투갈인과 다른 유럽인들이 아프리카를 처음으로 해상무역에 개방했을 때, 이로부터 즉각적이고 장기적인 영향을 받은 곳은 콩고 남쪽 지역뿐이었다. 유럽과의 해상무역이 그 지역의 경제구조를 바꾸어 놓았기 때문이었다. 서부 아프리카에서는 우선 기존의 무역구조가 그대로 유지되었다. 포르투갈인과 네덜란드인들의 금 수출은 전체 금 무역량에서 작은 부분을 차지했을 뿐이다. 이와 마찬가지로 1600년까지 대서양 노예무역도 아프리카에서 수출된 전체 노예의 4분의 1에 지나지 않았다. 게다가 1700년까지 노예는 아프리카에서 수출된 유일한 상품도, 가장 값비싼 상품도 아니었다. 금이 더 중요했으며, 상아와 동물 가죽, 기타 물품들도 중요했다. 당시까지 아메리카의 노예 수요는 어느 정도 꾸준해 가격이 비교적 안정적이었을 뿐 아니라, 보통은 아프리카의 노예무역을 통해 조달할 수 있었다. 전통적인 노예무역은 이미 노예였던 자들, 그리고 아프리카 제국들 사이의 전쟁에서 포로가 된 자들로 이루어졌다. 여기서 전쟁은 특별히 노예를 획득하기 위해 치른 것은 아니었다. 예를 들어 17세기 이래로 아샨티의 팽창과 18세기 세네감비아의 지하드는 부차적으로 노예무역을 촉진했다. 분권화된 사회에서는 납치가 노예무역에서 중요한 역할을 했는데, 바로 이웃 촌락에서 주민들을 납치해 오는 일도 드물지 않았다.[279] 게다가 앞서 언급한 두 유형의 사회에서는 실질적인 범죄자나 범죄자로 추정되는 자들을 팔아넘기도록 처벌하기도 했는데, 어떤 이들은 이들 범죄자에게 사형선고를 하지 않는다는 이유에서 이를 사법부의 인간화로 간주하기도 했다. 부채 때문에 노예를 판매하는 일도 발생했다. 18세기에는 노예의 수요와 가격이 동반해 상승했다. 따라서 1680년에서 1780년까지 아프리카의 대서양 무역은 여섯 배로 증가했는데, 주로 노예 수출 덕분이었다. 이러한 발전은 불가피하게 아프리카 사회에 커다란 변화를 초래했다. 무역에는 별로 방해되지 않았거나 일시적으로만 방해되었던 국지전이나 왕위 계승 갈등은 그 과정에서 얻은 전쟁 포로 판매를 통해 수익을 얻을 수 있었기 때문에 매우 수익성이 높은 사업이 되었다. 이제는 심지어 노예무역 관할권을 둘러싸고 전쟁이 발발하기까지 했다. 이 시기에 전문화된 노예무역 연결망이 형성되고 발전했다.

대서양 횡단 노예무역은 세네갈 지역에서 포르투갈인들이 처음 시작했는데, 나중에는 네덜란드인들도 그곳에 확고한 거점을 구축했다. 하지만 노예무역을 주도한 것은 세네갈 지역의 프랑스인들, 감비아 지역의 영국인들이었다. 아프리카 내륙에서 주로 전쟁으로 발생한 노예들을 공급한 사람들은 아프리카 상인들이었으며 중간상인들은 혼혈인이었는데, 그중에는 여성도 있었다.[280] 18세기에 세네갈과 잠비아의 강 유역에서 공급된 노예만 33만 7000명이었으며, 세네갈 지역은 1662년에서 1865년까지 75만 6000명의 노예를 공급했다. 이와 같은 시기에 유럽인들은 남쪽에 인접한 시에라리온 지역에서 노예 73만 6000명을 수출했는데, 이들도 3만 명을 제외한 모든 사람이 지하드의 희생자들이었다. 반면에 여기서 더 남쪽에 위치한 후추 해안(라이베리아)과 상아 해안 지방에는 항구가 없어서 노예무역이 거의 이루어지지 않았다. 몇 군데 열대우림을 제외한 황금해안 지역에는 1680년까지 매우 우세하던 금 거래 때문에 유럽인들이 수많은 거점을 구축하고 거주하고 있었다. 엘미나와 케이프코스트 성에 주력 거점을 두고 이 지역의 무역을 주도하던 네덜란드인과 영국인들은 18세기에 이 지역에서 총 120만 9000명 중 64만 5000명 이상의 노예를 수출했다. 이른바 '노예해안'은 동쪽으로 나이저 하구까지 뻗쳐 있었는데, 그 배후에는 다호메이 왕국, 오요 왕국, 베냉 왕국이 있었다. 베냉이 18세기까지 노예무역을 금지했던 반면에, 다호메이는 위다 항구를 중심으로, 오요는 포르토노보를 중심으로 해서 공식적이면서 성공적으로 노예무역을 추진했다. 그들은 앞서 언급했던 다양한 노예 자원을 적극 활용했다. 18세기에 이곳에서 수출된 노예는 120만 명이었으며, 1662년에서 1865년까지의 기간에는 199만 명이었다.

이와 마찬가지로 나이저강 하구 동부에 위치한 보니(비아프라)만에서도 18세기에 올드 칼라바르, 보니, 뉴 칼라바르 같은 일부 해상 촌락과 일부 육상 촌락의 '가문들'이 120만 명의 노예를 보냈다. 이 지역 전체에서 수출된 노예는 총 1595만 명이었다. 이 '가문들'은 일종의 가족 연합 형태에서 시작해 위계적으로 조직된 노예무역 회사로 발선했는데, 이들은 심지어 지체 병력과 전쟁용 카누, 대농장까지 보유하고 있었다. 이 회사들은 실제적인 왕 외에 가족 수장의 통치를 받던 사실상의 소왕국으로 성장했다. 노예 공급원은 내륙 지방에 분권적으로 조직되어 있던 이보족이었는데, 이들은 비밀결사의 공모에 의한 납치와 재판 제도, 신탁의 지시 등 갖은 방법을 다 동원해 수많은 친족을 시장에 내다팔았다. 예를 들어 아로Aro 지역에 있던, 신탁을 내리는 동굴은 유죄로 판명된 죄수를 '삼켰는데', 이 죄수들은 실제로는 노예시장에 다시 나타나 팔려 나갔다. 18세기에 이보족은 동족 가운데 100만 명을 노예로 팔았던 것으로 추정된다.[281]

부분적으로 기독교화되고 유럽화되었던 콩고 왕국은 급속하게 포르투갈인들에게 노예를 공급하는 중요한 공급처가 되었다. 초기에는 노예무역에 저항했던 콩고 왕은 곧 자신의 주도하에 왕국이 보유하던 노예, 또는 이웃 국가를 약탈하는 전쟁에서 포로로 잡아 온 자들, 내부 갈등에서 발생한 희생자들을 이용해 노예무역을 추진했다. 콩고 왕이 노예무역에 부과한 세금과 궁정의 노예를 주고 그 대가로 받은 물품들은 그의 권력을 공고화하는 수단이 되었다. 포르투갈의 새로운 식민지였던 루안다는 이 시스템 밖에 있어 콩고 왕국과 경쟁 관계에 있었다. 콩고 왕국은 루안다와 갈등하는 과정에서 왕국이 해체되었는데, 이로써 지역 노예무역의 주도권은 콩고 왕에게서 독립한 봉신들이나 음핀다Mpinda, 로앙고 등 해안이나 내륙에 있는 이웃 국가들로 넘어갔다.[282] 한편 더 남쪽으로 내려가면 루안다에 정착했던 포르투갈인들이 잘 번영해 인구밀도가 높았던 응골라의 은동고 왕국을 불과 한 세기 안에 전쟁과 노예 수출을 통해 아무도 살지 않는 황무지로 만들어 버린 일이 있다. 이렇게 제국이 처음으로 파괴된 후, 은징가Nzinga 공주는 포르투갈이 접근할 수 없는 내륙, 즉 콰고강 유역으로 이동해 마탐바 왕국을 세웠다. 여왕의 통치는 임방갈라의 모델에 따라 특별히 조직된 전사 집단에 의존했다. 더 남쪽에 있는 콰고 지역에는 임방갈라족이 세운 카산제 왕국이 있었다. 마탐바와 카산제 왕국은 곧 노예무역에서 중요한 중간상인으로 발전했으며, 나아가 자신들의 군대를 보내 노예사냥을 실시해, 서아프리카에서와 달리 노예를 얻기 위해서는 내륙까지 직접 들어가야 했던 폼베이루pombeiro(노예상)에게 노예를 공급해 주었다. 1617년에 더 남쪽에 수립된 벵겔라도 곧 이와 유사한 노예무역 시스템을 통해 포르투갈과 연결되었다.

노예무역의 유통 과정

포르투갈 상인뿐 아니라 처음에는 네덜란드인, 그리고 점차 영국인과 프랑스인들도 앞서 서술된 지역에서 매우 활발하게 활동했다. 18세기 말에 포

아프리카 노예를 아메리카로 보내는 데 참여한 비율(단위: %)

	15~19세기	18세기
포르투갈	45.9	29.3
영국	28.1	19.2
프랑스	13.2	19.2
에스파냐	4.7	-
네덜란드	4.6	5.6
북아메리카	2.5	3.2
덴마크	1.0	1.2
기타	1.0	0.2

르투갈인들은 이 지역에서 1년에 1만 6000명의 노예를 배에 실었고, 프랑스인들은 1만 2800명, 영국인은 1만 1600명을 수출했다. 18세기에 콩고와 앙골라는 250만 명의 노예를 아메리카로 보냈는데, 그중 130만 명은 포르투갈인에게 넘겨졌다. 아프리카의 다른 지역과 달리 이 지역에서는 1810년 이후에도 여전히 130만 명의 노예를 배에 실었다. 1662년에서 1867년 사이에 이 지역에서 수출된 569만 5000명의 아프리카인은 유럽인이 아프리카에서 수출한 노예 전체의 40퍼센트에 해당했는데, 이 가운데 1790년대에만 34만 명이 수출되었다. 아마 노예무역으로 인해 이 지역보다 더 많은 인구 감소를, 그리고 그로 인한 더 엄청난 변화를 겪어야 했던 지역은 아프리카에 없을 것이다.[283]

유럽인들은 국가별로 독점기업을 통해 노예무역 사업을 조직하도록 시도했다. 하지만 비용이 너무 많이 들어 모든 회사가 실패했다. 그 결과 18세기에는 자유무역이 지배하게 되었다. 영국의 왕립 아프리카 회사는 그들이 설립한 무역 거점에 대한 사용료를 상인들에게서 징수하는 데 그쳤다. 다시 말해 노예들은 단번에 배에 '선적'된 것이 아니라, 다양한 아프리카인 노예사냥꾼들에게서 사들인 노예 집단을 여러 차례에 걸쳐 배에 실은 것이다. 그래서 노예선이 여러 달에 걸쳐 한 곳에 정박해 있거나 해안의 여러 지점을 항해하는 경우도 흔했는데, 이는 추가적인 비용과 위험 요인을 안고 있었다.

노예선을 준비하는 사람들은 위험을 분산하기 위해 대개 누구나 투자와 이익을 다른 노예 상인이나 일반 상인들, 그 밖의 다른 사람들과 공유했다. 심지어 선장들도 노예무역 사업에 참여했다. 노예선은 대부분 일반 상선보다 크기가 작았지만 승선하는 선원의 규모는 두 배여서, 노예 일곱 명 또는 열 명에 한 명꼴이었다. 아프리카로 가는 화물은 전체 비용의 55퍼센트 또는 65퍼센트를 차지했다. 18세기에 가장 중요한 상품은 섬유 제품이었는데, 이들 가운데 약 3분의 2(전체 화물의 56퍼센트 정도)가 인도 동부에서 온 것이었다. 인도 동부의 섬유 제품은 질적으로나 색감의 지속성 때문에 널리 인기가 좋았다. 그다음으로는 리큐어[54]와 금속 제품(약 10~12퍼센트), 총과 화약(7~9퍼센트), 담배(2~8퍼센트), 철근(2~5퍼센트)이었다. 유럽산 철은 타 지역의 것보다 양질이어서 아프리카의 대장장이들에게 선호되었다. 네덜란드인과 잉글랜드인들은 개오지 조개껍데기를 인도양에서 아프리카와 유럽으로 수입했는데, 다른 나라의 노예 상인들이 이를 구매했다. 그런데 아프리카에서 널리 화폐로 사용되던 이 조개껍데기가 계속 유입되자 그 지역들에 인플레이션이 발생했던 것으로 보인다. 어차피 노예 가격은 꾸준히 상승했지만, 1680년에 노예 한 명당 1만 개 또는 3만 개의 개오지 조개껍데기였던 가격이 1770년에는 16만 개의 개오지 조개껍데기로 대폭 상승했던 것이 그 근거다.

서너 달 동안 항해해 아프리카에 도착하고 나면 노예를 구매하는 데 3개월에서 6개월이 걸렸다. 이 기간이 지나면 노예 상인들은 이제 유럽에서 가져온 식량의 재고를 보충하기 위해 아프리카 상인들에게서 얌, 쌀, 콩, 그리고 기타 아프리카인들을 위한 식량과 물을 보충했다. 아메리카로 가는 긴 항해를 위한 준비 작업이었다. 여러 달에 걸친 대서양 항해, 이른바 중간 항로[55]를 지나기 위해서는 대략 노예 한 명당 200킬로그램의 식량과 65리터의 물이 필요했다. 영국 노예선에서는 하루에 두 번 식사 시간이 있었는데, 한 번은 쌀과

54 흔히 '리큐르'로 부르는 술로, 알코올에 설탕과 향료 등을 섞어 만드는 혼성주의 일종이다.
55 유럽과 아프리카 서해안, 서인도제도 사이를 삼각으로 잇는 항로다.

얌을, 다른 한 번은 보리, 옥수수, 구운 빵으로 만든 수프를 주었고 간혹 육류나 생선을 추가하기도 했다. 두 끼를 합치면 약 2000칼로리였다. 여기에 괴혈병을 방지하기 위해 레몬주스와 식초가 추가되었다. 남성과 소년, 아이가 있는 여성들은 각각 분리해 수용했다. 노예들은 안전을 위해 밤 동안에는 쇠사슬에 묶였지만, 낮 동안에는 갑판에 보내 바닷물로 씻게 했는데, 그동안 선원들은 노예들의 잠자리를 청소해야 했다. 노예 한 명당 잠자리 면적은 약 0.6제곱미터였다.

노예 300명 가운데 한 명이 사망하면 0.67퍼센트의 손실을 뜻했기 때문에 배에 실린 '화물들'은 전반적으로 조심스럽게 취급되었다. 그런데도 사망률은 높았다. 하지만 이는 점차 낮아져 16세기에 20퍼센트에서 30퍼센트였던 것이 19세기에는 6퍼센트에서 10퍼센트에 달했다. 노예 상인들은 노예 운송에 더 적절한 환경을 가진 배를 개발했고 항해 기간도 단축했으며, 배에서는 건강에 더 좋은 식사를 제공했다. 여기에서 국가별로 차이가 있었다면, 포르투갈인들이 에스파냐인, 잉글랜드인, 네덜란드인들보다 한 발 앞서 나갔다. 높은 사망률은 항해 기간이 예상보다 길어질 경우 식량 공급이 중단되었기 때문일 수 있다. 하지만 이보다는 노예들이 아프리카에서 가져온 질병이 선상에서 확산된 것이 더 큰 이유였다. 소화기 계통 염증이나 고열 등이 가장 많았으며, 종두 같은 예방주사가 실시되기 전에는 가끔 홍역이나 천연두 같은 전염병도 발생했다. 따라서 이러한 상황에서는 노예선 선원들의 사망률도 다른 선박보다 높았다.

서인도제도에 도착하면 노예들은 며칠 혹은 몇 주일 안에 개별적으로 혹은 기껏해야 작은 그룹으로 판매되었는데, 구입자들은 흔히 25퍼센트의 선금을 지급했으며, 잔금은 유예되었다. 노예들을 판매하고 나면 일부 선원은 더는 필요하지 않았기 때문에 해고되었다. 노예선은 15개월에서 18개월 정도 후에는 바닥짐만 싣거나 일부만 선적한 채 다시 유럽에 도착했다. 이렇게 진행된 대서양 무역은 이념형적 개념을 사용해 '삼각무역'으로 표현되었다. 처음에는 유럽 상품을 아프리카로 보내고, 그다음에는 아프리카의 노예를 아메리카로 보내며, 마지막으로 아메리카의 설탕과 기타 대농장 생산품을 유럽으로 보내는 과정이다. 하지만 이런 표현은 기껏해야 물자의 흐름에만 적합한 것이다. 개별 선박이 세 대륙 사이의 거래에 모두 참여하는 경우는 드물었으며, 유럽과 다른 대륙 사이의 왕복 직항 노선이나 브라질과 아프리카 사이의 왕복 직항 노선이 일반적이었다. 게다가 서인도제도는 조류와 바람 때문에 이러한 직항 노선에서 제외되었다. 노예 상인들의 수익은 항해 때마다 큰 차이를 보였다. 18세기에는 심지어 3분의 1 정도가 손실을 기록하기도 했지만, 가끔은 50퍼센트 이상의 수익을 올렸고, 평균적으로 10퍼센트의 수익을 올렸기 때문에 노예무역은 매력적인 사업이었다. 10퍼센트의 수익은 다른 사업 분야에서는 흔치 않은 평균 이상의 수익이었다. 하지만 영국 산업혁명의 재원이 주로 노예무역과 설탕 무역으로 얻은 수익이었다는 에릭 윌리엄스Eric Williams의 주장은 근거가 희박하다.[284] 노예무역이 영국의 국민총생산에서 차지한 비중은 (1730년의) 0.12퍼센트에서 (1770년의) 0.54퍼센트 정도였으며, 만약 서인도제도의 플랜테이션 경제에서 나온 수익이 국민총생산에 기여했다고 해도, 초기의 기회비용을 고려하면 기껏해야 4퍼센트 정도였다. 이 정도의 수익은 산업화를 위한 충분한 자금이 되지 않았으며, 아마 필수적인 조건도 되지 않았다.[285] 하지만 노예무역은 선박 운항, 은행 그리고 여러 분야의 제품 생산에 커다란 영향을 주었다. 특히 특정 항구도시들은 노예무역으로 인해 큰 이득을 보았는데, 대표적인 곳이 프랑스의 노예무역선 절반이 출항했던 낭트였다. 프랑스의 두 번째 노예무역도시였던 보르도 역시 노예무역이나 선적과 관련된 여러 분야에서 알찬 수익을 올렸다. 영국의 브리스틀이나 리버풀도 이와 비슷한 형편이었는데, 특히 리버풀은 1795년에서 1804년까지 영국 노예무역의 85퍼센트이자 전체 유럽 노예무역의 7분의 3을 담당했던 것으로 추정된다. 유럽인들은 과도한 노예제에는 반대를 표명했지만, 노예제 자체에는 반대하지 않았다. 심지어 독실한 기독교도나 계몽주의자들도 마찬가지였다. 성공회나 예수회, 그리고 기타 기독교도들도 로크나 볼테르, 토머스 제퍼슨Thomas Jefferson처럼 대농장과 노예를 소유하면서 노예제에서 커다란 이득을 보았다. 18세기 중반에 와서야 한편에는 퀘이커 교도와 개신교도들, 다른 한편에는 계몽주의자들과 몽테스키외 등이 노예제에 강력한 비판을 제기했다.

대농장의 생활환경, 노예들의 정체성과 영성

아메리카의 플랜테이션 농장은 브라질의 사회학자 질베르투 프레이르 Gilberto Freyre가 묘사한 것 같은 가부장적인 전원이 아니었다.[286] 하지만 과도한 착취가 있었다고는 해도 지상의 지옥도 아니었다. 노예는 7년 동안은 살아 있어야 했으며, 그러면 노예에게 투자한 비용을 회수할 수 있었다는 악명 높은 원칙은 일종의 근거 없는 신화다. 어디서나 흔했던 유아 사망이나 (아프리카 서해안과 서인도제도 사이의) 중간 항로에서 살아남아, 아메리카의 기후에 익숙해진 노예들은 수십 년간 생존할 수 있었다. 노예들이 처음에는 스스로 2세를 생산할 수 없었다는 것은 그들의 남녀 비율이 어떻게 구성되어 있느냐에 달려 있었다. 특히 그들의 구성이 수입에 의존해 있었기 때문이다. 노예 주민 가운데 3분의 1이 여성이었고, 그중 다수는 이미 출산 연령을 넘었으며, 출산해 본 지 오래인 상태에 익숙하며 가족이 없다는 점을 고려하면 출생률이 증가할 가능성은 거의 없었다. 노예 수입이 중단되고 노예 남성과 노예 여성 사이의 비율이 어느 정도 균형을 이룬 후에야 비로소 정상적인 연령 구조 및 아프리카인의 인구 재생산 혹은 인구 증가가 이루어졌다. 이러한 현상이 처음으로 성공적으로 이루어진 곳이 미국이었다. 그 이유는 미국에서 아프리카 노예들이 더 좋은 대접을 받았기 때문이 아니라, 백인이나 흑인 모두에게 전반적인 생활환경이 더 좋았기 때문이다.[287]

바베이도스에서는 백인과 흑인 모두가 럼주를 즐기다가 납 중독에 걸려 고통을 겪었다. 신체에 유해한 납이 들어 있는 도구를 사용해 럼주를 증류했기 때문이었다.[288] 물론 백인들의 식생활이 아프리카인들의 식생활과 마찬가지로 부적절했는지는 의문이다. 아프리카에 있을 때부터 아프리카인들의 식단에는 이미 비타민과 미네랄, 그리고 아예 염분도 결핍되어 있었는데, 이는 그들의 건강에 지대한 영향을 미쳤다. 아프리카 노예들의 영양 상태에 관한 연구에 따르면 유사한 결핍 현상은 카리브해와 브라질, 북아메리카에 있던 노예들에게서도 발견되었다. 반면에 신장의 변화를 보이며 성장한 것을 보면, 어떤 노예들은 적어도 양적 측면에서 아프리카에서보다 잘 먹었다는 사실을 보여 준다. 이것은 그들에게 자체적인 경작이 얼마나 허용되었는지에 달려 있었을 것이다. 농장 소유자들은 비상시에 그들이 비축했던 식량으로 노예들을 위한 식량 공급을 보충하거나 하루 식량의 일부를 제공했던 것 같다. 그러나 보통은 노예들이 적어도 일부라도 자급자족하기를 기대했다. 물론 노예들에게 그러한 노동을 할 수 있는 많은 자유 시간이 허용되지는 않았다.[289] 가내 노예나 장인 노예는 좀 더 많은 행동의 자유가 허용되었으며, 해방 노예가 될 기회도 더 많았던 것 같다. 반면에 노예 소유주들은 대다수 농장 노예에게서 될 수 있는 한 많은 노동을 기대했다. 하지만 노예들은 이에 대해 저항하는 마음을 가지고 될 수 있는 한 적은 성과를 거두려고 시도했다. 그들의 저항감은 태업, 작업 거부, 살인, 봉기 등으로 나타났는데, 다수의 아프리카인을 다루기 위해 소수의 백인은 과시적인 잔인함으로 대응했다. 에스파냐령 아메리카의 초기부터 탈출 노예(시마론)들은 밀림 속에 자치 공동체를 세우고 이를 유지했다.

아프리카인들과 아메리카 원주민 사이에는 그동안 유럽인들이 의도적으로 조장하던 적대감이 있었지만, 여러 가지 사안에서 서로 협조하기도 했다. 이런 현상은 백인들에게는 악몽이었다. 예를 들어 에콰도르 대서양 연안의 배후 지역에는 '에스메랄다스의 물라토들'로 알려진 인구 5000명 정도의 아프리카 및 아메리카 공동체가 있었다. 그리고 키토의 총독은 이 공동체의 '왕들'과 이들의 협력 관계를 보장하는 조약을 체결해야 했다. 포르투갈인들은 에스파냐인들과 마찬가지로 탈출 노예들이 밀림 속에 세운 마을(킬롬부)을 찾아내 분쇄하기 위해 아메리카 원주민 협력자들을 고용했다. 하지만 브라질 북동부에 아프리카 출신 노예들이 세우고, 심지어 1694년까지 존속했던, 유명한 파우마리스 노예 왕국에는 아메리카 원주민 출신 주민들도 있었다는 사실을 암시하는 많은 자료가 있다. 그리고 카리브해의 세인트빈센트섬에는 탈출한 노예들 가운데 수천 명으로 이루어진 '검은 카리브족' 또는 가리푸나족[56]이 대두했다. 아라와크어를 사용하며 아메리카 원주민과 아프리카인의 혼합 문화를 가지고 있었던 이들을 1797년 이후에 결국 영국인들이 온두라스로 강제로 추방했다.[290]

56 18세기에 카리브해에 살던 아메리카 원주민들과 탈출 노예의 혼혈로 형성된 부족이다.

대부분의 경우 노예들은 우연히 혹은 의도적으로 언어와 출신에 따라 뒤섞였다. 따라서 주인들의 언어와 종교를 받아들이는 것이 다소 불가피했다. 하지만 영국인의 대농장에는 에스파냐 예수회 신부인 페레 클라베르 이 소보카노Pere Claver i Sobocano 같은 노예들의 사도가 나오지 않았다. 가톨릭과 달리 영국인 노예 주인은 세례받은 노예들은 해방해 주어야 한다는 점을 우려했기 때문이다. 그 밖에 가톨릭 신앙은 유연성이 덜하던 개신교보다 아프리카인들의 내면에 스며 있던 종교성과 더 잘 결합될 수 있었다. 이들에게는 이국땅에서 노예가 되었다가 모세가 구출한 민족의 이야기가 나오는 『구약성경』이 더 매력적이었다. 적어도 앵글로아메리카의 부흥 운동이 새롭고 열광적인 형식의 개신교를 제공해 아프리카인들을 영적이고 미학적으로 더욱 감동시키게 되기까지는 그러했다.[291] 아메리카에 온 아프리카인들은 종교적으로도 대단히 창의적이었기 때문에, 아프리카의 대서양이 보여 준 문화적 역동성은 오늘날에도 과소평가되어서는 안 된다. 이것은 이미 오래전부터 인정된 세계 문화유산인 재즈 음악에만 해당되는 것이 아니다. 가톨릭을 받아들이면서도 그 표면 아래에서 새롭게 구성되었던 아프리카 종교도 여기에 해당한다.

이 새로운 구성 과정에서는 특정 지역에 많은 수가 모여 있던 집단이 주도권을 행사했는데, 이미 아프리카에서도 문화적으로 영향력이 컸던 경우는 특히 그러했다. 예를 들어 브라질의 바이아로 끌려온 서아프리카 노예들은 본래 고향에서와 마찬가지로 자신들을 출신 지역과 혈통에 따라 오요, 에그바Egba, 이예샤Ijesha 등으로 규정했다. 여기에서 세분화된 집단 호칭인 나고Nago가 등장했는데, 이는 19세기에 아프리카로 돌아온 수많은 귀환자 덕분에 서아프리카와 문화적으로 교류하면서, 요루바족이라는 한 단계 위의 통합적 정체성으로 발전했다. 그런데 요루바족이라는 정체성은 서아프리카에서는 하우사나 기타 부족 같은 아웃사이더들이 나이저 서부 지역민을 지칭하기 위해 사용했던 용어였다. 이와 나란히 18세기의 형제회에서 발전한 아프리카식 예배소(테헤이루terreiro)가 19세기 초에 등장했는데, 이는 1826년에 처음으로 칸돔블레로 지칭되었다. 다양한 아프리카인 집단들은 그곳을 자신들의 신들을 모셔 놓는 장소로 만들기 시작했다. 오요의 샹고, 에그바의 예모자, 이예

샤의 오슌, 이페의 오샬라 등의 신이 이렇게 태동했다. 이들 오리샤에는 각각 그들 사회에서 유사한 기능을 하던 에웨족과 폰족의 보둔 신이나 앙골라 왕국(반투족)의 응키시 신도 포함할 수 있다. 서인도제도의 부두교와 산테리아교가 각각 특이성을 가지는데도 미국과 브라질 사이에 아프로아메리카적 종교의 공통점이 발견되는 이유다. 이 두 가지 종교적 흐름, 칸돔블레와 특히 움반다에는 프랑스적 정령 숭배가 추가되어 라틴아메리카에서 수백만 명의 추종자를 끌어모았으며, 움반다에서는 이를 숭배하는 백인들이 점점 증가했다.[292]

대서양 저편에서 나타난 종교적 창의성은 기독교가 콩고 왕국에서 현지의 정신적·영성적 정서에 수용되었던 방식을 따랐다. 예수 그리스도는 대추장이었고, 성모 마리아는 아프리카 왕들의 모친으로서 예수 그리스도의 공동 통치자였다. 부활, 천국, 지옥은 아프리카인들이 이해하기 어려웠지만, 이는 죽은 선조들, 특히 죽은 왕에 대한 의식과 충분히 잘 어울렸다. 성찬식과 종교의식, 심지어 길가의 십자가는 특히 강력한 응키시, 즉 신령한 물체로, 세례는 악마를 막아 주는 보호 행위로 인식되었다. 이런 방식으로 기독교는 왕권을 정당화해 주는 추가적인 장치로 기여했다.[293]

이런 상황과 연관해 1704년에 카푸친 작은형제회에서 한 가지 신비로운 일이 발생했다. 리스본의 성 안토니우António[57]의 영혼이 콩고 귀족 가문 출신으로 카리스마가 넘치던 베아트리스 킴파 비타Beatriz Kimpa Vita에게 들어온 것인데, 사실 이러한 현상은 콩고의 정신세계에서 흔한 일이었다. 뒤이어 발생한 안토니우 운동은 모든 '물신'적인 것들, 심지어 십자가까지도 파괴했으며, 나아가 모든 마법사, 심지어 카푸친 수도사들도 몰아내었다. 예배나 성찬식이 아니라 선한 동기가 종교적 힘(킨도키kindoki)을 준다고 믿었기 때문이었다. 비타는 일주일에 한 번씩 천국을 오가며 설교하고 일종의 미사를 집전했다. 비타가 이끄는 집단은 수도인 상살바도르를 장악했으나 그녀가 두 번에 걸친 낙태 후에 이른바 '수호신에 의해' 세 번째로 임신하자 의문을 제기하는 목소

———— 57 포르투갈의 리스본 태생으로, 사망한 곳인 이탈리아 파도바의 지명을 따서 파도바의 성인 안토니오(안토니우스)로 잘 알려져 있다.

리가 나오기 시작했고, 그녀 자신도 스스로 회의에 빠졌다. 비타는 한 카푸친 수사의 호소에 따라 콩고의 왕 페드루 4세Pedro IV[58]에게 체포되었고, 자기의 종교적 신념을 철회한 후에 연인과 함께 화형에 처해졌다. 하지만 비타의 운동은 후유증을 남겼으며, 특히 아프리카 노예들의 봉기에 적지 않은 영향을 주었다.[294]

노예무역이 아프리카에 미친 경제적·정치적 의미에 관해서는 논란이 분분하다. 기니 해안 배후 지역의 인구가 거의 소멸되게 한 책임이 노예무역에 있는지, 아니면 노예무역으로 인한 급격한 인구 감소가 베냉만 지역에만 국한되었던 것인지에 관한 논쟁이다. 앙골라가 비극적인 인구 감소를 겪었는지, 아니면 노예무역을 통한 인구 감소에서 신속하고 효과적으로 회복했는지도 논란이다. 또한 노예무역을 통한 인구 감소와 인구 상승률 저하로 인해 1700년에서 1850년까지 정상적으로 성장했다면 이론상 2500만 명에서 3930만 명으로 증가했을 서아프리카의 인구가 오히려 2300만 명으로 감소한 것이 사실이라면, 그리고 노예무역 때문에 1850년 무렵에 사하라 이남의 아프리카 인구가 1억 명이 아니라 단 5000만 명에 지나지 않게 된 것이 사실이라면,[295] 이것은 자동적으로 경제성장에 커다란 장애가 발생한 것을 의미하는 것인가? 아니면 아프리카 대륙이 당시에 처해 있던 열악한 전근대적인 인구 압박에서 해방되고 유럽이 주도하는 전 지구적 경제권에 편입된 것이 오히려 아프리카의 발전을 촉진해 준 것은 아닐까? 이는 뜨거운 논쟁을 불러일으킬 수 있는 당혹스러운 주장이다. 하지만 가나나 나이지리아 같은 노예무역의 중심지가 아프리카 대륙에서 경제적·정치적으로 가장 발전된 나라이자 탈식민화의 선구자가 되었다는 것은 우연이 아니다. 아프리카인들은 처음부터 유럽인들과의 무역에서 결코 수동적이거나 열등한 위치에 있지 않았으며, 새로 열린 무역에 자발적으로 참여했고 노련하게 혁신적인 사항들을 수용해 자신들의 문화에 접목했기 때문이다.[296]

58 재위 기간은 1695년에서 1718년까지이지만, 실질적으로 왕위에 오른 것은 1666년부터 이어져 온 내전을 종식한 1709년부터다.

사실 경제성장은 탈인간화와 충분히 함께 진행될 수 있다. 가격 상승에도 불구하고 노예에 대한 수요가 증가하면서 인간의 가치가 추락한 흔적이, 다시 말해 인간이 물건으로 전락한 증거가 있지 않은가? 공동체에서 인간 사냥과 인간 납치가 일상화된 곳에서는 전통적인 인신 공양 의식이 다호메이에서처럼 살육으로 변질될 수 있었다. 게다가 아프리카인들은 전래의 노예경제를 확장해 대서양 노예무역에 적응했다. 18세기에 아프리카는 아메리카와 비슷한 수의 노예를 가지고 있었으나, 1850년 무렵에는 아프리카의 노예가 훨씬 많아져서 약 1000만 명에 달했다. 이러한 현상은 일종의 대서양적 공통점이기도 했다.

프랑스와 영국의 대서양

유럽인들과 북아메리카 원주민들이 초기에 서로 접촉한 형태는 다음과 같이 다양했으며, 이들 사이의 경계는 사실 그리 명확하지 않았다. (1) 탐험 또는 상업 목적을 가진 여행을 통한 접촉으로 유럽인들은 간혹 난파되기도 했다. (2) 흔히 과소평가되는 형태로서 북아메리카 대륙의 북동부 해안에 일시적으로 머물렀던 어부들과 원주민의 접촉이다. (3) 대륙 내부에까지 진입했던 탐험을 통한 접촉으로 유럽인들은 때때로 아메리카 원주민들의 마을에서 겨울을 나기도 했다. (4) 에스파냐인들의 사례를 보면 처음부터 탐험에 동반하던 선교사들과 원주민의 접촉도 있었다. (5) 이미 16세기 초에 시작한 접촉 형태로서, 양자 사이에 모피와 가죽의 거래가 있었다. (6) 최초의 정착촌 건설을 통한 접촉도 있었다.[297]

이베리아반도의 세력들은 아메리카 대륙에 대한 그들의 독점적 지배권을 북아메리카에까지 확장해야 한다고 주장하면서도 이를 관철하지 못했던 반면에, 잉글랜드인들과 프랑스인들은 실제적인 정복과 자국민의 거주만이 영토에 대한 소유권을 정당화해 준다는 입장이었다.[298] 그래서 지금까지 대서양에서 이루어진 모든 교류 과정과 달리 양국이 실제적인 정착촌을 건설하는 단계로 넘어가면서, 그들의 주된 관심은 바다 건너에 의식적으로 '새로운 유럽'을 건설하는 데 있었다. 오늘날 캐나다 지역에 수립된 '누벨프랑스'는 어느 정도로, 그리고 청교도가 중심이 되었던 '뉴잉글랜드'는 이보다 더욱 표면적으로 '더 나은 유럽'이 되도록 디자인되었다. 그리고 청교도로서의 이러한 자의식은 이후 대서양의 주도 세력으로 대두한 미국 엘리트들의 정서에 결정적이면서 지속적인 흔적을 남겼다.

하지만 15세기 무렵에 북아메리카 지역을 최초로 탐험한 직후에 잉글랜드인들은 뉴펀들랜드의 그랜드뱅크스[59]에서 어업에 종사하는 데 만족했다. 에스파냐와의 우호적인 관계와 국내 문제들로 인해 잉글랜드인들은 16세기 하반기까지 어업을 넘어서는 이상의 적극적인 활동은 보이지 않았다. 반면 프랑스의 프랑수아 1세는 신성 로마 제국 황제 카를 5세를 상대로 한 장기적인 갈등을 바다 너머까지 확대했다. 1535년에 자크 카르티에Jacques Cartier는 프랑수아 1세의 지시에 따라 북서항로와 귀금속의 보고를 찾기 위해 오늘날의 몬트리올까지 진출했다. 그러나 1541년에서 1543년까지 오늘날의 퀘벡 지방에 정착촌을 건설하려는 시도는 북아메리카에 정착촌을 건설하려는 다른 수많은 시도와 마찬가지로 실패로 끝났다. 이는 질병이나 적대적인 원주민 때문만이 아니라, 무엇보다 특히 매섭게 추운 겨울 동안 견디게 해 줄 식량이 부족했기 때문이었다. 따라서 이후 수십 년 동안 프랑스인들은 이처럼 매력 없는 사업에 계속 몰두하는 대신에 서인도제도 지역으로 약탈 원정을 떠나 에스파냐와 포르투갈의 영역에, 특히 플로리다와 브라질에 교두보를 건설하는 사업을 추진했다. 이 두 가지 사업에서 주도적 역할을 한 것이 위그노들이었는데, 이들의 시도는 실패로 끝났다.

그러는 동안 캐나다의 모피 거래가 상인들에게 인기를 끌게 되었는데, 특히 당시에 유행하던 신사용 모자에 쓰이는 비버 모피의 수요가 폭발적으로 증가했다. 퀘벡의 세인트로렌스강 하류에 있는 마을인 타두삭은 프랑스 모피 수입상과 원주민 판매상이 모이는 주요 집결지로 발전했다. 1600년에 이곳에 설립된 무역 거점은 1605년에 아카디아반도(오늘날의 노바스코샤반도)에 있

59 캐나다의 뉴펀들랜드 동남쪽에 있는 세계 3대 어장의 하나로, 차가운 래브라도 해류가 따뜻한 멕시코 만류와 만나면서 대구 등의 물고기가 모여들어 유럽인들이 아메리카로 진출하는 원동력이 되기도 했다.

는 펀디만으로 이전되어야 했다. 이곳은 훗날 가장 오래된 프랑스 정착촌인 포르루아얄(오늘날의 아나폴리스)로 발전했는데, 지리적으로 돌출된 위치 때문에 1613년에서 1632년까지, 그리고 1654년에서 1667년까지 일시적으로 잉글랜드가 정복하기도 했다. 이제 프랑스 왕실은 더는 경제적 이득에만 관심을 가지는 것이 아니라, 이와 동시에 에스파냐에 맞서 아메리카 대륙에 프랑스의 식민지 누벨프랑스를 건설하려는 정치적 목표도 추구했다. 하지만 이 사업은 이해관계의 충돌 때문에 수십 년간 어려움을 겪었다. 프랑스 왕실은 식민지를 원했지만, 이를 위한 비용은 부담하지 않으려고 했다. 따라서 왕실은 재정을 조달하는 수단으로써 당시에 처음으로 고안된, 국왕이 특권을 부여한 합자회사를 동원했다. 왕실 귀족과 모피 상인들에게 지주 회사를 설립해 식민지 건설에 필요한 자금을 모으도록 압박한 것이었다. 그러나 귀족들은 이 사업에 별다른 관심을 보이지 않았고 상인들은 모피 장사에만 관심이 있었으므로 정착민들을 이주시키라는 의무를 이 회사는 거의 준수하지 않았다.[299]

그 결과 사뮈엘 드 샹플랭Samuel de Champlain(1567~1635)은 1608년에 모피 무역 거점이자 정착촌인 퀘벡을 건설할 수 있었으나, 그 발전은 처음에는 형편없는 수준이었다. 1609년에는 주민 스물여덟 명 가운데 스무 명이 사망했으며, 1620년에는 주민 예순 명이 있었지만 그 가운데 가장 절실하게 필요했던 농민은 거의 없었다. 1629년에는 누벨프랑스 전체에 단 107명이 살고 있었는데, 그중 일흔두 명이 퀘벡에, 스무 명이 아카디아에 있었다. 그리고 당시에 퀘벡에는 총 8헥타르의 경작지가 있을 뿐이었다. 그사이에 샹플랭은 남쪽으로는 자신의 이름을 딴 호수와 온타리오호까지, 그리고 서쪽으로는 휴런호까지 탐험을 확대했으며, 또 다른 탐험들에도 재정을 지원했다. 샹플랭은 이미 1609년에 그의 원주민 동맹과 연합해 이로쿼이 연맹의 모호크족과 충돌했는데, 이 충돌은 군사적으로는 중요하지 않지만 정치적으로는 지대한 의미를 지닌 사건이었다. 샹플랭은 당시에 원주민들에게는 아직 알려지지 않았던 화기 덕분에 승리했는데, 전쟁의 배경은 모피 무역이었다.

접촉 지역으로서 캐나다

카르티에의 시대와 달리 이로쿼이인들은 이제 더는 세인트로렌스강 기슭에 살지 않았다. 프랑스인들의 무역 파트너는 알곤킨족이었다. 하지만 프랑스인들에게 이들보다 더 중요했던 것은 심코호에, 그리고 휴런호의 조지아만 입구 사이에 살면서 이로쿼이어를 사용하는 휴런족이었다. 그들이 북부의 허드슨만, 동부의 퀘벡, 서부의 위너베이고 호수에까지 이르는 지역에서 모피 무역의 중간상으로서 독점적인 역할을 수행했기 때문이다.[300] 따라서 샹플랭은 휴런족의 도움을 얻기 위해 공을 들였으며, 1615년에 도착한 첫 프란치스코회 선교사들도 우선 그들에게 파송했다. 다른 부족들, 특히 모호크족은 이 시스템에서 제외되었다. 그래서 온타리오호와 허드슨강 사이의 지역에 거주하던 이로쿼이인들은 자기들이 점차 적에게 둘러싸여 간다는 사실을 인식했다. 그 결과 16세기 말 무렵에 자기 방어를 위한 동맹체로서 세네카족, 카유가족, 오논다가족, 오네이다족, 모호크족으로 이루어진 '다섯 부족 연합'을 결성했으며, 남부에서 추방된 투스카로라족이 1722년에 합류하면서 '여섯 부족 연합'이 되었다.[301] 그런데 이제 국면이 전환되었다. 1615년에 프랑스와 휴런족 연합군의 공격을 성공적으로 방어한 후 이로쿼이인들이 점차 공세로 전환한 것이다. 1613년 이후로 네덜란드인들도 오늘날 올버니에서 멀지 않은 (1609년에 헨리 허드슨Henry Hudson이 발견한) 허드슨강의 오라녜 요새에 모피 무역 거점을 건설했기 때문이다. 1614년에 그들이 설립한 니우네데를란트 회사는 서인도회사가 1621년에 인수했다. 1664년에는 잉글랜드인으로 대체되었지만, 당시에 네덜란드인들과 무역을 하기 위해 이로쿼이인들은 그들의 고향과 오렌지 요새 사이에 있으면서 이 사업에 걸림돌이 되는 부족들을 전멸시켰다. 하지만 그들은 늘어난 모피 수요를 충족시키는 데 여전히 어려움을 겪었다. 자신들의 지역에서 너무 많은 동물이 살상되었기 때문이다.

상황이 이렇게 되자 이로쿼이인들은 이제 휴런족, 프랑스인, 알곤킨족으로 이루어진 모피 무역 조직체를 공격하기 시작했으며, 이는 네덜란드인에게서 구입한 화기 덕분에 매우 성공적이었다. 당시에 프랑스인과 잉글랜드인들은 에스파냐인과 포르투갈인들이 지구상의 다른 지역들에서 그랬던 것처럼 원주민들에게는 화기를 공급하지 않고 있었다. 1634년에 예수회가 휴런족에 대한 선교를 강화했을 때 휴런족은 이를 수용했다. 그들은 선교사들 때문에 전염병이 유입되어 1634년에서 1639년까지 1만 8000명이던 주민이 절반으로 감소했다는 사실을 잘 알았지만, 모피 무역을 위해 그렇게 결정한 것이다. 1641년 이후로 이로쿼이인들의 공격은 점점 강화되었다. 프랑스 식민지도 마찬가지로 공격 대상이 되었지만, 이들을 효과적으로 격퇴하기에는 너무 힘이 없었다. 결국 이로쿼이인들은 1648년과 1649년의 두 차례에 걸쳐 1200명의 전사를 동원해 휴런족을 궤멸하는 성과를 올렸다. 휴런족 수천 명이 살해되거나 포로가 되었으며 예수회 선교사들도 순교했다. 살아남은 휴런족들은 프랑스 지역으로 피난하거나 서부로 떠났다. 그들의 땅은 이제 텅 비었으며, 이로쿼이인들에게는 모피 무역으로 가는 길이 활짝 열렸다.

퀘벡은 1629년에 잉글랜드 함대에 봉쇄되어 주민들이 굶어 죽은 후 점령되었다. 하지만 1632년에 프랑스에 반환된 이후 리슐리외 추기경은 자기가 직접 이끌던 누벨프랑스 회사Compagnie de la Nouvelle-France[60]를 통해 새롭게 시작할 수 있었다. 이 회사는 모피 무역 독점권과 기타 특권을 얻는 대신에,(일반인들에게는 어업만 허용되었다.) 15년 안에 4000명을 이곳에 이주시키고, 이들이 첫 3년 동안에 새로운 고향에 정착하는 것을 지원해 주어야 했다. 초기에 잉글랜드의 식민지인 메릴랜드와 캐롤라이나에서 실행되었던 것처럼, 주민censitaire들에게 유인을 제공할 목적으로 장원제를 도입했다. 하지만 주민들에게는 많은 대안이 있었기 때문에 처음에는 영주의 권한과 주민의 의무가 별 의미가 없었다. 이들은 이 방식으로만 경제적으로 가장 가치가 높고 안전한 토지를 얻을 수 있었으므로 세인트로렌스강 지역에 왔을 뿐이었다. 회사가 처음에 소유했던 270만 헥타르의 토지 가운데 70퍼센트를 회사의 사장이자 훗날 총독이 된 국왕의 자문관인 장 드 로송Jean de Lauson이 소유하고 있었다. 17세기 중반에는 60개의 장원이 있었는데, 이 가운데 52개가 귀족 출신 영주

60 1627년에 루이 13세의 특허를 받아 설립된 무역 회사다. 100명의 주주가 참여해 설립되었기 때문에 'Compagnie des Cent-Associés'로도 불린다.

의 소유였다. 그러다가 1760년 무렵에는 장원의 수가 250개로 증가했는데, 그 면적이 320만 헥타르에 달했다. 18세기에 와서야 비로소 장원제가 점차 모국처럼 엄격한 형태를 갖추게 된 것이다.[302]

1634년에 또 하나의 정착촌인 트루아리비에르가 추가로 설립되었으며, 1642년에는 개종한 원주민들과 함께 진정한 기독교적 삶을 실천하려는 한 집단의 이상주의자들이 독자적인 총독과 특별한 권한을 부여받은 몬트리올을 건설했다. 1645년에는 캐나다 전역의 주민 3035명 중에서 303명을 모집했는데, 원래 계획된 4000명 대신에 300명 정도를 확보했을 뿐인데도, 1663년에 몬트리올의 주민은 총 596명이었다.[303] 몬트리올은 리슐리외 정부 이후로 엄격한 가톨릭 누벨프랑스를 건설하려는 프랑스의 핵심적인 과업에 속해 있었다. 하지만 다른 곳에서는 그 과업이 1625년에 아메리카에 상륙한 예수회의 주도하에 추진되면서 과업의 범주에서 제외되었다. 예수회는 원주민을 대상으로 하는 선교를 추진했을 뿐 아니라,[304] 1635년에는 퀘벡에 학교를 설립했고, 그 후 멕시코 이북에서 최초의 고등교육기관인 신학교까지 설립했다. 그 밖에도 예수회는 우르술라회[61] 수녀들과 간호 수녀들을 데려와 여학교와 병원을 운영했다. 과도한 부채로 허덕이던 지주 회사가 식민지의 행정과 무역 업무를 정착촌의 가장들로 구성된 주민 회사Compagnie des Habitants에 넘겨준 것은 예수회가 가지고 있던 강한 영향력 덕분이었다. 이 회사에서 예수회의 수장이 세 개 정착촌의 총독과 함께 정착촌의 일상 업무를 관장했다.

예수회는 1657년에 교황이 이 지역을 위해 교황 대리를 임명할 때 자신들에게 우호적인 프랑수아 드 라발François de Laval을 선택하도록 부지런히 활동했다. 이렇게 임명된 교황 대리는 1674년에 퀘벡의 초대 주교가 되었다. 반면에 루앙 대주교는 런던의 성공회 주교가 영국령 아메리카를 자기 교구로 주장한 것과 마찬가지로 캐나다를 자기 교구로 주장하고, 대리인을 통해 몬트리올에서 라발을 곤경에 처하게 하려고 시도했다. 라발은 그렇지 않아도 자신의 이

61 성녀 우르술라Ursula를 받드는 수녀회로, 1535년에 안젤라 메리치Angela Merici가 세웠다. 환자의 치료와 간호를 목적으로 한다.

론적 엄숙주의 때문에 다양한 갈등을 겪고 있었으며, 심지어 총독과도 불화를 빚고 있었다. 라발이 원주민들에게 브랜디를 판매하는 것을 완강하게 반대했으며, 이를 어긴 자들을 파문하고 총살하도록 요구하기까지 한 것이 갈등을 촉발한 요인이었다.

1666년의 인구조사에서 기록된 전체 인구 4219명[305] 중에서 약 500명에 달하던 남성 캐나다인은 원주민 사회에서 숲지기, 모피상, 슈납스 상인으로 살면서 수많은 혼혈아를 낳았는데,[306] 이 때문에 프랑스인들은 이로쿼이인을 제외한 모든 원주민과 대단히 좋은 관계를 유지했다. 하지만 이런 행동들이 자기들의 선교 활동을 침해한다고 보았던 교회는 윤리가 이완되는 것에 대해서가 아니라 알코올주의가 원주민들에게 확산되는 것에 대해 분노를 느꼈다. 원래 프랑스인들이 오기 전에 원주민들은 알코올음료를 알지 못했고, 알코올이 신체 내에서 신속하게 확산되는 것을 도와주는 효소도 가지고 있지 않았다. 하지만 그들은 새로운 마약을 사랑했으며, 이를 자유롭게 마시고 과음하는 일도 간혹 발생했다. 하지만 프랑스인들이 가장 강력하게 대응했던 조치조차 모피 무역이 성행하는 한 아무런 효과를 남기지 못한 채 실패로 끝났다. 네덜란드와 잉글랜드의 경쟁자들은 자기들의 영역에 거주하는 원주민들에게 이러한 물자를 공급하는 것에 별 우려를 가지고 있지 않았기 때문이다.[307] 게다가 그곳에는 영향력 있는 선교사들이 거의 없었다.

버지니아와 뉴잉글랜드의 정착지들

엘리자베스 1세 시대에 잉글랜드는 다시 세계 무대에서 적극적인 활동을 보였으며, 존 호킨스John Hawkins나 프랜시스 드레이크Francis Drake 같은 해적들을 내세워 에스파냐인들과 싸우게 하고 때로는 왕실이 재정을 지원해 주기도 했다. 나아가 이미 아일랜드에서 폭력적인 활동을 통해 성과를 거두었던 험프리 길버트Humphrey Gilbert나 월터 롤리Walter Raleigh 같은 끔찍한 살인자들을 앞세워 북아메리카에서 새로운 사업을 시작했다.[308] 길버트는 1583년에 뉴펀들랜드를 정복했는데, 처음에는 별다른 결과가 뒤따르지 않았다. 롤리는 1585년과 1587년에 '처녀 여왕Virgin Queen' 엘리자베스 1세를 예찬하는 뜻에서 '버지니아Virginia'로 명명한 동부 해안 지방에 있는 (오늘날 노스캐롤라이나의) 로어노크섬에 거점을 구축하게 했다. 이곳은 에스파냐 선박을 공격하기 위한 해적선들의 전진기지로도 구상되었지만, 1585년과 1587년의 두 차례 모두 통상적인 물자 공급에 문제가 있어 도중에 건설이 중단되었다. 롤리와 가까웠던 해클루트는 1584년에 엘리자베스 1세를 위해 『서부 개척론*A Discourse Concerning Western Planting*』을 집필했는데, 이는 아메리카 식민지 건설이 가져올 이점에 관한 논문이었다. 해클루트의 글에 따르면 아메리카 식민지는 잉글랜드산 면직물의 수출 시장이자 남국의 이국적인 상품과 선박 건조를 위한 자재의 공급처로서 결과적으로 잉글랜드 해운업의 발전에 기여할 것이며, 이로써 적국인 에스파냐를 약화시킬 뿐 아니라 범죄자들처럼 잉글랜드 사회에 문제를 일으키는 집단이나 잉글랜드의 과잉 인구를 흡수하고, 나아가 진정한 믿음인 기독교의 확산에도 기여하게 될 것이었다. 이 글은 조금만 수정하면 다가오는 대영제국을 위한 매우 정확한 청사진이었다.[309]

하지만 이러한 대영제국의 청사진이 실현되기까지는 아직 시간이 필요했다. 대영제국의 꿈은 제임스 1세 치하에서 시작되었는데, 이것은 새로운 사회적·경제적·사상적 발전에 따른 것이었다. 한편으로는 경제 회복의 조짐이 강화되면서 상업자본이 지대한 관심을 끌게 되어, 특허 회사 같은 새로운 정책적 수단이 아메리카 식민지 개발에도 투입될 수 있었다. 다른 한편으로는 잉글랜드의 신학자와 법학자들이 조금 전까지만 해도 경멸하던 이론이기는 했지만, 북서유럽의 다른 식민 국가들과 달리 에스파냐식의 보편적인 주도권론에 접근하기 시작했다. '새로운 솔로몬' 제임스 1세와 그의 선택받은 민족이 세계를 시배할 권리가 있다는 주장이 떠돌기 시작했다. 또한 저명한 법학자 에드워드 코크Edward Coke는 게으름 때문에 『성경』이 부여한 "신이 주신 땅을 개간하라."라는 과제를 이제까지 등한시해 온 이교도들은 모든 권리, 특히 땅에 대한 모든 소유권을 박탈당했다는 이론을 제기했다.

그래서 제임스 1세는 1606년과 1609년, 1612년의 세 차례에 걸쳐 재설립된 버지니아 회사에 북위 34도에서 45도에 이르는 북아메리카 해안 지역을 위임했는데, 이로써 프랑스가 점령한 아카디아에 대한 영국의 소유권을 정당화하려고 했다. 또한 제임스 1세는 1609년에 이 해안 지역뿐 아니라 태평양 연안에까지 이르는 배후의 전체 내륙지역에 대한 권한도 버지니아 회사에 위임해, 이를 근거로 버지니아주는 독립 후에 내륙지역의 소유권을 제기할 수 있었다. 회사의 구성원들은 궁정의 신하들, 런던 상인들, 잉글랜드 남서부의 귀족이었으며, 이들은 16세기의 식민지 개척 사업에서 인적 연속성을 보여 주었다.[310] 1607년에 체서피크만에 제임스타운이라는 이름으로 정착촌이 건설되었는데, 메인에서의 동일한 시도는 실패로 끝났다. 하지만 제임스타운도 질병과 물자 공급 문제 때문에 몇 년 동안 실패할 위험에 처해 있었다. 오랫동안 이주민의 다수를 차지하던 신사와 장인들은 당시의 농경을 통한 식량 조달에 참여할 의지도 능력도 없었기 때문이다. 정착촌 주변에 살던 원주민들이 이들에게 식량을 공급해 주었지만, 신대륙에 온 외지인들에게 별 관심을 보이지는 않았다. 그 후 양자 사이에 타협안이 발전하기는 했지만, 이는 원주민 '공주' 포카혼타스Pocahontas와 존 스미스John Smith나 존 롤프John Rolfe의 사랑 이야기와는 전혀 무관했다.

하지만 롤프는 무엇보다 1612년에서 1614년에 이르는 기간에 담배의 재배와 제조법을 도입함으로써 제임스타운 식민지의 구세주가 되었다. 생산된 담배 가격이 아주 비싸서 식민지는 이제 이주민이나 투자자들에게 매력적인 곳이 되었기 때문이다. 버지니아에는 1619년에 정착민 약 700명이, 1624년에 이미 1253명이 살았으며, 이 가운데 여성은 단 18퍼센트에 지나지 않았다. 1622년에는 이주민들이 세운 여러 촌락 때문에 토지를 빼앗긴 원주민들이 제임스타운을 습격해 347명의 정착민이 사망했다. 하지만 원주민들의 이러한 저항은 소용이 없었다. 1644년에 500명의 백인 정착민이 희생된 두 번째 전쟁이 끝난 후 원주민 부족은 몰살당했다. 이미 1618년에 식민지는 재조직되었다. 식민지에는 총독 옆에 시의회와 미국 역사상 최초의 대의 기구인 선출직 의회가 설치되었는데, 의회는 1619년에 첫 회의를 열었다. 의회는 처음에는 본국인 영국의 의회보다는 회사의 지분 소유자 회의를 모델로 했던 것으로 보인다. 물론 이 의회는 원주민들의 습격 후에 재정적인 어려움을 겪다가 해체되었다. 1624년에 버지니아는 왕령 식민지가 되었으며, 1634년에서 1643년에 행정 구획이 이루어졌는데, 잉글랜드의 모델에 따라 카운티county(주)와 패리시parish(구)라는 행정 구조가 확정되었다. 식민지의 인구는 급속히 증가했다. 1640년에 이미 8000명이 넘었으며 1653년에는 1만 4300명, 1660년에는 2만 7000명으로 증가했는데, 이 가운데 950명이 아프리카에서 온 노예였다. 매년 500명에서 1000명이 이주해 왔으며 1649년 이후에는 이주민 수가 심지어 연간 2000명으로 증가했는데, 그 가운데 절반이 계약 하인이었다. 17세기 중엽이 되면 이들 계약 하인은 전체 인구의 절반을 넘어섰으며 노예처럼 취급되었다. 버지니아에 수입되었던 아프리카 노예들의 신분이 1619년 이후로 심각하게 악화된 것은 아마도 서인도제도의 선례에 따랐기 때문만은 아니고, 계약 하인 방식의 이주민이 증가했기 때문이기도 했다. 식민지에서 필요한 노동력은 이렇게 구성되었기 때문에 인구 가운데 남성 비율이 지나치게 높았다. 그리고 경제구조 때문에 정착촌은 탈중심적으로 분산되었다. 무역선들은 번성하는 대농장에 직접 연결되는 곳에 정박해 잉글랜드산 완제품을 하역하고 담배를 선적할 수 있었다.

1620년대에 등장한 북부의 식민지들은 다른 모습을 보였다. 이곳에서는 엄격한 칼뱅주의자들, 즉 영국국교회와 갈등을 겪으며 살던 이른바 청교도들의 사상적 동기가 중요한 역할을 수행했기 때문이다. 다시 말해 그들은 구세주에게 선택받은 백성으로서 신세계에 '언덕 위의 도성'을, 즉 전 세계에 희망의 등불이 될 거룩한 연방을 설립하고자 했다.

처음에는 네덜란드의 레이던으로 이주했던 작은 규모의 기독교 분리주의자들이 정치적·경제적으로 어려운 형편에 처하고, 나아가 현지 사회에 동화될 위험에 직면하자, 이번에는 버지니아로 건너가기로 결정했다. 여기에 필요한 자본과 버지니아 회사의 특허권을 확보한 후에 이른바 마흔한 명의 성자들은 예순세 명의 이방인과 함께 메이플라워호를 타고 2개월 동안 아메리카로 항해했다. 그들은 버지니아 회사의 관할 영역이 아닌 코드곶[62]에 상륙했

62 미국 매사추세츠주의 남동부에 있는 곳으로, 이름은 '대구code'가 많이 잡힌다는 점에서 유래했다.

지만, 그냥 그곳에 머물기로 결정했다. 그리고 그곳에 머물 정당성을 확보하기 위해 메이플라워 서약을 체결했다. 이런 배경에서 어떤 이들은 이 서약문을 자치령의 원형이, 혹은 아메리카 민주주의의 초석이 된 문서로 과장했을 뿐 아니라 정당하지도 않은 의미를 부여했다. 처음에는 농경 활동에도 불구하고 아사 위기에 몰렸던 이 식민지는 영리한 상인인 윌리엄 브래드퍼드William Bradford(1589~1657)의 지도하에 지속적으로 성장을 거듭했다. 1660년에 주민 수는 3000명이었다. 이들 조합 교회[63]주의자들은 교구의 절대적인 자치를 고수했지만, 그 대신에 회원 자격에는 너그러운 태도를 보였다.[311]

하지만 버지니아의 개척자인 스미스가 명명했듯이 '뉴잉글랜드'에서 가장 중요한 정착지는 청교도주의의 주류에 가까웠던 매사추세츠만灣의 식민지였다.[312] 이곳에는 잉글랜드 동부 지방에서 온 청교도들 외에 도체스터와 런던에서 온 상인들이 주도하던 다양한 이해관계와 특허권들이 합쳐져 1629년에 왕의 특허권을 받은 합자회사인 뉴잉글랜드의 매사추세츠만 지사 및 회사The Governor and Company of the Massachusetts Bay in New England가 설립되었다. 그리고 회사는 1년에 네 번 열리는 주주('자유민')들의 총회에서 선출되는 총독과 부총독, 그리고 열여덟 명의 직원이 이끌었다. 그런데 회사가 받은 특허장에는 회사의 설립 장소가 명기되지 않았기 때문에, 회사의 영향력 있는 회원들은 농촌 귀족이자 법률가로서 1629년 이후로 총독을 지냈던 존 윈스럽John Winthrop(1588~1649)의 지도하에 1630년에 회사의 본부를 뉴잉글랜드로 옮기기로 결정했다. 첫 이주민이던 400명을 따라가기로 한 것이다. 이 결정은 잉글랜드에서 청교도들에 대한 압박이 점차 증가했기 때문이기도 했는데, 이로써 회사의 정관은 식민지의 헌법이 되었다.

매사추세츠 식민지도 첫 겨울은 굶주림 속에서 보냈다. 하지만 1633년 이후에는 이주민 유입이 대폭 증가해 1634년에는 주민 수가 이미 4000명에 도달했다. 1630년대에서 1640년대에는 약 7만 명의 잉글랜드인이 아메리카로

63 회중 교회會衆教會라고도 하는데, 당회의 권위보다는 신도들의 의견을 중시하는 형태로서 독립적으로 운영되는 기독교회다

이주했는데, 그중 다수는 서인도제도에 정착한 반면에, 나머지는 버지니아로 갔고 3분의 1 정도는 뉴잉글랜드로 갔다. 1641년 무렵에 뉴잉글랜드에는 약 1만 2000명이 살던 것으로 추정된다. 그때까지 스물두 개의 느슨하게 자리 잡은 새로운 정착촌이 만들어졌으며, 그들 중에는 세일럼, 보스턴, 케임브리지 등 모국에서 가져온 낯익은 이름들이 있었다. 1660년에 이들 식민지에 살던 정착민은 1만 8000명에서 2만 명이었는데, 가족 단위로 이주해 온 경우가 버지니아보다 많았다. 하지만 가족 단위의 농장은 자신들의 필요를 위해서만 생산하지는 않아 이미 1634년에 곡물 수출을 시작했으며 생선과 모피, 목재의 수출이 그 뒤를 이었다. 이 수출품을 구매한 것은 남부의 식민지, 특히 서인도제도, 그리고 지중해 지역이었는데, 지중해 지역의 물건은 1641년 이후로는 점차 본국에서 건조된 선박에 실려 잉글랜드와 아메리카로 운반되었다. 보스턴 상인들은 이미 1650년대 초에 대서양 무역에서 주도적인 역할을 수행했다.[313]

1630년부터는 회사에 소속되지 않은 독립적인 정착민들도 자유민이 될 수 있었다. 그렇지만 자유민이 되려면 1631년 이후로는 교회 공동체의 구성원이 되어야 했으며, 이를 위해서는 청교도로 개종했다는 증명서가 필요했다. 물론 이러한 규정을 엄격하게 실현하기는 어려워 1647년에는 적어도 지방 차원에서는 교회 공동체 구성원이 아닌 사람들도 투표권을 행사할 수 있었다. 1631년까지 이러한 투표권은 자유민에게 주어진 유일한 특권이었으며, 입법권은 총독과 보좌진으로 이루어진 과두 집권층에 빼앗겼다. 이로부터 3년 후인 1634년에 자유민들은 윈스럽이 반대하는데도 입법권을 되찾았다. 그 결과 1644년까지 의회는 양원으로 분화되었는데, 하나는 하원, 다른 하나는 총독의 보좌진으로 구성된 상원이었다. 법안이나 결의안이 상정되면 이 두 기관이 동의해야 했다. 지역 사안은 군구郡區 회의에서 결정했는데, 한동안은 이 회의에서 선출된 위원회들이 지역 사안에 관한 결정권을 행사했다. 사법 분야에는 1643년에 중간 단계로서 네 개의 카운티가 설립되었다. 식민지들은 1641년에 이미 독자적인 법령집을 제정할 수 있었으며, 1648년에는 이 법령의 수정안이 발효되었다.[314]

개별 정착촌은 라틴어 학교를 설립했으며, 1636년에 뉴잉글랜드의 케임브리지에는 대학(칼리지)이 설립되었는데, 이 대학은 800파운드를 기부한 기부자 존 하버드John Harvard에게 감사하는 표시로서 그의 이름을 따라 하버드 대학으로 불리게 되었다. 하버드 대학은 매우 폭넓은 교육과정을 제공해 주었지만, 우선은 설교자들의 후속 세대 양성이 주된 목적이었다. 1642년에는 부모들이 자녀들에게 의무적으로 읽기와 쓰기를 가르쳐야 했는데, 1647년이 되면서 지역 공동체가 부담하는 의무교육이 도입되었다.

뉴잉글랜드의 교회는 온건한 조합 교회주의 노선을 택하고 있어 교회 공동체들은 각각 자치적으로 운영되었지만, 공동 사안은 총회에서 결정했다. 하지만 실질적으로 모든 구성원이 원래는 시민이며, 당국이 반대파나 이교도들을 박해할 의무가 있다는 관점에서 보면 그들은 '영국국교회'였다. 예를 들어 초기의 보스턴에서는 철저한 퀘이커 교도들을 심지어 처형하기도 했다. 신학적으로 새롭게 선택받은 백성과 신 사이의 약속인 '은혜 언약'에서 한편으로는 언약 교회가, 다른 한편으로는 시민권 계약이 대두했다. 그리고 지도부는 사실상 분리되었지만, 구체적인 사안에서는 하나인 거룩한 연방이 그 위에 수립되었다.[315]

물론 잉글랜드의 국교회와 왕당파에는 이 체제에 대한 열렬한 반대파들이 있었다. 심지어 1637년에는 일시적으로 식민지 자치 체제의 종말이 바로 임박한 듯 보였다. 그러나 뉴잉글랜드의 청교도들은 새로 성립된 모국의 청교도 정권과도 갈등을 겪었다. 이러한 갈등은 매사추세츠가 잉글랜드 사회의 완전한 개혁을 위한 모델이라는 주장 때문에도 아니고, 이주자의 유입이 줄어들었기 때문에도 아니다. 무엇보다 식민지가 내정에서 본국으로부터 전적인 독립을 주장했기 때문이었다. 이와 대조적으로 버지니아는 청교도적 성향이 강했는데도 영국혁명의 와중에 1652년까지 왕당파의 편에 서 있었다.[316] 또한 그들은 크롬웰과는 달리 버지니아를 청교도의 땅으로 만들려고 하거나 그곳에서 지배적이던 영국국교회를 탄압하려고 하지는 않았던 총독이 통치했다. 1650년대에 새로운 이민 물결을 이루며 이 지역에 왔던 이민자들은 대부분 왕당파에 속하는 집단 출신이었다.

당시에는 중심에 서 있던 버지니아와 매사추세츠 외에 1660년까지 일련의 식민지가 속속 등장했는데, 이는 부분적으로 청교도적인 신정국가에 반대하는 여러 분파가 형성되었기 때문이다. 설교가인 로저 윌리엄스Roger Williams는 종교적 문제에 대한 세속 권력의 강제권뿐 아니라, 왕에 의한 토지 불하의 정당성마저 부정했다. 윌리엄스의 견해에 따르면 토지는 원주민에게서 직접 구매해야 합법이었다. 1635년에 추방당한 윌리엄스는 이듬해인 1636년에 로드아일랜드에서 자기가 매입한 땅에 프로비던스[64]라는 이름의 정착촌을 건설했다.[317] 그리고 1638년과 1639년에는 인근에 세 개의 정착촌을 추가했다. 뉴포트는 1638년에 추방되었던 앤 허친슨Anne Hutchinson의 추종자들이 건설했는데, 그들은 '은혜 언약'이 선한 노동을 통해 구원에 이른다는 의미를 함축한다는 주장을 비판하면서, 오직 믿음으로만 구원에 이른다는 것을 주장하는 본래의 칼뱅주의로 돌아갈 것을 추구했다. 함께 결집해 로드아일랜드 식민지를 구축하던 정착촌들은 1644년에 잉글랜드 의회로부터 특허장을 받았는데,[318] 1674년에 그곳에 거주하던 주민은 5000명이었다. 코네티컷은 1635년에 땅 투기에 나섰던 청교도들과 매사추세츠에서 이주해 온 정착민들이 건설했다. 1639년에 제정된 그들의 기본 규정은 매사추세츠의 것을 근간으로 했지만, 매년 지사 선거를 개최하게 한 것, 시민권과 교회 회원 자격을 구별한 것이 차이점이었다. 1663년에 코네티컷의 인구는 1만 1000명을 넘어섰다. 매사추세츠에서 자리를 잡지 못했던 한 런던 출신 청교도 집단은 1638년에 코네티컷과 원주민들에게서 토지를 매입해 1640년에 뉴헤이븐으로 명명된 정착촌을 건설했다. 이곳에서는 매사추세츠보다 더 철저하게 청교도적 과두제를 시행했지만, 규모가 크지 않아 1663년에 인접한 코네티컷에 신속히 통합되었다.[319] 끝으로 코네티컷 북부에 오래된 법적 근거를 토대로 해서 몇몇 정착촌이 등장했는데, 그중 일부는 1679년에 통합해 왕령 식민지 뉴햄프셔를 건설한 반면에,[320] 매사추세츠는 그들이 1641년에 선포한 메인에 대한 주권을

—— 64 '(신의) 섭리'라는 뜻으로, 오늘날 미국 동북부에 있는 로드아일랜드주의 주도다. 로드아일랜드주의 공식 명칭인 'The State of Rhode Island and Providence Plantations'에서 그 역사성을 엿볼 수 있다.

1819년까지 관철할 수 있었다.[65] 1660년에 이들 두 지역의 인구는 약 1600명이었다.

남부 지방에서는 1632년 찰스 1세가 버지니아 북부의 땅을 볼티모어 Baltimore 경에게 하사했는데, 볼티모어 경은 1634년에 왕비[66]의 이름을 딴 메릴랜드Maryland 식민지의 중심이 되는 정착촌을 건설했다. 이 정착촌은 곧 동정녀 마리아의 이름을 따서 세인트 메리스 시티St. Mary's City로 명명되었다. 가톨릭교도였던 볼티모어 경이 가톨릭교도들을 위한 도피처를 만들고자 했기 때문이었다. 이는 물론 종교적 형평성에 근거해 추진되었다. 그 밖에 식민지는 소유주의 주권하에 캐나다처럼 장원manor으로 나뉘었다. 하지만 여기에서 대토지 소유제가 대두했다. 수많은 계약 하인은 계약 기간이 끝나면 장원 외부에서 작은 토지를 제공받아야 했기 때문이었다. 또한 식민지 헌장은 1650년까지 버지니아의 모델에 따라 양원제로 발전하던 대의제 의회를 규정하고 있었다. 메릴랜드에서는 초기에 종교적 관용을 잘 유지했는데, 이는 급진적인 가톨릭에, 그리고 무엇보다 다수를 형성했기 때문에 장기적으로 주도권을 가질 수밖에 없었던 개신교 이주자에게 점차 위협을 받았다. 하지만 메릴랜드의 종교적 관용은 영국혁명 동안의 갈등에도 불구하고 이미 1657년에 소유주 제도와 함께 부활할 수 있었다.[321]

허드슨강 유역에 건설된 니우네데를란트 식민지에서도 정착민들은 모피 거래에만 머물지 않았다. 원래 네덜란드의 서인도회사도 처음에는 이곳에 장원제 조직을 가진 정착촌이 형성되도록 장려하려고 했다. 하지만 이러한 시도들은 대부분 무산되었고, 특히 뚜렷한 흔적을 가진 과두제적 정치조직만 살아남았다. 정착촌이 모두에게 개방되자마자 1664년까지 주민 수가 9000명으로 증가했는데, 이들은 유럽 여러 나라 출신이었으며, 그들 가운데 독일인과 프랑스인이 많았고 노예도 400명이 있었다. 1655년에 니우네데를란트는 델

——— 65 메인은 주민 투표를 통해 1819년에 매사추세츠로부터 분리되었고, 이듬해에는 노예제를 금지하는 자유주로서 연방에 가입했다.

——— 66 1625년에 찰스 1세와 결혼한 프랑스 왕녀 앙리에타마리Henriette-Marie(헨리에타 마리아)를 가리킨다.

라웨어강에서 남쪽으로 더 멀리 떨어진 인구 400명의 정착촌 뉘아 스베리예(1638년에 건설되었다.)를 합병했으며, 1664년에는 잉글랜드에 할양되어 뉴욕이 되었다.[322]

누벨프랑스의 팽창

프랑스 루이 14세의 통치와 잉글랜드의 군주제 부활로 인해 1660년대에는 식민지 개척 붐이 새롭게 일어났다.[323] 점점 강해지던 국가권력은 식민지에도 강력한 권력을 행사해 식민지도 모국의 이미지에 따르게 하는 정책을 시도했다. 태양왕 루이 14세의 막강한 대신 장바티스트 콜베르는 캐나다를 궁극적으로 독자 생존을 하게 만들거나, 적어도 수익을 올리는 식민지로 만들고자 했다. 지금까지 이곳을 주관해 온 회사는 새로 설립된 프랑스 서인도회사 Compagnie française des Indes occidentales로 대체되었는데, 프랑스 서인도회사는 본질적으로 수익을 추구하기보다는 경제적·정치적 통치 수단으로 기능하도록 설치되었으며, 모국의 정치적·행정적 사안에 연루되지 않도록 명백하게 분리된 구조를 가지고 있었다. 또한 프랑스령 캐나다에서는 왕실의 대리인이 모국에서보다 더욱 무제한적인 권력을 가지고 통치해, 식민지 주민의 자치제 실시 요구는 즉각 제압되었다. 물론 총독은 왕의 대리인으로서 행정적 사안에 개입할 권한이 있었으며, 자신의 결정에 대해서는 프랑스 본국에 책임을 져야 했다. 하지만 총독의 주된 업무는 이로쿼이족이나 영국을 상대로 한 전투가 시급한 과제였던 군사적 영역에 있었다. 그리고 왕이 임명한 감독관인 장 탈롱 Jean Talon이 총독의 옆에서 행정과 사법, 경제, 재정의 업무를 관장했다. 짧은 재임 기간(1665~1668, 1670~1672)에도 불구하고 탈롱을 새로운 캐나다의 건설자로 간주할 수 있다. 총독과 감독관은 주교와 검찰총장, 그리고 다섯 명(나중에는 열두 명)의 자문 위원과 함께 통치 위원회를 구성했는데, 이 통치 위원회는 식민지의 최고 재판소와 입법기관으로 기능했다. 하지만 이상하게도 사법부에서 처리할 일은 별로 발생하지 않았다.

1665년에 프랑스 정규군 한 개 연대가 이로쿼이 연맹 문제를 해결하기 위해 캐나다에 파견되었다. 마을과 창고가 파괴되자, 1667년에 다섯 개 부족으로 이루어진 이로쿼이 연맹은 프랑스군과 평화협정을 체결했다. 이 평화협정으로 인해 1680년대에 새로운 갈등이 발발할 때까지 휴전 상태가 유지되어 캐나다를 건설할 수 있었다. 1664년에서 1690년 사이에 세인트로렌스강 유역에는 약 1만 명의 이주민이 도착했는데, 그중 2000명은 피고용인, 1000명은 (독일인과 스위스인을 포함한) 군인 출신, 1000명은 결혼 시장에 제공될 여성이었다. 이 여성들은 남성 비중이 압도적으로 컸던 식민지의 사회적 문제를 해결하기 위해 장려금을 지급하고 모집해 왔다. 결과적으로 프랑스인들은 수많은 혼인을 성사해 불균형한 성비를 조정하는 데 성공했다. 조혼 가정과 다자녀 가정에는 장려금이 지급되었으며, 독신 남녀는 불이익을 받았다. 1660년에서 1670년까지의 출생률은 6.3퍼센트였다고 전해진다. 한 여성이 평균 여덟 명의 아이를 낳았으며, 인구의 3분의 2가 열다섯 살 이하였다. 이론상으로 오직 건강한 가톨릭 프랑스인만 이주민으로 받아들였으며, 위그노는 배제했다. 이주민은 대부분 지리적으로 프랑스 서부 해안의 항구나 해안에서 반경 200킬로미터 정도에 속하는 지역에서 왔으며, 사회적으로는 절반 이상이 도시 하층민 출신이었고 여성들은 고아원에서 모집되어 왔다. 18세기 중엽까지 수천 명의 이주민이 캐나다에 도착했지만, 당시 누벨프랑스의 주민이 5만 5000명에 달하게 된 것은 이들이 가족을 이루고 많은 자녀를 낳았기 때문인 것으로 추정된다.[324] 제한적인 재판권을 가지고 있던 의회seigneurie와 교회 공동체, 민병 조직이 농촌의 사회질서를 이루는 주요 기둥이었다. 그런데 17세기 말에서 18세기 초까지 전쟁을 겪으면서 정착민 사회가 군대화된 결과, 지역 민병 조직의 지휘관이 행정 기구에서 가장 중요한 지위가 되었다.

누벨프랑스에서는 농경과 가축 사육이 장려되어 그 규모가 점차 증가했다. 선박 제조와 관련 분야에 이르는 목공업뿐 아니라 상업적인 어업 활동도 있었으나 성과는 크지 않았다. 본국이나 지리적으로 유리한 위치에 놓인 영국 식민지들과 비교하면 프랑스령 캐나다에서는 생산비와 운송비가 더 비쌌다. 프랑스령 서인도제도에 정부가 공식적으로 후원해 준 물자를 보아도 캐나다는 영국 식민지와 경쟁이 되지 않았다. 그 결과 프랑스령 캐나다에서 정착민들이 주로 종사하던 활동은 1739년에 캐나다의 수출품 가운데 70퍼센트를

차지했던 모피 무역으로 제한되었다.[325]

프랑스가 북아메리카의 다른 지역으로 팽창을 시도한 것도 이와 관련이 있다. 콜베르는 이를 금지했으나, 다른 국가가 프랑스보다 앞서 어떤 지역에 팽창할 위험이 있는 경우에는 예외를 인정했다. 타국, 다시 말해 잉글랜드나 에스파냐를 상대로 자국의 이익을 지킨다는 것은 새로운 모피 무역권에 대한 장악력을 지킨다는 것도 의미했다. 1671년에 프랑스는 1670년에 설립된 잉글랜드의 '허드슨 베이 회사'를 자신들이 있던 북부의 모피 구역에서 축출하는 데 실패했는데, 1686년의 전쟁 당시에는 이들을 일시적으로 축출할 수 있었다. 하지만 오대호 인근 지역을 공식적으로 차지하는 것은 전적으로 프랑스의 의지에 달려 있었다. 1673년에 탐험가인 루이 졸리에Louis Jolliet와 예수회 신부인 자크 마르케트Jacque Marquette는(프랑스령 캐나다에서 활동한 탐험가의 전형적인 조합이다.) 오대호 지역을 출발해 미시시피강을 따라 아칸소강 하구까지 내려갔으며, 에스파냐인들과 충돌하게 될 것을 우려해 거기서 더는 나아가지 않고 발길을 돌렸다. 하지만 1682년에는 르네로베르 카벨리에 드 라 살Rene-Robert Cavelier de la Salle이 미시시피 삼각주에 진출해 그 전체 지역을 점유할 권리를 주장하면서, 그 지역을 왕의 이름을 따 '루이지애나'로 명명했다. 1699년에 그 지역의 첫 정착촌인 빌럭시Biloxi가 등장했으며, 1711년에는 (오늘날 앨라배마 지역의 중심인) 모빌Mobile도 등장했다. 새로운 서인도회사가 1717년에서 1731년까지 이들 식민지를 통치했으며, 1718년에 건설된 누벨 오를레앙(뉴올리언스)은 1722년에 루이지애나 식민지의 수도로 승격되었다. 당시에 정착촌들은 보잘것없었지만, 이 식민지와 프랑스 본국 사이의 무역을 위해, 그리고 미시시피강 유역과 오하이오 계곡을 지킬 목적으로 서로 긴밀하게 연결된 요새들이 구축되었다. 이 무렵에 영국인들은 아직 애팔래치아산맥 지역에 도달하지 못하고 있었다.[326]

이제 캐나다에서는 어느 정도 삶이 윤택해졌고 재정적으로도 독자적인 기반 위에 서게 되었지만, 프랑스령 북아메리카에서 초과 이익은 발생하지 않았다. 게다가 호황을 누리던 프랑스령 서인도제도와는 차이가 매우 커서, 프랑스 왕실의 제국적 관심이 유럽 무대로 이동한 이후에 프랑스는 캐나다에

별 관심을 보이지 않았다. 이에 뒤따라 발발한 전쟁 과정에서 프랑스는 영국군이 수적으로 훨씬 우세했는데도 캐나다 주민들이 탄탄하게 무장된 덕분에 잘 맞설 수 있었다. 하지만 앞선 원주민들의 사례와 마찬가지로 개별 전투에서는 이겼지만 전쟁에서는 결국 패배했다.

잉글랜드 왕실 소유의 식민지

왕정이 복고된 후 잉글랜드 왕실은 우선 왕실의 조세 수입을 늘리기 위해 한층 공격적인 무역 정책을 관철하려고 했다. 이 과정은 이미 1651년에 연방 항해조례(항해법)와 함께 시작되었으며, 1660년과 1663년, 1673년에 새로운 법령을 통해 계속 강화되었다. 잉글랜드 국적이 아닌 선박들(실질적으로는 네덜란드 선박들이 주로 해당되었다.)은 잉글랜드와 잉글랜드 식민지 사이의 무역에서 배제되었다. 나아가 설탕, 담배, 목화, 인디고 같은 이른바 '열거된 enumerated' 상품들은 중간 단계 없이 직접 잉글랜드로 수출되어야 했으며, 식민지의 모든 수입은 잉글랜드를 통해야만 했다. 또한 이 목적을 달성하기 위해 식민지 사이의 직접무역에는 세금이 부과되었다. 식민지들이 이 제도로 인해 혜택을 본 것이 사실이지만, 다른 한편으로는 이전보다 더 많은 비용 부담을 짊어지는 경우도 발생했다. 따라서 왕실과 추밀원의 식민지 담당 위원회는 적어도 초기에는 양자 사이에 합의를 도출하고자 시도했다. 그 결과 코네티컷과 로드아일랜드는 1662년과 1663년에 왕실로부터 각각 새로운 특허장을 부여받았는데, 이 특허장은 식민지에서 매년 모든 자유인에 의한 양원 선거와 총독 선거를 시행할 것을 규정했다.

반면에 찰스 2세Charles II는 아메리카에 있는 귀족들에 대한 의무를 이행하기 위해, 또는 왕실의 빚을 청산하기 위해 그들에게 북아메리카의 토지를 선사했다. 왕은 요크 공작이자 훗날 제임스 2세가 된 그의 동생 제임스에게 뉴잉글랜드와 메릴랜드 사이의 땅을 거의 무제한적인 전권과 함께, 물론 그곳에 의회를 두지 않는 조건으로 대여했으며, 1664년에는 왕실에 충성하는 추종자였던 두 명의 옛 신하에게 허드슨강과 델라웨어강 사이의 땅을 하사했다. 이 지역은 주인이 몇 차례 바뀐 끝에 1702년에 왕령 식민지인 뉴저지가 되었다.

하지만 무엇보다 1663년과 1665년 사이에 찰스 2세는 자신의 재위 초기에 적극적으로 도움을 준, 영향력이 큰 대신인 클래런던 백작 에드워드 하이드Edward Hyde, 그리고 찰스 2세의 '킹메이커' 앨버말 공작 조지 뭉크George Monck를 포함한 총 여덟 명으로 구성된 단체에 자기 이름을 따서 캐롤라이나Carolina로 명명한, 버지니아 남쪽의 땅을 하사했다. 그런데 여기에는 그 지역에 장원제 귀족정을 수립할 것, 정착민들을 입법에 참가하게 할 것이 단서로 주어졌다. 캐롤라이나의 소유주들은 절차에 따라 정착민의 대의 기구와 그들이 임명하는 위원회와 총독을 규정한 헌법 초안을 작성했다. 이에 뒤이어 1669년에는 앤서니 애슐리 쿠퍼Anthony Ashley Cooper가 제임스 해링턴James Harrington의 정치철학서에서 영감을 받아 1656년에 『오세아나 공화국*The Commonwealth of Oceana*』을 발표했는데, 이 책은 재산 보유자들의 복잡한 사회적·정치적 위계질서를 지향하고 있었다. 그런데 이 책은 사실 터무니없고 비현실적이어서, 예전에 주장되었듯 쿠퍼의 비서였던 로크가 이 책의 공저자였다는 설이 과연 사실인지 의심하게 만든다. 이 헌법을 통해 권리를 박탈당한 각 정착촌의 주민들이 봉기를 일으켜서, 다른 식민지에서 제정된 것과 같은 종류의 법을 요구하는 사태가 발생할 정도였다. 캐롤라이나의 북부에는 토지에 굶주린 버지니아 출신 이주민들이 정착해 혼합 농경을 추진했으며, 남부에는 설탕 혁명 때문에 밀려난 바베이도스 출신 이주민들이 정착했다. 그렇지만 바베이도스 출신 이주민들이 1690년 이후에는 벼농사에 종사하게 되면서 또 다른 대농장 제도에 속하게 되었다. 캐롤라이나의 소유주들은 1701년에 기본 헌법을 철회한 후, 이제 캐롤라이나가 노스캐롤라이나와 사우스캐롤라이나라는 두 식민지로 분리되었다는 사실을 인정해야 했다. 이 지역에 대한 소유주들의 관심이 줄어들자, 1729년에 왕실이 이들 식민지를 인수하게 되었다.

새로운 독점 식민지proprietary colony 중에서 마지막 식민지는 제독이자 왕실 채권자의 아들이면서 퀘이커 교도였던 윌리엄 펜William Penn이 요크 공작의 도움을 받아 1681년에 왕에게서 특허장을 얻음으로써 탄생했다. 그는 펜실베이니아Pennsylvania로 알려진 이 지역에 평화로운 수단을 동원해, 그동안 박해받던 퀘이커 교도들을 위한 안전한 피난처를 만들기 원했다.[327] 그래서 여기서도 해링턴의 영향을 받아 신중하게 작성된 교과서적인 헌법이 마련되었다. 수익성 있는 사업이어야 했던 펜실베이니아에는 잘 계획된 홍보 활동의 결과로 4년 동안에 8000명의 이주민이 들어왔다. 펜실베이니아의 중심지였던 필라델피아는 곧 뉴욕을 밀어내고 북아메리카에서 가장 중요한 도시 자리를 차지했는데, 퀘이커 교도들의 평화주의 때문에 자칫 식민지를 잃을 뻔했다. 그러다가 펜의 구상과는 어긋나는 방식으로 헌법에 관한 타협이 이루어진 덕분에 1701년에 식민지는 유지되었지만, 펜은 이 식민지의 소유주로 남았는데도 일찌감치 정치에서 은퇴하게 되었다. 이어서 펜이 1682년에 획득했던 오늘날의 델라웨어는 1704년에 자체적인 의회를 가지게 되었지만, 아직은 펜실베이니아 총독의 관할권하에 남았다.

1681년 이후로는 요크 공작이 식민지 정책을 주도했으며, 1685년에는 제임스 2세로 왕위에 올랐다. 제임스 2세의 즉위와 그가 추구한 군주제적 노선은 왕실에 반항적인 매사추세츠 식민지가 갈등의 와중에 1683년에 수립했던 계획을 추진할 수 있게 했다. 그 계획 중에는 메인과 뉴햄프셔 지역에 대한 권리 주장, 타 종교인들에 대한 배척, 항해조례에 대한 거부 입장이 있었는데, 그 배후에는 궁극적으로 1629년에 공포되었던 사실상의 독립을 향한 의지가 숨어 있었다. 그런데 이는 왕실로서는 묵과할 수 없는 요구였다. 따라서 매사추세츠 특허권은 1684년에 법적으로 폐지되고 뉴잉글랜드 자치령으로 대체되었는데, 뉴잉글랜드 자치령은 권위적인 옛 뉴욕 총독인 에드먼드 안드로스 Edmund Andros의 지도하에 1688년까지 매사추세츠, 뉴햄프셔, 메인, 코네티컷, 로드아일랜드, 뉴욕, 뉴저지를 포괄하는 거대한 연방체로 발전했다. 총독 옆에는 그를 지원하기 위해 자문 위원회가 배치되었던 반면에, 정착민들을 위한 대의 기구는 억압되었거나 지방 차원에서는 적어도 제한되었다. 가톨릭 외의 모든 기독교 교파를 허용했으며, 영국국교회는 특히 장려되었다. 또한 새로운 세금을 부과했으며, 토지를 공식적으로 재할당하기 위한 첫 조치를 취했다.

1688년에 명예혁명이 일어났다는 소식이 들려오자 안드로스는 체포되었으며, 식민지는 새로 즉위한 왕 윌리엄 3세와 협상을 개시했다. 그 결과 코네티컷과 로드아일랜드는 그들의 옛 특허장이 유효하다는 사실을 인정받았던 반면에, 매사추세츠는 1691년에 새로운 특허장을 받아들여야 했다. 매사추세츠는 이제 초기 청교도들, 즉 '필그림 파더스Pilgrim Fathers'가 상륙했던 플리머스바위 지역을 포함하게 되었지만, 선거권은 이제 교회 공동체의 회원 여부가 아니라 소유 재산과 연관되었다. 또한 잉글랜드의 법에 따르는 양심의 자유가 도입되었고, 잉글랜드의 입법 제도와 사법제도가 이곳에도 적용되게 되었다. 총독은 왕이 임명했지만, 자문 위원회만은 하원에서 매년 선출했다.[328]

명예혁명은 메릴랜드와 뉴욕에서 반가톨릭적인 봉기를 촉발했다. 특히 독일 출신 상인인 야콥 라이슬러Jakob Leisler가 이끌던 뉴욕 폭동은 1664년 이후에 독재적인 정권하에 수립되었던 잉글랜드인의 과두제 권력에 대한 네덜란드 주민들의 저항이었던 것 같다. 라이슬러가 처형된 후에 뉴욕에도 하원 의회 설치가 허용되었다. 그리고 1715년에는 메릴랜드의 소유주가 그들의 소유권을 되찾았다.

1696년에는 통상부가 설치되었는데, 이는 직권을 가진 두 명의 장관과 일련의 전문가로 구성된 식민지 담당 중앙관청이었다. 1732년에 마지막이면서 가장 남쪽에 위치한 조지아Georgia(당시의 왕인 조지 2세George II의 이름을 따서 명명했다.) 식민지를 설립하기 위해 수여한 특허장을 보면, 그동안 식민지 정책이 얼마나 중앙집권화되었는지 잘 알 수 있다. 한 그룹의 저명한 수탁자들은 에스파냐인과 원주민들을 막을 제국의 보호 장벽을 설치하고, 남국의 생산품들, 특히 비단을 생산하며, 석방된 죄수들을 이곳에 이주시켜 그들에게 새 출발을 할 기회를 주기를 원했다. 그러나 오직 본국의 런던에 있는 의회만이 조지아를 위한 관련법을 제정할 권한이 있었으며, 법이 제정되었다고 해도 최종적으로는 왕실의 승인이 필요했다. 모든 행정적인 권한은 이 의회에 있었으며, 총독이 식민지에서 선출되었다고 해도 왕의 승인이 필요했던 것이다. 나아가 매년 결산 보고서를 제출해야 했는데, 그나마 다행스럽게도 식민지 사업은 하원으로부터 재정 지원을 받기는 했다. 그 밖에도 정착민들의 희망과 달리 수탁자들은 대토지 소유와 노예제, 술을 금지하고자 했다. 하지만 경제 규모가 점점 커지자 1750년에 그들은 농장 노예제와 의회 설치를 허용하지 않을 수 없었다. 그리고 그로부터 2년 후에 조지아는 왕령 식민지가 되었다.[329]

대량 이주와 갈등의 증가

1600년에서 1775년까지 52만 2200명의 유럽인이 영국령 북아메리카로 이주했으며, 이와 동시에 26만 3200명의 노예가 그곳으로 수입되었다.[330] 이주민 대다수는 잉글랜드인과 독일인, 스위스인, 그리고 얼스터 스코트인[67]이었다. 고향과 종교에 따라 형성된 대서양 횡단 연결망은 많은 이주민이 아메리카로 가는 길을 열어 주었다. 예를 들어 독일어권 출신들은 펜실베이니아에서 문화적으로 결속된 사회를 구성하며 살았다. 1800년까지 스위스와 라인란트 지방에서 7만 5000명에서 10만 명 정도가 그곳으로 이주했는데, 그중 일부는 아메리카의 토지가 척박한 모국의 토지보다 세 배의 수확량을 생산하게 해 준다는 소식에 이끌려 이곳에 정착했다. 1700년에서 1775년까지 영국에서 북아메리카에 온 26만 명의 이주민 가운데 대부분은 아일랜드 출신이었으며, 두 번째로 많은 집단은 17세기와 18세기에 수십만 명의 이주민을 지구상의 다양한 국가로 보냈던 스코틀랜드인들이었다. 같은 기간에 이주한 잉글랜드인과 웨일스인들은 단자 5만 명 정도였다.[331] 이주 물결이 절정에 도달하던 1760년에서 1775년 사이에는 매년 1만 5000명이 이주했기 때문에 이를 모두 합치면 총 150만 명인데, 이는 1775년 전체 인구의 10퍼센트였다. 이 가운데 5만 5000명이 얼스터 스코트인, 4만 명이 스코틀랜드인, 3만 명이 잉글랜드인, 1만 2000명이 독일인 또는 스위스인이었다. 6만 5000명은 계약 하인이었는데, 사실 북아메리카에 온 전체 이주자의 절반 혹은 3분의 2가량은 계약 하인이거나 피고용인이었다.[332] 이른바 무임 도항 이주자redemptioners[68]들은 아메리카에 도착한 후 친척이나 친구들이 선박 회사에 도항료를 내면 노역 의무에서 해방되었다. 특히 버지니아와 메릴랜드에는 여기에 죄수들이 정기적으로 보내졌다.[333] 그 밖에 영국령 북아메리카는 1770년에서 1775년까지 8만

[67] 스코틀랜드에서 아일랜드의 얼스터 지방으로 이주한 스코틀랜드인들이다. 이들 중 상당수는 아메리카로 다시 이주해 새로운 땅에서 영향력 있는 집단을 형성했다.

[68] 아메리카로 가는 데 드는 운임을 내지 않는 대신에 도착한 후 일정 기간 노동할 의무를 진 이주자들이다. '속량redemption'이라는 단어에서 유추할 수 있듯이, 운임을 내면 의무에서 벗어나 자유를 되찾을 수 있었다.

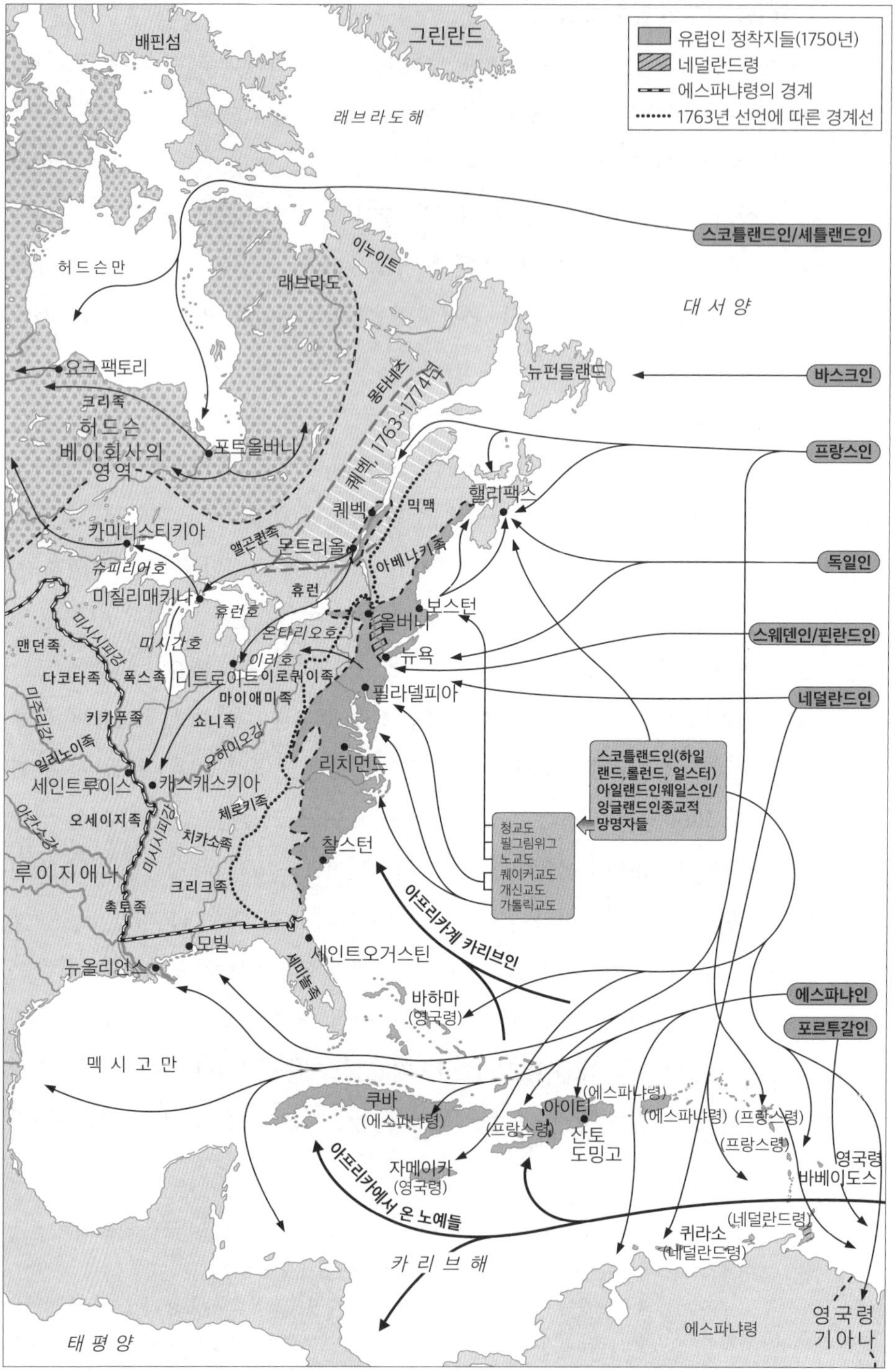
유럽인 정착지들(1750년)
네덜란드령
에스파냐령의 경계
1763년 선언에 따른 경계선
배핀섬
그린란드
래브라도해
허드슨만
래브라도
이누이트
대서양
스코틀랜드인/셰틀랜드인
요크 팩토리
크리족
허드슨 베이회사의 영역
포트올버니
뉴펀들랜드
바스크인
몽타녜족
퀘벡, 1763~1774년
프랑스인
핼리팩스
퀘벡
믹맥
카미니스티키아
앨곤퀸족
몬트리올
아베나키족
독일인
슈피리어호
미칠리매키낙
휴런
휴런호
보스턴
올버니
스웨덴인/핀란드인
온타리오호
미시시피강
미시간호
맨던족
뉴욕
다코타족
폭스족
디트로이트
이리호
이로쿼이족
필라델피아
네덜란드인
마이애미족
미주리강
키카푸족
쇼니족
오하이오강
일리노이족
리치먼드
스코틀랜드인(하일랜드, 롤런드, 얼스터)
아일랜드인웨일스인/
잉글랜드인종교적
망명자들
세인트루이스
캐스캐스키아
체로키족
오세이지족
아칸소강
치카소족
청교도
필그림위그
노교도
퀘이커교도
개신교도
가톨릭교도
찰스턴
루이지애나
크리크족
촉토족
아프리카계 카리브인
모빌
세인트오거스틴
뉴올리언스
세미놀족
바하마
(영국령)
에스파냐인
포르투갈인
멕시코만
쿠바
(에스파냐령)
아이티
(프랑스령)
산토
도밍고
(에스파냐령)
(프랑스령)
자메이카
(영국령)
영국령
바베이도스
아프리카에서 온 노예들
퀴라소
(네덜란드령)
카리브해
태평양
에스파냐령
영국령
기아나

—— 북아메리카와 카리브해 지역의 식민화.

5000명의 노예를 수입했다.[334] 그런데 이미 1770년에 인구 비중이 백인 166만 4279명에 노예 45만 7097명이었다는 사실을 보면, 이러한 증가의 원인이 이주보다는 엄청난 출생률 증가 때문이었다고 설명할 수 있다. 캐나다에서와 마찬가지로 북아메리카 식민지들의 생활환경은 유럽보다 좋았기 때문에, 일찍 결혼해 가정을 이룰 수 있었던 것이다. 17세기에 코네티컷 주민의 평균수명은 이미 20세기 초와 같은 높은 수준이었다.

이처럼 백인 인구와 노예 인구가 폭발적으로 증가하자 원주민들은 급속하게 절망적인 상황에 처했다. 에스파냐인들과 달리 영국인들은 원주민들을 처음부터 열등한 존재가 아니라 독립된 민족으로 간주했기 때문에, 이론적으로는 라틴아메리카의 원주민들보다 나은 취급을 받았다. 하지만 에스파냐 식민지에서는 원주민들의 노동력이 필요했던 반면에, 북아메리카에서 원주민들은 정착민들이 가지고 싶어 했던 땅의 소유자였기 때문에 정착민들에게 이들은 방해 요인이었다. 청교도적 논리에 따르면 정착민들은 (신이 주신) 젖과 꿀이 흐르는 광대한 땅을 개척할 생각이었는데, '게으른' 원주민들이 그러한 신의 뜻을 무시했기 때문이다. 영국령 북아메리카, 그리고 이후에 미국의 성장이 계속되면서 아메리카 원주민들의 운명은 결정되었으며, 19세기 말에 결국 비참한 막을 내렸다. 원주민들은 1622년과 1644년에 버지니아에서 발생한 전쟁에서, '필립Philip 왕'으로도 불린 왐파노아그족 추장 메타코멧Metacomet의 지휘로 1675년에서 1676년에 매사추세츠에서 발생한 것과 같은 전쟁에서,[335] 그리고 얼마 후에는 프랑스군과 연합하고 1812년에는 심지어 영국군과도 연합해 신생 아메리카와 맞서서 싸웠던 전쟁들에서 수백, 수천 명에 달하는 백인의 목숨을 빼앗았다. 하지만 이들 전쟁은 결코 상황을 반전시키지 못하고 오히려 재촉했을 뿐 아니라, 전쟁을 더욱 야비하고 잔혹하게 만들었을 뿐이다. 1763년에는 130만 명의 백인과 32만 5000명의 아프리카인이 미시시피강 동부에서 겨우 10만 명뿐이던 원주민들과 맞섰다.[336] 만약 신세계에서 원주민들에 대한 집단 학살이 발생했다면, 그것은 라틴아메리카가 아니라 바로 이곳 북아메리카에서였다. 캐나다에서는 원주민들이 비교적 잘 지냈다는 사실은 주목할 만한데, 영국이 이 지역을 정복한 후에도 인구 압박이 그렇게 크지 않왔기 때문이다.

『성경』 번역자인 존 엘리엇John Eliot처럼 1661년에서 1663년 사이에 뉴잉글랜드에서 원주민을 위해 활동했던 개신교 선교사들은 캐나다의 예수회보다 적은 성과를 거두었으며, 그조차 일시적이었다. 그들에게는 가톨릭 수도회와 같은 조직의 뒷받침이 없었기 때문이며, 그보다 더 중요했던 이유는 개종을 위해 청교도들이 요구했던 조건들이 너무 엄격해 세례를 받은 유럽인들조차 그 조건을 충족할 수 없을 정도였기 때문이다. 어차피 17세기 후반과 18세기 초에는 칼뱅주의가 퇴색했기 때문에, 개신교 선교사들은 교리적으로 타협안을 모색해야 했다. 그런데 18세기 중반에 일어난 대각성 운동은 선교 활동에 새로운 자극을 주었다.[337] 선교사들은 (과거에 멕시코에서 활동하던 프란치스코회의 에스파냐 수도사들과 마찬가지로) 종말론적이고 세기말적인 관점에서 최후의 심판에 이르는 천년왕국이 도래하도록 돕고자 했다. "온 세계에 복음을 전하는 세계 선교의 마지막 시기에, 그리고 천년왕국이 시작하는 시점에 청교도 뉴잉글랜드는 『성경』의 예언에 따라 전 세계를 품을 것이다."[338] 이러한 비전[69]은 이후 세계 선교를 추구하는 아메리카의 자유 교회를 위한 선교 강령일 뿐 아니라, 세속적인 형태에서 아메리카 제국주의를 위한 프로그램이기도 했다.

이 운동은 그동안 연속된 이주 물결과 함께 아메리카에 유입되었고, 특히 펜실베이니아에서 새로운 고향을 발견했던 수많은 프로테스탄트 교파들과 긴장 관계에 있으면서도 서로 영향을 주는 관계에 있었다. 프로테스탄트 교파는 재세례파와 침례교에서부터 다양한 종파의 개혁 교회를 거쳐, 독일 루터파와 원래 버지니아에만 있었던 영국국교회에 이르기까지 대단히 폭넓은 층위를 갖고 있었다. 영국국교회를 포함한 모든 교파 집단의 공통점은 평신도의 비중이 크며, 고도로 훈련받은 후에 교계의 임명을 받은 성직자가 거의 없었다는 사실이다. 그래서 아메리카에서 교회의 확산은 유럽과는 다른 독자적인 길을 걸었으며, 교육기관에 특별한 가치를 부여해야 했다. 교파 간 경쟁과 계

—— 69 앞의 발언을 한, 코네티컷 출신의 설교가인 조너선 에드워즈Jonathan Edwards(1703~1758) 같은 사람들이 제시했다. 에드워즈는 프린스턴 대학의 전신인 뉴저지 대학의 총장이기도 했다.

몽된 실용주의는 각성의 시대에 교파에 따른 대학 설립으로 이어졌고, 대학을 통해 문화 발전을 촉진했다. 예일 대학(1701)이 설립된 이후, 프린스턴 대학(1764)과 컬럼비아 대학(1754)의 전신이 된 교육기관이 등장했으며, 펜실베이니아 대학(1755), 브라운 대학(1764), 럿거스 대학(1766) 등이 설립되었다. 하지만 남부는 이러한 발전에서 거의 영향을 받지 않았다.

유대인과 가톨릭교도들은 아메리카에서 단지 주변적인 역할만 수행했다. 가톨릭은 아메리카 대륙에서도 유럽에서와 마찬가지로 앵글로·색슨 세계의 원수였는데, 아메리카에서 가톨릭을 대변한 것은 (개신교의 입장에서 볼 때) '악마의 자녀'인 원주민들과도 협력하는 프랑스인들이었다. 가장 폭력적이던 원주민인 이로쿼이족이 전통적으로 프로테스탄트인 잉글랜드 편에 서 있었지만, 그렇다고 해서 식민지 정착민들이 가톨릭 편을 든 것은 아니었다. 1684년에서 1763년까지 아메리카에서 프랑스와 영국 사이에 발발했던 전쟁도 가톨릭에 부정적이던 식민지 정착민들의 생각을 바꾸어 놓지는 않았다. 대서양적 관점 혹은 세계적 관점에서 볼 때, 당시 유럽 국가 간의 갈등은 종교와는 무관하게 그저 영국과 프랑스 사이에서 벌어진, 유럽 무역과 세계무역의 주도권 장악을 위한 세계 대전이었으며, 이 갈등은 1815년에 나폴레옹이 패배함으로써 비로소 종식된 것으로 간주될 수 있다. 영국으로부터 독립하려고 했던 아메리카인들은 프랑스에 도움을 요청했는데, 당시 영국과 프랑스 간 경쟁 관계의 주요 관심사가 인도에 놓여 있기는 했지만 나폴레옹도 이러한 관점을 잘 알고 있었다. 이미 18세기가 되면 인도에서뿐 아니라 카리브해 지역에서도 식민지 국가들 사이에 여러 차례 전쟁이 발발했다.[339] 그런데 흥미롭게도 당시에 빈번하게 발발하던 전쟁의 명칭과 기간은 어느 나라의 관점에서 보느냐에 따라 차이를 보인다.

프랑스는 원주민 동맹군과 함께 몇몇 전투에서 성과를 보였고 프랑스령 캐나다 쪽에서 쉽게 접근할 수 있는 허드슨만 유역을 일시적으로 장악하기도 했지만, 1713년에는 결국 그 지역에 대한 점유권뿐 아니라 지금까지 영국과 다투었던 뉴펀들랜드에 대한 점유권마저 (어획권만 제외하고는) 포기해야 했다. 나아가 프랑스는 아카디아도 영국에 양보해야 했는데, 물론 실질적으로는 노

프랑스	잉글랜드	독일
1684~1713	1689~1697	1688~1697
30년 전쟁	윌리엄 왕 전쟁	팔츠 전쟁
	1702~1713	1701~1714
	앤 여왕 전쟁	에스파냐 왕위 계승 전쟁
1740~1748	1739~1742	1740~1742
오스트리아 왕위 계승 전쟁	젠킨스Jenkins의 귀 전쟁	제1차 슐레지엔 전쟁
	1744~1748	1744~1745
	조지 왕 전쟁	제2차 슐레지엔 전쟁
1754~1763	1754~1763	1756~1763
7년 전쟁	프렌치 인디언 전쟁	7년 전쟁

바스코샤반도를 넘겨준 것이며, 오늘날 뉴브런즈윅에 해당하는 육지 부분은 원주민들의 도움 덕분에 지킬 수 있었다. 이 지역은 유럽에서 전쟁이 일어나기 2년 전에 오하이오강에서 발발한 마지막 전쟁에서 비로소 빼앗겼는데, 오하이오 계곡 지역은 프랑스인들이 정착촌을 세운 후 번성하고 있었던 곳이다. 1759년 이후에는 피트Pitt 요새로 불리게 된, 오늘날 피츠버그Pittsburgh에 해당하는 듀케인 요새가 이 전쟁에서 전략적인 역할을 수행했다. 영국의 윌리엄 피트William Pitt[70]는 1757년에 대규모 정규군을 투입해 반전에 성공했는데, 이 무렵에 프랑스인들은 병력 고갈 현상을 보이고 있었다. 1759년에는 퀘벡이 무너졌으며, 1760년에는 몬트리올도 뒤따랐다. 프랑스는 결국 1763년에 캐나다와 미시시피 동부 지역을 영국에 넘겨줄 수밖에 없었으며, 미시시피 서부의 루이지애나에 대한 관할권은 에스파냐에 넘겨주었다. 캐나다, 미시시피 동부 지역과 함께 영국으로 넘어간 플로리다에 대한 보상이었다. 이제 프랑스의 대서양 세계는 카리브해의 여러 섬에 국한되었던 반면에, 북대서양은 명실상부

70 708~1778. 전쟁 당시에는 아메리카 식민지를 포함하는 남부 담당 국무 장관이었으며, 1766년에 영국의 총리 자리에 올랐다. 역시 총리를 지낸 같은 이름의 아들과 구별하기 위해 보통은 대大 피트로 부른다.

하게 영국의 영역이 되었다.

북아메리카에서 프랑스가 밀려남으로써 한편으로는 그렇지 않아도 잉글랜드 식민지에서 거세게 일어나던 자치에 대한 요구를 억압하는 명분으로 사용되던 위협 요인이 사라졌다. 다른 한편으로는 이제 모국인 영국의 제국 정책이 이러한 자치 움직임을 제한하기 시작했다. 남쪽과 북쪽에서 원주민 영토와의 경계선을 확고하게 못 박아 식민지 정착민들이 더는 영토를 팽창하지 못하게 했으며, 전쟁 비용을 회수하기 위해 세금을 부과하고 경제적인 통제를 강화했다. 이처럼 본국과 식민지의 이해 대립이 점점 첨예화하면서 결국 무장 충돌과 미국의 독립으로 이어졌다.

그동안 식민지에는 전반적으로 군주제, 귀족제, 민주제가 포괄적으로 혼합된 유럽적 이상에 따르는 정치조직 체계가 자리 잡고 있었다. 핵심 조직은 총독과 자문 위원회, 의회였다. 총독은 왕이 임명했는데, 펜실베이니아와 메릴랜드에서는 토지 소유주들이 지명했고, 코네티컷과 로드아일랜드에서는 총독과 위원회를 의회가 선출했다. 총독은 왕의 대리인이었으며, 행정부의 수장이자 군의 최고 통수권자였다. 의회를 상대로 군주의 지시에 따라 집행되는 그의 권한은 하원을 상대하는 국왕의 권한보다 더 광범위했다. 하지만 실질적으로 그의 지위는 왕보다 약했다. 열두 명으로 이루어진 자문 위원회가 중요한 사안에 관여했으며 총독과 함께 최고 법원을 구성했던 반면에, 상원을 구성할 때는 총독을 배제했기 때문이다.

주요 관직과 마찬가지로 위원회의 위원들은 왕이 직접 임명했기 때문에 총독은 관직 후원을 통해 식민지 엘리트들에게서 자기를 추종하는 세력을 구축할 수가 없었다. 그리고 무엇보다 세금을 부과하는 의회의 특권이 총독의 권력을 견제하는 반대 추를 형성했다. 의회가 왕의 헌장에 의해 설치되었다고 할지라도, 세금 부과를 위한 재산 조사를 위해 당사자들의 동의를 얻는 것은 당연하게 여겨졌다. 이에 따라 소유 재산의 수준에 의거해 각 식민지에서는 남성 주민의 50퍼센트에서 80퍼센트 정도가 투표권을 가지고 있었다. 유럽의 신분제의회와 달리 의회는 예산을 고정적으로 할당하도록 총독을 설득할 수는 없었지만, 반대로 식민지의 지출 수준에 맞게 세금 부과를 승인할 수 있었다. 대부분 총독의 급여는 의회에서 지급했다.

대서양 횡단 무역의 호황

영국령 북아메리카 식민지는 뚜렷한 번영을 달성해 생활수준이 비교적 높았다. 수많은 정착민은 영국과 서인도제도, 지중해 시장을 위해 농산물을 생산하고 대부분 자신들의 무역 선단을 통해 이를 수출하는 성공적인 생산자로 발전했을 뿐 아니라 부자가 된 덕분에 유럽산, 특히 영국산 수공업 상품들을 열렬히 사용하는 소비자도 되었다. 1768년에서 1772년까지 식민지 주민들은 10.7파운드에서 12.5파운드에 달하는 자기 연간 수입 중 3파운드에서 4파운드를 유럽산 수입 상품을 구매하기 위해 지출한 것으로 추정된다.

주민의 90퍼센트는 토지에 의존해 살았다. 토지 가격은 비교적 저렴했지만, 노동력은 비교적 비쌌다. 그래서 넓은 땅이 경작되었으며, 농업혁명은 일어나지 않았다. 그렇기는 하지만 농부들은 지역 시장에, 예를 들어 인근 도시에 식량을 공급하기 위해서만 생산한 것이 아니라 수출을 목적으로 한 생산도 추진했다. 잉글랜드로 가는 쌀 수출 덕분에 플랜테이션 식민지인 사우스캐롤라이나는 가장 부유한 식민지가 되었다. 노스캐롤라이나 역시 노예노동을 활용해 역청, 타르, 테레빈유, 기타 선박 용품들을 생산해 다른 식민지나 영국으로 수출했다. 버지니아처럼 동부 해안에 인접한 중부 지방의 농장 식민지들은 영국을 경유해 세계 담배 시장을 지배했지만, 펜실베이니아나 뉴욕처럼 농민들이 생산한 밀을 지중해 지방으로 수출한 곳도 있었다. 반면에 뉴잉글랜드에서는 농경보다 가축 사육이 더 중요했다. 서인도제도로 수출되는 대량의 소고기, 돼지고기, 생선은 주로 여기서 사육되고 포획되었다. 그 밖에 소금에 절인 대구는 지중해 지방으로 수출되었다. 마지막으로 목재와 목각 제품은 서인도제도와 영국, 다른 국가로 수출되었으며, 자체 수요를 위해서뿐 아니라 판매 목적으로 선박도 제조되었다. 수입품 중에는 서인도제도에서 생산된 럼주, 당밀, 설탕과 영국에서 오는 다양한 완제품, 그리고 다른 나라, 특히 중국에서 생산된 차 같은 사치품들이 있었다.

18세기 중반에는 보스턴과 뉴욕, 필라델피아에서 출항하는 배의 40퍼센트에서 50퍼센트가 서인도제도행이었으며, 찰스턴에서만 영국으로 가는 배가 더 많았다. 1768년에서 1772년까지 식민지들은 지역적인 차이에도 불구하고 지중해 지역을 상대로는 무역수지에서 흑자를 보인 반면에, 서인도제도를 상대로는 무역수지에서 균형을 보였다. 그리고 모국을 상대로 한 무역은 커다란 적자를 기록했다. 물론 당시까지는 겉으로 드러나지 않았던 다양한 수입원들이 이 적자를 메워 주었던 것 같다. 예를 들어 그동안 크게 성장한 식민지 선단의 운송비 수익, 선적 보험, 노예무역뿐 아니라 1700년 무렵에 뉴욕을 본거지로 해서 대규모로 이루어진 해적 활동이 그러한 수입원이었다. 그러다가 영국의 담배 수입은 계속 증가했지만, 스코틀랜드와 잉글랜드의 회사들이 담배 수출을 장악한 18세기 중엽 이후가 되자 식민지에 재정 적자가 뚜렷하게 나타났다. 그런데 잉글랜드로 유입되는 귀금속이 계속 증가해 아메리카에 화폐 부족 현상이 발생했고, 그 결과 아메리카가 영국의 신용기관에서 빚을 끌어오는 일이 증가하게 되자 이러한 현상이 더욱 뚜렷해졌다. 게다가 이런 상황에도 불구하고 왕실이 식민지에서 통용되는 지폐 발행을 제한하는 조치를 취하자 식민지인들이 왕실에 가지는 불만은 더욱 증가하게 되었다.

영국 정부가 본국의 제조업을 보호하기 위해 식민지에서 완제품을 생산하는 것을 완전히 금지하는 데 실패해 아메리카에 많은 철강 생산 및 제조회사가 설립되었지만, 사실상 아메리카에서는 영국산 면제품, 금속 제품, 기타 제품에 대한 수요가 계속 증가했다. 이런 현상 때문에 대서양 횡단 무역이 영국 경제의 발전이나 산업화의 시작에 어떠한 의미를 갖는지에 관한 문제가 다시 제기된다. 특히 북아메리카와 서인도제도를 하나의 경제 단위로 포괄하고, 카리브해에서 발생한 수익이 영국 경제에 직접 도움이 되었을 뿐 아니라 북아메리카의 구매력 증가에도 유익했다는 사실을 고려한다면 더욱 그런 의문이 제기된다. 어쨌든 1700년에는 영국 수출의 12퍼센트, 1753년에는 20퍼센트, 1773년에는 42퍼센트가 대서양 식민지로 갔으며 성장세는 계속되었다. 1800년까지 북아메리카와 서인도제도로 가는 수출은 스무 배 이상으로 늘었다. 무작위 표본조사에 따르면 전체 철강 및 구리 수출의 55퍼센트에서 76퍼센트, 전체 면직물 수출의 12퍼센트에서 79퍼센트는 인기 상품인 리넨(79퍼센트), '에스파냐식 의류'(70퍼센트), 날염한 면직물과 리넨 제품(59퍼센트), 비단 제품(57퍼센트)과 함께 북아메리카로 실려 갔다. 그런데 면직업과 철강업은 산업혁명의 선두 주자였기 때문에 식민지의 수요가 영국의 산업혁명에서 전략적인 역할을 수행한 것은 분명해 보인다.

수요가 공급을 초래했는지, 그리고 산업화를 초래했는지, 또는 국내 경제적 배경에서 발생한 공급이 수요를 창조한 것은 아닌지(여기에서 아메리카의 인구 증가는 분명 하나의 독립 변수다.) 하는 의문에도 불구하고, 전체적으로 보아 노예무역을 포함한 대서양 횡단 무역이 영국의 경제 발전에 중요한 의미를 갖는다는 사실은 여전히 의문의 여지가 없어 보인다. 물론 이는 무역을 통해 달성된 이익 자체보다는 그 무역이 다양한 산업 분야에 미친 자극 때문이다. 그러한 의미에서 우리는 대서양 횡단 무역이 영국 경제의 발전이나 산업혁명을 위한 필요조건이었다기보다는 충분조건이었다고 간주할 수 있다. 물론 누군가 누적된 국가적 통계자료를 가지고 분석하는 것이 아니라 잉글랜드의 산업화가 구체적으로 현장에서 어떻게 진전했는지를 관찰한다면, 그리고 합산된 경제지표가 아니라 경제의 증가 추세를 가지고 논지를 편다면 다른 결론에 도달할 수도 있다. 즉 여러 가지 복합적인 원인을 고려하는 해석 모델을 사용할 경우, 대외무역은 잉글랜드의 산업화에 충분히 결정적인 전제 조건으로 해석될 수 있다는 것이다. 이에 따르면 잉글랜드 산업화의 시작은 수입 대체 때문이며, 산업화가 이후에 지속적으로 발전하게 된 것도 수입품을 다시 수출하는 방식을 통해 대외무역이 지역적으로, 부문별로 성장했기 때문이라고 볼 수 있다. 여기에서 우리가 아프리카 무역과 노예무역만 고려하지 않고, 특히 설탕과 목화 같은 아메리카의 대농장 생산물이 신세계 전체의 금이나 은의 25퍼센트와 마찬가지로 아프리카인들이 생산했다는, 그동안 주목되지 않았던 사실도 함께 고려한다면, 유럽과 대서양 세계의 발전을 위해 전적으로 핵심 역할을 수행한 것은 아프리카인들이라고 할 수 있다.[340] 이 경우 '검은 대서양'[341]은 완전히 새로운 얼굴을 가지게 된다.

미주

서문

1) Matthias Middell and Ulf Engel, eds., *Theoretiker der Globalisierung* (Leipzig: Universitätsverlag, 2010); Jerry H. Bentley, ed., *The Oxford Handbook of World History* (Oxford: Oxford University Press, 2011); Jürgen Osterhammel, "World History," in *The Oxford History of Historical Writing*, vol. 5, *Historical Writing since 1945*, ed. Axel Schneider and Daniel Woolf (Oxford: Oxford University Press, 2001), 93~112; Dominic Sachsenmaier, *Global Perspectives on Global History: Theories and Approaches in a Connected World* (Cambridge: Cambridge University Press, 2011).
2) Catherine B. Asher and Cynthia Talbot, *India before Europe* (Cambridge: Cambridge University Press, 2006), 51.
3) Wolfgang Reinhard, *Geschichte der europäischen Expansion*, 4 vols. (Stuttgart: Kohlhammer, 1983–1990).
4) Shmuel N. Eisenstadt, *Die Vielfalt der Moderne* (Weilerswist: Velbrück Wissenschaft, 2000).
5) Markus Völkel, *Geschichtsschreibung: Eine Einführung in globaler Perspektive* (Cologne: Böhlau Verlag, 2006); Daniel Woolf, *A Global History of History* (Cambridge: Cambridge University Press, 2011).
6) Dipesh Chakrabarty, *Provincializing Europe: Postcolonial Thought and Historical Difference* (Princeton, NJ: Princeton University Press, 2000).
7) Jörg Döring and Tristan Thielmann, "Der Spatial Turn und das geheime Wissen der Geographie," in *Spatial Turn: Das Raumparadigma in den Kultur- und Sozialwissenschaften*, ed. Jörg Döring and Tristan Thielmann (Bielefeld: Transcript Verlag, 2008), 7~45; Eric Piltz, "Trägheit des Raumes: Fernand Braudel und die Spatial Stories der Geschichtswissenschaft," in Döring and

Thielmann, *Spatial Turn*, 75~102.

8) Fernand Braudel, *La Méditerranée et le monde méditerranéen à l'époque de Philippe II* (Paris: Colin, 1949; 2nd ed. in 2 vols., 1966); *The Mediterranean and the Mediterranean World in the Age of Philip II* (London: Collins, 1973); *Das Mittelmeer und die mediterrane Welt in der Epoche Philipps II.*, 3 vols. (Frankfurt: Suhrkamp, 1998).

9) Asher and Talbot, *India before Europe;* Stephen F. Dale, *The Muslim Empires of the Ottomans, Safavids, and Mughals* (Cambridge: Cambridge University Press, 2010).

10) Jörn Leonhard and Ulrike von Hirschhausen, eds., *Comparing Empires: Encounters and Transfers in the Long Nineteenth Century* (Göttingen: Vandenhoek & Ruprecht, 2011); Herfried Münkler, *Imperien: Die Logik der Weltherrschaft vom Alten Rom bis zu den Vereinigten Staaten* (Berlin: Rowohlt, 2005).

11) Thomas T. Allsen, "Pre-Modern Empires," in Bentley, *Oxford Handbook of World History*, 361~378, 인용은 361.

12) Jane Burbank and Frederick Cooper, *Empires: Power and the Politics of Difference* (Princeton, NJ: Princeton University Press, 2010), 8.

13) Timothy Parsons, *The Rule of Empires: Those Who Built Them, Those Who Endured Them, and Why They Always Fall* (New York: Oxford University Press, 2010).

14) Niall Ferguson, *Empire: How Britain Made the Modern World* (London: Allan Lane, 2003).

15) Burbank and Cooper, *Empires*.

16) Eulogio Zudaire, "Ideario politico de D. Gaspar de Guzman, Privado de Felipe IV," *Hispania* 25 (1965): 413~425, 인용은 421. 영어 번역은 다음 책에서 인용했다. John Lynch, *Spain under the Habsburgs*, 2nd ed. (Oxford: Blackwell, 1981), 105.

17) Wolfgang Reinhard, *Geschichte der Staatsgewalt: Eine vergleichende Verfassungsgeschichte Europas von den Anfängen bis zur Gegenwart*, 3rd ed. (Munich: C. H. Beck, 2002).

18) Ibid., 15.

19) Geoffrey R. Elton, *The Tudor Constitution: Documents and Commentary* (Cambridge: Cambridge University Press, 1960), 344.

20) Asher and Talbot, *India before Europe*, 157~158, 187~191.

21) Peter Thorau, "Von Karl dem Großen zum Frieden von Zsitva Torok: Zum Weltherrschaftsanspruch Sultan Mehmets II. und dem Wiederaufleben des Zweikaiserproblems nach der Eroberung Konstantinopels," *Historische Zeitschrift* 279 (2004): 309~334.

22) Franz Bosbach, *Monarchia universalis: Ein politischer Leitbegriff der Frühen Neuzeit* (Göttingen: Vandenhoek & Ruprecht, 1988).

23) Victor Lieberman, *Strange Parallels: Southeast Asia in Global Context, c. 1800–1830*, vol. 1, *Integration on the Mainland* (Cambridge: Cambridge University Press, 2003), 2, 79.

24) Johannes Burkhardt, *Der Dreißigjährige Krieg*, 6th ed. (Frankfurt: Suhrkamp, 2003).

25) Bhawan Ruangsilp, *Dutch East India Company Merchants at the Court of Ayutthaya: Dutch Perceptions of the Thai Kingdom c. 1604–1765* (Leiden: Brill, 2007), 11.

26) Leonhard Harding, *Das Königreich Benin: Geschichte—Kultur—Wirtschaft* (Munich: Oldenbourg, 2010), 111~114.

27) Ibid., 115~122.

28) Richard von Glahn, *Fountain of Fortune: Money and Monetary Policy in China, 1000–1700* (Berkeley: University of California Press, 1996).

29) Marshall G. S. Hodgson, *The Venture of Islam: Conscience and History in a World Civilization*, vol. 3, *The Gunpowder Empires and Modern Times* (Chicago: University of Chicago Press, 1974), 30, 100~102.

30) William H. McNeill, *The Age of Gunpowder Empires, 1450–1800* (Washington, DC: American Historical Association, 1989).

31) Harry Turtledove, *Gunpowder Empire* (New York: Tor Books, 2003).

32) Dale, *Muslim Empires; André Wink, Akbar* (Oxford: Oneworld, 2009), 66~68; Jos Gommans, *Mughal Warfare: Indian Frontiers and High Roads to Empire, 1500–1700* (London: Routledge, 2002), 82~85, 133~136; Pál Fodar, "Ottoman Warfare, 1071–1473," in *The Cambridge History of Turkey*, vol. 1, *Byzantium to Turkey, 1071–1453*, ed. Kate Fleet (Cambridge: Cambridge University Press, 2009), 192~226; Virginia Aksan, "War and Peace," in *The Cambridge History of Turkey*, vol. 3, *The Later Ottoman Empire, 1603–1839*, ed. Suraya Faroqhi (Cambridge: Cambridge University Press, 2006), 81~117.

33) Carlo Cipolla, *Segel und Kanonen: Die europäische Expansion zur See* (Berlin: Wagenbach, 1999), 24~27, 48~52, 79~82, 164.

34) Gommans, *Mughal Warfare*, 114~117, 133~136, 144~162.

35) Joseph Needham, *Science and Civilization in China*, vol. 5, *Chemistry and Chemical Technology*, pt. 6, section 30/2 (Cambridge: Cambridge University Press, 1986), 276~341, 365~414, 429~446; Cipolla, *Segel und Kanonen*, 127~130.

36) Noel Perrin, *Japans Weg zurück zum Schwert von 1543 bis 1879* (Frankfurt: Athenäum, 1989).

37) David Ayalon, *Gunpowder and Firearms in the Mameluk Kingdom*, 2nd ed. (Abingdon, UK: Frank Cass, 1978), 4, 92.

38) Perrin, *Japans Weg zurück zum Schwert*, 39.

39) Gommans, *Mughal Warfare*, 202~203.

40) Cipolla, *Segel und Kanonen*, 138, 142.

41) John Guy, *Woven Cargoes: Indian Textiles in the East* (London: Thames and Hudson, 1998), illustration 93.

42) Bao Leshi, "Ruling out Change: Institutional Impediments to Transfer of Technology in Ship Building and Design in the Far East," *Itinerario* 19, no. 3 (1995): 142~152, 143.

43) Joseph Needham, *Science and Civilization in China*, vol. 4, *Physics and Physical Technology*, pt. 3, section 29 (Cambridge: Cambridge University Press, 1971), 385, 396~402, 480~481, 588~617, 696~697.

44) Cipolla, *Segel und Kanonen*, 82~90.

45) Döring and Thielmann, *Spatial Turn;* Braudel, *La Méditerranée*.

46) David Kirby and Merja-Liisa Hinkkanen, *The Baltic and the North* Seas (London: Routledge, 2000); Donald B. Freeman, *The Pacific* (London: Routledge, 2010); Michael Pearson, *The Indian Ocean* (London: Routledge, 2011).

47) Kirti N. Chaudhuri, *Trade and Civilization in the Indian Ocean: An Economic History from the Rise of Islam to 1750* (Cambridge: Cambridge University Press, 1985); Kirti N. Chaudhuri, *Asia before Europe: Economy and Civilization of the Indian Ocean* (Cambridge: Cambridge University Press, 1990); Stephan Conermann, ed., *Der Indische Ozean in historischer Perspektive* (Hamburg: EB-Verlag, 1998); Jos Gommans and Jacques Leider, eds., *The Maritime Frontier of Burma: Exploring Political, Cultural and Commercial Interaction in the Indian Ocean World, 1200–1800* (Amsterdam: Koninklijke Nederlands Akademie van Wetenschappen, 2002); Kenneth McPherson, *The Indian Ocean: A History of the People and the Sea* (Delhi: Oxford University Press, 1993); Michael N. Pearson, *Port Cities and Intruders: The Swahili Coast, India, and Portugal in the Early Modern Period* (Baltimore: Johns Hopkins University Press, 1998); Dietmar Rothermund and Susanne Weigelin-Schwiedrzik, eds., *Der Indische Ozean: Das afro-asiatische Mittelmeer als Kultur- und Wirtschaftsraum* (Vienna: Promedia-Verlag, 2004); Auguste Toussaint, *Histoire de l'Océan Indien* (Paris: PUF, 1961); Rene J. Barendse, *The Arabian Seas: The Indian Ocean World of the Seventeenth Century* (Armonk, NY: M. E. Sharpe, 2002).

48) 이 주제에 관해서는 최근에 출간된 다음 책을 참조하라. Nicholas Canny and Philip Morgan, eds., *The Oxford Handbook of the Atlantic World, 1450–1850* (Oxford: Oxford University Press, 2011).

49) Freeman, *The Pacific*에서는 다르게 주장하는데도 말이다.

50) Gabriele Metzler and Michael Wildt, eds., *Über Grenzen: 84. Deutscher Historikertag in Berlin 2010: Berichtsband* (Göttingen: Vandenhoeck & Ruprecht, 2012), 77.

51) Klaus Herbers and Nikolas Jaspert, eds., *Grenzräume und Grenzüberschreitungen im Vergleich: Der Osten und der Westen des mittelalterlichen Lateineuropa* (Berlin: Akademie Verlag, 2007).

52) http://www.absborderlands.org; Hastings Donnan and Thomas M. Wilson, *Borders: Frontiers of Identity, Nation and State* (Oxford: Berg, 1999); Michael Rösler and Tobias Wendl, eds., *Frontiers and Borderlands: Anthropological Perspectives* (Frankfurt: Peter Lang, 1999).

53) Matthias Waechter, *Die Erfindung des amerikanischen Westens: Die Geschichte der Frontier-Debatte* (Freiburg: Rombach Verlag, 1996).

54) Dietrich Gerhard, "The Frontier in Comparative View," *Comparative Studies in Society and History* 1 (1959): 205~229; Howard Lamar and Leonard Thompson, eds., *The Frontier in History: North America and Southern Africa Compare*d (New Haven, CT: Yale University Press, 1981); Robert Bartlett and Angus MacKay, eds., *Medieval Frontier Societies* (Oxford: Clarendon Press, 1989); Daniel Power and Naomi Standen, eds., *Frontiers in Question: Eurasian Borderlands, 700–1700* (Basingstoke, UK: Macmillan, 1999); Christoph Marx, "Grenzfälle: Zu Geschichte und Potential des Frontierbegriffs," *Saeculum* 54 (2003): 123~143; Jürgen Osterhammel, *Die Verwandlung der*

Welt: Eine Geschichte des 19. Jahrhunderts (Munich: C. H. Beck, 2009), 465~564.

55) Silvio R. Duncan Baretta and John Markoff, "Civilization and Barbarism: Cattle Frontiers in Latin America," in *States of Violence*, ed. Fernando Coronil and Julie Skurski (Ann Arbor: University of Michigan Press, 2006), 33~82.

56) Alistair Hennessy, *The Frontier in Latin American History* (London: Edward Arnold, 1978), esp. 54~109.

57) Christoph Marx, "Die Grenze und die koloniale Herrschaft: Die 'Frontier' in der Kapkolonie im 18. Jahrhundert," in *Grenzen und Grenzüberschreitungen: Bilanz und Perspektiven der Frühneuzeitforschung*, ed. Christine Roll, Frank Pohle, and Matthias Myrczek (Cologne: Böhlau Verlag, 2010), 475~482.

58) Owen Lattimore, *Studies in Frontier History: Collected Papers, 1928–1958* (Paris: Mouton, 1962).

59) Michael Khodarkovsky, *Russia's Steppe Frontier: The Making of a Colonial Empire* (Bloomington: Indiana University Press, 2002).

60) Bartlett and MacKay, *Medieval Frontier Societies;* Power and Standen, *Frontiers in Question*.

61) Richard White, *The Middle Ground: Indians, Empires, and Republics in the Great Lakes Region, 1650–1815* (Cambridge: Cambridge University Press, 1991).

62) Ibid.

63) Colin Heywood, "The Frontier in Ottoman History: Old Ideas and New Myths," in Power and Standen, *Frontiers in Question*, 228~250.

64) Ann Williams, "Crusaders as Frontiersmen: The Case of the Order of St John in the Mediterranean," in Power and Standen, *Frontiers in Question*, 209~227.

65) Roderich Ptak, *Die maritime Seidenstraße: Küstenräume, Seefahrt und Handel in vorkolonialer Zeit* (Munich: C. H. Beck, 2007).

66) Wolfgang Reinhard, *Kleine Geschichte des Kolonialismus*, 2nd ed. (Stuttgart: Kroener, 2008); Reinhard, *A Short History of Colonialism* (Manchester, UK: Manchester University Press, 2011).

67) David Harvey, *The Conditions of Postmodernity: An Enquiry into the Conditions of Cultural Change* (Oxford: Blackwell, 1989), 240~307.

68) Canny and Morgan, *Oxford Handbook of the Atlantic World*, 318; Dirk Hoerder, *Cultures in Contact: World Migrations in the Second Millennium* (Durham, NC: Duke University Press, 2002).

69) Wolfgang Reinhard, "Gelenkter Kulturwandel im 17. Jahrhundert: Akkulturation in den Jesuitenmissionen als universalhistorisches Problem [1976]," in *Ausgewählte Abhandlungen*, ed. Wolfgang Reinhard (Berlin: Duncker & Humblot, 1997), 347~399.

70) Mark Häberlein, "Kulturelle Vermittler in der atlantischen Welt der Frühen Neuzeit," in *Sprachgrenzen — Kulturkontakte — Kulturelle Vermittler: Kommunikation zwischen Europäern und Außereuropäern (16.–20. Jahrhundert)*, ed. Mark Häberlein and Alexander Keese (Stuttgart: Franz Steiner Verlag, 2010), 177~201.

71) Monika Übelhör, "Hsü Kuang-ch'i (1562–1633) und seine Einstellung zum Christentum," *Oriens extremus* 15 (1968): 191~257; 16 (1969): 41~74; Dominic Sachsenmaier, *Die Aufnahme*

europäischer Inhalte in die chinesische Kultur durch Zhu Zong yuan (ca. 1616–1660) (Nettetal: Steyler Verlag, 2001).

72) Wolfgang Reinhard, "Sprachbeherrschung und Weltherrschaft. Sprache und Sprachwissenschaft in der europäischen Expansion (1987)," in Reinhard, *Ausgewählte Abhandlungen*, 401~433.

73) Häberlein and Keese, *Sprachgrenzen — Sprachkontakte — Kulturelle Vermittler*.

74) John Robert McNeill, "Biological Exchanges in World History," in Bentley, *Oxford Handbook of World History* (Oxford: Oxford University Press, 2011), 325~342.

75) John Robert McNeill, "The Ecological Atlantic," in Canny and Morgan, *Oxford Handbook of the Atlantic World*, 289~304.

76) Tilman Nagel, *Timur der Eroberer und die islamische Welt des späten Mittelalters* (Munich: C. H. Beck, 1993), 162, 179~180, 334.

77) Dale, *Muslim Empires*, 97.

78) Peter Linebaugh and Marcus Rediker, *Die vielköpfige Hydra: Die verborgene Geschichte des revolutionären Atlantik* (Berlin: Assoziation A, 2008), 134.

79) Jean Gelman Taylor, *The Social World of Batavia: European and Eurasian in Dutch Asia* (Madison: University of Wisconsin Press, 1983), 7~8, 12~13, 14~17.

80) Linebaugh and Rediker, *Die vielköpfige Hydra*, 5.

81) David Abulafia, *The Great Sea: A Human History of the Mediterranean* (London: Allen Lane, 2011), 425~426.

82) Jaap R. Bruijn, Femme S. Gaastra, and Ivo Schöffer, *Dutch Asiatic Shipping in the 17th and 18th Centuries*, vol. 1 (The Hague: Nijhoff, 1987), 153.

83) Charles R. Boxer, *Dutch Merchants and Mariners in Asia, 1602–1795* (London: Ashgate, 1988), 99.

84) Linebaugh and Rediker, *Die vielköpfige Hydra;* Robert Bohn, *Die Piraten* (Munich: C. H. Beck, 2003).

85) R. N. Anderson, "The Quilombo of Palmares: A New Overview of a Maroon State in Seventeenth-Century Brazil," *Journal of Latin American Studies* 28 (1996): 545~566.

86) This concept derives from Mariano Delgado, *Abschied vom erobernden Gott: Studien zur Geschichte und Gegenwart des Christentums in Lateinamerika* (Immensee: Neue Zeitschrift für Missionswissenschaft, 1996).

1부 유라시아 대륙의 제국과 미개척지들

1) 일반적인 역사 개괄을 위해서는 참고 문헌 선별 목록을 참고하라.

2) John Darwin, *After Tamerlane: The Global History of Empire since 1405* (New York: Bloomsbury Press, 2008); Victor B. Lieberman, *Strange Parallels: Southeast Asia in Global Context, c. 800–1830*, vol. 1, *Integration on the Mainland* (Cambridge: Cambridge University Press, 2003); Victor B.

Lieberman, *Strange Parallels: Southeast Asia in Global Context c. 800–1830*, vol. 2, *Mainland Mirrors: Europe, Japan, China, South Asia, and the Islands* (Cambridge: Cambridge University Press, 2009); John F. Richards, *The Unending Frontier: An Environmental History of the Early Modern World* (Berkeley: University of California Press, 2003); Peter C. Perdue, *China Marches West: The Qing Conquest of Central Eurasia* (Cambridge, MA: Belknap Press of Harvard University Press, 2005). 1부에서는 또한 다음 자료를 바탕으로 한다. Philippa Levine and John Marriott, eds., *Ashgate Research Companion to Modern Imperial Histories* (Burlington, VT: Ashgate, 2012); and John Coatsworth et al., *Global Connections: A World History: Politics, Exchange, and Social Life in World History* (Cambridge: Cambridge University Press, 2015).

3) Darwin, *After Tamerlane*, 4~6.

4) Biography in L. C. Goodrich and Chaoying Fang, *Dictionary of Ming Biography, 1368–1644*, 2 vols. (New York: Columbia University Press, 1976), 1: 381~392.

5) Edward L. Farmer, *Zhu Yuanzhang and Early Ming Legislation: The Reordering of Chinese Society Following the Era of Mongol Rule* (New York: E. J. Brill, 1995).

6) Henry Serruys, *Sino-Mongol Relations during the Ming*, 3 vols. (Brussels: Institut belge des hautes études chinoises, 1967).

7) Biography in Goodrich and Fang, *Dictionary*, 1: 355~365; Shih-shan Henry Tsai, *Perpetual Happiness: The Ming Emperor Yongle* (Seattle: University of Washington Press, 2001).

8) J. Duyvendak, *China's Discovery of Africa; Lectures Given at the University of London on January 22 and 23, 1947* (London: A. Probsthain, 1949); Louise Levathes, *When China Ruled the Seas: The Treasure Fleet of the Dragon Throne, 1405–33* (Oxford: Oxford University Press, 1994); Geoff Wade, "The Zheng He Voyages: A Reassessment," *Journal of the Malaysian Branch of the Royal Asiatic Society* 78, no. 1 (2005): 37~58.

9) Joseph Needham, *Science and Civilisation in China*, 7 vols. vol. 4.3, *Civil Engineering and Nautics* (Cambridge: Cambridge University Press, 1971), 487.

10) Ibid., 479.

11) Edward L. Farmer, *Early Ming Government: The Evolution of Dual Capitals* (Cambridge, MA: Harvard University Press, 1968).

12) Alexander Woodside, "Early Ming Expansionism," *Papers on China* 17 (1963): 1~37.

13) Goodrich and Fang, *Dictionary*, 1: 418; Frederick Mote, "The Tu-Mu Incident of 1449," in *Chinese Ways in Warfare*, ed. Frank A. Kierman Jr. and John K. Fairbank (Cambridge, MA: Harvard University Press, 1974), 243~272; Morris Rossabi, "Notes on Esen's Pride and Ming China's Prejudice," *Mongolia Society Bulletin* 17 (1970): 31~39.

14) Yang Bin, *Between Winds and Clouds: The Making of Yunnan (Second Century BCE to Twentieth Century CE)*, e-book ed. (New York: Columbia University Press, 2008), chapter 4.

15) John E. Herman, *Amid the Clouds and Mist: China's Colonization of Guizhou, 1200–1700* (Cambridge, MA: Harvard University Asia Center, 2007).

16) 명의 관료제에 관한 간략한 개괄로는 다음을 참조하라. Charles O. Hucker, *The Traditional*

Chinese State in Ming Times (*1368–1644*) (Tucson: University of Arizona Press, 1961). 광범위하게 상세한 내용은 다음에서 찾아볼 수 있다. Frederick Mote and Denis Twitchett, eds., *The Cambridge History of China*, vol. 7, *The Ming Dynasty, 1368–1644, Part 1* (Cambridge: Cambridge University Press, 1988); Frederick Mote and Denis Twitchett, eds., *The Cambridge History of China*, vol. 8, *The Ming Dynasty, 1368–1644, Part 2* (Cambridge: Cambridge University Press, 1998). 명에 관한 최근의 뛰어난 연구로는 다음 책이 있다. Timothy Brook, *The Troubled Empire: China in the Yuan and Ming Dynasties* (Cambridge, MA: Belknap Press of Harvard University Press, 2010).

17) G. William Skinner, "Presidential Address: The Structure of Chinese History," *Journal of Asian Studies* 44, no. 2 (1985): 271~292; G. William Skinner, ed., *The City in Late Imperial China* (Stanford, CA: Stanford University Press, 1977).

18) Charles O. Hucker, *The Censorial System of Ming Chin*a (Stanford, CA: Stanford University Press, 1966).

19) Ichisada Miyazaki, *China's Examination Hell: The Civil Service Examinations of Imperial China* (New York: Weatherhill, 1976); Ping-ti Ho, *The Ladder of Success in Imperial China: Aspects of Social Mobil*ity, *1368–1911* (New York: Columbia University Press, 1962); Benjamin Elman, *A Cultural History of Civil Examinations in Late Imperial China* (Berkeley: University of California Press, 2000).

20) Ray Huang, *Taxation and Governmental Finance in Sixteenth-Century Ming China* (Cambridge: Cambridge University Press, 1974); Fang-chung Liang, *The Single-Whip Method of Taxation in China* (Cambridge, MA: Harvard University Press, 1970).

21) Frederick Mote, "The Growth of Chinese Despotism: A Critique of Wittfogel's Theory of Oriental Despotism as Applied to China," *Oriens Extremus* 8, no. 1 (1961): 1~41; Timothy Brook, *The Chinese State in Ming Society* (New York: Routledge Curzon, 2005), 182~185.

22) Ray Huang, *1587: A Year of No Significance* (New Haven, CT: Yale University Press, 1981).

23) John R. Watt, *The District Magistrate in Late Imperial Chin*a (New York: Columbia University Press, 1972); Ch'u T'ung-tsu, *Local Government in China under the Ch'ing* (Cambridge, MA: Harvard University Press, 1962).

24) David Faure, *Emperor and Ancestor: State and Lineage in South China* (Stanford, CA: Stanford University Press, 2007).

25) Michael Szonyi, *Practicing Kinship: Lineage and Descent in Late Imperial China* (Stanford, CA: Stanford University Press, 2002).

26) Timothy Brook, *Praying for Power: Buddhism and the Formation of Gentry Society in Late-Ming China* (Cambridge, MA: Harvard University Press, 1993).

27) Goodrich and Fang, *Dictionary*, 2: 1408~1416; Wei-ming Tu, *Neo-Confucian Thought in Action: Wang Yangming's Youth* (*1472–1509*) (Berkeley: University of California Press, 1976); Wm. Theodore de Bary, ed., *Self and Society in Ming Thought* (New York: Columbia University Press, 1970).

28) Tu, *Neo-Confucian Thought in Action*, 7.

29) Bodo Wiethoff, *Die Chinesische Seeverbotspolitik und der Private Uberseehandel von 1368 Bis 1567* (Hamburg: Gesellschaft für Natur- und Völkerkunde Ostasiens, 1963); Kwan-wai So, *Japanese Piracy in Ming China during the Sixteenth Century* (East Lansing: Michigan State University Press, 1975); Roland Higgins, "Piracy and Coastal Defense in the Ming Period: Governmental Response to Coastal Disturbances, 1523–1549" (PhD diss., University of Michigan, 1981); Peter C. Perdue, "1557: A Year of Some Significance," in *Asia Inside Out*, vol. 1, *Changing Times*, ed. Eric Tagliacozzo, Helen Siu, and Peter C. Perdue (Cambridge, MA: Harvard University Press, 2014), 90~111.

30) Goodrich and Fang, *Dictionary*, 1: 6; Peter C. Perdue, "Commerce and Coercion on Two Chinese Frontiers," in *Military Culture in China*, ed. Nicola Di Cosmo (Cambridge, MA: Harvard University Press, 2009), 317~338; Arthur Waldron, *The Great Wall of China: From History to Myth* (Cambridge: Cambridge University Press, 1990); Sechin Jagchid and Van Jay Symons, *Peace, War, and Trade along the Great Wall: Nomadic-Chinese Interaction through Two Millennia* (Bloomington: Indiana University Press, 1989).

31) Peter C. Perdue, "From Turfan to Taiwan: Trade and War on Two Chinese Frontiers," in *Untaming the Frontier: Interdisciplinary Perspectives on Frontier Studies*, ed. Bradley J. Parker and Lars Rodseth (Tucson: University of Arizona Press, 2005), 27~51.

32) Huang, *1587*, 156~188.

33) Kenneth Pomeranz and Steven Topik, *The World That Trade Created* (Armonk, NY: M. E. Sharpe, 1999), 3~21; Philip A. Kuhn, *Chinese among Others: Emigration in Modern Times* (Lanham, MD: Rowman & Littlefield, 2008).

34) Evelyn S. Rawski, *Agricultural Change and the Peasant Economy of South China* (Cambridge, MA: Harvard University Press, 1972).

35) Timothy Brook, *The Confusions of Pleasure: Commerce and Culture in Ming China* (Berkeley: University of California Press, 1998).

36) Craig Clunas, *Superfluous Things: Material Culture and Social Status in Early Modern China* (Urbana: University of Illinois Press, 1991).

37) Zhang Han (1511–1593), in Brook, *Confusions of Pleasure*, frontispiece.

38) Francesca Bray, *Technology and Gender: Fabrics of Power in Late Imperial China* (Berkeley: University of California Press, 1997).

39) Timothy Brook, "Guides for Vexed Travelers: Route Books in the Ming and Qing," *Ch'ing-Shih Wen-T'i* 4 (1981): pt. 5, 32~76; pt. 6, 130~140; pt. 8, 95~109.

40) Hoshi Ayao, *The Ming Tribute Grain System*, trans. Mark Elvin (Ann Arbor: University of Michigan Press, 1969); Mark Elvin, *The Pattern of the Chinese Past* (Stanford, CA: Stanford University Press, 1973), 91~110.

41) Goodrich and Fang, *Dictionary*, 1: 807~818; Jean François Billeter, *Li Zhi, Philosophe Maudit (1527–1602): Contribution à une Sociologie du Mandarinat Chinois de la Fin des Ming* (Geneva:

Droz, 1979); Huang, *1587*, 189~221.

42) William Theodore de Bary et al., eds., *Sources of Chinese Tradition*, 2nd ed. (New York: Columbia University Press, 1999), 867~868.

43) Brook, *Praying for Power;* Jonathan D. Spence, *Return to Dragon Mountain: Memories of a Late Ming Man* (New York: Viking, 2007).

44) Brook, *Praying for Power*, 40.

45) 나라에서 가장 중요한 선(禪) 사찰 중의 하나는 아소카 왕 사원으로서, 인도의 위대한 불교 수호자의 이름을 따서 5세기에 만들어졌다. 이 사원에는 부처의 몸에서 나온 사리가 보관되어 있다고 믿어졌다. Ibid., 261.

46) Cynthia Joanne Brokaw, *Commerce in Culture: The Sibao Book Trade in the Qing and Republican Periods* (Cambridge, MA: Harvard University Asia Center, 2007); Sakai Tadao, "Confucianism and Popular Educational Works," in de Bary, *Self and Society*, 331~362.

47) Cynthia Joanne Brokaw, *The Ledgers of Merit and Demerit: Social Change and Moral Order in Late Imperial China* (Princeton, NJ: Princeton University Press, 1991).

48) Joanna F. Handlin Smith, *The Art of Doing Good: Charity in Late Ming China* (Berkeley: University of California Press, 2009).

49) Luo Guanzhong, *Three Kingdoms*, trans. Moss Roberts (New York: Pantheon, 1976); Xiaoxiaosheng and F. Clement C. Egerton, *The Golden Lotus; a Translation, from the Chinese Original, of the Novel Chin P ing Mei*, 4 vols. (London: Routledge, 1972); Wu Cheng'en, *The Journey to the West*, trans. Anthony C. Yu (Chicago: University of Chicago Press, 1977).

50) Huang, *1587*, 1~41; Ray Huang, "The Lung-ch'ing and Wan-li Reigns, 1567–1620," in Mote and Twitchett, *The Cambridge History of China*, 7: 511~584; Goodrich and Fang, *Dictionary*, 1: 324~338.

51) Huang, *1587*, 53~61.

52) Tanaka Masatoshi, "Popular Uprisings, Rent Resistance, and Bondservant Rebellions in the Late Ming," in *State and Society in China: Japanese Perspectives on Ming-Qing Social and Economic History*, ed. Linda Grove and Christian Daniels (Tokyo: Tokyo University Press, 1984), 165~214.

53) Fuma Susumu, "Minmatsu No Toshi Kaikaku to Kôshû Minpen [Urban reform in late Ming and the Hangzhou uprising]," *Toho Gakuho* 49, no. 1 (1977): 215~262.

54) Helen Dunstan, "The Late Ming Epidemics: A Preliminary Study," *Ch'ing-Shih Wen-T'i* 3, no. 3 (1975): 1~59.

55) Arthur W. Hummel, *Eminent Chinese of the Ch'ing Period, 1644–1912* (Washington, DC: US Government Printing Office, 1943–1944), 594~599; Frederic Wakeman Jr., *The Great Enterprise: The Manchu Reconstruction of Imperial Order* (Berkeley: University of California Press, 1985).

56) Hummel, *Eminent Chinese*, 1~3 (Hung Taiji is mistakenly called "Abahai" here). Mark C. Elliott, *The Manchu Way: The Eight Banners and Ethnic Identity in Late Imperial China* (Stanford, CA: Stanford University Press, 2001).

57) Gertraude Roth, "The Manchu-Chinese Relationship, 1618–36," in *From Ming to Ch'ing:*

Conquest, Region and Continuity in Seventeenth-Century China, ed. Jonathan D. Spence and John E. Wills (New Haven, CT: Yale University Press, 1979), 1~38.

58) Bernd-Michael Linke, *Zur Entwicklung des Mandjurischen Khanats Zum Beamtenstaat: Sinisierung und Burokratisierung der Mandjuren Während der Eroberungszeit* (Wiesbaden: Steiner, 1982).

59) Pamela Kyle Crossley, "Thinking about Ethnicity in Early Modern China," *Late Imperial China* 11 (1990): 1~35; Pamela Kyle Crossley, *A Translucent Mirror: History and Identity in Qing Imperial Ideology* (Berkeley: University of California Press, 1999).

60) Hummel, *Eminent Chinese*, 877~880.

61) Pei-kai Cheng, Michael Lestz, and Jonathan D. Spence, *The Search for Modern China: A Documentary Collection* (New York: W. W. Norton, 1999), 21~26.

62) William T. de Bary, ed., *The Unfolding of Neo-Confucianism* (New York: Columbia University Press, 1975).

63) Hummel, *Eminent Chinese*, 351~354; William de Bary, *Waiting for the Dawn: A Plan for the Prince: Huang Tsung-Hsi's Ming-I Tai-Fang Lu* (New York: Columbia University Press, 1993).

64) Hummel, *Eminent Chinese*, 421~427.

65) Ibid., 817~819; Fa-ti Fan, "Nature and Nation in Chinese Political Thought: The National Essence Circle in Early Twentieth-Century China," in *The Moral Authority of Nature*, ed. Lorraine Daston and Fernando Vidal (Chicago: University of Chicago Press, 2004), 409~437; Peter C. Perdue, "Nature and Nurture on Imperial China's Frontiers," *Modern Asian Studies* 43 (January 2009): 245~267.

66) Lynn A. Struve, ed., *The Qing Formation in World-Historical Time* (Cambridge, MA: Harvard University Asia Center, 2004); Lynn A. Struve, *Time, Temporality, and Imperial Transition: East Asia from Ming to Qing* (Honolulu: Association for Asian Studies and University of Hawai'i Press, 2005).

67) William S. Atwell, "Volcanism and Short-Term Climatic Change in East Asian and World History, c. 1200-1699," *Journal of World History* 12, no. 1 (2001): 29~98; William S. Atwell, "International Bullion Flows and the Chinese Economy," *Past and Present* 95 (1982): 68~90.

68) Hummel, *Eminent Chinese*, 327~331; Lawrence D. Kessler, *K'ang-Hsi and the Consolidation of Ch'ing Rule, 1661–1684* (Chicago: University of Chicago Press, 1976); Robert B. Oxnam, *Ruling from Horseback: Manchu Politics in the Oboi Regency, 1661-69* (Chicago: University of Chicago Press, 1975); Jonathan Spence, *Emperor of China: A Portrait of K'ang-Hsi* (New York: Vintage, 1988).

69) 대만의 역사에 관해서는 다음을 참조하라. Murray A. Rubinstein, *Taiwan: A New History* (Armonk, NY: M. E. Sharpe, 1999); John Robert Shepherd, *Statecraft and Political Economy on the Taiwan Frontier, 1600-1800* (Stanford, CA: Stanford University Press, 1993); Emma J. Teng, *Taiwan's Imagined Geography: Chinese Colonial Travel Writing and Pictures, 1683-1895* (Cambridge, MA: Harvard University Asia Center, 2004); Tonio Andrade, *How Taiwan Became Chinese: Dutch, Spanish, and Han Colonization in the Seventeenth Century* (New York: Columbia University Press,

2008).

70) Perdue, *China Marches West*, 133~208.

71) James A. Millward, *Beyond the Pass: Economy, Ethnicity, and Empire in Qing Central Asia, 1759–1864* (Stanford, CA: Stanford University Press, 1998).

72) Jonathan Spence, *Ts'ao Yin and the K'ang Hsi Emperor: Bondservant and Master* (New Haven, CT: Yale University Press, 1966).

73) Beatrice S. Bartlett, *Monarchs and Ministers: The Grand Council in Mid-Ch'ing China, 1723–1820* (Berkeley: University of California Press, 1991).

74) Madeleine Zelin, *The Magistrate's Tael: Rationalizing Fiscal Reform in Eighteenth-Century Ch'ing China* (Berkeley: University of California Press, 1984).

75) Pierre-Étienne Will and R. Bin Wong, *Nourish the People: The State Civilian Granary System in China, 1650–1850* (Ann Arbor: University of Michigan Press, 1991).

76) Pierre-Étienne Will, *Bureaucracy and Famine in Eighteenth-Century China*, trans. Elborg Forster (Stanford, CA: Stanford University Press, 1990); R. Bin Wong and Peter C. Perdue, "Famine' s Foes in Ch 'ing China: Review of Pierre-Étienne Will, Bureaucratie et famine en Chine au 18e siècle," *Harvard Journal of Asiatic Studies* 43, no. 1 (1983): 291~332.

77) Helen Dunstan, *State or Merchant? Political Economy and Political Process in 1740s China* (Cambridge, MA: Harvard University Press, 2006).

78) Nicola Di Cosmo, "Qing Colonial Administration in the Inner Asian Dependencies," *International History Review* 20, no. 2 (1998): 287~309; Chia Ning, "The Lifanyuan and the Inner Asian Rituals in the Early Qing," *Late Imperial China* 14, no. 1 (1991): 60~92.

79) Mark Mancall, *Russia and China: Their Diplomatic Relations to 1728* (Cambridge, MA: Harvard University Press, 1971); Peter C. Perdue, "Boundaries and Trade in the Early Modern World: Negotiations at Nerchinsk and Beijing," *Eighteenth Century Studies* 43, no. 3 (2010): 341~356.

80) Clifford M. Foust, *Muscovite and Mandarin: Russia's Trade with China and Its Setting, 1727–1805* (Chapel Hill: University of North Carolina Press, 1969); Eric Widmer, *The Russian Ecclesiastical Mission in Peking during the Eighteenth Century* (Cambridge, MA: East Asian Research Center, 1976). Primary sources translated in Fu Lo-shu, *A Documentary Chronicle of Sino-Western Relations (1644–1820)*, 2 vols. (Tucson: University of Arizona Press, 1966).

81) 청을 비롯해 전 세계적으로 일어난 국경 지역 정착에 관해서는 다음을 참조하라. Richards, *The Unending Frontier*.

82) Keith Schoppa, *Xiang Lake: Nine Centuries of Chinese Life* (New Haven, CT: Yale University Press, 1989).

83) Robert B. Marks, *Tigers, Rice, Silk, and Silt: Environment and Economy in Late Imperial South China* (Cambridge: Cambridge University Press, 1998).

84) Peng Ermi, "Ballad of Shuixi," in Mark Elvin, *The Retreat of the Elephants: An Environmental History of China* (New Haven, CT: Yale University Press, 2004), 231~232.

85) Peter C. Perdue, *Exhausting the Earth: State and Peasant in Hunan, 1500–1850* (Cambridge, MA:

Council on East Asian Studies, 1987), 166.

86) Kenneth Pomeranz, *The Great Divergence: China, Europe, and the Making of the Modern World Economy* (Princeton, NJ: Princeton University Press, 2000). 이와는 대조적으로 마크 엘빈(Mark Elvin)은 이 땅에 대한 심각한 압력을 감지한 외국 관찰자들을 인용한다. Elvin, *Retreat*, 454~471.

87) Jonathan Spence, *Treason by the Book* (New York: Viking, 2001); Crossley, *A Translucent Mirror*, 253~260; Perdue, *China Marches West*, 470~471.

88) R. Kent Guy, *The Emperor's Four Treasuries: Scholars and the State in the Late Ch'ien-Lung Era* (Cambridge, MA: Harvard University Press, 1987).

89) Benjamin Elman, *From Philosophy to Philology: Intellectual and Social Aspects of Change in Late Imperial China* (Cambridge, MA: Harvard University Press, 1984).

90) William T. Rowe, *Saving the World: Chen Hongmou and Elite Consciousness in Eighteenth-Century China* (Stanford, CA: Stanford University Press, 2001).

91) Susan Mann, *Precious Records: Women in China's Long Eighteenth Century* (Stanford, CA: Stanford University Press, 1997); Susan Mann, *The Talented Women of the Zhang Family* (Berkeley: University of California Press, 2007); Dorothy Ko, *Teachers of the Inner Chambers: Women and Culture in Seventeenth-Century China* (Stanford, CA: Stanford University Press, 1994).

92) Matthew Harvey Sommer, *Sex, Law, and Society in Late Imperial China* (Stanford, CA: Stanford University Press, 2000); Janet M. Theiss, *Disgraceful Matters: The Politics of Chastity in Eighteenth-Century China* (Berkeley: University of California Press, 2004).

93) Philip A. Kuhn, *Soulstealers: The Chinese Sorcery Scare of 1768* (Cambridge, MA: Harvard University Press, 1990).

94) 일반적인 연구로는 다음 작품들이 포함된다. Nicholas Riasanovsky, *A History of Russia* (Oxford: Oxford University Press, 1993); George Vernadsky, *Kievan Russia* (New Haven, CT: Yale University Press, 1948); Janet Martin, *Medieval Russia, 980–1584* (Cambridge: Cambridge University Press, 1995); Joseph L. Wieczynski, ed., *The Modern Encyclopedia of Russian and Soviet History*, 60 vols. (Gulf Breeze, FL: Academic International Press, 1976–1994); Lieberman, *Strange Parallels*, 2: 123~313; Paul Bushkovitch, *A Concise History of Russia* (Cambridge: Cambridge University Press, 2011).

95) Donald Ostrowski, *Muscovy and the Mongols: Cross-Cultural Influences on the Steppe Frontier, 1304–1589* (Cambridge: Cambridge University Press, 1998); Charles Halperin, *Russia and the Golden Horde: The Mongol Impact on Medieval Russia* (Bloomington: Indiana University Press, 1985).

96) Robert O. Crummey, *The Formation of Muscovy, 1304–1613* (London: Longman, 1987).

97) Martin, *Medieval Russia*, 260.

98) Ibid., 264.

99) Paul Bushkovitch, "The Formation of a National Consciousness in Early Modern Russia," *Harvard Ukrainian Studies* 10 (1986): 355~376.

100) Edward Keenan, "Muscovy and Kazan, 1445–1552: A Study in Steppe Politics" (PhD diss.,

Harvard University, 1965); Edward Keenan, "Muscovy and Kazan, 1445–1552: Some Introductory Remarks on Steppe Diplomacy," *Slavic Review* 26, no. 4 (1967): 548~558; Jaroslaw Pelenski, *Russia and Kazan: Conquest and Imperial Ideology* (Paris: Mouton, 1974).

101) Paul Bushkovitch, *Religion and Society in Russia: The Sixteenth and Seventeenth Centuries* (New York: Oxford University Press, 1992).

102) Mark Bassin, "Expansion and Colonialism on the Eastern Frontier: Views of Siberia and the Far East in Pre-Petrine Russia," *Journal of Historical Geography* 14, no. 1 (1988): 3~21; Mark Bassin, "Russia between Europe and Asia: The Ideological Construction of Geographical Space," *Slavic Review* 50, no. 1 (1991): 1~17; George V. Lantzeff and Richard Pierce, *Eastward to Empire: Exploration and Conquest on the Russian Open Frontier to 1750* (Montreal: McGill-Queen's University Press, 1973).

103) Giles Fletcher, *Of the Russe Commonwealth* (1591; Cambridge, MA: Harvard University Press, 1966), preface.

104) Chester S. L. Dunning, *Russia's First Civil War: The Time of Troubles and the Founding of the Romanov Dynasty* (University Park: Pennsylvania State University Press, 2001).

105) Edward L. Keenan, "Muscovite Political Folkways," *Russian Review* 45 (1986): 115~181.

106) Nancy Shields Kollmann, *By Honor Bound: State and Society in Early Modern Russia* (Ithaca, NY: Cornell University Press, 1999).

107) S. H. Baron, ed., *The Travels of Olearius in Seventeenth-Century Russia* (Stanford, CA: Stanford University Press, 1967), 61~62.

108) Paul Bushkovitch, *The Merchants of Moscow, 1580–1650* (Cambridge: Cambridge University Press, 1980).

109) Valerie A. Kivelson, "The Devil Stole His Mind: The Tsar and the 1648 Moscow Uprising," *American Historical Review* 98, no. 3 (1993): 733~756; Valerie Kivelson, "Merciful Father, Impersonal State: Russian Autocracy in Comparative Perspective," *Modern Asian Studies* 3 (1997): 635~663; Valerie A. Kivelson, *Autocracy in the Provinces: The Muscovite Gentry and Political Culture in the Seventeenth Century* (Stanford, CA: Stanford University Press, 1996); Victor B. Lieberman, ed., *Beyond Binary Histories: Re-Imagining Eurasia to ca. 1830* (Ann Arbor: University of Michigan Press, 1999).

110) Richard Hellie, *Enserfment and Military Change in Muscovy* (Chicago: University of Chicago Press, 1971); Carol B. Stevens, *Soldiers on the Steppe: Army Reform and Social Change in Early Modern Russia* (DeKalb: Northern Illinois University Press, 1995).

111) V. O. Klyuchevsky, *Peter the Great* (New York: Vintage, 1958); Paul Bushkovitch, *Peter the Great: The Struggle for Power, 1671–1725* (Cambridge: Cambridge University Press, 2001); Paul Bushkovitch, *Peter the Great* (Lanham, MD: Rowman & Littlefield, 2001); James Cracraft, *The Petrine Revolution in Russian Culture* (Cambridge, MA: Harvard University Press, 2004).

112) Evgenii V. Anisimov, *The Reforms of Peter the Great* (Armonk, NY: M. E. Sharpe, 1993), 94.

113) Loren Graham, *Science in Russia and the Soviet Union* (Cambridge: Cambridge University Press,

1993).

114) Klyuchevsky, *Peter the Great*, 155.

115) Anisimov, *The Reforms of Peter the Great*, 239.

116) Arcadius Kahan and Richard Hellie, *The Plow, the Hammer, and the Knout: An Economic History of Eighteenth-Century Russia* (Chicago: University of Chicago Press, 1985).

117) Orlando Figes, *Natasha's Dance: A Cultural History of Russia* (New York: Metropolitan Books, 2002).

118) Michael Khodarkovsky, *Russia's Steppe Frontier: The Making of a Colonial Empire, 1500–1800* (Bloomington: Indiana University Press, 2002); Willard Sunderland, *Taming the Wild Field: Colonization and Empire on the Russian Steppe* (Ithaca, NY: Cornell University Press, 2004).

119) Valerie A. Kivelson, *Cartographies of Tsardom: The Land and Its Meanings in Seventeenth-Century Russia* (Ithaca, NY: Cornell University Press, 2006), 148.

120) Michael Khodarkovsky, *Where Two Worlds Met: The Russian State and the Kalmyk Nomads, 1600–1771* (Ithaca, NY: Cornell University Press, 1992); Peter C. Perdue, *China Marches West: The Qing Conquest of Central Eurasia* (Cambridge, MA: Harvard University Press, 2005).

121) Rene Grousset, *The Empire of the Steppes* (New Brunswick, NJ: Rutgers University Press, 1970); Svat Soucek, *A History of Inner Asia* (Cambridge: Cambridge University Press, 2000); Nicola Di Cosmo, Allen J. Frank, and Peter B. Golden, *The Cambridge History of Inner Asia: The Chinggisid Age* (Cambridge: Cambridge University Press, 2009).

122) Joseph F. Fletcher, "China and Central Asia, 1368–1884," in *The Chinese World Order: Traditional China's Foreign Relations*, ed. John K. Fairbank (Cambridge, MA: Harvard University Press, 1968).

123) Thomas J. Barfield, *The Perilous Frontier: Nomadic Empires and China* (Cambridge, MA: Basil Blackwell, 1989), 229~266.

124) Audrey Burton, *The Bukharans: A Dynastic, Diplomatic, and Commercial History, 1550–1702* (Richmond, UK: Curzon, 1997).

125) Babur, *The Baburnama* (Oxford: Oxford University Press, 1996).

126) James A. Millward, *Eurasian Crossroads: A History of Xinjiang* (New York: Columbia University Press, 2007); James Millward, "Eastern Central Asia (Xinjiang): 1300–1800," in Di Cosmo, Frank, and Golden, *The Cambridge History of Inner Asia*, 260~276.

127) Mīrzā Ḥaydar and W. M. Thackston, *Mirza Haydar Dughlat's Tarikh-I Rashidi: A History of the Khans of Moghulistan* (Cambridge, MA: Harvard University, Department of Near Eastern Languages and Civilizations, 1996).

128) I. Ia. Zlatkin, *Istoriia Dzhungarskogo Khanstvo (1635–1758)* [History of the Zunghar khanate (1635–1758)] (Moscow: Nauka, 1964); Miyawaki Junko, *Saigo No Yûboku Teikoku: Jungaru Bu No Kôbô* [The last nomadic empire: The rise and fall of the Zunghars] (Tokyo: Kodansha, 1995); Perdue, *China Marches West*.

129) Goodrich and Fang, *Dictionary*, 1: 416~420.

130) Scott Levi, "India, Russia and the Eighteenth-Century Transformation of the Central Asian Caravan Trade," *Journal of the Economic and Social History of the Orient* 42 (1999): 519~548.

131) Burton, *Bukharans*.

132) 이 시기의 일본을 다룬 연구서로는 다음과 같은 것들이 있다. William Wayne Farris, *Japan's Medieval Population: Famine, Fertility, and Warfare in a Transformative Age* (Honolulu: University of Hawai'i Press, 2006); George Sansom, *A History of Japan* (Stanford, CA: Stanford University Press, 1963); Pierre Souyri, *The World Turned Upside Down: Medieval Japanese Society* (New York: Columbia University Press, 2001); Conrad D. Totman, *Early Modern Japan* (Berkeley: University of California Press, 1993); *A History of Japan*, 2nd ed. (Malden, MA: Blackwell, 2005), *Japan before Perry: A Short History* (Berkeley: University of California Press, 1981), *Politics in the Tokugawa Bakufu* (Berkeley: University of California Press, 1988), *Pre-Industrial Korea and Japan in Environmental Perspective* (Leiden: Brill, 2004); and the *Cambridge History of Japan*, vol. 4.

133) Totman, *Pre-Industrial Korea and Japan in Environmental Perspective*.

134) Sansom, *A History of Japan; Kozo Yamamura, The Cambridge History of Japan, vol. 3, Medieval Japan* (Cambridge: Cambridge University Press, 2008); Souyri, *World Turned Upside Down; John Whitney Hall, Government and Local Power in Japan, 500 to 1700: A Study Based on Bizen Province* (Princeton, NJ: Princeton University Press, 1966); John Whitney Hall, Takeshi Toyoda, and H. Paul Varley, *Japan in the Muromachi Age* (Ithaca, NY: East Asia Program, Cornell University, 2001); Lieberman, *Strange Parallels*, 2: 371~494.

135) Sansom, *A History of Japan*, 323.

136) Andrew Edmund Goble, *Kenmu: Go-Daigo's Revolution* (Cambridge, MA: Council on East Asian Studies, 1996).

137) Souyri, *World Turned Upside Down*, 107.

138) Ibid., 114.

139) Yamamura, *The Cambridge History of Japan*, 285.

140) Jeffrey P. Mass and William Hauser, eds., *The Bakufu in Japanese History* (Stanford, CA: Stanford University Press, 1985); Jeffrey P. Mass, ed., *The Origins of Japan's Medieval World: Courtiers, Clerics, Warriors, and Peasants in the Fourteenth Century* (Stanford, CA: Stanford University Press, 1997).

141) Ikegami Eiko, *The Taming of the Samurai. Honorific Individualism and the Making of Modern Japan* (Cambridge, MA: Harvard University Press, 1995), 121~134.

142) H. Paul Varley, *The Ōnin War: History of Its Origins and Background with a Selective Translation of the Chronicle of Ōnin* (New York: Columbia University Press, 1967).

143) Mary Elizabeth Berry, *The Culture of Civil War in Kyoto* (Berkeley: University of California Press, 1994), 13~14.

144) Souyri, *World Turned Upside Down*, 198~200; Berry, *The Culture of Civil War in Kyoto*, 153~170.

145) Martin Collcutt, *Five Mountains: The Rinzai Zen Monastic Institution in Medieval Japan* (Cambridge, MA: Council on East Asian Studies, 1981).

146) John Whitney Hall, ed., *The Cambridge History of Japan*, vol. 4, *Early Modern Japan* (Cambridge: Cambridge University Press, 1991); Totman, *Early Modern Japan; Totman, A History of Japan.*

147) Souyri, *World Turned Upside Down*, 181~217.

148) Farris, *Japan's Medieval Population*, 263.

149) Mary Elizabeth Berry, *Hideyoshi* (Cambridge, MA: Harvard University Press, 1982), 102.

150) Totman, *A History of Japan*, 211.

151) Berry, *Hideyoshi*, 208, 213.

152) Samuel Jay Hawley, *The Imjin War: Japan's Sixteenth-Century Invasion of Korea and Attempt to Conquer China* (Berkeley: Institute of East Asian Studies, University of California, 2005).

153) Lieberman, *Strange Parallels*, 2: 418.

154) John W. Hall and Marius Jansen, eds., *Studies in the Institutional History of Early Modern Japan* (Princeton, NJ: Princeton University Press, 1968); Harold Bolitho, *Treasures among Men: The Fudai Daimyo in Tokugawa Japan* (New Haven, CT: Yale University Press, 1974); Totman, *Politics in the Tokugawa Bakufu.*

155) Totman, *Politics in the Tokugawa Bakufu*, 264~268.

156) Herbert Bix, *Peasant Protest in Japan, 1590–1884* (New Haven, CT: Yale University Press, 1986); Anne Walthall, *Social Protest and Popular Culture in Eighteenth-Century Japan* (Tucson: University of Arizona Press, 1986); Stephen Vlastos, *Peasant Protest and Uprisings in Tokugawa Japan* (Berkeley: University of California Press, 1986); E. H. Norman, "Ando Shoeki and the Anatomy of Japanese Feudalism," *Transactions of the Asiatic Society of Japan*, 3rd ser., vol. 2, no. 1 (1949).

157) Totman, *Japan before Perry*, 133.

158) Herman Ooms, *Tokugawa Ideology: Early Constructs, 1570–1680* (Princeton, NJ: Princeton University Press, 1985); Benjamin A. Elman, John B. Duncan, and Herman Ooms, *Rethinking Confucianism: Past and Present in China, Japan, Korea, and Vietnam* (Los Angeles: UCLA Asian Pacific Monograph Series, 2002); Susan L. Burns, *Before the Nation: Kokugaku and the Imagining of Community in Early Modern Japan* (Durham, NC: Duke University Press, 2003); Tsunoda Ryusaku and Wm. Theodore de Bary, eds., *Sources of Japanese Tradition* (New York: Columbia University Press, 1958).

159) Eiko Ikegami, *Bonds of Civility: Aesthetic Networks and the Political Origins of Japanese Culture* (Cambridge: Cambridge University Press, 2005).

160) Kozo Yamamura and Susan B. Hanley, *Economic and Demographic Change in Pre-Industrial Japan, 1600–1868* (Princeton, NJ: Princeton University Press, 1977).

161) Fabian Drixler, *Mabiki: Infanticide and Fertility in Eastern Japan, 1650–1950* (Berkeley: University of California Press, 2013).

162) David L. Howell, *Geographies of Identity in Nineteenth-Century Japan* (Berkeley: University of California Press, 2005); Brett L. Walker, *The Conquest of Ainu Lands: Ecology and Culture in Japanese Expansion, 1590–1800* (Berkeley: University of California Press, 2001).

163) Mary Elizabeth Berry, *Japan in Print: Information and Nation in the Early Modern Period* (Berkeley:

University of California Press, 2006).

164) Ikegami, *Bonds of Civility*.

165) Ronald P. Dore, *Education in Tokugawa Japan* (Berkeley: University of California Press, 1965).

166) 이 시기를 다룬 기초적인 개괄서로는 다음과 같은 것들이 있다. John K. Fairbank and Edwin O. Reischauer, *East Asia: The Great Tradition* (Boston: Houghton Mifflin, 1960), 1: 394~449; Patricia Buckley Ebrey, Anne Walthall, and James B. Palais, *East Asia: A Cultural, Social, and Political History* (Boston: Houghton Mifflin, 2006), 290~306, 348~364; Takashi Hatada, *A History of Korea* (Santa Barbara, CA: ABC-Clio, 1969), 61~89; William E. Henthorn, *A History of Korea* (New York: Free Press, 1971), 136~226; Ki-baik Lee, *A New History of Korea* (Cambridge, MA: Harvard University Press, 1984), 155~246; Mark Peterson and Phillip Margulies, *A Brief History of Korea* (New York: Facts on File, 2010), 74~140.

167) Fairbank and Reischauer, *East Asia*, 431.

168) Lee, *A New History of Korea*, 186~187.

169) Ibid., 192.

170) C. Dallet, *Histoire de l'église de Corée,* 인용은 Henthorn, *A History of Korea*, 195.

171) Henthorn, *A History of Korea*, 185.

172) V. D. Roeper et al., *Hamel's World: A Dutch-Korean Encounter in the Seventeenth Century* (Amsterdam: SUN, 2003); Hendrik Hamel, *Hamel's Journal and a Description of the Kingdom of Korea, 1653–1666* (Seoul: Royal Asiatic Society, Korea Branch, 1994).

173) Ki-joo Park and Yang Donghyu, "Standard of Living in the Choson Dynasty Korea in the 17th to 19th Centuries," *Seoul Journal of Economics* 20 (2007): 297~332.

174) Milan Hejtmanek, "Sŏwŏn in Chosŏn Korea, 1543–1741" (PhD diss., Harvard University, 1994).

175) Dieter Eikemeier, *Elemente im Politischen Denken des Yon'am Pak Chiwon (1737–1805)* (Leiden: Brill, 1970); Tu-ki Min, "The Jehol Diary and the Character of Ch'ing Rule," in *National Polity and Local Power: The Transformation of Late Imperial China*, ed. Philip A. Kuhn and Timothy Brook (Cambridge, MA: Harvard University Press, 1989), 2~19.

176) Ssi Hyegyŏnggung Hong and JaHyun Kim Haboush, *The Memoirs of Lady Hyegyong: The Autobiographical Writings of a Crown Princess of Eighteenth-Century Korea* (Berkeley: University of California Press, 1996), 282.

177) 이 시기를 다룬 기본적인 연구로는 다음과 같은 것들이 있다. Nicholas Tarling, ed., *The Cambridge History of Southeast Asia* (Cambridge: Cambridge University Press, 1992), 1: 137~153; Lieberman, *Strange Parallels*, 1: 338~456; William J. Duiker, *Historical Dictionary of Vietnam*, 2nd ed. (Lanham, MD: Scarecrow Press, 1998); David Steinberg et al., eds., *In Search of Southeast Asia* (Honolulu: University of Hawai'i Press, 1987), 69~76.

178) Pierre Gourou, *Les Paysans du Delta Tonkinois; Étude de Géographie Humaine* (Paris: Les Éditions d'art et d'histoire, 1936), 8, 인용은 Lieberman, *Strange Parallels*, 1: 343.

179) Nguyen Ngoc Huy et al., *The Lê Code: Law in Traditional Vietnam: A Comparative Sino-Vietnamese*

Legal Study with Historical-Juridical Analysis and Annotations (Athens: Ohio University Press, 1987), 1: 14.

180) Lieberman, *Strange Parallels*, 1: 368.

181) O. W. Wolters, *Two Essays on Dai Viet in the Fourteenth Century* (New Haven, CT: Council on Southeast Asia Studies, 1988), 16~18, 57.

182) John K. Whitmore, *Vietnam, Ho Quý Ly, and the Ming (1371–1421)* (New Haven, CT: Council on Southeast Asia Studies, 1985).

183) Keith W. Taylor, "Surface Orientations in Vietnam: Beyond Histories of Nation and Region," *Journal of Asian Studies* 57 (1998): 949~978.

184) Sanh Thông Huynh, *The Heritage of Vietnamese Poetry* (New Haven, CT: Yale University Press, 1979), 8~9.

185) Sanh Thông Huynh, *An Anthology of Vietnamese Poems: From the Eleventh through the Twentieth Centuries* (New Haven, CT: Yale University Press, 1996), 38.

186) Paul Schneider and Trãi Nguyen, *Nguyên Trai et Son Recueil de Poèmes en Langue Nationale* (Paris: Presses du CNRS Diffusion, 1987).

187) John K. Whitmore, "Foreign Influences and the Vietnamese Cultural Core: A Discussion of the Premodern Period," in *Borrowings and Adaptations in Vietnamese Culture*, ed. Truong Buu Lam (Honolulu: Center for Asian and Pacific Studies, University of Hawai'i at Manoa, 1987), 10.

188) Tana Li, *Nguyen Cochinchina: Southern Vietnam in the Seventeenth and Eighteenth Centuries* (Ithaca, NY: Southeast Asia Program Publications, 1998), 159~172.

189) Alexander Woodside, "Medieval Vietnam and Cambodia: A Comparative Comment," *Journal of Southeast Asian Studies* 15 (1984): 315~319.

190) Nola Cooke, "Nineteenth-Century Vietnamese Confucianization in Historical Perspective: Evidence from the Palace Examinations, 1463–1883," *Journal of Southeast Asian Studies* 25 (1994): 270~312.

191) Tana Li, *Nguyen Cochinchina*, 159~163; Kathlene Baldanza, "The Ambiguous Border: Early Modern Sino-Viet Relations" (PhD diss., University of Pennsylvania, 2010).

192) Cooke, "Nineteenth-Century Vietnamese Confucianization"; Alain Forest and Georges Condominas, *Les Missionnaires Français au Tonkin et au Siam, Xviie–Xviiie Siècles: Analyse Comparée d'un Relatif Succès et d'un Total Échec*, 3 vols. (Paris: L'Harmattan, 1998).

193) Brantly Womack, *China and Vietnam: The Politics of Asymmetry* (Cambridge: Cambridge University Press, 2006); Liam C. Kelley, *Beyond the Bronze Pillars: Envoy Poetry and the Sino-Vietnamese Relationship* (Honolulu: University of Hawai'i Press, 2005).

194) Tana Li, "An Alternative Vietnam? The Nguyen Kingdom in the Seventeenth and Eighteenth Centuries," *Journal of Southeast Asian Studies* 29 (1998): 111~121.

195) Nola Cooke, "Regionalism and the Nature of Nguyen Rule in Seventeenth-Century Dang Trong (Cochinchina)," *Journal of Southeast Asian Studies* 29 (1998): 122~161.

196) Alexander B. Woodside, *Vietnam and the Chinese Model: A Comparative Study of Nguyên and Ch'ing*

Civil Government in the First Half of the Nineteenth Century (Cambridge, MA: Harvard University Press, 1971), 115~118.

197) Charles J. Wheeler, "Cross-Cultural Trade and Trans-Regional Networks in the Port of Hoi An: Maritime Vietnam in the Early Modern Era" (PhD diss., Yale University, 2001).

198) Thomas Engelbert, *Die Chinesische Minderheit im Süden Vietnams (Hoa) als Paradigma der Kolonialen und Nationalistischen Nationalitätenpolitik* (Frankfurt am Main: Peter Lang, 2002).

199) Alexander Woodside, "Central Vietnam's Trading World in the Eighteenth Century as Seen in Lê Quý Dôn's 'Frontier Chronicles,'" in *Essays into Vietnamese Pasts*, ed. Keith Weller Taylor and John K. Whitmore (Ithaca, NY: Southeast Asia Program, Cornell University, 1995), 157~172.

200) Le Quy Don, *Phu Bien Tap Luc* [Frontier chronicles(『무변잡록』)] (Hanoi, 1977); Le Quy Don, *Bac Su Thong Luc* [Diary of travel to Beijing(『북사통록』)], 1760.

201) Huynh, *The Heritage of Vietnamese Poetry*, 15; Goodrich and Fang, *Dictionary*, 1: 361, 793~797.

202) Ho Xuân Huong, *Spring Essence: The Poetry of Ho Xuân Huong*, trans. John Balaban (Port Townsend, WA: Copper Canyon Press, 2000); Ho Xuân Huong and Maurice M. Durand, *L'oeuvre de la Poétesse Vietnamienne Ho-Xuân-Huong* (Paris: Ecole française d'Extrême-Orient, 1968).

203) Ho Xuân Huong, *Spring Essence*, 35.

204) Nguyen Du, *The Tale of Kieu: Bilingual Edition* [Truyen Kieu], trans. Sanh Thông Huynh (New Haven, CT: Yale University Press, 1983).

205) George Edson Dutton, *The Tay Son Uprising: Society and Rebellion in Eighteenth-Century Vietnam* (Honolulu: University of Hawai'i Press, 2006); Alexander B. Woodside, "The Tayson Revolution in Southeast Asian History" (unpublished manuscript, Cornell University library, Ithaca, NY, 1976).

206) Peter C. Perdue, "Embracing Victory, Effacing Defeat: Rewriting the Qing Frontier Campaigns," in *The Chinese State at the Borders*, ed. Diana Lary (Vancouver: University of British Columbia Press, 2007).

207) Dutton, *The Tay Son Uprising*, 158.

208) Woodside, *Vietnam and the Chinese Model*. 그러나 다음 글에서는 과거제를 통한 유교의 영향력이 19세기 초보다 15세기에 더 강했다고 주장한다. Cooke, "Nineteenth-Century Vietnamese Confucianization."

209) Marks, *Tigers, Rice, Silk, and Silt*, 196, 491; Richards, *The Unending Frontier*, 58~85.

210) Jack A. Goldstone, *Revolution and Rebellion in the Early Modern World* (Berkeley: University of California Press, 1991).

211) Colin McEvedy and Richard Jones, *Atlas of World Population History* (New York: Penguin Press, 1978).

212) Stephen Frederic Dale, *Indian Merchants and Eurasian Trade, 1600–1750* (Cambridge: Cambridge University Press, 1994); Scott Levi, "India, Russia and the Eighteenth-Century Transformation of the Central Asian Caravan Trade," *Journal of the Economic and Social History of the Orient* 42, no. 4 (1999): 519~548.

213) Richards, *The Unending Frontier*, 617.

214) James C. Scott, *The Art of Not Being Governed: An Anarchist History of Upland Southeast Asia* (New Haven, CT: Yale University Press, 2009).

215) Mann, *The Talented Women of the Zhang Family*.

216) Gail Lee Bernstein, ed., *Recreating Japanese Women, 1600–1945* (Berkeley: University of California Press, 1991).

217) David Christian, "Inner Eurasia as a Unit of World History," *Journal of World History* 5, no. 2 (1994): 173~213.

218) Perdue, *China Marches West*, 532~536; Nicola Di Cosmo, "State Formation and Periodization in Inner Asian History," *Journal of World History* 10, no. 1 (1999): 1~40; Owen Lattimore, *Studies in Frontier History: Collected Papers, 1928–1958* (Oxford: Oxford University Press, 1962).

219) Alexander B. Woodside, *Lost Modernities: China, Vietnam, Korea, and the Hazards of World History* (Cambridge, MA: Harvard University Press, 2006).

2부 오스만 제국과 이슬람 세계

이 글은 친구와 동료들의 관대한 도움이 없었다면 쓸 수 없었을 것이다. 크리스틴 노엘 카리미(Christine Noelle Karimi)(빈)와 하이디 발허(Heidi Walcher)(런던/뮌헨)는 끈기 있게 내 초고를 읽고 논평함으로써 (페르시아 전문가가 아닌) 내가 오류를 범하지 않도록 구해 주었다. 야부즈 쾨세(Yavuz Köse)(뮌헨)와 시난 체틴(Sinan Çetin)(이스탄불)은 책을 구하는 데 큰 도움을 주었고 내가 컴퓨터 고장에 당황하지 않게 해 주었다. 크리스토프 크뉘텔(Christoph Knüttel)(뮌헨)은 능숙하게 관심과 주의를 기울여 주석과 참고 문헌을 표준화했다. 그리고 무스타파 에르뎀 카바다이으(M. Erdem Kabadayı)(이스탄불)가 그렇게 많은 행정 업무를 맡아 주지 않았더라면 나는 학기 중에 글을 쓸 수 있는 한 순간의 평화도 누리지 못했을 것이다. 나는 가장 따뜻한 감사를 그들 모두에게 표한다. 이 유능한 동료들이 이 책의 그 어떤 실수나 오류에도 책임이 절대 없음은 두말할 나위도 없다. 이스칸다르 벡 문시의 말을 인용하자면 "독자들이 우연히 발견한 실수나 오류를 바로잡되, 그것들에 관해 나를 비난하지 않기를 바란다." *History of Shah Abbas the Great (Tārīk-i Ālam ārā-yi'Abbāsī)*, trans. Roger Savory (Boulder, CO: Westview Press 1978–1986), 3: 1326.

표기법에 관해: 기술적 용어뿐 아니라 모든 인명 및 지명에 터키식 라틴 문자를 사용했다. 이란어 단어는 *Encyclopaedia of Islam*, new ed., 12 vols. (Leiden: E. J. Brill, 1960–2004)에서 채택된 체계를 적용했고, 비어트리스 포브스 맨즈(Beatrice F. Manz)가 그녀의 권위 있는 작품인 *The Rise and Rule of Tamerlane* (Cambridge: Cambridge University Press, 1989)에서 제안한 수정과 다른 작품들의 여러 변형도 적용했다. 여러 가지의 다른 형태를 지닌 인명과 지명은 대부분 *Encyclopaedia of Islam* (new ed.)과 Hugh Kennedy, *An Historical Atlas of Islam/Atlas historique de l'Islam* (Leiden: E. J. Brill, 2002)에서 나타나는 형태로 표기했다.

1) 초기 오스만 역사에 관한 상세한 논의는 다음을 참조하라. Cemal Kafadar, *Between Two Worlds: The Construction of the Ottoman State* (Berkeley: University of California Press, 1995).

2) Virginia Aksan, *Ottoman Wars: An Empire Besieged, 1700–1870* (Harlow, UK: Longman Pearson, 2007), 154~160.

3) Mehmet Genç, "L'Économie ottomane et la guerre au XVIIIe siècle," *Turcica* 27 (1995): 177~196; Edhem Eldem, *French Trade in Istanbul in the Eighteenth Century* (Leiden: E. J. Brill, 1999); Eugen Wirth, "Aleppo im 19. Jahrhundert—ein Beispiel für die Stabilität und Dynamik spätosmanischer Wirtschaft," in *Osmanistische Studien zur Wirtschafts- und Sozialgeschichte: In Memoriam Vančo Boškov*, ed. Hans Georg Majer (Wiesbaden: Harrassowitz, 1986), 186~206.

4) Ariel Salzmann, "An Ancien Régime Revisited: 'Privatization' and Political Economy in the Eighteenth-Century Ottoman Empire," *Politics and Society* 21, no. 4 (1993): 393~423; Dina Rizk Khoury, *State and Provincial Society in the Ottoman Empire: Mosul, 1540–1834* (Cambridge: Cambridge University Press, 1997), 214.

5) Boğaç Ergene, *Local Court, Provincial Society and Justice in the Ottoman Empire: Legal Practice and Dispute Resolution in Çankırı and Kastamonu (1652–1744)* (Leiden: E. J. Brill, 2003), 99~108.

6) Gabriel Piterberg, "The Alleged Rebellion of Abaza Mehmed Paşa: Historiography and the Ottoman State in the Seventeenth Century," *International Journal of Turkish Studies* 8, nos. 1–2 (2002): 13~24; Baki Tezcan, "The 1622 Military Rebellion in Istanbul: A Historiographical Journey," *International Journal of Turkish Studies* 8, nos. 1–2 (2002): 25~44; Y. Hakan Erdem, *Tarih-Lenk: Kusursuz Yazarlar, Kâğıttan Metinler* (Istanbul: Doğan Kitap, 2008), 235~334.

7) Richard Bulliet, *The Camel and the Wheel* (reprint; New York: Columbia University Press, 1990), 234; Evliya Çelebi b. Derviş Mehemmed Zıllı, *Evliya Çelebi Seyahatnâmesi: Topkapı Sarayı Kütüphanesi Bağdat 304 Numaralı Yazmaların Mukayeseli Transkripsyonu—Dizini*, vol. 2, ed. Yücel Dağlı, Seyit Ali Kahraman, and Zekerya Kurşun (Istanbul: Yapı Kredi Yayınları, 1999), 109.

8) Evliya Çelebi b. Derviş Mehemmed Zıllı, *Evliya Çelebi Seyahatnâmesi: Topkapı Sarayı Kütüphanesi Bağdat 306, Süleymaniye Kütüphanesi Pertev Paşa 462, Süleymaniye Kütüphanesi Hacı Beşir Ağa 452 Numaralı Yazmaların Mukayeseli Transkripsyonu—Dizini*, vol. 9, ed. Yücel Dağlı, Seyit Ali Kahraman, and Robert Dankoff (Istanbul: Yapı Kredi Yayınları, 2005), 286~430.

9) Xavier de Planhol, *L'eau de neige, le tiède et le frais: Histoire de géographie des boissons fraîches* (Paris: Fayard, 1995); Wolf Dieter Hütteroth, "Ecology of the Ottoman Lands," in *The Cambridge History of Turkey*, vol. 3, *The Later Ottoman Empire*, ed. Suraiya Faroqhi (Cambridge: Cambridge University Press, 2006), 18~43.

10) Evliya Çelebi, *Evliya Çelebi Seyahatnâmesi*, 2: 54.

11) Bruce McGowan, "The Middle Danube Cul-de-Sac," in *The Ottoman Empire and the World Economy*, ed. Huri İslamoğlu-İnan (Cambridge: Cambridge University Press, 1987), 170~177; Cengiz Orhonlu, "Dicle ve Fırat Nehirlerinde Nakliyat," in *Osmanlı İmparatorluğunda Şehircilik ve Ulaşım*, ed. Salih Özbaran (Izmir: Ege Üniversitesi Edebiyat Fakültesi, 1984), 116~139; Patrick Boulanger, *Marseille, marché international de l'huile d'olive: Un produit et des hommes de 1725 à 1825*

(Marseille: Institut Historique de Provence, 1996), 41~60.

12) Augerius Gislenius Busbequius, *Legationis turcicae epistolae quatuor*, ed. Zweder von Martels, translated into Dutch by Michel Goldsteen (Hilversum: Verloren, 1994), 304~305; Halil Inalcik, "Rice Cultivation and the *Çeltükci-re' âyâ System in the Ottoman Empire*," *Turcica* 14 (1982): 69~141.

13) Peter I. Kuniholm, "Archaeological Evidence and Non-Evidence for Climatic Change," *Philosophical Transactions of the Royal Society Series A* 330 (1990): 645~655.

14) Lütfi Güçer, "XVIII, Yüzyıl Ortalarında İstanbul'un İaşesi için Lüzumlu Hububatın Temini Meselesi," *İstanbul Üniversitesi İktisat Fakültesi Mecmuası* 11, nos. 1-4 (1949-1950): 397~416; ibid., "Osmanlı İmparatorluğu dahilinde Hububat Ticaretinin Tabi Olduğu Kayıtlar," *İstanbul Üniversitesi İktisat Fakültesi Mecmuası* 13, nos. 1-4 (1951-1952): 79~98; Salih Aynural, *İstanbul Değirmenleri ve Fırınları: Zahire Ticareti 1740-1830* (Istanbul: Tarih Vakfı Yurt Yayınları, 2001), 34~38.

15) Robert Mantran, *Istanbul dans la seconde moitié du XVIIe siècle: Essai d'histoire institutionelle, économique et sociale* (Istanbul: Institut Français d'Archéologie d'Istanbul, 1962), 428~430; Özer Ergenç, "1600-1615 Yılları Arasında Ankara İktisadi Tarihine Ait Araştırmalar," in *Türkiye İktisat Tarihi Semineri: Metinler-Tartışmalar, 8-10 haziran 1973*, ed. Osman Okyar and Ünal Nalbantoğlu (Ankara: Mars Matbaası, 1975), 145~168.

16) Klára Hegyi and Vera Zimányi, *Muslime und Christen: Das Osmanische Reich in Europa* (Budapest: Corvina, 1988), 131.

17) Orhonlu, "Dicle ve Fırat," 128~130.

18) Martin Hinds and Victor L. Ménage, *Qasr Ibrim in the Ottoman Period: Turkish and Further Arabic Documents* (London: Egypt Exploration Society, 1991); Terence Walz, *Trade between Egypt and Bilad al-Sudan* (Cairo: Institut Français d'Archéologie Orientale, 1978), 32; Alan Mikhail, *Nature and Empire in Ottoman Egypt: An Environmental History* (Cambridge: Cambridge University Press, 2011).

19) Cengiz Orhonlu, *Osmanlı İmparatorluğunun Güney Siyaseti: Habeş Eyaleti* (Istanbul: İstanbul Üniversitesi Edebiyat Fakültesi, 1974); Bradford G. Martin, "Kanem, Bornu, and the Fazzān: Notes on the Political History of a Trade Route," *Journal of African History* 10, no. 1 (1969): 15~27.

20) Hanna Sohrweide, "Der Sieg der Safaviden in Persien und seine Rückwirkungen auf die Schiiten Anatoliens im 16. Jahrhundert," *Der Islam* 41 (1965): 95~223.

21) Nasuhü's-silāhi (Matrākçı), *Beyan-ı Menazil-i Sefer-i'Irakeyn-i Sultān Suleymān Han*, ed. Hüseyin G. Yurdaydın (Ankara: Türk Tarih Kurumu, 1976).

22) Nicolas Oikonomides, "From Soldiers of Fortune to Gazi Warriors: The Tzympe Affair," in *Studies in Ottoman History in Honour of Professor V. L. Ménage*, ed. Colin Heywood and Colin Imber (Istanbul: Isis Press, 1994), 239~248; Donald Nicol, *The Reluctant Emperor: A Biography of John Cantacuzene, Byzantine Emperor and Monk, c. 1295-1383* (Cambridge: Cambridge University

Press, 1996), 76~77.

23) Heath Lowry, *Fifteenth Century Ottoman Realities: Christian Peasant Life on the Aegean Island of Lemnos* (Istanbul: Eren, 2002), 특히 29; Halil İnalcık, "Stefan Duşan'dan Osmanlı İmparatorluğuna. XV Asırda Hıristyan Sipahiler ve Menşeleri," in *60. doğum yılı münasebetiyle Fuad Köprülü armağanı / Mélanges Fuad Köprülü* (Istanbul: Osman Yalçın Matbaası, 1953), 207~248.

24) Murat Çizakça, *A Comparative Evolution of Business Partnerships: The Islamic World and Europe, with Specific Reference to the Ottoman Archives* (Leiden: E. J. Brill, 1996), 147~148, 165; Matthew Elliot, "Dress Codes in the Ottoman Empire: The Case of the Franks," in *Ottoman Costumes: From Textile to Identity*, ed. Suraiya Faroqhi and Christoph K. Neumann (Istanbul: Eren, 2004), 103~123; Rossitsa Gradeva, "Apostasy in Rumeli in the Middle of the Sixteenth Century," in *Rumeli under the Ottomans, 15th to 18th Centuries: Institutions and Communities*, ed. Rossitsa Gradeva (Istanbul: Isis Press, 2004), 267~287.

25) Minna Rozen and Benjamin Arbel, "Great Fire in the Metropolis: The Case of the Istanbul Conflagration of 1569 and Its Description by Marcantonio Barbaro," in *Mamluks and Ottomans: Studies in Honour of Michael Winter*, ed. David Wasserstein and Ami Ayalon (London: Routledge, 2006), 134~165, 인용은 147; Lucienne Thys-Şenocak, *Ottoman Women Builders: The Architectural Patronage of Hadice Turhan Sultan* (Aldershot, UK: Ashgate, 2006), 189.

26) Antonina Zheljazkova, "Islamization in the Balkans as a Historiographical Problem: The Southeast-European Perspective," in *The Ottomans and the Balkans: A Discussion of Historiography*, ed. Fikret Adanır and Suraiya Faroqhi (Leiden: E. J. Brill, 2002), 233~266.

27) Carter Vaughn Findley, "The Tanzimat," in *The Cambridge History of Turkey*, vol. 4, *Turkey in the Modern World*, ed. Reşat Kasaba (Cambridge: Cambridge University Press, 2008), 11~37, 인용은 18; Ömer Lütfi Barkan, "Edirne Askeri Kassam'ına ait Tereke Defterleri (1545-1659)," in *Belgeler* 3, nos. 5-6 (1966): 1~479; Nelly Hanna, *Making Big Money in 1600: The Life and Times of Isma'il Abu Taqiyya, Egyptian Merchant* (Syracuse, NY: Syracuse University Press, 1998).

28) Cornell H. Fleischer, *Bureaucrat and Intellectual in the Ottoman Empire: The Historian Mustafâ Âli (1541-1600)* (Princeton, NJ: Princeton University Press, 1986), 153~159.

29) Halil Inalcik, "The Socio-Political Effects of the Diffusion of Fire-Arms in the Middle East," in *War, Technology and Society in the Middle East*, ed. Bela Király (London: Oxford University Press, 1974), 195~217; Halil Inalcik, "Military and Fiscal Transformation in the Ottoman Empire, 1600-1700," *Archivum Ottomanicum* 6 (1980): 283~337.

30) Gülru Necipoğlu, *The Age of Sinan: Architectural Culture in the Ottoman Empire* (London: Reaktion Books, 2005), 129; Mantran, *Istanbul*, 390~393; Suraiya Faroqhi, *Towns and Townsmen of Ottoman Anatolia: Trade, Crafts, and Food Production in an Urban Setting* (Cambridge: Cambridge University Press, 1984), 57; André Raymond, *Artisans et commerçants au Caire, au XVIIIe siècle*, 2 vols. (Damascus: Institut Français de Damas, 1973-1974); Charles Wilkins, *Forging Urban Solidarities: Ottoman Aleppo, 1640-1700* (Leiden: E. J. Brill, 2010).

31) Mustafa Akdağ, *Celâlî İsyanları 1550–1603* (Ankara: Ankara Üniversitesi Dil ve Tarih-Coğrafya Fakültesi, 1963); Karen Barkey, *Bandits and Bureaucrats: The Ottoman Route to State Centralization* (Ithaca, NY: Cornell University Press, 1994), 189~228.

32) Metin Kunt, *The Sultan's Servants: The Transformation of Ottoman Provincial Government, 1550–1650* (New York: Columbia University Press, 1983); Jane Hathaway, *The Politics of Households in Ottoman Egypt: The Rise of the Qazdağlıs* (Cambridge: Cambridge University Press, 1997); David Ayalon, "Studies in al-Jabartī. I. Notes on the Transformation of Mamluk Society in Egypt under the Ottomans," *Journal of the Economic and Social History of the Orient* 3, nos. 2–3 (1960): 148~174, 275~325, 인용은 288~304.

33) Klaus Röhrborn, *Untersuchungen zur osmanischen Verwaltungsgeschichte* (Berlin: De Gruyter, 1973).

34) 메흐메드 2세의 아버지 무라드 2세는 1444년에 은퇴했지만, 1446년에 메흐메드 2세가 중요한 위기를 처리하지 못하자 복귀했다. 무라드 2세는 1451년에 사망했다.

35) Klaus Kreiser, *Der osmanische Staat 1300–1922* (Munich: Oldenbourg, 2001), 24~27; Nicolas Vatin and Gilles Veinstein, *Le sérail ébranlé: Essai sur les morts, dépositions et avènements des sultans ottomans XIVe–XIXe siècle* (Paris: Fayard, 2003), 83~84, 150; Halil Inalcik, *The Ottoman Empire: The Classical Age, 1300–1600* (London: Weidenfeld & Nicolson, 1973), 59.

36) Nicolas Vatin and Gilles Veinstein, "Les obsèques des sultans ottomans de Mehmed II à Ahmed Ier," in *Les ottomans et la mort: Permanences et mutations*, ed. Gilles Veinstein (Leiden: E. J. Brill, 1996), 208~244.

37) Inalcik, *The Ottoman Empire*, 60; Leslie Peirce, *The Imperial Harem: Women and Sovereignty in the Ottoman Empire* (New York: Oxford University Press, 1993), 97~99; Cemal Kafadar, "Eyüp'te Kılıç Kuşanma Törenleri," in Eyüp: Dün/ Bugün, *11–12 Aralık 1993*, ed. Tülay Artan (Istanbul: Tarih Vakfı Yurt Yayınları, 1994), 50~61; Nicolas Vatin, "Aux origines du pèlerinage à Eyüp des sultans ottomans," *Turcica* 27 (1995): 91~100.

38) Rhoads Murphey, *Ottoman Warfare, 1500–1700* (London: UCL Press, 1999), 116.

39) Fleischer, *Bureaucrat and Intellectual*, 특히 214~226; Rifa'at A. Abou-El-Haj, *Formation of the Ottoman State: The Ottoman Empire Sixteenth to Eighteenth Centuries* (Syracuse, NY: Syracuse University Press, 2005), 20, 23.

40) Busbequius, *Legationis turcicae epistolae quatuor*, 102~103.

41) 이 상황에 관한 해석은 다음을 참조하라. Baki Tezcan, *The Second Empire: The Political and Social Transformation in the Early Modern World* (Cambridge: Cambridge University Press, 2010).

42) Klaus Peter Matschke, "Research Problems Concerning the Transition to Tourkokratia: The Byzantinist Standpoint," in *The Ottomans and the Balkans: A Discussion of Historiography*, ed. Fikret Adanır and Suraiya Faroqhi (Leiden: E. J. Brill, 2002), 79~113, 인용은 102~106; Şevket Pamuk, *A Monetary History of the Ottoman Empire* (Cambridge: Cambridge University Press, 2000), 74~76.

43) Lütfi Güçer, "XV.–XVII. Asırlarda Osmanlı İmparatorluğunda Tuz İnhisarı ve Tuzlaların İşletme Nizamı," *İstanbul Üniversitesi İktisat Fakültesi Mecmuası* 23, nos. 1–2 (1962–1963):

97~143; Suraiya Faroqhi, "Alum Production and Alum Trade in the Ottoman Empire (about 1560–1830)," *Wiener Zeitschrift für die Kunde des Morgenlandes* 71 (1979): 153~175.

44) Mehmet Genç, "Osmanlı Maliyesinde Malikâne Sistemi," in *Türkiye İktisat Tarihi Semineri: Metinler-Tartışmalar, 8–10 haziran 1973*, ed. Osman Okyar and Ünal Nalbantoğlu (Ankara: Mars Matbaası, 1975), 231~296.

45) Yüksel Duman, "Notables, Textiles and Copper in Ottoman Tokat 1750–1840" (PhD diss., University of Binghamton/SUNY, 1998).

46) Albert Hourani, "Ottoman Reform and the Politics of Notables," in *Beginnings of Modernization in the Middle East: The Nineteenth Century*, ed. William R. Polk and Richard L. Chambers (Chicago: Chicago University Press, 1968), 41~65; Salzmann, "An Ancien Régime Revisited"; Khoury, *State and Provincial Society*, 214.

47) Heath W. Lowry, *The Shaping of the Ottoman Balkans, 1350–1550: The Conquest, Settlement and Infrastructural Development of Northern Greece* (Istanbul: Bahçeşehir University Publications, 2008), 15~64.

48) Gülru Necipoğlu, *Architecture, Ceremonial, and Power: The Topkapı Palace in the Fifteenth and Sixteenth Centuries* (New York: Architectural History Foundation, 1991), 51, 212~213, 244.

49) Stéphane Yérasimos, *La Fondation de Constantinople et de Sainte-Sophie dans les traditions turques* (Istanbul: Institut Français d'Études Anatoliennes, 1990), 60, 92~96, 207~210; Caroline Campbell and Alan Chong, eds., *Bellini and the East* (New Haven, CT: Yale University Press, 2006); Barbara Flemming, "Sahib-kıran und Mahdi: Türkische Endzeiterwartungen im ersten Jahrzehnt der Regierung Süleymans," in *Between the Danube and the Caucasus: A Collection of Papers Concerning Oriental Sources on the History of the Peoples of Central and South-Eastern Europe*, ed. Györgi Kara (Budapest: Verlag der Akademie der Wissenschaften, 1987), 43~62; Gülru Necipoğlu, "Süleyman the Magnificent and the Representation of Power in the Context of Ottoman-Habsburg-Papal Rivalry," *Art Bulletin* 71, no. 3 (1989): 401~427; Jürgen Rapp, "Der Pergamentriss zu Süleymans Vierkronenhelm und weitere venezianische Goldschmiedeentwürfe für den türkischen Hof aus dem sogenannten Schmuckinventar Herzog Albrechts von Bayern," *Münchner Jahrbuch der bildenden Kunst* 3rd ser., 54 (2003): 105~149.

50) Rifa'at A. Abou-El-Haj, *The 1703 Rebellion and the Structure of Ottoman Politics* (Istanbul: Nederlands Historisch-Archeologisch Instituut, 1984), 86.

51) Tülay Artan, "Noble Women Who Changed the Face of the Bosphorus and the Palaces of the Sultanas," in *Istanbul: Biannual, 1992 Selections* (Istanbul: Tarih Vakfı, 1993), 87~97.

52) Seyyidî'Alî Re'îs, *Le miroir des pays: Une anabase ottomane à travers l'Inde et l'Asie centrale*, trans. and with commentary by Jean-Louis Bacqué-Grammont (Aix-en-Provence: Sindbad-Actes Sud, 1999), 115~117.

53) Abdülbaki Gölpınarlı, *Mevlânâ' dan sonra Mevlevîlik* (Istanbul: İnkilap Kitabevi, 1953), 128~150.

54) Ömer Lütfi Barkan and Ekrem Hakkı Ayverdi, eds., *İstanbul Vakıfları Tahrîr Defteri, 953 (1546) Tarîhli* (Istanbul: Istanbul Fetih Cemiyeti, 1970); Mehmet Canatar, ed., *İstanbul Vakıfları Tahrîr*

Defteri, 1009 (1600) Tarîhli (Istanbul: Istanbul Fetih Cemiyeti, 2004).

55) Lowry, *Shaping of the Ottoman Balkans*, 157~167.

56) Ömer Lütfi Barkan, "Şehirlerin Teşekkül ve İnkişafı Tarihi Bakımından: Osmanlı İmparatorluğunda İmaret Sitelerinin Kuruluş ve İşleyiş Tarzına ait Araştırmalar," *İstanbul Üniversitesi İktisat Fakültesi Mecmuası* 23, nos. 1–2 (1962–1963): 239~296; Amy Singer, *Constructing Ottoman Beneficence: An Imperial Soup Kitchen in Jerusalem* (Albany: State University of New York Press, 2002), 63; Halil Inalcik, "The Hub of the City: The Bedestan of Istanbul," *International Journal of Turkish Studies* 1, no. 1 (1979–1980): 1~17.

57) Kâzım Çeçen, *İstanbul'da Osmanlı Devrindeki Su Tesisleri* (Istanbul: İstanbul Teknik Üniversitesi, 1984); John Michael Rogers, *Sinan* (London: I. B. Tauris, 2006); Necipoğlu, *Age of Sinan*, 151.

58) Neşet Çağatay, "Osmanlı İmparatorluğunda Para Vakıfları Rıba Faiz Konusu ve Bankacılık," *Vakıflar Dergisi* 9 (1971): 39~56; Jon Mandaville, "Usurious Piety: The Cash Waqf Controversy in the Ottoman Empire," *International Journal of Middle East Studies* 10, no. 3 (1979): 289~308.

59) 익명으로 출판된 다음의 여행 안내서를 참조하라. *Holy Monastery of Great Meteoron* . . . Byzantine Painting Icons and Frescoes, *2 vols*. (Kalabaka: Holy Monastery of Great Meteoron, 2007); John Alexander (Alexandropoulos), "The Lord Giveth and the Lord Taketh Away: Athos and the Confiscation Affair of 1568–1569," *Athonika Symmeikta* 4 (1997): 149~200; Rossitsa Gradeva, "Ottoman Policy towards Christian Church Buildings," in Gradeva, *Rumeli under the Ottomans, 15th–18th Centuries*, 339~368; Minna Rozen, *A History of the Jewish Community in Istanbul: The Formative Years, 1453–1566* (Leiden: E. J. Brill, 2002), 11.

60) Necipoğlu, *Age of Sinan*, 58~59.

61) 이 부분은 출판되지 않은 다음 논문에 기초한다. Başak Tuğ, "Politics of Honor: The Institutional and Social Frontiers of 'Illicit' Sex in Mid-Eighteenth-Century Ottoman Anatolia" (PhD diss., New York University, 2009). 친절한 도움을 준 저자에게 감사한다.

62) 보존되어 있는 가장 오래된 목록 중의 하나는 다음의 것이다. Halil İnalcık, *Hicri 835 tarihli Sûret-i defter-i sancak-i Arvanid* (Ankara: Türk Tarih Kurumu, 1954) (이슬람력 835년은 1431~1432년에 해당한다. 이 책은 알바니아 부분도 포함한다.) 이 자료의 해석을 둘러싼 문제점에 관한 토론은 다음을 참조하라. Ömer Lütfi Barkan, "Research on the Ottoman Fiscal Surveys," in *Studies in the Economic History of the Middle East from the Rise of Islam to the Present Day*, ed. Michael A. Cook (Oxford: Oxford University Press, 1970), 163~171; Leila Erder, "The Measurement of Preindustrial Population Changes: The Ottoman Empire from the 15th to the 17th Century," *Middle Eastern Studies* 11, no. 3 (1975): 284~301; Heath Lowry, "The Ottoman *Tahrir Defterleri* as a Source for Social and Economic History: Pitfalls and Limitations," in *Studies in Defterology: Ottoman Society in the Fifteenth and Sixteenth Centuries*, ed. Heath Lowry (Istanbul: Isis Press 1992), 3~18.

63) 예를 들면 다음을 참조하라. *438 Numaralı Muhasebe-i vilayet-i Anadolu (937/1530)*, 2 vols. (Ankara: Başbakanlık Arşivleri Genel Müdürlüğü, 1993); Ömer Lütfi Barkan, "Tarihi Demografi Araştırmaları ve Osmanlı Tarihi," *Türkiyat Mecmuası* 10 (1951): 1~26; Cem Behar,

Osmanlı İmparatorluğu'nun ve Türkiye'nin Nüfusu 1500–1927 / The Population of the Ottoman Empire and Turkey (with a Summary in English) (Ankara: Başbakanlık Devlet İstatistik Enstitüsü, 1996), 4.

64) Bruce McGowan, *Economic Life in Ottoman Europe: Taxation, Trade, and the Struggle for Land, 1600–1800* (Cambridge: Cambridge University Press, 1981), 114.

65) Barkan, "Ottoman Fiscal Surveys," 170.

66) Ibn Battuta, *Voyages d'Ibn Battuta*, ed. and trans. Charles Defrémery and Beniamino Raffaello Sanguinetti (Paris: Anthropos, 1968; reprint of the 1854 edition), 2: 324; Peirce, *Imperial Harem*, 40~41.

67) Abdülbaki Gölpınarlı, *Mevlânâ'dan sonra Mevlevîlik* (reprint; Istanbul: İnkilap Kitabevi, 1983), 132~133.

68) Bartholomé Bennassar and Lucile Bennassar, *Les chrétiens d'Allah: L'histoire extraordinaire des renégats, XVe–XVIIe siècles* (Paris: Perrin, 2006); Raoul Motika, Bezüglich des Buches von Lucile, and Bartholomé Bennassar, "Les chrétiens d'Allah: L'histoire extraordinaire des renégats," *Turcica* 25 (1993): 189~204.

69) Metin Kunt, "Ethnic-Regional (*Cins*) Solidarity in the Seventeenth-Century Ottoman Establishment," *International Journal of Middle East Studies* 5 (1974): 233~239.

70) Maria Pia Pedani Fabris, "Safiye's Household and Venetian Diplomacy," *Turcica* 32 (2000): 9~32.

71) 한 가지 예외로 다음 자료가 있다. Leslie Peirce, *Morality Tales: Law and Gender in the Ottoman Court of Aintab* (Berkeley: University of California Press, 2003).

72) Abraham Marcus, *The Middle East on the Eve of Modernity: Aleppo in the Eighteenth Century* (New York: Columbia University Press, 1989), 230~231; Margaret L. Meriwether, *The Kin Who Count: Family and Society in Ottoman Aleppo, 1770–1840* (Austin: University of Texas Press, 1999).

73) Haim Gerber, "Social and Economic Position of Women in an Ottoman City: Bursa, 1600–1700," *International Journal of Middle East Studies* 12 (1980): 231~244.

74) Halil Inalcik, "The Policy of Mehmed II toward the Greek Population of Istanbul and the Byzantine Buildings of the City," *Dumbarton Oaks Papers* 23 (1970): 213~249.

75) Murat Çizakça, "Ottomans and the Mediterranean: An Analysis of the Ottoman Shipbuilding Industry as Reflected in the Arsenal Registers of Istanbul 1529–1650," in *Le gente del mare Mediterraneo*, ed. Rosalba Ragosta (Naples: Pironti, 1981), 2: 773~787; Eric Dursteler, *Venetians in Constantinople: Nation, Identity, and Coexistence in the Early Modern Mediterranean* (Baltimore: Johns Hopkins University Press, 2006), 81.

76) Vera Costantini, "Destini di guerra: L'inventario ottomano dei prigionieri di Nicosia (settembre 1570)," *Studi Veneziani* n.s. 45 (2003): 229~241; Şenol Çelik, "Türk Fethi sonrasında Kıbrıs Adasına Yönelik İskân Çalışmaları," in *Kaf Dağının Ötesine Varmak: Festschrift in Honor of Günay Kut. Essays Presented by Her Colleagues and Students*, ed. Zehra Toska (Cambridge, MA: Department of Near Eastern Languages and Literatures, Harvard University, 2003), 1: 263~304.

77) McGowan, *Economic Life in Ottoman Europe*, 51~55.

78) Ömer Lütfi Barkan, "XVI. Asrın Başında Rumeli'de Nüfusun Yayılış Tarzını Gösterir Harita," *İstanbul Üniversitesi İktisat Fakültesi Mecmuası* 111 (1949–1950): pasted-in insert, with no pagination.

79) Hütteroth, "Ecology of the Ottoman Lands," 32~35; Cengiz Orhonlu, *Osmanlı İmparatorluğunda Aşiretleri İskân Teşebbüsü (1691–1696)* (Istanbul: İstanbul Üniversitesi Edebiyat Fakültesi, 1963).

80) Antoine Abdel Nour, *Introduction à l'histoire urbaine de la Syrie ottomane (XVIe–XVIIIe siècle)* (Beirut: Université Libanaise, 1982), 61.

81) Christopher A. Bayly, *Rulers, Townsmen, and Bazaars: North Indian Society in the Age of British Expansion, 1770–1870* (Cambridge: Cambridge University Press, 1983), 63; Mübahat Kütükoğlu, ed., *Osmanlılarda Narh Müessesesi ve 1640 Tarihli Narh Defteri* (Istanbul: Enderun Kitabevi, 1983); Abou-l-Hasan Ali ben Mohammed Et-Tamgrouti [Al-Tamghrûtî], *En-nafhat el-miskiya fi-s-sifarat et-Tourkiya: Relation d'une ambassade marocaine en Turquie 1589–1591*, trans. and with a commentary by Henry de Castries (Paris: Paul Geuthner, 1929), 47~61.

82) Mehmet Genç, "Ottoman Industry in the Eighteenth Century: General Framework, Characteristics, and Main Trends," in *Manufacturing in the Ottoman Empire and Turkey, 1500–1950*, ed. Donald Quataert (Albany: State University of New York Press, 1994), 60; Zeki Arıkan, "Osmanlı İmparatorluğunda İhracı Yasak Mallar (Memnu Meta)," in *Professor Dr. Bekir Kütükoğlu'na Armağan* (Istanbul: İstanbul Üniversitesi Edebiyat Fakültesi, 1991), 279~307.

83) Ömer Lütfi Barkan, "Bazı Büyük Şehirlerde Eşya ve Yiyecek Fiyatlarının Tesbit ve Teftişi Hususlarını Tanzim Eden Kanunlar," *Tarih Vesikaları* 1, no. 5 (1942): 326~340; 2, no. 7 (1942): 15~40; 2, no. 9 (1942): 168~177.

84) Halil Inalcik, "Capital Formation in the Ottoman Empire," *Journal of Economic History* 29, no. 1 (1969): 97~140.

85) Catherine Wendy Bracewell, *The Uskoks of Senj: Piracy, Banditry, and Holy War in the Sixteenth-Century Adriatic* (Ithaca, NY: Cornell University Press, 1992), 281~303.

86) Oded Peri, *Christianity under Islam in Jerusalem: The Question of the Holy Sites in Early Ottoman Times* (Leiden: E. J. Brill, 2001); Bruce Masters, *Christians and Jews in the Arab World: The Roots of Sectarianism* (Cambridge: Cambridge University Press, 2001).

87) [Papa Synadinos of Serres], *Conseils et mémoires de Synadinos prêtre de Serrès en Macédoine (XVIIe siècle)*, ed., trans., and with a commentary by Paolo Odorico (Paris: Association "Pierre Belon," 1996), 40; Rozen, *History of the Jewish Community in Istanbul*, 82~90.

88) Gershom Sholem, *Sabbatai Sevi: The Mystical Messiah*, trans. Raphael Jehuda Zwi Werblowsky (Princeton, NJ: Princeton University Press, 1973); Cornell H. Fleischer, "The Lawgiver as Messiah: The Making of the Imperial Image in the Reign of Süleymân," in *Soliman le magnifique et son temps: Actes du colloque de Paris, Galeries Nationales du Grand Palais, 7–10 mars 1990*, ed. Gilles Veinstein (Paris: La Documentation Française, 1992), 159~178.

89) Morris Goodblatt, *Jewish Life in Turkey in the Sixteenth Century as Reflected in the Legal Writings of*

Samuel de Medina (New York: Jewish Theological Seminary of America, 1952), 161~162; Rozen, *History of the Jewish Community in Istanbul*, document 7, 326~328.

90) Minna Rozen, "Public Space and Private Space among the Jews of Istanbul in the Sixteenth-Seventeenth Centuries," *Turcica* 30 (1998): 331~346, 인용은 340.

91) Mantran, *Istanbul*, 360~367; Raymond, *Artisans et commerçants*, 2: 541; 사라예보의 특이한 사례에 관해서는 다음을 참조하라. Ines Aščerić Todd, "Dervishes and Islam in Bosnia" (PhD diss., Oxford University, n.d.); Suraiya Faroqhi, *Artisans of Empire: Crafts and Craftspeople under the Ottomans* (London: I. B. Tauris, 2009), 27~34.

92) Halil Inalcik, "The Appointment Procedure of a Guild Warden (Kethudâ)," *Wiener Zeitschrift für die Kunde des Morgenlandes* 76 (1986): 135~142.

93) Amnon Cohen, *The Guilds of Ottoman Jerusalem* (Leiden: E. J. Brill, 2000).

94) Ibid.; Halil Sahillioğlu, "Slaves in the Social and Economic Life of Bursa in the Late 15th and Early 16th Centuries," *Turcica* 27 (1985): 43~112.

95) Murat Çizakça, "Price History and the Bursa Silk Industry: A Study in Ottoman Industrial Decline, 1550-1650," in *The Ottoman Empire and the World Economy*, ed. Huri Islamoğlu-Inan (Cambridge: Cambridge University Press, 1987), 247~261; Haim Gerber, *Economy and Society in an Ottoman City: Bursa, 1600-1700* (Jerusalem: Hebrew University, 1988), 63~68, 81~88.

96) Mehmet Genç, "A Study of the Feasibility of Using Eighteenth-Century Ottoman Financial Records as an Indicator of Economic Activity," in Islamoğlu-Inan, *The Ottoman Empire and the World Economy*, 345~373, 인용은 358; Özer Ergenç, "1600-1615 Yılları Arasında Ankara İktisadi Tarihine Ait Araştırmalar"; Gerber, *Economy and Society*, 82~83; Abdel Nour, *Introduction*, 296.

97) Halil Inalcık, *The Ottoman Empire: The Classical Age, 1300-1600* (reprint; London: Phoenix, 1995), 110; Suraiya Faroqhi, "Land Transfer, Land Disputes and *Askeri* Holdings in Ankara (1592-1600)," in *Mémorial Ömer Lütfi Barkan*, ed. Robert Mantran (Paris: Maisonneuve, 1980), 87~99, 인용은 97.

98) McGowan, *Economic Life in Ottoman Europe*, 67~79.

99) 이 주제에 관한 대표적인 저서는 현재 준비 중인 니콜라 미셸(Nicholas Michell)의 저작일 것이다. 당분간은 다음의 것들을 참조하라. Nicholas Michel, "Les 'services communaux' dans les campagnes égyptiennes au début de l'époque ottomane," in *Sociétés rurales ottomanes/Ottoman Rural Societies*, ed. Muhammed Afifi, Rachida Chih, Brigitte Marino, Nicolas Michel, and Işık Tamdoğan (Cairo: Institut Français d'Archéologie Orientale, 2005), 19~46; Hanna, *Making Big Money in 1600*, 83~84.

100) Salih Özbaran, *The Ottoman Response to European Expansion: Studies on Ottoman-Portuguese Relations in the Indian Ocean and Ottoman Administration in the Arab Lands during the Sixteenth Century* (Istanbul: Isis Press, 1994); Andrew Hess, *The Forgotten Frontier: A History of the Sixteenth-Century Ibero-African Frontier* (Chicago: University of Chicago Press, 1978); Soumaya Louhichi, *Das Verhältnis zwischen der osmanischen Zentralgewalt und der Provinz Tunesien: Versuch einer zusammenhängenden Deutung der osmanischen Herrschaft in Tunesien während des 16. und*

17. Jahrhunderts (Saarbrücken: VDM Verlag Dr. Müller, 2008); Barbara von Palombini, *Bündniswerben abendländischer Mächte um Persien 1453–1600* (Wiesbaden: Franz Steiner, 1998).

101) Ildikó Béller-Hann, "Ottoman Perception of China," in *Comité International d'Études Préottomanes et Ottomanes: VIth Symposium, Cambridge, 1st–4th July 1984*, ed. Jean-Louis Bacqué-Grammont and Emeri van Donzel (Istanbul: IFEA, 1987), 55~64. 동아시아에 관해서는 다음을 참조하라. Giancarlo Casale, "His Majesty's Servant Lutfi," *Turcica* 37 (2005): 43~81. 톱카프 궁전의 기록 보관소에 있는 여행 기록을 기초로 이전에 알려지지 않았던, 16세기에 수마트라를 방문한 오스만 사절의 경력을 상세히 기술했다. Casale, *The Ottoman Age of Exploration* (Oxford: Oxford University Press, 2010).

102) Carl F. Petry, "The Military Institution and Innovation in the Late Mamluk Period," in *The Cambridge History of Egypt*, vol. 1, *Islamic Egypt, 614–1517*, ed. Carl F. Petry (Cambridge: Cambridge University Press, 1998), 462~489; Palmira Brummett, "Competition and Coincidence: Venetian Trading Interests and Ottoman Expansion in the Early Sixteenth Century Levant," *New Perspectives on Turkey* 5–6 (1991): 29~52; Palmira Brummett, *Ottoman Seapower and Levantine Diplomacy in the Age of Discovery* (Albany: State University of New York Press, 1994), 143~145.

103) 오스만 제국과 사파비 제국, 무굴 제국에 '화약 제국'이라는 표현을 처음으로 사용한 것은 다음 저서다. Marshall G. S. Hodgson, *The Venture of Islam: Conscience and History in a World Civilization* (Chicago: University of Chicago Press, 1974), vol. 3; Petry, "The Military Institution," 479~480.

104) Yakub Mughul, "Portekizlerle Kızıldeniz'de Mücadele ve Hicaz'da Osmanlı Hâkimiyetinin Yerleşmesi hakkında bir Vesika," *Belgeler* 2, nos. 3~4 (1965): 37~48; Refet Yinanç, *Dulkadir Beyliği* (Ankara: Türk Tarih Kurumu, 1989); Shai Har-El, *Struggle for Domination in the Middle East: The Ottoman-Mamluk War, 1485–1491* (Leiden: E. J. Brill 1995), 73, 138.

105) Abdul-Rahim Abu-Husayn, *Provincial Leaderships in Syria, 1575–1650* (Beirut: American University of Beirut, 1985); Jane Hathaway, *The Arab Lands under Ottoman Rule, 1516–1800* (Harlow, UK: Longman Pearson, 2008), 81~99; Salih Özbaran, "The Ottomans in Confrontation with the Portuguese in the Red Sea after the Conquest of Egypt in 1517," in Özbaran, *Ottoman Response to European Expansion*, 89~98; Seyyidî 'Alî Re'îs, *Le miroir des pays*.

106) Casale, "His Majesty's Servant Lutfi."

107) İsmail Hakkı Uzunçarşılı, *Mekke-i Mükerreme Emirleri* (Ankara: Türk Tarih Kurumu, 1972), 19~21.

108) Suraiya Faroqhi, *Pilgrims and Sultans* (London: I. B. Tauris, 1994), 67, 75, 81; Stanford J. Shaw, *The Financial and Administrative Development of Ottoman Egypt, 1517–1798* (Princeton, NJ: Princeton University Press, 1962), 5.

109) Abdul Karem Rafeq, *The Province of Damascus, 1723–1783* (Beirut: Khayats, 1966), 213~215; Karl Barbir, *Ottoman Rule in Damascus, 1708–1758* (Princeton, NJ: Princeton University Press, 1980), 178; Faroqhi, *Pilgrims and Sultans*, 110~112.

110) Ahmet Yaşar Ocak, *Bektaşî Menâkıbnâmelerinde İslam Öncesi İnanç Motifleri* (Istanbul: Enderun

Kitabevi, 1983), 27~33; Gülru Necipoğlu-Kafadar, "The Süleymaniye Complex in Istanbul: An Interpretation," *Muqarnas* 3 (1986): 92~117.

111) Sohrweide, "Der Sieg der Safaviden," 146~156; Colin Imber, "The Persecution of the Ottoman Shiites according to the Mühimme Defterleri, 1565-1585," *Der Islam* 56 (1979): 245~273.

112) Hodgson, *The Venture of Islam*, 1: 222; Ertuğrul Düzdağ, Şeyhülislam *Ebusuud Efendi Fetvaları Işığında 16: Asır Türk Hayatı* (Istanbul: Enderun, 1972), 109; Irène Mélikoff, "Le problème kızılbaş," *Turcica* 6 (1975): 49~67; Abdülbaki Gölpınarlı, ed., *Alevi-Bektaşi Nefesleri* (Istanbul: Remzi, 1963), 94~103.

113) [Ca'fer Efendi], *Risāle-i mi'māriyye: An Early Seventeenth-Century Ottoman Treatise on Architecture*, ed. Howard Crane (Leiden: E. J. Brill, 1987), 67. 수니파 이슬람에는 네 개의 분파가 있다. 세부 사항에서는 서로 차이가 있지만, 모두 정통파로 간주된다. 오스만 술탄은 오늘날 터키에서도 지배적인 하나피파에 속한다. 오스만과 사파비 사이의 대립에 관한 심층적인 토론을 위해서는 이 책의 이란에 관한 부분을 참조하라.

114) İsmet Parmaksızoğlu, "Kuzey Irak'ta Osmanlı Hâkimiyetinin Kuruluşu ve Memun Beyin Hatıraları," *Belleten* 37, no. 146 (1973): 191~230; Rhoads Murphey, ed., *Kanûn-nâme-i Sultânî lî'Azîz Efendi/Aziz Efendi's Book of Sultanic Laws and Regulations: An Agenda for Reform by a Seventeenth-Century Ottoman Statesman* (Cambridge, MA: Harvard University Press, 1985), 12~17.

115) 북아프리카에서 오스만의 지배가 정착하는 과정에 관해서는 다음을 참조하라. Louhichi, *Das Verhältnis;* Mohamed Hédi Chérif, *Pouvoir et société dans la Tunisie de H'usayn Bin'Alī (1705-1740)* (Tunis: Université de Tunis, 1984), 1: 74~75; Daniel Panzac, *Barbary Corsairs: The End of a Legend*, trans. Victoria Hobson and John E. Hawkes (Leiden: E. J. Brill, 2005), 20.

116) Bennassar and Bennassar, *Les chrétiens d'Allah*, 312~315, 376~389, 446~473.

117) Lucette Valensi, "Islam et capitalisme: Production et commerce des chéchias en Tunisie et en France aux XVIIIe et XIXe siècles," *Revue d' histoire moderne et contemporaine* 16 (1969): 376~400.

118) Boubaker Sadok, *La Régence de Tunis au XVIIe siècle: Ses relations commerciales avec les ports de l'Europe méditerranéenne, Marseille et Livourne* (Zaghouan: CEROMDI, 1987), 116~117; Chérif, *Pouvoir et société*, 1: 194~195.

119) Yücel Öztürk, *Osmanlı Hakimiyetinde Kefe 1474-1600* (Ankara: T. C. Kültür Bakanlığı, 2000); Carl Max Kortepeter, *Ottoman Imperialism during the Reformation: Europe and the Caucasus* (London: University of London Press, 1972).

120) Evliya Çelebi b. Derviş Mehemmed Zılli, *Evliya Çelebi Seyahatnâmesi: Topkapı Sarayı Revan 1457 Numaralı Yazmasının Transkripsyonu—Dizini*, vol. 6, ed. Yücel Dağlı and Seyit Ali Kahraman (Istanbul: Yapı Kredi Yayınları, 2002), 223.

121) Halil İnalcık, "Osmanlı-Rus Rekabetinin Menşei ve Don-Volga-Kanalı Teşebbüsü, 1569," *Belleten* 12 (1948): 349~402; Akdes Nimet Kurat, *Türkler ve İdil boyu (1569 Astarhan seferi, Tenİdil kanalı ve XVI.-XVII. yüzyıl Osmanlı-Rus münasebetleri)* (Ankara: Ankara Üniversitesi Dil ve Tarih-Coğrafya Fakültesi, 1966).

122) Dariusz Kołodziejczyk, *Ottoman–Polish Diplomatic Relations (15th–18th Century): An Annotated Edition of 'Ahdnames and Other Documents* (Leiden: E. J. Brill, 2000), 129~130.

123) Faroqhi, *Towns and Townsmen*, 90; Peirce, *The Imperial Harem*, 58~59.

124) Dimitris Kastritsis, *The Sons of Bayezid: Empire Building and Representation in the Ottoman Civil War of 1402–1413* (Leiden: E. J. Brill, 2007); Franz Babinger, "Beiträge zur Geschichte der Malqoč-Oghlus," in *Aufsätze und Abhandlungen zur Geschichte Südosteuropas und der Levante*, ed. Franz Babinger (Munich: Südosteuropa Verlagsgesellschaft, 1962), 1: 355~169; Lowry, *Shaping of the Ottoman Balkans*, 15~64.

125) 국경 문제에 관해서는 다음을 참조하라. *Andrew C. S. Peacock, ed.,* The Frontiers of the Ottoman World (Oxford: Oxford University Press, 2009); Markus Koller, *Eine Gesellschaft im Wandel: Die osmanische Herrschaft in Ungarn im 17. Jahrhundert (1606–1683)* (Stuttgart: Steiner, 2010).

126) Kafadar, *Between Two Worlds*, 62~71. 파트모스에 있는 성 요한 수도원의 풍부한 오스만 관련 문서들은 현재 정리되는 중이다. 또한 다음을 참조하라. Anthony Bryer and Heath Lowry, eds., *Continuity and Change in Late Byzantine and Early Ottoman Society* (Birmingham: University of Birmingham Press, 1980); Bernard Geyer and Jacques Lefort, eds., *La Bithynie au Moyen Âge* (Paris: Lethielleux, 2003).

127) Elisabeth Zachariadou, "The Worrisome Wealth of Čelnik Radić," in Heywood and Imber, *Studies in Ottoman History*, 383~397; Machiel Kiel, "Mevlana Neşrī and the Towns of Medieval Bulgaria. Historical and Topographical Notes," in Heywood and Imber, *Studies in Ottoman History*, 165~188.

128) John Haldon, *The Palgrave Atlas of Byzantine History* (Basingstoke, UK: Palgrave Macmillan, 2005); Melek Delilbaşı, "Selânik'in Venedik İdaresine Geçmesi ve Osmanlı-Venedik Savaşı," *Belleten* 40, no. 160 (1976): 575~588; [Johannes Anagnostis], "Johannis Anagnostis: Diigisis peri tis telefteas aloseos tis Thessalonikis," translated into Turkish by Melek Delilbaşı, *Tarih Araştırmaları Dergisi* 8~12, nos. 14~23 (1970–1974): 23~50.

129) Steven Runciman, *The Fall of Constantinople* (Cambridge: Cambridge University Press, 1965), 80~85; Halil Inalcik, "Ottoman Galata, 1453–1553," in *Première Rencontre Internationale sur l'Empire Ottoman et la Turquie Moderne: Institut National des Langues et Civilisations Orientales, Maison des Sciences de l'Homme, 18–22 janvier 1985*, ed. Edhem Eldem (Istanbul: Éditions Isis, 1991), 17~116, 인용은 22.

130) Theoharis Stavrides, *The Sultan of Vezirs: The Life and Times of the Ottoman Grand Vezir Mahmud Pasha Angelović (1453–1474)* (Leiden: E. J. Brill, 2001), 75~100.

131) Gustav Bayerle, "The Compromise at Zsitvatorok," *Archivum Ottomanicum* 6 (1980): 5~53, 인용은 28; Karl Nehring, *Adam Freiherrn von Herbersteins Gesandtschaftsreise nach Konstantinopel: Ein Beitrag zum Frieden von Zsitvatorok (1606)* (Munich: Oldenbourg, 1983), 61; Jan Paul Niederkorn, *Die europäischen Mächte und der "Lange Türkenkrieg" Kaiser Rudolfs II. (1593–1606)* (Vienna: Verlag der Österreichischen Akademie der Wissenschaften, 1993), 200.

132) Gaston Zeller, "Une légende qui a la vie dure: Les capitulations de 1535," *Revue d'Histoire Moderne*

et Contemporaine 2 (1955): 127~132; Gilles Veinstein, "Les capitulations franco-ottomanes de 1536 sont-elles encore controversables?," in *Living in the Ottoman Ecumenical Community: Essays in Honor of Suraiya Faroqhi*, ed. Vera Costantini and Markus Koller (Leiden: E. J. Brill, 2008), 71~88.

133) Géraud Poumarède, "Justifier l'injustifiable" L'alliance turque au miroir de la chrétienté (XVIe-XVIIe siècles)," *Revue d'histoire diplomatique* 111, no. 3 (1997): 217~246; Géraud Poumarède, "Négocier près de la Sublime Porte: Jalons pour une nouvelle histoire des capitulations franco-ottomanes," in *L'invention de la diplomatie: Moyen Âge — Temps modernes*, ed. Lucien Bély (Paris: Presses Universitaires de France, 1998), 71~85; Géraud Poumarède, *Pour en finir avec la croisade: Mythes et réalités de la lutte contre les Turcs aux XVIe et XVIIe siècles* (Paris: Presses Universitaires de France, 2004).

134) Jean-Louis Dusson, Marquis de Bonnac, *Mémoire historique sur l'Ambassade de France à Constantinople*, ed. Charles Schefer (Paris: Ernest Leroux, 1894), 27, 51; Heinz Duchhardt, *Balance of Power und Pentarchie, 1700-1785* (Paderborn: Ferdinand Schöningh, 1997), 127.

135) Georges I. Bratianu, *La mer Noire: Des origines à la conquête ottomane* (Munich: Societas Academica Dacoromana, 1969), 307~328; Kate Fleet, *European and Islamic Trade in the Early Ottoman State* (Cambridge: Cambridge University Press, 1999), 37, 136~137; Philip Argenti, *The Occupation of Chios by the Genoese, 1346-1566*, 3 vols. (Cambridge: Cambridge University Press, 1958).

136) Nicolaas H. Biegman, "Ragusan Spying for the Ottoman Empire," *Belleten* 27, no. 106 (1963): 237~255; Nicolaas H. Biegman, *The Turco-Ragusan Relationship, according to the Firmans of Murad III (1575-1595) Extant in the State Archives of Dubrovnik* (The Hague: Mouton, 1967).

137) Francis W. Carter, *Dubrovnik (Ragusa): A Classic City-State* (London: Seminar Press, 1972), 325~404.

138) Elizabeth Zachariadou, *Trade and Crusade* (Venice: Institute for Byzantine and Post-Byzantine Studies, 1984), 5~20; Ersin Gülsoy, *Girit'in Fethi ve Osmanlı İdaresinin Kurulması* (Istanbul: Tarih ve Tabiat Vakfı, 2004).

139) Elias Kolovos, "A Town for the Besiegers: Social Life and Marriage in Ottoman Candia outside Candia," in *The Eastern Mediterranean under Ottoman Rule: Crete, 1645-1840*, ed. Antonis Anastasopoulos (Rethymnon: University of Crete Press, 2008), 103~175; Fariba Zarinebaf, *A Historical and Economic Geography of Ottoman Greece: The Southwestern Morea in the 18th Century* (Athens: American School of Classical Studies at Athens, 2005).

140) Palmira Brummett, "Competition and Coincidence: Venetian Trading Interests and Ottoman Expansion in the Early Sixteenth Century Levant," *New Perspectives on Turkey* 5-6 (1991): 29~52; Julian Raby, *Venice, Dürer and the Oriental Mode* (London: Islamic Art Publications, 1982); Fernand Braudel, *La Méditerranée et le monde méditerranéen à l'époque de Philippe II*, 2nd ed. (Paris: Librairie Armand Colin, 1966), 1: 495~516.

141) Raymond, *Artisans et commerçants*, 1: 69~72; Domenico Sella, "The Rise and Fall of the Venetian Woollen Industry," in *Crisis and Change in the Venetian Economy in the Sixteenth and Seventeenth*

Centuries, ed. Brian Pullan (London: Methuen, 1968), 106~126.

142) Şerafettin Turan, "Venedik'te Türk Ticaret Merkezi," *Belleten* 32, no. 126 (1968): 247~283; Ennio Concina, *Fondaci: Architettura, arte e mercatura tra Levante, Venezia e Alemagna* (Venice: Marsilio Editori, 1997), 219~246; Maria Pia Pedani Fabris, "Between Diplomacy and Trade: Ottoman Merchants in Venice," in *Merchants in the Ottoman Empire*, ed. Suraiya Faroqhi and Gilles Veinstein (Leuven: Peeters, 2008), 3~22, 인용은 6.

143) Frederic C. Lane, *Venice: A Maritime Republic* (Baltimore: Johns Hopkins University Press, 1973), 246; Braudel, *La Méditerranée*, 2: 324~325; Niccoló Capponi, *Victory of the West: The Story of the Battle of Lepanto* (London: Macmillan, 2006).

144) Daniel Panzac, *La marine ottomane, de l'apogée à la chute de l'empire (1572–1923)* (Paris: CNRS Éditions, 2009); Iain Fenlon, *The Ceremonial City* (New Haven, CT: Yale University Press, 2007); Braudel, *La Méditerranée*, 2: 467~469. 여전히 기본이 되는 저서는 다음 책이다. Hess, *The Forgotten Frontier*.

145) Jean Delumeau, *Le mystère Campanella* (Paris: Fayard, 2008), 82~101.

146) Gerald MacLean, *Looking East* (Basingstoke, UK: Macmillan, 2007), 46~47, 52, 65; Susan Skilliter, *William Harborne and the Trade with Turkey, 1578–1582* (London: British Academy, 1977), 232~239; Halil Inalcik, "Imtiyāzāt. ii.–The Ottoman Empire," in *Encyclopaedia of Islam*, 2nd ed. (Leiden: E. J. Brill, 1971), 3: 1179~1189, 인용은 1184; Geoffrey Parker, *Spain and the Netherlands, 1559–1659: Ten Studies*, 2nd ed. (London: Fontana Press, 1990).

147) Daniel Goffman, *Britons in the Ottoman Empire*, 1642–1660 (Seattle: University of Washington Press, 1998), 69; Nabil Matar, *Turks, Moors, and Englishmen in the Age of Discovery* (New York: Colombia University Press, *1999); Gerald MacLean, The Rise of Oriental Travel: English Visitors to the Ottoman Empire, 1580–1720* (Basingstoke, UK: Palgrave-Macmillan, 2004); MacLean, *Looking East*, 20~23.

148) Ralph Davis, *Aleppo and Devonshire Square: English Traders in the Levant in the Eighteenth Century* (London: Macmillan, 1967); Paul Masson, *Histoire du commerce français dans le Levant au XVIIIe siècle* (Paris: Librairie Hachette, 1911), 139~184.

149) Niels Steensgaard, "Consuls and Nations in the Levant from 1570 to 1650," *Scandinavian Economic History Review* 1, no. 2 (1967): 13~54; Marie-Carmen Smyrnelis, *Une société hors de soi: Identités et relations sociales à Smyrne aux XVIIIème et XIXème siècles* (Paris: Peeters, 2005); Oliver Jens Schmitt, *Levantiner: Lebenswelten und Identitäten einer ethnokonfessionellen Gruppe im osmanischen Reich im "langen 19. Jahrhundert"* (Munich: Oldenbourg, 2005).

150) Masson, *Histoire*, 1~32; Claude Marquié, *L'industrie textile carcassonnaise au XVIIIe siècle: Étude d'un groupe social: Les marchands-fabricants* (Carcassonne: Société d'Études Scientifiques de l'Aude, 1993).

151) Alexander H. de Groot, *The Ottoman Empire and the Dutch Republic: A History of the Earliest Diplomatic Relations, 1610–1630* (Leiden: Nederlands Historisch-Archaeologisch Instituut, 1978), 88~105; Parker, *Spain and the Netherlands*, 28~34.

152) 기초가 되는 저서는 다음과 같다. İsmail Hakkı Kadı, *Ottoman and Dutch Merchants in the Eighteenth Century* (Leiden: Brill, 2012); 또한 다음을 참조하라. Jonathan Israel, *Dutch Primacy in World Trade, 1585–1740* (Oxford: Clarendon Press, 1989), 262~263.

153) 이러한 관찰은 다음 책의 주장을 부정한다. Niels Steensgaard, *The Asian Trade Revolution of the Seventeenth Century: The East India Companies and the Decline of the Caravan Trade* (Chicago: University of Chicago Press, 1973). '매판 상인' 한 가지 사례로는 다음을 참조하라. Ali İhsan Bağış, *Osmanlı Ticaretinde Gayri Müslimler, Kapitülasyonlar, Beratlı Tüccarlar ve Hayriye Tüccarları (1750–1839)* (Ankara: Turhan Kitabevi, 1983). 이 주제에 관한 완벽하고 전체적인 토의는 다음을 참조하라. Ismail Hakkı Kadı, "Natives and Interlopers: Competition between Ottoman and Dutch Merchants in the 18th Century" (PhD diss., Leiden, 2008). 이 책은 여기서 다루는 서술의 출발 지점을 형성한다.

154) Vassiliki Seirinidou, "Grocers and Wholesalers, Ottomans and Habsburgs, Foreigners and 'Our Own': The Greek Trade Diasporas in Central Europe, Seventeenth to Nineteenth Centuries," in Faroqhi and Veinstein, *Merchants in the Ottoman Empire*, 81~95; Katerina Papakostantinou, "The Pondikas Merchant Family from Thessaloniki, ca. 1750–1800," in Faroqhi and Veinstein, *Merchants in the Ottoman Empire*, 133~149; and Olga Katsiardi Hering, "The Allure of Red Cotton Yarn, and How It Came to Vienna: Associations of Greek Artisans and Merchants Operating between the Ottoman and Habsburg Empires," in Faroqhi and Veinstein, *Merchants in the Ottoman Empire*, 97~131; Traian Stoianovich, "The Conquering Balkan Orthodox Merchant," *Journal of Economic History* 20 (1960): 234~313.

155) Fernand Braudel, *Civilisation matérielle, économie et capitalisme* (Paris: Armand Colin, 1979), 2: 133; Zdzisław Zygulski, "The Impact of the Orient on the Culture of Old Poland," in *Land of the Winged Horse man: Art in Poland, 1572–1764*, ed. Jan Ostrowski et al. (Alexandria, VA: Art Service International, 1999), 69~80.

156) Caroline Finkel, *The Administration of Warfare: The Ottoman Military Campaigns in Hungary, 1593–1606* (Vienna: VWGÖ, 1988), 1: 15.

157) [Evliya Çelebi], *Im Reiche des Goldenen Apfels: Des türkischen Weltenbummlers Evliya Çelebi denkwürdige Reise in das Giaurenland und in die Stadt und Festung Wien anno 1665*, 2nd ed., trans. Richard F. Kreutel, Erich Prokosch, and Karl Teply (Vienna: Verlag Styria, 1987).

158) Caroline Finkel, *Osman's Dream: The Story of the Ottoman Empire, 1300–1923* (London: John Murray, 2005), 283~287; John Stoye, *The Siege of Vienna: The Last Great Trial between Cross and Crescent* (New York: Pegasus Books, 2006), 43~45; Thomas Barker, *Double Eagle and Crescent: Vienna's Second Turkish Siege and Its Historical Setting* (Albany: State University of New York Press, 1967), 157~160.

159) Abou-El-Haj, *The 1703 Rebellion*, 60~63; Ferenc Szakály, *Hungaria eliberata: Die Rückeroberung von Buda im Jahr 1686 und Ungarns Befreiung von der Osmanenherrschaft (1683–1718)* (Budapest: Corvina, 1986).

160) Kołodziejczyk, *Ottoman–Polish Diplomatic Relations*, 99~100, 118~119; Kemal Beydilli, *Die*

polnischen Königswahlen und Interregnen von 1572 und 1576 im Lichte osmanischer Archivalien: Ein Beitrag zur Geschichte der osmanischen Machtpolitik (Munich: Dr. Rudolf Trofenik, 1974), 16~17; Mehmet İnbaşı, *Ukrayna'da Osmanlılar: Kamaniçe Seferi ve Organizasyon (1672)* (Istanbul: Yeditepe, 2003); Halime Doğru, *Lehistan'da bir Osmanlı Sultanı: IV. Mehmed' in Kamaniçe-Hotin Seferleri ve bir Masraf Defteri* (Istanbul: Kitap Yayınevi, 2005); Dariusz Kołodziejczyk, Defter-i Mufassal-i Eyalet-i Kamanice: *The Ottoman Survey Register of Podolia (ca. 1681): Text, Translation, and Commentary* (Cambridge, MA: Harvard University Press, 2004), 1: 51.

161) Ferenc Tóth, *La guerre russo-turque* (1768–1774) et la défense des Dardanelles: L'extraordinaire mission du baron de Tott (Paris: Economica, 2008), 37~41; Finkel, *Osman's Dream*, 334~336; [Şehdî Osman], "Şehdî Osman Efendi Sefaretnamesi," ed. Faik Reşat Unat, *Tarih Vesikaları* 1, no. 1 (1941–1942): 66~80; 1, no. 2: 156~159; 1, no. 3: 232~240; 1, no. 4: 303~320; 1, no. 5: 390~400.

162) Yuzo Nagata, *Muhsin-zâde Mehmed Paşa ve Ayânlık Müessesesi* (Tokyo: Institute for the Study of Languages and Cultures of Asia and Africa, 1982), 63~66.

163) '끈질긴 방어'라는 표현은 다음 책에서 나왔다. Frederic C. Lane, *Venice: A Maritime Republic* (Baltimore: Johns Hopkins University Press, 1973), 390. Aksan, *Ottoman Wars*, 94; Virginia Aksan, *An Ottoman Statesman in War and Peace: Ahmed Resmi Efendi, 1700–1783* (Leiden: E. J. Brill, 1995), 166~169; 인용 부분은 다음을 참조하라. Lane, *Venice*, 392.

164) Bonnac, *Mémoire historique*, 139.

165) 이런 관점을 선택한 것은 필자가 이런 방식으로 본인의 연구 주제인 오스만 역사를 함께 연관시킬 수 있었기 때문이기도 하다는 점을 밝힌다. 아쉽게도 필자는 페르시아어를 읽지 못하기 때문에 2차 문헌을 터키어와 서유럽 언어로 한정해야 했다. 사파비의 주변 환경에 관해서는 다음을 참조하라. Stephen F. Dale, *The Muslim Empires of the Ottomans, Safavids, and Mughals* (Cambridge: Cambridge University Press, 2010); Willem Floor and Edmund Herzig, eds., *Iran and the World in the Safavid* Age (London: I. B. Tauris, 2012). '티무르(Timur)'는 원래 '테무르(Temür)'로 표기하는 것이 옳지만, 익숙함 때문에 그대로 두었다.

166) Muzaffar Alam and Sanjay Subrahmanyam, *Indo-Persian Travels in the Age of Discoveries, 1400–1800* (Cambridge: Cambridge University Press, 2007); Eva Orthmann, *Abd or-Rahim Han-e Hanan (964–1036/1556–1627): Staatsmann und Mäzen* (Berlin: Klaus Schwarz Verlag, 1996).

167) Robert D. McChesney, "Barrier of Heterodoxy? Rethinking the Ties between Iran and Central Asia in the Seventeenth Century," in *Safavid Persia: The History and Politics of an Islamic Society*, ed. Charles Melville (London: I. B. Tauris, 1996), 231~268.

168) Sussan Babaie, Kathryn Babayan, Ina Baghdiantz McCabe, and Massume Farhad, *Slaves of the Shah: New Elites of Safavid Iran* (London: I. B. Tauris, 2004), 1; Andrew Newman, *Safavid Iran: The Rebirth of a Persian Empire* (London: I. B. Tauris, 2005), 87~90.

169) Sholeh A. Quinn, "The Historiography of Safavid Prefaces," in Melville, *Safavid Persia*, 1~26; Iskandar Beg Munshi, *History of Shah Abbas the Great (Tārīkh-e'Ālam ārā-ye'Abbāsī)*, 3 vols., trans. Roger Savory (Boulder, CO: Westview Press, 1978–1986).

170) Newman, *Safavid Iran*, 142, 232; Christoph Marcinkowski, *Mirza Rafi'a's Dastur al-Muluk: A Manual of Later Safavid Administration: Annotated English Translation, Comments on the Offices and Services, and Facsimile of the Unique Persian Manuscript* (Kuala Lumpur: ISTAC, 2002); *Tadhkirat al-Mulūk*, trans. and with a commentary by Vladimir Minorsky (Cambridge: Gibb Memorial Trust, 1943); Monika Gronke, *Derwische im Vorhof der Macht: Sozial- und Wirtschaftsgeschichte Nordwestirans im 13. und 14. Jahrhundert* (Stuttgart: Franz Steiner Verlag, 1993).

171) Bekir Kütükoğlu, *Osmanlı-İran Siyasi Münasebetleri (1578–1612)*, 2nd ed. (Istanbul: İstanbul Fetih Cemiyeti, 1993); Fariba Zarinebaf-Shahr, "Tabriz under Ottoman Rule (1725–1730)" (PhD diss., University of Chicago, 1991); Michele Membré, *Mission to the Lord Sophy of Persia (1539–1542)*, trans. Alexander H. Morton (Warminster, UK: Gibb Memorial Trust, 1993).

172) Dirk Van der Cruysse, *Chardin le Persan* (Paris: Fayard, 1998).

173) Evliya Çelebi b. Derviş Mehemmed Zılli, *Evliya Çelebi Seyahatnâmesi: Topkapı Sarayı Kütüphanesi 304 Numaralı Yazmanın Transkripsyonu—Dizini*, vol. 2, ed. Zekerya Kurşun, Yücel Dağlı, and Seyit Ali Kahraman (Istanbul: Yapı Kredi Yayınları, 1999); Evliya Çelebi b. Derviş Mehemmed Zılli, *Evliya Çelebi Seyahatnâmesi: Topkapı Sarayı Bağdat 305 Yazmasının Transkripsyonu—Dizini*, vol. 4, ed. Yücel Dağlı and Seyit Ali Kahraman (Istanbul: Yapı Kredi Yayınları, 2001); embassy report by Ahmed Dürri Efendi, "Takrir-i Elçi-i Müşarünleyh," inserted into Mehmed Raşid, *Tarih-i Raşid* (Istanbul: Matba'a-yı amire, 1282/1865–1866), 5: 372~398.

174) John Woods, *The Aqquyunlu: Clan, Confederation, Empire*, 2nd rev. ed. (Salt Lake City: University of Utah Press, 1999), 215.

175) Evliya Çelebi, *Evliya Çelebi Seyahatnâmesi*, 2: 132~133; Nasuhü's-silahī (Matrākçı), *Beyan-ı Menazil-i Sefer-i'Irakeyn-i Sultān Suleymān Han*, ed. Hüseyin G. Yurdaydın (Ankara: Türk Tarih Kurumu, 1976).

176) Hans Robert Roemer, "The Jalayirids, Muzaffarids, and Sarbadārs," in *The Cambridge History of Iran*, vol. 6, *The Timurid and Safavid Periods*, ed. Peter Jackson and Lawrence Lockhart (Cambridge: Cambridge University Press, 1986), 1~41, 인용은 5~9; Beatrice Forbes Manz, *The Rise and Rule of Tamerlane* (Cambridge: Cambridge University Press, 1999), 66~73, 228~231.

177) Manz, *The Rise and Rule of Tamerlane*, 16~17; Woods, *The Aqquyunlu*, 16은 단지 아크 코윤루만 다루고 있으나, 맨즈와 퀴어링-조체(Quiring-Zoche)의 연구는 그의 연구가 일반화될 수 있음을 보여 준다. Beatrice Forbes Manz, *Power, Politics, and Religion in Timurid Iran* (Cambridge: Cambridge University Press, 2007); Rosemarie Quiring-Zoche, *Isfahan im 15. und 16. Jahrhundert: Ein Beitrag zur persischen Stadtgeschichte* (Freiburg im Breisgau: Klaus Schwarz Verlag, 1980).

178) Manz, *The Rise and Rule of Tamerlane*, 7, 13~48, 96~100, 120.

179) Ibid., 114, 129, 150~151.

180) Manz, *Power, Politics, and Religion*, 79~110, 86~87, 94.

181) Ibid., 113, 117~123.

182) Quiring-Zoche, *Isfahan im 15. und 16. Jahrhundert*, 17~85.

183) Ralph Kauz, *Politik und Handel zwischen Ming und Timuriden: China, Iran und Zentralasien im Spätmittelalter* (Wiesbaden: Ludwig Reichert, 2005).

184) Hans Robert Roemer, "The Successors of Timur," in Jackson and Lockhart, *Cambridge History of Iran*, 6: 89~146.

185) Woods, *The Aqquyunlu*, 41~59, 96~110, 137, 260.

186) Monika Gronke, *Derwische im Vorhof der Macht*, 241~358.

187) Fariba Zarinebaf-Shahr, "Economic Activities of Safavid Women in the Shrine-City of Ardabīl," *Iranian Studies* 31, no. 2 (1998): 247~261; Bert Fragner, "Ardabīl zwischen Sultan und Schah: Zehn Urkunden Schah Tahmasps II," *Turcica* 6 (1975): 177~225.

188) Tom Sinclair, "The Ottoman Arrangements for the Tribal Principalities of the Lake Van Region of the Sixteenth Century," in *Ottoman Borderlands: Issues, Personalities, and Political Changes*, ed. Kemal Karpat and Robert W. Zens (Madison: University of Wisconsin Press, 2003), 119~144; Tom Sinclair, "Administration and Fortification in the Van Region under Ottoman Rule in the Sixteenth Century," in *The Frontiers of the Ottoman World*, ed. Andrew C. S. Peacock (Oxford: Oxford University Press, 2009), 211~224.

189) Evliya Çelebi, *Evliya Çelebi Seyahatnâmesi*, 2: 171; 이 책의 저자는 비무슬림에 관해서는 잘 몰랐기 때문에 이 부분은 '신중하게 읽어야 한다.'

190) Rudi Matthee, "The Safavid-Ottoman Frontier: Iraq-i Arab as Seen by the Safavids," in Karpat and Zens, *Ottoman Borderlands*, 157~174.

191) Rudi Matthee, "Unwalled Cities and Restless Nomads: Firearms and Artillery in Safavid Iran," in Melville, *Safavid Persia*, 389~416; Giorgio Rota, "The Horses of the Shah: Some Remarks on the Organization of the Safavid Royal Stables, Mainly Based on Three Persian Handbooks of Administrative Practice," in *Pferde in Asien: Geschichte, Handel und Kultur/Horses in Asia: History, Trade and Culture*, ed. Bert G. Fragner, Ralph Kauz, Roderich Ptak, and Angela Schottenhammer (Vienna: Verlag der Österreichischen Akademie der Wissenschaften, 2009), 33~42.

192) Jean Calmard, "Shii Rituals and Power: II. The Consolidation of Safavid Shi'ism: Folklore and Popular Religion," in Melville, *Safavid Persia*, 139~190; Evliya Çelebi, *Evliya Çelebi Seyahatnâmesi*, 2: 129; 이런 양식의 예식에 관해서는 다음을 참조하라. 4: 214~215.

193) Rula Jurdi Abisaab, "History and Self-Image: The 'Amili Ulema in Syria and Iran (Fourteenth to Sixteenth Centuries)," in *Distant Relations: Iran and Lebanon in the Last 500 Years*, ed. Houchang E. Chehabi and Rula Jurdi Abisaab (London: Center for Lebanese Studies, 2006), 62~95; 다음 글에서 이 여행자는 칼리파 우마르가 특히 명망이 나빴다고 설명한다. Evliya Çelebi, *Evliya Çelebi Seyahatnâmesi*, 4: 180, 184; in 2: 124.

194) 금요 기도회는 될 수 있는 한 이슬람식 첨탑과 설교 의자를 보유한 사원에서만 개최해야 했다. 이러한 시설이 없는 사원들에서는 단지 매일 다섯 차례 시행되는 기도회만 열 수 있었고, 금요일의 공동 기도회는 열 수 없었다. Sussan Babaie, *Isfahan and Its Palaces: Statecraft, Shi'ism, and the Architecture of Conviviality in Early Modern Iran* (Edinburgh: Edinburgh University Press, 2008), 83~84.

195) Evliya Çelebi, *Evliya Çelebi Seyahatnâmesi*, 4: 188; Kathryn Babayan, *Mystics, Monarchs, and Messiahs: Cultural Landscapes of Early Modern Iran* (Cambridge, MA: Harvard University Press, 2002), 349~402; Stefan Winter, *The Shiites of Lebanon under Ottoman Rule, 1516–1788* (Cambridge: Cambridge University Press, 2010), 20~26; Rula Jurdi Abisaab, *Converting Persia: Religion and Power in the Safavid Empire* (London: I. B. Tauris, 2004), 7~30.

196) Babaie, *Isfahan and Its Palaces*, 96; Sholeh A. Quinn, *Historical Writing during the Reign of Shah 'Abbas: Ideology, Imitation, and Legitimacy in Safavid Chronicles* (Salt Lake City: University of Utah Press, 2000), 84~85; Babayan, *Mystics, Monarchs, and Messiahs*, 245~262; Newman, *Safavid Iran*, 84.

197) Colin Imber, "The Persecution of the Ottoman Shiites according to the Mühimme Defterleri, 1565–1585," *Der Islam* 56 (1979): 245~273.

198) Winter, *The Shiites*, 26~27; Faroqhi, *Pilgrims and Sultans*, 134~139; Alam and Subrahmanyam, *Indo-Persian Travels*, 24~42; Said A. Arjomand, *The Shadow of God and the Hidden Imam: Religion, Political Order, and Societal Change in Shi'ite Iran from the Beginnings to 1890* (Chicago: University of Chicago Press, 1984); Sohrweide, "Der Sieg der Safaviden," 95~223; Abdülbaki Gölpınarlı, *Alevî-Bektaşî nefesleri* (Istanbul: Remzi, 1963), 97~103; Ertuğrul Düzdağ, *Şeyhülislam Ebusuud Efendi Fetvaları Işığında 16. Asır Türk Hayatı* (Istanbul: Enderun, 1972), 109~112.

199) Cornell H. Fleischer, *Bureaucrat and Intellectual in the Ottoman Empire: The Historian Mustafâ Âli (1541–1600)* (Princeton, NJ: Princeton University Press, 1986), 154~159.

200) Maria Szuppe, "Kinship Ties between the Safavids and the Qizilbash Amirs in Late Sixteenth-Century Iran: A Case Study of the Political Career of Members of the Sharaf al-Din Ogli Tekelu Family," in Melville, *Safavid Persia*, 79~104; Leslie Peirce, *The Imperial Harem. Women and Sovereignty in the Ottoman Empire* (New York: Oxford University Press, 1993), 39~42.

201) Eskandar Beg Monshi, *History of Shah Abbas*, 2: 911.

202) 다음 책에서는 굴람의 성과를 그리 높게 평가하지 않았다. Newman, *Safavid Iran*. 한편 캐스린 바바얀(Kathryn Babayan)은 다음 책에서 17세기에 샤의 노예들이 지닌 지위가 매우 상승했음을 강조한다. Babaie, Babayan, Baghdiantz McCabe, and Farhad, *Slaves of the Shah*, 34~36; Newman, *Safavid Iran*, 26~27, 41~47, 50~51.

203) Alexander H. Morton, "The Early Years of Shah Ismā'īl in the *Afzal al-tavārīkh* and Elsewhere," in Melville, *Safavid Persia*, 27~52; 특히 32와 39~40을 참조하라. 이 영주는 여러 연대기에서 '마르타(Martha)'를 포함한 다양한 이름으로 등장한다.

204) Peirce, *The Imperial Harem*, 31; Maria Szuppe, "The 'Jewels of Wonder': Learned Ladies and Princess Politicians in the Provinces of Early Safavid Iran," in *Women in the Medieval Islamic World*, ed. Gavin Hambly (New York: St Martin's Press, 1998), 325~347.

205) Shohreh Golsorkhi, "Pari Khan Khanum: A Masterful Safavid Princess," *Iranian Studies* 28, nos. 3-4 (1995): 143~156; Kathryn Babayan, "The 'Aqā'īd al-Nisā': A Glimpse at Safavid Women in Local Isfahanī Culture," in Hambly, *Women in the Medieval Islamic World*, 349~381, 인용은 353.

206) Faroqhi, *Pilgrims and Sultans*, 29~32.

207) Babaie, Babayan, Baghdiantz McCabe, and Farhad, *Slaves of the Shah*, 32~33; 이 부분은 또한 23~40에 언급된 오스만의 사례와 비교한 것도 참조하라.

208) Sheila R. Canby, *Shah 'Abbas and the Treasures of Imperial Iran* (London: British Museum Press, 2009), 3.

209) Babaie, *Isfahan and Its Palaces*.

210) Roger M. Savory, "The Safavid Administrative System," in Jackson and Lockhart, *Cambridge History of Iran*, 6: 351~372.

211) Quiring-Zoche, *Isfahan im 15. und 16. Jahrhundert*, 175~183.

212) Christoph Werner, *An Iranian Town in Transition: A Social and Economic History of the Elites of Tabriz, 1747–1848* (Wiesbaden: Harassowitz Verlag, 2000).

213) Babayan, *Mystics, Monarchs, and Messiahs*, 375~382; Newman, *Safavid Iran*, 110.

214) Babayan, *Mystics, Monarchs, and Messiahs*, 366 and 382; Hamid Algar, "Shi'ism and Iran in the Eighteenth Century," in *Studies in Eighteenth Century Islamic History*, ed. Thomas Naff (Carbondale: Southern Illinois University Press, 1977), 288~302.

215) Klaus Röhrborn, *Provinzen und Zentralgewalt Persiens im 16. und 17. Jahrhundert* (Berlin: De Gruyter, 1966); Cornell H. Fleischer, "Alqās Mīrzā," in *Encyclopaedia Iranica* (London: Routledge, 1985), 1: 907~909.

216) 이 번역은 다음 책에서 가져왔다. Quiring-Zoche, *Isfahan im 15. und 16. Jahrhundert*, 139, 148.

217) 예를 들어 다음을 참조하라. Manz, *Power, Politics, and Religion in Timurid Iran*, 32; Bert Fragner, "Social and Internal Economic Affairs," in Jackson and Lockhart, *Cambridge History of Iran*, 6: 491~567.

218) Fragner, "Social and Internal Economic Affairs," 513 and 547; Quiring-Zoche, *Isfahan im 15. und 16. Jahrhundert*, 169~175; Evliya Çelebi, *Evliya Çelebi Seyahatnâmesi*, 2: 126~134.

219) 타브리즈에서 새로 도착한 장인 및 예술가의 등록부 첫 페이지의 팩시밀리는 전시 카탈로그를 참고하라. *Onbin Yıllık İran Medeniyeti: Onbin Yıllık Ortak Miras* (Istanbul: National Museum of Iran, 2009), 199; 이후 몇 년간의 운명에 관해서는 다음을 참조하라. İsmail Hakkı Uzunçarşılı, "Osmanlı Sarayında Ehl-i Hiref (Sanatkârlar) Defteri," *Belgeler* 11 (1981–86): 23~76.

220) Ehsan Echraqi, "Le Dār al-Saltana de Qazvin, deuxième capitale des Safavides," in Melville, *Safavid Persia*, 105~116; Evliya Çelebi, *Evliya Çelebi Seyahatnâmesi*, 4: 218.

221) 장 샤르댕을 포함한 18세기 초의 유럽 방문객 규모에 관해서는 다음을 참조하라. Newman, *Safavid Iran*, 242; Quiring-Zoche, *Isfahan im 15. und 16. Jahrhundert*, 268.

222) Sheila R. Canby, *Shah 'Abbas: The Remaking of Iran* (London: British Museum Press, 2009), 116~123, 190, 220~223; Charles Melville, "Shah 'Abbas and the pilgrimage to Mashhad," in Melville, *Safavid Persia*, 191~230; Wolfram Kleiss, "Safavid Palaces," *Ars Orientalis* 23 (1993): 269~280.

223) Newman, *Safavid Iran*, 106~116; Algar, "Shi'ism and Iran in the Eighteenth Century," 288~302; Dürri Ahmed Efendi, "Takrir-i Elçi-i Müşarünleyh," 396~397.

224) Hans Robert Roemer, "The Safavid Period," in Jackson and Lockhart, *Cambridge History of Iran*,

6: 189~350; 특히 310~331, 인용은 324~331. 반면 에드먼드 허지그(Edmund Herzig)는 17세기에 유럽에서 오는 주문은 최소한 안정적이었거나 오히려 아마도 급속하게 상승했다고 평가했다. Edmund M. Herzig, "The Volume of Iranian Raw Silk Exports in the Safavid Period," *Iranian Studies* 25, nos. 1-2 (1992): 61~79.

225) Ernest S. Tucker, *Nader Shah's Quest for Legitimacy in Post-Safavid Iran* (Gainesville: University Press of Florida, 2006).

226) Peter Avery, "Nader Shah and the Afsharid Legacy," in *The Cambridge History of Iran*, vol. 7, *From Nader Shah to the Islamic Republic*, ed. Peter Avery, Gavin Hambly, and Charles Melville (Cambridge: Cambridge University Press, 1991), 3~62, 인용은 20.

227) Tucker, *Nader Shah*, pp. xi-xiv, 72~75.

228) Algar, "Shi'ism and Iran in the Eighteenth Century," 290.

229) Ann K. S. Lambton, *Landlord and Peasant in Persia* (London: I. B. Tauris, 1991), xxxii-lxvi, 105~128; Gene Garthwaite, *Khans and Shahs: A History of the Bakhtiyari Tribe in Iran* (London: I. B. Tauris, 2009); Xavier de Planhol, *Les fondements géographiques de l' histoire de l'Islam* (Paris: Flammarion, 1968), 197~251; Willem Floor, *The Economy of Safavid Persia* (Wiesbaden: Ludwig Reichert Verlag, 2000), 247~302.

230) Halil İnalcık, "Osmanlılarda Raiyyet Rüsûmu," *Belleten* 23 (1959): 575~610.

231) Heinz Gaube and Eugen Wirth, *Der Basar von Isfahan* (Wiesbaden: Ludwig Reichert Verlag, 1978); Mohamed Scharabi, *Der Bazar: Das traditionelle Stadtzentrum im Nahen Osten und seine Handelseinrichtungen* (Tübingen: Ernst Wasmuth, 1985); Quiring-Zoche, *Isfahan im 15. und 16. Jahrhundert*, 91, 272.

232) Evliya Çelebi, *Evliya Çelebi Seyahatnâmesi*, 2: 127, 4: 185 (relating to Urmiya), 209.

233) Rudolph P. Matthee, *The Politics of Trade in Safavid Iran: Silk for Silver, 1600-1730* (Cambridge: Cambridge University Press, 1999), 163; Evliya Çelebi, *Evliya Çelebi Seyahatnâmesi*, 2: 132 (타브리즈와 관련된 부분).

234) Fahri Dalsar, *Türk Sanayi ve Ticaret Tarihinde Bursa'da İpekçilik* (Istanbul: İstanbul Üniversitesi İktisat Fakültesi, 1960), 131~137; Jean-Louis Bacqué-Grammont, "Notes sur une saisie de soies d'Iran en 1518," *Turcica* 8, no. 2 (1976): 237~253; Jean-Louis Bacqué-Grammont, *Les Ottomans, les Safavides et leurs voisins* (Istanbul: Nederlands Historisch-Archaeologisch Instituut, 1987).

235) Halil Inalcik, "Ḥarīr," in *Encyclopaedia of Islam*, 2nd ed., vol. 3 (Leiden: E. J. Brill, 1971), 209~221, 인용은 213.

236) Çizakça, "Price History and the Bursa Silk Industry," 247~261.

237) Matthee, *Politics of Trade*, 74, 76~82; 그러나 다음의 정반대 주장도 참조하라. Herzig, "Volume of Iranian Raw Silk Exports."

238) Neşe Erim, "Trade, Traders, and the State in Eighteenth Century Erzurum," *New Perspectives on Turkey* 5-6 (1991): 123~150; Ralph Davis, *Aleppo and Devonshire Square: English Traders in the Levant in the Eighteenth Century* (London: Macmillan, 1967); Ina Baghdiantz McCabe, *The Shah's Silk for Europe's Silver: The Eurasian Trade of the Julfa Armenians in Safavid Iran and India (1530-*

1750) (Atlanta, GA: Scholars Press, 1999), 124 (관련된 칙령 부분 번역); 또한 141~170을 참조하라. 여기서 토론된 행정 지침에서는 미노르스키(Minorsky)가 번역한 『왕들의 회상록』이 관건이다.

239) Newman, *Safavid Iran*, 6~7; Baghdiantz McCabe, *The Shah's Silk*, 141; Willem Floor, *The Persian Textile Industry in Historical Perspective* (Paris: L'Harmattan, 1999), 1~92; Mehdi Keyvani, *Artisans and Guild Life in the Later Safavid Period: Contributions to the Social-Economic History of Persia* (Berlin: Klaus Schwarz Verlag, 1982).

240) 티무르 시대의 것으로 잘 보존된 견직물은 다음을 참조하라. *Onbin Yıllık İran Medeniyeti*, 172~173; Floor, *Persian Textile Industry*, 41; 주로 유럽의 사료를 근거로 한 자료로서 다음 글에도 같은 사항이 수록되어 있다. Evliya Çelebi, *Evliya Çelebi Seyahatnâmesi*, 2: 128.

241) Evliya Çelebi, *Evliya Çelebi Seyahatnâmesi*, 4: 180; Floor, *Persian Textile Industry*, 203.

242) Floor, *Persian Textile Industry*, 277~289, 296~354.

243) Jenny Housego, "Carpets," in *The Arts of Persia*, ed. Ronald Ferrier (New Haven, CT: Yale University Press, 1989), 118~156; Jon Thompson, "Early Safavid Carpets and Textiles," in *Hunt for Paradise: Court Arts of Safavid Iran*, ed. Jon Thompson and Sheila Canby (Mailand: Skira, 2003), 271~317, 인용은 284~308; 또한 다양한 저자들이 집필한 글을 참조하라. Roger Savory, Jasleen Dhamija, and Walter Denny in "Carpets," in *Encyclopaedia Iranica*, vol. 4 (London: Routledge and Kegan Paul, 1990), 834~896, and vol. 5 (Costa Mesa, CA: Mazda Publishers, 1992), 1~9 (크리스토프 크뉘텔의 안내문에 감사를 표한다.)

244) 다음에 수록된 그림들이다. *Onbin Yıllık İran Medeniyeti*, 238~239.

245) Ernst Grube and Eleanor Sims, "Persian Painting," in Ferrier, *The Arts of Persia*, 200~224.

246) 이 통치자를 묘사한 일 칸 영역(1314)의 궁정 장면은 다음을 참조하라. *Onbin Yıllık İran Medeniyeti*, 57.

247) Robert Hillenbrand, "The Iconography of the Shāh-nāma-yi Shāhī," in Melville, *Safavid Persia*, 53~78; Grube and Sims, "Persian Painting," 212; Christine Woodhead, *Ta' līkī-zāde's şehnāme-i hümayūn: A History of the Ottoman Campaign into Hungary, 1593–94* (Berlin: Klaus Schwarz Verlag, 1983); 「샤나메」들에 실린 여러 시의 의심스러운 수준에 관해서는 다음을 참조하라. Fleischer, *Bureaucrat and Intellectua*l, 249.

248) Lale Uluç, *Turkman Governors, Shiraz Artisans, and Ottoman Collectors: Sixteenth-Century Shiraz Manuscripts* (Istanbul: İş Bankası Yayınları, 2007).

249) Grube and Sims, "Persian Painting," 212~213, 216; Gül İrepoğlu, *Levni: Painting, Poetry, Colour* (Ankara: Republic of Turkey, Ministry of Culture, 1999), 158~160.

250) Grube and Sims, "Persian Painting," 212~213; David Roxburgh, *The Persian Album: From Dispersal to Collection* (New Haven, CT: Yale University Press, 2005).

251) Yolande Crowe, "Safavid Ceramics and Tiles," in *3 Capitals of Islamic Art: Istanbul, Isfahan, Delhi: Masterpieces from the Louvre Collection*, ed. Nazan Ölçer et al. (Istanbul: Sakip Sabancı Museum, 2008), 75~79; Canby, *Shah 'Abbas*, 84; Babaie, Babayan, Baghdiantz McCabe, and Farhad, *Slaves of the Shah*, 124~127.

252) 예를 들면 다음 책에 나오는 "현자에게 새로운 것이란 없다." 같은 문구들이 있다. Yolande Crowe, "Safavid Blue and White Bowls and the Chinese Connection," *Iran* 40 (2002): 257~263.

253) Annemarie Schimmel, "Ḥāfiẓ and His Contemporaries," in Jackson and Lockhart, *Cambridge History of Iran*, 6: 929~947.

254) Zabihollah Safa, "Persian Literature in the Timurid and Türkmen Periods," in Jackson and Lockhart, *Cambridge History of Iran*, 6: 913~928.

255) Orthmann, *Abd or-Rahim Han-e Hanan;* Halil İnalcık, *Şair ve Patron: Patrimonyal Devlet ve Sanat Üzerinde Sosyolojik bir İnceleme* (Istanbul: DoğuBatı, 2005), 54~71.

256) Evliya Çelebi, *Evliya Çelebi Seyahatnâmesi*, 4: 214.

257) Barbara Flemming, "Sahib-kıran und Mahdi: Türkische Endzeiterwartungen im ersten Jahrzehnt der Regierung Süleymans," in *Between the Danube and the Caucasus: A Collection of Papers Concerning Oriental Sources on the History of the Peoples of Central and South-Eastern Europe*, ed. Györgi Kara (Budapest: Verlag der Akademie der Wissenschaften, 1987), 43~62; Cornell Fleischer, "The Lawgiver as Messiah: The Making of the Imperial Image in the Reign of Süleyman," in *Soliman le Magnifique et son temps. Actes du Colloque de Paris, Galeries Nationales du Grand Palais, 7-10 mars 1990*, ed. Gilles Veinstein (Paris: La Documentation Française, 1992), 159~178; Kaya Şahin, "Constantinople and the Endtime: The Ottoman Conquest as a Portent of the Last Hour," *Journal of Early Modern History* 14 (2010): 317~354.

3부 남아시아와 인도양

이 자리를 빌려 이 글을 집필하는 데 매우 커다란 도움을 준 베레나 릭켄(Verena Ricken)과 사라 두센드(Sarah Dusend)에게 심심한 감사를 표한다.

1) 다음을 참조하라. Leslie Ronald Marchant, *The Papal Line of Demarcation and Its Impact in the Eastern Hemisphere on the Political Division of Australia, 1479-1829* (Greenwood: Woodside Valley Foundation, 2008).

2) 이 주제의 배경 지식 읽기에 관해서는 다음을 참조하라. Robert Bartlett, *The Making of Europe: Conquest, Colonization, and Cultural Change, 950-1350* (Princeton, NJ: Princeton University Press, 1993).

3) John Darwin, *After Tamerlane: The Global History of Empire* (London: Allen Lane, 2007).

4) 다음을 참조하라. Markus P. M. Vink, "Indian Ocean Studies and the 'New Thalassology,'" *Journal of Global History*, no. 2 (2007): 41~62. 또한 연구사를 탁월하게 정리한 글로는 다음을 참조하라. John E. Wills, "Maritime Asia, 1500-1800: The Interactive Emergence of European Domination: A Review Article," *American Historical Review* 98, no. 1 (1993): 83~105; Sinnappah Arasaratnam, "Recent Trends in the Historiography of the Indian Ocean, 1500 to 1800," *Journal of World History* 1 (1990): 225~248.

5) 예를 들면 다음을 참조하라. Peter Feldbauer and Gottfried Liedl, "1250–1620: 'Archaische' Globalisierung?," in *Rhythmen der Globalisierung: Expansion und Kontraktion zwischen dem 13. und 20. Jahrhundert*, ed. Peter Feldbauer, Gerald Hödl, and Jean-Paul Lehners (Vienna: Mandelbaum, 2009), 17~54.

6) K. N. Chaudhuri, *Trade and Civilization in the Indian Ocean: An Economic History from the Rise of Islam to 1750* (Cambridge: Cambridge University Press, 1985); ibid., *Asia before Europe: Economy and Civilization of the Indian Ocean from the Rise of Islam to 1750* (Cambridge: Cambridge University Press, 1990).

7) Fernand Braudel, *Civilization and Capitalism*, 3 vols. (New York: Harper & Row, 1981–1984); Braundel, *The Mediterranean and the Mediterranean World in the Age of Philip II*, 2nd ed. (London: Collins, 1972).

8) Michael N. Pearson, *The Indian Ocean* (London: Routledge, 2003).

9) 다음을 참조하라. Kenneth McPherson, *The Indian Ocean: A History of People and the Sea* (Delhi: Oxford University Press, 2000).

10) 다음을 참조하라. Pierre Chaunu, *European Expansion in the Later Middle Ages* (Amsterdam: North Holland Publications, 1979).

11) 다음을 참조하라. Niels Steensgard, *The Asian Trade Revolution of the Seventeenth Century: The East India Companies and the Decline of the Caravan Trade* (Chicago: University of Chicago Press, 1973).

12) Andre Gunder Frank and Barry Gills, eds., *The World System: Five Hundred Years or Five Thousand?* (London: Routledge, 1989); Samuel Adshead, *Central Asia in World History* (London: Macmillan, 1993); Janet Abu-Lughod, *Before European Hegemony: The World System ad 1250–1350* (New York: Oxford University Press, 1989); and Andre Gunder Frank, *ReOrient: Global Economy in the Asian Age* (Berkeley: University of California Press, 1998).

13) 이른바 알리가르 학파 출신 연구자들이 이 입장을 대변한다. 이르판 하비브(Irfan Habib), 사티시 찬드라(Satish Chandra), 아타르 알리(M. Athar Ali), 노먼 시디키(Norman Siddiqi), 사이이드 누룰 하산, 이크티다르 알람 칸(Iqtidar Alam Khan), 시린 무스비(Shireen Moosvi) 등이 그 그룹에 속한다.

14) Paul Bairoch, "International Industrialization Levels from 1750–1980," *Journal of European Economic History* 11, no. 2 (1982): 269~333.

15) 각 제목에 관해서는 다음을 참조하라. Vink, "Indian Ocean Studies."

16) 다음 자료는 인도양과 시대구분에 관해 탁월한 조망을 제공해 준다. Ravi Ahuja, "Indischer Ozean," in *Enzyklopädie der Neuzeit*, ed. Friedrich Jaeger (Stuttgart: Metzler, 2007), 5: 857~890. 이 글은 다음 단락에 언급되는 내용에서 많은 자극과 논점을 얻었다. 지구사적인 관점에 관해서는 다음 자료도 참조하라. Dietmar Rothermund, "Von der Krise des 17. Jahrhunderts zum Triumph der Industriellen Revolution," in Feldbauer, Hödl, and Lehners, *Rhythmen der Globalisierung*, 55~84; and Peter Feldbauer and Andrea Komlosy, "Globalgeschichte 1450–1820: Von der Expansions zur Interaktionsgeschichte," in *"Die Welt quer denken": Festschrift für Hans-Heinrich Nolte zum 65. Geburtstag*, ed. Carl-Hans Hauptmeyer et al. (Frankfurt am Main: Lang,

2003), 60~93.

17) 다음 책은 「카이로 게니자」 문서의 배경 지식에 관해 서술한다. Adina Hoffmann and Peter Cole, *Sacred Trash: The Lost and Found World of the Cairo Geniza* (New York: Nextbook, 2011) (추가로 읽어 볼만 한 것에 관한 제안 포함).

18) 예를 들면 다음을 참조하라. Anthony Reid, *Southeast Asia in the Age of Commerce, 1450–1680*, 2 vols. (New Haven, CT: Yale University Press, 1988–1993); or McPherson, *The Indian Ocean*.

19) Jürgen Osterhammel, *The Transformation of the World: A Global History of the Nineteenth Century* (Princeton, NJ: Princeton University Press, 2014), xx.

20) 다음을 참조하라. Jürgen Osterhammel, *Die Entzauberung Asiens: Europa und die asiatischen Reiche im 18. Jahrhundert*, 2nd ed. (Munich: Beck, 2010), 31~37.

21) 델리 술탄 왕조에 관해서는 다음을 참조하라. Khaliq A. Nizami, *Some Aspects of Religion and Politics in India during the Thirteenth Century* (New Delhi: Idarah-I Adabiyat-I Delhi, 1971); Khaliq A. Nizami and Irfan Habib, eds., *The Delhi Sultanate*, vol. 4 of *A Comprehensive History of India* (New Delhi: People's Publishers House, 1970); Simon Digby, *War-Horse and Elephant in the Delhi Sultanate: A Study of Military Supplies* (Karachi: Orient Monographs, 1971); Bruce B. Lawrence, *Sufi Literature in the Sultanate Period* (Patna: Khuda Bakhsh Oriental Public Library, 1979); Peter Jackson, *The Delhi Sultanate: A Political and Military History* (Cambridge: Cambridge University Press, 1999); André Wink, *Indo-Islamic Society: 14th–15th Centuries*, vol. 3 of *The Making of the Indo-Islamic World* (Leiden: Brill, 2004); Satish Chandra, *Delhi Sultanat (1206–1526)*, part 1 of *Medieval India: From the Sultanat to the Mughals*, 4th rev. ed. (New Delhi: Har-Anand Publications, 2009); 또한 다음의 논문도 참조하라. Tapan Raychaudhuri and Irfan Habib, eds., *C. 1200–c. 1750*, vol. 1 of *The Cambridge Economic History of India* (Cambridge: Cambridge University Press, 1982), 45~161. 술탄 왕조의 첫 번째 국면에 관한 통찰력 있는 저작은 다음과 같다. Sunil Kumar, *The Emergence of the Delhi Sultanate, 1192–1286* (New Delhi: Permanent Black, 2007); 그리고 투글루크 왕조에 관해서는 다음을 참조하라. Mohammad Husain, *The Tughluq Dynasty* (Calcutta: Thacker Spink, 1963). 이어지는 역사에 관해서는 다음을 참조하라. Stephan Conermann, *Die Beschreibung Indiens in der "Rihla" des Ibn Battuta: Eine herrschaftssoziologische Einordnung des Delhisultanates unter Muhammad Ibn Tuġluq* (Berlin: Schwarz, 1993).

22) '힌두' 또는 '힌두적'이라는 표현은 매우 다양한 종교적 전통을 포괄한 근대적 개념이다. 이런 이유에서 이 개념들은 이하에서 ' ' 안에 표기한다. 예를 들면 다음을 참조하라. Axel Michaels, *Der Hinduismus: Geschichte und Gegenwart* (Munich: C. H. Beck, 1998).

23) Sh. Abdur Rashid, "Dastur-ul-Albab fi ilm-il-Hisab," *Medieval India Quarterly* 1 (1954): 59~99, 인용은 80.

24) 개별 술탄국에 관한 실질적인 새로운 연구는 아직 발표되지 않았다. 따라서 연구자들은 여전히 다음과 같은 책의 관련 부분에 의존하고 있다. Ramesh Chandra Majumdar, ed., *The Delhi Sultanate, vol. 6 of The History and Culture of the Indian People* (Bombay: Bharatiya Vidya Bhavan, 1960).

25) 사이이드 왕조와 로디 왕조에 관해서는 다음 논문집들에 수록된 매우 유익한 두 편의 글을 참고하라. Khaliq A. Nizami, "The Saiyids (1414-51)" and "The Lodis (1451-1526)" in Nizami and Habib, *The Delhi Sultanate* (630~663 and 664~709, respectively), 다음과 같은 글도 함께 참조하라. Kishori S. Lal, *Twilight of the Sultanate*, 2nd rev. ed. (New Delhi: Munshiram Manoharlar, 1980).

26) 비자야나가르의 역사에 관해서는 다음을 참조하라. Anna L. Dallapiccola and Stephanie Zingel-Avé Lallement, eds., *Vijayanagara: City and Empire: New Currents of Research* (Wiesbaden: Steiner, 1985); Noboru Karashima, *Towards a New Formation: South Indian Society under Vijayanagara Rule* (New Delhi: Oxford University Press, 1992); George Michell, *The Vijayanagara Courtly Style: Incorporation and Synthesis in the Royal Architecture of Southern India, 15th-17th Centuries* (New Delhi: Manohar, 1992); Burton Stein, *Vijayanagara* (Cambridge: Cambridge University Press, 1994); John M. Fritz and George Michell, eds., *City of Victory: Vijayanagara, the Medieval Hindu Capital of Southern India* (New York: Aperture, 1991); Catherine B. Asher and Cynthia Talbot, eds., *India before Europe* (Cambridge: Cambridge University Press, 2006), 53~84.

27) 특히 함피에 관해서는 다음을 참조하라. John M. Fritz and George Michell, eds., *New Light on Hampi: Recent Research at Vijayanagara* (Mumbai: Marg Publications, 2001); Anila Verghese, *Hampi* (New Delhi: Oxford University Press, 2002).

28) 이 구절은 다음 자료에 의존한다. Stephan Conermann, "Unterwegs im Auftrag des Šāhs: 'Abd ar-Razzāq as-Samarqandī s (d. AH 887/1482), Indische Mission," in *Studia Eurasiatica: Kieler Festschrift für Hermann Kulke zum 65. Geburtstag*, ed. Stephan Conermann and Jan Kusber (Schenefeld: EB-Verlag, 2003), 51~70. 또한 다음을 참조하라. Muzaffar Alam and Sanjay Subrahmanyam, "From Timur to the Bahmanids: Fifteenth-Century Views," in *Indo-Persian Travels in the Age of Discoveries, 1400-1800* (Cambridge: Cambridge University Press, 2007), 45~92.

29) 다음을 참조하라. Stein, *Vijayanagara*, 29~30, 70~71.

30) 다음을 참조하라. Philip B. Wagoner, *Tidings of the King: A Translation and Ethnohistorical Analysis of the Rayavacakamu* (Honolulu: University of Hawai'i Press, 1993); ibid., "'Sultan among Hindu Kings': Dress, Titels, and the Islamicisation of Hindu Culture at Vijyanagara," *Journal of Asian Studies* 55 (1996): 851~880; ibid., "Harihara, Bukka and the Sultan: The Delhi Sultanate in the Political Imagination of Vijayanagara," in *Beyond Turk and Hindu: Rethinking Religious Identities in Islamicate South Asia*, ed. David Gilmartin and Bruce B. Lawrence (Gainesville: University of Florida Press, 2000), 300~326.

31) 바부르에 관해서는 이제 다음과 같은 탄탄한 내용을 가진 단행본이 나와 있다. Stephen F. Dale, *The Garden of the Eight Paradises: Babur and the Culture of Empire in Central Asia, Af ghan i stan and India (1483-1530)* (London: Brill, 2004). 또한 다음을 참조하라. Mohibbul Hasan, *Babur: Founder of the Mughal Empire in India* (Delhi: Manohar, 1985); Satish Chandra, *Mughal Empire (1526-1748)*, part 2 of *Medieval India: From Sultanate to the Mughals* (New Delhi: Har-Anand Publications, 1999), 21~46. 북인도에서 무굴 지배가 확립되는 과정에 관해서는 다음을 참조하

라. Douglas E. Streusand, *The Formation of the Mughal Empire* (Delhi: Oxford University Press, 1989).

32) 무굴 제국에 관한 주요 문헌은 다음과 같다. John F. Richards, *The Mughal Empire* (Cambridge: Cambridge University Press, 1996); Stephan Conermann, *Das Mogulreich: Geschichte und Kultur des muslimischen Indien* (Munich: Beck, 2006); Stephen F. Dale, *The Muslim Empires of the Ottomans, Safavids, and Mughals* (Cambridge: Cambridge University Press, 2009); Chandra, *Mughal Empire;* in addition to the essays in Raychaudhuri, *The Cambridge Economic History*, 1: 163~478. 또한 다음과 같은 글도 활용할 수 있다. Muzaffar Alam and Sanjay Subrahmanyam, "Introduction," in *The Mughal State, 1526–1750*, ed. Muzaffar Alam and Sanjay Subrahmanyam (Delhi: Oxford University Press, 1998), 1~71.

33) 후마윤에 관해서는 추가로 다음을 참조하라. Chandra, *Mughal Empire*, 47~69, 또한 다음을 참조하라. Nader Purnaqcheband, *Strategien der Kontingenzbewältigung: Der Mogulherrscher Humayun (r. 1530–1540 und 1555–1556) dargestellt in der "Tazkirat al-Waqi'at" seines Leibdieners Jauhar Aftabci* (Schenefeld: EBVerlag, 2007).

34) 이하의 서술 내용은 기본적으로 다음의 탁월한 논문집에 있는 내용에 근거한다. Muzaffar Alam und Sanjay Subrahmanyam under the title *The Mughal State, 1526–1750*. 첫 번째 부분은 다음에 의지한다. Dirk H. A. Kolff, "A Warlord's Fresh Attempt at Empire," in *Naukar, Rajput, and Sepoy: The Ethnohistory of the Military Labour Market of Hindustan, 1450–1850* (Cambridge: Cambridge University Press, 1990), 32~70. 또한 다음을 참조하라. Basheer Ahmad Khan Matta, *Sher Shah Suri: A Fresh Perspective* (Karachi: Oxford University Press, 2005); Chandra, *Mughal Empire*, 70~90.

35) 이하의 서술 내용은 다음 자료를 참조하라. Ram Prasad Tripathi, "Turko-Mongol Theory of Kingship," in *Some Aspects of Muslim Administration* (Allahabad: Indian Press, 1936), 105~121. 이 주제에 관한 가장 최근의 연구도 유사한 결론에 도달한다. A. Azfar Moin, *The Millennial Sovereign: Sacred Kingship and Sainthood in Isla*m (New York: Columbia University Press, 2012). 또한 다음을 참조하라. Lisa Balabanlilar, *Imperial Identity in the Mughal Empire: Memory and Dynastic Politics in Early Modern South and Central Asia* (London: Tauris, 2012); Corinne Lefèvre, "In the Name of the Fathers: Mughal Genealogical Strategies from Babur to Shah Jahan," in *Genealogy and History in South Asia*, ed. Simon Brodbeck and James Hegarty (London: Equinox, 2011), 409~442.

36) 이 부분의 서술은 다음에 근거한다. John F. Richards, "The Formulation of Imperial Authority under Akbar and Jahangir," in *Kingship and Authority in South Asia*, ed. John F. Richards (Madison: University of Wisconsin Press, 1978), 285~326.

37) 아크바르에 관한 훌륭한 전기가 출간되어 있다. André Wink, *Akbar* (Oxford: Oneworld, 2009). 또한 다음을 참조하라. Heike Franke, *Akbar und Gahangir: Untersuchungen zur politischen und religiösen Legitimation in Wort und Bild* (Hamburg: EB-Verlag, 2007); Chandra, *Mughal Empire*, 91~185.

38) 또한 다음을 참조하라. Anna Kollatz, "Der Kaiser als Kitt der Gesellschaft—Kontingenzbew

ältigung durch Herrscher-Apotheose in der frühen Regierungszeit Ǧāhangīrs (r. 1605–27)," in *Strategien zur Bewältigung von Kontingenz: (Be-)Gründung von Herrschaft: Eine interdisziplinäre Annäherung*, ed. Mathias Becher and Stephan Conermann (Berlin: de Gruyter, 2014).

39) 자한기르에 관한 전기적 서술은 다음을 참조하라. Anna Kollatz, "The Creation of a Saint Emperor: Retracing Narrative Strategies of Mughal Legitimation and Representation in *Majālis-i Jahāngīrī* by ʿAbd al-Sattār b. Qāsim Lāhōrī (ca. 1608–11)," in *Narrative Pattern and Genre in Hagiographic Life Writing*, ed. S. Conermann and J. Rheingans (Berlin: EB-Verlag, 2014), 227~266.

40) 인도의 수피즘에 관해서는 다음을 참조하라. Richard M. Eaton, *Sufis of Bijapur, 1300–1700: Social Roles of Sufis in Medieval India* (Princeton, NJ: Princeton University Press, 1977); Carl Ernst, *Eternal Garden: Mysticism, History, and Politics in a South Asian Sufi Center* (Albany: State University of New York Press, 1992); Nile Green, *Indian Sufism since the Seventeenth Century: Saints, Books and Empires in the Muslim Deccan* (London: Routledge, 2006); ibid., *Making Space: Sufis and Settlers in Early Modern India* (New Delhi: Oxford University Press, 2012).

41) 이것과 자한기르에 관한 일반적인 사항은 다음을 참조하라. Sajida, "Religion and State during the Reign of Mughal Emperor Jahangir (1605–27): Non-Juristical Perspectives," *Studia Islamica* 69 (1989): 95~119; Franke, *Akbar und Ǧahāngīr;* Chandra, *Mughal Empire*, 231~256; Corinne Levèvre, "Recovering a Missing Voice from Mughal India: The Imperial Discourse of Jahāngīr (r. 1605–1627) in His Memoirs," *Journal of the Economic and Social History of the Orient* 50, no. 4 (2007): 452~489; Munis D. Faruqui, *Princes of the Mughal Empire, 1504–1719* (Cambridge: Cambridge University Press, 2012); also Moin, *Millennial Sovereign*. 특히 최근에는 자한기르에 관해 집중적으로 연구한 일련의 연구사적 논문이 발표되었다. Corinne Lefèvre, "Une autobiographie à la mode moghole: Les Mémoires de l'empereur Jahāngīr (r. 1605–1627)," in *Les Autobiographies souveraines*, ed. Pierre Monnet and Jean-Claude Schmitt (Paris: Publications de la Sorbonne, 2012), 119~158; ibid., "Comment un 'conquérant du monde' devint l'esclave d'une femme: L'historiographie de l'empereur moghol Jahāngīr (r. 1605–1627)," in *Mémoires partagées, mémoires disputées: Écriture et réécriture de l'histoire*, ed. Stéphane Benoist et al. (Metz: Centre régional universitaire lorrain d'histoire, 2010), 93~118; ibid., "Recovering a Missing Voice from Mughal India: The Imperial Discourse of Jahāngīr (r. 1605–1627) in His Memoirs," *Journal of the Economic and Social History of the Orient* 50, no. 4 (2007): 452~489; ibid., "Pouvoir et noblesse dans l'Empire moghol: Perspectives du règne de Jahāngīr (1605–1627)," *Annales: Histoire, Sciences Sociales* 62, no. 6 (2007): 1287~1312.

42) 이러한 관찰의 근거는 다음과 같다. Norman P. Ziegler, "Some Notes on Rajput Loyalties during the Mughal Period," in Richards, *Kingship and Authority in South Asia*, 215~251. 이 주제에 관해서는 다음을 참조하라. Satish Chandra, *Mughal Religious Policies, the Rajputs and the Deccan* (New Delhi: Vikas Publishing House, 1993). 또한 다음을 참조하라. Allison Busch, "Portrait of a Raja in a Badshah's World: Amrit Rai's Biography of Man Singh (1585)," *Journal of the Economic and Social History of the Orient* 55, nos. 2–3 (2012): 287~328; Cynthia Talbot, "Justifying Defeat: A

Rajput Perspective on the Age of Akbar," *Journal of the Economic and Social History of the Orient* 55, nos. 2–3 (2012): 329~368.

43) 이 부분은 다음에 광범위하게 설명되어 있다. Chetan Singh, "Conformity and Conflict: Tribes in the 'Agrarian System' of Mughal India," *Indian Economic and Social History Review* 23, no. 3 (1988): 319~340.

44) 다음을 참조하라. William H. Moreland, "Rank (mansab) in the Mogul State Service," *Journal of the Royal Asiatic Society of Great Britain and Ireland*, 1936, 641~665. 무굴 제국 시대의 행정에 관한 최신 문헌으로는 다음을 참조하라. John F. Richards, *The Mughal Administration in Golkonda* (Oxford: Clarendon Press, 1975); and M. Athar Ali, *The Apparatus of Empire: Awads of Ranks, Offices, and Titles to the Mughal Nobility, 1573–1658* (Delhi: Oxford University Press, 1985). 다음 논문도 중요하다. Irfan Habib, "Mansab System, 1595–1637," *Proceedings of the Indian History Congress* 29 (1967): 221~242; and Shireen Moosvi, "Evolution of Mansab System under Akbar until 1596–7," *Journal of the Royal Asiatic Society* 2 (1981): 175~813.

45) 샤 자한에 관한 학술적으로 수준 있는 서술은 아직 나와 있지 않다.

46) 이하 단락에 관해서는 다음을 참조하라. Norman Ahmad Siddiqui, "The Faujdar and Faujdari under the Mughals," *Medieval India Quarterly* 4 (1961): 22~35. 무굴 제국의 개별 부서와 직책의 역사는 시급하게 필요하다. 또한 다음을 참조하라. Mohammed Z. Siddiqi, "The Muhtasib under Aurangzeb," *Medieval Indian Quarterly* 5 (1963): 113~119; 그리고 특히 다음을 참조하라. M. P. Singh, *Town, Market, Mint and Port in the Mughal Empire, 1556–1707: An Administrative-Cum-Economic Study* (Delhi: Adam Publishers, 1985).

47) 이 단락은 다음 자료를 주로 참고했다. A. Jan Qaisar, "Distribution of Revenue Resources of the Mughal Empire among the Nobility," *Proceedings of the Indian History Congress 1965*, 237~242. 이 주제에 관한 또 다른 중요한 자료로는 다음을 참조하라. Tapan Raychaudhuri, "The State and the Economy: 1. The Mughal Empire," and Irfan Habib, "Agrarian Relations and Land Revenue: 1. North India," both in Raychaudhuri and Habib, *Cambridge Economic History*, 1: 172~191 and 1: 235~248, respectively.

48) 이미 셰르 샤는 무게가 11.5그램인 은으로 된 루피를 도입했다. 이 화폐는 아크바르 치하에서 결국 어디서나 인정받는 제국의 은화가 되었다. 루피는 40 구리 담으로 세분되었다.

49) 이 부분에 관해서는 다음 자료를 참조하라. Tapan Raychaudhuri, "The Agrarian System of Mughal India: A Review Essay," *Enquiry* 2, no. 1 (1965): 92~121. 또한 전체적인 문제에 관해서는 다음을 참조하라. Tapan Raychaudhuri, *Bengal under Akbar and Jahangir: An Introductory Study in Social History*, 2nd ed. (Delhi: Munshiram Manoharlar, 1966); and Ahsan Raza Khan, *Chieftains in the Mughal Empire during the Reign of Akbar* (Shimla: Indian Institute for Advanced Study, 1977).

50) 라이초두리는 여기서 다음 자료를 참조했다. Nurul Hasan, "The Position of the *Zamindars* in the Mughal Empire," *Indian Economic and Social History Review* 1, no. 4 (1964): 107~119; and B. R. Grover, "Nature of Land-Rights in Mughal India," *Indian Economic and Social History Review* 1, no. 1 (1964): 1~23.

51) 라이초두리는 다음을 인용했다. Irfan Habib, *The Agrarian System of Mughal India (1556–1707)* (London: Asia Publishing House 1963), 136~137.

52) 이 관찰은 다음을 기반으로 한다. S. Nurul Hasan, "Zamindar under the Mughals," in *Land Control and Social Structure in Indian History*, ed. Robert E. Frykenberg (Madison: University of Wisconsin, 1969), 17~31.

53) 해당 내용은 다음을 참조하라. Chandra Jnan, "Aurangzēb and Hindu Temples," *Journal of Pakistan Historical Society* 5 (1957): 247~254; "Ālamgīr's Grant to Hindu Pujārīs," *Journal of Pakistan Historical Society* 6 (1958): 55~65; "Freedom of Worship for the Hindus under 'Ālamgīr," *Journal of Pakistan Historical Society* 6 (1958): 24~125; "'Ālamgīr's Patronage of Hindū Temples," *Journal of Pakistan Historical Society* 6 (1958): 208~213; "'Ālamgīr's Attitude towards Non-Muslim Institutions," *Journal of Pakistan Historical Society* 7 (1959): 36~39; and "'Ālamgīr's Grant to a Brahmin," *Journal of Pakistan Historical Society* 7 (1959): 99~100. 또한 다음을 참조하라. Katherine B. Brown, "Did Aurangzeb Ban Music? Questions for the Historiography of His Reign," *Modern Asian Studies* 41, no. 1 (2007): 77~120; Richard Eaton, "Temple Desecration and Indo-Muslim States," *Journal of Islamic Studies* 11, no. 3 (2000): 283~319; Muzaffar Alam, *The Languages of Political Islam* (London: Hurst, 2004); Manohar Lal Bhatia, *The Ulama, Islamic Ethics and Courts under the Mughals: Aurangzīb Revisited* (New Delhi: Mank Publications, 2006); Munis Faruqi, *The Princes of the Mughal Empire, 1504–1719* (New York: Cambridge University Press, 2012).

54) 해당 내용은 다음을 기초로 한다. Conermann, *Das Mogulreich*, 105~112. 또한 다음을 참조하라. Chandra, *Mughal Empire*, 267~357.

55) 마라타에 관해서는 다음과 같은 좋은 개설서가 있다. Stewart Gordon, *The Marathas, 1600–1818* (Cambridge: Cambridge University Press, 1993); André Wink, *Land and Sovereignty in India: Agrarian Society and Politics under the Eighteenth-Century Maratha Svarajya* (Cambridge: Cambridge University Press, 1986).

56) 다음 글은 이 부분의 토대를 제공한다. Satish Chandras, "Review of the Crisis of the Jagirdaran System," in *Medieval India: Society, the Jagirdaran Crisis and the Village* (Delhi: Macmillan, 1982), 61~75.

57) 이러한 파열이 일어난 구역에 관해서는 다음을 참조하라. Gautam Bhadra, "Two Frontier Uprisings in Mughal India" in *Subaltern Studies*, vol. 2, ed. Ranajit Guha (Delhi: Oxford University Press, 1982), 43~59.

58) 이 주장은 다음 자료를 따른다. Muzaffar Alam, "Aspects of Agrarian Uprisings in North India in the Early Eighteenth Century," in *Situating Indian History for Sarvepalli Gopal*, ed. Sabyasachi Bhattacharya and Romila Thapar (Delhi: Oxford University Press, 1986), 146~170.

59) 이하의 내용에 관해서는 다음 자료를 참조하라. Karen Leonard, "The 'Great Firm' Theory of the Decline of the Mughal Empire," *Comparative Studies in Society and History* 21, no. 2 (1979): 151~167. 또한 해당 논의는 다음을 참조하라. Alam and Subrahmanyam, "Introduction," 55~68.

60) 다음은 해당 단락에 대한 근거를 제공한다. Ashin Das Gupta, "Trade and Politics in Eighteenth

Century India," in *Islam and the Trade of Asia*, ed. Donald S. Richards (Philadelphia: University of Pennsylvania Press, 1970), 181~214.

61) 구자라트에 관해서는 다음을 참조하라. Michael N. Pearson, *Merchants and Rulers in Gujarat: The Response to the Portuguese in the Sixteenth Century* (Berkeley: University of California Press, 1976).

62) 마실리파트남에 관해서는 다음을 참조하라. Sinnappah Arasaratnam and Aniruddha Ray, *Masulipatnam and Cambay: A History of Two Port-Towns, 1500–1800* (New Delhi: Munshiram Manoharlar, 1994).

63) 또한 다음을 참조하라. Janet Abu-Lughod, "The World System in the Thirteenth Century: Dead-End or Precursor?" in *Islamic and European Expansion: The Forging of a Global Order*, ed. Michael Adas (Philadelphia: Temple University Press, 1993), 75~102.

64) 이 주제에 관해서는 다음을 참조하라. Morris Rossabi, "Ming China's Relations with Hami and Central Asia, 1414–1513: A Reexamination of Traditional Chinese Foreign Policy" (PhD diss., Columbia University, 1970); ibid., "Ming China and Turfan, 1406–1517," *Central Asiatic Journal* 16 (1972): 206~222; and ibid., "The Ming and Inner China," in *The Ming Dynasty, 1368–1644*, vol. 8, part 2 of *The Cambridge History of China*, ed. Frederick W. Mote and Denis Twitchett (Cambridge: Cambridge University Press, 1998), 221~271.

65) 다음의 훌륭한 개설서도 참조하라. Klaus Bergdolt, *Der schwarze Tod in Europa*, 3rd ed. (Munich: Beck, 2011). 또한 다음을 참조하라. Neithard Bulst, "Der schwarze Tod: Demographische, wirtschafts und kulturgeschichtliche Aspekte der Pestkatastrophe von 1347–1352. Bilanz der neueren Forschung," *Saeculum* 30 (1979): 45~67. 근동에 관해서는 다음을 참조하라. Michael W. Dols, *The Black Death in the Middle East* (Princeton, NJ: Princeton University Press, 1976); Stuart J. Borsch, *The Black Death in Egypt and England: A Comparative Study* (Austin: University of Texas Press, 2005).

66) 다음을 참조하라. Chaudhuri, *Trade and Civilization*, 34~63.

67) H. Neville Chittick, "The East Coast, Madagascar, and the Indian Ocean," in *From c. 1050 to c. 1600*, vol. 3 of *The Cambridge History of Africa*, ed. Roland Oliver (Cambridge: Cambridge University Press, 1977), 183~231. 또한 다음을 참조하라. John Henrik Clark, "East Africa and the Orient: Ports and Trade before the Arrival of the Portuguese," and Michel Mollat, "Historical Contacts of Africa and Madagascar with South and South-East Asia: The Role of the Indian Ocean," both in *Historical Relations across the Indian Ocean: Reports and Papers of the Meeting of Experts Organized by Unesco at Port Louis, Mauritius, from 15 to 19 July 1974* (Paris: Unesco, 1980), 13~22 and 45~60, respectively; H. Neville Chittick, "East African Trade with the Orient," in *Islam and the Trade of Asia: A Colloquium*, ed. Donald S. Richards (Oxford: Cassirer, 1970), 97~104.

68) 다음 자료를 참조하라. Rita Rose Di Meglio, "Arab Trade with Indonesia and the Malay Peninsula from the 8th to the 16th Century," in Richards, *Islam and the Trade*, 105~136; Marie A. P. Meilink-Roelofsz, "Trade and Islam in the Malay-Indonesian Archipelago Prior to the Arrival of the Europeans," in Richards, *Islam and the Trade*, 137~158; Luis F. Thomasz, "Malaka

et ses communautés marchandes au tournant du 16ème siècle," in *Marchands et hommes d'affaires asiatiques dans l'Ocean Indien et la Mer de Chine 13–20 siecles*, ed. Jean Aubin and Denys Lombard (Paris: Editions de l'école des études en sciences sociales, 1988), 31~48; Stefan Dietrich, "Islam, Handel und neue Reiche im 13.-17. Jahrhundert," in *Versunkene Königreiche lndonesiens*, ed. Arne Eggebrecht and Eve Eggebrecht (Mainz: Zabern, 1995), 112~125.

69) Varvara P. Adrianova-Peretc et al., eds. and trans., *Choženie za tri morja Afanasija Nikitina, 1466-1472 gg.*, 2nd rev. ed. (Moscow: Izdat. Akad. Nauk SSSR, 1958), 80.

70) 이 모델에 관해서는 다음을 참조하라. Chaudhuri, *Trade and Civilization*, 98~118; 또한 다음을 참조하라. Archibald Lewis, "Maritime Skills in the Indian Ocean, 1368-1500," *Journal of the Economic and Social History of the Orient* 16 (1973): 238~264, 인용은 241~247.

71) 이 부분은 다음 자료를 요약한 것이다. Stephan Conermann, "Vertraute Zeichen — Fremde Zeichen: Zur Frage der möglichen Exilerfahrung in der mittelalterlichen islamischen Welt," in *Vermischte Schriften: Koran, Šāh-nāme, Exil und Viktor Klemperer*, ed. Werner Schmucker and Stephan Conermann (Schenefeld: EB-Verlag, 2007), 37~46. 이 주제에 관해서는 또한 다음을 참조하라. Patricia Risso, *Merchants & Faith: Muslim Commerce and Culture in the Indian Ocean* (Boulder, CO: Westview Press, 1995).

72) 다음을 참조하라. Ulrich Haarmann, "Glaubensvolk und Nation im islamischen und lateinischen Mittelalter," *Berlin-Brandenburgische Akademie der Wissenschaften: Berichte und Abhandlungen* 2 (1996): 161~199.

73) 이 작업에 관해서는 다음을 참조하라. Hillary Kilpatrick, "A 10th Century Anthology of Exile and Homesickness," *Azure: Review of Arab Literature, Arts and Culture* 5 (1980): 23~27.

74) 이븐 바투타에 관해서는 예를 들면 다음을 참조하라. Conermann, *Die Beschreibung Indiens in der "Rihla" des Ibn Battu*ta.

75) 이븐 시나에 관해 소개하는 최고의 개요는 다음과 같다. "Avicenna," in *Ataš-Bayhaqi*, vol. 3 of *Encyclopaedia Iranica* (London: Routledge, 1989), col. 66a-110a.

76) 이하의 내용은 다음을 참조하라. Roland Posner, "Kultursemiotik," in *Konzepte der Kulturwissenschaften*, ed. Ansgar Nünning and Vera Nünning (Stuttgart: Metzler, 2003), 39~72.

77) 이슬람법에 관한 탁월한 개설은 다음에서 찾을 수 있다. Bernard G. Weiss, *The Spirit of Islamic Law* (Athens: University of Georgia Press, 1998). 또다른 유용한 자료로는 다음과 같은 것이 있다. Gotthelf Bergsträsser, *Grundzüge des islamischen Rechtes*, ed. Joseph Schacht (Berlin: W. de Gruyter, 1935).

78) 이 부분은 다음 자료를 압축한 내용이다. Stephan Conermann, "Muslimische Seefahrt auf dem Indischen Ozean vom 14. bis zum 16. Jahrhundert," in *Der Indische Ozean in historischer Perspektive*, ed. Stephan Conermann (Hamburg: EB-Verlag, 1998), 143~180.

79) Marco Polo, *The Description of the World*, trans. Arthur-Christopher Moule and Paul Pelliot (London: Routledge, 1938). 요사파트 바르바로의 작품은 다음과 같이 출판되었다. Josaphat Barbaro, *Travels to Tana and Persia by Yosafa Barbaro and Ambrogio Contarini* (London: Hakluyt Society, 1873). 니콜로 데 콘티에 관해서는 다음을 참조하라. Nicolò Conti, "The Travels of

Nicolò de'Conti in the East," in *The Most Noble and Famous Travels of Marco Polo together with the Travels of Nicolo de'Conti*, ed. and trans. John Frampton (London: Argonaut Press, 1929), 123~149 and 259~260. 지롤라모 다 산토 스테파노에 관해서는 다음을 참조하라. Mario Longhena, ed., *Viaggi in Persia, India e Giava di Nicolo di Conti, Girolamo Adorno e Girolamo da Santo Stefano* [The travels of Nicolo di Conti, Girolamo Adorno and Girolamo da Santo Stefano in Persia, India and on Java] (Milan: Edizioni "Alpes," 1929). 루도비코 디 바르테마에 관해서는 다음을 참조하라. Ludovico de Varthema, *Reisen im Orient*, trans. Folker Reichert (Sigmaringen: Thorbecke, 1996); Richard Carnac, trans., *The Itinerary of Ludovico di Varthema of Bologna from 1502–1508* (London: Argonaut Press, 1928). 두아르트 바르보자에 관해서는 다음을 참조하라. *The Book of Duarte Barbosa: An Account of the Countries Bordering on the Indian Ocean and Their Inhabitants, Written by Duarte Barbosa, and Completed about the Year 1518 a*d, 2 vols. (London: Hakluyt Society, 1918–1921). 토메 피르스에 관해서는 다음을 참조하라. Armando Cortesao, trans., *The Suma Oriental of Tomé Pires: An Account of the East, from the Red Sea to Japan, Written in Malacca and India in 1512–1515* (London: Hakluyt Society, 1944; reprint, Wiesbaden: Kraus, 1967).

80) 각각의 선박 형태에 관한 상세한 서술은 다음을 참조하라. Robert B. Serjeant, *The Portuguese off the South Arabian Coast: Hadrami Chronicles, with Yemeni and European Accounts of Dutch Pirates off Mocha in the Seventeenth Century* (Oxford: Clarendon Press, 1963), 134~136; 특히 다음을 참조하라. Hans Kindermann, *Schiff im Arabischen* (Zwickau: n.p., 1934). 또한 다음을 참조하라. William H. Moreland, "The Ship of the Arabian Sea about ad 1500," *Journal of the Royal Asiatic Society* 1939, 63~74 and 173~192. 오스만의 선박 종류는 다음을 참조하라. Svat Soucek, "Certain Types of Ships in Ottoman Turkish Terminology," *Turcica* 7 (1975): 233~249. 해당 기간과 관련해 다음 것들에서 많은 정보를 이용할 수 있다. A. Jan Qaisar, "Shipbuilding in India during the Seventeenth Century," *Indian Economic and Social History Review* 5 (1940–1941): 142~164; A. Jan Qaisar, "Merchant Shipping in India during the Seventeenth Century," in *Medieval India: A Miscellany*, ed. Aligarh Muslim University, Centre of Advanced Studies, Department of History (London: Asia Publishing House, 1970), 2: 195~220; Atul C. Roy, *A History of Mughal Navy and Naval Warfares* (Calcutta: World Press, 1972); Colin H. Imber, "The Navy of Süleyman the Magnificent," *Archivum Ottomanicum* 6 (1980): 211~282.

81) Ibn Battuta, *Rihla*, 565~566, 인용은 Stephan Conermann, *Die Beschreibung Indiens in der 'Rihla' des Ibn Battūta. Eine herrschaftssoziologische Einordnung des Delhisultanates unter Muhammad Ibn Tuġluq* (Berlin: Schwarz, 1993).

82) Mahmud Shah, "Code maritime du royaume de Malaca," ed. and trans. Édouard Dulaurier, in *Collection de lois maritimes antèrieures au XVIII siècle*, ed. Jean Marie Pardessus (Paris: L'imprimerie royale, 1845), 6: 389~440, 인용은 391.

83) Abul Fazl Allami, *Ain-i Akbari*, ed. Henry Blochmann (Calcutta: Asiatic Society, 1867), 1: 202~203.

84) Ibn Majid, *K. Fawa'id fi usul ilm al-bahr wa'l-qawa'id*, ed. Gabriel Ferrand et al. *Instructions nautiques et routiers arabes et portugais des XVe et XVIe siècles* (Paris: Paul Geuthner, 1921), 1:

1b~88b, 인용은 51b~5Sa.

85) Shah, "Code maritime du royaume de Malaca," 405~406.

86) Sulayman al-Mahri, *Tuhfat al-fulul fi tamhid al-usul*, ed. von Ferrand, *Instructions nautiques*, 2: 4a~10a, 인용은 2: 9b~10a.

87) 이하의 서술을 위해 기본적인 내용을 담고 있으며 당시 아라비아의 항해술에 관한 좋은 개설서는 다음과 같다. Gerald R. Tibbetts, *The Navigational Theory of the Arabs in the Fifteenth and Sixteenth Centuries* (Lisbon: Royal Asiatic Society, 1969); "The Navigators and Their Works," "Navigational Theory," and "The Topography of the Navigational Texts," all in *Arab Navigation in the Indian Ocean before the Coming of the Portuguese* (London: Royal Asiatic Society, 1971), 1~64, 269~392, 393~504, respectively; "Stellar Navigation in the Medieval Indian Ocean," *Journal of the Institute of Navigation* 19 (1972): 139~144; and "Milaha: In the Indian Ocean," in *Encyclopaedia of Islam*, new edition (Leiden: E. J. Brill, 1993), 7: 50~53. 또한 다음을 참조하라. Theodor A. Šumovskij, "Issledovanie," in *Tri neizvestnye locii Achmada ibn Madžida, arabskogo locmana Vasko da Gamy* [Three unknown maritime handbooks by Ahmad ibn Majid, the pilot of Vasco da Gama] (Moscow: Izdat. Akad. Nauk SSSR, 1957), 63~105; and Šumovskij, *Arabskie locii kak istoriko-literatunrye pamjatniki novogo kačestva* [Arab maritime manuals as curious literary-historical remains] (Moscow: Izdat. Akad. Nauk SSSR, 1960). 기타 중요한 연구는 다음과 같다. Henri Grosset-Grange, "La navigation dans l'Océan Indien au temps de Vasco da Gama," *Tilas* 12 (1972): 28~36; "Les traités arabes de navigation: De certaines difficultés particulières à leur étude," *Arabica* 19 (1972): 240~254; "Les marins arabes du moyen âge: De certaines étoiles observées en Océan Indien," *Arabica* 24 (1977): 42~57; "Les manuscrits nautiques anciens (Océan Indien): Considérations relatives à certains termes particuliers," *Arabica* 26 (1979): 90~99; and "Les procédés arabes de navigation Océan Indien au moment des Grandes Découvertes," in *Sociétés et companies de commerce en Orient et dans l'océan Indien*, ed. Michel Mollat (Paris: S.E.V.P.E.N., 1970), 227~246. 또한 다음을 참조하라. Alfred Clark, "Medieval Arab Navigation on the Indian Ocean: Latitude Determinations," *Journal of the American Oriental Society* 113 (1993): 360~373.

88) 다음을 참조하라. Tibbetts, *Arab Navigation*, 354~360.

89) 다음을 참조하라. Sidi Ali Re'is, *Muhit*—Ms. of the National Library in Vienna (=Flügel 1277), fol. 96a-96b.

90) 맘루크 시대에 관해서는 다음을 참조하라. Carl F. Petry, ed., *Islamic Egypt, 640-1517*, vol. 1 of *The Cambridge History of Egypt* (Cambridge: Cambridge University Press, 1998), 242~498. 간략한 개요는 다음을 참조하라. Ulrich Haarmann, "Der arabische Osten im späten Mittelalter," in *Geschichte der arabischen Welt*, 5th. ed., ed. Heinz Halm and Ulrich Haarmann (Munich: Beck, 2004), 217~263. 이 분야에서 좀 더 최신인 연구 현황은 다음을 참조하라. Stephan Conermann and Anja Pistor-Hatam, eds., *Die Mamluken: Studien zu ihrer Geschichte und Kultur: Zum Gedenken an Ulrich Haarmann (1942-1999)* (Schenefeld: EB-Verlag, 2003); Doris Behrens-Abouseif, ed., *The Arts of the Mamluk in Egypt and Syria — Evolution and Impact* (Göttingen: V&R Unipress,

2012); and Stephan Conermann, ed., *Ubi sumus? Quo vademus? Mamluk Studies — State of the Art* (Göttingen: V&R Unipress, 2013).

91) 다음을 참조하라. Stephan Conermann, "Das Mittelmeer zur Zeit der Mamlukenherrschaft in Ägypten und Syrien (1250–1517): Vorstudien zu einer globalgeschichtlichen Perspektive," in *Randgänge der Mediävistik*, ed. Michael Stolz (Bern: Stämpfli, 2013), 21~61. 다음은 맘루크 제국의 무역 연계에 관한 중요한 연구들이다. Subhi Labib, *Handelsgeschichte Ägyptens im Spätmittelalter, 1171–1517* (Wiesbaden: Steiner, 1965); Damien Coulon, *Barcelone et le grand commerce d'Orient au Moyen Âge: Un siècle de relations avec l'Egypte et la Syrie-Palestrine (ca. 1330–ca. 1430)* (Madrid: Casa de Velázques, 2004); Javier Appelániz Ruiz de Galarretain, *Pouvoir et finance en Méditerranée pré-moderne: Le deuxième etat mamlouk et le commerce de épices (1382–1517)* (Barcelona: CSIC, 2009); and Georg Christ, *Trading Conflicts: Venetian Merchants and Mamluk Officials in Late Medieval Alexandria* (Leiden: Brill, 2012).

92) 다음을 참조하라. Walter J. Fischel, "Über die Gruppe der Karimi-Kaufleute: Ein Beitrag zur Geschichte des Orienthandels Ägyptens unter den Mamluken," *Studia Arabica* 1 (1937): 65~82; Fischel, "The Spice Trade in Mamluk Egypt: A Contribution to the Economic History of the Medieval Islam," *Journal of the Social and Economic History of the Orient* 1 (1958): 157~174; Gaston Wiet, *Les merchands d'épices sous les sultans mamlouks* (Cairo: Editions des Cahiers d' histoire égyptienne, 1955); Eliyahu Ashtor, "The Karimi Merchants," *Journal of the Royal Asiatic Society* 1956, 45~56. D. Goitein, "The Beginnings of the Karim Merchants and the Character of Their Organization," in *Studies in Islamic History and Institutions* (Leiden: Brill, 1968), 351~360; Subhi Labib, "Les merchands Karimis en Orient et sur l'océan Indien," in Mollat, *Sociétés et companies*, 209~214; and Lucian Reinfandt, "Kārimī-Kaufleute als Stifter," in *Studia Eurasiatica. Kieler Festschrift für Hermann Kulke zum 65. Geburtstag*, ed. Stephan Conermann and Jan Kusber (Schenefeld: EB-Verlag, 2003), 369~382.

93) 카리미 상인에는 분명히 유대인과 기독교도들도 포함되어 있었다. 다음을 참조하라. Ashtor, "Karimi Merchants," 55.

94) 향신료의 집산지로서의 알렉산드리아에 관해서는 최근에 발표된 다음 논문을 참조하라. Éric Vallet Eric, "Le marché des épices d'Alexandrie et les mutations du grand commerce de la mer Rouge (XIVe–XVe siècle)," *Alexandrie Médiévale* 4 (2011): 213~228. 중세의 알렉산드리아에 관한 일반적인 사항에 관해서는 네 차례에 걸쳐 간행한 다음 시리즈를 참조하라. *Alexandrie médiévale* published by the Institut français d'archéologie orientale du Caire (IFAO) in 1998, 2002, 2008, and 2011.

95) Barbosa, *Book of Duarte Barbosa*, 1: 42~43.

96) John L. Meloy, *Imperial Power and Maritime Trade: Mecca and Cairo in the Later Middle Ages* (Chicago: Middle East Documentation Center, 2010).

97) Ibid., 5.

98) 라술 왕조에 관한 권위 있는 저작은 다음과 같다. Éric Vallet, *L'Arabie marchande: État et commerce sous les sultans Rasūlides du Yémen (626–858 / 1229–1454)* (Paris: Publications de la Sorbonne,

2010).

99) Barbosa, *Book of Duarte Barbosa*, 1: 53~55.

100) 이집트와 아덴만 사이의 물자 흐름에 관해서는 다음을 참조하라. Éric Vallet, "Entre deux 'mondes': Les produits du commerce égyptien à Aden (XIIIe–XVe siècle)," in *La configuration des réseaux*, vol. 1 of *Espaces et réseaux en Méditerranée VIe–XVIe siècle*, ed. Damien Coulon, Christophe Picard, and Dominique Valérian (Paris: Éditions Bouchène, 2007), 204~236.

101) 또한 다음을 참조하라. Éric Vallet, "1424—Les navires de Calicut se détournent d'Aden au profit de Djedda, L'avènement d'une nouvelle route des épices," in *Histoire du monde au XVe siècle*, ed. Patrick Boucheron et al. (Paris: Fayard, 2009), 325~328.

102) 이하의 서술 내용은 다음의 연구를 따른다. Éric Vallet, "Les sultans rasûlides du Yémen, protecteurs des communautés musulmanes de l'Inde (VIIe–VIIIe / XIIe–XIVe siècle)," *Annales Islamologiques* 41 (2007): 149~176.

103) 다음에는 프랑스어 번역본이 수록되어 있다. Vallet, "Les sultans rasûlides," 165~169.

104) 다음을 참조하라. Alka Patel, *Building Communities in Gujarat: Architecture and Society during the Twelfth through Fourteenth Centuries* (Leiden: Brill, 2004).

105) 다음을 참조하라. Vallet, "Les sultans rasûlides," 153~154.

106) Ibid., 155.

107) Ibid., 156~157.

108) 이 서신의 프랑스어 번역본은 다음에 수록되어 있다. ibid., 169~171.

109) Ibid., 157~158.

110) Ibid., 159~161.

111) Ibid., 161~163.

112) Ibid., 163~164.

113) Ibid., 164.

114) 이하의 단락에 관한 기본적인 사실은 인도 경제사학자의 다음 저작에 수록된 글들을 참조했다. Ashin Das Gupta, *The World of the Indian Ocean Merchant, 1500–1800* (New Delhi: Oxford University Press, 2001).

115) 상인들과 그들의 네트워크에 관해서는 특히 다음 자료를 참조하라. Denys Lombard and Jean Aubin, eds., *Marchands et hommes d'affairs asiatiques dans l'Océan Indien et la Mer Chine 13e–20e siècles* (Paris: Éditions de l'Ecole des hautes études en sciences sociales, 1988); Ashin Das Gupta, *Merchants of Maritime India, 1500–1800* (Aldershot, UK: Variorum, 1994); Sinnappah Arasaratnam, *Maritime India in the Seventeenth Century* (New Delhi: Oxford University Press, 1994), 173~219; and R. J. Barendse, *The Arabian Seas: The Indian Ocean World of the Seventeenth Century* (New York: M. E. Sharpe, 2002), 152~196.

116) 이 글의 주제가 아닌 남아시아, 동남아시아, 동아시아 사이의 무역에 관해서는 다음의 글을 참조하라. Roderich Ptak and Dietmar Rothermund, eds., *Emporia, Commodities and Entrepreneurs in Asian Maritime Trade (1400–1700)* (Wiesbaden: Steiner, 1991).

117) 인도양의 항구도시들은 얼마 전부터 연구의 관심사로 떠올랐다. Barendse, *Arabian Seas*,

13~86; Frank Broeze, ed., *Brides of the Sea: Port Cities of Asia from the 16th to the 20th Centuries* (Kensington, Australia: New South Wales University Press, 1989); Indu Banga, ed., *Ports and Their Hinterlands in India, 1700–1950* (New Delhi: Manohar, 1992); Arasaratnam, *Maritime India*, 1~32; Frank Broeze, ed., *Gateways of Asia: Port Cities of Asia from the 13th to the 20th Centuries* (London: Keegan Paul International, 1997); and Michael N. Pearson, *Port Cities and Intruders: The Swahili Coast, India, and Portugal in the Early Modern Era* (Baltimore: Johns Hopkins University Press, 1998).

118) 다음 책은 아프리카 동해안에서의 무역에 관해 간략하게 묘사한다. John Middleton, *The World of the Swahili: An African Mercantile Civilization* (New Haven, CT: Yale University Press, 1992).

119) 캄베이에 관해서는 다음을 참조하라. Arasaratnam and Ray, *Masulipatnam and Cambay*.

120) 또한 다음을 참조하라. Holden Furber, *Rival Empires of Trade in the Orient, 1600–1800* (Minneapolis: University of Minnesota Press, 1976), 230~263.

121) 인도 무슬림의 관점에서 본 순례에 관해서는 다음 자료를 참조하라. Michael N. Pearson, *Pilgrimage to Mecca: The India Experience* (Princeton, NJ: Princeton University Press, 1996).

122) 인도양에서 벌어진 해적 활동에 관해서는 별로 연구된 바가 없다. 일반적인 개설적 내용에 관해서는 다음을 참조하라. Robert Bohn, *Die Piraten* (Munich: Beck, 2003). A vivid case study in piracy is given by Arne Bialuschewski, *Piratenleben: Die abenteuerlichen Fahrten des Seeräubers Richards Sievers* (Berlin: Ullstein, 1999).

123) 다음을 참조하라. Ashin Das Gupta, *Indian Merchants and the Decline of Surat, c. 1700–1750* (Wiesbaden: Steiner, 1979).

124) 이하에 이어지는 서술은 다음에 근거한다. Tapan Raychaudhuri, "Inland Trade," in Raychaudhuri and Habib, *Cambridge Economic History*, 325~359.

125) 다음을 참조하라. Arasaratnam, *Maritime India*, 54~89.

126) 벵골과 말라바르 사이의 무역에 관해서는 다음을 참조하라. ibid., 90~116, 149~172.

127) 이 주제에 관한 권위 있는 연구로는 다음 책이 있다. Giancarlo Casale, *The Ottoman Age of Exploration* (Oxford: Oxford University Press, 2010). 다음 연구들도 마찬가지로 중요하다. Salih Özbaran: "The Ottoman Turks and the Portuguese in the Persian Gulf, 1534–1581," *Journal of Asian History* 6, no. 1 (Spring 1972): 45~88; *The Ottoman Response to European Expansion: Studies on Ottoman-Portuguese Relations in the Indian Ocean and Ottoman Administration in the Arab Lands during the Sixteenth Century* (Istanbul: Isis Press, 1994); *Portuguese Encounters with the World in the Age of the Discoveries: The Near and Middle East* (London: Ashgate, 2008); and *Ottoman Expansion towards the Indian Ocean in the 16th Century* (Istanbul: Istanbul Bilgi University Press, 2009).

128) 포르투갈인들의 인도양 진입에 관해서는 많은 저서가 나와 있다. 개설적인 내용에 관해서는 다음 자료를 참조하라. Vitorino Magalhães-Godinho, *L'économie de l'empire portugais aux XVe et XVIe siècles: Ports — routes — trafic* (Paris: S.E.V.P.E.N., 1969); Roderich Ptak, ed., *Portuguese Asia: Aspects in History and Economic History, Sixteenth and Seventeenth Centuries* (Wiesbaden: Steiner, 1987); Michael N. Pearson, *The Portuguese in India* (Cambridge: Cambridge University Press, 1987); Sanjay Subrahmanyam, *The Portuguese Empire in Asia, 1500–1700: A Political and*

Economic History (London: Longman, 1993); Rudi Matthee and Jorge Flores, eds., *Portugal, the Persian Gulf and Safavid Persia* (Leuven: Peeters, 2011).

129) 다음을 참조하라. Cengiz Orhonlu, "Hint Kaptanlığı ve Piri Reis" [The Indian Captain and Piri Reis], *Belleten* 34 (1967): 235~254; Andrew Hess, "Piri Reis and the Ottoman Response to the Voyages of Discovery," *Terrae Incognitae* 6 (1974): 19~37; Svat Soucek, *Piri Reis and Turkish Map Making after Columbus* (Oxford: Oxford University Press, 1996); and Svat Soucek, "Piri Reis and the Ottoman Discovery of the Great Discoveries," *Studia Islamica* 79 (1994): 121~142.

130) 이에 관해서는 매우 훌륭한 논문이 나와 있다. Selman Reis by İdris Bostan in *Türkiye Diyanet Vakfı İslâm Ansiklopedisi*, vol. 36, *Sakal-Sevm* (Istanbul: Türkiye Diyanet Vakfı, 2009), cols. 444a–446b.

131) 다음을 참조하라. Ebru Turan, "The Sultan's Favorite: Ibrahim Paşa and the Making of the Ottoman Universal Sovereignty in the Reign of Sultan Süleyman, 1516–1526" (PhD diss., University of Chicago, 2007).

132) 다음을 참조하라. Faisal Alkanderei, "Selman Reis and His Report of 931/1525," *Arab Historical Review for Ottoman Studies* 7~8 (1993): 103~126.

133) 이 단계에 관해서는 다음을 참조하라. Casale, *Ottoman Age of Exploration*, 117~151.

134) 다음 자료에 상세하게 서술되어 있다. Giancarlo Casale, "Global Politics in the 1580s: A Canal, Twenty Thousand Cannibals, and an Ottoman Plot to Rule the World," *Journal of World History* 18, no. 3 (2007): 267~296.

135) 레판토 해전에 관해서는 다음 논문을 참조하라. Andrew Hess, "The Battle of Lepanto and Its Place in Mediterranean History," *Past and Present* 57 (1972): 53~73; 또한 다음의 단행본들도 참조하라. Angus Konstam, *Lepanto 1571: The Greatest Naval Battle of the Renaissance* (Oxford: Osprey, 2003); Hugh Bicheno, *Crescent and Cross: The Battle of Lepanto, 1571* (London: Phoenix, 2004); and Niccolò Capponi, *Victory of the West: The Story of the Battle of Lepanto* (London: Macmillan, 2006).

136) 펠리페 2세에 관한 수많은 전기 가운데 다음 한 권만 여기에 언급한다. Friedrich Edelmayer, *Philipp II: Biographie eines Weltherrschers* (Stuttgart: Kohlhammer, 2009).

137) 이 전환기에 관해서는 다음 자료를 참조하라. Suraiya Faroqhi, "Crisis and Change, 1590–1699," in *Economic and Social History of the Ottoman Empire, 1300–1914*, ed. Halil Inalcik and Donald Quataert (Cambridge: Cambridge University Press, 1995), 2: 411~623.

138) 다음에 이어지는 논의의 토대로서 유익한 책은 다음과 같다. Rudi Matthee, *The Politics of Trade in Safavid Iran: Silk for Silver, 1600–1730* (Cambridge: Cambridge University Press, 1999). 여기서 맛헤이는 다음 자료를 참고했다. Marshal Hodgson, *The Venture of Islam* (Chicago: University of Chicago Press, 1974), 인용은 2: 330~335. 사파비 왕조의 무역에 관해서는 다음을 참조하라. Willem Floor, *The Persian Textile Industry in Historical Perspective, 1500–1925* (Paris: Harmattan, 1999).

139) 사파비 왕조 시대에 관한 소개는 다음을 참조하라. Roger Savory, *Iran under the Safavids* (Cambridge: Cambridge University Press, 1980); and Andrew J. Newman, *Safavid Iran: Rebirth*

of a Persian Empire (London: Tauris, 2006). 또한 다음의 관련 부분을 참조하라. Hans-Robert Roemer, *Persien auf dem Weg in die Neuzeit: Iranische Geschichte von 1350–1750* (Stuttgart: Steiner, 1989); and David Morgan, *Medieval Persia* (London: Longman, 1988).

140) 다음을 참조하라. Jean-Louis Bacqué-Grammont, *Les Ottomans, les Safavides et leur voisins: Contributions à l'histoire des relations internationales dans l'Orient islamique des 1514 à 1524* (Leiden: Brill, 1987); 좀 더 일반적으로는 다음을 참조하라. Stephen F. Dale, *The Muslim Empires of the Ottomans, Safavids, and Mughals* (Cambridge: Cambridge University Press, 2010).

141) 무역 중심지로서 부르사에 관해서는 다음을 참조하라. Halil Inalcik, "Bursa and the Commerce of the Levant," *Journal of the Economic and Social History of the Orient* 3 (1960): 131~147.

142) 아르메니아인들의 무역 네트워크에 관해서는 다음을 참조하라. Edmund Herzig, "The Armenian Merchants of New Julfa, Isfahan: A Study in Pre-Modern Asian Trade" (PhD diss., Oxford University, 1991); and Ina Baghdiantz, "The Armenian Merchants of New Julfa: Some Aspects of Their International Trade in the Late Seventeenth Century" (PhD diss., Columbia University, 1993); Sebouh David Aslanian, *From the Indian Ocean to the Mediterranean: The Global Trade Networks of Armenian Merchants from New Julfa* (Berkeley: University of California Press, 2011).

143) 레반트 무역에 관해서는 다음을 참조하라. Eliyahu Ashtor, *Levant Trade in the Later Middle Ages* (Princeton, NJ: Princeton University Press, 1983).

144) 다음 저작은 여전히 선구적이다. Artur Attman, *The Russian and Polish Markets in International Trade, 1500–1650* (Göteborg: Institute of Economic History of Gothenburg University, 1973). 마찬가지로 다음을 참조하라. Paul Buscovitch, *The Merchants of Moscow, 1580–1650* (Cambridge: Cambridge University Press, 1980); Rudi Matthee, "Anti-Ottoman Politics and Transit Rights: The Seventeenth-Century Trade in Silk between Safavid Iran and Muscovy," *Cahiers du Mond Russe* (et Soviétique) 35 (1994): 739~762.

145) 무역 중심지로서 호르무즈에 관해서는 다음을 참조하라. Jean Aubin, "Le royaume d'Ormuz au début du XVIe siècle," *Mare Luso Indicum* 2 (1973): 77~179.

146) 다음 저서에 수록된, 포르투갈과 사파비 왕조 사이의 관계에 관한 방대한 참고 문헌 목록을 참조하라. Willem Floor and Farhad Hakimzadeh, *The Hispano-Portuguese Empire and Its Contacts with Safavid Persia, the Kingdom of Hormuz and Yarubid Oman from 1489 to 1720: A Bibliography of Printed Publications* (Leuven: Peeters, 2007). 또한 다음을 참조하라. Jorge M. Flores and Rudi Matthee, eds., *Portugal, the Persian Gulf and Safavid Persia* (Leuven: Peeters, 2011).

147) 다음을 참조하라. Rudi Matthee, "Caravan Trade in Safavid Iran (First Half of the 17th Century)," in *Études safavides*, ed. Jean Calmard (Paris: Institut français de recherche en Iran, 1993), 305~318.

148) 이에 관해서는 이어지는 하부 항목의 내용을 참조하라.

149) 예를 들면 다음을 참조하라. Marie A. P. Meilink-Roelofsz, "The Dutch and the Persian Silk Trade," in *Safavid Persia: The History and Politics of an Islamic Society*, ed. Charles Melville (London: Tauris, 1996), 323~368; Ronald W. Ferrier, "The Terms and Conditions under Which English Trade Was Transacted with Safavid Persia," *Bulletin of the School of Oriental and African Studies* 49

(1986): 48~66.

150) Matthee, *Politics of Trade*, 91~119, discusses this topic.

151) 특히 오스만 제국에 대한 샤 술레이만의 정책에 관해서는 다음 자료를 참조하라. Rudi Matthee, "Iran's Ottoman Policy under Shah Sulayman (1666/1076–1695/1105)," in *Iran and Iranian Studies: Papers in Honor of Iraj Afshar*, ed. Kambiz Eslami (Princeton, NJ: Zagrois, 1998), 148~177.

152) 다음을 참조하라. Rudi Matthee, "Administrative Stability and Change in Late 17th-Century Iran: The Case of Shaykh 'Ali Khan Zanganah (1669–1689)," *International Journal of Middle East Studies* 26 (1994): 77~98.

153) Matthee, *Politics of Trade*, 235~237.

154) 아시아에서 포르투갈이 벌인 활동에 관해서는 다음과 같은 몇 권의 개설서를 참조했다. Charles R. Boxer, *The Portuguese Seaborne Empire, 1415–1825* (London: Hutchinson, 1969); ibid., *Portuguese Conquest and Commerce in Southern Asia, 1500–1750* (London: Variorum Reprints, 1985); Michael N. Pearson, *The Portuguese in India* (Cambridge: Cambridge University Press, 1987); Sanjay Subrahmanyam, *The Portuguese Empire in Asia, 1500–1700: A Political and Economic History* (London: Longman, 1993); James C. Boyajjan, *Portuguese Trade in Asia under the Habsburgs, 1580–1640* (Baltimore: Johns Hopkins University Press, 1993); Barendse, *Arabian Seas*, 299~380; and Anthony R. Disney, *The Portuguese Empire* (Cambridge: Cambridge University Press, 2009). 아시아에서 일어난 유럽 침략에 관한 광범위한 연구는 다음을 참조하라. Wolfgang Reinhard, *Die Alte Welt bis 1818*, vol. 1 of *Geschichte der europäischen Expansion* (Stuttgart: Kohlhammer, 1983). 다음 저서처럼 개인들의 전기를 통한 접근 방식도 매우 흥미롭다. Kenneth McPherson and Sanjay Subrahmanyam, eds., *From Biography to History: Essays in the History of Portuguese Asia (1500–1800)* (New Delhi: Transbooks, 2005).

155) 다음을 참조하라. Kallor M. Mathew, *History of the Portuguese Navigation in India*, 1497–1600 (Delhi: Mittal Publications, 1988).

156) 고아에 관해서는 다음을 참조하라. Catarina M. Santos, *Goa é a chave de toda a Índia: Perfil político da capital do Estado da Índia, 1505–1570* [Goa is the key to the whole of India: The political profile of the Estado da Índia, 1505–1570] (Lisbon: Comissão Nacional para as Comemorações des dos Descobrimentos Portugueses, 1999).

157) 다음을 참조하라. Kuzhippalli Skaria Mathew, *Portuguese and the Sultanate of Gujarat, 1500–1573* (New Delhi: Mittal Publications, 1986), 25~35.

158) 이 시스템은 다음 저서에 잘 묘사되어 있다. Kuzhippalli Skaria Mathew, "Trade in the Indian Ocean and the Portuguese System of Cartazes," in *The First Portuguese Colonial Empire*, ed. Malyn Newitt (Exeter, UK: University of Exeter Press, 1986), 69~83.

159) 다음을 참조하라. Geneviève Bouchon, "Glimpses of the Beginning of the *Carreira Da India (1500–1518)*," in *Indo-Portuguese History: Old Issues — New Questions*, ed. Teotonio R. de Souza (New Delhi: Concept, 1985), 40~55; Glenn J. Ames, "The Carreira da India, 1668–1682," *Journal of European Economic History* 20 (1991): 7~28.

160) 다음을 참조하라. Reinhard, *Geschichte der europäischen Expansion*, 1: 90.

161) Ibid., 1: 103. 포르투갈령 인도의 재정과 세부 사항에 관해서는 다음의 두 작품을 참조하라. Vitorino Magalhães-Godhino: *L' économie de l'empire portugais aux XVe et XVIe siècles* (Paris: S.E.V.P.E.N., 1969) and *Les finances de l'État portugais des Indes orientales 1517-1635: Materiaux por une étude structurale et conjuncturelle* (Paris: Fundação Calouste Gulbenkian—Centro Cultural Purtuguês, 1982). 귀금속과 자금의 흐름을 보여주는 그래프는 다음 책에 나와 있다. Reinhard, *Geschichte der europäischen Expansion*, 1: 101.

162) 다음을 참조하라. George Winius, "The 'Shadow Empire' of Goa: The Bay of Bengal," *Itinerario* 7, no. 2 (1983): 83~101.

163) Reinhard, *Geschichte der europäischen Expansion*, 1: 106. 다음을 참조하라. Anthony R. Disney, *Twilight of the Pepper Empire: Portuguese Trade in Southwest India in the Early Seventeenth Century* (Cambridge, MA: Harvard University Press, 1978).

164) 아프리카 동부 무역 공간의 연결에 관해서는 다음을 참조하라. Malyn D. Newitt, "East Africa and Indian Ocean Trade, 1500-1800," in *India and the Indian Ocean, 1500-1800*, ed. Ashin Das Gupta and Michael N. Pearson (Calcutta: Oxford University Press, 1987), 201~223.

165) 다음을 참조하라. Kuzhippalli Skaria Mathew, *Portuguese Trade with India in the Sixteenth Century* (New Delhi: Manohar, 1983). 코친에 관해서는 다음을 참조하라. Jean Aubin, "L'apprentissage de l'Inde: Cochin, 1503-1515," *Moyen Orient & Océan Indien, XVIe-XIXe s.* 4 (1987): 1~96; 그 외에 다음과 같은 상세한 단행본이 나와 있다. Pius Malekandathil, *Portuguese Cochin and the Maritime Trade of India, 1500-1663* (New Delhi: Manohar, 2001).

166) 비자야나가르와의 연결에 관해서는 다음 저서를 참조하라. Maria Augusta Lima Cruz, "Notes on Portuguese Relations with Vijyanagara, 1500-1565," in *Sinners and Saints: The Successors of Vasco da Gama*, ed. Sanjay Subrahmanyam (Oxford: Oxford University Press, 1995), 13~39.

167) 다음을 참조하라. Jorge M. Flores, *Os Portugueses e o Mar de Ceilão, Trato, diplomacia e guerra, 1498-1543* [The Portuguese and the Sea of Ceylon: Commerce, diplomacy and war, 1498-1543] (Lisbon: Edições Cosmos, 1998).

168) 다음을 참조하라. Reinhard, *Geschichte der europäischen Expansion*, 1: 60.

169) 이 통계자료는 2015년에 출간될 다음 책의 개정판에 수록되어 있다. Reinhard, Geschichte der europäischen Expansion. 저자의 친절한 허락에 따라 원고의 일부를 미리 읽어 볼 수 있었다.

170) 유럽의 무역 회사들이 벌인 활동에 관해서는 다음의 훌륭한 개설서들을 참조하라. Niels Steensgaard, *The Asian Trade Revolution of the Seventeenth Century: The East India Compagnies and the Decline of the Caravan Trade* (Chicago: University of Chicago Press, 1974); Furber, *Rival Empires;* Leonard Blussé and Femme S. Gaastra, eds., *Companies and Trade: Essays in Overseas Trading Compagnies during the Ancient Régime* (Leiden: Leiden University Press, 1981); Ashin Das Gupta and Michael N. Pearson, *India and the Indian Ocean, 1500-1800* (Calcutta: Oxford University Press, 1987); Om Prakash, *European Commercial Enterprise in Pre-Colonial India* (Aldershot, UK: Variorum, 1998); Jürgen G. Nagel, *Abenteuer Fernhandel: Die Ostindienkompanien* (Darmstadt: Wissenschaftliche Buchgesellschaft, 2007); Om Prakash, ed., *European Commercial*

Expansion in Early Modern Asia (Aldershot, UK: Variorum, 1997).

171) 코로만델 해안에서 벌인 무역 활동에 관해서는 다음을 참조하라. Sinnappah Arasaratnam, *Merchants, Companies and Commerce on the Coromandel Coast, 1650–1740* (New Delhi: Oxford University Press, 1986).

172) 다음을 참조하라. Nagel, *Abenteuer Fernhandel*, 110~111.

173) 동인도회사에 관한 연구는 매우 복잡하게 얽혀 있고 지나치게 세부적이다. 무역 회사의 전체 역사에 관한 수많은 연구 가운데 다음 연구들이 추천할 만하다. Charles R. Boxer, *The Dutch Seaborne Empire: 1600–1800* (London: Hutchinson, 1965); Femme S. Gaastra, *The Dutch East India Company: Expansion and Decline* (Zutphen: Walburg, 2003); Om Prakash, *Precious Metals and Commerce: The Dutch East India Company in the Indian Ocean Trade* (Aldershot, UK: Variorum, 1994); Els M. Jacobs, *De Vereenigde Oost-Indische Compagnie* (Utrecht: Teleac, 1997); Jan de Vries and A. van der Woude, *The First Modern Economy: Success, Failure, and Perseverance of the Dutch Economy, 1500–1815* (Cambridge: Cambridge University Press, 1997); Harms Stevens, *Dutch Enterprise and the VOC, 1602–1799* (Zutphen: Walburg, 1998); Barendse, *Arabian Seas*, 381~422; Menno Witteveen, *Een onderneming van landsbelang: De oprichting van de Vereenigde Oost-Indische Compagnie in 1602* [An undertaking of national importance: The founding of the Vereenigde Oost-Indische Compagnie] (Amsterdam: Amsterdam University Press Salomé, 2002). 동인도회사의 경제사에 관해서는 다음 책이 여전히 모범적이다. Kristof Glamann, *Dutch Asiatic Trade, 1620–1740* (Copenhagen: Danish Science Press, 1958).

174) 특히 다음을 참조하라. Hugo s'Jacob, *The Rajas of Cochin, 1663–1720: Kings, Chiefs, and the Dutch East India Company* (New Delhi: Munshiram Manoharlar, 2000).

175) 동인도회사에 관해서는 수많은 저서가 나와 있다. 그 가운데 다음 저서들이 추천할 만하다. Philip Lawson, *The East India Company: A History* (London: Longman, 1987); K. N. Chaudhuri, *The English East India Company: The Study of an Early Joint-Stock Company, 1600–1640* (London: Cass, 1965); Sudipta Sen, *Empire of Free Trade: The East India Company and the Making of the Colonial Marketplace* (Philadelphia: University of Philadelphia Press, 1998); H. V. Bowen, Margaret Lincoln, and Nigel Rigby, eds., *The Worlds of the East India Company* (Woodbridge: Boydell, 2002). 또한 다음을 참조하라. Barendse, *Arabian Seas*, 424~459.

176) 다음을 참조하라. Michael Strachan, *Sir Thomas Roe, 1581–1644: A Life* (Salisbury, UK: M. Russell, 1989).

177) 다음을 참조하라. Nagel, *Abenteuer Fernhandel*, 76.

178) 동인도회사에 벵골 지방이 가지는 의미에 관해서는 다음을 참조하라. Sukumar Battacharya, *The East India Company and the Economy of Bengal from 1704 to 1740* (Calcutta: Mukhopadhyay, 1969); Susil Chaudhuri, *Trade and Commercial Organisation in Bengal, 1650–1720* (New Delhi: Manohar, 1975); and P. J. Marshall, *Bengal, the British Bridgehead: Eastern India, 1740–1828* (Cambridge: Cambridge University Press, 1987). 개요는 다음 책에서 찾을 수 있다. Sanjay Subrahmanyam, *Improvising Empire: Portuguese Trade and Settlement in the Bay of Bengal, 1500–1700* (New Delhi: Oxford University Press, 1990).

179) 다음을 참조하라. Nagel, *Abenteuer Fernhandel*, 103~104.

180) Ibid., 80.

181) 남아시아의 프랑스인들에 관한 권위 있는 저서는 여전히 다음 책이다. Philippe Haudrère, *La compagnie française des Indes au XVIIIe siècle (1719–1795)*, 4 vols. (Paris: Librairie de l'Inde, 1989). 인도에서의 덴마크의 무역에 관해서는 다음을 참조하라. Ole Feldbeak, *India Trade under the Danish Flag, 1772–1808: European Enterprise and Anglo-Indian Remittance and Trade* (Lund: Studentlitteratur, 1969); Martin Krieger, *Kaufleute, Seeräuber und Diplomaten: Der dänische Handel auf dem Indischen Ozean (1620–1868)* (Cologne: Böhlau, 1989); Stephan Diller, *Die Dänen in Indien, Südostasien und China, 1620–1845* (Wiesbaden: Harrassowitz, 1999).

182) 다음을 참조하라. Artur Attman, *The Bullion Flow between Europe and the East, 1000–1750* (Göteborg: Kungl. Vetenskap—och Vitterhets-Samhället, 1981) John F. Richards, ed., *Precious Metals in the Later Medieval and Early Modern World* (Durham, NC: Carolina Academic Press, 1983), 397~495.

183) 다음을 참조하라. Hameeda Hossain, *The Company Weavers of Bengal: The East India Company and the Organisation of the Textile Production in Bengal, 1750–1813* (New Delhi: Oxford University Press, 1968); Sergio Aiolfi, *Calicos und gedrucktes Zeug: Die Entwicklung der englischen Textilveredlung und der Tuchhandel der East India Company, 1650–1750* (Stuttgart: Steiner, 1987); Prasannan Parthasarathi, *The Transition to a Colonial Economy: Weavers, Merchants, and Kings in South India, 1720–1800* (Cambridge: Cambridge University Press, 2001); Giorgio Riello and Prasannan Parthasarathi, eds., *The Spinning World: A Global History of Cotton Textiles, 1200–1850* (Oxford: Oxford University Press, 2009); Giorgio Riello and Tirthankar Roy, eds., *How India Clothed the World: The World of South Asian Textiles, 1500–1850* (Leiden: Brill, 2009).

184) Reinhard Schulze, "Das Warten auf die Moderne: Die Islamische Welt," in *Die Welt im 18. Jahrhundert*, ed. Bernd Hausberger and Jean-Paul Lehners (Vienna: Mandelbaum, 2011), 243~272, 인용은 244. 슐체는 이 주장을 중동과 북아프리카에 연관시킨다. 하지만 이는 남아시아에도 마찬가지로 적용된다.

185) Michael Mann, "Ein langes Jahrhundert. Südasien," in Hausberger and Lehners, *Die Welt im 18. Jahrhunder*, 274~301, 인용은 276.

186) 이것은 다음 글에 의해 도달한 결론이다. Stephen Blake, "The Patrimonial-Bureaucratic Empire of the Mughals," *Journal of Asian Studies* 39 (1979): 77~94.

187) 다음을 참조하라. Michael Mann, *Geschichte Indiens: Vom 18. bis zum 21. Jahrhundert* (Paderborn: Schöningh, 2005), 37~38.

188) 나디르 샤에 관해서는 다음을 참조하라. Ernest Tucker, "Art: Nader Shah," in *Encyclopaedia Iranica*, http://www.iranicaonline.org/articles/nader-shah.

189) 비록 오래되었지만, 다음 책은 여전히 가치가 높은 연구서다. Lawrence Lockhart, *Nader Shah: A Critical Study Based Mainly upon Contemporary Sources* (London: Luzac, 1938).

190) 다음을 참조하라. Gordon, *The Marathas, 1600–1818*, 114~159. 좀 더 자세한 내용은 다음을 참조하라. Stewart Gordon, *Marathas, Marauders, and State Formation in Eighteenth-Century India*

(New Delhi: Oxford University Press, 1994).

191) 다음 책은 시크에 관한 짧지만 매우 훌륭한 소개서다. Eleanor Nesbitt, *Sikhism: A Very Short Introduction* (Oxford: Oxford University Press, 2005). 또한 다음 책은 여기서 강조되는 시기를 상세히 다룬다. Hari Ram Gupta, *Evolution of Sikh Confederacies (1708–1769)*, vol. 2 of *History of the Sikhs*, 4th ed. (Delhi: Munshiram Manoharlar, 1992).

192) 다음을 참조하라. Richard B. Barnett, *North India between Empires: Awadh, the Mughals, and the British, 1720–1801* (New Delhi: Manohar, 1987); Muzaffar Alam, *The Crisis of Empire in Mughal North India: Awadh and the Punjab, 1707–48* (New Delhi: Oxford University Press, 1986); Michael H. Fisher, A Clash of Cultures: Awadh, the British, and the Mughals (Delhi: Manohar, 1987); Surendra Mohan, *Awadh under the Nawabs: Politics, Culture and Communal Relations, 1722–1856* (Delhi: Manohar, 1997).

193) 18세기 초반 벵골에서의 발전에 관해서는 다음을 참조하라. Richard M. Eaton, *The Rise of Islam and the Bengal Frontier, 1204–1760* (Berkeley: University of California Press, 1993); Marshall, *Bengal;* John R. McLane, *Land and Local Kingship in Eighteenth-Century Bengal* (Cambridge: Cambridge University Press, 1993). 그 이후의 시기에 관해서는 다음을 참조하라. Michael Mann, *Bengalen im Umbruch: Die Herausbildung des britischen Kolonialstaates, 1754–1793* (Stuttgart: Steiner, 2000).

194) 플라시 전투에 관해서는 다음을 참조하라. Sushil Chaudhury, *The Prelude to Empire: Plassey Revolution of 1757* (New Delhi: Manohar, 2000).

195) 다음을 참조하라. M. A. Nayeem, *Mughal Administration of Deccan under Nizamul Mulk Asaf Jah (1720–1748 ad)* (Bombay: Jaico Publishing House, 1985); Munis D. Faruqui, "At Empire's End: The Nizam, Hyderabad and Eighteenth-Century India," *Modern Asian Studies* 43 (2009): 5~43.

196) 다음을 참조하라. Adapa Satyanarayana, *History of the Wodeyars of Mysore (1610–1748)* (Mysore: Directorate of Archeology and Museums, 1996).

197) 예를 들면 다음을 참조하라. Joachim Radkau, *Nature and Power: A Global History of the Environment* (Cambridge: Cambridge University Press, 2008); John F. Richards, *The Unending Frontier: An Environmental History of the Early Modern World* (Berkeley: University of California Press, 2003); Sylvia Hahn and Reinhold Reith, eds., *Umwelt-Geschichte: Arbeitsfelder, Forschungsansätze, Perspektiven* (Munich: Oldenbourg, 2001).

198) 다음을 참조하라. Gudrun-Axeli Knapp, "Traveling Theories: Anmerkungen zur neueren Diskussion über 'Race, Class, and Gender,'" *Österreichische Zeitschrift für Geschichtswissenschaften* 16, no. 1 (2005): 88~110; Mieke Bal, *Travelling Concepts in the Humanities: A Rough Guide* (Toronto: University of Toronto Press, 2002); Ute Frietsch, "Travelling Concepts," in *Über die Praxis des kulturwissenschaftlichen Arbeitens: Ein Handwörterbuch*, ed. Ute Frietsch and Jörg Rogge (Bielefeld: Transcript, 2013), 393~398; Birgit Neumann and Ansgar Nünning, eds., *Travelling Concepts for the Study of Culture* (Berlin: de Gruyter, 2012).

199) 이어지는 두 단락은 다음 글에서 가져온 것이다. Stephan Conermann, "Unter dem Einfluss des Monsuns: Der Handel zwischen Arabien und Südasien," in *Damals: Das aktuelle Magazin*

*für Geschichte und Kultur, Fernhandel in Antike und Mittelalte*r (Darmstadt: Wissenschaftliche Buchgesellschaft, 2008), 61~80.

200) R. J. Barendse, "Trade and State in the Arabian Seas: A Survey from the Fifteenth to the Eighteenth Century," *Journal of World History* 11, no. 2 (2000): 273~275.

4부 동남아시아와 대양

1) 다음을 참조하라. Harald Uhlig, *Südostasien* (Frankfurt am Main: Fischer, 1988); and Hanns J. Buchholz, *Australien — Neuseeland — Südpazifik* (Frankfurt am Main: Fischer, 1984).
2) Peter Boomgaard, *Southeast Asia: An Environmental History* (Santa Barbara: ABC-CLIO, 2007), 20.
3) Michaela Appel, *Ozeanien: Weltbilder der Südsee* (Munich: Staatliches Museum für Völkerkunde, 2005), 14.
4) Johannes Voigt, *Geschichte Australiens* (Stuttgart: Kröner, 1988), 3~6.
5) Boomgaard, *Southeast Asia*, 18~20.
6) Anthony Reid, *Expansion and Crisis*, vol. 2 of *Southeast Asia in the Age of Commerce, 1450-1680* (New Haven, CT: Yale University Press, 1993), 291~298; Victor Lieberman, *Integration on the Mainland*, vol. 1 of *Strange Parallels: Southeast Asia in Global Context, c. 800-1830* (Cambridge: Cambridge University Press, 2003), 1: 49; Boomgaard, *Southeast Asia*, 91~105.
7) Boomgaard, *Southeast Asia*, 19~20, 77.
8) Ibid., 3, 6, 76.
9) 다음을 참조하라. Frank M. LeBar, Gerald C. Hickey, and John K. Musgrave, *Ethnic Groups of Mainland Southeast Asia* (New Haven, CT: Human Relations Area Files Press, 1964); Frank M. LeBar, *Ethnic Groups of Insular Southeast Asia*, 2 vols. (New Haven, CT: Human Relations Area Files Press, 1972-1975); Donald Denoon, Philippa Mein-Smith, and Marivic Wyndham, *A History of Australia, New Zealand, and the Pacific* (Oxford: Blackwell, 2000).
10) R. L. Heathcote, *Australia* (Essex, UK: Longman, 1994), 56~60.
11) Hans-Dieter Kubitschek, *Südostasien: Völker und Kulturen* (Berlin: Akademie, 1984), 94.
12) 동남아시아의 벼농사에 관한 주요 텍스트로는 다음을 참조하라. Lucien M. Hanks, *Rice and Man: Agricultural Ecology in Southeast Asia* (Chicago: Aldine, 1972); 이 지역에서 쌀이 갖는 중요성에 관한 좀 더 일반적인 텍스트는 다음과 같다. Francesca Bray, *The Rice Economies: Technology and Development in Asian Societies* (Berkeley: University of California Press, 1994).
13) Thomas Beck, "Monopol und Genozid: Die Muskatnußproduktion auf den Banda-Inseln," in *Gewürze: Produktion, Handel und Konsum in der Frühen Neuzeit*, ed. Markus A. Denzel (St. Katharinen: Scripta Mercaturae, 1999), 71~90; Gerrit J. Knaap, *Kruidnagelen en christenen: De Verenigde Oostindische Compangnie en de bevolking van Ambon 1656-1696* (Dordrecht: Foris, 1987), 228~259.

14) Anthony Reid, *The Lands below the Winds*, vol. 1 of *Southeast Asia in the Age of Commerce, 1450–1680* (New Haven, CT: Yale University Press, 1988), 14; by 2000, the figure was 580 million.

15) Antonio de Morga, *Sucesos de las Islas Filipinas* (*México 1609*), trans. and ed. J. P. P. Cummins (Cambridge: Cambridge University Press, 1971), 271~274.

16) John N. Miksic, "Die frühe Stadtentwicklung Indonesiens und ihre Auswirkung auf Gesellschaft, Technologie und Kunstschaffen," in *Versunkene Königreiche Indonesiens*, ed. Arne Eggebrecht and Eva Eggebrecht (Mainz: von Zabern, 1995), 93~111.

17) Jürgen G. Nagel, "Kota, Kampung und fließende Grenze: Einige Überlegungen zur frühneuzeitlichen Stadtgeschichte Indonesiens," in *Das Wichtigste ist der Mensch": Festschrift für Klaus Gerteis zum 60. Geburtstag*, ed. Angela Giebmeyer and Helga Schnabel-Schüle (Mainz: von Zabern, 2000), 153~180.

18) Reid, *Southeast Asia in the Age of Commerce*, 2: 62~131; statistical data are to be found on 2: 69 and 2: 71~72.

19) Jürgen G. Nagel, *Der Schlüssel zu den Molukken: Makassar und die Handelsstrukturen des Malaiischen Archipels im 17. und 18. Jahrhundert—Eine exemplarische Studie* (Hamburg: Kovač, 2003), 296~297.

20) Reid, *Southeast Asia in the Age of Commerce*, 2: 90.

21) Dietmar Rothermund, "Asian Emporia and European Bridgeheads," in *Emporia, Commodities and Entrepreneurs in Asian Maritime Trade, c. 1400–1750*, ed. Roderich Ptak and Dietmar Rothermund (Stuttgart: Steiner, 1991), 3~8.

22) 여기에는 동남아시아의 역사적 도시지리학에서 정립된 '도시국가(city-state)' 개념이 사용되는데, 이는 다소 비공식적으로 통제되는 배후 지역을 가지면서 고위 권력과 기구가 밀집해 있는 고도의 행정 중심지를 의미한다. 다음을 참조하라. Peter J. M. Nas, "The Early Indonesian Town: Rise and Decline of the City-State and Its Capital," in *The Indonesian City: Studies in Urban Development and Planning*, ed. Peter J. M. Nas (Dordrecht: Foris, 1986), 18~36.

23) 디아스포라 집단의 분류에 관한 근본적인 연구로는 다음을 참조하라. Robin Cohen, *Global Diasporas: An Introduction* (London: UCL Press, 1997).

24) James N. Anderson and Walter T. Vorster, "In Search of Melaka's Hinterland: Beyond the Entrepôt," in *The Rise and Growth of the Colonial Port City in Asia*, ed. Dilip K. Basu (Lanham, MD: University Press of America, 1985), 1~6.

25) Nas, "Early Indonesian Town."

26) D. R. Sar Desai, "The Portuguese Administration of Malacca, 1511–1641," *Journal of Southeast Asian Studies* 10 (1969): 501~512; Malcolm Dunn, *Kampf um Melaka: Eine wirtschaftsgeschichtliche Studie über den portugiesischen und niederländischen Kolonialismus in Südostasien* (Wiesbaden: Steiner, 1984).

27) 바타비아 사회에 관해서는 다음을 참조하라. Pauline Milone, "'Indische' Culture and Its Relationship to Urban Life," *Comparative Studies in Society and History* 9 (1966–1967): 407~426; and Jean G. Taylor, *The Social World of Batavia: European and Eurasian in Dutch Asia* (Madison:

University of Wisconsin Press, 1983).

28) David E. Sopher, *The Sea Nomads: A Study of the Maritime Boat People of Southeast Asia* (Singapore: National Museum, 1965); Clifford Sather, *The Bajau Laut: Adaption, History, and Fate in a Maritime Fishing Society of South-Eastern Sabah* (Kuala Lumpur: Oxford University Press, 1997); Christian Pelras, "Notes sur quelques populations aquatiques de l'Archipel nusantarien," *Archipel* 3 (1972): 133~168.

29) J. N. Voesmaer, "Korte Beschrijving van het Zuid-oosteleijk Schiereiland van Celebes," *Verhandelingen van het Bataviaasch Genootschap van Kunsten en Wetenschapen* 17 (1839): 63~184, 인용은 109.

30) 상세한 개요는 다음을 참조하라. Gerd Koch, ed., *Boote aus aller Welt* (Berlin: Fröhlich & Kaufmann, 1984); and Mochtar Lubis, *Indonesia: Land under the Rainbow* (Singapore: Oxford University Press, 1987), 27~125.

31) G. Adrian Horridge: *The Prahu: Traditional Sailing Boat of Indonesia* (Singapore: Oxford University Press, 1985).

32) R. H. Barnes, "Educated Fishermen: Social Consequences of Development in an Indonesian Whaling Community," *Bulletin de l'Ecole Française d'Extrême-Orient* 75 (1986): 295~314.

33) Roderich Ptak, *Die maritime Seidenstraße: Küstenräume, Seefahrt und Handel in vorkolonialer Zeit* (Munich: C. H. Beck, 2007).

34) Richard Winstedt and P. E. Josselin de Jong, eds., "The Maritime Laws of Melaka," *Journal of the Malayan Branch of the Royal Asiatic Society* 29 (1956): 22~59; Philip O. L. Tobing, "The Navigation and Commercial Law of Amanna Gappa: A Philological-Cultural Study: Abbrievated Version," in *Hukum Pelayaran dan Perdaganan Ammana Gappa: Pembahasan philologis-kulturil dengan edisi yang diperpendek dalam bahasa inggris* (Makassar: Jajasan Kebudajaan Sulawesi Selatan dan Tenggara, 1961), 149~203.

35) J. V. Mills, "Arab and Chinese Navigators in Malaysian Waters about ad 1500," *Journal of the Malayan Branch of the Royal Asiatic Society* 47 (1974): 1~82.

36) Donald A. Wise, "Primitive Cartography in the Marshall Islands," *Cartographica* 13 (1976): 11~20.

37) Lieberman, *Integration on the Mainland*, 377~383.

38) Reid, *Southeast Asia in the Age of Commerce*, 2: 192~201.

39) Hermann Kulke, "Srivijaya — Ein Großreich oder die Hanse des Ostens?," in *Versunkene Königreiche Indonesiens*, ed. Arne Eggebrecht and Eva Eggebrecht (Mainz: von Zabern, 1995), 46~76.

40) 폰페이의 역사에 관해서는 다음을 참조하라. David L. Hanlon, *Upon a Stone Altar: A History of the Island of Pohnpei to 1890* (Honolulu: University of Hawai'i Press, 1988).

41) Johannes T. Vermeulen, *De Chineezen te Batavia en de troebelen van 1740* (Leiden: Ijdo, 1938); Willem Remmelink, *The Chinese War and the Collapse of the Javanese State, 1725–1743* (Leiden: KITLV Press, 1994).

42) Edmund R. Leach, *Political Systems of Highland Burma: A Study of Kachin Social Structure* (London: London School of Economics and Political Science, 1954).

43) 오세아니아에 관해서는 다음을 참조하라. Denoon, Mein-Smith, and Wyndham, *History of Australia*, 43, 46.

44) Lieberman, *Integration on the Mainland*, 14.

45) 일반적인 개요는 다음을 참조하라. Maud Girard-Geslan, *Südostasien: Kunst und Kultur* (Freiburg: Herder, 1995); and Anthony J. P. Meyer and Olaf Wipperfürth, *Ozeanische Kunst* (Cologne: Könemann, 1995).

46) Ulrich Menter, *Ozeanien — Kult und Visionen: Verborgene Schätze aus deutschen Völkerkundemuseen* (Munich: Prestel, 2003), 14.

47) Hilke Thode-Arora, *Tapa und Tiki: Die Polynesien-Sammlung des Rautenstrauch-Joest-Museums* (Cologne: Rautenstrauch-Joest-Museum für Völkerkunde, 2001), 27.

48) Denoon, Mein-Smith, and Wyndham, *History of Australia*, 38.

49) 동남아시아의 섬유 공예에 관한 일반적인 배경 지식은 다음을 참조하라. Heide Leigh-Theisen and R. Mittersak-Schmöller, *Lebensmuster: Textilien in Indonesien* (Vienna: Museum für Völkerkunde, 1995); Michaela Appel, "Textilien in Südostasien," in *Ostasiatische Kunst*, ed. Gabriele Fahr-Becker and Michaela Appel (Cologne: Könemann, 1998), 2: 110~159.

50) Appel, *Ozeanien*, 155~157; Meyer and Wipperfürth, *Ozeanische Kunst*, 468.

51) Appel, *Ozeanien*, 130, 161, 162; Jutta Frings, ed., *James Cook und die Entdeckung der Südsee* (Munich: Hirmer, 2009), 252~254.

52) 해당 지역의 건축에 관한 일반적인 개요는 다음을 참조하라. Daigoro Chihara, *Hindu-Buddhist Architecture in Southeast Asia* (Leiden: Brill, 1996).

53) Winand Klassen, *Architecture in the Philippines: Filipino Building in a Cross-Cultural Context* (Cebu City: University of San Carlos, 1986), 82~102, 119~124.

54) Meyer and Wipperfürth, *Ozeanische Kunst*, 478, 486, 514, 568, 619.

55) 다음을 참조하라. Roxana Waterson, *The Living House: An Anthropology of Architecture in South-East Asia* (Singapore: Oxford University Press, 1990).

56) Meyer and Wipperfürth, *Ozeanische Kunst*, 69.

57) de Morga, *Sucesos*, 270

58) Klassen, *Architecture*, 45~47, 57~58.

59) 다음을 참조하라. David Smyth, ed., *The Literary Canon in South-East Asia: Literatures of Burma, Cambodia, Indonesia, Laos, Malaysia, Philippines, Thailand and Vietnam* (London: Trans Academic Studies, 1999).

60) Teofilo del Castillo y Tuazon and Buenaventura S. Medina, *Philippine Literature from Ancient Times to the Present* (Manila: Del Castillo, 1966), 107~122; Reinhard Wendt, "'Talking' and 'Writing' during the Spanish Colonial Era," in *Old Ties and New Solidarities: Studies on Philippine Communities*, ed. Guillermo Pesigan and Charles Macdonald (Manila: Ateneo de Manila University Press, 2000), 208~218; Ricardo Trimillos, "Pasyon: Lenten Observance of

the Philippines as Southeast Asian Theater," in *Essays on Southeast Asian Performing Arts: Local Manifestations and Cross-Cultural Implications*, ed. Susan Foley (Berkeley: International and Area Studies, University of California, 1992), 5~22.

61) U Tet Htoot, "The Nature of the Burmese Chronicles," in *Historians of South East Asia*, ed. D. G. E. Hall (London: Oxford University Press, 1961), 50~62.

62) Charnvit Kasetisiri, "Thai Historiography from Ancient Times to the Modern Period," in *Perceptions of the Past in Southeast Asia*, ed. Anthony Reid and David Marr (Singapore: Heinemann, 1979), 156~170, 인용은 156~160; David G. Wyatt, "Chronicle Tradition in Thai Historiography," in *Southeast Asian History and Historiography: Essays Presented to D. G. E. Hall*, ed. C. D. Cowan and O. W. Wolters (Ithaca, NY: Cornell University Press, 1976), 107~122.

63) Fritz Schulze, "Die traditionelle malaiische Geschichtsschreibung," *Periplus* 4 (1994): 137~155; A. H. Johns, "The Turning Image: Myth and Reality in Malay Perceptions of the Past," in Reid and Marr, *Perceptions of the Past*, 43~67; J. C. Bottoms, "Some Malay Historical Sources: A Bibliographical Note," in *An Introduction to Indonesian Historiography*, ed. Soedjatmoko et al. (Ithaca, NY: Cornell University Press, 1965), 156~193.

64) Thérèse de Vet, "Context and the Emerging Story: Improvised Per for mance in Oral and Literate Societies," *Oral Tradition* 23 (2008): 159~179, 인용은 162~165.

65) Donald F. Lach, *Asia in the Making of Europe*, vol. 2, *Century of Wonder*, book 2, *The Literary Arts* (Chicago: University of Chicago Press, 1977), 특히 117~160, and vol. 3, *A Century of Advance*, book 3, *Southeast Asia* (Chicago: University of Chicago Press, 1993).

66) 그러한 기록 중 대표적인 것은 다음과 같다. Pedro Chirino S. J., *Relación de las Islas Filipinapp: The Philippines in 1600*, trans. Ramón Echeverría (Original 1600) (Manila: Bookmark, 1969); Francisco Colín, *Labor evangélica, ministerios apostólicos de los obreros de la Compañía de Jesús, fundación y progresos de su provincial en las Islas Filipinas*, 3 vols. (Original 1663) (Barcelona: Henrich y Compañía en comandita, 1904); and Gaspar de San Agustín, *Conquistas de las Islas Philipinias: La temporal por las armas del Señor Don Phelipe Segundo el Prudente, y la espíritual por los Religiosos del Orden de Nuestro Padre San Agustín: Fundacion y progressos de su provincial del Santissimo Nombre de Jesús* (Madrid: Ruiz de Murga, 1698).

67) de Morga, *Sucesos*.

68) 특히 중요하고 영향력 있는 예는 다음과 같다. George Coedès, *The Indianized States of Southeast Asia* (Honolulu: East-West Center Press, 1968).

69) Reid, *Southeast Asia in the Age of Commerce*, vol. 2.

70) André Gunder Frank, *ReOrient: Global Economy in the Asian Age* (Berkeley: University of California Press, 1998).

71) Kirti N. Chaudhuri, *Asia before Europe: Economy and Civilization in the Indian Ocean from the Rise of Islam to 1750* (Cambridge: Cambridge University Press, 1990).

72) J. D. Freeman, "The Tradition of Sanalala: Some Notes on Samoan Folk-Lore," *Journal of the Polynesian Society* 56 (1947): 295~317.

73) Bernhard Dahm and Roderich Ptak, "Vorwort," in *Südostasienhandbuch: Geschichte, Gesellschaft, Politik, Wirtschaft, Kultur* (Munich: C. H. Beck, 1999), 9~19, 인용은 9.

74) Denoon, Mein-Smith, and Wyndham, *History of Australia*, 30.

75) Ibid., 30, 43.

76) Andreas Lommel, *Motiv und Variation in der Kunst des zirkumpazifischen Raumes* (Munich: Museum für Völkerkunde, 1962).

77) Boomgaard, *Southeast Asia*, 17.

78) Lieberman, *Integration on the Mainland*, 460.

79) Reid, *Southeast Asia in the Age of Commerce*, 1: 3~10.

80) Bernhard Dahm, "Kulturelle Identität und Modernisierung in Südostasien," in *Kulturbegriff und Methode: Der stille Paradigmenwechsel in den Geisteswissenschaften*, ed. Klaus P. Hansen (Tübingen: Narr, 1993), 27~39, 인용은 31.

81) Trimillos, "Pasyon."

82) Ptak, *Die maritime Seidenstraße;* Michel Jacq-Hergoualc'h, *The Malay Peninsula: Crossroads of the Maritime Silk Road* (Leiden: Brill, 2002).

83) Janet Abu-Lughod, *Before European Hegemony: The World System, ad 1250-1350* (Oxford: Oxford University Press, 1989).

84) 동남아시아의 이웃 국가 간 관계에 관한 일반적인 정보는 다음을 참조하라. Leonard Y. Andaya, "Interactions with the Outside World and Adaption in Southeast Asian Society," in *From Early Times to c. 1800,* vol. 1 of *Cambridge History of Southeast Asia,* ed. Nicholas Tarling (Cambridge: Cambridge University Press, 1992), 345~401; 아시아 상인에 관해서는 다음을 참조하라. Denys Lombard and Jean Aubin, eds., *Asian Merchants and Business Men in the Indian Ocean and the China Sea* (Delhi: Oxford University Press, 2000).

85) Gavin Menzies, *1421: The Year China Discovered the World* (London: Bantam Press, 2002).

86) Jos Gommans and Jacques Leider, eds., *The Maritime Frontier of Burma* (Amsterdam: Koninklijke Nederlandse Akademie van Wetenschapen, 2002).

87) Anthony Reid, "The Islamization of Southeast Asia," in *Charting the Shape of Early Modern Southeast Asia*, ed. Anthony Reid (Chiang Mai: Silkworm Books, 1999), 15~39.

88) Peter Feldbauer, *Der Estado da India: Die Portugiesen in Asien 1498-1620* (Vienna: Mandelbaum, 2003); Sanjay Subrahmanyam, *The Portuguese Empire in Asia, 1500-1700: A Political and Economic History* (New York: Longman, 1993).

89) Reinhard Wendt, *Vom Kolonialismus zur Globalisierung: Europa und die Welt seit 1500* (Paderborn: Schöningh, 2007), 50, 62~63, 76.

90) Geoffrey C. Gunn, *First Globalization: The Eurasian Exchange, 1500-1800* (Lanham, MD: Rowman & Littlefield, 2003).

91) Reinhard Wendt, "'Dinner for One' und die versteckte Präsenz des Fremden im Kulinarischen," in *Grenzgänge: Festschrift zu Ehren von Wilfried Wagner*, ed. Dietmar Rothermund (Hamburg: Abera, 2004), 225~246.

92) Campbell C. Macknight, *The Voyage to Marege': Macassan Trepangers in Northern Australia* (Carlton, Victoria: Melbourne University Press, 1976).

93) Bronislaw Malinowski, *Argonauts of the Western Pacific: An Account of Native Enterprise and Adventure in the Archipelagoes of Melanesian New Guinea* (London: Routledge & Kegan Paul, 1922).

94) Job C. van Leur, *Indonesian Trade and Society: Essays in Asian Social and Economic History* (The Hague: Van Hoeve, 1955); Niels Steensgaard, *The Asian Trade Revolution of the Seventeenth Century: The East India Companies and the Decline of the Caravan Trade* (Chicago: University of Chicago Press, 1974).

95) Luis Felipe Ferreira Reis Thomasz, "The Indian Merchant Communities in Malacca under the Portuguese Rule," in *Indo-Portuguese History: Old Issues, New Questions*, ed. Teotónio de Souza (New Delhi: Concept Publishers, 1985), 56~72.

96) Kenneth R. Hall, "The Textile Industry in Southeast Asia, 1400–1800," *Journal of the Economic and Social History of the Orient* 39 (1996): 87~135; Robyn Maxwell, *Textiles of Southeast Asia: Tradition, Trade, and Transformation* (Melbourne: Oxford University Press, 1990).

97) John S. Guy, *Oriental Trade Ceramics in Southeast Asia, 9th to 16th Century: With a Catalogue of Chinese, Vietnamese and Thai Wares in Australian Collections* (Singapore: Oxford University Press, 1990).

98) Jürgen G. Nagel, "Makassar und der Molukkenhandel: Städte und Handelsrouten im indonesischen Gewürzhandel des 16. und 17. Jahrhunderts," in Denzel, *Gewürze*, 93~121.

99) 동남아시아의 초기 무역에서 상품의 수량 및 가격과 관련된 수치의 재구성에 관해서는 다음을 참조하라. David Bulbeck et al., eds., *Southeast Asian Exports since the 14th Century: Cloves, Pepper, Coffee, and Sugar* (Leiden: KITLV Press, 1998).

100) Reid, *Southeast Asia in the Age of Commerce*, 2: 1~61.

101) Anthony Reid, "The Seventeenth Century Crisis in Southeast Asia," *Modern Asian Studies* 24 (1990): 639~660. For further information on this, 또한 다음을 참조하라. Niels Steensgaard, "The Seventeenth Century Crisis and the Unity of Eurasian History," *Modern Asian Studies* 24 (1990): 683~698.

102) Tilman Frasch, "Eine Region in der Krise? Südostasien," in *Die Welt im 17. Jahrhundert*, ed. Bernd Hausberger (Vienna: Mandelbaum, 2008), 247~274, 인용은 269~271.

103) Clara B. Wilpert, *Südsee: Inseln, Völker und Kulturen* (Hamburg: Christians, 1987), 136.

104) Hermann Kulke, "Maritimer Kulturtransfer im Indischen Ozean" Theorien zur 'Indisierung' Südostasiens im 1. Jahrtausend n.Chr.," *Saeculum* 56 (2005): 173~197.

105) 발리의 종교에 관한 일반적인 개요는 다음을 참조하라. I Gusti Putu Phalgunadi, *Evolution of Hindu Culture in Bali: From the Earliest Period to the Present Time* (Delhi: Sundeep Prakashan, 1991); 또한 다음을 참조하라. Willard A. Hanna, *Bali Profile: People, Events, Circumstances (1001–1976)* (New York: American University Field Staff, 1976); James A. Boone, *The Anthropological Romance of Bali, 1597–1972: Dynamic Perspectives in Marriage and Caste, Politics and Religion* (Cambridge: Cambridge University Press, 1977).

106) Reid, *Southeast Asia in the Age of Commerce*, 2: 140~142.

107) Jürgen G. Nagel, "Predikanten und Ziekentrooster: Der Protestantismus in der Welt der Verenigden Oostindischen Compagnie," in *Europäische Aufklärung und protestantische Mission in Indien*, ed. Michael Mann (Heidelberg: Draupadi, 2006), 101~121. 동인도회사와 프로테스탄트 교회, 선교 활동 사이의 관계에 관해서는 다음의 개별 챕터를 참조하라. Gerrit J. Schutte, ed., *Het Indische Sion: De Gereformeerde kerk onder de Verenigde Oost-Indische Compagnie* (Hilversum: Verloren, 2002).

108) Boomgaard, *Southeast Asia*, 77.

109) Appel, *Ozeanien*, 20.

110) Ibid., 18, 153~154.

111) Nico de Jonge and Toos van Dijk, *Forgotten Islands of Indonesia: The Art and Culture of the Southeast Moluccas* (Singapore: Periplus Editions, 1995), 33~46.

112) Pierre-Yves Manguin, "Shipshape Societies: Boat Symbolism and Political Systems in Insular Southeast Asia," in *Southeast Asia in the 9th to the 14th Centuries*, ed. David G. Marr and A. C. Milner (Singapore: Institute of Southeast Asian Studies, 1986), 187~207, 인용은 188~191, 195~196, 201.

113) 개요는 다음을 참조하라. Stephen A. Wurm and Shirô Hattori, eds., *Language Atlas of the Pacific Area*, 2 vols. (Canberra: Linguistic Circle of Canberra, 1981).

114) 다음을 참조하라. Stephen A. Wurm, *Papuan Languages of Oceania* (Tübingen: Narr, 1982).

115) Mary-Anne Gale, *Dhanum Djorra 'Wuy Dhäwu: A History of Writing in Aboriginal Languages* (Underdale: Aboriginal Research Institute, University of South Australia, 1997), 1.

116) Wendt, "'Talking' and 'Writing.'"

117) Bernard Comrie, *The Major Languages of East and South-East Asia* (London: Routledge, 1987).

118) Hilke Thode-Arora, *Tapa und Tiki. Die Polynesien-Sammlung des Rautenstrauch-Joest-Museums* (Cologne: Rautenstrauch-Joest.Museum für Völkerkunde, 2001), 9.

119) Lommel, *Motiv und Variation*, 22.

120) Harald Haarmann, *Geschichte der Schrift* (Munich: C. H. Beck, 2007), 98.

121) Ismail Hamid, "Kitab Jawi: Intellectualizing Literary Tradition," in *Islamic Civilization in the Malay World*, ed. Mohamed Taib Osman (Kuala Lumpur: Dewan Bahasa dan Pustaka, 1997), 197~243, 인용은 201, 203, 224; Yusof Ahmad Talib, "Jawa Script: Its Significance and Contribution to the Malay World," in *Proceedings of the International Seminar on Islamic Civilisation in the Malay World*, ed. Taufik Abdullah (Istanbul: IRCICA, 1999), 151~156.

122) Samuel K. Tan, *Surat Maguindanaon: Jawi Documentary Series*, vol. 1 (Quezon City: University of the Philippines Press, 1996).

123) Wendt, "'Talking' and 'Writing,'" 210~211.

124) Jörg Fisch, *Hollands Ruhm in Asien, François Valentyns Vision des niederländischen Imperiums im 18. Jahrhundert* (Stuttgart: Steiner, 1986), 115~117.

125) 동남아시아의 역사와 초기 제국의 형성에 관한 일반적인 자료는 다음을 참조하라. Lorraine

Gesick, ed., *Centers, Symbols, and Hierarchies: Essays on the Classical States of Southeast Asia* (New Haven, CT: Yale University Southeast Asian Studies, 1983); Renée Hagesteijn, *Circles of Kings: Political Dynamics in Early Continental Southeast Asia* (Dordrecht: Foris, 1989); D. G. E. Hall, *A History of Southeast Asia* (London: Macmillan, 1981); David G. Marr and A. C. Milner, eds., *Southeast Asia in the 9th to the 14th Centuries* (Singapore: Institute of Southeast Asian Studies, 1986); Nicholas Tarling, ed., *From Early Times to c. 1500*, vol. 1 of *The Cambridge History of Southeast Asia* (Cambridge: Cambridge University Press, 1999); John Villiers, *Südostasien vor der Kolonialzeit* (Frankfurt am Main: Fischer, 1965).

126) Boomgaard, *Southeast Asia*, 57, 67, 70~76; Jonathan Rigg, ed., *The Gift of Water: Water Management, Cosmology and the State in South East Asia* (London: School of Oriental and African Studies, 1992).

127) Oliver William Wolters, *History, Culture, and Region in Southeast Asian Perspectives* (Singapore: Institute of Southeast Asia Studies, 1982), 17~33.

128) Hermann Kulke, "The Early and the Imperial Kingdom in Southeast Asian History," in Marr and Milner, *Southeast Asia*, 1~22.

129) Lieberman, *Integration on the Mainland*, 2.

130) Tilman Frasch, *Pagan: Stadt und Staat* (Stuttgart: Steiner, 1996).

131) 캄보디아에 관한 상세한 개요는 다음을 참조하라. David Chandler, *A History of Cambodia* (Boulder, CO: Westview Press, 2007).

132) Roland Fletcher, "Seeing Angkor: New Views on an Old City," *Journal of the Oriental Society of Australia* 32~33 (2000–2001): 1~25.

133) Kulke, "Early and the Imperial Kingdom," 8, 15.

134) 태국의 역사에 관한 일반적인 정보는 다음을 참조하라. David K. Wyatt, *Thailand: A Short History* (Chiang Mai: Silkworm Books 1991); Helmut Fessen and Hans Dieter Kubitschek, *Geschichte Thailands* (Münster: Lit, 1994); Chris Baker and Pasuk Phongpaichit, *A History of Thailand* (Cambridge: Cambridge University Press, 2005).

135) Sarassawadee Ongsakul, *History of Lan Na* (Chiang Mai: Silkworm Books, 2005).

136) Chris Baker, "Ayutthaya Rising: From Land or Sea?," *Journal of Southeast Asian Studies* 34 (2000): 41~62.

137) Martin Stuart-Fox, *The Lao Kingdom of Lan Xang: Rise and Decline* (Bangkok: White Lotus, 1998).

138) 라오스 역사의 개요에 관해서는 다음을 참조하라. Martin Stuart-Fox, *A History of Laos* (Cambridge: Cambridge University Press, 1997); and Grant Evans, *A Short History of Laos: The Land in Between* (Chiang Mai: Silkworm Books, 2002).

139) Kulke, "Early and the Imperial Kingdom," 8.

140) Li Tana, *Nguyen Cochinchina: Southern Vietnam in the 17th and 18th Centuries* (Ithaca, NY: Southeast Asia Program, Cornell University, 1998).

141) Willem van Schendel, "Geographies of Knowing, Geographies of Ignorance: Jumping Scale in

Southeast Asia," in *Locating Southeast Asia: Geographies of Knowledge and Politics of Space*, ed. Paul Krotoska, Remco Raben, and Henk Schulte Nordholt (Singapore: Singapore University Press, 2001), 275~307.

142) James Scott, *The Art of Not Being Governed: An Anarchist History of Upland Southeast Asia* (New Haven, CT: Yale University Press, 2009).

143) 베트남의 중국인에 관해서는 다음을 참조하라. Thomas Engelbert, *Die chinesische Minderheit im Süden Vietnams (Hoa) der kolonialen und nationalistischen Nationalitätenpolitik* (Frankfurt am Main: Lang, 2002).

144) 동남아시아 대륙부에서 일어난 네덜란드 동인도회사의 활동에 관해서는 다음을 참조하라. Wilhelmina O. Dijk, *Seventeenth-Century Burma and the Dutch East India Company* (Singapore: Singapore University Press, 2006).

145) Jurrien van Goor, "Merchant in Royal Service: Constantin Phaulkon as Phraklang in Ayutthaya, 1683−1688," in *Emporia, Commodities and Entrepreneurs in Asian Maritime Trade, c. 1400−1750*, ed. Dietmar Rothermund and Roderich Ptak (Wiesbaden: Steiner, 1991), 445~465.

146) Bhawan Ruangslip, *Dutch East India Company Merchants at the Court of Ayutthaya* (Leiden: Brill, 2007).

147) 다음을 참조하라. Dirk van der Cruysee, *Siam and the West, 1500−1700* (Chiang Mai: Silkworm Books, 2002).

148) 다음을 참조하라. Alfred W. Crosby, *The Columbian Exchange: Biological and Cultural Consequences of 1492* (Westport, CT: Greenwood Press, 1972).

149) R. B. Slametmuljana, *A Story of Majapahit* (Singapore: Singapore University Press, 1976).

150) 발리에 관한 개요는 다음을 참조하라. Hanna, *Bali Profile*.

151) Hans Hägerdal, *Hindu Rulers, Muslim Subjects: Lombok and Bali in the Seventeenth and Eighteenth Centuries* (Bangkok: White Lotus, 2001).

152) John Anderson, *Acheen and the Ports of the North and East Coast of Sumatra* (Kuala Lumpur: Oxford University Press, 1971).

153) Luis Felipe Ferreira Reis Thomaz, "The Malay Sultanate of Melaka," in *Southeast Asia in the Early Modern Era*, ed. Anthony Reid (Ithaca, NY: Cornell University Press, 1993), 69~90; Marcus Scott-Ross, *A Short History of Malacca* (Singapore: Chopmen, 1971).

154) Robert W. McRoberts, "A Study of Growth" An Economic History of Melaka, 1400−1510," *Journal of the Malayan Branch of the Royal Asiatic Society* 64 (1991): 47~78.

155) Kenneth R. Hall, "The Opening of the Malay World to European Trade in the Sixteenth Century," *Journal of the Malayan Branch of the Royal Asiatic Society* 58 (1985): 85~106; Robert W. McRoberts, "An Examination of the Fall of Malacca in 1511," *Journal of the Malayan Branch of the Royal Asiatic Society* 57 (1984): 26~39; Sanjay Subrahmanyam, "Commerce and Conflict: Two Views of Portuguese Melaka in the 1620s," *Journal of Southeast Asian Studies* 19 (1988): 62~79.

156) Denys Lombard, *Le Sultanate d'Atjéh au temps d'Iskandar Muda, 1607−1636* (Paris: École française d'Extrême-Orient, 1967); L. F. Brakel, "State and Statecraft in 17th-Century Aceh," in

Pre-Colonial State Systems in Southeast Asia: The Malay Peninsula, Sumatra, Bali-Lombok, Celebes, ed. Anthony Reid and Lance Castles (Kuala Lumpur: Perchetakan Mas Sdn., 1975), 56~66.

157) Charles R. Boxer, *Francisco Vieira: A Portuguese Merchant Adventurer in South East Asia, 1624-1667* (The Hague: Nijhoff, 1967).

158) Leonard Y. Andaya, *The Heritage of Arung Palakka: A History of South Sulawesi (Celebes) in the Seventeenth Century* (The Hague: Nijhoff, 1981).

159) Jeyamalar Kathirithamby-Wells, "Banten: A West Indonesian Port and Polity during the Sixteenth and Seventeenth Centuries," in *The Southeast Asian Port and Polity: Rise and Demise*, ed. Jeyamalar Kathirithamby-Wells and John Villiers (Singapore: Singapore University Press, 1990), 107~125.

160) Willem Remmelink, *Chinese War and the Collapse of the Javanese State, 1725-1743* (Leiden: KITLV Press, 1994).

161) Merle C. Ricklefs, *Mystic Synthesis in Java: A History of Islamization from the Fourteenth to the Early Nineteenth Centuries* (Norwalk, CT: EastBridge, 2006).

162) Leonard Y. Andaya, *The World of Maluku: Eastern Indonesia in the Early Modern Period* (Honolulu: University of Hawai'i Press, 1993).

163) Om Prakash, "Restrictive Trade Regimes: VOC and Asian Spice Trade in the Seventeenth Century," in Ptak and Rothermund, *Emporia*, 107~126.

164) 술루 제도에 관한 주요 배경 지식은 다음을 참조하라. James F. Warren, *The Sulu Zone, 1768–1898: The Dynamics of Trade, Slavery and Ethnicity in the Transformation of a Southeast Asian Maritime State* (Singapore: Singapore University Press, 1981); James F. Warren, *The Global Economy and the Sulu Zone: Connections, Commodities, and Culture* (Quezon City: New Day Publishers, 2000).

165) Luís Felipe Thomaz, "The Indian Merchant Communities in Malacca under Portuguese Rule," in de Souza, *Indo-Portuguese History*, 56~72; D. R. Sar Desai, "The Portuguese Administration in Malacca, 1511-1641," *Journal of Southeast Asian History* 10 (1969): 501~512.

166) K. S. Mathew, "Trade in the Indian Ocean and the Portuguese System of Cartazes," in *The First Portuguese Colonial Empire*, ed. Malyn D. D. Newitt (Exeter, UK: University of Exeter, 1986), 69~83.

167) 동남아시아에서 포르투갈인의 지속적인 주둔에 관한 주요한 내용은 다음과 같다. Sanjay Subrahmanyam, *The Portuguese Empire in Asia, 1500-1700* (London: Longman, 2001); George B. Souza, *The Survival of Empire: Portuguese Trade and Society in China and the South China Sea, 1630-1754* (Cambridge: Cambridge University Press, 1986).

168) Thomas Beck, "Monopol und Genozid" Die Muskatproduktion auf den Banda-Inseln im 17. Jahrhundert," in Denzel, *Gewürze*, 71~90.

169) Jürgen G. Nagel, "Usurpatoren und Pragmatiker: Einige typologische Überlegungen zur Strategie der niederländischen Ostindienkompanie (1602-1799)," in *Praktiken des Handels: Geschäfte und soziale Beziehungen europäischer Kaufleute in Mittelalter und früher Neuzeit*, ed. Mark Häberlein and Christoph Jeggle (Konstanz: UVK, 2010), 71~98.

170) Leonard Blussé, "Batavia, 1619–1740: The Rise and Fall of a Chinese Colonial Town," *Journal of Southeast Asian Studies* 12 (1981): 159~178; Milone, "'Indische' Culture."

171) 에스파냐의 필리핀 정복에 관한 일반적인 배경 지식은 다음을 참조하라. John L. Phelan, *The Hispanization of the Philippines: Spanish Aims and Filipino Responses, 1565–1700* (Madison: University of Wisconsin Press, 1967).

172) William L. Schurz, *The Manila Galleon* (New York: Dutton, 1959).

173) Robert R. Reed, *Colonial Manila: The Context of Hispanic Urbanism and Process of Morphogenesis* (Berkeley: University of California Press, 1978), 33.

174) 필리핀의 경제사에 관한 배경 지식은 다음을 참조하라. Onofre D. Corpuz, *An Economic History of the Philippines* (Quezon City: University of the Philippines Press, 1997).

175) Edgar Wickberg, "The Chinese Mestizo in Philippine History," *Journal of Southeast Asian History* 5 (1964): 62~100.

176) 필리핀의 기독교화에 관한 소개는 다음을 참조하라. Reinhard Wendt, "Das Christentum," in Dahm and Ptak, *Südostasienhandbuch*, 454~469. 문화의 교류 및 변화 과정에 관해서는 다음을 참조하라. Reinhard Wendt, *Fiesta Filipina: Koloniale Kultur zwischen Imperialismus und neuer Identität* (Freiburg im Breisgau: Rombach, 1997).

177) Roderich Ptak, "The Northern Trade Route to the Spice Islands: South China Sea—Sulu Zone—North Moluccas (14th to 16th Century)," *Archipel* 43 (1992): 27~56. 해외 무역에 관한 자세한 내용은 다음 연구를 참조하라. ibid., *China's Seaborne Trade with South and Southeast Asia (1200–1750)* (Aldershot, UK: Ashgate, 1999).

178) Kathirithamby-Wells, "Banten."

179) 바타비아가 가진 중국적 특성에 관해서는 다음을 참조하라. Blussé, "Batavia."

180) Christine Dobbin, "From Middlemen Minorities to Industrial Entrepreneurs: The Chinese in Java and the Parsis in Western India, 1619–1939," in *India and Indonesia: General Perspectices* (Leiden: Brill, 1989), 109~132, 인용은 111~118.

181) Nagel, *Schlüssel zu den Molukken*, 392~394.

182) Gerrit J. Knaap, *Shallow Waters, Rising Tide: Shipping and Trade in Java around 1775* (Leiden: KITLV Press, 1996).

183) 필리핀의 중국인에 관한 주요 배경 정보는 다음을 참조하라. Teresita Ang See, ed., *The Story of the Chinese in Philippine Life* (Manila: Kaisa Para Sa Kaunlaran, 2005); Jacques Amyot, *The Manila Chinese in the Philippine Environment* (Quezon City: Institute of Philippine Culture, 1973); Reinhard Wendt, "Der Achte Mond: Religiöse Feste in der chinesischen Diaspora auf den spanischen Philippinen," *Periplus* 14 (2004): 89~116.

184) Jacobus Noorduyn, "Arung Singkang (1700–1765): How the 'Victory of Wadjo' Began," *Indonesia* 13 (1972): 61~68.

185) Richard Z. Lairissa, "The Bugis-Makassarese in the Port Towns: Ambon and Ternate through the Nineteenth Century," *Bijdragen tot de Taal-, Land-en Volkenkunde* 156 (2000): 619~633.

186) 이러한 통화가치 하락의 구체적인 예는 다음을 참조하라. Nagel, *Schlüssel zu den Molukken*,

211~212.

187) 예를 들면 다음을 참조하라. Gerrit J. Knaap, "Coffee for Cash: The Dutch East India Company and the Expansion of Coffee Cultivation in Java, Ambon and Ceylon, 1700–1730," in *Trading Companies in Asia, 1600–1830*, ed. Jurrien van Goor (Utrecht: HES Uitgevers, 1986), 33~49.

188) Nagel, *Schlüssel zu den Molukken*, 767~799.

189) J. A. Bakkers, "De eilanden Bonerate en Kalao," *Tijschrift van hat Bataviaasch Genootschap* 11 (1861): 215~264.

190) Leonard Y. Andaya, "The Trans-Sumatra Trade and the Ethnicization of the 'Batak,'" *Bijdragen tot de Taal-, Land-en Volkenkunde* 158 (2002): 367~409.

191) Albert Schrauwers, "Houses, Hierarchy, Headhunting and Exchange: Rethinking Political Relations in the Southeast Asian Realm of Luwu," *Bijdragen tot de Taal-, Land-en Volkenkunde* 153 (1997): 356~380.

192) 이 섬들에 관한 일반적인 정보는 다음을 참조하라. Josef Kreiner, ed., *Ryukyu in World History* (Bonn: Bier'sche Verlags-Anstalt, 2001).

193) Josef Kreiner, "Okinawa und Ainu," in *Grundriß der Japanologie*, ed. Klaus Kracht and Markus Rüttermann (Wiesbaden: Harrassowitz, 2001), 433~474, 인용은 435~436.

194) Angela Schottenhammer, "China und die Ryukyu-Inseln während der späten Ming- und der Qing-Dynastie: Einige Beispiele zum Produkte- und Ideenaustausch im Bereich der Medizin," in *Mirabilia Asiatica: Seltene Waren im Seehandel*, ed. Jorge M. dos Santos Alves, Claude Guillot, and Roderich Ptak (Wiesbaden: Harrassowitz, 2003), 85~119, 인용은 86~87, 89~90.

195) Kreiner, "Okinawa und Ainu," 435~436.

196) Reinhard Zöllner, *Geschichte Japans: Von 1800 bis zur Gegenwart* (Paderborn: Schöningh, 2006), 49~50; Reinhard Zöllner, "Verschlossen wider Wissen—Was Japan von Kaempfer über sich lernte," in *Engelbert Kaempfer (1651–1716) und die kulturelle Begegnung zwischen Europa und Asien*, ed. Sabine Klocke-Daffa, Jürgen Scheffler, and Gisela Wilbertz (Lemgo: Institut für Lippische Landeskunde, 2003), 185~209, 인용은 197.

197) 명 왕조와 동남아시아 사이의 관계에 관한 뛰어나고 상세한 소개 자료로는 다음을 참조하라. Geoff Wade, "Engaging the South: Ming China and Southeast Asia in the Fifteenth Century," *Journal of the Economic and Social History of the Orient* 51 (2008): 578~638.

198) Roderich Ptak, *Die chinesische maritime Expansion im 14. und 15. Jahrhundert* (Bamberg: Forschungsstiftung für europäische Überseegeschichte, 1992), 9~16.

199) Ptak, *Maritime Seidenstraße*, 234~249.

200) Kenneth R. Hall, "Multi-Dimensional Networking: Fifteenth-Century Indian Ocean Maritime Diaspora in Southeast Asian Perspective," *Journal of the Economic and Social History of the Orient* 49 (2006): 454~481. 또한 다음을 참조하라. Craig A. Lockard, "'The Sea Common to All': Maritime Frontiers, Port Cities, and Chinese Traders in the Southeast Asian Age of Commerce," *Journal of World History* 21 (2010): 219~247.

201) Ng Chin Keong, "Chinese Trade with Southeast Asia in the 17th and 18th Centuries," in *Kapal*

dan Harta Karam: Ships and Sunken Treasures, ed. Mohammad Yusoff Hashim (Kuala Lumpur: United Selangor Press, 1986), 88~106.

202) Ng Chin Keong, *Trade and Society: The Amoy Network on the China Coast, 1683–1735* (Singapore: Singapore University Press, 1983), 167~177.

203) Roderich Ptak, "Zwischen zwei 'Mittelmeeren': Taiwan als Barriere und Brücke," in *Eroberungen aus dem Archiv: Festschrift für Lutz Bieg*, ed. Birgit Häse (Wiesbaden: Harassowitz, 2009), 169.

204) Ibid., 149~170.

205) Thomas O. Höllmann, "Statusbestimmung und Entscheidungsfindung bei den autochthonen Bevölkerungsgruppen Taiwans nach Schriftzeugnissen des 17. und 18. Jahrhunderts," *Saeculum* 55 (2004): 323~332.

206) Tonio Andrade, "The Rise and Fall of Dutch Taiwan, 1624–1662: Cooperative Colonization and the Statist Model of European Expansion," *Journal of World History* 17 (2006): 429~450.

207) Wolfgang Reinhard, "Gelenkter Kulturwandel im 17. Jahrhundert: Akkulturation in den Jesuitenmissionen als universalhistorisches Problem," *Historische Zeitschrift* 223 (1976): 529~590.

208) 전체 지역에 관해서는 다음 책에서 논의된다. Douglas L. Oliver, *Oceania: The Native Cultures of Australia and the Pacific Islands*, 2 vols. (Honolulu: University of Hawai'i Press, 1989). 개요는 다음 책에서 찾을 수 있다. Kerry Howe, *Where the Waves Fall: A New South Sea Islands History from First Settlement to Colonial Rule* (Sydney: Allen & Unwin, 1984); Donald Denoon, ed., *Cambridge History of the Pacific Islanders* (Cambridge: Cambridge University Press, 1997).

209) Rose Schubert, Ernst Feist, and Caroline Zelz, "Zur frühen Seefahrt in der Südsee: Schiffahrt und Navigation in Polynesien und Mikronesien," in *Kolumbus oder wer entdeckte Amerika?*, ed. Wolfgang Stein (Munich: Hirmer, 1992), 90~99, 인용은 90.

210) Wilpert, *Südsee*, 28~30.

211) Denoon, Mein-Smith, and Wyndham, *History of Australia*, 40~41, 44.

212) B. Finney, "Colonizing an Island World," in *Prehistoric Settlement of the Pacific*, ed. Ward H. Goodenough (Philadelphia: American Philosophical Society, 1996), 71~116; Peter Bellwood, "The Austronesian Dispersal," in *Arts of the South Seas: Island South East Asia, Melanesia, Polynesia, Micronesia*, ed. Douglas Newton (Munich: Prestel, 1999), 8~17; Ingrid Heermann, *Mythos Tahiti: Südsee — Traum und Realität* (Berlin: Reimer, 1987).

213) Meyer and Wipperfürth, *Ozeanische Kunst*, 18, 275.

214) Menter, *Ozeanien*, 20

215) Thoda-Arora, *Tapa und Tiki*, 9, 382.

216) Heermann, *Mythos Tahiti.*

217) Frings, *James Cook*, 58.

218) Meyer and Wipperfürth, *Ozeanische Kunst*, 582, 585.

219) 전반적인 개요는 다음을 참조하라. Maurice P. K. Sorrenson, *Maori Origins and Migrations: The Genesis of Some Pakeha Myths and Legends* (Auckland: Auckland University Press, 1979); William H. Oliver and B. R. Williams, eds., *The Oxford History of New Zealand* (Wellington: Oxford

University Press, 1981); Janet M. Davidson, *The Prehistory of New Zealand* (Auckland: Longman Paul, 1992); James Belich, *Making Peoples: A History of the New Zealanders from Polynesian Settlement to the End of the Nineteenth Century* (Rosedale: Penguin, 1996), 13~116; Philippa Mein-Smith, *A Concise History of New Zealand* (Cambridge: Cambridge University Press, 2005), 5~20.

220) Denoon, Mein-Smith, and Wyndham, *History of Australia*, 39, 41~42.

221) John Rickard, *Australia: A Cultural History* (London: Longman, 1988).

222) Voigt, *Geschichte Australiens*, 9~10.

223) Tim Flannery, *The Future Eaters: An Ecological History of the Australasian Lands and People* (Chatswood: Reed, 1994); Voigt, *Geschichte Australiens*, 6.

224) Derek J. Mulvaney, *Encounters in Place: Outsiders and Aboriginal Australians, 1606-1985* (St. Lucia: University of Queensland Press, 1989).

225) 유럽인의 오세아니아 탐험사에 관해서는 다음을 참조하라. Urs Bitterli, *Asien, Australien, Pazifik*, vol. 2 of *Die Entdeckung und Eroberung der Welt: Dokumente und Berichte* (Munich: C. H. Beck, 1981); Heinrich Lamping, ed., *Australia: Studies on the History of Discovery and Exploration* (Frankfurt am Main: Institut für Sozialgeographie der Johann-Wolfgang-Goethe-Universität, 1994); Günter Schilder, *Australia Unveiled: The Share of Dutch Navigators in the Discovery of Australia* (Amsterdam: Theatrum Orbis Terrarum, 1976); Eberhard Schmitt, *Dokumente zur Geschichte der europäischen Expansion*, vol. 2 (Munich: C. H. Beck, 1984), 522~536; Oskar Hermann Khristian Spate, *The Pacific since Magellan*, 3 vols. (Canberra: Australian National University Press, 1977-1988).

226) 에스파냐의 호수는 스페이트(Spate)의 역사서인 '마젤란 이후의 태평양(*Pacific since Magellan*)' 시리즈 제1권의 제목이다.

227) Schurz, *Manila Galleon*.

228) Reinhard Wendt, "The Spanisch-Dutch War, Japanese Trade and World Politics," in *The Road to Japan: Social and Economic Aspects of Early European-Japanese Contacts*, ed. Josef Kreiner (Bonn: Bier, 2005), 43~62, 인용은 52~57.

229) Hugh Edwards, *Islands of Angry Ghosts* (Sydney: Hodder & Stoughton, 1966).

230) Heermann, *Mythos Tahiti;* Joachim Meißner, *Mythos Südsee: Das Bild von der Südsee im Europa des 18. Jahrhunderts* (Hildesheim: Olms, 2006); Bernard Smith, *European Vision and the South Pacific* (New Haven, CT: Yale University Press, 1985).

231) Mulvaney, *Encounters*.

232) Maria Nugent, *Captain Cook Was Here* (Port Melbourne: Cambridge University Press, 2009).

5부 유럽과 대서양 세계

1) Bernard Bailyn, *Atlantic History: Concept and Contours* (Cambridge, MA: Harvard University Press, 2005); Nicholas Canny and Philip Morgan, eds., *The Oxford Handbook of the Atlantic World*,

1450–1850 (Oxford: Oxford University Press, 2011).

2) Jan-Georg Deutsch and Albert Wirz, eds., *Geschichte in Afrika: Einführung in Probleme und Debatten* (Berlin: Verlag das Arabische Buch, 1997), 12; Horst Pietschmann, "Lateinamerikanische Geschichte und deren wissenschaftliche Grundlagen," in *Handbuch der Geschichte Lateinamerikas*, ed. Horst Pietschmann (Stuttgart: Klett Cotta, 1994), 1: 1~22; George G. Iggers, Q. Edward Wang, and Supriya Mukherjee, *A Global History of Modern Historiography* (Harlow, UK: Pearson, 2008), 290~300; Markus Völkel, *Geschichtsschreibung: Eine Einführung in globaler Perspektive* (Cologne: Böhlau, 2006), 360~372; 매우 유익한 또 다른 연구로는 다음과 같은 것이 있다. Hanna Vollrath, "Das Mittelalter in der Typik oraler Gesellschaften," *Historische Zeitschrift* 233 (1981): 571~594.

3) 대서양 연안 아프리카의 주요 텍스트로는 다음과 같은 것들이 있다. Roland Oliver, ed., *Africa from c. 1050 to c. 1600*, vol. 3 of *The Cambridge History of Africa* (Cambridge: Cambridge University Press, 1977); Richard Gray, ed., *Africa from c. 1600 to c. 1790*, vol. 4 of *The Cambridge History of Africa* (Cambridge: Cambridge University Press, 1975); Djibril Tamsir Niane, ed., *Africa from the 12th to the 16th Century*, vol. 4 of *General History of Africa* (Oxford: James Currey, 1984); Bethwell A. Ogot, ed., *Africa from the 16th to the 18th Century*, vol. 5 of *General History of Africa*, 2nd ed. (Oxford: James Currey, 1999); John Iliffe, *Africans: The History of a Continent* (Cambridge: Cambridge University Press, 1995); Roland Oliver and Anthony Atmore, *Medieval Africa, 1250–1800* (Cambridge: Cambridge University Press, 2001); Ulrike Schuerkens, *Geschichte Afrikas: Eine Einführung* (Cologne: Böhlau, 2009).

4) Joseph O. Vogel, ed., *Encyclopedia of Precolonial Africa: Archeology, History, Languages, Cultures, and Environments* (Walnut Creek, CA: Alta Mira, 1997), 247~288.

5) Kwame A. Appiah, ed., *Africana: The Encyclopedia of the African and African American Experience* (New York: Basic Civitas Books, 1999), 51.

6) James Giblin, "Trypanosomiasis Control in African History: An Evaded Issue?," *Journal of African History* 31 (1990): 59~80; Willie F. Page, ed., *Encyclopedia of African History and Culture* (New York: Facts on File, 2001), 1: 6; Vogel, *Encyclopedia*, 33, 217, 222.

7) 말리 왕국에 관한 알오마리(Al-Omari)의 인용은 다음을 보라. Rudolf Fischer, *Gold, Salz und Sklaven: Die Geschichte der großen Sudanreiche Gana, Mali, Songhai*, 2nd ed. (Oberdorf: Edition Piscator, 1991), 108.

8) Eugenia W. Herbert, *Red Gold of Africa: Copper in Precolonial History and Culture* (Madison: University of Wisconsin Press, 1984); Iliffe, *Africans*, 83~84.

9) John K. Thornton, *Africa and Africans in the Making of the Atlantic World, 1400–1680* (Cambridge: Cambridge University Press, 1992), 7.

10) Robin C. C. Law, *The Horse in West African History: The Role of the Horse in the Societies of Precolonial West Africa* (Oxford: Oxford University Press for the International African Institute, 1980), 6~7, 9~13, 89, 119, 122.

11) Catherine Coquery-Vidrovitch, *Histoire des villes d'Afrique noire des origins à la colonisation* (Paris:

Albin Michel, 1993); Graham Connah, *African Civilization: An Archeological Perspective*, 2nd ed. (Cambridge: Cambridge University Press, 2001), 144~180.

12) Frieda-Nela Williams, *Precolonial Communities of Southwestern Africa: A History of Ovambo Kingdoms, 1600–1920* (Windhoek: National Archives of Namibia, 1991), 99.

13) David Birmingham in Gray, *Cambridge History of Africa*, 4: 369~377; Edna G. Bay, "Belief, Legitimacy and the Kpojito: An Institutional History of the 'Queen Mother' in Precolonial Dahomey," *Journal of African History* 36 (1995): 1~27; Suzanne Preston Blier, "The Path of the Leopard: Motherhood and Majesty in Early Dahomé," *Journal of African History* 36 (1995): 391~417.

14) Anne Hilton, *The Kingdom of Kongo* (Oxford: Clarendon Press, 1985), 102.

15) John P. Mbiti et al., after Samuel A. Floyd, *The Power of Black Music: Interpreting Its History from Africa to the United States* (New York: Oxford University Press, 1995), 14~27; Iliffe, *Africans*, 85~90.

16) Hilton, *Kingdom of Kongo*, 8~34, 48~53, 91~92.

17) Christopher Ehret, *The Civilizations of Africa: A History to 1800* (Oxford: James Currey, 2002), 37~55.

18) Emile Boonzaier et al., *The Cape Herders: A History of the Khoikhoi of Southern Africa* (Cape Town: Philip, 1996).

19) Nehemia Levtzion, ed., *Corpus of Early Arabic Sources for West African History* (Fontes Historiae Africanae, Series Arabica, 4) (Cambridge: Cambridge University Press, 1981); John O. Hunwick, ed., *Timbuktu and the Songhay Empire: Al–Saidi's Ta'rikh al-Sudan down to 1613 and Other Contemporary Documents* (Leiden: Brill, 1999).

20) Robin C. C. Law, "Constructing the Precolonial History of West Africa: Reflections on the Methodology of Oral and Written History" (unpublished manuscript, Leiden, 1993); 이 주제에 관한 모범적인 문헌은 다음과 같다. Hilton, *Kingdom of Kongo;* cf. Adam Jones, ed., *Brandenburg Sources for West African History, 1680–1700* (Stuttgart: Steiner, 1985).

21) John D. Fage, *A History of Africa*, 3rd ed. (New York: Routledge, 1995), 79; John O. Hunwick, "Secular Power and Religious Authority in Muslim Society: The Case of Songhay," *Journal of African History* 37 (1996): 175~194.

22) 그러나 나음 책에 따르면 이는 대서양 노예 무역에 대한 반응으로 대두한 것이었다. Iliffe, *Africans*, 144.

23) 이 주제에 관한 기초 텍스트로는 다음을 참조하라. *Lexikon des Mittelalters*, 10 vols. (Stuttgart: Metzler, 1980–1999); *Enzyklopädie der Neuzeit*, 16 vols. (Stuttgart: Metzler, 2005–2012); Ulf Dirlmeier, Gerhard Fouquet, and Bernd Fuhrmann, *Europa im Spätmittelalter 1215–1378* (Oldenbourg Grundriss der Geschichte 8) (Munich: Oldenbourg, 2003); Erich Meuthen and Claudia Märtl, *Das 15. Jahrhundert* (Oldenbourg Grundriss der Geschichte 9), 4th ed. (Munich: Oldenbourg, 2006); Günter Vogler, *Europas Aufbruch in die Neuzeit 1500–1650* (Handbuch der Geschichte Europas 5) (Stuttgart: Ulmer, 2003); Heinz Duchhardt, *Europa am Vorabend der*

Moderne 1650–1800 (Handbuch der Geschichte Europas 6) (Stuttgart: Ulmer, 2003); Thomas A. Brady Jr., Heiko A. Oberman, and James D. Tracy, eds., *Handbook of European History, 1400–1600*, 2 vols. (Leiden: Brill, 1994–1995); Heinz Schilling, *Die neue Zeit: Vom Christenheitseuropa zum Europa der Staaten 1250–1750* (Berlin: Siedler, 1999); Michael Jones, ed., *C. 1300–c. 1415*, vol. 6 of *The New Cambridge Medieval History* (Cambridge: Cambridge University Press, 2000); Christopher T. Allmand, ed., *C. 1415–c. 1500*, vol. 7 of *The New Cambridge Medieval History* (Cambridge: Cambridge University Press, 1998); Robert Fossier, *Le moyen âge*, 3 vols. (Paris: Colin, 1982–1983); Ferdinand Seibt and Winfried Eberhard, eds., *Europa 1400: Die Krise des Spätmittelalters* (Stuttgart: Klett Cotta, 1984); Ferdinand Seibt and Winfried Eberhard, eds., *Europa 1500: Integrationsprozesse im Widerstreit: Staaten, Regionen, Personenverbände, Christenheit* (Stuttgart: Klett Cotta, 1987); Johan Huizinga, *Herbst des Mittelalters: Studien über Lebens- und Geistesformen des 14. und 15. Jahrhunderts in Frankreich und in den Niederlanden*, 2nd ed. (Munich: Drei-Masken-Verlag, 1928; Dutch ed., 1919).

24) Wolfgang Reinhard, *Die Alte Welt bis 1818*, vol. 1 of *Geschichte der europäischen Expansion* (Stuttgart: Kohlhammer, 1983), 153; ibid., *Die Neue Welt*, vol. 2 of *Geschichte der europäischen Expansion* (Stuttgart: Kohlhammer, 1985), 134; Otto Heinz Mattiesen, *Die Kolonial- und Überseepolitik der* kurländischen Herzöge *im 17. und 18. Jahrhundert* (Stuttgart: Kohlhammer, 1940).

25) 기본적인 텍스트로는 다음을 참조하라. Wolfgang Reinhard, *Lebensformen Europas: Eine historische Kulturanthropologie*, 2nd ed. (Munich: C. H. Beck, 2006); Michael Mitterauer, *Warum Europa? Mittelalterliche Grundlagen eines Sonderwegs* (Munich: C. H. Beck, 2003); Philippe Ariès and Georges Duby, eds., *Vom Feudalzeitalter zur Renaissance*, vol. 2 of *Geschichte des privaten Lebens*, 2nd ed. (Frankfurt am Main: P. Fischer, 1991); Philippe Ariès and Roger Chartier, eds., *Von der Renaissance zur Aufklärung*, vol. 3 of *Geschichte des privaten Lebens* (Frankfurt am Main: P. Fischer, 1991); Fernand Braudel, *La Méditerranée et le monde méditerranéen à l' époque de Philippe II* (Paris: Colin, 1949; English ed.: London: Fontana, 1949; English ed.: London: Fontana, 1972–1973; German: Frankfurt am Main: Suhrkamp, 1990); *Kolloquien der Kommission der Göttinger Akademie der Wissenschaften zur Erforschung der Kultur des Spätmittelalters* Bericht über Kolloquien 1975–77 bis Bericht über Kolloquien 1999~2002, 7 vols. (Göttingen: Vandenhoeck und Ruprecht, 1980–2003); Rudolf Suntrup et al., eds., *Medieval to Early Modern Culture — Kultureller Wandel vom Mittelalter zur Frühen Neuzeit*, 5 vols. (Frankfurt am Main: Peter Lang, 2001–2005).

26) Pierre Alexandre, *Le climat en Europe au Moyen Âge: Contribution à l'histoire des variations climatiques de 1000 à 1425, d'après les sources narratives de l'Europe occidentale* (Paris: Editions de l'École des Hautes Études en Sciences Sociales, 1987); Rüdiger Glaser, *Klimageschichte Mitteleuropas: 1200 Jahre Wetter, Klima, Katastrophen*, 2nd ed. (Darmstadt: Wissenschaftliche Buchgesellschaft, 2008); Hubert H. Lamb, *Klima und Kulturgeschichte: Der Einfluß des Wetters auf den Gang der Geschichte* (Reinbek: Rowohlt, 1989); Christian Pfister, *Bevölkerungsgeschichte und historische Demographie 1500–1800* (Munich: Oldenbourg, 1994).

27) Kenneth. F. Kiple, ed., *The Cambridge World History of Human Disease* (Cambridge: Cambridge University Press, 1993), 247~293, 642~649, 807~811, 855~862, 987~988, 1008~1014; Jean-Noël Biraben, *Les hommes et la peste en France et dans les pays européens et méditerranéens*, 2 vols. (Paris: Mouton, 1975–1976); Klaus Bergdolt, *Der Schwarze Tod in Europa: Die Große Pest und das Ende des Mittelalters* (Munich: C. H. Beck, 1994); Ole Benedictow, *The Black Death, 1346–1353: The Complete History* (Woodbridge, UK: Boydell Press, 2004). 다음 책은 중부 유럽의 도시들에서 인구 감소가 적었음을 보여 준다. Manfred Vasold, *Die Pest: Das Ende eines Mythos* (Stuttgart: Theiss, 2003).

28) Dirlmeier, Fouquet, and Fuhrmann, *Europa im Spätmittelalter*, 18, 166; Meuthen and Märtl, *Das 15. Jahrhundert*, 3, 123; Vogler, *Europas Aufbruch*, 263; Duchhardt, *Europa am Vorabend der Moderne*, 83; cf. Carlo M. Cipolla and Knut Borchardt, eds., *Bevölkerungsgeschichte Europas* (Munich: Piper, 1971); Jean-Pierre Bardet and Jacques Dupâquier, eds., *Histoire des populations de l'Europe*, vol. 1 (Paris: Fayard, 1997).

29) John Hajnal, "European Marriage Patterns in Perspective," in *Population in History*, ed. David V. Glass and David E. Eversley (London: Arnold, 1965), 101~143.

30) Alberto Tenenti, *La vie et la mort à travers l'art du XVe siècle*, 2nd ed. (Paris: Fleury, 1983).

31) André Burguière, Christiane Klapisch-Zuber, Martine Segalen, Françoise Zonabend, eds., *Geschichte der Familie*, vols. 2–3 (Frankfurt am Main: Campus, 1996–1998); Andreas Gestrich, Jens-Uwe Krause, and Michael Mitterauer, eds., *Geschichte der Familie* (Stuttgart: Kröner, 2003).

32) Teresa A. Meade and Merry E. Wiesner-Hanks, eds., *A Companion to Gender History* (Malden, MA: Blackwell, 2004); Anne Echols and Marty Williams, eds., *An Annotated Index of Medieval Women* (New York: Wiener, 1992); Georges Duby and Michelle Perrot, *Geschichte der Frauen*, vols. 2–3 (Frankfurt am Main: Campus Verlag, 1991–1993); Margaret L. King, *Frauen in der Renaissance* (Munich: C. H. Beck, 1993); Olwen Hufton, *Frauenleben: Eine europäische Geschichte 1500–1800*, 2nd ed. (Frankfurt am Main: Fischer, 1998); Ute Gerhard, ed., *Frauen in der Geschichte des Rechts: Von der Frühen Neuzeit bis zur Gegenwart* (Munich: C. H. Beck, 1997); Peter J. P. Goldberg, *Women, Work, and Life Cycle in a Medieval Economy: Women in York and Yorkshire, c. 1300–1520* (Oxford: Clarendon, 1992).

33) Johann A. Steiger et al., eds., *Passion, Affekt und Leidenschaft in der Frühen Neuzeit* (Wolfenbütteler Arbeiten zur Barockforschung 43), 2 vols. (Wiesbaden: Harrassowitz, 2005).

34) Barbara Stollberg-Rilinger, *Europa im Jahrhundert der Aufklärung* (Stuttgart: Reclam, 2000), 151~160, 인용은 158.

35) Winfried Schulze, ed., *Ständische Gesellschaft und soziale Mobilität* (Munich: Oldenbourg, 1988); Klaus Schreiner and Gerd Schwerhoff, eds., *Verletzte Ehre: Ehrkonflikte in Gesellschaften des Mittelalters und der Frühen Neuzeit* (Cologne: Böhlau, 1995).

36) Georges Dumézil, *L'idéologie tripartie des Indo-européens* (Brussels: Latomus, 1958); Georges Duby, *Les trois ordres ou l'imaginaire du féodalisme* (Paris: Gallimard, 1978); Otto G. Oexle, "Tria genera hominum: Zur Geschichte eines Deutungsschemas der sozialen Wirklichkeit in Antike und

Mittelalter," in *Institutionen, Kultur und Gesellschaft im Mittelalter: Festschrift für Josef Fleckenstein zu seinem 65. Geburtstag*, ed. Lutz Fenske (Sigmaringen: Thorbecke, 1984), 483~500.

37) Hans Erich Feine, *Kirchliche Rechtsgeschichte: Die katholische Kirche*, 4th ed. (Cologne: Böhlau, 1964).

38) Erwin Gatz, ed., *Die Bischöfe des Heiligen Römischen Reiches: Ein biographisches Lexikon*, 2 vols. (Berlin: Duncker & Humblot, 1990-1996).

39) Luise Schorn-Schütte, *Evangelische Geistlichkeit in der Frühneuzeit* (Gütersloh: Gütersloher Verlagshaus, 1996).

40) Marc Bloch, *Die Feudalgesellschaft* (Frankfurt am Main: Propylaeen, 1982); Maurice Keen, *Das Rittertum* (Munich: Artemis, 1987; U.S. ed., 1984); Otto G. Oexle and Werner Paravicini, eds., *Nobilitas: Funktion und Repräsentation des Adels in Alteuropa* (Göttingen: Vandenhoeck und Ruprecht, 1997); Hamish M. Scott, ed., *The European Nobilities in the 17th and 18th Centuries*, 2 vols., 2nd ed. (Houndmills, UK: Palgrave Macmillan, 2007-2008); Ronald G. Asch, ed., *Der europäische Adel im Ancien Regime: Von der Krise der ständischen Monarchien bis zur Revolution (ca. 1600-1789)* (Cologne: Böhlau, 2001).

41) Marie-Thérèse Caron, *Noblesse et pouvoir royale en France, XIIIe-XVIe siècle* (Paris: Colin, 1994); Marie-Claude Gerbet, *Les noblesses espagnoles au Moyen Âge, XIe-XVe siècle* (Paris: Colin, 1994); Kenneth B. McFarlane, *The Nobility of Later Medieval Engla*nd (Oxford: Clarendon, 1973); Chris Given-Wilson, *The English Nobility in the Late Middle Ages: The Fourteenth-Century Political Community* (London: Routledge & Kegan Paul, 1987); Michael Jones, ed., *Gentry and Lesser Nobility in Late Medieval Europe* (Gloucester, UK: Sutton, 1986).

42) John Edwards, *The Jews in Christian Europe, 1400-1700* (London: Routledge, 1988); Friedrich Battenberg, *Von den Anfängen bis 1650*, vol. 1 of *Das europäische Zeitalter der Juden: Zur Entwicklung einer Minderheit in der nichtjüdischen Umwelt Europas* (Darmstadt: Wissenschaftliche Buchgesellschaft, 1990); Michael Toch, *Die Juden im mittelalterlichen Reich* (Munich: Oldenbourg, 1998); Frantisek Graus, *Pest — Geißler — Judenmorde: Das 14. Jahrhundert als Krisenzeit*, 3rd ed. (Göttingen: Vandenhoeck und Ruprecht, 1994).

43) Bronislaw Geremek, *Les marginaux parisiens aux XIVe et XVe siècles* (Paris: Flammarion, 1976); Bernd-Ulrich Hergemöller, ed., *Randgruppen der spätmittelalterlichen Gesellschaft*, 3rd ed. (Warendorf: Fahlbusch, 2001); Frank Rexroth, *Das Milieu der Nacht: Obrigkeit und Randgruppen im spätmittelalterlichen London* (Göttingen: Vandenhoeck und Ruprecht, 1999); Ernst Schubert, *Fahrendes Volk im Mittelalter* (Bielefeld: Verlag für Regionalgeschichte, 1995); Kathy Stuart, *Defiled Trades and Social Outcasts: Honor and Ritual Pollution in Early Modern Germany* (Cambridge: Cambridge University Press, 1999).

44) Michel Mollat, *Die Armen im Mittelalter*, 2nd ed. (Munich: C. H. Beck, 1987); Thomas Fischer, *Städtische Armut und Armenfürsorge im 15. und 16. Jahrhundert: Sozialgeschichtliche Untersuchungen am Beispiel der Städte Basel, Freiburg i. Br. und Straßburg* (Göttingen: Schwartz, 1979); Robert Jütte, *Arme, Bettler, Beutelschneider: Eine Sozialgeschichte der Armut in der Frühen Neuzeit* (Cologne:

Böhlau, 2000).

45) Otto G. Oexle, ed., *Memoria als Kultur* (Göttingen: Vandenhoeck & Ruprecht, 1995).

46) *Die Anfänge der Landgemeinde und ihr Wesen*, 2 vols. (Vorträge und Forschungen 7–8) (Konstanz: Thorbecke, 1986); Léopold Génicot, *Rural Communities in the Medieval West* (Baltimore: Johns Hopkins University Press, 1990); Heide Wunder, *Die bäuerliche Gemeinde in Deutschland* (Göttingen: Vandenhoeck und Ruprecht, 1986).

47) Karl Siegfried Bader, *Studien zur Rechtsgeschichte des mittelalterlichen Dorfes*, 3 vols. (Weimar: Böhlau, 1957–1974).

48) Hans Patze, ed., *Die Grundherrschaft im späten Mittelalter*, 2 vols. (Vorträge und Forschungen 27) (Sigmaringen: Thorbecke, 1983).

49) Jan Peters and Axel Lubinski, eds., *Gutsherrschaftsgesellschaften im europäischen Vergleich* (Berlin: Akademie Verlag, 1997); Eduard Maur, *Gutsherrschaft und "zweite Leibeigenschaft" in Böhmen* (Munich: Oldenbourg, 2001); Peter Blickle, *Von der Leibeigenschaft zu den Menschenrechten: Eine Geschichte der Freiheit in Deutschland* (Munich: C. H. Beck, 2003).

50) Irene Erfen, ed., *Fremdheit und Reisen im Mittelalter* (Stuttgart: Steiner, 1997); Hermann Bausinger, Klaus Beyrer, and Gottfried Korff, eds., *Reisekultur: Von der Pilgerfahrt zum modernen Tourismus* (Munich: C. H. Beck, 1991); Holger Thomas Gräf and Ralf Pröve, *Wege ins Ungewisse: Reisen in der Frühen Neuzeit 1500–1800* (Frankfurt am Main: P. Fischer, 1997).

51) Christopher Hibbert, *The Grand Tour* (London: Methuen, 1987).

52) Karl-Heinz Spiess, "Zur Landflucht im Mittelalter," in Patze, *Grundherrschaft*, 1: 157~204; Fernand Braudel, ed., *Villages désertés et histoire économique, XIe–XVIIIe siècle* (Paris: S.E.V.P.E.N., 1965).

53) Charles Higounet, Jean-Bernard Marquette, and Philippe Wolff, eds., *Atlas historique des villes de France*, 46 vols. (Paris: CNRS, 1982–2000); Mary D. Lobel, ed., *The Atlas of Historic Towns*, 3 vols. (Baltimore: Johns Hopkins University Press, 1972–1991); Heinz Stoob and Wilfried Ehbrecht, eds., *Deutscher Städteatlas*, 6 vols. (Dortmund: Grösschen, 1973–2000); Leonardo Benevolo, *Die Stadt in der europäischen Geschichte*, 2nd ed. (Munich: C. H. Beck, 1998); P. Feldbauer, ed., *Die vormoderne Stadt: Asien und Europa im Vergleich* (Munich: Oldenbourg, 2002); Edith Ennen, *Die europäische Stadt des Mittelalters*, 4th ed. (Göttingen: Vandenhoeck & Ruprecht, 1987), Hartmut Boockmann, *Die Stadt im späten Mittelalter*, 3rd ed. (Munich: C. H. Beck, 1994); Peter Clark, ed., *Small Towns in Early Modern Europe* (Cambridge: Cambridge University Press, 1995); Evamaria Engel, *Die deutsche Stadt im Mittelalter* (Munich: C. H. Beck, 1993); Eberhard Isenmann, *Die deutsche Stadt im Spätmittelalter, 1250–1500: Stadtgestalt, Recht, Stadtregiment, Kirche, Gesellschaft, Wirtschaft* (Stuttgart: Ulmer, 1988); Georges Duby, ed., *Histoire de la France urbaine*, vols. 2–3 (Paris: Editions du Seuil, 1980–1981); Rodney H. Hilton, *English and French Towns in Feudal Society: A Comparative Study* (Cambridge: Cambridge University Press, 1992); Charles Tilly and Wim P. Blockmans, eds., *Cities and the Rise of States in Europe, 1000–1800* (Boulder, CO: Westview Press, 1994).

54) Albrecht Jockenhövel, ed., *Bergbau, Verhüttung und Waldnutzung im Mittelalter: Auswirkungen auf Mensch und Umwelt* (Stuttgart: Steiner, 1996).

55) Ernst Schubert and Bernd Herrmann, eds., *Von der Angst zur Ausbeutung: Umwelterfahrung zwischen Mittelalter und Neuzeit* (Frankfurt am Main: Fischer Taschenbuch Verlag, 1994); Albert Zimmermann and Andreas Speer, eds., *Mensch und Natur im Mittelalter*, 2 vols. (Berlin: de Gruyter, 1991–1992); Roland Bechmann, *Trees and Man: The Forest in the Middle Ages* (New York: Paragon House, 1990).

56) Mitterauer, *Warum Europa?*, 184~186, 289~292; Arnold Angenendt, *Geschichte der Religiosität im Mittelalter*, 2nd ed. (Darmstadt: Wissenschaftliche Buchgesellschaft, 2000); Marek Derwich and Martial Staub, eds., *Die "Neue Frömmigkeit" in Europa im* Spätmittelalter (Göttingen: Vandenhoeck und Ruprecht, 2004); Peter Dinzelbacher and Dieter R. Bauer, eds., *Volksreligion im hohen und späten Mittelalter* (Paderborn: Schöningh, 1990); Berndt Hamm, "Theologie und Frömmigkeit im ausgehenden Mittelalter," in *Handbuch der Geschichte der evangelischen Kirche in Bayern*, ed. Gerhard Müller et al. (St. Ottilien: EOS-Verlag, 2002), 159~211.

57) Jean Delumeau, *Angst im Abendland: Die Geschichte kollektiver Ängste im Europa des 14. bis 18. Jahrhunderts* (Reinbek: Rowohlt, 1985); Thilo Esser, *Pest, Heilsangst und Frömmigkeit: Studien zur* religiösen Bewältigung *der Pest am Ausgang des Mittelalters* (Altenberge: Oros-Verlag, 1999).

58) Sönke Lorenz, Jürgen Michael Schmidt, and Stefan Kötz, eds., *Wider alle Hexerei und Teufelswerk: Die europäische Hexenverfolgung und ihre Auswirkungen auf Südwestdeutschland* (Ostfildern: Thorbecke, 2004); Wolfgang Behringer, *Witches and Witch-Hunts: A Global History* (Cambridge: Polity Press, 2004).

59) 이에 관한 기본적인 내용은 다음 자료들을 참조하라. Norman Kretzman, Anthony Kenny, Jan Pinborg, and Eleonore Stump, eds., *From the Rediscovery of Aristotle to the Disintegration of Scholasticism 1100–1600*, vol. 1 of *The Cambridge History of Later Medieval Philosophy* (Cambridge: Cambridge University Press, 1982); Charles B. Schmitt, ed., *The Cambridge History of Renaissance Philosophy* (Cambridge: Cambridge University Press, 1988); Notker Hammerstein, ed., *Handbuch der deutschen Bildungsgeschichte*, vols. 1–2 (Munich: Beck, 1996–2005).

60) Michel Mollat du Jourdin and Bernhard Schimmelpfennig, eds., *Die Zeit der Zerreißproben (1274–1449)*, vol. 6 of *Die Geschichte des Christentums* (Freiburg im Breisgau: Herder, 1991); Marc Venard and Heribert Smolinsky, eds., *Von der Reform zur Reformation (1450–1530)*, vol. 7 of *Die Geschichte des Christentums* (Freiburg im Breisgau: Herder, 1995); Marc Venard and Heribert Smolinsky, eds., *Die Zeit der Konfessionen* (1530–1620/30), vol. 8 of *Die Geschichte des Christentums* (Freiburg im Breisgau: Herder, 1992); Marc Venard and Albert Boesten-Stengel, eds., *Das Zeitalter der Vernunft (1620/30–1750)*, vol. 9 of *Die Geschichte des Christentums* (Freiburg im Breisgau: Herder, 1998); Miri Rubin and Walter Simons, eds., *Christianity in Western Europe, c. 1100–c. 1500*, vol. 4 of *The Cambridge History of Christianity* (Cambridge: Cambridge University Press, 2009); Ronnie Po-Chia Hsia, ed., *Reform and Expansion, 1500–1660*, vol. 6 of *The Cambridge History of Christianity* (Cambridge: Cambridge University Press, 2007); Stewart J.

Brown and Timothy Tackett, eds., *Enlightenment, Reawakening, and Revolution, 1660–1815*, vol. 7 of *The Cambridge History of Christianity* (Cambridge: Cambridge University Press, 2006).

61) Walter Rüegg and Asa Briggs, eds., *Mittelalter*, vol. 1, and *Von der Reformation zur Französischen Revolution*, vol. 2 of *Geschichte der Universität in Europa* (Munich: C. H. Beck, 1993–1996), 특히 1: 66~67, 104~108, 234~263; 2: 181~182; English ed.: *A History of the University in Europe*, vols. 1–2 (Cambridge: Cambridge University Press, 1992–1996).

62) Myron P. Gilmore, *Humanists and Jurists: Six Studies in the Renaissance* (Cambridge, MA: Harvard University Press, 1963); Albert Rabil, ed., *Renaissance Humanism: Foundations, Form, and Legacy*, 3 vols. (Philadelphia: University of Pennsylvania Press, 1988).

63) James H. Overfield, *Humanism and Scholasticism in Late Medieval Germany* (Princeton, NJ: Princeton University Press, 1984); 또한 다음을 참조하라. Johannes Helmrath, "'Humanismus und Scholastik' und die deutschen Universitäten um 1500," *Zeitschrift für Historische Forschung* 15 (1988): 187~203.

64) Hans Baron, *The Crisis of the Early Italian Renaissance: Civic Humanism and Republican Liberty in an Age of Classicism and Tyranny*, 2nd ed. (Princeton, NJ: Princeton University Press, 1966).

65) Quentin Skinner, *Machiavelli zur Einführung*, 3rd ed. (Hamburg: Junius, 2001).

66) Paul Oscar Kristeller, *Il pensiero filosofico di Marsilio Ficino*, 2nd ed. (Florence: Sansoni, 1988).

67) Jean-Claude Margolin, *L'humanisme en Europe au temps de la Rénaissance* (Paris: PUF, 1981); Heiko A. Oberman and Thomas A. Brady Jr., eds., *Itinerarium Italicum: The Profile of the Italian Renaissance in the Mirror of Its European Transformations* (Leiden: Brill, 1975).

68) Cornelis Augustijn, *Erasmus von Rotterdam: Leben — Werk — Wirkung* (Munich: C. H. Beck, 1986).

69) Eugenio Garin, ed., *Der Mensch der Renaissance* (Frankfurt am Main: Campus, 1988); John J. Martin, *Myths of Renaissance Individualism* (Basingstoke, UK: Palgrave Macmillan, 2004).

70) Fernand Roulier, *Jean Pic de la Mirandola (1463–1494): Humaniste, philosophe et théologien* (Geneva: Slatkine, 1989).

71) Ludwig H. Heydenreich, André Chastel, and Günter Passavant, *Italienische Renaissance*, 4 vols. (Munich: C. H. Beck, 1965–1975).

72) Anthony Grafton, *Leon Battista Alberti: Baumeister der Renaissance* (Berlin: Berlin-Verlag, 2002).

73) Martin Kemp, *Leonardo* (Munich: C. H. Beck, 2005; English ed.: Oxford: Oxford University Press, 2004).

74) Dirlmeier, Fouquet, and Fuhrmann, *Europa im Spätmittelalter*, 91; Uta Lindgren, ed., *Europäische Technik im Mittelalter 800–1400: Tradition und Innovation: Ein Handbuch*, 2nd ed. (Berlin: Gebr. Mann, 1997).

75) Meuthen and Märtl, *Das 15. Jahrhundert*, 105.

76) Jacob Burckhardt, *Die Kultur der Renaissance in Italien: Ein Versuch* (Basel: Schweighauser, 1860); August Buck, ed., *Zu Begriff und Problem der Renaissance* (Darmstadt: Wissenschaftliche Buchgesellschaft, 1969); André Chastel, *Der Mythos der Renaissance, 1420–1520* (Genf: Skira,

1969); Wallace K. Ferguson, *The Renaissance in Historical Thought: Five Centuries of Interpretation* (Boston: Mifflin, 1948); Peter Burke, *Die Renaissance in Italien: Sozialgeschichte einer Kultur zwischen Tradition und Erfindung* (Berlin: Wagenbach, 1984); Peter Burke, *Die Renais sance* (Berlin: Wagenbach, 1990); Georg Kaufmann, ed., *Die Renaissance im Blick der Nationen Europas* (Wiesbaden: Harrassowitz, 1991).

77) Donald K. McKim, ed., *The Cambridge Companion to Martin Luther* (Cambridge: Cambridge University Press, 2003); Martin Brecht, *Martin Luther*, 3 vols. (Stuttgart: Calwer Verlag, 1981–1987).

78) Donald K. McKim, ed., *The Cambridge Companion to John Calvin* (Cambridge: Cambridge University Press, 2004); William Stanford Reid, ed., *John Calvin: His Influence in the Western World* (Grand Rapids, MI: Zondervan Publishing House, 1982).

79) Steven Ozment, ed., *Reformation Europe: A Guide to Research* (St. Louis, MO: Center for Reformation Research, 1982).

80) Alastair Duke, Gillian Lewis, and Andrew Pettegree, eds., *Calvinism in Europe, 1540–1610: A Collection of Documents* (Manchester, UK: Manchester University Press, 1992); Andrew Pettegree, ed., *Calvinism in Europe, 1540–1620* (Cambridge: Cambridge University Press, 1994); Philip Benedict, *Christ's Churches Purely Reformed: A Social History of Calvinism* (New Haven, CT: Yale University Press, 2002).

81) Hubert Jedin, *Geschichte des Konzils von Trient*, 4 vols. in 5 parts (Freiburg im Breisgau: Herder, 1949–1975); Paolo Prodi and Wolfgang Reinhard, eds., *Das Konzil von Trient und die Moderne* (Berlin: Duncker und Humblot, 2001).

82) Wolfgang Reinhard, "Konfession und Konfessionalisierung in Europa" [1981], in *Ausgewählte Abhandlungen* (Berlin: Duncker und Humblot, 1997), 103~125; Heinz Schilling, ed., *Die reformierte Konfessionalisierung in Deutschland* (Gütersloh: Gütersloher Verlagshaus, 1986); Hans-Christoph Rublack, ed., *Die lutherische Konfessionalisierung in Deutschland* (Gütersloh: Gütersloher Verlagshaus, 1992); Wolfgang Reinhard and Heinz Schilling, eds., *Die katholische Konfessionalisierung* (Gütersloh: Gütersloher Verlagshaus, 1995); Robert Bireley, *The Refashioning of Catholicism: A Reassessment of the Counter Reformation, 1450–1700* (Houndmills, UK: Palgrave Macmillan, 1999).

83) Mitterauer, *Warum Europa?*, 257~273; Guglielmo Cavallo and Roger Chartier, eds., *A History of Reading in the West* (Oxford: Polity Press, 1999); Johannes Burkhardt, *Das Reformation sjahrhundert: Deutsche Geschichte zwischen Medienrevolution und Institutionenbildung 1517–1617* (Stuttgart: Kohlhammer, 2002).

84) Johannes Wallmann, *Der Pietismus*, 2nd ed. (Göttingen: Vandenhoeck & Ruprecht, 2005); Martin Brecht, ed., *Geschichte des Pietismus*, 5 vols. (Göttingen: Vandenhoeck & Ruprecht, 1993–2005).

85) Rupert E. Davies, ed., *A History of the Methodist Church in Great Britain*, 4 vols. (London: Epworth Press, 1965–1988).

86) Stanley Sadie and Alison Latham, eds., *Das Cambridge Buch der Musik* (Frankfurt am Main: Zweitausendeins, 1994).

87) Michael Hunter, *Establishing the New Science: The Experience of the Early Royal Society* (Woodbridge, UK: Boydell Press, 1989); Roger Hahn, *The Anatomy of a Scientific Institution: The Paris Academy of Sciences, 1666–1803* (Berkeley: University of California Press, 1971); James E. McClellan, *Science Reorganized: Scientific Societies in the Eighteenth Century* (New York: Columbia University Press, 1985); Klaus Garber and Heinz Wismann, eds., *Europäische Sozietätsbewegung und demokratische Tradition: Die europäischen Akademien der Frühen Neuzeit zwischen Frührenaissance und Spätaufklärung*, 2 vols. (Tübingen: Niemeyer, 1996).

88) Nicholas Jolley, *Leibniz* (London: Routledge, 2005).

89) David Goodman and Colin A. Russell, *The Rise of Scientific Europe, 1500–1800* (Sevenoaks, UK: Hodder and Stoughton, 1991); Steven Shapin, *Die wissenschaftliche Revolution* (Frankfurt am Main: Fischer Taschenbuchverlag, 1998; English ed., 1996); Roy Porter, *Eighteenth-Century Science* (Cambridge History of Science 4) (Cambridge: Cambridge University Press, 2003).

90) Peter Machamer, *The Cambridge Companion to Galileo* (Cambridge: Cambridge University Press, 1998).

91) Werner Schneiders, ed., *Christian Wolff (1679–1754): Interpretationen zu seiner Philosophie und deren Wirkung: Mit einer Bibliographie der Wolff-Literatur*, 2nd ed. (Hamburg: Meiners, 1986).

92) Karl Otmar von Aretin, ed., *Der Aufgeklärte Absolutismus* (Cologne: Kiepenheuer und Witsch, 1974); Marc Raeff, *The Well-Ordered Police State: Social and Institutional Change through Law in the Germanies and Russia, 1600–1800* (New Haven, CT: Yale University Press, 1983); Hamish M. Scott, ed., *Enlightened Absolutism: Reform and Reformers in Later Eighteenth-Century Europe* (Houndmills, UK: Macmillan, 1990); Hans Erich Bödeker and Etienne François, eds., *Aufklärung/Lumières und Politik: Zur politischen Kultur der deutschen und französischen Aufklärung* (Leipzig: Leipziger Universitätsverlag, 1996).

93) Paul Hazard, *Die Krise des europäischen Geistes (1680–1715)* (Hamburg: Hoffmann und Campe, 1939); ibid., *Die Herrschaft der Vernunft: Das europäische Denken im 18. Jahrhundert* (Hamburg: Hoffmann und Campe, 1949); Peter Gay, *The Enlightenment: An Interpretation*, 2 vols. (New York: Knopf, 1967–1969); Roy Porter, *Kleine Geschichte der Aufklärung*, 2nd ed. (Berlin: Wagenbach, 1995); Timothy C. W. Blanning, *The Culture of Power and the Power of Culture: Old Regime Europe, 1660–1789* (Oxford: Oxford University Press, 2002); Roy Porter and Mikuláš Teich, eds., *The Enlightenment in National Context* (Cambridge: Cambridge University Press, 1981); John Brewer, *The Pleasures of the Imagination: English Culture in the Eighteenth Century* (London: HarperCollins, 1997); John Lynch, *Bourbon Spain, 1700–1808* (Oxford: Oxford University Press, 1989); Daniel Roche, *La France des lumières* (Paris: Fayard, 1993); Franco Venturi, *Italy and the Enlightenment: Studies in a Cosmopolitan Century* (London: Longman, 1972).

94) John Dunn, *Locke* (Oxford: Oxford University Press, 1984).

95) Stollberg-Rilinger, *Europa im Jahrhundert der Aufklärung*, 280~281.

96) Hubert Bost, ed., *Critique, savoir et erudition à la veille des Lumières: Le Dictionnaire historique et critique de Pierre Bayle (1647–1706)* (Amsterdam: APA Holland University Press, 1998).

97) Theodore Besterman, *Voltaire* (Munich: Winkler, 1971).

98) Hippolyte Rigault, *Histoire de la querelle des anciens et des modernes* (Paris: Hachette, 1856; New York: Franklin, 1963).

99) Robert Shackleton, *Montesquieu: A Critical Biography* (London: Oxford University Press, 1961).

100) Pierre Lepape, *Denis Diderot: Eine Biographie* (Frankfurt am Main: Campus, 1994).

101) Robert Darnton, *Glänzende Geschäfte: Die Verbreitung von Diderots Encyclopédie oder: Wie verkauft man Wissen mit Gewinn?* (Berlin: Wagenbach, 1993).

102) Monika Fick, *Lessing-Handbuch: Leben, Werk, Wirkung* (Stuttgart: Metzler, 2004).

103) Nicholas J. H. Dent, *Rousseau* (London: Routledge, 2005); Raymond Trousson, *Jean-Jacques Rousseau* (Paris: Tallandier, 2003).

104) Helmut Reinalter, ed., *Aufklärung und Geheimgesellschaften: Freimaurer, Illuminaten, Rosenkreuzer: Ideologie, Struktur und Wirkungen* (Bayreuth: Selbstverlag der freimaurerischen Forschungsgesellschaft, 1992).

105) Peter Burke, *Vico* (Oxford: Oxford University Press, 1985).

106) Wolfgang Schmale and Nan L. Dodde, eds., *Revolution des Wissens? Europa und seine Schulen im Zeichen der Aufklärung 1750–1825* (Bochum: Winkler, 1991).

107) Jürgen Habermas, *Strukturwandel der Öffentlichkeit: Untersuchungen zu einer Kategorie der bürgerlichen Gesellschaft* (Neuwied: Luchterhand, 1962); Christoph Heyl, *A Passion for Privacy: Untersuchungen zur Genese der bürgerlichen Privatsphäre in London 1660–1800* (Munich: Oldenbourg, 2004); Holger Böning, *Die Genese der Volksaufklärung und ihre Entwicklung bis 1780* (Stuttgart: Frommann–Holzboog, 1990); Benoît Garnot, *Le peuple au siècle des lumières: Échec d'un dressage culturel* (Paris: Editions Imago, 1990).

108) Ulrich Im Hof, *Das gesellige Jahrhundert. Gesellschaft und Gesellschaften im Zeitalter der Aufklärung* (Munich: C. H. Beck, 1982); Daniel Roche, *Le siècle des lumières en province: Académies et académiciens provinciaux 1680–1789* (Paris: Éditions de l'École des Hautes Études en Sciences Sociales, 1978).

109) Basic texts: Wim Blockmans and Jean–Philippe Genet, eds., *The Origins of the Modern State in Europe: 13th–18th Centuries*, 7 vols. (Oxford: Clarendon Press, 1995–2000); Wolfgang Reinhard, *Geschichte der Staatsgewalt: Eine vergleichende Verfassungsgeschichte Europas von den Anfängen bis zur Gegenwart*, 3rd ed. (Munich: C. H. Beck, 2002); Ferdinand Seibt, ed., *Europa im Hoch- und Spätmittelalter*, vol. 2 of *Handbuch der europäischen Geschichte* (Stuttgart: Klett Cotta, 1987); Josef Engel, ed., *Die Entstehung des neuzeitlichen Europa*, vol. 3 of *Handbuch der europäischen Geschichte* (Stuttgart: Union Verlag, 1971); Fritz Wagner, ed., *Europa im Zeitalter des Absolutismus und der Aufklärung*, vol. 4 of *Handbuch der europäischen Geschichte* (Stuttgart: Union Verlag, 1968); Richard Bonney, *The European Dynastic States, 1494–1660*, 3rd ed. (Oxford: Oxford University Press, 1991); William Doyle, *The Old European Order, 1660–1800*, 2nd ed.

(Oxford: Oxford University Press, 1992); Alfred Kohler, *Expansion und Hegemonie 1450–1559*, vol. 1 of *Handbuch der Geschichte der Internationalen Beziehungen*, ed. Heinz Duchhardt and Franz Knipping (Paderborn: Schöningh, 2008); Heinz Schilling, *Konfessionalisierung und Staatsinteressen 1559–1660*, vol. 2 of *Handbuch der Geschichte der Internationalen Beziehungen*, ed. Duchhardt and Knipping (Paderborn: Schöningh, 2007); Heinz Duchhardt, *Balance of Power und Pentarchie*, vol. 4 of *Handbuch der Geschichte der Internationalen Beziehungen*, ed. Duchhardt and Knipping (Paderborn: Schöningh, 1997); Jean-Michel Sallmann, *Géopolitique du XVIe siècle 1490–1618*, vol. 1 of *Nouvelle histoire des relations internationales* (Paris: Seuil, 2003); Claire Gantet, *Guerre, paix et construction des Etats 1618–1714*, vol. 2 of *Nouvelle histoire des relations internationales* (Paris: Seuil, 2003); Jean-Pierre Bois, *De la paix des rois à l'ordre des empereurs 1714–1815*, vol. 3 of *Nouvelle histoire des relations internationales* (Paris: Seuil, 2003); John Watts, *The Making of Polities: Europe, 1300–1500* (Cambridge: Cambridge University Press, 2009).

110) Mitterauer, *Warum Europa?*, 54~151; Peter Blickle, *Kommunalismus*, 2 vols. (Munich: Oldenbourg, 2000); John H. Elliott, "A Europe of Composite Monarchies," *Past and Present* 137 (1992): 48~71; Thomas Fröschl, ed., *Föderationsmodelle und Unionsstrukturen* (Vienna: Verlag für Geschichte und Politik, 1994).

111) W. Gordon East, *An Historical Geography of Europe*, 5th ed. (London: Methuen, 1966); Guy P. Marchal, ed., *Grenzen und Raumvorstellungen (11.–20. Jahrhundert)* (Zurich: Chronos, 1996); Peter Sahlins, *Boundaries: The Making of France and Spain in the Pyrenées* (Berkeley: University of California Press, 1989); Tom Scott, *Regional Identity and Economic Change: The Upper Rhine, 1450–1600* (Oxford: Clarendon Press, 1997).

112) Thomas Eichenberger, *Patria: Studien zur Bedeutung des Wortes im Mittelalter* (Sigmaringen: Thorbecke, 1991).

113) Walter Ullmann, *Kurze Geschichte des Papsttums im Mittelalter* (Berlin: de Gruyter, 1978; English ed., 1972); Harald Zimmermann, *Das Papsttum im Mittelalter: Eine Papstgeschichte im Spiegel der Historiographie* (Stuttgart: Ulmer, 1981); Bernhard Schimmelpfennig, *Das Papsttum von der Antike bis zur Renaissance*, 4th ed. (Darmstadt: Wissenschaftliche Buchgesellschaft, 1996).

114) Peter G. Stein, *Römisches Recht und Europa: Die Geschichte einer Rechtskultur* (Frankfurt am Main: Fischer Taschenbuchverlag, 1996); Harold J. Berman, *Recht und Revolution: Die Bildung der westlichen Rechtstradition* (Frankfurt am Main: Suhrkamp, 1991; US ed., 1983).

115) Hans Hattenhauer, *Europäische Rechtsgeschichte*, 4th ed. (Heidelberg: Müller, 2004).

116) Vincenzo Lavenia, *L'infamia e il perdono: Tributi, pene e confessione nella teologia morale della prima età moderna* (Bologna: il Mulino, 2004).

117) Roman Schnur, ed., *Die Rolle der Juristen bei der Entstehung des modernen Staates* (Berlin: Duncker und Humblot, 1986); Günther Schulz, ed., *Sozialer Aufstieg: Funktionseliten im Spätmittelalter und in der frühen Neuzeit* (Munich: Boldt im Oldenbourg Verlag, 2002); John Bartier, *Légistes et gens de finances au XVe Siècle: Les conseillers des ducs de Bourgogne Philippe le Bon et Charles le Téméraire*, 2 vols. (Brussels: Palais des Académies, 1955–1957).

118) Hugo Rahner, *Kirche und Staat im frühen Christentum: Dokumente aus acht Jahrhunderten und ihre Deutung*, 2nd ed. (Munich: Kösel, 1961); Robert Grant, Peter Moraw, Volker Press, and Hanns Kerner, "Kirche und Staat," in *Theologische Realenzyklopädie*, vol. 18 (Berlin: de Gruyter, 1988), 354~397.

119) Hans Fenske, Dieter Mertens, Wolfgang Reinhard, and Klaus Rosen, *Geschichte der politischen Ideen*, 5th ed. (Frankfurt am Main: Fischer Taschenbuchverlag, 2000); Iring Fetscher and Herwig Münkler, eds., *Pipers Handbuch der politischen Ideen*, vols. 2–3 (Munich: Piper, 1985–1993); Anthony Black, *Political Thought in Europe, 1250–1450* (Cambridge: Cambridge University Press, 1992); James H. Burns, ed., *The Cambridge History of Political Thought, 1450–1700* (Cambridge: Cambridge University Press, 1991).

120) Michael Roberts, "Die militärische Revolution 1560–1660" [1967], in *Absolutismus*, ed. Ernst Hinrichs (Frankfurt am Main: Suhrkamp, 1986), 273~309; Jeremy Black, ed., *A Military Revolution? Military Change and European Society, 1550–1800* (Basingstoke, UK: Macmillan, 1991); Geoffrey Parker, *Die militärische Revolution: Die Kriegskunst und der Aufstieg des Westens 1500–1800* (Frankfurt am Main: Campus, 1990; English ed., 1988).

121) Samuel Finer in Charles Tilly, ed., *The Formation of National States in Western Europe* (Princeton, NJ: Princeton University Press, 1975).

122) Peter Blickle, ed., *Resistance, Representation, and Community* (Origins of the Modern State in Europe) (Oxford: Clarendon Press, 1997); Rodney H. Hilton and Trevor H. Aston, eds., *The English Rising of 1381* (Cambridge: Cambridge University Press, 1984); Michel Mollat and Philippe Wolff, *Ongles bleus, Jacques et Ciompi: Les révolutions populaires en Europe aux XIVe et XVe siècles* (Paris: Calmann–Lévy, 1970); Horst Buszello, Peter Blickle, and Rudolf Endres, eds., *Der deutsche Bauernkrieg*, 3rd ed. (Paderborn: Schöningh, 1995); Yves–Marie Bercé, *Revoltes et révolutions dans l'Europe moderne (XVIe–XVIIIe siècle)* (Paris: PUF, 1980); Winfried Schulze, ed., *Europäische Bauernrevolten der Frühen Neuzeit* (Frankfurt am Main: Suhrkamp, 1982); Perez Zagorin, *Rebels and Rulers, 1500–1660*, 2 vols. (Cambridge: Cambridge University Press, 1982); Samuel K. Cohn, *Lust for Liberty: The Politics of Social Revolt in Medieval Europe, 1200–1425* (Cambridge, MA: Harvard University Press, 2006).

123) Wim P. Blockmans, "A Typology of Representative Institutions in Late Medieval Europe," *Journal of Medieval History* 4 (1978): 189~215; *Las Cortes de Castilla y León en la Edad Media*, 2 vols. (Valladolid: Cortes de Castilla y León, 1988); Jack R. Lander, *The Limitations of the English Monarchy in the Later Middle Ages* (Toronto: University of Toronto Press, 1989); John Smith Roskell et al., eds., *The History of Parliament: The House of Commons, 1386–1421*, 4 vols. (Stroud, UK: Sutton, 1992–1993); Robert Wellens, *Les États Généraux des Pays–Bas, des origins à la fin du règne de Philippe le Beau, 1464–1506*, vol. 1 (Kortrijk-Heule: UGA, 1974); Dietrich Gerhard, ed., *Ständische Vertretungen in Europa im 17. und 18. Jahrhundert* (Göttingen: Vandenhoeck & Ruprecht, 1969); Thomas Ertman, *Birth of the Leviathan: Building States and Regimes in Medieval and Early Modern Europe* (Cambridge: Cambridge University Press, 1997); J. Russell Major, *From*

Renaissance Monarchy to Absolute Monarchy: French Kings, Nobles, and Estates (Baltimore: Johns Hopkins University Press, 1994); Peter Moraw, "Hoftag und Reichstag von den Anfängen im Mittelalter bis 1806," in *Parlamentsrecht und Parlamentspraxis*, ed. Hans-Peter Schneider and Wolfgang Zeh (Berlin: de Gruyter, 1989), 3~47; Francis L. Carsten, *Princes and Parliaments in Germany from the 15th to the 18th Century* (Oxford: Clarendon Press, 1959).

124) Kersten Krüger, "Absolutismus in Dänemark—Ein Modell für Begriffsbildung und Typologie," *Zeitschrift der Gesellschaft für Schleswig-Holsteinische Geschichte* 104 (1979): 171~206; Peter Brandt, "Von der Adelsmonarchie zur königlichen 'Eingewalt': Der Umbau der Ständegesellschaft in der Vorbereitungs-Und Frühphase des dänischen Absolutismus," *Historische Zeitschrift* 250 (1990): 33~72.

125) Jonathan I. Israel, ed., *The Anglo-Dutch Moment: Essays on the Glorious Revolution and Its World Impact* (Cambridge: Cambridge University Press, 1991); Eveline Cruickshanks, *The Glorious Revolution* (London: St. Martin's Press, 2000).

126) Douglas Biggs, Sharon D. Michalove, and Albert C. Reeves, *Traditions and Transformations in Late Medieval England* (Leiden: Brill, 2002); Alfred L. Brown, *The Governance of Late Medieval England, 1272-1461* (London: Edward Arnold, 1989); Anthony Goodman, *The Wars of the Roses: Military Activity and English Society, 1452-1497* (London: Routledge & Kegan Paul, 1981; reprint, 1991); Anthony Goodman, *The New Monarchy: England, 1471-1534* (Oxford: Blackwell, 1988).

127) Bernard Guillemain, *La cour pontificale d'Avignon (1309-1376): Étude d'une société*, 2nd ed. (Paris: Boccard, 1966); Guillaume Mollat, *Les papes d'Avignon*, 9th ed. (Paris: Letouzey et Ané, 1949; English ed., 1965); Yves Renouard, *La papauté à Avignon*, 3rd ed. (Paris: PUF, 1969).

128) Jean Favier, *Frankreich im Zeitalter der Lehensherrschaft 1000-1515*, vol. 2 of *Geschichte Frankreichs* (Stuttgart: Deutsche Verlagsanstalt, 1989); Christopher T. Allmand, *The Hundred Years' War: England and France at War c. 1300-c. 1450* (Cambridge: Cambridge University Press, 1988; reprint, 1991); Philippe Contamine, *La guerre de cent ans*, 8th ed. (Paris: PUF, 2002).

129) Werner Paravicini, *Karl der Kühne: Das Ende des Hauses Burgund* (Göttingen: Muster-Schmidt, 1976); Walter Prevenier and Wim P. Blockmans, *Die burgundischen Niederlande* (Weinheim: VCH, 1986); Bertrand Schnerb, *L'état bourgignon (1363-1477)* (Paris: Perrin, 1999); Richard Vaughan, *Philip the Bold: The Formation of the Burgundian State*, 2nd ed. (London: Longman, 1979); Richard Vaughan, *John the Fearless: The Growth of Burgundian Power* (London: Longman, 1966); ibid., *Philip the Good: The Apogee of Burgundy* (London: Longman, 1970; reprint, 2002); ibid., *Charles the Bold: The Last Valois Duke of Burgundy* (London: Longman, 1973; reprint, 2002); ibid., *Valois Burgundy* (London: Lane, 1975).

130) Hartmut Boockmann and Heinrich Dormeier, *Konzilien, Kirchen- und Reichsreform 1410-1495*, vol. 8 of Gebhardt, *Handbuch der deutschen Geschichte* (Stuttgart: Klett Cotta, 2005); Peter Moraw, *Von offener Verfassung zu gestalteter Verdichtung: Das Reich im späten Mittelalter 1250 bis 1490*, 2nd ed. (Berlin: Ullstein, 1989); Karl-Friedrich Krieger, *König, Reich und Reichsreform im Spätmittelalter*, vol. 14 of *Enzyklopädie deutscher Geschichte* (Munich: Oldenbourg, 1992);

Heinz Stoob, *Kaiser Karl IV. und seine Zeit* (Graz: Styria, 1990); Heinrich Koller, *Kaiser Friedrich III* (Darmstadt: Wissenschaftliche Buchgesellschaft, 2005); Hermann Wiesflecker, *Kaiser Maximilian I. Das Reich, Österreich und Europa an der Wende zur Neuzeit*, 5 vols. (Munich: Oldenbourg, 1971–1986); Heinz Angermeier, "Der Wormser Reichstag 1495—Ein europäisches Ereignis," *Historische Zeitschrift* 261 (1995): 739~768; Claudia Helm, ed., *1495—Kaiser, Reich, Reformen: Der Reichstag zu Worms* (Koblenz: Landesarchivverwaltung Rheinland-Pfalz, 1995).

131) *Handbuch der Schweizer Geschichte*, vol. 1, 2nd ed. (Zurich: Berichthaus, 1980); Hans Conrad Peyer, *Verfassungsgeschichte der alten Schweiz* (Zurich: Schulthess Polygraphischer Verlag, 1978).

132) Frederic C. Lane, *Seerepublik Venedig* (Munich: Prestel, 1980; US ed., 1973).

133) Werner Goez, *Grundzüge der Geschichte Italiens in Mittelalter und Renaissance* (Darmstadt: Wissenschaftliche Buchgesellschaft, 1975); *Storia d'Italia*, vols. 4, 5, 7: 1~2, 15: 1 (Turin: UTET, 1992–1999); Giorgio Chittolini, Anthony Molho, and Pierangelo Schiera, eds., *Origini dello Stato: Processi di formazione statale in Italia fra medioevo ed età moderna* (Bologna: il Mulino, 1994); Lauro Martines, *Power and Imagination: City-States in Renaissance Italy* (New York: Knopf, 1979).

134) *Historia general de España y América*, 19 vols. in 25 parts (Madrid: RIALP, 1981–1992); Jocelyn N. Hillgarth, *The Spanish Kingdoms, 1250–1516*, 2 vols. (Oxford: Clarendon Press, 1976–1978); Joseph Pérez, *Ferdinand und Isabella, Spanien zur Zeit der katholischen Könige* (Munich: Callwey, 1989); Henry Kamen, *Spain, 1469–1714: A Society of Conflict*, 3rd ed. (Harlow, UK: Pearson Longman, 2005); John Lynch, *Spain, 1516–1598: From Nation State to World Empire* (Oxford: Blackwell, 1991); John Lynch, *The Hispanic World in Crisis and Change, 1598–1700* (Oxford: Blackwell, 1992); José Mattoso, ed., *Historia de Portugal*, 8 vols. (Lisbon: Estampa, 1993–1994); Antonio Henrique de Oliveira Marques, *Portugal na crise dos séculos XIV e XV*, vol. 4 of *Nova Historia de Portugal* (Lisbon: Editora Presença, 1987).

135) Detlef Kattinger et al., eds., *"Huruthet war talet j kalmarn"—Union und Zusammenarbeit in der nordischen Geschichte: 600 Jahre Kalmarer Union 1397–1997* (Hamburg: Kova, 1997); Michael Roberts, *The Early Vasas: A History of Sweden, 1523–1611* (Cambridge: Cambridge University Press, 1968).

136) Norman Davies, *God's Playground: A History of Poland*, vol. 1 (Oxford: Clarendon Press, 1982).

137) Hartmut Boockmann, *Der Deutsche Orden: Zwölf Kapitel aus seiner Geschichte*, 4th ed. (Munich: C. H. Beck, 1994).

138) András Kubinyi, *Matthias Corvinus: Die Regierung eines Königsreichs in Ostmitteleuropa 1458–1490* (Herne: Schäfer, 1999).

139) *Genèse et débuts du Grand Schisme d'occident* (Paris: Éditions du CNRS, 1980).

140) Remigius Bäumer, ed., *Die Entwicklung des Konziliarismus* (Darmstadt: Wissenschaftliche Buchgesellschaft, 1976); Walter Brandmüller, *Das Konzil von Konstanz*, 2 vols. (Paderborn: Schöningh, 1991–1999); Phillip H. Stump, *The Reforms of the Council of Constance (1414–1418)* (Leiden: Brill, 1994).

141) Johannes Helmrath, *Das Basler Konzil 1431–1449: Forschungsstand und Probleme* (Cologne:

Böhlau, 1987); Joseph Gill, *The Council of Florence* (Cambridge: Cambridge University Press, 1959; reprint, 1979); Stefan Sudman, *Das Basler Konzil: Synodale Praxis zwischen Routine und Revolution* (Frankfurt am Main: Peter Lang, 2005).

142) Reinhard, *Geschichte der Staatsgewalt*, 163~166; Roberto Bizzocchi, *Chiesa e potere nella Toscana del Quattrocento* (Bologna: il Mulino, 1987); Giorgio Chittolini, ed., *Gli Sforza, la Chiesa lombarda, la corte di Roma: Strutture e pratiche beneficiarie nel ducato di Milano (1450–1535)* (Naples: Liguori, 1989); Helmut Rankl, *Das vorreformatorische landesherrliche Kirchenregiment in Bayern 1378–1526* (Munich: Wölfle, 1971); Manfred Schulze, *Fürsten und Reformation: Geistliche Reformpolitik weltlicher Fürsten vor der Reformation* (Tübingen: Mohr, 1991); Dieter Stievermann, *Landesherrschaft und Klosterwesen im spätmittelalterlichen Württemberg* (Sigmaringen: Thorbecke, 1989); Götz-Rüdiger Tewes, *Die römische Kurie und die europäischen Länder am Vorabend der Reformation* (Tübingen: Niemeyer, 2001); John A. F. Thomson, *Popes and Princes, 1417–1517: Politics and Polity in the Late Medieval Church* (London: Allen and Unwin, 1980).

143) Gerhard Oestreich, "Strukturprobleme des europäischen Absolutismus," in *Geist und Gestalt des frühmodernen Staates* (Berlin: Duncker und Humblot, 1969), 179~197.

144) Michael Stolleis, ed., *Policey im Europa der Frühen Neuzeit*, vol. 83 of *Studien zur europäischen Rechtsgeschichte* (Frankfurt am Main: Klostermann, 1996); Karl Härter, ed., *Policey und frühneuzeitliche Gesellschaft*, vol. 129 of *Studien zur europäischen Rechtsgeschichte* (Frankfurt am Main: Klostermann, 2000); Karl Härter, *Policey und Strafj ustiz in Kurmainz: Gesetzgebung, Normdurchsetzung und Sozialkontrolle im frühneuzeitlichen Territorialstaat*, vol. 190, 1–2 of *Studien zur europäischen Rechtsgeschichte* (Frankfurt am Main: Klostermann, 2005).

145) Johannes Burkhardt, "Die Friedlosigkeit der Frühen Neuzeit: Grundlegung einer Theorie der Bellizität Europas," *Zeitschrift für Historische Forschung* 24 (1997): 509~574.

146) Wolfgang Reinhard, *Probleme deutscher Geschichte 1495–1806: Reichsreform und Reformation 1495–1555*, vol. 9 of Gebhardt, *Handbuch der deutschen Geschichte*, 10th ed. (Stuttgart: Klett Cotta, 2001); Horst Rabe, *Deutsche Geschichte 1500–1600: Das Jahrhundert der Glaubensspaltung* (Munich: C. H. Beck, 1991); Alfred Kohler, *Karl V. 1550–1558: Eine Biographie* (Munich: C. H. Beck, 1999).

147) *Storia d'Italia*, vols. 9, 11, 12, 13 (Turin: UTET, 1976–1992); Eric Cochrane, *Italy, 1530–1630* (London: Longman, 1988); Domenico Sella, *Italy in the Seventeenth Century* (London: Longman, 1997).

148) Maximilian Lanzinner, *Konfessionelles Zeitalter 1555–1618*, vol. 10 of Gebhardt, *Handbuch der deutschen Geschichte*, 10th ed. (Stuttgart: Klett Cotta, 2001); Axel Gotthard, *Der Augsburger Religionsfrieden* (Münster: Aschendoff, 2004).

149) Johannes Burkhardt, *Der Dreißigjährige Krieg* (Frankfurt am Main: Suhrkamp, 1992); Burkhardt, *Vollendung und Neuorientierung des frühmodernen Reiches 1648–1763*, vol. 11 of Gebhardt, *Handbuch der deutschen Geschichte*, 10th ed. (Stuttgart: Klett Cotta, 2006); Walter Demel, *Reich, Reformen und sozialer Wandel 1763–1806*, vol. 12 of Gebhardt, *Handbuch der deutschen Geschichte*,

10th ed. (Stuttgart: Klett Cotta, 2005); Ronald G. Asch, *The Thirty Years' War: The Holy Roman Empire and Europe, 1618–1648* (Basingstoke, UK: Macmillan, 1997).

150) Charles W. Ingrao, *The Habsburg Monarchy, 1618–1815* (Cambridge: Cambridge University Press, 1994); Harm Klueting, *Das Reich und Österreich 1648–1740* (Münster: LIT, 1999); Jean Bérenger, *Histoire de l'empire des Habsbourg 1273–1918* (Paris: Fayard, 1990); Peter G. M. Dickson, *Finance and Government under Maria Theresia, 1740–1780*, 2 vols. (Oxford: Clarendon Press, 1987).

151) Philip G. Dwyer, ed., *The Rise of Prussia, 1700–1830* (Harlow, UK: Longman, 2000); Wolfgang Neugebauer, *Die Hohenzollern*, vol. 1 (Stuttgart: Kohlhammer, 1996); Johannes Kunisch, *Friedrich der Große: Der König und seine Zeit* (Munich: C. H. Beck, 2004).

152) Heinz Duchhardt, *Balance of Power und Pentarchie: Internationale Beziehungen 1700–1785*, vol. 4 of *Handbuch der Geschichte der internationalen Beziehungen* (Paderborn: Schöningh, 1997).

153) John Lynch, *Bourbon Spain, 1700–1808* (Oxford: Blackwell, 1989); William N. Hargreaves-Mawdsley, *Eighteenth-Century Spain*, 1700–1788: A Political, Diplomatic and Institutional *History* (Basingstoke, UK: Macmillan, 1979).

154) Jean Meyer, *Frankreich im Zeitalter des Absolutismus 1515–1789*, vol. 3 of *Geschichte Frankreichs* (Stuttgart: Deutsche Verlagsanstalt, 1990); Richard Bonney, *The Limits of Absolutism in Ancien Régime France* (Aldershot, UK: Variorum, 1995).

155) Michel Pernot, *Les guerres de religion en France 1559–1598* (Paris: Sedes, 1987).

156) Richard Bonney, *Society and Government in France under Richelieu and Mazarin, 1624–1661* (Basingstoke, UK: Macmillan, 1988); Klaus Malettke, *Ludwig XIV. von Frankreich: Leben, Politik und Leistung* (Göttingen: Muster-Schmidt, 1994); David J. Sturdy, *Louis XIV* (Basingstoke, UK: Macmillan, 1998).

157) John Robertson, ed., *A Union for Empire: Political Thought and the British Union of 1707* (Cambridge: Cambridge University Press, 1995).

158) Christopher Haigh, *English Reformations: Religion, Politics, and Society under the Tudors* (Oxford: Clarendon, 1993); ibid., *Elizabeth I* (London: Longman, 1988); David M. Loades, *Politics and Nation: England, 1450–1660*, 5th ed. (Oxford: Blackwell, 1999).

159) Art Cosgrove, ed., *Medieval Ireland, 1169–1534*, vol. 2 of *A New History of Ireland* (Oxford: Clarendon Press, 1987); Theodore W. Moody, ed., *Early Modern Ireland, 1534–1691*, vol. 3 of *A New History of Ireland* (Oxford: Clarendon Press, 1991); Sean J. Connolly, *Religion, Law, and Power: The Making of Protestant Ireland, 1660–1760* (Oxford: Clarendon Press, 1992).

160) David L. Smith, *A History of the Modern British Isles, 1603–1707: The Double Crown* (Oxford: Blackwell, 1998); Ronald G. Asch, *Jakob I. (1566–1625), König von England und Schott land, Herrscher des Friedens im Zeitalter der Religionskriege* (Stuttgart: Kohlhammer, 2005); ibid., *Der Hof Karls I. von England: Politik, Provinz und Patronage 1625–1640* (Cologne: Böhlau, 1993).

161) Kevin Sharpe, *The Personal Rule of Charles I* (New Haven, CT: Yale University Press, 1992).

162) John P. Kenyon and Jane H. Ohlmeyer, eds., *The Civil Wars: A Military History of England,*

Scotland, and Ireland, 1638–1660 (Oxford: Oxford University Press, 1998).

163) Gerald E. Aylmer, *The Levellers in the English Revolution* (Ithaca, NY: Cornell University Press, 1975); Christopher Hill, *The World Turned Upside Down: Radical Ideas during the English Revolution* (London: Temple Smith, 1972).

164) John P. Morrill, ed., *Oliver Cromwell and the English Revolution* (London: Longman, 1990); Peter Gaunt, *Oliver Cromwell* (Oxford: Blackwell, 1997).

165) John Brewer, *The Sinews of Power: War, Money, and the English State, 1688–1783* (Cambridge, MA: Harvard University Press, 1988); Linda Colley, *Britons: Forging the Nation, 1707–1837* (New Haven, CT: Yale University Press, 1992); Geoffrey Holmes, *The Making of a Great Power: Late Stuart and Early Georgian Britain, 1660–1722* (London: Longman, 1993); Michael Braddick, *State Formation in Early Modern England, ca. 1550–1700* (Cambridge: Cambridge University Press, 2000).

166) Jakob Rosenberg, *Rembrandt: Life and Letters*, 2 vols. (Cambridge, MA: Harvard University Press, 1948).

167) James D. Tracy, *Holland under Habsburg Rule, 1506–1566: The Formation of a Body Politic* (Berkeley: University of California Press, 1990); Simon Schama, *Überfluss und schöner Schein: Zur Kultur der Niederlande im Goldenen Zeitalter* (Munich: Kindler, 1988); English ed., *The Embarrassment of Riches: An Interpretation of Dutch Culture in the Golden Age* (London: Collins, 1987); Jonathan Israel, *The Dutch Republic: Its Rise, Greatness, and Fall, 1477–1806* (Oxford: Clarendon Press, 1995).

168) Jan K. Fedorowicz et al., eds., *A Republic of Nobles: Studies in Polish History to 1864* (Cambridge: Cambridge University Press, 1982); Józef A. Gierowski, *The Polish–Lithuanian Commonwealth in the 18th Century* (Krakow: Polska Akad. Umiejetności, 1996); Jerzy Lukowski, *The Partitions of Poland, 1772, 1793, 1795* (London: Longman, 1999).

169) Michael Roberts, *Gustavus Adolphus and Rise of Sweden*, 2nd ed. (London: Longman, 1992); Michael F. Metcalf, ed., *The Riksdag: A History of the Swedish Parliament* (New York: St. Martin' s Press, 1987); Michael Roberts, *The Age of Liberty: Sweden, 1719–1772* (Cambridge: Cambridge University Press, 1986).

170) Gerald Mattingly, *Renaissance Diplomacy* (London: Cape, 1955; reprint, 1973); Matthew P. Anderson, *The Rise of Modern Diplomacy, 1450–1919* (London: Longman, 1993); Lucien Bély, ed., *L'invention de la diplomatie: Moyen Âge — Temps modernes* (Paris: PUF, 1998).

171) 이에 관한 기본적인 내용은 다음 자료들을 참조하라. Jan A. van Houtte, ed., *Europäische Wirtschafts- und Sozialgeschichte im Mittelalter*, vol. 2 of *Handbuch der europäischen Wirtschafts- und Sozialgeschichte* (Stuttgart: Klett Cotta, 1980); Hermann Kellenbenz, ed., *Europäische Wirtschafts-Und Sozialgeschichte vom ausgehenden Mittelalter bis zur Mitte des 17. Jahrhunderts*, vol. 3 of *Handbuch der europäischen Wirtschafts- und Sozialgeschichte* (Stuttgart: Klett Cotta, 1986); Ilja Mieck, ed., *Europäische Wirtschafts- und Sozialgeschichte von der Mitte des 17. Jahrhunderts bis zu Mitte des 19. Jahrhunderts*, vol. 4 of *Handbuch der europäischen Wirtschafts- und Sozialgeschichte*

(Stuttgart: Klett Cotta, 1993); Fernand Braudel, *Civilisation matérielle, économie et capitalisme, XVe–XVIIIe siècle*, 3 vols. (Paris: Colin, 1979); English ed., *Civilization and Capitalism*, 3 vols. (London: Fontana, 1981–1982); German ed., *Sozialgeschichte des 15.–18. Jahrhunderts*, 3 vols. (Munich: Kindler, 1990); John Landers, *The Field and the Forge: Population, Production, and Power in the Pre-Industrial West* (Oxford: Oxford University Press, 2003); Hermann Aubin and Wolfgang Zorn, eds., *Von der Frühzeit bis zum Ende des 18. Jahrhunderts*, vol. 1 of *Handbuch der deutschen Wirtschafts- und Sozialgeschichte* (Stuttgart: Union Verlag, 1971; reprint, 1978); Friedrich-Wilhelm Henning, *Deutsche Wirtschafts- und Sozialgeschichte im Mittelalter und in der frühen Neuze*it, vol. 1 of *Handbuch der Wirtschafts- und Sozialgeschichte Deutschlands* (Paderborn: Schöningh, 1991); James L. Bolton, *The Medieval English Economy, 1150–1500*, 3rd ed. (London: Dent, 1988); Michael M. Postan, *The Medieval Economy and Society: An Economic History of Britain in the Middle Ages*, 2nd ed. (Harmondsworth, UK: Penguin, 1975); Roderick Floud, ed., *The Cambridge Economic History of Modern Britain*, 3 vols. (Cambridge: Cambridge University Press, 2004–2009); Fernand Braudel and Ernest Labrousse, eds., *Histoire économique et sociale de la France*, vols. 1 and 2 (Paris: PUF, 1970–1977); Philip J. Jones, *Economia e società nell'Italia medievale* (Turin: Einaudi, 1980); Jaime Vicens Vives, *An Economic History of Spain* (Princeton, NJ: Princeton University Press, 1969); Braudel, *Mittelmeer;* Mitterauer, *Warum Europa?* A somewhat conventional interpretation is available in Hubert Kiesewetter, *Das einzigartige Europa: Wie ein Kontinent reich wurde*, 2nd ed. (Stuttgart: Steiner, 2006).

172) Georges Duby, *L'économie rurale et la vie des campagnes dans l'occident médieval (France, Angleterre, Empire), IXe–XVe siècles*, 2 vols. (Paris: Aubier, 1962; English ed., 1968); W. Bernard H. Slicher van Bath, *The Agrarian History of Western Europe, ad 500–1850* (London: Arnold, 1963); Werner Rösener, *Die Bauern in der europäischen Geschichte* (Munich: C. H. Beck, 1993); Wilhelm Abel, *Geschichte der deutschen Landwirtschaft vom frühen Mittelalter bis zum 19. Jahrhundert*, vol. 2 of *Deutsche Agrargeschichte*, 3rd ed. (Stuttgart: Ulmer, 1978); Friedrich Lütge, *Geschichte der deutschen Agrarverfassung vom frühen Mittelalter bis zum 19. Jahrhundert*, vol. 3 of *Deutsche Agrargeschichte*, 2nd ed. (Stuttgart: Ulmer, 1967); Günther Franz, *Geschichte des deutschen Bauernstandes vom frühen Mittelalter bis zum 19. Jahrhundert*, vol. 4 of *Deutsche Agrargeschichte*, 2nd ed. (Stuttgart: Ulmer, 1976); Friedrich-Wilhelm Henning, *Deutsche Agrargeschichte des Mittelalters. 9. bis 15. Jahrhundert* (Stuttgart: Ulmer, 1994); Edward Miller, ed., *1348–1500*, vol. 3 of *The Agrarian History of England and Wales* (Cambridge: Cambridge University Press, 1991); Joan Thirsk, ed., *1500–1640*, vol. 4 of *The Agrarian History of England and Wales* (Cambridge: Cambridge University Press, 1967); Joan Thirsk, ed., *1640–1750*, vol. 5, parts 1–2 of *The Agrarian History of England and Wales* (Cambridge: Cambridge University Press, 1984–1985); Hugues Neveux et al., eds., *L'âge classique des paysans de 1340 à 1789*, vol. 2 of *Histoire de la France rurale*, ed. Georges Duby and Armand Wallon (Paris: Seuil, 1975).

173) Dirlmeier, Fouquet, and Fuhrmann, *Europa im Spätmittelalter*, 34~35; Meuthen and Märtl, *Das 15. Jahrhundert*, 15; James A. Galloway, ed., *Trade, Urban Hinterlands and Market Integration*,

c. 1300–1600 (London: Centre for Metropolitan History, Institute of Historical Research, 2000); Rolf Kiessling, *Die Stadt und ihr Land. Umlandpolitik, Bürgerbesitz und Wirtschaftsgefüge in Ostschwaben vom 14. Bis ins 16. Jahrhundert* (Cologne: Böhlau, 1989); Ulrich Köpf, "Stadt und Land im Deutschen Reich des Spätmittelalters und der Reformationszeit," in *Relationen: Studien zum Übergang vom Spätmittelalter zur Reformation: Festschrift zu Ehren von Prof. Dr. Karl-Heinz zur Mühlen*, ed. Athina Lexut and Wolfgang Matz (Münster: LIT, 2000), 94~110.

174) Marcel Lachiver, *Vins, vignes et vignobles: Histoire du vignoble français* (Paris: Fayard, 1988); Otto Volk, "Weinbau und Weinabsatz im späten Mittelalter: Forschungsstand und Forschungsprobleme," in *Weinbau, Weinhandel und Weinkultur*, ed. Alois Gerlich (Stuttgart: Steiner, 1993), 49~163.

175) Julius Klein, *The Mesta: A Study in Spanish Economic History, 1273–1836* (Cambridge, MA: Harvard University Press, 1920); Pedro García Martín, *La Mesta* (Madrid: Historia 16, 1990); Braudel, *Mittelmeer*.

176) Maurice Beresford, ed., *Deserted Medieval Villages*, 2nd ed. (London: Lutterworth, 1972); Fernand Braudel, ed., *Villages désertés et histoire économique (XIe–XVIIIe siècle)* (Paris: S.E.V.P.E.N., 1965).

177) Knut Schulz, ed., *Handwerk in Europa: Vom Spätmittelalter bis zur Frühen Neuzeit* (Munich: Oldenbourg, 1999).

178) Steven A. Epstein, *Wage Labor and Guilds in Medieval Europe* (Chapel Hill: University of North Carolina Press, 1991); Pascale Lambrechts and Jean-Pierre Sosson, eds., *Les métiers au moyen âge: Aspects économiques et sociaux* (Louvain-la-Neuve: Collège Erasme, 1994); Knut Schulz, *Handwerksgesellen und Lohnarbeiter: Untersuchungen zur oberrheinischen und oberdeutschen Stadtgeschichte des 14. bis 17. Jahrhunderts* (Sigmaringen: Thorbecke, 1985).

179) Ulf Dirlmeier, Gerhard Fouquet, Bernd Fuhrmann, and Rainer P. Elkar, eds., *Öffentliches Bauen in Mittelalter und früher Neuzeit* (St. Katherinen: Scripta Mercaturae-Verlag, 1991); Gerhard Fouquet, *Bauen für die Stadt: Finanzen, Organisation und Arbeit in kommunalen Baubetrieben des Spätmittelalters: Eine vergleichende Studie vornehmlich zwischen den Städten Basel und Marburg* (Cologne: Böhlau, 1999).

180) Dominique Cardon, *La draperie au moyen âge: Essor d'une grande industrie européenne* (Paris: CNRS, 1999); Hironobu Sakuma, *Die Nürnberger Tuchmacher, Weber, Färber und Bereiter vom 14. bis 17. Jahrhundert* (Nuremberg: Stadtarchiv, 1993); Claus-Peter Clasen, *Textilherstellung in Augsburg in der Frühen Neuzeit*, 2 vols. (Augsburg: Wißner, 1995).

181) Wolfgang Stromer von Reichenbach, "Gewerbereviere und Protoindustrien in Spätmittelalter und Frühneuzeit," in *Gewerbe- und Industrielandschaften vom Spätmittelalter bis ins 20. Jahrhundert*, ed. Hans Pohl (Stuttgart: Steiner, 1986), 39~111; Herman van der Wee, ed., *The Rise and Decline of Urban Industries in Italy and the Low Countries (Late Middle Ages–Early Modern Times)* (Leuven: Leuven University Press, 1988); Sheilagh C. Ogilvie and Markus Cerman, eds., *European Proto-Industrialization* (Cambridge: Cambridge University Press, 1996).

182) Jean-François Bergier, *Die Geschichte vom Salz* (Frankfurt am Main: Campus, 1989).

183) Hanno-Walter Kruft, *Städte in Utopia: Die Idealstadt vom 15. bis 18. Jahrhundert zwischen Staatsutopie und Wirklichkeit* (Munich: C. H. Beck, 1989).

184) Mitterauer, *Warum Europa?*, 279~284; Adolf Laube, *Studien über den erzgebirgischen Silberbergbau von 1470 bis 1546* (Berlin: Akademie Verlag, 1974); Helmut Wilsdorf and Werner Quellmalz, *Bergwerke und Hüttenanlagen der Agricola-Zeit* (Berlin: Deutscher Verlag der Wissenschaften, 1971).

185) Michel Mollat, *Der königliche Kaufmann Jacques Coeur oder der Geist des Unternehmertums* (Munich: C. H. Beck, 1991); Iris Origo, *"Im Namen Gottes und des Geschäfts": Lebensbild eines toskanischen Kaufmanns der Frührenaissance: Francesco di Marco Datini 1335–1410*, 2nd ed. (Munich: C. H. Beck, 1986).

186) Peter Johanek and Heinz Stoob, eds., *Europäische Messen und Märktesysteme in Mittelalter und Neuzeit* (Cologne: Böhlau, 1995).

187) Raymond de Roover, *The Rise and Decline of the Medici Bank, 1397–1494* (Cambridge, MA: Harvard University Press, 1963); Mark Häberlein, *Die Fugger: Geschichte einer Augsburger Familie (1367–1650)* (Stuttgart: Kohlhammer, 2006).

188) Philippe Dollinger, *Die Hanse*, 5th ed. (Stuttgart: Kröner, 1998); Heinz Stoob, *Die Hanse* (Graz: Styria, 1995); Rolf Hammel-Kiesow, *Die Hanse*, 4th ed. (Munich: C. H. Beck, 2008).

189) Jean-François Bergier, "Le trafic à travers les Alpes et les liaisons transalpines du haut moyen âge au 17e siècle," in *Le Alpi e l'Europa* (Bari: Laterza, 1975), 3: 1~72.

190) Herman van der Wee, *The Growth of the Antwerp Market and the European Economy (14th–16th Centuries)*, 3 vols. (The Hague: Nijhoff, 1963).

191) Federigo Melis, *Le fonti*, vol. 1 of *Origini e sviluppo delle assicurazioni in Italia (secoli XIV–XVI)* (Rome: Istituto Nazionale delle Assicurazioni, 1975).

192) *Banchi pubblici, banchi privati e monti di pietà nell'Europa preindustriale*, 2 vols. (Genoa: Società Ligure di Storia Patria, 1990); Markus A. Denzel, *"La Pratica della Cambiatura": Europäischer Zahlungsverkehr vom 14. bis zum 17. Jahrhundert* (Stuttgart: Steiner, 1994); Raymond de Roover, *L'évolution de la lettre de change (XIVe–XVIIIe siècles)* (Paris: Colin, 1953).

193) Dirlmeier, Fouquet, and Fuhrmann, *Europa im Spätmittelalter*, 50~51.

194) Meuthen and Märtl, *Das 15. Jahrhundert*, 18.

195) M. A. Denzel, *Kurialer Zahlungsverkehr im 13. und 14. Jahrhundert* (Stuttgart: Steiner, 1991); Clemens Bauer, "Die Epochen der Papstfinanz," *Historische Zeitschrift* 138 (1927): 457~503.

196) Bryce Lyon and Adriaan Verhulst, *Medieval Finance: A Comparison of Financial Institutions in Northwestern Europe* (Brugge: De Tempel, 1967); Michael North, *Kommunikation, Handel, Geld und Banken in der Frühen Neuzeit* (Munich: Oldenbourg, 2000).

197) Hans Pohl, *Europäische Bankengeschichte* (Frankfurt am Main: Knapp, 1993).

198) Geoffrey Parker and Leslie M. Smith, eds., *The General Crisis of the Seventeenth Century* (London: Routledge & Kegan Paul, 1978).

199) Till Wahnbaeck, *Luxury and Public Happiness: Political Economy in the Italian Enlightenment*

(Oxford: Clarendon Press, 2004).

200) Neil MacKendrick, John Brewer, and John H. Plumb, eds., *The Birth of a Consumer Society: The Commercialization of Eighteenth-Century England* (London: Europa Publications, 1982).

201) Jan de Vries, "The Industrial Revolution and the Industrious Revolution," *Journal of Economic History* 54 (1994): 249~270; Gregory Clark and Ysbrand van der Werf, "Work in Progress? The Industrious Revolution," *Journal of Economic History* 58 (1998): 830~843.

202) 기본적인 배경 지식은 다음 자료들을 참조하라. Reinhard, *Die Neue Welt;* James D. Tracy, ed., *The Rise of Merchant Empires: Long Distance Trade in the Early Modern World, 1350–1750* (Minneapolis: University of Minnesota Press, 1987; Cambridge: Cambridge University, Press, 1990); ibid., ed., *The Political Economy of Merchant Empires: State Power and World Trade, 1350–1750* (Minneapolis: University of Minnesota Press, 1987); Anthony J. R. Russell-Wood, ed., *An Expanding World: The European Impact on World History, 1450–1800*, 31 volumes in 34 parts (Aldershot, UK: Ashgate Variorum, 1995–2004); Caroline A. Williams, ed., *Bridging the Early Modern Atlantic World: People, Products, and Practices on the Move* (Farnham, UK: Ashgate, 2009); Canny and Morgan, *Handbook of the Atlantic World.*

203) *The Cambridge History of the Native Peoples of the Americas*, 3 vols. in 6 parts (Cambridge: Cambridge University Press, 1997–2000).

204) Eugene R. Fingerhut, *Who First Discovered America? A Critique of Pre-Columbian Voyages* (Claremont, CA: Regina Books, 1984).

205) Kirsten A. Seaver, *The Frozen Echo: Greenland and the Exploration of North America, c. ad 1000–1500* (Stanford, CA: Stanford University Press, 1996).

206) Holger Afflerbach, *Das entfesselte Meer: Die Geschichte des Atlantik* (Munich: Piper, 2001); Paul Butel, *Histoire de l'Atlantique* (Paris: Perrin, 1997).

207) David Armitage, "Three Concepts of Atlantic History," in *The British Atlantic World, 1500–1800*, ed. David Armitage and Michael Braddick (New York: Palgrave Macmillan, 2002), 11~27.

208) John B. Hattendorf, *The Boundless Deep: The European Conquest of the Oceans, 1450–1840* (Providence, RI: John Carter Brown Library, 2003); Bernhard Klein and Gesa Mackenthun, eds., *Sea Changes: Historicizing the Ocean* (London: Routledge, 2004).

209) Dietmar Henze, *Enzyklopädie der Entdecker und Erforscher der Erde*, 5 vols. (Graz: Akademische Druck- und Verlagsanstalt, 1978–2004); Angus Konstam, *Historical Atlas of Exploration* (New York: Checkmark Books, 2000); Simonetta Conti, *Bibliografia Colombiana 1793–1990* (Genoa: Cassa di risparmio di Genova e Imperia, 1991); Titus Heydenreich, ed., *Columbus zwischen zwei Welten: Historische und literarische Wertungen aus fünf Jahrhunderten*, 2 vols. (Frankfurt am Main: Vervuert, 1992); Ramón Ezquerra Abadía, "Medio siglo de estudios colombinos," *Anuario de estudiosamericanos* 38 (1981): 1~24; Horst Pietschmann, "Christoph Columbus im deutschsprachigen Schrifttum," *Historisches Jahrbuch* 112 (1992): 157~179; Ulrich Knefelkamp, "500 Jahre Entdeckung Amerikas: Ein Literaturbericht zu den Fahrten des Kolumbus und ihren Folgen," *Historische Zeitschrift* 258 (1994): 697~712; Paolo Emilio Taviani, *I viaggi di Colombo:*

La grande scoperta, 2 vols. (Novara: Istituto geografico de Agostini, 1990); Antonio Ballesteros y Beretta, *Cristóbal Colón y el descubrimiento de América*, 2 vols. (Barcelona: Salvat, 1945); Samuel E. Morison, *Admiral of the Ocean Sea: A Life of Christopher Columbus*, 2 vols. (Boston: Little, Brown, 1942).

210) Reinhard, *Die Alte Welt*, 28~49; Horst Pietschmann, ed., *Mittel-, Südamerika und die Karibik bis 1760*, vol. 1 of *Handbuch der Geschichte Lateinamerikas* (Stuttgart: Klett Cotta, 1994), 207~273, 인용은 211~227.

211) Pietschmann, *Handbuch der Geschichte Lateinamerikas*, 227~228; Felipe F. R. Fernandez-Armesto, *The Canary Islands after the Conquest: The Making of a Colonial Society in the Early Sixteenth Century* (Oxford: Clarendon Press, 1976); Klaus Herbers, "Die Eroberung der Kanarischen Inseln — Ein Modell für die spätere Expansion Portugals und Spaniens nach Afrika und Amerika?," in *Afrika: Entdeckung und Erforschung eines Kontinents*, ed. Heinz Duchhardt (Cologne: Böhlau, 1989), 51~95.

212) Hans-Christian Freiesleben, *Geschichte der Navigation*, 2nd ed. (Stuttgart: Steiner, 1978).

213) Luís Adão de Fonseca and José M. Ruiz Asencio, eds., *Corpus documental del tratado de Tordesillas* (Valladolid: Sociedad V Centenario del Tratado de Tordesillas, 1995).

214) James Lockhart, *The Men of Cajamarca: A Social and Biographical Study of the First Conquerors of Peru* (Austin: University of Texas Press, 1972).

215) Francisco Morales Padrón, *Historia del descubrimiento y conquista de América*, 5th ed. (Madrid: Gredos, 1990).

216) *José Luis Martinez, Hernán Cortés* (Mexico City: Universidad Nacional Autónoma, 1993).

217) Rafael Varón Gabai, *Francisco Pizarro and His Brothers: The Illusion of Power in Sixteenth-Century Peru* (Norman: University of Oklahoma Press, 1997); Manuel Ballesteros Gaibrois, *Descubrimiento y conquista del Perú* (Barcelona: Salvat, 1963).

218) Grant D. Jones in *Cambridge History of the Native Peoples of the Americas*, vol. 2/2, 352~353; ibid., *The Conquest of the Last Maya Kingdom* (Cambridge: Cambridge University Press, 1999).

219) Georg Thomas in Pietschmann, *Handbuch der Geschichte Lateinamerikas*, 301~307; Frank Lestringant, *L'atelier du cosmographe ou l'image du monde à la Renaissance* (Paris: Michel, 1991).

220) Alfred W. Crosby, *The Columbian Exchange: Biological and Cultural Consequences of 1492* (Westport, CT: Greenwood Press, 1972); cf. ibid., *Ecological Imperialism: The Biological Expansion of Europe, 900-1900*, 2nd ed. (Cambridge: Cambridge University Press, 2004).

221) Juan Ginés de Sepúlveda, *Demo crates secundus De iustis belli causis*, ed. Angel Losada (Madrid: Consejo Superior de Investigaciones Científicas, Instituto Francisco de Vitoria, 1951), 79. 이 자료에 관해서는 프랑크푸르트의 미하엘 지베르니히(Michael Sievernich)에게 신세를 졌다.

222) 이 주제에 관해서는 다음을 참조하라. Wolfgang Reinhard, *Parasit oder Partner? Europäische Wirtschaft und Neue Welt 1500-1800* (Münster: LIT, 1997), 157~175.

223) Jennifer A. Woolfe, *Sweet Potato: An Untapped Food Resource* (Cambridge: Cambridge University Press, 1992).

224) Geoffrey C. Gunn, *First Globalization: The Eurasian Exchange, 1500–1800* (Lanham, MD: Rowman & Littlefield, 2003), 68~69.

225) James McCann, *Maize and Grace: Africa's Encounter with a New World Crop, 1500–2000* (Cambridge, MA: Harvard University Press, 2005).

226) David Birmingham in Gray, *Cambridge History of Africa*, 4: 368~369.

227) Giuseppe Michele Ravagnan, *Sunflower in Africa* (Florence: Istituto agronomico per l'oltremare, 1993).

228) Reinhard Wendt, "Dinner for One und die versteckte Präsenz im Kulinarischen," in Dietmar Rothermund, ed., *Grenzgänge* (Hamburg: Abera, 2004), 235~238; Redcliffe N. Salaman, *The History and Social Influence of the Potato* (Cambridge: Cambridge University Press, 1949; new ed., 1970).

229) Chris and Tilde Stuart, *Africa: A Natural History* (Shrewsbury, UK: Swan Hill, 1995), 123~125.

230) John W. Verano and Douglas H. Ubelaker, eds., *Disease and Demography in the Americas* (Washington, DC: Smithsonian Institution Press, 1992).

231) Noble David Cook in Kenneth F. Kiple and Stephen V. Beck, eds., *Biological Consequences of the European Expansion, 1450–1800* (Aldershot, UK: Ashgate Variorum, 1997), 37~69, 인용은 42~43; Renate Pieper in Pietschmann, *Handbuch der Geschichte Lateinamerikas*, 318; David P. Jones, *Rationalizing Epidemics: Meanings and Uses of American Indian Mortality since 1600* (Cambridge, MA: Harvard University Press, 2004).

232) 다음을 참조하라. Brenda B. Baker and George J. Armelagos in Kiple and Beck, *Biological Consequences*, 1~35 (토론 내용도 첨부).

233) John Duffy in Kiple and Beck, *Biological Consequences*, 233~250, 인용은 249.

234) 배경 지식 읽기는 다음을 참조하라. Reinhard, *Die Neue Welt*, 58~114; Reinhard, *Parasit oder Partner*, 39~76; Pietschmann, *Handbuch der Geschichte Lateinamerikas*, 205~596, 751~788; Victor Bulmer–Thomas, John H. Coatsworth, and Roberto Cortés Conde, eds., *The Colonial Era and the Short Nineteenth Century*, vol. 1 of *The Cambridge Economic History of Latin America* (Cambridge: Cambridge University Press, 2006); Matthew Restall, *Seven Myths of the Spanish Conquest* (New York: Oxford University Press, 2003); Kenneth Mills and William B. Taylor, *Colonial Spanish America: A Documentary History* (Wilmington, DE: Scholarly Resources, 1998); James Lockhart and Stuart B. Schwartz, *Early Latin America: A History of Colonial Spanish America and Brazil* (Cambridge: Cambridge University Press, 1997); David A. Brading, *The First America: The Spanish Monarchy, Creole Patriots, and the Liberal State, 1492–1867* (Cambridge: Cambridge University Press, 1991); Manuel José de Ayala, *Diccionario de gobierno e legislación de Indias*, 10 vols., ed. Marta Milagros del Vas Mingo (Madrid: Cultura Hispánica, 1991–1998); Leslie Bethell, ed., *The Cambridge History of Latin America*, vols. 1–2 (Cambridge: Cambridge University Press, 1984); vol. 11, 1995; *Historia general de España y América*, vols. 7, 9, 11, part 2 (Madrid: Rialp, 1982–1990); Lyle N. McAlister, *Spain and Portugal in the New World, 1492–1700* (New York: Oxford University Press, 1984); Peter Gerhard, *A Guide to the Historical Geography of New*

Spain, 2nd ed. (Cambridge: Cambridge University Press, 1994).

235) Huguette et Pierre Chaunu, *Séville et l'Atlantique (1504–1650)*, 8 vols. in 12 parts (Paris: Colin, 1957–1960); Eufemio Lorenzo Sanz, *Comercio de España con América en la época de Felipe II*, 2 vols. (Valladolid: Servicio de Publicaciones de la Diputacion Provincial, 1979–1980); Lutgardo Garcia Fuentes, *El comercio español con América (1650–1700)* (Seville: Escuela de Estudios Hispanoamericanos, 1980); Antonio Garcia–Baquero Gonzalez, *Cadiz y el Atlantico (1717–1778)*, 2 vols. (Seville: Escuela de Estudios Hispanoamericanos, 1976); Antonio-Miguel Bernal, *La financiación de la carrera de Indias 1492–1824: Dinero y crédito en el comercio colonial español con América* (Seville: Fundación El Monte, 1993); Klaus-Peter Starke, *Der spanisch-amerikanische Kolonialhandel: Die Entwicklung der neueren Historiographie und künftige Forschungsperspektiven* (Münster: LIT, 1995).

236) Adriano Prosperi, "America e apocalisse: Note sulla *conquista spirituale* del Nuovo Mondo," in *America e apocalisse e altri saggi* (Pisa: Istituti editoriali e poligrafici internazionali, 1999), 15~63; Robert Ricard, *La conquête spirituelle du Mexique: Essai sur l'apostolat et les méthodes missionaires des orders mendiants en Nouvelle Espagne de 1523 à 1572* (Paris: Institut d'ethnologie, 1933).

237) Mariano Delgado, *Abschied vom erobernden Gott. Studien zu Geschichte und Gegenwart des Christentums in Lateinamerika* (Immensee: Neue Zeitschrift für Missionswissenschaft, 1996).

238) Carlos Sempat Assadourian, "La renta de la encomienda en la década de 1550: Piedad cristiana y desconstrucción," *Revista de Indias* 48 (1988): 109~146; Robert Himmerich y Valencia, *The Encomenderos of New Spain, 1521–1555* (Austin: University of Texas Press, 1991); Javier Ortiz de la Tabla Ducasse, *Los encomenderos de Quito, 1534–1660: Origen y evolución de una elite colonial* (Seville: Escuela de Estudios Hispanoamericanos, 1993).

239) W. George Lovell in *Cambridge History of the Native Peoples of the Americas*, vol. 2, part 2, 405~407.

240) Guillermo Lohmann Villena, "Las Cortes en las Indias," in *Las Cortes de Castilla y León 1188–1988* (Valladolid: Cortes de Castilla y León, 1990), 1: 589~623.

241) Antonio García-Abásolo, "Mujeres andaluzas en la América colonial (1550–1650)," *Revista de Indias* 49 (1989): 91~110; Auke Pieter Jacobs, *Los movimientos migratorios entre Castilla e Hispanoamérica durante el reinado de Felipe III, 1598–1621* (Amsterdam: Rodopi, 1995); Maria del Carmen Martínez Martínez, *La emigración castellana y leonesa al Nuevo Mundo 1571–1700*, 2 vols. (Valladolid: Junta de Castilla y León, 1993); Enrique Otte, ed., *Cartas privadas de emigrantes a Indias 1540–1616* (Mexico City: Fondo de Cultura Económica, 1993).

242) Dora P. Crouch, Daniel J. Garr, and Axel I. Mundigo, *Spanish City Planning in North America* (Cambridge, MA: MIT Press, 1982); Inge Wolff-Buisson, *Regierung und Verwaltung der kolonialspanischen Städte in Hochperu 1538–1650*, (Cologne: Böhlau, 1970).

243) *Cambridge History of the Native Peoples of the Americas*, vols. 2, part 2 and 3, part 2; Thomas M. Stephens, *Dictionary of Latin American Racial and Ethnic Terminology* (Gainesville: University of Florida Press, 1989).

244) Felix Becker, *Die politische Machtstellung der Jesuiten in Südamerika im 18. Jahrhundert: Zur*

Kontroverse um den Jesuitenkönig Nikolaus I. von Paraguay (Cologne: Böhlau, 1980); James P. Saeger in *Cambridge History of the Native Peoples of the Americas*, vol. 3, part 2, 274~283; Barbara Ganson, *The Guarani under Spanish Rule in the Rio de la Plata* (Stanford: Stanford University Press, 2003).

245) Lutgero García Fuentes, *Los peruleros y el comercio de Sevilla con las Indias*, 1580–1630 (Seville: Escuela de Estudios Hispanoamericanos, 1997).

246) Enrique Tandeter, *Coercion and Market: Silver Mining in Colonial Potosí, 1692–1826* (Albuquerque: University of New Mexico Press, 1993); Teresa Cañedo-Argüelles Fábrega, Potosí*: La versión aymara de un mito europeo: La mineria y sus efectos en las sociedades andinas del siglo XVII* (Madrid: Edicion Catriel, 1993).

247) Herbert P. Klein, *The American Finances of the Spanish Empire: Royal Income and Expenditures in Colonial Mexico, Peru, and Bolivia, 1680–1809* (Albuquerque: University of New Mexico Press, 1998).

248) Michel Morineau, *Incroyables gazettes et fabuleux métaux: Les retours des trésors américains d'après les gazettes hollandaises* (Cambridge: Cambridge University Press, 1985).

249) Murdo J. MacLeod, Susan M. Deeds, Susan Deans-Smith, Maria de los Angeles Romero Frizzi, and Grant D. Jones in *Cambridge History of the Native Peoples of the Americas*, vol. 2, part 2, 20~21, 59, 287, 316~317, 373; Luis Miguel Glave in *Cambridge History of the Native Peoples of the Americas*, vol. 3, part 2, 502~557.

250) Reinhard, *Die Neue Welt*, 116~152; Reinhard, *Parasit oder Partner*, 77~116; Georg Thomas in Pietschmann, *Handbuch der Geschichte Lateinamerikas*, 597~659, 789~806; Frédéric Mauro in Pietschmann, *Handbuch der Geschichte Lateinamerikas*, 676~691; Leslie Bethell, ed., *Colonial Brazil* (Cambridge: Cambridge University Press, 1987); Inês C. Inácio and Tania Regina de Luca, eds., *Documentos do Brasil colonial* (São Paulo: Atica, 1993); Frédéric Mauro, *Le Brésil du XVe siècle à la fin du XVIIIe siècle* (Paris: Société d'édition d'enseignement supérieur, 1977).

251) Georg Thomas in Pietschmann, *Handbuch der Geschichte Lateinamerikas*, 624~625; Noël Deerr, *The History of Sugar*, 2 vols. (London: Chapman and Hall, 1949–1950); Stuart B. Schwartz, *Sugar Plantations in the Formation of Brazilian Society: Bahia, 1550–1835* (Cambridge: Cambridge University Press, 1998).

252) Stuart B. Schwartz in *Cambridge History of Latin America*, 2: 434.

253) Wim Klooster in Johannes Postma and Victor Enthoven, eds., *Riches from Atlantic Commerce: Dutch Transatlantic Trade and Shipping, 1585–1817* (Leiden: Brill, 2003), 369, 382; Victor Enthoven in ibid., 445; 다음 글은 훨씬 더 보수적인 추정치를 제시한다. Christopher Ebert in ibid., 49~75.

254) Ruud Spruit, *Zout en slaven: De geschiedenis van de Westindische Compagnie* (Houten: de Haan, 1988).

255) Charles R. Boxer, *The Dutch in Brazil, 1624–54* (Oxford: Clarendon Press, 1957; reprint, Hamden, CT: Archon, 1973).

256) Evaldo Cabral de Mello, *Olinda restaurada: Guerra e açúcar no Nordeste 1630–1654* (Rio de

Janeiro: Topbooks, 1998).

257) Oliver A. Rink, *Holland on the Hudson: An Economic and Social History of Dutch New York* (Ithaca, NY: Cornell University Press, 1986).

258) Peter Stuyvesant, *Correspondence, 1647–1653*, ed. Charles T. Gehring (Syracuse: Syracuse University Press, 1998).

259) Robert Louis Paquette and Stanley L. Engerman, eds., *The Lesser Antilles in the Age of Expansion* (Gainesville: University of Florida Press, 1996); Kenneth R. Andrews, *The Spanish Caribbean: Trade and Plunder, 1530–1630* (New Haven, CT: Yale University Press, 1978).

260) Carl and Roberta Bridenbaugh, *No Peace beyond the Line: The English in the Caribbean, 1624–1690* (New York: Oxford University Press, 1972).

261) Michel Devèze, *Antilles, Guyanes, la Mer des Caraibes de 1492 à 1789* (Paris: Société d'Edition d'Enseignement Supérieur, 1977), 131~152.

262) Cornelis C. Goslinga, *The Dutch in the Caribbean and on the Wild Coast, 1580–1680* (Assen: van Gorcum, 1971); ibid., *The Dutch in the Caribbean and in the Guianas, 1680–1791* (Assen: van Gorcum, 1985).

263) Robert Bohn, *Die Piraten* (Munich: C. H. Beck, 2003); Kris E. Lane, *Pillaging the Empire: Piracy in the Americas, 1500–1750* (Armonk, NY: M. E. Sharpe, 1998); Robert C. Ritchie, *Captain Kidd and the War against the Pirates* (Cambridge, MA: Harvard University Press, 1986).

264) Reinhard, *Parasit oder Partner*, 95; Richard P. Dunn, *Sugar and Slaves: The Rise of the Planter Class in the English West Indies, 1624–1713* (London: Cape, 1972; reprint, 2000).

265) Nikolaus Böttcher, *Aufstieg und Fall eines atlantischen Handelsimperiums: Portugiesische Kaufleute und Sklavenhändler in Cartagena de Indias von 1580 bis zur Mitte des 17. Jahrhunderts* (Frankfurt am Main: Vervuert, 1995), 22.

266) Reinhard, *Die Neue Welt*, 124, but the number of Jews follows Günter Böhm, *Los sefardies en los dominios olandeses de America del Sur y del Caribe, 1630–1750* (Frankfurt am Main: Vervuert, 1992), 69.

267) Claudia Schnurmann, *Atlantische Welten: Engländer und Niederländer im amerikanischatlantischen Raum 1648–1713* (Cologne: Böhlau, 1998), 173, 191, 218~219, 229~252, 279~280, 294, 365; Wim Klooster in Postma and Enthoven, *Riches from Atlantic Commerce*, 205.

268) Peer Schmidt in Pietschmann, *Atlantic History*, 87~88; Henry L. Feingold, ed., *The Jewish People in America*, 2nd ed., 5 vols. (Baltimore: Johns Hopkins University Press, 1992); Natalie Zacek, "'A People Too Subtle': Sephardic Jewish Pioneers of the English West Indies," in Williams, *Bridging the Early Modern Atlantic World*, 97~112.

269) Synesio Sampaio Goes, *Navegantes, bandeirantes, diplomatas: Aspectos da descoberto do continente, da penetração do territorio brasileiro extra–Tordesilhas e do establecimento das fronteiras da Amazônia* (Brasília: IPRI, 1991).

270) Charles R. Boxer, *The Golden Age of Brazil, 1695–1750* (Berkeley: University of California Press, 1962; reprint, Manchester: Carcanet, 1995).

271) Virgilio Noya Pinto, *O ouro brasileiro e o comércio anglo-portugûes* (São Paulo: Editora Nacional, 1979), 114.

272) Morineau, *Incroyables gazetteset fabuleux métaux*. 노야 핀투(Noya Pinto)의 수치를 5년간의 총계가 아니라 연평균으로 계산한 다음에 5를 곱하면 결과는 852톤과 같다.

273) Reinhard, *Parasit oder Partner*, 77~116; Iliffe, *Africans*, 127~158; Klein, Slave Trade. 에모리 대학에서 유지하고 관리하는 대서양 횡단 노예무역 데이터베이스(www.slavevoyages.org)에는 현재 1514년에서 1866년 사이에 있었던 3만 5000개 이상의 항해에 관한 정보가 포함되어 있다. David Eltis and David Richardson, *Atlas of the Transatlantic Slave Trade* (New Haven, CT: Yale University Press, 2010); Stanley L. Engerman, Seymour Drescher, and Robert Louis Paquette, eds., *Slavery* (New York: Oxford University Press, 2001); Norbert Finzsch, James Oliver Horton, and Lois E. Horton, *Von Benin nach Baltimore: Die Geschichte der African Americans* (Hamburg: Hamburger Edition, 1999); Patrick Manning, ed., *Slave Trades, 1500–1800: Globalization of Forced Labour* (Aldershot, UK: Ashgate Variorum, 1997); Elizabeth Donnan, ed., *Documents Illustrative of the History of the Slave Trade*, 4 vols. (Washington, DC: Carnegie Institution, 1930–1935; reprint, 1965).

274) Herbert P. Klein, *The Atlantic Slave Trade* (Cambridge: Cambridge University Press, 1999), 211; following: Phillip D. Curtin, *The Atlantic Slave Trade: A Census* (Madison: University of Wisconsin Press, 1969).

275) Reinhard, *Parasit oder Partner*, 98~101, after Curtin, *Atlantic Slave Trade;* and Paul E. Lovejoy, "The Volume of the Atlantic Slave Trade: A Synthesis," *Journal of African History* 23~24 (1982): 473~501, Eltis and Richardson, *Atlas*에 따르면 다음에 제시된 수치는 수정되었다. Herbert P. Klein in Pietschmann, *Atlantic History*, 301~320, 인용은 319.

276) David K. O'Rourke, *How America's First Settlers Invented Chattel Slavery: Dehumanizing Native Americans and Africans with Language, Laws, Guns, and Religion* (New York: Peter Lang, 2005); Edmund P. Morgan, *American Slavery — American Freedom: The Ordeal of Colonial Virgini*a (New York: Norton, 1975).

277) Imanuel Geiss, *Geschichte des Rassismus* (Frankfurt am Main: Suhrkamp, 1988); Robert Miles, *Rassismus: Einführung in die Theorie und Geschichte eines Begriffs* (Hamburg: Argument-Verlag, 1992).

278) Klein, *Slave Trade*, 21; David W. Galenson, "The Rise and Fall of Indentured Servitude in the Americas: An Economic Analysis," *Journal of Economic History* 44 (1984): 1~26.

279) Martin A. Klein, "The Slave Trade and Decentralized Societies," *Journal of African History* 42 (2001): 49~65.

280) Boubacar Barry, *Senegambia and the Atlantic Slave Trade* (Cambridge: Cambridge University Press, 1998); George E. Brooks, *Eurafricans in Western Africa: Commerce, Social Status, Gender, and Religious Observance from the 16th to the 18th Century* (Athens; Ohio University Press, 2003).

281) Oliver and Atmore, *Medieval Africa*, 93; Randy J. Sparks, *The Two Princes of Calabar: An Eighteenth-Century Atlantic Odyssey* (Cambridge, MA: Harvard University Press, 2004; German

ed., Berlin: Rogner u. Bernhard, 2004).

282) Hilton, *Kingdom of Kongo*, 66–90, 104~133.

283) Reinhard, *Parasit oder Partner*, 100; James Walvin, *Black Ivory: Slavery in the British Empire*, 2nd ed. (Oxford: Blackwell, 2001); Betty Wood, *The Origins of American Slavery: Freedom and Bondage in the English Colonies, a Critical Issue* (New York: Hill and Wang, 1997); Robert Louis Stein, *The French Slave Trade in the Eighteenth Century: An Old Regime Business* (Madison: University of Wisconsin Press, 1979); Johannes Postma in Postma and Enthoven, *Riches from Atlantic Commerce*, 136~137.; Willie F. Page, *The Dutch Triangle: The Netherlands and the Atlantic Slave Trade, 1621–1664* (New York: Garland, 1997); Christian Degn, *Die Schimmelmanns im atlantischen Dreieckshandel: Gewinn und Gewissen* (Neumünster: Wachholtz, 1974).

284) Eric Williams, *Capitalism and Slavery* (Chapel Hill: University of North Carolina Press, 1944; reprint, London: Deutsch, 1964). According to Kenneth Morgan, *Slavery, Atlantic Trade, and the British Economy, 1660–1800* (Cambridge: Cambridge University Press, 2000), 29~35, 윌리엄스는 책을 출판할 준비를 하면서 당시에 그가 다니던 대학의 알려지지 않은 저자의 석사 논문을 바탕으로 이 이론을 발전시켰다. 다음을 참조하라. Heather Cateau and Selwyn H. H. Carrington, eds., *Capitalism and Slavery Fifty Years Later: Eric Eustace Williams — A Reassessment of the Man and His Work* (New York: Peter Lang, 2000).

285) David Eltis and Stanley L. Engerman, "The Importance of Slavery and the Slave Trade to Industrializing Britain," *Journal of Economic History* 60 (2000): 123~144.

286) Gilberto Freyre, *Herrenhaus und Sklavenhütte* (Stuttgart: Klett Cotta, 1982); Brazilian ed., *Casagrande e senzala* (1933).

287) Klein, *Slave Trade*, 167~173; Franklin W. Knight, ed., *The Slave Societies of the Caribbean*, vol. 3 of *General History of the Caribbean* (Paris: UNESCO, 1997); Gwendolyn M. Hall, *Social Control in Slave Plantation Societies: A Comparison of Saint-Domingue and Cuba* (Baltimore: Johns Hopkins University Press, 1971); Arthur L. Stinchcombe, *Sugar Island Slavery in the Age of Enlightenment: The Political Economy of the Caribbean World* (Princeton, NJ: Princeton University Press, 1995).

288) Jerome P. Handler et al. in Kenneth F. Kiple, ed., *The African Exchange: Toward a Biological History of Black People* (Durham, NC: Duke University Press, 1988), 140~166.

289) Kenneth F. Kiple, *The Caribbean Slave: A Biological History* (Cambridge: Cambridge University Press, 1984), 76; Kenneth F. Kiple in Kiple, *African Exchange*, 7~34.

290) Stuart B. Schwartz and Frank Salomon in *Cambridge History of the Native Peoples of the Americas*, vol. 3, part 2, 467~471.

291) James Walvin, *Making the Black Atlantic: Britain and the African Diaspora* (London: Cassell, 2000), 75~77; Klein, Slave Trade, 177.

292) Rainer Flasche, *Geschichte und Typologie afrikanischer Religiosität in Brasilien* (Marburg: Universität, 1973); Horst H. Figge, *Geisterkult, Besessenheit und Magie in der Umbanda-Religion Brasiliens* (Freiburg im Breisgau: Alber, 1973); Pierre Verger, *Orisha: Les dieux Yorouba en Afrique et au Nouveau Monde* (Paris: Mtailié, 1982); Ralph M. Becker, *Trance und Geistbesessenheit in*

Candomblé von Bahia (Münster: LIT, 1995); Angelina Pollak-Eltz, *Trommel und Trance: Die afroamerikanischen Religionen* (Freiburg im Breisgau: Herder, 1995); Rómulo Lachatañeré, *Afro-Cuban Myths: Yemanyá and Other Orishas* (Princeton, NJ: Wiener, 2006); Frances Henry, *Reclaiming African Religions in Trinidad: The Socio-Political Legitimation of the Orisha and Spiritual Baptist Faith* (Kingston, Jamaica: University of the West Indies Press, 2003); James H. Sweet, "Slaves, Convicts, and Exiles: African Travellers in the Portuguese Atlantic World, 1720–1750," in Williams, *Bridging the Early Modern Atlantic World*, 191~202.

293) Hilton, *Kingdom of Kongo*, 90~103.

294) John K. Thornton, *The Kongolese Saint Anthony: Dona Beatriz Kimpa Vita and the Antonine Movement, 1684–1706* (Cambridge: Cambridge University Press, 1998); Hilton, *Kingdom of Kongo*, 208~210.

295) 다음을 참조하라. Herbert P. Klein, Leonhard Harding, and Andreas Eckert in Pietschmann, *Atlantic History*, 301~220, 322~323, 337~348; Patrick Manning, *Slavery and African Life: Occidental, Oriental, and African Slave Trades* (Cambridge: Cambridge University Press, 1990); Joseph Inikori in Ogot, *General History of Africa*, 5: 108~109; Klein, *Slave Trade*, 127.

296) David Northrup, *Africa's Discovery of Europe, 1450–1850* (New York: Oxford University Press, 2002), 186; Thornton, *Africa and Africans*, 7; Kenneth G. Kelly, "Controlling Traders. Slave Coast Strategies at Savi and Ouidah," in Williams, *Bridging the Early Modern Atlantic World*, 151~171.

297) Bruce Trigger and William R. Swagerty in *Cambridge History of the Native Peoples of the Americas*, vol. 1, part 1, 343~361; Martin J. Daunton and Rick Halpern, eds., *Empire and Others, British Encounters with Indigenous Peoples*, 1600–1850 (London: UCL Press, 1998).

298) 기본적인 사항은 다음 자료들을 참조하라. Robert D. Mitchell, ed., *North America: The Historical Geography of a Changing Continent* (Lanham, MD: Rowman & Littlefield, 1990); John J. Mc-Cusker and Kenneth Morgan, eds., *The Early Modern Atlantic Economy* (Cambridge: Cambridge University Press, 2000); Hermann Wellenreuther, *Niedergang und Aufstieg: Geschichte Nordamerikas vom Beginn der Besiedlung bis zum Ausgang des 17. Jahrhunderts* (Münster: LIT, 2000); ibid., *Ausbildung und Neubildung: Die Geschichte Nordamerikas vom Ausgang des 17. Jahrhunderts bis zum Ausbruch der amerikanischen Revolution* (Münster: LIT, 2001); David B. Quinn, *North America from Earliest Discovery to the First Settlements: The Norse Voyages to 1612* (New York: Harper & Row, 1977); David B. Quinn, ed., *New American World: A Documentary History of North America to 1612*, 5 vols. (London: Macmillan, 1979); Andrew N. Porter, *Atlas of British Overseas Expansion* (London: Routledge, 1994); ibid., ed., *Bibliography of Imperial, Colonial, and Commonwealth History since 1600* (Oxford: Oxford University Press, 2002); Benedikt Stuchtey, "Nation und Expansion: Das Britische Empire in der neuesten Forschung," *Historische Zeitschrift* 274 (2002): 87~118; Merrill Jensen, ed., *American Colonial Documents*, vol. 9 of *English Historical Documents* (London: Eyre and Spottiswoode, 1955); Nicholas P. Canny, ed., *The Origins of Empire. British Overseas Enterprise to the Close of the 17th Century*, vol. 1 of *The Oxford History of the British Empire*, ed. William Roger Louis (Oxford: Oxford University Press, 1998); Peter J. Marshall,

ed., *The Eighteenth Century*, vol. 2 of *The Oxford History of the British Empire*, ed. William Roger Louis (Oxford: Oxford University Press, 1998); David B. Quinn and A. N. Ryan, *England's Sea Empire, 1550–1642* (London: Allen and Unwin, 1983); Claudia Schnurmann, *Vom Inselreich zur Weltmacht: Die Entwicklung des englischen Weltreichs vom Mittelalter bis ins 20. Jahrhundert* (Stuttgart: Kohlhammer, 2001); Charles M. Andrews, *The Colonial Period of American History*, 4 vols. (New Haven, CT: Yale University Press, 1934–1938); Richard C. Simmons, *The American Colonies from Settlement to In de pen dence* (London: Longman, 1976); Richard Middleton, *Colonial America: A History, 1607–1760* (Oxford: Blackwell, 1992); Stanley L. Engerman and Robert E. Gallman, *The Colonial Era*, vol. 1 of *The Cambridge Economic History of the United States* (Cambridge: Cambridge University Press, 1997); Pierre Pluchon, *Histoire de la colonisation française*, vol. 1 (Paris: Fayard, 1991); Jean Meyer, Jean Tarrade, and Annie Rey-Goldzeiguer, *Des origines à 1914*, vol. 1 of *Histoire de la France coloniale* (Paris: Colin, 1991); Gilles Havard and Cécile Vidal, *Histoire de l'Amérique française*, 2nd ed. (Paris: Flammarion, 2006); Laurier Turgeon, "Codfish, Consumption, and Colonization: The Creation of the French Atlantic World during the Sixteenth Century," in Williams, *Bridging the Early Modern Atlantic World*, 33~56.

299) Marcel Trudel, *The Beginnings of New France, 1524–1663* (Toronto: McClelland and Stewart, 1973).

300) Bruce G. Trigger, *The Children of Aataentsic: A History of the Huron People to 1660*, 2 vols. (Montreal: McGill–Queen's University Press, 1976).

301) Trudel, *Beginnings of New France*, 218; Dean R. Snow, *The Iroquois* (Oxford: Blackwell, 1994); William Engelbrecht, *Iroquoia: The Development of a Native World* (Syracuse, NY: Syracuse University Press, 2003).

302) Marcel Trudel, *Débuts du regime seigneurial au Canada* (Montreal: Fides, 1974); Louise Dechêne, *Habitants and Merchants in Seventeenth-Century Montreal* (Montreal: McGill–Queen's University Press, 1992; French ed., 1974).

303) Marcel Trudel, *Montréal: La formation d'une société 1642–1663* (Montreal: Fides, 1976), 39.

304) Klaus-Dieter Ertler, ed., *Von Schwarzröcken und Hexenmeistern: Jesuitenberichte aus Neu–Frankreich (1616–1649)* (Berlin: Reimer, 1997); Franz-Josef Post, *Schamanen und Missionare: Katholische Mission und indigene Spiritualität in Nouvelle-France* (Münster: LIT, 1997).

305) Marcel Trudel, *La population du Canada en 1666: Recensement reconstitué* (Sillery: Septentrion, 1995), 47~48, 58.

306) Karen Anderson, *Chain Her by One Foot: The Subjugation of Native Women in Seventeenth-Century New France* (New York: Routledge, 1993).

307) Cornelius J. Jaenen, *Friend and Foe, Aspects of French–Amerindian Cultural Contact in the Sixteenth and Seventeenth Centuries* (New York: Columbia University Press, 1976), 110~116; Mark Edward Lender and J. K. Martin, *Drinking in America: A History* (New York: Free Press, 1982), 1~40; Peter C. Mancall, *Deadly Medicine: Indians and Alcohol in Early America* (Ithaca, NY: Cornell University Press, 1997); Sven Kuttner, *Handel, Religion und Herrschaft: Kulturkontakt und*

Ureinwohnerpolitik in Neufrankreich im frühen 17. Jahrhundert (Frankfurt am Main: Peter Lang, 1998).

308) Kenneth R. Andrews, Nicholas P. Canny, and Paul E. H. Hair, eds., *The Westward Enterprise: English Activities in Ireland, the Atlantic, and America, 1480–1650* (Liverpool: Liverpool University Press, 1978); Nicholas P. Canny, "The Ideology of English Colonization: From Ireland to America," *William and Mary Quarterly* 30 (1973): 575~598.

309) David Armitage, *The Ideological Origins of the British Empire* (Cambridge: Cambridge University Press, 2000).

310) Philip L. Barbour, ed., *The Jamestown Voyages under the First Charter, 1606–1609*, Hakluyt Society, 2nd ser., 2 vols., 136~137 (Cambridge, 1969; reprint, Nendeln: Kraus Reprint, 1976).

311) George F. Willison, *Saints and Strangers* (New York: Raynal and Hitchcock, 1945).

312) Virginia D. Anderson, *New England's Generation: The Great Migration and the Formation of Society and Culture in the Seventeenth Century* (Cambridge: Cambridge University Press, 1991).

313) Wellenreuther, *Niedergang und Aufstieg*, 321~324, 338~339, 343; Reinhard, *Die Neue Welt*, 198; *Bernard Bailyn*, *The New England Merchants in the Seventeenth Cen*tury (Cambridge, MA: Harvard University Press, 1955).

314) Nathaniel B. Shurtleff, ed., *Records of the Governor and Company of Massachusetts Bay in New England*, 5 vols. in 6 parts (Boston: White, 1853–1854; reprint, New York: AMS Press, 1968).

315) Perry Miller, *The New England Mind*, 2 vols. (Cambridge, MA: Harvard University Press, 1953–1954); Reinhard, *Die Neue Welt*, 189~190; Wellenreuther, *Niedergang und Aufstieg*, 340, 342~343, 363; David D. Hall, ed., *Puritans in the New World: A Critical Anthology* (Princeton, NJ: Princeton University Press, 2004); ibid., *The Faithful Shepherd: A History of the New England Ministry in the Seventeenth Century* (Cambridge, MA: Harvard University Press, 2005).

316) Robert M. Bliss, *Revolution and Empire: English Politics and the American Colonies in the Seventeenth Century* (Manchester, UK: Manchester University Press, 1990); Carla G. Pestana, *The English Atlantic in an Age of Revolution, 1640–1661* (Cambridge, MA: Harvard University Press, 2004).

317) Edmund P. Morgan, *Roger Williams; the Church and the State* (New York: Harcourt, Brace & World, 1967); Edwin P. Gaustad, *Liberty of Conscience: Roger Williams in America* (Grand Rapids, MI: W. B. Eerdmans, 1991).

318) Mary J. A. Jones, *Congregational Commonwealth. Connecticut, 1636–1662* (Middleton, CT: Wesleyan University Press, 1968).

319) Isabel M. Calder, *The New Haven Colony* (New Haven, CT: Yale University Press, 1934).

320) David E. van Deventer, *The Emergence of Provincial New Hampshire, 1623–1741* (Baltimore: Johns Hopkins University Press, 1976).

321) John D. Krugler, "Lord Baltimore, Roman Catholics, and Toleration: Religious Policy in Maryland during the Early Catholic Years, 1634–1649," *Catholic Historical Review* 65 (1979): 49~75; David B. Quinn, ed., *Mary land in a Wider World* (Detroit: Wayne State University Press, 1982); Wellenreuther, *Niedergang und Aufstieg*, 282~297.

322) Rink, *Holland on the Hudson;* Van Cleaf Bachman, *Peltries or Plantations: The Economic Policy of the Dutch West India Company in New Netherland, 1623–39* (Baltimore: Johns Hopkins University Press, 1969); Donna Merwick, *Possessing Albany, 1630–1710: The Dutch and English Experiences* (Cambridge: Cambridge University Press, 1990).

323) William J. Eccles, *Canada under Louis XIV, 1663–1701* (Toronto: McClelland and Stewart, 1969).

324) Dirk Hoerder, *Cultures in Contact: World Migrations in the Second Millennium* (Durham, NC: Duke University Press, 2002), 221~222; Yves Landry and Jacques Légaré, "The Life Course of Seventeenth-Century Immigrants to Canada," *Journal of Family History* 12 (1987): 201~212; Peter N. Moogk, "Reluctant Exiles: The Problems of Colonization in French North America: Emigrants from France in Canada before 1760," *William and Mary Quarterly* 46 (1989): 463~505.

325) Wellenreuther, *Niedergang und Aufstieg*, 458; Morris Altman, "Economic Growth in Canada, 1695–1739: Estimates and Analysis," *William and Mary Quarterly* 45 (1988): 684~711.

326) Peter H. Wood, "La Salle: Discovery of a Lost Explorer," *American Historical Review* 89 (1984): 294~323; Marcel Giraud, *Histoire de la Louisiane française*, 4 vols. (Paris: PUF, 1953–1974).

327) Richard P. Dunn, ed., *The World of William Penn* (Philadelphia: University of Pennsylvania Press, 1986); Mary K. Geiter, *William Penn* (London: Longman, 2000).

328) Richard R. Johnson, *Adjustment to Empire: The New England Colonies, 1675–1715* (Leicester, UK: Leicester University Press, 1981); Jack M. Sosin, *English America and the Revolution of 1688: Royal Administration and the Structure of Provincial Government* (Lincoln: University of Nebraska Press, 1982); Michael Hall, Lawrence Leder, and Michael Kammen, eds., *The Glorious Revolution in America: Documents on the Colonial Crisis of 1689* (New York: Norton, 1972).

329) Kenneth Coleman, *Colonial Georgia: A History* (New York: Scribner, 1976).

330) Alison Games, "Migration," in Armitage and Braddick, *British Atlantic World*, 31~50, 인용은 41; ibid., *Migration and the Origins of the English Atlantic World* (Cambridge, MA: Harvard University Press, 1999); Bernard Bailyn, *Voyagers to the West: Emigration from Britain to America on the Eve of the Revolution* (London: Tauris, 1987); David Cressy, *Coming Over: Migrations and Communication between England and New England in the Seventeenth Century* (Cambridge: Cambridge University Press, 1987); Georg Fertig, *Lokales Leben, atlantische Welt: Die Entscheidung zur Auswanderung vom Rhein nach Nordamerika im 18. Jahrhundert* (Osnabrück: Universitätsverlag Rasch, 2000); Mark Häberlein, *Vom Oberrhein zum Susquehanna: Studien zur badischen Auswanderung nach Pennsylvania im 18. Jahrhundert* (Stuttgart: Kohlhammer, 1993).

331) Hoerder, *Cultures in Contact*, 222~223; Patrick Griffin, *The People with No Name: Ireland's Ulster Scots, America's Scots Irish, and the Creation of a British Atlantic World, 1689–1764* (Princeton, NJ: Princeton University Press, 2001).

332) Hoerder, *Cultures in Contact*, 220; Wellenreuther, *Ausbildung und Neubildung*, 99. 이와 다른 통계를 다음 책에서는 제시한다. David W. Galenson, *White Servitude in Colonial America: An Economic Analysis* (Cambridge: Cambridge University Press, 1981).

333) A. Roger Ekirch, *Bound for America: The Transportation of British Convicts to the Colonies*, 1718–1775 (Oxford: Clarendon Press, 1987).

334) David W. Galenson, *Traders, Planters, and Slaves: Market Behavior in Early English America* (Cambridge: Cambridge University Press, 1986); Oscar Reiss, *Blacks in Colonial America* (Jefferson, NC: McFarland, 2006).

335) James D. Drake, *King Philip's War: Civil War in New England, 1675–1676* (Amherst: University of Massachusetts Press, 2000).

336) Wellenreuther, *Ausbildung und Neubildung*, 351~382, 인용은 373; Reinhard, *Die Neue Welt*, 199; Stuart Banner, *How the Indians Lost Their Land: Law and Power on the Frontier* (Cambridge, MA: Belknap Press, 2005), 1~190.

337) Wellenreuther, *Ausbildung und Neubildung*, 133~137, 314~339; Nathan O. Hatch and Harry P. Stout, eds., *Jonathan Edwards and the American Experience* (New York: Oxford University Press, 1988).

338) Erich Beyreuther, *Die Erweckungsbewegung*, vol. 4 of *Die Kirche in ihrer Geschichte* (Göttingen: Vandenhoeck & Ruprecht, 1963), chap. R 1, 11.

339) Juan M. Zapatero, *La guerra del Caribe en el siglo XVIII* (San Juan, Puerto Rico: Istituto de Cultura Puertorriquéña, 1964); Joseph L. Rutledge, *Century of Conflict: The Struggle between the French and British in Colonial America* (Garden City, NY: Doubleday, 1956); George F. G. Stanley, *New France: The Last Phase, 1744–1760* (Toronto: McClelland and Stewart, 1968); William. R. Nester, *The Great Frontier War: Britain, France, and the Imperial Struggle for North America, 1607–1755* (Westport, CT: Praeger, 2000); ibid., *The First Global War: Britain, France, and the Fate of North America, 1756–1775* (Westport, CT: Praeger, 2000); John Grenier, *The First Way of War: American War Making on the Frontier*, 1607–1814 (Cambridge: Cambridge University Press, 2005).

340) J. E. Inikori, *Africans and the Industrial Revolution in England: A Study in International Trade and Economic Development* (Cambridge: Cambridge University Press, 2002).

341) Paul Gilroy, *The Black Atlantic: Modernity and Double Consciousness* (Cambridge, MA: Harvard University Press, 1993).

참고 문헌

서문

Abulafia, David. *The Great Sea: A Human History of the Mediterranean*. London: Allen Lane, 2011.

Allsen, Thomas T. "Pre-Modern Empires." In *Oxford Handbook of World History*, ed. Jerry H. Bentley. Oxford: Oxford University Press, 2011.

Asher, Catherine B., and Cynthia Talbot. *India before Europe*. Cambridge: Cambridge University Press, 2006.

Ayalon, David. *Gunpowder and Firearms in the Mamluk Kingdom*. 2nd ed. London: Frank Cass, 1978.

Barendse, René J. *Arabian Seas, 1700–1763*. 4 vols. Leiden: Brill, 2009.

———. *The Arabian Seas: The Indian Ocean World of the Seventeenth Century*. Armonk, NY: M. E. Sharpe, 2002.

Bartlett, Robert, and Angus MacKay, eds. *Medieval Frontier Societies*. Oxford: Clarendon Press, 1989.

Bentley, Jerry H., ed. *The Oxford Handbook of World History*. Oxford: Oxford University Press, 2011.

Bosbach, Franz. *Monarchia universalis: Ein politischer Leitbegriff der Frühen Neuzeit*. Göttingen: Vandenhoek & Ruprecht, 1988.

Boxer, Charles R. *Dutch Merchants and Mariners in Asia, 1602–1795*. London: Variorum, 1988.

Braudel, Fernand. *The Mediterranean and the Mediterranean World in the Age of Philip II*. 2 vols. London: Collins, 1972.

Bruijn, Jaap R., Femme S. Gaastra, and Ivo Schöffer. *Dutch–Asiatic Shipping in the 17th and 18th Centuries*. 3 vols. The Hague: Nijhoff, 1979–1987.

Burbank, Jane, and Frederick Cooper. *Empires in World History: Power and the Politics of Difference* Princeton, NJ: Princeton University Press, 2010.

Burkhardt, Johannes. *Der Dreißigjährige Krieg*. 6th ed. Frankfurt am Main: Suhrkamp, 2003.

Canny, Nicholas, and Philip Morgan, eds. *The Oxford Handbook of the Atlantic World, 1450–1850.* Oxford: Oxford University Press, 2011.

Chakrabarty, Dipesh. *Provincializing Europe: Postcolonial Thought and Historical Difference.* Princeton, NJ: Princeton University Press, 2007.

Chaudhuri, Kirti N. *Asia before Europe: Economy and Civilisation of the Indian Ocean.* Cambridge: Cambridge University Press, 1990.

______. *Trade and Civilisation in the Indian Ocean: An Economic History from the Rise of Islam to 1750.* Cambridge: Cambridge University Press, 1985.

Cipolla, Carlo. *Vele e cannoni.* Bologna: Mulino, 1983.

Conermann, Stephan, ed. *Der Indische Ozean in historischer Perspektive.* Hamburg: EB–Verlag, 1998.

Dale, Stephen F. *The Muslim Empires of the Ottomans, Safavids, and Mughals.* Cambridge: Cambridge University Press, 2010.

Delgado, Mariano. *Abschied vom erobernden Gott: Studien zur Geschichte und Gegenwart des Christentums in Lateinamerika.* Immensee: Neue Zeitschrift für Missionswissenschaft, 1996.

Donnan, Hastings, and Thomas M. Wilson. *Borders: Frontiers of Identity, Nation, and State.* New York: Berg, 1999.

Döring, Jörg, and Tristan Thielmann, eds. *Spatial Turn: Das Raumparadigma in den Kulturund Sozialwissenschaften.* Bielefeld: Transcript Verlag, 2008.

Duncan Baretta, Silvio R., and John Markoff. "Civilization and Barbarism: Cattle Frontiers in Latin America." In *States of Violence*, ed. Fernando Coronil and Julie Skurski. Ann Arbor: University of Michigan Press, 2006.

Eisenstadt, S. N. *Die Vielfalt der Moderne.* Weilerswist: Velbrück Wissenschaft, 2000.

Ferguson, Niall. *Empire: How Britain Made the Modern World.* London: Allen Lane, 2003.

Freeman, Donald B. *The Pacific.* New York: Routledge, 2010.

Gerhard, Dietrich. "The Frontier in Comparative View." *Comparative Studies in Society and History* 1, no. 3 (1959): 205~229.

Gommans, Jos. *Mughal Warfare: Indian Frontiers and High Roads to Empire, 1500–1700.* New York: Routledge, 2002.

Gommans, Jos, and Jacques Leider, eds. *The Maritime Frontier of Burma: Exploring Political, Cultural and Commercial, Interaction in the Indian Ocean World, 1200–1800.* Amsterdam: Koninklijke Nederlands Akademie van Wetenschappen, 2002.

Guy, John. *Woven Cargoes: Indian Textiles in the East.* London: Thames and Hudson, 1998.

Häberlein, Mark. "Kulturelle Vermittler in der atlantischen Welt der Frühen Neuzeit." In *Sprachgrenzen—Sprachkontakte—Kulturelle Vermittler: Kommunikation zwischen Europäern und Außereuropäern (16.–20. Jahrhundert)*, ed. Mark Häberlein and Alexander Keese. Stuttgart: Steiner, 2010.

Harding, Leonhard. *Das Königreich Benin: Geschichte—Kultur—Wirtschaft.* Munich: Oldenbourg, 2010.

Harvey, David. *The Condition of Postmodernity: An Enquiry into the Origins of Cultural Change*. Oxford: Blackwell, 1989.

Hennessy, Alistair. *The Frontier in Latin American History*. London: Arnold, 1978.

Herbers, Klaus, and Nikolas Jaspert, eds. *Grenzräume und Grenzüberschreitungen im Vergleich: Der Osten und der Westen des mittelalterlichen Lateineuropa*. Berlin: Akademie, 2007.

Heywood, Colin. "The Frontier in Ottoman History: Old Ideas and New Myths." In *Frontiers in Question: Eurasian Borderlands, 700–1700*, ed. Daniel Power and Naomi Standen. Basingstoke, UK: Macmillan, 1999.

Hodgson, Marshall G. S. *The Gunpowder Empires and Modern Times*. Vol. 3 of *The Venture of Islam: Conscience and History in a World Civilization*. Chicago: University of Chicago Press, 1974.

Hoerder, Dirk. *Cultures in Contact: World Migrations in the Second Millennium*. Durham, NC: Duke University Press, 2002.

Khodarkovsky, Michael. *Russia's Steppe Frontier: The Making of a Colonial Empire, 1500–1800*. Bloomington: Indiana University Press, 2002.

Kirby, David, and Merja-Liisa Hinkkanen. *The Baltic and the North Seas*. New York: Routledge, 2000.

Lamar, Howard, and Leonard Thompson, eds. *The Frontier in History: North America and Southern Africa Compared*. New Haven, CT: Yale University Press, 1981.

Lattimore, Owen. *Studies in Frontier History: Collected Papers, 1928–1958*. Paris: Mouton, 1962.

Leonhard, Jörn, and Ulrike von Hirschhausen, eds. *Comparing Empires: Encounters and Transfers in the Long Nineteenth Century*. Göttingen: Vandenhoeck & Ruprecht, 2011.

Lieberman, Victor. *Integration on the Mainland*. Vol. 1 of *Strange Parallels: Southeast Asia in Global Context, c. 800–1830*. Cambridge: Cambridge University Press, 2003.

Linebaugh, Peter, and Marcus Rediker. *Die vielköpfige Hydra: Die verborgene Geschichte des revolutionären Atlantiks*. Berlin: Assoziation, 2008.

Marx, Christoph. "Grenzfälle: Zu Geschichte und Potential des Frontierbegriffs." *Saeculum* 54, no. 1 (2003): 123~143.

McNeill, John R. "Biological Exchanges in World History." In *Oxford Handbook of World History*, ed. Jerry H. Bentley. Oxford: Oxford University Press, 2011.

———. "The Ecological Atlantic." In *Oxford Handbook of the Atlantic World 1450–1850*, ed. Nicholas Canny and Philip Morgan. Oxford: Oxford University Press, 2011.

McNeill, William H. *The Age of Gunpowder Empires, 1450–1800*. Washington, DC: American Historical Association, 1989.

McPherson, Kenneth. *The Indian Ocean: A History of the People and the Sea*. Delhi: Oxford University Press, 1993.

Metzler, Gabriele, and Michael Wildt, eds. *Über Grenzen: 84. Deutscher Historikertag in Berlin 2010. Berichtsband*. Göttingen: Vandenhoeck & Ruprecht, 2012.

Middell, Matthias, and Ulf Engel, eds. *Theoretiker der Globalisierung*. Leipzig: Universitätsverlag, 2010.

Münkler, Herfried. *Imperien: Die Logik der Weltherrschaft—Vom Alten Rom bis zu den Vereinigten Staaten*. Berlin: Rowohlt, 2005.

Nagel, Tilman. *Timur der Eroberer und die islamische Welt des späten Mittelalters*. Munich: Beck, 1993.

Needham, Joseph, et al. *Science and Civilization in China*. 7 vols. 13 parts. Cambridge: Cambridge University Press, 1954–2004.

Osterhammel, Jürgen. *The Transformation of the World: A Global History of the Nineteenth Century*. Translated by Patrick Camiller. Princeton, NJ: Princeton University Press, 2014.

_____. "World History." In *Historical Writing since 1945*. Vol. 5 of *The Oxford History of Historical Writing*. Edited by Axel Schneider and Daniel Woolf. Oxford: Oxford University Press, 2011.

Parsons, Timothy H. *The Rule of Empires: Those Who Built Them, Those Who Endured Them, and Why They Always Fall*. New York: Oxford University Press, 2010.

Pearson, Michael N. *The Indian Ocean*. New York: Routledge 2003.

_____. *Port Cities and Intruders: The Swahili Coast, India, and Portugal in the Early Modern Era*. Baltimore: Johns Hopkins University Press, 1998.

Perrin, Noel. *Giving up the Gun: Japan's Reversion to the Sword, 1543–1879*. Boston: Godine, 1979.

Piltz, Eric. "'Trägheit des Raums': Fernand Braudel und die Spatial Stories der Geschichtswissenschaft." In *Spatial Turn: Das Raumparadigma in den Kultur- und Sozialwissenschaften*, ed. Jörg Döring and Tristan Thielmann. Bielefeld: Transcript Verlag, 2008.

Power, Daniel, and Naomi Standen, eds. *Frontiers in Question: Eurasian Borderlands, 700–1700*. Basingstoke, UK: Macmillan, 1999.

Ptak, Roderich. *Die maritime Seidenstraße: Küstenräume, Seefahrt und Handel in vorkolonialer Zeit*. Munich: Beck, 2007.

Reinhard, Wolfgang. "Gelenkter Kulturwandel im 17. Jahrhundert: Akkulturation in den Jesuitenmissionen als universalhistorisches Problem" [1976]. In *Ausgewählte Abhandlungen*. Berlin: Duncker & Humblot, 1997.

_____. *Geschichte der europäischen Expansion*. 4 vols. Stuttgart: Kohlhammer, 1983–1990. New edition, 2015.

_____. *Geschichte der Staatsgewalt: Eine vergleichende Verfassungsgeschichte Europas von den Anfängen bis zur Gegenwart*. 3rd ed. Munich: Beck, 2002.

_____. *Kleine Geschichte des Kolonialismus*. 2nd ed. Stuttgart: Kröner, 2008.

_____. "Sprachbeherrschung und Weltherrschaft: Sprache und Sprachwissenschaft in der europäischen Expansion" [1987]. In *Ausgewählte Abhandlungen*. Berlin: Duncker & Humblot, 1997.

Rösler, Michael, and Tobias Wendl, eds. *Frontiers and Borderlands: Anthropological Perspectives*. Frankfurt am Main: Peter Lang, 1999.

Rothermund, Dietmar, and Susanne Weigelin-Schwiedrzik, eds. *Der Indische Ozean: Das afroasiatische Mittelmeer als Kultur—und Wirtschaftsraum*. Vienna: Promedia, 2004.

Sachsenmaier, Dominic. *Global Perspectives on Global History: Theories and Approaches in a Connected*

World. Cambridge: Cambridge University Press, 2011.

Taylor, Jean Gelman. *The Social World of Batavia: European and Eurasian in Dutch Asia*. Madison: University of Wisconsin Press, 1983.

Toussaint, Auguste. *Histoire de l'Ocean Indien*. Paris: PUF, 1961.

Turtledove, Harry. *Gunpowder Empire*. New York: Tor Books, 2003.

Völkel, Markus. *Geschichtsschreibung: Eine Einführung in globaler Perspektive*. Cologne: Böhlau, 2006.

Waechter, Matthias. *Die Erfindung des amerikanischen Westens: Die Geschichte der Frontier—Debatte*. Freiburg im Breisgau: Rombach, 1996.

White, Richard. *The Middle Ground: Indians, Empires, and Republics in the Great Lakes Region, 1650–1815*. Cambridge: Cambridge University Press, 1991.

Wink, André. *Akbar*. Oxford: Oneworld, 2009.

Woolf, Daniel. *A Global History of History*. Cambridge: Cambridge University Press, 2011.

1부 유라시아 대륙의 제국과 미개척지들

Andrade, Tonio. *How Taiwan Became Chinese: Dutch, Spanish, and Han Colonization in the Seventeenth Century*. New York: Columbia University Press, 2008.

Atwell, William S. "International Bullion Flows and the Chinese Economy." *Past and Present* 95, no. 1 (1982): 68~90.

______. "Volcanism and Short–Term Climatic Change in East Asian and World History, c. 1200–1699." *Journal of World History* 12, no. 1 (2001): 29~98.

Babur. *The Baburnama*. Translated by Wheeler Thackston. Oxford: Oxford University Press, 1996.

Baldanza, Kathlene. "The Ambiguous Border: Early Modern Sino–Viet Relations." PhD diss., University of Pennsylvania, 2010.

Barfield, Thomas J. *The Perilous Frontier: Nomadic Empires and China*. Cambridge, MA: Basil Blackwell, 1989.

Bartlett, Beatrice S. *Monarchs and Ministers: The Grand Council in Mid–Ch'ing China, 1723–1820*. Berkeley: University of California Press, 1991.

Bassin, Mark. "Expansion and Colonialism on the Eastern Frontier: Views of Siberia and the Far East in Pre–Petrine Russia." *Journal of Historical Geography* 14, no. 1 (1988): 3~21.

______. "Russia between Europe and Asia: The Ideological Construction of Geographical Space." *Slavic Review* 50, no.1 (1991): 1~17.

Beckwith, Christopher I. *Empires of the Silk Road: A History of Central Eurasia from the Bronze Age to the Present*. Princeton, NJ: Princeton University Press, 2009.

Bernstein, Gail Lee, ed. *Recreating Japanese Women*, 1600–1945. Berkeley: University of California Press, 1991.

Berry, Mary Elizabeth. *The Culture of Civil War in Kyoto*. Berkeley: University of California Press,

1994.

______. *Japan in Print Information and Nation in the Early Modern Period*. Berkeley: University of California Press, 2006.

Bix, Herbert P. *Peasant Protest in Japan, 1590–1884*. New Haven, CT: Yale University Press, 1986.

Bolitho, Harold. *Treasures among Men: The Fudai Daimyo in Tokugawa Japan*. New Haven, CT: Yale University Press, 1974.

Bray, Francesca. *Technology and Gender: Fabrics of Power in Late Imperial China*. Berkeley: University of California Press, 1997.

Brokaw, Cynthia Joanne. *Commerce in Culture: The Sibao Book Trade in the Qing and Republican Periods*. Cambridge, MA: Harvard University Asia Center, 2007.

______. *The Ledgers of Merit and Demerit: Social Change and Moral Order in Late Imperial China*. Princeton, NJ: Princeton University Press, 1991.

Brook, Timothy. *The Chinese State in Ming Society*. New York: Routledge Curzon, 2005.

______. *The Confusions of Pleasure: Commerce and Culture in Ming China*. Berkeley: University of California Press, 1998.

______. *Praying for Power: Buddhism and the Formation of Gentry Society in Late-Ming China*. Cambridge, MA: Council of East Asian Studies, 1993.

______. *The Troubled Empire: China in the Yuan and Ming Dynasties*. Cambridge, MA: Belknap Press of Harvard University Press, 2010.

Burns, Susan L. *Before the Nation: Kokugaku and the Imagining of Community in Early Modern Japan*. Durham, NC: Duke University Press, 2003.

Burton, Audrey. *The Bukharans: A Dynastic, Diplomatic, and Commercial History, 1550–1702*. Richmond, UK: Curzon, 1997.

Bushkovitch, Paul. "The Formation of a National Consciousness in Early Modern Russia." *Harvard Ukrainian Studies* 10 (1986): 355~376.

______. *The Merchants of Moscow, 1580–1650*. Cambridge: Cambridge University Press, 1980.

______. . *Peter the Great*. Lanham, MD: Rowman & Littlefield, 2001.

______. *Peter the Great: The Struggle for Power, 1671–1725*. Cambridge: Cambridge University Press, 2001.

______. *Religion and Society in Russia: The Sixteenth and Seventeenth Centuries*. New York: Oxford University Press, 1992.

Cheng, Pei-kai, Michael Lestz, and Jonathan D. Spence. *The Search for Modern China: A Documentary Collection*. New York: W. W. Norton, 1999.

Christian, David. "Inner Eurasia as a Unit of World History." *Journal of World History* 5, no. 2 (1994): 173~211.

Ch'ü T'ung-tsu. *Local Government in China under the Ch'ing*. Cambridge, MA: Harvard University Press, 1962.

Clunas, Craig. *Superfluous Things: Material Culture and Social Status in Early Modern China*. Urbana:

University of Illinois Press, 1991.

Coatsworth, John, Juan Cole, Michael Hanagan, Charles Tilly, Louise Tilly, and Peter C. Perdue. *Global Connections: A World History*. Cambridge: Cambridge University Press, forthcoming.

Collcutt, Martin. *Five Mountains: The Rinzai Zen Monastic Institution in Medieval Japan*. Cambridge, MA: Harvard University Press, Council on East Asian Studies, 1981.

Cooke, Nola. "Regionalism and the Nature of Nguyen Rule in Seventeenth-Century Dang Trong (Cochinchina)." *Journal of Southeast Asian Studies* 29, no. 1 (1998): 122~161.

Cracraft, James. *The Petrine Revolution in Russian Culture*. Cambridge, MA: Belknap Press of Harvard University Press, 2004.

Crossley, Pamela Kyle. "Thinking about Ethnicity in Early Modern China." *Late Imperial China* 11 (1990): 1~35.

______. *A Translucent Mirror: History and Identity in Qing Imperial Ideology*. Berkeley: University of California Press, 1999.

Crummey, Robert O. *The Formation of Muscovy, 1304–1613*. London: Longman, 1987.

Dale, Stephen Frederic. *Indian Merchants and Eurasian Trade, 1600–1750*. Cambridge: Cambridge University Press, 1994.

Darwin, John. *After Tamerlane: The Global History of Empire since 1405*. New York: Bloomsbury Press, 2008.

De Bary, William Theodore, ed. *Self and Society in Ming Thought*. New York: Columbia University Press, 1970.

______, ed. *The Unfolding of Neo-Confucianism*. New York: Columbia University Press, 1975.

De Bary, William Theodore, Irene Bloom, and Richard John Lufrano. *Sources of Chinese Tradition*. 2nd ed. New York: Columbia University Press, 2000.

Di Cosmo, Nicola. "Qing Colonial Administration in the Inner Asian Dependencies." *The International History Review* 20, no. 2 (1998): 287~309.

______. "State Formation and Periodization in Inner Asian History." *Journal of World History* 10, no. 1 (1999): 1~40.

Di Cosmo, Nicola, Allen J. Frank, and Peter B. Golden, eds. *The Cambridge History of Inner Asia: The Chinggisid Age*. Cambridge: Cambridge University Press, 2009.

Dore, Ronald P. *Education in Tokugawa Japan*. Berkeley: University of California Press, 1965.

Dower, John W., ed. *Origins of the Modern Japanese State: Selected Writings of E. H. Norman*. New York: Pantheon, 1975.

Drixler, Fabian. *Mabiki: Infanticide and Fertility in Eastern Japan, 1650–1950*. Berkeley: University of California Press, 2013.

Duiker, William J. *Historical Dictionary of Vietnam*. 2nd ed. Lanham, MD: Scarecrow Press, 1998.

Dunning, Chester S. L. *Russia's First Civil War: The Time of Troubles and the Founding of the Romanov Dynasty*. University Park: Pennsylvania State University Press, 2001.

Dunstan, Helen. *State or Merchant? Political Economy and Political Process in 1740s China*. Cambridge,

MA: Harvard University Press, 2006.

Dutton, George. *The Tây Son Uprising: Society and Rebellion in Eighteenth–Century Vietnam*. Honolulu: University of Hawai'i Press, 2006.

Duyvendak, Jan J. *China's Discovery of Africa; Lectures Given at the University of London on January 22 and 23, 1947*. London: Probsthain, 1949.

Ebrey, Patricia Buckley, Anne Walthall, and James B. Palais. *East Asia: A Cultural, Social, and Political History*. Boston: Houghton Mifflin, 2006.

Eikemeier, Dieter. *Elemente im politischen Denken des Yon'am Pak Chiwon (1737–1805)*. Leiden: Brill, 1970.

Elliott, Mark C. *The Manchu Way: The Eight Banners and Ethnic Identity in Late Imperial China*. Stanford, CA: Stanford University Press, 2001.

Elman, Benjamin. *A Cultural History of Civil Examinations in Late Imperial China*. Berkeley: University of California Press, 2000.

———. *From Philosophy to Philology: Intellectual and Social Aspects of Change in Late Imperial China*. Cambridge, MA: Harvard University Press, 1984.

Elman, Benjamin A., John B. Duncan, and Herman Ooms. *Rethinking Confucianism: Past and Present in China, Japan, Korea, and Vietnam*. Los Angeles: UCLA Asian Pacific Monograph Series, 2002.

Elvin, Mark. *The Pattern of the Chinese Past*. Stanford, CA: Stanford University Press, 1973.

Engelbert, Thomas. *Die Chinesische Minderheit im Süden Vietnams (Hoa) als Paradigma der kolonialen und nationalistischen Nationalitätenpolitik*. Frankfurt am Main: Peter Lang, 2002.

Fairbank, John K., and Edwin O. Reischauer. *East Asia: The Great Tradition. Vol. 1*. Boston: Houghton Mifflin, 1960.

Farmer, Edward L. *Early Ming Government: The Evolution of Dual Capitals*. Cambridge, MA: Harvard University Press, 1976.

———. *Zhu Yuanzhang and Early Ming Legislation: The Reordering of Chinese Society Following the Era of Mongol Rule*. New York: E. J. Brill, 1995.

Farris, William Wayne. *Japan's Medieval Population: Famine, Fertility, and Warfare in a Transformative Age*. Honolulu: University of Hawai'i Press, 2006.

Faure, David. *Emperor and Ancestor: State and Lineage in South China*. Stanford, CA: Stanford University Press, 2007.

Figes, Orlando. *Natasha's Dance: A Cultural History of Russia*. New York: Metropolitan Books, 2002.

Fletcher, Joseph F. "China and Central Asia, 1368–1884." In *The Chinese World Order: Traditional China's Foreign Relations*, ed. John K. Fairbank. Cambridge, MA: Harvard University Press, 1968.

Forest, Alain, and Georges Condominas. *Les Missionnaires français au Tonkin et au Siam, XVIIème–XVIIIème siècles: Analyse comparée d'un relatif succès et d'un total échec*. 3 vols. Paris: L'Harmattan, 1998.

Foust, Clifford M. *Muscovite and Mandarin: Russia's Trade with China and Its Setting, 1727–1805*.

Chapel Hill: University of North Carolina Press, 1969.

Fu, Lo-shu. *A Documentary Chronicle of Sino-Western Relations (1644-1820)*. 2 vols. Tucson: University of Arizona Press, 1966.

Fuma Susumu. "Minmatsu No Toshi Kaikaku to Kôshû Minpen [Urban reform in late Ming and the Hangzhou Uprising]." *Toho Gakuho* 49, no. 1 (1977): 215~262.

Goble, Andrew Edmund. *Kenmu: Go-Daigo's Revolution*. Cambridge, MA: Harvard University Press, Council on East Asian Studies, 1996.

Goldstone, Jack A. *Revolution and Rebellion in the Early Modern World*. Berkeley: University of California Press, 1991.

Goodrich, L. Carrington, and Chaoying Fang, eds. *Dictionary of Ming Biography, 1368-1644*. 2 vols. New York: Columbia University Press, 1976.

Gourou, Pierre. *Les Paysans du delta Tonkinois: Étude de géographie humaine*. Paris: Les Éditions d'art et d'histoire, 1936.

Graham, Loren R. *Science in Russia and the Soviet Union*. Cambridge: Cambridge University Press, 1993.

Grousset, René. *The Empire of the Steppes*. New Brunswick, NJ: Rutgers, 1970.

Grove, Linda, and Christian Daniels, eds. *State and Society in China: Japanese Perspectives on Ming-Qing Social and Economic History*. Tokyo: Tokyo University Press, 1984.

Hall, John Whitney, ed. *Early Modern Japan*. Vol. 4 of *The Cambridge History of Japan*. Cambridge: Cambridge University Press, 1991.

______. *Government and Local Power in Japan, 500 to 1700: A Study Based on Bizen Province*. Princeton, NJ: Princeton University Press, 1966.

Hall, John Whitney, and Marius B. Jansen, eds. *Studies in the Institutional History of Early Modern Japan*. Princeton, NJ: Princeton University Press, 1968.

Hall, John Whitney, Toyoda Takeshi, and Paul Varley, eds. *Japan in the Muromachi Age* (Original 1977). Ithaca, NY: East Asia Program, Cornell University, 2001.

Halperin, Charles J. *Russia and the Golden Horde: The Mongol Impact on Medieval Russia*. Bloomington: Indiana University Press, 1985.

Hamel, Hendrik. *Hamel's Journal and a Description of the Kingdom of Korea, 1653-1666*. Seoul: Seoul Press, 1994.

Hanley, Susan B., and Kozo Yamamura. *Economic and Demographic Change in Pre-Industrial Japan, 1600-1868*. Princeton, NJ: Princeton University Press, 1977.

Hatada, Takashi. *A History of Korea*. Santa Barbara, CA: ABC-Clio, 1969.

Hawley, Samuel Jay. *The Imjin War: Japan's Sixteenth-Century Invasion of Korea and Attempt to Conquer China*. Seoul: Royal Asiatic Society, Korea Branch, 2005.

Ḥaydar Dughlat, Mīrzā, and Wheeler M. Thackston. *Mirza Haydar Dughlat's Tarikh-I Rashidi: A History of the Khans of Moghulistan*. Cambridge, MA: Harvard University Department of Near Eastern Languages and Civilizations, 1996.

Hejtmanek, Milan. "Sŏwŏn in Chosŏn Korea, 1543–1741." PhD diss., Harvard University Press, 1994.

Hellie, Richard. *Enserfment and Military Change in Muscovy*. Chicago: University of Chicago Press, 1971.

Henthorn, William E. *A History of Korea*. New York: Free Press, 1971.

Herman, John E. *Amid the Clouds and Mist: China's Colonization of Guizhou, 1200–1700*. Cambridge, MA: Harvard University Asia Center, 2007.

Higgins, Roland. *Piracy and Coastal Defense in the Ming Period: Governmental Response to Coastal Disturbances, 1523–1549*. Ann Arbor: University of Michigan Press, 1981.

Ho, Ping-ti. *The Ladder of Success in Imperial China: Aspects of Social Mobility, 1368–1911*. New York: Columbia University Press, 1962.

Hoshi Ayao. *The Ming Tribute Grain System*. Ann Arbor: University of Michigan Press, 1969.

Howell, David L. *Geographies of Identity in Nineteenth-Century Japan*. Berkeley: University of California Press, 2005.

Huang, Ray. *1587: A Year of No Significance*. New Haven, CT: Yale University Press, 1981.

———. *Taxation and Governmental Finance in Sixteenth Century Ming China*. London: Cambridge University Press, 1974.

Hucker, Charles O. *The Censorial System of Ming China*. Stanford, CA: Stanford University Press, 1966.

———. *The Traditional Chinese State in Ming Times (1368–1644)*. Tucson: University of Arizona Press, 1961.

Hummel, Arthur W., ed. *Eminent Chinese of the Ch'ing Period, 1644–1912*. Washington, DC: U.S. Government Printing Office, 1943–1944.

Ikegami, Eiko. *Bonds of Civility: Aesthetic Networks and the Political Origins of Japanese Culture*. Cambridge: Cambridge University Press, 2005.

———. *The Taming of the Samurai: Honorific Individualism and the Making of Modern Japan*. Cambridge, MA: Harvard University Press, 1995.

Jagchid, Sechin, and Van Jay Symons. *Peace, War, and Trade along the Great Wall: Nomadic-Chinese Interaction through Two Millennia*. Bloomington: Indiana University Press, 1989.

Kahan, Arcadius, and Richard Hellie. *The Plow, the Hammer, and the Knout: An Economic History of Eighteenth-Century Russia*. Chicago: University of Chicago Press, 1985.

Keenan, Edward L. "Muscovite Political Folkways." *Russian Review* 45 (1986): 115~181.

———. "Muscovy and Kazan, 1445–1552: A Study in Steppe Politics." PhD diss., Harvard University, 1965.

Kelley, Liam C. *Beyond the Bronze Pillars: Envoy Poetry and the Sino-Vietnamese Relationship*. Honolulu: Association for Asian Studies: University of Hawai'i Press, 2005.

Kessler, Lawrence D. *K'ang-Hsi and the Consolidation of Ch'ing Rule, 1661–1684*. Chicago: University of Chicago Press, 1976.

Khodarkovsky, Michael. *Russia's Steppe Frontier: The Making of a Colonial Empire, 1500–1800.* Bloomington: Indiana University Press, 2002.

______. *Where Two Worlds Met: The Russian State and the Kalmyk Nomads, 1600–1771.* Ithaca, NY: Cornell University Press, 1992.

Kivelson, Valerie A. *Autocracy in the Provinces: The Muscovite Gentry and Political Culture in the Seventeenth Century.* Stanford, CA: Stanford University Press, 1996.

______. *Cartographies of Tsardom: The Land and Its Meanings in Seventeenth–Century Russia.* Ithaca, NY: Cornell University Press, 2006.

______. "Merciful Father, Impersonal State: Russian Autocracy in Comparative Perspective." *Modern Asian Studies* 31, no. 3 (1997): 635~663.

Klyuchevsky, Vasili O. *Peter the Great.* New York: Vintage, 1958.

Ko, Dorothy. *Teachers of the Inner Chambers: Women and Culture in Seventeenth–Century China.* Stanford, CA: Stanford University Press, 1994.

Kollmann, Nancy Shields. *By Honor Bound: State and Society in Early Modern Russia.* Ithaca, NY: Cornell University Press, 1999.

Kuhn, Philip A. *Chinese among Others: Emigration in Modern Times.* Lanham, MD: Rowman & Littlefield, 2008.

______. *Soulstealers: The Chinese Sorcery Scare of 1768.* Cambridge, MA: Harvard University Press, 1990.

Lantzeff, George V., and Richard A. Pierce. *Eastward to Empire: Exploration and Conquest on the Russian Open Frontier to 1750.* Montreal: McGill–Queen's University Press, 1973.

Lattimore, Owen. *Studies in Frontier History: Collected Papers, 1928–1958.* London: Oxford University Press, 1962.

Lee, Ki–baik. *A New History of Korea.* Cambridge, MA: Harvard University Press, 1984.

Levathes, Louise. *When China Ruled the Seas: The Treasure Fleet of the Dragon Throne, 1405–1433.* New York: Simon & Schuster, 1994.

Levi, Scott. "India, Russia and the Eighteenth–Century Transformation of the Central Asian Caravan Trade." *Journal of the Economic and Social History of the Orient* 42, no. 4 (1999): 519~548.

Levine, Philippa, and John Marriott, eds. *The Ashgate Research Companion to Modern Imperial Histories.* Farnham, UK: Ashgate, 2012.

Liang, Fang–chung. *The Single–Whip Method of Taxation in China.* 2nd ed. Cambridge, MA: Harvard University Press, 1970.

Lieberman, Victor B., ed. *Beyond Binary Histories: Re–Imagining Eurasia to c.1830.* Ann Arbor, MI: University of Michigan Press, 1999.

______. *Integration of the Mainland.* Vol. 1 of *Strange Parallels: Southeast Asia in Global Context, c. 800–1830.* Cambridge: Cambridge University Press, 2003.

______. *Mainland Mirrors: Europe, Japan, China, South Asia, and the Islands.* Vol. 2 of *Strange Parallels: Southeast Asia in Global Context, c. 800–1830.* Cambridge: Cambridge University Press, 2009.

Linke, Bernd-Michael. *Zur Entwicklung des Mandjurischen Khanats zum Beamtenstaat: Sinisierung und Bürokratisierung der Mandjuren während der Eroberungszeit*. Wiesbaden: Steiner, 1982.

Li Tana. *Nguyen Cochinchina: Southern Vietnam in the Seventeenth and Eighteenth Centuries*. Ithaca, NY: Southeast Asia Program Publications, 1998.

Mancall, Mark. *Russia and China: Their Diplomatic Relations to 1728*. Cambridge, MA: Harvard University Press, 1971.

Mann, Susan. *Precious Records: Women in China's Long Eighteenth Century*. Stanford, CA: Stanford University Press, 1997.

Marks, Robert B. *Tigers, Rice, Silk, and Silt: Environment and Economy in Late Imperial South China*. Cambridge: Cambridge University Press, 1998.

Martin, Janet. *Medieval Russia, 980-1584*. Cambridge: Cambridge University Press, 1995.

Mass, Jeffrey P., ed. *The Origins of Japan's Medieval World: Courtiers, Clerics, Warriors, and Peasants in the Fourteenth Century*. Stanford, CA: Stanford University Press, 1997.

Mass, Jeffrey P., and William B. Hauser, eds. *The Bakufu in Japanese History*. Stanford, CA: Stanford University Press, 1985.

Millward, James A. *Beyond the Pass: Economy, Ethnicity, and Empire in Qing Central Asia, 1759-1864*. Stanford, CA: Stanford University Press, 1998.

———. *Eurasian Crossroads: A History of Xinjiang*. New York: Columbia University Press, 2007.

Min, Tu-ki. *National Polity and Local Power: The Transformation of Late Imperial China*. Cambridge, MA: Harvard University Press, 1989.

Miyawaki Junko. *Saigo No Yûboku Teikoku: Jungaru Bu No Kôbô* [The last nomadic empire: The rise and fall of the Zunghars]. Tokyo: Kodansha, 1995.

Miyazaki, Ichisada. *China's Examination Hell: The Civil Service Examinations of Imperial China*. New York: Weatherhill, 1976.

Mote, Frederick W. *Imperial China: 900-1800*. Cambridge, MA: Harvard University Press, 1999.

Mote, Frederick, and Denis C. Twitchett, eds. *The Ming Dynasty, 1368-1644*. Vols. 7 and 8 of *The Cambridge History of China*. Cambridge: Cambridge University Press, 1988/1998.

Nguyen Ngoc Huy, Ta Van Tai, and Tran Van Liêm. *The Lê Code: Law in Traditional Vietnam: A Comparative Sino-Vietnamese Legal Study with Historical-Juridical Analysis and Annotations*. 3 vols. Athens: Ohio University Press, 1987.

Ning, Chia. "The Lifanyuan and the Inner Asian Rituals in the Early Qing (1644-1795)." *Late Imperial China* 14, no. 1 (1993): 60~92.

Ooms, Herman. *Tokugawa Ideology: Early Constructs, 1570-1680*. Princeton, NJ: Princeton University Press, 1985.

Ostrowski, Donald. *Muscovy and the Mongols: Cross-Cultural Influences on the Steppe Frontier, 1304-1589*. Cambridge: Cambridge University Press, 1998.

Oxnam, Robert B. *Ruling from Horseback: Manchu Politics in the Oboi Regency, 1661-1669*. Chicago: University of Chicago Press, 1975.

Park, Ki-joo, and Donghyu Yang. "The Standard of Living in the Choson Dynasty Korea in the 17th to the 19th Centuries." *Seoul Journal of Economics* 20, no. 3 (2007): 297~332.

Pelenski, Jaroslaw. *Russia and Kazan: Conquest and Imperial Ideology*. The Hague: Mouton, 1974.

Perdue, Peter C. "Boundaries and Trade in the Early Modern World: Negotiations at Nerchinsk and Beijing." *Eighteenth-Century Studies* 43, no. 3 (2010): 341~356.

_____. *China Marches West: The Qing Conquest of Central Eurasia*. Cambridge, MA: Harvard University Press, 2005.

_____. "Coercion and Commerce on Two Chinese Frontiers." In *Military Culture in Imperial China*, ed. Nicola Di Cosmo. Cambridge, MA: Harvard University Press, 2009.

_____. "Embracing Victory, Effacing Defeat: Rewriting the Qing Frontier Campaigns." In *The Chinese State at the Borders*, ed. Diana Lary. Vancouver: University of British Columbia Press, 2007.

_____. *Exhausting the Earth: State and Peasant in Hunan, 1500–1850*. Cambridge, MA: Council on East Asian Studies, 1987.

_____. "1557: A Year of Some Significance." Paper presented at Asia Inside Out Conference, Hong Kong Institute for Humanities and Social Sciences, December 2010.

_____. "From Turfan to Taiwan: Trade and War on Two Chinese Frontiers." In *Untaming the Frontier in Anthropology, Archeology, and History*, ed. Bradley J. Parker and Lars Rodseth. Tucson: University of Arizona Press, 2005.

_____. "Nature and Nurture on Imperial China's Frontiers." *Modern Asian Studies* 43, no. 1 (2009): 245~267.

Peterson, Mark, and Phillip Margulies. *A Brief History of Korea*. New York: Facts on File, 2010.

Peterson, Willard J., ed. *The Ch'ing Empire to 1800*. Vol. 9, Part 1 of *The Cambridge History of China*. Cambridge: Cambridge University Press, 2002.

Pomeranz, Kenneth. *The Great Divergence: China, Europe, and the Making of the Modern World Economy*. Princeton, NJ: Princeton University Press, 2000.

Pomeranz, Kenneth, and Steven Topik. *The World That Trade Created*. Armonk, NY: M. E. Sharpe, 1999.

Rawski, Evelyn S. *Agricultural Change and the Peasant Economy of South China*. Cambridge, MA: Harvard University Press, 1972.

Riasanovsky, Nicholas Valentine. *A History of Russia*. 6th ed. Oxford: Oxford University Press, 2000.

Rossabi, Morris. *China and Inner Asia: From 1368 to the Present Day*. New York: Pica Press, 1975.

Roth, Gertraude. "The Manchu-Chinese Relationship, 1618–36." In *From Ming to Ch'ing: Conquest, Region and Continuity in Seventeenth-Century China*, ed. Jonathan D. Spence and John E. Wills. New Haven, CT: Yale University Press, 1979.

Rowe, William T. *China's Last Empire: The Great Qing*. Cambridge, MA: Belknap Press of Harvard University Press, 2009.

_____. *Saving the World: Chen Hongmou and Elite Consciousness in Eighteenth-Century China*.

Stanford, CA: Stanford University Press, 2001.

Rubinstein, Murray A. *Taiwan: A New History*. Armonk, NY: M. E. Sharpe, 1999.

Sansom, George Bailey. *A History of Japan*. London: Cresset Press, 1963.

Schoppa, R. Keith. *Xiang Lake: Nine Centuries of Chinese Life*. New Haven, CT: Yale University Press, 1989.

Scott, James C. *The Art of Not Being Governed: An Anarchist History of Upland Southeast Asia*. New Haven, CT: Yale University Press, 2009.

Serruys, Henry. *Sino-Mongol Relations during the Ming*. 3 vols. Brussels: Institut belge des hautes études chinoises, 1967–1975.

Shepherd, John Robert. *Statecraft and Political Economy on the Taiwan Frontier, 1600–1800*. Stanford, CA: Stanford University Press, 1993.

Skinner, G. William, ed. *The City in Late Imperial China*. Stanford, CA: Stanford University Press, 1977.

______. "Presidential Address: The Structure of Chinese History." *Journal of Asian Studies* 44, no. 2 (1985): 271~292.

Slezkine, Yuri. *Arctic Mirrors: Russia and the Small Peoples of the North*. Ithaca, NY: Cornell University Press, 1994.

Smith, Joanna Handlin. *The Art of Doing Good: Charity in Late Ming China*. Berkeley: University of California Press, 2009.

So, Kwan-wai. *Japanese Piracy in Ming China during the Sixteenth Century*. East Lansing: Michigan State University Press, 1975.

Sommer, Matthew Harvey. *Sex, Law, and Society in Late Imperial China*, Stanford, CA: Stanford University Press, 2000.

Soucek, Svat. *A History of Inner Asia*. Cambridge: Cambridge University Press, 2000.

Souyri, Pierre. *The World Turned Upside Down: Medieval Japanese Society*. New York: Columbia University Press, 2001.

Spence, Jonathan D. *Emperor of China: Self-Portrait of K'ang-Hsi*. New York: Vintage, 1988.

______. *Return to Dragon Mountain: Memories of a Late Ming Man*. New York: Viking, 2007.

______. *Treason by the Book*. New York: Viking, 2001.

______. *Ts'ao Yin and the K'ang Hsi Emperor: Bondservant and Master*. New Haven, CT: Yale University Press, 1966.

Steinberg, David J., ed. *In Search of Southeast Asia*. Honolulu: Hawai'i University Press, 1987.

Stevens, Carol B. *Soldiers on the Steppe: Army Reform and Social Change in Early Modern Russia*. DeKalb: Northern Illinois University Press, 1995.

Struve, Lynn A., ed. *The Qing Formation in World-Historical Time*. Cambridge, MA: Harvard University Asia Center, 2004.

______, ed. *Time, Temporality, and Imperial Transition: East Asia from Ming to Qing*. Honolulu: Association for Asian Studies and University of Hawai'i Press, 2005.

Sunderland, Willard. *Taming the Wild Field: Colonization and Empire on the Russian Steppe*. Ithaca, NY: Cornell University Press, 2004.

Tarling, Nicholas. *The Cambridge History of Southeast Asia*. 2 vols. Cambridge: Cambridge University Press, 1992.

Taylor, Keith W. "Surface Orientations in Vietnam: Beyond Histories of Nation and Region." *Journal of Asian Studies* 57, no. 4 (1998): 949~978.

Teng, Emma J. *Taiwan's Imagined Geography: Chinese Colonial Travel Writing and Pictures, 1683–1895*. Cambridge, MA: Harvard University Asia Center, 2004.

Theiss, Janet M. *Disgraceful Matters: The Politics of Chastity in Eighteenth-Century China*. Berkeley: University of California Press, 2004.

Totman, Conrad D. *Early Modern Japan*. Berkeley: University of California Press, 1993.

______. *A History of Japan*. 2nd ed. Malden, MA: Blackwell, 2005.

______. *Japan before Perry: A Short History*. Berkeley: University of California Press, 1981.

______. *Politics in the Tokugawa Bakufu, 1600–1843*. Berkeley: University of California Press, 1988.

______. *Pre-Industrial Korea and Japan in Environmental Perspective*. Leiden: Brill, 2004.

Tsunoda, Ryusaku, and William Theodore de Bary, eds. *Sources of Japanese Tradition*: New York: Columbia University Press, 1958.

Tu, Wei-ming. *Neo-Confucian Thought in Action: Wang Yangming's Youth (1472–1509)*. Berkeley: University of California Press, 1976.

Varley, H. Paul. *The Ōnin War: History of Its Origins and Background with a Selective Translation of the Chronicle of Ōni*n. New York: Columbia University Press, 1967.

Vernadsky, George. *Kievan Russia*. New Haven, CT: Yale University Press, 1948.

Vlastos, Stephen. *Peasant Protests and Uprisings in Tokugawa Japan*. Berkeley: University of California Press, 1986.

Wakeman, Frederic, Jr. *The Great Enterprise: The Manchu Reconstruction of Imperial Order in Seventeenth-Century China*. Berkeley: University of California Press, 1985.

Waldron, Arthur. *The Great Wall of China: From History to Myth*. Cambridge: Cambridge University Press, 1990.

Walker, Brett L. *The Conquest of Ainu Lands: Ecology and Culture in Japanese Expansion, 1590–1800*. Berkeley: University of California Press, 2001.

Walthall, Anne. *Social Protest and Popular Culture in Eighteenth-Century Japan*. Tucson: University of Arizona Press, 1986.

Watt, John R. *The District Magistrate in Late Imperial China*. New York: Columbia University Press, 1972.

Wheeler, Charles J. "Cross-Cultural Trade and Trans-Regional Networks in the Port of Hoi An: Maritime Vietnam in the Early Modern Era." PhD diss., Yale University, 2001.

Whitmore, John K. *Vietnam, Ho Quý Ly, and the Ming (1371–1421)*. New Haven, CT: Council on Southeast Asia Studies, 1985.

Widmer, Eric. *The Russian Ecclesiastical Mission in Peking during the Eighteenth Century*. Cambridge, MA: Harvard University Press, 1976.

Wieczynski, Joseph L., ed. *The Modern Encyclopedia of Russian and Soviet History*. 60 vols. Gulf Breeze, FL: Academic International Press, 1976–1994.

Wiethoff, Bodo. *Die chinesische Seeverbotspolitik und der private Überseehandel von 1368 bis 1567*. Wiesbaden: Harrassowitz, 1963.

Will, Pierre-Étienne. *Bureaucracy and Famine in Eighteenth-Century China*. Translated by Elborg Forster. Stanford, CA: Stanford University Press, 1990.

Will, Pierre-Étienne, and R. Bin Wong. *Nourish the People: The State Civilian Granary System in China, 1650–1850*. Ann Arbor: Center for Chinese Studies, University of Michigan, 1991.

Womack, Brantly. *China and Vietnam: The Politics of Asymmetry*. Cambridge: Cambridge University Press 2006.

Wong, R. Bin, and Peter C. Perdue. "Famine's Foes in Ch'ing China (Review of Pierre-Étienne Will, *Bureaucratie et famine en Chine au 18e siècle*)." *Harvard Journal of Asiatic Studies* 43, no. 1 (1983): 291~332.

Woodside, Alexander B. "Early Ming Expansionism (1406–1427)." *Harvard Papers on China* 17 (1963): 1~37.

——. *Lost Modernities: China, Vietnam, Korea, and the Hazards of World History*. Cambridge, MA: Harvard University Press, 2006.

——. "Medieval Vietnam and Cambodia: A Comparative Comment." *Journal of Southeast Asian Studies* 15, no. 2 (1984): 315~319.

——. "The Tayson Revolution in Southeast Asian History." Unpublished manuscript, Cornell University Library, Ithaca, NY, 1976.

——. *Vietnam and the Chinese Model: A Comparative Study of Nguyên and Ch'ing Civil Government in the First Half of the Nineteenth Century*. Cambridge, MA: Harvard University Press, 1971.

Wu Cheng'en. *The Journey to the West*. 4 vols. Translated by Anthony C. Yu. Chicago: University of Chicago Press, 1977.

Xiaoxiaosheng, and F. Clement C. Egerton. *The Golden Lotus; a Translation, from the Chinese Original, of the Novel Chin P'ing Mei*. 4 vols. London: Routledge & Kegan Paul, 1972.

Yamamura, Kozo, ed. *Medieval Japan*. Vol. 3 of *The Cambridge History of Japan*. Cambridge: Cambridge University Press, 1990.

Yang Bin. *Between Winds and Clouds: The Making of Yunnan (Second Century BCE to Twentieth Century CE)*. New York: Columbia University Press, 2009.

Zelin, Madeleine. *The Magistrate's Tael: Rationalizing Fiscal Reform in Eighteenth-Century Ch'ing China*. Berkeley: University of California Press, 1984.

Zlatkin, Ilia Jakovlevich. *Istoriia Dzhungarskogo Khanstva (1635–1758)* [History of the Zunghar khanate]. Moscow: Nauka, 1964.

2부 오스만 제국과 이슬람 세계

Abdel Nour, Antoine. *Introduction à l'histoire urbaine de la Syrie ottomane (XVIe–XVIIIe siècle)*. Beirut: Université Libanaise, 1982.

Abisaab, Rula Jurdi. *Converting Persia: Religion and Power in the Safavid Empire*. London: I. B. Tauris, 2004.

Abou-El-Haj, Rifa'at Ali. *Formation of the Ottoman State: The Ottoman Empire Sixteenth to Eighteenth Centuries*. 2nd ed. Syracuse, NY: Syracuse University Press, 2005.

———. *The 1703 Rebellion and the Structure of Ottoman Politics*. Istanbul: Nederlands Historisch-Archaeologisch Instituut, 1984.

Abu-Husayn, Abdul-Rahim. *Provincial Leaderships in Syria, 1575–1650*. Beirut: American University of Beirut, 1985.

Adanır, Fikret, and Suraiya Faroqhi, eds. *The Ottomans and the Balkans: A Discussion of Historiography*. Leiden: E. J. Brill, 2002.

Akdağ, Mustafa. *Celâlî İsyanları 1550–1603*. Ankara: Ankara Üniversitesi Dil ve Tarih-Coğrafya Fakültesi, 1963.

Aksan, Virginia H. *An Ottoman Statesman in War and Peace: Ahmed Resmi Efendi, 1700–1783*. Leiden: E. J. Brill, 1995.

———. *Ottoman Wars: An Empire Besieged, 1700–1870*. Harlow, UK: Longman Pearson, 2007.

Al-Sayyid Marsot, Afaf Lutfi. *Women and Men in Late Eighteenth-Century Egypt*. Austin: University of Texas Press, 1995.

Alam, Muzaffar, and Sanjay Subrahmanyam. *Indo-Persian Travels in the Age of Discoveries, 1400–1800*. Cambridge: Cambridge University Press, 2007.

And, Metin. *Osmanlı Şenliklerinde Türk Sanatları*. Ankara: Kültür ve Turizm Bakanlığı, 1982.

Arbel, Benjamin. *Trading Nations: Jews and Venetians in the Early Modern Eastern Mediterranean*. Leiden: E. J. Brill, 1995.

Arıkan, Zeki. "Osmanlı İmparatorluğunda İhracı Yasak Mallar (Memnu Meta)." In *Professor Dr. Bekir Kütükoğlu'na Armağan*. Istanbul: İstanbul Üniversitesi Edebiyat Fakültesi, 1991.

Arjomand, Said A. *The Shadow of God and the Hidden Imam: Religion, Political Order, and Societal Change in Shi'ite Iran from the Beginnings to 1890*. Chicago: University of Chicago Press, 1984.

Aščerić Todd, Ines. *Dervishes and Islam in Bosnia*. PhD thesis, University of Oxford, 2004.

Atasoy, Nurhan. *1582 Surname-i hümayun: An Imperial Celebration*. Istanbul: Koçbank, 1997.

Atasoy, Nurhan, and Julian Raby. *Iznik: The Pottery of Ottoman Turkey*. London: Alexandria Press, 1989.

Atıl, Esin. *Levni and the Surnâme: The Story of an Eighteenth-Century Ottoman Festival*. Istanbul: Koçbank, 1999.

Avery, Peter, Gavin Hambly, and Charles Melville, eds. *From Nadir Shah to the Islamic Republic*. Vol. 7 of *The Cambridge History of Iran*. Cambridge: Cambridge University Press, 1991.

Aynural, Salih. *İstanbul Değirmenleri ve Fırınları: Zahire Ticareti 1740–1830*. Istanbul: Tarih Vakfı Yurt Yayınları, 2002.

'Azîz Efendi. *Kanûn–nâme–i Sultânî lî'Azîz Efendi / Aziz Efendi's Book of Sultanic Laws and Regulations: An Agenda for Reform by a Seventeenth–Century Ottoman Statesman*. Edited by Rhoads Murphey. Cambridge, MA: Harvard University Press, 1985.

Babaie, Sussan. *Isfahan and Its Palaces: Statecraft, Shi'ism, and the Architecture of Conviviality in Early Modern Iran*. Edinburgh: Edinburgh University Press, 2008.

Babaie, Sussan, Kathryn Babayan, Ina Baghdiantz McCabe, and Massume Farhad. *Slaves of the Shah: New Elites of Safavid Iran*. London: I. B. Tauris, 2004.

Babayan, Kathryn. *Mystics, Monarchs, and Messiahs: Cultural Landscapes of Early Modern Iran*. Cambridge, MA: Harvard University Press, 2002.

Babinger, Franz. *Mehmed der Eroberer und seine Zeit: Weltenstürmer einer Zeitenwende*. Munich: Bruckmann, 1953.

Bacqué–Grammont, Jean–Louis. *Les Ottomans, les Safavides et leurs voisins*. Istanbul: Nederlands Historisch–Archaeologisch Instituut, 1987.

Baer, Marc David. *Honored by the Glory of Islam: Conversion and Conquest in Ottoman Europe*. Oxford: Oxford University Press, 2008.

Baghdiantz McCabe, Ina. *The Shah's Silk for Europe's Silver: The Eurasian Trade of the Julfa Armenians in Safavid Iran and India (1530–1750)*. Atlanta, GA: Scholars Press, 1999.

Bağış, Ali İhsan. *Osmanlı Ticaretinde Gayri Müslimler, Kapitülasyonlar, Beratlı Tüccarlar ve Hayriye Tüccarları (1750–1839)*. Ankara: Turhan Kitabevi, 1983.

Barbir, Karl K. *Ottoman Rule in Damascus, 1708–1758*. Princeton, NJ: Princeton University Press, 1980.

Barkan, Ömer Lütfi. "Edirne Askeri Kassam'ına ait Tereke Defterleri (1545–1659)." *Belgeler* 3, nos. 5–6 (1966): 1~479.

______. "Şehirlerin Teşekkül ve İnkişafı Tarihi Bakımından: Osmanlı İmparatorluğunda İmaret Sitelerinin Kuruluş ve İşleyiş Tarzına ait Araştırmalar." *İstanbul Üniversitesi İktisat Fakültesi Mecmuası* 23, nos. 1–2 (1962–1963): 239~296.

______. *Süleymaniye Cami ve İmareti İnşaatı*. 2 vols. Ankara: Türk Tarih Kurumu, 1972 and 1979.

______. "Tarihi Demografi Araştırmaları ve Osmanlı Tarihi." *Türkiyat Mecmuası* 10 (1951): 1~26.

Barkan, Ömer Lütfi, and Ekrem Hakkı Ayverdi, eds. *İstanbul Vakıfları Tahrîr Defteri, 953 (1546) Tarîhli*. Istanbul: Istanbul Fetih Cemiyeti, 1970.

Barker, Thomas M. *Double Eagle and Crescent: Vienna's Second Turkish Siege and Its Historical Setting*. Albany: State University of New York Press, 1967.

Barkey, Karen. *Bandits and Bureaucrats: The Ottoman Route to State Centralization*. Ithaca, NY: Cornell University Press, 1994.

Bayly, Christopher A. *Rulers, Townsmen and Bazaars: North Indian Society in the Age of British Expansion, 1770–1870*. Cambridge: Cambridge University Press, 1983.

Behar, Cem. *Osmanlı İmparatorluğu'nun ve Türkiye'nin Nüfusu 1500–1927/The Population of the Ottoman Empire and Turkey (with a Summary in English)*. Ankara: Başbakanlık Devlet İstatistik Enstitüsü, 1996.

Bennassar, Bartolomé, and Lucile Bennassar. *Les chrétiens d'Allah: L'histoire extraordinaire des renégats, XVIe–XVIIe siècles*. New ed. Paris: Perrin, 2006.

Biegman, Nicolaas H. *The Turco–Ragusan Relationship, according to the Firmans of Murad III (1575–1595) Extant in the State Archives of Dubrovnik*. The Hague: Mouton, 1967.

Bonnac, Jean–Louis Dusson, Marquis de. *Mémoire historique sur l'Ambassade de France à Constantinople*. Edited by Charles Schefer. Paris: Ernest Leroux, 1894.

Boulanger, Patrick. *Marseille, marché international de l'huile d'olive: Un produit et des hommes de 1725 à 1825*. Marseille: Institut Historique de Provence, 1996.

Bracewell, Catherine Wendy. *The Uskoks of Senj: Piracy, Banditry and Holy War in the Sixteenth–Century Adriatic*. Ithaca, NY: Cornell University Press, 1992.

Bratianu, Georges I. *La mer Noire: Des origines à la conquête ottomane*. Munich: Societas Academica Romana, 1969.

Braudel, Fernand. *Civilisation matérielle, économie et capitalisme*. 3 vols. Paris: Armand Colin, 1979.

______. *La Méditerranée et le monde méditerranéen à l'époque de Philippe II*. 2 vols. 2nd ed. Paris: Librairie Armand Colin, 1966.

Brummett, Palmira. *Ottoman Seapower and Levantine Diplomacy in the Age of Discovery*. Albany: State University of New York Press, 1994.

Bryer, Anthony, and Heath Lowry, eds. *Continuity and Change in Late Byzantine and Early Ottoman Society*. Birmingham: University of Birmingham Press, 1986.

Bulliet, Richard. *The Camel and the Wheel*. New ed. New York: Columbia University Press, 1990.

Çağatay, Neşet. "Osmanlı İmparatorluğunda Para Vakıfları Rıba Faiz konusu ve Bankacılık." *Vakıflar Dergisi* 9 (1971): 39~56.

Campbell, Caroline, Alan Chong, et al. *Bellini and the East*. New Haven, CT: Yale University Press, 2005.

Canatar, Mehmet, ed. *İstanbul Vakıfları Tahrîr Defteri, 1009 (1600) Tarîhli*. Istanbul: Istanbul Fetih Cemiyeti, 2004.

Canby, Sheila R. *Shah 'Abbas: The Remaking of Iran*. London: British Museum Press, 2009.

______. *Shah 'Abbas and the Treasures of Imperial Iran*. London: British Museum Press, 2009.

Capponi, Niccolò. *Victory of the West: The Story of the Battle of Lepanto*. London: Macmillan, 2006.

Carter, Francis W. *Dubrovnik (Ragusa): A Classic City–State*. London: Seminar Press, 1972.

Casale, Giancarlo. *The Ottoman Age of Exploration*. Oxford: Oxford University Press, 2010.

Çeçen, Kâzım. *İstanbul'da Osmanlı Devrindeki Su Tesisleri*. Istanbul: İstanbul Teknik Üniversitesi, 1984.

Chérif, Mohamed Hédi. *Pouvoir et société dans la Tunisie de H'usayn Bin 'Alī (1705–1740)*. 2 vols. Tunis: Université de Tunis, 1984 and 1986.

Choulia, Susanna. *Das Herrenhaus des Georgios Schwarz in Ambelakia*. Athens: Kasse für Archäologische Mittel und Enteignungen, 2003.

Çizakça, Murat. *A Comparative Evolution of Business Partnerships: The Islamic World and Europe, with Specific Reference to the Ottoman Archives*. Leiden: E. J. Brill, 1996.

Cohen, Amnon. *The Guilds of Ottoman Jerusalem*. Leiden: E. J. Brill, 2001.

Dale, Stephen F. *The Muslim Empires of the Ottomans, Safavids, and Mughals*. Cambridge: Cambridge University Press, 2010.

Dalsar, Fahri. *Türk Sanayi ve Ticaret Tarihinde Bursa'da İpekçilik*. Istanbul: İstanbul Üniversitesi İktisat Fakültesi, 1960.

Davis, Ralph. *Aleppo and Devonshire Square: English Traders in the Levant in the Eighteenth Century*. London: Macmillan, 1967.

De Groot, Alexander H. *The Ottoman Empire and the Dutch Republic: A History of the Earliest Diplomatic Relations, 1610–1630*. Leiden: Nederlands Historisch-Archaeologisch Instituut, 1978.

Delilbaşı, Melek. "Selânik'in Venedik İdaresine Geçmesi ve Osmanlı-Venedik Savaşı." *Belleten* 40, no. 160 (1976): 575~588.

Delumeau, Jean. *Le mystère Campanella*. Paris: Fayard, 2008.

De Planhol, Xavier. *Les fondements géographiques de l'histoire de l'Islam*. Paris: Flammarion, 1968.

Doğru, Halime. *Lehistan'da bir Osmanlı Sultanı: IV. Mehmed'in Kamaniçe-Hotin Seferleri ve bir Masraf Defteri*. Istanbul: Kitap Yayınevi, 2005.

Duchhardt, Heinz. *Balance of Power und Pentarchie, 1700–1785*. Paderborn: Ferdinand Schöningh, 1997.

Dursteler, Eric R. *Venetians in Constantinople: Nation, Identity, and Coexistence in the Early Modern Mediterranean*. Baltimore: Johns Hopkins University Press, 2006.

Düzdağ, Ertuğrul. *Şeyhülislam Ebusuud Efendi Fetvaları Işığında 16. Asır Türk Hayatı*. Istanbul: Enderun, 1972.

Eldem, Edhem. *French Trade in Istanbul in the Eighteenth Century*. Leiden: E. J. Brill, 1999.

Elliot, Matthew. "Dress Codes in the Ottoman Empire: The Case of the Franks." In *Ottoman Costumes. From Textile to Identity*, ed. Suraiya Faroqhi and Christoph K. Neumann. Istanbul: Eren, 2004.

Erdem, Y. Hakan. *Tarih-Lenk: Kusursuz Yazarlar, Kâğıttan Metinler*. Istanbul: Doğan Kitap, 2008.

Ergene, Boğaç A. *Local Court, Provincial Society, and Justice in the Ottoman Empire: Legal Practice and Dispute Resolution in Çankırı and Kastamonu (1652–1744)*. Leiden: E. J. Brill, 2003.

Eskandar Beg Monshī. *History of Shah Abbas the Great (Tārīk-e 'Ālam ārā-ye 'Abbāsī)*. 3 vols. Translated by Roger Savory. Boulder, CO: Westview Press, 1978–1986.

Et-Tamgrouti [Al-Tamghrûtî], Abou-l-Hasan Ali ben Mohammed. *En-nafhat el-miskiya fi-s-sifarat et-Tourkiya: Relation d'une ambassade marocaine en Turquie 1589–1591*. Edited and translated by Henry de Castries. Paris: Paul Geuthner, 1929.

Evliya Çelebi b. Derviş Mehemmed Zılli. *Evliya Çelebi Seyahatnâmesi*. Vols. 2, 4, 6 and 9. Edited by Yücel Dağ lı. Istanbul, 1999–2005.

Faroqhi, Suraiya. *Artisans of Empire: Crafts and Craftspeople under the Ottomans*. London: I. B. Tauris, 2009.

______, ed. *The Later Ottoman Empire*. Vol. 3 of The Cambridge History of Turkey. Cambridge: Cambridge University Press, 2006.

______. *Men of Modest Substance: House Own ers and House Property in Seventeenth–Century Ankara and Kayseri*. Cambridge: Cambridge University Press, 1987.

______. "Migration into Eighteenth–Century 'Greater Istanbul' as Reflected in the Kadi Registers of Eyüp." *Turcica* 30 (1998): 163~183.

______. "Ottoman Textiles in European Markets," In *The Renaissance and the Ottoman World*, ed. Anna Contadini and Claire Norton. Aldershot, UK: Ashgate, 2013.

______. "The Peasants of Saideli in the Later Sixteenth Century." *Archivum Ottomanicum* 8 (1983): 215~250.

______. "Presenting the Sultans' Power, Glory and Piety: A Comparative Perspective." In *Prof. Dr. Mübahat Kütükoğlu'na Armağan*, ed. Zeynep Tarım Ertuğ. Istanbul: İstanbul Üniversitesi Edebiyat Fakültesi Tarih Bölümü, 2006.

———. "A Prisoner of War Reports: The Camp and Household of Grand Vizier Kara Mustafa Paşa in an Eyewitness Account." In *Another Mirror for Princes: The Public Image of the Ottoman Sultans and Its Reception*. Istanbul: Isis Press, 2008.

______. "Seventeenth Century Agricultural Crisis and the Art of Flute Playing: The Worldly Affairs of the Mevlevi Dervishes (1595–1652)." *Turcica* 20 (1988): 43~70.

______. "Supplying Seventeenth–and Eighteenth–Century Istanbul with Fresh Produce." In *Nourrir les cités de la Méditerranée: Antiquité — Temps modernes*, ed. Brigitte Marin and Catherine Virlouvet. Paris: Maisonneuve & Larose, 2003.

______. *Towns and Townsmen of Ottoman Anatolia: Trade, Crafts, and Food Production in an Urban Setting*. Cambridge: Cambridge University Press, 1984.

Faroqhi, Suraiya, and Gilles Veinstein, eds. *Merchants in the Ottoman Empire*. Paris: Editions Peeters, 2008.

Fenlon, Iain. *The Ceremonial City*. New Haven, CT: Yale University Press 2007.

Finkel, Caroline. *The Administration of Warfare: The Ottoman Military Campaigns in Hungary, 1593–1606*. Vienna: VWGÖ, 1988.

______. *Osman's Dream: The Story of the Ottoman Empire, 1300–1923*. London: John Murray, 2005.

Fleet, Kate. *European and Islamic Trade in the Early Ottoman State*. Cambridge: Cambridge University Press, 1999.

Fleischer, Cornell H. *Bureaucrat and Intellectual in the Ottoman Empire: The Historian Mustafâ Âli (1541–1600)*. Princeton, NJ: Princeton University Press, 1986.

Floor, Willem. *The Economy of Safavid Persia*. Wiesbaden: Ludwig Reichert Verlag, 2000.

______. *The Persian Textile Industry in Historical Perspective*. Paris: L'Harmattan, 1999.

Floor, Willem, and Mohammad H. Faghfoory, eds. *Dastur al-Moluk: A Safavid State Manual, Mohammad Rafi' al-Dīn Ansarî, mostowfi al-mamâlek*. Costa Mesa, CA: Mazda Publishers, 2007.

Floor, Willem, and Edmund Herzig. *Iran and the World in the Safavid Age*. London: I. B. Tauris, 2012.

Garthwaite, Gene. *Khans and Shahs: A History of the Bakhtiyari Tribe in Iran*. London: I. B. Tauris, 2009.

Gaube, Heinz, and Eugen Wirth. *Der Basar von Isfahan*. Wiesbaden: Ludwig Reichert Verlag, 1978.

Genç, Mehmet. "L'Économie ottomane et la guerre au XVIIIe siècle." *Turcica* 27 (1995): 177~196.

Gerber, Haim. *Economy and Society in an Ottoman City: Bursa, 1600–1700*. Jerusalem: Hebrew University, 1988.

Geyer, Bernard, and Jacques Lefort, eds. *La Bithynie au Moyen Âge*. Paris: Lethielleux, 2003.

Gibb, H. R., et al., eds. *The Encyclopaedia of Islam*. New ed. 12 vols. Leiden: Brill, 1960–2004.

Goffman, Daniel. *Britons in the Ottoman Empire, 1642–1660*. Seattle: University of Washington Press, 1998.

Goodblatt, Morris S. *Jewish Life in Turkey in the Sixteenth Century as Reflected in the Legal Writings of Samuel de Medina*. New York: Jewish Theological Seminary of America, 1952.

Gradeva, Rossitsa. *Rumeli under the Ottomans, 15th to 18th Centuries: Institutions and Communities*. Istanbul: Isis Press, 2004.

Griswold, William J. *Anadolu'da Büyük İsyan 1591–1611*. Istanbul: Tarih Vakfı Yurt Yayınları, 2000.

______. *The Great Anatolian Rebellion, 1000–1020/1591–1611*. Berlin: Klaus Schwarz, 1983.

Gronke, Monika. *Derwische im Vorhof der Macht: Sozial- und Wirtschaftsgeschichte Nordwestirans im 13. und 14. Jahrhundert*. Stuttgart: Franz Steiner Verlag, 1993.

Gülsoy, Ersin. *Girit'in Fethi ve Osmanlı İdaresinin Kurulması*. Istanbul: Tarih ve Tabiat Vakfı, 2004.

Haldon, John. *The Palgrave Atlas of Byzantine History*. Basingstoke, UK: Palgrave Macmillan, 2005.

Hanna, Nelly. *Making Big Money in 1600: The Life and Times of Isma'il Abu Taqiyya, Egyptian Merchant*. Syracuse, NY: Syracuse University Press, 1998.

Har-El, Shai. *Struggle for Domination in the Middle East: The Ottoman-Mamluk War, 1485–91*. Leiden: E. J. Brill, 1995.

Hathaway, Jane. *The Arab Lands under Ottoman Rule, 1516–1800*. Harlow, UK: Longman Pearson, 2008.

______. *Beshir Agha: Chief Eunuch of the Ottoman Imperial Harem*. Oxford: Oneworld Publications, 2005.

______. *The Politics of Households in Ottoman Egypt: The Rise of the Qazdağlıs*. Cambridge: Cambridge University Press, 1997.

Hegyi, Klára, and Vera Zimányi. *Muslime und Christen: Das Osmanische Reich in Europa*. Budapest: Corvina, 1988.

Herrmann, Gottfried. *Persische Urkunden der Mongolenzeit*. Wiesbaden: Harrassowitz, 2004.

Hess, Andrew. *The Forgotten Frontier: A History of the Sixteenth-Century Ibero-African Frontier.* Chicago: University of Chicago Press, 1978.

Hinds, Martin, and Victor L. Ménage. *Qasr Ibrim in the Ottoman Period: Turkish and Further Arabic Documents.* London: Egypt Exploration Society, 1991.

Hodgson, Marshall G. S. *The Venture of Islam: Conscience and History in a World Civilization.* 3 vols. Chicago: Chicago University Press, 1974.

Hoensch, Jörg. *Matthias Corvinus: Diplomat, Feldherr und Mäzen.* Graz: Verlag Styria, 1998.

Hoffmann, Birgit. *Persische Geschichte 1694–1835 erlebt, erinnert und erfunden: Das* Rustam attawārīḫ *in deutscher Bearbeitung*. 2 vols. Bamberg: Aku-Verlag, 1986.

Holy Monastery of Great Meteoron Byzantine Painting Icons and Frescoes. 2 vols. Kalabaka: Holy Monastery of Great Meteoron, 2007.

Howard, Deborah. *Venice & the East: The Impact of the Islamic World on Venetian Architecture, 1100–1500.* New Haven, CT: Yale University Press, 2000.

Hütteroth, Wolf-Dieter, and Kamal Abdulfattah. *Historical Geography of Palestine, Transjordan, and Southern Syria in the Late Sixteenth Century.* Erlangen: Fränkische Geographische Gesellschaft, 1977.

Inalcik, Halil. The Ottoman Empire: The Classical Age, *1300–1600.* New ed. London: Phoenix, 1995.

Israel, Jonathan. *Dutch Primacy in World Trade, 1585–1740.* Oxford: Clarendon Press, 1989.

Jackson, Peter, and Lawrence Lockhart, eds. *The Timurid and Safavid Periods.* Vol. 6 of *The Cambridge History of Iran.* Cambridge: Cambridge University Press, 1986.

Kadı, Ismail Hakkı. "Natives and Interlopers: Competition between Ottoman and Dutch Merchants in the 18th Century." PhD diss., Universiteit Leiden, 2008.

Kafadar, Cemal. *Between Two Worlds: The Construction of the Ottoman State.* Berkeley: University of California Press, 1995.

______. "A Death in Venice (1575): Anatolian Muslim Merchants Trading in the Serenissima." Special issue, *Journal of Turkish Studies* 10 (1986): 191~218.

______. *"Eyüp'te Kılıç Kuşanma Törenleri." In Eyüp. Dün/Bugün,* 11–12 Aralık 1993, ed. Tülay Artan. Istanbul: Tarih Vakfı Yurt Yayınları, 1994.

Kasaba, Reşat, ed. *Turkey in the Modern World.* Vol. 4 of *The Cambridge History of Turkey.* Cambridge: Cambridge University Press, 2008.

Kastritsis, Dimitris J. *The Sons of Bayezid: Empire Building and Representation in the Ottoman Civil War of 1402–1413.* Leiden: E. J. Brill, 2007.

Katsiardi-Hering, Olga. "The Allure of Red Cotton Yarn, and How It Came to Vienna: Associations of Greek Artisans and Merchants Operating between the Ottoman and Habsburg Empires." In *Merchants in the Ottoman Empire,* ed. Suraiya Faroqhi and Gilles Veinstein. Paris: Peeters, 2008.

Kauz, Ralph. *Politik und Handel zwischen Ming und Timuriden: China, Iran und Zentralasien im Spätmittelalter.* Wiesbaden: Ludwig Reichert, 2005.

Keyvani, Mehdi. *Artisans and Guild Life in the Later Safavid Period: Contributions to the Social-Economic History of Persia*. Berlin: Klaus Schwarz Verlag, 1982.

Khoury, Dina Rizk. *State and Provincial Society in the Ottoman Empire: Mosul, 1540–1834*. Cambridge: Cambridge University Press, 1997.

Kırlı, Cengiz. "A Profile of the Labor Force in Early Nineteenth-Century Istanbul." *International Labor and Working-Class History* 60 (2001): 125~140.

Klein, Denise. *Die osmanischen Ulema des 17. Jahrhunderts: Eine geschlossene Gesellschaft?* Berlin: Klaus Schwarz Verlag, 2007.

Koller, Markus. "Wahrnehmung und Erfassung eines Raumes im Zeichen eines gesellschaftlichen Wandels: Die osmanische Herrschaft in Ungarn bis zum Ausbruch des 'Großen Türkenkrieges'" (1683). Unpublished thesis of habilitation.

Kortepeter, Carl Max. *Ottoman Imperialism during the Reformation: Europe and the Caucasus*. New York: New York University Press, 1972.

Kreiser, Klaus. *Der osmanische Staat 1300–1922*. Munich: Oldenbourg, 2001.

———. "Über den 'Kernraum' des Osmanischen Reichs." In *Die Türkei in Europa*, ed. Klaus-Detlev Grothusen. Göttingen: Vandenhoeck & Ruprecht, 1979.

Kunt, Metin I. *The Sultan's Servants: The Transformation of Ottoman Provincial Government, 1550–1650*. New York: Columbia University Press, 1983.

Kurat, Akdes Nimet. *Türkler ve İdil boyu (1569 Astarhan seferi, Ten-İdil kanalı ve XVI.-XVII. yüzyıl Osmanlı-Rus münasebetleri)*. Ankara: Ankara Üniversitesi Dil ve Tarih-Coğrafya Fakültesi, 1966.

Kurz, Otto. "A Gold Helmet Made in Venice for Sulayman the Magnificent." In *The Decorative Arts of Europe and the Islamic East*. New ed. London: Dorian Press, 1977.

Kütükoğlu, Bekir. *Osmanlı-İran Siyasi Münasebetleri (1578–1612)*. 2nd ed. Istanbul: İstanbul Fetih Cemiyeti, 1993.

Kütükoğlu, Mübahat, ed. *Osmanlılarda Narh Müessesesi ve 1640 Tarihli Narh Defteri*. Istanbul: Enderun Kitabevi, 1983.

Lambton, Ann K. S. *Landlord and Peasant in Persia*. New ed. London: I. B. Tauris, 1991.

Lane, Frederic C. *Venice: A Maritime Republic*. Baltimore: Johns Hopkins University Press, 1973.

Lier, Thomas. *Haushalte und Haushaltspolitik in Bagdad 1704–1831*. Würzburg: Ergon Verlag, 2004.

Lowry, Heath W. *Fifteenth-Century Ottoman Realities: Christian Peasant Life on the Aegean Island of Limnos*. Istanbul: Eren, 2002.

———. *The Shaping of the Ottoman Balkans, 1350–1550: The Conquest, Settlement and Infrastructural Development of Northern Greece*. Istanbul: Bahçeşehir University Publications, 2008.

MacLean, Gerald. *Looking East*. Basingstoke, UK: Palgrave Macmillan, 2007.

———. *The Rise of Oriental Travel: English Visitors to the Ottoman Empire*, 1580–*1720*. Basingstoke, UK: Palgrave Macmillan, 2004.

Malcolm, Noel. *Kosovo: A Short History*. New York: HarperCollins, 1999.

Mantran, Robert. *Istanbul dans la seconde moitié du XVIIe siècle: Essai d'histoire institutionelle, économique et sociale*. Paris: Adrien Maisonneuve, 1962.

Manz, Beatrice Forbes. *Power, Politics, and Religion in Timurid Iran*. Cambridge: Cambridge University Press, 2007.

______. *The Rise and Rule of Tamerlane*. New ed. Cambridge: Cambridge University Press, 1999.

Marcus, Abraham. *The Middle East on the Eve of Modernity: Aleppo in the Eighteenth Century*. New York: Columbia University Press, 1989.

Marquié, Claude. *L'industrie textile carcassonnaise au XVIIIe siècle: Étude d'un groupe social: Les marchands-fabricants*. Carcassonne: Société d'Études Scientifiques de l'Aude, 1993.

Masson, Paul. *Histoire du commerce français dans le Levant au XVIIIe siècle*. Paris: Librairie Hachette, 1911.

Masters, Bruce. *Christians and Jews in the Arab World: The Roots of Sectarianism*. Cambridge: Cambridge University Press, 2001.

Matar, Nabil. *Turks, Moors, and Englishmen in the Age of Discovery*. New York: Colombia University Press, 1999.

Matthee, Rudolph P. *The Politics of Trade in Safavid Iran: Silk for Silver, 1600-1730*. Cambridge: Cambridge University Press, 1999.

McGowan, Bruce. *Economic Life in Ottoman Europe: Taxation, Trade, and the Struggle for Land, 1600-1800*. Cambridge: Cambridge University Press, 1981.

Melville, Charles, ed. *Safavid Persia: The History and Politics of an Islamic Society*. London: I. B. Tauris, 1996.

Meriwether, Margaret L. *The Kin Who Count: Family and Society in Ottoman Aleppo, 1770-1840*. Austin: University of Texas Press, 1999.

Minkov, Anton. *Conversion to Islam in the Balkans: Kisve Bahası Petitions and Ottoman Social Life, 1670-1730*. Leiden: E. J. Brill, 2004.

[Mirzā Sami'ā]. *Tadhkirat al-Mulūk*. Translated by Vladimir Minorsky. London: Luzzac, 1943.

Murphey, Rhoads. *Ottoman Warfare, 1500-1700*. New Brunswick, NJ: Rutgers University Press, 1999.

Nagata, Yuzo. *Muhsin-zâde Mehmed Paşa ve Ayânlık Müessesesi*. Tokyo: Institute for the Study of Languages and Cultures of Asia and Africa, 1982.

Nasuhü's-silāhi (Matrākçı). *Beyan-ı Menazil-i Sefer-i'Irakeyn-i Sultān Suleymān Han*. Edited by Hüseyin G. Yurdaydın. Ankara: Türk Tarih Kurumu, 1976.

Nayır, Zeynep. *Osmanlı Mimarlığında Sultan Ahmet Külliyesi ve Sonrası (1609-1690)*. Istanbul: İstanbul Teknik Üniversitesi Mimarlık Fakültesi, 1975.

Necipoğlu, Gülru. *The Age of Sinan: Architectural Culture in the Ottoman Empire*. London: Reaktion Books, 2005.

______. *Architecture, Ceremonial, and Power: The Topkapı Palace in the Fifteenth and Sixteenth Centuries*. Cambridge, MA: MIT Press, 1991.

Newman, Andrew J. *Safavid Iran: The Rebirth of a Persian Empire*. London: I. B. Tauris, 2005.

Nicol, Donald. *The Reluctant Emperor: A Biography of John Cantacuzene, Byzantine Emperor and Monk, c. 1295–1383*. Cambridge: Cambridge University Press, 1996.

Niederkorn, Jan Paul. *Die europäischen Mächte und der "Lange Türkenkrieg" Kaiser Rudolfs II. (1593–1606)*. Vienna: Verlag der Österreichischen Akademie der Wissenschaften, 1993.

Ocak, Ahmet Yaşar. *Bektaşî Menâkıbnâmelerinde İslam Öncesi İnanç Motifleri*. Istanbul: Enderun Kitabevi, 1983.

Onbin Yıllık İran Medeniyeti: Onbin Yıllık Ortak Miras. Istanbul: National Museum of Iran, 2009.

Orhonlu, Cengiz. "Dicle ve Fırat Nehirlerinde Nakliyat." In *Osmanlı İmparatorluğunda Şehircilik ve Ulaşım*, ed. Salih Özbaran. Izmir: Ege Üniversitesi Edebiyat Fakültesi, 1984.

———. *Osmanlı İmparatorluğunda Aşiretleri İskân Teşebbüsü (1691–1696)*. Istanbul: İstanbul Üniversitesi Edebiyat Fakültesi, 1963.

———. *Osmanlı İmparatorluğunun Güney Siyaseti: Habeş Eyaleti*. Istanbul: İstanbul Üniversitesi Edebiyat Fakültesi, 1974.

Orthmann, Eva. *Abd or-Rahim Han-e Hanan (964–1036 /1556–1627): Staatsmann und Mäzen*. Berlin: Klaus Schwarz Verlag, 1996.

Özbaran, Salih. *The Ottoman Response to European Expansion: Studies on Ottoman–Portuguese Relations in the Indian Ocean and Ottoman Administration in the Arab Lands during the Sixteenth Century*. Istanbul: Isis Press, 1994.

Öztürk, Yücel. *Osmanlı Hakimiyetinde Kefe 1474–1600*. Ankara: T. C. Kültür Bakanlığı, 2000.

Palombini, Barbara von. *Bündniswerben abendländischer Mächte um Persien 1453–1600*. Wiesbaden: Franz Steiner, 1968.

Pamuk, Şevket. *A Monetary History of the Ottoman Empire*. Cambridge: Cambridge University Press, 2000.

Panzac, Daniel. *Barbary Corsairs: The End of a Legend*. Translated by Victoria Hobson and John E. Hawkes. Leiden: E. J. Brill, 2005.

———. *La marine ottomane, de l'apogée à la chute de l'empire (1572–1923)*. Paris: CNRS Éditions, 2009.

[Papa Synadinos von Serres]. *Conseils et mémoires de Synadinos prêtre de Serrès en Macédoine (XVIIe siècle)*. Edited and translated by Paolo Odorico, S. Asdrachas, T. Karanastassis, K. Kostis, and S. Petmézas. Paris: Association "Pierre Belon," 1996.

Papakonstantinou, Katerina. "The Pondikas Merchant Family from Thessaloniki, ca. 1750–1800." In *Merchants in the Ottoman Empire*, ed. Suraiya Faroqhi and Gilles Veinstein. Paris: Peeters, 2008.

Parker, Geoffrey. *Spain and the Netherlands, 1559–1659: Ten Studies*. 2nd ed. London: Fontana Press, 1990.

Parmaksızoğlu, İsmet. "Kuzey Irak'ta Osmanlı Hâkimiyetinin Kuruluşu ve Memun Beyin Hatıraları." *Belleten* 37, no. 146 (1973): 191~230.

Peacock, Andrew C. S., ed. *The Frontiers of the Ottoman World*. Oxford: Oxford University Press, 2009.

Pedani Fabris, Maria Pia. "Between Diplomacy and Trade: Ottoman Merchants in Venice." In *Merchants in the Ottoman Empire*, ed. Suraiya Faroqhi and Gilles Veinstein. Paris: Peeters, 2008.

Peirce, Leslie. *The Imperial Harem: Women and Sovereignty in the Ottoman Empire*. Oxford: Oxford University Press, 1993.

______. *Morality Tales: Law and Gender in the Ottoman Court of Aintab*. Berkeley: University of California Press, 2003.

Peri, Oded. *Christianity under Islam in Jerusalem: The Question of the Holy Sites in Early Ottoman Times*. Leiden: E. J. Brill, 2001.

Petry, Carl. F., ed. *Islamic Egypt, 640–1517*. Vol. 1 of *The Cambridge History of Egypt*. Cambridge: Cambridge University Press, 1998.

Poumarède, Géraud. *Pour en finir avec la croisade: Mythes et réalités de la lutte contre les Turcs aux XVIe et XVIIe siècles*. Paris: Presses Universitaires de France, 2004.

Quinn, Sholeh A. *Historical Writing during the Reign of Shah 'Abbas: Ideology, Imitation, and Legitimacy in Safavid Chronicles*. Salt Lake City: University of Utah Press, 2000.

Quiring-Zoche, Rosemarie. *Isfahan im 15. und 16. Jahrhundert: Ein Beitrag zur persischen Stadtgeschichte*. Freiburg im Breisgau: Klaus Schwarz Verlag, 1980.

Raby, Julian. *Venice, Dürer and the Oriental Mode*. London: Islamic Art Publications, 1982.

Rafeq, Abdul Karem. *The Province of Damascus, 1723–1783*. Beirut: Khayats, 1966.

Rambert, Gaston, ed. *Histoire du commerce de Marseille*. Vols. 3, 4, and 5. Paris: Librairie Plon, 1951–1957.

Raymond, André. *Artisans et commerçants au Caire, au XVIIIe siècle*. 2 vols. Damas: Institut Français de Damas, 1973–1974.

Rizvi, Kishwar. "Gendered Patronage: Women and Benevolence during the Early Safavid Empire." In *Women, Patronage, and Self-Representation in Islamic Societies*, ed. D. Fairchild Ruggles. Albany: State University of New York Press, 2000.

Rogers, John Michael. *Sinan*. London: I. B. Tauris, 2006.

Röhrborn, Klaus. *Provinzen und Zentralgewalt Persiens im 16. und 17. Jahrhundert*. Berlin: De Gruyter, 1966.

______. *Untersuchungen zur osmanischen Verwaltungsgeschichte*. Berlin: De Gruyter, 1973.

Roxburgh, David J. *The Persian Album: From Dispersal to Collection*. New Haven, CT: Yale University Press, 2005.

Rozen, Minna. *A History of the Jewish Community in Istanbul: The Formative Years, 1453–1566*. Leiden: E. J. Brill, 2002.

Runciman, Steven. *The Fall of Constantinople*. Cambridge: Cambridge University Press, 1965.

Sadok, Boubaker. *La Régence de Tunis au XVIIe siècle: Ses relations commerciales avec les ports de l'Europe méditerranéenne, Marseille et Livourne*. Zaghouan: CEROMA, 1987.

Scharabi, Mohamed. *Der Bazar: Das traditionelle Stadtzentrum im Nahen Osten und seine Handelseinrichtungen*. Tübingen: Ernst Wasmuth, 1985.

Schmitt, Oliver Jens. *Levantiner: Lebenswelten und Identitäten einer ethnokonfessionellen Gruppe im osmanischen Reich im "langen 19. Jahrhundert."* Munich: Oldenbourg, 2005.

Seng, Yvonne J. "Standing at the Gates of Justice: Women in the Law Courts of Early-Sixteenth-Century Üsküdar, Istanbul." In *Contested States: Law, Hegemony and Resistance*, ed. Susan F. Hirsch and Mindie Lazarus-Black. New York: Routledge, 1994.

Shaw, Stanford J. *The Financial and Administrative Organization and Development of Ottoman Egypt 1517–1798*. Princeton, NJ: Princeton University Press, 1962.

Singer, Amy. *Constructing Ottoman Beneficence: An Imperial Soup Kitchen in Jerusalem*. Albany: State University of New York Press, 2002.

Skilliter, Susan. *William Harborne and the Trade with Turkey, 1578–1582*. London: Oxford University Press, 1977.

Smyrnelis, Marie-Carmen. *Une société hors de soi: Identités et relations sociales à Smyrne aux XVIIIe et XIXe siècles*. Paris: Peeters, 2005.

Stavrides, Theoharis. *The Sultan of Vezirs: The Life and Times of the Ottoman Grand Vezir Mahmud Pasha Angelović (1453–1474)*. Leiden: E. J. Brill, 2001.

Steensgaard, Niels. *The Asian Trade Revolution of the Seventeenth Century: The East India Companies and the Decline of the Caravan Trade*. Chicago: Chicago University Press, 1973.

Stoianovich, Traian. "Le maïs dans les Balkans." *Annales ESC* 21 (1966): 1026~1040.

Stoye, John. *The Siege of Vienna*. London: Collins, 1964.

Szakály, Ferenc. *Hungaria eliberata: Die Rückeroberung von Buda im Jahr 1686 und Ungarns Befreiung von der Osmanenherrschaft (1683–1718)*. Budapest: Corvina, 1986.

Tayyip Gökbilgin. *Rumeli'de Yürükler, Tatarlar ve Evlâd-ı Fâtihan*. Istanbul: İstanbul Üniversitesi Edebiyat Fakültesi, 1957.

Thompson, Jon, and Sheila Canby, eds. *Hunt for Paradise: Court Arts of Safavid Iran*. Milan: Skira, 2003.

Thys-Şenocak, Lucienne. *Ottoman Women Builders: The Architectural Patronage of Hadice Turhan Sultan*. Aldershot, UK: Ashgate, 2006.

Tóth, Ferenc. *La guerre russo-turque (1768–1774) et la défense des Dardanelles: L'extraordinaire mission du baron de Tott*. Paris: Economica, 2008.

Tucker, Ernest S. *Nadir Shah's Quest for Legitimacy in Post-Safavid Iran*. Gainesville: University Press of Florida, 2006.

Tuğ, Başak. "Politics of Honor: The Institutional and Social Frontiers of 'Illicit' Sex in Mid-Eighteenth-Century Ottoman Anatolia." PhD diss., New York University, 2009.

Uluç, Lale. *Turkman Governors, Shiraz Artisans, and Ottoman Collectors: Sixteenth-Century Shiraz Manuscripts*. Istanbul: İş Bankası Yayınları, 2006.

Uzunçarşılı, İsmail Hakkı. *Mekke-i Mükerreme Emirleri*. Ankara: Türk Tarih Kurumu, 1972.

Van der Cruysse, Dirk. *Chardin le Persan*. Paris: Fayard, 1998.

Vatin, Nicolas, and Gilles Veinstein. *Le sérail ébranlé: Essai sur les morts, dépositions et avènements des sultans ottomans XIVe–XIXe siècle*. Paris: Fayard, 2003.

Walz, Terence. *Trade between Egypt and Bilad al-Sudan*. Cairo: Institut Français d'Archéologie Orientale, 1978.

Werner, Christoph. *An Iranian Town in Transition: A Social and Economic History of the Elites of Tabriz, 1747–1848*. Wiesbaden: Harrassowitz Verlag, 2000.

Wilkins, Charles L. *Forging Urban Solidarities: Ottoman Aleppo, 1640–1700*. Leiden: E. J. Brill, 2010.

Woods, John. *The Aqquyunlu: Clan, Confederation, Empire*. 2nd ed. Salt Lake City: University of Utah Press, 1999.

Yarshater, Ehsan, ed. *Encyclopaedia Iranica*. 15 vols. London: Routledge, 1982–2011.

Yérasimos, Stéphane. *La Fondation de Constantinople et de Sainte-Sophie dans les traditions turques*. Paris: Maisonneuve, 1990.

Yıldız, Hakkı Dursun, ed. *150. Yılında Tanzimat*. Ankara: Türk Tarih Kurumu, 1992.

Yıldız, Sara Nur. "Karamanoğlu Mehmed Bey: Medieval Anatolian Warlord or Kemalist Language Reformer? History, Language, Politics, and the Celebration of the Language Festival in Karaman, Turkey, 1961–2008." In *Religion, Ethnicity, and Contested Nationhood in the Former Ottoman Space*, ed. Jørgen Nielsen. Leiden: E. J. Brill, 2012.

Yinanç, Refet. *Dulkadir Beyliği*. Ankara: Türk Tarih Kurumu, 1989.

Zachariadou, Elisabeth. *Trade and Crusade Venetian Crete and the Emirates of Menteshe and Aydin, 1300–1415*. Venice: Hellenic Institute of Byzantine and Post-Byzantine Studies, 1983.

Zarinebaf-Shahr, Fariba. "Tabriz under Ottoman Rule (1725–1730)." PhD diss., University of Illinois at Chicago, 1991.

Zarinebaf, Fariba, John Bennet, and Jack L. Davis. *A Historical and Economic Geography of Ottoman Greece: The Southwestern Morea in the 18th Century*. Athens: American School of Classical Studies at Athens, 2005.

Zilfi, Madeline. *The Politics of Piety: The Ottoman Ulema in the Postclassical Age, 1600–1800*. Minneapolis: Bibliotheca Islamica, 1988.

3부 남아시아와 인도양

Abu-Lughod, Janet. *Before European Hegemony: The World System, ad 1250–1350*. New York: Oxford University Press, 1989.

______. "The World System in the Thirteenth Century: Dead-End or Precursor?" In *Islamic and European Expansion: The Forging of a Global Order*, ed. Michael Adas. Philadelphia: Temple University Press, 1993.

Adshead, Samuel A. *Central Asia in World History*. Basingstoke, UK: Macmillan, 1993.

Ahuja, Ravi. "Indischer Ozean." In *Enzyklopädie der Neuzeit*, vol. 5, ed. Friedrich Jaeger. Stuttgart: Metzler, 2007.

Alam, Muzaffar. *The Crisis of Empire in Mughal North India: Awadh and the Punjab, 1707–48*. Delhi: Oxford University Press, 1986.

———. *The Languages of Political Islam*. London: Hurst, 2004.

Alam, Muzaffar, and Sanjay Subrahmanyam, eds. *The Mughal State, 1526–1750*. Delhi: Oxford University Press, 1998.

Ali, M. Athar. *The Apparatus of Empire: Awards of Ranks, Offices, and Titles to the Mughal Nobility, 1574–1658*. Delhi: Oxford University Press, 1985.

Appelániz Ruiz de Galarreta, Francisco Javier. *Pouvoir et finance en Méditerranée prémoderne: Le deuxième Etat mamlouk et le commerce des épices (1382–1517)*. Barcelona: CSIC, 2009.

Arasaratnam, Sinnappah. *Maritime India in the Seventeenth Century*. Delhi: Oxford University Press, 1994.

———. *Merchants, Companies, and Commerce on the Coromandel Coast, 1650–1740*. Delhi: Oxford University Press, 1986.

Arasaratnam, Sinnappah, and Aniruddha Ray. *Masulipatnam and Cambay: A History of Two Port-Towns, 1500–1800*. New Delhi: Munshiram Manoharlal, 1994.

Asher, Catherine B., and Cynthia Talbot, eds. *India before Europe*. New York: Cambridge University Press, 2006.

Ashtor, Eliyahu. *Levant Trade in the Later Middle Ages*. Princeton, NJ: Princeton University Press, 1983.

Aslanian, Sebouh David. *From the Indian Ocean to the Mediterranean: The Global Trade Networks of Armenian Merchants from New Julfa*. Berkeley: University of California Press, 2011.

Attman, Artur. *The Bullion Flow between Europe and the East, 1000–1750*. Göteborg: Kungl. Vetenskaps—och Vitterhets-Samhället, 1981.

———. *The Russian and Polish Markets in International Trade, 1500–1650*. Göteborg: Institute of Economic History of Gothenburg University, 1973.

Babur. *The Baburnama: Memoirs of Babur, Prince and Emperor*. Translated, edited, and annotated by Wheeler M. Thackston. Washington, DC: Freer Gallery of Art, 1996.

Bacqué-Grammont, Jean-Louis. *Les Ottomans, les Safavides et leurs voisins: Contributions à l'histoire des relations internationales dans l'Orient islamique de 1514 à 1524*. Istanbul: Nederlands Historisch-Archaeologisch Instituut te Istanbul, 1987.

Bal, Mieke. *Travelling Concepts in the Humanities: A Rough Guide*. Toronto: University of Toronto Press, 2002.

Balabanlilar, Lisa. *Imperial Identity in the Mughal Empire: Memory and Dynastic Politics in Early Modern South and Central Asia*. London: Tauris, 2012.

Banerjee, Jamini M. *History of Firuz Shah Tughluq*. Delhi: Munshiram Manoharlal, 1967.

Banga, Indu, ed. *Ports and Their Hinterlands in India, 1700–1950*. New Delhi: Manohar, 1992.

Barendse, R. J. *The Arabian Seas: The Indian Ocean World of the Seventeenth Century*. Armonk, NY: M. E. Sharpe, 2002.

______. *Arabian Seas, 1700–1763.* 4 vols. Leiden: Brill, 2009.

Bartlett, Robert. *The Making of Europe: Conquest, Colonization, and Cultural Change, 950–1350.* Princeton, NJ: Princeton University Press, 1993.

______. *North India between Empires: Awadh, the Mughals, and the British, 1720–1801.* Berkeley: University of California Press, 1980.

Battacharya, Sukumar. *The East India Company and the Economy of Bengal from 1704 to 1740.* London: Luzac, 1954.

Behrens–Abouseif, Doris, ed. *The Arts of the Mamluks in Egypt and Syria — Evolution and Impact.* Göttingen: V&R Unipress, 2012.

Bergdolt, Klaus. *Der schwarze Tod in Europa.* 3rd ed. Munich: Beck, 2011. Bhatia, Manohar Lal. *The Ulama, Islamic Ethics and Courts under the Mughals: Aurangzeb Revisited.* New Delhi: Manak, 2006.

Bialuschewski, Arne. *Piratenleben: Die abenteuerlichen Fahrten des Seeräubers Richard Sievers.* Berlin: Ullstein, 1999.

Bicheno, Hugh. *Crescent and Cross: The Battle of Lepanto 1571.* London: Phoenix, 2004.

Blussé, Leonard, and Femme Gaastra, eds. *Companies and Trade: Essays on Overseas Trading Companies during the Ancient Régime.* Leiden: Leiden University Press, 1981.

Borsch, Stuart James. *The Black Death in Egypt and England: A Comparative Study.* Austin: University of Texas Press, 2005.

Bowen, Huw V., Margarette Lincoln, and Nigel Rigby, eds. *The Worlds of the East India Company.* Woodbridge: Boydell, 2002.

Boxer, Charles R. *The Dutch Seaborne Empire: 1600–1800.* London: Hutchinson, 1965.

______. *Portuguese Conquest and Commerce in Southern Asia,* 1500–1750. London: Variorum Reprints, 1985.

______. *The Portuguese Seaborne Empire, 1415–1825.* London: Hutchinson, 1969.

Boyajian, James C. *Portuguese Trade in Asia under the Habsburgs, 1580–1640.* Baltimore: Johns Hopkins University Press, 1993.

Braudel, Fernand. *Civilization and Capitalism.* 3 vols. New York: Harper & Row, 1981–1984.

______. *The Mediterranean and the Mediterranean World in the Age of Philip II.* 2 vols. London: Collins, 1972.

Broeze, Frank, ed. *Brides of the Sea: Port Cities of Asia from the 16th to the 20th Centuries.* Kensington, Australia: New South Wales University Press, 1989.

______. *Gateways of Asia: Port Cities of Asia in the 13th–20th Centuries.* London: Kegan Paul International, 1997.

Brown, Katherine B. "Did Aurangzeb Ban Music? Questions for the Historiography of His Reign." *Modern Asian Studies* 41, no. 1 (2007): 77~120.

Bushkovitch, Paul. *The Merchants of Moscow, 1580–1650.* Cambridge: Cambridge University Press, 1980.

Capponi, Niccolò. *Victory of the West: The Story of the Battle of Lepanto*. London: Macmillan, 2006.

Casale, Giancarlo. *The Ottoman Age of Exploration*. Oxford: Oxford University Press, 2010.

Chandra, Satish. *Medieval India: From Sultanat to the Mughals. Part One: Delhi Sultanat (1206–1526)*. 4th ed. New Delhi: Har-Anand Publications, 2009.

———. *Medieval India: From Sultanat to the Mughals. Part Two: Mughal Empire (1526–1748)*. New Delhi: Har-Anand Publications, 1999.

———. *Medieval India: Society, the* Jagirdari *Crisis and the Village*. Delhi: Macmillan, 1982.

———. *Mughal Religious Policies, the Rajputs and the Deccan*. New Delhi: Vikas Publishing House, 1993.

Chaudhuri, Kirti Narayan. *Asia before Europe: Economy and Civilization of the Indian Ocean from the Rise of Islam to 1750*. Cambridge: Cambridge University Press, 1990.

———. *The English East India Company: The Study of an Early Joint-Stock Company, 1600–1640*. London: Cass, 1965.

———. *Trade and Civilization in the Indian Ocean: An Economic History from the Rise of Islam to 1750*. Cambridge: Cambridge University Press, 1985.

Chaudhury, Sushil. *The Prelude to Empire: Plassey Revolution of 1757*. New Delhi: Manohar, 2000.

———. *Trade and Commercial Organization in Bengal, 1650–1720*. Calcutta: Mukhopadhyay, 1975.

Chaunu, Pierre. *European Expansion in the Later Middle Ages*. Amsterdam: North-Holland Publications, 1979.

Chittick, H. Neville. "The East Coast, Madagascar and the Indian Ocean." In *The Cambridge History of Africa*. Vol. 3: *From c. 1050 to c. 1600*, ed. Roland A. Oliver. Cambridge: Cambridge University Press, 1977.

Christ, Georg. *Trading Conflicts: Venetian Merchants and Mamluk Officials in Late Medieval Alexandria*. Leiden: Brill, 2012.

Conermann, Stephan. "Das Mittelmeer zur Zeit der Mamlukenherrschaft in Ägypten und Syrien (1250–1517)—Vorstudien zu einer globalgeschichtlichen Perspektive." In *Randgänge der Mediävistik (Vorträge der Vorlesungsreihe "Das Mittelmeer — Mare nostrum?" des Berner Mittelalterzentrums im Frühjahrssemester 2012)*, ed. Michael Stolz. Bern: Stämpfli, 2014.

———. *Das Mogulreich: Geschichte und Kultur des muslimischen Indien*. Munich: Beck, 2006.

———. *Die Beschreibung Indiens in der "Rihla" des Ibn Battuta: Aspekte einer herrschaftssoziologischen Einordnung des Delhi-Sultanates unter Muhammad Ibn-Tuǧluq*. Berlin: Schwarz, 1993.

———. "Muslimische Seefahrt auf dem Indischen Ozean vom 14. bis zum 16. Jahrhundert." In *Der Indische Ozean in historischer Perspektive*, ed. Stephan Conermann. Hamburg: EB-Verlag, 1998.

———., ed. *Ubi sumus? Quo vademus? Mamluk Studies — State of the Art*. Göttingen: V&R Unipress, 2013.

———. "Unter dem Einfluss des Monsuns: Der Handel zwischen Arabien und Südasien." In *Fernhandel in Antike und Mittelalter*, ed. Robert Bohn. Darmstadt: WBG, 2008.

———. "Vertraute Zeichen—Fremde Zeichen: Zur Frage der möglichen Exilerfahrung in der mittelalterlichen islamischen Welt." In *Vermischte Schriften: Koran, Šah-name, Exil und Viktor Klemperer*, ed. Werner Schmucker and Stephan Conermann. Schenefeld: EB-Verlag, 2007.

Conermann, Stephan, and Jan Kusber, eds. *Studia Eurasiatica: Kieler Festschrift für Hermann Kulke zum 65. Geburtstag*. Schenefeld: EB-Verlag, 2003.

Conermann, Stephan, and Anja Pistor-Hatam, eds. *Die Mamluken: Studien zu ihrer Geschichte und Kultur: Zum Gedenken an Ulrich Haarmann (1942–1999)*. Schenefeld: EB-Verlag, 2003.

Conti, Nicolò de. "The Travels of Nicolò de Conti in the East." In *The Most Noble and Famous Travels of Marco Polo together with the Travels of Nicolò de Conti*. Translated and edited by John Frampton. London: Argonaut Press, 1929.

Coulon, Damien. *Barcelone et le grand commerce d'Orient au Moyen Âge: Un siècle de relations avec l'Égypte et la Syrie-Palestrine (ca. 1330–ca. 1430)*. Madrid: Casa de Velázquez, 2004.

Dale, Stephen F. *The Garden of the Eight Paradises: Babur and the Culture of Empire in Central Asia, Af ghan i stan and India (1483–1530)*. Leiden: Brill 2004.

———. *The Muslim Empires of the Ottomans, Safavids, and Mughals*. Cambridge: Cambridge University Press, 2010.

Dallapiccola, Anna L., and Stephanie Zingel-Avé Lallemant, eds. *Vijayanagara: City and Empire: New Currents of Research*. Stuttgart: Steiner, 1985.

Das Gupta, Ashin. *Indian Merchants and the Decline of Surat, c. 1700–1750*. New Delhi: Manohar, 1994.

———. *Merchants of Maritime India, 1500–1800*. Aldershot, UK: Variorum, 1994.

———. "Trade and Politics in Eighteenth Century India." In *Islam and the Trade of Asia*, ed. Donald S. Richards. Philadelphia: University of Pennsylvania Press, 1970.

———. *The World of the Indian Ocean Merchant, 1500–1800*. Compiled by Uma Das Gupta. New Delhi: Oxford University Press, 2001.

Das Gupta, Ashin, and Michael N. Pearson, eds. *India and the Indian Ocean, 1500–1800*. Calcutta: Oxford University Press, 1987.

De Vries, Jan, and Ad van der Woude. *The First Modern Economy: Success, Failure, and Perseverance of the Dutch Economy, 1500–1815*. Cambridge: Cambridge University Press, 1997.

Digby, Simon. *War-Horse and Elephant in the Delhi Sultanate: A Study of Military Supplies*. Oxford: Orient Monographs, 1971.

Diller, Stephan. *Die Dänen in Indien, Südostasien und China, 1620–1845*. Wiesbaden: Harrassowitz, 1999.

Disney, Anthony R. *The Portuguese Empire*. Vol. 2 of *A History of Portugal and the Portuguese Empire: From Beginnings to 1807*. Cambridge: Cambridge University Press, 2009.

———. *Twilight of the Pepper Empire: Portuguese Trade in Southwest India in the Early Seventeenth Century*. Cambridge, MA: Harvard University Press, 1978.

Dols, Michael W. *The Black Death in the Middle East*. Princeton, NJ: Princeton University Press, 1977.

Eaton, Richard M. *The Rise of Islam and the Bengal Frontier, 1204–1760*. Berkeley: University of

California Press, 1993.

______. *Sufis of Bijapur, 1300–1700: Social Roles of Sufis in Medieval India*. Princeton, NJ: Princeton University Press, 1978.

______. "Temple Desecration and Indo–Muslim States." *Journal of Islamic Studies* 11, no. 3 (2000): 283~319.

Ernst, Carl W. *Eternal Garden: Mysticism, History, and Politics in a South Asian Sufi Center*. Albany: State University of New York Press, 1992.

Faroqhi, Suraiya. "Crisis and Change, 1590–1699." In *Economic and Social History of the Ottoman Empire, 1300–1914*, ed. Halil Inalcik and Donald Quataert. Cambridge: Cambridge University Press, 1994.

Faruqui, Munis D. *Princes of the Mughal Empire, 1504–1719*. Cambridge: Cambridge University Press, 2012.

Feldbaek, Ole. *India Trade under the Danish Flag, 1772–1808: European Enterprise and Anglo–Indian Remittance and Trade*. Lund: Studentlitteratur, 1969.

Feldbauer, Peter. *Estado da India: Die Portugiesen in Asien, 1498–1620*. Vienna: Mandelbaum, 2003.

Fisher, Michael H. *A Clash of Cultures: Awadh, the British, and the Mughals*. New Delhi: Manohar, 1987.

Floor, Willem. *The Persian Textile Industry in Historical Perspective, 1500–1925*. Paris: Harmattan, 1999.

Flores, Jorge M. *Os Portugueses e o Mar de Ceilão: Trato, diplomacia e guerra 1498–1543*. Lisbon: Edições Cosmos, 1998.

Flores, Jorge M., and Rudi Matthee, eds. *Portugal, the Persian Gulf and Safavid Persia*. Leuven: Peeters, 2011.

Frank, Andre Gunder. *ReOrient: Global Economy in the Asian Age*. Berkeley: University of California Press, 1998.

Frank, Andre Gunder, and Barry K. Gills, eds. *The World System: Five Hundred Years or Five Thousand?* London: Routledge, 1993.

Franke, Heike. *Akbar und Gahangir: Untersuchungen zur politischen und religiösen Legitimation in Text und Bild*. Schenefeld: EB–Verlag, 2005.

Fritz, John M., and George Michell, eds. *City of Victory: Vijayanagara, the Medieval Hindu Capital of Southern India*. New York: Aperture, 1991.

______. *New Light on Hampi: Recent Research at Vijayanagara*. Mumbai: Marg Publications, 2001.

Furber, Holden. *Rival Empires of Trade in the Orient, 1600–1800*. Minneapolis: University of Minnesota Press, 1976.

Gaastra, Femme S. *The Dutch East India Company: Expansion and Decline*. Translated by Peter Daniels. Zutphen: Walburg Pers, 2003.

Glamann, Kristof. *Dutch Asiatic Trade, 1620–1740*. Copenhagen: Danish Science Press, 1958.

Gommans, Jos J. L. *Mughal Warfare: Indian Frontiers and High Roads to Empire, 1500–1700*. London:

Routledge 2002.

———. *The Rise of the Indo-Afghan Empire, c. 1710–1780.* Leiden: Brill, 1995.

Gommans, Jos J. L., Lennart Bes, and Gijs Kruijtzer, eds. *Dutch Sources on South Asia c. 1600–1825: Bibliography and Archival Guide to the National Archives at the Hague (the Netherlands).* New Delhi: Manohar, 2001.

Gordon, Stewart. *Marathas, Marauders, and State Formation in Eighteenth-Century India.* Delhi: Oxford University Press, 1994.

———. *The Marathas, 1600–1818.* Cambridge: Cambridge University Press, 1993. Green, Nile. *Indian Sufism since the Seventeenth Century: Saints, Books and Empires in the Muslim Deccan.* London: Routledge, 2006.

———. *Making Space: Sufis and Settlers in Early Modern India.* New Delhi: Oxford University Press, 2012.

Gupta, Hari Ram. *Evolution of Sikh Confederacies (1708–1769).* Vol. 2 of *History of the Sikhs.* 4th ed. New Delhi: Munshiram Manoharlal, 1992.

Habib, Irfan. "Mansab System, 1595–1637." *Proceedings of the Indian History Congress* 29 (1967): 221~242.

Hahn, Sylvia, and Reinhold Reith, eds. *Umwelt-Geschichte: Arbeitsfelder, Forschungsansätze, Perspektiven.* Munich: Oldenbourg, 2001.

Hasan, Mohibbul. *Babur: Founder of the Mughal Empire in India.* New Delhi: Manohar, 1985.

Hasan, S. Nurul. "Zamindar under the Mughals." In *Land Control and Social Structure in Indian History,* ed. Robert E. Frykenberg. Madison: University of Wisconsin Press, 1969.

Haudrère, Philippe. *La compagnie française des Indes au XVIIIe siècle (1719–1795).* 4 vols. Paris: Librairie de l'Inde, 1989.

Herzig, Edmund. *The Armenian Merchants of New Julfa, Isfahan: A Study in Pre-Modern Asian Trade.* PhD thesis, Oxford University, 1991.

Hodgson, Marshal. *The Venture of Islam.* 3 vols. Chicago: University of Chicago Press, 1974.

Hoffman, Adina, and Peter Cole. *Sacred Trash: The Lost and Found World of the Cairo Geniza.* New York: Schocken Books, 2011.

Hossain, Hameeda. *The Company Weavers of Bengal: The East India Company and the Organization of Textile Production in Bengal, 1750–1813.* Delhi: Oxford University Press, 1988.

Husain, Mahdī. *The Tughluq Dynasty.* Calcutta: Thacker Spink, 1963.

Jackson, Peter. *The Delhi Sultanate: A Political and Military History.* Cambridge: Cambridge University Press, 1999.

Jacob, Hugo Karl s'. *The Rajas of Cochin, 1663–1720: Kings, Chiefs, and the Dutch East India Company.* New Delhi: Munshiram Manoharlal, 2000.

Jacobs, Els M. *De Vereenigde Oost-Indische Compagnie.* Utrecht: Teleac/NOT, 1997.

Karashima, Noboru. *Towards a New Formation: South Indian Society under Vijayanagar Rule.* Delhi: Oxford University Press, 1992.

Khan, Ahsan Raza. *Chieftains in the Mughal Empire during the Reign of Akbar*. Simla: Indian Institute of Advanced Study, 1977.

Kindermann, Hans. "*Schiff*" *im Arabischen*. Zwickau: n.p., 1934.

Kollatz, Anna. "The Creation of a Saint Emperor: Retracing Narrative Strategies of Mughal Legitimation and Representation in Majalis-i Jahangiri by Abd al-Sattar b. Qasim Lahori (ca. 1608–11)." In *Narrative Pattern and Genre in Hagiographic Life Writing*, ed. Stephan Conermann and Jim Rheingans. Berlin: EB-Verlag, 2014.

Konstam, Angus. *Lepanto 1571: The Greatest Naval Battle of the Renaissance*. Oxford: Osprey, 2003.

Krieger, Martin. *Kaufleute, Seeräuber und Diplomaten: Der dänische Handel auf dem Indischen Ozean (1620–1868)*. Cologne: Böhlau, 1998.

Kulke, Tilmann. "Review of John Darwin: *After Tamerlane: The Global History of Empire, London: Penguin Books 2007*." *sehepunkte* 9, no. 10 (October 15, 2009). www.sehepunkte.de/2009/10/17151.html.

Kumar, Sunil. *The Emergence of the Delhi Sultanate, 1192–1286*. New Delhi: Permanent Black, 2007.

Labib, Subhi. *Handelsgeschichte Ägyptens im Spätmittelalter, 1171–1517*. Wiesbaden: Steiner, 1965.

Lal, Kishori S. *Twilight of the Sultanate*. 2nd ed. New Delhi: Munshiram Manoharlal, 1980.

Lawrence, Bruce B. *An Overview of Sufi Literature in the Sultanate Period*. Patna: Khuda Bakhsh Oriental Public Library, 1979.

Lawson, Philip. *The East India Company: A History*. London: Longman, 1993.

Lefèvre, Corinne. "In the Name of the Fathers: Mughal Genealogical Strategies from Bābur to Shāh Jahān." In *Religions of South Asia 5*. Vols. 1–2: *Genealogy and History in South Asia*, ed. Simon Brodbeck and James M. Hegarty. London: Equinox, 2011.

———. "Pouvoir et noblesse dans l'Empire moghol: Perspectives du règne de Jahāngīr (1605–1627)." *Annales: Histoire, Sciences Sociales* 62, no. 6 (2007): 1287~1312.

Lewis, Archibald. "Maritime Skills in the Indian Ocean, 1368–1500." *Journal of the Economic and Social History of the Orient* 16 (1973): 238~264.

Lockhart, Laurence. *Nadir Shah: A Critical Study Based Mainly upon Contemporary Sources*. London: Luzac, 1938.

Lombard, Denys, and Jean Aubin, eds. *Marchands et hommes d'affaires asiatiques dans l'Océan Indien et la mer de Chine 13e–20e siècles*. Paris: Editions de l'Ecole des hautes études en sciences socials, 1988.

Longhena, Mario, ed. *Viaggi in Persia, India e Giava di Nicolo de Conti, Girolamo Adorno e Girolamo da Santo Stefano*. Mailand: Edizioni "Alpes," 1929.

Magalhães-Godhino, Vitorino. *L'économie de l'empire portugais aux XVe et XVIe siècles: Ports — routes — traffic*. Paris: S.E.V.P.E.N., 1969.

———. *Les finances de l'État portugais des Indes orientales 1517–1635: Matériaux pour une étude structurale et conjuncturelle*. Paris: Fundação Calouste Gulbenkian, 1982.

Majumdar, Ramesh Chandra, ed. *The Delhi Sultanate*. Vol 6 of *The History and Culture of the Indian*

People. Bombay: Bharatiya Vidya Bhavan, 1960.

Malekandathil, Pius. *Portuguese Cochin and the Maritime Trade of India, 1500–1663*. New Delhi: Manohar, 2001.

Mann, Michael. *Bengalen im Umbruch: Die Herausbildung des britischen Kolonialstaates, 1754–1793*. Stuttgart: Steiner, 2000.

______. "Ein langes 18. Jahrhundert: Südasien." In *Die Welt im 18. Jahrhundert*, ed. Bernd Hausberger and Jean-Paul Lehners. Vienna: Mandelbaum, 2011.

______. *Geschichte Indiens. Vom 18. bis zum 21. Jahrhundert*. Paderborn: Schöningh, 2005.

Marchant, Leslie Ronald. *The Papal Line of Demarcation and Its Impact in the Eastern Hemisphere on the Political Division of Australia, 1479–1829*. Greenwood: Woodside Valley Foundation, 2008.

Marshall, Peter J., ed. *Bengal: The British Bridgehead: Eastern India, 1740–1828*. Vol. 2, Part 2 of *The New Cambridge History of India*. Cambridge: Cambridge University Press, 1987.

Mathew, Kalloor M. *History of the Portuguese Navigation in India, 1497–1600*. Delhi: Mittal Publications, 1988.

______. *Portuguese and the Sultanate of Gujarat, 1500–1573*. New Delhi: Mittal Publications, 1986.

______. *Portuguese Trade with India in the Sixteenth Century*. New Delhi: Manohar, 1983.

Matta, Basheer Ahmad Khan. *Sher Shah Suri: A Fresh Perspective*. Karachi: Oxford University Press, 2005.

Matthee, Rudi. *The Politics of Trade in Safavid Iran: Silk for Silver, 1600–1730*. Cambridge: Cambridge University Press, 1999.

Matthee, Rudi, and Jorge Flores, eds. *Portugal, the Persian Gulf and Safavid Persia*. Leuven: Peeters, 2011.

McLane, John R. *Land and Local Kingship in Eighteenth-Century Bengal*. Cambridge: Cambridge University Press, 1993.

McPherson, Kenneth. *The Indian Ocean: A History of People and the Sea*. 2nd ed. Delhi: Oxford University Press, 2001.

McPherson, Kenneth, and Sanjay Subrahmanyam, eds. *From Biography to History: Essays in the History of Portuguese Asia (1500–1800)*. New Delhi: Transbooks, 2005.

Meloy, John L. *Imperial Power and Maritime Trade: Mecca and Cairo in the Later Middle Ages*. Chicago: Middle East Documentation Center, 2010.

Michaels, Axel. *Hinduism: Past and Present*. Princeton, NJ: Princeton University Press, 2004.

Michell, George. *The Vijayanagara Courtly Style: Incorporation and Synthesis in the Royal Architecture of Southern India, 15th–17th Centuries*. New Delhi: Manohar, 1992.

Middleton, John. *The World of the Swahili: An African Mercantile Civilization*. New Haven, CT: Yale University Press, 1992.

Mohan, Surendra. *Awadh under the Nawabs: Politics, Culture and Communal Relations, 1722–1856*. New Delhi: Manohar, 1997.

Moin, A. Azfar. *The Millennial Sovereign: Sacred Kingship and Sainthood in Islam*. New York: Columbia

University Press, 2012.

Morgan, David. *Medieval Persia, 1040–1797.* London: Longman, 1988.

Nagel, Jürgen G. *Abenteuer Fernhandel: Die Ostindienkompanien.* Darmstadt: Wissenschaftliche Buchgesellschaft, 2007.

Nayeem, Muhammad A. *Mughal Administration of Deccan under Nizamul Mulk Asaf Jah (1720–1748 ad).* Bombay: Jaico Publishing House, 1985.

Nesbitt, Eleanor. *Sikhism: A Very Short Introduction.* Oxford: Oxford University Press, 2005.

Newman, Andrew J. *Safavid Iran: Rebirth of a Persian Empire.* London: Tauris, 2006.

Nizami, Khaliq A. *Some Aspects of Religion and Politics in India during the Thirteenth Century.* New Delhi: Idarah–i Adabiyat–i Delli, 1974.

Nizami, Khaliq A., and Mohammad Habib, eds. *The Delhi Sultanat.* Vol. 5 of *A ComprehensiveHistory of India.* New Delhi: People's Publishers House, 1970.

Osterhammel, Jürgen. *Die Entzauberung Asiens: Europa und die asiatischen Reiche im 18. Jahrhundert.* 2nd ed. Munich: Beck, 2010.

———. *The Transformation of the World: A Global History of the Nineteenth Century.* Translated by Patrick Camiller. Princeton, NJ: Princeton University Press, 2014.

Özbaran, Salih. *Ottoman Expansion towards the Indian Ocean in the 16th Century.* Istanbul: Istanbul Bilgi University Press, 2009.

———. *The Ottoman Response to European Expansion: Studies on Ottoman–Portuguese Relations in the Indian Ocean and Ottoman Administration in the Arab Lands during the Sixteenth Century.* Istanbul: Isis Press, 1994.

———. *Portuguese Encounters with the World in the Age of the Discoveries: The Near and Middle East.* London: Ashgate, 2008.

Parthasarathi, Prasannan. *The Transition to a Colonial Economy: Weavers, Merchants and Kings in South India, 1720–1800.* Cambridge: Cambridge University Press, 2001.

Patel, Alka. *Building Communities in Gujarat: Architecture and Society during the Twelfth through Fourteenth Centuries.* Leiden: Brill, 2004.

Pearson, Michael N. *The Indian Ocean.* London: Routledge, 2003.

———. *Merchants and Rulers in Gujarat: The Response to the Portuguese in the Sixteenth Century.* Berkeley: University of California Press, 1976.

———. *Pilgrimage to Mecca: The Indian Experience.* Princeton, NJ: Wiener, 1996.

———. *Port Cities and Intruders: The Swahili Coast, India, and Portugal in the Early Modern Era.* Baltimore: Johns Hopkins University Press, 1998.

———. *The Portuguese in India.* Cambridge: Cambridge University Press, 1987.

Petry, Carl F., ed. *Islamic Egypt, 640–1517.* Vol. 1 of *The Cambridge History of Egypt.* Cambridge: Cambridge University Press, 1998.

———. *Modern Egypt, from 1517 to the End of the Twentieth Century.* Vol. 2 of *The Cambridge History of Egypt.* Cambridge: Cambridge University Press, 1998.

Polo, Marco. *The Description of the World*. Translated by Arthur–Christopher Moule and Paul Pelliot. London: Routledge, 1938.

Prakash, Om. *European Commercial Enterprise in Pre–Colonial India*. Cambridge: Cambridge University Press, 1998.

———., ed. *European Commercial Expansion in Early Modern Asia*. Aldershot, UK: Variorum, 1997.

———. *Precious Metals and Commerce: The Dutch East India Company in the Indian Ocean Trade*. Aldershot, UK: Variorum, 1994.

Ptak, Roderich, ed. *Portuguese Asia: Aspects in History and Economic History, Sixteenth and Seventeenth Centuries*. Wiesbaden: Steiner, 1987.

Ptak, Roderich, and Dietmar Rothermund, eds. *Emporia, Commodities and Entrepreneurs in Asian Maritime Trade, c. 1400–1700*. Stuttgart: Steiner, 1991.

Purnaqcheband, Nader. *Strategien der Kontingenzbewältigung: Der Mogulherrscher Humayun* (r. *1530–1540 und 1555–1556*) *dargestellt in der "Tazkirat al–Waqi'at" seines Leibdieners Jauhar Aftabci*. Schenefeld: EB–Verlag, 2007.

Radkau, Joachim. *Natur und Macht: Eine Weltgeschichte der Umwelt*. Munich: Beck, 2000.

Raychaudhuri, Tapan. "The Agrarian System of Mughal India: A Review Essay." *Enquiry* 2, no. 1 (1965): 92~121.

———. *Bengal under Akbar and Jahangir: An Introductory Study in Social History*. 2nd ed. Delhi: Munshiram Manoharlal, 1969.

———. "The State and the Economy: 1. The Mughal Empire." In *The Cambridge Economic History of India*. Vol. 1: *c. 1200–c. 1750*, ed. Tapan Raychaudhuri and Irfan Habib. Cambridge: Cambridge University Press, 1982.

Raychaudhuri, Tapan, and Irfan Habib, eds. *C. 1200–c. 1750*. Vol. 1 of *The Cambridge Economic History of India*. Cambridge: Cambridge University Press, 1982.

Reid, Anthony. *Southeast Asia in the Age of Commerce, 1450–1680*. 2 vols. New Haven, CT: Yale University Press, 1988–1993.

Reinhard, Wolfgang. *Die Alte Welt bis 1818*. Vol. 1 of *Geschichte der europäischen Expansion*. Stuttgart: Kohlhammer, 1983.

Richards, John F. *The Mughal Administration in Golconda*. Oxford: Clarendon Press, 1975.

———. *The Mughal Empire*. Cambridge: Cambridge University Press, 1993.

———. *The Unending Frontier: An Environmental History of the Early Modern World*. Berkeley: University of California Press, 2003.

Riello, Giorgio, and Tirthankar Roy, eds. *How India Clothed the World: The World of South Asian Textiles, 1500–1850*. Leiden: Brill, 2009.

Risso, Patricia. *Merchants and Faith: Muslim Commerce and Culture in the Indian Ocean*. Boulder, CO: Westview Press, 1995.

Roemer, Hans Robert. *Persien auf dem Weg in die Neuzeit: Iranische Geschichte von 1350–1750*. Stuttgart: Steiner, 1989.

Roy, Atul C. *A History of Mughal Navy and Naval Warfares*. Calcutta: World Press, 1972.

Santos, Catarina M. *Goa é a chave de toda a Índia: Perfil político da capital do Estado da Índia 1505–1570*. Lisbon: Comissão Nacional para as Comemorações dos Descobrimentos Portugueses, 1999.

Satyanarayana, Adapa. *History of the Wodeyars of Mysore (1610–1748)*. Mysore: Directorate of Archaeology and Museums, 1996.

Savory, Roger. *Iran under the Safavids*. Cambridge: Cambridge University Press, 1980.

Schulze, Reinhard. "Das Warten auf die Moderne: Die Islamische Welt." In *Die Welt im 18. Jahrhundert*, ed. Bernd Hausberger and Jean-Paul Lehners. Vienna: Mandelbaum, 2011.

Sen, Sudipta. *Empire of Free Trade: The East India Company and the Making of the Colonial Marketplace*. Philadelphia: University of Pennsylvania Press, 1998.

Serjeant, Robert B. *The Portuguese off the South Arabian Coast: Hadrami Chronicles, with Yemeni and European Accounts of Dutch Pirates off Mocha in the Seventeenth Century*. Oxford: Clarendon Press, 1963.

Singh, Mahendra P. *Town, Market, Mint and Port in the Mughal Empire, 1556–1707: An Administrative-Cum-Economic Study*. New Delhi: Adam Publishers, 1985.

Soucek, Svat. *Piri Reis and Turkish Mapmaking after Columbus*. London: Nor Foundation, 1996.

Steensgaard, Niels. *The Asian Trade Revolution of the Seventeenth Century: The East India Companies and the Decline of the Caravan Trade*. Chicago: University of Chicago Press, 1974.

Stein, Burton. *Vijayanagara*. Cambridge: Cambridge University Press, 1994.

Stevens, Harm. *Dutch Enterprise and the VOC, 1602–1799*. Zutphen: Walburg, 1998.

Strachan, Michael. *Sir Thomas Roe, 1581–1644: A Life*. Salisbury, UK: M. Russell, 1989.

Streusand, Douglas E. *The Formation of the Mughal Empire*. Delhi: Oxford University Press, 1989.

Subrahmanyam, Sanjay. *Improvising Empire: Portuguese Trade and Settlement in the Bay of Bengal, 1500–1700*. Delhi: Oxford University Press, 1990.

———. *The Portuguese Empire in Asia 1500–1700: A Political and Economic History*. London: Longman, 1993.

Šumovskij, Theodor A. *Arabskie locii kak istoriko-literaturnye pamjatniki novogo kačestva*. Moscow: Izdat. Akad. Nauk SSSR, 1960.

———. *Tri neizvestnye locii Achmada ibn Madžida, arabskogo locmana Vasko da Gamy*. Moscow: Izdat. Akad. Nauk SSSR, 1957.

Tibbetts, Gerald R. *Arab Navigation in the Indian Ocean before the Coming of the Portuguese*. London: Royal Asiatic Society, 1971.

———. *The Navigational Theory of the Arabs in the Fifteenth and Sixteenth Centuries*. Coimbra: Junta de Investigações do Ultramar, 1969.

Turan, Ebru. "The Sultan's Favorite: Ibrahim Paşa and the Making of the Ottoman Universal Sovereignty in the Reign of Sultan Süleyman, 1516–1526." PhD diss., University of Chicago, 2007.

Vallet, Éric. *L'Arabie marchande: État et commerce sous les sultans Rasūlides du Yémen (626–858/1229–*

1454). Paris: Publications de la Sorbonne, 2010.

______. "Les sultans rasûlides du Yémen, protecteurs des communautés musulmanes de l'Inde (VIIe–VIIIe / XIIe–XIVe siècle)." *Annales Islamologiques* 41 (2007): 149~176.

Varthema, Ludovico de. *The Itinerary of Ludovico di Varthema of Bologna from 1502–1508*. Translated and edited by John Winter Jones. London: Argonaut Press, 1928.

______. *The Travels of Ludovico di Varthema in Egypt, Syria, Arabia Deserta and Arabia Felix, in Persia, India, and Ethiopia, ad 1503–1508*. Translated and edited by John Winter Jones. London: Hakluyt Society, 1863.

Verghese, Anila. *Hampi*. New Delhi: Oxford University Press, 2002.

Wagoner, Phillip B. *Tidings of the King: A Translation and Ethnohistorical Analysis of the Rayavacakamu*. Honolulu: University of Hawai'i Press, 1993.

Weiss, Bernard G. *The Spirit of Islamic Law*. Athens: University of Georgia Press, 1998.

Wiet, Gaston. *Les marchands d'épices sous les sultans mamlouks*. Cairo: Editions des Cahiers d'histoire égyptienne, 1955.

Winius, George. "The 'Shadow Empire' of Goa in the Bay of Bengal." *Itinerario* 7, no. 2 (1983): 83~101.

Wink, André. *Akbar*. Oxford: Oneworld, 2009.

______. *Indo–Islamic Society: 14th–15th Centuries*. Vol. 3 of *The Making of the Indo–Islamic World*. Leiden: Brill, 2004.

______. *Land and Sovereignty in India: Agrarian Society and Politics under the Eighteenth–Century Maratha Svarajya*. Cambridge: Cambridge University Press, 1986.

Witteveen, Menno. *Een onderneming van landsbelang: De oprichting van de Verenigde Oost–Indische Compagnie in 1602*. Amsterdam: Amsterdam University Press, 2002.

Ziegler, Norman P. "Some Notes on Rajput Loyalties during the Mughal Period." In *Kingship and Authority in South Asia*. 2nd ed. Edited by John F. Richards. Madison: University of Wisconsin Press, 1981.

4부 동남아시아와 대양

Abu–Lughod, Janet. *Before European Hegemony: The World System, ad 1250–1350*. Oxford: Oxford University Press, 1989.

Ahrndt, Wiebke, and Udo Allerbeck, eds. *Ozeanien: Lebenswelten in der Südsee*. Bremen: Übersee–Museum, 2003.

Alberts, Tara. *Conflict and Conversion: Catholicism in Southeast Asia, 1500–1700*. Oxford: Oxford University Press, 2013.

Amyot, Jacques. *The Manila Chinese: Familism in the Philippine Environment*. Quezon City: Institute of Philippine Culture, 1973.

Andaya, Leonard Y. *The Heritage of Arung Palakka: A History of South Sulawesi (Celebes) in the Seventeenth Century.* The Hague: Nijhoff, 1981.

———. *The World of Maluku: Eastern Indonesia in the Early Modern Period.* Honolulu: University of Hawai'i Press, 1993.

Andrade, Tonio. "The Rise and Fall of Dutch Taiwan, 1624–1662: Cooperative Colonization and the Statist Model of European Expansion." *Journal of World History* 17, no. 4 (2006): 429~450.

Ang See, Teresita, ed. *Tsinoy: The Story of the Chinese in Philippine Life.* Manila: Kaisa Para Sa Kaunlaran, 2005.

Appel, Michaela. *Ozeanien: Weltbilder der Südsee.* Munich: Staatliches Museum für Völkerkunde, 2005.

———. "Textilien in Südostasien." In *Ostasiatische Kunst.* Vol. 2, ed. Gabriele Fahr-Becker. Cologne: Könemann, 1998.

Appel, Michaela, and Rose Schubert. "Schiffahrt und frühe Schiffsdarstellungen in Südostasien." In *Kolumbus oder wer entdeckte Amerika?*, ed. Wolfgang Stein. Munich: Hirmer, 1992.

Baker, Chris. "Ayutthaya Rising: From Land or Sea?" *Journal of Southeast Asian Studies* 34 (2003): 41~62.

Basu, Dilip K., ed. *The Rise and Growth of the Colonial Port Cities in Asia.* Lanham, MD: University Press of America, 1985.

Belich, James. *Making Peoples: A History of the New Zealanders, from Polynesian Settlement to the End of the Nineteenth Century.* Auckland: Lane, 1996.

Bellwood, Peter. "The Austronesian Dispersal." In *Arts of the South Seas: Island Southeast Asia, Melanesia, Polynesia, Micronesia*, ed. Douglas Newton. Munich: Prestel, 1999.

Bitterli, Urs. *Asien, Australien, Pazifik.* Vol. 2 of *Die Entdeckung und Eroberung der Welt: Dokumente und Berichte.* Munich: C. H. Beck, 1981.

Blussé, Leonard. "Batavia 1619–1740: The Rise and Fall of a Chinese Colonial Town." *Journal of Southeast Asian Studies* 12 (1981): 159~178.

Bonn, Gerhard. *Engelbert Kaempfer (1651–1716): Der Reisende und sein Einfluß auf die europäische Bewußtseinsbildung über Asien.* Frankfurt am Main: Peter Lang, 2003.

Boomgaard, Peter. *Southeast Asia: An Environmental History.* Santa Barbara, CA: ABC-Clio, 2007.

Boon, James A. *The Anthropological Romance of Bali, 1597–1972: Dynamic Perspectives in Marriage and Caste, Politics and Religion.* Cambridge: Cambridge University Press, 1977.

Boxer, Charles R. *Francisco Vieira: A Portuguese Merchant Adventurer in South East Asia, 1624–1667.* The Hague: Nijhoff, 1967.

Bray, Francesca. *The Rice Economies: Technology and Development in Asian Societies.* Berkeley: University of California Press, 1994.

Buchholz, Hanns J. *Australien — Neuseeland — Südpazifik.* Frankfurt am Main: Fischer, 1984.

Bulbeck, David, et al., eds. *Southeast Asian Exports since the 14th Century: Cloves, Pepper, Coffee, and Sugar.* Leiden: KITLV Press, 1998.

Byrnes, Giselle, ed. *The New Oxford History of New Zealand*. South Melbourne: Oxford University Press, 2009.

Castillo y Tuazon, Teofilo del, and Buenaventura S. Medina. *Philippine Literature from Ancient Times to the Present*. Manila: Del Castillo, 1966.

Chandler, David. *A History of Cambodia*. 4th ed. Boulder, CO: Westview Press, 2008.

Chaudhuri, Kirti N. *Asia before Europe: Economy and Civilisation of the Indian Ocean from the Rise of Islam to 1750*. Cambridge: Cambridge University Press, 1990.

Chihara, Daigoro. *Hindu-Buddhist Architecture in Southeast Asia*. Leiden: Brill, 1996.

Chirino S. J., Pedro. *Relación de las Islas Filipinas: The Philippines in 1600*. Translated by Ramón Echevarría [1600]. Manila: Bookmark, 1969.

Coedès, George. *The Indianized States of Southeast Asia*. Honolulu: East-West Center Press, 1968.

Cohen, Robin. *Global Diasporas: An Introduction*. London: UCL Press, 1997.

Colín, Francisco. *Labor evangélica, ministerios apostólicos de los obreros de la Compañía de Jesús, fundación y progresos de su provincia en las Islas Filipinas*. 3 vols. [1663]. Barcelona: Henrich y Compañía en comandita, 1904.

Comrie, Bernard. *The Major Languages of East and South-East Asia*. London: Routledge, 1990.

Corpuz, Onofre D. *An Economic History of the Philippines*. Quezon City: University of the Philippines Press, 1997.

Cribb, Robert. *Historical Atlas of Indonesia*. Honolulu: University of Hawai'i Press, 2000.

______. *Historical Dictionary of Indonesia*. Metuchen, NJ: Scarecrow Press, 1992.

Crosby, Alfred W. *The Columbian Exchange: Biological and Cultural Consequences of 1492*. Westport, CT: Greenwood Press, 1972.

Dahm, Bernhard. "Kulturelle Identität und Modernisierung in Südostasien." In *Kulturbegriff und Methode: Der stille Paradigmenwechsel in den Geisteswissenschaften*, ed. Klaus P. Hansen. Tübingen: Narr, 1993.

Dahm, Bernhard, and Roderich Ptak, eds. *Südostasien-Handbuch: Geschichte, Gesellschaft, Politik, Wirtschaft, Kultur*. Munich: C. H. Beck, 1999.

Daus, Ronald. *Portuguese Eurasian Communities in Southeast Asia*. Singapore: Institute for Southeast Asian Studies, 1989.

Davidson, Janet M. *The Prehistory of New Zealand*. 2nd ed. Auckland: Longman Paul, 1992.

Demel, Walter, ed. *Entdeckungen und neue Ordnungen, 1200 bis 1800*. Vol. 4 of *Wissenschaftliche Buchgesellschaft Weltgeschichte* [*WB Weltgeschichte*]. Darmstadt: Wissenschaftliche Buchgesellschaft, 2010.

______. "Europäische Entdeckungsreisen vor Kolumbus." In *Kolumbus oder wer entdeckte Amerika?*, ed. Wolfgang Stein. Munich: Hirmer, 1992.

Denoon, Donald, ed. *The Cambridge History of the Pacific Islanders*. Cambridge: Cambridge University Press, 1997.

Denoon, Donald, Philippa Mein-Smith, and Marivic Wyndham. *A History of Australia, New Zealand,*

and the Pacific. Oxford: Blackwell, 2000.

Dijk, Wil O. *Seventeenth-Century Burma and the Dutch East India Company*. Singapore: Singapore University Press, 2006.

Dunn, Malcolm. *Kampf um Melakka: Eine wirtschaftsgeschichtliche Studie über den portugiesischen und niederländischen Kolonialismus in Südostasien*. Wiesbaden: Steiner, 1984.

Edwards, Hugh. *Islands of Angry Ghosts*. London: Hodder & Stoughton, 1966.

Eggebrecht, Arne, and Eva Eggebrecht, ed. *Versunkene Königreiche Indonesiens*. Mainz: von Zabern, 1995.

Ehrenpreis, Stefan. "Erziehung, Bildung und Wissenschaft." In *Entdeckungen und neue Ordnungen, 1200 bis 1800*. Vol. 4 of *WBG Weltgeschichte*, ed. Walter Demel. Darmstadt: Wissenschaftliche Buchgesellschaft, 2010.

Emmerson, Donald K. "'Southeast Asia': What's in a Name." *Journal of Southeast Asian Studies* 15, no. 1 (1984): 1~21.

Engelbert, Thomas. *Die chinesische Minderheit im Süden Vietnams (Hoa) als Paradigma der kolonialen und nationalistischen Nationalitätenpolitik*. Frankfurt am Main: Lang, 2002.

Ertl, Thomas, and Michael Limberger, eds. *Die Welt 1250-1500*. Vol. 1 of *Globalgeschichte. Die Welt 1000-2000*. Vienna: Mandelbaum, 2009.

Feldbauer, Peter. *Estado da India: Die Portugiesen in Asien 1498-1620*. Vienna: Mandelbaum, 2003.

Feldbauer, Peter, and Jean-Paul Lehners, eds. *Die Welt im 16. Jahrhundert*. Vol. 3 of *Globalgeschichte. Die Welt 1000-2000*. Vienna: Mandelbaum, 2008.

Fessen, Helmut, and Hans Dieter Kubitschek. *Geschichte Thailands*. Münster: Lit, 1994.

Finney, Ben. "Colonizing an Island World." In *Prehistoric Settlement of the Pacific*, ed. Ward H. Goodenough. Philadelphia: American Philosophical Society, 1996.

Fisch, Jörg. *Hollands Ruhm in Asien: François Valentyns Vision des niederländischen Imperiums im 18. Jahrhundert*. Stuttgart: Steiner, 1986.

Flannery, Tim. *The Future Eaters: An Ecological History of the Australasian Lands and People*. Chatswood: Reed, 1994.

Foley, Kathy, ed. *Essays on Southeast Asian Performing Arts: Local Manifestations and Cross-Cultural Implications*. Berkeley: International and Area Studies, University of California, 1992.

Frank, André Gunder. *ReOrient: Global Economy in the Asian Age*. Berkeley: University of California Press, 1998.

Frasch, Tilman. "Eine Region in der Krise? Südostasien." In *Die Welt im 17. Jahrhundert*. Vol. 4 of *Globalgeschichte. Die Welt 1000-2000*, ed. Bernd Hausberger. Vienna: Mandelbaum, 2008.

———. "Muslime und Christen: Gewürze und Kanonen" In *Die Welt im 16. Jahrhundert*. Vol. 3 of *Globalgeschichte. Die Welt 1000-2000*, ed. Peter Feldbauer and Jean-Paul Lehners. Vienna: Mandelbaum, 2008.

———. *Pagan: Stadt und Staat*. Stuttgart: Steiner, 1996.

———. "Partikularismus und Kulturtransfer am Rande der Welt: Südostasien." In *Die Welt 1250-*

1500. Vol. 1 of *Globalgeschichte. Die Welt 1000–2000*, ed. Thomas Ertl and Michael Limberger. Vienna: Mandelbaum, 2009.

Frings, Jutta, ed. *James Cook und die Entdeckung der Südsee*. Munich: Hirmer, 2009.

Gale, Mary-Anne. *Dhanum Djorra'Wuy Dhawu: A History of Writing in Aboriginal Languages*. Underdale: Aboriginal Research Institute, University of South Australia, 1997.

Gesick, Lorraine, ed. *Centers, Symbols, and Hierarchies: Essays on the Classical States of Southeast Asia*. New Haven, CT: Yale University Southeast Asian Studies, 1983.

Giesing, Cornelia. "Das vorkolumbische Amerika aus circumpazifischer Sicht." In *Kolumbus oder wer entdeckte Amerika?*, ed. Wolfgang Stein. Munich: Hirmer, 1992.

Girard-Geslan, Maud. *Südostasien: Kunst und Kultur*. Freiburg: Herder, 1995.

Goch, Ulrich. "Das Neue an der Japansicht Engelbert Kaempfers." In *Engelbert Kaempfer (1651–1716): Ein Gelehrtenleben zwischen Tradition und Innovation*, ed. Detlef Haberland. Wiesbaden: Harrassowitz, 2004.

Gommans, Jos, and Jacques Leider, ed. *The Maritime Frontier of Burma*. Amsterdam: Koninklijke Nederlandse Akademie van Wetenschapen, 2002.

Guillot, Claude, Denys Lombard, and Roderich Ptak, eds. *From the Mediterranean to the China Sea*. Wiesbaden: Harrassowitz, 1998.

Gunn, Geoffrey C. *First Globalization: The Eurasian Exchange, 1500–1800*. Lanham, MD: Rowman & Littlefield, 2003.

Guy, John S. *Oriental Trade Ceramics in South-East Asia, 9th to 16th Century: With a Catalogue of Chinese, Vietnamese and Thai Wares in Australian Collections*. Singapore: Oxford University Press, 1990.

Hägerdal, Hans. *Hindu Rulers, Muslim Subjects: Lombok and Bali in the Seventeenth and Eighteenth Centuries*. Bangkok: White Lotus, 2001.

Hagesteijn, Renée. *Circles of Kings: Political Dynamics in Early Continental Southeast Asia*. Dordrecht: Foris, 1989.

Hall, Daniel George Edward, ed. *Historians of South East Asia*. London: Oxford University Press, 1961.

______. *A History of South-East Asia*. 4th ed. London: Macmillan, 1981.

Hall, Kenneth R. "Multi-Dimensional Networking: Fifteenth-Century Indian Ocean Maritime Diaspora in Southeast Asian Perspective." *Journal of the Economic and Social History of the Orient* 49, no. 4 (2006): 454~481.

______. "The Opening of the Malay World to European Trade in the Sixteenth Century." *Journal of the Malaysian Branch of the Royal Asiatic Society* 58, no. 2 (1985): 85~106.

______. "The Textile Industry in Southeast Asia, 1400–1800." *Journal of the Economic and Social History of the Orient* 39, no. 2 (1996): 87~135.

Hanks, Lucien M. *Rice and Man: Agricultural Ecology in Southeast Asia*. Chicago: Aldine, 1972.

Hanlon, David L. *Upon a Stone Altar: A History of the Island of Pohnpei to 1890*. Honolulu: University of Hawai'i Press, 1988.

Hanna, Willard A. *Bali Profile: People, Events, Circumstances (1001–1976)*. New York: American University Field Staff, 1976.

Hausberger, Bernd, ed. *Die Welt im 17. Jahrhundert*. Vol. 4 of *Globalgeschichte. Die Welt 1000–2000*. Vienna: Mandelbaum, 2008.

Heathcote, Ronald L. *Australia*. 2nd ed. Harlow, UK: Longman, 1994.

Heermann, Ingrid. *Mythos Tahiti: Südsee — Traum und Realität*. Berlin: Reimer, 1987.

Höllmann, Thomas O. "Statusbestimmung und Entscheidungsfindung bei den autochthonen Bevölkerungsgruppen Taiwans nach Schriftzeugnissen des 17. und 18. Jahrhunderts." *Saeculum* 55 (2004): 323~332.

Horridge, G. Adrian. *The Prahu: Traditional Sailing Boat of Indonesia*. 2nd ed. Singapore: Oxford University Press, 1985.

Howe, Kerry. *Where the Waves Fall: A New South Sea Islands History from First Settlement to Colonial Rule*. Sydney: Allen & Unwin, 1984.

Ishii, Yoneo. *Sangha, State and Society: Thai Buddhism in History*. Honolulu: University of Hawai'i Press, 1986.

Jacq-Hergoualc'h, Michel. *L'Europe et le Siam du XVIe au XVIIIe Siècle: Apports culturels*. Paris: L'Harmattan, 1993.

———. *The Malay Peninsula: Crossroads of the Maritime Silk Road*. Leiden: Brill, 2002.

Jonge, Nico de, and Toos van Dijk. *Forgotten Islands of Indonesia: The Art and Culture of the Southeast Moluccas*. Singapore: Periplus Editions, 1995.

Kathirithamby-Wells, Jeyamalar, and John Villiers, ed. *The Southeast Asian Port and Polity: Rise and Demise*. Singapore: Singapore University Press, 1990.

King, Victor T. *The Peoples of Borneo*. Oxford: Blackwell, 1993.

Knaap, Gerrit J. *Kruidnagelen en christenen: De Verenigde Oostindische Compangnie en de bevolking van Ambon 1656–1696*. Dordrecht: Foris, 1987.

———. *Shallow Waters, Rising Tide: Shipping and Trade in Java around 1775*. Leiden: KITLV Press, 1996.

Knapen, Han. *Forests of Fortune? The Environmental History of Southeast Borneo, 1600–1880*. Leiden: KITLV Press, 2001.

Kratoska, Paul, Remco Raben, and Henk Schulte Nordholt, eds. *Locating Southeast Asia: Geographies of Knowledge and Politics of Space*. Singapore: Singapore University Press, 2005.

Kreiner, Josef. "Okinawa und Ainu." In *Grundriß der Japanologie*, ed. Klaus Kracht and Markus Rüttermann. Wiesbaden: Harrassowitz, 2001.

———, ed. *The Road to Japan: Social and Economic Aspects of Early European-Japanese Contacts*. Bonn: Bier'sche Verlagsanstalt, 2005.

———. *Ryûkyû in World History*. Bonn: Bier'sche Verlagsanstalt, 2001.

Kubitscheck, Hans-Dieter. *Südostasien: Völker und Kulturen*. Berlin: Akademie-Verlag, 1984.

Kulke, Hermann. "The Early and the Imperial Kingdom in Southeast Asian History." In *Southeast*

Asia in the 9th to 14th Centuries, ed. David G. Marr and A. C. Milner. Singapore: Institute of Southeast Asian Studies, 1986.

———. "Maritimer Kulturtransfer im Indischen Ozean. Theorien zur 'Indisierung' Südostasiens im 1. Jahrtausend n.Chr." *Saeculum* 56 (2005): 173~197.

Lach, Donald F. *Asia in the Making of Europe*. Vol. 2: *A Century of Wonder*. Book 2: *The Literary Arts*. Chicago: University of Chicago Press, 1977.

———. *Asia in the Making of Europe*. Vol. 3: *A Century of Advance*. Book 3: *Southeast Asia*. Chicago: University of Chicago Press, 1993.

Lamping, Heinrich, ed. *Australia: Studies on the History of Discovery and Exploration*. Frankfurt am Main: Institut für Sozialgeographie der Johann-Wolfgang-Goethe-Universität, 1994.

Leach, Edmund R. *Political Systems of Highland Burma: A Study of Kachin Social Structure*. London: London School of Economics and Political Science, 1954.

LeBar, Frank M. *Ethnic Groups of Insular Southeast Asia*. 2 vols. New Haven, CT: Human Relations Area Files Press, 1972–1975.

LeBar, Frank M., Gerlad C. Hickey, and John K. Musgrave. *Ethnic Groups of Mainland Southeast Asia*. New Haven, CT: Human Relations Area Files Press, 1964.

Leigh-Theisen, Heide, and Reinhold Mittersakschmöller. *Lebensmuster: Textilien in Indonesien*. Vienna: Museum für Völkerkunde, 1995.

Leur, Jacob C. van. *Indonesian Trade and Society: Essays in Asian Social and Economic History*. The Hague: Van Hoeve, 1955.

Lieberman, Victor. *Integration on the Mainland*. Vol. 1 of *Strange Parallels: Southeast Asia in Global Context, c. 800–1830*. Cambridge: Cambridge University Press, 2003.

Li Tana. *Nguyen Cochinchina: Southern Vietnam in the 17th and 18th Centuries*. Ithaca, NY: Southeast Asia Program, Cornell University, 1998.

Lockard, Craig A. "'The Sea Common to All': Maritime Frontiers, Port Cities, and Chinese Traders in the Southeast Asian Age of Commerce." *Journal of World History* 21 (2010): 219~247.

Lombard, Denys. *Le carrefour javanais: Essai d'histoire globale*. 3 vols. Paris: École des Hautes Études en Sciences Sociales, 1990.

———. *Le Sultanat d'Atjéh au temps d'Iskandar Muda, 1607–1636*. Paris: École français d'Extrême-Orient, 1967.

Lombard, Denys, and Jean Aubin, eds. *Asian Merchants and Businessmen in the Indian Ocean and the China Sea*. New Delhi: Oxford University Press, 2000.

Lommel, Andreas. *Motiv und Variation in der Kunst des zirkumpazifischen Raumes*. Munich: Museum für Völkerkunde, 1962.

Lubis, Mochtar. *Indonesia: Land under the Rainbow*. 2nd ed. Singapore: Oxford University Press, 1991.

Macintyre, Stuart. *A Concise History of Australia*. 3rd ed. Canberra: Cambridge University Press, 2009.

Macknight, Charles Campbell. *The Voyage to Marege': Macassan Trepangers in Northern Australia*. Carlton, Victoria: Melbourne University Press, 1976.

Malinowski, Bronislaw. *Argonauts of the Western Pacific: An Account of Native Enterprise and Adventure in the Archipelagoes of Melanesian New Guinea*. London: Routledge & Kegan Paul, 1922.

Manguin, Pierre-Yves. "Shipshape Societies: Boat Symbolism and Political Systems in Insular Southeast Asia." In *Southeast Asia in the 9th to 14th Centuries*, ed. David G. Marr and A. C. Milner. Singapore: Institute of Southeast Asian Studies, 1986.

Marr, David G., and Anthony C. Milner, eds. *Southeast Asia in the 9th to the 14th Centuries*. Singapore: Institute of Southeast Asian Studies, 1986.

Masashi, Haneda, ed. *Asian Port Cities, 1600–1800: Local and Foreign Cultural Interactions*. Singapore: National University of Singapore Press, 2009.

Matsuda, Matt K. *Pacific Worlds: A History of Seas, Peoples, and Cultures*. Cambridge: Cambridge University Press, 2012.

Maxwell, Robyn. *Textiles of Southeast Asia: Tradition, Trade, and Transformation*. Melbourne: Oxford University Press, 1990.

Mein Smith, Philippa. *A Concise History of New Zealand*. Cambridge: Cambridge University Press, 2005.

Meißner, Joachim. *Mythos Südsee: Das Bild von der Südsee im Europa des 18. Jahrhunderts*. Hildesheim: Olms, 2006.

Menter, Ulrich. *Ozeanien — Kult und Visionen: Verborgene Schätze aus deutschen Völkerkundemuseen*. Munich: Prestel, 2003.

Menzies, Gavin. *1421. The Year China Discovered America*. London: Bantam 2002.

Meyer, Anthony J. P., and Olaf Wipperfürth. *Oceanic Art*. Cologne: Könemann, 1995.

Mills, J. V. "Arab and Chinese Navigators in Malaysian Waters about ad 1500." *Journal of the Malaysian Branch of the Royal Asiatic Society* 47 (1974): 1~82.

Minahan, James. *Ethnic Groups of South Asia and the Pacific: An Encyclopedia*. Santa Barbara, CA: ABC-Clio, 2012.

Morga, Antonio de. *Sucesos de las Islas Filipinas (México 1609)*. Translated and edited by J. S. Cummins. Cambridge: Cambridge University Press, 1971.

Mückler, Hermann. *Kolonialismus in Ozeanien*. Vienna: Facultas, 2012.

Mulvaney, Derek J. *Encounters in Place: Outsiders and Aboriginal Australians, 1606–1985*. St. Lucia: University of Queensland Press, 1989.

Nagel, Jürgen G. *Abenteuer Fernhandel: Die Ostindienkompanien*. 2nd ed. Darmstadt: Wissenschaftliche Buchgesellschaft, 2011.

———. "Kota, Kampung und fließende Grenze: Einige Überlegungen zur frühneuzeitlichen Stadtgeschichte Indonesien." In *"Das Wichtigste ist der Mensch": Festschrift für Klaus Gerteis zum 60. Geburtstag*, ed. Angela Giebmeyer and Helga Schnabel-Schüle. Mainz: Von Zabern, 2000.

———. "Makassar und der Molukkenhandel: Städte und Handelsnetze im indonesischen Gewürzhandel des 16. und 17. Jahrhunderts." In *Gewürze: Produktion, Handel und Konsum in der Frühen Neuzeit*, ed. Markus A. Denzel. St. Katharinen: Scripta Mercaturae, 1999.

———. "Predikanten und Ziekentrooster: Der Protestantismus in der Welt der Verenigden Oostindischen Compagnie." In *Europäische Aufklärung und protestantische Mission in Indien*, ed. Michael Mann. Heidelberg: Draupadi, 2006.

———. *Der Schlüssel zu den Molukken: Makassar und die Handelsstrukturen des Malaiischen Archipels im 17. und 18. Jahrhundert — eine exemplarische Studie*. Hamburg: Kovač, 2003.

———. "Usurpatoren und Pragmatiker: Einige typologische Überlegungen zur Strategie der niederländischen Ostindienkompanie (1602–1799)." In *Praktiken des Handels: Geschäfte und soziale Beziehungen europäischer Kaufleute in Mittelalter und früher Neuzeit*, ed. Mark Häberlein and Christof Jeggle. Konstanz: UVK, 2010.

Nas, Peter J. M., ed. *The Indonesian City: Studies in Urban Development and Planning*. Dordrecht: Foris, 1986.

Newitt, Malyn, ed. *The First Portuguese Colonial Empire*. Exeter, UK: University of Exeter, 1986.

Newton, Douglas, ed. *Arts of the South Seas: Island Southeast Asia*, Melanesia, *Polynesia*, *Micronesia*. Munich: Prestel, 1999.

Ng Chin Keong. *Trade and Society: The Amoy Network on the China Coast, 1683–1735*. Singapore: Singapore University Press, 1983.

Nugent, Maria. *Captain Cook Was Here*. Cambridge: Cambridge University Press, 2009.

Oliver, Douglas L. *Oceania: The Native Cultures of Australia and the Pacific Islands*. 2 vols. Honolulu: University of Hawai'i Press, 1989.

Oliver, William H., and Bridget R. Williams, eds. *The Oxford History of New Zealand*. Oxford: Clarendon Press, 1981.

Osman, Mohamed Taib, ed. *Islamic Civilization in the Malay World*. Kuala Lumpur: Dewan Bahasa dan Pustaka, 1997.

Owen, Norman G., ed. *Routledge Handbook of Southeast Asian History*. London: Routledge, 2014.

Pan, Lynn, ed. *The Encyclopedia of the Chinese Overseas*. Richmond, UK: Curzon, 1998.

Pelras, Christian. *The Bugis*. Oxford: Blackwell, 1996.

———. "Notes sur quelques populations aquatiques de l'Archipel nusantarien." *Archipel* 3 (1972): 133~168.

Pesigan, Guillermo M., and Charles J.-H. Macdonald, eds. *Old Ties and New Solidarities: Studies on Philippine Communities*. Manila: Ateneo de Manila University Press, 2000.

Phalgunadi, I Gusti Putu. *Evolution of Hindu Culture in Bali: From the Earliest Period to the Present Time*. Delhi: Sundeep Prakashan, 1991.

Phelan, John L. *The Hispanization of the Philippines: Spanish Aims and Filipino Responses, 1565–1700*. Madison: University of Wisconsin Press, 1967.

Pluvier, Jan M. *Historical Atlas of South-East Asia*. Leiden: Brill, 1995.

Prieto, Ana Maria. *El Contacto Hispano-Indígena en Filipinas según la Historiografía de los Siglos XVI y XVII*. Córdoba: Servicio de Publicaciones Universidad de Córdoba, 1993.

Ptak, Roderich. *China's Seaborne Trade with South and Southeast Asia (1200–1750)*. Aldershot, UK:

Ashgate, 1999.

———. *Die chinesische maritime Expansion im 14. und 15. Jahrhundert*. Bamberg: Forschungsstiftung für Vergleichende europäische Überseegeschichte, 1992.

———. *Die maritime Seidenstraße: Küstenräume, Seefahrt und Handel in vorkolonialer Zeit*. Munich: C. H. Beck, 2007.

———. "Ming Maritime Trade to Southeast Asia, 1368–1567: Version of a 'System.'" In *From the Mediterranean to the China Sea*, ed. Claude Guillot, Denys Lombard, and Roderich Ptak. Wiesbaden: Harrassowitz, 1998.

Reed, Robert R. *Colonial Manila: The Context of Hispanic Urbanism and Process of Morphogenesis*. Berkeley: University of California Press, 1978.

Reid, Anthony, ed. *Charting the Shape of Early Modern Southeast Asia*. Chiang Mai: Silkworm Books, 2000.

———. *Expansion and Crisis*. Vol. 2 of *Southeast Asia in the Age of Commerce, 1450–1680*. New Haven, CT: Yale University Press, 1993.

———. "The Islamization of Southeast Asia." In *Charting the Shape of Early Modern Southeast Asia*, ed. Anthony Reid. Chiang Mai: Silkworm Books, 2000.

———. *The Lands below the Winds*. Vol. 1 of *Southeast Asia in the Age of Commerce, 1450–1680*. New Haven, CT: Yale University Press, 1988.

———. "The Seventeenth Century Crisis in Southeast Asia." *Modern Asian Studies* 24, no. 3 (1990): 639~659.

———., ed. *Southeast Asia in the Early Modern Era: Trade, Power, and Belief*. Ithaca, NY: Cornell University Press, 1993.

Remmelink, Willem. *The Chinese War and the Collapse of the Javanese State, 1725–1743*. Leiden: KITLV Press, 1994.

Rickard, John. *Australia: A Cultural History*. London: Longman, 1988.

Ricklefs, Merle C. *A History of Modern Indonesia since c. 1200*. 4th ed. Basingstoke, UK: Palgrave Macmillan, 2008.

———. *Mystic Synthesis in Java: A History of Islamization from the Fourteenth to the Early Nineteenth Centuries*. Norwalk, CT: EastBridge, 2006.

Rigg, Jonathan, ed. *The Gift of Water: Water Management, Cosmology and the State in South East Asia*. London: School of Oriental and African Studies, 1992.

Rodao, Florentino. *Españoles en Siam (1540–1939): Una aportación al estudio de la presencia hispana an Asia Oriental*. Madrid: Consejo Superior de Investigaciones Científicas, 1997.

Rothermund, Dietmar, and Roderich Ptak, eds. *Emporia, Commodities and Entrepreneurs in Asian Maritime Trade, c. 1400–1750*. Wiesbaden: Steiner, 1991.

Ruangsilp, Bhawan. *Dutch East India Company Merchants at the Court of Ayutthaya*. Leiden: Brill, 2007.

Salmon, Claudine. "Chinese Merchants in Southeast Asia." In *Asian Merchants and Businessmen in the Indian Ocean and the China Sea*, ed. Denys Lombard and Jean Aubin. New Delhi: Oxford

University Press, 2000.

SarDesai, D. R. "The Portuguese Administration in Malacca, 1511–1641." *Journal of Southeast Asian History* 10 (1969): 501~512.

Sather, Clifford. *The Bajau Laut: Adaptation, History, and Fate in a Maritime Fishing Society of South-Eastern Sabah.* Kuala Lumpur: Oxford University Press, 1997.

Schilder, Günter. *Australia Unveiled: The Share of Dutch Navigators in the Discovery of Australia.* Amsterdam: Theatrum Orbis Terrarum, 1976.

Schrauwers, Albert. "Houses, Hierarchy, Headhunting and Exchange: Rethinking Political Relations in the Southeast Asian Realm of Luwu." *Bijdragen tot de Taal-, Land-en Volkenkunde* 153 (1997): 356~380.

Schubert, Rose, Ernst Feist, and Caroline Zelz. "Zur frühen Seefahrt in der Südsee: Schiffahrt und Navigation in Polynesien und Mikronesien." In *Kolumbus oder wer entdeckte Amerika?*, ed. Wolfgang Stein. Munich: Hirmer 1992.

Schultze, Michael. *Die Geschichte von Laos: Von den Anfängen bis zum Beginn der neunziger Jahre.* Hamburg: Institut für Asienkunde, 1994.

Schurz, William L. *The Manila Galleon.* New York: Dutton, 1959.

Scott, James C. *The Art of Not Being Governed: An Anarchist History of Upland Southeast Asia.* New Haven, CT: Yale University Press, 2009.

Scott-Ross, Marcus. *A Short History of Malacca.* Singapore: Chopmen, 1971.

Simms, Peter, and Sanda Simms. *The Kingdoms of Laos: Six Hundred Years of History.* Richmond, UK: Curzon, 1999.

Slametmuljana, R. B. *A Story of Majapahit.* Singapore: Singapore University Press, 1976.

Smith, Bernard. *European Vision and the South Pacific.* 2nd ed. New Haven, CT: Yale University Press, 1985.

Smyth, David, ed. *The Canon in Southeast Asian Literatures: Literatures of Burma, Cambodia, Indonesia, Laos, Malaysia, the Philippines, Thailand and Vietnam.* Richmond, UK: Curzon Press, 2000.

Soedjatmoko et al., eds. *An Introduction to Indonesian Historiography.* Ithaca, NY: Cornell University Press, 1965.

Solano, Francisco de, Florentino Rodao, and Luis E. Togores, eds. *Extremo Oriente Ibérico: Investigaciones Históricas: Metodología y Estado de la Cuestión.* Madrid: Centro de Estudios Históricos, 1989.

Sopher, David E. *The Sea Nomads: A Study Based on the Literature of the Maritime Boat People of Southeast Asia.* Singapore: National Museum, 1965.

Sorrenson, Maurice P. K. *Maori Origins and Migrations: The Genesis of Some Pakeha Myths and Legends.* Auckland: Auckland University Press, 1979.

Souza, George B. *The Survival of Empire: Portuguese Trade and Society in China and the South China Sea, 1630–1754.* Cambridge: Cambridge University Press, 1986.

Souza, Teotonio de, ed. *Indo-Portuguese History: Old Issues, New Questions.* New Delhi: Concept

Publishers, 1985.

Spate, Oskar Hermann Khristian. *The Pacific since Magellan*. 3 vols. Canberra: Australian National University Press, 1979–1988.

Steensgaard, Niels. *The Asian Trade Revolution of the Seventeenth Century: The East India Companies and the Decline of the Caravan Trade*. Chicago: University of Chicago Press, 1974.

Stuart-Fox, Martin. *A History of Laos*. Cambridge: Cambridge University Press, 1997.

Suárez, Thomas. *Early Mapping of Southeast Asia*. Singapore: Periplus Editions, 1999.

Subrahmanyam, Sanjay. *The Portuguese Empire in Asia, 1500–1700: A Political and Economic History*. London: Longman, 1993.

Talib, Yusof Ahmad. "Jawa Script: Its Significance and Contribution to the Malay World." In *Proceedings of the International Seminar on Islamic Civilisation in the Malay World*, ed. Taufik Abdullah. Istanbul: IRCICA, 1999.

Tan, Samuel K. *Surat Maguindanaon: Jawi Documentary Series*. Vol. 1. Quezon City: University of the Philippines Press, 1996.

Tarling, Nicholas, ed. *From Early Times to c. 1800*. Vol. 1 of *The Cambridge History of Southeast Asia*. Cambridge: Cambridge University Press, 1992.

______. *Southeast Asia: A Modern History*. Oxford: Oxford University Press, 2001.

Taylor, Jean G. *The Social World of Batavia: European and Eurasian in Dutch Asia*. Madison: University of Wisconsin Press, 1983.

Taylor, Keith W. "Nguyen Hoang and the Beginning of Vietnam's Southward Expansion." In *Southeast Asia in the Early Modern Era: Trade, Power, and Belief*, ed. Anthony Reid. Ithaca, NY: Cornell University Press, 1993.

Thode-Arora, Hilke. *Tapa und Tiki: Die Polynesien-Sammlung des Rautenstrauch-Joest-Museums*. Cologne: Rautenstrauch-Joest-Museum für Völkerkunde, 2001.

Trakulhun, Sven. *Siam und Europa: Das Königreich Ayutthaya in westlichen Berichten 1500–1670*. Hannover-Laatzen: Wehrhahn, 2006.

Uhlig, Harald. *Südostasien*. 2nd ed. Frankfurt am Main: Fischer 1988.

Van Esterik, Penny: *Women of Southeast Asia*. De Kalb: Northern Illinois University, Center for Southeast Asian Studies, 1996.

Van Goor, Jurrien, ed. *Trading Companies in Asia, 1600–1830*. Utrecht: HES Uitgevers, 1986.

Vermeulen, Johannes T. *De Chineezen te Batavia en de troebelen van 1740*. Leiden: Ijdo, 1938.

Villiers, John. *Südostasien vor der Kolonialzeit*. Vol. 18 of *Fischer Weltgeschichte*. Frankfurt am Main: Fischer, 1965.

Voigt, Johannes H. *Geschichte Australiens*. Stuttgart: Kröner, 1988.

Wade, Geoff. "Engaging the South: Ming China and Southeast Asia in the Fifteenth Century." *Journal of the Economic and Social History of the Orient* 51, no. 4 (2008): 578~638.

Wade, Geoff, and Li Tana, eds. *Anthony Reid and the Study of the Southeast Asian Past*. Singapore: Institute of Southeast Asian Studies, 2012.

Warren, James F. *The Global Economy and the Sulu Zone: Connections, Commodities, and Culture*. Quezon City: New Day Publishers, 2000.

______. *The Sulu Zone, 1768–1898: The Dynamics of External Trade, Slavery, and Ethnicity in the Transformation of a Southeast Asian Maritime State*. Singapore: Singapore University Press, 1981.

Waterson, Roxana. *The Living House: An Anthropology of Architecture in South-East Asia*. Singapore: Oxford University Press, 1990.

Watson Andaya, Barbara, ed. *Other Pasts: Women, Gender and History in Early Modern Southeast Asia*. Honolulu: Center for Southeast Asian Studies, 2000.

Wendt, Reinhard. "Der Achte Mond: Religiöse Feste in der chinesischen Diaspora auf den spanischen Philippinen." *Periplus* 14 (2004): 89~116.

______. "'Dinner for One' und die versteckte Präsenz des Fremden im Kulinarischen." In *Grenzgänge: Festschrift zu Ehren von Wilfried Wagner*, ed. Dietmar Rothermund. Hamburg: Abera, 2004.

______. *Fiesta Filipina: Koloniale Kultur zwischen Imperialismus und neuer Identität*. Freiburg im Breisgau: Rombach, 1997.

______. "The Spanish–Dutch War, Japanese Trade and World Politics." In *The Road to Japan: Social and Economic Aspects of Early European–Japanese Contacts*, ed. Josef Kreiner. Bonn: Bier'sche Verlagsanstalt, 2005.

______. "'Talking' and 'Writing' during the Spanish Colonial Era." In *Old Ties and New Solidarities: Studies on Philippine Communities*, ed. Guillermo Pesigan and Charles Macdonald. Quezon City: Ateneo de Manila University Press, 2000.

______. *Vom Kolonialismus zur Globalisierung: Europa und die Welt seit 1500*. Paderborn: Ferdinand Schöningh, 2007.

Wheatley, Paul. *The Golden Khersonese: Studies in the Historical Geography of the Malay Peninsula before ad 1500*. Kuala Lumpur: University of Malaya Press, 1961.

Wickberg, Edgar. "The Chinese Mestizo in Philippine History." *Journal of Southeast Asian History* 5, no. 1 (1964): 62~100.

Wilpert, Clara B. *Südsee: Inseln, Völker und Kulturen*. Hamburg: Christians, 1987.

Wolters, Oliver William. *History, Culture, and Region in Southeast Asian Perspectives*. Singapore: Institute of Southeast Asia Studies, 1982.

Wulf, Annaliese. *Vietnam: Pagoden und Tempel im Reisfeld — Im Fokus indischer und chinesischer Kultur*. 2nd ed. Cologne: DuMont, 1995.

Wurm, Stephen A. *Papuan Languages of Oceania*. Tübingen: Narr, 1982.

Wurm, Stephen A., and Shirô Hattori, eds. *Language Atlas of the Pacific Area*. 2 vols. Canberra: Linguistic Circle of Canberra, 1981.

Wyatt, David K. "Chronicle Traditions in Thai Historiography." In *Southeast Asian History and Historiography: Essays Presented to D. G. E. Hall*, ed. Charles D. Cowan and Oliver William Wolters. Ithaca, NY: Cornell University Press, 1976.

______. *Thailand: A Short History*. Chiang Mai: Silkworm Books, 1984.

Zöllner, Reinhard. *Geschichte Japans: Von 1800 bis zur Gegenwart*. Paderborn: Schöningh, 2006.

5부 유럽과 대서양 세계

Abel, Wilhelm. *Geschichte der deutschen Landwirtschaft vom frühen Mittelalter bis zum 19. Jahrhundert*. Vol. 2 of *Deutsche Agrargeschichte*. 3rd ed. Stuttgart: Ulmer, 1978.

Abulafia, David. *The Discovery of Mankind: Atlantic Encounters in the Age of Columbus*. New Haven, CT: Yale University Press, 2008.

Afflerbach, Holger. *Das entfesselte Meer: Die Geschichte des Atlantik*. Munich: Piper, 2001.

Alexandre, Pierre. *Le climat en Europe au Moyen Âge: Contribution à l'histoire des variations climatiques de 1000 à 1425, d'après les sources narratives de l'Europe occidentale*. Paris: Editions de l'École des Hautes Études en Sciences Sociales, 1987.

Allmand, Christopher T., ed. *C. 1415–c. 1500*. Vol. 7 of *The New Cambridge Medieval History*. Cambridge: Cambridge University Press, 1998.

Anderson, Matthew S. *The Rise of Modern Diplomacy, 1450–1919*. London: Longman 1993.

Andrews, Charles M. *The Colonial Period of American History*. 4 vols. New Haven, CT: Yale University Press, 1934–1938.

Andrews, Kenneth R. *The Spanish Caribbean: Trade and Plunder, 1530–1630*. New Haven, CT: Yale University Press, 1978.

Andrews, Kenneth R., Nicholas P. Canny, and Paul E. H. Hair, eds. *The Westward Enterprise: English Activities in Ireland, the Atlantic, and America, 1480–1650*. Liverpool: Liverpool University Press, 1978.

Angenendt, Arnold. *Geschichte der Religiosität im Mittelalter*. 2nd ed. Darmstadt: Wissenschaftliche Buchgesellschaft, 2000.

Angermeier, Heinz. "Der Wormser Reichstag 1495—Ein europäisches Ereignis." *Historische Zeitschrift* 261 (1995): 739~768.

Appiah, Kwame Anthony, and Henry Louis Gates, eds. *Africana: The Encyclopedia of the African and African American Experience*. New York: Basic Civitas Books, 1999.

Aretin, Karl Otmar von, ed. *Der Aufgeklärte Absolutismus*. Cologne: Kiepenheuer und Witsch, 1974.

Ariès, Philippe, and Georges Duby, eds. *Revelations of the Medieval World*. Vol. 2 of *A History of Private Life*. Cambridge, MA: Belknap Press of Harvard University Press, 1988.

Ariès, Philippe, and Roger Chartier, eds. *Passions of the Renaissance*. Vol. 3 of *A History of Private Life*. Cambridge, MA: Belknap Press of Harvard University Press, 1989.

Armitage, David. "Three Concepts of Atlantic History." In *The British Atlantic World, 1500–1800*, ed. David Armitage and Michael Braddick. New York: Palgrave Macmillan, 2002.

Asch, Ronald G., ed. *Der europäische Adel im Ancien Regime: Von der Krise der ständischen Monarchien bis zur Revolution (ca. 1600–1789)*. Cologne: Böhlau, 2001.

———. *The Thirty Years War: The Holy Roman Empire and Europe, 1618-1648*. Basingstoke, UK: Macmillan, 1997.

Aubin, Hermann, and Wolfgang Zorn, eds. *Von der Frühzeit bis zum Ende des 18. Jahrhunderts*. Vol. 1 of *Handbuch der deutschen Wirtschafts- und Sozialgeschichte*. Stuttgart: Union, 1971.

Ayala, Manuel José de. *Diccionario de gobierno e legislación de Indias*, ed. Marta Milagros del Vas Mingo. 10 vols. Madrid: Cultura Hispánica, 1991-1998.

Bader, Karl Siegfried. *Studien zur Rechtsgeschichte des mittelalterlichen Dorfes*. 3 vols. Weimar: Böhlau, 1957-1973.

Bailyn, Bernard. *Atlantic History: Concept and Contours*. Cambridge, MA: Harvard University Press, 2005.

Bakewell, Peter J. *A History of Latin America*. 2nd ed. Malden, MA: Blackwell, 2004.

Bamji, Alexandra, Geert H. Janssen, and Mary Laven, eds. *The Ashgate Research Companion to the Counter-Reformation*. Farnham, UK: Ashgate, 2013.

Banner, Stuart. *How the Indians Lost Their Land: Law and Power on the Frontier*. Cambridge, MA: Belknap Press, 2005.

Bardet, Jean-Pierre, and Jacques Dupâquier, eds. *Des origines aux prémices de la révolution demographique*. Vol. 1 of *Histoire des populations de l'Europe*. Paris: Fayard, 1997.

Barry, Boubacar. *Senegambia and the Atlantic Slave Trade*. Cambridge: Cambridge University Press, 1998.

Battenberg, Friedrich. *Von den Anfängen bis 1650*. Vol. 1 of *Das europäische Zeitalter der Juden Zur Entwicklung einer Minderheit in der nichtjüdischen Umwelt Europas*. Darmstadt: Wissenschaftliche Buchgesellschaft, 1990.

Bäumer, Remigius, ed. *Die Entwicklung des Konziliarismus*. Darmstadt: Wissenschaftliche Buchgesellschaft, 1976.

Becker, Felix. *Die politische Machtstellung der Jesuiten in Südamerika im 18. Jahrhundert: Zur Kontroverse um den Jesuitenkönig Nikolaus I. von Paraguay*. Cologne: Böhlau, 1980.

Behringer, Wolfgang. *Witches and Witch-Hunts: A Global History*. Cambridge: Polity, 2004.

Bély, Lucien, ed. *L'invention de la diplomatie: Moyen Âge — Temps modernes*. Paris: PUF, 1998.

Benedict, Philip. *Christ's Churches Purely Reformed: A Social History of Calvinism*. New Haven, CT: Yale University Press, 2002.

Benedictow, Ole J. *The Black Death, 1346–1353: The Complete History*. Woodbridge, UK: Boydell Press, 2004.

Benevolo, Leonardo. *The European City*. Oxford: Blakwell 1993.

Bercé, Yves-Marie. *Révoltes et révolutions dans l'Europe moderne (XVIe-XVIIIe siècles)*. Paris: PUF, 1980.

Bérenger, Jean. *Histoire de l'empire des Habsbourg 1273-1918*. Paris: Fayard, 1990.

Bergdolt, Klaus. *Der Schwarze Tod in Europa: Die Große Pest und das Ende des Mittelalters*. Munich: C. H. Beck, 1994.

Bethell, Leslie, ed. *Bibliographical Essays*. Vol. 11 of *The Cambridge History of Latin America*. Cambridge: Cambridge University Press, 1995.

———. *Colonial Brazil*. Cambridge: Cambridge University Press, 1987.

———. *Colonial Latin America*. Vols. 1 and 2 of *The Cambridge History of Latin America*. Cambridge: Cambridge University Press, 1984.

Biggs, Douglas, Sharon D. Michalove, and Albert C. Reeves. *Traditions and Transformations in Late Medieval England*. Leiden: Brill, 2002.

Black, Anthony. *Political Thought in Europe, 1250–1450*. Cambridge: Cambridge University Press, 1992.

Black, Jeremy, ed. *A Military Revolution? Military Change and European Society, 1550–1800*. Basingstoke, UK: Macmillan, 1991.

Blanning, Timothy C. W. *The Culture of Power and the Power of Culture: Old Regime Europe, 1660–1789*. Oxford: Oxford University Press, 2002.

Blickle, Peter. *Von der Leibeigenschaft zu den Menschenrechten: Eine Geschichte der Freiheit in Deutschland*. Munich: C. H. Beck, 2003.

Bliss, Robert M. *Revolution and Empire: English Politics and the American Colonies in the Seventeenth Century*. Manchester: Manchester University Press, 1990.

Bloch, Marc. *Feudal Society*. 2 vols. London: Routledge & Kegan Paul, 1971.

Blockmans, Wim P., and Jean-Pilippe Genet, eds. *The Origins of the Modern State in Europe: 13th–18th Centuries*. 7 vols. Oxford: Clarendon Press, 1995–2000.

Bödeker, Hans Erich, and Etienne François, eds. *Aufklärung / Lumières und Politik: Zur politischen Kultur der deutschen und französischen Aufklärung*. Leipzig: Leipziger Universitätsverlag, 1996.

Böning, Holger. *Die Genese der Volksaufklärung und ihre Entwicklung bis 1780*. Stuttgart: Frommann-Holzboog, 1990.

Bonney, Richard. *The European Dynastic States, 1494–1660*. 3rd ed. Oxford: Oxford University Press, 1991.

Boockmann, Hartmut. *Die Stadt im späten Mittelalter*. 3rd ed. Munich: C. H. Beck, 1994.

Boonzaier, Emile et al. *The Cape Herders: A History of the Khoikhoi of Southern Africa*. Cape Town: Philip, 1996.

Böttcher, Nikolaus. *Aufstieg und Fall eines atlantischen Handelsimperiums: Portugiesische Kaufleute und Sklavenhändler in Cartagena de Indias von 1580 bis zur Mitte des 17. Jahrhunderts*. Frankfurt am Main: Vervuert, 1995.

Boucher, Philip P. *France and the American Tropics to 1700*. Baltimore: Johns Hopkins University Press, 2008.

Boxer, Charles R. *The Golden Age of Brazil, 1695*–1750. Berkeley: University of California Press 1962.

Braddick, Michael J. *State Formation in Early Modern England, ca. 1550–1700*. Cambridge: Cambridge University Press, 2000.

Brading, David A. *The First America: The Spanish Monarchy, Creole Patriots and the Liberal State,*

1492–1867. Cambridge: Cambridge University Press, 1991.

Brady, Thomas A., Jr., Heiko A. Oberman, and James D. Tracy, eds. *Handbook of European History, 1400–1600*. 2 vols. Leiden: Brill, 1994–1995.

Brandmüller, Walter. *Das Konzil von Konstanz*. 2 vols. Paderborn: Schöningh, 1991–1999.

Braudel, Fernand. *Civilization and Capitalism*. 3 vols. London: Fontana, 1981–1982.

______. *The Mediterranean and the Mediterranean World in the Age of Philip II*. 2 vols. London: Fontana, 1949.

Brecht, Martin et al. ed. *Geschichte des Pietismus*. 4 vols. Göttingen: Vandenhoeck & Ruprecht, 1993–2004.

Brendecke, Arndt. *Imperium und Empirie: Funktionen des Wissens in der spanischen Kolonialherrschaft*. Cologne: Böhlau, 2009.

Bridenbaugh, Carl, and Roberta Bridenbaugh. *No Peace beyond the Line: The English in the Caribbean, 1624–1690*. Oxford: Oxford University Press, 1972.

Brooks, George E. *Eurafricans in Western Africa: Commerce, Social Status, Gender, and Religious Observance from the 16th to the 18th Century*. Athens: Ohio University Press, 2003.

Brown, Stewart J., and Timothy Tackett, eds. *Enlightenment, Reawakening, and Revolution, 1660–1815*. Vol. 7 of *The Cambridge History of Christianity*. Cambridge: Cambridge University Press, 2006.

Buisson-Wolff, Inge. *Regierung und Verwaltung der kolonialspanischen Städte in Hochperu 1538–1650*. Cologne: Böhlau, 1970.

Bulmer-Thomas, Victor, John H. Coatsworth, and Roberto Cortés Conde, eds. *The Colonial Era and the Short Nineteenth Century*. Vol. 1 of *The Cambridge Economic History of Latin America*. Cambridge: Cambridge University Press, 2006.

Burguière, André, Christiane Klapisch-Zuber, Martine Segalen, and Françoise Zonabend, eds. *A History of the Family*. 2 vols. Cambridge, MA: Belknap Press, 1996.

Burke, Peter. *Culture and Society in Renaissance Italy, 1420–1540*. London: Batsford, 1972.

______. *The Renaissance*. Basingstoke, UK: Macmillan 1994.

Burkhardt, Johannes. *Der Dreißigjährige Krieg*. Frankfurt am Main: Suhrkamp, 1992.

______. "Die Friedlosigkeit der Frühen Neuzeit. Grundlegung einer Theorie der Bellizität Europas." *Zeitschrift für Historische Forschung* 24 (1997): 509~574.

______. *Vollendung und Neuorientierung des frühmodernen Reiches 1648–1763*. Stuttgart: Klett-Cotta, 2006.

Burns, James H., ed. *The Cambridge History of Political Thought, 1450–1700*. Cambridge: Cambridge University Press, 1991.

Buszello, Horst, Peter Blickle, and Rudolf Endres, eds. *Der deutsche Bauernkrieg*. 3rd ed. Paderborn: Schöningh, 1995.

Butel, Paul. *Histoire de l'Atlantique*. Paris: Perrin, 1997.

The Cambridge History of the Native Peoples of the Americas. 3 vols. in 6 parts. Cambridge: Cambridge

University Press, 1996–2000.

Canny, Nicholas, P., ed. *The Origins of Empire: British Overseas Enterprise to the Close of the 17th Century*. Vol. 1 of *The Oxford History of the British Empire*. Oxford: Oxford University Press, 1998.

Canny, Nicholas, and Philip Morgan. *The Oxford Handbook of the Atlantic World, 1450–1850*. Oxford: Oxford University Press, 2011.

Carsten, Francis L. *Princes and Parliaments in Germany from the 15th to the 18th Century*. Oxford: Clarendon, 1959.

Cavallo, Guglielmo, and Roger Chartier, eds. *A History of Reading in the West*. Oxford: Polity, 1999.

Chaunu, Huguette et Pierre. *Séville et l'Atlantique (1504–1650)*. 8 vols. in 12 parts. Paris: Colin, 1955–1960.

Chittolini, Giorgio, Anthony Molho, and Pierangelo Schiera, eds. *Origini dello Stato: Processi di formazione statale in Italia fra medioevo ed età moderna*. Bologna: Il Mulino, 1994.

Cipolla, Carlo M., and Knut Borchardt, eds. *Bevölkerungsgeschichte Europas*. Munich: Piper, 1971.

Clark, Peter, ed. *Small Towns in Early Modern Europe*. Cambridge: Cambridge University Press, 1995.

Connah, Graham. *African Civilizations: An Archaeological Perspective*. 2nd ed. Cambridge: Cambridge University Press, 2001.

Contamine, Philippe. *La guerre de cent ans*. 8th ed. Paris: PUF, 2002.

Coquery-Vidrovitch, Catherine. *Histoire des villes d'Afrique noire: Des origines à la colonisation*. Paris: Albin Michel, 1993.

Cressy, David. *Coming Over: Migration and Communication between England and New England in the Seventeenth Century*. Cambridge: Cambridge University Press, 1987.

Crosby, Alfred W. *The Columbian Exchange: Biological and Cultural Consequences of 1492*. Westport, CT: Greenwood Press, 1972.

———. *Ecological Imperialism: The Biological Expansion of Europe, 900–1900*. 2nd ed. Cambridge: Cambridge University Press, 2004.

Crouch, Dora P., Daniel J. Garr, and Axel I. Mundigo. *Spanish City Planning in North America*. Cambridge, MA: MIT Press, 1982.

Curtin, Phillip D. *The Atlantic Slave Trade: A Census*. Madison: University of Wisconsin Press, 1969.

Daunton, Martin, and Rick Halpern, eds. *Empire and Others, British Encounters with Indigenous Peoples, 1600–1850*. Philadelphia: University of Pennsylvania Press, 1999.

Deerr, Noël. *The History of Sugar*. 2 vols. London: Chapman and Hall, 1949–1950.

Delgado, Mariano. *Abschied vom erobernden Gott: Studien zu Geschichte und Gegenwart des Christentums in Lateinamerika*. Immensee: Neue Zeitschrift für Missionswissenschaft, 1996.

Delumeau, Jean. *La peur en occident: XIVe–XVIIIe siècles*. Paris: Hachette, 1978.

Denzel, Markus A. *"La Practica della Cambiatura": Europäischer Zahlungsverkehr vom 14. bis zum 17. Jahrhundert*. Stuttgart: Steiner, 1994.

Derwich, Marek, and Martial Staub, eds. *"Die Neue Frömmigkeit" in Europa im Spätmittelalter*.

Göttingen: Vandenhoeck & Ruprecht, 2004.

Devèze, Michel. *Antilles, Guyanes, la mer des Caraïbes de 1492 à 1789*. Paris: Société d'Édition d'Enseignement Supérieur, 1977.

Dinzelbacher, Peter, and Dieter R. Bauer, eds. *Volksreligion im hohen und späten Mittelalter*. Paderborn: Schöningh, 1990.

Dirlmeier, Ulf, Gerhard Fouquet, Bernd Fuhrmann, and Rainer S. Elkar, eds. *Öffentliches Bauen in Mittelalter und früher Neuzeit*. St. Katharinen: Scripta Mercaturae-Verlag, 1991.

Disney, Anthony R. *The Portuguese Empire*. Vol. 2 of *A History of Portugal and the Portuguese Empire*. Cambridge: Cambridge University Press, 2009.

Dollinger, Philippe. *Die Hanse*. 5th ed. Stuttgart: Kröner, 1998.

Donnan, Elizabeth, ed. *Documents Illustrative of the History of the Slave Trade*. 4 vols. Washington, DC: Carnegie Institution, 1930–1935.

Doyle, William. *The Old European Order, 1660–1800*. 2nd ed. Oxford: Oxford University Press, 1992.

Duby, Georges. *Rural Economy and Country Life in the Medieval West*. London: Arnold, 1968.

Duby, Georges, and Michelle Perrot, eds. *A History of Women in the West*. Vols. 2 and 3. Cambridge, MA: Belknap Press of Harvard University Press, 1992–1993.

Duke, Alastair, Gillian Lewis, and Andrew Pettegree, eds. *Calvinism in Europe, 1540–1610: A Collection of Documents*. Manchester: Manchester University Press, 1992.

Dunn, Richard S. *Sugar and Slaves: The Rise of the Planter Class in the English West Indies, 1624–1713*. London: Cape, 1973.

Dwyer, Philip G., ed. *The Rise of Prussia, 1700–1830*. Harlow, UK: Longman, 2000.

East, W. Gordon. *An Historical Geography of Europe*. 5th ed. London: Methuen, 1966.

Edwards, John. *The Jews in Christian Europe, 1400–1700*. London: Routledge, 1988.

Ehret, Christopher. *The Civilizations of Africa: A History to 1800*. Oxford: James Currey, 2002.

Elliott, John H. *Empires of the Atlantic World: Britain and Spain in America, 1492–1830*. New Haven, CT: Yale University Press, 2006.

Eltis, David, and David Richardson. *Atlas of the Transatlantic Slave Trade*. New Haven, CT: Yale University Press, 2010.

Eltis, David et al. *The Trans-Atlantic Slave Trade: A Database*. Atlanta, GA: Emory University: www.slavevoyages.org.

Engelbrecht, William. *Iroquoia: The Development of a Native World*. Syracuse, NY: Syracuse University Press, 2003.

Engerman, Stanley L., Seymour Drescher, and Robert Louis Paquette, eds. *Slavery*. New York: Oxford University Press, 2001.

Engerman, Stanley L., and Robert E. Gallman. *The Colonial Era*. Vol. 1 of *The Cambridge Economic History of the United States*. Cambridge: Cambridge University Press, 1996.

Ertman, Thomas. *Birth of the Leviathan: Building States and Regimes in Medieval and Early Modern*

Europe. Cambridge: Cambridge University Press, 1997.

Esser, Thilo. *Pest, Heilsangst und Frömmigkeit: Studien zur religiösen Bewältigung der Pest am Ausgang des Mittelalters*. Altenberge: Oros-Verlag, 1999.

Fage, John D. *A History of Africa*. 3rd ed. New York: Routledge, 1995.

Falola, Toyin, and Kevin D. Roberts, eds. *The Atlantic World, 1450–2000*. Bloomington: Indiana University Press, 2008.

Feldbauer, Peter, ed. *Die vormoderne Stadt: Asien und Europa im Vergleich*. Munich: Oldenbourg, 2002.

Ferguson, Wallace K. *The Renaissance in Historical Thought: Five Centuries of Interpretation*. Boston: Houghton Mifflin, 1948.

Finzsch, Norbert, James Oliver Horton, and Lois E. Horton. *Von Benin nach Baltimore: Die Geschichte der African Americans*. Hamburg: Hamburger Edition, 1999.

Fischer, Rudolf. *Gold, Salz und Sklaven: Die Geschichte der großen Sudanreiche Gana, Mali, Songhai*. 2nd ed. Oberdorf: Edition Piscator, 1991.

Flasche, Rainer. Geschichte und Typologie afrikanischer Religiosität in Brasilien. Marburg: Universität Marburg, 1973.

Franz, Günther. *Geschichte des deutschen Bauernstandes vom frühen Mittelalter bis zum 19. Jahrhundert*. Vol. 4 of *Deutsche Agrargeschichte*. 2nd ed. Stuttgart: Ulmer, 1976.

Freiesleben, Hans-Christian. *Geschichte der Navigation*. 2nd ed. Wiesbaden: Steiner, 1978.

Galenson, David W. *Traders, Planters, and Slaves: Market Behavior in Early English America*. Cambridge: Cambridge University Press, 1986.

———. *White Servitude in Colonial America: An Economic Analysis*. Cambridge: Cambridge University Press, 1981.

Galloway, James A., ed. *Trade, Urban Hinterlands and Market Integration, c. 1300–1600*. London: Centre for Metropolitan History, Institute of Historical Research, 2000.

Games, Alison. *Migration and the Origins of the English Atlantic World*. Cambridge, MA: Harvard University Press, 1999.

Gantet, Claire. *Guerre, paix et construction des États 1618–1714*. Vol. 2 of *Nouvelle histoire des relations internationales*. Paris: Seuil, 2003.

Garćia Fuentes, Lutgardo. *El comercio español con América (1650–1700)*. Seville: Escuela de Estudios Hispano-Americanos, 1980.

Garin, Eugenio, ed. *Renaissance Characters*. Chicago: University of Chicago Press, 1997.

Garnot, Benoît. *Le peuple au siècle des lumières: Échec d'un dressage culturel*. Paris: Editions Imago, 1990.

Gay, Peter. *The Enlightenment: An Interpretation*. 2 vols. New York: Knopf, 1967–1969.

Gerhard, Peter. *A Guide to the Historical Geography of New Spain*. 2nd ed. Norman: University of Oklahoma Press, 1993.

Gestrich, Andreas, Jens-Uwe Krause, and Michael Mitterauer. *Geschichte der Familie*. Stuttgart: Kröner, 2003.

Gilroy, Paul. *The Black Atlantic: Modernity and Double Consciousness*. Cambridge, MA: Harvard

University Press, 1993.

Giraud, Marcel. *Histoire de la Louisiane française*. 4 vols. Paris: PUF, 1953–1974.

Glaser, Rüdiger. *Klimageschichte Mitteleuropas: 1200 Jahre Wetter, Klima, Katastrophen*. 2nd ed. Darmstadt: Wissenschaftliche Buchgesellschaft, 2008.

Goodman, Anthony. *The New Monarchy: England, 1471–1534*. Oxford: Blackwell, 1988.

Goodman, David, and Colin A. Russell, eds. *The Rise of Scientific Europe, 1500–1800*. Sevenoaks: Hodder and Stoughton, 1991.

Goslinga, Cornelis C. *The Dutch in the Caribbean and in the Guianas, 1680–1791*. Assen: Van Gorcum, 1985.

______. *The Dutch in the Caribbean and on the Wild Coast, 1580–1680*. Assen: Van Gorcum, 1971.

Gräf, Holger Thomas, and Ralf Pröve. *Wege ins Ungewisse: Reisen in der Frühen Neuzeit 1500–1800*. Frankfurt am Main: S. Fischer, 1997.

Graus, František. *Pest — Geißler — Judenmorde: Das 14. Jahrhundert als Krisenzeit*. 3rd ed. Göttingen: Vandenhoeck & Ruprecht, 1994.

Gray, Richard, ed. *From c. 1600 to c. 1790*. Vol. 4 of *The Cambridge History of Africa*. Cambridge: Cambridge University Press, 1975.

Greene, Jack P., and Philip D. Morgan, eds. *Atlantic History: A Critical Appraisal*. Oxford: Oxford University Press, 2009.

Grenier, John. *The First Way of War: American War Making on the Frontier, 1607–1814*. Cambridge: Cambridge University Press, 2005.

Gunn, Geoffrey C. *First Globalization: The Eurasian Exchange, 1500–1800*. Lanham, MD: Rowman & Littlefield, 2003.

Häberlein, Mark, and Alexander Keese, eds. *Sprachgrenzen — Sprachkontakte — Kulturelle Vermittler*. Stuttgart: Steiner, 2010.

Habermas, Jürgen. *The Structural Transformation of the Public Sphere*. Cambridge, MA: MIT Press, 1998.

Haigh, Christopher. *English Reformations: Religion, Politics, and Society under the Tudors*. Oxford: Clarendon, 1993.

Hall, David D., ed. *Puritans in the New World: A Critical Anthology*. Princeton, NJ: Princeton University Press, 2004.

Hall, Gwendolyn M. *Social Control in Slave Plantation Societies: A Comparison of St. Domingue and Cuba*. Baltimore: Johns Hopkins University Press, 1971.

Hammel-Kiesow, Rolf. *Die Hanse*. 4th ed. Munich: C. H. Beck, 2008.

Hargreaves-Mawdsley, William N. *Eighteenth-Century Spain, 1700–1788: A Political, Diplomatic and Institutional History*. London: Macmillan, 1979.

Härter, Karl, ed. *Policey und frühneuzeitliche Gesellschaft*. Frankfurt am Main: Klostermann, 2000.

Hassig, Ross. *Mexico and the Spanish Conquest*. 2nd ed. Norman: University of Oklahoma Press, 2006.

Hattendorf, John B. *"The Boundless Deep . . .": The European Conquest of the Oceans, 1450–1840*.

Providence, RI: John Carter Brown Library, 2003.

Hattenhauer, Hans. *Europäische Rechtsgeschichte*. 4th ed. Heidelberg: Müller, 2004.

Havard, Gilles, and Cécile Vidal. *Histoire de l'Amérique française*. 2nd ed. Paris: Flammarion, 2008.

Hazard, Paul. *The European Mind (1680–1715)*. Cleveland, OH: World Publishing, 1963.

———. *European Thought in the Eighteenth Century from Montesquieu to Lessing*. London: Hollis & Carter, 1954.

Herbert, Eugenia W. *Red Gold of Africa: Copper in Precolonial History and Culture*. Madison: University of Wisconsin Press, 1984.

Hergemöller, Bernd-Ulrich, ed. *Randgruppen der spätmittelalterlichen Gesellschaft*. 3rd ed. Warendorf: Fahlbusch, 2001.

Heydenreich, Ludwig H., André Chastel, and Günter Passavant. *Italienische Renaissance*. 4 vols. Munich: C. H. Beck, 1965–1975.

Hillgarth, Jocelyn N. *The Spanish Kingdoms, 1250–1516*. 2 vols. Oxford: Clarendon, 1976–1978.

Hilton, Anne. *The Kingdom of Kongo*. Oxford: Clarendon Press, 1985.

Hilton, Rodney H. *English and French Towns in Feudal Society: A Comparative Study*. Cambridge: Cambridge University Press, 1992.

Historia general de España y América. 19 vols. in 25 parts. Madrid: RIALP, 1981–1992.

Hoerder, Dirk. *Cultures in Contact: World Migrations in the Second Millennium*. Durham, NC: Duke University Press, 2002.

Holmes, Geoffrey. *The Making of a Great Power: Late Stuart and Early Georgian Britain, 1660–1722*. London: Longman, 1993.

Houtte, Jan A. van, ed. *Europäische Wirtschafts- und Sozialgeschichte im Mittelalter*. Vol. 2 of *Handbuch der europäischen Wirtschafts- und Sozialgeschichte*. Stuttgart: Klett-Cotta, 1980.

Hsia, Ronnie Po-Chia, ed. *Reform and Expansion, 1500–1660*. Vol. 6 of *The Cambridge History of Christianity*. Cambridge: Cambridge University Press, 2007.

Hufton, Olwen. *The Prospect before Her: A History of Women in Western Europe, 1500–1800*. London: HarperCollins 1995.

Iliffe, John. *Africans: The History of a Continent*. Cambridge: Cambridge University Press, 1995.

Im Hof, Ulrich. *Das gesellige Jahrhundert: Gesellschaft und Gesellschaften im Zeitalter der Aufklärung*. Munich: C. H. Beck, 1982.

Inácio, Inês da Conceição, and Tania Regina de Luca, eds. *Documentos do Brasil colonial*. São Paulo: Atica, 1993.

Inikori, Joseph E. *Africans and the Industrial Revolution in England: A Study in International Trade and Economic Development*. Cambridge: Cambridge University Press, 2002.

Isenmann, Eberhard. *Die deutsche Stadt im Spätmittelalter, 1250–1500: Stadtgestalt, Recht, Stadtregiment, Kirche, Gesellschaft, Wirtschaft*. Stuttgart: Ulmer, 1988.

Israel, Jonathan I. The Dutch Republic: Its Rise, Greatness, and Fall, 1477–1806. Oxford: Clarendon, 1995.

Jaeger, Friedrich, ed. *Enzyklopädie der Neuzeit*. 16 vols. Stuttgart: Metzler, 2005–2012.

Jaenen, Cornelius J. *Friend and Foe, Aspects of French–Amerindian Cultural Contact in the Sixteenth and Seventeenth Centuries*. New York: Columbia University Press, 1976.

Jedin, Hubert. *Geschichte des Konzils von Trient*. 4 vols. in 5 parts. Freiburg im Breisgau: Herder, 1949–1975.

Jensen, Merrill, ed. *American Colonial Documents to 1776*. Vol. 9 of *English Historical Documents*. London: Eyre and Spottiswoode, 1955.

Jockenhövel, Albrecht, ed. *Bergbau, Verhüttung und Waldnutzung im Mittelalter: Auswirkungen auf Mensch und Umwelt*. Stuttgart: Steiner, 1996.

Johanek, Peter, and Heinz Stoob, eds. *Europäische Messen und Märktesysteme in Mittelalter und Neuzeit*. Cologne: Böhlau, 1996.

Jones, Michael, ed. *C. 1300–c. 1415*. Vol. 6 of *The New Cambridge Medieval History*. Cambridge: Cambridge University Press, 2000.

———. *Gentry and Lesser Nobility in Late Medieval Europe*. Gloucester, UK: Sutton, 1986.

Jones, Philip J. *Economia e società nell'Italia medievale*. Turin: Einaudi, 1980.

Jütte, Robert. *Arme, Bettler, Beutelschneider: Eine Sozialgeschichte der Armut in der Frühen Neuzeit*. Cologne: Böhlau, 2000.

Kamen, Henry. *Spain, 1469–1714: A Society of Conflict*. 3rd ed. Harlow, UK: Pearson, 2005.

Kellenbenz, Hermann, ed. *Europäische Wirtschafts– und Sozialgeschichte vom ausgehenden Mittelalter bis zur Mitte des 17. Jahrhunderts*. Vol. 3 of *Handbuch der europäischen Wirtschafts– und Sozialgeschichte*. Stuttgart: Klett–Cotta, 1986.

Kempe, Michael. *Fluch der Weltmeere: Piraterie, Völkerrecht und international Beziehungen 1500–1900*. Frankfurt am Main: Campus, 2010.

Kiple, Kenneth F., ed. *The African Exchange: Toward a Biological History of Black People*. Durham, NC: Duke University Press, 1988.

———. *The Cambridge World History of Human Disease*. Cambridge: Cambridge University Press, 1993.

———. *The Caribbean Slave: A Biological History*. Cambridge: Cambridge University Press, 1984.

Kiple, Kenneth F., and Stephen V. Beck, eds. *Biological Consequences of the European Expansion, 1450–1800*. Aldershot, UK: Ashgate Variorum, 1997.

Klein, Bernhard, and Gesa Mackenthun, eds. *Sea Changes: Historicizing the Ocean*. London: Routledge, 2004.

Klein, Herbert S. *The Atlantic Slave Trade*. Cambridge: Cambridge University Press, 1999.

Klein, Herbert S., and Francisco V. Luna. *Slavery in Brazil*. Cambridge: Cambridge University Press, 2010.

Klein, Julius. *The Mesta: A Study of Spanish Economic History, 1273–1836*. Cambridge, MA: Harvard University Press, 1920.

Knight, Franklin W., ed. *The Slave Societies of the Caribbean*. Vol. 3 of *General History of the Caribbean*.

London: UNESCO, 1997.

Konstam, Angus. *Historical Atlas of Exploration, 1492–1600.* New York: Checkmark Books, 2000.

Kruft, Hanno-Walter. *Städte in Utopia: Die Idealstadt vom 15. bis zum 18. Jahrhundert zwischen Staatsutopie und Wirklichkeit.* Munich: C. H. Beck, 1989.

Kuhn, Gabriel. *Life under the Jolly Roger: Reflections on Golden Age Piracy.* Oakland, CA: PM Press, 2010.

Kuttner, Sven. *Handel, Religion und Herrschaft: Kulturkontakt und Ureinwohnerpolitik in Neufrankreich im frühen 17. Jahrhundert.* Frankfurt am Main: Peter Lang, 1998.

Lachatañeré, Rómulo. *Afro-Cuban Myths: Yemayá and Other Orishas.* Princeton, NJ: Wiener, 2006.

Lamb, Hubert H. *Klima und Kulturgeschichte: Der Einfluß des Wetters auf den Gang der Geschichte.* Reinbek: Rowohlt, 1989.

Lambrechts, Pascale, and Jean-Pierre Sosson, eds. *Les métiers au moyen âge: Aspects économiques et sociaux.* Louvain-la-Neuve: Collège Erasme, 1994.

Landers, John. *The Field and the Forge: Population, Production, and Power in the Pre-Industrial West.* Oxford: Oxford University Press, 2003.

Lane, Kris E. *Pillaging the Empire: Piracy in the Americas, 1500–1750.* Armonk, NY: M. E. Sharpe, 1998.

Lanzinner, Maximilian. *Konfessionelles Zeitalter 1555–1618.* Stuttgart: Klett-Cotta, 2001.

Law, Robin C. C. *Constructing the Pre-Colonial History of West Africa: Reflections on the Methodology of Oral and Written History.* Leiden: Afrika-Studiecentrum, 1993.

Lestringant, Frank. L'atelier du cosmographe ou l'image du monde à la Renaissance. Paris: Michel, 1991.

Levtzion, Nehemia, ed. *Corpus of Early Arabic Sources for West African History.* Cambridge: Cambridge University Press, 1981.

Linebaugh, Peter, and Marcus Rediker. *The Many-Headed Hydra: Sailors, Slaves, Commoners, and the Hidden History of the Revolutionary Atlantic.* Boston: Beacon Press, 2000.

Livi Bacchi, Massimo. *Conquest: The Destruction of the American Indios.* Cambridge: Polity Press, 2008.

Lockhart, James. *The Nahuas after the Conquest: A Social and Cultural History of the Indians of Central Mexico, Sixteenth through Eighteenth Centuries.* Stanford, CA: Stanford University Press, 1992.

Lockhart, James, and Stuart B. Schwartz. *Early Latin America: A History of Colonial Spanish America and Brazil.* Cambridge: Cambridge University Press, 1997.

Lyon, Bryce, and Adriaan Verhulst. *Medieval Finance: A Comparison of Financial Institutions in Northwestern Europe.* Brugge: De Tempel, 1967.

Mancall, Peter C. *Deadly Medicine: Indians and Alcohol in Early America.* Ithaca, NY: Cornell University Press, 1997.

Manning, Patrick. *The African Diaspora: A History through Culture.* New York: Columbia University Press, 2009.

———. *Slavery and African Life: Occidental, Oriental, and African Slave Trades.* Cambridge:

Cambridge University Press, 1990.

______, ed. *Slave Trades, 1500–1800: Globalization of Forced Labour*. Aldershot, UK: Variorum, 1996.

Marchal, Guy P., ed. *Grenzen und Raumvorstellungen (11.–20. Jahrhundert)*. Zurich: Chronos, 1996.

Margolin, Jean-Claude. *L'humanisme en Europe au temps de la Rénaissance*. Paris: PUF, 1981.

Martines, Lauro. *Power and Imagination: City-States in Renaissance Italy*. New York: Knopf, 1979.

Mattoso, José, ed. *Historia de Portugal*. 8 vols. Lisbon: Estampa, 1992–1994.

Mauro, Frédéric. *Le Brésil du XVe siècle à la fin du XVIIIe siècle*. Paris: Société d'édition d'enseignement supérieur, 1977.

McAlister, Lyle N. *Spain and Portugal in the New World, 1492–1700*. Oxford: Oxford University Press, 1984.

McCann, James. *Maize and Grace: Africa's Encounter with a New World Crop, 1500–2000*. Cambridge, MA: Harvard University Press, 2005.

McCusker, John J., and Kenneth Morgan, eds. *The Early Modern Atlantic Economy*. Cambridge: Cambridge University Press, 2000.

McKendrick, Neil, John Brewer, and John H. Plumb, eds. *The Birth of a Consumer Society: The Commercialization of Eighteenth-Century England*. London: Europa Publications, 1982.

McNeill, John R. *Mosquito Empires: Ecology and War in the Greater Caribbean, 1620–1914*. Cambridge: Cambridge University Press, 2010.

Meuthen, Erich, and Claudia Märtl. *Das 15. Jahrhundert*. 5th ed. Munich: Oldenbourg, 2012.

Meyer, Jean, Jean Tarrade, and Annie Rey-Goldzeiguer. *Des origines à 1914*. Vol. 1 of *Histoire de la France coloniale*. Paris: Colin, 1991.

Middleton, Richard. *Colonial America: A History, 1607–1760*. Oxford: Blackwell, 1992.

Mieck, Ilja, ed. *Europäische Wirtschafts- und Sozialgeschichte von der Mitte des 17. Jahrhunderts bis zu Mitte des 19. Jahrhunderts*. Vol. 4 of *Handbuch der europäischen Wirtschaftsund Sozialgeschichte*. Stuttgart: Klett-Cotta, 1993.

Miles, Robert. *Racism*. London: Routledge, 1989.

Miller, Perry. *The New England Mind*. 2 vols. Cambridge, MA: Harvard University Press, 1953–1954.

Mills, Kenneth, and William B. Taylor. *Colonial Spanish America: A Documentary History*. Wilmington, DE: Scholarly Resources, 1998.

Mitchell, Robert D., ed. *North America: the Historical Geography of a Changing Continent*. Lanham, MD: Rowman & Littlefield, 1990.

Mollat du Jourdin, Michel. *The Poor in the Middle Ages*. New Haven, CT: Yale University Press, 1986.

Mollat du Jourdin, Michel, and Bernhard Schimmelpfennig, eds. *Die Zeit der Zerreißproben (1274–1449)*. Vol. 6 of *Die Geschichte des Christentums*. Freiburg im Breisgau: Herder, 1991.

Morales Padrón, Francisco. *Historia del descubrimiento y conquista de America*. 5th ed. Madrid: Gredos, 1990.

Moraw, Peter. *Von offener Verfassung zu gestalteter Verdichtung: Das Reich im späten Mittelalter 1250 bis 1490*. 2nd ed. Frankfurt am Main: Ullstein, 1989.

Morgan, Edmund S. *American Slavery — American Freedom: The Ordeal of Colonial Virginia*. New York: Norton, 1975.

Morgan, Kenneth. *Slavery, Atlantic Trade and the British Economy, 1660–1800*. Cambridge, Cambridge University Press, 2000.

Moya, Jose C., ed. *The Oxford Handbook of Latin American History*. Oxford: Oxford University Press, 2011.

Nester, William R. *The First Global War: Britain, France, and the Fate of North America, 1756–1775*. Westport, CT: Praeger, 2000.

———. *The Great Frontier War: Britain, France, and the Imperial Struggle for North America, 1607–1755*. Westport, CT: Praeger, 2000.

Neveux, Hugues, Jean Jacquart, and Emmanuel Le Roi Ladurie, eds. *L'âge classique des paysans de 1340 à 1789*. Vol. 2 of *Histoire de la France rurale*. Paris: Seuil, 1992.

Newitt, Malyn. *The Portuguese in West Africa, 1415–1670: A Documentary History*. Cambridge: Cambridge University Press, 2010.

Niane, Djibril Tamsir, ed. *Africa from the 12th to the 16th Century*. Vol. 4 of *General History of Africa*. London: Heinemann 1984.

North, Michael. *Kommunikation, Handel, Geld und Banken in der Frühen Neuzeit*. Munich: Oldenbourg, 2000.

Northrup, David. *Africa's Discovery of Europe, 1450–1850*. New York: Oxford University Press, 2002.

Oberman, Heiko A., and Thomas A. Brady Jr., eds. *Itinerarium Italicum: The Profile of the Italian Renaissance in the Mirror of its European Transformations*. Leiden: Brill, 1975.

Oestreich, Gerhard. "Strukturprobleme des europäischen Absolutismus." In *Geist und Gestalt des frühmodernen Staates*. Berlin: Duncker und Humblot, 1969.

Oexle, Otto G., and Werner Paravicini, eds. *Nobilitas: Funktion und Repräsentation des Adels in Alteuropa*. Göttingen: Vandenhoeck & Ruprecht, 1997.

Ogilvie, Sheilagh C., and Markus Cerman, eds. *European Proto-Industrialization*. Cambridge: Cambridge University Press, 1996.

Ogot, Bethwell A., ed. *Africa from the 16th to the 18th Century*. Vol. 5 of *General History of Africa*. 2nd ed. Oxford: James Currey, 1999.

Oliver, Roland, ed. *From c. 1050 to c. 1600*. Vol. 3 of *The Cambridge History of Africa*. Cambridge: Cambridge University Press, 1977.

Oliver, Roland, and Anthony Atmore. *Medieval Africa, 1250–1800*. Cambridge: Cambridge University Press, 2001.

Otte, Enrique, ed. *Cartas privadas de emigrantes a Indias 1540–1616*. Mexico City: Fondo de Cultura Económica, 1993.

Page, Willie F. *The Dutch Triangle: The Netherlands and the Atlantic Slave Trade, 1621–1664*. New York: Garland, 1997.

———, ed. *Encyclopedia of African History and Culture*. 3 vols. New York: Facts on File, 2001.

Parker, Geoffrey. *The Military Revolution: Military Innovation and the Rise of the West, 1500–1800*. Cambridge: Cambridge University Press, 1988.

Parker, Geoffrey, and Lesley M. Smith, eds. *The General Crisis of the Seventeenth Century*. London: Routledge & Kegan Paul, 1978.

Pestana, Carla G. *The English Atlantic in an Age of Revolution, 1640–1661*. Cambridge, MA: Harvard University Press, 2004.

Peters, Jan, and Axel Lubinski, eds. *Gutsherrschaftsgesellschaften im europäischen Vergleich*. Berlin: Akademie Verlag, 1997.

Pettegree, Andrew, ed. *Calvinism in Europe, 1540–1620*. Cambridge: Cambridge University Press, 1994.

Pfister, Christian. *Bevölkerungsgeschichte und historische Demographie 1500–1800*. Munich: Oldenbourg, 1994.

Pietschmann, Horst, ed. *Atlantic History: History of the Atlantic System, 1580–1830*. Göttingen: Vandenhoeck & Ruprecht, 2002.

Pollak–Eltz, Angelina. *Trommel und Trance: Die afroamerikanischen Religionen*. Freiburg im Breisgau: Herder, 1995.

Porter, Andrew N. *Atlas of British Overseas Expansion*. London: Routledge, 1994.

———, ed. *Bibliography of Imperial, Colonial, and Commonwealth History since 1600*. Oxford: Oxford University Press, 2002.

Porter, Roy, ed. *Eighteenth–Century Science*, Vol. 4 of *The Cambridge History of Science*. Cambridge: Cambridge University Press, 2003.

———. *The Enlightenment*. London: Macmillan 1990.

Post, Franz–Joseph. *Schamanen und Missionare: Katholische Mission und indigene Spiritualität in Nouvelle–France*. Münster: LIT, 1997.

Postma, Johannes, and Victor Enthoven, eds. *Riches from Atlantic Commerce: Dutch Transatlantic Trade and Shipping, 1585–1817*. Leiden: Brill, 2003.

Powers, Karen V. *Women in the Crucible of Conquest: The Gendered Genesis of Spanish American Society, 1500–1600*. Albuquerque: University of New Mexico Press, 2005.

Prodi, Paolo, and Wolfgang Reinhard, eds. *Das Konzil von Trient und die Moderne*. Berlin: Duncker und Humblot, 2001.

Quinn, David B., ed. *New American World: A Documentary History of North America to 1612*. 5 vols. London: Macmillan, 1979.

———. *North America from Earliest Discovery to First Settlements: The Norse Voyages to 1612*. New York: Harper & Row, 1977.

Quinn, David B., and A. N. Ryan. *England's Sea Empire, 1550–1642*. London: Allen and Unwin, 1983.

Rabil, Albert, ed. *Renaissance Humanism: Foundations, Forms and Legacy*. 3 vols. Philadelphia: University of Pennsylvania Press, 1988.

Ravagnan, Giuseppe Michele. *Sunflower in Africa: The History of a Wonderful Plant That Entered and Developed in Africa from Central America Where It Was Domesticated*. Florence: Istituto agronomico per l'Oltremare, 1993.

Reid, William Stanford, ed. *John Calvin: His Influence in the Western World*. Grand Rapids, MI: Zondervan Publishing House, 1982.

Reinhard, Wolfgang. *Die Alte Welt bis 1818*. Vol. 1 of *Geschichte der europäischen Expansion*. Stuttgart: Kohlhammer, 1983.

———. *Die Neue Welt*. Vol. 2 of Geschichte der europäischen Expansion. Stuttgart: Kohlhammer, 1985.

———. *Geschichte der Staatsgewalt: Eine vergleichende Verfassungsgeschichte Europas von den Anfängen bis zur Gegenwart*. 3rd ed. Munich: C. H. Beck, 2002.

———. "Konfession und Konfessionalisierung in Europa" [1981]. In *Ausgewählte Abhandlungen*. Berlin: Duncker und Humblot, 1997.

———. *Lebensformen Europas: Eine historische Kulturanthropologie*. 2nd ed. Munich: C. H. Beck, 2006.

———. *Parasit oder Partner? Europäische Wirtschaft und Neue Welt 1500–1800*. Münster: LIT, 1997.

———. *Probleme deutscher Geschichte 1495–1806: Reichsreform und Reformation 1495–1555*. Stuttgart: Klett-Cotta, 2001.

Reiss, Oscar. *Blacks in Colonial America*. Jefferson, NC: McFarland, 2006.

Ritchie, Robert C. *Captain Kidd and the War against the Pirates*. Cambridge, MA: Harvard University Press, 1986.

Roberts, Michael. *The Age of Liberty: Sweden 1719–1772*. Cambridge: Cambridge University Press, 1986.

———. *The Early Vasas: A History of Sweden, 1523–1611*. Cambridge: Cambridge University Press, 1968.

Roper, Louis H., and Bertrand van Ruymbeke, eds. *Constructing Early Modern Empires: Proprietary Ventures in the Atlantic World, 1500–1750*. Leiden: Brill, 2007.

Rösener, Werner. *Die Bauern in der europäischen Geschichte*. Munich: C. H. Beck, 1993.

Rubin, Miri, and Walter Simons, eds. *Christianity in Western Europe, c. 1100–c. 1500*. Vol. 4 of *The Cambridge History of Christianity*. Cambridge: Cambridge University Press, 2009.

Rüegg, Walter, ed. *Universities in Early Modern Europe (1500–1800)*. Vol. 2 of *A History of the University in Europe*. Cambridge: Cambridge University Press, 1996.

———. *Universities in the Middle Ages*. Vol. 1 of *A History of the University in Europe*. Cambridge: Cambridge University Press, 1992.

Russell-Wood, Anthony J. R., ed. *An Expanding World: The European Impact on World History, 1450–1800*. Vols. 1~31. Aldershot, UK: Ashgate Variorum, 1995–2000.

Rutledge, Joseph L. *Century of Conflict: The Struggle between the French and British in Colonial America*. Garden City, NY: Doubleday, 1956.

Salaman, Redcliffe N. *The History and Social Influence of the Potato*. Cambridge: Cambridge University Press, 1949.

Sallmann, Jean-Michel. *Géopolitique du XVIe siècle 1490–1618*. Vol. 1 of *Nouvelle histoire des relations internationales*. Paris: Seuil, 2003.

Schilling, Heinz. *Die neue Zeit: Vom Christenheitseuropa zum Europa der Staaten 1250–1750*. Berlin: Siedler, 1999.

———. *Konfessionalisierung und Staatsinteressen 1559–1660*. Vol. 2 of *Handbuch der Geschichte der internationalen Beziehungen*. Paderborn: Schöningh, 2007.

Schmieder, Ulrike, and Hans-Heinrich Nolte, eds. *Atlantik: Sozial- und Kulturgeschichte in der Neuzeit*. Vienna: Promedia, 2010.

Schmitt, Charles B., ed. *The Cambridge History of Renaissance Philosophy*. Cambridge: Cambridge University Press, 1988.

Schneiders, Werner, ed. *Christian Wolff (1679–1754): Interpretationen zu seiner Philosophie und deren Wirkung: Mit einer Bibliographie der Wolff-Literatur*. 2nd ed. Hamburg: Meiner, 1986.

Schneidmüller, Bernd. *Grenzerfahrung und monarchische Ordnung: Europa 1200–1500*. Munich: C. H. Beck, 2011.

Schnur, Roman, ed. *Die Rolle der Juristen bei der Entstehung des modernen Staates*. Berlin: Duncker und Humblot, 1986.

Schnurmann, Claudia. *Atlantische Welten: Engländer und Niederländer im amerikanischatlantischen Raum 1648–1713*. Cologne: Böhlau, 1998.

———. *Vom Inselreich zur Weltmacht: Die Entwicklung des englischen Weltreichs vom Mittelalter bis ins 20. Jahrhundert*. Stuttgart: Kohlhammer, 2001.

Schorn-Schütte, Luise. *Konfessionskriege und europäische Expansion: Europa 1500–1648*. Munich: C. H. Beck, 2010.

Schreiner, Klaus, Gerd Schwerhoff, eds. *Verletzte Ehre: Ehrkonflikte in Gesellschaften des Mittelalters und der Frühen Neuzeit*. Cologne: Böhlau, 1995.

Schubert, Ernst, and Bernd Herrmann, eds. *Von der Angst zur Ausbeutung: Umwelterfahrung zwischen Mittelalter und Neuzeit*. Frankfurt am Main: Fischer Taschenbuch Verlag, 1994.

Schuerkens, Ulrike. *Geschichte Afrikas: Eine Einführung*. Cologne: Böhlau, 2009.

Schulz, Günther, ed. *Sozialer Aufstieg: Funktionseliten im Spätmittelalter und in der frühen Neuzeit*. Munich: Boldt im Oldenbourg Verlag, 2002.

Schulz, Knut, ed. *Handwerk in Europa: Vom Spätmittelalter bis zur Frühen Neuzeit*. Munich: Oldenbourg, 1999.

Schulze, Winfried, ed. *Europäische Bauernrevolten der Frühen Neuzeit*. Frankfurt am Main: Suhrkamp, 1982.

Schwartz, Stuart B. *Sugar Plantations in the Formation of Brazilian Society: Bahia, 1550–1835*. Cambridge: Cambridge University Press, 1985.

Scott, Hamish M., ed. *The European Nobilities in the Seventeenth and Eighteenth Centuries*. 2 vols. 2nd ed. Basingstoke, UK: Palgrave Macmillan, 2007.

Seibt, Ferdinand, ed. *Europa im Hoch- und Spätmittelalter*. Vol. 2 of *Handbuch der europäischen Geschichte*. Stuttgart: Klett-Cotta, 1987.

Seibt, Ferdinand, and Winfried Eberhard, eds. *Europa 1400: Die Krise des Spätmittelalters*. Stuttgart: Klett-Cotta, 1984.

———. *Europa 1500: Integrationsprozesse im Widerstreit. Staaten, Regionen, Personenverbände, Christenheit*. Stuttgart: Klett-Cotta, 1987.

Shapin, Steven. *The Scientific Revolution*. Chicago: University of Chicago Press, 1996.

Simmons, Richard C. *The American Colonies from Settlement to In de pen dence*. London: Longman, 1976.

Slicher van Bath, Bernard H. *The Agrarian History of Western Europe, ad 500-1850*. London: Arnold, 1963.

Spruit, Ruud. *Zout en slaven: De geschiedenis van de Westindische Compagnie*. Houten: Haan, 1988.

Steiger, Johann A. et al., eds. *Passion, Affekt und Leidenschaft in der Frühen Neuzeit*. 2 vols. Wiesbaden: Harrassowitz, 2005.

Stein, Peter G. *Roman Law in European History*. Cambridge: Cambridge University Press, 1999.

Stein, Robert Louis. *The French Slave Trade in the Eighteenth Century: An Old Regime Business*. Madison: University of Wisconsin Press, 1979.

Stenzel, Werner. *Das kortesische Mexiko: Die Eroberung Mexikos und der darauf folgende Kulturwandel*. Frankfurt am Main: Peter Lang, 2006.

Stephens, Thomas M. *Dictionary of Latin American Racial and Ethnic Terminology*. Gainesville: University of Florida Press, 1989.

Stinchcombe, Arthur L. *Sugar Island Slavery in the Age of Enlightenment: The Political Economy of the Caribbean World*. Princeton, NJ: Princeton University Press, 1995.

Stollberg-Rilinger, Barbara. *Des Kaisers alte Kleider: Verfassungsgeschichte und Symbolsprache des Alten Reiches*. 2nd ed. Munich: C. H. Beck, 2013.

———. *Europa im Jahrhundert der Aufklärung*. Stuttgart: Reclam, 2000.

Stolleis, Michael, ed. *Policey im Europa der Frühen Neuzeit*. Frankfurt am Main: Klostermann, 1996.

Stuart, Chris, and Tilde Stuart. *Africa: A Natural History*. Shrewsbury, UK: Swan Hill, 1995.

Suntrup, Rudolf et al., eds. *Medieval to Early Modern Culture — Kultureller Wandel vom Mittelalter zur Frühen Neuzeit*. 5 vols. Frankfurt am Main: Peter Lang, 2001-2005.

Tewes, Götz-Rüdiger. *Die römische Kurie und die europäischen Länder am Vorabend der Reformation*. Tübingen: Niemeyer, 2001.

Thornton, John. *Africa and Africans in the Making of the Atlantic World, 1400-1680*. Cambridge: Cambridge University Press, 1992.

Tilly, Charles, ed. *The Formation of National States in Western Europe*. Princeton, NJ: Princeton University Press, 1975.

Tilly, Charles, and Wim P. Blockmans, eds. *Cities and the Rise of States in Europe, 1000-1800*. Boulder,

CO: Westview Press, 1994.

Tracy, James D., ed. *The Political Economy of Merchant Empires: State Power and World Trade, 1350–1750.* Cambridge: Cambridge University Press, 1991.

———. *The Rise of Merchant Empires: Long Distance Trade in the Early Modern World, 1350–1750.* Cambridge: Cambridge University Press, 1990.

Trudel, Marcel. *The Beginnings of New France, 1524–1663.* Toronto: McClelland and Stewart, 1973.

Varela, Consuelo, and Isabel Aguirre. *La caida de Cristobal Colon: El juicio de Bobadilla.* Madrid: Marcial Pons Historia, 2006.

Vasold, Manfred. *Die Pest: Das Ende eines Mythos.* Stuttgart: Theiss, 2003.

Venard, Marc, and Albert Boesten-Stengel, eds. *Das Zeitalter der Vernunft (1620/30–1750).* Vol. 9 of *Die Geschichte des Christentums.* Freiburg im Breisgau: Herder, 1998.

Venard, Marc, and Heribert Smolinsky, eds. *Die Zeit der Konfessionen (1530–1620/30).* Vol. 8 of *Die Geschichte des Christentums.* Freiburg im Breisgau: Herder, 1992.

———. *Von der Reform zur Reformation (1450–1530).* Vol. 7 of *Die Geschichte des Christentums.* Freiburg im Breisgau: Herder, 1995.

Verano, John W., and Douglas H. Ubelaker, eds. *Disease and Demography in the Americas.* Washington, DC: Smithsonian Institution Press, 1992.

Verger, Pierre. *Orisha: Les dieux Yorouba en Afrique et au Nouveau Monde.* Paris: Métailié, 1982.

Vicens Vives, Jaime. *An Economic History of Spain.* Princeton, NJ: Princeton University Press, 1969.

Vogel, Joseph O., ed. *Encyclopedia of Precolonial Africa: Archaeology, History, Languages, Cultures, and Environments.* Walnut Creek, CA: Altamira, 1997.

Vogler, Günter. *Europas Aufbruch in die Neuzeit 1500–1650.* Vol. 5 of *Handbuch der Geschichte Europas.* Stuttgart: Ulmer, 2003.

Wagner, Fritz, ed. *Europa im Zeitalter des Absolutismus und der Aufklärung.* Vol. 4 of *Handbuch der europäischen Geschichte.* Stuttgart: Union Verlag, 1968.

Walvin, James. *Black Ivory: Slavery in the British Empire.* 2nd ed. Oxford: Blackwell, 2001.

———. *Making the Black Atlantic: Britain and the African Diaspora.* London: Cassell, 2000.

Watts, John. *The Making of Polities: Europe, 1300–1500.* Cambridge: Cambridge University Press, 2009.

Wellenreuther, Hermann. *Ausbildung und Neubildung: Die Geschichte Nordamerikas vom Ausgang des 17. Jahrhunderts bis zum Ausbruch der Amerikanischen Revolution.* Münster: LIT, 2001.

———. *Niedergang und Aufstieg: Geschichte Nordamerikas vom Beginn der Besiedlung bis zum Ausgang des 17. Jahrhunderts.* Münster: LIT, 2000.

Williams, Caroline A. *Bridging the Early Modern Atlantic World: People, Products and Practices on the Move.* Farnham, UK: Ashgate, 2009.

Williams, Eric. *Capitalism and Slavery.* Chapel Hill: University of North Carolina Press, 1944.

Williams, Frieda-Nela. *Precolonial Communities of Southwestern Africa: A History of Owambo Kingdoms, 1600–1920.* Windhoek: National Archives of Namibia, 1991.

Woolfe, Jennifer A. *Sweet Potato: An Untapped Food Resource*. Cambridge: Cambridge University Press, 1992.

Zagorin, Perez. *Rebels and Rulers, 1500–1660*. 2 vols. Cambridge: Cambridge University Press, 1982.

Zapatero, Juan M. *La guerra del Caribe en el siglo XVIII*. San Juan, Puerto Rico: Istituto de Cultura Puertorriquéña, 1964.

Zeuske, Michael. *Handbuch der Geschichte der Sklaverei: Eine Globalgeschichte von den Anfängen bis zur Gegenwart*. Berlin: de Gruyter, 2013.

Zimmermann, Albert, and Andreas Speer, eds. *Mensch und Natur im Mittelalter*. 2 vols. Berlin: de Gruyter, 1991–1992.

슈테판 코네르만Stephan Conermann은 본 대학의 이슬람학 교수다. 무굴 제국과 시리아 및 이집트 맘루크 왕조의 역사와 문화가 전공 영역이며, 서사학적·역사학적·문화학적 문제의식이 특징이다. 주요 저서로는 『무굴 제국: 무슬림 인도의 역사와 문화』(2006)와 『맘루크 시대의 역사 및 사회 연구』(2013), 『성인전聖人傳에 나타나는 서사 패턴과 장르: 아시아에서 유럽까지의 비교』(짐 라인간스Jim Rheingans와 공동 편집, 2014)가 있다.

수라이야 파로키Suraiya Faroqhi는 앙카라의 중동 공과대학과 뮌헨 대학에서 가르쳤다. 뮌헨 대학에서 퇴임한 후 이스탄불 빌기 대학을 거쳐 이븐 할둔 대학 명예교수로 재직 중이다. 최근 저서로는 『오스만 제국과 주변의 세계, 1540~1774』(2004), 『제국의 장인匠人: 오스만 군주의 공예와 기술자』(2009), 『오스만 제국의 여행과 장인: 근대 초기의 고용과 이동성』(2014) 등이 있다. 케이트 플리트Kate Fleet, 레샤트 카사바Reşşat Kasaba와 함께 케임브리지 터키사 시리즈(전 4권, 2006~2013)의 공동 편집자로 참여했다.

위르겐 G. 나겔Jürgen G. Nagel은 하겐에 있는 통신대학의 근대 유럽 및 비유럽 역사학부 부교수다. 주요 연구 대상은 동남아시아 도서부, 인도양, 사하라 이남 아프리카다. 그의 연구는 유럽 팽창의 경제사, 식민주의하의 지식과 학문, 근대 식민 지배의 역사 등 지구사의 맥락에서 보는 '세계화'의 문제를 다룬다. 최근 저서로는 『말루쿠의 열쇠: 마카사르 그리고 17세기와 18세기 말레이 제도의 무역구조』(2003)와 『장거리 무역: 동인도회사』(2011)가 있다.

피터 C. 퍼듀Peter C. Perdue는 예일 대학의 역사 교수다. 그의 첫 저서 『고갈되는 지구: 후난성의 국가와 농민, 1500~1850』(1987)은 장기적 시각에서 본 중국 후난성 농업의 변화를 다루었으며, 두 번째 저서 『중국의 서진: 청의 중앙 유라시아의 정복사』(2005)는 17세기와 18세기에 중국과 몽골, 러시아가 시베리아와 중앙아시아를 둘러싸고 펼친 경쟁 구도하에서 진행된 환경적 변화와 민족성, 장기적 경제 변화, 군사 정복을 다루었다. 제국에 관한 두 권의 책인 『제국 형성』(2007)과 『근대성의 공유된 역사』(2008)의 공동 편집자로 참여하기도 했다. 최근에는 중국의 변경과 중국 환경사, 차茶의 역사에 초점을 맞추고 연구 중이다.

볼프강 라인하르트Wolfgang Reinhard는 프라이부르크 대학의 근대사 명예교수이자 에르푸르트 대학 막스 베버 센터의 교신 회원이다. 16세기와 17세기의 유럽이 전공 영역이며, 특히 종교사(『바오로 5세 보르게세』(2009))와 근대국가의 역사(『국가권력의 역사』(1999)), 역사 인류학(『유럽의 생활양식』(2004)), 그리고 무엇보다도 유럽 팽창의 역사를 연구하고 있다. 1415년에서 2015년까지의 유럽 팽창사를 다룬 『정복당한 세계』(2018), 영어와 프랑스어, 이탈리아로도 번역된 『식민주의의 간략한 역사』(2008) 외에 여러 권의 책과 다수의 논문을 집필했다. 3년에 한 번 단 한 명에게만 주어지는 독일 역사가상의 2001년 수상자이기도 하다.

라인하르트 벤트Reinhard Wendt는 1988년부터 하겐에 있는 통신대학에서 근대 유럽 및 비유럽 역사학부 교수로 재직 중이다. 주로 동남아시아와 오세아니아에 중점을 두고 연구하고 있으며, 서구와 비서구 사이의 문화 교류 및 유럽과 비유럽 세계의 대양을 통한 교류를 '먼 곳이 지닌 매력'과 '외국에 대한 착취', 선교의 언어학과 비서구 언어의 문자화, 다문화 사회의 이주와 디아스포라 형성으로 다룬다. 주요 저서로는 『필리핀의 축제: 제국주의와 새로운 정체성 사이의 식민 문화』(1997)와 『식민주의에서 세계화까지: 1500년 이후의 유럽과 세계』(2007)가 있다.

찾아보기

ㄱ

ㅁ

ㅅ

ㅇ

ㅈ

ㅊ

ㅋ

ㅌ

ㅍ

ㅎ

옮긴이 이진모

고려대학교 사학과를 졸업하고 동 대학원에서 석사 학위를 받았으며, 독일 보훔 루르 대학에서 박사 학위를 받았다. 베를린 대학 유럽 비교사 연구소 및 포츠담 현대사 연구 센터 방문 교수, 한국독일사학회 회장 등을 역임했고, 한남대학교 사학과 교수로 재직 중이다. 주요 논문으로 「나치의 유태인 대학살과 '평범한' 독일인들의 역할」과 「독일의 과거와 한국의 현재 사이의 진지한 대화」, 「두 개의 전후(戰後): 서독과 일본의 과거사 극복 재조명」 등이 있고, 주요 저서로는 『개혁을 위한 연대』(2001) 등이 있으며, 옮긴 책으로는 『아주 평범한 사람들』(2010)과 『독일 사회민주당 150년의 역사』(2017) 등이 있다.

옮긴이 공원국

서울대학교 동양사학과를 졸업하고 동 대학교 국제대학원에서 중국지역학을 전공했으며, 중국 푸단 대학에서 인류학을 공부했다. 생활과 탐구, 독서의 조화를 목표로 10년 동안 중국 오지를 여행하고, 이제 유라시아 전역으로 탐구 범위를 넓히고 있다. 지은 책으로 『춘추전국이야기』 시리즈(전 11권, 2010~2017)와 『여행하는 인문학자』(2012), 『유라시아 신화 기행』(2014), 『나의 첫 한문 공부』(2017) 등이 있으며, 옮긴 책으로는 『중국의 서진』(2012)과 『말, 바퀴, 언어』(2015), 『조로아스터교의 역사』(2020) 등이 있다.

하버드-C.H.베크 세계사

1350~1750

세계 제국과 대양

1판 1쇄 찍음 2020년 7월 14일
1판 1쇄 펴냄 2020년 7월 24일

엮은이 볼프강 라인하르트
옮긴이 이진모, 공원국
펴낸이 박근섭, 박상준
펴낸곳 (주)민음사

출판등록 1966. 5. 19. (제16-490호)
주소 서울특별시 강남구 도산대로1길 62 강남출판문화센터 5층 (06027)
대표전화 02-515-2000 팩시밀리 02-515-2007

www.minumsa.com

한국어 판 ⓒ (주)민음사, 2020. Printed in Seoul, Korea

ISBN 978-89-374-3739-7 (04900)
ISBN 978-89-374-3736-6 (세트)

* 잘못 만들어진 책은 구입처에서 교환해 드립니다.